Baas/Buck-Heeb/Werner
Anlegerschutzgesetze
De Gruyter Kommentar

Baas/Buck-Heeb/Werner

Anlegerschutzgesetze

Kunden- und Anlegerschutz im Bank- und Investmentrecht

Kommentar

Bearbeiter

Einleitung
Dr. Volker Baas, Prof. Dr. Petra Buck-Heeb, Dr. Stefan Werner

Erster Teil: Investmentrecht
Dr. Volker Baas, Dr. Lea Maria Siering, Safiye Bayazit-Truszkowski,
Till Christopher Otto, Patrick Geist

Zweiter Teil: Wertpapierrecht
Dr. Ulf Heppekausen, Dr. Marc Sänger, Dr. Jan Ludwig, Nicolas Deising

Dritter Teil: Recht der Zahlungsdienste
Dr. Ole Böger

Vierter Teil: Verbraucherkreditrecht
Christian Kropf

Fünfter Teil: Haftung aus Prospekt und Anlageberatung
Prof. Dr. Petra Buck-Heeb, Dr. Andreas Dieckmann, Klaus Nieding

Sechster Teil: Strafrechtliche Implikationen
Ute Bottmann

DE GRUYTER

Dr. Volker Baas, Rechtsanwalt Frankfurt am Main
Professorin Dr. Petra Buck-Heeb, Leibniz Universität Hannover
Dr. Stefan Werner, Rechtsanwalt Frankfurt am Main

Stand: April 2018
Register: Christian Klie

Zitiervorschlag: Baas/Buck-Heeb/Werner/*Böger* Dritter Teil § 675n Rn 5.

ISBN 978-3-11-044551-0
e-ISBN (PDF) 978-3-11-044729-3
e-ISBN (EPUB) 978-3-11-044585-5

Library of Congress Cataloging-in-Publication Data
Names: Baas, Volker, editor. | Buck-Heeb, Petra, editor. | Werner, Stefan, 1965-, editor.
Title: Anlegerschutzgesetze : Kunden- und Anlegerschutz im Bank- und Investmentrecht / herausgegeben von Volker Baas, Petra Buck-Heeb, Stefan Werner.
Description: 1 | Berlin : De Gruyter, 2018. | Series: De gruyter kommentar
Identifiers: LCCN 2018027143| ISBN 9783110445510 (hardback) | ISBN 9783110447293 (e-book (pdf) | ISBN 9783110445855 (e-book (epub)
Subjects: LCSH: Securities--Germany. | Securities--Germany--Criminal provisions. | Minority stockholders--Legal status, laws, etc.--Germany. | Banking law--Germany. | Investments--Law and legislation--Germany. | BISAC: LAW / Securities. | LAW / Banking.
Classification: LCC KK2245 .A95 2018 | DDC 346.43/0666--dc23 LC record available at https://lccn.loc.gov/2018027143

Bibliografische Information der Deutschen Nationalbibliothek
Die Deutsche Nationalbibliothek verzeichnet diese Publikation in der Deutschen Nationalbibliografie; detaillierte bibliografische Daten sind im Internet über http://dnb.dnb.de abrufbar.

Datenkonvertierung und Satz: jürgen ullrich typosatz, Nördlingen
Druck und Bindung: Hubert & Co. GmbH und Co. KG, Göttingen

MIX
Papier aus verantwortungsvollen Quellen
FSC www.fsc.org FSC® C016439

www.degruyter.com

Vorwort

Die Finanzkrise am Ende der vergangenen Dekade und große und kleine Turbulenzen an den Finanzmärkten der letzten Jahre haben die Anforderungen an die Aufsichtsbehörden deutlich erhöht. Gleichzeitig sind neue Akteure, die FinTechs, in den Markt eingetreten – zunehmend visibel und in vielen Fällen auch ökonomisch erfolgreich. Auf all diese Entwicklungen haben die Gesetzgeber, der europäische wie auch der deutsche, reagiert und Verbraucher- und Anlegerschutz in zahlreichen Gesetzen und Gesetzesnovellierungen stärker manifestiert.

Dies spiegelt sich nicht zuletzt auch im Aufbau der Bundesanstalt für Finanzdienstleistungsaufsicht wider. So nimmt die Abteilung Verbraucherschutz, im Wesentlichen auch das Thema des hier vorliegenden Kommentars, inzwischen eine wichtige Stellung ein.

Inhaltlich wird im Jahre 2018 dem europäischen Reformpaket aus MiFID II und MiFIR zu Recht eine große Bedeutung beigemessen. Mehr Transparenz, besserer Anlegerschutz – mit diesen vier Worten lässt sich zusammenfassen, was allein in der MiFID II auf hunderten von Seiten im Detail ausformuliert worden ist. Auch in diesem Opus Magnum der Verhaltensregulierung müssen aus der Sicht der Bundesanstalt die Prinzipien von Verhältnismäßigkeit, Angemessenheit und Proportionalität gewahrt sein. Die Bundesanstalt für Finanzdienstleistungsaufsicht wird die Akteure bei der Umsetzung dieser umfassenden Regulierung begleiten und im Blick behalten, inwieweit die gesetzgeberischen Ziele des verbesserten Anlegerschutzes erreicht werden.

Felix Hufeld, Präsident der Bundesanstalt für Finanzdienstleistungen

https://doi.org/10.1515/9783110447293-202

Inhaltsübersicht

Anlegerschutzgesetze

Inhaltsverzeichnis

Abkürzungsverzeichnis

a.F.	alte Fassung
AIF	Alternative Investmentfonds
AIFM-RL/AIFM-D	Alternative Investmentfonds Richtlinie/Alternative Investment Fund Managers Directive
AktG	Aktiengesetz
BaFin	Bundesanstalt für Finanzdienstleistungsaufsicht
BB	Betriebsberater (Zeitschrift)
BGH	Bundesgerichtshof
BKR	Bank- und Kapitalmarktrecht (Zeitschrift)
BT-Drs.	Bundestags-Drucksache
BVerfGE	Amtliche Sammlung von Entscheidungen des BVerfG
bzgl.	bezüglich
bzw.	beziehungsweise
CRR-VO	Kapitaladäquanzverordnung
CRR	Capital Requirements Regulation
d.h.	das heißt
Einl.	Einleitung
EMIR	European Market Infrastructure Regulation (EU-Verordnung zur Regulierung des außerbörslichen Derivatehandels)
entspr.	entsprechend
Entw.	Entwurf
ESMA	Europäische Wertpapier- und Marktaufsichtsbehörde (European Securities and Markets Authority)
evtl.	eventuell
EWR	Europäischer Wirtschaftsraum
FAQ	Frequently Asked Questions
f., ff.	folgend, folgende
FinDAG	Finanzdienstleistungsaufsichtsgesetz
Fn.	Fußnote
gem.	gemäß
GewO	Gewerbeordnung
ggf.	gegebenenfalls
grds.	grundsätzlich
GWR	Gesellschafts- und Wirtschaftsrecht, (Zeitschrift)
Hdb.	Handbuch
HGB	Handelsgesetzbuch
i.d.F.	in der Fassung
i.d.R.	in der Regel
i.d.S.	in diesem Sinne
i.E.	im Einzelnen
i.e.S.	im engeren Sinne
Insb.	Insbesondere
InvAG	Investmentaktiengesellschaft
InvMaRisk	Mindestanforderungen an das Risikomanagement für Investmentgesellschaften
InvG	Investmentgesetz

https://doi.org/10.1515/9783110447293-205

InvKG	Investmentkapitalgesellschaft
i.S.d.	im Sinne der/ des
i.S.(v.)	im Sinne (von)
i.Ü.	im Übrigen
i.V.(m.)	in Verbindung (mit)
KAGB	Kapitalanlagegesetzbuch
KAMaRisk	Mindestanforderungen an das Risikomanagement für Kapitalverwaltungsgesellschaften
KID	Key Information Document
KII	Key Investor Information
KVG	Kapitalverwaltungsgesellschaft
KWG	Kreditwesengesetz
Lfg.	Lieferung
lit.	litera (= Buchstabe)
lt.	Laut
m.E.	meines Erachtens
MiFID II	Markets in Financial Instruments Directive II
m.w.N	mit weiteren Nennungen
n.F.	neue(r) Fassung
OGAW	Organismus für gemeinsame Anlagen in Wertpapieren
o.g.	oben genannt
OLG	Oberlandesgericht
RegE	Regierungsentwurf
Rspr.	Rechtsprechung
s.	siehe
S.	Seite
sog.	sogenannte
u.a.	unter anderem; und andere; und Ähnliches
u.E.	unseres Erachtens
UmsG	Umsetzungsgesetz
Urt.	Urteil
VermAnlG	Vermögensanlagengesetz
VermVerkProspV	Vermögensanlagen-Verkaufsprospektverordnung
vgl.	vergleiche
VO	Verordnung
VwVfG	Verwaltungsverfahrensgesetz
VwVG	Verwaltungs-Vollstreckungsgesetz
wAI	wesentliche Anlegerinformationen
WM	Wertpapiermitteilungen (Zeitschrift)
WpDVerOV	Wertpapierdienstleistungs- Verhaltens- und Organisationsverordnung
WpHG	Wertpapierhandelsgesetz
WpPG	Wertpapierprospektgesetz
ZAG	Zahlungsdiensteaufsichtsgesetz
z.B.	zum Beispiel

ZBB	Zeitschrift für Bankrecht und Bankwirtschaft (Zeitschrift)
ZIP	Zeitschrift für Wirtschaftsrecht (Zeitschrift)
zit.	zitiert
z.T.	zum Teil
zutr.	zutreffend
ZVglRWiss	Zeitschrift für Vergleichende Rechtswissenschaft (ZVglRWiss)
z.Zt.	zur Zeit

Einleitung

A. Grundlagen

Die an den Finanzmärkten regelmäßig zu beobachtenden und in den letzten Jahrzehnten immer häufiger auftretenden Turbulenzen und Krisen belegen die Notwendigkeit, Kapitalanleger und Verbraucher vor unübersehbaren und unkalkulierbaren Risiken zu schützen. Dies gilt vor allem für Privatanleger und Verbraucher, aber auch für die sogenannten semi-professionellen und professionellen Anleger. Seit dem Jahrtausendwechsel und mehr noch in der Folge der Finanzmarktkrise 2007/2008 wurde das Tempo und die Entwicklung des deutschen Kapitalmarkt- und Verbraucherschutzrechts endgültig von europäischen Rechtsakten und dem im „Financial Services Action Plan" der EU Kommission von 1999 dargelegten Konzept und dem diesen entsprechenden beständigen Ausbau der Regulierung der Finanzmärkte bestimmt.

Der Stellenwert des Kunden- und Anlegerschutzes ist dabei immer mehr in den Fokus gerückt und wird zukünftig eine noch größere Bedeutung gewinnen. Dies hängt insbesondere mit drei Faktoren zusammen:

- Kunden und Anleger sind heute mit einer kaum zu überschauenden Vielzahl und Komplexität von Finanzprodukten und -dienstleistungen konfrontiert. Damit ist eine Beurteilung der meisten Produkte, von einem kleinen Kreis von Personen mit Expertenwissen abgesehen, kaum noch möglich.
- Anlegerangebote des Kapitalmarktes werden zunehmend von einem breiteren Kreis der Bevölkerung nachgefragt und gehalten. Die sozialpolitische gewollte private Vermögensbildung für die Altersvorsorge kollidiert hier häufig mit nicht vorhandenem Fachwissen und mangelnder Erfahrung.
- Dem Anleger und Verbraucher steht eine wachsende Zahl von Marktteilnehmern gegenüber, die Finanzprodukte und damit verbundene Dienstleistungen anbieten. Die Bedeutung der Banken und Sparkassen, Kapitalanlagegesellschaften, Pensionskassen, Wertpapierdienstleistungsunternehmen und anderer Akteure im Finanzmarkt ist erheblich gewachsen, ohne dass Anleger und Verbraucher die jeweiligen Verantwortlichkeiten, Pflichten und ggf. Haftungen der einzelnen Marktteilnehmer ausreichend beurteilen können.

Erschwerend kommt hinzu, dass die Umsetzung der großen europäischen Rechtssetzungsprojekte, wie der Richtlinie über Märkte für Finanzinstrumente (MiFID II), der Transparenzrichtlinie oder der Prospektrichtlinie, um nicht abschließend nur einige zu nennen, in nationales deutsches Recht häufig nicht im Gleichklang gelingt. Zeitlich nicht aufeinander abgestimmte oder vorgreifende und die Vorgaben nur teilweise umsetzende Gesetzesvorhaben leiden zudem häufig noch an fehlerhaften oder die Bedeutung verändernden Übersetzungen aus dem englischen oder französischen Originaltext, systematischen Mängeln oder schlicht handwerklichen Fehlern.

Der vorliegende Kommentar versucht trotz aller – an dieser Stelle nur angedeuteten – Widrigkeiten einen gesetzesübergreifenden Überblick zu vermitteln über die zivilrechtlichen und aufsichtsrechtlichen Vorgaben, die Anleger und Verbraucher vor den Fehlfunktionen des Finanzmarktes, seiner Dienstleistungen und seiner Produkte schützen sollen.

B. Rechtsquellen

In allen im Kommentar behandelten Rechtsgebieten haben sich die Rechtsetzungsaktivitäten der jeweiligen Gesetzgeber erheblich ausgeweitet. Die wesentlichen Entwicklungsstränge sind folgende:

https://doi.org/10.1515/9783110447293-001

I. Investmentrecht

Nach Erlass der Richtlinie 2011/61/EU des Europäischen Parlaments und des Rates vom 8. Juni 2011 über die Verwalter alternativer Investmentfonds und zur Änderung der Richtlinien 2003/41/EG und 2009/65/EG und der Verordnungen (EG) Nr. 1060/2009 und (EU) Nr. 1095/2010 (**AIFM-RL**) und deren nationale Umsetzung vor allem im Rahmen des deutschen Kapitalanlagegesetzbuches (**KAGB**) vom 4. Juli 2013, hat dieses als maßgebliche Quelle des deutschen **Investmentrechts** seit Inkrafttreten verschiedene Änderungen erfahren. Hervorzuheben ist dabei vor allem die Einführung von Kapital- und Liquiditätsregeln für Banken durch das **CRD IV-UmsG** (BGBl. I. 3395) vom 3. September 2013, die Anpassung der Definition offener Investmentvermögen durch das **Finanzmarktanpassungsgesetz** vom 18 Juli 2014 (BGBl. I S. 934), und das am 18. März 2016 in Kraft getretene **OGAW-V-UmsG** (BGBl. I, 348ff.), durch welches Bedingungen hinsichtlich der Vergabe von Gelddarlehen für Rechnung von geschlossenen AIF, Klarstellung zur Klassifikation eines Spezialfonds, Regelungen hinsichtlich der Sicherstellung der Unabhängigkeit von Verwahrstelle und KVG und der Begriff des semiprofessionellen Anlegers eingeführt wurde. Das **1. Finanzmarktnovellierungsgesetz** vom 30. Juni 2016 (BGBl. I, 1514ff.) führte zu Änderungen bezüglich der Prävention von Marktmissbrauch. Am 12. März 2018 veröffentliche die Europäische Kommission einen **Vorschlag** für eine Richtlinie des Europäischen Parlaments und des Rates zur Änderung der Richtlinie 2009/65/EG des Europäischen Parlaments und des Rates und der Richtlinie 2011/61/EU des Europäischen Parlaments und des Rates im Hinblick auf den grenzüberschreitenden Vertrieb von Investmentfonds (2018/0041 (COD)), welcher unter anderem zu Änderungen der AIFM-RL und OGAW-RL führen soll und damit zu einer Harmonisierung hinsichtlich der Regelungen zum grenzüberschreitenden Vertrieb von Investmentfonds beitragen soll.

II. Wertpapierrecht

Änderungen im **Wertpapierrecht** ergeben sich vor allem durch Einführung des **Kleinanlegerschutzgesetzes** vom 10 Juli 2015 (BGBl. I, S. 1114), welches eine erheblichen Verschärfung des Anlegerschutzes im Bereich des Vermögensanlagegesetzes (VermAnlG) und des Wertpapierhandelsgesetzes (WpHG) mit sich bringt. Darunter fallen unter anderem Regelungen zur Produktintervention durch die Bundesanstalt für Finanzdienstleistungsaufsicht (BaFin), erweiterte Pflichten zur Informationseinholung beim Anleger, Regelungen zur Schwarmfinanzierung, erweitere Organisationsanforderungen für das Wertpapierdienstleistungsunternehmen, sowie unternehmensinterne Produktfreigabeverfahren. Durch Umsetzung der Richtlinie 2014/65/EU des Europäischen Parlaments und des Rates vom 15. Mai 2014 über Märkte für Finanzinstrumente sowie zur Änderung der Richtlinien 2002/92/EG und 2011/61/EU (MiFID II) durch das Zweite Finanzmarktnovellierungsgesetzes (**2. FiMaNoG**) (BGBl. I, S. 802) vom 23. Juni 2017 kam es zu weiteren zahlreichen Änderungen vor allem des WpHG.

III. Zahlungsdienste

Das **Recht der Zahlungsdienste** fand seine maßgebliche Neuerung durch die Richtlinie (EU) 2015/2366 des Europäischen Parlaments und des Rates vom 25. November 2015 über Zahlungsdienste im Binnenmarkt, zur Änderung der Richtlinien 2002/65/EG, 2009/110/EG und 2013/36/EU und der Verordnung (EU) Nr. 1093/2010 sowie zur Aufhebung der Richtlinie 2007/64/EG (**ZDRL II**), welche durch das Zahlungsdiensteumsetzungsgesetz (**ZDUG**) (BGBl. I, 1506) maßgeblich im deutschen Zahlungsdiensteaufsichtsgesetzes (**ZAG**) mit Wirkung ab dem 13. Januar 2018 umgesetzt wurde. Im Rahmen dessen wurden hinsichtlich des sachlichen Anwendungsbereichs zwei neue Tatbestände (Kontoinformationsdienst, Zahlungsauslösedienst), sowie Regelungen zur starken Kundenauthentifizierung hinzugefügt und die Haftungsregelungen der Zahlungsdienstleister angepasst. Daneben wurden durch Umsetzung der Richtlinie 2014/92/EU des Europäischen Parlaments und des Rates vom 23. Juli 2014 über die Vergleichbarkeit von Zahlungskontoentgelten, den Wechsel von Zahlungskonten und den Zugang zu Zahlungskonten mit grundlegenden Funktionen (**Zahlungskontenrichtlinie**) im Rahmen des deutschen Zahlungskontengesetz (**ZKG**) vom 17. September 2014 Regelungen hinsichtlich eines Basiskontos, der Transparenz und Vergleichbarkeit von Konten sowie des Kontenwechsels eingefügt.

IV. Kreditrecht

Das **Verbraucherkreditrecht** hat seine maßgebliche Änderung in den letzten Jahren vor allem durch Umsetzung der Richtlinie 2014/17/EU des Europäischen Parlaments und des Rates vom 4. Februar 2014 über Wohnimmobilienkreditverträge für Verbraucher und zur Änderung der Richtlinien 2008/48/EG und 2013/36/EU und der Verordnung (EU) Nr. 1093/2010 durch das deutsche Wohnimmobilienkreditrichtlinie-Umsetzungsgesetz (**WoImmoKRLUmsG**) erfahren. Dieses führte zu Änderungen zahlreicher Gesetze, u.a. des Bürgerlichen Gesetzbuches (BGB), des Einführungsgesetzes zum BGB (EGBGB), der Gewerbeordnung (GewO) des Kreditwesengesetzes (KWG) und des Zahlungsdiensteaufsichtsgesetzes (ZAG). Zu den Änderungen zählen unter anderen Regelungen zu den Anforderungen an die Werbung, (vor-)vertragliche Informationen, Prüfung der Kreditwürdigkeit, Bedenkzeit, Darlehen in Fremdwährungen und das Widerrufsrecht. Hinzu kommen Vorgaben hinsichtlich der Beratung bei der Kreditvergabe und Kreditvermittlung sowie der Sachkunde und Entlohnung der Mitarbeiter der Kreditgeber.

V. Prospekthaftung und Anlageberatung

Die **Prospekthaftung** erfuhr vor allem durch Hinzufügen einer Regelung hinsichtlich der Haftung von fehlerhaften oder fehlenden Verkaufsprospekten im Wertpapierprospektgesetz (WpPG) durch das Gesetz zur Novellierung des Finanzanlagevermittler- und Vermögensanlagerechts (BGBl I, S. 2481) vom 6. Dezember 2011 eine Änderung. Gleichzeitig wurde das Vermögensanlagegesetz, sowie die Vermögensanlagen-Verkaufsprospektverordnung eingeführt, die den Inhalt von Verkaufsprospekten, sowie konkretisierende Angaben und Mindestangaben vorschreibt. Zudem wurde das Kapitalanlagegesetzbuch (KAGB) geschaffen. Im Gebiet der **Haftung aus Anlageberatung** ergeben sich die wesentlichen Neuerungen aus den neuen zusätzlichen Pflichten, welche durch Umsetzung der MiFID II Richtlinie im Rahmen des 2. FiMaNoG an eine ordnungsgemäße Anlageberatung gestellt werden. So muss von nun an im Rahmen einer Anlageberatung unter anderem darüber informiert werden, ob sich die Anlageberatung auf eine umfangreiche oder eher beschränkte Analyse verschiedener Arten von Finanzinstrumenten stützt und ob die Palette der Finanzinstrumente auf Finanzinstrumente beschränkt ist, die von Anbietern oder Emittenten stammen, die in einer engen Beziehung zum Wertpapierdienstleistungsunternehmen stehen. Des Weiteren werden gesteigerte Anforderungen an die Kostentransparenz sowie an die Geeignetheit des Produkts für den Kunden gestellt.

VI. Strafrecht

Neuerungen hinsichtlich **strafrechtlicher Implikationen** ergeben sich ebenfalls aufgrund der Umsetzung von MiFID II. Wie später im Einzelnen zu beleuchten ist, wurde im Rahmen der Umsetzung zahlreiche strafrechtliche und ordnungswidrigkeiten-rechtliche Normen eingeführt.

ERSTER TEIL

Investmentrecht

Schrifttum

Arendts in Heussen/Hamm Beck'sches Rechtsanwaltshandbuch, § 34 Rn. 1, 11. Auflage 2016; *Assmann/Schlitt/von Kopp-Colomb* WpPG/VermAnlG, 3. Auflage 2017; *Aurich* Neues Maßnahmenpaket für den grauen Kapitalmarkt, GWR 2014, 295; *Benedikt* Kommanditgesellschaften im Regelungsbereich des Investmentrechts, zugl.: Universität Osnabrück, Dissertation, 2016; *Boos/Fischer/Schulte-Mattler* KWG, CRR-VO, 5. Auflage 2016; *Boxberger* Vertretungsbefugnis einer externen Kapitalverwaltungsgesellschaft, GWR 2016, 1–5; *Buck-Heeb* Kapitalmarktrecht, 9. Aufl. 2017; *dies.* Aufsichtsrechtliches Produktverbot und zivilrechtliche Rechtsfolgen – der Anleger zwischen Mündigkeit und Schutzbedürftigkeit, BKR 2017, 89–99; *dies.* Entwicklungen und Perspektiven des Anlegerschutzes, JZ, 2017, S. 279; *Bußalb/Schermuly* Neue Befugnisse der BaFin nach dem Kleinanlegerschutzgesetz – ausgewählte Fragestellungen aus der Aufsichtspraxis zu Vermögensanlagen, WM 2016, 2005; *Decker, Oliver* Segregation und Ausfallrisiko nach EMIR und KAGB, BKR 2014, 397–404; *ders.* Prinzipien der kollektiven Vermögensanlage, Tübingen 2016; *Dornseifer/Frank/Klebeck/Tollmann* AIFM-Richtlinie: Richtlinie 2011/61/EU über die Verwalter alternativer Investmentfonds mit Bezügen zum KAGB-E, 2013; *Einsele* Bank- und Kapitalmarktrecht, 3. Aufl. 2014; *Fischer* Investmentaktiengesellschaft und Investmentkommanditgesellschaft unter dem Kapitalanlagegesetzbuch, ZBB 2013, 153–163; *Fuchs* Wertpapierhandelsgesetz, 2. Aufl. 2016; *Heese* Beratungspflichten, 2015; *Klebeck/Kolbe* Aufsichts- und Arbeitsrecht im KAGB, BB 2014, 707–714; *Langenbucher/Bliesener/Spindler* Bankrechtshandbuch, 2. Aufl. 2016; *Moritz/Klebeck/Jesch* Frankfurter Kommentar zum Kapitalanlagegesetzbuch, Band 1, 1. Aufl. 2016; *Ohl* Die Rechtsbeziehungen innerhalb des Investment-Dreiecks, Zugl.: Mainz, Univ., Diss., 1987, 1989; *Patzner/Döser/Kempf/Ludger* Investmentrecht, 3. Aufl., 2017; *Preuße/Zingel* WpDVerOV, 1. Aufl. 2015; *Roth* Das neue Kleinanlegerschutzgesetz, GWR 2015, 243; *Schubert/Schuhmann* Die Kategorie des semiprofessionellen Anlegers nach dem Kapitalanlagegesetzbuch, BKR 2015, 45; *Schultheiß* Die Haftung von Verwahrstellen und externen Bewertern unter dem KAGB, WM 2015, 603–609; *Seller/Geier* in Schimansky/Bunte/Lwowski Bankrechts-Handbuch, Vor § 104, Rn. 78, 5. Auflage 2017; *Siering/Izzo-Wagner* VermAnlG, 2017; *Unzicker* VerkProspG: Kommentar zum Verkaufsprospektgesetz und zur Vermogensanlage Verkaufsprospektverordnung, 2010; *Wallach* Wann liegt ein Vertrieb von Anteilen an Investmentvermögen vor? ZBB 2016, 287–300; *Weitnauer* Handbuch Venture Capital, 5. Auflage 2016; *Weitnauer/Boxberger/Anders* KAGB, 2. Aufl. 2018; *Wollenhaupt/Beck* Das neue Kapitalanlagegesetzbuch (KAGB), DB 2013, 1950–1959; *Zetsche* Das Gesellschaftsrecht des Kapitalanlagegesetzbuches, AG 2013, 613–630; *ders.* Prinzipien der kollektiven Vermögensanlage, Tübingen 2016; *ders.* Family Offices und Familienvermögen zwischen Recht und Regulierung, ZIP 2017, 945–958; *ders.* Prinzipien der kollektiven Vermögensanlage, Tübingen 2016; *ders.* Finanzintermediation durch Investmentfonds – Zur Behandlung von Systemrisiken im Nicht-Banken-Sektor am Beispiel von Kreditfonds, ZVglRWiss 2017, 269–287.

Systematische Übersicht

https://doi.org/10.1515/9783110447293-002

KAPITEL 1
Anlegerschutz im Kapitalanlagegesetzbuch

1 Der Anlegerschutz bildet eines der tragenden Prinzipien des KAGB, ohne dass dies ausdrücklich formalgesetzlich normiert wird.[1] Dies folgt einerseits aus den supranationalen Vorgaben[2] und wird andererseits vom deutschen Gesetzgeber so vorausgesetzt.[3] Dieses Prinzip ist in einer Vielzahl von Normen widergespiegelt. Gemeinsam ist ihnen eine Systematik, die im Folgenden näher beschrieben werden soll.

§ 1 Abs. 1, Abs. 19 KAGB
Begriffsbestimmungen

§ 1 Abs. 1 KAGB

Investmentvermögen ist jeder Organismus für gemeinsame Anlagen, der von einer Anzahl von Anlegern Kapital einsammelt, um es gemäß einer festgelegten Anlagestrategie zum Nutzen dieser Anleger zu investieren und der kein operativ tätiges Unternehmen außerhalb des Finanzsektors ist. Eine Anzahl von Anlegern im Sinne des Satzes 1 ist gegeben, wenn die Anlagebedingungen, die Satzung oder der Gesellschaftsvertrag des Organismus für gemeinsame Anlagen die Anzahl möglicher Anleger nicht auf einen Anleger begrenzen.

§ 1 Abs. 19 KAGB

Die folgenden Begriffe werden für die Zwecke dieses Gesetzes wie folgt bestimmt:

Nr. 31 Privatanleger sind alle Anleger, die weder professionelle noch semiprofessionelle Anleger sind.

Nr. 32 Professioneller Anleger ist jeder Anleger, der im Sinne von Anhang II der Richtlinie 2014/65/EU als professioneller Kunde angesehen wird oder auf Antrag als ein professioneller Kunde behandelt werden kann.

Nr. 33 Semiprofessioneller Anleger ist

a) jeder Anleger,

aa) der sich verpflichtet, mindestens 200.000 Euro zu investieren,

bb) der schriftlich in einem vom Vertrag über die Investitionsverpflichtung getrennten Dokument angibt, dass er sich der Risiken im Zusammenhang mit der beabsichtigten Verpflichtung oder Investition bewusst ist,

cc) dessen Sachverstand, Erfahrungen und Kenntnisse die AIF-Verwaltungsgesellschaft oder die von ihr beauftragte Vertriebsgesellschaft bewertet, ohne von der Annahme auszugehen, dass der Anleger über die Marktkenntnisse und -erfahrungen der in Anhang II Abschnitt I der Richtlinie 2014/65/EU genannten Anleger verfügt,

dd) bei dem die AIF-Verwaltungsgesellschaft oder die von ihr beauftragte Vertriebsgesellschaft unter Berücksichtigung der Art der

---

1 So auch Schimanski/Bunte/Lwowski/*Köndgen*/*Schmies* Bankrechts-Handbuch, § 113 – Investmentgeschäft, Rn. 50.

2 Vgl. Erwägungsgrund (3) OGAW-Richtlinie, Art. 12 Abs. 1 AIFM-Richtlinie sowie Erwägungsgründe (83), (89), (94) Delegierte Verordnung (EU) Nr. 231/2013.

3 Bt-Drs. 17/12294, S. 188.

beabsichtigten Verpflichtung oder Investition hinreichend davon überzeugt ist, dass er in der Lage ist, seine Anlageentscheidungen selbst zu treffen und die damit einhergehenden Risiken versteht und dass eine solche Verpflichtung für den betreffenden Anleger angemessen ist, und

ee) dem die AIF-Verwaltungsgesellschaft oder die von ihr beauftragte Vertriebsgesellschaft schriftlich bestätigt, dass sie die unter Doppelbuchstabe cc genannte Bewertung vorgenommen hat und die unter Doppelbuchstabe dd genannten Voraussetzungen gegeben sind,

b) ein in § 37 Absatz 1 genannter Geschäftsleiter oder Mitarbeiter der AIF-Verwaltungsgesellschaft, sofern er in von der AIF-Verwaltungsgesellschaft verwaltete AIF investiert, oder ein Mitglied der Geschäftsführung oder des Vorstands einer extern verwalteten Investmentgesellschaft, sofern es in die extern verwaltete Investmentgesellschaft investiert,

c) jeder Anleger, der sich verpflichtet, mindestens 10 Millionen Euro in ein Investmentvermögen zu investieren,

d) jeder Anleger in der Rechtsform

aa) einer Anstalt des öffentlichen Rechts,

bb) einer Stiftung des öffentlichen Rechts oder

cc) einer Gesellschaft, an der der Bund oder ein Land mehrheitlich beteiligt ist,

wenn der Bund oder das Land zum Zeitpunkt der Investition der Anstalt, der Stiftung oder der Gesellschaft in den betreffenden Spezial-AIF investiert oder investiert ist.

A. Investmentvermögen, § 1 Abs. 1 KAGB

Der Begriff des Investmentvermögens ist der zentrale Begriff im KAGB. Mit ihm wird der Anwendungsbereich des KAGB erst eröffnet bzw. gegenüber anderen Gesetzen abgegrenzt (wie beispielsweise gegenüber Kreditinstituten, vgl. § 2 Abs. 1 Nr. 3d) KAGB oder Vermögensanlegen i.S.d. VermAnlG, vgl. § 1 Abs. 2 VermAnlG). 2

Im Gegensatz zum InvG, dem ein **formaler** Ansatz zugrunde lag, folgt das KAGB nun einem **materiellen Fondsbegriff.** Das InvG beschränkte sich nach § 1 InvG noch auf die Regulierung solcher Fonds, die in Form von Investmentfonds i.S.v. § 2 Abs. 1 InvG oder Investmentaktiengesellschaften (§ 2 Abs. 5 InvG) konstituiert waren.[4] Die AIFM-RL sowie das umsetzende KAGB verfolgen nun das Ziel der **möglichst umfassenden Regulierung**: unabhängig sollen alle Anlagen der Regulierung unterliegen, die die Eigenschaften eines Investmentvermögens erfüllen, ohne dass es auf die Rechtsform, in der die Anlagen organisiert sind, ankommen soll.[5] In der Folge wurde der Anwendungsbereich der Regulierung drastisch ausgedehnt: Sämtliche Anlagen, die als Investmentvermögen qualifizieren und nicht bereits als OGAW reguliert sind, unterfallen damit der Regulierung durch das KAGB. 3

4 *Klebeck/Kolbe* BB 2014, 707.

5 *Benedikt* Kommanditgesellschaften im Regelungsbereich des Investmentrechts, S. 55; *Klebeck/Kolbe* BB 2014, 707.

I. Organismus für gemeinsame Anlagen[6]

4 **1. Herleitung und Definition des Begriffs „Organismus“.** Der Begriff des Investmentvermögens wird weder im KAGB noch in der AIFM- oder OGAW-RL[7] definiert. Stattdessen verwenden Aufsicht[8] und Rechtsanwender eine Definition, die sich im Wesentlichen an der Auslegung der ESMA[9] orientiert.

5 Als „Organismen für gemeinsame Anlage“ gelten danach solche Anlagen, bei denen ein rechtlich oder wirtschaftlich (z.B. durch einen getrennten Rechnungskreis) verselbständigtes Vermögen aufgelegt wird.[10] Es muss ein Vehikel vorliegen, in dem das externe, von den Investoren eingesammelte Kapital **„gepoolt“** wird.[11]

6 **2. Rechtsform.** Die Einstufung als Investmentvermögen ist grundsätzlich **unabhängig** von der gesellschaftsrechtlichen Zuordnung der Rechtsform.[12] Davon zu unterscheiden ist auf der Ebene der Rechtsfolge die aufsichtsrechtliche Anforderung an die Rechtsform, in der der OGAW bzw. der AIF strukturiert werden kann. Hier listet das KAGB – in Abhängigkeit von der Struktur des jeweiligen Investmentvermögens – einen *numerus clausus* an zulässigen Rechtsformen auf.[13] Offene Investmentvermögen sind nach § 91 KAGB entweder als Sondervermögen nach §§ 92ff. KAGB oder als Investmentaktiengesellschaften mit veränderlichem Kapital i.S.d. §§ 102ff. KAGB zu strukturieren. Handelt es sich bei dem offenen inländischen Investmentvermögen nicht um einen OGAW und ist eine Anlage nur professionellen und semiprofessionellen Anlegern gestattet, ist als Rechtsform zusätzlich die offene Investmentkommanditgesellschaft i.S.v. §§ 124ff. KAGB zulässig. Geschlossene inländische Investmentvermögen sind in der Rechtsform einer Investmentaktiengesellschaft mit fixem Kapital (§§ 140ff. KAGB) bzw. als geschlossene Investmentkommanditgesellschaft (§§ 149ff. KAGB) zulässig. Abweichende Strukturen gestattet das KAGB nicht.

7 **3. „Gemeinsame Anlage“.** Eine gemeinsame Anlage liegt vor, wenn Anleger an den Chancen und Risiken des Organismuss beteiligt werden sollen.[14]

II. Einsammeln von Kapital

8 **1. Grundsatz.** Ein „Einsammeln von Kapital“ soll dann vorliegen, wenn ein Organismus oder eine Person oder Unternehmen für Rechnung dieses Organismuss direkte oder indirekte Schritte unternimmt, um **gewerblich** bei einem oder mehreren Anlegern

---

6 *Benedikt*, a.a.O., S. 57ff.

7 Richtlinie 2014/91/EU des Europäischen Parlaments und des Rates vom 23. Juli 2014 zur Änderung der Richtlinie 2009/65/EG zur Koordinierung der Rechts- und Verwaltungsvorschriften betreffend bestimmte Organismen für gemeinsame Anlagen in Wertpapieren (OGAW) im Hinblick auf die Aufgaben der Verwahrstelle, die Vergütungspolitik und Sanktionen.

8 BaFin, Auslegungsschreiben zum Anwendungsbereich des KAGB und zum Begriff des „Investmentvermögens“, v. 14.6.2013, Stand: 9.3.2015, sub. I.1; Moritz/Klebeck/Jesch/*Gottschling* § 1 Rn. 29.

9 ESMA, Leitlinien zu Schlüsselbegriffen der Richtlinie über die Verwalter alternativer Investmentfonds (AIFMD), v. 13.8.2013, ESMA/2013/611, S. 6.

10 Zur Geschichte des Begriffs vgl. *Zetsche* Prinzipien, S. 285ff.

11 BaFin, Auslegungsschreiben (Fn. 10), sub. I.1.

12 Moritz/Klebeck/Jesch/*Gottschling* § 1 Rn. 42.

13 *Klebeck/Kolbe* BB 2014, 707 (708).

14 BaFin, Auslegungsschreiben zum Anwendungsbereich des KAGB und zum Begriff des „Investmentvermögens“, v. 14.6.2013, Stand: 9.3.2015, sub. I.2.

Kapital zu beschaffen, um es gemäß einer festgelegten Anlagestrategie anzulegen.[15] Die Bundesanstalt leitet diese Begriffsbestimmung unmittelbar aus dem finalen ESMA-Report zur AIFMD ab.[16]

Das Merkmal „Einsammeln von Kapital" ist grundsätzlich weit gefasst.[17] Ihm kommt nur eine untergeordnete Bedeutung zu und ist insbesondere nicht im Sinne eines öffentlichen Angebots zu verstehen.[18] Erforderlich ist allein ein **gewerbliches Handeln** des Anbieters.[19] 9

2. Ausnahmen für Family Offices und Investmentclubs. An der erforderlichen Gewerbsmäßigkeit fehlt es nach Ansicht der BaFin bei **Family Offices** und (bei entsprechender Strukturierung) **Investmentclubs**. 10

III. Einer Anzahl von Anlegern

Das Merkmal „einer Anzahl von Anlegern" ist ebenfalls weit zu verstehen und nicht erst erfüllt, wenn tatsächlich mehrere Anleger Anteile am (vermeintlichen) Investmentvermögen zeichnen, sondern bereits dann, wenn die dem Organismus für gemeinsame Anlagen zugrundeliegende Vertragsdokumentation die mögliche Zahl von Anlegern nicht auf einen Anleger begrenzt.[20] Ausreichend ist folglich die bloße Möglichkeit, dass mehrere Anleger investieren. 11

Zur Frage, ob und gegebenenfalls in welchem Umfang Gesellschafter einer die Anteile am Organismus für gemeinsame Anlagen haltenden Gesellschaft als Anleger zu betrachten sind, hat sich eine relativ vielgestaltige Kasuistik entwickelt. So sollen beispielsweise die zur Gründung einer Gesellschaft notwendigen Personen, wie ein geschäftsführender Kommanditist oder Komplementär, die allein zum Zweck der Gesellschaftsgründung und nicht darüber hinaus am Organismus für gemeinsame Anlagen beteiligt sind, nicht als eigenständige Anleger gelten.[21] Bei der Beteiligung sog. Carry-KGs an Spezial-AIF soll zu differenzieren sein: Die jeweilige Carry-KG gelte dann nicht als Anleger, „*wenn (1) der Zweck der von ihr eingebrachten Einlage in der Vereinnahmung von Ergebnisanteilen besteht, die sie für die Förderung des Zwecks des AIF erhält (Carried Interest), (2) der Anspruch auf den Carried Interest unter der Voraussetzung eingeräumt worden ist, dass die Investoren ihr eingezahltes Kapital vollständig zurückerhalten haben und (3) eine Steuerberatungs-, Wirtschaftsprüfer- oder Rechtsanwaltskanzlei der BaFin bestätigt, dass diese Voraussetzungen im konkreten Fall erfüllt sind*".[22] Bei der Einstufung der Anlegerkenntnisse und Fähigkeiten kommt es in einem solchen Fall laut BaFin nicht auf die (Carry-)KG an, sondern es finde eine Durchschau auf die jeweiligen Gesellschafter der KG statt.[23] Anders hingegen soll der Fall zu beurteilen sein, wenn über die Carry-KG auch die Initiatoren des Organismus für gemeinsame Anlagen Beteiligungen halten. 12

---

15 BaFin, Auslegungsschreiben zum Anwendungsbereich des KAGB und zum Begriff des „Investmentvermögens", v. 14.6.2013, Stand: 9.3.2015, sub. I.3.
16 ESMA, Leitlinien zu Schlüsselbegriffen der Richtlinie über die Verwalter alternativer Investmentfonds (AIFMD), v. 13.8.2013, ESMA/2013/611, S. 6.
17 Moritz/Klebeck/Jesch/*Gottschling* § 1 Rn. 53.
18 Moritz/Klebeck/Jesch/*Gottschling* § 1 Rn. 54.
19 BaFin, Auslegungsschreiben zum Anwendungsbereich des KAGB und zum Begriff des „Investmentvermögens", v. 14.6.2013, Stand: 9.3.2015, sub. I.3.
20 BaFin, a.a.O. (Fn. 21), sub I.4.
21 BaFin, a.a.O. (Fn. 21), sub I.4; Weitnauer/Boxberger/*Volhard*/*Jang* § 1 Rn. 11.
22 BaFin, Mitteilung v. 24.10.2014, abrufbar unter: https://www.idw.de/blob/28196/9343dd6b9f59c3383 3779f842faed69e/down-bafin-carry-kg-data.pdf.
23 Weitnauer/Boxberger/*Volhard*/*Jang* § 1 Rn. 11.

Dann sei die Carry-KG als Anleger zu qualifizieren, da nun zumindest auch Anteile zu Investitionszwecken gehalten würden.[24]

IV. Festgelegte Anlagestrategie

13 Das Merkmal der „festgelegten Anlagestrategie" ist vom allgemeinen Geschäftszweck oder Unternehmensgegenstand der Gesellschaft zu unterscheiden.[25] Die „festgelegte Anlagestrategie" ist dabei konkreter zu verstehen als der Geschäftszweck oder der Unternehmensgegenstand.[26]

V. Investition zum Nutzen der Anleger

14 Unter dem Merkmal „Investition zum Nutzen der Anleger" ist die allgemeine Investition zur Erzielung einer Rendite für die Anleger zu verstehen.[27] Dies ist beispielsweise nicht der Fall bei Investitionen, die einen allgemein altruistischen Zweck verfolgen und bei denen die Investition nicht mit der Erzielung einer (monetären) Renditeerwartung verknüpft ist.[28] Ebenfalls ist dies nicht der Fall, wenn das eingesammelte Kapital (primär) zum Nutzen des eigenen Unternehmens eingesammelt wird.[29]

VI. Kein operativ tätiges Unternehmen außerhalb des Finanzsektors

15 Zuletzt gelten solche Unternehmen nicht als Investmentvermögen, bei denen es sich um „operativ tätige Unternehmen außerhalb des Finanzsektors" handelt. Nach der von ESMA entwickelten Auslegung des Begriffs sind solche Unternehmen operativ tätig, die einen „allgemein-kommerziellen bzw. -industriellen Zweck" verfolgen.[30] Nach den ESMA Kriterien handelt es sich bei Unternehmen, die einen solchen „allgemein-kommerziellen oder -industriellen Zweck" verfolgen, insbesondere um Unternehmen, die einer kommerziellen Tätigkeit nachgehen, also beispielsweise Waren oder Güter kaufen, verkaufen oder tauschen bzw. nicht-finanzielle Dienstleistungen anbieten, einer industriellen Tätigkeit nachgehen, einschließlich der Produktion von Waren oder der Errichtung von Immobilien.[31]

B. Kundenklassifizierung: Professionelle und semi-professionelle Anleger und Privatanleger

16 Das KAGB verfolgt ebenso wie das InvG einen proportionalen Ansatz: Der gewährte Schutz soll nicht allen Anlegern gleichermaßen zukommen, sondern sich nach den persönlichen Kenntnissen und Eigenschaften sowie der wirtschaftlichen Fähigkeit, auch mögliche Verluste zu tragen, richten. Zu Recht verweist *Zetsche* darauf, dass sich die

---

24 Weitnauer/Boxberger/*Volhard/Jang* § 1 Rn. 12.
25 Moritz/Klebeck/Jesch/*Gottschling* § 1 Rn. 65.
26 Moritz/Klebeck/Jesch/*Gottschling* § 1 Rn. 65.
27 Moritz/Klebeck/Jesch/*Gottschling* § 1 Rn. 75.
28 ESMA, Discussion paper – Key concepts of the Alternative Investment Fund Managers Directive and types of AIFM, S. 9 f. abrufbar unter: www.esma.europa.eu/system/files/2012-117.pdf (zuletzt abgerufen: Februar 2018).
29 BaFin, a.a.O. (Fn. 21), sub I.6.
30 ESMA, Leitlinien zu Schlüsselbegriffen der Richtlinie über die Verwalter alternativer Investmentfonds (AIFMD), v. 13.8.2013, geändert am 30.1.2014, sub. IV a).
31 Ebd., sub. II.

Differenzierung in kundigen und unkundigen Anleger mittlerweile zu einem *„Modell eines einheitlichen europäischen Finanzmarktrechts fortentwickelt"* habe.[32] Dieses auch für das KAGB tragende Prinzip spiegelt sich in den verschiedenen Anlegerklassen wider. Dabei gilt im Grundsatz: Je größer das durch das KAGB gewährte Schutzniveau ist, desto begrenzter ist die Wahl der Investitionsform für den Anleger.

I. Privatanleger, § 1 Abs. 19 Nr. 31 KAGB

Nach der Legaldefinition des § 1 Abs. 19 Nr. 31 KAGB handelt es sich bei Privatanlegern um solche Anleger, die weder professionelle noch semiprofessionelle Anleger sind. In der Definition zeigen sich zweierlei Brüche gegenüber der Richtlinie: sprachlich weicht die Definition von dem Wortlaut der Richtlinie ab, in deren Diktion vom „Kleinanleger" die Rede ist (Art. 4(1)(aj) AIFM-RL). Ganz überwiegend soll dem sprachlichen Unterschied keine weitere Bedeutung zukommen.[33] Systematisch trägt die Definition dem Umstand der weiteren Anlegerkategorie Rechnung, von dem der Privatanleger zusätzlich abzugrenzen ist und unterscheidet sich insofern notwendigerweise von der Richtliniendefinition. 17

II. Professioneller Anleger, § 1 Abs. 19 Nr. 32 KAGB

Entsprechend der Verweistechnik, der sich die AIFM-RL bedient, enthält auch das KAGB keine eigenständige Definition des professionellen Anlegers, sondern verweist auf die Definition des „Professionellen Kunden" in Anhang II der MiFID II.[34] 18

Abstrakt bestimmt Anhang II MiFID II, dass „professioneller Kunde" ein Kunde ist, *„der über ausreichende Erfahrungen, Kenntnisse und Sachverstand verfügt, um seine Anlageentscheidungen selbst treffen und die damit verbundenen Risiken angemessen beurteilen zu können"*. Daneben listet Anhang II MiFID II Kategorien von natürlichen und juristischen Personen auf, die als professionelle Kunden in Fragen kommen. Systematisch unterscheiden MiFID bzw. MiFID II dabei zwischen „geborenen" und „gekorenen" Kunden.[35] 19

1. „Geborene" professionelle Anleger. Vorausgesetzt wird die Eigenschaft als professioneller Anleger für Unternehmen der Finanzbranche, die unabhängig ihrer Größe als professionelle Kunden angesehen werden (Anhang II(I)(1) MiFID II). Des Weiteren gelten als professionelle Kunden (besonders) große Unternehmen, die über: eine Bilanzsumme größer als 20 Millionen EUR, einen Nettoumsatz von mindestens 40 Millionen EUR und/oder Eigenmittel von mindestens 2 Millionen EUR verfügen, wobei mindestens zwei Voraussetzungen zugleich gegeben sein müssen. 20

Als professionelle Kunden gelten auch bestimmte staatliche und öffentlich-rechtliche Stellen wie nationale und regionale Regierungen, Zentralbanken, internationale und supranationale Einrichtungen wie Weltbank, IWF und ähnliche Institutionen. 21

Nach Anhang II(1)(4) MiFID II gelten auch sonstige *„institutionelle Anleger, deren Haupttätigkeit in der Anlage in Finanzinstrumenten besteht, einschließlich Einrichtungen, die die wertpapiermäßige Verbriefung von Verbindlichkeiten und andere Finanzierungsgeschäfte betreiben"* per se als professionelle Anleger. Dem Wortlaut nach gälte dies auch 22

32 *Zetsche* Prinzipien, S. 602.
33 Moritz/Klebeck/Jesch/*Gottschling* § 1 Rn. 410; *Dornseifer*/Jesch/Klebeck/Tollmann, AIFM-RL, Art. 4 Rn. 244.
34 Richtlinie 2014/65/EU des Europäischen Parlaments und des Rates vom 15. Mai 2014 über Märkte für Finanzinstrumente sowie zur Änderung der Richtlinien 2002/92/EG und 2011/61/EU.
35 Moritz/Klebeck/Jesch/*Gottschling* § 1 Rn. 417 ff.; HK-InvestmentR/*Schneider-Deters* § 1 Rn. 127 f.; *Fuchs* WpHG, § 31a Rn. 19.

für **reine Zweckgesellschaften**, ohne dass diese notwendigerweise unter der Leitung einer sachkundigen und erfahrenen Person stehen müssten. Aus dem Grund soll bei der Anwendung der Norm ein enges Verständnis angelegt werden.[36]

23 Zur Lösung bietet sich auch hier ein „look through"-Ansatz an, der der wirtschaftlichen Betrachtungsweise der Finanzaufsicht entspricht.[37] Diese Lösung entspricht auch der gesetzlichen Wertung des § 2 Abs. 3 WpDVerOV, der Anhang II(1)(4) Satz 2 MiFID II umsetzt.[38] Danach ist bei Kapitalgesellschaften, die nicht die Schwellenwerte von Bilanzsumme, Umsatzerlöse und Eigenmittel erreichen, auf die Person der Gesellschaft abzustellen, die für die Entscheidung über den Handel mit Finanzinstrumenten verantwortlich ist.[39]

24 Obwohl ein zur Gruppe der „geborenen" Anleger gehörendes Unternehmen qua Gesetz als professioneller Anleger anzusehen ist, ist dem professionellen Kunden die Möglichkeit einzuräumen, auf seinen Antrag als Privatanleger eingestuft zu werden (Anhang II Abs. 5 MiFID II). Als Folge ist ihm ein entsprechendes Schutzniveau zu gewähren.[40] Soweit teilweise angenommen wird, aus dem Fehlen einer Parallelvorschrift im KAGB zu § 67 Abs. 5 WpHG sei zu schließen, dass die Möglichkeit zur Herabstufung nicht bestehen solle,[41] scheint dieser Schluss nicht zwingend. Da die Definition in § 1 Abs. 19 Nr. 32 KAGB keine eigenen Tatbestandsvoraussetzungen enthält, kann es sich nur um einen **Rechtsgrundverweis** handeln. Damit sind die in Anhang II enthaltenen Voraussetzungen als Ganzes zu lesen und nicht lediglich in Teilen. Im Unterschied dazu hat der Gesetzgeber im WpHG auf einen „bloßen" Verweis auf die Regelung in der MiFID II verzichtet und stattdessen die Tatbestandsvoraussetzungen positiv normiert (s. u.a. § 67 WpHG). Dass der Gesetzgeber bewusst die Möglichkeit der Herabstufung ausschließen wollte, kann daraus nicht entnommen werden. Ob das mutmaßliche Fehlen der Möglichkeit zur Herabstufung auch tatsächlich so konsequenzenlos wäre, wie behauptet,[42] erscheint zweifelhaft. Mit dem Antrag auf Herabstufung macht der Anleger deutlich, dass er seiner Auffassung nach nicht über die erforderliche Sachkunde, Kenntnis und Erfahrung verfügt, die nach dem Gesetz für Kunden mit seinen Eigenschaften vermutet wird. Gerade im Eskalationsfall wird einer solchen Einschätzung durch den Anleger selbst Bedeutung zukommen.

25 **2. „Gekorene" professionelle Anleger.** Während der „geborene" professionelle Anleger *per se* als professioneller Anleger anzusehen ist, bedarf es für den „gekorenen" professionellen Anleger der gesonderten Feststellung und damit eines Antrags des Anlegers.

26 **a) Materielle Voraussetzungen.** Materiell setzt die Hochstufung vom Privat- zum professionellen Anleger nach Anhang II(II.1.)) MiFID II voraus, dass mindestens zwei der drei folgenden Kriterien erfüllt sein müssen:

- Der Anleger hat an dem relevanten Markt während der vier vorhergehenden Quartale durchschnittlich pro Quartal 10 Geschäfte von erheblichem Umfang abgeschlossen;
- Das Finanzinstrument-Portfolio des Anlegers, das definitionsgemäß Bardepots und Finanzinstrumente umfasst, übersteigt 500.000 EUR;

---

36 Moritz/Klebeck/Jesch/*Gottschling* § 1 Rn. 422.
37 *Zetsche* ZIP 2017, 945 (950), m.w.N.
38 Vgl. den Referentenentwurf des Bundesministeriums für Finanzen zur Reform der WpDVerOV v. 9.5.2017, S. 26, abrufbar unter: http://www.bundesfinanzministerium.de/Content/DE/Downloads/Gesetze/2017-05-09-WpDVerOV.pdf;jsessionid=7C03A7163549C8A1507F7C8F1B30CADA?__blob=publicationFile&v=1.
39 Dazu: Preuße/Zingel/*Haubner* WpDVerOV, § 2 Rn. 40.
40 So auch HK-InvestmentR/*Schneider-Deters* § 1 Rn. 127.
41 So Moritz/Klebeck/Jesch/*Gottschling* § 1 Rn. 424.
42 Ebd. (Fn. 41).

- Der Anleger ist oder war mindestens ein Jahr lang in einer beruflichen Position im Finanzsektor tätig, die Kenntnisse über die geplanten Geschäfte oder Dienstleistungen voraussetzt.

b) Formelle Voraussetzungen. Das Verfahren der Hochstufung zum professionellen Anleger setzt folgende Elemente voraus: 27
- Der Anleger hat die Hochstufung schriftlich zu beantragen, wobei der Antrag im Einzelfall für eine bestimmte Wertpapierdienstleistung oder ein bestimmtes Wertpapiergeschäft oder für eine Mehrzahl von Geschäften gestellt werden kann;
- Die KVG hat den Anleger schriftlich klar darüber informiert, auf welches Schutzniveau der Anleger mit der Hochstufung verzichtet und welche Anlegerentschädigungsrechte er verliert;
- In einer vom Vertrag/dem Zeichnungsschein separaten schriftlichen Erklärung hat der Anleger zu bestätigen, dass ihm die Folgen des Verzichts und Verlustes bewusst sind.

III. Semiprofessioneller Anleger, § 1 Abs. 19 Nr. 33 KAGB

Die AIFM-Richtlinie kennt nur die Unterteilung in professionelle Anleger im Sinne des Art. 4(1)(ag) AIFM-RL und Kleinanleger nach Art. 4(1)(aj) AIFM-RL. Der deutsche Gesetzgeber weicht hiervon bewusst ab und führte eine dritte Kategorie von Anlegern ein, die er als „semiprofessionelle Anleger" bezeichnete. Eine Legaldefinition des semiprofessionellen Anlegers findet sich in § 1 Abs. 19 Nr. 33 KAGB. Diese Möglichkeit wird zwar durch Art. 43(1) AIFM-RL eingeräumt; der Systematik der Richtlinie entspricht die weitere Unterteilung der Anlegergruppen gleichwohl nicht. Dadurch entstehen stellenweise Friktionen gegenüber der Richtlinie.[43] Durch die Einführung des weiteren Anlegertypus erreicht der Gesetzgeber jedoch, ein nuancierteres Schutzniveau im KAGB umzusetzen. Des Weiteren diente die Einführung des semiprofessionellen Anlegers im KAGB der Stärkung der Wettbewerbsfähigkeit des deutschen Marktes, um sich gegenüber dem Luxemburger und dessen „investisseurs avertis" sowie dem Schweizer und Liechtensteiner Markt mit deren Qualifizierten Anlegern behaupten zu können.[44] 28

Semiprofessionelle Anleger i.S.v. § 1 Abs. 1 Nr. 33 a) KAGB. § 1 Abs. 1 Nr. 33 a) KAGB enthält quasi den „Grundtypus" des semiprofessionellen Anlegers. § 1 Abs. 1 Nr. 33 a) aa)–ee) enthalten Elemente, die beim Anleger kumulativ erfüllt sein müssen, damit dieser als semiprofessioneller Anleger im Sinne des § 1 Abs. 1 Nr. 33 a) gelten kann. Zunächst hat dieser über ein Mindestinvestitionsvolumen von 200.000 EUR zu verfügen. Der Gesetzgeber hat sich dabei bei der Festlegung des Investitionsvolumens von dem Schwellenwert des § 2 Abs. 1 Nr. 3 c) VermAnlG leiten lassen.[45] Die weiteren Voraussetzungen betreffen den Nachweis der Sachkunde bzw. Kenntnisse und Erfahrungen, sowie des Risikobewusstseins des Anlegers der als semiprofessioneller Anleger qualifiziert werden soll. Der Anleger hat **schriftlich** in einem vom Zeichnungsschein **getrennten Dokument** gegenüber der Kapitalverwaltungs- oder Vertriebsgesellschaft zu erklären, dass er sich der im Zusammenhang mit der Investition stehenden Risiken bewusst ist. 29

Die Kapitalverwaltungs- oder Vertriebsgesellschaft hat dann den Sachverstand, die Kenntnisse und die Erfahrungen des Anlegers positiv festzustellen und das Ergebnis der Feststellung zu dokumentieren. Insbesondere bei Family Offices ist in diesen Fällen 30

43 Moritz/Klebeck/Jesch/*Gottschling* § 1 Rn. 439; Weitnauer/Boxberger/*Volhard/Jang* § 1, Rn. 112.
44 *Zetsche* ZIP 2017, 945 (950).
45 BT-Drs. 17/12294, S. 204.

fraglich, auf wessen Kenntnisse und Erfahrungen abzustellen ist. Sind diese nicht kraft Rechtsform oder aufgrund der Höhe der Anlage ohnehin geborene professionelle Anleger stellt sich die Frage, ob auf die Kenntnis des Verwalters des Family Office abzustellen ist, oder auf die Gesamtheit der Mitglieder.[46] Der „wirtschaftlichen Betrachtungsweise", wie *Zetsche* sie vorschlägt,[47] ist hier insofern zuzustimmen, als diese die tatsächlichen Entscheidungsträger und dessen Kompetenz zu Grunde legt. Verfügt dieser über eine ausreichende Kompetenz, kann von der Erfüllung der Voraussetzungen ausgegangen werden. Hat der Verwalter oder Berater des jeweiligen Family Offices nur beratende Funktion, die Letztentscheidung liegt aber bei einem oder mehreren Familienmitgliedern, so ist auch deren Sachkunde und Erfahrung maßgeblich.[48]

§ 17 KAGB
Kapitalverwaltungsgesellschaften

(1) Kapitalverwaltungsgesellschaften sind Unternehmen mit satzungsmäßigem Sitz und Hauptverwaltung im Inland, deren Geschäftsbetrieb darauf gerichtet ist, inländische Investmentvermögen, EU-Investmentvermögen oder ausländische AIF zu verwalten. Verwaltung eines Investmentvermögens liegt vor, wenn mindestens die Portfolioverwaltung oder das Risikomanagement für ein oder mehrere Investmentvermögen erbracht wird.

(2) Die Kapitalverwaltungsgesellschaft ist entweder

1. **eine externe Kapitalverwaltungsgesellschaft, die vom Investmentvermögen oder im Namen des Investmentvermögens bestellt ist und auf Grund dieser Bestellung für die Verwaltung des Investmentvermögens verantwortlich ist (externe Kapitalverwaltungsgesellschaft), oder**
2. **das Investmentvermögen selbst, wenn die Rechtsform des Investmentvermögens eine interne Verwaltung zulässt und der Vorstand oder die Geschäftsführung des Investmentvermögens entscheidet, keine externe Kapitalverwaltungsgesellschaft zu bestellen (interne Kapitalverwaltungsgesellschaft). In diesem Fall wird das Investmentvermögen als Kapitalverwaltungsgesellschaft zugelassen.**

(3) Für jedes Investmentvermögen kann nur eine Kapitalverwaltungsgesellschaft zuständig sein, die für die Einhaltung der Anforderungen dieses Gesetzes verantwortlich ist.

A. Einführung

31 Die Kapitalverwaltungsgesellschaft (KVG) ist eine der drei zentralen Akteure innerhalb des KAGB, ohne deren Beteiligung die Etablierung eines Organismus für gemeinsame Anlagen nicht möglich ist. Die KVG ist in der Systematik des KAGB Adressat der überwiegenden Mehrzahl von Regelungen.

32 Mit der Aufhebung des InvG und der Einführung des KAGB ging ein Paradigmenwechsel hinsichtlich der Rolle der KVG einher: Während es nach dem früher herrschenden formalen Ansatz in der Hand der KVG (vormals in der Terminologie des InvG Kapitalanlagegesellschaft) lag, ob sie sich durch Wahl eines entsprechenden Fondstypus dem KAGG unterwarf, folgt die Klassifizierung als KVG aufgrund des materiellen Fonds-

46 Vgl. Zetsche, ZIP 2017, 945 (950).
47 Ebd. (Fn. 46).
48 Ebd. (Fn. 46).

begriffs des KAGB nunmehr allein aus der Verwaltung eines Investmentvermögens i.S.d. § 1 Abs. 1 KAGB.[49]

B. Definition

Nach der **Legaldefinition** in § 17 Abs. 1 S. 1 KAGB sind KVG Unternehmen mit satzungsmäßigem Sitz und Hauptverwaltung im Inland, deren Geschäftsbetrieb darauf gerichtet ist, inländische Investmentvermögen, EU-Investmentvermögen oder ausländische AIF zu verwalten. Die Definition ist aus sich heraus allein noch nicht verständlich, sondern in der Zusammenschau mit den Begriffsbestimmungen in § 1 KAGB zu lesen.[50] 33

I. Unternehmen

Als Unternehmensform zur Verwaltung eines Investmentvermögens kommen bei externen KVG nur die Rechtsformen der AG, der GmbH oder der GmbH und Co. KG in Betracht (vgl. § 18 KAGB). Insofern besteht für die Strukturierung der externen KVG ein abschließender numerus clausus zulässiger Gesellschaftsformen und Typenzwang. Im Falle der internen KVG ist die Strukturierung auf die für das Sondervermögen zulässigen Gesellschaftsformen beschränkt. 34

II. Sitz und Hauptverwaltung im Inland

Als weitere Tatbestandsvoraussetzung hat die KVG ihren Sitz und ihre Hauptverwaltung im Inland zu unterhalten. Dabei sind beide Tatbestandsvoraussetzungen nicht konstitutiv, sondern hindern bei Nichtvorliegen gegebenenfalls die Erlaubnis- oder Registrierungsfähigkeit der KVG.[51] 35

C. Interne vs. externe KVG (Abs. 2)

Nach der Konzeption des KAGB kommen grundsätzlich zwei Formen der Verwaltung des Investmentvermögens in Betracht: die Verwaltung durch eine externe KVG sowie die interne Verwaltung durch das Investmentvermögen selbst.[52] 36

Die Verwaltung durch die externe KVG stellt den Regelfall der Verwaltung der überwiegenden Anzahl von Investmentvermögen dar.[53] Zwingend ist die Fremdverwaltung, sofern es sich um ein Sondervermögen, also ein Investmentvermögen in Vertragsform ohne eigene Rechtspersönlichkeit handelt (vgl. § 1 Abs. 10 sowie allgemein §§ 92ff. KAGB). Die Verwaltung durch die externe KVG stellt grundsätzlich keinen Fall der Auslagerung dar.[54] 37

---

49 Näher dazu Moritz/Klebeck/Jesch/*Schücking* § 17 Rn. 5; Weitnauer/Boxberger/Anders/*Winterhalder* § 17, Rn. 2f.

50 Weitnauer/Boxberger/Anders/*Winterhalder* § 17, Rn. 5.

51 Weitnauer/Boxberger/Anders/*Winterhalder* § 17, Rn. 10.

52 Vgl. zur Einführung den historischen Abriss bei Weitnauer/Boxberger/Anders/*Winterhalder* § 17, Rn. 32ff.

53 Weitnauer/Boxberger/Anders/*Winterhalder*, KAGB, § 17, Rn. 11.

54 BaFin, Häufige Fragen zum Thema Auslagerung gemäß § 36 KAGB v. 10.7.2013 (Stand: 17.2.2018), sub 1.

D. Funktion der KVG

I. Verwaltung des Investmentvermögens

38 Nach § 17 Abs. 2 Nr. 1 KAGB hat das Investmentvermögen oder ist in dessen Namen eine KVG **zur Verwaltung** des Investmentvermögens zu bestellen. Die Verwaltung eines Investmentvermögens liegt vor, wenn **entweder** die Portfolioverwaltung **oder** das Risikomanagement für ein Investmentvermögen erbracht werden (§ 17 Abs. 1 S. 2 KAGB). Beide Tätigkeiten können prinzipiell durch zwei verschiedene Gesellschaften erbracht werden. Vor diesem Hintergrund ordnet § 17 Abs. 3 KAGB an, dass in diesem Fall durch das Investmentvermögen eine Entscheidung zu treffen ist, welche Gesellschaft als KVG i.S.d. § 17 gelten soll, weswegen es de facto in der Praxis nicht zu einem „echten" Auseinanderfallen beider Tätigkeiten kommen kann. In dem Fall würde die Tätigkeit der jeweils anderen Gesellschaft als Auslagerung zu qualifizieren sein.[55]

39 Das Rechtsverhältnis zwischen KVG und Investmentvermögen wird als Geschäftsbesorgungsvertrag i.S.d. § 675 BGB qualifiziert, das durch Abschluss eines Fremdverwaltungsvertrags begründet wird. In dessen Rahmen hat das Investmentvermögen der KVG umfassend zivilrechtliche Vollmacht einzuräumen, so dass letztlich beim Investmentvermögen nur die gesetzlich zwingend erforderlichen gesellschaftsrechtlichen Funktionen verbleiben.

40 **1. Portfolioverwaltung.** Der Begriff der Portfolioverwaltung i.S.d. § 17 Abs. 1 KAGB ist nicht gleichzusetzen mit der Portfolioverwaltung i.S.v. Art. 4 Abs. 1 Nr. 9 MiFID.

41 **2. Risikomanagement.** Das Risikomanagement als Teil der Anlageverwaltung gehört zu den originären Aufgaben der KVG, dessen Bedeutung in der AIFMD an diversen Stellen mittelbar und unmittelbar betont wird.[56] Der Begriff wird indes innerhalb der AIFMD nicht definiert, sondern ergibt sich erst aus einer Gesamtbetrachtung aus Art. 15 AIFMD und den Art. 38–45 und 50–56 der Delegierten Verordnung (EU) Nr. 231/2013.[57] Zum Risikomanagement gehören danach die Einrichtung von Verfahren zur Erkennung, Beurteilung, Steuerung, Kontrolle und Überwachung von Risiken sowie die Trennung von operationellen Bereichen und Risikocontrolling.

42 Mit den KAMaRisk veröffentlichte die BaFin die Aktualisierung der mit Einführung der KAGB überholten Mindestanforderungen an das Risikomanagement (InvMaRisk).[58] Entsprechend der für Kreditinstitute geltenden Systematik enthalten die KAMaRisk in Modulen Konkretisierungen zu den Vorgaben des Art. 15 AIFMD und der Art. 38–45 und 50–56 Delegierte Verordnung (EU) Nr. 231/2013.

II. Vertretung des Investmentvermögens

43 Handelt es sich bei dem Investmentvermögen um ein Sondervermögen (§ 1 Abs. 10 KAGB), das über keine eigene Rechtspersönlichkeit verfügt, so nimmt die KVG sämtliche Organfunktionen für das Investmentvermögen wahr.[59]

---

55 So auch Weitnauer/Boxberger/Anders/*Winterhalder* § 17, Rn. 16.
56 Vgl. Erwägungsgründe 24, 31, 81 und 89 AIFMD.
57 Moritz/Klebeck/Jesch/*Schücking* § 17 Rn. 21.
58 Rundschreiben 01/2017 (WA) – Mindestanforderungen an das Risikomanagement von Kapitalverwaltungsgesellschaften – „KAMaRisk" in der Fassung vom 10.1.2017.
59 Weitnauer/Boxberger/Anders/*Winterhalder* § 17, Rn. 40.

Zu differenzieren ist, inwieweit das Investmentvermögen in Gesellschaftsform organisiert ist, d.h. als InvAG bzw. als InvKG. In diesem Fall[60] werden der KVG die Befugnis zur Vertretung des Investmentvermögens eingeräumt, soweit es zur Verwaltung des Investmentvermögens erforderlich ist. 44

III. Grenzen der Vertretungsbefugnis

Die Regelungen des KAGB greifen modifizierend in das allgemeine Gesellschafts- 45 recht ein und enthalten eine Vielzahl von Sonderregeln.[61] Insofern gelten – je nach Ausgestaltung des Investmentvermögens als InvAG oder InvKG – von den jeweiligen Regelungen des AktG bzw. des HGB abweichende Grundsätze. Das Verhältnis dieser besonderen Bestimmungen des KAGB zu den allgemeinen gesellschaftsrechtlichen Prinzipien ist Gegenstand andauernder Diskussion. Zusätzliche Belebung erfuhr die Debatte durch zwei Urteile des OLG München[62], in denen das Gericht jeweils betonte, dass die Fremdverwaltung des Investmentvermögens durch eine externe KVG keinesfalls als gesetzliche Vertretung zu verstehen sei. Grundlage der Vertretungsbefugnis sei allein die schuldrechtliche Übertragung von Kompetenzen.[63] Die Erwartungshaltung der Aufsicht wurde mittlerweile durch ein Auslegungsschreiben der BaFin konkretisiert.[64]

§§ 20, 44 KAGB
Registrierung und Erlaubnis zum Geschäftsbetrieb

§ 20 KAGB
Erlaubnis zum Geschäftsbetrieb

(1) Der Geschäftsbetrieb einer Kapitalverwaltungsgesellschaft bedarf der schriftlichen Erlaubnis der Bundesanstalt. Die Bundesanstalt kann die Erlaubnis auf die Verwaltung bestimmter Arten von Investmentvermögen beschränken. Die Bundesanstalt kann die Erlaubnis mit Nebenbestimmungen verbinden.

(2) Externe OGAW-Kapitalverwaltungsgesellschaften dürfen neben der kollektiven Vermögensverwaltung von OGAW folgende Dienstleistungen und Nebendienstleistungen erbringen:

1. **die Verwaltung einzelner in Finanzinstrumenten im Sinne des § 1 Absatz 11 des Kreditwesengesetzes angelegter Vermögen für andere mit Entscheidungsspielraum einschließlich der Portfolioverwaltung fremder Investmentvermögen (Finanzportfolioverwaltung),**
2. **soweit die Erlaubnis die Dienstleistung nach Nummer 1 umfasst, die Anlageberatung,**
3. **soweit die Erlaubnis die Dienstleistung nach Nummer 1 umfasst, die Verwahrung und Verwaltung von Anteilen an inländischen Investmentvermögen, EU-Investmentvermögen oder ausländischen AIF für andere,**
4. **den Vertrieb von Anteilen oder Aktien an fremden Investmentvermögen,**

---

60 Weitnauer/Boxberger/Anders/*Winterhalder* § 17, Rn. 36; *Fischer/Friedrich* ZBB 2013, 156.

61 Instruktiv: *Zetsche* AG 2013, 613–630.

62 OLG München, Urteile v. 1.10.2015 – 23 U 1570/15 und vom 29.10.2015 – 23 U 2093/15; vgl. dazu *Boxberger* GWR 2016, 1–5.

63 *Boxberger* GWR 2016, 1 (3).

64 BaFin, Auslegungsentscheidung zu den Tätigkeiten einer Kapitalverwaltungsgesellschaft und der von ihr extern verwalteten AIF-Investmentgesellschaft v. 21.12.2017, WA 41-Wp 2100-2016/0001.

5. soweit der externen OGAW-Kapitalverwaltungsgesellschaft zusätzlich eine Erlaubnis als externe AIF-Kapitalverwaltungsgesellschaft erteilt wurde, die Verwaltung von AIF sowie Dienstleistungen und Nebendienstleistungen nach Absatz 3,
6. den Abschluss von Altersvorsorgeverträgen gemäß § 1 Absatz 1 des Altersvorsorgeverträge-Zertifizierungsgesetzes sowie von Verträgen zum Aufbau einer eigenen kapitalgedeckten Altersversorgung im Sinne des § 10 Absatz 1 Nummer 2 Buchstabe b des Einkommensteuergesetzes,
7. die Abgabe einer Zusage gegenüber dem Anleger, dass bei Rücknahme von Anteilen, bei Beendigung der Verwaltung von Vermögen im Sinne der Nummer 1 und der Beendigung der Verwahrung und Verwaltung von Anteilen im Sinne der Nummer 3 mindestens ein bestimmter oder bestimmbarer Betrag an den Anleger gezahlt wird (Mindestzahlungszusage),
8. sonstige Tätigkeiten, die mit den in diesem Absatz genannten Dienstleistungen und Nebendienstleistungen unmittelbar verbunden sind.

(3) Externe AIF-Kapitalverwaltungsgesellschaften dürfen neben der kollektiven Vermögensverwaltung von AIF folgende Dienstleistungen und Nebendienstleistungen erbringen:

1. die Verwaltung einzelner nicht in Finanzinstrumenten im Sinne des § 1 Absatz 11 des Kreditwesengesetzes angelegter Vermögen für andere mit Entscheidungsspielraum sowie die Anlageberatung (individuelle Vermögensverwaltung und Anlageberatung),
2. die Verwaltung einzelner in Finanzinstrumenten im Sinne des § 1 Absatz 11 des Kreditwesengesetzes angelegter Vermögen für andere mit Entscheidungsspielraum einschließlich der Portfolioverwaltung fremder Investmentvermögen (Finanzportfolioverwaltung),
3. soweit die Erlaubnis die Dienstleistung nach Nummer 2 umfasst, die Anlageberatung,
4. soweit die Erlaubnis die Dienstleistung nach Nummer 2 umfasst, die Verwahrung und Verwaltung von Anteilen an inländischen Investmentvermögen, EU-Investmentvermögen oder ausländischen AIF für andere,
5. soweit die Erlaubnis die Dienstleistung nach Nummer 2 umfasst, die Vermittlung von Geschäften über die Anschaffung und Veräußerung von Finanzinstrumenten (Anlagevermittlung),
6. den Vertrieb von Anteilen oder Aktien an fremden Investmentvermögen,
7. soweit der externen AIF-Kapitalverwaltungsgesellschaft zusätzlich eine Erlaubnis als externe OGAW-Kapitalverwaltungsgesellschaft erteilt wurde, die Verwaltung von OGAW sowie Dienstleistungen und Nebendienstleistungen nach Absatz 2,
8. den Abschluss von Altersvorsorgeverträgen gemäß § 1 Absatz 1 des Altersvorsorgeverträge-Zertifizierungsgesetzes sowie von Verträgen zum Aufbau einer eigenen kapitalgedeckten Altersversorgung im Sinne des § 10 Absatz 1 Nummer 2 Buchstabe b des Einkommensteuergesetzes,
9. sonstige Tätigkeiten, die mit den in diesem Absatz genannten Dienstleistungen und Nebendienstleistungen unmittelbar verbunden sind.

(4) Externe OGAW-Kapitalverwaltungsgesellschaften und externe AIF-Kapitalverwaltungsgesellschaften dürfen nicht ausschließlich die in Absatz 2 Nummer 1 bis 4 und in Absatz 3 Nummer 1 bis 6 genannten Dienstleistungen und Nebendienstleistungen erbringen, ohne auch die kollektive Vermögensverwaltung zu erbringen.

(5) In der Satzung oder dem Gesellschaftsvertrag der externen OGAW-Kapitalverwaltungsgesellschaft muss bestimmt sein, dass außer den Geschäften, die zur Anlage ihres eigenen Vermögens erforderlich sind, nur die in Absatz 2 genannten Geschäfte und Tätigkeiten betrieben werden. In der Satzung oder dem Gesellschafts-vertrag der externen AIF-Kapitalverwaltungsgesellschaft muss bestimmt sein, dass außer den Geschäften, die zur Anlage ihres eigenen Vermögens erforderlich sind, nur die in Absatz 3 genannten Geschäfte und Tätigkeiten betrieben werden.

(6) Externe Kapitalverwaltungsgesellschaften dürfen sich an Unternehmen beteiligen, wenn der Geschäftszweck des Unternehmens gesetzlich oder satzungsmäßig im Wesentlichen auf die Geschäfte ausgerichtet ist, welche die externe Kapitalverwaltungsgesellschaft selbst betreiben darf und eine Haftung der externen Kapitalverwaltungsgesellschaft aus der Beteiligung durch die Rechtsform des Unternehmens beschränkt ist.

(7) Intern verwaltete OGAW-Kapitalverwaltungsgesellschaften dürfen keine andere Tätigkeit ausüben als die Verwaltung des eigenen OGAW; intern verwaltete AIF-Kapitalverwaltungsgesellschaften dürfen keine andere Tätigkeit ausüben als die Verwaltung des eigenen AIF.

(8) OGAW-Kapitalverwaltungsgesellschaften dürfen für Rechnung des OGAW weder Gelddarlehen gewähren noch Verpflichtungen aus einem Bürgschafts- oder einem Garantievertrag eingehen.

(9) AIF-Kapitalverwaltungsgesellschaften dürfen im Rahmen der kollektiven Vermögensverwaltung ein Gelddarlehen nur gewähren, wenn dies auf Grund der Verordnung (EU) Nr. 345/2013, der Verordnung (EU) Nr. 346/2013, der Verordnung (EU) 2015/760 des Europäischen Parlaments und des Rates vom 29. April 2015 über europäische langfristige Investmentfonds (ABl. L 123 vom 19.5.2015, S. 98), § 3 Absatz 2 in Verbindung mit § 4 Absatz 7 des Gesetzes über Unternehmensbeteiligungsgesellschaften, §§ 240, 261 Absatz 1 Nummer 8, § 282 Absatz 2 Satz 3, § 284 Absatz 5 oder § 285 Absatz 2 oder Absatz 3 erlaubt ist. Die Gewährung eines Gelddarlehens im Sinne des Satzes 1 liegt nicht vor bei einer der Darlehensgewährung nachfolgenden Änderung der Darlehensbedingungen.

(10) Externe Kapitalverwaltungsgesellschaften dürfen ihren Mutter-, Tochter- und Schwesterunternehmen Gelddarlehen für eigene Rechnung gewähren.

§ 44 KAGB
Registrierung und Berichtspflichten

(1) AIF-Kapitalverwaltungsgesellschaften, die die Bedingungen nach § 2 Absatz 4, 4a oder 5 erfüllen,

1. sind zur Registrierung bei der Bundesanstalt verpflichtet,
2. weisen sich und die von ihnen zum Zeitpunkt der Registrierung verwalteten AIF gegenüber der Bundesanstalt aus,
3. legen der Bundesanstalt zum Zeitpunkt ihrer Registrierung Informationen zu den Anlagestrategien der von ihnen verwalteten AIF vor,
4. unterrichten die Bundesanstalt regelmäßig über
   a) die wichtigsten Instrumente, mit denen sie handeln und
   b) die größten Risiken und die Konzentrationen der von ihnen verwalteten AIF,

   um der Bundesanstalt eine effektive Überwachung der Systemrisiken zu ermöglichen,
5. teilen der Bundesanstalt unverzüglich mit, wenn die in § 2 Absatz 4, 4a oder 5 genannten Voraussetzungen nicht mehr erfüllt sind,

6. müssen juristische Personen oder Personenhandelsgesellschaften sein und
7. dürfen nur AIF in der Rechtsform
   a) einer juristischen Person oder
   b) einer Personenhandelsgesellschaft, bei der persönlich haftender Gesellschafter ausschließlich eine Aktiengesellschaft, eine Gesellschaft mit beschränkter Haftung oder eine Kommanditgesellschaft ist, bei der persönlich haftender Gesellschafter ausschließlich eine Gesellschaft mit beschränkter Haftung ist,

   und bei der die Nachschusspflicht der Anleger ausgeschlossen ist, verwalten.

Wird der AIF im Fall von § 2 Absatz 4 als offener AIF in der Rechtsform der Investmentaktiengesellschaft mit veränderlichem Kapital oder der offenen Investmentkommanditgesellschaft aufgelegt, gelten die §§ 108 bis 123 oder die §§ 124 bis 138. Wird der AIF im Fall von § 2 Absatz 4 als geschlossener AIF in der Rechtsform der Investmentaktiengesellschaft mit fixem Kapital oder als geschlossene Investmentkommanditgesellschaft aufgelegt, gelten die §§ 140 bis 148 oder die §§ 149 bis 161. Wird der AIF im Fall von § 2 Absatz 4a oder Absatz 5 in der Rechtsform der Investmentaktiengesellschaft mit fixem Kapital oder der geschlossenen Investmentkommanditgesellschaft aufgelegt, gelten die §§ 140 bis 148 oder die §§ 149 bis 161.

(2) (weggefallen)

(3) AIF-Kapitalverwaltungsgesellschaften, die die Bedingungen nach § 2 Absatz 5 erfüllen, legen der Bundesanstalt mit dem Antrag auf Registrierung zusätzlich zu den in Absatz 1 genannten Angaben folgende Informationen vor:

1. die Angabe der Geschäftsleiter,
2. Angaben zur Beurteilung der Zuverlässigkeit der Geschäftsleiter,
3. Angaben zur Beurteilung der fachlichen Eignung der Geschäftsleiter.

(4) Die Bundesanstalt bestätigt der AIF-Kapitalverwaltungsgesellschaft die Registrierung innerhalb einer Frist von zwei Wochen nach Eingang des vollständigen Registrierungsantrags, wenn die Voraussetzungen für die Registrierung erfüllt sind. Bei Registrierungsanträgen von AIF-Kapitalverwaltungsgesellschaften, die die Bedingungen nach § 2 Absatz 5 erfüllen, kann die Bundesanstalt diesen Zeitraum um bis zu zwei Wochen verlängern, wenn sie dies auf Grund der besonderen Umstände des Einzelfalls für notwendig erachtet. Die Registrierung gilt als bestätigt, wenn über den Registrierungsantrag nicht innerhalb der Frist nach Satz 1 entschieden worden ist und die Bundesanstalt die Frist nicht gemäß Satz 2 verlängert hat. Die Bundesanstalt versagt der AIF-Kapitalverwaltungsgesellschaft die Registrierung, wenn

1. die Bedingungen des § 2 Absatz 4, 4a oder 5 nicht erfüllt sind,
2. nicht alle zum Zeitpunkt der Registrierung erforderlichen Informationen gemäß Absatz 1, 3 und 7 vorgelegt wurden,
3. die AIF-Kapitalverwaltungsgesellschaft, die die Bedingungen nach § 2 Absatz 4, 4a oder 5 erfüllt, keine juristische Person oder Personenhandelsgesellschaft ist,
4. die AIF-Kapitalverwaltungsgesellschaft, die die Bedingungen nach § 2 Absatz 4, 4a oder 5 erfüllt, AIF in einer anderen als den in Absatz 1 Nummer 7 genannten Rechtsformen verwaltet,
5. die Hauptverwaltung oder der satzungsmäßige Sitz der AIF-Kapitalverwaltungsgesellschaft sich nicht im Inland befindet,
6. bei AIF-Kapitalverwaltungsgesellschaften, die die Bedingungen nach § 2 Absatz 5 erfüllen, Tatsachen vorliegen, aus denen sich ergibt, dass die Geschäfts-

leiter der AIF-Kapitalverwaltungsgesellschaft nicht zuverlässig sind oder die zur Leitung erforderliche fachliche Eignung nicht haben.

(5) Die Bundesanstalt kann die Registrierung außer nach den Vorschriften des Verwaltungsverfahrensgesetzes aufheben, wenn

1. **die AIF-Kapitalverwaltungsgesellschaft die Registrierung auf Grund falscher Erklärungen oder auf sonstige rechtswidrige Weise erwirkt hat,**
2. **der Bundesanstalt Tatsachen bekannt werden, die eine Versagung der Registrierung nach Absatz 4 rechtfertigen würden,**
3. **die AIF-Kapitalverwaltungsgesellschaft nachhaltig gegen die Bestimmungen dieser Vorschrift oder die weiteren gemäß § 2 Absatz 4, 4a oder 5 anzuwendenden Bestimmungen dieses Gesetzes verstößt,**
4. **die AIF-Kapitalverwaltungsgesellschaft schwerwiegend, wiederholt oder systematisch gegen die Bestimmungen des Geldwäschegesetzes verstoßen hat.**

Statt der Aufhebung der Registrierung kann die Bundesanstalt die Abberufung der verantwortlichen Geschäftsleiter verlangen und ihnen die Ausübung ihrer Tätigkeit untersagen. § 40 Absatz 2 findet entsprechend Anwendung.

(5a) Die Registrierung erlischt, wenn die AIF-Kapitalverwaltungsgesellschaft

1. **von ihr nicht innerhalb eines Jahres seit ihrer Erteilung Gebrauch macht,**
2. **den Geschäftsbetrieb, auf den sich die Registrierung bezieht, seit mehr als sechs Monaten nicht mehr ausübt oder**
3. **ausdrücklich auf sie verzichtet.**

§ 39 Absatz 1 Satz 2 findet entsprechend Anwendung.

(6) Sind die in § 2 Absatz 4 oder 5 genannten Voraussetzungen nicht mehr erfüllt, hat die AIF-Kapitalverwaltungsgesellschaft die Erlaubnis nach den §§ 20 und 22 innerhalb von 30 Kalendertagen zu beantragen. Sind die in § 2 Absatz 4a genannten Voraussetzungen nicht mehr erfüllt, hat die AIF-Kapitalverwaltungsgesellschaft innerhalb von 30 Kalendertagen

1. **eine Registrierung nach Absatz 1 Nummer 1 und den Absätzen 3 und 4 zu beantragen, wenn sie die Voraussetzungen nach § 2 Absatz 5 Satz 1 erfüllt, oder**
2. **die Erlaubnis nach den §§ 20 und 22 zu beantragen, wenn sie nicht die in Nummer 1 genannten Voraussetzungen erfüllt.**

(7) Nähere Bestimmungen zu den Pflichten der AIF-Kapitalverwaltungsgesellschaften zur Registrierung und zur Vorlage von Informationen, um eine effektive Überwachung von Systemrisiken zu ermöglichen und zur Mitteilungspflicht gegenüber den zuständigen Behörden nach Absatz 1 ergeben sich aus den Artikeln 2 bis 5 der Delegierten Verordnung (EU) Nr. 231/2013.

(8) AIF-Kapitalverwaltungsgesellschaften haben die Meldungen nach Absatz 1 Nummer 4 elektronisch über das Melde- und Veröffentlichungssystem der Bundesanstalt zu übermitteln.

(9) Die Bundesanstalt kann durch Allgemeinverfügung nähere Bestimmungen über Art, Umfang, Form und Turnus der einzureichenden Meldungen nach Absatz 8 und über die zulässigen Datenträger, Datenstrukturen und Übertragungswege festlegen.

A. Einführung

Die AIFM-Richtlinie führte analog zur OGAW-Richtlinie eine grundsätzliche Erlaubnispflicht für AIFM ein, die für solche KVG gelten sollte, die nicht bereits nach der OGAW-Richtlinie verpflichtet waren, ein Erlaubnisverfahren zu durchlaufen. Tragendes Argument dafür war die Gewährleistung eines hohen Anlegerschutzes durch die Verhinderung **46** von Lücken in der Regulierung.[65] Hier wird ein weiteres Mal die Funktion der AIFM-Richtlinie deutlich, von der OGAW-Richtlinie nicht erfasste Investmentvermögen zu regulieren.[66]

47 Die Verpflichtung der KVGen, ein Erlaubnisverfahren zu durchlaufen, ist eng verwandt mit dem für Kredit- und Finanzdienstleistungsinstitute geltendem Erlaubnisvorbehalt in § 32 Abs. 1 KWG, den für Zahlungsinstitute geltenden § 10 Abs. 1 ZAG und dem für E-Geld-Institute aus § 11 Abs. 1 ZAG. Insofern nähern sich mit fortschreitender Regulierung die Grundsätze zwar strukturell an. Das sollte allerdings nicht darüber hinwegtäuschen, dass auf Ebene einzelner Regelungen diverse Unterschiede bestehen.

48 Ein wesentlicher Unterschied zwischen OGAW- und AIF-KVG besteht in der Möglichkeit für letztere, statt eines Erlaubnisverfahrens nach §§ 20ff. KAGB ein erleichtertes Registrierungsverfahren nach §§ 44ff. KAGB zu durchlaufen. Die Regelung ist Ausfluss des Proportionalitätsprinzips und soll insbesondere kleinere KVG von unangemessen hoher Regulierung befreien, da der reduzierte Geschäftsbetrieb solcher KVG weder eine systemische Gefahr noch eine Gefahr für Kleinanleger begründet.

B. Lizenzierung als KVG, § 20 KAGB

I. Erlaubnisvorbehalt, § 20 Abs. 1 S. 1 KAGB

49 Entsprechend der Systematik des KWG enthält auch § 20 Abs. 1 S. 1 KAGB das **grundsätzliche Verbot** zur Ausübung des Geschäftsbetriebs als KVG, verbunden mit einem **Erlaubnisvorbehalt**.[67]

50 Diskutiert wird verschiedentlich, ob ein **Rechtsanspruch** auf Erteilung der Erlaubnis besteht, sofern die Voraussetzungen zur Zulassung erfüllt sind.[68] Hier sprechen die besseren Argumente für die von *Winterhalder* und *Weitnauer* vertretene Ansicht, wonach der Antragsteller einen Rechtsanspruch bei Vorliegen der Voraussetzungen der Erlaubniserteilung gewährt werden muss, da sich nur so die Einschränkung der Gewerbefreiheit und damit des Rechts aus Art. 12 Abs. 1 GG rechtfertigen lässt.[69]

II. Gegenstand der Erlaubnis: Portfolioverwaltung, Risikomanagement und weitere Tätigkeiten der kollektiven Vermögensverwaltung

51 Die Erlaubnis nach § 20 Abs. 1 S. 1 KAGB umfasst zunächst die beiden originären Tätigkeiten der KVG, die Portfolioverwaltung und das Risikomanagement. Daneben umfasst die „kollektive Vermögensverwaltung" nach der Definition in § 1 Abs. 19 Nr. 24 KAGB zusätzlich administrative Tätigkeiten, den Vertrieb von eigenen Investmentanteilen sowie bei AIF Tätigkeiten im Zusammenhang mit den Vermögensgegenständen des AIF.

52 Darüber hinaus listet § 20 KAGB in Abs. 2 und 3 **weitere** für OGAW- bzw. AIF-KVG erlaubte **Dienstleistungen und Nebendienstleistungen** auf. **Hintergrund** dieser Regelung ist das Verhältnis der KAGB-Erlaubnis nach § 20 Abs. 1 S. 1 KAGB zur KWG-Lizenz. Nach der Vorstellung des europäischen Gesetzgebers sollen Inhaber einer Erlaubnis als

---

65 Erwägungsgründe 92, 94 AIFM-Richtlinie; Weitnauer/Boxberger/Anders/*Winterhalder*/*Weitnauer* § 20, Rn. 1.
66 Ebenso *Weitnauer*/Boxberger/Anders/*Winterhalder*/*Weitnauer* § 20, Rn. 1.
67 Weitnauer/Boxberger/Anders/*Winterhalder*/*Weitnauer* § 20, Rn. 16.
68 S. Moritz/Klebeck/Jesch/*Schücking* § 20, dort unter Rn. 1 einen Anspruch ohne nähere Begründung ablehnend, unter Rn. 3 dann wieder für einen Anspruch argumentierend, eine Entscheidung allerdings offenlassend; einen Anspruch annehmend: Baur/Tappen/*Bentele* § 20 Rn. 2.
69 Weitnauer/Boxberger/Anders/*Winterhalder*/*Weitnauer* § 20, Rn. 16.

KVG nach § 20 Abs. 1 KAGB nicht gleichzeitig eine MiFID-Lizenz bzw. eine Lizenz nach der Bankenrichtlinie erwerben dürfen.[70] Die in den § 20 Abs. 2 und 3 KAGB genannten Tätigkeiten stellen jedoch in der Regel erlaubnispflichtige Bankgeschäfte und Finanzdienstleistungen i.S.d. § 1 Abs. 1, 1a) KWG dar, die an sich dem Erlaubnisvorbehalt des § 32 Abs. 1 KWG unterlägen. Aus dem Grund gestattet § 20 Abs. 2 bzw. 3 KAGB den KVG, in dem dort genannten Umfang die jeweiligen Bankgeschäfte bzw. Finanzdienstleistungen zu erbringen, auch ohne über eine Erlaubnis nach KWG zu verfügen. Parallel enthält das KWG in § 2 Abs. 1 Nr. 3b) und Abs. 6 S. 1 Nr. 5a) eine Bereichsausnahme für KVG, die die Erbringung von Bankgeschäften bzw. Finanzdienstleistungen für lizenzierte KVG in im § 20 Abs. 2 und 3 genannten Umfang ohne Erlaubnis nach § 32 Abs. 1 KWG gestattet.

III. Erlaubnisverfahren als OGAW-KVG, § 21 KAGB

§ 21 Abs. 1 KAGB enthält eine Auflistung der erforderlichen Unterlagen und Informationen, die die OGAW-KVG im Erlaubnisverfahren einzureichen hat. Für die Erlaubnis als OGAW-KVG gelten dabei die strengsten Anforderungen im KAGB. **53**

1. Nachweis der erforderlichen Mittel. Im Erlaubnisverfahren hat die KVG zunächst das Vorhandensein der zum Geschäftsbetrieb erforderlichen Mittel nachzuweisen, deren Höhe durch § 25 KAGB konkretisiert wird. Entsprechend der für Kredit- und Finanzdienstleistungsinstitute geltenden Systematik des § 33 Abs. 1 KWG setzen sich die für den Geschäftsbetrieb erforderlichen Mittel nach § 21 Abs. 1 Nr. 1 KAGB aus einem statischen Anfangskapital sowie einer dynamischen Komponente, den Eigenmitteln, zusammen. Im Falle der externen KVG beträgt das Anfangskapital 125.000 EUR und ist jederzeit in dieser Höhe vorzuhalten. **54**

2. Angaben zu den Geschäftsleitern. Neben der Angabe der Geschäftsleiter hat der Erlaubnisantrag Angaben sowie geeignete Nachweise zur fachlichen Eignung und zur Zuverlässigkeit zu enthalten. Für OGAW-KVGen sind dabei nach § 23 Abs. 2 KAGB grundsätzlich zwei Geschäftsleiter vorgeschrieben. Abweichend von der rein formalen Definition des Geschäftsleiters im KWG (vgl. § 1 Abs. 2 KWG) verwendet das KAGB sowohl eine formale als auch eine materielle Definition des Geschäftsleiters. So sind nach § 1 Abs. 19 Nr. 15 KAGB neben den *„nach Gesetz, Satzung oder Gesellschaftsvertrag zur Führung der Geschäfte und zur Vertretung einer Kapitalverwaltungsgesellschaft berufene[n]"* Personen auch solche, die die Geschäfte der Kapitalverwaltungsgesellschaft tatsächlich leiten. Die Regelung dient dem Ziel, eine Außenhaftung der tatsächlichen Leiter der KVG zu erreichen.[71] **55**

Die jeweiligen Geschäftsleiter müssen fachlich geeignet und zuverlässig sein (**„fit and proper"**). Die BaFin hat hier in der Regel wenig Vorbehalte, aus ihrer Sicht ungeeignete Kandidaten abzulehnen, weswegen in der Praxis idealerweise eine Vorabsprache möglicher Kandidaten erfolgt, um nicht Gefahr zu laufen, dass aufgrund der Ablehnung eines Kandidaten der Antrag als nicht vollständig gilt. **56**

3. Angaben zu Inhaber einer bedeutenden Beteiligung und enger Verbindungen der KVG. Wie Institute nach dem KWG sind auch Gesellschafter einer KVG verpflichtet, ein sog. Inhaberkontrollverfahren zu durchlaufen, das in § 19 KAGB konkretisiert wird. In dem Verfahren sind sämtliche Personen und Gesellschaften offenzulegen, die allein oder **57**

70 Vgl. die Nachweise bei Weitnauer/Boxberger/Anders/*Winterhalder*/*Weitnauer* § 20, Rn. 5.
71 Weitnauer/Boxberger/Anders/*Winterhalder*/*Weitnauer* § 21, Rn. 16, m.w.N.

im Zusammenwirken mit anderen mehr als 10% der Anteile an der OGAW-KVG halten oder erwerben. Aufgrund der Vielzahl der im Inhaberkontrollverfahren einzureichenden Unterlagen und des Umfangs der notwendigen Angaben ist das Inhaberkontrollverfahren erfahrungsgemäß insbesondere bei VC-Investoren unbeliebt.

58 Ebenfalls anzugeben hat die KVG enge Verbindungen zu anderen natürlichen oder juristischen Personen. Der Begriff der engen Verbindung in diesem Sinn ist in § 1 Abs. 19 Nr. 10 KAGB definiert. Ziel der Regelung ist es der BaFin eine Beurteilung zu gestatten, ob durch die gesellschaftsrechtliche Einbindung der OGAW-KVG eine wirksame Aufsicht behindert oder erschwert wird.[72]

59 **4. Weitere einzureichende Unterlagen und Nachweise.** Nach § 21 Abs. 1 Nr. 6 KAGB hat die KVG einen tragfähigen Geschäftsplan sowie eine Darstellung der internen Kontrollstrukturen mit dem Erlaubnisantrag einzureichen. Notwendigerweise kann in diesem Stadium, also vor Aufnahme des Geschäftsbetriebs, nur eine Plausibilitätskontrolle durch die BaFin stattfinden. Insbesondere aus diesem Grund wird seitens der Aufsicht hier eine gewisse konservative Zurückhaltung, gerade bei der Erstellung Planzahlen, die Bestandteil des Geschäftsplans sind, erwartet.

60 Die Darstellung des organisatorischen Aufbaus dient insbesondere dazu, die Umsetzung der funktionellen Trennung von Risikomanagement und Portfolioverwaltung darzustellen.[73] Zur Darstellung des organisatorischen Aufbaus zählt auch die Aufgabenverteilung auf Geschäftsleitungsebene. Eine Konkretisierung auf Level 3-Ebene fehlt hier. Insbesondere wird ein (teils empfohlener) Rückgriff auf § 14 Abs. 7 AnzV sowie die Erläuterungen der BaFin kritisch gesehen, da das in Bezug genommene BaFin-Schreiben die Anforderungen der Aufsicht an das Erlaubnisverfahren einer AIF-KVG konkretisiert, das sich von dem einer OGAW-KVG aber unterscheidet.[74] Schließlich sind nach § 21 Abs. 1 Nr. 8 KAGB die Satzung oder der Gesellschaftsvertrag einzureichen.

IV. Beschränkung der Erlaubnis auf die Verwaltung bestimmter Investmentvermögen, § 20 Abs. 1 S. 2 KAGB

61 § 20 Abs. 1 S. 2 KAGB räumt der BaFin das Recht ein, die Erlaubnis der KVG auf die Verwaltung bestimmter Investmentvermögen zu beschränken. Nach überwiegender Ansicht findet die Regelung auf solche Fälle Anwendung, in denen die fachliche Qualifikation der zur Leitung der KVG benannten Geschäftsleiter (§ 21 Nr. 4/ § 22 Nr. 4 KAGB).

V. Nebenbestimmungen, § 20 Abs. 1 S. 3 KAGB

62 Zwar kann die Erlaubnis nicht unter Bedingungen erteilt werden. Nach § 20 Abs. 1 S. 3 KAGB kann der Erlaubnisbescheid aber mit Nebenbestimmungen versehen werden. Als Nebenbestimmungen gelten nach § 36 Abs. 2 VwVfG **Befristungen**, **Bedingungen**, **Widerrufsvorbehalte**, **Auflagen** oder der **Vorbehalt der nachträglichen Aufnahme, Änderung oder Ergänzung einer Auflage**. Wie § 36 Abs. 2 VwVfG (deklaratorisch) klarstellt, hat die Behörde den Erlass einer Nebenbestimmung in pflichtgemäßem Ermessen zu treffen und allgemein den Grundsatz der Verhältnismäßigkeit zubeachten.

---

72 Moritz/Klebeck/Jesch/*Schücking* § 21 Rn. 22.
73 Moritz/Klebeck/Jesch/*Schücking* § 21 Rn. 27.
74 S. Moritz/Klebeck/Jesch/*Schücking* § 21 Rn. 25, m.w.N.

VI. § 20 KAGB als Schutzgesetz i.S.d. § 823 Abs. 2 BGB

Soweit ersichtlich, ist die Frage nach der Schutzgesetzqualität der Erlaubnispflicht nach § 20 Abs. 1 KAGB bislang ausschließlich in der Literatur diskutiert worden. Allerdings spricht einiges dafür, die durch die Rechtsprechung für § 32 Abs. 1 KWG entwickelten Grundsätze auf § 20 Abs. 1 KAGB zu übertragen.[75] So nimmt der BGH in ständiger Rechtsprechung an, § 32 Abs. 1 KWG stelle ein Schutzgesetz i.S.d. § 823 Abs. 2 BGB dar,[76] eine Auffassung, die in der Literatur grundsätzlich geteilt wird.[77] Während dagegen früher noch angeführt wurde, die Normen des KWG seien als öffentlich-rechtlich zu qualifizieren, ihre Einhaltung liege im öffentlichen Interesse und sei daher nicht individualschützend, hat sich für das KWG mittlerweile durchgesetzt, dass kein Grundsatz existiere, der es verbiete, dieses sowohl als im öffentlichen Interesse liegend als auch als individualschützend zu qualifizieren.[78] 63

C. Registrierung als KVG, § 44 KAGB

I. Einführung

Wie oben dargestellt, unterliegt die Verwaltung von Investvermögen grundsätzlich dem Erlaubnisvorbehalt des § 20 Abs. 1 KAGB. Als Ausdruck des Proportionalitätsprinzips sehen die **De-minimis-Klauseln** für die Verwalter bestimmter AIF Ausnahmen von der Erlaubnispflicht vor.[79] Im Gegensatz zum förmlichen Erlaubnisverfahren, das in weiten Teilen dem Verfahren des Erwerbs einer Institutslizenz nach § 32 Abs. 1 KWG gleicht, bietet die Registrierung nach § 44 KAGB die Möglichkeit einer Art „Regulierung light".[80] Die Vorschrift setzt Art. 3 Abs. 2, 3, 4, 5 und 6 der AIFM-Richtlinie um. 64

II. Voraussetzungen der Registrierung

Nur für bestimmte Arten von AIF besteht die Möglichkeit der einfacheren Registrierung statt der Verpflichtung, ein Erlaubnisverfahren zu durchlaufen. Nach § 44 Abs. 1 S. 1 KAGB setzt die Registrierung voraus, dass das Investmentvermögen als solches im Sinne der **§ 2 Abs. 4, 4a** oder **5 KAGB** gilt. 65

1. Investmentvermögen i.S.d. § 2 Abs. 4 KAGB. Investmentvermögen i.S.d. § 2 Abs. 4 KAGB sind solche, die (i) als Spezial-AIF (§ 1 Abs. 6 KAGB) gelten und (ii) deren Wert der verwalteten Vermögensgegenstände 100 Mio. Euro bei Einsatz von Leverage oder 500 Millionen Euro ohne Einsatz von Leverage nicht übersteigt. Die Berechnung des Gesamtwerts der verwalteten Vermögenwerte erfolgt nach Art. 2 der Delegierten Verordnung 231/2013 und damit nach Art. 2 Abs. 1 Buchst. b) der Delegierten Verordnung 231/2013 nach den in Deutschland geltenden Buchführungsvorschriften, worauf auch die BaFin hinweist.[81] Da 66

75 So Moritz/Klebeck/Jesch/*Schücking* § 20 Rn. 13; ebenso Weitnauer/Boxberger/Anders/*Winterhalder*/*Weitnauer* § 20, Rn. 4.
76 BGH, Urt. v. 21.4.2005 – III ZR 238/03, WM 2005, 1217; Urt. v. 11.7.2006 – VI ZR 339/04, ZIP 2006, 1761 und 1764; Urt. v. 19.3.2013 – VI ZR 56/12.
77 Vgl. die Nachweise zum Schrifttum bei Boos/Fischer/Schulte-Mattler/Fischer/Müller KWG § 32 Fn. 63.
78 Boos/Fischer/Schulte-Mattler/Fischer/Müller KWG § 32 Rn. 32.
79 Weitnauer, Handbuch Venture Capital, Teil B I 2. d), Rn. 22.
80 Weitnauer/Boxberger/Anders/*Boxberger* KAGB, § 44 Rn. 1.
81 BaFin, Einzelne Hinweise zur Registrierung nach § 44 KAGB i.V.m. Art. 2 bis 5 der Delegierten Verordnung 231/2013 v. 30.8.2013, GeschäftszeichenWA 41-Wp 2137-2013/0044, sub. 3.

mit der Registrierung ausschließlich Spezial-AIF verwaltet werden dürfen scheidet ein Vertrieb an Kleinanleger mit der eingeschränkten Registrierung aus. Zudem muss die Rücknahme der Anteile für die ersten fünf Jahre nach Aufnahme des Vertriebs ausgeschlossen sein.

67 **2. Investmentvermögen i.S.d. § 2 Abs. 4a) KAGB.** Bei den von § 2 Abs. 4a) KAGB umfassten Investmentvermögen handelt es sich um **interne AIF-KVG**, (i) die inländische geschlossene Publikums-AIF mit Vermögensgegenständen im Wert von nicht mehr als 5 Mio. Euro verwalten, (ii) deren Anteile am AIF von nicht mehr als fünf natürlichen Personen gehalten werden und (iii) bei denen der AIF beschlossen hat, sich dem KAGB nicht in seiner „Gesamtheit zu unterwerfen". Aufgrund dieser Anforderungen ist der Anwendungsbereich des § 2 Abs. 4a) KAGB vergleichsweise gering.

68 **3. Investmentvermögen i.S.d. § 2 Abs. 5 KAGB.** Bei den von § 2 Abs. 5 KAGB umfassten Investmentvermögen handelt es sich ausschließlich um **geschlossene AIF**, die **nicht** als Spezial-AIF gelten (§ 2 Abs. 5 S. 2 Nr. 1 KAGB). Der Gesamtwert der verwalteten Vermögensgegenstände darf einen Wert von 100 Mio. Euro einschließlich der unter Einsatz von Leverage erworbenen Vermögensgegenstände nicht überschreiten.

III. Anforderungen an die Registrierung

69 **1. Formale Anforderungen.** Zeitlich setzt das Registrierungsverfahren nach § 44 KAGB die Antragseinreichung spätestens vier Wochen vor Auflage des ersten AIF voraus.[82] Eine spezielle Form ist für den Erlaubnisantrag nicht vorgeschrieben. Weitere Formerfordernisse ergeben sich aus Art. 5 der Delegierten Verordnung (EU) Nr. 231/2013 sowie für die Angaben zur Gesellschaft und der beabsichtigten Geschäftsleiter.

70 **2. Materielle Anforderungen.** Entsprechend dem „Aufsichts light"-Prinzip sind die Anforderungen an die KVG im Registrierungsverfahren deutlich geringer als im Verfahren nach §§ 20, 21 bzw. §§ 20, 22 KAGB.

71 Etwas kryptisch sieht § 44 Abs. 1 Nr. 2 KAGB vor, dass sich die AIF-KVG gegenüber der BaFin „auszuweisen" habe, ohne dies näher zu konkretisieren. Hier wird in der Literatur die Einreichung eines Handelsregisterauszuges angesehen.[83] Des Weiteren sind nach § 44 Abs. 1 Nr. 3 KAGB **Informationen zu den Anlagestrategien** einzureichen. Hier sind daneben die Vorgaben aus Art. 5 Abs. 2 der Delegierten Verordnung (EU) Nr. 231/2013 zu beachten. Hiernach hat die KVG **Emissionsunterlagen**, im Falle des § 2 Abs. 4 KAGB also den Verkaufsprospekt, einzureichen.

72 KVG, die eine Registrierung nach § 44 KAGB anstreben, dürfen ausschließlich juristische Personen oder Personenhandelsgesellschaften sein (§ 44 Abs. 1 Nr. 6 KAGB). Zu beachten ist daneben die Regelung in § 18 Abs. 2 KAGB, wonach externe KVGs ausschließlich als AG, GmbH oder GmbH & Co. KG organisiert sein dürfen. Entsprechend ist die tatsächliche Wahlmöglichkeit innerhalb des § 44 Abs. 1 Nr. 6 KAGB beschränkt.[84]

73 Ebenfalls beschränkt ist die Gestaltung der durch die registrierte KVG verwalteten AIF. § 44 Abs. 1 Nr. 7 KAGB beschränkt die Befugnis der registrierten KVG auf die Verwaltung von juristischen Personen oder Personenhandelsgesellschaften, wobei persönlich

---

82 BaFin, Einzelne Hinweise zur Registrierung nach § 44 KAGB i.V.m. Art. 2 bis 5 der Delegierten Verordnung 231/2013 v. 30.8.2013, GeschäftszeichenWA 41-Wp 2137-2013/0044, Tz. 1.

83 Moritz/Klebeck/Jesch/*Geurts/Schubert* § 44 Rn. 23.

84 Moritz/Klebeck/Jesch/*Geurts/Schubert* § 44 Rn. 32.

haftender Gesellschafter in dem Fall eine AG, eine GmbH oder eine GmbH & Co. KG zu sein hat und eine Nachschusspflicht für die Anleger ausgeschlossen werden muss.

Im Falle der Registrierung zur Verwaltung eines kleinen Publikums-AIF (i.S.d. § 2 Abs. 5 KAGB) treten – quasi als Rückausnahme der Erleichterungen im Registrierungsverfahren – zusätzliche Anforderungen hinzu. Nach § 44 Abs. 3 KAGB haben die Geschäftsleiter der KVG ihre fachliche Eignung und Zuverlässigkeit (sog. „fit and proper-Test") nachzuweisen.[85] 74

IV. Rechtsfolgen der Registrierung

Eine wesentliche Beschränkung ergibt sich für registrierte KVG bereits aus dem Katalog der AIF, die eine registrierte AIF verwalten darf. 75

Weitere Beschränkungen ergeben sich für den Vertrieb der durch eine registrierte KVG verwalteten AIF mittelbar aufgrund der Vertriebsbeschränkungen für Finanzanlagenvermittler i.S.d. § 34f GewO. § 34f GewO gestattet lizenzierten Finanzanlagenvermittlern die Anlagevermittlung und Anlageberatung zu *„Anteilen oder Aktien an inländischen geschlossenen Investmentvermögen, geschlossenen EU-Investmentvermögen oder ausländischen geschlossenen Investmentvermögen, die nach dem Kapitalanlagegesetzbuch vertrieben werden dürfen"* (§ 34f Abs. 1 Nr. 2 GewO), allerdings beschränkt auf den *„Umfang der Bereichsausnahme des § 2 Absatz 6 Satz 1 Nummer 8"* KWG. § 2 Abs. 6 S. 1 Nr. 8 KWG enthält u.a. eine Bereichsausnahme für Unternehmen, die zwischen Kunden und Kapitalverwaltungsgesellschaften, extern verwalteten Investmentgesellschaften, EU-Verwaltungsgesellschaften oder ausländischen AIF-Verwaltungsgesellschaften vermitteln (§ 2 Abs. 6 S. 1 Nr. 8 lit. d) KWG), allerdings unter der Einschränkung, dass es sich um eine **lizenzierte** KVG i.S.d. §§ 20, 21 oder §§ 20, 22 KAGB handelt. Ein Vertrieb der Anteile von Investmentvermögen, die durch eine registrierte KVG verwaltet werden, scheidet daher durch Finanzanlagenvermittler i.S.d. § 34f GewO aus. 76

Nach der Registrierung bestehen für die KVG laufende Berichtspflichten gegenüber der Aufsicht, deren Umfang im Wesentlichen durch Art. 5 Abs. 3 i.V.m. Art. 110 der Delegierten Verordnung (EU) Nr. 231/2013 sowie den zur Konkretisierung erlassenen Guidelines der ESMA.[86] 77

Erweiterte Pflichten gelten wiederum für die Verwalter kleiner Publikums-AIF i.S.d. § 2 Abs. 5 KAGB. Diese sind nach §§ 45–48 KAGB verpflichtet, einen Jahresbericht zu erstellen (sofern ein solcher nicht bereits nach HGB erforderlich ist) und im Bundesanzeiger zu veröffentlichen. 78

V. Rechtsfolgen von Verstößen, § 44 Abs. 5 KAGB

Nach § 44 Abs. 5 S. 1 KAGB kann die Aufsichtsbehörde unter den dort genannten Voraussetzungen die Registrierung aufheben. Die Vorschrift entspricht im Wesentlichen dem für lizenzierte KVG geltenden § 39 Abs. 3 KAGB. Im Verhältnis zur allgemeinen Missstandsaufsicht der BaFin nach § 5 Abs. 6 KAGB ist § 44 Abs. 5 KAGB die speziellere Rechtsgrundlage, ebenso im Verhältnis zu §§ 48, 49 VwVfG.[87] Anstelle der Aufhebung, mit anderen Worten unter den Voraussetzungen des § 44 Abs. 5 S. 1 KAGB, kann die 79

---

85 Näher dazu Weitnauer/Boxberger/Anders/*Boxberger* KAGB, § 44 Rn. 29 ff.

86 ESMA 2013/1339 v. 15.11.2013, *„Guidelines on reporting obligations under Articles 3(3)d and 24(1), (2) and (4) of the AIFMD"*.

87 Moritz/Klebeck/Jesch/*Geurts*/*Schubert* § 44 Rn. 54.

BaFin die Abberufung der Geschäftsleiter der KVG verlangen und ihnen die Ausübung ihrer Tätigkeit untersagen. Daneben stellen Verstöße gegen einzelne Informations- und Duldungspflichten des § 44 KAGB Ordnungswidrigkeiten nach § 340 KAGB dar.

§§ 68, 80 KAGB
OGAW und AIF Verwahrstellen

§ 68 KAGB
Beauftragung und jährliche Prüfung; Verordnungsermächtigung

(1) Die OGAW-Kapitalverwaltungsgesellschaft hat sicherzustellen, dass für jeden von ihr verwalteten OGAW eine Verwahrstelle im Sinne des Absatzes 2 beauftragt wird. Die Beauftragung der Verwahrstelle ist in einem schriftlichen Vertrag zu vereinbaren. Der Vertrag regelt unter anderem den Informationsaustausch, der für erforderlich erachtet wird, damit die Verwahrstelle nach den Vorschriften dieses Gesetzes und gemäß den anderen einschlägigen Rechts- und Verwaltungsvorschriften ihren Aufgaben für den OGAW, für den sie als Verwahrstelle beauftragt wurde, nachkommen kann.

(2) Die Verwahrstelle ist ein Kreditinstitut im Sinne des Artikels 4 Absatz 1 Nummer 1 der Verordnung (EU) Nr. 575/2013 mit satzungsmäßigem Sitz in der Europäischen Union oder in einem anderen Vertragsstaat des Abkommens über den Europäischen Wirtschaftsraum, das gemäß § 32 des Kreditwesengesetzes oder den im Herkunftsmitgliedstaat des EU-OGAW anzuwendenden Vorschriften, die die Richtlinie 2013/36/EU des Europäischen Parlaments und des Rates vom 26. Juni 2013 über den Zugang zur Tätigkeit von Kreditinstituten und die Beaufsichtigung von Kreditinstituten und Wertpapierfirmen, zur Änderung der Richtlinie 2002/87/EG und zur Aufhebung der Richtlinien 2006/48/EG und 2006/49/EG (ABl. L 176 vom 27.6.2013, S. 338) umsetzen, zugelassen ist.

(3) Verwaltet die OGAW-Kapitalverwaltungsgesellschaft inländische OGAW, muss die Verwahrstelle ihren Sitz im Geltungsbereich dieses Gesetzes haben. Bei der Verwahrstelle für einen inländischen OGAW muss es sich um ein CRR-Kreditinstitut im Sinne des § 1 Absatz 3d des Kreditwesengesetzes handeln, das über die Erlaubnis zum Betreiben des Depotgeschäfts nach § 1 Absatz 1 Satz 2 Nummer 5 des Kreditwesengesetzes verfügt. Als Verwahrstelle für inländische OGAW kann auch eine Zweigniederlassung eines CRR-Kreditinstitut im Sinne des § 53b Absatz 1 Satz 1 des Kreditwesengesetzes im Geltungsbereich dieses Gesetzes beauftragt werden.

(4) Mindestens ein Geschäftsleiter des Kreditinstituts, das als Verwahrstelle beauftragt werden soll, muss über die für die Verwahrstellenaufgaben erforderliche Erfahrung verfügen. Das Kreditinstitut muss bereit und in der Lage sein, die für die Erfüllung der Verwahrstellenaufgaben erforderlichen organisatorischen Vorkehrungen zu schaffen. Diese umfassen einen Prozess, der es den Mitarbeitern unter Wahrung der Vertraulichkeit ihrer Identität ermöglicht, potenzielle oder tatsächliche Verstöße gegen dieses Gesetz oder gegen auf Grund dieses Gesetzes erlassene Rechtsverordnungen sowie etwaige strafbare Handlungen innerhalb der Verwahrstelle an geeignete Stellen im Sinne des § 25a Absatz 1 Satz 6 Nummer 3 des Kreditwesengesetzes zu melden.

(5) Die Verwahrstelle muss ein Anfangskapital von mindestens 5 Millionen Euro haben. Hiervon unberührt bleiben etwaige Eigenmittelanforderungen nach dem Kreditwesengesetz.

(6) Für nähere Einzelheiten zum Mindestinhalt des Vertrags nach Absatz 1 wird auf Artikel 2 der Delegierten Verordnung (EU) 2016/438 verwiesen. Der Vertrag unterliegt dem Recht des Herkunftsmitgliedstaates des OGAW.

(7) Die ordnungsgemäße Erfüllung der gesetzlichen oder vertraglichen Pflichten als Verwahrstelle durch das Kreditinstitut oder die Zweigniederlassung ist durch einen geeigneten Abschlussprüfer einmal jährlich zu prüfen. Geeignete Prüfer sind Wirtschaftsprüfer, die hinsichtlich des Prüfungsgegenstandes über ausreichende Erfahrung verfügen. Die Verwahrstelle hat den Prüfer spätestens zwei Monate nach Ablauf des Kalenderjahres zu bestellen, auf das sich die Prüfung erstreckt. Die Verwahrstelle hat den Prüfer vor der Erteilung des Prüfungsauftrags der Bundesanstalt anzuzeigen. Die Bundesanstalt kann innerhalb eines Monats nach Zugang der Anzeige die Bestellung eines anderen Prüfers verlangen, wenn dies zur Erreichung des Prüfungszwecks geboten ist. Der Prüfer hat den Prüfungsbericht unverzüglich nach Beendigung der Prüfung der Bundesanstalt einzureichen.

(7a) Die Prüfung nach Absatz 7 ist insbesondere auf die ordnungsgemäße Erfüllung der in den §§ 70 bis 79 genannten Pflichten zu erstrecken. Die für diese Aufgaben vorgehaltene Organisation ist in Grundzügen zu beschreiben und auf ihre Angemessenheit zu beurteilen. Die beauftragenden Kapitalverwaltungsgesellschaften sowie die Anzahl der für diese verwahrten inländischen Investmentvermögen und das Netto-Fondsvermögen sind zu nennen. Über wesentliche Vorkommnisse, insbesondere bei der Ausgabe und Rücknahme von Anteilen eines Investmentvermögens, bei aufgetretenen Interessenkollisionen im Sinne des § 70, der Ausübung der Kontrollfunktionen nach § 76 und der Belastung der Investmentvermögen mit Vergütungen und Aufwendungsersatz nach § 79 ist zu berichten. Sofern Anleger gegenüber der Verwahrstelle oder durch die Verwahrstelle gegenüber einer Kapitalverwaltungsgesellschaft Ansprüche nach § 78 geltend gemacht haben, ist auch hierüber zu berichten.

(8) Das Bundesministerium der Finanzen wird ermächtigt, durch Rechtsverordnung, die nicht der Zustimmung des Bundesrates bedarf, nähere Bestimmungen über Art, Umfang und Zeitpunkt der Prüfung nach Absatz 7 Satz 1 zu erlassen, soweit dies zur Erfüllung der Aufgaben der Bundesanstalt erforderlich ist, insbesondere um einheitliche Unterlagen zur Beurteilung der Tätigkeit als Verwahrstelle zu erhalten. Das Bundesministerium der Finanzen kann die Ermächtigung durch Rechtsverordnung auf die Bundesanstalt übertragen.

§ 80 KAGB
Beauftragung

(1) Die AIF-Kapitalverwaltungsgesellschaft hat sicherzustellen, dass für jeden von ihr verwalteten AIF eine Verwahrstelle im Sinne des Absatzes 2 oder, sofern die Voraussetzungen nach den Absätzen 3 und 4 erfüllt sind, eine Verwahrstelle im Sinne des Absatzes 3 beauftragt wird; § 55 bleibt unberührt. Die Beauftragung der Verwahrstelle ist in einem schriftlichen Vertrag zu vereinbaren. Der Vertrag regelt unter anderem den Informationsaustausch, der für erforderlich erachtet wird, damit die Verwahrstelle nach den Vorschriften dieses Gesetzes und gemäß den anderen einschlägigen Rechts- und Verwaltungsvorschriften ihren Aufgaben für den AIF, für den sie als Verwahrstelle beauftragt wurde, nachkommen kann.

(2) Die Verwahrstelle ist

1. **ein Kreditinstitut im Sinne des Artikels 4 Absatz 1 Nummer 1 der Verordnung (EU) Nr. 575/2013 mit satzungsmäßigem Sitz in der Europäischen Union oder in**

einem anderen Vertragsstaat des Abkommens über den Europäischen Wirtschaftsraum, das gemäß § 32 des Kreditwesengesetzes oder den im Herkunftsmitgliedstaat des EU-AIF anzuwendenden Vorschriften, die die Richtlinie 2013/36/EU umsetzen, zugelassen ist;

2. **eine Wertpapierfirma im Sinne des Artikels 4 Absatz 1 Nummer 2 der Verordnung (EU) Nr. 575/2013 mit satzungsmäßigem Sitz in der Europäischen Union oder in einem anderen Vertragsstaat des Abkommens über den Europäischen Wirtschaftsraum, für die die Eigenkapitalanforderungen gemäß Artikel 92 der Verordnung (EU) Nr. 575/2013, einschließlich der Kapitalanforderungen für operationelle Risiken, gelten, die gemäß den Vorschriften, die die Richtlinie 2004/39/EG umsetzen, zugelassen ist und die auch die Nebendienstleistungen wie Verwahrung und Verwaltung von Finanzinstrumenten für Rechnung von Kunden gemäß Anhang I Abschnitt B Nummer 1 der Richtlinie 2014/65/EU erbringt; solche Wertpapierfirmen müssen in jedem Fall über Eigenmittel verfügen, die den in Artikel 28 Absatz 2 der Richtlinie 2013/36/EU genannten Betrag des Anfangskapitals nicht unterschreiten oder**
3. **eine andere Kategorie von Einrichtungen, die einer Beaufsichtigung und ständigen Überwachung unterliegen und die am 21. Juli 2011 unter eine der von den Mitgliedstaaten der Europäischen Union oder den anderen Vertragsstaaten des Abkommens über den Europäischen Wirtschaftsraum gemäß Artikel 23 Absatz 3 der Richtlinie 2009/65/EG festgelegten Kategorien von Einrichtungen fallen, aus denen eine Verwahrstelle gewählt werden kann.**

(3) Abweichend von Absatz 2 kann die Verwahrstelle für geschlossene AIF anstelle der in § 80 Absatz 2 Nummer 1 bis 3 genannten Einrichtungen auch ein Treuhänder sein, der die Aufgaben einer Verwahrstelle im Rahmen seiner beruflichen oder geschäftlichen Tätigkeit wahrnimmt, wenn

1. **bei den geschlossenen AIF innerhalb von fünf Jahren nach Tätigung der ersten Anlagen keine Rücknahmerechte ausgeübt werden können,**
2. **die geschlossenen AIF im Einklang mit ihrer Hauptanlagestrategie in der Regel**
   a) **nicht in Vermögensgegenstände investieren, die nach § 81 Absatz 1 Nummer 1 verwahrt werden müssen, oder**
   b) **in Emittenten oder nicht börsennotierte Unternehmen investieren, um nach § 261 Absatz 7, den §§ 287, 288 möglicherweise die Kontrolle über solche Unternehmen zu erlangen.**

In Bezug auf die berufliche oder geschäftliche Tätigkeit muss der Treuhänder

1. **einer gesetzlich anerkannten obligatorischen berufsmäßigen Registrierung oder**
2. **Rechts- und Verwaltungsvorschriften oder berufsständischen Regeln unterliegen,**

die ausreichend finanzielle und berufliche Garantien bieten können, um es ihm zu ermöglichen, die relevanten Aufgaben einer Verwahrstelle wirksam auszuführen und die mit diesen Funktionen einhergehenden Verpflichtungen zu erfüllen. Die ausreichende finanzielle und berufliche Garantie ist laufend zu gewährleisten. Der Treuhänder hat Änderungen, die seine finanziellen und beruflichen Garantien betreffen, der Bundesanstalt unverzüglich anzuzeigen. Sofern der Treuhänder zum Zwecke der finanziellen Garantie eine Versicherung abschließt, ist das Versicherungsunternehmen im Versicherungsvertrag zu verpflichten, der Bundesanstalt den Beginn und die Beendigung oder Kündigung des Versicherungsvertrages sowie Umstände, die den vorgeschriebenen Versicherungsschutz beeinträchtigen, unverzüglich mitzuteilen.

(4) Der Treuhänder im Sinne von Absatz 3 muss der Bundesanstalt vor Beauftragung benannt werden. Hat die Bundesanstalt gegen die Beauftragung Bedenken, kann sie verlangen, dass binnen angemessener Frist ein anderer Treuhänder benannt wird. Unterbleibt dies oder hat die Bundesanstalt auch gegen die Beauftragung des neu vorgeschlagenen Treuhänders Bedenken, so hat die AIF-Kapitalverwaltungsgesellschaft eine Verwahrstelle im Sinne von Absatz 2 zu beauftragen.

(5) Unbeschadet von Absatz 6 Satz 3 kann die Verwahrstelle für ausländische AIF auch ein Kreditinstitut oder ein Unternehmen sein, das den in Absatz 2 Satz 1 Nummer 1 und 2 genannten Unternehmen vergleichbar ist, sofern die Bedingungen des Absatzes 8 Satz 1 Nummer 2 eingehalten sind.

(6) Verwaltet die AIF-Kapitalverwaltungsgesellschaft einen inländischen AIF, muss die Verwahrstelle ihren satzungsmäßigen Sitz oder ihre satzungsmäßige Zweigniederlassung im Geltungsbereich dieses Gesetzes haben. Verwaltet die AIF-Kapitalverwaltungsgesellschaft einen EU-AIF, muss die Verwahrstelle ihren satzungsmäßigen Sitz oder ihre satzungsmäßige Zweigniederlassung im Herkunftsmitgliedstaat des EU-AIF haben. Bei ausländischen AIF kann die Verwahrstelle ihren satzungsmäßigen Sitz oder ihre satzungsmäßige Zweigniederlassung in dem Drittstaat haben, in dem der ausländische AIF seinen Sitz hat oder im Geltungsbereich dieses Gesetzes, wenn die AIF-Kapitalverwaltungsgesellschaft einen ausländischen AIF verwaltet oder in dem Referenzmitgliedstaat der ausländischen AIF-Verwaltungsgesellschaft, die den ausländischen AIF verwaltet; § 55 bleibt unberührt.

(7) Wird für den inländischen AIF eine Verwahrstelle im Sinne des Absatzes 2 Nummer 1 beauftragt, muss es sich um ein CRR-Kreditinstitut im Sinne des § 1 Absatz 3d des Kreditwesengesetzes handeln, das über die Erlaubnis zum Betreiben des Depotgeschäfts nach § 1 Absatz 1 Satz 2 Nummer 5 des Kreditwesengesetzes oder zur Erbringung des eingeschränkten Verwahrgeschäfts nach § 1 Absatz 1a Satz 2 Nummer 12 des Kreditwesengesetzes verfügt. Wird für den inländischen AIF eine Verwahrstelle im Sinne des Absatzes 2 Nummer 2 beauftragt, muss es sich um ein Finanzdienstleistungsinstitut handeln, das über die Erlaubnis zum eingeschränkten Verwahrgeschäft nach § 1 Absatz 1a Satz 2 Nummer 12 des Kreditwesengesetzes verfügt; wird das in § 83 Absatz 6 Satz 2 aufgeführte Geldkonto bei der Verwahrstelle eröffnet, muss es sich bei der Verwahrstelle um ein Kreditinstitut handeln, das über die Erlaubnis zum Betreiben des Einlagengeschäfts nach § 1 Absatz 1 Satz 2 Nummer 1 des Kreditwesengesetzes verfügt.

(8) Unbeschadet der Anforderungen der Absätze 2 bis 5 unterliegt die Beauftragung einer Verwahrstelle mit Sitz in einem Drittstaat den folgenden Bedingungen:

1. **zwischen den zuständigen Behörden des Mitgliedstaates der Europäischen Union oder des anderen Vertragsstaates des Abkommens über den Europäischen Wirtschaftsraum, in dem die Anteile des ausländischen AIF gehandelt werden sollen, und, falls es sich um unterschiedliche Behörden handelt, den Behörden des Herkunftsmitgliedstaates der AIF-Kapitalverwaltungsgesellschaft oder der EU-AIF-Verwaltungsgesellschaft bestehen Vereinbarungen über die Zusammenarbeit und den Informationsaustausch mit den zuständigen Behörden der Verwahrstelle,**
2. **die Verwahrstelle unterliegt einer wirksamen Regulierung der Aufsichtsanforderungen, einschließlich Mindesteigenkapitalanforderungen, und einer Aufsicht, die jeweils den Rechtsvorschriften der Europäischen Union entsprechen und die wirksam durchgesetzt werden,**
3. **der Drittstaat, in dem die Verwahrstelle ihren Sitz hat, steht nicht auf der Liste der nicht kooperativen Länder und Gebiete, die von der Arbeitsgruppe „Finan-**

zielle Maßnahmen gegen die Geldwäsche und die Terrorismusfinanzierung" aufgestellt wurde,

4. die Mitgliedstaaten der Europäischen Union oder die anderen Vertragsstaaten des Abkommens über den Europäischen Wirtschaftsraum, in denen die Anteile des ausländischen AIF vertrieben werden sollen, und, soweit verschieden, der Herkunftsmitgliedstaat der AIF-Kapitalverwaltungsgesellschaft oder EU-AIF-Verwaltungsgesellschaft haben mit dem Drittstaat, in dem die Verwahrstelle ihren Sitz hat, eine Vereinbarung abgeschlossen, die den Standards des Artikels 26 des OECD-Musterabkommens zur Vermeidung der Doppelbesteuerung von Einkommen und Vermögen vollständig entspricht und einen wirksamen Informationsaustausch in Steuerangelegenheiten, einschließlich multilateraler Steuerabkommen, gewährleistet,

5. die Verwahrstelle haftet vertraglich gegenüber dem ausländischen AIF oder gegenüber den Anlegern des ausländischen AIF entsprechend § 88 Absatz 1 bis 4 und erklärt sich ausdrücklich zur Einhaltung von § 82 bereit.

Ist eine zuständige Behörde eines anderen Mitgliedstaates der Europäischen Union oder eines anderen Vertragsstaates des Abkommens über den Europäischen Wirtschaftsraum nicht mit der Bewertung der Anwendung von Satz 1 Nummer 1, 3 oder 5 durch die zuständigen Behörden des Herkunftsmitgliedstaates der AIF-Kapitalverwaltungsgesellschaft oder EU-AIF-Verwaltungsgesellschaft einverstanden, kann die betreffende zuständige Behörde die Angelegenheit der Europäischen Wertpapier- und Marktaufsichtsbehörde zur Kenntnis bringen; diese kann nach den ihr durch Artikel 19 der Verordnung (EU) Nr. 1095/2010 übertragenen Befugnisse tätig werden.

(9) Mindestens ein Geschäftsleiter der Einrichtung, die als Verwahrstelle beauftragt werden soll, muss über die für die Verwahrstellenaufgaben erforderliche Erfahrung verfügen. Diese Einrichtung muss bereit und in der Lage sein, die für die Erfüllung der Verwahrstellenaufgaben erforderlichen organisatorischen Vorkehrungen zu schaffen. Wird eine natürliche Person als Treuhänder nach den Absätzen 3 und 4 mit der Verwahrstellenfunktion beauftragt, muss dieser über die für die Verwahrstellenaufgaben erforderliche Erfahrung verfügen sowie die für die Erfüllung der Verwahrstellenaufgaben notwendigen organisatorischen Vorkehrungen schaffen.

(10) Die in den in Absatz 1 genannten schriftlichen Vertrag aufzunehmenden Einzelheiten und die allgemeinen Kriterien zur Bewertung, ob die Anforderungen an die aufsichtliche Regulierung und an die Aufsicht in Drittstaaten nach Absatz 8 Satz 1 Nummer 2 den Rechtsvorschriften der Europäischen Union entsprechen und wirksam durchgesetzt werden, bestimmen sich nach den Artikeln 83 und 84 der Delegierten Verordnung (EU) Nr. 231/2013.

A. Einführung

80 Wie bereits das dem KAGB vorgehende KAG und das InvG sieht das KAGB eine funktionale Trennung diverser Aufgaben zwischen KVG und von dieser zu beauftragenden Verwahrstelle vor. Die Bezeichnung als Verwahrstelle wurde mit Einführung des KAGB eingeführt, um die nationalen Regelungen der Terminologie der AIFM-RL anzupassen.[88] Systematisch wird der funktionale Ansatz des KAG und des InvG fortgeführt, wobei der Grad an Detaillierung deutlich gestiegen ist.

88 BT-Drs. 17/12294, S. 189.

Das funktionale Verhältnis zwischen Anleger, KVG und Verwahrstelle ist seit Dekaden Gegenstand intensiver Untersuchungen.[89] Die Bezeichnung des Untersuchungsgegenstands ist stellenweise uneinheitlich, ohne dass sich daraus Unterschiede im Untersuchten ergeben. So war unter Geltung des InvG die Bezeichnung als **„Investmentdreieck"** gebräuchlich.[90] Andere verwenden den Begriff „Anlagedreieck", wobei die Bezeichnung als „Dreieck" spätestens mit der Einführung des KAGB leicht irreführend geworden ist, da in aller Regel (mindestens) ein Vierparteienverhältnis (Anleger, Verwahrstelle, OGAW/AIF, KVG) vorliegt.[91] 81

Der Verwahrstelle kommt im Wesentlichen eine **Schutz- und Aufsichtsfunktion** gegenüber der KVG zu, mit der die *„Schwächen der Kollektivanlage"*[92] reduziert werden sollen. Zu den primären Aufgaben zählt auch die **Verwahrung** der Anlagegenstände des Sondervermögens (§§ 72, 81f. KAGB). Daneben ist die Verwahrstelle für die Ausgabe und Rücknahme der Anteilsscheine verantwortlich. 82

Systematisch trennt das KAGB zwischen Regelungen zur OGAW-Verwahrstelle (§§ 68–79 KAGB) und denen zur AIF-Verwahrstelle (§§ 80–90 KAGB). Historisch hatte dies bei Einführung des KAGB noch größere Auswirkungen, da für OGAW-Verwahrstellen noch die (weniger strengen) Vorgaben der OGAW-IV-Richtlinie galten. Der Gesetzgeber hatte sich daher zunächst dazu entschlossen, mit der Einführung von den Vorgaben der OGAW-IV-Richtlinie nachträglich abzuweichen und die strengeren Vorgaben aus der AIFM-RL auch für OGAW-Verwahrstellen anzulegen.[93] Mit Umsetzung der OGAW-V-Richtlinie[94] durch das OGAW-V-Umsetzungsgesetz[95] kehrte sich das wieder zu einer strengeren Regulierung der OGAW-Verwahrstellen um. 83

B. Beauftragung einer geeigneten Verwahrstelle, §§ 68, 80 KAGB

I. Eignung als Verwahrstelle

§§ 68, 80 KAGB verpflichten die OGAW- bzw. AIF-KVG zur Beauftragung einer geeigneten Verwahrstelle. Als Verwahrstelle geeignet ist nach § 68 Abs. 2 KAGB für OGAW nur ein Kreditinstitut im Sinne des Art. 4(1)(1) CRR.[96] Als Verwahrstelle eines AIF kommen hingegen auch (qualifizierte) Wertpapierfirmen im Sinne des Art. 4(1)(2) CRR, die die in § 80 Abs. 2 Nr. 2 KAGB erfüllen, sowie nach § 80 Abs. 2 Nr. 3 *„eine andere Kategorie von Einrichtungen, die einer Beaufsichtigung und ständigen Überwachung unterliegen und die am 21. Juli 2011 unter eine der von den Mitgliedstaaten der Europäischen Union oder den anderen Vertragsstaaten des Abkommens über den Europäischen Wirtschaftsraum gemäß Artikel 23 Absatz 3 der Richtlinie 2009/65/EG festgelegten Kategorien von Einrichtungen* 84

89 Vgl. exemplarisch *Ohl* Rechtsbeziehungen.
90 *Ohl* Rechtsbeziehungen.
91 So *Zetsche* ZVglRWiss 2017, 269 (272); *Schultheiß* WM 2015, 603.
92 *Zetsche* Prinzipien, S. 509.
93 BT-Drs. 17/12294, S. 189.
94 Richtlinie 2014/91/EU des Europäischen Parlaments und des Rates vom 23. Juli 2014 zur Änderung der Richtlinie 2009/65/EG zur Koordinierung der Rechts- und Verwaltungsvorschriften betreffend bestimmte Organismen für gemeinsame Anlagen in Wertpapieren (OGAW) im Hinblick auf die Aufgaben der Verwahrstelle, die Vergütungspolitik und Sanktionen.
95 Gesetz zur Umsetzung der Richtlinie 2014/91/EU des Europäischen Parlaments und des Rates vom 23. Juli 2014 zur Änderung der Richtlinie 2009/65/EG zur Koordinierung der Rechts- und Verwaltungsvorschriften betreffend bestimmte Organismen für gemeinsame Anlagen in Wertpapieren (OGAW) im Hinblick auf die Aufgaben der Verwahrstelle, die Vergütungspolitik und Sanktionen, v. 3. März 2016 (BGBl. I S. 348).
96 Verordnung (EU) 575/2013).

fallen, aus denen eine Verwahrstelle gewählt werden kann", § 80 Abs. 1, 2 KAGB. Der Anwendungsbereich für letztgenannte Einrichtungen ist bei Verwaltung eines inländischen AIF gering, da nach § 80 Abs. 6 S. 1 KAGB eine solche Einrichtung ihren Sitz im Inland haben muss und die Erfüllung der Aufgaben einer Verwahrstelle in Deutschland Kredit- bzw. Finanzdienstleistungsinstituten mit einem entsprechenden Erlaubnisumfang vorbehalten ist.[97]

85 Handelt es sich bei dem verwalteten AIF um einen geschlossenen, kann nach § 80 Abs. 3 KAGB auch ein Treuhänder bestellt werden, der die Aufgaben der Verwahrstelle übernimmt.

II. Beauftragung der Verwahrstelle

86 Der Abschluss eines Verwahrstellenvertrags ist von der OGAW-KVG „sicherzustellen", womit betont wird, dass der Abschluss des Vertrags mit der Verwahrstelle in der alleinigen Verantwortung der KVG liegt.[98] Der Abschluss des Vertrags bildet dabei den Schlusspunkt eines internen Prozesses der OGAW-KVG zur Auswahl einer geeigneten Verwahrstelle, der nach Art. 22 der Delegierten Verordnung (EU) 2016/438 vorgeschrieben ist. Der Abschluss des Verwahrstellenvertrags ist der Aufsichtsbehörde anzuzeigen und auf deren Verlangen nachvollziehbar zu begründen (Art. 22 Abs. 3, 4 Delegierte VO (EU) 2016/438).

87 Das Verhältnis zwischen KVG und Verwahrstelle wird dabei als Geschäftsbesorgung mit Elementen eines Depotvertrags, eines Verwahrvertrags und Zahlungsdiensten qualifiziert.[99]

III. Inhalt des Verwahrstellenvertrags (§ 68 Abs. 6 KAGB)

88 Zwar enthält § 68 KAGB die Verpflichtung der OGAW-KVG zum Abschluss eines Verwahrstellenvertrags, Vorgaben zum Inhalt enthält das KAGB jedoch nicht. Stattdessen werden die Mindestinhalte für OGAW-Verwahrstellen in Art. 2 Abs. 2 der Delegierten Verordnung (EU) 2016/438 sowie für AIF-Verwahrstellen in Art. 83, 84 der Delegierten Verordnung (EU) 231/2013 geregelt. Parallel dazu hat die BaFin ihre Erwartungen in einem Rundschreiben konkretisiert.[100]

IV. Verhältnis zwischen Anlegern und Verwahrstelle

89 Das Rechtsverhältnis der Verwahrstelle gegenüber den Anlegern ist Gegenstand andauernder Diskussion. Allgemein anerkannt ist dabei, dass der einzelne Anleger keine unmittelbaren Ansprüche aus dem Verwahrstellenvertrag geltend machen kann, sondern ausschließlich Schadenersatzansprüche wegen der Verletzung von Schutzpflichten.[101]

90 Woraus die Schutzpflichten der Verwahrstelle herzuleiten sind, wird nach wie vor unterschiedlich beurteilt. Zum Teil wird ein gesetzliches Schuldverhältnis zwischen

---

97 Moritz/Klebeck/Jesch/*Schäfer* § 80 Rn. 36; Weitnauer/Boxberger/*Anders* § 80, Rn. 13.
98 Weitnauer/Boxberger/Anders/*Klusak* § 68, Rn. 12.
99 Moritz/Klebeck/Jesch/*Koch* § 68 Rn. 25.
100 BaFin Rundschreiben 08/2015 (WA) – Aufgaben und Pflichten der Verwahrstelle nach Kapitel 1 Abschnitt 3 des Kapitalanlagegesetzbuches, v. 7.10.2015, Geschäftszeichen WA 41-Wp 2137-2013/0068.
101 Moritz/Klebeck/Jesch/*Koch* § 68 Rn. 32; Baur/Tappen/*Zingler*/*Loff*/*Herring*/*Karcher*/*Moericke* § 68 Rn. 12.

der Verwahrstelle und dem Anleger angenommen, andere Autoren gehen von einer Sonderverbindung eigener Art i.S.d. § 311 Abs. 2 Nr. 3 BGB aus. Zuletzt wird vertreten, der Verwahrstellenvertrag sei als Vertrag mit Schutzwirkung zugunsten Dritter anzusehen.[102] Nicht überzeugend kann die letztgenannte Ansicht jedoch nicht die Frage beantworten, auf welcher Grundlage Anleger Ansprüche auf Schadenersatz geltend machen können, sofern der Verwahrstellenvertrag von Anfang an unwirksam war.[103]

V. Pflichten der Verwahrstelle

1. Verwahrung der Vermögensgegenstände. Die primäre Funktion der Verwahrstelle ist die Verwahrung der Vermögensgegenstände des Investmentvermögens nach Maßgabe der §§ 72, 81 KAGB. Die Normen sind Ausdruck des Trennungsprinzips zwischen Verwaltung und Verwahrung der Vermögensgegenstände, das in den §§ 92ff. KAGB konkretisiert ist.[104] Ziel der Trennung ist es, den Gläubigern der KVG im Falle von deren Insolvenz den Zugriff auf die Vermögensgegenstände zu entziehen, die von der KVG verwaltet werden.[105] In den §§ 72, 81 KAGB wird dabei nach der Art der Vermögensgegenstände unterschieden, in die das Investmentvermögen investiert hat: Verwahrfähige Vermögensgegenstände sind in Depots zu verbuchen. Im Falle von nicht verwahrfähigen Vermögensgegenständen hat die Verwahrstelle laufend zu prüfen, ob die Vermögensgegenstände im Eigentum des OGAW stehen (§§ 72 Abs. 1 Nr. 2, 81 Abs. 1 Nr. 2 KAGB). Guthaben von OGAW (beispielsweise aus Verkaufserlösen) sind auf gesonderten Sperrkonten zu verbuchen (vgl. § 72 Abs. 2 KAGB). Eine entsprechende Verpflichtung gilt für Guthaben von AIF nicht. 91

2. Zahlstellenfunktion für OGAW. Aufgrund der Pflicht zur Verwahrung auf Sperrdepots nimmt die Verwahrstelle für OGAW auch die Funktion einer Zahlstelle wahr. Dazu zählen die Auszahlung für Lieferungen (§ 74 Abs. 2 Nr. 1, 2 KAGB) und insbesondere die Ausgabe und Rücknahme der Anteile (§ 71 Abs. 1 S. 1 KAGB). Eine parallele Regelung besteht für AIF nicht, da hier die AIF-KVG selbst Auszahlungen anweisen kann. 92

3. Kontrollfunktion. Nach §§ 76, 83 KAGB hat die Verwahrstelle die Geschäfte der KVG in dem dort definierten Umfang zu kontrollieren. Bei §§ 76, 83 KAGB handelt es sich um die zentralen Normen, die die Kontrollfunktion der Verwahrstelle regeln, gleichwohl sind Kontrollaufgaben der Verwahrstelle in diversen anderen Regelungen ebenfalls enthalten. So sind die in §§ 75, 84 KAGB Verpflichtungen zur Einholung der Zustimmung der Verwahrstelle ebenfalls Ausdruck der allgemeinen Kontrollfunktion.[106] Die Kontrollpflichten der Verwahrstelle sind dabei abschließend in den §§ 71ff. KAGB definiert; das 93

---

102 Zum vorstehenden Baur/Tappen/*Zingler*/*Loff*/*Herring*/*Karcher*/*Moericke* § 68 Rn. 12ff., mit Nachweisen zum Streitstand.
103 Dazu Derleder/Knops/Bamberger/*Geibel* Deutsches und europäisches Bank- und Kapitalmarktrecht, Band 2, § 58 Rn. 92, der allerdings trotzdem von einem Vertrag mit Schutzwirkung zugunsten Dritter ausgeht.
104 Derleder/Knops/Bamberger/*Geibel* Deutsches und europäisches Bank- und Kapitalmarktrecht, Band 2, § 58 Rn. 86.
105 Weitnauer/Boxberger/Anders/*Klusak* § 72, Rn. 1.
106 Derleder/Knops/Bamberger/*Geibel* Deutsches und europäisches Bank- und Kapitalmarktrecht, Band 2, § 58 Rn. 88.

KAGB sieht keine generelle Kontrollpflicht der Verwahrstelle über den gesetzlich angeordneten Umfang voraus.[107]

94 **4. Wahrnehmung ausschließlich im Interesse der Anleger.** Bei der Erfüllung ihrer Pflichten hat die Verwahrstelle ausschließlich im Interesse der Anleger und von der KVG unabhängig zu handeln (§ 70 Abs. 1 S. 1 KAGB).

§ 78 KAGB
Ansprüche der Anleger

(1) Die Verwahrstelle ist berechtigt und verpflichtet, im eigenen Namen

1. **Ansprüche der Anleger wegen Verletzung der Vorschriften dieses Gesetzes oder der Anlagebedingungen gegen die OGAW-Kapitalverwaltungsgesellschaft geltend zu machen und**
2. **im Wege einer Klage nach § 771 der Zivilprozessordnung Widerspruch zu erheben, wenn in einen inländischen OGAW wegen eines Anspruchs vollstreckt wird, für den der inländische OGAW nicht haftet; die Anleger können nicht selbst Widerspruch gegen die Zwangsvollstreckung erheben.**

Satz 1 Nummer 1 schließt die Geltendmachung von Ansprüchen gegen die OGAW-Kapitalverwaltungsgesellschaft durch die Anleger nicht aus.

(2) Die OGAW-Kapitalverwaltungsgesellschaft ist berechtigt und verpflichtet, im eigenen Namen Ansprüche der Anleger gegen die Verwahrstelle geltend zu machen. Satz 1 schließt die Geltendmachung von Ansprüchen gegen die Verwahrstelle durch die Anleger nicht aus.

(3) Die OGAW-Kapitalverwaltungsgesellschaft hat unter Beteiligung der Verwahrstelle für die Fälle einer fehlerhaften Berechnung von Anteilswerten und ohne Beteiligung der Verwahrstelle für die Fälle einer Verletzung von Anlagegrenzen oder Erwerbsvorgaben bei einem inländischen OGAW geeignete Entschädigungsverfahren für die betroffenen Anleger vorzusehen. Die Verfahren müssen insbesondere die Erstellung eines Entschädigungsplans umfassen sowie die Prüfung des Entschädigungsplans und der Entschädigungsmaßnahmen durch einen Wirtschaftsprüfer vorsehen. Das Bundesministerium der Finanzen wird ermächtigt, durch Rechtsverordnung, die nicht der Zustimmung des Bundesrates bedarf, nähere Bestimmungen zu den Entschädigungsverfahren und deren Durchführung zu erlassen, insbesondere zu

1. **Einzelheiten des Verfahrens einschließlich der Beteiligung der depotführenden Stellen des Anlegers und einer Mindesthöhe der fehlerhaften Berechnung des Anteilswertes, ab der das Entschädigungsverfahren durchzuführen ist, sowie gegebenenfalls zu den Einzelheiten eines vereinfachten Entschädigungsverfahrens bei Unterschreitung einer bestimmten Gesamtschadenshöhe,**
2. **den gegenüber einem betroffenen Anleger oder inländischen OGAW vorzunehmenden Entschädigungsmaßnahmen sowie gegebenenfalls zu Bagatellgrenzen, bei denen solche Entschädigungsmaßnahmen einen unverhältnismäßigen Aufwand verursachen würden,**
3. **Meldepflichten gegenüber der Bundesanstalt und gegebenenfalls gegenüber den zuständigen Stellen des Herkunftsstaates der einen inländischen OGAW verwaltenden EU-OGAW-Verwaltungsgesellschaft,**

---

107 Moritz/Klebeck/Jesch/*Koch* § 76 Rn. 3.

4. Informationspflichten gegenüber den betroffenen Anlegern,
5. Inhalt und Aufbau des zu erstellenden Entschädigungsplans und Einzelheiten der Entschädigungsmaßnahmen sowie
6. Inhalt und Umfang der Prüfung des Entschädigungsplans und der Entschädigungsmaßnahmen durch einen Wirtschaftsprüfer.

Das Bundesministerium der Finanzen kann diese Ermächtigung durch Rechtsverordnung auf die Bundesanstalt übertragen.

A. Einführung

Zur Komplettierung der wechselseitigen Kontrolle sieht § 78 KAGB – quasi als ultima **95** ratio – die Verpflichtung der Verwahrstelle und der OGAW-KVG vor, im Falle von vermuteten Pflichtverletzungen die Ansprüche der Anleger gegenüber der jeweils anderen Partei gerichtlich geltend zu machen. Ziel der Regelung ist es, eine solvente Institution mit einer der gegenüber der KVG bzw. der Verwahrstelle (zumindest theoretisch) ebenbürtigen Expertise, mit der Geltendmachung der Rechte des Anlegers gegen die jeweils andere Partei zu betrauen, woran der Anleger sonst möglicherweise aufgrund fehlender finanzieller Mittel oder aufgrund mangelnder Erfahrung bei der gerichtlichen Durchsetzung seiner Rechte gehindert wäre.[108]

Die Verwahrstelle sowie die OGAW-KVG handeln bei der Geltendmachung der An- **96** sprüche der Anleger im Wege der gesetzlichen Prozessstandschaft.[109]

B. Gerichtliche Geltendmachung von Anlegeransprüchen gegen die OGAW-KVG durch die Verwahrstelle

Ergänzend zu den Aufsichts- und Kontrollrechten und -pflichten sieht § 78 KAGB **97** für den Eskalationsfall die Berechtigung und Verpflichtung der Verwahrstelle vor, für die Anleger in ihren Namen deren Rechte gegen die OGAW-KVG gerichtlich durchzusetzen. Die Verpflichtung der Verwahrstelle besteht – ohne ein eigenes Ermessen – bei Bekanntwerden eines Verstoßes gegen der OGAW-KVG gegen vertragliche oder gesetzliche Pflichten oder Vollstreckungsmaßnahmen Dritter in Vermögensgegenstände des Investmentvermögens. Unterlässt die Verwahrstelle ihre Verpflichtung zur Geltendmachung der Anlegeransprüche gegen die OGAW-KVG kann den Anlegern bei vorwerfbaren Verhalten der Verwahrstelle wiederum ein eigener Schadenersatzanspruch zustehen, da auch § 78 Abs. 1 KAGB als Schutzgesetz i.S.d. § 823 Abs. 2 BGB betrachtet wird.[110]

Die Verpflichtung aus § 78 Abs. 1 KAGB gilt nur für solche Ansprüche, die allen An- **98** legern gegenüber der OGAW-KVG zustehen. Ansprüche eines einzelnen Anlegers hat dieser individuell geltend zu machen.[111]

Klarstellend bestimmt § 78 Abs. 1 S. 2 KAGB, dass die Anleger nicht daran gehindert **99** sind, Ansprüche gegen die OGAW-KVG geltend zu machen.

---

108 Ähnlich Moritz/Klebeck/Jesch/*Schäfer* § 78 Rn. 2.
109 Weitnauer/Boxberger/Anders/*Klusak* § 78, Rn. 9; Moritz/Klebeck/Jesch/*Schäfer* § 78 Rn. 2; Baur/Tappen/*Zingler*/*Loff*/*Herring*/*Karcher*/*Moericke* § 78 Rn. 13, jeweils m.w.N.
110 Moritz/Klebeck/Jesch/*Schäfer* § 78 Rn. 12, mit Nachweisen auf den Streitstand in der Literatur zur Rechtslage im InvG.
111 Moritz/Klebeck/Jesch/*Schäfer* § 78 Rn. 16.

C. Gerichtliche Geltendmachung von Anlegeransprüchen gegen die Verwahrstelle durch die OGAW-KVG

100 Gleichsam als Ausdruck des **„checks and balances"-Prinzips** des KAGB – sieht § 78 Abs. 2 KAGB die Verpflichtung der OGAV-KVG zur gerichtlichen Geltendmachung der Anlegerrechte bei Pflichtverletzungen der Verwahrstelle vor.

§ 293 KAGB
Allgemeine Vorschriften

(1) Vertrieb ist das direkte oder indirekte Anbieten oder Platzieren von Anteilen oder Aktien eines Investmentvermögens. Als Vertrieb gilt nicht, wenn
1. Investmentvermögen nur namentlich benannt werden,
2. nur die Nettoinventarwerte und die an einem organisierten Markt ermittelten Kurse oder die Ausgabe- und Rücknahmepreise von Anteilen oder Aktien eines Investmentvermögens genannt oder veröffentlicht werden,
3. Verkaufsunterlagen eines Investmentvermögens mit mindestens einem Teilinvestmentvermögen, dessen Anteile oder Aktien im Geltungsbereich dieses Gesetzes an eine, mehrere oder alle Anlegergruppen im Sinne des § 1 Absatz 19 Nummer 31 bis 33 vertrieben werden dürfen, verwendet werden und diese Verkaufsunterlagen auch Informationen über weitere Teilinvestmentvermögen enthalten, die im Geltungsbereich dieses Gesetzes nicht oder nur an eine oder mehrere andere Anlegergruppen vertrieben werden dürfen, sofern in den Verkaufsunterlagen jeweils drucktechnisch herausgestellt an hervorgehobener Stelle darauf hingewiesen wird, dass die Anteile oder Aktien der weiteren Teilinvestmentvermögen im Geltungsbereich dieses Gesetzes nicht vertrieben werden dürfen oder, sofern sie an einzelne Anlegergruppen vertrieben werden dürfen, an welche Anlegergruppe im Sinne des § 1 Absatz 19 Nummer 31 bis 33 sie nicht vertrieben werden dürfen,
4. die Besteuerungsgrundlagen nach § 5 des Investmentsteuergesetzes genannt oder bekannt gemacht werden,
5. Angaben zu einem Investmentvermögen auf Grund gesetzlich vorgeschriebener Veröffentlichungen oder Informationen erfolgen, insbesondere wenn
   a) in einen Prospekt für Wertpapiere Mindestangaben nach § 7 des Wertpapierprospektgesetzes oder Zusatzangaben gemäß § 268 oder § 307 aufgenommen werden,
   b) in einen Prospekt für Vermögensanlagen Mindestangaben nach § 8g des Verkaufsprospektgesetzes oder Angaben nach § 7 des Vermögensanlagengesetzes aufgenommen werden oder
   c) bei einer fondsgebundenen Lebensversicherung Informationen nach § 7 Absatz 1 Satz 1 des Versicherungsvertragsgesetzes in Verbindung mit § 2 Absatz 1 Nummer 7 der VVG-Versicherungsvertragsgesetz-Informationspflichtenverordnung zur Verfügung gestellt werden,
6. Verwaltungsgesellschaften nur ihre gesetzlichen Veröffentlichungspflichten im Bundesanzeiger oder ausschließlich ihre regelmäßigen Informationspflichten gegenüber dem bereits in das betreffende Investmentvermögen investierten Anleger nach diesem Gesetz oder nach dem Recht des Herkunftsstaates erfüllen,
7. ein EU-Master-OGAW ausschließlich Anteile an einen oder mehrere inländische OGAW-Feederfonds ausgibt

und darüber hinaus kein Vertrieb im Sinne des Satzes 1 stattfindet. Ein Vertrieb an semiprofessionelle und professionelle Anleger ist nur dann gegeben, wenn dieser auf Initiative der Verwaltungsgesellschaft oder in deren Auftrag erfolgt und sich an semiprofessionelle oder professionelle Anleger mit Wohnsitz oder Sitz im Inland oder einem anderen Mitgliedstaat der Europäischen Union oder Vertragsstaat des Abkommens über den Europäischen Wirtschaftsraum richtet. Die Bundesanstalt kann Richtlinien aufstellen, nach denen sie für den Regelfall beurteilt, wann ein Vertrieb im Sinne der Sätze 1 und 3 vorliegt.

(2) Enthalten die Vorschriften dieses Kapitels Regelungen für Investmentvermögen, gelten diese entsprechend auch für Teilinvestmentvermögen, es sei denn, aus den Vorschriften dieses Kapitels geht etwas anderes hervor.

A. Vertrieb und Versagung des Vertriebs

§ 293 Abs. 1 Satz 1 KAGB enthält die Legaldefinition für den Vertrieb und gilt für den gesamten Anwendungsbereich des Kapitalanlagegesetzbuches. Er basiert EU-rechtlich auf Art. 4 Abs. 1 lit. x), Art. 43 AIFM-RL. Angelehnt an den durch Art. 2a AIFM-UmsG aufgehobenen § 2 Abs. 11 InvG wurde der umfassende Negativkatalog des § 293 Absatzes 1 Satz 2 KAGB geschaffen. **101**

Grundlegend anders als im bisherigen § 2 Abs. 11 InvG setzt § 293 KAGB begrifflich nicht voraus, dass der Vertrieb öffentlich ist. Der außerordentlich weite Anwendungsbereich des Vertriebsbegriffes in § 293 KAGB wird lediglich dadurch eingeschränkt, dass nach Abs. 1 Satz 3 für den Erwerb von Anteilen oder Aktien an einem Investmentvermögen durch semiprofessionelle oder professionelle Anleger eine Vertriebsaktivität nur dann vorliegt, wenn die Ansprache auf Initiative oder im Auftrag der Verwaltungsgesellschaft oder in deren Auftrag erfolgt. Neben den prospekthaftungsrechtlichen Ansprüchen nach §§ 306ff. KAGB, die in Teil Fünf dieses Kommentares ausführlich behandelt werden, dienen dem Anlegerschutz insbesondere die Regelungen in §§ 305, 311, 314 und 315 KAGB. **102**

B. Legaldefinitionen des Vertriebsbegriffes

Der Vertriebsbegriff im KAGB setzt auf die Vertriebsdefinition in der AIFM-RL auf, wonach „Vertrieb" das direkte oder indirekte, auf Initiative des AIFM oder in dessen Auftrag erfolgende Anbieten oder Platzieren von Anteilen an einem vom AIFM verwalteten AIF an Anleger oder bei Anlegern mit Wohnsitz oder Sitz in der EU ist.[112] Der Begriff „Vertrieb" verdeutlicht, dass eine auf den Absatz von Anteilen oder Aktien an Investmentvermögen gerichtete Aktivität des Vertreibenden oder der Vertriebseinheit vorliegen muss. Rein passives Verhalten wie etwa das Reagieren auf die Order eines Anlegers ist vom Vertriebsbegriff trotz seiner weiten Fassung nicht erfasst. Nicht erforderlich ist weiterhin nach dem Willen des Gesetzgebers, dass der Vertrieb zum Erfolg führen muss. Es wird auch keine regelmäßige oder sogar gewerbsmäßige Vertriebstätigkeit in diesem Zusammenhang verlangt. Ausreichend ist bereits eine einzelne Vertriebshandlung, der Vertrieb kann dabei sowohl gegenüber bereits in einem Invest- **103**

112 Keunecke/Schwack, in: Moritz/Klebeck/Jesch, KAGB, § 293 Rn. 4; Weitnauer/Boxberger/Anders, KAGB, § 293 Rn. 2.

mentvermögen investiertem Anleger als auch gegenüber Anlegern erfolgen, die noch nicht in den betreffenden Investmentvermögen beteiligt sind.

104 Der Vertrieb im Sinne von § 293 Abs. 1 Satz 1 KAGB muss sich auf das direkte oder indirekte Anbieten oder Platzieren von Anteilen oder Aktien aus einem Investmentvermögen beziehen. Dabei ist unter dem Anbieten von Anteilen nicht das zivilrechtliche Angebot auf Abschluss eines Vertrages[113] zu verstehen, sondern es unterfallen dem Anbieten – erheblich weiter – auch andere Erscheinungsformen wie etwa die Invitatio ad offerendum. Anbieten umfasst ganz allgemein alle Maßnahmen, die auf den Absatz von Anteilen oder Aktien an einem Investmentvermögen gerichtet sind, die Aufmerksamkeit hierauf richten wollen oder ein Interesse hieran zu wecken bzw. zu steigern beabsichtigen.[114] Erfasst werden damit klassische Werbeträger wie Zeitungsanzeigen, Postwurfsendungen und Produktinformationsblätter, unabhängig von ihrer Versandart. Hier kommt das gesamte Spektrum vom persönlichen Gespräch, dem Postwege, per E-Mail oder auch Präsentationen auf einer Internetseite in Frage; unter Platzieren ist der aktive Absatz von Investmentanteilen[115] zu verstehen.

105 Der Vertrieb muss sich ferner auf das Anbieten und Platzieren von Anteilen oder Aktien eines Investmentvermögens beziehen. Voraussetzung hierfür ist, dass ein solches Investmentvermögen überhaupt existiert. Nach Ansicht der BaFin[116] liegt ein Investmentvermögen in diesem Zusammenhang jedenfalls vor, wenn (i) dieses bereits aufgelegt ist, (ii) ein Investmentvermögen angebotsreif ist (Musteranlagebedingungen, die noch zu verhandelnde Lücken aufweisen, reichen hier nicht) oder (iii) wenn dieses bereits unter einem bestimmten Namen firmiert. Schließlich können die Anteile oder Aktien direkt angeboten oder platziert werden, je nachdem, ob die Vertriebshandlung direkt oder über zwischengeschaltete Personen oder Gesellschaften stattfindet.

106 § 293 Abs. 1 Satz 2 KAGB enthält Fallgruppen, die nicht als Vertrieb im Sinne des Satzes 1 gelten. Die in § 293 Abs. 1 Satz 2 KAGB enthaltene Negativliste mit Einzelfällen, die nicht dem Vertrieb unterfallen, ist insoweit abschließend. Alle in den Nummern 1–7 aufgezählten Fallkonstellationen setzen jedoch kumulativ voraus, dass *„darüber hinaus kein Vertrieb im Sinne des Satzes 1 stattfindet“*.

C. Weitere Regelungen zum Vertrieb

107 § 294 KAGB verweist auf den Vertrieb und Erwerb von Anteilen oder Aktien an inländischen OGAW bzw. an zum Vertrieb berechtigten EU-OGAW anwendbare Vorschriften. § 295 KAGB legt sodann fest, unter welchen Voraussetzungen Anteile oder Aktien an inländischen Publikums-AIF an Privatanleger, semiprofessionelle oder professionelle Anleger (Abs. 1) sowie Anteile oder Aktien an inländischen Spezial-AIF, EU-AIF und ausländischen AIF an professionelle Anleger (Abs. 2) oder semiprofessionelle Anleger (Abs. 3) vertrieben werden dürfen und verweist hierzu auf die §§ 316 bis 320 KAGB bzw. 321 bis 334 KAGB.

---

113 § 145 ff. BGB.

114 Verfürth/Emde, in: Emde/Dornseifer/Driebus/Hölscher, Investmentgesetz, § 2 Rn. 157, 159; Beckmann, in: Beckmann/Scholz/Vollmer Investmentgesetz § 2 Rn. 290; Tollmann, in: Dornseifer/Jesch/Klebeck/Tollmann, AIFM-RL, Art. 4 Rn. 184.

115 BaFin, FAQ Vertrieb, Nr. 1.1.

116 BaFin, FAQ Vertrieb, Nr. 1.2.

Während die §§ 297 und 298 KAGB die an die BaFin einzureichenden Verkaufsunterlagen und Veröffentlichungspflichten für OGAW Investmentvermögen festlegen, regeln die §§ 299 ff. KAGB die entsprechenden Pflichten für EU-AIF und ausländische AIF. Regelungen zu Werbung und zur Sprachfassung für OGAW – Fonds und AIF-Fonds finden sich in den §§ 302 und 303 KAGB. § 304 KAGB begrenzt darüber hinaus die Kostenvorausbelastung für beide Arten von Investmentvermögen. **108**

D. Prospekthaftung und Veröffentlichungs- und Informationspflichten

§ 306 bezieht sich auf alle Verkaufsprospekte bzw. wesentlichen Anlegerinformationen, die sich an Erwerber von OGAW oder Privatanleger von AIF richten, und normiert die entsprechenden Haftungstatbestände. Die §§ 307 und 308 beziehen sich auf Informationspflichten gegenüber semi-professionellen und professionellen Anlegern. Die Haftungstatbestände der zuvor genannten Normen sind im Einzelnen in Teil Fünf dieses Kommentars dargestellt. **109**

Die Anzeige- und Veröffentlichungspflichten für den Vertrieb von EU-OGAW im Inland sind in den §§ 309 und 310 KAGB, die entsprechenden Pflichten für den Vertrieb von inländischen OGAW in den Mitgliedstaaten der EU in den §§ 312 und 313 geregelt. Die Folgen der Verletzung der zuvor genannten Pflichten und Vorgaben sind im Einzelnen in den nachfolgenden §§ 311 und 314 KAGB dargestellt. **110**

§ 295 KAGB
Vertrieb und Erwerb von AIF

(1) Der Vertrieb von Anteilen oder Aktien an inländischen Publikums-AIF an Privatanleger, semiprofessionelle und professionelle Anleger im Geltungsbereich dieses Gesetzes ist nur zulässig, wenn die Voraussetzungen des § 316 erfüllt sind. Der Vertrieb von Anteilen oder Aktien an EU-AIF und ausländischen AIF an Privatanleger im Geltungsbereich dieses Gesetzes ist nur zulässig, wenn die Voraussetzungen der §§ 317 bis 320 erfüllt sind. Die Verwaltungsgesellschaften, die AIF verwalten, die die Voraussetzungen für den Vertrieb an Privatanleger nicht erfüllen, müssen wirksame Vorkehrungen treffen, die verhindern, dass Anteile oder Aktien an den AIF an Privatanleger im Geltungsbereich dieses Gesetzes vertrieben werden; dies gilt auch, wenn unabhängige Unternehmen eingeschaltet werden, die für den AIF Wertpapierdienstleistungen erbringen.

(2) Der Vertrieb von Anteilen oder Aktien an inländischen Spezial-AIF, EU-AIF und ausländischen AIF an professionelle Anleger ist im Inland nur zulässig

1. **bis zu dem in dem auf Grundlage des Artikels 66 Absatz 3 in Verbindung mit Artikel 67 Absatz 6 der Richtlinie 2011/61/EU erlassenen delegierten Rechtsakt der Europäischen Kommission genannten Zeitpunkt nach den Voraussetzungen des §§ 321, 323, 329, 330 oder 330a;**
2. **ab dem Zeitpunkt, auf den in Nummer 1 verwiesen wird, nach den Voraussetzungen der §§ 321 bis 328 oder § 330a.**

Abweichend von Satz 1 darf eine AIF-Verwaltungsgesellschaft, die bis zu dem in Nummer 1 genannten Zeitpunkt inländische Spezial-Feeder-AIF, EU-Feeder-AIF, EU-AIF oder ausländische AIF gemäß § 329 oder § 330 vertreiben darf, diese AIF auch nach diesem Zeitpunkt an professionelle Anleger im Inland weiterhin vertreiben. Die Befugnis der Bundesanstalt, nach § 11 oder nach § 314 erforderliche Maßnahmen zu ergreifen, bleibt unberührt.

(3) Der Vertrieb von Anteilen oder Aktien an inländischen Spezial-AIF, EU-AIF und ausländischen AIF an semiprofessionelle Anleger im Inland ist nur zulässig
1. bis zu dem in dem auf Grundlage des Artikels 66 Absatz 3 in Verbindung mit Artikel 67 Absatz 6 der Richtlinie 2011/61/EU erlassenen delegierten Rechtsakt der Europäischen Kommission genannten Zeitpunkt
   a) nach den für den Vertrieb an semiprofessionelle Anleger genannten Voraussetzungen des §§ 321, 323, 329, 330 oder 330a oder
   b) nach den Voraussetzungen der §§ 317 bis 320;
2. ab dem Zeitpunkt, auf den in Nummer 1 verwiesen wird,
   a) nach den für den Vertrieb an semiprofessionelle Anleger genannten Voraussetzungen der §§ 321 bis 328 oder § 330a oder
   b) nach den Voraussetzungen der §§ 317 bis 320.
   Absatz 2 Satz 2 und 5 gilt entsprechend.

(4) Werden im Geltungsbereich dieses Gesetzes Anteile oder Aktien an inländischen Publikums-AIF, an zum Vertrieb an Privatanleger berechtigten EU-AIF oder an zum Vertrieb an Privatanleger berechtigten ausländischen AIF an Privatanleger vertrieben oder von diesen erworben, so gelten die Vorschriften des Unterabschnitts 2 dieses Abschnitts, soweit sie sich auf den Vertrieb oder den Erwerb von inländischen Publikums-AIF, EU-AIF oder ausländischen AIF beziehen.

(5) Werden im Geltungsbereich dieses Gesetzes Anteile oder Aktien an
1. inländischen AIF,
2. von einer AIF-Kapitalverwaltungsgesellschaft oder ab dem Zeitpunkt, auf den in Absatz 2 Nummer 1 verwiesen wird, von einer ausländischen AIF-Verwaltungsgesellschaft, die eine Erlaubnis nach § 58 erhalten hat, verwalteten EU-AIF,
3. zum Vertrieb an professionelle Anleger berechtigten EU-AIF, die von einer EU-AIF-Verwaltungsgesellschaft oder ab dem Zeitpunkt, auf den in Absatz 2 Nummer 1 verwiesen wird, von einer ausländischen AIF-Verwaltungsgesellschaft, deren Referenzmitgliedstaat nicht die Bundesrepublik Deutschland ist, verwaltet werden, oder
4. zum Vertrieb an professionelle Anleger berechtigten ausländischen AIF an semiprofessionelle oder professionelle Anleger vertrieben oder durch diese erworben, gelten die Vorschriften des Unterabschnitts 3 dieses Abschnitts.

(6) Beabsichtigt eine AIF-Kapitalverwaltungsgesellschaft, Anteile oder Aktien an von ihr verwalteten inländischen AIF, an EU-AIF oder, ab dem Zeitpunkt, auf den in Absatz 2 Nummer 1 verwiesen wird, an ausländischen AIF an professionelle Anleger in einem anderen Mitgliedstaat der Europäischen Union oder in einem anderen Vertragsstaat des Abkommens über den Europäischen Wirtschaftsraum zu vertreiben, gelten § 331 und ab dem Zeitpunkt, auf den in Absatz 2 Nummer 1 verwiesen wird, § 332. Die AIF-Kapitalverwaltungsgesellschaft stellt den am Erwerb eines Anteils oder einer Aktie Interessierten in den anderen Mitgliedstaaten der Europäischen Union und Vertragsstaaten des Abkommens über den Europäischen Wirtschaftsraum für jeden von ihr verwalteten inländischen AIF oder EU-AIF und für jeden von ihr vertriebenen AIF vor Ver-tragsschluss
1. die in § 307 Absatz 1 genannten Informationen einschließlich aller wesentlichen Änderungen dieser Informationen unter Berücksichtigung von § 307 Absatz 4 in der in den Anlagebedingungen, der Satzung oder dem Gesellschaftsvertrag des AIF festgelegten Art und Weise zur Verfügung und

2. unterrichtet die am Erwerb eines Anteils oder einer Aktie Interessierten nach § 307 Absatz 2 Satz 1.

Zudem informiert die AIF-Kapitalverwaltungsgesellschaft die Anleger nach § 308 Absatz 1 bis 4, auch in Verbindung mit § 300 Absatz 1 bis 3, und über Änderungen der Informationen nach § 307 Absatz 2 Satz 1.

(7) Beabsichtigt eine ausländische AIF-Verwaltungsgesellschaft ab dem Zeitpunkt, auf den in Absatz 2 Nummer 1 verwiesen wird, Anteile oder Aktien an von ihr verwalteten inländischen AIF, an EU-AIF oder an ausländischen AIF an professionelle Anleger in einem anderen Mitgliedstaat der Europäischen Union oder in einem anderen Vertragsstaat des Abkommens über den Europäischen Wirtschaftsraum zu vertreiben, gelten die §§ 333 und 334. Absatz 6 Satz 2 gilt entsprechend.

(8) Das Wertpapierprospektgesetz und die Richtlinie 2003/71/EG bleiben unberührt. An die Stelle des Verkaufsprospekts in diesem Kapitel treten die in einem Wertpapierprospekt enthaltenen Angaben nach § 269, wenn

1. der AIF gemäß § 268 Absatz 1 Satz 3 oder § 318 Absatz 3 Satz 2 auf Grund seiner Pflicht zur Erstellung eines Prospekts nach dem Wertpapierprospektgesetz oder der Richtlinie 2003/71/EG und der Aufnahme aller gemäß § 269 erforderlichen Angaben in diesen Prospekt von der Pflicht zur Erstellung eines Verkaufsprospekts befreit ist und

2. aus den Vorschriften dieses Kapitels nichts anderes hervorgeht.

A. Einleitung und Normzweck

Die Norm des § 295 KAGB beinhaltet Vertriebsregelungen. Sie benennt die auf den Vertrieb von Investmentvermögen anzuwendenden Normen und dient damit vornehmlich dem Anlegerschutz. So soll mit den Regelungen insbesondere verhindert werden, dass alle Arten von Anlageprodukten ohne entsprechende gesetzliche Vorgaben vertrieben werden können. Dabei gilt der Grundsatz: je höher das Risiko der Kapitalanlage, desto größer auch die regulatorischen Anforderungen an den Vertrieb. 111

B. Einzelerläuterungen

In den Absätzen 1 bis 3 regelt § 295 KAGB die Frage, ob der Vertrieb **überhaupt zulässig** ist. Hier wird nach der Art des AIF und den **Vertriebsadressaten** – Privatanleger und semiprofessionelle und professionelle Anleger (vgl. Abs. 1) und professionelle bzw. semiprofessionelle Anleger (Abs. 2 und 3) – unterschieden. 112

Die Absätze 4 und 5 beinhalten Regelungen zu der Frage, welche Normen auf einen nach den vorhergehenden Absätzen zulässigen Vertrieb von Anteilen und den Erwerb von Anteilen anzuwenden sind. Auch hier wird wie in den Absätzen 1 bis 3 unterschieden zwischen Vertriebsadressaten und Art des AIF. 113

Darüber hinaus wird in § 295 KAGB danach differenziert, **wo** der Vertrieb erfolgen wird (In- oder Ausland). Die Absätze 1 bis 5 regeln entsprechend den Vertrieb bzw. Erwerb von Anteilen im Inland bzw. im Geltungsbereich des Kapitalanlagegesetzbuches, die Absätze 6 und 7 den Vertrieb in einem anderen Mitgliedstaat der Europäischen Union bzw. in einem anderen Vertragsstaat des Abkommens über den europäischen Wirtschaftsraum. 114

Systemwidrig ist § 295 Abs. 8 KAGB: der Absatz beinhaltet eine Konkurrenzregelung zum WpPG, nicht hingegen Regelungen zum Vertrieb. 115

C. Unterlagen für die Vertriebsanzeige

116 Im Übrigen verweist § 295 KAGB auf § 316 KAGB: Der **Vertrieb** von Anteilen oder Aktien an inländischen Publikums-AIF an **Privatanleger** sowie **semi- und professionelle Anleger** ist nach § 295 Abs. 1 Satz 1 KAGB nur dann zulässig, wenn die Voraussetzungen des § 316 KAGB erfüllt sind.

117 Danach hat eine AIF-Kapitalverwaltungsgesellschaft der Bundesanstalt für Finanzdienstleistungsaufsicht anzuzeigen, wenn sie beabsichtigt, Anteile oder Aktien an einem von ihr verwalteten inländischen Publikums-AIF in Deutschland zu vertreiben. Dabei muss dieses **Anzeigeschreiben** folgende Angaben und Unterlagen in jeweils geltender Fassung enthalten:

- Geschäftsplan, der Angaben zu dem angezeigten Publikums-AIF beinhaltet;
- Anlagebedingungen oder einen Verweis auf die zur Genehmigung eingereichten Anlagebedingungen und gegebenenfalls die Satzung oder den Gesellschaftsvertrag des angezeigten AIF;
- Angabe der Verwahrstelle oder einen Verweis auf die von der Bundesanstalt gemäß den §§ 87, 69 Absatz 1 KAGB genehmigte Verwahrstelle des angezeigten AIF;
- Verkaufsprospekt und die wesentlichen Anlegerinformationen des angezeigten AIF;
- falls es sich bei dem angezeigten AIF um einen Feederfonds handelt, einen Verweis auf die von der Bundesanstalt genehmigten Anlagebedingungen des Masterfonds, einen Verweis auf die von der Bundesanstalt gemäß § 87 KAGB in Verbindung mit § 69 KAGB genehmigte Verwahrstelle des Masterfonds, den Verkaufsprospekt und die wesentlichen Anlegerinformationen des Masterfonds sowie die Angabe, ob der Masterfonds im Geltungsbereich dieses Gesetzes an Privatanleger vertrieben werden darf.

118 § 295 Abs. 1 S. 1 KAGB differenziert nicht zwischen den **verschiedenen Anlegergruppen**. Im Unterschied dazu verweist § 295 Abs. 1 Satz 2 KAGB in Bezug auf den Vertrieb von Anteilen oder Aktien an EU-AIF und ausländischen AIF an **Privatanleger** (*sic*) darauf, dass dieser nur unter den Voraussetzungen der §§ 317 bis 320 KAGB zulässig ist.

119 § 317 KAGB regelt die Zulässigkeit des Vertriebs von EU-AIF bzw. von ausländischen AIF an Privatanleger, § 318 KAGB beinhaltet Regelungen zu Verkaufsprospekt und wesentliche Anlegerinformationen beim Vertrieb von EU-AIF oder von ausländischen AIF an Privatanleger, § 319 KAGB die Vertretung der Gesellschaft, Gerichtsstand beim Vertrieb von EU-AIF oder von ausländischen AIF an Privatanleger und § 320 KAGB normiert die Anzeigepflicht soweit ein Vertrieb von EU-AIF oder von ausländischen AIF an Privatanleger im Inland beabsichtigt ist.

120 Zu Gunsten des **Anlegerschutzes** müssen Kapitalverwaltungsgesellschaften, die AIF verwalten und die die Voraussetzungen für einen Vertrieb an Privatanleger nicht erfüllen, wirksame Vorkehrungen treffen, die verhindern, dass Anteile oder Aktien an AIF an **Privatanleger** vertrieben werden.

121 Die Bundesanstalt für Finanzdienstleistungsaufsicht vertritt die Auffassung, dass jedenfalls in den Prospekt und in allen weiteren Informationsmaterialien einschließlich Werbung ein **drucktechnisch herausgestellter Hinweis** nach Maßgabe des § 293 Abs. 1 Satz 2 Nr. 3 KAGB aufzunehmen ist.[117] Dieser Hinweis hat darauf hinzuweisen, sofern die

---

117 Vgl. nur BaFin, BaFin, Häufige Fragen zum Vertrieb und Erwerb von Investmentvermögen nach dem KAGB (Stand: 22.1.2014), Ziff. 1.5., hier abrufbar https://www.bafin.de/SharedDocs/Veroeffentlichungen/DE/FAQ/faq_kagb_vertrieb_erwerb_130604.html (zuletzt abgerufen am 23.4.2018); siehe hierzu auch Assmann/Schütze, HdB KapitalanlageR, 2. Teil. Die einzelnen Kapitalanlagegeschäfte

Anteile oder Aktien, die nicht im Geltungsbereich dieses Gesetzes vertrieben werden dürfen oder, sofern sie an einzelne Anlegergruppen vertrieben werden dürfen, an welche Anlegergruppe im Sinne des § 1 Abs. 19 Nr. 31–33 KAGB sie nicht vertrieben werden dürfen.

Darüber hinausgehend sind Maßnahmen in Bezug auf die jeweiligen **Vertriebswege** 122
zu treffen, die einen Vertrieb eines solchen Investmentvermögens an Privatanleger verhindern. Sicherzustellen ist, dass die Verwaltungsgesellschaften prüfen kann, an wen vertrieben wird. Klassischerweise sind etwa Webseiten, die für den Vertrieb des Produktes verwendet werden, passwort- bzw. zugangsgeschützt.[118] Um einen wirksamen (Privat-) Anlegerschutz zu gewähren, sind Kapitalverwaltungsgesellschaften zur Prüfung und Kontrolle auch dann nach § 295 Abs. 1 Satz 3, 2. Halbsatz KAGB verpflichtet, wenn sie den Vertrieb nicht selbst übernehmen, sondern hierfür unabhängige (Dritt-) Unternehmen wie beispielsweise Untervermittler oder Vertriebsgesellschaften beauftragen.[119] Für den Fall, dass das mit dem Vertrieb beauftragte (Dritt-)Unternehmen weitere Untervermittler selbstständig einschalten darf, ist sicherzustellen, dass das Verbot des Vertriebs an Privatanleger auch in dieser (Vertriebs-) Kette weiter gegeben wird. Damit soll kontinuierlich sichergestellt werden, dass diese Norm nicht umgangen werden kann. Regelmäßig erfolgt diese Weitergabe der Vertriebseinschränkung an Dritte durch eine schuldrechtliche Verpflichtung im **Vertriebsvertrag** (mithin im Rahmen der **Beauftragung**).

§ 297 KAGB
Verkaufsunterlagen und Hinweispflichten

(1) Dem am Erwerb eines Anteils oder einer Aktie an einem OGAW Interessierten sind rechtzeitig vor Vertragsschluss die wesentlichen Anlegerinformationen in der geltenden Fassung kostenlos zur Verfügung zu stellen. Darüber hinaus sind ihm sowie auch dem Anleger eines OGAW auf Verlangen der Verkaufsprospekt sowie der letzte veröffentlichte Jahres- und Halbjahresbericht kostenlos zur Verfügung zu stellen.

(2) Der am Erwerb eines Anteils oder einer Aktie an einem AIF interessierte Privatanleger ist vor Vertragsschluss über den jüngsten Nettoinventarwert des Investmentvermögens oder den jüngsten Marktpreis der Anteile oder Aktien gemäß den §§ 168 und 271 Absatz 1 zu informieren. Ihm sind rechtzeitig vor Vertragsschluss die wesentlichen Anlegerinformationen, der Verkaufsprospekt und der letzte veröffentlichte Jahres- und Halbjahresbericht in der geltenden Fassung kostenlos zur Verfügung zu stellen.

(3) Die Anlagebedingungen und gegebenenfalls die Satzung oder der Gesellschaftsvertrag und der Treuhandvertrag mit dem Treuhandkommanditisten sind dem Verkaufsprospekt von OGAW und AIF beizufügen, es sei denn, dieser enthält

7. Kapitel. Investmentgeschäfte § 22 Investmentgeschäft und -vertrieb Rn. 100–113, abrufbar über beck-online.

118 So auch BaFin, Häufige Fragen zum Vertrieb und Erwerb von Investmentvermögen nach dem KAGB (Stand: 22.1.2014), Ziff. 1.5., hier abrufbar https://www.bafin.de/SharedDocs/Veroeffentlichungen/DE/FAQ/faq_kagb_vertrieb_erwerb_130604.html (zuletzt abgerufen am 23.4.2018).

119 Zur eine weite, anlegerschützende Auslegung des § 295 Abs. 1 S. 3 KAGB (auch) auf jede Art von Untervertrieb, der unabhängig von der Verwaltungsgesellschaft erbracht wird, siehe nur Weitnauer/Boxberger/Anders/*Paul* KAGB, § 295 Rn. 9 m.w.N.

einen Hinweis, wo diese im Geltungsbereich dieses Gesetzes kostenlos erhalten werden können.

(4) Die in den Absätzen 1, 2 Satz 2 sowie in Absatz 3 genannten Unterlagen (Verkaufsunterlagen) sind dem am Erwerb eines Anteils oder einer Aktie Interessierten und dem Anleger auf einem dauerhaften Datenträger oder einer Internetseite gemäß Artikel 38 der Verordnung (EU) Nr. 583/2010 sowie auf Verlangen jederzeit kostenlos in Papierform zur Verfügung zu stellen. Der am Erwerb eines Anteils oder einer Aktie Interessierte ist darauf hinzuweisen, wo im Geltungsbereich des Gesetzes und auf welche Weise er die Verkaufsunterlagen kostenlos erhalten kann.

(5) Dem am Erwerb eines Anteils oder einer Aktie an einem Feederfonds Interessierten und dem Anleger eines Feederfonds sind auch der Verkaufsprospekt sowie Jahres- und Halbjahresbericht des Masterfonds auf Verlangen kostenlos in Papierform zur Verfügung zu stellen. Zusätzlich ist den Anlegern des Feederfonds und des Masterfonds die gemäß § 175 Absatz 1 oder § 317 Absatz 3 Nummer 5 abgeschlossene Master-Feeder-Vereinbarung auf Verlangen kostenlos zur Verfügung zu stellen.

(6) Dem am Erwerb eines Anteils oder einer Aktie interessierten Privatanleger sind vor dem Erwerb eines Anteils oder einer Aktie an einem Dach-Hedgefonds oder von EU-AIF oder ausländischen AIF, die hinsichtlich der Anlagepolitik Anforderungen unterliegen, die denen von Dach-Hedgefonds vergleichbar sind, sämtliche Verkaufsunterlagen auszuhändigen. Der Erwerb bedarf der schriftlichen Form. Der am Erwerb Interessierte muss vor dem Erwerb auf die Risiken des AIF nach Maßgabe des § 228 Absatz 2 ausdrücklich hingewiesen werden. Ist streitig, ob der Verkäufer die Belehrung durchgeführt hat, trifft die Beweislast den Verkäufer.

(7) Soweit sie Informationspflichten gegenüber dem am Erwerb eines Anteils oder einer Aktie Interessierten betreffen, finden die Absätze 1, 2, 5 Satz 1 und Absatz 6 keine Anwendung auf den Erwerb von Anteilen oder Aktien im Rahmen einer Finanzportfolioverwaltung im Sinne des § 1 Absatz 1a Nummer 3 des Kreditwesengesetzes oder des § 20 Absatz 2 Nummer 1 oder Absatz 3 Nummer 2. Werden Anteilen oder Aktien im Rahmen eines Investment-Sparplans in regelmäßigem Abstand erworben, so sind die Absätze 1, 2, 5 Satz 1 und Absatz 6, soweit sie Informationspflichten gegenüber dem am Erwerb eines Anteils oder einer Aktie Interessierten betreffen, nur auf den erstmaligen Erwerb anzuwenden.

(8) Dem Erwerber eines Anteils oder einer Aktie an einem OGAW oder AIF ist eine Durchschrift des Antrags auf Vertragsabschluss auszuhändigen oder eine Kaufabrechnung zu übersenden, die jeweils einen Hinweis auf die Höhe des Ausgabeaufschlags und des Rücknahmeabschlags und eine Belehrung über das Recht des Käufers zum Widerruf nach § 305 enthalten müssen.

(9) Auf Verlangen des am Erwerb eines Anteils oder einer Aktie Interessierten muss die Kapitalverwaltungsgesellschaft, die EU-Verwaltungsgesellschaft oder die ausländische AIF-Verwaltungsgesellschaft zusätzlich über die Anlagegrenzen des Risikomanagements des Investmentvermögens, die Risikomanagementmethoden und die jüngsten Entwicklungen bei den Risiken und Renditen der wichtigsten Kategorien von Vermögensgegenständen des Investmentvermögens informieren.

A. Wesentliche Anlegerinformationen, § 297 Abs. 1 KAGB

Als investmentrechtliches Pendant zum WpHG-Produktinformationsblatt, das im Rahmen der Anlageberatung zu Wertpapieren regelmäßig interessierten Anlegern zur Verfügung zu stellen ist, wurde durch die Umsetzung der OGAW-IV-Richtlinie nunmehr auch die sogenannten **wesentlichen Anlegerinformationen**[120] (kurz auch als **„wAI"**, **„KID"** oder **„KII"** bezeichnet)[121] neu in das KAGB aufgenommen. 123

Es handelt sich dabei um eine Art zusammengefasste und gekürzte Fassung des weit umfangreicheren Verkaufsprospektes. 124

Anhand der Kurzinformation sollen Anlageinteressierte besser in der Lage sein, eine fundierte, auf Informationen basierende Anlageentscheidung treffen zu können. Dies soll dadurch erreicht werden, dass Anleger leicht verschiedene Anlageoptionen vergleichen können. Schließlich sind alle Anlegerinformationen gleich aufgebaut und weisen entsprechend nicht zuletzt auf Grund der sehr detaillierten Regelungen zu Form und Inhalt in den Art. 4 ff. Verordnung (EU) Nr. 583/2010 sowie in § 166 Abs. 2 KAGB. einen außerordentlich hohen Standardisierungsgrad auf. 125

Festgelegt werden in formeller Hinsicht Titel, Reihenfolge, Überschriften, Sprache, Länge und Präsentation sowie der konkrete Inhalt der einzelnen Pflichtangaben. Die wesentlichen Anlegerinformationen haben eine kurze Beschreibung der Anlageziele und Anlagepolitik, Angaben zur Identität des Investmentvermögens, zum Risiko- und Ertragsprofil der Anlage, zu den Kosten und Gebühren, zur bisherigen Wertentwicklung bzw. Performance-Szenarien sowie praktische Informationen sowie Querverweise zu enthalten.[122] Für geschlossene Publikums-AIF enthält § 270 KAGB spezifische, teilweise hiervon abweichende Vorschriften. 126

Die Anforderungen an die wesentlichen Anlegerinformationen differenzieren je nach Art des Investmentvermögens. Entsprechend finden sich im Kapitalanlagegesetzbuch auch an unterschiedlichster Stelle Anforderungen an das Kurz-Dokument: 127

Die Zentralnorm für offene Investmentvermögen ist § 166 KAGB, die – mit bestimmten Modifikationen – durch den Verweis in § 270 KAGB auch für geschlossene Investmentvermögen zur Anwendung gelangt. Darüber hinaus normiert § 270 KAGB für geschlossene Publikums-AIF spezifische, teilweise hiervon abweichende Vorschriften zu den allgemeinen Vorgaben in § 166 KAGB. 128

Diese mitunter strikten Regelungen haben einzig das Ziel, eine bessere Vergleichbarkeit der einzelnen Produkte herbei zu führen und dienen damit dem Schutz der Anleger. 129

Die wesentlichen Anlegerinformationen müssen dem Kunden immer vor der Abgabe seines Kaufauftrages zur Verfügung gestellt werden. Dabei ist es ohne Bedeutung, ob es sich um ein beratungsfreies Geschäft handelt oder nicht. Vielmehr darf eine Kundenorder von einem Adressaten des § 297 KAGB nur dann ausgeführt werden, wenn der interessierte Anleger die Unterlagen erhalten hat und entsprechend die Nichterfüllung des § 297 KAGB nicht zum Vorwurf gemacht werden kann.[123] 130

---

120 *Blankenheim* ZBB 2011, 344, 349 f.

121 Die Abkürzungen stammen aus dem Englischen und stehen für: KID = *Key Information Document* und KII = *Key Investor Information.*

122 Vgl. nur *Blankenheim* ZBB 2011, 344, 349; *Podewils* ZBB 2011, 169, 170.

123 Vgl. Bafin, Häufige Fragen zum Vertrieb und Erwerb von Investmentvermögen nach dem KAGB, WA 41-Wp 2137-2013/0293, Ziffer 3.2., abrufbar unter: https://www.bafin.de/SharedDocs/Veroeffentlichungen/DE/FAQ/faq_kagb_vertrieb_erwerb_130604.html (zuletzt abgerufen am 23.4.2018). Dies ist nach der Auffassung der BaFin etwa der Fall, *„wenn der Kunde seinen Kaufauftrag gegenüber der ausführenden Adressaten des § 297 KAGB abgibt, ohne dass dieser tatsächlich die Möglichkeit hatte, die wesentlichen Anlegerinformationen bzw. die vorgeschriebenen Verkaufsunterlagen nach § 297 KAGB zur Verfügung zu*

131 Im Zweifel gilt, dass grundsätzlich immer den Adressaten des § 297 KAGB die aufsichtsrechtliche Pflicht trifft, im konkreten Fall gegenüber der Bundesanstalt plausibilisieren und nachweisen zu können, dass die Nichterfüllung der Informationspflichten nach § 297 KAGB vor der Erteilung einer Order nicht vorwerfbar ist. Dies dürfte sich in der Praxis als schwierig gestalten, insbesondere vor dem Hintergrund, dass immer sichergestellt sein muss, dass diese anlegerschützende Verpflichtung der Bereitstellung von Verkaufsunterlagen nicht umgangen werden kann.

132 In Bezug auf die Pflicht, die Anlegerinformationen rechtzeitig vor Vertragsschluss zur Verfügung zu stellen, kommt es auf den Zeitpunkt der Vertragserklärung des am Erwerb Interessierten an. In dem Zusammenhang spielt es keine Rolle, wer das Angebot oder die Annahme abgibt. Die Vorschrift soll den Erwerbsinteressenten in seiner Entscheidungsfreiheit schützen. Sobald dieser sich entschieden und ein Angebot abgegeben hat, soll er an dieses Angebot nach § 145 BGB gebunden sein – und zwar selbst dann, wenn das Angebot noch nicht angenommen wurde.

133 Wie bereits erwähnt, sind die Anlegerinformationen dem interessierten Anleger nach § 297 Abs. 1 S. 1, Abs. 2 Satz 1 KAGB in der geltenden Fassung kostenlos **„zur Verfügung zu stellen“**.

134 Was hierunter zu verstehen ist, ist in § 297 Abs. 4 Satz 1 KAGB konkretisiert: auf einem dauerhaften Datenträger oder einer Internetseite gemäß Art. 38 der Verordnung (EU) Nr. 583/2010 sowie auf Verlangen jederzeit kostenlos in Papierform. In Art. 38 der genannten Verordnung sind die Voraussetzungen aufgelistet, die zu erfüllen sind, damit die Verwendung eines anderen dauerhaften Datenträgers als Papier oder die Zurverfügungstellung auf einer Website zulässig ist.

135 Der am Erwerb Interessierte bzw. der Anleger muss – damit die Verkaufsunterlagen im Sinne der Norm „zur Verfügung“ gestellt werden – die reale Möglichkeit haben, die Verkaufsunterlagen einzusehen und auf sie zuzugreifen. Das setzt voraus, dass der Anspruchsberechtigte entweder in der richtigen Art und Weise darauf hingewiesen wurde, wo er die Verkaufsunterlagen erhalten kann (vgl. § 297 Abs. 4 KAGB) oder aber anderweitig positive Kenntnis darüber hat, wo und wie er die Verkaufsunterlagen erhalten kann.

136 **Kostenlos** bedeutet, dass weder eine Gebühr noch eine Aufwandsentschädigung noch sonstige Kosten anfallen dürfen.[124] Wird die Unterlage in Papierform zur Verfügung gestellt, dürfen weder Porto-, noch Papierkosten in Rechnung gestellt werden, vgl. § 297 Abs. 4 KAGB.

137 Sofern die Verkaufsunterlagen auf einem dauerhaften Datenträger oder im Internet bereitgestellt werden, obliegen allerdings etwaig anfallen Kosten für Ausdrucke o.ä. dem Erwerbsinteressenten oder Anleger. Für den Ausdruck des Papiers kann insbesondere keine Aufwandsentschädigung in Form der Papier-, Druck- oder Stromkosten verlangt werden.

---

stellen. Dies gilt z.B. dann, wenn der Kaufauftrag des Kunden per Brief, E-Mail oder Fax bei der Bank eingeht, ohne dass in Bezug auf diesen konkreten Auftrag eine vorherige Kontaktaufnahme zwischen dem Adressaten des § 297 KAGB (seinen Beratern und Vermittlern) und dem Kunden stattgefunden hat. In diesem Fall kann dieser seine Pflichten aus § 297 KAGB tatsächlich nicht mehr vor dem Zugang des Kaufauftrages erfüllen. Nimmt dagegen der Kunde vor der Erteilung seines Kaufauftrages Kontakt mit dem jeweiligen Adressaten des § 297 KAGB auf (oder umgekehrt), so hat letzterer die organisatorischen Maßnahmen zu ergreifen, die ihn in die Lage versetzen, seine Pflichten nach § 297 KAGB noch vor der Abgabe seines Kaufauftrages durch den Kunden zu erfüllen. Dies gilt sowohl für den Fall, dass der Kaufauftrag über das Telefon-Banking oder Online–Brokerage (jedenfalls dann, wenn auf der Website das Produkt genannt wird) erteilt werden soll, aber auch dann, wenn der Kunde eines Filiale aufsucht, um seinen Kaufauftrag abzugeben.“

124 Weitnauer/Boxberger/Anders/*Paul* § 297, Rn. 15.

Es liegt in der Natur der Sache, dass die wesentlichen Anlegerinformationen stets auf dem neuesten Stand zu halten sind, vgl. § 268 Abs. 2 Satz 1 KAGB (in Bezug auf den Bereich der geschlossenen Investmentvermögen). 138

B. Verkaufsprospekt

Aufgrund der Vielzahl der Anleger bei Investitionen in Investmentvermögen hat der einzelne Anleger regelmäßig keinen Einfluss auf die Ausgestaltung der Anlage. Die Handlungen eines Anlegers beschränken sich darauf, Anteile zu kaufen oder zu verkaufen. 139

Um überhaupt eine Kaufentscheidung treffen zu können, muss ein Anleger hinsichtlich der Anlage entsprechend umfassend informiert werden. Er muss insbesondere die mit der Investition verbundenen Risiken kennen und einschätzen können, ob das Investment zu der jeweiligen finanziellen Situation sowie zum Anlageziel und -zweck passt. 140

Neben den wesentlichen Anlegerinformationen und den (Halb-) Jahresberichten des Investmentvermögens stellt der Verkaufsprospekt schon aufgrund seines erheblichen Umfangs das zentrale Informationsdokument vor jeder Anlageentscheidung dar. 141

Die detaillierten gesetzlichen Vorgaben zu Inhalt und zur Gestaltung des Verkaufsprospektes werden darüber hinaus ergänzt durch Regelungen hinsichtlich der Frage, wie und wann die Unterlagen und damit insbesondere der Verkaufsprospekt interessierten Anlegern zur Verfügung zu stellen sind und der Prospekthaftung (vgl. nur § 306 KAGB, „*Prospekthaftung und Haftung für die wesentlichen Anlegerinformationen*"). 142

Nach der ständigen Rechtsprechung und Literatur muss ein Anleger vor seiner Anlageentscheidung ein richtiges Bild über das Investmentvermögen vermittelt werden. Er muss entsprechend über sämtliche Umstände, die für seine Anlageentscheidung von wesentlicher Bedeutung sind oder sein können, vollständig und umfassend informiert und aufgeklärt werden. Hierzu gehören insbesondere diejenigen Umstände, die den Vertragszweck vereiteln können,[125] vgl. auch die entsprechende gesetzliche Anforderung an Prospekte in § 165 Abs. 1 KAGB, welcher umfassend die Mindestangaben im Verkaufsprospekt regelt. 143

Dabei erachtet sowohl die Rechtsprechung als auch die Literatur solche Angaben als wesentlich, die als **wertbildender Faktor** erachtet werden können und die der durchschnittliche Anleger aller Wahrscheinlichkeit nach im Rahmen seiner Anlageentscheidung berücksichtigen würde.[126] 144

Diese Angaben finden sich regelmäßig im Prospekt: Der Verkaufsprospekt ist – wie bereits erwähnt – weitgehend als reines **Informationsmedium** einzuordnen, welches der vorvertraglichen **Aufklärungspflicht** gegenüber dem interessierten Anleger nachkommt. Darüber hinaus können die in dem Prospekt enthaltenen Angaben und Informationen bei Zweifelsfällen auch zur Auslegung des Investmentvertrags sowie der Anlagebedingungen herangezogen werden.[127] Läuft das Investment fehlt, ist der Prospekt üblicherweise auch **Haftungsdokument**; er dient dem Nachweis, dass Anleger vor ihrem Investment entsprechend umfassend, vollständig und korrekt über die Kapitalanlage aufgeklärt wurden. 145

---

125 So die ständige Rechtsprechung des BGH, vgl. nur, BGH, Urteil vom 9.7.2013, II ZR 09/12 Rn. 33, Urteil vom 23.4.2012, BGH Aktenzeichen IIZR21109 II ZR 211/09.

126 BGH, Urteil vom 18.9.2012, BGH Aktenzeichen XIZR34411 XI ZR 344/11 Rn. 24; siehe auch Berger/Steck/Lübbehüsen/*Köndgen* InvG § 127, Rn. 3.

127 Emde/ Dornseifer/Dreibus/Hölscher/*Rozok* § 42 Rn. 13.

146 Dabei ist der Verkaufsprospekt gem. KAGB weder als Werbemitteilung im Sinne des § 31 Abs. 2 Satz 2 WpHG noch als Finanzanalyse im Sinne des § 34b Abs. 1 Satz 1 WpHG einzustufen.[128]

147 Die Fragen, was ein Verkaufsprospekt ist, wer, wie und wo dieser in welcher Form zu veröffentlichen ist und welchen Mindestinhalt er haben muss, sind umfassend im Kapitalanlagegesetzbuch normiert. Hier wird je nach Art des Investmentvermögens unterschieden:

148 Die zentralen Regelungen für offene Investmentvermögen sind die §§ 164 ff. KAGB (Mindestangaben im Verkaufsprospekt für offene Publikumsinvestmentvermögen), für geschlossene § 269 KAGB (Mindestangaben im Verkaufsprospekt für geschlossene Publikumsinvestmentvermögen).

149 Von der Bundesanstalt gebilligte und veröffentlichte Verkaufsprospekte und die wesentlichen Anlegerinformationen bzw. Änderungen hierzu sind im Übrigen von der Kapitalverwaltungsgesellschaft grundsätzlich immer bei der Bundesanstalt einzureichen.

C. Jahres- und Halbjahresbericht

150 Anlegern sowie am Erwerb eines Investmentvermögens Interessierte sind jeweils der letzte veröffentlichte **Jahres- und ggf. auch der Halbjahresbericht** zur Verfügung zu stellen.

151 Der Anspruch auf Erhalt des zuletzt veröffentlichten Jahres- und Halbjahresberichtes ist gem. § 362 BGB dann erfüllt, sofern der Anspruchsberechtigte die Unterlage nachweislich erhalten hat; einem weiteren Verlangen muss nicht entsprochen werden.[129]

152 Wie ausgeführt sind anspruchsberechtigt Anlage-Interessierte sowie Anleger. Am Erwerb eines Anteils bzw. einer Aktie ist nach der herrschenden Meinung nur derjenige interessiert, der ein ernsthaftes (*sic*) Interesse am Erwerb hat. Personen, die aus anderen Gründen die Unterlagen wie den Prospekt, die Berichte oder die Kurzinformationen verlangen, haben in der Theorie keinen Rechtsanspruch, es sei denn, es handelt sich um Personen, die bereits Anteile oder Aktien erworben haben und damit als Anleger qualifizieren. Insbesondere Ratingagenturen und Konkurrenten dürften entsprechend keinen Anspruch auf Erhalt der Unterlagen haben. Hier liegt jedoch auf der Hand, dass in der Praxis kaum eine Differenzierung zwischen jemanden, der ein tatsächliches Erwerbsinteresse hat, und demjenigen, der ein solches „nur" vorgibt, möglich sein dürfte, und damit faktisch jeder, der ein Erwerbsinteresse angibt, die Berichte erhalten kann.

153 Je nach Kategorisierung des Investmentvermögens divergieren die Anforderungen, die OGAWs respektive AIFs im Rahmen der Erstellung der Jahres- bzw. Halbjahresberichte zu erfüllen haben.

154 Die Regelungen hierzu finden sich für **offene Investmentvermögen** etwa in § 107 KAGB in Verbindung mit den §§ 101, 103, 123 Abs. 2, 135 KAGB und in § 158 KAGB für **geschlossene Investmentvermögen**.

D. Anlagebedingungen

155 Die gesetzlichen Vorgaben für die wesentlichen Anlegerinformationen befinden sich für offene Investmentvermögen im Wesentlichen in § 166 KAGB. Die Norm gilt auch mit bestimmten Modifikationen für geschlossene Investmentvermögen, vgl. § 270 KAGB.

128 Emde/Dornseifer/Dreibus/Hölscher/*Rozok* § 42 Rn. 18.
129 Weitnauer/Boxberger/Anders/*Paul* § 297, Rn. 13.

Besondere Regelungen hinsichtlich der Anforderungen an die wesentlichen Anlegerinformationen finden sich für Investmentaktiengesellschaften mit veränderlichem Kapital in § 111 KAGB, für offene Investmentkommanditgesellschaften in § 126 KAGB, bei Investmentaktiengesellschaften mit fixem Kapital in § 143 KAGB, bei offenen Publikumsinvestmentvermögen in § 162 KAGB, deren Genehmigung (-spflicht) in § 163 KAGB. Für Master-Feeder-Strukturen sind die besonderen Regelungen zu den wesentlichen Anlegerinformationen in § 173 KAGB geregelt und für sonstige Investmentvermögen in § 224 KAGB. Weitere Spezialregelungen finden sich für Dach-Hedgefonds in § 229 KAGB, für Immobilien-Sondervermögen in § 256 KAGB, für geschlossene inländische Publikums-AIF in § 266 KAGB sowie deren Genehmigung (-spflicht) in § 267 KAGB. Weitere allgemeine Vorschriften für inländische Spezial-AIF sind in § 273 KAGB verortet sowie für offene inländische Spezial-AIF mit festen Anlagebedingungen in § 284 KAGB. 156

Die Anlegerinformationen sind jeweils in der geltenden Fassung zur Verfügung zu stellen. Die jeweils zuletzt erstellte Fassung ist dabei nicht maßgeblich, sondern die potentielle Fassung, die zu erstellen gewesen wäre. Das resultiert daraus, dass die wesentlichen Anlegerinformationen gem. § 268 Abs. 2 Satz 1 KAGB stets **auf dem neuesten Stand** zu halten sind. 157

Die BaFin hat auf ihrer Homepage Muster-Anlagebedingungen für geschlossene Publikums-AIF (InvKG) veröffentlicht.[130] Weitere, mit der Bundesanstalt abgestimmte Muster werden regelmäßig vom BVI Bundesverband Investment und Asset Management e.V. (BVI) erstellt,[131] die u.a. im Loseblattwerk von *Beckmann/Scholtz/Vollmer* veröffentlicht werden. 158

Anlagebedingungen von Publikumsinvestmentvermögen sowie von inländischen Publikums-AIF sind von der Bundesanstalt zu genehmigen, vgl. §§ 163, 267 KAGB. Die Genehmigungspflicht der Anlagebedingungen gilt nach § 372 Satz 2 KAGB nicht für inländische Spezial-AIF. Bei solchen sind die Anlagebedingungen sowie die wesentlichen Änderungen der Anlagebedingungen von der AIF-Kapitalverwaltungsgesellschaft der Bundesanstalt lediglich vorzulegen. 159

Diese Genehmigung sowie die Genehmigung etwaiger Änderungen der Anlagebedingungen[132] erfolgt im Wege eines Verwaltungsverfahrens, auf das nicht nur die spezialgesetzlichen Regelungen des Kapitalanlagegesetzbuches, sondern auch die allgemeinen gesetzlichen Regelungen des Verwaltungsverfahrensgesetzes (VwVfG) Anwendung finden. 160

Wenn eine Kapitalverwaltungsgesellschaft Anlagebedingungen bei der BaFin zur Genehmigung einreicht, hat sie bestimmte formelle Kriterien zu erfüllen wie etwa der beizufügende schriftliche, von den Geschäftsleitern zu unterzeichnende Antrag auf Genehmigung. 161

Eine Genehmigung durch die Bundesanstalt erfolgt weiterhin nur dann, wenn die Anlagebedingungen den gesetzlichen Vorgaben des Kapitalanlagegesetzbuches entsprechen, § 163 Abs. 2 Satz 1 KAGB. Neben § 162 KAGB finden sich an weiteren Stellen des Gesetzes, in der **Fondskategorie-Richtlinie**[133] sowie in weiteren Gesetzes (außerhalb des Kapitalanlagegesetzbuches) besondere Vorgaben zu den Bedingungen. 162

---

130 Das Muster ist hier zu finden: https://www.bafin.de/SharedDocs/Downloads/DE/Merkblatt/WA/dl_160719_muster_anlagebedingungen.html (zuletzt abgerufen am 23.4.2018).

131 Hier auf der Homepage des BVI downloadbar https://www.bvi.de/regulierung/investmentsteuern/ueber-die-reform-2018/muster/ (zuletzt abgerufen am 23.4.2018).

132 Für Änderungen besteht die Genehmigungspflicht unabhängig davon, ob es sich bei der Änderung um eine Anleger-begünstigende oder -belastende Änderung handelt.

133 Richtlinie zur Festlegung von Fondskategorien im Sinne des § 4 Abs. 2 KAGB, hier abrufbar https://www.bafin.de/SharedDocs/Veroeffentlichungen/DE/Aufsichtsrecht/Richtlinie/rl_130722_fondskat

163 Die BaFin führt im Rahmen der Genehmigung eine sogenannte Rechtmäßigkeitskontrolle durch. In diesem Zusammenhang prüft die BaFin u.a. auch, ob die Anlegerinteressen ausreichend berücksichtigt sind. Die Aufsichtsbehörde ist darüberhinausgehend jedoch nicht befugt, (auch) eine Zweckmäßigkeitskontrolle vorzunehmen.

§ 305 KAGB[134]
Widerrufsrecht

(1) Ist der Käufer von Anteilen oder Aktien eines offenen Investmentvermögens durch mündliche Verhandlungen außerhalb der ständigen Geschäftsräume desjenigen, der die Anteile oder Aktien verkauft oder den Verkauf vermittelt hat, dazu bestimmt worden, eine auf den Kauf gerichtete Willenserklärung abzugeben, so ist er an diese Erklärung nur gebunden, wenn er sie nicht innerhalb einer Frist von zwei Wochen bei der Verwaltungsgesellschaft oder einem Repräsentanten im Sinne des § 319 in Textform widerruft; dies gilt auch dann, wenn derjenige, der die Anteile oder Aktien verkauft oder den Verkauf vermittelt, keine ständigen Geschäftsräume hat. Bei Fernabsatzgeschäften gilt § 312g Absatz 2 Nummer 8 des Bürgerlichen Gesetzbuchs entsprechend.

(2) Zur Wahrung der Frist genügt die rechtzeitige Absendung der Widerrufserklärung. Die Widerrufsfrist beginnt erst zu laufen, wenn dem Käufer die Durchschrift des Antrags auf Vertragsabschluss ausgehändigt oder eine Kaufabrechnung übersandt worden ist und in der Durchschrift oder der Kaufabrechnung eine Belehrung über das Widerrufsrecht enthalten ist, die den Anforderungen des Artikels 246 Absatz 3 Satz 2 und 3 des Einführungsgesetzes zum Bürgerlichen Gesetzbuche genügt. Ist der Fristbeginn nach Satz 2 streitig, trifft die Beweislast den Verkäufer.

(3) Das Recht zum Widerruf besteht nicht, wenn der Verkäufer nachweist, dass
1. **der Käufer kein Verbraucher im Sinne des § 13 des Bürgerlichen Gesetzbuchs ist oder**
2. **er den Käufer zu den Verhandlungen, die zum Verkauf der Anteile oder Aktien geführt haben, auf Grund vorhergehender Bestellung gemäß § 55 Absatz 1 der Gewerbeordnung aufgesucht hat.**

(4) Ist der Widerruf erfolgt und hat der Käufer bereits Zahlungen geleistet, so ist die Kapitalverwaltungsgesellschaft, die EU-Verwaltungsgesellschaft oder die ausländische AIF-Verwaltungsgesellschaft verpflichtet, dem Käufer, gegebenenfalls Zug um Zug gegen Rückübertragung der erworbenen Anteile oder Aktien, die bezahlten Kosten und einen Betrag auszuzahlen, der dem Wert der bezahlten Anteile oder Aktien am Tag nach dem Eingang der Widerrufserklärung entspricht.

(5) Auf das Recht zum Widerruf kann nicht verzichtet werden.

(6) Die Vorschrift ist auf den Verkauf von Anteilen oder Aktien durch den Anleger entsprechend anwendbar.

(7) Das Widerrufsrecht in Bezug auf Anteile und Aktien eines geschlossenen Investmentvermögens richtet sich nach dem Bürgerlichen Gesetzbuch.

egorien.html (zuletzt abgerufen am 23.4.2018); in der Literatur wird darüber hinaus die Auffassung vertreten, dass über das Investmentrecht hinausgehende gesetzliche Regelungen wie AGB-rechtliche Vorschriften der §§ 305 BGB, wettbewerbsrechtliche und datenschutzrechtliche Vorschriften (nur soweit einschlägig) Berücksichtigung finden müssen, vgl. hierzu Weitnauer/Boxberger/Anders/*Polifke* § 163, Rn. 5.

134 Zur Anwendung vgl. § 51 Abs. 4 Satz 1 u. 3, § 52 Abs. 5, § 54 Abs. 4 Satz 1 u. 3, § 296 Abs. 3 Satz 1.

(8) Anleger, die vor der Veröffentlichung eines Nachtrags zum Verkaufsprospekt eine auf den Erwerb eines Anteils oder einer Aktie eines geschlossenen Publikums-AIF gerichtete Willenserklärung abgegeben haben, können diese innerhalb einer Frist von zwei Werktagen nach Veröffentlichung des Nachtrags widerrufen, sofern noch keine Erfüllung eingetreten ist. Der Widerruf muss keine Begründung enthalten und ist in Textform gegenüber der im Nachtrag als Empfänger des Widerrufs bezeichneten Verwaltungsgesellschaft oder Person zu erklären; zur Fristwahrung reicht die rechtzeitige Absendung. Auf die Rechtsfolgen des Widerrufs ist § 357a des Bürgerlichen Gesetzbuchs entsprechend anzuwenden.

A. Grundlagen, Entstehungsgeschichte und Normzweck

§ 305 KAGB geht zurück auf die Vorgängervorschrift des § 126 InvG a.F., erweitert diese jedoch um Regelungen für geschlossene Investmentvermögen[135] sowie geschlossene Publikums-AIF.[136] Die Regelung geht zurück auf ein bereits seit vielen Jahrzehnten gesetzlich verankertes Widerrufsrecht für Anleger; sie ist mithin keine Folge der auf das Haustürwiderrufsgesetz von 1986 zurückgehenden Vorschriften der heutigen §§ 312ff. BGB zu Verbraucher- und Fernabsatzverträgen. **164**

In Erweiterung seiner Vorgängervorschrift will § 305 KAGB nicht nur Privatanleger, die Anteile an OGAW erwerben, sondern auch Privatanleger, die Anteile an AIF zeichnen, schützen. Nicht vom Schutz umfasst sind semiprofessionelle und professionelle Anleger, die in AIF investieren. Dies folgt schon aus der systematischen Stellung des § 305 KAGB innerhalb des Kapitels 4, Abschnitt 1, Unterabschnitt 2 des KAGB, worin nur Sonderregelungen für OGAW und AIF enthalten sind, die an Privatanleger veräußert werden. **165**

§ 305 differenziert ausdrücklich zwischen offenen und geschlossenen Investmentvermögen. Für offene Investmentvermögen gelten in § 305 Abs. 1–6 KAGB Sonderregelungen, die den allgemeinen Widerrufsvorschriften der §§ 312ff. BGB vorgehen. Für geschlossene Investmentvermögen sieht § 305 Abs. 7 KAGB einen generellen Verweis auf die § 312ff. BGB vor. § 305 Abs. 8 KAGB führt darüber hinaus für geschlossene Publikums-AIF ein über die generellen Regelungen des BGB hinausgehendes lex specialis ein. **166**

Entstehungszeitpunkt des Widerrufs ist eine Beratung zum Erwerb, die außerhalb der Geschäftsräume des Verkäufers/Vermittlers stattfindet. Das Merkmal „*außerhalb der Geschäftsräume*“ umfasst dabei sowohl die klassischen Gestaltungen von Haustürgeschäften als auch Beratungen an jedem neutralen dritten Ort. Zu beachten ist, dass kein Widerrufsrecht entsteht, wenn es sich um eine Anlage in einem offenen Investmentvermögen handelt, die ausschließlich im Wege des Fernabsatzes, also über Telefon oder Internet, zustande kommt. Dies stellt der Verweis in § 305 Abs. 1 Satz 2 KAGB auf § 312g Abs. 2 Satz 1 Nr. 8 BGB klar.[137] Hervorzuheben ist, dass die Definitionen des Privatanlegers nach § 1 Abs. 19 Nr. 31 KAGB und die des Verbrauchers nach § 13 BGB nicht kongruent sind. Während es für die Annahme der Verbrauchereigenschaft nur darauf ankommt, dass überwiegend keine gewerbliche oder selbstständige berufliche Tätigkeit in dem jeweiligen Handeln zu erblicken ist,[138] wird der Privatanleger nach § 1 Abs. 19 Nr. 31 **167**

---

135 § 305 Abs. 7 KAGB.

136 § 305 Abs. 8 KAGB.

137 Süßmann, in: Emde/Dornseifer/Dreibus/Hölscher, Investmentgesetz, § 126 Rn. 2.

138 Art. 1 des Gesetzes zur Umsetzung der Verbraucherrechte-RL und zur Änderung des Gesetzes zur Regelung der Wohnungsvermittlung am 20.9.2013, BGBL I, S. 3642ff.; vgl. dazu Wendehorst, NJW 2014, 577.

KAGB zu einem semi-professionellen Anleger nach § 1 Abs. 19 Nr. 33a) aa) KAGB, wenn seine Investitionssumme EUR 200.000 überschreitet und er in Investmentgeschäfte kundig und sich des Risikos seiner Investition bewusst ist.

B. Widerrufsrecht bei offenen Investmentvermögen

168 § 305 Abs. 1–6 KAGB stellt einen Spezialtatbestand dar und verdrängt als lex specialis das allgemeine Widerrufsrecht der §§ 312ff. BGB. Voraussetzung ist eine mündliche Verhandlung außerhalb der ständigen Geschäftsräume desjenigen, der die Anteile oder Aktien verkauft oder den Verkauf vermittelt. Elektronische bzw. schriftliche Kaufangebote sind somit schon tatbestandsmäßig ausgeschlossen. Mit vom Schutzzweck umfasst sind hier auch fernmündliche Beratungen, obwohl diese nicht ausdrücklich im Gesetzestext erwähnt sind.[139] Dies folgt schon daraus, dass das Ziel des Anlegerschutzes nicht erreicht werden würde, wenn ein Widerrufsrecht zwar bei Verkaufsverhandlungen über den Erwerb von Anteilen an Investmentvermögen außerhalb der Geschäftsräume geschützt werden würde, dies aber bei fernmündlichen Verhandlungen nicht der Fall wäre.

169 Durch die mündlich geführten Verhandlungen muss der Anleger *„dazu bestimmt worden"* sein, eine auf den Erwerb gerichtete Willenserklärung abzugeben. Wesentlich ist, dass das Gespräch der entscheidende Faktor für den Willensbildungsprozess bei dem Anleger gewesen sein muss. Dabei ist für die Kausalität zwischen Verkaufsgespräch und Abgabe der Willenserklärung des Anlegers kein enger zeitlicher und räumlicher Zusammenhang zwingend. Es reicht vielmehr eine Mitverursachung aus.[140] Rein praktisch kann sich jedoch ein längerer Zeitablauf erschwerend auf die Beweissituation für den Anleger auswirken. Da die Indizwirkung eines engen zeitlichen Zusammenhangs mit dem Verkaufsgespräch mit zunehmendem Abstand geringer wird, werden hier die Umstände des Einzelfalles im Zweifelsfall den Ausschlag geben.

170 Die Widerrufsfrist von zwei Wochen wird erst dann ausgelöst nach § 305 Abs. 2 Satz 2 KAGB, wenn der Anleger ordnungsgemäß über sein Widerrufsrecht belehrt worden ist. Zu diesem Zweck muss dem Käufer die Durchschrift des Antrags auf Vertragsabschluss ausgehändigt bzw. eine Kaufabrechnung übersandt worden sein. Die Durchschrift bzw. die Kaufabrechnung müssen eine Belehrung über das Widerrufsrecht enthalten.[141] Dabei sind die Anforderungen des Artikels 246 Abs. 3 Satz 2 und 3 EGBGB zu erfüllen. Die Widerrufsbelehrung muss also in Textform erfolgen und alle wesentlichen Rechte dem Anleger verdeutlichen. Auf die Fristberechnung finden die Grundsätze der §§ 187 ff. BGB Anwendung.

171 Die Widerrufserklärung nach § 305 Abs. 2 Satz 1 KAGB unterliegt denselben Anforderungen wie diejenige gemäß § 355 BGB. Der Anleger muss nicht explizit das Wort „Widerruf" verwenden; er muss jedoch deutlich machen, dass er sich an den Vertragsschluss nicht mehr verbunden fühlt. Für die Abgabe der Widerrufserklärung reicht die Textform aus, so dass im Gegensatz zur Schriftform eine eigenhändige Unterschrift nicht erforderlich ist. Der Widerruf, für dessen Zugang der Anleger die Darlegungs- und Beweislast trägt, muss gegenüber der Verwaltungsgesellschaft oder einem Vertreter der Verwaltungsgesellschaft erklärt werden. Zu beachten bei EU-/ausländischen AIF ist nach § 319 KAGB, das die EU-/ausländischen AIF-Verwaltungsgesellschaften bzw. Vertriebsgesell-

139 Merk, in: Moritz/Klebeck/Jesch, KAGB, § 305 Rn. 10; Süßmann, in: Emde/Dornseifer/Dreibus/Hölscher, Investmentgesetz, § 126 Rn. 5.

140 BGHZ §§ 131, 385, 392; BGH NJW 2006, § 497.

141 Rozok, in: Ellenberger/Schäfer/Clouth/Lang, Praktikerhandbuch Wertpapier- und Derivativgeschäfte, Rn. 878 ff.

schaften durch sog. Repräsentanten vertreten werden. Deren Namen werden von der Bundesanstalt im Bundesanzeiger bekannt gemacht.

Das Widerrufsrecht, auf das nach § 305 Abs. 5 KAGB nicht verzichtet werden kann, ist gemäß § 305 Abs. 3 Nr. 1 KAGB ausgeschlossen, sofern der Verkäufer nachweisen kann, dass der Käufer kein Verbraucher nach § 13 BGB ist. Diese Regelung stellt sicher, dass auch bei dem Widerruf nach § 305 KAGB das Kriterium der Verbrauchereigenschaft erfüllt sein muss. Die Anforderungen an den Widerruf nach § 305 KAGB insgesamt sind aber strenger als bei den §§ 312ff. BGB, da hier zudem das Kriterium des Privatanlegers maßgeblich für die Eröffnung des kapitalanlagerechtlichen Widerrufsrechts ist. Da ein Verbraucher nach § 13 BGB jede natürliche Person ist, die ein Rechtsgeschäft zu einem Zweck abschließt, der überwiegend weder ihrer gewerblichen noch ihrer selbstständigen Tätigkeit zugerechnet werden kann, kann das Widerrufsrecht demnach nicht von juristischen Personen ausgeübt werden. 172

Nach Erklärung des Widerrufs richtet sich die Rechtsfolge danach, ob der Anleger bereits Zahlungen erbracht hatte oder nicht. Sind noch keine Zahlungen geleistet, so ist eine Rückabwicklung nicht erforderlich. Sind hingegen Zahlungen bereits erbracht, so sind dem Anleger, ggf. Zug um Zug gegen Rückübertragung der erworbenen Anteile oder Aktien, die entstandenen Kosten und der Wert der Anlage zurückzuerstatten. Zu den Kosten, die dem Anleger neben dem Wert der Anlage entstanden und die zu ersetzen sind, fallen auf jeden Fall etwaige gezahlte Ausgabeaufschläge. Ob auch die Depotkosten hierunter fallen, ist streitig.[142] Was den Wert der zurückzuerstattenden Anlage betrifft, ist auf den Wert der Anlage am Tag nach dem Eingang der Widerrufserklärung abzustellen. 173

C. Widerrufsrechte bei geschlossenen Investmentvermögen (§ 305 Abs. 7 und 8 KAGB)

§ 305 Abs. 7 KAGB stellt für geschlossene Investmentvermögen klar, dass für diese die Vorschriften der §§ 312ff. BGB anzuwenden sind. Hinsichtlich der Verträge über Finanzdienstleistungen, die außerhalb von Geschäftsräumen abgeschlossen werden, sind insbesondere die Informationspflichten nach Artikel 246b EGBGB zu beachten. Anlage 3 zu § 246b EGBGB enthält eine Muster-Widerrufsbelehrung. Bei Abweichungen von der Muster-Widerrufsbelehrung dürfte auch hier die Rechtsprechung des BGH zur Anfechtbarkeit von fehlerhaften Widerrufsbelehrungen anwendbar sein.[143] 174

Für geschlossene Publikums-AIF sieht § 305 Abs. 8 Satz 1 KAGB eine besondere Widerrufsmöglichkeit vor: Hier sind Fälle angesprochen, in denen eine auf den Erwerb eines Anteils oder einer Aktie gerichtete Willenserklärung abgegeben wurde und kurz danach ein Nachtrag zum Verkaufsprospekt veröffentlicht wird. Sofern noch keine Erfüllung eingetreten ist, steht dem Anleger in einem solchen Fall ein über § 305 Abs. 7 KAGB hinausgehendes Widerrufsrecht mit einer Frist von zwei Werktagen zu. Bei dem Nachtrag zum Verkaufsprospekt handelt es sich um Informationen, die nach Maßgabe des § 316 Abs. 5 KAGB neu zu veröffentlichen sind. Sofern der Gesetzestext davon spricht, dass noch „keine Erfüllung" eingetreten sein dürfte, ist gemäß § 362 Abs. 1 BGB davon auszugehen, dass ein Anspruch erfüllt ist, „wenn die geschuldete Leistung an den Gläubiger bewirkt wird". Dies dürfte im Regelfall beim Anlageerwerb dann gegeben sein, wenn die Beteiligung erworben wurde und die Zahlung der Zeichnungssumme geleistet worden ist. Bei Aktien 175

142 Merk, in: Moritz/Klebeck/Jesch, KAGB, § 305 Rn. 24.
143 BGH, Urteil vom 18.3.2014, II ZR 119-13.

dürfte hierfür die Einbuchung in das Depot des Anlegers ausreichen, während bei Beteiligungen an Personalgesellschaften die Aufnahme als Gesellschafter vollzogen sein muss.[144] Auch hier muss der richtige Adressat in der Widerrufserklärung angegeben und diese in Textform abgegeben worden sein. Hinsichtlich der Rechtsfolgen des Widerrufes verweist § 305 Abs. 8 KAGB auf § 357a Satz 3 BGB, wonach die empfangenen Leistungen zurück zu gewähren sind.

§ 311 KAGB
Untersagung und Einstellung des Vertriebs von EU-OGAW

(1) Die Bundesanstalt ist befugt, alle erforderlichen und geeigneten Maßnahmen zum Schutz der Anleger zu ergreifen, einschließlich einer Untersagung des Vertriebs von Anteilen oder Aktien an EU-OGAW, wenn

1. die Art und Weise des Vertriebs gegen sonstige Vorschriften des deutschen Rechts verstoßen,

2. die Pflichten nach § 309 nicht oder nicht mehr erfüllt sind.

(2) Hat die Bundesanstalt hinreichende Anhaltspunkte für die Annahme, dass eine EU-OGAW-Verwaltungsgesellschaft oder OGAW-Kapitalverwaltungsgesellschaft, die Anteile oder Aktien an EU-OGAW im Geltungsbereich dieses Gesetzes vertreibt, gegen Vorschriften dieses Gesetzes verstößt und hat die Bundesanstalt keine Befugnisse nach Absatz 1, so teilt sie ihre Erkenntnisse den zuständigen Stellen des Herkunftsmitgliedstaates des EU-OGAW mit und fordert diese auf, geeignete Maßnahmen zu ergreifen.

(3) Werden Verstöße gegen Vorschriften dieses Gesetzes durch die Maßnahmen der zuständigen Stellen des Herkunftsmitgliedstaates des EU-OGAW nicht beendet oder erweisen sich diese Maßnahmen als nicht geeignet oder als unzulänglich, so ist die Bundesanstalt befugt,

1. nach Unterrichtung der zuständigen Stellen des Herkunftsmitgliedstaates des EU-OGAW im Rahmen ihrer Aufsicht und Überwachung der Vorschriften des Abschnitts 1 Unterabschnitt 1 und des Abschnitts 2 Unterabschnitt 1 dieses Kapitels alle erforderlichen und geeigneten Maßnahmen zum Schutz der Anleger zu ergreifen, einschließlich einer Untersagung des weiteren Vertriebs von Anteilen oder Aktien an EU-OGAW,

2. die Europäische Wertpapier- und Marktaufsichtsbehörde nach Maßgabe des Artikels 19 der Verordnung (EU) Nr. 1095/2010 um Hilfe zu ersuchen. Maßnahmen gemäß Satz 1 Nummer 1 und 2 sind auch zu ergreifen, wenn der Herkunftsmitgliedstaat des EU-OGAW nicht innerhalb einer angemessenen Frist Maßnahmen ergreift und die EU-OGAW-Verwaltungsgesellschaft oder die OGAW-Kapitalverwaltungsgesellschaft, die Anteile oder Aktien dieses EU-OGAW im Geltungsbereich dieses Gesetzes vertreibt, deshalb weiterhin auf eine Weise tätig ist, die den Interessen der Anleger im Geltungsbereich dieses Gesetzes eindeutig zuwiderläuft. Die Europäische Kommission und die Europäische Wertpapier- und Marktaufsichtsbehörde sind unverzüglich über jede nach Satz 1 Nummer 1 ergriffene Maßnahme zu unterrichten.

(4) Die Bundesanstalt teilt den zuständigen Stellen des Herkunftsmitgliedstaates des EU-OGAW die Untersagung des Vertriebs mit. Sofern der Herkunftsmitgliedstaat dieses EU-OGAW ein anderer ist als der Herkunftsmitgliedstaat der

144 Zingel, in: Baur/Tappen, Investmentgesetze, § 305 KAGB Rn. 15.

verwaltenden EU-OGAW-Verwaltungsgesellschaft, teilt die Bundesanstalt die Untersagung auch den zuständigen Stellen des Herkunftsmitgliedstaates der EU-OGAW-Verwaltungsgesellschaft mit. Sie macht die Untersagung im Bundesanzeiger bekannt, falls ein Vertrieb stattgefunden hat. Entstehen der Bundesanstalt durch die Bekanntmachung nach Satz 2 Kosten, sind diese der Bundesanstalt von der EU-OGAW-Verwaltungsgesellschaft oder der OGAW-Kapitalverwaltungsgesellschaft zu erstatten.

(5) Teilt die zuständige Stelle des Herkunftsmitgliedstaates des EU-OGAW der Bundesanstalt die Einstellung des Vertriebs von Anteilen oder Aktien an EU-OGAW mit, so hat die EU-OGAW-Verwaltungsgesellschaft oder die OGAW-Kapitalverwaltungsgesellschaft dies unverzüglich im Bundesanzeiger zu veröffentlichen und die Veröffentlichung der Bundesanstalt nachzuweisen. Wenn die Veröffentlichungspflicht auch nach Fristsetzung durch die Bundesanstalt nicht erfüllt wird, kann die Bundesanstalt die Veröffentlichung auf Kosten der EU-OGAW-Verwaltungsgesellschaft oder der OGAW-Kapitalverwaltungsgesellschaft vornehmen. Absatz 6 bleibt unberührt.

(6) Teilt die zuständige Stelle des Herkunftsmitgliedstaates des EU-OGAW der Bundesanstalt die Einstellung des Vertriebs von einzelnen Teilinvestmentvermögen des EU-OGAW mit, so hat die EU-OGAW-Verwaltungsgesellschaft oder die OGAW-Kapitalverwaltungsgesellschaft die Bundesanstalt über geänderte Angaben und Unterlagen entsprechend § 310 Absatz 4 Satz 1 zu unterrichten. Dabei ist § 293 Absatz 1 Satz 2 Nummer 3 zu berücksichtigen. Die geänderten Unterlagen dürfen erst nach der Unterrichtung im Geltungsbereich dieses Gesetzes eingesetzt werden. Die EU-OGAW-Verwaltungsgesellschaft oder die OGAW-Kapitalverwaltungsgesellschaft hat die Einstellung des Vertriebs unverzüglich im Bundesanzeiger zu veröffentlichen und dies der Bundesanstalt nachzuweisen. Wenn die Veröffentlichungspflicht auch nach Fristsetzung nicht erfüllt wird, kann die Bundesanstalt die Veröffentlichung auf Kosten der EU-OGAW-Verwaltungsgesellschaft oder der OGAW-Kapitalverwaltungsgesellschaft vornehmen.

A. Grundlagen, Entstehungsgeschichte und Normzweck

§ 311 KAGB entspricht im Wesentlichen seiner Vorgängernorm, dem § 133 InvG, und 176
ermächtigt die BaFin Maßnahmen zum Schutz von Anlegern an EU-OGAW, einschließlich der Untersagung des Vertriebs, zu ergreifen. Mit § 311 KAGB werden überwiegend die Anforderungen des Art. 108 OGAW-IV-RL umgesetzt.[145] Die Vorschrift ist damit Ausfluss des Herkunftsstaatsprinzips, nach dem EU-OGAW grundsätzlich durch die Behörden ihres Heimatlandes beaufsichtigt werden. Es ist somit konsequent, dass § 311 Abs. 1 KAGB der BaFin im Rahmen einer Restzuständigkeit lediglich die Befugnis überträgt, dann einzuschreiten, wenn die Art und Weise des Vertriebs gegen sonstige Vorschriften des deutschen Rechts, d.h. solche außerhalb des KAGB, verstoßen oder wenn die Pflichten nach § 309 KAGB zur Bestellung einer Zahl- und Informationsstelle oder zur Information der Anleger nicht erfüllt werden. In Betracht kommen hier insbesondere Verstöße gegen gewerberechtliche Vorgaben, z.B. zum Vertrieb von Investmentvermögen nach § 34f GewO.

145 Vgl. BT-Drs. 17/4510, S. 85f. zur Vorgängernorm des § 133 InvG.

B. Adressat der Maßnahmen

177 Der Gesetzeswortlaut differenziert nicht eindeutig, wer als Adressat einer Verfügung der BaFin in Betracht kommt. Dies kann sowohl die Verwaltungsgesellschaft als auch ein Vertriebspartner und sogar ein Subunternehmer des Vertriebspartners sein. Da die BaFin-Maßnahmen, insbesondere eine Vertriebsuntersagung, Auswirkungen auf den gesamten Vertrieb der Anteile oder Aktien des betreffenden EU-OGAW haben können, wird vertreten, dass der Verwaltungsgesellschaft das Verhalten des jeweiligen Vertriebspartners zugerechnet werden kann, wenn sie die Möglichkeit der Einflussnahme gehabt hat.[146] In der Frage der Zurechnung soll die BaFin bei Ausübung ihres pflichtgemäßen Ermessens berücksichtigen, von wem der Verstoß begangen wurde und welche Einflussmöglichkeiten auf den Vertriebspartner vorhanden und tatsächlich genutzt worden sind. Vor diesem Hintergrund ist es für die Verwaltungsgesellschaft zur Senkung des Risikos einer Vertriebsuntersagung sicher sinnvoll, mit ihren jeweiligen Vertriebspartnern vertraglich die Einhaltung auch der sonstigen Vorschriften des deutschen Rechts schriftlich zur vereinbaren.

C. Voraussetzung der Maßnahmen

178 Nach § 310 Abs. 1 Satz 2 KAGB kann der Vertrieb von Anteilen oder Aktien an EU-OGAW im Inland aufgenommen werden, sobald die zuständige Stelle des Herkunftsmitgliedsstaates des EU-OGAW die im Rahmen des Vertriebsanzeigeverfahrens erforderlichen Unterlagen an die BaFin übermittelt und sie die Verwaltungsgesellschaft über diese Übermittlung unterrichtet hat. Somit kann die BaFin die Aufnahme des Vertriebs in aller Regel nicht untersagen. Zum Schutz der Anleger ist sie nach § 311 Abs. 1 KAGB aber unter bestimmten Umständen befugt, alle erforderlichen und geeigneten Maßnahmen zu ergreifen, einschließlich einer Untersagung des Vertriebs als härtestem Mittel.

179 Voraussetzung für das Eingreifen der BaFin ist, dass (i) die Art und Weise des Vertriebs gegen sonstige Vorschriften des deutschen Rechtes verstößt oder (ii) die Pflichten nach § 309 KAGB nicht oder nicht mehr erfüllt sind. Aus dem Zusammenhang mit § 311 Abs. 2 KAGB sowie es aus dem Wortlaut des § 311 Abs. 1 KAGB folgt, dass die Art und Weise des Vertriebes gegen Normen außerhalb des KAGB verstoßen muss. Hier kommen insbesondere Verstöße gegen das Gewerbe-, Wettbewerbs-, Straf- und Steuerrecht in Betracht, aber auch Verstöße gegen Vertriebsvorschriften wie z.B. § 34f GewO. Nach dem Alternativtatbestand kann die BaFin Maßnahmen auch ergreifen, wenn die Pflichten gemäß § 309 KAGB nicht oder nicht mehr erfüllt sind. Derartige Verstöße gegen § 309 KAGB liegen beispielsweise vor bei Nichtbenennung einer Zahlstelle oder Nichteinrichtung einer Informationsstelle in Einklang mit § 309 Abs. 2 KAGB oder bei fehlende Angaben im Verkaufsprospekt gemäß § 309 Abs. 3 KAGB.

D. Art der BaFin Maßnahmen

180 Die BaFin ist befugt, alle erforderlichen und geeigneten Maßnahmen zum Schutz der inländischen Anleger zu ergreifen. Der BaFin ist gesetzlich hierbei ein Ermessensspielraum eingeräumt. Ihre Maßnahmen müssen verhältnismäßig und dem Anlegerschutz angemessen sein. Die getroffenen Maßnahmen müssen sich auf den Vertrieb der Anteile

146 Baum, in: Emde/Dornseifer/Dreibus/Hölscher InvG, § 140 Rn. 29; Kennecke/Schwack, in: Moritz/Klebeck/Jesch, KAGB § 311 Rn. 11.

oder Aktien an EU-OGAW beziehen und nicht etwa auf die Vertriebserlaubnis des Vertreibenden. Eine Untersagungsverfügung dürfte im Katalog der Maßnahmen als ultima ratio anzusehen sein. Beim Erlass dieser Maßnahme ist sicher auch zu berücksichtigen, dass eine Vertriebsuntersagung auch Elemente enthalten kann, die den Anlegerschutz einschränkt. So müssen in einem solchen Falle beispielsweise keine Zahl- und Informationsstelle mehr unterhalten werden.

E. Mitteilungspflicht der BaFin nach § 311 Abs. 2 KAGB

Die BaFin ist gehalten, nach § 311 Abs. 2 KAGB die Gesetzesverstöße an die Behörde **181** des Herkunftsmitgliedsstaates des EU-OGAW mitzuteilen. Stellt sie auch Verstöße gegen Vorschriften des KAGB fest, teilt sie diese ebenfalls der zuständigen Behörde des Herkunftsmitgliedstaates des EU-OGAW mit und fordert diese auf, geeignete Maßnahmen zu ergreifen, da sie hier keine eigenen Befugnisse nach § 311 Abs. 1 KAGB hat.

Sind Maßnahmen der zuständigen Behörde des Herkunftsmitgliedstaates des EU- **182** OGAW nicht ausreichend, Zuwiderhandlung gegen das KAGB zu beenden, stehen der BaFin gemäß § 311 Abs. 3 KAGB eigene und in der gesetzlichen Rangordnung subsidiäre Kompetenzen zu. Dies betrifft insbesondere die Einhaltung der §§ 293–296 und 309–311 KAGB, mithin Beachtung der allgemeinen Vorschriften für den Vertrieb und den Erwerb von Investmentvermögen sowie das Anzeigeverfahren mit den daraus begründeten Pflichten. Soweit zwischen Herkunftsstaatsbehörde und BaFin im Einzelfall keine Einigung zu den erforderlichen und geeigneten Maßnahmen hergestellt werden kann, hat der Gesetzgeber der BaFin noch die Möglichkeit eröffnet, die ESMA um Durchführung des in Artikel 19 der VO(EU) Nr. 1095/2010 geregelten Schlichtungsverfahrens zu ersuchen. Mit diesem werden im Falle einer vorhandenen Nichteinigung zwischen den beteiligten Behörden der ESMA, die Befugnisse übertragen, einen Beschluss mit verbindlicher Wirkung für die betreffenden Behörden zu fassen. Dieser hat Vorrang vor allen von den zuständigen Behörden in gleicher Sache erlassenen früheren Beschlüssen.[147]

Auch bei einem verzögerten Handeln der Behörde des Mitgliedsstaates ist die BaFin **183** gemäß § 311 Abs. 3 Satz 2 KAGB befugt, Maßnahmen zu ergreifen. Nach dem Wortlaut des Gesetzes ist nicht erforderlich, dass die BaFin der Aufsichtsbehörde des Herkunftsmitgliedsstaates des EU-OGAW ausdrücklich eine Frist setzen muss. Ausreichend ist vielmehr, dass ein angemessener Zeitraum vergangen ist, in dem nicht gehandelt wurde.[148]

F. Weitere Mitteilungs- und Veröffentlichungspflichten der BaFin

Soweit die BaFin nach § 311 Abs. 1, Abs. 3 Satz 1 Nr. 1 oder Abs. 3 Satz 2 KAGB den Ver- **184** trieb von Anteilen oder Aktien einem EU-OGAW untersagt, teilt sie dies den zuständigen Stellen des Herkunftsmitgliedsstaates des EU-OGAW mit. Sofern Herkunftsmitgliedsstaat des EU-OGAW und der Herkunftsmitgliedsstaat der zuständigen Verwaltungsgesellschaft nicht deckungsgleich sind, teilt die BaFin die Untersagung auch den zuständigen Aufsichtsbehörden des Herkunftsmitgliedsstaates der Verwaltungsgesellschaft mit. Zudem muss sie die Vertriebsuntersagung im elektronischen Bundesanzeiger bekanntmachen.

147 Artikel 19 Abs. 5 VO(EU) Nr. 1095/2010.
148 Kennecke/Schwack, in: Moritz/Klebeck/Jesch, KAGB § 311 Rn. 28.

185 Die Mitteilungs- und Veröffentlichungspflicht gilt jedoch nur für den Fall der Vertriebsuntersagung und nicht für Anordnung sonstiger Maßnahmen. Zu beachten ist, dass auch die zuständige Behörde des Herkunftsmitgliedsstaates des EU-OGAW Mitteilungspflichten treffen. So muss diese auch die Einstellung des Vertriebes mitteilen.

186 Soweit der Vertrieb nicht für sämtliche Teilinvestmentvermögen des EU-OGAW eingestellt wird, sondern nur für einzelne Teilinvestmentvermögen, die nicht länger im Inland vertrieben werden, stellt § 311 Abs. 6 KAGB weitere Anforderungen. Grund hierfür ist, dass bei Einstellung des Vertriebes einzelne Teilinvestmentvermögen nach § 311 Abs. 6 KAGB die Verkaufsunterlagen (mit Ausnahme der wesentlichen Anlegerinformationen) entsprechend zu aktualisieren sind. Über die Aktualisierung ist sodann die BaFin entsprechend § 310 Abs. 4 Satz 1 KAGB unverzüglich zu unterrichten.

§ 314 KAGB
Untersagung des Vertriebs von AIF

(1) Soweit § 11 nicht anzuwenden ist, ist die Bundesanstalt in Bezug auf AIF befugt, alle zum Schutz der Anleger geeigneten und erforderlichen Maßnahmen zu ergreifen, einschließlich einer Untersagung des Vertriebs von Anteilen oder Aktien dieser Investmentvermögen, wenn

1. **eine nach diesem Gesetz beim beabsichtigten Vertrieb von Anteilen oder Aktien an einem AIF erforderliche Anzeige nicht ordnungsgemäß erstattet oder der Vertrieb vor der entsprechenden Mitteilung der Bundesanstalt aufgenommen worden ist,**
2. **die nach § 295 Absatz 1 Satz 3 geforderten Vorkehrungen nicht geeignet sind, um einen Vertrieb an Privatanleger wirksam zu verhindern oder entsprechende Vorkehrungen nicht eingehalten werden,**
3. **eine Voraussetzung für die Zulässigkeit des Vertriebs nach diesem Gesetz nicht vorliegt oder entfallen ist oder die der Bundesanstalt gegenüber nach § 320 Absatz 1 Satz 2 Nummer 7, § 329 Absatz 2 Satz 3 Nummer 2 oder 3, § 330 Absatz 2 Satz 3 Nummer 2 oder § 330a Absatz 2 Satz 2 Nummer 2 und 3 übernommenen Pflichten trotz Mahnung nicht eingehalten werden,**
4. **die AIF-Verwaltungsgesellschaft, ein von ihr bestellter Repräsentant oder eine mit dem Vertrieb befasste Person erheblich gegen § 302 Absatz 1 bis 6 oder Anordnungen nach § 302 Absatz 7 verstößt und die Verstöße trotz Verwarnung durch die Bundesanstalt nicht eingestellt werden,**
5. **die Informations- und Veröffentlichungspflichten nach § 307 Absatz 1 oder Absatz 2 Satz 1 oder nach § 308 oder § 297 Absatz 2 bis 6, 8 oder 9, den §§ 299 bis 301, 303 Absatz 1 oder 3 oder § 318 nicht ordnungsgemäß erfüllt werden,**
6. **gegen sonstige Vorschriften dieses Gesetzes verstoßen wird,**
7. **bei einem Vertrieb eines AIF an Privatanleger ein durch rechtskräftiges Urteil oder gerichtlichen Vergleich gegenüber der AIF-Verwaltungsgesellschaft oder der Vertriebsgesellschaft festgestellter Anspruch eines Anlegers nicht erfüllt worden ist,**
8. **bei dem Vertrieb an Privatanleger erheblich gegen die Anlagebedingungen, die Satzung oder den Gesellschaftsvertrag verstoßen worden ist,**
9. **die Art und Weise des Vertriebs gegen sonstige Vorschriften des deutschen Rechts verstoßen,**
10. **Kosten, die der Bundesanstalt im Rahmen der Pflicht zur Bekanntmachung des gesetzlichen Vertreters nach § 319 Absatz 3 entstanden sind, trotz Mahnung nicht erstattet werden oder eine Gebühr, die für die Prüfung von nach**

§ 320 Absatz 1 Satz 2 Nummer 7, § 329 Absatz 2 Satz 3 Nummer 2 oder § 330 Absatz 2 Satz 3 Nummer 2 vorgeschriebenen Angaben und Unterlagen zu entrichten ist, trotz Mahnung nicht gezahlt wird.

(2) Die Bundesanstalt kann bei AIF mit Teilinvestmentvermögen auch den Vertrieb von Anteilen oder Aktien an Teilinvestmentvermögen, die im Geltungsbereich dieses Gesetzes nach den §§ 316, 320, 329 oder 330 an eine, mehrere oder alle Anlegergruppen im Sinne des § 1 Absatz 19 Nummer 31 bis 33 vertrieben werden dürfen, untersagen, wenn weitere Anteile oder Aktien von Teilinvestmentvermögen desselben AIF im Geltungsbereich dieses Gesetzes an eine, mehrere oder alle Anlegergruppen im Sinne des § 1 Absatz 19 Nummer 31 bis 33 vertrieben werden, die im Geltungsbereich dieses Gesetzes entweder nicht oder nicht an diese Anlegergruppe vertrieben werden dürfen.

(3) Die Bundesanstalt macht eine Vertriebsuntersagung im Bundesanzeiger bekannt, falls ein Vertrieb bereits stattgefunden hat. Entstehen der Bundesanstalt durch die Bekanntmachung nach Satz 1 Kosten, sind ihr diese von der AIF-Verwaltungsgesellschaft zu erstatten.

(4) Hat die Bundesanstalt den weiteren Vertrieb eines AIF, der einer Anzeigepflicht nach den §§ 316, 320, 329 oder 330 unterliegt, nach Absatz 1 Nummer 2, 5 und 7 bis 10 oder Absatz 2 im Geltungsbereich dieses Gesetzes untersagt, darf die AIF-Verwaltungsgesellschaft die Absicht, die Anteile oder Aktien dieses AIF im Geltungsbereich dieses Gesetzes zu vertreiben, erst ein Jahr nach der Untersagung wieder anzeigen.

A. Grundlagen, Entstehungsgeschichte und Normzweck

§ 314 KAGB ermächtigt die BaFin, gegen den (weiteren) Vertrieb von Anteilen oder Aktien an AIF alle zum Schutz der Anleger geeigneten und erforderlichen Maßnahmen zu ergreifen, einschließlich der Untersagung des Vertriebs, sofern eine der in Abs. 1 Nr. 1–10 näher spezifizierten Voraussetzungen vorliegt. Somit stellt § 314 KAGB das Pendant zu § 311 KAGB hinsichtlich der Einstellung und Untersagung des Vertriebs von EU-OGAW dar. **187**

§ 314 KAGB wurde im Wege der Umsetzung der AIFM-Richtlinie in das deutsche KAGB eingeführt. Dabei geht ausweislich der Regierungsbegründung § 314 Abs. 1 Nr. 2 auf Art. 39 Abs. 7, Art. 40 Abs. 8 und Art. 42 AIFM-RL und § 314 Abs. 4 auf Art. 36 und Art. 42 AIFM-RL zurück.[149] Damit greift § 314 KAGB wesentliche Regelungen der aufgehobenen § 140 Abs. 2 bis 5, Abs. 7 und § 124 Abs. 4 InvG auf, wobei die Tatbestände des § 140 InvG nicht übernommen wurden. Ferner wurden die in § 1 KAGB enthaltenen Begriffsbestimmungen in Teilen angepasst.[150] **188**

Auch wenn die amtliche Überschrift des § 314 KAGB nur von „Untersagung" des Vertriebs spricht, befugt die Norm die BaFin auch zur Ausübung weniger eingriffsintensiver Maßnahmen, die geeignet und erforderlich sind, um den Schutz der Anleger sicherzustellen. Die Befugnisse aus § 314 KAGB stehen der BaFin jedoch nur subsidiär zur Verfügung. Somit ist vor allem § 11 KAGB hinsichtlich EU-AIF-Verwaltungsgesellschaften oder ausländischen AIF-Verwaltungsgesellschaften vorrangig anwendbar. § 314 KAGB dient generell dem Anlegerschutz, wonach in Abs. 1 die entsprechenden anlegerschützenden Vorschriften in einzelnen Fallgruppen dargestellt wurden. Dabei ist zu beachten, dass sich einige der Regelungen nur an Privatanleger richten. **189**

---

149 BT-Drs. 17/12294, S. 284 f.
150 BT-Drs. 17/12294, S. 284.

190 Zusätzlich zu Abs. 1 ermöglicht Abs. 2 die Untersagung des Vertriebs von Anteilen oder Aktien anderer Teilinvestmentvermögen bei AIF mit Teilinvestmentvermögen.

B. Verhältnis zu anderen Normen

191 § 314 KAGB ist ausweislich Abs. 1 subsidiär anwendbar gegenüber § 11 KAGB. § 11 KAGB enthält damit vorrangig zu beachtende Regelungen hinsichtlich einer EU-AIF-Verwaltungsgesellschaft oder einer ausländischen AIF-Verwaltungsgesellschaft, die im Inland AIF verwaltet oder vertreibt. Nach der Regierungsbegründung ist ein Nebeneinander hinsichtlich der Untersagung des Vertriebs der AIF von § 314 KAGB und § 5 KAGB möglich,[151] wohingegen abweichend dazu vertreten wird, dass § 314 KAGB als lex specialis zu § 5 KAGB (vor allem § 5 Abs. 6 KAGB) anzusehen ist.[152] Spezielle Ermächtigungsgrundlagen existieren daneben ebenfalls in den einzelnen Anzeigeverfahren der §§ 316 ff. KAGB.[153]

C. Adressat der Maßnahmen

192 § 314 KAGB führt nicht ausdrücklich aus, gegen wen die BaFin ihre Maßnahmen zu richten hat. Da die Maßnahmen jedoch „in Bezug auf den AIF“ vorgenommen werden, ist davon auszugehen, dass diese vorrangig gegenüber dem AIF bzw. dessen Verwaltungsgesellschaft zu ergreifen sind, da diesen gegenüber die Vertriebszulassung erteilt wurde, und deren Untersagung somit als entsprechende gegenteilige Rechtshandlung auch gegenüber der Verwaltungsgesellschaft zu erfolgen hat.[154] Vor dem Hintergrund eines effektiven Anlegerschutzes erscheint es jedoch nicht abwegig, Maßnahmen auch gegenüber Dritten zu ergreifen.[155]

D. Voraussetzungen der Maßnahmen

193 § 314 Abs. 1 KAGB enthält unter den Nummern 1–10 Fallgruppen, bei deren Vorliegen die BaFin entsprechende Maßnahmen ergreifen kann.

194 **Nr. 1:** In seiner ersten Variante umfasst § 314 Abs. 1 Nr. 1 KAGB den Fall, in dem die nach §§ 316 ff. KAGB erforderliche Anzeige gegenüber der BaFin beim beabsichtigten Vertrieb von Anteilen oder Aktien an einem AIF nicht ordnungsgemäß erstattet worden ist. Die zweite Variante ist einschlägig, sofern der Vertrieb vor der erforderlichen Mitteilung der BaFin erfolgt ist, ob mit dem Vertrieb des angezeigten AIF begonnen werden darf.[156] Die Frage, ob die Anzeige lediglich formell ordnungsgemäß erstattet worden sein muss, oder ob deren Angaben und Unterlagen auch materiell mit dem KAGB vereinbar sein müssen, stellt sich aktuell nicht mehr, da im Falle einer lediglich formell ordnungsgemäß eingereichten Anzeige die im Rahmen der zweiten Variante erforderliche Mitteilung der BaFin nicht erfolgen wird, da diese den Inhalt der Anzeige auch in materieller Hinsicht auf die Vereinbarkeit mit dem KAGB hin zu überprüfen hat.[157]

195 **Nr. 2** ist einschlägig, sofern die Verwaltungsgesellschaft entgegen ihrer Pflicht aus § 295 Abs. 1 S. 3 KAGB keine geeigneten Vorkehrungen getroffen hat, um den Vertrieb

151 BT-Drs. 17/12294, S. 284.
152 Behme, in: Baur/Tappen, Investmentgesetze, § 314 KAGB Rn. 2.
153 z.B. § 316 Abs. 3 S. 2 KAGB.
154 Keunecke, Schwack in: Moritz/Klebeck/Jesch, KAGB, § 314, Rn. 9.
155 Behme, in: Baur/Tappen, Investmentgesetze, § 314 KAGB Rn. 11, dagegen: Keunecke, Schwack in: Moritz/Klebeck/Jesch, KAGB, § 314, Rn. 10.
156 §§ 316 Abs. 3, 320 Abs. 2, 321 Abs. 3, 322 Abs. 4 KAGB.
157 Dazu auch Behme, in: Baur/Tappen, Investmentgesetze, § 314 KAGB Rn. 16.

von Anteilen oder Aktien eines AIF an Privatanleger wirksam zu verhindern, welcher die notwendigen Voraussetzungen für einen Vertrieb an Privatanleger nicht erfüllt, oder diese Vorkehrungen nicht eingehalten werden. **Nr. 2** umfasst damit ebenfalls zwei Varianten. Zum einen, dass keine oder keine geeigneten Vorkehrungen getroffen wurden, um wirksam zu verhindern, dass entsprechende Anteile oder Aktien eines AIF an Privatanleger vertrieben werden. Als Maßstab für die Geeignetheit der Vorkehrungen ist an typische Prozessabläufe beim Vertrieb der Anteile oder Aktien anzuknüpfen. Anhand dessen sind Vorkehrungen wirksam, wenn sie den Vertrieb an Privatanleger verhindern.[158] Zum anderen erfasst **Nr. 2** die Variante, dass zwar Vorkehrungen getroffen wurden, insbesondere Prozessabläufe definiert wurden, sich jedoch nicht an diese gehalten wird.

Nr. 3 umfasst Fälle, in denen entweder die Zulässigkeitsvoraussetzungen für den **196** Vertrieb von Anfang an fehlen, im Nachhinein entfallen sind oder eine der in **Nr. 3** aufgeführten Pflicht gegenüber der BaFin trotz Mahnung nicht eingehalten wurde. Dabei verweist **Nr. 3** auf die Pflichten des § 320 Abs. 1 S. 2 Nr. 7, § 329 Abs. 2 S. 3 Nr. 2 oder 3, § 330 Abs. 2 S. 3 Nr. 2 oder § 330a Abs. 2 Satz 2 Nr. 2 und 3 KAGB.

Nr. 4 Ein Fall des § 314 Abs. 1 Nr. 4 KAGB liegt vor, sofern die AIF-Verwaltungsge- **197** sellschaft, ein von dieser bestellter Repräsentant oder eine mit dem Vertrieb befasste Person in erheblichem Maße gegen ihre Pflichten aus § 320 Abs. 1–6 KAGB oder gegen Anordnungen nach § 302 Abs. 7 KAGB verstoßen hat und diese Verstöße trotz Verwarnung durch die BaFin nicht eingestellt wurden. § 302 KAGB befasst sich maßgeblich mit den Vorgaben an die Werbung für einen AIF gegenüber Privatanlegern, wobei § 302 Abs. 7 KAGB eine entsprechende Untersagungsverfügung der BaFin normiert. Ein Verstoß nach **Nr. 4** muss erheblich sein. Dabei handelt es sich um einen unbestimmten Rechtsbegriff, der durch die BaFin anhand des konkreten Einzelfalls auszulegen ist. Ein Kriterium kann hier die Schwere der Beeinträchtigung des Privatanlegers durch den Verstoß sein.[159] Da die Verstöße trotz Verwarnung durch die BaFin begangen werden müssen, genügt ein einzelner Verstoß nicht.[160] Als Verursacher der Verstöße kommen die AIF-Verwaltungsgesellschaft, durch sie bestellte Repräsentanten (nur solche, die gesetzlich als Repräsentanten bezeichnet werden),[161] oder Personen, die zurechenbar für die AIF-Verwaltungsgesellschaft in deren Vertrieb tätig werden, in Betracht.

Nr. 5 ist einschlägig, sofern die aufgezählten Informations- und Veröffentlichungs- **198** pflichten nicht ordnungsgemäß erfüllt wurden. **Nr. 5** bezieht sich dabei auf die Pflichten aus § 307 Abs. 1 oder Abs. 2 S. 1 (vorvertragliche Informations- und Hinweispflichten für den Vertrieb gegenüber semi-professionellen Anlegern), § 308 (Informations- und Offenlegungspflichten von EU-AIF-Verwaltungsgesellschaften und ausländischen AIF-Verwaltungsgesellschaften gegenüber semi-professionellen Anlegern), § 297 Abs. 2 bis 6, 8 oder 9 (vorvertragliche Informations- und Offenlegungspflichten gegenüber am Erwerb von AIF interessierten Privatanlegern), § 299 (Veröffentlichungspflichten und kontinuierliche Informationspflichten von EU-AIF-Verwaltungsgesellschaften und ausländischen AIF-Verwaltungsgesellschaften). § 300 (Informationspflichten gegenüber den Anlegern), § 301 (Veröffentlichungspflichten auf der Internetseite), 303 Abs. 1 oder 3 (Bestimmungen hinsichtlich Veröffentlichung und Werbung gegenüber Privatanlegern) oder § 318 (Inhalt Verkaufsprospekt bei Vertrieb gegenüber Privatanlegern) KAGB.

Nr. 6 stellt ausweislich der Regierungsbegründung einen (sehr weit gefassten) Auf- **199** fangtatbestand dahingehend dar, dass die BaFin Maßnahmen zum Schutz der Anleger

158 Weitnauer/Boxberger/Anders/Paul KAGB § 314 Rn. 11.
159 Berger/Steck/Lübbehüsen/Ewers InvG, § 124 Rn. 19.
160 Anders: Keunecke, Schwack in: Moritz/Klebeck/Jesch, KAGB, § 314, Rn. 29.
161 Z.B. § 317 Abs. 1 Nr. 4, § 320 Abs. 1 Nr. 2.

einschließlich der Untersagung des Vertriebs in jedem Falle des Verstoßes gegen Vorschriften des KAGB ergreifen kann.[162] In Betracht kommen dabei nicht nur die Vorschriften des KAGB selbst, sondern auch die aufgrund des KAGB erlassenen oder in Bezug genommen Regelungen, z.B. die delegierte Verordnung (EU) Nr. 231/2913.[163]

200 **Nr. 7** kommt lediglich bei dem Vertrieb an Privatanleger zum Tragen. Danach kann die BaFin Maßnahmen nach Abs. 1 ergreifen, sofern ein durch rechtskräftiges Urteil oder gerichtlichen Vergleich gegenüber der AIF-Verwaltungsgesellschaft oder der Vertriebsgesellschaft festgestellter Anspruch des Anlegers nicht erfüllt wird. Durch diese Regelung soll erreicht werden, dass AIF-Verwaltungsgesellschaften oder Vertriebsgesellschaften rechtskräftige Ansprüche gegenüber ihren Anlegern schnellstmöglich erfüllen. Dadurch verfügt die BaFin vor allem hinsichtlich der Durchsetzung rechtskräftiger Ansprüche gegenüber ausländischen Verwaltungs- oder Vertriebsgesellschaften über ein nicht unerhebliches Druckmittel.[164] Dabei wird ebenfalls vertreten, dass es sich nicht zwangsläufig um den Anspruch eines Privatanlegers handelt muss, sondern das lediglich ein Vertrieb gegenüber Privatanlegern vorliegen muss, in diesem Fall jedoch auch Ansprüche von professionellen oder semi-professionellen Anlegern statthaft sind.[165]

201 **Nr. 8** eröffnet der BaFin die Möglichkeit, entsprechende Maßnahmen zu erlassen, sofern in erheblichem Maße gegen Anlagebedingungen, die Satzung oder den Gesellschaftsvertrag verstoßen wird, wobei auch **Nr. 8** lediglich bei Vertriebshandlungen gegenüber Privatanlegern anwendbar ist. Bei dem Begriff der Erheblichkeit handelt es sich um einen unbestimmten Rechtsbegriff, der durch die BaFin anhand des konkreten Einzelfalls auszulegen ist. Kriterien der Beurteilung können hier die Intensität, Planmäßigkeit, Nachhaltigkeit und Häufigkeit des Verstoßes sein.[166]

202 **Nr. 9** ist eröffnet, wenn die Art und Weise des Vertriebs gegen sonstige, anlegerschützende Vorschriften des deutschen Rechts verstößt. Aufgrund des § 314 Abs. 1 Nr. 6 KAGB kommen im Rahmen der **Nr. 9** insbesondere Regelungen außerhalb des KAGB in Betracht, z.B. solche des WpHG, der GewO, des UWG oder Strafgesetze.

203 Ein Verstoß nach **Nr. 10** ist gegeben, wenn der BaFin Kosten im Rahmen der Pflicht zur Bekanntmachung des gesetzlichen Vertreters nach § 319 Abs. 3, oder Prüfungsgebühren in den Fällen des § 320 Abs. 1, S. 2 Nr. 7, § 329 Abs. 2 S. 3 Nr. 2 oder § 330 Abs. 2 S. 3 Nr. 2 nicht erstattet werden. Dabei hat einer möglichen Maßnahme seitens der BaFin jeweils eine Mahnung vorauszugehen.

E. Vertriebsuntersagung hinsichtlich Teilinvestmentvermögen

204 § 314 Abs. 2 KAGB eröffnet der BaFin die Möglichkeit, eine Vertriebsuntersagung auch in den Fällen vorzunehmen, in denen Aktien oder Anteile an Teilinvestmentvermögen vertrieben werden. Dabei muss es sich um ein Teilinvestmentvermögen im Geltungsbereich des KAGB handeln, das nach den §§ 316, 320, 329 oder 330 KAGB vertrieben werden darf. Dabei ist es unerheblich, ob an Privatanleger, professionelle oder semi-professionelle Anleger vertrieben wird. Voraussetzung ist jedoch weiter, dass Aktien oder Anteile von weiteren Teilinvestmentvermögen desselben AIF im Geltungsbereich des KAGB an die genannten Anlegergruppen vertrieben werden, die jedoch im Inland entweder nicht, oder nicht an diese Anlegergruppe vertrieben werden dürfen.

162 BT-Drs. 17/12294, S. 284.
163 Weitnauer/Boxberger/Anders/Paul KAGB § 314 Rn. 18.
164 Behme, in: Baur/Tappen, Investmentgesetze, § 314 KAGB Rn. 27.
165 Weitnauer/Boxberger/Anders/Paul KAGB § 314 Rn. 20.
166 Berger/Steck/Lübbehüsen/Erhard InvG, § 140 Rn. 21.

F. Bekanntmachung und Sperrfrist

Untersagt die BaFin einen Vertrieb, der bereits stattgefunden hat, so gibt sie die Betriebsuntersagung gem. § 314 Abs. 3 KAGB im Bundesanzeiger bekannt. Gem. § 314 Abs. 4 KAGB darf eine AIF-Verwaltungsgesellschaft, der im Rahmen eines anzeigepflichtigen Vertriebs nach den §§ 316, 320, 329, 330 KAGB der Vertrieb aufgrund eines Verstoßes gegen § 314 Abs. 1 Nr. 2, und 7–10 oder Abs. 2 KAGB untersagt wurde, ihre Absicht, Anteile oder Aktien des betroffenen AIF zu vertreiben, erst nach einer Sperrfrist von einem Jahr nach Vertriebsuntersagung erneut anzeigen. Dabei ist zu beachten, dass die Absichtsanzeige Voraussetzungen eines zulässigen Vertriebsbeginns ist.[167] Der Wortlaut des Abs. 4 spricht von der Absicht der AIF-Verwaltungsgesellschaft, wieder entsprechende Anteile oder Aktien des AIF zu vertreiben. Danach ist davon auszugehen, dass es zulässig ist, innerhalb der Sperrfrist das Verwaltungsrecht des AIF auf eine andere Verwaltungsgesellschaft zu übertragen und durch diese den Vertrieb entsprechend anzuzeigen.[168] 205

KAPITEL 2
Anlegerschutz im Vermögensanlagengesetz

§ 1 VermAnlG
Anwendungsbereich und Begriffsbestimmungen

(1) Dieses Gesetz ist auf Vermögensanlagen anzuwenden, die im Inland öffentlich angeboten werden.

(2) Vermögensanlagen im Sinne dieses Gesetzes sind nicht in Wertpapieren im Sinne des Wertpapierprospektgesetzes verbriefte und nicht als Anteile an Investmentvermögen im Sinne des § 1 Absatz 1 des Kapitalanlagegesetzbuchs ausgestaltete

1. **Anteile, die eine Beteiligung am Ergebnis eines Unternehmens gewähren,**
2. **Anteile an einem Vermögen, das der Emittent oder ein Dritter in eigenem Namen für fremde Rechnung hält oder verwaltet (Treuhandvermögen),**
3. **partiarische Darlehen,**
4. **Nachrangdarlehen,**
5. **Genussrechte,**
6. **Namensschuldverschreibungen und**
7. **sonstige Anlagen, die eine Verzinsung und Rückzahlung oder einen vermögenswerten Barausgleich im Austausch für die zeitweise Überlassung von Geld gewähren oder in Aussicht stellen, sofern die Annahme der Gelder nicht als Einlagengeschäft im Sinne des § 1 Absatz 1 Satz 2 Nummer 1 des Kreditwesengesetzes zu qualifizieren ist.**

(3) Emittent im Sinne dieses Gesetzes ist die Person oder die Gesellschaft, deren Vermögensanlagen auf Grund eines öffentlichen Angebots im Inland ausgegeben sind.

In der Fassung der Bekanntmachung vom 6.12.2011 (BGBl. I 2011, S. 2481) zuletzt geändert durch das Kleinanlegerschutzgesetz vom 3.7.2015 (BGBl. I 2015, S. 1114).

167 Z.B. § 316 Abs. 1, 3 KAGB.
168 Weitnauer/Boxberger/Anders/Paul KAGB § 314 Rn. 32.

A. Vorbemerkung

206 Das Vermögensanlagengesetz (VermAnlG) enthält in vielerlei Hinsicht Regelungen, die den Anleger schützen sollen. Bereits das „Vorgängergesetz“, das Verkaufsprospektgesetz, welches im Wege des Anlegerschutzverbesserungsgesetzes[169] im Jahr 2005 die Prospektpflicht für nicht in Wertpapieren verbriefte Vermögensanlagen einführte, beinhaltete anlegerschützende Regelungen für Emittenten, insbesondere die für die Emittenten vorgesehenen Veröffentlichungspflichten zum Schutz sowohl der Anleger als auch der Integrität der Kapitalmärkte. Dennoch blieb das Verkaufsprospektgesetz vergleichsweise lückenhaft und enthielt zudem keine Definition des **Begriffs der Vermögensanlagen.** Erst in Folge der Neuordnung der Prospektpflicht[170] im Wege des Gesetzes zur Novellierung des Finanzanlagenvermittler- und Vermögensanlagenrechts[171] wurde der Begriff der Vermögensanlage erstmals definiert. Dennoch sollte der zu dem Zeitpunkt erstmals gesetzlich definierte Begriff noch Überarbeitungen erfahren – sowohl im Wege einer Einengung als auch im Wege einer Erweiterung des Begriffs der Vermögensanlage: Das AIFM-Umsetzungsgesetz[172] ordnete die Subsidiarität des VermAnlG zum KAGB an und „Anteile an sonstigen geschlossenen Fonds“ wurden von den „Vermögensanlagen“ im Sinne des VermAnlG entfernt. Das am 1.1.2016 in Kraft getretene Kleinanlegerschutzgesetz[173] und darauf aufbauend das Erste Finanzmarktnovellierungsgesetz[174] erweiterte sodann den Kreis „Vermögensanlagen“ im Sinne des VermAnlG. Entsprechend erfasst der Begriff der „Vermögensanlage“ im Sinne des VermAnlG heute – zusätzlich zu den bislang erfassten Vermögensanlagen – auch
- partiarische Darlehen,
- Nachrangdarlehen und
- sonstige Anlagen, die eine Verzinsung und Rückzahlung oder einen Vermögenswerten Barausgleich im Austausch für die zweitweise Überlassung von Geld gewähren oder in Aussicht stellen.

207 Hintergrund: Die Ereignisse in und um die globale Finanz- und Wirtschaftskrise von 2008 bewirkten eine Zäsur im öffentlichen Bewusstsein und führten zu dem Bedürfnis eines möglichst wirkungsvollen Anlegerschutzes.[175] Hierauf reagierten sowohl der internationale als auch der nationale Gesetzgeber: Die G20-Staats- und Regierungschefs versprachen bereits kurz nach Ausbruch der Krise im Rahmen verschiedener Gipfelerklärungen umfassende Regulierungen des Finanzsektors, einschließlich der systemisch relevanten Finanzinstrumente. Dabei wurde betont, dass *„kein Finanzakteur zukünftig unreguliert bleiben“* sollte.[176] Auf europäischer Ebene wurde diese Ziele insbesondere mit der Einführung der AIFM-Richtlinie,[177] welche EU-weit einheitliche Anforderungen für

---

169 BGBl. I 2004, 2630.
170 Während die börsengesetzliche Prospektpflicht in das Wertpapierprospektgesetz (WpPG) verschoben wurde, löste das Vermögensanlagengesetz das Verkaufsprospektgesetz (VerkProspG) ab.
171 BGBl. I 2011, 2481.
172 BGBl. I 2013, 1981.
173 BGBl. I 2015, 1114.
174 1. FiMaNoG vom 30.6.2016, BGBl. I 2016, S. 1514.
175 Buck-Heeb, JZ, 2017, S. 279.
176 Vgl. https://www.bundesbank.de/Redaktion/DE/Kurzmeldungen/Stellungnahmen/2013_03_08_aifm_umsetzungsgesetz.html.
177 Richtlinie 2011/61/EU des Europäischen Parlaments und des Rates vom 8.6 2011 über die Verwalter alternativer Investmentfonds und zur Änderung der Richtlinien 2003/41/EG und 2009/65/EG und der Verordnungen (EG) Nr. 1060/2009 und (EU) Nr. 1095/2010 (ABl. L 174 vom 1.7.2011, S. 1) (AIFM-Richtlinie).

die Zulassung von und die Aufsicht über Manager alternativer Investmentfonds einführt, umgesetzt. Der europäische Gesetzgeber bezweckte durch die Begrenzung der Risiken, die durch Verwalter alternativer Investmentfonds bestanden und für die Finanzkrise mitursächlich waren, insbesondere den Anlegerschutz zu erhöhen. Entsprechend müssen seit dem die Manager Alternativer Investmentfonds (AIFM) zugelassen werden und sind auf Grund von dezidierten Regelungen zu mehr Transparenz sowie zu umfangreichen Offenlegungs- und Berichtspflichten verpflichtet.

Die AIFM-Richtlinie ist seit dem 22. Juli 2013 in Kraft und wurde in Deutschland (im **208**
Wesentlichen) durch das Kapitalanlagegesetzbuch (KAGB) umgesetzt. Das KAGB ist am 16. Mai 2013 vom Bundestag beschlossen und am 22.7.2013 in Kraft getreten und löst das bis dahin geltende Investmentgesetz ab. Entsprechend der Vorgaben der AIFM-Richtlinie wird durch die darin enthaltenen Regelungen bezweckt, für den Schutz der Anleger einen einheitlichen Standard zu schaffen und den grauen Kapitalmarkt einzudämmen. Wenn auch das KAGB Anlegerschutz nicht ausdrücklich adressieren mag, sehen die europäischen Vorgaben den wirksamen Schutz der Anteilsinhaber vor. Insbesondere sind die darin enthaltenen Regelungen durchaus als anlegerschützend zu interpretieren:[178] So werden durch die Vorgaben zur Form und zu Inhalt der Verkaufsunterlagen, durch die Einführung dezidierter Informations- und Aufklärungspflichten gegenüber den Anlegern und die besonderer Funktion/Rolle der Verwahrstelle der Schutz der Anleger gestärkt bzw. erstmals so detailliert vorgegeben.

Doch auch nach Einführung dieser doch weitreichenden Regulierung verblieben Re- **209**
gelungslücken, die weiterhin zu Unsicherheiten und Irritationen am Markt führten: Produkte, die nicht von dem Anwendungsbereich des KAGB erfasst waren, wurden vor dem Hintergrund der oben beschriebenen neuen Regelungen nunmehr vermehrt aufgesetzt und vertrieben. Es galt, diese Regelungslücke zu schließen. In diesem Zusammenhang spielte in Deutschland zudem die Insolvenz des Energieunternehmens Prokon[179] eine maßgebliche Rolle in Bezug auf die Stärkung von anlegerschützenden Normen. Die Bundesregierung stellte kurz im Anschluss der Prokon-Insolvenz im Mai 2014 ein Maßnahmenpaket zum Schutz von Kleinanlegern vor, welches u.a. bestehende Regelungslücken und Umgehungsmöglichkeiten beseitigen, die Transparenz von Finanzprodukten (einschließlich ihrer Risiken) sowie den Zugang der Anleger zu Informationen über Finanzprodukte verbessern und damit letztlich zu einem besseren Schutz der Anleger des grauen Kapitalmarktes führen sollten.[180] Entsprechend sah das Paket folgende Maßnahmen vor:

- Die Beseitigung aufgedeckter Regelungslücken;
- die verstärkte Transparenz von Finanzprodukten und Offenlegung ihrer Risiken;
- die Verbesserung des Zugangs der Anleger zu Information über Finanzprodukte;
- die Etablierung zusätzlicher Leitplanken für den Vertrieb von Finanzinstrumenten und schließlich
- die flankierende Erweiterung des Aufsichtsinstrumentariums.[181]

---

178 OGAW IV RL, Erwägungsgrund (3); Art. 12 Abs 1 AIFM-RL.

179 Das Energieunternehmen Prokon Regenerative Energien GmbH wurde insolvent; zuvor wurden die Genussscheine den Anlegern gegenüber mit einer angeblichen Rendite von 8% über Werbung in Bussen und Bahnen geworben. Nachdem das Unternehmen in eine Krise geriet, versuchten viele Anleger durch Kündigungen ihr Geld wieder abzuziehen. Bei geschätzt 75 000 Kleinanlegern soll ein Schaden in Höhe von 500 Mio. EUR entstanden sein.

180 http://www.bundesfinanzministerium.de/Content/DE/Downloads/Finanzmarktpolitik/Aktionsplan-Kleinanleger.pdf?__blob=publicationFile&v=3.

181 Vgl. auch Aurich, GWR 2014, 295, 296.

210 In geltendes Recht wurde dieses Maßnahmenpaket mit dem sog. Kleinanlegerschutzgesetz vom 3. Juli 2015 umgesetzt.[182] Mit dem Kleinanlegerschutzgesetz wurden u.a. das Vermögensanlagengesetz, die Vermögensanlagen-Verkaufsprospektverordnung und das Wertpapierhandelsgesetzbuch novelliert. Die Änderungen enthalten – entsprechend dem Titel des Gesetzes – Regelungen, die den Anlegerschutz insbesondere durch die Verbesserung der Transparenz stärken sollen. Hervorzuheben ist aber, dass der Anlegerschutz nicht lediglich mit solchen eher „vorsorglichen" Maßnahmen (wie z.B. durch Informationspflichten gegenüber den Anlegern) gewährleistet werden soll, vielmehr sieht das Kleinanlegerschutz auch die Einführung zusätzlicher Eingriffskompetenzen der BaFin – bis hin zu einem Verbot einzelner Anlageprodukte – vor, durch die der Schutz von Anlegern erreicht werden soll. Auch ist in diesem Zusammenhang zu erwähnen, dass der „Schutz der kollektiven Verbraucherinteressen" im Wege des Kleinanlegerschutzgesetzes eine gesetzliche Verankerung[183] erfahren hat und somit seit 2015 als eines der Aufsichtsziele der BaFin gesetzlich vorgegeben ist.

211 Obgleich der (allgemeine) Begriff „Anleger" gesetzlich nicht legaldefiniert ist, werden hierunter in der Regel natürliche sowie juristische Personen erfasst, die öffentlich vertriebene und an der Börse gehandelte Finanzinstrumente oder durch beispielweise Treuhandmechanismen vermittelte Finanzinstrumente, erwerben.[184] Dabei können bestimmte Gesetze (wie z.B. das KAGB) zwischen verschiedenen Anlegertypen differenzieren und unterschiedlich hohe Anforderungen an die Transparenz stellen. Dennoch braucht der Anleger – ob nun als natürliche oder juristische Person – grundsätzlich ausreichend Transparenz, so dass er sich umfassend und schneller über die Kapitalmarktprodukte und Emittenten informieren kann und somit eine bessere Anlageentscheidung treffen kann. Festzuhalten ist, dass das rechtspolitische Ziel des Anlegerschutzes sowohl den institutionellen Anlegerschutz als auch den individuellen Anlegerschutz erfasst: Denn durch den Anlegerschutz soll einerseits die Stärkung der Kapitalmarktintegrität erreicht und somit auch das für das Funktionieren des Kapitalmarkts langfristig maßgebliche Vertrauen des Anlegers erhalten werden (**institutioneller Anlegerschutz**), andererseits soll auch der Schutz des einzelnen Anlegers (**individueller Anlegerschutz**) gewährleistet sein, so dass der einzelne Anleger – z.B. bei Verletzung von Aufklärungs- und Informationspflichten – Ansprüche gegenüber den Verantwortlichen geltend machen kann.[185]

212 Unter Hinweis auf die oben beschriebenen gesetzlichen Neuerungen im Nachgang der Finanzkrise wird deshalb häufig angemerkt, dass der vormals graue Kapitalmarkt – einst definiert als *„nicht bzw. nicht spezialgesetzlich geregelte Teil des Kapitalmarktrechts für nicht in Wertpapieren verbriefte Anlageformen"*[186] heute nicht mehr als so „grau" wie zuvor beschrieben werden kann – oder anders ausgedrückt: Dem nicht regulierten grauen Kapitalmarkt unterfallen nunmehr lediglich solche Finanzprodukte, die weder Wertpapiere, Vermögensanlagen oder Investmentvermögen zu qualifizieren sind.

213 Durch diese Erweiterung des Anwendungsbereichs des VermAnlG soll die vormals bestehenden Umgehungsmöglichkeiten für Finanzprodukte, die bei wirtschaftlicher Betrachtung vergleichbare Risiken wie unternehmerische Beteiligungen aufweisen, eingeschränkt werden.[187] Damit gelten für diese Anlagen des grauen Kapitalmarkts, die zuvor keiner ge-

182 BGBl. I 2015, S. 1114.

183 Vgl. § 4 Abs. 1a Satz 2 Finanzdienstleistungsaufsichtsgesetz.

184 Seller/Geier in Schimansky/Bunte/Lwowski, Bankrechts-Handbuch, Vor § 104, Rn. 78, 5. Auflage 2017.

185 Arendts in Heussen/Hamm, Beck'sches Rechtsanwaltshandbuch, § 34 Rn. 1, 11. Auflage 2016.

186 Reg.Begründung zum Anlegerschutzverbesserungsgesetz, BT-Drs. 15/3174, S. 27 f.

187 Roth, GWR 2015, 243, 244; vgl. auch BT-Drs. 18/3994, S. 38; Hintergrund hierfür ist insbesondere auch die Insolvenz des Windenergiebetreibers Prokon; der sich prospektfrei über Genussrechte finanziert

setzlichen Prospektpflicht und Prospektpublizität unterfielen, nunmehr die anlegerschützenden Vorgaben des VermAnlG und somit insbesondere auch der **Prospektpflicht**.

Doch auch über die Erweiterung des Begriffs der „Vermögensanlage" hinaus kann dem Kleinanlegerschutzgesetz hinsichtlich der Stärkung des Anlegerschutzes im Investmentrecht eine maßgebliche Bedeutung zugesprochen werden. Das als Teil des Aktionsplans der Bundesregierung zum Verbraucherschutz im Finanzmarkt vom 22.5.2014 erlassene Kleinanlegerschutzgesetz soll (wie zuvor beschrieben) Regelungslücken schließen und somit Verbraucher besser vor intransparenten Anlageprodukten und finanzielle Schäden hieraus schützen. Der Gesetzgeber hat sich mithin entschieden, den Schutz der Anleger und die Transparenz vor dem Erwerb risikobehafteter Vermögensanlagen im sog. „**Grauen Kapitalmarkt**" zu erhöhen und dadurch das Vertrauen der Anleger in das Marktsegment wiederaufzubauen. Das als Artikelgesetz erlassene Kleinanlegerschutzgesetz enthält dieser Zielrichtung entsprechend verschärfende Regelungen insbesondere für das VermAnlG. Unter anderem sind darin folgende anlegerschützende Erneuerungen enthalten: 214

- Entsprechend der Zuweisung des kollektiven Verbraucherschutzes in den Zuständigkeitsbereich der BaFin wurden die Befugnisse/**Eingriffsrechte der BaFin** zum Schutz der Verbraucher erweitert; so kann die BaFin nunmehr die Aufnahme zusätzlicher Angaben im Prospekt verlangen (§ 15a VermAnlG) sowie bestimmte Arten der Werbung für Vermögensanlagen untersagen (§ 16 VermAnlG) sowie in bestimmten Fällen öffentliche Angebote gänzlich untersagen (so z.B. bei Verstößen gegen die Mindestlaufzeit oder das Verbot der Nachschusspflicht, vgl. § 18 VermAnlG).
- Die Einführung erhöhter Transparenzanforderungen im Verkaufsprospekt, wobei diese Änderungen sich inhaltlich überwiegend auf Änderungen der Vemögensanlagenverkaufsprospektverordnung (VermVerkProspV) beziehen. Hervorzuheben ist allerdings, dass Verkaufsprospekte neben tatsächlichen und rechtlichen Angaben auch solche über die Anlegergruppe, auf die die jeweilige Vermögensanlage abzielt, enthalten müssen (vgl. § 7 VermAnlG). Ebenfalls erwähnenswert ist, dass Initiatoren von Vermögensanlagen Verflechtungen stärker offenzulegen haben, somit soll etwaigen Täuschungen über die „Unabhängigkeit" von Vermittlern und Anlageberatern begegnet werden.[188]
- Einführung einer Mindestlaufzeit für Vermögensanlagen um das vormals bestehende Regulierungsgefälle zwischen Vermögenanlagen und Wertpapieren/Anteilen an Fonds zu reduzieren – gleichzeitig wird dadurch dem Anleger gegenüber Transparenz geschaffen, da dieser nun erkennen kann, dass unternehmerische Investitionen von gewisser Dauer sind (§ 5a VermAnlG).
- Die Einführung des Anspruchs des Anlegers auf Rückabwicklung der Vermögensanlage, wenn ihm das VIB entgegen der (mit dem Kleinanlegerschutzgesetz eingeführten) gesetzlichen Vorgabe nicht zur Verfügung gestellt wurde,[189] sowie wenn das VIB nicht den gesetzlich vorgegebenen Warnhinweis enthält[190] oder der Anleger die Kenntnisnahme des Warnhinweises entgegen der gesetzlichen Vorgabe nicht bestätigt hat.[191]
- Die Einführung eines nicht abdingbaren zweiwöchigen Widerrufsrechts des Anlegers für alle Vermögensanlagen, für die das Gesetz eine Ausnahme von der Pros-

hatte; zudem wurde mittels einer Mischung aus aggressiver Werbung und unzureichender Werbung bei den Anlegern der Eindruck erweckt, dass mit der Anlage überdurchschnittlich hohe Renditen ohne Risiko erreicht werden konnte.

188 Vgl. § 7 Abs. 2 VermVerkProspV.

189 § 22 Abs. 4a Nr 1 VermAnlG.

190 § 22 Abs. 4a Nr 2 VermAnlG.

191 § 22 Abs. 41 Nr. 3 VermAnlG.

pektpflicht vorsieht (vgl. § 2d VermAnlG); in diesen Fällen geht der Gesetzgeber von einer erhöhten Schutzbedürftigkeit des Anlegers aus, da diesem bei seiner Entscheidung weniger Informationen vorlagen.

- Auch sind Erneuerungen betreffend der Laufzeit der Prospekte eingeführt worden; so sind zur Sicherstellung, dass Anleger auch aktuelle Informationen zu den Finanzprodukten erhalten, Prospekte vom Zeitpunkt ihrer Billigung und vorbehaltlich der Einhaltung etwaiger Nachtragspflichten nur noch für eine Dauer von 12 Monaten für öffentliche Angebote gültig (§ 8a VermAnlG).
- Die Einführung des Verbots einer Nachschusspflicht (§ 5b VermAnlG); der Anleger soll bei Erwerb einer Vermögensanlage sein maximales Risiko abschätzen können, wobei dieses Risiko auf den Totalverlust seiner Investition begrenzt sein soll.
- Verbraucherschutzorientierte Informationsblattpublizität durch Erweiterung von Warn- und Publizitätsanforderungen des Vermögensanlagen-Informationsblatts (§ 13 VermAnlG).
- Reglementierung der Werbung für Vermögensanlagen; um irreführende Werbung im Zusammenhang mit Vermögensanlagen vorzubeugen; ist die Aufnahme ausdrücklicher Warnhinweise auf Verlustrisiken oder Unsicherheiten der Rendite vorgegeben (§ 12 VermAnlG).

215 Auch über die hier aufgeführten Erneuerungen hinaus können grundsätzlich alle Regelungen des VermAnlG als anlegerschützend verstanden werden. Der Schwerpunkt der Darstellung in diesem Kapitel wird sich allerdings auf Informationspflichten, Vertriebsregelungen und das neu eingeführte Produktinterventionsrecht der Bundesanstalt für Finanzdienstleistungsaufsicht (BaFin) beschränken.

B. § 1 VermAnlG, Anwendungsbereich

I. Öffentliches Angebot von Vermögensanlagen im Inland

216 Anders als das WpPG enthält das VermAnlG keine gesetzliche Definition des **„öffentlichen Angebots"**. Unter Hinweis auf die Schutzrichtung sowohl des VermAnlG als auch des WpPG erfolgt zur Konkretisierung des „öffentlichen Angebots" im Sinne des VermAnlG eine Anlehnung an § 2 Nr. 4 WpPG, so dass ein öffentliches Angebot verstanden wird als eine Mitteilung an das Publikum, gleich welcher Form sowie Art und Weise, die ausreichende Informationen über Angebotsbedingungen und die anzubietenden Vermögensanlagen enthält, so dass ein Anleger in die Lage versetzt wird, über den Erwerb dieser Vermögensanlage zu entscheiden.[192]

217 Dabei ist ein „Angebot" in diesem Sinne nicht erst bei Vorliegen eines „Angebots/Antrags" im Sinne des § 145 BGB anzunehmen, sondern ist vielmehr – unter Hinweis auf den Schutzzweck des Gesetzes – bereits bei einer Aufforderung des Anbieters zur Abgabe eines Kaufangebots (**„invitatio ad offerendum"**) an den Anlageinteressenten zu sehen.[193] Dennoch muss eine konkrete Erwerbsmöglichkeit (sog. „Angebotsreife") vorliegen, d.h. der Erwerbsvertrag kann auf das Angebot des Anlegers hin bereits abgeschlossen werden, ohne dass dieser weiter tätig werden muss.[194] Entsprechend stellen Werbe- und Informationsveranstaltungen, die lediglich auf zukünftige Angebote hinweisen, so lange kein „Angebot" in diesem Sinne dar, als mit ihnen keine konkrete Erwerbsmög-

---

192 von Ammon in Siering/Izzo-Wagner, VermAnlG, § 1, Rn. 12.
193 Maas in Assmann/Schlitt/von Kopp-Colomb, WpPG/VermAnlG, 3. Auflage 2017, § 1 VermAnlG, Rn. 13.
194 von Ammon in Siering/Izzo-Wagner, VermAnlG, § 1, Rn. 14.

lichkeit einhergeht.[195] Ob das Merkmal der „Öffentlichkeit" des Angebots vorliegt, ist in Abgrenzung zum **Private Placement** (Privatplatzierung) zu prüfen. Dabei reicht es für die Annahme eines Private Placements nicht bereits aus, dass sich das Angebot an einen bestimmten und namentlich bekannten Personenkreis richtet, vielmehr sind erhöhte (qualitative) Anforderungen für die Annahme eines Private Placements zu erfüllen, wie die Darlegung seitens des Anbieters, weshalb es einer Aufklärung dieser Anleger mittels Prospekts nicht bedürfe (z.B., weil diese Anleger das Produkt bereits kennen und nur aus diesem Grund ausgesucht wurden). In diesem Zusammenhang stellt die BaFin maßgeblich auf die Schutzbedürftigkeit und das Aufklärungsinteresse der angesprochenen Personen ab: Auch vor dem Hintergrund der grundsätzlichen Prospektpflicht und der lediglich in einem engen Rahmen vorgesehenen gesetzlichen Ausnahmen, ist das Vorliegen des Ausnahmefalls eng auszulegen.[196] Der Anwendungsbereich des VermAnlG ist jedoch örtlich beschränkt: Erfasst werden nur Vermögensanlagen, die im Inland angeboten werden. Maßgeblich ist demnach nicht der Sitz des Emittenten, sondern *wo* dieser die Anlage anbietet, so ist die Ansprache deutscher Anleger im Ausland nicht im Anwendungsbereich des VermAnlG zu sehen.[197]

II. Vermögensanlagen

Die Definition der „Vermögensanlagen" in § 1 Abs. 2 VermAnlG bestimmt den Anwendungsbereich des Gesetzes. Hiernach sind unter Vermögensanlagen zu verstehen: nicht in Wertpapieren i.S. des Wertpapierprospektgesetzes verbriefte und nicht als Anteile an Investmentvermögen[198] i.S. des § 1 Absatz 1 Kapitalanlagegesetzbuch (KAGB) ausgestaltete Anteile die eine Beteiligung am Ergebnis eines Unternehmens gewähren, Anteile an einem Vermögen, das der Emittent oder ein Dritter in eigenem Namen für fremde Rechnung hält oder verwaltet (Treuhandvermögen), partiarische Darlehen, Nachrangdarlehen, Genussrechte und Namensschuldverschreibungen, sofern die Annahme der Gelder nicht als Einlagengeschäft im Sinne des Kreditwesengesetzes zu qualifizieren ist. Es gilt demnach der **Vorrang des WpPG und des KAGB,** mithin übernimmt § 1 Abs. 2 VermAnlG die Funktion eines Auffangtatbestandes; in der Konsequenz unterliegt jede Kapitalanlage entweder einer Aufsicht – oder zumindest einer Prospektpflicht nach dem VermAnlG.[199] **218**

Hinsichtlich der Ausnahmen vgl. Kommentierung zu § 20 **VermAnlG** im 5. Teil dieser Kommentierung. *Buck-Heeb/Dieckmann* Rn. 5–8.

III. Emittent

In Absatz 3 ist der Begriff des Emittenten definiert. Das Kleinanlegerschutzgesetz hat an dieser Stelle durch die Ersetzung der Wörter „angeboten werden" durch „ausgegeben sind" klargestellt, dass die Emittenteneigenschaft im Sinne der VermAnlG nicht bereits mit Beendigung des öffentlichen Angebots, sondern erst mit vollständiger Tilgung der Vermögensanlage im Sinne des (ebenfalls mit dem Kleinanlegerschutzgesetz) neu eingeführten § 10a Absatz 1 VermAnlG endet.[200] **219**

---

195 von Ammon in Siering/Izzo-Wagner, VermAnlG, § 1, Rn. 20; Unzicker, VerkProspG, 2010, § 8f Rn. 70.
196 Vgl. von Ammon in Siering/Izzo-Wagner, VermAnlG, § 1, Rn. 23.
197 Maas in Assmann/Schlitt/von Kopp-Colomb, WpPG/VermAnlG, 3. Auflage 2017, § 1 VermAnlG, Rn. 23.
198 Vgl. in § 20, Buck-Heeb/Dieckmann, Rn. 4.
199 von Ammon in Siering/Izzo-Wagner, VermAnlG, § 1, Rn. 28.
200 Vgl. BT-Drs. 18/3994, S. 40.

§ 7 VermAnlG
Verkaufsprospekt

§ 7 VermAnlG
Inhalt des Verkaufsprospekts; Verordnungsermächtigung

(1) Der Verkaufsprospekt muss alle tatsächlichen und rechtlichen Angaben enthalten, die notwendig sind, um dem Publikum eine zutreffende Beurteilung des Emittenten der Vermögensanlagen und der Vermögensanlagen selbst einschließlich der Anlegergruppe, auf die die Vermögensanlage abzielt, zu ermöglichen. Bestehen die Vermögensanlagen aus Anteilen an einem Treuhandvermögen und besteht dieses ganz oder teilweise aus einem Anteil an einer Gesellschaft, so muss der Verkaufsprospekt auch die entsprechenden Angaben zu dieser Gesellschaft enthalten.

(2) Der Verkaufsprospekt hat mit einem Deckblatt zu beginnen, das einen deutlichen Hinweis darauf enthalten muss, dass die inhaltliche Richtigkeit der Angaben im Verkaufsprospekt nicht Gegenstand der Prüfung des Verkaufsprospekts durch die Bundesanstalt ist. Ferner ist an hervorgehobener Stelle im Verkaufsprospekt ein ausdrücklicher Hinweis darauf aufzunehmen, dass bei fehlerhaftem Verkaufsprospekt Haftungsansprüche nur dann bestehen können, wenn die Vermögensanlage während der Dauer des öffentlichen Angebots, spätestens jedoch innerhalb von zwei Jahren nach dem ersten öffentlichen Angebot der Vermögensanlagen im Inland, erworben wird. Im Verkaufsprospekt darf weder der Begriff „Fonds" noch ein Begriff, der diesen Begriff enthält, zur Bezeichnung des Emittenten oder der Vermögensanlage verwendet werden.

(3) Das Bundesministerium der Finanzen wird ermächtigt, durch Rechtsverordnung, die nicht der Zustimmung des Bundesrates bedarf, im Einvernehmen mit dem Bundesministerium der Justiz und für Verbraucherschutz die zum Schutz des Publikums erforderlichen Vorschriften über die Sprache, den Inhalt und den Aufbau des Verkaufsprospekts zu erlassen, insbesondere über

1. die erforderlichen Angaben zu den Personen oder Gesellschaften, die die Verantwortung für den Inhalt des Verkaufsprospekts insgesamt oder für bestimmte Angaben übernehmen,

2. die Beschreibung der angebotenen Vermögensanlagen und ihre Hauptmerkmale sowie die verfolgten Anlageziele der Vermögensanlage einschließlich der finanziellen Ziele und der Anlagepolitik,

2a. die erforderlichen Angaben zu der Anlegergruppe, auf die die Vermögensanlage abzielt, vor allem im Hinblick auf den Anlagehorizont des Anlegers und zu möglichen Verlusten, die sich aus der Anlage ergeben können,

3. die erforderlichen Angaben über die Gesellschaft im Sinne des Absatzes 1 Satz 2,

4. die erforderlichen Angaben zu dem Emittenten der Vermögensanlagen, zu seinem Kapital und seiner Geschäftstätigkeit, seiner Vermögens-, Finanz- und Ertragslage, einschließlich des Jahresabschlusses und des Lageberichts sowie deren Offenlegung,

5. die erforderlichen Angaben zu den Geschäftsaussichten des Emittenten der Vermögensanlagen und über seine Geschäftsführungs- und Aufsichtsorgane und

6. die beizufügenden Unterlagen.

In der Rechtsverordnung nach Satz 1 können auch Ausnahmen bestimmt werden, in denen von der Aufnahme einzelner Angaben in den Verkaufsprospekt abgesehen werden kann,

1. **wenn beim Emittenten der Vermögensanlagen, bei den angebotenen Vermögensanlagen oder bei dem Kreis der mit dem Angebot angesprochenen Anleger besondere Umstände vorliegen und den Interessen des Publikums durch eine anderweitige Unterrichtung ausreichend Rechnung getragen ist oder**
2. **wenn diese Angaben von geringer Bedeutung sind oder durch ihre Aufnahme in den Verkaufsprospekt ein erheblicher Schaden beim Emittenten der Vermögensanlagen zu befürchten wäre.**

Text in der Fassung des Artikels 2 Kleinanlegerschutzgesetz G. v. 3. Juli 2015 BGBl. I S. 1114, 2017 I 3768; zuletzt geändert durch Artikel 23 G. v. 23.6.2017 BGBl. I S. 1693 m.W.v. 3. Januar 2018.

A. Informationspflichten

Mit dem Kleinanlegerschutzgesetz wurden die Informationspflichten der Emittenten erweitert, hierdurch soll eine erhöhte Transparenz für die Anleger/Interessenten sichergestellt werden. **220**

B. Prospektpflicht

Gemäß § 6 VermAnlG muss ein Anbieter, der im Inland Vermögensanlagen öffentlich anbietet, einen Verkaufsprospekt nach dem VermAnlG veröffentlichen, sofern eine Prospektpflicht nicht bereits aus einem anderen Gesetz besteht oder ein gültiger Verkaufsprospekt nach dem VermAnlG bereits veröffentlicht ist. Dabei darf ein Verkaufsprospekt erst nach seiner Billigung veröffentlicht werden, vgl. § 8 VermAnlG. Im Rahmen dieses Billigungsverfahrens prüft die BaFin einerseits die **Vollständigkeit der Angaben** (Mindestangaben im Prospekt entsprechend § 7 Abs. 3 VermAnlG in Verbindung mit der VermVerkProspV) und andererseits die **Kohärenz des Inhalts**. Hinsichtlich des Prüfungskriteriums der Kohärenz wurde mit dem Kleinanlegerschutzgesetz eine Konkretisierung eingeführt, so prüft die BaFin bei der Kohärenz insbesondere, ob für das laufende und das folgende Geschäftsjahr die Vermögens-, Finanz- und Ertragslage des Emittenten, die Geschäftsaussichten sowie ihren Auswirkungen auf die Fähigkeit des Emittenten, seinen Verpflichtungen gegenüber den Anlegern nachzukommen, im Prospekt widerspruchsfrei dargestellt werden (vgl. § 8 Abs. 1 Satz 3 VermAnlG). Dennoch sollte diese Konkretisierung eher deklaratorischer Natur sein; da die Erweiterung/Konkretisierung in Satz 3 des § 8 Abs. 1 VermAnlG der Erweiterung der Pflichtangaben in der VermVerkProspV entspricht und deshalb bereits Teil der Vollständigkeitsprüfung sein dürfte.[201] **221**

C. Inhalt des Verkaufsprospekts, Verordnungsermächtigung (§ 7 VermAnlG)

Die Regelung normiert die Anforderungen, die ein Verkaufsprospekt für Vermögensanlagen im Sinne des VermAnlG erfüllen muss. Der Gesetzgeber ist der Ansicht, dass der Anlegerkreis/das Anlegerpublikum im Wege des Prospekts einer umfassenden und verständlichen Beschreibung der Rechte und Pflichten der jeweiligen Beteiligung bedarf, entsprechend sind in § 7 VermAnlG die Mindestangaben, die ein Verkaufsprospekt beinhalten muss, vorgegeben. Da der Verkaufsprospekt nach § 7 VermAnlG sowohl die Grundlage für das **Billigungsverfahren** gem. § 8 VermAnlG sowie für etwaige Unter- **222**

201 So auch Maas in Assmann/Schlitt/von Kopp-Colomb, WpPG/VermAnlG, § 8 VermAnlG, Rn. 24.

sagungen des öffentlichen Angebotsdurch die BaFin bildet als auch für die mögliche zivilrechtliche **Haftung** des Emittenten (§ 20 ff. VermAnlG), ist die Regelung als eine mit Doppelcharakter zu qualifizieren.

I. Angaben im Verkaufsprospekt (Abs. 1)

223 § 7 Absatz 1 Satz 1 VermAnlG (und korrespondierend hierzu § 2 VermVerkProspV) sieht vor, dass der Verkaufsprospekt alle **tatsächlichen und rechtlichen Angaben** enthalten muss, die **notwendig** sind, um dem Anlegerpublikum eine zutreffende Beurteilung der jeweiligen Vermögensanlage und deren Emittenten zu ermöglichen (sog. Generalklausel). Aus dieser Regelung werden das Gebot der Vollständigkeit und Richtigkeit, Gebot der Wesentlichkeit sowie das Gebot der Klarheit abgeleitet. Hintergrund ist, dass dem Anleger alle wesentlichen Angaben und Umstände mitzuteilen sind, damit dieser auf dieser Grundlage eine eigenverantwortliche Anlageentscheidung treffen kann.[202]

224 Für das **Gebot der Vollständigkeit** verlangt die Rechtsprechung, dass neben den verpflichtenden, durch die in der VermVerkProspV vorgegebenen Angaben weitere Angaben in einem Verkaufsprospekt enthalten sein müssen; so muss ein Verkaufsprospekt **alle wesentlichen Angaben** zur Anlage enthalten, wobei hierunter alle Angaben verstanden werden, die aus Sicht eines verständigen Durchschnittsanlegers erheblich für die Anlageentscheidung sind.[203] Keine Rolle spielen hingegen die individuellen Belange/Verhältnisse eines Anlegers; ein Prospekt muss nicht auf jede Person individuell zugeschnitten werden. Alle Angaben im Prospekt müssen richtig sein, d.h. realen Sachverhalten entsprechen, hierzu gehört auch, dass alle Angaben aktuell sein müssen (**Gebot der Richtigkeit**).[204] Das **Gebot der Wesentlichkeit** ergibt sich nicht explizit aus dem Gesetzeswortlaut, sondern wird indirekt über § 7 Abs. 3 in Verbindung mit § 15 Abs. 2 VermVerkProspV abgeleitet. Inhaltlich zielt das Gebot darauf ab, dass der Verkaufsprospekt allein die Angaben beinhalten soll, die ein Anleger zur Beurteilung der Anlage benötigt – eine Überfrachtung mit unwichtigen Informationen soll nicht vorliegen.[205]

225 Das **Gebot der Klarheit** verlangt, dass die in dem Verkaufsprospekt gemachten Angaben derart verfasst sein müssen, dass der Anleger in der Lage ist, diese zu verstehen; d.h. die Angaben müssen in einer verständlichen, eindeutigen und übersichtlichen Sprache und Gestaltung im Verkaufsprospekt aufgeführt sein.[206]

226 Seit dem 3.1.2018 enthält § 7 Abs. 1 VermAnlG in Satz 1 auch die Vorgabe, dass der Verkaufsprospekt auch solche Angaben enthalten muss, die notwendig sind, um dem Publikum eine zutreffende Beurteilung der Anlegergruppe, auf die die Vermögensanlage abzielt, zu ermöglichen. Durch die Aufnahme dieser Angabe in den Verkaufsprospekt erhält der Privatanleger zusätzliche Informationen, anhand derer er beurteilen kann, ob die Vermögensanlage seinen Anlagezielen entspricht.[207]

II. Hinweispflichten (Abs. 2)

227 In § 7 Abs. 2 VermAnlG sind Vorgaben zur Darstellung von **Warnhinweisen** über bestimmte **Risiken** enthalten. Durch die Transparenz dieser Risiken bezweckt der Ge-

202 BGH v. 7.12.2009 – II ZR 15/08, WM 2010, 262.
203 BGH v. 7.12.2009 – II ZR 15/08; BGH v. 22.3.2010 – II ZR 66/08.
204 Siering/Farhan in Siering/Izzo-Wagner, VermAnlG, § 7, Rn. 10.
205 Siering/Farhan in Siering/Izzo-Wagner, VermAnlG, § 7, Rn. 18.
206 Maas in Assmann/Schlitt/von Kopp-Colomb, WpPG/VermAnlG, § 7 VermAnlG, Rn. 16.
207 BT-Drs. 18/3994, S. 43.

setzgeber, den Anleger vor unüberlegten Anlageentscheidungen zu bewahren.[208] So muss das Deckblatt eines Verkaufsprospektes einen deutlichen Hinweis darauf enthalten, dass die inhaltliche Richtigkeit der im Prospekt gemachten Angaben nicht Gegenstand der Prospektprüfung der BaFin ist. Dadurch soll einerseits bei Anlegern/Interessenten kein falscher Eindruck erweckt werden, andererseits irreführende Werbung („Gütesiegel“ der BaFin) durch den Emittenten vermieden werden.[209] Weiterhin muss der Verkaufsprospekt an hervorgehobener Stelle einen ausdrücklichen Hinweis darauf enthalten, dass ein möglicher **Prospekthaftungsanspruch** einer **Ausschlussfrist** unterliegt, § 7 Abs. 2 Satz 2 VermAnlG. Mit dem Kleinanlegerschutzgesetz eingeführt wurde in § 7 Abs. 2 Satz 3 VermAnlG zudem eine Sprachregelung; hiernach ist im Verkaufsprospekt die Verwendung des Begriffs „Fonds“ oder eines Begriffs, der diesen Begriff enthält, unzulässig, soweit dies zur Bezeichnung des Emittenten oder der Vermögensanlage erfolgt. Der Gesetzgeber begründet diese Vorgabe mit einem Hinweis darauf, dass Fonds mit Inkrafttreten des KAGB als Investmentvermögen im Sinne des § 1 KAGB zu verstehen sind, diese aber aufgrund des Vorrangs des KAGB nicht mehr dem Anwendungsbereich des VermAnlG unterfallen.[210] Anleger sollen vor Verwirrungen und Missverständnissen geschützt werden.[211]

III. Ermächtigungsgrundlage für VermVerkProspV (Abs. 3)

Absatz 3 des § 7 VermAnlG ermächtigt das Bundesministerium der Finanzen, durch Rechtsverordnung im Einvernehmen mit dem Bundesministerium der Justiz und für Verbraucherschutz die in § 7 Abs. 1 VermAnlG niedergelegten (Mindest-)Anforderungen an den Prospektinhalt zu konkretisieren. Auf der Grundlage von § 7 Abs. 3 VermAnlG wurde die Vermögensanlagen-Verkaufsprospektverordnung (VermVerkProspV) erlassen. **228**

In den Nr. 1–6 des § 7 Abs. 3 VermAnlG sind (nicht abschließend) Inhalte dieser Verordnung genannt. Der mit dem Kleinanlegerschutzgesetz eingeführte (allerdings erst mit Wirkung zum 3.1.2018 in Kraft getretene) Nr. 2a spiegelt die (ebenfalls zum 3.1.2018 in Kraft getretene) Ergänzung in § 7 Abs. 1 Satz 1 VermAnlG wieder und sieht vor, dass die Ermächtigung der Verordnung auch für die erforderlichen Angaben zur **Anlegergruppe**, auf die die Vermögensanlage abzielt, besteht. Von dieser (neuen) Ermächtigungsgrundlage wurde bereits Gebrauch gemacht (§ 4 VermVerkProspV). **229**

§§ 12, 13 VermAnlG
Vertriebsanforderungen

A. § 12 VermAnlG

§ 12 VermAnlG
Werbung für Vermögensanlagen

(1) Der Anbieter hat dafür zu sorgen, dass in Werbung für öffentlich angebotene Vermögensanlagen, in der auf die wesentlichen Merkmale der Vermögensanlage hingewiesen wird, ein Hinweis auf den Verkaufsprospekt und dessen Veröffentlichung aufgenommen wird.

---

208 Maas in Assmann/Schlitt/von Kopp-Colomb, WpPG/VermAnlG, § 7 VermAnlG, Rn. 27.
209 Maas in Assmann/Schlitt/von Kopp-Colomb, WpPG/VermAnlG, § 7 VermAnlG, Rn. 26.
210 BT-Drs. 18/3994, S. 43.
211 Siering/Farhan in Siering/Izzo-Wagner, VermAnlG, § 7, Rn. 33.

(2) Der Anbieter hat dafür zu sorgen, dass in Werbung für öffentlich angebotene Vermögensanlagen der folgende deutlich hervorgehobene Warnhinweis aufgenommen wird: „Der Erwerb dieser Vermögensanlage ist mit erheblichen Risiken verbunden und kann zum vollständigen Verlust des eingesetzten Vermögens führen." Bei einer Werbung in elektronischen Medien, in der ausschließlich Schriftzeichen verwendet werden, kann der Hinweis in einem separaten Dokument erfolgen, wenn die Werbung

1. **weniger als 210 Schriftzeichen umfasst und**
2. **einen deutlich hervorgehobenen Link auf dieses Dokument enthält, der mit „Warnhinweis" gekennzeichnet ist.**

(3) Der Anbieter hat dafür zu sorgen, dass in Werbung für öffentlich angebotene Vermögensanlagen, die eine Angabe zu einer Rendite der Vermögensanlage enthält, die nicht lediglich eine vertragliche feste Verzinsung der Vermögensanlage wiedergibt, der folgende deutlich hervorgehobene Hinweis aufgenommen wird: „Der in Aussicht gestellte Ertrag ist nicht gewährleistet und kann auch niedriger ausfallen."

(4) Eine Werbung für öffentlich angebotene Vermögensanlagen darf keinen Hinweis auf die Befugnisse der Bundesanstalt nach diesem Gesetz enthalten.

(5) In einer Werbung für öffentlich angebotene Vermögensanlagen darf weder der Begriff „Fonds" noch ein Begriff, der diesen Begriff enthält, zur Bezeichnung des Emittenten oder der Vermögensanlage verwendet werden.

Text in der Fassung des Artikels 2 Kleinanlegerschutzgesetz G. v. 3. Juli 2015 BGBl. I S. 1114, 2017 I 3768; zuletzt geändert durch Artikel 23 G. v. 23.6.2017 BGBl. I S. 1693 m.W.v. 10. Juli 2015.

230 Eine umfassende Reglementierung der Werbung für Vermögensanlagen wird erstmals durch § 12 VermAnlG vorgegeben. Die Regelung wurde durch das Kleinanlegerschutzgesetz eingeführt und dient dem Anlegerschutz. Hintergrund der Regelung ist insbesondere der Genusscheinanbieter Prokon; dieser hatte vor allem über aggressive Werbung (auch in öffentlichen Verkehrsmitteln) erreicht, Anleger zu locken. Zwar wurden die im Regierungsentwurf noch vorgesehenen Beschränkungen von Werbemaßnahmen (z.B. umfassende Unzulässigkeit von Werbung für Vermögensanlagen im öffentlichen Raum)[212] wieder aufgegeben, dennoch soll jedenfalls durch ausdrückliche **Warnhinweise** in der Werbung erreicht werden, dass unerfahrene Anleger ohne hinreichendes Risikobewusstsein keine riskanten Anlageentscheidungen treffen.[213]

231 Die Regelung enthält keine Definition des Begriffs der „**Werbung**", allerdings verlangt der Gesetzgeber, dass der Begriff der „Werbung" weit zu verstehen ist und jede Äußerung umfasst, die mit dem Ziel erfolgt, den Absatz der Vermögensanlagen zu fördern.[214] Adressat der Regelung ist (ausdrücklich) der Anbieter – auch wenn dieser in § 12 Abs. 4 und 5 VermAnlG nicht explizit Erwähnung findet. Die Abs. 4 und 5 wenden sich auch an Dritte, die für Vermögensanlagen werden. Aus § 16 VermAnlG, wonach die BaFin Emittenten und Anbietern bestimmte Arten der Werbung untersagen kann, ergibt sich, dass § 12 VermAnlG Anbieter und Emittenten gleichermaßen adressiert, sofern diese für Vermögensanlagen werben.

232 Der Anbieter hat nach Abs. 1 dafür zu sorgen, dass in Werbung, in der auf die wesentlichen Merkmale der Vermögensanlage hingewiesen wird, ein **Hinweis auf den Verkaufsprospekt und** dessen **Veröffentlichung** aufgenommen wird. Sofern eine Wer-

212 BT-Drs. 18/3994, S. 45.
213 Vgl. BT-Drs. 18/3994, S. 45.
214 BT-Drs. 18/3994, S. 45.

bung diesen Hinweis nicht enthält, kann sie von der BaFin nach § 16 Abs. 1 VermAnlG untersagt werden. Gemäß Abs. 2 hat der Anbieter sicherzustellen, dass in die Werbung ein deutlich hervorgehobener Warnhinweis aufgenommen wird, die Regelung beinhaltet den Inhalt dieses Warnhinweises. Nach Ansicht der BaFin erfüllt ein Hinweis die Vorgabe „deutlich hervorgehoben", sofern dieser vom übrigen Werbetext durch Unterstreichung, Fettdruck, Einrahmung oder farbliche Hervorhebung abgrenzbar ist.[215] Für Werbung in elektronischen Medien ist in Abs. 2 Satz 2 sind besondere Vorgaben zu beachten, so kann hier der Hinweis unter den gesetzlich vergebenen Bedingungen in einem separaten Dokument erfolgen. Auch hier kann die BaFin bei Nichtbefolgung die Werbung untersagen (vgl. § 16 VermAnlG). Enthält die Werbung für Vermögensanlagen mit variabler Rendite eine Aussage über eine zu erwartende Rendite, verlangt § 12 Abs. 3 VermAnlG einen klarstellenden Zusatz in dem Warnhinweis dahingehend, dass die in der Werbung genannte Rendite nicht gewährleistet ist und lediglich eine Erwartung wiedergibt. Auch durch diese Regelung soll das Risikobewusstsein des Anlegers erhöhen und damit vor unüberlegten Anlageentscheidungen schützen.

Die Absätze 4 und 5 geben vor, welche Angaben/Hinweise in der Werbung unzulässig sind. **233** So darf Werbung für öffentlich angebotene Vermögensanlagen keinen Hinweis auf die Befugnisse der BaFin nach dem VermAnlG enthalten. Bei dem Anleger soll im Hinblick auf die Sicherheit und Prüfung der Anlage keine falsche Vorstellung geweckt werden (Stichwort „Gütesiegel der BaFin", vgl. oben). Flankierend zu der Vorgabe in § 7 Abs. 2 Satz 3 VermAnlG (vgl. oben) darf auch in einer Werbung für öffentlich angebotene Vermögensanlagen weder der Begriff „Fonds" noch ein Begriff, der diesen Begriff enthält, zur Bezeichnung des Emittenten oder der Vermögensanlage verwendet werden. Dadurch sollen Verwirrungen des Verbrauchers/Anlegers vermieden werden.[216] Sollte eine Werbung diesen unzulässigen Hinweis bzw. die unzulässige Begriffsverwendung enthalten, kann die BaFin die Werbung untersagen, vgl. § 16 VermAnlG.

B. § 13 VermAnlG

§ 13 VermAnlG
Vermögensanlagen-Informationsblatt

(1) Ein Anbieter, der im Inland Vermögensanlagen öffentlich anbietet, muss vor dem Beginn des öffentlichen Angebots neben dem Verkaufsprospekt oder im Fall der §§ 2a und 2b ein Vermögensanlagen-Informationsblatt erstellen und bei der Bundesanstalt hinterlegen, sofern für die Vermögensanlagen kein Basisinformationsblatt nach der Verordnung (EU) Nr. 1286/2014 des Europäischen Parlaments und des Rates vom 26. November 2014 über Basisinformationsblätter für verpackte Anlageprodukte für Kleinanleger und Versicherungsanlageprodukte (PRIIP) (ABl. L 352 vom 9.12.2014, S. 1; L 358 vom 13.12.2014, S. 50), die durch die Verordnung (EU) 2016/2340 (ABl. L 354 vom 23.12.2016, S. 35) geändert worden ist, veröffentlicht werden muss.

(2) Das Vermögensanlagen-Informationsblatt darf erst veröffentlicht werden, wenn die Bundesanstalt die Veröffentlichung gestattet. Die Gestattung ist zu erteilen, wenn das Vermögensanlagen-Informationsblatt vollständig alle Angaben und Hinweise enthält, die nach den folgenden Absätzen, auch in Verbindung mit der

---

215 https://www.bafin.de/SharedDocs/Downloads/DE/Veranstaltung/dl_151126_Workshop_Kleinanlegerschutzgesetz.pdf?__blob=publicationFile&v=1.
216 Siehe oben unter Rn. 227.

nach Absatz 8 zu erlassenden Rechtsverordnung, erforderlich sind, und diese Angaben und Hinweise in der vorgeschriebenen Reihenfolge erfolgen. Wird die Prospektausnahme nach § 2a oder § 2b in Anspruch genommen, hat die Bundesanstalt dem Anbieter innerhalb von zehn Werktagen nach Eingang des Vermögensanlagen-Informationsblatts mitzuteilen, ob sie die Veröffentlichung gestattet. Gelangt die Bundesanstalt zu der Auffassung, dass die ihr zur Gestattung übermittelten Unterlagen unvollständig sind, beginnt die Frist nach Satz 3 erst ab dem Zeitpunkt zu laufen, zu dem die fehlenden Unterlagen eingehen. Die Bundesanstalt soll dem Anbieter im Fall des Satzes 3 innerhalb von fünf Werktagen nach Eingang des Vermögensanlagen-Informationsblatts mitteilen, wenn sie nach Satz 4 weitere Unterlagen für erforderlich hält. Wird das Vermögensanlagen-Informationsblatt neben einem Verkaufsprospekt hinterlegt, gelten die Fristen des § 8 Absatz 2 und 3 oder des § 11 Absatz 1 Satz 4.

(3) Das Vermögensanlagen-Informationsblatt darf nicht mehr als drei DIN-A4-Seiten umfassen. Es muss mindestens die wesentlichen Informationen über die Vermögensanlagen in übersichtlicher und leicht verständlicher Weise in der nachfolgenden Reihenfolge jeweils in einer Form enthalten, dass das Publikum

1. die Art und die genaue Bezeichnung der Vermögensanlage,
2. Angaben zur Identität des Anbieters, des Emittenten einschließlich seiner Geschäftstätigkeit und in dem Fall, dass die Prospektausnahme nach § 2a in Anspruch genommen wird, Angaben zur Identität der Internet-Dienstleistungsplattform,
2a. die Anlegergruppe, auf die die Vermögensanlage abzielt, *)
3. die Anlagestrategie, Anlagepolitik und die Anlageobjekte,
4. die Laufzeit, die Kündigungsfrist der Vermögensanlage und die Konditionen der Zinszahlung und Rückzahlung,
5. die mit der Vermögensanlage verbundenen Risiken,
6. das Emissionsvolumen, die Art und Anzahl der Anteile,
7. den auf der Grundlage des letzten aufgestellten Jahresabschlusses berechneten Verschuldungsgrad des Emittenten,
8. die Aussichten für die vertragsgemäße Zinszahlung und Rückzahlung unter verschiedenen Marktbedingungen,
9. die mit der Vermögensanlage verbundenen Kosten und Provisionen, im Fall der Inanspruchnahme der Prospektausnahme nach § 2a einschließlich sämtlicher Entgelte und sonstigen Leistungen, die die Internet-Dienstleistungsplattform von dem Emittenten für die Vermittlung der Vermögensanlage erhält, sowie
10. das Nichtvorliegen eines unmittelbaren oder mittelbaren maßgeblichen Einflusses im Sinne des § 2a Absatz 5 des Emittenten auf die Internet-Dienstleistungsplattform in dem Fall, dass die Prospektausnahme nach § 2a in Anspruch genommen wird,

einschätzen und mit den Merkmalen anderer Finanzinstrumente bestmöglich vergleichen kann.

(4) Das Vermögensanlagen-Informationsblatt muss folgenden drucktechnisch hervorgehobenen Warnhinweis auf der ersten Seite, unmittelbar unterhalb der ersten Überschrift enthalten: „Der Erwerb dieser Vermögensanlage ist mit erheblichen Risiken verbunden und kann zum vollständigen Verlust des eingesetzten Vermögens führen.“ Das Vermögensanlagen-Informationsblatt muss im Anschluss an die Angaben nach § 13 Absatz 3 zudem in folgender Reihenfolge enthalten:

1. einen Hinweis darauf, dass die inhaltliche Richtigkeit des Vermögensanlagen-Informationsblatts nicht der Prüfung durch die Bundesanstalt unterliegt,

2. einen Hinweis auf den Verkaufsprospekt und darauf, wo und wie dieser erhältlich ist und dass er kostenlos angefordert werden kann,
3. einen Hinweis auf den letzten offengelegten Jahresabschluss und darauf, wo und wie dieser erhältlich ist,
4. einen Hinweis darauf, dass der Anleger eine etwaige Anlageentscheidung bezüglich der betroffenen Vermögensanlagen auf die Prüfung des gesamten Verkaufsprospekts stützen sollte, und
5. einen Hinweis darauf, dass Ansprüche auf der Grundlage einer in dem Vermögensanlagen-Informationsblatt enthaltenen Angabe nur dann bestehen können, wenn die Angabe irreführend, unrichtig oder nicht mit den einschlägigen Teilen des Verkaufsprospekts vereinbar ist und wenn die Vermögensanlage während der Dauer des öffentlichen Angebots, spätestens jedoch innerhalb von zwei Jahren nach dem ersten öffentlichen Angebot der Vermögensanlagen im Inland, erworben wird.

(5) Abweichend von Absatz 4 Nummer 2 und 4 muss das Vermögensanlagen-Informationsblatt in dem Fall, dass die Erstellung eines Verkaufsprospekts nach § 2a oder § 2b entbehrlich ist, folgenden Hinweis enthalten: „Für die Vermögensanlage wurde kein von der Bundesanstalt gebilligter Verkaufsprospekt hinterlegt. Weitergehende Informationen erhält der Anleger unmittelbar vom Anbieter oder Emittenten der Vermögensanlage." Abweichend von Absatz 4 Nummer 5 muss das Vermögensanlagen-Informationsblatt in den in Satz 1 genannten Fällen einen Hinweis darauf enthalten, dass Ansprüche auf der Grundlage einer in dem Vermögensanlagen-Informationsblatt enthaltenen Angabe nur dann bestehen können, wenn die Angabe irreführend oder unrichtig ist und wenn die Vermögensanlage während der Dauer des öffentlichen Angebots, spätestens jedoch innerhalb von zwei Jahren nach dem ersten öffentlichen Angebot der Vermögensanlagen im Inland, erworben wird.

(6) Der Anleger muss die in Absatz 3 aufgezählten Informationen verstehen können, ohne hierfür zusätzliche Dokumente heranziehen zu müssen. Die Angaben in dem Vermögensanlagen-Informationsblatt sind kurz zu halten und in allgemein verständlicher Sprache abzufassen. Sie müssen redlich und eindeutig und dürfen nicht irreführend sein und müssen mit den einschlägigen Teilen des Verkaufsprospekts übereinstimmen. Das Vermögensanlagen-Informationsblatt darf sich jeweils nur auf eine bestimmte Vermögensanlage beziehen und keine werbenden oder sonstigen Informationen enthalten, die nicht dem genannten Zweck dienen. Im Vermögensanlagen-Informationsblatt ist die Verwendung des Begriffs „Fonds" oder eines Begriffs, der diesen Begriff enthält, zur Bezeichnung des Emittenten oder der Vermögensanlage unzulässig. Das Vermögensanlagen-Informationsblatt darf keinen Hinweis auf die Befugnisse der Bundesanstalt nach diesem Gesetz enthalten.

(7) Die in dem Vermögensanlagen-Informationsblatt enthaltenen Angaben sind während der Dauer des öffentlichen Angebots nach Maßgabe des Satzes 3 zu aktualisieren, wenn sie unrichtig oder unvereinbar mit den Angaben im Verkaufsprospekt sind oder wenn ergänzende Angaben in einem Nachtrag zum Verkaufsprospekt nach § 11 veröffentlicht werden. Die aktualisierte Fassung des Vermögensanlagen-Informationsblatts ist gemäß § 13aauf der Internetseite des Anbieters zu veröffentlichen und muss bei den im Verkaufsprospekt angegebenen Stellen bereitgehalten werden. Das Datum der letzten Aktualisierung sowie die Zahl der seit der erstmaligen Erstellung des Vermögensanlagen-Informationsblatts vorgenommenen Aktualisierungen sind im Vermögensanlagen-Informationsblatt zu nen-

nen. Ist die Erstellung eines Verkaufsprospektes nach § 2a oder § 2b entbehrlich, gelten die Sätze 1 bis 3 entsprechend für jeden wichtigen neuen Umstand oder jede wesentliche Unrichtigkeit in Bezug auf die im Vermögensanlagen-Informationsblatt enthaltenen Angaben, die die Beurteilung der Vermögensanlagen oder des Emittenten beeinflussen könnten und die nach der Gestattung der Veröffentlichung und während der Dauer des öffentlichen Angebots auftreten oder festgestellt werden; Absatz 2 findet in diesem Fall jedoch keine Anwendung.

(8) Das Bundesministerium der Finanzen kann durch Rechtsverordnung, die nicht der Zustimmung des Bundesrates bedarf, im Einvernehmen mit dem Bundesministerium der Justiz und für Verbraucherschutz nähere Bestimmungen zu Inhalt und Aufbau der Informationsblätter erlassen. Das Bundesministerium der Finanzen kann diese Ermächtigung durch Rechtsverordnung auf die Bundesanstalt übertragen.

Anm. d. Red.: Die nicht durchführbare Änderung durch Artikel 2 Nr. 15 a) aa) G. v. 3. Juli 2015 (BGBl. I S. 1114, 2017 I 3768), die gemäß dessen Artikel 13 Abs. 2 am 3. Januar 2018 in Kraft treten sollte, wurde sinngemäß konsolidiert.

Text in der Fassung des Artikels 2 Kleinanlegerschutzgesetz G. v. 3. Juli 2015 BGBl. I S. 1114, 2017 I 3768; zuletzt geändert durch Artikel 23 G. v. 23.6.2017 BGBl. I S. 1693 m.W.v. 3. Januar 2018.

I. Regelungsinhalt und Regelungszweck

234 § 13 VermAnlG regelt, dass ein Anbieter, der im Inland Vermögensanlagen öffentlich anbietet, ein sog. Vermögenanlagen-Informationsblatt (VIB) zu erstellen hat. Das VIB soll den Prospekt flankieren und Anlegerinteressenten als weitere Grundlage für eine informierte Investitionsentscheidung hinsichtlich einer Vermögensanlage dienen, dies entspricht dem **sog. Anlegerschutz durch Information**. Letztlich soll der Anleger in die Lage versetzt werden, eigenständig eine informierte Entscheidung zu treffen.[217] Das VIB soll das Publikum in komprimierter Weise und in leicht verständlicher Sprache Informationen über die Vermögensanlage bieten.[218] Gleichzeitig soll das VIB aber auch den Anlegerinteressenten die Möglichkeit bieten, einen Abgleich zwischen am Markt angebotenen Vermögensanlagen durchzuführen[219] (sog. **Vergleichsvehikel**). Obgleich auf europäischer Ebene bereits seit 2007 Konsultationen darüber, vereinfachte Basisinformationen für typische Anlageprodukte („Packaged Retail Investment Products", **PRIIPs-VO**)[220] durchgeführt wurden, wurde die Pflicht zur Erstellung eine VIB in Deutschland bereits 2011, d.h. im Vorfeld einer europäischen Vorgabe, eingeführt.[221] In der Gesetzesbegründung wurde betont, dass die Einführung des VIB (im Regierungsentwurf noch „Kurzinformationsblätter" bzw. „Beipackzettel" genannt) dazu diente, das Vertrauen in die Finanzmärkte wiederherzustellen, die im Bereich des sog. Grauen Kapitalmarktes in der

---

217 Gerlach/Schedensack in Izzo-Wagner/Siering, § 13 Rn. 1–4 m.w.N; vgl. auch Buck-Heeb, BKR, 2007, 89 (96) und Heese, Beratungspflichten, 2015, S. 23f.

218 BT-Drs. 17/6051, S. 34.

219 BT-Drs. 17/6051, S. 33.

220 Vgl. insbesondere EU-Kommissionsmitteilung KOM(2009) 204, die PRIIPs-VO wurde schließlich 2014 erlassen (Verordnung (EU) Nr. 1286/2014 des Europäischen Parlaments und des Rates v. 26.11.2014 über Basisinformationsblätter für verpackte Anlageprodukte für Kleinanleger und Versicherungsanlageprodukte.

221 Im Wege des Gesetzes zur Novellierung des Finanzanlagenvermittler-und Vermögensanlagenrechts vom 6.12.2011, BGBl. I v.12.12.2011, S. 2481.

vorausgegangenen Finanzkrise verloren gegangen war.[222] § 13 VermAnlG erfuhr eine erste Überarbeitung durch das Kleinanlegerschutzgesetz;[223] wurde aber zuletzt durch das Gesetzt zur Umsetzung des Zweiten Zahlungsdiensterichtlinie[224] nochmals dahingehend überarbeitet, dass die Absätze 1–3 umgeschrieben wurden um die Qualität des VIB zu verbessern; insbesondere wurde eine formale Überprüfung des VIB durch die BaFin eingeführt.[225]

II. Anwendungsbereich (§ 13 Abs. 1 VermAnlG)

Nach § 13 Abs. 1 VermAnlG tritt die Pflicht zur Erstellung eines VIB ein, wenn ein Anbieter im Inland Vermögensanlagen öffentlich anbieten möchte,[226] d.h. der Anbieter muss bereits **vor Beginn eines inländischen öffentlichen Angebotes** einer Vermögensanlage ein VIB erstellen und bei der BaFin **hinterlegen** (vgl. auch § 14 VermAnlG). 235

Die Pflicht zur Erstellung eines VIB gilt auch dann, wenn aufgrund der Bestimmungen des §§ 2a und 2b VermAnlG[227] keine Pflicht zur Prospekterstellung besteht. Durch die Neuformulierung des Abs. 1 wird diese Vorgabe klarer zum Ausdruck gebracht (zuvor ergab sich diese Pflicht eher „versteckt" in Abs. 3a alte Fassung des § 13 VermAnlG). In den Fällen der §§ 2a und 2b VermAnlG stellt das VIB für die Anleger die einzige an gewisse Anforderungen geknüpfte Informationsquelle dar (und gleichzeitig auch zivilrechtliches Haftungsdokument, vgl. § 22 VermAnlG). Aus dem letzten Halbsatz der Regelung ergibt sich, dass der Anwendungsbereich unter dem Vorbehalt steht, dass für die Vermögensanlage kein Basisinformationsblatt nach Maßgabe der PRIIP-VO veröffentlicht werden muss, insofern besteht ein gesetzlich vorgegebenes Stufenverhältnis.[228] 236

Die Pflicht zur Erstellung eines VIB trifft den Anbieter einer Vermögensanlage. Auch wenn der Begriff des „Anbieters" nicht im VermAnlG definiert wird, ergibt sich aus der Gesetzesbegründung, dass derjenige als „Anbieter" einzustufen ist, der für das öffentliche Angebot der Vermögensanlage verantwortlich ist und den Anlegern gegenüber erkennbar als Anbieter auftritt,[229] in der Regel wird der Emittent die Merkmale des Anbieters erfüllen. Problematisch kann die Bestimmung des Anbieters allerdings sein, wenn der Emittent für den Vertrieb einer Vermögensanlage einen Dritten beauftragt. In diesen Fällen kann es erforderlich sein, die Eigenschaft des Anbieters wertend zu ermitteln, hier wird insbesondere auch darauf abzustellen sein, inwieweit der Dritte verantwortlich für die Emission ist, d.h. ein über die passive Hinnahme hinausgehender, wesentlich aktiver Beitrag bei dem öffentlichen Angebot trägt oder die Kontrolle über das öffentliche Angebot hält.[230] In der Praxis werden in diesem Zusammenhang sog. Kooperationsvereinbarungen zwischen dem Emittenten und (externen) Vertriebsverantwortlichen empfohlen.[231] 237

Neu ist seit der letzten Überarbeitung der Regelung durch das Gesetz zur Umsetzung der Zweiten Zahlungsdiensterichtlinie, dass das VIB erst veröffentlicht werden darf, wenn die BaFin dies vorab nach Überprüfung des VIB gestattet, § 13 Abs. 2 VermAnlG. Damit wurde erstmals ein gesetzlich vorgeschriebenes Überprüfungs- und Billigungsver- 238

222 BT-Drs. 17/6051, S. 1, 30.
223 BGBl. I v. 9.7.2015, S. 1114.
224 Gesetz v. 17.7.2017, BGBl. I S. 2446.
225 BT-Drs. 18/12568, S. 163.
226 Hinsichtlich des Merkmals „öffentliches Anbieten von Vermögensanlagen" wird auf die Erläuterungen oben zu § 1 VermAnlG verwiesen.
227 Vgl. Kommentierung zu Prospekthaftung § 20, Buck-Heeb/Dieckmann, Rn. 5–8.
228 Vgl. insbesondere zu PRIIP-VO Gerlach/Schedensack in Izzo-Wagner/Siering, § 13 Rn. 131 ff.
229 Vgl. BT-Drs. 17/6051, S. 32.
230 Vgl. Maas in Assmann/Schlitt/von Kopp-Colomb, WpPG/VermAnlG, § 6 VermAnlG, Rn. 6.
231 Gerlach/Schedensack in Izzo-Wagner/Siering, § 13 Rn. 16.

fahren für VIBs eingeführt. Nunmehr hat die BaFin in einem formalen Überprüfungsverfahren zu prüfen, ob das eingereichte VIB die gesetzlichen Mindestangaben (in den Abs. 3–6 vorgesehen) in der vorgeschriebenen Reihenfolge vollständig enthält.[232, 233]

239 Gemäß des mit Wirkung zum 22. August 2017 eingeführten § 13a VermAnlG[234] muss das hinterlegte VIB mindestens einen Werktag vor dem öffentlichen Angebot auf der Internetseite des Anbieters veröffentlicht werden oder von dem Anbieter zur kostenlosen Ausgabe bereitgestellt werden. In den Fällen der §§ 2a und 2b VermAnlG muss das VIB auf der Internetseite der Internet-Dienstleitungsplattform und des Anbieters ohne Zugriffsbeschränkungen für jedermann zugänglich sein. Durch diese neue Regelung, die die Veröffentlichungspflicht explizit normiert, soll die Transparenz und Zugänglichkeit der VIBs verbessert werden. Anlegerinteressenten sollen sich vor dem öffentlichen Angebot kostenlos und ohne Zugriffsbeschränkungen anhand des VIB über die konkrete Vermögensanlage informieren können. Auch auf diese Weise soll die Möglichkeit der Anleger, eine informierte Entscheidung treffen zu können, verbessert werden.[235]

III. Vorgaben zum VIB (§ 13 Abs. 3 bis 6 VermAnlG)

240 In den Absätzen 3–6 enthält § 13 VermAnlG eine Reihe von formellen und materiellen Gestaltungsvorgaben für VIBs. Diese Anforderungen erfuhren zuletzt im Wege einer Überarbeitung des § 13 VermAnlG durch das Umsetzungsgesetz der Zweiten Zahlungsdiensterichtlinie weitere Verschärfungen. So bestimmt § 13 Abs. 3 VermAnlG nunmehr einerseits (erweiterte) Mindestangaben, die ein VIB beinhalten muss, andererseits wird die Reihenfolge dieser Angaben streng vorgegeben. Dadurch bezweckt der Gesetzgeber die Gewährleistung einer besseren Vergleichbarkeit der verschiedenen Produkte auf dem Markt.[236] Die Erweiterung der Mindestangaben wird damit begründet, dass Anleger sich besser über die jeweiligen Vermögensanlagen informieren können sollen, dies soll insbesondere (aber nicht nur) für Anleger gelten, die nicht zugleich auf ein Verkaufsprospekt zurückgreifen können (§§ 2a und 2b VermAnlG),[237] hierunter fällt insbesondere die neu eingeführte Angabe nach Abs. 3 Nr. 9 zwecks Verbesserung der Kostentransparenz für Fälle des § 2a VermAnlG.

241 Im Einzelnen sieht Abs. 3 folgende Mindestangaben vor, die in dieser Reihenfolge in das VIB aufgenommen werden müssen:

- Art und genaue Bezeichnung der Vermögensanlage (Nr. 1): Das VIB muss eindeutig benennen, welche Art von Vermögensanlage im Sinne des § 1 Abs. 2 VermAnlG angeboten wird. Dabei muss die Art der Vermögensanlage in dem gesamten VIB einheitlich benannt und genutzt werden.[238]
- Angaben zur Identität des Anbieters, des Emittenten einschließlich seiner Geschäftstätigkeit und in Fällen des § 2a VermAnlG Angaben zur Identität der Internet-Dienstleistungsplattform (Nr. 2). Hierdurch soll sichergestellt werden, dass der Anleger den Verantwortlichen der Vermögensanlage identifizieren kann und sich ggf. an diesen

232 BT-Drs. 18/12568, S. 163.
233 Hinzuweisen ist allerdings darauf, dass die BaFin auch im Vorfeld der Einführung einer gesetzlichen Prüfungspflicht von einer Prüfungspflicht auf offensichtlich formale Fehler ausging, vgl. Kommentierung von Gerlach/Schedensack in Izzo-Wagner/Siering, § 13 Rn. 21b.
234 Eingeführt durch das Gesetz zur Umsetzung der Zweien Zahlungsdiensterichtlinie, BGBl. I S. 2446.
235 Vgl. BT-Drs. 18/12568, S. 164.
236 BT-Drs. 18/12568, S. 163.
237 Vgl. BT-Drs. 18/12568, S. 163.
238 Vgl. hierzu auch Informationen auf der Webseite der BaFin: https://www.bafin.de/DE/Aufsicht/FinTech/VIB/vib_node.html.

wenden kann, z.B. für weitere Informationen.[239] Gleichzeitig ist die eindeutige Identifikation des Anbieters für etwaige Haftungsklagen von entscheidender Bedeutung.

- Angaben zur Anlegergruppe, auf die die Vermögensanlage abzielt (Nr. 2a): Die mit dem Kleinanlegerschutzgesetz eingeführte und ab 2018 in Kraft getretenen zwingende Angabe verlangt, dass der Zielmarkt der Vermögensanlage im VIB anzugeben ist. Hierdurch sollen dem Anleger zusätzliche Informationen an die Hand gegeben werden, anhand derer er beurteilen kann, ob die jeweilige Vermögensanlage seinen Anlagezielen entspricht.[240]
- Angaben zu der Anlagestrategie, Anlagepolitik und die Anlageobjekte (Nr. 3): Zum besseren Verständnis des Anlegers ist im VIB konkret zu beschreiben, in welche Anlageobjekte der Emittent beabsichtigt, zu investieren. Dabei muss er sowohl seine Anlagepolitik als auch seine Anlagestrategie anhand von konkreten Beispielen definieren.[241]
- Angaben zur Laufzeit, die Kündigungsfrist der Vermögensanlage und die Konditionen der Zinszahlungen (Nr. 4): In dem VIB sind eindeutige Angaben über Beginn und Ende der Laufzeit der Vermögensanlage sowie etwaige ordentliche und außerordentliche Kündigungsmöglichkeiten von Emittent bzw. Anleger, einschließlich der Kündigungsfristen, aufzunehmen.[242]
- Angaben zu den mit der Vermögensanlage verbundenen Risiken (Nr. 5): Vor dem Hintergrund, dass das VIB den Umfang von max. 3 DIN-A4-Seiten nicht überschreiten darf (vgl. § 13 Abs. 3 Satz 1 VermAnlG), sind die Angaben im VIB auf die wesentlichen Risiken, die mit der Anlage verbunden sind sowie das maximale Risiko des Anlegers zu beschränken.
- Angaben zum Emissionsvolumen, die Art und Anzahl der Anteile (Nr. 6): Erwartet wird, an dieser Stelle das maximale Emissionsvolumen anzugeben; sofern eine Realisierungsschwelle vorgesehen ist, kann auch diese bezeichnet werden.[243]
- Angaben zu den auf der Grundlage des letzten aufgestellten Jahresabschlusses berechneten Verschuldensgrad des Emittenten (Nr. 7): Diese Angabe ist unter Benennung der Jahreszahl des Jahresabschlusses aufzunehmen, sofern noch kein Jahresabschluss aufgestellt wurde, ist ein entsprechendes Negativtestat aufzunehmen.[244]
- Aussichten für die vertragsgemäße Zinszahlung und Rückzahlung unter verschiedenen Marktbedingungen (Nr. 8): In dem VIB muss anhand von Szenarien dargelegt werden, wie sich verschiedene Marktbedingungen auf die Aussichten der vertragsgemäßen Zins- und Rückzahlung auswirken können. Der betreffende Markt ist eindeutig zu benennen.[245]
- Die mit der Vermögensanlage verbundenen Kosten und Provisionen, im Fall der Inanspruchnahme der Prospektausnahme nach § 2a VermAnlG einschließlich sämtlicher Entgelte und sonstige Leistungen die die Internetdienstleistungs-Plattform von dem Emittenten für die Vermittlung erhält (Nr. 9): Sichergestellt werden soll auf diese Weise die Kostentransparenz, erfasst werden nunmehr also auch Provisionen, die an die Internetdienstleistungsplattformen fließen.

239 BT-Drs. 17/6051, S. 34.
240 BT-Drs. 18/3994, S. 47.
241 Vgl. hierzu auch Informationen auf der Webseite der BaFin: https://www.bafin.de/DE/Aufsicht/FinTech/VIB/vib_node.html.
242 Vgl. hierzu auch Informationen auf der Webseite der BaFin: https://www.bafin.de/DE/Aufsicht/FinTech/VIB/vib_node.html.
243 https://www.bafin.de/DE/Aufsicht/FinTech/VIB/vib_node.html.
244 https://www.bafin.de/DE/Aufsicht/FinTech/VIB/vib_node.html.
245 https://www.bafin.de/DE/Aufsicht/FinTech/VIB/vib_node.html.

– Angaben über das Nichtvorliegen eines unmittelbaren oder mittelbaren maßgeblichen Einflusses im Sinne des § 2a Abs. 5 VermAnlG des Emittenten auf die Internetdienstleistungs-Plattform in dem Fall, dass die Prospektausnahme nach § 2a VermAnlG in Anspruch genommen wird (Nr. 10): Diese Mindestangabe soll die effektive Rechtsdurchsetzung gewährleisten und Rechtsunsicherheiten vermeiden.[246]

242 In Abs. 4 werden die Warnhinweise, die ein VIB enthalten muss, vorgegeben. Der **Warnhinweis** hinsichtlich Risiken auf der ersten Seite (drucktechnisch hervorgehoben) unterhalb der ersten Überschrift muss exakt dem in § 13 Abs. 4 Satz 1 VermAnlG vorgegebenen **Wortlaut** entsprechen. Darüber hinaus enthält Abs. 4 in Satz 2 weitere Warnhinweise, die im Anschluss an die Mindestangaben nach Abs. 3 in der gesetzlich vorgesehenen Reihenfolge in das VIB aufgenommen sein müssen. Diese betreffen u.a. den Hinweis darauf, dass die inhaltliche Richtigkeit des VIB nicht durch die BaFin geprüft wurde.

243 In den Fällen der §§ 2a und 2b VermAnlG muss das VIB zudem den in Abs. 5 vorgeschriebene Hinweis im Wortlaut enthalten.

IV. Allgemeine Anforderungen an alle Angaben im VIB (§ 13 Abs. 6 VermAnlG)

244 Von maßgeblicher Bedeutung ist, dass der Anleger gemäß der Vorgabe in Abs. 6 die Mindestangaben nach Abs. 3 in dem jeweiligen VIB verstehen muss, ohne weitere Dokumente heranziehen zu müssen. Die Angaben müssen kurzgehalten sein und in allgemein verständlicher Sprache gefasst sein. Für die Beurteilung der Verständlichkeit ist auf den Empfängerhorizont des durchschnittlichen Anlegers abzustellen; d.h. die Informationen müssen dem durchschnittlichen Anleger leicht erfassbar sein und unbekannte Abkürzungen wie auch komplizierte Fachsprache sind unzulässig.[247] Die Informationen müssen redlich, eindeutig und nicht irreführend sein und – sofern ein Prospekt erstellt werden muss – mit den einschlägigen Abschnitten im Prospekt übereinstimmen, vgl. § 13 Abs. 6 Satz 3 VermAnlG. Sowohl das Gebot der Redlichkeit als auch das Verbot der Irreführung erfordern, dass der im VIB vermittelte Gesamteindruck mit der objektiven Wahrheit über die jeweilige Vermögensanlage übereinstimmt.[248] Anders als Vermögensanlagen-Verkaufsprospekte, in denen mehrere Vermögensanlagen drucktechnisch in einem Dokument zusammengefasst werden können, ist gesetzlich vorgegeben, dass jedes VIB sich auf eine bestimmte Vermögensanlage beziehen muss, § 13 Abs. 6 Satz 4 VermAnlG. Auch darf das VIB keine werbenden oder sonstigen Informationen enthalten, die nicht dem genannten Zweck dienen, d.h. dem Zweck, Anlageinteressenten die wesentlichen Informationen über die Vermögensanlage zu übermitteln. Das Verbot der Werbung in § 13 Abs. 6 Satz 4 trägt dem Umstand Rechnung, dass es sich bei dem VIB nicht um Werbematerial handeln soll.[249] Als „Werbung" sind in diesem Zusammenhang solche Angaben zu verstehen, die über die sachliche gebotene Beschreibung hinaus die Vermögensanlage für den Anleger vorteilhaft erscheinen lassen sollen; deshalb sind grundsätzlich Adjektive mit werbendem Charakter unzulässig.[250] Auch die Verwendung des Begriffs „Fonds" ist seit Inkrafttreten des Kleinanlegerschutzgesetzes zur Bezeichnung des Emittenten oder der Vermögensanlage unzulässig (vgl. oben).

---

246 BT-Drs. 18/12568, S. 163.
247 Gerlach/Schedensack in Siering/Izzo-Wagner, § 13 Rn. 40 m.w.N.
248 Gerlach/Schedensack in Siering/Izzo-Wagner, § 13 Rn. 39.
249 BT-Drs. 17/6051, S 1, 34.
250 Vgl. Maas in Assmann/Schlitt/von Kopp-Colomb, WpPG/VermAnlG, § 13 VermAnlG, Rn. 98f. m.w.N.

§ 13 Abs. 7 VermAnlG enthält die Pflicht zur Aktualisierung des VIBs durch den Anbieter. Diese Regelung soll sicherstellen, dass das VIB während der Dauer des öffentlichen Angebots eine zuverlässige Informationsquelle für den Anleger bleibt – unabhängig von dem Zeitpunkt des Erwerbs der Anlage.[251] Satz 2 werden die Veröffentlichungspflichten durch Anknüpfung an den § 13a VermAnlG auch auf Internetdienstleistungs-Plattformen erstreckt; dadurch sollen auch die Fälle erfasst werden, in denen der Anbieter keine (eigene) Internetseite hat.[252] Auch wird in Abs. 7 vorgegeben, dass die Pflicht zur Aktualisierung des VIB auch für die Fälle, in denen die Erstellung eines Verkaufsprospekts nach §§ 2a und 2b VermAnlG entbehrlich ist, gilt. 245

§§ 26b, 26c VermAnlG
Kontrollbefugnisse der BaFin

Mit dem Kleinanlegerschutzgesetz wurden die Befugnisse der BaFin auffällig erweitert. 246
So kann die BaFin nach § 15a VermAnlG die Aufnahme zusätzlicher Angaben im Prospekt verlangen, nach § 16 VermAnlG Werbungen für Vermögensanlagen zur Beseitigung von Missständen untersagen, nach § 18 VermAnlG kann sie öffentliche Angebote im Fall eines Verstoßes gegen die Mindestlaufzeit (§ 5a VermAnlG), im Fall eines Verstoßes gegen das Verbot der Nachschusspflicht (§ 5b VermAnlG) oder des Verstoßes gegen die Nachtragspflicht (§ 11 VermAnlG) untersagen. Besonderes Augenmerk gilt allerdings der Einfügung der §§ 26b und 26c VermAnlG, da diese Regelungen eine Verschiebung des bis zu diesem Zeitpunkt durch Verschwiegenheit geprägten Verhältnisses zwischen Staat und beaufsichtigte Stelle hin zu einer Transparenz gegenüber der Öffentlichkeit bewirkt.[253] Die Regelungen schaffen die Grundlage für eine staatliche Informationstätigkeit.[254] Potentielle Anleger sollen auf diese Weise informiert und aufgeklärt – und sicherlich auch sensibilisiert – werden, beide Regelungen wird insoweit eine **Warn- und Transparenzfunktion** zugesprochen.[255] Interessierte Anleger sollen zusätzliche Informationen erhalten können, die insbesondere für eine Beurteilung der im Zusammenhang mit der konkreten Vermögensanlage auftretenden natürlichen und juristischen Personen, notwendig sind. Auf diese Weise sollen Anleger in den Stand versetzt werden zu beurteilen, ob die bestimmten Personen vertrauen können.[256] Daneben wird auch von einer **Disziplinierungswirkung** für die Marktteilnehmer über eine **Abschreckungswirkung** ausgegangen, da die Veröffentlichung von (auch nur möglichen) Verfehlungen durchaus Reputationsverluste für den jeweiligen Emittenten bedeuten kann;[257] das sog. **„naming and shaming“** bzw. der „Prangereffekt“.

A. § 26b VermAnlG

§ 26b VermAnlG
Bekanntmachung von Maßnahmen

(1) Die Bundesanstalt macht sofort vollziehbare Maßnahmen, die sie nach den §§ 15a bis 19 getroffen hat, auf ihrer Internetseite öffentlich bekannt, soweit dies

251 BT-Drs. 17/6051, S. 33.
252 BT-Drs. 18/12568, S. 163.
253 Maas in Assmann/Schlitt/von Kopp-Colomb, WpPG/VermAnlG, §§ 26b–26c VermAnlG, Rn. 1.
254 Maas in Assmann/Schlitt/von Kopp-Colomb, WpPG/VermAnlG, §§ 26b–26c VermAnlG, Rn. 3.
255 Vgl. Bußalb/Schermuly, WM 2016, 2005.
256 Vgl. BT-Drs. 18/3394, S. 51.
257 Bußalb/Schermuly, WM 2016, 2005; Maas in Assmann/Schlitt/von Kopp-Colomb, WpPG/VermAnlG, §§ 26b–26c VermAnlG, Rn. 5.

bei Abwägung der betroffenen Interessen zur Beseitigung oder Verhinderung von Missständen geboten ist. Bei nicht bestandskräftigen Maßnahmen ist folgender Hinweis hinzuzufügen: „Diese Maßnahme ist noch nicht bestandskräftig." Wurde gegen die Maßnahme ein Rechtsmittel eingelegt, sind der Stand und der Ausgang des Rechtsmittelverfahrens bekannt zu machen.

(2) Liegen der Bundesanstalt Anhaltspunkte dafür vor, dass

1. ein Anbieter Vermögensanlagen öffentlich anbietet, obwohl
   a) diese entgegen § 5b eine Nachschusspflicht vorsehen,
   b) entgegen § 6 kein Verkaufsprospekt veröffentlicht wurde oder
   c) der Verkaufsprospekt nach § 8a nicht mehr gültig ist oder

2. entgegen § 8 ein Verkaufsprospekt vor dessen Billigung veröffentlicht wurde,

so kann die Bundesanstalt diesen Umstand auf ihrer Internetseite öffentlich bekannt machen.

(3) Die Bundesanstalt sieht von einer Bekanntmachung nach Absatz 1 oder Absatz 2 ab, wenn die Bekanntmachung die Finanzmärkte der Bundesrepublik Deutschland oder eines oder mehrerer Staaten des Europäischen Wirtschaftsraums erheblich gefährden würde. Die Bundesanstalt kann von einer Bekanntmachung außerdem absehen, wenn eine Bekanntmachung nachteilige Auswirkungen auf die Durchführung strafrechtlicher, ordnungswidrigkeitenrechtlicher oder disziplinarischer Ermittlungen haben kann.

(4) Die Bekanntmachung nach den Absätzen 1 und 2 darf nur diejenigen personenbezogenen Daten enthalten, die zur Identifizierung des Anbieters oder Emittenten erforderlich sind. Die Bekanntmachung ist spätestens nach fünf Jahren zu löschen.

Text in der Fassung des Artikels 2 Kleinanlegerschutzgesetz G. v. 3. Juli 2015 BGBl. I S. 1114, 2017 I 3768; zuletzt geändert durch Artikel 23 G. v. 23.6.2017 BGBl. I S. 1693 m.W.v. 10. Juli 2015.

I. Bekanntmachung von sofort vollziehbaren Maßnahmen (§ 26b Abs. 1 VermAnlG)

247 § 26b Abs. 1 VermAnlG sieht (zwingend) vor, dass die BaFin bestimmte von ihr erlassene sofort vollziehbare Maßnahmen auf ihrer Homepage veröffentlicht soweit dies zur Beseitigung oder Verhinderung von Missständen geboten ist, nämlich solche Maßnahmen, die sie nach den §§ 15a bis 19 VermAnlG getroffen hat (z.B. also bei der Untersagung von Werbung oder der Veröffentlichung des Verkaufsprospekts). Ein Ermessen der BaFin ist in Abs. 1 nicht vorgesehen. Die Regelung stellt eine gesetzliche Ausnahme von der Verschwiegenheitspflicht der BaFin (einschließlich ihrer Mitarbeiter) nach § 4 VermAnlG dar und schränkt das Recht auf informationelle Selbstbestimmung ein.[258] Bei der Veröffentlichung handelt es sich mangels Regelungscharakter nicht um einen Verwaltungsakt, sondern um eine Realakt, gegen diesen kann im Wege einer allgemeinen Leistungsklage bzw. Unterlassungsklage gerichtlich vorgegangen werden (gerichtet auf Unterlassung/Beseitigung der Veröffentlichung).[259] Aus § 26b Abs. 1 Satz 2 VermAnlG folgt, dass die BaFin die oben genannten Maßnahmen bereits vor ihrer Bestandskraft veröffentlichen muss, dann allerdings entsprechend auf diesen Umstand hinzuweisen hat.

---

258 Bußalb/Schermuly, WM 2016, 2005.
259 Bußalb/Schermuly, WM 2016, 2005; Maas in Assmann/Schlitt/von Kopp-Colomb, WpPG/VermAnlG, §§ 26b–26c VermAnlG, Rn. 13.

Sofern Rechtsmittel gegen die von der BaFin erlassenen Maßnahmen eingelegt wurden, hat die BaFin Stand und Ausgang des Verfahrens ebenfalls bekannt zu machen, § 26b Abs. 1 Satz 3 VermAnlG.

Voraussetzung für eine Veröffentlichung nach Abs. 1 ist ein vorliegender oder sich 248
anbahnender Missstand. Hierbei handelt es sich um einen unbestimmten Rechtsbegriff, der auch in anderen Gesetzen verwendet wird und der verwaltungsgerichtlichen Kontrolle unterliegt.[260] Ein Missstand kann u.a. dann angenommen werden, wenn ein Verhalten den Zielen der konkret betroffenen Norm und den zur Verwirklichung dieser Ziele normierten Pflichten zuwiderläuft, oder bestimmte dem Gesetz nicht entsprechende Sachverhalte einer Korrektur bedürfen.[261] Sofern ein vorliegender oder anbahnender Missstand angenommen wird, hat die BaFin eine umfassende Güterabwägung vorzunehmen. Im Rahmen dieser Abwägung muss die BaFin sowohl die Nachteile einer unterlassenen Veröffentlichung (fehlende Information/Warnung von Anlegern) als auch die Nachteile einer erfolgten Veröffentlichung für das betroffene Unternehmen (Grundrecht auf informationelle Selbstbestimmung) berücksichtigen. Zudem muss die Veröffentlichung geboten sein, d.h. geeignet, erforderlich und angemessen.[262] Vor dem Hintergrund des mit dieser Regelung angestrebten erhöhten Anlegerschutz wird im Sinne des Willens des Gesetzgebers, eine sofort vollziehbare Maßnahme im Zweifel zu veröffentlichen sein.[263]

II. Bekanntmachung bei Vorliegen von Anhaltspunkten für Verstöße (§ 26b Abs. 1 VermAnlG)

Nach § 26b Abs. 2 VermAnlG kann die BaFin bereits bei Vorliegen von Anhaltspunk- 249
ten dafür, dass Vermögensanlagen unter Verstoß gegen die Vorgaben aus §§ 5b, 6, 8, 8a VermAnlG angeboten werden, diesen Umstand auf ihrer Internetseite öffentlich bekanntgeben. Anders als in der Regelung in Abs. 1 steht der BaFin diesbezüglich aber ein **Ermessenspielraum** zu. Da es in diesen Fällen allerdings aufgrund der mangelnden Informationen für die Öffentlichkeit zu einer Fehleinschätzung bei Anlegerinteressenten kommen kann, erachtete der Gesetzgeber hier die Befugnis der BaFin zu einem schnellen Handeln für erforderlich, weshalb bereits Anhaltspunkte für ein Tätigwerden der Aufsicht genügen sollen.[264]

Von einer Veröffentlichung nach Abs. 1 oder Abs. 2 ist allerdings gem. § 26b Abs. 3 250
VermAnlG abzusehen, wenn sie die Finanzmärkte Deutschlands oder eines bzw. mehrerer Staaten des Europäischen Wirtschaftsraums erheblich gefährden würde. Hinsichtlich der Art und Dauer der Bekanntgabe enthält Abs. 4 Regelungen; so darf die Bekanntmachung lediglich diejenigen personenbezogenen Daten enthalten, die zur Identifizierung des Anbieters bzw. Emittenten erforderlich sind. Auch muss die Bekanntmachung spätestens nach fünf Jahren gelöscht werden. Die BaFin kann entscheiden, ob eine Bekanntmachung aus sachlichen Gründen vor Ablauf der fünf Jahre gelöscht werden kann.[265]

---

260 Bußalb/Schermuly, WM 2016, 2005, 2006.
261 M.w.N. in Bußalb/Schermuly, WM 2016, 2005, 2006.
262 Bußalb/Schermuly, WM 2016, 2005, 2006.
263 Vgl. BT-Drs. 18/3994, S. 51.
264 BT-Drs. 18/3994, S. 51.
265 BT-Drs. 18/3994, S. 51.

B. § 26c VermAnlG

**§ 26c VermAnlG
Bekanntmachung von Bußgeldentscheidungen**

(1) Die Bundesanstalt macht Bußgeldentscheidungen nach § 29 unverzüglich nach Rechtskraft auf ihrer Internetseite bekannt, wenn dies unter Abwägung der betroffenen Interessen zur Beseitigung oder Verhinderung von Missständen geboten ist. Die Bundesanstalt sieht von einer Veröffentlichung insbesondere dann ab, wenn eine Bekanntmachung auf Grund der geringfügigen Bedeutung des der Bußgeldentscheidung zugrunde liegenden Verstoßes unverhältnismäßig wäre.

(2) In der Bekanntmachung sind die Vorschrift, gegen die verstoßen wurde, und ermittelte und verantwortliche natürliche oder juristische Personen zu benennen. Die Bundesanstalt nimmt die Bekanntmachung auf anonymer Basis vor, wenn eine nicht anonymisierte Bekanntmachung das Persönlichkeitsrecht einer natürlichen Person verletzen würde oder aus sonstigen Gründen unverhältnismäßig wäre. Die Bundesanstalt nimmt die Bekanntmachung unverzüglich unter Benennung der natürlichen oder juristischen Personen erneut vor, wenn die Gründe für die Bekanntmachung auf anonymer Basis entfallen sind.

(3) Die Bundesanstalt schiebt die Bekanntmachung so lange auf, wie eine Bekanntmachung die Durchführung strafrechtlicher, ordnungswidrigkeitenrechtlicher oder disziplinarischer Ermittlungen oder die Stabilität der Finanzmärkte der Bundesrepublik Deutschland oder eines oder mehrerer Staaten des Europäischen Wirtschaftsraums gefährden würde.

(4) Die Bekanntmachung ist spätestens nach fünf Jahren zu löschen.

Text in der Fassung des Artikels 2 Kleinanlegerschutzgesetz G. v. 3. Juli 2015 BGBl. I S. 1114, 2017 I 3768; zuletzt geändert durch Artikel 23 G. v. 23.6.2017 BGBl. I S. 1693 m.W.v. 10. Juli 2015.

I. Bekanntmachung rechtskräftiger Bußgeldentscheidungen

251 § 26c Abs. 1 VermAnlG sieht die unverzügliche Bekanntmachung von rechtskräftigen Bußgeldentscheidungen nach § 29 VermAnlG durch die BaFin vor. Wie auch im Rahmen einer Bekanntmachung nach § 26b VermAnlG hat die BaFin auch hier eine umfassende Güterabwägung vorzunehmen, wobei 26b Abs. 1 Satz 2 VermAnlG vorsieht, dass von einer Veröffentlichung insbesondere dann abzusehen ist, wenn eine Veröffentlichung aufgrund der der Bußgeldentscheidung zugrundeliegende geringfügigen Natur des Verstoßes unverhältnismäßig wäre. Weder das Gesetz noch die Gesetzesbegründung konkretisiert, wie „geringfüge Bedeutung" in diesem Sinne zu verstehen ist, so dass letztlich auf den konkreten Einzelfall abzustellen sein wird. In Abs. 2 des § 26c VermAnlG werden die zu veröffentlichenden Angaben näher bestimmt. So sind in der Bekanntmachung die jeweilige Vorschrift, gegen die verstoßen wurde und die ermittelte und verantwortliche natürliche oder juristische Person zu benennen. Die Bekanntmachung kann allerdings dann (zunächst) in anonymisierter Form erfolgen, sofern eine nicht-anonymisierte Veröffentlichung das Persönlichkeitsrecht einer natürlichen Person verletzten würde oder aus sonstigen Gründen unverhältnismäßig wäre. Von einer Unverhältnismäßigkeit dürfte die BaFin dann ausgehen, wenn der Rufschaden der jeweiligen Person durch eine amtliche Nennung groß, die für die Bekanntmachung ursächliche Ordnungswidrigkeit dagegen als gering einzustufen wä-

re.[266] Allerdings ist eine nicht-anonymisierte Bekanntmachung spätestens dann auszuführen, sobald die Gründe für eine anonymisierte Bekanntmachung entfallen, vgl. § 26c Abs. 2 Satz 3 VermAnlG.

II. Zeitpunkt und Dauer der Bekanntmachung

§ 26c Abs. 3 VermAnlG bestimmt, dass die BaFin eine Bekanntmachung nach § 26c **252**
Abs. 1 VermAnlG so lange aufzuschieben hat, wie die Bekanntmachung gegen laufende Ermittlungen strafrechtlicher, ordnungswidrigkeitsrechtlicher oder disziplinarischer Art oder die Stabilität der Finanzmärkte Deutschlands oder eines bzw. mehrerer EWR-Staaten gefährden würde. Hinsichtlich des Merkmals der „Gefährdung der Finanzmarktstabilität" kann die Auslegung für die Parallelvorschriften, insbesondere § 60c KWG, analog herangezogen werden.

Die Bekanntmachung darf längstens für die Dauer von fünf Jahren erfolgen, § 26c **253**
Abs. 4 VermAnlG. Allerdings hat die BaFin auch hier vor dem Hintergrund des Eingriffes in die Rechte der Betroffenen im Rahmen einer sachlichen Abwägung zu entscheiden, ob die Veröffentlichung bereits vor Ablauf der fünf Jahre gelöscht werden kann.[267]

---

266 Vgl. Izzo-Wagner/Siering/Bayazit in Siering/Izzo-Wagner, VermAnlG, § 26c, Rn. 6.
267 BT-Drs. 18/3994, S. 51.

ZWEITER TEIL

Wertpapierrecht/MiFID II

Schrifttum

Balzer Umsetzung von MiFID II: Auswirkungen auf Anlageberatung und Vermögensverwaltung, ZBB **2016** 226; *Becker/Rodde* Auswirkungen europäischer Rechtsakte auf das Kapitalmarktsanktionsrecht – Neuerungen durch das Finanzmarktnovellierungsgesetz, ZBB **2016** 11; *Breilmann* Product Governance nach MiFID II, Bankrechtstag **2017** 125; *Brenncke* Regulierung der Werbung von Wertpapierdienstleistungsunternehmen – eine Behavioral-Finance-Analyse, WM **2014**, 1017; *ders.* Der Zielmarkt eines Finanzinstruments nach der MiFID II, WM **2015** 1173; *Buck-Heeb* Private Kenntnis in Banken und Unternehmen, WM **2008** 281; *dies.* Informationsorganisation im Kapitalmarktrecht, CCZ **2009** 18; *dies.* Anlageberatung nach der MiFID II, ZBB 2014, 221; *dies.* Vertrieb von Finanzinstrumenten: Zwischen Outsourcing und beratungsfreiem Geschäft, WM **2014** 385; *dies.* Product-Governance-Prozess, ZHR **179** (2015) 782; *dies.* Compliance bei vertriebsbezogener Product Governance – Neuerungen durch die MiFID II bzw. das Kleinanlegerschutzgesetz, CCZ **2016** 2; *dies.* Aufsichtsrechtliches Produktverbot und zivilrechtliche Rechtsfolgen – Der Anleger zwischen Mündigkeit und Schutzbedürftigkeit, BKR **2017** 8; *dies.* Entwicklung und Perspektiven des Anlegerschutzes, JZ **2017** 279; *dies.* Die Haftung für ein fehlerhaftes Basisinformationsblatt, WM **2018** 1197; *dies./Poelzig* Die Verhaltenspflichten (§§ 63 ff. WpHG n.F.) nach dem 2. FiMaNoG – Inhalt und Durchsetzung, BKR **2017** 485; *Büll/Kotsougianis/Voss* Die Compliance-Funktion nach MaRisk, 2015; *Bürkle* Compliance in Versicherungsunternehmen, 2009; *ders.* Grenzen der strafrechtlichen Garantenstellung des Compliance-Officers, CCZ **2010** 4; *ders.* Die europarechtlichen Vorgaben für die Compliance-Funktion im Versicherungssektor, CB **2015** 158; *Busch* Product Governance und Produktintervention unter MiFID II/MiFIR, WM **2017** 409; *Bußal* Produktintervention und Vermögensanlagen, WM **2017** 553; *ders./Schermuly* Neue Befugnisse der BaFin nach dem Kleinanlegerschutzgesetz – Ausgewählte Fragestellungen aus der Aufsichtspraxis zu Vermögensanlagen, WM **2016** 2005; *Cahn/Müchler* Produktinterventionen nach MiFID II Eingriffsvoraussetzungen und Auswirkungen auf die Pflichten des Vorstands von Wertpapierdienstleistungsunternehmen, BKR **2013** 45; *Clouth* Anlegerschutz – Grundlagen aus Sicht der Praxis ZHR **177** (2013) 212; *Duve/Keller* MiFID: Die neue Welt des Wertpapiergeschäfts, BB **2006** 2425; *Ellenberger/Clouth (Hrsg.)* Praktikerhandbuch Wertpapier- und Derivatgeschäft, 5. Aufl. 2018; *Gerding* Die Ungleichbehandlung der betroffenen Anleger als Folge einer Produktintervention nach Art. 42 MiFIR, BKR **2017** 441; *Gerold/Kohleick* Aktuelle europäische Vorgaben für das Basisinformationsblatt nach der PRIIP-VO, RdF **2017** 276; *Grigoleit* Anlegerschutz, ZHR **177** (2013) 264; *Grundmann* Das grundlegend reformierte Wertpapierhandelsgesetz – Umsetzung von MiFID II (Conduct of Business im Kundenverhältnis), ZBB **2018** 1; *Heese* Beratungspflichten, 2015; *Heppekausen* Zum geplanten Verbot des Retailvertriebs von Bonitätsanleihen in Deutschland, CompRechtsPraktiker **2016** 218; *ders.* Die Vernunft hat gesiegt – Bonitätsabhängige Schuldverschreibungen dürfen weiter aufgelegt und vertrieben werden, nachdem sich die Branche zehn Selbstverpflichtungen auferlegt hat, CompRechtsPraktiker **2017** 68; *Hoops* Das neue Regime für die systematische Internalisierung nach MiFID II, WM **2017** 319; *Hopt* Grundsatz- und Praxisprobleme nach dem Wertpapierhandelsgesetz, ZHR **159** (1995) 135; *ders.* Auf dem Weg zu einer neuen europäischen und internationalen Finanzmarktarchitektur, NZG **2009** 1401; *Jentsch* Die EG-Wertpapierdienstleistungsrichtlinie, WM **1993** 2189; *Jordans* Zum aktuellen Stand der Finanzmarktnovellierung in Deutschland, BKR **2017** 273; *Klingenbrunn* Produktintervention zugunsten des Anlegerschutzes, WM **2015** 316; *Klöhn* Wertpapierhandelsrecht diesseits und jenseits des Informationsparadigmas, ZHR **177** (2013) 349; *Koch* Grenzen des informationsbasierten Anlegerschutzes, BKR **2012** 485; *Köndgen* Grenzen des informationsbasierten Anlegerschutzes, BKR **2011** 283; *Kühne* Ausgewählte Auswirkungen der Wertpapierdienstleistungsrichtlinie – MiFID, BKR **2005** 275; *Langenbucher* Anlegerschutz Ein Bericht zu theoretischen Prämissen und legislativen Instrumenten, ZHR **177** (2013) 679; *Möllers/Poppele* Paradigmenwechsel durch MiFID II: divergierende Anlegerleitbilder und neue Instrumentarien wie Qualitätskontrolle und Verbote, ZGR **2013** 437; *Mülbert* Anlegerschutz und Finanzmarktregulierung – Grundlagen –, ZHR **177** (2013) 160; *Poelzig* Versicherungsanlageprodukte im Fokus des EU-Rechts – Anlegerschutz im Versicherungsrecht, ZBB **2015** 108; *Pötzsch* Aktuelle Schwerpunkte der Finanzmarktregulierung national, europäisch, international, WM **2016** 11; *Reich* Informations-, Aufklärungs- und Warnpflichten beim Anlagengeschäft unter besonderer Berücksichtigung des „execution-only-business" (EOB), WM **1997** 1601; *Roth/Blessing* Die neuen Vorgaben zur Kostentransparenz nach MiFID II, WM **2016** 1157; *dies.* Die neuen Vorga-

https://doi.org/10.1515/9783110447293-003

ben nach MiFID II, CCZ **2016** 258; *dies.* Die neuen Vorgaben nach MiFID II – Teil 2 – Die Aufzeichnungspflichten betreffend Telefongespräche und elektronischer Kommunikation, CCZ **2017** 8; *dies.* Die neuen Vorgaben nach MiFID II – Teil 3 – Die Zulässigkeit und Offenlegung von Zuwendungen, CCZ **2017** 163; *Röh/Zingel* Compliance nach MiFID II, Compliance Berater **2014** 429; *Schimansky/Bunte/Lwowski (Hrsg.)* Bankrechts-Handbuch, 5. Aufl. 2017; *Schröer* MiFID II und MiFIR – was kommt Neues?, CompRechtsPraktiker **2015** 104; *Schommer* Das Geeignetheitskonzept nach § 31 Abs. 4 WpHG in der Anlageberatung, 2013; *Schubert/Schuhmann* Die Kategorie des semiprofessionellen Anlegers nach dem Kapitalanlagegesetzbuch, BKR **2015** 45; *Teuber/Schröer (Hrsg.)* MiFID II/MiFIR, 2015; *Veil* Produktintervention im Finanzdienstleistungsrecht, Bankrechtstag **2017** 159; *von Buttlar* Die Stärkung der Aufsichts- und Sanktionsbefugnisse im EU-Kapitalmarktrecht: ein neues „field of dreams" für Regulierer? BB **2014** 451; *dies./Hammermaier* Leichtfertigkeit im Kapitalmarktrecht, ZBB **2017** 1.

Systematische Übersicht

Vorbemerkung

A. Einführung

1 Ob es erforderlich ist, **Anlegerschutz durch eine öffentlich-rechtliche, d.h. hoheitliche, Regulierung und Aufsicht** zu gewährleisten, wird inzwischen nicht mehr hinterfragt. Vielmehr sind die internationalen und nationalen Gesetzgeber davon überzeugt, dass die letzte Finanzkrise insbesondere auch in diesem Bereich regulatorische Defizite zutage gefördert habe. Empirisch scheint das bislang jedoch nicht nachgewiesen. Gleichwohl wird der Ruf nach staatlicher Intervention – wie die Geschichte zeigt – nach Krisen stets besonders laut. Die Frage, ob es nicht besser geeignete oder effizientere Mittel gibt und ob beispielsweise ein zivilrechtlicher Anlegerschutz vergleichbare Wirksamkeit entfaltet, tritt dabei in den Hintergrund.[1] Im Rahmen eines (rechts-)wissenschaftlichen Diskurses darf und muss eine kritische Anmerkung zur Legitimation der gesetzlichen Vorgaben indes erlaubt sein. Schließlich handelt es sich bei aufsichtsrechtlichen Maßnahmen stets um staatliche Eingriffe in Rechte und Interessen der Marktteilnehmer. Insbesondere betrifft dies die unternehmerische Freiheit der beaufsichtigten Unternehmen. Aber auch die Investitionsfreiheit von (Klein-)Anlegern wird eingeschränkt – sei es entweder rechtlich durch Produktverbote[2] oder faktisch, weil die Wertpapierdienstleister auf die (neuen) Anforderungen reagieren oder wegen der damit einhergehenden Kosten sogar ganz aus dem Markt ausscheiden.[3] Dadurch entsteht auch ein Spannungsfeld zwischen den Bestrebungen, einerseits Kapitalsuchenden den Zugang zu Finanzierungsquellen zu ermöglichen und mit Kapitalgebern, d.h. den Anlegern, zu-

---

1 Kritisch hierzu *Clouth*, ZHR **177** 212, 262, der die These eines vermeintlich unzureichenden Anlegerschutzes zu Recht hinterfragt und differenziert Stellung genommen hat.
2 Ausführlich unter Kapitel 4 C.
3 Beispielsweise haben die neuen Regelungen dazu geführt, dass eine Vielzahl von Kreditinstituten ihren Kunden nur eine eingeschränkte Produktpalette anbietet und empfiehlt (vgl. § 64 Abs. 1 Nr. 2 WpHG; Art. 54 Abs. 9 der Delegierten Verordnung (EU) 2017/565 der Kommission vom 25. April 2016 zur Ergänzung der MiFID II-Richtlinie, ABl. EU Nr. L 87/1 vom 31.3.2017, S 1).

sammenzubringen, andererseits diese Kapitalanleger zu schützen.[4] Vergleichbares gilt für die Folgen der Regulierung. Denn diese verursacht Kosten, die an die Anleger durchgereicht werden müssen und zu einer Verteuerung der Dienstleistungen und Produkte führen. Eine effiziente Regulierung muss diesen Nachteil mit den (Kosten-) Vorteilen abwägen, die sie ebenfalls mit sich bringen kann.[5]

Der Gesetzgeber lässt weitgehend im Dunkeln, wovor er die Anleger überhaupt 2 schützen will. *Buck-Heeb* hat dies untersucht und zutreffend festgestellt, dass es letztlich um einen Schutz des Anlegers „*vor sich selbst*" geht.[6] Betrachtet man die jüngsten Reformen im Lichte des sogenannten „informationsbasierten Anlegerschutzes", dem bisher tragenden Prinzip, tritt das Spannungsfeld zwischen der Selbstverantwortung und einem Paternalismus deutlich zutage.[7] Der Grundsatz einer weitreichenden Einschätzungsprärogative des Gesetzgebers soll bei alledem nicht angezweifelt werden. Unbestreitbar ist freilich, dass das Vertrauen in die Redlichkeit von Wertpapierdienstleistungsunternehmen und deren Dienstleistungen zur Förderung des europäischen Finanzmarkts und des Finanzstandorts Deutschlands beiträgt und die Aufsicht als ein vertrauensbildender Faktor gilt. Letztlich ist festzustellen, dass der öffentlich-rechtliche Anlegerschutz von einem politischen Willen getragen ist. Gerade diese Selbstverständlichkeit, mit der der öffentlich-rechtliche Anlegerschutz kontinuierlich ausgeweitet wird, bietet Anlass, die jüngsten Reformen (auch) unter dem Gesichtspunkt der möglichen **Überregulierung** zu überprüfen.[8] So mag beispielsweise eine umfassende Kostentransparenz einerseits zwar den Preiswettbewerb fördern. Andererseits dürfte dies den Kapitalanlegern wenig nützen, wenn dieser Vorteil dadurch konterkariert werden sollte, weil die gestiegenen Regulierungskosten umgelegt werden müssen.

Als erste Reaktion auf die **Finanzkrise** hat der G-20-Gipfel in Pittsburgh im Septem- 3 ber 2009 Beschlüsse gefasst, die in erster Linie auf eine Verbesserung der Marktinfrastruktur und eine Eindämmung systemischer Risiken abzielen.[9] Dies betrifft bspw. die Regulierung von Derivaten (z.B. durch das zentrale Clearing und die Pflicht, standardisierte OTC-Derivate über Börsen oder elektronische Handelsplattformen zu handeln), die Überarbeitung der Eigenkapitalstandards für Kreditinstitute nach dem Basel-III-Akkord sowie der Vergütungssysteme in der Finanzindustrie. Anlegerschutz bewirkt eine solche Regulierung insoweit nur reflexartig, also allenfalls im weiteren Sinne. Gegenstand dieses Beitrags soll hingegen der Anlegerschutz im engeren Sinne sein. Dieser wird im Kontext des europäischen Aktionsplans zur Schaffung einer **Kapitalmarktunion**, d.h. der Errichtung einer neuen Finanzmarktarchitektur, an vielen Stellen ausdrücklich adressiert. Zu identifizieren sind die folgenden Säulen: Zunächst wird die Aufsicht über Wertpa-

---

4 Mit diesem Konflikt setzt sich insbesondere die neue Prospektverordnung auseinander, siehe dort u.a. ErwG 7 und 85, Verordnung (EU) 2017/1129 des Europäischen Parlaments und des Rates vom 14. Juni 2017 über den Prospekt, der beim öffentlichen Angebot von Wertpapieren oder bei deren Zulassung zum Handel an einem geregelten Markt zu veröffentlichen ist und zur Aufhebung der Richtlinie 2003/71/EG, ABl. EU Nr. L 168 vom 30.6.2017, S. 12

5 Etwa weil die Informationsbeschaffung durch die Marktteilnehmer „teurer" ist als die zwingende Veröffentlichung auf Grundlage von Publizitätsvorschriften; zu sogenannten Suchkosten vgl. *Klöhn* ZHR **177** 349, 373; *ders.* WM **2010** 1869, 1878.

6 *Buck-Heeb* BKR **2017** 89, 97.

7 Vgl. *Köndgen* BKR **2011** 283; *Klöhn* ZIP **2011** 2244, 2244; *Heese* Beratungspflichten, 2015; *Möllers* ZGR **2013** 437; *Koch* BKR **2012** 485; *Schubert/Schuhmann* BKR **2015** 45; *Langenbucher* ZHR **177** 679; *Mülbert* ZHR **177** 160, 174 ff.; *Grigoleit* ZHR **177** 264 ff.

8 Siehe auch *Buck-Heeb* ZIP **2013** 1401 ff.

9 *G20* Erklärung der Staats- und Regierungschefs: Gipfeltreffen in Pittsburgh am 24./25. September 2009, abrufbar unter https://www.g20germany.de.

pierdienstleistungen durch die **MiFID II**[10] und diverse begleitende Rechtsakte reformiert. Daneben werden vergleichbare Überwachungsmechanismen für Versicherungsunternehmen und deren Vertriebstätigkeit in der sogenannten **IDD**[11] implementiert. Vorausgegangen war dem eine Neuregulierung von alternativen Investmentfonds auf Grundlage der sogenannten **AIFM-Richtlinie.**[12] Übergreifende Regelungen für die genannten Bereiche enthält schließlich die **PRIIP-VO,**[13] die ausdrücklich als Ergänzung zur Aufsicht der Vertriebstätigkeiten verabschiedet wurde. Vorerst bildet schließlich das neue Prospektrecht[14] den Abschluss dieser Reformbestrebungen.

4 Dieses Kapitel konzentriert sich auf den Anlegerschutz im engeren Sinne, der durch eine Regulierung und Beaufsichtigung der Wertpapierdienstleistungen gewährleistet wird. Berücksichtigung findet auch die die PRIIP-VO als Querschnittsmaterie mit Auswirkungen (auch) auf den Vertrieb von Finanzprodukten. Dieser Anlegerschutz beruht in erster Linie auf sogenannten Wohlverhaltensvorschriften und entsprechenden Anforderungen an die Organisation der Unternehmen. Der Archetyp dieser Vorgaben ist bereits seit der Umsetzung der **Wertpapierdienstleistungsrichtlinie** zu Beginn der 1990er Jahre fest im Aufsichtsrecht verankert.[15] Da dieser Ansatz trotz aller Fortentwicklungen, die letztlich zu einem steten „Mehr" an Regulierung geführt haben, unverändert geblieben ist, wird deutlich, dass die heutige Gesetzgebung in hohem Maße pfadabhängig ist.[16] Lohnenswert ist deshalb ein Rückblick auf die Ursprünge. Denn den ersten Kodifikationen des öffentlich-rechtlichen Anlegerschutzes ist gerade keine Krise vorausgegangen. Vielmehr orientierten sich die Gesetzgeber nach den Vorbildern in den USA und Großbritannien, die einen entsprechenden „*Code of Conduct*" längst etabliert hatten. Sie hatten einen Wettbewerbsnachteil identifiziert und wollten diesen ganz im Zeichen einer „Finanzmarktförderung" ausgleichen. Ein historischer Zufall war es, dass der Bundesgerichtshof mit seiner „Bond"-Entscheidung im zeitlichen Kontext dazu den zivilrechtlichen Pflichtenkanon des Anlageberaters höchstrichterlich konturierte.[17]

5 Während die gesetzlichen Wohlverhaltens- und Organisationspflichten rudimentär ausgestaltet waren und sich zunächst nur auf drei Paragrafen mit wenigen Absätzen im WpHG erstreckten, wurden diese immer stärker ausdifferenziert und fortentwickelt. Die

---

10 Richtlinie 2014/65/EU des Europäischen Parlaments und des Rates vom 15. Mai 2014 über Märkte für Finanzinstrumente sowie zur Änderung der Richtlinien 2002/92/EG und 2011/61/EU, ABl. EU Nr. L 173 vom 12.6.2014., S. 349.

11 Richtlinie 2016/97/EU des Europäischen Parlaments und des Rates vom 20. Januar 2016 über Versicherungsvertrieb, ABl. EU Nr. L 26 vom 2.2.2016, S. 19.

12 Richtlinie 2011/61/EU des Europäischen Parlaments und des Rates vom 8. Juni 2011 über die Verwalter alternativer Investmentfonds und zur Änderung der Richtlinien 2003/41/EG und 2009/65/EG und der Verordnungen (EG) Nr. 1060/2009 und (EU) Nr. 1095/2010, ABl. EU Nr. L 174 vom 1.7.2011, S. 1.

13 Verordnung (EU) Nr. 1286/2014 des Europäischen Parlaments und des Rates vom 26. November 2014 über Basisinformationsblätter für verpackte Anlageprodukte für Kleinanleger- und Versicherungsanlageprodukte (PRIIP), ABl. EU Nr. L 352 vom 9.12.2014, S. 1.

14 Verordnung (EU) 2017/1129 des Europäischen Parlaments und des Rates vom 14. Juni 2017 über den Prospekt, der beim öffentlichen Angebot von Wertpapieren oder bei deren Zulassung zum Handel an einem geregelten Markt zu veröffentlichen ist und zur Aufhebung der Richtlinie 2003/71/EG, ABl. EU Nr. L 168 vom 30.6.2017, S. 12.

15 Richtlinie 93/22/EWG des Rates über Wertpapierdienstleistungen, ABl. EG Nr. L 141 vom 11.6.1993, S. 27; siehe dazu *Hopt* ZHR **159** 135, 137; *Jentsch* WM **1993** 2189, 2191; *Reich* WM **1997** 1601; in das nationale Recht wurden die Wohlverhaltens- und Organisationsvorschriften durch die Beschlussempfehlung des Finanzausschusses zum Zweiten Finanzmarktförderungsgesetz eingeführt, siehe BT-Drs. 12/7918 S. 28 f. und 103 f.

16 Vgl. *Hopt* NZG **2009** 1401, 1402 f.

17 BGH Urteil vom 6. Juli 1993, XI ZR 12/93.

MiFID I[18] – wie auch die derzeit aktuelle Nachfolgerrichtlinie MiFID II – widmen dem „Anlegerschutz" jeweils einen ganzen Abschnitt. Zu einem wahren Dickicht sind die gesetzlichen und untergesetzlichen Vorgaben gewuchert, wenn man die verschiedenen begleitenden Rechtsakte, d.h. delegierte Richtlinien und Verordnungen auf europäischer und die WpDVerOV[19] auf nationaler Ebene, sowie die Verlautbarungen der Aufsichtsbehörden, d.h. die „Guidelines" der ESMA als sogenannte „Level-3-Maßnahmen" sowie u.a. die „Mindestanforderungen an die Compliance-Funktion und die weiteren Verhaltens-, Organisations- und Transparenzpflichten nach §§ 63 ff. WpHG für Wertpapierdienstleistungsunternehmen" (im Folgenden: „MaComp")[20] der Bafin hinzuzählt. Die Kernelemente, wie etwa der „Eignungs-" oder „Geeignetheitstest" bei der Anlageberatung und die Prüfung der „Angemessenheit" einer Wertpapierdienstleistung im sogenannten beratungsfreien Geschäft, sind dabei stetig ausdifferenziert worden.

Die jüngste Reform des Anlegerschutzes beruht auf einem Misstrauen gegenüber 6
dem Vertrieb von Finanzprodukten. Worauf diese Erkenntnisse empirisch beruhen, bleibt abermals offen. Richtig ist freilich, dass (auch) eine Vielzahl von Privatanlegern in der Finanzkrise zum Teil erhebliche Verluste erlitten hat. Auch künftig wird das Aufsichtsrecht (Klein-)Anleger vor solchen Verlusten nicht schützen können. Schließlich liegt es in der Natur von Kapitalanlagen, dass sich die übernommenen Risiken auch realisieren können. Missstände hat der Gesetzgeber unter anderem im Zusammenhang mit dem provisionsgestützten Vertrieb und den damit einhergehenden Interessenkonflikten identifiziert. Bei der Behebung berücksichtigt er verstärkt die Erkenntnisse der Wirtschaftswissenschaften, insbesondere der Verhaltensökonomie (*Behavioral Finance*). So fußte der ursprüngliche informationsbasierte Anlegerschutz auf dem Ansatz, bestehende Informationsasymmetrien durch Transparenzgebote auszugleichen.[21] Jedenfalls zum Teil hält der europäische Gesetzgeber diesen Ansatz für gescheitert (Stichwort: *„information overload"*). Sichtbar wird das bei der Ausweitung von Befugnissen zur Produktintervention sowie bei einer Beschränkung (!) von Anlegerinformationen im sogenannten Basisinformationsblatt (BIB).[22] Im Zusammenhang mit der „Product Governance"[23] werden die Emittenten, „Hersteller" bzw. Konzepteure von Finanzprodukten in die Pflicht genommen, künftig den Zielmarkt für ihre Angebote zu definieren, den die WpDU wiederum beim Vertrieb zu berücksichtigten haben. Dies ergänzt die Geeignetheitsprüfung, die WpDU bereits nach altem Recht zu beachten hatten, um einen weiteren Prüfungsschritt. Zudem müssen die Emittenten das BIB bereithalten und

18 Richtlinie 2004/39/EG des Europäischen Parlaments und des Rates vom 21. April 2004 über Märkte für Finanzinstrumente, Abl. L 145 v. 30.4.2004, S. 1.

19 Verordnung zur Konkretisierung der Verhaltensregeln und Organisationsanforderungen für Wertpapierdienstleistungsunternehmen (Wertpapierdienstleistungs-Verhaltens- und Organisationsverordnung – WpDVerOV) vom 17. Oktober 2017, BGBl. I 3566.

20 *BaFin* Rundschreiben zu den Mindestanforderungen an die Compliance-Funktion und die weiteren Verhaltens-, Organisations- und Transparenzpflichten nach §§ 63 ff. Wertpapierhandelsgesetz für Wertpapierdienstleistungsunternehmen 05/2018 (WA) vom 19. April 2018, geändert am 09. Mai 2018, abrufbar unter https://www.bafin.de/SharedDocs/Downloads/DE/Rundschreiben/dl_rs_0518_MaComp_pdf.html.

21 Vielfach zitiert und gleichwohl treffend ist die Beobachtung des ehemaligen Richters am US-Supreme Court Louis D. Brandeis: *„Publicity is justly commended as a remedy for social and industrial diseases. Sunlight is said to be the best of disinfectants; electric light the most efficient policeman"*, Other People's Money And How the Bankers Use It (1914); noch prägnanter zu der Kapitalmarktgesetzgebung in den USA in den 1920er und 1930er Jahren *Loss*, Securities Regulation, Vol 1, 2nd Ed, 1961, S. 21: *„Disclosure, again disclosure, and still more disclosure."*

22 Siehe unter Kapitel 1 K.

23 Ausführlich dargestellt unter Kapitel 1 D.

haften für etwaige Fehlinformationen. Angesichts der strikten Vorgaben für deren Inhalt dienen die BIB weniger der Beseitigung des Informationsgefälles als der schematischen Überprüfung, ob die Einstufung der Produktrisikoklasse mit dem Profil des potentiellen Kunden übereinstimmt.

7 Schon vor der Umsetzung der MiFID II kannte das WpHG die Möglichkeit für eine Produktintervention. Eine solche hat die BaFin für Bonitätsanleihen angestrebt[24] und hat hierfür weitreichend Anerkennung erfahren. Ohne Kritik ist dieses Vorhaben allerdings nicht geblieben; unter anderem musste sich die BaFin vom wissenschaftlichen Beirat des DDV der BaFin ein fehlendes Marktverständnis attestieren lassen.[25] Mit einer Selbstverpflichtung der vertreibenden Emittenten hatte sich das Produktverbot für Bonitätsanleihen erledigt.[26] Für sogenannte Contracts for Differences (CFD) haben zunächst die BaFin und jüngst auch die ESMA tatsächlich Interventionsmaßnahmen ergriffen.[27]

8 Seit jeher wird diskutiert, ob es sich bei der öffentlich-rechtlichen Regulierung um einen individuellen oder kollektiven Anlegerschutz handelt.[28] Praktische Bedeutung erlangt diese Diskussion im Zusammenhang mit der Frage der Staatshaftung und der deliktischen Haftung jeweils unter dem Stichwort „Drittschutz". Um eine Haftung für Versäumnisse der Aufsichtsbehörde zu vermeiden, hat der Gesetzgeber klargestellt, dass die BaFin allein im öffentlichen Interesse handelt (§ 4 Abs. 4 FinDAG). Der Bundesgerichtshof hat den Schutzgesetzcharakter der öffentlich-rechtlichen Anlegerschutzvorschriften wiederholt und ausdrücklich verneint.[29] Lediglich für einen Ausschnitt des Anlegerschutzes, d.h. die Offenlegung von Zuwendungen, hat er festgestellt, dass ein Anleger aufgrund eines *„flächendeckend[en] vom Gesetzgeber verwirklichten Transparenzgedanken[s]"* seit August 2014 *„für die Bank erkennbar eine entsprechende Aufklärung im Rahmen des Beratungsvertrages erwarten kann (§§ 133, 157 BGB)"*.[30] Die öffentlich-rechtlichen Vorschriften wirken nach Auffassung des XI. Zivilsenats zwar nicht unmittelbar in das zivilrechtliche Vertragsverhältnis zwischen WpDU und Anleger. Sie sollen aber einen objektiven Empfängerhorizont bilden, der bei der Auslegung des (Anlage-)Beratungsvertrags und der Definition des Pflichtenkanons zu berücksichtigten ist, den das WpDU zu erfüllen hat.[31]

---

24 *BaFin* Anhörung zur Allgemeinverfügung bezüglich sog. „Bonitätsanleihen", abrufbar unter https://www.bafin.de/SharedDocs/Veroeffentlichungen/DE/Aufsichtsrecht/Verfuegung/vf_160728_allgvfg_bonitaetsanleihen.html.

25 Stellungnahme des Wissenschaftlichen Beirats des Deutschen Derivate Verbands (DDV) zur Anhörung der Bundesanstalt für Finanzdienstleistungsaufsicht (BaFin) zur Allgemeinverfügung bezüglich sogenannter „Bonitätsanleihen" vom 1. September 2016, abrufbar unter https://www.derivateverband.de/DE/MediaLibrary/Document/Politik/16%2009%2001%20%20%20Stellungnahme%20des%20Wiss.%20Beirats%20des%20DDV%20zur%20BaFin-Anh%C3%B6rung%20zu%20Bonit%C3%A4tsanleihen.pdf; kritisch zu diesem Vorhaben auch *Heppekausen* CRP **2016** 218, *ders.* CRP **2017** 68.

26 *BaFin* Bonitätsanleihen: Zertifikatebranche reagiert auf angekündigtes Vertriebsverbot, abrufbar unter https://www.bafin.de/SharedDocs/Veroeffentlichungen/DE/Pressemitteilung/2016/pm_161216_bonitaetsanleihen_branche.html.

27 Siehe hierzu unter Kapitel 4 C. IV.

28 Statt vieler Schwark/Zimmer/*Schwark* Kapitalmarktrechtskommentar Vor. §§ 31–37a WpHG Rn. 12 ff. m.w.N.

29 BGH, Urteil vom 17. September 2013, XI ZR 332/12, WM **2013**, 1983, Tz. 16 ff. sowie Urteil vom 3. Juni 2014, XI ZR 147/12, Tz. 35.

30 BGH, Urteil vom 3. Juni 2014, XI ZR 147/12, Tz. 32 ff.

31 Einzelheiten siehe unter Vorbemerkung B II.

B. Grundlegendes

I. Kundenschutz im Wertpapieraufsichtsrecht

Im deutschen Zivilrecht herrscht Vertragsfreiheit. Die Rechtsbeziehung zwischen dem Kunden und seiner Bank ist, soweit kein Zahlungsdienstevertrag (§ 675f BGB) vorliegt, regelmäßig als Geschäftsbesorgungsvertrag (§ 675 BGB) einzuordnen. Die Einzelheiten innerhalb dieses Vertragsverhältnisses sind weitgehend frei vereinbar. 9

Der zivilrechtlichen Vertragsfreiheit steht im Aufsichtsrecht ein „numerus clausus" an Dienstleistungen gegenüber – vgl. § 2 Abs. 8 S. 1 WpHG. Aus Sicht des Kunden kommt das Geschäft zunächst als **reines Ausführungsgeschäft** oder als **beratungsfreies Geschäft** bzw. infolge einer **Anlageberatung** oder aufgrund einer **Vermögensverwaltung** zu Stande.[32] Aus wertpapieraufsichtsrechtlicher Perspektive sind folgende Situationen zu unterscheiden: 10

Wenn ein Wertpapierdienstleistungsunternehmen (im Folgenden einfach „WpDU")[33] ein Finanzinstrument[34] nicht selbst an den Kunden verkauft bzw. von dem Kunden kauft, sondern im Rahmen eines Auftrags bei einem Dritten für den Kunden im eigenen Namen erwirbt oder veräußert, liegt ein **Finanzkommissionsgeschäft** (§ 383 BGB) vor, § 2 Abs. 8 S. 1 Nr. 1 WpHG.[35] 11

Tritt das WpDU stattdessen selbst als Kontrahent des Kunden auf – etwa beim Erwerb oder der Veräußerung eines Wertpapiers oder beim Abschluss von OTC-Derivategeschäften – vollzieht sich das Geschäft gemäß § 2 Abs. 8 Nr. 2 lit. c WpHG im Rahmen der Dienstleistung des **Eigenhandels**. 12

Sofern das WpDU die Willenserklärung des Kunden – etwa beim Abschluss von OTC-Derivategeschäften – an ein anderes WpDU weiterleitet, welches das Geschäft mit diesem abschließt, kommen entweder die Anlagevermittlung oder die Abschlussvermittlung in Betracht. Welche Wertpapierdienstleistung konkret vorliegt, richtet sich dann danach, ob das WpDU als Stellvertreter auftritt und das Geschäft im Namen und für Rechnung des Kunden abschließt – so im Falle der **Abschlussvermittlung** nach § 2 Abs. 8 S. 1 Nr. 3 WpHG – oder ob die Willenserklärung des Kunden an denjenigen, mit dem der Anleger ein solches Geschäft abschließen will, als Bote weiterleitet[36] – so bei der **Anlagevermittlung**, § 2 Abs. 8 S. 1 Nr. 4 WpHG. 13

---

32 Die genannten Dienstleistungen betrachtet der Gesetzgeber nicht als gleichwertig, sondern er hat vielmehr ein hierarchisches Verhältnis zwischen ihnen geschaffen, innerhalb dessen das Kundenschutzniveau mit dem Umfang der Leistungspflicht steigt. Je „hochwertiger" die Wertpapierdienstleistung ist, desto umfangreicher sind die kundenschützenden Verhaltenspflichten, die mit ihr einhergehen. Im Ergebnis sind die aufsichtsrechtlichen Pflichten immer detaillierter ausformuliert und erhöht sich die Pflichtendichte für das WpDU Schritt für Schritt, je nachdem, ob die Dienstleistung des reinen Ausführungsgeschäfts, des beratungsfreien Geschäfts, der Anlageberatung und der Finanzportfolioverwaltung erbracht werden.

33 Welche Institute als „Wertpapierdienstleistungsunternehmen" anzusehen sind, hat der Gesetzgeber in § 2 Abs. 10 WpHG legaldefiniert. Die Herleitung dieses Begriffs zur Erläuterung des Kundenschutzes, dem dieses Werk gewidmet ist, allenfalls wenig beitragen dürfte, wird der Begriff hier als bekannt vorausgesetzt.

34 Auch den Begriff „Finanzinstrument" hat der Gesetzgeber in § 2 Abs. 4 WpHG legaldefiniert.

35 Siehe auch Nr. 1 Abs. 2 der Sonderbedingungen für Wertpapiergeschäfte.

36 Zu den Anforderungen, die an die Anlagevermittlung zu stellen sind, siehe BGH Urteil vom 30. Oktober 2014, III ZR 493/13 und Kölner Kommentar-WpHG/*Baum* § 2 Rn. 145, wonach der Begriff der Anlagevermittlung inhaltsgleich mit § 1 Abs. 1 S. 2 Nr. 1 KWG zu verstehen ist und sich vom Maklervertrag des bürgerlichen Rechts – der ebenfalls eine „Vermittlung" voraussetzt – unterscheidet; **a.A.** Schwark/Zimmer/*Kumpan* Kapitalmarktrechtskommentar § 2 WpHG Rn. 69.

14 Die übrigen Dienstleistungen, die in § 2 Abs. 8 WpHG legaldefiniert werden, spielen für das hier behandelte Kundengeschäft der WpDU demgegenüber eine – allenfalls – untergeordnete Rolle.

15 Um sicherzustellen, dass der Kunde über die Geschäfte informiert ist, die er abschließt, hat der Gesetzgeber zahlreiche Schutzvorschriften geschaffen. Diese bestehen in den aufsichtsrechtlichen Verhaltens- und Organisationspflichten, die in den folgenden Abschnitten erläutert werden. Anlegerschutz soll somit gewährleistet werden, indem von dem bzw. den betroffenen WpDU für alle genannten Dienstleistungen die jeweils geltenden Anforderungen einzuhalten sind.

II. Zum Verhältnis zwischen (Wertpapier-) Aufsichts- und Zivilrecht

16 Die MiFID II hat der EU-Gesetzgeber gestützt auf seine in Art. 53 Abs. 1 AEUV verankerte Kompetenz erlassen. Gemäß der genannten Norm verfügt er jedoch über keine zivilrechtliche Regelungskompetenz im Rahmen des Anlegerschutzes, sondern nur über die Kompetenz, *„Richtlinien (...) für die Koordinierung der Rechts- und Verwaltungsvorschriften der Mitgliedstaaten über die Aufnahme und Ausübung selbständiger Tätigkeiten“* und damit bloße aufsichtsrechtliche Rahmenvorschriften zu schaffen.

17 Auch nach der Ansicht des Bundesgerichtshofs begründen die §§ 31ff. WpHG a.F. (§§ 63ff. WpHG) nur aufsichtsrechtliche Pflichten, so dass es an einer „Ausstrahlungswirkung“ ins Schuldrecht fehlt.[37] Wenngleich Anleger aufgrund eines flächendeckenden aufsichtsrechtlichen Transparenzgebots gemessen an §§ 133, 157 BGB bei Abschluss eines Beratungsvertrags mittlerweile erwarten können, dass das Verdienstinteresse offenzulegen ist, begründen die §§ 31ff. WpHG a.F. (nunmehr §§ 63ff. WpHG) lediglich öffentlichrechtliche Pflichten, die auf das zivilrechtliche Schuldverhältnis zwischen Kunde und Bank grundsätzlich nicht einwirken.[38] Die aufsichtsrechtlichen Pflichten haben damit weder „Ausstrahlungswirkung“ auf Inhalt und Reichweite schuldrechtlicher Pflichten, noch Verbotsgesetzcharakter im Sinne von § 134 BGB, noch Schutzgesetzcharakter im Sinne von § 823 Abs. 2 BGB, noch Verkehrspflichtcharakter im Sinne von § 826 BGB, noch besteht eine unmittelbare zivilrechtliche Wirkung des anlegerschützenden Aufsichtsrechts, etwa aufgrund eines „Doppelnormcharakters“ oder dergleichen. Anerkannt ist lediglich, dass bestimmte aufsichtsrechtliche Bestimmungen, wie z.B. § 32 KWG, als Schutzgesetzte anzusehen sind.[39]

18 Auch der EuGH hat konstatiert, *„dass es der innerstaatlichen Rechtsordnung der einzelnen Mitgliedstaaten zukommt, festzulegen, welche vertraglichen Folgen es haben muss, wenn eine Wertpapierfirma, die eine Wertpapierdienstleistung anbietet,“* dabei *„Anforderungen nicht erfüllt“*, die ihr infolge der MiFID I obliegen.[40] Anhaltspunkte dafür, dass sich diese Sichtweise infolge der MiFID II geändert hat, bestehen nicht. Mit dem zwischenzeitlichen Inkrafttreten des AEUV haben sich die maßgeblichen Grundlagen inhaltlich nicht geändert, so dass es im Bereich der Finanzmarktregulierung – wie gerade dargestellt wurde – nach wie vor an der Kompetenz der EU zur Regelung zivilrechtlicher Rechtsverhältnisse fehlt.

---

37 BGH Urteil vom 17. September 2013, XI ZR 332/12.
38 BGH, Urteil vom 3. Juni 2014, XI ZR 147/12.
39 BGH, Urteil vom 21. April 2005, III ZR 238/03 und Urteil vom 19. Januar 2005, VI ZR 339/04; Boos/Fischer/Schulte-Mattler/*Fischer*/*Müller* KWG und CRR-VO Kommentar § 32 Rn. 31 m.w.N.
40 EuGH, Urteil vom 30. Mai 2013, C-604/111, siehe dort Rn. 58.

C. Kundenschutz und das Prinzip der Kundenkategorisierung

I. Überblick und Hintergrund

Ein zentrales Prinzip im nationalen und europäischen Anlegerschutz ist die **Kundenkategorisierung.**[41] Hierunter versteht man die Einteilung der Kunden in Gruppen mit einem jeweils unterschiedlich hohen Grad an Schutzbedürftigkeit durch das WpDU. Ziel dieser Pflicht ist es, einen **anlegergerechten Kundenschutz** zu erreichen, indem man zunächst die typisierten Kenntnisse, Erfahrungen und den Sachverstand der jeweiligen Kundengruppe berücksichtigt, um das „erforderliche Maß" an Kundenschutz zu gewährleisten.[42] Mit dieser Zuordnung der Kunden zu bestimmten Gruppen geht für das WpDU die Pflicht einher, bei deren Betreuung im Geschäft mit Finanzinstrumenten unterschiedlich strenge aufsichtsrechtliche Verhaltens- und Organisationspflichten zu beachten.[43] Für den Kundenschutz im Wertpapieraufsichtsrecht ist somit von grundlegender Bedeutung, in welche Kategorie ein Kunde eingeordnet wird und welche Folgen damit verbunden sind. 19

Die Kundenkategorisierung findet ihren Ursprung im Finanzmarktrecht der EU. So wurde eine entsprechende Einteilung erstmals in der MiFID I vorgenommen, die in Deutschland seinerzeit in §§ 31a, b WpHG a.F. umgesetzt wurde. Die heute einschlägigen **zentralen Vorschriften – §§ 67, 68 WpHG** – ergingen in Umsetzung der MiFID II. Neben dem WpHG beinhaltet die in den EU-Mitgliedstaaten unmittelbar anwendbare DVO MiFID II[44] in den Art. 45 Abs. 3 und 71 weitere Vorschriften zur Kundenkategorisierung. Detailfragen zu Verfahren, Informations- und Dokumentationspflichten sowie zum sogenannten „Grandfathering" regelt schließlich § 2 WpDVerOV. 20

Das Prinzip der Kundenkategorisierung ist mittlerweile als anerkanntes **allgemeines Prinzip im europäischen Finanzaufsichtsrecht** deutlich über die Grenzen der MiFID II-(Umsetzungs-) Normen hinaus von Relevanz.[45] So existieren in nationalen und EU-Rechtsakten zahlreiche Verweise auf die Kundenkategorien der MiFID II. Beispiele sind § 1 Abs. 19 Nr. 31, 32 KAGB und Art. 4 Abs. 6 PRIIP-VO. 21

II. Kundenkategorisierung (§§ 67, 68 WpHG)

1. Grundlegende Einteilung. Im Rahmen der Kundenkategorisierung unterteilt man – nach alter wie neuer Rechtslage auf EU- und nationaler Ebene – drei Arten von Kunden mit jeweils abnehmendem Schutzniveau: **Privatkunden** (§ 67 Abs. 3 WpHG),[46] **professionelle Kunden** (§ 67 Abs. 2 WpHG) und **geeignete Gegenparteien** (§ 67 Abs. 4 WpHG).[47] Die Zuordnung zu den drei Kategorien durch das WpDU ist jedoch nicht 22

41 Ausführliche Darstellung der Kundenkategorisierung in Ellenberger/Clouth/*Clouth* Praktikerhandbuch Wertpapier- und Derivategeschäft, Teil 1 Kapitel B. „Kundenkategorisierung" Rn. 106 ff.
42 ErwG 86 und 104 MiFID II.
43 Ellenberger/Clouth/*Clouth* Praktikerhandbuch Wertpapier- und Derivategeschäft,Teil 1 Kapitel B. „Kundenkategorisierung" Rn. 106.
44 Delegierte Verordnung (EU) 2017/565 der Kommission vom 25. April 2016 zur Ergänzung der Richtlinie 2015/65/EU, Abl. L 87 vom 31.3.2017, S. 1, in der berichtigten Fassung vom 26.9.2017, Abl. L 246 vom 26.9.2017, S. 12.
45 Vgl. Ellenberger/Clouth/*Clouth* Praktikerhandbuch Wertpapier- und Derivategeschäft, Teil 1 Kapitel B. „Kundenkategorisierung" Rn. 116; Ellenberger/Clouth/*Sänger* Praktikerhandbuch Wertpapier- und Derivategeschäft, Teil 2 Kapitel K „Prozessfragen" III Rn. 2072 ff.
46 Privatkunden i.S.d. WpHG werden in europäischen Rechtsakten als Kleinanleger bezeichnet – Art. 4 Abs. 1 Nr. 11 MiFID II. Inhaltlich ergeben sich keine Unterschiede.
47 Siehe hierzu bereits *Kühne* BKR 2005, 275, 277 f.; *Duve/Keller* BB 2006, 2425, 2427 ff.

starr.[48] Vielmehr ist das System der Kundenkategorisierung flexibel ausgestaltet, so dass die Möglichkeit der Herauf- bzw. Herabstufung (Umstufung) von einer Kategorie in eine andere besteht.[49] Das Letztentscheidungsrecht, in welche Kategorie ein Kunde einzuordnen ist, hat das für den Kunden Wertpapier(neben)dienstleistungen erbringende WpDU.[50] Während professionelle Kunden nach altem Recht unterschiedslos zu behandeln waren,[51] wird heute in Bezug auf einige Pflichten danach differenziert, ob es sich um einen „geborenen" oder einen „gekorenen"[52] professionellen Kunden handelt.[53]

23 Hat das jeweilige WpDU eine Entscheidung hinsichtlich der Einordnung eines Kunden getroffen, muss es schließlich nach Art. 45 Abs. 1 DVO MiFID II den Kunden hierüber informieren. Ferner sind Kunden auf einem dauerhaften Datenträger über ein etwaiges Recht zu informieren, eine andere Einstufung zu verlangen, Art. 45 Abs. 2 DVO MiFID II. § 67 Abs. 5 S. 4 WpHG postuliert eine Hinweispflicht auf die „Herabstufung" zum Privatkunden allerdings nicht gegenüber allen professionellen Kunden, sondern nur für die in § 67 Abs. 2 S. 2 Nr. 2 und Abs. 6 WpHG genannten. Im Falle der „Umstufung" eines Kunden kraft Vereinbarung[54] entfällt jedoch die Notwendigkeit und mithin auch die Pflicht zur Information über die Kategorisierung.

24 **2. Kundenkategorien.** Der Begriff des Kunden ist legaldefiniert in § 67 Abs. 1 WpHG und erfasst *„alle natürlichen oder juristischen Personen, für die Wertpapierdienstleistungsunternehmen Wertpapierdienst- oder Wertpapiernebendienstleistungen erbringen oder anbahnen"*.[55] Dem Normzweck entsprechend werden mit den Kunden im Sinne von § 67 Abs. 2, 3, 4 WpHG alle in Frage kommenden Vertragspartner abgedeckt.[56]

25 **a) Privatkunden.** Ausweislich § 67 WpHG Abs. 3 WpHG sind Privatkunden alle, die **keine professionellen Kunden** sind. Als negative Tatbestandsvoraussetzung darf somit keiner der in § 67 Abs. 2 S. 2 WpHG genannten Fälle der kraft Gesetzes professionellen Kunden vorliegen. Darüber hinaus darf der Kunde für die Bejahung seiner Eigenschaft

---

48 Ellenberger/Clouth/*Clouth* Teil 1 Kapitel B. „Kundenkategorisierung" Rn. 109; Langenbucher/Bliesener/Spindler/*Bergmann* Bankrechtskommentar 36. Kapitel Rn. 30.
49 Siehe unter Vorbemerkung C. II. 2. d).
50 Ellenberger/Clouth/*Clouth* Praktikerhandbuch Wertpapier- und Derivategeschäft, Teil 1 Kapitel B. „Kundenkategorisierung" Rn. 136.
51 Der Verweis auf § 31a Abs. 2 WpHG a.F. wurde wegen der Klarstellung in § 31 Abs. 9 WpHG a.F., dass die dort geregelten Erleichterungen für solche *„Produkte, Geschäfte oder Dienstleistungen"* galten, für die die jeweiligen Kunden „als professionelle Kunde eingestuft" waren, so gelesen, dass er auch gekorene professionelle Kunden erfasste (siehe dazu im Einzelnen Ellenberger/Schäfer/Clouth/Lang/*Clouth*/*Seyfried* Praktikerhandbuch Wertpapier- und Derivategeschäft 4. Aufl. 2011 Teil 1 Kapitel B. „Kundenkategorisierung" Rn. 120).
52 „Gekorenen professionellen Kunden" werden im Gegensatz zu „geborenen professionellen Kunden" nicht von Beginn an als solche durch das WpDU eingeschätzt, sondern gehören aufgrund einer Umstufung aus einer anderen Kundenkategorie zu den professionellen Kunden, dazu sogleich unter Gliederungspunkt 2. d).
53 Z.B. gilt dies bei der Ermittlung der finanziellen Tragfähigkeit bei einer Anlageberatung, die nur noch bei gekorenen professionellen Kunden unterstellt werden darf, Art. 54 Abs. 3 UAbs. 2 DVO MiFID II; Vergleichbares gilt für die Vermutung in Bezug auf die Kenntnisse und Erfahrungen des jeweils Handelnden, der den gekorenen professionellen Kunden vertritt, Art. 54 Abs. 6 UAbs. 2 DVO MiFID II.
54 Auch dazu siehe unter 2. d).
55 § 67 Abs. 1 WpHG setzt mit identischem Wortlaut Art. 4 Abs. 1 Nr. 9 MiFID II um.
56 Demgemäß sind neben Kapitalgesellschaften auch Personen(handels)gesellschaften erfasst, die auf europäischer Ebene ohnehin nicht voneinander differenziert werden, siehe Ellenberger/Clouth/*Clouth* Praktikerhandbuch Wertpapier- und Derivategeschäft, Teil 1 Kapitel B. „Kundenkategorisierung" Rn. 118; Assmann/Schneider/*Koller* WpHG § 31a Rn. 4.

als Privatkunde nicht in die Kategorie der professionellen Kunden heraufgestuft worden sein.

b) Professionelle Kunden. § 67 Abs. 2 S. 1 WpHG umschreibt die Gruppe der professionellen Kunden als *„Kunden, die über ausreichende Erfahrungen, Kenntnisse und Sachverstand verfügen, um ihre Anlageentscheidungen zu treffen und die damit verbundenen Risiken angemessen beurteilen zu können“*. Die aufgeführten Merkmale sind nicht konstitutiv. Es handelt sich bei § 67 Abs. 2 S. 1 WpHG lediglich um eine **deskriptive Aufzählung** der Merkmale professioneller Kunden, denen gegenüber die aufsichtsrechtlichen Verhaltensvorschriften nur eingeschränkt anwendbar sind.[57] 26

Die Voraussetzungen für eine Einordnung ergeben sich abschließend aus § 67 Abs. 2 27 S. 2 WpHG bzw. aus den Vorschriften zur Umstufung.[58] Um zu den sogenannten „geborenen professionellen Kunden“[59] zu zählen, muss zwingend eine der fünf Gruppen des § 67 Abs. 2 S. 2 WpHG einschlägig sein. Zu nennen sind hier

- zulassungs-[60] oder aufsichtspflichtige Finanzmarktakteure (Nr. 1),
- „große“ – nicht zulassungs- oder aufsichtspflichtige – Unternehmen, die besondere Merkmale hinsichtlich Bilanzsumme, Umsatzerlöse und Eigenmittel aufweisen (Nr. 2),
- nationale und regionale Regierungen sowie öffentliche Stellen zur Schuldenverwaltung (Nr. 3),[61]
- Zentralbanken und bestimmte überstaatliche Einrichtungen sowie bestimmte internationale Organisationen (Nr. 4) und schließlich
- andere, nicht zulassungs- oder aufsichtspflichtige institutionelle Anleger, deren Haupttätigkeit in der Investition in Finanzinstrumente besteht und Einrichtungen, die die Verbriefungen von Vermögenswerten und andere Finanzierungsgeschäfte betreiben (Nr. 5).

c) Geeignete Gegenparteien. Wie auch bei professionellen Kunden können Kunden kraft Gesetzes oder kraft Umstufung als geeignete Gegenpartei einzuordnen sein. § 67 Abs. 4 WpHG zufolge sind im Grundsatz **alle** soeben aufgezählten **professionellen Kunden geeignete Gegenparteien**, mit **Ausnahme** von Börsen- und Warenderivatehändlern im Sinne des § 67 Abs. 2 S. 2 Nr. 1 lit. f WpHG, sonstigen institutionellen Anlegern gemäß § 67 Abs. 2 S. 2 Nr. 1 lit. g WpHG, „großen Unternehmen“ nach § 67 Abs. 2 S. 2 Nr. 2 WpHG sonstigen institutionellen Anlegern und Einrichtungen im Sinne des § 67 Abs. 2 S. 2 Nr. 5 WpHG. Dies gilt aber nur bei der Erbringung der Dienstleistungen des Finanzkommissionsgeschäfts, der Anlage- und Abschlussvermittlung und des Eigenhandels sowie der damit in direktem Zusammenhang stehenden Wertpapiernebendienstleistungen, § 68 Abs. 1 S. 1 WpHG. Die weitgehende Überschneidung zwischen geeigneten Gegenparteien und professionellen Kunden erklärt sich dadurch, dass die erstgenannte Kundenkategorie nur bei der Erbringung der in § 68 Abs. 1 S. 1 WpHG enumerativ aufgezählten und gerade genannten Dienstleistungen zur Verfügung steht.[62] Konkret handelt es sich um die Dienstleistungen, bei denen das WpDU weder – wie bei der Anlagebera- 28

---

57 Siehe unter Vorbemerkung C. III. 2.
58 Zutreffend Ellenberger/Clouth/*Clouth* Praktikerhandbuch Wertpapier- und Derivategeschäft, Teil 1 Kapitel B. „Kundenkategorisierung“ Rn. 109 f.; ebenso für § 31a Abs. 2 WpHG a.F. Assmann/Schneider/*Koller* WpHG § 31a Rn. 3; MüKo HGB/*Ekkenga* Effektengeschäft Rn. 132.
59 Dazu sogleich unter Gliederungspunkt d).
60 Siehe für die Zulassung § 32Abs. 1 KWG.
61 Kommunen sind nicht der in § 67 Abs. 2 S. 2 Nr. 3 WpHG genannten Gruppe zugehörig.
62 Ellenberger/Clouth/*Clouth* Praktikerhandbuch Wertpapier- und Derivategeschäft, Teil 1 Kapitel B. „Kundenkategorisierung“ Rn. 133 Fn. 152.

tung – eine Empfehlung abgibt, noch – wie im Rahmen der Vermögensverwaltung – aufgrund eigenen Ermessens Entscheidungen für den Kunden trifft.

29 **d) Umstufung.** Im Rahmen der Umstufung können Kunden, die von einem WpDU einer bestimmten Kategorie zugeordnet wurden, unter gewissen Voraussetzungen entweder in eine andere Gruppe mit geringerem Schutzniveau heraufgestuft oder in eine Gruppe mit höherem Schutzniveau herabgestuft werden.[63] Grundlegend lässt sich sagen, dass an eine Heraufstufung höhere Anforderungen zu stellen sind als an eine Herabstufung, weil der Kunde in ersterem Fall an gesetzlich gewährtem Schutz verliert und in letzterem Fall an Schutz gewinnt. Eine Umstufung kann entweder generell oder lediglich für ein bestimmtes Geschäft oder Finanzinstrument bzw. für eine bestimmte Gruppe von Geschäften oder Finanzinstrumenten erfolgen.

30 Praktisch und insbesondere für den Kundenschutz relevant ist die Hochstufung aus der Kategorie der Privatkunden in die der professionellen Kunden. Einschlägig ist hierfür § 67 Abs. 6 WpHG, der die Varianten der Hochstufung auf Antrag des Kunden durch Vereinbarung und durch Festlegung des WpDUs kennt. Entsprechende Verfahrensvorschriften finden sich in § 67 Abs. 6 S. 4 und 5 WpHG, § 2 Abs. 2 WpDVerOV.

31 Für die Hochstufung infolge einer Vereinbarung (§ 67 Abs. 1 S. 1 Alt. 1 WpHG) enthält § 2 Abs. 2 WpDVerOV drei Kriterien: Der Antrag des Kunden muss wenigstens der Textform (§ 126b BGB) genügen (Nr. 1), das WpDU muss den Kunden auf einem dauerhaften Datenträger im Sinne des § 2 Abs. 43 WpHG eindeutig auf die Rechtsfolgen der Hochstufung hinweisen (Nr. 2) und schließlich muss der Kunde in einem gesonderten Dokument die Kenntnisnahme der Hinweise nach Nr. 2 bestätigen (Nr. 3). Überdies ist § 67 Abs. 6 S. 4 WpHG zu beachten, wonach der Kunde *„schriftlich"* – d.h. in Schriftform gemäß § 126 BGB – darauf hinzuweisen ist, dass die Schutzvorschriften für Privatkunden, die das WpHG enthält, für ihn nicht gelten. Der Hinweis auf einem dauerhaften Datenträger nach § 2 Abs. 2 WpDVerOV in Gestalt der Textform ist somit nicht ausreichend.[64]

32 Mit der Hochstufung durch Festlegung des WpDU (§ 67 Abs. 2 S. 1 Alt. 2 WpHG) muss sich der betroffene Kunde ebenfalls einverstanden erklären, was nach § 2 Abs. 2 S. 2 i.V.m. S. 1 WpDVerOV in Textform geschehen muss. Der schriftliche Hinweis auf den Verlust der Schutzvorschriften sowie die schriftliche Erklärung der Kenntnisnahme nach § 67 Abs. 6 S. 4 und 5 WpHG sind wieder zu beachten.

33 Neben den genannten Verfahrensvorschriften gelten die Voraussetzungen aus § 67 Abs. 6 S. 2 und 3 WpHG für die Hochstufung mittels Festlegung ebenfalls. Gemäß § 67 Abs. 6 S. 2 WpHG muss das WpDU im Hinblick auf von der Hochstufung betroffene Geschäfte bewerten, *„ob der Kunde aufgrund seiner Erfahrungen, Kenntnisse und seines Sachverstands in der Lage ist, [...] eine Anlageentscheidung zu treffen und die damit verbundenen Risiken angemessen zu beurteilen"*.

34 Beide Möglichkeiten zur Hochstufung sind – unabhängig vom genannten Bewertungsverfahren – zudem dadurch **eingeschränkt**, dass zwei von drei in § 67 Abs. 6 S. 3 WpHG aufgeführten Kriterien erfüllt sein müssen.

35 Das erste Kriterium setzt voraus, dass der Kunde an dem Markt, an dem Finanzinstrumente gehandelt werden, für die er als professioneller Kunde eingestuft werden soll, während des letzten Jahres durchschnittlich zehn Geschäfte von erheblichem Umfang im Quartal getätigt hat (Nr. 1). Unerheblich ist dabei, ob der Kunde die Geschäfte für eigene

---

63 Ausführlich zur Umstufung: Ellenberger/Clouth/*Clouth* Praktikerhandbuch Wertpapier- und Derivategeschäft, Teil 1 Kapitel B. „Kundenkategorisierung" II. 5 Rn. 134 ff.

64 Ebenso Ellenberger/Clouth/*Clouth* Praktikerhandbuch Wertpapier- und Derivategeschäft, Teil 1 Kapitel B. „Kundenkategorisierung" Rn. 149.

oder fremde Rechnung vorgenommen hat.[65] Die Schwelle der „Erheblichkeit" des Umfangs ist nicht näher spezifiziert. Vertretbar dürfte sein, den Wert des einzelnen Geschäfts mit der Formel EUR 500.000 ./. 10 (Geschäfte) ./. 4 (Quartale im Jahr) zu berechnen, so dass die Schwelle jedenfalls mit 40 Geschäften im Jahr mit einem Volumen von jeweils EUR 12.500 überschritten wird.[66]

Für das zweite Kriterium muss der Kunde über ein Bankguthaben und Finanzin- **36**
strumente im Wert von 500.000 € verfügen. Eine auf das Privatvermögen des Kunden beschränkte Betrachtung erscheint hier nicht zwingend. Jedenfalls kann das WpDU hier auch die Vermögenswerte auf den Konten und Depots des Kunden bei anderen Kreditinstituten mitberücksichtigen. Für vertretbar erachten die Verfasser überdies, Werte auf Konten und Depots mit einzuberechnen, die der Kunde als Vertreter des jeweiligen Vermögensinhabers administriert.[67]

Für das dritte Kriterium ist sodann erforderlich, dass der Kunde für mindestens ein **37**
Jahr einen Beruf am Kapitalmarkt ausgeübt hat, der Kenntnisse über die in Betracht kommenden Geschäfte und/oder Wertpapier(neben)dienstleistungen voraussetzt.

III. Konsequenzen für den Kundenschutz

Wie zu Beginn des Abschnitts erwähnt, ist die Einordnung der Kunden in eine der **38**
drei Kategorien durch das WpDU maßgeblich dafür, welche aufsichtsrechtlichen Verhaltens- und Organisationspflichten es treffen.

1. Privatkunden. Die Kategorie mit dem **höchsten Schutzniveau ist die der Pri- 39**
vatkunden. Im Geschäft mit ihnen sind sämtliche der kundenschützenden Normen uneingeschränkt zu beachten.

2. Professionelle Kunden. Auch gegenüber **professionellen Kunden** gelten – ab- **40**
gesehen von einigen Ausnahmen – im Grundsatz für WpDU die gleichen Pflichten, wenngleich bisweilen in etwas abgeschwächter Form.[68]

Diese graduellen Unterschiede zeigen sich zunächst bei der Geeignetheits- und An- **41**
gemessenheitsprüfung.[69] So kann bei der Prüfung der Geeignetheit gemäß § 64 Abs. 3 WpHG und Art. 54, 55 DVO MiFID II davon ausgegangen werden, dass ein professioneller Kunde *„in Bezug auf die Produkte, Geschäfte und Dienstleistungen, für die er als professioneller Kunde eingestuft ist, über die erforderlichen Kenntnisse und Erfahrungen [...] verfügt"*, Art. 54 Abs. 3 UAbs. 1 DVO MiFID II, ohne dass es einer gesonderten Untersuchung durch das WpDU bedarf. Ebenfalls darf bei geborenen professionellen Kunden nach Art. 54 Abs. 3 UAbs. 2 DVO MiFID II davon ausgegangen werden, dass etwaige *„Anlagerisiken [...] den [...] Anlagezielen entsprechend finanziell tragbar sind"*. Keinesfalls entfällt auch im Geschäft mit professionellen Kunden dagegen die Pflicht, im Rahmen der Anla-

65 Ellenberger/Clouth/*Clouth* Praktikerhandbuch Wertpapier- und Derivategeschäft, Teil 1 Kapitel B. „Kundenkategorisierung" Rn. 151; Schwark/Zimmer/*Koch* Kapitalmarktrechtskommentar § 31a WpHG Rn. 47.
66 Siehe näher in Ellenberger/Clouth/*Clouth* Praktikerhandbuch Wertpapier- und Derivategeschäft, Teil 1 Kapitel B. „Kundenkategorisierung" Rn. 152.
67 Siehe näher in Ellenberger/Clouth/*Clouth* Praktikerhandbuch Wertpapier- und Derivategeschäft, Teil 1 Kapitel B. „Kundenkategorisierung" Rn. 151; **a.A.** Schwark/Zimmer/*Koch* Kapitalmarktrechtskommentar § 31a WpHG Rn. 48 sowie *Fuchs* WpHG § 31a Rn. 37.
68 Ellenberger/Clouth/*Clouth* Praktikerhandbuch Wertpapier- und Derivategeschäft, Teil 1 Kapitel B. „Kundenkategorisierung" Rn. 167.
69 Vgl. unter Kapitel 2 B. und E.

geberatung oder Finanzportfolioverwaltung die finanziellen Verhältnisse einschließlich der Verlusttragungsfähigkeit sowie die Anlageziele einschließlich der Risikotoleranz zu erfragen, § 64 Abs. 1 S. 1 Nr. 2 und 3 WpHG.

42 Demgegenüber kann im beratungsfreien Geschäft mit professionellen Kunden auf die Prüfung der Angemessenheit im Sinne des § 63 Abs. 10 WpHG insgesamt verzichtet werden, weil hinreichende Kenntnisse und Erfahrungen kraft Gesetztes (siehe § 67 Abs. 2 S. 1 WpHG) unterstellt werden können. Etwas anderes gilt nur, wenn ein anderer Vertreter für einen gekorenen professionellen Kunden handelt als derjenige, aufgrund dessen Erfahrungen und Kenntnissen eine Einstufung als professioneller Kunde vorgenommen wurde, Art. 54 Abs. 6 UAbs. 2 DVO MiFID II.

43 Weitere Detailunterschiede ergeben sich für die Informationspflichten nach § 63 Abs. 7 WpHG, einschließlich der Kostentransparenzpflicht,[70] und für die Pflicht, Kundenaufträge gemäß § 82 WpHG bestmöglich auszuführen (Best Execution).

44 Bei den Einzelfällen, in denen sich gravierende Unterschiede zur Behandlung von Privatkunden auftun, sind zunächst die Pflichten zu nennen, Privatkunden nach § 64 Abs. 4, Art. 54 Abs. 12 DVO MiFID II eine Geeignetheitserklärung zur Verfügung zu stellen und ein „Informationsblatt" gemäß § 64 Abs. 2 WpHG bzw. ein „BIB"[71] im Sinne der PRIIP-VO oder eines der weiteren in der zitierten Norm genannten Informationsmedien auszuhändigen. Diese Pflichten entfallen im Geschäft mit professionellen Kunden. Weiterhin besteht ausschließlich gegenüber Privatkunden die Pflicht zur Verlustbenachrichtigung bei *„Positionen in gehebelten Finanzinstrumenten oder Geschäfte[n] mit Eventualverbindlichkeiten"*, Art. 62 DVO MiFID II, sowie das sich aus Art. 84 Abs. 7 WpHG ergebende Verbot der Vereinbarung von Finanzsicherheiten in Form von Vollrechtsübertragungen.

45 **3. Geeignete Gegenparteien.** Die Konsequenzen einer Einstufung als geeignete Gegenpartei sind schließlich in § 68 WpHG geregelt. Geeignete Gegenparteien agieren nach neuer Rechtslage – als Reaktion auf die Finanzkrise – mit dem kontrahierenden WpDU zwar nicht vollständig auf Augenhöhe.[72] Nichtsdestotrotz sind aber die meisten der allgemeinen und besonderen Verhaltenspflichten für die besagte Kundengruppe dennoch ausgeschlossen.

46 Ausdruck des durch die MiFID II eingeführten Schutzes geeigneter Gegenparteien ist **§ 68 Abs. 1 S. 3 WpHG**. Er enthält das Gebot redlicher, ehrlicher und nicht irreführender Kommunikation, die *„der Form der geeigneten Gegenpartei und deren Geschäftstätigkeit"* Rechnung zu tragen hat. Hinzu treten direkt anwendbare Verhaltenspflichten, wie die Pflicht zur Information über Interessenkonflikte nach § 63 Abs. 2 WpHG, die Behandlung limitierter Kundenaufträge in Bezug auf Aktien gemäß § 69 Abs. 2 WpHG, die Pflicht aus § 83 Abs. 6 WpHG, transaktionsbezogene Telefongespräche und elektronische Kommunikation zu dokumentieren, die Dokumentationspflicht in Bezug auf transaktionsbezogene persönliche Gespräche nach § 83 Abs. 6 WpHG und schließlich die Kostentransparenzpflicht gemäß § 63 Abs. 7 WpHG, die jedoch einen weiten Gestaltungsspielraum lässt, Art. 50 Abs. 1 UAbs. 3 DVO MiFID II.

---

70 Siehe unter Kapitel 1 E. III.; Ausführlich in Ellenberger/Clouth/*Heppekausen*/*Deising* Praktikerhandbuch Wertpapier- und Derivategeschäft, Teil 2 Kapitel F. „Kostentransparenz" Rn. 1514 ff.

71 Siehe unter Kapitel 1 K.; ausführlich in Ellenberger/Clouth/*Sänger* Praktikerhandbuch Wertpapier- und Derivategeschäft, Teil 2 Kapitel K „Prozessfragen" Rn. 2102 f.

72 Eingehend Ellenberger/Clouth/*Clouth* Praktikerhandbuch Wertpapier- und Derivategeschäft, Teil 1 Kapitel B. „Kundenkategorisierung" Rn. 164.

D. Verhaltenspflichten

Grundlegendes. Nach der umfassenden **Überarbeitung des WpHG** durch das **2. FiMaNoG**, das die Vorgaben der MiFID II umsetzt,[73] finden sich die neuen Vorschriften zu den Wohlverhaltenspflichten nunmehr im **11. Abschnitt des WpHG (§§ 63–96 WpHG)**. Die ursprünglich zentrale Vorschrift für Verhaltenspflichten – § 31 WpHG a.F. – wurde mit der Neufassung in § 63 WpHG erheblich erweitert; zwecks Übersichtlichkeit wurden *„insbesondere die besonderen Regelungen"* in den nachfolgenden § 64 WpHG ausgelagert.[74] Nach neuer Fassung finden sich somit die entsprechenden Regelungen in den §§ 63, 64 WpHG. **47**

Neben dem WpHG finden parallel – wie oben beschrieben[75] – die Bestimmungen der **48**
DVO MiFID II Anwendung. Überdies werden zahlreiche Konkretisierungen durch die WpDVerOV festgelegt. Eine wichtige Rolle spielen zudem die Level-3-Maßnahmen der ESMA. Hier sind insbesondere die Q&As der ESMA zum Anlegerschutz[76] sowie die Leitlinien für Vergütungsgrundsätze,[77] zur Geeignetheitsprüfung[78] und zu den Produktüberwachungsanforderungen der MiFID II[79] (im Folgenden: „Product Governance Leitlinien") und zu nennen. Die BaFin veröffentlichte am 19. April 2018 die überarbeitete Version ihrer „MaComp" im Anschluss an die neuen gesetzlichen Regelungen und an die bereits konsultierten ESMA-Leitlinien.[80]

Die nachfolgenden Wohlverhaltenspflichten des WpHG beziehen sich grundsätzlich **49**
auf Wertpapierdienstleistungen,[81] die im Zusammenhang mit Finanzinstrumenten gemäß § 2 Abs. 4 WpHG stehen. § 96 WpHG stellt darüber hinaus klar, dass die §§ 63, 64, mit Ausnahme von § 64 Abs. 2, 67 Abs. 4, §§ 68–71, 80 Abs. 1 S. 2 Nr. 2 und 3 und Abs. 7 bis 13, § 81 Abs. 1 bis 4, § 83 Abs. 1 und 2, § 87 Abs. 1 S. 1, Abs. 2, 3, 4 S. 1 und Abs. 6 WpHG – und mithin die in den Normen enthaltenen Verhaltens- und Organisationspflichten – **entsprechend** auf WpDU **anzuwenden** sind, die **„strukturierte Einlagen"** verkaufen oder über diese beraten. Strukturierte Einlagen sind in § 2 Abs. 19 WpHG geregelt und zeichnen sich dadurch aus, dass die gezahlte Einlage bei Fälligkeit in voller Höhe zurückzuzahlen ist, während etwaige Zins- oder Prämienzahlungen von der Entwicklung variabler Basiswerte abhängig sind.

---

73 Siehe ausführlich unter Vorbemerkung A.
74 Vgl. BT-Drs. 18/10936 S. 233.
75 Siehe bereits unter Vorbemerkung C. I.
76 Siehe *ESMA* Questions and Answers on MiFID II and MiFIR investor protection and intermediaries topics, ESMA35-43-349 (wird weiterhin laufend ergänzt).
77 *ESMA* Leitlinien für solide Vergütungspolitiken unter Berücksichtigung der AIFMD, ESMA/2013/232 vom 3. Juli 2013.
78 *ESMA* Leitlinien zu einigen Aspekten der MiFID-Anforderungen an die Eignung, ESMA/2012/387 vom 25. Juni 2012; siehe auch den neuen Entwurf: *ESMA*, Consultation Paper, Guidelines on certain aspects of the MiFID II suitability requirements, ESMA35-43-748 vom 13. Juli 2017.
79 *ESMA* Leitlinien zu den Produktüberwachungsanforderungen der MiFID II, ESMA35-43-620 vom 5. Februar 2018.
80 *BaFin* Rundschreiben zu den Mindestanforderungen an die Compliance-Funktion und die weiteren Verhaltens-, Organisations- und Transparenzpflichten nach §§ 63 ff. Wertpapierhandelsgesetz für Wertpapierdienstleistungsunternehmen 5/2018 (WA) vom 19. April 2018, geändert am 9. Mai 2018, abrufbar unter https://www.bafin.de/SharedDocs/Downloads/DE/Rundschreiben/dl_rs_0518_MaComp_pdf.html.
81 Siehe hierzu schon unter Vorbemerkung B. I.

KAPITEL 1
Allgemeine Verhaltenspflichten

§ 63 WpHG
Allgemeine Verhaltensregeln; Verordnungsermächtigung

(1) Ein Wertpapierdienstleistungsunternehmen ist verpflichtet, Wertpapierdienstleistungen und Wertpapiernebendienstleistungen ehrlich, redlich und professionell im bestmöglichen Interesse seiner Kunden zu erbringen.

(2) Ein Wertpapierdienstleistungsunternehmen hat einem Kunden, bevor es Geschäfte für ihn durchführt, die allgemeine Art und Herkunft von Interessenkonflikten und die zur Begrenzung der Risiken der Beeinträchtigung der Kundeninteressen unternommenen Schritte eindeutig darzulegen, soweit die organisatorischen Vorkehrungen nach § 80 Absatz 1 Satz 2 Nummer 2 nicht ausreichen, um nach vernünftigem Ermessen zu gewährleisten, dass das Risiko der Beeinträchtigung von Kundeninteressen vermieden wird. Die Darlegung nach Satz 1 muss
1. mittels eines dauerhaften Datenträgers erfolgen und
2. unter Berücksichtigung der Einstufung des Kunden im Sinne des § 67 so detailliert sein, dass der Kunde in die Lage versetzt wird, seine Entscheidung über die Wertpapierdienstleistung oder Wertpapiernebendienstleistung, in deren Zusammenhang der Interessenkonflikt auftritt, in Kenntnis der Sachlage zu treffen.

(3) Ein Wertpapierdienstleistungsunternehmen muss sicherstellen, dass es die Leistung seiner Mitarbeiter nicht in einer Weise vergütet oder bewertet, die mit seiner Pflicht, im bestmöglichen Interesse der Kunden zu handeln, kollidiert. Insbesondere darf es bei seinen Mitarbeitern weder durch Vergütungsvereinbarungen noch durch Verkaufsziele oder in sonstiger Weise Anreize dafür setzen, einem Privatkunden ein bestimmtes Finanzinstrument zu empfehlen, obwohl das Wertpapierdienstleistungsunternehmen dem Privatkunden ein anderes Finanzinstrument anbieten könnte, das den Bedürfnissen des Privatkunden besser entspricht.

(4) Ein Wertpapierdienstleistungsunternehmen, das Finanzinstrumente zum Verkauf an Kunden konzipiert, muss sicherstellen, dass diese Finanzinstrumente so ausgestaltet sind, dass
1. sie den Bedürfnissen eines bestimmten Zielmarktes im Sinne des § 80 Absatz 9 entsprechen und
2. die Strategie für den Vertrieb der Finanzinstrumente mit diesem Zielmarkt vereinbar ist.

Das Wertpapierdienstleistungsunternehmen muss zumutbare Schritte unternehmen, um zu gewährleisten, dass das Finanzinstrument an den bestimmten Zielmarkt vertrieben wird.

(5) Ein Wertpapierdienstleistungsunternehmen muss die von ihm angebotenen oder empfohlenen Finanzinstrumente verstehen. Es muss deren Vereinbarkeit mit den Bedürfnissen der Kunden, denen gegenüber es Wertpapierdienstleistungen erbringt, beurteilen, auch unter Berücksichtigung des in § 80 Absatz 9 genannten Zielmarktes, und sicherstellen, dass es Finanzinstrumente nur anbietet oder empfiehlt, wenn dies im Interesse der Kunden liegt.

(6) Alle Informationen, die Wertpapierdienstleistungsunternehmen Kunden zugänglich machen, einschließlich Marketingmitteilungen, müssen redlich und eindeutig sein und dürfen nicht irreführend sein. Marketingmitteilungen müssen

eindeutig als solche erkennbar sein. § 302 des Kapitalanlagegesetzbuchs und § 15 des Wertpapierprospektgesetzes bleiben unberührt.

(7) Wertpapierdienstleistungsunternehmen sind verpflichtet, ihren Kunden rechtzeitig und in verständlicher Form angemessene Informationen über das Wertpapierdienstleistungsunternehmen und seine Dienstleistungen, über die Finanzinstrumente und die vorgeschlagenen Anlagestrategien, über Ausführungsplätze und alle Kosten und Nebenkosten zur Verfügung zu stellen, die erforderlich sind, damit die Kunden nach vernünftigem Ermessen die Art und die Risiken der ihnen angebotenen oder von ihnen nachgefragten Arten von Finanzinstrumenten oder Wertpapierdienstleistungen verstehen und auf dieser Grundlage ihre Anlageentscheidung treffen können. Die Informationen können auch in standardisierter Form zur Verfügung gestellt werden. Die Informationen nach Satz 1 müssen folgende Angaben enthalten:

1. **hinsichtlich der Arten von Finanzinstrumenten und der vorgeschlagenen Anlagestrategie unter Berücksichtigung des Zielmarktes im Sinne des Absatzes 3 oder 4:**
   a) **geeignete Leitlinien zur Anlage in solche Arten von Finanzinstrumenten oder zu den einzelnen Anlagestrategien,**
   b) **geeignete Warnhinweise zu den Risiken, die mit dieser Art von Finanzinstrumenten oder den einzelnen Anlagestrategien verbunden sind, und**
   c) **ob die Art des Finanzinstruments für Privatkunden oder professionelle Kunden bestimmt ist;**
2. **hinsichtlich aller Kosten und Nebenkosten:**
   a) **Informationen in Bezug auf Kosten und Nebenkosten sowohl der Wertpapierdienstleistungen als auch der Wertpapiernebendienstleistungen, einschließlich eventueller Beratungskosten,**
   b) **Kosten der Finanzinstrumente, die dem Kunden empfohlen oder an ihn vermarktet werden sowie**
   c) **Zahlungsmöglichkeiten des Kunden einschließlich etwaiger Zahlungen durch Dritte.**

Informationen zu Kosten und Nebenkosten, einschließlich solchen Kosten und Nebenkosten im Zusammenhang mit der Wertpapierdienstleistung und dem Finanzinstrument, die nicht durch ein zugrunde liegendes Marktrisiko verursacht werden, muss das Wertpapierdienstleistungsunternehmen in zusammengefasster Weise darstellen, damit der Kunde sowohl die Gesamtkosten als auch die kumulative Wirkung der Kosten auf die Rendite der Anlage verstehen kann. Auf Verlangen des Kunden muss das Wertpapierdienstleistungsunternehmen eine Aufstellung, die nach den einzelnen Posten aufgegliedert ist, zur Verfügung stellen. Solche Informationen sollen dem Kunden unter den in Artikel 50 Absatz 9 der Delegierten Verordnung (EU) 2017/565 genannten Voraussetzungen regelmäßig, mindestens jedoch jährlich während der Laufzeit der Anlage zur Verfügung gestellt werden. Die §§ 293 bis 297, 303 bis 307 des Kapitalanlagegesetzbuchs bleiben unberührt. Bei zertifizierten Altersvorsorge- und Basisrentenverträgen im Sinne des Altersvorsorgeverträge-Zertifizierungsgesetzes gilt die Informationspflicht nach diesem Absatz durch Bereitstellung des individuellen Produktinformationsblattes nach § 7 des Altersvorsorgeverträge-Zertifizierungsgesetzes als erfüllt. Dem Kunden sind auf Nachfrage die nach diesem Absatz erforderlichen Informationen über Kosten und Nebenkosten zur Verfügung zu stellen. Der Kunde ist bei Bereitstellung des individuellen Produktinformationsblattes nach § 7 des Altersvorsorgeverträge-Zertifizierungsgesetzes ausdrücklich auf dieses Recht hinzuweisen.

(8) Die Absätze 6 und 7 gelten nicht für Wertpapierdienstleistungen, die als Teil eines Finanzprodukts angeboten werden, das in Bezug auf die Informationspflichten bereits anderen Bestimmungen des Europäischen Gemeinschaftsrechts, die Kreditinstitute und Verbraucherkredite betreffen, unterliegt.

(9) Bietet ein Wertpapierdienstleistungsunternehmen Wertpapierdienstleistungen verbunden mit anderen Dienstleistungen oder anderen Produkten als Gesamtpaket oder in der Form an, dass die Erbringung der Wertpapierdienstleistungen, der anderen Dienstleistungen oder der Geschäfte über die anderen Produkte Bedingung für die Durchführung der jeweils anderen Bestandteile oder des Abschlusses der anderen Vereinbarungen ist, muss es den Kunden darüber informieren, ob die einzelnen Bestandteile auch getrennt voneinander bezogen werden können und dem Kunden für jeden Bestandteil getrennt Kosten und Gebühren nachweisen. Besteht die Wahrscheinlichkeit, dass die mit dem Gesamtpaket oder der Gesamtvereinbarung verknüpften Risiken von den mit den einzelnen Bestandteilen verknüpften Risiken abweichen, hat es Privatkunden in angemessener Weise über die einzelnen Bestandteile, die mit ihnen verknüpften Risiken und die Art und Weise, wie ihre Wechselwirkung das Risiko beeinflusst, zu informieren.

(...)

(12) Wertpapierdienstleistungsunternehmen müssen ihren Kunden in geeigneter Weise auf einem dauerhaften Datenträger über die erbrachten Wertpapierdienstleistungen berichten; insbesondere müssen sie nach Ausführung eines Geschäftes mitteilen, wo sie den Auftrag ausgeführt haben. Die Pflicht nach Satz 1 beinhaltet einerseits nach den in den Artikeln 59 bis 63 der Delegierten Verordnung (EU) 2017/565 näher bestimmten Fällen regelmäßige Berichte an den Kunden, wobei die Art und Komplexität der jeweiligen Finanzinstrumente sowie die Art der erbrachten Wertpapierdienstleistungen zu berücksichtigen ist, und andererseits, sofern relevant, Informationen zu den angefallenen Kosten. Bei zertifizierten Altersvorsorge- und Basisrentenverträgen im Sinne des Altersvorsorgeverträge-Zertifizierungsgesetzes gilt die Informationspflicht gemäß Satz 1 bei Beachtung der jährlichen Informationspflicht nach § 7a des Altersvorsorgeverträge-Zertifizierungsgesetzes als erfüllt. Dem Kunden sind auf Nachfrage die nach diesem Absatz erforderlichen Informationen über Kosten und Nebenkosten zur Verfügung zu stellen. Der Kunde ist bei Bereitstellung der jährlichen Information nach § 7a des Altersvorsorgeverträge-Zertifizierungsgesetzes ausdrücklich auf dieses Recht hinzuweisen.

(13) Nähere Bestimmungen zu den Absätzen 1 bis 3, 6, 7, 10 und 12 ergeben sich aus der Delegierten Verordnung (EU) 2017/565, insbesondere zu

1. **der Verpflichtung nach Absatz 1 aus den Artikeln 58, 64, 65 und 67 bis 69,**
2. **Art, Umfang und Form der Offenlegung nach Absatz 2 aus den Artikeln 34 und 41 bis 43,**
3. **der Vergütung oder Bewertung nach Absatz 3 aus Artikel 27,**
4. **den Voraussetzungen, unter denen Informationen im Sinne von Absatz 6 Satz 1 als redlich, eindeutig und nicht irreführend angesehen werden aus den Artikeln 36 und 44,**
5. **Art, Inhalt, Gestaltung und Zeitpunkt der nach Absatz 7 notwendigen Informationen für die Kunden aus den Artikeln 38, 39, 41, 45 bis 53, 61 und 65,**
6. **Art, Umfang und Kriterien der nach Absatz 10 von den Kunden einzuholenden Informationen aus den Artikeln 54 bis 56,**
7. **Art, Inhalt und Zeitpunkt der Berichtspflichten nach Absatz 12 aus den Artikeln 59 bis 63.**

(14) Das Bundesministerium der Finanzen kann im Einvernehmen mit dem Bundesministerium der Justiz und für Verbraucherschutz durch Rechtsverordnung, die nicht der Zustimmung des Bundesrates bedarf, nähere Bestimmungen zu Inhalt und Aufbau der formalisierten Kostenaufstellung nach Absatz 7 Satz 11 erlassen. Das Bundesministerium der Finanzen kann die Ermächtigung durch Rechtsverordnung auf die Bundesanstalt übertragen.

A. Grundlegendes

Die allgemeinen Verhaltenspflichten umfassen allgemeine Sorgfalts-, Interessen- **50**
wahrungs- und Informationspflichten. Die wichtigsten dieser Pflichten sollen im Folgenden dargestellt werden:

B. Die Pflichten zur Interessenwahrung und Interessenkonfliktvermeidung (§ 63 Abs. 1, 2 WpHG)

In § 63 Abs. 1 und 2 WpHG sind – gleichsam im Ausgangspunkt – zunächst die **51**
Pflichten zur Wahrung von Kundeninteressen sowie zur Vermeidung von Interessenkonflikten niedergelegt.

I. Pflicht zur Leistungserbringung im bestmöglichen Interesse der Kunden (§ 63 Abs. 1 WpHG)

Nach § 63 Abs. 1 WpHG muss ein WpDU seine Wertpapier(neben)diensteistungen zu- **52**
nächst *„ehrlich, redlich und professionell im bestmöglichen Interesse seiner Kunden [...] erbringen"*. Aus dieser grundlegenden Vorschrift zur Wahrung des Kundeninteresses[82] leiten sich das Gebot der Fremdnützigkeit und Loyalität gegenüber dem Kunden, das Verbot der Täuschung und Ausnutzung von Schwächen und mangelhaftem Fachwissen, das Gebot der Unterstützung des Kunden in Einklang mit dessen Risikobereitschaft sowie die Forderung nach Kompetenz und zumutbaren Anstrengungen im Rahmen der Wertpapier(neben)dienstleistung ab.[83] Der Streit darüber, ob ein WpDU bereits nach § 31 Abs. 1 Nr. 1 WpHG a.F. dazu verpflichtet war, im „bestmöglichen" Kundeninteresse zu handeln,[84] hat sich durch die Wortlautänderung in § 63 Abs. 1 WpHG durch das 2. FiMaNoG erledigt.[85]

II. Pflicht zur Interessenkonfliktvermeidung und Offenlegung nicht vermeidbarer Interessenkonflikte (§ 63 Abs. 2 WpHG)

Gemäß § 63 Abs. 2 WpHG müssen WpDU auf einem dauerhaften Datenträger und un- **53**
ter Berücksichtigung der Kundenkategorisierung[86] die allgemeine Art und Herkunft potentieller Interessenkonflikte sowie ihre Maßnahmen gegen die Beeinträchtigung von Kundeninteressen darlegen. Dies gilt allerdings nur, soweit ein WpDU nicht schon nach § 80 Abs. 1 S. 2 Nr. 2 WpHG ausreichende organisatorische Vorkehrungen getroffen hat,

---

82 Schwark/Zimmer/*Rothenhöfer* Kapitalmarktrechtskommentar § 31 WpHG Rn. 15; Fuchs/*Fuchs* WpHG § 31 WpHG Rn. 13.
83 Schimansky/Bunte/Lwowski/*Faust* Bankrechts-Handbuch § 109 Rn. 23; Schwark/Zimmer/*Rothenhöfer* § 31 WpHG Rn. 16.
84 Hierzu Assmann/Schneider/*Koller* WpHG § 31 Rn. 17; *Buck-Heeb* Kapitalmarktrecht, Rn. 776 ff.
85 *Buck-Heeb* BKR **2017** 485, 487.
86 Siehe dazu unter Vorbemerkung C.

um sicherzustellen, dass Kundeninteressen nicht beeinträchtigt werden. Einem Interessenkonflikt, das ist die zentrale Aussage der Neufassung des § 63 Abs. 2 WpHG, darf nur dann – und zwar nur im Ausnahmefall als ultima ratio – durch Offenlegung gegenüber dem Kunden begegnet werden, wenn er sich nicht vermeiden lasst. Lässt er sich tatsächlich nicht vermeiden, muss das WpDU den betroffenen Kunden so rechtzeitig informieren, dass er die Information bei seiner Entscheidung berücksichtigen kann, ob er die Wertpapier(neben)dienstleistung tatsächlich in Anspruch nehmen möchte.

54 Bei der Verpflichtung gemäß § 80 Abs. 1 S. 2 Nr. 2 WpHG, Interessenkonflikte zu vermeiden, handelt es sich neben der Pflicht aus § 80 Abs. 1 S. 2 Nr. 1 WpHG, einen regelmäßigen Geschäftsbetrieb zu gewährleisten, wohl um die zentrale Organisationspflicht des WpHG.[87]

C. Vergütung und Bewertung von Mitarbeitern (Art. 27 DVO MiFID II, § 63 Abs. 3 WpHG)

55 Art. 27 DVO MiFID II sowie der durch das 2. FiMaNoG eingeführte § 63 Abs. 3 WpHG sollen sicherstellen, dass Mitarbeiter von WpDU nicht so vergütet und bewertet werden, dass dies der Interessenwahrungspflicht (aus § 63 Abs. 1 WpHG) gegenüber Kunden zuwiderläuft. Insbesondere dürfen keine Anreize gesetzt werden, dass Mitarbeiter Kunden Finanzinstrumente anbieten, die den Kundeninteressen weniger entsprechen als ein alternatives Instrument, § 63 Abs. 3 S. 2 WpHG. Die entsprechende Organisationspflicht wurde in § 80 Abs. 1 S. 2 Nr. 3 WpHG niedergelegt. Erste Überlegungen zur Umsetzung der diesbezüglichen Verpflichtungen hatte die ESMA bereits 2013 in ihren „Leitlinien Vergütungsgrundsätze und -verfahren (MiFID)“[88] veröffentlicht. Sie sind mittlerweile Teil der MaComp geworden.[89]

D. „Product Governance“ (§§ 63 Abs. 4, und 5, 80 Abs. 9 ff. WpHG, §§ 11, 12 WpDVerOV)

§ 80 WpHG
Organisationspflichten; Verordnungsermächtigung

(9) Ein Wertpapierdienstleistungsunternehmen, das Finanzinstrumente zum Verkauf konzipiert, hat ein Verfahren für die Freigabe jedes einzelnen Finanzinstruments und jeder wesentlichen Anpassung bestehender Finanzinstrumente zu unterhalten, zu betreiben und zu überprüfen, bevor das Finanzinstrument an Kunden vermarktet oder vertrieben wird (Produktfreigabeverfahren). Das Verfahren muss sicherstellen, dass für jedes Finanzinstrument für Endkunden innerhalb der jeweiligen Kundengattung ein bestimmter Zielmarkt festgelegt wird. Dabei sind alle einschlägigen Risiken für den Zielmarkt zu bewerten. Darüber hinaus ist sicherzustellen, dass die beabsichtigte Vertriebsstrategie dem nach Satz 2 bestimmten Zielmarkt entspricht.

(10) Ein Wertpapierdienstleistungsunternehmen hat von ihm angebotene oder vermarktete Finanzinstrumente regelmäßig zu überprüfen und dabei alle Ereig-

87 Siehe unter Kapitel 3 A. Letztlich ist festzustellen, wo Geldflüsse die Erbringung von Dienstleistungen im Interesse des Kunden beeinträchtigen. Um es mit den Worten des Watergate-Informanten Mark Felt zu sagen, lautet der Auftrag an den Bereich Compliance damit: „Follow the money!“
88 *ESMA* Leitlinien: Vergütungsgrundsätze und -verfahren (MiFID), ESMA/2013/606 vom 3. Juni 2013.
89 Siehe dort im BT 8.

nisse zu berücksichtigen, die wesentlichen Einfluss auf das potentielle Risiko für den bestimmten Zielmarkt haben könnten. Zumindest ist regelmäßig zu beurteilen, ob das Finanzinstrument den Bedürfnissen des nach Absatz 9 Satz 2 bestimmten Zielmarkts weiterhin entspricht und ob die beabsichtigte Vertriebsstrategie zur Erreichung dieses Zielmarkts weiterhin geeignet ist.

(11) Ein Wertpapierdienstleistungsunternehmen, das Finanzinstrumente konzipiert, hat allen Vertriebsunternehmen sämtliche erforderlichen und sachdienlichen Informationen zu dem Finanzinstrument und dem Produktfreigabeverfahren nach Absatz 9 Satz 1, einschließlich des nach Absatz 9 Satz 2 bestimmten Zielmarkts, zur Verfügung zu stellen. Vertreibt ein Wertpapierdienstleistungsunternehmen Finanzinstrumente oder empfiehlt es diese, ohne sie zu konzipieren, muss es über angemessene Vorkehrungen verfügen, um sich die in Satz 1 genannten Informationen vom konzipierenden Wertpapierdienstleistungsunternehmen oder vom Emittenten zu verschaffen und die Merkmale sowie den Zielmarkt des Finanzinstruments zu verstehen.

(12) Ein Wertpapierdienstleistungsunternehmen, das Finanzinstrumente anzubieten oder zu empfehlen beabsichtigt und das von einem anderen Wertpapierdienstleistungsunternehmen konzipierte Finanzinstrumente vertreibt, hat geeignete Verfahren aufrechtzuerhalten und Maßnahmen zu treffen, um sicherzustellen, dass die Anforderungen nach diesem Gesetz eingehalten werden. Dies umfasst auch solche Anforderungen, die für die Offenlegung, für die Bewertung der Eignung und der Angemessenheit, für Anreize und für den ordnungsgemäßen Umgang mit Interessenkonflikten gelten. Das Wertpapierdienstleistungsunternehmen ist zu besonderer Sorgfalt verpflichtet, wenn es als Vertriebsunternehmen ein neues Finanzprodukt anzubieten oder zu empfehlen beabsichtigt oder wenn sich die Dienstleistungen ändern, die es als Vertriebsunternehmen anzubieten oder zu empfehlen beabsichtigt.

(13) Das Wertpapierdienstleistungsunternehmen hat seine Produktfreigabevorkehrungen regelmäßig zu überprüfen, um sicherzustellen, dass diese belastbar und zweckmäßig sind und zur Umsetzung erforderlicher Änderungen geeignete Maßnahmen zu treffen. Es hat sicherzustellen, dass seine gemäß Artikel 22 Absatz 2 der Delegierten Verordnung (EU) 2017/565 eingerichtete Compliance-Funktion die Entwicklung und regelmäßige Überprüfung der Produktfreigabevorkehrungen überwacht und etwaige Risiken, dass Anforderungen an den Produktüberwachungsprozess nicht erfüllt werden, frühzeitig erkennt.

Zukünftig haben WpDU verschiedene Organisations- und **Verhaltenspflichten** im **56**
Zusammenhang mit der sogenannten **Produktgestaltung, -freigabe und -überwachung (Product Governance)** zu beachten. Diese neuen Pflichten hat der Gesetzgeber in den §§ 63 Abs. 4 und 5, 80 Abs. 9 bis 13 WpHG sowie in den §§ 11 und 12 WpDVerOV verankert. Die genannten Normen bringen insofern einen Paradigmenwechsel mit sich, als auch der sogenannte **Konzepteur** zukünftig in die **Verantwortung für den Vertrieb** seiner Finanzinstrumente eingebunden sein soll. Indem das neue **Zielmarktkonzept** für sie ebenfalls verbindlich ist, haben die Vertreiber aber ebenfalls weitere Pflichten zu beachten. Schon bislang waren sie dafür verantwortlich, im beratungsfreien Geschäft zu prüfen, ob dieses für den jeweiligen Kunden angemessen ist. Zudem hatten sie im Anlageberatungsgeschäft bzw. Vermögensverwaltungsgeschäft sicherzustellen, dass ihre Empfehlung bzw. Anlageentscheidung geeignet ist. Zukünftig tritt die Verpflichtung hinzu, Finanzinstrumente zielmarktkonform zu vertreiben.

57 Wie oben bereits dargelegt wurde,[90] hat die ESMA Auslegungshinweise auch zu den Normen veröffentlicht, die den genannten Vorschriften zur „Product Governance" zu Grunde liegen. Diese Auslegungshinweise hat sie als „Leitlinien zu den Produktüberwachungsanforderungen der MiFID II" überschrieben. Das erachten die Verfasser als zumindest missverständlich. Tatsächlich handelt es sich um einen sehr viel umfassenderen Pflichtenkatalog. Der **Gesetzgeber** hat nicht nur **Pflichten** hinsichtlich der Produktüberwachung, sondern vielmehr hinsichtlich der **Produktgestaltung, -freigabe und -überwachung geschaffen**. In der Folge wird deshalb der Begriff „Product Governance Pflichten" statt „Produktüberwachungspflichten" verwendet.

58 Dass zahlreiche und weitreichende Pflichten zu beachten sind, lässt auch anhand der Tatsache ersehen, dass selbst der Gesetzgeber spätestens im Anschluss an die Konsultation der Marktteilnehmer verstanden haben muss, welch erhebliche Kosten mit diesen neuen „Product Governance Anforderungen" einhergehen. So wird in den §§ 11 Abs. 1 S. 2 und 12 Abs. 1 WpDVerOV sowohl für den Konzepteur, als auch für den Vertreiber ausdrücklich betont, dass den Pflichten unter Berücksichtigung des **Verhältnismäßigkeitsgrundsatzes** Rechnung zu tragen ist.[91] Auch der Gesetzgeber hat letztlich offenbar nicht die Augen vor der Tatsache verschlossen, dass diese Kosten letztlich von den Anlegern getragen werden müssen.

I. Zum Begriff des „Konzepteurs"

59 Nachdem unter einem **Konzepteur** gemäß § 11 Abs. 1 S. 2 i.V.m. S. 1 WpDVerOV jedes WpDU zu verstehen ist, das ein **Finanzinstrument schafft, entwickelt, begibt und/oder gestaltet**,[92] greifen die damit verbundenen Verpflichtungen zunächst für ein WpDU, das Finanzinstrumente selbst emittiert. Lässt ein WpDU Finanzinstrumente von einer Zweckgesellschaft begeben, die es zu diesem Zweck betreibt, wird das WpDU selbst jedenfalls den Auffangtatbestand des „Gestaltens" erfüllen. Überdies gilt ein WpDU bereits als Konzepteur eines Finanzinstruments, wenn es einen *„Emittenten aus dem Unternehmenssektor bei der Auflage neuer Finanzinstrumente"* **berät**.[93] Für die Begleitung anderer potentieller Emittenten, z.B. staatlicher Stellen, die Finanzinstrumente im Rahmen der Schuldenverwaltung emittieren, wird dies wohl entsprechend gelten.

60 Damit er sich als das Abgrenzungskriterium qualifizieren kann, als das Gesetzgeber und Aufsicht ihn etabliert haben, müssen dem Begriff der **„Beratung"** in diesem Zusammenhang sinnvolle Konturen verschafft werden. In diesem Sinne setzt die Beratung eines Emittenten, der nicht selbst WpDU ist, dem Wortsinn zufolge zunächst voraus, dass das **WpDU eine Empfehlung erteilt**. Nach dem Sinn und Zweck der „Product Governance Vorschriften" muss sich diese Empfehlung zudem auf die **Ausgestaltung** des zu emittierenden Finanzinstruments beziehen. Wenn es seine Ausgestaltung nicht beeinflusst hat, kann das WpDU selbstverständlich keine entsprechenden Pflichten hinsichtlich dieses Finanzinstruments innehaben. Wird ein WpDU von einem „Unternehmensemittenten" beispielsweise nur zu seiner Auffassung zum geeigneten Emissionszeitpunkt befragt, wird man diesem WpDU nach der hier vertretenen Auffassung somit nicht die Verantwor-

---

90 Siehe unter Vorbemerkung D.

91 Siehe auch Rn. 11 sowie Rn. 21 und 41 der Product Governance Leitlinien (ESMA35-43-620 DE).

92 Siehe Art. 9 Delegierte Richtlinie (EU) 2017/593 der Kommission vom 7. April zur Ergänzung der Richtlinie 2014/65/EU, Abl. L 87 vom 31.3.2017, S. 500; im Folgenden „DRL MiFID II", sowie Rn. 6 ff. Product Governance Leitlinien (ESMA35-43-620 DE).

93 Siehe ErwG 15 S. 2 DRL MiFID II sowie ebenfalls Rn. 6 der Product Governance Leitlinien (ESMA35-43-620 DE).

tung als Konzepteur zubilligen können. Bei vielen Anleiheprogrammen, deren Bedingungen längst feststehen, ehe WpDU zur Platzierung hinzugezogen werden, kann ein platzierendes WpDU aus demselben Grund ebenfalls nicht als Konzepteur angesehen werden. Entsprechendes gilt für sogenannte „Aktien-IPO's", bei denen sich die Ausgestaltung der Aktie nach dem Aktiengesetz richtet, nicht aber auf die Beratung eines WpDU zurückgeht.

Überdies wird man den Begriff des Konzepteurs auch insofern noch einen sinnvollen 61 Inhalt zuweisen müssen, als Wertpapiere von „Unternehmensemittenten" in aller Regel nicht von einem einzelnen WpDU platziert werden, sondern vielmehr von einem **Konsortium**. Welches WpDU in diesem Konsortium den „Unternehmensemittenten" letztlich so eng begleitet – und beraten – hat, dass es als Konzepteur anzusehen ist, sollte dem Markt überlassen werden. Zu erwarten ist, dass sich hier eine Marktpraxis etablieren wird, und die Marktteilnehmer selbst regeln, welche WpDU die Pflichten des Konstrukteurs – gegen eine angemessene Vergütung – übernehmen.

Außerdem stellt sich die Frage nach der Eigenschaft eines **WpDU** als Konzepteur, 62 wenn es eine **Kapitalverwaltungsgesellschaft** im Zusammenhang mit einem Investmentvermögen **berät**. Erfolgt die Beratung, damit das Investmentvermögen anschließend aufgelegt werden kann, wird man das WpDU als dessen Konzepteur ansehen müssen. Erbringt das WpDU hingegen lediglich die Dienstleistung der Anlageberatung und erteilt der Kapitalverwaltungsgesellschaft somit erst Empfehlungen, wie das von den Anlegern bereits eingesammelte Kapital anzulegen ist, nachdem das Investmentvermögen bereits aufgelegt wurde, ist es nach der hier vertretenen Auffassung nicht als Konzepteur anzusehen. Maßgeblich ist, ob auf die Ausgestaltung des Finanzinstruments selbst Einfluss genommen wird, bevor es „geschaffen" wird.

II. Zum Begriff des „Vertreibers"

Nach § 12 Abs. 1 WpDVerOV sind **Vertreiber** solche **WpDU**, die ihren Kunden Fi- 63 nanzinstrumente **anbieten oder empfehlen**, wobei die ESMA noch das **Verkaufen** berücksichtigt wissen möchte.[94] Dass weder eine Anlageberatung im Sinne einer Empfehlung, noch ein Verkaufserfolg vorliegen müssen, sondern dass sogar das bloße Anbieten, also das Zugänglichmachen eines Finanzinstruments an potentielle Kunden, ausreicht, um die Vertreiberpflichten beachten zu müssen, verdeutlicht, dass insoweit ebenfalls ein weiter Anwendungsbereich Platz greifen soll. Klar entgegengetreten ist die ESMA infolgedessen Bestrebungen, die Dienstleistung der Vermögensverwaltung insofern zu privilegieren, dass Vermögensverwalter nur für die Geeignetheit ihrer Anlageentscheidungen hätten einstehen sollen, nicht aber auch für den zielmarktkonformen Vertrieb der eingesetzten Finanzinstrumente.[95] Auch Vermögensverwalter sind demnach als Vertreiber der Finanzinstrumente anzusehen, die sie für ihre Kunden erwerben.[96]

Hinzuzufügen ist an dieser Stelle schließlich noch, dass ein **Konzepteur zugleich 64 die Pflichten des Vertreibers** zu beachten hat, wenn er seine Finanzinstrumente selbst an seine Kunden vertreibt.[97]

---

94 Siehe Rn. 5 der Product Governance Leitlinien (ESMA35-43-620 DE) und auch § 12 Abs. 5 WpDVerOV, wonach die „Product Governance Pflichten" von einem Vertreiber zu beachten sind, wenn es ein Finanzinstrument *„zu empfehlen oder zu verkaufen beabsichtigt"*.

95 Aus Sicht der ESMA handelt es sich bei der Dienstleistung der Vermögensverwaltung um die hochwertigste Dienstleistung, für die deshalb der umfassendste Pflichtenkatalog gelten muss. Siehe zur „Hierarchie der Dienstleistungen" auch unter Vorbemerkung B. I, insbesondere Fn. 32.

96 Siehe Rn. 31, 44, 48, 52–55 der Product Governance Leitlinien (ESMA35-43-620 DE).

97 Siehe Rn. 12 der Product Governance Leitlinien (ESMA35-43-620 DE), siehe auch § 12 Abs. 8 WpDVerOV, der klarstellt, dass in einem solchen Fall nur ein Zielmarkt bestimmt werden muss.

III. Zum Begriff des Zielmarkts

65 Der Zielmarktbegriff, mithin das zentrale Kriterium der neuen „Product Governance Vorschriften“, wird im Gesetz vorausgesetzt, **nicht** aber **definiert.** Nachdem es – insbesondere im Massengeschäft, das IT-gestützt ablaufen muss – allerdings nicht möglich gewesen wäre, den zielmarktkonformen Vertrieb in Abstimmung zwischen der großen Vielzahl an beteiligten Konzepteuren und Vertreibern ohne einen klaren Zielmarktbegriff zu bewerkstelligen und zu überprüfen, hat es (wie schon beim Begriff des Vertreibers) die **ESMA** im Anschluss an die wiederholte Konsultation der Marktteilnehmer[98] **übernommen, den Begriff des Zielmarkts zu definieren.**

66 **Fünf Zielmarktkriterien** sind – nach ausführlichen und jahrelangen Diskussionen – letztlich verblieben:[99] Zu definieren ist zunächst, welcher **Kundentyp** angesprochen werden soll, ob ein Finanzinstrument mithin für Privatkunden, und/oder professionelle Kunden und/oder geeignete Gegenparteien bestimmt ist. Außerdem ist festzulegen, welche **Kenntnisse und Erfahrungen** Zielkunden haben sollten, um das Risiko-Ertrags-Profil des Finanzinstruments richtig und vollständig verstehen zu können. Überdies ist zu benennen, wie die **finanzielle Situation** der Zielkunden beschaffen sein sollte, wobei insbesondere auf deren Fähigkeit einzugehen ist, gegebenenfalls einen Verlust zu tragen. Weiterhin ist die notwendige **Risikotoleranz** der Zielkunden zu quantifizieren bzw. die Kompatibilität des Risiko-Ertrags-Profils des Finanzinstruments mit dem Zielmarkt zu bezeichnen. Und schließlich sind die **(Anlage-) Ziele** der Zielkunden zu benennen **sowie** die besonderen **Bedürfnisse** von Zielkunden, denen das Finanzinstrument gegebenenfalls Rechnung tragen kann. Als Beispiele für derartige besondere Bedürfnisse, für die Finanzinstrumente konzipiert sein können, nennt die ESMA das Interesse von Zielkunden an der Währungsabsicherung sowie die Absicht, „grüne“ oder „ethische“ Investitionen vorzunehmen.[100]

67 Die gerade genannten fünf Zielmarktkriterien[101] haben sowohl der Konzepteur, als auch der Vertreiber bei ihrer jeweiligen Zielmarktbestimmung gleichermaßen zu berücksichtigen.[102] Zu erwarten ist, dass der praktische Umgang mit diesen Kriterien in der Praxis dazu führen wird, dass sie zunehmend konkreter und lebensnäher ausformuliert werden.

68 Für jedes Zielmarktkriterium kann dabei grundsätzlich nicht nur ein positiver, sondern auch ein negativer Zielmarkt[103] definiert werden. Nicht zu verkennen ist die Intention des Gesetzgebers, WpDU einen möglichst konkreten Zielmarkt bestimmen zu lassen, der auch Angaben umfasst, für Kunden mit welchen Merkmalen das jeweilige Finanzinstrument nicht geeignet ist. Unter Umständen kann sich anhand des positiven Zielmarkts bereits im Umkehrschluss ergeben, welcher negative Zielmarkt zu beachten ist.[104]

---

98 Bevor die ESMA der Kommission ihren sogenannten „Technical Advice“ gegeben hat (*ESMA* Final Report – ESMA’s Technical Advice to the Commission on MiFID II and MiFIR, ESMA/2014/1569 vom 19. Dezember 2014) und bevor sie die Product Governance Leitlinien (ESMA35-43-620 DE) veröffentlicht hat, hat sie der Öffentlichkeit Gelegenheit gegeben und die Interessenvertreter aufgefordert, Stellung zu nehmen und sachdienliche Hinweise zu geben.

99 Siehe Rn. 18 der Product Governance Leitlinien (ESMA35-43-620 DE).

100 Siehe Rn. 18 a.E. der Product Governance Leitlinien (ESMA35-43-620 DE).

101 Siehe vertieft zu den Zielmarktkriterien Mülbert/*Breilmann* Bankrechtstag 2017 Band 39, S. 135ff.

102 Siehe Rn. 18 und 34 der Product Governance Leitlinien (ESMA35-43-620 DE).

103 Siehe Rn. 67 der Product Governance Leitlinien (ESMA35-43-620 DE).

104 Siehe Rn. 68 der Product Governance Leitlinien (ESMA35-43-620 DE).

IV. Zum Begriff der Vertriebsstrategie

Den Begriff der Vertriebsstrategie hat der Gesetzgeber ebenfalls nicht selbst definiert, sondern es der ESMA überlassen, im Anschluss an ihre Konsultationsmaßnahmen Details vorzugeben. Um den Bedürfnissen der Kapitalmarktteilnehmer Rechnung zu tragen, hat sich die ESMA insofern allerdings – anders als bei den ausführlichen Vorgaben zu den Zielmarktkriterien – darauf beschränkt, zunächst festzuhalten, dass jede **Vertriebsstrategie darauf abzuzielen** hat, dass **das jeweilige Finanzinstrument tatsächlich zielmarktkonform vertrieben** wird.[105] Mit konkreten Beispielen für den Inhalt einer Vertriebsstrategievorgabe hat sie sich demgegenüber zurückgehalten. Als potentielle – aber wohl nicht zwingend kumulativ notwendige – Maßnahmen wurden zunächst die Vorgabe der aus Sicht des Konzepteurs für den Vertrieb geeigneten Dienstleistungen (Vermögensverwaltung, Anlageberatung, beratungsfreies Geschäft, reines Ausführungsgeschäft) und zudem Vertriebskanalvorgaben durch den Konzepteur benannt.[106] Beiläufig wurde außerdem erwähnt, dass auch die Auswahl geeigneter[107] – und damit vor allem der Ausschluss ungeeigneter – Vertreiber zu den Maßnahmen gehört, an die zu denken sein dürfte, wenn ein Konzepteur seine Vertragsstrategie festlegt. Nachdem im Rahmen der „Product Governance Vorschriften" wiederholt betont wird, wie bedeutsam der Informationsaustausch zwischen Konzepteur und Vertreiber ist,[108] dürfte auch die „Informationsstrategie"[109] zu den Gegenständen gehören, die vom Konzepteur regelmäßig zu planen ist, wenn er eine Vertriebsstrategie festlegt. 69

V. „Product Governance Prozess" des Konzepteurs (§ 63 Abs. 4 WpHG, § 11 WpDVerOV)

Sicherzustellen hat der Konzepteur nach § 63 Abs. 4 WpHG und § 11 WpDVerOV im Kern vor allem, dass seine Finanzinstrumente den Bedürfnissen eines bestimmten Zielmarkts entsprechen und dass die Vertriebsstrategie mit dem Zielmarkt vereinbar ist. Dazu hat er, bevor er ein Finanzinstrument erstmals anbietet, ein **Produktfreigabeverfahren**, und anschließend, so lange er dieses weiter anbietet, ein **Produktüberwachungsverfahren** zu betreiben. **Interessenkonflikte** sind gemäß § 11 Abs. 2 und 3 WpDVerOV und **Gefahren für den Finanzmarkt** sind gemäß § 11 Abs. 4 WpDVerOV zu vermeiden. Kooperieren mehrere WpDU bei der Konzeption eines Finanzinstruments, haben sie gemäß § 11 Abs. 6 WpDVerOV schriftlich zu vereinbaren, welches WpDU welche Verantwortlichkeiten übernimmt. Diese Pflicht gemäß § 11 Abs. 6 WpDVerOV haben im Übrigen auch WpDU zu beachten, die mit Unternehmen zusammenarbeiten, die dem Geltungsbereich der „MiFID II-Regelungen" nicht unterfallen. 70

1. Produktfreigabeverfahren des Konzepteurs. Nach § 80 Abs. 9 WpHG (Einzelheiten in § 11 Abs. 1 bis 11 WpDVerOV) hat der Konzepteur das Produktfreigabeverfahren zu unterhalten, um sicherzustellen, dass für jedes Finanzinstrument für Endkunden unter Berücksichtigung der einschlägigen Risiken ein bestimmter Zielmarkt festgelegt wird 71

---

105 Siehe Rn. 25 der Product Governance Leitlinien (ESMA35-43-620 DE).
106 Siehe Rn. 26 der Product Governance Leitlinien (ESMA35-43-620 DE).
107 Siehe Rn. 25, 51 der Product Governance Leitlinien (ESMA35-43-620 DE).
108 Siehe Rn. 51, 55, 58, 73, 74 der Product Governance Leitlinien (ESMA35-43-620 DE); siehe zudem: *BaFin* Konferenz zur Umsetzung der MiFID II Vorgaben im Bereich der Wohlverhaltensregeln vom 27. Oktober 2017, Vortrag: MiFID II: Product Governance, Folien 15 ff. 33, 35 ff. Folien abrufbar unter www.bafin.de.
109 Siehe wiederum Rn. 26 der Product Governance Leitlinien (ESMA35-43-620 DE).

und die beabsichtigte Vertriebsstrategie diesem Zielmarkt entspricht. Dabei kann – und wird – seine Definition des Zielmarkts gemäß § 11 Abs. 8 WpDVerOV eher abstrakt ausfallen, insbesondere wenn der Konzepteur keinen direkten Endkundenkontakt hat.[110] In der Praxis kooperieren Konzepteure regelmäßig mit ihren Vertriebspartnern, die aufgrund des direkten Kontakts zu ihren Kunden über bessere Kenntnisse hinsichtlich des tatsächlichen Zielmarktes verfügen. Da der Gesetzgeber mit den Zielmarktvorgaben für die Konzepteure und den Vertrieb einen zweistufigen Prozess geschaffen hat, mag dies zwar nicht in seinem ursprünglichen Interesse liegen. *De lege lata* ist eine solche Praxis aber weiterhin unbedenklich.

72 **2. Produktüberwachungsverfahren des Konzepteurs.** Anschließend hat der Konzepteur nach § 80 Abs. 10 WpHG (Einzelheiten in § 11 Abs. 13 bis 15 WpDVerOV) seine Finanzinstrumente regelmäßig unter Berücksichtigung der Ereignisse, die wesentlichen Einfluss auf das potentielle Risiko für den bestimmten Zielmarkt haben könnten, zu überprüfen und dahingehend zu beurteilen, ob sie den Bedürfnissen des Zielmarkts weiterhin entsprechen und ob die Vertriebsstrategie zur Erreichung des anvisierten Zielmarkts weiterhin geeignet ist. Ergibt diese Prüfung, dass ein Finanzinstrument nicht oder nicht mehr vollständig für den ursprünglich angedachten Zielmarkt geeignet oder die Vertriebsstrategie zu modifizieren ist, sind gemäß § 11 Abs. 16 WpDVerOV geeignete Maßnahmen zu ergreifen. Insbesondere ist sicherzustellen, dass der Vertrieb eingestellt oder modifiziert wird, um gegebenenfalls nicht noch weitere Kunden zu beeinträchtigen. Diese Produktüberwachung ist sowohl regelmäßig (siehe § 80 Abs. 10 WpHG und § 11 Abs. 14 WpDVerOV), als auch anlassbezogen durchzuführen, weshalb der Konzepteur gemäß § 11 Abs. 15 WpDVerOV von vorneherein „wesentliche Ereignisse“ definieren muss, bei deren Eintritt er erneut zu überprüfen hat, ob der Vertrieb nach wie vor zielmarktkonform erfolgen kann.

VI. „Product Governance Prozess“ des Vertreibers (§ 63 Abs. 5 WpHG, § 12 WpDVerOV)

73 Zentrale Pflichten des Vertreibers nach § 63 Abs. 5 WpHG sind, die Finanzinstrumente, die er vertreibt, **zu verstehen** und deren Vereinbarkeit mit den Bedürfnissen der Kunden auch unter Berücksichtigung des **Zielmarkts** zu beurteilen, damit der **Vertrieb auch im Interesse der Kunden** erfolgt. Im Ergebnis hat der Vertreiber Finanzinstrumente damit gegebenenfalls zielmarktkonform an den jeweiligen Endkunden zu vertreiben. In einer Vertriebskette trifft diese Pflicht nach § 12 Abs. 12 WpDVerOV den Vertreiber, der mit dem Endkunden kontrahiert. Die (Zwischen-) Vertreiber müssen ihn insoweit unterstützen, dass sämtliche Informationen vom Konzepteur an den Endvertreiber weiterzuleiten sind.

74 **1. Produktfreigabeverfahren des Vertreibers.** Der Vertreiber ist nach § 80 Abs. 12 WpHG (Einzelheiten in § 12 Abs. 1 WpDVerOV) ebenfalls zu besonderer Sorgfalt verpflichtet, wenn er ein neues Finanzprodukt zu vertreiben beabsichtigt. Dass Interessenkonflikte zu vermeiden sind, wird in § 12 Abs. 2 WpDVerOV auch hinsichtlich des Vertreibers wiederum besonders betont. Sehr ausführlich hat der Gesetzgeber zudem in § 12 Abs. 2, 5 und 6 WpDVerOV die Pflicht des Vertreibers geregelt, sich die notwendigen Informationen zu verschaffen, um das Chancen- und Risikoprofil des Finanzinstruments

110 Siehe § 11 Abs. 8 WpDVerOV und Rn. 17 der Product Governance Leitlinien (ESMA35-43-620 DE).

richtig und vollständig zu verstehen und das Produktfreigabeverfahren verantwortlich zu betreiben.

75 Konkret hat der Vertreiber – und zwar unter Berücksichtigung der Interessen der Kunden – gemäß § 12 Abs. 3 WpDVerOV zunächst einen eigenen **Zielmarkt festzulegen**. Dabei kann er sich an die Definition des Konzepteurs „anlehnen", ohne diese weiter verfeinern zu müssen, wenn es sich um einfachere und gebräuchliche Finanzinstrumente handelt.[111] Gleichwohl hat er in jedem einzelnen Fall eine eigenverantwortliche Entscheidung vorzunehmen, bevor er ein Finanzinstrument in den Vertrieb aufnimmt.[112] Insbesondere bei komplexeren Finanzinstrumenten ist der – eher abstrakte – Zielmarkt, den der Konzepteur vorgegeben hat, weiter zu verfeinern.[113] Zu berücksichtigen hat der Vertreiber die Informationen, die ihm hinsichtlich seiner Kunden vorliegen. Das kann dazu führen, dass er den Zielmarkt für ein Finanzinstrument gegenüber den Vorgaben des Konzepteurs weiter einengt.[114] Wenn die Bedürfnisse seiner Kunden dies aber erfordern, gebieten Sinn und Zweck des „Product Governance Regimes", dass er den Zielmarkt auch ausweiten können muss. Denkbar ist etwa, dass die Betrachtung unter einem „Portfolioansatz" dazu führt, dass chancen- und risikoreiche Finanzinstrumente einem insgesamt defensiver ausgerichteten Zielkundenportfolio in kleinerem Umfang beigemischt werden sollten.[115]

76 Weil der **Vertreiber** verpflichtet ist, selbst einen Zielmarkt festzulegen, **verbleibt** diese **Pflicht** nach § 12 Abs. 3 S. 2 WpDVerOV vollständig bei diesem, **wenn kein Konzepteur einen Zielmarkt bestimmt** hat. Derartige Situationen können sich bei Finanzinstrumenten ergeben, deren Emittent bzw. Verwalter nicht selbst Adressat des WpHG ist, was insbesondere für Emittenten von Finanzinstrumenten außerhalb der EU, für Unternehmen der „Realwirtschaft" und für Kapitalverwaltungsgesellschaften gilt.

77 Außerdem muss **auch der Vertreiber seine Vertriebsstrategie festlegen**. Dadurch soll ebenfalls sichergestellt werden, dass der Kundentyp angesprochen werden soll, für dessen Bedürfnisse, Merkmale und Ziele das Finanzinstrument konzipiert wurde, nicht aber eine andere Kundengruppe.[116] Bei dieser Entscheidung wird sich der Vertreiber wohl stark an den Vorgaben des Konzepteurs orientieren, wobei die Informationen über seinen Kundenstamm auch hier eine eigene Vertriebsstrategie erfordern können.[117] Wenn ein Vertreiber praktisch keine bzw. nur eine sehr eingeschränkte Zielmarktüberprüfung vornehmen kann, wie bei den Dienstleistungen des reinen Ausführungsgeschäfts bzw. des beratungsfreien Geschäfts, erwartet die ESMA, dass er die Vertriebsstrategievorgaben des Konzepteurs eher streng beachtet[118] oder den Zugang seiner Kunden zu einem Finanzinstrument möglicherweise sogar beschränkt, obwohl der Konzepteur dies gar nicht vorgesehen hat.[119]

78 Den Zielmarkt und die Vertriebsstrategie hat das **Leitungsorgan** des vertreibenden WpDU selbst zu bestimmen, bevor ein Finanzinstrument ins tägliche Geschäft über-

111 Siehe Rn. 38, 42 der Product Governance Leitlinien (ESMA35-43-620 DE).
112 Siehe Rn. 38 der Product Governance Leitlinien (ESMA35-43-620 DE).
113 Siehe zunächst Rn. 38 und ausführlich Rn. 41–48 der Product Governance Leitlinien (ESMA35-43-620 DE).
114 Siehe Rn. 46 der Product Governance Leitlinien (ESMA35-43-620 DE).
115 Siehe zum Gedanken der Ausweitung des Konzepteurzielmarkts auch Kapitel 2.7, Rn. 18 im sogenannten „Technical Advice" der ESMA (*ESMA* Final Report – ESMA's Technical Advice to the Commission on MiFID II and MiFIR, ESMA/2014/1569 vom 19. Dezember 2014).
116 Siehe Rn. 33 der Product Governance Leitlinien (ESMA35-43-620 DE).
117 Siehe Rn. 49 der Product Governance Leitlinien (ESMA35-43-620 DE).
118 Siehe Rn. 45 der Product Governance Leitlinien (ESMA35-43-620 DE).
119 Vgl. Kapitel 1 D. VII.

nommen wird.[120] Letztlich bedeutet das, dass ein Prozess unter dessen Verantwortlichkeit zu implementieren ist.

79 **2. Produktüberwachungsverfahren des Vertreibers.** Der Vertreiber hat nach § 80 Abs. 13 WpHG (Einzelheiten in § 12 Abs. 9 WpDVerOV) sein Produktfreigabeverfahren ebenfalls regelmäßig zu überprüfen, um sicherzustellen, dass dieses belastbar und zweckmäßig ist, und er soll frühzeitig erkennen, wenn die Anforderungen an den Produktüberwachungsprozess nicht erfüllt werden.

80 Im Rahmen der laufenden Produktüberwachung muss auch der Vertreiber überprüfen, ob nach wie vor der Zielmarkt erreicht wird. Informationen, die er anhand von Kundenbeschwerden erlangt, sind dabei zu berücksichtigen.[121] Betont wird in § 12 Abs. 9 WpDVerOV wiederum, dass dieser Produktüberwachungsprozess sowohl regelmäßig, als auch – etwa angesichts besonderer Kapitalmarktentwicklungen – anlassbezogen durchzuführen ist.

VII. Zur Umsetzung des Zielmarktkonzepts in der Praxis, insbesondere zur Zielmarktprüfung des (End-) Vertreibers

81 Erwirbt der Kunde eines vertreibenden WpDU ein Finanzinstrument, ist dieses zur Prüfung verpflichtet, **ob** sich **dieser Kunde im Zielmarkt** befindet. Diese Pflicht besteht grundsätzlich neben der Geeignetheits- bzw. Angemessenheitsprüfung,[122] tritt also zu dieser hinzu.[123] Im Anlageberatungs- und Vermögensverwaltungsgeschäft hat ein WpDU, um die Geeignetheitsprüfung vornehmen zu können, mehr Informationen seiner Kunden einzuholen, als im beratungsfreien Geschäft, wo nur die Pflicht zur Angemessenheitsprüfung besteht. Infolgedessen ergibt sich zwischen diesen Dienstleistungen ein Informationsgefälle, das sich auch auf die Pflicht zur Zielmarktprüfung auswirkt.

82 **1. Zielmarktprüfung im Anlageberatungs- und Vermögensverwaltungsgeschäft.** Wegen der Wechselwirkungen zwischen der „Geeignetheitsprüfung" nach § 64 Abs. 3 WpHG und der „Zielmarktprüfung", die beide unabhängig nebeneinander stehen, erfolgt im Anlageberatungsgeschäft gleichwohl ein voller Zielmarktabgleich.[124] Ohnehin müssen im Anlageberatungsgeschäft nämlich alle Informationen vom Kunden erhoben werden, die benötigt werden, um die „Geeignetheit" des empfohlenen Geschäfts beurteilen zu können.[125] Nachdem das WpDU diese erlangt hat, liegen ihm auch sämtliche Informationen vor, die notwendig sind, um vollständig abzugleichen, ob der Kunde im Zielmarkt liegt. Infolgedessen wäre eine nur eingeschränkte Zielmarktprüfung von vorneherein nicht zu rechtfertigen.[126]

83 **2. Zielmarktprüfung im beratungsfreien Geschäft.** Im beratungsfreien Geschäft wird demgegenüber in der Regel **nur die Überprüfung der Zielmarktkriterien „Kennt-**

---

120 Siehe Rn. 27 der Product Governance Leitlinien (ESMA35-43-620 DE).
121 Siehe Rn. 73 der Product Governance Leitlinien (ESMA35-43-620 DE).
122 Siehe Rn. 33 der Product Governance Leitlinien (ESMA35-43-620 DE).
123 Mülbert/*Breilmann* Bankrechtstag 2017 Band 39, S. 133, darauf hin, dass die Product Governance Pflichten früher und auf Produktebene zu beachten sind, während die Pflicht zur Angemessenheits- bzw. Geeignetheitsprüfung erst auf der Kundenebene einsetzt.
124 Vgl. *Buck -Heeb* CCZ **2016** 2, 9; *Roth*/*Blessing* CCZ **2016** 258, 261.
125 Siehe unter Kapitel 2 E.
126 Siehe vertieft zum Erfordernis, neben der Geeignetheitsprüfung auch einen Zielmarktabgleich zu bewirken, Mülbert/*Breilmann* Bankrechtstag 2017 Band 39, S. 149.

nisse und Erfahrungen" sowie „Kundentyp" möglich sein. Denn im Rahmen der „Angemessenheitsprüfung" hat das WpDU nach § 63 Abs. 10 WpHG nur zu kontrollieren, ob sein Kunde – seinen Angaben zufolge – über die notwendigen „Kenntnisse und Erfahrungen" verfügt, um die Angemessenheit des beabsichtigten Geschäfts beurteilen zu können. Ausdrücklich hat die ESMA anerkannt, dass Dienstleistungen auch dann erbracht werden können, wenn ein vollständiger Zielmarktabgleich mangels hinreichender Datenbasis nicht möglich ist.[127] Die Kunden müssen dann allerdings darüber belehrt werden, dass kein vollständiger Zielmarktabgleich erfolgt.[128] Um potentielle Haftungsrisiken zu vermeiden, dürften Vertreiber gut beraten sein, den betroffenen Kunden die weiteren Zielmarktkriterien, die sie nicht prüfen (können), mit dem Hinweis zur Kenntnis bringen, dass der Kunde sie selbst prüfen sollte.

Selbst wenn im beratungsfreien Geschäft eine **Überprüfung sämtlicher Zielmarktkriterien möglich** sein sollte, weil – ausnahmsweise, etwa wenn ein Kunde von Zeit zu Zeit auch Anlageberatungsdienstleitungen nachfragt – sämtliche Informationen vorliegen, **kann nicht erwartet werden**, dass das betroffene WpDU so vorgeht. Um das beratungsfreie Geschäft betreiben zu dürfen, muss ein WpDU seine (Privat-) Kunden nach § 63 Abs. 10 WpHG zu deren Kenntnissen und Erfahrungen befragen. Bei (geborenen) professionellen Kunden darf es diese gemäß § 67 Abs. 2 S. 1 WpHG sogar unterstellen. Wären im Rahmen der Zielmarktüberprüfung mehr Zielmarktkriterien abzugleichen, als zur Erbringung des beratungsfreien Geschäfts nach § 63 Abs. 10 WpHG einzuholen sind, wären WpDU im beratungsfreien Geschäft weiteren – nicht ausdrücklich geregelten – Pflichten unterworfen. Ein Hinweis, dass der Gesetzgeber dies intendiert hätte, lässt sich nicht finden. Außerdem wären WpDU mit persönlichem Kundenkontakt, wie Filialbanken, gegenüber solchen ohne persönlichen Kundenkontakt, wie Direktbanken, benachteiligt: Während WpDU mit persönlichem Kundenkontakt regelmäßig auch Anlageberatungsdienstleistungen erbringen und infolgedessen hinsichtlich der Teilmenge ihrer Kunden, die auch Anlageempfehlungen in Anspruch nehmen, über die ausführlichen Informationen gemäß § 64 Abs. 3 WpHG verfügen, erheben WpDU, die selten oder nie Anlageberatungsdienstleistungen erbringen, regelmäßig nicht mehr Informationen von ihren Kunden, als notwendig sind, um die Kundenkategorisierung und die Angemessenheitsprüfung gemäß § 63 Abs. 10 WpHG vornehmen zu können. Im Ergebnis hätten WpDU, die sowohl die Dienstleistung des beratungsfreien Geschäfts als auch die der Anlageberatung erbringen, auch im beratungsfreien Geschäft einen aufwändigeren Zielmarktprüfungsprozess einzurichten und zu unterhalten als solche WpDU, die nur das beratungsfreie Geschäft betreiben und deshalb nur in beschränktem Umfang Informationen ihrer Kunden einholen. Das kann vom Gesetzgeber wohl nicht beabsichtigt gewesen sein, zumal nicht ausgeschlossen ist, dass die – ausführlichen – Informationen eines WpDU mit direktem Kundenkontakt veraltet sind, wenn es einem Kunden gegenüber die Dienstleistung des beratungsfreien Geschäfts erbringt, ohne die – dafür nicht erforderlichen – ausführlichen Informationen zu aktualisieren. Zur Überprüfung, ob die bisherigen ausführlichen Kundenangaben nach wie vor aktuell sind, ist ein WpDU nach § 64 Abs. 3 WpHG nämlich nur verpflichtet, wenn es die Dienstleistung der Anlageberatung erbringen möchte. Nicht aber, um den zielmarktkonformen Vertrieb vollständig prüfen zu können. **84**

Aufgrund der eingeschränkten Möglichkeit, den zielmarktkonformen Vertrieb zu prüfen, kann es **für WpDU sinnvoll** sein, im beratungsfreien Geschäft **nicht (mehr) allen Kunden alle Finanzinstrumente** überhaupt noch **anzubieten.**[129] Insbesondere bei **85**

127 Siehe Rn. 45 der Product Governance Leitlinien (ESMA35-43-620 DE).
128 Siehe Rn. 47 der Product Governance Leitlinien (ESMA35-43-620 DE).
129 Siehe Rn. 45 der Product Governance Leitlinien (ESMA35-43-620 DE).

komplexen, risikoreichen und neuartigen Finanzinstrumenten, mit denen ein WpDU noch nicht vertraut ist, liegt es nicht fern, seine Angebotspalette zu beschränken und den Kunden im Zweifel nur weniger komplexe und risikoärmere Instrumente anzubieten; aber auch in Situationen, in denen wesentliche Interessenkonflikte bestehen.[130] Nachdem der Vertrieb komplexer und risikoreicher Finanzinstrumente in den „Product Governance Leitlinien" der ESMA wiederholt und vertieft problematisiert wird,[131] lässt es sich gut nachvollziehen, wenn WpDU diese sicherheitshalber nur noch Kunden mit einschlägigen „Kenntnissen und Erfahrungen" zugänglich machen, die Geschäfte in diesen Finanzinstrumenten gezielt nachfragen.

86 **3. Zum Vertrieb in den sogenannten „Graubereich" und in den „negativen Zielmarkt".** Die Prüfung, ob ein Finanzinstrument zielmarktkonform vertrieben werden kann, kann im konkreten Fall ergeben, dass sich der Kunde entweder im Zielmarkt befindet, oder außerhalb des Zielmarkts, aber noch im „Graubereich"[132] zwischen positivem und negativen Zielmarkt, oder aber im negativen Zielmarkt. Es ist grundsätzlich möglich, ein Finanzinstrument auch Kunden außerhalb des Zielmarkts zu verschaffen.[133] Dies gilt einerseits für den dargestellten „Graubereich"[134] und ist andererseits sogar – allerdings nur ausnahmsweise[135] – für den Vertrieb in den negativen Zielmarkt möglich, wenn dies unter Berücksichtigung der geltenden Pflichten gut begründet ist.[136] Klar gestellt hat die ESMA beispielsweise, dass Finanzinstrumente im Rahmen der Vermögensverwaltung und bei Diversifizierungsgeschäften auch in den „Graubereich"[137] sowie in den negativen Zielmarkt[138] vertrieben werden dürfen. Allerdings sind beim Vertrieb in den negativen Zielmarkt sowohl der Kunde als auch der Konzepteur entsprechend zu informieren.[139] Zu erwarten ist dennoch, dass selbst WpDU, die ihren Kunden bislang einen unbeschränkten Zugang zum Kapitalmarkt ermöglicht haben, wie sogenannte „Direktbanken", diesen nunmehr beschränken, soweit ein Vertrieb in den negativen Zielmarkt zu befürchten ist. Denkbar ist auch insofern,[140] dass sie bestimmte Finanzinstrumente nur noch solchen Kunden anbietet, die sich gezielt für diese interessieren.

VIII. Informationsflüsse

87 Wie eingangs dargelegt wurde,[141] sollen die neuen „Product Governance Verpflichtungen" bewirken, dass auch der Konzepteur von Finanzinstrumenten in die Verantwortung für deren zielmarktkonformen Vertrieb eingebunden wird. Dass das „Product Governance Regime" ein **Zusammenwirken von Konzepteur und Vertreiber** erfordert und dass Konzepteur und Vertreiber in „Stresssituationen", in denen ein Finanzinstrument – etwa aufgrund von seltenen Kapitalmarktbewegungen – unerwartete Bewertungsverläufe nimmt, letztlich sogar eng zusammenarbeiten sollten, drängt sich auf. Die

130 Siehe Rn. 46 und 72 der Product Governance Leitlinien (ESMA35-43-620 DE).
131 Siehe Rn. 21, 30, 38, 40, 46, 62, 69, 72 und 83 der Product Governance Leitlinien (ESMA35-43-620 DE).
132 Siehe Rn. 73 der Product Governance Leitlinien (ESMA35-43-620 DE).
133 Siehe Rn. 72 der Product Governance Leitlinien (ESMA35-43-620 DE).
134 Siehe Rn. 70, 72 ff. der Product Governance Leitlinien (ESMA35-43-620 DE).
135 Siehe Rn. 55 der Product Governance Leitlinien (ESMA35-43-620 DE).
136 Siehe Rn. 70 ff. der Product Governance Leitlinien (ESMA35-43-620 DE).
137 Siehe Rn. 52, 54 der Product Governance Leitlinien (ESMA35-43-620 DE).
138 Siehe Rn. 52, 55 der Product Governance Leitlinien (ESMA35-43-620 DE).
139 Siehe Rn. 55 der Product Governance Leitlinien (ESMA35-43-620 DE).
140 Siehe zum negativen Zielmarkt unter Kapitel 1 D. VII. 3.
141 Siehe unter Kapitel 1 D.

„Product Governance Leitlinien“ der ESMA sehen deshalb in verschiedenen Fällen einen Informationsaustausch zwischen Konzepteur und Vertreiber ausdrücklich vor – und zwar in beide Richtungen.[142]

Zunächst hat indes der **Konzepteur nach § 80 Abs. 11 WpHG** (Einzelheiten in § 11 Abs. 12 WpDVerOV) allen Vertreibern **sämtliche erforderlichen und sachdienlichen Informationen** zur Verfügung zu stellen, die sie benötigen, um die Ausgestaltung des Finanzinstruments nachvollziehen und zudem einordnen zu können, welches Risiko-Ertrags-Profil mit ihm einhergeht. Dabei handelt es sich um die Auskünfte zum Finanzinstrument und seinen Charakteristika sowie die Zielmarktangaben und Vertriebsstrategievorgaben. 88

Dementsprechend muss der **Vertreiber nach § 80 Abs. 11 WpHG** (Einzelheiten in § 12 Abs. 2 S. 2 sowie Abs. 5 und 6 WpDVerOV) **angemessene Vorkehrungen** treffen, um sich diese Informationen vom Konzepteur oder vom Emittenten zu verschaffen und um die Merkmale sowie den Zielmarkt des Finanzinstruments zu verstehen. Erhält der Vertreiber die Informationen vom Konzepteur nicht, etwa weil es sich bei ihm nicht um ein WpDU in der EU handelt, muss er dennoch sicherstellen, dass er diese erlangt. Nachdem zu erwarten ist, dass diese Situation häufig auftreten wird, dass Finanzinstrumente von Emittenten außerhalb der EU oder von sonstigen Emittenten bzw. Kapitalverwaltungsgesellschaften konzipiert werden, die nicht Adressat der hier relevanten aufsichtsrechtlichen Vorschriften sind, können Vertreiber beispielsweise Vertriebsvereinbarungen mit Konzepteuren abschließen, um diese dazu zu verpflichten, die notwendigen Informationen zu liefern.[143] 89

Nach § 12 Abs. 11 WpDVerOV muss der Vertreiber dem Konzepteur eines Finanzinstruments „*auf Anfrage*“ Informationen über den Vertrieb und, sofern angebracht, Informationen zu seiner Produktüberprüfung **übermitteln**. Unklar ist, welcher Informationsfluss infolgedessen zu erwarten ist. Nachdem der Informationsaustausch zwischen Konzepteur und Vertreiber in beide Richtungen – wie dargelegt – vom Gesetzgeber als selbstverständlich vorausgesetzt wird und die ESMA diesbezüglich bereits eine Reihe von Überlegungen schriftlich niedergelegt hat,[144] sollte man das Erfordernis „auf Anfrage“ sicherheitshalber wohl besser nicht wörtlich interpretieren. Insbesondere wird der Vertreiber den Konzepteur zu informieren haben, wenn seine Entscheidungen zum Zielmarkt und zur Vertriebsstrategie[145] von denen des Konzepteurs so abweichen, dass dieser diese Information zukünftig berücksichtigen sollte. Außerdem ist dem Konzepteur mitzuteilen, wenn der Vertreiber – etwa anhand von Kundenbeschwerden – feststellt, dass ein Finanzinstrument – etwa im Rahmen des beratungsfreien Geschäfts – unbeabsichtigt nicht zielmarktkonform vertrieben wurde[146] oder wenn der Vertreiber es bewusst in den negativen Zielmarkt vertrieben hat.[147] Ohnehin können Kundenbeschwerden Informationen beinhalten, die der Vertreiber dem Konzepteur zur Verfügung stellen sollte.[148] Letztlich sollen die Vertreiber einem Konzepteur sachdienliche Hinweise nicht vorenthalten, wenn sich diese etwa im Rahmen ihrer laufenden Überwachung eines Finanzinstruments ergeben.[149] 90

142 Siehe insbesondere Rn. 51, 55, 57, 58, 74 der Product Governance Leitlinien (ESMA35-43-620 DE).
143 Siehe Rn. 61 f. der Product Governance Leitlinien (ESMA35-43-620 DE), siehe dort auch Rn. 65.
144 Siehe insbesondere Rn. 51, 55, 57, 58, 74 der Product Governance Leitlinien (ESMA35-43-620 DE).
145 Siehe Rn. 51 der Product Governance Leitlinien (ESMA35-43-620 DE).
146 Siehe Rn. 74 der Product Governance Leitlinien (ESMA35-43-620 DE), siehe dort auch Rn. 57.
147 Siehe Rn. 55 der Product Governance Leitlinien (ESMA35-43-620 DE).
148 Siehe Rn. 57 der Product Governance Leitlinien (ESMA35-43-620 DE).
149 Siehe Rn. 58 der Product Governance Leitlinien (ESMA35-43-620 DE).

91 Deutlich wird nach alledem, dass das „Product Governance Regime" Konzepteur und Vertreiber zur **vertieften Zusammenarbeit** bewegen und das Angebot an Finanzinstrumenten im Übrigen möglichst reduzieren soll.[150]

IX. Organisationspflichten im Zusammenhang mit dem „Product Governance Regime"

92 Welche Entscheidungs- und Überwachungsprozesse im Rahmen der „Product Governance Prozesse" des Konzepteurs einerseits[151] sowie des Vertreibers andererseits[152] einzurichten und zu unterhalten sind, um den zielmarktkonformen Vertrieb zu gewährleisten, wurde soeben bereits ausführlich dargestellt. Außerdem haben sowohl Konzepteure, das ist insoweit geregelt in § 11 Abs. 5 WpDVerOV, als auch Vertreiber, siehe § 12 Abs. 10 WpDVerOV, **hinreichend qualifizierte Mitarbeiter** mit den Aufgaben zu betrauen, denen diese im Rahmen dieser „Product Governance Prozesse" nachzukommen haben.[153]

X. Geltung der Anforderungen für den „Product Governance Prozess" auch für „produktartig" angebotene Dienstleistungen und für strukturierte Dienstleistungen

93 Überdies gelten die beschriebenen Anforderungen für den „Product Governance Prozess" auch für **Dienstleistungen**, die von einem Vertreiber gleichsam **„produktartig" vertrieben** werden.[154] So geschieht es etwa, wenn Vermögensverwaltungs- oder Anlageberatungsmandatskunden bestimmte Anlagerichtlinienvereinbarungen oder dergleichen vorgegeben werden.

94 Nach § 96 WpHG gelten die Anforderungen für den „Product Governance Prozess" zudem auch für **strukturierte Einlagen**, wenn sie verkauft werden oder hinsichtlich ihrer beraten wird (siehe auch § 13 WpDVerOV).[155]

E. Allgemeine Informationspflichten

I. Allgemeine Anforderungen an die Erfüllung von Informationspflichten durch WpDU (Art. 46 und Art. 3 DVO MiFID II)

95 Zwischen Normen, die verschiedene „besondere Informationspflichten" betreffen – und dadurch nicht wie im deutschen Recht gewohnt vor die Klammer gezogen – finden sich einige **allgemeine Anforderungen an die Erfüllung von Informationspflichten in Art. 46 DVO MiFID II.** Danach sind Informationen generell rechtzeitig (siehe dort Absatz 1 und 2) sowie auf einem dauerhaften Datenträger (siehe dort Absatz 3) zu übermitteln.

96 Eine **Ausnahme gilt gemäß Art. 3 DVO MiFID II.** Unter den dort genannten Bedingungen können WpDU Informationen, die nicht an einen bestimmten Kunden gerichtet sind, zum „Herunterladen" **im Internet** zur Verfügung stellen. Sofern eine derartige Bereitstellung „angemessen" ist, bedarf es in diesen Fällen keines dauerhaften Datenträgers.

---

150 Siehe auch *Grundmann* ZBB **2018**, 1, 15. Etwas zurückhaltender insoweit Mülbert/*Breilmann* Bankrechtstag 2017 Band 39, S. 134.

151 Siehe unter Kapitel 1 D. V.

152 Siehe unter Kapitel 1 D. VI.

153 Für die Anforderungen an Mitarbeiter im Rahmen der Organisationspflichten siehe unter Kapitel 3 B.

154 Siehe § 80 Abs. 12 S. 3 WpHG und ab Rn. 6 Rn. 34 der Product Governance Leitlinien (ESMA35-43-620 DE).

155 Siehe auch unter Vorbemerkung D.

II. Pflicht zur richtigen und vollständigen Information und zur Information über das WpDU und seine Dienstleistungen (Art. 44, 47, 48, 49 DVO MiFID II, § 63 Abs. 6 WpHG)

Verstreut über die DVO MiFID II einerseits und das WpHG andererseits muss sich der Rechtsanwender zukünftig die Regelungen zusammensuchen, nach denen WpDU zur richtigen und vollständigen Information ihrer Kunden verpflichtet sind. 97

1. Grundregel (§ 63 Abs. 6 WpHG). Während die unmittelbar anwendbare DVO MiFID II zahlreiche Detailregelungen enthält, verbleibt die Grundregel, nach der jegliche Information redlich und eindeutig sein muss und nicht irreführend sein darf, nach wie vor im nationalen Recht verortet, und dort nunmehr in § 63 Abs. 6 S. 1 WpHG. Maßstab dafür ist nach wie vor der „durchschnittliche Anleger".[156] Deutlich hervorgehoben hat der europäische Gesetzgeber in Art. 44 Abs. 2 lit. d DVO MiFID II, dass Informationen „*für einen durchschnittlichen Angehörigen der Gruppe, an die sie gerichtet sind bzw. zu der sie wahrscheinlich gelangen, verständlich*" sein sollten. 98

2. Detailanforderungen an die faire und redliche Informationserteilung (Art. 44 DVO MiFID II). Zahlreiche weitere Anforderungen, wie Informationen im Detail aufzubereiten sind, damit sie fair, redlich und nicht irreführend sind, enthält darüber hinaus die ausführliche Regelung in Art. 44 DVO MiFID II. 99

3. Die Pflicht zur Information über das WpDU und seine Dienstleistungen (Art. 47 DVO MiFID II), über Finanzinstrumente (Art. 48 DVO MiFID II) und über den Schutz der Kundenwerte (Art. 49 DVO MiFID II). Nach Art. 47 DVO MiFID II hat jedes WpDU seine Kunden über seine (Neben-) Dienstleistungen, nach Art. 48 DVO MiFID II über die Finanzinstrumente, die es ihnen anbietet, und nach Art. 49 DVO MiFID II darüber zu informieren, wie es die Werte schützt, die Kunden ihm anvertraut haben. Dabei sind die Informationen hinsichtlich der (Neben-) Dienstleistungen gemäß Art. 47 DVO MiFID II Privatkunden, die Informationen gemäß Art. 48 und 49 DVO MiFID II aber sämtlichen Kundengruppen zu übermitteln. Indem jeweils auch potentielle Kunden als Adressaten benannt werden, hat der Gesetzgeber klargestellt, dass die genannten Gegenstände mitzuteilen sind, bevor Dienstleistungen erbracht werden. Nachdem aber allenfalls sehr schwer zu gewährleisten wäre, Kunden die notwendigen Gegenstände vor jedem einzelnen Geschäft mitzuteilen, und nachdem die teilweise sehr ablehnenden Kundenreaktionen auch verdeutlichen, dass zumindest viele Kunden das gar nicht wünschen, erfüllen die WpDU ihre Informationspflichten in der Praxis dadurch, dass sie Neukunden umfangreiche sogenannte „Startpakete" zur Verfügung stellen. Dort kann jeder Kunde bei Bedarf die relevanten Informationen entnehmen. Nachdem Bestandskunden noch nicht sämtliche Informationen erhalten hatten, die nach Maßgabe der neuen Regelungen mitzuteilen waren, haben sie diese „Startpakete" Ende 2017 ebenfalls übersandt erhalten. 100

4. Pflichten im Zusammenhang mit Werbung für Wertpapier(neben)dienstleistungen (§§ 63 Abs. 6 S. 2 und 92 WpHG). Weitere Pflichten treten im Zusammenhang mit der Werbung für Wertpapier(neben)dienstleistungen hinzu. Insbesondere sind „Marketingmitteilungen" gemäß § 63 Abs. 6 S. 2 WpHG eindeutig als solche kenntlich zu machen. Auch „Marketingmitteilungen", die eine „Anlageempfehlung" gemäß Art. 3 101

156 *Buck-Heeb* BKR **2017** 487, 487.

Abs. 1 Nr. 35 der (Marktmissbrauchs-) Verordnung (EU) Nr. 596/2014, enthalten, also für ein oder mehrere Finanzinstrumente werben, und denen nicht unmittelbar anzusehen ist, dass es sich bei ihnen nicht um Finanzanalysen (gemäß Art. 36 Abs. 1 DVO MiFID II) handelt, müssen gemäß Art. 36 Abs. 2 DVO MiFID II als Marketingmitteilungen kenntlich gemacht werden.

102 Missständen bei der Werbung für Wertpapier(neben)dienstleistungen kann die BaFin begegnen, indem sie die Werbung gemäß § 92 WpHG – nach wie vor – untersagen kann. Inzident lässt sich anhand der Voraussetzungen dieser Ermächtigungsgrundlage ablesen, dass auf etwaige Risiken hinzuweisen ist und dass Aussagen zu vermeiden sind, die falsch verstanden werden und somit ein unrichtiges Bild vermitteln können. Zahlreiche Detailvorschriften finden sich zudem in den BaFin-Veröffentlichungen zur Werbung für Wertpapier(neben)dienstleistungen.[157]

III. Die Pflicht, Kostentransparenz herzustellen (§ 63 Abs. 7 S. 3 Nr. 2 WpHG, Art. 50, 51 DVO MiFID II)

103 **1. Übersicht.** Im Zuge der Umsetzung der MiFID II hat der deutsche Gesetzgeber mit **§ 63 Abs. 7 S. 3 Nr. 2 WpHG** eine im Vergleich zu § 31d Abs. 1 Nr. 2 WpHG a.F. deutlich verschärfte **Kostentransparenzpflicht**[158] für WpDU geschaffen. Parallel hierzu wird die Kostentransparenz auf europäischer Ebene in Art. 50 DVO MiFID II geregelt, der ebenfalls unmittelbar anwendbar ist. Die Vorschriften zielen darauf ab, dass WpDU ihren Kunden zukünftig zu verdeutlichen haben, mit welchen Kosten Geschäfte in Finanzinstrumenten insgesamt für sie einhergehen und wie sich diese auf die Rendite auswirken.[159]

104 **2. Kosten.** Unter Kosten versteht man zunächst jede einmalige oder fortlaufende Position, die ein Kunde zu zahlen hat. Das Gesetz unterscheidet zwischen **Kosten für die Wertpapierdienstleistung** bzw. -nebendienstleistung, also den Dienstleistungskosten, und **Kosten für das Finanzinstrument**, also den „Produktkosten". Weiterhin kann man auch zwischen **Einstiegs-, Halte-, und Ausstiegskosten** unterscheiden, also zwischen Kosten im Zusammenhang mit dem Erwerb eines Finanzinstruments, laufenden Kosten und Veräußerungskosten, vgl. Anhang II DVO MiFID II.

105 Eine detaillierte Darstellung aller **Kosten** würde den Rahmen dieser **Darstellung** sprengen.[160] Dennoch sollen die wichtigsten Positionen kurz dargestellt werden:

106 Bei Erwerb und Veräußerung von Finanzinstrumenten fallen im Rahmen des Finanzkommissionsgeschäfts an **Dienstleistungskosten** im Wesentlichen verschiedene Provisionen sowie Spesen und Auslagen an.[161] Für das Festpreisgeschäft ergibt sich als Kostenposition für Finanzinstrumente, bei denen sich der Preis aus Angebot und Nach-

---

157 Siehe nur *BaFin* Rundschreiben 1/2010 (WA) zur Auslegung der Vorschriften des Wertpapierhandelsgesetzes über Informationen einschließlich Werbung von Wertpapierdienstleistungsunternehmen an Kunden vom 11. Februar 2010; *BaFin* MaComp, BT 3; *BaFin* Häufige Fragen zum Vertrieb und Erwerb von Investmentvermögen nach dem KAGB, WA 41-Wp 2137-2013/0293 vom 4. Juli 2013 Nr. 3.8

158 Ausführlich in Ellenberger/Clouth/*Heppekausen*/*Deising* Praktikerhandbuch Wertpapier- und Derivategeschäft, Teil 2 Kapitel F. „Kostentransparenz" Rn. 1514.

159 Ellenberger/Clouth/*Heppekausen*/*Deising* Praktikerhandbuch Wertpapier- und Derivategeschäft, Teil 2 Kapitel F. „Kostentransparenz" Rn. 1395 ff.

160 Siehe für eine ausführliche Darstellung in Ellenberger/Clouth/*Heppekausen*/*Deising* Praktikerhandbuch Wertpapier- und Derivategeschäft, Teil 2 Kapitel F. „Kostentransparenz" III. „Kosten" Rn. 1403 ff.

161 Ellenberger/Clouth/*Heppekausen*/*Deising* Praktikerhandbuch Wertpapier- und Derivategeschäft, Teil 2 Kapitel F. „Kostentransparenz" III. 1. Rn. 1403 ff.

frage ablesen lässt, der Spread.[162] Hinzu tritt für Finanzinstrumente, bei denen der Preis mathematisch errechnet wird, wie Derivate oder strukturierte Produkte (sogenannte „Fair Value-Produkte"), die Vertriebsprovision.[163] Darüber hinaus erheben WpDU bei bestimmten Produkten in der Regel einen Ausgabeaufschlag. Außerdem sind etwaige Vertriebsfolgeprovision, die der jeweilige Vertreiber vom Konzepteur zugewandt erhält, gemäß Art. 50 Abs. 2 UAbs. 2 S. 2 DVO MiFID II ebenfalls als Wertpapierdienstleistungskostenpositionen anzusehen.

Produktkosten, die gegebenenfalls im jeweiligen Finanzinstrument enthalten sind, 107 ergeben sich sodann für Fair Value-Produkte in Form einer „Emittentenmarge" und bei Anteilen an Investmentvermögen in Gestalt der „Fondskosten", die die Verwaltungsvergütung der Kapitalverwaltungsgesellschaft beinhalten.

Schließlich sind nach Art. 50 Abs. 3 DVO MiFID II **Fremdwährungskosten** und ge- 108 mäß Art. 50 Abs. 2 UAbs. 2 S. 2 DVO MiFID II **Zuwendungen** gesondert auszuweisen.

3. Voraussetzungen für die Verpflichtung, Kostentransparenz herzustellen. Die 109 Pflicht, die Kosten der **Wertpapierdienstleistung** und -nebendienstleistungen offenzulegen, **entsteht** bereits **vor Erbringung** derselben. Die Transparenzpflicht hinsichtlich der Produktkosten entsteht dagegen erst, wenn ein WpDU dem Kunden ein Finanzinstrument **empfiehlt oder** an diesen **vermarktet**,[164] Art. 50 Abs. 5 lit. a DVO MiFID II, § 63 Abs. 7 S. 3 Nr. 2 WpHG. Das Empfehlen meint die Abgabe einer Empfehlung im Sinne der Anlageberatung;[165] ein Vermarkten liegt indessen bereits vor, sobald ein WpDU ein Finanzinstrument aktiv vertreibt.[166]

4. Ex-ante-Kostentransparenzpflicht. Inhaltlich werden zwei Arten der Kosten- 110 transparenzpflicht unterschieden: **ex ante** und **ex post**. Die **Ex-ante-Kostentransparenzpflicht** setzt eine rechtzeitige Informationsmitteilung auf einem **dauerhaften Datenträger** – vgl. Art. 46 Abs. 3 i.V.m. Art. 3 DVO MiFID II – vor Erbringung der Dienstleistung voraus, Art. 50 Abs. 1 DVO MiFID II i.V.m. Art. 24 Abs. 4 UAbs. 1 MiFID II, § 63 Abs. 7 S. 1 WpHG.[167] Bedeutung erlangt hier die **Möglichkeit der standardisierten Informationserteilung**, die in § 63 Abs. 7 S. 2 WpHG ausdrücklich vorgesehen ist. Eine Pflicht zur transaktionsbezogenen Kosteninformationsübermittlung des WpDU an seine Kunden wird im Gesetz demgegenüber an keiner Stelle ausdrücklich postuliert und besteht nach der hier vertretenen Auffassung nicht. Die Darstellung der Kosten für das zu schließende Geschäft muss sich überdies konkret an dem mit dem Kunden geschlossenen Vertrag orientieren. Es müssen also die Kosten aufgezeigt werden, die tatsächlich entstehen. Insbesondere muss dem Kunden hierbei gemäß Art. 50 Abs. 10 DVO MiFID II und § 63 Abs. 7 S. 4 WpHG aufgezeigt werden, wie die kumulativen Kosten die **Rendite** vermindern. Erhält ein Kunde standardisierte Kosteninformationen, die diesen Anforderungen

---

162 Ellenberger/Clouth/*Heppekausen*/*Deising* Praktikerhandbuch Wertpapier- und Derivategeschäft, Teil 2 Kapitel F. „Kostentransparenz" B. I. 1. b) bb) (1).
163 Ellenberger/Clouth/*Heppekausen*/*Deising* Praktikerhandbuch Wertpapier- und Derivategeschäft, Teil 2 Kapitel F. „Kostentransparenz" B. I. 1. b) bb) (2).
164 Soweit Art. 50 der deutschen Fassung der DVO MiFID II von „Anbieten" statt „Vermarkten" spricht, ist von einem Übersetzungsfehler auszugehen, da sowohl Art. 24 MiFID II als auch § 63 WpHG das Vermarkten zur Voraussetzung machen und DVO MiFID II und MiFID II in den englischen Fassungen nicht voneinander abweichen.
165 Siehe unter § 2 Abs. 8 Nr. 10 WpHG.
166 Ellenberger/Clouth/*Heppekausen*/*Deising* Praktikerhandbuch Wertpapier- und Derivategeschäft,Teil 2 Kapitel F. „Kostentransparenz" Rn. 1429.
167 Siehe auch ErwG 78 DVO MiFID II.

Rechnung tragen, ist eine transaktionsbezogene Kosteninformation nach der hier vertretenen Auffassung somit jedenfalls nicht mehr erforderlich.

111 **5. Ex-post-Kostentransparenzpflicht.** Ausweislich Art. 50 Abs. 9 DVO MiFID II muss für die **Ex-post-Kostentransparenzpflicht**, d.h. die regelmäßige Offenlegung der Kosten nach Abschluss eines Geschäfts – neben den oben genannten Voraussetzungen – eine **laufende Geschäftsbeziehung** zwischen WpDU und Kunde bestehen. Diese ist jedenfalls bei Vorliegen eines Depotvertrags zu bejahen. Nach Art. 50 Abs. 9 S. 1 DVO MiFID II und § 63 Abs. 7 S. 6 WpHG erfolgt die Ex-post-Informationserteilung – ebenfalls in Form des dauerhaften Datenträgers – (kalender-)jährlich.[168] Im Gegensatz zur Ex-ante-Kostentransparenzpflicht ist eine standardisierte Darstellung der Kosten hier nicht möglich. Das WpDU muss auf **individueller Ebene** die tatsächlich für den Kunden angefallenen Kosten und deren Auswirkung auf die Rendite ausweisen.

112 **6. Professionelle Kunden und geeignete Gegenparteien.** Im Zuge der MiFID II wurde die Kostentransparenz auch auf das **Geschäft mit professionellen Kunden** (§ 67 Abs. 2, 6 WpHG) **und geeigneten Gegenparteien** (§§ 67 Abs. 4 und 68 WpHG) ausgeweitet. Gleichwohl sieht Art. 50 Abs. 1 UAbs. 2 und 3 DVO MiFID II die Möglichkeit einer beschränkten Anwendung („Opt-Out"-Vereinbarung) vor,[169] die allerdings – vornehmlich aufgrund der Zulässigkeit einer standardisierten Kosteninformation – möglicherweise nur geringe praktische Relevanz erlangen wird.

IV. Rechenschaftspflicht (Art. 59 bis 63 DVO MiFID II, § 63 Abs. 12 WpHG)

113 Auch aufsichtsrechtlich sind WpDU schließlich nach wie vor dazu **verpflichtet**, ihren Kunden **Rechenschaft zu legen**, nachdem sie Leistungen für sie erbracht haben. Diese Pflicht ist nunmehr in den Art. 59 bis 63 DVO MiFID II sowie in § 63 Abs. 12 WpHG geregelt. Zu erfüllen ist sie gemäß § 63 Abs. 12 WpHG mittels eines dauerhaften Datenträgers; in den Art. 59 bis 63 DVO MiFID II finden sich zahlreiche Detailregelungen für Wertpapierabrechnungen (Art. 59 DVO MiFID II) sowie die Berichtspflichten bei der Vermögensverwaltung (Art. 60 DVO MiFID II), gegenüber geeigneten Gegenparteien (Art. 61 DVO MiFID II) und beim Erreichen von Verlustschwellenwerten (Art. 62 DVO MiFID II).

114 Neben den Regelungen zur Verlustschwellenbenachrichtigung[170] ist insbesondere auch die Verpflichtung hinzugekommen, **Kunden quartalsweise** – und auf Kundenwunsch auch häufiger – **Aufstellungen über die Werte** zur Verfügung zu stellen, die sie bei einem WpDU unterhalten. Dies folgt aus Art. 63 Abs. 1 UAbs. 1 S. 1 und 2 DVO MiFID II. Gemäß Unterabsatz 2 der genannten Norm gilt die Rechenschaftspflicht jedoch nicht für WpDU, die eine Zulassung als Kreditinstitut aufgrund der Kreditinstitut-Richtlinie[171] haben, da für sie die bankaufsichtsrechtlichen Verpflichtungen besagter Richtlinie bestehen. Gleichwohl bleibt die Verpflichtung aus Art. 63 Abs. 1 UAbs. 1 S. 1 DVO MiFID II für „Werte" bestehen, die hiervon nicht betroffen sind, d.h. für Finanzinstrumente der Kunden, die vom jeweiligen WpDU verwahrt werden.

---

168 Ausführlich in Ellenberger/Clouth/*Heppekausen/Deising* Praktikerhandbuch Wertpapier- und Derivategeschäft, Teil 2 Kapitel F. „Kostentransparenz" Rn. 1501.

169 Beachte ErwG 74 DVO MiFID II, wonach die Kostentransparenzpflicht keinesfalls vollständig ausgeschlossen werden kann.

170 Siehe dazu unter Kapitel 1 G.

171 Richtlinie 2000/12/EG des Europäischen Parlaments und des Rates vom 20. März 2000 über die Aufnahme und Ausübung der Tätigkeit der Kreditinstitute, ABl. EU Nr. L 126 vom 26.5.2000, S. 1.

F. Zuwendungen (§ 70 WpHG, § 6 WpDVerOV)

§ 70 WpHG
Zuwendungen und Gebühren; Verordnungsermächtigung

(1) Ein Wertpapierdienstleistungsunternehmen darf im Zusammenhang mit der Erbringung von Wertpapierdienstleistungen oder Wertpapiernebendienstleistungen keine Zuwendungen von Dritten annehmen oder an Dritte gewähren, die nicht Kunden dieser Dienstleistung sind oder nicht im Auftrag des Kunden tätig werden, es sei denn,

1. die Zuwendung ist darauf ausgelegt, die Qualität der für den Kunden erbrachten Dienstleistung zu verbessern und steht der ordnungsgemäßen Erbringung der Dienstleistung im bestmöglichen Interesse des Kunden im Sinne des § 63 Absatz 1 nicht entgegen und
2. Existenz, Art und Umfang der Zuwendung oder, soweit sich der Umfang noch nicht bestimmen lässt, die Art und Weise seiner Berechnung, wird dem Kunden vor der Erbringung der Wertpapierdienstleistung oder Wertpapiernebendienstleistung in umfassender, zutreffender und verständlicher Weise unmissverständlich offen gelegt.

Wertpapierdienstleistungsunternehmen müssen nachweisen können, dass jegliche von ihnen erhaltenen oder gewährten Zuwendungen dazu bestimmt sind, die Qualität der jeweiligen Dienstleistung für den Kunden zu verbessern. Konnte ein Wertpapierdienstleistungsunternehmen den Umfang der Zuwendung noch nicht bestimmen und hat es dem Kunden statt dessen die Art und Weise der Berechnung offengelegt, so muss es den Kunden nachträglich auch über den genauen Betrag der Zuwendung, die es erhalten oder gewährt hat, unterrichten. Solange das Wertpapierdienstleistungsunternehmen im Zusammenhang mit den für die betreffenden Kunden erbrachten Wertpapierdienstleistungen fortlaufend Zuwendungen erhält, muss es seine Kunden mindestens einmal jährlich individuell über die tatsächliche Höhe der angenommenen oder gewährten Zuwendungen unterrichten.

(2) Zuwendungen im Sinne dieser Vorschrift sind Provisionen, Gebühren oder sonstige Geldleistungen sowie alle nichtmonetären Vorteile. Die Bereitstellung von Analysen durch Dritte an das Wertpapierdienstleistungsunternehmen stellt keine Zuwendung dar, wenn sie die Gegenleistung ist für

1. eine direkte Zahlung des Wertpapierdienstleistungsunternehmens aus seinen eigenen Mitteln oder
2. Zahlungen von einem durch das Wertpapierdienstleistungsunternehmen kontrollierten separaten Analysekonto, wenn
   a) auf diesem vom Kunden entrichtete spezielle Analysegebühren verbucht werden,
   b) das Wertpapierdienstleistungsunternehmen ein Analysebudget als Bestandteil der Einrichtung eines Analysekontos festlegt und dieses einer regelmäßigen Bewertung unterzieht,
   c) das Wertpapierdienstleistungsunternehmen für das Analysekonto haftbar ist und
   d) das Wertpapierdienstleistungsunternehmen die Analysen regelmäßig anhand belastbarer Qualitätskriterien und dahingehend bewertet, ob sie zu besseren Anlageentscheidungen beitragen können.

Hat ein Wertpapierdienstleistungsunternehmen ein Analysekonto eingerichtet, muss es den jeweiligen Kunden vor der Erbringung einer Wertpapierdienstleistung Informationen über die für Analysen veranschlagten Mittel und die Höhe der geschätzten Gebühren sowie jährlich Informationen über die Gesamtkosten, die auf jeden Kunden für die Analysen Dritter entfallen, übermitteln. Für die Bewertung nach Satz 2 Nummer 2 Buchstabe d müssen Wertpapierdienstleistungsunternehmen über alle erforderlichen Bestandteile schriftliche Grundsätze aufstellen und diese ihren Kunden übermitteln.

(3) Führt ein Wertpapierdienstleistungsunternehmen ein Analysekonto, ist es verpflichtet, auf Verlangen des Kunden oder der Bundesanstalt eine Zusammenstellung vorzulegen, die Folgendes beinhaltet:

1. die von einem Analysekonto im Sinne des Absatzes 2 Satz 2 Nummer 2 vergüteten Anbieter,
2. den an die Anbieter von Analysen in einem bestimmten Zeitraum gezahlten Gesamtbetrag,
3. die von dem Wertpapierdienstleistungsunternehmen erhaltenen Vorteile und Dienstleistungen und
4. eine Gegenüberstellung des von dem Analysekonto gezahlten Gesamtbetrages mit dem von dem Unternehmen für diesen Zeitraum veranschlagten Analysebudget,

wobei jede Rückerstattung oder jeder Übertrag, falls Mittel auf dem Konto verbleiben, auszuweisen ist.

(4) Die Offenlegung nach Absatz 1 Satz 1 Nummer 2 und Satz 4 kann im Falle geringfügiger nichtmonetärer Vorteile in Form einer generischen Beschreibung erfolgen. Andere nichtmonetäre Vorteile, die das Wertpapierdienstleistungsunternehmen im Zusammenhang mit der für einen Kunden erbrachten Wertpapierdienstleistung oder Wertpapiernebendienstleistung annimmt oder gewährt, sind der Höhe nach anzugeben und separat offenzulegen. Nähere Einzelheiten zu den Anforderungen nach diesem Absatz sowie nach Absatz 1 Satz 1 Nummer 2 und Satz 3 und 4 ergeben sich aus Artikel 50 der Delegierten Verordnung (EU) 2017/565; darüber hinaus haben Wertpapierdienstleistungsunternehmen den Vorgaben des § 63 Absatz 7 Satz 3 Nummer 2 Rechnung zu tragen.

(5) Ist ein Wertpapierdienstleistungsunternehmen dazu verpflichtet, Zuwendungen, die es im Zusammenhang mit der Erbringung von Wertpapierdienstleistungen oder Wertpapiernebendienstleistungen erhält, an den Kunden auszukehren, muss es ihn über die diesbezüglichen Verfahren informieren.

(6) Ein Wertpapierdienstleistungsunternehmen muss für jede Wertpapierdienstleistung, durch die Aufträge von Kunden ausgeführt werden, separate Gebühren ausweisen, die nur den Kosten für die Ausführung des Geschäfts entsprechen. Die Gewährung jedes anderen Vorteils oder die Erbringung jeder anderen Dienstleistung durch dasselbe Wertpapierdienstleistungsunternehmen für ein anderes Wertpapierdienstleistungsunternehmen, das seinen Sitz in der Europäischen Union hat, wird mit einer separat erkennbaren Gebühr ausgewiesen.

Die Gewährung eines anderen Vorteils oder die Erbringung einer anderen Dienstleistung nach Satz 2 und die dafür verlangten Gebühren dürfen nicht beeinflusst sein oder abhängig gemacht werden von der Höhe der Zahlungen für Wertpapierdienstleistungen, durch die Aufträge von Kunden ausgeführt werden.

(7) Gebühren und Entgelte, die die Erbringung von Wertpapierdienstleistungen erst ermöglichen oder dafür notwendig sind, und die ihrer Art nach nicht geeignet sind, die Erfüllung der Pflicht nach § 63 Absatz 1 zu gefährden, sind von dem Verbot nach Absatz 1 ausgenommen.

(8) Nähere Bestimmungen betreffend die Annahme von Zuwendungen nach Absatz 1 ergeben sich aus Artikel 40 der Delegierten Verordnung (EU) 2017/565.

(9) Das Bundesministerium der Finanzen kann durch Rechtsverordnung, die nicht der Zustimmung des Bundesrates bedarf, nähere Bestimmungen erlassen zu

1. **Kriterien für die Art und Bestimmung einer Verbesserung der Qualität im Sinne des Absatzes 1 Satz 1 Nummer 1,**
2. **Art und Inhalt des Nachweises nach Absatz 1 Satz 2,**
3. **Art, Inhalt und Verfahren zur Erhebung einer Analysegebühr sowie der Festlegung, Verwaltung und Verwendung des Analysebudgets nach Absatz 2 Satz 2 Nummer 2 Buchstabe a und b,**
4. **Art, Inhalt und Verfahren betreffend die Verwaltung und Verwendung des von Wertpapierdienstleistungsunternehmen geführten Analysekontos nach Absatz 2 Nummer 2,**
5. **Art und Inhalt der schriftlichen Grundsätze nach Absatz 2 Satz 4.**

Das Bundesministerium der Finanzen kann die Ermächtigung durch Rechtsverordnung auf die Bundesanstalt übertragen.

I. Grundsatz: Keine Zuwendungen

Nach wie vor bleibt es dabei, dass **WpDU Zuwendungen** Dritter grundsätzlich **weder annehmen noch gewähren dürfen**, § 70 Abs. 1 S. 1 WpHG. Gemäß § 70 Abs. 2 WpHG verbleibt es zugleich beim weiten Zuwendungsbegriff, wonach darunter sämtliche Provisionen, Gebühren oder sonstige Geldleistungen sowie alle nichtmonetären Vorteile zu verstehen sind. Derartige Zuwendungen Dritter dürfen von einem WpDU nach § 70 Abs. 1 S. 1 Nr. 1 und 2 WpHG nur entgegengenommen werden, wenn sie dazu eingesetzt werden, um die Qualität der für den Kunden erbrachten Dienstleistung zu verbessern, und ihm außerdem offengelegt werden. 115

II. Qualitätsverbesserung

Zur Qualitätsverbesserung sind gemäß § 6 Abs. 2 WpDVerOV drei Voraussetzungen zu erfüllen: Zunächst ist nach Nr. 1 die Entgegennahme der Zuwendung durch eine zusätzliche oder höherwertige Dienstleistung zu rechtfertigen, für die der Gesetzgeber vier Regelbeispiele etabliert hat (hierzu sogleich unter lit. aa). Zudem muss die Zuwendung, wenngleich keine Betrachtung auf einer „case-by-case“ Basis[172] zu erfolgen hat,[173] nach Nr. 2 für einen konkreten Vorteil für den jeweiligen Kunden verwendet werden. Und schließlich müssen gemäß Nr. 3 laufende Zuwendungen sogar einen fortlaufenden Vorteil für den betreffenden Kunden erbringen. Betroffen ist jeweils der Kunde, der eine Dienstleistung in Anspruch nimmt, in deren Zusammenhang das WpDU eine Zuwendung vereinnahmt oder erwartet.[174] 116

1. Zusätzliche oder höherwertige Dienstleistung. Wie die Qualität durch zusätzliche oder höherwertige Dienstleistungen verbessert werden kann, hat der Gesetzgeber anhand von **vier Regelbeispielen in § 6 Abs. 2 Nr. 1 lit. a bis d WpDVerOV** verdeut- 117

---

172 So hatte es die ESMA ursprünglich postuliert, siehe Technical Advice Nr. 10 im Kapitel 2.15. „The legitimacy of inducements to be paid to/by a third person“ des *ESMA* Final Report – ESMA's Technical Advice to the Commission on MiFID II and MiFIR, ESMA/2014/1569 vom 19. Dezember 2014, S. 141.
173 Ebenso *Roth/Blessing* CCZ **2017** 163, 170.
174 Vgl. *Roth/Blessing* CCZ **2017** 163, 167.

licht. Hier hat er zunächst die nicht unabhängige Anlageberatung auf Basis einer breiten Palette geeigneter Finanzinstrumente genannt, wobei diese eine angemessene Zahl von Instrumenten vorsehen muss, die von Anbietern oder Emittenten stammen, die in keiner engen Verbindung zum WpDU selbst stehen (§ 6 Abs. 2 Nr. 1 lit. a WpDVerOV). Zudem besteht die Möglichkeit, die Anlageberatung mit weiteren Leistungen, wie einer laufenden Geeignetheitsprüfung und/oder der Beratung zur sogenannten „Asset Allocation", anzureichern (§ 6 Abs. 2 Nr. 1 lit. b WpDVerOV). Gewährt ein WpDU seinen Kunden zu einem wettbewerbsfähigen Preis den Zugang zu einer breiten Palette von Finanzinstrumenten, die geeignet sind, deren Bedürfnissen zu entsprechen, und befindet sich darunter eine angemessene Zahl von Instrumenten, die von Anbietern oder Emittenten stammen, die in keiner engen Verbindung zum WpDU stehen, kann die Qualität dieser Dienstleistung verbessert werden. Dies geschieht indem Hilfsmittel bereitgestellt werden, die einen Mehrwert aufweisen, wie etwa objektive Informationsinstrumente, die dem betreffenden Kunden bei Anlageentscheidungen helfen oder ihm die Möglichkeit geben, die Palette der Finanzinstrumente, in die er investiert hat, zu beobachten und anzupassen, oder indem periodische Berichte über die Wertentwicklung sowie die Kosten und Gebühren der Finanzinstrumente übermittelt werden (§ 6 Abs. 2 Nr. 1 lit. c WpDVerOV). Und schließlich können den Kunden (Anlage-) Beratungsdienstleistungen erleichtert zugänglich gemacht werden, wobei als Regelbeispiel *„die Bereitstellung eines weitverzweigten Filialberaternetzwerkes"* angeführt wird, *„das für den Kunden die Vor-Ort-Verfügbarkeit qualifizierter Anlageberater auch in ländlichen Regionen sicherstellt"* (§ 6 Abs. 2 Nr. 1 lit. d WpDVerOV). Dieses letzte Regelbeispiel hatte der europäische Gesetzgeber in der DRL MiFID II nicht vorgesehen.[175] In Deutschland ist es aufgrund der „Vor-Ort"-Präsenz vor allem der Sparkassen sowie Volks- und Raiffeisenbanken „in ländlichen Regionen" Gesetz geworden.

118 Zur Abgrenzung des vorletzten (lit. c) vom ersten (lit. a) Regelbeispiel ist festzuhalten, dass die sehr kunstvollen und ausführlichen Anforderungen unter **§ 6 Abs. 2 Nr. 1 lit. c WpDVerOV** in Abgrenzung zu denen unter lit. a der genannten Regelung so zu verstehen sein dürften, dass mit dem Regelbeispiel unter lit. c wohl auf den Vertrieb von häufig **stark kostenbelasteten Finanzinstrumenten**, wie Anteilen an Investmentanteilen, abgezielt worden sein dürfte, die wegen ihrer besonderen Charakteristika, wie der breiten Streuung über eine Vielzahl von Anlageobjekten, den Bedürfnissen vieler Anleger grundsätzlich gleichwohl gerecht werden. Speziell der Vertrieb von Anteilen an Investmentvermögen ist vor diesem Hintergrund sogar privilegiert, indem keine Erlaubnis nach dem KWG sondern nur nach der GewO notwendig ist (siehe § 2 Abs. 6 S. 8 KWG i.V.m. § 34f GewO).

119 Festzuhalten bleibt zum Erfordernis der Qualitätsverbesserung zudem, dass insbesondere beim Regelbeispiel des **§ 6 Abs. 2 Nr. 1 lit. a WpDVerOV**, also bei der Erbringung der Anlageberatung auf Basis einer breiten Palette geeigneter Finanzinstrumente, dass die **verschiedenen Institutsgruppen** in Deutschland wohl erheblich **unterschiedlich stark ausgeprägte Anstrengungen** unternommen haben, um hier zu einem schlüssigen Gesamtkonzept zu gelangen. Das wurde anhand der Informationen ersichtlich, die die WpDU Ende 2017 zur Information an ihre Kunden versandt haben („Startpaket"), bevor die entsprechenden neuen gesetzlichen Verpflichtungen in Kraft getreten sind. Auch der laufende Aufwand, der diesbezüglich betrieben wird, scheint sich von Fall zu Fall erheblich zu unterscheiden.

175 Vgl. die Fallgruppen in Art. 11 Abs. 2 DRL MiFID II.

Überdies ist derzeit noch nicht abzusehen, ob sich das Gebot, die Verwendung der Zuwendungen zur Qualitätsverbesserung zu dokumentieren, auf den Vertrieb von **Investmentvermögen durch Finanzanlagenvermittler** auswirken wird, die auf der Grundlage einer Erlaubnis nach § 34f GewO tätig sind. 120

2. Konkreter Vorteil. Zudem muss die Annahme der Zuwendung nach § 6 Abs. 2 Nr. 2 WpDVerOV einen konkreten Vorteil für den jeweiligen Kunden darstellen.[176] Bei diesem – neuen – Erfordernis handelt es sich um eine der – sehr praxisrelevanten – Fragen, um deren Beantwortung die betroffenen Institute mit der Aufsicht derzeit ringen,[177] nachdem der Gesetzgeber der Forderung der ESMA, nach der WpDU die Qualitätsverbesserung auf einer „case-by-case Basis“ hätten herbeiführen sollen, nicht nachgekommen ist.[178] 121

3. Fortlaufender Vorteil. Und schließlich muss eine laufende Zuwendung, also etwa die Entgegennahme von Vertriebsfolgeprovisionen einer Kapitalverwaltungsgesellschaft durch ein WpDU, gemäß § 6 Abs. 2 Nr. 3 WpDVerOV durch die Gewährung eines fortlaufenden Vorteils für den betreffenden Kunden gerechtfertigt sein. Während die BaFin in der überarbeiteten MaComp auf die Unterfallgruppe einer Qualitätsverbesserung durch die zusätzliche Erbringung „*einer anderen fortlaufenden Dienstleistung mit wahrscheinlichem Wert für den Kunden*“ gemäß § 6 Abs. 2 Nr. 1 lit. b, bb WpDVerOV eingeht,[179] enthält sie für die übrigen Fälle, die denkbar sind, keinerlei Klarstellungen. Auch der sogenannte „Technical Advice“[180] der ESMA enthält keinerlei Hinweise, wie mit diesem neuen Erfordernis umzugehen sein wird. Hier handelt es sich damit ebenfalls um eine der sehr praxisrelevanten Fragen auf deren Beantwortung durch die Marktteilnehmer man gespannt sein darf. 122

III. Offenlegung

Außerdem muss die Entgegennahme einer Zuwendung einem betroffenen Kunden gegenüber offengelegt werden. Ex ante sind ihm zunächst Existenz sowie Art und Umfang der Zuwendung zu nennen. Lässt sich bei der Entgegennahme monetärer Zuwendungen kein konkreter Betrag bestimmen, sind gemäß § 70 Abs. 1 S. 1 Nr. 2 WpHG die Berechnungsparameter mitzuteilen. In einem solchen Fall ist gemäß § 70 Abs. 1 S. 3 WpHG ex post anzugeben, welchen Zuwendungsbetrag das WpDU konkret vereinnahmt hat. 123

---

176 Laut *BaFin* MaComp soll dieses Erfordernis zukünftig auch im BT 10.4 „Qualitätsverbesserung“ unter Nr. 2 besonders betont werden. Abgesehen davon, dass die BaFin – und zwar im BT 10.2 der MaComp unter Nr. 1, Abs. 5 unter Bulletpoint 1 sowie Abs. 6 – davon spricht, dass die Qualitätsverbesserung für die relevante „Kundengruppe“ ausreichen soll, gibt sie keinen Hinweis, wie ein solcher konkreter Vorteil beschaffen sein soll.

177 Siehe etwa die Stellungnahme der Deutschen Kreditwirtschaft zur Konsultation 15/2017 (WA) – MaComp vom 2. November 2017 und die Stellungnahme des Verbands der Auslandsbanken zur Neufassung der MaComp – Konsultation 15/2017 (WA) vom 4. Dezember 2017, (im Internet abrufbar unter https://www.bafin.de/SharedDocs/Veroeffentlichungen/DE/Konsultation/2017/kon_1517_wa_macomp.html.

178 Siehe unter Kapitel 1 F. II.

179 Siehe BT 10.4, Ziffer 2 MaComp-E.

180 *ESMA* Final Report – ESMA's Technical Advice to the Commission on MiFID II and MiFIR, ESMA/2014/1569 vom 19. Dezember 2014, konkret Kapitel 2.15 „The legitimacy of inducements to be paid to/by a third person“, Technical Advice Nr. 10 ff. S. 141 ff.

IV. Zuwendungsverbote sowie Geringfügigkeitsausnahme für die Möglichkeit, im Zusammenhang mit der Vermögensverwaltung geringfügige nichtmonetäre Zuwendungen anzunehmen

124 Weil Honoraranlageberater nach § 64 Abs. 5 WpHG und Vermögensverwalter nach § 64 Abs. 7 WpHG monetäre Zuwendungen zukünftig nicht mehr vereinnahmen dürfen, unterscheidet das Gesetzt nunmehr klarer als früher zwischen monetären und nichtmonetären Zuwendungen. Während bei der **Honoraranlageberatung** sogar ein absolutes **Zuwendungsannahmeverbot** besteht, hat der Gesetzgeber für die Dienstleistung der **Vermögensverwaltung** eine **Geringfügigkeitsausnahme** vorgesehen: Dort ist die Annahme geringfügiger nichtmonetärer Zuwendungen gemäß § 64 Abs. 2 WpHG gestattet, wenn diese vertretbar sowie verhältnismäßig sind, keinen Interessenkonflikt befürchten lassen und dem jeweiligen Vermögensverwaltungskunden – wenngleich generisch – unmissverständlich offengelegt werden. Vier Beispiele für zulässige nichtmonetäre Dienstleistungen finden sich in § 6 Abs. 1 WpDVerOV. Zulässig ist demnach, Informationsmaterial zu einem Finanzinstrument oder einer Dienstleistung bzw. bestimmtes Werbematerial entgegenzunehmen, an Informationsveranstaltungen für ein bestimmtes Finanzinstrument oder eine bestimmte Dienstleistung teilzunehmen und sich – in vertretbarem Umfang – bewirten zu lassen.

125 Monetäre Zuwendungen dürfen darüber hinaus bei der Honoraranlageberatung nur dann angenommen – aber nicht vereinnahmt – werden, wenn das angebotene Finanzinstrument oder ein in gleicher Weise **geeignetes Finanzinstrument ohne Zuwendung nicht erhältlich** ist, vgl. § 64 Abs. 5 S. 3 WpHG. Für die Vermögensverwaltung besteht diese Einschränkung hingegen nicht. In beiden Fällen sind die Zuwendungen jedoch gemäß § 64 Abs. 5 S. 4, Abs. 7 S. 4 WpHG „*so schnell wie nach vernünftigem Ermessen möglich, nach Erhalt [...] in vollem Umfang an den Kunden auszukehren*".

126 Das Verbot, im Rahmen der Honoraranlageberatung und Vermögensverwaltung monetäre Zuwendungen anzunehmen, wird möglicherweise dazu führen, dass sich zukünftig die Tranchen von Investmentvermögen stärker durchsetzen, für deren Vertrieb die jeweilige Kapitalverwaltungsgesellschaft **keine Vertriebsfolgeprovisionen** gewährt.

V. Zuwendungs- und Maßnahmenverzeichnis

127 Nach wie vor müssen WpDU nach § 70 Abs. 1 S. 2 WpHG i.V.m. § 6 Abs. 3 WpDVerOV mit Hilfe eines **Zuwendungsverzeichnisses nachweisen**, dass „*Zuwendungen dazu bestimmt sind, die Qualität der jeweiligen Dienstleistung für den Kunden zu verbessern*". Aufzuzeichnen sind zunächst die erhaltenen Zuwendungen (§ 6 Abs. 3 Nr. 1 WpDVerOV). Sowohl hinsichtlich der erhaltenen, als auch hinsichtlich der gewährten Zuwendungen ist außerdem zu dokumentieren, wie die Qualität der Dienstleistung erhöht werden soll, in deren Zusammenhang die Zuwendung fließt („Verwendungsverzeichnis" – § 6 Abs. 3 Nr. 2 lit. a WpDVerOV), und wie Interessenkonflikte vermieden werden („Maßnahmenverzeichnis" – § 6 Abs. 3 Nr. 2 lit. b WpDVerOV). Nicht unumstritten ist, in welchem Umfang diese Dokumentationspflicht auch für die Zuwendungen bestehen kann, die einem anderen WpDU gewährt werden. Mehr als seine eigenen Überlegungen dazu, wie sich die Dienstleistungen des Empfängers der Zuwendung verbessern lassen, wird das gewährende WpDU hier nicht vermerken können. Im Einklang mit dem Verhältnismäßigkeitsgrundsatz lässt sich der überarbeiteten MaComp der BaFin eine weitergehende Pflicht für WpDU nicht entnehmen. Zum Zeitpunkt der Fertigstellung dieses Manuskripts Anfang Juli 2018 stellt sich aktuell zudem noch immer Frage, ob und inwiefern die Ver-

wendung für den betreffenden Kunden anhand homogener Kundengruppen betrachtet werden kann.[181]

VI. Zum Umgang mit „Researchmaterial"

Eine Ausnahmeregelung enthält § 70 Abs. 2 S. 2 WpHG für **„Analysen"**. Nachdem der Begriff der „Finanzanalyse" früher in § 34b WpHG (legal-) definiert wurde, finden sich die Vorgaben für „Finanzanalysen" nunmehr in Art. 36f. DVO MiFID II. Gemäß Art. 36 Abs. 1 DVO MiFID II dürfte aber nach wie vor auf alles abzustellen sein, was gemeinhin als „Researchmaterial" bezeichnet wird. Dieses wurde vor Inkrafttreten der Neuregelungen den WpDU von seinen Anbietern üblicherweise unentgeltlich zur Verfügung gestellt, weil diese WpDU die Anbieter im Gegenzug in der Regel für die – entgeltliche – Abwicklung von Geschäften in Finanzinstrumenten in Anspruch genommen haben. Indem nunmehr klargestellt wurde, dass die unentgeltliche Gewährung und Entgegennahme von „Researchmaterial" auf diese Weise nicht zu rechtfertigen ist, wurde dieser Geschäftspraxis die Grundlage entzogen. Bei der Entgegennahme von „Researchmaterial" handelt es sich nach dem bereits genannten § 70 Abs. 2 S. 2 WpHG zukünftig nicht um eine Zuwendung, sofern diese entweder vom WpDU aus eigenen Mitteln (siehe § 70 Abs. 2 S. 2 Nr. 1 WpHG) oder von einem dafür gebildeten Analysekonto (siehe § 70 Abs. 2 S. 2 Nr. 2 WpHG) bezahlt wird. Die detaillierten Regelungen zum Analysekonto (siehe auch § 70 Abs. 2 S. 2, Abs. 3 WpHG und § 7 WpDVerOV) dürften aus der aktuellen Sicht zum Zeitpunkt der Fertigstellung dieses Manuskripts Anfang Juli 2018 in Deutschland wohl eher keinen erheblichen praktischen Anwendungsbereich erlangen, nachdem sich die WpDU, die für ihre (Vermögensverwaltungs- und Anlageberatungs-) Dienstleistungen auf Research angewiesen sind, soweit das ersichtlich ist, durchweg dagegen entschlossen haben, Analysekonten einzurichten, um ihre Kunden nicht durch zusätzliche „Researchkosten" zu belasten. **128**

Eine **Ausnahme** dürfte als volkswirtschaftliches oder **„Makro Research"** bezeichnetes Material ohne Einzeltitelbezug zu verzeichnen sein. Derartige Analysen können auch zukünftig wohl weiterhin als geringfügiger nichtmonetärer Vorteil entgegengenommen werden, wenn sie entweder zur gleichen Zeit jedem potentiellen Interessenten zur Verfügung gestellt oder der gesamten Öffentlichkeit gegenüber, bspw. via einer Website, publiziert werden.[182] Sicherheitshalber sollte jedes WpDU im Einzelfall prüfen, was entgegengenommen werden kann. **129**

G. Verlustschwellenmeldung für gehebelte Finanzinstrumente oder Geschäfte mit Eventualverbindlichkeiten (Art. 62 Abs. 2 DVO MiFID II)

Artikel 62 DVO MiFID II

Zusätzliche Berichtspflichten bei der Portfolioverwaltung und bei Geschäften mit Eventualverbindlichkeiten (Artikel 25 Absatz 6 der Richtlinie 2014/65/EU)

181 Siehe z.B. die Stellungnahme der Deutschen Kreditwirtschaft zu den beabsichtigten Änderungen des BT 3.2 sowie des BT 5 der MaComp, Konsultation 13/2016, zu BT 10.2 Verwendungsverzeichnis (im Internet abrufbar unter https://www.bafin.de/SharedDocs/Veroeffentlichungen/DE/Konsultation/2016/kon_1316_MaComp.html).

182 *ESMA* Questions and Answers on MiFID II and MiFIR investor protection and intermediaries topics, ESMA35-43-349, Kapitel „Inducements (research)", Q&A Nr. 8 (wird weiterhin laufend ergänzt); siehe auch *Roth/Blessing* CCZ **2017** 163, 166.

(1) Wertpapierfirmen, die Portfolioverwaltungsdienstleistungen erbringen, teilen dem Kunden mit, wenn der Gesamtwert des zu Beginn des jeweiligen Berichtszeitraums beurteilenden Portfolios um 10% fällt, sowie anschließend bei jedem Wertverlust in 10%-Schritten, und zwar spätestens am Ende des Geschäftstags, an dem der Schwellenwert überschritten wird oder – falls der Schwellenwert an einem geschäftsfreien Tag überschritten wird – am Ende des folgenden Geschäftstags.

(2) Wertpapierfirmen, die ein Kleinanlegerkonto führen, das Positionen bei kreditfinanzierten Finanzinstrumenten oder Geschäften mit Eventualverbindlichkeiten umfasst, informieren den Kunden, wenn der Ausgangswert des betreffenden Finanzinstruments um 10% fällt, sowie anschließend bei jedem Wertverlust in 10%-Schritten. Die Berichterstattung laut diesem Absatz sollte für jedes Finanzinstrument einzeln erfolgen, sofern mit dem Kunden nichts anderes vereinbart wird, und findet spätestens am Ende des Geschäftstags statt, an dem der Schwellenwert überschritten wird oder – falls der Schwellenwert an einem geschäftsfreien Tag überschritten wird – zum Abschluss des folgenden Geschäftstags.

130 **Privatkunden** sind nach Art. 62 Abs. 2 S. 1 DVO -MiFID II **über bestimmte Verluste zu informieren**, die sie mit Positionen in gehebelten Finanzinstrumenten oder Geschäften mit Eventualverbindlichkeiten zu erleiden drohen. Als gehebelt wird jedes Finanzinstrument anzusehen sein, dass eine mehr als einfache Partizipation an der Preisbewegung seines Bezugswerts verbrieft. Eventualverbindlichkeiten ergeben sich demgegenüber bei Termingeschäften in Form eines Festgeschäfts oder für den Stillhalter eines Optionsgeschäfts.

131 Wenngleich ein Verlust dann noch nicht realisiert ist, sind Privatkunden zu benachrichtigen, wenn der **Ausgangswert** des betreffenden Finanzinstruments um **10% fällt**, sowie anschließend in **10%-Schritten**. Schwankt der Wert eines Finanzinstruments, nachdem eine Verlustschwelle erstmals erreicht wurde (also z.B. zwischen 89% und 91% des Ausgangswerts), so dass sie mehrfach überschritten wird, muss der Kunde nicht erneut unterrichtet werden. Eine Bagatellgrenze, unterhalb derer nicht zu benachrichtigen ist, ist nicht vorgesehen, so dass Kunden bereits bei – in absoluten Beträgen oder im Verhältnis zu ihrem Anlagekapital – ganz geringen potentiellen Verlusten zu informieren sind. Nicht geregelt ist, ob der Wert vor oder nach Kosten und welcher Einstandswert beim Einstieg des Kunden in mehreren Tranchen für die Betrachtung maßgeblich ist, ob der Schwellenwert erreicht oder überschritten wurde. Jedenfalls dürfte sachgerecht sein, als Bezugsbetrag den Nachkostenwert zu Grunde zu legen und beim Einstieg in mehr als einer Tranche vom gemittelten Einstandswert auszugehen.

132 Ein **Verzicht des Kunden** ist auch bei dieser aufsichtsrechtlichen Pflicht **nicht möglich**. Das kann zu – auch vom Kunden – ungewünschten Ergebnissen führen, etwa bei Kunden mit erheblichen Anlagebeträgen und/oder bei Kunden, die eine große Zahl von Geschäften in den relevanten Instrumenten vornehmen, z.B. also auch bei sogenannten „Heavy Tradern". Nachdem auch der Gesetzgeber das vorhergesehen hat, können Kunde und WpDU nach Art. 62 Abs. 2 S. 2 DVO MiFID II allerdings vereinbaren, dass statt einzelner Finanzinstrumente die Portfolioebene zu betrachten ist. Dann stellt sich die Anschlussfrage, wodurch im weiteren Zeitverlauf jeweils ein neuer Portfoliogesamtwert als Ausgangswert für die Betrachtung etabliert wird, ob die genannten Verlustschwellen erreicht werden. Sachgerecht wird hier jedenfalls sein, jede Information über den aktuellen Portfoliogesamtwert, die der Kunde vom WpDU im Rahmen der diesbezüglichen Absprachen regelmäßig erhält, als neuen Ausgangswert für die Verlustschwellenbenachrichtigung heranzuziehen.

H. Pflichten bei der Ausführung von Kundenaufträgen (§ 69 WpHG und Art. 66 bis 70 DVO MiFID II)

§ 69 WpHG
Bearbeitung von Kundenaufträgen; Verordnungsermächtigung

(1) Ein Wertpapierdienstleistungsunternehmen muss geeignete Vorkehrungen treffen, um

1. Kundenaufträge unverzüglich und redlich im Verhältnis zu anderen Kundenaufträgen und den Handelsinteressen des Wertpapierdienstleistungsunternehmens auszuführen oder an Dritte weiterzuleiten und

2. vergleichbare Kundenaufträge der Reihenfolge ihres Eingangs nach auszuführen oder an Dritte zum Zwecke der Ausführung weiterzuleiten.

(2) Können limitierte Kundenaufträge in Bezug auf Aktien, die zum Handel an einem organisierten Markt zugelassen sind oder die an einem Handelsplatz gehandelt werden, aufgrund der Marktbedingungen nicht unverzüglich ausgeführt werden, muss das Wertpapierdienstleistungsunternehmen diese Aufträge unverzüglich so bekannt machen, dass sie anderen Marktteilnehmern leicht zugänglich sind, soweit der Kunde keine andere Weisung erteilt. Die Verpflichtung nach Satz 1 gilt als erfüllt, wenn die Aufträge an einen Handelsplatz weitergeleitet worden sind oder werden, der den Vorgaben des Artikels 70 Absatz 1 der Delegierten Verordnung (EU) 2017/565 entspricht. Die Bundesanstalt kann die Pflicht nach Satz 1 in Bezug auf solche Aufträge, die den marktüblichen Geschäftsumfang erheblich überschreiten, aufheben.

(3) Nähere Bestimmungen zu den Verpflichtungen nach den Absätzen 1 und 2 ergeben sich aus den Artikeln 67 bis 70 der Delegierten Verordnung (EU) 2017/565.

(4) Das Bundesministerium der Finanzen kann durch Rechtsverordnung, die nicht der Zustimmung des Bundesrates bedarf, nähere Bestimmungen zu den Voraussetzungen erlassen, unter denen die Bundesanstalt nach Absatz 2 Satz 3 die Pflicht nach Absatz 2 Satz 1 aufheben kann. Das Bundesministerium der Finanzen kann die Ermächtigung durch Rechtsverordnung auf die Bundesanstalt übertragen.

Als Konkretisierung der **allgemeinen Redlichkeitsverpflichtung** gemäß § 63 Abs. 1 WpHG enthält § 69 WpHG zahlreiche **Detailregelungen**, wie Kundenaufträge konkret auszuführen sind. Zentral sind die Bestimmungen, dass Aufträge unverzüglich und in der Reihenfolge ihres Eingangs abzuarbeiten sind und dass limitierte Aufträge für Geschäfte in bestimmten Aktien, die nicht unverzüglich ausgeführt werden können, so bekannt zu machen sind, dass sie anderen Marktteilnehmern – zur Ausführung – zugänglich sind. Weitere Detailregelungen enthalten zudem die Art. 66 bis 70 DVO MiFID II. 133

I. Pflicht zur bestmöglichen Ausführung von Kundenaufträgen (§ 82 WpHG)

§ 82 WpHG
Bestmögliche Ausführung von Kundenaufträgen

(1) Ein Wertpapierdienstleistungsunternehmen, das Aufträge seiner Kunden für den Kauf oder Verkauf von Finanzinstrumenten im Sinne des § 2 Absatz 3 Satz 1 Nummer 1 bis 3 ausführt, muss

1. alle hinreichenden Vorkehrungen treffen, insbesondere Grundsätze zur Auftragsausführung festlegen und regelmäßig, insbesondere unter Berücksichtigung der nach den Absätzen 9 bis 12 und § 26e des Börsengesetzes veröffentlichten Informationen, überprüfen, um das bestmögliche Ergebnis für seine Kunden zu erreichen und
2. sicherstellen, dass die Ausführung jedes einzelnen Kundenauftrags nach Maßgabe dieser Grundsätze vorgenommen wird.

(2) Das Wertpapierdienstleistungsunternehmen muss bei der Aufstellung der Ausführungsgrundsätze alle relevanten Kriterien zur Erzielung des bestmöglichen Ergebnisses, insbesondere die Preise der Finanzinstrumente, die mit der Auftragsausführung verbundenen Kosten, die Geschwindigkeit, die Wahrscheinlichkeit der Ausführung und die Abwicklung des Auftrags sowie den Umfang und die Art des Auftrags berücksichtigen und die Kriterien unter Berücksichtigung der Merkmale des Kunden, des Kundenauftrags, des Finanzinstrumentes und des Ausführungsplatzes gewichten.

(3) Führt das Wertpapierdienstleistungsunternehmen Aufträge von Privatkunden aus, müssen die Ausführungsgrundsätze Vorkehrungen dafür enthalten, dass sich das bestmögliche Ergebnis am Gesamtentgelt orientiert. Das Gesamtentgelt ergibt sich aus dem Preis für das Finanzinstrument und sämtlichen mit der Auftragsausführung verbundenen Kosten. Kann ein Auftrag über ein Finanzinstrument nach Maßgabe der Ausführungsgrundsätze des Wertpapierdienstleistungsunternehmens an mehreren konkurrierenden Plätzen ausgeführt werden, zählen zu den Kosten auch die eigenen Provisionen oder Gebühren, die das Wertpapierdienstleistungsunternehmen dem Kunden für eine Wertpapierdienstleistung in Rechnung stellt. Zu den bei der Berechnung des Gesamtentgelts zu berücksichtigenden Kosten zählen Gebühren und Entgelte des Ausführungsplatzes, an dem das Geschäft ausgeführt wird, Kosten für Clearing und Abwicklung und alle sonstigen Entgelte, die an Dritte gezahlt werden, die an der Auftragsausführung beteiligt sind.

(4) Führt das Wertpapierdienstleistungsunternehmen einen Auftrag gemäß einer ausdrücklichen Kundenweisung aus, gilt die Pflicht zur Erzielung des bestmöglichen Ergebnisses entsprechend dem Umfang der Weisung als erfüllt.

(5) Die Grundsätze zur Auftragsausführung müssen

1. Angaben zu den verschiedenen Ausführungsplätzen in Bezug auf jede Gattung von Finanzinstrumenten und die ausschlaggebenden Faktoren für die Auswahl eines Ausführungsplatzes,
2. mindestens die Ausführungsplätze, an denen das Wertpapierdienstleistungsunternehmen gleichbleibend die bestmöglichen Ergebnisse bei der Ausführung von Kundenaufträgen erzielen kann,

enthalten. Lassen die Ausführungsgrundsätze im Sinne des Absatzes 1 Nummer 1 auch eine Auftragsausführung außerhalb von Handelsplätzen im Sinne von § 2 Absatz 22 zu, muss das Wertpapierdienstleistungsunternehmen seine Kunden

auf diesen Umstand gesondert hinweisen und deren ausdrückliche Einwilligung generell oder in Bezug auf jedes Geschäft einholen, bevor die Kundenaufträge an diesen Ausführungsplätzen ausgeführt werden.

(6) Das Wertpapierdienstleistungsunternehmen muss

1. seine Kunden vor der erstmaligen Erbringung von Wertpapierdienstleistungen über seine Ausführungsgrundsätze informieren und ihre Zustimmung zu diesen Grundsätzen einholen, und

2. seinen Kunden wesentliche Änderungen der Vorkehrungen nach Absatz 1 Nummer 1 unverzüglich mitteilen.

Die Informationen über die Ausführungsgrundsätze müssen klar, ausführlich und auf eine für den Kunden verständliche Weise erläutern, wie das Wertpapierdienstleistungsunternehmen die Kundenaufträge ausführt.

(7) Das Wertpapierdienstleistungsunternehmen muss in der Lage sein, einem Kunden auf Anfrage darzulegen, dass sein Auftrag entsprechend den Ausführungsgrundsätzen ausgeführt wurde.

(8) Ein Wertpapierdienstleistungsunternehmen darf sowohl für die Ausführung von Kundenaufträgen an einem bestimmten Handelsplatz oder Ausführungsplatz als auch für die Weiterleitung von Kundenaufträgen an einen bestimmten Handelsplatz oder Ausführungsplatz weder eine Vergütung noch einen Rabatt oder einen nichtmonetären Vorteil annehmen, wenn dies einen Verstoß gegen die Anforderungen nach § 63 Absatz 1 bis 7 und 9, § 64 Absatz 1 und 5, den §§ 70, 80 Absatz 1 Satz 2 Nummer 2, Absatz 9 bis 11 oder die Absätze 1 bis 4 darstellen würde.

(9) Das Wertpapierdienstleistungsunternehmen muss einmal jährlich für jede Gattung von Finanzinstrumenten die fünf Ausführungsplätze, die ausgehend vom Handelsvolumen am wichtigsten sind, auf denen es Kundenaufträge im Vorjahr ausgeführt hat, und Informationen über die erreichte Ausführungsqualität zusammenfassen und nach den Vorgaben der Delegierten Verordnung (EU) 2017/576 der Kommission vom 8. Juni 2016 zur Ergänzung der Richtlinie 2014/65/EU des Europäischen Parlaments und des Rates durch technische Regulierungsstandards für die jährliche Veröffentlichung von Informationen durch Wertpapierfirmen zur Identität von Handelsplätzen und zur Qualität der Ausführung (ABl. L 87 vom 31.3.2017, S. 166), in der jeweils geltenden Fassung, veröffentlichen.

(10) Vorbehaltlich des § 26e des Börsengesetzes müssen Handelsplätze und systematische Internalisierer für jedes Finanzinstrument, das der Handelspflicht nach Artikel 23 oder Artikel 28 der Verordnung (EU) Nr. 600/2014 unterliegt, mindestens einmal jährlich gebührenfrei Informationen über die Ausführungsqualität von Aufträgen veröffentlichen.

(11) Vorbehaltlich des § 26e des Börsengesetzes müssen Ausführungsplätze für jedes Finanzinstrument, das nicht von Absatz 10 erfasst wird, mindestens einmal jährlich gebührenfrei Informationen über die Ausführungsqualität von Aufträgen veröffentlichen.

(12) Die Veröffentlichungen nach den Absätzen 10 und 11 müssen ausführliche Angaben zum Preis, zu den mit einer Auftragsausführung verbundenen Kosten, der Geschwindigkeit und der Wahrscheinlichkeit der Ausführung sowie der Abwicklung eines Auftrags in den einzelnen Finanzinstrumenten enthalten. Das Nähere regelt die Delegierte Verordnung (EU) 2017/575 der Kommission vom 8. Juni 2016 zur Ergänzung der Richtlinie 2014/65/EU des Europäischen Parlaments und des Rates über Märkte für Finanzinstrumente durch technische Regulierungsstandards bezüglich der Daten, die Ausführungsplätze zur Qualität der Ausführung von Geschäften veröffentlichen müssen (ABl. L 87 vom 31.3.2017, S. 152), in der jeweils geltenden Fassung.

(13) Nähere Bestimmungen ergeben sich aus der Delegierten Verordnung (EU) 2017/565, insbesondere zu
1. **der Aufstellung der Ausführungsgrundsätze nach den Absätzen 1 bis 5 aus Artikel 64,**
2. **der Überprüfung der Vorkehrungen nach Absatz 1 aus Artikel 66,**
3. **Art, Umfang und Datenträger der Informationen über die Ausführungsgrundsätze nach Absatz 6 aus Artikel 66 und**
4. **den Pflichten von Wertpapierdienstleistungsunternehmen, die Aufträge ihrer Kunden an Dritte zur Ausführung weiterleiten oder die Finanzportfolioverwaltung betreiben, ohne die Aufträge oder Entscheidungen selbst auszuführen, im bestmöglichen Interesse ihrer Kunden zu handeln, aus Artikel 65.**

134 Nach § 82 WpHG haben WpDU nach wie vor hinreichende Maßnahmen zu ergreifen, um bei der **Ausführung von Geschäften** ihrer Kunden in Finanzinstrumenten das **bestmögliche Ergebnis** zu erzielen. Dazu sind von den betroffenen WpDU „Ausführungsgrundsätze für Wertpapiergeschäfte" festzulegen – vgl. § 82 Abs. 2ff. WpHG –, in denen für jede Gattung von Finanzinstrumenten anzugeben ist, nach welchen Kriterien der jeweilige Handelsplatz ermittelt wird. Diese „Ausführungsgrundsätze" sind dann Bestandteil der Sonderbedingungen für Wertpapiergeschäfte gemäß Nr. 2 S. 2 dieser Sonderbedingungen.

135 Wenngleich der Gesetzgeber für § 82 WpHG die Überschrift „Bestmögliche Ausführung von Kundenaufträgen" gewählt hat und dies auf etwas Anderes hinzuweisen scheint, gilt die „Best-Execution"-Verpflichtung nicht nur im Rahmen von **Kommissions-**, sondern auch bei **Eigenhandelsgeschäften** des WpDU, wenn dem Kunden Finanzinstrumente vom WpDU also im Rahmen von Festpreisgeschäften verschafft oder abgekauft werden. Darüber hinaus gilt die Verpflichtung auch dann, wenn der Kunde selber im Rahmen der Vermögensverwaltung keine Anlageentscheidung trifft.[183] Nach wie vor hat sich das bestmögliche Ergebnisse im Geschäft mit Privatkunden nach § 82 Abs. 3 WpHG an den Gesamtkosten zu orientieren. Demgegenüber können im Geschäft mit professionellen Kunden und geeigneten Gegenparteien auch die weiteren Faktoren des § 82 Abs. 2 WpHG maßgebliche Bedeutung erlangen, also die Ausführungsgeschwindigkeit und -wahrscheinlichkeit sowie die Berücksichtigung etwaiger Besonderheiten des Geschäfts. Diese Kunden werden in der Regel eher Geschäfte betreiben, die eine Marktbewegung auszulösen geeignet sind. Ist derlei vorherzusehen, ist dies bereits bei der Wahl des Ausführungsplatzes zu berücksichtigen.

136 Zu vermerken ist in diesem Zusammenhang außerdem, dass der **Handelsplatzbegriff** gemäß § 2 Abs. 22 WpHG **erweitert** wurde: Neben organisierte Märkte und multilaterale Handelssysteme treten nunmehr auch organisierte Handelssysteme. Sofern außerhalb dieser Handelsplätze gehandelt werden soll, muss der Kunde nach § 82 Abs. 5 S. 2 WpHG nach wie vor ausdrücklich einwilligen. Außerhalb dieser Handelsplätze werden Geschäfte auch zukünftig in der Regel vor allem als Eigenhandelsgeschäfte des jeweiligen WpDU zu Stande kommen.

137 Schließlich müssen WpDU nach § 82 Abs. 9 WpHG für jede Kategorie von Finanzinstrumenten, die sie handeln, die sogenannten **„Top 5" Handelsplätze veröffentlichen** und auch die Handelsplätze, systematischen Internalisierer und Ausführungsplätze selbst müssen die Öffentlichkeit nach § 82 Abs. 10 und 11 WpHG über ihre Ausführungs-

---

183 Schimansky/Bunte/Lwowski/*Walz* Bankrechts-Handbuch § 111 Rn. 22; Assmann/Schneider/*Koller* § 33a Rn. 4.

qualität informieren. Ob und inwieweit dies die Handelspraxis und die Preise beeinflussen wird, bleibt abzuwarten.

J. Aufzeichnungs- und Aufbewahrungspflicht; Rahmenvereinbarung (§ 83 WpHG, Art. 58 DVO MiFID II)

§ 83 WpHG
Aufzeichnungs- und Aufbewahrungspflicht

(1) Ein Wertpapierdienstleistungsunternehmen muss, unbeschadet der Aufzeichnungspflichten nach den Artikeln 74 und 75 der Delegierten Verordnung (EU) 2017/565, über die von ihm erbrachten Wertpapierdienstleistungen und Wertpapiernebendienstleistungen sowie die von ihm getätigten Geschäfte Aufzeichnungen erstellen, die es der Bundesanstalt ermöglichen, die Einhaltung der in diesem Abschnitt, in der Verordnung (EU) Nr. 600/2014 und der Verordnung (EU) Nr. 596/2014 geregelten Pflichten zu prüfen und durchzusetzen.

(2) Das Wertpapierdienstleistungsunternehmen hat Aufzeichnungen zu erstellen über Vereinbarungen mit Kunden, die die Rechte und Pflichten der Vertragsparteien sowie die sonstigen Bedingungen festlegen, zu denen das Wertpapierdienstleistungsunternehmen Wertpapierdienstleistungen oder Wertpapiernebendienstleistungen für den Kunden erbringt. In anderen Dokumenten oder Rechtstexten normierte oder vereinbarte Rechte und Pflichten können durch Verweis in die Vereinbarungen einbezogen werden. Nähere Bestimmungen zur Aufzeichnungspflicht nach Satz 1 ergeben sich aus Artikel 58 der Delegierten Verordnung (EU) 2017/565.

(3) Hinsichtlich der beim Handel für eigene Rechnung getätigten Geschäfte und der Erbringung von Dienstleistungen, die sich auf die Annahme, Übermittlung und Ausführung von Kundenaufträgen beziehen, hat das Wertpapierdienstleistungsunternehmen für Zwecke der Beweissicherung die Inhalte der Telefongespräche und der elektronischen Kommunikation aufzuzeichnen. Die Aufzeichnung hat insbesondere diejenigen Teile der Telefongespräche und der elektronischen Kommunikation zu beinhalten, in welchen die Risiken, die Ertragschancen oder die Ausgestaltung von Finanzinstrumenten oder Wertpapierdienstleistungenerörtert werden. Hierzu darf das Wertpapierdienstleistungsunternehmen personenbezogene Daten erheben, verarbeiten und nutzen. Dies gilt auch, wenn das Telefongespräch oder die elektronische Kommunikation nicht zum Abschluss eines solchen Geschäftes oder zur Erbringung einer solchen Dienstleistung führt.

(4) Das Wertpapierdienstleistungsunternehmen hat alle angemessenen Maßnahmen zu ergreifen, um einschlägige Telefongespräche und elektronische Kommunikation aufzuzeichnen, die über Geräte erstellt oder von Geräten gesendet oder empfangen werden, die das Wertpapierdienstleistungsunternehmen seinen Mitarbeitern oder beauftragten Personen zur Verfügung stellt oder deren Nutzung das Wertpapierdienstleistungsunternehmen billigt oder gestattet. Telefongespräche und elektronische Kommunikation, die nach Absatz 3 Satz 1 aufzuzeichnen sind, dürfen über private Geräte oder private elektronische Kommunikation der Mitarbeiter nur geführt werden, wenn das Wertpapierdienstleistungsunternehmen diese mit Zustimmung der Mitarbeiter aufzeichnen oder nach Abschluss des Gesprächs auf einen eigenen Datenspeicher kopieren kann.

(5) Das Wertpapierdienstleistungsunternehmen hat Neu- und Altkunden sowie seine Mitarbeiter und beauftragten Personen vorab in geeigneter Weise über die

Aufzeichnung von Telefongesprächen nach Absatz 3 Satz 1 zu informieren. Hat ein Wertpapierdienstleistungsunternehmen seine Kunden nicht vorab über die Aufzeichnung der Telefongespräche oder der elektronischen Kommunikation informiert oder hat der Kunde einer Aufzeichnung widersprochen, darf das Wertpapierdienstleistungsunternehmen für den Kunden keine telefonisch oder mittels elektronischer Kommunikation veranlassten Wertpapierdienstleistungen erbringen, wenn sich diese auf die Annahme, Übermittlung und Ausführung von Kundenaufträgen beziehen. Näheres regelt Artikel 76 der Delegierten Verordnung (EU) 2017/565.

(6) Erteilt der Kunde dem Wertpapierdienstleistungsunternehmen seinen Auftrag im Rahmen eines persönlichen Gesprächs, hat das Wertpapierdienstleistungsunternehmen die Erteilung des Auftrags mittels eines dauerhaften Datenträgers zu dokumentieren. Zu diesem Zweck dürfen auch schriftliche Protokolle oder Vermerke über den Inhalt des persönlichen Gesprächs angefertigt werden. Erteilt der Kunde seinen Auftrag auf andere Art und Weise, müssen solche Mitteilungen auf einem dauerhaften Datenträger erfolgen. Näheres regelt Artikel 76 Absatz 9 der Delegierten Verordnung (EU) 2017/565.

(7) Der Kunde kann von dem Wertpapierdienstleistungsunternehmen bis zur Löschung oder Vernichtung nach Absatz 8 jederzeit verlangen, dass ihm die Aufzeichnungen nach Absatz 3 Satz 1 und der Dokumentation nach Absatz 6 Satz 1 oder eine Kopie zur Verfügung gestellt werden.

(8) Die Aufzeichnungen nach den Absätzen 3 und 6 sind für fünf Jahre aufzubewahren, soweit sie für die dort genannten Zwecke erforderlich sind. Sie sind nach Ablauf der in Satz 1 genannten Frist zu löschen oder zu vernichten. Die Löschung oder Vernichtung ist zu dokumentieren. Erhält die Bundesanstalt vor Ablauf der in Satz 1 genannten Frist Kenntnis von Umständen, die eine über die in Satz 1 genannte Höchstfrist hinausgehende Speicherung der Aufzeichnung insbesondere zur Beweissicherung erfordern, kann die Bundesanstalt die in Satz 1 genannte Höchstfrist zur Speicherung der Aufzeichnung um zwei Jahre verlängern.

(9) Die nach den Absätzen 3 und 6 erstellten Aufzeichnungen sind gegen nachträgliche Verfälschung und unbefugte Verwendung zu sichern und dürfen nicht für andere Zwecke genutzt werden, insbesondere nicht zur Überwachung der Mitarbeiter durch das Wertpapierdienstleistungsunternehmen. Sie dürfen nur unter bestimmten Voraussetzungen, insbesondere zur Erfüllung eines Kundenauftrags, der Anforderung durch die Bundesanstalt oder eine andere Aufsichts- oder eine Strafverfolgungsbehörde und nur durch einen oder mehrere vom Wertpapierdienstleistungsunternehmen gesondert zu benennende Mitarbeiter ausgewertet werden.

(10) Das Bundesministerium der Finanzen kann durch Rechtsverordnung, die nicht der Zustimmung des Bundesrates bedarf, nähere Bestimmungen zu den Aufzeichnungspflichten und zu der Geeignetheit von Datenträgern nach den Absätzen 1 bis 7 erlassen. Das Bundesministerium der Finanzen kann die Ermächtigung durch Rechtsverordnung auf die Bundesanstalt übertragen.

(11) Die Bundesanstalt veröffentlicht auf ihrer Internetseite ein Verzeichnis der Mindestaufzeichnungen, die die Wertpapierdienstleistungsunternehmen nach diesem Gesetz in Verbindung mit einer Rechtsverordnung nach Absatz 11 vorzunehmen haben.

(12) Absatz 2 gilt nicht für Immobiliar-Verbraucherdarlehensverträge nach § 491 Absatz 3 des Bürgerlichen Gesetzbuchs, die an die Vorbedingung geknüpft

sind, dass dem Verbraucher eine Wertpapierdienstleistung in Bezug auf gedeckte Schuldverschreibungen, die zur Besicherung der Finanzierung des Kredits begeben worden sind und denen dieselben Konditionen wie dem Immobiliar-Verbraucherdarlehensvertrag zugrunde liegen, erbracht wird, und wenn damit das Darlehen ausgezahlt, refinanziert oder abgelöst werden kann.

Damit die Aufsicht effektiv kontrollieren kann, dass sich WpDU tatsächlich geset- 138
zeskonform verhalten,[184] hat der Gesetzgeber einige **Organisationspflichten** begründet, die die dargestellten Verhaltenspflichten flankieren.

I. Aufzeichnungs- und Aufbewahrungspflichten bei der Erbringung von Wertpapierdienstleistungen und Wertpapiernebendienstleistungen

Nach **§ 83 Abs. 3 WpHG** sind **Telefonate und ist elektronische Kommunikation** 139
mit Kunden aufzuzeichnen, soweit sich der Inhalt auf die Annahme, Übermittlung und Ausführung von Kundenaufträgen bezieht.[185] Zu dokumentieren sind nach § 83 Abs. 6 WpHG außerdem (persönliche) Gespräche, bei denen ein Kunde einem WpDU einen Auftrag erteilt. Mit der umgangssprachlichen Verwendung des Begriffs „Auftrag" möchte der Gesetzgeber nicht etwa darauf abstellen, dass dokumentiert werden soll, wenn Kunde und WpDU – etwa im Rahmen der Dienstleistung des Kommissionsgeschäfts – Auftragsverhältnisse begründen. Aufgezeichnet soll vielmehr werden, was darauf gerichtet ist, Geschäftsabschlüsse herbeizuführen. Von der Aufzeichnungspflicht erfasst wird also insbesondere auch die Kommunikation im Zusammenhang mit der Dienstleistung des Eigenhandels, also beim Abschluss von Festpreisgeschäften mit Kunden.

Wichtig zu bemerken ist darüber hinaus, dass Kunden gemäß **§ 83 Abs. 7 WpHG** 140
vom WpDU die **Herausgabe der Aufzeichnungen** verlangen können. Die Herausgabepflicht besteht, bis die Aufzeichnungen gelöscht sind, was gemäß § 83 Abs. 8 WpHG nach fünf bzw. – bei entsprechender Anordnung durch die BaFin – nach maximal sieben Jahren zu geschehen hat. Bei § 87 Abs. 7 WpHG handelt sich um eine der Bestimmungen, mit denen der Gesetzgeber – auch im WpHG – Zivilrechtsverhältnisse geregelt hat.[186] Dieses Herausgebeverlangen hat das Potential, Kunden und WpDU im Zusammenhang mit denkbaren zivilrechtlichen Auseinandersetzungen die Sachverhaltsaufklärung zu erleichtern.

II. Rahmenvereinbarung mit Kunden

Schon bislang waren WpDU nach § 34 Abs. 2 WpHG a.F. dazu verpflichtet, mit ihren 141
Kunden zu vereinbaren, welche wesentlichen Rechte und Pflichten mit den in Anspruch genommenen Dienstleistungen einhergehen; und schon bislang bedurfte es dazu im Geschäft mit Privatkunden nach § 34 Abs. 2 S. 2 WpHG a.F. einer **schriftlichen Rahmenvereinbarung.** Dass die § 34 Abs. 2 S. 1 und 3 WpHG a.F. inhaltlich unverändert in § 83 Abs. 3 S. 1 und 2 WpHG übernommen wurden, während die Regelung in § 34 Abs. 2 S. 2 WpHG a.F. nunmehr in den Art. 58 DVO MiFID II überführt und erheblich ausführlicher ausgestaltet

184 So – nach wie vor – ausdrücklich geregelt in § 83 Abs. 1 WpHG.
185 Zu den Einzelheiten siehe unter Kapitel 3 A.
186 Derartige Normen hat es immer gegeben, wobei die Verjährungsregelung des § 37a WpHG in der Fassung vom 9. September 1998 – und aufgehoben mit Wirkung vom 5. August 2009 – wahrscheinlich die größte praktische Bedeutung erlangt hat. Noch heute schließt § 99 WpHG für Finanztermingeschäfte den Spiel- und Wetteinwand des § 762 BGB aus, was ebenfalls ein zivilrechtliches Rechtsverhältnis betrifft.

wurde, ändert daran inhaltlich – jedenfalls nach der hier vertretenen Auffassung – praktisch nichts. Schon bislang haben Kunden in Deutschland mit einem schriftlichen Depoteröffnungsantrag die Allgemeinen Geschäftsbedingungen samt der Sonderbedingungen und der weiteren Bedingungswerke des jeweiligen WpDU anerkannt, und schon bislang haben Kunden, die einem WpDU ein Vermögensverwaltungs- oder Anlageberatungsmandat erteilt haben, mit diesem einen schriftlichen Vertrag abgeschlossen. Ebenso haben Kunden, die Derivategeschäfte betreiben, bereits bisher eine schriftliche Rahmenvereinbarung für den Abschluss von Termingeschäften bzw. einen Rahmenvertrag für Finanztermingeschäfte oder einen sonstigen – wiederum schriftlichen – Rahmenvertrag für das OTC-Derivategeschäft mit dem jeweiligen WpDU abgeschlossen. Dasselbe gilt im Zusammenhang mit Wertpapierpensionsgeschäften und ähnlichen Transaktionen. Die Rechtsanwender werden damit leben müssen, dass mit der unmittelbaren Geltung der DVO MiFID II nunmehr häufig wenig konkrete, zum Teil ausgesprochen umständlich formulierte und bisweilen im Übermaß detaillierte Regelungen zu beachten sind.

K. Weitere Pflichten zur Veröffentlichung und Zurverfügungstellung von Produktinformationsmaterial (PRIIP-VO)

Artikel 2 VO (EU) 1286/2014 – PRIIP-VO

(1) Diese Verordnung gilt für PRIIP-Hersteller und Personen, die über PRIIP beraten oder sie verkaufen.

(2) Diese Verordnung gilt nicht für folgende Produkte:

a) **Nichtlebensversicherungsprodukte gemäß Anhang I der Richtlinie 2009/138/EG;**

b) **Lebensversicherungsverträge, deren vertragliche Leistungen nur im Todesfall oder bei Arbeitsunfähigkeit infolge von Körperverletzung, Krankheit oder Gebrechen zahlbar sind;**

c) **Einlagen, die keine strukturierten Einlagen im Sinne des Artikels 4 Absatz 1 Nummer 43 der Richtlinie 2014/65/EU sind;**

d) **in Artikel 1 Absatz 2 Buchstaben b bis g, i und j der Richtlinie 2003/71/EG genannte Wertpapiere;**

e) **Altersvorsorgeprodukte, die nach nationalem Recht als Produkte anerkannt sind, deren Zweck in erster Linie darin besteht, dem Anleger im Ruhestand ein Einkommen zu gewähren, und die dem Anleger einen Anspruch auf bestimmte Leistungen einräumen;**

f) **amtlich anerkannte betriebliche Altersversorgungssysteme, die in den Anwendungsbereich der Richtlinie 2003/41/EG des Europäischen Parlaments und des Rates (18) oder der Richtlinie 2009/138/EG fallen;**

g) **individuelle Altersvorsorgeprodukte, für die nach nationalem Recht ein finanzieller Beitrag des Arbeitgebers erforderlich ist und die bzw. deren Anbieter weder der Arbeitgeber noch der Beschäftigte selbst wählen kann.**

Artikel 4 VO (EU) 1286/2014 – PRIIP-VO

Für die Zwecke dieser Verordnung bezeichnet der Ausdruck

1. **„verpacktes Anlageprodukt für Kleinanleger“ oder „PRIP“ eine Anlage, einschließlich von Zweckgesellschaften im Sinne des Artikels 13 Nummer 26 der Richtlinie 2009/138/EG oder Verbriefungszweckgesellschaften im Sinne des Artikels 4 Absatz 1 Buchstabe an der Richtlinie 2011/61/EU des Europäischen Par-**

laments und des Rates (19) ausgegebener Instrumente, bei der unabhängig von der Rechtsform der Anlage der dem Kleinanleger rückzuzahlende Betrag Schwankungen aufgrund der Abhängigkeit von Referenzwerten oder von der Entwicklung eines oder mehrerer Vermögenswerte, die nicht direkt vom Kleinanleger erworben werden, unterliegt;

2. **„Versicherungsanlageprodukt" ein Versicherungsprodukt, das einen Fälligkeitswert oder einen Rückkaufwert bietet, der vollständig oder teilweise direkt oder indirekt Marktschwankungen ausgesetzt ist;**
3. **„verpacktes Anlageprodukt für Kleinanleger und Versicherungsanlageprodukt" oder „PRIIP" jedes Produkt, das unter eine oder beide der folgenden Begriffsbestimmungen fällt:**
   a) **ein PRIP;**
   b) **ein Versicherungsanlageprodukt;**
4. **„Hersteller von verpackten Anlageprodukten für Kleinanleger und Versicherungsanlageprodukten" oder „PRIIP-Hersteller"**
   a) **ein Rechtsträger oder eine natürliche Person, der bzw. die PRIIP auflegt;**
   b) **ein Rechtsträger oder eine natürliche Person, der bzw. die Änderungen an einem bestehenden PRIIP, einschließlich Änderungen seines Risiko- und Renditeprofils oder der Kosten im Zusammenhang mit einer Anlage in das PRIIP, vornimmt;**
5. **„PRIIP-Verkäufer" eine Person, die einem Kleinanleger einen PRIIP-Vertrag anbietet oder diesen mit ihm abschließt;**
6. **„Kleinanleger"**
   a) **einen Kleinanleger im Sinne von Artikel 4 Absatz 1 Nummer 11 der Richtlinie 2014/65/EU;**
   b) **einen Kunden im Sinne der Richtlinie 2002/92/EG, wenn dieser nicht als professioneller Kunde im Sinne des Artikels 4 Absatz 1 Nummer 10 der Richtlinie 2014/65/EU angesehen werden kann;**
7. **„dauerhafter Datenträger" einen dauerhaften Datenträger im Sinne des Artikels 2 Absatz 1 Buchstabe m der Richtlinie 2009/65/EG;**
8. **„zuständige Behörden" die nationalen Behörden, die von einem Mitgliedstaat zur Überwachung der Anforderungen dieser Verordnung an PRIIP-Hersteller und Personen, die über PRIIP beraten oder sie verkaufen, benannt werden.**

Artikel 5 VO (EU) 1286/2014 – PRIIP-VO

(1) Bevor Kleinanlegern ein PRIIP angeboten wird, fasst der PRIIP-Hersteller ein Basisinformationsblatt für dieses Produkt im Einklang mit den Anforderungen dieser Verordnung ab und veröffentlicht es auf seiner Website.

(2) Jeder Mitgliedstaat kann für die in diesem Mitgliedstaat vermarkteten PRIIP die Vorabmitteilung des Basisinformationsblatts durch den PRIIP-Hersteller oder die Person, die ein PRIIP verkauft, an die zuständige Behörde vorschreiben.

Artikel 6 VO (EU) 1286/2014 – PRIIP-VO

(1) Die im Basisinformationsblatt enthaltenen Informationen sind vorvertragliche Informationen. Das Basisinformationsblatt muss präzise, redlich und klar sein und darf nicht irreführend sein. Es enthält die wesentlichen Informationen und stimmt mit etwaigen verbindlichen Vertragsunterlagen, mit den einschlägigen Tei-

len der Angebotsunterlagen und mit den Geschäftsbedingungen des PRIIP überein.

(2) Das Basisinformationsblatt ist eine eigenständige Unterlage, die von Werbematerialien deutlich zu unterscheiden ist. Es darf keine Querverweise auf Marketingmaterial enthalten. Es kann Querverweise auf andere Unterlagen, gegebenenfalls einschließlich eines Prospekts, enthalten, und zwar nur, wenn sich der Querverweis auf Informationen bezieht, die nach dieser Verordnung in das Basisinformationsblatt aufgenommen werden müssen.

(3) Abweichend von Absatz 2 dieses Artikels enthält das Basisinformationsblatt in dem Fall, in dem ein PRIIP dem Kleinanleger eine solche Palette von Anlageoptionen bietet, dass die Bereitstellung der Informationen in Bezug auf die zugrunde liegenden Anlagemöglichkeiten nach Artikel 8 Absatz 3 in einer einzigen, prägnanten und eigenständigen Unterlage nicht möglich ist, zumindest eine allgemeine Beschreibung der zugrunde liegenden Anlagemöglichkeiten sowie die Angabe, wo und wie detailliertere Dokumentationen zu vorvertraglichen Informationen in Bezug auf die Anlageprodukte, die die zugrunde liegenden Anlagemöglichkeiten absichern, zu finden ist.

(4) Das Basisinformationsblatt wird als kurze Unterlage abgefasst, die prägnant formuliert ist und ausgedruckt höchstens drei Seiten Papier im A4-Format umfasst, um für Vergleichbarkeit zu sorgen. Das Basisinformationsblatt

a) ist in einer Weise präsentiert und aufgemacht, die leicht verständlich ist, wobei Buchstaben in gut leserlicher Größe verwendet werden;

b) legt den Schwerpunkt auf die wesentlichen Informationen, die Kleinanleger benötigen;

c) ist unmissverständlich und sprachlich sowie stilistisch so formuliert, dass das Verständnis der Informationen erleichtert wird, insbesondere durch eine klare, präzise und verständliche Sprache.

(5) Wenn in dem Basisinformationsblatt Farben verwendet werden, dürfen sie die Verständlichkeit der Informationen nicht beeinträchtigen, falls das Blatt in Schwarz und Weiß ausgedruckt oder fotokopiert wird.

(6) Wird die Unternehmensmarke oder das Logo des PRIIP-Herstellers oder der Gruppe, zu der er gehört, verwendet, darf sie bzw. es den Kleinanleger weder von den in dem Informationsblatt enthaltenen Informationen ablenken noch den Text verschleiern.

142 Mit der Verordnung (EU) Nr. 1286/2014 vom 26. November 2014 **(PRIIP-VO)** wurden einheitliche **Basisinformationsblätter (BIB)** für verpackte Anlageprodukte für Kleinanleger und Versicherungsanlageprodukte eingeführt.[187] Die PRIIP-VO entfaltet seit dem 1. Januar 2018 unmittelbar in allen Mitgliedsstaaten der EU Geltung[188] und richtet sich an *„PRIIP-Hersteller"* und an *„Personen, die über PRIIP beraten oder sie verkaufen"*. Hiermit sind naturgemäß auch Überschneidungen mit anderen aktuellen Regulierungsvorhaben des europäischen Gesetzgebers verbunden – auch und gerade im Hinblick auf die MiFID II und die Versicherungsvertrieb-Richtlinie.[189]

---

187 Siehe hierzu auch Ellenberger/Clouth/*Sänger* Praktikerhandbuch Wertpapier- und Derivategeschäft, Teil 2 Kapitel K. „Prozessfragen" III. Rn. 2072 ff.

188 Eine Ausnahme gilt lediglich für Anteile an Investmentvermögen, für die eine *„Wesentliche Anlegerinformation"* erstellt wird. Insoweit entfaltet die PRIIP-VO erst ab dem 31. Dezember 2019 Geltung (vgl. Art. 32 PRIIP-VO; § 307 Absatz 5 KAGB).

189 a.a.O. (Fn. 11).

Jedem **PRIIP Hersteller** kommt nach Art. 5 Abs. 1 PRIIP-VO die Pflicht zu, ein **BIB auf seiner Internetseite** zu veröffentlichen. Personen, die über ein PRIIP beraten oder es verkaufen, müssen überdies Kleinanlegern das BIB rechtzeitig vor einer vertraglichen Bindung bzw. vor dem Angebot zur Verfügung stellen. **143**

Ein **BIB** muss gemäß Art. 6 Abs. 1 S. 2 PRIIP-VO *„präzise, redlich und klar"* und darf *„nicht irreführend"* sein. Es ist es als *„kurze Unterlage"* abzufassen, die *„prägnant formuliert"* ist und *„ausgedruckt höchstens drei Seiten Papier im A4-Format umfasst"*, Art. 6 Abs. 4 S. 1 PRIIP-VO. Gleichzeitig soll ein BIB die *„wesentlichen Informationen"* enthalten sowie mit *„etwaigen verbindlichen Vertragsunterlagen, mit den einschlägigen Teilen der Angebotsunterlagen und mit den Geschäftsbedingungen des PRIIP"* übereinstimmen. Die in einem BIB enthaltenen Informationen sind hierbei nach nach Art. 6 Abs. 1 S. 1 PRIIP-VO *„vorvertragliche Informationen"*. Zwingende Vorgaben bezüglich Form und Inhalt eines BIB finden sich sowohl in Art. 6 bis 12 PRIIP-VO als auch in der *„Mustervorlage für das Basisinformationsblatt"*,[190] von denen allerdings nur in sehr engen Grenzen abgewichen werden kann.[191] **144**

Als *„verpacktes Anlageprodukt für Kleinanleger"* (**PRIIP**) ist ausweislich Art. 4 Nr. 1 PRIIP-VO eine *„Anlage"* zu qualifizieren, bei der unabhängig von der Rechtsform der Anlage der dem Kleinanleger rückzuzahlende Betrag Schwankungen aufgrund der Abhängigkeit von Referenzwerten unterliegt oder von der Entwicklung eines oder mehrerer Vermögenswerte, die nicht direkt vom Anleger erworben werden, abhängt.[192] Eine Antwort auf die Frage, ob eine Anlage als PRIIP zu qualifizieren ist, setzt nach alledem regelmäßig eine Einzelfallbetrachtung voraus. Im Rahmen einer solchen Betrachtung darf nicht außer Acht gelassen werden, dass der europäische Gesetzgeber offensichtlich sowohl den Anwendungsbereich der PRIIP-VO als auch die PRIIP-Tatbestandsmerkmale bewusst weit ausgelegt wissen möchte. **145**

Der **sachliche Anwendungsbereich der PRIIP-VO** – d.h. die Summe der Anlagen, die als PRIIP einzuordnen sind – wird lediglich durch die Negativaufzählung in Art. 2 Abs. 2 PRIIP-VO explizit eingeschränkt. Demnach gilt die PRIIP-VO insbesondere nicht für Anlageprodukte ohne derivative Komponente wie Aktien und Anleihen, Versicherungsverträge ohne Anlageelement, betriebliche Altersvorsorgeprodukte und strukturierte Einlagen. Dementsprechend können unter anderem strukturierte Anlagen, geschlossene und offene Fonds, börsengehandelte Derivate und strukturierte Finanzprodukte, wie Optionsscheine und Zertifikate, OTC-Derivate sowie Versicherungen mit Anlagecharakter, bei denen der Fälligkeits- oder Rückkaufswert von Marktschwankungen abhängig ist, als PRIIP zu qualifizieren sein, zumal solche Produkte wiederum in Versicherungen, Wertpapiere oder Bankprodukte „verpackt" sein können. **146**

Gemäß Art. 4 Nr. 2 PRIIP-VO ist unter ***„Versicherungsanlageprodukt"*** ein Versicherungsprodukt zu verstehen, das einen Fälligkeitswert oder einen Rückkaufwert bietet, der vollständig oder teilweise direkt oder indirekt Marktschwankungen ausgesetzt **147**

---

190 Vgl. Delegierte Verordnung (EU) 2017/653 der Kommission vom 8. März 2017 zur Ergänzung der Verordnung (EU) Nr. 1268/2014 des Europäischen Parlaments und des Rates über Basisinformationsblätter für verpackte Anlageprodukte für Kleinanleger und Versicherungsanlageprodukte (PRIIP) durch technische Regulierungsstandards für die Darstellung, den Inhalt, die Überprüfung und die Überarbeitung von Basisinformationsblättern sowie die Bedingungen für die Erfüllung der Verpflichtung zur Bereitstellung solcher Dokumente, Anhang I.

191 *ESMA/EBA/EIOPA* Questions and Answers (Q&A) on the PRIIPs KID, JC 2017 49 vom 20. November 2017, S. 25 f.; *Gerold/Kohleick* RdF **2017** 276, 281 f.; zur Haftung für ein fehlerhaftes BIB siehe *Buck-Heeb* WM **2018** 1197–1204.

192 Vgl. ErwG 6 und 7 sowie Art. 1 und Art. 4 Nr. 1–3 PRIIP-VO.

ist.[193] Hierunter lassen sich jedenfalls fonds- und indexgebundene Lebens- oder Rentenversicherungen oder Hybrid-Produkte mit Mindestablaufleistung subsumieren. Ob und inwieweit etwa auch eine „klassische" (kapitalbildende) Lebensversicherung als Versicherungsanlageprodukt zu qualifizieren ist, wird unterschiedlich beurteilt.[194]

148 Jedenfalls **vom Anwendungsbereich der PRIIP-VO ausgenommen** sind nach alledem lediglich solche Produkte, die sich in Art. 2 Abs. 2 lit. a und b PRIIP-VO genannt finden, sowie Altersvorsorgeprodukte.

KAPITEL 2
Besondere Verhaltenspflichten

§ 63 Abs. 10 und 11 WpHG

(10) Vor der Erbringung anderer Wertpapierdienstleistungen als der Anlageberatung oder der Finanzportfolioverwaltung hat ein Wertpapierdienstleistungsunternehmen von den Kunden Informationen einzuholen über Kenntnisse und Erfahrungen der Kunden in Bezug auf Geschäfte mit bestimmten Arten von Finanzinstrumenten oder Wertpapierdienstleistungen, soweit diese Informationen erforderlich sind, um die Angemessenheit der Finanzinstrumente oder Wertpapierdienstleistungen für die Kunden beurteilen zu können. Sind verbundene Dienstleistungen oder Produkte im Sinne des Absatzes 9 Gegenstand des Kundenauftrages, muss das Wertpapierdienstleistungsunternehmen beurteilen, ob das gesamte verbundene Geschäft für den Kunden angemessen ist. Gelangt ein Wertpapierdienstleistungsunternehmen auf Grund der nach Satz 1 erhaltenen Informationen zu der Auffassung, dass das vom Kunden gewünschte Finanzinstrument oder die Wertpapierdienstleistung für den Kunden nicht angemessen ist, hat es den Kunden darauf hinzuweisen. Erlangt das Wertpapierdienstleistungsunternehmen nicht die erforderlichen Informationen, hat es den Kunden darüber zu informieren, dass eine Beurteilung der Angemessenheit im Sinne des Satzes 1 nicht möglich ist. Näheres zur Angemessenheit und zu den Pflichten, die im Zusammenhang mit der Beurteilung der Angemessenheit geltenden Pflichten regeln die Artikel 55 und 56 der Delegierten Verordnung (EU) 2017/565. Der Hinweis nach Satz 3 und die Information nach Satz 4 können in standardisierter Form erfolgen.

(11) Die Pflichten nach Absatz 10 gelten nicht, soweit das Wertpapierdienstleistungsunternehmen

1. **auf Veranlassung des Kunden Finanzkommissionsgeschäft, Eigenhandel, Abschlussvermittlung oder Anlagevermittlung erbringt in Bezug auf**
   a) **Aktien, die zum Handel an einem organisierten Markt, an einem diesem gleichwertigen Markt eines Drittlandes oder an einem multilateralen Handelssystem zugelassen sind, mit Ausnahme von Aktien an AIF im Sinne von § 1 Absatz 3 des Kapitalanlagegesetzbuchs, und von Aktien, in die ein Derivat eingebettet ist,**
   b) **Schuldverschreibungen und andere verbriefte Schuldtitel, die zum Handel an einem organisierten Markt, einem diesem gleichwertigen Markt eines Drittlandes oder einem multilateralen Handelssystem zugelassen sind, mit**

193 Siehe *Poelzig* ZBB **2015** 108 ff. m.w.N.
194 Siehe im Einzelnen *Gerold/Kohleick* RdF **2017** 276, 278 f., m.w.N.

Ausnahme solcher, in die ein Derivat eingebettet ist und solcher, die eine Struktur aufweisen, die es dem Kunden erschwert, die mit ihnen einhergehenden Risiken zu verstehen,

c) Geldmarktinstrumente, mit Ausnahme solcher, in die ein Derivat eingebettet ist, und solcher, die eine Struktur aufweisen, die es dem Kunden erschwert, die mit ihnen einhergehenden Risiken zu verstehen,

d) Anteile oder Aktien an OGAW im Sinne von § 1 Absatz 2 des Kapitalanlagegesetzbuchs, mit Ausnahme der in Artikel 36 Absatz 1 Unterabsatz 2 der Verordnung (EU) Nr. 583/2010 genannten strukturierten OGAW,

e) strukturierte Einlagen, mit Ausnahme solcher, die eine Struktur aufweisen, die es dem Kunden erschwert, das Ertragsrisiko oder die Kosten des Verkaufs des Produkts vor Fälligkeit zu verstehen oder

f) andere nicht komplexe Finanzinstrumente für Zwecke dieses Absatzes, die die in Artikel 57 der Delegierten Verordnung (EU) 2017/565 genannten Kriterien erfüllen,

2. diese Wertpapierdienstleistung nicht gemeinsam mit der Gewährung eines Darlehens als Wertpapiernebendienstleistung im Sinne des § 2 Absatz 7 Nummer 2 erbringt, außer sie besteht in der Ausnutzung einer Kreditobergrenze eines bereits bestehenden Darlehens oder eines bereits bestehenden Darlehens, das in der Weise gewährt wurde, dass der Darlehensgeber in einem Vertragsverhältnis über ein laufendes Konto dem Darlehensnehmer das Recht einräumt, sein Konto in bestimmter Höhe zu überziehen (Überziehungsmöglichkeit) oder darin, dass der Darlehensgeber im Rahmen eines Vertrages über ein laufendes Konto, ohne eingeräumte Überziehungsmöglichkeit die Überziehung des Kontos durch den Darlehensnehmer duldet und hierfür vereinbarungsgemäß ein Entgelt verlangt, und

3. den Kunden ausdrücklich darüber informiert, dass keine Angemessenheitsprüfung im Sinne des Absatzes 10 vorgenommen wird, wobei diese Information in standardisierter Form erfolgen kann.

§ 64 WpHG
Besondere Verhaltensregeln bei der Erbringung von Anlageberatung und Finanzportfolioverwaltung; Verordnungsermächtigung

(1) Erbringt ein Wertpapierdienstleistungsunternehmen Anlageberatung, muss es den Kunden zusätzlich zu den Informationen nach § 63 Absatz 7 rechtzeitig vor der Beratung und in verständlicher Form darüber informieren

1. ob die Anlageberatung unabhängig erbracht wird (Unabhängige Honorar-Anlageberatung) oder nicht;

2. ob sich die Anlageberatung auf eine umfangreiche oder eine eher beschränkte Analyse verschiedener Arten von Finanzinstrumenten stützt, insbesondere, ob die Palette an Finanzinstrumenten auf Finanzinstrumente beschränkt ist, die von Anbietern oder Emittenten stammen, die in einer engen Verbindung zum Wertpapierdienstleistungsunternehmen stehen oder zu denen in sonstiger Weise rechtliche oder wirtschaftliche Verbindungen bestehen, die so eng sind, dass das Risiko besteht, dass die Unabhängigkeit der Anlageberatung beeinträchtigt wird, und

3. ob das Wertpapierdienstleistungsunternehmen dem Kunden regelmäßig eine Beurteilung der Geeignetheit der empfohlenen Finanzinstrumente zur Verfügung stellt.

§ 63 Absatz 7 Satz 2 und bei Vorliegen der dort genannten Voraussetzungen die Ausnahme nach § 63 Absatz 8 gelten entsprechend.

(2) Im Falle einer Anlageberatung ist einem Privatkunden rechtzeitig vor dem Abschluss eines Geschäfts über Finanzinstrumente, für die kein Basisinformationsblatt nach der Verordnung (EU) Nr. 1286/2014 erstellt werden muss, ein kurzes und leicht verständliches Informationsblatt über jedes Finanzinstrument zur Verfügung zu stellen, auf das sich eine Kaufempfehlung bezieht. Die Angaben in den Informationsblättern nach Satz 1 dürfen weder unrichtig noch irreführend sein und müssen mit den Angaben des Prospekts vereinbar sein. An die Stelle des Informationsblattes treten

1. bei Anteilen oder Aktien an OGAW oder an offenen Publikums-AIF die wesentlichen Anlegerinformationen nach den §§ 164 und 166 des Kapitalanlagegesetzbuchs,
2. bei Anteilen oder Aktien an geschlossenen Publikums-AIF die wesentlichen Anlegerinformationen nach den §§ 268 und 270 des Kapitalanlagegesetzbuchs,
3. bei Anteilen oder Aktien an Spezial-AIF die wesentlichen Anlegerinformationen nach § 166 oder § 270 des Kapitalanlagegesetzbuchs, sofern die AIF-Kapitalverwaltungsgesellschaft solche gemäß § 307 Absatz 5 des Kapitalanlagegesetzbuchs erstellt hat,
4. bei EU-AIF und ausländischen AIF die wesentlichen Anlegerinformationen nach § 318 Absatz 5 des Kapitalanlagegesetzbuchs,
5. bei EU-OGAW die wesentlichen Anlegerinformationen, die nach § 298 Absatz 1 Satz 2 des Kapitalanlagegesetzbuchs in deutscher Sprache veröffentlicht worden sind,
6. bei inländischen Investmentvermögen im Sinne des Investmentgesetzes in der bis zum 21. Juli 2013 geltenden Fassung, die für den in § 345 Absatz 6 Satz 1 des Kapitalanlagegesetzbuchs genannten Zeitraum noch weiter vertrieben werden dürfen, die wesentlichen Anlegerinformationen, die nach § 42 Absatz 2 des Investmentgesetzes in der bis zum 21. Juli 2013 geltenden Fassung erstellt worden sind, und
7. bei ausländischen Investmentvermögen im Sinne des Investmentgesetzes in der bis zum 21. Juli 2013 geltenden Fassung, die für den in § 345 Absatz 8 Satz 2 oder § 355 Absatz 2 Satz 10 des Kapitalanlagegesetzbuchs genannten Zeitraum noch weiter vertrieben werden dürfen, die wesentlichen Anlegerinformationen, die nach § 137 Absatz 2 des Investmentgesetzes in der bis zum 21. Juli 2013 geltenden Fassung erstellt worden sind, und
8. bei Vermögensanlagen im Sinne des § 1 Absatz 2 des Vermögensanlagengesetzes das Vermögensanlagen-Informationsblatt nach § 13 des Vermögensanlagengesetzes, soweit der Anbieter der Vermögensanlagen zur Erstellung eines solchen Vermögensanlagen-Informationsblatts verpflichtet ist, und
9. bei zertifizierten Altersvorsorge- und Basisrentenverträgen im Sinne des Altersvorsorgeverträge-Zertifizierungsgesetzes das individuelle Produktinformationsblatt nach § 7 Absatz 1 des Altersvorsorgeverträge-Zertifizierungsgesetzes sowie zusätzlich die wesentlichen Anlegerinformationen nach Nummer 1, 3 oder Nummer 4, sofern es sich um Anteile an den in Nummer 1, 3 oder Nummer 4 genannten Organismen für gemeinsame Anlagen handelt.

(3) Das Wertpapierdienstleistungsunternehmen muss von einem Kunden alle Informationen

1. über Kenntnisse und Erfahrungen des Kunden in Bezug auf Geschäfte mit bestimmten Arten von Finanzinstrumenten oder Wertpapierdienstleistungen,

2. über die finanziellen Verhältnisse des Kunden, einschließlich seiner Fähigkeit, Verluste zu tragen, und
3. über seine Anlageziele, einschließlich seiner Risikotoleranz,

einholen, die erforderlich sind, um dem Kunden ein Finanzinstrument oder eine Wertpapierdienstleistung empfehlen zu können, das oder die für ihn geeignet ist und insbesondere seiner Risikotoleranz und seiner Fähigkeit, Verluste zu tragen, entspricht. Ein Wertpapierdienstleistungsunternehmen darf seinen Kunden nur Finanzinstrumente und Wertpapierdienstleistungen empfehlen oder Geschäfte im Rahmen der Finanzportfolioverwaltung tätigen, die nach den eingeholten Informationen für den Kunden geeignet sind. Näheres zur Geeignetheit und den im Zusammenhang mit der Beurteilung der Geeignetheit geltenden Pflichten regeln die Artikel 54 und 55 der Delegierten Verordnung (EU) 2017/565. Erbringt ein Wertpapierdienstleistungsunternehmen eine Anlageberatung, bei der verbundene Produkte oder Dienstleistungen im Sinne des § 63 Absatz 9 empfohlen werden, gilt Satz 2 für das gesamte verbundene Geschäft entsprechend.

(4) Ein Wertpapierdienstleistungsunternehmen, das Anlageberatung erbringt, muss dem Privatkunden auf einem dauerhaften Datenträger vor Vertragsschluss eine Erklärung über die Geeignetheit der Empfehlung (Geeignetheitserklärung) zur Verfügung stellen. Die Geeignetheitserklärung muss die erbrachte Beratung nennen sowie erläutern, wie sie auf die Präferenzen, Anlageziele und die sonstigen Merkmale des Kunden abgestimmt wurde. Näheres regelt Artikel 54 Absatz 12 der Delegierten Verordnung (EU) 2017/565. Wird die Vereinbarung über den Kauf oder Verkauf eines Finanzinstruments mittels eines Fernkommunikationsmittels geschlossen, das die vorherige Übermittlung der Geeignetheitserklärung nicht erlaubt, darf das Wertpapierdienstleistungsunternehmen die Geeignetheitserklärung ausnahmsweise unmittelbar nach dem Vertragsschluss zur Verfügung stellen, wenn der Kunde zugestimmt hat, dass ihm die Geeignetheitserklärung unverzüglich nach Vertragsschluss zur Verfügung gestellt wird und das Wertpapierdienstleistungsunternehmen dem Kunden angeboten hat, die Ausführung des Geschäfts zu verschieben, damit der Kunde die Möglichkeit hat, die Geeignetheitserklärung zuvor zu erhalten.

(5) Ein Wertpapierdienstleistungsunternehmen, das Unabhängige Honorar-Anlageberatung erbringt,

1. muss bei der Beratung eine ausreichende Palette von auf dem Markt angebotenen Finanzinstrumenten berücksichtigen, die
   a) hinsichtlich ihrer Art und des Emittenten oder Anbieters hinreichend gestreut sind und
   b) nicht beschränkt sind auf Finanzinstrumente, die das Wertpapierdienstleistungsunternehmen selbst emittiert oder anbietet oder deren Anbieter oder Emittenten in einer engen Verbindung zum Wertpapierdienstleistungsunternehmen stehen oder in sonstiger Weise so enge rechtliche oder wirtschaftliche Verbindung zu diesem unterhalten, dass die Unabhängigkeit der Beratung dadurch gefährdet werden könnte;
2. darf sich die Unabhängige Honorar-Anlageberatung allein durch den Kunden vergüten lassen.

Es dürfen nach Satz 1 Nummer 2 im Zusammenhang mit der Unabhängigen Honorar-Anlageberatung keinerlei nichtmonetäre Zuwendungen von einem Dritten, der nicht Kunde dieser Dienstleistung ist oder von dem Kunden dazu beauftragt worden ist, angenommen werden. Monetäre Zuwendungen dürfen nur dann angenommen werden, wenn das empfohlene Finanzinstrument oder ein in gleicher Weise geeignetes Finanzinstrument ohne Zuwendung nicht erhältlich ist. In diesem Fall sind die monetären Zuwendungen so schnell wie nach vernünftigem Ermessen möglich, nach Erhalt und in vollem Umfang an den Kunden auszukehren. Vorschriften über die Entrichtung von Steuern und Abgaben bleiben davon unberührt. Das Wertpapierdienstleistungsunternehmen muss Kunden über die ausgekehrten monetären Zuwendungen unterrichten. Im Übrigen gelten die allgemeinen Anforderungen für die Anlageberatung.

(6) Bei der Empfehlung von Geschäftsabschlüssen in Finanzinstrumenten, die auf einer Unabhängigen Honorar-Anlageberatung beruhen, deren Anbieter oder Emittent das Wertpapierdienstleistungsunternehmen selbst ist oder zu deren Anbieter oder Emittenten eine enge Verbindung oder sonstige wirtschaftliche Verflechtung besteht, muss das Wertpapierdienstleistungsunternehmen den Kunden rechtzeitig vor der Empfehlung und in verständlicher Form informieren über

1. die Tatsache, dass es selbst Anbieter oder Emittent der Finanzinstrumente ist,
2. das Bestehen einer engen Verbindung oder einer sonstigen wirtschaftlichen Verflechtung zum Anbieter oder Emittenten sowie
3. das Bestehen eines eigenen Gewinninteresses oder des Interesses eines mit ihm verbundenen oder wirtschaftlich verflochtenen Emittenten oder Anbieters an dem Geschäftsabschluss.

Ein Wertpapierdienstleistungsunternehmen darf einen auf seiner Unabhängigen Honorar-Anlageberatung beruhenden Geschäftsabschluss nicht als Geschäft mit dem Kunden zu einem festen oder bestimmbaren Preis für eigene Rechnung (Festpreisgeschäft) ausführen. Ausgenommen sind Festpreisgeschäfte in Finanzinstrumenten, deren Anbieter oder Emittent das Wertpapierdienstleistungsunternehmen selbst ist.

(7) Ein Wertpapierdienstleistungsunternehmen, das Finanzportfolioverwaltung erbringt, darf im Zusammenhang mit der Finanzportfolioverwaltung keine Zuwendungen von Dritten oder für Dritte handelnder Personen annehmen und behalten. Abweichend von Satz 1 dürfen nichtmonetäre Vorteile nur angenommen werden, wenn es sich um geringfügige nichtmonetäre Vorteile handelt,

1. die geeignet sind, die Qualität der für den Kunden erbrachten Wertpapierdienstleistung und Wertpapiernebendienstleistungen zu verbessern und
2. die hinsichtlich ihres Umfangs, wobei die Gesamthöhe der von einem einzelnen Unternehmen oder einer einzelnen Unternehmensgruppe gewährten Vorteile zu berücksichtigen ist, und ihrer Art vertretbar und verhältnismäßig sind und daher nicht vermuten lassen, dass sie die Pflicht des Wertpapierdienstleistungsunternehmens, im bestmöglichen Interesse ihrer Kunden zu handeln, beeinträchtigen,

wenn diese Zuwendungen dem Kunden unmissverständlich offengelegt werden, bevor die betreffende Wertpapierdienstleistung oder Wertpapiernebendienstleistung für die Kunden erbracht wird. Die Offenlegung kann in Form einer generischen Beschreibung erfolgen. Monetäre Zuwendungen, die im Zusammenhang mit der Finanzportfolioverwaltung angenommen werden, sind so schnell wie nach vernünftigem Ermessen möglich nach Erhalt und in vollem Umfang an den Kunden auszukehren. Vorschriften über die Entrichtung von Steuern und Abgaben bleiben davon unberührt. Das Wertpapierdienstleistungsunternehmen muss den Kunden über die ausgekehrten monetären Zuwendungen unterrichten.

(8) Erbringt ein Wertpapierdienstleistungsunternehmen Finanzportfolioverwaltung oder hat es den Kunden nach Absatz 1 Satz 1 Nummer 3 darüber informiert, dass es die Geeignetheit der empfohlenen Finanzinstrumente regelmäßig

beurteilt, so müssen die regelmäßigen Berichte gegenüber Privatkunden nach § 63 Absatz 12 insbesondere eine Erklärung darüber enthalten, wie die Anlage den Präferenzen, den Anlagezielen und den sonstigen Merkmalen des Kunden entspricht.

(9) Nähere Bestimmungen zu den Absätzen 1, 3, 5 und 8 ergeben sich aus der Delegierten Verordnung (EU) 2017/565, insbesondere zu

1. **Art, Inhalt, Gestaltung und Zeitpunkt der nach den Absätzen 1 und 5, auch in Verbindung mit § 63 Absatz 7, notwendigen Informationen für die Kunden aus den Artikeln 52 und 53,**
2. **der Geeignetheit nach Absatz 3, den im Zusammenhang mit der Beurteilung der Geeignetheit geltenden Pflichten sowie zu Art, Umfang und Kriterien der nach Absatz 3 von den Kunden einzuholenden Informationen aus den Artikeln 54 und 55,**
3. **der Erklärung nach Absatz 4 aus Artikel 54 Absatz 12,**
4. **der Anlageberatung nach Absatz 5 aus Artikel 53,**
5. **Art, Inhalt und Zeitpunkt der Berichtspflichten nach Absatz 8, auch in Verbindung mit § 63 Absatz 12, aus den Artikeln 60 und 62.**

(10) Das Bundesministerium der Finanzen kann durch Rechtsverordnung, die nicht der Zustimmung des Bundesrates bedarf, nähere Bestimmungen erlassen

1. **im Einvernehmen mit dem Bundesministerium der Justiz und für Verbraucherschutz zu Inhalt und Aufbau sowie zu Art und Weise der Zurverfügungstellung der Informationsblätter im Sinne des Absatzes 2 Satz 1 und zu Inhalt und Aufbau sowie Art und Weise der Zurverfügungstellung des standardisierten Informationsblattes im Sinne des Absatzes 2 Satz 2,**
2. **zu Art, inhaltlicher Gestaltung, Zeitpunkt und Datenträger der nach Absatz 6 notwendigen Informationen für die Kunden,**
3. **zu Kriterien dazu, wann geringfügige nichtmonetäre Vorteile im Sinne des Absatzes 7 vorliegen.**

Das Bundesministerium der Finanzen kann die Ermächtigung durch Rechtsverordnung auf die Bundesanstalt übertragen.

A. Grundlagen

Der **§ 64 WpHG enthält besondere Verhaltensregelungen**, welche die allgemeinen Verhaltenspflichten des § 63 WpHG ergänzen und konkretisieren. Die Anwendung der besonderen Verhaltensregelungen gemäß § 64 WpHG ist abhängig von der Erbringung einer bestimmten Wertpapierdienstleistung, namentlich einer **Anlageberatung** oder einer **Finanzportfolioverwaltung.** 149

Anlageberatung ist *„die Abgabe von persönlichen Empfehlungen (...) an Kunden oder deren Vertreter, die sich auf Geschäfte mit bestimmten Finanzinstrumenten beziehen, sofern die Empfehlung auf eine Prüfung der persönlichen Umstände des Anlegers gestützt oder als für ihn geeignet dargestellt wird und nicht ausschließlich über Informationsverbreitungskanäle oder für die Öffentlichkeit bekannt gegeben wird“*, § 2 Abs. 8 Nr. 10 WpHG. Finanzportfolioverwaltung meint demgegenüber *„die Verwaltung einzelner oder mehrerer in Finanzinstrumenten angelegter Vermögen für andere mit Entscheidungsspielraum“* (§ 2 Abs. 8 Nr. 7 WpHG), womit durch Weisungen gebundene Handlungen hiervon naturgemäß nicht erfasst sind. 150

Neben den besonderen Verhaltensregelungen des § 64 WpHG sollen im Rahmen der nachfolgenden Betrachtung jedoch auch die „Besonderheiten“ des § 63 Abs. 10 WpHG bei **beratungsfreien Geschäften** und des § 63 Abs. 11 WpHG bei **reinen Ausführungsgeschäften** kurz beleuchtet werden. 151

152 Das **Niveau des Anlegerschutzes** hängt maßgeblich (auch) **von** der jeweils erbrachten **Wertpapierdienstleistung ab.**[195]

B. Beratungsfreies Geschäft und reines Ausführungsgeschäft (§ 63 Abs. 10, 11 WpHG)

§ 63 WpHG
Allgemeine Verhaltensregeln; Verordnungsermächtigung

(10) Vor der Erbringung anderer Wertpapierdienstleistungen als der Anlageberatung oder der Finanzportfolioverwaltung hat ein Wertpapierdienstleistungsunternehmen von den Kunden Informationen einzuholen über Kenntnisse und Erfahrungen der Kunden in Bezug auf Geschäfte mit bestimmten Arten von Finanzinstrumenten oder Wertpapierdienstleistungen, soweit diese Informationen erforderlich sind, um die Angemessenheit der Finanzinstrumente oder Wertpapierdienstleistungen für die Kunden beurteilen zu können. Sind verbundene Dienstleistungen oder Produkte im Sinne des Absatzes 9 Gegenstand des Kundenauftrages, muss das Wertpapierdienstleistungsunternehmen beurteilen, ob das gesamte verbundene Geschäft für den Kunden angemessen ist. Gelangt ein Wertpapierdienstleistungsunternehmen auf Grund der nach Satz 1 erhaltenen Informationen zu der Auffassung, dass das vom Kunden gewünschte Finanzinstrument oder die Wertpapierdienstleistung für den Kunden nicht angemessen ist, hat es den Kunden darauf hinzuweisen. Erlangt das Wertpapierdienstleistungsunternehmen nicht die erforderlichen Informationen, hat es den Kunden darüber zu informieren, dass eine Beurteilung der Angemessenheit im Sinne des Satzes 1 nicht möglich ist. Näheres zur Angemessenheit und zu den Pflichten, die im Zusammenhang mit der Beurteilung der Angemessenheit geltenden Pflichten regeln die Artikel 55 und 56 der Delegierten Verordnung (EU) 2017/565. Der Hinweis nach Satz 3 und die Information nach Satz 4 können in standardisierter Form erfolgen.

(11) Die Pflichten nach Absatz 10 gelten nicht, soweit das Wertpapierdienstleistungsunternehmen

1. **auf Veranlassung des Kunden Finanzkommissionsgeschäft, Eigenhandel, Abschlussvermittlung oder Anlagevermittlung erbringt in Bezug auf**
   a) **Aktien, die zum Handel an einem organisierten Markt, an einem diesem gleichwertigen Markt eines Drittlandes oder an einem multilateralen Handelssystem zugelassen sind, mit Ausnahme von Aktien an AIF im Sinne von § 1 Absatz 3 des Kapitalanlagegesetzbuchs, und von Aktien, in die ein Derivat eingebettet ist,**
   b) **Schuldverschreibungen und andere verbriefte Schuldtitel, die zum Handel an einem organisierten Markt, einem diesem gleichwertigen Markt eines Drittlandes oder einem multilateralen Handelssystem zugelassen sind, mit Ausnahme solcher, in die ein Derivat eingebettet ist und solcher, die eine Struktur aufweisen, die es dem Kunden erschwert, die mit ihnen einhergehenden Risiken zu verstehen,**
   c) **Geldmarktinstrumente, mit Ausnahme solcher, in die ein Derivat eingebettet ist, und solcher, die eine Struktur aufweisen, die es dem Kunden erschwert, die mit ihnen einhergehenden Risiken zu verstehen,**

195 Siehe zur „Hierarchie der Dienstleistungen“ Vorbemerkung B. I. insbesondere Fn. 32.

d) Anteile oder Aktien an OGAW im Sinne von § 1 Absatz 2 des Kapitalanlagegesetzbuchs, mit Ausnahme der in Artikel 36 Absatz 1 Unterabsatz 2 der Verordnung (EU) Nr. 583/2010 genannten strukturierten OGAW,

e) strukturierte Einlagen, mit Ausnahme solcher, die eine Struktur aufweisen, die es dem Kunden erschwert, das Ertragsrisiko oder die Kosten des Verkaufs des Produkts vor Fälligkeit zu verstehen oder

f) andere nicht komplexe Finanzinstrumente für Zwecke dieses Absatzes, die die in Artikel 57 der Delegierten Verordnung (EU) 2017/565 genannten Kriterien erfüllen,

2. diese Wertpapierdienstleistung nicht gemeinsam mit der Gewährung eines Darlehens als Wertpapiernebendienstleistung im Sinne des § 2 Absatz 7 Nummer 2 erbringt, außer sie besteht in der Ausnutzung einer Kreditobergrenze eines bereits bestehenden Darlehens oder eines bereits bestehenden Darlehens, das in der Weise gewährt wurde, dass der Darlehensgeber in einem Vertragsverhältnis über ein laufendes Konto dem Darlehensnehmer das Recht einräumt, sein Konto in bestimmter Höhe zu überziehen (Überziehungsmöglichkeit) oder darin, dass der Darlehensgeber im Rahmen eines Vertrages über ein laufendes Konto, ohne eingeräumte Überziehungsmöglichkeit die Überziehung des Kontos durch den Darlehensnehmer duldet und hierfür vereinbarungsgemäß ein Entgelt verlangt, und

3. den Kunden ausdrücklich darüber informiert, dass keine Angemessenheitsprüfung im Sinne des Absatzes 10 vorgenommen wird, wobei diese Information in standardisierter Form erfolgen kann.

So verpflichtet etwa § 63 Abs. 10 WpHG ein WpDU dazu, vor der Erbringung **anderer** 153
Wertpapierdienstleistungen als der Anlageberatung oder der Finanzportfolioverwaltung eine **Angemessenheitsprüfung** vorzunehmen.

Eine derartige Prüfung erfordert, von den Kunden **Informationen einzuholen** über 154
Kenntnisse und Erfahrungen in Bezug auf Geschäfte mit bestimmten Arten von Finanzinstrumenten oder Wertpapierdienstleistungen, soweit diese Informationen erforderlich sind, um die Angemessenheit der Finanzinstrumente oder Wertpapierdienstleistungen für die Kunden beurteilen zu können. In Umsetzung von Art. 25 Abs. 3 MiFID II ist eine Angemessenheitsprüfung nunmehr auch im Falle von verbundenen Geschäften im Sinne von § 63 Abs. 9 WpHG durchzuführen. Insoweit muss das WpDU beurteilen, ob das gesamte verbundene Geschäft für den Kunden angemessen ist.

Gelangt das WpDU auf Basis der von ihm kundenseitig erhobenen Informationen zu 155
dem Ergebnis, dass das vom Kunden gewünschte Finanzinstrument oder die Wertpapierdienstleistung für den Kunden **nicht angemessen** ist, hat es den Kunden hierauf **hinzuweisen.** Ein Hinweis ist von Seiten des WpDU auch zu erteilen, wenn es vom Kunden die für eine Angemessenheitsprüfung erforderlichen Informationen nicht erlangen kann und ihm eine Beurteilung im Sinne von § 63 Abs. 10 S. 1 WpHG nicht möglich ist. Die Hinweise können hierbei in standardisierter Form erfolgen. Insoweit ist zu empfehlen, die Erteilung von solcherlei Hinweisen zu dokumentieren. Wenn und soweit das WpDU seinen Hinweispflichten nachgekommen ist, steht die Unangemessenheit respektive die im Ergebnis unterbliebenen Angemessenheitsprüfung einer Ausführung des Kundenwunsches nicht entgegen. Näheres zur Angemessenheit und zu den Pflichten, die im Zusammenhang mit der Beurteilung der Angemessenheit gelten, regeln die Art. 55 und 56 DVO MiFID II.

Nach Maßgabe des § 63 Abs. 11 WpHG entfalten die Pflichten nach § 63 Abs. 10 156
WpHG bei **reinen Ausführungsgeschäften**, die auf die **Veranlassung des Kunden** hin

erfolgen, hingegen keine Geltung, womit insoweit durch das WpDU auch **keine Angemessenheitsprüfung** durchzuführen ist. Nach § 63 Abs. 11 Nr. 3 WpHG ist der Kunde in diesen Fällen lediglich ***„ausdrücklich"*** **darüber zu informieren**, dass keine Angemessenheitsprüfung im Sinne von § 63 Abs. 10 WpHG vorgenommen wird, wobei auch diese Information in standardisierter Form erfolgen kann. § 63 Abs. 11 WpHG entspricht im Ergebnis § 31 Abs. 7 WpHG a.F. und konkretisiert lediglich, in welchen Fällen eine Angemessenheitsprüfung (ausnahmsweise) nicht erforderlich ist. Reine Ausführungsgeschäfte kommen danach allerdings nur im Zusammenhang mit den Dienstleistungen des Finanzkommissionsgeschäfts, Eigenhandels sowie der Abschlussvermittlung und Anlagevermittlung in Betracht und zudem nur, wenn vom Kunden die Finanzinstrumente nachgefragt werden, die in Nr. 1 lit. a bis lit. e der genannten Norm enumerativ aufgeführt sind. Bei ihnen handelt es sich durchweg um sogenannte „nichtkomplexe" Instrumente. Die Anforderungen, die erfüllt sein müssen, damit sich ein Finanzinstrument als „nichtkomplex" qualifiziert, sind dem Art. 57 DVO MiFID II zu entnehmen.

C. Besondere Informationspflichten (§ 64 Abs. 1 WpHG)

157 Durch MiFID II haben nicht zuletzt die mit der **Information der Kunden** im Zusammenhang stehenden Pflichten zahlreiche Weiterungen erfahren. So werden insbesondere im Zusammenhang mit der Erbringung von Anlageberatung und Finanzportfolioverwaltung die allgemeinen Informationspflichten nach Maßgabe der Art. 44, 46–49 DVO MiFID II und §63 Abs. 6, 7 WpHG durch den neuen § 64 WpHG flankiert und ergänzt.

158 Erbringt ein WpDU eine Anlageberatung, muss es den Kunden nach Maßgabe des §64 Abs. 1 WpHG **zusätzlich zu den Informationen nach § 63 Abs. 7 WpHG** *„rechtzeitig vor der Beratung und in verständlicher Form"* darüber informieren, ob eine *„Unabhängige Honorar-Anlageberatung"* (§ 64 Abs. 1 Nr. 1 WpHG) erbracht wird, ob sich die Anlageberatung auf eine umfangreiche oder eine eher beschränkte Analyse verschiedener Arten von Finanzinstrumenten stützt (§ 64 Abs. 1 Nr. 2 WpHG) und ob dem Kunden regelmäßig eine Beurteilung der Geeignetheit der empfohlenen Finanzinstrumente zur Verfügung gestellt wird (§ 64 Abs. 1 Nr. 3 WpHG).

I. Unabhängige Honorar-Anlageberatung (§ 64 Abs. 5, 6 WpHG)

159 **§ 64 Abs. 5 WpHG** (§ 31 Abs. 4c WpHG a.F.) **basiert** dem Grunde nach auf dem Gesetz zur Förderung und Regulierung einer Honorarberatung über Finanzinstrumente vom 15. Juli 2013 (**HAnlBerG**) und dient der Umsetzung von Art. 24 Abs. 7 MiFID II.

160 Hiernach gilt es nunmehr, die **„Unabhängige Honorar-Anlageberatung"** im Sinne des § 64 Abs. 5, 6 WpHG als **Sonderfall der Anlageberatung** zu qualifizieren, vgl. § 80 Abs. 7 WpHG. Vor diesem Hintergrund müssen WpDU gemäß § 8 WpDVerOV entsprechend ihrer Größe und Organisation sowie der Art, des Umfangs und der Komplexität ihrer Geschäftstätigkeit sicherstellen, dass seitens der übrigen Anlageberatung kein Einfluss auf die Unabhängige Honorar-Anlageberatung ausgeübt werden kann. Hierbei haben sie insbesondere sicherzustellen, dass die Vertriebsvorgaben für die Unabhängige Honorar-Anlageberatung unabhängig von den Vertriebsvorgaben für die übrige Anlageberatung ausgestaltet, umgesetzt und überwacht werden und die Anforderungen gemäß Art. 53 Abs. 3 S. 2 DVO MiFID II erfüllt werden.

161 Eine Unabhängige **Honorar-Anlageberatung erfordert** grundsätzlich, dass *„eine ausreichende Palette von auf dem Markt angebotenen Finanzinstrumenten"* Berücksichtigung findet (Nr. 1), die berücksichtigten Finanzinstrumente wiederum *„hinsichtlich ihrer Art und des Emittenten oder Anbieters hinreichend gestreut"* sind (lit. a) und sich nicht auf

solche beschränken, *„die das Wertpapierdienstleistungsunternehmen selbst emittiert oder anbietet oder deren Anbieter oder Emittenten in einer engen Verbindung"* zu dem beratenden WpDU stehen oder sonst *„so enge rechtliche oder wirtschaftliche Verbindung zu diesem unterhalten, dass die Unabhängigkeit der Beratung dadurch gefährdet werden könnte"* (lit. b) und die Unabhängige Honorar-Anlageberatung *„allein durch den Kunden"* vergütet wird (Nr. 2), § 64 Abs. 5 S. 1 WpHG. Eine *„rechtliche oder wirtschaftliche Verbindung"* umfasst hierbei auch vertragliche Verbindungen, die ein WpDU zu dem Anbieter oder Emittenten eines Finanzinstruments unterhält.

Unabhängig davon, ob ein WpDU die Anlageberatung unabhängig oder nicht unab- **162** hängig vornimmt, ist den **Kunden gemäß Art. 52 Abs. 1 DVO MiFID II** jedenfalls *„verständlich und präzise"* **zu erläutern**, *„ob und warum"* eine Anlageberatung als unabhängig oder nicht unabhängig einzustufen ist sowie die Art und Eigenschaften der geltenden Beschränkungen. Überdies ist den Kunden gemäß Art. 52 Abs. 2 DVO MiFID II bei jeder Anlageberatung das empfehlenswerte Spektrum an Finanzinstrumenten zu erläutern, was gegebenenfalls auch eine Erläuterung des Verhältnisses zu den Emittenten respektive Anbietern der Instrumente einschließt.

Wird die Anlageberatung demselben Kunden sowohl unabhängig als auch nicht un- **163** abhängig angeboten respektive erbracht, **erläutert das WpDU den Umfang beider Dienstleistungsformen**, damit der Kunde die entsprechenden Unterschiede nachvollziehen kann. In einem solchen Fall ist es dem WpDU untersagt, sich für die gesamte Tätigkeit als unabhängiger Anlageberater auszuweisen. Nimmt ein WpDU eine unabhängige **und** nicht unabhängige Anlageberatung vor, muss es die in Art. 53 Abs. 3 DVO MiFID II genannten Verpflichtungen erfüllen. Namentlich sind die Kunden *„rechtzeitig vor der Erbringung"* der Dienstleistungen auf einem *„dauerhaften Datenträger"* darüber zu informieren, ob die Beratung im Sinne der MiFID II und der zugehörigen Durchführungsmaßnahmen unabhängig oder nicht abhängig vorgenommen wird, das WpDU sich hinsichtlich der Dienstleistungen, für die es eine unabhängige Anlageberatung erbringt, auch dergestalt präsentiert, und eine für die Kunden ersichtliche personelle und organisatorische Trennung beider Beratungsleistungen sichergestellt ist.

Die **konkreten Anforderungen und Verfahren**, die bei Erbringung einer unab- **164** hängigen Honorar-Anlageberatung einzuhalten sind, werden insbesondere durch Art. 52 Abs. 3, 4 und 5 sowie Art. 53 DVO MiFID II konkretisiert.[196]

Zum Zeitpunkt der Finalisierung dieses Beitrags Anfang Juli 2018 hatten sich im- **165** merhin bereits **19 Unternehmen in das Honorar-Anlageberater-Register** eintragen lassen, dass die BaFin gemäß § 93 WpHG führt.[197] Möglicherweise wird sich diese besondere Form der Dienstleistung über das „Schattendasein", das sie bislang eher geführt hat, zukünftig doch noch hinausentwickeln.

II. Informationen zum Anlageuniversum (§ 64 Abs. 1 S. 1 Nr. 2 WpHG)

Sehr **unterschiedlich** scheinen die verschiedenen in Deutschland tätigen WpDU die **166** **Verpflichtung aufgefasst** zu haben, ihre Kunden nach § 64 Abs. 1 S. 1 Nr. 2 WpHG darüber zu **informieren**, *„ob sich die Anlageberatung auf eine umfangreiche oder eine eher beschränkte Analyse verschiedener Arten von Finanzinstrumenten stützt, insbesondere, ob die Palette an Finanzinstrumenten auf Finanzinstrumente beschränkt ist, die von Anbietern*

196 Siehe *ESMA* Questions and Answers on MiFID II and MiFIR investor protection and intermediaries topics, Kapitel „Investment advice on an independent basis", ESMA35-43-349, Q&A Nr. 1.
197 Das Honoraranlageberater-Register ist abrufbar unter https://portal.mvp.bafin.de/database/HABInfo/.

oder Emittenten stammen, die in einer engen Verbindung zum Wertpapierdienstleistungsunternehmen stehen oder zu denen in sonstiger Weise rechtliche oder wirtschaftliche Verbindungen bestehen, die so eng sind, dass das Risiko besteht, dass die Unabhängigkeit der Anlageberatung beeinträchtigt wird". Letztlich müssen die WpDU Transparenz herstellen, in welchem „Beratungsuniversum" sie Anlageberatungsdienstleistungen anbieten.[198] Auf dieser Basis sollen sich die Kunden verständig entscheiden können, bei welchem Anbieter sie diese Dienstleistung nachfragen möchten.

167 Zu berücksichtigen ist dabei, dass WpDU **bei der Erbringung der Anlageberatung „im bestmöglichen Interesse"**[199] bzw. **„im besten Interesse des Kunden"**[200]zu handeln haben und dass der Gesetzgeber eindeutig geregelt hat,[201] dass das Verdienstinteresse des WpDU die Anlageempfehlung keinesfalls beeinträchtigen darf. Dies zeigt sich etwa bei § 63 Abs. 3 WpHG sowie in Art. 54 Abs. 9 und 11 DVO MiFID II. Ob das „Beratungsuniversum" eines WpDU aber überhaupt in hinreichendem Umfang Finanzinstrumente beinhaltet, bei denen keine Interessenkonflikte zu befürchten sind[202] und deren Kostenbelastung der Kunde akzeptiert, wird dieser nur beurteilen können, wenn er dieses „Beratungsuniversum" daraufhin selbst kontrollieren kann.

III. Regelmäßige Beurteilung der Geeignetheit (§ 64 Abs. 1 S. 1 Nr. 3 WpHG)

168 Nach § 64 Abs. 1 S. 1 Nr. 3 WpHG haben WpDU ihre Kunden rechtzeitig vor der Erbringung einer Anlageberatung zudem darüber zu informieren, ob sie ihnen regelmäßig eine Beurteilung der Geeignetheit der empfohlenen Finanzinstrumente zur Verfügung stellen werden. Wenngleich die Verpflichtung, Geeignetheitserklärungen zu erstellen, nach § 64 Abs. 4 WpHG nur gegenüber Privatkunden besteht, ist damit sämtlichen Kunden mitzuteilen, ob das WpDU eine regelmäßige Beurteilung der Geeignetheit anbietet. Allerdings sind **WpDU nicht verpflichtet**, ihren Kunden eine derartige **regelmäßige Beurteilung der Geeignetheit** tatsächlich zu offerieren. Wenn das allerdings geschieht, sind auch die dann nach Art. 52 Abs. 5 DVO MiFID II notwendigen Informationen zu erteilen.

169 Auch im Rahmen des **Anlageberatungsmandatsgeschäfts**, wenn sich ein WpDU also gegen ein Entgelt dazu bereit erklärt, dauerhaft Anlageempfehlungen zu erteilen, spricht aus Sicht des Aufsichtsrechts nichts dagegen, regelmäßige Beratungspflichten genauso auszuschließen, wie „Nachberatungspflichten". Letztere wurden auch bislang schon regelmäßig vertraglich ausgeschlossen. Wenn WpDU derartige „Nachberatungspflichten" auch zukünftig nicht übernehmen wollen, muss das im Rahmen der zivilrechtlichen Vertragsfreiheit auch weiterhin möglich sein. Schließlich ist weder gewährleistet, dass Anlageberatungskunden, die ihre Anlageentscheidungen selbst treffen, bei Bedarf vom WpDU auch erreicht werden können, noch ist angesichts der Tatsache, dass sich die persönlichen und wirtschaftlichen Verhältnisse sowie die Anlageziele der Kunden nicht selten ändern, ohne Weiteres gewährleistet, dass eine regelmäßige Beurteilung der Geeignetheit überhaupt einen Mehrwert schafft. Auch seinen Anlageberatungsmandatskunden hat ein WpDU allerdings mitzuteilen, wenn es eine regelmäßige Überprüfung der Geeignetheit nicht anbietet. Nach der hier vertreten Auffassung kann das auch mit-

---

198 Siehe dazu auch die Informationspflichten nach Art. 52 Abs. 3 und 4 DVO MiFID II.
199 So wörtlich in § 63 Abs. 1 WpHG.
200 So wörtlich in Art. 54 Abs. 1 S. 2 DVO MiFID II.
201 Bei den „Kosten", die der Kunde zu tragen und die das WpDU bei seinen Empfehlungen zu berücksichtigen hat, handelt es sich vor allem um die Vergütung des WpDU, die vom Kunden entweder direkt oder – wenn der Initiator eines Finanzinstruments dem vertreibenden WpDU Zuwendungen gewährt – indirekt in Form von „Produktkosten" zu zahlen sind.
202 Siehe insoweit auch bereits *Buck-Heeb* ZBB **2014** 221, 226.

tels einer entsprechenden Vereinbarung mit dem jeweiligen Kunden im Mandatsvertrag geschehen.

Sofern WpDU **keine regelmäßige Beurteilung der Geeignetheit** der empfohlenen Finanzinstrumente vornehmen, sind sie wohl gut beraten, wenn sie auch im Rahmen von Geeignetheitserklärungen gegenüber ihren Privatkunden jeweils nochmals auf diesen Umstand hinweisen. Ein Anknüpfungspunkt für diese Überlegung ergibt sich bereits anhand von Art. 54 Abs. 12 UAbs. 2 DVO MiFID II.[203] Zudem wird der jeweilige Kunde hierdurch gleichzeitig darauf aufmerksam gemacht, dass er sich von Zeit zu Zeit selbst an das WpDU wenden muss, wenn er erfahren möchte, ob es ihm nach wie vor eine „Halteempfehlung" oder mittlerweile vielmehr eine „Verkaufsempfehlung" erteilt. 170

Ergänzend ist bezüglich der **Ausgestaltung** von ***„regelmäßigen Eignungsbeurteilungen"***, die zumindest eine jährliche Überprüfung erforderlich machen, schließlich auf Art. 54 Abs. 12 UAbs. 3 und Art. 54 Abs. 13 DVO MiFID II zu verweisen. 171

D. Informationsblätter (§ 64 Abs. 2 WpHG)

Im Rahmen der **Anlageberatung** von Privatkunden gilt es bei der Erteilung **schriftlicher Informationen** (auch) den sich aus § 64 Abs. 2 WpHG (§ 31 Abs. 3a WpHG a.F.) ergebenden **Dreiklang** zu beachten. 172

So ist einem Privatkunden im Rahmen der Anlageberatung **grundsätzlich** „*rechtzeitig vor dem Abschluss eines Geschäfts über Finanzinstrumente*" ein „*kurzes und leicht verständliches Informationsblatt*" über jedes Finanzinstrument „*zur Verfügung zu stellen*", auf das sich eine Kaufempfehlung bezieht. 173

Die Anforderungen an ein (Produkt-) Informationsblatt finden sich in § 4 WpDVerOV. Das nach § 64 Abs. 2 S. 1 WpHG zur Verfügung zu stellende **Informationsblatt** darf dementsprechend **bei nicht komplexen Finanzinstrumenten** im Sinne von Art. 57 DVO MiFID II **nicht mehr als zwei DIN-A4-Seiten, bei** allen **übrigen Finanzinstrumenten nicht mehr als drei DIN-A4-Seiten** umfassen, § 4 Abs. 1 S. 1 WpDVerOV. Es muss nach Absatz 1 S. 2 der genannten Vorschrift die **wesentlichen Informationen** über das **jeweilige Finanzinstrument** enthalten sowie **übersichtlich und leicht verständlich** sein. Der Kunde soll „*insbesondere*" die Art des Finanzinstruments, dessen Funktionsweise, die mit diesem verbundenen Risiken, die Aussichten für die Kapitalrückzahlung sowie Erträge unter verschiedenen Marktbedingungen und die mit der Anlage verbundenen Kosten einschätzen sowie bestmöglich mit den Merkmalen anderer Finanzinstrumente vergleichen können. Ein Informationsblatt, das dem Kunden auch als elektronisches Dokument zur Verfügung gestellt werden kann, darf sich hierbei jeweils nur auf ein Finanzinstrument beziehen und keine werbenden oder sonstigen, nicht dem vorgenannten Zweck dienenden Informationen enthalten. 174

Der vorgenannte Grundsatz gilt jedoch **nur für solche Finanzinstrumente**, „*für die kein Basisinformationsblatt nach der Verordnung (EU) Nr. 1286/2014 erstellt werden muss*".[204] 175

Darüber hinaus gilt es, die in **§ 64 Abs. 2 S. 3 Nr. 1 bis 9 WpHG** normierten **Ausnahmen** zu beachten. Demnach treten im Rahmen der Anlageberatung von Privatkunden die wesentlichen Anlegerinformationen nach dem Kapitalanlagegesetzbuch (KAGB)[205] und dem Investmentgesetz (InvG),[206] das Vermögensanlagen-Informations- 176

---

203 Siehe dazu auch ErwG 85 DVO MiFID II.
204 Siehe hierfür unter Kapitel 1 K.
205 Vgl. §§ 164, 166, 268, 270, 298 Abs. 1 S. 2, 318 Abs. 5 KAGB.
206 Vgl. §§ 42 Abs. 2 und 137 Abs. 2 InvG a.F.

blatt nach dem Vermögensanlagengesetz (VermAnlG)[207] oder das individuelle Produktinformationsblatt im Sinne des Altersvorsorgeverträge-Zertifizierungsgesetzes (AltZertG)[208] an die Stelle des grundsätzlich zur Verfügung zu stellenden Informationsblatts.[209]

177 Überdies wird durch das 2. FiMaNoG ab dem 1. Juli 2018 § 64 Abs. 2 S. 3 WpHG zu Satz 4. An die Stelle von Satz 3 der geltenden Fassung wird ein **neuer Satz 3** eingefügt, dem zufolge für *„Aktien, die zum Zeitpunkt der Anlageberatung an einem organisierten Markt gehandelt werden, [...] anstelle des Informationsblattes nach Satz 1 ein standardisiertes Informationsblatt verwendet werden [kann]"*.[210] Beweggrund für diese Einfügung ist, dass auf diese Weise ein WpDU, das eine **Anlageberatung in Aktien** erbringt, die an organisierten Märkten gehandelt werden, auf ein **standardisiertes Informationsblatt** zurückgreifen kann. Hierdurch muss das WpDU nicht für jeden Einzelwert ein jeweils produktspezifisches Informationsblatt erstellen. Es bleibt einem WpDU aber natürlich unbenommen, auch weiterhin ein individuelles Informationsblatt für Aktien, die an einem organisierten Markt gehandelt werden, zu verfassen und zu verwenden. Für alle anderen Aktien, insbesondere solche, die im Freiverkehr oder an multilateralen oder organsierten Handelsplattformen gehandelt werden, gelangt die mit dem 1. Juli 2018 in Kraft tretende Erleichterung hingegen nicht in zur Anwendung.

178 Nachdem insbesondere **Produkt- und Basisinformationsblätter** einen **bestimmten Umfang nicht überschreiten** und inhaltlich in weiten Teilen von den **zwingenden Vorgaben** des (europäischen) Gesetzgebers nicht abweichen dürfen, erscheint es zumindest **fraglich**, ob und inwieweit hiermit tatsächlich ein **höheres Anlegerschutzniveau** erreicht wird. Es ist zwar zuzugeben, dass sich auch eine überbürdende Informationsvermittlung kontraproduktiv auswirken kann.[211] Die europäischen Vorgaben im Zusammenhang mit schriftlichen Informationsmaterialien bleiben jedoch – sowohl qualitativ als auch quantitativ – hinter dem zurück, was einer anlagegerechten Beratung im zivilrechtlichen Sinne genügt. Von daher wird ein WpDU im Zweifel flankierende schriftliche Informationsmaterialien einsetzen müssen. Hierdurch darf jedoch der Informationsgehalt der Produkt- und Basisinformationsblätter naturgemäß nicht konterkariert werden.

E. Geeignetheitsprüfung (§ 64 Abs. 3 WpHG)

179 Nach § 64 Abs. 3 WpHG muss ein WpDU von einem Kunden ***„alle Informationen"*** über *„**Kenntnisse und Erfahrungen** des Kunden in Bezug auf Geschäfte mit bestimmten Arten von Finanzinstrumenten oder Wertpapierdienstleistungen"*, *„die **finanziellen Verhältnisse** des Kunden, einschließlich seiner **Fähigkeit, Verluste zu tragen**"*, und *„seine **Anlageziele**, einschließlich seiner **Risikotoleranz**"* einholen. Hierbei müssen die vorgenannten Informationen *„erforderlich"* sein, um dem Kunden ein Finanzinstrument oder eine Wertpapierdienstleistung empfehlen zu können, das für ihn *„geeignet"* ist und *„insbesondere seiner Risikotoleranz und seiner Fähigkeit, Verluste zu tragen, entspricht"*.

---

207 Vgl. § 13 VermAnlG.

208 Vgl. § 7 Abs. 1 AltZertG.

209 Bei zertifizierten Altersvorsorge- und Basisrentenverträgen im Sinne von § 64 Abs. 2 S. 3 Nr. 9 WpHG ist zu beachten, dass – sofern es sich um Anteile an den in § 64 Abs. 2 S. 3 Nr. 1, 3 oder 4 WpHG genannten Organismen für gemeinsame Anlagen handelt – die wesentliche Anlegerinformationen nach § 64 Abs. 2 S. 3 Nr. 1, 3 oder 4 WpHG „zusätzlich" an die Stelle an des Informationsblattes treten.

210 Vgl. Art. 3a Nr. 3 lit. a 2. FiMaNoG.

211 Siehe hierzu bereits einleitend unter Vorbemerkung A.

Gleichzeitig bestimmt § 64 Abs. 3 S. 2 WpHG, dass ein WpDU *„seinen Kunden nur Finanzinstrumente und Wertpapierdienstleistungen* ***empfehlen oder Geschäfte*** *im Rahmen der Finanzportfolioverwaltung tätigen [darf], die nach den eingeholten Informationen für den Kunden* ***geeignet*** *sind.“* 180

Nach alledem statuiert § 64 Abs. 3 WpHG zunächst eine **Explorationspflicht**. Der vom Gesetz ausdrücklich angesprochene Vorbehalt der **Erforderlichkeit** bildet hierbei zugleich auch die Grenze des durch § 64 Abs. 3 WpHG statuierten Pflichtenkanons.[212] 181

Näheres zur Geeignetheit und den mit der Beurteilung der Geeignetheit geltenden Pflichten findet sich ausweislich § 64 Abs. 3 S. 3 WpHG in Art. 54 und Art. 55 DVO MiFID II geregelt. Insbesondere ist hier Art. 54 Abs. 3 DVO MiFID II von Bedeutung, der die Geeignetheitsprüfung gegenüber geborenen professionellen Kunden einschränkt, indem hinreichende Kenntnisse und Erfahrungen, siehe Unterabsatz 1 der genannten Norm, sowie die Fähigkeit, einen etwaigen Verlust finanziell tragen zu können, unterstellt werden können, siehe Unterabsatz 2 der genannten Norm.[213] 182

Bereits 2012 hatte die **ESMA** überdies **„Leitlinien** zu einigen Aspekten der MiFID-Anforderungen an die Eignung“[214] erlassen, die die **BaFin** anschließend in die **MaComp** überführt hat. Die erweiterte Neufassung dieser „Suitability Guidelines“ wurde am 28. Mai 2018 veröffentlicht.[215] 183

F. Geeignetheitserklärung (§ 64 Abs. 4 WpHG)

Nach Maßgabe des § 64 Abs. 4 S. 1 WpHG muss ein WpDU einem Privatkunden im Rahmen der Anlageberatung zudem *„eine Erklärung über die Geeignetheit der Empfehlung (****Geeignetheitserklärung****) zur Verfügung stellen“*. Die Geeignetheitserklärung ist dem Kunden hierbei *„auf einem dauerhaften Datenträger“* und grundsätzlich *„vor Vertragsschluss“* zur Verfügung zu stellen. 184

Diese Verpflichtung **gilt nicht für WpDU, die Vermögensverwaltungsdienstleistungen** erbringen. Diese müssen ihren Vermögensverwaltungskunden im Rahmen ihrer regelmäßigen Berichterstattung eine Erklärung darüber abgeben, inwiefern das verwaltete Vermögen im Einklang mit den Anlagerichtlinien investiert wurde, die der Kunde dem WpDU vorgegeben hat.[216] Im Bereich der Vermögensverwaltungsdienstleistungen können Geeignetheitserklärungen nach § 64 Abs. 4 S. 1 WpHG allerdings relevant werden, wenn Anlagerichtlinienempfehlungen erteilt werden.[217] 185

In Ansehung von ErwG 87 DVO MiFID II ist einem Privatkunden eine Geeignetheitserklärung sowohl bei **Kauf- und Verkaufsempfehlungen als auch bei Halteempfehlungen** zur Verfügung zu stellen. Nachdem es bei einer (bloßen) Halteempfehlung keinen „Vertragsschluss“ im Sinne des Gesetzeswortlauts gibt, ist davon auszugehen, dass die Geeignetheitserklärung dem Kunden in diesem Fall zum Abschluss der Beratung zur Verfügung zu stellen ist. Die ESMA hat sogar postuliert, dass Privatkunden mittels einer schriftlichen Geeignetheitserklärung erläutert werden sollte, wenn ein WpDU auf eine 186

212 Schwark/Zimmer/*Rothenhöfer* Kapitalmarktrechtskommentar § 31 WpHG Rn. 227; *Teuber* BKR **2006** 429, 431; Schimansky/Bunte/Lwowski/*Hannöver* Bankrechts-Handbuch § 110 Rn. 45 ff.

213 Siehe unter Vorbemerkung C. II. 1. und III. 3.

214 *ESMA* Leitlinien zu einigen Aspekten der MiFID-Anforderungen an die Eignung, ESMA/2012/387 vom 25. Juni 2012.

215 *ESMA* Final Report – Guidelines on certain aspects of the MiFID II suitability requirements, ESMA35-43-869 vom 28. Mai 2018.

216 Siehe unter Kapitel 2 I.

217 Siehe dazu auch ErwG 89 DVO MiFID II.

entsprechende Anfrage hin davon abrät, ein Finanzinstrument zu erwerben.[218] Sollte sich ein WpDU dazu entscheiden, derartige **„Not-to-buy-Empfehlungen"** zu verschriftlichen, wenngleich dieser Technical Advice nicht Gesetz geworden ist, gilt insofern dasselbe.

187 Ausnahmsweise kann gemäß § 64 Abs. 4 S. 4 WpHG die Geeignetheitserklärung auch noch **unverzüglich nach Vertragsschluss** einem Geschäftsabschluss zur Verfügung gestellt werden, wenn (1.) der Geschäftsabschluss mittels eines Fernkommunikationsmittels erfolgt, (2.) der Kunde zugestimmt hat, dass ihm die Erklärung unverzüglich nach Geschäftsabschluss zugesandt wird und (3.) dem Kunden angeboten wurde, den Geschäftsabschluss zu verschieben, um die Erklärung doch bereits vor Vertragsschluss erhalten zu können. Wird einem Kunden die Geeignetheitserklärung unverzüglich nach dem Geschäftsabschluss übermittelt, können die Informationen, die ihm zwingend vor dem Vertragsschluss zur Verfügung gestellt werden müssen, wie Kosten- und Produktinformationen, nur dann – erneut – mit der Geeignetheitserklärung versandt werden, wenn sie dem Kunden zuvor ordnungsgemäß vermittelt wurden.[219]

188 **Inhaltlich** handelt es sich bei der Geeignetheitserklärung um eine *„Erklärung über die Geeignetheit der Empfehlung"*, die nach § 64 Abs. 4 S. 2 WpHG *„die erbrachte Beratung nennen"* respektive gemäß Art. 54 Abs. 12 DVO MiFID II einen *„Überblick über die erteilten Ratschläge"* geben muss. Darüber hinaus muss erläutert werden, wie die Beratung auf *„die Präferenzen, Anlageziele und die sonstigen Merkmale des Kunden abgestimmt wurde"*, § 64 Abs. 4 S. 2 WpHG. Bei mehreren Gegenständen, etwa der Empfehlung ein Finanzinstrument zu veräußern, um mit dem Erlös ein anderes zu erwerben, sind diese vollständig zu erfassen.[220]

189 All dies schließt *„auch Informationen darüber mit ein, inwieweit [die Empfehlung] den* ***Zielen und persönlichen Umständen*** *des Kunden hinsichtlich der erforderlichen Anlagedauer, der Kenntnisse und Erfahrungen des Kunden sowie seiner Risikobereitschaft und Verlusttragfähigkeit* ***gerecht wird****"*, Art. 54 Abs. 12 DVO MiFID II. Zudem ist in der Geeignetheitserklärung anzugeben, wenn es die empfohlenen Dienstleistungen bzw. Finanzinstrumente erforderlich machen, dass der Privatkunde deren Bestimmungen regelmäßig überprüfen lässt.

190 Durch die Umsetzung des Art. 25 Abs. 6 MiFID II in § 64 Abs. 4 WpHG **tritt** die Pflicht zur Erstellung einer **Geeignetheitserklärung an die Stelle des bisherigen Beratungsprotokolls** (§ 34 Abs. 2a WpHG a.F.), das aufgrund der nunmehr europaweit harmonisierten Aufzeichnungs- und Protokollierungspflichten für nicht mehr erforderlich gehalten wurde. Mit der (schriftlichen) Geeignetheitserklärung hat der europäische Gesetzgeber jedoch keinen Pflichtenstandard geschaffen, der dem bisherigen nationalen Pflichtenkanon identisch wäre. Während die Pflichten entfallen, das Beratungsprotokoll zu unterzeichnen und dem Kunden bei der Verwendung von Fernkommunikationsmitteln und für den Fall eines unrichtigen oder unvollständigen Protokolls ein einwöchiges Rücktrittsrecht einzuräumen, dürfte das Erfordernis, die Geeignetheit der Empfehlung zu erläutern, dem Kundenschutz wohl eher Rechnung tragen, als die bisherige Gesprächsprotokollierung.[221]

---

218 Siehe *ESMA* Final Report – ESMA's Technical Advice to the Commission on MiFID II and MiFIR, ESMA/2014/1569 vom 19. Dezember 2014, konkret Kapitel 2.17 „Suitability", Technical Advice Nr. 1 ii, S. 154.

219 Siehe etwa zur Möglichkeit einer standardisierten Ex-ante-Kosteninformation unter Kapitel 1 E. III. 4.

220 Siehe speziell zu derartigen Tausch- oder „Switching-Empfehlungen" auch Art. 54 Abs. 11 DVO MiFID II.

221 Demgegenüber bedauert *Buck-Heeb* in BKR **2017** 485, 492 wohl, dass das Rücktrittsrecht „ohne Begründung" zugunsten des Konzepts der Geeignetheitserklärung aus ihrer Sicht „aufgegeben" wurde.

G. Verbot der Annahme monetärer Zuwendungen durch Vermögensverwalter (§ 64 Abs. 7 WpHG)

WpDU, die **Vermögensverwaltungsdienstleistungen** erbringen, dürfen gemäß § 64 Abs. 7 WpHG **keine monetären Zuwendungen annehmen und behalten**. Sofern sie Zuwendungen erhalten, sind sie daher dazu verpflichtet, diese so schnell wie nach vernünftigem Ermessen möglich an ihre Kunden auszukehren.[222] Nach § 70 Abs. 5 S. 2 WpHG müssen Vermögensverwalter ihren Kunden in dieser Situation zudem aufzeigen, wie das Verfahren zur Auskehrung abläuft. Etwas umständlich dürfte damit wohl formuliert worden sein, dass Vermögensverwaltungsverwaltungskunden ein berechtigtes Interesse daran haben, konkret zu erfahren, in welcher zeitlichen Abfolge sie Zuwendungen herausgegeben erhalten, sollten diese anfallen. 191

H. Berichtspflichten bei der Vermögensverwaltung (Art. 60 DVO MiFID II)

Wie Vermögensverwalter ihren Kunden Rechenschaft zu legen haben, ist aufsichtsrechtlich detailliert **in Art. 60 DVO MiFID II** geregelt. Nach dessen Absatz 1 sind die regelmäßigen Berichte auf einem dauerhaften Datenträger zu erstatten. Sie müssen die in Absatz 2 genannten Gegenstände beinhalten. In der Regel sind diese Berichte den Kunden gemäß Absatz 3 der genannten Norm mindestens dreimonatlich zur Verfügung zu stellen, wobei unter den dort genannten Bedingungen längere Berichtszeiträume grundsätzlich denkbar sind. Praktisch bedeutsam ist allerdings, dass sich die Berichtsperiode auf einen Monat verkürzt, sofern die Anlagerichtlinienvereinbarung mit einem Kunden ein „gehebeltes Portfolio“ zulässt, der Vermögensverwalter für seinen Kunden mit anderen Worten also gehebelte Finanzinstrumente erwerben oder Geschäfte mit Eventualverbindlichkeiten eingehen kann. 192

Regelmäßig werden Vermögensverwaltungskunden nicht daran interessiert sein, während eines **laufenden Berichtszeitraums Abrechnungen für die einzelnen Transaktionen zu erhalten**, die der Vermögensverwalter initiiert. Gleichwohl ermöglicht Art. 60 Abs. 4 DVO MiFID II, dies zu verlangen. Zu erwarten ist, dass WpDU mit ihren Kunden Vereinbarungen treffen, nach denen diese über die in der abgelaufenen Berichtsperiode jeweils bewirkten Transaktionen gleichzeitig mit dem Rechenschaftsbericht informiert werden. In diesen Vereinbarungen werden die WpDU ihre Kunden dann sicherheitshalber jedoch auch darauf hinweisen, dass diese jederzeit die unverzügliche Zurverfügungstellung von Transaktionsabrechnungen verlangen können. 193

I. Pflicht des Vermögensverwalters zur regelmäßigen Abgabe von Geeignetheitserklärungen (§ 64 Abs. 8 WpHG)

Anders als im Anlageberatungsgeschäft, in dem es WpDU **freigestellt** ist, ob sie ihren Kunden **regelmäßige Beurteilungen der Geeignetheit** anbieten,[223] haben WpDU ihren Vermögensverwaltungskunden gemäß § 64 Abs. 8 WpHG im Rahmen der regelmäßigen Berichterstattung eine Geeignetheitserklärung abzugeben, dass das jeweilige Vermögensverwaltungsportfolio nach wie vor in geeigneter Weise zusammengesetzt ist. Diesem Erfordernis hat das WpDU Rechnung getragen, wenn es die Kundenwerte so investiert hat, wie es die jeweils vereinbarten Anlagerichtlinien vorsehen.[224] 194

222 Siehe unter Kapitel 1 F. III. 4.
223 Siehe unter Kapitel 3 C. 3.
224 Siehe unter Kapitel III F.

J. Pflicht zur Benachrichtigung bei der Erreichung bestimmter Verlustschwellen (Art. 62 Abs. 1 DVO MiFID II)

195 Schließlich sind Vermögensverwaltungskunden gemäß Art. 62 Abs. 1 DVO MiFID II zu **benachrichtigen**, wenn der **Gegenwert** ihres verwalteten Portfolios während einer laufenden Berichtsperiode um **10% gegenüber dem Anfangswert fällt**. Ebenso sind sie bei jedem weiteren Wertverlust von 10% zu informieren, erstmals erneut also bei einem Wertverlust von 20%. Mit dem Ablauf eines Berichtszeitraums und der Mitteilung des Portfoliogesamtwerts zum relevanten Stichtag wird auf der Grundlage dieses neuen Ausgangswerts betrachtet, ob der Kunde über einen Verlust von 10% oder einem Vielfachen davon zu unterrichten ist.

196 Diese Verlustschwellenbenachrichtigung erfolgt unter Berücksichtigung des **Werts des gesamten verwalteten Vermögens**. Verlieren einzelne Finanzinstrumente an Wert, werden Kunden darüber nicht unterrichtet.

KAPITEL 3
Organisationspflichten

A. Allgemeine Organisationspflichten

§ 80 WpHG
Organisationspflichten; Verordnungsermächtigung

(1) Ein Wertpapierdienstleistungsunternehmen muss die organisatorischen Pflichten nach § 25a Absatz 1 und § 25e des Kreditwesengesetzes einhalten. Darüber hinaus muss es

1. **angemessene Vorkehrungen treffen, um die Kontinuität und Regelmäßigkeit der Wertpapierdienstleistungen und Wertpapiernebendienstleistungen zu gewährleisten;**
2. **auf Dauer wirksame Vorkehrungen für angemessene Maßnahmen treffen, um Interessenkonflikte bei der Erbringung von Wertpapierdienstleistungen und Wertpapiernebendienstleistungen oder einer Kombination davon zwischen einerseits ihm selbst einschließlich seiner Geschäftsleitung, seiner Mitarbeiter, seiner vertraglich gebundenen Vermittler und der mit ihm direkt oder indirekt durch Kontrolle im Sinne des Artikels 4 Absatz 1 Nummer 37 der Verordnung (EU) Nr. 575/2013 verbundenen Personen und Unternehmen und andererseits seinen Kunden oder zwischen seinen Kunden untereinander zu erkennen und zu vermeiden oder zu regeln; dies umfasst auch solche Interessenkonflikte, die durch die Annahme von Zuwendungen Dritter sowie durch die eigene Vergütungsstruktur oder sonstige Anreizstrukturen des Wertpapierdienstleistungsunternehmens verursacht werden;**
3. **im Rahmen der Vorkehrungen nach Nummer 2 Grundsätze oder Ziele, die den Umsatz, das Volumen oder den Ertrag der im Rahmen der Anlageberatung empfohlenen Geschäfte unmittelbar oder mittelbar betreffen (Vertriebsvorgaben), derart ausgestalten, umsetzen und überwachen, dass Kundeninteressen nicht beeinträchtigt werden;**
4. **über solide Sicherheitsmechanismen verfügen, die die Sicherheit und Authentifizierung der Informationsübermittlungswege gewährleisten, das Risiko der Datenverfälschung und des unberechtigten Zugriffs minimieren und verhin-**

dern, dass Informationen bekannt werden, so dass die Vertraulichkeit der Daten jederzeit gewährleistet ist.

Nähere Bestimmungen zur Organisation der Wertpapierdienstleistungsunternehmen enthalten die Artikel 21 bis 26 der Delegierten Verordnung (EU) 2017/565.

(2) [...]

Neben den allgemeinen und den besonderen Verhaltenspflichten sehen sich WpDU **197**
auch (weiterhin) **organisatorischen Anforderungen** gegenüber.

Dementsprechend muss ein WpDU (weiterhin) insbesondere gemäß § 80 Abs. 1 **198**
WpHG die *„organisatorischen Pflichten nach § 25a Abs. 1 und § 25e des Kreditwesengesetzes“* einhalten, die in § 80 Abs. 1 S. 2 Nr. 1 und Nr. 2 WpHG genannten ***„Vorkehrungen“*** **treffen** und gemäß § 80 Abs. 1 S. 2 Nr. 3 WpHG seine ***„Vertriebsvorgaben“*** derart **ausgestalten**, umsetzen sowie überwachen, dass *„Kundeninteressen nicht beeinträchtigt“* werden.[225] Zudem muss jedes WpDU gemäß § 80 Abs. 1 S. 2 Nr. 4 WpHG über *„solide* ***Sicherheitsmechanismen****“* im Zusammenhang mit der Informationsvermittlung verfügen. Nähere Bestimmungen zur Organisation von WpDU enthalten (auch) die Art. 21 bis 26 DVO MiFID II.

§ 81 WpHG
Geschäftsleiter

(1) Die Geschäftsleiter eines Wertpapierdienstleistungsunternehmens haben im Rahmen der Pflichten aus § 25c Absatz 3 des Kreditwesengesetzes ihre Aufgaben in einer Art und Weise wahrzunehmen, die die Integrität des Marktes wahrt und durch die die Interessen der Kunden gefördert werden. Insbesondere müssen die Geschäftsleiter Folgendes festlegen, umsetzen und überwachen:

1. **unter Berücksichtigung von Art, Umfang und Komplexität der Geschäftstätigkeit des Wertpapierdienstleistungsunternehmens sowie aller von dem Wertpapierdienstleistungsunternehmen einzuhaltenden Anforderungen**
   a) **die Organisation zur Erbringung von Wertpapierdienstleistungen und Wertpapiernebendienstleistungen, einschließlich der hierfür erforderlichen Mittel, und organisatorischen Regelungen sowie**
   b) **ob das Personal über die erforderlichen Fähigkeiten, Kenntnisse und Erfahrungen verfügt,**
2. **die Geschäftspolitik hinsichtlich**
   a) **der angebotenen oder erbrachten Wertpapierdienstleistungen und Wertpapiernebendienstleistungen und**
   b) **der angebotenen oder vertriebenen Produkte,**

die in Einklang stehen muss mit der Risikotoleranz des Wertpapierdienstleistungsunternehmens und etwaigen Besonderheiten und Bedürfnissen seiner Kunden, wobei erforderlichenfalls geeignete Stresstests durchzuführen sind, sowie

3. **die Vergütungsregelungen für Personen, die an der Erbringung von Wertpapierdienstleistungen oder Wertpapiernebendienstleistungen für Kunden beteiligt sind, und die ausgerichtet sein müssen auf**
   a) **eine verantwortungsvolle Unternehmensführung,**
   b) **die faire Behandlung der Kunden und**
   c) **die Vermeidung von Interessenkonflikten im Verhältnis zu den Kunden.**

---
225 Siehe dazu im Einzelnen auch Art. 27 DVO MiFID II.

(2) Die Geschäftsleiter eines Wertpapierdienstleistungsunternehmens müssen regelmäßig Folgendes überwachen und überprüfen:

1. **die Eignung und die Umsetzung der strategischen Ziele des Wertpapierdienstleistungsunternehmens bei der Erbringung von Wertpapierdienstleistungen und Wertpapiernebendienstleistungen,**
2. **die Wirksamkeit der Unternehmensführungsregelungen des Wertpapierdienstleistungsunternehmens und**
3. **die Angemessenheit der Unternehmensstrategie hinsichtlich der Erbringung von Wertpapierdienstleistungen und Wertpapiernebendienstleistungen an die Kunden.**

Bestehen Mängel, müssen die Geschäftsleiter unverzüglich die erforderlichen Schritte unternehmen, um diese zu beseitigen.

(3) [...]

199 Spiegelbildlich haben die **Geschäftsleiter eines WpDU** gemäß § 81 WpHG ihre Aufgaben im Rahmen der sich aus § 25c Abs. 3 KWG ergebenden Pflichten dergestalt wahrzunehmen, dass sowohl die Integrität des Marktes als auch die Interessen der Kunden gefördert werden. Hierbei müssen sie insbesondere die in § 81 Abs. 1 und 2 WpHG genannten Vorgaben umsetzen, überwachen und etwaige Mängel „unverzüglich" beseitigen. § 81 Abs. 1 und 2 WpHG erfordert hierbei unter anderem organisatorische, personelle und geschäftspolitische Regelungen innerhalb des Unternehmens, sowie solche zur Vermeidung von Interessenskonflikten im Verhältnis zu den Kunden. Die Anforderungen für die Bestimmung von für die Kunden potentiell nachteiligen Interessenkonflikten und die Grundsätze für einen Umgang mit solchen sowie die sonstigen Anforderungen in diesem Zusammenhang finden sich in den Art. 33ff. DVO MiFID II näher geregelt. Gängige Praxis ist zudem die Vermeidung persönlicher Geschäfte von Mitarbeitern eines WpDU, die zu Interessenkonflikten führen können. Bislang in § 33a WpHG a.F. normiert, findet sich die Regelung nunmehr in Art. 29 DVO MiFID II.

200 Dementsprechend gilt es etwa auch weiterhin ein wirksames und transparentes **Verfahren** zur angemessenen und unverzüglichen Bearbeitung von **Beschwerden von Privatkunden** zu implementieren respektive vorzuhalten. So erfordern die Grundsätze einer ordnungsgemäßen Geschäftsführung eine ordnungsgemäße Geschäftsorganisation im Sinne des § 25a Abs. 1 Satz 1 KWG, welche ihrerseits nach § 25a Abs. 1 Satz 3 KWG auch ein angemessenes und wirksames Risikomanagement umfasst. Hierzu gehört auch eine gut funktionierende und transparente Beschwerdebearbeitung, einschließlich deren angemessener Dokumentation. Nach Art. 26 DVO MiFID II haben WpDU daher Strategien und Verfahren für das Beschwerdemanagement festzulegen und umzusetzen, sowie detaillierten Angaben zu dem Verfahren zu veröffentlichen. Insoweit haben WpDU – soweit nicht ohnehin bereits vorhanden – eine eigene Beschwerdemanagementfunktion einzurichten, wobei diese Funktion auch von der Compliance-Funktion übernommen werden kann (Art. 26 Abs. 3 DVO MiFID II).[226]

201 Über die von ihnen erbrachten **Wertpapierdienstleistungen** und Wertpapiernebendienstleistungen sowie die von ihnen **getätigten Geschäfte** müssen WpDU weiter-

226 Am 27. Mai 2014 hat der Gemeinsame Ausschuss der Europäischen Aufsichtsbehörden (Joint Committee of the European Supervisory Authorities) „Leitlinien zur Beschwerdeabwicklung für den Wertpapierhandel (ESMA) und das Bankwesen (EBA)" (Dok. Nr. JC 2014 43) herausgegeben. Um diese „Beschwerde-Leitlinien" ins deutsche Recht zu überführen, hat die BaFin am 4. Mai 2018 unter dem Geschäftszeichen VBS 1-Wp 1000-2016/0095 das „Rundschreiben 06/2018 (BA und WA) – Mindestanforderungen an das Beschwerdemanagement" veröffentlicht.

hin **Aufzeichnungen erstellen**, vgl. Art. 72ff. DVO MiFID II. Ziel ist es ausweislich § 83 Abs. 1 WpHG, der BaFin die Überprüfung und Durchsetzung sowohl der in den §§ 63 bis 96 WpHG geregelten Verhaltens-, Organisations- und Transparenzpflichten als auch der Vorgaben in der Verordnung (EU) Nr. 600/2014 des Europäischen Parlaments und des Rates vom 12. Juni 2014[227] sowie der Verordnung (EU) Nr. 596/2014 des Europäischen Parlaments und des Rates vom 16. April 2014[228] zu ermöglichen. Hierbei müssen WpDU entsprechend ihrer Tätigkeit zumindest die in Anhang I zu DVO MiFID II aufgeführten Aufzeichnungen führen. Das in Anhang I zu DVO MiFID II aufgeführte Verzeichnis an Aufzeichnungen gilt unbeschadet weiterer sich aus anderen Rechtsvorschriften ergebender Aufbewahrungspflichten. Die Aufzeichnungen sind hierbei dergestalt auf einem Datenträger aufzubewahren, dass sie der zuständigen Behörde auch in Zukunft zugänglich gemacht werden können und den in Art. 72 Abs. 1 lit. a bis e DVO MiFID II genannten Anforderungen genügt wird.

Von dieser Aufzeichnungspflicht sind gemäß § 83 Abs. 3 WpHG und nach Maßga- **202**
be von Art. 76 DVO MiFID II insbesondere auch **Telefongespräche sowie die elektronische Kommunikation** umfasst, sofern sie sich auf die Erbringung von Wertpapier(neben)dienstleistungen gegenüber Kunden beziehen.[229] Hierbei sind auch solche Telefonate und elektronische Kommunikation aufzuzeichnen, die im Ergebnis nicht zu einem Geschäftsabschluss führen. In diesem Zusammenhang sind WpDU gemäß Art. 76 Abs. 1 DVO MiFID II verpflichtet, *„in schriftlicher Form wirksame Grundsätze für Aufzeichnungen über Telefongespräche und elektronische Kommunikation"* festzulegen, umzusetzen und aufrechtzuerhalten. Gleichzeitig müssen die WpDU eine wirksame Aufsicht und Kontrolle der Strategien und Verfahren im Hinblick auf die Aufzeichnung von Telefongesprächen und elektronische Kommunikation sicherzustellen sowie die Wirksamkeit dieser Strategien und Verfahren periodisch zu beurteilen (vgl. Art. 76 Abs. 2, 3 DVO MiFID II).

Bevor ein WpDU in Bezug auf die Annahme, Weiterleitung und Ausführung von Auf- **203**
trägen für (Neu- oder Alt-) Kunden Wertpapierdienstleistungen und Wertpapiertätigkeiten vornimmt, hat es dem **Kunden mitzuteilen**, dass die Gespräche und Kommunikation aufgezeichnet werden und eine **Kopie** dieser Aufzeichnungen **auf Anfrage** über fünf Jahre oder unter Umständen gar sieben Jahre **zur Verfügung** stehen werden (Art. 76 Abs. 8 DVO MiFID II), wobei der Aufbewahrungszeitraum mit dem Zeitpunkt der Aufzeichnungserstellung beginnt, Art. 76 Abs. 11 DVO MiFID II. Auf Anfrage der zuständigen Behörde sind die WpDU im Übrigen auch dazu verpflichtet, *„die Strategien, die Verfahren sowie die Aufsicht des Leitungsorgans über die Aufzeichnungen"* schlüssig darzulegen, Art. 76 Abs. 7 DVO MiFID II.

---

227 Verordnung (EU) 600/2014 des Europäischen Parlaments und des Rates vom 15. Mai 2014 über Märkte für Finanzinstrumente und zur Änderung der Verordnung 648/2012, Abl. L 173 vom 12.6.2014, S. 84; im Folgenden: „MiFIR".

228 Verordnung (EU) 596/2014 des Europäischen Parlaments und des Rates vom 16. April 2014 über über Marktmissbrauch (Marktmissbrauchsverordnung) und zur Aufhebung der Richtlinie 2003/6/EG des Europäischen Parlaments und des Rates und der Richtlinien 2003/124/EG, 2003/125/EG und 2004/72/EG der Kommission, Abl. L 173 vom 12.6.2014, S. 1.

229 Zu den Überlegungen des deutschen Gesetzgebers bezüglich Sprachaufzeichnungspflichten bereits weit vor Inkrafttreten von MiFID II und den (auch) datenschutzrechtlichen Bedenken im Zusammenhang mit der Aufzeichnung von Telefongesprächen, vgl. nur *Buck-Heeb* ZBB **2014** 221, 228f. m.w.N.

B. Besondere Organisationspflichten

§ 87 WpHG
Einsatz von Mitarbeitern in der Anlageberatung, als Vertriebsbeauftragte, in der Finanzportfolioverwaltung oder als Compliance-Beauftragte; Verordnungsermächtigung

(1) Ein Wertpapierdienstleistungsunternehmen darf einen Mitarbeiter nur dann mit der Anlageberatung betrauen, wenn dieser sachkundig ist und über die für die Tätigkeit erforderliche Zuverlässigkeit verfügt. Das Wertpapierdienstleistungsunternehmen muss der Bundesanstalt

1. **den Mitarbeiter und,**
2. **sofern das Wertpapierdienstleistungsunternehmen über Vertriebsbeauftragte im Sinne des Absatzes 4 verfügt, den auf Grund der Organisation des Wertpapierdienstleistungsunternehmens für den Mitarbeiter unmittelbar zuständigen Vertriebsbeauftragten**

anzeigen, bevor der Mitarbeiter die Tätigkeit nach Satz 1 aufnimmt. Ändern sich die von dem Wertpapierdienstleistungsunternehmen nach Satz 2 angezeigten Verhältnisse, sind die neuen Verhältnisse unverzüglich der Bundesanstalt anzuzeigen. Ferner sind der Bundesanstalt, wenn auf Grund der Tätigkeit des Mitarbeiters eine oder mehrere Beschwerden im Sinne des Artikels 26 der Delegierten Verordnung (EU) 2017/565 durch Privatkunden gegenüber dem Wertpapierdienstleistungsunternehmen erhoben werden,

1. **jede Beschwerde,**
2. **der Name des Mitarbeiters, auf Grund dessen Tätigkeit die Beschwerde erhoben wird, sowie,**
3. **sofern das Wertpapierdienstleistungsunternehmen mehrere Zweigstellen, Zweigniederlassungen oder sonstige Organisationseinheiten hat, die Zweigstelle, Zweigniederlassung oder Organisationseinheit, welcher der Mitarbeiter zugeordnet ist oder für welche er überwiegend oder in der Regel die nach Satz 1 anzuzeigende Tätigkeit ausübt,**

anzuzeigen.

(2) Ein Wertpapierdienstleistungsunternehmen darf einen Mitarbeiter nur dann damit betrauen, Kunden über Finanzinstrumente, strukturierte Einlagen, Wertpapierdienstleistungen oder Wertpapiernebendienstleistungen zu informieren (Vertriebsmitarbeiter), wenn dieser sachkundig ist und über die für die Tätigkeit erforderliche Zuverlässigkeit verfügt.

(3) Ein Wertpapierdienstleistungsunternehmen darf einen Mitarbeiter nur dann mit der Finanzportfolioverwaltung betrauen, wenn dieser sachkundig ist und über die für die Tätigkeit erforderliche Zuverlässigkeit verfügt.

(4) Ein Wertpapierdienstleistungsunternehmen darf einen Mitarbeiter mit der Ausgestaltung, Umsetzung oder Überwachung von Vertriebsvorgaben im Sinne des § 80 Absatz 1 Satz 2 Nummer 3 nur dann betrauen (Vertriebsbeauftragter), wenn dieser sachkundig ist und über die für die Tätigkeit erforderliche Zuverlässigkeit verfügt. Das Wertpapierdienstleistungsunternehmen muss der Bundesanstalt den Mitarbeiter anzeigen, bevor dieser die Tätigkeit nach Satz 1 aufnimmt. Ändern sich die von dem Wertpapierdienstleistungsunternehmen nach Satz 2 angezeigten Verhältnisse, sind die neuen Verhältnisse unverzüglich der Bundesanstalt anzuzeigen.

(5) Ein Wertpapierdienstleistungsunternehmen darf einen Mitarbeiter nur dann mit der Verantwortlichkeit für die Compliance-Funktion im Sinne des Artikels 22

Absatz 2 der Delegierten Verordnung (EU) 2017/565 und für die Berichte an die Geschäftsleitung nach Artikel 25 Absatz 2 der Delegierten Verordnung (EU) 2017/565 betrauen (Compliance-Beauftragter), wenn dieser sachkundig ist und über die für die Tätigkeit erforderliche Zuverlässigkeit verfügt. Das Wertpapierdienstleistungsunternehmen muss der Bundesanstalt den Mitarbeiter anzeigen, bevor der Mitarbeiter die Tätigkeit nach Satz 1 aufnimmt. Ändern sich die von dem Wertpapierdienstleistungsunternehmen nach Satz 2 angezeigten Verhältnisse, sind die neuen Verhältnisse unverzüglich der Bundesanstalt anzuzeigen.

(6) Liegen Tatsachen vor, aus denen sich ergibt, dass ein Mitarbeiter

1. **nicht oder nicht mehr die Anforderungen nach Absatz 1 Satz 1, Absatz 2, 3, 4 Satz 1, jeweils auch in Verbindung mit § 96, oder Absatz 5 Satz 1 erfüllt, kann die Bundesanstalt unbeschadet ihrer Befugnisse nach § 4 dem Wertpapierdienstleistungsunternehmen untersagen, den Mitarbeiter in der angezeigten Tätigkeit einzusetzen, solange dieser die gesetzlichen Anforderungen nicht erfüllt, oder**
2. **gegen Bestimmungen dieses Abschnittes verstoßen hat, deren Einhaltung bei der Durchführung seiner Tätigkeit zu beachten sind, kann die Bundesanstalt unbeschadet ihrer Befugnisse nach § 6**
   a) **das Wertpapierdienstleistungsunternehmen und den Mitarbeiter verwarnen oder**
   b) **dem Wertpapierdienstleistungsunternehmen für eine Dauer von bis zu zwei Jahren untersagen, den Mitarbeiter in der angezeigten Tätigkeit einzusetzen.**

Die Bundesanstalt kann unanfechtbar gewordene Anordnungen im Sinne des Satzes 1 auf ihrer Internetseite öffentlich bekannt machen, es sei denn, diese Veröffentlichung wäre geeignet, den berechtigten Interessen des Unternehmens zu schaden. Die öffentliche Bekanntmachung nach Satz 2 hat ohne Nennung des Namens des betroffenen Mitarbeiters zu erfolgen.

Widerspruch und Anfechtungsklage gegen Maßnahmen nach Satz 1 haben keine aufschiebende Wirkung.

(7) Die Bundesanstalt führt über die nach den Absätzen 1, 4 und 5 anzuzeigenden Mitarbeiter sowie die ihnen zugeordneten Beschwerdeanzeigen nach Absatz 1 und die ihre Tätigkeit betreffenden Anordnungen nach Absatz 6 eine interne Datenbank.

(8) Die Absätze 1 bis 7 sind nicht anzuwenden auf diejenigen Mitarbeiter eines Wertpapierdienstleistungsunternehmens, die ausschließlich in einer Zweigniederlassung im Sinne des § 24a des Kreditwesengesetzes oder in mehreren solcher Zweigniederlassungen tätig sind.

(9) Das Bundesministerium der Finanzen kann durch Rechtsverordnung, die nicht der Zustimmung des Bundesrates bedarf, die näheren Anforderungen an

1. **den Inhalt, die Art, die Sprache, den Umfang und die Form der Anzeigen nach den Absätzen 1, 4 oder 5,**
2. **die Sachkunde und die Zuverlässigkeit nach Absatz 1 Satz 1, den Absätzen 2, 3, 4 Satz 1, jeweils auch in Verbindung mit § 96, sowie Absatz 5 Satz 1 sowie**
3. **den Inhalt der Datenbank nach Absatz 7 und die Dauer der Speicherung der Einträge**

einschließlich des jeweiligen Verfahrens regeln. In der Rechtsverordnung nach Satz 1 kann insbesondere bestimmt werden, dass dem jeweiligen Wertpapierdienstleistungsunternehmen ein schreibender Zugriff auf die für das Unternehmen einzurichtenden Einträge in die Datenbank nach Absatz 7 eingeräumt und

ihm die Verantwortlichkeit für die Richtigkeit und Aktualität dieser Einträge übertragen wird. Das Bundesministerium der Finanzen kann die Ermächtigung durch Rechtsverordnung ohne Zustimmung des Bundesrates auf die Bundesanstalt übertragen.

(10) Die Absätze 1 bis 3 gelten nicht für Immobiliar-Verbraucherdarlehensverträge, die an die Vorbedingung geknüpft sind, dass dem Verbraucher eine Wertpapierdienstleistung in Bezug auf gedeckte Schuldverschreibungen, die zur Besicherung der Finanzierung des Kredits begeben worden sind und denen dieselben Konditionen wie dem Immobiliar-Verbraucherdarlehensvertrag zugrunde liegen, erbracht wird, und wenn damit das Darlehen ausgezahlt, refinanziert oder abgelöst werden kann.

204 Ein WpDU hat durch das Aufstellen von Grundsätzen, die Einrichtung von Verfahren und das Vorhalten von Mitteln zudem sicherzustellen, dass seine **Mitarbeiter dem aufsichtsrechtlichen Pflichtenkanon** genügen.

205 Insoweit wurde im Zuge der Umsetzung von Art. 25 Abs. 1 MiFID II insbesondere der Personenkreis, der den Sachkunde- sowie Zuverlässigkeitserfordernissen des § 87 WpHG respektive der Verordnung über den Einsatz von Mitarbeitern in der Anlageberatung (WpHGMaAnzV), als Vertriebsmitarbeiter, in der Finanzportfolioverwaltung, als Vertriebsbeauftragte oder als Compliance-Beauftragte genügen muss, erweitert.

206 Nachdem bisher ausschließlich **Anlageberater** (§ 1 WpHGMaAnzV), **Vertriebsbeauftragte** (§ 2 WpHGMaAnzV) und **Compliance-Beauftragte** (§ 3 WpHGMaAnzV) den aufsichtsrechtlichen Anforderungen an die **Mitarbeiterqualifizierung** unterworfen waren, werden nunmehr gemäß **§ 87 Abs. 2 und 3 WpHG** insoweit nunmehr auch **Vertriebsmitarbeiter** (§ 1a WpHGMaAnzV) und **Mitarbeiter** in der **Finanzportfolioverwaltung** (§ 1b WpHGMaAnzV) erfasst.

207 Nachfolgend werden die **Sachkunde- sowie Zuverlässigkeitserfordernisse** gleichwohl exemplarisch am Beispiel eines Mitarbeiters in der Anlageberatung dargestellt.

208 Anlageberater müssen die für die Erbringung der Anlageberatung erforderliche Sachkunde haben und diese auch kontinuierlich wahren sowie aktualisieren. Das WpDU ist verpflichtet, die Sachkunde der Anlageberater jährlich zu überprüfen. Dabei umfasst die **Sachkunde** gemäß § 1 Abs. 2 WpHGMaAnzV insbesondere die **Kenntnisse** in Bezug auf die **Kundenberatung** sowie zu den maßgeblichen **rechtlichen und fachlichen Grundlagen**. Zusätzlich bedarf es einer **praktischen Anwendung dieser Kenntnisse**.

209 Zu den Kenntnissen auf dem Gebiet der **Kundenberatung** gehören hierbei Bedarfsermittlung, Lösungsmöglichkeiten, Produktdarstellung und -information und Serviceerwartungen des Kunden, Besuchsvorbereitung, Kundenkontakte, Kundengespräch und Kundenbetreuung, § 1 Abs. 2 Nr. 1 lit. a–d WpHGMaAnzV.

210 Die **rechtlichen Grundlagen** umfassen gemäß§ 1 Abs. 2 Nr. 2 lit. a–c WpHGMaAnzV das Vertragsrecht, die Vorschriften des WpHG und des KAGB, die bei der Anlageberatung oder der Anbahnung einer Anlageberatung zu beachten sind, und die Verwaltungsvorschriften, die von der BaFin zur Konkretisierung von § 64 Abs. 3 und 4 des WpHG erlassen worden sind.

211 Schließlich gehören zu den **fachlichen Grundlagen** die Funktionsweise des Finanzmarktes, die Merkmale, Risiken und Funktionsweise der Finanzinstrumente; die Bewertung von für die Finanzinstrumente relevanten Daten sowie der spezifischen Marktstrukturen, die Handelsplätze, die Wertentwicklung von Finanzinstrumenten und die Grundzüge der Bewertungsgrundsätze, die Kosten und Gebühren, die Grundzüge des Portfoliomanagements sowie Aspekte des Marktmissbrauchs und der Bekämpfung der Geldwäsche, § 1 Abs. 2 Nr. 3 lit. a–g WpHGMaAnzV.

In Ansehung des Wortlauts von § 1 Abs. 4 WpHGMaAnZV müssen sich des Weiteren (allein) die Kenntnisse von den fachlichen Grundlagen auf die **Arten von Finanzinstrumenten** beziehen, die das WpDU anbietet oder **die Gegenstand der Anlageberatung** durch den betreffenden Mitarbeiter sein können. 212

Das Kriterium der „praktischen Anwendung" erfordert eine Ausübung der Tätigkeit über einen Zeitraum von mindestens sechs Monaten, wobei die Berechnung auf Basis einer Vollzeittätigkeit zu erfolgen hat, vgl. § 1 Abs. 5 S. 2 WpHGMaAnzV. Auf den insoweit maßgeblichen Zeitraum werden auch etwaige vorherige Tätigkeiten angerechnet und zwar auch, wenn es sich um eine Anlageberatung unter Aufsicht handelte. Intensität und Reichweite der Aufsicht müssen hierbei jedoch in einem angemessenen Verhältnis zu den Kenntnissen und der praktischen Anwendung des beaufsichtigten Mitarbeiters stehen und der beaufsichtigende Mitarbeiter muss mit der Anlageberatung betraut gewesen sein, über die notwendige Sachkunde für die Anlageberatung und Beaufsichtigung sowie die notwendigen Mittel zur Aufsicht verfügt und die Anlageberatung gegenüber dem Kunden verantwortlich erbracht haben. Die Tätigkeit unter Aufsicht darf gemäß § 1 Abs. 5 S. 4 WpHGMaAnzV nicht länger als über einen Zeitraum von vier Jahren ausgeübt werden. 213

Ein **Nachweis der erforderlichen Sachkunde** erfolgt nach Maßgabe des § 1 Abs. 6 WpHGMaAnzV **grundsätzlich mittels** entsprechender **Abschluss- oder Arbeitszeugnisse**, gegebenenfalls in Verbindung mit **Stellenbeschreibungen**, **Schulungs- oder Weiterbildungsnachweisen** respektive **in anderer geeigneter Weise**. 214

Hierbei gilt die erforderliche Sachkunde als Anlageberater, Mitarbeiter, der strukturierte Einlagen verkauft oder über solche berät, Vertriebsmitarbeiter, Mitarbeiter in der Finanzportfolioverwaltung und Vertriebsbeauftragter durch die in § 4 Nr. 1 WpHGMaAnzV genannten **Qualifikationen als nachgewiesen**. Mit Ausnahme von Vertriebsmitarbeitern gilt dies auch für den Nachweis der Sachkunde mittels der in § 4 Nr. 2 WpHG-MaAnzV genannten Qualifikationen. Die für einen Compliance-Beauftragten im Sinne von § 87 Abs. 5 WpHG erforderliche Sachkunde gilt demgegenüber (nur) mittels der in § 4 Nr. 4 WpHGMaAnzV genannten Qualifikationen als nachgewiesen. 215

Im Übrigen gilt für Anlageberater, die am 3. Januar 2018 als Anlageberater tätig waren und zuvor als Anlageberater gegenüber der BaFin gemeldet wurden, dass bis längstens zum 3. Juli 2018 **vermutet** wird, dass sie über die **notwendige Sachkunde** verfügen, vgl. § 12 WpHGMaAnzV. 216

Überdies gilt für sämtliche vorgenannten Personen die **Regelvermutung**, dass ihnen die nach Maßgabe des § 87 Abs. 1 bis 5 WpHG erforderliche Zulässigkeit fehlt, wenn sie in den letzten fünf Jahren vor Beginn der Tätigkeit wegen eines Verbrechens oder wegen Diebstahls, Unterschlagung, Erpressung, Betruges, Untreue, Geldwäsche, Urkundenfälschung, Hehlerei, Wuchers, einer Insolvenzstraftat, einer Steuerhinterziehung oder aufgrund § 119 WpHG oder § 38 WpHG a.F. rechtskräftig verurteilt worden sind, vgl. § 6 WpHGMaAnzV. 217

WpDU müssen jedoch nicht nur gewährleisten, dass sie hinreichend qualifiziertes Personal einsetzen, wenn sie die Dienstleistung der Anlageberatung erbringen. Vielmehr müssen nach § 87 Abs. 1 S. 4 WpHG die **einzelnen Mitarbeiter** mit weiteren für die Aufsichtsbehörde relevanten Informationen, insbesondere in Gestalt der Anzahl von Beschwerden, d**er BaFin gemeldet werden**. Hierfür werden die Mitarbeiter in einer nicht öffentlichen Datenbank der BaFin registriert. Auf diese Weise soll nicht nur eine weitere Erkenntnisquelle für die Aufsicht geschaffen werden, sondern diese (aktive) Registrierungspflicht soll auch einen disziplinierenden Effekt besitzen, als den WpDU die Bedeutung der Mitarbeiterauswahl und ihre Verantwortung für entsprechende Entscheidungen vor Augen gehalten wird. Auch hierdurch soll ein besserer Schutz der Anleger 218 vor Falschberatung erreicht werden. Einzelheiten zum Anzeigeverfahren nennen die §§ 8 und 9 WpHGMaAnzV. Neben § 87 WpHG sind naturgemäß auch die flankierenden Bußgeldvorschriften des § 120 Abs. 8 Nr. 134 bis 136 WpHG zu beachten.[230]

KAPITEL 4
Aufsichtsrechtliche Durchsetzung und Sanktionen

219 Zu den Regelungen zum Kundenschutz im Wertpapierrecht gehören auch die **Bestimmungen zur Durchsetzung der kundenschützenden Pflichten durch die jeweils zuständige Aufsichtsbehörde**, in Deutschland also im Wesentlichen durch die BaFin, vgl. § 6 Abs. 1 S. 1 WpHG.[231] Mit anderen Worten sollen deren Kunden – mittelbar – geschützt werden, indem die WpDU von der Aufsicht zur Beachtung ihrer Pflichten angehalten werden.

220 Dafür bestehen nach wie vor **aufsichtsbehördliche Befugnisse** der BaFin, die nunmehr in **§ 6 WpHG** geregelt sind sowie ein durch das 2. FiMaNoG deutlich verschärfter Katalog an **Sanktionen** für Ordnungswidrigkeiten in **§ 120 WpHG**. Hinzu kommen die nach neuer Rechtslage in **Art. 40 ff. MiFIR** geregelten Möglichkeiten der **Produktintervention.**[232] Schließlich besteht die Pflicht zur **Bekanntmachung** von Maßnahmen und Sanktionen durch die BaFin auf ihrer Internetseite gemäß **§ 126 WpHG**.

A. Allgemeine und Besondere Befugnisse der BaFin (§§ 6 ff. WpHG)

§ 6 WpHG
Aufgaben und allgemeine Befugnisse der Bundesanstalt

(1) Die Bundesanstalt übt die Aufsicht nach den Vorschriften dieses Gesetzes aus. Sie hat im Rahmen der ihr zugewiesenen Aufgaben Missständen entgegenzuwirken, welche die ordnungsgemäße Durchführung des Handels mit Finanzinstrumenten oder von Wertpapierdienstleistungen, Wertpapiernebendienstleistungen oder Datenbereitstellungsdienstleistungen beeinträchtigen oder erhebliche Nachteile für den Finanzmarkt bewirken können. Sie kann Anordnungen treffen, die geeignet und erforderlich sind, diese Missstände zu beseitigen oder zu verhindern.

(2) Die Bundesanstalt überwacht im Rahmen der ihr jeweils zugewiesenen Zuständigkeit die Einhaltung der Verbote und Gebote dieses Gesetzes, der auf Grund dieses Gesetzes erlassenen Rechtsverordnungen, der in § 1 Absatz 1 Nummer 8 aufgeführten europäischen Verordnungen einschließlich der auf Grund dieser Verordnungen erlassenen delegierten Rechtsakte und Durchführungsrechtsakte der Europäischen Kommission. Sie kann Anordnungen treffen, die zu ihrer Durchsetzung geeignet und erforderlich sind. Sie kann insbesondere auf ihrer Internetseite öffentlich Warnungen aussprechen, soweit dies für die Erfüllung ihrer Aufgaben nach diesem Gesetz erforderlich ist. Sie kann den Handel mit einzelnen oder mehreren Fi-

230 Zu den Bußgeldern siehe auch unter Kapitel 4 B.
231 Subsidiär können neben der BaFin unter Umständen auch europäische Aufsichtsbehörden eingreifen, vgl. bspw. Art. 40 MiFIR.
232 Die Regelungen der MiFIR sind (ebenfalls) zum 3. Januar 2018 in Kraft getreten und seither unmittelbar in den Mitgliedsländern der Union anwendbar.

nanzinstrumenten vorübergehend untersagen oder die Aussetzung des Handels in einzelnen oder mehreren Finanzinstrumenten an Märkten, an denen Finanzinstrumente gehandelt werden, anordnen, soweit dies zur Durchsetzung der Verbote und Gebote dieses Gesetzes, der Verordnung (EU) Nr. 596/2014 oder der Verordnung (EU) Nr. 600/2014 oder zur Beseitigung oder Verhinderung von Missständen nach Absatz 1 geboten ist; hierzu kann sie Anordnungen auch gegenüber einem öffentlich-rechtlichem Rechtsträger oder gegenüber einer Börse erlassen. Sie kann den Vertrieb oder Verkauf von Finanzinstrumenten oder strukturierten Einlagen aussetzen, wenn ein Wertpapierdienstleistungsunternehmen kein wirksames Produktfreigabeverfahren nach § 80 Absatz 9 entwickelt hat oder anwendet oder in anderer Weise gegen § 80 Absatz 1 Satz 2 Nummer 2 oder § 80 Absatz 9 bis 11 verstoßen hat.

(3) Die Bundesanstalt kann, um zu überwachen, ob die Verbote oder Gebote dieses Gesetzes oder der Verordnung (EU) Nr. 596/2014, der Verordnung (EU) Nr. 600/2014, der Verordnung (EU) Nr. 1286/2014, der Verordnung (EU) 2015/2365, der Verordnung (EU) 2016/1011 eingehalten werden, oder um zu prüfen, ob die Voraussetzungen für eine Maßnahme nach § 15 oder nach Artikel 42 der Verordnung (EU) Nr. 600/2014 vorliegen, von jedermann Auskünfte, die Vorlage von Unterlagen oder sonstigen Daten und die Überlassung von Kopien verlangen sowie Personen laden und vernehmen. Sie kann insbesondere folgende Angaben verlangen:

1. **über Veränderungen im Bestand in Finanzinstrumenten,**
2. **über die Identität weiterer Personen, insbesondere der Auftraggeber und der aus Geschäften berechtigten oder verpflichteten Personen,**
3. **über Volumen und Zweck einer mittels eines Warenderivats eingegangenen Position oder offenen Forderung sowie**
4. **über alle Vermögenswerte oder Verbindlichkeiten am Basismarkt.**

Gesetzliche Auskunfts- oder Aussageverweigerungsrechte sowie gesetzliche Verschwiegenheitspflichten bleiben unberührt. Im Hinblick auf die Verbote und Gebote der Verordnung (EU) 2016/1011 gelten die Sätze 1 und 3 bezüglich der Erteilung von Auskünften, der Vorladung und der Vernehmung jedoch nur gegenüber solchen Personen, die an der Bereitstellung eines Referenzwertes im Sinne der Verordnung (EU) 2016/1011 beteiligt sind oder die dazu beitragen.

(4) Von einem Wertpapierdienstleistungsunternehmen, das algorithmischen Handel im Sinne des § 80 Absatz 2 Satz 1 betreibt, kann die Bundesanstalt insbesondere jederzeit Informationen über seinen algorithmischen Handel und die für diesen Handel eingesetzten Systeme anfordern, soweit dies auf Grund von Anhaltspunkten für die Überwachung der Einhaltung eines Verbots oder Gebots dieses Gesetzes erforderlich ist. Die Bundesanstalt kann insbesondere eine Beschreibung der algorithmischen Handelsstrategien, von Einzelheiten der Handelsparameter oder Handelsobergrenzen, denen das System unterliegt, von den wichtigsten Verfahren zur Überprüfung der Risiken und Einhaltung der Vorgaben des § 80 sowie von Einzelheiten über seine Systemprüfung verlangen.

(5) Die Bundesanstalt ist unbeschadet des § 3 Absatz 5, 11 und 12 sowie des § 15 Absatz 7 des Börsengesetzes zuständige Behörde im Sinne des Artikels 22 der Verordnung (EU) Nr. 596/2014 und im Sinne des Artikels 2 Absatz 1 Nummer 18 der Verordnung (EU) Nr. 600/2014. Die Bundesanstalt ist zuständige Behörde für die Zwecke des Artikels 25 Absatz 4 Unterabsatz 3 der Richtlinie 2014/65/EU des Europäischen Parlaments und des Rates vom 15. Mai 2014 über Märkte für Finanzinstrumente sowie zur Änderung der Richtlinien 2002/92/EG und 2011/61/EU (ABl.

L 173 vom 12.6.2014, S. 349; L 74 vom 18.3.2015, S. 38; L 188 vom 13.7.2016, S. 28; L 273 vom 8.10.2016, S. 35; L 64 vom 10.3.2017, S. 116), die zuletzt durch die Richtlinie (EU) 2016/1034 (ABl. L 175 vom 30.6.2016, S. 8) geändert worden ist, in der jeweils geltenden Fassung.

(6) Im Falle eines Verstoßes gegen

1. Vorschriften des Abschnitts 3 dieses Gesetzes sowie die zur Durchführung dieser Vorschriften erlassenen Rechtsverordnungen,
2. Vorschriften der Verordnung (EU) Nr. 596/2014, insbesondere gegen deren Artikel 4 und 14 bis 21, sowie die auf Grundlage dieser Artikel erlassenen delegierten Rechtsakte und Durchführungsrechtsakte der Europäischen Kommission,
3. Vorschriften der Abschnitte 9 bis 11 dieses Gesetzes sowie die zur Durchführung dieser Vorschriften erlassenen Rechtsverordnungen,
4. Vorschriften der Verordnung (EU) Nr. 600/2014, insbesondere die in den Titeln II bis VI enthaltenen Artikel sowie die auf Grundlage dieser Artikel erlassenen delegierten Rechtsakte und Durchführungsrechtsakte der Europäischen Kommission,
5. die Artikel 4 und 15 der Verordnung (EU) 2015/2365 sowie die auf Grundlage des Artikels 4 erlassenen delegierten Rechtsakte und Durchführungsrechtsakte der Europäischen Kommission,
6. Vorschriften der Verordnung (EU) 2016/1011 sowie die auf deren Grundlage erlassenen delegierten Rechtsakte und Durchführungsrechtsakte der Europäischen Kommission oder
7. eine Anordnung der Bundesanstalt, die sich auf eine der in den Nummern 1 bis 6 genannte Vorschrift bezieht,

kann die Bundesanstalt zur Verhinderung weiterer Verstöße für einen Zeitraum von bis zu zwei Jahren die Einstellung der den Verstoß begründenden Handlungen oder Verhaltensweisen verlangen. Bei Verstößen gegen die in Satz 1 Nummer 3 und 4 genannten Vorschriften sowie gegen Anordnungen der Bundesanstalt, die sich hierauf beziehen, kann sie verlangen, dass die den Verstoß begründenden Handlungen oder Verhaltensweisen dauerhaft eingestellt werden sowie deren Wiederholung verhindern.

(7) Die Bundesanstalt kann es einer natürlichen Person, die verantwortlich ist für einen Verstoß gegen die Artikel 14, 15, 16 Absatz 1 und 2, Artikel 17 Absatz 1, 2, 4, 5 und 8, Artikel 18 Absatz 1 bis 6, Artikel 19 Absatz 1 bis 3, 5 bis 7 und 11 sowie Artikel 20 Absatz 1 der Verordnung (EU) Nr. 596/2014 oder gegen eine Anordnung der Bundesanstalt, die sich auf diese Vorschriften bezieht, für einen Zeitraum von bis zu zwei Jahren untersagen, Geschäfte für eigene Rechnung in den in Artikel 2 Absatz 1 der Verordnung (EU) Nr. 596/2014 genannten Finanzinstrumenten und Produkten zu tätigen.

(8) Die Bundesanstalt kann einer Person, die bei einem von der Bundesanstalt beaufsichtigten Unternehmen tätig ist, für einen Zeitraum von bis zu zwei Jahren die Ausübung der Berufstätigkeit untersagen, wenn diese Person vorsätzlich gegen eine der in Absatz 6 Satz 1 Nummer 1 bis 4 und 6 genannten Vorschriften oder gegen eine Anordnung der Bundesanstalt, die sich auf diese Vorschriften bezieht, verstoßen hat und dieses Verhalten trotz Verwarnung durch die Bundesanstalt fortsetzt. Bei einem Verstoß gegen eine der in Absatz 6 Satz 1 Nummer 5 genannten Vorschriften oder eine sich auf diese Vorschriften beziehende Anordnung der Bundesanstalt kann die Bundesanstalt einer Person für einen Zeitraum von bis zu zwei Jahren die Wahrnehmung von Führungsaufgaben untersagen, wenn diese

den Verstoß vorsätzlich begangen hat und das Verhalten trotz Verwarnung durch die Bundesanstalt fortsetzt.

(9) Bei einem Verstoß gegen eine der in Absatz 6 Satz 1 Nummer 1 bis 5 genannten Vorschriften oder eine vollziehbare Anordnung der Bundesanstalt, die sich auf diese Vorschriften bezieht, kann die Bundesanstalt auf ihrer Internetseite eine Warnung unter Nennung der natürlichen oder juristischen Person oder der Personenvereinigung, die den Verstoß begangen hat, sowie der Art des Verstoßes veröffentlichen. § 125 Absatz 3 und 5 gilt entsprechend.

(10) Die Bundesanstalt kann es einem Wertpapierdienstleistungsunternehmen, das gegen eine der in Absatz 6 Satz 1 Nummer 3 und 4 genannten Vorschriften oder gegen eine vollziehbare Anordnung der Bundesanstalt, die sich auf diese Vorschriften bezieht, verstoßen hat, für einen Zeitraum von bis zu drei Monaten untersagen, am Handel eines Handelsplatzes teilzunehmen.

(11) Während der üblichen Arbeitszeit ist Bediensteten der Bundesanstalt und den von ihr beauftragten Personen, soweit dies zur Wahrnehmung ihrer Aufgaben erforderlich ist, das Betreten der Grundstücke und Geschäftsräume der nach Absatz 3 auskunftspflichtigen Personen zu gestatten. Das Betreten außerhalb dieser Zeit oder wenn die Geschäftsräume sich in einer Wohnung befinden, ist ohne Einverständnis nur zulässig und insoweit zu dulden, wie dies zur Verhütung von dringenden Gefahren für die öffentliche Sicherheit und Ordnung erforderlich ist und Anhaltspunkte vorliegen, dass die auskunftspflichtige Person gegen ein Verbot oder Gebot dieses Gesetzes verstoßen hat. Das Grundrecht des Artikels 13 des Grundgesetzes wird insoweit eingeschränkt. Im Rahmen der Durchsuchung dürfen Bedienstete der Bundesanstalt Gegenstände sicherstellen, die als Beweismittel für die Ermittlung des Sachverhalts von Bedeutung sein können. Befinden sich die Gegenstände im Gewahrsam einer Person und werden sie nicht freiwillig herausgegeben, können Bedienstete der Bundesanstalt die Gegenstände beschlagnahmen. Durchsuchungen und Beschlagnahmen sind, außer bei Gefahr im Verzug, durch den Richter anzuordnen. Zuständig ist das Amtsgericht Frankfurt am Main. Gegen die richterliche Entscheidung ist die Beschwerde zulässig. Die §§ 306 bis 310 und 311a der Strafprozessordnung gelten entsprechend. Bei Beschlagnahmen ohne gerichtliche Anordnung gilt § 98 Absatz 2 der Strafprozessordnung entsprechend. Zuständiges Gericht für die nachträglich eingeholte gerichtliche Entscheidung ist das Amtsgericht Frankfurt am Main. Über die Durchsuchung ist eine Niederschrift zu fertigen. Sie muss die verantwortliche Dienststelle, Grund, Zeit und Ort der Durchsuchung und ihr Ergebnis enthalten. Die Sätze 1 bis 11 gelten für die Räumlichkeiten juristischer Personen entsprechend, soweit dies zur Verfolgung von Verstößen gegen die Verordnung (EU) 2016/1011 geboten ist.

(13) Die Bundesanstalt kann die Beschlagnahme von Vermögenswerten beantragen, soweit dies zur Durchsetzung der Verbote und Gebote der in Absatz 6 Satz 1 Nummer 3, 4 und 6 genannten Vorschriften und der Verordnung (EU) Nr. 596/2014 geboten ist. Maßnahmen nach Satz 1 sind durch den Richter anzuordnen. Zuständig ist das Amtsgericht Frankfurt am Main. Gegen eine richterliche Entscheidung ist die Beschwerde zulässig; die §§ 306 bis 310 und 311a der Strafprozessordnung gelten entsprechend.

(14) Die Bundesanstalt kann eine nach den Vorschriften dieses Gesetzes oder nach der Verordnung (EU) Nr. 596/2014 gebotene Veröffentlichung oder Mitteilung auf Kosten des Pflichtigen vornehmen, wenn die Veröffentlichungs- oder Mitteilungspflicht nicht, nicht richtig, nicht vollständig oder nicht in der vorgeschriebenen Weise erfüllt wird.

(15) Der zur Erteilung einer Auskunft Verpflichtete kann die Auskunft auf solche Fragen verweigern, deren Beantwortung ihn selbst oder einen der in § 383 Absatz 1 Nummer 1 bis 3 der Zivilprozessordnung bezeichneten Angehörigen der Gefahr strafgerichtlicher Verfolgung oder eines Verfahrens nach dem Gesetz über Ordnungswidrigkeiten aussetzen würde. Der Verpflichtete ist über sein Recht zur Verweigerung der Auskunft oder Aussage zu belehren und darauf hinzuweisen, dass es ihm nach dem Gesetz freisteht, jederzeit, auch schon vor seiner Vernehmung, einen von ihm zu wählenden Verteidiger zu befragen.

(16) Die Bundesanstalt darf ihr mitgeteilte personenbezogene Daten nur zur Erfüllung ihrer aufsichtlichen Aufgaben und für Zwecke der internationalen Zusammenarbeit nach Maßgabe des § 18 speichern, verändern und nutzen.

(17) Die Bundesanstalt kann zur Erfüllung ihrer Aufgaben auch Wirtschaftsprüfer oder Sachverständige bei Ermittlungen oder Überprüfungen einsetzen.

221 Die **BaFin** übt die Aufsicht nach den Vorschriften des WpHG aus und hat im Rahmen der ihr zugewiesenen Aufgaben **Missständen entgegenzuwirken**, welche die ordnungsgemäße Durchführung des Handels mit Finanzinstrumenten oder von Wertpa pier(neben)dienstleistungen oder Datenbereitstellungsdienstleistungen beeinträchtigen oder erhebliche Nachteile für den Finanzmarkt bewirken können, § 6 Abs. 1 S. 1, 2 WpHG. Vor diesem Hintergrund obliegt es ihr gemäß § 6 Abs. 1 S. 3 WpHG, **Anordnungen** zu treffen, die geeignet und erforderlich sind, solcherlei Missstände zu beseitigen respektive zu verhindern.

222 Überdies **überwacht** die BaFin gemäß § 6 Abs. 2 S. 1 WpHG im Rahmen der ihr jeweils zugewiesenen Zuständigkeit sowohl die **Einhaltung der Verbote und Gebote** des **WpHG** einschließlich der auf Grund des WpHG erlassenen **Rechtsvorordnungen** als auch der in **§ 1 Abs. 1 Nr. 8 WpHG aufgezählten Verordnungen** mitsamt der auf Grund dieser Verordnungen erlassenen **delegierten Rechtsakte und Durchführungsrechtsakte** der Kommission. Zur Durchsetzung der vorgenannten Vorschriften kann die BaFin gemäß § 6 Abs. 2 S. 2 WpHG geeignete und erforderliche **Anordnungen** treffen.

223 Hierbei kann die BaFin nunmehr insbesondere **Warnungen** im Rahmen ihrer Internetpräsenz oder mittels anderer Medien veröffentlichen (vgl. § 6 Abs. 2 S. 3 und Abs. 9 WpHG). Darüber hinaus ist es der BaFin unter bestimmten Umständen möglich, den **Handel** mit respektive den **Vertrieb** oder den **Verkauf** von **Finanzinstrumenten** oder **strukturierten Einlagen** (vorübergehend) zu **untersagen** oder **auszusetzen** (dazu sogleich unter **II.**). Zudem vermag die BaFin (weiterhin) *„von jedermann Auskünfte, die Vorlage von Unterlagen oder sonstige Daten und die Überlassung von Kopien verlangen sowie Personen laden und vernehmen“*, vgl. § 6 Abs. 3 WpHG.

224 Durch die Neufassung von § 6 Abs. 3 WpHG wird sichergestellt, dass die BaFin wie bislang zur Prüfung der Einhaltung der gesetzlichen Pflichten im Wege von **Auskunfts- und Vorlageersuchen** tätig werden kann. Sämtliche Maßnahmen der BaFin sind naturgemäß entsprechend der allgemeinen Grundsätze der Verhältnismäßigkeit und entsprechend des Zwecks der Maßnahme auf die Überwachung der Einhaltung der entsprechenden Gesetzesvorgaben beschränkt. Im Rahmen einer erforderlichen Sachverhaltsermittlung wird ein Ersuchen der BaFin um Auskunft und Vorlage regelmäßig als mildestes Mittel zu qualifizieren sein. So wird man nicht zuletzt im Hinblick auf den durch den (europäischen) Gesetzgeber intendierten Anlegerschutz davon ausgehen müssen, dass die effektive Überwachung der Einhaltung der den WpDU obliegenden Pflichten es erfordert, dass die BaFin zu Auskunfts- und Vorlageverlangen befugt ist, **ohne** dass bereits **Anhaltspunkte** für einen (konkreten) Verstoß vorliegen. Etwaige gesetzliche Auskunfts- und Aussage-

verweigerungsrechte sowie etwaige gesetzliche Verschwiegenheitspflichten bleiben aber natürlich gemäß § 6 Abs. 3 S. 3 WpHG unberührt.

Im Übrigen ist auf die weitreichenden Befugnisse der BaFin nach Maßgabe der §§ 6 bis 10 WpHG hinzuweisen. Demnach kann die BaFin etwa im Falle eines Verstoßes gegen die in § 6 Abs. 6 S. 1 WpHG aufgezählten Vorschriften zur Verhinderung weiterer Verstöße die Einstellung der den Verstoß begründenden Handlungen oder Verhaltensweisen für einen Zeitraum von bis zu zwei Jahren verlangen. Die dauerhafte Untersagung eines Verhaltens ist unter den Voraussetzungen von § 6 Abs. 6 S. 2 WpHG möglich. Hierneben finden sich in den vorgenannten Normen (weitere) Untersagungs- (§ 6 Abs. 7, 8 und 10 WpHG), Betretungs- (§ 6 Abs. 11 WpHG) sowie Durchsuchungs-, Sicherstellungs- und Beschlagnahmebefugnisse (§ 6 Abs. 12 und 13 WpHG). Flankiert werden die vorgenannten Befugnisse der BaFin durch „*Besondere Befugnisse*" gemäß § 10 WpHG sowie die in den §§ 7 und 8 WpHG vorgesehene Möglichkeit, die Herausgabe- respektive Übermittlung von (Tele-) Kommunikationsdaten und marktbezogenen Daten verlangen zu können. 225

Die aufsichtsrechtliche Durchsetzung des durch den (europäischen) Gesetzgeber intendierten Anlegerschutzes sowie die Sanktion von dieser gesetzgeberischen Intention zuwiderlaufenden Handlungen und Verhaltensweisen soll schließlich auch mittels Straf- (vgl. § 119 WpHG) und (sehr) detaillierte Bußgeldvorschriften (§ 120 WpHG) erreicht werden. 226

B. Sanktionen für Ordnungswidrigkeiten (§ 120 WpHG)

§ 120 WpHG

(3) Ordnungswidrig handelt, wer vorsätzlich oder leichtfertig entgegen Artikel 74 oder Artikel 75 der Delegierten Verordnung (EU) 2017/565 der Kommission vom 25. April 2016 zur Ergänzung der Richtlinie 2014/65/EU des Europäischen Parlaments und des Rates in Bezug auf die organisatorischen Anforderungen an Wertpapierfirmen und die Bedingungen für die Ausübung ihrer Tätigkeit sowie in Bezug auf die Definition bestimmter Begriffe für die Zwecke der genannten Richtlinie (ABl. L 87 vom 31.3.2017, S. 1) eine Aufzeichnung nicht, nicht richtig, nicht vollständig oder nicht rechtzeitig erstellt.

Für Verhaltens- und Organisationspflichten sind insbesondere **§§ 120 Abs. 3, 8–11 WpHG relevant.** Vorsätzliche und leichtfertige Verstöße gegen die Pflichten aus §§ 63ff. WpHG werden danach als Ordnungswidrigkeiten mit drakonischen Bußgeldern geahndet, die sich durch das 2. FiMaNoG erheblich verschärft haben.[233] Dies zeigt sich deutlich an den neuen Bußgeldhöchstgrenzen nach § 120 Abs. 20 WpHG. War nach § 39 Abs. 4 WpHG a.F. noch eine Höchstgrenze von bis zu einer Millionen Euro vorgesehen, ermöglicht die neue Rechtslage Bußgelder von bis zu fünf Millionen Euro. Gegenüber juristischen Personen oder Personenvereinigungen kann die Geldbuße auch bis zu 10% des Gesamtumsatzes des vorangegangenen Geschäftsjahrs und darüber hinaus das Zweifache des aus dem Verstoß gezogenen wirtschaftlichen Vorteils betragen. 227

233 Siehe dazu ausführlich *Buck-Heeb* BKR **2017** 485, 493. Interessant war in diesem Zusammenhang auch, wie intensiv sich verschiedene Mitarbeiter der BaFin durch Veröffentlichungen Stellung genommen haben, siehe etwa *von Buttlar/Hammermaier* ZBB **2017** 1ff.; *Becker/Rodde* ZBB **2016** 11ff.; *Bußalb/Schermuly* WM **2016** 2005ff.; *von Buttlar* BB **2014** 451.

C. Produktintervention (Art. 40 ff. MiFIR)

Art 42 MiFIR
Produktintervention seitens der zuständigen Behörden

(1) Eine zuständige Behörde kann in oder aus diesem Mitgliedstaat Folgendes verbieten oder beschränken:

a) die Vermarktung, den Vertrieb oder den Verkauf von bestimmten Finanzinstrumenten oder strukturierten Einlagen oder von Finanzinstrumenten oder strukturierten Einlagen mit bestimmten Merkmalen oder

b) eine Form der Finanztätigkeit oder -praxis.

(2) Eine zuständige Behörde kann die in Absatz 1 genannte Maßnahme ergreifen, wenn sie sich begründetermaßen vergewissert hat, dass

a) entweder

   i) ein Finanzinstrument, eine strukturierte Einlage oder eine entsprechende Tätigkeit oder Praxis erhebliche Bedenken für den Anlegerschutz aufwirft oder eine Gefahr für das ordnungsgemäße Funktionieren und die Integrität der Finanz- oder Warenmärkte oder in mindestens einem Mitgliedstaat für die Stabilität des gesamten Finanzsystems oder eines Teils davon darstellt oder

   ii) ein Derivat negative Auswirkungen auf den Preisbildungsmechanismus in den zugrunde liegenden Märkten hat;

b) bestehende regulatorische Anforderungen nach Unionsrecht, die auf das Finanzinstrument, die strukturierte Einlage oder die entsprechende Tätigkeit oder Praxis anwendbar sind, den in Buchstabe a genannten Risiken nicht hinreichend begegnen und das Problem besser durch eine stärkere Aufsicht oder Durchsetzung der vorhandenen Anforderungen gelöst würde;

c) die Maßnahme verhältnismäßig ist, wenn man die Wesensart der ermittelten Risiken, das Kenntnisniveau der betreffenden Anleger oder Marktteilnehmer und die wahrscheinliche Wirkung der Maßnahme auf Anleger und Marktteilnehmer berücksichtigt, die das Finanzinstrument oder die strukturierte Einlage eventuell halten und es/sie bzw. die entsprechende Tätigkeit oder Praxis nutzen oder davon profitieren;

d) die zuständige Behörde die zuständigen Behörden anderer Mitgliedstaaten, die von der Maßnahme erheblich betroffen sein können, angemessen angehört hat;

e) sich die Maßnahme nicht diskriminierend auf Dienstleistungen oder Tätigkeiten auswirkt, die von einem anderen Mitgliedstaat aus erbracht werden, und

f) dass, wenn von einem Finanzinstrument oder einer Finanztätigkeit oder -praxis eine erhebliche Gefahr für das ordnungsgemäße Funktionieren und die Integrität der landwirtschaftlichen Warenmärkte ausgeht, eine angemessene Anhörung der für die Beaufsichtigung, Verwaltung und Regulierung dieser Märkte gemäß der Verordnung (EG) Nr. 1234/2007 zuständigen öffentlichen Stellen stattgefunden hat.

Wenn die Voraussetzungen nach Unterabsatz 1 erfüllt sind, kann die zuständige Behörde das Verbot oder die Beschränkung nach Absatz 1 vorsorglich aussprechen, bevor ein Finanzinstrument oder eine strukturierte Einlage vermarktet, vertrieben oder an Kunden verkauft wird.

Ein Verbot oder eine Beschränkung kann unter von der zuständigen Behörde festgelegten Bedingungen oder vorbehaltlich von Ausnahmen geltend gemacht werden.

(3) Die zuständige Behörde spricht im Sinne dieses Artikels keine Verbote oder Beschränkungen aus, es sei denn, sie hat spätestens einen Monat, bevor die Maßnahme wirksam werden soll, allen anderen zuständigen Behörden und der ESMA schriftlich oder auf einem anderen, von den Behörden vereinbarten Weg folgende Einzelheiten übermittelt:

a) Finanzinstrument, Finanztätigkeit oder Finanzpraxis, auf die sich die vorgeschlagene Maßnahme bezieht;

b) genauer Charakter des vorgeschlagenen Verbots oder der vorgeschlagenen Beschränkung sowie geplanter Zeitpunkt des Inkrafttretens; und

c) Nachweise, auf die sie ihren Beschluss gestützt hat, und die als Grundlage für die Feststellung dienen, dass die Bedingungen von Absatz 2 erfüllt sind.

(4) In Ausnahmefällen, in denen die zuständige Behörde dringende Maßnahmen nach diesem Artikel für erforderlich hält, um Schaden, der aufgrund der Finanzinstrumente, der strukturierten Einlagen oder der entsprechenden Praktiken oder Tätigkeiten nach Absatz 1 entstehen könnte, abzuwenden, kann die zuständige Behörde frühestens 24 Stunden, nachdem sie alle anderen zuständigen Behörden und die ESMA bzw. – im Falle strukturierter Einlagen – die EBA von dem geplanten Inkrafttreten der Maßnahme benachrichtigt hat, vorläufig tätig werden, sofern alle nach diesem Artikel geltenden Kriterien erfüllt sind und außerdem eindeutig nachgewiesen ist, dass auf die konkreten Bedenken oder die konkrete Gefahr bei einer einmonatigen Notifikationsfrist nicht angemessen reagiert werden kann. Die zuständige Behörde darf nicht für mehr als drei Monate vorläufig tätig werden.

(5) Die zuständige Behörde gibt auf ihrer Website jeden Beschluss zur Verhängung eines Verbots oder einer Beschränkung nach Absatz 1 bekannt. Die Mitteilung erläutert die Einzelheiten des Verbots oder der Beschränkung und nennt einen Zeitpunkt nach der Veröffentlichung der Mitteilung, an dem die Maßnahmen wirksam werden, sowie die Nachweise, aufgrund deren die Erfüllung aller Bedingungen nach Absatz 2 belegt ist. Das Verbot oder die Beschränkung gelten nur für Maßnahmen, die nach der Veröffentlichung der Mitteilung ergriffen wurden.

(6) Die zuständige Behörde widerruft ein Verbot oder eine Beschränkung, wenn die Bedingungen nach Absatz 2 nicht mehr gelten.

(7) Die Kommission nimmt delegierte Rechtsakte gemäß Artikel 50 an, in denen die Kriterien und Faktoren festgelegt werden, die von den zuständigen Behörden bei der Bestimmung der Tatsache zu berücksichtigen sind, wann erhebliche Bedenken hinsichtlich des Anlegerschutzes gegeben sind oder die ordnungsgemäße Funktionsweise und die Integrität der Finanzmärkte oder der Warenmärkte oder aber in mindestens einem Mitgliedstaat die Stabilität des Finanzsystems im Sinne von Absatz 2 Buchstabe a gefährdet ist.

Diese Kriterien und Faktoren schließen unter anderem Folgendes ein:

a) den Grad der Komplexität eines Finanzinstruments oder einer strukturierten Einlage und den Bezug zu der Art von Kunden, an die es/sie vermarktet, vertrieben und verkauft wird,

b) den Innovationsgrad eines Finanzinstruments oder einer strukturierten Einlage oder einer entsprechenden Tätigkeit oder Praxis,

c) den Leverage-Effekt eines Finanzinstruments oder einer strukturierten Einlage oder einer Praxis,

d) in Bezug auf das ordnungsgemäße Funktionierens und die Integrität der Finanz- oder Warenmärkte – das Volumen oder den Nominalwert bei Ausgabe eines Finanzinstruments.

I. Zur „Neuartigkeit" der Kompetenz zur „Produktintervention"

228 Bei der sogenannten **„Produktintervention"** durch Aufsichtsbehörden handelt es sich um eine **Befugnis neuer Art.** Bislang zielten die Kompetenzen der Aufsicht darauf ab, das Wohlverhalten der beaufsichtigten WpDU herbeizuführen, so dass der Kundenschutz bei Bedarf eher mittelbar verwirklicht wurde. Demgegenüber kann die Aufsicht den Zugang zu den „Produkten", auf die ihre Intervention abzielt, mit der neuen Kompetenz nunmehr unmittelbar limitieren.[234] Diesen neuartigen Charakter nehmen die Verfasser zum Anlass, zu dieser Befugnis etwas ausführlicher Stellung zu nehmen:

229 **1. Begriff.** Der **Begriff „Produktintervention"** meint nach Maßgabe der Art. 40ff. MiFIR die Befugnis von nationalen und europäischen Aufsichtsbehörden, bestimmte Finanzinstrumente, strukturierte Einlagen oder auch (nur) Finanzinstrumente und strukturierte Einlagen mit bestimmten Merkmalen oder aber eine (bestimmte) Form der Finanztätigkeit oder -praxis zu verbieten bzw. zu beschränken.

230 **2. Regelungsregime.** Die unionsrechtlichen **Bestimmungen zur Produktintervention** sind Bestandteil der umfassenden Neuregelungen zur Verbesserung der Transparenz und Funktionsweise des europäischen Binnenmarktes für Finanzinstrumente als Reaktion auf die Finanzkrise. Gesetzgeberisches Ziel der Regelungen zur Produktintervention ist neben einer (weiteren) Reduzierung systemischer Risiken der Finanz- und Warenmärkte naturgemäß auch die Stärkung des Anlegerschutzes. Ihren Niederschlag haben diese Bestrebungen unter anderem in MiFID II und MiFIR gefunden. Nähere Bestimmungen zur Ausgestaltung des **Produktinterventionsregimes der Art. 40ff. MiFIR** finden sich zudem in der **DVO MiFIR**[235].

231 Die Produktinterventionsregelungen der MiFIR treten hierbei selbständig neben die in MiFID II geregelten Vorgaben im Zusammenhang mit der „Product Governance"[236] – umgesetzt in §§ 63 Abs. 4, und 5, 80 Abs. 9ff. WpHG – für Hersteller und Anbieter von Finanzinstrumenten und strukturierten Einlagen sowie neben die verschärften Informationsanforderungen,[237] die durch MiFID II und die PRIIP-VO gegenüber Anlegern normiert wurden.

232 Eine weitere Regelung zu einer **„gesonderten Form der Produktintervention"** enthalten schließlich § 6 Abs. 2 und 3 WpHG in Umsetzung des Art. 69 Abs. 2 lit. t MiFID II. Danach kann die BaFin den Vertrieb oder Verkauf von Produkten im Falle eines unzureichenden Produktfreigabe- und/oder Produktüberwachungsverfahrens i.S.v. § 80 Abs. 9 bis 11 WpHG, §§ 11, 12 WpDVerOV aussetzen. Die Vorschrift dient damit **zur Durchsetzung** der verschärften Anforderungen an die **Organisations- und Verhaltenspflichten** der WpDU.[238]

---

234 Zur Dogmatik der Produktintervention siehe auch Mülbert/*Veil* Bankrechtstag 2017 Band 39, S. 166ff.

235 Delegierte Verordnung (EU) 2017/567 der Kommission vom 18. Mai 2016 zur Ergänzung der Verordnung 600/2014 des Europäischen Parlaments und des Rates im Hinblick auf Begriffsbestimmungen, Transparenz, Portfoliokomprimierung und Aufsichtsmaßnahmen zur Produktintervention und zu den Positionen, Abl. L 87 vom 31.3.2017, S. 90.

236 Siehe dazu unter Kapitel 1 D.

237 Siehe dazu unter Kapitel 1 E. und K.

238 Ellenberger/Clouth/*Clouth* Praktikerhandbuch Wertpapier- und Derivategeschäft, Teil 4 Kapitel F. Produktintervention Rn. 3483; Cahn/*Müchler* BKR **2013** 45, 49.

Überdies ist darauf hinzuweisen, dass für Versicherungsanlageprodukte[239] in Art. 15 ff. der **PRIIP-VO Produktinterventionsmaßnahmen** vorgesehen sind, die im Ergebnis den Regelungen der 39 ff. MiFIR nachgebildet wurden. **233**

Der Gedanke einer **Produktintervention** ist im Übrigen dem deutschen Recht **nicht neu.** Der deutsche Gesetzgeber hatte – im Vorgriff auf das Inkrafttreten der Art. 40 ff. MiFIR – schon eine nahezu wortgleiche Regelungen im Rahmen des **Kleinanlegerschutzgesetzes** vom 3. Juli 2015 in § 4b WpHG a.F. geschaffen.[240] Von ihr hat die **BaFin** bekanntlich in zwei Fällen **Gebrauch gemacht.**[241] Und auch schon vor der Einführung des **§ 4b WpHG** a.F. kannte das deutsche Recht Ermächtigungen zur Produktintervention: So sah etwa § 37g WpHG a.F. bereits eine Befugnis des Bundesfinanzministeriums zum Verbot oder zur Beschränkung von Finanztermingeschäften zum Schutz der Anleger durch Erlass entsprechender Rechtsverordnungen vor. Die Ermächtigung findet sich künftig in **§ 100 WpHG.** Sie tritt nach ihrem Wortlaut selbstständig neben die Befugnisse der BaFin aus § 15 WpHG und mithin auch neben Art. 42 MiFIR. **234**

§ 15 WpHG postuliert schließlich eine weitere Regelung zur Produktintervention, der zufolge die BaFin die Produktinterventionsvorschrift des Art. 42 MiFIR – über deren unmittelbaren Anwendungsbereich hinaus – in weiten Teilen auch auf Vermögensanlagen, die dem VermAnlG unterfallen, anwenden kann. Der deutsche Gesetzgeber erweitert damit den Anwendungsbereich der MiFIR. **235**

3. Zuständigkeit. Die Regelungen der MiFIR berechtigen sowohl die europäische Wertpapieraufsichtsbehörde (**ESMA**) als auch die europäische Bankenaufsicht (**EBA**) zu einer Produktintervention. Die Befugnisse beider Behörden sind jedoch **subsidiärer gegenüber denjenigen der nationalen Aufsichtsbehörden** – vgl. Art. 40 Abs. 2 lit. c und Art. 41 Abs. 2 lit. c MiFIR. Primär zuständig ist damit in Deutschland die BaFin, vgl. § 1 Abs. 1 Nr. 8, lit. f und § 6 Abs. 5 WpHG.[242] Maßgebliche Vorschrift für eine Produktintervention ist foglich Art. 42 MiFIR, der zu entsprechenden Maßnahmen der nationalen Aufsichtsbehörden ermächtigt. Im Folgenden werden die Voraussetzungen und der Inhalt der Produktintervention nach **Art. 42 MiFIR** näher beleuchtet. **236**

II. Voraussetzungen

1. Gegenstand der Produktintervention. Das Verbot bzw. die Beschränkung im Rahmen der Produktintervention nach Art. 42 MiFIR **bezieht sich zunächst auf Finanzinstrumente** im Sinne von Anhang I Abschnitt C MiFID II.[243] Die Maßnahmen richten sich gegen die Vermarktung, den Vertrieb oder den Verkauf von Finanzinstrumenten **237**

---

239 Vgl. Ellenberger/Clouth/*Sänger* Praktikerhandbuch Wertpapier- und Derivategeschäft, Teil 2 Kapitel K. „Prozessfragen" III. Rn. 2072 ff.

240 § 4b WpHG a.F. wurde durch das 2. FiMaNoG aufgehoben.

241 Zu nennen sind hier zum einen das (geplante) Verbot des Retailvertriebs von sogenannten Bonitätsanleihen – siehe dazu Pressemitteilung der BaFin vom 28. Juni 2016, abrufbar auf der Internetseite der BaFin – sowie die Beschränkung des Handels mit sogenannten Contracts for Differences (CfDs) gegenüber Privatkunden i.S.v. § 31a Abs. 3 WpHG a.F. (= § 67 Abs. 3 WpHG n.F.) durch (Allgemein-)Verfügung vom 8. Mai 2017 – siehe dazu die Pressemitteilung der BaFin und die Verfügung vom 8. Mai 2017, abrufbar auf der Internetseite der BaFin; siehe ausführlich zu beiden Fällen: Ellenberger/Clouth/*Clouth* Praktikerhandbuch Wertpapier- und Derivategeschäft Teil 4 Kapitel F. Produktintervention Rn. 3492 ff.

242 I.V.m. Art. 2 Abs. 1 Nr. 18 MiFIR, Art. 4 Abs. 1 Nr. 26 und Art. 67 MiFID II.

243 Auf Anhang C Abschnitt I MiFID II wird in Art. 4 Abs. 1 Nr. 15 MiFID II Verweisen, auf den wiederum Art. 2 Abs. 1 Nr. 9 MiFIR für die Definition eines „Finanzinstruments" verweist.

und somit gegen ***„jegliche Tätigkeit mit absatzförderndem Charakter"***.[244] Gegenstand einer Produktintervention kann daneben aber auch lediglich eine bestimmte Finanztätigkeit oder -praxis sein, sofern von ihr die Gefahren ausgehen, denen mit der Produktintervention begegnet werden soll, Art. 42 Abs. 1 lit. b MiFIR.[245]

238 **2. Bedenken für Anlegerschutz und Gefahr für Funktionieren der Finanz- oder Warenmärkte. Voraussetzung** für eine Intervention durch die nationalen Behörden ist nach Art. 42 Abs. 2 lit. a) MiFIR, dass ***„ein Finanzinstrument, eine strukturierte Einlage oder eine entsprechende Tätigkeit oder Praxis erhebliche Bedenken für den Anlegerschutz aufwirft oder eine Gefahr für das ordnungsgemäße Funktionieren und die Integrität der Finanz- oder Warenmärkte oder in mindestens einem Mitgliedstaat für die Stabilität des gesamten Finanzsystems oder eines Teils davon darstellt"***.[246] Ergänzend sind die nationalen Behörden zum Einschreiten ermächtigt, wenn ***„ein Derivat negative Auswirkungen auf den Preisbildungsmechanismus in den zugrunde liegenden Märkten hat"***.

239 **Wann Bedenken für den Anlegerschutz vorliegen oder eine Gefahr für die Funktionsfähigkeit der Finanz- oder Warenmärkte** besteht, hat die Kommission – wie von Art. 42 Abs. 7 MiFIR gefordert – in der DVO MiFIR konkretisiert. **Zu berücksichtigen** sind dabei die folgenden Kriterien:

- die Komplexität eines Finanzinstruments, insbesondere mit Blick auf die Zielgruppe an die es vermarktet, vertrieben oder verkauft wird (lit. a),
- der Innovationsgrad von Finanzinstrument, strukturierter Einlage oder Betätigung (lit. b),
- der mögliche Leverage-Effekt eines Finanzinstruments oder einer strukturierten Einlage. Gemeint ist der Hebel-Effekt, der bei Termingeschäften, kreditfinanzierten Wertpapierspekulationen und bei Margin-Trading auftritt (lit. c),
- im Zusammenhang mit einer möglichen Gefährdung von Funktionalität und Integrität der Finanz- und Warenmärkte, das Volumen bzw. der Nominalwert des Finanzinstruments bzw. der strukturierten Einlage (lit. d), Art. 42 Abs. 7 UAbs. 2 MiFIR.

240 Nach Art. 21 Abs. 2 lit. c DVO MiFIR ist insbesondere auch der Kunde zu berücksichtigen, an den das jeweilige Finanzinstrument vermarktet oder verkauft wird bzw. werden soll. Entscheidend ist dabei, ob es sich bei dem betreffenden Kunden um einen Kleinanleger, d.h. um einen **Privatkunden** im Sinne des WpHG, einen **professionellen Kunden** oder eine **geeignete Gegenpartei** handelt.[247]

241 **3. Amtsermittlungsgrundsatz, Verhältnismäßigkeit und Subsidiaritätsgrundsatz.** Von besonderer Bedeutung ist hinsichtlich der Beurteilung, ob die Voraussetzungen für eine Produktintervention vorliegen, der **Amtsermittlungsgrundsatz**, der die BaFin gemäß § 24 Verwaltungsverfahrensgesetztes (VwVfG) zu einer umfassenden Sach-

---

244 BaFin Entwurf einer „Allgemeinverfügung bezüglich sogenannter „Bonitätsanleihen", VBS 7-Wp 5427-2016/0019 vom 28. Juli2016, S. 3 abrufbar unter https://www.bafin.de/SharedDocs/Veroeffentlichungen/DE/Aufsichtsrecht/Verfuegung/vf_160728_allgvfg_bonitaetsanleihen.html.
245 Vgl. für Produktinterventionen seitens ESMA und EBA Art 40 Abs. 1 lit. b und Art. 41 Abs. 1 lit. b MiFIR.
246 Vgl. Art. 42 Abs. 2 lit. a Unterpunkt i MiFIR. Für ein Tätigwerden von ESMA oder EBA ist dagegen nicht auf die Gefährdungslage *„in mindestens einem Mitgliedsstaat"*, sondern auf eine *„Gefahr (...) für die Stabilität des gesamten Finanzsystems in der Union oder eines Teils davon"* abzustellen, vgl. Art. 40 Abs. 2a und Art. 41 Abs. 2 a MiFIR jeweils a.E.
247 Siehe dazu unter Vorbemerkung C.

verhaltsaufklärung verpflichtet. Dabei sind von der BaFin auch Umstände zu ermitteln und zu berücksichtigen, die zugunsten eines Verfügungsadressaten und mithin gegen eine Produktintervention sprechen.[248] Für die Ermittlung des Sachverhalts stehen der BaFin die oben beschriebenen Auskunftsansprüche zur Verfügung.[249]

Darüber hinaus hat die BaFin den **Grundsatz der Verhältnismäßigkeit** zu wahren.[250] Eine ausdrückliche Regelung hierzu findet sich in Art. 42 Abs. 2 lit. c MiFIR. Danach ist zur Bestimmung der Verhältnismäßigkeit auf die *„Wesensart der ermittelten Risiken, das Kenntnisniveau der betreffenden Anleger oder Marktteilnehmer und die wahrscheinliche Wirkung der Maßnahme auf die Anleger und Marktteilnehmer"* abzustellen. Zur näheren Bestimmung der Kriterien, die bei Ausübung des Ermessens zu beachten sind, ist auf die Bestimmungen des VwVfG abzustellen. Neben den grundsätzlichen Erfordernissen der Geeignetheit und Erforderlichkeit der Produktinterventionsmaßnahmen gehört dazu die Verhältnismäßigkeit im eigentlichen Sinne. Konkret ist darunter die Angemessenheit der Maßnahme im Verhältnis zu dem zu erreichenden Ziel und den damit verbundenen Auswirkungen für die Marktteilnehmer zu verstehen.[251] Bei ihrer auf § 4b WpHG a.F. gestützten Verfügung zum Verbot von „CFD-Kontrakten"[252] ließ die BaFin insoweit erkennen, dass sie dem Schutz kollektiver Verbraucherinteressen einen Vorrang gegenüber den individuellen Interessen der Anleger am Handel bestimmter Produkte und der Vertreiber am Absatz bestimmter Produkte einräumt.[253] 242

Im Rahmen der Verhältnismäßigkeit wird die BaFin weiterhin zu beachten haben, ob statt eines Verbots eine Beschränkung der Vermarktung, des Vertriebs oder Verkaufs in Betracht kommt und die Behörde damit das „mildeste Mittel" für einen belastenden Verwaltungsakt gewählt hat. Zudem sind auch die Interpendenz mit anderen Kapitalmärkten, die Auswirkung auf den Börsenhandel sowie eine angemessene Umsetzungsfrist zu berücksichtigen. 243

Vor allem muss jedoch bei der Frage nach der Verhältnismäßigkeit der **Subsidiaritätsgrundsatz gemäß Art. 42 Abs. 2 lit. b MiFIR** berücksichtigt werden. Danach ist eine Produktintervention nur dann verhältnismäßig, wenn andere aufsichtsbehördliche Maßnahmen nicht ausreichen, um besagten Gefahren für Anleger oder Finanzmärkte zu begegnen. Bei der Beurteilung der Verhältnismäßigkeit einer Produktintervention ist also stets zu prüfen, ob nicht ein milderes Mittel in Gestalt anderer Maßnahmen zur Verfügung steht. Hier kommen insbesondere die oben dargestellten aufsichtsbehördlichen Maßnahmen der BaFin nach § 6 ff. WpHG in Betracht.[254] 244

III. Inhalt und Rechtsfolgen

Liegen die Voraussetzungen vor, ermöglichen es die Produktinterventionsbestimmungen den zuständigen Behörden auch, ein Verbot oder eine Beschränkung **lediglich vorsorglich** auszusprechen, also einzugreifen, bevor ein Finanzinstrument oder eine 245

248 Ellenberger/Clouth/*Clouth* Praktikerhandbuch Wertpapier- und Derivategeschäft, Teil 4 Kapitel F. Produktintervention Rn. 3519.
249 Siehe unter Kapitel 4 A.
250 *BaFin* Allgemeinverfügung gemäß § 4b WpHG bezüglich CFDs, VBS 7-Wp 5427-2016/0017 vom 8. Mai 2017, S. 15 ff. abrufbar unter https://www.bafin.de/SharedDocs/Veroeffentlichungen/DE/Aufsichtsrecht/Verfuegung/vf_170508_allgvfg_cfd_wa.html.
251 Siehe dazu auch *Bußalb* WM **2017** 553, 557.
252 Siehe Fn. 235.
253 *BaFin* Allgemeinverfügung gemäß § 4b WpHG bezüglich CFDs, VBS 7-Wp 5427-2016/0017 vom 8. Mai 2017, S. 12.
254 Siehe unter Kapitel 4 A.

strukturierte Einlage vermarktet, vertrieben oder an Anleger verkauft wird. Sie können dadurch gleichermaßen der Beseitigung konkreter Missstände wie auch der präventiven Gefahrenabwehr dienen.[255] In der letztgenannten Funktion führt die Produktintervention de facto zu einer „Markteintrittskontrolle“ für Finanzinstrumente bzw. strukturierte Einlagen.[256]

246 Zudem kann ein Verbot oder eine Beschränkung durch die zuständige nationale Behörde auch mit **Bedingungen** versehen werden **oder Ausnahmen** zulassen.[257] Während ein Verbot zur Unterlassung einer Handlung verpflichtet, kann eine Beschränkung auch lediglich zu einem Teilverbot führen, etwa des Vertriebs an bestimmte Anlegergruppen oder generell an Angehörige einer bestimmten Kundenkategorie.[258] Beispiel für eine Bedingung wäre etwa die Zulässigkeit des Vertriebs nur an Personen mit bestimmten Einkommensverhältnissen.[259]

247 Wer vorsätzlich oder leichtfertig einem Verbot oder einer Beschränkung der BaFin nach Art. 42 MiFIR **zuwiderhandelt**, begeht schließlich eine Ordnungswidrigkeit im Sinne des § 120 Abs. 9 Nr. 30 WpHG. Es finden die Geldbußen des § 120 Abs. 20 WpHG Anwendung.[260]

248 Regelungen zu möglichen **zivilrechtlichen Konsequenzen** eines **Verstoßes gegen Verfügungen der Produktintervention** enthält die MiFIR selbst nicht. Gleichwohl besteht weitgehend Einigkeit darüber, dass Geschäfte, die entgegen einem aufsichtsrechtlichen Verbot vorgenommen werden, keiner Nichtigkeitsfolge unterliegen.[261] Insbesondere soll ein Rechtsgeschäft, das gegen eine Interventionsverfügung verstößt, auch nicht nach § 134 BGB nichtig sein.[262] Eine Sonderstellung nimmt insoweit allerdings das nunmehr in § 100 WpHG geregelte Interventionsrecht des Bundesministeriums der Finanzen ein. Ein hiernach verbotenes Finanztermingeschäft ist gemäß § 100 Abs. 2 WpHG nichtig.

249 Anlegern, an die Finanzinstrumente oder strukturierte Einlagen unter Verstoß gegen eine Interventionsverfügung vertrieben wurden, können **Schadensersatzansprüche** wegen der Verletzung (vor-)vertraglicher Pflichten nach §§ 280 Abs. 1, 311, 241 Abs. 2 BGB zustehen. Im Falle eines vorsätzlichen Verstoßes der Vertreiber oder Emittenten kommen zudem Schadensersatzansprüche nach § 823 Abs. 2 BGB i.V.m. § 263, 264a StGB oder nach § 826 BGB in Betracht.[263]

---

255 Vgl. Erwägungsgrund 29 zur MiFIR und die ausdrückliche Regelung in Art. 42 Abs. 2 vorletzter Unterabsatz MiFIR.

256 *Buck-Heeb* BKR **2017** 89, 92.

257 Art. 42 Abs. 2, letzter Unterabsatz MiFIR.

258 Vgl. unter Vorbemerkung C. sowie Ellenberger/Clouth/*Clouth* Praktikerhandbuch Wertpapier- und Derivategeschäft, Teil 1 Kapitel B. „Kundenkategorisierung“ Rn. 106 ff.

259 *Bußalb* WM **2017** 553, 556.

260 Siehe unter Kapitel 4 B.

261 *Cahn/Müchler* BKR **2013** 45, 54 m.w.N. *Gerding* BKR **2017** 441, 444; **a.A.** *Klingenbrunn* WM **2015** 316, 321 f.

262 Zur Frage der Nichtigkeit nach § 134 BGB gelangt man, wenn man davon ausgeht, dass auch behördliche Verbote in Verbindung mit der zugrunde liegenden Ermächtigungsnorm Verbotsgesetzcharakter im Sinne des § 134 BGB haben können. Zu den Einzelheiten siehe insoweit *Cahn/Müchler* BKR **2013** 45, 54 mit diversen Nachweisen. *Gerding* BKR **2017** 441, s. hierzu auch *Klingenbrunn* WM **2015** 316, 321 f., der die Frage unter Berücksichtigung unionsrechtlicher Aspekte diskutiert.

263 Vgl. hierzu ebenfalls *Cahn/Müchler* BKR **2013** 45; *Gerding* BKR **2017** 441, 445, kritisch hierzu *Buck-Heeb* BKR **2017** 89, 94, unter Hinweis auf die fehlende „Ausstrahlungswirkung“ aufsichtsrechtlicher Pflichten auf das Zivilrecht.

IV. Aktuelle Produktinterventionsmaßnahmen der ESMA

Mit **Pressmitteilung vom 27. März 2018** hat die **ESMA** darüber informiert, dass sie auf Grundlage von Art. 40 MiFIR „*zum Schutz von Kleinanlegern*" vorübergehende **Produktinterventionsmaßnahmen** für einen Zeitraum von (vorerst) drei Monaten in Bezug auf das Angebot von Differenzgeschäften (CFD) und binären Optionen an Kleinanleger in der EU beschlossen hat.[264] **250**

Die durch die ESMA beschlossenen Maßnahmen umfassen (**1.**) ein **Verbot der Vermarktung, des Vertriebs und des Verkaufs binärer Optionen an Kleinanleger** sowie (**2.**) eine **Beschränkung der Vermarktung, des Vertriebs und des Verkaufs von CFD an Kleinanleger**, wobei diese Beschränkung Hebel-Obergrenzen (Leverage-Limits) bei der Eröffnung von Positionen, eine Margin-Glattstellungsvorschrift (Margin-Close-Out) auf Einzelkontobasis, einen Negativsaldoschutz auf Einzelkontobasis sowie die Unterbindung des Einsatzes von Anreizen durch CFD-Anbieter und firmenspezifische standardisierte Risikowarnungen zum Gegenstand hat.[265] **251**

Zur **Begründung** der vorgenannten Maßnahmen gab die ESMA an, dass im Zusammenhang mit binären Optionen und CFD „*erhebliche Bedenken hinsichtlich des Anlegerschutzes*" bestünden, die sich aus der „*Komplexität und mangelnden Transparenz dieser Produkte*" ergeben sollen. Hierbei benennt die ESMA unter anderem ein „*Missverhältnis zwischen der erwarteten Rendite und dem Verlustrisiko*" und spricht von „*Vermarktungs- und Vertriebsaspekten*". **252**

So hätten **Analysen** der zuständigen nationalen Aufsichtsbehörden etwa zum CFD-Handel in verschiedenen EU-Staaten gezeigt, dass „*in 74 bis 89% der Kleinanlegerkonten üblicherweise Anlageverluste verzeichnet werden, wobei der durchschnittliche Verlust pro Kunden zwischen 1.600 EUR und 29.000 EUR*" betragen habe. Und auch bei den Untersuchungen im Zusammenhang mit binären Optionen hätten sich „*durchgängige Verluste in Kleinanlegerkonten aufgezeigt.*" **253**

Nach einer öffentlichen Anhörung gelten die von der ESMA beschlossenen Produktverbote durch ihre Beschlüsse vom 22. Mai 2018 nun dauerhaft.[266] Sie wurden in die EU-Amtssprachen übersetzt und im Amtsblatt der EU veröffentlicht. **254**

D. Bekanntmachung von Maßnahmen und Sanktionen (§ 126 WpHG)

Bisher war die BaFin befugt, ihre Entscheidungen auf ihrer Internetseite nach § 40b WpHG a.F. bekannt zu machen. De lege lata hat sie **nun** nach § 126 Abs. 1 WpHG **die Pflicht** dazu, ihre Maßnahmen und Sanktionen **unverzüglich nach Erlass zu veröffentlichen** – und zwar noch vor Eintritt der Rechtskraft. Ausnahmen von der Veröffentlichung sind nur im Falle der Unverhältnismäßigkeit oder einer Gefährdung der Stabilität der Finanzmärkte oder laufender Ermittlungen vorgesehen, § 126 Abs. 3 WpHG.[267] **255**

264 *ESMA* Pressemitteilung: Verbot binärer Optionen und Beschränkungen für Differenzgeschäfte vom 27. März 2018 abrufbar unter https://www.bafin.de/SharedDocs/Downloads/DE/Anlage/dl_anlage_press_release_product_intervention_de.html; zur Praxis der Produktintervention pre MiFIR siehe auch Mülbert/*Veil* Bankrechtstag 2017 Band 39, S. 163 ff.

265 Weitere Informationen zu den Produktinterventionsmaßnahmen finden sich in *ESMA* Additional information on the agreed product intervention measures relating to contracts for differences and binary options, ESMA35-43-1000 vom 27. März 2018.

266 *ESMA* Mitteilung über Produktinterventionsbeschlüsse der ESMA zu Differenzgeschäften und binären Optionen, ESMA35-43-1135 vom 22. Mai 2018, abrufbar im Internet unter https://www.esma.europa.eu/document/notice-esmas-product-intervention-decisions-cfds-and-binary-options.

267 Siehe hierzu auch *Buck-Heeb* BKR **2017** 485, 494.

DRITTER TEIL

Recht der Zahlungsdienste

Kommentierung der §§ 675c bis 676c BGB
Zahlungsdienste – Buch 2, Abschnitt 8, Titel 12, Untertitel 3 BGB

Schrifttum zu den §§ 675c bis 676c BGB

Bauer/Glos Die zweite Zahlungsdiensterichtlinie – Regulatorische Antwort auf Innovation im Zahlungsverkehrsmarkt, DB 2016, 456–462; *Bauerfeind* Ein Resümee zum Finanztransfergeschäft, WM 2018, 456–461; *Bautsch/Zahrte* Die „SEPA-Migrationsverordnung" – Revolution des deutschen Massenzahlungsverkehrs in 2014, BKR 2012, 229–233; BeckOK-*Bearbeiter*: Bamberger/Roth (Hrsg.), Beck'scher Online-Kommentar BGB, 43. Ed. 2017; *Bitter* Problemschwerpunkte des neuen Zahlungsdiensterechts, WM 2010, 1725–1735 und 1773–1782; *Böger* Neue Rechtsregeln für den Zahlungsverkehr, in: Groß/Grüneberg/Habersack/Mülbert (Hrsg.), Bankrechtstag 2016, 2017, S. 193–300; *von Bonin/Glos* Die neue Rechtsprechung der europäischen Gerichte im Bereich des Bank- und Kapitalmarktrechts, WM 2017, 2173–2179 und 2221–2280; *Borges* Haftung für Identitätsmissbrauch im Online-Banking, NJW 2012, 2385–2389; *Buchmüller/Burke* Zahlungsmittelentgelte im E-Commerce, MMR 2017, 728–730; *Bülow* Die Angemessenheit des Entgelts nach § 41 Abs. 2 Zahlungskontengesetz, WM 2017, 161–164; Bülow/Artz-*Bearbeiter*: Bülow/Artz (Hrsg.), Zahlungskontengesetz, 2017; *Casper/Pfeifle* Missbrauch der Kreditkarte im Präsenz- und Mail-Order-Verfahren nach neuem Recht, WM 2009, 2343–2350; *Conreder/Schild* „SOFORT Überweisung" als einziges entgeltfreies Zahlungsmittel unzumutbar, jM 2016, 13–15; *Conreder* Neue Zahlungsdienste nach dem Entwurf des neuen Zahlungsdiensteaufsichtsgesetzes und deren Ausnahmen, BKR 2017, 226–229; *Danwerth* Mobile Payment – Innovation des Zahlungsverkehrs oder unkalkulierbares Risiko?, ZBB/JBB 2015, 119–136; *Derleder* Die vollharmonisierende Europäisierung des Rechts der Zahlungsdienste und des Verbraucherkredits, NJW 2009, 3195–3202; *Djazayeri* Das neue europäische Zahlungsdiensterecht (ZDR II bzw. PSD II) nebst neuer Regeln für Multilaterale Interbankenentgelte (MIFs), jurisPR-BKR 9/2013 Anm. 1; *Einsele* Der Erstattungsanspruch des Zahlers, WM 2014, 1125–1134; Ellenberger/Findeisen/Nobbe, Kommentar zum Zahlungsverkehrsrecht, 2010; Erman-*Bearbeiter*: Erman (Begr.), Bürgerliches Gesetzbuch, 15. Aufl. 2017; *Findeisen* Das Zahlungskontengesetz – Auftrieb für den modernen Zahlungsverkehr und Verbraucherschutz, WM 2016, 1765–1774; *Foerster* Nicht autorisierter Zahlungsvorgänge und Ausschlussfrist des § 676b Abs. 2 BGB – Ausgleich in Anweisungsfällen, AcP 213 (2013), 405–442; *Förster* Unzumutbare Bezahlmethode für Kunden, JA 2018, 223–226; *Franck/Massari* Die Zahlungsdiensterichtlinie: Günstigere und schnellere Zahlungen durch besseres Vertragsrecht?, WM 2009, 1117–1128; *Gondert/Huneke* Das Basiskonto nach dem ZKG, VuR 2016, 323–333; *Grundmann* Grundsatz- und Praxisprobleme des neuen deutschen Überweisungsrechts, WM 2000, 2269–2284; *ders.* Das neue Recht des Zahlungsverkehrs, WM 2009, 1109–1117 und 1157–1164; *Guggenberger* Nebenentgelte im Bankgeschäft, AGB-Kontrolle und Markttransparenz, BKR 2017, 1–7; *Günther* Girokonto für jedermann – Quo Vadis?, WM 2014, 1369–1375; *Hadding* Zur verspäteten Ausführung eines Überweisungsauftrags oder eines Lastschriftmandats, WM 2014, 2065–2070; *Held* Das neue ZKG: Verfassungswidriger Kontrahierungszwang, BKR 2016, 353–360; *Herresthal* Die Kündigung von Girokonten durch private Banken nach dem Recht der Zahlungsdienstleistungen, WM 2013, 773–782; *ders.* Der Anspruch auf ein Basiskonto nach dem Zahlungskontengesetz (ZKG), BKR 2016, 133–143; *ders.* Die Kontenwechselhilfe und die Instrumente zur Steigerung der Transparenz nach dem Zahlungskontengesetz (ZKG), BKR 2016, 221–228; *Hingst/Lösing* Die geplante Fortentwicklung des europäischen Zahlungsdiensterechts durch die Zweite Zahlungsdiensterichtlinie, BKR 2014, 315–324; *Hippeli* Gebühren und Entgelte nach Umwandlung in ein Pfändungsschutzkonto – ein Überblick, DZWIR 2017, 367–374; *ders.* Neue Rechtsprechungsentwicklungen zum Schutzumfang beim Pfändungsschutzkonto, DZWIR 2018, 51–55; *Hoeren/Kairies* Anscheinsbeweis und chipTAN, ZBB/JBB 2015, 35–40; *dies.* Der Anscheinsbeweis im Bankenbereich – aktuelle Entwicklungen, WM 2015, 549–553; *Hoeren* SEPA und die Internet-Lastschrift, WM 2014, 1061–1068; *Hofauer* Bankentgelte – Was dürfen Banken berechnen und was nicht?, BKR 2015, 397–407; *Hoffmann* Die Überweisung anhand fehlerhafter Kundenkennung unter der Neufassung der Zahlungsdiensterichtlinie, WM 2016, 1110–1118; *ders.* Kundenhaftung unter der Neufassung der Zahlungsdiensterichtlinie, VuR 2016, 243–254; *Hofmann* Haftung im Zahlungsverkehr, BKR 2014, 105–112;

https://doi.org/10.1515/9783110447293-004

ders. Das neue Haftungsrecht im Zahlungsverkehr, BKR 2018, 62–69; *Jungmann* Die Verteilung des Missbrauchsrisikos beim Einsatz von Kreditkarten im E-Commerce, WM 2005, 1351–1357; jurisPK-*Bearbeiter*: juris PraxisKommentar BGB, 8. Aufl. 2015; *Klöppel* Individueller Verbraucherschutz durch die BaFin – Die behördliche Durchsetzung des Anspruchs auf ein Basiskonto nach §§ 48, 49 Zahlungskontengesetz, WM 2017, 1090–1095; *Krepold/Herrle* Negative Zinsen – rechtliches Neuland, BKR 2018, 89–99; *Kropf/Habl* Aktuelle Entwicklungen zur Zulässigkeit von Bankentgelten, BKR 2013, 103–108; *Kropf* Abkehr vom Veranlasserprinzip seitens des BGH beim bereicherungsrechtlichen Ausgleich im Überweisungsverkehr, WM 2016, 67–72; *Laitenberger* Das Einzugsermächtigungsverfahren nach Umsetzung der Richtlinie über Zahlungsdienste im Binnenmarkt, NJW 2010, 192–197; Langenbucher/Bliesener/Spindler, Bankrechts-Kommentar, 2. Aufl. 2016; *Linardatos* Der Kommissionsvorschlag für eine Zahlungsdiensterichtlinie II, WM 2014, 300–306; *ders.* Die Basiskonto-Richtlinie – Ein Überblick, WM 2015, 755–763; *ders.* Die Rechtsscheinshaftung im Zahlungsdiensterecht, BKR 2015, 96–100; *ders.* Von Anscheinsbeweisen im Zahlungsdiensterecht und fehlgeleiteten Gesetzgebern, NJW 2017, 2145–2150; *Lochter/Schindler* Missbrauch von PIN-gestützten Transaktionen mit ec- und Kreditkarten aus Gutachtersicht, MMR 2006, 292–297; MK-*Bearbeiter*: Münchener Kommentar zum Bürgerlichen Gesetzbuch, Bd. 5/2, §§ 651a–704 BGB, 7. Aufl. 2017; *Nobbe* Zulässigkeit von Bankentgelten, WM 2008, 185–194; *ders.* Neuregelungen im Zahlungsverkehrsrecht, WM 2011, 961–968; *ders.* Die neuere Rechtsprechung des Bundesgerichtshofs zum Überweisungsverkehr, WM-Sonderbeilage 1/2012, 1–24; *ders.* Die Rechtsprechung des Bundesgerichtshofs zu Kartenzahlungen und die neuere Rechtsprechung des Bundesgerichtshofs zum Wechsel- und Scheckrecht, WM-Sonderbeilage 2/2012, 1–22; *Omlor* Die neue Einzugsermächtigungslastschrift – Von der Genehmigungs- zur Einwilligungstheorie, NJW 2012, 2150–2156; *ders.* Zahlungsentgelte unter dem Einfluss von Verbraucherrechte- und Zahlungsdienste-Richtlinie, NJW 2014, 1703–1707; *ders.* Die zweite Zahlungsdiensterichtlinie: Revolution oder Evolution im Bankvertragsrecht?, ZIP 2016, 558–564; *ders.* Zahlungsdiensteaufsichtsrecht im zivilrechtlichen Pflichtengefüge, WM 2018, 57–63; *ders.* Negativzinsen im Einlagengeschäft, BKR 2018, 109–111; Palandt (Begr.), Bürgerliches Gesetzbuch, 77. Aufl. 2018; *Piekenbrock* Das Zahlungskonto für jedermann und sein Preis: Der Sonderfall der Sparkassen, WM 2013, 1925–1931; *ders.* Die richterliche Preiskontrolle im Bankbereich aus europäischer Sicht, GPR 2014, 26–36; *Recknagel* Vertrag und Haftung beim Internet-Banking, 2005; *Rösler/Werner* Erhebliche Neuerungen im zivilen Bankrecht: Umsetzung von Verbraucherkredit- und Zahlungsdiensterichtlinie, BKR 2009, 1–10; *Rühl* Weitreichende Änderungen im Verbraucherdarlehensrecht und das Recht der Zahlungsdienste, DStR 2009, 2256–2263; *Scheibengruber* Zur Zulässigkeit und Sinnhaftigkeit der Verlagerung des Missbrauchsrisikos bei Zahlungsdiensten auf die Nutzer, BKR 2010, 15–23; Schimansky/Bunte/Lwowski, Bankrechts-Handbuch, 5. Aufl. 2017; *Schnauder* 50 Jahre Lastschriftverfahren – Alte und neue Rechtsprobleme, WM 2014, 1701–1709; *ders.* Die Sonderrechtsprechung zum Bereicherungsrecht im neuen Zahlungsdiensterecht, JZ 2016, 603–612; *Spindler/Zahrte* Zum Entwurf für eine Überarbeitung der Zahlungsdiensterichtlinie (PSD II), BKR 2014, 265–271; Staudinger-*Bearbeiter*: Staudinger (Begr.), Bürgerliches Gesetzbuch, §§ 675c bis 676c BGB, Neubearbeitung von Omlor 2012; *Terlau* Die zweite Zahlungsdiensterichtlinie – zwischen technischer Innovation und Ausdehnung des Aufsichtsrechts, ZBB/JBB 2016, 122–137; *Tröger* Vertragsrechtliche Fragen negativer Zinsen auf Einlagen, NJW 2015, 657–660; *Vogel* Negativzinsen im Einlagengeschäft der Kreditinstitute, BKR 2018, 45–53; *Wagner* Zur rechtlichen Wirksamkeit von Negativzinsen, BKR 2017, 315–320; *Werner* Rechtliche Neuerungen im Lastschriftverfahren – insbesondere das SEPA-Lastschriftverfahren, BKR 2010, 9–15; *ders.* Der Weg zu SEPA und die Auswirkungen auf die Zahlungsdienste, WM 2014, 243–250; *ders.* Neue Zahlungsverkehrssysteme, in: Groß/Grüneberg/Habersack/Mülbert, Bankrechtstag 2016, 2017, S. 145–192; *ders.* Wesentliche Änderungen des Rechts der Zahlungsdienste durch Umsetzung der Zweiten EU-Zahlungsdiensterichtlinie in deutsches Recht, WM 2018, 449–455; *Wilhelm* Zahlungsdiensterichtlinie und Leistungskondiktion in Mehrpersonenverhältnissen, BKR 2017, 8–12; *Zahrte* Mindestanforderungen an die Sicherheit von Internetzahlungen (MaSI) – Rechtsfolgen für die Praxis, ZBB/JBB 2015, 410–416; *ders.* Angriffe auf das Onlinebanking im Jahr 2016, BKR 2016, 315–320; *ders.* Rechtliche Anforderungen an elektronische Postfachlösungen von Banken, BKR 2017, 279–284; *ders.* Neuerungen im Zahlungsdiensterecht, NJW 2018, 337–341.

Systematische Übersicht

Vorbemerkung

A. Zahlungsdiensterecht als Zentralbereich des Wirtschaftsprivatrechts

1 Das Recht der Zahlungsdienste zählt zu den in der täglichen Praxis bedeutsamsten Bereichen des Wirtschaftsprivatrechts sowohl im Verbraucher- wie im Nichtverbrauchergeschäft: Dies betrifft die schiere Anzahl der täglich durchgeführten Zahlungsdienste[1] ebenso wie das Transaktionsvolumen.[2] Die Barzahlung als gesetzlicher Regelfall[3] ist damit in der praktischen Bedeutung längst hinter dem unbaren Zahlungsverkehr zurückgetreten und die Berechtigung des Schuldners zur unbaren Zahlung zu Erfüllungszwecken anstelle der Barzahlung steht im Vordergrund.[4] Die Verfügbarkeit eines Zahlungskontos, über das der Nutzer Zahlungsdienste nutzen und unbare Zahlungen ausführen und entgegennehmen kann, ist somit zu einem zentralen Aspekt der wirtschaftlichen und gesellschaftlichen Teilhabe geworden;[5] gleichzeitig besteht ein Interesse der Zahlungsdienstnutzer daran, aus einem möglichst breiten Spektrum von Diensten und Anbietern auswählen zu können, um das beste Angebot wählen zu können.

2 Dabei handelt es sich bei Zahlungsdiensten und der Nutzung von Zahlungskonten, insbesondere bei deren vertragsrechtlichen Aspekten, um einen in besonderem Maße verrechtlichten und erst durch das Recht geschaffenen und von der rechtlichen Anerkennung abhängigen Bereich des Geschäftslebens: Zahlungsdienste beziehen sich nicht auf körperliche Gegenstände oder physisch erbrachte Werk- oder Dienstleistungen, sondern bei unbaren Zahlungen in der Regel auf die Vornahme von Gutschriften und Belastungen, d.h. die Anerkennung des Bestehens von Forderungen oder Verbindlichkeiten, und die Erteilung hierauf bezogener Informationen. Damit ist der Gegenstand von Zahlungsdiensten von seiner Anerkennung durch das geltende (Vertrags-) Recht abhängig und es wird anstelle der Existenz eines gleichsam vorrechtlichen Austauschverhältnisses wie bei anderen Grundtypen des Besonderen Vertragsrechts bereits der primäre Leis-

1 Die Zahlungsverkehrsstatistik der Deutschen Bundesbank gibt für das Jahr 2016 EU-weit die Ausführung von insgesamt 122 Milliarden bargeldlosen Zahlungsvorgängen an. Vgl. auch BeckOK-Schmalenbach, 43. Ed., § 675c BGB Rn. 1; MK-Casper, 7. Aufl., Vor §§ 675c–676c BGB Rn. 11.

2 Laut Zahlungsverkehrsstatistik der Europäischen Zentralbank für das Jahr 2016 betrug das Gesamtvolumen aller bargeldlosen Zahlungen in der EU 267,8 Billionen Euro.

3 BGH, Urt.v. 25.3.1983 – V ZR 168/81, juris Rn. 21, BGHZ 87, 156.

4 Vgl. Palandt-Grüneberg, 77. Aufl., § 362 BGB Rn. 9 m.w.N.

5 Siehe die Erwägungen in der Begründung des Regierungsentwurfs zur Umsetzung der Richtlinie über die Vergleichbarkeit von Zahlungskontoentgelten, den Wechsel von Zahlungskonten sowie den Zugang zu Zahlungskonten mit grundlegenden Funktionen, BT-Drs. 18/7204, S. 46.

tungsinhalt des Zahlungsdienstevertrags durch die jeweilige Ausgestaltung des Rechts der Zahlungsdienste determiniert.

3 Angesichts der enormen tatsächlichen Bedeutung des Rechts der Zahlungsdienste einerseits und ihrer besonderen Verrechtlichung andererseits, durch die sich in der Vergangenheit die Grenzen nationaler Systeme des Rechts der Zahlungsdienste zugleich auch faktisch als Grenzen durchlässiger Märkte für die Erbringung von Zahlungsdiensten auswirkten, kann es nicht überraschen, dass das Recht der Zahlungsdienste sich auch zu einem der wesentlichen Gegenstände der Sekundärgesetzgebung der Europäischen Union durch Verordnungen und Richtlinien entwickelt hat. Der Europäische Gesetzgeber erkannte hier, dass zum einen die herkömmliche nationale Ausgestaltung des Rechts der Zahlungsdienste oftmals den Wettbewerb behinderte und so das Leistungsangebot für Zahlungsdienstnutzer beschränkte[6] und dass zum anderen eine Zersplitterung der verschiedenen nationalen Zahlungsmärkte sich als Hindernis für den Gemeinsamen Markt insgesamt auswirkten.[7] Dem Ziel der Schaffung eines einheitlichen Euro-Zahlungsverkehrsraumes (single euro payment area, SEPA) folgend[8] wurde so in den letzten beiden Jahrzehnten eine weitgehende Harmonisierung des Rechts der Zahlungsdienste in den EU-Mitgliedstaaten erreicht.

4 Gerade in Deutschland kontrastiert der auf diese Weise erreichte heutige Stand der Ausbildung des zivilrechtlichen Rechts der Zahlungsdienste schon dem schieren Umfang der Regelungen nach augenfällig mit der herkömmlich nur rudimentär Behandlung dieser Materie im BGB: Von 1900 bis zum Inkrafttreten des Überweisungsgesetzes im Jahr 1999 enthielt das BGB ungeachtet der zentralen Bedeutung des Rechts der Zahlungsdienste für ein modernes Wirtschaftssystem, das auf der Funktionsfähigkeit und Verlässlichkeit des unbaren Zahlungsverkehrs beruht, keinerlei besondere Regelungen zum Recht der Zahlungsdienste,[9] welches vielmehr weitgehend der Anwendung der allgemeinen Bestimmungen des Auftrags- und Geschäftsbesorgungsrechts des BGB sowie in den durch die AGB-Kontrolle gezogenen Grenzen der Regelung durch die Kautelarpraxis der Banken überlassen wurde.[10] Dieses Bild hat sich dagegen durch eine umfangreiche gesetzgeberische Tätigkeit in den letzten zwanzig Jahren vollständig gewandelt, in denen abgesehen von den unmittelbar anwendbaren Bestimmungen aus einschlägigen EU-Verordnungen nicht weniger als 28 Paragraphen im BGB zum Recht der Zahlungsdienste erlassen – und teils mehrfach revidiert – wurden, ein Artikel mit 19 Einzelparagraphen im EGBGB zu korrespondierenden Informationspflichten und dazu noch die aufsichtsrechtlichen Bestimmungen des ZAG sowie als neueste Addition die Sonderregelung des Verbraucherzahlungskontos in aufsichtsrechtlicher und zivilrechtlicher Hinsicht im ZKG.

5 Diese eingehende, vielfach ausgesprochen kleinteilige gesetzliche Regelung des Rechts der Zahlungsdienste im deutschen Recht hat – neben einem zuvor in diesem Rechtsbereich nicht gekannten Grad der Detailtiefe der gesetzlichen Regelung – dem Recht der Zahlungsdienste in vielerlei Hinsicht einen tiefgreifenden und umfassenden Modernisierungsschub verschafft: Dies betrifft vor allem die Stärkung des Wettbewerbs und die Flexibilisierung auf dem Markt für Zahlungsdienste, die Begrenzung und trans-

---

6 Siehe EG 2 Überweisungs-RL (dazu unten Rn. 6); EG 4 ZDRL I (dazu unten Rn. 13); EG 1 SEPA-VO 260/2012 (dazu unten Rn. 16); EG 4 Zahlungskonten-RL (dazu unten Rn. 18).

7 Siehe EG 6 Überweisungs-RL; EG 1 ZDRL I; EG 1 SEPA-VO 260/2012.

8 Siehe EG 1 SEPA-VO 260/2012.

9 Siehe das Bonmot eines ungenannten Rechtshistorikers, „an der Schaffung des BGB seien offenkundig deutlich mehr Imker als Kontoinhaber beteiligt gewesen“, bei Spindler/Zahrte, BKR 2014, 265.

10 Siehe Staudinger-Omlor, 2012, Vor §§ 675c–676c BGB Rn. 1.

parentere Ausgestaltung von Entgelten, die Regelung der Sicherheit des Zahlungsverkehrs einschließlich einer angemessenen Risikoverteilung zwischen den Beteiligten und schließlich die Stärkung des Schutzes und der Rechte von Zahlungsdienstnutzern im Allgemeinen, insbesondere von Verbrauchern.

B. Umsetzung der Überweisungsrichtlinie von 1997

Bis zum Inkrafttreten des Überweisungsgesetzes im Jahr 1999[11] hatte das Recht der 6
Zahlungsdienste im BGB seit 1900 keine Änderung erfahren.[12] Dem Überweisungsgesetz lag die europäische Überweisungsrichtlinie von 1997 zugrunde,[13] mit der sich der europäische Gesetzgeber erstmals mit dem Recht der Zahlungsdienste beschäftigte.[14] Ziel der Überweisungsrichtlinie war es, die Ausführung von Überweisungen im grenzüberschreitenden Verkehr zu beschleunigen, die Zuverlässigkeit dieser Dienstleistungen zu verbessern und ihre Preise zu senken.[15] Die Schaffung vereinheitlichter Regelungen in diesem Bereich sollte den Wettbewerb auf dem Markt für Überweisungen verbessern, um damit die Effizienz grenzüberschreitender Überweisungen im Hinblick auf die Erreichung der Wirtschafts- und Währungsunion zu fördern.[16] Die Richtlinie sah einheitliche Regelungen lediglich für eine Art von Zahlungsvorgang vor, d.h. für Überweisungen, und dies auch nur in einer Mitgliedstaatenwährung und im grenzüberschreitenden Verkehr zwischen den Mitgliedstaaten und begrenzt bis zu einem Zahlbetrag von 50.000 Euro.[17]

In der deutschen Umsetzung durch das Überweisungsgesetz mit dessen Einführung 7
der §§ 676a bis 676g BGB – die nachfolgend in Umsetzung der ZDRL I und ZDRL II durch die heutigen §§ 675c bis 676c BGB ersetzt wurden – entschied man sich, um nicht letztlich zu einer Spaltung des Rechts für nationale und grenzüberschreitende Überweisungen zu kommen, dagegen für eine überschießende Umsetzung[18] ohne Begrenzung durch einen Höchstbetrag,[19] die auch Überweisungen im Verkehr mit Nicht-Mitgliedstaaten[20] und insbesondere auch innerdeutsche Überweisungen erfassen sollte.[21] Diese über den räumlichen Anwendungsbereich der EU-Harmonisierungsakte hinausgehende Umsetzung kann als modellhaft auch für die spätere Umsetzung der EU-Zahlungsdiensterichtlinien angesehen werden.

Als wenig erfolgreich erwies sich dagegen der mit dem Überweisungsgesetz verfolg- 8
te Ansatz, Überweisungen abweichend von der früheren auftrags- bzw. geschäftsbesorgungsrechtlichen Dogmatik nicht länger als einseitige Weisungen zu verstehen, sondern

---

11 Überweisungsgesetz vom 21.7.1999, BGBl. 1999 I, Nr. 39, S. 1642.

12 Die Regierungsbegründung zum Entwurf eines Überweisungsgesetzes, BT-Drs. 17/745, S. 9, bezeichnete die existierende Regelung im BGB als eine „sehr schmale gesetzliche Grundlage".

13 Richtlinie 97/5/EG vom 27.1.1997 über grenzüberschreitende Überweisungen, ABl. L 43 vom 14.2.1997, S. 25.

14 Zu Gegenstand und Ziel der Überweisungsrichtlinie im Überblick siehe Werner, WM 2014, 243, 244 f.; zur deutschen Umsetzung im Allgemeinen siehe Grundmann, WM 2000, 2269 ff.

15 EG 2 Überweisungs-RL.

16 EG 1, 6 Überweisungs-RL.

17 Art 1 Überweisungs-RL.

18 Siehe Begr Reg-Entw, BT-Drs. 17/745, S. 9 f. Dazu Grundmann, WM 2000, 2269 f.

19 Allerdings konnten ab einem Überweisungsbetrag von 75.000 Euro die Regelungen des Überweisungsgesetzes abbedungen werden, siehe § 676c Abs. 3 Nr. 1 BGB a.F.

20 Auch hier war eine Abbedingung zugelassen, siehe § 676c Abs. 3 Nr. 3 BGB a.F.

21 Für innerdeutsche Überweisungen wurden die Regelungen des Überweisungsgesetzes zudem, obwohl auch eine solche Vorgabe nach der Überweisungsrichtlinie nicht bestand, zwingend ausgestaltet, siehe Begr Reg-Entw, BT-Drs. 17/745, S. 24.

als zwischen Kunde und Bank geschlossenen zweiseitigen Überweisungsvertrag.[22] Diese von Anfang an stark kritisierte rechtliche Konstruktion der Überweisung[23] ist im Rahmen der Umsetzung der EU-Zahlungsdiensterichtlinien wieder fallen gelassen worden.

9 Nachhaltiger wirkte insbesondere die bereits mit der Überweisungsrichtlinie unternommene Verkürzung der Ausführungsfristen: Während zuvor Überweisungen in andere EU-Mitgliedstaaten aus heutiger Sicht überdurchschnittlich lange Zeitspannen benötigten und nachdem Versuche der Selbstregulierung gescheitert waren,[24] gab die Richtlinie hier erstmals – vorbehaltlich einer anderweitigen Vereinbarung der Parteien – eine Höchstfrist bis zur Gutschrift auf dem Konto des Begünstigten von 5 Bankgeschäftstagen bei grenzüberschreitenden Überweisungen zwischen den Mitgliedstaaten vor[25] und dies wurde durch das Überweisungsgesetz um eine Frist von 3 Bankgeschäftstagen bei Inlandsüberweisungen ergänzt.[26] Zum Ausgleich sollte der Überweisende den Überweisungsvertrag nicht mehr kündigen dürfen, sobald der Überweisungsbetrag dem Institut des Begünstigten zur Verfügung gestellt worden war,[27] während es nach früherer Rechtslage allgemeinen auftragsrechtlichen Grundsätzen folgend auf den Zeitpunkt der Gutschrift auf dem Konto des Begünstigten angekommen war.[28] Auch sollten, sofern nichts anderes vom Zahler bestimmt war, die an der Ausführung der Überweisung beteiligten Institute nicht länger zum Vorab-Abzug ihrer Entgelte von dem Überweisungsbetrag berechtigt sein.[29] Ebenso war richtungsweisend, dass anders als nach früherer Rechtslage[30] das Institut des Zahlers für den Fall der Nichtausführung der Überweisung verschuldensunabhängig, wenn auch auf den Betrag von 12.500 Euro begrenzt, auch für Verursachungsbeiträge einer zwischengeschalteten Stelle haften sollte, z.B. für deren Insolvenz oder fehlerhafte Ausführung des Auftrags (sogenannte Money-back-Garantie).[31]

C. Verordnungen über grenzüberschreitende Zahlungen von 2001 und 2009

10 Ungeachtet der teilweisen Vereinheitlichung des Rechts der (grenzüberschreitenden) Überweisung durch die Überweisungsrichtlinie erkannte der europäische Gesetzgeber eine weitere Unzulänglichkeit der tradierten Rechtslage darin, dass Banken vielfach für nationale und grenzüberschreitende Zahlungen unterschiedliche Entgelte verlangten. Dies wirkte sich nicht nur oftmals dadurch zu Lasten der Zahlungsdienstnutzer aus, dass die für grenzüberschreitende Zahlungen verlangten Entgelte unverhältnismäßig überhöht waren,[32] sondern es stand dieser Umstand auch der Attraktivität grenzüberschreitender Zahlungen insgesamt entgegen und wirkte somit als Hindernis für die Verwirklichung des gemeinsamen Marktes.[33]

---

22 § 676a Abs. 1 BGB i.d.F. des Überweisungsgesetzes von 1999; vgl. hierzu Begr Reg-Entw, BT-Drs. 17/745, S. 11 ff.
23 Siehe hierzu Grundmann, WM 2000, 2269, 2273 f; Nobbe, WM 2011, 961, 963; Werner, WM 2014, 243, 245.
24 Siehe dazu Werner, WM 2014, 243 f.
25 Art. 6 Überweisungs-RL.
26 § 676a Abs. 2 Nr. 2 BGB i.d.F. des Überweisungsgesetzes von 1999.
27 § 676a Abs. 4 BGB i.d.F. des Überweisungsgesetzes von 1999.
28 BGH, Urt. v. 5.12.2006 – XI ZR 21/06, juris Rn. 21, BGHZ 170, 121.
29 Art. 7 Überweisungs-RL; §§ 676b Abs. 2 BGB i.d.F. des Überweisungsgesetzes von 1999.
30 Vgl. BGH, Urt. v. 19.3.1991 – XI ZR 102/90, juris Rn. 14, WM 1991, 797.
31 Art. 8 Überweisungs-RL; §§ 676b Abs. 3, 676c BGB i.d.F. des Überweisungsgesetzes von 1999.
32 Siehe EG 1 VO Nr. 2560/2001.
33 Siehe EG 6 VO Nr. 2560/2001; EG 1 VO Nr. 924/2009.

Die Verordnungen über grenzüberschreitende Zahlungen von 2001[34] und 2009[35] haben daher vorgeschrieben, dass die Entgelte für nationale und grenzüberschreitende Zahlungen anzugleichen sind, dass also grundsätzlich kein Mehrentgelt für grenzüberschreitende Zahlungen in Euro im Vergleich zu vergleichbaren Inlandszahlungen verlangt werden darf.[36] Dabei galt dieses Verbot von Mehrentgelten nach der Verordnung von 2001 lediglich für grenzüberschreitende innergemeinschaftliche Zahlungen in Form von Überweisungen und elektronischen Zahlungsvorgängen, jeweils bis zu einem Höchstbetrag von ab dem 1.7.2002 bzw. 1.7.2003 zunächst 12.500 Euro[37] sodann ab dem 1.1.2006 von 50.000 Euro.[38] 11

Die Verordnung von 2009, mit der die Verordnung von 2001 aufgehoben wurde,[39] erstreckte das Verbot von Mehrentgelten auf sämtliche Arten von grenzüberschreitenden Zahlungen[40] in Euro oder bestimmten anderen Mitgliedstaatswährungen innerhalb der Union;[41] der auch hier zunächst noch vorgesehene Höchstbetrag von 50.000 Euro[42] fiel im Jahr 2012 fort,[43] so dass nunmehr generell ein Mehrentgelt für grenzüberschreitende Zahlungen in Euro im Vergleich zu vergleichbaren Inlandszahlungen nicht länger zulässig ist. Nach dem Vorschlag der Kommission vom 28.3.2018 für eine Verordnung zur Änderung der Verordnung über grenzüberschreitende Zahlungen von 2009 ist vorgesehen, diese Regelung generell auf Zahlungen nicht nur in Euro, sondern auch in anderen Währungen der Mitgliedstaaten auszudehnen und zudem Währungsumrechnungen transparenter zu gestalten.[44] 12

D. Umsetzung der Zahlungsdiensterichtlinie I (ZDRL I) von 2007

Aufgrund der geschilderten Begrenzungen ihres Anwendungsbereichs war letztlich die vereinheitlichende Wirkung der Überweisungsrichtlinie nur beschränkt geblieben, zumal die von ihr erfassten grenzüberschreitenden Überweisungen auch nur einen sehr geringen Anteil am Gesamtaufkommen von Überweisungen ausmachten.[45] Mit der ersten Zahlungsdiensterichtlinie (ZDRL I) von 2007[46] verfolgte der europäische Gesetzgeber dagegen eine ungleich weitergehende Zielsetzung:[47] Zur Förderung des grenzüberschreitenden Wettbewerbs auf dem Markt für Zahlungsdienste sollten europaweit einheitliche Regeln für grenzüberschreitende wie auch nationale Zahlungsdienste geschaffen wer- 13

34 Verordnung Nr. 2560/2001 vom 19.12.2001 über grenzüberschreitende Zahlungen in Euro, ABl. L 344 vom 28.12.2001, S. 13.

35 Verordnung Nr. 924/2009 vom 16.9.2009 über grenzüberschreitende Zahlungen in der Gemeinschaft und zur Aufhebung der Verordnung (EG) Nr. 2560/2001, ABl. L 266 vom 9.10.2009, S. 11.

36 Art. 3 VO Nr. 2560/2001; Art. 3 VO 924/2009.

37 Art. 3 Abs. 1 und 2 VO Nr. 2560/2001.

38 Art. 3 Abs. 3 VO Nr. 2560/2001.

39 Art. 16 VO 924/2009.

40 Art. 1 Abs. 1 i.V.m. Art. 2 Nr. 1 VO 924/2009; siehe auch EG 5 und 6 VO 924/2009.

41 Art. 1 Abs. 2 i.V.m. Art. 3 Abs. 3 sowie Art. 14 VO 924/2009. Von der Möglichkeit der Ausweitung auf andere Währung hat allerdings nur Schweden für die schwedische Krone Gebrauch gemacht.

42 Art. 3 Abs. 1 VO 924/2009.

43 Art. 17 Nr. 2 VO 260/2012 (SEPA-VO).

44 Siehe den Kommissionsvorschlag im Dokument COM(2018) 163 final.

45 Siehe die Angaben bei Schäfer/Lang, BKR 2009, 11.

46 Richtlinie 2007/64/EG vom 13.11.2007 über Zahlungsdienste im Binnenmarkt, zur Änderung der Richtlinien 97/7/EG, 2002/65/EG, 2005/60/EG und 2006/48/EG sowie zur Aufhebung der Richtlinie 97/5/EG, ABl. L 319 vom 5.12.2007, S. 1.

47 Zu den Zielsetzungen der ZDRL I siehe auch die Überblicksdarstellungen bei Rösler/Werner, BKR 2009, 1 ff.; Rühl, DStR 2009, 2356 ff.; Schäfer/Lang, BKR 2009, 11 ff.

den,[48] die es Anbietern von Zahlungsdiensten erleichtern sollten, ihre Produkte europaweit im Wettbewerb anzubieten. In der Ausgestaltung dieser Regeln sollte zugleich ein starker Schutz des Zahlungsdienstnutzers verankert werden, insbesondere von Verbrauchern;[49] zudem sollte durch umfangreiche Informationspflichten die Transparenz der Bedingungen der Erbringung von Zahlungsdiensten verbessert,[50] die Ausführung von Zahlungsvorgängen beschleunigt und verlässlich ausgestaltet[51] und dazu auch die Haftung des Zahlungsdienstleisters auch bei fehlendem Verschulden verschärft werden.[52] Neu wurde durch die ZDRL I auch die Zulässigkeit der Erbringung von Zahlungsdiensten auf Zahlungsdienstleister erweitert,[53] d.h. auf Anbieter, bei denen es sich nicht um regulierte Kreditinstitute handelt, und die dafür einem eigenen Aufsichtsregime unterworfen wurden.

14 Im deutschen Recht ist der einheitliche europäische Rechtsakt der ZDRL I zweigeteilt nach zivilrechtlichen und aufsichtsrechtlichen Regelungen umgesetzt worden,[54] die beide zum vorgesehenen Ende der Umsetzungsfrist am 1.11.2009 in Kraft traten. Zum einen erfolgte eine aufsichtsrechtliche Umsetzung im neu geschaffenen ZAG, welches die Erbringung von Zahlungsdiensten durch solche Zahlungsdienstleister zulässt und durch aufsichtsrechtliche Vorgaben regelt, die nicht bereits als Kreditinstitute dem KWG unterliegen.[55]

15 Zum anderen wurden die detaillierten Vorgaben der ZDRL I durch zivilrechtliche Bestimmungen im BGB und EGBGB umgesetzt, wobei der neu eingeführte Art. 248 EGBGB insbesondere die Informationspflichten aus den Artt. 30 bis 50 ZDRL I umzusetzen bestimmt war[56] und die neu eingeführten §§ 675c bis 676c BGB, die an die Stelle der früheren Bestimmungen des Überweisungsgesetzes traten,[57] die in erster Linie die Rechte und Pflichten der Parteien bei der Erbringung von Zahlungsdiensten aus den Artt. 51 bis 78 ZDRL I umsetzten. Zu beachten ist dabei, dass, während die Anwendung der ZDRL I selbst grundsätzlich lediglich auf innerhalb der Union ausgeführte Zahlungen in Euro oder einer anderen Mitgliedstaatenwährung beschränkt war,[58] die Umsetzung im deutschen Recht dagegen überschießend grundsätzlich auch Sachverhalte mit Auslandsbezug erfasste,[59] wenngleich im Bereich der überschießenden Umsetzung eine lediglich dispositive Geltung der §§ 675c bis 676c BGB bestimmt wurde.[60] Auf die besondere Art und Weise der Systematisierung und Gliederung des Rechts des Zahlungsdienstevertrags durch die

48 EG 4 ZDRL I.
49 Vgl. EG 20 ZDRL I.
50 EG 21 ff. ZDRL I; dazu siehe Artt. 30 bis 50 ZDRL I.
51 EG 37, 43 ZDRL I; dazu siehe Artt. 68 bis 73 ZDRL I.
52 EG 37, 43 ZDRL I; dazu siehe Art. 75 ZDRL I.
53 EG 5 ff. ZDRL I; siehe auch Schäfer/Lang, BKR 2009, 11 ff.
54 Die zivilrechtlichen Regelungen wurden umgesetzt durch das Gesetz zur Umsetzung der Verbraucherkreditrichtlinie, des zivilrechtlichen Teils der Zahlungsdiensterichtlinie sowie zur Neuordnung der Vorschriften über das Widerrufs- und Rückgaberecht vom 29.7.2009, BGBl. 2009 I, Nr. 49, S. 2355. Die aufsichtsrechtlichen Regelungen wurden umgesetzt durch das Gesetz zur Umsetzung der aufsichtsrechtlichen Vorschriften der Zahlungsdiensterichtlinie (Zahlungsdiensteumsetzungsgesetz) vom 25.6.2009, BGBl. 2009 I, Nr. 35, S. 1506.
55 Siehe Begründung des Regierungsentwurfs zur Umsetzung der aufsichtsrechtlichen Vorschriften der Zahlungsdiensterichtlinie (Zahlungsdiensteumsetzungsgesetz), BT-Drs. 16/11613, S. 26 ff.
56 Siehe Begründung des Regierungsentwurfs zur Umsetzung des zivilrechtlichen Teils der Zahlungsdiensterichtlinie, BT-Drs. 16/11643, S. 134 ff.
57 Art. 1 Nr. 47 des Gesetzes zur Umsetzung des zivilrechtlichen Teils der Zahlungsdiensterichtlinie.
58 Art. 2 Abs. 1 und 2 ZDRL I.
59 Siehe Begr Reg-Entw, BT-Drs. 16/11643, S. 98.
60 § 675e Abs. 2 S. 2 BGB a.F. in der Fassung der Umsetzung der ZDRL I.

§§ 675c bis 676c BGB soll im Übrigen noch nachfolgend eingegangen werden;[61] in materieller Hinsicht brachte die Umsetzung der ZDRL I in den §§ 675c bis 676c BGB an Änderungen gegenüber der früheren Rechtslage mit sich vor allem die Rückkehr zur Konstruktion der einseitigen Weisung beim Zahlungsauftrag,[62] die weitere Verkürzung der Ausführungsfristen bei Zahlungsvorgängen[63] und die korrespondierenden Regelungen zur Ermöglichung der beschleunigten Ausführung durch den Grundsatz der Ausführung alleine nach der Kundenkennung[64] sowie die Verkürzung von Widerrufsmöglichkeiten,[65] den gänzlichen Ausschluss des Vorab-Abzugs von Entgelten vom Zahlungsbetrag, soweit dies nicht vom Zahlungsempfänger vereinbart wurde,[66] und eine weitere Ausweitung der Money-back-Garantie insbesondere durch den Wegfall der Obergrenze für die aufgrund der ZDRL I geregelte Haftung des Zahlungsdienstleisters.[67]

E. SEPA-Verordnung von 2012

Mit der Umsetzung der ZDRL I alleine war das Ziel der Schaffung eines einheitlichen europäischen Zahlungsverkehrsraumes allerdings nicht zu erreichen. Zwar bestand auf der Grundlage der vereinheitlichten Regelungen aufgrund der ZDRL I für Zahlungsdienstleister die Möglichkeit, europaweit einheitliche Zahlungsdienstprodukte anzubieten. Durch den Europäischen Zahlungsverkehrsausschuss (European Payments Council, EPC) wurden hierzu als Interbankenabkommen auf europäischer Ebene insbesondere die Rulebooks für die SEPA-Überweisung sowie für die SEPA-Basis- und Firmenlastschrift.[68] Die Regelungen der ZDRL I ließen allerdings noch erheblichen Gestaltungsspielraum der Parteien zu und so konnten neben diesen europaweit einheitlichen Zahlungsdienstprodukten auch weiterhin nationale Zahlungsverfahren angeboten werden,[69] die vielfach nur in geringem Maße an die Vorgaben in Umsetzung der ZDRL I anzupassen waren. Dies führte dazu, dass die europaweit einheitlichen Zahlungsdienstprodukte am Markt nur begrenzte Verbreitung erfuhren.[70] 16

Um diese so fortbestehende Zersplitterung des Marktes für Zahlungsdienste in den Mitgliedstaaten zu überwinden, wurde die sogenannte SEPA-Verordnung von 2012 (SEPA-VO)[71] verabschiedet,[72] die für Lastschriften und Überweisungen in Euro solche technische Funktionsweisen vorschrieb,[73] die sich an den vom EPC entwickelten Rulebooks orientierten.[74] Zugleich wurde festgelegt, dass mit diesen vereinheitlichen Funktionsweisen nicht vereinbare herkömmliche nationale Zahlungsverkehrsprodukte im 17

61 Siehe unten Rn. 36 ff.
62 § 675f Abs. 3 BGB a.F. (nach der Umsetzung der ZDRL II nunmehr § 675f Abs. 4 BGB n.F.).
63 §§ 675s, 675t BGB.
64 § 675r BGB.
65 § 675p BGB.
66 § 675q BGB.
67 §§ 675y, 675z BGB.
68 Dazu siehe unten Rn. 34.
69 Vgl. Laitenberger, NJW 2010, 192; Rühl, DStR 2009, 2256, 2257; Werner, WM 2014, 243, 248.
70 Vgl. Bautsch/Zahrte, BKR 2012, 229; Spindler/Zahrte, BKR 2014, 265. Siehe auch EG 5 SEPA-VO.
71 Verordnung Nr. 260/2012 vom 14.3.2012 zur Festlegung der technischen Vorschriften und der Geschäftsanforderungen für Überweisungen und Lastschriften in Euro und zur Änderung der Verordnung (EG) Nr. 924/2009, ABl. L 94 vom 30.3.2012, S. 22.
72 Vgl. zu deren Inhalten allgemein Bautsch/Zahrte, BKR 2012, 229 ff.
73 Artt. 3 ff. SEPA-VO; EG 6 SEPA-VO.
74 Siehe Bautsch/Zahrte, BKR 2012, 229 f. Aus Sicht des europäischen Gesetzgebers war es aber entscheidend, dass auf diese Weise fortan die Weiterentwicklung dieser Zahlungsverkehrsprodukte durch die Abkommen im Interbankenverkehr der Kontrolle im Hinblick auf die Einhaltung rechtlicher Grenzen unterliegt, siehe EG 5 SEPA-VO.

Bereich von Lastschriften und Überweisungen ab dem 1.2.2014 nicht mehr verwendet werden durften,[75] wobei dieses sogenannte SEPA-Enddatum später aufgeschoben wurde auf den 1.8.2014.[76] Lediglich für Zahlungen im elektronischen Lastschriftverfahren galt eine weitere Ausnahmemöglichkeit bis zum 1.2.2016.[77] Mit der SEPA-Verordnung wurde damit anstelle des ursprünglich verfolgten Ansatzes, dass die Entwicklung von SEPA-Produkten und deren Einführung auf dem Markt, ebenso wie die Migration auf SEPA-Produkte, primär ein marktgetriebener Prozess sein sollte,[78] die Vereinheitlichung des europäischen Marktes für Zahlungsdienste in diesem Bereich durch einen Akt des europäischen Gesetzgebers bestimmt.[79]

F. Umsetzung der Zahlungskontenrichtlinie von 2014

18 Die Zahlungskontenrichtlinie von 2014[80] ergänzte diese allgemeinen Regelungen des Rechts der Zahlungsdienste um spezifische Bestimmungen zu besonderen Verbraucherschutz- und Aufsichtsvorgaben in Bezug auf Zahlungskonten für Verbraucher.

19 Dabei verfolgte die Zahlungskontenrichtlinie drei wesentliche Zielsetzungen, die jeweils auf die Führung von Zahlungskonten für Verbraucher bezogen sind:[81] Zum einen liegt der Richtlinie die Feststellung zugrunde, dass Verbrauchern oftmals ein Vergleich der zwischen den einzelnen Anbietern oftmals stark divergierenden Zahlungskontenentgelte aufgrund ungenügender Transparenz erschwert wird,[82] weswegen sie auf die Verbesserung der Transparenz von Entgelten für Zahlungskonten für Verbraucher abzielt,[83] insbesondere durch die Schaffung von Informationspflichten[84] und die Regelung von Vergleichswebsites.[85]

20 Weiter sieht die Richtlinie vor, dass dem Verbraucher der Wechsel von Zahlungskonten erleichtert werden soll,[86] indem Zahlungsdienstleister hier zu Unterstützungsleistungen verpflichtet werden.[87] Auf diese Weise sollen erst die Verbraucher den vollen Nutzen aus der verbesserten Entgelttransparenz ziehen können, indem sie zu dem für sie am

75 Art. 6 Abs. 1 und 2 SEPA-VO.

76 So die Änderung von Art. 16 Abs. 1 SEPA-VO durch Art. 1 der Verordnung Nr. 248/2014 vom 26.2.2014 zur Änderung der Verordnung (EU) Nr. 260/2012 in Bezug auf die Umstellung auf unionsweite Überweisungen und Lastschriften (SEPA-Änderungsverordnung), ABl. L 84 vom 20.3.2014, S. 1.

77 Art. 16 Abs. 4 SEPA-VO i.V.m. § 7c ZAG i.d.F. durch das SEPA-Begleitgesetz (Gesetz zur Begleitung der Verordnung (EU) Nr. 260/2012 zur Festlegung der technischen Vorschriften und der Geschäftsanforderungen für Überweisungen und Lastschriften in Euro und zur Änderung der Verordnung (EG) Nr. 924/2009 vom 3.4.2013, BGBl. 2013 I, Nr. 16, S. 610).

78 Vgl. Rühl, DStR 2009, 2256, 2257.

79 Vgl. Böger, in: Bankrechtstag 2016, S. 193, 197. Zur Entwicklung dieser Entscheidung siehe Laitenberger, NJW 2010, 192, 196 f.

80 Richtlinie 2014/92/EU vom 23.7.2014 über die Vergleichbarkeit von Zahlungskontoentgelten, den Wechsel von Zahlungskonten und den Zugang zu Zahlungskonten mit grundlegenden Funktionen, ABl. L 257 vom 28.8.2014, S. 214.

81 Zu den Regelungszielen der Zahlungskonten-RL im Überblick vgl. die Begründung des Regierungsentwurfs zur Umsetzung der Richtlinie über die Vergleichbarkeit von Zahlungskontoentgelten, den Wechsel von Zahlungskonten sowie den Zugang zu Zahlungskonten mit grundlegenden Funktionen, BT-Drs. 18/7204, S. 44 ff; siehe ferner Böger, in: Bankrechtstag 2016, S. 193, 199 ff.; Findeisen, WM 2017, 1765, 1766 f.; Linardatos, WM 2015, 755 ff.

82 EG 4 Zahlungskonten-RL.

83 EG 15 ff. Zahlungskonten-RL.

84 Artt. 4 bis 6 Zahlungskonten-RL; dazu siehe EG 19 ff. Zahlungskonten-RL.

85 Art. 7 Zahlungskonten-RL; dazu siehe EG 21 ff. Zahlungskonten-RL.

86 EG 25 ff. Zahlungskonten-RL.

87 Art. 9 bis 14 Zahlungskonten-RL.

besten geeigneten Anbieter von Zahlungskonten wechseln.[88] Zugleich soll die Steigerung der Mobilität von Verbrauchern im Bereich von Zahlungskonten auch den Markt für Zahlungskonten insgesamt dynamischer gestalten[89] und zusammen mit der europaweiten Vereinheitlichung des zu beachtenden Verbraucherschutzniveaus auf Anbieterseite[90] so den erstmaligen Markteintritt oder die Erbringung grenzüberschreitender Dienste erleichtern.[91]

Als drittes Ziel schließlich will die Zahlungskontenrichtlinie vor allem auch dem Problem abhelfen, dass erhebliche Zahlen von Verbrauchern in der Vergangenheit aus verschiedensten Gründen, sei es aufgrund mangelnder Bonität oder – gerade bei Flüchtlingen oder Wohnsitzlosen – mangels Erfüllung geldwäscherechtlicher Identitätsnachweis- und Wohnsitzerfordernisse über kein Zahlungskonto verfügten,[92] mit dem sie am unbaren Zahlungsverkehr teilnehmen konnten[93] Die Richtlinie soll daher sicherstellen, dass grundsätzlich alle Verbraucher Zugang zu einem Zahlungskonto mit grundlegenden Funktionen haben sollen (Basiskonto).[94] 21

Anders als die Zahlungsdiensterichtlinien, deren Umsetzung im deutschen Recht in zivilrechtliche und aufsichtsrechtliche Teile in verschiedenen Gesetzen aufgeteilt wurde,[95] ist die Zahlungskontenrichtlinie im deutschen Recht großenteils durch einen einheitlichen Gesetzesakt mit der Neuschaffung des Zahlungskontengesetzes (ZKG) von 2016 umgesetzt worden.[96] Das ZKG verwirklicht die vorgenannten verbraucherspezifischen Zielsetzungen der Zahlungskontenrichtlinie durch besondere Entgelttransparenz-[97] und Kontenwechselbestimmungen[98] bei Verbraucherzahlungskonten sowie durch die Schaffung eines Kontrahierungszwangs in Bezug auf den Basiskontovertrag[99] als einen Sonderfall des Verbraucherzahlungskontovertrags, mit dem zugunsten der berechtigten Verbraucher der Zugang zu einem Zahlungskonto sichergestellt werden soll. Im Übrigen stellt das ZKG aber keine abschließende Sonderregelung des Rechts der Verbraucherzahlungskonten dar, sondern es werden vielmehr lediglich die allgemeinen Bestimmungen zum Recht der Zahlungsdienste insbesondere im BGB und EGBGB durch die verbraucherspezifischen Sonderregelungen des ZKG ergänzt, wobei letztere Bestimmungen im Rahmen ihres Anwendungsbereichs den allgemeinen Regelungen jeweils vorgehen.[100] 22

---

88 EG 25 ff. Zahlungskonten-RL.
89 EG 5 ff. Zahlungskonten-RL.
90 EG 6 Zahlungskonten-RL.
91 EG 5, 15, 25 Zahlungskonten-RL.
92 Begr Reg-Entw, BT-Drs. 18/7204, S. 46.
93 Nach Zahlen der EU-Kommission aus dem Jahr 2013 war allein für Deutschland von einer Zahl von einer Million kontenlosen Verbrauchern auszugehen (womit allerdings die Zahl von 95% der Verbraucher, die über ein Zahlungskonto verfügen, über dem EU-weiten Schnitt von 84% gelegen hat), siehe die Angaben in dem Special Eurobarometer 373 „Retail Financial Services" der EU-Kommission von April 2012, abrufbar unter http://ec.europa.eu/public_opinion/archives/ebs/ebs_373_en.pdf. Die Bundesregierung hat in der Begründung des Regierungsentwurfs unter Bezugnahme auf eigene Feststellungen Hochrechnungen aus dem Jahr 2011 von rund 578.500 Betroffenen genannt, siehe Begr Reg-Entw, BT-Drs. 18/7204, S. 46.
94 Artt. 16 bis 20 Zahlungskonten-RL; dazu EG 36 ff. Zahlungskonten-RL.
95 Siehe vorstehend Rn. 14 und 31.
96 Gesetz zur Umsetzung der Richtlinie über die Vergleichbarkeit von Zahlungskontoentgelten, den Wechsel von Zahlungskonten sowie den Zugang zu Zahlungskonten mit grundlegenden Funktionen vom 11.4.2016, BGBl. 2016 I Nr. 17, S. 720.
97 §§ 5 bis 19 ZKG. Dazu siehe die Kommentierung zu § 675d BGB Rn. 48 ff.
98 §§ 20 bis 29 ZKG. Dazu siehe die Kommentierung zu § 675h BGB Rn. 24 ff.
99 §§ 30 bis 45 ZKG. Dazu siehe die Kommentierung zu § 675f BGB Rn. 88 ff.
100 Begr Reg-Entw, BT-Drs. 18/7204, S. 80.

G. Interbankenentgelte-Verordnung von 2015

23 Weitere Sonderregelungen für einen Teilbereich des Rechts der Zahlungsdienste enthält die Verordnung über Interbankenentgelte für kartengebundene Zahlungsvorgänge von 2015 (Interbankenentgelte-VO).[101] Diese Regelungen betreffen lediglich kartengebundene Zahlungsvorgänge innerhalb der EU, d.h. Zahlungen mit Debitkarten und Kreditkarten (ob im Drei-Parteien-Kartenzahlverfahren oder im Vier-Parteien-Kartenzahlverfahren)[102] im Verbraucher- und Nicht-Verbrauchergeschäft, bei denen sowohl der Zahlungsdienstleister des Zahlers als auch derjenige des Zahlungsempfängers in der EU ansässig sind.[103] Ausgenommen sind Zahlungen mit nur begrenzt nutzbaren Zahlungskarten.[104]

24 Die Möglichkeit für den Zahler, mit solchen Debit- und Kreditkarten zu zahlen, setzt voraus, dass der Zahlungsempfänger mit einem Zahlungsdienstleister[105] eine entsprechende Vereinbarung über die Akzeptanz der betreffenden Karte geschlossen hat und etwaig erforderliche technische Vorrichtungen hierfür bereithält, was jeweils je nach Art der Karte unterschiedliche Kosten für den Zahlungsempfänger mit sich bringt. Die Interbankenentgelte- Verordnung begrenzt in diesem Zusammenhang die Möglichkeiten, in derartigen Vereinbarungen den Zahlungsempfänger zu einem bestimmten Verhalten hinsichtlich der Akzeptanz von Karten zu binden, was es dem Zahlungsempfänger insbesondere erlaubt, nur bestimmte Arten von Karten eines Kartenemittenten zu akzeptieren,[106] um so die ihm entstehenden Kosten zu begrenzen.[107]

25 Ferner begrenzt die Interbankenentgelte-Verordnung die Höhe der Interbankenentgelte, d.h. der bei Zahlungen im Vier-Parteien-Kartenzahlverfahren zwischen dem Acquirer und dem Emittenten festgelegten Entgelte,[108] die regelmäßig an den Zahlungsempfänger weitergeleitet und von diesem auf seine Kunden abgewälzt werden:[109] In Bezug auf Verbraucher-Kartentransaktionen im Vier-Parteien-Kartenzahlverfahren[110] darf da-

---

101 Verordnung 2015/751 vom 29.4.2015 über Interbankenentgelte für kartengebundene Zahlungsvorgänge, ABl. L 123 vom 19.5.2015, S. 1.

102 Unter einem „Vier-Parteien-Kartenzahlverfahren" wird nach der Definition in Art. 2 Nr. 17 Interbankenentgelte-VO verstanden ein Kartenzahlverfahren, bei dem vom Zahlungskonto eines Zahlers kartengebundene Zahlungsvorgänge auf das Zahlungskonto eines Zahlungsempfängers geleistet werden, unter Zwischenschaltung des Kartenzahlverfahrens, eines Emittenten (auf der Seite des Zahlers) und eines Acquirers (auf der Seite des Zahlungsempfängers). Dieses Verfahren ist in Deutschland auf dem Markt vorherrschend (MasterCard, Visa). Beim „Drei-Parteien-Kartenzahlverfahren" (bspw. American Express, Diners Club) erbringt nach der Definition in Art. 2 Nr. 18 Interbankenentgelte-VO das Kartenzahlverfahren (bzw. dessen Träger) selbst Annahme- und Abrechnungs- sowie Kartenausgabedienste und nimmt kartengebundene Zahlungsvorgänge von dem Zahlungskonto eines Zahlers auf das Zahlungskonto eines Zahlungsempfängers vor. Siehe zur Konstellation des Drei-Parteien-Kartenzahlverfahrens auch EuGH, Urt. v. 7.2.2018 – C 643/16, juris Rn. 10, ABl. EU 2018, Nr. C 123, 5 (Ls.).

103 Art. 1 Abs. 1 2. HS. Interbankenentgelte-VO.

104 Art. 1 Abs. 2 Interbankenentgelte-VO.

105 Der Träger des Kartenzahlverfahrens selbst beim Drei-Parteien- Kartenzahlverfahren oder ein vom Kartenemittenten zwischengeschalteter Acquirer beim Vier-Parteien- Kartenzahlverfahren.

106 Art. 37 Interbankenentgelte-VO.

107 Siehe EG 37 Interbankenentgelte-VO.

108 Art. 2 Nr. 10 Interbankenentgelte-VO.

109 EG 10 Interbankenentgelte-VO.

110 Dass die Regelung auf Vier-Parteien-Kartenzahlverfahren beschränkt ist, erklärt sich daraus, dass hier Interbankenentgelte ohne Beteiligung des Zahlungsempfängers (Händlers) im Verhältnis zwischen dem Emittenten und dem Acquirer vereinbart werden, wobei in diesem Verhältnis ein besonderer Anreiz zur Vereinbarung hoher und dann an den Zahlungsempfänger weiterzuleitender Interbankenentgelte besteht (siehe EG 11 Interbankenentgelte-VO). Bei Drei-Parteien-Kartenzahlverfahren fällt diese Weiterverleitung in einem anderen Rechtsverhältnis vereinbarter Entgelte weg und es kann der Händler nach ein Interbankenentgelt von lediglich 0,2% des Transaktionswerts bei Debitkarten und 0,3% bei Kreditkarten verlangt werden.[111] Diese grundsätzlich primär auf das Interbankenverhältnis bezogene Regelung begrenzt über die Verweisung in § 270a BGB auch die Möglichkeit des Zahlungsempfängers, für die Verwendung der von dieser Deckelung der Interbankenentgelte betroffenen Zahlungsmittel vom Zahler ein gesondertes Entgelt zu verlangen,[112] d.h. die Vereinbarung von Preisaufschlägen für die Zahlung mit Verbraucher-Debit- und Kreditkarten im in Deutschland praktisch dominierenden Vier-Parteien-Kartenzahlverfahren ist unwirksam.

H. Umsetzung der Zahlungsdiensterichtlinie II (ZDRL II) von 2015

Die bislang letzte umfassende Änderung hat das deutsche Recht der Zahlungsdienste schließlich mit den zum 13.1.2018 in Kraft getretenen Bestimmungen zur Umsetzung der Zahlungsdiensterichtlinie II (ZDRL II) von 2015 erfahren.[113] Mit der ZDRL II wurde das europäische Zahlungsdiensterecht der ZDRL I vollständig neu kodifiziert und die bisher geltenden Regelungen der ZDRL I aufgehoben,[114] wobei aber inhaltlich und hinsichtlich der Regelungsstruktur die ZDRL II auf der ZDRL I aufbaute und diese lediglich in Einzelpunkten fortentwickelte und um einzelne neue Regelungsgehalte ergänzte. 26

Der europäische Gesetzgeber sah sich zur Revision der ZDRL I insbesondere[115] veranlasst im Hinblick auf deren Anwendungsbereich: Verschiedene in der ZDRL I enthaltene Ausnahmebestimmungen, nach denen bestimmte Arten von Diensten nicht als der ZDRL I unterliegender Zahlungsdienst anzusehen waren, wurden in einzelnen Mitgliedstaaten unterschiedlich ausgelegt oder hatten sich als zu extensive Ausnahme von der Anwendung des Aufsichts- und Pflichtenregimes der ZDRL I entwickelt,[116] so dass im Interesse eines europäischen level playing field zwischen den Anbietern von Zahlungsdiensten im Hinblick auf die von diesen zu beachtenden aufsichts- und zivilrechtlichen Vorgaben eine einheitlicheres Verständnis bzw. eine Beschränkung dieser Ausnahmeregelungen sicherzustellen war. Ferner sollte der Anwendungsbereich der Richtlinie im Hinblick auf die Erfassung auch von Zahlungsvorgängen in Drittstaatenwährungen oder unter Beteiligung außerhalb der Union ansässiger Zahlungsdienstleister erweitert werden, um hier verbliebene Divergenzen zwischen den nationalen Rechtsordnungen auszugleichen und zu einem einheitlichen hohen Schutzniveau zugunsten der Zahlungsdienstnutzer zu kommen.[117] 27

Als Querschnittsthema widmet sich die ZDRL II sodann neu der Verstärkung der Sicherheit des Zahlungsverkehrs durch die Einführung des Erfordernisses einer starken 28

---

mit dem Träger des Kartenzahlverfahrens selbst die zu zahlenden Entgelte vereinbaren, so dass hier ein geringerer gesetzlicher Regelungsbedarf gesehen wurde.

111 Art. 3 Abs. 1 und Art. 4 Interbankenentgelte-VO.

112 Siehe die Anmerkungen zu § 675f BGB Rn. 82.

113 Richtlinie 2015/2366 vom 25.11.2015 über Zahlungsdienste im Binnenmarkt, zur Änderung der Richtlinien 2002/65/EG, 2009/110/EG und 2013/36/EU und der Verordnung (EU) Nr. 1093/2010 sowie zur Aufhebung der Richtline 2007/64/EG, ABl. L 337 vom 23.12.2015, S. 35.

114 Art. 114 ZDRL II.

115 Zu den Regelungszielen der ZDRL II im Überblick siehe auch Böger, in: Bankrechtstag 2016, S. 193, 249 ff.; Hingst/Lösing, BKR 2014, 315 ff.; Linardatos, WM 2014, 300 ff.; Omlor, ZIP 2016, 558, 559 ff.; Spindler/Zahrte, BKR 2014, 265, 266 ff.; Terlau, ZBB/JBB 2016, 122 ff.

116 EG 4, 11 ZDRL II; dazu siehe Art. 4 ZDRL II.

117 EG 8 ZDRL II; dazu siehe Art. 2 Abs. 3 und 4 ZDRL II. Kritisch gegenüber dieser Ausdehnung des Anwendungsbereichs der Richtlinie unter dem Aspekt der nur auf die Binnenmarktharmonisierung gestützten Kompetenz der EU-Gesetzgebers Zahrte, NJW 2018, 337.

Kundenauthentifizierung,[118] welches sowohl aufsichtsrechtliche Vorgaben an das Geschäftsmodell von Zahlungsdienstleistern beinhaltet wie auch haftungsrechtliche Konsequenzen im Verhältnis zwischen Zahlungsdienstleistern und Zahlungsdienstnutzern nach sich zieht.

29 Wesentlich motiviert wurde die Verabschiedung der ZDRL II ferner dadurch, dass neue Arten von Zahlungsdiensten erfasst werden sollten, die erst nach Inkrafttreten der ZDRL I durch die Nutzung der technischen Möglichkeiten des Internet neu entwickelt worden sind, namentlich Zahlungsauslösedienste[119] und Kontoinformationsdienste,[120] die jeweils den Online-Zugriff eines Dritten Zahlungsdienstleisters auf das bei einem anderen Zahlungsdienstleister geführte Zahlungskonto des Nutzers voraussetzen. Die ZDRL II sichert diesen Drittanbietern, die für ihre Leistungen einen Zugriff auf das Kundenkonto benötigen, die Möglichkeit des Wettbewerbs zu von den kontoführenden Zahlungsdienstleistern selbst erbrachten Leistungsangeboten;[121] zugleich bestätigt die ZDRL II dadurch die wesentliche Bedeutung des eigenen Zahlungskontos für die Teilnahme am Wirtschaftsverkehr, dass sie dem Zahlungsdienstnutzer auch gegenüber seinem eigenen kontoführenden Zahlungsdienstleister die Möglichkeit verschafft, das eigene Zahlungskonto für die Wahrnehmung von Drittdienstleistungen zu nutzen.[122]

30 Schließlich wurden im Rahmen der Revision der ZDRL I bei einer Vielzahl von Einzelregelungen weitere graduelle Veränderungen vorgenommen, um einen den Schutz des Zahlungsdienstnutzers zu verstärken, beispielsweise durch das nunmehr gesetzlich vorgeschriebene bedingungslose Erstattungsrecht bei SEPA-Lastschriften,[123] durch die weitere Begrenzung der Haftung des Zahlungsdienstnutzers bei nicht autorisierten Zahlungsvorgängen[124] oder den weitgehenden Ausschluss von Entgelten für die Nutzung bestimmter Zahlungsmittel im Verhältnis zwischen Zahler und Zahlungsempfänger.[125]

31 Im deutschen Recht sind diese Vorgaben der ZDRL II wie schon bei der ZDRL I zweigeteilt und getrennt nach aufsichtsrechtlichen und zivilrechtlichen Vorschriften umgesetzt worden.[126] Das insgesamt neu verkündete ZAG hat die aufsichtsrechtlichen Regelungen aufgenommen, d.h. insbesondere die geänderte Fassung von Ausnahmetatbeständen,[127] die Erstreckung der Zahlungsdiensteaufsicht auf neue Arten von Zahlungsdiensten[128] und die aufsichtsrechtlichen Vorgaben zur starken Kundenauthentifizierung.[129]

32 Die Regelungen der §§ 675c bis 676c BGB wurden dagegen nur in Einzelpunkten geändert, namentlich zur Frage des räumlichen Anwendungsbereichs,[130] wo sich wegen der ohnehin bereits überschießenden Umsetzung der Bestimmungen der ZDRL I im deutschen Recht die Ausweitung des räumlichen Anwendungsbereichs der ZDRL II auf Zahlungen in Drittstaatenwährungen und auf sogenannte One-Leg-Transaktionen in erster Linie in Form einer gegenüber der früheren Fassung stärker beschränkten Abdingbarkeit der nunmehr teils auf zwingenden Richtlinienvorgaben beruhenden Vorschriften der

118 EG 95 f. ZDRL II; dazu siehe Art. 4 Nr. 30 i.V.m. Artt. 97 f. ZDRL II.
119 EG 27, 29 ff. ZDRL II; dazu Art. 66 ZDRL II.
120 EG 28 ZDRL II; dazu Art. 33, 67 ZDRL II.
121 EG 33 ZDRL II.
122 Vgl. Böger, in: Bankrechtstag 2016, S. 193, 297 f.
123 Art. 76 Abs. 1 Unterabs. 4 ZDRL II; dazu EG 76 ZDRL II.
124 Art. 74 ZDRL II; dazu EG 71 ZDRL II.
125 Art. 63 Abs. 4 ZDRL II; dazu EG 66 ZDRL II.
126 Siehe das Gesetz zur Umsetzung der Zweiten Zahlungsdiensterichtlinie vom 17.7.2017, BGBl. 2017 I, Nr. 48, S. 2446.
127 § 2 Abs. 1 Nr. 1 bis 15 ZAG n.F. Siehe dazu die Kommentierung zu § 675c BGB Rn. 12.
128 § 1 Abs. 1 S. 2 Nr. 7 und 8 ZAG n.F. Siehe dazu die Kommentierung zu § 675f BGB Rn. 156 ff.
129 § 55 ZAG n.F. Siehe dazu die Kommentierung zu § 675m BGB Rn. 32 ff.
130 §§ 675d Abs. 6, 675e Abs. 2 BGB; siehe dazu die Kommentierung zu § 675e BGB Rn. 7 ff.

§§ 675c bis 676c BGB auswirkte, sowie im Hinblick auf die Regelung des Rechts des Zahlungsdienstnutzers zur Verwendung von Zahlungsauslöse- und Kontoinformationsdiensten[131] und zu den daraus folgenden Folgeänderungen.[132] Die Einzelheiten dieser jüngsten Änderungen der §§ 675c bis 676c BGB sollen bei der nachfolgenden Kommentierung der betreffenden Einzelvorschriften dargestellt werden.

I. AGB der Banken/Sparkassen, SEPA-Rulebooks sowie Lastschrift- und Überweisungsabkommen

Die umfangreiche und detaillierte gesetzliche Regelung des Rechts der Zahlungsdienste hat der Kautelarpraxis der Banken bzw. sonstigen Zahlungsdienstleister zwar in vielerlei Hinsicht feste Grenzen gesetzt, gleichwohl sind diese Vertragswerke und Bedingungen weiterhin von hoher Bedeutung. 33

Das Interbankenverhältnis ist von den Regelungen der §§ 675c bis 676c BGB weitgehend ausgeklammert, so dass es insoweit – unter Beachtung der technischen Vorgaben der SEPA-VO, deren Ausgestaltung aber mit den existierenden Regelwerken koordiniert erfolgte[133] – zur Bestimmung der Rechte und Pflichten der beteiligten Zahlungsdienstleister untereinander in erster Linie auf die maßgeblichen multilateralen Vereinbarungen im Interbankenverhältnis ankommt. Nach der Abschaltung der früheren rein nationalen Zahlungsverkehrsprodukte, die auf nationalen Zahlungsverkehrsabkommen beruhten,[134] sind hier relevant die Regelwerke des Europäischen Zahlungsverkehrsausschusses (European Payment Council, EPC),[135] d.h. der europaweiten Organisation von Zahlungsdienstleistern, die die Regeln für die Ausführung von Lastschriften im Allgemeinen (SEPA Core Direct Debit Scheme Rulebook) und unter Beachtung der Besonderheiten für das Nicht-Verbrauchergeschäft (SEPA B2B Direct Debit Scheme Rulebook) wie auch von Überweisungen (SEPA Credit Transfer Scheme Rulebook) unter Einschluss der von deutschen Zahlungsdienstleistern überwiegend erst ab Mitte 2018 technisch zu ermöglichenden SEPA-Echtzeitüberweisung (SEPA Instant Credit Transfer Scheme Rulebook) beinhalten. Für inländische Zahlungsvorgänge sind jeweils in Ergänzung zu diesen europäischen Regelungen auch die zusätzlichen Bestimmungen des Abkommens über die SEPA-Inlandslastschrift sowie des Abkommens über die SEPA-Inlandsüberweisung zu beachten. 34

Auf das Verhältnis zwischen Zahlungsdienstleister und Zahlungsdienstnutzer wirken sich diese Regelungen des Interbankenverhältnisses jeweils nur mittelbar aus, hier sind dagegen für die deutsche Rechtspraxis die umfangreichen AGB der Banken und Sparkassen zu beachten,[136] namentlich die allgemeinen AGB Banken/Sparkassen, die Sonderbedingungen für den Überweisungsverkehr, die Sonderbedingungen für Zahlungen mittels Lastschrift im SEPA-Basislastschriftverfahren, die Sonderbedingungen für Zahlungen mittels Lastschrift im SEPA-Firmenlastschriftverfahren, die Sonderbedingungen für den Lastschrifteinzug, die Sonderbedingungen für das Online Banking und die Sonderbedingungen für die girocard (Debitkarte). Diese Musterbedingungen sind sämtlich im Hinblick auf das Inkrafttreten der gesetzlichen Bestimmungen zur Umsetzung der 35

---

131 § 675f Abs. 3 BGB. Siehe dazu die Kommentierung zu § 675f BGB Rn. 21 ff.
132 Siehe dazu die Kommentierung zu § 675f BGB Rn. 156 ff.
133 Siehe oben Rn. 17.
134 Hierzu Werner, WM 2014, 243, 246 f. Siehe zu den abgeschalteten Verfahren des deutschen Lastschriftverkehrs die Kommentierung zu § 675f BGB Rn. 130 ff.
135 Abrufbar unter https://www.europeanpaymentscouncil.eu. Siehe allgemein BeckOK-Schmalenbach, 43. Ed., § 675c BGB Rn. 4a.
136 Vgl. MK-Casper, 7. Aufl., § 675c BGB Rn. 43 f.

ZDRL II zum 13.1.2018 geändert worden, so dass sich zukünftig in der Praxis vielfach die Frage neu stellen wird, ob diese Neufassungen und Änderungen einer AGB-Kontrolle durch die Gerichte standhalten werden.

J. Heutige Regelungsstruktur der §§ 675c bis 676c BGB und Ausblick

36 Nach dieser dichten Folge gesetzgeberischer Aktivitäten zum Recht der Zahlungsdienste, insbesondere zu dessen zivilrechtlichen Fragen, kann dessen heutige Regelungsstruktur in den §§ 675c bis 676c BGB wie folgt beschrieben werden: Das herkömmlich kaum durch spezifische gesetzliche Regelungen bestimmte und vielmehr aus allgemeinen geschäftsbesorgungs- und auftragsrechtlichen Grundlagen sowie der Kautelarpraxis der Banken hergeleitete Recht der Zahlungsdienste wird nunmehr durch detaillierte und umfassende gesetzliche Bestimmungen ausgestaltet, deren Kerngehalt im deutschen Recht in den Regelungen der §§ 675c bis 676c BGB enthalten ist.

37 In diesen Regelungen wird der Stoff des Vertragsrechts der Zahlungsdienste in horizontaler Weise strukturiert, d.h. es werden die einzelnen Stufen und Elemente von Zahlungsdiensteverträgen im Allgemeinen nacheinander behandelt.[137] Dagegen nimmt das Gesetz grundsätzlich keine vertikale Gliederung vor, d.h. eine Unterscheidung nach typischen und konkreten Formen von Zahlungsvorgängen. Auf diese Weise erscheint die gesetzliche Regelung als ausgesprochen abstrakt und in Kombination mit der vielfach sehr kleinteiligen Untergliederung einzelner horizontaler Elemente oftmals auch sehr kompliziert und nicht auf den ersten Blick zugänglich.[138] Ein stärkeres Abstellen auf konkrete Formen von Zahlungsvorgängen würde demgegenüber dem Rechtsanwender vielfach das Verständnis erleichtern können.[139] Allerdings ist zugunsten der vom Gesetzgeber gewählten und im Übrigen aufgrund der europarechtlichen Vorgaben kaum realistisch alternativ gestaltbaren Regelungsstruktur[140] zu konstatieren, dass die den §§ 675c bis 676c BGB in dieser Form zugrunde liegende Abstraktion die strukturellen Gemeinsamkeiten verschiedener Formen von Zahlungsvorgängen deutlich herausarbeitet.[141] Zudem konnte das Gesetz auf diese Weise eine Flexibilität bewahren, die bei einer auf konkrete Zahlungsvorgänge bezogenen Regelung nicht zu erreichen gewesen wäre, und die auch die Erfassung neu zu entwickelnder Formen von Zahlungsvorgängen zulässt. Zugleich kann nach nunmehr einigen Jahren der Erfahrungen mit den aufgrund der ZDRL I eingeführten §§ 675c bis 676c BGB festgestellt werden, dass jedenfalls grundsätzlich diese Bestimmungen sich als geeignet erwiesen haben, die Bedürfnisse und wechselseitigen Interessen von Zahlungsdienstleistern und Zahlungsdienstnutzern bei der Erbringung der verschiedenen Formen von Zahlungsdiensten abzubilden.

38 Dabei ist zu beachten, dass sich die jetzige Regelung der §§ 675c bis 676c BGB – insbesondere im Hinblick auf den Charakter des Zahlungsauftrags als einseitige auftragsrechtliche Weisung stärker noch als das Überweisungsgesetz[142] – vielfach auf tradierte Grundsätze und Grundstrukturen des allgemeinen Auftrags- und Geschäftsbesorgungsrechts zurückführen lässt, wenn auch oftmals durch zahlungsdienstespezifische Sonder-

137 Vgl. Grundmann, WM 2009, 1109 f.; BeckOK-Schmalenbach, 43. Ed., § 675c BGB Rn. 12; Nobbe, WM 2011, 961.
138 BeckOK-Schmalenbach, 43. Ed., § 675c BGB Rn. 12; Nobbe, WM 2011, 961: „technokratische Terminologie"; Staudinger-Omlor, 2012, Vor §§ 675c–676c BGB Rn. 72.
139 Kritisch im Hinblick auf die Berücksichtigung von Besonderheiten einzelner Zahlungsinstrumente auch Rühl, DStR 2009, 2256.
140 Vgl. Rühl, DStR 2009, 2256.
141 Vgl. Grundmann, WM 2009, 1109, 1111 f.
142 Siehe oben Rn. 8.

regelungen modifiziert. Dies erlaubt es, auch unter der Geltung der §§ 675c bis 676c BGB n.F. in nicht unerheblichem Maße auch auf die zur früheren Rechtslage vor 2009 bzw. 1999 ergangene Rechtsprechung zum Recht der Zahlungsdienste Bezug zu nehmen und diese zur Auslegung des heutigen Rechts nutzbar zu machen, soweit nicht nunmehr gesetzliche Sonderregelungen eine Abweichung von diesen Grundsätzen gebieten.

Neu eingeführt sind danach in der jetzigen Rechtslage nach den §§ 675c bis 676c BGB n.F. gegenüber der früheren Rechtslage vor 2009 bzw. 1999 insbesondere eine Vielzahl besonderer Regelungen zum Schutz des Zahlungsdienstnutzers, bspw. zur verschuldensunabhängigen Haftung des Zahlungsdienstleisters unter Einschluss auch der Einstandspflicht für von Dritten gesetzte Ursachen,[143] zur Betonung detaillierter Informationspflichten,[144] zur Begrenzung der Zulässigkeit von Entgelten[145] und zur zwingenden gesetzlichen Natur des unbedingten Erstattungsrechts bei Lastschriften.[146] Den vollständig veränderten technischen Abläufen des heutigen Zahlungsverkehrs geschuldet und hierdurch ermöglicht sind die Regelungen zur Verkürzung der Ausführungsfristen,[147] denen der Grundsatz der Ausführung alleine nach der Kundenkennung[148] sowie die Verkürzung von Widerrufsmöglichkeiten gegenüberstehen,[149] und schließlich die ausdrückliche Berücksichtigung der Möglichkeiten des Online-Nutzung von Zahlungskonten.[150] 39

Zu beachten ist in der Praxis der Rechtsanwendung, dass trotz des Umfangs der Regelungen in den §§ 675c bis 676c BGB zusätzlich noch in Spezialgesetze ausgelagerte Bestimmungen zu Sonderbereichen zu berücksichtigen sind, namentlich zum Recht des Verbraucherzahlungskontos im ZKG sowie zur Erbringung von neuen Zahlungsdiensten durch Dritte Zahlungsdienstleister im ZAG. 40

Bereits jetzt ist abzusehen, dass auch in der Zukunft weitere Reformen im Bereich des Rechts der Zahlungsdienste anstehen werden, wozu hier neben dem bereits erwähnten Vorschlag der Kommission vom 28.3.2018 für eine Verordnung zur Änderung der Verordnung über grenzüberschreitende Zahlungen von 2009[151] lediglich auf die in der Zahlungskontenrichtlinie vorgesehene Überprüfung dieses Rechtsakts zum 18.9.2019 verwiesen werden soll[152] sowie auf die entsprechende Überprüfung der ZDRL II zum 13.1.2021.[153] Im Rahmen solchen zukünftigen gesetzgeberischen Tätigwerdens dürfte sich auch wieder wie bereits in der Vergangenheit die Frage stellen, ob eine zusammenfassende Kodifikation des Rechts der Zahlungsdienste in einem Zahlungsdienstegesetzbuch erwogen werden sollte.[154] Ungeachtet des Charmes einer Sammlung der nunmehr auf BGB, EGBGB, ZAG und ZKG verstreuten Einzelregelungen dürfte einem solchen Projekt gegenüber aber Skepsis angebracht sein:[155] Abschließend könnte ein solches Gesetzbuch jedenfalls im zivilrechtlichen Bereich schwerlich sein, berücksichtigt man die Notwen- 41

143 Vgl. die §§ 675y, 675z BGB.
144 § 675d BGB i.V.m. Art. 248 EGBGB.
145 § 675f Abs. 5 und 6 BGB.
146 § 675x Abs. 2 BGB.
147 §§ 675s und 675t BGB.
148 § 675r Abs. 1 BGB.
149 § 675p BGB.
150 Siehe bspw. § 675f Abs. 3 S. 1 BGB.
151 Siehe den Kommissionsvorschlag im Dokument COM(2018) 163 final.
152 Art. 28 Zahlungskonten-RL.
153 Art. 108 ZDRL II.
154 Diese wiederkehrende Diskussion wurde bereits zur Umsetzung der Überweisungsrichtlinie geführt, siehe Begr Reg-Entw, BT-Drs. 17/745, S. 10; siehe auch im Kontext der Umsetzung der ZDRL II MK-Casper, 7. Aufl., Vor §§ 675c–676c BGB Rn. 10.
155 Siehe Böger, in: Bankrechtstag 2016, S. 193, 299 f.; kritisch auch Omlor, ZIP 2016, 558, 559 ff. Befürwortend dagegen MK-Casper, 7. Aufl., Vor §§ 675c–676c BGB Rn. 10; Findeisen, WM 2017, 1765, 1774.

digkeit der Verweisung auf Regelungen des Allgemeinen Teils des Bürgerlichen Rechts wie auch des Allgemeinen Schuldrechts, insbesondere auch auf das Recht der Allgemeinen Geschäftsbedingungen. Auch die begrenztere Variante, lediglich die spezifisch verbraucherschützenden Bestimmungen des Zahlungsdiensterechts des BGB mitsamt den darauf bezogenen Informationsbestimmungen des EGBGB und den Regelungen des ZKG in einem „Verbraucherzahlungskontogesetz"[156] zu vereinen, hätte den Nachteil zur Folge, dass jetzt in den §§ 675c bis 676c BGB für das Verbraucher- und Nichtverbrauchergeschäft gemeinsam enthaltene Regelungen auseinandergerissen und die Regelungen letztlich verdoppelt würden. Im Interesse der Rechtsanwender erscheint es dagegen sinnvoller, eine Kontinuität zu fördern und gerade nach der Vielzahl jüngerer gesetzgeberischer Tätigkeit in diesem Bereich die nunmehr gerade erst vertraut werdende und in der gerichtlichen Praxis zunehmender durchdrungene Systematik der §§ 675c bis 676c BGB auch künftig beizubehalten und eher evolutionär fortzuentwickeln.

K. Ansatz dieser Kommentierung

42 In dieser Kommentierung soll das (zivilrechtliche) Recht der Zahlungsdienste ausgehend von den Bestimmungen der §§ 675c bis 676c BGB als der zentralen Regelung des deutschen Rechts zu diesem Rechtsbereich erläutert werden.

43 Dabei sind in diese von den Normen der §§ 675c bis 676c BGB ausgehende Kommentierung jeweils auch Bestimmungen aus Sonderregelungen zu Einzelfragen des Rechts der Zahlungsdienste einzubeziehen, namentlich zu Regelungen des Rechts des Verbraucherzahlungskontovertrags aus dem ZKG sowie zur Erbringung von Zahlungsdiensten durch Dritte Zahlungsdienstleister aus dem ZAG.

44 Aufsichtsrechtliche Aspekte des Rechts der Zahlungsdienste sollen in dieser Kommentierung in erster Linie lediglich insoweit einbezogen werden, soweit diese Regelungen auch Auswirkungen auf die zivilrechtlichen Rechtsverhältnisse insbesondere zwischen dem Zahlungsdienstleister und dem Zahlungsdienstnutzer haben: Dies gilt beispielsweise für die aufsichtsrechtlichen Vorgaben zur Erbringung von Zahlungsdiensten durch Dritte Zahlungsdienstleister aus dem ZAG, die sich auch auf deren Geschäftsmodell gegenüber Zahlungsdienstnutzern auswirken, oder auch für die aufsichtsrechtlichen Vorgaben zur starken Kundenauthentifizierung sowie zu Standards der sicheren Kommunikation, die haftungsrechtliche Konsequenzen auch in Bezug auf das Verhältnis zwischen Zahlungsdienstleister und Zahlungsdienstnutzer nach sich ziehen.

45 Die nachfolgende Kommentierung der §§ 675c bis 676c BGB wird dabei jeweils auch erörtern, inwieweit diese gesetzlichen Regelungen abdingbar sind; in diesem Zusammenhang werden auch die Vertragspraxis und Regelungen der AGB Banken/Sparkassen einzubeziehen sein.

46 Das Recht der Zahlungsdienste soll in dieser Kommentierung aus heutiger Sicht und in der Struktur dargestellt werden, die es durch die §§ 675c bis 676c BGB erfahren hat, wobei besonderes Augenmerk jeweils auf die jüngsten Änderungen infolge der Umsetzung der Vorgaben der ZDRL II zu legen ist. Soweit durch diese Entscheidungen des Gesetzgebers oder auch durch höchstrichterliche Entscheidungen nach früherer Gesetzes-

156 So der Kurztitel des österreichischen Umsetzungsgesetzes zur Zahlungskontenrichtlinie (Bundesgesetz über die Vergleichbarkeit von Entgelten für Verbraucherzahlungskonten, den Wechsel von Verbraucherzahlungskonten und den Zugang zu Verbraucherzahlungskonten mit grundlegenden Funktionen vom 8.6.2016). Im Übrigen ist im österreichischen Recht auch hinsichtlich der Zahlungsdiensterichtlinien eine einheitliche Umsetzung erfolgt, vgl. Staudinger-Omlor, 2012, Vor §§ 675c–676c BGB Rn. 64.

lage oder früherem Rechtsverständnis noch umstrittene Rechtsfragen nunmehr obsolet geworden oder jedenfalls für die Praxis geklärt sind, soll in dieser Kommentierung auf den früheren Stand lediglich in dem Umfang verwiesen werden, wie dies zum Verständnis der geltenden Rechtslage und der hierzu ergangenen höchstrichterlichen Rechtsprechung, soweit relevant, von Bedeutung ist. Im Übrigen wird, soweit eine frühere Rechtslage noch für Altfälle maßgeblich bleibt, auf die einschlägige Kommentarliteratur zum entsprechenden früheren Rechtsstand verwiesen.

Die von den Bestimmungen der §§ 675c bis 676c BGB ausgehende Kommentierung bringt es mit sich, dass der Struktur des Gesetzes folgend eine horizontale Darstellung gewählt wird, bei der zu den jeweils kommentierten Einzelbestimmungen schwerpunktmäßig eine allgemeine und nicht nach verschiedenen Zahlungsformen unterschiedene Behandlung der den einzelnen Stufen und Elemente von Zahlungsdiensteverträgen im Allgemeinen erfolgt. Zum besseren Verständnis der Abläufe und Rechtsbeziehungen bei den verschiedenen Arten von Zahlungsvorgängen ist zusätzlich eine zusammenfassende vertikale Darstellung der in der Praxis relevanten verschiedenen Arten von Zahlungsvorgängen und Zahlungsdiensteverträgen unter Einschluss auch mittlerweile abgeschalteter früherer nationaler Arten von Zahlungsvorgängen in der Kommentierung zu § 675f BGB enthalten. **47**

Im Hinblick auf die grundlegenden gesetzgeberischen Neufassungen des Rechts der Zahlungsdienste in der jüngeren Zeit wird in der nachfolgenden Kommentierung maßgebliche Bedeutung vor allem den erklärten Absichten des Gesetzgebers zugemessen, wie sie insbesondere in den Begründungen der Regierungsentwürfe für die Gesetze zur Umsetzung der zivilrechtlichen Bestimmungen der ZDRL I,[157] zur Umsetzung der ZDRL II[158] sowie zur Umsetzung der Zahlungskontenrichtlinie[159] niedergelegt worden sind. Im Übrigen ist insbesondere die seit der Umsetzung der ZDRL I zu den §§ 675c bis 676c BGB ergangene Rechtsprechung des Bundesgerichtshofs und der Oberlandesgerichte berücksichtigt worden, vornehmlich zu Fragen der Haftung auch die reichhaltige Rechtsprechung von Amts- und Landgerichten. **48**

KAPITEL 1
Allgemeine Vorschriften

§ 675c BGB
Zahlungsdienste und E-Geld

(1) Auf einen Geschäftsbesorgungsvertrag, der die Erbringung von Zahlungsdiensten zum Gegenstand hat, sind die §§ 663, 665 bis 670 und 672 bis 674 entsprechend anzuwenden, soweit in diesem Untertitel nichts Abweichendes bestimmt ist.

(2) Die Vorschriften dieses Untertitels sind auch auf einen Vertrag über die Ausgabe und Nutzung von E-Geld anzuwenden.

---

157 Begründung des Regierungsentwurfs zur Umsetzung des zivilrechtlichen Teils der Zahlungsdiensterichtlinie, BT-Drs. 16/11643.
158 Begründung des Regierungsentwurfs zur Umsetzung der Zweiten Zahlungsdiensterichtlinie, BT-Drs. 18/11495.
159 Begründung des Regierungsentwurfs zur Umsetzung der Richtlinie über die Vergleichbarkeit von Zahlungskontoentgelten, den Wechsel von Zahlungskonten sowie den Zugang zu Zahlungskonten mit grundlegenden Funktionen, BT-Drs. 18/7204.

(3) Die Begriffsbestimmungen des Kreditwesengesetzes und des Zahlungsdiensteaufsichtsgesetzes sind anzuwenden.

(4) Die Vorschriften dieses Untertitels sind mit Ausnahme von § 675d Absatz 2 Satz 2 sowie Absatz 3 nicht auf einen Vertrag über die Erbringung von Kontoinformationsdienstleistungen anzuwenden.

Systematische Übersicht

A. Allgemeines

1 § 675c BGB regelt als zentrale Verweisungsnorm, welche Vorschriften des BGB auf die Erbringung von Zahlungsdiensten anzuwenden sind. In der Sache bestätigt § 675c BGB die Verortung von Zahlungsdiensteverträgen im Recht der Geschäftsbesorgung und verweist im Übrigen auf die Anwendung der vorrangigen Vorschriften dieses Untertitels in den §§ 675c bis 676c BGB unter weiterer Heranziehung der Begriffsbestimmungen des KWG und des ZAG.

2 Im Rahmen der Umsetzung der ZDRL II wurde § 675c BGB in der Terminologie durch die Ersetzung des Begriffs des elektronischen Geldes durch denjenigen des E-Geldes sowie durch die Neuregelung in § 675c Abs. 4 BGB zur Anwendbarkeit der §§ 675c bis 676c BGB auf Verträge über die Erbringung von Kontoinformationsdienstleistungen geändert.[1]

B. Auf Zahlungsdiensteverträge anwendbare Vorschriften

3 § 675c Abs. 1 BGB unterwirft Verträge über die Erbringung von Zahlungsdiensten (zum Begriff siehe Rn. 10 ff.) der Anwendung der Vorschriften dieses Untertitels in den §§ 675c bis 676c BGB.

4 Gleichzeitig stellt § 675c BGB klar, dass auch bei Verträgen über die Erbringung von Zahlungsdiensten das Recht des Geschäftsbesorgungsvertrags Anwendung findet.[2] Sofern keine vorrangigen halbzwingenden Regelungen aus den §§ 675c bis 676c BGB eingreifen bzw. soweit diese Regelungen ihre vertragliche Abbedingung zulassen, können die Parteien daher nach dem allgemeinen Grundsatz der Vertragsfreiheit den Inhalt von Zahlungsdiensteverträgen selbst bestimmen[3] bzw. es finden in Ermangelung besonderer vertraglicher Vereinbarungen die in § 675c Abs. 1 BGB genannten Vorschriften des Auf-

1 Siehe die Begründung des Regierungsentwurfs zur Umsetzung der Zweiten Zahlungsdiensterichtlinie, BT-Drs. 18/11495, S. 147 f.

2 Siehe Begründung des Regierungsentwurfs zur Umsetzung des zivilrechtlichen Teils der Zahlungsdiensterichtlinie, BT-Drs. 16/11643, S. 99; BeckOK-Schmalenbach, 43. Ed., § 675f BGB Rn. 1; Erman-von Westphalen, 15. Aufl., § 675c BGB Rn. 1; MK-Casper, 7. Aufl. 2017, § 675c BGB Rn. 39, § 675f BGB Rn. 7; Palandt-Sprau, 77. Aufl., § 675c BGB Rn. 8; Rösler/Werner, BKR 2009, 1, 7; Staudinger-Omlor, 2012, § 675c BGB Rn. 1, § 675f BGB Rn. 4.

3 Siehe Palandt-Sprau, 77. Aufl., § 675c BGB Rn. 8.

tragsrechts und des Geschäftsbesorgungsvertrags in den §§ 663, 665 bis 670 und 672 bis 674 BGB entsprechende Anwendung.[4]

C. Verträge über die Ausgabe und Nutzung von elektronischem Geld (E-Geld)

§ 675c Abs. 2 BGB regelt die Anwendbarkeit der Vorschriften der §§ 675c bis 676c BGB auch auf einen Vertrag, der sich auf die Ausgabe und Nutzung von elektronischem Geld (E-Geld) bezieht. Im Vergleich zu § 675c Abs. 2 BGB a.F. wurde in Umsetzung der ZDRL II die Terminologie von elektronischem Geld auf E-Geld angeglichen, ohne dass dies eine inhaltliche Änderung mit sich bringen sollte.[5] 5

Nach der Legaldefinition in § 1 Abs. 2 S. 3 ZAG handelt es sich bei E-Geld um jeden elektronisch, darunter auch magnetisch, gespeicherten monetären Wert in Form einer Forderung an den Emittenten, der gegen Zahlung eines Geldbetrags ausgestellt wird, um damit Zahlungsvorgänge im Sinne des § 675f Abs. 4 S. 1 BGB durchzuführen, und der auch von anderen natürlichen oder juristischen Personen als dem Emittenten angenommen wird.[6] Ausgenommen sind nach § 1 Abs. 2 S. 4 ZAG solche monetären Werte, die auf begrenzt nutzbaren Zahlungsinstrumenten im Sinne des § 2 Abs. 1 Nr. 10 ZAG gespeichert sind oder die für solche Zahlungsvorgänge genutzt werden, die unter den Voraussetzungen des § 2 Abs. 1 Nr. 11 ZAG von einem Anbieter elektronischer Kommunikationsnetze oder -dienste zusätzlich zu elektronischen Kommunikationsdiensten für einen Teilnehmer des Netzes oder Dienstes bereitgestellt werden. Unter die vorstehende Definition fallen sowohl kartengestütztes E-Geld (Kartengeld, so z.B. Guthaben auf einer Geldkarte) als auch serverbasiertes E-Geld (Netzgeld, z.B. Guthaben bei PayPal).[7] Mangels Bestehens einer Forderung gegen den Emittenten fallen dagegen bspw. Bitcoins nicht unter den Begriff des E-Geldes.[8] 6

Zu beachten sind bei der Ausführung von Zahlungsvorgängen mit E-Geld als Kleinbetragsinstrument insbesondere auch die besonderen Ausnahmen und Möglichkeiten abweichender Vereinbarungen nach § 675i BGB. Da die Ausgabe von E-Geld nicht schon vom Begriff der Erbringung von Zahlungsdiensten nach der ZDRL II und dem ZAG erfasst wäre,[9] schließt § 675c Abs. 2 BGB die sich so ergebende Lücke.[10] 7

D. Anwendung der Begriffsbestimmungen des ZAG und des KWG

Nach § 675c Abs. 3 finden die Begriffsbestimmungen der aufsichtsrechtlichen Regelungen des ZAG und des KWG Anwendung auf die Vorschriften der §§ 675c bis 676c BGB im vorliegenden Unterabschnitt.[11] 8

Dies betrifft insbesondere die Bestimmung des Begriffs des Zahlungsdienstes und des Zahlungsdienstleisters, auf die sogleich einzugehen sein wird. Durch die Erweiterung dieser Begriffe im ZAG in Umsetzung der Vorgaben der ZDRL II, wonach insbesondere Drittdienstleistungen wie Zahlungsauslösedienste und Kontoinformationsdienste 9

---

4 Siehe MK-Casper, 7. Aufl. 2017, § 675f BGB Rn. 41; Palandt-Sprau, 77. Aufl., § 675c BGB Rn. 8.
5 Begr Reg-Entw BT-Drs. 18/11495, S. 147.
6 Siehe Erman-von Westphalen, 15. Aufl., § 675f BGB Rn. 126.
7 So Erman-von Westphalen, 15. Aufl., § 675f BGB Rn. 127; Palandt-Sprau, 77. Aufl., § 675f BGB Rn. 62; Staudinger-Omlor, 2012, § 675c BGB Rn. 4; Werner, in: Bankrechtstag 2016, S. 145, 155 ff.
8 BeckOK-Schmalenbach, 43. Ed., § 675c BGB Rn. 9; Erman-von Westphalen, 15. Aufl., § 675c BGB Rn. 5.
9 Siehe EG 25 ZDRL II.
10 Siehe Begr Reg-Entw BT-Drs. 16/11643, S. 99. Vgl. auch Staudinger-Omlor, 2012, § 675c BGB Rn. 5.
11 Siehe Begr Reg-Entw BT-Drs. 16/11643, S. 99; MK-Casper, 7. Aufl. 2017, § 675f BGB Rn. 23; Palandt-Sprau, 77. Aufl., § 675c BGB Rn. 10.

neu als Zahlungsdienste zu erfassen waren, wird mittelbar auch der Anwendungsbereich der §§ 675c bis 676c BGB deutlich erweitert. Dagegen werden durch die Verweisungstechnik des § 675c Abs. 3 BGB noch nicht sämtliche aufsichtsrechtlichen Bestimmungen des ZAG und des KWG zu individualschützenden Normen im Zivilrecht erhoben. Insoweit kommt es vielmehr auf die Bestimmung des jeweiligen Vertragsinhalts bzw. auf die allgemeinen Grundsätze zur Bestimmung eines Schutzgesetzes nach § 823 Abs. 2 BGB an.[12]

E. Zahlungsdienst

10 Von besonderer Bedeutung unter den in Bezug genommenen Begriffsbestimmungen ist diejenige des Zahlungsdienstes, der in § 1 Abs. 1 S. 2 ZAG unter Berücksichtigung der Ausnahmen nach § 2 Abs. 1 ZAG legaldefiniert ist. Diese Definition bestimmt maßgeblich den Anwendungsbereich der §§ 675c bis 676c BGB. Schlagwortartig lässt sich diese Begriffsbestimmung dahingehend zusammenfassen, dass mit dem Begriff des Zahlungsdienstes alle Dienstleistungen gemeint sind, die die Ausführung einer Zahlung im Verhältnis zwischen dem Zahler und dem Zahlungsempfänger unterstützen sollen.[13]

11 Im Einzelnen ist zur Bestimmung des Begriffs des Zahlungsdienstes zunächst von dem Positivkatalog nach § 1 Abs. 1 S. 2 ZAG auszugehen, der in Umsetzung von Art. 4 Abs. 3 i.V.m. Anhang I ZDRL II die wesentlichen praxisrelevanten Zahlungsformen des bargeldlosen Zahlungsverkehrs erfasst.[14] In Umsetzung der ZDRL II wurde diese Liste zudem ergänzt um Zahlungsauslösedienste und Kontoinformationsdienste, die anders

---

12 Vgl. bspw. Begr Reg-Entw BT-Drs. 18/11495, S. 134.

13 Siehe Palandt-Sprau, 77. Aufl., § 675c BGB Rn. 3. Zu eng auch als vereinfachende Kurzdefinition dagegen wohl Staudinger-Omlor, 2012, § 675c BGB Rn. 8 und ebenso BeckOK-Schmalenbach, 43. Ed., § 675f BGB Rn. 8: Alle Zahlungsverfahren des bargeldlosen Zahlungsverkehrs.

14 § 1 Abs. 1 S. 2 ZAG lautet wie folgt:
Zahlungsdienste sind
1. die Dienste, mit denen Bareinzahlungen auf ein Zahlungskonto ermöglicht werden, sowie alle für die Führung eines Zahlungskontos erforderlichen Vorgänge (Einzahlungsgeschäft);
2. die Dienste, mit denen Barauszahlungen von einem Zahlungskonto ermöglicht werden, sowie alle für die Führung eines Zahlungskontos erforderlichen Vorgänge (Auszahlungsgeschäft);
3. die Ausführung von Zahlungsvorgängen einschließlich der Übermittlung von Geldbeträgen auf ein Zahlungskonto beim Zahlungsdienstleister des Nutzers oder bei einem anderen Zahlungsdienstleister durch
   a) die Ausführung von Lastschriften einschließlich einmaliger Lastschriften (Lastschriftgeschäft),
   b) die Ausführung von Zahlungsvorgängen mittels einer Zahlungskarte oder eines ähnlichen Zahlungsinstruments (Zahlungskartengeschäft),
   c) die Ausführung von Überweisungen einschließlich Daueraufträgen (Überweisungsgeschäft),

   jeweils ohne Kreditgewährung (Zahlungsgeschäft);
4. die Ausführung von Zahlungsvorgängen im Sinne der Nummer 3, die durch einen Kreditrahmen für einen Zahlungsdienstnutzer im Sinne des § 3 Absatz 4 gedeckt sind (Zahlungsgeschäft mit Kreditgewährung);
5. die Ausgabe von Zahlungsinstrumenten oder die Annahme und Abrechnung von Zahlungsvorgängen (Akquisitionsgeschäft);
6. die Dienste, bei denen ohne Einrichtung eines Zahlungskontos auf den Namen des Zahlers oder des Zahlungsempfängers ein Geldbetrag des Zahlers nur zur Übermittlung eines entsprechenden Betrags an einen Zahlungsempfänger oder an einen anderen, im Namen des Zahlungsempfängers handelnden Zahlungsdienstleister entgegengenommen wird oder bei dem der Geldbetrag im Namen des Zahlungsempfängers entgegengenommen und diesem verfügbar gemacht wird (Finanztransfergeschäft);
7. Zahlungsauslösedienste;
8. Kontoinformationsdienste.

als nach früherem Recht nunmehr auch als Zahlungsdienste anzusehen sind und damit grundsätzlich dem ZAG und der Anwendung der §§ 675c bis 676c BGB unterfallen.[15]

Sodann ist als Legalausnahme zu diesem Positivkatalog die Liste von Diensten (Negativkatalog)[16] nach § 2 Abs. 1 ZAG zu beachten, bei denen es sich nach dem Willen des Gesetzgebers gerade nicht um Zahlungsdienste handeln soll, auch wenn die Voraussetzungen des § 1 Abs. 1 S. 2 ZAG erfüllt sind.[17] Diese Liste ausgenommener Dienste beruht **12**

---

15 Zu Einzelheiten zu Zahlungsauslösediensten und Kontoinformationsdiensten siehe zu § 675f BGB Rn. 156 ff.

16 Siehe Staudinger-Omlor, 2012, § 675c BGB Rn. 7.

17 § 2 Abs. 1 ZAG lautet wie folgt:

Als Zahlungsdienste gelten nicht

1. Zahlungsvorgänge, die ohne zwischengeschaltete Stellen ausschließlich als unmittelbare Bargeldzahlung vom Zahler an den Zahlungsempfänger erfolgen;
2. Zahlungsvorgänge zwischen Zahler und Zahlungsempfänger über einen Zentralregulierer oder Handelsvertreter, der aufgrund einer Vereinbarung befugt ist, den Verkauf oder Kauf von Waren oder Dienstleistungen nur im Namen des Zahlers oder nur im Namen des Zahlungsempfängers auszuhandeln oder abzuschließen;
3. der gewerbsmäßige Transport von Banknoten und Münzen einschließlich ihrer Entgegennahme, Bearbeitung und Übergabe;
4. Dienste, bei denen der Zahlungsempfänger dem Zahler Bargeld im Rahmen eines Zahlungsvorgangs aushändigt, nachdem ihn der Zahlungsdienstnutzer kurz vor der Ausführung eines Zahlungsvorgangs zum Erwerb von Waren oder Dienstleistungen ausdrücklich hierum gebeten hat;
5. Geldwechselgeschäfte, die bar abgewickelt werden;
6. Zahlungsvorgänge, denen eines der folgenden Dokumente zugrunde liegt, das auf den Zahlungsdienstleister gezogen ist und die Bereitstellung von Geldern an einen Zahlungsempfänger vorsieht:
   a) ein Scheck in Papierform im Sinne des Scheckgesetzes oder ein vergleichbarer Scheck in Papierform nach dem Recht eines anderen Mitgliedstaates oder eines anderen Vertragsstaates des Abkommens über den Europäischen Wirtschaftsraum,
   b) ein Wechsel in Papierform im Sinne des Wechselgesetzes oder ein vergleichbarer Wechsel in Papierform nach dem Recht eines anderen Mitgliedstaates oder eines anderen Vertragsstaates des Abkommens über den Europäischen Wirtschaftsraum,
   c) ein Gutschein in Papierform,
   d) ein Reisescheck in Papierform oder
   e) eine Postanweisung in Papierform im Sinne der Definition des Weltpostvereins;
7. Zahlungsvorgänge, die innerhalb eines Zahlungs- oder Wertpapierabwicklungssystems zwischen Zahlungsausgleichsagenten, zentralen Gegenparteien, Clearingstellen oder Zentralbanken und anderen Teilnehmern des Systems und Zahlungsdienstleistern abgewickelt werden;
8. Zahlungsvorgänge im Zusammenhang mit der Bedienung von Wertpapieranlagen, die von den unter Nummer 7 fallenden Unternehmen oder von Kreditinstituten, Finanzdienstleistungsinstituten oder Kapitalverwaltungsgesellschaften im Rahmen ihrer Erlaubnis nach dem Kreditwesengesetz oder dem Kapitalanlagegesetzbuch durchgeführt werden;
9. Dienste, die von technischen Dienstleistern erbracht werden, die zwar zur Erbringung der Zahlungsdienste beitragen, jedoch zu keiner Zeit in den Besitz der zu übertragenden Gelder gelangen; hierzu zählen die Verarbeitung und Speicherung von Daten, vertrauensbildende Maßnahmen und Dienste zum Schutz der Privatsphäre, Nachrichten- und Instanzenauthentisierung, Bereitstellung von Informationstechnologie- und Kommunikationsnetzen sowie Bereitstellung und Wartung der für Zahlungsdienste genutzten Endgeräte und Einrichtungen; jeweils mit Ausnahme von Zahlungsauslösediensten und Kontoinformationsdiensten;
10. Dienste, die auf Zahlungsinstrumenten beruhen, die
   a) für den Erwerb von Waren oder Dienstleistungen in den Geschäftsräumen des Emittenten oder innerhalb eines begrenzten Netzes von Dienstleistern im Rahmen einer Geschäftsvereinbarung mit einem professionellen Emittenten,
   b) für den Erwerb eines sehr begrenzten Waren- oder Dienstleistungsspektrums eingesetzt werden können, oder
   c) beschränkt sind auf den Einsatz im Inland und auf Ersuchen eines Unternehmens oder einer öffentlichen Stelle für bestimmte soziale oder steuerliche Zwecke nach Maßgabe öffentlich-

auf den Vorgaben aus Art. 3 ZDRL II und erfasst unter anderem solche Dienste, bei denen zwar Zahlungsvorgänge abgewickelt werden, ohne dass aber – wegen der begrenzten Natur der Dienstleistung – über das Verhältnis der beteiligten Parteien hinaus eine weitergehende Relevanz als Teil des Zahlungssystems bzw. im Hinblick auf dessen Sicherheit zu bejahen ist. Für die Einzelheiten dieser Begriffe wird weitergehend auf die einschlägige Kommentierung verwiesen.[18]

F. Zahlungsdienstleister

13 Der Begriff des Zahlungsdienstleisters ist in § 1 Abs. 1 S. 1 ZAG legaldefiniert.[19] Die dortige Begriffsbestimmung ist weit gefasst und beinhaltet insbesondere mit der Kategorie des Zahlungsinstituts nach § 1 Abs. 1 S. 1 Nr. 1 ZAG einen allgemeinen Auffangtatbestand,[20] der alle Unternehmen erfasst, die gewerbsmäßig oder in einem Umfang, der

---

rechtlicher Bestimmungen für den Erwerb der darin bestimmten Waren oder Dienstleistungen von Anbietern, die eine gewerbliche Vereinbarung mit dem Emittenten geschlossen haben, bereitgestellt werden;

11. Zahlungsvorgänge, die von einem Anbieter elektronischer Kommunikationsnetze oder -dienste zusätzlich zu elektronischen Kommunikationsdiensten für einen Teilnehmer des Netzes oder Dienstes bereitgestellt werden und die
    a) im Zusammenhang stehen mit dem Erwerb von digitalen Inhalten und Sprachdiensten, ungeachtet des für den Erwerb oder Konsum des digitalen Inhalts verwendeten Geräts, und die auf der entsprechenden Rechnung abgerechnet werden, oder
    b) von einem elektronischen Gerät aus oder über dieses ausgeführt und auf der entsprechenden Rechnung im Rahmen einer gemeinnützigen Tätigkeit oder für den Erwerb von Tickets abgerechnet werden,

sofern der Wert einer Einzelzahlung 50 Euro nicht überschreitet und der kumulative Wert der Zahlungsvorgänge eines einzelnen Teilnehmers monatlich 300 Euro nicht überschreitet;

12. Zahlungsvorgänge, die zwischen Zahlungsdienstleistern, ihren Agenten oder Zweigniederlassungen auf eigene Rechnung ausgeführt werden;
13. Zahlungsvorgänge und damit verbundene Dienste innerhalb eines Konzerns oder zwischen Mitgliedern einer kreditwirtschaftlichen Verbundgruppe;
14. Bargeldabhebungsdienste, vorausgesetzt, dass dieser Dienstleister keine anderen Zahlungsdienste erbringt;
15. die nicht gewerbsmäßige Entgegennahme und Übergabe von Bargeld im Rahmen einer gemeinnützigen Tätigkeit oder einer Tätigkeit ohne Erwerbszweck.

18 Siehe speziell zu den Änderungen durch die ZDRL II auch Bauer/Glos, DB 2016, 456, 458 ff.; Terlau, ZBB/JBB 2016, 122, 125 ff.

19 § 1 Abs. 1 S. 1 ZAG lautet wie folgt:
Zahlungsdienstleister sind

1. Unternehmen, die gewerbsmäßig oder in einem Umfang, der einen in kaufmännischer Weise eingerichteten Geschäftsbetrieb erfordert, Zahlungsdienste erbringen, ohne Zahlungsdienstleister im Sinne der Nummern 2 bis 5 zu sein (Zahlungsinstitute);
2. E-Geld-Institute im Sinne des Absatzes 2 Satz 1 Nummer 1, die im Inland zum Geschäftsbetrieb nach diesem Gesetz zugelassen sind, sofern sie Zahlungsdienste erbringen;
3. CRR-Kreditinstitute im Sinne des § 1 Absatz 3d Satz 1 des Kreditwesengesetzes, die im Inland zum Geschäftsbetrieb zugelassen sind, sowie die Kreditanstalt für Wiederaufbau, sofern sie Zahlungsdienste erbringen;
4. die Europäische Zentralbank, die Deutsche Bundesbank sowie andere Zentralbanken in der Europäischen Union oder den anderen Vertragsstaaten des Abkommens über den Europäischen Wirtschaftsraum, soweit sie außerhalb ihrer Eigenschaft als Währungsbehörde oder andere Behörde Zahlungsdienste erbringen;
5. der Bund, die Länder, die Gemeinden und Gemeindeverbände sowie die Träger bundes- oder landesmittelbarer Verwaltung, einschließlich der öffentlichen Schuldenverwaltung, der Sozialversicherungsträger und der Bundesagentur für Arbeit, soweit sie außerhalb ihres hoheitlichen Handelns Zahlungsdienste erbringen.

20 Siehe MK-Casper, 7. Aufl. 2017, § 675f BGB Rn. 31.

einen in kaufmännischer Weise eingerichteten Geschäftsbetrieb erfordert, Zahlungsdienste erbringen. Daneben sind auch ohne ein solches Umfangserfordernis erfasst, jeweils wenn diese Einrichtungen Zahlungsdienste erbringen, E-Geld-Institute (§ 1 Abs. 1 S. 1 Nr. 2 ZAG), Kreditinstitute, die als CRR-Kreditinstitute im Sinne von § 1 Abs. 3d S. 1 KWG von Art. 4 Abs. 1 Nr. 1 der Capital Requirements Regulation erfasst sind[21] (§ 1 Abs. 1 S. 1 Nr. 3 ZAG), Zentralbanken außerhalb des Bereichs ihres Tätigwerdens als Währungs- oder sonstige Behörde (§ 1 Abs. 1 S. 1 Nr. 4 ZAG) und die öffentliche Hand bei Erbringung von Zahlungsdiensten außerhalb des Bereichs hoheitlichen Handelns (§ 1 Abs. 1 S. 1 Nr. 5 ZAG).

Es kann nur dann von der Erbringung von Zahlungsdiensten durch ein Zahlungsin- 14
stitut gesprochen werden, wenn der Dienstleister als Unternehmen handeln will, d.h. wenn er sein Unternehmen auf eigene Gefahr und Kosten selbständig leitet.[22] Diese dem § 1 Abs. 1 S. 1 ZAG immanente Beschränkung grenzt den Begriff des Zahlungsinstituts insbesondere zu Personen ab, die die betreffenden Dienstleistungen im Rahmen eines Beschäftigungsverhältnisses erbringen.

G. Begriff des Zahlungsdienstnutzers

Der Begriff des Zahlungsdienstnutzers wird in § 675f Abs. 1 BGB unter weiterer Be- 15
zugnahme auf Begrifflichkeiten des ZAG legaldefiniert und soll hier des Sachzusammenhangs halber als Gegenstück zum Begriff des Zahlungsdienstleisters im Sinne des § 1 Abs. 1 S. 1 ZAG erläutert werden.

Nach § 675f Abs. 1 BGB ist der Zahlungsdienstnutzer eine Person, die einen Zahlungs- 16
dienst als Zahler, Zahlungsempfänger oder in beiden Eigenschaften in Anspruch nimmt. Die in dieser Definition verwendeten Begriffe des Zahlungsdienstes, des Zahlers und des Zahlungsempfängers verweisen wiederum auf die Begriffsbestimmungen des ZAG.

Hinsichtlich des Begriffs des Zahlungsdienstes kann auf die obigen Ausführungen 17
verwiesen werden. Der Begriff des Zahlers wird in § 1 Abs. 15 ZAG legaldefiniert als eine natürliche oder juristische Person, die Inhaber eines Zahlungskontos ist und die Ausführung eines Zahlungsauftrags von diesem Zahlungskonto gestattet oder, falls kein Zahlungskonto vorhanden ist, eine natürliche oder juristische Person, die den Zahlungsauftrag erteilt.[23]

Der in § 675f Abs. 1 BGB ebenfalls verwendete Begriff des Zahlungsempfängers wird 18
in § 1 Abs. 16 ZAG legaldefiniert als eine natürliche oder juristische Person, die den Geldbetrag, der Gegenstand eines Zahlungsvorgangs ist, als Empfänger erhalten soll.[24]

Der Begriff des Zahlungsdienstnutzers erfasst demnach sowohl natürliche wie auch 19
juristische Personen, Inhaber von Zahlungskonten und Personen ohne ein solches Konto sowie auch Verbraucher wie auch Unternehmer. Das Recht des Zahlungsdienstevertrags ist folglich weder auf Rechtsgeschäfte im Zusammenhang mit der Führung von Zahlungskonten beschränkt und es ist auch kein allein verbraucherschützendes Recht, wobei in Bezug auf Nicht-Verbraucher allerdings nach § 675e Abs. 4 BGB eine teilweise Abdingbarkeit der zugunsten Verbrauchern grundsätzlich zwingenden Bestimmungen der §§ 675c bis 676c BGB zugelassen wird.[25]

---

21 Verordnung (EU) Nr. 575/2013 des Europäischen Parlaments und des Rates vom 26.6.2013 über Aufsichtsanforderungen an Kreditinstitute und Wertpapierfirmen und zur Änderung der Verordnung (EU) Nr. 646/2012 (ABl. L 176 vom 27.6.2013, S. 1).
22 Siehe BGH, Urt. v. 16.1.2018 – VI ZR 474/16, juris Rn. 11 f., WM 2018, 610.
23 Die Definition beruht auf Art. 4 Nr. 8 ZDRL II, siehe Begr Reg-Entw BT-Drs. 18/11495, S. 109.
24 Die Definition beruht auf Art. 4 Nr. 9 ZDRL II, siehe Begr Reg-Entw BT-Drs. 18/11495, S. 110.
25 Siehe zu § 675e BGB Rn. 14.

H. Regelung von Kontoinformationsdiensten nach § 675c Abs. 4 BGB

20 Wesentlicher Inhalt der Neuregelung des europäischen Zahlungsdiensterechts durch die ZDRL II und in der Folge auch der deutschen Umsetzungsgesetzgebung war die Erstreckung des Begriffs des Zahlungsdienstes auf die Erbringung von Kontoinformationsdiensten.[26] Hierbei handelt es sich um Online-Dienste zur Mitteilung konsolidierter Informationen über ein Zahlungskonto oder mehrere Zahlungskonten des Zahlungsdienstnutzers bei einem oder mehreren anderen Zahlungsdienstleistern.[27]

21 Zwar handelt es sich bei Kontoinformationsdiensten um einen Zahlungsdienst im Sinne des ZAG, aufgrund der Sonderregelung des § 675c Abs. 4 BGB finden aber von den Vorschriften der §§ 675c bis 676c BGB lediglich die Regelungen zu Informationspflichten nach § 675d Abs. 2 S. 2 sowie Abs. 3 BGB Anwendung auf Kontoinformationsdienste. Ein Kontoinformationsdienstleister nimmt selbst keinen Zahlungsvorgang vor, so dass die Anwendung des Pflichtenprogramms der übrigen Vorschriften dieses Untertitels nicht sachgerecht wäre.[28] Auf die Erläuterungen zu den danach auf Kontoinformationsdienste anzuwendenden Informationspflichten kann verwiesen werden.[29]

22 Zu bemerken ist, dass durch die Regelungstechnik des § 675c Abs. 4 BGB, die lediglich auf die § 675d Abs. 2 S. 2 sowie Abs. 3 BGB verweist, nicht aber beispielsweise auch auf § 675d Abs. 4 BGB, Kontoinformationsdienstleister nicht an die allgemeine Regelung aus § 675d Abs. 4 BGB gebunden sind, wonach Zahlungsdienstleister ein Entgelt für die Erfüllung ihrer Informationspflichten nur dann verlangen dürfen, wenn sie auf Verlangen des Zahlungsdienstnutzers über das geschuldete Maß hinausgehen: Kontoinformationsdienstleister dürfen also ein Entgelt für die Erfüllung ihrer gesetzlichen Informationspflichten verlangen.[30]

§ 675d BGB
Unterrichtung bei Zahlungsdiensten

(1) Zahlungsdienstleister haben Zahlungsdienstnutzer bei der Erbringung von Zahlungsdiensten über die in Artikel 248 §§ 1 bis 12, 13 Absatz 1, 3 bis 5 und §§ 14 bis 16 des Einführungsgesetzes zum Bürgerlichen Gesetzbuche bestimmten Umstände in der dort vorgesehenen Form zu unterrichten.

(2) Zahlungsauslösedienstleister haben Zahler ausschließlich über die in Artikel 248 § 13 Absatz 1 bis 3 und § 13a des Einführungsgesetzes zum Bürgerlichen Gesetzbuche bestimmten Umstände in der Form zu unterrichten, die in Artikel 248 §§ 2 und 12 des Einführungsgesetzes zum Bürgerlichen Gesetzbuche vorgesehen ist. Kontoinformationsdienstleister haben Zahlungsdienstnutzer über die in Artikel 248 §§ 4 und 13 Absatz 1 des Einführungsgesetzes zum Bürgerlichen Gesetzbuche bestimmten Umstände zu unterrichten; sie können die Form und den Zeitpunkt der Unterrichtung mit dem Zahlungsdienstnutzer vereinbaren.

(3) Ist die ordnungsgemäße Unterrichtung streitig, so trifft die Beweislast den Zahlungsdienstleister.

26 Siehe Begr Reg-Entw BT-Drs. 18/11495, S. 147; MK-Casper, 7. Aufl. 2017, § 675f BGB Rn. 13a.
27 § 1 Abs. 34 ZAG. Siehe eingehend zu § 675f BGB Rn. 170 ff.
28 Siehe Begr Reg-Entw BT-Drs. 18/11495, S. 147 f.; Palandt-Sprau, 77. Aufl., § 675c BGB Rn. 13.
29 Siehe zu § 675d BGB Rn. 25 ff.
30 Begr Reg-Entw BT-Drs. 18/11495, S. 148; Palandt-Sprau, 77. Aufl., § 675c BGB Rn. 13.

(4) Für die Unterrichtung darf der Zahlungsdienstleister mit dem Zahlungsdienstnutzer nur dann ein Entgelt vereinbaren, wenn die Information auf Verlangen des Zahlungsdienstnutzers erbracht wird und der Zahlungsdienstleister

1. diese Information häufiger erbringt, als in Artikel 248 §§ 1 bis 16 des Einführungsgesetzes zum Bürgerlichen Gesetzbuche vorgesehen,
2. eine Information erbringt, die über die in Artikel 248 §§ 1 bis 16 des Einführungsgesetzes zum Bürgerlichen Gesetzbuche vorgeschriebenen hinausgeht, oder
3. diese Information mithilfe anderer als der im Zahlungsdiensterahmenvertrag vereinbarten Kommunikationsmittel erbringt.

Das Entgelt muss angemessen und an den tatsächlichen Kosten des Zahlungsdienstleisters ausgerichtet sein.

(5) Zahlungsempfänger, Dienstleister, die Bargeldabhebungsdienste erbringen, und Dritte unterrichten über die in Artikel 248 §§ 17 bis 18 des Einführungsgesetzes zum Bürgerlichen Gesetzbuche bestimmten Umstände. Der Zahler ist nur dann verpflichtet, die Entgelte gemäß Artikel 248 § 17 Absatz 2 und § 18 des Einführungsgesetzes zum Bürgerlichen Gesetzbuche zu entrichten, wenn deren volle Höhe vor der Auslösung des Zahlungsvorgangs bekannt gemacht wurde.

(6) Die Absätze 1 bis 5 sind nicht anzuwenden auf

1. die Bestandteile eines Zahlungsvorgangs, die außerhalb des Europäischen Wirtschaftsraums getätigt werden, wenn
   a) der Zahlungsvorgang in der Währung eines Staates außerhalb des Europäischen Wirtschaftsraums erfolgt und sowohl der Zahlungsdienstleister des Zahlers als auch der Zahlungsdienstleister des Zahlungsempfängers innerhalb des Europäischen Wirtschaftsraums belegen ist
   oder
   b) bei Beteiligung mehrerer Zahlungsdienstleister an dem Zahlungsvorgang von diesen Zahlungsdienstleistern mindestens einer innerhalb und mindestens einer außerhalb des Europäischen Wirtschaftsraums belegen ist;
2. Zahlungsvorgänge, bei denen keiner der beteiligten Zahlungsdienstleister innerhalb des Europäischen Wirtschaftsraums belegen ist.

In den Fällen des Satzes 1 Nummer 1 sind die Informationspflichten nach Artikel 248 § 4 Absatz 1 Nummer 2 Buchstabe e, § 6 Nummer 1 sowie § 13 Absatz 1 Satz 1 Nummer 2 des Einführungsgesetzes zum Bürgerlichen Gesetzbuche auch auf die innerhalb des Europäischen Wirtschaftsraums getätigten Bestandteile des Zahlungsvorgangs nicht anzuwenden. Gleiches gilt im Fall des Satzes 1 Nummer 1 Buchstabe b für die Informationspflicht nach Artikel 248 § 4 Absatz 1 Nummer 5 Buchstabe g des Einführungsgesetzes zum Bürgerlichen Gesetzbuche.

Systematische Übersicht

A. Allgemeines

1 § 675d BGB regelt die vertraglichen sowie vorvertraglichen Informationspflichten des Zahlungsdienstleisters sowie auch weiterer Beteiligter (Zahlungsempfänger, Bargeldabhebungsdienstleister und anderer Dritter), soweit sie auf der Umsetzung der insoweit vollharmonisierenden Regelungen der ZDRL I bzw. nunmehr der ZDRL II[1] beruhen. Ziel der Regelung der Informationspflichten des Zahlungsdienstleisters ist es insbesondere, die Vertragsbedingungen und -informationen zu Zahlungsdiensten für Zahlungsdienstnutzer transparent zu gestalten und sicherzustellen, dass Zahlungsdienstleister insoweit einem EU-weit harmonisierten Anforderungskatalog unterliegen.[2]

2 § 675d BGB verweist hinsichtlich der Einzelinhalte der Informationspflichten und der Art und Weise ihrer Erfüllung auf die Detailregelungen des Art. 248 §§ 1 bis 18 EGBGB;[3] zusammen setzen diese Bestimmungen die Informationspflichten zunächst aus den Artt. 30 bis 50 ZDRL I und bzw. nunmehr der Artt. 38 bis 60 ZDRL II um. Im Rahmen der Umsetzung der ZDRL II wurde § 675d BGB insbesondere um neue Sonderregelungen zu den Informationspflichten von Zahlungsauslösedienstleistern und Kontoinformationsdienstleistern in § 675d Abs. 2 BGB n.F.[4] sowie zu Bargeldabhebungsdienstleistern in § 675d Abs. 5 S. 1 BGB n.F. ergänzt.[5] Weitere einzelne Änderungen zum Inhalt der Informationspflichten im Detail sind in den Art. 248 §§ 1 bis 18 EGBGB umgesetzt worden.[6]

3 Eine bedeutsamere Neuregelung hat schließlich der Anwendungsbereich der Informationspflichten nach § 675d BGB im Rahmen der Umsetzung der ZDRL II erfahren:[7] Nach der Regelung des § 675d Abs. 1 S. 2 BGB a.F. war die Anwendung der Informationspflichten des Zahlungsdienstleisters auf solche Fälle beschränkt, in denen die Zahlungsvorgänge in einer EWR-Währung und unter Beteiligung lediglich von innerhalb des EWR belegenen Zahlungsdienstleisters erbracht wurden. In Umsetzung der ZDRL II ist der Anwendungsbereich des § 675d BGB n.F. dagegen nunmehr erweitert worden auch auf Zahlungsvorgänge in einer Nicht-EWR-Währung sowie auf die innerhalb des EWR erbrachten Bestandteile von Zahlungsvorgängen, die unter Beteiligung auch eines außerhalb des EWR belegenen Zahlungsdienstleisters erbracht wurden (One-leg-Transak-

1 Zum vollharmonisierenden Charakter der Regelungen siehe EG 54 ZDRL II.
2 Siehe die Begründung des Regierungsentwurfs zur Umsetzung der Zweiten Zahlungsdiensterichtlinie, BT-Drs. 18/11495, S. 149; ebenso bereits die Begründung des Regierungsentwurfs zur Umsetzung des zivilrechtlichen Teils der Zahlungsdiensterichtlinie, BT-Drs. 16/11643, S. 99.
3 Zur Regelungstechnik MK-Casper, 7. Aufl. 2017, § 675d BGB Rn. 2.
4 Dazu siehe unter Rn. 21 ff.
5 Dazu siehe unter Rn. 32.
6 Zum Text von Art. 248 §§ 1 bis 18 EGBGB siehe unten Rn. 62.
7 Siehe allgemein Begr Reg-Entw, BT-Drs. 18/11495, S. 148 f.

tionen). Dies ist nunmehr ausdifferenziert und unter Berücksichtigung auch einzelner Sonderausnahmen in § 675d Abs. 6 BGB n.F. geregelt.[8]

Die Informationspflichten nach § 675d BGB i.V.m. Art. 248 §§ 1 bis 18 EGBGB sind 4
nicht abschließend. Von Bedeutung sind insbesondere die im ZKG geregelten besonderen Informationspflichten von Zahlungsdienstleistern als Anbietern von Verbraucher-Zahlungskonten im Allgemeinen oder von Basiskonten im Besonderen,[9] die zu den allgemeinen Verpflichtungen nach § 675d BGB i.V.m. Art. 248 §§ 1 bis 18 EGBGB hinzutreten.

B. Informationen in Textform und auf einem dauerhaften Datenträger

Zur Form der von Zahlungsdienstleistern geschuldeten Informationen verwendet 5
Art. 248 § 3 EGBGB den Begriff der Mitteilung auf einem dauerhaften Datenträger. Dieser Begriff ersetzt für die Informationspflichten nach § 675d BGB i.V.m. Art. 248 EGBGB den zuvor verwendeten Begriff der Textform im Sinne des § 126b BGB,[10] der allerdings als solcher weiterhin für Informationspflichten nach dem ZKG zu beachten bleibt.[11] Im Übrigen besteht weitgehende Identität der beiden Begriffe, da die Verwendung eines dauerhaften Datenträgers aus im Rahmen der Textform vorausgesetzt wird; Unterschiede bestehen lediglich dahingehend, dass Art. 248 § 3 EGBGB anders als bei Verwendung des Begriffs der Textform selbst eine Lesbarkeit der Informationen nicht mehr voraussetzt.

Lesbarkeit bei Informationen in Textform: § 126b S. 1 BGB verlangt für die gesetz- 6
liche Textform das Vorliegen einer lesbaren Erklärung, in der die Person des Erklärenden genannt ist. Die Lesbarkeit setzt in der Regel eine Darstellung in Schriftzeichen voraus.[12] Indem für Art. 248 § 3 EGBGB auf dieses Merkmal verzichtet wird, könnte dort auch eine Tondatei genügen.

Dauerhafter Datenträger: § 126b S. 2 BGB enthält eine Definition des Begriffs des 7
dauerhaften Datenträgers. Diese Begriffsdefinition gilt sowohl als zusätzliches Erfordernis des Begriffs der Textform i.S.d. § 126b BGB wie auch für Fälle der eigenständigen Verwendung des Begriffs des dauerhaften Datenträgers, z.B. in Art. 248 § 3 EGBGB. Danach gilt als ein dauerhafter Datenträger ein Medium, das es dem Empfänger ermöglicht, eine darauf befindliche, an ihn persönlich gerichtete Erklärung so aufzubewahren oder zu speichern, dass sie ihm während eines für ihren Zweck angemessenen Zeitraums zugänglich ist, und das geeignet ist, die Erklärung unverändert wiederzugeben. Als ein solches Medium kommen neben Papier auch elektronische (z.B. Speicherkarten, USB-Sticks),[13] optische (z.B. CD, DVD)[14] und magnetische (z.B. Festplatte)[15] Datenträger in Betracht; elektronische Dateien können sowohl auf mobilen oder stationären Endgeräten des Nutzers wie auch auf Serverlaufwerken gespeichert sein.[16]

---

8 Dazu siehe unter Rn. 38 ff.
9 Dazu siehe unter Rn. 57 ff.
10 Siehe so auch die Begründung des Regierungsentwurfs zur Umsetzung der Verbraucherrechterichtlinie und zur Änderung des Gesetzes zur Regelung der Wohnungsvermittlung, BT-Drs. 17/12637, S. 44;
11 Dazu siehe unter Rn. 47.
12 Siehe die Begründung des Regierungsentwurfs zum Gesetz zur Anpassung der Formvorschriften des Privatrechts und anderer Vorschriften an den modernen Rechtsgeschäftsverkehr, BT-Drs. 14/4987, S. 18.
13 Begr Reg-Entw, BT-Drs. 17/12637, S. 44; Palandt-Ellenberger, 77. Aufl., § 126b BGB Rn. 3; Zahrte, BKR 2017, 279, 280.
14 Begr Reg-Entw, a.a.O.; Palandt-Ellenberger, 77. Aufl., § 126b BGB Rn. 3.
15 Begr Reg-Entw, a.a.O.; Palandt-Ellenberger, 77. Aufl., § 126b BGB Rn. 3.
16 Zahrte, BKR 2017, 279, 280.

8 Geht die Unterrichtung nicht mit der Übergabe eines körperlichen Datenträgers einher, kann allerdings die Dauerhaftigkeit problematisch sein: Die Zusendung einer E-Mail an das eigene E-Mail-Postfach des Empfängers bei dessen eigenem E-Mail-Host (d.h. wenn dieser nicht vom Absender selbst betrieben wird) wird hier als genügend angesehen,[17] wobei es ausreicht, dass der Empfänger die Möglichkeit hat, diese Informationen auszudrucken und abzuspeichern, ohne dass es darauf ankommt, ob er dies auch tatsächlich getan hat.[18] Bei sonstigen servergespeicherten Informationen im Internet ist zu unterscheiden: Die Anzeige von Informationen (lediglich) auf einer vom Absender selbst betriebenen Internetseite, die vom Absender selbst jederzeit geändert werden kann, genügt nicht; hier ist vielmehr das Herunterladen entscheidend.[19] Eine Zusendung von Informationen an eine Mailbox auf einer besonderen E-Banking-Website genügt nur dann als Unterrichtung auf einem dauerhaften Datenträger, wenn der Zahlungsdienstnutzer die an ihn gerichteten Informationen derart speichern kann, dass er sie in der Folge für eine angemessene Dauer einsehen kann und ihm die unveränderte Wiedergabe gespeicherter Informationen möglich ist, ohne dass ihr Inhalt durch den Zahlungsdienstleister oder einen Administrator einseitig geändert werden kann.[20] Weitere Probleme wirft die Unterrichtung durch das Einstellen auf Internetseiten bzw. durch die Versendung an eine Mailbox auf der E-Banking-Website sodann auch im Hinblick auf die Unterscheidung zwischen einer Mitteilung und einer Zurverfügungstellung von Informationen auf, dazu siehe sogleich.

C. Unterrichtung, Mitteilung und Zurverfügungstellung von Informationen in Textform

9 Neben diesen Anforderungen zur Form sind nach der den Regelungen der Informationspflichten in § 675d BGB sowie in Art. 248 EGBGB zugrunde liegenden allgemeinen Systematik hinsichtlich der geschuldeten Art und Weise der Erfüllung von Informationspflichten die nachstehend zu erläuternden Begrifflichkeiten zu unterscheiden.[21] Je nach verwendetem Begriff ist zu unterscheiden, in welcher Art und Weise der jeweilige Zahlungsdienstleister verpflichtet ist, die betreffenden Informationen zu geben. Diese Unterscheidung soll es ermöglichen, trotz umfangreicher Anforderungen an die Kundeninformation einerseits den Bedürfnissen des Nutzers, andererseits aber auch den technischen Aspekten und der Kosteneffizienz Rechnung zu tragen,[22] indem der Zahlungsdienstleister zum Betreiben unterschiedlichen Aufwandes in der Erfüllung der Informationspflicht verpflichtet wird.

10 **Zurverfügungstellung oder Zugänglichmachung:** Sofern der Wortlaut der betreffenden Informationspflicht davon spricht, dass ein Zahlungsdienstleister dem Zahlungsdienstnutzer eine Information zur Verfügung zu stellen oder zugänglich zu machen hat,

---

17 Begr Reg-Entw, BT-Drs. 17/12637, S. 44; Palandt-Ellenberger, 77. Aufl., § 126b BGB Rn. 3; Zahrte, BKR 2017, 279, 280.

18 MK-Einsele, 7. Auf., § 126b BGB Rn. 6; Palandt-Ellenberger, 77. Aufl., § 126b BGB Rn. 3.

19 Siehe EuGH, Urt. v. 5.7.2012 – C 49/11, juris Ls., ABl EU 2012, Nr C 287, 8; BGH, Urt. v. 29.4.2010 – I ZR 66/08, juris Rn. 19, WM 2010, 2126; so auch Begr Reg-Entw, BT-Drs. 17/12637, S. 44; Palandt-Ellenberger, 77. Aufl., § 126b BGB Rn. 2; Zahrte, BKR 2017, 279, 280.

20 Siehe EuGH, Urt. v. 25.1.2017 – C 375/15, juris Ls., ABl EU 2017, Nr. C 78, 3; dazu Zahrte, BKR 2017, 279, 283.

21 Diese Unterscheidung wurde in den §§ 675c ff. BGB mit der Umsetzung der ZDRL I eingeführt (siehe Begr Reg-Entw, BT-Drs. 16/11643, S. 100) und ist im Rahmen der Umsetzung der ZDRL II unverändert geblieben.

22 Siehe Begr Reg-Entw, BT-Drs. 16/11643, S. 100.

genügt es, wenn der Zahlungsdienstleister die Informationen nur zur Anforderung bereitstellt und sie bei Anforderung einsehbar macht. Informationen sind dem Zahlungsdienstnutzer auch dann zur Verfügung gestellt oder zugänglich gemacht, wenn es über diese Bereitstellung durch den des Zahlungsdienstleister hinaus noch einer aktiven Beteiligung des Zahlungsdienstnutzers bedarf,[23] damit dieser die Informationen zur Kenntnis nehmen kann.

Als eine Zurverfügungstellung oder Zugänglichmachung von Informationen genügt 11 es beispielsweise, wenn gedruckte Informationen in den Schalterräumen eines Kreditinstituts ausliegen[24] oder wenn Informationen auf Anfrage versandt werden[25] oder von der Homepage des Zahlungsdienstleisters herunterladbar sind.[26] Dasselbe gilt für den Fall, dass der Zahlungsdienstnutzer die Informationen erlangen kann, indem er sich in die Mailbox eines online geführten Zahlungskontos (E-Banking-Website) einloggt oder eine Kontokarte in einen Kontoauszugsdrucker einführt.[27]

Mitteilung oder Übermittlung: Hat ein Zahlungsdienstleister dagegen eine Infor- 12 mation mitzuteilen oder zu übermitteln, so muss dies seitens des Zahlungsdienstleisters von sich aus erfolgen, ohne dass der Zahlungsdienstnutzer die Informationen ausdrücklich anfordern muss.[28] Es genügt daher eine bloße Bereitstellung nicht und der Zahlungsdienstleister hat dafür zu sorgen, dass die Information dem Zahlungsdienstnutzer in dessen Zugangsbereich zur Verfügung steht.[29]

Eine Mitteilung oder Übermittlung von Informationen liegt demnach vor, wenn ge- 13 druckte oder auf einem elektronischen Datenträger gespeicherte Informationen dem Zahlungsdienstleister ohne gesonderte Aufforderung übergeben oder zugesandt werden.[30] Auch die Zusendung elektronischer Informationen an das normale E-Mail-Postfach des Zahlungsdienstnutzers stellt eine Mitteilung oder Übermittlung von Informationen dar.[31] Eine Zusendung von Informationen an eine Mailbox auf einer besonderen E-Banking-Website, bei der der Zahlungsdienstnutzer diese Website besuchen muss, um von den betreffenden Informationen Kenntnis zu erlangen, genügt nur dann für eine Mitteilung von Informationen, wenn der Zahlungsdienstleister auch von sich aus tätig wird, um den Zahlungsdienstnutzer davon in Kenntnis zu setzen, dass die Informationen auf der Website vorhanden und verfügbar sind.[32]

Unterrichtung: Spricht die jeweilige Informationspflicht lediglich davon, dass der 14 Zahlungsdienstleister den Zahlungsdienstnutzer über bestimmte Umstände zu unterrichten hat, dann soll die betreffende Information vom Zahlungsdienstleister grundsätzlich mitzuteilen sein, sofern die Parteien im Rahmenvertrag nicht etwas anderes vereinbart haben, z.B. eine bloße Zurverfügungstellung.[33]

---

23 Siehe Begr Reg-Entw, BT-Drs. 16/11643, S. 100; MK-Casper, 7. Aufl. 2017, § 675d BGB Rn. 4.
24 Dies wird als Sonderfall einer Zurverfügungstellung genannt in § 14 Abs. 3 S. 1 ZKG.
25 Siehe Palandt-Sprau, 77. Aufl., § 675d BGB Rn. 3.
26 Siehe Palandt-Sprau, 77. Aufl., § 675d BGB Rn. 3; siehe auch § 14 Abs. 3 S. 2 ZKG.
27 Siehe EG 60 ZDRL II; Begr Reg-Entw, BT-Drs. 16/11643, S. 100; MK-Casper, 7. Aufl. 2017, § 675d BGB Rn. 4.
28 Siehe EG 60 ZDRL II; Begr Reg-Entw, BT-Drs. 16/11643, S. 100; MK-Casper, 7. Aufl. 2017, § 675d BGB Rn. 4.
29 Siehe Palandt-Sprau, 77. Aufl., § 675d BGB Rn. 3.
30 Langenbucher/Bliesener/Spindler-Herresthal, 2. Aufl., Kap. 2 § 675d BGB Rn. 29.
31 Siehe Palandt-Sprau, 77. Aufl., § 675d BGB Rn. 3.
32 Siehe EuGH, Urt. v. 25.1.2017 – C 375/15, juris Ls., ABl EU 2017, Nr. C 78, 3. Siehe dazu auch BeckOK-Schmalenbach, 43. Ed. 2017, § 675d BGB Rn. 6; von Bonin/Glos, WM 2017, 2221 f.; Zahrte, BKR 2017, 279, 283.
33 Siehe Begr Reg-Entw, BT-Drs. 16/11643, S. 100; Palandt-Sprau, 77. Aufl., § 675d BGB Rn. 3.

D. Informationspflichten von Zahlungsdienstleistern nach § 675d Abs. 1 BGB

15 Für Zahlungsdienstleister im Allgemeinen gelten die Regelungen in Art. 248 §§ 1 bis 12, 13 Abs. 1, 3 bis 5 sowie §§ 14 bis 16 EGBGB. Danach wird zwischen den Informationspflichten des Zahlungsdienstleisters bei Zahlungsdiensterahmenverträgen (Art. 248 §§ 3 bis 11 EGBGB) sowie bei Einzelzahlungsverträgen (Art. 248 §§ 12, 13 Abs. 1, 3 bis 5 sowie §§ 14 bis 16 EGBGB) unterschieden. Überblicksweise sind diese Regelungen wie folgt zusammenzufassen:

16 Im Rahmen von Zahlungsdiensterahmenverträgen trifft den Zahlungsdienstleister eine vorvertraglich (Art. 248 § 4 EGBGB) wie auch während der Vertragslaufzeit (Art. 248 § 5 EGBGB) zu erfüllende Verpflichtung zur umfassenden Information über den jeweiligen Zahlungsdienst, namentlich den Zahlungsdienstleister selbst betreffenden Angaben (Art. 248 § 4 Abs. 1 Nr. 1 EGBGB), zur Nutzung des Zahlungsdienstes (Art. 248 § 4 Abs. 1 Nr. 2 EGBGB), zu Entgelten, Zinsen und Wechselkursen (Art. 248 § 4 Abs. 1 Nr. 3 EGBGB), zu Einzelheiten der Kommunikation (Art. 248 § 4 Abs. 1 Nr. 4 EGBGB), zu relevanten Schutz- und Abhilfemaßnahmen (Art. 248 § 4 Abs. 1 Nr. 5 EGBGB), zu Änderungen der Bedingungen und zur Kündigung des Zahlungsdiensterahmenvertrags (Art. 248 § 4 Abs. 1 Nr. 6 EGBGB), zu Vertragsklauseln zu Rechtswahl oder gerichtlicher Zuständigkeit (Art. 248 § 4 Abs. 1 Nr. 7 EGBGB) sowie zu relevanten Beschwerdeverfahren nach dem ZAG und Rechtsbehelfsverfahren nach dem UKlaG (Art. 248 § 4 Abs. 1 Nr. 8 EGBGB).

17 Zudem muss der Zahlungsdienstleister bei der Ausführung einzelner Zahlungsvorgänge innerhalb eines Zahlungsdiensterahmenvertrags den Zahler vor Ausführung eines von ihm ausgelösten Zahlungsvorgangs über die maximale Ausführungsfrist und die dem Zahler in Rechnung zu stellenden Entgelte informieren (Art. 248 § 6 EGBGB). Nach erfolgter Belastung des Kontos des Zahlers bzw. nach Zugang des Zahlungsauftrags, falls der Zahler kein Zahlungskonto verwendet, ist dem Zahler eine dem Zahlungsvorgang zugeordnete Kennung als Referenz mitzuteilen sowie weitere Informationen zu Zahlungsbetrag, zu entrichtenden Entgelten, zu einem gegebenenfalls zugrunde gelegten Wechselkurs und zum Wertstellungsdatum (Art. 248 § 7 EGBGB). Entsprechende Informationen hat der Zahlungsdienstleister auch dem Empfänger einer Zahlung nach der Ausführung eines Zahlungsvorgangs mitzuteilen (Art. 248 § 8 EGBGB).

18 Die vorgenannten Informationen sind im Rahmen von Zahlungsdiensterahmenverträgen dem Zahlungsdienstnutzer auf einem dauerhaften Datenträger mitzuteilen (Art. 248 § 3 EGBGB).[34] Nach Art. 248 § 2 EGBGB sind ferner die Informationen und Vertragsbedingungen bei der Erbringung von Zahlungsdienstleistungen in einer Amtssprache desjenigen EU-Mitgliedstaats oder EWR-Vertragsstaats, in dem der Zahlungsdienst angeboten wird, oder in einer anderen zwischen den Parteien vereinbarten Sprache abzufassen sowie in leicht verständlichen Worten und in klarer und verständlicher Form.

19 Bei Kleinbetragsinstrumenten und E-Geld[35] sind nach Art. 248 § 11 EGBGB die Informationspflichten des Zahlungsdienstleisters der Natur dieser Zahlungsvorgänge entsprechend reduziert.

20 Im Rahmen von Einzelzahlungsverträgen ist der Zahlungsdienstleister vorvertraglich verpflichtet, den Zahlungsdienstnutzer zu informieren über von ihm mitzuteilende Informationen, die für die Erfüllung des Zahlungsdienstes erforderlich sind (Art. 248 § 13 Abs. 1 Nr. 1 EGBGB), über die maximale Ausführungsfrist (Art. 248 § 13 Abs. 1 Nr. 2

34 Siehe oben Rn. 7.
35 Siehe § 675i Abs. 1 BGB.

EGBGB) sowie über die anfallenden Entgelte und den gegebenenfalls zugrunde zu legenden Wechselkurs (Art. 248 § 13 Abs. 1 Nr. 3 und 4 EGBGB). Sofern weitere der in Art. 248 § 4 EGBGB genannten Informationen für den Einzelzahlungsvertrag erheblich sind, sind auch diese dem Zahlungsdienstnutzer zur Verfügung zu stellen (Art. 248 § 13 Abs. 3 EGBGB). Nach Zugang des Zahlungsauftrags hat der Zahlungsdienstleister des Zahlers diesen sodann zu unterreichten über eine dem Zahlungsvorgang zugeordnete Kennung als Referenz sowie über weitere Informationen zu Zahlungsbetrag, zu entrichtenden Entgelten, zu einem gegebenenfalls zugrunde gelegten Wechselkurs und zum Datum des Zugangs des Zahlungsauftrags (Art. 248 § 14 EGBGB). Nach erfolgter Ausführung des Zahlungsvorgangs unterrichtet der Zahlungsdienstleister des Zahlungsempfängers diesen wiederum über entsprechende Informationen (Art. 248 § 15 EGBGB). Die vorgenannten Informationen sind im Rahmen von Einzelzahlungsverträgen dem Zahlungsdienstnutzer in leicht zugänglicher Form zur Verfügung zu stellen, auf Verlangen in Papierform oder auf einem anderen dauerhaften Datenträger (Art. 248 § 12 EGBGB). Die soeben im Zusammenhang mit dem Zahlungsdiensterahmenvertrag besprochene Vorschrift des Art. 248 § 2 EGBGB zur Sprache und zur Verständlichkeit der Informationen gilt auch im Rahmen von Einzelzahlungsverträgen.

E. Informationspflichten von Zahlungsauslösedienstleistern nach § 675d Abs. 2 S. 1 BGB

In § 675d Abs. 2 BGB n.F. sind in Umsetzung der ZDRL II Sonderregelungen für die 21
neu vom Anwendungsbereich der ZDRL II umfassten Dritten Zahlungsdienstleister in Form von Zahlungsauslösedienstleistern und Kontoinformationsdienstleistern aufgenommen worden.[36] Für Zahlungsauslösedienstleister[37] gilt nach § 675d Abs. 2 S. 1 BGB ein im Vergleich zu sonstigen Zahlungsdienstleistern reduzierter Umfang an Informationspflichten. Danach haben Zahlungsauslösedienstleister Zahler ausschließlich über die in Art. 248 § 13 Abs. 1 bis 3 und § 13a EGBGB bestimmten Umstände zu unterrichten, wobei für die Sprache, Verständlichkeit und Form der Unterrichtung die Art. 248 §§ 2 und 12 EGBGB gelten. Überblicksweise ist der Gehalt dieser Informationspflichten wie folgt zusammenzufassen:

Das Gesetz geht davon aus, dass Zahlungsauslösedienste im Rahmen von Einzelzah- 22
lungsverträgen erbracht werden.[38] Zahlungsauslösedienstleister sind wie sonstige Zahlungsdienstleister im Rahmen von Einzelzahlungsverträgen vorvertraglich verpflichtet, den Zahlungsdienstnutzer zu informieren über von ihm mitzuteilende Informationen, die für die Erfüllung des Zahlungsdienstes erforderlich sind (Art. 248 § 13 Abs. 1 Nr. 1 EGBGB), über die maximale Ausführungsfrist (Art. 248 § 13 Abs. 1 Nr. 2 EGBGB) sowie über die anfallenden Entgelte und den gegebenenfalls zugrunde zu legenden Wechselkurs Ausführungsfrist (Art. 248 § 13 Abs. 1 Nr. 3 und 4 EGBGB). Ferner haben Zahlungsauslösedienstleister dem Zahler auch den jeweiligen Zahlungsauslösedienstleister selbst betreffende Angaben unter Einschluss der Kontaktdaten der zuständigen Behörde zur Verfügung zu stellen (Art. 248 § 13 Abs. 2 EGBGB). Sofern weitere der in Art. 248 § 4 EGBGB genannten Informationen für den Einzelzahlungsvertrag erheblich sind, sind schließlich auch diese vom Zahlungsauslösedienstleister dem Zahlungsdienstnutzer zur Verfügung zu stellen (Art. 248 § 13 Abs. 3 EGBGB).

36 Siehe Begr Reg-Entw, BT-Drs. 18/11495, S. 149.
37 Siehe zu § 675f BGB Rn. 156 ff.
38 Siehe Begr Reg-Entw, BT-Drs. 18/11495, S. 149.

23 Nach erfolgter Auslösung des Zahlungsauftrags unterrichtet der Zahlungsauslösedienstleister den Zahler und gegebenenfalls den Zahlungsempfänger über die erfolgreiche Auslösung, über eine dem Zahlungsvorgang zugeordnete Kennung als Referenz sowie über den Zahlungsbetrag und gegebenenfalls an den Zahlungsauslösedienstleister zu entrichtende Entgelte (Art. 248 § 13a EGBGB).

24 Die vorgenannten Informationen sind vom Zahlungsauslösedienstleister dem Zahlungsdienstnutzer in leicht zugänglicher Form zur Verfügung zu stellen, auf Verlangen in Papierform oder auf einem anderen dauerhaften Datenträger (Art. 248 § 12 EGBGB). Zu Sprache und Verständlichkeit gilt die allgemeine Regelung des Art. 248 § 2 EGBGB.[39]

F. Informationspflichten von Kontoinformationsdienstleistern nach § 675d Abs. 2 S. 2 BGB

25 Für Kontoinformationsdienstleister[40] gilt nach § 675d Abs. 2 S. 2 BGB i.V.m. Art. 248 §§ 4 und 13 Abs. 1 EGBGB ein nochmals reduzierter Umfang von Informationspflichten: Zunächst sind auf Kontoinformationsdienstleister auch die für Zahlungsdienstleister im Rahmen von Zahlungsdiensterahmenverträgen geltenden allgemeinen vorvertraglichen Informationspflichten nach Art. 248 § 4 EGBGB anwendbar, soweit diese Informationen in Bezug auf Kontoinformationsdienstleister von Relevanz sind, d.h. insbesondere Angaben betreffend den Zahlungsdienstleister selbst (Art. 248 § 4 Abs. 1 Nr. 1 EGBGB) und zur Nutzung des Zahlungsdienstes (Art. 248 § 4 Abs. 1 Nr. 2 EGBGB).[41]

26 Zusätzlich sind gilt auch die Informationspflicht nach Art. 248 § 13 Abs. 1 EGBGB auch für Kontoinformationsdienstleister, d.h. sie müssen den Zahlungsdienstnutzer insbesondere unterrichten über von ihm mitzuteilende Informationen, die für die Erfüllung des Zahlungsdienstes erforderlich sind (Art. 248 § 13 Abs. 1 Nr. 1 EGBGB) sowie über die anfallenden Entgelte (Art. 248 § 13 Abs. 1 Nr. 3 EGBGB).

27 Anders als für Zahlungsauslösedienstleister ist keine bestimmte Form der Unterrichtung vorgeschrieben und es genügt, sofern nicht anders vereinbart, die Zurverfügungstellung der vom Kontoinformationsdienstleister geschuldeten Informationen.[42]

28 Zu beachten ist, dass für Kontoinformationsdienstleister die Regelung des § 675d Abs. 4 BGB nicht gilt (siehe § 675c Abs. 4 BGB), so dass für die Erfüllung von Informationspflichten durch Kontoinformationsdienstleister ein Entgelt frei von den Begrenzungen nach § 675d Abs. 4 BGB vereinbart werden kann.

G. Informationspflichten von Zahlungsempfängern, Bargeldabhebungsdienstleistern und Dritten

29 Während die Regelungen in § 675d Abs. 1 bis 4 BGB die Informationspflichten von Zahlungsdienstleistern betreffen, regelt § 675d Abs. 5 BGB auf der Umsetzung der ZDRL II beruhende Informationspflichten solcher Personen, bei denen es sich nicht um Zahlungsdienstleister handelt.

30 **Zahlungsempfänger:** Zahlungsempfänger, die bei einer mittels eines Zahlungsinstruments in einer anderen Währung als Euro erfolgenden Zahlung eine eine Währungsumrechnung anbieten, müssen dem Zahler nach Art. 248 § 17 Abs. 1 EGBGB alle mit der

39 Siehe oben Rn. 18.
40 Siehe zu § 675f BGB Rn. 170 ff.
41 Siehe zu den weiteren Informationspflichten nach Art. 248 § 4 EGBGB oben Rn. 16.
42 Siehe § 675d Abs. 2 S. 2 Halbs. 2 BGB; hierzu siehe Begr Reg-Entw, BT-Drs. 18/11495, S. 150; Palandt-Sprau, 77. Aufl., § 675d BGB Rn. 4.

Umrechnung verbundenen Entgelte sowie den der Währungsumrechnung zugrunde gelegten Wechselkurs offenlegen. Zudem müssen Zahlungsempfänger, die für die Nutzung eines bestimmten Zahlungsinstruments ein Entgelt verlangen oder eine Ermäßigung anbieten,[43] nach Art. 248 § 17 Abs. 1 EGBGB dies dem Zahler vor Auslösung des Zahlungsvorgangs mitteilen. Nach der im Rahmen der Umsetzung der ZDRL II neu eingeführten Regelung des § 675d Abs. 5 S. 2 EGBGB ist der Zahler nur dann verpflichtet, die vom Zahlungsempfänger verlangten Entgelte für die Nutzung eines bestimmten Zahlungsinstruments zu entrichten, wenn deren volle Höhe vor der Auslösung des Zahlungsvorgangs bekannt gemacht wurde.[44]

Dritte, über die ein Zahlungsvorgang ausgelöst werden kann: Bereits in Umset- 31
zung der ZDRL I war in § 675d Abs. 5 S. 1 BGB (zuvor § 675d Abs. 4 S. 1 BGB a.F.) i.V.m. Art. 248 § 18 EGBGB geregelt, dass ein Dritter, über welchen ein Zahlungsdienstnutzer einen Zahlungsvorgang auslösen kann, wenn er von diesem für die Nutzung eines bestimmten Zahlungsinstruments ein Entgelt verlangt, dies dem Zahlungsdienstnutzer vor der Auslösung des Zahlungsvorgangs mitteilt. Diese Regelung sollte nach der Absicht des Gesetzgebers insbesondere für Bargeldabhebungen bei unabhängigen Geldautomatenbetreibern gelten,[45]wobei in der deutschen Praxis allerdings das Modell vorherrscht, dass Dritt-Automatenbetreiber ihre Entgelte nicht unmittelbar gegenüber dem Nutzer, sondern aufgrund von Rahmenvereinbarungen mit den Kartenemittenten geltend machen.[46] Ergänzend gilt in Umsetzung der ZDRL II auch in Bezug auf diese Dritten die Regelung des § 675d Abs. 5 S. 2 BGB, dass ein Zahler nur dann verpflichtet ist, die vom Dritten verlangten Entgelte für die Nutzung eines bestimmten Zahlungsinstruments zu entrichten, wenn deren volle Höhe vor der Auslösung des Zahlungsvorgangs bekannt gemacht wurde.[47]

Bargeldabhebungsdienstleister: In Umsetzung der ZDRL II wurde die vorstehende 32
allgemeine Regelung um eine zusätzliche besondere Regelung für Bargeldabhebungsdienste ergänzt, die in § 1 Abs. 32 ZAG definiert werden als die Ausgabe von Bargeld über Geldausgabeautomaten für einen oder mehrere Kartenemittenten, ohne einen eigenen Rahmenvertrag mit dem Geld abhebenden Kunden geschlossen zu haben. Unter diesen Begriff fallen nicht nur freie Geldautomatenbetreiber im Allgemeinen, sondern auch der Betrieb multifunktionaler Terminals zur Bargeldabhebung in Spielhallen, wenn jeweils das allgemeine Kriterium erfüllt ist, dass der Betreiber keine die Zahlungskonten der Kunden selbst betreffenden Vorgänge abwickelt.[48] Bargeldabhebungsdienste zählen wie schon unter der ZDRL I nicht zu den Zahlungsdiensten im Sinne des ZAG[49] und damit auch der §§ 675cff. BGB, so dass die Informationspflichten nach § 675d Abs. 1 BGB hier grundsätzlich keine Anwendung finden.[50] Stattdessen ist für Dienstleister, die Bargeldabhebungsdienste erbringen, nunmehr in § 675d Abs. 5 S. 1 BGB i.V.m. Art. 248 § 17a EGBGB eine gesondert geregelte Verpflichtung vorgesehen, den Kunden entsprechend den für Einzelzahlungsverträge sowie für Zahlungsempfänger geltenden Bestimmungen der Art. 248 § 13 Abs. 1 und 3, §§ 14, 15 sowie 17 Abs. 1 EGBGB über alle Entgelte für eine

43 Zur Zulässigkeit des Surcharging siehe zu § 675f BGB Rn. 79ff.
44 Siehe Begr Reg-Entw, BT-Drs. 18/11495, S. 150; Palandt-Sprau, 77. Aufl., § 675d BGB Rn. 7.
45 Siehe Begr Reg-Entw, BT-Drs. 16/11643, S. 138.
46 Erman-von Westphalen, 15. Aufl., § 675d BGB Rn. 10.
47 Siehe Begr Reg-Entw, BT-Drs. 18/11495, S. 150.
48 Siehe EuGH, Urt. v. 22.3.2018 – C 568/16, juris Ls.
49 Siehe § 2 Abs. 1 Nr. 14 ZAG. Beabsichtigt war im Zuge der Revision der ZDRL I allerdings zunächst, auch Bargeldabhebungsdienstleister vom Regelungsbereich ZDRL II zu erfassen, siehe Hingst/Lösing, BKR 2014, 315, 320.
50 Siehe Begr Reg-Entw, BT-Drs. 18/11495, S. 150.

Geldabhebung sowohl vor der Abhebung als auch auf der Quittung nach dem Erhalt des Bargeldes zu unterrichten.

H. Entgelte für Erfüllung von Informationspflichten von Zahlungsdienstleistern

33 Die Verpflichtung des Zahlungsdienstnutzers zur Zahlung von Entgelten für die Erfüllung von Informationspflichten ist geregelt in § 675d Abs. 4 BGB. Diese Bestimmung gilt für sämtliche Informationspflichten eines Zahlungsdienstleisters nach § 675d BGB i.V.m. Art. 248 §§ 1 bis 16 EGBGB;[51] für vertraglich zusätzlich vereinbarte Informationspflichten gilt dagegen die Regelung des § 675f Abs. 5 S. 1 BGB,[52] für Informationspflichten nach dem ZKG sind die dortigen Sonderregelungen zu beachten.[53]

34 Aus § 675d Abs. 4 S. 1 BGB ergibt sich, dass Informationspflichten von Zahlungsdienstleistern grundsätzlich unentgeltlich zu erfüllen sind.[54] Ein Entgeltanspruch des Zahlungsdienstleisters kann lediglich dann bestehen, wenn dieser eine entsprechende Vereinbarung mit dem Zahlungsdienstnutzer geschlossen hat.[55] Eine solche Entgeltvereinbarung ist aber nach § 675d Abs. 4 S. 1 BGB nur dann zulässig, wenn die Information auf Verlangen des Zahlungsdienstnutzers erbracht wird und die Erbringung der Information nach Frequenz bzw. Wiederholung, Inhalt oder verwendetem Kommunikationsmittel über die Anforderungen nach Art. 248 §§ 1 bis 16 EGBGB hinausgeht, d.h. wenn der Zahlungsdienstleister auf Verlangen des Zahlungsdienstnutzers mehr leistet, als er im Übrigen verpflichtet wäre (überobligatorische Informationserteilung).[56] Für eine lediglich den gesetzlichen Vorgaben entsprechende Informationserteilung kann mithin ein Entgelt nicht verlangt werden.[57] Ein Verlangen des Zahlungsdienstnutzers nach einer überobligatorischen Informationserteilung ist nicht bereits aus dem Einverständnis des Zahlungsdienstnutzers mit der Entgeltregelung abzuleiten[58] und kann grundsätzlich auch nicht aus einem bloßen Untätigbleiben des Zahlungsdienstnutzers abgeleitet werden.[59]

35 Der Höhe nach ist das für die Erfüllung von Informationspflichten nach § 675d BGB zu vereinbarende Entgelt durch die Regelung in § 675d Abs. 4 S. 2 BGB begrenzt, wonach dieses Entgelt angemessen und an den tatsächlichen Kosten des Zahlungsdienstleisters ausgerichtet sein muss. Es ist damit eine eng kostenorientierte Gestaltung des Entgelts geboten,[60] ohne dass das Gesetz auch die Möglichkeit der Berücksichtigung eines Gewinnanteils nennen würde.[61] Gewisse Pauschalierungen bei der Bemessung des Entgelts sind zwar zulässig, allerdings sollen weitestmöglich die Umstände des Einzelfalls bei der Preisgestaltung entscheidend sein und es soll insbesondere nicht die Gesamtheit der Zahlungsdienstnutzer mit Kosten belastet werden, die durch das ausufernde Informa-

---

51 Palandt-Sprau, 77. Aufl., § 675d BGB Rn. 6.
52 Siehe zu § 675f BGB Rn. 35.
53 Siehe unten Rn. 47.
54 Siehe Begr Reg-Entw, BT-Drs. 16/11643, S. 100; MK-Casper, 7. Aufl. 2017, § 675d BGB Rn. 15; Palandt-Sprau, 77. Aufl., § 675d BGB Rn. 6; Staudinger-Omlor, 2012, § 675d BGB Rn. 8.
55 Siehe Begr Reg-Entw, BT-Drs. 16/11643, S. 100; MK-Casper, 7. Aufl. 2017, § 675d BGB Rn. 16.
56 Zum Begriff MK-Casper, 7. Aufl. 2017, § 675d BGB Rn. 16.
57 Palandt-Sprau, 77. Aufl., § 675d BGB Rn. 6.
58 OLG Düsseldorf, Urt. v. 17.3.2016 – I-6 U 84/15, juris Rn. 46.
59 Vgl. OLG Rostock, Urt. v. 21.10.2015 – 2 U 23/15, juris Rn. 8, VuR 2016, 225; LG Frankfurt, Urt. v. 8.4.2011 – 25 O 260/10, juris Rn. 48 ff., WM 2011, 1846. Hierzu Palandt-Sprau, 77. Aufl., § 675d BGB Rn. 6; Staudinger-Omlor, 2012, § 675d BGB Rn. 1, § 675d BGB Rn. 8.
60 BGH, Urt. v. 17.12.2013 – XI ZR 66/13, juris Rn. 21, BGHZ 199, 281; Palandt-Sprau, 77. Aufl., § 675d BGB Rn. 6.
61 Zweifelhaft daher MK-Casper, 7. Aufl. 2017, § 675d BGB Rn. 20.

tionsbedürfnis Einzelner entstehen.[62] Pauschalierungen können damit nur innerhalb weitgehend homogener Nutzergruppen zulässig sein.[63]

I. Haftung und Beweislast für die Nichterfüllung der Informationspflichten des Zahlungsdienstleisters

Die Nichterfüllung der Informationspflichten des Zahlungsdienstleisters nach § 675d Abs. 1 und 2 BGB zieht einen Schadensersatzanspruch nach den allgemeinen Regelungen (§ 280 BGB) nach sich;[64] ein solcher ist insbesondere nicht nach § 675z S. 2 BGB ausgeschlossen.[65] In Betracht kommt als Rechtsfolge auch, dass sich der Zahlungsdienstleister z.B. nicht auf die Vereinbarung eines bestimmten Entgelts berufen kann, wenn er dieses dem Zahlungsdienstnutzer nicht vorvertraglich mitgeteilt hatte.[66] **36**

Ist die ordnungsgemäße Unterrichtung streitig, so trifft nach § 675d Abs. 3 BGB die Beweislast den Zahlungsdienstleister.[67] Diese Regelung findet keine analoge Anwendung auf die von § 675d Abs. 5 BGB erfassten Zahlungsempfänger, Dritten oder Bargeldabhebungdienstleister.[68] **37**

J. Räumlicher Anwendungsbereich der Informationspflichten nach § 675d BGB

Der räumliche Anwendungsbereich der Informationspflichten nach § 675d BGB ist in Umsetzung der ZDRL II erheblich erweitert worden. **38**

Nach der auf Art. 2 Abs. 2 ZDRL I beruhenden Regelung des § 675d BGB a.F. waren die Informationspflichten des Zahlungsdienstleisters nach dieser Vorschrift nicht anzuwenden auf die Erbringung von Zahlungsdiensten in der Währung eines Staates außerhalb des EWR oder auf die Erbringung von Zahlungsdiensten, bei denen der Zahlungsdienstleister des Zahlers oder des Zahlungsempfängers außerhalb des EWR belegen war (siehe § 675d Abs. 1 S. 2 BGB a.F.). Sachverhalte mit Drittstaatenbezug durch Belegenheit eines der beteiligten Zahlungsdienstleister außerhalb des EWR oder Zahlungen in einer Nicht-EWR-Währung waren mithin nicht erfasst.[69] **39**

In Art. 2 Abs. 2 bis 4 ZDRL II ist dagegen der räumliche Anwendungsbereich der Informationspflichten erheblich erweitert worden, indem nunmehr neben reinen Inlandssachverhalten mit Zahlungen in einer EWR-Währung grundsätzlich auch die innerhalb der EU getätigten Bestandteile auch eines in einer Nicht-EU-Währung oder mit Drittstaatenbezug erfolgenden Zahlungsvorgangs erfasst werden, und diese Erweiterung ist im deutschen Recht in der Neuregelung des § 675d Abs. 6 BGB umgesetzt und dort zugleich im Hinblick auf die Übernahme dieser Regelung in den EWR-acquis auf den EWR erweitert worden.[70] **40**

Anders als bei den Bestimmungen der ZDRL II selbst, bei denen der Anwendungsbereich positiv zu bestimmen war, waren in § 675d Abs. 6 BGB negativ die Fälle zu regeln, in **41**

---

62 BGH, Urt. v. 17.12.2013 – XI ZR 66/13, juris Rn. 20, BGHZ 199, 281.
63 Palandt-Sprau, 77. Aufl., § 675d BGB Rn. 6.
64 Siehe MK-Casper, 7. Aufl. 2017, § 675d BGB Rn. 11; Palandt-Sprau, 77. Aufl., § 675d BGB Rn. 4.
65 MK-Casper, 7. Aufl. 2017, § 675d BGB Rn. 11.
66 MK-Casper, 7. Aufl. 2017, § 675d BGB Rn. 12.
67 Siehe Begr Reg-Entw, BT-Drs. 16/11643, S. 100.
68 So überzeugend unter Bezugnahme auf das Vollharmonisierungsgebot MK-Casper, 7. Aufl. 2017, § 675d BGB Rn. 14. **A.A.** dagegen Staudinger-Omlor, 2012, § 675c BGB Rn. 1, § 675d BGB Rn. 7.
69 Siehe Begr Reg-Entw, BT-Drs. 16/11643, S. 100; Staudinger-Omlor, 2012, § 675d BGB Rn. 1, § 675f BGB Rn. 6.
70 Siehe Begr Reg-Entw, BT-Drs. 18/11495, S. 149, 151.

denen die Informationspflichten nach dieser Vorschrift nicht zur Anwendung kommen soll.[71] Greift keine solche Ausnahme ein, verbleibt es, sofern die Regelung des § 675d BGB nach den maßgeblichen Bestimmungen des Internationalen Privatrechts zur Anwendung kommt, bei der Anwendbarkeit der Informationspflichten nach dieser Vorschrift.[72]

42 Ausgenommen sind danach nach § 675d Abs. 6 Nr. 2 BGB zunächst solche Zahlungsvorgänge, bei denen keiner der beteiligten Zahlungsdienstleister innerhalb des EWR belegen ist.[73] Auch wenn hier deutsches Recht zur Anwendung kommen sollte, z.B. aufgrund einer Rechtswahl, gelten in diesen Fällen die Informationspflichten nach § 675d BGB nicht. Von den materiellen Regelungen der §§ 675c bis 676c BGB dürfte in diesen Fällen frei abgewichen werden (siehe § 675e Abs. 2 BGB), so dass es auch entbehrlich erschien, eine bestimmte Information des Zahlungsdienstnutzers durch den Zahlungsdienstleister vorzuschreiben.[74]

43 Nach § 675d Abs. 6 S. 1 Nr. 1 BGB sind ferner die Informationspflichten nach § 675d BGB auch nicht anzuwenden auf die außerhalb des EWR getätigten Bestandteile eines Zahlungsvorgangs, der bei Belegenheit beider beteiligter Zahlungsdienstleister in einer Nicht-EWR-Währung erfolgt (§ 675d Abs. 6 S. 1 Nr. 1 Buchst. a BGB) oder der als sogenannte One-leg-Transaktion unter Beteiligung mindestens auch eines außerhalb des EWR belegenen Zahlungsdienstleisters erfolgt (§ 675d Abs. 6 S. 1 Nr. 1 Buchst. b BGB).[75]

44 Für die innerhalb des EWR getätigten Bestandteile eines Zahlungsvorgangs bleiben in den Fällen des § 675d Abs. 6 S. 1 Nr. 1 BGB die Informationspflichten nach § 675d BGB dagegen grundsätzlich anzuwenden,[76] wobei aber die weiteren Ausnahmen nach § 675d Abs. 6 S. 2 und S. 3 BGB zu beachten sind:

45 Ausgenommen sind danach nach § 675d Abs. 6 S. 2 BGB in allen Fällen des § 675d Abs. 6 S. 1 Nr. 1 BGB zunächst die Informationspflichten nach Art. 248 § 4 Abs. 1 Nr. 2 Buchst. e, § 6 Nr. 1 sowie § 13 Abs. 1 S. 1 Nr. 2 EGBGB, die auch auf die innerhalb des EWR getätigten Bestandteile dieser Zahlungsvorgänge nicht anzuwenden sind.[77] Diese Informationspflichten beziehen sich auf die maximale Ausführungsfrist nach § 675s Abs. 1 S. 1 und 3 BGB, die aber nach § 675s Abs. 3 BGB in den Fällen des § 675d Abs. 6 S. 1 Nr. 1 BGB keine Anwendung findet.

46 Schließlich sind nach § 675d Abs. 6 S. 3 BGB in Fällen von One-leg-Transaktionen (§ 675d Abs. 6 S. 1 Nr. 1 Buchst. b BGB) auch die Informationspflichten nach Art. 248 § 4 Abs. 1 Nr. 5 Buchst. g EGBGB auch auf die innerhalb des EWR getätigten Bestandteile dieser Zahlungsvorgänge nicht anzuwenden,[78] d.h. es bedarf hier keiner Information zu dem Erstattungsrecht gemäß § 675x BGB, da dieses in den Fällen des § 675d Abs. 6 S. 1 Nr. 1 Buchst. b BGB nach § 675x Abs. 6 Nr. 1 BGB keine Anwendung findet.

K. Besondere Informationspflichten für Basiskonten und andere Verbraucher-Zahlungskonten nach dem ZKG

47 Über die Informationspflichten nach § 675d BGB hinaus ergeben sich für Basiskontoverträge und andere Verbraucher-Zahlungskonten zusätzliche besondere, unentgelt-

---

71 Siehe Begr Reg-Entw, BT-Drs. 18/11495, S. 151.
72 Siehe Begr Reg-Entw, BT-Drs. 18/11495, S. 151. Siehe auch Palandt-Sprau, 77. Aufl., § 675d BGB Rn. 8.
73 Siehe Begr Reg-Entw, BT-Drs. 18/11495, S. 152; MK-Casper, 7. Aufl. 2017, § 675d BGB Rn. 28; Palandt-Sprau, 77. Aufl., § 675d BGB Rn. 9.
74 Siehe Begr Reg-Entw, BT-Drs. 18/11495, S. 152.
75 Palandt-Sprau, 77. Aufl., § 675d BGB Rn. 10.
76 Siehe Begr Reg-Entw, BT-Drs. 18/11495, S. 151; MK-Casper, 7. Aufl. 2017, § 675d BGB Rn. 27.
77 Siehe Begr Reg-Entw, BT-Drs. 18/11495, S. 151.
78 Siehe Begr Reg-Entw, BT-Drs. 18/11495, S. 151.

lich zu erfüllende Informationspflichten der kontoführenden Zahlungsdienstleister aus den Regelungen des ZKG. Ziel dieser Regelungen ist zum einen die Förderung der Transparenz von Entgelten für Zahlungskontendienste und die Förderung des Wettbewerbs unter Anbietern solcher Konten,[79] zum anderen die Verbesserung der Wirksamkeit und Effektivität der sonstigen besonderen verbraucherschützenden Regelungen des ZKG, etwa zu Basiskonten und zum Kontenwechsel.[80] Die besonderen Informationspflichten nach dem ZKG sind grundsätzlich zusätzlich zu den allgemeinen Informationspflichten von Zahlungsdienstleistern nach § 675d BGB zu erfüllen; teils überlappen sich diese Verpflichtungen und eine gemeinsame Erfüllung ist möglich, aber gesetzlich nicht vorgeschrieben.[81] Besonders zu beachten ist, dass die Verpflichtung zur Verwendung der standardisierten Zahlungskontenterminologie auch bei der Erfüllung anderweitig begründeter Informationspflichten zu beachten ist.[82]

I. Vorvertragliche und vertragliche Informationspflichten zu Entgelten für Zahlungskonten

Das ZKG regelt besondere Informationspflichten insbesondere im Hinblick auf die vom jeweiligen Zahlungsdienstleister verlangten Entgelte für sein Angebot von Zahlungskonten. Dabei sieht das ZKG im vorvertraglichen bzw. vertraglichen Bereich zwei Arten von Informationspflichten zu den Entgelten für Zahlungskonten vor: 48

Zum einen sind Zahlungsdienstleister verpflichtet, Verbrauchern vorvertraglich rechtzeitig vor Abschluss eines Verbraucher-Zahlungskontovertrags[83] eine sogenannte Entgeltinformation zu übermitteln,[84] mit der sie Verbraucher über ihr jeweiliges Angebot von Zahlungskontendiensten und die dafür verlangten Entgelte informieren müssen (§ 5 ZKG).[85] Mit dieser Entgeltinformation müssen die Entgelte sowie eigene, nicht weitergeleitete fremde Kosten[86] nicht für alle, sondern lediglich für die maßgeblichen Zahlungskontendienste abgedeckt werden:[87] Hierbei handelt es sich um eine von der BaFin zu veröffentlichende Liste der repräsentativsten Zahlungsdienste (§§ 2 Abs. 6, 47 Abs. 1 ZKG), für die nach dem Verfahren nach Art. 3 der Richtlinie von jedem Mitgliedstaat zehn bis zwanzig Zahlungskontendienste unter den Gesichtspunkten der häufigsten Nutzung der höchsten Kostenverursachung für Verbraucher auszuwählen sind.[88] 49

Zum anderen müssen Zahlungsdienstleister während laufender Verbraucher-Zahlungskontoverträge mindestens einmal jährlich sowie bei Beendigung des Vertrags eine im Gesetz als Entgeltaufstellung bezeichnete Information zur Verfügung stellen, d.h. eine Information über sämtliche Entgelte und Zinsen, die in Bezug auf das Zahlungskonto an- 50

79 Siehe die Begründung des Regierungsentwurfs zur Umsetzung der Richtlinie über die Vergleichbarkeit von Zahlungskontoentgelten, den Wechsel von Zahlungskonten sowie den Zugang zu Zahlungskonten mit grundlegenden Funktionen, BT-Drs. 18/7204, S. 60.

80 Begr Reg-Entw, BT-Drs. 18/7204, S. 67.

81 Begr Reg-Entw, BT-Drs. 18/7204, S. 59 f., 64; siehe auch Conreder/Schild, BKR 2016, 89, 90 f.

82 Siehe im Einzelnen unten Rn. 52 ff.

83 D.h. zu einem Zeitpunkt, zu dem dem Verbraucher noch die Möglichkeit zur inhaltlichen Kenntnisnahme der Informationen vor dem Vertragsschluss verbleibt, siehe Herresthal, BKR 2016, 221, 222.

84 Das ZKG verwendet die auch den Regelungen des BGB zugrunde liegende Unterscheidung zwischen der Mitteilung von Informationen einerseits und ihrer Zurverfügungstellung andererseits, siehe oben Rn. 9 ff.

85 Siehe Begr Reg-Entw, BT-Drs. 18/7204, S. 59 ff.; Art. 4 Zahlungskonten-RL.

86 Siehe Begr Reg-Entw, BT-Drs. 18/7204, S. 62; Herresthal, BKR 2016, 221, 222.

87 § 6 Abs. 1 ZKG; Begr Reg-Entw, BT-Drs. 18/7204, S. 61 f.

88 Siehe Begr Reg-Entw, BT-Drs. 18/7204, S. 58; Art. 3 und EG 17 f. Zahlungskonten-RL.

gefallen sind (§ 10 ZKG).[89] Dabei regelt das ZKG insoweit nur diese Informationspflicht, nicht auch den Rechtsgrund für das Anfallen dieser Entgelte und Zinsen,[90] und es ist für die Erteilung der Entgeltaufstellung nach dem ZKG auch keine Legitimationswirkung hinsichtlich der darin genannten Entgelte und Zinsen vorgesehen.[91]

51 Sowohl die Entgeltinformation wie auch die Entgeltaufstellung werden nach den Vorschriften des ZKG streng standardisiert und formalisiert, was Verbrauchern den Entgeltvergleich erleichtern soll:[92] Entgeltinformation und Entgeltaufstellung müssen nach §§ 9, 13 ZKG jeweils das spezifische Präsentationsformat nebst besonderem Symbol für diese Informationen verwenden, die von der EU-Kommission durch technische Durchführungsstandards als Durchführungsverordnungen festzulegen sind.[93] Nach § 47 Abs. 2 ZKG veröffentlicht die BaFin Muster für Entgeltinformation und Entgeltaufstellung, bei deren Verwendung eine Gesetzlichkeitsfiktion hinsichtlich der Gestaltung dieser Informationen gilt.[94] Ferner müssen die verpflichteten Zahlungsdienstleister in Entgeltinformation und Entgeltaufstellung eine europaweit standardisierte Zahlungskontenterminologie verwenden,[95] die ebenfalls von der EU-Kommission als technische Regulierungsstandards im Wege einer delegierten Verordnung festzulegen ist.[96] Diese delegierten Rechtsakte sind am 11.1.2018 im Amtsblatt veröffentlicht worden[97] die Regelungen des ZKG zu diesen Informationspflichten treten erst neun Monate nach deren Inkrafttreten in Kraft, d.h. ab dem 31.10.2018.[98]

II. Allgemeine Pflicht zur Verwendung der standardisierten Zahlungskontenterminologie

52 Das ZKG verpflichtet Zahlungsdienstleister generell dazu, für die Bezeichnung der maßgeblichen Zahlungskontendienste in sämtlichen für Verbraucher bestimmten Informationen eine europaweit standardisierte Zahlungskontenterminologie zu verwenden.

53 Bei der standardisierten Zahlungskontenterminologie handelt es sich eine von der EU-Kommission nach Art. 3 Abs. 4 der Zahlungskonten-RL im Wege des Erlasses einer

---

89 Begr Reg-Entw, BT-Drs. 18/7204, S. 64.

90 Begr Reg-Entw, BT-Drs. 18/7204, S. 66.

91 Linardatos, WM 2015, 755, 757.

92 Begr Reg-Entw, BT-Drs. 18/7204, S. 60 f., 64, 67. Siehe Böger, in: Bankrechtstag 2016, S. 193, 239; Findeisen, WM 2016, 1765, 1767.

93 Begr Reg-Entw, BT-Drs. 18/7204, S. 64; zum Verfahren siehe Artt. 3 Abs. 4, 4 Abs. 6 und 5 Abs. 4 Zahlungskonten-RL.

94 §§ 9 Abs. 4, 13 Abs. 4 ZKG. Im Hinblick auf die vielfach vage gehaltenen Gestaltungsanforderungen wird in rechtstatsächlicher Hinsicht ein faktischer Zwang zur Verwendung dieser Muster angenommen, siehe Herresthal, BKR 2016, 133 f.

95 § 8 Abs. 1 ZKG.

96 Art. 3 Abs. 4 Zahlungskonten-RL. Zu den Einzelheiten siehe unten Rn. 53.

97 Siehe Delegierte Verordnung 2018/32 der Kommission vom 28.9.2017 zur Ergänzung der Richtlinie 2014/92/EU des Europäischen Parlaments und des Rates durch technische Regulierungsstandards für die standardisierte Unionsterminologie für die repräsentativsten mit einem Zahlungskonto verbundenen Dienste, ABl. L 6 vom 11.1.2018, S. 3; Delegierte Verordnung 2018/33 der Kommission vom 28.9.2017 zur Festlegung technischer Durchführungsstandards für das standardisierte Format für die Präsentation der Entgeltaufstellung und des betreffenden gemeinsamen Symbols gemäß der Richtlinie 2014/92/EU des Europäischen Parlaments und des Rates, ABl. L 6 vom 11.1.2018, S. 26, berichtigt ABl. L 82/17 vom 26.3.2018; Delegierte Verordnung 2018/34 der Kommission vom 28.9.2017 zur Festlegung technischer Durchführungsstandards für das standardisierte Format für die Präsentation der Entgeltinformation und des betreffenden gemeinsamen Symbols gemäß der Richtlinie 2014/92/EU des Europäischen Parlaments und des Rates, ABl. L 6 vom 11.1.2018, S. 37, berichtigt ABl. L 83/20 vom 27.3.2018.

98 Art. 9 Abs. 1 des Umsetzungsgesetzes zur Zahlungskonten-RL.

delegierten Verordnung zu technischen Regulierungsstandards festzulegende standardisierte Terminologie für solche mit einem Zahlungskonto verbundene Dienste, die mindestens in der Mehrzahl der auf nationaler Ebene vorzubereitenden Listen maßgeblicher Zahlungskontendienste enthalten sind.[99] Nach der hierzu ergangenen Delegierten Verordnung 2018/32 der Kommission vom 28.9.2017[100] umfasst die standardisierte Zahlungskontenterminologie die folgenden Begriffe: Kontoführung, Ausgabe einer Debitkarte, Ausgabe einer Kreditkarte, eingeräumte Kontoüberziehung, Überweisung, Dauerauftrag, Lastschrift, Bargeldauszahlung.

Für solche Dienste in Bezug auf ein Zahlungskonto, für die demnach eine standardi- 54
sierte Zahlungskontenterminologie vorgesehen ist, müssen von den kontoführenden Zahlungsdienstleistern Zahlungsdienstleister in allen ihren für Verbraucher bestimmten Informationen diese standardisierten Bezeichnungen verwendet werden.[101] Dies betrifft sowohl sämtliche Vertrag-, Geschäfts- und Marketinginformationen des jeweiligen Zahlungsdienstleisters,[102] insbesondere auch die Entgeltinformation und die Entgeltaufstellung selbst[103] ebenso wie Bezugnahmen auf diese Dienste im Rahmen der Erfüllung anderer gesetzlicher Informationspflichten des Zahlungsdienstleisters.[104]

Die Verwendung anderweitiger Bezeichnungen, insbesondere von institutseigenen 55
Produktnamen, ist dagegen nur noch unter Beachtung folgender Maßgaben zulässig: Im Rahmen der Entgeltinformation und Entgeltaufstellung dürfen solche eigenen Bezeichnungen nur zusätzlich und als untergeordnete Bezeichnungen neben den Begriffen aus der standardisierten Zahlungskontenterminologie verwendet werden.[105] In anderen Fällen dürfen eigene Begrifflichkeiten – auch ohne dass sie lediglich als untergeordnete Bezeichnungen zulässig wären – dann verwendet werden, wenn der Zahlungsdienstleister zusätzlich eindeutig angibt, mit welchen Begriffen aus der standardisierten Zahlungskontenterminologie die betreffenden Dienste bezeichnet werden.[106]

Da die Verpflichtung zur Verwendung der standardisierten Zahlungskontentermino- 56
logie auf deren Festlegung im Wege eines delegierten Rechtsaktes der EU-Kommission aufbaut, tritt diese Verpflichtung erst neun Monate nach dem Inkrafttreten dieser delegierten Verordnung in Kraft, d.h. ab dem 31.10.2018.[107] Für solche Dienste, für die keine standardisierte Zahlungskontenterminologie festgelegt ist, ist keine solche Verpflichtung zur Verwendung einer unionsweit vereinheitlichten Terminologie vorgesehen.[108] Für die Entgeltinformation und die Entgeltaufstellung ist aber zu beachten, dass die entsprechenden Gestaltungsmuster, die von der BaFin nach § 47 Abs. 2 ZKG veröffentlicht werden (siehe die Website der BaFin: https://www.bafin.de), bestimmen, dass primär eine dort vorgegebene neutrale Terminologie zu verwenden ist und firmeneigene Bezeichnungen nur nachfolgend in eckigen Klammern anzuhängen sind. Die Gesetzlichkeitsfiktion bei Verwendung dieser Gestaltungsmuster nach § 9 Abs. 4 ZKG findet damit nur Anwendung,

99 Siehe zum Verfahren Begr Reg-Entw, BT-Drs. 18/7204, S. 58, 62f.; Artt. 3 Abs. 4, 4 Abs. 1, 5 Abs. 1 Unterabs. 1 S. 2 und EG 21 Zahlungskonten-RL.
100 Siehe vorstehend Rn. 51.
101 Siehe §§ 8 Abs. 1 S. 1, 12 Abs. 1 S. 1, 15 S. 1 ZKG.
102 Siehe Begr Reg-Entw, BT-Drs. 18/7204, S. 70.
103 So ausdrücklich §§ 8 Abs. 1 S. 1, 12 Abs. 1 S. 1 ZKG.
104 Siehe Begr Reg-Entw, BT-Drs. 18/7204, S. 70; vgl. auch Böger, in: Bankrechtstag 2016, S. 193, 246.
105 Siehe §§ 8 Abs. 1 S. 2, 12 Abs. 1 S. 2 ZKG. Kritisch gegenüber dem Kriterium der Unterordnung Herresthal, BKR 2016, 221, 223.
106 So § 15 S. 2 ZKG.
107 Siehe vorstehend Rn. 51.
108 Böger, in: Bankrechtstag 2016, S. 193, 246.

wenn auch diese national vorgegebene Vereinheitlichung der Terminologie für mit dem Zahlungskonto verbundene Dienste beachtet wird.

III. Weitere allgemeine Informationspflichten zu Verbraucher-Zahlungskonten und Basiskonten

57 Über diese vertraglichen und vorvertraglichen Verpflichtungen hinaus enthält das ZKG zudem noch eine Reihe von weiteren allgemeinen Informationspflichten zu Verbraucher-Zahlungskonten bzw. spezifisch zu Basiskonten: Diese Verpflichtungen gelten – in systematischer Hinsicht der Regelung des § 675a BGB entsprechend – als allgemeine Informationspflichten für alle Zahlungsdienstleister, die sich öffentlich zur Führung von Zahlungskonten für Verbraucher erboten haben (bzw. für zum Anbieten von Basiskonten verpflichtete Kreditinstitute), ohne dass es auf das Bestehen vorvertraglicher oder vertraglicher Rechtsbeziehungen zwischen dem Verbraucher und dem betreffenden kontoführenden Institut ankommt.[109]

58 Allgemeine Verpflichtung zur Entgeltinformation: § 14 Abs. 1 Nr. 1 ZKG erweitert die vorvertragliche Verpflichtung zur Mitteilung einer Entgeltinformation um eine allgemeine und vom Bestehen vorvertraglicher Rechtsbeziehungen unabhängige Pflicht des Zahlungsdienstleisters, Verbrauchern eine Entgeltinformation zu den von ihm angebotenen Zahlungskonten in Textform jederzeit leicht zugänglich zur Verfügung zu stellen[110] sowie auf Verlangen Verbrauchern auch mitzuteilen.[111]

59 Informationen zur Kontenwechselhilfe: § 14 Abs. 1 Nr. 4 ZKG betrifft Informationen zur Kontenwechselhilfe nach den §§ 20 ff. ZKG unter Einschluss der Pflichten der beteiligten Zahlungsdienstleister, der hierfür geltenden Fristen, der vom Verbraucher geschuldeten Entgelte, der Kosten, der beim Verbraucher anzufordernden Informationen sowie der einschlägigen Verfahren vor einer Verbraucherschlichtungsstelle nach § 14 des UKlaG: Auch diese Informationen sind Verbrauchern in Textform jederzeit leicht zugänglich zur Verfügung zu stellen.[112]

60 Glossar zu mit einem Zahlungskonto verbundenen Diensten: § 14 Abs. 1 Nr. 5 ZKG verpflichtet die Zahlungsdienstleister zur Information der Verbraucher mittels eines klar und verständlich abgefassten Glossars zu mit einem Zahlungskonto verbundenen Diensten, das mindestens die maßgeblichen Zahlungskontendienste sowie die Begriffsbestimmungen nennen muss, die von der Europäischen Kommission zur standardisierten Zahlungskontenterminologie zu diesen Diensten festgelegt worden sind.[113] Die BaFin veröffentlicht nach § 47 Abs. 2 ZKG ein Muster dieses allgemein zu formulierenden und nicht spezifisch auf das Angebot jedes einzelnen Zahlungsdienstleisters auszurichtenden Glossars und bei Verwendung dieses Musters durch die Zahlungsdienstleister greift eine Gesetzlichkeitsfiktion ein.[114] Das Glossar ist Verbrauchern jederzeit leicht zugänglich zur Verfügung zu stellen sowie auf Verlangen auch mitzuteilen.[115]

61 Allgemeine Informations- und Unterstützungspflichten für Anbieter von Basiskonten: Weitere vom Vorliegen vertraglicher oder vorvertraglicher Beziehungen unabhängige,

---

109 Siehe Palandt-Sprau, 77. Aufl., § 675d BGB Rn. 11.
110 Dies beinhaltet eine Zurverfügungstellung in den Geschäftsräumen sowie, soweit vorhanden, über den Internetauftritt des Zahlungsdienstleisters, siehe § 14 Abs. 3 ZKG.
111 Siehe § 14 Abs. 4 ZKG.
112 Zu den Anforderungen des § 14 Abs. 3 ZKG siehe die vorstehende Fn.
113 Zur Festlegung dieser standardisierten Terminologie siehe vorstehend Rn. 53.
114 § 14 Abs. 5 ZKG.
115 § 14 Abs. 3 und 4 ZKG.

allgemeine Informations- und Unterstützungspflichten bestehen nach dem ZKG zudem für Kreditinstitute, die zum Anbieten von Basiskonten verpflichtet sind.[116] Verbrauchern sind nach § 14 Abs. 1 Nr. 2 ZKG Informationen in Bezug auf die Merkmale, Entgelte sowie Kosten und Nutzungsbedingungen der angebotenen Basiskonten zur Verfügung zu stellen, wobei diese Informationen auch auf besonders schutzbedürftige Verbraucher, Verbraucher ohne festen Wohnsitz, Geduldete, Asylsuchende und Verbraucher, die über kein Zahlungskonto verfügen, ausgerichtet sein müssen.[117] Zudem ist Verbrauchern nach § 14 Abs. 1 Nr. 3 ZKG ein Hinweis auf das Koppelungsverbot zu Verfügung zu stellen, d.h. dass Abschluss und Inhalt eines Basiskontovertrags sowie der Zugang zu einem solchen Konto und die Nutzung des hiervon umfassten Leistungsangebots nur von den im Gesetz genannten Voraussetzungen (siehe § 32 ZKG) abhängig gemacht werden dürfen. § 45 ZKG schließlich begründet eine Verpflichtung, Verbrauchern jederzeit unentgeltlich Unterstützung in Bezug auf die spezifischen Merkmale, Entgelte und Kosten sowie auf die Nutzungsbedingungen der angebotenen Basiskonten zur Verfügung zu stellen. Beispiele für solche Unterstützungsleistungen können insbesondere in zusätzlichen Informationen zu sehen sein, etwa in einem Angebot, Basiskonten mündlich zu erläutern sowie eine Unterstützung beim Ausfüllen der Formulare zu gewähren, in geeigneten Fällen gegebenenfalls auch zumindest allgemeine Hinweise in häufig nachgefragten Fremdsprachen.[118]

L. Anhang: Gesetzestext des Art. 248 §§ 1 bis 19 EGBGB

Aufgrund der Verweisungstechnik des § 675d BGB ergibt sich der genaue Inhalt der Informationspflichten von Zahlungsdienstleistern im Allgemeinen, von Zahlungsauslösedienstleistern und Kontoinformationsdienstleistern sowie von Zahlungsempfängern, Bargeldabhebungsdienstleistern und Dritten erst unter Heranziehung der Regelungen nach Art. 248 §§ 1 bis 19 EGBGB.[119] 62

116 Siehe zu § 675f BGB Rn. 93.

117 Dies soll insbesondere beinhalten, dass diese Informationen nach Verständlichkeit und Zugänglichkeit gerade auch den Interessen und Bedürfnissen dieser Personengruppen gerecht werden müssen, siehe Begr Reg-Entw, BT-Drs. 18/7204, S. 68.

118 Siehe Begr Reg-Entw, BT-Drs. 18/7204, S. 93.

119 Der Wortlaut des Art. 248 EGBGB ist wie folgt:

Art. 248 EGBGB – Informationspflichten bei der Erbringung von Zahlungsdienstleistungen
Abschnitt 1 – Allgemeine Vorschriften
§ 1 – Konkurrierende Informationspflichten
Ist der Zahlungsdienstevertrag zugleich ein Fernabsatzvertrag oder ein außerhalb von Geschäftsräumen geschlossener Vertrag, so werden die Informationspflichten nach Artikel 246b § 1 Absatz 1 durch die Informationspflichten nach den §§ 2 bis 13 und 14 bis 16ersetzt. Dies gilt bei Fernabsatzverträgen nicht für die in Artikel 246b § 1 Absatz 1 Nummer 7 bis 12, 15 und 19 und bei außerhalb von Geschäftsräumen geschlossenen Verträgen nicht für die in Artikel 246b § 1 Absatz 1 Nummer 12 genannten Informationspflichten.

§ 2 – Allgemeine Form
Die Informationen und Vertragsbedingungen sind in einer Amtssprache des Mitgliedstaats der Europäischen Union oder des Vertragsstaats des Abkommens über den Europäischen Wirtschaftsraum, in dem der Zahlungsdienst angeboten wird, oder in einer anderen zwischen den Parteien vereinbarten Sprache in leicht verständlichen Worten und in klarer und verständlicher Form abzufassen.

Abschnitt 2 – Zahlungsdiensterahmenverträge
§ 3 – Besondere Form
Bei Zahlungsdiensterahmenverträgen (§ 675f Abs. 2 des Bürgerlichen Gesetzbuchs) hat der Zahlungsdienstleister dem Zahlungsdienstnutzer die in den §§ 4 bis 9 genannten Informationen und Vertragsbedingungen auf einem dauerhaften Datenträger mitzuteilen.

---

§ 4 – Vorvertragliche Informationen

(1) Die folgenden vorvertraglichen Informationen und Vertragsbedingungen müssen rechtzeitig vor Abgabe der Vertragserklärung des Zahlungsdienstnutzers mitgeteilt werden:

1. zum Zahlungsdienstleister
   a) den Namen, die ladungsfähige Anschrift seiner Hauptverwaltung und gegebenenfalls seines Agenten oder seiner Zweigniederlassung in dem Mitgliedstaat, in dem der Zahlungsdienst angeboten wird, sowie alle anderen Anschriften einschließlich E-Mail-Adresse, die für die Kommunikation mit dem Zahlungsdienstleister von Belang sind, und
   b) die für den Zahlungsdienstleister zuständigen Aufsichtsbehörden und das bei der Bundesanstalt für Finanzdienstleistungsaufsicht geführte Register oder jedes andere relevante öffentliche Register, in das der Zahlungsdienstleister als zugelassen eingetragen ist, sowie seine Registernummer oder eine gleichwertige in diesem Register verwendete Kennung,
2. zur Nutzung des Zahlungsdienstes
   a) eine Beschreibung der wesentlichen Merkmale des zu erbringenden Zahlungsdienstes,
   b) Informationen oder Kundenkennungen, die für die ordnungsgemäße Auslösung oder Ausführung eines Zahlungsauftrags erforderlich sind,
   c) die Art und Weise der Zustimmung zur Auslösung oder Ausführung eines Zahlungsvorgangs und des Widerrufs eines Zahlungsauftrags gemäß den §§ 675j und 675p des Bürgerlichen Gesetzbuchs,
   d) den Zeitpunkt, ab dem ein Zahlungsauftrag gemäß § 675n Abs. 1 des Bürgerlichen Gesetzbuchs als zugegangen gilt, und gegebenenfalls den vom Zahlungsdienstleister gemäß § 675n Abs. 1 Satz 3 festgelegten Zeitpunkt,
   e) die maximale Ausführungsfrist für die zu erbringenden Zahlungsdienste,
   f) die Angabe, ob die Möglichkeit besteht, Betragsobergrenzen für die Nutzung eines Zahlungsinstruments gemäß § 675k Abs. 1 des Bürgerlichen Gesetzbuchs zu vereinbaren, und
   g) im Falle von kartengebundenen Zahlungsinstrumenten, die mehrere Zahlungsmarken tragen, die Rechte des Zahlungsdienstnutzers gemäß Artikel 8 der Verordnung (EU) 2015/751 des Europäischen Parlaments und des Rates vom 29. April 2015 über Interbankenentgelte für kartengebundene Zahlungsvorgänge (ABl. L 123 vom 19.5.2015, S. 1),
3. zu Entgelten, Zinsen und Wechselkursen
   a) alle Entgelte, die der Zahlungsdienstnutzer an den Zahlungsdienstleister zu entrichten hat, einschließlich derjenigen, die sich danach richten, wie und wie oft über die geforderten Informationen zu unterrichten ist, sowie gegebenenfalls eine Aufschlüsselung dieser Entgelte,
   b) gegebenenfalls die zugrunde gelegten Zinssätze und Wechselkurse oder, bei Anwendung von Referenzzinssätzen und -wechselkursen, die Methode für die Berechnung der tatsächlichen Zinsen sowie der maßgebliche Stichtag und der Index oder die Grundlage für die Bestimmung des Referenzzinssatzes oder -wechselkurses, und
   c) soweit vereinbart, das unmittelbare Wirksamwerden von Änderungen des Referenzzinssatzes oder -wechselkurses gemäß § 675g Absatz 3 des Bürgerlichen Gesetzbuchs,
4. zur Kommunikation
   a) die Kommunikationsmittel, deren Nutzung zwischen den Parteien für die Informationsübermittlung und Anzeigepflichten vereinbart wird, einschließlich der technischen Anforderungen an die Ausstattung und die Software des Zahlungsdienstnutzers,
   b) Angaben dazu, wie und wie oft die nach diesem Artikel geforderten Informationen mitzuteilen oder zugänglich zu machen sind,
   c) die Sprache oder Sprachen, in der oder in denen der Vertrag zu schließen ist und in der oder in denen die Kommunikation für die Dauer des Vertragsverhältnisses erfolgen soll, und
   d) einen Hinweis auf das Recht des Zahlungsdienstnutzers gemäß § 5, Informationen und Vertragsbedingungen in einer Urkunde zu erhalten,
5. zu den Schutz- und Abhilfemaßnahmen
   a) gegebenenfalls eine Beschreibung, wie der Zahlungsdienstnutzer ein Zahlungsinstrument sicher aufbewahrt und wie er seine Anzeigepflicht gegenüber dem Zahlungsdienstleister gemäß § 675l Absatz 1 Satz 2 des Bürgerlichen Gesetzbuchs erfüllt,
   b) eine Beschreibung des sicheren Verfahrens zur Unterrichtung des Zahlungsdienstnutzers durch den Zahlungsdienstleister im Falle vermuteten oder tatsächlichen Betrugs oder bei Sicherheitsrisiken,
   c) soweit vereinbart, die Bedingungen, unter denen sich der Zahlungsdienstleister das Recht vorbehält, ein Zahlungsinstrument gemäß § 675k Abs. 2 des Bürgerlichen Gesetzbuchs zu sperren,

   d) Informationen zur Haftung des Zahlers gemäß § 675v des Bürgerlichen Gesetzbuchs einschließlich Angaben zum Höchstbetrag,
   e) Angaben dazu, wie und innerhalb welcher Frist der Zahlungsdienstnutzer dem Zahlungsdienstleister nicht autorisierte oder fehlerhaft ausgelöste oder ausgeführte Zahlungsvorgänge gemäß § 676b des Bürgerlichen Gesetzbuchs anzeigen muss, sowie Informationen über die Haftung des Zahlungsdienstleisters bei nicht autorisierten Zahlungsvorgängen gemäß § 675u des Bürgerlichen Gesetzbuchs,
   f) Informationen über die Haftung des Zahlungsdienstleisters bei der Auslösung oder Ausführung von Zahlungsvorgängen gemäß § 675y des Bürgerlichen Gesetzbuchs und
   g) die Bedingungen für Erstattungen gemäß § 675x des Bürgerlichen Gesetzbuchs,
6. zu Änderungen der Bedingungen und Kündigung des Zahlungsdiensterahmenvertrags
   a) soweit vereinbart, die Angabe, dass die Zustimmung des Zahlungsdienstnutzers zu einer Änderung der Vertragsbedingungen gemäß § 675g des Bürgerlichen Gesetzbuchs als erteilt gilt, wenn er dem Zahlungsdienstleister seine Ablehnung nicht vor dem Zeitpunkt angezeigt hat, zu dem die geänderten Vertragsbedingungen in Kraft treten sollen,
   b) die Laufzeit des Zahlungsdiensterahmenvertrags und
   c) einen Hinweis auf das Recht des Zahlungsdienstnutzers, den Vertrag zu kündigen, sowie auf sonstige kündigungsrelevante Vereinbarungen gemäß § 675g Abs. 2 und § 675h des Bürgerlichen Gesetzbuchs,
7. die Vertragsklauseln über das auf den Zahlungsdiensterahmenvertrag anwendbare Recht oder über das zuständige Gericht und
8. einen Hinweis auf die Beschwerdeverfahren gemäß den §§ 60 bis 62 des Zahlungsdiensteaufsichtsgesetzes sowie auf das außergerichtliche Rechtsbehelfsverfahren gemäß § 14 des Unterlassungsklagengesetzes.

(2) Wenn auf Verlangen des Zahlungsdienstnutzers der Zahlungsdiensterahmenvertrag unter Verwendung eines Fernkommunikationsmittels geschlossen wird, das dem Zahlungsdienstleister die Mitteilung der in Absatz 1 bestimmten Informationen und Vertragsbedingungen auf einem dauerhaften Datenträger nicht gestattet, hat der Zahlungsdienstleister dem Zahlungsdienstnutzer diese unverzüglich nach Abschluss des Vertrags in der in den §§ 2 und 3 vorgesehenen Form mitzuteilen.

(3) Die Pflichten gemäß Absatz 1 können auch erfüllt werden, indem eine Abschrift des Vertragsentwurfs übermittelt wird, die die nach Absatz 1 erforderlichen Informationen und Vertragsbedingungen enthält.

§ 5 – Zugang zu Vertragsbedingungen und vorvertraglichen Informationen während der Vertragslaufzeit
Während der Vertragslaufzeit kann der Zahlungsdienstnutzer jederzeit die Übermittlung der Vertragsbedingungen sowie der in § 4 genannten Informationen in Papierform oder auf einem anderen dauerhaften Datenträger verlangen.

§ 6 – Informationen vor Ausführung einzelner Zahlungsvorgänge
Vor Ausführung eines einzelnen vom Zahler ausgelösten Zahlungsvorgangs teilt der Zahlungsdienstleister auf Verlangen des Zahlers Folgendes mit:
1. die maximale Ausführungsfrist,
2. die dem Zahler in Rechnung zu stellenden Entgelte und
3. gegebenenfalls die Aufschlüsselung der Entgelte nach Nummer 2.

§ 7 – Informationen an den Zahler bei einzelnen Zahlungsvorgängen
Nach Belastung des Kontos des Zahlers mit dem Zahlungsbetrag eines einzelnen Zahlungsvorgangs oder, falls der Zahler kein Zahlungskonto verwendet, nach Zugang des Zahlungsauftrags teilt der Zahlungsdienstleister des Zahlers diesem unverzüglich die folgenden Informationen mit:
1. eine dem Zahlungsvorgang zugeordnete Kennung, die dem Zahler die Identifizierung des betreffenden Zahlungsvorgangs ermöglicht, sowie gegebenenfalls Angaben zum Zahlungsempfänger,
2. den Zahlungsbetrag in der Währung, in der das Zahlungskonto des Zahlers belastet wird, oder in der Währung, die im Zahlungsauftrag verwendet wird,
3. die für den Zahlungsvorgang zu entrichtenden Entgelte und gegebenenfalls eine Aufschlüsselung der Beträge dieser Entgelte oder die vom Zahler zu entrichtenden Zinsen,
4. gegebenenfalls den Wechselkurs, den der Zahlungsdienstleister des Zahlers dem Zahlungsvorgang zugrunde gelegt hat, und den Betrag, der nach dieser Währungsumrechnung Gegenstand des Zahlungsvorgangs ist, und
5. das Wertstellungsdatum der Belastung oder das Datum des Zugangs des Zahlungsauftrags.

---

§ 8 – Informationen an den Zahlungsempfänger bei einzelnen Zahlungsvorgängen
Nach Ausführung eines einzelnen Zahlungsvorgangs teilt der Zahlungsdienstleister des Zahlungsempfängers diesem unverzüglich die folgenden Informationen mit:
1. eine dem Zahlungsvorgang zugeordnete Kennung, die dem Zahlungsempfänger die Identifizierung des Zahlungsvorgangs und des Zahlers ermöglicht, sowie alle weiteren mit dem Zahlungsvorgang übermittelten Angaben,
2. den Zahlungsbetrag in der Währung, in der dieser Betrag auf dem Zahlungskonto des Zahlungsempfängers gutgeschrieben wird,
3. den Betrag der für den Zahlungsvorgang zu entrichtenden Entgelte und gegebenenfalls deren Aufschlüsselung oder der vom Zahlungsempfänger zu entrichtenden Zinsen,
4. gegebenenfalls den Wechselkurs, den der Zahlungsdienstleister des Zahlungsempfängers dem Zahlungsvorgang zugrunde gelegt hat, und den Betrag, der vor dieser Währungsumrechnung Gegenstand des Zahlungsvorgangs war, und
5. das Wertstellungsdatum der Gutschrift.

§ 9 – Sonstige Informationen während des Vertragsverhältnisses
Während des Vertragsverhältnisses ist der Zahlungsdienstleister verpflichtet, den Zahlungsdienstnutzer unverzüglich zu unterrichten, wenn
1. sich Umstände, über die gemäß § 4 Abs. 1 Nr. 1 unterrichtet wurde, ändern oder
2. zum Nachteil des Zahlungsdienstnutzers Änderungen von Zinssätzen wirksam geworden sind.

§ 10 – Abweichende Vereinbarungen
Für die in den §§ 7, 8 und 9 Nr. 2 genannten Informationen können Zahlungsdienstleister und Zahlungsdienstnutzer eine andere Häufigkeit und eine von § 3 abweichende Form oder ein abweichendes Verfahren vereinbaren. Über die in den §§ 7 und 8 genannten Informationen hat der Zahlungsdienstleister jedoch mindestens einmal monatlich so zu unterrichten, dass der Zahlungsdienstnutzer die Informationen unverändert aufbewahren und wiedergeben kann.

§ 11 – Ausnahmen für Kleinbetragsinstrumente und E-Geld
(1) Bei Zahlungsdiensteverträgen über die Überlassung eines Kleinbetragsinstruments (§ 675i Abs. 1 des Bürgerlichen Gesetzbuchs) teilt der Zahlungsdienstleister dem Zahlungsdienstnutzer abweichend von den §§ 4 und 6 nur Folgendes mit:
1. die wesentlichen Merkmale des Zahlungsdienstes, einschließlich der Nutzungsmöglichkeiten des Kleinbetragsinstruments,
2. Haftungshinweise,
3. die anfallenden Entgelte und
4. die anderen für den Zahlungsdienstnutzer wesentlichen Vertragsinformationen.

Ferner gibt der Zahlungsdienstleister an, wo die weiteren gemäß § 4 vorgeschriebenen Informationen und Vertragsbedingungen in leicht zugänglicher Form zur Verfügung gestellt sind.
(2) Bei Verträgen nach Absatz 1 können die Vertragsparteien abweichend von den §§ 7 und 8 vereinbaren, dass der Zahlungsdienstleister dem Zahlungsdienstnutzer nach Ausführung eines Zahlungsvorgangs
1. nur eine dem Zahlungsvorgang zugeordnete Kennung mitteilen oder zur Verfügung stellen muss, die es ermöglicht, den betreffenden Zahlungsvorgang, seinen Betrag sowie die erhobenen Entgelte zu identifizieren, und im Fall mehrerer gleichartiger Zahlungsvorgänge an den selben Zahlungsempfänger eine Information, die den Gesamtbetrag und die erhobenen Entgelte für diese Zahlungsvorgänge enthält,
2. die unter Nummer 1 genannten Informationen nicht mitteilen oder zur Verfügung stellen muss, wenn die Nutzung des Kleinbetragsinstruments keinem Zahlungsdienstnutzer zugeordnet werden kann oder wenn der Zahlungsdienstleister auf andere Weise technisch nicht in der Lage ist, diese Informationen mitzuteilen; in diesem Fall hat der Zahlungsdienstleister dem Zahlungsdienstnutzer eine Möglichkeit anzubieten, die gespeicherten Beträge zu überprüfen.

Abschnitt 3 – Einzelzahlungsverträge
§ 12 – Besondere Form
Bei einem Einzelzahlungsvertrag, der nicht Gegenstand eines Zahlungsdiensterahmenvertrags ist, hat der Zahlungsdienstleister dem Zahlungsdienstnutzer die in § 13 genannten Informationen und Vertragsbedingungen hinsichtlich der von ihm zu erbringenden Zahlungsdienste in leicht zugänglicher Form zur Verfügung zu stellen. Auf Verlangen des Zahlungsdienstnutzers stellt ihm der Zahlungsdienstleister die Informationen und Vertragsbedingungen in Papierform oder auf einem anderen dauerhaften Datenträger zur Verfügung.

---

§ 13 – Vorvertragliche Informationen

(1) Die folgenden vorvertraglichen Informationen und Vertragsbedingungen sind rechtzeitig vor Abgabe der Vertragserklärung des Zahlungsdienstnutzers zur Verfügung zu stellen:

1. die vom Zahlungsdienstnutzer mitzuteilenden Informationen oder Kundenkennungen, die für die ordnungsgemäße Auslösung oder Ausführung eines Zahlungsauftrags erforderlich sind,
2. die maximale Ausführungsfrist für den zu erbringenden Zahlungsdienst,
3. alle Entgelte, die der Zahlungsdienstnutzer an den Zahlungsdienstleister zu entrichten hat, und gegebenenfalls ihre Aufschlüsselung,
4. gegebenenfalls der dem Zahlungsvorgang zugrunde zu legende tatsächliche Wechselkurs oder Referenzwechselkurs.

(2) Ein Zahlungsauslösedienstleister hat dem Zahler rechtzeitig vor der Auslösung des Zahlungsvorgangs auch die folgenden Informationen zur Verfügung zu stellen:

1. den Namen des Zahlungsauslösedienstleisters, die Anschrift seiner Hauptverwaltung und gegebenenfalls die Anschrift seines Agenten oder seiner Zweigniederlassung in dem Mitgliedstaat, in dem der Zahlungsauslösedienst angeboten wird, sowie alle anderen Kontaktdaten einschließlich der E-Mail-Adresse, die für die Kommunikation mit dem Zahlungsauslösedienstleister von Belang sind, und
2. die Kontaktdaten der zuständigen Behörde.

(3) Die anderen in § 4 Absatz 1 genannten Informationen sind, soweit sie für den Einzelzahlungsvertrag erheblich sind, dem Zahlungsdienstnutzer ebenfalls zur Verfügung zu stellen.

(4) Wenn auf Verlangen des Zahlungsdienstnutzers der Einzelzahlungsvertrag unter Verwendung eines Fernkommunikationsmittels geschlossen wird, das dem Zahlungsdienstleister die Informationsunterrichtung nach Absatz 1 nicht gestattet, hat der Zahlungsdienstleister den Zahlungsdienstnutzer unverzüglich nach Ausführung des Zahlungsvorgangs in der Form zu unterrichten, die in den §§ 2 und 12 vorgesehen ist.

(5) Die Pflichten gemäß Absatz 1 können auch erfüllt werden, indem eine Abschrift des Vertragsentwurfs übermittelt wird, die die nach Absatz 1 erforderlichen Informationen und Vertragsbedingungen enthält.

§ 13a – Informationen an den Zahler und den Zahlungsempfänger nach Auslösung des Zahlungsauftrags über einen Zahlungsauslösedienstleister

Ein Zahlungsauslösedienstleister unterrichtet den Zahler und gegebenenfalls den Zahlungsempfänger unmittelbar nach der Auslösung des Zahlungsauftrags über

1. die erfolgreiche Auslösung des Zahlungsauftrags beim kontoführenden Zahlungsdienstleister des Zahlers,
2. die dem Zahlungsvorgang zugeordnete Kennung, die dem Zahler und dem Zahlungsempfänger die Identifizierung des Zahlungsvorgangs und dem Zahlungsempfänger gegebenenfalls die Identifizierung des Zahlers ermöglicht, sowie jede weitere mit dem Zahlungsvorgang übermittelte Angabe,
3. den Zahlungsbetrag,
4. gegebenenfalls die Höhe aller an den Zahlungsauslösedienstleister für den Zahlungsvorgang zu entrichtenden Entgelte sowie gegebenenfalls deren Aufschlüsselung.

§ 14 – Informationen an den Zahler nach Zugang des Zahlungsauftrags

Nach Zugang des Zahlungsauftrags unterrichtet der Zahlungsdienstleister des Zahlers diesen hinsichtlich der von ihm zu erbringenden Zahlungsdienste unverzüglich über

1. die dem Zahlungsvorgang zugeordnete Kennung, die dem Zahler die Identifizierung des betreffenden Zahlungsvorgangs ermöglicht, sowie gegebenenfalls Angaben zum Zahlungsempfänger,
2. den Zahlungsbetrag in der im Zahlungsauftrag verwendeten Währung,
3. die Höhe der vom Zahler für den Zahlungsvorgang zu entrichtenden Entgelte und gegebenenfalls deren Aufschlüsselung,
4. gegebenenfalls den Wechselkurs, den der Zahlungsdienstleister des Zahlers dem Zahlungsvorgang zugrunde gelegt hat, oder einen Verweis darauf, sofern dieser Kurs von dem in § 13 Abs. 1 Nr. 4 genannten Kurs abweicht, und den Betrag, der nach dieser Währungsumrechnung Gegenstand des Zahlungsvorgangs ist, und
5. das Datum des Zugangs des Zahlungsauftrags.

§ 15 – Informationen an den Zahlungsempfänger nach Ausführung des Zahlungsvorgangs

Nach Ausführung des Zahlungsvorgangs unterrichtet der Zahlungsdienstleister des Zahlungsempfängers diesen hinsichtlich der von ihm zu erbringenden Zahlungsdienste unverzüglich über

§ 675e BGB
Abweichende Vereinbarungen

(1) Soweit nichts anderes bestimmt ist, darf von den Vorschriften dieses Untertitels nicht zum Nachteil des Zahlungsdienstnutzers abgewichen werden.

(2) In den Fällen des § 675d Absatz 6 Satz 1 Nummer 1 und 2

1. **sind § 675s Absatz 1, § 675t Absatz 2, § 675x Absatz 1, § 675y Absatz 1 bis 4 sowie § 675z Satz 3 nicht anzuwenden;**
2. **darf im Übrigen zum Nachteil des Zahlungsdienstnutzers von den Vorschriften dieses Untertitels abgewichen werden.**

(3) Für Zahlungsvorgänge, die nicht in Euro erfolgen, können der Zahlungsdienstnutzer und sein Zahlungsdienstleister vereinbaren, dass § 675t Abs. 1 Satz 3 und Abs. 2 ganz oder teilweise nicht anzuwenden ist.

(4) Handelt es sich bei dem Zahlungsdienstnutzer nicht um einen Verbraucher, so können die Parteien vereinbaren, dass § 675d Absatz 1 bis 5, § 675f Absatz 5 Satz 2, die §§ 675g, 675h, 675j Absatz 2, die §§ 675p sowie 675v bis 676 ganz oder

---

1. die dem Zahlungsvorgang zugeordnete Kennung, die dem Zahlungsempfänger die Identifizierung des betreffenden Zahlungsvorgangs und gegebenenfalls des Zahlers ermöglicht, sowie jede weitere mit dem Zahlungsvorgang übermittelte Angabe,
2. den Zahlungsbetrag in der Währung, in der er dem Zahlungsempfänger zur Verfügung steht,
3. die Höhe aller vom Zahlungsempfänger für den Zahlungsvorgang zu entrichtenden Entgelte und gegebenenfalls deren Aufschlüsselung,
4. gegebenenfalls den Wechselkurs, den der Zahlungsdienstleister des Zahlungsempfängers dem Zahlungsvorgang zugrunde gelegt hat, und den Betrag, der vor dieser Währungsumrechnung Gegenstand des Zahlungsvorgangs war, und
5. das Wertstellungsdatum der Gutschrift.

§ 16 – Informationen bei Einzelzahlung mittels rahmenvertraglich geregelten Zahlungsinstruments
Wird ein Zahlungsauftrag für eine Einzelzahlung über ein rahmenvertraglich geregeltes Zahlungsinstrument übermittelt, so ist nur der Zahlungsdienstleister, der Partei des Zahlungsdiensterahmenvertrags ist, verpflichtet, den Zahlungsdienstnutzer nach Maßgabe des Abschnitts 2 zu unterrichten.

Abschnitt 4 – Informationspflichten von Zahlungsempfängern, Bargeldabhebungsdienstleistern und Dritten
§ 17 – Informationspflichten des Zahlungsempfängers

(1) Sollen Zahlungen mittels eines Zahlungsinstruments in einer anderen Währung als Euro erfolgen und wird vor der Auslösung des Zahlungsvorgangs vom Zahlungsempfänger eine Währungsumrechnung angeboten, muss der Zahlungsempfänger dem Zahler alle damit verbundenen Entgelte sowie den der Währungsumrechnung zugrunde gelegten Wechselkurs offenlegen.

(2) Verlangt der Zahlungsempfänger für die Nutzung eines bestimmten Zahlungsinstruments ein Entgelt oder bietet er eine Ermäßigung an, so teilt er dies dem Zahler vor Auslösung des Zahlungsvorgangs mit.

§ 17a – Informationspflichten des Bargeldabhebungsdienstleisters
Ein Dienstleister, der Bargeldabhebungsdienste erbringt, ist verpflichtet, den Kunden über alle Entgelte für eine Geldabhebung entsprechend § 13 Absatz 1 und 3, den §§ 14, 15 sowie 17 Absatz 1 sowohl vor der Abhebung als auch auf der Quittung nach dem Erhalt des Bargeldes zu unterrichten.

§ 18 – Informationspflichten Dritter
Verlangt ein Dritter, über welchen ein Zahlungsdienstnutzer einen Zahlungsvorgang auslösen kann, von diesem für die Nutzung eines bestimmten Zahlungsinstruments ein Entgelt, so teilt er dies dem Zahlungsdienstnutzer vor der Auslösung des Zahlungsvorgangs mit.

§ 19 – Abweichende Vereinbarungen
Handelt es sich bei dem Zahlungsdienstnutzer nicht um einen Verbraucher, so können die Parteien vereinbaren, dass die §§ 17 und 18 ganz oder teilweise nicht anzuwenden sind.

teilweise nicht anzuwenden sind; sie können auch andere als die in § 676b Absatz 2 und 4 vorgesehenen Fristen vereinbaren.

Systematische Übersicht

A. Allgemeines

§ 675e BGB regelt die Frage der Zulässigkeit von Abweichungen von den Vorschriften der §§ 675c bis 676c BGB und bestimmt darüber hinaus Grenzen der Anwendbarkeit einzelner Vorschriften dieses Untertitels in Drittstaatensachverhalten. 1

Hinsichtlich der Abdingbarkeit der §§ 675c bis 676c BGB geht das Gesetz grundsätzlich von der halbzwingenden Geltung dieser Bestimmungen zugunsten des Zahlungsdienstnutzers aus, lässt dann aber Abweichungen im Hinblick auf die Unterscheidung zwischen Verbrauchern und Nicht-Verbrauchern als Zahlungsdienstnutzern sowie in Drittstaatensachverhalten zu. Dieser in § 675e BGB bereits in Umsetzung der Regelungen der ZDRL I[1] niedergelegte Grundsatz ist auch in der Umsetzung der ZDRL II beibehalten worden.[2] Im Hinblick auf die Erweiterung des Bereichs der zwingenden Anwendung der Vorschriften der ZDRL II in bestimmten Drittstaatensachverhalten (One-Leg-Transaktionen und Zahlungsvorgänge in Drittstaatenwährungen)[3] war allerdings der Umfang der Abdingbarkeit der §§ 675c bis 676c BGB entsprechend zu begrenzen.[4] 2

B. Grundsatz der halbzwingenden Geltung der §§ 675c bis 676c BGB

Nach § 675e Abs. 1 BGB darf, soweit nichts anderes bestimmt ist, von den Vorschriften der §§ 675c bis 676c nicht zum Nachteil des Zahlungsdienstnutzers abgewichen werden.[5] Dieser Grundsatz gilt nach § 675e Abs. 1 BGB sowohl für Verbraucher wie auch für Unternehmer als Zahlungsdienstnutzer, wobei für letztere allerdings nach Absatz 4 Ausnahmen zugelassen werden.[6] Dieses Verbot von Abweichungen zu Lasten des Zahlungsdienstnutzers gilt unabhängig davon, ob die jeweilige Abweichung in AGB oder auch individuell vereinbart wird. 3

---

1 Siehe Begründung des Regierungsentwurfs zur Umsetzung des zivilrechtlichen Teils der Zahlungsdiensterichtlinie, BT-Drs. 16/11643, S. 98 f.
2 Siehe die Begründung des Regierungsentwurfs zur Umsetzung der Zweiten Zahlungsdiensterichtlinie, BT-Drs. 18/11495, S. 152.
3 Art. 2 Abs. 2 bis 4 ZDRL II; siehe dazu Rn. 7 ff.
4 Siehe unten Rn. 11 ff.
5 Siehe Begr Reg-Entw, BT-Drs. 18/11495, S. 152; Begr Reg-Entw, BT-Drs. 16/11643, S. 101; Art. 86 Abs. 3 Unterabs. 1 ZDRL I bzw. Art. 107 Abs. 3 Unterabs. 1 ZDRL II; Erman-von Westphalen, 15. Aufl., § 675e BGB Rn. 2; MK-Casper, 7. Aufl., § 675e BGB Rn. 1; Staudinger-Omlor, 2012, § 675e BGB Rn. 2.
6 Siehe unten Rn. 14 f.

4 Zulässig sind dagegen – ungeachtet des vollharmonisierenden Charakters der ZDRL II[7] – solche vertraglichen Vereinbarungen, in denen in für den Zahlungsdienstnutzer günstiger Weise von den §§ 675c bis 676c abgewichen wird.[8]

5 Ob mit einer vertraglichen Vereinbarung zugunsten oder zulasten des Zahlungsdienstnutzers von den Vorschriften der §§ 675c bis 676c abgewichen wird, ist durch Auslegung zu ermitteln.[9] Handelt es sich um eine Abweichung durch AGB, ist § 305c Abs. 2 BGB zu beachten, d.h. es ist eine abstrakt-generelle Interpretation zugrunde zu legen und es ist für die Frage der Zulässigkeit der Abweichung vom Grundsatz der kundenfeindlichsten Auslegung auszugehen.[10] Überwiegend wird angenommen, dass allenfalls in Ausnahmefällen eine Gesamtbetrachtung der gesamten Vereinbarung statt einer Betrachtung der jeweiligen Einzelregelung maßgeblich sein kann:[11] Die Kompensation eines Nachteils mit einem Vorteil ist demnach regelmäßig nicht möglich.[12]

6 Wird mit einer vertraglichen Vereinbarung unzulässigerweise von den §§ 675c bis 676c zulasten des Zahlungsdienstnutzers abgewichen, so zieht dies die Unwirksamkeit der betreffenden Regelung nach § 134 BGB nach sich.[13] Ob der Zahlungsdienstevertrag im Übrigen wirksam bleibt, ist nach § 139 BGB bzw. bei AGB nach § 306 Abs. 2 BGB zu beantworten: Im Regelfall bleibt demnach der Vertrag im Übrigen wirksam.[14]

C. Anwendbarkeit der §§ 675c bis 676c BGB in Drittstaatensachverhalten

7 Ein wesentlicher Reformaspekt der ZDRL II war die Erweiterung der Anwendbarkeit der Vorschriften des europäischen Zahlungsdiensterechts auf Drittstaatensachverhalte: Die Anwendung der Bestimmungen der ZDRL I zu den Rechten und Pflichten der Parteien bei der Erbringung und Nutzung von Zahlungsdiensten war grundsätzlich auf Zahlungsvorgänge ohne Drittstaatenbezug beschränkt, d.h. auf Zahlungsvorgänge in Euro oder einer anderen Mitgliedstaatenwährung,[15] bei denen zudem sowohl der Zahlungsdienstleister des Zahlers als auch der des Zahlungsempfängers bzw. der einzige beteiligte Zahlungsdienstleister in der Gemeinschaft ansässig waren.[16] Die entsprechenden Vorschriften des Titels IV der ZDRL II zu den Rechten und Pflichten aus Zahlungsdiensteverträgen sind dagegen sowohl anzuwenden in reinen Binnensachverhalten, d.h. bei Zahlungsvorgängen ohne Drittstaatenbezug wie nach der ZDRL I,[17] als auch – vorbehaltlich einiger einzeln aufgezählter Ausnahmen – hinsichtlich der innerhalb der Union erbrachten Bestandteile des jeweiligen Zahlungsvorgangs bei Zahlungsvorgängen in Drittstaa-

7 So auch Begr Reg-Entw, BT-Drs. 16/11643, S. 101; vgl. Art. 86 Abs. 1 ZDRL I bzw. Art. 107 Abs. 1 ZDRL II.
8 So auch Begr Reg-Entw, BT-Drs. 16/11643, S. 101; vgl. Art. 86 Abs. 3 Unterabs. 2 ZDRL I bzw. Art. 107 Abs. 3 Unterabs. 2 ZDRL II.
9 Langenbucher/Bliesener/Spindler-Herresthal, 2. Aufl., Kap. 2 § 675e BGB Rn. 3; MK-Casper, 7. Aufl., § 675e BGB Rn. 2; Palandt-Sprau, 77. Aufl., § 675e BGB Rn. 2.
10 Siehe hierzu die Rechtsprechungsangaben zu § 675f BGB Rn. 37.
11 So Erman-von Westphalen, 15. Aufl., § 675e BGB Rn. 4; MK-Casper, 7. Aufl., § 675e BGB Rn. 2; Staudinger-Omlor, 2012, § 675e BGB Rn. 3; noch enger Palandt-Sprau, 77. Aufl., § 675e BGB Rn. 2; weiter dagegen Langenbucher/Bliesener/Spindler-Herresthal, 2. Aufl., Kap. 2 § 675e BGB Rn. 3.
12 Siehe insbesondere zur Frage der Zulässigkeit einer Durchschnittswertstellung von Sammellastschriften die Nachweise zu § 675t BGB Rn. 39.
13 Siehe BGH, Urt. v. 28.7.2015 – XI ZR 434/14, juris Rn. 37, BGHZ 206, 305; Erman-von Westphalen, 15. Aufl., § 675e BGB Rn. 2; MK-Casper, 7. Aufl., § 675e BGB Rn. 3; Palandt-Sprau, 77. Aufl., § 675e BGB Rn. 2.
14 Vgl. MK-Casper, 7. Aufl., § 675e BGB Rn. 3; Palandt-Sprau, 77. Aufl., § 675e BGB Rn. 2. Siehe auch Erman-von Westphalen, 15. Aufl., § 675e BGB Rn. 5.
15 So das Erfordernis aus Art. 2 Abs. 2 ZDRL I.
16 So Art. 2 Abs. 1 S. 2 ZDRL I.
17 So Art. 2 Abs. 2 ZDRL II.

tenwährungen[18] sowie bei Zahlungsvorgängen, bei denen lediglich einer der beteiligten Zahlungsdienstleister in der Union ansässig ist (One-leg-Transaktionen).[19] Ziel dieser Erweiterung des Anwendungsbereichs war es insbesondere, Unterschiede zwischen den Mitgliedstaaten in der Regelung dieser Drittstaatensachverhalte zu beseitigen.[20]

Im deutschen Recht war dagegen bereits in den §§ 675c bis 676c BGB a.F. eine überschießende Umsetzung der ZDRL I erfolgt, d.h. es fanden diese Vorschriften grundsätzlich auch auf von der ZDRL I nicht erfasste Konstellationen von Zahlungsvorgängen mit Drittstaatenbezug Anwendung.[21] Ausgenommen wurden lediglich solche Verpflichtungen, deren Anwendung auf den inländischen Zahlungsdienstleister bei Zahlungsvorgängen mit Drittstaatenbezug nicht sachgerecht gewesen wäre, insbesondere weil das Bestehen von Rückgriffsansprüchen gegen in einem Drittstaat ansässigen Zahlungsdienstleister zweifelhaft gewesen wäre.[22] 8

An diesem gesetzgeberischen Konzept hält die Umsetzung der ZDRL II fest und es wird weiterhin eine auch über den erweiterten Anwendungsbereich der ZDRL II hinausgehende überschießende Umsetzung bestimmt,[23] wonach die §§ 675c bis 676c BGB n.F. generell in allen Fällen zur Anwendung kommen, in denen nach den Grundsätzen des Internationalen Privatrechts deutsches Recht gilt.[24] Ausgenommen ist nach § 675e Abs. 2 Nr. 1 BGB die Anwendbarkeit der §§ 675c bis 676c BGB in Drittstaatensachverhalten lediglich in den dort gesondert aufgezählten Fällen, in denen die Anwendung der betreffenden Bestimmungen auf den inländischen Zahlungsdienstleister bei Zahlungsvorgängen mit Drittstaatenbezug nicht zu angemessenen Lösungen führen würde.[25] Anstelle dieser Vorschriften gilt ergänzend das allgemeine Auftrags- und Geschäftsbesorgungsrecht.[26] Soweit die Anwendung der nachgenannten Regelungen durch § 675e Abs. 2 Nr. 1 BGB ausgeschlossen wird, entfalten die §§ 675c bis 676c BGB auch keinen gesetzlichen Leitbildcharakter, der im Rahmen der Prüfung der Wirksamkeit von AGB nach § 307 Abs. 2 Nr. 1 BGB zu berücksichtigen wäre.[27] 9

Im Einzelnen betrifft die Ausnahmeregelung nach § 675e Abs. 2 Nr. 1 BGB insbesondere die kurze Ausführungsfrist für Zahlungsvorgänge nach § 675s Abs. 1 BGB, die bei Drittstaatensachverhalten vielfach nicht wird eingehalten werden können,[28] die Regelung zur Wertstellung bei Bareinzahlungen nach § 675t Abs. 2 BGB, die wegen der Führung von Fremdwährungskonten in Deutschland lediglich für unbare Zahlungsvor- 10

18 So Art. 2 Abs. 3 ZDRL II.
19 So Art. 2 Abs. 4 ZDRL II.
20 EG 8 ZDRL II.
21 Siehe Begr Reg-Entw, BT-Drs. 16/11643, S. 98; MK-Casper, 7. Aufl., § 675e BGB Rn. 4; Staudinger-Omlor, 2012, § 675e BGB Rn. 4.
22 Siehe Begr Reg-Entw, BT-Drs. 16/11643, S. 101.
23 Die Erweiterung des Anwendungsbereich der ZDRL II wirkt sich damit im deutschen Recht im Hinblick auf die Regelung der Rechten und Pflichten aus Zahlungsdiensteverträgen in erster Linie darin aus, dass in diesen Fällen anders als nach früherem Recht eine Abbedingung der §§ 675c bis 676c BGB n.F. nicht mehr zulässig ist. Dazu siehe unten Rn. 12.
24 Begr Reg-Entw, BT-Drs. 18/11495, S. 152; MK-Casper, 7. Aufl., § 675e BGB Rn. 12.
25 Begr Reg-Entw, BT-Drs. 18/11495, S. 152. Der Ausnahmenkatalog ist inhaltlich weitgehend deckungsgleich mit der Regelung nach § 675e Abs. 2 S. 1 BGB a.F.: Neu ist, dass nunmehr die Regelung des § 675t Abs. 1 BGB zur unverzüglichen Verfügbarmachung eingehender Zahlungsbeträge auch in Drittstaatenwährungen zur Anwendung kommt. Die Regelung des § 675q Abs. 1 und 3 BGB wird in § 675e Abs. 2 Nr. 1 BGB n.F. nicht länger wie noch in § 675e Abs. 2 S. 1 BGB a.F. ausdrücklich ausgenommen, es gilt insoweit aber die Sonderregel des § 675q Abs. 4 BGB n.F.
26 Begr Reg-Entw, BT-Drs. 18/11495, S. 152.
27 So Begr Reg-Entw, BT-Drs. 16/11643, S. 101; MK-Casper, 7. Aufl., § 675e BGB Rn. 5; Palandt-Sprau, 77. Aufl., § 675e BGB Rn. 3; Staudinger-Omlor, 2012, § 675e BGB Rn. 4.
28 Begr Reg-Entw, BT-Drs. 18/11495, S. 152; Begr Reg-Entw, BT-Drs. 16/11643, S. 101.

gänge keine Bedeutung haben kann,[29] und den Erstattungsanspruch des Zahlers bei autorisierten Zahlungen nach § 675x Abs. 1 BGB, den zu gewähren ohne das gesicherte Bestehen eines entsprechenden Regressanspruchs gegenüber dem Zahlungsdienstleister des Zahlungsempfängers den Zahlungsdienstleister des Zahlers unangemessen benachteiligen würde.[30] Ebenso steht das Fehlen gesicherter Regressansprüche der Anwendung des § 675y Abs. 1 bis 4 BGB zur verschuldensunabhängigen und auch für fremde Verursachungsbeiträge eintretenden Haftung des Zahlungsdienstleisters seinem Zahlungsdienstnutzer gegenüber für die verspätete, fehlerhafte oder nicht erfolgte Ausführung von Zahlungsvorgängen in Drittstaatensachverhalten entgegen.[31] Dasselbe gilt für die Zurechnung des Verschuldens zwischengeschalteter Stellen nach § 675z S. 3 BGB.[32]

D. Abdingbarkeit der §§ 675c bis 676c BGB in Drittstaatensachverhalten

11 Soweit die Regelungen der §§ 675c bis 676c BGB nach den vorstehenden Grundsätzen in Sachverhalten mit Drittstaatenbezug auch über die Vorgaben aus Art. 2 Abs. 1 bis 4 ZDRL II hinausgehend zur Anwendung kommen, d.h. bei Nichteingreifen der Ausschlussbestimmung nach § 675e Abs. 2 Nr. 1 BGB, handelt es sich um eine überschießende Richtlinienumsetzung.[33] Daher gebietet die ZDRL II insoweit keine zwingende Anwendung der Vorschriften der §§ 675c bis 676c BGB und es lässt § 675e Abs. 2 Nr. 2 BGB demnach in Abweichung von § 675e Abs. 1 BGB deren Abbedingung auch zulasten des Zahlungsdienstnutzers zu.[34] Soweit danach eine Abweichung von den §§ 675c bis 676c BGB zugelassen wird, entfalten diese Vorschriften aber dennoch einen gesetzlichen Leitbildcharakter, der im Rahmen der Prüfung der Wirksamkeit von AGB nach § 307 Abs. 2 Nr. 1 BGB zu berücksichtigen bleibt.[35]

12 Der Grundsatz der Abdingbarkeit der §§ 675c bis 676c BGB in Sachverhalten mit Drittstaatenbezug war bereits in § 675e Abs. 2 S. 2 BGB a.F. geregelt[36] und es galt danach eine Abdingbarkeit der Regelungen der §§ 675c bis 676c BGB in allen Fällen des § 675d Abs. 1 S. 2 BGB, d.h. in allen Fällen der Erbringung von Zahlungsdiensten in einer Nicht-EWR-Währung oder bei Beteiligung eines außerhalb des EWR belegenen Zahlungsdienstleisters; im Hinblick auf die Erweiterung des Anwendungsbereichs der ZDRL II selbst ist dagegen die Reichweite der Abdingbarkeit in § 675e Abs. 2 Nr. 2 BGB n.F. nunmehr beschränkt auf die außerhalb des EWR getätigten Bestandteile von Zahlungsvorgängen in einer Drittstaatenwährung bzw. bei Beteiligung eines außerhalb des EWR belegenen Zahlungsdienstleisters (siehe § 675d Abs. 6 Nr. 1 Buchst. a und b BGB) sowie auf Zahlungsvorgänge unter alleiniger Beteiligung außerhalb des EWR belegener Zahlungsdienstleister (siehe § 675d Abs. 6 Nr. 2 BGB), sofern in Fällen dieser Art, etwa aufgrund einer Rechtswahl, überhaupt deutsches Recht zur Anwendung kommt.

13 Anders als nach früherem Recht sind nunmehr auch die Wertstellungsfristen bei unbaren Zahlungsvorgängen nach § 675t Abs. 1 S. 1 und 2 sowie Abs. 3 BGB in Drittstaatensachverhalten nicht mehr zwingend vorgegeben, von denen nach § 675e Abs. 2 S. 1

29 Begr Reg-Entw, BT-Drs. 18/11495, S. 152; Begr Reg-Entw, BT-Drs. 16/11643, S. 101.
30 Begr Reg-Entw, BT-Drs. 18/11495, S. 152; Begr Reg-Entw, BT-Drs. 16/11643, S. 101.
31 Begr Reg-Entw, BT-Drs. 18/11495, S. 152; Begr Reg-Entw, BT-Drs. 16/11643, S. 101.
32 Begr Reg-Entw, BT-Drs. 18/11495, S. 152; Begr Reg-Entw, BT-Drs. 16/11643, S. 101.
33 Siehe vorstehend Rn. 8 f.
34 Siehe Begr Reg-Entw, BT-Drs. 18/11495, S. 152.
35 So bereits Begr Reg-Entw, BT-Drs. 16/11643, S. 101; MK-Casper, 7. Aufl., § 675e BGB Rn. 5 f. Vgl. auch die unter § 675f BGB Rn. 38 zitierte Rechtsprechung.
36 Siehe Begr Reg-Entw, BT-Drs. 16/11643, S. 101.

BGB a.F. nicht durch Vereinbarung abgewichen werden durfte, wenn in einem Drittstaatensachverhalt eine Zahlung in Euro oder der Währung eines EU-Mitgliedsstaates oder eines EWR-Vertragsstaates erfolgte.[37]

E. Abdingbarkeit der §§ 675c bis 676c BGB bei Zahlungsdiensten für Unternehmen

Handelt es sich beim Zahlungsdienstnutzer nicht um einen Verbraucher, so sind nach § 675e Abs. 4 BGB in Umsetzung von Artt. 38 Abs. 1 sowie 61 Abs. 1 ZDRL II[38] noch weitergehende Möglichkeiten der Abbedingung der §§ 675c bis 676c BGB vorgesehen. 14

Erfasst sind von dieser Regelung sowohl EWR- wie auch Drittstaatensachverhalte im Anwendungsbereich der §§ 675c bis 676c BGB. Diese erweiterte Disponibilität beruht auf dem Rechtsgedanken der geringeren Schutzbedürftigkeit des Unternehmers sowie darauf, dass vielfach die Schutzvorschriften der §§ 675c bis 676c BGB sich im unternehmerischen Verkehr als überflüssige Förmelei auswirken würden.[39] Die Abweichung kann sowohl individualvertraglich wie auch durch AGB erfolgen,[40] wobei hier zu berücksichtigen ist, dass ungeachtet der gesetzlich bestimmten Abdingbarkeit der §§ 675c bis 676c BGB deren Leitbildcharakter im Rahmen der Prüfung der Wirksamkeit von AGB nach § 307 Abs. 2 Nr. 1 BGB zu berücksichtigen bleibt.[41] Zu den im Nicht-Verbraucherbereich abdingbaren Vorschriften im Einzelnen kann auf die Ausführungen zu den betreffenden Bestimmungen verwiesen werden. 15

F. Nicht auf Euro lautende Zahlungsdienste (§ 675e Abs. 3 BGB)

§ 675e Abs. 3 BGB sieht eine Sonderregelung für nicht auf Euro lautende Zahlungsdienste vor: Auch soweit es sich hierbei nicht um Drittstaatensachverhalte im Sinne des § 675d Abs. 6 S. 1 Nr. 1 und 2 BGB handelt,[42] können der Zahlungsdienstnutzer und sein Zahlungsdienstleister für solche Zahlungsdienste in Fremdwährungen nach § 675e Abs. 3 BGB vereinbaren, dass § 675t Abs. 1 S. 3 und Abs. 2 BGB ganz oder teilweise nicht anzuwenden ist:[43] Dies bedeutet, dass von den Wertstellungs- und Zurverfügungstellungsfristen bei Fehlen eines Zahlungskontos auf Zahlungsempfängerseite bzw. bei Barzahlungseingang beim Zahlungsdienstleister des Zahlers abgewichen werden darf. 16

G. Weitere Ausnahmen von der halbzwingenden Geltung der §§ 675c bis 676c BGB

Neben der allgemeinen Regelung des § 675e BGB sind in weiteren Einzelvorschriften der §§ 675c bis 676c BGB noch weitere Ausnahmen von der halbzwingenden Geltung die- 17

37 Siehe Begr Reg-Entw, BT-Drucks 18/11495, S. 153.
38 Die Regelung in § 675e Abs. 4 BGB beruhte ursprünglich auf Artt. 30 Abs. 1 sowie 51 Abs. 1 ZDRL I und wurde im Rahmen der Umsetzung der ZDRL II nur redaktionell angepasst, siehe Begr Reg-Entw, BT-Drs. 18/11495, S. 153.
39 Siehe EG 53 ZDRL II; Staudinger-Omlor, 2012, § 675e BGB Rn. 8; vgl. auch das Abstellen auf Marktbedürfnisse in Begr Reg-Entw, BT-Drs. 16/11643, S. 101.
40 Erman-von Westphalen, 15. Aufl., § 675e BGB Rn. 10; MK-Casper, 7. Aufl., § 675e BGB Rn. 10.
41 Siehe Palandt-Sprau, 77. Aufl., § 675e BGB Rn. 4; Staudinger-Omlor, 2012, § 675e BGB Rn. 8.
42 Zur allgemeinen Abdingbarkeit der §§ 675c bis 676c BGB in diesem Fall aufgrund des § 675e Abs. 2 Nr. 2 BGB siehe oben Rn. 11 ff.
43 Siehe Begr Reg-Entw, BT-Drs. 16/11643, S. 101.

ser Vorschriften geregelt, in dem teils Ausnahmen von der Anwendbarkeit dieser Vorschriften bestimmt oder weitergehende Abweichungsmöglichkeiten eröffnet werden. Es kann im Einzelnen auf die Ausführungen zu den betreffenden Bestimmungen verwiesen werden, namentlich in Bezug auf Kleinbetragsinstrumente[44] sowie zu Drittstaatensachverhalten.[45]

KAPITEL 2
Zahlungsdienstevertrag

§ 675f BGB
Zahlungsdienstevertrag

(1) Durch einen Einzelzahlungsvertrag wird der Zahlungsdienstleister verpflichtet, für die Person, die einen Zahlungsdienst als Zahler, Zahlungsempfänger oder in beiden Eigenschaften in Anspruch nimmt (Zahlungsdienstnutzer), einen Zahlungsvorgang auszuführen.

(2) Durch einen Zahlungsdiensterahmenvertrag wird der Zahlungsdienstleister verpflichtet, für den Zahlungsdienstnutzer einzelne und aufeinander folgende Zahlungsvorgänge auszuführen sowie gegebenenfalls für den Zahlungsdienstnutzer ein auf dessen Namen oder die Namen mehrerer Zahlungsdienstnutzer lautendes Zahlungskonto zu führen. Ein Zahlungsdiensterahmenvertrag kann auch Bestandteil eines sonstigen Vertrags sein oder mit einem anderen Vertrag zusammenhängen.

(3) Der Zahlungsdienstnutzer ist berechtigt, einen Zahlungsauslösedienst oder einen Kontoinformationsdienst zu nutzen, es sei denn, das Zahlungskonto des Zahlungsdienstnutzers ist für diesen nicht online zugänglich. Der kontoführende Zahlungsdienstleister darf die Nutzung dieser Dienste durch den Zahlungsdienstnutzer nicht davon abhängig machen, dass der Zahlungsauslösedienstleister oder der Kontoinformationsdienstleister zu diesem Zweck einen Vertrag mit dem kontoführenden Zahlungsdienstleister abschließt.

(4) Zahlungsvorgang ist jede Bereitstellung, Übermittlung oder Abhebung eines Geldbetrags, unabhängig von der zugrunde liegenden Rechtsbeziehung zwischen Zahler und Zahlungsempfänger. Zahlungsauftrag ist jeder Auftrag, den ein Zahler seinem Zahlungsdienstleister zur Ausführung eines Zahlungsvorgangs entweder unmittelbar oder mittelbar über einen Zahlungsauslösedienstleister oder den Zahlungsempfänger erteilt.

(5) Der Zahlungsdienstnutzer ist verpflichtet, dem Zahlungsdienstleister das für die Erbringung eines Zahlungsdienstes vereinbarte Entgelt zu entrichten. Für die Erfüllung von Nebenpflichten nach diesem Untertitel hat der Zahlungsdienstleister nur dann einen Anspruch auf ein Entgelt, sofern dies zugelassen und zwischen dem Zahlungsdienstnutzer und dem Zahlungsdienstleister vereinbart worden ist; dieses Entgelt muss angemessen und an den tatsächlichen Kosten des Zahlungsdienstleisters ausgerichtet sein.

---

44 Siehe zu § 675i BGB Rn. 7 ff. und 14 ff.

45 Siehe zu § 675q BGB Rn. 13 ff., zu § 675s BGB Rn. 22 ff., zu § 675t BGB Rn. 39 ff., zu § 675x BGB Rn. 22 ff., zu § 675y BGB Rn. 81 ff. und zu § 675z BGB Rn. 18 ff.

(6) In einem Zahlungsdiensterahmenvertrag zwischen dem Zahlungsempfänger und seinem Zahlungsdienstleister darf das Recht des Zahlungsempfängers, dem Zahler für die Nutzung eines bestimmten Zahlungsinstruments eine Ermäßigung oder einen anderweitigen Anreiz anzubieten, nicht ausgeschlossen werden.

Systematische Übersicht

A. Allgemeines

1 § 675f BGB regelt und definiert als Zentralnorm des Rechts des Zahlungsdienstevertrags die grundlegenden Unterscheidungen und Elemente der Rechtsbeziehungen zwischen dem Zahlungsdienstnutzer und dem Zahlungsdienstleister in Form von Einzelzahlungsvertrag, Zahlungsdiensterahmenvertrag und Zahlungsvorgang. Ferner enthält § 675f BGB Regelungen zum Inhalt der Hauptleistungspflichten des Zahlungsdienstleisters in Form der Ausführung von Zahlungspflichten.

2 Diese in § 675f Abs. 1 und 2 sowie 4 BGB enthaltenen Regelungen nehmen im Wesentlichen Bezug auf Regelungsgehalte der Definitionen in Art. 4 Nr. 10 (Zahlungsdienstnutzer) und Nr. 12 (Rahmenvertrag) ZDRL I, an dessen Stelle nunmehr der Art. 4 Nr. 10 und Nr. 21 ZDRL II getreten ist. Im Zuge der Umsetzung der ZDRL II ist insoweit lediglich eine Ergänzung in § 675f Abs. 4 BGB n.F. (zuvor § 675f Abs. 3 BGB a.F.) vorgenommen worden, um die Möglichkeit der Auslösung eines Zahlungsvorgangs unter Einschaltung eines Zahlungsauslösedienstes zu berücksichtigen.[1]

3 Diese Möglichkeit wurde neu eingeführt in Umsetzung von Art. 66 Abs. 1 ZDRL II mit der Bestimmung des § 675f Abs. 3 BGB, die die Berechtigung des Zahlungsdienstnutzers gegenüber seinem kontoführenden Zahlungsdienstleister zur Nutzung von Zahlungsaus-

1 Begründung des Regierungsentwurfs zur Umsetzung der Zweiten Zahlungsdiensterichtlinie, BT-Drs. 18/11495, S. 154 f.; siehe unten Rn. 33.

löse- und Kontoinformationsdiensten regelt.[2] Die Schaffung dieser Möglichkeit des Zahlungsdienstnutzers, Drittdienstleister auf sein Online-Zahlungskonto zugreifen zu lassen und deren Dienstleistungen zu nutzen, war eine der wesentlichen Zielsetzung der Revision der ZDRL I.[3]

Schließlich enthalten § 675f Abs. 5 und 6 BGB Regelungen zu den Entgelten bei Zahlungsdiensten, wobei der inhaltlich gegenüber dem früheren § 675f Abs. 4 BGB a.F. unverändert gebliebene § 675f Abs. 5 BGB[4] in Umsetzung von Art. 62 Abs. 1 ZDRL II (früher: Art. 52 Abs. 1 ZDRL I) die Frage der Entgeltlichkeit der Erbringung von Haupt- und Nebenleistungsverpflichtungen im Zahlungsdienstevertrag regelt. § 675f Abs. 6 BGB regelt einen Teilaspekt der Frage des sogenannten Surcharging, d.h. der Erhebung von Entgelten für die Nutzung bestimmter Zahlungsdienste, hier in Bezug auf das Verhältnis zwischen dem Zahlungsempfänger und seinem Zahlungsdienstleister: Diese Regelung beruht ursprünglich auf Art. 52 Abs. 3 ZDRL I, der insoweit weitgehend unverändert in Art. 62 Abs. 3 S. 1 ZDRL II übernommen wurde; die in Art. 62 Abs. 4 ZDRL II zusätzlich geregelte Frage der Zulässigkeit der Entgelterhebung im Verhältnis zwischen dem Zahler und dem Zahlungsempfänger ist im deutschen Recht in § 270a BGB umgesetzt worden.[5] 4

B. Rechtsbeziehungen zwischen den an einer Zahlung beteiligten Parteien

Bei einer unbaren, über die Einbeziehung von Zahlungsdienstleistern abgewickelten Zahlung sind die verschiedenen Rechtsbeziehungen zwischen den an der Zahlung beteiligten Parteien zu unterscheiden. Diese Rechtsbeziehungen sind nur zum Teil in den §§ 675c bis 676c BGB geregelt, die Differenzierung zwischen den verschiedenen Verhältnissen ist aber dem Verständnis dieser Vorschriften, den einzelnen in § 675f BGB genannten Begriffen sowie den konkreten Ausprägungen von Zahlungsdiensten und Zahlungsvorgängen zugrunde zu legen. 5

I. Deckungsverhältnis zwischen Zahler und seinem Zahlungsdienstleister

Das Rechtsverhältnis zwischen dem Zahler und seinem Zahlungsdienstleister ist das Deckungsverhältnis;[6] in der Regel handelt es sich hier um einen Zahlungsdiensterahmenvertrag und eine konkrete Weisung zur Auslösung eines Zahlungsvorgangs (Zahlungsauftrag), seltener um einen Einzelzahlungsvertrag, der sodann wiederum typischerweise den Zahlungsauftrag mit enthält. Das Deckungsverhältnis stellt nicht den Rechtsgrund für die Zahlung im Verhältnis zum Zahlungsempfänger dar; es begründet aber den Anspruch des Zahlers gegen seinen Zahlungsdienstleister auf Ausführung der Zahlung und den Anspruch des Zahlungsdienstleisters gegen den Zahler auf Aufwendungsersatz und Entrichtung der vereinbarten Entgelte. Ein Rechtsverhältnis des Zahlers zum Zahlungsdienstleister des Zahlungsempfängers besteht in der Regel nicht.[7] 6

2 Begr Reg-Entw BT-Drs. 18/11495, S. 153 f.
3 Geändert wurde lediglich die Zählung, siehe Begr Reg-Entw BT-Drs. 18/11495, S. 155.
4 Siehe Begr Reg-Entw BT-Drs. 18/11495, S. 155.
5 Begr Reg-Entw BT-Drs. 18/11495, S. 145 f., 155.
6 Siehe Erman-von Westphalen, 15. Aufl., § 675f BGB Rn. 9, 13; Palandt-Sprau, 77. Aufl., Einf v § 675c BGB Rn. 5.
7 Palandt-Sprau, 77. Aufl., Einf v § 675c BGB Rn. 9.

II. Inkassoverhältnis zwischen Zahlungsempfänger und seinem Zahlungsdienstleister

7 Die Rechtsbeziehungen zwischen dem Zahlungsempfänger und seinem Zahlungsdienstleister werden als Inkassoverhältnis bezeichnet.[8] Auch hier liegt in der Regel ein Zahlungsdiensterahmenvertrag vor. Das Inkassoverhältnis stellt den Rechtsgrund dafür dar, dass der Zahlungsdienstleister des Zahlungsempfängers für letzteren Zahlungen entgegennehmen bzw. einziehen und dem Zahlungsempfänger die eingegangenen Beträge zur Verfügung stellen muss und im Gegenzug dafür die Zahlung von Aufwendungsersatz und der vereinbarten Entgelte verlangen kann.[9] Dagegen begründet das Inkassoverhältnis keinen Rechtsgrund im Verhältnis zwischen dem Zahlungsempfänger und dem Zahler und direkte Rechtsbeziehungen des Zahlungsempfängers zum Zahlungsdienstleister des Zahlers bestehen wiederum in der Regel nicht.[10]

III. Valutaverhältnis zwischen Zahler und Zahlungsempfänger

8 Zwischen dem Zahler und dem Zahlungsempfänger besteht das Valutaverhältnis,[11] aus dem sich der Rechtsgrund für die Zahlung an den Zahlungsempfänger ergibt.[12] Hierbei kann es sich um ein Rechtsverhältnis beliebiger Art handeln, aus dem sich der Anspruch des Zahlungsempfängers auf die betreffende Zahlung ergibt. Ein Mangel (lediglich) in diesem Rechtsverhältnis lässt die Wirksamkeit des Zahlungsvorgangs in den übrigen beteiligten Rechtsverhältnissen unberührt und ist grundsätzlich allein im Verhältnis zwischen dem Zahler und dem Zahlungsempfänger rückabzuwickeln.

IV. Interbankenverhältnis zwischen den beteiligten Zahlungsdienstleistern

9 Das Rechtsverhältnis zwischen den beteiligten Zahlungsdienstleistern, d.h. dem Zahlungsdienstleister des Zahlers und demjenigen des Zahlungsempfängers, wird als Zuwendungsverhältnis bzw. Interbankenverhältnis bezeichnet,[13] wobei mit dem letzteren Begriff auch die Beziehungen der Zahlungsdienstleister der Parteien zu weiteren zwischengeschalteten Stellen erfasst werden. Dieses Rechtsverhältnis ist außerhalb der §§ 675c bis 676c BGB auf der Grundlage von Vereinbarungen der beteiligten Zahlungsdienstleister geregelt, insbesondere auf der Basis der Rulebooks des European Payments Council. Das Zuwendungs- bzw. Interbankenverhältnis bildet die Rechtsgrundlage für die Zusammenarbeit der beteiligten Zahlungsdienstleister bei der Ausführung von Zahlungsvorgängen.[14]

---

8 Siehe Erman-von Westphalen, 15. Aufl., § 675f BGB Rn. 9, 13; Palandt-Sprau, 77. Aufl., Einf v § 675c BGB Rn. 6.
9 Siehe Erman-von Westphalen, 15. Aufl., § 675f BGB Rn. 13.
10 Palandt-Sprau, 77. Aufl., Einf v § 675c BGB Rn. 9.
11 Siehe Erman-von Westphalen, 15. Aufl., § 675f BGB Rn. 9; Palandt-Sprau, 77. Aufl., Einf v § 675c BGB Rn. 4.
12 Siehe Erman-von Westphalen, 15. Aufl., § 675f BGB Rn. 9; Palandt-Sprau, 77. Aufl., Einf v § 675c BGB Rn. 4.
13 Siehe Erman-von Westphalen, 15. Aufl., § 675f BGB Rn. 9; Palandt-Sprau, 77. Aufl., Einf v § 675c BGB Rn. 7.
14 Palandt-Sprau, 77. Aufl., Einf v § 675c BGB Rn. 7.

C. Einzelzahlungsvertrag (§ 675f Abs. 1 BGB)

10 In § 675f Abs. 1 und 2 BGB wird zwischen zwei Grundformen des Zahlungsdienstevertrags unterschieden,[15] die sich im Wesentlichen danach unterscheiden, ob sie auf einen oder mehrere Zahlungsvorgänge gerichtet sind, woraus unter anderem auch unterschiedliche Informationspflichten nach § 675d BGB folgen.[16] § 675f Abs. 1 BGB regelt den Einzelzahlungsvertrag, im Rahmen dessen die Primärpflicht des Zahlungsdienstleisters darin besteht, für den Zahlungsdienstnutzer (Zahler oder Zahlungsempfänger) einen Zahlungsvorgang auszuführen.[17]

11 Das Zustandekommen des Einzelzahlungsvertrags richtet sich nach den allgemeinen Regelungen der §§ 145 ff. BGB.[18] Sofern kein Zahlungsdiensterahmenvertrag vorliegt (Absatz 2), wird der Abschluss des Zahlungsdienstevertrags als Einzelzahlungsvertrag häufig mit der konkreten Weisung zur Ausführung des Zahlungsvorgangs (Absatz 4) zusammenfallen[19] und es wird überwiegend vertreten, dass insoweit die Weisung als Bestandteil des Einzelzahlungsvertrags anzusehen ist.[20] Die ungeachtetdessen auch in Situationen eines solchen faktischen Zusammenfallens aufrechterhaltene dogmatische Unterscheidung zwischen dem Einzelzahlungsvertrag einerseits und der Weisung zur Ausführung des Zahlungsvorgangs andererseits erlaubt es, die Auslösung eines Zahlungsvorgangs in beiden Konstellationen als einheitliches Konzept auf der Grundlage einer einseitigen Weisung des Zahlungsdienstnutzers anzunehmen, deren vertragliche Grundlage in dem konsensualen Zahlungsdienstevertrag zu finden ist, ob als die Einzelzahlungsvertrag oder als Zahlungsdiensterahmenvertrag.

12 Der Einzelzahlungsvertrag verpflichtet als Regelung des Deckungs- bzw. Inkassoverhältnisses (je nach Beteiligung des Zahlungsdienstnutzers als Zahler oder Zahlungsempfänger, ausnahmsweise in beiden Eigenschaften zugleich, etwa bei Bargeldabhebungen des Nutzers beim eigenen Institut)[21] den Zahlungsdienstleister zur weisungsgemäßen Ausführung des Zahlungsvorgangs.[22] Bei der Ausführung des Zahlungsvorgangs sind die weiteren Vorgaben dieses Untertitels zu beachten, soweit sie für die jeweilige Ausführung eines Zahlungsvorgangs aufgrund eines Einzelzahlungsvertrags relevant sind. Der Zahlungsdienstleister ist überdies zur Erfüllung der Informationspflichten nach § 675d Abs. 1 BGB i.V.m. Art. 248 §§ 1, 2 und 12, 13 Abs. 1, 3 bis 5 sowie §§ 14 bis 16 EGBGB verpflichtet. Die wesentliche Verpflichtung des Zahlungsdienstnutzers betrifft die Zahlung vereinbarter Entgelte nach § 675d Abs. 5 BGB sowie die Leistung von Ersatz für Kosten und Aufwendungen nach den §§ 675c Abs. 1, 670 BGB.[23]

---

15 Siehe Begründung des Regierungsentwurfs zur Umsetzung des zivilrechtlichen Teils der Zahlungsdiensterichtlinie, BT-Drs. 16/11643, S. 102.

16 Vgl. Begr Reg-Entw BT-Drs. 16/11643, S. 102; Palandt-Sprau, 77. Aufl., § 675f BGB Rn. 4; Staudinger-Omlor, 2012, § 675f BGB Rn. 7 f.

17 Siehe Begr Reg-Entw BT-Drs. 16/11643, S. 102; Erman-von Westphalen, 15. Aufl., § 675f BGB Rn. 10; MK-Casper, 7. Aufl. 2017, § 675f BGB Rn. 5; Palandt-Sprau, 77. Aufl., § 675f BGB Rn. 5; Staudinger-Omlor, 2012, § 675f BGB Rn. 7.

18 Siehe BeckOK-Schmalenbach, 43. Ed., § 675f BGB Rn. 10, 52; MK-Casper, 7. Aufl. 2017, § 675f BGB Rn. 13.

19 Siehe MK-Casper, 7. Aufl. 2017, § 675f BGB Rn. 13, 18.

20 Siehe MK-Casper, 7. Aufl. 2017, § 675f BGB Rn. 13, 18. Anderer Auffassung dagegen offenbar Erman-von Westphalen, 15. Aufl., § 675f BGB Rn. 38, wonach der Zahlungsauftrag das Angebot zum Abschluss des Einzelzahlungsvertrags darstellen soll.

21 Siehe Begr Reg-Entw BT-Drs. 16/11643, S. 102.

22 Siehe BeckOK-Schmalenbach, 43. Ed., § 675f BGB Rn. 5; MK-Casper, 7. Aufl. 2017, § 675f BGB Rn. 17.

23 Palandt-Sprau, 77. Aufl., § 675f BGB Rn. 5.

13 In der Praxis verbleiben neben dem bedeutsameren Zahlungsdiensterahmenvertrag nach Absatz 2 nur wenig Anwendungsfälle für Einzelzahlungsverträge ohne das Bestehen eines Rahmenvertrags, typischerweise etwa bei Barüberweisungen.[24]

D. Zahlungsdiensterahmenvertrag (§ 675f Abs. 2 BGB)

I. Allgemeine Grundsätze

14 In § 675f Abs. 2 BGB wird als zweite und in der Praxis bedeutsamere Form des Zahlungsdienstevertrags[25] der Zahlungsdiensterahmenvertrag geregelt, durch den der Zahlungsdienstleister verpflichtet wird, für den Zahlungsdienstnutzer einzelne und aufeinander folgende Zahlungsvorgänge auszuführen sowie gegebenenfalls für den Zahlungsdienstnutzer ein auf dessen Namen oder die Namen mehrerer Zahlungsdienstnutzer lautendes Zahlungskonto zu führen. Statt auf einen einzelnen Zahlungsvorgang wie der Einzelzahlungsvertrag nach Absatz 1 ist der Zahlungsdiensterahmenvertrag nach Absatz 2 daher auf eine Mehrzahl von Zahlungsvorgängen gerichtet,[26] vielfach – wenngleich nicht notwendigerweise – verbunden mit der Führung eines Zahlungskontos zur unbaren Abwicklung dieser Zahlungsvorgänge.[27] Der Zahlungsdiensterahmenvertrag kommt nach den allgemeinen Regelungen durch Angebot und Annahme zustande;[28] er ist – anders als der Einzelzahlungsvertrag – ein Dauerschuldverhältnis,[29] bei dem in der Regel nicht schon mit dem Vertragsschluss selbst auch die Erteilung von Weisungen zur Ausführung von Zahlungsvorgängen verbunden ist.[30]

15 Der Zahlungsdiensterahmenvertrag stellt ebenso wie der Einzelzahlungsvertrag eine Regelung des Deckungs- bzw. Inkassoverhältnisses dar, je nach Beteiligung des Zahlungsdienstnutzers als Zahler oder Zahlungsempfänger. Überblicksweise kann der Inhalt der Verpflichtungen und besonderer Haftungsregelungen des Zahlungsdienstleisters aus dem Zahlungsdiensterahmenvertrag wie folgt zusammengefasst werden: Der Zahlungsdienstleister wird durch den Zahlungsdiensterahmenvertrag im Verhältnis zum Zahlungsdienstnutzer zur Ausführung der einzelnen Zahlungsvorgänge verpflichtet. Hinsichtlich der Ausführung des Zahlungsvorgangs sind die weiteren Vorgaben dieses Untertitels zu beachten, insbesondere in den §§ 675j bis 675t BGB. Seitens des Zahlers bedarf es zur Verpflichtung des Zahlungsdienstleisters und zur Wirksamkeit des Auftrags noch der Erteilung der auf den jeweiligen Zahlungsvorgang bezogenen Weisung (§ 675f Abs. 4 BGB) und Autorisierung (§ 675j BGB). Eine Ablehnung der Ausführung des angewiesenen und auch autorisierten Zahlungsvorgangs ist dem Zahlungsdienstleister nur unter den Voraussetzungen des § 675o BGB zulässig. Neben der Ausführung von Zahlungsvorgängen kann der Zahlungsdienstleister durch den Zahlungsdiensterahmenvertrag zur Führung eines Zahlungskontos verpflichtet werden (dazu siehe im nachstehenden Abschnitt). Aus den §§ 675c bis 676c BGB selbst ergeben sich sodann noch besondere Informationspflichten des Zahlungsdienstleisters, wobei zwischen den Infor-

---

24 Vgl. MK-Casper, 7. Aufl. 2017, § 675f BGB Rn. 16.

25 Siehe BeckOK-Schmalenbach, 43. Ed., § 675f BGB Rn. 2; MK-Casper, 7. Aufl. 2017, § 675f BGB Rn. 16; Staudinger-Omlor, 2012, § 675f BGB Rn. 7.

26 Siehe BeckOK-Schmalenbach, 43. Ed., § 675f BGB Rn. 7; MK-Casper, 7. Aufl. 2017, § 675f BGB Rn. 28; Staudinger-Omlor, 2012, § 675f BGB Rn. 8.

27 Siehe MK-Casper, 7. Aufl. 2017, § 675f BGB Rn. 32.

28 Siehe Erman-von Westphalen, 15. Aufl., § 675f BGB Rn. 18, 21.

29 Siehe Erman-von Westphalen, 15. Aufl., § 675f BGB Rn. 2, 5; MK-Casper, 7. Aufl. 2017, § 675f BGB Rn. 6, 20; Palandt-Sprau, 77. Aufl., § 675f BGB Rn. 6; Staudinger-Omlor, 2012, § 675f BGB Rn. 9.

30 Siehe MK-Casper, 7. Aufl. 2017, § 675f BGB Rn. 21; Palandt-Sprau, 77. Aufl., § 675f BGB Rn. 6.

mationspflichten bei Abschluss des Zahlungsdiensterahmenvertrags nach § 675d Abs. 1 BGB i.V.m. Art. 248 §§ 4 und 5 EGBGB und den weiteren Informationspflichten im Zusammenhang mit der Ausführung einzelner Zahlungsvorgänge aufgrund des Zahlungsdiensterahmenvertrags nach § 675d Abs. 1 BGB i.V.m. Art. 248 §§ 6 bis 11 EGBGB zu unterscheiden ist. Eine Haftung des Zahlungsdienstleisters kommt insbesondere im Hinblick auf die Ausführung einzelner Zahlungsvorgänge in Betracht, es sind dann die §§ 675u bis 676c BGB zu beachten.

Der Zahlungsdienstnutzer wiederum schuldet insbesondere die Zahlung der verein- 16
barten Entgelte nach § 675d Abs. 5 BGB sowie die Leistung von Ersatz für Kosten und Aufwendungen nach den §§ 675c Abs. 1, 670 BGB.

Weitere Bestimmungen mit besonderer Bedeutung für den Zahlungsdiensterahmen- 17
vertrag sind schließlich § 675g BGB zur Änderung des Zahlungsdiensterahmenvertrags und § 675h BGB zu dessen Kündigung.

§ 675f Abs. 2 S. 2 BGB sieht zudem die Möglichkeit sonstiger Zusatzvereinbarungen 18
zu einem Zahlungsdiensterahmenvertrag vor, dies kann in der Praxis insbesondere relevant sein im Hinblick auf Vereinbarungen zur Hereinnahme von Schecks und Wechseln (wobei es sich nach § 2 Abs. 1 Nr. 6 ZAG gerade nicht um einen Zahlungsdienst handelt) bzw. zur Einräumung von Überziehungsmöglichkeiten nach § 504 BGB oder zur Vereinbarung eines Zinssatzes für eine geduldete Überziehung nach § 505 BGB.

II. Zahlungsdiensterahmenvertrag über die Führung eines Zahlungskontos (Zahlungskontovertrag)

Der in § 675f Abs. 2 S. 1 BGB ausdrücklich erwähnte Vertrag über die Führung eines 19
Zahlungskontos, das zur Ausführung von Zahlungsvorgängen genutzt werden kann, zählt zu den praktisch bedeutsamsten Anwendungsfällen eines Zahlungsdiensterahmenvertrags. In diesem Fall treten zur Verpflichtung des Zahlungsdienstleisters zur Ausführung von Zahlungsvorgängen auf entsprechende Weisung des Zahlungsdienstnutzers noch weitergehende Verpflichtungen hinzu, namentlich zur ordnungsgemäßen Verbuchung aller Zahlungsvorgänge und zur Rechnungslegung in Form von Kontoauszügen.[31]

Zum Girokontovertrag, zum Basiskontovertrag nach dem ZKG und zum Pfändungs- 20
schutzkonto nach § 850k ZPO als Sonderfällen von Zahlungsdiensterahmenverträgen über die Führung eines Zahlungskontos siehe unten.[32]

E. Nutzung von Zahlungsauslösediensten oder Kontoinformationsdiensten (§ 675f Abs. 3 BGB)

Nach dem in Umsetzung der ZDRL II neu eingefügten § 675f Absatz 3 BGB ist der 21
Zahlungsdienstnutzer berechtigt, Zahlungsauslösedienste oder Kontoinformationsdienste in Bezug auf sein Zahlungskonto zu nutzen.[33] Die Verpflichtung der kontoführenden Zahlungsdienstleister zur Zusammenarbeit mit Zahlungsauslösediensten oder Kontoinformationsdienste ist überwiegend aufsichtsrechtlich geregelt,[34] die §§ 675c bis 676c BGB enthalten demgegenüber besondere Regelungen zur Tätigkeit von Zahlungsauslöse-

31 Vgl. MK-Casper, 7. Aufl. 2017, § 675f BGB Rn. 32.
32 Siehe unten Rn. 87 ff.
33 Siehe Begr Reg-Entw BT-Drs. 18/11495, S. 154; Palandt-Sprau, 77. Aufl., § 675f BGB Rn. 13.
34 Siehe die §§ 48 bis 52 ZAG. Hierzu siehe im Einzelnen unten Rn. 161 ff.

diensten oder Kontoinformationsdienste, soweit sie das Verhältnis dieser Dienstleister zum Zahlungsdienstnutzer betreffen bzw. die Auswirkungen der Einbeziehung dieser Dienstleister auf das Verhältnis des Zahlungsdienstnutzers zu seinem kontoführenden Zahlungsdienstleister.

22 Nach der Rechtslage vor Inkrafttreten bzw. Umsetzung der ZDRL II war insbesondere unter dem Aspekt gesetzlicher und vertraglicher Verpflichtungen des Zahlungsdienstnutzers zum Schutz seiner personalisierten Sicherheitsmerkmale problematisch, ob ein Zahlungsdienstnutzer im Verhältnis zu seinem Zahlungsdienstleister berechtigt ist, einen Zahlungsauslösedienst oder einen Kontoinformationsdienst einzuschalten und diesem hierzu unter Überlassung seiner personalisierten Sicherheitsmerkmale den Zugriff auf sein Zahlungskonto zu gestatten.[35] § 675f Abs. 3 BGB bestimmt demgegenüber nunmehr ausdrücklich, dass der Zahlungsdienstnutzer seinem Zahlungsdienstleister gegenüber berechtigt ist, einen Zahlungsauslösedienst oder einen Kontoinformationsdienst zu nutzen.

23 Indem § 675f Abs. 3 BGB die Nutzung eines Zahlungsauslösedienstes oder eines Kontoinformationsdienstes durch den Zahlungsdienstnutzern ausdrücklich zulässt, handelt es sich bei diesen Dienstleistern automatisch nicht länger um unbefugte Dritte im Sinne des § 675l S. 1 BGB:[36] Daraus ergibt sich, dass der Zahlungsdienstnutzer seinem kontoführenden Zahlungsdienstleister gegenüber nicht verpflichtet ist, seine personalisierten Sicherheitsmerkmale keinen Zahlungsauslöse- oder Kontoinformationsdienstleistern zugänglich zu machen.[37] Der Zahlungsdienstnutzer hat grundsätzlich nicht die zusätzlichen Risiken zu tragen, die sich aus der Nutzung von Zahlungsauslöse- oder Kontoinformationsdienstleistern ergeben können.[38]

24 Einzige in § 675f Abs. 3 S. 1 BGB genannte Voraussetzung für das Recht des Zahlungsdienstnutzers zur Nutzung von Zahlungsauslösediensten oder Kontoinformationsdiensten ist, dass das betreffende Zahlungskonto des Zahlungsdienstnutzers für diesen online zugänglich ist.[39] Ohne einen solchen Online-Zugang wären die online auszuführenden Dienstleistungen von Zahlungsauslösedienstleistern oder Kontoinformationsdienstleistern technisch nicht möglich; nach der Formulierung des Gesetzestextes trägt der kontoführende Zahlungsdienstleister die Darlegungs- und Beweislast dafür, wenn er sich gegenüber dem Zahlungsdienstnutzers auf die fehlende Online-Zugänglichkeit des Zahlungskontos berufen möchte.[40]

25 Ein außerhalb des § 675f Abs. 3 BGB geregelter gesetzlicher Ausnahmefall zur grundsätzlich bestehenden Verpflichtung des kontoführenden Zahlungsdienstleisters, die Nutzung von Zahlungsauslöse- oder Kontoinformationsdienstleistern zuzulassen, ergibt sich dagegen aus § 52 ZAG: Nach dieser Vorschrift ist der kontoführende Zahlungsdienstleisters ausnahmsweise berechtigt, einem Kontoinformationsdienstleister oder einem Zahlungsauslösedienstleister den Zugang zum Zahlungskonto des Zahlungsdienstnutzers zu verweigern, so dass das Recht des Zahlungsdienstnutzers zur Nutzung von Zahlungsauslösediensten oder Kontoinformationsdiensten zu begrenzen ist, wenn diese Verweigerung durch objektive und gebührend nachgewiesene Gründe gerechtfertigt ist im Zusammenhang mit einem nicht autorisierten oder betrügerischen Zugang des Kontoinformationsdienstleisters oder des Zahlungsauslösedienstleisters zum Zahlungs-

35 Siehe unten Rn. 159.
36 Siehe Begr Reg-Entw BT-Drs. 18/11495, S. 154.
37 Begr Reg-Entw BT-Drs. 18/11495, S. 154.
38 Siehe Werner, WM 2018, 449, 450.
39 Begr Reg-Entw BT-Drs. 18/11495, S. 154; Palandt-Sprau, 77. Aufl., § 675f BGB Rn. 13.
40 Vgl. Begr Reg-Entw BT-Drs. 18/11495, S. 154; Palandt-Sprau, 77. Aufl., § 675f BGB Rn. 13.

konto, einschließlich der nicht autorisierten oder betrügerischen Auslösung eines Zahlungsvorgangs (§ 52 Abs. 1 ZAG).[41]

An weitere Voraussetzungen ist das Recht des Zahlungsdienstnutzers zur Nutzung von Zahlungsauslösediensten oder Kontoinformationsdiensten nicht zu binden. § 675f Abs. 3 S. 2 BGB bestimmt ausdrücklich, dass der kontoführende Zahlungsdienstleister die Nutzung dieser Dienste durch den Zahlungsdienstnutzer nicht davon abhängig machen darf, dass der Zahlungsauslösedienstleister oder der Kontoinformationsdienstleister zu diesem Zweck einen Vertrag mit dem kontoführenden Zahlungsdienstleister abschließt (ebenso die aufsichtsrechtliche Regelung in §§ 48 Abs. 2 und 50 Abs. 2 ZAG). Aus der zwingenden Natur des § 675f Abs. 3 BGB[42] folgt, dass der kontoführende Zahlungsdienstleister die Nutzung von Zahlungsauslösediensten oder Kontoinformationsdiensten durch den Zahlungsdienstnutzer ebenfalls auch nicht von einer entsprechenden Vereinbarung im zugrunde liegenden Zahlungskontenvertrag abhängig machen darf;[43] ebenso wäre auch eine gesonderte Vereinbarung zwischen kontoführendem Zahlungsdienstleister und Zahlungsdienstnutzer unbeachtlich, wonach der Zugang zu einem Zahlungskonto für einzelne oder alle Zahlungsauslösedienste oder Kontoinformationsdienste ausgeschlossen werden soll.[44] 26

F. Zahlungsauftrag und Zahlungsvorgang (§ 675f Abs. 4 BGB)

§ 675f Absatz 4 BGB führt die weitere Unterscheidung zwischen den Begriffen des Zahlungsvorgangs und des Zahlungsauftrags ein, die der Systematik der §§ 675c bis 676c BGB zugrunde liegt.[45] Ein Zahlungsvorgang ist nach § 675f Abs. 4 S. 1 BGB jede Bereitstellung, Übermittlung oder Abhebung eines Geldbetrags, unabhängig von der zugrunde liegenden Rechtsbeziehung zwischen Zahler und Zahlungsempfänger.[46] Erfasst ist damit der faktische Vorgang der Verschiebung von Bar- oder Buchgeld,[47] ohne dass es auf dessen rechtlichen Anlass oder die Frage einer auf eine causa bezogenen möglichen Erfüllungswirkung im Verhältnis zwischen Zahler und Zahlungsempfänger ankommt. Nach überwiegender Auffassung ist daher auch ein ohne jeglichen Anlass als bloße Fehlbuchung erfolgender Vorgang erfasst.[48] 27

Dem aufgrund eines Zahlungsdienstevertrags ausgeführten Zahlungsvorgang liegt ein Zahlungsauftrag zugrunde, der nach § 675f Abs. 4 S. 2 BGB legaldefiniert ist als jeder Auftrag, den ein Zahler seinem Zahlungsdienstleister zur Ausführung eines Zahlungsvorgangs entweder unmittelbar oder mittelbar über einen Zahlungsauslösedienstleister oder den Zahlungsempfänger erteilt. Der Zahlungsauftrag beinhaltet die rechtliche Erklärung einschließlich der erforderlichen Zahlungsinformation (z.B. Betrags-, Zahler- und Zahlungsempfängerinformation o.ä.), die den Geldfluss auslöst.[49] Der Zahlungsauf- 28

41 Siehe Begr Reg-Entw BT-Drs. 18/11495, S. 138. Vgl. auch Palandt-Sprau, 77. Aufl., § 675f BGB Rn. 13.
42 Siehe Begr Reg-Entw BT-Drs. 18/11495, S. 154.
43 Begr Reg-Entw BT-Drs. 18/11495, S. 154.
44 Begr Reg-Entw BT-Drs. 18/11495, S. 154.
45 Vgl. Begr Reg-Entw BT-Drs. 16/11643, S. 102.
46 Siehe Begr Reg-Entw BT-Drs. 16/11643, S. 102; BeckOK-Schmalenbach, 43. Ed., § 675f BGB Rn. 6; Erman-von Westphalen, 15. Aufl., § 675f BGB Rn. 4; MK-Casper, 7. Aufl. 2017, § 675f BGB Rn. 39; Palandt-Sprau, 77. Aufl., § 675f BGB Rn. 14; Staudinger-Omlor, 2012, § 675f BGB Rn. 31.
47 Begr Reg-Entw BT-Drs. 16/11643, S. 102; BeckOK-Schmalenbach, 43. Ed., § 675f BGB Rn. 6; MK-Casper, 7. Aufl. 2017, § 675f BGB Rn. 40; Palandt-Sprau, 77. Aufl., § 675f BGB Rn. 14.
48 So MK-Casper, 7. Aufl. 2017, § 675f BGB Rn. 39.
49 Begr Reg-Entw BT-Drs. 18/11495, S. 154. Ebenso bereits Begr Reg-Entw BT-Drs. 16/11643, S. 102.

trag ist nicht ein selbständiger zweiseitiger Auftragsvertrag, sondern eine einseitige Weisung des Zahlers im Sinne des § 665 BGB an seinen Zahlungsdienstleister, die auf dem Zahlungsdienstevertrag zwischen den Parteien beruht.[50] Im Rahmen eines Zahlungsdiensterahmenvertrags werden Zahlungsaufträge vom Zahler in der Regel als weitere Weisungen aufgrund des bereits geschlossenen Vertrags erteilt, während bei einem Einzelzahlungsvertrag die Erteilung der Weisung zusammen mit dem Vertragsabschluss und als Teil desselben erfolgt.[51]

29 Der Zahlungsauftrag ist von der Autorisierung der Zahlung zu unterscheiden: Mit dem Zahlungsauftrag ist der Zahlungsdienstleister zur Ausführung des Zahlungsvorgangs verpflichtet;[52] zur Geltendmachung der vereinbarten Entgelte und von Aufwendungsersatz berechtigt ist der Zahler aber erst aufgrund der Autorisierung des Zahlungsvorgangs durch den Zahler nach § 675j BGB.[53] In tatsächlicher Hinsicht geht die Autorisierung in der Regel zugleich mit dem Zahlungsauftrag einher.[54]

30 Das Konzept des Zahlungsauftrags folgt dem Grundsatz der formalen Auftragsstrenge,[55] wonach für die Ausführung eines Zahlungsvorgangs alleine die Befolgung der im Zahlungsauftrag enthaltenen Anweisungen sowie sonstiger Erklärungen des Zahlers bei Erteilung des Auftrags maßgeblich ist und der Zahlungsdienstleister grundsätzlich keine weitere Prüfung der Zweckmäßigkeit oder der Interessen der beteiligten Zahlungsdienstnutzer vorzunehmen hat.[56] Dies spiegelt sich auch darin wider, dass eine Ablehnung der Ausführung des angewiesenen und autorisierten Zahlungsvorgangs dem Zahlungsdienstleister nur unter den Voraussetzungen des § 675o BGB gestattet ist.[57]

G. Zahlungsvorgänge als „Push"- und „Pull"-Vorgänge sowie über einen Zahlungsauslösedienstleister ausgelöste Zahlungsvorgänge

31 § 675f Abs. 4 S. 2 BGB sieht verschiedene Möglichkeiten der Erteilung von Zahlungsaufträgen vor. Grundform ist die unmittelbare Erteilung des Zahlungsauftrags durch den Zahler an dessen Zahlungsdienstleister. Diese Form eines Zahlungsvorgangs wird als „Push"-Zahlung bezeichnet;[58] klassische Anwendungsfälle einer solchen Zahlung sind die Überweisung oder der Finanztransfer.[59]

32 Weiter sieht § 675f Abs. 4 S. 2 BGB die Möglichkeit der Erteilung des Zahlungsauftrags unmittelbar oder mittelbar über den Zahlungsempfänger vor. Hierbei handelt es sich um vom Zahlungsempfänger ausgelöste „Pull"-Zahlungen.[60] Der Zahlungsempfän-

---

50 MK-Casper, 7. Aufl. 2017, § 675f BGB Rn. 42; Staudinger-Omlor, 2012, § 675f BGB Rn. 34. Siehe auch Begr Reg-Entw BT-Drs. 18/11495, S. 154; ebenso bereits Begr Reg-Entw BT-Drs. 16/11643, S. 102.

51 MK-Casper, 7. Aufl. 2017, § 675f BGB Rn. 18. 42.

52 MK-Casper, 7. Aufl. 2017, § 675f BGB Rn. 45; Staudinger-Omlor, 2012, § 675f BGB Rn. 33.

53 MK-Casper, 7. Aufl. 2017, § 675f BGB Rn. 45; Staudinger-Omlor, 2012, § 675f BGB Rn. 33.

54 MK-Casper, 7. Aufl. 2017, § 675f BGB Rn. 46. Weitergehend Staudinger-Omlor, 2012, § 675f BGB Rn. 33: Jeder Zahlungsauftrag soll als Minus auch eine Autorisierung enthalten.

55 Vgl. BGH, Urt. v. 15.6.2004 – XI ZR 220/03, juris Rn. 22, WM 2004, 1546; BeckOK-Schmalenbach, 43. Ed. 2017, § 675f BGB Rn. 49; Erman-von Westphalen, 15. Aufl., § 675f BGB Rn. 3, 17; Nobbe, WM-Sonderbeilage 1/2012, 1, 6.

56 Vgl. Erman-von Westphalen, 15. Aufl., § 675f BGB Rn. 17.

57 Siehe zu § 675o BGB Rn. 2 ff.

58 Palandt-Sprau, 77. Aufl., § 675f BGB Rn. 15. Siehe auch Begr Reg-Entw BT-Drs. 18/11495, S. 154 f.; Begr Reg-Entw BT-Drs. 16/11643, S. 102.

59 Siehe Begr Reg-Entw BT-Drs. 16/11643, S. 102; BeckOK-Schmalenbach, 43. Ed., § 675f BGB Rn. 43; Palandt-Sprau, 77. Aufl., § 675f BGB Rn. 15.

60 BeckOK-Schmalenbach, 43. Ed., § 675f BGB Rn. 43; Palandt-Sprau, 77. Aufl., § 675f BGB Rn. 15. Siehe auch Begr Reg-Entw BT-Drs. 18/11495, S. 155; Begr Reg-Entw BT-Drs. 16/11643, S. 102.

ger hat hier eine stärkere Stellung im Rahmen der Zahlungsauslösung als bei einer „Push"-Zahlung, da er – je nach der Ausgestaltung im Einzelfall – den Zahlungszeitpunkt oder gegebenenfalls auch den Betrag der Zahlung bestimmen kann. Bei einer mittelbar über den Zahlungsempfänger ausgelösten Zahlung übermittelt der Zahlungsempfänger – gegebenenfalls über seinen Zahlungsdienstleister – dem Zahlungsdienstleister des Zahler den Zahlungsauftrag des Zahlers; wichtigste Beispiele solcher „Pull"-Zahlungen sind Lastschriften nach dem SEPA-Verfahren und Kartenzahlungen.[61] Eine unmittelbar vom Zahlungsempfänger ausgelöste Zahlung ist in der derzeitigen Praxis des Zahlungsverkehrs nicht gebräuchlich und entsprach beispielsweise dem früheren (unmodifizierten) Einzugsermächtigungsverfahren.[62]

Neu aufgenommen wurde in die Regelung des § 675f Abs. 4 S. 2 BGB in Umsetzung 33 der ZDRL II die Möglichkeit der Erteilung des Zahlungsauftrags über einen Zahlungsauslösedienstleister:[63] Bei einem solchen Zahlungsvorgang liegt eine Überweisung vor, bei der der Zahlungsauftrag aber nicht vom Zahler selbst an dessen kontoführenden Zahlungsdienstleister erteilt wird, sondern unter Einschaltung eines Zahlungsauslösedienstleisters, der mit dem kontoführendem Zahlungsdienstleister kommuniziert.

H. Entgelte im Zahlungsdienstevertrag (§ 675f Abs. 5 BGB)

I. Entgelte für die Erfüllung von Hauptleistungspflichten und Nebenpflichten außerhalb der §§ 675c bis 676c BGB

§ 675f Abs. 5 BGB regelt mit der Entgeltpflicht im Zahlungsdienstevertrag die vertrag- 34 liche Hauptpflicht des Zahlungsdienstnutzers.

Nach dem Grundsatz des § 675f Abs. 5 S. 1 BGB besteht danach eine Hauptpflicht des 35 Zahlungsdienstnutzers darin, dem Zahlungsdienstleister das für die Erbringung eines Zahlungsdienstes vereinbarte Entgelt zu entrichten.[64] Aus dem Gegenschluss zu § 675f Abs. 5 S. 2 BGB ergibt sich, dass die Regelung in S. 1 im Wesentlichen nur für Hauptleistungspflichten gilt, d.h. für die Erbringung der im eigentlichen Zahlungsdienste selbst,[65] während die Zulässigkeit von Entgelten für die Erfüllung von Nebenpflichten nach den §§ 675c bis 676c BGB an die einschränkenden Voraussetzungen des S. 2 gebunden ist. Da § 675f Abs. 5 S. 2 BGB nicht auf Nebenpflichten im Allgemeinen bezogen ist, sondern lediglich auf solche nach den §§ 675c bis 676c BGB, gilt die Grundregel des § 675f Abs. 5 S. 1 BGB auch für anderweitige, insbesondere von den Parteien vereinbarte vertragliche Nebenpflichten.[66]

Ein Entgelt kann demnach für die Erfüllung dem § 675f Abs. 5 S. 1 BGB unterfallen- 36 der (Hauptleistungs-) Pflichten verlangt werden, wenn dieses von den Parteien so vereinbart wurde. Die Vereinbarung einer Unentgeltlichkeit bleibt ebenfalls zulässig.[67] Wird ein Entgelt vereinbart, kann diese sowohl in Form von Einzelgebühren für einzelne Zah-

---

61 Siehe Begr Reg-Entw BT-Drs. 16/11643, S. 102; BeckOK-Schmalenbach, 43. Ed., § 675f BGB Rn. 43; Palandt-Sprau, 77. Aufl., § 675f BGB Rn. 15.
62 Vgl. Begr Reg-Entw BT-Drs. 16/11643, S. 102; BeckOK-Schmalenbach, 43. Ed., § 675f BGB Rn. 43.
63 Begr Reg-Entw BT-Drs. 18/11495, S. 155.
64 Begr Reg-Entw BT-Drs. 16/11643, S. 102; Palandt-Sprau, 77. Aufl., § 675f BGB Rn. 20; Staudinger-Omlor, 2012, § 675f BGB Rn. 41.
65 BGH, Urt. v. 13.11.2012 – XI ZR 500/11, juris Rn. 24, BGHZ 195, 298; Urt. v. 13.11.2012 – XI ZR 145/12, juris Rn. 29, GRW 2013, 45.
66 Siehe MK-Casper, 7. Aufl. 2017, § 675f BGB Rn. 49; Palandt-Sprau, 77. Aufl., § 675f BGB Rn. 22.
67 Siehe Begr Reg-Entw BT-Drs. 16/11643, S. 102; MK-Casper, 7. Aufl. 2017, § 675f BGB Rn. 49; Staudinger-Omlor, 2012, § 675f BGB Rn. 41; Palandt-Sprau, 77. Aufl., § 675f BGB Rn. 21.

lungsdienste erfolgen kann wie auch in Form von Pauschalgebühren.[68] In der Regel erfolgt die Vereinbarung von Entgelten durch AGB,[69] wobei im Hinblick auf die Maßstäbe des § 307 Abs. 3 BGB hinsichtlich der Bestimmungen zur Inhaltskontrolle nach den §§ 307 ff. BGB wie folgt zu unterscheiden ist: Bestimmungen über den Preis der vertraglichen Hauptleistung (Preishauptabreden) und Klauseln über das Entgelt für eine rechtlich nicht geregelte zusätzlich angebotene Sonderleistung unterliegen nicht den §§ 307 ff. BGB.[70] Von gesetzlichen Preisregelungen abweichende Bestimmungen[71] sowie Preisnebenabreden, die keine echte (Gegen-) Leistung zum Gegenstand haben, sondern mit denen der Klauselverwender allgemeine Betriebskosten, Aufwand für die Erfüllung gesetzlich oder nebenvertraglich begründeter eigener Pflichten oder für sonstige Tätigkeiten auf den Kunden abwälzt, die der Verwender im eigenen Interesse erbringt, sind hingegen der Inhaltskontrolle nach den §§ 307 ff. BGB unterworfen.[72]

37 Im Zuge dieser Inhaltskontrolle ist zunächst der Inhalt der jeweiligen Bedingung durch Auslegung zu ermitteln, wobei ausgehend von den Verständnismöglichkeiten eines rechtlich nicht vorgebildeten Durchschnittskunden nach dem objektiven Inhalt und typischen Sinn der in Rede stehenden Klausel zu fragen und diese so auszulegen ist, wie ihr Wortlaut von verständigen und redlichen Vertragspartnern unter Abwägung der Interessen der regelmäßig beteiligten Verkehrskreis verstanden wird.[73] Sind mehrere Auslegungsmöglichkeiten rechtlich vertretbar, kommt die Unklarheitenregel des § 305c Abs. 2 BGB zur Anwendung,[74] wonach Zweifel zu Lasten des Verwenders gehen. Dabei ist die scheinbar kundenfeindlichste Auslegung im Ergebnis regelmäßig die dem Kunden günstigste, da die sie häufig erst die Inhaltskontrolle eröffnet bzw. zu einer unangemessenen Benachteiligung und damit zur Unwirksamkeit führt,[75] wobei dabei solche Verständnismöglichkeiten außer Betracht zu bleiben haben, die zwar theoretisch denkbar, praktisch aber fernliegend und nicht ernstlich in Erwägung zu ziehen sind.[76]

38 Im Rahmen der Inhaltskontrolle selbst ist dann zunächst festzustellen, dass inhaltlich die Inhaltskontrolle nach den §§ 307 ff. BGB nicht etwa durch die Anwendung der

68 MK-Casper, 7. Aufl. 2017, § 675f BGB Rn. 49; Palandt-Sprau, 77. Aufl., § 675f BGB Rn. 21.
69 MK-Casper, 7. Aufl. 2017, § 675f BGB Rn. 52.
70 St. Rspr., siehe zuletzt BGH, Urt. v. 8.11.2016 – XI ZR 552/15, juris Rn. 18, WM 2017, 87; Urt. v. 12.9.2017 – XI ZR 590/15, juris Rn. 25, WM 2017, 2013.
71 BGH, Urt. v. 17.12.2013 – XI ZR 66/13, juris Rn. 12, BGHZ 199, 281; Urt. v. 20.10.2015 – XI ZR 166/14, juris Rn. 16, BGHZ 207, 176; Urt. v. 25.10.2016 – XI ZR 9/15, juris Rn. 22, BGHZ 212, 329; Urt. v. 12.9.2017 – XI ZR 590/15, juris Rn. 25, WM 2017, 2013.
72 BGH, Urt. v. 21.4.2009 – XI ZR 78/08, juris Rn. 16, BGHZ 180, 257; Urt. v. 7.12.2010 – XI ZR 3/10, juris Rn. 26, BGHZ 187, 360; Urt. v. 13.11.2012 – XI ZR 500/11, juris Rn. 13, BGHZ 195, 298; Urt. v. 13.5.2014 – XI ZR 405/12, juris Rn. 24, BGHZ 201, 168; Urt. v. 20.10.2015 – XI ZR 166/14, juris Rn. 16, BGHZ 207, 176; Urt. v. 25.10.2016 – XI ZR 9/15, juris Rn. 22, BGHZ 212, 329; Urt. v. 12.9.2017 – XI ZR 590/15, juris Rn. 25, WM 2017, 2013.
73 BGH, Urt. v. 7.12.2010 – XI ZR 3/10, juris Rn. 29, BGHZ 187, 360; Urt. v. 7.6.2011 – XI ZR 388/10, juris Rn. 21, BGHZ 190, 66; Urt. v. 13.11.2012 – XI ZR 500/11, juris Rn. 16, BGHZ 195, 298; Urt. v. 20.10.2015 – XI ZR 166/14, juris Rn. 19, BGHZ 207, 176; Urt. v. 25.10.2016 – XI ZR 9/15, juris Rn. 23, BGHZ 212, 329; Urt. v. 12.9.2017 – XI ZR 590/15, juris Rn. 26, WM 2017, 2013.
74 BGH, Urt. v. 21.4.2009 – XI ZR 78/08, juris Rn. 11, BGHZ 180, 257; Urt. v. 29.6.2010 – XI ZR 104/08, juris Rn. 31, BGHZ 186, 98; Urt. v. 20.10.2015 – XI ZR 166/14, juris Rn. 19, BGHZ 207, 176; Urt. v. 25.10.2016 – XI ZR 9/15, juris Rn. 23, BGHZ 212, 329; Urt. v. 12.9.2017 – XI ZR 590/15, juris Rn. 26, WM 2017, 2013.
75 BGH, Urt. v. 7.12.2010 – XI ZR 3/10, juris Rn. 35, BGHZ 187, 360; Urt. v. 20.10.2015 – XI ZR 166/14, juris Rn. 19, BGHZ 207, 176; Urt. v. 25.10.2016 – XI ZR 9/15, juris Rn. 23, BGHZ 212, 329; Urt. v. 12.9.2017 – XI ZR 590/15, juris Rn. 26, WM 2017, 2013.
76 BGH, Urt. v. 21.4.2009 – XI ZR 78/08, juris Rn. 11, BGHZ 180, 257; Urt. v. 13.11.2012 – XI ZR 500/11, juris Rn. 16, BGHZ 195, 298; Urt. v. 13.5.2014 – XI ZR 405/12, juris Rn. 25, BGHZ 201, 168; Urt. v. 20.10.2015 – XI ZR 166/14, juris Rn. 19, BGHZ 207, 176; Urt. v. 25.10.2016 – XI ZR 9/15, juris Rn. 23, BGHZ 212, 329; Urt. v. 12.9.2017 – XI ZR 590/15, juris Rn. 26, WM 2017, 2013.

§§ 675c ff. BGB gesperrt ist:[77] Hierbei handelt es sich vielmehr nicht um vorrangige Spezialregelungen, die die allgemeinen Bestimmungen zur Klauselkontrolle ausschließen würden.[78] Maßgeblich hängt, sofern keiner der Sondertatbestände der §§ 308 und 309 BGB eingreift, die Wirksamkeit dann davon ab, ob die jeweilige Klausel einer (halb-) zwingenden Bestimmung der §§ 675c ff. BGB entgegensteht. In diesem Fall ist eine weitere Interessenabwägung entbehrlich und die Klausel ist schon deswegen unwirksam.[79] Ist dies nicht der Fall, kann sich eine Unwirksamkeit aus der Feststellung ergeben, dass die Klausel den Vertragspartner des Verwenders unangemessen benachteiligt (§ 307 Abs. 1 S. 1 BGB), was vor allem bei einer Abweichung von wesentlichen Grundgedanken der gesetzlichen Regelung im Zweifel der Fall ist (§ 307 Abs. 2 Nr. 1 BGB).[80] Bei Entgeltklauseln außerhalb des Bereichs zwingender Vorgaben der §§ 675c ff. BGB liegt ein solches Abweichen von Grundgedanken der gesetzlichen Regelung wiederum – insoweit in Entsprechung zu den Kriterien für die Eröffnung der Inhaltskontrolle – dann vor, wenn mit der Klausel allgemeine Betriebskosten des Verwenders oder der Aufwand für die Erfüllung gesetzlich oder nebenvertraglich begründeter eigener Pflichten oder für sonstige Tätigkeiten im eigenen Interesse des Verwenders auf den Kunden abgewälzt werden.[81] Die Abweichung führt dann nicht zur Unwirksamkeit der Klausel, wenn diese auf der Grundlage einer umfassenden Interessenabwägung den Kunden nicht unangemessen benachteiligt,[82] wovon insbesondere dann auszugehen ist, wenn die Abweichung vom gesetzlichen Leitbild sachlich gerechtfertigt und der Schutzzweck auf andere Weise sichergestellt ist.[83]

Auf der Grundlage der vorstehenden Grundsätze hat sich eine reichhaltige Kasuistik entwickelt, hierzu wird auf die nachstehenden Ausführungen verwiesen.[84] **39**

Der Höhe nach sind Entgelte nach dem § 675f Abs. 5 S. 1 BGB grundsätzlich nicht beschränkt.[85] Sofern nicht der Maßstab des § 138 BGB bei sittenwidrig überhöhten Entgelten Anwendung findet,[86] sind lediglich in Sonderfällen die Entgeltbegrenzungen für Basiskontoverträge und für die Erfüllung weiterer Verpflichtungen in Bezug auf Verbraucher-Zahlungskonten nach dem ZKG zu beachten, soweit dessen Anwendungsbereich eröffnet ist.[87] Zudem gilt, dass für grenzüberschreitende Zahlungen in Euro innerhalb **40**

---

77 So aber Langenbucher/Bliesener/Spindler-Herresthal, 2. Aufl., Kap. 2 § 675f BGB Rn. 68. Weitere Nachweise bei BGH, Urt. v. 12.9.2017 – XI ZR 590/15, juris Rn. 45, WM 2017, 2013.
78 BGH, Urt. v. 12.9.2017 – XI ZR 590/15, juris Rn. 45, WM 2017, 2013.
79 BGH, Urt. v. 17.12.2013 – XI ZR 66/13, juris Rn. 10, BGHZ 199, 281; Urt. v. 27.1.2015 – XI ZR 174/13, juris Rn. 17, WM 2015, 519; Urt. v. 20.10.2015 – XI ZR 166/14, juris Rn. 31, BGHZ 207, 176; Urt. v. 25.7.2017 – XI ZR 260/15, juris Rn. 37, WM 2017, 1744; Urt. v. 12.9.2017 – XI ZR 590/15, juris Rn. 62, WM 2017, 2013. Zur Beschränkung des verbleibenden Anwendungsbereichs der AGB-Kontrolle durch die Regelungen der §§ 675c ff. BGB siehe auch Guggenberger, BKR 2017, 1, 2.
80 BGH, Urt. v. 18.5.1999 – XI ZR 219/98, juris Rn. 18 f., BGHZ 141, 380; Urt. v. 21.4.2009 – XI ZR 78/08, juris Rn. 21, BGHZ 180, 257; Urt. v. 13.5.2014 – XI ZR 405/12, juris Rn. 69, BGHZ 201, 168; Urt. v. 25.10.2016 – XI ZR 9/15, juris Rn. 31 f, BGHZ 212, 329; Urt. v. 12.9.2017 – XI ZR 590/15, juris Rn. 64, WM 2017, 2013.
81 Siehe die Nachweise oben Rn. 36.
82 BGH, Urt. v. 14.1.2014 – XI ZR 355/12, juris Rn. 45, BGHZ 199, 355; Urt. v. 13.5.2014 – XI ZR 405/12, juris Rn. 69, BGHZ 201, 168; Urt. v. 25.10.2016 – XI ZR 9/15, juris Rn. 32, BGHZ 212, 329; Urt. v. 12.9.2017 – XI ZR 590/15, juris Rn. 64, WM 2017, 2013.
83 BGH, Urt. v. 14.1.2014 – XI ZR 355/12, juris Rn. 45, BGHZ 199, 355; Urt. v. 12.9.2017 – XI ZR 590/15, juris Rn. 64, WM 2017, 2013.
84 Siehe unten Rn. 45 ff.
85 Siehe MK-Casper, 7. Aufl. 2017, § 675f BGB Rn. 53.
86 Vgl. Staudinger-Omlor, 2012, § 675f BGB Rn. 41.
87 Siehe unten Rn. 71 ff.

des EWR keine höheren Entgelte als für vergleichbare Zahlungsvorgänge im Inland erhoben werden dürfen.[88]

41 Von § 675f Abs. 5 S. 1 BGB unberührt bleiben Ansprüche des Zahlungsdienstleisters auf Aufwendungsersatz, die auch ohne eine entsprechende vertragliche Vereinbarung nach den §§ 675, 670 BGB geltend gemacht werden können.[89] Dabei ist aber zu beachten, dass unter dem Gesichtspunkt des Aufwendungsersatzes nicht Kosten für den eigenen Aufwand bei der Erbringung von Zahlungsdiensten ersetzt werden können: Demnach kann bei einer Überweisung der Überweisungsbetrag vom Zahlungsdienstleister als Aufwendung ersetzt verlangt werden; für den eigenen Personal- und sonstigen Aufwand bei der Bearbeitung des Zahlungsvorgangs kann der Zahlungsdienstleister dagegen lediglich ein Entgelt nach § 675f Abs. 5 S. 1 BGB verlangen, sofern er dieses mit dem Zahlungsdienstnutzer vereinbart hat, d.h. diese Gemeinkosten müssen vom Zahlungsdienstleister bei der Kalkulation des Entgelts mitberücksichtigt werden.[90] Zudem ist neben einer Entgeltvereinbarung nach § 675f Abs. 5 S. 1 BGB ist die gesonderte Geltendmachung des Ersatzes von Fremdkosten ausgeschlossen; diese wären vielmehr in die Entgeltberechnung einzubeziehen.[91]

II. Entgelte für die Erfüllung von Nebenleistungspflichten nach den §§ 675c bis 676c BGB

42 Für Entgelte für die Erfüllung von Nebenleistungspflichten nach den §§ 675c bis 676c BGB gilt die Sonderregelung des § 675f Abs. 5 S. 2 BGB. Danach hat für die Erfüllung von Nebenpflichten nach diesem Untertitel der Zahlungsdienstleister nur dann einen Anspruch auf ein Entgelt, sofern dies zugelassen und zwischen dem Zahlungsdienstnutzer und dem Zahlungsdienstleister vereinbart worden ist; dieses Entgelt muss angemessen und an den tatsächlichen Kosten des Zahlungsdienstleisters ausgerichtet sein.

43 Wie bei der allgemeinen Regelung nach § 675f Abs. 5 S. 1 BGB bedarf es mithin auch hier einer Vereinbarung für die Parteien. Liegt eine solche Vereinbarung nicht vor, sind Nebenleistungspflichten unentgeltlich zu erfüllen.[92] Zusätzlich ist die Zulässigkeit einer Entgeltvereinbarung aber daran gebunden, dass dies durch das Gesetz zugelassen wurde, was lediglich in den folgenden Fällen erfolgt ist: § 675d Abs. 4 BGB (über das Gesetz hinausgehende Informationspflichten); § 675l Abs. 1 S. 3 BGB (Ersatz für verlorenes, gestohlenes, missbräuchlich verwendetes oder sonst nicht autorisiert genutztes Zahlungsinstrument); § 675o Abs. 1 S. 4 BGB (berechtigte Ablehnung der Ausführung eines Zahlungsauftrags); § 675p Abs. 4 S. 3 BGB (vertraglich vereinbarter Widerruf); § 675y Abs. 5 S. 5 BGB (Bemühen um Wiedererlangung). Diese Regelungen sind jeweils als Ausnahmevorschrift zu § 675f Abs. 5 S. 2 BGB anzusehen und enthalten insoweit auch kein verallgemeinerungsfähiges Leitbild der generellen Zulässigkeit von Entgelten für Nebenleis-

88 Siehe Art. 3 der VO 924/2009 über grenzüberschreitende Zahlungen in Euro in der Fassung nach Art. 17 der VO 260/2012 (SEPA-Verordnung); MK-Casper, 7. Aufl. 2017, § 675f BGB Rn. 53; Erman-von Westphalen, 15. Aufl., § 675f BGB Rn. 42; Staudinger-Omlor, 2012, § 675f BGB Rn. 41. Nach dem Vorschlag der Kommission vom 28.3.2018 für eine Verordnung zur Änderung der VO 924/2009 (COM(2018) 163 final) ist vorgesehen, diese Regelung auf Zahlungen sowohl in Euro wie auch in anderen Währungen der Mitgliedstaaten auszudehnen und zudem Währungsumrechnungen transparenter zu gestalten.

89 Erman-von Westphalen, 15. Aufl., § 675f BGB Rn. 42; MK-Casper, 7. Aufl. 2017, § 675f BGB Rn. 50.

90 BGH, Urt. v. 12.9.2017 – XI ZR 590/15, juris Rn. 33, WM 2017, 2013.

91 Begr Reg-Entw BT-Drs. 16/11643, S. 103; siehe auch MK-Casper, 7. Aufl. 2017, § 675f BGB Rn. 50.

92 Siehe Begr Reg-Entw BT-Drs. 16/11643, S. 102; MK-Casper, 7. Aufl. 2017, § 675f BGB Rn. 54.

tungen von Zahlungsdienstleistern.[93] Insbesondere wird auch kein allgemeiner Grundsatz eines Verursacherprinzips anerkannt, wonach dem Zahlungsdienstnutzer alle durch ihn verursachten bzw. von ihm veranlassten Leistungen zu bepreisen sind.[94]

Die Höhe der für die Erfüllung von Nebenpflichten nach diesem Untertitel zu verein- 44
barenden Entgelte ist nach § 675f Abs. 5 S. 2 HS. 2 BGB begrenzt auf ein angemessenes und an den tatsächlichen Kosten des Zahlungsdienstleisters ausgerichtetes Maß. Die Ausrichtung auf die tatsächlichen Kosten schließt eine anteilige Umlage allgemeiner betrieblicher Gemeinkosten (z.B. allgemeine Personalkosten aus).[95] Neben einer Entgeltvereinbarung nach § 675f Abs. 5 S. 2 HS. 2 BGB ist die weitergehende Geltendmachung des Ersatzes von Fremdkosten ausgeschlossen; diese wären vielmehr in die Entgeltberechnung einzubeziehen.[96]

III. Rechtsprechung zur Zulässigkeit einzelner Entgeltklauseln in AGB

Neben den soeben erwähnten einzelnen gesetzlichen Entgeltregelungen hat sich zu 45
der Anwendung der allgemeinen gesetzlichen Grundsätze auf konkrete Entgeltklauseln in AGB, sowohl im Hinblick auf die Maßstäbe der §§ 675d Abs. 4 und 675f Abs. 5 BGB wie auch der §§ 307 ff. BGB eine umfangreiche Kasuistik herausgebildet, aus der hier die nachstehenden einzelnen Fälle zu nennen sind:

Aussetzung von Daueraufträgen: Für die zeitweise erfolgende Aussetzung wie 46
auch für die dauerhafte Löschung eines Dauerauftrags darf kein Entgelt verlangt werden, da der Zahlungsdienstleister gesetzlich zur Berücksichtigung des Widerrufs des Zahlungsauftrags verpflichtet ist.[97]

Bankauskünfte: Eine Bepreisung von Bankauskünften ist als zulässig angesehen 47
worden, wenn die betreffende Klausel allein auf auf Wunsch des Kunden erfolgende Auskünfte über seine wirtschaftlichen Verhältnisses an einen Dritten bezogen ist und nicht auch Auskünfte an den Kunden selbst über sein eigenes Konto erfasst.[98]

Baraus- und einzahlungen am Schalter: Vor Umsetzung der ZDRL I wurden Pos- 48
tenpreisklauseln, die auch Ein- und Auszahlungen am Kassenschalter erfassen, nur dann als zulässig angesehen, wenn dem Kunden zugleich mindestens fünf Freiposten im Monat gewährt werden.[99] Ob dies auch nach Inkrafttreten der §§ 675c bis 676c BGB in Umsetzung der ZDRL I und nunmehr der ZDRL II fortgelten kann, ist vom BGH bisher offengelassen worden.[100] In der Instanzgerichtsbarkeit sind dagegen Barein- und Aus-

---

93 BGH, Urt. v. 22.5.2012 – IX ZR 290/11, juris Rn. 40 f., BGHZ 193, 238; ebenso Erman-von Westphalen, 15. Aufl., § 675o BGB Rn. 9; MK-Jungmann, 7. Aufl., § 675o BGB Rn. 48.

94 Siehe BGH, Urt. v. 13.2.2001 – XI ZR 197/00, juris Rn. 12, BGHZ 146, 377; OLG Frankfurt, Urt. v. 28.3.2012 – 19 U 238/11, juris Rn. 30, WM 2012, 1908; Nobbe, WM 2008, 185, 187; Staudinger-Omlor, 2012, § 675f BGB Rn. 45. Für ein solches Prinzip dagegen Bitter, WM 2010, 1773, 1781.

95 Vgl. BGH, Urt. v. 12.9.2017 – XI ZR 590/15, juris Rn. 31, WM 2017, 2013; OLG Bamberg, Urt. v. 19.10.2011 – 3 U 53/11, juris Rn. 57, WM 2011, 2318; MK-Casper, 7. Aufl., § 675f BGB Rn. 55.

96 Begr Reg-Entw BT-Drs. 16/11643, S. 103.

97 So BGH, Urt. v. 12.9.2017 – XI ZR 590/15, juris Rn. 52 f., WM 2017, 2013; aus der früheren Rechtsprechung dagegen für die Zulässigkeit eines Entgelts LG Frankfurt, Urt. v. 26.8.2014 – 2-07 O 261/14, juris Rn. 23, WM 2014, 1956; ablehnend: LG Frankfurt, Urt. v. 2.10.2014 – 2-12 O 379/14; differenzierend jedenfalls ein Entgelt ablehnend für den Vorgang der Aussetzung (vor der nachfolgenden Wiedereinsetzung) des Dauerauftrags OLG Frankfurt, Urt. v. 10.11.2015 – 3 U 173/14, juris Rn. 64.

98 LG Frankfurt, Urt. v. 21.12.2017 – 2-10 O 177/17, juris Rn. 28 f., WM 2018, 330.

99 BGH, Urt. v. 7.5.1996 – XI ZR 217/95, juris Ls., BGHZ 133, 10.

100 Siehe BGH, Urt. v. 27.1.2015 – XI ZR 174/13, juris Rn. 15, WM 2015, 519; Urt. v. 28.7.2015 – XI ZR 434/14, juris Rn. 33 f., BGHZ 206, 305. Zweifelnd auch Erman-von Westphalen, 15. Aufl., § 675f BGB Rn. 44; Hofauer, BKR 2015, 397, 402 f.; Kropf/Habl, BKR 2013, 103.

zahlungen nunmehr als Zahlungsdienste angesehen worden, für die grundsätzlich ein Entgelt vereinbart werden kann.[101] Dies soll vor dem Hintergrund des § 675f BGB nach herkömmlicher Auffassung auch dann gelten, wenn die Barein- und Auszahlung zum Ausgleich eines debitorischen Kontos[102] oder als Auszahlung eines vorhandenen Guthabens des Zahlungsdienstnutzers erfolgt.[103]

49 In bestimmten Sonderkonstellationen ist aber eine Überlagerung der vorgenannten Grundsätze durch vorrangige Sonderregeln zu beachten: Zum einen soll eine Bepreisung der Auskehrung des Restguthabens bei Kündigung und Auflösung des Kontos unzulässig sein.[104] Zum anderen ist auch das Bestehen etwaiger anderweitiger Verpflichtungen des Zahlungsdienstleisters zur Ausführung der betreffenden Barein- und Auszahlungen zu beachten, namentlich die gesetzliche Verpflichtung der Kreditinstitute zur Entgegennahme von Zahlungen in Euromünzen bis zur Menge von fünfzig Münzen.[105] Als problematisch erscheinen kann schließlich auch das Verhältnis des § 675f BGB zur Regelung des § 312a Abs. 4 Nr. 2 BGB, wonach Unternehmer bei der Erfüllung von Zahlungspflichten durch einen Verbraucher mittels eines bestimmten Zahlungsmittels hierfür keine Entgelte verlangen dürfen, die über die dem Unternehmer aus der Nutzung des Zahlungsmittels entstehenden Kosten entstehen: Hierzu wird teilweise vertreten, dass diese Regelung es auch ausschließt, eine Bareinzahlung zum Ausgleich eines debitorisch geführten Kontos zu bepreisen,[106] was im Ergebnis zur Unwirksamkeit AGB-mäßiger Entgeltklauseln führen würde, die bei der Bepreisung von Bareinzahlungen eine entsprechende Differenzierung nicht vornehmen. Diese Auffassung ist aber bisher vereinzelt geblieben: Zumindest erwägenswert erscheint dagegen die Annahme, dass bei der – entgeltlichen – Erbringung von Zahlungsdiensten in Bezug das Zahlungskonto eines Zahlers ein Guthaben auf diesem Konto vorausgesetzt wird, so dass auch eine Einzahlung auf das Zahlungskonto bzw. der Ausgleich eines Negativsaldos nicht nach der allgemeinen Regelung des § 312a Abs. 4 Nr. 2 BGB, sondern nach der Sonderbestimmung des § 675f Abs. 5 S. 1 BGB zu beurteilen ist und damit bepreist werden könnte.

50 **Buchungspostenentgelte:** Unzulässig ist die Vereinbarung eines Entgelts pro Buchungsposten, soweit davon auch Fehlbuchungen erfasst sind, d.h. Buchungen, die bei der fehlerhaften Ausführung eines Zahlungsauftrags anfallen, sowie die entsprechenden Berichtigungsbuchungen.[107] Zur Klauselkontrolle zu Buchungspostenentgelten, die auch Barein- und -auszahlungen erfassen, siehe dort.

51 **Buchungsreklamationsbearbeitung:** Solche sind Klauseln unwirksam, die ein pauschaliertes Entgelt für jegliche Reklamationen, Nachfragen oder Nachforschungen im Zusammenhang mit Überweisungen vorsehen, da dies auch solche Fälle erfassen würde, in denen der Zahlungsdienstleister aus §§ 242 bzw. 666 BGB zur Auskunft verpflichtet ist.[108]

---

101 So OLG Bamberg, Urt. v. 17.4.2013 – 3 U 229/12, juris Rn. 43 ff., WM 2013, 1705; OLG München, Urt. v. 12.10.2017 – 29 U 4903/16, juris Rn. 27, WM 2018, 519.

102 So LG Bamberg, Urt. v. 9.10.2012 – 1 O 91/12, juris Rn. 29, WM 2012, 2285.

103 So offenbar Kropf/Habl, BKR 2015, 316, 321.

104 Siehe unten Rn. 62.

105 Siehe Art. 11 VO Nr. 974/98 vom 3.5.1998 über die Einführung des Euro.

106 So LG Karlsruhe, Urt. v. 27.10.2017 – 10 O 222/17, WM 2018, 520, 522; die Berufung gegen dieses Urteil wurde unter Zulassung der Revision zum BGH zurückgewiesen von OLG Karlsruhe, Urt. v. 26.6.2018 – 17 U 147/17.

107 Siehe BGH, Urt. v. 27.1.2015 – XI ZR 174/13, juris Rn. 13, WM 2015, 1704; BGH, Urt. v. 28.7.2015 – XI ZR 434/14, juris Rn. 35 f., BGHZ 206, 305; OLG Frankfurt, Urt. v. 10.11.2015 – 3 U 173/14, juris Rn. 59 ff; LG Frankenthal, Urt. v. 17.12.2015 – 7 O 210/15, juris Rn. 15.

108 Siehe OLG Frankfurt, Urt. v. 17.4.2013 – 23 U 50/12, juris Rn. 16 ff, WM 2013, 1351.

Freistellungsauftragsbearbeitung: Mit der Bearbeitung und Änderung von Freistellungsaufträgen erfüllen Kreditinstitute eine mit dem Zinsabschlaggesetz begründete Pflicht, so dass hierfür ein Entgelt nicht vereinbart werden darf.[109] 52

Geldautomatennutzung: Die Ermöglichung der Nutzung eines Geldautomaten wurde bereits vor Umsetzung der ZDRL I als eine Sonderleistung des Zahlungsdienstleisters angesehen, für die dieser ein Entgelt vereinbaren kann.[110] 53

Kartenerstausstellung: Die (erstmalige) Ausstellung einer Zahlungskarte ist eine selbständige Dienstleistung für den Zahlungsdienstnutzer im Rahmen des Kartennutzungsvertrags,[111] für die der Zahlungsdienstleister ein Entgelt vereinbaren darf. 54

Kartensperrung und Kartenneuausstellung: Für eine Kartensperrung und -entsperrung darf nicht generell ein Entgelt verlangt werden, weil der Zahlungsdienstleister hierzu unter den Voraussetzungen des § 675m BGB verpflichtet ist.[112] Klauseln, die für die Neuausstellung einer Ersatzkarte auch dann ein Entgelt berechneten, wenn zuvor eine Sperrung der gestohlenen alten Karte erfolgen musste, waren vor Umsetzung der ZDRL II als unzulässig angesehen worden.[113] Ebenso wurde es als unzulässig angesehen, wenn die Entgeltklausel ein Entgelt auch für den Fall vorgesehen hatte, dass die alte Karte bereits auf dem Versandweg zum Kunden verloren ging.[114] Klauseln, nach denen lediglich dann ein Entgelt für die Neuausstellung von Karten verlangt werden konnte, wenn zuvor die alte Karte aufgrund vom Kunden zu vertretenden Umständen gesperrt werden musste, sind demgegenüber als zulässig angesehen worden.[115] Nunmehr ist nach § 675l Abs. 1 S. 3 BGB in Umsetzung von Art. 70 Abs. 1 Buchst. d ZDRL II ausdrücklich gesetzlich die Vereinbarung eines Entgelts für den Ersatz eines verlorenen, gestohlenen, missbräuchlich verwendeten oder sonst nicht autorisiert genutzten Zahlungsinstruments, wobei dieses Entgelt allerdings allenfalls die ausschließlich und unmittelbar mit dem Ersatz verbundenen Kosten abdecken darf. 55

Kontoauszüge: Für die erstmalige Erstellung von Kontoauszügen und Rechnungsabschlüssen darf der Zahlungsdienstleister kein Entgelt verlangen, weil er zur Rechnungslegung und zur Auskunftserteilung aus § 675d Abs. 1 BGB, Art. 248 §§ 7, 8, 10 EGBGB verpflichtet ist.[116] Auch ein Ersatz der Portokosten für die vereinbarte Zusendung per Post kann nicht verlangt werden.[117] Die Nacherstellung von Kontoauszügen stellt dagegen eine überobligatorische Informationserteilung dar, für die, wenn sie auf Verlangen des Nutzers erfolgte, der Zahlungsdienstleister unter Berücksichtigung der Maßstäbe des § 675d Abs. 4 BGB ein Entgelt verlangen darf.[118] Ein Entgelt von 15 Euro pro Auszug, das nicht an den tatsächlichen Kosten des Zahlungsdienstleisters ausgerichtet ist, ist daher unzulässig.[119] Unzulässig ist die Vereinbarung eines Entgelts für die Neuzu- 56

109 BGH, Urt. v. 15.7.1997 – XI ZR 269/96, juris Rn. 22, BGHZ 136, 261.
110 BGH, Urt. v. 7.5.1996 – XI ZR 217/95, juris Rn. 22, BGHZ 133, 10.
111 OLG Köln, Urt. v. 19.3.2014 – I-13 U 46/13, juris Rn. 20, WM 2014, 1338.
112 BGH, Urt. v. 20.10.2015 – XI ZR 166/14, juris Rn. 25 ff., BGHZ 207, 176; OLG Düsseldorf, Urt. v. 19.7.2012 – 6 U 195/11, juris Rn. 40 f., ZIP 2012, 1748; OLG Frankfurt, Urt. v. 10.11.2015 – 3 U 173/14, juris Rn. 63; siehe nunmehr auch Art. 70 Abs. 1 lit. d ZDRL II.
113 BGH, a.a.O.
114 Siehe LG Hamburg, Urt. v. 11.2.2014 – 312 O 72/13, juris Rn. 45.
115 So OLG Köln, Urt. v. 10.2.2016 – I-13 U 45/15, juris Rn. 21, WM 2016, 354 in Abgrenzung insbesondere zu der zuvor genannten Entscheidung des BGH, in der dieser jedenfalls das Abstellen auf „Verantwortungsbereiche" als ungeeignetes Differenzierungskriterium angesehen hatte.
116 BGH, Urt. v. 17.12.2013 – XI ZR 66/13, juris Rn. 17, BGHZ 199, 281.
117 OLG Rostock, Urt. v. 21.10.2015 – 2 U 23/15, juris Rn. 8, VuR 2016, 225.
118 BGH, a.a.O.; siehe auch OLG Frankfurt, Urt. v. 23.1.2013 – 17 U 54/12, juris Rn. 62 ff., ZIP 2013, 452.
119 OLG Frankfurt, Urt. v. 23.1.2013 – 17 U 54/12, juris Rn. 69 ff., ZIP 2013, 452; Urt. v. 10.11.2015 – 3 U 173/14, juris Rn. 81.

sendung auch dann, wenn sie auch dann besteht, wenn die erstmalig erstellten Kontoauszüge dem Nutzer nicht zugegangen sind, sei es wegen Verlusts auf dem Postwege[120] oder weil der Nutzer sie am Kontoauszugsdrucker nicht abgerufen hat.[121]

57 **Kontoführungsgebühren bei Darlehenskonten:** In Zahlungsdiensterahmenverträgen ist die Vereinbarung von Entgelten für die Kontoführung nach § 675f Abs. 5 S. 1 BGB grundsätzlich zulässig. In Darlehensverträgen, bei denen in AGB grundsätzlich keine Bearbeitungsentgelte des Darlehensgebers vereinbart werden dürfen, weder für den Bereich von Verbraucherdarlehen[122] noch für den Bereich unternehmerischer Darlehen,[123] ist dagegen die Vereinbarung einer Kontoführungsgebühr für das Darlehenskonto in AGB unzulässig.[124]

58 **Kontopfändungsbearbeitung:** Unzulässig sind solche Klauseln in AGB, in denen für die Bearbeitung und Überwachung von Pfändungsmaßnahmen gegen den Zahlungsdienstnutzer von diesem ein Entgelt gefordert wird.[125]

59 **Kontopfändungsbenachrichtigung:** Die Benachrichtigung eines Zahlungsdienstnutzers über die Pfändung seines Kontos erfolgt in der Regel im eigenen Interesse des Zahlungsdienstleisters, zumal der Kunde über diesen Vorgang auch im Rahmen des Pfändungsverfahrens informiert worden wäre, so dass hierfür kein Entgelt vereinbart werden kann.[126]

60 **Kontoverpfändungsanzeige:** Klauseln, mit denen ein Entgelt für die Bearbeitung einer von einem Dritten angezeigten Verpfändung eines Kontos verlangt wird, sind unzulässig.[127]

61 **Kreditkartennutzung im EU-Ausland:** Es wurde als zulässig angesehen, für die Kreditkartennutzung im EU-Ausland ein zusätzliches Entgelt zu vereinbaren.[128]

62 **Kündigung und Auflösung eines Kontos:** Für die Kündigung und Auflösung eines Zahlungskontos kann kein Entgelt vereinbart werden, wie nach der Umsetzung der ZDRL II jetzt in § 675h Abs. 4 BGB ausdrücklich bestimmt wird.[129] Als unzulässig wurde auch eine Klausel angesehen, mit der die Übertragung des verbleibenden Saldos nach Kontoauflösung auf ein bei einem anderen Zahlungsdienstleister geführtes Konto bepreist wird, da der frühere kontoführende Zahlungsdienstleister nach §§ 675, 667 Var. 2 BGB zur unbaren Herausgabe des Guthabenbetrags verpflichtet ist.[130]

---

120 Vgl. LG Hamburg, Urt. v. 11.2.2015 – 312 O 72/13, juris Rn. 31 ff.

121 Siehe OLG Rostock, Urt. v. 21.10.2015 – 2 U 23/15, juris Rn. 8, VuR 2016, 225; LG Frankfurt, Urt. v. 8.4.2011 – 25 O 260/10, juris Rn. 48 ff., WM 2011, 1846.

122 Siehe BGH, Urt. v. 13.5.2014 – XI ZR 405/12, juris Rn. 63, BGHZ 201, 168; Urt. v. 13.5.2014 – XI ZR 170/13, juris Rn. 71, WM 2014, 1325.

123 Siehe BGH, Urt. v. 4.7.2017 – XI ZR 562/15, juris Rn. 22, WM 2017, 1643; Urt. v. 4.7.2017 – XI ZR 233/16, juris Rn. 45, WM 2017, 1652; siehe auch OLG Bremen, Urt. v. 17.5.2017 – 1 U 70/16, juris Rn. 38 ff. m.w.N.

124 Siehe für Bauspardarlehen BGH, Urt. v. 9.5.2017 – XI ZR 308/15, juris Rn. 33; anders noch die Vorinstanz OLG Karlsruhe, Urt. v. 16.6.2015 – 17 U 5/14, juris Rn. 30 ff, WM 2015, 2039; siehe zur Gegenauffassung auch LG Freiburg, Urt. v. 22.2.2012 – 14 O 379/11, juris Rn. 22, WM 2013, 223.

125 BGH, Urt. v. 18.5.1999 – XI ZR 219/98, juris Rn. 18, BGHZ 141, 380.

126 So OLG Brandenburg, Urt. v. 19.7.2006 – 7 U 57/06, juris Rn. 7, VuR 2007, 195.

127 OLG Nürnberg, Urt. v. 2.7.1996 – 3 U 1182/96, juris Ls., ZIP 1996, 1697.

128 BGH, Urt. v. 14.10.1997 – XI ZR 167/96, juris Rn. 14 ff., BGHZ 137, 27.

129 Dieses Verbot wurde schon vor der Einführung einer ausdrücklichen gesetzlichen Bestimmung diesen Inhalts im neuen § 675h Abs. 4 BGB angenommen, so dass auch der Umstand, dass § 675e Abs. 4 BGB im unternehmerischen Verkehr eine Abbedingung des § 675h Abs. 4 BGB zulässt, nicht dahingehend gedeutet werden sollte, dass nunmehr die Vereinbarung eines Entgelts für die Kontenkündigung gegenüber Unternehmern zulässig wäre, so aber Werner, WM 2018, 449, 454.

130 OLG Jena, Urt. v. 8.1.2015 – 1 U 541/14, juris Rn. 31, ZIP 2015, 1577.

Negativzinsen für Einlagen auf Zahlungskonten: Umstritten ist es, ob Zahlungsdienstleister Negativzinsen für Einlagen auf Zahlungskonten berechnen dürfen. Terminologisch werden solche Entgelte teils auch als Guthabengebühren, Einlagengebühren oder Strafzinsen bezeichnet[131] und ihre Ungewöhnlichkeit ergibt sich daraus, dass hier derjenige Zinsen zu zahlen hat, der Kapital zur Verwendung zur Verfügung stellt. Hier ist wie folgt zu unterscheiden: Bei Einlagen auf Spar- und Termingeldkonten liegen Darlehensverträge zwischen dem Kunden als Darlehensgeber und dem Kreditinstitut als Darlehensnehmer vor[132] und das gesetzliche Leitbild der Verzinsung durch den Darlehensnehmer nach § 488 Abs. 1 S. 2 BGB schließt die Möglichkeit der Vereinbarung von Negativzinsen durch AGB aus.[133] Bei Guthaben auf Giro- und Tagesgeldkonten liegt dagegen ein unechter Verwahrungsvertrag vor[134] und es kann nach § 700 Abs. 1 S. 1 BGB für die sichere Verwahrung ein Entgelt vereinbart werden, das auch in Form von Negativzinsen ausgestaltet sein kann.[135] Dies gilt – jedenfalls wenn es sich bei der betreffenden Regelung nicht im konkreten Fall um eine überraschende Klausel i.S.d. § 305c Abs. 1 BGB handelt[136] – zumindest im Neukundengeschäft. Bei Bestandskunden ist dagegen zu beachten, dass vertraglich vereinbarte Zinsanpassungsklauseln, die dem Kreditinstitut die Anpassung der Verzinsung auf Einlagen an die Leitzinsentwicklung gestatten, nicht auch über die Ausgestaltung des konkreten Inhalts der Leistungspflicht des Kreditinstituts hinaus (Höhe der dem Kunden geschuldeten positiven Verzinsung) durch den Übergang zu Negativzinsen die Begründung von neuen Leistungspflichten des Kunden zulassen.[137] Im Bestandskundengeschäft setzt die Zulässigkeit von Negativzinsen mithin eine Vertragsänderung nach dem Verfahren nach § 675g BGB voraus, wenn nicht eine – als solche jederzeit zulässige – abweichende Individualvereinbarung geschlossen wird.[138] 63

Online-Banking und SB-Terminals – niedrigere Entgelte im Vergleich zur Schalternutzung: Eine Differenzierung der Entgeltgestaltung je nachdem, ob der Zahlungsdienstnutzer Zahlungsaufträge im Wege des Online-Banking oder über Selbstbedienungsterminals statt über die Schalternutzung vergibt, ist zulässig, wenn hierin jeweils selbständig bepreisbare Zahlungsdienste gesehen werden.[139] 64

---

131 Wagner, BKR 2017, 315.

132 Langenbucher/Bliesener/Spindler-Servatius, 2. Aufl., Kap. 35 Rn. 212; Palandt-Sprau, 77. Aufl., § 700 BGB Rn. 1; Schimansky/Bunte/Lwowski- Schürmann/Langner, 5. Aufl., § 70 Rn. 7 und 19. Kritisch dagegen Vogel, BKR 2018, 45, 49.

133 Vgl. LG Tübingen, Urt. v. 26.1.2018 – 4 O 187/17, juris Rn. 66, WM 2018, 226; Tröger, NJW 2015, 657, 659; Wagner, BKR 2017, 315, 320.

134 BGH, Urt. v. 30.11.1993 – XI ZR 80/93, juris Rn. 16, BGHZ 124, 254; Langenbucher/Bliesener/Spindler-Servatius, 2. Aufl., Kap. 35 Rn. 130; Palandt-Sprau, 77. Aufl., § 700 BGB Rn. 1; Schimansky/Bunte/Lwowski-Schürmann/Langner, 5. Aufl., § 70 Rn. 3; siehe auch Krepold/Herrle, BKR 2018, 89, 97.

135 LG Tübingen, Urt. v. 26.1.2018 – 4 O 187/17, juris Rn. 62, WM 2018, 226; Vogel, BKR 2018, 45, 53. Ablehnend für die Regelung durch AGB offenbar Wagner, BKR 2017, 315, 320.

136 Siehe LG Tübingen, Urt. v. 26.1.2018 – 4 O 187/17, juris Rn. 69, WM 2018, 226; Wagner, BKR 2017, 315, 319. Nach Omlor, BKR 2018, 109, 110, soll es insoweit weniger auf den Begriff der überraschenden Klausel ankommen als darauf, dass nach herkömmlichen Verständnis des Begriffs des Zinses dieser immer als positiver Zins zu verstehen ist. Anderes könnte nur dann gelten, wenn sich ein abweichender Wille hinreichend deutlich aus der Vereinbarung ergibt. In der Sache nähert sich dies der Prüfung nach § 305c BGB an.

137 So auch LG Tübingen, Urt. v. 26.1.2018 – 4 O 187/17, juris Rn. 67, WM 2018, 226; Krepold/Herrle, BKR 2018, 89, 96 f.; Omlor, BKR 2018, 109, 110; Tröger, NJW 2015, 657, 659; Wagner, BKR 2017, 315, 319. **A.A.** dagegen Vogel, BKR 2018, 45, 51 f.

138 Siehe zu § 675g BGB Rn. 16. Vgl. auch Vogel, BKR 2018, 45, 55; Wagner, BKR 2017, 315, 320.

139 So OLG Frankfurt, Urt. v. 29.5.2015 – 10 U 35/13, juris Rn. 33, WM 2015, 1709; insoweit nachfolgend auch bestätigt in BGH, Urt. v. 25.7.2017 – XI ZR 260/15, juris Rn. 27, WM 2017, 1744.

65 **Pfändungsschutzkonten:** Die Vereinbarung höherer Kontoführungsentgelte für Pfändungsschutzkonten im Vergleich zu sonstigen Zahlungskonten ist unzulässig, da die Bank zur Beachtung der sich aus § 850k ZPO ergebenden Pfändungsschutzbestimmungen gesetzlich verpflichtet ist.[140]

66 **Rücklastschriften, ungedeckte Aufträge und Schecks:** Nach der bereits vor Umsetzung der ZDRL I ergangenen Rspr. konnte für die Bearbeitung ungedeckter Lastschriften sowie sonstiger Aufträge und Schecks kein Entgelt für den Zahlungsdienstleister des Zahlers vereinbart werden, da es sich bei der im eigenen Interesse des Zahlungsdienstleisters erfolgenden Deckungsprüfung nicht um eine Dienstleistung für den Zahlungsdienstnutzer handelt.[141] Ein Entgelt für die Vornahme einer Rücklastschrift im Fall einer ungedeckten Lastschrift kann in der Regel auch nicht als pauschalisierter Schadensersatzanspruch begründet werden, da der Zahlers gegenüber seiner Zahlstelle nicht verpflichtet ist, für die Einlösung von Lastschriften Deckung vorzuhalten.[142] Nunmehr gestattet dagegen § 675o Abs. 1 S. 4 BGB die Vereinbarung eines Entgelts für den Fall der berechtigten Ablehnung eines Zahlungsauftrags.[143]

67 **smsTANs – Entgelt pro Zusendung von smsTANs:** Eine AGB-Klausel, die die generelle Bepreisung der Zusendung einer smsTAN zur Nutzung des Online-Banking vorsieht, ist unwirksam, wenn diese Regelung auch die Bepreisung einer TAN vorsieht, die zwar an den Kunden gesendet wurde, von diesem aber nicht für die Erteilung eines Zahlungsauftrags eingesetzt wurde, etwa weil beim Abgleich der auftragsbezogenen Daten eine Divergenz offenbar geworden ist oder weil die TAN wegen Überschreitens der zeitlichen Geltungsdauer nicht mehr eingesetzt werden konnte oder weil der spätere Zahlungsauftrag dem Zahlungsdienstleister aufgrund einer technischen Fehlfunktion nicht zugeht.[144]

68 **Überziehungszinsen:** Die Vereinbarung eines höheren Überziehungszinssatzes für geduldete Überziehungen (§ 505 BGB) wurde wegen des damit verbundenen höheren Aufwands für das Kreditinstitut als grundsätzlich zulässig, wenn auch der Höhe nach der AGB-Inhaltskontrolle unterliegend angesehen.[145] Unzulässig sind aber Klauseln, nach denen für geduldete Überziehungen ein von der Höhe und Dauer der Überziehung unabhängiges Mindestentgelt anfällt, da dies bei geringen Überziehungsbeträgen und kurzen Überziehungszeiträumen einem sittenwidrig überhöhten Zinssatz entsprechen kann.[146]

69 **Ungedeckte Lastschrift – Benachrichtigung über Ausführung:** Unzulässig ist ein Entgelt für die Benachrichtigung über die Ausführung einer Lastschrift trotz fehlender Deckung, da der Zahlungsdienstnutzer durch diese Benachrichtigung nur diejenigen Informationen erhält, die ihm nach § 675d BGB i.V.m. Art. 248 §§ 1 bis 16 EGBGB ohnehin hätten mitgeteilt werden müssen.[147]

70 **Widerruf von Zahlungsaufträgen:** Für die Ausübung eines Widerrufsrechts nach § 675p BGB darf grundsätzlich kein Entgelt verlangt werden, da es sich bei der Bearbei-

---

140 BGH, Urt. v. 13.11.2012 – XI ZR 500/11, juris Rn. 26, BGHZ 195, 298; Urt. v. 13.11.2012 – XI ZR 145/12, juris Rn. 46 ff., GWR 2013, 45; Urt. v. 12.9.2017 – XI ZR 590/15, juris Rn. 54, 66, WM 2017, 2013; OLG Frankfurt, Urt. v. 28.3.2012 – 19 U 238/11, juris Rn. 24, WM 2012, 1908; anders noch LG Frankfurt, Urt. v. 11.11.2011 – 10 O 192/11, juris Rn. 21 ff., ZIP 2012, 114. Siehe hierzu Hippeli, DZWIR 2017, 367, 371 ff.; kritisch dagegen Piekenbrock, GPR 2014, 26, 34.

141 BGH, Urt. v. 21.10.1997 – XI ZR 5/97, juris Rn. 13, BGHZ 137, 43.

142 BGH, Urt. v. 8.3.2005 – XI ZR 154/04, juris Rn. 33, BGHZ 162, 294.

143 Siehe § 675o BGB Rn. 12 ff.

144 So BGH, Urt. v. 25.7.2017 – XI ZR 260/15, juris Rn. 24 ff., WM 2017, 1744; anders noch die Vorinstanz OLG Frankfurt, Urt. v. 29.5.2015 – 10 U 35/13, juris Rn. 35, WM 2015, 1709.

145 So BGH, Urt. v. 14.4.1992 – XI ZR 196/91, juris Rn. 16 ff, BGHZ 118, 126.

146 So BGH, Urt. v. 25.10.2016 – XI ZR 9/15, juris Rn. 33, BGHZ 212, 329.

147 OLG Düsseldorf, Urt. v. 17.3.2016 – I-6 U 84/15, juris Rn. 41.

tung des Widerrufs um eine Nebenpflicht aus dem Zahlungsdienstevertrag handelt.[148] Anderes gilt für den Fall der Vereinbarung eine über das gesetzliche Widerrufsrecht hinausreichenden vertraglichen Widerrufsrechts nach § 675p Abs. 4 S. 3 BGB.[149]

IV. Besondere Entgeltbegrenzungen nach dem Zahlungskontengesetz (ZKG)

Besondere Begrenzungen für zulässige Entgelte sind für den Bereich von Verbraucher-Zahlungskonten auf der Grundlage der Sonderregelungen des ZKG vorgesehen. 71

1. Angemessenheit der Entgelte für Basiskontoverträge. Eine besondere Begrenzung der zulässigen Entgelte gilt für Basiskontoverträge nach dem ZKG.[150] Während die Zahlungskonto-RL es zu zugelassen hätte, eine Unentgeltlichkeit des Basiskontos vorzuschreiben,[151] ist in der deutschen Umsetzung in § 41 Abs. 1 i.V.m. Abs. 2 S. 1 ZKG dagegen lediglich, dass die Parteien ein Entgelt vereinbaren dürfen und dass das Entgelt für die vom gesetzlichen Mindestgehalt des Basiskontos umfassten Dienste[152] angemessen sein muss. 72

Mit dem Kriterium der Angemessenheit wird nach der Zielsetzung des Gesetzgebers die Erwartung verbunden, dass sie zu einer spürbaren Begrenzung der Entgelte führt, um das sozialpolitische Ziel der Richtlinie zu erreichen, einen Kontozugang für bisher hiervon ausgeschlossene Personen zu gewährleisten.[153] Weiter konkretisiert wird das Kriterium der Angemessenheit dann durch eine Bezugnahme auf die marktüblichen Entgelte[154] sowie auf das Nutzerverhalten (§ 41 Abs. 2 S. 2 ZKG), wodurch es möglich sein soll, zu berücksichtigen, ob Basiskonten nur in geringem Umfang oder nur über bestimmte Medien genutzt werden, wie z.B. über das grundsätzlich für das Kreditinstitut kostengünstigere Online-Banking.[155] Im Übrigen bleibt die weitere Konkretisierung dessen, was als zulässiges Entgelt anzusehen ist, zunächst der Aufsichtspraxis der BaFin[156] und letztlich den Gerichten überlassen.[157] 73

148 OLG Frankfurt, Urt. v. 10.11.2015 – 3 U 173/14, juris Rn. 64.

149 Siehe auch OLG Köln, Beschl. v. 21.3.2016 – 13 U 223/15, juris Rn. 5, WM 2016, 1780.

150 Dazu siehe unten Rn. 88 ff.

151 Siehe Art. 18 Abs. 1 Zahlungskonten-RL.

152 Eine Beschränkung der Entgelte für zusätzliche Dienste, die über den gesetzlichen Mindestgehalt hinausgehen, ist nicht vorgesehen, vgl. Herresthal, BKR 2016, 133, 142; Böger, in: Bankrechtstag 2016, S. 193, 226.

153 Siehe Begr Reg-Entw, BT-Drs. 18/7204, S. 86.

154 Dieses Merkmal ist Art. 18 Abs. 3 Buchst. b Zahlungskonten-RL entnommen und soll nach der Gesetzesbegründung zugleich das in Art. 18 Abs. 3 Buchst. a der Richtlinie enthaltene Kriterium des nationalen Einkommensniveaus umfassen sowie den Grundsatz, dass das Entgelt im Durchschnitt die Kosten der Institute decken und ihnen einen angemessenen Gewinn sichern kann, siehe Begr Reg-Entw, BT-Drs. 18/7204, S. 85. Der Begriff der Marktüblichkeit dürfte dabei auf einen Vergleich mit branchenüblichen Werten abstellen (siehe LG Frankfurt, Urt. v. 8.5.2018 – 2-28 O 98/17, juris Rn. 41 f.; ebenso Bülow, WM 2017, 161 f.) und sollte nicht lediglich auf die Entgelte des betreffenden Kreditinstituts für nicht als Basiskonten geführte Zahlungskonten verengt werden (so aber wohl Herresthal, BKR 2016, 133, 141). Spezifisch an dem Element der Kostendeckung ist in der Rechtsprechung Kritik geäußert worden, da eine solche Kostendeckung auch bei sonstigen Kontenmodellen nicht notwendigerweise marktüblich sei (siehe LG Frankfurt, a.a.O., Rn. 44), zudem dürfe die Kostendeckung nicht auch an den Kosten aus der Erfüllung besonderer gesetzlicher Informationspflichten zu Basiskonten orientiert sein (siehe LG Frankfurt, a.a.O., Rn. 45 ff.).

155 Siehe den Bericht des Bundestags-Finanzausschusses vom 24.2.2016 in BT-Drs. 18/7691, S. 76 ff. (dort S. 83). Siehe auch Bülow, WM 2017, 161, 162.

156 § 46 Abs. 3 ZKG, hierzu Gondert/Huneke, VuR 2016, 323, 330. Anders dagegen Findeisen, WM 2016, 1765, 1768.

157 Vgl. Böger, in: Bankrechtstag 2016, S. 193, 227 f.: in anderen EU-Mitgliedstaaten sind hier deutlich weniger flexible Vorgaben erfolgt, so z.B. im österreichischen Verbraucherzahlungskontogesetz (VZKG), wo in § 26 VZKG Höchstgrenzen von 80 bzw. 40 Euro vorgesehen sind.

74 Werden überhöhte Entgelte vereinbart, so findet keine geltungserhaltende Reduktion statt, sondern es ist die entsprechende Entgeltregelung nach § 134 BGB unwirksam, während die Wirksamkeit des Basiskontovertrags im Übrigen nach § 41 Abs. 4 ZKG unberührt bleibt,[158] d.h. es tragen die Kreditinstitute das Risiko eines zu hohen Ansatzes der mit dem Verbraucher vereinbarten Entgelte.[159]

75 **2. Unentgeltlichkeit von Entgeltinformationen und Entgeltaufstellungen.** Ein weiterer Regelungsschwerpunkt des ZKG ist die Steigerung der Entgelttransparenz bei Verbraucher-Zahlungskonten:[160] Die besonderen Verpflichtungen des ZKG nach §§ 5 bis 9 sowie 14 Abs. 1 Nr. 1 ZKG zur vorvertraglichen sowie allgemeinen Entgeltinformation bei Verbraucher-Zahlungskonten, d.h. zur Information über das jeweilige Angebot eines Zahlungsdienstleisters an maßgeblichen Zahlungskontendiensten sowie über die dafür verlangten Entgelte, sind nach § 5 ZKG unentgeltlich zu erfüllen. Dasselbe gilt für die während laufender Vertragsverhältnisse in regelmäßigen Abständen sowie bei deren Beendigung geschuldete Entgeltaufstellung, d.h. eine Information über sämtliche in Bezug auf das Verbraucher-Zahlungskonto angefallene Zinsen und Entgelte, nach den §§ 10 ff. ZKG (siehe § 10 S. 1 ZKG). In beiden Fällen kann für eine nach Art, Inhalt oder Häufigkeit überobligatorisch erfolgende Information ein Entgelt vereinbart werden.

76 **3. Begrenzung der Entgelte für Kontenwechseldienstleistungen bei Verbraucher-Zahlungskonten.** Schließlich enthält das ZKG noch eine besondere Bestimmung zu Entgelten für Kontenwechseldienstleistungen bei Verbraucher-Zahlungskonten: Nach § 26 Abs. 1 ZKG gilt, dass die Parteien für die Erbringung innerdeutscher Kontenwechseldienstleistungen nach §§ 20 bis 25 ZKG ein angemessenes und an den tatsächlichen Kosten des Zahlungsdienstleisters ausgerichtetes Entgelt vereinbaren dürfen. Ohne eine solche Entgeltvereinbarung sind Kontenwechseldienstleistungen nach §§ 20 bis 25 ZKG grundsätzlich unentgeltlich geschuldet; die Begrenzung auf das Maß eines angemessenen und an den tatsächlichen Kosten des Zahlungsdienstleisters ausgerichteten Entgelts entspricht derjenigen nach § 675f Abs. 5 S. 2 Halbs. 2 BGB.

77 Zu dieser Grundregel sind die Ausnahmen nach § 26 Abs. 3 ZKG zu beachten, wonach für bestimmte Arten von Dienstleistungen im Rahmen des Kontenwechsels abweichend von § 26 Abs. 1 BGB kein Entgelt vereinbart werden darf: Dies betrifft den Zugang des Verbrauchers zu seinen personenbezogenen Daten im Zusammenhang mit bestehenden Daueraufträgen und Lastschriften, die beim betreffenden Zahlungsdienstleister vorhanden sind (§ 26 Abs. 3 Nr. 1 ZKG), die Übersendung der für den Kontenwechsel erforderlichen Informationen und Listen gemäß § 23 Abs. 1 Nr. 1 ZKG durch den übertragenden Zahlungsdienstleister an den empfangenden Zahlungsdienstleister (§ 26 Abs. 3 Nr. 2 ZKG)[161] und die im Rahmen des Kontenwechsels erfolgende Schließung des beim übertragenden Zahlungsdienstleister geführten Zahlungskontos des Verbrauchers (§ 26 Abs. 3 Nr. 3 ZKG).[162] Für den übertragenden Zahlungsdienstleister verbleiben damit letztlich kaum Möglichkeiten der Vereinbarung eines Entgelts für seine im Rahmen des Kontenwechsels erbrachten Dienste, zumal die Nichtakzeptanz von Lastschriften und einge-

---

158 Siehe Begr Reg-Entw, BT-Drs. 18/7204, S. 86; Böger, in: Bankrechtstag 2016, S. 193, 228; Bülow, WM 2017, 161, 163. Anders dagegen Herresthal, BKR 2016, 133, 142.

159 Böger, in: Bankrechtstag 2016, S. 193, 228.

160 Zu diesen Regelungen und zu deren Inkrafttreten siehe zu § 675d BGB Rn. 47 ff.

161 § 26 Abs. 4 ZKG stellt sicher, dass für diese Übersendung auch nicht im Innenverhältnis der beteiligten Zahlungsdienstleister ein Entgelt verlangt werden darf.

162 Dies entspricht der allgemeinen Regelung des § 675h Abs. 4 BGB.

henden Überweisungen (§ 23 Abs. 1 Nr. 2 ZKG) sowie die Nichtausführung von Daueraufträgen (§ 23 Abs. 1 Nr. 3 ZKG) bereits nach allgemeinen Regeln nicht bepreist werden kann. Auch die Zulässigkeit der Bepreisung der Übertragung eines verbleibenden Saldos bei Kontenschließung (§ 23 Abs. 1 Nr. 4 ZKG) wird bezweifelt.[163]

Im Rahmen des grenzüberschreitenden Kontenwechsels nach den §§ 27 bis 29 ZKG 78
ist die Verpflichtung zur Übersendung von Informationen über Daueraufträge, Überweisungen und Lastschriften nach § 29 Nr. 1 ZKG unentgeltlich zu erfüllen; auch hier hat nach allgemeinen Regelungen die Schließung des bisherigen Zahlungskontos des Verbrauchers unentgeltlich zu erfolgen.[164]

I. Surcharging (§ 675f Abs. 6 BGB)

§ 675f Abs. 6 BGB regelt einen Teilaspekt des sogenannten Surcharging, d.h. von 79
Preisaufschlägen, die ein Zahler bei der Nutzung bestimmter Zahlungsmittel an den Zahlungsempfänger zu zahlen hat. Durch ein solches Surcharging geben Zahlungsempfänger Kosten, die ihnen durch die Nutzung bestimmter Zahlungsmittel entstehen bzw. die sie im Inkasso- oder Akquisitionsverhältnis für die Nutzung bestimmter Zahlungsmittel zu zahlen haben, an den Zahler in Form eines Preisaufschlags bei der Nutzung bestimmter Zahlungsmittel weiter. Gleichzeitig haben die Anbieter bestimmter Zahlungsmittel ein Interesse daran, dass Zahler sich dieser Zahlungsmittel bedienen, und suchen daher in ihren Verträgen mit Zahlungsempfängern oder anderen Zahlungsdienstleistern die Erhebung solcher Entgelte zu begrenzen.[165]

Wesentlich ist die Frage des Surcharging an anderer Stelle geregelt, namentlich in 80
den §§ 270a und 312a Abs. 4 BGB sowie in der Interbankenentgelte-VO.[166]

Dabei betrifft die Interbankenentgelte-VO das Verhältnis zwischen den beteiligten 81
Zahlungsdienstleistern untereinander und gestattet es nach ihrem Artt. 3 und 4 Zahlungsdienstleistern bei Debitkartentransaktionen von Verbrauchern und bei der Verwendung von Verbraucher-Kreditkarten im Vier-Parteien-Kartenzahlverfahren,[167] ein Interbankenentgelt von höchstens 0,2% bzw. 0,3% des Transaktionswerts zu verlangen.

---

163 Siehe oben Rn. 62.

164 § 675h Abs. 4 BGB; siehe Bülow/Artz-Ludwigkeit, § 29 ZKG Rn. 12.

165 Siehe Palandt-Sprau, 77. Aufl., § 675f BGB Rn. 24; Staudinger-Omlor, 2012, § 675f BGB Rn. 46.

166 Verordnung (EU) 2015/751 des Europäischen Parlaments und des Rates vom 29.4.2015 über Interbankenentgelte für kartengebundene Zahlungsvorgänge (ABl. L 123 vom 19.5.2015, S. 1).

167 Unter einem „Vier-Parteien-Kartenzahlverfahren" wird nach der Definition in Art. 2 Nr. 17 der VO verstanden ein Kartenzahlverfahren, bei dem vom Zahlungskonto eines Zahlers kartengebundene Zahlungsvorgänge auf das Zahlungskonto eines Zahlungsempfängers geleistet werden, unter Zwischenschaltung des Kartenzahlverfahrens, eines Emittenten (auf der Seite des Zahlers) und eines Acquirers (auf der Seite des Zahlungsempfängers). Dieses Verfahren ist in Deutschland auf dem Markt vorherrschend (MasterCard, Visa). Dagegen gilt die Entgeltdeckelung nicht für „Drei-Parteien-Kartenzahlverfahren", d.h. entsprechend der Definition in Art. 2 Nr. 18 der VO für Kartenzahlverfahren, bei dem das Kartenzahlverfahren selbst Annahme- und Abrechnungs- sowie Kartenausgabedienste erbringt und kartengebundene Zahlungsvorgänge von dem Zahlungskonto eines Zahlers auf das Zahlungskonto eines Zahlungsempfängers vornimmt (bspw. American Express, Diners Club). Vergibt ein Drei- Parteien-Kartenzahlverfahren Lizenzen zur Ausgabe von kartengebundenen Zahlungsinstrumenten oder zur Annahme und Abrechnung von kartengebundenen Zahlungsvorgängen an andere Zahlungsdienstleister oder gibt es gemeinsam mit einem Co-Branding-Partner oder mittels eines Vertreters kartengebundene Zahlungsinstrumente heraus, so wird es nach Art. 2 Nr. 18 S. 2 der VO ebenfalls als Vier-Parteien-Kartenzahlverfahren betrachtet. Siehe zur Konstellation des Drei-Parteien-Kartenzahlverfahrens auch EuGH, Urt. v. 7.2.2018 – C 304/16, juris Rn. 52f., ABl. EU 2018, Nr. C 123, 2; Urt. v. 7.2.2018 – C 643/16, juris Rn. 10, ABl. EU 2018, Nr. C 123, 5 (Ls.).

82 Die Frage der Zulässigkeit der Vereinbarung von Preisaufschlägen im Verhältnis zwischen Zahler und Zahlungsempfänger regeln dagegen die §§ 270a und 312a Abs. 4 BGB. Nach dem zur Umsetzung von Art. 62 Abs. 4 ZDRL II eingefügten § 270a BGB ist es dem Zahlungsempfänger für eine Vielzahl der gängigsten Zahlungsmittel gänzlich untersagt, einen Preisaufschlag zu erheben.[168] Diese Regelung betrifft Zahlungen im Wege einer SEPA-Basis- oder Firmenlastschrift, einer SEPA-Überweisung oder einer Zahlungskarte, wenn diese von der Interbankenentgeltdeckelung nach der Interbankenentgelte-VO erfasst ist, d.h. für Debitkartentransaktionen von Verbrauchern und bei der Verwendung von Verbraucher-Kreditkarten im Vier-Parteien-Kartenzahlverfahren.[169]

83 § 312a Abs. 4 BGB sieht eine Sonderregelung für Preisaufschläge im Verbrauchervertrag vor und bestimmt, dass Preisaufschläge für die Nutzung bestimmter Zahlungsmittel zur Erfüllung der vertraglichen Pflichten des Verbrauchers unzulässig sind, wenn für den Verbraucher keine gängige und zumutbare unentgeltliche Zahlungsmöglichkeit besteht (Nr. 1) oder das vereinbarte Entgelt über die Kosten hinausgeht, die dem Unternehmer durch die Nutzung des Zahlungsmittels entstehen (Nr. 2).[170] Dieser Regelung verbleibt nach der Einführung des § 270a BGB nur noch ein geringer eigener Anwendungsbereich in solchen Fällen, in denen nicht in § 270a BGB genannte Zahlungsmittel betroffen sind.[171] Problematisch war nach Rechtslage vor Umsetzung der ZDRL II, ob die Verwendung eines Zahlungsauslösedienstes als zumutbare Zahlungsmöglichkeit im Sinne dieser Vorschrift angesehen werden konnte, was vom BGH verneint wurde:[172] Im Hinblick darauf, dass der Zahler bei Verwendung eines Zahlungsauslösedienstes mit der Weitergabe seiner personalisierten Sicherheitsmerkmale an letzteren jedenfalls dem Wortlaut seiner AGB-mäßigen Verpflichtungen seinem Zahlungsdienstleister gegenüber zuwiderhandelte,[173] sollte es sich hierbei nicht um eine solche Zahlungsmöglichkeit handeln, die zumutbarerweise als einzige unentgeltliche Zahlungsmöglichkeit angeboten werden konnte. Nach Inkrafttreten von § 675f Abs. 3 BGB und der darin ausdrücklich geregelten Berechtigung des Zahlungsdienstnutzers zur Nutzung von Zahlungsauslösediensten ist dagegen nunmehr von der Zumutbarkeit dieser Dienste im Sinne des § 312a Abs. 4 BGB auszugehen.[174]

84 Neben diesen Regelungen im Verhältnis der beteiligten Zahlungsdienstleister untereinander (Interbankenengelte-VO) bzw. im Verhältnis zwischen Zahler und Zahlungsempfänger (§§ 270a und 312a Abs. 4 BGB) betrifft die Regelung des § 675f Abs. 6 BGB die Zulässigkeit von Vereinbarungen zum Surcharging im Verhältnis zwischen dem Zahlungsempfänger und seinem Zahlungsdienstleister, d.h. die Frage, ob zwischen Zahlungsempfänger und seinem Zahlungsdienstleister Vereinbarungen dazu getroffen werden dürfen, ob der Zahlungsempfänger gegenüber dem Zahler Preisaufschläge für die

---

168 Begr Reg-Entw BT-Drs. 18/11495, S. 146; vgl. auch Palandt-Grüneberg, 77. Aufl., § 270a BGB Rn. 2; *Buchmüller/Burke* MMR 2017, 728 ff.

169 Begr Reg-Entw BT-Drs. 18/11495, S. 146; vgl. auch Palandt-Grüneberg, 77. Aufl., § 270a BGB Rn. 2.

170 Letzere Regelung beruht auf der Umsetzung von Art. 19 der Verbraucherrechterichtlinie (Richtlinie 2011/83 vom 25.10.2011 über die Rechte der Verbraucher, zur Abänderung der Richtlinie 93/13 und der Richtlinie 1999/44 sowie zur Aufhebung der Richtlinie 85/57 und der Richtlinie 97/7).

171 Vgl. Omlor, ZIP 2016, 558, 560; Palandt-Grüneberg, 77. Aufl., § 312a BGB Rn. 5.

172 BGH, Urt. v. 18.7.2017 – KZR 39/16, juris Rn. 20 ff., WM 2017, 1979; anders dagegen noch die Vorinstanz OLG Frankfurt, Urt. v. 24.8.2016 – 11 U 123/15 (Kart), juris Rn. 32, BKR 2017, 215; ebenso LG Mannheim, Urt. v. 10.2.2017 – 7 O 73/16, juris Rn. 28 ff., VuR 2017, 198 (Ls.); Siehe auch Palandt-Grüneberg, 77. Aufl., § 312a BGB Rn. 5; Conreder/Schild, jM 2016, 13, 14 f.

173 Vgl. BGH, Urt. v. 18.7.2017 – KZR 39/16, juris Rn. 29 f., WM 2017, 1979.

174 So wohl auch Förster, JA 2018, 223, 226.

Nutzung bestimmter Zahlungsmittel verlangen darf.[175] Diese Frage wird durch § 675f Abs. 6 BGB lediglich dahingehend normativ beantwortet, dass es verboten wird, im Zahlungsdiensterahmenvertrag zwischen dem Zahlungsempfänger und seinem Zahlungsdienstleister dem Zahlungsempfänger zu untersagen, dem Zahler für die Nutzung eines bestimmten Zahlungsinstruments eine Ermäßigung oder einen anderweitigen Anreiz anzubieten. Im Vergleich zur früheren Fassung in § 675f Abs. 5 BGB a.F. wird in dieser Regelung in Umsetzung von Art. 62 Abs. 3 ZDRL II damit nunmehr auch klargestellt, dass nicht nur das Anbieten einer Ermäßigung nicht verboten werden darf, sondern auch das Anbieten anderweitiger Anreize, worunter etwa Sach- und Geldleistungen zu verstehen sein sollen, die der Zahler bei Einsatz des Zahlungsinstruments erhalten soll.[176] Im Umkehrschluss bedeutet dies, dass Vereinbarungen zulässig bleiben, durch die im Zahlungsdiensterahmenvertrag zwischen dem Zahlungsempfänger und seinem Zahlungsdienstleister die Erhebung von Preisaufschlägen durch den Zahlungsempfänger untersagt wird.[177] Wiederum wird für derartige Vereinbarungen zum Verbot von Preisaufschlägen neben dem nunmehr ohnehin nach § 270a BGB bestehenden Verbot der Erhebung von Preisaufschlägen aber lediglich ein geringer Anwendungsbereich verbleiben.[178]

J. Einzelne Zahlungsdiensteverträge und Zahlungsvorgänge

Die Systematik der §§ 675c bis 676c BGB zeigt sich durch eine weitgehende abstrakte **85**
Regelung des Rechts der Zahlungsdiensteverträge und Zahlungsvorgänge aus. Mit der nachstehenden überblicksartigen Darstellung sollen die wesentlichen konkreten Arten von Zahlungsdiensteverträgen und Zahlungsvorgängen beschrieben und deren Einfügung in das Regelungsregime der §§ 675c bis 676c BGB skizziert werden.

I. Zahlungskontovertrag

Hinsichtlich des Zahlungskontovertrags (§ 675f Abs. 2 S. 1 BGB) kann auf die obigen **86**
Ausführungen unter Rn. 19 verwiesen werden.

II. Girokontovertrag

Ein Sonderfall des Zahlungsdiensterahmenvertrags über die Führung eines Zah- **87**
lungskontos ist der Girokontovertrag,[179] der über die Erbringung von Zahlungsdiensten hinaus noch weitere Pflichten beinhalten kann, bspw. das Scheck- und Wechselinkasso und die Einräumung eines Dispositionskredits.[180] Für diese weiteren Regelungsgehalte

---

175 Siehe BeckOK-Schmalenbach, 43. Ed. 2017, § 675f BGB Rn. 96; MK-Casper, 7. Aufl. 2017, § 675f BGB Rn. 57; Palandt-Sprau, 77. Aufl., § 675f BGB Rn. 24; Staudinger-Omlor, 2012, § 675f BGB Rn. 46.

176 Vgl. Begr Reg-Entw BT-Drs. 18/11495, S. 155.

177 Vgl. BeckOK-Schmalenbach, 43. Ed. 2017, § 675f BGB Rn. 96; Erman-von Westphalen, 15. Aufl., § 675f BGB Rn. 47; MK-Casper, 7. Aufl. 2017, § 675f BGB Rn. 57; Omlor, NJW 2014, 1703, 1707; Palandt-Sprau, 77. Aufl., § 675f BGB Rn. 24. Nach dem ursprünglichen Regierungsentwurf zur Umsetzung des zivilrechtlichen Teils der ZDRL I war dagegen noch geplant, dass auch die Erhebung von Entgelten nicht untersagt werden durfte, siehe Begr Reg-Entw BT-Drs. 16/114643, S. 103; hierzu MK-Casper, 7. Aufl. 2017, § 675f BGB Rn. 58; Staudinger-Omlor, 2012, § 675f BGB Rn. 46.

178 Vgl. MK-Casper, 7. Aufl. 2017, § 675f BGB Rn. 58; siehe auch Palandt-Sprau, 77. Aufl., § 675f BGB Rn. 24.

179 Siehe Begr Reg-Entw BT-Drs. 16/11643, S. 102; Erman-von Westphalen, 15. Aufl., § 675f BGB Rn. 26; MK-Casper, 7. Aufl. 2017, § 675f BGB Rn. 36; Staudinger-Omlor, 2012, § 675f BGB Rn. 11 f.

180 Vgl. Begr Reg-Entw BT-Drs. 16/11643, S. 102; BeckOK-Schmalenbach, 43. Ed., § 675f BGB Rn. 8; MK-Casper, 7. Aufl. 2017, § 675f BGB Rn. 36; Palandt-Sprau, 77. Aufl., § 675f BGB Rn. 10; Staudinger-Omlor, 2012, § 675f BGB Rn. 12.

sind die Regelungen der §§ 675c bis 676c BGB, sofern erforderlich und nicht durch vorrangige Bestimmungen in diesem Untertitel ausgeschlossen, durch einen Rückgriff auf das Recht des Geschäftsbesorgungsvertrags im Allgemeinen sowie des Kontokorrents in §§ 355ff. HGB zu ergänzen.[181]

III. Basiskontovertrag nach dem Zahlungskontengesetz (ZKG)

88 Bei einem Basiskontovertrag nach dem ZKG handelt es sich um einen besonderen Fall eines Zahlungsdiensterahmenvertrags über die Führung von Zahlungskonten, bei denen die in Umsetzung der europäischen Zahlungskonten-RL eingeführten spezialgesetzlichen Sonderregeln der §§ 30ff. ZKG im Rahmen ihres Anwendungsbereichs den Bestimmungen der §§ 675cff. BGB im Konfliktfall vorgehen.

89 **1. Abgrenzung des Basiskontovertrags von anderen Verbraucher-Zahlungskontoverträgen.** Nicht jeder mit einem Verbraucher geschlossene Zahlungsdiensterahmenvertrag über die Führung eines Zahlungskontos unterliegt zugleich als Basiskontovertrag den besonderen Regelungen der §§ 30ff. ZKG: Ein Basiskontovertrag liegt vielmehr lediglich in zwei bestimmten Fällen des Abschlusses von Zahlungsdiensterahmenverträgen vor:[182] Zum einen in Fällen, in denen der Kontovertrag gerade auf der Grundlage der Geltendmachung des Anspruchs des Verbrauchers gegenüber einem Kreditinstitut auf Abschluss eines Basiskontovertrags abgeschlossen wurde,[183] und zum anderen in solchen Fällen, in denen der Kontoinhaber und das Kreditinstitut einen in anderer Weise geschlossenen Vertrag bei Vertragsschluss ausdrücklich als Basiskontovertrag bezeichnen.[184] Sonstige Zahlungskontoverträge mit Verbrauchern bestimmen sich weiterhin allein nach den ansonsten anzuwendenden Regelungen, insbesondere finden die Bestimmungen der §§ 30ff. ZKG auch keine Anwendung auf solche Verträge, die von Verbrauchern auf der Grundlage von landesrechtlichen Regelungen des Sparkassenrechts geschlossen worden sind.[185]

90 **2. Kontrahierungszwang.** Ein Basiskontovertrag kommt nach den allgemeinen Regelungen der §§ 145ff. BGB zustande durch Angebot und Annahme.[186] Im Interesse der gesetzgeberischen Zielsetzung, durch die Schaffung der Regelungen des ZKG der Kontenlosigkeit von Verbrauchern entgegenzuwirken,[187] sieht das ZKG nach § 31 Abs. 2 S. 1 ZKG einen Kontrahierungszwang vor, d.h. verpflichtete Kreditinstitute müssen auf einen An-

---

181 Siehe Erman-von Westphalen, 15. Aufl., § 675f BGB Rn. 51; MK-Casper, 7. Aufl. 2017, § 675f BGB Rn. 36; BeckOK-Schmalenbach, 43. Ed., § 675f BGB Rn. 31; Staudinger-Omlor, 2012, § 675f BGB Rn. 14.
182 Siehe auch die Begründung des Regierungsentwurfs eines Gesetzes zur Umsetzung der Richtlinie über die Vergleichbarkeit von Zahlungskontoentgelten, den Wechsel von Zahlungskonten sowie den Zugang zu Zahlungskonten mit grundlegenden Funktionen, BT-Drucks 18/7204, S. 74f. und 80.
183 Siehe § 30 Abs. 2 Nr. 2 Buchst. a ZKG. Nach Herresthal, BKR 2016, 133, 136, sollen dagegen die Regelungen des ZKG keine Anwendung finden, wenn auf den Antrag des Verbrauchers auf Abschluss eines Basiskontovertrags hin das Kreditinstitut dem Verbraucher den Abschluss eines normalen Girokontovertrags anbietet. Dies dürfte allerdings nur dann in Betracht kommen, wenn der Verbraucher bei der Annahme dieses Angebots von seinem ursprünglichen Antrag auf Abschluss eines Basiskontovertrags Abstand nimmt, anderenfalls dürfte eine solche Praxis des Vertragsabschlusses eine unzulässige Umgehungsgestaltung nach § 4 Abs. 2 ZKG darstellen.
184 § 30 Abs. 2 Nr. 2 Buchst. b ZKG.
185 Siehe Begr Reg-Entw BT-Drs. 18/7204, S. 80f.
186 Vgl. Begr Reg-Entw BT-Drs. 18/7204, S. 77. Siehe dazu Herresthal, BKR 2016, 133, 136.
187 Siehe EG 36ff. Zahlungskonten-RL; dazu auch Böger, in: Bankrechtstag 2016, S. 193, 200ff.; Held, BKR 2016, 353.

trag eines berechtigten Verbrauchers hin diesem binnen zehn Tagen ein Angebot auf Abschluss eines Basiskontovertrags unterbreiten. Rechtstechnisch entspricht diese Lösung der Regelung eines Kontrahierungszwangs in Bezug auf Girokonten aufgrund landesrechtlicher Regelungen des Sparkassenrechts.[188]

Berechtigt zur Geltendmachung dieses Anspruchs sind alle Verbraucher mit recht- **91** mäßigem Aufenthalt in der Europäischen Union einschließlich Personen ohne festen Wohnsitz und Asylsuchende sowie Personen ohne Aufenthaltstitel, die aber aus rechtlichen oder tatsächlichen Gründen nicht abgeschoben werden können.[189] Der Kreis der berechtigten Verbraucher ist damit sehr weit gezogen, es ist keine Begrenzung auf Unionsstaatsangehörige vorgesehen und der Anspruch besteht auch für Verbraucher mit einem rechtmäßigen Aufenthalt in einem anderen Mitgliedstaat.[190]

Insbesondere auch Verbraucher ohne festen Wohnsitz und Asylsuchende sowie Ge- **92** duldete sollen ein Basiskonto eröffnen können, weswegen für diese Personengruppen auch bisherige geldwäscherechtliche Hindernisse für die Eröffnung eines Zahlungskontos in der Form eines Basiskontos ausgeräumt wurden, namentlich kann für Wohnsitzlose anstelle der ansonsten erforderlichen Angaben zur Anschrift des Kontoinhabers[191] eine postalische Anschrift genügen, unter der der Vertragspartner sowie die gegenüber dem Verpflichteten auftretende Person erreichbar ist.[192] Ferner kann anstelle der im Übrigen erforderlichen Überprüfung der Identität des Vertragspartners anhand eines gültigen amtlichen Ausweises[193] die Eröffnung eines Basiskontos auch auf der Grundlage einer Bescheinigung über die Aussetzung der Abschiebung[194] sowie eines Ankunftsnachweis für Asylsuchende[195] erfolgen, da Flüchtlinge vielfach nicht über amtliche Ausweispapiere verfügen.

Verpflichtet zum Anbieten von Basiskonten sind nach § 31 Abs. 1 S. 1 i.V.m. § 2 Abs. 5 **93** ZKG alle Kreditinstitute, die Zahlungskonten für Verbraucher anbieten, zum Anbieten von Basiskonten verpflichtet.[196] Eingeschlossen sind auch Zweigniederlassungen im Sinne des § 53b Abs. 1 S. 1 oder 2 KWG bzw. Zweigstellen im Sinne des § 53 KWG ausländischer Kreditinstitute.[197] Anders nach den landesrechtlichen Regelungen des Sparkassenrechts sind mit dieser Erstreckung auf alle Kreditinstitute nicht nur einzelne öffentlichrechtliche Institute erfasst, sondern grundsätzlich auch alle privaten Kreditinstitute. Nach den Vorgaben der Zahlungskonten-RL wäre auch eine Beschränkung auf die Verpflichtung einzelner Institute denkbar gewesen,[198] im Interesse der Gleichbehandlung im

188 Siehe dazu Böger, in: Bankrechtstag 2016, S. 193, 206; Findeisen, WM 2016, 1765, 1770 f.; Piekenbrock, WM 2013, 1925, 1927. Kritisch dagegen Günther, WM 2014, 1369, 1375; Herresthal, BKR 2016, 133, 137: „Fremdkörper in der deutschen Privatrechtsordnung"; Held, BKR 2016, 353, 360: „verfassungswidrig".

189 § 31 Abs. 1 S. 2 ZKG. Siehe auch Begr Reg-Entw BT-Drs. 18/7204, S. 57, 76.

190 Vgl. Begr Reg-Entw BT-Drs. 18/7204, S. 76.

191 § 4 Abs. 3 Nr. 1 GwG in der bis zum 18.6.2016 geltenden Fassung).

192 So § 11 Abs. 4 Nr. 1 Buchst. e GwG n.F., dazu siehe Begr Reg-Entw BT-Drs. 18/7204, S. 99 f.; Findeisen, WM 2016, 1765, 1770.

193 § 12 Abs. 1 S. 1 Nr. 1 GwG.

194 Bescheinigung über die Aussetzung der Abschiebung nach § 60a Abs. 4 des Aufenthaltsgesetzes gemäß Anlage D2b in Verbindung mit Anlage D2a der Aufenthaltsverordnung, siehe § 1 Abs. 2 Nr. 1 ZIdPrüfV.

195 Ankunftsnachweis nach § 63a des Asylgesetzes, siehe § 1 Abs. 2 Nr. 2 ZIdPrüfV.

196 Siehe Begr. Reg.-Entw., BT-Drs. 18/7204, S. 58, 75.

197 So § 2 Abs. 5 a.E. ZKG. Durch § 30 Abs. 3 ZKG wird klargestellt, dass bei rechtlich nicht selbständigen Zweigniederlassungen bzw. Zweigstellen von ausländischer Kreditinstituten der Träger der Rechte und Pflichten hinsichtlich des Angebots von Basiskonten das die Zweigniederlassung oder Zweigstelle betreibende Unternehmen im Ausland ist.

198 Siehe Art. 16 Abs. 1 Zahlungskonten-RL.

Wettbewerb[199] ist im deutschen Umsetzungsgesetz diese Verpflichtung dagegen als allgemeine umgesetzt worden.[200] Damit sind nur solche Kreditinstitute ausgenommen, die generell keine Zahlungskonten für Verbraucher anbieten: Dies betrifft insbesondere Bürgschaftsbanken, Kreditgarantiegemeinschaften, Depotbanken oder Teilzahlungsinstitute.[201] Ausgenommen sind ferner Kreditinstitute, die kein Privatkundengeschäft im Zahlungskontenbereich betreiben oder die lediglich Kreditkartenkonten zur alleinigen Tilgung von Kreditkartenschulden, E-Geld-Konten, Sparkonten, Tagesgeldkonten oder andere allein für Einlagen bestimmte Konten führen.[202]

94 Hinsichtlich der Durchsetzung dieses Kontrahierungszwangs ist zunächst zu beachten, dass die verpflichteten Kreditinstitute im Hinblick auf sämtliche ihrer Verpflichtungen nach dem ZKG nach § 46 Abs. 2 ZKG einer Aufsicht durch die BaFin unterliegen. Diese Aufsicht betrifft die Einhaltung nicht nur von öffentlich-rechtlich ausgestalteten Pflichten, sondern auch von zivilrechtlichen Normen;[203] sie findet im Einklang mit der Aufgabenstellung der BaFin im Allgemeinen[204] aber grundsätzlich nicht im Individualinteresse von im Einzelfall betroffenen Verbrauchern statt, sondern im Rahmen der Wahrnehmung der Aufgabe des kollektiven Verbraucherschutzes.[205]

95 Daneben sieht das ZKG aber auch besondere Bestimmungen zum Individualrechtsschutz des Verbrauchers vor, d.h. zur Geltendmachung der Einhaltung der individualbegünstigenden Verpflichtungen des Gesetzes gerade im Interesse des einzelnen betroffenen Verbrauchers. Das ZKG beschreitet hier einen grundsätzlich neuen Ansatz, indem der BaFin eine tragende Funktion auch im Rahmen dieses Individualrechtsschutzes bei Verweigerung des Abschlusses eines Basiskontovertrags oder die Eröffnung eines Zahlungskontos zugewiesen wird.[206] Verweigert ein Kreditinstitut einem Verbraucher den Abschluss eines Basiskontovertrags oder die Eröffnung eines Zahlungskontos, so eröffnet das Gesetz dem Verbraucher die Möglichkeit der Auswahl aus drei verschiedenen Rechtsschutzmöglichkeiten:[207] Neben der Geltendmachung seiner Rechte gegen das Kreditinstitut vor den ordentlichen Gerichten[208] kommt auch die Durchführung eines Verfahrens vor der bei der Deutschen Bundesbank eingerichteten Verbraucherschlichtungsstelle in Betracht[209] sowie als besonders einfache und effektive Methode des

---

199 Siehe dazu auch das in Art. 16 Abs. 1 Zahlungskonten-RL enthaltene Ziel der Vermeidung von Wettbewerbsverzerrungen.
200 Kritisch demgegenüber Herresthal, BKR 2016, 133, 135.
201 Begr Reg-Entw BT-Drs. 18/7204, S. 57. Siehe auch Herresthal, BKR 2016, 133, 135.
202 Begr Reg-Entw BT-Drs. 18/7204, S. 75. Dagegen führt es nicht zu einem Ausschluss vom Kreis der Verpflichteten nach dem ZKG (sondern nur zur Begrenzung des Umfangs des verpflichteten Leistungsangebots nach § 38 Abs. 4 ZKG), wenn die von dem betreffenden Kreditinstitut angebotenen Konten bestimmte Leistungsmerkmale nach § 38 Abs. 1 und Abs. 2 ZKG nicht erfüllen. Dagegen allerdings Gondert und Huneke, VuR 2016, 323, 324.
203 Siehe auch Begr Reg-Entw, a.a.O.
204 Siehe § 4 Abs. 4 FinDAG.
205 Siehe auch Begr Reg-Entw BT-Drs. 18/7204, S. 3 und 95.
206 Begr Reg-Entw BT-Drs. 18/7204, S. 3 und 95. Siehe auch Klöppel, WM 2017, 1090, 1091.
207 Der Verbraucher kann grundsätzlich frei aus diesen Rechtsschutzmöglichkeiten auswählen; sobald er einen der drei möglichen Rechtsschutzwege eingeschlagen hat, führt dies aber teils zum Ausschluss oder zumindest zu Beschränkungen einer weiteren Wahlmöglichkeit nach den §§ 48 Abs. 2, 51 Abs. 2 ZKG und § 6 Abs. 1 Nr. 4 und 6 der Finanzschlichtungsstellenverordnung, siehe Begr Reg-Entw BT-Drs. 18/7204, S. 96 bis 98.
208 § 51 ZKG; zu beachten ist die streitwertunabhängige Sonderzuweisung zu den Landgerichten (§ 51 Abs. 3 ZKG) und die Möglichkeit der Konzentration der örtlichen Zuständigkeit (§ 50 Abs. 8 ZKG).
209 Siehe § 14 Abs. 1 Nr. 5 UKlaG.

Rechtsschutzes auch die Möglichkeit der Einleitung eines individualrechtsschützenden behördlichen Verfahrens vor der BaFin.[210]

3. Ablehnung des Antrags auf Abschluss eines Basiskontovertrags. Ein verpflichtetes Kreditinstitut darf den Antrag eines berechtigen Verbrauchers nur unter den im Gesetz geregelten,[211] sehr begrenzten Voraussetzungen ablehnen. Anders als nach bisherigen Regelungen zur Verpflichtung zur Eröffnung eines Girokontos aufgrund landesrechtlicher Regelungen für öffentlich-rechtliche Sparkassen steht die Verpflichtung zum Abschluss eines Basiskontovertrags nach dem ZKG nicht unter dem generellen Vorbehalt, dass eine Verpflichtung zur Kontoführung nicht besteht, wenn dies für das Kreditinstitut unzumutbar wäre.[212] Die mangelnde Bonität des Verbrauchers oder das Vorhandensein von Schufa-Einträgen berechtigt das Kreditinstitut nicht zur Ablehnung des Antrags des Verbrauchers,[213] ebenso erlaubt das ZKG es auch nicht, den Anspruch des Verbrauchers auf Abschluss eines Basiskontovertrags vom Nachweis eines objektiven Interesses an der Eröffnung abhängig zu machen.[214] Eine Ablehnung ist dagegen nur in den folgenden Fällen zulässig: 96

Antragsteller kein berechtigter Verbraucher. Kein Anspruch besteht, wenn der Antragsteller nicht zum Kreis der Berechtigten nach dem ZKG zählt, also insbesondere kein Verbraucher ist oder keinen rechtmäßigen Aufenthalt in der Union hat.[215] 97

Verbraucher verfügt bereits über ein Zahlungskonto. Der Antrag kann dann abgelehnt werden, wenn der Verbraucher bereits über ein Zahlungskonto verfügt und damit jedenfalls auch mit den Zahlungsdiensten, die zum gesetzlichen Inhalt des Basiskontos zählen, tatsächlich am Zahlungsverkehr teilnehmen kann.[216] Nach der Begründung des Regierungsentwurfs soll bei einem Zahlungskonto, das wegen Pfändungen eines Gläubigers oder aufgrund kontokorrentmäßiger Verrechnung bzw. Aufrechnung durch die kontoführende Bank für Zahlungsaufträge blockiert ist, von einer Möglichkeit der Teilnahme am Zahlungsverkehr nicht ausgegangen werden können,[217] sofern es sich nicht um ein Pfändungsschutzkonto im Sinne des § 850k ZPO handelt, bei dem der Kontoinhaber gegen derartige Beschränkungen seiner Möglichkeit zur Teilnahme am Zahlungsverkehr geschützt ist.[218] Um eine vorübergehende Kontenlosigkeit zu vermeiden, kann der Antrag auf Abschluss eines Basiskontovertrags bereits dann nicht mehr abge- 98

210 Siehe § 48 Abs. 1 ZKG; gegen Entscheidungen der BaFin in diesem Verfahren ist nach vorheriger Durchführung eines Widerspruchsverfahrens (§ 50 Abs. 2 ZKG) die Klage vor den Landgerichten zulässig (§ 50 Abs. 1 ZKG als abdrängende Sonderzuweisung im Sinne des § 40 Abs. 1 VwGO).

211 Die abschließende Natur der gesetzlichen Ablehnungsgründe ergibt sich aus § 34 Abs. 1 ZKG.

212 Siehe Findeisen, WM 2016, 1765, 1772.

213 Siehe Böger, in: Bankrechtstag 2016, S. 193, 216.

214 So die Option aus Art. 16 Abs. 2 Unterabs. 2 Zahlungskonten-RL; hierzu siehe Begr Reg-Entw BT-Drs. 18/7204, S. 78. Im Hinblick auf die eindeutige gesetzgeberische Entscheidung gegen die Wahrnehmung dieser Option überzeugt es nicht, wenn über die gesetzlich geregelten Ablehnungsgründe hinaus eine allgemeiner Ablehnungsgrund aus wichtigen Gründen bejaht wird, so aber Herresthal, BKR 2016, 133, 139.

215 Siehe die Voraussetzungen für die Berechtigteneigenschaft nach § 31 Abs. 1 S. 2 ZKG.

216 § 35 Abs. 1 ZKG.

217 Begr Reg-Entw BT-Drs. 18/7204, S. 78. Ablehnend Herresthal, BKR 2016, 133, 138: In solchen Fällen sollte die Umwandlung in ein Pfändungsschutzkonto nach § 850k ZPO vorrangig sein. Eine solche Verweisung auf anderweitige Rechtsgestaltungsvarianten dürfte nach der hier vertretenen Auffassung aber mit dem mit der Zahlungskontenrichtlinie verfolgten Ziel der Sicherung effektiven Zugangs zur Möglichkeit der tatsächlichen Nutzung von Zahlungsdiensten nicht vereinbar sein.

218 Siehe die von der Pfändung befreiten Beträge nach § 850k ZPO; siehe auch Begr Reg-Entw BT-Drs. 18/7204, S. 78.

lehnt werden, wenn das anderweitige Konto gekündigt wurde, ohne dass bereits eine Schließung dieses Kontos erfolgt sein müsste.[219]

99 **Straftaten des Verbrauchers.** Der Antrag darf abgelehnt werden, wenn der Verbraucher in den letzten drei Jahren vor Antragstellung wegen einer vorsätzlichen Straftat zum Nachteil des Kreditinstituts, dessen Mitarbeitern oder Kunden mit Bezug auf deren Stellung als Mitarbeiter oder Kunden des Kreditinstituts verurteilt worden ist.[220]

100 **Frühere Kündigungen eines Basiskontos.** Der Antrag darf in bestimmten Fällen auch dann abgelehnt werden, wenn der Verbraucher in der Vergangenheit ein Basiskonto bei dem betreffenden Kreditinstitut geführt hatte und dieses Konto im letzten Jahr vor der Antragstellung berechtigt gekündigt wurde. Dies betrifft die Kündigung des Basiskontos aufgrund einer Führung zu verbotswidrigen Zwecken[221] sowie die Kündigung wegen Zahlungsverzugs.[222]

101 **Geldwäsche und Terrorismusfinanzierung.** Schließlich darf die Eröffnung des Basiskontos auch dann abgelehnt werden, wenn gegen Vorschriften zur Bekämpfung von Geldwäsche und Terrorismusfinanzierung verstoßen würde.[223]

102 Lehnt das Kreditinstitut den Antrag des Verbrauchers auf der Grundlage eines der vorgenannten Gründe ab, dann muss es dies dem Verbraucher unverzüglich, spätestens jedoch binnen zehn Geschäftstagen nach Eingang des Antrags gegenüber erklären,[224] wobei der Verbraucher auch über die besonderen Möglichkeiten des Rechtsschutzes gegen eine solche Ablehnung[225] sowie – soweit dies nicht aus Gründen der öffentlichen Sicherheit zu unterbleiben hat – über die Gründe der Ablehnung zu unterrichten ist.[226]

103 Der Zugang eines Verbrauchers zu einem Basiskonto darf grundsätzlich auch nicht dadurch behindert werden, dass der Abschluss des Basiskontovertrags von Bedingungen abhängig gemacht wird.[227] Zulässig ist es lediglich, den Vertragsabschluss von der Zugehörigkeit zu einer bestimmten Berufsgruppe abhängig zu machen, wenn das Geschäftsmodell des Kreditinstituts sich allein an Personen dieser Berufsgruppe wendet.[228] Zudem darf der Vertragsabschluss auch von dem Erwerb von Geschäftsanteilen des betreffenden Kreditinstituts abhängig gemacht werden, wenn es sich hierbei um eine an alle Kunden des Instituts gestellte Anforderung handelt.[229]

104 **4. Leistungspflichten des kontoführenden Kreditinstituts im Basiskontovertrag.** Der Inhalt des Basiskontovertrags wird in erster Linie durch die detaillierten Vorgaben der §§ 38 ff. ZKG bestimmt. Hierbei handelt es sich um besondere, gemäß § 4 Abs. 1 ZKG halbzwingende, also nicht zu Lasten des Verbrauchers abdingbare Regelungen von

219 § 35 Abs. 1 S. 3 ZKG.
220 § 36 Abs. 1 Nr. 1 ZKG, siehe Begr Reg-Entw BT-Drs. 18/7204, S. 79.
221 § 36 Abs. 1 Nr. 2 ZKG.
222 § 37 ZKG. Die Zahlungskonten-RL selbst nennt diesen Ablehnungsfall nicht gesondert, die Regelung kann sich aber auf die allgemeine Vorgabe zur Zulassung einer Missbrauchsvermeidung in Art. 16 Abs. 6 stützen, siehe Begr Reg-Entw BT-Drs. 18/7204, S. 79 f.
223 § 36 Abs. 1 Nr. 3 ZKG; siehe hierzu Begr Reg-Entw BT-Drs. 18/7204, S. 79.
224 § 34 Abs. 2 ZKG; siehe hierzu Begr Reg-Entw BT-Drs. 18/7204, S. 79.
225 § 34 Abs. 4 ZKG. Nach § 34 Abs. 4 S. 3 ZKG ist der Ablehnung für den Verbraucher das Formular nach Anlage 4 zum ZKG beizufügen, das auf die Wahrnehmung solchen behördlichen Rechtsschutzes gerichtet ist.
226 § 34 Abs. 3 ZKG.
227 § 32 ZKG.
228 § 32 Abs. 1 Nr. 1 ZKG; siehe Begr Reg-Entw BT-Drs. 18/7204, S. 77.
229 § 32 Abs. 1 Nr. 2 ZKG. Auf nach dem Regionalprinzip operierende öffentlich-rechtliche Sparkassen dürfte dies keine Anwendung finden, siehe Böger, in: Bankrechtstag 2016, S. 193, 220.

Einzelfragen des Basiskontovertrags.[230] Diese Bestimmungen enthalten aber keine vollständige Regelung des Basiskontovertrags insgesamt und sind grundsätzlich nicht abschließend; für nicht in den §§ 38 ff ZKG geregelte Fragen kann auf die allgemeinen Regelungen des Zahlungsdiensterechts insbesondere in den §§ 675c ff. BGB zurückgegriffen werden sowie auf die maßgeblichen Parteivereinbarung, insbesondere auf wirksam einbezogene Allgemeine Geschäftsbedingungen des Kreditinstituts.[231]

§ 38 ZKG schreibt einen umfassenden gesetzlichen Mindestinhalt des Leistungsumfangs eines Basiskontos vor. Das Basiskonto kann mit diesem Leistungsumfang auch für solche wirtschaftlich stärkeren Verbraucher in Betracht kommen, die auch bisher keine Schwierigkeiten hatten, einen Zugang zu einem Zahlungskonto zu erlangen.[232] **105**

Danach ist ein Kreditinstitut im Rahmen eines Basiskontovertrags zur Eröffnung und Führung eines Basiskontos in Euro verpflichtet.[233] Zudem muss das Kreditinstitut in Bezug auf dieses Basiskonto die Erbringung der grundlegenden Zahlungsdienste ermöglichen,[234] namentlich Barein- und Barauszahlungen[235] sowie die Ausführung von Zahlungsvorgängen im Lastschrift-, Überweisungs- oder Zahlungskartengeschäft, jeweils auch einschließlich der Übermittlung von Geldbeträgen auf ein eigenes Konto des Kontoinhabers.[236] **106**

Zahlenmäßige Begrenzungen der vom Kontoinhaber zu nutzenden Zahlungsdienste sind unzulässig.[237] Zudem ist dem Kontoinhaber die Erteilung von Aufträgen sowohl in den Geschäftsräumen des Kreditinstituts zu ermöglichen wie auch über sonstige hierfür allgemein vorgesehene Kommunikationsformen.[238] Dies bedeutet, dass der Basiskontovertrag grundsätzlich sowohl die Nutzung beleghafter Überweisungen ermöglichen muss wie auch die Nutzung des Online-Banking-Systems des betreffenden Kreditinstituts.[239] **107**

Eine Kreditgewährung ist dagegen nicht vorgeschrieben[240] und hinsichtlich des räumlichen Nutzungsbereichs der vorgenannten Zahlungsdienste gilt grundsätzlich eine Begrenzung auf den Europäischen Wirtschaftsraum (EWR).[241] **108**

Im Übrigen stehen die Regelungen zum gesetzlichen Mindestgehalt des Basiskontos unter der Maßgabe, dass die erfassten Zahlungsdienste dem Inhaber des Basiskontos in dem Umfang zur Verfügung zu stellen sind, wie sie das betreffende Kreditinstitut auch anderen Verbrauchern anbietet, bei deren Zahlungskonten es sich nicht um Basiskonten **109**

---

230 § 4 ZKG; siehe Begr Reg-Entw BT-Drs. 18/7204, S. 59, 80.
231 Siehe Begr Reg-Entw BT-Drs. 18/7204, S. 77 und 80.
232 So Böger, in: Bankrechtstag 2016, S. 193, 223; Findeisen, WM 2016, 1765, 1773; siehe auch Begr Reg-Entw BT-Drs. 18/7204, S. 82.
233 § 38 Abs. 1 ZKG.
234 Siehe die Regelung des § 38 Abs. 2 ZKG: Die Beschreibung dieses Mindestumfangs der in Bezug auf ein Basiskonto zu erbringenden Zahlungsdienste folgte der Formulierung in § 1 Abs. 2 Nr. 1 und 2 ZAG a.F., einzelne terminologische Abweichungen zum Wortlaut der Richtlinie sollen nach der Gesetzesbegründung zum Umsetzungsgesetz keinen inhaltlichen Unterschied begründen, siehe Begr Reg-Entw BT-Drs. 18/7204, S. 81. Auch aus der Neufassung in § 1 Abs. 1 S. 2 Nr. 1 bis 3 ZAG n.F. haben sich keine signifikanten Abweichungen ergeben.
235 § 38 Abs. 2 Nr. 1 ZKG. 81.
236 § 38 Abs. 2 Nr. 2 ZKG.
237 § 38 Abs. 4 S. 2 ZKG; hierzu siehe Begr Reg-Entw BT-Drs. 18/7204, S. 83.
238 § 38 Abs. 4 S. 2 ZKG: Dies schließt auch die Nutzung des Online-Banking-Systems des betreffenden Kreditinstituts ein, siehe Begr Reg-Entw BT-Drs. 18/7204, S. 83.
239 Siehe Begr Reg-Entw BT-Drs. 18/7204, S. 83, die Regelung setzt Art. 17 Abs. 1 Unterabs. 1 Buchst. d Ziff. iii) sowie Abs. 7 Zahlungskonten-RL um.
240 Siehe § 38 Abs. 2 ZKG; so auch LG Düsseldorf, Urt. v. 28.3.2018 – 12 O 74/17, juris Rn. 35. Es kann aber eine entsprechende ergänzende Vereinbarung nach § 39 S. 2 ZKG getroffen werden.
241 Siehe § 38 Abs. 3 S. 1 und 2 ZKG; hierzu Begr Reg-Entw BT-Drs. 18/7204, S. 82.

handelt.[242] Dies bedeutet einerseits, dass die betreffenden Zahlungsdienste dem Inhaber eines Basiskontos nicht in einem geringeren Umfang zur Verfügung zu stellen sind als anderen Verbrauchern. Andererseits gilt, dass Kreditinstitute durch die Regelung des § 38 ZKG auch nicht zu einer Ausweitung ihres Leistungsspektrums verpflichtet werden sollen, wenn sie eine bestimmte Nutzung eines Zahlungsdienstes auch ihren anderen Kunden nicht angeboten haben.[243]

110 Dieses Prinzip der Gleichbehandlung mit anderen Kunden gilt darüber hinaus auch als ein allgemeines Benachteiligungsverbot,[244] wonach Basiskonten generell nicht zu Bedingungen geführt werden dürfen, die benachteiligend sind im Vergleich zu Bedingungen für sonstige Zahlungskonten, die für solche Verbraucher angeboten werden, die Inhaber von anderen Kontomodellen sind.

111 **5. Weitere Sonderregelungen zu Entgelten und zur Kündigung.** Das ZKG sieht darüber hinaus eine generelle Begrenzung der für die Leistungen nach dem gesetzlichen Mindestgehalt eines Basiskontovertrags geschuldeten Entgelte auf ein angemessenes Maß[245] und eine Beschränkung der Kündigungsmöglichkeiten des kontoführenden Kreditinstituts[246] sowie schließlich besondere Informationspflichten zu Verbraucher-Zahlungskonten im Allgemeinen und zu Basiskonten im Besonderen vor. Diese Regelungen sollen des Sachzusammenhangs wegen im Kontext der Besprechung der §§ 675d,[247] 675f[248] sowie 675h BGB[249] dargestellt werden.

IV. Pfändungsschutzkonto nach § 850k ZPO

112 Bei einem Pfändungsschutzkonto nach § 850k ZPO (auch P-Konto genannt) handelt es sich um einen besonderen Fall der Führung eines Zahlungskontos, wenn der Kontoinhaber mit dem Kreditinstitut vereinbart oder von diesem verlangt, das Konto als Pfändungsschutzkonto zu führen (§ 850k Abs. 7 ZPO). Das Kreditinstitut ist sodann zur besonderen Beachtung des Pfändungsschutzes nach § 850k ZPO verpflichtet;[250] es darf hierfür kein im Vergleich zur sonstigen Kontenführung erhöhtes Entgelt verlangen.[251] Nach bislang überwiegender Auffassung soll die Umwandlung eines bestehenden Zahlungskontos in ein Pfändungsschutzkonto jedenfalls bei privaten Banken der Möglichkeit der Kündigung des Kontos nicht entgegenstehen.[252] Unzulässig sind dagegen

---

242 § 38 Abs. 4 S. 1 ZKG; hierzu Begr Reg-Entw BT-Drs. 18/7204, S. 83.
243 Siehe Begr Reg-Entw BT-Drucks, a.a.O.
244 § 40 ZKG; siehe Begr Reg-Entw BT-Drs. 18/7204, S. 84.
245 Siehe § 41 Abs. 2 ZKG.
246 Siehe §§ 42 f. ZKG.
247 Siehe zu § 675d BGB Rn. 47 ff.
248 Siehe zu § 675f BGB Rn. 71 ff.
249 Siehe zu § 675h BGB Rn. 34 ff.
250 Zur neueren Rechtsprechung hierzu siehe den Überblick bei Hippeli, DZWIR 2018, 51 ff.
251 BGH, Urt. v. 13.11.2012 – XI ZR 500/11, juris Rn. 26, BGHZ 195, 298; Urt. v. 13.11.2012 – XI ZR 145/12, juris Rn. 46 ff., GWR 2013, 45; Urt. v. 12.9.2017 – XI ZR 590/15, juris Rn. 54, 66, WM 2017, 2013; OLG Frankfurt, Urt. v. 28.3.2012 – 19 U 238/11, juris Rn. 24, WM 2012, 1908; anders noch LG Frankfurt, Urt. v. 11.11.2011 – 10 O 192/11, juris Rn. 21 ff., ZIP 2012, 114.
252 Vgl. KG Berlin, Urt. v. 29.9.2011 – 23 W 35/11, juris Rn. 31, WM 2012, 267; MK-Casper, 7. Aufl., § 675h BGB Rn. 16; siehe auch Palandt-Sprau, 76. Aufl., § 675h BGB Rn. 3. Die Frage wurde noch offengelassen in BGH, Urt. v. 13.11.2012 – XI ZR 145/12, juris Rn. 61, GWR 2013, 45. Die grundsätzliche Kündigungsmöglichkeit erscheint jedenfalls im Hinblick auf die dies begrenzende Möglichkeit der Eröffnung eines Basiskontos nach dem ZKG, das auch als Pfändungsschutzkonto geführt werden könnte, als für den Nutzer hinnehmbar.

Abreden in AGB, nach denen die Umwandlung eines Zahlungskontos in ein Pfändungsschutzkonto ohne weitere Kündigung zum Entfallen von Zusatzleistungen des Kreditinstituts führt, z.B. eines eingeräumten Überziehungskredites[253] oder eines Kartenvertrags.[254]

V. Überweisung

Die Überweisung ist der klassische Fall eines unmittelbar vom Zahler ausgelösten „Push"-Zahlungsvorgangs.[255] Legaldefiniert ist die Überweisung in Art. 2 Nr. 1 der SEPA-VO als ein vom Zahler ausgelöster inländischer oder grenzüberschreitender Zahlungsdienst zum Zwecke der Erteilung einer Gutschrift auf das Zahlungskonto des Zahlungsempfängers zulasten des Zahlungskontos des Zahlers, der in Ausführung eines oder mehrerer Zahlungsvorgänge durch den Zahlungsdienstleister erfolgt, der das Zahlungskonto des Zahlers führt. 113

Im Deckungsverhältnis, d.h. im Verhältnis zwischen dem Zahler (Überweisender) als Zahlungsdienstnutzer und seinem Zahlungsdienstleister, liegt der Überweisung in der Regel zunächst ein Zahlungsdiensterahmenvertrag über die Führung eines Zahlungskontos zugrunde.[256] Auf der Grundlage dieses Zahlungsdiensterahmenvertrags erfolgt ein auf die betreffende Überweisung (ob als einzelne Überweisung oder als Dauerauftrag) gerichteter und mit der Autorisierung derselben einhergehender Zahlungsauftrag,[257] wodurch der Zahlungsdienstleister des Zahlers diesem gegenüber dazu berechtigt und verpflichtet wird, den Überweisungsbetrag dem Zahlungsdienstleister des Zahlungsempfängers (Überweisungsempfänger) zur Verfügung zu stellen[258] bzw. im Fall einer Hausüberweisung oder internen Überweisung die Gutschrift zugunsten des Kontos des Zahlungsempfängers selbst vorzunehmen, wenn dieses Konto ebenfalls vom Zahlungsdienstleister des Zahlers geführt wird.[259] Der Zahler schuldet seinem Zahlungsdienstleister für die Vornahme der autorisierten Überweisung die vereinbarten Entgelte nach § 675f Abs. 5 BGB sowie den Ersatz des Überweisungsbetrags als Aufwendungsersatz nach den §§ 675, 670 BGB.[260] 114

Im Inkassoverhältnis, d.h. im Verhältnis zwischen dem Zahlungsempfänger und seinem Zahlungsdienstleister, ist der Zahlungsdienstleister dem Zahlungsempfänger nach § 675t BGB verpflichtet, ihm den Zahlungsbetrag auf seinem Konto gutzuschreiben, sobald der Zahlungsdienstleister des Zahlungsempfängers den Überweisungsbetrag vom Zahlungsdienstleister des Zahlers erhalten hat.[261] 115

253 BGH, Urt. v. 16.7.2013 – XI ZR 260/12 –, juris Rn. 36, WM 2013, 1796; Urt. v. 10.2.2015 – XI ZR 187/13, juris Rn. 37, WM 2015, 822; OLG Schleswig, Urt. v. 26.6.2012 – 2 U 10/11, juris Rn. 112, WM 2012, 1914.
254 OLG Frankfurt, Urt. v. 6.6.2012 – 19 U 13/12, juris Rn. 52, WM 2012, 1911;
255 Vgl. BeckOK-Schmalenbach, 43. Ed. 2017, § 675f BGB Rn. 45. Siehe auch Staudinger-Omlor, 2012, Vor §§ 675c–676c BGB Rn. 73: wichtigstes Instrument des bargeldlosen Zahlungsverkehrs.
256 Vgl. BeckOK-Schmalenbach, 43. Ed. 2017, § 675f BGB Rn. 46; Erman-von Westphalen, 15. Aufl., § 675f BGB Rn. 66; Palandt-Sprau, 77. Aufl., § 675f BGB Rn. 40; Staudinger-Omlor, 2012, Vor §§ 675c–676c BGB Rn. 85.
257 Vgl. BeckOK-Schmalenbach, 43. Ed. 2017, § 675f BGB Rn. 48; MK-Casper, 7. Aufl. 2017, § 675f BGB Rn. 66.
258 Vgl. MK-Casper, 7. Aufl. 2017, § 675f BGB Rn. 66.
259 Vgl. MK-Casper, 7. Aufl. 2017, § 675f BGB Rn. 66; siehe auch Palandt-Sprau, 77. Aufl., § 675f BGB Rn. 39, Staudinger-Omlor, 2012, Vor §§ 675c–676c BGB Rn. 75.
260 Siehe MK-Casper, 7. Aufl. 2017, § 675f BGB Rn. 67.
261 Vgl. MK-Casper, 7. Aufl. 2017, § 675f BGB Rn. 68; Palandt-Sprau, 77. Aufl., § 675f BGB Rn. 40; Staudinger-Omlor, 2012, Vor §§ 675c–676c BGB Rn. 89 f.

116 Haben der Zahler und der Zahlungsempfänger ihre Konten bei verschiedenen Zahlungsdienstleistern, so richtet sich das Interbankenverhältnis zwischen den beteiligten Zahlungsdienstleistern nach den hier maßgeblichen Vereinbarungen im Credit Transfer Scheme Rulebook für den Europäischen Zahlungsverkehrsraum sowie dem SEPA-Inlandsüberweisungsabkommen.[262]

VI. Lastschrift

117 Die Definition der Lastschrift als dem typischen Fall eines vermittelt über den Zahlungsempfängers ausgelösten „Pull"-Zahlungsvorgangs[263] findet sich in Art. 2 Nr. 2 der SEPA-VO:[264] Danach ist hierunter zu verstehen ein vom Zahlungsempfänger ausgelöster inländischer oder grenzüberschreitender Zahlungsdienst zur Belastung des Zahlungskontos des Zahlers, dem eine Zustimmung des Zahlers zu einem Zahlungsvorgang zugrunde liegt. Es sind bei der Lastschrift neben den heute allein maßgeblichen Formen der SEPA-Lastschrift, wie sie auf den entsprechenden Regelwerken des Europäischen Zahlungsverkehrsausschusses (European Payment Council, EPC) beruhen,[265] auch verschiedene frühere und nunmehr abgeschaltete Formen von Lastschriftverfahren zu unterscheiden.

118 **1. SEPA-Basislastschrift.** Ist der Lastschriftschuldner, d.h. der Zahler im Rahmen der Lastschrift, ein Verbraucher, so finden allein die Regelungen der SEPA-Basislastschrift Anwendung.[266]

119 Im Valutaverhältnis, d.h. im Verhältnis zwischen dem Zahler und dem Zahlungsempfänger, erteilt der Zahler bei der SEPA-Basislastschrift dem Zahlungsempfänger ein Lastschriftmandat mit einer doppelten Ermächtigung:[267] Der Zahler ermächtigt den Zahlungsempfänger zur Einziehung des Lastschriftbetrags vom Zahlungskonto des Zahlers und zugleich weist er in Form einer Generalweisung seinen Zahlungsdienstleister (die Zahlstelle) zur Belastung seines Kontos an.[268] Die Weisung an die Zahlstelle wird dabei nicht unmittelbar vom Zahler gegenüber der Zahlstelle erteilt, sondern über die Zahlungskette mit der vom Zahlungsempfänger ausgelösten Lastschrift, die die Generalweisung konkretisiert, der Zahlstelle übermittelt.[269]

120 Der Erteilung des Lastschriftmandats liegt im Valutaverhältnis eine Lastschriftabrede zugrunde, d.h. die Einigung über die Zahlung auf die zugrunde liegenden Verbind-

262 Vgl. Erman-von Westphalen, 15. Aufl., § 675f BGB Rn. 66; MK-Casper, 7. Aufl. 2017, § 675f BGB Rn. 69; Palandt-Sprau, 77. Aufl., § 675f BGB Rn. 41; siehe allgemein zum Interbankenverhältnis bei der Überweisung Staudinger-Omlor, 2012, Vor §§ 675c–676c BGB Rn. 90.

263 Vgl. MK-Casper, 7. Aufl. 2017, § 675f BGB Rn. 72; Staudinger-Omlor, 2012, Vor §§ 675c–676c BGB Rn. 99.

264 Siehe auch § 1 Abs. 21 ZAG.

265 Siehe Anmerkungen zu Vor §§ 675c ff. BGB Rn. 34.

266 Die SEPA-Basislastschrift kann auch von Nicht-Verbrauchern verwendet werden, während aber die SEPA-Firmenlastschrift au f Nicht-Verbraucher beschränkt ist, siehe Nr. 2.1.1 SB SEPA-Firmenlastschrift; MK-Casper, 7. Aufl. 2017, § 675f BGB Rn. 74.

267 Vgl. MK-Casper, 7. Aufl. 2017, § 675f BGB Rn. 74, 81; Staudinger-Omlor, 2012, Vor §§ 675c–676c BGB Rn. 125.

268 Nr. 2.2.1 SB SEPA-Basislastschrift; vgl. BeckOK-Schmalenbach, 43. Ed. 2017, § 675f BGB Rn. 64; Erman-von Westphalen, 15. Aufl., § 675f BGB Rn. 74; MK-Casper, 7. Aufl. 2017, § 675f BGB Rn. 74, 81; Staudinger-Omlor, 2012, Vor §§ 675c–676c BGB Rn. 125.

269 Vgl. BeckOK-Schmalenbach, 43. Ed. 2017, § 675f BGB Rn. 65; MK-Casper, 7. Aufl. 2017, § 675f BGB Rn. 74, 81; Staudinger-Omlor, 2012, Vor §§ 675c–676c BGB Rn. 125.

lichkeit im Valutaverhältnis im Wege einer Lastschrift.[270] Das Gesetz gibt keine Formerfordernisse für das Lastschriftmandat vor; nach Nr. 2.2.1 der Sonderbedingungen für das SEPA-Basislastschriftverfahren ist ein vereinbartes Schriftformerfordernis vorgesehen, was aber im Lichte der §§ 126a, 126b und 127 Abs. 2 BGB einer online erfolgenden Mandatserteilung nicht entgegensteht.[271] Das Lastschriftmandat kann vom Zahler unter Beachtung der Begrenzung nach § 675p Abs. 2 S. 2 BGB jederzeit widerrufen werden.[272]

Im Deckungsverhältnis, d.h. im Verhältnis zwischen dem Zahler und seinem Zah- 121
lungsdienstleister, wirkt die über den Lastschriftgläubiger mitgeteilte Lastschrift als Weisung und zugleich als Zahlungsauftrag im Sinne des § 675f Abs. 3 S. 2 BGB sowie als Autorisierung im Sinne des § 675j Abs. 1 BGB.[273] Der Zahlungsdienstleister des Zahlers ist aufgrund dieser Weisung und Autorisierung berechtigt und verpflichtet, sofern die sonstigen vereinbarten Bedingungen (insbesondere eine genügende Deckung) vorliegen, auf die Lastschrift den eingezogenen Betrag an den Zahlungsdienstleister des Zahlungsempfängers zu übermitteln und dafür die vereinbarten Entgelte sowie einen Aufwendungsersatzanspruch wegen des Lastschriftbetrags gegen den Zahler geltend zu machen.[274] Eine wesentliche Besonderheit bei der SEPA-Basislastschrift ist, dass der Zahler trotz der erfolgten Autorisierung nach § 675x BGB ein Erstattungsrecht gegen seinen Zahlungsdienstleister geltend machen kann.[275] Übt der Zahler seinen nach § 675x BGB bestehenden Erstattungsanspruch gegenüber seinem Zahlungsdienstleister aus, so kann ihn dies – wenn es an einem anerkennenswerten Grund hierfür mangelt – gegenüber dem Zahlungsempfänger schadensersatzpflichtig aus § 826 BGB bzw. aus einer Verletzung der Lastschriftabrede machen.[276]

Im Inkassoverhältnis, d.h. im Verhältnis zwischen dem Zahlungsempfänger und 122
seinem Zahlungsdienstleister (Inkassostelle), bedarf es einer Inkassovereinbarung,[277] der in der Praxis die jeweiligen Bedingungen für den Lastschrifteinzug zugrunde gelegt werden. Seitens der Inkassostelle wird die Seriosität und Bonität des Zahlungsempfängers als Voraussetzung der Zulassung zum Lastschrift-Inkasso geprüft.[278]

Der Zahlungsdienstleister des Zahlungsempfängers ist nach § 675s Abs. 2 BGB ver- 123
pflichtet, den Zahlungsauftrag so rechtzeitig an den Zahlungsdienstleister des Zahlers weiterzuleiten, dass die Verrechnung am angegebenen Fälligkeitstag ermöglicht wird. Nach Eingang des Lastschriftbetrags beim Zahlungsdienstleister des Zahlungsempfängers ist nach § 675t BGB der Betrag dem Zahlungsempfänger unverzüglich verfügbar zu machen. Der Zahlungsdienstleister des Zahlungsempfängers schreibt die Gutschrift „E.v." (= Eingang vorbehalten) gut, um sich das Recht vorzubehalten, mangels Deckung oder aus anderen Gründen zurückgegebene Lastschriften zurückzubelasten.[279] Wird im

---

270 Vgl. Palandt-Sprau, 77. Aufl., § 675f BGB Rn. 44; Staudinger-Omlor, 2012, Vor §§ 675c–676c BGB Rn. 128.

271 So Palandt-Sprau, 77. Aufl., § 675f BGB Rn. 44; siehe auch MK-Casper, 7. Aufl. 2017, § 675f BGB Rn. 81; Hoeren, WM 2014, 1061, 1068.

272 Nr. 2.2.3 SB SEPA-Firmenlastschrift; siehe auch zu § 675p BGB Rn. 3.

273 Vgl. MK-Casper, 7. Aufl. 2017, § 675f BGB Rn. 81; Palandt-Sprau, 77. Aufl., § 675f BGB Rn. 45; Staudinger-Omlor, 2012, Vor §§ 675c–676c BGB Rn. 127.

274 § 675c, 670 BGB; vgl. BeckOK-Schmalenbach, 43. Ed. 2017, § 675f BGB Rn. 66; MK-Casper, 7. Aufl. 2017, § 675f BGB Rn. 82; Staudinger-Omlor, 2012, Vor §§ 675c–676c BGB Rn. 127.

275 Siehe zu § 675x BGB Rn. 1.

276 BGH, Urt. v. 4.11.2004 – IX ZR 22/03, juris Rn. 9, BGHZ 161, 49; Urt. v. 10.6.2008 – XI ZR 283/07, juris Rn. 17, BGHZ 177, 69.

277 Vgl. Palandt-Sprau, 77. Aufl., § 675f BGB Rn. 46.

278 BGH, Beschl. v. 22.1.2013 – 1 StR 416/12, juris Rn. 29, BGHSt 58, 119.

279 Vgl. MK-Casper, 7. Aufl. 2017, § 675f BGB Rn. 86.

Deckungsverhältnis vom Zahler der Erstattungsanspruch nach § 675x BGB geltend gemacht, so dass der Zahlungsdienstleister des Zahlers den Lastschriftbetrag dem Zahlungsdienstleister des Zahlungsempfängers zurückbelastet, wirkt dies auch bei einer vorbehaltlos gewordenen Gutschrift auf dem Konto des Zahlungsempfängers als auflösende Bedingung.[280]

124 Das Interbankenverhältnis, d.h. das Verhältnis zwischen den Zahlungsdienstleistern des Zahlers und des Zahlungsempfängers, wird durch die entsprechenden Regelungen im SEPA-Lastschriftabkommen für Inlandslastschriften sowie im SEPA Core Direct Debit Scheme Rulebook bestimmt.[281]

125 **2. SEPA-Firmenlastschrift.** Sofern der Lastschriftschuldner, d.h. der Zahler im Rahmen der Lastschrift, kein Verbraucher ist, kann anstelle der SEPA-Basislastschrift auch die SEPA-Firmenlastschrift verwendet werden.[282]

126 Die Regelungen der SEPA-Firmenlastschrift entsprechend weitgehend denen der SEPA-Basislastschrift,[283] es sind aber die nachstehenden maßgeblichen Unterschiede zu beachten:

127 Der Zahler erteilt das Lastschriftmandat nicht nur im Valutaverhältnis gegenüber dem Zahlungsempfänger, sondern er erteilt auch unmittelbar gegenüber seinem eigenen Zahlungsdienstleister die Generalweisung zur Einlösung vom Zahlungsempfänger gezogener Lastschriften.[284] Bei der SEPA-Firmenlastschrift ist der Zahlungsdienstleister des Zahlers nur dann zur Ausführung des Zahlungsvorgangs verpflichtet, wenn ihm die vorgenannte Generalweisung des Zahlers vorliegt.[285]

128 Nach der Umsetzung der ZDRL II sieht § 675x Abs. 2 BGB sowohl für die SEPA-Basislastschrift wie auch für die SEPA-Firmenlastschrift ein bedingungsloses Erstattungsrecht des Zahlers gegenüber seinem Zahlungsdienstleister vor: Im Unterschied zum Verbraucherbereich kann diese Bestimmung gegenüber Unternehmern aber abbedungen werden (§ 675e Abs. 4 BGB).[286]

129 Die Regelungen des Interbankenverhältnisses sind bei SEPA-Firmenlastschriften dem SEPA Business to Business Direct Debit Scheme Rulebook zu entnehmen.[287]

130 **3. Abgeschaltete Lastschriftverfahren.** Bis zum 1.8.2014 bzw. bis zum 1.2.2016 wurden herkömmliche Lastschriftverfahren verwendet, die aufgrund den Vorgaben der SEPA-VO abzuschalten und durch die jetzt allein zulässigen Formen der SEPA-Basislastschrift und SEPA-Firmenlastschrift zu ersetzen waren. Diese nunmehr nicht mehr zulässigen herkömmlichen Lastschriftverfahren sind hier daher nur als Hintergrund kurz zu beleuchten.

131 **a) Abbuchungsauftragsverfahren.** Beim Abbuchungsauftrag erteilte der Zahler seinem Zahlungsdienstleister eine Vorabautorisierung, mit der er den Zahlungsdienstleister

280 Vgl. MK-Casper, 7. Aufl. 2017, § 675f BGB Rn. 86.
281 Siehe Palandt-Sprau, 77. Aufl., § 675f BGB Rn. 47; Staudinger-Omlor, 2012, Vor §§ 675c–676c BGB Rn. 100.
282 Nr. 2.1.1 SB SEPA-Firmenlastschrift; MK-Casper, 7. Aufl. 2017, § 675f BGB Rn. 74.
283 Siehe MK-Casper, 7. Aufl. 2017, § 675f BGB Rn. 80 ff.; BeckOK-Schmalenbach, 43. Ed. 2017, § 675f BGB Rn. 64.
284 Nr. 2.2.2 SB SEPA-Firmenlastschrift; MK-Casper, 7. Aufl. 2017, § 675f BGB Rn. 81.
285 Nr. 2.4.1 SB SEPA-Firmenlastschrift.
286 Siehe so Nr. 2.5 SB SEPA-Firmenlastschrift.
287 Staudinger-Omlor, 2012, Vor §§ 675c–676c BGB Rn. 100.

ermächtigte, sein Konto mit einer bestimmten konkreten Lastschrift oder wiederkehrenden Lastschriften zu belasten.[288]

Im Valutaverhältnis zum Zahlungsempfänger ermächtigte der Zahler diesen zur Einziehung des Lastschriftbetrags;[289] zugleich ermächtigte und beauftragte der Zahler seinen Zahlungsdienstleister zur Einlösung der vom Zahler vorzulegenden Lastschrift, wobei diese Vorabautorisierung dem Zahlungsempfänger gegenüber erteilt und sodann über diesen bzw. dessen Zahlungsdienstleister der Zahlstelle (dem Zahlungsdienstleister des Zahlers) übermittelt wurde.[290] Ohne diese Vorabautorisierung durfte die Lastschrift nicht ausgeführt werden und gleichzeitig war ein Erstattungsrecht des Zahlers gegenüber seiner Zahlstelle nach Einlösung wegen dieser Vorabautorisierung nicht vorgesehen.[291] Das Abbuchungsauftragsverfahren wurde in der Praxis vor allem für größere Lastschriftbeträge verwendet.[292] Seit dem 1.8.2014 ist das Abbuchungsauftragsverfahren nicht mehr zu verwenden.[293] 132

b) Einzugsermächtigungsverfahren. Das Einzugsermächtigungsverfahren war demgegenüber für Massenzahlungen mit kleineren Beträgen intendiert.[294] Nach dem herkömmlichen Verständnis dieses Verfahrens auf der Grundlage der Genehmigungstheorie erteilte der Zahler die Ermächtigung zum Zahlungseinzug lediglich gegenüber dem Zahlungsempfänger;[295] die Autorisierung seitens des Zahlers gegenüber seinem Zahlungsdienstleister wurde erst in der nachträglichen Genehmigung der Abbuchung durch den Zahler gesehen,[296] so dass bis dahin ein grundsätzlich nicht fristgebundenes Widerspruchsrecht des Zahlers bestand.[297] Neben in der Rechtsprechung anerkannten Möglichkeiten der konkludenten Genehmigungserklärung durch positives Tun[298] wurde in AGB vereinbart, dass ein Zahler einer Abbuchung binnen sechs Wochen nach dem ihm erteilten Rechnungsabschluss widersprechen musste, anderenfalls sollte die Lastschrift als genehmigt gelten.[299] 133

Auf der Grundlage der Entscheidungen des BGH vom 20.7.2010[300] wurde das Einzugsermächtigungsverfahren durch Änderung der Banken-AGB in der Praxis dahinge- 134

288 Siehe BGH, Urt. v. 28.2.1977 – II ZR 52/75, juris Rn. 8, BGHZ 69, 82; BGH, Urt. v. 15.12.1980 – II ZR 53/80, juris Rn. 13, BGHZ 79, 381; BeckOK-Schmalenbach, 43. Ed. 2017, § 675f BGB Rn. 61; MK-Casper, 7. Aufl. 2017, § 675f BGB Rn. 75; hierzu Staudinger-Omlor, 2012, Vor §§ 675c–676c BGB Rn. 118.
289 Staudinger-Omlor, 2012, Vor §§ 675c–676c BGB Rn. 118.
290 Staudinger-Omlor, 2012, Vor §§ 675c–676c BGB Rn. 119.
291 MK-Casper, 7. Aufl. 2017, § 675f BGB Rn. 75; Werner, BKR 2010, 9, 13. Siehe auch BeckOK-Schmalenbach, 43. Ed. 2017, § 675f BGB Rn. 61.
292 MK-Casper, 7. Aufl. 2017, § 675f BGB Rn. 75.
293 Art. 6 Abs. 2 i.V.m. Art. 16 Abs. 1 VO 260/2012 (SEPA-VO) in der Fassung von Art. 1 VO 248/2014 (SEPA-Änderungsverordnung); MK-Casper, 7. Aufl. 2017, § 675f BGB Rn. 74.
294 MK-Casper, 7. Aufl. 2017, § 675f BGB Rn. 76; Staudinger-Omlor, 2012, Vor §§ 675c–676c BGB Rn. 101.
295 BeckOK-Schmalenbach, 43. Ed. 2017, § 675f BGB Rn. 62; MK-Casper, 7. Aufl. 2017, § 675f BGB Rn. 76; Staudinger-Omlor, 2012, Vor §§ 675c–676c BGB Rn. 104.
296 BGH, Urt. v. 21.4.2009 – VI ZR 304/07, juris Rn. 9, WM 2009, 1073; Urt. v. 13.10.2011 – IX ZR 115/10, juris Rn. 12, WM 2011, 2130; BeckOK-Schmalenbach, 43. Ed. 2017, § 675f BGB Rn. 62; MK-Casper, 7. Aufl. 2017, § 675f BGB Rn. 76; Staudinger-Omlor, 2012, Vor §§ 675c–676c BGB Rn. 107.
297 Siehe Laitenberger, NJW 2010, 192f.
298 Siehe BGH, Urt. v. 26.7.2011 – XI ZR 197/10, juris Rn. 14f., NJW 2011, 2715; BeckOK-Schmalenbach, 43. Ed. 2017, § 675f BGB Rn. 62; hierzu Staudinger-Omlor, 2012, Vor §§ 675c–676c BGB Rn. 110.
299 Siehe hierzu BGH, Urt. v. 10.6.2008 – XI ZR 283/07, juris Rn. 27f., BGHZ 177, 69; BeckOK-Schmalenbach, 43. Ed. 2017, § 675f BGB Rn. 62; Schnauer, WM 2014, 1701, 1703; Staudinger-Omlor, 2012, Vor §§ 675c–676c BGB Rn. 112.
300 BGH, Urt. v. 20.7.2010 – IX ZR 37/09, BGHZ 186, 242 sowie Urt. v. 20.7.2010 – XI ZR 236/07, BGHZ 186, 269.

hend modifiziert, dass die dem Zahlungsempfänger erteilte Einzugsermächtigung nunmehr auch eine Weisung des Zahlers an seine Zahlstelle zur Einziehung der Lastschrift enthalten soll, so dass die Abbuchung von Anfang an autorisiert erfolgte.[301] Gleichzeitig sollte der Zahler vereinbarungsgemäß ein achtwöchiges Recht zur Geltendmachung eines Erstattungsanspruchs auch der ordnungsgemäß autorisierten Lastschrift haben.[302] Zwar ist auch das modifizierte Einzugsermächtigungsverfahren seit dem 1.8.2014 nicht mehr zu verwenden;[303] im Rahmen des modifizierten Einzugsermächtigungsverfahrens erteilte Lastschriftmandate können aber nach Art. 7 Abs. 1 der SEPA-Verordnung (VO 260/2012) sowie Nr. 4.4.2 der Banken-Bedingungen für den Lastschrifteinzug sowie als SEPA-Basislastschriftmandate weiterverwendet werden.[304]

135 **c) Elektronisches Lastschriftverfahren.** Bei dem früher verwendeten elektronischen Lastschriftverfahren wurden auf der Debitkarte gespeicherte Daten ausgelesen und es wurde mit der Unterschrift des Zahlers eine Lastschriftermächtigung wie beim herkömmlichen Einzugsermächtigungsverfahren erteilt,[305] wobei für den Fall des Fehlschlagens des Lastschrifteinzugs zugleich der Zahlungsempfänger ermächtigt wurde, vom Kartenaussteller die Kundendaten abzufragen.[306] Das elektronische Lastschriftverfahren durfte bis zum 1.2.2016 fortgeführt werden.[307] Seither erfolgt der Gebrauch von Debitkarten ohne Verwendung einer PIN in der Weise, dass aus den Kartendaten ein SEPA-Basislastschriftmandat generiert und vom Kartennutzer unterschrieben wird, so dass die Zahlung sodann nach den Regeln einer SEPA-Basislastschrift erfolgt.[308] Zur Verwendung von Debitkarten mit Verwendung einer PIN im POS-System (Point of Sale) siehe unten Rn. 143.

VII. Kreditkartenzahlung

136 Bei Kreditkarten ist zwischen Universalkreditkarten und Kundenkreditkarten zu unterscheiden:[309] Bei der Nutzung letzterer handelt es sich nicht um einen Zahlungsdienst (§ 2 Abs. 1 Nr. 10 ZAG).

137 Die Ausgabe einer Universalkreditkarte erfolgt im Deckungsverhältnis aufgrund eines Kartenvertrags (Emissionsvertrag) als einem Zahlungsdiensterahmenvertrag zwischen dem Zahlungsdienstnutzer (Karteninhaber) und seinem Zahlungsdienstleister (Kartenaussteller).[310] In der Regel, aber nicht notwendigerweise wird dieser Kartenvertrag als ergänzende Vereinbarung zum Zahlungsdiensterahmenvertrag über die Führung eines Zahlungskontos abgeschlossen. Nach der Umsetzung der ZDRL II sehen sowohl das

---

301 BGH, Urt. v. 20.7.2010 – XI ZR 236/07, juris Rn. 37 ff., BGHZ 186, 26; MK-Casper, 7. Aufl. 2017, § 675f BGB Rn. 78.
302 Siehe Nr. 2.5 SB SEPA-Basislastschrift; BeckOK-Schmalenbach, 43. Ed. 2017, § 675f BGB Rn. 63.
303 Art. 6 Abs. 2 i.V.m. Art. 16 Abs. 1 VO 260/2012 (SEPA-VO) in der Fassung von Art. 1 VO 248/2014 (SEPA-Änderungsverordnung); MK-Casper, 7. Aufl. 2017, § 675f BGB Rn. 79.
304 MK-Casper, 7. Aufl. 2017, § 675f BGB Rn. 79; Omlor, NJW 2012, 2150, 2154 ff.; Palandt-Sprau, 77. Aufl., § 675f BGB Rn. 48.
305 Siehe MK-Casper, 7. Aufl. 2017, § 675f BGB Rn. 106.
306 Siehe MK-Casper, 7. Aufl. 2017, § 675f BGB Rn. 109.
307 Siehe Art. 16 Abs. 4 VO 260/2012 (SEPA-VO) i.V.m. § 7c Abs. 1 ZAG a.F.; MK-Casper, 7. Aufl. 2017, § 675f BGB Rn. 79.
308 Siehe MK-Casper, 7. Aufl. 2017, § 675f BGB Rn. 106, 109.
309 MK-Casper, 7. Aufl. 2017, § 675f BGB Rn. 92; siehe auch BeckOK-Schmalenbach, 43. Ed. 2017, § 675f BGB Rn. 71.
310 BeckOK-Schmalenbach, 43. Ed. 2017, § 675f BGB Rn. 71; MK-Casper, 7. Aufl. 2017, § 675f BGB Rn. 95; Palandt-Sprau, 77. Aufl., § 675f BGB Rn. 52; Staudinger-Omlor, 2012, Vor §§ 675c–676c BGB Rn. 135.

ZAG (in §§ 45, 46 ZAG) als auch die §§ 675c bis 676c BGB (in § 675m Abs. 3 BGB) Sonderregeln für die Ausgabe von Zahlungskarten durch einen nicht kontoführenden Zahlungsdienstleister vor (Drittemittent von Zahlungskarten),[311] insbesondere zur Möglichkeit des Kartenausstellers zur Deckungsabfrage beim kontoführenden Zahlungsdienstleister. Auf diese Sonderregelungen wird verwiesen, der Ablauf der eigentlichen Kartenzahlung selbst unter Einsatz der vom Drittemittenten ausgegebenen Universalkreditkarte ist im Übrigen grundsätzlich identisch.

Die Verwendung einer Universalkreditkarte durch den Karteninhaber gegenüber **138** dem Zahlungsempfänger (Vertragsunternehmen) erfolgt entweder im Präsenzgeschäft unter Unterzeichnung eines Belastungsbelegs durch den Karteninhaber oder im Distanzgeschäft, bei dem der Karteninhaber dem Vertragsunternehmen bestimmte Informationen übermittelt (i.d.R. Kartennummer, Verfallsdatum, Prüfziffer), aus denen das Vertragsunternehmen sodann einen Leistungsbeleg erstellt.[312]

Mit der Verwendung der Karte durch den Karteninhaber dem Vertragsunternehmen **139** gegenüber erteilt der Karteninhaber einen Zahlungsauftrag,[313] der über das Vertragsunternehmen mit dem im Präsenzgeschäft erteilten Belastungsbeleg bzw. den im Distanzgeschäft erstellten Leistungsbeleg dem Kartenaussteller übermittelt wird,[314] wodurch der eigentliche Zahlungsvorgang ausgelöst wird. Zugleich ist in der Kartenverwendung durch den berechtigten Karteninhaber die Erklärung der Autorisierung der Zahlung durch den Zahler zu sehen, die ebenfalls über das Vertragsunternehmen dem Kartenaussteller übermittelt wird.[315]

Der Kartenaussteller erklärt aufgrund der ihm vom Vertragsunternehmen übermit- **140** telten Belege eine Zahlungszusage (abstraktes Schuldversprechen) zugunsten des Händlers.[316] Eine Prüfung kann hierbei nur beschränkt auf die Frage der Sperrung der Karte oder einer Ausschöpfung des Verfügungsrahmens stattfinden, dagegen wird keine weitere Identitätsprüfung durchgeführt.[317] Der Kartenaussteller erlangt hierfür einen Aufwendungsersatzanspruch gegen den Nutzer, wobei der Zahlbetrag bis zur Abrechnung vom Kartenaussteller kreditiert wird.[318] In der Regel wird der Zahlungsbetrag in ein Nutzerkonto des Karteninhabers eingestellt, dessen Saldo der Kartenaussteller nach periodischer Abrechnung vom Abrechnungskonto des Karteninhabers einzieht.[319]

Die Zahlung mit einer Kreditkarte erfolgt als eine vom Zahlungsempfänger ausgelös- **141** te „Pull"-Zahlung[320] und der Karteninhaber kann daher neben einer Berufung auf eine

---

311 Dazu siehe unter Rn. 145 ff.
312 BeckOK-Schmalenbach, 43. Ed. 2017, § 675f BGB Rn. 74; Erman-von Westphalen, 15. Aufl., § 675f BGB Rn. 103; Palandt-Sprau, 77. Aufl., § 675f BGB Rn. 55; Staudinger-Omlor, 2012, Vor §§ 675c–676c BGB Rn. 137.
313 BeckOK-Schmalenbach, 43. Ed. 2017, § 675f BGB Rn. 77; MK-Casper, 7. Aufl. 2017, § 675f BGB Rn. 96; Nobbe, WM-Sonderbeilage 2/2012, 1, 7; Palandt-Sprau, 77. Aufl., § 675f BGB Rn. 52.
314 BeckOK-Schmalenbach, 43. Ed. 2017, § 675f BGB Rn. 82; MK-Casper, 7. Aufl. 2017, § 675f BGB Rn. 95; Palandt-Sprau, 77. Aufl., § 675f BGB Rn. 52.
315 Siehe MK-Casper, 7. Aufl. 2017, § 675f BGB Rn. 96; Palandt-Sprau, 77. Aufl., § 675f BGB Rn. 52.
316 Siehe BGH, Urt. v. 24.9.2002 – XI ZR 420/01, juris Rn. 16, BGHZ 152, 75; Urt. v. 13.1.2004 – XI ZR 479/02, juris Rn. 17, BGHZ 157, 256; BGH, Urt. v. 23.10.2014 – IX ZR 290/13, juris Rn. 14, WM 2014, 2259; BeckOK-Schmalenbach, 43. Ed. 2017, § 675f BGB Rn. 74; Erman-von Westphalen, 15. Aufl., § 675f BGB Rn. 112; Staudinger-Omlor, 2012, Vor §§ 675c–676c BGB Rn. 181; Palandt-Sprau, 77. Aufl., § 675f BGB Rn. 53; MK-Casper, 7. Aufl. 2017, § 675f BGB Rn. 97 m.w.N., auch zur Gegenauffassung (Garantie).
317 Jungmann, WM 2005, 1351, 1354.
318 BeckOK-Schmalenbach, 43. Ed. 2017, § 675f BGB Rn. 71; MK-Casper, 7. Aufl. 2017, § 675f BGB Rn. 95; Palandt-Sprau, 77. Aufl., § 675f BGB Rn. 56.
319 Siehe Erman-von Westphalen, 15. Aufl., § 675f BGB Rn. 103; Palandt-Sprau, 77. Aufl., § 675f BGB Rn. 56; Staudinger-Omlor, 2012, Vor §§ 675c-676c BGB Rn. 139.
320 BeckOK-Schmalenbach, 43. Ed. 2017, § 675f BGB Rn. 71.

fehlende Autorisierung unter den Voraussetzungen des § 675x Abs. 1 BGB auch dem Kartenaussteller gegenüber ein Erstattungsrecht geltend machen.

VIII. Debitkartenzahlung

142 Debitkarten werden dem Zahlungsdienstnutzer (Karteninhaber) von dem Kartenaussteller als seinem Zahlungsdienstleister aufgrund eines Kartenvertrags ausgegeben. Hierbei handelt es sich um einen eigenständigen Zahlungsdiensterahmenvertrag, der in der Regel als ergänzende Vereinbarung zum Zahlungsdiensterahmenvertrag über die Führung eines Zahlungskontos abgeschlossen wird.[321] Auch hier sind nach der Umsetzung der ZDRL II in den §§ 45, 46 ZAG und § 675m Abs. 3 BGB enthaltene Sonderregeln für die Ausgabe von Zahlungskarten durch einen nicht kontoführenden Zahlungsdienstleister (Drittemittent von Zahlungskarten) zu beachten, insbesondere zur Möglichkeit des Kartenausstellers zur Deckungsabfrage beim kontoführenden Zahlungsdienstleister, wobei aber auch hier der sonstige Ablauf der Kartenzahlung unter Einsatz der vom Dritten ausgegebenen Zahlungskarte identisch ist.

143 Wird eine Debitkarte im POS-System (Point of Sale) unter Verwendung der PIN als Zahlungskarte eingesetzt, so erteilt im Deckungsverhältnis der Zahler seinem Zahlungsdienstleister (dem Kartenausteller) mit der Nutzung der Karte einen Auftrag zur Begleichung der Verbindlichkeit des Zahlers aus dem Valutaverhältnis zum Zahlungsempfänger (Vertragsunternehmen).[322] Dieser Auftrag wird dem Kartenaussteller durch das Vertragsunternehmen elektronisch übermittelt;[323] mit der Nutzung der PIN des Karteninhabers liegt zudem die notwendige Autorisierung der Zahlung vor.[324] Nach Prüfung durch den Kartenaussteller auf genügende Deckung erklärt dieser ein abstraktes Schuldversprechen gegenüber dem Vertragsunternehmen[325] und er kann aufgrund der Autorisierung des Karteninhabers den Zahlungsbetrag von diesem als Aufwendungsersatz einziehen.[326] Im Unterschied zur Kreditkarte lässt der Kartenaussteller die Nutzung einer Debitkarte nur bei Vorhandensein genügender Deckung zu[327] und belastet umgehend das Abrechnungskonto des Zahlers, ohne den Zahlbetrag bis zur vereinbarten periodischen Abrechnung zu kreditieren.[328] Ein Erstattungsrecht des Zahlers gegenüber seinem Zahlungsdienstleister ist bei autorisierten Zahlungen unter Nutzung einer Zahlungskarte im POS-System nicht vorgesehen.[329]

---

321 Siehe Erman-von Westphalen, 15. Aufl., § 675f BGB Rn. 118; MK-Casper, 7. Aufl. 2017, § 675f BGB Rn. 107; Palandt-Sprau, 77. Aufl., § 675f BGB Rn. 58; Staudinger-Omlor, 2012, Vor §§ 675c-676c BGB Rn. 199.

322 Siehe BeckOK-Schmalenbach, 43. Ed. 2017, § 675f BGB Rn. 85; MK-Casper, 7. Aufl. 2017, § 675f BGB Rn. 108; Palandt-Sprau, 77. Aufl., § 675f BGB Rn. 60; Staudinger-Omlor, 2012, Vor §§ 675c-676c BGB Rn. 209.

323 BeckOK-Schmalenbach, 43. Ed. 2017, § 675f BGB Rn. 85; Erman-von Westphalen, 15. Aufl., § 675f BGB Rn. 125; Palandt-Sprau, 77. Aufl., § 675f BGB Rn. 60.

324 Siehe Erman-von Westphalen, 15. Aufl., § 675f BGB Rn. 125; MK-Casper, 7. Aufl. 2017, § 675f BGB Rn. 108; Palandt-Sprau, 77. Aufl., § 675f BGB Rn. 60.

325 Siehe Erman-von Westphalen, 15. Aufl., § 675f BGB Rn. 123; MK-Casper, 7. Aufl. 2017, § 675f BGB Rn. 105; Palandt-Sprau, 77. Aufl., § 675f BGB Rn. 60; Staudinger-Omlor, 2012, Vor §§ 675c-676c BGB Rn. 205.

326 Erman-von Westphalen, 15. Aufl., § 675f BGB Rn. 124; Staudinger-Omlor, 2012, Vor §§ 675c-676c BGB Rn. 209.

327 Siehe MK-Casper, 7. Aufl. 2017, § 675f BGB Rn. 102.

328 BeckOK-Schmalenbach, 43. Ed. 2017, § 675f BGB Rn. 71.

329 Zwar handelt es sich um eine „Pull"-Zahlung, es ist aber deren Betrag vom Zahler genau autorisiert worden, so dass die Voraussetzungen des § 675x Abs. 1 BGB nicht erfüllt sind. Siehe auch Erman-von Westphalen, 15. Aufl., § 675f BGB Rn. 122; Palandt-Sprau, 77. Aufl., § 675f BGB Rn. 60.

Zur Nutzung von Debitkarten als Zahlungskarte ohne Einsatz der PIN in Form der Generierung eines SEPA-Basislastschriftmandats siehe oben Rn. 135. 144

IX. Drittemittenten von Zahlungskarten

Um zugunsten der Verbraucher das Angebot von Zahlungsinstrumenten zu erweitern,[330] sind in Umsetzung von Art. 65 ZDRL II in den §§ 45, 46 ZAG Regelungen zur Ausgabe von Zahlungskarten durch nicht kontoführende Zahlungsdienstleister eingeführt worden (Drittemittenten von Zahlungskarten).[331] 145

Bei der Ausgabe von Zahlungskarten durch einen Drittemittenten unterscheidet sich der Ablauf des Zahlungsvorgangs selbst grundsätzlich nicht von der Situation der Ausgabe von Zahlungskarten durch den kontoführenden Zahlungsdienstleister selbst: Die Besonderheit liegt aber darin, dass der Drittemittent für die betreffenden Zahlungsvorgänge des Zahlungsdienstnutzers in Vorleistung gehen muss und für die Erlangung von Aufwendungsersatz darauf angewiesen ist, dass das Konto des Nutzers genügende Deckung aufweist, ohne dass aber der Drittemittent dieses Konto selbst führt und so die genügende Deckung vor der Vornahme einer Zahlung überprüfen kann.[332] 146

Diesem Problem hilft der aufgrund des Art. 65 ZDRL II eingeführte § 45 ZAG ab, indem er die kontoführenden Zahlungsdienstleister auch im Verhältnis zu Drittemittenten von Zahlungskarten zur Zusammenarbeit verpflichtet: Drittemittenten können bei online 147

---

330 Zu dieser Zielsetzung siehe EG 67 der ZDRL II; Danwerth, ZBB 2015, 119, 136; Terlau, ZBB 2016, 122, 137.

331 Der Wortlaut der §§ 45, 46 ZAG ist wie folgt:
§ 45 – Pflichten des kontoführenden Zahlungsdienstleisters
(1) Ein kontoführender Zahlungsdienstleister hat einem Zahlungsdienstleister, der kartengebundene Zahlungsinstrumente ausgibt (kartenausgebender Zahlungsdienstleister) auf dessen Ersuchen unverzüglich zu bestätigen, ob der für die Ausführung eines kartengebundenen Zahlungsvorgangs erforderliche Geldbetrag auf dem Zahlungskonto des Zahlers verfügbar ist, wenn
1. das Zahlungskonto des Zahlers zum Zeitpunkt des Ersuchens online zugänglich ist,
2. der Zahler dem kontoführenden Zahlungsdienstleister seine ausdrückliche Zustimmung erteilt hat, den Ersuchen eines bestimmten kartenausgebenden Zahlungsdienstleisters um Bestätigung der Verfügbarkeit des Geldbetrags, der einem bestimmten kartengebundenen Zahlungsvorgang entspricht, auf dem Zahlungskonto des Zahlers nachzukommen und
3. die Zustimmung nach Nummer 2 vor Eingang des ersten Ersuchens erteilt worden ist.

(2) Die Antwort des kontoführenden Zahlungsdienstleisters auf das Ersuchen darf keine Mitteilung des Kontostandes des Zahlers enthalten und besteht ausschließlich aus „Ja" oder „Nein".
(3) Die Bestätigung nach Absatz 1 erlaubt es dem kontoführenden Zahlungsdienstleister nicht, einen Geldbetrag auf dem Zahlungskonto des Zahlers zu sperren.

§ 46 – Rechte und Pflichten des kartenausgebenden Zahlungsdienstleisters
Der kartenausgebende Zahlungsdienstleister darf den kontoführenden Zahlungsdienstleister um die Bestätigung nach § 45 Absatz 1 ersuchen, wenn der Zahler
1. dem kartenausgebenden Zahlungsdienstleister vorab seine ausdrückliche Zustimmung hierzu erteilt und
2. den kartengebundenen Zahlungsvorgang über den betreffenden Betrag unter Verwendung eines vom kartenausgebenden Zahlungsdienstleister ausgegebenen kartengebundenen Zahlungsinstruments ausgelöst hat.

Der kartenausgebende Zahlungsdienstleister hat sich gegenüber dem kontoführenden Zahlungsdienstleister vor jedem einzelnen Ersuchen um Bestätigung zu authentifizieren und mit ihm auf sichere Weise zu kommunizieren. Der kartenausgebende Zahlungsdienstleister darf die Antwort nach § 45 Absatz 2 nicht speichern oder für andere Zwecke als für die Ausführung des kartengebundenen Zahlungsvorgangs verwenden. Näheres regelt der delegierte Rechtsakt nach Artikel 98 der Richtlinie (EU) 2015/2366.

332 Siehe EG 67 der ZDRL II. Hierzu siehe auch Werner, WM 2018, 449, 452.

zugänglichen[333] Konten vor Ausführung der Zahlung an den Empfänger im Auftrag des Nutzers vom kontoführenden Zahlungsdienstleister eine Bestätigung abfragen, ob das Nutzerkonto eine genügende Deckung aufweist (§ 45 Abs. 1 ZAG). Der Drittemittent kann so an dem Informationsvorsprung des kontoführenden Zahlungsdienstleisters teilhaben und wird eine Zahlung nur dann ausführen, wenn er hinreichend sicher ist, später den Aufwendungsersatz vom Konto des Nutzers abbuchen zu können.[334]

148 Da es sich bei der Bestätigung des Vorhandenseins genügender Deckung um eine Abfrage von Kontoinformationen des Nutzers handelt, ist diese an strenge einschränkende Voraussetzungen gebunden: Eine solche Abfrage ist nur in Bezug auf eine zugrunde liegende konkrete Nutzung des vom Drittemittenten ausgegebenen kartengebundenenen Zahlungsinstruments in Höhe des betreffenden Betrags (§ 46 S. 1 Nr. 2 ZAG) und ferner nur dann zulässig, wenn der Zahler gegenüber dem Drittemittenten (§ 46 S. 1 Nr. 1 ZAG) sowie gegenüber seinem kontoführenden Zahlungsdienstleister ausdrücklich seine Zustimmung hierzu erklärt hat (§ 45 Abs. 1 Nr. 2 ZAG), wobei die Zustimmung gegenüber dem kontoführenden Zahlungsdienstleister bereits vor der ersten Abfrage um Bestätigung erteilt worden sein muss (§ 45 Abs. 1 Nr. 3 ZAG). Letzteres schützt insbesondere Verbraucher vor Übereilung, indem die Ausgabe von Zahlungskarten durch einen Drittemittenten nicht zugleich mit deren erstmaliger Nutzung einhergehen kann.[335] Zudem darf die Abfrage nur mit einer Erklärung zum Vorhandensein oder Nicht-Vorhandensein genügender Deckung beantwortet werden (§ 45 Abs. 2 ZAG), nicht mit einer Angabe des Kontostandes oder weiterer Informationen. Dies erfolgt im Interesse größtmöglicher Datensparsamkeit und schützt wie bei anderen Dritten Zahlungsdienstleistern vor den mit dem Stichwort des Gläsernen Bankkunden verbundenen Gefahren.[336] Zum Schutz der Daten des Kunden ist schließlich der Drittemittent auch verpflichtet, sich gegenüber dem kontoführenden Zahlungsdienstleister vor jeder Abfrage zu authentifizieren und die in den technischen Regulierungsstandards der EU-Kommission zu konkretisierenden Grundsätze einer sicheren Kommunikation einzuhalten (§ 46 S. 2 ZAG), und er darf zudem die vom kontoführenden Zahlungsdienstleister erlangte Antwort nicht speichern oder für andere Zwecke verwenden (§ 46 S. 3 ZAG).

149 Die Abfrage genügender Deckung durch den Drittemittenten berechtigt schließlich den kontoführenden Zahlungsdienstleister nicht, einen entsprechenden Geldbetrag auf dem Konto des Zahlers zu blockieren (§ 45 Abs. 3 ZAG): Vor der Abrechnung seitens des Drittemittenten nach dem Abschluss der zwischen ihm und dem Zahler vereinbarten Rechnungsperiode bleibt so die Verfügungsmöglichkeit des Zahlers ebenso unbeschränkt wie die Möglichkeit des kontoführenden Zahlungsdienstleisters zum Zugriff auf diese Beträge zwecks Befriedigung eigener Forderungen.[337] Gegen die Gefahr, dass durch weitere Verfügungen in der Zwischenzeit das Guthaben des Nutzers beim kontoführenden Zahlungsdienstleister aufgebraucht wird, so dass eine spätere Abbuchung durch den Drittemittenten scheitern würde, kann sich letzterer durch die Vereinbarung einer kurzen Abrechnungsperiode schützen. Dies würde auch die Überschuldungsgefahr beim Zahler reduzieren.[338]

150 Wenn ein kontoführenden Zahlungsdienstleister von einem Drittemittenten von Zahlungskarten nach § 45 Abs. 1 ZAG um die Bestätigung ersucht wurde, dass ein für die

333 § 45 Abs. 1 Nr. 1 ZAG.
334 Böger, in: Bankrechtstag 2016, S. 193, 283.
335 Böger, in: Bankrechtstag 2016, S. 193, 283.
336 Böger, a.a.O.
337 Vgl. auch Werner, WM 2018, 449, 452.
338 Böger, in: Bankrechtstag 2016, S. 193, 284.

Ausführung eines kartengebundenen Zahlungsvorgangs erforderlicher Betrag auf dem Zahlungskonto verfügbar ist, ist er sodann im Verhältnis zu seinem Zahlungsdienstnutzer verpflichtet, diesem auf Verlangen die Identifizierungsdaten des Drittemittenten und die erteilte Antwort mitzuteilen (§ 675m Abs. 3 BGB).[339]

X. Finanztransfer

Der Begriff des Finanztransfergeschäfts wird legaldefiniert in § 1 Abs. 1 S. 2 Nr. 6 ZAG 151
und erfasst demnach die Dienste, bei denen ohne Einrichtung eines Zahlungskontos auf den Namen des Zahlers oder des Zahlungsempfängers ein Geldbetrag des Zahlers nur zur Übermittlung eines entsprechenden Betrags an einen Zahlungsempfänger oder an einen anderen, im Namen des Zahlungsempfängers handelnden Zahlungsdienstleister entgegengenommen wird oder bei dem der Geldbetrag im Namen des Zahlungsempfängers entgegengenommen und diesem verfügbar gemacht wird.

Der Begriff des Finanztransfergeschäfts ist damit generalklauselartig ausgestaltet.[340] 152
Bedeutung hat das weite Verständnis des Begriffs des Finanztransfergeschäfts beispielsweise in der Erfassung der Abwicklung von Zahlungen bei der Vermittlung von Essenslieferungen, bei denen die Gelder der Endabnehmer von der Vermittlerin zugunsten der Essenslieferanten vereinnahmt wurden;[341] weiter verwendet der Begriff Finanztransfergeschäfts Verwendung in der deutschen Praxis insbesondere bei Zahlungen in Staaten, in denen kein hinreichender Zugang zu Zahlungskonten für die Allgemeinheit gesichert ist.[342] In der Sache entspricht ein Finanztransfergeschäft weitgehend einer Überweisung, mit der Abweichung, dass kein Vorhandensein von Zahlungskonten vorausgesetzt wird und dass der Zahlungsempfänger stattdessen gegen seinen Zahlungsdienstleister einen Anspruch auf Barauszahlung nach § 675t Abs. 1 S. 3 BGB hat.[343]

XI. Geldkarte

Die Geldkarte ist das in der bisherigen Praxis wichtigste Instrument für die Zahlung 153
mit E-Geld.[344]

Auch der Nutzung einer Geldkarte liegt ein Kartenvertrag als Zahlungsdiensterah- 154
menvertrag zwischen dem Zahlungsdienstenutzer (Karteninhaber) und dessen Zahlungsdienstleister (Kartenausgeber) zugrunde.[345] Zur Ladung einer Geldkarte wird vom Konto des Karteninhabers ein Geldbetrag abgebucht und auf einem Geldbörsenverrech-

339 Siehe dazu zu § 675m BGB Rn. 75 ff.
340 Siehe Bauerfeind, WM 2018, 456.
341 Siehe LG Köln, Urt. v. 29.9.2011 – 81 O 91/11, juris Rn. 20, WM 2012, 405 (sog. „Lieferheld"-Entscheidung). In dieser Entscheidung war zugleich von Bedeutung, dass wegen des automatisierten Vertragsschlusses der Vermittlerin auch die Berufung auf die sogenannte Handelsvertreterausnahme nach § 1 Abs. 10 Nr. 2 ZAG a,F. verwehrt wurde – nach jetziger Fassung des § 2 Abs. 1 Nr. 2 ZAG n.F. (dazu siehe zu § 675c BGB Rn. 12) wäre auch zu berücksichtigen, dass auch schon wegen des gleichzeitigen Auftretens als Handelsplattform beim Vertragsschluss für Käufer und Verkäufer die Anwendung der Handelsvertreterausnahme ausgeschlossen wäre.
342 Siehe BeckOK-Schmalenbach, 43. Ed. 2017, § 675f BGB Rn. 44; Palandt-Sprau, 77. Aufl., § 675f BGB Rn. 68.
343 BeckOK-Schmalenbach, 43. Ed. 2017, § 675f BGB Rn. 44.
344 BeckOK-Schmalenbach, 43. Ed. 2017, § 675f BGB Rn. 88; Palandt-Sprau, 77. Aufl., § 675f BGB Rn. 62.
345 Erman-von Westphalen, 15. Aufl., § 675f BGB Rn. 126a; Palandt-Sprau, 77. Aufl., § 675f BGB Rn. 65.

nungskonto gutgeschrieben.[346] Auf dem Chip der Geldkarte wird sodann der Geldbetrag als E-Geld registriert.[347]

155 Bei Verwendung der Geldkarte durch Auslesenlassen des Chips auf dem Lesegerät des Zahlungsempfängers kann der Karteninhaber auf dem Chip gespeicherte Geldbeträge dem Zahlungsempfänger zur Verfügung stellen,[348] indem er hiermit dem Kartenausgeber einen Zahlungsauftrag zur Leistung des entsprechenden Geldbetrags an den Zahlungsempfänger erteilt.[349] Der Kartenausgeber wiederum belastet sodann das Geldbörsenverrechnungskonto mit dem Zahlbetrag;[350] wird das auf der Geldkarte gespeicherte Geld nicht verbraucht, so hat es der Kartenausgeber dem Karteninhaber zurückzugewähren.[351] Ein Erstattungsrecht des Zahlers gegenüber seinem Zahlungsdienstleister besteht bei autorisierten Zahlungen unter Nutzung einer Geldkarte nicht; zudem werden nach § 675i BGB zahlreiche weitere Bestimmungen der §§ 675c bis 676c BGB abbedungen bzw. es wird eine vertragliche Abweichung hiervon zugelassen, um eine möglichst unkomplizierte Nutzung dieses eine Bargeldersatzfunktion erfüllenden Zahlungsinstruments für Kleinbeträge zuzulassen, bei dem wegen der betragsmäßigen Begrenzung auch nur ein geringeres Bedürfnis für die Anwendung der umfangreichen Regelungen der §§ 675c bis 676c BGB zum Schutz des Zahlungsdienstnutzers besteht.

XII. Zahlungsauslösedienste

156 Aufgrund der Erweiterung des Begriffs der Zahlungsdienste nach dem ZAG erfassen die §§ 675c bis 676c BGB nunmehr in Umsetzung der ZDRL II auch Zahlungsauslösedienste (siehe § 1 Abs. 1 S. 2 Nr. 7 ZAG).

157 **1. Begriff des Zahlungsauslösedienstleisters.** Der Begriff des Zahlungsauslösedienstes wird in § 1 Abs. 33 ZAG legaldefiniert als ein Dienst, bei dem auf Veranlassung des Zahlungsdienstnutzers ein Zahlungsauftrag in Bezug auf ein bei einem anderen Zahlungsdienstleister geführtes Zahlungskonto ausgelöst wird.

158 Zahlungsauslösedienste sind insbesondere im Online-Handel mit Waren und Dienstleistungen von Bedeutung:[352] Online-Händler können auf der Website eines Internet-Shops ihren Kunden neben klassischen Bezahlvarianten (z.B. Vorkasse-Überweisung oder Kreditkartenzahlung) auch die Möglichkeit einer Zahlung unter Nutzung eines Zahlungsauslösedienstes anbieten:[353] Wählt der Kunde diese Bezahlvariante, so wird auf seinen Antrag des Kunden vom Zahlungsauslösedienstleister eine Zahlung vom Konto des Kunden bei seinem kontoführenden Zahlungsdienstleister an den Händler ausgelöst, wozu es in der Regel einer Weitergabe der personalisierten Sicherheitsmerkmale des Kunden an den Zahlungsauslösedienstleister und deren Verwendung zur Auslösung der

---

346 Erman-von Westphalen, 15. Aufl., § 675f BGB Rn. 126c; BeckOK-Schmalenbach, 43. Ed. 2017, § 675f BGB Rn. 89; Palandt-Sprau, 77. Aufl., § 675f BGB Rn. 63.
347 BeckOK-Schmalenbach, 43. Ed. 2017, § 675f BGB Rn. 89. Siehe auch Erman-von Westphalen, 15. Aufl., § 675f BGB Rn. 126c.
348 BeckOK-Schmalenbach, 43. Ed. 2017, § 675f BGB Rn. 89; Erman-von Westphalen, 15. Aufl., § 675f BGB Rn. 128; Staudinger-Omlor, 2012, Vor §§ 675c-676c BGB Rn. 218.
349 BeckOK-Schmalenbach, 43. Ed. 2017, § 675f BGB Rn. 89; Erman-von Westphalen, 15. Aufl., § 675f BGB Rn. 127; Palandt-Sprau, 77. Aufl., § 675f BGB Rn. 63.
350 BeckOK-Schmalenbach, 43. Ed. 2017, § 675f BGB Rn. 89; Erman-von Westphalen, 15. Aufl., § 675f BGB Rn. 128.
351 BeckOK-Schmalenbach, 43. Ed. 2017, § 675f BGB Rn. 89.
352 Siehe EG 29 der ZDRL II.
353 Siehe Böger, in: Bankrechtstag 2016, S. 193, 263 f.; Conreder/Schild, jM 2016, 13.

Zahlung bedarf. Der Zahlungsauslösedienstleister kann sodann dem Händler die erfolgte Zahlungsauslösung bestätigen und der Händler kann umgehend noch vor Zahlungseingang im Vertrauen auf diese Bestätigung die Ware versenden oder eine Dienstleistung erbringen.[354]

2. Rechtslage von Zahlungsauslösedienstleistern vor Umsetzung der ZDRL II. 159
Die ZDRL I sah weder eine aufsichtsrechtliche Kontrolle von Zahlungsauslösedienstleistern vor, noch regelte sie die haftungsrechtlichen Konsequenzen der Nutzung solcher Dienste.[355] Zahlungsauslösedienstleister operierten in der Vergangenheit in einer Grauzone. Problematisch war insbesondere die Frage der Vereinbarkeit der Weitergabe der personalisierten Sicherheitsmerkmale durch den Kunden an den Zahlungsauslösedienst mit den Grundsätzen aus § 675l S. 1 BGB a.F. und entsprechenden hierauf aufbauenden AGB-mäßig vereinbarten Verpflichtungen des Zahlungsdienstnutzers im Verhältnis zu seinem kontoführenden Zahlungsdienstleister zur Geheimhaltung dieser Merkmale.[356] Zudem wurde kritisiert, dass Zahlungsauslösedienstleister an der von den kontoführenden Zahlungsdienstleistern geschaffenen Infrastruktur partizipierten, ohne dass dieses den kontoführenden Zahlungsdienstleistern vergütet würde:[357] Bereits unter dem Eindruck des Inkrafttretens der ZDRL II wurde aber die Untersagung der Nutzung von Zahlungsauslösediensten in Banken-AGB vom BKartA mit Beschluss vom 29.6.2016 als wettbewerbswidrig angesehen, da Banken so die Inanspruchnahme von anderweitigen Online-Diensten in Bezug auf das Zahlungskonto ausschließen würden, was zu einer auch nicht mit Argumenten der Sicherheit des Online-Banking zu rechtfertigenden Beschränkung des Wettbewerbs führen würde.[358]

Rechtsprechung der ordentlichen Gerichte zu Zahlungsauslösediensten ist bis zum 160
Inkrafttreten der ZDRL II nur wenig veröffentlicht worden, siehe insbesondere die bereits zitierte Rechtsprechung zur Behandlung von Zahlungsauslösediensten im Rahmen der Regelung des Surcharging nach § 312a Abs. 4 BGB.[359] Für die Zeit nach dem Inkrafttreten der ZDRL II und der deutschen Umsetzungsgesetzgebung ist diese frühere Diskussion im Hinblick auf die eindeutige gesetzgeberische Entscheidung für die Zulässigkeit der Nutzung von Zahlungsauslösediensten als erledigt anzusehen.

3. Regelungsregime für die Tätigkeit von Zahlungsauslösedienstleistern nach 161
dem ZAG. Das Regelungsregime für die Tätigkeit von Zahlungsauslösedienstleistern bestimmt sich nach der Umsetzung der ZDRL II in wesentlichen Teilen unmittelbar aus dem ZAG. Zum einen ist dem ZAG das Erfordernis einer aufsichtsrechtlichen Zulassung von Zahlungsauslösedienstleistern zu entnehmen,[360] wobei insoweit für Zahlungsauslösedienstleister geringere Zulassungsvoraussetzungen bestehen als für sonstige Zahlungsdienstleister.[361] Zum anderen werden in den §§ 48, 49 und 52 ZAG auch die Rah-

---

354 Siehe Linardatos, WM 2014, 300; Omlor, ZIP 2016, 558, 561; Werner, WM 2018, 449; Zahrte, NJW 2018, 337, 338.
355 Im Anhang zu Art. 4 Nr. 3 ZDRL I fanden Zahlungsauslösedienstleiste keine Erwähnung unter der dortigen Aufzählung von Zahlungsdiensten, siehe auch EG 29 ZDRL II; Conreder, BKR 2017, 226 f.
356 Siehe Böger, in: Bankrechtstag 2016, S. 193, 269; Linardatos, WM 2014, 300 f.
357 Siehe die Stellungnahme der Deutschen Kreditwirtschaft zum Kommissionsvorschlag zur ZDRL II vom 2.12.2013 (abrufbar unter https://bankenverband.de/media/files/DK-StN_02122013.pdf), dort S. 8. Vgl. auch Spindler/Zahrte, BKR 2014, 265, 269; Zahrte, NJW 2018, 337, 338.
358 Siehe Beschluss des BKartA, 4. Beschlussabt., vom 29.6.2016, B 4 – 71/10.
359 Siehe oben Rn. 83.
360 Siehe Begr Reg-Entw, BT-Drs. 18/11495, S. 107.
361 Vgl. 16, 17 ZAG.

menbedingungen der Tätigkeit von Zahlungsauslösedienstleistern im Zusammenwirken mit kontoführenden Zahlungsdienstleistern festgelegt, die sich auch auf das Verhältnis zum Zahlungsdienstnutzer auswirken.[362] Der Regelungstechnik nach handelt es sich

---

362 Der Wortlaut der §§ 48, 49 und 52 ZAG ist wie folgt:

§ 48 – Pflichten des kontoführenden Zahlungsdienstleisters bei Zahlungsauslösediensten

(1) Erteilt der Zahler seine ausdrückliche Zustimmung zur Ausführung einer Zahlung, so ist der kontoführende Zahlungsdienstleister verpflichtet,

1. mit dem Zahlungsauslösedienstleister auf sichere Weise zu kommunizieren,
2. unmittelbar nach Eingang des Zahlungsauftrags über einen Zahlungsauslösedienstleister diesem alle Informationen über die Auslösung des Zahlungsvorgangs und alle dem kontoführenden Zahlungsdienstleister zugänglichen Informationen hinsichtlich der Ausführung des Zahlungsvorgangs mitzuteilen oder zugänglich zu machen und
3. Zahlungsaufträge, die über einen Zahlungsauslösedienstleister übermittelt werden, insbesondere in Bezug auf zeitliche Abwicklung, Prioritäten oder Entgelte so zu behandeln wie Zahlungsaufträge, die der Zahler unmittelbar übermittelt, es sei denn, es bestehen objektive Gründe für eine abweichende Behandlung.

(2) Das Erbringen von Zahlungsauslösediensten ist nicht davon abhängig, ob der Zahlungsauslösedienstleister und der kontoführende Zahlungsdienstleister zu diesem Zweck einen Vertrag abgeschlossen haben.

§ 49 – Pflichten des Zahlungsauslösedienstleisters

(1) Der Zahlungsauslösedienstleister darf den Zahlungsbetrag, den Zahlungsempfänger oder ein anderes Merkmal des Zahlungsvorgangs nicht ändern. Er darf zu keiner Zeit Gelder des Zahlers im Zusammenhang mit der Erbringung des Zahlungsauslösedienstes halten.

(2) Ein Zahlungsauslösedienstleister ist verpflichtet, sich gegenüber dem kontoführenden Zahlungsdienstleister des Zahlers jedes Mal, wenn er eine Zahlung auslöst, zu identifizieren. Er muss sicherstellen, dass die personalisierten Sicherheitsmerkmale des Zahlungsdienstnutzers keiner anderen Partei als dem Nutzer und demjenigen, der die personalisierten Sicherheitsmerkmale ausgegeben hat, zugänglich sind.

(3) Der Zahlungsauslösedienstleister hat mit dem kontoführenden Zahlungsdienstleister, dem Zahler und dem Zahlungsempfänger auf sichere Weise zu kommunizieren. Soweit die Übermittlung der personalisierten Sicherheitsmerkmale des Zahlers erforderlich ist, darf dies nur über sichere und effiziente Kanäle geschehen.

(4) Der Zahlungsauslösedienstleister darf vom Zahler nur die für die Erbringung des Zahlungsauslösedienstes erforderlichen Daten verlangen und keine sensiblen Zahlungsdaten des Zahlers speichern. Er darf Daten nur für die Zwecke des vom Zahler ausdrücklich geforderten Zahlungsauslösedienstes speichern, verwenden oder darauf zugreifen. Alle anderen Informationen, die er über den Zahler bei der Bereitstellung von Zahlungsauslösediensten erlangt hat, darf er nur dem Zahlungsempfänger mitteilen; dies setzt die ausdrückliche Zustimmung des Zahlers voraus.

(5) Sobald der Zahlungsauftrag ausgelöst worden ist, hat der Zahlungsauslösedienstleister dem kontoführenden Zahlungsdienstleister des Zahlers die Referenzangaben des Zahlungsvorgangs zugänglich zu machen.

(6) Näheres regelt der delegierte Rechtsakt nach Artikel 98 der Richtlinie (EU) 2015/2366.

§ 52 – Zugang zu Zahlungskonten

(1) Ein kontoführender Zahlungsdienstleister kann einem Kontoinformationsdienstleister oder einem Zahlungsauslösedienstleister den Zugang zu einem Zahlungskonto verweigern, wenn objektive und gebührend nachgewiesene Gründe im Zusammenhang mit einem nicht autorisierten oder betrügerischen Zugang des Kontoinformationsdienstleisters oder des Zahlungsauslösedienstleisters zum Zahlungskonto, einschließlich der nicht autorisierten oder betrügerischen Auslösung eines Zahlungsvorgangs, es rechtfertigen.

(2) In den Fällen des Absatzes 1 hat der kontoführende Zahlungsdienstleister den Vorfall der Bundesanstalt unverzüglich zu melden. Hierbei sind die Einzelheiten des Vorfalls und die Gründe für das Tätigwerden anzugeben. Die Bundesanstalt hat den Fall zu bewerten und kann erforderlichenfalls geeignete Maßnahmen ergreifen. Die Aufgaben und Zuständigkeiten anderer Behörden, insbesondere der Kartellbehörden nach dem Gesetz gegen Wettbewerbsbeschränkungen sowie der Strafverfolgungsbehörden nach der Strafprozessordnung, bleiben unberührt.

(3) Der kontoführende Zahlungsdienstleister hat den Zugang zu dem Zahlungskonto zu gewähren, sobald die Gründe für die Verweigerung des Zugangs nicht mehr bestehen.

hierbei um aufsichtsrechtliche Bestimmungen,[363] die im Verhältnis zwischen dem Zahlungsauslösedienstleister und dem kontoführenden Zahlungsdienstleister aber auch zivilrechtlich wirken.[364] Der wesentliche Inhalt dieser Vorschriften ist nachstehend erläuternd zusammenzufassen:

a) Verpflichtung des kontoführenden Zahlungsdienstleisters zur Zusammenarbeit mit Zahlungsauslösedienstleistern. Im Hinblick auf die in der Vergangenheit oftmals widerstreitende Interessenlage zwischen Zahlungsauslösedienstleistern und kontoführenden Zahlungsdienstleistern[365] sieht das ZAG der ZDRL II folgend ausdrücklich eine Verpflichtung des kontoführenden Zahlungsdienstleisters vor, über Zahlungsauslösedienste ausgelöste Zahlungsvorgänge ohne Benachteiligung auszuführen[366] und dem Zahlungsauslösedienstleister alle ihm selbst vorliegenden Informationen hinsichtlich der Ausführung dieser Zahlung zu übermitteln oder zugänglich zu machen,[367] so dass der Zahlungsauslösedienstleister dem Händlern eine umgehende verlässliche Bestätigung über die Auslösung einer Zahlung zukommen lassen kann. Das Bestehen vertraglicher Beziehungen wird hierfür nicht vorausgesetzt,[368] so dass diese Zusammenarbeit auch nicht von einer Einigung über eine Entgeltzahlung oder sonstige Bedingungen abhängig gemacht werden kann. 162

Der Zugang zum Konto des Nutzers kann vom kontoführenden Zahlungsdienstleister einem Zahlungsauslösedienst nur in Ausnahmefällen nachgewiesenen betrügerischen oder nicht autorisierten Verhaltens des Zahlungsauslösedienstleisters verweigert werden.[369] Eine Vereinbarung im Verhältnis zwischen dem kontoführende Zahlungsdienstleister und dem Zahlungsdienstnutzer, dass dessen Konto nicht über Zahlungsauslösedienstleister genutzt werden soll, dürfte dagegen unbeachtlich sein, da dies auf eine unzulässige Beschränkung der Rechte des Zahlungsdienstnutzers auf Nutzung des Zahlungsauslösedienstes nach § 675f Abs. 3 BGB hinausliefe.[370] 163

b) Verpflichtungen des Zahlungsauslösedienstleisters zum Schutz der Informationen des Zahlungsdienstnutzers. Zum Schutz der Informationen des Zahlungsdienstnutzers dürfen Zahlungsauslösedienstleister die Information über die Auslösung der Zahlung nur dem Zahlungsempfänger mitteilen, nicht auch anderen Dritten.[371] Sensible Zahlungsdaten des Kunden, insbesondere auch für dessen personalisierten Sicherheitsmerkmale, dürfen vom Zahlungsauslösedienstleister nicht gespeichert werden.[372] 164

---

363 Siehe Omlor, WM 2018, 57; Werner, WM 2018, 449, 450; Zahrte, NJW 2018, 337, 338.
364 Die Regierungsbegründung spricht hier von einem Charakter der §§ 48,49 ZAG als Schutzgesetz i.S.d. § 823 Abs. 2 BGB, siehe Begr Reg-Entw, BT-Drs. 18/11495, S. 134. Nach Omlor, WM 2018, 57, 60, soll zudem der Zahlungsdiensterahmenvertrag zwischen dem Zahler und dem kontoführenden Zahlungsdienstleister Schutzwirkungen auch für den kontoführenden Zahlungsdienstleister entfalten, Dies begegnet Bedenken, da auf diese Weise die Schutzwirkungen auch durch eine entgegenstehende Vereinbarung in jenem Verhältnis negiert werden könnten. Ähnliches gilt für den Ansatz von Werner, WM 2018, 449, 450, wonach der Vertrag zwischen Zahlungsauslösedienstleister und Zahler Nebenpflichten zugunsten Dritter (d.h. hier dem kontoführenden Zahlungsdienstleister) begründen soll. Überzeugender erscheint es, in den unmittelbar auf die Zusammenarbeit der beteiligten Zahlungsdienstleister bezogenen Regelungen der §§ 48, 49 ZAG ein gesetzliches Schuldverhältnis zu sehen.
365 Siehe Omlor, WM 2018, 57, 59.
366 § 48 Abs. 1 Nr. 3 ZAG:
367 § 48 Abs. 1 Nr. 2 ZAG.
368 § 48 Abs. 2 ZAG.
369 § 52 Abs. 1 ZAG.
370 Böger, in: Bankrechtstag 2016, S. 193, 273.
371 § 49 Abs. 4 S. 3 ZAG.
372 § 49 Abs. 4 S. 1 Alt. 1 ZAG. Grundsatz der Datenvermeidung, siehe Werner, WM 2018, 449, 450.

Generell dürfen Zahlungsauslösedienstleister keine anderen als die für die Auslösung des Zahlungsvorgangs erforderlichen Daten abfragen[373] oder die erlangten Daten zu anderen Zwecken speichern oder verwenden.[374]

165 **c) Sicherheitspflichten des Zahlungsauslösedienstleisters zur Missbrauchsvermeidung.** Zum Schutz der Daten des Zahlers und auch zum Schutz der Sicherheit des Online-Banking insgesamt müssen sich Zahlungsauslösedienstleister gegenüber dem kontoführenden Zahlungsdienstleister identifizieren, wenn durch sie eine Zahlung ausgelöst werden soll.[375] Der Zahlungsauslösedienstleister muss sicherstellen, dass die personalisierten Sicherheitsmerkmale des Zahlungsdienstnutzers nicht unbefugten Dritten zugänglich sind soll.[376] Zudem muss der Zahlungsauslösedienstleister mit dem kontoführenden Zahlungsdienstleister, dem Zahler und dem Zahlungsempfänger auf sichere Weise kommunizieren, insbesondere bei der Übermittlung der personalisierten Sicherheitsmerkmale des Kunden.[377]

166 Die Einzelheiten dieser sicheren Kommunikation werden nach Art. 98 ZDRL II festgelegt durch die technischen Regulierungsstandards für sichere offene Kommunikationsstandards, die als delegierter Rechtsakt von der EU-Kommission zu erlassen sind.[378] Bedeutsam ist hier insbesondere die Verpflichtung zur Verwendung von Schnittstellen anstelle des bisherigen Screen-Scraping-Verfahrens, siehe hierzu die Erörterung der delegierten Verordnung 2018/389 vom 27.11.2017 zur Ergänzung der ZDRL II durch technische Regulierungsstandards für eine starke Kundenauthentifizierung und für sichere offene Standards für die Kommunikation.[379]

167 **4. Regelungen für die Tätigkeit von Zahlungsauslösedienstleistern nach dem BGB.** Da es sich bei Zahlungsauslösedienstleisten um einen Zahlungsdienst im Sinne des ZAG handelt, finden hierauf grundsätzlich auch die Regelungen der §§ 675c bis 676c BGB Anwendung. Sonderregelungen für die Tätigkeit von Zahlungsauslösedienstleistern, mit denen von dem allgemeinen Regelungsregime für Zahlungsdienstleister abgewichen wird, finden sich in § 675d Abs. 2 S. 1 BGB (besondere Informationspflichten), § 675f Abs. 3 BGB (Recht zur Inanspruchnahme von Zahlungsauslösedienstleistern), § 675f Abs. 4 BGB (Auslösung von Zahlungsvorgängen über Zahlungsauslösedienstleister), §§ 675u S. 5 und 675y Abs. 1 S. 3 BGB (Haftung des kontoführenden Zahlungsdienstleisters bei Inanspruchnahme von Zahlungsauslösedienstleistern) und § 676a BGB (Rückgriff des kontoführenden Zahlungsdienstleisters im Innenverhältnis beim Zahlungsauslösedienstleistern). Auf die Erläuterungen zu diesen Vorschriften kann verwiesen werden.

168 **5. Besondere Übergangsvorschriften.** Für die Tätigkeit von Zahlungsauslösedienstleistern gelten nach der ZDRL II und dem Umsetzungsgesetz besondere Übergangsvorschriften. Wie erläutert, werden die Einzelheiten der sicheren Kommunikation zwischen dem Zahlungsauslösedienstleister und dem kontoführenden Zahlungsdienstleister durch technische Regulierungsstandards geregelt, wobei die ZDRL II vorsieht, dass diese

373 § 49 Abs. 4 S. 1 Alt. 2 ZAG.
374 § 49 Abs. 4 S. 2 ZAG.
375 § 49 Abs. 2 S. 1 ZAG.
376 § 49 Abs. 2 S. 2 ZAG.
377 § 49 Abs. 3 ZAG.
378 Siehe § 49 Abs. 6 ZAG.
379 Siehe unter § 675m BGB Rn. 45 ff.

Standards erst 18 Monate nach ihrem Inkrafttreten von den Mitgliedstaaten anzuwenden sind.[380] Die Regelungen der §§ 48 bis 52 ZAG sowie u.a. auch § 55 ZAG treten daher nach Art. 7 Abs. 1 ZDRL II-Umsetzungsgesetz 18 Monate nach Inkrafttreten der vorgenannten technischen Regulierungsstandards in der Verordnung 2018/389 in Kraft,[381] d.h. am 14.9.2019.

Bis dahin sind folgende Übergangsregelungen zu beachten: Zahlungsauslösedienstleister, die bereits im Moment des Richtlinienerlasses im Inland tätig waren, genießen Bestandsschutz und dürfen ihre Tätigkeit so ohne besondere aufsichtsrechtliche Genehmigung fortsetzen.[382] Im Übrigen ist es kontoführenden Zahlungsdienstleistern bereits in dieser Übergangsphase untersagt, Zahlungsauslösediensten den Zugang zu ihren Zahlungskonten zu verweigern,[383] d.h. durch einen solchen Dienst ausgelöste Zahlungen sind benachteiligungsfrei auszuführen. **169**

XIII. Kontoinformationsdienste

Die §§ 675c bis 676c BGB erfassen aufgrund der Erweiterung des Begriffs der Zahlungsdienste nach dem ZAG nunmehr in Umsetzung der ZDRL II ferner auch die Erbringung von Kontoinformationsdiensten (siehe § 1 Abs. 1 S. 2 Nr. 8 ZAG). **170**

1. Begriff des Kontoinformationsdienstes. Ein Kontoinformationsdienst wird in § 1 Abs. 34 ZAG legaldefiniert als ein Online-Dienst zur Mitteilung konsolidierter Informationen über ein Zahlungskonto oder mehrere Zahlungskonten des Zahlungsdienstnutzers bei einem oder mehreren anderen Zahlungsdienstleistern. **171**

Ein Kontoinformationsdienstleister greift also (insoweit einem Zahlungsauslösedienstleister ähnlich) für einen Nutzer auf dessen Online-Konten zu,[384] löst dann aber anders als ein Zahlungsauslösedienst keine Zahlungen aus, sondern sammelt Informationen zu den online geführten Konten des Nutzers und stellt sie dem Nutzer in einer besonders aufbereiteten Weise zur Verfügung. Der Nutzer kann somit einen jeweils aktuellen Gesamtüberblick über seine finanzielle Situation zu einem bestimmten Zeitpunkt erlangen.[385] **172**

2. Rechtslage zu Kontoinformationsdienstleistern vor Umsetzung der ZDRL. Bei Kontoinformationsdiensten handelt es sich um ein erst in jüngerer Zeit entwickeltes und von der ZDRL I noch nicht erfasstes Geschäftsmodell.[386] Soweit der Tätigkeit von Kontoinformationsdienstleistern die Nutzung der personalisierten Sicherheitsmerkmale des Kunden zum Zugriff auf dessen Online-Konten zugrunde liegt, steht dies nach der Rechtslage vor Inkrafttreten und Umsetzung der ZDRL II ebenso wie bei Zahlungsauslösedienstleistern im Konflikt mit dem in den Banken-AGB enthaltenen Verbot der Weitergabe der personalisierten Sicherheitsmerkmale des Kunden an einen Dritten.[387] **173**

---

380 Siehe Art. 115 Abs. 4 ZDRL II.
381 Das Datum des Inkrafttretens wird nach Art. 7 Abs. 1 S. 2 ZDRL II-Umsetzungsgesetz vom BMF im BGBl bekannt gegeben.
382 Siehe § 68 Abs. 1 ZAG.
383 § 68 Abs. 3 ZAG.
384 Siehe Böger, in: Bankrechtstag 2016, S. 193, 279.
385 EG 28 der ZDRL II.
386 In Anhang zu Art. 4 Nr. 3 ZDRL I finden Kontoinformationsdienste keine Erwähnung; siehe auch EG 28 der ZDRL II.
387 Siehe hierzu die Ausführungen zu Zahlungsauslösediensten in Rn. 159.

174 **3. Regelungsregime für die Tätigkeit von Kontoinformationsdienstleistern nach dem ZAG.** Nach Umsetzung der ZDRL II wird die Tätigkeit von Kontoinformationsdienstleistern in wesentlichen Teilen unmittelbar im ZAG geregelt, wobei hier generell ein Regulierungsregime vorgesehen ist, das grundsätzlich an dasjenige für Zahlungsauslösedienstleister angelehnt ist, in Einzelpunkten aber weniger strenge Anforderungen beinhaltet: Statt einer aufsichtsrechtlichen Zulassung bedürfen Kontoinformationsdienstleister nach dem ZAG lediglich einer Registrierung[388] und es genügt das Vorliegen einer Haftpflichtversicherung anstelle der Erfüllung von Anfangskapital- oder Eigenmittelerfordernissen.[389] Zudem regelt das ZAG in den §§ 50 bis 52 ZAG auch die Rahmenbedingungen der Tätigkeit von Kontoinformationsdienstleistern im Zusammenwirken mit kontoführenden Zahlungsdienstleistern,[390] die nachfolgend im Überblick darzustellen sind.[391]

175 **a) Verpflichtung des kontoführenden Zahlungsdienstleisters zur Zusammenarbeit mit Kontoinformationsdienstleistern.** Kontoführende Zahlungsdienstleister werden nach dem ZAG verpflichtet, mit Kontoinformationsdienstleistern zusammenzuarbeiten und deren Datenanfragen ohne Benachteiligung zu behandeln.[392] Das Bestehen vertraglicher Beziehungen wird hierfür nicht vorausgesetzt,[393] so dass diese Zusammenarbeit wie bei Zahlungsauslösedienstleistern auch nicht von einer Einigung über eine Entgeltzahlung oder sonstige Bedingungen abhängig gemacht werden kann.

---

388 Siehe § 34 Abs. 1 ZAG; allgemein Conreder, BKR 2017, 226, 228.

389 § 36 ZAG.

390 Der Wortlaut der §§ 50, 51 ZAG ist wie folgt (zu § 52 ZAG siehe bereits in Rn. 161):

§ 50 – Pflichten des kontoführenden Zahlungsdienstleisters bei Kontoinformationsdiensten

(1) Der kontoführende Zahlungsdienstleister ist verpflichtet,

1. mit dem Kontoinformationsdienstleister auf sichere Weise zu kommunizieren und
2. Anfragen nach der Übermittlung von Daten, die von einem Kontoinformationsdienstleister übermittelt werden, ohne Benachteiligung zu behandeln, es sei denn, es bestehen objektive Gründe für eine abweichende Behandlung.

(2) Das Erbringen von Kontoinformationsdiensten ist nicht davon abhängig, ob der Kontoinformationsdienstleister und der kontoführende Zahlungsdienstleister zu diesem Zweck einen Vertrag abgeschlossen haben.

(3) Näheres regelt der delegierte Rechtsakt nach Artikel 98 der Richtlinie (EU) 2015/2366.

§ 51 – Pflichten des Kontoinformationsdienstleisters

(1) Der Kontoinformationsdienstleister darf seine Dienste nur mit der ausdrücklichen Zustimmung des Zahlungsdienstnutzers erbringen. Er darf nur auf Informationen von Zahlungskonten, die der Zahlungsdienstnutzer bezeichnet hat, und mit diesen im Zusammenhang stehenden Zahlungsvorgängen zugreifen. Er darf keine sensiblen Zahlungsdaten anfordern, die mit den Zahlungskonten in Zusammenhang stehen. Er darf Daten nur für die Zwecke des vom Zahlungsdienstnutzer ausdrücklich geforderten Kontoinformationsdienstes speichern, verwenden oder darauf zugreifen.

(2) Ein Kontoinformationsdienstleister ist verpflichtet, sich gegenüber dem kontoführenden Zahlungsdienstleister des Zahlungsdienstnutzers jedes Mal, wenn er mit ihm kommuniziert, zu identifizieren. Er muss sicherstellen, dass die personalisierten Sicherheitsmerkmale des Zahlungsdienstnutzers keiner anderen Partei als dem Nutzer und demjenigen, der die personalisierten Sicherheitsmerkmale ausgegeben hat, zugänglich sind.

(3) Der Kontoinformationsdienstleister hat mit dem kontoführenden Zahlungsdienstleister und dem Zahlungsdienstnutzer auf sichere Weise zu kommunizieren. Soweit die Übermittlung der personalisierten Sicherheitsmerkmale erforderlich ist, darf dies nur über sichere und effiziente Kanäle geschehen die Gründe für die Verweigerung des Zugangs nicht mehr bestehen.

391 Zur Rechtsnatur dieser Regelungen siehe die entsprechenden Ausführungen zu Zahlungsauslösedienstleistern oben Rn. 161.

392 § 50 Abs. 1 Nr. 2 ZAG-

393 § 50 Abs. 2 ZAG.

176 Wie bei Zahlungsauslösediensten kann lediglich in Ausnahmefällen eine Begrenzung des Zugangs zum Konto des Nutzers erfolgen, es kann hierzu auf die obigen Ausführungen verwiesen werden.[394]

177 **b) Verpflichtungen des Kontoinformationsdienstleisters zum Schutz der Informationen des Zahlungsdienstnutzers.** Kontoinformationsdienstleister dürfen Kontoinformationen nur mit ausdrücklicher Zustimmung des Kunden abfragen.[395] Sie dürfen nur auf die vom Kunden bezeichneten Konten und Informationen zugreifen,[396] keine sensiblen Daten anfordern[397] und Informationen nicht zu anderen als den autorisierten Zwecken verwenden, darauf zugreifen oder sie speichern.[398]

178 **c) Sicherheitspflichten des Kontoinformationsdienstleisters zur Missbrauchsvermeidung.** Ebenso wie Zahlungsauslösedienstleister müssen schließlich auch Kontoinformationsdienstleister sich gegenüber dem kontoführenden Zahlungsdienstleister identifizieren[399] und sicherstellen, dass die personalisierten Sicherheitsmerkmale des Zahlungsdienstnutzers nicht unbefugten Dritten zugänglich sind soll.[400] Die Einzelheiten dieser sicheren Kommunikation werden nach Art. 98 ZDRL II festgelegt durch die technischen Regulierungsstandards für sichere offene Kommunikationsstandards,[401] siehe hierzu die Erörterung der delegierten Verordnung 2018/389 vom 27.11.2017 zur Ergänzung der ZDRL II durch technische Regulierungsstandards für eine starke Kundenauthentifizierung und für sichere offene Standards für die Kommunikation.[402]

179 **4. Regelung von Kontoinformationsdiensten nach § 675c Abs. 4 BGB.** Zwar handelt es sich bei Kontoinformationsdiensten um einen Zahlungsdienst im Sinne des ZAG,[403] aufgrund der Sonderregelung des § 675c Abs. 4 BGB finden aber von den Vorschriften der §§ 675c bis 676c BGB lediglich die Regelungen zu Informationspflichten nach § 675d Abs. 2 S. 2 sowie Abs. 3 BGB Anwendung auf Kontoinformationsdienste. Ein Kontoinformationsdienstleister nimmt selbst keinen Zahlungsvorgang vor, so dass die Anwendung des Pflichtenprogramms der übrigen Vorschriften dieses Untertitels nicht sachgerecht wäre. Auf die Erläuterungen zu den danach auf Kontoinformationsdienste anzuwendenden Informationspflichten kann verwiesen werden.[404]

180 **5. Besondere Übergangsvorschriften.** Für Kontoinformationsdienstleister gilt dasselbe Übergangsregime wie für Zahlungsauslösedienstleister.[405]

---

394 § 52 ZAG; siehe oben Rn. 163.
395 § 51 Abs. 1 S. 1 ZAG.
396 § 51 Abs. 1 S. 2 ZAG.
397 § 51 Abs. 1 S. 3 ZAG.
398 § 51 Abs. 1 S. 4 ZAG.
399 § 51 Abs. 2 S. 1 ZAG.
400 § 51 Abs. 2 S. 2 ZAG.
401 Siehe § 51 Abs. 3 ZAG.
402 Siehe zu § 675m BGB Rn. 45 ff.
403 Siehe zu § 675f BGB Rn. 170 f.
404 Siehe zu § 675d BGB Rn. 25 ff.
405 68 Abs. 2 und 3 ZAG, siehe oben Rn. 168 f.

§ 675g BGB
Änderung des Zahlungsdiensterahmenvertrags

(1) Eine Änderung des Zahlungsdiensterahmenvertrags auf Veranlassung des Zahlungsdienstleisters setzt voraus, dass dieser die beabsichtigte Änderung spätestens zwei Monate vor dem vorgeschlagenen Zeitpunkt ihres Wirksamwerdens dem Zahlungsdienstnutzer in der in Artikel 248 §§ 2 und 3 des Einführungsgesetzes zum Bürgerlichen Gesetzbuche vorgesehenen Form anbietet.

(2) Der Zahlungsdienstleister und der Zahlungsdienstnutzer können vereinbaren, dass die Zustimmung des Zahlungsdienstnutzers zu einer Änderung nach Absatz 1 als erteilt gilt, wenn dieser dem Zahlungsdienstleister seine Ablehnung nicht vor dem vorgeschlagenen Zeitpunkt des Wirksamwerdens der Änderung angezeigt hat. Im Fall einer solchen Vereinbarung ist der Zahlungsdienstnutzer auch berechtigt, den Zahlungsdiensterahmenvertrag vor dem vorgeschlagenen Zeitpunkt des Wirksamwerdens der Änderung fristlos zu kündigen. Der Zahlungsdienstleister ist verpflichtet, den Zahlungsdienstnutzer mit dem Angebot zur Vertragsänderung auf die Folgen seines Schweigens sowie auf das Recht zur kostenfreien und fristlosen Kündigung hinzuweisen.

(3) Änderungen von Zinssätzen oder Wechselkursen werden unmittelbar und ohne vorherige Benachrichtigung wirksam, soweit dies im Zahlungsdiensterahmenvertrag vereinbart wurde und die Änderungen auf den dort vereinbarten Referenzzinssätzen oder Referenzwechselkursen beruhen. Referenzzinssatz ist der Zinssatz, der bei der Zinsberechnung zugrunde gelegt wird und aus einer öffentlich zugänglichen und für beide Parteien eines Zahlungsdienstevertrags überprüfbaren Quelle stammt. Referenzwechselkurs ist der Wechselkurs, der bei jedem Währungsumtausch zugrunde gelegt und vom Zahlungsdienstleister zugänglich gemacht wird oder aus einer öffentlich zugänglichen Quelle stammt.

(4) Der Zahlungsdienstnutzer darf durch Vereinbarungen zur Berechnung nach Absatz 3 nicht benachteiligt werden.

Systematische Übersicht

A. Allgemeines

1 § 675g BGB regelt einen besonderen Mechanismus der Vertragsanpassung für Zahlungsdiensterahmenverträge. Damit soll den Anforderungen im Massengeschäft genügt werden, bei denen individuell unter Mitwirkung der Zahlungsdienstnutzer zu vereinbarende Vertragsänderungen für den Anbieter oftmals nicht praktikabel in flächendeckender Weise zu erreichen sein werden, und gleichzeitig ein weitgehender Schutz des Zahlungsdienstnutzers gegenüber ohne sein aktives Zutun eintretenden Vertragsänderungen gesichert werden.[1]

1 Siehe unten Rn. 9.

Die Regelung wurde eingeführt auf der Grundlage von Art. 44 ZDRL I, der nunmehr durch Art. 54 ZDRL II ersetzt wurde, ohne dass die Umsetzung der ZDRL II zu Änderungen in § 675g BGB geführt hat. 2

§ 675g BGB gilt für Änderungen der vertraglichen Regelungen des Zahlungsdiensterahmenvertrages, nicht dagegen für Änderungen von faktischen Umständen wie z.B. Geschäftsadresse, Rechtsform und Registerkennung des Zahlungsdienstleisters, auch wenn diese Gegenstand der Informationspflichten des Zahlungsdienstleisters nach Art. 248 EGBGB sind:[2] In solchen Fällen genügt eine unverzügliche ergänzende Information des Zahlungsdienstnutzers über die geänderten Umstände nach Art. 248 § 9 Nr. 1 EGBGB.[3] 3

B. Unterrichtungspflicht (§ 675g Abs. 1 BGB)

§ 675g Abs. 1 BGB sieht zum Schutz des Zahlungsdienstnutzers vor, dass diesem auf Veranlassung des Zahlungsdienstleisters beabsichtigte Änderungen des Zahlungsdiensterahmenvertrags vorab anzubieten sind, d.h. der Zahlungsdienstnutzer ist über die beabsichtigen Änderungen zu unterrichten. Die Erfüllung der Unterrichtungsverpflichtung nach Absatz 1 ist Wirksamkeitsvoraussetzung einer Vertragsänderung nach §§ 675g Abs. 1 und 2 BGB.[4] 4

Diese Unterrichtung muss in der nach Art. 248 §§ 2 und 3 EGBGB vorgesehenen Form erfolgen, d.h. ebenso wie eine vorvertragliche Information[5] sind die beabsichtigten Änderungen dem Zahlungsdienstnutzer auf einem dauerhaften Datenträger mitzuteilen[6] und sie sind in einer Amtssprache des EU-Mitgliedstaats oder des EWR-Vertragsstaats, in dem der Zahlungsdienst angeboten wird, oder in einer anderen zwischen den Parteien vereinbarten Sprache in leicht verständlichen Worten und in klarer und verständlicher Form abzufassen.[7] Auch eine Nichteinhaltung dieser Formanforderungen zieht die Unwirksamkeit der Vertragsänderung nach den §§ 675g Abs. 1 und 2 BGB nach sich.[8] 5

Diese Mitteilung muss nach § 675g Abs. 1 BGB spätestens[9] zwei Monate vor dem vorgeschlagenen Zeitpunkt des Wirksamwerdens der beabsichtigten Änderungen erfolgen, wobei sich der Lauf der Frist nach den §§ 187 Abs. 1, 188 Abs. 2 Halbs. 2 BGB ab dem Zugang des Angebots berechnet.[10] 6

Wirksam wird das nach § 675g Abs. 1 BGB unterbreitete Angebot zur Änderung des Zahlungsdiensterahmenvertrags nach allgemeinen Regelungen nur dann, wenn der Zahlungsdienstnutzer zustimmt,[11] wobei § 675g Abs. 2 BGB eine besondere Möglichkeit der Vereinbarung einer Zustimmungsfiktion vorsieht.[12] 7

---

2 BeckOK-Schmalenbach, 43. Ed. 2017, § 675g BGB Rn. 10; Staudinger-Omlor, 2012, § 675g BGB Rn. 5.
3 Siehe Begründung des Regierungsentwurfs zur Umsetzung des zivilrechtlichen Teils der Zahlungsdiensterichtlinie, BT-Drs. 16/11643, S. 103 f.
4 Siehe BeckOK-Schmalenbach, 43. Ed. 2017, § 675g BGB Rn. 6; Langenbucher/Bliesener/Spindler-Herresthal, 2. Aufl., Kap. 2 § 675h BGB Rn. 8; MK-Casper, 7. Aufl., § 675g BGB Rn. 7; Palandt-Sprau, 77. Aufl., § 675g BGB Rn. 2.
5 Siehe Begr Reg-Entw BT-Drs. 16/11643, S. 103.
6 Siehe Begr Reg-Entw BT-Drs. 16/11643, S. 103.
7 Vgl. zu diesen Anforderungen MK-Casper, 7. Aufl., § 675g BGB Rn. 6.
8 Siehe MK-Casper, 7. Aufl., § 675g BGB Rn. 7; Palandt-Sprau, 77. Aufl., § 675g BGB Rn. 3.
9 Es handelt sich insoweit um eine Mindestfrist, siehe MK-Casper, 7. Aufl., § 675g BGB Rn. 5.
10 Palandt-Sprau, 77. Aufl., § 675g BGB Rn. 5; Staudinger-Omlor, 2012, § 675g BGB Rn. 4. Zum Fristbeginn mit Zugang des Angebots siehe auch BeckOK-Schmalenbach, 43. Ed. 2017, § 675g BGB Rn. 4.
11 Begr Reg-Entw BT-Drs. 16/11643, S. 103; Palandt-Sprau, 77. Aufl., § 675g BGB Rn. 1; Staudinger-Omlor, 2012, § 675g BGB Rn. 4.
12 Siehe dazu sogleich Rn. 9.

8 § 675g Abs. 1 BGB gilt lediglich für auf Veranlassung des Zahlungsdienstleisters beabsichtigte Änderungen des Zahlungsdiensterahmenvertrags: Für vom Zahlungsdienstnutzer angestrebte Änderungen des Zahlungsdiensterahmenvertrags gilt § 675g Absatz 1 BGB nicht;[13] zudem ist die Möglichkeit auf beiderseitiges Betreiben individuell vereinbarter Vertragsänderungen außerhalb des § 675g BGB zu beachten.[14]

C. Zustimmungsfiktion und Kündigungsrecht (§ 675g Abs. 2 BGB)

I. Zustimmungsfiktion

9 § 675g Absatz 2 BGB sieht die Möglichkeit der Vereinbarung einer Zustimmungsfiktion (nebst einem korrespondierenden Kündigungsrecht des Zahlungsdienstnutzers) vor. Im Massengeschäft wird es für einen Zahlungsdienstleister oftmals nicht praktikabel sein, von allen Zahlungsdienstnutzern, mit denen er Zahlungsdiensterahmenverträge unterhält, die ausdrückliche Erklärung einer Zustimmung zu einer Vertragsänderung zu erhalten.[15] Gleichzeitig besteht für den Zahlungsdienstleister ein Interesse daran, Änderungen der Vertragsbedingungen möglichst gleichförmig gegenüber allen Kunden anzuwenden.[16] Mit der Zustimmungsfiktion nach § 675g Absatz 2 BGB wird über die Grenzen des § 308 Nr. 5 BGB hinaus dem Zahlungsdienstleister gestattet, das Schweigen des Zahlungsdienstnutzers auf das Angebot einer Vertragsänderung nach Absatz 1 als fingierte Zustimmung zur Vertragsänderung zu vereinbaren.[17]

10 Gegenstand der Zustimmungsfiktion ist, dass – sofern dies entsprechend im Zahlungsdiensterahmenvertrag so vereinbart ist, was auch in AGB erfolgen kann[18] – die Vertragsänderung zum vorgeschlagenen Zeitpunkt wirksam wird,[19] wenn der Zahlungsdienstnutzer dem Zahlungsdienstleister nicht seine Ablehnung der Änderungen vor dem vorgeschlagenen Zeitpunkt ihres Wirksamwerdens anzeigt. Zeigt der Zahlungsdienstnutzer seine Ablehnung an, so wird die Vertragsänderung nicht wirksam und der Vertrag gilt unverändert fort,[20] sofern er nicht gekündigt wird, wofür § 675g Abs. 2 S. 2 BGB ein besonderes Kündigungsrecht des Zahlungsdienstnutzers vorsieht.[21]

11 Für die Ablehnung sieht das Gesetz selbst keine Formerfordernisse vor; es dürfte aber zulässig sein, ein Schriftformerfordernis für die Ablehnung in AGB zu vereinbaren.[22] Die Frist für die Ablehnung ist eine Ausschlussfrist; die Beweislast für den rechtzeitigen Zugang beim Zahlungsdienstleister trägt der Zahlungsdienstnutzer.[23]

12 Der Zahlungsdienstleister ist nach § 675g Abs. 2 S. 3 BGB verpflichtet, den Zahlungsdienstnutzer mit dem Angebot zur Vertragsänderung auf die Folgen seines Schweigens sowie auf das Recht zur Kündigung nach § 675g Abs. 2 S. 2 BGB hinzuweisen.[24] Die Erfül-

13 Erman-von Westphalen, 15. Aufl., § 675g BGB Rn. 2; Palandt-Sprau, 77. Aufl., § 675g BGB Rn. 1.
14 Siehe nachstehend unter D.
15 MK-Casper, 7. Aufl., § 675g BGB Rn. 1; Staudinger-Omlor, 2012, § 675g BGB Rn. 3.
16 MK-Casper, 7. Aufl., § 675g BGB Rn. 10; siehe auch Staudinger-Omlor, 2012, § 675g BGB Rn. 1, 3.
17 Siehe Begr Reg-Entw, BT-Drs. 16/11643, S. 103; Palandt-Sprau, 77. Aufl., § 675g BGB Rn. 6 f.
18 Siehe Erman-von Westphalen, 15. Aufl., § 675g BGB Rn. 5; MK-Casper, 7. Aufl., § 675g BGB Rn. 8; Staudinger-Omlor, 2012, § 675g BGB Rn. 3. Von dieser Möglichkeit ist Gebrauch gemacht worden in Nr. 1 Abs. 2 AGB-Banken sowie in Nr. 2 AGB-Sparkassen.
19 Siehe Palandt-Sprau, 77. Aufl., § 675g BGB Rn. 8.
20 Siehe Begr Reg-Entw, BT-Drs. 16/11643, S. 103.
21 Siehe nachstehend unter II.
22 Erman-von Westphalen, 15. Aufl., § 675g BGB Rn. 5; MK-Casper, 7. Aufl., § 675g BGB Rn. 10.
23 BeckOK-Schmalenbach, 43. Ed. 2017, § 675g BGB Rn. 4; MK-Casper, 7. Aufl., § 675g BGB Rn. 10; Staudinger-Omlor, 2012, § 675g BGB Rn. 6.
24 Siehe zu dieser doppelten Hinweispflicht MK-Casper, 7. Aufl., § 675g BGB Rn. 9.

lung dieser Hinweispflicht ist aber anders als die Unterrichtung nach Absatz 1 keine Wirksamkeitsvoraussetzung einer Vertragsänderung nach §§ 675g Absatz 1 und 2 BGB.[25]

II. Kündigungsrecht

Ist im Zahlungsdiensterahmenvertrag eine Zustimmungsfiktion im Sinne des § 675g Absatz 2 S. 1 BGB vereinbart, so ergibt sich hieraus nach § 675g Absatz 2 S. 2 BGB auch ein Recht des Zahlungsdienstnutzers zur fristlosen Kündigung des Zahlungsdiensterahmenvertrags, welches der Zahlungsdienstnutzers auch bereits vor dem vorgeschlagenen Zeitpunkt des Wirksamwerdens der Änderung ausüben kann.[26] Die Kündigung darf für den Zahlungsdienstnutzer mit keinen Kosten verbunden sein;[27] dies lässt eine anteilige Entgeltzahlungspflicht des Zahlungsdienstnutzers unberührt.[28] 13

Der Zahlungsdienstleister muss den Zahlungsdienstnutzer nicht nur anlässlich einer vorgeschlagenen Vertragsänderung nach § 675g Absatz 1 BGB über das Kündigungsrecht nach § 675g Absatz 2 S. 2 BGB informieren, sondern auch bereits als Bestandteil seiner vorvertraglichen Informationspflichten nach Art. 248 § 4 Abs. 1 Nr. 6 lit. c EGBGB. 14

Das Gesetz regelt in § 675g BGB ausdrücklich nur das Kündigungsrecht des Zahlungsdienstnutzers; für den Fall der Ablehnung der Vertragsänderung durch den Zahlungsdienstnutzer kann der Zahlungsdienstleister den Zahlungsdiensterahmenvertrag lediglich unter den Voraussetzungen des § 675h BGB kündigen.[29] Für den Basiskontovertrag sieht auch § 42 Abs. 2 Nr. 4 ZKG bei entsprechender Vereinbarung ein solches Kündigungsrecht des Zahlungsdienstleisters vor. 15

D. Vertragsänderung durch ausdrückliche Zustimmung

Die Vereinbarung einer Vertragsänderung auf der Grundlage einer ausdrücklichen Erklärung der Zustimmung des Zahlungsdienstnutzers zu einem nicht vom Zahlungsdienstleister nicht lediglich auf dessen eigene Veranlassung unterbreiteten Änderungsangebot ist nicht an die Voraussetzungen des § 675g Abs. 1 und 2 BGB gebunden:[30] Zwar lässt der Wortlaut des § 675g Abs. 1 und 2 BGB keine solche Einschränkung erkennen und könnte daher als auch auf ausdrückliche Änderungsvereinbarungen bezogen verstanden werden, dies ginge aber über die Intention der Richtlinie hinaus, die insoweit Art. 54 ZDRL II nicht von Wirksamkeitsvoraussetzungen der Änderungen spricht und im Übrigen ausdrücklich die Möglichkeit der Zustimmung durch den Zahlungsdienstnutzer erwähnt,[31] die neben der Möglichkeit der Nichterklärung des Widerspruchs leerliefe, wenn hierdurch nicht eine nicht an die Frist- und Formerfordernisse des § 675g Abs. 1 und 2 BGB gebundene Änderung des Zahlungsdiensterahmenvertrags bewirkt werden könnte. Für die Möglichkeit der Vereinbarung einer Vertragsänderung auf der Grundlage einer 16

25 Staudinger-Omlor, 2012, § 675g BGB Rn. 7. Anders dagegen BeckOK-Schmalenbach, 43. Ed. 2017, § 675g BGB Rn. 10.
26 Siehe MK-Casper, 7. Aufl., § 675g BGB Rn. 11.
27 So ausdrücklich § 675h Abs. 4 BGB. Siehe auch bereits Begr Reg-Entw, BT-Drs. 16/11643, S. 103.
28 Siehe § 675h Abs. 3 BGB.
29 Vgl. Begr Reg-Entw BT-Drs. 16/11643, S. 103; BeckOK-Schmalenbach, 43. Ed. 2017, § 675g BGB Rn. 7; Staudinger-Omlor, 2012, § 675g BGB Rn. 6.
30 Siehe auch BeckOK-Schmalenbach, 43. Ed. 2017, § 675g BGB Rn. 2; Staudinger-Omlor, 2012, § 675g BGB Rn. 3, 8. Unter dem Aspekt einer stillschweigenden Abbedingung des § 675g BGB im Nicht-Verbraucherbereich siehe auch MK-Casper, 7. Aufl., § 675g BGB Rn. 7.
31 So der neu eingeführte Art. 54 Abs. 1 Unterabs. 1 S. 2 ZDRL II.

ausdrücklichen Zustimmung des Zahlungsdienstnutzers jedenfalls zu einem nicht vom Zahlungsdienstleister nicht lediglich auf dessen eigene Veranlassung unterbreiteten Änderungsangebot spricht zudem, dass die Parteien dasselbe im beiderseitigen Zusammenwirken gewollte Ergebnis ansonsten auch durch eine Kündigung durch den Zahlungsdienstnutzer und den (Neu-)Abschluss des Zahlungsdiensterahmenvertrags zu geänderten Konditionen herbeiführen könnten.

E. Änderung von Zinsen und Wechselkursen

17 Für die Änderung von Zinsen und Wechselkursen gestattet § 675g Abs. 3 BGB einen weiteren erleichterten Vertragsänderungsmechanismus, der keiner fristgebundenen vorherigen Unterrichtung nach Abs. 1 bzw. der Vereinbarung der Zustimmungsfiktion nach Abs. 2 bedarf.[32] Nach § 675g Abs. 3 S. 1 BGB werden Änderungen von Zinssätzen oder Wechselkursen unmittelbar und ohne vorherige Benachrichtigung wirksam, soweit dies im Zahlungsdiensterahmenvertrag vereinbart wurde und die Änderungen auf den dort vereinbarten Referenzzinssätzen oder -wechselkursen beruhen.

18 Die Wirksamkeit der Anpassung an die geänderten Zinsen und Wechselkurse kann mithin bei entsprechender Vereinbarung im Zahlungsdiensterahmenvertrag unmittelbar mit der Änderung der Referenzzinssätze oder -wechselkurse eintreten.[33] Der Zahlungsdienstleister ist verpflichtet, in seinen vorvertraglichen Informationen bei der Anwendung von Referenzzinssätzen und -wechselkursen die Methode für die Berechnung der tatsächlichen Zinsen sowie den maßgeblichen Stichtag und den Index oder die Grundlage für die Bestimmung des Referenzzinssatzes oder -wechselkurses zu benennen (siehe Art. 248 § 4 Abs. 1 Nr. 3 lit. b EGBGB), sowie auf das vereinbarungsgemäße unmittelbare Wirksamwerden von Änderungen des Referenzzinssatzes oder -wechselkurses hinzuweisen (Art. 248 § 4 Abs. 1 Nr. 3 lit. c EGBGB). Bei für den Zahlungsdienstnutzer ungünstigen Änderungen von Zinssätzen ist zudem auch während des laufenden Zahlungsdiensterahmenvertrags eine Unterrichtung durch den Zahlungsdienstleister nach Art. 248 § 9 Nr. 2 EGBGB geboten; hierbei handelt es sich aber um keine Wirksamkeitsvoraussetzung der Änderung.[34]

19 Die Definitionen der Begriffe des Referenzzinssatzes und -wechselkurses in § 675g Abs. 3 S. 2 und 3 BGB folgen den Begriffsbestimmungen in Art. 4 Abs. 26 und 27 ZDRL II. Danach ist ein Referenzzinssatz der Zinssatz, der bei der Zinsberechnung zugrunde gelegt wird und aus einer öffentlich zugänglichen und für beide Parteien eines Zahlungsdienstevertrags überprüfbaren Quelle stammt. Der Referenzwechselkurs ist der Wechselkurs, der bei jedem Währungsumtausch zugrunde gelegt und vom Zahlungsdienstleister zugänglich gemacht wird oder aus einer öffentlich zugänglichen Quelle stammt. Beim Referenzwechselkurs besteht anders als beim Referenzzinssatz mithin nicht das Erfordernis, dass dieser Kurs aus einer öffentlich zugänglichen Quelle stammt (z.B. von der Bundesbank oder der EZB veröffentlichte Zinssätze), solange dieser Kurs vom Zahlungsdienstleister jedem Währungsumtausch zugrunde gelegt und er von ihm zugänglich gemacht wird.[35]

---

32 Vgl. Begr Reg-Entw BT-Drs. 16/11643, S. 103 f.

33 Begr Reg-Entw BT-Drs. 16/11643, S. 104; MK-Casper, 7. Aufl., § 675g BGB Rn. 16; Palandt-Sprau, 77. Aufl., § 675g BGB Rn. 11; Staudinger-Omlor, 2012, § 675g BGB Rn. 8.

34 BeckOK-Schmalenbach, 43. Ed. 2017, § 675g BGB Rn. 11; MK-Casper, 7. Aufl., § 675g BGB Rn. 14.

35 Siehe zu dieser Unterscheidung MK-Casper, 7. Aufl., § 675g BGB Rn. 15.

Nicht erforderlich ist, dass im Zahlungsdiensterahmenvertrag jede Änderung von Zinssätzen ohne weiteres nachvollzogen wird, es kann vielmehr auch eine zeitversetzte oder modifizierte Anpassung bei Erreichen bestimmter Schwellenwerte erfolgen,[36] worüber dann nach Art. 248 § 4 Abs. 1 Nr. 3 lit. b EGBGB der Zahlungsdienstnutzer vom Zahlungsdienstleister in dessen vorvertraglichen Informationen zu unterrichten ist. **20**

Unzulässig ist es dagegen, wenn der Zahlungsdienstleister durch solche Vereinbarungen zur Berechnung der Anpassung an Referenzzinssätze und -wechselkurse benachteiligt wird (Absatz 4),[37] beispielsweise durch unterschiedliche Anpassungsgeschwindigkeiten oder Rundungsregelungen bei Anpassungen nach oben oder unten.[38] Diese Regelung ist richtlinienkonform nicht nur auf Änderungen von Referenzzinssätze und -wechselkursen nach § 675g Absatz 3 BGB anzuwenden, sondern auch auf entsprechende Änderungen nach Absatz 1 und 2.[39] **21**

Bereits vor Umsetzung der ZDRL I wurde es nach § 307 BGB für unwirksam gehalten, wenn Zinsanpassungsklauseln über die Abwälzung konkreter Kosten hinaus Gewinnsteigerungen für den Zahlungsdienstleister ermöglichten, indem sie keine Bindung des Zahlungsdienstleisters an den Umfang des Kostenanstiegs vorsahen und keine Verpflichtung enthielten, Kostenminderungen ohne Einräumung eines Ermessens an die Kunden weiter zu geben:[40] Daran dürfte festzuhalten sein, da eine solche Anpassungsklausel als Benachteiligung des Zahlungsdienstleisters anzusehen ist und § 675g Abs. 4 BGB zudem keinen abschließenden Charakter erkennen lässt.[41] **22**

F. Abdingbarkeit

Von der Regelung des § 675g BGB kann nach § 675e Abs. 1 BGB zugunsten des Zahlungsdienstnutzers abgewichen werden, d.h. bei für den Zahlungsdienstnutzer lediglich rechtlich vorteilhaften Änderungen bedarf es auch außerhalb des Bereichs von Vertragsänderungen aufgrund einer ausdrücklichen Zustimmung des Zahlungsdienstnutzers[42] keiner Beachtung der Vorgaben des § 675g BGB.[43] **23**

Zudem kann § 675g BGB im unternehmerischen Verkehr (siehe § 675e Abs. 4 BGB) und in bestimmten Drittstaatensachverhalten (§§ 675e Abs. 2 Nr. 2 i.V.m. 675d Abs. 6 S. 1 Nrn. 1 und 2 BGB) abbedungen werden, wodurch insbesondere das Erfordernis der an Frist und Form nach § 675g Abs. 1 BGB gebundenen Unterrichtung abbedungen werden kann. Bei Kleinbetragsinstrumenten ist die nach § 675g Abs. 1 BGB vorgesehene Form der Unterrichtung abdingbar (§ 675i Abs. 2 Nr. 1 BGB).[44] **24**

---

36 BeckOK-Schmalenbach, 43. Ed. 2017, § 675g BGB Rn. 12.
37 Vgl. Begr Reg-Entw BT-Drs. 16/11643, S. 104.
38 MK-Casper, 7. Aufl., § 675g BGB Rn. 17; Palandt-Sprau, 77. Aufl., § 675g BGB Rn. 14.
39 BeckOK-Schmalenbach, 43. Ed. 2017, § 675g BGB Rn. 13; Staudinger-Omlor, 2012, § 675g BGB Rn. 9.
40 BGH, Urt. v. 21.4.2009 – XI ZR 78/08, juris Rn. 32, BGHZ 180, 257; Erman-von Westphalen, 15. Aufl., § 675g BGB Rn. 16; Staudinger-Omlor, 2012, § 675g BGB Rn. 9.
41 So Staudinger-Omlor, 2012, § 675g BGB Rn. 9.
42 Siehe unter D.
43 BeckOK-Schmalenbach, 43. Ed. 2017, § 675g BGB Rn. 2.
44 Siehe Erman-von Westphalen, 15. Aufl., § 675g BGB Rn. 10.

§ 675h BGB
Ordentliche Kündigung eines Zahlungsdiensterahmenvertrags

(1) Der Zahlungsdienstnutzer kann den Zahlungsdiensterahmenvertrag, auch wenn dieser für einen bestimmten Zeitraum geschlossen ist, jederzeit ohne Einhaltung einer Kündigungsfrist kündigen, sofern nicht eine Kündigungsfrist vereinbart wurde. Die Vereinbarung einer Kündigungsfrist von mehr als einem Monat ist unwirksam.

(2) Der Zahlungsdienstleister kann den Zahlungsdiensterahmenvertrag nur kündigen, wenn der Vertrag auf unbestimmte Zeit geschlossen wurde und das Kündigungsrecht vereinbart wurde. Die Kündigungsfrist darf zwei Monate nicht unterschreiten. Die Kündigung ist in der in Artikel 248 §§ 2 und 3 des Einführungsgesetzes zum Bürgerlichen Gesetzbuche vorgesehenen Form zu erklären.

(3) Im Fall der Kündigung sind regelmäßig erhobene Entgelte nur anteilig bis zum Zeitpunkt der Beendigung des Vertrags zu entrichten. Im Voraus gezahlte Entgelte, die auf die Zeit nach Beendigung des Vertrags fallen, sind anteilig zu erstatten.

(4) Der Zahlungsdienstleister darf mit dem Zahlungsdienstnutzer für die Kündigung des Zahlungsdiensterahmenvertrags kein Entgelt vereinbaren.

Systematische Übersicht

A. Allgemeines

1 § 675h BGB regelt die ordentliche Kündigung eines Zahlungsdiensterahmenvertrags durch den Zahlungsdienstleister und den Zahlungsdienstnutzer, während für die außerordentliche Kündigung auf den § 314 BGB als allgemeine Bestimmung zur Kündigung von Dauerschuldverhältnissen aus wichtigem Grund zurückzugreifen ist.[1]

2 Die Regelung des § 675h BGB ist zur Umsetzung des Art. 45 ZDRL I eingeführt worden; im Zuge der Umsetzung der ZDRL II, die die Kündigung des Zahlungsdiensterahmenvertrags nunmehr in Art. 55 ZDRL II regelt, ist in § 675h Abs. 4 BGB neu klargestellt

1 Siehe unter Rn. 14.

worden, dass der Zahlungsdienstleister mit dem Zahlungsdienstnutzer für die Kündigung des Zahlungsdiensterahmenvertrags kein Entgelt vereinbaren darf.[2]

Für den Bereich von Verbraucher-Zahlungskonten sind Sonderregelungen nach dem ZKG zu beachten in Bezug auf die Kontenwechselhilfe zwischen Verbraucher-Zahlungskonten, die auch die Schließung des bisherigen Kontos beinhalten kann,[3] sowie in Bezug auf die Kündigung von Basiskontoverträgen.[4] 3

B. Ordentliches Kündigungsrecht des Zahlungsdienstnutzers

§ 675h Abs. 1 S. 1 BGB sieht ein jederzeitiges ordentliches Kündigungsrecht des Zahlungdienstnutzers im Zahlungsdiensterahmenvertrag vor.[5] Dieses ordentliche Kündigungsrecht besteht nicht nur für auf unbestimmte Zeit geschlossene Zahlungsdiensterahmenverträge, sondern nach § 675h Abs. 1 S. 1 BGB auch dann, wenn der Zahlungsdiensterahmenvertrag für einen bestimmten Zeitraum geschlossen wurde.[6] Zielsetzung dieser weit gefassten Kündigungsmöglichkeit ist es, dem Kunden den Wechsel von einem Zahlungsdienstleister zum anderen zu erleichtern.[7] 4

Die ordentliche Kündigung durch den Zahlungdienstnutzer bedarf grundsätzlich keiner Einhaltung einer Kündigungsfrist, sofern nicht eine solche im Zahlungsdiensterahmenvertrag vereinbart wurde.[8] Die Vereinbarung einer Kündigungsfrist von mehr als einem Monat ist nach § 675h Abs. 1 S. 2 BGB unwirksam. Die Kündigungsmöglichkeit nach § 675g Abs. 2 S. 2 BGB sowie das außerordentliche Kündigungsrecht des Zahlungdienstnutzers aus allgemeinen Regelungen bleibt von der Vereinbarung einer solchen Frist für die ordentliche Kündigung unberührt.[9] 5

Eine besondere Form ist für die Kündigungserklärung des Zahlungsdienstnutzers in § 675h BGB nicht vorgesehen; der Zahlungsdienstnutzer kann die Kündigung auch konkludent erklären und eine Begründung ist nicht erforderlich.[10] Die Vereinbarung einer besonderen Form für die Kündigung im Zahlungsdiensterahmenvertrag wäre als Erschwerung des Kündigungsrechts jedenfalls im Verkehr mit Verbrauchern unwirksam (§ 675e Abs. 1 BGB).[11] Die Beweislast für den Zugang der Kündigung trägt nach allgemeinen Grundsätzen der Zahlungsdienstnutzer.[12] 6

Der Zahlungsdienstnutzer ist vom Zahlungsdienstleister in dessen vorvertraglichen Informationen nach Art. 248 § 4 Abs. 1 Nr. 6 lit. c EGBGB auf sein jederzeitiges Kündigungsrecht hinzuweisen. 7

---

2 Siehe die Begründung des Regierungsentwurfs zur Umsetzung der Zweiten Zahlungsdiensterichtlinie, BT-Drs. 18/11495, S. 155. Dazu unten Rn. 21.

3 Dazu siehe unten Rn. 24.

4 Dazu siehe unten Rn. 30 ff.

5 Siehe Begründung des Regierungsentwurfs zur Umsetzung des zivilrechtlichen Teils der Zahlungsdiensterichtlinie, BT-Drs. 16/11643, S. 104.

6 Siehe BeckOK-Schmalenbach, 43. Ed. 2017, § 675h BGB Rn. 2; Palandt-Sprau, 77. Aufl., § 675h BGB Rn. 2.

7 Siehe Begr Reg-Entw, BT-Drs. 16/11643, S. 104; Palandt-Sprau, 77. Aufl., § 675h BGB Rn. 2; Staudinger-Omlor, 2012, § 675h BGB Rn. 3.

8 Siehe § 675h Abs. 1 S. 1, letzter Halbsatz BGB.

9 Zur außerordentlichen Kündigung siehe unter Rn. 14.

10 Erman-von Westphalen, 15. Aufl., § 675h BGB Rn. 3; MK-Casper, 7. Aufl., § 675h BGB Rn. 5 ff.; Palandt-Sprau, 77. Aufl., § 675h BGB Rn. 2; Staudinger-Omlor, 2012, § 675h BGB Rn. 3.

11 BeckOK-Schmalenbach, 43. Ed. 2017, § 675h BGB Rn. 7.

12 BeckOK-Schmalenbach, 43. Ed. 2017, § 675h BGB Rn. 7; Staudinger-Omlor, 2012, § 675h BGB Rn. 3.

C. Ordentliches Kündigungsrecht des Zahlungsdienstleisters

8 Das ordentliche Kündigungsrecht des Zahlungsdienstleisters ist in § 675h Abs. 2 S. 1 BGB geregelt.[13] Danach kann der Zahlungsdienstleister den Zahlungsdiensterahmenvertrag nur dann ordentlich kündigen, wenn der Vertrag auf unbestimmte Zeit geschlossen wurde und ein solches Kündigungsrecht vereinbart wurde, was auch durch AGB erfolgen kann.[14] Ein auf bestimmte Zeit geschlossener Zahlungsdiensterahmenvertrag oder ein Vertrag ohne entsprechende Vereinbarung eines Kündigungsrechts kann vom Zahlungsdienstleister nicht ordentlich gekündigt werden,[15] sondern es kommt hier nur eine außerordentliche Kündigung in Betracht.[16]

9 Für das ordentliche Kündigungsrecht des Zahlungsdienstleisters ist eine Kündigungsfrist einzuhalten, die zwei Monate nicht unterschreiten darf (§ 675h Abs. 2 S. 2 BGB). Die Vereinbarung einer längeren Kündigungsfrist im Zahlungsdiensterahmenvertrag ist als dem Zahlungsdienstnutzer günstige Regelung möglich (siehe § 675e Abs. 1 BGB).[17] Bei Vereinbarung einer Kündigungsfrist von weniger als zwei Monaten in den AGB des Zahlungsdienstleisters führt dies zur Unwirksamkeit der Vereinbarung des Kündigungsrechts insgesamt;[18] eine mit einer kürzeren Frist erklärte Kündigung ist unwirksam.[19]

10 Nach § 675h Abs. 2 S. 3 BGB gilt für die ordentliche Kündigung des Zahlungsdienstleisters das Formerfordernis des Art. 248 §§ 2 und 3 EGBGB,[20] d.h. die Kündigung ist dem Zahlungsdienstnutzer auf einem dauerhaften Datenträger mitzuteilen und sie ist in einer Amtssprache des Mitgliedstaats der Europäischen Union oder des Vertragsstaats des Abkommens über den Europäischen Wirtschaftsraum, in dem der Zahlungsdienst angeboten wird, oder in einer anderen zwischen den Parteien vereinbarten Sprache in leicht verständlichen Worten und in klarer und verständlicher Form abzufassen. Eine stillschweigende Kündigung des Zahlungsdienstleisters kommt daher nicht in Betracht.[21] Einer Begründung bedarf die ordentliche Kündigung des Zahlungsdienstleisters grundsätzlich nicht.[22]

11 Anderes gilt allerdings in solchen Fällen, in denen ein Zahlungsdienstleister aus öffentlich-rechtlichen Gründen insbesondere als zur Führung eines Zahlungskontovertrags verpflichtet angesehen wurde. So ist insbesondere öffentlich-rechtlichen Sparkassen die Kündigung von Konten vermeintlich verfassungswidriger Parteien im Hinblick auf das Parteienprivileg aus Art. 21 Abs. 2 S. 2 GG untersagt,[23] während bei privaten Banken die ordentliche Kündigung solcher Kontoverbindungen zugelassen wurde.[24] Für öffentlich-

---

13 Siehe Begr Reg-Entw, BT-Drs. 16/11643, S. 104; Palandt-Sprau, 77. Aufl., § 675h BGB Rn. 1.
14 Staudinger-Omlor, 2012, § 675h BGB Rn. 4.
15 Begr. Reg-Entw BT-Drucks 16/11643, S. 104; Erman-von Westphalen, 15. Aufl., § 675h BGB Rn. 5; MK-Casper, 7. Aufl., § 675h BGB Rn. 8; Palandt-Sprau, 77. Aufl., § 675h BGB Rn. 3.
16 Siehe Herresthal, WM 2013, 773 f.
17 MK-Casper, 7. Aufl., § 675h BGB Rn. 17.
18 MK-Casper, 7. Aufl., § 675h BGB Rn. 18.
19 Erman-von Westphalen, 15. Aufl., § 675h BGB Rn. 6.
20 Siehe Herresthal, WM 2013, 773 f; Palandt-Sprau, 77. Aufl., § 675h BGB Rn. 3; Staudinger-Omlor, 2012, § 675h BGB Rn. 43.
21 MK-Casper, 7. Aufl., § 675h BGB Rn. 19; Palandt-Sprau, 77. Aufl., § 675h BGB Rn. 3.
22 BGH, Urt. v. 15.1.2013 – XI ZR 22/12, juris Rn. 15, WM 2013, 316; Palandt-Sprau, 77. Aufl., § 675h BGB Rn. 3.
23 BGH, Urt. v. 11.3.2003 – XI ZR 403/01, juris Rn. 22, BGHZ 154, 146; Palandt-Sprau, 77. Aufl., § 675h BGB Rn. 3.
24 BGH, Urt. v. 15.1.2013 – XI ZR 22/12, juris Rn. 27, WM 2013, 316.

rechtliche Sparkassen gilt, dass nach Nr. 26 Abs. 1 AGB-Sparkassen in der Fassung von März 2016 eine ordentliche Kündigung generell von der Einhaltung des Gebots der Rücksichtnahme und des Verbots der Kündigung zur Unzeit sowie vom Vorliegen eines sachlichen Grundes abhängig ist, womit entsprechende Anforderungen aus der Rechtsprechung des BGH umgesetzt wurden.[25]

Die Umwandlung eines Kontos in ein Pfändungsschutzkonto soll nach überwiegen- 12
der Auffassung jedenfalls bei privaten Banken der Möglichkeit der Kündigung des Kontos nicht entgegenstehen.[26] Im Übrigen ist eine generelle Pflicht privater Kreditinstitute zur Gleichbehandlung ihrer Kunden im Hinblick auf die Kündigung von Konten nicht anzunehmen.[27]

Speziell geregelte tatbestandliche Einschränkungen der Kündigungsmöglichkeiten 13
und weitere Formerfordernisse gelten dagegen für Kreditinstitute, die Basiskonten nach dem ZKG anbieten (§§ 42, 43 ZKG).[28]

D. Außerordentliche Kündigung des Zahlungsdiensterahmenvertrags

Die außerordentliche Kündigung des Zahlungsdiensterahmenvertrags ist nicht in 14
§ 675h BGB geregelt und ist für den Zahlungsdienstleister wie den Zahlungsdienstnutzer den allgemeinen Regelungen zu entnehmen (siehe §§ 313 Abs. 3 S. 2, 314, 626 BGB).[29] Danach bedarf es des Vorliegens eines wichtigen Grundes, der dann zu bejahen ist, wenn bei einer Gesamtwürdigung aller Umstände des Einzelfalls und einer Abwägung der Interessen beider Vertragsparteien dem Kündigenden die Fortsetzung der Geschäftsbeziehung nicht zugemutet werden kann.[30] Die Formerfordernisse des § 675h Abs. 2 S. 2 BGB finden keine Anwendung auf die in § 675h BGB nicht geregelte außerordentliche Kündigung.

Für Basiskontoverträge nach dem ZKG wird dort auch das außerordentliche Kündi- 15
gungsrecht des Kreditinstituts erheblich eingeschränkt und auf die in § 42 Abs. 3 und 4 ZKG ausdrücklich aufgezählten Fälle beschränkt.[31]

E. Weitere Beendigungsgründe

§ 675h BGB lässt weitere Beendigungsgründe des Zahlungsdiensterahmenvertrags 16
unberührt, insbesondere die vereinbarte Befristung, die zweiseitig vereinbarte Vertrags-

25 BGH, Urt. v. 5.5.2015 – XI ZR 214/14, juris Rn 12, BGHZ 205, 220; siehe hierzu BeckOK-Schmalenbach, 43. Ed. 2017, § 675h BGB Rn. 4; MK-Casper, 7. Aufl., § 675h BGB Rn. 10.
26 Vgl. MK-Casper, 7. Aufl., § 675h BGB Rn. 16; siehe auch Palandt-Sprau, 77. Aufl., § 675h BGB Rn. 3. Dies erscheint insbesondere im Hinblick auf die Möglichkeit der Eröffnung eines Basiskontos nach dem ZKG, das auch als Pfändungsschutzkonto geführt werden könnte, als für den Nutzer hinnehmbar, siehe auch Hippeli, DZWIR 2017, 367, 373.
27 Siehe BGH, Urt. v. 15.1.2013 – XI ZR 22/12, juris Ls., WM 2013, 316; Erman-von Westphalen, 15. Aufl., § 675h BGB Rn. 5; Herresthal, WM 2013, 773, 780. Einschränkender im Hinblick auf das Diskriminierungsverbot aus § 19 AGG siehe MK-Casper, 7. Aufl., § 675h BGB Rn. 14.
28 Dazu siehe unten Rn. 31 ff.
29 BeckOK-Schmalenbach, 43. Ed. 2017, § 675h BGB Rn. 9; MK-Casper, 7. Aufl., § 675h BGB Rn. 2; Erman-von Westphalen, 15. Aufl., § 675h BGB Rn. 3; Langenbucher/Bliesener/Spindler-Herresthal, 2. Aufl., Kap. 2 § 675h BGB Rn. 4; Palandt-Sprau, 77. Aufl., § 675h BGB Rn. 1; Staudinger-Omlor, 2012, § 675h BGB Rn. 1. Siehe auch Art. 55 Abs. 5 ZDRL II; Begr Reg-Entw, BT-Drs. 16/11643, S. 104.
30 BGH, Urt. v. 11.3.2003 – XI ZR 403/01, juris Rn. 29, BGHZ 154, 146; siehe hierzu Staudinger-Omlor, 2012, § 675h BGB Rn. 6.
31 Dazu siehe unten Rn. 34 ff.

aufhebung[32] sowie das von Gesetzes wegen eintretende Erlöschen des Zahlungsdiensterahmenvertrags mit Eröffnung des Insolvenzverfahrens (§§ 116 S. 1, 115 Abs. 1 InsO).[33]

17 Stirbt der Zahlungsdienstnutzer, so führt dies im Zweifel nicht zur Beendigung des Zahlungsdiensterahmenvertrags, sondern es treten die Erben in die Rechtsstellung des Erblassers ein, insbesondere in seine Kontoinhaberschaft.[34]

F. Rechtsfolgen der Kündigung

18 Die Kündigung erfasst grundsätzlich den gesamten Vertrag und eine Teilkündigung einzelner vom Rahmenvertrag umfasster Leistungselemente ist unzulässig.[35] Dagegen können mit dem Zahlungsdiensterahmenvertrag zusammenhängende eigenständige Sondervereinbarungen auch eigenständig hiervon gekündigt werden, also z.B. Kartenverträge, Vereinbarungen von Überziehungskrediten sowie Scheckabreden.[36] Umgekehrt führt die Beendigung des Zahlungsdiensterahmenvertrags auch zum Erlöschen der damit zusammenhängenden Kartenverträge.[37]

19 Mit dem Erlöschen des Zahlungsdiensterahmenvertrags aufgrund der Kündigung darf ein aufgrund dieses Vertrags geführtes Zahlungskonto nicht mehr als solches weitergeführt werden[38] und es werden keine Überweisungen mehr ausgeführt oder Lastschriften belastet.[39] Ein Guthaben ist dem Zahlungsdienstleister auszuzahlen und ein Debetsaldo ist von ihm auszugleichen. Noch eingehende Zahlungen sind innerhalb eines angemessenen zeitlichen Rahmens weiterhin vom Zahlungsdienstleister entgegenzunehmen und dem Zahlungsdienstnutzer nach § 667 Alt. 2 BGB herauszugeben.[40]

20 § 675h Abs. 3 BGB regelt für den Fall einer Kündigung für regelmäßig erhobene Entgelte eine zeitanteilige Entgeltpflicht:[41] Im Fall der Kündigung sind regelmäßig erhobene Entgelte nur anteilig bis zum Zeitpunkt der Beendigung des Vertrags zu entrichten (§ 675h Abs. 3 S. 1 BGB). Im Voraus gezahlte Entgelte, die auf die Zeit nach Beendigung des Vertrags fallen, sind anteilig zu erstatten (§ 675h Abs. 3 S. 2 BGB), z.B. pauschale Jahresgebühren für eine Zahlungskarte.[42] Diese Regelung entspricht der früheren Rechtslage vor Umsetzung der ZDRL I[43] und es dürften diese Grundsätze in der Sache daher auch auf Fälle einer außerordentlichen Kündigung anzuwenden sein.[44]

---

32 Siehe MK-Casper, 7. Aufl., § 675h BGB Rn. 2; Staudinger-Omlor, 2012, § 675h BGB Rn. 1.
33 BGH, Urt. v. 5.12.2006 – XI ZR 21/06, juris Rn. 11, BGHZ 170, 121; BeckOK-Schmalenbach, 43. Ed. 2017, § 675h BGB Rn. 14; MK-Casper, 7. Aufl., § 675h BGB Rn. 2; Palandt-Sprau, 77. Aufl., § 675h BGB Rn. 1; Staudinger-Omlor, 2012, § 675h BGB Rn. 7.
34 MK-Casper, 7. Aufl., § 675h BGB Rn. 2; Palandt-Sprau, 77. Aufl., § 675h BGB Rn. 1; Staudinger-Omlor, 2012, § 675h BGB Rn. 7.
35 BGH, Urt. v. 8.11.2005 – XI ZR 74/05, juris Rn. 12, WM 2006, 179; BeckOK-Schmalenbach, 43. Ed. 2017, § 675h BGB Rn. 8; Herresthal, WM 2013, 773, 775; MK-Casper, 7. Aufl., § 675h BGB Rn. 5; Palandt-Sprau, 77. Aufl., § 675h BGB Rn. 2; Staudinger-Omlor, 2012, § 675h BGB Rn. 4.
36 BGH, Urt. v. 8.11.2005 – XI ZR 74/05, juris Rn. 13, WM 2006, 179; Erman-von Westphalen, 15. Aufl., § 675h BGB Rn. 3; Staudinger-Omlor, a.a.O.
37 Staudinger-Omlor, 2012, § 675h BGB Rn. 8.
38 BGH, Urt. v. 5.12.2006 – XI ZR 21/06, juris Rn. 12, BGHZ 170, 121; Palandt-Sprau, 77. Aufl., § 675h BGB Rn. 2; Staudinger-Omlor, a.a.O.
39 Staudinger-Omlor, 2012, § 675h BGB Rn. 8.
40 BGH, Urt. v. 5.12.2006 – XI ZR 21/06, juris Rn. 12, BGHZ 170, 121; BeckOK-Schmalenbach, 43. Ed. 2017, § 675h BGB Rn. 8; Palandt-Sprau, 77. Aufl., § 675h BGB Rn. 2; Staudinger-Omlor, a.a.O.
41 Siehe Begr Reg-Entw, BT-Drs. 16/11643, S. 104; MK-Casper, 7. Aufl., § 675h BGB Rn. 23; Palandt-Sprau, 77. Aufl., § 675h BGB Rn. 5.
42 Siehe Begr Reg-Entw, BT-Drs. 16/11643, S. 104; Palandt-Sprau, 77. Aufl., § 675h BGB Rn. 5.
43 OLG Frankfurt, Urt. v. 14.12.2000 – 1 U 108/99, juris Rn. 6, WM 2001, 987.
44 Staudinger-Omlor, 2012, § 675h BGB Rn. 9.

Für die Kündigung selbst darf, wie § 675h Abs. 4 BGB nunmehr ausdrücklich klarstellt, zwischen dem Zahlungsdienstleister und dem Zahlungsdienstnutzer kein Entgelt vereinbart werden. Dies entspricht der bisherigen Rechtslage:[45] Bereits in der Umsetzung der ZDRL I hatte sich der deutsche Gesetzgeber gegen die Nutzung einer Mitgliedstaatenoption entschieden, für die Kündigung von unbefristeten oder von länger als einem Jahr befristeten Rahmenverträgen ein Entgelt vorzusehen, sofern die Kündigung innerhalb der ersten zwölf Monate erfolgte.[46] In der ZDRL II wurde diese Regelungsmöglichkeit auf Kündigungen von Zahlungsdiensterahmenverträgen innerhalb der ersten sechs Monate begrenzt:[47] Die Umsetzung im deutschen Recht ist hier weiterhin nutzerfreundlicher und lässt ein solches Entgelt unabhängig von der Vertragslaufzeit nicht zu.[48] 21

G. Abdingbarkeit

Von der Regelung des § 675h BGB kann nach § 675e Abs. 1 BGB zugunsten des Zahlungsdienstnutzers abgewichen werden, z.B. durch die Vereinbarung längerer Kündigungsfristen für den Zahlungsdienstleister. Im Übrigen darf zu Lasten von Verbrauchern als Zahlungsdienstnutzer nicht von der Regelung des § 675h BGB abgewichen werden.[49] 22

Im unternehmerischen Verkehr (§ 675e Abs. 4 BGB) sowie in bestimmten Drittstaatensachverhalten (§§ 675e Abs. 2 Nr. 2 i.V.m. 675d Abs. 6 S. 1 Nrn. 1 und 2 BGB) kann § 675g BGB dagegen auch zu Lasten des Zahlungsdienstnutzers abbedungen werden, bspw. durch eine Einschränkung des ordentlichen Kündigungsrechts des Zahlungsdienstnutzers. 23

H. Kontenwechselhilfe bei Verbraucher-Zahlungskonten nach dem ZKG

Für Zahlungskonten von Verbrauchern im Allgemeinen, d.h. nicht beschränkt auf Basiskontoverträge, sieht das ZKG besondere Verpflichtungen der beteiligten Zahlungsdienstleister zur Unterstützung von Verbrauchern beim Kontenwechsel vor, um ihnen einen erleichterten Kontenwechsel zu jeweils passenden Zahlungskontoangeboten zu ermöglichen.[50] Diese Regelungen zur Kontenwechselhilfe können auch die Kündigung und Schließung des Zahlungskontos umfassen und betreffen damit als Sonderregelung für Verbraucher-Zahlungskontenverträge den Regelungsgegenstand des § 675h BGB. 24

Dabei unterscheidet das ZKG zwischen einem grenzüberschreitenden und einem innerdeutschen Kontenwechsel. Für den innerdeutschen Kontenwechsel sieht das ZKG in den §§ 20 ff. ZKG ein umfassendes Pflichtenprogramm beider beteiligter Zahlungsdienstleister vor:[51] Auf einen einfachen Auftrag des Verbrauchers hin müssen der übertragende und der empfangende Zahlungsdienstleister den kompletten Kontenwechsel nach dem Wunsch des Kunden binnen einer Frist von zehn Geschäftstagen abwickeln, von der Übertragung von Daueraufträgen[52] und der Information von Zahlern und Zah- 25

---

45 Siehe die Nachweise zu § 675f BGB Rn. 62.

46 Art. 45 Abs. 2 i.V.m. Abs. 6 ZDRL I. Dazu siehe Begr Reg-Entw, BT-Drs. 16/11643, S. 104; MK-Casper, 7. Aufl., § 675h BGB Rn. 25.

47 Siehe Art. 55 Abs. 2 ZDRL II; dazu MK-Casper, 7. Aufl., § 675h BGB Rn. 25.

48 Siehe Begr Reg-Entw, BT-Drs. 18/11495, S. 155.

49 Siehe MK-Casper, 7. Aufl., § 675h BGB Rn. 6. Noch nicht letztinstanzlich entschieden ist die Frage, ob die Vereinbarung einer automatischen Beendigung von Zahlungsdiensterahmenverträgen bei Eintritt bestimmter Bedingungen (z.B. Beendigung des Zugangs zum Online-Banking nach Zustellung von Zwangsvollstreckungsmaßnahmen) als Fall einer unzulässigen Abweichung von dem Erfordernis einer Kündigung unter Beachtung des § 675h BGB anzusehen ist, so aber LG Düsseldorf, Urt. v. 28.3.2018 – 12 O 74/17, juris Rn. 36 ff.

50 Siehe zu dieser Zielsetzung oben 1.5.

51 Siehe Böger, in: Bankrechtstag 2016, S. 193, 240 ff.

52 §§ 22 Nr. 1, 23 Abs. 1 Nr. 3 sowie 24 Abs. 1 Nr. 1 ZKG.

lungsempfängern[53] bis hin zur Übertragung eines verbleibenden Guthabens auf das neue Zahlungskonto[54] und der Schließung des alten Zahlungskontos.[55]

26 Im Rahmen der Erfüllung dieser Verpflichtungen sind übertragender und empfangender Zahlungsdienstleister zur Zusammenarbeit miteinander verpflichtet und sie haften dem Verbraucher für Schäden aus einer Verletzung ihrer Verpflichtungen im Rahmen des Kontenwechsels als Gesamtschuldner).[56] Das Gesetz spricht hier von einer Haftung nach den allgemeinen Vorschriften, was als Verweisung auf die §§ 280 ff. BGB zu verstehen ist[57] und insbesondere eine Verschuldensabhängigkeit der Haftung beinhaltet.[58]

27 Dem Verbraucher wird die Stellung des Antrags auf Erbringung der Unterstützungsleistungen für den Kontowechsel dadurch erleichtert, dass das ZKG in der Anlage 1 ein gesetzliches Formularmuster vorsieht, das dem Verbraucher vom empfangenden Zahlungsdienstleister auszuhändigen ist.[59] Die Regeln des ZKG zu den einzelnen Unterstützungsleistungen seitens der beteiligten Zahlungsdienstleister sind den Vorgaben der Richtlinie folgend jeweils im Einzelnen an das Vorliegen nicht nur eines Auftrags zur Vornahme von Unterstützungsleistungen im Allgemeinen, sondern auch einer auf die jeweilige Einzeltätigkeit bezogenen Ermächtigung des Verbrauchers gebunden:[60] Das Formular in der Anlage 1 zum ZKG enthält als Standard-Vorauswahl eine Ermächtigung zur Vornahme eines umfassenden Leistungspakets, das den typischen Erwartungen des Verbrauchers an den Kontenwechsel gerecht wird.[61]

28 Die Entgelte für die Erbringung von Dienstleistungen im Rahmen des Kontenwechsels sind grundsätzlich auf die Möglichkeit der Vereinbarung eines angemessenen und an den tatsächlichen Kosten des Zahlungsdienstleisters orientierten Entgelts beschränkt;[62] für bestimmte Teil-Dienstleistungen im Rahmen des Kontenwechsels, namentlich den Datenzugriff und die Übersendung von Informationen sowie für die Schließung des Kontos selbst darf ein Entgelt nicht vereinbart werden.[63]

29 Für den grenzüberschreitenden Kontenwechsel sieht das ZKG keine solchen Pflichten zur Zusammenarbeit beider beteiligter Zahlungsdienstleister vor. Stattdessen be-

---

53 § 24 Abs. 1 Nr. 3 bis 6 ZKG.

54 § 23 Abs. 1 Nr. 4 ZKG.

55 § 23 Abs. 1 Nr. 5 ZKG. Anders als nach Art. 10 Abs. 4 Buchst. e Zahlungskonten-RL ist nach dem ZKG die Schließung des alten Zahlungskontos nicht davon abhängig zu machen, dass ein etwaiger negativer Saldo ausgeglichen wird. Nach Herresthal, BKR 2016, 221, 227 sowie Bülow/Artz-Brinkmann, § 23 ZKG Rn. 17, soll demgegenüber bereits aus § 273 BGB folgen, dass der übertragende Zahlungsdienstleister die Schließung bis zum Ausgleich des Negativsaldos verweigern kann: Dies überzeugt allerdings nicht und dürfte eine durch § 4 Abs. 2 ZKG untersagte Umgehung darstellen. Anderenfalls könnte der Zahlungsdienstleister ungeachtet des Schließungsbegehrens weiter Kontoführungsentgelte und vertragliche Sollzinsen verlangen.

56 So § 25 ZKG. Die Anordnung der gesamtschuldnerischen Haftung geht über die Regelung in Art. 13 Zahlungskonten-RL hinaus, wo lediglich eine Schadensersatzpflicht der beteiligten Zahlungsdienstleister vorgesehen ist. Bei einem Fehler im Rahmen der Kontenwechselhilfe wird der Verbraucher aber oftmals nicht erkennen können, welcher der beteiligten Zahlungsdienstleister hierfür verantwortlich ist, siehe Böger, in: Bankrechtstag 2016, S. 193, 241.

57 Ebenso Bülow/Artz-Brinkmann, § 25 ZKG Rn. 1.

58 Als str. bezeichnet bei Palandt-Sprau, 77. Aufl., § 675h BGB Rn. 7.

59 § 21 Abs. 1 S. 3 ZKG.

60 § 21 ZKG.

61 Begr Reg-Entw, BT-Drs. 18/7204, S. 71; siehe Böger, in: Bankrechtstag 2016, S. 193, 242: Im Regelfall muss der Verbraucher statt einer Auswahl einzelner Leistungsinhalte daher nur seine persönlichen und kontenbezogenen Daten angeben; eine individuelle Erweiterung bzw. Beschränkung des Leistungsinhalts im Formular in der Anlage 1 bleibt weiterhin möglich.

62 § 26 Abs. 1 ZKG. Dazu siehe zu § 675f BGB Rn. 76 ff.

63 Siehe § 26 Abs. 3 Nr. 1 bis Nr. 3 ZKG.

schränkt sich das ZKG hier auf die Regelung der Pflichten des übertragenden Zahlungsdienstleisters nach § 29 ZKG,[64] dem Verbraucher Informationen über laufende Daueraufträge, Lastschriftmandate und Überweisungen unentgeltlich zusammenzustellen, ein verbleibendes Guthaben auszuzahlen oder zu überweisen und das bisherige Zahlungskonto zu schließen.

I. Kündigung von Basiskontoverträgen nach dem ZKG

Für den Bereich der Kündigung von Basiskontoverträgen sieht das ZKG sehr weitgehende Einschränkungen der Kündigungsmöglichkeiten durch das kontoführende Kreditinstitut vor, um das gesetzgeberische Ziel zu verwirklichen, den Zugang zu einem Zahlungskonto mit grundlegenden Funktionen zu sichern.[65] 30

II. Anwendungsbereich der Einschränkung der Kündigungsmöglichkeiten für Basiskontoverträge nach dem ZKG

Die Beschränkungen der Kündigungsmöglichkeiten für Basiskontoverträge nach dem ZKG gelten nur für Kündigungen durch das kontoführende Kreditinstitut selbst. Die Möglichkeit der Vereinbarung eines vom Vorliegen eines Kündigungsgrundes unabhängigen ordentlichen Kündigungsrechts würde den Zielsetzungen des Gesetzes zuwiderlaufen;[66] das Ziel der Zahlungskonten-RL, die Kündigungsmöglichkeiten auf wenige tatbestandsmäßig bestimmte Konstellationen zu begrenzen,[67] schließt aber auch die Möglichkeit einer außerordentlichen Kündigung das kontoführende Kreditinstitut nach den §§ 314, 626 BGB unter Berufung auf den allgemeinen Tatbestand des Vorliegens wichtiger Gründe aus.[68] 31

In Bezug auf vertragliche Zusatzvereinbarungen nach § 39 ZKG wie z.B. insbesondere eine Überziehungsvereinbarung gelten diesen Begrenzungen dagegen nicht und es verbleibt hier auch für das kontoführende Kreditinstitut bei den allgemeinen Regelungen des BGB zur Möglichkeit einer auf diese Zusatzvereinbarungen beschränkten Kündigung. 32

Die Kündigung des Basiskontovertrags durch den Verbraucher wird dagegen durch das ZKG nicht eingeschränkt: Es verweist hier lediglich klarstellend der § 44 S. 1 ZKG für die ordentliche Kündigung auf die allgemeine Regelung des § 675h Abs. 1 BGB und es wird in § 44 S. 2 ZKG die Verpflichtung des Kreditinstituts festgestellt, das Konto nach Wirksamwerden der Kündigung zu schließen. Für eine außerordentliche Kündigung durch den Kontoinhaber wird neben dessen Möglichkeit zur ordentlichen Kündigung ein Bedarf in der Regel nicht bestehen.[69] 33

---

64 Begr Reg-Entw, BT-Drs. 18/7204, S. 74; siehe auch Böger, in: Bankrechtstag 2016, S. 193, 242.
65 Siehe hierzu Böger, in: Bankrechtstag 2016, S. 193, 229 ff.; Palandt-Sprau, 77. Aufl., § 675h BGB Rn. 4.
66 Siehe Begr Reg-Entw, BT-Drs. 18/7204, S. 87. Anders dagegen noch Linardatos, WM 2015, 755, 762.
67 Siehe Art. 19 Abs. 2 und 3 sowie EG 47 Zahlungskonten-RL, hierzu auch Begr Reg-Entw, BT-Drs. 18/7204, S. 87.
68 Siehe hierzu Böger, in: Bankrechtstag 2016, S. 193, 229 f.; Bülow/Artz-Bülow, § 42 ZKG Rn. 1; Gondert/Huneke, VuR 2016, 323, 331. In der Literatur wird dagegen teilweise angenommen, dass auch über die Regelungen des ZKG hinaus eine solche Kündigung bei Vorliegen wichtiger Gründe weiterhin zulässig sein müsse, siehe Herresthal, BKR 2016, 133, 140; zweifelnd Palandt-Sprau, 77. Aufl., § 675h BGB Rn. 5.
69 Es verbleibt hier bei der Anwendung der allgemeinen Regelungen der §§ 313 Abs. 3, 314 und 626 BGB, siehe Begr Reg-Entw, BT-Drs. 18/7204, S. 93.

III. Beschränkungen der Kündigung von Basiskontoverträgen durch das Kreditinstitut

34 Das ZKG begrenzt die Tatbestände sowohl der ordentlichen wie auch der außerordentlichen Kündigung von Basiskontoverträgen durch das Kreditinstitut und unterwirft zudem die Kündigungserklärung des Kreditinstituts besonderen formalen und inhaltlichen Anforderungen.

35 **1. Tatbestände der ordentlichen Kündigung von Basiskontoverträgen durch das Kreditinstitut.** Eine ordentliche Kündigung eines Basiskontovertrags durch das Kreditinstitut mit einer Einhaltung einer Kündigungsfrist von mindestens zwei Monaten ist ausschließlich in den in § 42 Abs. 2 BGB geregelten Fällen zulässig, wobei jeweils auch eine entsprechende Vereinbarung eines solchen Kündigungsrechts vorausgesetzt wird.[70]

36 Danach kann die Möglichkeit einer ordentlichen Kündigung vereinbart werden für den Fall einer Nicht-Nutzung des Zahlungskontos[71] für vom Kontoinhaber in Auftrag gegebene Zahlungsvorgänge über einen Zeitraum von mehr als 24 Monaten (§ 42 Abs. 2 Nr. 1 ZKG),[72] für den Fall des Wegfalls der Verbrauchereigenschaft oder des rechtmäßigen Aufenthalts in der Europäischen Union auf Seiten des Kontoinhabers (§ 42 Abs. 2 Nr. 2 ZKG),[73] für den Fall der Eröffnung eines weiteren Zahlungskontos in der Bundesrepublik Deutschland, mit dem der Verbraucher am Zahlungsverkehr in dem Umfang des gesetzlichen Mindestgehalts eines Basiskontos teilnehmen kann, so dass er nicht länger auf das Basiskonto angewiesen ist (§ 42 Abs. 2 Nr. 3 ZKG)[74] sowie schließlich für den Fall der Ablehnung eines Änderungsangebots nach § 675g BGB durch den Verbraucher (§ 42 Abs. 2 Nr. 4 ZKG).[75]

37 **2. Tatbestände der außerordentlichen Kündigung von Basiskontoverträgen durch das Kreditinstitut.** Die außerordentliche Kündigung des Basiskontovertrags wird in § 42 Abs. 3 bis 5 ZKG geregelt, wobei diese Kündigungsmöglichkeit jeweils keine entsprechende Regelung in der Parteivereinbarung voraussetzt.[76]

38 § 42 Abs. 3 ZKG regelt die Möglichkeit einer Kündigung unter Einhaltung einer Kündigungsfrist von zwei Monaten. Diese Möglichkeit besteht in Fällen vorsätzlicher Straftaten des Verbrauchers zulasten des kontoführenden Instituts, seiner Mitarbeiter oder

---

70 Die Zahlungskonten-RL beinhaltet kein solches Erfordernis, welches in § 42 Abs. 2 ZKG aber zur Angleichung an die Rechtslage nach § 675h Abs. 2 BGB eingeführt wurde (siehe Begr Reg-Entw, BT-Drs. 18/7204, S. 87 f). Die Vereinbarung einer (unzulässigen) generellen ordentlichen Kündigungsmöglichkeit genügt nicht, sondern es muss das vereinbarte Kündigungsrecht sich gerade auf die in § 42 Abs. 2 BGB geregelten Fälle beziehen, siehe Böger, in: Bankrechtstag 2016, S. 193, 230.

71 „Schlafendes Basiskonto", siehe Bülow/Artz-Bülow, § 42 ZKG Rn. 9.

72 Die Regelung beruht auf Art. 19 Abs. 2 Buchst. b Zahlungskonten-RL, ist aber weiter gefasst als jene Vorschrift, nach der eine Kündigung nur möglich sein soll, wenn überhaupt keine Zahlungen über das Konto ausgeführt wurden. Nach der Gesetzesbegründung stützt sich diese Erweiterung auf die Regelung in Art. 19 Abs. 3 Zahlungskonten-RL zur Zulässigkeit begrenzter weiterer Fälle einer Kündigung nach nationalem Recht (siehe Begr Reg-Entw, BT-Drs. 18/7204, S. 88). In der Literatur wird hierin dagegen teils eine teleologische Reduktion der Richtlinienvorgaben aus Art. 19 Abs. 2 Buchst. b Zahlungskonten-RL gesehen, siehe Herresthal, BKR 2016, 133, 140; Bülow/Artz-Bülow, § 42 ZKG Rn. 9. Für die praktische Anwendung dürfte es hierauf nicht ankommen.

73 Siehe hierzu Bülow/Artz-Bülow, § 42 ZKG Rn. 10.

74 Siehe hierzu Bülow/Artz-Bülow, § 42 ZKG Rn. 11.

75 Siehe hierzu Böger, in: Bankrechtstag 2016, S. 193, 231 f.; Bülow/Artz-Bülow, § 42 ZKG Rn. 16 ff.

76 Siehe § 42 Abs. 3 ZKG sowie Begr Reg-Entw, BT-Drs. 18/7204, S. 89 f.

Kunden (§ 42 Abs. 3 Nr. 1 ZKG)[77] sowie in Fällen eines Zahlungsverzugs über einen Zeitraum von mehr als drei Monaten, wenn der Betrag des Verzugs 100 Euro übersteigt und zu besorgen ist, dass noch weitere Forderungen aus der Führung des Basiskontos entstehen (§ 42 Abs. 3 Nr. 2 ZKG).[78]

Über die Regelung der fristgebundenen Kündigung in § 42 Abs. 3 ZKG hinaus darf das kontoführende Institut nach § 42 Abs. 4 ZKG in den besonderen dort geregelten Fällen den Basiskontovertrag auch ohne Einhaltung einer Frist kündigen: Dies betrifft zum einen den Fall einer vorsätzlichen Nutzung des Zahlungskontos durch den Kontoinhaber zu verbotswidrigen Zwecken (§ 42 Abs. 4 Nr. 1 ZKG),[79] zum anderen den Fall des Abschlusses des Basiskontovertrags auf der Grundlage von unzutreffenden Angaben des Verbrauchers (§ 42 Abs. 4 Nr. 2 ZKG).[80] 39

Für außerordentliche Kündigung durch das Kreditinstitut sieht das ZKG in § 42 Abs. 5 ZKG eine noch weiter differenzierende Verweisung auf die Anwendung des § 314 Abs. 2 bis 4 BGB vor, woraus sich insbesondere ein Abmahnungserfordernis als Voraussetzung für die Kündigung wegen Zahlungsverzugs ergibt.[81] Die Verweisung auf die allgemeinen Vorschriften stellt auch für die außerordentliche Kündigung sicher, dass nicht der Zielsetzung des Gesetzes widersprechend eine Kündigung nach dem ZKG ausnahmsweise an weniger strenge Voraussetzungen geknüpft wird als eine Kündigung eines sonstigen Zahlungsdiensterahmenvertrags über die Führung eines Zahlungskontos für Verbraucher.[82] 40

3. Formale und inhaltliche Anforderungen an die Kündigungserklärung durch das Kreditinstitut. Die formalen und inhaltlichen Anforderungen an die Kündigungserklärung durch das Kreditinstitut sind in § 43 ZKG geregelt. 41

§ 43 Abs. 1 ZKG verlangt, dass die Kündigungserklärung in Textform und in klar und verständlicher Weise erklärt werden muss sowie, wenn der Verbraucher und das kontoführende Kreditinstitut nichts anderes vereinbart haben, in deutscher Sprache abgefasst sein muss. Dies entspricht den Anforderungen nach § 675h Abs. 2 S. 3 BGB i.V.m. Art. 248 §§ 2 und 3 EGBGB für die außerordentliche Kündigung eines Zahlungsdiensterahmenvertrags durch den Zahlungsdienstleister. 42

Ferner wird für die Kündigung eines Basiskontovertrags verlangt, dass – soweit nicht Erwägungen der öffentlichen Sicherheit entgegenstehen – dem Verbraucher der Kündigungsgrund anzugeben ist (§ 43 Abs. 2 ZKG) und dass der Verbraucher über die Möglichkeiten aufzuklären ist, sich an die BaFin oder eine Verbraucherschlichtungsstelle zu wenden (§ 43 Abs. 3 ZKG) sowie gegebenenfalls den Weg eines institutsinternen Beschwerdeverfahrens zu beschreiten, wenn ein solches vom Institut vorgesehen ist (§ 43 Abs. 4 ZKG). 43

---

77 Ein ungebührliches Benehmen unterhalb der Schwelle der Strafbarkeit (siehe OLG Köln, Urt. v. 22.7.1992 – 16 U 31/92, NJW-RR 1992, 1522) oder ein allgemeiner betrügerischer Bankrott (siehe AG Passau, Urt. v. 31.3.2009 – 15 C 2028/08, WM 2009, 1566) genügen nicht für eine Kündigung nach dem ZKG genügen, siehe Rott, VuR 2016, 3, 4.

78 Maßgeblich sind nach dem Wortlaut der Norm nicht lediglich Rückstände mit den laufenden Kontoführungsentgelten, sondern auch unbezahlte Kostenerstattungsansprüche des Kreditinstituts. Dagegen sind Darlehensrückzahlungsrückstände von der Norm nicht erfasst, da das Vorhandensein derartiger Rückstände noch nicht wie von Art. 19 Abs. 3 der Richtlinie vorausgesetzt auf den Missbrauch des Rechts auf Zugang zu einem Basiskonto schließen ließe, siehe Böger, in: Bankrechtstag 2016, S. 193, 232f.

79 Bülow/Artz-Bülow, § 42 ZKG Rn. 39f.

80 Bülow/Artz-Bülow, § 42 ZKG Rn. 41f.

81 Siehe auch Begr Reg-Entw, BT-Drs. 18/7204, S. 91f.; Palandt-Sprau, 77. Aufl., § 675h BGB Rn. 5.

82 Siehe Böger, in: Bankrechtstag 2016, S. 193, 233.

§ 675i BGB
Ausnahmen für Kleinbetragsinstrumente und E-Geld

(1) Ein Zahlungsdienstevertrag kann die Überlassung eines Kleinbetragsinstruments an den Zahlungsdienstnutzer vorsehen. Ein Kleinbetragsinstrument ist ein Mittel,
1. **mit dem nur einzelne Zahlungsvorgänge bis höchstens 30 Euro ausgelöst werden können,**
2. **das eine Ausgabenobergrenze von 150 Euro hat oder**
3. **das Geldbeträge speichert, die zu keiner Zeit 150 Euro übersteigen.**

In den Fällen der Nummern 2 und 3 erhöht sich die Betragsgrenze auf 200 Euro, wenn das Kleinbetragsinstrument nur für inländische Zahlungsvorgänge genutzt werden kann.

(2) Im Fall des Absatzes 1 können die Parteien vereinbaren, dass
1. **der Zahlungsdienstleister Änderungen der Vertragsbedingungen nicht in der in § 675g Abs. 1 vorgesehenen Form anbieten muss,**
2. **§ 675l Absatz 1 Satz 2, § 675m Absatz 1 Satz 1 Nummer 3 und 5 sowie Satz 2 und § 675v Absatz 5 nicht anzuwenden sind, wenn das Kleinbetragsinstrument nicht gesperrt oder eine weitere Nutzung nicht verhindert werden kann,**
3. **die §§ 675u, 675v Absatz 1 bis 3 und 5, die §§ 675w und 676 nicht anzuwenden sind, wenn die Nutzung des Kleinbetragsinstruments keinem Zahlungsdienstnutzer zugeordnet werden kann oder der Zahlungsdienstleister aus anderen Gründen, die in dem Kleinbetragsinstrument selbst angelegt sind, nicht nachweisen kann, dass ein Zahlungsvorgang autorisiert war,**
4. **der Zahlungsdienstleister abweichend von § 675o Abs. 1 nicht verpflichtet ist, den Zahlungsdienstnutzer von einer Ablehnung des Zahlungsauftrags zu unterrichten, wenn die Nichtausführung aus dem Zusammenhang hervorgeht,**
5. **der Zahler abweichend von § 675p den Zahlungsauftrag nach dessen Übermittlung oder nachdem er dem Zahlungsempfänger seine Zustimmung zum Zahlungsauftrag erteilt hat, nicht widerrufen kann, oder**
6. **andere als die in § 675s bestimmten Ausführungsfristen gelten.**

(3) Die §§ 675u und 675v sind für E-Geld nicht anzuwenden, wenn der Zahlungsdienstleister des Zahlers nicht die Möglichkeit hat, das Zahlungskonto, auf dem das E-Geld gespeichert ist, oder das Kleinbetragsinstrument zu sperren. Satz 1 gilt nur für Zahlungskonten, auf denen das E-Geld gespeichert ist, oder Kleinbetragsinstrumente mit einem Wert von höchstens 200 Euro.

Systematische Übersicht

A. Allgemeines

1 § 675i BGB enthält Sonderregelungen für Kleinbetragsinstrumente und E-Geld. Nach den Zielsetzungen der Richtlinie sollen diese eine kostengünstige und benutzerfreundliche Alternative zur Barzahlung darstellen,[1] für die deswegen Ausnahmen von bestimmten Anforderungen der §§ 675c ff. BGB zugelassen werden.[2] Durch die Beschränkung des Anwendungsbereichs dieser Ausnahmen auf niedrige Zahlungsbeträge soll gleichzeitig das Verlust- und Missbrauchsrisiko begrenzt werden, das sich ansonsten aus der Nichtanwendung bestimmter Vorschriften der §§ 675c ff. BGB zum Schutz des Zahlungsdienstnutzers ergeben würde.[3]

2 § 675i BGB wurde eingeführt in Umsetzung von Artt. 34 und 53 ZDRL I, die nunmehr durch Artt. 42 und 63 ZDRL II ersetzt wurden. Im Rahmen der Umsetzung der ZDRL II ist § 675i BGB lediglich in redaktioneller Hinsicht angepasst worden.[4]

B. Kleinbetragsinstrumente (§ 675i Abs. 1 BGB)

3 Der Begriff des Kleinbetragsinstruments ist legaldefiniert in § 675i Abs. 1 S. 2 BGB, wonach es sich hierbei um ein Mittel handelt, mit dem nur einzelne Zahlungsvorgänge bis höchstens 30 Euro ausgelöst werden können § 675i Abs. 1 S. 2 Nr. 1 BGB), das eine Ausgabenobergrenze von 150 Euro hat (§ 675i Abs. 1 S. 2 Nr. 2 BGB) oder das Geldbeträge speichert, die zu keiner Zeit 150 Euro übersteigen (§ 675i Abs. 1 S. 2 Nr. 3 BGB). Diese Voraussetzungen sind alternativ, nicht kumulativ zu verstehen;[5] entscheidender Faktor ist jeweils die Limitierung des Höchstbetrags, die zu einer Begrenzung des Verlust- und Missbrauchsrisikos für den Zahlungsdienstnutzer führt. Im Rahmen dieser Höchstbetragsgrenzen erfasst die Vorschrift Kleinbetragsinstrumente sowohl als Prepaid- wie auch als Postpaid-Produkte[6] sowie an ein Zahlungskonto gebundene wie auch kontoungebundene Produkte.[7]

4 Für Kleinbetragsinstrumente, die nur für inländische Zahlungsvorgänge genutzt werden können, erhöhen sich nach § 675i Abs. 1 S. 3 BGB die Höchstbetragsgrenzen nach § 675i Abs. 1 S. 2 Nr. 2 BGB und § 675i Abs. 1 S. 2 Nr. 3 BGB jeweils auf 200 Euro.[8] Damit hat der deutsche Gesetzgeber zurückhaltenden Gebrauch von der in Art. 63 Abs. 2 ZDRL II enthaltenen Option gemacht, die eine Anhebung für Prepaid-Produkte auf EUR 500 und für Postpaid-Produkte auf EUR 300 gestattet hätte.[9]

---

1 EG 81 ZDRL II; siehe auch die Begründung des Regierungsentwurfs zur Umsetzung des zivilrechtlichen Teils der Zahlungsdiensterichtlinie, BT-Drs. 16/11643, S. 104.
2 Begr Reg-Entw BT-Drucks 16/11643, S. 104; Palandt-Sprau, 77. Aufl., § 675i BGB Rn. 1.
3 Begr Reg-Entw BT-Drucks 16/11643, S. 104 f.; Palandt-Sprau, 77. Aufl., § 675i BGB Rn. 2.
4 Siehe Begründung des Regierungsentwurfs zur Umsetzung der Zweiten Zahlungsdiensterichtlinie, BT-Drs. 18/11495, S. 155 f.
5 MK-Casper, 7. Aufl., § 675i BGB Rn. 4.
6 Begr Reg-Entw BT-Drucks 16/11643, S. 105; MK-Casper, 7. Aufl., § 675i BGB Rn. 6; Staudinger-Omlor, 2012, § 675i BGB Rn. 4.
7 Begr Reg-Entw BT-Drucks 16/11643, S. 105.
8 Siehe MK-Casper, 7. Aufl., § 675i BGB Rn. 4, 7.
9 Siehe Begr Reg-Entw BT-Drucks 16/11643, S. 105; MK-Casper, 7. Aufl., § 675i BGB Rn. 7: Die Höchstbetragsgrenze von 200 Euro orientiert sich an dem für Geldkarten vorgesehenen Höchstbetrag.

5 § 675i BGB betrifft auch E-Geld: E-Geld ist legaldefiniert in § 1 Abs. 2 S. 3 ZAG als jeder elektronisch, darunter auch magnetisch, gespeicherte monetäre Wert in Form einer Forderung an den Emittenten, der gegen Zahlung eines Geldbetrags ausgestellt wird, um damit Zahlungsvorgänge im Sinne des § 675f Abs. 4 S. 1 BGB durchzuführen, und der auch von anderen natürlichen oder juristischen Personen als dem Emittenten angenommen wird.[10] E-Geld stellt ein Kleinbetragsinstrument im Sinne des § 675i BGB dar, wenn jeweils die Höchstbetragsgrenzen des § 675i Abs. 1 S. 2 und 3 BGB eingehalten werden, wobei bei serverbasiertem E-Geld die Höchstbetragsgrenze als Ausgabenobergrenze nach § 675i Abs. 1 S. 2 Nr. 2 BGB relevant ist, bei kartenbasiertem E-Geld wie beispielsweise bei der dagegen der maximale Speicherbetrag nach § 675i Abs. 2 S. 2 Nr. 3 BGB.[11] Das praktisch am weitesten verbreitete Instrument dieser Art ist die Geldkarte.[12] Reine Kundenkarten, die nur gegenüber dem kartenausgebenden Unternehmen verwendet werden können, sind nach § 2 Abs. 1 Nr. 10 ZAG wegen der nur begrenzten Nutzbarkeit ausgenommen, so dass die §§ 675c ff. BGB hier gänzlich unanwendbar sind.[13]

6 Grundlage der Nutzung eines Kleinbetragsinstruments ist jeweils ein in der Regel als Zahlungsdiensterahmenvertrag anzusehender Zahlungsdienstevertrag[14] zwischen Zahlungsdienstnutzer und Zahlungsdienstleister, der die Überlassung eines solchen Instruments an den Nutzer vorsieht (§ 675i Abs. 1 S. 1 BGB).

C. Bei Kleinbetragsinstrumenten zulässige Abweichungen von den §§ 675c ff. BGB (§ 675i Abs. 2 BGB)

7 Im Einzelnen gestattet § 675i Abs. 2 BGB den Parteien die Vereinbarung – ob individualvertraglich oder in AGB[15] – der nachstehenden Abweichungen von den §§ 675c ff. BGB, um durch diesen Verzicht auf ansonsten den Zahlungsdienstnutzer schützende Vorschriften eine unkomplizierte Nutzung von Kleinbetragsinstrumenten als Bargeldalternative zu ermöglichen, wobei jeweils die durch die Höchstbetragsgrenzen nach § 675i Abs. 1 S. 2 und 3 BGB gesicherte Begrenzung des Verlust- und Missbrauchsrisikos für den Zahlungsdienstnutzer zu bedenken ist. Treffen die Parteien keine solche Vereinbarung oder werden die Höchstbetragsgrenzen nach § 675i Abs. 1 S. 2 und 3 BGB hinsichtlich des betreffenden Instruments nicht eingehalten, finden die §§ 675c ff. BGB – vorbehaltlich des Eingreifens anderweitiger Ausnahmen bzw. Abweichungsmöglichkeiten – uneingeschränkte Anwendung.[16]

I. Formfreiheit des Angebots der Änderung von Vertragsbedingungen (§ 675i Abs. 2 Nr. 1 BGB)

8 Nach § 675i Abs. 2 Nr. 1 BGB dürfen die Parteien vereinbaren, dass bei von § 675i Abs. 1 BGB erfassten Verträgen über die Überlassung von Kleinbetragsinstrumenten der Zahlungsdienstleister Änderungen der Vertragsbedingungen nicht in der in § 675g Abs. 1

10 Siehe dazu Erman-von Westphalen, 15. Aufl., § 675i BGB Rn. 2; MK-Casper, 7. Aufl., § 675i BGB Rn. 9.
11 Begr Reg-Entw BT-Drucks 16/11643, S. 105; Palandt-Sprau, 77. Aufl., § 675i BGB Rn. 2.
12 So MK-Casper, 7. Aufl., § 675i BGB Rn. 8. Zur Anwendung der Geldkarte siehe die Erläuterungen zu § 675f BGB Rn. 153 ff.
13 Siehe MK-Casper, 7. Aufl., § 675i BGB Rn. 7.
14 BeckOK-Schmalenbach, 43. Ed. 2017, § 675i BGB Rn. 3; Erman-von Westphalen, 15. Aufl., § 675i BGB Rn. 1.
15 MK-Casper, 7. Auf., § 675i BGB Rn. 11.
16 Siehe Palandt-Sprau, 77. Aufl., § 675i BGB Rn. 3.

BGB vorgesehenen Form anbieten muss.[17] Die Vorlauffrist für die Änderung von zwei Monaten nach § 675g Abs. 1 BGB bleibt dagegen auch für Kleinbetragsinstrumente anwendbar.[18]

II. Beschränkung der Anzeigemöglichkeit bei Verlust von Kleinbetragsinstrumenten (§ 675i Abs. 2 Nr. 2 BGB)

Für den Fall, dass das Kleinbetragsinstrument nicht gesperrt oder eine weitere Nut- 9
zung nicht verhindert werden kann, lässt § 675i Abs. 2 Nr. 2 BGB eine Vereinbarung der Parteien zu, wonach die entsprechenden Vorschriften der §§ 675l Abs. 1 S. 2, 675m Abs. 1 S. 1 Nr. 3 und 5 sowie S. 2 und § 675v Abs. 5 BGB nicht anzuwenden sind, die sich auf die Vornahme einer Anzeige des Verlusts o.ä. des Zahlungsinstruments beziehen unter Einschluss der Pflicht zur Vornahme dieser Anzeige und ihrer haftungsrechtlichen Folgen. Grundsätzlich gilt mithin auch für Kleinbetragsinstrumente, dass der Zahlungsdienstleister eine solche Anzeigemöglichkeit vorhalten muss und haftet, wenn er auf eine solche Anzeige nicht durch eine Sperrung reagiert. Hiervon können die Parteien aber durch Vereinbarung abweichen, wenn in tatsächlicher Hinsicht eine Möglichkeit der Sperrung oder der Verhinderung der weiteren Nutzung nicht besteht, so dass der Zahlungsdienstleister dieser Verpflichtung nicht nachkommen könnte und dementsprechend auch eine Anzeigepflicht des Zahlungsdienstnutzers nicht nützen würde.[19]

III. Begrenzung der Haftung des Zahlungsdienstleisters für nicht autorisierte Zahlungsvorgänge (§ 675i Abs. 2 Nr. 3 BGB)

§ 675i Abs. 2 Nr. 3 BGB lässt, wenn die Nutzung des Kleinbetragsinstruments keinem 10
Zahlungsdienstnutzer zugeordnet werden kann oder der Zahlungsdienstleister aus anderen Gründen, die in dem Kleinbetragsinstrument selbst angelegt sind, nicht nachweisen kann, dass ein Zahlungsvorgang autorisiert war, solche Vereinbarungen der Parteien zu, mit denen von den Vorschriften zur Haftung für nicht autorisierte Zahlungsvorgänge abgewichen kann. Nach den allgemeinen Grundsätzen der §§ 675u, 675v Abs. 1 bis 3 und 5, 675w und 676 BGB hat grundsätzlich der Zahlungsdienstleister für nicht autorisierte Zahlungsvorgänge zu haften und den Zahlungsdienstnutzer trifft in diesen Fällen nur eine begrenzte bzw. auf Ausnahmefälle beschränkte Haftung. Dem § 675i Abs. 2 Nr. 3 BGB liegt die Wertung zugrunde, dass eine Anwendung dieser Grundsätze als zwingende Regelung dann nicht sachgerecht wäre, wenn dem Zahlungsdienstleister aus in dem Kleinbetragsinstrument selbst angelegten Gründen der Nachweis nicht möglich war, dass ein Zahlungsvorgang autorisiert war.[20] Je stärker das Kleinbetragsinstrument einer Bargeldersatzfunktion mit anonymer Zahlungsmöglichkeit angenähert ist, desto eher wird eine abweichende Vereinbarung nach § 675i Abs. 2 Nr. 3 BGB naheliegen;[21] für E-Geld gilt zudem der weitergehende gesetzliche Ausschluss der §§ 675u und 675v BGB nach Absatz 3.[22]

---

17 Siehe Erman-von Westphalen, 15. Aufl., § 675i BGB Rn. 3.
18 Staudinger-Omlor, 2012, § 675i BGB Rn. 7.
19 Vgl. Erman-von Westphalen, 15. Aufl., § 675i BGB Rn. 4; Staudinger-Omlor, 2012, § 675i BGB Rn. 8.
20 Siehe Staudinger-Omlor, 2012, § 675i BGB Rn. 8.
21 Vgl. Staudinger-Omlor, a.a.O.
22 Siehe unten Rn. 14.

IV. Beschränkung der Pflicht zur Unterrichtung bei Ablehnung von Zahlungsvorgängen (§ 675i Abs. 2 Nr. 4 BGB)

11 § 675i Abs. 2 Nr. 4 BGB gestattet Vereinbarungen, nach denen bei einem Kleinbetragsinstrument der Zahlungsdienstleister abweichend von § 675o Abs. 1 BGB nicht verpflichtet ist, den Zahlungsdienstnutzer von einer Ablehnung des Zahlungsauftrags zu unterrichten, wenn die Nichtausführung aus dem Zusammenhang hervorgeht.[23] Wird bereits beim Versuch des Zahlungsvorgangs mit einem Kleinbetragsinstrument deutlich, dass der Zahlungsauftrag – beispielsweise wegen Überschreitens von dessen Ausgabenobergrenze oder mangels eines genügenden gespeicherten Geldbetrags auf dem Kleinbetragsinstrument – nicht ausgeführt wird, dann bedarf es, wenn dies so vereinbart wurde, keiner zusätzlichen Benachrichtigung des Zahlungsdienstnutzers durch den Zahlungsdienstleister von dieser Nichtausführung nach § 675o Abs. 1 BGB.

V. Vereinbarung der generellen Unwiderruflichkeit von Zahlungsaufträgen (§ 675i Abs. 2 Nr. 5 BGB)

12 § 675i Abs. 2 Nr. 5 BGB lässt zu, dass durch Vereinbarung der Parteien der Zeitpunkt der Unwiderruflichkeit eines unter Verwendung eines Kleinbetragsinstruments erteilten Zahlungsauftrags im Vergleich zur allgemeinen Regelung des § 675p Abs. 1 BGB vorverlegt werden kann. Nach § 675p Abs. 1 BGB kann ein Zahlungsdienstnutzer einen Zahlungsauftrag grundsätzlich ab dem Zeitpunkt von dessen Zugang beim Zahlungsdienstleister nicht mehr widerrufen;[24] bei Zahlungsaufträgen, die über einen Zahlungsauslösedienstleister, vom Zahlungsempfänger oder über diesen ausgelöst wurden, kann nach § 675p Abs. 2 BGB der Zahler den Zahlungsauftrag bereits dann nicht mehr widerrufen, nachdem er dem Zahlungsauslösedienstleister die Zustimmung zur Auslösung des Zahlungsvorgangs oder dem Zahlungsempfänger die Zustimmung zur Ausführung des Zahlungsvorgangs erteilt hat.[25] Die Parteien können nach § 675i Abs. 2 Nr. 5 BGB eine gänzliche Unwiderruflichkeit vereinbaren, d.h. dass bei Kleinbetragsinstrumenten generell ab dem Zeitpunkt der Übermittlung des Zahlungsauftrags oder der Erteilung der Zustimmung zum Zahlungsauftrag gegenüber dem Zahlungsempfänger die Widerruflichkeit ausgeschlossen sein soll.[26] Wird das Kleinbetragsinstrument wie im Fall der Geldkarte für eine Pull-Zahlung verwendet, entspricht diese vertragliche Vorverlegung allerdings der hier ohnehin gesetzlich vorgesehenen Regelung des § 675p Abs. 2 BGB.[27] In der Zeit nach Aufladung des Geldbetrags und vor Einsatz der Geldkarte bleibt, da noch überhaupt kein Zahlungsauftrag vorliegt, das Verlangen einer Rückbuchung jederzeit möglich.[28]

---

23 Siehe hierzu Erman-von Westphalen, 15. Aufl., § 675i BGB Rn. 6; Staudinger-Omlor, 2012, § 675i BGB Rn. 10.

24 Siehe zu § 675p BGB Rn. 3.

25 Siehe zu § 675p BGB Rn. 11 ff.

26 Langenbucher/Bliesener/Spindler-Herresthal, 2. Aufl., Kap. 2 § 675i BGB Rn. 15; Staudinger-Omlor, 2012, § 675i BGB Rn. 11. Unzutreffend heißt es dagegen bei Erman-von Westphalen, 15. Aufl., § 675i BGB Rn. 7, dass die Regelung des § 675i Abs. 2 Nr. 5 BGB die Vereinbarung eines Widerrufsrechts auch über die engen Fristen des § 675p BGB ermöglichen sollte: Dies ist als eine dem Zahlungsdienstnutzer günstige Sondervereinbarung ohnehin möglich, siehe die Anmerkungen zu § 675p BGB Rn. 24.

27 Staudinger-Omlor, 2012, § 675i BGB Rn. 11.

28 Staudinger-Omlor, a.a.O.

VI. Abweichende Ausführungsfristen (§ 675i Abs. 2 Nr. 6 BGB)

Nach § 675i Abs. 2 Nr. 6 BGB schließlich dürfen die Parteien für die Verwendung von Kleinbetragsinstruments andere als die in § 675s BGB bestimmten Ausführungsfristen vereinbaren. Dies erlaubt insbesondere Vereinbarungen, nach denen abweichend von § 675s Abs. 1 BGB der Zahlungsbetrag bei dem Zahlungsdienstleister des Zahlungsempfängers erst später als an dem Geschäftstag nach dem Tag des Zugangs des Zahlungsauftrags einzugehen braucht; dies kann dann von Interesse sein, wenn vom Zahlungsempfänger entgegengenommene Zahlungsaufträge mit bestimmten Kleinbetragsinstrumenten nur nach bestimmten Zeitintervallen gesammelt übermittelt und weiter ausgeführt werden.[29] 13

D. Haftung für unautorisierte Zahlungen mit E-Geld (§ 675i Abs. 3 BGB)

§ 675i Abs. 3 BGB sieht Sonderregelungen zur Haftung für unautorisierte Zahlungen mit E-Geld vor. Sofern das Zahlungskonto, auf dem das E-Geld gespeichert ist, oder das Kleinbetragsinstrument selbst, z.B. die Geldkarte,[30] vom Zahlungsdienstleister nicht gesperrt werden können, dann finden, sofern auch die Höchstbetragsbegrenzung von 200 Euro nach § 675i Abs. 3 S. 2 BGB eingehalten ist, die Regelungen der §§ 675u und 675v BGB zur Haftungsverteilung bei unautorisierten Zahlungsvorgängen keine Anwendung.[31] Damit besteht auch bei einer unautorisierten Nutzung abweichend von § 675u BGB kein Erstattungsanspruch des Zahlers und der Zahlungsdienstleister kann einen Aufwendungsersatzanspruch auch für den Fall eines unautorisierten Einsatzes des betreffenden Zahlungsinstruments geltend machen,[32] ohne dass entsprechende Ansprüche an einschränkende Bedingungen wie insbesondere den Nachweis einer Pflichtverletzung auf Seiten des Zahlungsdienstnutzers gebunden wären, womit zugleich auch der Bedarf für eine Anwendung des § 675v BGB zur Begründung einer Haftung des Zahlungsdienstnutzers in derartigen Ausnahmefällen entfällt. 14

Mit dieser Regelung werden Zahlungen mit E-Geld weiter an Bargeldzahlungen angeglichen, bei denen ebenfalls der Zahler das Missbrauchs- und Verlustrisiko trägt.[33] Einer entsprechenden Vereinbarung bedarf es anders als nach § 675i Abs. 2 Nr. 3 BGB nicht;[34] zu beachten ist, dass die Höchstbetragsbegrenzung für diese Sonderregelung zur Haftung für unautorisierte Zahlungen mit E-Geld nach § 675i Abs. 3 S. 2 BGB über diejenige für Kleinbetragsinstruments nach § 675i Abs. 1 S. 1 BGB hinausgeht. 15

Wird die Höchstbetragsbegrenzung von 200 Euro nach § 675i Abs. 3 S. 2 BGB überschritten, dann findet § 675i Abs. 3 BGB keine Anwendung; dasselbe gilt, wenn für das E-Geld bzw. für das Zahlungskonto, auf dem das E-Geld gespeichert ist, eine Sperrmöglichkeit besteht – in diesem Fall kann aber die Möglichkeit einer entsprechenden Vereinbarung der Abbedingung der §§ 675u und 675v Abs. 1 bis 3 nach § 675i Abs. 2 Nr. 3 BGB in Betracht kommen, da § 675i Abs. 2 BGB nicht durch § 675i Abs. 3 BGB verdrängt wird.[35] 16

29 Staudinger-Omlor, 2012, § 675i BGB Rn. 12.
30 Palandt-Sprau, 77. Aufl., § 675i BGB Rn. 4.
31 Siehe Begr Reg-Entw BT-Drucks 16/11643, S. 105.
32 MK-Casper, 7. Aufl., § 675i BGB Rn. 14; Staudinger-Omlor, 2012, § 675i BGB Rn. 13.
33 Siehe Begr Reg-Entw BT-Drucks 16/11643, S. 105; MK-Casper, 7. Aufl., § 675i BGB Rn. 14; Palandt-Sprau, 77. Aufl., § 675i BGB Rn. 4.
34 Siehe MK-Casper, 7. Aufl., § 675i BGB Rn. 15; Palandt-Sprau, 77. Aufl., § 675i BGB Rn. 6.
35 Siehe Begr Reg-Entw BT-Drucks 16/11643, S. 105.

E. Informationspflichten zu Kleinbetragsinstrumenten und E-Geld

17 Nach Art. 248 § 11 Abs. 1 EGBGB sind die vorvertraglichen Informationspflichten des Zahlungsdienstleisters bei Zahlungsdiensteverträgen über die Überlassung eines Kleinbetragsinstruments (einschließlich E-Geld, sofern die Höchstbetragsbegrenzung nach § 675i Abs. 1 S. 2 BGB nicht überschritten ist) reduziert[36] und der Zahlungsdienstleister hat dem Zahlungsdienstnutzer Art. 248 § 11 Abs. 1 S. 1 EGBGB lediglich die wesentlichen Merkmale des Zahlungsdienstes, einschließlich der Nutzungsmöglichkeiten des Kleinbetragsinstruments, Haftungshinweise, die anfallenden Entgelte und die anderen für den Zahlungsdienstnutzer wesentlichen Vertragsinformationen mitzuteilen. Ferner hat er nach Art. 248 § 11 Abs. 1 S. 2 EGBGB anzugeben, wo die weiteren gemäß Art. 248 § 4 EGBGB vorgeschriebenen Informationen und Vertragsbedingungen in leicht zugänglicher Form zur Verfügung gestellt sind.

18 Hinsichtlich der Informationen bei der Ausführung einzelner Zahlungsvorgänge können bei Zahlungsdiensteverträgen über die Überlassung eines Kleinbetragsinstruments die Parteien vereinbaren, dass abweichend von den allgemeinen Regelungen nach Art. 248 §§ 7 und 8 EGBGB der Zahlungsdienstleister dem Zahlungsdienstnutzer nach Ausführung eines Zahlungsvorgangs nur eine dem Zahlungsvorgang zugeordnete Kennung mitteilen oder zur Verfügung stellen muss, die es ermöglicht, den betreffenden Zahlungsvorgang, seinen Betrag sowie die erhobenen Entgelte zu identifizieren, und im Fall mehrerer gleichartiger Zahlungsvorgänge an denselben Zahlungsempfänger eine Information, die den Gesamtbetrag und die erhobenen Entgelte für diese Zahlungsvorgänge enthält (Art. 248 § 11 Abs. 2 Nr. 1 EGBGB). Auch diese Informationen muss der Zahlungsdienstleister dem Zahlungsdienstnutzer dann nicht mitteilen oder zur Verfügung stellen, wenn die Nutzung des Kleinbetragsinstruments keinem Zahlungsdienstnutzer zugeordnet werden kann oder wenn der Zahlungsdienstleister auf andere Weise technisch nicht in der Lage ist, diese Informationen mitzuteilen; in diesem Fall hat der Zahlungsdienstleister dem Zahlungsdienstnutzer eine Möglichkeit anzubieten, die gespeicherten Beträge zu überprüfen (Art. 248 § 11 Abs. 2 Nr. 2 EGBGB).

F. Abdingbarkeit

19 § 675i BGB hat bereits selbst Abweichungen von den allgemeinen Regelungen der §§ 675c ff. BGB zum Gegenstand. Weitergehende Abweichungen über § 675i BGB hinaus sind damit nach der allgemeinen Regelungen des § 675e Abs. 1 BGB nur zugunsten des Zahlungsdienstnutzers möglich; § 675e Abs. 4 BGB sieht auch keine Abweichungsmöglichkeit zu Lasten von Nicht-Verbrauchern vor. In Drittstaatensachverhalten nach § 675d Abs. 6 S. 1 Nr. 1 und 2 BGB darf dagegen nach der allgemeinen Regelung des § 675e Abs. 2 Nr. 2 BGB auch zu Lasten des Zahlungsdienstnutzers auch von der Bestimmung des § 675i BGB abgewichen werden. Zu beachten sind in der Sache auch die jeweiligen Möglichkeiten der Abbedingung der Einzelbestimmungen der §§ 675c ff. BGB, auf die sich der § 675i BGB bezieht.

---

36 Vgl. BeckOK-Schmalenbach, 43. Ed. 2017, § 675i BGB Rn. 2.

KAPITEL 3
Erbringung und Nutzung von Zahlungsdiensten

UNTERKAPITEL 1
Autorisierung von Zahlungsvorgängen; Zahlungsinstrumente; Verweigerung des Zugangs zum Zahlungskonto

§ 675j BGB
Zustimmung und Widerruf der Zustimmung

(1) Ein Zahlungsvorgang ist gegenüber dem Zahler nur wirksam, wenn er diesem zugestimmt hat (Autorisierung). Die Zustimmung kann entweder als Einwilligung oder, sofern zwischen dem Zahler und seinem Zahlungsdienstleister zuvor vereinbart, als Genehmigung erteilt werden. Art und Weise der Zustimmung sind zwischen dem Zahler und seinem Zahlungsdienstleister zu vereinbaren. Insbesondere kann vereinbart werden, dass die Zustimmung mittels eines bestimmten Zahlungsinstruments erteilt werden kann.

(2) Die Zustimmung kann vom Zahler durch Erklärung gegenüber dem Zahlungsdienstleister so lange widerrufen werden, wie der Zahlungsauftrag widerruflich ist (§ 675p). Auch die Zustimmung zur Ausführung mehrerer Zahlungsvorgänge kann mit der Folge widerrufen werden, dass jeder nachfolgende Zahlungsvorgang nicht mehr autorisiert ist.

Systematische Übersicht

A. Allgemeines

1 § 675j BGB regelt die Zustimmung des Zahlers zum Zahlungsvorgang und damit die zentrale Voraussetzung für die Wirksamkeit des von seinem Zahlungsdienstleister ausgeführten Zahlungsvorgangs gegenüber dem Zahler. Insbesondere kann diese Zustimmung vereinbarungsgemäß mittels eines bestimmten Zahlungsinstruments erteilt werden. Die Regelung des § 675j BGB wurde eingeführt zur Umsetzung der Artt. 54 sowie 55 Abs. 1 ZDRL I; im Zuge der Umsetzung der ZDRL II, in der die entsprechenden Regelungen in Artt. 64 und 68 ZDRL II enthalten sind, ist in § 675j Abs. 1 S. 3 BGB lediglich der Begriff des Zahlungsauthentifizierungsinstruments redaktionell an die Verwendung der neuen Terminologie des Zahlungsinstruments angepasst worden.[1]

B. Zustimmung zum Zahlungsvorgang (Autorisierung)

2 Nach § 675j Abs. 1 S. 1 BGB ist ein Zahlungsvorgang gegenüber dem Zahler nur wirksam, wenn der Zahler diesem zugestimmt hat, d.h. wenn der Zahlungsvorgang vom Zahler autorisiert wurde.

1 Siehe Begründung des Regierungsentwurfs zur Umsetzung der Zweiten Zahlungsdiensterichtlinie, BT-Drs. 18/11495, S. 156.

3 Der Rechtsnatur nach handelt es sich bei der Zustimmung oder Autorisierung um eine empfangsbedürftige Willenserklärung des Zahlers seinem Zahlungsdienstleister gegenüber.[2]

4 Zu unterscheiden ist die Zustimmung oder Autorisierung von dem Zahlungsauftrag als der auf dem Zahlungsdienstevertrag beruhenden Weisung des Zahlers im Sinne des § 665 BGB an seinen Zahlungsdienstleister: Der Zahlungsauftrag verpflichtet bei Vorliegen der vertraglichen Voraussetzungen den Zahlungsdienstleister zur Vornahme einer bestimmten Zahlung; aufgrund der Zustimmung oder Autorisierung ist diese Zahlung gegenüber dem Zahler wirksam.[3] Während ein Zahlungsauftrag in der Regel zugleich die Zustimmung oder Autorisierung des Zahlers umfasst, ist in der Zustimmung nicht notwendigerweise auch der Zahlungsauftrag enthalten.[4]

5 Angelehnt an die terminologische Unterscheidung zwischen den Fällen der vorherigen Zustimmung (Einwilligung) nach § 183 BGB und der nachträglichen Zustimmung (Genehmigung) nach § 184 Abs. 1 BGB unterscheidet auch § 675j Abs. 1 S. 2 BGB zwischen der als Einwilligung oder als Genehmigung erklärten Zustimmung.[5] Nach dem Gesetzeswortlaut stellt die vorherige Zustimmung (Einwilligung) den Regelfall der Zustimmung des Zahlers dar, während die nachträgliche Zustimmung (Genehmigung) nur im Fall einer entsprechenden Vereinbarung zwischen dem Zahler und seinem Zahlungsdienstleister zulässig ist.[6] Wesentlicher Anwendungsfall einer nachträglichen Zustimmung war das bis zum 31.7.2014 verwandte Einzugsermächtigungsverfahren bei der Lastschriftzahlung auf der Grundlage der früheren Genehmigungstheorie.[7] Bei den heutigen Formen der SEPA-Lastschrift liegt dagegen jeweils eine vorherige Zustimmung (Einwilligung) des Zahlers vor.[8] Im Schweigen des Inhabers eines Zahlungskontos auf einen Rechnungsabschluss kann jedenfalls nicht ohne weiteres eine nachträgliche Zustimmung zu einzelnen in den Kontokorrent eingestellten Zahlungsvorgängen gesehen werden.[9]

6 Die Zustimmung kann sowohl bezogen auf einen bestimmten Zahlungsbetrag oder auch pauschal erklärt werden, wie sich aus § 675x Abs. 1 BGB ergibt.[10]

7 Nach § 675j Abs. 1 S. 3 BGB sind Art und Weise der Zustimmung sind zwischen dem Zahler und seinem Zahlungsdienstleister zu vereinbaren, wobei eine solche Vereinbarung auch auf der Grundlage der Einbeziehung von AGB erfolgen kann.[11] Dies lässt beispielsweise die Möglichkeit einer konkludenten Zustimmungserklärung[12] oder auch die Festlegung der Nutzung von bestimmten Überweisungsformularen zu,[13] ebenso auch die Festlegung der Bedingungen der Nutzung bestimmter Zahlungsinstrumente (siehe § 675j

---

2 So auch Erman-von Westphalen, 14. Aufl., § 675j BGB Rn. 2; MK-Jungmann, 7. Aufl., § 675j BGB Rn. 12; Staudinger-Omlor, 2012, § 675j BGB Rn. 6; Palandt-Sprau, 77. Aufl., § 675j BGB Rn. 3; **a.A.** MK-Casper, 6. Aufl., § 675j BGB Rn. 6 (geschäftsähnliche Handlung).

3 MK-Jungmann, 7. Aufl., § 675j BGB Rn. 18; Staudinger-Omlor, 2012, § 675j BGB Rn. 9; siehe auch zu § 675f BGB Rn. 28 f.

4 Staudinger-Omlor, 2012, § 675j BGB Rn. 3.

5 Siehe Begründung des Regierungsentwurfs zur Umsetzung des zivilrechtlichen Teils der Zahlungsdiensterichtlinie, BT-Drs. 16/11643, S. 105; Palandt-Sprau, 77. Aufl., § 675j BGB Rn. 4; Staudinger-Omlor, 2012, § 675j BGB Rn. 4.

6 Begr Reg-Entw BT-Drs. 16/11643, S. 105; Staudinger-Omlor, 2012, § 675j BGB Rn. 4.

7 Begr Reg-Entw BT-Drs. 16/11643, S. 106; siehe allgemein hierzu unter § 675f BGB Rn. 133.

8 Siehe zu § 675f BGB Rn. 118 f.

9 Siehe BGH, Urt. v. 20.7.2010 – XI ZR 236/07, juris Rn. 43, BGHZ 186, 269.

10 BeckOK-Schmalenbach, 43. Ed. 2017, § 675t BGB Rn. 4; MK-Jungmann, 7. Aufl., § 675j BGB Rn. 23; Palandt-Sprau, 77. Aufl., § 675j BGB Rn. 4.

11 Begr Reg-Entw BT-Drs. 16/11643, S. 106; MK-Jungmann, 7. Aufl., § 675j BGB Rn. 29; Palandt-Sprau, 77. Aufl., § 675j BGB Rn. 4; Staudinger-Omlor, 2012, § 675j BGB Rn. 7.

12 Siehe Begr Reg-Entw BT-Drs. 16/11643, S. 105.

13 Siehe Palandt-Sprau, 77. Aufl., § 675j BGB Rn. 5; Staudinger-Omlor, 2012, § 675j BGB Rn. 6.

Abs. 1 S. 4 BGB).[14] Der Zahlungsdienstnutzer ist vom Zahlungsdienstleister im Rahmen von dessen vorvertraglichen Informationen nach Art. 248 § 4 Abs. 2 Nr. 2 EGBGB über die Art und Weise der Zustimmung zur Auslösung oder Ausführung eines Zahlungsvorgangs zu informieren.[15]

Die Zustimmung ist als Willenserklärung dem Zahlungsdienstleister des Zahlers ge- 8
genüber zu erklären, diese Willenserklärung kann aber dem Zahlungsdienstleister des Zahlers auch über den Zahlungsempfänger bzw. dessen Zahlungsdienstleister oder über einen Zahlungsauslösedienst übermittelt werden.[16]

Die durch einen Dritten übermittelte Willenserklärung ist grundsätzlich aber nur bei 9
Bestehen einer entsprechenden Boten- oder Vertretungsmacht dem Zahler zuzurechnen.[17] Hieran fehlt es in Fällen eines objektiv evidenten Missbrauchs der Vertretungsmacht.[18] Die Grundsätze der Duldungs- und Anscheinsvollmacht sollen auf die Erklärung der Zustimmung nach § 675j BGB keine Anwendung finden.[19] Die Regelungen der §§ 675c ff. BGB sind grundsätzlich abschließend und es würden die Regelungen der §§ 675j, 675u und 675v BGB unterlaufen, wenn auch ohne das tatsächliche Vorliegen einer Autorisierung eine Haftung des Zahlungsdienstnutzers etwa auch bei nur leichter Fahrlässigkeit in Bezug auf das Bestehen eines Rechtsscheins der Autorisierung angenommen würde.[20] Im Ergebnis liegt somit – außerhalb des § 675v BGB und der Anwendung etwaiger Beweiserleichterungen im Rahmen des § 675w BGB – das Missbrauchsrisiko insoweit beim Zahlungsdienstleister.[21]

Liegt beim Zahlungsdienstnutzer ein Irrtum über die Person des Zahlungsempfän- 10
gers vor, etwa bei der Ausführung einer Überweisung im Online-Banking auf der Grundlage eines sogenannten Rücküberweisungstrojaners, lässt dieser Motivirrtum die Wirksamkeit der Autorisierung unberührt.[22] Grundsätzlich bestünde zwar eine Möglichkeit der Anfechtung der Autorisierung, siehe die Anmerkungen zu § 675p BGB,[23] bei einem solchen bloßen Motivirrtum wären aber die Voraussetzungen des § 119 BGB nicht erfüllt.[24] Anderes gilt dann, wenn der Zahlungsdienstnutzer aufgrund eines Phishing-Angriffs seine Zugangsdaten an einen unbefugten Dritten weitergibt und dieser dann eine unautorisierte Zahlung auslöst:[25] In diesem Fall wird aber das Vorliegen einer grob fahrlässigen Verletzung der Sicherheitspflichten des Zahlungsdienstnutzers nach § 675l BGB zu prüfen sein.[26]

---

14 Siehe im Einzelnen unten Rn. 11 ff.

15 Siehe Erman-von Westphalen, 15. Aufl., § 675j BGB Rn. 6; Staudinger-Omlor, 2012, § 675j BGB Rn. 6.

16 Siehe hierzu im Einzelnen die Beschreibungen des Ablaufs der verschiedenen Zahlungsformen in den Anmerkungen zu § 675f BGB Rn. 113 ff.

17 Siehe MK-Jungmann, 7. Aufl., § 675j BGB Rn. 14; Palandt-Sprau, 77. Aufl., § 675j BGB Rn. 2.

18 OLG Schleswig, Beschl. v. 28.11.2013 – 5 W 40/13, juris Rn. 9 ff., NJW-RR 2014, 741.

19 BGH, Urt. v. 26.1.2016 – XI ZR 91/14, juris Rn. 58, BGHZ 208, 331; MK-Jungmann, 7. Aufl., § 675j BGB Rn. 15; offen gelassen noch in BGH, Urt. v. 2.6.2015 – XI ZR 327/14, juris Rn. 18, BGHZ 205, 334; **a.A.** OLG Schleswig, Beschl. v. 19.7.2010 – 3 W 47/10, juris Rn. 4, CR 2011, 52; LG Darmstadt, Urt. v. 28.8.2014 – 28 O 36/14, juris Rn. 37, WM 2014, 2323; Palandt-Sprau, 77. Aufl., § 675j BGB Rn. 2; Staudinger-Omlor, 2012, § 675u BGB Rn. 6; BeckOK-Schmalenbach, 43. Ed. 2017, § 675j BGB Rn. 2b.

20 BGH, Urt. v. 26.1.2016 – XI ZR 91/14, juris Rn. 58, BGHZ 208, 331.

21 Vgl. MK-Jungmann, 7. Aufl., § 675j BGB Rn. 12; BeckOK-Schmalenbach, 43. Ed. 2017, § 675j BGB Rn. 12.

22 OLG Köln, Beschl. v. 21.3.2016 – 13 U 223/15, juris Ls., WM 2016, 1780; LG Bonn, Urt. v. 31.3.2015 – 3 O 387/14, juris Rn. 37, VuR 2015, 264; LG Karlsruhe, Urt. v. 23.5.2014 – 20 O 24/13, juris Rn. 22 ff., BKR 2015, 86; AG Potsdam, Urt. v. 21.10.2015 – 34 C 393/14, juris Rn. 15, MMR 2016, 394.

23 Siehe zu § 675p BGB Rn. 9.

24 Siehe LG Karlsruhe, Urt. v. 23.5.2014 – 20 O 24/13, juris Rn. 25, BKR 2015, 86;

25 Siehe OLG Hamm, Beschl. v. 16.3.2015 – 31 I 31/15, juris Ls., GWR 2015, 433.

26 Siehe zu § 675l BGB Rn. 13 und 15.

C. Zustimmung mittels der Verwendung eines Zahlungsinstruments

11 § 675j Abs. 1 S. 4 BGB regelt als praktisch bedeutsamen Fall einer Vereinbarung nach § 675j Abs. 1 S. 3 BGB, dass Zahlungsdienstleister und Zahler vereinbaren, dass der Zahler seine Zustimmung zu einem Zahlungsvorgang mittels eines bestimmten Zahlungsinstruments erteilen kann.

12 Bis zur Umsetzung der ZDRL II wurde in den §§ 675cff. BGB der Begriff des Zahlungsauthentifizierungsinstruments verwendet, der aber gerade im Hinblick auf die Einführung des Konzepts der starken Kundenauthentifizierung in der ZDRL II die Frage der Unterscheidung zwischen dem Instrument als solchen einerseits und den verwendeten Sicherheitsmerkmalen und dem Verfahren ihrer Verwendung anderseits zweifelhaft erscheinen ließ.[27] Der Begriff des Zahlungsauthentifizierungsinstruments wurde daher durch denjenigen des Zahlungsinstruments ersetzt, ohne dass dies aber zu Änderungen hinsichtlich der durch diesen Begriff zu erfassenden Instrumente führen sollte.[28]

13 Der Begriff des Zahlungsinstruments ist auf der Grundlage von Art. 4 Nr. 14 ZDRL II legaldefiniert in Art. 1 Abs. 20 ZAG und erfasst demnach jedes personalisierte Instrument oder Verfahren, dessen Verwendung zwischen dem Zahlungsdienstnutzer und dem Zahlungsdienstleister vereinbart wurde und das zur Erteilung eines Zahlungsauftrags verwendet wird. Wie bisher sollte dies dahingehend ausgelegt werden, dass mit diesem Begriff jeder verkörperte Gegenstand oder jedes unkörperliche Verfahren oder eine Kombination aus beidem erfasst werden soll, die vereinbarungsgemäß der Übermittlung eines Zahlungsauftrags vom Zahlungsdienstnutzer an seinen Zahlungsdienstleister dienen und eine Personalisierung des Nutzers im Sinne einer Zuordnung seiner Person ermöglichen.[29]

14 Mit der Erfassung sowohl verkörperter Gegenstände wie auch unkörperlicher Verfahren sind somit sowohl Zahlungskarten wie auch Verfahren oder Informationen wie etwa TAN und PIN beim Telefon- und Onlinebanking erfasst, wobei im letzteren Fall TAN und PIN selbst nicht das Zahlungsinstrument, sondern das zugehörige personalisierte Sicherheitsmerkmal darstellen.[30]

15 Die Personalisierung des Zahlungsinstruments beinhaltet, dass das Instrument im Fall seiner Verwendung eine Zuordnung zu einem bestimmten Zahlungsdienstnutzer zulässt.[31] Dies ist insbesondere der Fall, wenn die Nutzung des Zahlungsinstruments die Verwendung von TAN und PIN erfordert, beispielsweise bei Zahlungskarten am SB-Terminal oder am Geldautomaten oder bei der Nutzung des Telefon- und Onlinebanking.[32] Hinsichtlich im Distanzgeschäft genutzter Kreditkartendaten (Kartennummer, Gültigkeitsdatum, Karteninhabername und Prüfziffer) wird überwiegend angenommen, dass es sich nicht um personalisierte Sicherheitsmerkmale eines Zahlungsinstruments handelt, da diese allenfalls den gegenwärtigen oder in der Vergangenheit liegenden Be-

27 Vgl. zum früheren Streitstand MK-Jungmann, 7. Aufl., § 675j BGB Rn. 37; Palandt-Sprau, 76. Aufl., § 675j BGB Rn. 6.

28 MK-Jungmann, 7. Aufl., § 675j BGB Rn. 35.

29 Vgl. MK-Jungmann, 7. Aufl., § 675j BGB Rn. 38; Palandt-Sprau, 77. Aufl., § 675j BGB Rn. 6.

30 BGH, Urt. v. 25.7.2017 – XI ZR 260/15, juris Rn. 28 f., WM 2017, 1744 m.w.N.; Erman-von Westphalen, 15. Aufl., § 675j BGB Rn. 7; MK-Jungmann, 7. Aufl., § 675j BGB Rn. 40; Palandt-Sprau, 77. Aufl., § 675j BGB Rn. 7. Das Mobiltelefon, auf das im smsTAN-Verfahren die TAN versandt wird, ist selbst ebenfalls weder Sicherheitsmerkmal noch Zahlungsinstrument, siehe Staudinger-Omlor, 2012, § 675j BGB Rn. 17; bezweifelnd auch LG Kiel, Urt. v. vom 20.4.2018 – 12 O 562/17, juris Rn. 26.

31 Siehe Palandt-Sprau, 77. Aufl., § 675j BGB Rn. 6.

32 Siehe Begr Reg-Entw BT-Drs. 16/11643, S. 103; Palandt-Sprau, 77. Aufl., § 675j BGB Rn. 7.

sitz der Karte indizieren würden.[33] Dasselbe gilt für die Nutzung von Zahlungskarten, wenn dies lediglich der Erfassung der Kundenkennung des Nutzers dient, beispielsweise zur Generierung eines SEPA-Lastschriftmandats im POS-Einsatz von Debitkarten ohne Verwendung einer PIN.[34] Streitig und bisher noch nicht entschieden ist, ob bei unterschriftsbasierten Verfahren von personalisierten Sicherheitsmerkmalen eines Zahlungsinstruments gesprochen werden kann.[35] Bei Bargeld, Schecks und Wechseln handelt es sich nie um personalisierte Zahlungsinstrumente.[36]

Vereinbaren die Parteien die Verwendung eines Zahlungsinstruments, so hat dies **16**
zunächst Bedeutung als Vereinbarung der Methode der Autorisierung eines Zahlungsvorgangs durch den Zahler. Für diese Autorisierung durch Verwendung eines Zahlungsinstruments sind die hierzu vereinbarten Bedingungen einzuhalten, wozu auch Begrenzungen nach § 675k BGB zählen.[37] Im Übrigen zieht eine solche vereinbarte Verwendung eines Zahlungsinstruments besondere Verpflichtungen und haftungsrechtliche Folgen nach sich, die in den §§ 675l und 675m sowie 675v und 675w BGB geregelt sind. Bei der Nutzung von Zahlungsinstrumenten zur Autorisierung eines Zahlungsvorgangs setzt eine Autorisierung durch den Bevollmächtigten voraus, dass diesem ein eigenes Zahlungsinstrument erteilt wurde.[38]

Die den Parteien im Rahmen des § 675j Abs. 1 S. 3 BGB eingeräumte Gestaltungsfrei- **17**
heit hinsichtlich der Erteilung der Zustimmung geht nicht so weit, dass darin der Zahlungsdienstnutzer abweichend von dem Grundsatz, dass der Zahlungsdienstleister die Autorisierung nachzuweisen hat (§ 675w BGB), das Risiko einer Prüfung des tatsächlichen Vorliegens einer Autorisierung übernehmen könnte: Daher ist bei der Vereinbarung des Einreichens von Zahlungsaufträgen per Telefax, auch wenn hier die Prüfungsmöglichkeiten des Zahlungsdienstleisters eingeschränkt sind, grundsätzlich nicht anzunehmen, dass der Zahlungsdienstnutzer das Risiko einer gefälschten Unterschrift tragen sollte.[39]

D. Widerruf der Zustimmung

Grundsätzlich kann nach § 675j Abs. 2 S. 1 BGB der Zahler die bereits erteilte Zu- **18**
stimmung durch eine Erklärung gegenüber dem Zahlungsdienstleister widerrufen. Die Widerruflichkeit der Zustimmung entspricht der bereits vor Umsetzung der ZDRL I gel-

---

33 Vgl. MK-Jungmann, 7. Aufl., § 675j BGB Rn. 56; Palandt-Sprau, 77. Aufl., § 675j BGB Rn. 7. Im Übrigen entständen Wertungswidersprüche zu § 675l Abs. 1 BGB, da der Zahler diese Daten im Kreditkarten-Distanzgeschäft regelmäßig weitergeben muss, was ihm bei personalisierten Sicherheitsmerkmalen aber grundsätzlich untersagt wäre. Für die Gegenauffassung siehe BeckOK-Schmalenbach, 43. Ed. 2017, § 675j BGB Rn. 6.

34 Begr Reg-Entw BT-Drs. 16/11643; Palandt-Sprau, 77. Aufl., § 675j BGB Rn. 6.

35 Befürwortend MK-Jungmann, 7. Aufl., § 675j BGB Rn. 44; Staudinger-Omlor, 2012, § 675j BGB Rn. 7; BeckOK-Schmalenbach, 43. Ed., § 675l BGB Rn. 3; dagegen Hofmann, BKR 2014, 105, 107 f.; ders., BKR 2018, 62, 65; zweifelnd Palandt-Sprau, 77. Aufl., § 675j BGB Rn. 6. Auch hier gilt, dass jedenfalls eine Pflicht zur Geheimhaltung der eigenen Unterschrift nicht angenommen werden kann.

36 Begr Reg-Entw BT-Drs. 16/11643, S. 103; Palandt-Sprau, 77. Aufl., § 675j BGB Rn. 6.

37 Siehe zu § 675k BGB Rn. 1. Zudem sind weitere vereinbarte Bedingungen für die Ausführung von Zahlungsvorgängen zu beachten, insbesondere das Vorhandensein genügender Deckung, siehe die Anmerkungen zu § 675o BGB Rn. 4.

38 BGH, Urt. v. 26.1.2016 – XI ZR 91/14, juris Rn. 59, BGHZ 208, 331; Beschl. v. 23.11.2016 – 4 StR 464/16, juris Rn. 4, NStZ-RR 2017, 79.

39 So aber LG Heilbronn, Urt. v. 20.10.2015 – 6 O 128/15, juris Rn. 35 ff., ZAP EN-Nr 140/2016 (Ls.). Siehe dagegen zur Beweislast für die Echtheit einer Unterschrift zur Autorisierung im Allgemeinen § 675u BGB Rn. 7.

tenden Rechtslage;[40] eines bestimmten Widerrufsgrundes bedarf es für diese Erklärung nicht. Wird der Widerruf der Zustimmung wirksam erklärt, fällt die Autorisierung des Zahlungsvorgangs fort.[41]

19 Nach § 675j Abs. 2 S. 1 BGB ist die Zustimmung allerdings nur solange widerruflich, wie der Zahlungsauftrag selbst nach § 675p BGB widerruflich ist,[42] d.h. grundsätzlich – sofern nicht etwas anderes vereinbart wurde – nur bis zum Zugang des Zahlungsauftrags beim Zahlungsdienstleister des Zahlers bzw. bis zur Erteilung der Zustimmung gegenüber dem Zahlungsauslösedienstleister oder dem Zahlungsempfänger, wenn der die Zahlungsvorgang über bzw. von diesem ausgelöst wurde. Im Ergebnis wird auf diese Weise die Widerruflichkeit einer einmal erteilten Autorisierung erheblich eingeschränkt, was insbesondere der Möglichkeit der automatisierten Abarbeitung von Zahlungsvorgängen dienen soll,[43] und es kommt namentlich nicht darauf an, ob der Zahlungsdienstleister des Zahlers bereits mit der Ausführung des autorisierten Zahlungsauftrags begonnen hatte.[44] Wie nach § 675p BGB steht es aber auch im Rahmen des § 675j BGB dem Zahlungsdienstleister im Verhältnis zu seinem Zahlungsdienstnutzer frei, einen Widerruf auch nach dem Eintritt der Unwiderruflichkeit noch zu beachten und den Zahlungsvorgang nicht auszuführen.[45]

20 § 675j Abs. 2 S. 2 BGB betrifft den Sonderfall, dass eine Zustimmung zur Ausführung nicht eines einzelnen, sondern mehrerer Zahlungsvorgänge erteilt wurde, z.B. bei Erteilung eines Dauerauftrags.[46] Hier gestattet § 675j Abs. 2 S. 2 BGB den Widerruf in der Weise, dass auch nach Eintritt der Unwiderruflichkeit der ersten Zahlungsvorgänge ein Widerruf in Bezug auf die nachfolgenden Zahlungsvorgänge möglich ist.[47] Ein Entgelt darf für diesen Widerruf nicht verlangt werden.[48]

E. Rechtsfolgen der Zustimmung

21 Ist ein Zahlungsvorgang autorisiert, so kann der Zahlungsdienstleister des Zahlers von diesem die vereinbarte Vergütung nach § 675f Abs. 5 BGB sowie nach § 670 BGB den Ersatz von Aufwendungen verlangen.[49]

22 Fehlt es dagegen an einer Zustimmung oder wurde diese widerrufen, so entfällt der Anspruch auf die vereinbarte Vergütung und der Zahlungsdienstleister des Zahlers kann, wie § 675u S. 1 BGB bestätigt, auch keinen Aufwendungsersatz beanspruchen.[50] Eine unter Umständen vorgenommene Belastungsbuchung ist nach § 675u S. 2 zu korri-

---

40 BGH, Urt. v. 25.1.1988 – II ZR 320/87, juris Rn. 13, BGHZ 103, 143; OLG Düsseldorf, Urt. v. 2.4.2003 – 15 U 134/02, juris Rn. 27, ZIP 2003, 1140. Siehe auch Begr Reg-Entw BT-Drs. 16/11643, S. 106.

41 Siehe BeckOK-Schmalenbach, 43. Ed. 2017, § 675t BGB Rn. 8; MK-Jungmann, 7. Aufl., § 675j BGB Rn. 66; Palandt-Sprau, 77. Aufl., § 675j BGB Rn. 8; Erman-von Westphalen, 15. Aufl., § 675j BGB Rn. 8.

42 Siehe Begr Reg-Entw BT-Drs. 16/11643, S. 106; Erman-von Westphalen, 15. Aufl., § 675j BGB Rn. 8; MK-Jungmann, 7. Aufl., § 675j BGB Rn. 59; Palandt-Sprau, 77. Aufl., § 675j BGB Rn. 8; Staudinger-Omlor, 2012, § 675j BGB Rn. 10.

43 Siehe BeckOK-Schmalenbach, 43. Ed. 2017, § 675j BGB Rn. 1; MK-Jungmann, 7. Aufl., § 675j BGB Rn. 58; Staudinger-Omlor, 2012, § 675j BGB Rn. 10.

44 Vgl. MK-Jungmann, 7. Aufl., § 675j BGB Rn. 58.

45 Siehe zu § 675p BGB Rn. 8.

46 Siehe Begr Reg-Entw BT-Drs. 16/11643, S. 106; MK-Jungmann, 7. Aufl., § 675j BGB Rn. 63; Palandt-Sprau, 77. Aufl., § 675j BGB Rn. 8.

47 MK-Jungmann, 7. Aufl., § 675j BGB Rn. 64; Palandt-Sprau, 77. Aufl., § 675j BGB Rn. 8; Staudinger-Omlor, 2012, § 675j BGB Rn. 12.

48 Siehe die Anmerkungen zu § 675f BGB Rn. 70.

49 Siehe allgemein MK-Jungmann, 7. Aufl., § 675j BGB Rn. 17; Staudinger-Omlor, 2012, § 675j BGB Rn. 9.

50 Siehe Palandt-Sprau, 77. Aufl., § 675j BGB Rn. 2.

gieren. Eine Haftung des Zahlers kommt bei einer nicht autorisierten Zahlung nur unter den Voraussetzungen des § 675v BGB in Betracht.

F. Abdingbarkeit

Von der Regelung des § 675j BGB darf nach der allgemeinen Regelung des § 675e 23
Abs. 1 BGB grundsätzlich nicht zum Nachteil des Zahlungsdienstnutzers abgewichen werden. Zulässig ist damit insbesondere die dem Zahlungsdienstnutzer günstige Vereinbarung längerer Widerrufsfristen. In Drittstaatensachverhalten nach § 675d Abs. 6 S. 1 Nr. 1 und 2 BGB darf nach § 675e Abs. 2 Nr. 2 BGB auch zum Nachteil des Zahlungsdienstnutzers von § 675j BGB abgewichen werden, etwa durch den gänzlichen Ausschluss des Widerrufsrechts nach § 675j Abs. 2 BGB. Gegenüber Nicht-Verbrauchern gestattet auch § 675e Abs. 4 BGB die Abbedingung des § 675j Abs. 2 BGB.

§ 675k BGB
Begrenzung der Nutzung eines Zahlungsinstruments; Verweigerung des Zugangs zum Zahlungskonto

(1) In Fällen, in denen die Zustimmung mittels eines Zahlungsinstruments erteilt wird, können der Zahler und der Zahlungsdienstleister Betragsobergrenzen für die Nutzung dieses Zahlungsinstruments vereinbaren.

(2) Zahler und Zahlungsdienstleister können vereinbaren, dass der Zahlungsdienstleister das Recht hat, ein Zahlungsinstrument zu sperren, wenn

1. **sachliche Gründe im Zusammenhang mit der Sicherheit des Zahlungsinstruments dies rechtfertigen,**
2. **der Verdacht einer nicht autorisierten oder einer betrügerischen Verwendung des Zahlungsinstruments besteht oder**
3. **bei einem Zahlungsinstrument mit Kreditgewährung ein wesentlich erhöhtes Risiko besteht, dass der Zahler seiner Zahlungspflicht nicht nachkommen kann.**

In diesem Fall ist der Zahlungsdienstleister verpflichtet, den Zahler über die Sperrung des Zahlungsinstruments möglichst vor, spätestens jedoch unverzüglich nach der Sperrung zu unterrichten. In der Unterrichtung sind die Gründe für die Sperrung anzugeben. Die Angabe von Gründen darf unterbleiben, soweit der Zahlungsdienstleister hierdurch gegen gesetzliche Verpflichtungen verstoßen würde. Der Zahlungsdienstleister ist verpflichtet, das Zahlungsinstrument zu entsperren oder dieses durch ein neues Zahlungsinstrument zu ersetzen, wenn die Gründe für die Sperrung nicht mehr gegeben sind. Der Zahlungsdienstnutzer ist über eine Entsperrung unverzüglich zu unterrichten.

(3) Hat der kontoführende Zahlungsdienstleister einem Zahlungsauslöse- oder Kontoinformationsdienstleister den Zugang zum Zahlungskonto des Zahlungsdienstnutzers verweigert, ist er verpflichtet, den Zahlungsdienstnutzer in einer im Zahlungsdiensterahmenvertrag zu vereinbarenden Form über die Gründe zu unterrichten. Die Unterrichtung muss möglichst vor, spätestens jedoch unverzüglich nach der Verweigerung des Zugangs erfolgen. Die Angabe von Gründen darf unterbleiben, soweit der kontoführende Zahlungsdienstleister hierdurch gegen gesetzliche Verpflichtungen verstoßen würde.

Systematische Übersicht

A. Allgemeines

1 § 675k BGB baut in den Absätzen 1 und 2 auf der nach § 675j Abs. 1 S. 3 und 4 BGB vorgesehenen Möglichkeit auf, dass die Parteien die Verwendung von Zahlungsinstrumenten zur Autorisierung eines Zahlungsvorgangs vereinbaren, und regelt zwei Formen der Begrenzung dieser Verwendung von Zahlungsinstrumenten: Zum einen die Vereinbarung von Betragsobergrenzen nach § 675k Abs. 1 BGB und zum anderen die Vereinbarung eines einseitigen Rechts zur Sperrung des Zahlungsinstruments durch den Zahlungsdienstleister nach § 675k Abs. 2 BGB mitsamt den mit der Sperrung zusammenhängenden Unterrichtungspflichten sowie der nachfolgenden Pflicht zur Entsperrung des Zahlungsinstruments bzw. zu dessen Ersetzung. Die Nichtausführung eines konkreten durch Verwendung von Zahlungsinstrumenten autorisierten Zahlungsvorgangs bei Nichterfüllung der sonstigen vertraglichen Voraussetzungen, insbesondere bei Nichtvorhandensein genügender Deckung oder nicht ausgeschöpfter Kreditlinien, bleibt unberührt.[1]

2 § 675k Abs. 3 BGB steht im Zusammenhang mit der nach § 52 ZAG ausnahmsweise bestehenden Möglichkeit des kontoführenden Zahlungsdienstleisters, einem Kontoinformationsdienstleister oder einem Zahlungsauslösedienstleister den Zugang zum Zahlungskonto des Zahlungsdienstnutzers zu verweigern, und verpflichtet den kontoführenden Zahlungsdienstleister, seinen Zahlungsdienstnutzer zu unterrichten, wobei diese Unterrichtungspflicht derjenigen bei Vornahme einer einseitigen Sperrung nach § 675k Abs. 2 BGB nachgebildet ist.

3 Die Regelungen in § 675k Abs. 1 und 2 BGB wurden ursprünglich in Umsetzung von Art. 55 ZDRL I eingeführt, im Rahmen der Umsetzung der ZDRL II, die diese Materien nunmehr in Art. 68 Abs. 1 bis 4 ZDRL II regelt, ergab sich lediglich in terminologischer Hinsicht das Erfordernis der Ersetzung des Begriffs des Zahlungsauthentifizierungsinstruments durch denjenigen des Zahlungsinstruments.[2] Die Regelung in § 675k Abs. 3 BGB wurde im Rahmen der Umsetzung der ZDRL II neu eingeführt und beruht auf Art. 68 Abs. 5 Unterabs. 1 S. 2 und 3 ZDRL II.

1 Siehe die Anmerkungen zu § 675o BGB Rn. 4.
2 Siehe Begründung des Regierungsentwurfs zur Umsetzung der Zweiten Zahlungsdiensterichtlinie, BT-Drs. 18/11495, S. 156.

B. Betragsobergrenzen für Zahlungsinstrumente

§ 675k Abs. 1 BGB regelt die Vereinbarung von Betragsobergrenzen für die Nutzung von Zahlungsinstrumenten zur Autorisierung von Zahlungsvorgängen. Die Regelung setzt voraus, dass die Parteien nach § 675j Abs. 1 S. 3 und 4 BGB die Verwendung von Zahlungsinstrumenten zur Autorisierung von Zahlungsvorgängen vereinbart haben; insoweit kann auf die Ausführungen zu § 675j BGB verwiesen werden.[3] 4

I. Vereinbarung von Betragsobergrenzen

Für den Fall der Vereinbarung der Verwendung eines Zahlungsinstruments zur Autorisierung von Zahlungsvorgängen können die Parteien nach § 675k Abs. 1 BGB Betragsobergrenzen für die Nutzung dieses Zahlungsinstruments vereinbaren. Eine solche Vereinbarung betrifft das Deckungsverhältnis zwischen dem Zahler und seinem Zahlungsdienstleister[4] und ist regelmäßig Teil des Zahlungsdiensterahmenvertrags über die Vereinbarung der Möglichkeit zur Nutzung des Zahlungsinstruments, z.B. des Zahlungskartenvertrags oder der Vereinbarung über die Nutzung des Online-Banking.[5] Wesentliche Zielsetzung der Vereinbarung von Betragsobergrenzen für die Nutzung von Zahlungsinstrumenten ist der Schutz des Zahlungsdienstnutzers gegen den Missbrauch des Zahlungsinstruments durch unberechtigte Dritte.[6] 5

Beispiele für die Vereinbarung von Betragsobergrenzen betreffen die Begrenzung der Höhe einzelner Zahlungsvorgänge (Transaktionslimit) oder auch die Begrenzung der Summe mehrerer Zahlungsvorgänge innerhalb eines bestimmten Zeitraums (Tageslimit).[7] Derartige Betragsobergrenzen sind unabhängig von finanziellen Nutzungsgrenzen,[8] nach denen Zahlungsvorgänge vom Zahlungsdienstleister nur bei Vorhandensein hinreichender Deckung oder nicht ausgeschöpfter Kreditlinien ausgeführt werden müssen. 6

In der Vereinbarung von Betragsobergrenzen unterliegen die Parteien grundsätzlich keinen Beschränkungen,[9] auch bei Vereinbarung in Allgemeinen Geschäftsbedingungen kommt eine Unwirksamkeit nach § 307 BGB wegen zu eng gefasster Betragsobergrenzen nur in Extremfällen in Betracht, in denen faktisch durch diese Betragsobergrenze die Nutzungsmöglichkeit des betreffenden Zahlungsinstruments übermäßig eingeschränkt wird.[10] 7

II. Rechtsfolgen der Überschreitung von Betragsobergrenzen

Ist für die Nutzung eines Zahlungsinstruments eine vereinbarte Betragsobergrenze vorgesehen, dann ist streitig, ob im Fall der Überschreitung dieser Betragsobergrenze 8

---

3 Siehe zu § 675j BGB Rn. 11.
4 Siehe MK-Jungmann, 7. Aufl., § 675k BGB Rn. 4.
5 Vgl. MK-Jungmann, 7. Aufl., § 675k BGB Rn. 4 f.
6 Begründung des Regierungsentwurfs zur Umsetzung des zivilrechtlichen Teils der Zahlungsdiensterichtlinie, BT-Drs. 16/11643, S. 106; Erman-von Westphalen, 15. Aufl., § 675k BGB Rn. 2; MK-Jungmann, 7. Aufl., § 675k BGB Rn. 3; Palandt-Sprau, 77. Aufl., § 675k BGB Rn. 2.
7 Vgl. Erman-von Westphalen, 15. Aufl., § 675k BGB Rn. 2; MK-Jungmann, 7. Aufl., § 675k BGB Rn. 10.
8 MK-Jungmann, 7. Aufl., § 675k BGB Rn. 12; siehe die Anmerkungen zu § 675o BGB Rn. 4.
9 Vgl. Palandt-Sprau, 77. Aufl., § 675k BGB Rn. 2.
10 Staudinger-Omlor, 2012, § 675k BGB Rn. 5. Siehe auch Erman-von Westphalen, 15. Aufl., § 675k BGB Rn. 2 (Rechtsmissbrauch nach § 242 BGB).

weiterhin von einem autorisierten Zahlungsvorgang auszugehen ist, der zu einem ungekürzten vertraglichen Aufwendungsersatzanspruch des Zahlungsdienstleisters führt.[11] Die Regelung des § 675k BGB im Kontext der Autorisierung des Zahlungsvorgangs sowie der mit der Vereinbarung von Betragsobergrenzen beabsichtigte Schutz des Zahlungsdienstnutzers gegen Missbrauchsrisiken spricht allerdings dafür, die Einhaltung der vereinbarten Betragsobergrenze als Voraussetzung einer wirksamen Autorisierung anzusehen.[12] Da ein bereicherungsrechtlicher Anspruch des Zahlungsdienstleisters gegen den Zahler in der Regel ebenfalls ausgeschlossen sein wird,[13] hat sich der Zahlungsdienstleister stattdessen an den Zahlungsempfänger zu halten, sofern nicht ausnahmsweise zugleich die Voraussetzungen einer Haftung des Zahlers nach § 675v BGB gegeben sein sollten.[14] Zu beachten ist jeweils die Möglichkeit einer gewillkürten Aufhebung der zunächst vereinbarten Betragsobergrenze durch eine gesonderte Vereinbarung zwischen Zahler und Zahlungsdienstleister: Im Hinblick auf das erhebliche Haftungsrisiko auf Seiten des Zahlungsdienstleisters sollte eine solche Vereinbarung verlässlich dokumentiert werden.

III. Informationspflichten des Zahlungsdienstleisters

9 Nach Art. 248 § 4 Abs. 1 Nr. 2 lit. f EGBGB hat der Zahlungsdienstleister seinen Zahlungsdienstnutzer im Rahmen seiner vorvertraglichen Informationspflichten auch über die Möglichkeit zu informieren, Betragsobergrenzen für die Nutzung eines Zahlungsinstruments gemäß § 675k Abs. 1 BGB zu vereinbaren.

C. Sperrung von Zahlungsinstrumenten

10 § 675k Abs. 2 BGB regelt die Vereinbarung eines einseitigen Rechts des Zahlungsdienstleisters zur Sperrung des Zahlungsinstruments. Dies beinhaltet die Vornahme einer Maßnahme, die die weitere Verwendung des Zahlungsinstruments zur Auslösung eines Zahlungsvorgangs verhindert,[15] bspw. durch Verweigerung der Auslösung von Zahlungsvorgängen im Online-Banking trotz Eingabe von PIN und TAN oder durch Sperrung einer Zahlungskarte oder durch ihre Einziehung im Geldautomaten[16]

11 Nach § 675k Abs. 2 BGB ist auch bei Vorliegen einer entsprechenden Vereinbarung eine solche Sperrung nur unter den einschränkenden Voraussetzungen nach den § 675k Abs. 2 S. 1 Nrn. 1 bis 3 BGB zulässig, zudem sieht die Vorschrift in § 675k Abs. 2 S. 2 bis 6 BGB ergänzende Unterrichtungspflichten des Zahlungsdienstleisters sowie eine nachfol-

---

11 So MK-Jungmann, 7. Aufl., § 675k BGB Rn. 8. Offengelassen bei Palandt-Sprau, 77. Aufl., § 675k BGB Rn. 2, wo lediglich von einer möglichen Pflichtverletzung des Zahlungsdienstleisters gesprochen wird, die Frage der Autorisierung aber nicht angesprochen wird. Siehe auch – zur Rechtslage vor Umsetzung der ZDRL II – die Entscheidung BGH, Urt. v. 24.4.2012 – XI ZR 96/11, juris Rn. 37, NJW 2012, 2422, wo die Überschreitung eines Verfügungsrahmens (lediglich) als Frage des Mitverschuldens der Bank behandelt wurde.

12 So Staudinger-Omlor, 2012, § 675k BGB Rn. 4.

13 Siehe zu § 675u BGB Rn. 31.

14 Diese Haftung würde sich dann nicht allein aus der Nichtbeachtung der Betragsobergrenze durch den Zahler ergeben (so wohl auch Staudinger-Omlor, a.a.O.), sondern allenfalls aus einer gegebenenfalls zugleich vorliegenden Verletzung der Sorgfaltspflichten aus § 675l BGB. Gegenüber einer solchen Haftung wäre die Nichtbeachtung der Betragsobergrenze durch den Zahlungsdienstleister im Rahmen des anspruchskürzenden Mitverschuldens zu berücksichtigen, siehe BGH, a.a.O.

15 Begr Reg-Entw, BT-Drs. 16/11643, S. 106; BeckOK-Schmalenbach, 43. Ed. 2017, § 675k BGB Rn. 3; MK-Jungmann, 7. Aufl., § 675k BGB Rn. 17; Palandt-Sprau, 77. Aufl., § 675k BGB Rn. 3.

16 Begr Reg-Entw, BT-Drs. 16/11643, S. 106; MK-Jungmann, 7. Aufl., § 675k BGB Rn. 17.

gende Pflicht zur Entsperrung des Zahlungsinstruments bzw. zu dessen Ersetzung vor. Ziel der Regelungen des § 675k Abs. 2 BGB ist damit im Interesse des Zahlungsdienstnutzers die Einschränkung bzw. bessere Vorhersehbarkeit der Ausübung einer einseitigen Sperrung des Zahlungsinstruments durch den Zahlungsdienstleister.[17]

I. Gründe für das Recht zur einseitigen Sperrung eines Zahlungsinstruments

12 Das Recht des Zahlungsdienstleisters zur Sperrung kann nach § 675k Abs. 2 S. 1 BGB nur für den Fall des Vorliegens der in dieser Vorschrift genannten Gründe vereinbart werden. Außerhalb der Fälle des Vorliegens dieser Sperrungsgründe kommt für den Zahlungsdienstleister insbesondere die Ablehnung der Ausführung eines Zahlungsvorgangs wegen Nichtvorliegens der vertraglich vereinbarten Voraussetzungen in Betracht[18] oder gegebenenfalls auch die Kündigung des Zahlungsdiensterahmenvertrags über die Verwendung des betroffenen Zahlungsinstruments:[19] Nach entsprechender Beendigung etwa des Kartenvertrags ist der Zahlungsdienstleister ebenfalls zur Einziehung oder anderweitigen Sperrung der Karte berechtigt.

13 § 675k Abs. 2 S. 1 Nr. 1 BGB gestattet die Ausübung eines vereinbarten Sperrungsrechts für den Fall, dass sachliche Gründe im Zusammenhang mit der Sicherheit des Zahlungsinstruments dies rechtfertigen. Diese Sicherheitsbedenken können sich zum einen auf die technische Ausgestaltung des Zahlungsinstruments selbst beziehen, etwa bei einem Veralten der dort verwendeten Sicherungsstandards,[20] oder auf das Verhalten des Zahlers, bspw. bei wiederholten und schwerwiegenden Verletzungen der Sorgfaltspflichten aus § 675l BGB.[21] Mit der Bezugnahme auf das Vorliegen sachlicher Gründe wird sichergestellt, dass der Sperrung sachlich begründete Zweifel zugrunde liegen müssen, während ein bloßer Verdacht oder subjektive Bedenken nicht genügen.[22]

14 Nach § 675k Abs. 2 S. 1 Nr. 2 BGB darf ein Zahlungsdienstleister ein vereinbartes Sperrungsrecht ausüben, wenn der Verdacht einer nicht autorisierten oder einer betrügerischen Verwendung des Zahlungsinstruments besteht. Regelmäßiger Anwendungsfall eines solchen Verdachts ist das Eingehen einer Anzeige des Zahlers nach § 675l Abs. 1 S. 2 BGB, in der Verlust, Diebstahl, missbräuchliche Verwendung oder eine sonstige nicht autorisierte Nutzung eines Zahlungsinstruments angezeigt werden.[23] Ferner kann sich ein solcher Verdacht etwa aus der mehrfachen Eingabe einer falschen PIN und TAN ergeben, was dann zu einer automatisch vorgenommenen Sperrung einer Zahlungskarte führen kann.[24] Der Verdacht kann sich ferner auch aus einer auffälligen und mit sonsti-

---

17 MK-Jungmann, 7. Aufl., § 675k BGB Rn. 17.

18 Siehe zu § 675j BGB Rn. 16.

19 MK-Jungmann, 7. Aufl., § 675k BGB Rn. 29; Palandt-Sprau, 77. Aufl., § 675k BGB Rn. 4. Nach Erman-von Westphalen, 15. Aufl., § 675k BGB Rn. 9 soll es offenbar auch für den Fall der Kündigung einer entsprechenden Vereinbarung eines Sperrungsrechts bedürfen, dies erscheint aber zweifelhaft.

20 Siehe MK-Jungmann, 7. Aufl., § 675k BGB Rn. 21.

21 MK-Jungmann, 7. Aufl., § 675k BGB Rn. 21; Palandt-Sprau, 77. Aufl., § 675k BGB Rn. 4.

22 MK-Jungmann, 7. Aufl., § 675k BGB Rn. 21.

23 MK-Jungmann, 7. Aufl., § 675k BGB Rn. 23. Teilweise wird in einer solchen Anzeige auch das Verlangen nach Vornahme einer (einvernehmlichen) Sperrung auf der Grundlage der entsprechenden Verpflichtung des Zahlungsdienstleisters nach § 675m Abs. 1 Nr. 5 BGB gesehen, so offenbar Staudinger-Omlor, 2012, § 675k BGB Rn. 6. In der Sache wird es auf diese Unterscheidung wenig ankommen, siehe BGH, Urt. v. 20.10.2015 – XI ZR 166/14, juris Rn. 26, BGHZ 207, 176 („wenig überzeugende Differenzierung").

24 Erman-von Westphalen, 15. Aufl., § 675k BGB Rn. 3; MK-Jungmann, 7. Aufl., § 675k BGB Rn. 22; Palandt-Sprau, 77. Aufl., § 675k BGB Rn. 4; Staudinger-Omlor, 2012, § 675k BGB Rn. 8.

gen Gewohnheiten des Zahlungsdienstnutzers nicht vereinbaren Verwendung des Zahlungsinstruments ergeben.[25]

15 § 675k Abs. 2 S. 1 Nr. 2 BGB schließlich betrifft ausschließlich Zahlungsinstrumente mit Kreditgewährung wie z.B. Kreditkarten oder auch Debitkarten bei eingeräumtem Überziehungskredit: Hier darf der Zahlungsdienstleister ein vereinbartes Sperrungsrecht ausüben, sobald ein wesentlich erhöhtes Risiko besteht, dass der Zahler seiner Zahlungspflicht nicht nachkommen kann. Als ein Beispielsfall eines solchen wesentlich erhöhten Risikos wird insbesondere die mehrfache Nichtzahlung vereinbarter Rückzahlungsraten genannt.[26] Dagegen fällt eine bloße Risikoneubewertung durch den Zahlungsdienstleister ohne zugrunde liegende geänderte Umstände beim Zahler nicht unter diese Bestimmung,[27] da hier nicht von einer wesentlichen Erhöhung des Risikos gesprochen werden kann.

II. Rechtsfolgen der Vornahme und der Nichtvornahme einer Sperrung

16 Nimmt der Zahlungsdienstleister die Sperrung eines Zahlungsinstruments vor, so verhindert dies die Ausführung eines mit dem betreffenden Zahlungsinstrument autorisierten Zahlungsvorgangs[28] und es kommt somit weder die Geltendmachung eines Aufwendungsersatzes nach § 670 BGB noch einer vereinbarten Vergütung für den nicht ausgeführten Zahlungsdienst in Betracht.[29] Auch kann für die Sperrung selbst, auch wenn diese berechtigt erfolgt, kein Entgelt verlangt werden.[30] Zulässig ist in Umsetzung der ZDRL II dagegen aufgrund des § 675l Abs. 1 S. 3 BGB ein Entgelt für die Neuausstellung einer Ersatzkarte nach zuvoriger Sperrung bzw. Einziehung der alten Karte.

17 Erfolgt eine Sperrung unberechtigt, dann begründet dies eine Pflichtverletzung des Zahlungsdienstleisters, die zu einer Haftung wegen nicht erfolgter Ausführung eines Zahlungsauftrags nach § 675y BGB führt sowie zur Verpflichtung zum Ersatz etwaiger Folgeschäden nach §§ 675z i.V.m. 280, 249 BGB.[31] Zudem ist der Zahlungsdienstleister in diesem Fall aufgrund des zugrunde liegenden Zahlungsdiensterahmenvertrags zur Zurverfügungstellung eines nicht gesperrten Zahlungsinstruments verpflichtet, ob durch Entsperrung oder durch Neuzurverfügungstellung.[32]

18 Nimmt der Zahlungsdienstleister, obwohl er nach § 675k Abs. 2 S. 1 BGB i.V.m. einer entsprechenden Vereinbarung im Zahlungsdiensterahmenvertrag dazu berechtigt gewesen wäre, keine Sperrung vor und führt er stattdessen den betreffenden Zahlungsvorgang aus, so führt dies grundsätzlich nicht zu einer Haftung des Zahlungsdienstleisters, da die Möglichkeit zur Sperrung nach § 675k Abs. 2 S. 1 BGB keine entsprechende Verpflichtung im Interesse des Zahlungsdienstnutzers begründet.[33] Anderes gilt allerdings für den Fall,

25 Erman-von Westphalen, 15. Aufl., § 675k BGB Rn. 6; MK-Jungmann, 7. Aufl., § 675k BGB Rn. 22.

26 Palandt-Sprau, 77. Aufl., § 675k BGB Rn. 4; Staudinger-Omlor, 2012, § 675k BGB Rn. 9. Siehe auch Erman-von Westphalen, 15. Aufl., § 675k BGB Rn. 7.

27 MK-Jungmann, 7. Aufl., § 675k BGB Rn. 28.

28 Der Zahler ist dagegen nicht gehindert, dieselbe Zahlung in anderer vertragsgemäß vereinbarter Weise zu autorisieren, siehe Staudinger-Omlor, 2012, § 675k BGB Rn. 12.

29 Siehe Staudinger-Omlor, 2012, § 675k BGB Rn. 4.

30 Siehe die Anmerkungen zu § 675f BGB Rn. 55.

31 Vgl. Erman-von Westphalen, 15. Aufl., § 675k BGB Rn. 5; Langenbucher/Bliesener/Spindler-Langenbucher, 2. Aufl., Kap. 3 § 675k BGB Rn. 9; MK-Jungmann, 7. Aufl., § 675k BGB Rn. 31; Staudinger-Omlor, 2012, § 675k BGB Rn. 12.

32 Siehe Palandt-Sprau, 77. Aufl., § 675k BGB Rn. 6.

33 Vgl. Staudinger-Omlor, 2012, § 675k BGB Rn. 6. Anders dagegen BeckOK-Schmalenbach, 43. Ed. 2017, § 675k BGB Rn. 4. Diese Auffassung steht aber nicht im Einklang mit der Zielsetzung des § 675k Abs. 2 BGB,

dass der Zahler nach § 675l Abs. 1 S. 2 BGB den Verlust, den Diebstahl, die missbräuchliche Verwendung oder eine sonstige nicht autorisierte Nutzung eines Zahlungsinstruments angezeigt hat, woraus sich nach § 675m Abs. 1 Nr. 5 BGB eine Verpflichtung des Zahlungsdienstleisters zur Sperrung des betreffenden Zahlungsinstruments ergibt.[34]

III. Informationspflichten des Zahlungsdienstleisters

Nach Art. 248 § 4 Abs. 1 Nr. 5 lit. c EGBGB hat der Zahlungsdienstleister seinen Zahlungsdienstnutzer im Rahmen seiner vorvertraglichen Informationspflichten auch über die Bedingungen zu informieren, unter denen sich der Zahlungsdienstleister das Recht vorbehält, ein Zahlungsinstrument gemäß § 675k Abs. 2 S. 1 BGB zu sperren. 19

Nimmt der Zahlungsdienstleister nach § 675k Abs. 2 S. 1 BGB die Sperrung eines Zahlungsinstruments vor, so ist er nach § 675k Abs. 2 S. 2 BGB verpflichtet, den Zahler hierüber möglichst vor, spätestens jedoch unverzüglich nach der Sperrung zu unterrichten. Diese Unterrichtung soll grundsätzlich als Mitteilung an den Zahler erfolgen müssen,[35] die Parteien können aber vereinbaren, dass auch eine Zurverfügungstellung der Informationen genügend ist.[36] 20

In der Unterrichtung sind die Gründe für die Sperrung anzugeben (siehe § 675k Abs. 2 S. 3 BGB). Eine Ausnahme hierzu besteht dann, wenn und soweit der Zahlungsdienstleister durch diese Angabe von Gründen gegen gesetzliche Verpflichtungen verstoßen würde (siehe § 675k Abs. 2 S. 4 BGB). Dies soll insbesondere Fälle des Verdachts auf Geldwäsche oder der Terrorismusfinanzierung betreffen.[37] 21

Eine Verletzung der Unterrichtungspflicht kann – auch bei im Übrigen berechtigter Sperrung – eine Schadensersatzpflicht des Zahlungsdienstleisters nach § 280 BGB nach sich ziehen.[38] 22

IV. Entsperrung

Sobald die Gründe für die zunächst nach § 675k Abs. 2 S. 1 BGB vorgenommene Sperrung nicht mehr gegeben sind, ist der Zahlungsdienstleister nach § 675k Abs. 2 S. 5 BGB verpflichtet, das Zahlungsinstrument zu entsperren oder dieses durch ein neues Zahlungsinstrument zu ersetzen. Sofern eine Ersetzung vorgenommen wird und die Sperrung des vorherigen Zahlungsinstrument darauf beruhte, dass dieses Zahlungsinstrument verloren, gestohlen, missbräuchlich verwendet oder sonst nicht autorisiert genutzt wurde, darf der Zahlungsdienstleister für diesen Ersatz mit dem Zahlungsdienstnutzer ein Entgelt vereinbaren, das allenfalls die ausschließlich und unmittelbar mit dem Ersatz verbundenen Kosten abdeckt (§ 675l Abs. 1 S. 3 BGB).[39] 23

---

durch die lediglich im Interesse des Zahlungsdienstnutzers die zugunsten des Zahlungsdienstleisters bestehende Möglichkeit der einseitigen Sperrung beschränkt, aber nicht begründet wird.

34 Vgl. Staudinger-Omlor, 2012, § 675k BGB Rn. 6. Zu einer Schadensersatzhaftung des Zahlungsdienstleisters wegen einer nicht vorgenommenen Sperrung kommt es aber auch in dieser Fallgestaltung nicht, weil der Zahlungsdienstnutzer nach erfolgter Anzeige nach § 675v Abs. 5 S. 1 BGB ohnehin nicht haftet.

35 So MK-Jungmann, 7. Aufl., § 675k BGB Rn. 32.

36 Begr Reg-Entw, BT-Drs. 16/11643, S. 106.

37 Begr Reg-Entw, BT-Drs. 16/11643, S. 106; Erman-von Westphalen, 15. Aufl., § 675k BGB Rn. 13; Staudinger-Omlor, 2012, § 675k BGB Rn. 11.

38 Palandt-Sprau, 77. Aufl., § 675k BGB Rn. 5; MK-Jungmann, 7. Aufl., § 675k BGB Rn. 37, Staudinger-Omlor, 2012, § 675k BGB Rn. 12.

39 Zur Rechtslage zu Entgelten für die Neuausstellung von Zahlungskarten in derartigen Fällen vor Umsetzung der ZDRL II siehe die Anmerkungen zu § 675f BGB Rn. 55.

24 Auch über die Vornahme der Entsperrung ist der Zahlungsdienstnutzer unverzüglich zu unterrichten (§ 675k Abs. 2 S. 6 BGB).

25 Verstößt der Zahlungsdienstleister gegen die Verpflichtungen, das Zahlungsinstrument nach § 675k Abs. 2 S. 5 BGB zu entsperren und den Zahlungsdienstnutzer hiervon nach § 675k Abs. 2 S. 6 BGB unverzüglich zu unterrichten, so kann auch dies eine Schadensersatzpflicht des Zahlungsdienstleisters nach § 280 BGB bzw. § 286 BGB nach sich ziehen.[40]

V. Einvernehmliche Sperrung eines Zahlungsinstruments

26 Nicht durch § 675k Abs. 2 BGB berührt wird die Möglichkeit einer von Zahler und Zahlungsdienstleister einvernehmlich vereinbarten Sperrung eines Zahlungsinstruments: Auch außerhalb des Anwendungsbereichs von §§ 675l Abs. 1 S. 2, 675m Abs. 1 Nr. 5 BGB können Zahler und Zahlungsdienstleister also jederzeit und ohne Bindung an die Sperrungsgründe nach § 675k Abs. 2 S. 1 Nr. 1 bis 3 BGB die Sperrung eines Zahlungsinstruments vereinbaren.[41]

D. Informationspflichten des kontoführenden Zahlungsdienstleisters bei Verweigerung des Zugangs zum Zahlungskonto für Zahlungsauslösedienstleister und Kontoinformationsdienstleister

27 Der in Umsetzung von Art. 68 Abs. 5 Unterabs. 1 S. 2 und 3 ZDRL II eingeführte § 675k Abs. 3 BGB steht im Zusammenhang mit der nach § 52 ZAG bestehenden Möglichkeit des kontoführenden Zahlungsdienstleisters, einem Kontoinformationsdienstleister oder einem Zahlungsauslösedienstleister den Zugang zum Zahlungskonto des Zahlungsdienstnutzers zu verweigern.[42] Diese Möglichkeit ist nach § 52 ZAG als Ausnahme zu der nach den §§ 48 und 50 ZAG grundsätzlich bestehenden Verpflichtung des kontoführenden Zahlungsdienstleisters zur Zusammenarbeit mit Kontoinformationsdienstleistern und Zahlungsauslösedienstleistern vorgesehen und greift lediglich in solchen Fällen ein, in denen dies durch objektive und gebührend nachgewiesene Gründe gerechtfertigt ist im Zusammenhang mit einem nicht autorisierten oder betrügerischen Zugang des Kontoinformationsdienstleisters oder des Zahlungsauslösedienstleisters zum Zahlungskonto, einschließlich der nicht autorisierten oder betrügerischen Auslösung eines Zahlungsvorgangs (§ 52 Abs. 1 ZAG).[43]

28 Ist der kontoführende Zahlungsdienstleister nach § 52 Abs. 1 ZAG berechtigt, einem Kontoinformationsdienstleister oder einem Zahlungsauslösedienstleister den Zugang zum Zahlungskonto des Zahlungsdienstnutzers zu verweigern, so stellt dies zugleich eine gesetzliche Ausnahme zum Recht des Zahlungsdienstnutzers aus § 675f Abs. 3 BGB dar, für ein online zugängliches Zahlungskonto einen Zahlungsauslösedienst oder einen Kontoinformationsdienst zu nutzen.[44] Während § 52 Abs. 2 ZAG eine aufsichtrechtliche Verpflichtung des kontoführende Zahlungsdienstleisters vorsieht, die Verweigerung des Zugangs zum Zahlungskonto des Zahlungsdienstnutzers der BaFin zu melden, ist nach

---

40 MK-Jungmann, 7. Aufl., § 675k BGB Rn. 42; Staudinger-Omlor, 2012, § 675k BGB Rn. 14.

41 Jauernig-Berger, 16. Aufl., §§ 675k-675m BGB Rn. 1; Palandt-Sprau, 77. Aufl., § 675k BGB Rn. 3 f.; Staudinger-Omlor, 2012, § 675k BGB Rn. 2, 6.

42 Siehe Begr Reg-Entw BT-Drs. 18/11495, S. 156.

43 Hierzu siehe Begr Reg-Entw BT-Drs. 18/11495, S. 138 f.

44 Siehe die Anmerkungen zu § 675f BGB Rn. 163.

§ 675k Abs. 3 S. 1 BGB der kontoführende Zahlungsdienstleister auch verpflichtet, den Zahlungsdienstnutzer in einer im Zahlungsdiensterahmenvertrag zu vereinbarenden Form über die Gründe der Zugangsverweigerung zu unterrichten. Nach § 675k Abs. 3 S. 2 BGB muss diese Unterrichtung möglichst vor, spätestens jedoch unverzüglich nach der Verweigerung des Zugangs erfolgen. Die Angabe von Gründen darf nach § 675k Abs. 3 S. 3 BGB unterbleiben, soweit der kontoführende Zahlungsdienstleister hierdurch gegen gesetzliche Verpflichtungen verstoßen würde.

E. Abdingbarkeit

Nach der allgemeinen Regelung des § 675e Abs. 1 BGB darf von der Regelung des § 675k BGB grundsätzlich nicht zum Nachteil des Zahlungsdienstnutzers abgewichen werden. Auch im Verkehr mit Nicht-Verbrauchern sieht § 675e Abs. 4 BGB keine weitergehende Abdingbarkeit des § 675k BGB vor. Zulässig sind somit lediglich Abweichungen zugunsten des Zahlungsdienstnutzers, z.B. weitergehende Einschränkungen des Rechts des Zahlungsdienstleisters zur einseitigen Sperrung nach § 675k Abs. 2 BGB. **29**

In Drittstaatensachverhalten nach § 675d Abs. 6 S. 1 Nr. 1 und 2 BGB darf dagegen nach § 675e Abs. 2 Nr. 2 BGB auch zum Nachteil des Zahlungsdienstnutzers von § 675k BGB abgewichen werden. **30**

§ 675l BGB
Pflichten des Zahlungsdienstnutzers in Bezug auf Zahlungsinstrumente

(1) Der Zahlungsdienstnutzer ist verpflichtet, unmittelbar nach Erhalt eines Zahlungsinstruments alle zumutbaren Vorkehrungen zu treffen, um die personalisierten Sicherheitsmerkmale vor unbefugtem Zugriff zu schützen. Er hat dem Zahlungsdienstleister oder einer von diesem benannten Stelle den Verlust, den Diebstahl, die missbräuchliche Verwendung oder die sonstige nicht autorisierte Nutzung eines Zahlungsinstruments unverzüglich anzuzeigen, nachdem er hiervon Kenntnis erlangt hat. Für den Ersatz eines verlorenen, gestohlenen, missbräuchlich verwendeten oder sonst nicht autorisiert genutzten Zahlungsinstruments darf der Zahlungsdienstleister mit dem Zahlungsdienstnutzer ein Entgelt vereinbaren, das allenfalls die ausschließlich und unmittelbar mit dem Ersatz verbundenen Kosten abdeckt.

(2) Eine Vereinbarung, durch die sich der Zahlungsdienstnutzer gegenüber dem Zahlungsdienstleister verpflichtet, Bedingungen für die Ausgabe und Nutzung eines Zahlungsinstruments einzuhalten, ist nur insoweit wirksam, als diese Bedingungen sachlich, verhältnismäßig und nicht benachteiligend sind.

Systematische Übersicht

A. Allgemeines

1 § 675l BGB regelt die Sorgfaltspflichten des Zahlungsdienstnutzers in Bezug auf die ihm überlassenen Zahlungsinstrumente unter Einschluss ihrer personalisierten Sicherheitsmerkmale, d.h. die Pflichten zum Schutz vor unbefugten Zugriff und zur Anzeige bei Kenntniserlangung von Verlust, Diebstahl, missbräuchlicher Verwendung oder sonstiger nicht autorisierter Nutzung.

2 § 675l BGB wurde eingeführt in Umsetzung von Art. 56 ZDRL I. Diese Sorgfaltspflichten des Zahlungsdienstnutzers sind nunmehr geregelt in Art. 69 ZDRL II, im Rahmen der Umsetzung dieser Bestimmung ist § 675l BGB – neben redaktionellen Änderungen in Absatz 1 S. 1 zur Ersetzung des Begriffs des Zahlungsauthentifizierungsinstruments durch den des Zahlungsinstruments[1] – um die Regelung in Absatz 1 S. 3 zu Entgelten für den Ersatz von Zahlungsinstrumenten[2] sowie um den neu eingeführten Absatz 2 zu den Grenzen der Vereinbarung von Bedingungen für die Ausgabe und Nutzung von Zahlungsinstrumenten ergänzt worden.[3]

B. Verpflichtung zum Schutz personalisierter Sicherheitsmerkmale

3 Die Sorgfaltspflichten des Zahlungsdienstnutzers nach § 675l Abs. 1 BGB finden ihre Grundlage im Deckungsverhältnis zwischen Zahler und Zahlungsdienstleister, namentlich in dem zwischen diesen Parteien bestehenden Zahlungsdiensterahmenvertrag über die Ausgabe des betreffenden Zahlungsinstruments, z.B. dem Kartenvertrag.

4 Ziel dieser Verpflichtungen ist die Begrenzung der Gefahr missbräuchlicher Verwendung und sonstiger nicht autorisierter Nutzung von Zahlungsinstrumenten und damit die Schadensprävention;[4] die Pflichten des Zahlungsdienstnutzers nach § 675l BGB treten zu den Verpflichtungen des Zahlungsdienstleisters in Bezug auf die Ausgabe von Zahlungsinstrumenten nach § 675m BGB hinzu. Die Pflichtenkreise des Zahlungsdienstleisters nach § 675m BGB und des Zahlungsdienstnutzers nach § 675l BGB ergänzen einander in dem gemeinsamen Ziel der Missbrauchsvermeidung,[5] wobei generell der Zahlungsdienstleister bis zu dem Zeitpunkt das alleinige Risiko trägt, an dem der Zahlungsdienstnutzer das betreffende Zahlungsinstrument erhält (§§ 675l Abs. 1 S. 1, 675m Abs. 2 BGB).[6] Für den Zeitraum danach ist eine Risikoverteilung zwischen den Parteien aufgrund der §§ 675l Abs. 1 S. 1 und 2, 675m Abs. 1 BGB vorzunehmen. Dabei sind eine Vielzahl von Faktoren in die Abwägung einzustellen, im Einzelnen das (gemeinsame) Interesse des Zahlungsdienstleisters und des Zahlers an der Missbrauchsvermeidung, das Interesse des Zahlers an einer nicht zu sehr eingeschränkten Nutzbarkeit des betreffenden Zahlungsinstruments[7] und das korrespondierende Interesse des Zahlungsdienstleisters daran, seinem Kunden ein entsprechend leicht nutzbares Instrument zur

1 Begründung des Regierungsentwurfs zur Umsetzung der Zweiten Zahlungsdiensterichtlinie, BT-Drs. 18/11495, S. 156.
2 Siehe unten Rn. 39.
3 Siehe unten Rn. 35 ff.
4 Begründung des Regierungsentwurfs zur Umsetzung des zivilrechtlichen Teils der Zahlungsdiensterichtlinie, BT-Drs. 16/11643, S. 106; MK-Jungmann, 7. Aufl., § 675l BGB Rn. 4.
5 Siehe Staudinger-Omlor, 2012, § 675l BGB Rn. 1; vgl. auch Palandt-Sprau, 77. Aufl., § 675l BGB Rn. 1 (vielfach korrespondierende Pflichten).
6 Siehe unten Rn. 9.
7 Vgl. Erman-von Westphalen, 15. Aufl., § 675l BGB Rn. 5; Palandt-Sprau, 77. Aufl., § 675l BGB Rn. 2; BeckOK-Schmalenbach, 43. Ed. 2017, § 675l BGB Rn. 4; MK-Jungmann, 7. Aufl., § 675l BGB Rn. 16 f.; Staudinger-Omlor, 2012, § 675l BGB Rn. 15.

Verfügung stellen zu können, sowie schließlich die jeweilige Risikonähe und Möglichkeit der Risikobeherrschung der beiden Parteien, die es insbesondere ausschließt, dass der Zahlungsdienstleister unsichere Standards anwendet und dann das Missbrauchsrisiko dem Zahlungsdienstnutzer auferlegt.[8]

Im Rahmen der Sorgfaltspflichten des Zahlungsdienstnutzers unterscheidet § 675l Abs. 1 BGB zwischen der Verpflichtung, personalisierte Sicherheitsmerkmale vor unbefugtem Zugriff zu schützen (§ 675l Abs. 1 S. 1 BGB), sowie der Pflicht des Zahlungsdienstnutzers, dem Zahlungsdienstleister Verlust, Diebstahl, missbräuchliche Verwendung oder sonstige nicht autorisierte Nutzung des Zahlungsinstruments anzuzeigen (§ 675l Abs. 1 S. 2 BGB). **5**

Die Sorgfaltspflichten des Zahlungsdienstnutzers können zudem neben der gesetzlichen Regelung aus § 675l Abs. 1 BGB auch durch Vereinbarung der Parteien bestimmt werden, wie sich aus den §§ 675l Abs. 2, 675v Abs. 3 Nr. 2 lit. b, 675w S. 3 Nr. 4 BGB ergibt.[9] Hinsichtlich der Vereinbarung solcher Bedingungen für die Ausgabe und Nutzung von Zahlungsinstrumenten sind die in § 675l Abs. 2 BGB gesetzten Grenzen zu beachten, wonach diese Bedingungen sachlich, verhältnismäßig und nicht benachteiligend sein müssen.[10] Diese Grenzen beinhalten mithin einen speziell kodifizierten Ausfluss der generellen Interessen- und Risikoverteilungsabwägung zwischen Zahlungsdienstnutzer und Zahlungsdienstleister. Sie stellen neben der Vermeidung von Benachteiligung einzelner Nutzer insbesondere generell sicher, dass der Zahlungsdienstleister nicht in zu weitgehendem Maße die ihm obliegende Aufgabe der Sicherstellung der Sicherheit der Nutzung von Zahlungsdiensten auf den Zahlungsdienstnutzer überlagert und diesem die Einhaltung nicht praktikabler Sicherheitsstandards auferlegt. **6**

I. Personalisierte Sicherheitsmerkmale

Die Sorgfaltspflicht des Zahlungsdienstnutzers zum Schutz vor unbefugten Zugriff bezieht sich nach dem Wortlaut des § 675l Abs. 1 S. 1 BGB auf den Schutz der personalisierten Sicherheitsmerkmale. Personalisierte Sicherheitsmerkmale sind nicht alle personenbezogenen Daten mit Bezug auf den Zahlungsvorgang oder das Zahlungsinstrument, sondern lediglich solche Merkmale, die eine Authentifizierung erlauben,[11] d.h. eine nachvollziehbare Identifikation eines Nutzers.[12] Demnach zählen bspw. Kontonummer oder Kartennummer nicht zu den personalisierten Sicherheitsmerkmalen,[13] dagegen aber Passwort, PIN und TAN.[14] Die Einordnung der Unterschrift als personalisiertes Sicherheitsmerkmal ist streitig.[15] **7**

Streitig ist, ob neben den personalisierten Sicherheitsmerkmalen auch das Zahlungsinstrument selbst Bezugsobjekt der Pflicht zum Schutz vor unbefugten Zugriff ist: Während dies teilweise unter dem Gesichtspunkt bejaht wird, dass Schutzlücken ver- **8**

---

8 Vgl. Erman-von Westphalen, 15. Aufl., § 675l BGB Rn. 7; MK-Jungmann, 7. Aufl., § 675l BGB Rn. 16. Siehe allgemein BeckOK-Schmalenbach, 43. Ed. 2017, § 675l BGB Rn. 1 (Gesichtspunkt der Sphärenverantwortung).

9 Siehe auch Begr Reg-Entw, BT-Drs. 16/11643, S. 106.

10 Siehe unten Rn. 35 ff.

11 Begr Reg-Entw, BT-Drs. 16/11643, S. 106; BeckOK-Schmalenbach, 43. Ed. 2017, § 675l BGB Rn. 3; Staudinger-Omlor, 2012, § 675l BGB Rn. 3.

12 BeckOK-Schmalenbach, 43. Ed. 2017, § 675l BGB Rn. 3.

13 Begr Reg-Entw, BT-Drs. 16/11643, S. 106; Staudinger-Omlor, 2012, § 675l BGB Rn. 3.

14 Begr Reg-Entw, BT-Drs. 16/11643, S. 106; BeckOK-Schmalenbach, 43. Ed. 2017, § 675l BGB Rn. 3; Staudinger-Omlor, 2012, § 675l BGB Rn. 3.

15 Siehe die Anmerkungen zu § 675j BGB Rn. 15.

mieden und das Risiko unrechtmäßiger Verwendung insgesamt verringert werden sollten,[16] beruft sich die Gegenauffassung darauf, dass dies auf eine Analogie hinausliefe, für die es am Vorliegen einer planwidrigen Regelungslücke fehle.[17] In der Sache dürfte diese unterschiedliche Sichtweise von geringer praktischer Bedeutung sein, da vielfach eine Verknüpfung zwischen den personalisierten Sicherheitsmerkmalen und dem Zahlungsinstrument besteht (z.B. bei dem durch PIN und TAN geschützten Online-Banking) und jedenfalls durch Vereinbarungen der Parteien nach Abs. 2 eine Schutzpflicht auch hinsichtlich des Zahlungsinstruments selbst vereinbart werden kann, bspw. in Bezug auf Zahlungskarten.

II. Schutz vor unbefugtem Zugriff

9 Nach § 675l Abs. 1 S. 1 BGB ist der Zahlungsdienstnutzer[18] verpflichtet, unmittelbar nach Erhalt eines Zahlungsinstruments alle zumutbaren Vorkehrungen zu treffen, um die personalisierten Sicherheitsmerkmale vor unbefugtem Zugriff zu schützen. Entscheidender Zeitpunkt für die Begründung der Pflicht zum Schutz vor unbefugtem Zugriff ist mithin der Erhalt des Zahlungsinstruments durch den Zahlungsdienstnutzer.[19] Der Zahlungsdienstnutzer hat ein Zahlungsinstrument entsprechend den Wertungen zu § 130 BGB dann erhalten, wenn es in seinen Machtbereich gelangt ist und mit einer Kenntnisnahme gerechnet werden musste.[20]

10 Mit der Verpflichtung zum Schutz der personalisierten Sicherheitsmerkmale vor unbefugtem Zugriff hat der Zahlungsdienstleister die Sicherheitsmerkmale gegen jeden Zugriff zu schützen, der nach der für das betreffende Zahlungsinstrument geltenden Bedingungen untersagt ist,[21] d.h. auf der Grundlage der §§ 675c ff. BGB in Verbindung mit den maßgeblichen Vereinbarungen der Parteien zur Ausgabe und Verwendung des betreffenden Instruments.

11 Die Verpflichtung des Zahlungsdienstnutzers richtet sich darauf, alle zumutbaren Vorkehrungen zum Schutz vor unbefugtem Zugriff zu treffen. Bei der Auslegung des Begriffs der zumutbaren Vorkehrungen ist eine Abwägung vorzunehmen, bei der die oben dargelegten beiderseitigen Interessen zu berücksichtigen sind.[22] In allgemeiner Form ist diese Verpflichtung beschrieben worden als Grundsatz, dass Zahlungsinstrumente geheim zu halten sind.[23]

---

16 Vgl. Erman-von Westphalen, 15. Aufl., § 675l BGB Rn. 3; MK-Jungmann, 7. Aufl., § 675l BGB Rn. 8 f; Palandt-Sprau, 77. Aufl., § 675l BGB Rn. 2.

17 Staudinger-Omlor, 2012, § 675l BGB Rn. 3.

18 Im Zuge der Umsetzung der ZDRL II wurde der hier zuvor verwendete Begriff des Zahlers durch denjenigen des Zahlungsdienstnutzers ersetzt, was aus der Sicht des Gesetzgebers aber nur eine redaktionelle Änderung darstellen sollte, siehe Begr Reg-Entw BT-Drs. 18/11495, S. 156, zumal das der Autorisierung eines Zahlungsvorgangs dienende Zahlungsinstrument nur dem Zahler auszugeben ist.

19 Soweit angenommen wird, § 675l Abs. 1 BGB begründe auch eine Pflicht zum Schutz des Zahlungsinstruments selbst vor unbefugtem Zugriff, wird hier entsprechend auch auf den Erhalt des Zahlungsinstruments abgestellt, siehe MK-Jungmann, 7. Aufl., § 675l BGB Rn. 13. Hierzu siehe bereits oben Rn. 4.

20 Palandt-Sprau, 77. Aufl., § 675l BGB Rn. 2; MK-Jungmann, 7. Aufl., § 675l BGB Rn. 14.

21 Palandt-Sprau, 77. Aufl., § 675l BGB Rn. 2; MK-Jungmann, 7. Aufl., § 675l BGB Rn. 19.

22 Siehe oben Rn. 4 ff.

23 BGH, Urt. v. 26.1.2016 – XI ZR 91/14, juris Rn. 58, BGHZ 208, 331; MK-Jungmann, 7. Aufl., § 675l BGB Rn. 19.

III. Fallgruppen der Verpflichtung zum Schutz personalisierter Sicherheitsmerkmale

Im Einzelnen sind in der bisherigen Diskussion insbesondere die folgenden Fall- 12
gruppen herausgearbeitet worden:

Abfrage von PIN bzw. TAN: (Angeblichen) Mitarbeitern des Zahlungsdienstleisters 13
auf deren Abfrage die PIN mitzuteilen ist sorgfaltspflichtwidrig, da hinreichend bekannt ist, dass Zugangsdaten nie auf diese Weise abgefragt werden dürfen.[24] Dasselbe dürfte für die Abfrage einer PIN aufgrund einer Phishing-Email gelten.[25] Bei TANs stellt jedenfalls die Eingabe einer Mehrzahl von TANs im Rahmen desselben Online-Banking-Zahlungsvorgangs ein sorgfaltspflichtwidriges Verhalten des Zahlungsdienstnutzers dar.[26] Auch bei einer lediglich einmaligen Preisgabe einer TAN können die Voraussetzungen einer grob fahrlässigen Pflichtverletzung gegeben sein, wenn zusätzlich besondere technische Auffälligkeiten wie Schwierigkeiten beim Log-In, unerklärte Eingabeaufforderungen und lange Wartezeiten hinzutreten.[27] Dagegen soll die Abfrage von Daten zum Mobiltelefon im Bereich des mTAN-Verfahrens noch kein Misstrauen erwecken müssen.[28]

Antivirenprogramm: Ein Nutzer von Online-Banking auf dem eigenen Rechner soll 14
auch nur die Sorgfalt eines durchschnittlichen Computernutzers beachten müssen.[29] Er handelt danach aber sorgfaltswidrig, wenn er nicht das Vorhandensein eines Antivirenprogramms sicherstellt.[30]

Browser-Adresszeile beim Online-Banking: Bei der Nutzung des Online-Banking 15
über einen Internet-Browser ist der Zahlungsdienstnutzer gehalten, die Adresszeile des Browsers zu kontrollieren und auffällige Umleitungen zu bemerken,[31] während ansonsten eine unbemerkte Umleitung auf eine Drittseite noch keinen Sorgfaltspflichtverstoß begründen sollte.[32]

chipTAN- und SMS-TAN-Verfahren: Bei Verwendung des chipTAN-Verfahrens 16
handelt der Zahlungsdienstnutzer dann sorgfaltswidrig, wenn er die durch den TAN-Generator geschaffene Möglichkeit der Kontrolle der dort angezeigten Daten nicht nutzt[33] oder wenn er auf eine – durch Dritte manipulierte – Aufforderung hin den TAN-Genera-

---

24 Zahrte, BKR 2016, 315, 318; MK-Jungmann, 7. Aufl., § 675l BGB Rn. 46.

25 BGH, Urt. v. 24.4.2012 – XI ZR 96/11, juris Rn. 28, NJW 2012, 2422; OLG Hamm, Beschl. v. 16.3.2015 – 31 I 31/15, juris Ls., GWR 2015, 433; LG Essen, Urt. v. 4.12.2014 – 6 O 339/14, juris Rn. 23, WM 2015, 2098.

26 BGH, Urt. v. 24.4.2012 – XI ZR 96/11, juris Rn. 28, NJW 2012, 2422; OLG München, Urt. v. 23.1.2012 – 17 U 3527/11, juris Rn. 12ff., BKR 2012, 475; KG Berlin, Urt. v. 29.11.2010 – 26 U 159/09, juris Rn. 41f., WM 2011, 493; LG Berlin, Urt. v. 8.11.2011 – 21 O 80/11, juris Rn. 16ff., NJW-RR 2012, 570; LG Düsseldorf, Urt. v. 27.3.2014 – 21 S 211/13, juris Rn. 13ff.; AG Düsseldorf, Urt. v. 6.6.2013 – 37 C 13695/12, juris Rn. 31; AG Krefeld, Urt. v. 6.7.2012 – 7 C 605/11, juris Rn. 27f.; BKR 2012, 480; weitere Nachweise bei MK-Jungmann, 7. Aufl., § 675l BGB Rn. 59, dort Fn. 90.

27 LG Köln, Urt. v. 30.7.2015 – 15 O 505/14, juris Rn. 19f.; AG Köln, Urt. v. 26.6.2013 – 119 C 143/13, juris Rn. 15, WM 2014, 354.

28 LG Oldenburg, Urt. v. 15.1.2016 – 8 O 1454/15, juris Rn. 31, MMR 2016, 450;

29 LG Köln, Urt. v. 5.12.2007 – 9 S 195/07, juris Rn. 47, WM 2008, 354; Recknagel, Vertrag und Haftung beim Internet-Banking, S. 225f.; MK-Jungmann, 7. Aufl., § 675l BGB Rn. 27.

30 Vgl. LG Oldenburg, Urt. v. 15.1.2016 – 8 O 1454/15, juris Rn. 31, MMR 2016, 450; LG Köln, a.a.O.; Borges, NJW 2012, 2385, 2386. Vgl. auch MK-Jungmann, 7. Aufl., § 675l BGB Rn. 37; Staudinger-Omlor, 2012, § 675l BGB Rn. 10.

31 LG Köln, a.a.O.

32 LG Mannheim, Urt. v. 16.5.2008 – 1 S 189/07, juris Rn. 8, WM 2008, 2015 (bei DNS-Spoofing); Staudinger-Omlor, 2012, § 675l BGB Rn. 9. Zweifelnd dagegen Borges, NJW 2012, 2385, 2386.

33 LG Darmstadt, Urt. v. 28.8.2014 – 28 O 36/14, juris Rn. 40f., WM 2014, 2323 (dort unter dem Aspekt der Zurechenbarkeit der Anscheinsvollmacht); AG Bonn, Urt. 15.4.2014 – 109 C 223/13, juris Rn. 33ff., BKR 2014, 304; MK-Jungmann, 7. Aufl., § 675l BGB Rn. 59, dort Fn. 90.

tor zur Eingabe von TAN nutzt, obwohl er überhaupt keine Zahlungsvorgänge auslösen wollte.[34] Dasselbe gilt bei mangelnder Überprüfung des SMS-Nachrichteninhalts beim SMS-TAN-Verfahren.[35]

17 **Gemeinsame Aufbewahrung von Karten und PIN:** Sorgfaltswidrig ist es, wenn Zahlungskarte und PIN gemeinsam aufbewahrt werden,[36] insbesondere wenn die PIN auf der Karte notiert oder die PIN-Notiz zusammen mit der Karte im Portemonnaie oder in der Handtasche verwahrt wird.[37] Eine Sorgfaltspflichtverletzung ist in diesen Fällen auch dann angenommen worden, wenn die PIN in verschlüsselter Form notiert war, z.B. chiffriert in einem Telefonbuch.[38] Dies dürfte allerdings von der Tauglichkeit der Verschlüsselung abhängen.[39] Als zulässig hat es der BGH angesehen, die – unverschlüsselte – PIN zusammen mit der Karte in der Wohnung aufzubewahren, wenn beide dort so getrennt sind, dass ein Unbefugter nicht beide in einem Zugriff erlangen kann.[40]

18 **Kartenaufbewahrung:** Karten dürfen nicht an einem öffentlich zugänglichen Ort unbeaufsichtigt zurückgelassen werden.[41] Zumindest nicht grob fahrlässig soll es dann aber sein, wenn im Zuge eines Augenblicksversagens übersehen wird, ob die Zahlungskarte vom Geldautomaten wieder ausgegeben oder dort zurückgelassen wird.[42] Ob es generell als unzulässig angesehen werden kann, wenn Karten unbeaufsichtigt in einem Kraftfahrzeug aufbewahrt werden, ist umstritten:[43] Richtigerweise dürfte dies jedenfalls nicht ausnahmslos der Fall sein, da die Aufbewahrung dort im Einzelfall sicherer sein könnte als in der konkreten Situation in Betracht kommende andere Verwahrmöglichkeiten des Nutzers (z.B. beim Sport).[44] Ein unverschlossenes Kraftfahrzeug dürfte allerdings kaum zur sicheren Verwahrung geeignet sein.[45] Am (Büro-)Arbeitsplatz soll eine Aufbewahrung der Karte in einer unverschlossenen Tasche auch in Zeiten der vorübergehenden Abwesenheit des Zahlungsdienstnutzers zulässig sein.[46]

---

34 AG Köln, Urt. v. 20.1.2014 – 142 C 406/13, juris Rn. 30, BKR 2014, 307.

35 LG Köln, Urt. v. 26.8.2014 – 3 O 390/13, juris Rn. 23 f., WM 2014, 2372; AG München, Urt. v. 5.1.2017 – 132 C 49/15, Rn. 33, WM 2017, 2021.

36 BGH, Urt. v. 17.10.2000 – XI ZR 42/00, juris Rn. 22, BGHZ 145, 337; Urt. v. 5.10.2004 – XI ZR 210/03, juris Rn. 20, BGHZ 160, 308; OLG Dresden, Urt. v. 6.2.2014 – 8 U 1218/13, juris Rn. 36 ff., ZIP 2014, 766; OLG Frankfurt, Urt. v. 8.12.2014 – 23 U 291/13, juris Rn. 39, ITRB 2015, 160; OLG Hamm, Urt. v. 17.12.1997 – 31 U 60/97, NJW-RR 1998, 561; AG Hamburg, Urt. v. 28.9.2010 – 4 C 178/10, juris Rn. 39, WM 2011, 498; Palandt-Sprau, 77. Aufl. § 675l BGB Rn. 9; Staudinger-Omlor, 2012, § 675l BGB Rn. 5.

37 KG Berlin, Urt. v. 10.1.1992 – 9 U 959/91, juris Ls., WM 1992, 729; AG Kassel, Urt. v. 16.11.1993 – 83 C 4162/93, juris Rn. 19, WM 1994, 2110; MK-Jungmann, 7. Aufl., § 675l BGB Rn. 49. Zweifelnd dagegen jedenfalls im Hinblick auf die gemeinsame Aufbewahrung in der Handtasche jurisPK-Schwintowski, 8. Aufl., § 675l BGB Rn. 12.

38 OLG Frankfurt, Beschl. v. 15.7.2003 – 19 U 71/03, juris Rn. 6 f., NJW-RR 2004, 206; AG Kassel, Urt. v. 16.11.1993 – 83 C 4162/93, juris Rn. 19, WM 1994, 2110.

39 Siehe MK-Jungmann, 7. Aufl., § 675l BGB Rn. 49; jurisPK-Schwintowski, 8. Aufl., § 675l BGB Rn. 10.

40 BGH, Urt. v. 17.10.2000 – XI ZR 42/00, juris Rn. 22, BGHZ 145, 337; Staudinger-Omlor, 2012, § 675l BGB Rn. 5.

41 OLG Düsseldorf, Teilurt. v. 26.10.2007 – I-16 U 160/04, juris Rn. 7 f., BKR 2008, 41; LG Rottweil, Urt. v. 25.11.1998 – 1 S 148/98, juris Ls., WM 1999, 1934; siehe auch AG Bremen, Urt. v. 13.8.2014 – 13 C 21/14, juris Rn. 12; MK-Jungmann, 7. Aufl., § 675l BGB Rn. 25; Palandt-Sprau, 77. Aufl. § 675l BGB Rn. 9.

42 OLG Düsseldorf, Urt. v. 6.7.2012 – 17 U 79/11, juris Rn. 21, WM 2013, 506.

43 Grundsätzlich unzulässig: OLG Düsseldorf, a.a.O.; LG Hamburg, Urt. v. 23.11.2001 – 313 S 116/01, juris Ls., NJW-RR 2002, 264; LG Berlin, Urt. v. 22.6.2010 – 10 S 10/09, juris Rn. 11, NJW-RR 2011, 352. Zulässig: MK-Jungmann, 7. Aufl., § 675l BGB Rn. 26; Staudinger-Omlor, 2012, § 675l BGB Rn. 5.

44 Siehe OLG Frankfurt, Urt. v. 7.12.2001 – 24 U 188/99, juris Rn. 4, WM 2002, 1055; LG Berlin, Urt. v. 22.6.2010 – 10 S 10/09, juris Rn. 11, NJW-RR 2011, 352; MK-Jungmann, a.a.O.

45 AG Essen, Urt. v. 23.10.1997 – 21 C 245/97, juris Ls., WM 1998, 1127; Staudinger-Omlor, a.a.O.

46 OLG Hamm, Urt. v. 17.3.1997 – 31 U 72/96, juris Rn. 20 f., WM 1997, 1203; AG Frankfurt, Urt. v. 26.5.2009 – 30 C 2223/08, juris Rn. 73 ff., VuR 2009, 472; LG Bonn, Urt. v. 23.8.2005 – 3 O 126/05, juris

Kontoinformationsdienste: Während grundsätzlich die Weitergabe von Zugangsdaten (PIN und TAN) im Online-Banking an einen Dritten ebenso wie die Weitergabe von Karte und PIN an einen Bevollmächtigten vertraglich ausgeschlossen werden dürfen,[47] ist ein Zahlungsdienstnutzer nach § 675f Abs. 3 S. 1 BGB ausdrücklich gesetzlich zur Nutzung von Kontoinformationsdiensten bei online zugänglichen Zahlungskonten berechtigt, was auch die Weitergabe der personalisierten Sicherheitsmerkmale des Zahlungsdienstnutzers an den Kontoinformationsdienstleister einschließt.[48] 19

Kreditkartennutzung: Sowohl die Weitergabe von Kartendaten[49] im Distanzgeschäft als auch die Übergabe der Kreditkarte an Personal des Zahlungsempfängers zur Erstellung des Autorisierungsbelegs stellen eine vereinbarungsgemäße Verwendung dar und sind daher nicht sorgfaltswidrig.[50] 20

Notieren der PIN: Das Notieren einer PIN ist grundsätzlich noch nicht sorgfaltspflichtwidrig,[51] d.h. der Zahlungsdienstnutzer ist nicht verpflichtet, die PIN auswendig zu lernen. Es besteht auch keine Verpflichtung, die erhaltene PIN-Mitteilung zu vernichten.[52] Allerdings ist eine gemeinsame Aufbewahrung der notierten PIN mit der zugehörigen Karte unzulässig[53] und die PIN muss nach dem allgemeinen Grundsatz sicher verwahrt werden,[54] was hier u.a. beinhalten dürfte, dass sie nur an einem schwer auffindbaren Ort aufbewahrt werden darf[55] (dies gilt auch für eine PIN z.B. für das Online-Banking, die nicht auf eine Karte bezogen ist). 21

Online-Banking-Software: Zahlungsdienstleister dürfen zwar im Rahmen der Frage, ob eine starke Kundenauthentifizierung anzuwenden ist, berücksichtigen, ob der betreffende Zahlungsdienstnutzer spezielle Online-Banking-Softwareprodukte insbesondere für den Firmenkundenbereich nutzt.[56] Solche Produkte nicht zu verwenden, begründet aber keinen Sorgfaltspflichtverstoß auf Seiten des Zahlungsdienstnutzers.[57] 22

PIN-Eingabe am Automaten: Auch an freistehenden Geldautomaten ist dem Zahlungsdienstnutzer die Eingabe der PIN grundsätzlich gestattet, da er anderenfalls den angebotenen Zahlungsdienst nicht nutzen könnte;[58] anderes dürfte bei auch dem Laien auffallenden offensichtlichen Unregelmäßigkeiten gelten[59] und auch die Einhaltung von einfachen Sorgfaltsmaßnahmen wie das Bemühen um eine Abdeckung der PIN-Eingabe 23

Rn. 37, NJW-RR 2005, 1645; jurisPK-Schwintowski, 8. Aufl., § 675l BGB Rn. 12; Palandt-Sprau, 77. Aufl. § 675l BGB Rn. 9. Einschränkend dagegen OLG Düsseldorf, a.a.O., juris Rn. 10 f.

47 Siehe hierzu unter dem Stichwort „Weitergabe von Zugangsdaten".

48 Siehe ausführlicher unter dem Stichwort „Zahlungsauslösedienste".

49 Streitig ist insoweit bereits, ob hier überhaupt von personalisierten Sicherheitsmerkmalen zu sprechen ist, siehe die Anmerkungen zu § 675j BGB Rn. 15.

50 Siehe MK-Jungmann, 7. Aufl., § 675l BGB Rn. 27.

51 BGH, Urt. v. 17.10.2000 – XI ZR 42/00, juris Rn. 26, BGHZ 145, 337.

52 Staudinger-Omlor, 2012, § 675l BGB Rn. 7; Palandt-Sprau, 77. Aufl. § 675l BGB Rn. 9. Jedenfalls eine grobe Fahrlässigkeit insoweit verneinend BGH, Urt. v. 17.10.2000 – XI ZR 42/00, juris Rn. 24, BGHZ 145, 337.

53 Siehe oben unter dem Stichpunkt „Gemeinsame Aufbewahrung von Karten und PIN".

54 OLG Düsseldorf, Urt. v. 6.7.2012 – I-17 U 79/11, juris Rn. 19, WM 2013, 506. Siehe auch oben Rn. 9.

55 Vgl. KG Berlin, Urt. v. 5.1.2000 – 24 U 5123/99, juris Rn. 36, MDR 2000, 1022; Siehe MK-Jungmann, 7. Aufl., § 675l BGB Rn. 48.

56 Siehe hierzu zu § 675m BGB Rn. 62.

57 MK-Jungmann, 7. Aufl., § 675l BGB Rn. 37; Staudinger-Omlor, 2012, § 675l BGB Rn. 11.

58 Vgl. Palandt-Sprau, 77. Aufl. § 675l BGB Rn. 9.

59 AG Frankfurt, Urt. v. 20.2.2007 – 31 C 3049/06 – 10, juris Rn. 17 ff., WM 2007, 1371; Staudinger-Omlor, 2012, § 675l BGB Rn. 7.

kann erwartet werden[60] (ohne dass der Nutzer notwendigerweise für den Geheimerhaltungserfolg verantwortlich wäre).

24 **Updates:** Ein Nutzer von Online-Banking auf dem eigenen Rechner soll regelmäßige Aktualisierungen seines Antivirenprogramms und auch Sicherheitsupdates vornehmen müssen.[61]

25 **Viren und Trojaner:** Da der Online-Banking-Nutzer grundsätzlich nicht an einem höheren Sorgfaltsmaßstab zu messen ist als ein durchschnittlicher Computernutzer, handelt er nicht schon deswegen sorgfältig, wenn er einen Viren- oder Trojanerangriff auf dem von ihm benutzten Rechner nicht erkennt.[62] Der Umstand, dass es zu einem solchen Angriff gekommen ist, stellt auch kein Indiz dafür dar, dass ein Virenschutzprogramm fehlte oder nicht ausreichend war.[63]

26 **Weitergabe von Zugangsdaten (PIN und TAN):** Die Weitergabe von Zugangsdaten (PIN und TAN), ob im Online-Banking oder in Bezug auf eine Zahlungskarte, an einen nicht bevollmächtigten und damit unbefugten Dritten ist sorgfaltswidrig. Generell ist aber auch eine Vereinbarung zulässig, wonach auch die Weitergabe von Karte bzw. personalisierten Sicherheitsmerkmalen an einen Bevollmächtigten des Zahlungsdienstnutzers vertraglich ausgeschlossen werden darf[64] (zur Rechtslage bei Kontoinormations- und Zahlungsauslösediensten siehe dort). Bevollmächtigten des Zahlungsdienstnutzers ist daher jeweils ein eigenes Zahlungsinstrument mit eigenen personalisierten Sicherheitsmerkmalen auszustellen.[65]

27 **Zahlungsauslösedienste:** Die Weitergabe von Zugangsdaten (PIN und TAN) im Online-Banking an einen Dritten darf grundsätzlich vertraglich ausgeschlossen werden.[66] Auf der Grundlage entsprechender AGB-Vereinbarungen in den Bedingungen für das Online-Banking war vor Inkrafttreten und Umsetzung der ZDRL II auch vertreten, dass auch die Nutzung von Zahlungsauslösediensten unter Weitergabe von PIN und TAN des Zahlungsdienstnutzers an den Zahlungsauslösedienstleister unzulässig sei.[67] Bereits unter dem Eindruck des Inkrafttretens der ZDRL II wurde aber die Untersagung der Nutzung von Zahlungsauslösediensten in Banken-AGB vom BKartA mit Beschluss vom 29.6.2016 als wettbewerbswidrig angesehen, da Banken so die Inanspruchnahme von anderweitigen Online-Diensten in Bezug auf das Zahlungskonto ausschließen würden, was zu einer auch nicht mit Argumenten der Sicherheit des Online-Banking zu rechtfertigenden Beschränkung des Wettbewerbs führen würde.[68] Nunmehr ist nach § 675f Abs. 3 S. 1 BGB ein Zahlungsdienstnutzer nach § 675f Abs. 3 S. 1 BGB ausdrücklich gesetzlich zur Nutzung von Zahlungsauslösediensten bei online zugänglichen Zahlungskonten berechtigt, was auch die Weitergabe der personalisierten Sicherheitsmerkmale des Zahlungsdienstnutzers an den Zahlungsauslösedienstleister einschließt.

---

60 LG Halle (Saale), Urt. v. 27.10.2000 – 14 O 97/00, juris Ls., WM 2001, 1298. Zweifelnd offenbar Palandt-Sprau, 77. Aufl., § 675l BGB Rn. 9; für eine Differenzierung danach, ob im Übrigen genügender Abstand zu weiteren Personen besteht, siehe Staudinger-Omlor, 2012, § 675l BGB Rn. 5: Dies überzeugt aber im Hinblick auf die Möglichkeit eines kameratechnischen Ausspähens der Eingabe nicht.

61 LG Köln, Urt. v. 5.12.2007 – 9 S 195/07, juris Rn. 47, WM 2008, 354; LG Nürnberg-Fürth, Urt. v. 28.4.2008 – 10 O 11391/07, juris Rn. 36; MK-Jungmann, 7. Aufl., § 675l BGB Rn. 37.

62 LG Mannheim, Urt. v. 16.5.2008 – 1 S 189/07, juris Rn. 8, WM 2008, 2015; MK-Jungmann, 7. Aufl., § 675l BGB Rn. 39.

63 LG Oldenburg, Urt. v. 15.1.2016 – 8 O 1454/15, juris Rn. 31, MMR 2016, 450.

64 BGH, Urt. v. 26.1.2016 – XI ZR 91/14, juris Rn. 59, BGHZ 208, 331; Beschl. v. 23.11.2016 – 4 StR 464/16, juris Rn. 4, NStZ-RR 2017, 79.

65 BGH, Urt. v. 26.1.2016 – XI ZR 91/14, juris Rn. 58, BGHZ 208, 331.

66 Siehe hierzu unter dem Stichwort „Weitergabe von Zugangsdaten“.

67 Siehe zur früheren Rechtslage Böger, in: Bankrechtstag 2016, S. 193, 269.

68 Siehe Beschluss des BKartA, 4. Beschlussabt., vom 29.6.2016, B 4 – 71/10.

IV. Rechtsfolgen bei ungenügendem Schutz der personalisierten Sicherheitsmerkmale

Verletzt der Zahlungsdienstnutzer die sich aus § 675l Abs. 1 S. 1 BGB ergebenden Sorgfaltspflichten, so kann dies dazu führen, dass der Zahlungsdienstleister nach § 675v BGB einen Schadensersatzanspruch gegen den Zahlungsdienstnutzer geltend machen kann. Zu den Voraussetzungen dieses Anspruchs und zur Beweislast siehe die Ausführungen dort.[69] 28

Bei wiederholter Verletzung der Pflichten des Zahlungsdienstnutzers aus § 675l Abs. 1 S. 1 BGB ist der Zahlungsdienstleister zudem zur Sperrung des Zahlungsinstruments nach § 675k Abs. 2 Nr. 1 BGB berechtigt.[70] 29

C. Anzeigepflicht des Zahlers

Als weiterer Aspekt der Sorgfaltspflichten des Zahlungsdienstnutzers ist in § 675l Abs. 1 S. 2 BGB geregelt seine Pflicht, dem Zahlungsdienstleister oder einer von diesem benannten Stelle den Verlust, den Diebstahl, die missbräuchliche Verwendung oder die sonstige nicht autorisierte Nutzung eines Zahlungsinstruments unverzüglich anzuzeigen, nachdem er hiervon Kenntnis erlangt hat. 30

Auch diese Anzeigepflicht dient der Begrenzung des Missbrauchsrisikos,[71] da der Zahlungsdienstleister aufgrund dieser Anzeige die Sperrung des Zahlungsinstruments nach § 675k Abs. 2 BGB vornehmen[72] oder anderweitige Maßnahmen treffen kann, einen bereits angelaufenen oder weiteren Missbrauch zu unterbinden.[73] 31

Eine besondere Form für die Anzeige ist nicht vorgeschrieben;[74] der Zahlungsdienstleister ist verpflichtet, durch geeignete Mittel jederzeit die Möglichkeit zur Vornahme der Anzeige sicherzustellen (§ 675m Abs. 1 Nr. 4 BGB). Die Anzeige muss unverzüglich erfolgen, d.h. ohne schuldhaftes Zögern (§ 121 Abs. 1 BGB). Hierfür wurden in der Rechtsprechung teils sehr kurze Zeitfristen von wenigen Stunden erfordert.[75] Auch wenn keine bestimmte Anzeigemethode vorgeschrieben ist, genügt im Hinblick auf den eintretenden Zeitverlust eine Anzeige per Briefpost daher nicht.[76] 32

Die Anzeige muss dem Zahlungsdienstnutzer kostenfrei ermöglicht werden (so die in Umsetzung der ZDRL II neu eingeführte Regelung des § 675m Abs. 1 Nr. 5 BGB):[77] Dies bedeutet, dass kein Entgelt für die Anzeige und die darauf folgende Sperrung verlangt werden darf,[78] zudem dürfen dem Zahlungsdienstnutzer auch in tatsächlicher Hinsicht keine Kosten für die Anzeige entstehen, so dass beispielsweise die Einrichtung einer kostenpflichtigen Telefon-Hotline zur Entgegennahme von Anzeigen nach in § 675l Abs. 1 S. 2 BGB unzulässig wäre.[79] 33

---

69 Siehe die Anmerkungen zu § 675v BGB Rn. 3ff.
70 Siehe die Anmerkungen zu § 675k BGB Rn. 13.
71 Siehe Staudinger-Omlor, 2012, § 675l BGB Rn. 21.
72 Siehe die Anmerkungen zu § 675k BGB Rn. 14.
73 BeckOK-Schmalenbach, 43. Ed. 2017, § 675l BGB Rn. 6.
74 BeckOK-Schmalenbach, a.a.O.; Palandt-Sprau, 77. Aufl., § 675l BGB Rn. 7.
75 Siehe OLG Frankfurt, Beschl. v. 15.7.2003 – 19 U 71/03, juris Ls., NJW-RR 2004, 206 (höchstens 1,5 Stunden). Kritisch dazu Palandt-Sprau, 77. Aufl., § 675l BGB Rn. 7; MK-Jungmann, 7. Aufl., § 675l BGB Rn. 77.
76 Siehe auch MK-Jungmann, 7. Aufl., § 675l BGB Rn. 77.
77 Begr Reg-Entw BT-Drs. 18/11495, S. 156f.
78 Siehe die Anmerkungen zu § 675f BGB Rn. 55.
79 Siehe Begr Reg-Entw BT-Drs. 18/11495, S. 157.

34 Die Vornahme der Anzeige durch den Zahlungsdienstnutzer hat erhebliche Bedeutung für die Risikovermeidung und Haftungsverteilung.[80] Nimmt der Zahlungsdienstnutzer eine Anzeige vor, so führt dies dazu, dass der Zahlungsdienstleister das Zahlungsinstruments nach § 675k Abs. 2 BGB sperren kann.[81] Nimmt der Zahlungsdienstleister dagegen keine Sperrung vor, so kann das Zahlungsinstrument auch nach der Anzeige weiterhin zur Autorisierung von Zahlungsvorgängen genutzt werden. Der Zahlungsdienstleister kann im Fall nicht autorisierter Zahlungsvorgänge aber nach § 675v Abs. 5 BGB grundsätzlich keinen Ersatz vom Zahlungsdienstleister verlangen, wenn der Zahlungsdienstleister nach erfolgter Anzeige das Zahlungsinstrument nicht gesperrt hat.[82]

D. Bedingungen für Ausgabe und Nutzung von Zahlungsinstrumenten

35 In Umsetzung von Art. 69 Abs. 1 Buchst. a ZDRL II wurde die Regelung des § 675l Abs. 2 BGB eingeführt, wonach eine Vereinbarung, durch die sich der Zahlungsdienstnutzer gegenüber dem Zahlungsdienstleister verpflichtet, Bedingungen für die Ausgabe und Nutzung eines Zahlungsinstruments einzuhalten, nur insoweit wirksam ist, als diese Bedingungen sachlich, verhältnismäßig und nicht benachteiligend sind.[83]

36 Diese Regelung bestätigt, wie bereits in den §§ 675v Abs. 3 Nr. 2 lit. b, 675w S. 3 Nr. 4 BGB vorausgesetzt wird, dass die Sorgfaltspflichten des Zahlungsdienstnutzers im Hinblick auf die Ausgabe und Nutzung von Zahlungsinstrumenten auch durch Vereinbarungen der Parteien bestimmt werden können. Für solche Vereinbarungen war bereits vor Umsetzung der ZDRL II anerkannt, dass unter dem Vorbehalt der Zumutbarkeit stehen;[84] nunmehr sind die ausdrücklich in § 675l Abs. 2 BGB kodifizierten Grenzen zu beachten, die einen speziell kodifizierten Ausfluss der generellen Interessen- und Risikoverteilungsabwägung zwischen Zahlungsdienstnutzer und Zahlungsdienstleister beinhalten.[85]

37 Hinsichtlich der Anforderung, dass diese Bedingungen sachlich und verhältnismäßig sein müssen, kann auf die obigen Ausführungen zu den Einzelfallgruppen der Sorgfaltspflicht des Zahlungsdienstnutzers verwiesen werden.[86]

38 Der in § 675l Abs. 2 BGB weiter kodifizierte Grundsatz, dass die Bedingungen nicht benachteiligend sein dürfen, schließt insbesondere aus, dass einem Zahlungsdienstnutzer ohne nachvollziehbaren Grund deutlich strengere Ausgabe- und Nutzungsbedingungen auferlegt werden als anderen Nutzern.[87]

E. Entgelte für den Ersatz von Zahlungsinstrumenten

39 Nach § 675l Abs. 1 S. 3 BGB, der in Umsetzung von Art. 70 Abs. 1 Buchst. d ZDRL II eingeführt worden ist, darf der Zahlungsdienstleister mit dem Zahlungsdienstnutzer für den Ersatz eines verlorenen, gestohlenen, missbräuchlich verwendeten oder sonst nicht autorisiert genutzten Zahlungsinstruments ein Entgelt vereinbaren, das allenfalls die

80 Siehe auch MK-Jungmann, 7. Aufl., § 675l BGB Rn. 62.
81 Siehe die Anmerkungen zu § 675k BGB Rn. 14.
82 Ausnahmen gelten nur im Fall betrügerischen Handelns des Zahlers. Siehe die Anmerkungen zu § 675v BGB Rn. 20.
83 Siehe Begr Reg-Entw BT-Drs. 18/11495, S. 157.
84 Siehe Erman-von Westphalen, 15. Aufl., § 675l BGB Rn. 1. Siehe zur Inhaltskontrolle auch Begr Reg-Entw, BT-Drs. 16/11643, S. 107; Palandt-Sprau, 76. Aufl., § 675l BGB Rn. 1.
85 Dazu siehe oben Rn. 4 ff. Zu der in § 675l Abs. 2 BGB umgesetzten Regelung auch Hoffmann, VuR 2016, 243, 250; Linardatos, WM 2014, 300, 304.
86 Dazu siehe oben Rn. 12 ff.
87 Siehe Begr Reg-Entw, BT-Drs. 18/11495, S. 157.

ausschließlich und unmittelbar mit dem Ersatz verbundenen Kosten abdeckt. Zur Rechtslage vor Umsetzung der ZDRL II siehe die Anmerkungen zu § 675f BGB.[88] Das nach § 675l Abs. 1 S. 3 BGB zugelassene Entgelt ist mit der Beschränkung auf die Abdeckung der ausschließlich und unmittelbar mit dem Ersatz verbundenen Kosten der Höhe nach noch stärker beschränkt, als dies nach der allgemeinen Regelung des § 675f Abs. 5 S. 2 BGB vorgesehen ist, wonach das Entgelt angemessen und an den tatsächlichen Kosten des Zahlungsdienstleisters ausgerichtet sein muss.[89]

F. Abdingbarkeit

Nach der allgemeinen Regelung des § 675e Abs. 1 BGB darf von der Regelung des **40** § 675l BGB grundsätzlich nicht zum Nachteil des Zahlungsdienstnutzers abgewichen werden. Auch im Verkehr mit Nicht-Verbrauchern sieht § 675e Abs. 4 BGB keine weitergehende Abdingbarkeit des § 675k BGB vor.[90] Die Möglichkeit der Vereinbarung weiterer Sorgfaltspflichten des Zahlungsdienstnutzers in Form von Bedingungen für die Ausgabe und Nutzung eines Zahlungsinstruments in den Grenzen des § 675l Abs. 2 BGB bleibt hiervon unberührt.

In Drittstaatensachverhalten nach § 675d Abs. 6 S. 1 Nr. 1 und 2 BGB darf nach § 675e **41** Abs. 2 Nr. 2 BGB auch zum Nachteil des Zahlungsdienstnutzers von § 675l BGB abgewichen werden.

In Bezug auf Kleinbetragsinstrumente schließlich können die Parteien nach § 675i **42** Abs. 2 Nr. 2 BGB vereinbaren, dass die Anzeigepflicht nach § 675l Abs. 1 S. 2 BGB keine Anwendung findet, wenn das Kleinbetragsinstrument nicht gesperrt oder eine weitere Nutzung nicht verhindert werden können.

§ 675m BGB
Pflichten des Zahlungsdienstleisters in Bezug auf Zahlungsinstrumente; Risiko der Versendung

(1) Der Zahlungsdienstleister, der ein Zahlungsinstrument ausgibt, ist verpflichtet,

1. **unbeschadet der Pflichten des Zahlungsdienstnutzers gemäß § 675l Absatz 1 sicherzustellen, dass die personalisierten Sicherheitsmerkmale des Zahlungsinstruments nur der zur Nutzung berechtigten Person zugänglich sind,**
2. **die unaufgeforderte Zusendung von Zahlungsinstrumenten an den Zahlungsdienstnutzer zu unterlassen, es sei denn, ein bereits an den Zahlungsdienstnutzer ausgegebenes Zahlungsinstrument muss ersetzt werden,**
3. **sicherzustellen, dass der Zahlungsdienstnutzer durch geeignete Mittel jederzeit die Möglichkeit hat, eine Anzeige gemäß § 675l Absatz 1 Satz 2 vorzunehmen oder die Aufhebung der Sperrung gemäß § 675k Absatz 2 Satz 5 zu verlangen,**
4. **dem Zahlungsdienstnutzer eine Anzeige gemäß § 675l Absatz 1 Satz 2 kostenfrei zu ermöglichen und**
5. **jede Nutzung des Zahlungsinstruments zu verhindern, sobald eine Anzeige gemäß § 675l Absatz 1 Satz 2 erfolgt ist.**

---

88 Siehe die Anmerkungen zu § 675f BGB Rn. 44.
89 Zur Unterscheidung siehe Begr Reg-Entw, BT-Drs. 18/11495, S. 157; Zahrte, NJW 2018, 337, 339.
90 Siehe auch MK-Jungmann, 7. Aufl., § 675l BGB Rn. 5.

Hat der Zahlungsdienstnutzer den Verlust, den Diebstahl, die missbräuchliche Verwendung oder die sonstige nicht autorisierte Nutzung eines Zahlungsinstruments angezeigt, stellt sein Zahlungsdienstleister ihm auf Anfrage bis mindestens 18 Monate nach dieser Anzeige die Mittel zur Verfügung, mit denen der Zahlungsdienstnutzer beweisen kann, dass eine Anzeige erfolgt ist.

(2) Die Gefahr der Versendung eines Zahlungsinstruments und der Versendung personalisierter Sicherheitsmerkmale des Zahlungsinstruments an den Zahlungsdienstnutzer trägt der Zahlungsdienstleister.

(3) Hat ein Zahlungsdienstleister, der kartengebundene Zahlungsinstrumente ausgibt, den kontoführenden Zahlungsdienstleister des Zahlers um Bestätigung ersucht, dass ein für die Ausführung eines kartengebundenen Zahlungsvorgangs erforderlicher Betrag auf dem Zahlungskonto verfügbar ist, so kann der Zahler von seinem kontoführenden Zahlungsdienstleister verlangen, ihm die Identifizierungsdaten dieses Zahlungsdienstleisters und die erteilte Antwort mitzuteilen.

Systematische Übersicht

A. Allgemeines

In § 675m Abs. 1 und 2 BGB wird als Gegenstück zu § 675l BGB die Verantwortlichkeit des Zahlungsdienstleisters gegenüber dem Zahlungsdienstnutzer in Bezug auf von ihm ausgegebene Zahlungsinstrumente geregelt. § 675m Abs. 3 BGB regelt dagegen eine an den Gegenstand des § 45 ZAG anknüpfende Informationspflicht des kontoführenden Zahlungsdienstleisters gegenüber dem Zahlungsdienstnutzer nach erfolgter Beantwortung einer Anfrage eines anderen kartenausgebenden Zahlungsdienstleisters. 1

Die Regelungen in § 675m Abs. 1 und 2 BGB wurden ursprünglich eingeführt in Umsetzung von Art. 57 ZDRL I, bei der Neufassung dieser Vorschrift in Umsetzung von Art. 70 ZDRL II ist neben redaktionellen Anpassungen in Form der terminologischen Ersetzung des Begriffs des Zahlungsauthentifizierungsinstruments durch denjenigen des Zahlungsinstruments sowie der Ersetzung des Begriffs des Zahlers durch denjenigen des Zahlungsdienstnutzers in § 675m Abs. 2 BGB in Angleichung an Art. 70 Abs. 2 ZDRL II vor allem die Regelung in § 675m Abs. 1 Nr. 4 BGB zur Kostenfreiheit der Anzeige nach § 675l Abs. 1 S. 2 BGB neu aufgenommen worden. § 675m Abs. 3 BGB ist neu eingeführt worden in Umsetzung von Art. 65 Abs. 5 ZDRL II. 2

§ 675m BGB enthält keine abschließende Regelung der Sicherheitspflichten des Zahlungsdienstleisters: Vielmehr sind in diesem Zusammenhang insbesondere auch die Anforderungen an die starke Kundenauthentifizierung und an den Schutz der personalisierten Sicherheitsmerkmale sowie die sichere Kommunikation nach der ZDRL II zu beachten, die ebenfalls auch eine zivilrechtliche Relevanz im Verhältnis zwischen Zahlungsdienstleister und Zahlungsdienstnutzer haben. 3

B. Verpflichtungen des Zahlungsdienstleisters bei Ausgabe von Zahlungsinstrumenten

I. Allgemeines

Die Verpflichtungen des Zahlungsdienstleisters aus § 675m Abs. 1 BGB beziehen sich auf die Ausgabe von Zahlungsinstrumenten und finden ihre rechtliche Grundlage damit im entsprechenden Zahlungsdiensterahmenvertrag zwischen dem Zahlungsdienstleister und Zahlungsdienstnutzer über die Ausgabe des betreffenden Zahlungsinstruments, bspw. im Kartenausgabevertrag. Zum Begriff des Zahlungsinstruments siehe die Anmerkungen zu § 675j BGB.[1] 4

Die Pflichtenkreise des Zahlungsdienstleisters nach § 675m BGB und des Zahlungsdienstnutzers nach § 675l BGB ergänzen einander in dem gemeinsamen Ziel der Missbrauchsvermeidung,[2] wobei generell der Zahlungsdienstleister bis zu dem Zeitpunkt das alleinige Risiko trägt, an dem der Zahlungsdienstnutzer das betreffende Zahlungsinstrument erhält (§§ 675l Abs. 1 S. 1, 675m Abs. 2 BGB).[3] Für den Zeitraum danach ist eine Risikoverteilung zwischen den Parteien aufgrund der §§ 675l Abs. 1 S. 1 und 2, 675m Abs. 1 BGB vorzunehmen. Wie bereits zu § 675l BGB ausgeführt wurde, sind dabei grundsätzlich eine Vielzahl von Faktoren in die Abwägung einzustellen, im Einzelnen das (gemeinsame) Interesse des Zahlungsdienstleisters und des Zahlers an der Missbrauchs- 5

1 Siehe unter § 675j BGB Rn. 1.
2 Siehe MK-Jungmann, 7. Aufl., § 675m BGB Rn. 3; BeckOK-Schmalenbach, 43. Ed. 2017, § 675m BGB Rn. 1; Staudinger-Omlor, 2012, § 675m BGB Rn. 1, 3.
3 Siehe unten Rn. 10.

vermeidung, das Interesse des Zahlers an nicht allzu eingeschränkten Nutzbarkeit des betreffenden Zahlungsinstruments und das korrespondierende Interesse des Zahlungsdienstleisters daran, seinem Kunden ein entsprechend leicht nutzbares Instrument zur Verfügung stellen zu können, sowie schließlich die jeweilige Risikonähe und Möglichkeit der Risikobeherrschung der beiden Parteien.[4]

6 In Bezug auf die Verpflichtungen des Zahlungsdienstleisters ist insoweit in Unterscheidung zu den Sorgfaltspflichten des Zahlungsdienstnutzers nach § 675l Abs. 1 S. 1 BGB festzustellen, dass die Verpflichtungen nach dem Wortlaut des § 675m Abs. 1 BGB nicht unter einem generellen Vorbehalt der Zumutbarkeit bestehen.[5] Dies lässt erkennen, dass grundsätzlich der Zahlungsdienstleister hier an einen strengeren Maßstab gebunden sein soll,[6] wenngleich auch hier Unmögliches nicht verlangt werden kann.

7 Die Regelung der Pflichten des Zahlungsdienstleisters nach § 675m Abs. 1 BGB ist nicht abschließend. Weitergehende Pflichten können sich nicht nur aus ausdrücklicher oder konkludenter Vereinbarung der Parteien ergeben, sondern auch aus sonstigen allgemeinen Regelungen wie etwa der allgemeinen geschäftsbesorgungsrechtlichen Interessenwahrungspflicht oder dem Bankgeheimnis.[7]

8 Ein Entgelt kann der Zahlungsdienstleister für die Erfüllung der Pflichten aus § 675m Abs. 1 BGB grundsätzlich nicht verlangen, dies ergibt sich aus § 675f Abs. 5 S. 2 BGB.[8] Für die Neuausstellung zuvor nach § 675m Abs. 1 Nr. 5 BGB gesperrter Zahlungsinstrumente gilt nunmehr die Sonderregel des § 675l Abs. 1 S. 3 BGB.[9]

II. Vertraulichkeit personalisierter Sicherheitsmerkmale nach § 675m Abs. 1 S. 1 Nr. 1 BGB

9 § 675m Abs. 1 BGB enthält eine Reihe spezifisch zivilrechtlich ausgestalteter Verpflichtungen des Zahlungsdienstleisters gegenüber dem Zahlungsdienstnutzer. Nach § 675m Abs. 1 S. 1 Nr. 1 BGB ist ein Zahlungsdienstleister im Fall der Ausgabe eines Zahlungsinstruments sicherzustellen verpflichtet, dass die personalisierten Sicherheitsmerkmale des Zahlungsinstruments nur der zur Nutzung berechtigten Person zugänglich sind.

10 Diese Verpflichtung des Zahlungsdienstleisters lässt die eigenen Pflichten des Zahlungsdienstnutzers nach § 675l Abs. 1 BGB unberührt, die allerdings erst eingreifen, sobald der Zahlungsdienstnutzer des Zahlungsinstrument erhalten hat.[10] Bis zu diesem Zeitpunkt liegt die Verpflichtung zur Wahrung der Vertraulichkeit der personalisierten Sicherheitsmerkmale dagegen alleine beim Zahlungsdienstleister.

11 Die Verpflichtung zur Wahrung der Vertraulichkeit der personalisierten Sicherheitsmerkmale nach § 675m Abs. 1 S. 1 Nr. 1 BGB betrifft zunächst bereits deren Auswahl durch den Zahlungsdienstleister, d.h. der Zahlungsdienstleister ist verpflichtet, solche

4 Siehe die Anmerkungen zu § 675l BGB Rn. 4 ff.

5 Für eine solche Begrenzung durch den Vorbehalt der Zumutbarkeit und Praktikabilität auch im Rahmen des § 675m BGB dagegen MK-Jungmann, 7. Aufl., § 675m BGB Rn. 4; Palandt-Sprau, 77. Aufl., § 675m BGB Rn. 2; Staudinger-Omlor, 2012, § 675m BGB Rn. 1.

6 So auch BeckOK-Schmalenbach, 43. Ed. 2017, § 675m BGB Rn. 3.

7 BeckOK-Schmalenbach, 43. Ed. 2017, § 675m BGB Rn. 2; siehe auch MK-Jungmann, 7. Aufl., § 675m BGB Rn. 4; Staudinger-Omlor, 2012, § 675m BGB Rn. 1.

8 BGH, Urt. v. 20.10.2015 – XI ZR 166/14, juris Rn. 25 ff., BGHZ 207, 176; OLG Düsseldorf, Urt. v. 19.7.2012 – 6 U 195/11, juris Rn. 40 f., ZIP 2012, 1748; OLG Frankfurt, Urt. v. 10.11.2015 – 3 U 173/14, juris Rn. 63; MK-Jungmann, 7. Aufl., § 675m BGB Rn. 7; Palandt-Sprau, 77. Aufl., § 675m BGB Rn. 2.

9 Siehe die Anmerkungen zu § 675l BGB Rn. 39.

10 Siehe die Anmerkungen zu § 675l BGB Rn. 9.

Arten von personalisierten Sicherheitsmerkmalen auszuwählen, die dem aktuellen Sicherheitsstandards zur Verhinderung von Missbrauchsrisiken entsprechen.[11] Der Zahlungsdienstleister handelt danach pflichtwidrig, wenn er veraltete Verfahren fortführt und nicht durch marktübliche Sicherheitsverfahren ersetzt.[12] Auf diese Weise wirken auch die Verpflichtungen der Zahlungsdienstleister aufgrund der nach Art. 97 ZDRL II vorgesehenen und im deutschen Recht nach § 55 ZAG geltenden Anforderungen zur starken Kundenauthentifizierung inklusive der nach § 55 Abs. 5 ZAG anzuwendenden technischen Regulierungsstandards aus der der delegierten Verordnung der EU-Kommission zu Art. 98 ZDRL II auch als zivilrechtliche Verpflichtungen im Verhältnis zwischen Zahlungsdienstleister und Zahlungsdienstnutzer.[13]

Weiter betrifft die Verpflichtung zur Wahrung der Vertraulichkeit den vereinba- **12** rungsgemäßen[14] Versand der personalisierten Sicherheitsmerkmale an den Zahlungsdienstnutzer. Der Zahlungsdienstleister hat beim Versand personalisierter Sicherheitsmerkmale hohe Sicherheitsstandards einzuhalten:[15] Beispielsweise sollte bei Versendung mit der Post der Briefumschlag nicht erkennen lassen, dass Sicherheitsmerkmale enthalten sind.[16] Dagegen ist nicht regelmäßig der Versand per Einschreiben zu verlangen, zumal dies die Sicherheit während des Versands selbst nicht erhöht.[17]

Auch im Rahmen der Rückübermittlung der personalisierten Sicherheitsmerkmale **13** vom Zahlungsdienstnutzer an den Zahlungsdienstleister ist letzterer zur Wahrung von deren Vertraulichkeit verpflichtet, d.h. insbesondere zur verschlüsselten Übertragung von PIN und TAN beim Online-Banking[18] oder zum Schutz von Geldautomaten gegen Ausspähungsgefahren.[19] Auch diese Anforderungen sind aufgrund der nach § 55 Abs. 5 ZAG anzuwendenden besonderen Anforderungen an die sichere Kommunikation bei der Übermittlung personalisierter Sicherheitsmerkmale aus der delegierten Verordnung zu Art. 98 ZDRL II zu konkretisieren.

Verletzt der Zahlungsdienstleister seine Verpflichtungen aus § 675m Abs. 1 S. 1 Nr. 1 **14** BGB, so führt dies nicht unmittelbar zu einem Schadensersatzanspruch des Zahlers. Es kann aber der Zahlungsdienstleister sich in einem solchen Fall bei Geltendmachung eines eigenen Schadensersatzanspruchs gegen den Zahler aus § 675v Abs. 1 und 3 BGB dem Einwand des Mitverschuldens ausgesetzt sehen.[20]

---

11 Palandt-Sprau, 77. Aufl., § 675m BGB Rn. 2; Staudinger-Omlor, 2012, § 675m BGB Rn. 4. Anders dagegen noch Erman-von Westphalen, 15. Aufl., § 675m BGB Rn. 2: Dies ist aber jedenfalls im Ergebnis mit den entsprechenden Verpflichtungen aus den technischen Regulierungsstandards aus der der delegierten Verordnung der EU-Kommission zu Art. 98 ZDRL II nunmehr nicht mehr zu vereinbaren.

12 KG Berlin, Urt. v. 29.11.2010 – 26 U 159/09, juris Rn. 73, WM 2011, 493; Staudinger-Omlor, 2012, § 675m BGB Rn. 4.

13 Hierzu siehe unter Rn. 45 ff.

14 Zum Verbot der unaufgeforderten Zusendung nach § 675m Abs. 1 S. 1 Nr. 2 BGB siehe sogleich Rn. 15 ff.

15 BeckOK-Schmalenbach, 43. Ed. 2017, § 675m BGB Rn. 3; Palandt-Sprau, 77. Aufl., § 675m BGB Rn. 2; Staudinger-Omlor, 2012, § 675m BGB Rn. 5.

16 MK-Jungmann, 7. Aufl., § 675m BGB Rn. 11.

17 So auch Erman-von Westphalen, 15. Aufl., § 675m BGB Rn. 2; MK-Jungmann, 7. Aufl., § 675m BGB Rn. 11; **a.A.** offenbar BeckOK-Schmalenbach, 43. Ed. 2017, § 675m BGB Rn. 3; Palandt-Sprau, 77. Aufl., § 675m BGB Rn. 2.

18 MK-Jungmann, 7. Aufl., § 675m BGB Rn. 12; Palandt-Sprau, 77. Aufl., § 675m BGB Rn. 2; Staudinger-Omlor, 2012, § 675m BGB Rn. 6.

19 MK-Jungmann, 7. Aufl., § 675m BGB Rn. 12; Lochter/Schindler, MMR 2006, 292, 296.

20 MK-Jungmann, 7. Aufl., § 675m BGB Rn. 19.

III. Verbot der unaufgeforderten Zusendung nach § 675m Abs. 1 S. 1 Nr. 2 BGB

15 Nach § 675m Abs. 1 S. 1 Nr. 2 BGB hat ein Zahlungsdienstleister die unaufgeforderte Zusendung von Zahlungsinstrumenten an den Zahlungsdienstnutzer zu unterlassen, es sei denn, ein bereits an den Zahlungsdienstnutzer ausgegebenes Zahlungsinstrument muss ersetzt werden.

16 Eine unaufgeforderte Zusendung liegt dann vor, wenn der Zahlungsdienstnutzer nicht zuvor erklärt hatte, ein Zahlungsinstrument erhalten zu wollen.[21] Die Regelung erfasst auch noch nicht freigeschaltete Zahlungsinstrumente.[22]

17 Der Austausch bereits vorhandener Zahlungsinstrumente ist dagegen zulässig (siehe § 675m Abs. 1 S. 1 Nr. 2 BGB a.E.), z.B. die Übersendung einer neuen Zahlungskarte bei Ablauf der alten Karte.[23]

18 Zu den Rechtsfolgen bei einer Verletzung des Verbots aus § 675m Abs. 1 S. 1 Nr. 2 BGB siehe die Anmerkungen zu § 675m Abs. 1 S. 1 Nr. 1 BGB.[24]

IV. Vorhaltung einer Anzeigemöglichkeit nach § 675m Abs. 1 S. 1 Nr. 3 BGB

19 Aus § 675m Abs. 1 S. 1 Nr. 3 BGB ergibt sich, dass der Zahlungsdienstleister verpflichtet ist, sicherzustellen, dass der Zahlungsdienstnutzer durch geeignete Mittel jederzeit die Möglichkeit hat, eine Anzeige gemäß § 675l Abs. 1 S. 2 BGB vorzunehmen, d.h. dem Zahlungsdienstleister oder einer von diesem benannten Stelle den Verlust, den Diebstahl, die missbräuchliche Verwendung oder die sonstige nicht autorisierte Nutzung eines Zahlungsauthentifizierungsinstruments unverzüglich nach Kenntniserlangung durch den Zahlungsdienstnutzer anzuzeigen.[25]

20 Die Vorhaltung einer jederzeitigen Anzeigemöglichkeit schließt eine Tag für Tag und rund um die Uhr (24/7) bestehende Möglichkeit der Anzeige ein, was in der Regel die Einrichtung einer dauerhaft erreichbaren Telefon-Hotline erfordert.[26] Diese muss nicht durch den Zahlungsdienstleister selbst betrieben werden, sondern es kann diese Aufgabe auch auf einen Dritten ausgelagert werden.[27]

21 Der Zahlungsdienstleister hat dem Zahlungsdienstnutzer im Rahmen seiner vorvertraglichen Informationspflichten nach Art. 248 § 4 Abs. 1 Nr. 5 lit. a EGBGB eine Beschreibung mitzuteilen, wie er seine Anzeigepflicht gegenüber dem Zahlungsdienstleister gemäß § 675l Abs. 1 S. 2 BGB erfüllt, d.h. wie und mit welchem Inhalt die Anzeige vorzunehmen ist.[28]

22 Nach erfolgter Anzeige ist der Zahlungsdienstleister gemäß § 675k Abs. 2 S. 1 BGB zur Sperrung des Zahlungsinstruments berechtigt;[29] der Zahlungsdienstleister muss dem Zahlungsdienstnutzer eine Anzeige gemäß § 675l Abs. 1 S. 2 BGB kostenfrei ermöglichen, was nicht nur die Erhebung von Entgelten ausschließt, sondern auch beinhaltet, dass in

---

21 MK-Jungmann, 7. Aufl., § 675m BGB Rn. 28; Staudinger-Omlor, 2012, § 675m BGB Rn. 9.
22 MK-Jungmann, 7. Aufl., § 675m BGB Rn. 28.
23 MK-Jungmann, 7. Aufl., § 675m BGB Rn. 30; Staudinger-Omlor, 2012, § 675m BGB Rn. 11.
24 Siehe oben Rn. 14.
25 Siehe Begründung des Regierungsentwurfs zur Umsetzung des zivilrechtlichen Teils der Zahlungsdiensterichtlinie, BT-Drs. 16/11643, S. 107.
26 MK-Jungmann, 7. Aufl., § 675m BGB Rn. 21. Zur ständigen Verfügbarkeit auch Palandt-Sprau, 77. Aufl., § 675m BGB Rn. 2.
27 MK-Jungmann, 7. Aufl., § 675m BGB Rn. 20.
28 MK-Jungmann, 7. Aufl., § 675m BGB Rn. 22.
29 Siehe die Anmerkungen zu § 675k BGB Rn. 14.

tatsächlicher Hinsicht dem Zahlungsdienstnutzer keine Kosten entstehen, z.B. für eine kostenpflichtige Telefon-Hotline.[30]

Eine Verletzung der Pflicht aus § 675m Abs. 1 S. 1 Nr. 3 BGB begründet keinen eigenen Schadensersatzanspruch des Zahlers,[31] schließt aber, sofern nicht der Zahler in betrügerischer Absicht gehandelt hat, Ansprüche des Zahlungsdienstleisters gegen seinen Zahlungsdienstnutzer nach § 675v Abs. 1 und 3 BGB aus (§ 675v Abs. 5 S. 2 BGB). 23

Nach § 675m Abs. 1 S. 2 BGB hat der Zahlungsdienstleister, wenn der Zahlungsdienstnutzer den Verlust, den Diebstahl, die missbräuchliche Verwendung oder die sonstige nicht autorisierte Nutzung eines Zahlungsinstruments angezeigt hat, dem Zahlungsdienstnutzer auf Anfrage bis mindestens 18 Monate nach dieser Anzeige die Mittel zur Verfügung zu stellen, mit denen der Zahlungsdienstnutzer beweisen kann, dass eine Anzeige erfolgt ist.[32] Mit dieser Bestätigung soll es dem Zahlungsdienstnutzer erleichtert werden, sich gegenüber einer Inanspruchnahme durch den Zahlungsdienstleister aus § 675v Abs. 1 und 3 BGB auf den Haftungsausschluss nach § 675v Abs. 5 S. 1 BGB zu berufen. 24

Streitig sind die Rechtsfolgen der Nichterfüllung der Bestätigungspflicht aus § 675m Abs. 1 S. 2 BGB: Die Schwierigkeit besteht darin, dass der Zahlungsdienstnutzer auch im Hinblick auf die Berufung auf den § 675v Abs. 5 S. 1 BGB nicht besser steht, wenn der Zahlungsdienstleister nicht nur den Eingang einer Anzeige bestreitet, sondern auch bereits die Erteilung der Bestätigung nach § 675m Abs. 1 S. 2 BGB verweigert. Teils wird daraus gefolgert, dass § 675m Abs. 1 S. 2 BGB zu einer Beweislastumkehr zugunsten des Zahlungsdienstnutzers führen sollte dergestalt, dass bei substantiiertem Behaupten der Abgabe einer Verlustanzeige durch den Zahlungsdienstnutzers der Zahlungsdienstleister verpflichtet sein soll, den Nichteingang der Anzeige bspw. durch Vorlage von Tonmitschnitten zu beweisen.[33] Dies erscheint aber wenig praktikabel,[34] so dass es letztlich bei der regelmäßigen Beweislastverteilung im Rahmen des § 675v Abs. 5 S. 1 BGB bleiben muss, wenn dies auch § 675m Abs. 1 S. 2 BGB in seiner eigenen Bedeutung beschränkt.[35] 25

V. Aufhebung einer Sperrung auf Verlangen des Zahlungsdienstnutzers (§ 675m Abs. 1 S. 1 Nr. 3 BGB)

Der Zahlungsdienstleister ist ferner zur Aufhebung einer von ihm vorgenommenen Sperrung verpflichtet, wenn die Gründe für die Sperrung nicht mehr gegeben sind. 26

Die Verpflichtung des Zahlungsdienstleisters zur Aufhebung der Sperrung ergibt sich bereits aus § 675k Abs. 2 S. 5 BGB;[36] nach § 675m Abs. 1 S. 1 Nr. 3 BGB ist der Zah- 27

30 Siehe Begr Reg-Entw BT-Drs. 18/11495, S. 156.
31 MK-Jungmann, 7. Aufl., § 675m BGB Rn. 20.
32 Begr Reg-Entw BT-Drs. 16/11643, S. 107.
33 So BeckOK-Schmalenbach, 43. Ed. 2017, § 675m BGB Rn. 6; MK-Zetzsche, 7. Aufl., § 675v BGB Rn. 55. Ähnlich offenbar der Vorschlag der Anwendung der Grundsätze der Beweisvereitelung, wenn der Zahlungsdienstleister keine Aufzeichnungen über den Eingang der Anzeige anfertigt, siehe Staudinger-Omlor, 2012, § 675m BGB Rn. 18. Zu ähnlichen Ergebnissen kommt, auf unklarer dogmatischer Grundlage, Erman-von Westphalen, 15. Aufl., § 675m BGB Rn. 7: Die einseitige Behauptung der Anzeige durch den Nutzer soll mangels Untermauerung durch den Zahlungsdienstleister nach § 286 ZPO als bewiesen gelten.
34 Ablehnend ebenso MK-Jungmann, 7. Aufl., § 675m BGB Rn. 36.
35 Teilweise wird als eigenständige Rechtsfolge einer Verletzung des § 675m Abs. 1 S. 2 BGB ein Schadensersatzanspruch nach § 280 BGB vorgeschlagen, siehe Staudinger-Omlor, 2012, § 675m BGB Rn. 18. Dieser würde aber neben der Regelung des § 675v Abs. 5 S. 1 BGB mit dem daraus folgenden vollständigen Anspruchsausschluss des Zahlungsdienstleisters leerlaufen.
36 Siehe die Anmerkungen zu § 675k BGB Rn. 23.

lungsdienstleister zusätzlich auch verpflichtet, sicherzustellen, dass der Zahlungsdienstnutzer durch geeignete Mittel jederzeit die Möglichkeit hat, die Aufhebung der Sperrung gemäß § 675k Abs. 2 S. 5 BGB zu verlangen.

28 Zu den Anforderungen an die vorzuhaltende Möglichkeit der Kommunikation des Aufhebungsverlangens kann auf die Ausführungen zur vom Zahlungsdienstleister vorzuhaltenden Anzeigemöglichkeit verwiesen werden.[37] Hinsichtlich der Rechtsfolgen der Nichterfüllung der Verpflichtung zur Sicherstellung der Möglichkeit der Kommunikation des Aufhebungsverlangens ist auf die Rechtsfolgen einer unberechtigten Nichtaufhebung einer Sperrung zu verweisen.[38]

VI. Verhinderung der Nutzung von Zahlungsinstrumenten nach erfolgter Anzeige (§ 675m Abs. 1 S. 1 Nr. 5 BGB)

29 Nach § 675m Abs. 1 S. 1 Nr. 5 BGB ist der Zahlungsdienstleister verpflichtet, jede Nutzung des Zahlungsinstruments zu verhindern, sobald eine Anzeige durch den Zahlungsdienstnutzer gemäß § 675l Abs. 1 S. 2 BGB erfolgt ist, d.h. sobald dem Zahlungsdienstleister oder einer von diesem benannten Stelle der Verlust, der Diebstahl, die missbräuchliche Verwendung oder die sonstige nicht autorisierte Nutzung eines Zahlungsauthentifizierungsinstruments vom Zahlungsdienstnutzer angezeigt wurden.

30 Während die Sperrung nach § 675k Abs. 2 BGB im Übrigen ein Recht des Zahlungsdienstleisters darstellt, zu dessen Ausübung er nicht verpflichtet ist,[39] besteht mithin aufgrund des § 675m Abs. 1 S. 1 Nr. 5 BGB nach erfolgter Anzeige gemäß § 675l Abs. 1 S. 2 BGB eine Pflicht zur Verhinderung der weiteren Nutzung des betreffenden Zahlungsinstruments. Zu einer Schadensersatzhaftung des Zahlungsdienstleisters wegen einer nicht vorgenommenen Sperrung kommt es aber auch in dieser Fallgestaltung nicht, weil der Zahlungsdienstnutzer nach erfolgter Anzeige nach § 675v Abs. 5 S. 1 BGB ohnehin nicht haftet.[40]

31 Zu beachten ist, dass die Verpflichtung zur Verhinderung der Nutzung von Zahlungsinstrumenten nach erfolgter Anzeige gemäß § 675m Abs. 1 S. 1 Nr. 5 BGB der Ausführung von Zahlungsvorgängen nur dann entgegensteht, wenn diese sich noch im Zugriffsbereich des betreffenden Zahlungsdienstleisters befinden: Hat dieser bereits die Ausführung des Zahlungsvorgangs abgeschlossen und den Vorgang weitergeleitet, geht die Verpflichtung aus § 675m Abs. 1 S. 1 Nr. 5 BGB ins Leere und der Zahlungsdienstnutzer kann sich insoweit auch nicht auf den § 675v Abs. 5 S. 1 BGB berufen.[41]

C. Anforderungen an die starke Kundenauthentifizierung und an den Schutz der personalisierten Sicherheitsmerkmale sowie die sichere Kommunikation nach der ZDRL II

32 Der Inhalt der Verpflichtungen des Zahlungsdienstleisters bei der Ausgabe von Zahlungsinstrumenten im Rahmen des § 675m Abs. 1 BGB und darüber hinausgehend wird maßgeblich auch durch die Anforderungen an die starke Kundenauthentifizierung und die sichere Kommunikation nach Art. 97 ZDRL II und den dazu ergehenden technischen

37 Siehe oben Rn. 19 ff.
38 Siehe die Anmerkungen zu § 675k BGB Rn. 25.
39 Siehe die Anmerkungen zu § 675k BGB Rn. 18.
40 Vgl. MK-Jungmann, 7. Aufl., § 675m BGB Rn. 26; Staudinger-Omlor, 2012, § 675k BGB Rn. 6.
41 AG Bonn, Urt. v. 11.2.2015 – 109 C 244/14, juris Rn. 33, MMR 2015, 477; MK-Jungmann, 7. Aufl., § 675m BGB Rn. 26. Siehe auch Palandt-Sprau, 77. Aufl., § 675m BGB Rn. 2.

Regulierungsstandards aufgrund der delegierten Verordnung der EU-Kommission nach Art. 98 ZDRL II bestimmt, die im deutschen Recht Anwendung finden auf der Grundlage der Umsetzungsbestimmung des § 55 ZAG.

I. Erfordernis einer starken Kundenauthentifizierung

1. Allgemeines. Ein wesentliches neues Konzept in der ZDRL II ist, dass dort zum 33
Zweck der Erhöhung der Zahlungssicherheit eine „starke Kundenauthentifizierung" eingeführt wurde. Allgemein gesprochen handelt es sich hier um eine Pflicht insbesondere im elektronischen Geschäftsverkehr, sich anhand besonderer geschützter Merkmale besonders sorgfältig über die Identität des Kunden zu vergewissern, um die sichere Authentifizierung des Nutzers zu gewährleisten und das Betrugsrisiko möglichst weitgehend einschränken zu können.[42]

Der Begriff der „starken Kundenauthentifizierung" ist legaldefiniert in § 1 Abs. 24 34
ZAG und beinhaltet danach eine Authentifizierung, die so ausgestaltet ist, dass die Vertraulichkeit der Authentifizierungsdaten geschützt ist, und die unter Heranziehung von mindestens zwei Elementen aus den drei Kategorien Wissen, Besitz oder Inhärenz erfolgt und dabei so geschieht, dass die Nichterfüllung eines Kriteriums die Zuverlässigkeit der anderen nicht in Frage stellt.

Die Kategorie des Wissens beinhaltet etwas, das nur der Nutzer weiß: dies kann ins- 35
besondere ein Passwort oder ein dem Nutzer zugeteilter Zugangscode sein.[43] Die Kategorie des Besitzes erfasst solche Elemente, die der Nutzer besitzt, beispielsweise eine Smartcard (Chipkarte), das Mobiltelefon des Nutzers oder ein ihm zugeteiltes Token. Die Kategorie der Inhärenz schließlich erfasst etwas, das der Nutzer ist: solche sich unmittelbar auf den Nutzer selbst beziehende Elemente können in besonderem Maße eine sichere Authentifizierung gewährleisten, z.B. biometrische Eigenschaften oder ein Fingerabdruck des Nutzers.

Nach § 1 Abs. 24 ZAG sind für die starke Kundenauthentifizierung mindestens zwei 36
Elemente aus diesen Kategorien zu verwenden, die insofern voneinander unabhängig sein müssen, als die Nichterfüllung eines Kriteriums die Zuverlässigkeit der anderen nicht in Frage stellt. Dies bedeutet, dass bzw. ein Passwort dem Nutzer nicht auf sein Mobiltelefon zugesandt werden sollte, das zugleich das Element des Besitzes erfüllt.[44] Zudem muss nach der gesetzlichen Definition die starke Kundenauthentifizierung so konzipiert sein, dass die Vertraulichkeit der Authentifizierungsdaten geschützt ist. Dies schließt beispielsweise die Verwendung allgemein bekannter Daten (Geburtsdatum, Nachname) als Standard-Authentifizierungselemente aus.[45]

2. Anwendungsbereich der starken Kundenauthentifizierung. Der in Umsetzung 37
des Art. 97 ZDRL II erlassene § 55 ZAG schreibt die Anwendung der starken Kundenauthentifizierung nicht für alle Zahlungsvorgänge vor, sondern lediglich bei solchen mit besonderer Gefahrenneigung.[46]

---

42 Siehe EG 95 der ZDRL II.
43 Für dieses und die nachfolgenden Beispiele siehe die inhaltlich insoweit identischen Anforderungen nach den Mindestanforderungen an die Sicherheit von Internetzahlungen (MaSI) der BaFin vom 5.5.2015 (dort Ziff. 12), siehe unten Rn. 48.
44 Siehe Hoffmann, VuR 2016, 243, 249.
45 Böger, in: Bankrechtstag 2016, S. 193, 257.
46 Böger, a.a.O.

38 Nach § 55 Abs. 1 S. 1 Nr. 1 ZAG soll eine starke Kundenauthentifizierung in allen Fällen zur Anwendung kommen, in denen ein Zahler online auf sein Zahlungskonto zugreift. Dabei wird nicht notwendigerweise eine Auslösung eines Zahlungsvorgangs vorausgesetzt, sondern es genügt dem insoweit offenen Wortlaut des Gesetzes entsprechend bereits die bloße Abfrage des Kontostands im Wege des Online-Zugriffs.[47]

39 § 55 Abs. 1 S. 1 Nr. 2 ZAG verlangt die Anwendung einer starken Kundenauthentifizierung in allen Fällen der Auslösung eines elektronischen Zahlungsvorgangs: Dies erfasst sowohl Überweisungen im Online-Banking wie auch Debitkartenzahlungen im POS-System (Point of Sale) unter Verwendung der PIN als Zahlungskarte.[48] Besondere Anforderungen gelten, wenn es sich hierbei um einen elektronischen Fernzahlungsvorgang handelt, der in § 1 Abs. 19 ZAG legaldefiniert wird als ein Zahlungsvorgang, der über das Internet oder mittels eines Geräts, das für die Fernkommunikation verwendet werden kann, ausgelöst wird.[49] Danach handelt es sich bei Überweisungen im Online-Banking oder im Mobile Banking um Fernzahlungsvorgänge, während dies bei Debitkartenzahlungen im POS-System nicht der Fall sein soll, da der Zahlungsvorgang bei physischer Anwesenheit des Zahlers ausgelöst wird.[50] Liegt nach diesen Grundsätzen ein elektronischer Fernzahlungsvorgang vor, so hat der Zahlungsdienstleister als gesteigerte Form der starken Kundenauthentifizierung zu verlangen, dass die Authentifizierung Elemente umfasst, die den Zahlungsvorgang dynamisch mit einem bestimmten Betrag und einem bestimmten Zahlungsempfänger verknüpfen (§ 55 Abs. 2 ZAG). Nach den Intentionen des Gesetzgebers soll dies grundsätzlich der Praxis des bisherigen mTAN- oder photo-TAN-Verfahrens entsprechen;[51] das iTAN-Verfahren, bei dem die TAN-Liste zu einem Zeitpunkt erzeugt wird, zu dem weder der Empfänger noch der Betrag der Zahlung bekannt sind, genügt diesen Anforderungen dagegen nicht, da es hier an dieser dynamischen Verknüpfung mangelt.[52]

40 Nach § 55 Abs. 3 ZAG finden die Anforderungen einer starken Kundenauthentifizierung Anwendung in allen Fällen der Nutzung von Kontoinformations- oder Zahlungsauslösediensten. Bei Nutzung von Zahlungsauslösediensten ist zudem die gesteigerte Form der starken Kundenauthentifizierung nach § 55 Abs. 2 ZAG zu verlangen (§ 55 Abs. 3 S. 1 ZAG).

41 § 55 Abs. 1 S. 1 Nr. 3 ZAG schließlich erfasst als Auffangtatbestand[53] auch alle anderen Handlungen im Fernzugang, die ein Risiko des Betrugs im Zahlungsverkehr oder anderen Missbrauchsrisiko beinhalten. Diese Formulierung erscheint aus Sicht des Zahlungsdienstleisters nur wenig sicher abgrenzbar, dient damit aber der ordnungspolitischen Zielsetzung, dass Zahlungsdienstleister im Zweifel sich der starken Kundenauthentifizierung bedienen sollen.[54]

42 Die Einzelheiten des Verfahrens und der Ausnahmen von der Anwendung der starken Kundenauthentifizierung sind nach Art. 98 ZDRL II der Regelung durch technische Regulierungsstandards vorbehalten.[55]

---

47 Böger, in: Bankrechtstag 2016, S. 193, 257. Siehe aber zu den Ausnahmen unten Rn. 55 ff.
48 Böger, in: Bankrechtstag 2016, S. 193, 258.
49 Kritisch gegenüber dem Merkmal des „Fern"-Zahlungsvorgangs im Verhältnis zum elektronischen Zahlungsvorgang im Allgemeinen Hoffmann, VuR 2016, 243, 251 f.
50 BT-Drs. 18/11495, S. 140.
51 BT-Drs. 18/11495, S. 140.
52 Werner, WM 2018, 459, 453.
53 Terlau, ZBB/JBB 2016, 122, 132.
54 Böger, in: Bankrechtstag 2016, S. 193, 258; so auch Hofmann, BKR 2018, 62, 65.
55 § 55 Abs. 5 ZAG; dazu siehe sogleich unter Rn. 45 ff.

II. Anforderungen an den Schutz der personalisierten Sicherheitsmerkmale sowie an die sichere offene Kommunikation nach Artt. 97, 98 ZDRL II

In Umsetzung von Art. 97 Abs. 3 ZDRL II sieht § 55 Abs. 1 S. 2 ZAG vor, dass bei einer Verwendung des Verfahrens der starken Kundenauthentifizierung der Zahlungsdienstleister über angemessene Sicherheitsvorkehrungen verfügen muss, um die Vertraulichkeit und die Integrität der personalisierten Sicherheitsmerkmale der Zahlungsdienstnutzer zu schützen. Auch diese Anforderungen sind nach Art. 98 Abs. 1 lit. c ZDRL II durch technische Regulierungsstandards zu präziseren, die nach Entwurf der EBA von der EU-Kommission als delegierte Verordnung zu erlassen sind. **43**

Nach Art. 98 Abs. 1 lit. d ZDRL II sollen diese technischen Regulierungsstandards zudem generell präzisieren, welche Anforderungen gelten für gemeinsame und sichere offene Standards für die Kommunikation zwischen kontoführenden Zahlungsdienstleistern, Zahlungsauslösedienstleistern, Kontoinformationsdienstleistern, Zahlern, Zahlungsempfängern und anderen Zahlungsdienstleistern zum Zwecke der Identifizierung, der Authentifizierung, der Meldung und der Weitergabe von Informationen sowie der Anwendung von Sicherheitsmaßnahmen. **44**

III. Regelung der Einzelheiten durch technische Regulierungsstandards der EU-Kommission für eine starke Kundenauthentifizierung und für sichere und offene Standards für die Kommunikation

Art. 98 ZDRL II sieht vor, dass zur Präzisierung der vorstehenden Erfordernisse des Verfahrens zur starken Kundenauthentifizierung und für sichere offene Kommunikationsstandards technische Regulierungsstandards von der EBA entworfen und von der EU-Kommission als delegierte Verordnung auf der Grundlage der Verordnung (EU) Nr. 1093/2010 erlassen werden. **45**

Die EU-Kommission hat hierzu am 27.11.2017 die delegierte Verordnung 2018/389 zur Ergänzung der ZDRL II durch technische Regulierungsstandards für eine starke Kundenauthentifizierung und für sichere offene Standards für die Kommunikation erlassen,[56] die am 14.3.2018 nach ihrer Veröffentlichung im Amtsblatt in Kraft getreten ist.[57] **46**

Im deutschen Recht ist diese delegierte Verordnung nach § 55 Abs. 5 ZAG anzuwenden. Dabei gilt, dass sowohl die Bestimmungen der delegierten Verordnung 2018/389 wie auch der gesetzlichen Regelungen zur Umsetzung der Anforderungen an die starke Kundenauthentifizierung und an sichere und offene Kommunikationsstandards erst ab 18 Monaten nach dem Inkrafttreten der delegierten Verordnung 2018/389 anzuwenden sind,[58] d.h. ab dem 14.9.2019.[59] **47**

Bis zu diesem Zeitpunkt gelten nach § 68 Abs. 4 ZAG die Anforderungen aufgrund des Rundschreibens der BaFin zu Mindestanforderungen an die Sicherheit von Internet- **48**

---

56 Delegierte Verordnung (EU) 2018/389 der Kommission vom 27.11.2017 zur Ergänzung der Richtlinie (EU) 2015/2366 durch technische Regulierungsstandards für eine starke Kundenauthentifizierung und für sichere offene Standards für die Kommunikation, ABl. L Nr. 69 vom 13.3.2018, S. 23.

57 Art. 38 Abs. 1 VO 2018/389. Zu beachten ist, dass nach Art. 37 VO 2018/389 bereits zum 14.3.2021 eine Überprüfung wesentlicher Gehalte dieser delegierten Verordnung durch die EBA vorgesehen ist.

58 Art. 15 Abs. 1 des Umsetzungsgesetzes zur ZDRL II.

59 Die VO 2018/389 sieht allerdings für die dezidierte Zugangsschnittstelle, die kontoführende Zahlungsdienstleister nach Art. 30 für Zahlungsauslösedienstleister, Kontoinformationsdienstleister und Drittemittenten von Zahlungskarten bereitstellen müssen, vor, dass die kontoführenden Zahlungsdienstleister deren technische Dokumentation sowie eine Testumgebung bereits zum 14.3.2019 zur Verfügung zu stellen haben, siehe Art. 38 Abs. 3 der VO 2018/389.

zahlungen (MaSI) vom 5.5.2015 fort.[60] Auch dort gilt der Grundsatz der Verwendung von zwei voneinander unabhängigen Elementen aus den Kategorien Wissen, Besitz und Inhärenz.[61] Im Übrigen sind die MaSI allerdings deutlich konkreter und umfassender ausgestaltet, gelten demgegenüber aber nur für Internetzahlungen, während der Anwendungsbereich der starken Kundenauthentifizierung nach der ZDRL II insoweit weiter gefasst ist.

49 **1. Allgemeine Anforderungen an die starke Kundenauthentifizierung, den Schutz personalisierter Sicherheitsmerkmale und an sichere offene Kommunikationsstandards.** Die technischen Regulierungsstandards der Kommission in der delegierten Verordnung 2018/389 vom 27.11.2017 legen Anforderungen fest, welche die Zahlungsdienstleister zur Umsetzung von Sicherheitsmaßnahmen erfüllen müssen betreffend die starke Kundenauthentifizierung und den Ausnahmen hierzu, den Schutz personalisierter Sicherheitsmerkmale und für die gemeinsamen und sicheren offenen Kommunikationsstandards (Art. 1).

50 Hierzu haben die Zahlungsdienstleister Transaktionsüberwachungsmechanismen vorzuhalten (Art. 2), die ihnen die Erkennung nicht autorisierter oder betrügerischer Zahlungsvorgänge ermöglichen. Von diesen Mechanismen sind zumindest die folgenden risikobasierte Faktoren einzubeziehen (siehe Art. 2 Abs. 2 litt. a bis e): Eine Liste missbräuchlich verwendeter oder gestohlener Authentifizierungselemente, der Betrag eines jeden Zahlungsvorgangs, bekannte Betrugsszenarien bei der Erbringung von Zahlungsdienstleistungen, Anzeichen für eine Malware-Infektion bei der Anwendung eines Authentifizierungsverfahrens und bei vom Zahlungsdienstleister bereit gestellten Zugangsgeräten oder Zugangssoftware auch ein Protokoll über deren Nutzung, insbesondere im Hinblick auf eine ungewöhnliche Nutzung.

51 Die Umsetzung der Sicherheitsmaßnahmen ist zu dokumentieren und regelmäßig zu testen und zu bewerten (Art. 3).

52 **2. Sicherheitsmaßnahmen für die Durchführung der starken Kundenauthentifizierung.** Ferner sehen die technischen Regulierungsstandards der Kommission in der delegierten Verordnung 2018/389 vom 27.11.2017 besondere Sicherheitsmaßnahmen für die Durchführung der starken Kundenauthentifizierung vor. Bei der Anwendung der starken Kundenauthentifizierung ist aus der Verwendung der beiden unabhängigen Elemente aus den Kategorien Wissen, Besitz und Inhärenz ein Authentifizierungscode zu generieren (Art. 4), der sodann einmalig zu der jeweils die starke Kundenauthentifizierung verlangenden Aktion zu verwenden ist. Auch hinsichtlich dieses Authentifizierungscodes gelten besondere Sicherheitsanforderungen (siehe Art. 4 Abs. 2), so darf hieraus unter anderem keine Information hinsichtlich der jeweils verwendeten Elemente aus den Kategorien Wissen, Besitz und Inhärenz abzuleiten sein und er muss auch fälschungssicher sein und darf nicht die Generierung eines neuen Code zulassen. Zudem ist nach maximal fünf aufeinanderfolgenden fehlgeschlagenen Authentifizierungsversuchen die jeweilige Dienstleistung zumindest vorübergehend zu sperren und es darf eine maximale Zeitspanne ohne Aktivität nach erfolgter Authentifizierung des Nutzers zum Online-Zugriff auf sein Zahlungskonto nicht mehr als fünf Minuten betragen (siehe Art. 4 Abs. 3).

---

60 Rundschreiben 4/2015 (BA), abrufbar unter https://www.bafin.de/SharedDocs/Veroeffentlichungen/DE/Rundschreiben/2015/rs_1504_ba_MA_Internetzahlungen.html. Zu den MaSI siehe Zahrte, ZBB/JBB 2015, 410–416.

61 Siehe Ziff. 12 der MaSI. Siehe auch MK-Jungmann, 7. Aufl., § 675m BGB Rn. 16 ff.

Ferner ist vorgesehen, dass bei der Anwendung der gesteigerten Form der starken Kundenauthentifizierung eine dynamische Verknüpfung dergestalt stattfindet, dass dem Nutzer der Zahlungsbetrag und den Zahlungsempfänger angezeigt werden und dass der Authentifizierungscode spezifisch hierauf bezogen sein soll (Art. 5). 53

Weiter werden erhöhte Anforderungen in Bezug auf die zu verwendenden Elemente der starken Kundenauthentifizierung gestellt, d.h. Zahlungsdienstleister sollen geeignete Maßnahmen ergreifen, um die Vertraulichkeit oder sonstige Sicherheit der im Rahmen der Authentifizierung verwendeten Elemente aus den Kategorien Wissen (Art. 6), Besitz (Art. 7) und Inhärenz (Art. 8) sicherzustellen. Zudem sollen Zahlungsdienstleister durch geeignete Maßnahmen die Unabhängigkeit der verwendeten Elemente gewährleisten, d.h. dass die Verletzung eines Elements nicht auch die anderen betrifft (Art. 9). 54

3. Ausnahmen vom Erfordernis der Anwendung der starken Kundenauthentifizierung. Praxisrelevant sind die aufgrund der entsprechenden Ermächtigung in Art. 98 Abs. 1 lit. b ZDRL II in den technischen Regulierungsstandards der Kommission in der delegierten Verordnung 2018/389 vom 27.11.2017 vorgesehenen Ausnahmen vom Erfordernis der Anwendung des Verfahrens der starken Kundenauthentifizierung, die in den folgenden Konstellationen eingreifen: 55

Zahlungskontoinformationen (Art. 10): Von der Anwendung des Verfahrens der starken Kundenauthentifizierung kann abgesehen werden bei bloßen Kontoinformationsanfragen zum Kontostand oder den Transaktionen der letzten 90 Tage (Art. 10 Abs. 1). Bei derartigen Anfragen ist eine starke Kundenauthentifizierung nur beim erstmaligen Online-Zugriff erforderlich und bei wiederholtem Zugriff danach erst nach Ablauf von 90 Tagen seit der letzten Anwendung des Verfahrens der starken Kundenauthentifizierung (Art. 10 Abs. 2). 56

Kontaktlose elektronische Zahlungsvorgänge (Art. 11): Bei kontaktlosen elektronischen Zahlungsvorgänge an der Verkaufsstelle darf bis zu einem Höchstbetrag von 50 EUR pro Zahlung bzw. 150 EUR insgesamt und mit einer Höchstgrenze von fünf aufeinanderfolgenden Zahlungen ohne zwischenzeitliche Anwendung der starken Kundenauthentifizierung von der Anwendung dieses Verfahrens abgesehen werden. 57

Elektronische Zahlungen an Verkehrsnutzungsentgelts- und Parkticketautomaten (Art. 12): Bei elektronischen Zahlungsvorgängen an unbeaufsichtigten Terminals zur Zahlung eines Verkehrsnutzungsentgelts (Fahrkarten o.ä.) oder einer Parkgebühr braucht keine starke Kundenauthentifizierung verlangt zu werden. Hier ist wegen des inhärenten geringen Risikos und aus Praktikabilitätsgründen auch keine zusätzliche Begrenzung durch einen Höchstbetrag oder auf eine bestimmte Zahl von Transaktionen vorgesehen. 58

Zahlungen an vom Zahler bestimmte vertrauenswürdige Empfänger oder Ausführung wiederkehrender Zahlungen an denselben Empfänger (Artt. 13 und 14): Werden Zahlungen an bestimmte Empfänger vorgenommen, die vom Zahler in eine Liste vertrauenswürdiger Empfänger aufgenommen wurden, oder handelt es sich um wiederkehrende Zahlungen an denselben Empfänger, so bedarf es einer starken Kundenauthentifizierung nur bei der erstmaligen Aufnahme des Zahlungsempfängers auf der Liste vertrauenswürdiger Empfänger oder bei der erstmaligen Auslösung der wiederkehrenden Zahlung. 59

Zahlung auf das eigene Konto (Art. 15): Keiner Anwendung der starken Kundenauthentifizierung bedarf es auch bei Zahlungen auf ein eigenes Konto des Zahlers, d.h. wenn Zahler und Zahlungsempfänger personenidentisch sind, das auch beim selben kontoführenden Zahlungsdienstleister unterhalten wird wie das Konto, von dem aus die Zahlung vorgenommen wird. 60

61 **Allgemeine Kleinbetragsausnahme bei elektronischen Fernzahlungen (Art. 16):** Bei elektronischen Fernzahlungen ist eine allgemeine Kleinbetragsausnahme vorgesehen, die zur Anwendung kommt bis zu einem Höchstbetrag von 30 EUR pro Zahlung bzw. 100 EUR insgesamt und mit einer Höchstgrenze von fünf aufeinanderfolgenden Zahlungen ohne zwischenzeitliche Anwendung der starken Kundenauthentifizierung.

62 **Zahlungen unter Verwendung dezidierter Zahlungsprozesse und -protokolle für Unternehmen (Corporate Payment-Prozesse) (Art. 17):** Keiner starken Kundenauthentifizierung bedarf es auch bei der Auslösung von Zahlungen durch juristische Personen unter Verwendung dezidierter Zahlungsprozesse und -protokolle für Nicht-Verbraucher, wenn diese Prozesse oder Protokolle mindestens ein vergleichbares Sicherheitsniveau gewährleisten wie nach der ZDRL II vorgesehen.[62]

63 **Transaktionen mit niedrigem Risiko auf der Grundlage einer eigenen Transaktionsrisikoanalyse (Art. 18):** Schließlich können Zahlungsdienstleister auch auf der Grundlage eines allgemeinen Ausnahmetatbestands für Transaktionen mit niedrigem Risiko auf der Grundlage einer eigenen Transaktionsrisikoanalyse von der Anwendung der starken Kundenauthentifizierung absehen. Eine Transaktion mit niedrigem Risiko im Sinne dieses Ausnahmetatbestands liegt vor, wenn die bisherige Betrugsrate für diese Art von Zahlungsvorgängen beim betreffenden Zahlungsdienstleister (zur Berechnung siehe Art. 19) unterhalb niedriger, nach verschiedenen Arten von Zahlungsvorgängen und Beträgen gestaffelter Schwellenwerte liegt,[63] ein Höchstbetrag von max. 100 bis 500 EUR eingehalten wird[64] und auch sonst kein ungewöhnliches Verhalten des Zahlers oder andere Risikofaktoren festgestellt werden (siehe Art. 18 Abs. 2). Bei der hierbei anzuwendenden Transaktionsrisikoanalyse sind zumindest das frühere Ausgabemuster des betreffenden Zahlungsdienstenutzers, die Zahlungsvorgangshistorie jedes Nutzers, Ort und Zeitpunkt der Zahlung sowie eine Erkennung ungewöhnlicher Zahlungsmuster des Nutzers im Vergleich zu seiner Zahlungsvorgangshistorie zu berücksichtigen (Art. 18 Abs. 3 S. 1) und in einem Risikopunktesystem zu erfassen (Art. 18 Abs. 3 S. 2). Die Anwendung dieses Ausnahmetatbestands unterliegt besonderen aufsichtsrechtlichen Anzeigepflichten und Überwachungsmaßnahmen (Artt. 1 Abs. 2, 19 Abs. 3 sowie 20).

64 **4. Anforderungen an die Sicherstellung der Vertraulichkeit der personalisierten Sicherheitsmerkmale.** Nach den Artt. 22 bis 27 der technischen Regulierungsstandards der Kommission in der delegierten Verordnung 2018/389 vom 27.11.2017 gelten besondere Vorgaben für die Sicherstellung der Vertraulichkeit der personalisierten Sicherheitsmerkmale, wonach diese bspw. bei ihrer Eingabe nicht zur Gänze lesbar sein sollen (Art. 22 Abs. 2 lit. a), nicht unverschlüsselt zu speichern sind (Art. 22 Abs. 2 lit. b), in einer sicheren Umgebung zu erstellen (Art. 23), dem Zahlungsdienstnutzer sicher bereitzustellen (Art. 25) und sicher zu deaktivieren sind (Art. 27).

---

62 In den Beratungen der VO 2018/389 stieß diese Regelung in der Vorläuferfassung auf besondere Kritik seitens der Europäischen Bankenaufsichtsbehörde (EBA), da es nach Auffassung der EBA unter anderem an einer hinreichend verlässlichen Definition des hier maßgeblichen Begriffs der dezidierter Zahlungsprozesse und -protokolle für Nicht-Verbraucher mangelte, siehe die Stellungnahme der EBA vom 29.6.2017, EBA/Op/2017/09, verfügbar unter https://www.eba.europa.eu/documents/10180/1894900/EBA+Opinion+on+the+amended+text+of+the+RTS+on+SCA+and+CSC+%28EBA-Op-2017-09%29.pdf.

63 Im Anhang zur VO 2018/389 werden Referenzbetrugsraten von 0,005% (für elektronische Überweisungen über einen Fernzugang bei Beträgen bis 500 EUR) bis 0,13% (kartengebundene elektronische Fernzahlungsvorgänge mit Beträgen bis 100 EUR) genannt.

64 Siehe den Anhang zur VO 2018/389.

5. Anforderungen an gemeinsame und sichere offene Kommunikationsstandards. Schließlich regeln die technischen Regulierungsstandards der Kommission in der delegierten Verordnung 2018/389 vom 27.11.2017 auch Anforderungen an gemeinsame und sichere offene Kommunikationsstandards. 65

Danach ist generell erforderlich, dass Zahlungsdienstleister für die Kommunikation zwischen dem Gerät des Zahlers und den Akzeptanzgeräten des Zahlungsempfängers eine sichere Identifizierung gewährleisten (Art. 28 Abs. 1) und dass bei elektronischen Zahlungsvorgängen gegen das Risiko der Umleitung der Kommunikation an unbefugte Dritte vorgebeugt wird (Art. 28 Abs. 2). Zahlungsdienstleister haben sicherzustellen, dass alle Zahlungsvorgänge und anderen relevanten Interaktionen zurückverfolgt werden können (Art. 29). 66

Zuletzt regelt die Verordnung 2018/389 auch die sicheren offenen Kommunikationsstandards, die insbesondere die Kommunikation des kontoführenden Zahlungsdienstleisters mit Drittemittenten von Zahlungskarten, Zahlungsauslösedienstleistern und Kontoinformationsdienstleistern betreffen (Artt. 30 bis 36). 67

Die kontoführenden Zahlungsdienstleister haben hierzu Schnittstellen anzubieten, über die sich die Drittdienstleister identifizieren können und über die sie sicher mit den kontoführenden Zahlungsdienstleistern kommunizieren können müssen (Art. 30 Abs. 1). Die Schnittstelle muss es Zahlungsauslösedienstleistern und Kontoinformationsdienstleistern ermöglichen, sich auf die Authentifizierungsverfahren des kontoführenden Zahlungsdienstleisters zu stützen (Art. 30 Abs. 2). Die Anforderungen an eine solche dezidierte Schnittstelle sind detailliert geregelt und es muss allgemein eine solche Schnittstelle denselben Grad an Verfügbarkeit und Leistung aufweisen wie das sonstige Online-Banking-System des Zahlungsdienstleisters (Art. 32). Alternativ zur Einrichtung einer dezidierten Schnittstelle für Drittdienstleister können die kontoführenden Zahlungsdienstleister den Drittdienstleistern auch die Nutzung ihres sonstigen Online-Banking-Systems mit den darin für die Zahlungdienstnutzer eröffneten Schnittstellen gestatten (Art. 31). 68

Für den Fall der Nicht-Erreichbarkeit der Schnittstelle müssen die kontoführenden Zahlungsdienstleister den Drittdienstleistern dagegen als Notfalllösung den Zugriff über das sonstige Online-Banking-System des Zahlungsdienstleisters gestatten (sogenanntes Screen-Scraping, siehe Art. 33 Abs. 4). Von dieser Verpflichtung zur Zulassung des Screen-Scraping, die unter Sicherheitsgesichtspunkten erhebliche Kritik erfahren hat,[65] können die kontoführenden Zahlungsdienstleister nur dann ausgenommen werden, wenn sie eine besonders hohe Verlässlichkeit ihrer dezidierten Schnittstelle nachweisen konnten (siehe Art. 33 Abs. 6). 69

IV. Zivilrechtliche und zahlungsdienstevertragliche Relevanz der aufsichtsrechtlichen Anforderungen an die starke Kundenauthentifizierung und an die sicheren offenen Kommunikationsstandards

Die Regelungen in § 55 ZAG zur starken Kundenauthentifizierung sowie zum Schutz der Vertraulichkeit und der Integrität der personalisierten Sicherheitsmerkmale der Zahlungsdienstnutzer sind nach der erklärten Intention des Gesetzesentwurfs als aufsichtsrechtliche Regelungen konzipiert.[66] Gleichzeitig geht die Begründung des Regierungs- 70

65 Siehe die Stellungnahme der Europäischen Bankenaufsichtsbehörde (EBA) vom 29.6.2017, EBA/Op/2017/09, gegenüber dem ursprünglichen Entwurf der EU-Kommission (siehe vorstehend zu Rn. 62).
66 Begr Reg-Entw BT-Drs. 18/11495, S. 140.

entwurfs davon aus, dass sich zivilrechtliche Wirkungen daraus ergeben können, dass zivilrechtliche Regelungen auf diese Bestimmungen verweisen.[67]

71 Die zivilrechtliche Relevanz der vorgenannten Regelungen des § 55 ZAG sowie der Bestimmungen der technischen Regulierungsstandards der Kommission in der delegierten Verordnung 2018/389 vom 27.11.2017 zu Art. 98 ZDRL II ergibt sich zum einen daraus, dass der Maßstab der Vertraulichkeitspflicht des Zahlungsdienstleisters aus § 675m Abs. 1 S. 1 Nr. 1 BGB auf der Grundlage dieser besonderen Regelungen zu konkretisieren ist.[68] Verstöße gegen diese eigenen Sorgfaltspflichten des Zahlungsdienstleisters sind zudem auch unter dem Aspekt des anspruchskürzenden Mitverschuldens bei einer Inanspruchnahme des Zahlers aus § 675v BGB zu berücksichtigen.[69]

72 Zum anderen nimmt § 675v Abs. 4 S. 1 BGB auf die Regelungen zur starken Kundenauthentifizierung Bezug, indem danach, sofern nicht ein Handeln in betrügerischer Absicht vorliegt (§ 675v Abs. 4 S. 2 BGB), die Haftung des Zahlers aus § 675v Abs. 1 und 3 BGB ausgeschlossen ist, wenn der Zahlungsdienstleister keine starke Kundenauthentifizierung verlangt oder der Zahlungsempfänger oder sein Zahlungsdienstleister eine starke Kundenauthentifizierung nicht akzeptiert.[70]

D. Risikotragungsregel bei Versendung von Zahlungsinstrumenten und personalisierten Sicherheitsmerkmalen

73 Nach § 675m Abs. 2 BGB trägt der Zahlungsdienstleister die Gefahr der Versendung eines Zahlungsinstruments und der Versendung personalisierter Sicherheitsmerkmale des Zahlungsinstruments an den Zahlungsdienstnutzer.[71] Dies bedeutet, dass im Fall der Versendung eines Zahlungsinstruments und der Versendung personalisierter Sicherheitsmerkmale des Zahlungsinstruments an den Zahlungsdienstnutzer der Zahlungsdienstleister alleine das Risiko einer missbräuchlichen Nutzung trägt, das sich aus dem Abhandenkommen des Zahlungsinstruments oder der personalisierten Sicherheitsmerkmale ergibt.[72] Eine Verantwortlichkeit des Zahlungsdienstnutzers kommt erst ab dem Zeitpunkt in Betracht, in dem der Zahlungsdienstnutzer das Zahlungsinstrument erhält (§ 675l Abs. 1 S. 1 BGB) bzw. die personalisierten Sicherheitsmerkmale, so dass er ab diesem Zeitpunkt auch Maßnahmen zu deren Schutz treffen kann.[73]

74 Ausnahmsweise soll eine Nachforschungsverantwortlichkeit des Zahlungsdienstnutzers dann bestehen, wenn eine von ihm beantragte Zahlungskarte oder ihm angekündigte Sicherheitsmerkmale ihm nicht zeitnah zugehen.[74]

---

67 Begr Reg-Entw BT-Drs. 18/11495, S. 140. Ablehnend gegenüber einer zivilrechtlichen Wirkung, soweit sie sich nicht aus einer Auslegung des Zahlungsdienstevertrags ergibt, dagegen Omlor, WM 2018, 57, 63.

68 Siehe oben Rn. 11.

69 Siehe die Anmerkungen zu § 675v BGB Rn. 5.

70 Siehe die Anmerkungen zu § 675v BGB Rn. 23.

71 Siehe Begr Reg-Entw BT-Drs. 16/11643, S. 107; Palandt-Sprau, 77. Aufl., § 675m BGB Rn. 4.

72 Begr Reg-Entw BT-Drs. 16/11643, S. 107; BeckOK-Schmalenbach, 43. Ed. 2017, § 675m BGB Rn. 7; MK-Jungmann, 7. Aufl., § 675m BGB Rn. 37; Staudinger-Omlor, 2012, § 675m BGB Rn. 20.

73 Siehe Erman-von Westphalen, 15. Aufl., § 675m BGB Rn. 2; MK-Jungmann, 7. Aufl., § 675m BGB Rn. 38; siehe auch die Anmerkungen zu § 675l BGB Rn. 9.

74 Siehe KG, Beschl. v. 31.10.2005 – 12 U 112/05, juris Rn. 14, NJW 2006, 381; Langenbucher/Bliesener/Spindler-Langenbucher, 2. Aufl., Kap. 3 § 675m BGB Rn. 7; MK-Jungmann, 7. Aufl., § 675m BGB Rn. 39; Palandt-Sprau, 77. Aufl., § 675m BGB Rn. 4.

E. Informationspflicht des kontoführenden Zahlungsdienstleisters nach Anfragen von Drittemittenten von Zahlungskarten

§ 675m Abs. 3 BGB regelt die Informationspflicht des kontoführenden Zahlungsdienstleisters gegenüber dem Zahlungsdienstnutzer nach erfolgter Beantwortung einer Anfrage eines anderen kartenausgebenden Zahlungsdienstleisters, d.h. eines Drittemittenten von Zahlungskarten. 75

Werden Zahlungskarten von einem anderen als dem kontoführenden Zahlungsdienstleister ausgegeben, trägt der Drittemittent nach erfolgter Zahlungsausführung das Risiko, dass das Konto des Zahlungsdienstnutzers bei seinem kontoführenden Zahlungsdienstleister keine genügende Deckung aufweist, so dass der Drittemittent Gefahr läuft, mit seinem Aufwendungsersatzanspruch auszufallen. Nach den §§ 45, 46 ZAG ist daher als Regelung im Verhältnis zwischen den beteiligten Zahlungsdienstleistern vorgesehen zum Schutz des Drittemittenten von Zahlungskarten vorgesehen, dass dieser beim kontoführenden Zahlungsdienstleister eine Bestätigung abfragen darf, ob das Konto des Zahlungsdienstnutzers genügende Deckung aufweist.[75] 76

§ 675m Abs. 3 BGB ergänzt diese Regelungen zur Ausgabe von Zahlungskarten durch nicht kontoführende Zahlungsdienstleister um eine im Verhältnis zwischen dem kontoführenden Zahlungsdienstleister und dem Zahlungsdienstnutzer, d.h. in der Regel im Rahmen des Zahlungsdiensterahmenvertrags über die Führung eines Zahlungskontos, bestehende Informationspflicht.[76] 77

In Umsetzung von Art. 65 Abs. 5 ZDRL II ist der kontoführende Zahlungsdienstleister, wenn er von einem Drittemittenten von Zahlungskarten nach § 45 Abs. 1 ZAG um die Bestätigung ersucht wurde, dass ein für die Ausführung eines kartengebundenen Zahlungsvorgangs erforderlicher Betrag auf dem Zahlungskonto verfügbar ist, verpflichtet, dem Zahler auf Verlangen die Identifizierungsdaten dieses Zahlungsdienstleisters und die erteilte Antwort mitzuteilen. Nach der Gesetzesbegründung soll auf diese Weise ein Zahler sich darüber informieren können, ob ein Drittemittent auf sein Konto zugegriffen hat, um einen kartengebundenen Zahlungsvorgang einzuleiten, und ob dessen Ausführung gegebenenfalls deshalb verweigert wurde, weil der Drittemittent keine Deckungsbestätigung erhalten hat.[77] 78

F. Abdingbarkeit

Nach der allgemeinen Regelung des § 675e Abs. 1 BGB darf von der Regelung des § 675m BGB grundsätzlich nicht zum Nachteil des Zahlungsdienstnutzers abgewichen werden. Auch im Verkehr mit Nicht-Verbrauchern sieht § 675e Abs. 4 BGB keine weitergehende Abdingbarkeit des § 675m BGB vor. 79

In Drittstaatensachverhalten nach § 675d Abs. 6 S. 1 Nr. 1 und 2 BGB darf nach § 675e Abs. 2 Nr. 2 BGB auch zum Nachteil des Zahlungsdienstnutzers von § 675m BGB abgewichen werden. 80

In Bezug auf Kleinbetragsinstrumente schließlich können die Parteien nach § 675i Abs. 2 Nr. 2 BGB vereinbaren, dass die Regelungen zur Verpflichtung des Zahlungsdienstleisters zur Vorhaltung einer Anzeigemöglichkeit nach § 675m Abs. 1 Nr. 3 und 5 S. 2 BGB keine Anwendung finden, wenn das Kleinbetragsinstrument nicht gesperrt oder eine weitere Nutzung nicht verhindert werden kann. 81

75 Siehe dazu § 675f BGB Rn. 145.
76 Siehe Begr Reg-Entw BT-Drs. 18/11495, S. 158.
77 Begr Reg-Entw BT-Drs. 18/11495, S. 158; Palandt-Sprau, 77. Aufl., § 675m BGB Rn. 5.

UNTERKAPITEL 2
Ausführung von Zahlungsvorgängen

§ 675n BGB
Zugang von Zahlungsaufträgen

(1) Ein Zahlungsauftrag wird wirksam, wenn er dem Zahlungsdienstleister des Zahlers zugeht. Fällt der Zeitpunkt des Zugangs nicht auf einen Geschäftstag des Zahlungsdienstleisters des Zahlers, gilt der Zahlungsauftrag als am darauf folgenden Geschäftstag zugegangen. Der Zahlungsdienstleister kann festlegen, dass Zahlungsaufträge, die nach einem bestimmten Zeitpunkt nahe am Ende eines Geschäftstags zugehen, für die Zwecke des § 675s Abs. 1 als am darauf folgenden Geschäftstag zugegangen gelten. Geschäftstag ist jeder Tag, an dem der an der Ausführung eines Zahlungsvorgangs beteiligte Zahlungsdienstleister den für die Ausführung von Zahlungsvorgängen erforderlichen Geschäftsbetrieb unterhält.

(2) Vereinbaren der Zahlungsdienstnutzer, der einen Zahlungsvorgang auslöst oder über den ein Zahlungsvorgang ausgelöst wird, und sein Zahlungsdienstleister, dass die Ausführung des Zahlungsauftrags an einem bestimmten Tag oder am Ende eines bestimmten Zeitraums oder an dem Tag, an dem der Zahler dem Zahlungsdienstleister den zur Ausführung erforderlichen Geldbetrag zur Verfügung gestellt hat, beginnen soll, so gilt der vereinbarte Termin für die Zwecke des § 675s Abs. 1 als Zeitpunkt des Zugangs. Fällt der vereinbarte Termin nicht auf einen Geschäftstag des Zahlungsdienstleisters des Zahlers, so gilt für die Zwecke des § 675s Abs. 1 der darauf folgende Geschäftstag als Zeitpunkt des Zugangs.

Systematische Übersicht

A. Allgemeines

1 § 675n BGB bestimmt den Zeitpunkt, ab dem ein Zahlungsauftrag als zugegangen gilt, was für das Wirksamwerden eines Zahlungsauftrags und dessen Unwiderruflichkeit sowie für den Lauf von Ausführungs- und Ablehnungsfristen von Bedeutung ist.[1] Die Regelung beruht auf der Umsetzung des Art. 64 ZDRL I. In der ZDRL II sind diese Fragen nunmehr in Art. 78 ZDRL II geregelt, ohne dass die Umsetzung der ZDRL II Änderungen in § 675n BGB erfordert hat.

1 Vgl. Begründung des Regierungsentwurfs zur Umsetzung des zivilrechtlichen Teils der Zahlungsdiensterichtlinie, BT-Drs. 16/11643, S. 107; allgemein Staudinger-Omlor, 2012, § 675n BGB Rn. 9. Siehe weiter unter Rn. 5 ff.

B. Wirksamwerden des Zahlungsauftrags durch Zugang

Nach der Grundregel des § 675n Abs. 1 S. 1 BGB wird ein Zahlungsauftrag wirksam, wenn er dem Zahlungsdienstleister des Zahlers zugeht. Der Begriff des Zugangs wird nach denselben Grundsätzen wie im Rahmen des § 130 Abs. 1 S. 1 BGB bestimmt,[2] es kommt also grundsätzlich darauf an, dass der Zahlungsauftrag so in den Bereich des Empfängers gelangt ist, dass dieser unter normalen Verhältnissen die Möglichkeit hat, vom Inhalt der Erklärung Kenntnis zu nehmen.[3] Sonderfälle des Zugangs regeln § 675n Abs. 1 S. 2 und 3 sowie Abs. 2 BGB. 2

Entscheidend ist immer der Zugang beim Zahlungsdienstleister des Zahlers: Auch wenn der Zahlungsauftrag vom oder über den Zahlungsempfänger ausgelöst wird (siehe § 675f Abs. 4 BGB), so dass er über dessen Zahlungsdienstleister an den Zahlungsdienstleister des Zahlers übermittelt wird („Pull"-Zahlung),[4] ist erst der Zugang beim Zahlungsdienstleister des Zahlers entscheidend.[5] Dasselbe gilt – auch ohne dass dies im Gesetz gesondert geregelt werden musste – auch bei Einbeziehung eines Zahlungsauslösedienstleisters, da in diesem Fall der Zahlungsauftrag erst von diesem ausgelöst wird. Der Zeitpunkt des Zugangs eines Inkassoauftrags des Zahlungsempfängers bei seinem Zahlungsdienstleister ist nicht maßgeblich.[6] 3

Unerheblich ist es dabei, ob der Zahlungsdienstleister des Zahlers bereits vorher an dem zur Erstellung oder Übermittlung des Zahlungsauftrags führenden Prozess beteiligt war:[7] Dies bedeutet, dass der für den Beginn von Ausführungsfristen relevante Moment des Zugangs beim Zahlungsdienstleister des Zahlers auch dann vorliegt, wenn dieser noch keine Gelegenheit zur Vornahme ausstehender Sicherheits- oder Deckungsprüfungen hatte. 4

C. Rechtsfolgen von Wirksamwerden und Zugang

Mit dem Wirksamwerden durch Zugang nach § 675n BGB wird der Zahlungsauftrag grundsätzlich nach § 675p Abs. 1 BGB unwiderruflich.[8] 5

Ferner beginnt mit dem Zugang des Zahlungsauftrags der Lauf der Ausführungsfristen nach § 675s Abs. 1 BGB[9] sowie der entsprechende Lauf der Ablehnungsfrist nach § 675o Abs. 1 S. 1 BGB.[10] 6

Der Zahlungsdienstleister hat den Zahler bei Vornahme eines Zahlungsvorgangs im Rahmen eines Einzelzahlungsvertrags über das Datum des Zugangs des Zahlungsauftrags zu unterrichten (Art. 248 § 14 Nr. 5 EGBGB); eine entsprechende Mitteilungspflicht 7

---

2 Vgl. Begr Reg-Entw, BT-Drs. 16/11643, S. 107; Erman-von Westphalen, 15. Aufl., § 675n BGB Rn. 2; Palandt-Sprau, 77. Aufl., § 675n BGB Rn. 2; Schimansky/Bunte/Lwowski-Schmieder, 5. Aufl., § 49 Rn. 15; Staudinger-Omlor, 2012, § 675n BGB Rn. 4; MK-Jungmann, 7. Aufl., § 675n BGB Rn. 11 (dort auch mit Nachweisen zur Gegenauffassung).

3 BGH, Urt. v. 21.1.2004 – XII ZR 214/00, juris Rn. 13, NJW 2004, 1320 m.w.N.; siehe auch Erman-von Westphalen, 15. Aufl., § 675n BGB Rn. 2; MK-Jungmann, 7. Aufl., § 675n BGB Rn. 14; Staudinger-Omlor, 2012, § 675n BGB Rn. 4.

4 Zum Begriff siehe zu § 675f BGB Rn. 32.

5 Begr Reg-Entw, BT-Drs. 16/11643, S. 107; Erman-von Westphalen, 15. Aufl., § 675n BGB Rn. 2; Staudinger-Omlor, 2012, § 675n BGB Rn. 5.

6 Erman-von Westphalen, 15. Aufl., § 675n BGB Rn. 2; Staudinger-Omlor, 2012, § 675n BGB Rn. 5.

7 Siehe Begr Reg-Entw, BT-Drs. 16/11643, S. 107; BeckOK-Schmalenbach, 43. Ed. 2017, § 675n BGB Rn. 3; Staudinger-Omlor, 2012, § 675n BGB Rn. 5.

8 Zu Sonderregelungen siehe § 675p Abs. 2 bis 4 BGB.

9 Siehe zu § 675s BGB Rn. 8.

10 Siehe zu § 675o BGB Rn. 10.

besteht bei Vornahme eines Zahlungsvorgangs im Rahmen eines Zahlungsdiensterahmenvertrags für den Fall, dass der Zahler kein Zahlungskonto verwendet (Art. 248 § 7 Nr. 5 EGBGB).

D. Zugang an einem Nicht-Geschäftstag

8 § 675n Abs. 1 S. 2 BGB enthält eine Sonderbestimmung für den Fall des Zugangs an einem Nicht-Geschäftstag des Zahlungsdienstleisters des Zahlers.

I. Begriff des Geschäftstags

9 Der der Anwendung des § 675n Abs. 1 S. 2 BGB zugrunde liegende Begriff des Geschäftstags wird legaldefiniert in § 675n Abs. 1 S. 4 BGB als jeder Tag, an dem der an der Ausführung eines Zahlungsvorgangs beteiligte Zahlungsdienstleister den für die Ausführung von Zahlungsvorgängen erforderlichen Geschäftsbetrieb unterhält. Feiertage, an denen der betreffende Zahlungsdienstleister in seinem Geschäftsbetrieb keine Zahlungsvorgänge ausführt, zählen daher nicht als Geschäftstag.[11]

10 Die Bestimmung des Geschäftstags stellt mithin auf den konkreten Zahlungsdienstleister und dessen Geschäftsbetrieb ab, wobei es hier jeweils auch auf den betreffenden Zahlungsvorgang ankommt, etwa im Hinblick auf die Unterscheidung zwischen der Bearbeitung von beleghaften Überweisungen oder den Einsatz einer Debitkarte.[12] Maßgeblich ist der planmäßig vorgehaltene Geschäftsbetrieb und eine unplanmäßig erfolgende zeitweilige Einstellung des Geschäftsbetriebs an einem betreffenden Tag lässt die Bestimmung des Geschäftsbetriebs unberührt.[13]

11 Der Begriff des Geschäftstags wird in den §§ 675c ff. BGB in verschiedenen Zusammenhängen verwendet und es kann dabei jeweils unterschiedlich auf die Voraussetzungen eines Geschäftstags aus Sicht des Zahlungsdienstleisters des Zahlers oder des Zahlungsempfängers ankommen: Teils stellt das Gesetz ausdrücklich auf den Zahlungsdienstleister des Zahlers ab (so in § 675n Abs. 1 S. 2 BGB), im Übrigen ist entscheidend, welcher der beteiligten Zahlungsdienstleister durch die unter Bezugnahme auf den Geschäftstag bestimmte Frist verpflichtet wird.[14]

II. Fiktion des Zugangs am nächstfolgenden Geschäftstag

12 Fällt der Zeitpunkt des Zugangs nicht auf einen Geschäftstag des Zahlungsdienstleisters des Zahlers, gilt der Zahlungsauftrag nach § 675n Abs. 1 S. 2 BGB als am darauf folgenden Geschäftstag zugegangen. Da es an einem Nicht-Geschäftstag ohnehin an der für den Zugang erforderlichen Möglichkeit der Kenntnisnahme vom Inhalt der Erklärung mangeln wird, hat § 675n Abs. 1 S. 2 BGB vorwiegend lediglich klarstellende Bedeutung.[15]

---

11 BGH, Urt. v. 25.11.2015 – IV ZR 169/14, juris Rn. 9, NJW-RR 2016, 511.

12 Staudinger-Omlor, 2012, § 675n BGB Rn. 10. Siehe auch MK-Jungmann, 7. Aufl., § 675n BGB Rn. 30.

13 MK-Jungmann, 7. Aufl., § 675n BGB Rn. 27.

14 Erman-von Westphalen, 15. Aufl., § 675n BGB Rn. 5; Palandt-Sprau, 77. Aufl., § 675n BGB Rn. 4; Staudinger-Omlor, 2012, § 675n BGB Rn. 11. Vgl. auch Begr Reg-Entw, BT-Drs. 16/11643, S. 108.

15 MK-Jungmann, 7. Aufl., § 675n BGB Rn. 20; Staudinger-Omlor, 2012, § 675n BGB Rn. 6.

E. „Cut-off"-Zeitpunkte

13 Nach § 675n Abs. 1 S. 3 BGB darf der Zahlungsdienstleister festlegen, dass Zahlungsaufträge, die nach einem bestimmten Zeitpunkt nahe am Ende eines Geschäftstags zugehen (sogenannter „Cut-off"-Zeitpunkt),[16] für die Zwecke des § 675s Abs. 1 BGB als am darauf folgenden Geschäftstag zugegangen gelten.

14 Diese Regelung steht im Einklang mit der früheren Praxis und soll es dem Zahlungsdienstleister erlauben, geschäftstäglich sein Rechnungswesen abzuschließen und den Tagesausweis zu erstellen.[17] Im Hinblick auf diese Zielsetzung kommt es für die Festlegung eines „Cut-off"-Zeitpunkts auch nicht darauf an, dass die betreffende Dienstleistung, z.B. ein Bargeldabhebungsautomat oder das Online-Banking-System, rund um die Uhr für den Kunden verfügbar sind.[18]

15 Nach § 675n Abs. 1 S. 3 BGB muss der „Cut-off"-Zeitpunkt nahe am Ende eines Geschäftstags liegen, es kann dabei entsprechend der bisherigen Praxis auf die üblichen Schließungszeiten für den physischen Publikumsverkehr abgestellt werden.[19]Auch ist an Geschäftstagen vor Wochenenden oder Feiertagen eine weitere Verkürzung der Einreichungsfrist üblich und zulässig.[20] Abzustellen ist jeweils auf die Unterhaltung des Geschäftsbetriebs bei der maßgeblichen kontoführenden Stelle des betreffenden Zahlungsdienstleisters.[21]

16 Bei der Festlegung des „Cut-off"-Zeitpunkts ist generell von einer gewissen zeitlichen Gestaltungsmöglichkeit des Zahlungsdienstleisters auszugehen;[22] er hat im Rahmen seiner vorvertraglichen Informationen nach Art. 248 § 4 Abs. 1 Nr. 2 lit. d EGBGB über von ihm festgelegte „Cut-off"-Zeitpunkte zu informieren. Dies wird in der Praxis regelmäßig durch Angaben im Preis- und Leistungsverzeichnis erfolgen.[23]

17 Zu beachten ist, dass die Fiktion des Zugangs am folgenden Geschäftstag aufgrund der Festlegung eines „Cut-off"-Zeitpunkts nach dem Wortlaut des § 675n Abs. 1 S. 3 BGB nur für die Zwecke des § 675s Abs. 1 BGB gilt: Die Unwiderruflichkeit nach § 675p Abs. 1 BGB tritt damit weiterhin mit dem tatsächlichen Zugang ein.[24] Für den Lauf der Ablehnungsfrist nach § 675o Abs. 1 S. 1 BGB, die an die Ausführungsfrist nach § 675s Abs. 1 BGB gebunden ist, wird dagegen ebenfalls auf den folgenden Geschäftstag abzustellen sein.[25]

---

16 Zum Begriff siehe Begr Reg-Entw, BT-Drs. 16/11643, S. 107.

17 Begr Reg-Entw, BT-Drs. 16/11643, S. 107; siehe auch MK-Jungmann, 7. Aufl., § 675n BGB Rn. 35.

18 Vgl. BeckOK-Schmalenbach, 43. Ed. 2017, § 675n BGB Rn. 5. Siehe auch Staudinger-Omlor, 2012, § 675n BGB Rn. 8.

19 Begr Reg-Entw, BT-Drs. 16/11643, S. 107; BeckOK-Schmalenbach, 43. Ed. 2017, § 675n BGB Rn. 5; Erman-von Westphalen, 15. Aufl., § 675n BGB Rn. 3; Staudinger-Omlor, 2012, § 675n BGB Rn. 9.

20 Begr Reg-Entw, BT-Drs. 16/11643, S. 107; BeckOK-Schmalenbach, 43. Ed. 2017, § 675n BGB Rn. 5; Erman-von Westphalen, 15. Aufl., § 675n BGB Rn. 3; Staudinger-Omlor, 2012, § 675n BGB Rn. 9.

21 Begr Reg-Entw, BT-Drs. 16/11643, S. 108; Staudinger-Omlor, 2012, § 675n BGB Rn. 9.

22 Staudinger-Omlor, 2012, § 675n BGB Rn. 9. Für eine Unwirksamkeit der Bestimmung des „Cut-off"-Zeitpunktes, wenn dieser nicht nahe dem Ende eines Geschäftstages liegt, siehe MK-Jungmann, 7. Aufl., § 675n BGB Rn. 45.

23 MK-Jungmann, 7. Aufl., § 675n BGB Rn. 23.

24 MK-Jungmann, 7. Aufl., § 675p BGB Rn. 37.

25 **A.A.** MK-Jungmann, 7. Aufl., § 675n BGB Rn. 44.

F. Vereinbarte Ausführungszeitpunkte

18 § 675n Abs. 2 BGB betrifft Fälle, in denen der Zahlungsdienstnutzer, der einen Zahlungsvorgang auslöst oder über den ein Zahlungsvorgang ausgelöst wird,[26] und sein Zahlungsdienstleister einen bestimmten Ausführungszeitpunkt vereinbart haben, namentlich die Ausführung des Zahlungsauftrags an einem bestimmten Tag (z.B. Terminüberweisungen)[27] oder am Ende eines bestimmten Zeitraums oder an dem Tag, an dem der Zahler dem Zahlungsdienstleister den zur Ausführung erforderlichen Geldbetrag zur Verfügung gestellt hat.

19 In solchen Fällen eines vereinbarten Ausführungszeitpunkts gilt abweichend von der Grundregel in § 675n Abs. 1 BGB der vereinbarte Termin für die Zwecke des § 675s Abs. 1 BGB als Zeitpunkt des Zugangs (§ 675n Abs. 2 S. 1 BGB), d.h. der Lauf der Ausführungsfrist beginnt ab dem vereinbarten Zeitpunkt. Dabei wird vorausgesetzt, dass der Zahlungsauftrag bereits vor diesem Termin beim Zahlungsdienstleister des Zahlers zugegangen sein muss.[28] Fällt der vereinbarte Termin nicht auf einen Geschäftstag des Zahlungsdienstleisters des Zahlers, so kommt es stattdessen wie nach § 675n Abs. 1 S. 2 BGB auf den darauf folgenden Geschäftstag an (§ 675n Abs. 2 S. 2 BGB).[29]

20 § 675n Abs. 2 BGB regelt unmittelbar nur die Bestimmung des Zugangs für die Zwecke des § 675s Abs. 1 BGB;[30] wegen der Bindung des Laufs der Ablehnungsfrist nach § 675o Abs. 1 S. 1 BGB an die Ausführungsfrist nach § 675s Abs. 1 BGB kommt es aber auch im Rahmen des § 675o Abs. 1 S. 1 BGB auf den vereinbarten Termin nach § 675n Abs. 2 BGB an. Hinsichtlich des Eintritts der Unwiderruflichkeit nach § 675p BGB greift bei Vereinbarung eines Ausführungszeitpunkts die Sonderregelung nach § 675p Abs. 3 BGB, nach der ein Widerruf bis zum Ende des Geschäftstags vor dem vereinbarten Tag möglich ist.

G. Abdingbarkeit

21 Die allgemeine Regelung des § 675e Abs. 1 BGB erlaubt auch hinsichtlich des § 675n BGB grundsätzlich keine Abweichungen zum Nachteil des Zahlungsdienstnutzers. Auch im Verkehr mit Nicht-Verbrauchern sieht § 675e Abs. 4 BGB keine weitergehende Abdingbarkeit des § 675n BGB vor; auch für Kleinbetragsinstrumente gelten insoweit nach § 675i BGB keine Besonderheiten.

22 In Drittstaatensachverhalten nach § 675d Abs. 6 S. 1 Nr. 1 und 2 BGB darf dagegen nach § 675e Abs. 2 Nr. 2 BGB auch zum Nachteil des Zahlungsdienstnutzers von § 675n BGB abgewichen werden, wodurch eine für den Zahlungsdienstnutzers nachteilige Bestimmung des Zugangszeitpunkts bspw. durch restriktive Gestaltung von Einreichungsfristen über § 675n Abs. 1 S. 3 BGB hinaus ermöglicht wird.

---

26 Diese offene Formulierung lässt eine Vereinbarung nach § 675n Abs. 2 BGB sowohl im Verhältnis von Zahler und seinem Zahlungsdienstleister zu wie auch – bei „Pull“-Zahlungen – zwischen dem Zahlungsempfänger und seinem Zahlungsdienstleister, siehe Begr Reg-Entw, BT-Drs. 16/11643, S. 108; Erman-von Westphalen, 15. Aufl., § 675n BGB Rn. 8; Staudinger-Omlor, 2012, § 675n BGB Rn. 13.

27 Siehe Begr Reg-Entw, BT-Drs. 16/11643, S. 108; Staudinger-Omlor, 2012, § 675n BGB Rn. 12.

28 Begr Reg-Entw, BT-Drs. 16/11643, S. 108; MK-Jungmann, 7. Aufl., § 675n BGB Rn. 50.

29 Siehe Erman-von Westphalen, 15. Aufl., § 675n BGB Rn. 11; MK-Jungmann, 7. Aufl., § 675n BGB Rn. 51; Staudinger-Omlor, 2012, § 675n BGB Rn. 13.

30 Siehe auch MK-Jungmann, 7. Aufl., § 675n BGB Rn. 47.

§ 675o BGB
Ablehnung von Zahlungsaufträgen

(1) Lehnt der Zahlungsdienstleister die Ausführung oder Auslösung eines Zahlungsauftrags ab, ist er verpflichtet, den Zahlungsdienstnutzer hierüber unverzüglich, auf jeden Fall aber innerhalb der Fristen gemäß § 675s Abs. 1 zu unterrichten. In der Unterrichtung sind, soweit möglich, die Gründe für die Ablehnung sowie die Möglichkeiten anzugeben, wie Fehler, die zur Ablehnung geführt haben, berichtigt werden können. Die Angabe von Gründen darf unterbleiben, soweit sie gegen sonstige Rechtsvorschriften verstoßen würde. Der Zahlungsdienstleister darf mit dem Zahlungsdienstnutzer im Zahlungsdiensterahmenvertrag ein Entgelt für den Fall vereinbaren, dass er die Ausführung eines Zahlungsauftrags berechtigterweise ablehnt.

(2) Der Zahlungsdienstleister des Zahlers ist nicht berechtigt, die Ausführung eines autorisierten Zahlungsauftrags abzulehnen, wenn die im Zahlungsdiensterahmenvertrag festgelegten Ausführungsbedingungen erfüllt sind und die Ausführung nicht gegen sonstige Rechtsvorschriften verstößt.

(3) Für die Zwecke der §§ 675s, 675y und 675z gilt ein Zahlungsauftrag, dessen Ausführung berechtigterweise abgelehnt wurde, als nicht zugegangen.

Systematische Übersicht

A. Allgemeines

1 § 675o BGB regelt Voraussetzungen und Rechtsfolgen der Ablehnung eines Zahlungsauftrags durch den Zahlungsdienstleister. Die Bestimmung wurde in Umsetzung von Art. 65 ZDRL I eingefügt, die Umsetzung der Neuregelung in Art. 79 ZDRL II erstreckte den Anwendungsbereich der Vorschrift auf die Ablehnung der Auslösung von Zahlungsaufträgen und erweiterte die Möglichkeit des Zahlungsdienstleisters, für die Ablehnung eines Zahlungsauftrags ein Entgelt zu vereinbaren.

B. Ablehnungsgründe für die Ausführung von Zahlungsaufträgen

2 Die §§ 675c ff. BGB gehen nach den Grundsätzen aus § 675f Abs. 1 BGB (für den Einzelzahlungsvertrag) sowie § 675f Abs. 2 S. 1 BGB (für den Zahlungsdiensterahmenvertrag) davon aus, dass der Zahlungsdienstleister grundsätzlich zur Ausführung von Zahlungsaufträgen verpflichtet ist. § 675o Abs. 2 BGB bestätigt diesen Grundsatz für den Zahlungsdiensterahmenvertrag nochmals, ohne dass insoweit ein weitergehender Inhalt gegenüber § 675f Abs. 2 S. 1 BGB oder zur Ausführungsverpflichtung im Einzelzahlungsvertrag aus § 675f Abs. 1 BGB anzunehmen wäre.[1]

1 Siehe BeckOK-Schmalenbach, 43. Ed. 2017, § 675o BGB Rn. 8; MK-Jungmann, 7. Aufl., § 675o BGB Rn. 2; Palandt-Sprau, 77. Aufl., § 675o BGB Rn. 3; Staudinger-Omlor, 2012, § 675o BGB Rn. 3. Vgl. auch

3 Eine Ablehnung der Ausführung eines Zahlungsauftrags kommt insbesondere dann in Betracht, wenn es an den für die Ausführung des Zahlungsauftrags erforderlichen Angaben fehlt, bspw. zur Identifikation des Zahlungsempfängers oder zur genauen Bezifferung des Zahlbetrags.[2] Der Zahlungsdienstleister kann in diesem Fall anstelle der Ablehnung auch beim Zahlungsdienstnutzer die fehlenden Angaben erfragen, er ist hierzu aber nicht verpflichtet.[3] Allerdings bestehen insoweit in der Sache Überschneidungen zur Unterrichtungspflicht nach § 675o Abs. 1 S. 2 BGB, bei der der Zahlungsdienstnutzer auch über Fehler zu unterrichten ist, die zur Ablehnung der Ausführung geführt haben.[4]

4 Ferner kann die Ausführung eines Zahlungsauftrags abgelehnt werden, wenn vertraglich vereinbarte Ausführungsbedingungen nicht erfüllt sind: Dies betrifft insbesondere den Fall des Fehlens eines hinreichenden Guthabens oder einer vereinbarten Überziehungsmöglichkeit.[5] Der Zahlungsdienstleister ist in einem solchen Fall grundsätzlich allerdings nicht verpflichtet, die Ausführung des Zahlungsauftrags abzulehnen, und er kann auch trotz fehlender Deckung unter Hinnahme einer geduldeten Überziehung (§ 505 BGB) den Auftrag ausführen.[6]

5 Der Zahlungsdienstleister ist im Verhältnis zum Zahlungsdienstleister nicht berechtigt, den Zahlungsauftrag auszuführen, wenn es an einer Autorisierung mangelt.[7] Unter diesem Gesichtspunkt ist der Zahlungsauftrag auch bereits dann nicht auszuführen, wenn sich z.B. der Verdacht des Missbrauchs einer Vertretungsmacht bei Ausübung einer Kontovollmacht aufdrängt.[8]

6 Der Zahlungsdienstleister darf auch dann die Ausführung eines Zahlungsauftrags ablehnen, wenn dies einen Gesetzesverstoß beinhalten würde, namentlich in den Fällen von Geldwäsche und Terrorismusfinanzierung,[9] deren Bekämpfung zu den Zielen der ZDRL I wie auch der ZDRL II zählt.[10] Ein weiterer Anwendungsfall liegt dann vor, wenn dem Zahlungsdienstleister die Leistung an den vorgesehenen Empfänger aufgrund von Zwangsvollstreckungsmaßnahmen nach den §§ 309 Abs. 1 AO, 829 Abs. 1 ZPO verboten ist[11] oder wenn das Insolvenzverfahren über das Vermögen des Zahlers eröffnet ist.[12]

7 Kein Recht zur Ablehnung eines Zahlungsauftrags wird dagegen durch eine Zahlungsunfähigkeit des Zahlungsdienstnutzers begründet, solange er noch über ein Guthaben oder eine offene und noch nicht gekündigte Kreditlinie verfügt: Auch wenn der

---

Begründung des Regierungsentwurfs zur Umsetzung des zivilrechtlichen Teils der Zahlungsdiensterichtlinie, BT-Drs. 16/11643, S. 108.

2 Erman-von Westphalen, 15. Aufl., § 675o BGB Rn. 10; MK-Jungmann, 7. Aufl., § 675o BGB Rn. 14; Palandt-Sprau, 77. Aufl., § 675o BGB Rn. 2; Staudinger-Omlor, 2012, § 675o BGB Rn. 6.

3 Langenbucher/Bliesener/Spindler-Langenbucher, 2. Aufl., Kap. 3 § 675o BGB Rn. 11; Palandt-Sprau, 77. Aufl., § 675o BGB Rn. 3; Staudinger-Omlor, 2012, § 675o BGB Rn. 7.

4 Siehe unter Rn. 11.

5 Palandt-Sprau, 77. Aufl., § 675o BGB Rn. 2.

6 Siehe auch die Ausführungen zur fehlenden Pflichtwidrigkeit der Zulassung einer Überziehung zu § 675v BGB Rn. 5.

7 Siehe § 675j BGB Rn. 22.

8 Siehe OLG Schleswig, Beschl. v. 28.11.2013 – 5 W 40/13, juris Rn. 9 f., NJW-RR 2014, 741; Palandt-Sprau, 77. Aufl., § 675o BGB Rn. 2.

9 Begr. Reg-Entw BT-Drucks 16/11643, S. 108; MK-Jungmann, 7. Aufl., § 675o BGB Rn. 22.

10 EG 37, 47 ZDRL II.

11 LG Berlin, Urt. v. 25.6.2015 – 21 S 10/14, juris Rn. 18; MK-Jungmann, 7. Aufl., § 675o BGB Rn. 21.

12 MK-Jungmann, 7. Aufl., § 675o BGB Rn. 20.

Zahlungsdienstleister von dieser Zahlungsunfähigkeit Kenntnis hat, muss er also den Zahlungsauftrag ausführen.[13]

C. Unterrichtung über die Ablehnung der Ausführung von Zahlungsaufträgen

§ 675o Abs. 1 BGB regelt die Verpflichtung des Zahlungsdienstleisters zur Unterrichtung des Zahlungsdienstnutzers über die Ablehnung der Ausführung von Zahlungsaufträgen und tritt insoweit an die Stelle des allgemeineren § 663 S. 1 BGB. 8

Unter einer Unterrichtung wird hier verstanden, dass der Zahlungsdienstleister dem Zahlungsdienstnutzer die Ablehnung grundsätzlich mitzuteilen hat.[14] Eine Zurverfügungstellung der Ablehnungsinformation genügt dagegen nur, wenn dies von den Parteien so vereinbart wurde.[15] 9

Diese Unterrichtung hat unverzüglich zu erfolgen, d.h. ohne schuldhaftes Zögern (§ 121 BGB),[16] und jedenfalls innerhalb der Ausführungsfristen nach § 675s Abs. 1 BGB. Dies bedeutet, dass für die Höchstfrist der Unterrichtung darauf abzustellen ist, bis wann der Zahlungsauftrag unter Zugrundelegung des nach § 675n BGB zu bestimmenden Zugangs auszuführen gewesen wäre. Nach der Gesetzesbegründung soll nicht der Erfolgseintritt, d.h. der Zugang der Unterrichtung, binnen dieser Frist geschuldet sein, sondern lediglich das bestmögliche Bemühen des Zahlungsdienstleisters, den Unterrichtungserfolg herbeizuführen.[17] Danach kann auch eine unter Berücksichtigung der Postlaufzeit den Zahlungsdienstnutzer erst nach Ablauf der Ausführungsfrist nach § 675s Abs. 1 BGB erreichende Unterrichtung noch fristgemäß erfolgen.[18] 10

Nach § 675o Abs. 1 S. 2 BGB sind in der Unterrichtung, soweit möglich, die Gründe für die Ablehnung sowie die Möglichkeiten anzugeben, wie Fehler, die zur Ablehnung geführt haben, berichtigt werden können. Dem Zahlungsdienstnutzer soll so die Möglichkeit gegeben werden, in einem zweiten Anlauf einen ausführbaren Zahlungsauftrag zu erteilen.[19] Dagegen kann nach § 675o Abs. 1 S. 3 BGB die Angabe von Gründen darf unterbleiben, soweit sie gegen sonstige Rechtsvorschriften verstoßen würde. Dies betrifft ebenso wie nach § 675k Abs. 2 S. 4 BGB vor allem solche Fälle, in denen die Nichtausführung des Auftrags auf einem Verstoß gegen das GwG beruhte.[20] 11

D. Entgelte bei der Ablehnung der Ausführung von Zahlungsaufträgen

Die Entgeltregelung des § 675o Abs. 1 S. 4 BGB ist in Umsetzung der ZDRL II neu gefasst worden. 12

Nach früherer Rechtslage durfte der Zahlungsdienstleister ein Entgelt für die der Ablehnung zugrunde liegende Prüfung des Vorhandenseins genügender Deckung nicht ver- 13

---

13 BGH, Urt. v. 24.1.2013 – IX ZR 11/12, juris Rn. 30, WM 2013, 361; MK-Jungmann, 7. Aufl., § 675o BGB Rn. 20; Palandt-Sprau, 77. Aufl., § 675o BGB Rn. 3.

14 Begr. Reg-Entw BT-Drucks 16/11643, S. 108; MK-Jungmann, 7. Aufl., § 675o BGB Rn. 26; Palandt-Sprau, 77. Aufl., § 675o BGB Rn. 4.

15 Begr. Reg-Entw BT-Drucks 16/11643, S. 108; Palandt-Sprau, 77. Aufl., § 675o BGB Rn. 4.

16 Siehe Palandt-Sprau, 77. Aufl., § 675o BGB Rn. 4.

17 Begr. Reg-Entw BT-Drucks 16/11643, S. 108.

18 BeckOK-Schmalenbach, 43. Ed. 2017, § 675o BGB Rn. 3 f.; MK-Jungmann, 7. Aufl., § 675o BGB Rn. 41; restriktiver Staudinger-Omlor, 2012, § 675o BGB Rn. 11; ebenso Erman-von Westphalen, 15. Aufl., § 675o BGB Rn. 4.

19 MK-Jungmann, 7. Aufl., § 675o BGB Rn. 32; Staudinger-Omlor, 2012, § 675o BGB Rn, 12.

20 Begr. Reg-Entw BT-Drucks 16/11643, S. 108; Erman-von Westphalen, 15. Aufl., § 675o BGB Rn. 8.

langen[21] und er durfte nur die Kosten der Unterrichtung über die berechtigte Ablehnung ersetzt verlangen.[22]

14 Nach der Neufassung des § 675o Abs. 1 S. 4 BGB in Umsetzung von Art. 79 Abs. 1 Unterabs. 3 ZDRL II darf dagegen der Zahlungsdienstleister nunmehr mit dem Zahlungsdienstnutzer im Zahlungsdiensterahmenvertrag ein Entgelt für die berechtigte Ablehnung der Ausführung eines Zahlungsauftrags vereinbaren. Damit darf das vereinbarte Entgelt entgegen der früheren Rechtslage nunmehr auch für die Prüfung der Voraussetzungen der Ausführung oder Ablehnung des Zahlungsauftrags erhoben werden. Nach dem Wortlaut der Neuregelung könnte zweifelhaft sein, ob diese Entgeltregelung wie früher auch ein Entgelt für die Unterrichtung selbst zulassen soll, zumal der ursprüngliche Referentenentwurf noch ausdrücklich beide Entgeltgegenstände genannt hat.[23] Richtigerweise ist aber davon auszugehen, dass unter dem Gesamtvorgang der Ablehnung im Sinne des § 675o Abs. 1 S. 4 BGB nicht nur die Ablehnungsentscheidung und die ihr vorausgegangene Prüfung, sondern auch die dann geschuldete Unterrichtung des Zahlungsdienstnutzers zu erfassen ist, so dass die Unterrichtung weiterhin (mit-) bepreist werden darf.[24]

15 Das Entgelt nach § 675o Abs. 1 S. 4 BGB muss nach den allgemeinen Anforderungen des § 675f Abs. 5 S. 2 Halbs. 2 BGB angemessen und an den tatsächlichen Kosten des Zahlungsdienstleisters ausgerichtet sein.[25] Nicht mit den Kosten für die berechtigte Ablehnung der Ausführung eines Zahlungsauftrags zusammenhängende Gemeinkosten des Zahlungsdienstleisters können weiterhin nicht nach § 675o Abs. 1 S. 4 BGB bepreist werden, sondern sind in das Entgelt für die Hauptleistung nach § 675f Abs. 5 S. 1 BGB einzukalkulieren.[26]

16 Die Möglichkeit der Vereinbarung eines Entgelts nach § 675o Abs. 1 S. 4 BGB gilt nur für die Ablehnung der Ausführung autorisierter Zahlungsaufträge: Bei nicht autorisierten Zahlungsaufträgen ist der Zahlungsdienstleister nicht zur Ausführung berechtigt und darf daher auch für die Nichtausführung kein Entgelt berechnen.[27] § 675o Abs. 1 S. 4 BGB ist als Ausnahmevorschrift zu § 675f Abs. 5 S. 2 BGB anzusehen und enthält insoweit auch kein verallgemeinerungsfähiges Leitbild der generellen Zulässigkeit von Entgelten für Nebenleistungen von Zahlungsdienstleistern.[28]

---

21 Siehe § 675o Abs. 1 S. 3 BGB a.F; dazu BGH, Urt. v. 12.9.2017 – XI ZR 590/15, juris Rn. 28, WM 2017, 2013; OLG Bamberg, Urt. v. 19.10.2011 – 3 U 53/11, juris Rn. 56, WM 2011, 2318. Siehe auch zur vor der Umsetzung der ZDRL I ergangenen Rspr des BGH, nach der die Prüfung des Vorhandenseins genügender Deckung deswegen nicht bepreist werden können sollte, weil es sich um eine im Interesse des Zahlungsdienstleisters vorgenommene Tätigkeit handelte, zu § 675f BGB Rn. 66.

22 Dazu zählten nach alter Rechtslage lediglich die mit der Unterrichtung unmittelbar ursächlich zusammenhängenden Einzelkosten wie Papier- und Portokosten und auch unmittelbar damit zusammenhängende Personalkosten, nicht aber allgemeine Personalkosten oder Kosten für die Findung der Entscheidung über die Ausführung des Zahlungsauftrags, siehe BGH, Urt. v. 12.9.2017 – XI ZR 590/15, juris Rn. 33 ff., WM 2017, 2013.

23 Siehe § 675o Abs. 4 BGB-E im Referentenentwurf des Bundesministeriums der Justiz und für Verbraucherschutz vom 19.12.2016.

24 Siehe auch Zahrte, NJW 2018, 337, 339; anderer Auffassung dagegen Werner, WM 2018, 449, 455.

25 Siehe Begründung des Regierungsentwurfs zur Umsetzung der Zweiten Zahlungsdiensterichtlinie, BT-Drs. 18/11495, S. 158.

26 Siehe so bereits BGH, Urt. v. 12.9.2017 – XI ZR 590/15, juris Rn. 33, WM 2017, 2013.

27 Dies betraf nach früherer Rechtslage insbesondere auch die Nichtausführung von Zahlungsaufträgen im herkömmlichen Einzugsermächtigungsverfahren, bei dem bis zur Genehmigung der Lastschrift kein autorisierter Zahlungsvorgang vorlag, siehe BGH, Urt. v. 22.5.2012 – IX ZR 290/11, juris Rn. 42, BGHZ 193, 238; Staudinger-Omlor, 2012, § 675o BGB Rn, 14.

28 BGH, Urt. v. 22.5.2012 – IX ZR 290/11, juris Rn. 40 ff., BGHZ 193, 238. Anders dagegen noch jedenfalls im Hinblick auf eine analoge Anwendung der Entgeltregelung des § 675o Abs. 1 BGB in der Konstellation

E. Rechtsfolgen der Ablehnung der Ausführung von Zahlungsaufträgen

Die berechtigte Ablehnung der Ausführung eines Zahlungsauftrags hat – neben dem Entgeltanspruch des Zahlungsdienstleisters nach § 675o Abs. 1 S. 4 BGB, sofern vereinbart – zur Folge, dass nach § 675o Abs. 3 BGB der Zahlungsauftrag für die Zwecke der §§ 675s, 675y und 675z BGB als nicht zugegangen gilt: Dies bedeutet, dass der Zahlungsdienstleister weder an Ausführungsfristen gebunden ist, noch einer Haftung wegen nicht erfolgter bzw. fehlerhafter oder verspäteter Ausführung unterliegt.[29] 17

Ist die Ablehnung der Ausführung des Zahlungsauftrags dagegen unberechtigt erfolgt, dann ist kein Entgelt nach § 675o Abs. 1 S. 4 BGB hierfür geschuldet. In der Nichtausführung des Zahlungsauftrags liegt dann eine Verletzung der Hauptleistungspflicht aus dem Zahlungsdienstevertrag und der Zahlungsdienstleister kann sich deswegen einer Haftung nach den §§ 675y und 675z BGB ausgesetzt sehen.[30] 18

F. Ablehnung der Auslösung eines Zahlungsauftrags durch einen Zahlungsauslösedienstleister

Mit der Umsetzung der ZDRL II ist § 675o Abs. 1 BGB auch auf die Ablehnung der Auslösung eines Zahlungsauftrags durch einen Zahlungsauslösedienstleister erstreckt worden. Auch hier ist der Zahlungsauslösedienstleister grundsätzlich zur auftragsgemäßen Leistung verpflichtet und er darf die Auslösung nur dann verweigern, wenn entweder deren vertraglichen Voraussetzungen nicht vorliegen oder sie gegen ein Gesetz verstoßen würde. Lehnt der Zahlungsauslösedienstleister die Ausführung ab, trifft ihn die Unterrichtungspflicht aus § 675o Abs. 1 S. 1 bis 3 BGB.[31] Die Entgeltregelung in § 675o Abs. 1 S. 4 BGB gilt dagegen nicht auch für die Ablehnung der Auslösung eines Zahlungsauftrags durch einen Zahlungsauslösedienstleister, da es hier an einem Zahlungsdiensterahmenvertrag fehlt.[32] 19

G. Abdingbarkeit

§ 675e BGB erlaubt grundsätzlich eine Abweichung von der Regelung des § 675g nur zugunsten des Zahlungsdienstnutzers, d.h. eine weitere Einschränkung der Ablehnungsmöglichkeiten des Zahlungsdienstleisters. 20

In bestimmten Drittstaatensachverhalten (§§ 675e Abs. 2 Nr. 2 i.V.m. 675d Abs. 6 S. 1 Nrn. 1 und 2 BGB) kann dagegen § 675g BGB auch zulasten des Zahlungsdienstnutzers abbedungen werden; zudem gestattet § 675i Abs. 2 Nr. 4 BGB bei Kleinbetragsinstrumenten eine Vereinbarung, wonach der Zahlungsdienstleister abweichend von § 675o Abs. 1 nicht verpflichtet ist, den Zahlungsdienstnutzer von einer Ablehnung des Zahlungsauftrags zu unterrichten, wenn die Nichtausführung aus dem Zusammenhang hervorgeht.[33] 21

---

der berechtigten Nichteinlösung einer Lastschrift im Einzugsermächtigungsverfahren OLG Dresden, Urt. v. 26.5.2011 – 8 U 1989/10, juris Rn. 24f., WM 2011, 1843. Siehe hierzu BeckOK-Schmalenbach, 43. Ed. 2017, § 675o BGB Rn. 7.

29 Begr. Reg-Entw BT-Drucks 16/11643, S. 109. Siehe auch Erman-von Westphalen, 15. Aufl., § 675o BGB Rn. 11.

30 MK-Jungmann, 7. Aufl., § 675o BGB Rn. 11; Staudinger-Omlor, 2012, § 675o BGB Rn. 18.

31 Begr. Reg-Entw BT-Drucks 18/11495, S. 158.

32 Begr. Reg-Entw, a.a.O.

33 Siehe MK-Jungmann, 7. Aufl., § 675o BGB Rn. 8.

§ 675p BGB
Unwiderruflichkeit eines Zahlungsauftrags

(1) Der Zahlungsdienstnutzer kann einen Zahlungsauftrag vorbehaltlich der Absätze 2 bis 4 nach dessen Zugang beim Zahlungsdienstleister des Zahlers nicht mehr widerrufen.

(2) Wurde der Zahlungsvorgang über einen Zahlungsauslösedienstleister, vom Zahlungsempfänger oder über diesen ausgelöst, so kann der Zahler den Zahlungsauftrag nicht mehr widerrufen, nachdem er dem Zahlungsauslösedienstleister die Zustimmung zur Auslösung des Zahlungsvorgangs oder dem Zahlungsempfänger die Zustimmung zur Ausführung des Zahlungsvorgangs erteilt hat. Im Fall einer Lastschrift kann der Zahler den Zahlungsauftrag jedoch unbeschadet seiner Rechte gemäß § 675x bis zum Ende des Geschäftstags vor dem vereinbarten Fälligkeitstag widerrufen.

(3) Ist zwischen dem Zahlungsdienstnutzer und seinem Zahlungsdienstleister ein bestimmter Termin für die Ausführung eines Zahlungsauftrags (§ 675n Abs. 2) vereinbart worden, kann der Zahlungsdienstnutzer den Zahlungsauftrag bis zum Ende des Geschäftstags vor dem vereinbarten Tag widerrufen.

(4) Nach den in den Absätzen 1 bis 3 genannten Zeitpunkten kann der Zahlungsauftrag nur widerrufen werden, wenn der Zahlungsdienstnutzer und der jeweilige Zahlungsdienstleister dies vereinbart haben. In den Fällen des Absatzes 2 ist zudem die Zustimmung des Zahlungsempfängers zum Widerruf erforderlich. Der Zahlungsdienstleister darf mit dem Zahlungsdienstnutzer im Zahlungsdiensterahmenvertrag für die Bearbeitung eines solchen Widerrufs ein Entgelt vereinbaren.

(5) Der Teilnehmer an Zahlungsverkehrssystemen kann einen Auftrag zugunsten eines anderen Teilnehmers von dem in den Regeln des Systems bestimmten Zeitpunkt an nicht mehr widerrufen.

Systematische Übersicht

A. Allgemeines

1 § 675p BGB regelt den Eintritt der Unwiderruflichkeit des Zahlungsauftrags, d.h. den Zeitpunkt, ab dem abweichend von dem allgemeinen Grundsatz der Widerruflichkeit auftragsrechtlicher Weisungen ein Zahlungsauftrag nicht mehr widerrufen werden kann. Das Gesetz unterscheidet zwischen dem Widerruf des Zahlungsauftrags nach § 675p Abs. 1 BGB und dem Widerruf der Zustimmung nach § 675j Abs. 2 BGB, in der Praxis ist

eine solche Differenzierung im Hinblick auf deren weitgehenden Gleichlauf wenig bedeutsam.[1]

Die Vorschrift des § 675p BGB wurde ursprünglich eingeführt in Umsetzung von Art. 66 ZDRL I; aufgrund der Neufassung dieser Vorschrift in Umsetzung von Art. 80 ZDRL II ist neben redaktionellen Anpassungen in Absatz 4[2] lediglich in § 675p Abs. 2 S. 1 BGB die Auslösung des Zahlungsvorgangs über einen Zahlungsauslösedienstleister als weiterer Sonderfall der Vorverlegung des Zeitpunkt des Eintritts der Unwiderruflichkeit im Vergleich zur allgemeinen Regel des § 675p Abs. 1 BGB neu aufgenommen worden. 2

B. Grundsatz der Widerruflichkeit des Zahlungsauftrags bis zum Zugang beim Zahlungsdienstleister des Zahlers

Nach § 675p Abs. 1 BGB tritt die Unwiderruflichkeit des Zahlungsauftrags grundsätzlich mit dessen Zugang beim Zahlungsdienstleister des Zahlers ein. Der Begriff des Zugangs des Zahlungsauftrags bestimmt sich dabei nach § 675n BGB;[3] Sonderregeln zum Zeitpunkt des Eintritts der Unwiderruflichkeit sind in § 675p Abs. 2 bis 4 BGB geregelt.[4] 3

Nach früherem Recht wurde der Widerruf eines Zahlungsauftrags noch bis zur Erteilung einer Gutschrift beim Empfänger zugelassen.[5] Dies entsprach der Natur des Zahlungsauftrags als auftragsrechtlicher Weisung,[6] die grundsätzlich bis zur erfolgten Ausführung frei widerruflich ist.[7] Von diesen Grundsätzen wird durch die Regelung des § 675p BGB abgewichen, die in § 675p Abs. 1 BGB eine regelmäßig Vorverlegung des Zeitpunkts des Eintritts der Unwiderruflichkeit vorsieht, um dem Zahlungsdienstleister eine schleunige Abwicklung des Zahlungsauftrags in vollautomatisierten Zahlungssystemen zu ermöglichen, wodurch einerseits die Einhaltung der engen Ausführungsfristen nach § 675s BGB ermöglicht wird,[8] andererseits aber Widerrufe nach einem bestimmten Zeitpunkt nur unter kostspieligen manuellen Eingriffen möglich wären.[9] 4

Ein Widerruf des Zahlungsauftrags ist damit nach § 675p Abs. 1 BGB zulässig bis zum Zugang des Zahlungsauftrags beim Zahlungsdienstleister des Zahlers. Wird der Widerruf rechtzeitig und wirksam erklärt, so ist der Zahlungsauftrag wirkungslos.[10] Erfolgt der Widerruf dagegen verspätet, so braucht er vom Zahlungsdienstleister nicht mehr beachtet zu werden und der Zahlungsdienstleister macht sich bei auftragsgemäßer Ausführung auch nicht schadensersatzpflichtig, auch wenn er in tatsächlicher Hinsicht noch die Möglichkeit gehabt hätte, die Ausführung anzuhalten.[11] 5

---

1 Staudinger-Omlor, 2012, § 675p BGB Rn. 4.

2 Es heißt dort nunmehr „der jeweilige Zahlungsdienstleister" statt „sein Zahlungsdienstleister", womit klargestellt werden soll, dass Vereinbarungen nach Absatz 4 nur den Zahler und den jeweils daran beteiligten Zahlungsdienstleister binden, siehe BT-Drs. 18/11495, S. 159.

3 Siehe zu § 675n BGB Rn. 2.

4 Siehe unten unter Rn. 11 ff.

5 BGH, Urt. v. 5.12.2006 – XI ZR 21/06, juris Rn. 21, BGHZ 170, 121; siehe zur früheren Rechtslage unter § 676a Abs. 4 S. 1 BGB a.F. vor Umsetzung der ZDRL I auch die Begründung des Regierungsentwurfs zur Umsetzung des zivilrechtlichen Teils der Zahlungsdiensterichtlinie, BT-Drs. 16/11643, S. 109.

6 Siehe hierzu die Anmerkungen zu § 675f Rn. 28.

7 Palandt-Sprau, 77. Aufl., § 665 BGB Rn. 4; § 675p BGB Rn. 2; MK-Jungmann, 7. Aufl., § 675p BGB Rn. 16: Abstellen auf eine unumkehrbare Vermögensposition des Beauftragten.

8 Siehe OLG Köln, Beschl. v. 21.3.2016 – 13 U 223/15, juris Rn. 4, WM 2016, 1780; Begr Reg-Entw BT-Drs. 16/11643, S. 109; MK-Jungmann, 7. Aufl., § 675p BGB Rn. 6.

9 Siehe Begr Reg-Entw BT-Drs. 16/11643, S. 109; EG 78 ZDRL II; OLG Köln, a.a.O.; BeckOK-Schmalenbach, 43. Ed. 2017, § 675p BGB Rn. 1; MK-Jungmann, 7. Aufl., § 675p BGB Rn. 6.

10 Siehe MK-Jungmann, 7. Aufl., § 675p BGB Rn. 52.

11 OLG Köln, Beschl. v. 21.3.2016 – 13 U 223/15, juris Rn. 4, WM 2016, 1780.

6 Für die Ausübung eines Widerrufsrechts nach § 675p BGB darf grundsätzlich kein Entgelt verlangt werden, da es sich bei der Bearbeitung des Widerrufs um eine Nebenpflicht aus dem Zahlungsdienstevertrag handelt.[12]

7 Der Widerruf des Zahlungsauftrags ist wie der Zahlungsauftrag selbst als Gegenweisung des Zahlers gegenüber dessen Zahlungsdienstleister zu erklären.[13] Das Gesetz schreibt keine besondere Form für den Widerruf vor;[14] wird eine solche Form durch AGB vereinbart,[15] hat der Zahlungsdienstleister dem Zahlungsdienstnutzer im Rahmen seiner vorvertraglichen Informationspflichten nach Art. 248 § 4 Abs. 1 Nr. 2 lit. d EGBGB auch die Art und Weise des Widerrufs eines Zahlungsauftrags mitzuteilen.[16]

8 Die Regelung des § 675p BGB schließt es nicht aus, dass ein Zahlungsdienstleister einen einseitig vom Zahler erklärten Widerruf des Zahlungsauftrags auch noch nach dem Eintritt der Unwiderruflichkeit nach § 675p Abs. 1 BGB beachtet, ohne dass dies zwischen den Parteien vereinbart worden wäre[17] (siehe auch § 675p Abs. 4 BGB für den Fall der Vereinbarung eines hinausgeschobenen einseitigen Widerrufsrechts des Zahlers); dasselbe gilt auch für die Möglichkeit einer einvernehmlichen Aufhebungs- oder Stornierungsvereinbarung zwischen dem Zahler und seinem Zahlungsdienstleister.[18] Bei einem verspäteten Widerruf im Rahmen einer „Pull"-Zahlung ist dagegen, wie sich aus § 675p Abs. 4 S. 2 BGB ergibt, eine Beachtung des Widerrufs durch den Zahlungsdienstleister des Zahlers ohne Zustimmung des Zahlungsempfängers nicht zulässig.[19]

9 Inwieweit die Regelung des § 675p BGB ein Anfechtungsrecht des Zahlers ausschließt, ist umstritten. Nach überwiegender Ansicht bleibt die Möglichkeit einer Anfechtung des Zahlungsauftrags durch den Eintritt der Unwiderruflichkeit nach § 675p BGB unberührt.[20] Die Gegenauffassung nimmt dagegen an, dass – mit Ausnahme lediglich der Anfechtung nach § 123 BGB – eine Anfechtung des Zahlungsauftrags ausgeschlossen ist, da dies die Endgültigkeit der Zahlungsvorgänge in Zweifel ziehen würde.[21] Dies überzeugt allerdings nicht, da ein Anfechtungsrecht immer nur unter engen tatbestandlichen Voraussetzungen besteht und daher die Annahme nicht berechtigt erscheint, dass die generelle Regelung der Unwiderruflichkeit nach § 675p BGB die zum Schutz des Erklärenden bestehenden Anfechtungsmöglichkeiten ausschließen sollte, ob diese nun nach § 123 BGB oder auch nach § 119 BGB begründet sein sollten. Zudem würden die Interessen des Zah-

---

12 OLG Frankfurt, Urt. v. 10.11.2015 – 3 U 173/14, juris Rn. 64; Staudinger-Omlor, 2012, § 675p BGB Rn. 14. Für Entgelte für den Fall der Vereinbarung eines über das gesetzliche Widerrufsrecht hinausreichenden vertraglichen Widerrufsrechts nach § 675p Abs. 4 S. 3 BGB siehe unten Rn. 22.

13 MK-Jungmann, 7. Aufl., § 675p BGB Rn. 47; Staudinger-Omlor, 2012, § 675p BGB Rn. 3.

14 Staudinger-Omlor, 2012, § 675p BGB Rn. 3.

15 Dazu Palandt-Sprau, 77. Aufl., § 675p BGB Rn. 2; Staudinger-Omlor, 2012, § 675p BGB Rn. 3.

16 Erman-von Westphalen, 15. Aufl., § 675p BGB Rn. 3; MK-Jungmann, 7. Aufl., § 675p BGB Rn. 15; Palandt-Sprau, 77. Aufl., § 675p BGB Rn. 2.

17 OLG Köln, Beschl. v. 21.3.2016 – 13 U 223/15, juris Rn. 5, WM 2016, 1780; MK-Jungmann, 7. Aufl., § 675p BGB Rn. 44.

18 BGH, Urt. v. 16.6.2015 – XI ZR 243/13, juris Rn. 15, BGHZ 205, 378; BeckOK-Schmalenbach, 43. Ed. 2017, § 675p BGB Rn. 8; MK-Jungmann, 7. Aufl., § 675p BGB Rn. 44.

19 Siehe auch Palandt-Sprau, 77. Aufl., § 675p BGB Rn. 4; BeckOK-Schmalenbach, 43. Ed. 2017, § 675p BGB Rn. 5.

20 Vgl. OLG Köln, Beschl. v. 21.3.2016 – 13 U 223/15, juris Rn. 3, WM 2016, 1781; LG Bonn, Urt. v. 31.3.2015 – 3 O 387/14, juris Rn. 37, VuR 2015, 264; LG Karlsruhe, Urt. v. 23.5.2014 – 20 O 24/13, juris Rn. 24, BKR 2015, 86; BeckOK-Schmalenbach, 43. Ed. 2017, § 675p BGB Rn. 2 sowie § 675j BGB Rn. 2; Schimansky/Bunte/Lwowksi-Mayen, 5. Aufl., § 49 Rn. 20; Zahrte, BKR 2016, 315, 317.

21 Vgl. AG Bonn, Urt. v. 11.2.2015 – 109 C 244/14, juris Rn. 29, MMR 2015, 477; siehe auch OLG Brandenburg, Urt. v. 31.1.2018 – 13 U 5/17, juris Rn. 39 (offen gelassen hinsichtlich der Ausnahme nach § 123 BGB); Erman-von Westphalen, 15. Aufl., § 675p BGB Rn. 4 sowie § 675j BGB Rn. 8; MK-Jungmann, 7. Aufl., § 675p BGB Rn. 9 sowie § 675j BGB Rn. 16; Palandt-Sprau, 77. Aufl., § 675j BGB Rn. 3.

lungsdienstleisters als Empfänger der anzufechtenden Willenserklärung durch die Schadensersatzpflicht des Anfechtenden nach § 122 BGB geschützt.

Dasselbe gilt für das Erstattungsrecht nach § 675x BGB (siehe auch § 675p Abs. 2 S. 2 BGB): Die §§ 675p und 675x BGB stehen unabhängig nebeneinander und es stellt insbesondere auch die Geltendmachung des Erstattungsrechts nach § 675x BGB nicht notwendigerweise zugleich einen Widerruf nach den §§ 675j und 675p BGB dar.[22] **10**

C. Auslösung des Zahlungsauftrags vom oder über den Zahlungsempfänger oder über einen Zahlungsauslösedienstleister

I. Auslösung des Zahlungsauftrags vom oder über den Zahlungsempfänger („Pull"-Zahlungen im Allgemeinen)

§ 675p Abs. 2 S. 1 BGB enthält gegenüber der allgemeinen Regelung zur Unwiderruflichkeit des Zahlungsauftrags mit Zugang beim Zahlungsdienstleister des Zahlers nach § 675p Abs. 1 BGB eine Sonderregelung für solche Zahlungsaufträge, die vom oder über den Zahlungsempfänger ausgelöst wurden („Pull"-Zahlungen).[23] § 675p Abs. 2 S. 1 BGB kommt damit insbesondere bei Kreditkartenzahlungen oder Zahlungen mit Debitkarten im POS-System (Point of Sale)[24] unter Verwendung der PIN zur Anwendung, während die Lastschriftzahlung als weiterer Fall einer „Pull"-Zahlung wiederum der Sonderregelung des § 675p Abs. 2 S. 2 BGB unterfällt.[25] **11**

Bei den von § 675p Abs. 2 S. 1 BGB erfassten „Pull"-Zahlungen, die vom oder über den Zahlungsempfänger ausgelöst wurden, ist ein Widerruf nach dieser Sonderregelung nicht erst dann nicht mehr möglich, wenn der Zahlungsauftrag dem Zahlungsdienstleister des Zahlers zugegangen ist (so die Grundregel des § 675p Abs. 1 BGB), sondern bereits dann, wenn der Zahler dem Zahlungsempfänger die Zustimmung zur Ausführung des Zahlungsvorgangs erteilt hat. Mit dem Karteneinsatz gegenüber dem Zahlungsempfänger tritt damit bereits die Unwiderruflichkeit des Zahlungsauftrags ein,[26] was den Besonderheiten garantierter Zahlungen Rechnung tragen[27] und der Bargeldersatzfunktion dieser Karten entsprechen soll.[28] **12**

Von dieser Regelung darf nach § 675p Abs. 4 BGB auf der Grundlage einer entsprechenden Vereinbarung zwischen dem Zahler und seinem Zahlungsdienstleister abgewichen werden; anders als im Fall des § 675p Abs. 1 BGB ist für eine abweichende Vereinbarung über eine längere Widerrufsmöglichkeit nach der Auslösung des Zahlungsauftrags vom oder über den Zahlungsempfänger aber auch dessen Zustimmung erforderlich (§ 675p Abs. 4 S. 2 BGB). **13**

II. Unwiderruflichkeit des Zahlungsauftrags bei Lastschriften

§ 675p Abs. 2 S. 2 BGB enthält eine Sonderregelung bei Lastschriften. Hier wäre es zu weitgehend, die Unwiderruflichkeit bereits mit dem Zugang des Lastschriftmandats beim **14**

22 Vgl. BGH, Urt. v. 20.7.2010 – XI ZR 236/07, juris Rn. 20, BGHZ 186, 269; MK-Jungmann, 7. Aufl., § 675p BGB Rn. 10.
23 Zum Begriff siehe die Anmerkungen zu § 675f BGB Rn. 32.
24 Siehe hierzu allgemein unter § 675f BGB Rn. 143.
25 Siehe sogleich Rn. 14 f.
26 MK-Jungmann, 7. Aufl., § 675p BGB Rn. 20.
27 Begr Reg-Entw BT-Drs. 16/11643, S. 109.
28 Siehe Nobbe, WM 2011, 961, 967; MK-Jungmann, 7. Aufl., § 675p BGB Rn. 11, 20; Palandt-Sprau, 77. Aufl., § 675p BGB Rn. 3.

Zahlungsempfänger eintreten zu lassen:[29] Nach § 675p Abs. 2 S. 2 BGB ist im Fall einer Lastschrift vielmehr der Zahlungsauftrag bis zum Ende des Geschäftstags vor dem vereinbarten Fälligkeitstag widerruflich. Hierbei kommt es hier nach der konkret-individuellen Bestimmung dieses Begriffs auf die Geschäftstage des Zahlungsdienstleisters des Zahlers an.[30]

15 § 675p Abs. 2 S. 2 BGB stellt klar, dass das Erstattungsrecht des Zahlers nach § 675x BGB von der Unwiderruflichkeit des Zahlungsauftrags unberührt bleibt, also auch noch nach diesem Zeitpunkt ausgeübt werden kann.[31]

III. Auslösung des Zahlungsauftrags über einen Zahlungsauslösedienstleister

16 Neu wurde in § 675p Abs. 2 S. 1 BGB in Umsetzung von Art. 80 Abs. 2 ZDRL II der Fall der in Auslösung des Zahlungsvorgangs über einen Zahlungsauslösedienstleister aufgenommen. Auch in diesem Fall tritt die Unwiderruflichkeit des Zahlungsvorgangs nicht erst mit dessen Zugang beim Zahlungsdienstleister des Zahlers ein, sondern bereits mit der Erteilung der Zustimmung zur Auslösung des Zahlungsvorgangs durch den Zahler gegenüber dem Zahlungsauslösedienstleister. Zur Begründung dieser Regelung wird angeführt, dass der Zahlungsauslösedienstleister auf diese Weise möglichst schnell seinem Geschäftsmodell entsprechend dem Zahlungsempfänger die Gewissheit geben könne, dass der den Zahlungsbetrag erhalten wird.[32]

D. Widerruf bei vereinbartem Ausführungstermin

17 Nach § 675p Abs. 3 BGB gilt eine weitere Sonderregelung zum Eintritt der Widerruflichkeit des Zahlungsauftrags für den Fall, dass zwischen dem Zahlungsdienstnutzer und seinem Zahlungsdienstleister ein bestimmter Termin für die Ausführung eines Zahlungsauftrags wurde (siehe auch § 675n Abs. 2 BGB): In diesem Fall tritt die Widerruflichkeit des Zahlungsauftrags nicht entsprechend der allgemeinen Regelung des § 675p Abs. 1 BGB bereits mit dessen Zugang beim Zahlungsdienstleister des Zahlers ein, sondern der Zahlungsdienstnutzer kann den Zahlungsauftrag bis zum Ende des Geschäftstags vor dem vereinbarten Tag widerrufen.[33]

18 Diese Regelung ist insbesondere für Terminüberweisungen von Bedeutung, die sonst bereits mit Zugang des Überweisungsauftrags nicht mehr widerruflich wären,[34] obwohl dies weder den Interessen des Zahlers entsprechen würde noch hierfür aus Sicht des Zahlungsdienstleisters ein betriebliches Bedürfnis besteht. Hinsichtlich des Begriffs des Geschäftstags gilt die Legaldefinition des § 675n Abs. 1 S. 4 BGB; nach der konkret-individuellen Bestimmung dieses Begriffs ist im Rahmen des § 675p Abs. 3 BGB auf die Geschäftstage des Zahlungsdienstleisters des Zahlers abzustellen.[35]

29 Begr Reg-Entw BT-Drs. 16/11643, S. 109; MK-Jungmann, 7. Aufl., § 675p BGB Rn. 25.
30 MK-Jungmann, 7. Aufl., § 675p BGB Rn. 10.
31 Siehe bereits Rn. 10.
32 Begründung des Regierungsentwurfs zur Umsetzung der Zweiten Zahlungsdiensterichtlinie, BT-Drs. 18/11495, S. 159. Die gebotene Gewissheit wird allerdings beinhalten, dass dem Zahlungsempfänger auch die Nachricht über die erfolgreiche Auslösung des Zahlungsauftrags mitgeteilt wurde, was wiederum dessen Übermittlung an den Zahlungsdienstleister des Zahlers voraussetzt.
33 Siehe Begr Reg-Entw BT-Drs. 16/11643, S. 109; MK-Jungmann, 7. Aufl., § 675p BGB Rn. 31.
34 Dazu Staudinger-Omlor, 2012, § 675p BGB Rn. 11.
35 Staudinger-Omlor, 2012, § 675n BGB Rn. 11.

E. Vereinbarung einer Verlängerung der Widerrufsfrist

§ 675p Abs. 4 BGB erlaubt die Vereinbarung einer verlängerten Widerrufsfrist, d.h. die durch Vereinbarung verlängerte Möglichkeit des Zahlers zur (einseitigen) Erklärung des Widerrufs des Zahlungsauftrags.[36] Dies ist nach § 675p Abs. 4 S. 1 BGB generell zulässig, wobei eine solche Vereinbarung allerdings jeweils nur im Verhältnis zwischen dem Zahler und dem an dieser Vereinbarung beteiligten Zahlungsdienstleister wirksam ist.[37] Grundsätzlich ist es auch denkbar, dass die Parteien den Abschluss der Widerrufsfristverlängerungsvereinbarung unter die Bedingung stellen, dass es dem Zahlungsdienstleister noch möglich ist, die Überweisung zu verhindern oder den Betrag zurückzuerlangen.[38] 19

In Fällen einer Auslösung des Zahlungsauftrags vom oder über den Zahlungsempfänger oder über einen Zahlungsauslösedienstleister nach § 675p Abs. 2 BGB ist für die Vereinbarung einer verlängerten Widerrufsfrist nach § 675p Abs. 4 S. 2 BGB zudem die Zustimmung des Zahlungsempfängers zum Widerruf erforderlich.[39] Dies beruht darauf, dass der Zahlungsempfänger, der in diesen Fällen an der Auslösung der Zahlung mitgewirkt hat, ein schutzwürdiges Vertrauen auf die Ausführung des Zahlungsvorgangs hat,[40] so dass eine ohne seine Zustimmung verlängerte Widerrufsmöglichkeit den Zwecken insbesondere § 675p Abs. 2 BGB zuwider liefe.[41] 20

Ausgeschlossen ist eine Verlängerung der Widerrufsmöglichkeit, die über den Zeitpunkt der Beendigung der Ausführung des Zahlungsvorgangs hinausgeht, d.h. über den Zeitpunkt des Eingangs des Zahlungsbetrags beim Zahlungsdienstleister des Zahlers:[42] In diesem Fall kommt nur eine Rückabwicklung in Form einer gesonderten Rückzahlung in Betracht. 21

Während grundsätzlich vom Zahlungsdienstleister kein Entgelt für die Möglichkeit des Widerrufs eines Zahlungsauftrags verlangt werden darf,[43] gestattet § 675p Abs. 4 S. 3 BGB dem Zahlungsdienstleister, mit dem Zahlungsdienstnutzer im Zahlungsdiensterahmenvertrag für die Bearbeitung eines solchen Widerrufs im Rahmen der nach § 675p Abs. 4 BGB vereinbarungsgemäß verlängerten Widerrufsfrist ein Entgelt zu vereinbaren.[44] Dieses Entgelt muss nach der allgemeinen Regelung des § 675f Abs. 5 S. 2 BGB angemessen sein und sich an den tatsächlichen Kosten des Zahlungsdienstleisters orientieren.[45] 22

36 Zur Möglichkeit des Zahlungsdienstleisters, auch ohne eine solche Vereinbarung einen verspäteten Widerruf zu beachten, sowie zur vereinbarungsgemäßen Aufhebung eines Zahlungsauftrags siehe oben Rn. 8.
37 Zur Klarstellung des Wortlauts des § 675p Abs. 4 S. 1 BGB siehe Begr Reg-Entw BT-Drs. 18/11495, S. 159.
38 So OLG Köln, Beschl. v. 21.3.2016 – 13 U 223/15, juris Rn. 5, WM 2016, 1780, zu Nr. 1.5 Abs. 3 der Überweisungsbedingungen von Banken und Sparkassen.
39 Siehe Begr Reg-Entw BT-Drs. 16/11643, S. 109.
40 Staudinger-Omlor, 2012, § 675n BGB Rn. 13.
41 Siehe oben Rn. 8.
42 Begr Reg-Entw BT-Drs. 16/11643, S. 109; MK-Jungmann, 7. Aufl., § 675p BGB Rn. 37.
43 Siehe oben Rn. 6.
44 Siehe auch OLG Köln, Beschl. v. 21.3.2016 – 13 U 223/15, juris Rn. 5, WM 2016, 1780.
45 Siehe MK-Jungmann, 7. Aufl., § 675p BGB Rn. 39.

F. Widerruflichkeit von Aufträgen bei Teilnahme an Zahlungsverkehrssystemen

23 § 675p Abs. 5 BGB regelt die Widerrufsfrist im Verhältnis von Zahlungsdienstleistern untereinander bei Aufträgen innerhalb von Zahlungssystemen.[46] In Umsetzung von Art. 5 der Finalitätsrichtlinie[47] wird hier eine von den sonstigen gesetzlichen Vorgaben abweichende Festlegung der Widerrufsfrist zugelassen, d.h. der Zeitpunkt, ab dem ein Teilnehmer an Zahlungsverkehrssystemen einen Auftrag zugunsten eines anderen Teilnehmers nicht mehr widerrufen kann, bestimmt sich nach den Regeln des betreffenden Zahlungsverkehrssystems.

G. Abdingbarkeit

24 Abweichungen von den Regelungen des § 675p BGB zulasten des Zahlungsdienstnutzers, d.h. insbesondere eine weiter verkürzte Widerrufsfrist,[48] sind nach der Grundregel des § 675e Abs. 1 BGB grundsätzlich unzulässig. Gegenüber Nicht-Verbrauchern darf dagegen nach § 675e Abs. 4 BGB auch eine solche Abweichung zulasten des Zahlungsdienstnutzers erfolgen, ebenso in bestimmten Drittstaatensachverhalten (§§ 675e Abs. 2 Nr. 2 i.V.m. 675d Abs. 6 S. 1 Nrn. 1 und 2 BGB).

25 § 675i Abs. 2 Nr. 5 BGB schließlich sieht bei Kleinbetragsinstrumenten vor, dass eine Vereinbarung zulässig ist, wonach der Zahler abweichend von § 675p BGB den Zahlungsauftrag nach dessen Übermittlung oder nachdem er dem Zahlungsempfänger seine Zustimmung zum Zahlungsauftrag erteilt hat, nicht mehr widerrufen kann. Besondere Bedeutung kommt dieser Regelung allerdings nicht zu.[49]

§ 675q BGB
Entgelte bei Zahlungsvorgängen

(1) Der Zahlungsdienstleister des Zahlers sowie sämtliche an dem Zahlungsvorgang beteiligte zwischengeschaltete Stellen sind verpflichtet, den Betrag, der Gegenstand des Zahlungsvorgangs ist (Zahlungsbetrag), ungekürzt an den Zahlungsdienstleister des Zahlungsempfängers zu übermitteln.

(2) Der Zahlungsdienstleister des Zahlungsempfängers darf ihm zustehende Entgelte vor Erteilung der Gutschrift nur dann von dem übermittelten Betrag abziehen, wenn dies mit dem Zahlungsempfänger vereinbart wurde. In diesem Fall sind der vollständige Betrag des Zahlungsvorgangs und die Entgelte in den Informationen gemäß Artikel 248 §§ 8 und 15 des Einführungsgesetzes zum Bürgerlichen Gesetzbuche für den Zahlungsempfänger getrennt auszuweisen.

(3) Zahlungsempfänger und Zahler tragen jeweils die von ihrem Zahlungsdienstleister erhobenen Entgelte, wenn sowohl der Zahlungsdienstleister des Zahlers als auch der Zahlungsdienstleister des Zahlungsempfängers innerhalb des Europäischen Wirtschaftsraums belegen ist.

---

46 Zum Begriff siehe die Legaldefinition in § 1 Abs. 16 KWG. Siehe auch Begr Reg-Entw BT-Drs. 16/11643, S. 109.

47 Richtlinie 98/26/EG des Europäischen Parlaments und des Rates vom 19. Mai 1998 über die Wirksamkeit von Abrechnungen in Zahlungs- sowie Wertpapierliefer- und -abrechnungssystemen.

48 Vgl. MK-Jungmann, 7. Aufl., § 675p BGB Rn. 32.

49 Siehe hierzu die Anmerkungen zu § 675i BGB Rn. 12.

(4) Wenn einer der Fälle des § 675d Absatz 6 Satz 1 Nummer 1 vorliegt,
1. **ist § 675q Absatz 1 auf die innerhalb des Europäischen Wirtschaftsraums getätigten Bestandteile des Zahlungsvorgangs nicht anzuwenden und**
2. **kann von § 675q Absatz 2 für die innerhalb des Europäischen Wirtschaftsraums getätigten Bestandteile des Zahlungsvorgangs abgewichen werden.**

Systematische Übersicht

A. Allgemeines

1 § 675q Abs. 1 und 2 BGB regeln die Frage der Berechtigung von Zahlungsdienstleistern zum Abzug von Entgelten und Kosten bei der Übermittlung von Zahlungsbeträgen. Während die Zulässigkeit der Erhebung von Entgelten an sich in § 675f Abs. 5 BGB geregelt wird, betreffen § 675q Abs. 1 und 2 BGB die damit zusammenhängende Sonderfrage, ob die Zahlungsdienstleister diese Entgelte unmittelbar vom übermittelten Zahlungsbetrag in Abzug bringen dürfen. Diese Regelung beruhte auf Art. 67 ZDRL I; die Materie ist nunmehr in Art. 81 ZDRL II geregelt, ohne dass die Umsetzung der ZDRL II zu Änderungen in § 675q Abs. 1 und 2 BGB geführt hätte. Neu eingeführt wurde allerdings die Regelung in § 675q Abs. 4 BGB zur Anwendbarkeit und Abdingbarkeit der § 675q Abs. 1 und 2 BGB in Bezug auf die innerhalb des Europäischen Wirtschaftsraums getätigten Bestandteile des Zahlungsvorgangs bei Drittstaatensachverhalten.

2 § 675q Abs. 3 BGB regelt die Verteilung der von den Zahlungsdienstleistern des Zahlers und des Zahlungsempfängers erhobenen Entgelte auf der Grundlage der SHARE-Regel. Diese Vorschrift wurde ursprünglich eingeführt in Umsetzung von Art. 52 Abs. 2 ZDRL II; aus der Umsetzung von Art. 62 Abs. 2 ZDRL II folgte eine Neuformulierung des § 675q Abs. 3 BGB dahingehend, dass die SHARE-Regel nunmehr auch bei Zahlungsvorgängen mit Währungsumrechnung zur Anwendung kommen kann, wenn sowohl der Zahlungsdienstleister des Zahlers als auch der Zahlungsdienstleister des Zahlungsempfängers innerhalb des Europäischen Wirtschaftsraums belegen ist.[1]

B. Grundsatz der ungekürzten Übermittlung des Zahlungsbetrags

3 § 675q Abs. 1 BGB schließt grundsätzlich die Berechtigung von Zahlungsdienstleistern zum Abzug von Entgelten und Kosten bei der Übermittlung von Zahlungsbeträgen aus: Der Zahlungsdienstleister des Zahlers sowie sämtliche an dem Zahlungsvorgang beteiligte zwischengeschaltete Stellen sind verpflichtet, den Betrag, der Gegenstand des Zahlungsvorgangs ist (Zahlungsbetrag), ungekürzt an den Zahlungsdienstleister des Zahlungsempfängers zu übermitteln.

4 Mit der Regelung soll sichergestellt werden, dass der Zahlungsempfänger erwarten kann, dass ihm der vollständige vom Zahler autorisierte Betrag gutgeschrieben wird, um

1 Begründung des Regierungsentwurfs zur Umsetzung der Zweiten Zahlungsdiensterichtlinie, BT-Drs. 18/11495, S. 159.

so eine vollständige Erfüllung im Valutaverhältnis zwischen Zahler und Zahlungsempfänger herbeizuführen.[2]

5 Der Grundsatz des § 675q Abs. 1 BGB berührt nicht die Berechtigung der beteiligten Zahlungsdienstleister, für die Ausführung von Zahlungsvorgängen und insbesondere für die Übermittlung von Zahlungsbeträgen die Zahlung von Entgelten und Kosten zu verlangen, wobei die Grundlage hierfür jeweils in den §§ 675f Abs. 1 und 670 BGB in Verbindung mit den entsprechenden Regelungen im Zahlungsdienstevertrag zu suchen ist: Allerdings dürfen die Zahlungsdienstleister diese Entgelte nicht durch Kürzung von ihnen übermittelter Zahlungsbeträge einziehen, sondern sie sind gesondert in Rechnung zu stellen.[3]

6 Normadressaten des § 675q Abs. 1 BGB sind nach dem Gesetzeswortlaut neben dem Zahlungsdienstleister des Zahlers auch alle weitere an dem Zahlungsvorgang beteiligte zwischengeschaltete Stellen. Hierzu zählen auch vom Zahlungsdienstleister des Zahlungsempfängers beauftragte zwischengeschaltete Stellen.[4] Die Verpflichtung des Zahlungsdienstleisters des Zahlungsempfängers, dem Zahlungsempfänger den bei ihm eingegangenen Zahlungsbetrag verfügbar zu machen, sowie seine in Abweichung hiervon zu vereinbarende Berechtigung zum Abzug von Entgelten ergibt sich dagegen aus den §§ 675t Abs. 1 und 675q Abs. 2 BGB.[5]

7 Wird entgegen dem Verbot des § 675q Abs. 1 BGB ein unzulässiger Abzug vorgenommen, so haftet bei einer vom Zahler ausgelösten Zahlung („Push"-Zahlung)[6] der Zahlungsdienstleister des Zahlers diesem gegenüber nach § 675y Abs. 1 S. 4 BGB auf eine unverzügliche ungekürzte Übermittlung des Zahlungsbetrags.[7] Bei einer vom oder über den Zahlungsempfänger ausgelösten Zahlung („Pull"-Zahlung)[8] hat dessen Zahlungsdienstleister dem Zahlungsempfänger nach § 675y Abs. 2 S. 3 BGB den abgezogenen Betrag unverzüglich verfügbar zu machen.[9] Die Haftung greift jeweils auch dann ein, wenn die Kürzung durch einen anderen der beteiligten Dienstleister, an die sich die Verpflichtung aus § 675q Abs. 1 BGB richtet, vorgenommen wurde.[10]

C. Abzug von Entgelten durch den Zahlungsdienstleister des Zahlungsempfängers

8 Der Zahlungsdienstleister des Zahlungsempfängers ist grundsätzlich nach § 675t Abs. 1 BGB verpflichtet, dem Zahlungsempfänger den Zahlungsbetrag unverzüglich verfügbar zu machen, nachdem der Betrag auf dem Konto des Zahlungsdienstleisters einge-

2 Begründung des Regierungsentwurfs zur Umsetzung des zivilrechtlichen Teils der Zahlungsdiensterichtlinie, BT-Drs. 16/11643, S. 109 f.; Erman-von Westphalen, 15. Aufl., § 675q BGB Rn. 2; MK-Jungmann, 7. Aufl., § 675q BGB Rn. 6; Palandt-Sprau, 77. Aufl., § 675q BGB Rn. 1; Staudinger-Omlor, 2012, § 675q BGB Rn. 3.

3 Begr Reg-Entw BT-Drs. 16/11643, S. 110; MK-Jungmann, 7. Aufl., § 675q BGB Rn. 2, 15; Palandt-Sprau, 77. Aufl., § 675q BGB Rn. 1 f.

4 BeckOK-Schmalenbach, 43. Ed. 2017, § 675q BGB Rn. 2; MK-Jungmann, 7. Aufl., § 675q BGB Rn. 19.

5 Erman-von Westphalen, 15. Aufl., § 675q BGB Rn. 2; MK-Jungmann, 7. Aufl., § 675q BGB Rn. 16.

6 Siehe zu § 675f BGB Rn. 31.

7 Siehe Erman-von Westphalen, 15. Aufl., § 675q BGB Rn. 4; Staudinger-Omlor, 2012, § 675q BGB Rn. 10.

8 Siehe zu § 675f BGB Rn. 32.

9 Siehe Erman-von Westphalen, 15. Aufl., § 675q BGB Rn. 4; Staudinger-Omlor, 2012, § 675q BGB Rn. 11.

10 MK-Jungmann, 7. Aufl., § 675q BGB Rn. 20. Wurde die Kürzung dagegen erst vom Zahlungsdienstleister des Zahlungsempfängers vorgenommen, der nicht Normadressat des § 675q Abs. 1 BGB ist, so haftet, wenn keine entsprechende Vereinbarung nach § 675q Abs. 2 BGB vorliegt, allein der Zahlungsdienstleister des Zahlungsempfängers nach den §§ 675t Abs. 1 S. 1 bzw. 675y Abs. 2 S. 3 BGB.

gangen ist.[11] Ein Abzug von Entgelten und Kosten durch den Zahlungsdienstleister des Zahlungsempfängers ist damit grundsätzlich unzulässig.

Dieser Grundsatz wird bestätigt durch die Regelung in § 675q Abs. 2 S. 1 BGB, wo- 9
nach der Zahlungsdienstleister des Zahlungsempfängers ihm zustehende Entgelte nur dann vor Erteilung der Gutschrift von dem übermittelten Betrag abziehen darf, wenn dies mit dem Zahlungsempfänger vereinbart wurde. Im Umkehrschluss bleibt es in sonstigen Fällen bei der nach § 675t Abs. 1 BGB geregelten Pflicht zur ungekürzten Verfügbarmachung des eingegangenen Zahlungsbetrags.

Der Zahlungsdienstleister des Zahlungsempfängers kann mit diesem nach § 675q 10
Abs. 2 S. 1 BGB aber abweichende Vereinbarungen treffen, die auch in AGB zulässig sind,[12] und nach denen der Zahlungsdienstleister des Zahlungsempfängers ihm zustehende Entgelte vor Erteilung der Gutschrift von dem übermittelten Betrag abziehen darf. Erfolgt ein solcher vereinbarungsgemäßer Abzug, bleibt dies ohne Auswirkungen auf die Erfüllungswirkung der Zahlung im Valutaverhältnis,[13] d.h. es tritt Erfüllung im Verhältnis zwischen Zahler und Zahlungsempfänger in voller Höhe des Zahlungsbetrags ein unter Einschluss auch der Höhe der vom Zahlungsdienstleister des Zahlungsempfängers einbehaltenen Beträge.[14]

Behält der Zahlungsdienstleister des Zahlungsempfängers aufgrund einer Vereinba- 11
rung nach § 675q Abs. 2 S. 1 BGB ihm zustehende Entgelte vor Erteilung der Gutschrift an den Zahlungsempfänger ein, so hat der Zahlungsdienstleister des Zahlungsempfängers nach § 675q Abs. 2 S. 2 BGB in den Informationen für den Zahlungsempfänger gemäß Art. 248 §§ 8 und 15 EGBGB den vollständigen Betrag des Zahlungsvorgangs und die betreffenden Entgelte getrennt auszuweisen.[15]

Behält der Zahlungsdienstleister des Zahlungsempfängers unberechtigterweise ei- 12
nen Teilbetrag des Zahlungsbetrags vor Erteilung der Gutschrift an den Zahlungsempfänger ein, so haftet er aus § 675t Abs. 1 BGB auf den einbehaltenen Betrag.[16]

D. Anwendungsbereich und Abdingbarkeit von § 675q Abs. 1 und 2 BGB

Abweichungen von den Regelungen der § 675q Abs. 1 und 2 BGB zulasten des Zah- 13
lungsdienstnutzers, d.h. insbesondere die Vereinbarung eines Rechts des Zahlungsdienstleisters des Zahlers zum Abzug seiner Entgelte vor Übermittlung des Zahlungsbetrags, sind nach der Grundregel des § 675e Abs. 1 BGB grundsätzlich unzulässig, dies auch gegenüber Nicht-Verbrauchern. Auch für Kleinbetragsinstrumente sind hier keine weitergehenden Ausnahmen vorgesehen.

In Sachverhalten mit Drittstaatenbezug sowie bei Zahlungen in Nicht-EU-Währun- 14
gen gelten dagegen die folgenden Regelungen: Grundsätzlich ist bei Drittstaatensach-

11 Siehe zu § 675t BGB Rn. 11.

12 MK-Jungmann, 7. Aufl., § 675q BGB Rn. 23; Palandt-Sprau, 77. Aufl., § 675q BGB Rn. 3; Staudinger-Omlor, 2012, § 675q BGB Rn. 5f. Häufiger Anwendungsfall sind Aquisitionsverträge im Kreditkartengeschäft.

13 MK-Jungmann, 7. Aufl., § 675q BGB Rn. 26; Palandt-Sprau, 77. Aufl., § 675q BGB Rn. 3; Staudinger-Omlor, 2012, § 675q BGB Rn. 7.

14 Bei Einbehaltung von Entgelten andere beteiligte Stellen würde diese Erfüllungswirkung dagegen nicht eintreten, da erst die vom Zahlungsempfänger mit dessen Zahlungsdienstleister geschlossene Vereinbarung dafür entscheidend ist, dass der Zahlungsempfänger die Einbehaltung der Entgelte durch seinen Zahlungsdienstleister sich als Erfüllung zurechnen lassen muss.

15 Siehe Begr Reg-Entw BT-Drs. 16/11643, S. 110; MK-Jungmann, 7. Aufl., § 675q BGB Rn. 24; Palandt-Sprau, 77. Aufl., § 675q BGB Rn. 3.

16 MK-Jungmann, 7. Aufl., § 675q BGB Rn. 27.

verhalten im Sinne von § 675d Abs. 6 S. 1 Nr. 1 und 2 BGB nach § 675e Abs. 2 Nr. 2 BGB nur eine dispositive Geltung des § 675q BGB vorgesehen, d.h. es darf auch zulasten des Zahlungsdienstnutzers abgewichen werden.

15 Zu diesen allgemeineren Regelungen tritt die Bestimmung des § 675q Abs. 4 BGB hinzu, wonach zum einen (§ 675q Abs. 4 Nr. 1 BGB) bei Vorliegen einer der Fälle des § 675d Abs. 6 S. 1 Nr. 1 BGB der § 675q Abs. 1 BGB auch auf die innerhalb des EWR getätigten Bestandteile des Zahlungsvorgangs nicht anzuwenden ist.[17] Während nach § 675e Abs. 2 Nr. 2 BGB die Anwendung des § 675q BGB im Fall des § 675d Abs. 6 S. 1 Nr. 1 BGB nur in Bezug auf die außerhalb des EWR getätigten Bestandteile des Zahlungsvorgangs eingeschränkt wird, geht § 675q Abs. 4 Nr. 1 BGB somit weiter und schränkt die Anwendung dieser Vorschrift bei One-leg-transactions oder Zahlungen in Nicht-EWR-Währungen auch für die innerhalb des EWR getätigten Bestandteile des Zahlungsvorgangs ein, für die statt des § 675q Abs. 1 BGB lückenfüllend das über § 675c Abs. 1 BGB anwendbare allgemeine Geschäftsbesorgungs- und Auftragsrecht heranzuziehen ist.[18] Zum anderen wird nach § 675q Abs. 4 Nr. 2 BGB bei Vorliegen einer der Fälle des § 675d Abs. 6 S. 1 Nr. 1 BGB eine Abweichung von § 675q Abs. 2 BGB auch für die innerhalb des EWR getätigten Bestandteile des Zahlungsvorgangs zugelassen.[19] Wiederum ist der Unterschied zu § 675e Abs. 2 Nr. 2 BGB, dass sich aus der dortigen allgemeineren Regelung die dispositive Geltung der §§ 675c ff. BGB nur für die außerhalb des EWR getätigten Bestandteile des Zahlungsvorgangs ergibt.[20]

E. SHARE-Regel zur Aufteilung der Entgelterhebung der Zahlungsdienstleister des Zahlers und des Zahlungsempfängers

16 § 675q Abs. 3 BGB beinhaltet die sogenannte SHARE-Regel, wonach Zahlungsempfänger und Zahler jeweils lediglich die von ihrem eigenen Zahlungsdienstleister erhobenen Entgelte tragen.[21]

17 Die SHARE-Regel schließt im Verhältnis zwischen dem Zahlungsdienstnutzer und seinem Zahlungsdienstleister eine anderweitige Regelung zur Entgelterhebung aus, insbesondere eine BEN-Klausel, nach welcher der Zahlungsempfänger alle Entgelte trägt,[22] wie auch eine OUR-Klausel, nach welcher der Zahler alle Entgelte trägt.[23] Im Valutaverhältnis zwischen dem Zahler und dem Zahlungsempfänger kann eine anderweitige Regelung zur wirtschaftlichen Verteilung der Entgeltlast frei vereinbart werden.[24]

---

17 Zum einen wäre es nicht gerechtfertigt, den Zahlungsdienstleister des Zahlers verschuldensunabhängig für den Entgeltabzug durch zwischengeschaltete Institute haften zu lassen, siehe Begr Reg-Entw BT-Drucks 18/11495, S. 153. Zum anderen ist in diesen Fällen die SHARE-Regel nach § 675q Abs. 3 BGB nicht anzuwenden, wodurch ein größerer praktischer Bedarf für den Abzug von Entgelten bei der Übermittlung von Zahlungsbeträgen entstehen kann.

18 Begr Reg-Entw BT-Drucks 18/11495, S. 160.

19 Siehe Begr Reg-Entw BT-Drucks 18/11495, S. 160. Da § 675q Abs. 2 S. 1 BGB ohnehin abweichende Vereinbarungen der Parteien zulässt, betrifft dies insbesondere die Anwendung der Informationspflichten nach § 675q Abs. 2 S. 2 BGB.

20 Siehe Begr Reg-Entw BT-Drucks 18/11495, S. 160.

21 Siehe Begr Reg-Entw BT-Drs. 16/11643, S. 110.

22 MK-Jungmann, 7. Aufl., § 675q BGB Rn. 5, 32; Staudinger-Omlor, 2012, § 675q BGB Rn. 9.

23 Ebenso MK-Jungmann, 7. Aufl., § 675q BGB Rn. 5, 32; Staudinger-Omlor, 2012, § 675q BGB Rn. 9; für die Zulässigkeit einer OUR-Klausel dagegen BeckOK-Schmalenbach, 43. Ed. 2017, § 675q BGB Rn. 2.

24 BeckOK-Schmalenbach, 43. Ed. 2017, § 675q BGB Rn. 9; MK-Jungmann, 7. Aufl., § 675q BGB Rn. 34; Staudinger-Omlor, 2012, § 675q BGB Rn. 9.

Ziel dieser Regelung ist es, die Ausführung des Zahlungsvorgangs von der Frage der Entgelterhebung zu trennen und damit zu beschleunigen.[25] Das Verbot des Vorababzugs von Entgelten nach den §§ 675q Abs. 1 und 2 sowie 675t Abs. 1 BGB bleibt von dieser Bestimmung unberührt;[26] zudem bleiben die sich aus § 675f Abs. 5 BGB ergebenden Voraussetzungen einer Entgelterhebung wie auch die Möglichkeit einer unentgeltlichen Leistungserbringung unberührt.[27] 18

Nach § 675q Abs. 3 BGB a.F. galt in Umsetzung von Art. 52 Abs. 2 ZDRL I, dass die SHARE-Regel nur Anwendung finden sollte bei Zahlungsvorgängen, die mit keiner Währungsumrechnung verbunden sind. In Umsetzung von Art. 62 Abs. 2 ZDRL II sieht § 675q Abs. 3 BGB n.F. nunmehr eine Anwendung der SHARE-Regel immer dann vor, wenn sowohl der Zahlungsdienstleister des Zahlers als auch der Zahlungsdienstleister des Zahlungsempfängers innerhalb des EWR belegen sind. Damit wird auf das Erfordernis einer fehlenden Währungsumrechnung verzichtet; der Ausschluss von One-leg-Transaktionen und die Beschränkung auf solche Fälle, in denen sowohl der Zahlungsdienstleister des Zahlers als auch der Zahlungsdienstleister des Zahlungsempfängers innerhalb des EWR belegen sind, ist darin begründet, dass die SHARE-Regel außerhalb der EU bzw. des EWR vielfach unüblich ist, so dass ihre einseitige Anwendung bei One-leg-Transaktionen lediglich auf den innerhalb des EWR belegenen Zahlungsdienstleister nicht sachgerecht wäre.[28] 19

§ 675r BGB
Ausführung eines Zahlungsvorgangs anhand von Kundenkennungen

(1) Die beteiligten Zahlungsdienstleister sind berechtigt, einen Zahlungsvorgang ausschließlich anhand der von dem Zahlungsdienstnutzer angegebenen Kundenkennung auszuführen. Wird ein Zahlungsauftrag in Übereinstimmung mit dieser Kundenkennung ausgeführt, so gilt er im Hinblick auf den durch die Kundenkennung bezeichneten Zahlungsempfänger als ordnungsgemäß ausgeführt.

(2) Eine Kundenkennung ist eine Abfolge aus Buchstaben, Zahlen oder Symbolen, die dem Zahlungsdienstnutzer vom Zahlungsdienstleister mitgeteilt wird und die der Zahlungsdienstnutzer angeben muss, damit ein anderer am Zahlungsvorgang beteiligterZahlungsdienstnutzer oder dessen Zahlungskonto für einen Zahlungsvorgang zweifelsfrei ermittelt werden kann.

(3) Ist eine vom Zahler angegebene Kundenkennung für den Zahlungsdienstleister des Zahlers erkennbar keinem Zahlungsempfänger oder keinem Zahlungskonto zuzuordnen, ist dieser verpflichtet, den Zahler unverzüglich hierüber zu unterrichten und ihm gegebenenfalls den Zahlungsbetrag wieder herauszugeben.

Systematische Übersicht

---

25 Siehe EG 65 ZDRL II; Staudinger-Omlor, 2012, § 675q BGB Rn. 8.
26 MK-Jungmann, 7. Aufl., § 675q BGB Rn. 29.
27 Begr Reg-Entw BT-Drs. 16/11643, S. 110; BeckOK-Schmalenbach, 43. Ed. 2017, § 675q BGB Rn. 8.
28 Siehe BT-Drucks 18/11495, S. 159; Spindler/Zahrte, BKR 2014, 265, 266.

A. Allgemeines

1 § 675r BGB regelt die Ausführung von Zahlungsvorgängen anhand von Kundenkennungen als Voraussetzung der Automatisierung und effizienten Ausführung des Zahlungsverkehrs.[1]

2 Die Vorschrift wurde eingeführt in Umsetzung von Artt. 74 Abs. 1 sowie 4 Nr. 21 ZDRL I. Die Umsetzung der ZDRL II (dort Artt. 88 Abs. 1 sowie 4 Nr. 33 ZDRL II) beinhaltete nur redaktionelle Änderungen in § 675r BGB.[2]

B. Kundenkennung

3 Zentraler Begriff des § 675r BGB ist derjenige der Kundenkennung, der in § 675r Abs. 2 BGB legaldefiniert wird als eine Abfolge aus Buchstaben, Zahlen oder Symbolen, die dem Zahlungsdienstnutzer vom Zahlungsdienstleister mitgeteilt wird und die der Zahlungsdienstnutzer angeben muss, damit ein anderer am Zahlungsvorgang beteiligter Zahlungsdienstnutzer oder dessen Zahlungskonto für einen Zahlungsvorgang zweifelsfrei ermittelt werden kann.

4 Die Zuteilung der Kundenkennung erfolgt nach dieser Definition durch den Zahlungsdienstleister,[3] wodurch diesem ein gewisser Gestaltungsspielraum eingeräumt ist.[4] Der Zahlungsdienstleister ist aber, um die automatisierte Verarbeitbarkeit von Kundenkennungen sicherzustellen, an die Festlegung von Art und Struktur von Kundenkennungen durch Vereinbarungen im Interbankenverhältnis gebunden.[5] Zudem ist im Hinblick auf § 675r Abs. 3 BGB eine Struktur zu wählen, die eine automatische Vorabprüfung der Kundenkennung zulässt, beispielsweise durch die Verwendung von Prüfziffern.[6]

5 Wesentlicher Anwendungsfall einer Kundenkennung ist die IBAN (International Bank Account Number), die seit dem 1.2.2016 alle anderen Angaben im inländischen Überweisungsverkehr sowie für Euro-Überweisungen im SEPA-Raum ersetzt hat.[7] Die IBAN setzt sich zusammen aus einem zweistelligen Ländercode aus Buchstaben gemäß ISO 3166 (DE für Deutschland), einer zweistelligen Prüfziffer und einer maximal dreißigstelligen (in Deutschland: maximal achtzehnstellig) Basic Bank Account Number, bestehend aus der Bankleitzahl und der maximal zehnstelligen Kontonummer, im Bedarfsfall mit Nullen zwischen diesen Elementen aufgefüllt.[8]

6 Auch bei Kreditkartennummern handelt es sich um Kundenkennungen im Sinne des § 675r Abs. 2 BGB.[9]

7 Eine Kundenkennung gilt grundsätzlich nur für die Dauer der Vertragsbeziehungen zwischen dem Kunden und seinem Zahlungsdienstleister: Nach deren Ende darf der Zah-

1 Begründung des Regierungsentwurfs zur Umsetzung des zivilrechtlichen Teils der Zahlungsdiensterichtlinie, BT-Drs. 16/11643, S. 110; MK-Jungmann, 7. Aufl., § 675r BGB Rn. 10; Palandt-Sprau, 77. Aufl., § 675r BGB Rn. 2; Staudinger-Omlor, 2012, § 675r BGB Rn. 1.

2 Siehe Begründung des Regierungsentwurfs zur Umsetzung der Zweiten Zahlungsdiensterichtlinie, BT-Drs. 18/11495, S. 160.

3 Begr Reg-Entw BT-Drs. 16/11643, S. 110; Palandt-Sprau, 77. Aufl., § 675r BGB Rn. 2.

4 Begr Reg-Entw BT-Drs. 16/11643, S. 110.

5 Begr Reg-Entw BT-Drs. 16/11643, S. 110; Palandt-Sprau, 77. Aufl., § 675r BGB Rn. 2.

6 Siehe Palandt-Sprau, 77. Aufl., § 675r BGB Rn. 2; Staudinger-Omlor, 2012, § 675r BGB Rn. 9.

7 Siehe Art. 5 Abs. 1 lit. a, Abs. 7 sowie Anhang zu Art. 5, Nr. 1 a der SEPA-VO.

8 Zur Zusammensetzung der IBAN im Einzelnen kann verwiesen werden auf die Darstellungen bei MK-Jungmann, 7. Aufl., § 675r BGB Rn. 19 f.; Staudinger-Omlor, 2012, § 675r BGB Rn. 4.

9 Palandt-Sprau, 77. Aufl., § 675r BGB Rn. 3; jurisPK-Schwintowski, 8. Aufl., § 675r BGB Rn. 8.

lungsdienstleister die Kundenkennung neu vergeben,[10] sollte hier aber eine Wartefrist von mindestens einem Jahr einhalten, wobei ein längeres Abwarten als drei Jahre ebenfalls nicht geboten erscheint.[11]

C. Ausführung anhand der Kundenkennung

Nach § 675r Abs. 1 S. 1 BGB sind die an einem Zahlungsvorgang beteiligten Zahlungsdienstleister berechtigt, den Zahlungsvorgang ausschließlich anhand der von dem Zahlungsdienstnutzer angegebenen Kundenkennung auszuführen. 8

Während nach früherem Recht bei einem Auseinanderfallen von Kontobezeichnung und Name des Empfängers grundsätzlich der letztere maßgeblich war,[12] ist nach § 675r Abs. 1 S. 1 BGB eine Berücksichtigung anderer Merkmale als der Kundenkennung nicht mehr erforderlich. Der Zahlungsdienstleister darf den Zahlungsvorgang daher ohne einen solchen Abgleich auch dann ausschließlich anhand der Kundenkennung ausführen, wenn der Zahlungsdienstleister anhand anderer mitgeteilter Identifikationsmerkmale hätte einen Fehler in der Angabe der Kundenkennung durch den Zahlungsdienstnutzer erkennen können.[13] 9

Wird der Zahlungsauftrag in Übereinstimmung mit der von dem Zahlungsdienstnutzer angegebenen Kundenkennung ausgeführt, so gilt er im Hinblick auf den durch die Kundenkennung bezeichneten Zahlungsempfänger als ordnungsgemäß ausgeführt (§ 675r Abs. 1 S. 2 BGB), auch wenn die Ausführung auf diese Weise an einen anderen Zahlungsempfänger oder auf ein anderes Konto erfolgt als vom Zahlungsdienstleister eigentlich beabsichtigt war.[14] Der Zahlungsdienstnutzer trägt somit das Risiko eines Irrtums bei der Angabe der Kundenkennung.[15] 10

Im Deckungsverhältnis zwischen dem Zahler und seinem Zahlungsdienstleister bedeutet dies, dass bei einer der Kundenkennung entsprechenden Ausführung der Zahler keinen Anspruch gegen seinen Zahlungsdienstleister im Hinblick darauf hat, dass die Zahlung eigentlich an einen anderen Empfänger erfolgten sollte.[16] Einer Inanspruchnahme aus § 280 BGB kann der Zahler nach § 675r Abs. 1 S. 2 BGB das Fehlen einer Pflichtverletzung entgegenhalten und die Haftung des Zahlers wegen fehlerhafter Ausführung nach § 675y BGB wird in diesen Fällen durch § 675y Abs. 5 S. 1 BGB ausdrücklich ausgeschlossen.[17] 11

Die Regelung des § 675r Abs. 1 S. 2 BGB gilt auch im Inkassoverhältnis zwischen dem Zahlungsempfänger und seinem Zahlungsdienstleister:[18] Der eigentlich vorgesehene 12

---

10 OLG Köln, Urt. v. 8.5.1990 – 22 U 299/89, juris Rn. 14, NJW 1990, 2261; LG Kleve, Urt. v. 2.12.2014 – 4 O 351/13, juris Rn. 16.

11 LG Kleve, Urt. v. 2.12.2014 – 4 O 351/13, juris Rn. 16; Schimansky/Bunte/Lwowski-Joeres, 5. Aufl., § 29 Rn. 31.

12 BGH, Urt. v. 14.1.2003 – XI ZR 154/02, juris Rn. 19, WM 2003, 430. Siehe auch OLG Schleswig, Beschl. v. 27.1.2012 – 5 U 4/12, juris Rn. 12, SchlHA 2013, 195; Nobbe, WM-Sonderbeilage 1/2012, 1, 7.

13 Begr Reg-Entw BT-Drs. 16/11643, S. 110; Palandt-Sprau, 77. Aufl., § 675r BGB Rn. 4. Zur Frage einer Rückfragepflicht bei Feststellen des Auseinanderfallens von Kundenkennung und Name des Zahlungsempfängers siehe unten Rn. 17.

14 Erman-von Westphalen, 14. Aufl., § 675r BGB Rn. 6; Palandt-Sprau, 77. Aufl., § 675r BGB Rn. 4.

15 Palandt-Sprau, 77. Aufl., § 675r BGB Rn. 4; Staudinger-Omlor, 2012, § 675r BGB Rn. 1; siehe auch BeckOK-Schmalenbach, 43. Ed. 2017, § 675r BGB Rn. 2; Erman-von Westphalen, 14. Aufl., § 675r BGB Rn. 2.

16 Palandt-Sprau, 77. Aufl., § 675r BGB Rn. 5.

17 Siehe Begr Reg-Entw BT-Drs. 16/11643, S. 110; Palandt-Sprau, 77. Aufl., § 675r BGB Rn. 5.

18 Ellenberger/Findeisen/Nobbe-Burghardt, § 675r BGB Rn. 5; Palandt-Sprau, 77. Aufl., § 675r BGB Rn. 5; MK-Jungmann, 7. Aufl., § 675r BGB Rn. 36; Staudinger-Omlor, 2012, § 675r BGB Rn. 12.

Zahlungsempfänger hat keine Ansprüche gegen seinen Zahlungsdienstleister aus § 675t BGB, wenn letzterer der angegebenen Kundenkennung entsprechend den Zahlungsbetrag einem anderen Empfänger gutschreibt. Nach überwiegender, allerdings bestrittener Auffassung kann aber der Zahlungsdienstleister des Zahlungsempfängers die Gutschrift zugunsten des durch die Kundenkennung bezeichneten Empfängers verweigern, wenn der Zahlungsempfänger eine Divergenz zwischen dem Namen des eigentlich beabsichtigten Empfängers und dem durch die Kundenkennung bezeichneten Empfänger feststellt.[19]

13 Im Valutaverhältnis zwischen dem Zahler und dem eigentlich vorgesehenen Zahlungsempfänger findet dagegen § 675r Abs. 1 S. 2 BGB keine Anwendung:[20] Da der Zahlungsbetrag einem anderem Empfänger gutgeschrieben wird, tritt keine Erfüllung ein und der Zahler bleibt zur Leistung verpflichtet. Der Zahler hat dagegen einen bereicherungsrechtlichen Rückforderungsanspruch gegen den tatsächlichen Zahlungsempfänger.[21] Die Durchsetzung dieses Anspruchs kann in praktischer Hinsicht mit der Schwierigkeit behaftet sein, dass dem Zahler die tatsächliche Identität des nur durch die Kundenkennung bezeichneten Empfängers des Zahlungsbetrags unbekannt ist; hier soll dem Zahler durch § 675y Abs. 5 S. 2 bis 4 BGB geholfen werden.[22]

D. Nicht zuzuordnende Kundenkennungen

14 § 675r Abs. 3 BGB regelt die Verpflichtungen des Zahlungsdienstleisters des Zahlers für den Fall einer erkennbar fehlenden Möglichkeit, die vom Zahler angegebene Kundenkennung einem Zahlungsempfänger oder einem Zahlungskonto zuzuordnen.

15 Das Ausgehen von einer Erkennbarkeit des Fehlens einer solchen Möglichkeit setzt voraus, dass der Zahlungsdienstleister des Zahlers eine Prüfung der Möglichkeit einer solchen Zuordnung vornimmt. Zur Vornahme einer solchen Kohärenzprüfung ist der Zahlungsdienstleister dem Telos des § 675r Abs. 3 BGB entsprechend nur im Rahmen seiner automatisierten Bearbeitung des Zahlungsauftrags anhand der Kundenkennung verpflichtet.[23] Danach kann der Zahlungsdienstleister bspw. erkennen, dass bei ihm selbst ein Konto unter der betreffenden Kundenkennung nicht geführt wird, dass der als Bestandteil der Kundenkennung bezeichnete Zahlungsdienstleister des Zahlungsempfängers nicht zu ermitteln ist oder dass sich aus der Kontrolle der Prüfziffern ergibt, dass

---

19 Siehe Staudinger-Omlor, 2012, § 675r BGB Rn. 13; MK-Jungmann, 7. Aufl., § 675r BGB Rn. 39 ff., m.w.N. auch zur Gegenansicht: Es wäre kein Grund ersichtlich, dem durch die Kundenkennung bezeichneten Empfänger einen Anspruch auf die Gutschrift des nicht ihm zugedachten Betrags zuzuerkennen und den Zahlungsdienstleister zur Ausführung dieser erkennbar vom Zahler nicht gewollten Gutschrift zu verpflichten. Dagegen ist für ein Stornorecht des Zahlungsdienstleisters nach erfolgter Gutschrift aus Nr. 8 Abs. 1 AGB-Banken kein Raum, da es an einem Rückforderungsanspruch des Zahlungsdienstleisters hinsichtlich des gutgeschriebenen Betrags mangelt, solange ihm nicht der eigene Rückforderungsanspruch des Zahlers abgetreten wird, siehe MK-Jungmann, 7. Aufl., § 675r BGB Rn. 44 ff., m.w.N.

20 Palandt-Sprau, 77. Aufl., § 675r BGB Rn. 5; MK-Jungmann, 7. Aufl., § 675r BGB Rn. 45; Staudinger-Omlor, 2012, § 675r BGB Rn. 115.

21 LG Kleve, Urt. v. 2.12.2014 – 4 O 351/13, juris Rn. 19; Palandt-Sprau, 77. Aufl., § 675r BGB Rn. 5; MK-Jungmann, 7. Aufl., § 675r BGB Rn. 46; Staudinger-Omlor, 2012, § 675r BGB Rn. 15; Böger, in: Bankrechtstag 2016, S. 193, 290.

22 Siehe die Anmerkungen zu § 675y BGB Rn. 62 ff.

23 OLG Schleswig, Beschl. v. 27.1.2012 – 5 U 4/12, juris Rn. 13, SchlHA 2013, 195; Begr Reg-Entw BT-Drs. 16/11643, S. 111; Palandt-Sprau, 77. Aufl., § 675r BGB Rn. 6; MK-Jungmann, 7. Aufl., § 675r BGB Rn. 23; Staudinger-Omlor, 2012, § 675r BGB Rn. 16.

die Kundenkennung falsch angegeben ist.[24] Zu einem weitergehenden manuellen Abgleich ist dagegen der Zahlungsdienstleister nach § 675r Abs. 3 BGB nicht verpflichtet.[25]

16 Ist aus einer solchen automatisierten Kohärenzprüfung für den Zahlungsdienstleister des Zahlers erkennbar, dass die vom Zahler angegebene Kundenkennung keinem Zahlungsempfänger oder keinem Zahlungskonto zuzuordnen, ist der Zahlungsdienstleister des Zahlers nach § 675r Abs. 3 BGB verpflichtet, den Zahler unverzüglich hierüber zu unterrichten und ihm gegebenenfalls den Zahlungsbetrag zu erstatten oder wieder gutzuschreiben,[26] wobei eine valutarische Korrektur im Sinne einer rückwirkenden Gutschrift im Hinblick darauf nicht geboten sein soll, dass die Ursache für die Belastung durch die fehlerhafte Angabe der Kundenkennung durch den Zahler selbst gesetzt wurde.[27]

17 Sofern dem Zahlungsdienstleister, auch wenn der Fehler in der Kundenkennung nicht im Rahmen einer automatisierten Kohärenzprüfung erkennbar gewesen sein sollte, aus anderen Gründen der Umstand der fehlerhaft benannten Kundenkennung tatsächlich bekannt ist, soll er auch über den Wortlaut des § 675r Abs. 3 BGB hinaus gehalten sein, beim Zahler Rückfrage zu halten.[28] Hier wird allerdings im Lichte der generellen Zielsetzung des § 675r BGB darauf zu achten sein, dass diese Kenntnis bei einer zuständigen Stelle des Zahlungsdienstleisters vorliegen muss, bevor der betreffende Zahlungsauftrag zur automatisierten Bearbeitung gegeben wird.

18 Für diese als Nebenpflicht geschuldete Unterrichtung sowie gegebenenfalls Herausgabe des Zahlungsbetrags nach § 675r Abs. 3 BGB kann der Zahlungsdienstleister des Zahlers kein Entgelt verlangen (siehe § 675f Abs. 5 S. 2 BGB).[29] Bei Verletzungen dieser Pflichten haftet er dem Zahler aus § 280 BGB.[30]

E. Abdingbarkeit

19 Abweichungen von der Bestimmung des § 675r BGB sind nach der allgemeinen Regelung des § 675e Abs. 1 BGB grundsätzlich nur zugunsten des Zahlungsdienstnutzers zulässig; auch im Verkehr mit Nicht-Verbrauchern sieht § 675e Abs. 4 BGB keine weitergehende Abdingbarkeit des § 675r BGB vor.

20 In Drittstaatensachverhalten nach § 675d Abs. 6 S. 1 Nr. 1 und 2 BGB darf nach § 675e Abs. 2 Nr. 2 BGB auch zum Nachteil des Zahlungsdienstnutzers von § 675r BGB abgewichen werden.

---

24 Palandt-Sprau, 77. Aufl., § 675r BGB Rn. 6; Staudinger-Omlor, 2012, § 675r BGB Rn. 16.
25 Begr Reg-Entw BT-Drs. 16/11643, S. 111; MK-Jungmann, 7. Aufl., § 675r BGB Rn. 23.
26 Begr Reg-Entw BT-Drs. 16/11643, S. 111; MK-Jungmann, 7. Aufl., § 675r BGB Rn. 27; Palandt-Sprau, 77. Aufl., § 675r BGB Rn. 7.
27 Begr Reg-Entw BT-Drs. 16/11643, S. 111; MK-Jungmann, 7. Aufl., § 675r BGB Rn. 27; Palandt-Sprau, 77. Aufl., § 675r BGB Rn. 7; Staudinger-Omlor, 2012, § 675r BGB Rn. 18.
28 So BGH, Urt. v. 16.6.2015 – XI ZR 243/13, juris Rn. 15, BGHZ 205, 378; OLG Schleswig, Beschl. v. 27.1.2012 – 5 U 4/12, juris Rn. 13, SchlHA 2013, 195; Palandt-Sprau, 77. Aufl., § 675r BGB Rn. 8; MK-Jungmann, 7. Aufl., § 675r BGB Rn. 23; Staudinger-Omlor, 2012, § 675r BGB Rn. 14.
29 Palandt-Sprau, 77. Aufl., § 675r BGB Rn. 7.
30 Erman-von Westphalen, 14. Aufl., § 675r BGB Rn. 13; Palandt-Sprau, 77. Aufl., § 675r BGB Rn. 7; MK-Jungmann, 7. Aufl., § 675r BGB Rn. 28. Siehe auch Staudinger-Omlor, 2012, § 675r BGB Rn. 20 und 14 (teleologische Reduktion des Haftungsausschlusses nach § 675y Abs. 5 S. 1 BGB).

§ 675s BGB
Ausführungsfrist für Zahlungsvorgänge

(1) Der Zahlungsdienstleister des Zahlers ist verpflichtet sicherzustellen, dass der Zahlungsbetrag spätestens am Ende des auf den Zugangszeitpunkt des Zahlungsauftrags folgenden Geschäftstags beim Zahlungsdienstleister des Zahlungsempfängers eingeht. Für Zahlungsvorgänge innerhalb des Europäischen Wirtschaftsraums, die nicht in Euro erfolgen, können ein Zahler und sein Zahlungsdienstleister eine Frist von maximal vier Geschäftstagen vereinbaren. Für in Papierform ausgelöste Zahlungsvorgänge können die Fristen nach Satz 1 um einen weiteren Geschäftstag verlängert werden.

(2) Bei einem vom oder über den Zahlungsempfänger ausgelösten Zahlungsvorgang ist der Zahlungsdienstleister des Zahlungsempfängers verpflichtet, den Zahlungsauftrag dem Zahlungsdienstleister des Zahlers innerhalb der zwischen dem Zahlungsempfänger und seinem Zahlungsdienstleister vereinbarten Fristen zu übermitteln. Im Fall einer Lastschrift ist der Zahlungsauftrag so rechtzeitig zu übermitteln, dass die Verrechnung an dem vom Zahlungsempfänger mitgeteilten Fälligkeitstag ermöglicht wird.

(3) Wenn einer der Fälle des § 675d Absatz 6 Satz 1 Nummer 1 vorliegt, ist § 675s Absatz 1 Satz 1 und 3 auf die innerhalb des Europäischen Wirtschaftsraums getätigten Bestandteile des Zahlungsvorgangs nicht anzuwenden. Wenn ein Fall des § 675d Absatz 6 Satz 1 Nummer 1 Buchstabe a vorliegt,
1. **ist auch § 675s Absatz 1 Satz 2 auf die innerhalb des Europäischen Wirtschaftsraums getätigten Bestandteile des Zahlungsvorgangs nicht anzuwenden und**
2. **kann von § 675s Absatz 2 für die innerhalb des Europäischen Wirtschaftsraums getätigten Bestandteile des Zahlungsvorgangs abgewichen werden.**

Systematische Übersicht

A. Allgemeines

1 § 675s Abs. 1 BGB regelt die Ausführungsfrist für den Zahlungsdienstleister des Zahlers bei der Ausführung von Zahlungsvorgängen, d.h. die Frist für die Ausführung und den binnen dieser Frist zu erreichenden Erfolg des Eingangs des Zahlungsbetrags beim Zahlungsdienstleister des Empfängers. § 675s Abs. 2 BGB betrifft dagegen besonders die Pflichten des Zahlungsdienstleisters des Zahlungsempfängers bei „Pull"-Zahlungen; geregelt wird hier die Verpflichtung des Zahlungsdienstleisters des Zahlungsempfängers zur Übermittlung des Zahlungsauftrags an den Zahlungsdienstleister des Zahlers und die Bestimmung der hierfür geltenden Übermittlungspflicht. Ziel ist jeweils die Beschleunigung der Zahlungsvorgänge sowie deren bessere Verlässlichkeit

und Planbarkeit.[1] Die Vorschriften in § 675s Abs. 1 und 2 BGB sind zur Umsetzung der Artt. 68, 69 Abs. 1 und 3 ZDRL I eingeführt worden; in der ZDRL II sind diese Regelungen nunmehr in den Artt. 82, 83 Abs. 1 und 3 ZDRL II enthalten. Im Rahmen der Umsetzung der ZDRL II wurde – neben der Streichung des durch Zeitablauf gegenstandslos gewordenen § 675a Abs. 1 S. 2 Halbs. 2 BGB a.F. – neu der § 675s Abs. 3 BGB angefügt, der nach der allgemeinen Erweiterung des Anwendungsbereichs der ZDRL II auf One-Leg-Transaktionen und Zahlungsvorgänge in einer Nicht-EWR-Währung[2] diese Erweiterung hinsichtlich der spezifischen Regelungen der § 675s Abs. 1 und 2 BGB teilweise wieder zurücknimmt, da die Fristen nach diesen Bestimmungen in Drittstaatensachverhalten vielfach nicht eingehalten werden können.

B. Ausführungsfristen für den Zahlungsdienstleister des Zahlers

§ 675s Abs. 1 BGB regelt die Ausführungsfrist (Zeitkomponente) für den Zahlungsdienstleister des Zahlers und den binnen dieser Ausführungsfrist herbeizuführenden Erfolg (Erfolgskomponente) und konkretisiert damit den Inhalt der Ausführungspflicht des Zahlungsdienstleisters des Zahlers auf der Grundlage des im Deckungsverhältnis zwischen ihm und dem Zahler bestehenden Zahlungsdienstevertrags.[3] 2

I. Anwendungsbereich und innerhalb der Ausführungsfrist geschuldeter Erfolg

Nach § 675s Abs. 1 S. 1 BGB ist die Ausführungspflicht des Zahlungsdienstleister des Zahlers darauf gerichtet, dass der Zahlungsdienstleister sicherzustellen hat, dass der Zahlungsbetrag innerhalb der Ausführungsfrist (d.h. grundsätzlich spätestens am Ende des auf den Zugangszeitpunkt des Zahlungsauftrags folgenden Geschäftstags, siehe dazu den nachfolgenden Abschnitt) beim Zahlungsdienstleister des Zahlungsempfängers eingeht.[4] 3

Der innerhalb der Ausführungsfrist geschuldete Erfolg der Ausführungspflicht des Zahlungsdienstleisters des Zahlers ist daher der Eingang des Zahlungsbetrags beim Zahlungsdienstleister des Zahlungsempfängers,[5] d.h. der Eingang auf dem Eingangskonto dieses Zahlungsdienstleisters.[6] Auf den späteren Eingang des Zahlungsbetrags auf dem Zahlungskonto des Zahlungsempfängers bei dessen Zahlungsdienstleister oder ansonsten auf die Verfügungsmöglichkeit des Zahlungsempfängers über den Zahlungsbetrag kommt es dagegen nicht an;[7] dies betrifft den Verantwortungsbereich des Zahlungsdienstleister des Zahlungsempfängers nach § 675t BGB. 4

Die Verpflichtung nach § 675s Abs. 1 S. 1 BGB gilt nur für den Zahlungsdienstleister des Zahlers, nicht auch für zwischengeschaltete Stellen.[8] Die Einschaltung solcher zwischengeschalteter Stellen lässt aber die eigene Haftung des Zahlungsdienstleister des Zahlers für die Herbeiführung des innerhalb der Ausführungsfrist geschuldeten Erfolgs 5

---

1 Siehe EG 77 ZDRL II; BeckOK-Schmalenbach, 43. Ed. 2017, § 675s BGB Rn. 1; MK-Jungmann, 7. Aufl., § 675s BGB Rn. 6.

2 Siehe Art. 2 Abs. 3 und 4 ZDRL II sowie zu § 675e BGB Rn. 7.

3 BeckOK-Schmalenbach, 43. Ed. 2017, § 675s BGB Rn. 1; MK-Jungmann, 7. Aufl., § 675s BGB Rn. 11.

4 Siehe die Begründung des Regierungsentwurfs zur Umsetzung des zivilrechtlichen Teils der Zahlungsdiensterichtlinie, BT-Drs. 16/11643, S. 111.

5 MK-Jungmann, 7. Aufl., § 675s BGB Rn. 13.

6 Erman-von Westphalen, 15. Aufl., § 675s BGB Rn. 5; Palandt-Sprau, 77. Aufl., § 675s BGB Rn. 2; Staudinger-Omlor, 2012, § 675s BGB Rn. 11.

7 MK-Jungmann, 7. Aufl., § 675s BGB Rn. 14; Palandt-Sprau, 77. Aufl., § 675s BGB Rn. 2.

8 MK-Jungmann, 7. Aufl., § 675s BGB Rn. 12; Palandt-Sprau, 77. Aufl., § 675s BGB Rn. 2.

des Eingangs des Zahlungsbetrags beim Zahlungsdienstleister des Zahlungsempfängers unberührt.

6 Ob es sich bei dem Zahlungsvorgang um eine „Push"-[9] oder „Pull"-Zahlung[10] handelt, ist unerheblich,[11] d.h. die Haftung des Zahlungsdienstleister des Zahlers dafür, dass der Zahlungsbetrag innerhalb der Ausführungsfrist beim Zahlungsdienstleister des Zahlungsempfängers eingeht, besteht sowohl bei vom Zahler ausgelösten Zahlungsvorgängen (insbesondere Überweisungen) wie auch bei vom oder über den Zahlungsempfänger ausgelösten Zahlungsvorgängen (insbesondere Kreditkartenzahlungen und Lastschriften), wobei allerdings der jeweils unterschiedliche Zeitpunkt des Zugangs des Zahlungsauftrags beim Zahlungsdienstleister des Zahlers zu berücksichtigen ist, was zu einem unterschiedlichen Lauf der Ausführungsfrist führt.[12] Für die Anwendbarkeit des § 675s Abs. 1 BGB wird weder für den Zahler noch für den Zahlungsempfänger vorausgesetzt, dass diese ein Zahlungskonto unterhalten.[13] Bei Zahlungen in Euro innerhalb der Europäischen Wirtschaftsraums gilt die Regelung des § 675s Abs. 1 BGB zudem unterschiedslos auch für grenzüberschreitende und wie für rein nationale Zahlungen.[14] Ausgenommen sind vom Anwendungsbereich des § 675s Abs. 1 BGB lediglich rein institutsinterne Vorgänge, d.h. wenn Zahler und Zahlungsempfänger beide ihr Zahlungskonto beim selben Zahlungsdienstleister führen:[15] In diesem Fall bedarf es keines weiteren Zwischenschritts in Form des Eingangs des Zahlungsbetrags beim Zahlungsdienstleister des Empfängers und es kommt zur Ausführung des Zahlungsvorgangs allein auf die Verpflichtung zur Verfügbarmachung nach § 675t BGB an.

II. Berechnung der Ausführungsfrist

7 Nach dem Regelfall des § 675s Abs. 1 S. 1 BGB hat der Eingang des Zahlungsbetrags beim Zahlungsdienstleister des Zahlungsempfängers spätestens am Ende des auf den Zugangszeitpunkt des Zahlungsauftrags folgenden Geschäftstags zu erfolgen, wobei mit dem Begriff des Geschäftstags hier auf einen Geschäftstag des Zahlungsdienstleister des Zahlers abgestellt wird.[16]

8 Maßgeblich ist damit für den Fristbeginn der nach § 675n BGB zu bestimmende Zugang des Zahlungsauftrags beim Zahlungsdienstleister des Zahlers, wobei auch die Sonderregelungen nach § 675n Abs. 1 S. 2 und 3 sowie Abs. 2 BGB zu berücksichtigen sind.[17] Bei einer „Push"-Zahlung wird der Zahlungsauftrag vom Zahler an seinen Zahlungs-

---

9 Siehe zu § 675f BGB Rn. 31.

10 Siehe zu § 675f BGB Rn. 32.

11 Begr Reg-Entw BT-Drs. 16/11643, S. 111; BeckOK-Schmalenbach, 43. Ed. 2017, § 675s BGB Rn. 3; Erman-von Westphalen, 15. Aufl., § 675s BGB Rn. 3; MK-Jungmann, 7. Aufl., § 675s BGB Rn. 16; Palandt-Sprau, 77. Aufl., § 675s BGB Rn. 2.

12 Siehe dazu Rn. 8.

13 Begr Reg-Entw BT-Drs. 16/11643, S. 111; Palandt-Sprau, 77. Aufl., § 675s BGB Rn. 2.

14 Siehe Staudinger-Omlor, 2012, § 675s BGB Rn. 1.

15 Begr Reg-Entw BT-Drs. 16/11643, S. 111; BeckOK-Schmalenbach, 43. Ed. 2017, § 675s BGB Rn. 2; Langenbucher/Bliesener/Spindler-Langenbucher, 2. Aufl., Kap. 3 § 675s BGB Rn. 3; MK-Jungmann, 7. Aufl., § 675s BGB Rn. 17; Palandt-Sprau, 77. Aufl., § 675s BGB Rn. 2; Staudinger-Omlor, 2012, § 675s BGB Rn. 5. Anderer Auffassung dagegen Erman-von Westphalen, 15. Aufl., § 675s BGB Rn. 3:Dies überzeugt allerdings nicht, da bei institutsinternen Vorgängen gerade keine Übermittlung des Zahlungsbetrags an einen anderen Zahlungsdienstleister erfolgt.

16 Siehe Begr Reg-Entw, BT-Drs. 16/11643, S. 108; Erman-von Westphalen, 15. Aufl., § 675n BGB Rn. 5; Palandt-Sprau, 77. Aufl., § 675s BGB Rn. 3.

17 Siehe BeckOK-Schmalenbach, 43. Ed. 2017, § 675s BGB Rn. 5; Palandt-Sprau, 77. Aufl., § 675s BGB Rn. 3; Staudinger-Omlor, 2012, § 675s BGB Rn. 6.

dienstleister erteilt; bei einer „Pull“-Zahlung erfolgt der Zugang des Zahlungsauftrags im Sinne des § 675n BGB erst dann, wenn der vom oder über den Zahlungsempfänger ausgelöste Zahlungsauftrag über dessen Zahlungsdienstleister dem Zahlungsdienstleister des Zahlers zugeht (zur Pflicht zur Übermittlung durch den Zahlungsdienstleister des Zahlungsempfängers und zu den dafür geltenden Fristen siehe die Regelung in § 675s Abs. 2 BGB).

Die in § 675s Abs. 1 S. 1 Halbs. 2 BGB a.F. noch enthaltene Regelung, wonach bis zum 1. Januar 2012 der Zahler und sein Zahlungsdienstleister eine Frist von bis zu drei Geschäftstagen vereinbaren konnten, wurde im Zuge der Umsetzung der ZDRL II gestrichen, da sie sich durch Zeitablauf erledigt hatte.[18] 9

Sonderregelungen für vereinbarte längere Ausführungsfristen sieht § 675s Abs. 1 S. 2 BGB für nicht in Euro erfolgende Zahlungsvorgänge innerhalb des EWR vor, für die ein Zahler und sein Zahlungsdienstleister eine Frist von maximal vier Geschäftstagen vereinbaren können. Für in Papierform ausgelöste Zahlungsvorgänge kann nach § 675s Abs. 1 S. 3 BGB die Frist nach § 675s Abs. 1 S. 1 BGB um einen weiteren Geschäftstag verlängert werden; eine Kumulation der Verlängerungen nach § 675s Abs. 1 S. 2 und 3 BGB ist unzulässig.[19] 10

Bei der regelmäßigen Ausführungsfrist nach § 675s Abs. 1 S. 1 BGB wie auch bei deren vereinbarten Verlängerungen nach § 675s Abs. 1 S. 2 und 3 BGB handelt es sich jeweils um Höchstfristen,[20] d.h. eine schnellere Ausführung ist zulässig. 11

Der jeweilige Zahlungsdienstleister ist verpflichtet, im Rahmen seiner vorvertraglichen Informationen nach Art. 248 § 4 Abs. 1 Nr. 2 Buchst. e EGBGB seinem Zahlungsdienstnutzer die maximale Ausführungsfrist mitzuteilen.[21] 12

III. Rechtsfolgen

Geht der Zahlungsbetrag nicht beim Zahlungsdienstleister des Zahlungsempfängers ein, so haftet der Zahlungsdienstleister des Zahlers diesem gegenüber nach § 675y Abs. 1 BGB.[22] Bei einer verspätet ausgeführten Zahlung richtet sich die Haftung des Zahlungsdienstleisters des Zahlers nach § 675y Abs. 3 BGB[23] mit einer weiteren Haftung auf Folgeschäden aus § 280 BGB.[24] 13

Ist der Zahlungsbetrag dagegen fristgerecht beim Zahlungsdienstleister des Zahlungsempfängers eingegangen, so hat der Zahlungsdienstleister des Zahlers damit seine Ausführungspflicht erfüllt und der Zahlungsdienstleister des Zahlungsempfängers hat den Zahlungsbetrag dem Zahlungsempfänger nach § 675t BGB verfügbar zu machen. Für eine dennoch erfolgende verspätete Verfügbarmachung haftet der Zahlungsdienstleister des Zahlers in diesem Fall nicht (siehe § 675y Abs. 3 S. 4 BGB).[25] 14

Im Verhältnis zwischen Zahler und Zahlungsempfänger muss letzterer im Übrigen mit der Möglichkeit einer nicht den Fristen des § 675s BGB entsprechenden Ausführung durch die beteiligten Zahlungsdienstleister rechnen: Der Empfänger darf also nicht not- 15

---

18 Siehe Begründung des Regierungsentwurfs zur Umsetzung der Zweiten Zahlungsdiensterichtlinie, BT-Drs. 18/11495, S. 160.
19 Begr Reg-Entw BT-Drs. 16/11643, S. 111; MK-Jungmann, 7. Aufl., § 675s BGB Rn. 26.
20 MK-Jungmann, 7. Aufl., § 675s BGB Rn. 30; Staudinger-Omlor, 2012, § 675s BGB Rn. 8.
21 Siehe Palandt-Sprau, 77. Aufl., § 675s BGB Rn. 1.
22 Siehe zu § 675y BGB Rn. 4 ff.
23 Siehe zu § 675y BGB Rn. 24 ff.
24 Vgl. Palandt-Sprau, 77. Aufl., § 675s BGB Rn. 2; Staudinger-Omlor, 2012, § 675s BGB Rn. 17. Siehe auch zu § 675z BGB Rn. 6 ff.
25 Siehe zu § 675y BGB Rn. 33 ff.

wendigerweise aus dem Nichteingang einer Zahlung zum nach § 675s BGB zu erwartenden Zeitpunkt schließen, dass der Zahler die Zahlung nicht bereits auf den Weg gebracht hat.[26]

C. Übermittlung des Zahlungsauftrags durch den Zahlungsdienstleister des Zahlungsempfängers

16 § 675s Abs. 2 BGB regelt die Verpflichtung des Zahlungsdienstleisters des Zahlungsempfängers zur Übermittlung des Zahlungsauftrags bei einem vom oder über den Zahlungsempfänger ausgelösten Zahlungsvorgang.

17 Die Regelung kommt damit nur bei „Pull"-Zahlungen zur Anwendung, da es hier zur Ausführung des Zahlungsvorgangs durch den Zahlungsdienstleister des Zahlers nach § 675s Abs. 1 BGB zunächst noch einer Übermittlung des Zahlungsauftrags an den Zahlungsdienstleister des Zahlers durch den Zahlungsdienstleister des Zahlungsempfängers bedarf,[27] wie dies beispielsweise bei Lastschriften oder Kreditkartenzahlungen der Fall ist. Keine Anwendung findet § 675s Abs. 2 BGB (ebenso wie bereits § 675s Abs. 1 BGB) bei institutsinternen Zahlungsvorgängen, d.h. wenn Zahler und Zahlungsempfänger beide ihr Zahlungskonto beim selben Zahlungsdienstleister führen:[28] In diesem Fall bedarf es keines weiteren Zwischenschritts in Form der Übermittlung des Zahlungsauftrags an den Zahlungsdienstleister des Zahlers und es kommt zur Ausführung des Zahlungsvorgangs allein auf die Verpflichtung zur Verfügbarmachung nach § 675t BGB an.

18 Die Übermittlung des Zahlungsauftrags ist grundsätzlich in der im Interbankenverhältnis üblichen Form vorzunehmen, d.h. in der Form der Übermittlung eines Datensatzes mit den Angaben zum Zahlungsauftrag und zu etwaigen zwischengeschalteten Stellen.[29] Mit der Übermittlung des Zahlungsauftrags ist grundsätzlich der Zugang des Zahlungsauftrags beim Zahlungsdienstleister des Zahlers nach § 675n Abs. 1 S. 1 BGB erfolgt, wodurch der Zahlungsauftrag unwiderruflich wird und der Lauf der Ausführungsfrist für den Zahlungsdienstleister des Zahlers nach § 675s Abs. 1 BGB beginnt.

19 Die Übermittlung des Zahlungsauftrags durch den Zahlungsdienstleister des Zahlungsempfängers an den Zahlungsdienstleister des Zahlers hat nach § 675s Abs. 2 S. 1 BGB innerhalb der zwischen dem Zahlungsempfänger und seinem Zahlungsdienstleister vereinbarten Fristen zu erfolgen, d.h. das Gesetz enthält zur Bestimmung der Übermittlungsfrist keinen eigenen Regelungsgehalt und verweist hier auf die entsprechende Parteivereinbarung.[30]

20 Eine Sonderregelung gilt dagegen nach § 675s Abs. 2 S. 2 BGB für Lastschriften: Hier ist der Zahlungsdienstleister des Zahlungsempfängers verpflichtet, den Zahlungsauftrag so rechtzeitig zu übermitteln, dass die Verrechnung an dem vom Zahlungsempfänger mitgeteilten Fälligkeitstag ermöglicht wird. Maßgeblich kommt es darauf an, dass die Übermittlung der betreffenden Daten an das Zahlungsverkehrssystem möglich ist, an dem die beteiligten Zahlungsdienstleister teilnehmen, bzw. bei Einschaltung zwischengeschalteter Stellen die Weiterleitung an die erste dieser Stellen.[31]

---

26 BGH, Urt. v. 25.11.2015 – IV ZR 169/14, juris Rn. 16, NJW-RR 2016, 511. Anderer Auffassung noch die Vorinstanz, siehe OLG Karlsruhe, Urt. v. 9.4.2014 – 7 U 177/13, juris Rn. 28, WM 2014, 1422.
27 Siehe Begr Reg-Entw BT-Drs. 16/11643, S. 109; vgl. allgemein zu § 675f BGB Rn. 32.
28 MK-Jungmann, 7. Aufl., § 675s BGB Rn. 17; Palandt-Sprau, 77. Aufl., § 675s BGB Rn. 4. Ebenso für § 675s Abs. 2 BGB auch Erman-von Westphalen, 15. Aufl., § 675s BGB Rn. 16.
29 MK-Jungmann, 7. Aufl., § 675s BGB Rn. 36; siehe auch Palandt-Sprau, 77. Aufl., § 675s BGB Rn. 4.
30 Siehe Begr Reg-Entw BT-Drs. 16/11643, S. 111 f.
31 MK-Jungmann, 7. Aufl., § 675s BGB Rn. 38 f.

Bei nicht bzw. nicht fristgerecht erfolgender Übermittlung des Zahlungsauftrags an den Zahlungsdienstleister des Zahlers haftet der Zahlungsdienstleister des Zahlungsempfängers diesem gegenüber nach § 675y Abs. 2 BGB[32] bzw. nach § 675y Abs. 4 BGB.[33] Auch hier wird für Folgeschäden auch auf eine Haftung aus § 280 BGB zurückgegriffen werden können.[34] 21

D. Abdingbarkeit und Ausschluss der Anwendbarkeit

Abweichungen von der Regelung der Ausführungsfrist für Zahlungsvorgänge nach § 675s BGB zu Lasten des Zahlungsdienstnutzers, d.h. insbesondere die Vereinbarung einer längeren Ausführungsfrist, sind nach der Grundregel des § 675e Abs. 1 BGB grundsätzlich unzulässig, dies auch gegenüber Nicht-Verbrauchern (vgl. § 675e Abs. 4 BGB). 22

Für Kleinbetragsinstrumente dürfen die Parteien nach § 675i Abs. 2 Nr. 6 BGB dagegen andere als die in § 675s BGB bestimmten Ausführungsfristen vereinbaren, d.h. auch zulasten des Zahlungsdienstnutzers verlängerte Fristen. 23

In Sachverhalten mit Drittstaatenbezug sowie bei Zahlungen in Nicht-EU-Währungen ist die Frage der Abdingbarkeit und des Ausschlusses der Anwendbarkeit des § 675s BGB nach den sich ergänzenden Bestimmungen der §§ 675e Abs. 2 und 675s Abs. 3 BGB zu berücksichtigen, jeweils in Verbindung mit § 675d Abs. 6 S. 1 Nr. 1 und 2 BGB. Danach gilt folgendes: Grundsätzlich ist bei Drittstaatensachverhalten im Sinne von § 675d Abs. 6 S. 1 Nr. 1 und 2 BGB nach der allgemeinen Regelung des § 675e Abs. 2 Nr. 2 BGB nur eine dispositive Geltung des § 675s BGB vorgesehen, d.h. es darf auch zulasten des Zahlungsdienstnutzers abgewichen werden. Diese Regelung gilt allerdings nur für außerhalb des EWR getätigte Bestandteile eines Zahlungsvorgangs bzw. für Fälle ohne Beteiligung innerhalb des EWR belegener Zahlungsdienstleister.[35] Nach der Sonderregelung des § 675s Abs. 3 Nr. 2 BGB darf dagegen, wenn ein Fall des § 675d Abs. 6 S. 1 Nr. 1 lit. a BGB vorliegt, d.h. bei Zahlungsvorgängen in einer Nicht-EWR-Währung unter Beteiligung nur innerhalb des EWR belegener Zahlungsdienstleister, auch für die innerhalb des EWR getätigten Bestandteile des Zahlungsvorgangs von den für den Zahlungsdienstleister des Zahlungsempfängers geltenden Übermittlungsfristen nach § 675s Abs. 2 BGB abgewichen werden.[36] 24

Ferner sieht § 675e Abs. 2 Nr. 1 BGB vor, dass bei Drittstaatensachverhalten im Sinne von § 675d Abs. 6 S. 1 Nr. 1 und 2 BGB der § 675s Abs. 1 BGB nicht anzuwenden ist. Auch diese Regelung betrifft wiederum nur außerhalb des EWR getätigte Bestandteile eines Zahlungsvorgangs. Der § 675s Abs. 1 BGB gilt nach § 675e Abs. 2 Nr. 1 BGB auch nicht als dispositives Recht, da die kurze Ausführungsfrist für den Zahlungsdienstleister des Zahlers nach § 675s Abs. 1 BGB hier vielfach nicht eingehalten werden könnte,[37] und es gilt stattdessen das über § 675c Abs. 1 BGB anwendbare allgemeine Geschäftsbesorgungs- und Auftragsrecht,[38] von dem wiederum Abweichungen der Parteien zulässig sind. 25

---

32 Siehe zu § 675y BGB Rn. 38 ff.
33 Siehe zu § 675y BGB Rn. 52 ff.
34 Siehe zu § 675z BGB Rn. 6 ff.
35 So Begr Reg-Entw BT-Drucks 18/11495, S. 160 sowie 153 unter Bezug auf die jeweiligen Fallgruppen des § 675d Abs. 6 S. 1 Nr. 1 und 2 BGB.
36 Begr Reg-Entw BT-Drucks 18/11495, S. 161. Da § 675s Abs. 2 S. 1 BGB ohnehin von einer freien Vereinbarkeit von Übermittlungsfristen ausgeht, hat dies Bedeutung insbesondere im Hinblick auf die nach § 675s Abs. 2 S. 2 BGB vorgesehene Bindung des Zahlungsdienstleisters des Zahlungsempfängers an einen vom Zahlungsempfänger mitgeteilten Fälligkeitstag.
37 Begr Reg-Entw BT-Drucks 18/11495, S. 153, 160.
38 Siehe Begr Reg-Entw BT-Drucks 18/11495, S. 160.

26 Weiter wird nach § 675s Abs. 3 S. 1 BGB bei Vorliegen einer der Fälle des § 675d Abs. 6 S. 1 Nr. 1 BGB, d.h. bei Zahlungsvorgängen in einer Nicht-EWR-Währung unter Beteiligung nur innerhalb des EWR belegener Zahlungsdienstleister und bei One-Leg-Transaktionen, auch § 675s Abs. 1 S. 1 und 3 BGB für die innerhalb des EWR getätigten Bestandteile des Zahlungsvorgangs unanwendbar erklärt.[39] Bei One-Leg-Transaktionen unter Beteiligung außerhalb des EWR belegener Zahlungsdienstleister (d.h. im Fall des § 675d Abs. 6 S. 1 Nr. 1 lit. b BGB) ist hinsichtlich der Anwendung der kurzen Ausführungsfrist für den Zahlungsdienstleister des Zahlers nach § 675s Abs. 1 und 3 BGB eine Unterscheidung zwischen innerhalb und außerhalb des EWR getätigten Bestandteilen des Zahlungsvorgangs nicht sachgerecht,[40] so dass die Regelung zur Nichtanwendbarkeit des § 675s Abs. 1 BGB nach § 675e Abs. 2 Nr. 1 BGB entsprechend zu ergänzen war. Die Regelung des § 675s Abs. 1 S. 2 BGB ist von der Nichtanwendbarkeit nach § 675s Abs. 3 S. 1 BGB nicht erfasst, kommt aber auf One-Leg-Transaktionen ohnehin nicht zur Anwendung. Auch bei in einer Nicht-EWR-Währung vorgenommenen Zahlungsvorgängen unter Beteiligung nur innerhalb des EWR belegener Zahlungsdienstleister (d.h. im Fall des § 675d Abs. 6 S. 1 Nr. 1 lit. a BGB) wäre die kurze Ausführungsfrist nach § 675s Abs. 1 BGB nicht einzuhalten. Über die sich bereits aus § 675s Abs. 3 S. 1 BGB ergebende Nichtanwendbarkeit der § 675s Abs. 1 S. 1 und 3 BGB hinaus wird für diese Fälle nach § 675s Abs. 3 S. 2 Nr. 1 BGB auch die Nichtanwendbarkeit des § 675s Abs. 1 S. 2 BGB bestimmt, d.h. der Zahlungsdienstleister des Zahlers ist bei der Vereinbarung einer Ausführungsfrist mit dem Zahler nicht an die Höchstgrenze von maximal vier Geschäftstagen gebunden und es gilt stattdessen das allgemeine Geschäftsbesorgungs- und Auftragsrecht.[41]

§ 675t BGB
Wertstellungsdatum und Verfügbarkeit von Geldbeträgen; Sperrung eines verfügbaren Geldbetrags

(1) Der Zahlungsdienstleister des Zahlungsempfängers ist verpflichtet, dem Zahlungsempfänger den Zahlungsbetrag unverzüglich verfügbar zu machen, nachdem der Betrag auf dem Konto des Zahlungsdienstleisters eingegangen ist, wenn dieser

1. **keine Währungsumrechnung vornehmen muss oder**
2. **nur eine Währungsumrechnung zwischen dem Euro und einer Währung eines Vertragsstaats des Abkommens über den Europäischen Wirtschaftsraum oder zwischen den Währungen zweier Vertragsstaaten des Abkommens über den Europäischen Wirtschaftsraum vornehmen muss.**

Sofern der Zahlungsbetrag auf einem Zahlungskonto des Zahlungsempfängers gutgeschrieben werden soll, ist die Gutschrift, auch wenn sie nachträglich erfolgt, so vorzunehmen, dass der Zeitpunkt, den der Zahlungsdienstleister für die Berechnung der Zinsen bei Gutschrift oder Belastung eines Betrags auf einem Zahlungskonto zugrunde legt (Wertstellungsdatum), spätestens der Geschäftstag ist, an dem der Zahlungsbetrag auf dem Konto des Zahlungsdienstleisters des Zahlungsempfängers eingegangen ist. Satz 1 gilt auch dann, wenn der Zahlungsempfänger kein Zahlungskonto unterhält.

39 Begr Reg-Entw BT-Drucks 18/11495, S. 160.
40 Begr Reg-Entw BT-Drucks 18/11495, S. 160.
41 Begr Reg-Entw BT-Drucks 18/11495, S. 160 f.

(2) Zahlt ein Verbraucher Bargeld auf ein Zahlungskonto bei einem Zahlungsdienstleister in der Währung des betreffenden Zahlungskontos ein, so stellt dieser Zahlungsdienstleister sicher, dass der Betrag dem Zahlungsempfänger unverzüglich nach dem Zeitpunkt der Entgegennahme verfügbar gemacht und wertgestellt wird. Ist der Zahlungsdienstnutzer kein Verbraucher, so muss dem Zahlungsempfänger der Geldbetrag spätestens an dem auf die Entgegennahme folgenden Geschäftstag verfügbar gemacht und wertgestellt werden.

(3) Eine Belastung auf dem Zahlungskonto des Zahlers ist so vorzunehmen, dass das Wertstellungsdatum frühestens der Zeitpunkt ist, an dem dieses Zahlungskonto mit dem Zahlungsbetrag belastet wird. Das Zahlungskonto des Zahlers darf nicht belastet werden, bevor der Zahlungsauftrag seinem Zahlungsdienstleister zugegangen ist.

(4) Unbeschadet sonstiger gesetzlicher oder vertraglicher Rechte ist der Zahlungsdienstleister des Zahlers im Fall eines kartengebundenen Zahlungsvorgangs berechtigt, einen verfügbaren Geldbetrag auf dem Zahlungskonto des Zahlers zu sperren, wenn

1. der Zahlungsvorgang vom oder über den Zahlungsempfänger ausgelöst worden ist und

2. der Zahler auch der genauen Höhe des zu sperrenden Geldbetrags zugestimmt hat.

Den gesperrten Geldbetrag gibt der Zahlungsdienstleister des Zahlers unbeschadet sonstiger gesetzlicher oder vertraglicher Rechte unverzüglich frei, nachdem ihm entweder der genaue Zahlungsbetrag mitgeteilt worden oder der Zahlungsauftrag zugegangen ist.

(5) Wenn ein Fall des § 675d Absatz 6 Satz 1 Nummer 1 Buchstabe a vorliegt,

1. kann von § 675t Absatz 1 Satz 3 für die innerhalb des Europäischen Wirtschaftsraums getätigten Bestandteile des Zahlungsvorgangs abgewichen werden und

2. ist § 675t Absatz 2 auf die innerhalb des Europäischen Wirtschaftsraums getätigten Bestandteile des Zahlungsvorgangs nicht anzuwenden.

Systematische Übersicht

A. Allgemeines

1 § 675t Abs. 1 und 2 BGB regeln als Gegenstück zur Ausführungsfrist für den Zahlungsdienstleister des Zahlers nach § 675s Abs. 1 BGB die Verpflichtung des Zahlungsdienstleisters des Zahlungsempfängers zur Verfügbarmachung und Wertstellung des Zahlungsbetrags zugunsten des Zahlungsempfängers. Im Vordergrund steht mit den kurzen Fristen für die Verfügbarmachung und Wertstellung auch hier die Förderung der Beschleunigung und Verlässlichkeit der Ausführung von Zahlungsvorgängen,[1] spezifisch auch zur Einschränkung einer für den Zahlungsempfänger ungünstigen Wertstellungspraxis.[2] Diese Regelungen wurden ursprünglich eingeführt in Umsetzung von Art. 70, 71 und 73 ZDRL I. In der ZDRL II ist die Materie nunmehr in Art. 84, 85 und 87 ZDRL II geregelt, in Umsetzung der ZDRL II waren diesbezüglich in § 675t BGB aufgrund des generell erweiterten Anwendungsbereichs der ZDRL II Anpassungen in § 675t Abs. 1 S. 1 BGB vorzunehmen sowie der § 675t Abs. 5 BGB neu hinzuzufügen, um durch die dort geregelten Ausnahmen und Einschränkungen diese Erweiterung im Hinblick auf die Regelung des § 675t Abs. 1 S. 1 BGB teilweise wieder zurückzunehmen, da insbesondere eine Verpflichtung zur unverzüglichen Verfügbarmachung in Drittstaatensachverhalten vielfach nicht sachgerecht wäre.[3]

2 In § 675t Abs. 3 und 4 BGB sind Regelungen zur Belastung und Sperrung des Zahlungskontos des Zahlers durch seinen Zahlungsdienstleister enthalten. Diese Regelungen zielen insbesondere auf die Verhinderung einer vorzeitigen bzw. unberechtigten Belastung des Zahlungskontos oder Sperrung eines Geldbetrags auf diesem Konto ab. § 675t Abs. 3 S. 1 BGB wurde bereits in Umsetzung von Art. 73 Abs. 2 ZDRL I eingeführt und wurde in Umsetzung der nunmehr in Art. 78 Abs. 1 Unterabs. 2 S. 1 ZDRL II neu enthaltenen Regelung um die Klarstellung in § 675t Abs. 3 S. 2 BGB ergänzt. Die Regelung in § 675t Abs. 4 BGB wurde in Umsetzung der in Art. 75 ZDRL II enthaltenen Bestimmung zur Sperrung von Geldbeträgen auf Zahlungskonten neu hinzugefügt.

B. Gutschrift durch den Zahlungsdienstleister des Zahlungsempfängers

3 § 675t Abs. 1 BGB nimmt Bezug auf den Begriff der Gutschrift, der für das Recht der Kontoführung von zentraler Bedeutung ist, wobei zwischen dem Anspruch auf Gutschrift einerseits und dem Anspruch aus der Gutschrift andererseits zu unterscheiden ist.

I. Anspruch auf Gutschrift

4 Der Anspruch auf Gutschrift ist der Anspruch des Zahlungsempfängers gegen seinen Zahlungsdienstleister auf Erteilung einer Gutschrift über den Zahlungsbetrag, sobald dieser dem Zahlungsdienstleister überwiesen oder bei ihm eingezahlt wurde.[4]

5 Der Anspruch auf Gutschrift stellt sich damit als zahlungsdienstvertragliche Konkretisierung des allgemeinen auftrags- und geschäftsbesorgungsrechtlichen Grundsatzes aus den §§ 675, 667 BGB dar.[5] Diese Konkretisierung des Anspruchs auf Gutschrift, insbe-

1 Siehe MK-Jungmann, 7. Aufl., § 675t BGB Rn. 8.
2 MK-Jungmann, 7. Aufl., § 675t BGB Rn. 6; Staudinger-Omlor, 2012, § 675t BGB Rn. 1.
3 Siehe unten Rn. 41 ff.
4 BGH, Urt. v. 24.10.1996 – IX ZR 284/95, juris Rn. 26, WM 1996, 2250; MK-Jungmann, 7. Aufl., § 675t BGB Rn. 14.
5 BGH, Urt. v. 24.1.1985 – IX ZR 65/84, juris Rn. 26, BGHZ 93, 315; MK-Jungmann, 7. Aufl., § 675t BGB Rn. 14; Staudinger-Omlor, 2012, § 675t BGB Rn. 5.

sondere auch hinsichtlich der Ausführungs- und Wertstellungsfristen, erfolgt auf der Grundlage des § 675t Abs. 1 und Abs. 2 BGB,[6] in denen die Verpflichtung des Zahlungsdienstleisters des Zahlungsempfängers zur Verfügbarmachung des Zahlungsbetrags für den Fall geregelt ist, dass der Zahlungsempfänger ein Zahlungskonto bei seinem Zahlungsdienstleister führt. Ist ein solches Zahlungskonto nicht vorhanden, hat die dann nach § 675t Abs. 1 S. 3 BGB dennoch geschuldete Verfügbarmachung unmittelbar durch eine Auszahlung zu erfolgen.[7]

II. Anspruch aus der Gutschrift

Der Anspruch aus der Gutschrift ist demgegenüber der vom Anspruch auf Erteilung der Gutschrift zu unterscheidende Anspruch, den der Zahlungsempfängers gegen seinen Zahlungsdienstleister aus der ihm erteilten Gutschrift geltend machen kann und der grundsätzlich auf Auszahlung des gutgeschriebenen Zahlungsbetrags gerichtet ist.[8] 6

In der Sache handelt es sich bei dem Anspruch aus der Gutschrift um einen Anspruch aus einem abstrakten Schuldversprechen bzw. Schuldanerkenntnis nach den §§ 780, 781 BGB[9] im Rahmen des im Inkassoverhältnis zwischen dem Zahlungsempfänger und seinem Zahlungsdienstleister bestehenden Zahlungsdiensterahmenvertrags.[10] 7

Der Anspruch aus der Gutschrift entsteht, sobald der betreffende Betrag dem Zahlungsempfänger von seinem Zahlungsdienstleister gutgeschrieben wird und dies gegenüber dem Zahlungsempfänger erklärt wird: Mit der Erkennbarkeit der Buchung nach außen wird das abstrakte Schuldversprechen bzw. Schuldanerkenntnis erklärt.[11] Bei automatisierten Buchungsprozessen wird dies jedenfalls bei einer Abrufbarkeit der Buchung über einen Kontoauszugsdrucker oder im Online-Banking bejaht,[12] während in der bloßen online erfolgenden Anzeige eines erhöhten Kontostands ohne Mitteilung der Details der Buchung noch kein Rechtsbindungswillen hinsichtlich einzelner Buchungsposten gesehen wird.[13] 8

Der Anspruch aus der Gutschrift ist nach zutreffender, aber bestrittener Ansicht nicht dem § 675t BGB, sondern allein den §§ 780, 781 BGB zu entnehmen:[14] Soweit in § 675t Abs. 1 und Abs. 2 BGB von einem Anspruch auf Verfügbarmachung gesprochen 9

6 Palandt-Sprau, 77. Aufl., § 675t BGB Rn. 4; Staudinger-Omlor, 2012, § 675t BGB Rn. 3f., 6.
7 Siehe unten Rn. 17.
8 Begründung des Regierungsentwurfs zur Umsetzung des zivilrechtlichen Teils der Zahlungsdiensterichtlinie, BT-Drs. 16/11643, S. 112; MK-Jungmann, 7. Aufl., § 675t BGB Rn. 14.
9 BGH, Urt. v. 7.12.2004 – XI ZR 361/03, juris Rn. 24, BGHZ 161, 273; Urt. v. 13.6.2013 – IX ZR 259/12, juris Rn. 28, WM 2013, 1793; MK-Jungmann, 7. Aufl., § 675t BGB Rn. 14, 34; Staudinger-Omlor, 2012, § 675t BGB Rn. 7. Liegt der Gutschrift eine Bareinzahlung durch den Kontoinhaber zugrunde, handelt es sich dagegen bei der Gutschrift lediglich um ein deklaratorisches Schuldanerkenntnis, da der Kontoinhaber in diesem Fall einen Anspruch gegen seinen Zahlungsdienstleister bereits mit der Einzahlung erwirbt, siehe BGH, Urt. v. 4.4.1979 – VIII ZR 96/78, juris Rn. 18, BGHZ 74, 129; MK-Jungmann, 7. Aufl., § 675t BGB Rn. 39; Staudinger-Omlor, 2012, § 675t BGB Rn. 5.
10 MK-Jungmann, 7. Aufl., § 675t BGB Rn. 36; Erman-von Westphalen, 15. Aufl., § 675t BGB Rn. 2.
11 Staudinger-Omlor, 2012, § 675t BGB Rn. 7; MK-Jungmann, 7. Aufl., § 675t BGB Rn. 37.
12 BGH, Urt. v. 25.1.1988 – II ZR 320/87, juris Rn. 16, BGHZ 103, 143; Beschl. v. 23.11.1999 – XI ZR 98/99, juris Rn. 2, NJW 2000, 804; MK-Jungmann, 7. Aufl., § 675t BGB Rn. 37; Staudinger-Omlor, 2012, § 675t BGB Rn. 7.
13 So LG Rostock, Beschl. v. 13.11.2012 – 1 S 173/12, juris Rn. 3, ZMR 2013, 397; ebenso bereits AG Rostock, Urt. v. 15.6.2012 – 49 C 491/11, juris Rn. 22f., ZMR 2013, 397; siehe auch MK-Jungmann, 7. Aufl., § 675t BGB Rn. 38; Palandt-Sprau, 77. Aufl., § 675f BGB Rn. 37.
14 Staudinger-Omlor, 2012, § 675t BGB Rn. 7; siehe auch BeckOK-Schmalenbach, 43. Ed. 2017, § 675s BGB Rn. 2. Anders dagegen offenbar die Begr Reg-Entw, BT-Drs. 16/11643, S. 112; siehe auch MK-Jungmann, 7. Aufl., § 675t BGB Rn. 15; Erman-von Westphalen, 15. Aufl., § 675t BGB Rn. 2.

wird, ist dies bei einem vorhandenen Zahlungskonto in Form der Gutschrift vorzunehmen (siehe § 675t Abs. 1 S. 2 BGB) und beinhaltet nicht zugleich die erst aus der Gutschrift folgende Auszahlung.[15] Für diese Auslegung streitet auch der Wortlaut des § 675t Abs. 1 S. 1 BGB, wenn der Anspruch auf Verfügbarmachung an den Eingang des Zahlungsbetrags beim Zahlungsdienstleister des Zahlungsempfängers geknüpft wird (wie dies dem Anspruch auf Gutschrift entspricht) und nicht an die Gutschrift dieses Betrags auf dem Zahlungskonto des Zahlungsempfängers (wie es dem Fall des Anspruchs aus der Gutschrift entsprechen würde). In der Praxis dürfte diese Meinungsdifferenz letztlich vernachlässigbar sein.[16]

III. Stornorecht

10 Eine Gutschrift kann, wenn sie rechtsgrundlos erfolgt ist, nach bereicherungsrechtlichen Grundsätzen kondiziert werden.[17] Darüber hinaus begründet Nr. 8 Abs. 1 AGB-Banken ein vertragliches Stornorecht des kontoführenden Kreditinstituts, welches als ein vertraglich vereinbartes, einseitiges Widerrufsrecht hinsichtlich des mit der Gutschrift erfolgten Schuldversprechens bzw. Schuldanerkenntnisses qualifiziert wird.[18] Das AGB-mäßig vereinbarte Stornorecht setzt voraus, dass dem Kreditinstitut ein Rückzahlungsanspruch gegen den Kunden zusteht.[19]

C. Verpflichtung des Zahlungsdienstleisters des Zahlungsempfängers zur Verfügbarmachung

I. Anspruch auf Gutschrift

11 § 675t Abs. 1 S. 1 BGB sowie § 675t Abs. 2 S. 1 BGB regeln die Verpflichtung des Zahlungsdienstleisters des Zahlungsempfängers, diesem den beim Zahlungsempfänger eingegangenen Zahlungsbetrag verfügbar zu machen.

12 Die Verpflichtung entsteht bei unbaren Eingängen mit dem Eingang des Zahlungsbetrags auf dem Konto des Zahlungsdienstleisters des Zahlungsempfängers (§ 675t Abs. 1 S. 1 BGB), bei Bareinzahlungen mit der Entgegennahme des Zahlungsbetrags durch den Zahlungsdienstleister des Zahlungsempfängers (§ 675t Abs. 2 S. 1 BGB), wobei der Zahlungsdienstleister aber grundsätzlich zur Entgegennahme von Bareinzahlungen nicht verpflichtet ist.[20] Unerheblich ist, ob es sich um eine „Push"-[21] oder „Pull"-Zahlung[22] handelt und die Verpflichtung zur Verfügbarmachung aus § 675t BGB mit den nach dieser Vorschrift weiter vorgesehenen Ausführungsfristen besteht auch bei institutsinternen Zahlungsvorgängen.[23]

---

15 Anderes gilt bei Nichtvorhandensein eines solchen Zahlungskontos: Hier hat die dann nach § 675t Abs. 1 S. 3 BGB dennoch geschuldete Verfügbarmachung unmittelbar durch eine Auszahlung zu erfolgen, siehe unten Rn. 17.

16 Erman-von Westphalen, 15. Aufl., § 675t BGB Rn. 2.

17 BGH, Urt. v. 29.5.1978 – II ZR 166/77, juris Rn. 9, BGHZ 72, 9; Urt. v. 9.5.2000 – XI ZR 220/99, juris Rn. 24, WM 2000, 1539; MK-Jungmann, 7. Aufl., § 675t BGB Rn. 40; Staudinger-Omlor, 2012, § 675t BGB Rn. 12.

18 BGH, Urt. v. 29.5.1978 – II ZR 166/77, juris Rn. 9, BGHZ 72, 9; MK-Jungmann, 7. Aufl., § 675t BGB Rn. 41.

19 Siehe MK-Jungmann, 7. Aufl., § 675t BGB Rn. 41; Staudinger-Omlor, 2012, § 675t BGB Rn. 12.

20 Siehe Begr Reg-Entw, BT-Drs. 16/11643, S. 112; Palandt-Sprau, 77. Aufl., § 675t BGB Rn. 9.

21 Siehe allgemein zu § 675f BGB Rn. 31.

22 Siehe allgemein zu § 675f BGB Rn. 32.

23 Siehe Palandt-Sprau, 77. Aufl., § 675t BGB Rn. 2.

Führt des Zahlungsdienstleister des Zahlungsempfängers dessen Zahlungskonto, dann ist der Anspruch des Zahlungsempfängers als Anspruch auf Gutschrift darauf gerichtet, dass der Zahlungsbetrag dem Zahlungskonto gutgeschrieben wird, dass der Zahlungsdienstleister für den Zahlungsempfänger führt.[24] 13

Der Zahlungsdienstleister des Zahlungsempfängers ist grundsätzlich zur ungekürzten Verfügbarmachung des bei ihm eingegangenen Zahlungsbetrags verpflichtet, sofern er nicht mit dem Zahlungsempfänger nach § 675q Abs. 2 S. 1 BGB ein Recht vereinbart hat, ihm zustehende Entgelte vor Erteilung der Gutschrift von dem übermittelten Betrag abzuziehen.[25] Dagegen darf der Zahlungsdienstleister des Zahlungsempfängers den Zahlungsbetrag einem debitorischen Konto gutschreiben und ihn in einen Kontokorrent einbringen;[26] ebenso wird die Geltendmachung eventueller Pfand-, Zurückbehaltungs- oder Aufrechnungsrechte durch den Zahlungsdienstleister des Zahlungsempfängers durch § 675t BGB nicht ausgeschlossen.[27] 14

Zulässig ist es auch, dass die Gutschrift unter Vorbehalt erteilt wird, d.h. eine Stornierung vorbehalten wird,[28] wenn beispielsweise bei einer Lastschrift mit der Geltendmachung eines Erstattungsrechts nach § 675x BGB gerechnet werden muss.[29] 15

Der Zahlungsdienstleister des Zahlungsempfängers ist nach § 675r Abs. 1 BGB berechtigt, den Zahlungsvorgang ausschließlich anhand der von dem Zahlungsdienstnutzer angegebenen Kundenkennung auszuführen, d.h. den Zahlungsbetrag dem durch die Kundenkennung bezeichneten Zahlungskonto gutzuschreiben.[30] Dies gilt grundsätzlich auch bei einer vom Zahlungsdienstnutzer falsch angegebenen Kundenkennung, d.h. wenn der beabsichtigte Zahlungsempfänger von dem durch die falsch angegebene Kundenkennung bezeichneten Empfänger abweicht – wenn aber der Zahlungsdienstleister des Zahlungsempfängers diese falsch angegebene Kundenkennung bemerkt, dann ist er berechtigt, die Gutschrift nicht auszuführen und es besteht kein Anspruch des durch die falsch angegebene Kundenkennung bezeichneten Empfängers auf Gutschrift des Zahlungsbetrags.[31] 16

II. Verfügbarmachung ohne Zahlungskonto des Zahlungsempfängers

Der Zahlungsdienstleister des Zahlungsempfängers ist nach § 675t Abs. 1 S. 3 BGB zur Verfügbarmachung des bei ihm unbar eingegangenen Zahlungsbetrags auch dann verpflichtet, wenn der Zahlungsempfänger kein Zahlungskonto bei ihm unterhält. Wesentlicher Anwendungsfall ist der Finanztransfer zugunsten des Zahlungsempfängers.[32] In diesem Fall ist der Anspruch gegen den Zahlungsdienstleister des Zahlungsempfängers auf Auszahlung des Zahlungsbetrags gerichtet.[33] 17

24 Siehe Staudinger-Omlor, 2012, § 675t BGB Rn. 7 f.
25 Siehe zu § 675q BGB Rn. 9 ff.
26 Siehe Begr Reg-Entw, BT-Drs. 16/11643, S. 112; MK-Jungmann, 7. Aufl., § 675t BGB Rn. 21; Palandt-Sprau, 77. Aufl., § 675t BGB Rn. 4.
27 Siehe Begr Reg-Entw, BT-Drs. 16/11643, S. 112; MK-Jungmann, 7. Aufl., § 675t BGB Rn. 21; Palandt-Sprau, 77. Aufl., § 675t BGB Rn. 4.
28 Siehe Begr Reg-Entw, BT-Drs. 16/11643, S. 112; Palandt-Sprau, 77. Aufl., § 675t BGB Rn. 4; MK-Jungmann, 7. Aufl., § 675t BGB Rn. 20.
29 Siehe Begr Reg-Entw, BT-Drs. 16/11643, S. 112.
30 Siehe zu § 675r BGB Rn. 8.
31 Siehe zu § 675r BGB Rn. 12.
32 Siehe Palandt-Sprau, 77. Aufl., § 675t BGB Rn. 7.
33 Siehe Palandt-Sprau, 77. Aufl., § 675t BGB Rn. 7; Erman-von Westphalen, 15. Aufl., § 675t BGB Rn. 12.

D. Ausführungsfrist des Zahlungsdienstleisters des Zahlungsempfängers zur Verfügbarmachung sowie Wertstellungsdatum

18 Zur Beschleunigung und verlässlich planbaren Ausführung von Zahlungsvorgängen sieht § 675t BGB kurze Ausführungsfristen für die Verfügbarmachung des Zahlungsbetrags zugunsten des Zahlungsempfängers vor sowie ein hiervon getrennt geregeltes Datum der Wertstellung des verfügbar gemachten Zahlungsbetrags.

I. Verfügbarmachung bei unbarem Eingang (§ 675t Abs. 1 S. 1 BGB)

19 Bei unbarem Eingang des Zahlungsbetrags auf dem Konto des Zahlungsdienstleisters des Zahlungsempfängers ist dieser nach § 675t Abs. 1 S. 1 BGB grundsätzlich verpflichtet, dem Zahlungsempfänger den Zahlungsbetrag unverzüglich verfügbar zu machen, d.h. ohne schuldhaftes Zögern (§ 121 Abs. 1 BGB).[34]

20 Die unverzügliche Verfügbarmachung ist sowohl dann vorgesehen, wenn der Zahlungsempfänger ein Konto beim Zahlungsdienstleister unterhält, als auch bei Nichtvorhandensein eines solchen Kontos (§ 675t Abs. 1 S. 3 BGB), wobei es in letzterem Fall zur Auszahlung eines Barbetrags der Mitwirkung des Zahlungsempfängers bedarf.

21 Erfolgt die Verfügbarmachung durch Gutschrift des Zahlungsbetrags auf einem Konto des Zahlungsempfängers, dann erfordert die Verpflichtung zur unverzüglichen Verfügbarmachung in der Regel eine Gutschrift spätestens an dem Geschäftstag, der auf den Tag des Eingangs der Zahlung beim Zahlungsdienstleister des Zahlungsempfängers folgt,[35] wobei insoweit für die Bestimmung des Geschäftstages der Geschäftsbetrieb dieses Zahlungsdienstleisters zugrunde zu legen ist.[36]

22 Die Verpflichtung zur unverzüglichen Verfügbarmachung nach § 675t Abs. 1 S. 1 BGB findet zudem nur dann Anwendung, wenn der Zahlungsdienstleister des Zahlungsempfängers keine Währungsumrechnung unter Beteiligung einer Nicht-EWR-Währung vornehmen muss, d.h. nur dann, wenn er überhaupt keine Währungsumrechnung vornehmen muss (§ 675t Abs. 1 S. 1 Nr. 1 BGB) oder jedenfalls nur eine solche, an der nur der Euro oder andere Währungen eines EWR-Staats beteiligt sind (§ 675t Abs. 1 S. 1 Nr. 2 BGB). Diese Bindung der Verpflichtung zur unverzüglichen Verfügbarmachung nach § 675t Abs. 1 S. 1 BGB an diese einschränkenden Voraussetzungen wurde in Umsetzung von Art. 87 Abs. 2 ZDRL II eingeführt, wobei im deutschen Umsetzungsgesetz zugleich die Erweiterung auf den EWR-acquis vorweggenommen wurde.[37] Sie rechtfertigt sich daraus, dass zwar grundsätzlich der Anwendungsbereich der ZDRL II im Hinblick auf Drittstaatensachverhalte und Zahlungsvorgänge in Fremdwährungen erheblich erweitert wurde: Diese Erweiterung war im Hinblick auf die Regelung des § 675t Abs. 1 S. 1 BGB teilweise wieder zurückzunehmen, da eine Verpflichtung zur unverzüglichen Verfügbarmachung bei zuvor erforderlicher Währungsumrechnung unter Beteiligung einer Nicht-EWR-Währung nicht sachgerecht wäre.[38] In diesen Fällen verbleibt es daher bei

---

34 Siehe Palandt-Sprau, 77. Aufl., § 675t BGB Rn. 3f.

35 Siehe Begr Reg-Entw, BT-Drs. 16/11643, S. 112; Palandt-Sprau, 77. Aufl., § 675t BGB Rn. 4; BeckOK-Schmalenbach, 43. Ed. 2017, § 675s BGB Rn. 4. Für eine im Regelfall taggleiche Gutschrift dagegen Erman-von Westphalen, 15. Aufl., § 675t BGB Rn. 5; MK-Jungmann, 7. Aufl., § 675t BGB Rn. 23.

36 Begr Reg-Entw, BT-Drs. 16/11643, S. 108; Erman-von Westphalen, 15. Aufl., § 675n BGB Rn. 5.

37 Begründung des Regierungsentwurfs zur Umsetzung der Zweiten Zahlungsdiensterichtlinie, BT-Drs. 18/11495, S. 161.

38 Begr Reg-Entw, BT-Drs. 18/11495, S. 161. Siehe zu weiteren Beschränkungen der Anwendbarkeit des § 675t BGB im Hinblick auf Drittstaatensachverhalte und Zahlungsvorgänge in Fremdwährungen unten Rn. 41ff.

den sich aus den allgemeinen Grundsätzen des Auftrags- und Geschäftsbesorgungsrechts ergebenden Regelungen.

II. Verfügbarmachung bei Bareinzahlungen (§ 675t Abs. 2 BGB)

Für die Verfügbarmachung des Zahlungsbetrags zugunsten des Zahlungsempfängers im Fall von Bareinzahlungen gilt § 675t Abs. 2 BGB. 23

Danach sieht das Gesetz eine Unterscheidung zwischen Einzahlungen durch Verbraucher und Nicht-Verbraucher vor:[39] Zahlt ein Verbraucher Bargeld auf ein Zahlungskonto ein, so stellt der Zahlungsdienstleister, bei dem dieses Zahlungskonto geführt wird, sicher, dass der Betrag dem Zahlungsempfänger unverzüglich nach dem Zeitpunkt der Entgegennahme verfügbar gemacht wird (§ 675t Abs. 2 S. 1 BGB).[40] Erfolgt die Bareinzahlung durch einen Nicht-Verbraucher, so muss dem Zahlungsempfänger der Geldbetrag spätestens an dem auf die Entgegennahme folgenden Geschäftstag verfügbar gemacht und wertgestellt werden (§ 675t Abs. 2 S. 2 BGB). Unerheblich ist dabei jeweils, ob die Einzahlung durch den Zahlungsempfänger und Kontoinhaber selbst (als Einzahlung auf das eigene Konto) erfolgte oder durch einen Dritten.[41] 24

Beide Regelungen setzen voraus, dass die Bargeldeinzahlung in der Währung des betreffenden Zahlungskontos erfolgt (siehe so das in § 675t Abs. 2 S. 1 BGB genannte Erfordernis): Für Bareinzahlungen in einer Nicht-EWR-Währung findet überdies § 675t Abs. 2 BGB generell keine Anwendung und für sonstige Bareinzahlungen in einer anderen Währung als Euro kann von der Regelung des § 675t Abs. 2 BGB durch Vereinbarung abgewichen werden.[42] 25

III. Wertstellungsdatum zugunsten des Zahlungsempfängers

Das Wertstellungsdatum ist von der Verfügbarmachung zugunsten des Zahlungsempfängers zu unterscheiden. Die Wertstellung oder Valutierung bestimmt den Zeitpunkt, ab dem die Buchung (Gutschrift oder Belastung) sich auf die Berechnung der Verzinsung auswirkt (§ 675t Abs. 1 S. 2 BGB).[43] Dies muss nicht mit dem Moment der Verfügbarmachung zusammenfallen: Auch wenn ein Betrag erst später auf dem Konto des Zahlungsempfängers verfügbar gemacht wird, kann eine Wertstellung bereits zu einem früheren Zeitpunkt erfolgen, d.h. für die Verzinsung kann auf einen früheren Zeitpunkt abgestellt werden.[44] 26

Bei unbarem Zahlungseingang ist nach § 675t Abs. 1 S. 2 BGB die Wertstellung spätestens zu dem Geschäftstag vorzunehmen, an dem der Zahlungsbetrag auf dem Konto des Zahlungsdienstleisters des Zahlungsempfängers eingegangen ist, d.h. es ist eine tag- 27

---

39 Dies ist in der Literatur auf Kritik gestoßen, da hier eine Gleichbehandlung unabhängig von der Person des Einzahlenden naheliege, siehe MK-Jungmann, 7. Aufl., § 675t BGB Rn. 57; Staudinger-Omlor, 2012, § 675t BGB Rn. 16.

40 Siehe zur gesetzgeberischen Absicht einer strengeren Bindung des Zahlungsdienstleisters bei Bareinzahlungen durch Verbraucher Begr Reg-Entw, BT-Drs. 16/11643, S. 112.

41 Siehe Begr Reg-Entw, BT-Drs. 16/11643, S. 112; Palandt-Sprau, 77. Aufl., § 675t BGB Rn. 9.

42 Siehe unten Rn. 42.

43 Siehe Erman-von Westphalen, 15. Aufl., § 675t BGB Rn. 7; BeckOK-Schmalenbach, 43. Ed. 2017, § 675s BGB Rn. 6; Palandt-Sprau, 77. Aufl., § 675t BGB Rn. 8; Staudinger-Omlor, 2012, § 675t BGB Rn. 15.

44 Siehe Begr Reg-Entw, BT-Drs. 16/11643, S. 112; MK-Jungmann, 7. Aufl., § 675t BGB Rn. 50; Palandt-Sprau, 77. Aufl., § 675t BGB Rn. 8.

gleiche Wertstellung erforderlich,[45] auch wenn die tatsächliche Verfügbarmachung ausnahmsweise erst am Folgetag oder später erfolgt.

28 Bei Bareinzahlungen sieht das Gesetz in § 675t Abs. 2 BGB einen Gleichlauf zwischen dem Zeitpunkt, zu dem die Wertstellung zu erfolgen hat, und der Ausführungsfrist für die Verfügbarmachung vor:[46] Nach § 675t Abs. 2 S. 1 BGB hat bei einer Bareinzahlung durch einen Verbraucher ebenso wie die Verfügbarmachung auch die Wertstellung zugunsten des Zahlungsempfängers unverzüglich nach dem Zeitpunkt der Entgegennahme zu erfolgen, nach § 675t Abs. 2 S. 1 BGB müssen Geldbeträge bei Bareinzahlungen durch einen Nicht-Verbraucher spätestens an dem auf die Entgegennahme folgenden Geschäftstag verfügbar gemacht und wertgestellt werden. Beide Regelungen finden zudem nur dann Anwendung, wenn die Bargeldeinzahlung in der Währung des betreffenden Zahlungskontos erfolgte.[47]

E. Wertstellungsdatum bei Belastungen

29 Während die Regelungen der § 675t Abs. 1 und 2 BGB für das Inkassoverhältnis zwischen dem Zahlungsempfänger und seinem Zahlungsdienstleister gelten, betrifft § 675t Abs. 3 BGB das Deckungsverhältnis zwischen dem Zahler und seinem Zahlungsdienstleister.

30 Nach § 675t Abs. 3 S. 1 BGB ist eine Belastung auf dem Zahlungskonto des Zahlers so vorzunehmen, dass das Wertstellungsdatum frühestens der Zeitpunkt ist, an dem dieses Zahlungskonto mit dem Zahlungsbetrag belastet wird. Dies bedeutet, dass erst mit dem Zeitpunkt des tatsächlichen Mittelabflusses eine Wertstellung der Belastungsbuchung erfolgen darf und dass die Belastungsbuchung nicht zu einem früheren Zeitpunkt wertgestellt werden darf.[48]

31 In Umsetzung von Art. 78 Abs. 1 Unterabs. 2 S. 1 ZDRL II ist neu die Regelung des § 675t Abs. 3 S. 2 BGB eingeführt worden, die klarstellt, dass das Zahlungskonto des Zahlers nicht belastet werden darf, bevor der Zahlungsauftrag seinem Zahlungsdienstleister zugegangen ist. Dies bedeutet, dass ein vorgezogener Mittelabfluss (der sich nach § 675t Abs. 3 S. 1 BGB auch auf die Wertstellung der Belastungsbuchung auswirken würde), durch den dem Zahler die Verfügungsmöglichkeit über den Zahlbetrag bereits zu einem Zeitpunkt vor Beginn der Ausführungsfrist für den Zahlungsvorgang entzogen würde, unzulässig ist.[49]

F. Haftung bei Pflichtverletzungen

32 Kommt der Zahlungsdienstleister des Zahlungsempfängers seinen Pflichten aus § 675t Abs. 1 und 2 BGB nicht nach, indem er den Zahlungsbetrag dem Zahlungsempfänger nicht verfügbar macht, so besteht der Anspruch des Zahlungsempfängers nach dieser § 675t Abs. 1 und 2 BGB auf Gutschrift fort. Wird der Zahlungsbetrag verspätet verfügbar gemacht und wertgestellt, so kann der Zahlungsempfänger ebenfalls den Anspruch auf

45 Siehe Begr Reg-Entw, BT-Drs. 16/11643, S. 112; Erman-von Westphalen, 15. Aufl., § 675t BGB Rn. 6; Palandt-Sprau, 77. Aufl., § 675t BGB Rn. 8.
46 Vgl. auch Palandt-Sprau, 77. Aufl., § 675t BGB Rn. 9; Staudinger-Omlor, 2012, § 675t BGB Rn. 16.
47 So die ausdrücklich in § 675t Abs. 2 S. 1 BGB genannte Einschränkung.
48 Siehe Begr Reg-Entw, BT-Drs. 16/11643, S. 112 f.; Erman-von Westphalen, 15. Aufl., § 675t BGB Rn. 16; MK-Jungmann, 7. Aufl., § 675t BGB Rn. 59; Palandt-Sprau, 77. Aufl., § 675t BGB Rn. 10; Staudinger-Omlor, 2012, § 675t BGB Rn. 17.
49 Begr Reg-Entw, BT-Drs. 18/11495, S. 161.

Wertstellung nach § 675t Abs. 1 und 2 BGB geltend machen.[50] Eine entsprechende Haftung wird für den Bereich von „Pull“-Zahlungen nochmals durch § 675y Abs. 4 S. 4 BGB bekräftigt.[51]

Der Anspruch auf rechtzeitige Wertstellung deckt nicht etwaige andere Schäden, die der Zahlungsempfänger aufgrund der nicht rechtzeitigen Zurverfügungstellung insbesondere im Verhältnis zu Dritten erlitten haben kann, z.B. eine Haftung auf Verzugsschäden infolge einer mangels genügender Deckung nicht ausgeführten Zahlung. Für solche Folgeschäden kann der Zahlungsempfänger seinen Zahlungsdienstleister nach § 280 BGB in Anspruch nehmen, da diese Haftung nicht nach § 675z S. 1 BGB ausgeschlossen ist.[52] Diese Haftung des Zahlungsdienstleisters des Zahlungsempfängers kann überwiegender Auffassung nicht nach § 675z S. 2 BGB begrenzt werden, da es sich bei der Verfügbarmachung und Wertstellung im Verhältnis zwischen dem Zahlungsempfänger und seinen Zahlungsdienstleister nicht um die Ausführung eines Zahlungsauftrags handeln soll.[53] 33

G. Sperrung eines verfügbaren Geldbetrags bei Kartenzahlungen

§ 675t Abs. 4 BGB regelt das Recht des kontoführenden Zahlungsdienstleisters, bei kartengebundenen Zahlungsvorgängen einen verfügbaren Geldbetrag auf dem Zahlungskonto des Zahlers zu sperren, d.h. bereits im Vorfeld einer Abbuchung dem Zahler die Verfügungsmöglichkeit über einen bestimmten Geldbetrag auf seinem Zahlungskonto zu entziehen. § 675t Abs. 4 BGB ist in Umsetzung der Regelung des Art. 75 Abs. 1 ZDRL II eingeführt worden; die Verortung der Umsetzung im Rahmen des § 675t BGB rechtfertigt sich aus der thematischen Nähe zur Regelung der Vornahme einer Belastungsbuchung durch den Zahlungsdienstleister des Zahlers in § 675t Abs. 3 BGB. 34

Nach § 675t Abs. 4 S. 1 BGB besteht ein Recht des Zahlungsdienstleister des Zahlers, bei einem kartengebundenen und vom oder über den Zahlungsempfänger ausgelösten (siehe § 675t Abs. 4 S. 1 Nr. 1 BGB) Zahlungsvorgang einen verfügbaren Geldbetrag auf dem Zahlungskonto des Zahlers zu sperren, wenn der Zahler auch der genauen Höhe des zu sperrenden Geldbetrags zugestimmt hat (siehe § 675t Abs. 4 S. 1 Nr. 2 BGB). Bei solchen kartengebundenen, vom Empfänger ausgelösten Zahlungsvorgängen besteht ein Interesse des Zahlungsempfängers (bei Karten ohne Garantiefunktion) bzw. des Zahlungsdienstleisters des Zahlers (bei Karten mit Garantiefunktion) daran, möglichst frühzeitig einen Geldbetrag auf dem Zahlungskonto des Zahlers zu sperren.[54] Je früher eine Sperrung erfolgt und damit dem Zahler die Verfügungsmöglichkeit über den betreffenden Betrag entzogen wird, desto besser ist die spätere Ausführung der Zahlung zugunsten des Zahlungsempfängers bzw. bei Karten mit Garantiefunktion der spätere Rückgriff des Zahlungsdienstleisters zur Geltendmachung seines Aufwendungsersatzanspruch gegenüber dem Zahler gesichert. Aus der Sicht des Zahlungsempfängers bzw. des Zah- 35

50 Begr Reg-Entw, BT-Drs. 18/11495, S. 172.
51 Siehe zu § 675y BGB Rn. 57 f.
52 Siehe zu § 675z BGB Rn. 6 ff.
53 Siehe BeckOK-Schmalenbach, 43. Ed. 2017, § 675s BGB Rn. 14; Palandt-Sprau, 77. Aufl., § 675t BGB Rn. 1; Erman-von Westphalen, 15. Aufl., § 675t BGB Rn. 17. Anders hinsichtlich der Anwendung des § 675z S. 2 BGB dagegen Grundmann, WM 2009, 1109, 1116. Siehe auch MK-Jungmann, 7. Aufl., § 675t BGB Rn. 64, wo eine Analogie zu § 675z S. 2 BGB angenommen wird: Das hierfür erforderliche Vorliegen einer planwidrigen Regelungslücke ist im Hinblick auf die gewollt abschließende Regelung der §§ 675c ff. BGB allerdings zu verneinen. Eine Haftungsbegrenzung für die Ansprüche aus § 280 BGB könnte aber auch ohne Anwendung des § 675z S. 2 BGB individualvertraglich vereinbart werden.
54 Vgl. Palandt-Sprau, 77. Aufl., § 675t BGB Rn. 11.

lungsdienstleisters des Zahlers besteht damit ein Interesse daran, eine Sperrung auch bereits zu einem Zeitpunkt vorzunehmen, zu dem die Höhe der späteren Zahlung noch nicht feststeht, wie z.B. in Fällen der Hinterlegung einer Kreditkarte zur Sicherheit.[55]

36 Zum Schutz des Zahlers ist die Sperrmöglichkeit nach § 675t Abs. 4 S. 1 BGB an das einschränkende Erfordernis gebunden, dass der Zahler auch der Sperrung und der genauen Höhe des zu sperrenden Geldbetrags zugestimmt hat.[56] Dies beugt dagegen vor, dass im Hinblick auf die noch nicht feststehende Höhe der späteren Zahlung eine Sperrung in überhöhtem Umfang vorgenommen wird.

37 Zudem hat nach § 675t Abs. 4 S. 2 BGB der Zahlungsdienstleister des Zahlers den gesperrten Geldbetrag grundsätzlich unverzüglich freizugeben, nachdem ihm entweder der genaue Zahlungsbetrag mitgeteilt worden oder der Zahlungsauftrag zugegangen ist. Mit der Freigabe kann dann der Zahler wieder über den freigegebenen Betrag verwenden, sofern er nicht von seinem Zahlungsdienstleister sodann im Zuge der Ausführung der Zahlung abgebucht wird.[57]

38 § 675t Abs. 4 BGB stellt keine allgemeine Regelung des Rechts zur Sperrung von Geldbeträgen auf dem Konto des Zahlungsdienstnutzers dar. Insbesondere kann nicht auf der Grundlage des § 675t Abs. 4 BGB der kontoführende Zahlungsdienstleister nach einer Deckungsanfrage eines Drittemittenten von Zahlungskarten einen entsprechenden Geldbetrag auf dem Zahlungskonto sperren; dies wird vielmehr ausdrücklich durch § 45 Abs. 3 ZAG ausgeschlossen.[58] Ferner werden auf anderweitiger Grundlage begründete Rechte des kontoführenden Zahlungsdienstleisters zur Sperrung von Geldbeträgen durch die Regelung des § 675t Abs. 4 BGB nicht berührt, wie in S. 2 ausdrücklich klargestellt wird: Dies betrifft insbesondere den Fall der Geltendmachung eines AGB-Pfandrechts, einer Aufrechnung oder eines Zurückbehaltungsrecht durch den Zahlungsdienstleister.[59]

H. Abdingbarkeit und Ausschluss der Anwendbarkeit

39 Zu Lasten des Zahlungsdienstnutzers gehende Abweichungen von den Regelungen zur Verfügbarmachung und Wertstellung nach § 675t Abs. 1 bis Abs. 3 BGB sowie von der Bestimmung zur Sperrung eines verfügbaren Geldbetrags zu Lasten des Zahlungsdienstnutzers nach § 675t Abs. 4 BGB, d.h. insbesondere die Vereinbarung einer späteren Wertstellung zu Lasten des Zahlungsempfängers oder eine erweiterte Sperrmöglichkeit bei kartengebundenen, vom Empfänger ausgelösten Zahlungsvorgängen, sind nach der Grundregel des § 675e Abs. 1 BGB grundsätzlich unzulässig. Dies schließt auch Vereinbarungen aus, nach denen bei Sammellastschriften eine Gutschrift und Wertstellung zu einem einheitlichen Zeitpunkt entsprechend der durchschnittlichen Einzugsdauer bestimmt wird, wodurch einzelne der Lastschriften erst zu einem späteren als dem gesetzlich vorgesehenen Zeitpunkt gutgeschrieben und wertgestellt würden.[60]

40 Auch gegenüber Nicht-Verbrauchern (vgl. § 675e Abs. 4 BGB) sowie für Kleinbetragsinstrumente (vgl. § 675i BGB) sind keine erweiterten Möglichkeiten zur Abbedingung des § 675t BGB zu Lasten des Zahlungsdienstnutzers vorgesehen.

---

55 Siehe Palandt-Sprau, a.a.O.
56 Siehe Begr Reg-Entw, BT-Drs. 18/11495, S. 162.
57 Begr Reg-Entw, BT-Drs. 18/11495, S. 162.
58 Siehe Begr Reg-Entw, BT-Drs. 18/11495, S. 162.
59 Siehe Begr Reg-Entw, BT-Drs. 18/11495, S. 162.
60 Siehe Laitenberger, NJW 2010, 192, 196; Erman-von Westphalen, 15. Aufl., § 675t BGB Rn. 9; MK-Jungmann, 7. Aufl., § 675t BGB Rn. 13. Für die Zulässigkeit solcher Vereinbarungen dagegen BeckOK-Schmalenbach, 43. Ed. 2017, § 675s BGB Rn. 10; Staudinger-Omlor, 2012, § 675t BGB Rn. 2.

In Sachverhalten mit Drittstaatenbezug sowie bei Zahlungen in Nicht-EU-Währungen ist die Frage der Abdingbarkeit und des Ausschlusses der Anwendbarkeit des § 675t BGB nach den sich ergänzenden Bestimmungen der §§ 675e Abs. 2 und 3 sowie 675t Abs. 5 BGB zu bestimmen, jeweils in Verbindung mit § 675d Abs. 6 S. 1 Nr. 1 und 2 BGB. Danach gilt folgendes: 41

Die Ausführungsfrist und die Wertstellungsverpflichtung des Zahlungsdienstleisters des Zahlungsempfängers bei Bareinzahlungen nach § 675t Abs. 2 BGB wird in Sachverhalten mit Drittstaatenbezug sowie bei Bareinzahlungen in Nicht-EU-Währungen umfassend für nicht anwendbar erklärt: § 675e Abs. 2 Nr. 1 BGB sieht vor, dass bei Drittstaatensachverhalten im Sinne von § 675d Abs. 6 S. 1 Nr. 1 und 2 BGB der § 675t Abs. 2 BGB nicht anzuwenden ist, wobei diese Regelung nur außerhalb des EWR getätigte Bestandteile eines Zahlungsvorgangs betrifft.[61] Nach § 675t Abs. 5 Nr. 2 BGB ist bei Zahlungsvorgängen in einer Nicht-EWR-Währung unter Beteiligung nur innerhalb des EWR belegener Zahlungsdienstleister § 675t Abs. 2 BGB auch auf die innerhalb des EWR getätigten Bestandteile des Zahlungsvorgangs nicht anzuwenden.[62] Bei Bareinzahlungen in einer Nicht-EWR-Währung gilt damit für den Zahlungsdienstleister des Zahlungsempfängers keine zwingende Verpflichtung, sicherzustellen dass der Betrag dem Zahlungsempfänger unverzüglich bzw. bei Nicht-Verbrauchern spätestens an dem auf die Entgegennahme folgenden Geschäftstag verfügbar gemacht und wertgestellt wird. Statt des § 675t Abs. 2 BGB gilt das über § 675c Abs. 1 BGB anwendbare allgemeine Geschäftsbesorgungs- und Auftragsrecht,[63] von dem wiederum Abweichungen der Parteien zulässig sind. In Entsprechung zu der Regelung des § 675t Abs. 1 BGB lässt dies spätere Verfügbarmachung unter Berücksichtigung des Zeitaufwands des Umgangs mit Fremdwährungen zu, zumal Fremdwährungskonten in der Regel nur unbar geführt werden.[64] 42

Im Übrigen ist bei Drittstaatensachverhalten im Sinne von § 675d Abs. 6 S. 1 Nr. 1 und 2 BGB nach der allgemeinen Regelung des § 675e Abs. 2 Nr. 2 BGB nur eine dispositive Geltung des § 675t BGB vorgesehen, d.h. es darf auch zulasten des Zahlungsdienstnutzers von den Bestimmungen zur Verfügbarmachung und Wertstellung sowie zur Sperrung eines verfügbaren Geldbetrags abgewichen werden. Diese Regelung gilt allerdings nur für außerhalb des EWR getätigte Bestandteile eines Zahlungsvorgangs bzw. für Fälle ohne Beteiligung innerhalb des EWR belegener Zahlungsdienstleister.[65] 43

Diese Regelung wird aber noch durch erweiterte Möglichkeiten der Abbedingung des § 675t BGB bei Fremdwährungszahlungen ergänzt: Nach § 675e Abs. 3 BGB können bei allen nicht auf Euro lautenden Zahlungsdiensten der Zahlungsdienstnutzer und sein Zahlungsdienstleister die Nichtanwendbarkeit der § 675t Abs. 1 S. 3 und Abs. 2 BGB vereinbaren, d.h. es kann bei allen Fremdwährungszahlungen von den Wertstellungs- und Zurverfügungsstellungsfristen bei Fehlen eines Zahlungskontos auf Zahlungsempfängerseite bzw. bei Barzahlungseingang beim Zahlungsdienstleister des Zahlers abgewichen werden.[66] Nochmals gesondert ergibt sich schließlich die Abdingbarkeit des § 675t Abs. 1 S. 3 BGB für Zahlungsvorgänge in einer Nicht-EWR-Währung unter Beteiligung nur innerhalb des EWR belegener Zahlungsdienstleister (d.h. in den Fällen des § 675d Abs. 6 S. 1 Nr. 1 lit. a BGB) aus § 675t Abs. 5 Nr. 1 BGB.[67] Für Zahlungsvorgänge, die eine 44

61 Siehe Begr Reg-Entw, BT-Drs. 18/11495, S. 162.
62 Siehe Begr Reg-Entw, BT-Drs. 18/11495, S. 162.
63 Begr Reg-Entw, BT-Drs. 18/11495, S. 162.
64 Begr Reg-Entw, BT-Drs. 18/11495, S. 162.
65 So BT-Drucks 18/11495, S. 162 sowie S. 153 unter Bezug auf die jeweiligen Fallgruppen des § 675d Abs. 6 S. 1 Nr. 1 und 2 BGB.
66 Siehe Begr Reg-Entw, BT-Drs. 18/11495, S. 162.
67 Siehe Begr Reg-Entw, BT-Drs. 18/11495, S. 162.

Währungsumrechnung durch den Zahlungsdienstleister des Zahlungsempfängers unter Beteiligung einer Nicht-EWR-Währung erfordern, ist ohnehin auch bei unbaren Zahlungen die Regelung zur Verpflichtung zur unverzüglichen Verfügbarmachung nach § 675t Abs. 1 S. 1 Nr. 1 und 2 BGB nicht anzuwenden.[68]

UNTERKAPITEL 3
Haftung

§ 675u BGB
Haftung des Zahlungsdienstleisters für nicht autorisierte Zahlungsvorgänge

Im Fall eines nicht autorisierten Zahlungsvorgangs hat der Zahlungsdienstleister des Zahlers gegen diesen keinen Anspruch auf Erstattung seiner Aufwendungen. Er ist verpflichtet, dem Zahler den Zahlungsbetrag unverzüglich zu erstatten und, sofern der Betrag einem Zahlungskonto belastet worden ist, dieses Zahlungskonto wieder auf den Stand zu bringen, auf dem es sich ohne die Belastung durch den nicht autorisierten Zahlungsvorgang befunden hätte. Diese Verpflichtung ist unverzüglich, spätestens jedoch bis zum Ende des Geschäftstags zu erfüllen, der auf den Tag folgt, an welchem dem Zahlungsdienstleister angezeigt wurde, dass der Zahlungsvorgang nicht autorisiert ist, oder er auf andere Weise davon Kenntnis erhalten hat. Hat der Zahlungsdienstleister einer zuständigen Behörde berechtigte Gründe für den Verdacht, dass ein betrügerisches Verhalten des Zahlers vorliegt, schriftlich mitgeteilt, hat der Zahlungsdienstleister seine Verpflichtung aus Satz 2 unverzüglich zu prüfen und zu erfüllen, wenn sich der Betrugsverdacht nicht bestätigt. Wurde der Zahlungsvorgang über einen Zahlungsauslösedienstleister ausgelöst, so treffen die Pflichten aus den Sätzen 2 bis 4 den kontoführenden Zahlungsdienstleister.

Systematische Übersicht

68 Siehe oben Rn. 22.

A. Allgemeines

Die §§ 675u bis 676c BGB regeln die Haftung des Zahlungsdienstnutzers und der beteiligten Zahlungsdienstleister in Fällen nicht autorisierter Zahlungen oder bei fehlender, verspäteter oder in anderer Weise mangelhafter Ausführung von Zahlungsvorgängen. Das Zahlungsdiensterecht des BGB enthält darin ein eigenes Haftungssonderregime, das in mehrfacher Hinsicht von den allgemeinen vertraglichen Haftungsregeln nach den §§ 280 ff, 249 BGB abweicht, namentlich durch den Verzicht auf eine allgemeine Generalklausel für die Haftung des Zahlungsdienstleisters, an deren Stelle Einzelregelungen insbesondere in den §§ 675u und 675y BGB treten, durch die Orientierung der Haftungsregelungen an den Ausführungsvoraussetzungen und der Pflichtenverteilung bei Zahlungsvorgängen (siehe insbesondere §§ 675v, 676a BGB) sowie durch die Verschuldensunabhängigkeit der Haftung des Zahlungsdienstleisters nach den §§ 675u und 675y BGB, für die stattdessen nur der Haftungsausschluss nach § 676c BGB zu beachten ist. Die Haftungsregelungen der §§ 675u bis 676c BGB tragen damit aus der Perspektive des Zahlungsdienstnutzers zur Verlässlichkeit und Rechtssicherheit im Recht der Zahlungsdienste bei. 1

§ 675u BGB regelt die Haftung und die Ansprüche des Zahlungsdienstleisters des Zahlers bei Ausführung nicht autorisierter Zahlungsvorgänge und schafft somit die grundlegende Verbindung zwischen den Regelungen zu den Voraussetzungen der Ausführung von Zahlungsvorgängen in den §§ 675j ff. BGB und den Haftungsregelungen der §§ 675u ff. BGB insgesamt: Danach trägt der Zahlungsdienstleister das Risiko des Fehlens einer Autorisierung von ihm ausgeführter Zahlungsvorgänge und er kann Aufwendungsersatz nur für autorisierte Zahlungen verlangen. 2

Die Regelung des § 675u BGB, die in ihrer Grundaussage in § 675u S. 1 und 2 BGB allgemeinen geschäftsbesorgungs- und auftragsvertragsrechtlichen Grundsätzen aus den §§ 675, 667, 670 BGB entspricht,[1] wurde ursprünglich eingeführt in Umsetzung der ZDRL I, wobei § 675u S. 2 BGB auf Art. 60 Abs. 1 ZDRL I beruhte. In der Neukodifikation des europäischen Zahlungsdiensterechts wurde diese Regelung in Art. 73 Abs. 1 und Abs. 2 ZDRL II hinsichtlich des maßgeblichen Zeitpunkts für den Erstattungs- und Berichtigungsanspruch sowie hinsichtlich der Einbeziehung von Zahlungsauslösedienstleistern konkretisiert, was in § 675u S. 3 bis 5 BGB umgesetzt wurde. 3

B. Autorisierte und nicht autorisierte Zahlungsvorgänge

§ 675u BGB unterscheidet zwischen autorisierten und nicht autorisierten Zahlungsvorgängen und verweist damit auf den Begriff der Autorisierung nach § 675j Abs. 1 S. 1 BGB, d.h. auf das Vorliegen einer Zustimmung des Zahlers zum Zahlungsvorgang.[2] 4

Nicht autorisiert ist ein Zahlungsvorgang dann, wenn keine Autorisierung erteilt wurde,[3] wenn diese unwirksam erteilt wurde,[4] wenn sie bei einer nur gemeinschaftlich 5

1 Siehe die Begründung des Regierungsentwurfs zur Umsetzung des zivilrechtlichen Teils der Zahlungsdiensterichtlinie, BT-Drs. 16/11643, S. 113. Insbesondere hat § 675u S. 1 BGB gegenüber diesen allgemeinen Regelungen lediglich deklaratorischen Charakter, siehe Ellenberger/Findeisen/Nobbe-Nobbe, § 675u BGB Rn. 2; Langenbucher/Bliesener/Spindler-Werner, 2. Aufl., Kap. 4 § 675u BGB Rn. 1; MK-Zetzsche, 7. Aufl., § 675u BGB Rn. 4; Staudinger-Omlor, 2012, § 675u BGB Rn. 1.

2 Siehe die Anmerkungen zu § 675j BGB Rn. 2 ff.

3 MK-Zetzsche, 7. Aufl., § 675u BGB Rn. 10.

4 Z.B. wegen einer Geschäftsunfähigkeit des Zahlungsdienstnutzers, siehe BGH, Urt. v. 20.6.1990 – XII ZR 98/89, juris Rn. 16, BGHZ 111, 382; Staudinger-Omlor, 2012, § 675u BGB Rn. 5.

bestehenden Verfügungsbefugnis (z.B. bei einer Erbengemeinschaft, § 2040 BGB) nur durch einen der Berechtigten erklärt wurde,[5] wenn die Erklärung der Zustimmung wirksam angefochten[6] oder nach § 675p BGB widerrufen wurde[7] oder wenn zwar eine Autorisierung vorlag, der vom Zahlungsdienstleister ausgeführte Zahlungsvorgang aber inhaltlich hiermit nicht übereinstimmt (z.B. bei einer Zuviel-[8] oder Doppelzahlung[9] oder bei einer Zahlung an einen falschen Zahlungsempfänger).[10]

6 Ein Zahlungsvorgang kann auch durch einen wirksam Bevollmächtigten des Zahlungsdienstnutzers autorisiert werden.[11] Bei der Nutzung von Zahlungsinstrumenten zur Autorisierung eines Zahlungsvorgangs (§ 675j Abs. 1 S. 4 BGB) setzt eine Autorisierung durch den Bevollmächtigten voraus, dass diesem ein eigenes Zahlungsinstrument erteilt wurde.[12] Eine Rechtsscheinsvollmacht ist bei der Nutzung von Zahlungsinstrumenten zur Autorisierung eines Zahlungsvorgangs ausgeschlossen.[13] Insbesondere bei der Nutzung von Zahlungskarten kann eine wirksame Autorisierung daher nur bei der Verwendung durch den Berechtigten selbst erfolgen; bei Geldkarten allerdings ist die Anwendung des § 675u BGB weitgehend ausgeschlossen.[14]

7 Die Darlegungs- und Beweislast für das Vorliegen einer Autorisierung als Voraussetzung des Aufwendungsersatzanspruchs des Zahlungsdienstleisters bzw. als negative Voraussetzung des Erstattungsanspruchs des Zahlers trägt nach § 675w BGB der Zahlungsdienstleister:[15] Bestreitet der Zahler, dass ein Zahlungsvorgang von ihm autorisiert wurde, muss grundsätzlich also der Zahlungsdienstleister den Beweis erbringen, dass eine wirksame Autorisierung vorliegt. Dies schließt auch die Beweislast für die Echtheit angeblich vom Zahlungsdienstnutzer stammender Unterschriften ein.[16] Zur Anwendung besonderer Beweisregeln hinsichtlich des Vorliegens einer wirksamen Autorisierung in bestimmten Fällen der Nutzung von Zahlungsinstrumenten siehe die Anmerkungen zu § 675w BGB.[17]

---

5 Siehe LG Aachen, Urt. v. 18.1.2018 – 1 O 138/16, juris Rn. 24 f., NJW-Spezial 2018, 135.

6 Erman-von Westphalen, 15. Aufl., § 675u BGB Rn. 2; Staudinger-Omlor, 2012, § 675u BGB Rn. 5; siehe auch zu § 675p BGB Rn. 9.

7 MK-Zetzsche, 7. Aufl., § 675u BGB Rn. 11.

8 BGH, Urt. v. 25.9.1986 – VII ZR 349/85, juris Rn. 6 f.; Staudinger-Omlor, 2012, § 675u BGB Rn. 5; siehe auch MK-Zetzsche, 7. Aufl., § 675u BGB Rn. 12 m.w.N.

9 BGH, Urt. v. 1.6.2010 – XI ZR 389/09, juris Rn. 36, WM 2010, 1218; MK-Zetzsche, 7. Aufl., § 675u BGB Rn. 12; Staudinger-Omlor, 2012, § 675u BGB Rn. 5.

10 Im Hinblick auf § 675r Abs. 1 BGB ist „falscher Zahlungsempfänger" hier ein solcher, der nicht durch die vom Zahlungsdienstnutzer angegebene Kundenkennung bezeichnet wird.

11 MK-Zetzsche, 7. Aufl., § 675u BGB Rn. 11.

12 BGH, Urt. v. 26.1.2016 – XI ZR 91/14, juris Rn. 59, BGHZ 208, 331.

13 Siehe oben zu § 675j BGB Rn. 9.

14 Siehe unten Rn. 37.

15 OLG Frankfurt, Urt. v. 11.5.2017 – 1 U 224/15, juris Rn. 15, ZIP 2017, 1559; Palandt-Sprau, 77. Aufl., § 675u BGB Rn. 8; Schimansky/Bunte/Lwowski-Mayen, 5. Aufl., § 49 Rn. 29–31. Anderer Auffassung dagegen Erman-von Westphalen, 15. Aufl., § 675u BGB Rn. 11: Dies überzeugt schon im Hinblick auf § 675u S. 1 BGB nicht. Aufwendungsersatz kann nur geschuldet sein, wenn der Zahlungsdienstleister die Autorisierung als Voraussetzung dieses Anspruchs nachweist. Die Nachweislast kann sich nicht dadurch ändern, dass sich der Zahlungsdienstleister diesen Ersatz selbst vom Zahlungskonto des Zahlers abbucht und letzterer sodann einen Erstattungsanspruch geltend macht.

16 OLG Frankfurt, a.a.O.

17 Siehe zu § 675w BGB Rn. 16 ff.

C. Ansprüche des Zahlungsdienstleisters des Zahlers bei Ausführung autorisierter Zahlungsvorgänge

Führt der Zahlungsdienstleister des Zahlers einen vom Zahler autorisierten Zahlungsvorgang aus, dann kann er nach §§ 675c, 675, 670 BGB den Ersatz der erforderlichen Aufwendungen verlangen, d.h. insbesondere den Ersatz des Zahlbetrags, sowie die Zahlung der vereinbarten Vergütung nach § 675f Abs. 5 BGB. Aufwendungen und Vergütungen darf der Zahlungsdienstleister des Zahlers jeweils nicht vom übermittelten Zahlbetrag in Abzug bringen, sondern er ist darauf verwiesen, sie dem Zahler gesondert zu berechnen bzw. dessen Konto entsprechend zu belasten.[18] 8

Aufwendungen und Vergütungsanspruch des Zahlungsdienstleisters des Zahlers bestehen grundsätzlich auch im Fall einer mangelhaften Ausführung des Zahlungsvorgangs;[19] in diesem Fall kann der Zahler gegebenenfalls Gegenansprüche nach den §§ 675y sowie 675z und 280 BGB geltend machen. 9

D. Ansprüche und Haftung des Zahlungsdienstleisters des Zahlers bei Ausführung nicht autorisierter Zahlungsvorgänge nach den §§ 675c ff. BGB

I. Ausschluss von Vergütungs- und Aufwendungsersatzansprüchen gegen den Zahler

Bei Ausführung eines nicht autorisierten Zahlungsvorgangs hat der Zahlungsdienstleister des Zahlers nach § 675u S. 1 BGB keinen Anspruch gegen den Zahler auf Erstattung seiner Aufwendungen. Dies bedeutet insbesondere, dass der Zahlungsdienstleister des Zahlers auch dann, wenn er den Zahlungsbetrag an den Zahlungsempfänger (bei institutsinternen Zahlungsvorgängen) bzw. dessen Zahlungsdienstleister übermittelt hat, keinen Aufwendungsersatz für diesen Betrag vom Zahler geltend machen kann. Diese in Umsetzung des Art. 60 Abs. 1 ZDRL I (jetzt Art. 73 Abs. 1 ZDRL II) eingeführte Regelung ist letztlich deklaratorisch[20] und entspricht dem schon aufgrund der §§ 675c, 675, 670 BGB geltenden Grundsatz, dass bei einem nicht autorisierten Zahlungsvorgang die hierfür vom Zahlungsdienstleister getätigten Aufwendungen nicht für erforderlich gehalten werden durften, so dass der Zahlungsdienstnutzer nicht zu deren Ersatz verpflichtet ist. 10

Ebenso hat der Zahlungsdienstleister bei nicht autorisierten Zahlungsvorgängen keinen Anspruch auf eine Vergütung; dies ergibt sich bereits daraus, dass bei einem nicht autorisierten Zahlungsvorgang nicht von der Erbringung eines Zahlungsdienstes aufgrund des zugrunde liegenden Zahlungsdienstevertrags gesprochen werden kann (siehe § 675f Abs. 5 S. 1 BGB). Unzulässig sind daher solche Vereinbarungen in AGB unzulässig, in denen eine Entgeltpflicht für sämtliche Buchungen („Preis pro Buchungsposten“) bestimmt wird, wodurch auch die Vornahme nicht autorisierter Zahlungsvorgänge bzw. auch Buchungen erfasst würden, die zur Rückgängigmachung einer für einen nicht autorisierten Zahlungsvorgang erfolgten Kontobelastung erfolgen;[21] dies 11

---

18 Siehe zu § 675q BGB Rn. 5.

19 Anderes gilt nach § 675y Abs. 6 BGB lediglich für den Fall der nicht erfolgten oder fehlerhaften Ausführung eines Zahlungsvorgangs.

20 MK-Zetzsche, 7. Aufl., § 675u BGB Rn. 4.

21 BGH, Urt. v. 27.1.2015 – XI ZR 174/13, juris Rn. 14, WM 2015, 519; Urt. v. 28.7.2015 – XI ZR 434/14, juris Rn. 33 f., BGHZ 206, 305; OLG Frankfurt, Urt. v. 10.11.2015 – 3 U 173/14, juris Rn. 59 ff; LG Frankenthal, Urt. v. 17.12.2015 – 7 O 210/15, juris Rn. 15.

auch dann, wenn diese Verpflichtung auf im Auftrag oder im Interesse des Nutzers vorgenommene Buchungen beschränkt wird, da die Vornahme einer Berichtigungsbuchung jedenfalls als im Interesse des Nutzers erfolgend verstanden werden kann.[22]

12 Während nach früherer Rechtslage dem Zahlungsdienstleister ein Aufwendungsersatzanspruch gegen den Zahler auch bei einem nicht autorisierten Zahlungsvorgang dann zuerkannt wurde, wenn die Zahlung in der Sache ihren Zweck zugunsten des Zahlers erfüllte,[23] ist dies aufgrund des § 675u S. 1 BGB nunmehr ausgeschlossen.[24] In der Vergangenheit wurde zudem angenommen, dass auch bei einem nicht autorisierten Zahlungsvorgang der Zahlungsdienstleister gegen den Zahler vielfach einen bereicherungsrechtlichen Anspruch geltend machen könnte, sofern der Zahler durch die nicht autorisierte Zahlung von einer Verbindlichkeit gegenüber dem Zahlungsempfänger befreit worden sein oder seinerseits gegen diesen einen Bereicherungsanspruch erlangt haben sollte: Auch dies wird nunmehr aufgrund der abschließenden Natur der Regelung des § 675u S. 1 BGB als ausgeschlossen angesehen.[25]

II. Haftung des Zahlers nach § 675v BGB

13 Führt der Zahlungsdienstleister des Zahlers einen nicht autorisierten Zahlungsvorgang aus, so kann – wenn auch nach den vorstehenden Ausführungen ein Vergütungs- oder Aufwendungsersatzanspruch des Zahlungsdienstleisters ausgeschlossen ist – eine Haftung des Zahlers nach § 675v BGB in Betracht kommen, d.h. eine vollumfängliche Haftung in Betrugsfällen oder bei grob fahrlässigen Pflichtverletzungen des Zahlers nach § 675v Abs. 3 BGB[26] oder eine auf 50 Euro begrenzte Haftung des Zahlers in Fällen einer unautorisierten missbräuchlichen Nutzung eines Zahlungsinstruments.[27]

III. Erstattungs- und Wiedergutschriftanspruch des Zahlers

14 Hat der Zahlungsdienstleister des Zahlers einen Zahlungsvorgang ausgeführt, der sich als nicht autorisiert erweist, so ist der Zahlungsdienstleister des Zahlers nach § 675u S. 2 BGB zur unverzüglichen Erstattung des Zahlungsbetrags verpflichtet.

15 Dieser Erstattungsanspruch des Zahlers kann den Zahlungsdienstleister des Zahlers zur Auszahlung des zu erstattenden Zahlungsbetrags verpflichten, dies namentlich bei Finanztransfers oder bei Bareinzahlungen des Zahlers, wenn dieser kein Zahlungskonto bei dem Zahlungsdienstleister unterhält.[28] Dasselbe gilt dann, wenn die Kontobeziehung zwischenzeitlich unter Ausgleich des Saldos aufgelöst wurde.[29] In der Sache entspricht dieser Anspruch der auftrags- und geschäftsbesorgungsrechtlichen Verpflichtung zur Rückgewähr eines Vorschusses, der nicht zur ordnungsgemäßen Geschäftsbesorgung verwendet wurde.[30]

16 Führt der Zahlungsdienstleister des Zahlers für diesen ein Zahlungskonto, dem er den Zahlungsbetrag belastet hat, so ist der Zahlungsdienstleister des Zahlers verpflich-

---

22 LG Frankenthal, Urt. v. 17.12.2015 – 7 O 210/15, juris Rn. 15.
23 BGH, Urt. v. 11.10.2005 – XI ZR 85/04, juris Rn. 20, BGHZ 164, 275.
24 Siehe jurisPK-Schwintowski, 8. Aufl., § 675u BGB Rn. 13.
25 Siehe hierzu unten Rn. 31 ff.
26 Siehe zu § 675v BGB Rn. 3 ff.
27 Siehe zu § 675v BGB Rn. 28 ff.
28 Staudinger-Omlor, 2012, § 675u BGB Rn. 19.
29 OLG Frankfurt, Urt. v. 11.5.2017 – 1 U 224/15, juris Rn. 14, ZIP 2017, 1559; AG Aachen, Urt. v. 26.5.2017 – 105 C 278/15, juris Rn. 25, BKR 2017, 395.
30 § 667 Var. 1 BGB; siehe Staudinger-Omlor, 2012, § 675u BGB Rn. 19.

tet, dieses Zahlungskonto wieder auf den Stand zu bringen, auf dem es sich ohne die Belastung durch den nicht autorisierten Zahlungsvorgang befunden hätte. Auch dieser Anspruch auf Wiedergutschrift folgt im Grundsatz bereits aus allgemeinen Grundsätzen des Auftrags- und Geschäftsbesorgungsrechts, da der Zahlungsdienstleister bei Vornahme einer nach § 675u S. 1 BGB unberechtigt erfolgenden Belastung nach § 667 BGB weiterhin die Auszahlung eines ungekürzten Guthabenbetrags auf seinem Zahlungskonto verlangen kann.[31]

Der Anspruch auf Wiedergutschrift ist nach dem Wortlaut des § 675u S. 2 BGB darauf 17
gerichtet, dass das Zahlungskonto wieder auf den Stand gebracht wird, auf dem es sich ohne die Belastung durch den nicht autorisierten Zahlungsvorgang befunden hätte: Über die Wiedergutschrift des betreffenden Zahlungsbetrags selbst beinhaltet dies daher auch, dass der Zahlungsdienstleister den unberechtigt abgebuchten Betrag rückwirkend verzinst bzw. dass zwischenzeitlich berechnete Zinsen für eine Kontoüberziehung entfallen.[32]

Zu beachten ist, dass der Anspruch aus § 675u S. 2 BGB nach § 676b Abs. 2 S. 1 BGB 18
ausgeschlossen ist, wenn der Zahler seinen Zahlungsdienstleister nicht spätestens 13 Monate nach dem Tag der Belastung mit einem nicht autorisierten Zahlungsvorgang hiervon unterrichtet hat.[33]

Die Regelung der Haftung des Zahlungsdienstleisters des Zahlers nach § 675u S. 2 19
BGB ist hinsichtlich der darin geregelten Ansprüche eines Zahlungsdienstnutzers abschließend (siehe § 675z S. 1 BGB).[34] Daher kommt neben dem § 675u S. 2 BGB eine Inanspruchnahme des Zahlungsdienstleisters des Zahlers aus gleichgerichteten allgemeinen auftrags- und geschäftsbesorgungs- oder bereicherungsrechtlichen Regelungen nicht in Betracht.[35]

Dagegen ist eine weitergehende Haftung des Zahlungsdienstleisters des Zahlers 20
nach § 280 BGB für solche aus der Ausführung eines nicht autorisierten Zahlungsvorgangs folgende Schäden nicht durch die Haftung nach § 675u S. 2 BGB ausgeschlossen, die über den Erstattungs- und Berichtigungsanspruch hinausgehen:[36] Dies betrifft beispielsweise Schäden, die dem Zahler in Form einer Haftung gegenüber Dritten entstanden sind, wenn wegen der zunächst erfolgten Belastung seines Kontos aufgrund der nicht autorisierten Zahlung eine Zahlung an einen anderen Gläubiger nicht ausgeführt werden konnte und der Zahler hierdurch in Verzug mit seiner diesem Gläubiger gegenüber bestehenden Zahlungsverpflichtung gelangte.[37] Rechtsverfolgungskosten im Zuge der Geltendmachung des Anspruchs aus § 675u S. 2 BGB sind unter Verzugsgesichtspunkten (§§ 280, 286, 249 BGB) geltend zu machen.[38]

Da es sich bei dem Erstattungs- und Wiedergutschriftanspruch des Zahlers nach 21
§ 675u S. 2 BGB um eine gesetzliche Nebenpflicht des Zahlungsdienstleisters im Sinne des § 675f Abs. 5 S. 2 BGB handelt, ist in Ermangelung einer gesetzlichen Sonderregelung die Vereinbarung eines Entgelts für die Erfüllung dieser Verpflichtung unzulässig.

---

31 Begr Reg-Entw, BT-Drs. 16/11643, S. 113; Staudinger-Omlor, 2012, § 675u BGB Rn. 18.
32 Vgl. Art. 73 Abs. 1 S. 3 ZDRL II; Begründung des Regierungsentwurfs zur Umsetzung der Zweiten Zahlungsdiensterichtlinie, BT-Drs. 18/11495, S. 165; Erman-von Westphalen, 15. Aufl., § 675u BGB Rn. 9; MK-Zetzsche, 7. Aufl., § 675u BGB Rn. 5; Staudinger-Omlor, 2012, § 675u BGB Rn. 19.
33 Siehe zu § 676b BGB Rn. 8 ff.
34 Siehe zu § 675z BGB Rn. 3 ff.
35 MK-Zetzsche, 7. Aufl., § 675u BGB Rn. 21; Erman-von Westphalen, 15. Aufl., § 675u BGB Rn. 12; Staudinger-Omlor, 2012, § 675u BGB Rn. 17.
36 Siehe zu § 675z BGB Rn. 6 ff.
37 Staudinger-Omlor, 2012, § 675u BGB Rn. 17.
38 Unklar AG Berlin-Mitte, Urt. v. 20.4.2016 – 15 C 20/15, juris Rn. 71, MMR 2016, 391.

IV. Unverzüglichkeit der Erstattung und Wiedergutschrift

22 Die Erstattungs- und Wiedergutschriftpflicht des Zahlungsdienstleisters des Zahlers nach § 675u S. 2 BGB ist grundsätzlich unverzüglich zu erfüllen, d.h. ohne schuldhaftes Zögern.[39]

23 In Umsetzung von Art. 73 Abs. 1 S. 1 a.E. ZDRL II ist neu § 675u S. 3 BGB eingeführt worden, der das Erfordernis der unverzüglichen Erfüllung wiederholt und zusätzlich eine objektive Einschränkung durch eine zeitliche Höchstfrist für die Erfüllung der Erstattungs- und Wiedergutschriftpflicht einführt,[40] wonach diese Verpflichtung spätestens bis zum Ende des Geschäftstags zu erfüllen ist, der auf den Tag folgt, an welchem dem Zahlungsdienstleister angezeigt wurde, dass der Zahlungsvorgang nicht autorisiert ist, oder er auf andere Weise davon Kenntnis erhalten hat. Der Begriff des Geschäftstags bestimmt sich dabei nach den Grundsätzen des § 675n BGB, wobei hier, da es um eine Verpflichtung des Zahlungsdienstleisters des Zahlers geht, dessen Geschäftstage maßgeblich sind.[41] Einen Cut-Off-Zeitpunkt wie nach § 675n Abs. 1 S. 3 BGB[42] sieht die Regelung des § 675u S. 3 BGB nicht vor.

24 Bezweifelt der Zahlungsdienstleister, nachdem der Zahler eine angeblich fehlende Autorisierung des Zahlungsvorgangs angezeigt hat, dass der Zahlungsvorgang tatsächlich nicht autorisiert war, so kann der Zahlungsdienstleister, wie sich aus § 675u S. 4 BGB ergibt, anstelle der unverzüglichen Erstattung und Wiedergutschrift nach § 675u S. 2 BGB auch einer zuständigen Behörde seinen Verdacht eines betrügerischen Verhaltens des Zahlers mitteilen, wobei hier ein vollendeter ebenso wie ein versuchter Betrug erfasst wird.[43] Bewahrheitet sich der Betrugsverdacht, so steht auch fest, dass der Zahler keinen Anspruch auf Erstattung und Wiedergutschrift nach § 675u S. 2 BGB geltend machen kann.[44] Bestätigt sich der Betrugsverdacht dagegen nicht, so hat sodann nach der in Umsetzung von Art. 73 Abs. 1 S. 1 a.E. ZDRL II neu eingeführten Regelung des § 675u S. 4 BGB der Zahlungsdienstleister seine Verpflichtung zur Erstattung und Wiedergutschrift nach § 675u S. 2 BGB unverzüglich zu prüfen und zu erfüllen. Die Höchstfrist von zwei Tagen nach § 675u S. 3 BGB gilt in diesem Fall nicht.[45]

25 Der Zahlungsdienstleister ist nicht verpflichtet, der Behörde eine Mitteilung nach § 675u S. 4 BGB zu machen. Ergreift er diese Möglichkeit nicht, wird der Erstattungsanspruch aber in der Höchstfrist von zwei Tagen fällig.[46]

E. Adressat der Haftung

26 Die Haftung nach § 675u BGB trifft den Zahlungsdienstleister des Zahlers, unabhängig davon ob dieser Zahlungsdienstleister auch ein Zahlungskonto des Zahlers führt.

27 Der Zahlungsdienstleister des Zahlungsempfängers haftet dagegen nicht aus § 675u BGB, weder gegenüber dem Zahlungsempfänger noch gegenüber dem Zahler, dies auch dann nicht, wenn aufgrund eines im Verantwortungsbereich des Zahlungsdienstleisters des Zahlungsempfängers liegenden Fehlers eine nicht autorisierte „Pull“-Zahlung ausge-

39 § 121 Abs. 1 S. 1 BGB; Begr Reg-Entw, BT-Drs. 18/11495, S. 163.
40 Begr Reg-Entw, BT-Drs. 18/11495, S. 163.
41 Siehe zu § 675n BGB Rn. 11.
42 Siehe zu § 675n BGB Rn. 13 ff.
43 Begr Reg-Entw, BT-Drs. 18/11495, S. 163.
44 Begr Reg-Entw, BT-Drs. 18/11495, S. 163.
45 Begr Reg-Entw, BT-Drs. 18/11495, S. 163.
46 Begr Reg-Entw, BT-Drs. 18/11495, S. 163.

löst wurde.[47] Denkbar ist in einer solchen Situation aber eine nicht durch § 675u BGB geregelte Haftung des Zahlungsdienstleisters des Zahlungsempfängers letzterem gegenüber aus einer Pflichtverletzung im Inkassoverhältnis auf etwaige Folgeschäden aufgrund einer gescheiterten Auslösung eines Zahlungsauftrags.[48]

Schaltet der Zahlungsdienstleister des Zahlers weitere zwischengeschaltete Stellen ein, so haften diese ebenfalls nicht aus § 675u BGB, dessen Wortlaut auf die Haftung des Zahlungsdienstleisters des Zahlers beschränkt ist. Die Frage der Haftung des Zahlers für deren Fehlverhalten stellt sich im Rahmen der Haftung bei Ausführung eines nicht autorisierten Zahlungsvorgangs nach § 675u BGB nicht. **28**

Neu eingeführt wurde in § 675u S. 5 BGB aufgrund des Art. 73 Abs. 2 Unterabs. 1 ZDRL II die Regelung, dass bei der Auslösung des Zahlungsvorgangs über einen Zahlungsauslösedienstleister die Pflichten aus § 675u S. 2 bis 4 BGB den kontoführenden Zahlungsdienstleister treffen. Der Zahlungsauslösedienstleister ist selbst auch Zahlungsdienstleister des Zahlers,[49] so dass ohne die Sonderregelung des § 675u S. 5 BGB die Haftung aus § 675u S. 2 BGB nach dem Wortlaut der Norm auch den nicht kontoführenden Zahlungsauslösedienstleister treffen könnte, auch wenn dieser eine Kontowiedergutschrift selbst nicht bewirken könnte. Aus Gründen des besseren Verbraucherschutzes[50] sieht das Gesetz in § 675u S. 5 BGB vor, dass sich der Zahlungsdienstnutzer generell an seinen kontoführenden Zahlungsdienstleister halten kann, ohne dass der Nutzer dazu nachweisen müsste, welcher der beteiligten Dienstleister die Ursache für die Ausführung eines nicht autorisierten Zahlungsvorgangs gesetzt hat.[51] Nach § 675u S. 5 BGB schuldet der kontoführende Zahlungsdienstleister die Erstattung und Wiedergutschrift nach § 675u S. 2 BGB auch in solchen Fällen, in denen der Mangel der Autorisierung aus dem Verantwortungsbereich des Zahlungsauslösedienstleisters herrührt.[52] Der kontoführende Zahlungsdienstleister kann in diesen Fällen einen Ausgleichsanspruch gegen den Zahlungsauslösedienstleister nach § 676a Abs. 1 BGB geltend machen.[53] **29**

Eine ausdrückliche Regelung zu einer eigenen Haftung des Zahlungsauslösedienstleisters gegenüber dem Zahler, die neben diese Haftung des kontoführenden Zahlungsdienstleisters treten würde, enthält das Gesetz nicht. Nach allgemeinen Regelungen käme eine Haftung des Zahlungsauslösedienstleisters nach §§ 280, 249 BGB bei Verletzung seiner vertraglichen Pflichten dem Zahler gegenüber in Betracht. Nach der Begründung des Gesetzentwurfs sollte im Außenverhältnis zum Zahler aber lediglich der kontoführende Zahlungsdienstleister haften, da die ZDRL II die Haftung der beteiligten Zahlungsdienstleister abschließend und vollharmonisierend regele und nach Art. 73 Abs. 3 ZDRL II eine weitergehende Haftung nach nationalem Recht nur für eine „darüber hinausgehende finanzielle Entschädigung“ zulasse.[54] Aus diesem im deutschen Recht in § 675z S. 1 und 2 BGB umgesetzten Grundsatz der abschließenden Natur des § 675u BGB wird abgeleitet, dass eine Haftung des Zahlungsauslösedienstleisters lediglich im Hinblick auf den Ersatz von Folgeschäden in Betracht komme.[55] Dies erscheint aber nicht zwingend: Auch eine den **30**

---

47 Zur Beschränkung des § 675v BGB auf das Deckungsverhältnis siehe Erman-von Westphalen, 15. Aufl., § 675u BGB Rn. 2; MK-Zetzsche, 7. Aufl., § 675u BGB Rn. 7; Staudinger-Omlor, 2012, § 675u BGB Rn. 1.
48 §§ 675z S. 2 i.V.m. 280 BGB.
49 Siehe zu § 675f BGB Rn. 156 ff.
50 Siehe EG 73 ZDRL II.
51 Begr Reg-Entw, BT-Drs. 18/11495, S. 164.
52 Begr Reg-Entw, BT-Drs. 18/11495, S. 164.
53 Begr Reg-Entw, BT-Drs. 18/11495, S. 164.
54 Begr Reg-Entw, BT-Drs. 18/11495, S. 164.
55 Begr Reg-Entw, BT-Drs. 18/11495, S. 164.

Zahlungsauslösedienstleister als weiteren Schuldner betreffende Haftung aus §§ 280, 249 BGB kann als eine Entschädigung verstanden werden, die jedenfalls hinsichtlich des Adressaten der Haftung über die Bestimmungen der §§ 675c ff. BGB hinausgeht, auch wenn sie in der Sache dasselbe Interesse des Zahlers betrifft, d.h. den aufgrund der nicht autorisierten Zahlung abgebuchten Betrag. In der Regel wird dieses Interesse bereits durch eine Inanspruchnahme des kontoführenden Zahlungsdienstleisters befriedigt werden können, so dass es in der Praxis auf das Vorhandensein eines weiteren Schuldners nicht ankommen dürfte, es wäre aber auch unter Gesichtspunkten des Verbraucherschutzes in konzeptioneller Hinsicht kaum nachvollziehbar, wenn der Zahlungsauslösedienstleister auch bei verschuldetem Fehlverhalten auch hinsichtlich des Ausgleichs des Zahlungsbetrags, und nicht nur begrenzt auf Folgeschäden, keiner eigenen Haftung gegenüber dem Zahler als seinem Vertragspartner unterliegen sollte.[56]

F. Bereicherungsrechtliche Rückabwicklung bei Ausführung nicht autorisierter Zahlungsvorgänge

31 Umstritten war in der Vergangenheit, ob bei einem nicht autorisierten Zahlungsvorgang der Zahlungsdienstleister gegen den Zahler einen bereicherungsrechtlichen Anspruch geltend machen könnte, sofern der Zahler durch die nicht autorisierte Zahlung von einer Verbindlichkeit gegenüber dem Zahlungsempfänger befreit worden sein oder seinerseits gegen diesen einen Bereicherungsanspruch erlangt haben sollte: Dies ist nach der Rechtsprechung des BGH nunmehr aufgrund der abschließenden Natur der Regelung des § 675u S. 1 BGB als ausgeschlossen anzusehen,[57] da ein solcher bereicherungsrechtlicher Anspruch inhaltlich einem bei Fehlen der Autorisierung durch § 675u S. 1 BGB ausgeschlossenen Aufwendungserstattungsanspruch entsprechen würde.[58] Damit wendet sich der BGH von der früheren Sichtweise ab, nach der grundsätzlich auch bei mangelnder Autorisierung in Form fehlerhafter Anweisungen ein bereicherungsrechtlicher Anspruch des Zahlungsdienstleisters gegen den Zahler auf Herausgabe des Vorteils anerkannt war, den der Zahler durch die Zahlung an den Zahlungsempfänger in Form der Befreiung einer Verbindlichkeit oder der Begründung eines Bereicherungsanspruchs erlangt haben konnte,[59] sofern nicht ausnahmsweise eine überwiegende Schutzbedürftigkeit des Zahlers bestanden haben sollte, wie insbesondere in Fällen einer gänzlich fehlenden Setzung eines zurechenbaren Rechtsscheins für das Bestehen einer Anweisung,[60] bei Bösgläubigkeit des Empfängers[61] oder aus Gesichtspunkten des Schut-

56 So Böger, in: Bankrechtstag 2016, S. 193, 276.

57 Siehe BGH, Urt. v. 16.6.2015 – XI ZR 243/13, juris Rn. 22, BGHZ 205, 378, m.w.N. auch zum früheren Streitstand; offengelassen noch in BGH, Urt. v. 2.6.2015 – XI ZR 327/14, juris Rn. 18, BGHZ 205, 334; befürwortend aus der früheren Rechtsprechung bereits LG Berlin, Urt. v. 16.12.2014 – 10 S 8/14, juris Rn. 23, WM 2015, 376; LG Hannover, Urt. v. 21.12.2010, juris Rn. 25, BKR 2011, 348; zur früheren Gegenauffassung siehe insbesondere AG Hamburg-Harburg, Urt. v. 24.4.2013 – 642 C 2/13, juris Rn. 21 ff., WM 2014, 352; Foerster, AcP 213 (2013), 405, 410 ff.; Nobbe, WM-Sonderbeilage 1/2012, 1, 23; Staudinger-Omlor, 2012, § 675z BGB Rn. 6; ablehnend weiterhin Schnauder, JZ 2016, 603, 612; Wilhelm, BKR 2017, 8, 11 f.

58 BGH, Urt. v. 16.6.2015 – XI ZR 243/13, juris Rn. 23 f., BGHZ 205, 378; Siehe hierzu auch Begr Reg-Entw, BT-Drs. 16/11643, S. 113.

59 BGH, Urt. v. 29.4.2008 – XI ZR 371/07, juris Rn. 12 f., BGHZ 176, 234; zur früheren Sichtweise siehe MK-Zetzsche, 7. Aufl., § 675u BGB Rn. 24 m.w.N.

60 BGH, Urt. v. 29.4.2008 – XI ZR 371/07, juris Rn. 15 f., BGHZ 176, 234; siehe auch MK-Zetzsche, 7. Aufl., § 675u BGB Rn. 26.

61 BGH, Urt. v. 24.4.2001 – VI ZR 36/00, juris Rn. 11, BGHZ 147, 269; Urt. v. 29.4.2008 – XI ZR 371/07, juris Rn. 25, BGHZ 176, 234; Urt. v. 1.6.2010 – XI ZR 389/09, juris Rn. 34, WM 2010, 1218; siehe auch MK-Zetzsche, 7. Aufl., § 675u BGB Rn. 26.

zes von Minderjährigen oder Geschäftsunfähigen.[62] Anstelle dieser Berücksichtigung der maßgeblichen bereicherungsrechtlichen Wertungen im Dreipersonenverhältnis ist nunmehr allein auf das in § 675u S. 1 BGB maßgebliche Kriterium des Vorliegens einer Autorisierung des Zahlungsvorgangs abzustellen.[63]

Stattdessen kann der Zahlungsdienstleister des Zahlers nach Ausführung eines nicht autorisierten Zahlungsvorgangs dagegen den Zahlbetrag unmittelbar vom Zahlungsempfänger herausverlangen:[64] Nach früherer Sichtweise war eine solche Direktkondiktion im Zuwendungsverhältnis grundsätzlich ausgeschlossen, wenn nach dem maßgeblichen Horizont des Zahlungsempfängers die Zahlung als Leistung des Zahlers anzusehen war,[65] so dass stattdessen die Zuwendung im Dreieck rückabzuwickeln war, d.h. jeweils innerhalb der fehlerhaften Rechtsbeziehungen im Deckungsverhältnis zwischen dem Zahler und seinem Zahlungsdienstleister sowie im Valutaverhältnis zwischen dem Zahler und dem Zahlungsempfänger. An dieser Wertung ist nunmehr nicht mehr festzuhalten, wenn aufgrund des § 675u S. 1 BGB bei unautorisierten Zahlungen eine Haftung des Zahlers gegenüber seinem Zahlungsdienstleister für den betreffenden Zahlbetrag sowohl auf vertraglicher wie auf bereicherungsrechtlicher Grundlage ausgeschlossen ist. 32

Konsequenterweise ist auf der Grundlage dieser Auffassung bei einer nicht autorisierten Zahlung im Verhältnis zwischen dem Zahler und dem Zahlungsempfänger eine Erfüllungswirkung der Zahlung zu verneinen:[66] Der Zahlungsempfänger, der sich aufgrund der fehlenden Autorisierung einer Rückforderung des Zahlbetrags durch den Zahlungsdienstleister des Zahlers ausgesetzt sieht, behält mithin einen etwaigen Zahlungsanspruch gegen den Zahler aus dem Valutaverhältnis zwischen ihm und dem Zahler. 33

G. Vorvertragliche Informationen zur Haftung des Zahlungsdienstleisters

Der Zahlungsdienstleister ist im Rahmen seiner vorvertraglichen Informationspflichten im Rahmen von Zahlungsdiensterahmenverträgen nach Art. 248 § 4 Abs. 1 Nr. 5 lit. e EGBGB – sowie nach Art. 248 § 13 Abs. 3 EGBGB, falls dort erheblich, auch im Rahmen von Einzelzahlungsverträgen – verpflichtet, dem Zahler rechtzeitig vor Abgabe von dessen Vertragserklärung Informationen über die Haftung des Zahlungsdienstleisters bei nicht autorisierten Zahlungsvorgängen gemäß § 675u BGB mitzuteilen. 34

H. Anwendungsbereich und Abdingbarkeit

Abweichungen von den Regelungen des § 675u BGB zu Lasten des Zahlungsdienstnutzers, d.h. insbesondere die Vereinbarung des Bestehens von Aufwendungsersatzansprüchen des Zahlungsempfängers auch im Fall von nicht autorisierten Zahlungsvorgängen oder eine Beschränkung des Erstattungs- und Wiedergutschriftsanspruchs des 35

62 BGH, Urt. v. 20.6.1990 – XII ZR 98/89, juris Rn. 18, BGHZ 111, 382; Urt. v. 16.6.2015 – XI ZR 243/13, juris Rn. 18, BGHZ 205, 378; MK-Zetzsche, 7. Aufl., § 675u BGB Rn. 27.

63 BGH, Urt. v. 16.6.2015 – XI ZR 243/13, juris Rn. 23, BGHZ 205, 378; MK-Zetzsche, 7. Aufl., § 675u BGB Rn. 29; Kropf, WM 2016, 67, 71 f.

64 BGH, Urt. v. 16.6.2015 – XI ZR 243/13, juris Rn. 24, BGHZ 205, 378; Erman-von Westphalen, 15. Aufl., § 675u BGB Rn. 4, 12; Kropf, WM 2016, 67, 71. Ablehnend dagegen Wilhelm, BKR 2017, 8, 11 f.

65 BGH, Urt. v. 10.3.1993 – XII ZR 253/91, juris Rn. 14 f., BGHZ 122, 46; Urt. v. 21.10.2004 – III ZR 38/04, juris Rn. 14, NJW 2005, 60; siehe auch die Nachweise bei BGH, Urt. v. 16.6.2015 – XI ZR 243/13, juris Rn. 19, BGHZ 205, 378; MK-Zetzsche, 7. Aufl., § 675u BGB Rn. 24.

66 BGH, Urt. v. 16.6.2015 – XI ZR 243/13, juris Rn. 24, BGHZ 205, 378; MK-Zetzsche, 7. Aufl., § 675u BGB Rn. 24, 33; Erman-von Westphalen, 15. Aufl., § 675y BGB Rn. 49.

Zahlers, sind nach der Grundregel des § 675e Abs. 1 BGB grundsätzlich unzulässig, dies auch gegenüber Nicht-Verbrauchern (vgl. § 675e Abs. 4 BGB).[67]

36 In Drittstaatensachverhalten nach § 675d Abs. 6 S. 1 Nr. 1 und 2 BGB darf dagegen nach § 675e Abs. 2 Nr. 2 BGB auch zum Nachteil des Zahlungsdienstnutzers von § 675u BGB abgewichen werden.

37 Sonderregelungen gelten im Hinblick auf die Bargeldersatzfunktion und anonyme Zahlungsmöglichkeit von Kleinbetragsinstrumenten und E-Geld, die eine Verlagerung des Missbrauchs- und Verlustrisikos auf den Zahler zulassen:[68] Hier lässt § 675i Abs. 2 Nr. 3 BGB Abweichungen von § 675u BGB zu, wenn die Nutzung des Kleinbetragsinstruments keinem Zahlungsdienstnutzer zugeordnet werden kann oder der Zahlungsdienstleister aus anderen Gründen, die in dem Kleinbetragsinstrument selbst angelegt sind, nicht nachweisen kann, dass ein Zahlungsvorgang autorisiert war. In diesen Fällen können die Parteien vereinbaren, dass auch bei einer unautorisierten Nutzung kein Erstattungsanspruch des Zahlers besteht.[69] Für E-Geld gilt nach § 675i Abs. 3 BGB noch weitergehend ein gesetzlicher Ausschluss der Anwendbarkeit des § 675u BGB, so dass es hierzu keiner entsprechenden Vereinbarung der Parteien bedarf, sofern das Zahlungskonto, auf dem das E-Geld gespeichert ist, oder das Kleinbetragsinstrument selbst, z.B. die Geldkarte, vom Zahlungsdienstleister nicht gesperrt werden können und auch die Höchstbetragsbegrenzung nach § 675i Abs. 3 S. 2 BGB eingehalten ist.

§ 675v BGB
Haftung des Zahlers bei missbräuchlicher Nutzung eines Zahlungsinstruments

(1) Beruhen nicht autorisierte Zahlungsvorgänge auf der Nutzung eines verlorengegangenen, gestohlenen oder sonst abhanden gekommenen Zahlungsinstruments oder auf der sonstigen missbräuchlichen Verwendung eines Zahlungsinstruments, so kann der Zahlungsdienstleister des Zahlers von diesem den Ersatz des hierdurch entstandenen Schadens bis zu einem Betrag von 50 Euro verlangen.

(2) Der Zahler haftet nicht nach Absatz 1, wenn

1. **es ihm nicht möglich gewesen ist, den Verlust, den Diebstahl, das Abhandenkommen oder eine sonstige missbräuchliche Verwendung des Zahlungsinstruments vor dem nicht autorisierten Zahlungsvorgang zu bemerken, oder**
2. **der Verlust des Zahlungsinstruments durch einen Angestellten, einen Agenten, eine Zweigniederlassung eines Zahlungsdienstleisters oder eine sonstige Stelle, an die Tätigkeiten des Zahlungsdienstleisters ausgelagert wurden, verursacht worden ist.**

(3) Abweichend von den Absätzen 1 und 2 ist der Zahler seinem Zahlungsdienstleister zum Ersatz des gesamten Schadens verpflichtet, der infolge eines nicht autorisierten Zahlungsvorgangs entstanden ist, wenn der Zahler

1. **in betrügerischer Absicht gehandelt hat oder**

---

67 MK-Zetzsche, 7. Aufl., § 675u BGB Rn. 9.

68 Siehe hierzu die Anmerkungen zu § 675i BGB Rn. 10 und 14 ff.

69 Siehe MK-Zetzsche, 7. Aufl., § 675u BGB Rn. 9; Dagegen erscheint es nicht zutreffend, insbesondere bei der Nutzung einer Geldkarte die Autorisierung bereits als abstrakt-generelle Gesamtweisung im Moment des Aufladens anzunehmen (so aber Staudinger-Omlor, 2012, § 675u BGB Rn. 12), da es dann der Regelung in § 675i Abs. 2 Nr. 3 und Abs. 3 BGB zu Abdingbarkeit und Ausschluss des § 675u BGB nicht bedürfte.

2. den Schaden herbeigeführt hat durch vorsätzliche oder grob fahrlässige Verletzung
a) einer oder mehrerer Pflichten gemäß § 675l Absatz 1 oder
b) einer oder mehrerer vereinbarter Bedingungen für die Ausgabe und Nutzung des Zahlungsinstruments.

(4) Abweichend von den Absätzen 1 und 3 ist der Zahler seinem Zahlungsdienstleister nicht zum Schadensersatz verpflichtet, wenn
1. der Zahlungsdienstleister des Zahlers eine starke Kundenauthentifizierung im Sinne des § 1 Absatz 24 des Zahlungsdiensteaufsichtsgesetzes nicht verlangt oder
2. der Zahlungsempfänger oder sein Zahlungsdienstleister eine starke Kundenauthentifizierung im Sinne des § 1 Absatz 24 des Zahlungsdiensteaufsichtsgesetzes nicht akzeptiert.

Satz 1 gilt nicht, wenn der Zahler in betrügerischer Absicht gehandelt hat. Im Fall von Satz 1 Nummer 2 ist derjenige, der eine starke Kundenauthentifizierung nicht akzeptiert, verpflichtet, dem Zahlungsdienstleister des Zahlers den daraus entstehenden Schaden zu ersetzen.

(5) Abweichend von den Absätzen 1 und 3 ist der Zahler nicht zum Ersatz von Schäden verpflichtet, die aus der Nutzung eines nach der Anzeige gemäß § 675l Absatz 1 Satz 2 verwendeten Zahlungsinstruments entstanden sind. Der Zahler ist auch nicht zum Ersatz von Schäden im Sinne des Absatzes 1 verpflichtet, wenn der Zahlungsdienstleister seiner Pflicht gemäß § 675m Abs. 1 Nr. 3 nicht nachgekommen ist. Die Sätze 1 und 2 sind nicht anzuwenden, wenn der Zahler in betrügerischer Absicht gehandelt hat.

Systematische Übersicht

A. Allgemeines

§ 675v BGB betrifft die Haftung des Zahlers in Fällen einer missbräuchlichen Nutzung eines Zahlungsinstruments und regelt damit, in welchen Fällen der Zahlungsdienstleister trotz fehlender Autorisierung und damit nach § 675u S. 1 BGB ausgeschlossenen Aufwendungsersatz den Zahler in Anspruch nehmen kann. In der Sache werden durch § 675v BGB zusammen mit § 675u BGB die Verantwortlichkeiten und Risiken zwischen dem Zahler und seinem Zahlungsdienstleister für sich als unautorisiert erweisende Zahlungsvorgänge verteilt. Dabei unterscheidet § 675v BGB zwischen der betragsmä- 1 ßig begrenzten Haftung nach § 675v Abs. 1 BGB und der nicht in dieser Weise begrenzten Haftung des Zahlers nach § 675v Abs. 3 BGB, die aber an strenge tatbestandliche Voraussetzungen gebunden ist. Die Haftung des Zahlers nach § 675v BGB betrifft grundsätzlich – mit der Ausnahme der allgemeinen Verantwortlichkeit für Fälle betrügerischen Verhaltens nach § 675v Abs. 3 Nr. 1 BGB – lediglich solche Zahlungsvorgänge, die aufgrund der missbräuchlichen Verwendung von Zahlungsinstrumenten ausgelöst wurden, wobei hier eine Haftung des Zahlers erst dann ab dem Zeitpunkt in Betracht kommt, zu dem er das Zahlungsinstrument erhalten hat (§ 675l Abs. 1 S. 1 BGB). Die Bestimmung des § 675v BGB ist innerhalb ihres Regelungsbereiches abschließend und ein Rückgriff auf allgemeine Haftungsregelungen insbesondere nach § 280 BGB ist daher ausgeschlossen.[1]

2 § 675v BGB wurde eingeführt zur Umsetzung von Art. 61 ZDRL I. Im Rahmen der Umsetzung der ZDRL II (siehe dort nunmehr Art. 74 ZDRL II) wurde insbesondere die betragsmäßig begrenzte Haftung des Zahlers nach § 675v Abs. 1 und 2 BGB n.F. neu gefasst und zum einen die Betragsgrenze dieser Haftung auf EUR 50,00 herabgesetzt und zum anderen wurde unter Aufgabe der früheren Unterscheidung zwischen verkörperten und nicht verkörperten Instrumenten nach § 675v Abs. 1 S. 1 und 2 BGB a.F. eine generelle Verschuldensabhängigkeit dieser Haftung nach § 675v Abs. 2 Nr. 1 BGB n.F. eingeführt sowie der ebenfalls neu kodifizierte Ausschlussgrund, dass der der missbräuchlichen Verwendung zugrunde liegenden Verlust des Zahlungsinstruments durch Hilfspersonen des Zahlungsdienstleisters verursacht wurde. Die – betragsmäßig nicht begrenzte – Haftung des Zahlers bei grob fahrlässiger oder vorsätzlicher Verletzung der Sicherheitspflichten des Zahlers oder betrügerischem Verhalten ist in § 675v Abs. 3 BGB n.F. dagegen gegenüber § 675v Abs. 2 BGB a.F. in der Sache weitgehend unverändert geblieben bis auf den Verzicht auf das nach früherem Recht bestehende Kausalitätserfordernis zwischen dem betrügerischen Verhalten und dem nicht autorisierten Zahlungsvorgang. Neu eingeführt wurde schließlich der Haftungsausschlussgrund des § 675v Abs. 4 BGB n.F., der sowohl eine betragsmäßig unbegrenzte wie eine begrenzte Haftung des Zahlers in Fällen fehlender Anwendung einer starken Kundenauthentifizierung ausschließt.

B. Haftung des Zahlers bei grober Fahrlässigkeit oder Vorsatz (§ 675v Abs. 3 BGB)

3 Nach § 675v Abs. 3 BGB haftet der Zahler auch in Fällen fehlender Autorisierung eines Zahlungsvorgangs, d.h. wenn der Zahlungsdienstleister nach § 675u S. 1 BGB keinen Ersatz für seine Aufwendungen verlangen kann, für die seinem Zahlungsdienstleister aus dem Zahlungsvorgang entstandenen Schäden, wenn einer der in § 675v Abs. 3 Nr. 1 oder Nr. 2 BGB geregelten Fälle einer grob fahrlässigen bzw. vorsätzlichen Verletzung gesetzlicher oder vereinbarter Sicherheitspflichten zu Zahlungsinstrumenten oder eines betrügerischen Verhaltens des Zahlers vorliegt.

I. Inhalt der Haftung

4 Die Haftung nach § 675v Abs. 3 BGB ist auf den vollständigen Ersatz der dem Zahlungsdienstleister des Zahlers durch den nicht autorisierten Zahlungsvorgang entstan-

1 § 675z S. 1 und 2 BGB; siehe auch MK-Zetzsche, 7. Aufl., § 675v BGB Rn. 5. Zu vertraglichen Abweichungen von der Regelung des § 675v BGB siehe unter Rn. 39 ff.

denen Schäden gerichtet. Die Haftung ist anders als die Haftung nach § 675v Abs. 1 BGB nicht der Höhe nach betragsmäßig begrenzt, insbesondere hat der deutsche Umsetzungsgesetzgeber auch nicht von der Option der Bestimmung einer Haftungsdeckelung nach Art. 74 Abs. 1 Unterabs. 5 ZDRL II für Fälle weder betrügerischen noch vorsätzlichen Handelns des Zahlers Gebrauch gemacht. In der Sache kann der Zahlungsdienstleister im Wege dieses Schadensersatzes vor allem den von ihm aufgewendeten Zahlbetrag vom Zahler ersetzt verlangen.

Da es sich bei der Haftung nach § 675v Abs. 3 BGB um einen gesondert geregelten vertraglichen Schadensersatzanspruch handelt, finden die §§ 249 ff. BGB Anwendung. Insbesondere kann der Zahler der Inanspruchnahme aus § 675v Abs. 3 BGB ganz oder teilweise den Einwand des Mitverschuldens aus § 254 BGB entgegenhalten,[2] wenn ein Mitverschulden des Zahlungsdienstleisters an der Ermöglichung der missbräuchlichen Verwendung durch einen Dritten mitgewirkt hat. Als Fall eines solchen Mitverschuldens wird es beispielsweise angesehen, wenn der Zahlungsdienstleister des Zahlers über den vereinbarten Verfügungsrahmen[3] hinausgehende Transaktionen zulässt,[4] nicht aber bereits bei geduldeten Überziehungen über das vorhandene Guthaben oder die vereinbarte Überziehungsmöglichkeit hinaus.[5] Ein Mitverschulden des Zahlungsdienstleisters des Zahlers kann sich sodann insbesondere auch aus dem Verstoß gegen Sicherheitspflichten bei der Ausgabe von Zahlungskarten nebst personalisierten Sicherheitsmerkmalen oder beim Online-Banking ergeben,[6] wobei die Konkretisierung der hier zu beachtenden Maßstäbe mittels und aufgrund der ZDRL II zu berücksichtigen ist.[7] 5

II. Verletzung von Sicherheitspflichten zu Zahlungsinstrumenten

§ 675y Abs. 3 Nr. 2 BGB regelt den Ersatzanspruch des Zahlungsdienstleisters des Zahlers für den Fall der grob fahrlässigen oder vorsätzlichen Verletzung von Sicherheitspflichten zu Zahlungsinstrumenten durch den Zahler. Die Haftung nach § 675v Abs. 3 Nr. 2 BGB kann daher überhaupt erst ab dem Zeitpunkt in Betracht kommen, an dem der Zahlungsdienstnutzer das Zahlungsinstrument (zum Begriff siehe § 675j Abs. 1 S. 4 BGB) erhalten hat.[8] Das Versendungsrisiko trägt der Zahlungsdienstleister nach § 675m Abs. 2 BGB. 6

Diese Verpflichtung des Zahlers zum Ersatz des dem Zahlungsdienstleister infolge des nicht autorisierten Zahlungsvorgangs entstandenen Schadens besteht zum einen bei der Verletzung gesetzlicher Sicherheitspflichten, siehe § 675v Abs. 3 Nr. 2 lit. a BGB: Der Zahler ist zum Ersatz verpflichtet, wenn er den Schaden durch eine grob fahrlässige oder vorsätzliche Verletzung einer oder mehrerer Pflichten gemäß § 675l Abs. 1 BGB herbeigeführt hat, d.h. der verschiedenen Pflichten, die sich daraus ergeben, dass er nach dieser Vorschrift unmittelbar nach Erhalt eines Zahlungsinstruments alle zumutbaren Vorkeh- 7

2 Siehe MK-Zetzsche, 7. Aufl., § 675v BGB Rn. 47; Erman-von Westphalen, 15. Aufl., § 675v BGB Rn. 18; Staudinger-Omlor, 2012, § 675v BGB Rn. 29.
3 Siehe hierzu § 675k BGB Rn. 5.
4 Siehe BGH, Urt. v. 29.11.2011 – XI ZR 370/10, juris Rn. 27 f., WM 2012, 164; Palandt-Sprau, 77. Aufl., § 675v BGB Rn. 7; MK-Zetzsche, 7. Aufl., § 675v BGB Rn. 48.
5 BGH, Urt. v. 29.11.2011 – XI ZR 370/10, juris Rn. 28, WM 2012, 164; OLG Schleswig, Beschl. v. 20.8.2013 – 5 U 64/13, juris Rn. 10, GWR 2013, 470; MK-Zetzsche, a.a.O.; Erman-von Westphalen, 15. Aufl., § 675v BGB Rn. 18. **A.A.** AG Köln, Urt. v. 27.4.2015 – 142 C 3/14, juris Rn. 29, NJW-RR 2015, 1272.
6 MK-Zetzsche, 7. Aufl., § 675v BGB Rn. 48 ff.; Staudinger-Omlor, 2012, § 675v BGB Rn. 30.
7 Dazu siehe zu § 675m BGB Rn. 45 ff.
8 Staudinger-Omlor, 2012, § 675v BGB Rn. 5.

rungen zu treffen hat, um die personalisierten Sicherheitsmerkmale vor unbefugtem Zugriff zu schützen.[9]

8 Nach § 675v Abs. 3 Nr. 2 lit. b BGB besteht die Ersatzpflicht des Zahlers zum anderen bei der grob fahrlässigen Verletzung einer oder mehrerer vereinbarter Bedingungen für die Ausgabe und Nutzung des Zahlungsinstruments, d.h. bei vereinbarten Sicherheitspflichten zu dem jeweiligen Zahlungsinstrument, sofern diese Pflichten wirksam vereinbart sind (siehe § 675l Abs. 2 BGB).[10]

9 Die Haftung nach § 675v Abs. 3 Nr. 2 BGB besteht damit nur bei Verletzungen auf die Sicherheit von Zahlungsinstrumenten bezogener Pflichten des Zahlers:[11] Liegt der nicht autorisierten Zahlung sodann keine Verwendung eines solchen Zahlungsinstruments zugrunde, haftet der Zahler auch dann nicht, wenn ihm mangelnde Sorgfalt vorzuwerfen wäre.

10 Sowohl bei der Verletzung gesetzlicher Pflichten wie auch bei der Verletzung vereinbarter Bedingung für die Ausgabe und Nutzung des Zahlungsinstruments ist Voraussetzung der Haftung nach § 675v Abs. 3 Nr. 2 BGB, dass die Verletzung der Pflichten des Zahlers in Bezug auf das betreffende Zahlungsinstrument den Schaden des Zahlungsdienstleisters herbeigeführt haben muss, d.h. hierfür kausal gewesen sein muss.[12] Ein mit dem späteren Missbrauch eines Zahlungsinstruments nicht im kausalen Zusammenhang stehender Sicherheitspflichtenverstoß des Zahlers begründet daher keinen Ersatzanspruch.

11 § 675v Abs. 3 Nr. 2 BGB setzt in beiden Fällen vorsätzliches oder zumindest grob fahrlässiges Verhalten des Zahlers voraus, wobei insoweit auf die allgemeinen Definitionen dieser Begriffe Bezug genommen wird.[13] Bezüglich vorsätzlichen Handelns ist damit ein Wissen um und ein Wollen des pflichtwidrigen Erfolges vorauszusetzen,[14] wobei die Schädigung des Zahlungsdienstleisters nicht gewünscht oder beabsichtigt sein muss, sondern eine billigende Inkaufnahme genügend ist.[15] Grob fahrlässig handelt der Zahler, wenn er die im Verkehr erforderliche Sorgfalt in besonders schwerem Maße verletzt, einfachste und nahe liegende Überlegungen nicht anstellt und in der konkreten Situation nicht das beachtet, was sich jedem aufdrängt.[16]

12 Die Darlegungs- und Beweislast für das Vorliegen dieser Voraussetzungen trägt, wie sich auch aus § 675w BGB ergibt, im Rahmen des § 675v Abs. 3 BGB grundsätzlich der Zahlungsdienstleister,[17] dies auch für die hier – anders als nach § 280 Abs. 1 S. 2 BGB oder auch nach § 675v Abs. 2 Nr. 1 BGB – positiv nachzuweisenden Verschuldensvoraussetzungen. Zur Anwendbarkeit von Beweiserleichterungen durch den Beweis des ersten

---

9 Siehe zu § 675l BGB Rn. 9 ff.

10 Siehe zu § 675l BGB Rn. 35 ff.

11 Erman-von Westphalen, 15. Aufl., § 675v BGB Rn. 7; Staudinger-Omlor, 2012, § 675v BGB Rn. 2, 4.

12 MK-Zetzsche, 7. Aufl., § 675v BGB Rn. 35; Erman-von Westphalen, 15. Aufl., § 675v BGB Rn. 16.

13 Begründung des Regierungsentwurfs zur Umsetzung der Zweiten Zahlungsdiensterichtlinie, BT-Drs. 18/11495, S. 165; EG 72 ZDRL II; MK-Zetzsche, 7. Aufl., § 675v BGB Rn. 34; Erman-von Westphalen, 15. Aufl., § 675v BGB Rn. 14; Staudinger-Omlor, 2012, § 675v BGB Rn. 22.

14 BGH, Urt. v. 8.2.1965 – III ZR 170/63, juris Rn. 25, NJW 1965, 962; Erman-von Westphalen, 15. Aufl., § 675v BGB Rn. 14; Staudinger-Omlor, 2012, § 675v BGB Rn. 22.

15 Dolus eventualis, BGH, Urt. v. 22.3.2012 – 4 StR 558/11, juris Rn. 26, BGHSt 57, 183; Staudinger-Omlor, 2012, § 675v BGB Rn. 22.

16 Begründung des Regierungsentwurfs zur Umsetzung des zivilrechtlichen Teils der Zahlungsdiensterichtlinie, BT-Drs. 16/11643, S. 114; siehe auch Begr Reg-Entw, BT-Drs. 18/11495, S. 166; EG 72 ZDRL II; BGH, Urt. v. 17.10.2000 – XI ZR 42/00, juris Rn. 21, BGHZ 145, 337; MK-Zetzsche, 7. Aufl., § 675w BGB Rn. 33.

17 MK-Zetzsche, 7. Aufl., § 675v BGB Rn. 54. Siehe auch LG Kiel, Urt. v. vom 20.4.2018 – 12 O 562/17, juris Rn. 33.

Anscheins für eine grob fahrlässige Verletzung von Sicherheitspflichten des Zahlers siehe die Anmerkungen zu § 675w BGB.[18]

III. Betrügerische Absicht des Zahlers

Nach § 675v Abs. 3 Nr. 1 BGB besteht ein Anspruch des Zahlungsdienstleisters des Zahlers auf Ersatz des ihm infolge eines nicht autorisierten Zahlungsvorgangs entstandenen Schadens auch dann, wenn der Zahler in betrügerischer Absicht gehandelt hat. 13

In subjektiver Hinsicht setzt ein Handeln in betrügerischer Absicht voraus, dass sich der Zahler durch Täuschung des Zahlungsdienstleisters einen unberechtigten Vermögensvorteil zu dessen Lasten verschaffen will.[19] Dies kann beispielsweise durch das Vorspiegeln der missbräuchlichen Nutzung eines Zahlungsinstruments durch einen Dritten erfolgen oder auch im Wege des kollusiven Zusammenwirkens mit dem Dritten.[20] In der Regel wird die Täuschung auf die Verwendung eines Zahlungsinstruments bezogen sein, der Gesetzeswortlaut des § 675v Abs. 3 Nr. 1 BGB nennt eine entsprechende Einschränkung für die Haftung des Zahlers bei Handeln in betrügerischer Absicht dagegen nicht, sondern erfasst Zahlungsvorgänge jeglicher Art.[21] 14

Anders als noch § 675v Abs. 2 BGB a.F. setzt der in Umsetzung von Art. 74 Abs. 1 Unterabs. 3 ZDRL II neugefasste § 675v Abs. 3 Nr. 1 BGB n.F. nicht länger eine Kausalität zwischen dem betrügerischen Handeln des Zahlers und dem nicht autorisierten Zahlungsvorgang voraus:[22] Demnach besteht eine Haftung nach dieser Vorschrift auch dann, wenn beispielsweise der Zahler das Abhandenkommen oder die missbräuchliche Verwendung des Zahlungsinstruments nicht bemerkt, sich dieses aber im Nachhinein für Betrugszwecke zunutze macht, beispielsweise durch ein Zusammenwirken des Zahlers mit demjenigen, der das Zahlungsinstrument zunächst ohne sein Wissen entwendet hatte.[23] 15

IV. Haftungsausschluss bei fehlender Anzeigemöglichkeit oder nicht erfolgter Sperre (§ 675v Abs. 5 BGB)

Nach § 675v Abs. 5 BGB, der im Zuge der Umsetzung der ZDRL II gegenüber der Vorgängerregelung aus § 675v Abs. 3 BGB nur redaktionell angepasst wurde, ist gegenüber der Haftung des Zahlers aus § 675v Abs. 3 BGB wie auch gegenüber der betragsmäßig begrenzten Haftung aus § 675v Abs. 1 BGB ein Haftungsausschluss in solchen Fällen zu beachten, in denen ein Zahlungsinstrument vom Zahlungsdienstleister nicht gesperrt wird, nachdem der Zahler im Sinne des § 675l Abs. 1 S. 2 BGB den Verlust, den Diebstahl, die missbräuchliche Verwendung oder die sonstige nicht autorisierte Nutzung eines Zahlungsinstruments angezeigt hat, oder in denen der Zahlungsdienstleister nicht die Möglichkeit einer solchen Anzeige vorhält. 16

---

18 Siehe zu § 675w BGB Rn. 16 ff.

19 Siehe so unter Bezugnahme auf § 263 StGB MK-Zetzsche, 7. Aufl., § 675v BGB Rn. 32. Nach Staudinger-Omlor, 2012, § 675v BGB Rn. 21, sollte der Betrugsbegriff im Wege einer autonomen Auslegung der ZDRL II bestimmt werden, ohne dass dies aber zu wesentlichen Änderungen in der Sache führen würde.

20 MK-Zetzsche, a.a.O.

21 Die Gegenmeinung, die sich namentlich auf die offizielle Überschrift der Bestimmung stützen kann, kommt in der Sache zu identischen Ergebnissen, indem neben § 675v BGB der Rückgriff auf die §§ 823 Abs. 2 BGB i.V.m 263 StGB bzw. § 826 BGB zugelassen wird, siehe MK-Zetzsche, 7. Aufl., § 675v BGB Rn. 32.

22 Begr Reg-Entw, BT-Drs. 18/11495, S. 166; Palandt-Sprau, 77. Aufl., § 675v BGB Rn. 8.

23 Begr Reg-Entw, BT-Drs. 18/11495, S. 166.

17 § 675v Abs. 5 S. 1 BGB sieht vor, dass der Zahler nicht nach § 675v BGB zum Ersatz von solchen Schäden verpflichtet ist, die aus der Nutzung eines nach der Anzeige gemäß § 675l Abs. 1 S. 2 BGB verwendeten Zahlungsinstruments entstanden sind. Damit trägt grundsätzlich – vorbehaltlich der Ausnahme nach § 675v Abs. 5 S. 3 BGB für Fälle betrügerischen Handelns des Zahlers – der Zahlungsdienstleister ab dem Zeitpunkt des Zugangs der Anzeige gemäß § 675l Abs. 1 S. 2 BGB das Missbrauchsrisiko in Bezug auf Zahlungsinstrumente.[24] Entscheidend ist, ob der Zahlungsdienstleister zum Zeitpunkt des Zugangs der Anzeige noch die Möglichkeit der Sperrung des Zahlungsinstruments nach § 675m Abs. 1 S. 1 Nr. 5 BGB und damit zur Verhinderung seiner weiteren Nutzung hat: Hat der Zahlungsdienstleister des Zahlers bereits die Ausführung des Zahlungsvorgangs abgeschlossen und den Vorgang weitergeleitet, geht die entsprechende Verpflichtung zur Vornahme einer Sperre aus § 675m Abs. 1 S. 1 Nr. 5 BGB ins Leere und der Zahlungsdienstnutzer kann sich insoweit auch nicht auf den § 675v Abs. 5 S. 1 BGB berufen.[25]

18 Nach § 675v Abs. 5 S. 2 BGB ist der Zahler auch nicht zum Ersatz von Schäden des Zahlungsdienstleisters verpflichtet, die diesem durch nicht autorisierte Zahlungsvorgänge aufgrund einer missbräuchlichen Verwendung eines Zahlungsinstruments entstehen, wenn der Zahlungsdienstleister seiner Pflicht gemäß § 675m Abs. 1 Nr. 3 BGB nicht nachgekommen ist, die jederzeitige Möglichkeit der Anzeige eines Zahlungsdienstnutzers gemäß § 675l Abs. 1 S. 2 BGB sicherzustellen. Damit führt – wiederum vorbehaltlich der Fälle betrügerischen Handelns des Zahlers nach § 675v Abs. 5 S. 3 BGB – auch bereits das Nichtvorhalten einer solchen Anzeigemöglichkeit dazu, dass der Zahlungsdienstleister das Missbrauchsrisiko trägt. Dabei ist zu beachten, dass sich der Wortlaut des § 675v Abs. 5 S. 2 BGB lediglich auf den Ausschluss der Verpflichtung zum Ersatz von Schäden im Sinne des § 675v Abs. 1 BGB bezieht. Richtigerweise sollte diese Einschränkung aber allenfalls als gesetzgeberisches Redaktionsversehen angesehen werden, da nach dem Sinn und Zweck des Haftungsausschlusses eine unbegrenzte Haftung nach § 675v Abs. 3 BGB ebenso wenig in Betracht kommt wie eine betragsmäßig begrenzte Haftung nach § 675v Abs. 1 BGB, wenn es an einer Möglichkeit der Anzeige fehlt.[26]

19 Das Gesetz nennt in § 675v Abs. 5 S. 2 BGB kein Erfordernis einer Kausalität zwischen der mangelnden Anzeigemöglichkeit und der missbräuchlichen Nutzung des Zahlungsinstruments, so dass die Haftung des Zahlers bei fehlender Vorhaltung einer Anzeigemöglichkeit durch den Zahlungsdienstleister auch dann ausgeschlossen ist, wenn der Zahler von der missbräuchlichen Nutzung gar keine Kenntnis hatte oder ungeachtet seiner Kenntnis noch keine Anzeige machen wollte.[27] Durch den Verzicht auf ein solches Kausalitätserfordernis werden insbesondere Nachweisschwierigkeiten zu Lasten des Zahlers vermieden.[28]

20 Der Haftungsausschluss nach § 675v Abs. 5 S. 1 und 2 BGB kommt nach § 675v Abs. 5 S. 3 BGB nicht zur Anwendung, wenn der Zahler in betrügerischer Absicht gehandelt hat, d.h. wenn er sich durch Täuschung des Zahlungsdienstleisters einen unberechtigten

24 Erman-von Westphalen, 15. Aufl., § 675v BGB Rn. 19; Staudinger-Omlor, 2012, § 675v BGB Rn. 31.
25 AG Bonn, Urt. v. 11.2.2015 – 109 C 244/14, juris Rn. 33, MMR 2015, 477; MK-Jungmann, 7. Aufl., § 675m BGB Rn. 26.
26 Siehe Hofmann, BKR 2018, 62, 67; so bereits Langenbucher/Bliesener/Spindler-Jungmann, 2. Aufl., Kap. 6 § 675v BGB Rn. 25; anders dagegen Langenbucher/Bliesener/Spindler-Herresthal, 2. Aufl., Kap. 7 § 675v BGB Rn. 37a.
27 MK-Zetzsche, 7. Aufl., § 675v BGB Rn. 52; Erman-von Westphalen, 15. Aufl., § 675v BGB Rn. 21; Staudinger-Omlor, 2012, § 675v BGB Rn. 31.
28 MK-Zetzsche, 7. Aufl., § 675v BGB Rn. 52.

Vermögensvorteil zu dessen Lasten verschaffen will.[29] Kann der Zahlungsdienstleister eine solche Absicht des Zahlers nachweisen, kommt es also auf das Fehlen einer Anzeigemöglichkeit oder auf die Nichtvornahme einer Sperre nach erfolgter Anzeige nicht an.

Zu beachten ist schließlich gegenüber dem Haftungsausschluss nach § 675v Abs. 5 S. 1 und 2 BGB die allgemeine Einwendungsausschlussfrist nach § 676b Abs. 2 BGB, wonach der Zahler mit Einwendungen ausgeschlossen ist, wenn er den Zahlungsdienstleister nicht spätestens 13 Monate nach dem Tag der Belastung mit einem nicht autorisierten oder fehlerhaft ausgeführten Zahlungsvorgang hiervon unterrichtet hat.[30] 21

Die Beweislast für das Vorliegen der Voraussetzungen des Haftungsausschlusses nach § 675v Abs. 5 BGB trägt der Zahler.[31] Teilweise wird zumindest eine Beweiserleichterung hinsichtlich des Nachweises des nach § 675v Abs. 5 S. 1 BGB vorausgesetzten Zugangs einer Verlustanzeige angenommen, wonach bei substantiiertem Behaupten der Abgabe einer Verlustanzeige durch den Zahlungsdienstnutzers der Zahlungsdienstleister verpflichtet sein soll, den Nichteingang der Anzeige bspw. durch Vorlage von Tonmitschnitten zu beweisen.[32] Dies erscheint aber, wie bereits zu § 675m Abs. 1 S. 2 BGB ausgeführt wurde, als nur wenig praktikabel.[33] 22

V. Haftungsausschluss bei fehlender Anwendung der starken Kundenauthentifizierung (§ 675v Abs. 4 BGB)

§ 675v Abs. 4 BGB sieht in Umsetzung von Art. 74 Abs. 2 ZDRL II einen weiteren Haftungsausschlusstatbestand gegenüber der Haftung des Zahlers aus § 675v Abs. 1 und Abs. 3 BGB vor, wenn bei dem betreffenden nicht autorisierten Zahlungsvorgang keine starke Kundenauthentifizierung angewandt worden ist.[34] 23

Mit dem Begriff der starken Kundenauthentifizierung wird verwiesen auf die Begriffsbestimmung nach § 1 Abs. 24 ZAG sowie auf die vom Zahlungsdienstleister nach § 55 ZAG einzuhaltenden Maßstäbe unter Berücksichtigung auch der hierzu ergangenen delegierten Rechtsakte der Kommission:[35] Über § 675v Abs. 4 BGB erlangen diese zunächst in aufsichtsrechtlicher Hinsicht zu beachtenden Maßstäbe eine zivilrechtliche Relevanz im Verhältnis zwischen Zahlungsdienstleister und Zahler,[36] indem bei Nichtanwendung der starken Kundenauthentifizierung der Zahlungsdienstleister grundsätzlich – abgesehen von Fällen betrügerischen Handelns des Zahlers nach § 675v Abs. 4 S. 2 BGB – allein das Risiko der missbräuchlichen Verwendung von Zahlungsinstrumenten trägt, so dass ihm ein Rückgriff beim Zahler auch dann verwehrt ist, wenn dieser grob fahrlässig oder auch vorsätzlich gegen seine Sicherheitspflichten in Bezug auf die betreffenden Zahlungsinstrumente verstoßen und so zur Ermöglichung der missbräuchlichen Verwendung beigetragen hat. 24

Die Anwendung des Verfahrens der starken Kundenauthentifizierung obliegt bei „Push"-Zahlungen dem Zahlungsdienstleister des Zahlers, während bei „Pull"-Zahlungen eine Mitwirkung des Zahlungsempfängers bzw. seines Zahlungsdienstleisters erfor- 25

29 Siehe oben Rn. 14.
30 MK-Zetzsche, 7. Aufl., § 675v BGB Rn. 53. Siehe hierzu zu § 676b BGB Rn. 8 ff.
31 MK-Zetzsche, 7. Aufl., § 675v BGB Rn. 55; Erman-von Westphalen, 15. Aufl., § 675v BGB Rn. 22.
32 So MK-Zetzsche, 7. Aufl., § 675v BGB Rn. 55.
33 Siehe zu § 675m BGB Rn. 25.
34 Begr Reg-Entw, BT-Drs. 18/11495, S. 166.
35 Siehe die Anmerkungen zu § 675m BGB Rn. 45 ff.
36 Siehe die Anmerkungen zu § 675m BGB Rn. 70 ff.

derlich ist. § 675v Abs. 4 S. 1 BGB erfasst beide Fälle und schließt die Schadensersatzpflicht des Zahlers sowohl dann aus, wenn der Zahlungsdienstleister des Zahlers keine starke Kundenauthentifizierung verlangt (§ 675v Abs. 4 S. 1 Nr. 1 BGB), als auch dann, wenn der Zahlungsempfänger oder sein Zahlungsdienstleister keine starke Kundenauthentifizierung akzeptiert (§ 675v Abs. 4 S. 1 Nr. 2 BGB). Im letzteren Fall kann der Zahlungsdienstleister des Zahlers, der aufgrund des § 675v Abs. 4 S. 1 Nr. 2 BGB an einem Rückgriff beim Zahler für den Schaden aus der Ausführung des nicht autorisierten Zahlungsvorgangs gehindert ist, den Zahlungsempfänger bzw. dessen Zahlungsdienstleister, der die starke Kundenauthentifizierung nicht akzeptiert, für den Ersatz des dem Zahlungsdienstleister des Zahlers daraus entstehenden Schadens in Anspruch nehmen (§ 675v Abs. 4 S. 3 BGB).[37]

26 Der Haftungsausschluss des § 675v Abs. 4 S. 1 BGB findet nach § 675v Abs. 4 S. 3 BGB keine Anwendung in Fällen eines Handelns des Zahlers in betrügerischer Absicht; dies entspricht der Parallelregelung in § 675v Abs. 5 S. 3 BGB.[38]

27 Das Gesetz knüpft den Haftungsausschluss lediglich daran, dass eine starke Kundenauthentifizierung nicht verlangt bzw. nicht akzeptiert wird, ohne dass nach dem Gesetzeswortlaut Berücksichtigung fände, ob der Zahlungsdienstleister des Zahlers bei dem betreffenden Zahlungsvorgang zur Anwendung der starken Kundenauthentifizierung verpflichtet wäre. In aufsichtsrechtlicher Hinsicht besteht eine Verpflichtung zur Anwendung der starken Kundenauthentifizierung lediglich in den in § 55 ZAG genannten Fällen; zudem sind weitere Ausnahmetatbestände auf der Grundlage der nach Art. 98 ZDRL II ergangenen delegierten Verordnung der EU-Kommission 2018/389 vom 27.11.2017 zu beachten.[39] Richtigerweise sind diese Begrenzungen der Verpflichtung zur Anwendung der starken Kundenauthentifizierung dann auch im Rahmen des § 675v Abs. 5 S. 1 BGB zu berücksichtigen, um so einen Gleichlauf zwischen aufsichtsrechtlicher Verpflichtung und zivilrechtlicher Risikoverteilung sicherzustellen.[40] Liegt also keiner der in § 55 ZAG genannten Fälle vor bzw. ist aufsichtsrechtlich eine Ausnahme von der grundsätzlichen Verpflichtung zur Anwendung der starken Kundenauthentifizierung bestimmt, dann führt die Nichtanwendung der starken Kundenauthentifizierung auch zivilrechtlich nicht dazu, dass der Zahlungsdienstleister des Zahlers alleine das Schadensrisiko aufgrund eines nicht autorisierten Zahlungsvorgangs zu tragen hat.

C. Betragsmäßig begrenzte Haftung des Zahlers außerhalb von Fällen von Betrug, Vorsatz oder grober Fahrlässigkeit (§ 675v Abs. 1 BGB)

28 Neben der auf Fälle von Betrug, Vorsatz oder grober Fahrlässigkeit beschränkten Haftung des Zahlers nach § 675v Abs. 3 BGB zum Ersatz der seinem Zahlungsdienstleister durch nicht autorisierte Zahlungsvorgänge entstandenen Schäden sieht § 675v Abs. 1 BGB auch eine betragsmäßig begrenzte Haftung des Zahlers vor. Hierdurch hat auch ab-

37 Begr Reg-Entw, BT-Drs. 18/11495, S. 166 f.
38 Siehe oben Rn. 20.
39 Siehe die Anmerkungen zu § 675m BGB Rn. 55 ff.
40 So auch Terlau, ZBB/JBB 2016, 122, 132 f.; dagegen offenbar dagegen Hoffmann, VuR 2016, 243, 244; Palandt-Sprau, 77. Aufl., § 675v BGB Rn. 11; Werner, WM 2018, 449, 453. Auf der Grundlage der Gegenauffassung kommt Hofmann, BKR 2018, 62, 65 f., zu dem Schluss, dass insbesondere bei Kreditkartenzahlungen nur bei PIN-Verwendung eine Haftung des Zahlers aus § 675v BGB in Betracht komme. Dies überzeugt nach der hier vertretenen Auffassung dagegen unter Berücksichtigung der Ausnahmemöglichkeiten auf der Grundlage der delegierten Verordnung der EU-Kommission nach Art. 98 ZDRL II dagegen nicht.

seits der Fälle des Vorliegens der strengen Verschuldensanforderungen des § 675v Abs. 3 BGB der Zahler, wenn auch in betragsmäßig begrenzter Höhe, neben der primären Verantwortlichkeit des Zahlungsdienstleisters nach § 675u S. 1 BGB das Risiko des Missbrauchs von Zahlungsinstrumenten mitzutragen. Diese Haftung zielt auf eine verhaltenssteuernde Wirkung ab,[41] d.h. tragender Gedanke dieser Haftung ist es, auch den Zahler zu Vorsichtsmaßnahmen in Bezug auf die Sicherheit von Zahlungsinstrumenten anzuhalten, um so deren Missbrauch vorzubeugen.

I. Inhalt und Voraussetzungen der Haftung

Anders als die grundsätzlich auf den Ersatz der gesamten dem Zahlungsdienstleister des Zahlers aufgrund eines nicht autorisierten Zahlungsvorgangs entstandenen Schäden gerichtete Haftung nach § 675v Abs. 3 BGB ist die Haftung nach § 675v Abs. 1 BGB betragsmäßig begrenzt, wobei es sich hier um eine betragsmäßige Begrenzung des ersatzfähigen Gesamtschadens handelt und nicht etwa um die Begrenzung auf jeden einzelnen aufgrund des Abhandenkommens oder der sonstigen missbräuchlichen Verwendung ausgeführten Zahlungsvorgang gesondert anzuwenden ist:[42] Während in § 675v Abs. 1 BGB a.F. in Umsetzung von Art. 61 Abs. 1 ZDRL I eine Haftungsbegrenzung in Höhe von 150 Euro vorgesehen war, ist dieser Betrag in § 675v Abs. 1 BGB n.F. aufgrund der Umsetzung von Art. 74 Abs. 1 Unterabs. 1 ZDRL II auf 50 Euro herabgesetzt worden. Diese Herabsetzung des Haftungsbetrags wurde damit begründet, dass der ursprüngliche Betrag im Hinblick auf die unterschiedlichen Einkommensverhältnisse in manchen EU-Staaten als zu hoch angesetzt anzusehen war und gleichzeitig weiterhin eine einheitliche Festlegung des Maximalbetrags erfolgen sollte.[43] Aus Gesichtspunkten des Verbraucherschutzes in der EU ist daher die Herabsetzung zu begrüßen – gleichzeitig ist aber nicht zu verkennen, dass ein Betrag von 50 Euro für Verbraucher in wohlhabenderen Lebensverhältnissen nicht notwendigerweise noch die für eine verhaltenssteuernde Wirkung erforderliche Erheblichkeitsschwelle erreicht.[44] 29

Die Haftung nach § 675v Abs. 1 BGB n.F. unterscheidet – anders als nach der früheren Fassung in § 675v Abs. 1 S. 1 und 2 BGB a.F.[45] – nicht zwischen verkörperten und nicht verkörperten Zahlungsinstrumenten und regelt stattdessen für Zahlungsinstrumente jeglicher Art, dass der Zahlungsdienstleister des Zahlers diesen in Höhe von bis zu 50 Euro auf den Ersatz durch nicht autorisierte Zahlungsvorgänge verursachter Schäden in Anspruch nehmen kann, wenn diese nicht autorisierten Zahlungsvorgänge auf der Nutzung eines verlorengegangenen, gestohlenen oder sonst abhanden gekommenen Zahlungsinstruments oder auf der sonstigen missbräuchlichen Verwendung eines Zahlungsinstruments beruhen. 30

Im Einzelnen erfasst dies die folgenden Fälle: Verlorengegangen ist ein Zahlungsinstrument bei Untergang der tatsächlichen Sachherrschaft, d.h. bei Eintritt zumindest vorübergehender Besitzlosigkeit.[46] Gestohlen ist ein Zahlungsinstrument, wenn wie nach § 242 StGB vorausgesetzt dem Inhaber die tatsächliche Sachherrschaft gegen oder ohne 31

---

41 Begr Reg-Entw, BT-Drs. 16/11643, S. 113; EG 32 ZDRL I; Derleder, NJW 2009, 3195, 3197; Staudinger-Omlor, 2012, § 675v BGB Rn. 1, 6.
42 So auch Staudinger-Omlor, 2012, § 675v BGB Rn. 17; Ellenberger/Findeisen/Nobbe-Nobbe, § 675v BGB Rn. 100; anderer Auffassung dagegen Erman-von Westphalen, 15. Aufl., § 675v BGB Rn. 11.
43 Siehe EG 71 der ZDRL II.
44 Siehe Böger, in: Bankrechtstag 2016, S. 193, 294 f; siehe auch Spindler/Zahrte, BKR 2014, 265, 271; Hoffmann, VuR 2016, 243, 253.
45 Begr Reg-Entw, BT-Drs. 16/11643, S. 113; Staudinger-Omlor, 2012, § 675v BGB Rn. 8.
46 Erman-von Westphalen, 15. Aufl., § 675v BGB Rn. 7; MK-Zetzsche, 7. Aufl., § 675v BGB Rn. 14.

seinen Willen entzogen wurde und ein neuer Gewahrsam begründet wurde, während es auf die übrigen subjektiven Voraussetzungen des § 242 StGB hier nicht ankommen soll.[47] Der im § 675v Abs. 1 BGB im Verhältnis hierzu als Oberbegriff verwendete Begriff des Abhandenkommens entspricht demjenigen des § 935 BGB und setzt den Verlust des unmittelbaren Besitzes gegen oder ohne den Willen des Nutzers des Zahlungsinstruments voraus.[48] Noch allgemeiner gefasst ist sodann der Fall der sonstigen missbräuchlichen Verwendung des Zahlungsinstruments, der jede unbefugte bzw. unautorisierter Verwendung des Zahlungsinstruments durch einen Dritten erfasst, d.h. gegen oder ohne den Willen des Zahlers.[49] Unter den Begriff der sonstigen missbräuchlichen Verwendung eines Zahlungsinstruments kann auch der Fall der nicht befugten Nutzung eines verkörperten Zahlungsinstruments ohne Abhandenkommen desselben fallen, insbesondere bei einer unbefugten Erstellung einer Kartenkopie, ebenso kann dieser Begriff auch die missbräuchliche Verwendung eines nicht verkörperten Instruments erfassen, z.B. des Online-Bankingzugangs mit den personalisierten Sicherheitsmerkmalen des Zahlers.[50]

32 Vorausgesetzt wird für die Haftung nach § 675v Abs. 1 BGB wie nach bisherigem Recht weiter eine Kausalität der missbräuchlichen Verwendung für den nicht autorisierten Zahlungsvorgang, d.h. der nicht autorisierte Zahlungsvorgang muss gerade auf der Nutzung eines verlorengegangenen, gestohlenen oder sonst abhanden gekommenen Zahlungsinstruments oder auf der sonstigen missbräuchlichen Verwendung eines Zahlungsinstruments beruhen.[51] In der Praxis wird im Sinne eines Anscheinsbeweises davon ausgegangen werden können, dass eine solche Kausalität zwischen dem Abhandenkommen bzw. der sonstigen missbräuchlichen Verwendung dem nicht autorisierten Zahlungsvorgang regelmäßig vermutet werden kann.[52]

II. Fehlende Bemerkbarkeit der missbräuchlichen Verwendung

33 § 675v Abs. 2 Nr. 1 BGB schließt die betragsmäßig begrenzte Haftung des Zahlers nach § 675v Abs. 1 BGB in Fällen fehlender Bemerkbarkeit der missbräuchlichen Verwendung aus. Der Zahler haftet demnach nicht nach § 675v Abs. 1 BGB, wenn es ihm nicht möglich gewesen ist, den Verlust, den Diebstahl, das Abhandenkommen oder eine sonstige missbräuchliche Verwendung des Zahlungsinstruments vor dem nicht autorisierten Zahlungsvorgang zu bemerken.

34 Damit ist nach dieser im Zuge der Umsetzung der ZDRL II eingeführten Regelung die betragsmäßig begrenzte Haftung des Zahlers nach § 675v Abs. 1 BGB nunmehr generell an ein Verschuldenserfordernis gebunden,[53] während nach früherem Recht die Haftung bei Abhandenkommen verkörperter Zahlungsinstrumente nach § 675v Abs. 1 S. 1 BGB a.F. verschuldensunabhängig war[54] und nur der auch für unverkörperte Zahlungsin-

47 MK-Zetzsche, 7. Aufl., § 675v BGB Rn. 14.
48 MK-Zetzsche, 7. Aufl., § 675v BGB Rn. 14; Staudinger-Omlor, 2012, § 675v BGB Rn. 10.
49 Erman-von Westphalen, 15. Aufl., § 675v BGB Rn. 7a; MK-Zetzsche, 7. Aufl., § 675v BGB Rn. 25; Staudinger-Omlor, 2012, § 675v BGB Rn. 12.
50 Erman-von Westphalen, 15. Aufl., § 675v BGB Rn. 7a; Hofmann, BKR 2018, 62, 63; Staudinger-Omlor, 2012, § 675v BGB Rn. 13.
51 Staudinger-Omlor, 2012, § 675v BGB Rn. 11.
52 MK-Zetzsche, 7. Aufl., § 675v BGB Rn. 18.
53 So auch Begr Reg-Entw, BT-Drs. 18/11495, S. 165; ablehnend dagegen Hoffmann, VuR 2016, 243, 244; Palandt-Sprau, 77. Aufl., § 675v BGB Rn. 5. offen gelassen bei Werner, WM 2018, 459, 454.
54 Begr Reg-Entw, BT-Drs. 16/11643, S. 113; Staudinger-Omlor, 2012, § 675v BGB Rn. 1, 6.

strumente nach § 675v Abs. 1 S. 2 BGB a.F. geltende Haftungstatbestand davon abhängig war, dass der Zahler die personalisierten Sicherheitsmerkmale nicht sicher aufbewahrte hatte.[55]

Wie nach dem Verständnis zu § 675v Abs. 1 S. 2 BGB a.F.[56] wird auch zu § 675v Abs. 2 Nr. 1 BGB n.F. anzunehmen sein, dass bereits eine leichte Fahrlässigkeit des Zahlers für dessen Haftung genügt,[57] da das Gesetz keine Einschränkung auf einen höheren Grad des Verschuldens erkennen lässt. Durch die Ausgestaltung als Haftungsausschluss ist es Aufgabe des Zahlers, die Voraussetzungen mangelnden Verschuldens nach § 675v Abs. 2 Nr. 1 BGB n.F. darzulegen und zu beweisen.[58] Richtigerweise wird anzunehmen sein, dass nicht nur das fahrlässige Nichtbemerken der jeweiligen missbräuchlichen Verwendung selbst, z.B. eines Diebstahls, relevant ist, sondern auch schon eine Fahrlässigkeit hinsichtlich der Aufbewahrung, aufgrund derer ein späterer Diebstahl selbst nicht bemerkt wird: Hätte der Zahlungsdienstnutzer das Zahlungsinstrument sicher aufbewahrt, so hätte dies einem unbemerkten Diebstahl entgegengestanden. 35

III. Ausschlusstatbestände

Nach § 675v Abs. 2 Nr. 2 BGB, der in Umsetzung von Art. 74 Abs. 1 Unterabs. 2 Buchst. b ZDRL II eingeführt worden ist, ist die Haftung des Zahlers nach § 675v Abs. 1 BGB ausgeschlossen, wenn der Verlust des Zahlungsinstruments durch einen Angestellten, einen Agenten, eine Zweigniederlassung eines Zahlungsdienstleisters oder eine sonstige Stelle, an die Tätigkeiten des Zahlungsdienstleisters ausgelagert wurden, verursacht worden ist. § 675v Abs. 2 Nr. 2 BGB beinhaltet damit einen gesetzlich geregelten Sonderfall des Mitverschuldens des Zahlungsdienstleisters und seiner Hilfspersonen, der hier anders als nach § 254 BGB nicht lediglich zu einer Haftungskürzung, sondern zum gänzlichen Haftungsausschluss führt. 36

Ferner finden auch die Ausschlusstatbestände nach § 675v Abs. 4 und 5 BGB Anwendung auch auf die betragsmäßig begrenzte Haftung des Zahlers nach § 675v Abs. 1 BGB, d.h. der Zahler haftet auch nicht begrenzt auf einen Betrag auf 50 Euro, wenn keine starke Kundenauthentifizierung verwendet worden ist bzw. wenn keine Anzeigemöglichkeit vorgehalten oder das Zahlungsinstrument nach erfolgter Anzeige nicht gesperrt wurde. 37

D. Vorvertragliche Informationen zur Haftung des Zahlers

Der Zahlungsdienstleister ist im Rahmen seiner vorvertraglichen Informationspflichten im Rahmen von Zahlungsdiensterahmenverträgen nach Art. 248 § 4 Abs. 1 Nr. 5 lit. d EGBGB – sowie nach Art. 248 § 13 Abs. 3 EGBGB, falls dort erheblich, auch im Rahmen von Einzelzahlungsverträgen – verpflichtet, dem Zahler rechtzeitig vor Abgabe von dessen Vertragserklärung Informationen zur Haftung des Zahlers gemäß § 675v BGB, einschließlich Angaben zum Höchstbetrag mitzuteilen. 38

55 Begr Reg-Entw, BT-Drs. 16/11643, S. 113; Scheibengruber, BKR 2010, 15, 16; Staudinger-Omlor, 2012, § 675v BGB Rn. 12.

56 Begr Reg-Entw, BT-Drs. 16/11643, S. 114; Erman-von Westphalen, 15. Aufl., § 675v BGB Rn. 12; Staudinger-Omlor, 2012, § 675v BGB Rn. 15.

57 So auch Hofmann, BKR 2018, 62, 63.

58 Nach § 675v Abs. 1 BGB a.F. wurde dagegen keine solche Beweislastumkehr angenommen, siehe MK-Zetzsche, 7. Aufl., § 675v BGB Rn. 28.

E. Abdingbarkeit und Ausschluss der Anwendung

39 Nach der Grundregel des § 675e Abs. 1 BGB sind Abweichungen von den Regelungen des § 675v BGB zu Lasten des Zahlers, d.h. insbesondere die Heraufsetzung der Haftungsbegrenzung nach § 675v Abs. 1 BGB oder die Vereinbarung einer betragsmäßig unbegrenzten Haftung des Zahlers bereits in Fällen leichter Fahrlässigkeit grundsätzlich unzulässig.[59]

40 Gegenüber Nicht-Verbrauchern darf dagegen nach § 675e Abs. 4 BGB von den Bestimmungen des § 675v BGB auch zu Lasten des Zahlers abgewichen werden, so dass im unternehmerischen Verkehr Klauseln der vorstehend genannten Art zulässig und auch weitverbreitet sind. Abweichungen von den Bestimmungen des § 675v BGB zum Nachteil des Zahlungsdienstnutzers sind zudem auch – dies sowohl im Verbrauchergeschäft wie im unternehmerischen Verkehr – in Drittstaatensachverhalten nach § 675d Abs. 6 S. 1 Nr. 1 und 2 BGB zulässig (siehe § 675e Abs. 2 Nr. 2 BGB).

41 Sonderregelungen gelten im Hinblick auf die Bargeldersatzfunktion und anonyme Zahlungsmöglichkeit von Kleinbetragsinstrumenten und E-Geld, die eine Verlagerung des Missbrauchs- und Verlustrisikos auf den Zahler zulassen:[60] Hier lässt § 675i Abs. 2 Nr. 3 BGB vereinbarte Abweichungen von § 675v BGB zu, wenn die Nutzung des Kleinbetragsinstruments keinem Zahlungsdienstnutzer zugeordnet werden kann oder der Zahlungsdienstleister aus anderen Gründen, die in dem Kleinbetragsinstrument selbst angelegt sind, nicht nachweisen kann, dass ein Zahlungsvorgang autorisiert war. Für E-Geld gilt nach § 675i Abs. 3 BGB noch weitergehend ein gesetzlicher Ausschluss der Anwendbarkeit des § 675v BGB, so dass es hierzu keiner entsprechenden Vereinbarung der Parteien bedarf, sofern das Zahlungskonto, auf dem das E-Geld gespeichert ist, oder das Kleinbetragsinstrument selbst, z.B. die Geldkarte, vom Zahlungsdienstleister nicht gesperrt werden können und auch die Höchstbetragsbegrenzung nach § 675i Abs. 3 S. 2 BGB eingehalten ist.

§ 675w BGB
Nachweis der Authentifizierung

Ist die Autorisierung eines ausgeführten Zahlungsvorgangs streitig, hat der Zahlungsdienstleister nachzuweisen, dass eine Authentifizierung erfolgt ist und der Zahlungsvorgang ordnungsgemäß aufgezeichnet, verbucht sowie nicht durch eine Störung beeinträchtigt wurde. Eine Authentifizierung ist erfolgt, wenn der Zahlungsdienstleister die Nutzung eines bestimmten Zahlungsinstruments, einschließlich seiner personalisierten Sicherheitsmerkmale, mit Hilfe eines Verfahrens überprüft hat. Wurde der Zahlungsvorgang mittels eines Zahlungsinstruments ausgelöst, reicht die Aufzeichnung der Nutzung des Zahlungsinstruments einschließlich der Authentifizierung durch den Zahlungsdienstleister und gegebenenfalls einen Zahlungsauslösedienstleister allein nicht notwendigerweise aus, um nachzuweisen, dass der Zahler
1. **den Zahlungsvorgang autorisiert,**
2. **in betrügerischer Absicht gehandelt,**
3. **eine oder mehrere Pflichten gemäß § 675l Absatz 1 verletzt oder**

59 Begr Reg-Entw, BT-Drs. 16/11643, S. 113.
60 Siehe hierzu die Anmerkungen zu § 675i BGB Rn. 10.

4. vorsätzlich oder grob fahrlässig gegen eine oder mehrere Bedingungen für die Ausgabe und Nutzung des Zahlungsinstruments verstoßen

hat. Der Zahlungsdienstleister muss unterstützende Beweismittel vorlegen, um Betrug, Vorsatz oder grobe Fahrlässigkeit des Zahlungsdienstnutzers nachzuweisen.

Systematische Übersicht

A. Allgemeines

1 § 675w BGB regelt die Nachweiserfordernisse für den Zahlungsdienstleister für den Fall, dass die Autorisierung eines ausgeführten Zahlungsvorgangs streitig ist oder dass der Zahlungsdienstleister ein pflichtwidriges oder betrügerisches Handeln des Zahlers geltend macht. Die Regelung betrifft sämtliche Ansprüche, die im Deckungsverhältnis zwischen dem Zahler und seinem Zahlungsdienstleister auf das Vorhandensein einer Autorisierung bzw. auf das Vorliegen einer Pflichtverletzung oder eines Betrugs durch den Zahler gestützt werden können und bei denen es auf daher auf einen entsprechenden Nachweis ankommt, d.h. sowohl Ansprüche des Zahlungsdienstleisters auf Aufwendungsersatz nach §§ 675c, 670 BGB oder Schadensersatz nach § 675v BGB als auch Erstattungsansprüche des Zahlers nach § 675u S. 2 BGB.[1]

2 Die Regelung des § 675w BGB wurde eingeführt in Umsetzung von Art. 59 ZDRL I. Im Rahmen der Umsetzung der ZDRL II (dort Art. 72 ZDRL II) wurde neben der redaktionellen Ersetzung des Begriffs des Zahlungsauthentifizierungsinstruments durch denjenigen des Zahlungsinstruments und der Einbeziehung der Möglichkeit der Authentifizierung durch einen Zahlungsauslösedienstleister in § 675w S. 3 BGB neu hinzugefügt die Regelung des § 675w S. 4 BGB zur Vorlage unterstützender Beweismittel zum Nachweis von Betrug, Vorsatz und grober Fahrlässigkeit des Zahlungsdienstnutzers, die insbesondere die Frage der weiteren Anwendbarkeit der Grundsätze des Anscheinsbeweises betrifft.

B. Beweislast des Zahlungsdienstleisters für Autorisierung (§ 675w S. 1 BGB)

3 § 675w S. 1 BGB ist der Grundsatz zu entnehmen, dass der Zahlungsdienstleister, wenn die Autorisierung eines ausgeführten Zahlungsvorgangs streitig ist, die Beweislast für die Autorisierung trägt.[2]

4 Diese Regelung gilt für sämtliche Arten von Zahlungsvorgängen, für „Push"- ebenso wie für „Pull"-Zahlungen und auch für mittels eines Zahlungsinstruments oder in ande-

1 Erman-von Westphalen, 15. Aufl., § 675w BGB Rn. 3; Staudinger-Omlor, 2012, § 675w BGB Rn. 1.
2 Begründung des Regierungsentwurfs zur Umsetzung der Zweiten Zahlungsdiensterichtlinie, BT-Drs. 18/11495, S. 167; Erman-von Westphalen, 15. Aufl., § 675w BGB Rn. 3; Staudinger-Omlor, 2012, § 675w BGB Rn. 2.

rer Weise ausgelöste Zahlungsvorgänge. Die dem § 675w S. 1 BGB zu entnehmende Beweislastverteilung zu Lasten des Zahlungsdienstleisters gilt dann unabhängig davon, ob der Zahlungsdienstleister dem Zahler gegenüber einen Aufwendungsersatzanspruch nach den §§ 675c, 670 BGB geltend macht und sich dazu auf die Autorisierung des Zahlungsvorgangs beruft oder ob der Zahler einen Erstattungsanspruch gegen seinen Zahlungsdienstleister nach § 675u S 2 BGB geltend macht.[3]

5 Ausgangspunkt der Regelung der ZDRL II wie auch des § 675w BGB ist, dass die europarechtlichen Regelungen grundsätzlich die Beweislastverteilung und die anwendbaren Beweisregeln dem nationalen Recht überlassen.[4] Ausgehend von diesem Grundsatz sieht § 675w BGB die folgenden ergänzenden Sonderbestimmungen vor:

6 Ist die Autorisierung eines ausgeführten Zahlungsvorgangs streitig, so ist der Regelung des § 675w S. 1 BGB zu entnehmen, dass der Zahlungsdienstleister nachweisen muss, dass eine Authentifizierung erfolgt ist und dass der Zahlungsvorgang ordnungsgemäß aufgezeichnet, verbucht sowie nicht durch eine Störung beeinträchtigt wurde.

7 Der Nachweis des Erfolgens einer Authentifizierung beinhaltet, dass die Anwendung eines Verfahrens, mit dessen Hilfe der Zahlungsdienstleister die Identität eines Zahlungsdienstnutzers oder die berechtigte Verwendung eines bestimmten Zahlungsinstruments, einschließlich der Verwendung der personalisierten Sicherheitsmerkmale des Nutzers, überprüft werden kann (siehe § 1 Abs. 32 ZAG).[5] Für den praktisch bedeutsamen Fall der Verwendung eines Zahlungsinstruments zur Autorisierung eines Zahlungsvorgangs gilt die Regelung des § 675w S. 2 BGB.[6]

8 Das Erfordernis einer ordnungsgemäßen Aufzeichnung und Verbuchung des Zahlungsvorgangs sowie das Fehlen einer Beeinträchtigung des Zahlungsvorgangs durch eine Störung betrifft den technisch einwandfreien Ablauf des Zahlungsvorgangs.[7]

9 Mit dem nach § 675w S. 1 BGB erforderlichen Nachweis des Erfolgens einer Authentifizierung sowie der ordungsgemäßen Aufzeichnung und Verbuchung und des Fehlens einer störungsbedingten Beeinträchtigung des Zahlungsvorgangs werden besondere Mindestvoraussetzungen für den Nachweis einer vom Zahler bestrittenen Autorisierung aufgestellt,[8] d.h. bei Nichterfüllung dieser Voraussetzungen ist der Nachweis der Autorisierung des Zahlungsvorgangs im betreffenden Verfahren als nicht erbracht anzusehen. Allerdings könnte gegebenenfalls durch andere Beweismittel, z.B. Zeugenbeweis, der erforderliche Vollbeweis für die Autorisierung erbracht werden.[9] Umgekehrt genügt die Erfüllung der nach § 675w S. 1 BGB nicht notwendigerweise, um den Nachweis der Autorisierung des Zahlungsvorgangs zu erbringen, wie § 675w S. 3 und 4 BGB für den Fall der Nutzung von Zahlungsinstrumenten zur Autorisierung des Zahlungsvorgangs bestätigen.

---

3 Siehe vorstehend Rn. 1.

4 Begründung des Regierungsentwurfs zur Umsetzung des zivilrechtlichen Teils der Zahlungsdiensterichtlinie, BT-Drs. 16/11643, S. 115.

5 Vgl. auch Begr Reg-Entw, BT-Drs. 16/11643, S. 114; Erman-von Westphalen, 15. Aufl., § 675w BGB Rn. 5; MK-Zetzsche, 7. Aufl., § 675w BGB Rn. 8; Staudinger-Omlor, 2012, § 675w BGB Rn. 4.

6 Siehe sogleich Rn. 10 ff.

7 Begr Reg-Entw, BT-Drs. 16/11643, S. 114; Erman-von Westphalen, 15. Aufl., § 675w BGB Rn. 6; Staudinger-Omlor, 2012, § 675w BGB Rn. 5.

8 Vgl. auch Begr Reg-Entw, BT-Drs. 16/11643, S. 114; Begr Reg-Entw, BT-Drs. 18/11495, S. 167; MK-Zetzsche, 7. Aufl., § 675w BGB Rn. 5; Staudinger-Omlor, 2012, § 675w BGB Rn. 3.

9 MK-Zetzsche, 7. Aufl., § 675w BGB Rn. 5.

C. Authentifizierung bei Verwendung eines Zahlungsinstruments (§ 675w S. 2 BGB)

§ 675w S. 2 BGB, der auf der Definition in Art. 4 Nr. 29 ZDRL II (zuvor Art. 4 Nr. 19 ZDRL I) basiert, bestimmt, dass im Fall der Verwendung eines Zahlungsinstruments eine Authentifizierung dann erfolgt ist, wenn der Zahlungsdienstleister die Nutzung eines bestimmten Zahlungsinstruments einschließlich seiner personalisierten Sicherheitsmerkmale mit Hilfe eines Verfahrens überprüft hat. 10

Ein solches Verfahren zur Überprüfung der Nutzung eines bestimmten Zahlungsinstruments und seiner personalisierten Sicherheitsmerkmale kann beispielsweise erfolgen in Form der Überprüfung von PIN und TAN beim Online-Banking oder durch die PIN-Abfrage bei Abhebungen am Geldautomaten.[10] 11

Wird diese Überprüfung nach § 675w S. 2 BGB durchgeführt, so kann damit die nach § 675w S. 1 BGB vorausgesetzte Authentifizierung erfolgen und es kann so bei Vorliegen auch der weiteren Voraussetzungen der Zahlungsdienstleister den Nachweis einer Autorisierung führen. Hinsichtlich dieser weiteren Voraussetzungen trifft § 675w S. 2 BGB – ebenso wie bereits § 675w S. 1 BGB – keine abschließende Regelung; im Übrigen schließt § 675w S. 2 BGB auch nicht anderweitige Möglichkeiten der Authentifizierung eines Zahlungsvorgangs aus, wenn diese im Einzelnen nicht anhand der Nutzung eines bestimmten Zahlungsinstruments und seiner personalisierten Sicherheitsmerkmale erfolgt.[11] 12

D. Erhöhte Nachweisanforderungen bei Nutzung von Zahlungsinstrumenten (§ 675w S. 3 und 4 BGB)

Erhöhte Nachweisanforderungen gelten nach § 675w S. 3 und 4 BGB für den Fall der Nutzung eines Zahlungsinstruments[12] zur Auslösung eines Zahlungsvorgangs. Die Verwendung eines Zahlungsinstruments schafft – insbesondere im Gegensatz zu einer persönlich erfolgenden Auftragserteilung – ein erhöhtes Missbrauchsrisiko.[13] Insbesondere kann es dem Zahler im Streitfall erschwert sein, zu den Umständen der Auslösung des Zahlungsvorgangs vorzutragen, wenn ihm das Zahlungsinstrument abhandengekommen und es durch einen Dritten missbräuchlich verwendet worden ist. 13

§ 675w S. 3 BGB berücksichtigt diese oftmals schwierige Beweissituation des Zahlers und bestimmt, dass bei Auslösung des Zahlungsvorgangs mittels eines Zahlungsinstruments die nach § 675w S. 2 BGB vorgegebene Aufzeichnung der Nutzung des Zahlungsinstruments einschließlich der Authentifizierung durch den Zahlungsdienstleister (und gegebenenfalls einen Zahlungsauslösedienstleister)[14] allein nicht notwendigerweise ausreicht,[15] um das Vorliegen der Voraussetzungen für eine Inanspruchnahme des Zahlers durch den Zahlungsdienstleister nachzuweisen, d.h. dass der Zahler den Zahlungsvorgang autorisiert, in betrügerischer Absicht gehandelt oder vorsätzlich oder grob fahrlässig gegen gesetzliche oder vereinbarte Sicherheitspflichten in Bezug auf das Zahlungsinstrument verstoßen hat. Der in Umsetzung von Art. 72 Abs. 2 S. 2 ZDRL II neu eingeführte 14

10 MK-Zetzsche, 7. Aufl., § 675w BGB Rn. 10.
11 Siehe oben Rn. 9.
12 Zum Begriff siehe unter § 675j BGB Rn. 11 ff.
13 Siehe auch MK-Zetzsche, 7. Aufl., § 675w BGB Rn. 17.
14 Begr Reg-Entw, BT-Drs. 18/11495, S. 168.
15 Begr Reg-Entw, BT-Drs. 16/11643, S. 114; Begr Reg-Entw, BT-Drs. 18/11495, S. 167; MK-Zetzsche, 7. Aufl., § 675w BGB Rn. 12; Staudinger-Omlor, 2012, § 675w BGB Rn. 3. Siehe auch BGH, Urt. v. 26.1.2016 – XI ZR 91/14, juris Rn. 18, BGHZ 208, 331.

§ 675w S. 4 BGB regelt ergänzend, dass der Zahlungsdienstleister unterstützende Beweismittel vorlegen muss, um Betrug, Vorsatz oder grobe Fahrlässigkeit des Zahlungsdienstnutzers nachzuweisen.

15 Diese Regelungen schließen es aus, dass im Bereich der Nutzung von Zahlungsinstrumenten allein aus der Erfüllung der Voraussetzungen nach § 675w S. 1 und 2 BGB eine unwiderlegliche Beweiswirkung zu Lasten des Zahlers abgeleitet wird, dass der Zahlungsvorgang autorisiert wurde bzw. dass eine haftungsbegründende Pflichtverletzung des Zahlers vorliegt. Es muss vielmehr eine Berücksichtigung der Umstände des Einzelfalls im Rahmen der Beweislastverteilung stattfinden.[16] Besondere Beachtung haben insoweit in der Praxis die Grundsätze der Anwendung des Anscheinsbeweises gewonnen, nach denen unter bestimmten Voraussetzungen im Wege einer Beweisregel bei Vorliegen bestimmter typischer Umstände auf das Vorliegen einer Autorisierung bzw. einer haftungsbegründenden Pflichtverletzung des Zahlers geschlossen werden kann. Diese Regelungen sind von der Rechtsprechung auch unter der Geltung des § 675w BGB a.F. in Umsetzung der ZDRL I weiter angewandt worden, eine grundsätzliche Abkehr von dieser Rechtsprechung auf der Grundlage der Umsetzung der ZDRL II, insbesondere in Form des § 675w S. 4 BGB n.F. steht nicht zu erwarten.[17]

I. Anscheinsbeweis bei Nutzung von Zahlungsinstrumenten

16 Nach einer bereits vor Umsetzung der ZDRL I entwickelten Rechtsprechung kann sich unter bestimmten Voraussetzungen ein Zahlungsdienstleister bei einer nach außen ordnungsgemäßen Nutzung eines Zahlungsinstruments zur Auslösung eines Zahlungsvorgangs auf den Beweis des ersten Anscheins berufen, dass die Zahlung vom Zahler selbst vorgenommen oder zumindest von ihm begünstigt wurde.[18] Dem Zahlungsdienstleister obliegt damit der Nachweis des Vorliegens einer nach außen ordnungsgemäßen Nutzung (sowie der besonderen weiteren Voraussetzungen eines allgemein praktisch nicht zu überwindenden Sicherheitssystems, dazu siehe zu den verschiedenen Anwendungsfällen sogleich), während es Sache des Zahlers ist, durch substantiierte Darlegung und gegebenenfalls Nachweis besonderer Umstände im Hinblick auf die ernsthafte Möglichkeit des Missbrauchs oder zu für einen nicht autorisierten Zahlungsvorgang sprechenden Indizien die Anwendung des Anscheinsbeweises zu erschüttern oder ihn gegebenenfalls zu widerlegen.[19]

17 Ob diese Grundsätze auch nach der Umsetzung der ZDRL I weiter Anwendung finden konnten, wurde kontrovers beurteilt: Teils wurde angenommen, dass dies den Zielen des Art. 59 Abs. 2 ZDRL I bzw. des § 675w S. 3 BGB widersprechen würde.[20] Dagegen wurde aber argumentiert, dass diese Regelungen nicht zwingend eine Abkehr von typisie-

---

16 Begr Reg-Entw, BT-Drs. 16/11643, S. 114; Begr Reg-Entw, BT-Drs. 18/11495, S. 167; MK-Zetzsche, 7. Aufl., § 675w BGB Rn. 12; Staudinger-Omlor, 2012, § 675w BGB Rn. 6.

17 Siehe im Einzelnen die nachfolgenden Abschnitte.

18 BGH, Urt. v. 5.10.2004 – XI ZR 210/03, juris Rn. 27 ff., BGHZ 160, 308; MK-Zetzsche, 7. Aufl., § 675w BGB Rn. 14 m.w.N.

19 BGH, Urt. v. 5.10.2004 – XI ZR 210/03, juris Rn. 35 f., BGHZ 160, 308; Beschl. v. 6.7.2010 – XI ZR 224/09, juris Rn. 10, WM 2011, 924; Urt. v. 26.1.2016 – XI ZR 91/14, juris Rn. 28 f., BGHZ 208, 331; siehe auch BVerfG, Beschl. v. 8.12.2009 – 1 BvR 2733/06, juris Rn. 16, WM 2010, 208; Begr Reg-Entw, BT-Drs. 16/11643, S. 114; Erman-von Westphalen, 15. Aufl., § 675w BGB Rn. 14; Staudinger-Omlor, 2012, § 675w BGB Rn. 7.

20 AG Berlin-Mitte, Urt. v. 25.11.2009 – 21 C 442/08, juris Rn. 29, NJW-RR 2010, 407; Franck/Massari, WM 2009, 1117, 1126 f.; Linardatos, BKR 2015, 96, 99; Scheibengruber, BKR 2010, 15, 21; weitere Nachweise bei MK-Zetzsche, 7. Aufl., § 675w BGB Rn. 14, dort Fn. 30.

renden Beweislastregelungen gebieten und vielmehr die Heranziehung traditioneller Beweisgrundsätze des nationalen Rechts nicht ausschließen sollten, solange – wie durch die Möglichkeiten zur Erschütterung und Widerlegung des Anscheinsbeweises – eine Einzelfallbeurteilung möglich bleibt.[21] Zudem setzt die Anwendbarkeit des Anscheinsbeweises jeweils auch voraus, dass – über die bloße nach außen ordnungsgemäße Nutzung hinausgehend – aufgrund der vorliegenden typischen Umstände von dieser Nutzung auch der Schluss auf die Vornahme oder Begünstigung der Zahlung durch den Zahler selbst zulässig ist:[22] Damit wird gerade nicht – wie von § 675w S. 3 BGB als nicht notwendigerweise ausreichend angesehen – allein aus der Aufzeichnung der Nutzung des Zahlungsinstruments einschließlich der Authentifizierung auf das Vorliegen der Voraussetzungen für eine Haftung des Zahlers für den betreffenden Zahlungsvorgang geschlossen. Sowohl nach der erklärten Intention des deutschen Umsetzungsgesetzgebers wie auch nach der Rechtsprechung des BGH wird daher davon ausgegangen, dass der § 675w S. 3 BGB keine grundlegenden Änderungen zur Darlegungs- und Beweislast mit sich gebracht hat und dass die tradierte Rechtsprechung zum Anscheinsbeweis unberührt geblieben ist.[23]

Im Einzelnen sind dann die folgenden Fälle zu unterscheiden, in denen die nach außen ordnungsgemäße Nutzung eines Zahlungsinstruments aus der Sicht der Rechtsprechung aufgrund der typisierten Umstände des Einzelfalls einen regelmäßigen Schluss auf eine Autorisierung der Zahlung durch den Zahler bzw. auf eine zumindest grob fahrlässige Verletzung seiner Sicherheitspflichten in Bezug auf das betreffende Zahlungsinstrument zulässt: **18**

1. Karteneinsatz mit PIN. Wesentlicher Anwendungsfall des Anscheinsbeweises nach der Rechtsprechung ist der Einsatz von (Original-) Zahlungskarten zusammen mit der dazu gehörigen PIN. Wird die originale Zahlungskarte zusammen mit der dazu gehörigen PIN zur Abhebung zur Abhebung an Geldautomaten oder zur Zahlung im POS-System mit PIN-Einsatz verwendet, dann besteht ein Beweis des ersten Anscheins dafür, dass die Zahlung entweder vom berechtigten Karteninhaber selbst vorgenommen wurde oder dass er, wenn die Karte von einem Dritten unberechtigt genutzt wurde, diesem pflichtwidrig eine Kenntniserlangung von der PIN ermöglicht hat, insbesondere durch eine grob fahrlässig erfolgende gemeinsame Aufbewahrung der Karte mit einer Notiz der PIN.[24] **19**

---

21 Siehe LG Berlin, Urt. v. 22.6.2010 – 10 S 10/09, juris Rn. 29 f., NJW-RR 2011, 352; Ellenberger/Findeisen/Nobbe-Nobbe, § 675w BGB Rn. 27 f.; Nobbe, WM 2011, 961, 968; Erman-von Westphalen, 15. Aufl., § 675w BGB Rn. 12 ff; Langenbucher/Bliesener/Spindler-Herresthal, 2. Aufl., Kap. 7 § 675w BGB Rn. 12; MK-Zetzsche, 7. Aufl., § 675w BGB Rn. 14 f.; Rühl, DStR 2009, 2256, 2259; Schimansky/Bunte/Lwowski-Maihold, 5. Aufl., § 54 Rn. 109 ff.; Staudinger-Omlor, 2012, § 675w BGB Rn. 1, 7.

22 Vgl. allgemein BGH, Urt. v. 19.1.2010 – VI ZR 33/09, juris Rn. 8, NJW 2010, 1072; siehe ferner BGH, Urt. v. 26.1.2016 – XI ZR 91/14, juris Rn. 19, BGHZ 208, 331; Erman-von Westphalen, 15. Aufl., § 675w BGB Rn. 13; MK-Zetzsche, 7. Aufl., § 675w BGB Rn. 17; Staudinger-Omlor, 2012, § 675w BGB Rn. 7.

23 BGH, Urt. v. 26.1.2016 – XI ZR 91/14, juris Rn. 23, BGHZ 208, 331; Begr Reg-Entw, BT-Drs. 16/11643, S. 115.

24 BVerfG, Beschl. v. 8.12.2009 – 1 BvR 2733/06, juris Rn. 15 f., NJW 2010, 1129; BGH Urt. v. 5.10.2004 – XI ZR 210/03, juris Rn. 27 ff., BGHZ 160, 308; Urt. v. 14.11.2006 – XI ZR 294/05, juris Rn. 31, BGHZ 170, 18; Beschl. v. 6.7.2010 – XI ZR 224/09, juris Rn. 10, WM 2011, 924; Urt. v. 29.11.2011 – XI ZR 370/10, juris Rn. 16, WM 2012, 164; OLG Dresden, Urt. v. 6.2.2014 – 8 U 1218/13, juris Rn. 39 ff., ZIP 2014, 766; OLG Düsseldorf, Urt. v. 6.7.2012 – 17 U 79/11, juris Rn. 23 ff., WM 2013, 506; OLG Frankfurt, Urt. v. 8.12.2014 – 23 U 291/13, juris Rn. 40, ITRB 2015, 160; AG Frankfurt, Urt. v. 10.11.2010 – 29 C 1461/10, juris Rn. 13, WM 2011, 496; AG Freudenstadt, Urt. v. 29.6.2016 – 5 C 374/13, juris Rn. 23 ff., WM 2017, 472; AG Hamburg, Urt. v. 28.9.2010 – 4 C 178/10, juris Rn. 39, WM 2011, 498; AG Köln, Urt. v. 22.12.2014 – 142 C 141/13, juris Rn. 22, NJW-RR 2015,

20 Grundlage dieses Anscheinsbeweises ist die Annahme, dass es Unbefugten technisch praktisch nicht möglich ist, die PIN aus der Karte herauszulesen.[25] Kann der Zahler Zweifel gegen diese Annahme vorbringen, so muss in erster Linie der Zahlungsdienstleister demgegenüber seine Sicherheitsvorkehrungen darlegen, um sich weiter auf den Anscheinsbeweis berufen zu können.[26]

21 Die Anwendbarkeit der Grundsätze des Anscheinsbeweises setzt die Verwendung der Originalkarte voraus: Wird eine Kartenkopie verwendet, dann kann nicht ausgeschlossen werden, dass die Daten des Zahlers bei einem früheren Karteneinsatz unberechtigt – und für den Zahler unbemerkt – ausgelesen und sodann unbefugt zur Auslösung eines Zahlungsvorgangs verwendet wurden.[27] Im Bestreitensfall ist der Zahlungsdienstleister für den Umstand der Verwendung der Originalkarte beweispflichtig.[28]

22 Der Zahler kann zudem besondere Umstände des Einzelfalls vortragen, die dem regelmäßigen Schluss von der Verwendung der (Original-) Zahlungskarte zusammen mit der dazu gehörigen PIN auf die Vornahme oder zumindest grob fahrlässige Ermöglichung der Zahlung durch den Zahler entgegenstehen und somit den Anscheinsbeweis erschüttern:[29] Dies gilt beispielsweise dann, wenn ein Diebstahl und eine unbefugte Verwendung der Karte in engem zeitlichen Zusammenhang mit einer vorherigen Kartennutzung durch den Zahler erfolgen, so dass die Möglichkeit naheliegt, dass dabei eine Ausspähung der PIN erfolgt war.[30] Gegen eine autorisierte Nutzung (aber nicht notwendigerweise gegen eine Pflichtverletzung)[31] können auch Abhebungen in ungewöhnlicher Häufigkeit und mit geringen Zeitabständen oder an für den Zahler unüblichen Orten.[32] Schließlich kommt im Einzelfall auch ein konkreter Gegenbeweis insbesondere durch Zeugenbeweis in Betracht, dass PIN und Karte nicht gemeinsam aufbewahrt worden waren.[33] Im Gegenzug wird es als ein Indiz gegen einen Kartenmissbrauch durch einen un-

---

888, AG Schöneberg, Urt. v. 18.11.2015 – 4 C 197/14, juris Rn. 55, MMR 2016, 392; Erman-von Westphalen, 15. Aufl., § 675w BGB Rn. 17 f.; MK-Zetzsche, 7. Aufl., § 675w BGB Rn. 19 f.; Staudinger-Omlor, 2012, § 675w BGB Rn. 8.

25 BGH Beschl. v. 6.7.2010 – XI ZR 224/09, juris Rn. 12, WM 2011, 924; Urt. v. 29.11.2011 – XI ZR 370/10, juris Rn. 25, WM 2012, 164; Urt. v. 26.1.2016 – XI ZR 91/14, juris Rn. 41 f., BGHZ 208, 331; Erman-von Westphalen, 15. Aufl., § 675w BGB Rn. 17; MK-Zetzsche, 7. Aufl., § 675w BGB Rn. 19; Nobbe, WM-Sonderbeilage 2/2012, 1, 5; Staudinger-Omlor, 2012, § 675w BGB Rn. 8.

26 MK-Zetzsche, 7. Aufl., § 675w BGB Rn. 21 f.

27 Vgl. BGH Urt. v. 29.11.2011 – XI ZR 370/10, juris Rn. 16, WM 2012, 164; OLG Dresden, Urt. v. 6.2.2014 – 8 U 1218/13, juris Rn. 39 ff., ZIP 2014, 766;AG Schöneberg, Urt. v. 18.11.2015 – 4 C 197/14, juris Rn. 42, 55, MMR 2016, 392; MK-Zetzsche, 7. Aufl., § 675w BGB Rn. 24 m.w.N.

28 Vgl. AG Dieburg, Urt. v. 27.7.2012 – 20 C 387/12, juris Rn. 14.

29 Erman-von Westphalen, 15. Aufl., § 675w BGB Rn. 17 f.; MK-Zetzsche, 7. Aufl., § 675w BGB Rn. 22 ff.

30 Vgl. BGH, Urt. v. 5.10.2004 – XI ZR 210/03, juris Rn. 31, BGHZ 160, 308; OLG Frankfurt, Urt. v. 17.6.2009 – 23 U 22/06, juris Rn. 28, WM 2009, 1602; OLG Karlsruhe, Urt. v. 6.5.2008 – 17 U 170/07, juris Rn. 18 ff., WM 2008, 1549; LG Berlin, Urt. v. 22.6.2010 – 10 S 10/09, juris Rn. 22, NJW-RR 2011, 352; AG Hamburg, Urt. v. 28.9.2010 – 4 C 178/10, juris Rn. 39, WM 2011, 498; AG München, Urt. v. 8.2.2013 – 121 C 10360/12, juris Rn. 48; AG Schöneberg, Urt. v. 18.11.2015 – 4 C 197/14, juris Rn. 39, MMR 2016, 392; Erman-von Westphalen, 15. Aufl., § 675w BGB Rn. 19 m.w.N.; MK-Zetzsche, 7. Aufl., § 675w BGB Rn. 23. Ähnlich OLG Düsseldorf, Urt. v. 6.7.2012 – 17 U 79/11, juris Rn. 17, WM 2013, 506. Zu Möglichkeiten des Ausspähens allgemein Lochter/Schindler, MMR 2006, 292, 295.

31 Siehe AG München, Urt. v. 8.2.2013 – 121 C 10360/12, juris Rn. 48.

32 OLG Frankfurt, Urt. v. 8.12.2014 – 23 U 291/13, juris Rn. 42, ITRB 2015, 160; LG Darmstadt, Urt. v. 18.9.2013 – 7 S 182/12, juris Rn. 8, WM 2014, 1282.

33 Vgl. AG Freudenstadt, Urt. v. 29.6.2016 – 5 C 374/13, juris Rn. 35, WM 2017, 472. In der Konstellation des AG Köln, Urt. v. 22.12.2014 – 142 C 141/13, juris Rn. 24, NJW-RR 2015, 888, wurde bereits die Parteivernehmung des Zahlungsdienstnutzers, die PIN nicht schriftlich mit der Karte aufbewahrt zu haben, als zur Erschütterung des Anscheinsbeweises geeignet angesehen (wobei dort dann aber durch den Nachweis der technischen Unüberwindbarkeit der Sicherheitssysteme des Zahlungsdienstleisters der Vollbeweis der Pflichtverletzung des Nutzers als erbracht angesehen wurde). Dies ist nicht bedenkenfrei.

befugten Dritten zu bewerten sein, wenn sich die angebliche autorisierte Kartennutzung ihrer Art und Weise nach in das bisherige Nutzungsverhalten einfügt, z.B. hinsichtlich der Einhaltung von Verfügungsrahmen oder der Stückelung bei Abhebungen.[34]

2. Online-Banking. Bei der Auslösung von Überweisungen im Online-Banking können, wie der BGH unlängst zur Entscheidung der bis dahin umstrittenen Frage[35] klargestellt hat, grundsätzlich die Voraussetzungen für die Anwendung der Grundsätze des Anscheinsbeweises für die Autorisierung des betreffenden Zahlungsvorgangs durch den Zahlungsdienstnutzer selbst gegeben sein, wenn die verwendeten Authentifizierungsverfahren im Online-Banking allgemein als praktisch unüberwindbar angesehen können, was dann der Fall ist, wenn diese von einer Kompromittierung der eingesetzten Geräte nicht berührt werden, ein Zugriff Unberechtigter auf den Übertragungsweg ausgeschlossen ist, die – dynamische – TAN an den konkreten Zahlungsvorgang gebunden ist und das Verfahren dem Zahlungsdienstnutzer vor einer Freigabe die Überprüfung des vollständigen, unverfälschten Zahlungsauftrags ermöglicht.[36] 23

Bei der Nutzung des smsTAN-Verfahrens ist das Vorliegen dieser Voraussetzungen erheblich zu bezweifeln im Hinblick auf zahlreiche öffentlich bekannt gewordene erfolgreiche Attacken,[37] so dass der Zahlungsdienstleister im konkreten Fall zu den von ihm angewandten Sicherheitsmaßnahmen vortragen müsste. Zudem steht jedenfalls auch dem Zahler die Möglichkeit offen, im Einzelfall zu widerlegen, das smsTAN-Verfahren selbst genutzt zu haben, ohne dass er hierzu auch auf konkrete softwaretechnische Sicherheitslücken oder den Befall mit Schadsoftware verweisen müsste.[38] 24

Bei der Nutzung des chipTAN-Verfahrens kann dagegen, da derzeit noch keine erfolgreichen Attacken bekannt geworden sind, vom Vorliegen der vorstehenden Voraussetzungen ausgegangen werden, so dass die Grundsätze des Anscheinsbeweises Anwendung finden.[39] Es müsste hier also der Zahler selbst konkrete Zweifel an der Sicherheit dieses Verfahrens vortragen und gegebenenfalls nachweisen oder sonstige besondere Umstände des Einzelfalls vortragen, die dem regelmäßigen Schluss von der nach außen ordnungsgemäßen Auslösung von Überweisungen im Online-Banking unter Nutzung des chipTAN-Verfahrens auf die Annahme der Vornahme oder zumindest grob fahrlässigen Ermöglichung der Zahlung durch den Zahler entgegenstehen würden. Hierbei kann es sich auch um außerhalb des Sicherheitssystems des Zahlungsdienstleisters liegende Indizien handeln.[40] In Betracht kommt beispielsweise der Nachweis, nicht selbst das Zahlungsinstrument genutzt haben zu können.[41] Ein Nachweis, in keiner irgendwie gearteten Beziehung zum Zahlungsempfänger gestanden zu haben, kann ebenfalls den Anscheinsbeweis erschüttern.[42] 25

34 Vgl. LG Wiesbaden, Urt. v. 30.7.2015 – 9 O 136/14.
35 Zum früheren Streitstand siehe BGH, Urt. v. 26.1.2016 – XI ZR 91/14, juris Rn. 33, BGHZ 208, 331.
36 BGH, Urt. v. 26.1.2016 – XI ZR 91/14, juris Rn. 34 f., BGHZ 208, 331.
37 BGH, Urt. v. 26.1.2016 – XI ZR 91/14, juris Rn. 42, BGHZ 208, 331, m.w.N. Anders noch LG Köln, Urt. v. 26.8.2014 – 3 O 390/13, juris Rn. 18, WM 2014, 2372.
38 BGH, Urt. v. 26.1.2016 – XI ZR 91/14, juris Rn. 51 f., BGHZ 208, 331.
39 BGH, Urt. v. 26.1.2016 – XI ZR 91/14, juris Rn. 35, BGHZ 208, 331. Ebenso bereits Hoeren/Kairies, ZBB/JBB 2015, 35, 36; für die Gegenauffassung siehe bspw. Staudinger-Omlor, 2012, § 675w BGB Rn. 10.
40 BGH, Urt. v. 26.1.2016 – XI ZR 91/14, juris Rn. 48, BGHZ 208, 331.
41 BGH, Urt. v. 26.1.2016 – XI ZR 91/14, juris Rn. 50, BGHZ 208, 331.
42 AG Berlin-Mitte, Urt. v. 20.4.2016 – 15 C 20/15, juris Rn. 66, MMR 2016, 391.

26 Anders als beim Karteneinsatz mit PIN und ebenso anders als für die soeben behandelte Frage der Autorisierung des Zahlungsvorgangs durch den Zahlungsdienstnutzer soll beim Online-Banking nach der Rechtsprechung des BGH ein Anscheinsbeweis für eine grob fahrlässige Pflichtverletzung nicht verfügbar sein, d.h. der Umstand der Nutzung der personalisierten Sicherheitsmerkmale lässt nicht den Schluss zu, dass der Zahler seine hierauf bezogenen Sicherheitspflichten grob fahrlässig verletzt haben könnte.[43] Anders als insbesondere im Hinblick auf die beim Karteneinsatz mit PIN typische Möglichkeit der pflichtwidrigen gemeinsamen Aufbewahrung von Karte und PIN gibt es im Bereich des Online-Bankings, bei dem sehr verschiedene Authentifizierungsverfahren eingesetzt werden, die in unterschiedlicher Weise angegriffen werden können, keine entsprechenden Erfahrungssätze, die auf ein bestimmtes typisches Fehlverhalten des Zahlungsdienstnutzers hinweisen würden.[44] Soweit im konkreten Fall nach den vorstehenden Grundsätzen aber ein Anscheinsbeweis für die Autorisierung des Zahlungsvorgangs durch den Zahlungsdienstnutzer im Online-Banking geführt werden kann, kommt es auf den alternativen Nachweis einer grob fahrlässigen Pflichtverletzung des Zahlungsdienstnutzers im Hinblick auf die ihm überlassenen personalisierten Sicherheitsmerkmale allerdings nicht an.

27 **3. Kreditkarteneinsatz ohne PIN.** Der Einsatz einer Kreditkarte im Distanz- oder Präsenzgeschäft ohne Einsatz der PIN erlaubt regelmäßig noch nicht den Schluss auf eine Vornahme bzw. zumindest grob fahrlässige Ermöglichung dieser Zahlung durch den Zahler: Die Voraussetzungen für die Anwendung der Grundsätze des Anscheinsbeweises sind hier regelmäßig nicht gegeben, da die Kreditkartendaten auf vielfältige Weise im Zuge seitens des Zahlers ordnungsgemäß vorgenommener Zahlungsvorgänge Dritten bekannt gemacht worden sein können, so dass ein Missbrauch durch Dritte nicht auszuschließen ist.[45]

II. Vorlage unterstützender Beweismittel nach § 675w S. 4 BGB

28 § 675w S. 4 BGB sieht in Umsetzung von Art. 72 Abs. 2 S. 2 ZDRL II vor, dass der Zahlungsdienstleister unterstützende Beweismittel vorlegen muss, um Betrug, Vorsatz oder grobe Fahrlässigkeit des Zahlungsdienstnutzers nachzuweisen.

29 Der Gesetzeswortlaut – der weitgehend wortgleich mit Art. 72 Abs. 2 S. 2 ZDRL II ist – lässt nicht eindeutig erkennen, ob und in welcher Weise durch diese Bestimmung eine Änderung der bisherigen Beweisgrundsätze in Fällen, in denen eine Autorisierung eines Zahlungsvorgangs streitig ist, herbeigeführt werden sollte.[46] Dabei ist zu berücksichtigen, dass diese gesetzgeberische Neuregelung in ein Spannungsfeld entgegengesetzter rechtspolitischer Zielvorstellungen fiel: Während die Bankwirtschaft für die grundsätzliche Fortführung der bisherigen Grundsätze zur Anwendbarkeit des Anscheinsbeweises bei der Nutzung von Zahlungsinstrumenten eintrat, wurde insbesondere aus verbraucherschützender Sicht gefordert, dass diese Grundsätze nicht länger zu Lasten des Zahlungsdienstnutzers Anwendung finden sollten.

---

43 BGH, Urt. v. 26.1.2016 – XI ZR 91/14, juris Rn. 69 f., BGHZ 208, 331, mit umfangreicher Darstellung des früheren Streitstandes.

44 BGH, Urt. v. 26.1.2016 – XI ZR 91/14, juris Rn. 75, BGHZ 208, 331.

45 OLG Celle, Urt. v. 10.6.2009 – 3 U 2/09, juris 14 ff., MMR 2009, 858; Casper/Pfeifle, WM 2009, 2343, 2347; Erman-von Westphalen, 15. Aufl., § 675w BGB Rn. 14; MK-Zetzsche, 7. Aufl., § 675w BGB Rn. 25; Staudinger-Omlor, 2012, § 675w BGB Rn. 9.

46 Siehe auch Hofmann, BKR 2014, 105, 112; Linardatos, NJW 2017, 2145, 2147 ff.; Werner, WM 2018, 459, 454.

Eine so weitgehende Regelungsabsicht des Gesetzgebers lässt sich aber für den § 675w S. 4 BGB nicht feststellen. Nach der Gesetzesbegründung soll vielmehr § 675w S. 4 BGB sicherstellen, dass der Nachweis der Authentifizierung und der technisch ordnungsgemäßen Ausführung des Zahlungsvorgangs für sich genommen nicht zum Nachweis einer Sorgfaltspflichtverletzung bzw. von grober Fahrlässigkeit, Vorsatz oder Betrug des Zahlungsdienstnutzers ausreicht und dass sich der Zahlungsdienstnutzer noch auf einen Diebstahl oder eine missbräuchliche Verwendung des Zahlungsinstruments berufen kann.[47] Beide Zielsetzungen sind aber nach den vorstehenden Ausführungen mit den bisherigen Grundsätzen der Anwendung des Anscheinsbeweises vereinbar: Dieser setzt jeweils nicht allein den Nachweis der Authentifizierung und der technisch ordnungsgemäßen Ausführung des Zahlungsvorgangs voraus, sondern immer auch, dass aufgrund typisierter Umstände des Einzelfalls aus der nach außen ordnungsgemäßen Nutzung des Zahlungsinstruments der regelmäßige Schluss auf eine entsprechende eigene Vornahme bzw. zumindest grob fahrlässige Ermöglichung der Zahlungsauslösung durch den Zahler zulässig ist und es steht dem Zahler zudem die Möglichkeit der Erschütterung bzw. Widerlegung des Anscheinsbeweises offen.[48] Im Einklang mit einer allgemeinen Zurückhaltung in der Annahme des Bestehens europarechtlicher Vorgaben hinsichtlich der Anwendung nationaler beweisrechtlicher Grundsätze[49] ist daher davon auszugehen, dass in Ermangelung einer expliziten Aussage des europäischen oder nationalen Gesetzgebers die in der Rechtsprechung entwickelten Grundsätze zur Anwendung des Anscheinsbeweises auch unter Geltung des § 675w S. 4 BGB weiter herangezogen werden können,[50] wobei diese Norm aber jedenfalls – insoweit im Einklang mit der Rechtsprechung des BGH – bestätigt, dass die Anwendbarkeit dieser Grundsätze kein Automatismus sein kann, der ohne weiteres bereits aus dem Nachweis der Authentifizierung[51] und der technisch ordnungsgemäßen Ausführung des Zahlungsvorgangs an sich folgt, wenn nicht auch die vorstehend beschriebenen besonderen zusätzlichen Umstände zu den technischen Rahmenbedingungen der Nutzung des betreffenden Zahlungsinstruments vorliegen, die erst den regelmäßigen Schluss auf das Vorliegen der tatsächlichen Voraussetzungen für eine Haftung des Zahlers rechtfertigen. 30

E. Abdingbarkeit und Ausschluss der Anwendung

Von den Regelungen des § 675w BGB darf, wie sich aus der Grundregel des § 675e Abs. 1 BGB ergibt, grundsätzlich nicht zu Lasten des Zahlers abgewichen werden, d.h. die Vereinbarung einer generellen Beweislastumkehr zu Lasten des Zahlers wäre grundsätzlich unzulässig. 31

Sonderregelungen gelten im Hinblick auf die Bargeldersatzfunktion und anonyme Zahlungsmöglichkeit von Kleinbetragsinstrumenten und E-Geld, die eine Verlagerung des Missbrauchs- und Verlustrisikos auf den Zahler zulassen:[52] Hier lässt § 675i Abs. 2 Nr. 3 BGB vereinbarte Abweichungen von § 675w BGB zu, wenn die Nutzung des Klein- 32

47 Begr Reg-Entw, BT-Drs. 18/11495, S. 168.
48 Siehe oben Rn. 17.
49 Siehe oben Rn. 5.
50 So auch Hofmann, BKR 2018, 62, 69; Linardatos, NJW 2017, 2145, 2150; Palandt-Sprau, 77. Aufl., § 675w BGB Rn. 4; Zahrte, NJW 2018, 337, 340.
51 Wobei es zwar insoweit auf die Erfüllung der Voraussetzungen der starken Kundenauthentifizierung ankommen kann, ohne dass hieraus Folgerungen für den Anscheinsbeweis im Allgemeinen abzuleiten sein dürften, siehe Hoeren/Kairies, WM 2015, 549, 553.
52 Siehe hierzu die Anmerkungen zu § 675i BGB Rn. 1.

betragsinstruments keinem Zahlungsdienstnutzer zugeordnet werden kann oder der Zahlungsdienstleister aus anderen Gründen, die in dem Kleinbetragsinstrument selbst angelegt sind, nicht nachweisen kann, dass ein Zahlungsvorgang autorisiert war.

33 Gegenüber Nicht-Verbrauchern darf dagegen nach § 675e Abs. 4 BGB generell von den Bestimmungen des § 675w BGB auch zu Lasten des Zahlers abgewichen werden, ebenso sind Abweichungen auch – dies sowohl im Verbrauchergeschäft wie im unternehmerischen Verkehr – in Drittstaatensachverhalten nach § 675d Abs. 6 S. 1 Nr. 1 und 2 BGB generell zulässig (siehe § 675e Abs. 2 Nr. 2 BGB).

§ 675x BGB
Erstattungsanspruch bei einem vom oder über den Zahlungsempfänger ausgelösten autorisierten Zahlungsvorgang

(1) Der Zahler hat gegen seinen Zahlungsdienstleister einen Anspruch auf Erstattung eines belasteten Zahlungsbetrags, der auf einem autorisierten, vom oder über den Zahlungsempfänger ausgelösten Zahlungsvorgang beruht, wenn

1. bei der Autorisierung der genaue Betrag nicht angegeben wurde und

2. der Zahlungsbetrag den Betrag übersteigt, den der Zahler entsprechend seinem bisherigen Ausgabeverhalten, den Bedingungen des Zahlungsdiensterahmenvertrags und den jeweiligen Umständen des Einzelfalls hätte erwarten können; mit einem etwaigen Währungsumtausch zusammenhängende Gründe bleiben außer Betracht, wenn der zwischen den Parteien vereinbarte Referenzwechselkurs zugrunde gelegt wurde.

Ist der Zahlungsbetrag einem Zahlungskonto belastet worden, so ist die Gutschrift des Zahlungsbetrags auf diesem Zahlungskonto so vorzunehmen, dass das Wertstellungsdatum spätestens der Geschäftstag der Belastung ist. Auf Verlangen seines Zahlungsdienstleisters hat der Zahler nachzuweisen, dass die Voraussetzungen des Satzes 1 Nummer 1 und 2 erfüllt sind.

(2) Unbeschadet des Absatzes 3 hat der Zahler bei SEPA-Basislastschriften und SEPA-Firmenlastschriften ohne Angabe von Gründen auch dann einen Anspruch auf Erstattung gegen seinen Zahlungsdienstleister, wenn die Voraussetzungen für eine Erstattung nach Absatz 1 nicht erfüllt sind.

(3) Der Zahler kann mit seinem Zahlungsdienstleister vereinbaren, dass er keinen Anspruch auf Erstattung hat, wenn er seine Zustimmung zur Ausführung des Zahlungsvorgangs direkt seinem Zahlungsdienstleister erteilt hat und er, sofern vereinbart, über den anstehenden Zahlungsvorgang mindestens vier Wochen vor dem Fälligkeitstermin vom Zahlungsdienstleister oder vom Zahlungsempfänger unterrichtet wurde.

(4) Ein Anspruch des Zahlers auf Erstattung ist ausgeschlossen, wenn er ihn nicht innerhalb von acht Wochen ab dem Zeitpunkt der Belastung des betreffenden Zahlungsbetrags gegenüber seinem Zahlungsdienstleister geltend macht.

(5) Der Zahlungsdienstleister ist verpflichtet, innerhalb von zehn Geschäftstagen nach Zugang eines Erstattungsverlangens entweder den vollständigen Betrag des Zahlungsvorgangs zu erstatten oder dem Zahler die Gründe für die Ablehnung der Erstattung mitzuteilen. Im Fall der Ablehnung hat der Zahlungsdienstleister auf die Beschwerdemöglichkeiten gemäß den §§ 60 bis 62 des Zahlungsdiensteaufsichtsgesetzes und auf die Möglichkeit, eine Schlichtungsstelle gemäß § 14 des Unterlassungsklagengesetzes anzurufen, hinzuweisen. Das Recht des Zahlungsdienstleisters, eine innerhalb der Frist nach Absatz 4 geltend gemachte Erstattung abzulehnen, erstreckt sich nicht auf den Fall nach Absatz 2.

(6) Wenn ein Fall des § 675d Absatz 6 Satz 1 Nummer 1 Buchstabe b vorliegt,
1. ist § 675x Absatz 1 auf die innerhalb des Europäischen Wirtschaftsraums getätigten Bestandteile des Zahlungsvorgangs nicht anzuwenden und
2. kann von § 675x Absatz 2 bis 5 für die innerhalb des Europäischen Wirtschaftsraums getätigten Bestandteile des Zahlungsvorgangs abgewichen werden.

Systematische Übersicht

A. Allgemeines

Mit dem Erstattungsanspruch nach § 675x BGB steht dem Zahler unter den Voraus- 1
setzungen dieser Bestimmung bei Zahlungsvorgängen, die vom oder über den Zahlungsempfänger ausgelöst wurden („Pull“-Zahlungen),[1] ein besonderer Anspruch gegen seinen Zahlungsdienstleister auf Erstattung des Zahlbetrags zu, den der Zahler auch dann geltend machen kann, wenn der Zahlungsvorgang von ihm autorisiert war und vom Zahlungsdienstleister fehlerfrei ausgeführt wurde.[2] Der Erstattungsanspruch nach § 675x BGB schafft damit einen besonderen Schutz für den Zahler zum Ausgleich gegen Risiken, die sich für ihn durch die Möglichkeit der ihm gegenüber wirksamen Auslösung von Zahlungsvorgängen vom oder über den Zahlungsempfänger ergeben.[3] Aus Sicht des Zahlungsempfängers geht damit die Möglichkeit, als Bote oder Vertreter des Zahlers selbst einen Zahlungsvorgang auslösen zu können, mit der Gefahr einer späteren Rückforderung dieser ihm in der Regel zunächst nur unter Vorbehalt gutgeschriebenen Zahlung aufgrund der Geltendmachung eines Erstattungsanspruchs durch den Zahler einher,[4] aber dieser Nachteil wird im Massengeschäft durch die erleichterte Forderungseinziehung durch vom oder über den Zahlungsempfänger auszulösende Zahlungen aufgewogen. Der Erstattungsanspruch nach § 675x BGB betrifft allein das Deckungsverhältnis zwischen dem Zahler und seinem Zahlungsdienstleister,[5] während die Rückbelastung zwischen den beteiligten Zahlungsdienstleistern ihre Grundlage im (in den §§ 675c ff.

1 Zum Begriff siehe zu § 675f BGB Rn. 32; siehe auch Begründung des Regierungsentwurfs zur Umsetzung der Zweiten Zahlungsdiensterichtlinie, BT-Drs. 18/11495, S. 168; MK-Zetzsche, 7. Aufl., § 675x BGB Rn. 1; Erman-von Westphalen, 15. Aufl., § 675x BGB Rn. 1.
2 Begr Reg-Entw, BT-Drs. 18/11495, S. 168; MK-Zetzsche, 7. Aufl., § 675x BGB Rn. 1; Erman-von Westphalen, 15. Aufl., § 675x BGB Rn. 1.
3 MK-Zetzsche, 7. Aufl., § 675x BGB Rn. 1.
4 Begründung des Regierungsentwurfs zur Umsetzung des zivilrechtlichen Teils der Zahlungsdiensterichtlinie, BT-Drs. 16/11643, S. 114; MK-Zetzsche, 7. Aufl., § 675x BGB Rn. 5.
5 BGH, Urt. v. 20.7.2010 – XI ZR 236/07, juris Rn. 10, BGHZ 186, 269; MK-Zetzsche, 7. Aufl., § 675x BGB Rn. 1; Erman-von Westphalen, 15. Aufl., § 675x BGB Rn. 1.

BGB nicht geregelten) Interbankenverhältnis hat.[6] Im Inkassoverhältnis zwischen dem Zahlungsempfänger und seinem Zahlungsdienstleister zieht die Geltendmachung des Erstattungsanspruchs regelmäßig die Stornierung der zunächst unter Vorbehalt erfolgten Gutschrift nach sich;[7] auch dies ist nicht in den §§ 675c ff. BGB geregelt. Auch das Valutaverhältnis zwischen dem Zahler und dem Zahlungsempfänger wird nicht durch § 675x BGB geregelt:[8] Nach der Stornierung einer zugunsten des Zahlungsempfängers erfolgten Gutschrift in Folge der Geltendmachung des Erstattungsanspruchs kann der Zahlungsempfänger weiter seinen ursprünglichen Zahlungsanspruch aus dem Valutaverhältnis geltend machen.

2 Die Regelung des § 675x BGB wurde ursprünglich eingeführt in Umsetzung von Artt. 62, 63 ZDRL I. Im Rahmen der Umsetzung der ZDRL II (siehe dort Artt. 76, 77 ZDRL II) wurde das bisher nur zu vereinbarende unbedingte Erstattungsanspruch bei Lastschriften nach § 675x Abs. 2 BGB n.F. für den Bereich von SEPA-Lastschriften zum im Verbraucherbereich zwingenden gesetzlichen Regelfall. Im Übrigen wurde das Datum der Wertstellung für die Rückgutschrift nach erfolgter Geltendmachung der Erstattungsanspruchs nach § 675x Abs. 1 S. 2 BGB n.F. spätestens auf den Tag der Belastung festgesetzt. Der frühere § 675x Abs. 6 BGB a.F., der mit Entfallen des Einziehungsermächtigungsverfahrens gegenstandslos geworden war,[9] wurde gestrichen und durch den neuen § 675x Abs. 6 BGB n.F. ersetzt, um durch die dort geregelten Ausnahmen und Einschränkungen die generelle Erweiterung des Anwendungsbereich der §§ 675c ff. BGB im Hinblick auf die Regelungen des § 675x BGB teilweise wieder zurückzunehmen, da eine verpflichtende Anwendung des Erstattungsanspruchs in Drittstaatensachverhalten vielfach nicht sachgerecht wäre, weil hier eine Durchsetzung eines entsprechenden Rückbelastunganspruchs zwischen den beteiligten Zahlungsdienstleistern nur geringe Aussichten hätte.[10]

B. Erstattungsanspruch bei Autorisierung von „Pull"-Zahlungen ohne genaue Betragsangabe (§ 675x Abs. 1 S. 1 BGB)

3 Aus § 675x Abs. 1 BGB folgt ein Erstattungsanspruch des Zahlers bei „Pull"-Zahlungen mit Blankettautorisierung,[11] d.h. wenn der Zahler bei der Autorisierung dieser sodann vom oder über den Zahlungsempfänger ausgelösten Zahlungsvorgänge keine genaue Angabe des Zahlungsbetrags vorgenommen hat. Der Zahler wird durch diese Regelung gegen einen Missbrauch der Blankettautorisierung geschützt, d.h. gegen ein abredewidriges Einsetzen eines überhöhten Zahlungsbetrags durch den den Zahlungsvorgang auslösenden Zahlungsempfänger,[12] ebenso wie dagegen, dass seine Ausgaben im Valutaverhältnis unerwartet anwachsen, ohne dass er diese vor Zahlung nochmals kontrollieren kann.[13]

4 Vorausgesetzt wird für den Erstattungsanspruch nach § 675x Abs. 1 BGB das kumulative Vorliegen zweier Bedingungen: Vorausgesetzt wird zunächst, dass bei der Autorisierung der genaue Betrag nicht angegeben wurde (§ 675x Abs. 1 S. 1 Nr. 1 BGB), d.h. die

6 Begr Reg-Entw, BT-Drs. 16/11643, S. 115; MK-Zetzsche, 7. Aufl., § 675x BGB Rn. 5.
7 Begr Reg-Entw, BT-Drs. 16/11643, S. 115; MK-Zetzsche, 7. Aufl., § 675x BGB Rn. 5.
8 Begr Reg-Entw, BT-Drs. 16/11643, S. 115; Erman-von Westphalen, 15. Aufl., § 675x BGB Rn. 3; MK-Zetzsche, 7. Aufl., § 675x BGB Rn. 3.
9 Begr Reg-Entw, BT-Drs. 18/11495, S. 170.
10 Begr Reg-Entw, BT-Drs. 18/11495, S. 170.
11 Zum Begriff siehe MK-Zetzsche, 7. Aufl., § 675x BGB Rn. 13.
12 MK-Zetzsche, 7. Aufl., § 675x BGB Rn. 15.
13 MK-Zetzsche, 7. Aufl., § 675x BGB Rn. 14.

Autorisierung muss sich auf einen unbestimmten Betrag beziehen. Fehlt die Autorisierung gänzlich, dann hat der Zahler einen vorrangigen Erstattungsanspruch nach § 675u S. 2 BGB,[14] der nicht an die Ausschlussfrist nach § 675x Abs. 4 BGB gebunden ist. Die Angabe einer Obergrenze für den zu zahlenden Betrag in der Autorisierung schließt die Anwendung des § 675x Abs. 1 BGB nicht aus.[15]

Ferner muss der Zahlungsbetrag unerwartet hoch sein, d.h. er muss den Betrag 5
übersteigen, den der Zahler entsprechend seinem bisherigen Ausgabeverhalten, den Bedingungen des Zahlungsdiensterahmenvertrags und den jeweiligen Umständen des Einzelfalls hätte erwarten können (§ 675x Abs. 1 S. 1 Nr. 2 Halbs. 1 BGB); zugrunde zu legen ist hierbei, wie sich aus der Bezugnahme auf die Erwartbarkeit ergibt, ein objektiver Maßstab.[16] Mit einem etwaigen Währungsumtausch zusammenhängende Gründe haben in diesem Zusammenhang außer Betracht zu bleiben, wenn der zwischen den Parteien vereinbarte Referenzwechselkurs zugrunde gelegt wurde (§ 675x Abs. 1 S. 1 Nr. 2 Halbs. 2 BGB).

Nach § 675x Abs. 1 S. 3 BGB hat der Zahler auf Verlangen seines Zahlungsdienstleis- 6
ters nachzuweisen, dass die Voraussetzungen nach § 675x Abs. 1 S. 1 Nr. 1 und 2 BGB erfüllt sind. Während nach früherem Recht der Zahler lediglich die Sachumstände darzulegen hatte, aus denen er sein Erstattungsverlangen herleitete (§ 675x Abs. 1 S. 2 BGB a.F.), wird in Umsetzung von Art. 77 Abs. 1 Unterabs. 2 ZDRL II nunmehr daher auch verlangt, dass der Zahler im Bestreitensfall die den Anspruch begründenden Umstände auch unter Beweis zu stellen hat.[17] Sieht der Zahlungsdienstleister danach die Voraussetzungen für die Geltendmachung des Erstattungsanspruchs nicht als gegeben an und lehnt er die Erstattung ab, ist nach § 675x Abs. 5 BGB weiter zu verfahren.[18]

Praktische Anwendungsfälle des § 675x Abs. 1 BGB sind insbesondere Erstellungen 7
von Leistungsbelegen für Kreditkartenbelastungen bei der Anmietung eines Mietfahrzeugs oder beim Hotel-Check-in.[19] Für Lastschriften als den weiteren wesentlichen Fall von „Pull"-Zahlungen ist jedenfalls im Verbraucherbereich die Bedeutung des Anspruchs aus § 675x Abs. 1 BGB neben dem bedingungslosen Erstattungsanspruch aus § 675x Abs. 2 BGB nut begrenzt.

C. Unbedingter Erstattungsanspruch bei SEPA-Lastschriften (§ 675x Abs. 2 BGB)

Für SEPA-Basislastschriften[20] und SEPA-Firmenlastschriften[21] sieht § 675x Abs. 2 8
BGB einen unbedingten Erstattungsanspruch vor, d.h. der Zahler kann nach dieser Regelung in jedem Fall einer Zahlung mittels dieser Lastschriftverfahren – vorbehaltlich der Ausschlussgründe nach § 675x Abs. 3 und 4 BGB[22] – ein an keine weitere tatbestandliche Voraussetzungen gebundenes Recht auf Erstattung des Zahlbetrags gegenüber seinem Zahlungsdienstleister geltend machen. Zielsetzung dieses unbedingten Erstattungsanspruchs ist der Schutz des Zahlers, wodurch ein Ausgleich gegenüber der starken Posi-

14 MK-Zetzsche, 7. Aufl., § 675x BGB Rn. 14.
15 MK-Zetzsche, 7. Aufl., § 675x BGB Rn. 11; Staudinger-Omlor, 2012, § 675x BGB Rn. 5.
16 Erman-von Westphalen, 15. Aufl., § 675x BGB Rn. 5f.; MK-Zetzsche, 7. Aufl., § 675x BGB Rn. 17; Staudinger-Omlor, 2012, § 675x BGB Rn. 6.
17 Begr Reg-Entw, BT-Drs. 18/11495, S. 169.
18 Siehe unten Rn. 15.
19 Begr Reg-Entw, BT-Drs. 16/11643, S. 115; Erman-von Westphalen, 15. Aufl., § 675x BGB Rn. 3.
20 Siehe zu § 675f BGB Rn. 118 ff.
21 Siehe zu § 675f BGB Rn. 125 ff.
22 Siehe unten Rn. 16 ff.

tion des Zahlungsempfängers geschaffen wird, der die Einreichung der Lastschrift kontrolliert. Insbesondere im Verbraucherbereich ist die Möglichkeit der Lastschriftrückgabe von wesentlicher Bedeutung für die breite Akzeptanz des Lastschriftverfahrens.[23]

9 Der gesetzlich geschaffene unbedingte Erstattungsanspruch für SEPA-Lastschriften nach § 675x Abs. 2 BGB beruht auf der Umsetzung von Art. 77 Abs. 1 Unterabs. 4 ZDRL II und stellt damit den vorläufigen Schlusspunkt der Entwicklung des in der Vergangenheit dogmatisch auf verschiedene Weise hergeleiteten Rückgaberechts bei Lastschriften dar: Nach der früheren Genehmigungstheorie zum Einziehungsermächtigungsverfahren erfolgte die Lastschrift zunächst als nicht autorisierte Zahlung, die erst nachträglich vom Zahler zu genehmigen war.[24] Unterblieb diese Genehmigung, so konnte der Zahler die Lastschrift zurückgeben und die Erstattung des unautorisiert abgebuchten Zahlungsbetrags verlangen.[25] Mit der Einführung der SEPA-Lastschriftverfahren war dagegen die Lastschrift bereits aufgrund des vom Zahler erteilten Lastschriftmandats als autorisiert anzusehen, der Erstattungsanspruch bestand aber im Verbraucherbereich aufgrund rahmenvertraglicher Vereinbarung fort,[26] deren Zulassung ausdrücklich in § 675x Abs. 2 BGB a.F. festgeschrieben wurde.[27] Im Rahmen des Gesetzgebungsverfahrens der ZDRL II war die Frage des unbedingten Erstattungsanspruchs durchaus umstritten: Die Unterscheidung zwischen der widerruflichen Lastschrift und der von der Geltendmachung des Erstattungsanspruchs unabhängigen Zahlungsverpflichtung aus dem jeweiligen Valutaverhältnis wurde nicht allgemein vollzogen, so dass nach dem ursprünglichen Vorschlag der Kommission ein Erstattungsanspruch daran gebunden sein sollte, dass der Zahlungsempfänger seine vertraglichen Pflichten noch nicht erfüllt und der Zahler die Dienstleistungen noch nicht erhalten oder die Waren noch nicht konsumiert hat.[28] Dies wäre im Einzelfall aber für den kontoführenden Zahlungsdienstleister, dem gegenüber der Zahler seinen Erstattungsanspruch geltend macht, nur schwerlich ohne weiteres zu überprüfen gewesen,[29] so dass im Ergebnis sowohl Gründe der Praktikabilität wie auch des besseren Verbraucherschutzes für die jetzige Regelung des gesetzlich vorgesehenen Erstattungsanspruchs nach Art. 77 Abs. 1 Unterabs. 4 ZDRL II und § 675x Abs. 2 BGB sprechen.[30] Bei Lastschriften in anderen Währungen als in Euro gilt § 675x Abs. 2 BGB dagegen nicht, hier kann als dem Zahler günstige Abweichung aber ein vertragliches Erstattungsrecht vereinbart werden.[31]

10 Die Regelung des unbedingten Erstattungsanspruchs nach § 675x Abs. 2 BGB gilt, wie das Gesetz ausdrücklich bestimmt, sowohl für SEPA-Basislastschriften wie auch für

23 Begr Reg-Entw, BT-Drs. 18/11495, S. 169; Staudinger-Omlor, 2012, § 675x BGB Rn. 3; Böger, in: Bankrechtstag 2016, S. 193, 284.

24 Begr Reg-Entw, BT-Drs. 16/11643, S. 115.

25 BGH, Urt. v. 6.6.2000 – XI ZR 258/99, juris Rn. 22, BGHZ 144, 349.

26 Siehe Ziffer 2.5 der Bedingungen für Zahlungen mittels Lastschrift im SEPA-Basislastschriftverfahren. Diese Regelung entsprach den zwischen den teilnehmenden Instituten vereinbarten Regelungen des „SEPA Core Direct Debit Rulebook", siehe S. 29 der Version 8.2 vom 3.3.2016. Zur Verwendung des SEPA Core Direct Debit Rulebook als Grundlage für das SEPA-Lastschriftverfahren Werner, BKR 2010, 9, 13.

27 Begr Reg-Entw, BT-Drs. 18/11495, S. 169; Erman-von Westphalen, 15. Aufl., § 675x BGB Rn. 10; Staudinger-Omlor, 2012, § 675x BGB Rn. 11.

28 Art. 67 Abs. 1 Unterabs. 3 des Kommissionsentwurfs vom 24.7.2013, COM(2013) 547 final.

29 Djazayeri, jurisPR-BKR 9/2013 Anm. 1 unter C.VI; Spindler/Zahrte, BKR 2014, 265, 269 f.; Linardatos, WM 2014, 300, 306.

30 Böger, in: Bankrechtstag 2016, S. 193, 286 f.

31 Begr Reg-Entw, BT-Drs. 18/11495, S. 169; Art. 76 Abs. 4 ZDRL II; MK-Zetzsche, 7. Aufl., § 675x BGB Rn. 49.

SEPA-Firmenlastschriften.[32] Im unternehmerischen Verkehr kann nach § 675e Abs. 4 BGB allerdings die Regelung des § 675x BGB abbedungen werden,[33] so dass es hier in der Praxis dabei verbleiben kann, dass der unbedingte Erstattungsanspruch lediglich im Verbraucherbereich Anwendung findet. Beachtenswert ist, dass das Gesetz in § 675x Abs. 2 BGB ausdrücklich auf die Bezeichnung als SEPA-Basis- bzw. -Firmenlastschrift Bezug nimmt, d.h. spezifisch auf die Bezeichnungen dieser Lastschriftverfahren nach den Regelwerken des Europäischen Zahlungsverkehrsausschusses (European Payment Council, EPC),[34] und nicht etwa – wie es generalisierend ebenfalls möglich gewesen wäre – auf Lastschriftverfahren, die sich in Übereinstimmung mit den Anforderungen der SEPA-VO befinden.[35]

Eine Pflicht zur Erbringung von Nachweisen wie nach § 675x Abs. 1 S. 3 BGB sieht § 675x Abs. 2 BGB nicht vor: Dies entspricht dem Umstand, dass der unbedingte Erstattungsanspruch nach § 675x Abs. 2 BGB gerade nicht vom Vorliegen bestimmter tatbestandlicher Voraussetzungen abhängig ist.[36] **11**

Als praxisrelevant hat sich dagegen in der Vergangenheit die Frage erwiesen, ob der Erstattungsanspruch bei Lastschriften auch durch den Insolvenzverwalter ausgeübt werden kann: Diese Frage hat der BGH im Sinne der Insolvenzfestigkeit der SEPA-Lastschrift entschieden und dem Insolvenzverwalter eine Geltendmachung des Erstattungsanspruchs in analoger Heranziehung des § 377 Abs. 1 HGB untersagt.[37] **12**

D. Frist zur Erstattung, Wertstellungsdatum und Ablehnung der Erstattung durch den Zahlungsdienstleister

Mit dem Erstattungsanspruch soll dem Zahler grundsätzlich eine vollständige Restitution des gesamten Zahlungsbetrags zustehen,[38] unabhängig davon ob eine Erstattung nach § 675x Abs. 1 BGB oder nach § 675x Abs. 2 BGB beansprucht wird. **13**

§ 675x Abs. 5 S. 1 BGB verpflichtet den Zahlungsdienstleister daher zur Erstattung des vollständigen Betrags des Zahlungsvorgangs. Mit dem in Umsetzung von Art. 76 Abs. 1 Unterabs. 3 S. 2 ZDRL II eingeführten § 675x Abs. 1 S. 2 BGB wird sodann bestimmt, dass, wenn der Zahlungsbetrag einem Zahlungskonto belastet wurde, die Gutschrift des Zahlungsbetrags auf diesem Zahlungskonto so vorzunehmen ist, dass das Wertstellungsdatum spätestens der Geschäftstag der Belastung ist. Mit dieser Regelung einer rückwirkenden Valutierung[39] wird der vor Umsetzung der ZDRL II zu § 675x BGB a.F. noch geführte Streit um den Zeitpunkt der Wertstellung[40] im Sinne einer valutarisch **14**

---

32 Damit kommt die in der Vergangenheit diskutierte Möglichkeit der Anwendung des § 675x Abs. 2 BGB a.F. auf andere „Pull"-Zahlungen wie z.B. Kreditkartenzahlungen im Telefon- oder Mailorderverfahren (dazu Bitter, WM 2010, 1773, 1780) nicht länger in Betracht.

33 Begr Reg-Entw, BT-Drs. 18/11495, S. 169.

34 Siehe die Vorbemerkungen vor §§ 675c–676c BGB Rn. 34.

35 Vgl. Zahrte, NJW 2018, 337, 341.

36 Begr Reg-Entw, BT-Drs. 18/11495, S. 169.

37 BGH, Urt. v. 20.7.2010 – XI ZR 236/07, juris Rn. 31 ff, BGHZ 186, 269; MK-Casper, 7. Aufl., § 675f BGB Rn. 77 ff.

38 MK-Zetzsche, 7. Aufl., § 675x BGB Rn. 31 m.w.N.

39 Begr Reg-Entw, BT-Drs. 18/11495, S. 169; so jetzt auch Palandt-Sprau, 77. Aufl., § 675x BGB Rn. 5.

40 Für eine Rückwirkung siehe insbesondere Erman-von Westphalen, 15. Aufl., § 675x BGB Rn. 3; MK-Zetzsche, 7. Aufl., § 675x BGB Rn. 32 m.w.N. Dagegen Langenbucher/Bliesener/Spindler-Langenbucher, 2. Aufl., Kap. 3 § 675x BGB Rn. 9; Palandt-Sprau, 76. Aufl., § 675x BGB Rn. 5; Staudinger-Omlor, 2012, § 675x BGB Rn. 21, sowie auch die Gesetzesbegründung in Begr Reg-Entw, BT-Drs. 16/11643, S. 115. Ziff. 2.5 Abs. 1 S. 2 der Bedingungen für Zahlungen mittels Lastschrift im SEPA-Basislastschriftverfahren sahen dagegen eine rückwirkende Wertstellung vor, siehe Einsele, WM 2014, 1125, 1132.

neutralen Erstattung entschieden, die dem Restitutionscharakter des Erstattungsanspruchs entspricht.

15 Vorzunehmen ist die Erstattung innerhalb von zehn Geschäftstagen nach Zugang eines Erstattungsverlangens (siehe § 675x Abs. 5 S. 1 BGB). Lehnt der Zahlungsdienstleister die Erstattung wegen Nichtvorliegens der Voraussetzungen eines Erstattungsanspruchs ab (wozu der Zahlungsdienstleister nach § 675x Abs. 5 S. 3 BGB nur im Fall des § 675x Abs. 1 BGB berechtigt ist, nicht im Fall des unbedingten Erstattungsanspruchs nach § 675x Abs. 2 BGB), so hat der Zahlungsdienstleister dem Zahler binnen derselben Frist von zehn Geschäftstagen die Gründe für die Ablehnung der Erstattung mitzuteilen (§ 675x Abs. 5 S. 1 BGB). Zugleich hat nach § 675x Abs. 5 S. 2 BGB der Zahlungsdienstleister, wenn er die Erstattung ablehnt, den Zahler auf die Beschwerdemöglichkeiten gemäß den §§ 60 bis 62 ZAG hinzuweisen sowie auf die Möglichkeit, eine Schlichtungsstelle gemäß § 14 UKlaG anzurufen.

E. Ausschluss des Erstattungsanspruchs bei direkter Erteilung der Autorisierung und vereinbarungsgemäßer frühzeitiger Unterrichtung des Zahlers (§ 675x Abs. 3 BGB)

16 § 675x Abs. 3 BGB regelt die Möglichkeit des Ausschlusses des Erstattungsanspruchs, wenn ergänzend zur Auslösung des Zahlungsvorgangs vom oder über den Zahlungsempfänger der Zahler gegenüber seinem Zahlungsdienstleister auch eine – bei „Pull"-Zahlungen ansonsten grundsätzlich nicht erforderliche – direkt erteilte Autorisierung erklärt. Den Beteiligten wird so die Möglichkeit der Schaffung von Rechtssicherheit gegeben,[41] indem sie auch eine „Pull"-Zahlung so gestalten können, dass der Zahlungsvorgang nicht unter dem Vorbehalt der Möglichkeit einer nachfolgenden Geltendmachung eines Erstattungsanspruchs durch den Zahler steht.

17 § 675x Abs. 3 BGB sieht hierzu vor, dass der Zahler und Zahlungsdienstleister bei Vorliegen der Voraussetzungen dieser Vorschrift den Ausschluss des Erstattungsanspruchs des Zahlers vereinbaren können: Erforderlich ist danach, dass der Zahler seine Zustimmung zur Ausführung des Zahlungsvorgangs direkt seinem Zahlungsdienstleister erteilt hat, wobei eine besondere Form hierfür nicht vorgesehen ist. Zusätzlich können die Parteien vereinbaren, dass der Ausschluss des Erstattungsanspruchs davon abhängig ist, dass der Zahler über den anstehenden Zahlungsvorgang mindestens vier Wochen vor dem Fälligkeitstermin unterrichtet wurde, wobei es unerheblich ist, ob dies durch den Zahlungsdienstleister oder den Zahlungsempfänger erfolgte.

18 Die Möglichkeit des Ausschlusses des Erstattungsanspruchs nach § 675x Abs. 3 BGB gilt sowohl für den Anspruch aus § 675x Abs. 1 BGB wie auch, wie dort ausdrücklich bestimmt wird, für den Anspruch aus § 675x Abs. 2 BGB.

F. Frist zur Geltendmachung des Erstattungsanspruchs (§ 675x Abs. 4 BGB)

19 § 675x Abs. 4 BGB bestimmt als weiteren Ausschlussgrund eine Ausschlussfrist von acht Wochen zur Geltendmachung des Erstattungsanspruchs. Ein Anspruch des Zahlers auf Erstattung, ob nach § 675x Abs. 1 BGB oder nach § 675x Abs. 2 BGB, ist ausgeschlossen, wenn der Zahler diesen Anspruch nicht innerhalb von acht Wochen ab dem Zeitpunkt der Belastung des betreffenden Zahlungsbetrags gegenüber seinem Zahlungsdienstleister geltend macht.

---

41 Begr Reg-Entw, BT-Drs. 16/11643, S. 116.

Entscheidung ist für den Fristbeginn der Zeitpunkt der Belastung, d.h. der Zeitpunkt der Abbuchung, auch wenn dieser unter Umständen vom Datum der Wertstellung verschieden ist. Auf eine Kenntnisnahme des Zahlers von der Belastung kommt es nicht an. Die kurze und nicht von subjektiven Faktoren auf Seiten des Zahlers abhängige Frist des § 675x Abs. 4 BGB dient der Rechtssicherheit: Ab dem Ablauf dieser Frist kann der Zahlungsdienstleister des Zahlers (ebenso wie der Zahlungsempfänger) darauf vertrauen, dass die „Pull"-Zahlung nicht länger unter dem Vorbehalt der Geltendmachung eines Erstattungsanspruchs steht. 20

G. Vorvertragliche Informationspflichten des Zahlungsdienstleisters

Der Zahlungsdienstleister hat den Zahler im Rahmen seiner vorvertraglichen Informationspflichten im Rahmen von Zahlungsdiensterahmenverträgen nach Art. 248 § 4 Abs. 1 Nr. 5 lit. g EGBGB – sowie nach Art. 248 § 13 Abs. 3 EGBGB, falls dort erheblich, auch im Rahmen von Einzelzahlungsverträgen – auch über dessen Erstattungsanspruch nach § 675x BGB zu unterrichten. 21

H. Anwendungsbereich und Abdingbarkeit

Abweichungen von der Regelung des Erstattungsanspruchs nach § 675x BGB zu Lasten des Zahlungsdienstnutzers, d.h. insbesondere eine Einschränkung des unbedingten Erstattungsanspruchs nach § 675x Abs. 2 BGB oder die Vereinbarung einer kürzeren Ausschlussfrist nach § 675x Abs. 4 BGB, sind nach der Grundregel des § 675e Abs. 1 BGB grundsätzlich unzulässig. Auch in Bezug auf Kleinbetragsinstrumente sieht § 675i BGB keine weitergehende Abdingbarkeit des § 675x BGB vor. Abweichungen zugunsten des Zahlers, insbesondere die Vereinbarung vorteilhafterer Erstattungsrechte in den von § 675x Abs. 2 BGB nicht erfassten Fremdwährungsfällen, sind generell zulässig.[42] 22

Gegenüber Nicht-Verbrauchern darf dagegen von den Regelungen des § 675x BGB auch zu Lasten des Zahlungsdienstnutzers abgewichen werden (vgl. § 675e Abs. 4 BGB), so dass auch weiterhin ein unbedingter Erstattungsanspruch bei SEPA-Lastschriften gegenüber Nicht-Verbrauchern vertraglich ausgeschlossen werden kann. 23

In Sachverhalten mit Drittstaatenbezug sowie bei Zahlungen in Nicht-EU-Währungen ist die Frage der Abdingbarkeit und des Ausschlusses der Anwendbarkeit des § 675x BGB nach den sich ergänzenden Bestimmungen der §§ 675e Abs. 2 und 675x Abs. 6 BGB zu berücksichtigen, jeweils in Verbindung mit § 675d Abs. 6 S. 1 Nr. 1 und 2 BGB. Zudem ist zu berücksichtigen, dass § 675x Abs. 2 BGB lediglich für SEPA-Lastschriften gilt, also nicht für Zahlungen in Fremdwährung. Im Übrigen gilt sodann folgendes: Grundsätzlich ist bei Drittstaatensachverhalten im Sinne von § 675d Abs. 6 S. 1 Nr. 1 und 2 BGB nach der allgemeinen Regelung des § 675e Abs. 2 Nr. 2 BGB nur eine dispositive Geltung des § 675x BGB vorgesehen, d.h. es darf auch zulasten des Zahlungsdienstnutzers abgewichen werden. Diese Regelung gilt allerdings nur für außerhalb des EWR getätigte Bestandteile eines Zahlungsvorgangs bzw. für Fälle ohne Beteiligung innerhalb des EWR belegener Zahlungsdienstleister.[43] Nach der Sonderregelung des § 675x Abs. 6 Nr. 2 BGB darf dagegen bei One-Leg-Transaktionen im Sinne des § 675d Abs. 6 S. 1 Nr. 1 Buchst. b BGB, d.h. bei Zahlungsvorgängen unter Beteiligung außerhalb des EWR belegener Zahlungsdienst- 24

42 Siehe Art. 76 Abs. 4 ZDRL II; BT-Drucks 18/11495, S. 169; MK-Zetzsche, 7. Aufl., § 675x BGB Rn. 49.
43 So BT-Drucks 18/11495, S. 153 unter Bezug auf die jeweiligen Fallgruppen des § 675d Abs. 6 S. 1 Nr. 1 und 2 BGB.

leister, auch für die innerhalb des EWR getätigten Bestandteile des Zahlungsvorgangs von den Regelungen des § 675x Abs. 2 bis 5 BGB abgewichen werden.

25 Ferner sieht § 675e Abs. 2 Nr. 1 BGB vor, dass bei Drittstaatensachverhalten im Sinne von § 675d Abs. 6 S. 1 Nr. 1 und 2 BGB der § 675x Abs. 1 BGB nicht anzuwenden ist. Auch diese Regelung betrifft wiederum nur außerhalb des EWR getätigte Bestandteile eines Zahlungsvorgangs; in Bezug auf One-Leg-Transaktionen nach § 675d Abs. 6 S. 1 Nr. 1 Buchst. b BGB wird dieser Ausschluss des § 675x Abs. 1 BGB nach § 675x Abs. 6 Nr. 1 BGB auch auf die innerhalb des EWR getätigten Bestandteile des Zahlungsvorgangs erstreckt. Der § 675x Abs. 1 BGB gilt dann jeweils auch nicht als dispositives Recht, da für den Zahlungsdienstleister des Zahlers nur ungewisse Aussichten bestünden, im Fall der Geltendmachung des Erstattungsanspruchs des Zahlers einen entsprechenden Ausgleichsanspruch im Interbankenverhältnis gegen den Zahlungsdienstleister des Zahlungsempfängers geltend machen zu können,[44] und es gilt stattdessen das über § 675c Abs. 1 BGB anwendbare allgemeine Geschäftsbesorgungs- und Auftragsrecht, von dem wiederum Abweichungen der Parteien zulässig sind.

§ 675y BGB
Haftung der Zahlungsdienstleister bei nicht erfolgter, fehlerhafter oder verspäteter Ausführung eines Zahlungsauftrags; Nachforschungspflicht

(1) Wird ein Zahlungsvorgang vom Zahler ausgelöst, kann dieser von seinem Zahlungsdienstleister im Fall einer nicht erfolgten oder fehlerhaften Ausführung des Zahlungsauftrags die unverzügliche und ungekürzte Erstattung des Zahlungsbetrags verlangen. Wurde der Betrag einem Zahlungskonto des Zahlers belastet, ist dieses Zahlungskonto wieder auf den Stand zu bringen, auf dem es sich ohne den fehlerhaft ausgeführten Zahlungsvorgang befunden hätte. Wird ein Zahlungsvorgang vom Zahler über einen Zahlungsauslösedienstleister ausgelöst, so treffen die Pflichten aus den Sätzen 1 und 2 den kontoführenden Zahlungsdienstleister. Soweit vom Zahlungsbetrag entgegen § 675q Abs. 1 Entgelte abgezogen wurden, hat der Zahlungsdienstleister des Zahlers den abgezogenen Betrag dem Zahlungsempfänger unverzüglich zu übermitteln. Weist der Zahlungsdienstleister des Zahlers nach, dass der Zahlungsbetrag ungekürzt beim Zahlungsdienstleister des Zahlungsempfängers eingegangen ist, entfällt die Haftung nach diesem Absatz.

(2) Wird ein Zahlungsvorgang vom oder über den Zahlungsempfänger ausgelöst, kann dieser im Fall einer nicht erfolgten oder fehlerhaften Ausführung des Zahlungsauftrags verlangen, dass sein Zahlungsdienstleister diesen Zahlungsauftrag unverzüglich, gegebenenfalls erneut, an den Zahlungsdienstleister des Zahlers übermittelt. Weist der Zahlungsdienstleister des Zahlungsempfängers nach, dass er die ihm bei der Ausführung des Zahlungsvorgangs obliegenden Pflichten erfüllt hat, hat der Zahlungsdienstleister des Zahlers dem Zahler gegebenenfalls unverzüglich den ungekürzten Zahlungsbetrag entsprechend Absatz 1 Satz 1 und 2 zu erstatten. Soweit vom Zahlungsbetrag entgegen § 675q Abs. 1 und 2 Entgelte abgezogen wurden, hat der Zahlungsdienstleister des Zahlungsempfängers den abgezogenen Betrag dem Zahlungsempfänger unverzüglich verfügbar zu machen.

44 BT-Drucks 18/11495, S. 153 und 170.

(3) Wird ein Zahlungsvorgang vom Zahler ausgelöst, kann dieser im Fall einer verspäteten Ausführung des Zahlungsauftrags verlangen, dass sein Zahlungsdienstleister gegen den Zahlungsdienstleister des Zahlungsempfängers den Anspruch nach Satz 2 geltend macht. Der Zahlungsdienstleister des Zahlers kann vom Zahlungsdienstleister des Zahlungsempfängers verlangen, die Gutschrift des Zahlungsbetrags auf dem Zahlungskonto des Zahlungsempfängers so vorzunehmen, als sei der Zahlungsvorgang ordnungsgemäß ausgeführt worden. Wird ein Zahlungsvorgang vom Zahler über einen Zahlungsauslösedienstleister ausgelöst, so trifft die Pflicht aus Satz 1 den kontoführenden Zahlungsdienstleister. Weist der Zahlungsdienstleister des Zahlers nach, dass der Zahlungsbetrag rechtzeitig beim Zahlungsdienstleister des Zahlungsempfängers eingegangen ist, entfällt die Haftung nach diesem Absatz.

(4) Wird ein Zahlungsvorgang vom oder über den Zahlungsempfänger ausgelöst, kann dieser im Fall einer verspäteten Übermittlung des Zahlungsauftrags verlangen, dass sein Zahlungsdienstleister die Gutschrift des Zahlungsbetrags auf dem Zahlungskonto des Zahlungsempfängers so vornimmt, als sei der Zahlungsvorgang ordnungsgemäß ausgeführt worden. Weist der Zahlungsdienstleister des Zahlungsempfängers nach, dass er den Zahlungsauftrag rechtzeitig an den Zahlungsdienstleister des Zahlers übermittelt hat, ist der Zahlungsdienstleister des Zahlers verpflichtet, dem Zahler gegebenenfalls unverzüglich den ungekürzten Zahlungsbetrag nach Absatz 1 Satz 1 und 2 zu erstatten. Dies gilt nicht, wenn der Zahlungsdienstleister des Zahlers nachweist, dass der Zahlungsbetrag lediglich verspätet beim Zahlungsdienstleister des Zahlungsempfängers eingegangen ist. In diesem Fall ist der Zahlungsdienstleister des Zahlungsempfängers verpflichtet, den Zahlungsbetrag entsprechend Satz 1 auf dem Zahlungskonto des Zahlungsempfängers gutzuschreiben.

(5) Ansprüche des Zahlungsdienstnutzers gegen seinen Zahlungsdienstleister nach Absatz 1 Satz 1 und 2 sowie Absatz 2 Satz 2 bestehen nicht, soweit der Zahlungsauftrag in Übereinstimmung mit der vom Zahlungsdienstnutzer angegebenen fehlerhaften Kundenkennung ausgeführt wurde. In diesem Fall kann der Zahler von seinem Zahlungsdienstleister jedoch verlangen, dass dieser sich im Rahmen seiner Möglichkeiten darum bemüht, den Zahlungsbetrag wiederzuerlangen. Der Zahlungsdienstleister des Zahlungsempfängers ist verpflichtet, dem Zahlungsdienstleister des Zahlers alle für die Wiedererlangung des Zahlungsbetrags erforderlichen Informationen mitzuteilen. Ist die Wiedererlangung des Zahlungsbetrags nach den Sätzen 2 und 3 nicht möglich, so ist der Zahlungsdienstleister des Zahlers verpflichtet, dem Zahler auf schriftlichen Antrag alle verfügbaren Informationen mitzuteilen, damit der Zahler einen Anspruch auf Erstattung des Zahlungsbetrags geltend machen kann. Der Zahlungsdienstleister kann mit dem Zahlungsdienstnutzer im Zahlungsdiensterahmenvertrag ein Entgelt für Tätigkeiten nach den Sätzen 2 bis 4 vereinbaren.

(6) Ein Zahlungsdienstnutzer kann von seinem Zahlungsdienstleister über die Ansprüche nach den Absätzen 1 und 2 hinaus die Erstattung der Entgelte und Zinsen verlangen, die der Zahlungsdienstleister ihm im Zusammenhang mit der nicht erfolgten oder fehlerhaften Ausführung des Zahlungsvorgangs in Rechnung gestellt oder mit denen er dessen Zahlungskonto belastet hat.

(7) Wurde ein Zahlungsauftrag nicht oder fehlerhaft ausgeführt, hat der Zahlungsdienstleister desjenigen Zahlungsdienstnutzers, der einen Zahlungsvorgang ausgelöst hat oder über den ein Zahlungsvorgang ausgelöst wurde, auf Verlangen seines Zahlungsdienstnutzers den Zahlungsvorgang nachzuvollziehen und seinen Zahlungsdienstnutzer über das Ergebnis zu unterrichten.

(8) Wenn ein Fall des § 675d Absatz 6 Satz 1 Nummer 1 Buchstabe b vorliegt, ist § 675y Absatz 1 bis 4 auf die innerhalb des Europäischen Wirtschaftsraums getätigten Bestandteile des Zahlungsvorgangs nicht anzuwenden.

Systematische Übersicht

A. Allgemeines

1 § 675y BGB enthält ein besonderes und sehr ausdifferenziertes Regime der Haftung der beteiligten Zahlungsdienstleister gegenüber ihren Zahlungsdienstnutzern für Fälle einer nicht erfolgten, fehlerhaften oder verspäteten Ausführung autorisierter Zahlungsvorgänge jedweder Art, wobei die in § 675y Abs. 1 bis 4 BGB hierzu geregelten Ansprüche grundsätzlich zwischen solchen Zahlungsvorgängen unterscheiden, die vom Zahler ausgelöst wurden („Push"-Zahlungen),[1] und solchen, die vom oder über den Zahlungsempfänger ausgelöst wurden („Pull-Zahlungen).[2] Das Haftungsregime des § 675y BGB weicht vom allgemeinen Leistungsstörungsrecht ab; es ist grundsätzlich – in den Grenzen des § 676c BGB – verschuldensunabhängig und legt eine Erfolgspflicht des Zahlungsdienstleisters[3] zugrunde. Die Regelungen des § 675y BGB sind hinsichtlich der darin geregelten Ansprüche abschließend. Für nicht autorisierte Zahlungsvorgänge ergibt sich die Haftung des Zahlungsdienstleisters des Zahlers dagegen bereits aus § 675u BGB.

2 Über die Haftungsregelungen für Fälle einer nicht erfolgten, fehlerhaften oder verspäteten Ausführung autorisierter Zahlungsvorgänge hinaus enthält § 675y Abs. 5 BGB zudem Regelungen zu den Bemühungen der beteiligten Zahlungsdienstleister bei solchen Zahlungen, die in Übereinstimmung mit einer vom Zahlungsdienstnutzer fehlerhaft benannten Kundenkennung ausgeführt wurden: Hier liegt zwar ein autorisierter und fehlerfrei ausgeführter Zahlungsvorgang vor, dem Zahler wäre es ohne eine Mitwirkung der beteiligten Zahlungsdienstleister aber nur schwer möglich, den Zahlungsbetrag vom falschen Adressaten zurückzuerlangen.

3 Die Regelungen des § 675y BGB wurden eingeführt in Umsetzung der Artt. 67 Abs. 3, 74 Abs. 2, 75 ZDRL II. Im Zuge der Umsetzung der ZDRL II wurde der § 675y BGB in mehrfacher Hinsicht abgeändert, zunächst durch eine ausdrückliche Berücksichtigung der verspäteten Ausführungen von Zahlungsvorgängen in § 675y Abs. 3 und 4 BGB n.F. in Umsetzung von Art. 89 Abs. 1 Unterabs. 6 sowie Abs. 2 Unterabs. 2 ZDRL II, nachdem die Behandlung einer solchen verspäteten Ausführungen von Zahlungsvorgängen unter Anwendung des § 675y BGB a.F. zu erheblichen Schwierigkeiten geführt hatte.[4] Ferner werden in § 675y Abs. 1 S. 3 sowie Abs. 3 S. 3 BGB in Umsetzung von Art. 90 ZDRL II nunmehr ausdrücklich die Haftungsfolgen bei Einbeziehungen von Zahlungsauslöse-

1 Zum Begriff siehe zu § 675f BGB Rn. 31.
2 Zum Begriff siehe zu § 675f BGB Rn. 32.
3 Siehe MK-Zetzsche, 7. Aufl., § 675y BGB Rn. 5.
4 Siehe unten Rn. 25.

dienstleistern geregelt, die nach dieser Neuregelung die Haftung des kontoführenden Zahlungsdienstleisters seinem Zahlungsdienstnutzer gegenüber unberührt lassen. Weitere Schwerpunkte der Änderungen des § 675y BGB sind die Ergänzungen der Regelungen zu den Bemühungen der beteiligten Zahlungsdienstleister bei aufgrund fehlerhaft benannter Kundenkennungen ausgeführten Zahlungen in § 675 Abs. 5 S. 3 bis 5 BGB n.F., die auf Art. 88 Abs. 3 ZDRL II beruhen, sowie der neu eingeführte § 675y Abs. 8 BGB, der durch die dort geregelten Einschränkungen die generelle Erweiterung des Anwendungsbereich der §§ 675c ff. BGB im Hinblick auf die Regelungen des § 675y BGB teilweise wieder zurücknimmt.

B. Haftung nach § 675y Abs. 1 BGB bei fehlerhafter oder nicht erfolgter Ausführung vom Zahler ausgelöster Zahlungsvorgänge („Push"-Zahlungen)

4 § 675y Abs. 1 BGB regelt die Haftung im Fall einer fehlerhaften oder nicht erfolgten Ausführung vom Zahler selbst ausgelöster Zahlungsvorgänge („Push"-Zahlungen) und geht grundsätzlich von einer Verantwortlichkeit des Zahlungsdienstleisters des Zahlers für eine solche fehlerhafte oder nicht erfolgende Ausführung des Zahlungsvorgangs aus.[5] Den Zahlungsdienstleister des Zahlers trifft in diesen Fällen eine vollständige Erstattungspflicht, die nur dann entfällt, wenn der Zahlungsdienstleister des Zahlers den Nachweis des ungekürzten Eingangs des Zahlungsbetrags beim Zahlungsdienstleister des Zahlers erbringen kann. Im Übrigen ist für die Anwendung des § 675y Abs. 1 BGB grundsätzlich unerheblich, ob die fehlerhafte oder nicht erfolgende Ausführung des Zahlungsvorgangs im Verantwortungsbereich des Zahlungsdienstleister des Zahlers oder eines anderen Dienstleisters oder einer zwischengeschalteten Stelle verursacht wurde;[6] der Zahlungsdienstleister kann gegebenenfalls im Innenverhältnis nach § 676a BGB Regress nehmen.

I. Anwendungsbereich der Haftung nach § 675y Abs. 1 BGB

5 Die Haftungsregelung des § 675y Abs. 1 BGB gilt für vom Zahler selbst ausgelöster Zahlungsvorgänge („Push"-Zahlungen) jedweder Art, d.h. insbesondere für Überweisungen.[7]

6 § 675y Abs. 1 BGB setzt jeweils voraus, dass es sich um einen autorisierten Zahlungsvorgang gehandelt hat – mangelt es an der Autorisierung, so haftet der Zahlungsdienstleister des Zahlers bereits aus § 675u BGB.[8] Der zugrunde liegende Zahlungsauftrag muss dem Zahlungsdienstleister des Zahlers zugegangen sein (§ 675n BGB), darf von diesem nicht berechtigt abgelehnt worden (siehe § 675o Abs. 3 BGB) und vom Zahler nicht nach § 675p BGB widerrufen worden sein.

7 § 675y Abs. 1 BGB gilt in Fällen einer gänzlich nicht erfolgten Ausführung des Zahlungsauftrags sowie auch bei Fällen einer fehlerhaften Ausführung. Fehlerhaft ist jede Ausführung des Zahlungsauftrags, bei der der Zahlungsbetrag bzw. der Zahlungsempfänger nicht den Vorgaben des Zahlungsauftrags entsprechen,[9] während bloße Fehler in

5 Begründung des Regierungsentwurfs zur Umsetzung des zivilrechtlichen Teils der Zahlungsdiensterichtlinie, BT-Drs. 16/11643, S. 116. Siehe auch Erman-von Westphalen, 15. Aufl., § 675y BGB Rn. 9; Staudinger-Omlor, 2012, § 675y BGB Rn. 1.
6 Staudinger-Omlor, 2012, § 675y BGB Rn. 8.
7 Siehe zu § 675f BGB Rn. 113 ff.
8 Erman-von Westphalen, 15. Aufl., § 675y BGB Rn. 6; MK-Zetzsche, 7. Aufl., § 675y BGB Rn. 6.
9 Vgl. Erman-von Westphalen, 15. Aufl., § 675y BGB Rn. 6; MK-Zetzsche, 7. Aufl., § 675y BGB Rn. 10 f.; Staudinger-Omlor, 2012, § 675y BGB Rn. 3.

der Angabe des Zahlungszwecks nicht zu einer Fehlerhaftigkeit im Sinne der Vorschrift führen.[10] Wird ein Zahlungsvorgang im Einklang mit der vom Zahler angegebenen Kennung ausgeführt, so ist die Ausführung auch dann nicht fehlerhaft, wenn die Zahlung auf diese Weise an einen anderen als den vom Zahler genannten Empfänger gelangt;[11] in diesem Fall bestehen Ansprüche des Zahlers gegen seinen Zahlungsdienstleister alleine nach § 675y Abs. 5 BGB.[12]

Umstritten war in der Vergangenheit, ob auch verspätet ausgeführte Zahlungen als Fälle einer fehlerhaften Ausführung im Sinne dieser Vorschrift anzusehen sein sollten: Dieser Streit wurde nunmehr durch die ausdrückliche gesonderte Regelung der Fälle der verspäteten Zahlung in § 675y Abs. 3 und 4 BGB entschieden.[13] 8

II. Anspruch auf unverzügliche und ungekürzte Erstattung

§ 675y Abs. 1 S. 1 BGB sieht vor, dass der Zahlungsdienstleister des Zahlers im Fall 9 einer nicht erfolgten oder fehlerhaften Ausführung eines „Push"-Zahlungsvorgangs zur unverzüglichen und ungekürzten Erstattung des Zahlungsbetrags verpflichtet ist.

Unverzüglich bedeutet eine Erstattung ohne schuldhaftes Zögern,[14] wodurch dem 10 Zahlungsdienstleister eine gewisse Frist zur Prüfung der Berechtigung eines Erstattungsverlangens zugestanden wird.

Wenn – wie bei Überweisungen als typischem Fall eines „Push"-Zahlungsvorgangs 11 – der Zahlungsbetrag einem Zahlungskonto des Zahlers belastet wurde, beinhaltet die Erstattungspflicht nach der Sonderregelung in § 675y Abs. 1 S. 2 BGB, dass dieses Zahlungskonto wieder auf den Stand zu bringen ist, auf dem es sich ohne den fehlerhaft ausgeführten Zahlungsvorgang befunden hätte. Geschuldet ist damit eine Valutierung der Erstattung zu dem Zeitpunkt, zu dem ursprünglich die Belastung des Kontos aufgrund der fehlerhaften oder nicht erfolgten Ausführung des Auftrags vorgenommenen wurde.[15]

§ 675y Abs. 1 S. 1 BGB spricht allgemein vom Zahlungsdienstleister des Zahlers und 12 ließe damit auch die Heranziehung eines Zahlungsauslösedienstleisters zur Erstattung bei nicht oder fehlerhaft ausgeführten Zahlungsvorgängen zu.[16] Der in Umsetzung von Art. 90 ZDRL II eingeführte § 675y Abs. 1 S. 3 BGB stellt demgegenüber klar, dass bei Auslösung des Zahlungsvorgangs vom Zahler über einen Zahlungsauslösedienstleister die Pflichten aus § 675y Abs. 1 S. 1 und 2 BGB den kontoführenden Zahlungsdienstleister treffen, nicht dagegen den Zahlungsauslösedienstleister. Für den Zahlungsdienstnutzer hat dies zur Folge, dass auch dann, wenn die Ursache der nicht erfolgten oder fehlerhaften Ausführung des Zahlungsvorgangs im Verantwortungsbereich des Zahlungsauslösedienstleisters gesetzt wurde, ein Erstattungsanspruch jederzeit gegen den kontoführenden Zahlungsdienstleister geltend gemacht werden kann.[17] Ob daneben außerhalb des § 675y Abs. 1 BGB ein Schadensersatzanspruch des Zahlers auch gegen den Zahlungsaus-

10 MK-Zetzsche, 7. Aufl., § 675y BGB Rn. 11.
11 Falsche Angabe der Kundenkennung, § 675r BGB.
12 Siehe unten Rn. 62 ff.
13 Siehe unten Rn. 25.
14 § 121 Abs. 1 S. 1 BGB; Erman-von Westphalen, 15. Aufl., § 675y BGB Rn. 23; MK-Zetzsche, 7. Aufl., § 675y BGB Rn. 22.
15 Begr Reg-Entw, BT-Drs. 16/11643, S. 116; Erman-von Westphalen, 15. Aufl., § 675y BGB Rn. 19 f.; MK-Zetzsche, 7. Aufl., § 675y BGB Rn. 22; Staudinger-Omlor, 2012, § 675y BGB Rn. 10.
16 Siehe zu § 675f BGB Rn. 157.
17 Begründung des Regierungsentwurfs zur Umsetzung der Zweiten Zahlungsdiensterichtlinie, BT-Drs. 18/11495, S. 171.

lösedienstleister geltend gemacht werden kann, ist umstritten: Die Gesetzesbegründung geht davon aus, dass die Regelung des § 675y Abs. 1 BGB i.V.m. § 675z S. 1 und 2 BGB auch insoweit abschließend ist und dass daher keine unmittelbare Inanspruchnahme des Zahlungsauslösedienstleisters durch den Zahler möglich ist.[18] Dies erscheint aber nicht zwingend: Schon der Wortlaut des § 675z S. 2 BGB, wonach die Haftung eines Zahlungsdienstleisters für einen solchen Schaden nicht ausgeschlossen sein soll, der nicht bereits von § 675y BGB erfasst ist, lässt durchaus ein Normverständnis zu, wonach jedenfalls eine Haftung des Zahlungsauslösedienstleisters für den betreffenden Schaden des Nutzers nicht von § 675y BGB erfasst ist, so dass dessen Haftung jedenfalls hinsichtlich des Adressaten der Haftung über die Regelung des § 675y BGB hinausginge. In der Regel wird dieses Interesse bereits durch eine Inanspruchnahme des kontoführenden Zahlungsdienstleisters befriedigt werden können, so dass es in der Praxis auf das Vorhandensein eines weiteren Schuldners nicht ankommen dürfte, es wäre aber auch unter Gesichtspunkten des Verbraucherschutzes in konzeptioneller Hinsicht kaum nachvollziehbar, wenn der Zahlungsauslösedienstleister auch bei verschuldetem Fehlverhalten auch hinsichtlich des Ausgleichs des Zahlungsbetrags, und nicht nur begrenzt auf Folgeschäden, keiner eigenen Haftung gegenüber dem Zahler als seinem Vertragspartner unterliegen sollte.[19]

13 Ein Entgelt darf der Zahlungsdienstleister für die Erfüllung der Erstattungspflicht nach § 675y Abs. 1 BGB nicht verlangen, da es sich hier um eine gesetzliche Nebenpflicht handelt.[20] Unzulässig ist deswegen auch die AGB-mäßige Vereinbarung einer Entgeltpflicht für sämtliche Buchungen („Preis pro Buchungsposten"), die auch der Verpflichtung aus § 675y Abs. 1 BGB entsprechende Berichtigungsbuchungen erfassen würde;[21] dies auch dann, wenn diese Verpflichtung auf im Auftrag oder im Interesse des Nutzers vorgenommene Buchungen beschränkt wird, da die Vornahme einer Berichtigungsbuchung jedenfalls als im Interesse des Nutzers erfolgend verstanden werden kann.[22]

III. Anspruch bei unzulässigem Abzug von Entgelten

14 Besteht die fehlerhafte Ausführung des Zahlungsvorgangs darin, dass durch den Zahlungsdienstleister des Zahlers oder andere zwischengeschaltete Stellen entgegen § 675q Abs. 1 BGB Entgelte vom Zahlungsbetrag abgezogen wurden, so schuldet der Zahlungsdienstleister des Zahlers nach der Sonderregelung des § 675y Abs. 1 S. 4 BGB statt der Erstattung des Zahlungsbetrags lediglich die unverzügliche Übermittlung des abgezogenen Betrags an den Zahlungsempfänger.[23] Dies ist sachgerechter als eine Erstattung, da auf diese Weise unmittelbar das eigentlich geschuldete Ziel des Zahlungsvorgangs verwirklicht wird.[24]

---

18 Begr Reg-Entw, BT-Drs. 18/11495, S. 171.
19 So Böger, in: Bankrechtstag 2016, S. 193, 276.
20 BGH, Urt. v. 28.7.2015 – XI ZR 434/14, juris Rn. 33 f., BGHZ 206, 305; LG Frankenthal, Urt. v. 17.12.2015 – 7 O 210/15, juris Rn. 15.
21 BGH, Urt. v. 27.1.2015 – XI ZR 174/13, juris Rn. 13, WM 2015, 1704; Urt. v. 28.7.2015 – XI ZR 434/14, juris Rn. 33 f., BGHZ 206, 305; OLG Frankfurt, Urt. v. 10.11.2015 – 3 U 173/14, juris Rn. 59 ff; LG Frankenthal, Urt. v. 17.12.2015 – 7 O 210/15, juris Rn. 15.
22 LG Frankenthal, Urt. v. 17.12.2015 – 7 O 210/15, juris Rn. 15.
23 Begr Reg-Entw, BT-Drs. 16/11643, S. 116; Erman-von Westphalen, 15. Aufl., § 675y BGB Rn. 21; MK-Zetzsche, 7. Aufl., § 675y BGB Rn. 26.
24 Staudinger-Omlor, 2012, § 675y BGB Rn. 12.

IV. Erstattung von Entgelten und Zinsen (§ 675y Abs. 6 BGB)

Über die Pflicht zur Erstattung des dem Zahler belasteten Zahlungsbetrags hinaus enthält § 675y Abs. 6 BGB weitergehend eine Sonderregelung zur Erstattung von Entgelten und Zinsen, die auch bei der nicht erfolgten oder fehlerhaften Ausführung eines Zahlungsvorgangs zur Anwendung kommt.[25] 15

Der Zahlungsdienstnutzer kann nach § 675y Abs. 6 BGB von seinem Zahlungsdienstleister die Erstattung der Entgelte und Zinsen verlangen, die der Zahlungsdienstleister ihm im Zusammenhang mit der nicht erfolgten oder fehlerhaften Ausführung des Zahlungsvorgangs in Rechnung gestellt oder mit denen er dessen Zahlungskonto belastet hat. Im Fall der nicht erfolgten oder auch nur teilweise fehlerhaften Ausführung des Zahlungsvorgangs kann der Zahlungsdienstleister keine Entgelte beanspruchen und er muss, sofern der Zahlungsdienstnutzer mit diesen Entgelten bereits belastet wurde, diese dem letzteren auch erstatten. Die Pflicht zur Erstattung von Zinsen deckt sich im Übrigen weitgehend mit der rückwirkenden Valutierung aus § 675y Abs. 1 S. 2 BGB.[26] 16

V. Nachforschungspflicht des Zahlungsdienstleisters (§ 675y Abs. 7 BGB)

Wurde ein Zahlungsauftrag nicht oder fehlerhaft ausgeführt, sieht § 675y Abs. 7 BGB eine Nachforschungspflicht desbetreffenden Zahlungsdienstleisters zu dem jeweiligen Zahlungsvorgang und eine Pflicht zur Unterrichtung seines Zahlungsdienstnutzers über das Ergebnis vor. Dies erleichtert dem Zahlungsdienstnutzer, der sonst oftmals über wenig Informationen über den Ablauf des nicht oder fehlerhaft ausgeführten Zahlungsvorgangs verfügen wird, die Ausübung seiner Rechte gegen seinen Zahlungsdienstleister und gegen sonstige Beteiligte.[27] 17

Die Verpflichtung aus § 675y Abs. 7 BGB trifft den Zahlungsdienstleister desjenigen Zahlungsdienstnutzers, der einen Zahlungsvorgang ausgelöst hat oder über den ein Zahlungsvorgang ausgelöst wurde, d.h. im Fall von „Push"-Zahlungen den Zahlungsdienstleister des Zahlers. 18

VI. Beweislastverteilung und Entfallen der Haftung bei Nachweis des ungekürzten Zahlungseingangs bei Zahlungsdienstleister des Zahlungsempfängers

Die Grundregel der Beweislastverteilung für die Geltendmachung von Ansprüchen aus § 675y BGB, darunter auch den Ansprüchen bei fehlerhafter oder nicht erfolgter Ausführung eines Zahlungsvorgangs nach § 675y Abs. 1 BGB folgt aus § 676 BGB:[28] Danach muss bei einem Streit zwischen dem Zahlungsdienstnutzer und seinem Zahlungsdienstleister über die ordnungsgemäße Ausführung des Zahlungsvorgangs der Zahlungsdienstleister nachweisen, dass der Zahlungsvorgang ordnungsgemäß aufgezeichnet und verbucht sowie nicht durch eine Störung beeinträchtigt wurde, d.h. es trifft 19

25 Begr Reg-Entw, BT-Drs. 16/11643, S. 118; Erman-von Westphalen, 15. Aufl., § 675y BGB Rn. 42; MK-Zetzsche, 7. Aufl., § 675y BGB Rn. 45.
26 Vgl. auch MK-Zetzsche, 7. Aufl., § 675y BGB Rn. 47.
27 Vgl. Begr Reg-Entw, BT-Drs. 16/11643, S. 118; siehe auch Erman-von Westphalen, 15. Aufl., § 675y BGB Rn. 46; MK-Zetzsche, 7. Aufl., § 675y BGB Rn. 49; Staudinger-Omlor, 2012, § 675y BGB Rn. 21.
28 Vgl. MK-Zetzsche, 7. Aufl., § 675y BGB Rn. 30; Staudinger-Omlor, 2012, § 675y BGB Rn. 7.

generell den Zahlungsdienstleister die Beweislast dafür, dass die Ausführung fehlerfrei erfolgte.[29]

20 Diese Regelung wird bestätigt durch die Bestimmung des § 675y Abs. 1 S. 5 BGB, wonach die Haftung des Zahlungsdienstleisters des Zahlers nach § 675y Abs. 1 BGB entfällt, wenn er nachweist, dass der Zahlungsbetrag ungekürzt beim Zahlungsdienstleister des Zahlungsempfängers eingegangen ist. Der Zahlungsdienstleister des Zahlers hat in diesem Fall seine Pflichten hinsichtlich der Übermittlung des Zahlungsbetrags erfüllt, so dass für seine Inanspruchnahme auf Erstattung des Zahlungsbetrags keine weitere Veranlassung besteht.[30] Nach § 675y Abs. 1 S. 4 BGB a.F. war das Entfallen der Haftung des Zahlungsdienstleisters des Zahlers zusätzlich davon abhängig, dass er auch den rechtzeitigen Eingang des Zahlungsbetrags nachweisen konnte;[31] diese Voraussetzung ist im Zuge der Umsetzung der ZDRL II gestrichen worden, da Fragen der Verspätung nunmehr in § 675y Abs. 3 und 4 BGB geregelt sind.[32]

VII. Ansprüche bei Nachweis des ungekürzten Zahlungseingangs beim Zahlungsdienstleister des Zahlungsempfängers

21 Weist der Zahlungsdienstleister des Zahlers nach, dass der Zahlungsbetrag ungekürzt beim Zahlungsdienstleister des Zahlungsempfängers eingegangen ist, so entfällt die Haftung des Zahlungsdienstleisters des Zahlers nach § 675y Abs. 1 BGB, siehe § 675y Abs. 1 S. 5 BGB.[33]

22 Mögliche weitere Ansprüche bleiben aber unberührt: Insbesondere kann der Zahler, wenn sein Zahlungsdienstleister zwar die ungekürzte Weiterleitung an sich, nicht aber den rechtzeitigen Eingang des Zahlungsbetrags beim Zahlungsdienstleister des Zahlungsempfängers nachweisen kann, Ansprüche aus § 675y Abs. 3 BGB wegen verspäteter Ausführung des Zahlungsvorgangs geltend machen.[34]

23 Ist der Zahlungsbetrag an den Zahlungsdienstleister des Zahlungsempfängers weitergeleitet worden, von diesem aber nicht oder nicht in vollem Umfang dem Zahlungsempfänger verfügbar gemacht worden, so ist der Zahlungsdienstleister des Zahlungsempfängers letzterem bereits aus § 675t Abs. 1 BGB verpflichtet, ihm den Zahlungsbetrag auszuzahlen oder anderweitig verfügbar zu machen. Einer gesonderten Umsetzung von Art. 89 Abs. 1 Unterabs. 1 S. 2 ZDRL II im Rahmen des § 675y BGB bedurfte es deswegen hierzu nicht.[35]

C. Haftung nach § 675y Abs. 3 BGB bei verspäteter Ausführung vom Zahler ausgelöster Zahlungsvorgänge („Push"-Zahlungen)

24 § 675y Abs. 3 BGB regelt die Haftung im Fall einer verspäteten Ausführung vom Zahler selbst ausgelöster Zahlungsvorgänge („Push"-Zahlungen). Die Regelung folgt dem

29 MK-Zetzsche, a.a.O.

30 Vgl. Staudinger-Omlor, 2012, § 675y BGB Rn. 7. Zu verbleibenden Ansprüchen, insbesondere zur Haftung bei verspäteter Übermittlung sowie zur Haftung des Zahlungsdienstleisters des Zahlungsempfängers in solchen Fällen, in denen es trotz ungekürzter Übermittlung des Zahlungsbetrags an ihn nicht zu einer vollständigen Weiterleitung an den Zahlungsempfänger selbst gekommen ist, siehe sogleich Rn. 22f.

31 Siehe Erman-von Westphalen, 15. Aufl., § 675y BGB Rn. 24.

32 Begr Reg-Entw, BT-Drs. 18/11495, S. 173.

33 Vgl. Begr Reg-Entw, BT-Drs. 16/11643, S. 117.

34 Siehe Rn. 24ff.

35 Begr Reg-Entw, BT-Drs. 16/11643, S. 118.

Grundsatz, dass bei einer verspäteten Ausführung einer „Push"-Zahlung der Zahler mittelbar über seinen Zahlungsdienstleister vom Zahlungsdienstleister des Zahlungsempfängers verlangen können soll, dass der Zahlbetrag dem Zahlungsempfänger zum eigentlich vorgesehenen Zeitpunkt gutgeschrieben wird.[36] Der Zahler haftet gegebenenfalls dem Zahlungsempfänger aus dem Valutaverhältnis für den rechtzeitigen Eingang der Zahlung und hat durch die Regelung des § 675y Abs. 3 BGB eine klare Möglichkeit der Inanspruchnahme des Zahlungsdienstleisters des Zahlungsempfängers mittelbar über seinen Zahlungsdienstleister. Nur bei rechtzeitiger Übermittlung des Zahlungsbetrags durch den Zahlungsdienstleister des Zahlers an denjenigen des Zahlungsempfängers bestehen Ansprüche lediglich im Inkassoverhältnis zwischen dem Zahlungsempfänger und seinem Zahlungsdienstleister.

Die Regelung des § 675y Abs. 3 BGB wurde neu in Umsetzung von Art. 89 Abs. 1 Un- 25
terabs. 6 ZDRL II eingeführt; nach früherem Recht waren dagegen umstritten, nach welchen Grundsätzen die Haftung der beteiligten Zahlungsdienstleister bei verspäteter Ausführung eines Zahlungsvorgangs bestimmt werden sollte: Die Gesetzesbegründung ging davon aus, dass in einem solchen Fall trotz der eigentlich abschließenden Regelung der §§ 675c ff. BGB ein Rückgriff auf das allgemeine Leistungsstörungsrecht zulässig sein sollte.[37] Nach der in der Literatur wohl überwiegenden Gegenauffassung sollte dagegen auch der Fall der verspäteten Ausführung unter den Begriff der fehlerhaften Ausführung im Sinne des § 675y Abs. 1 BGB a.F. fallen und es sollte nur einer Anpassung der Rechtsfolgen bedürfen, da ein Anspruch auf Erstattung des Zahlbetrags bei einer bloß verspäteten Ausführung offenbar nicht sachgerecht wäre.[38] Dieser Streit ist nun durch die Neuregelung des § 675y Abs. 3 BGB beigelegt.[39]

I. Anwendungsbereich

Wie die Regelung des § 675y Abs. 1 BGB gilt die Haftung nach § 675y Abs. 3 BGB für 26
vom Zahler selbst ausgelöste autorisierte Zahlungsvorgänge („Push"-Zahlungen), die auf einem wirksamen und nicht berechtigt abgelehnten Zahlungsauftrag beruhen.

Verspätet im Sinne des § 675y Abs. 1 BGB ist die Ausführung eines Zahlungsvor- 27
gangs dann, wenn die Ausführung nicht innerhalb der Ausführungsfristen der §§ 675s und 675t BGB erfolgte.[40]

II. Mittelbare Inanspruchnahme des Zahlungsdienstleisters des Zahlungsempfängers über den eigenen Zahlungsdienstleister des Zahlers

§ 675y Abs. 3 S. 1 BGB sieht eine mittelbare Inanspruchnahme des Zahlungs- 28
dienstleisters des Zahlungsempfängers über den eigenen Zahlungsdienstleister des Zah-

36 Begr Reg-Entw, BT-Drs. 18/11495, S. 172.
37 Begr Reg-Entw, BT-Drs. 16/11643, S. 117; so auch HK-BGB/Schulte-Nölke, 9. Aufl., § 675y BGB Rn. 6; jurisPK-Schwintowski, 8. Aufl., § 675y BGB Rn. 6.
38 Siehe Einsele, WM 2014, 1125, 1128 f.; Erman-von Westphalen, 15. Aufl., § 675y BGB Rn. 17; Hadding, WM 2065, 2068 f., MK-Zetzsche, 7. Aufl., § 675y BGB Rn. 13 ff.; BeckOK-Schmalenbach, 43. Ed. 2017, § 675y BGB Rn. 9; Palandt-Sprau, 76. Aufl., § 675y BGB Rn. 3; Staudinger-Omlor, 2012, § 675y BGB Rn. 4.
39 Begr Reg-Entw, BT-Drs. 18/11495, S. 171.
40 Palandt-Sprau, 77. Aufl., § 675y BGB Rn. 3. Teils wird dagegen bereits der Begriff der Verspätung auf die Fristen nach § 675s BGB verengt, siehe Langenbucher/Bliesener/Spindler-Langenbucher, 2. Aufl., Kap. 3 § 675s BGB Rn. 7. In der Sache kommt dies zum selben Ergebnis, da jeweils ab (rechtzeitiger) Übermittlung an den Zahlungsdienstleister des Zahlungsempfängers allein dieser Zahlungsdienstleister haftet.

lers vor, was sich als Ausdruck des Grundsatzes darstellt, dass Bindungen und Verpflichtungen zwischen den Beteiligten eines Zahlungsvorgangs grundsätzlich nur innerhalb des jeweiligen Vertragsverhältnisses bestehen, aber beispielsweise nicht unmittelbar zwischen dem Zahler und dem Zahlungsdienstleister des Zahlungsempfängers. Nach der Regelung des § 675y Abs. 3 S. 1 BGB bestehen die Rechte des Zahlers bei einer verspäteten Ausführung eines Zahlungsauftrags mithin grundsätzlich lediglich darin, dass der Zahler von seinem Zahlungsdienstleister verlangen kann, dass dieser Ansprüche gegen den Zahlungsdienstleister des Zahlungsempfängers geltend macht (nach § 675y Abs. 3 S. 2 BGB).

29 Inhalt der mittelbaren Inanspruchnahme ist nach § 675y Abs. 3 S. 2 BGB, dass der Zahlungsdienstleister des Zahlers vom Zahlungsdienstleister des Zahlungsempfängers im Interbankenverhältnis verlangen kann, die Gutschrift des Zahlungsbetrags auf dem Zahlungskonto des Zahlungsempfängers so vorzunehmen, als sei der Zahlungsvorgang ordnungsgemäß ausgeführt worden. Die Gutschrift muss also zu dem Zeitpunkt valutiert werden, zu dem sie bei ordnungsgemäßer Ausführung erfolgt wäre. Auf diese Weise kann der Zahlungsdienstleister des Zahlungsempfängers im Einzelfall auch dazu verpflichtet werden, eine Gutschrift des Zahlungsbetrags auch zu einem früheren Zeitpunkt als demjenigen zu valutieren, zu dem er selbst diesen Betrag erhalten hat. In einem solchen Fall richten sich die Ausgleichsansprüche der beteiligten Zahlungsdienstleister untereinander nach § 676a BGB.[41]

30 Wird der Zahlungsvorgang über einen Zahlungsauslösedienstleister ausgelöst, dann ändert dies nichts daran, dass die mittelbare Inanspruchnahme des Zahlungsdienstleisters des Zahlungsempfängers über den kontoführenden Zahlungsdienstleister des Zahlers zu erfolgen hat, nicht über den Zahlungsauslösedienstleister (§ 675y Abs. 3 S. 3 BGB). Der Inhalt der mittelbaren Inanspruchnahme des Zahlungsdienstleisters des Zahlungsempfängers bleibt unberührt. Unerheblich ist für die Ansprüche des Zahlers dabei wiederum, ob die Verzögerung bereits in der Sphäre des Zahlungsauslösedienstleisters verursacht wurde; dies ist lediglich im Rahmen des Ausgleichsanspruchs der Zahlungsdienstleister untereinander nach § 676a BGB zu berücksichtigen.

31 Die Regelung zur verpflichtenden Erstattung von Entgelten und Zinsen (§ 675y Abs. 6 BGB) findet keine Anwendung auf den Fall der lediglich verspäteten Ausführung eines Zahlungsvorgangs: Die verspätete Ausführung eines Zahlungsvorgangs führt damit nicht nach dieser Vorschrift dazu, dass geleistete Entgelte zu erstatten wären; dass dem Zahlungsempfänger kein Zinsnachteil aus der verspäteten Ausführung entsteht, für den gegebenenfalls der Zahler in Haftung zu nehmen wäre, wird bereits durch die rückwirkende Valutierung nach § 675y Abs. 3 S. 2 BGB sichergestellt.

III. Nachforschungspflicht des Zahlungsdienstleisters (§ 675y Abs. 7 BGB)

32 Wie bei einer nicht erfolgten oder fehlerhaften Ausführung eines „Push"-Zahlungsvorgangs ist nach § 675y Abs. 7 BGB auch bei der verspäteten Ausführung eine Nachforschungspflicht zum jeweiligen Zahlungsvorgangs durch den betreffenden Zahlungsdienstleister und eine Pflicht zur Unterrichtung seines Zahlungsdienstnutzers über das Ergebnis vorgesehen.[42]

---

41 Siehe zu § 676a BGB Rn. 6.
42 Siehe hierzu oben Rn. 17 f.

IV. Beweislastverteilung und Entfallen der Haftung bei Nachweis des rechtzeitigen Zahlungseingangs bei Zahlungsdienstleister des Zahlungsempfängers

Auch im Rahmen des § 675y Abs. 3 BGB gilt die allgemeine Beweislastverteilung 33
nach § 676 BGB, nach der der Zahlungsdienstleister die Erfüllung seiner Pflichten nachzuweisen hat.[43] § 675y Abs. 3 S. 4 BGB bestätigt sodann nochmals, dass ein Entfallen der Haftung nach § 675y Abs. 3 BGB voraussetzt, dass der Zahlungsdienstleister des Zahlers nachweist, dass der Zahlungsbetrag rechtzeitig beim Zahlungsdienstleister des Zahlungsempfängers eingegangen ist.

V. Ansprüche bei Nachweis des rechtzeitigen Zahlungseingangs beim Zahlungsdienstleister des Zahlungsempfängers

Weist der Zahlungsdienstleister des Zahlers nach, dass der Zahlungsbetrag rechtzeitig 34
beim Zahlungsdienstleister des Zahlungsempfängers eingegangen ist, so kommen statt der dann nach § 675y Abs. 3 S. 4 BGB entfallenden Haftung des Zahlungsdienstleisters des Zahlers nach § 675y Abs. 3 BGB[44] vor allem die folgenden weiteren Ansprüche in Betracht:

Zum einen kann der Zahler seinen Zahlungsdienstleister bei einer zwar rechtzeiti- 35
gen, aber nur gekürzten Weiterleitung des Zahlungsbetrags an den Zahlungsdienstleister des Zahlungsempfängers aus § 675y Abs. 1 BGB in Anspruch nehmen.[45]

Zum anderen ist, wenn der Zahlungsbetrag rechtzeitig an den Zahlungsdienstleister 36
des Zahlungsempfängers weitergeleitet worden, von diesem dann aber nur verzögert dem Zahlungsempfänger verfügbar gemacht worden ist, der Zahlungsdienstleister des Zahlungsempfängers letzterem aus § 675t Abs. 1 BGB auch zur rückwirkenden Wertstellung verpflichtet.

VI. Weitergehende Ansprüche bei verspäteten „Push"-Zahlungen

Außerhalb des § 675y BGB und nach allgemeinem Leistungsstörungsrecht zu be- 37
gründen sind Ansprüche, die der Zahler zum Ersatz von Folgeschäden aufgrund der verspäteten Ausführung von „Push"-Zahlungen geltend machen kann, z.B. (Verzugs-) Zinsen, ein Entgelt[46] oder auch ein Schadensersatzanspruch zum Ersatz von Nachteilen, die der Zahler infolge der Kündigung eines Vertrags durch den Zahlungsempfänger aufgrund einer verspäteten Zahlung erlitten hat. Solche Ansprüche sind nicht nach § 675z S. 1 BGB ausgeschlossen, da es sich hierbei nicht um in § 675y BGB geregelte Anspruchsgegenstände handelt.[47]

D. Haftung nach § 675y Abs. 2 BGB bei fehlerhafter oder nicht erfolgter Ausführung vom oder über den Zahlungsempfänger ausgelöster Zahlungsvorgänge („Pull"-Zahlungen)

§ 675y Abs. 2 BGB bestimmt die haftungsrechtlichen Folgen einer fehlerhaften oder 38
nicht erfolgten Ausführung solcher Zahlungsvorgänge, die nicht vom Zahler, sondern

43 Siehe zu § 676 BGB Rn. 5.
44 Siehe Begr Reg-Entw, BT-Drs. 18/11495, S. 173.
45 Siehe vorstehend Rn. 4 ff.
46 Siehe Begr Reg-Entw, BT-Drs. 18/11495, S. 171; Begr Reg-Entw, BT-Drs. 16/11643, S. 118.
47 Siehe zu § 675z BGB Rn. 6 ff.

vom oder über den Zahlungsempfänger ausgelöst wurden („Pull"-Zahlungen). Wie die Regelung des § 675y Abs. 1 BGB zu „Push"-Zahlungen geht auch § 675y Abs. 2 BGB grundsätzlich von einer Verantwortlichkeit des Zahlungsdienstleisters des Zahlers aus (§ 675y Abs. 2 S. 2 BGB).[48] Vorgelagert ist aber eine Verantwortlichkeit des Zahlungsdienstleisters des Zahlungsempfängers für die Übermittlung des Zahlungsauftrags (§ 675y Abs. 2 S. 1 BGB), d.h. die Regelungen zur Haftung des Zahlungsdienstleisters des Zahlers greifen nur dann ein, wenn der Zahlungsdienstleister des Zahlungsempfängers zunächst seinerseits seinen Pflichten nachgekommen ist.[49]

I. Anwendungsbereich der Haftung nach § 675y Abs. 2 BGB

39 Die Haftungsregelung des § 675y Abs. 2 BGB gilt für vom oder über den Zahlungsempfänger ausgelöste Zahlungsvorgänge („Pull"-Zahlungen) jedweder Art, d.h. insbesondere für Lastschriften und Formen von Kartenzahlungen.[50] Der Zahlungsvorgang muss wirksam autorisiert sein und der Zahlungsauftrag muss dem Zahlungsdienstleister des Zahlers zugegangen und darf von ihm nicht nach § 675o BGB berechtigt abgelehnt worden sein.[51]

40 Wie nach § 675y Abs. 1 BGB werden auch von § 675y Abs. 2 BGB nur Fälle der nicht erfolgten oder fehlerhaften Ausführung der erfassten Zahlungsvorgänge erfasst; für die lediglich verspätete Ausführung ist auf die Sonderregelung des § 675y Abs. 4 BGB zu verweisen.[52]

II. Anspruch des Zahlungsempfängers gegen seinen Zahlungsdienstleister auf Übermittlung des Zahlungsauftrags

41 Die Ausführung einer vom oder über den Zahlungsempfänger ausgelösten „Pull"-Zahlung setzt die Übermittlung des Zahlungsauftrags durch den Zahlungsdienstleister des Zahlungsempfängers an denjenigen des Zahlers voraus.[53] Da bei einer „Pull"-Zahlung die Ursache für eine nicht erfolgte oder fehlerhafte Ausführung eines Zahlungsauftrags bereits auf dieser Ebene gesetzt worden sein kann, begründet § 675y Abs. 2 S. 1 BGB einen Anspruch darauf, dass der Zahlungsdienstleister des Zahlers den Zahlungsauftrag unverzüglich, gegebenenfalls erneut, an den Zahlungsdienstleister des Zahlers übermittelt.

42 Wie sich aus § 675y Abs. 2 S. 2 BGB ergibt, besteht dieser Anspruch dann nicht, wenn der Zahlungsdienstleister des Zahlungsempfängers nachweist, dass er die ihm bei der Ausführung des Zahlungsvorgangs obliegenden Pflichten erfüllt hat. Dies gilt auch dann, wenn der Zahlungsdienstleister des Zahlers nach der Übermittlung des Zahlungsauftrags diesen berechtigt abgelehnt hat.[54]

---

48 Siehe Begr Reg-Entw, BT-Drs. 16/11643, S. 117; siehe auch Erman-von Westphalen, 15. Aufl., § 675y BGB Rn. 29.

49 Siehe Begr Reg-Entw, BT-Drs. 16/11643, S. 117; siehe auch Erman-von Westphalen, 15. Aufl., § 675y BGB Rn. 29; MK-Zetzsche, 7. Aufl., § 675y BGB Rn. 35.

50 Vgl. Erman-von Westphalen, 15. Aufl., § 675y BGB Rn. 28; Staudinger-Omlor, 2012, § 675y BGB Rn. 1.

51 Siehe Begr Reg-Entw, BT-Drs. 16/11643, S. 117; siehe auch Erman-von Westphalen, 15. Aufl., § 675y BGB Rn. 29; MK-Zetzsche, 7. Aufl., § 675y BGB Rn. 33.

52 Siehe unter Rn. 52 ff.

53 Siehe zu § 675f BGB Rn. 32.

54 § 675o Abs. 3 BGB; siehe Begr Reg-Entw, BT-Drs. 16/11643, S. 117.

Für die Erfüllung der gesetzlichen Verpflichtung zur unverzüglichen, gegebenenfalls erneut erfolgenden Übermittlung des Zahlungsauftrags an den Zahlungsdienstleister des Zahlers darf der Zahlungsdienstleister des Zahlungsempfängers kein Entgelt verlangen.[55] 43

Eine weitergehende Haftung des Zahlungsdienstleisters des Zahlungsempfängers, etwa auf Folgeschäden, die ihm durch eine zunächst nicht erfolgte Einziehung eines Lastschriftbetrags entstanden sind, beispielsweise durch ein hierdurch verursachtes Scheitern einer eigenen Überweisung an einen Dritten mangels hinreichender Deckung, kann sich nach allgemeinen Grundsätzen des Leistungsstörungsrecht ergeben und wird durch § 675z S. 1 und 2 BGB nicht ausgeschlossen.[56] 44

III. Anspruch des Zahlers gegen seinen Zahlungsdienstleister auf Erstattung des Zahlungsbetrags bei ordnungsgemäßer Übermittlung des Zahlungsauftrags

Beruht die nicht erfolgte oder fehlerhafte Ausführung des „Pull"-Zahlungsvorgangs nicht auf einem Fehler in der Stufe der Übermittlung des Zahlungsauftrags an den Zahlungsdienstleister des Zahlungsempfängers, dann besteht ein Anspruch des Zahlers gegen seinen Zahlungsdienstleister wie im Fall einer nicht erfolgten oder fehlerhaften Ausführung eines „Push"-Zahlungsvorgangs: Nach § 675y Abs. 2 S. 2 BGB hat, wenn der Zahlungsdienstleister des Zahlungsempfängers nachweist, dass er die ihm bei der Ausführung des Zahlungsvorgangs obliegenden Pflichten erfüllt hat, der Zahlungsdienstleister des Zahlers dem Zahler gegebenenfalls unverzüglich den ungekürzten Zahlungsbetrag entsprechend § 675y Abs. 1 S. 1 und 2 BGB zu erstatten. 45

Dieser Erstattungsanspruch des Zahlers gegen seinen Zahlungsdienstleister folgt den oben dargestellten Regelungen, d.h. es ist der Zahlungsdienstleister für die ordnungsgemäße Erfüllung beweispflichtig und der Anspruch entfällt dann, wenn der Zahlungsdienstleister des Zahlers nachweisen kann, dass der Zahlungsbetrag ungekürzt beim Zahlungsdienstleister des Zahlungsempfängers eingegangen ist (§ 675y Abs. 1 S. 5 BGB). 46

IV. Anspruch des Zahlungsempfängers gegen seinen Zahlungsdienstleister bei Abzug von Entgelten

Sofern die Fehlerhaftigkeit der Ausführung des Zahlungsvorgangs im unberechtigten Abzug von Entgelten besteht, enthält § 675y Abs. 2 S. 3 BGB eine vorrangige Sonderregelung, die dem Anspruch des Zahlers aus § 675y Abs. 2 S. 2 BGB auf Geltendmachung seiner Ansprüche aus § 675y Abs. 1 BGB vorgeht, da das Gesetz den bloßen unberechtigten Abzug von Entgelten als vorzugsweise unter unmittelbarer Beteiligung des Zahlungsempfängers auszugleichen ansieht.[57] 47

Nach § 675y Abs. 2 S. 3 BGB hat, soweit vom Zahlungsbetrag entgegen § 675q Abs. 1 und 2 BGB Entgelte abgezogen wurden, der Zahlungsdienstleister des Zahlungsempfängers den abgezogenen Betrag dem Zahlungsempfänger unverzüglich verfügbar zu machen. Mit der Verweisung auf § 675q Abs. 1 und 2 BGB ist der Entgeltabzug sowohl durch den Zahlungsdienstleister des Zahlungsempfängers wie durch denjenigen des Zahlers 48

55 MK-Zetzsche, 7. Aufl., § 675y BGB Rn. 35.
56 Siehe zu § 675z BGB Rn. 6 ff.
57 MK-Zetzsche, 7. Aufl., § 675y BGB Rn. 39; Staudinger-Omlor, 2012, § 675y BGB Rn. 16.

erfasst: Hat der Zahlungsdienstleister des Zahlungsempfängers nach § 675y Abs. 2 S. 3 BGB einen vom Zahlungsdienstleister des Zahlers unberechtigt vorgenommenen Entgeltabzug auszugleichen, so besteht wiederum im Verhältnis der beteiligten Zahlungsdienstleister untereinander ein Ausgleichsanspruch nach § 676a BGB.[58]

V. Erstattung von Entgelten und Zinsen (§ 675y Abs. 6 BGB)

49 Die Sonderregelung zur Erstattung von Entgelten und Zinsen nach § 675y Abs. 6 BGB kommt auch bei der nicht erfolgten oder fehlerhaften Ausführung eines „Pull"-Zahlungsvorgangs zur Anwendung. Das Erstattungsverlangen ist hier jeweils im Verhältnis zwischen Zahler und Zahlungsempfänger und deren jeweiligem Zahlungsdienstleister begründet.

VI. Nachforschungspflicht des Zahlungsdienstleisters (§ 675y Abs. 7 BGB)

50 Hinsichtlich der auch bei der nicht erfolgten oder fehlerhaften Ausführung eines „Pull"-Zahlungsvorgangs zur Anwendung kommenden Nachforschungspflicht (§ 675y Abs. 7 BGB) kann auf die obigen Ausführungen verwiesen werden. Verpflichtet ist bei einem „Pull"-Zahlungsvorgang der Zahlungsdienstleister des Zahlungsempfängers, da dieser derjenige ist, der im Sinne der Vorschrift einen Zahlungsvorgang ausgelöst hat oder über den ein Zahlungsvorgang ausgelöst wurde.

VII. Beweislastverteilung

51 Auch bei den verschiedenen Ansprüchen nach § 675y Abs. 2 BGB wegen der nicht erfolgten oder fehlerhaften Ausführung eines „Pull"-Zahlungsvorgangs gilt der allgemeine Grundsatz des § 676 BGB, dass der betroffene Zahlungsdienstleister den Nachweis der ordnungsgemäßen Erfüllung seiner Pflichten erbringen muss.[59]

E. Haftung nach § 675y Abs. 4 BGB bei verspäteter Ausführung vom oder über den Zahlungsempfänger ausgelöster Zahlungsvorgänge („Pull"-Zahlungen)

52 § 675y Abs. 4 BGB regelt die Haftung im Fall einer verspäteten Ausführung vom oder über den Zahlungsempfänger ausgelöster Zahlungsvorgänge („Pull"-Zahlungen). Wegen der Beteiligung des Zahlungsdienstleisters des Zahlungsempfängers an der Auslösung des Zahlungsvorgangs bedarf es hier gesonderter Regelungen im Vergleich zu den haftungsrechtlichen Folgen einer verspäteten „Push"-Zahlung nach § 675y Abs. 3 BGB. Grundsätzlich trifft nach § 675y Abs. 4 BGB bei einer verspäteten Ausführung einer „Pull"-Zahlung die Verantwortlichkeit den Zahlungsdienstleister des Zahlungsempfängers,[60] der seinem Zahlungsdienstnutzer gegenüber haftet, wenn er den Zahlungsauftrag nicht rechtzeitig übermittelt hat, sowie auch dann, wenn aus anderen Gründen der ihm übermittelte Zahlungsbetrag verspätet dem Zahlungsempfänger verfügbar gemacht wurde, auch wenn die Verantwortlichkeit hierfür beim Zahlungsdienstleister des Zahlers lag. Dagegen trifft den Zahlungsdienstleister des Zahlers eine Haftung – die auf Erstattung des Zahlungsbetrags an den Zahler gerichtet ist – lediglich dann, wenn ihm der Zah-

58 Siehe MK-Zetzsche, a.a.O.; Staudinger-Omlor, 2012, § 675y BGB Rn. 17.
59 Siehe zu § 676 BGB Rn. 5.
60 Siehe Begr Reg-Entw, BT-Drs. 18/11495, S. 173.

lungsauftrag rechtzeitig übermittelt wurde und er den Zahlungsbetrag nicht, auch nicht verspätet, an den Zahlungsdienstleister des Zahlungsempfängers übermittelt hat.[61]

I. Anwendungsbereich der Haftung nach § 675y Abs. 4 BGB

Die Bestimmungen des § 675y Abs. 4 BGB gelten für verspätet ausgeführte autorisierte „Pull"-Zahlungen jedweder Art, wobei wie nach § 675y Abs. 2 BGB vorauszusetzen ist, dass der Zahlungsauftrag dem Zahlungsdienstleister des Zahlers zugegangen ist und von ihm nicht berechtigt abgelehnt wurde. 53

Verspätet im Sinne des § 675y Abs. 4 BGB ist die Ausführung eines Zahlungsvorgangs dann, wenn die Ausführung nicht unter Beachtung der Ausführungsfristen des §§ 675s und 675t BGB erfolgte, d.h. der Fristen zur Übermittlung des Zahlungsauftrags an den Zahlungsdienstleister des Zahlers sowie zur Übermittlung des Zahlungsbetrags an den Zahlungsdienstleister des Zahlungsempfängers und zur Bereitstellung zugunsten des Zahlungsempfängers. 54

II. Anspruch des Zahlungsempfängers gegen seinen Zahlungsdienstleister auf ordnungsgemäße Gutschrift bei verspäteter Übermittlung des Zahlungsauftrags

Liegt der verspäteten Ausführung der „Pull"-Zahlung eine verspätete Übermittlung des Zahlungsauftrags zugrunde, so kann der Zahlungsempfänger nach § 675y Abs. 4 S. 1 BGB von seinem Zahlungsdienstleister verlangen, dass dieser die Gutschrift des Zahlungsbetrags auf dem Zahlungskonto des Zahlungsempfängers so vornimmt, als sei der Zahlungsvorgang ordnungsgemäß ausgeführt worden, d.h. es ist eine rückwirkende Valutierung geschuldet zu dem Zeitpunkt, zu dem diese bei ordnungsgemäßer Ausführung unter Beachtung der Ausführungsfristen des § 675s Abs. 1 und 2 BGB sowie der Pflicht zur taggleichen Wertstellung aus § 675t Abs. 1 BGB erfolgt wäre. 55

Hat neben der verspäteten Übermittlung des Zahlungsauftrags auch eine durch den Zahlungsdienstleister des Zahlers verursachte Verzögerung an der verspäteten Ausführung mitgewirkt, z.B. eine verspätete Übermittlung des Zahlungsbetrags an den Zahlungsdienstleister des Zahlungsempfängers, so lässt dies im Verhältnis zum Zahlungsempfänger die Haftung seines Zahlungsdienstleisters unberührt; er kann aber nach § 676a BGB entsprechenden Rückgriff bei dem verantwortlichen weiteren Zahlungsdienstleister nehmen.[62] 56

III. Anspruch des Zahlungsempfängers gegen seinen Zahlungsdienstleister auf ordnungsgemäße Gutschrift bei sonstiger verspäteter Ausführung des Zahlungsauftrags

Kann dagegen der Zahlungsdienstleister des Zahlungsempfängers nachweisen, den Zahlungsauftrag ordnungsgemäß an den Zahlungsdienstleister des Zahlers übermittelt zu haben, dann entfällt nach § 675y Abs. 4 S. 2 BGB die Haftung des Zahlungsdienstleisters des Zahlungsempfängers nach § 675y Abs. 4 S. 1 BGB. Allerdings lebt diese Haftung nach § 675y Abs. 4 S. 3 und 4 BGB wieder auf, d.h. der Zahlungsdienstleister des Zahlungsempfängers wird verpflichtet, den Zahlungsbetrag entsprechend § 675y Abs. 4 57

61 Siehe Begr Reg-Entw, BT-Drs. 18/11495, S. 174.
62 Siehe zu § 676a BGB Rn. 6.

S. 1 BGB auf dem Zahlungskonto des Zahlungsempfängers gutzuschreiben, wenn der Zahlungsdienstleister des Zahlers den Nachweis führen kann, dass der Zahlungsbetrag, wenn auch möglicherweise verspätet, beim Zahlungsdienstleister des Zahlungsempfängers eingegangen ist.

58 Ergebnis dieser Regelung ist, dass der Zahlungsdienstleister des Zahlungsempfängers auch bei in anderer Weise als durch eine verspätete Übermittlung des Zahlungsauftrags verursachten Verspätungen der Ausführung eines „Pull"-Zahlungsvorgangs dem Zahlungsempfänger auf eine ordnungsgemäße Gutschrift haftet. Diese Haftung trifft den Zahlungsdienstleister des Zahlungsempfängers auch dann, wenn ihm selbst vom Zahlungsdienstleister des Zahlers der Zahlbetrag verspätet übermittelt wurde. Die Haftung des Zahlungsdienstleisters des Zahlungsempfängers nach den § 675y Abs. 4 S. 3 und 4 BGB entfällt dagegen nur dann, wenn der Zahlungsdienstleister des Zahlers gänzlich nicht den Nachweis führen kann, dass der Zahlungsbetrag beim Zahlungsdienstleister des Zahlungsempfängers eingegangen ist.[63]

IV. Anspruch des Zahlers gegen seinen Zahlungsdienstleister bei nicht erfolgter Weiterleitung des Zahlungsbetrags an den Zahlungsdienstleister des Zahlungsempfängers

59 Ist dagegen überhaupt keine, auch keine verspätete, Weiterleitung des Zahlungsbetrags an den Zahlungsdienstleister des Zahlungsempfängers nach vorheriger rechtzeitiger Übermittlung des Zahlungsauftrags an den Zahlungsdienstleister des Zahlers erfolgt, dann haftet statt des Zahlungsdienstleisters des Zahlungsempfängers nach § 675y Abs. 4 S. 3 BGB allein der Zahlungsdienstleister des Zahlers, der dem Zahler gegebenenfalls unverzüglich den ungekürzten Zahlungsbetrag nach § 675y Abs. 1 S. 1 und 2 BGB zu erstatten hat.[64]

60 Ist dagegen die auch die Übermittlung des Zahlungsauftrags an den Zahlungsdienstleister des Zahlers verspätet erfolgt, so ist die Haftung der beteiligten Zahlungsdienstleister, wenn es sodann nicht zu einer Ausführung des Zahlungsauftrags kommt, dem § 675y Abs. 2 BGB zu entnehmen (nicht erfolgte Ausführung).

V. Nachforschungspflicht des Zahlungsdienstleisters des Zahlungsempfängers und Beweislastverteilung

61 Hinsichtlich der Nachforschungspflicht des Zahlungsdienstleisters des Zahlungsempfängers sowie hinsichtlich der Beweislastverteilung im Rahmen des § 675y Abs. 4 BGB gelten die obigen Ausführungen zu § 675y Abs. 2 BGB entsprechend.[65]

F. Wiederbeschaffung fehlgeleiteter Zahlungen nach § 675y Abs. 5 BGB

62 Außerhalb des Bereichs der Haftung wegen einer nicht erfolgten, fehlerhaften oder verspäteten Ausführung von Zahlungsvorgängen regelt § 675y Abs. 5 BGB die Verpflichtung der beteiligten Zahlungsdienstleister zu Bemühungen um die Wiedererlangung solcher Zahlungsbeträge, die aufgrund der fehlerhaften Angabe der Kundenkennung des Empfängers an einen falschen Zahlungsempfänger gelangt sind.

---

63 Zur Haftung in dieser Fallkonstellation siehe sogleich Rn. 59 f.
64 Siehe Begr Reg-Entw, BT-Drs. 18/11495, S. 174.
65 Siehe oben Rn. 50 f.

I. Allgemeines

Es folgt bereits aus § 675r Abs. 1 BGB, dass ein Zahlungsdienstleister berechtigt ist, einen Zahlungsvorgang ausschließlich anhand der von dem Zahlungsdienstnutzer angegebenen Kundenkennung auszuführen und dass, wenn ein Zahlungsauftrag in Übereinstimmung mit dieser Kundenkennung ausgeführt wird, er im Hinblick auf den durch die Kundenkennung bezeichneten Zahlungsempfänger als ordnungsgemäß ausgeführt gilt.[66] Es liegt eine ordnungsgemäße Ausführung des Zahlungsvorgangs also auch dann vor, wenn der Vorgang alleine anhand der Kundenkennung ausgeführt wurde, obwohl diese vom Zahlungsdienstnutzer fehlerhaft angegeben wurde und nicht mit dem vom Zahlungsdienstleister angegebenen Namen des Zahlungsempfängers übereinstimmt. § 675y Abs. 5 S. 1 BGB bestätigt diesen Grundsatz nochmals, indem klargestellt wird, dass keine Erstattungsansprüche des Zahlungsdienstnutzers gegen seinen Zahlungsdienstleister nach § 675y Abs. 1 S. 1 und 2 sowie Abs. 2 S. 2 BGB bestehen, soweit der Zahlungsauftrag in Übereinstimmung mit der vom Zahlungsdienstnutzer angegebenen fehlerhaften Kundenkennung ausgeführt wurde.[67] 63

Dagegen hat der Zahler regelmäßig einen bereicherungsrechtlichen Rückforderungsanspruch gegen den tatsächlichen Empfänger der Zahlung.[68] Da dessen Identität dem Zahler aber oftmals unbekannt sein wird, ist die Durchsetzung dieses Anspruchs für den Zahler erheblich erschwert: § 675y Abs. 5 S. 2 bis 5 BGB helfen dem Zahler in dieser Schwierigkeit, indem sie die beteiligten Zahlungsdienstleister zu Bemühungen um die Wiederbeschaffung des Zahlungsbetrags verpflichten. 64

II. Bemühen des Zahlungsdienstleisters des Zahlers um Wiedererlangung des Zahlungsbetrags

Nach § 675y Abs. 5 S. 2 BGB kann im Fall der Ausführung einer Zahlung in Übereinstimmung mit einer vom Zahlungsdienstnutzer angegebenen fehlerhaften Kundenkennung der Zahler von seinem Zahlungsdienstleister verlangen, dass dieser sich im Rahmen seiner Möglichkeiten darum bemüht, den Zahlungsbetrag wiederzuerlangen. 65

Anders als nach § 675y Abs. 1 und 2 BGB haftet der Zahlungsdienstleister des Zahlers nach § 675y Abs. 5 S. 2 BGB lediglich auf ein Bemühen um die Wiedererlangung des Zahlungsbetrags und nicht unmittelbar auf dessen Erstattung,[69] da die Ausführung einer Zahlung in Übereinstimmung mit einer vom Zahlungsdienstnutzer angegebenen fehlerhaften Kundenkennung nach § 675r Abs. 1 BGB gerade nicht als fehlerhafte Ausführung anzusehen ist. Auch wenn dem Zahlungsdienstleister daher ein Vorwurf pflichtwidrigen Verhaltens nicht zu machen ist, ist er aber dennoch typischerweise in einer stärkeren und besser informierten Position als der Zahler, was die Möglichkeiten einer Wiedererlangung des Zahlungsbetrags angeht. Dies rechtfertigt es, den Zahlungsdienstleister des Zahlers nach § 675y Abs. 5 S. 2 BGB zum Ausgleich der schwächeren Position des Zahlers heranzuziehen.[70] 66

Das Gesetz selbst bleibt im Wesentlichen unklar dazu, was unter dem Bemühen des Zahlungsdienstleisters des Zahlers im Rahmen seiner Möglichkeiten um die Wiederer- 67

66 Siehe oben Rn. 7.
67 Begr Reg-Entw, BT-Drs. 16/11643, S. 117; MK-Zetzsche, 7. Aufl., § 675y BGB Rn. 42; Staudinger-Omlor, 2012, § 675y BGB Rn. 23.
68 Siehe die Nachweise zu § 675r BGB Rn. 13.
69 Begr Reg-Entw, BT-Drs. 16/11643, S. 117.
70 MK-Zetzsche, 7. Aufl., § 675y BGB Rn. 43; Hoffmann, WM 2016, 1110, 1113.

langung des Zahlungsbetrags zu verstehen sein soll.[71] Im Zuge der Umsetzung von Art. 88 Abs. 3 ZDRL II wurden in § 675y Abs. 5 S. 3 und 4 BGB (hierzu siehe sogleich im nachfolgenden Abschnitt) Regelungen zur Mitteilung der erforderlichen Informationen eingeführt, die somit eine bestimmte Ausprägung von Bemühungen des Zahlungsdienstleisters des Zahlers konkretisieren. Auf diese Mitteilung von Informationen, insbesondere zur Identität des tatsächlichen Zahlungsempfängers, sollte aber nur als ultima ratio zurückgegriffen werden, um nach Möglichkeit ein Interesse des tatsächlichen Zahlungsempfängers an der Vertraulichkeit seiner Kontendaten bzw. die Verpflichtung des Zahlungsdienstleisters zur Wahrung dieser Vertraulichkeit als Teil des Bankgeheimnisses nicht zu beeinträchtigen.

68 Abgesehen von der Mitteilung der zur Wiedererlangung des Zahlbetrags erforderlichen Informationen an den Zahler kommt im Rahmen der Bemühungen nach § 675y Abs. 5 S. 2 BGB insbesondere eine Stornierung der Gutschrift durch den Zahlungsdienstleister des Zahlungsempfängers in Betracht, sofern die Voraussetzungen der Nr. 8 Abs. 1 AGB-Banken gegeben sein sollten, was aber jedenfalls nicht unumstritten erscheint.[72] Jedenfalls aber stünde dem Zahlungsdienstleister des Zahlungsempfängers die Möglichkeit offen, den tatsächlichen Empfänger dazu aufzufordern, einer Zurückleitung des Geldbetrags an den Zahler zuzustimmen, bei der die Identität des Empfängers nicht offengelegt wird (beispielsweise über ein Verrechnungskonto des Zahlungsdienstleister des Empfängers).[73] Eine solche Lösung, die die betroffenen Vertraulichkeitsinteressen wahren könnte, würde auf der Grundlage einer einvernehmlichen Mitwirkung des Zahlungsempfängers und seines Zahlungsdienstleisters erfolgen und ist als solche nicht im Gesetz geregelt. Zu erwarten ist, dass die nunmehr in § 675y Abs. 5 S. 3 und 4 BGB vorgesehenen Regelungen zur Verpflichtung der beteiligten Zahlungsdienstleister zur Mitteilung der erforderlichen Informationen die Bereitschaft der Beteiligten steigern können, zu einer einvernehmlichen Regelung der Wiedererlangung des Zahlbetrags zu kommen.

III. Verpflichtung der beteiligten Zahlungsdienstleister zur Mitteilung der zur Wiedererlangung des Zahlbetrags erforderlichen Informationen

69 § 675y Abs. 5 S. 3 und 4 BGB regeln in Umsetzung von Art. 88 Abs. 3 Unterabs. 1 S. 2 sowie Unterabs. 2 ZDRL II eine Konkretisierung der Bemühenspflichten in Form einer Verpflichtung der beteiligten Zahlungsdienstleister zur Mitteilung der zur Wiedererlangung des Zahlbetrags erforderlichen Informationen, wobei es sich insbesondere um Informationen zur Identität des tatsächlichen Zahlungsempfängers handelt.[74]

70 Schon die bereits in Umsetzung von Art. 74 Abs. 2 Unterabs. 2 ZDRL I eingeführte Bemühenspflicht des Zahlungsdienstleisters des Zahlers in § 675y Abs. 5 S. 2 BGB konnte als eine Pflicht zur Mitteilung solcher Informationen verstanden werden.[75] In der Praxis

---

71 Kritisch auch MK-Zetzsche, 7. Aufl., § 675y BGB Rn. 43.

72 Befürwortend etwa Staudinger-Omlor, 2012, § 675r BGB Rn. 13; Erman-von Westphalen, 15. Aufl., § 675y BGB Rn. 38; differenzierend MK-Casper, 7. Aufl., § 675r BGB Rn. 43 f. Allgemein zum Streitstand siehe Hoffmann, WM 2016, 1110, 1115.

73 Siehe Hoffmann, WM 2016, 1110, 1116; allgemein Begr Reg-Entw, BT-Drs. 16/11643, S. 117.

74 Begr Reg-Entw, BT-Drs. 18/11495, S. 175.

75 Vgl. auch Erman-von Westphalen, 15. Aufl., § 675y BGB Rn. 39 (Nachforschungspflicht); MK-Zetzsche, 7. Aufl., § 675y BGB Rn. 43 (Mitwirkung an dem Auskunftsverlangen des Zahlers gegen den Dienstleister des Empfängers); Staudinger-Omlor, 2012, § 675y BGB Rn. 1 (Bemühen um Vereinbarung eines Auskunftsanspruchs). Zweifelnd dagegen BeckOK-Schmalenbach, 43. Ed. 2017, § 675y BGB Rn. 4 (lediglich Mitteilung an Zahlungsdienstleister des Empfängers geschuldet).

konnte nach früherer Rechtslage ein solches Verständnis der Bemühenspflicht des Zahlungsdienstleisters des Zahlers letzterem aber nur bedingt weiterhelfen, wenn auch seinem Zahlungsdienstleister des Zahlers die Identität des tatsächlichen Empfängers unbekannt war.

Einem Auskunftsersuchen des Zahlers gegenüber dem Zahlungsdienstleister des Empfängers, welcher Person das über die fehlerhaft verwendete Kundenkennung zu identifizierende Konto zuzuordnen ist, steht auf Seiten des kontoführenden Zahlungsdienstleistern des Empfängers dessen Verpflichtung auf das Bankgeheimnis entgegen, d.h. der kontoführende Zahlungsdienstleister des Empfängers darf nicht ohne weiteres Dritten mitteilen, wer der Inhaber bestimmter bei ihm geführter Zahlungskonten ist.[76] **71**

§ 675y Abs. 5 S. 3 BGB löst dieses Problem, indem der Zahlungsdienstleisters des Zahlungsempfängers im Interbankenverhältnis verpflichtet wird, dem Zahlungsdienstleister des Zahlers alle für die Wiedererlangung des Zahlungsbetrags erforderlichen Informationen mitzuteilen.[77] Damit wird klargestellt, dass der Zahlungsdienstleisters des Empfängers einer Mitwirkung an der Wiedererlangung des Zahlungsbetrags auch in Form der Mitteilung von Informationen zur Identität des Zahlungsempfängers jedenfalls nicht länger grundsätzlich das Fehlen unmittelbarer rechtlicher Beziehungen zwischen ihm und dem Zahler sowie seine Verpflichtung auf das Bankgeheimnis entgegenhalten kann.[78] **72**

Die Informationen sind nach § 675y Abs. 5 S. 3 BGB allerdings nicht unmittelbar dem Zahler, sondern nur dessen Zahlungsdienstleister mitzuteilen. Nach § 675y Abs. 5 S. 4 BGB ist der Zahlungsdienstleister des Zahlers nur dann, wenn die Wiedererlangung des Zahlungsbetrags nach § 675y Abs. 5 S. 2 und 3 BGB nicht möglich ist, verpflichtet, auch dem Zahler selbst auf schriftlichen Antrag alle verfügbaren Informationen mitzuteilen, damit der Zahler einen Anspruch auf Erstattung des Zahlungsbetrags geltend machen kann. Diese Informationsweitergabe ist in § 675y Abs. 5 S. 4 BGB ausdrücklich als ultima ratio angeordnet worden, so dass – im Ergebnis im Einklang auch mit den Regelungen der ZDRL II, die die Mitwirkungspflicht des Zahlungsdienstleisters des Zahlers nicht auf eine Mitteilung von Informationen konkretisieren bzw. verengen[79] – zunächst andere Formen des Bemühens um eine Wiedererlangung des Zahlbetrags zu unternehmen sind, die die Vertraulichkeitsinteressen des Zahlungsempfängers und seines Zahlungsdienstleisters besser wahren.[80] Erst wenn diese Möglichkeit versagt, sollte als ultima ratio den Grundsätzen des Bankgeheimnisses zuwider eine Weitergabe der Informationen über die Identität des Empfängers durch dessen Zahlungsdienstleister an denjenigen des Zahlers erfolgen.[81] **73**

---

76 Siehe allgemein BGH, Urt.v. 12.5.1958 – II ZR 103/57, juris Rn. 11, BGHZ 27, 241; Staudinger-Martinek, 2006, § 675 BGB Rn. B 39; BeckOK-Schmalenbach, 43. Ed. 2017, § 675y BGB Rn. 18; ferner Hoffmann, WM 2016, 1110, 1112, der darauf hinweist, dass insbesondere Regelungen im Verhältnis zwischen den beteiligten Banken (wie etwa Punkt II.4. Abs. 2 des Abkommens über die SEPA-Inlandsüberweisung in Bezug auf Überweisungsbeträge von mehr als 20 Euro) sich nicht über das Bestehen des Bankgeheimnisses im Verhältnis zwischen der Bank und ihrem Kunden hinwegsetzen können. Vgl. so auch LG Frankfurt, Urt. v. 8.6.2018 – 2-15 S 179/17, juris Rn. 59.

77 Art. 88 Abs. 3 Unterabs. 1 S. 2 ZDRL II; siehe auch EG 88 der ZDRL II.

78 Hoffmann, WM 2016, 1110, 1118; Böger, in: Bankrechtstag 2016, S. 193, 291; Werner, WM 2018, 449, 455.

79 Vgl. hierzu Böger, in: Bankrechtstag 2016, S. 193, 292.

80 Siehe zu derartigen Möglichkeiten die Ausführungen vorstehend unter Rn. 68.

81 Hoffmann, WM 2016, 1110, 1117; Böger, in: Bankrechtstag 2016, S. 193, 293.

IV. Vereinbarung eines Entgelts für Bemühungen nach § 675y Abs. 5 BGB

74 § 675y Abs. 5 S. 5 BGB gestattet es dem Zahlungsdienstleister, mit dem Zahlungsdienstnutzer im Zahlungsdiensterahmenvertrag ein Entgelt für Tätigkeiten nach § 675y Abs. 5 BGB vereinbaren. Diese Regelung berücksichtigt, dass die Ausführung eines Zahlungsauftrags im Einklang mit der vom Zahlungsdienstnutzer angegebenen Kundenkennung nicht pflichtwidrig ist, so dass die Bemühenspflichten nach § 675y Abs. 5 BGB anders als die Regelungen in § 675y Abs. 1 bis 4 BGB nicht als Sekundäranspruch, sondern als zusätzliche Nebenpflicht zum Ausgleich eines Versehens des Zahlungsdienstnutzers anzusehen sind, für die die Vereinbarung eines zusätzlichen Entgelts nicht unangemessen ist.

75 Im Vergleich zur Regelung im früheren § 675y Abs. 5 S. 4 BGB a.F. vor Umsetzung der ZDRL II ist die Entgeltregelung nach § 675y Abs. 5 S. 5 BGB weiter gefasst und erfasst statt eines Entgelts für die Wiederbeschaffung des Zahlungsbetrags als solcher allgemein Tätigkeiten nach § 675y Abs. 5 S. 2 bis 4 BGB: Dies entspricht der sachlichen Ausweitung der Tätigkeitspflichten des Zahlungsdienstleisters in § 675y Abs. 5 S. 2 bis 4 BGB und stellt zugleich klar, dass ein Entgelt für die Bemühungen des Zahlungsdienstleisters auch dann geschuldet sein kann, wenn eine Wiederbeschaffung des Zahlungsbetrags letztlich nicht gelungen ist.[82]

76 Hinsichtlich der Höhe der nach § 675y Abs. 5 S. 5 BGB zu vereinbarenden Entgelte gilt wie schon vor Umsetzung der ZDRL II der allgemeine Grundsatz aus § 675f Abs. 5 S. 2 Halbs. 2 BGB, d.h. die Entgelte müssen angemessen und an den tatsächlichen Kosten des Zahlungsdienstleisters ausgerichtet sein.[83]

G. Weitere Haftung der beteiligten Zahlungsdienstleister

77 Während die Haftung der beteiligten Zahlungsdienstleister nach § 675y BGB – sowie, bei nicht autorisierten Zahlungsvorgängen, nach § 675u BGB – hinsichtlich der dort geregelten Ansprüche des Zahlungsdienstnutzers abschließend ist (§ 675z S. 1 BGB), kann nach § 675z S. 2 BGB hinsichtlich einer Haftung für einen wegen nicht erfolgter, fehlerhafter oder verspäteter Ausführung eines Zahlungsauftrags entstandenen Schaden, der nicht bereits von § 675y BGB erfasst ist, auf die allgemeinen Regelungen zurückgegriffen werden.[84] Wesentlicher Anwendungsfall einer solchen nicht nach § 675z S. 1 BGB ausgeschlossenen Haftung ist die Haftung auf Folgeschäden, die dem Zahlungsdienstnutzer aus einem Rechtsverhältnis mit Dritten entstehen. Zur Frage, inwieweit § 675z S. 1 BGB i.V.m § 675y Abs. 1 S. 3 und Abs. 3 S. 3 BGB auch einer aus allgemeinen Grundsätzen herzuleitenden eigenen Haftung des Zahlungsauslösedienstleisters bei einer nicht erfolgten, fehlerhaften oder verspäteten Ausführung eines Zahlungsauftrags entgegensteht, kann auf die obigen Ausführungen verwiesen werden.[85]

H. Ausschlussfrist, besondere Haftungsausschlussgründe und Mitverschulden

78 Die Haftung der beteiligten Zahlungsdienstleister nach § 675y BGB steht unter dem Vorbehalt der Ausschlussfrist bei nicht erfolgter Anzeige nach § 676b BGB sowie der be-

---

82 Vgl. Werner, WM 2018, 449, 455.
83 Vgl. MK-Zetzsche, 7. Aufl., § 675y BGB Rn. 44.
84 Siehe zu § 675z BGB Rn. 6 ff.
85 Siehe Rn. 12.

sonderen Haftungsausschlussgründe nach § 676c BGB des Eintritts ungewöhnlicher und unvorhersehbarer Umstände sowie des Vorliegens einer entgegenstehenden gesetzlichen Verpflichtung.

Streitig ist, ob die beteiligten Zahlungsdienstleister der im Übrigen verschuldens- 79
unabhängigen Haftung nach § 675y BGB den Einwand eines Mitverschuldens des Zahlungsdienstnutzers nach § 254 BGB entgegenhalten können oder nicht.[86] Richtigerweise dürfte hier nach den allgemeinen Grundsätzen des § 254 BGB eine haftungskürzende Berücksichtigung des Mitverschuldens des Zahlungsdienstnutzers vorzunehmen sein und die für die Gegenauffassung vorgebrachten Argumente überzeugen nicht: Soweit darauf verwiesen wird, dass es sich bei § 675y BGB um Erstattungs- und nicht um Schadensersatzansprüche handelt,[87] ist festzustellen, dass diese jeweils im Rahmen ihrer Reichweite funktionsäquivalent sind. Auch die Verschuldensunabhängigkeit der Haftung nach § 675y BGB steht der Berücksichtigung des Einwands des Mitverschuldens nicht entgegen,[88] ebenso wie dies auch in anderen Fällen einer verschuldensunabhängigen Haftung nicht der Fall ist.[89] Dass nach § 675z S. 1 BGB die Regelungen der §§ 675u und 675y BGB hinsichtlich der dort geregelten Ansprüche abschließend zu verstehen sind, schließt ebenfalls die Anwendung des § 254 BGB nicht aus, da § 675z S. 1 BGB diese abschließende Natur der §§ 675u und 675y BGB nicht auch hinsichtlich der weiteren Ausgestaltung dieser Ansprüche bestimmt. Im Übrigen erschiene es systemwidrig, wenn dem Wegfall von Aufwendungsersatzansprüchen des Zahlungsdienstleisters bei nicht autorisierten Zahlungen nach § 675u BGB in Fällen eines Fehlverhaltens des Zahlungsdienstnutzers eine Ersatzhaftung nach § 675v BGB gegenüberstünde, während dagegen im Rahmen des § 675y BGB eine dort in der Anwendung des § 254 BGB zu verortende Berücksichtigung eines Fehlverhaltens des Zahlungsdienstnutzers gegenüber der Haftung des Zahlungsdienstleisters gänzlich unterbliebe. In der Praxis wird der Einwand des Mitverschuldens allerdings nur selten zu einer Haftungskürzung führen, da bei einem ordnungsgemäß autorisierten Zahlungsvorgang kaum einmal die nicht erfolgte, fehlerhafte oder verspätete Ausführung auf einem Fehlverhalten des Zahlungsdienstnutzers beruhen wird. Insbesondere würde sich auch eine nicht unverzüglich erfolgte Anzeige (siehe § 676b Abs. 1 BGB) typischerweise auf die Haftungsentstehung selbst nicht auswirken und dass der Zahlungsdienstleister wegen einer solchen nicht unverzüglich erfolgten Anzeige gegebenenfalls seinerseits Regressansprüche nicht mehr erfolgreich geltend machen kann, stünde daher nicht unter dem Aspekt des Mitverschuldens des Zahlungsdienstnutzers der Haftung des Zahlungsdienstleisters nach § 675y BGB entgegen.

I. Vorvertragliche Informationspflichten zur Haftung der beteiligten Zahlungsdienstleister

Die jeweiligen Zahlungsdienstleister sind im Rahmen ihrer vorvertraglichen Infor- 80
mationspflichten im Rahmen von Zahlungsdiensterahmenverträgen nach Art. 248 § 4 Abs. 1 Nr. 5 lit. f EGBGB – sowie nach Art. 248 § 13 Abs. 3 EGBGB, falls dort erheblich,

86 Gegen die Anwendung des § 254 BGB MK-Zetzsche, 7. Aufl., § 675y BGB Rn. 24; Erman-von Westphalen, 15. Aufl., § 675y BGB Rn. 22. Dafür Palandt-Sprau, 76. Aufl., § 675y BGB Rn. 5 (in der 77. Aufl. dagegen offengelassen); BeckOK-Schmalenbach, 43. Ed. 2017, § 675y BGB Rn. 4; Grundmann, WM 2009, 1109, 1115.
87 So MK-Zetzsche, 7. Aufl., § 675y BGB Rn. 24.
88 So aber MK-Zetzsche, 7. Aufl., § 675y BGB Rn. 24.
89 Siehe BGH, Urt. v. 20.7.2006 – IX ZR 94/03, juris Rn. 30 ff., BGHZ 168, 352.

auch im Rahmen von Einzelzahlungsverträgen – verpflichtet, dem Zahler rechtzeitig vor Abgabe von dessen Vertragserklärung Informationen über die Haftung des Zahlungsdienstleisters bei der Auslösung oder Ausführung von Zahlungsvorgängen gemäß § 675y BGB mitzuteilen.

J. Anwendungsbereich und Abdingbarkeit

81 Abweichungen von der Regelung der Haftung der beteiligten Zahlungsdienstleister nach § 675y BGB zu Lasten des Zahlungsdienstnutzers, d.h. insbesondere beispielsweise eine Beschränkung der verschuldensunabhängigen Erstattungspflicht des Zahlungsdienstleisters des Zahlers auch bei Verursachung der Fehlerhaftigkeit der Ausführung durch einen anderen Zahlungsdienstleister, sind nach der Grundregel des § 675e Abs. 1 BGB grundsätzlich unzulässig. Auch in Bezug auf Kleinbetragsinstrumente sieht § 675i BGB keine weitergehende Abdingbarkeit des § 675y BGB vor.

82 Gegenüber Nicht-Verbrauchern darf dagegen von den Regelungen des § 675y BGB auch zu Lasten des Zahlungsdienstnutzers abgewichen werden (vgl. § 675e Abs. 4 BGB), so dass gegenüber Nicht-Verbrauchern eine solche Beschränkung der verschuldensunabhängigen Erstattungspflicht vertraglich vereinbart werden darf.[90]

83 In Sachverhalten mit Drittstaatenbezug sowie bei Zahlungen in Nicht-EU-Währungen ist die Frage der Abdingbarkeit und des Ausschlusses der Anwendbarkeit des § 675y BGB nach den sich ergänzenden Bestimmungen der §§ 675e Abs. 2 und 675y Abs. 8 BGB zu berücksichtigen, jeweils in Verbindung mit § 675d Abs. 6 S. 1 Nr. 1 und 2 BGB. Danach gilt folgendes: Grundsätzlich ist bei Drittstaatensachverhalten im Sinne von § 675d Abs. 6 S. 1 Nr. 1 und 2 BGB nach der allgemeinen Regelung des § 675e Abs. 2 Nr. 2 BGB nur eine dispositive Geltung des § 675y BGB vorgesehen, d.h. es darf auch zulasten des Zahlungsdienstnutzers abgewichen werden. Diese Regelung gilt allerdings nur für außerhalb des EWR getätigte Bestandteile eines Zahlungsvorgangs bzw. für Fälle ohne Beteiligung innerhalb des EWR belegener Zahlungsdienstleister.[91]

84 Ferner sieht § 675e Abs. 2 Nr. 1 BGB vor, dass bei Drittstaatensachverhalten im Sinne von § 675d Abs. 6 S. 1 Nr. 1 und 2 BGB das Haftungsregime in § 675y Abs. 1 bis 4 BGB nicht anzuwenden ist. Auch diese Regelung betrifft wiederum nur außerhalb des EWR getätigte Bestandteile eines Zahlungsvorgangs; in Bezug auf One-Leg-Transaktionen nach § 675d Abs. 6 S. 1 Nr. 1 Buchst. b BGB wird dieser Ausschluss des § 675y Abs. 1 bis 4 BGB nach § 675y Abs. 8 BGB auch auf die innerhalb des EWR getätigten Bestandteile des Zahlungsvorgangs erstreckt. Der Haftungsregelungen in § 675y Abs. 1 bis 4 BGB gelten dann jeweils auch nicht als dispositives Recht, da es insbesondere nicht sachgerecht wäre, die darin angeordneten Regelungen zur verschuldensunabhängigen Einstandspflichten auch in Fällen einer durch einen anderen beteiligten Dienstleister verursachten fehlerhaften, nicht erfolgten oder verspäteten Ausführung eines Zahlungsvorgangs auch in grenzüberschreitenden Sachverhalten anzuwenden, in denen die Möglichkeit des betreffenden Zahlungsdienstleisters zur Geltendmachung eines entsprechenden Ausgleichsanspruchs im Interbankenverhältnis nicht gesichert ist.[92] Stattdessen gilt das über § 675c

---

90 Ein Beispiel hierfür ist die Regelung in Nr. 2.3.4 der Sonderbedingungen Überweisungsverkehr, die eine Haftung grundsätzlich nur für eigenes (auch Auswahl-) Verschulden vorsieht, siehe auch MK-Zetzsche, 7. Aufl., § 675y BGB Rn. 8, 31.

91 So Begr Reg-Entw BT-Drucks 18/11495, S. 153 unter Bezug auf die jeweiligen Fallgruppen des § 675d Abs. 6 S. 1 Nr. 1 und 2 BGB.

92 Begr Reg-Entw BT-Drucks 18/11495, S. 153 und 175 f.

Abs. 1 BGB anwendbare allgemeine Geschäftsbesorgungs- und Auftragsrecht, welches die Haftung grundsätzlich auf Fälle (vermuteten) eigenen oder nach § 278 BGB zugerechneten Verschuldens des betreffenden Zahlungsdienstleisters beschränkt und von dem wiederum im Rahmen der allgemeinen Grenzen Abweichungen der Parteien zulässig sind.

§ 675z BGB
Sonstige Ansprüche bei nicht erfolgter, fehlerhafter oder verspäteter Ausführung eines Zahlungsauftrags oder bei einem nicht autorisierten Zahlungsvorgang

Die §§ 675u und 675y sind hinsichtlich der dort geregelten Ansprüche eines Zahlungsdienstnutzers abschließend. Die Haftung eines Zahlungsdienstleisters gegenüber seinem Zahlungsdienstnutzer für einen wegen nicht erfolgter, fehlerhafter oder verspäteter Ausführung eines Zahlungsauftrags entstandenen Schaden, der nicht bereits von § 675y erfasst ist, kann auf 12.500 Euro begrenzt werden; dies gilt nicht für Vorsatz und grobe Fahrlässigkeit, den Zinsschaden und für Gefahren, die der Zahlungsdienstleister besonders übernommen hat. Zahlungsdienstleister haben hierbei ein Verschulden, das einer zwischengeschalteten Stelle zur Last fällt, wie eigenes Verschulden zu vertreten, es sei denn, dass die wesentliche Ursache bei einer zwischengeschalteten Stelle liegt, die der Zahlungsdienstnutzer vorgegeben hat. In den Fällen von Satz 3 zweiter Halbsatz haftet die von dem Zahlungsdienstnutzer vorgegebene zwischengeschaltete Stelle anstelle des Zahlungsdienstleisters des Zahlungsdienstnutzers. § 675y Absatz 5 Satz 1 ist auf die Haftung eines Zahlungsdienstleisters nach den Sätzen 2 bis 4 entsprechend anzuwenden. Wenn ein Fall des § 675d Absatz 6 Satz 1 Nummer 1 Buchstabe b vorliegt, ist § 675z Satz 3 auf die innerhalb des Europäischen Wirtschaftsraums getätigten Bestandteile des Zahlungsvorgangs nicht anzuwenden.

Systematische Übersicht

A. Allgemeines

§ 675z BGB hat eine Doppelfunktion: Zum einen regelt diese Bestimmung die abschließende Natur der Haftung der beteiligten Zahlungsdienstleister nach den §§ 675u und 675y BGB, schließt also die Anwendung konkurrierender Anspruchsgrundlagen aus, soweit in den §§ 675u und 675y BGB erfasste Schäden betroffen sind. Zum anderen enthält § 675z BGB Sonderregeln und Modifikationen für derartige außerhalb der §§ 675u und 675y BGB begründete Ansprüche, wenn diese nicht durch § 675z S. 1 BGB ausgeschlossen sind. 1

Die Regelung des § 675z BGB verwirklicht mit dem Ausschluss konkurrierende Anspruchsgrundlagen im Bereich der von den §§ 675u und 675y BGB geregelten Ansprüche das Harmonisierungsziel der Richtlinie aus Art. 86 Abs. 1 ZDRL I (nunmehr Art. 107 2

Abs. 1 ZDRL II).[1] Die Zulassung außerhalb der §§ 675u und 675y BGB begründeter Ansprüche für weitergehende Anspruchsinhalte beruht auf den Öffnungsklauseln in Art. 60 Abs. 2 und 76 ZDRL I. Diese nunmehr in Artt. 73 Abs. 3 und 91 ZDRL II enthaltenen Regelungen haben keine wesentlichen Änderungen des § 675z BGB im Zuge der Umsetzung der ZDRL II erfordert. Neu hinzugefügt wurde § 675z S. 6 BGB, um durch die dort geregelten Einschränkungen die generelle Erweiterung des Anwendungsbereich der §§ 675c ff. BGB im Hinblick auf die Regelung des § 675z S. 3 BGB teilweise wieder zurückzunehmen, da die Anwendung der dort geregelten besondere Form der Zurechnung des Verschuldens einer zwischengeschalteten Stelle in Drittstaatensachverhalten vielfach nicht sachgerecht wäre, weil hier die Möglichkeit der Geltendmachung eines Erstattungsanspruchs gegen diese zwischengeschalteten Stelle nicht ohne weiteres gesichert ist.[2]

B. Abschließende Natur der Haftung nach den §§ 675u und 675y BGB

3 Nach § 675z S. 1 BGB sind die §§ 675u und 675y BGB hinsichtlich der dort geregelten Ansprüche eines Zahlungsdienstnutzers abschließend.[3] Wie sich weiter aus dem Vergleich zu § 675z S. 2 BGB ergibt, besteht die abschließende Natur der in den §§ 675u und 675y BGB geregelten Ansprüche jeweils hinsichtlich des Ausgleichs der von diesen Vorschriften erfassten Erstattungsansprüche und Schäden; ausgeschlossen sind damit solche Ansprüche eines Zahlungsdienstnutzers gegen seinen Zahlungsdienstleister, mit denen dieselben Schäden ersetzt werden sollen wie durch die Ansprüche nach den §§ 675u und 675y BGB.[4]

4 Der Ausschluss erfasst damit insbesondere vertragliche Schadensersatzansprüche,[5] auch bei Verschuldensabhängigkeit,[6] wenn diese auf den Ersatz abgebuchter Beträge für nicht ausgeführte Zahlungsvorgänge oder von entgangenen Zinsen gerichtet sind. Erfasst sind ebenso aber auch Bereicherungsansprüche,[7] wenn diese ihrem Inhalt nach der Rückerstattung von Zahlungsbeträgen oder dem Ausgleich vom Zahlungsdienstleister zulasten des Zahlungsdienstnutzers vereinnahmter Zinsen dienen.

5 Schadensersatzansprüche wegen betrügerischen Handelns (§§ 823 Abs. 2 BGB, 263 StGB) sind dagegen ebensowenig ausgeschlossen wie solche aus vorsätzlicher sittenwidriger Schädigung (§ 826 BGB),[8] da insoweit die Interessenlage der Beteiligten keine abschließende Natur der Regelungen in den §§ 675u und 675y BGB gebietet.

---

1 Erman-von Westphalen, 15. Aufl., § 675z BGB Rn. 1; MK-Zetzsche, 7. Aufl., § 675z BGB Rn. 3; Staudinger-Omlor, 2012, § 675z BGB Rn. 1, 3.

2 Siehe unten Rn. 14 f.

3 So auch die Begründung des Regierungsentwurfs zur Umsetzung der Zweiten Zahlungsdiensterichtlinie, BT-Drs. 18/11495, S. 176; ebenso die Begründung des Regierungsentwurfs zur Umsetzung des zivilrechtlichen Teils der Zahlungsdiensterichtlinie, BT-Drs. 16/11643, S. 118; siehe ferner Erman-von Westphalen, 15. Aufl., § 675z BGB Rn. 1; MK-Zetzsche, 7. Aufl., § 675z BGB Rn. 5.

4 Begr Reg-Entw, BT-Drs. 16/11643, S. 118; MK-Zetzsche, 7. Aufl., § 675z BGB Rn. 6.

5 Begr Reg-Entw, BT-Drs. 18/11495, S. 176; Erman-von Westphalen, 15. Aufl., § 675z BGB Rn. 2; MK-Zetzsche, 7. Aufl., § 675z BGB Rn. 5; Staudinger-Omlor, 2012, § 675y BGB Rn. 5.

6 Begr Reg-Entw, BT-Drs. 16/11643, S. 118; Erman-von Westphalen, 15. Aufl., § 675z BGB Rn. 2; MK-Zetzsche, 7. Aufl., § 675z BGB Rn. 5.

7 Begr Reg-Entw, BT-Drs. 18/11495, S. 176; Erman-von Westphalen, 15. Aufl., § 675z BGB Rn. 2; MK-Zetzsche, 7. Aufl., § 675z BGB Rn. 5; Staudinger-Omlor, 2012, § 675y BGB Rn. 5 f.; siehe auch BGH, Urt. v. 16.6.2015 – XI ZR 243/13, juris Rn. 25, BGHZ 205, 377.

8 MK-Zetzsche, 7. Aufl., § 675z BGB Rn. 8.

C. Neben den §§ 675u und 675y BGB zugelassene Ansprüche

Nicht nach § 675z S. 1 BGB ausgeschlossen sind dagegen sonstige Ansprüche des Zahlungsdienstnutzers gegen die beteiligten Zahlungsdienstleister, die auf andere Anspruchsinhalte gerichtet sind als die in den §§ 675u und 675y BGB geregelten Ansprüche. 6

Insbesondere betrifft dies Ansprüche auf den Ersatz von Folgeschäden, die dem Zahlungsdienstnutzer aufgrund der nicht erfolgten, fehlerhaften oder verspäteten Ausführung eines Zahlungsvorgangs aus einem Verhältnis zu Dritten entstehen,[9] wie z.B. Verzugsschäden wegen einer verspäteten Zahlung, entgangene Gewinne oder auch Schäden infolge einer mangels Deckung nicht auszuführenden Überweisung an einen anderen Gläubiger. Zur Frage, ob § 675z S. 1 BGB auch solche Ansprüche ausschließt, die zwar den Ersatz desselben Interesses des Zahlungsdienstnutzers beinhalten wie in den §§ 675u und 675y BGB geregelte Ansprüche, aber gegen einen anderen Zahlungsdienstleister gerichtet sind, insbesondere gegen den keiner eigenen Haftung gegenüber dem Zahlungsdienstnutzer nach den §§ 675u und 675y BGB unterliegenden Zahlungsauslösedienstleister, kann auf die Ausführungen in den Anmerkungen zu § 675u und 675y BGB verwiesen werden.[10] 7

§ 675z BGB enthält keine Rechtsgrundlage für diese anderweitigen Ansprüche, die vielmehr den sonstigen jeweils einschlägigen Regelungen zu entnehmen sind;[11] allerdings werden diese nicht neben den §§ 675u und 675y BGB ausgeschlossenen Ansprüche durch den § 675z BGB im Hinblick auf Fragen der Möglichkeit einer betragsmäßigen Haftungsbegrenzung (§ 675z S. 2 BGB) sowie der Haftung bei Beteiligung zwischengeschalteter Stellen (§ 675z S. 3 und 4 BGB) modifiziert, siehe dazu nachfolgend.[12] 8

Klargestellt wird durch § 675z S. 5 BGB ferner, dass auch im Rahmen solcher anderweitiger Ansprüche die Regelung des § 675y Abs. 5 S. 1 BGB entsprechend anzuwenden ist,[13] d.h. auch hier gilt dem Grundsatz aus § 675r Abs. 1 BGB folgend ein in Übereinstimmung mit der vom Zahlungsdienstnutzer angegebenen Kundenkennung ausgeführter Zahlungsvorgang als ordnungsgemäß ausgeführt, auch wenn diese Kundenkennung vom Zahlungsdienstnutzer fehlerhaft angegeben wurde und nicht dem von ihm angegebenen Zahlungsempfänger zuzuordnen ist.[14] 9

Sofern es im Übrigen im Rahmen der anderweitigen Ansprüche auf den Nachweis einer bestrittenen nicht ordnungsgemäßen Ausführung des betreffenden Zahlungsvorgangs ankommt, gilt der Grundsatz des § 676 BGB auch dort, dass der Zahlungsdienstleister die Beweislast für die ordnungsgemäße Ausführung trägt.[15] Sind die betreffenden anderweitigen Ansprüche verschuldensabhängig, findet nach allgemeinen Grundsätzen die Regelung des § 280 Abs. 1 S. 2 BGB Anwendung.[16] 10

---

9 Siehe BGH, Urt. v. 5.10.2016 – VIII ZR 222/15, juris Rn. 48, BGHZ 212, 140; Begr Reg-Entw, BT-Drs. 16/11643, S. 118; Erman-von Westphalen, 15. Aufl., § 675z BGB Rn. 3; MK-Zetzsche, 7. Aufl., § 675z BGB Rn. 6; Staudinger-Omlor, 2012, § 675y BGB Rn. 7.

10 Siehe zu § 675u BGB Rn. 29 f. und zu § 675y BGB Rn. 12.

11 Begr Reg-Entw, BT-Drs. 18/11495, S. 176; MK-Zetzsche, 7. Aufl., § 675z BGB Rn. 7.

12 Siehe unter Rn. 11 ff.

13 Vgl. Begr Reg-Entw, BT-Drs. 16/11643, S. 118; MK-Zetzsche, 7. Aufl., § 675z BGB Rn. 27; Staudinger-Omlor, 2012, § 675y BGB Rn. 18.

14 Siehe zu § 675r BGB Rn. 10.

15 Siehe zu § 676 BGB Rn. 5.

16 Erman-von Westphalen, 15. Aufl., § 675z BGB Rn. 3.

D. Haftungsbegrenzung nach § 675z S. 2 BGB

11 § 675z S. 2 BGB lässt eine Begrenzung der außerhalb der §§ 675c ff. BGB zu begründenden Haftung eines Zahlungsdienstleisters gegenüber seinem Zahlungsdienstnutzer für sonstige Schäden oder auf einen Betrag von 12.500 Euro zu, wobei dieser Betrag sich auf jeden einzelnen Zahlungsvorgang bezieht.[17] Die Regelung gilt nur für Schäden aufgrund einer nicht erfolgten, fehlerhaften oder verspäteten[18] Ausführung von Zahlungsvorgängen, findet dagegen keine Anwendung auf die Ausführung nicht autorisierte Zahlungsvorgänge.[19]

12 § 675z S. 2 BGB enthält nicht selbst diese Haftungsbegrenzung,[20] sondern verweist insoweit auf eine entsprechende Vereinbarung der Parteien, die auch in AGB getroffen werden kann.[21] Grundsätzlich wäre nach dem Prinzip der Vertragsfreiheit die Vereinbarung einer Haftungsbegrenzung ohnehin jederzeit möglich, zumal es sich gerade nicht um eine Abweichung von halbzwingenden Regelungen der §§ 675c ff. BGB selbst handelt, die rechtliche Relevanz der Regelung des § 675z S. 2 BGB besteht damit in erster Linie in der Regelung besonderer Schranken der Haftungsbegrenzung.[22]

13 Begrenzt wird die Möglichkeit der Vereinbarung einer Haftungsbegrenzung so zunächst durch den Betrag von 12.500 Euro, unterhalb dessen die Haftungsoberbegrenzung nicht festgesetzt werden dar. Ferner darf eine Haftungsbegrenzung nicht vereinbart werden für Fälle von Vorsatz und grober Fahrlässigkeit (vgl. auch § 309 Nr. 7 Buchst. b BGB) und es darf die Haftung des Zahlungsdienstleisters für den Zinsschaden (als den typischen Anwendungsfall einer durch § 675z S. 1 BGB nicht ausgeschlossenen Haftung)[23] und für solche Gefahren nicht ausgeschlossen werden, die der Zahlungsdienstleister besonders übernommen hat (§ 675z S. 2 Halbs. 2 BGB): Im letzteren Bereich wäre die Vereinbarung einer Haftungsbegrenzung mit der Natur der gesonderten Risikoübernahme unvereinbar.[24]

E. Haftung bei Beteiligung zwischengeschalteter Stellen nach § 675z S. 3 und 4 BGB

14 § 675z S. 3 und 4 BGB sehen Sonderregelungen zur Modifikation der allgemeinen Haftungsgrundsätze hinsichtlich der Haftung bei Beteiligung zwischengeschalteter Stellen vor. Als zwischengeschaltete Stelle ist in diesem Zusammenhang jeder weitere beteiligte Dienstleister anzusehen, den der Zahlungsdienstleister des Zahlungsdienstnutzers bis zum Eingang des Zahlungsbetrags beim Zahlungsempfänger bzw. bei dessen Zahlungsdienstleister einschaltet.[25]

---

17 Siehe Erman-von Westphalen, 15. Aufl., § 675z BGB Rn. 7; Staudinger-Omlor, 2012, § 675y BGB Rn. 9.

18 Entsprechend der Änderung zu § 675y BGB wurde im Rahmen der Umsetzung der ZDRL II auch in § 675z S. 2 BGB die verspätete Ausführung gesondert aufgenommen, Begr Reg-Entw, BT-Drs. 18/11495, S. 176.

19 Begr Reg-Entw, BT-Drs. 16/11643, S. 118; Erman-von Westphalen, 15. Aufl., § 675z BGB Rn. 6; MK-Zetzsche, 7. Aufl., § 675z BGB Rn. 10.

20 MK-Zetzsche, 7. Aufl., § 675z BGB Rn. 10.

21 So die Regelungen in Nr. 2.3.3. Abs. 2 der Sonderbedingungen Überweisungsverkehr, Nr. II.12.3 der Sonderbedingungen Girocard und Nr. I.11.3 der Sonderbedingungen Kreditkarten siehe MK-Zetzsche, 7. Aufl., § 675z BGB Rn. 10.

22 Vgl. MK-Zetzsche, 7. Aufl., § 675z BGB Rn. 9.

23 MK-Zetzsche, 7. Aufl., § 675z BGB Rn. 12.

24 MK-Zetzsche, 7. Aufl., § 675z BGB Rn. 13.

25 Vgl. Palandt-Sprau, 77. Aufl., § 675f BGB Rn. 39.

Die allgemeine auftragsrechtliche Folge der Übertragung der Ausführung eines Auftrags an einen Dritten, so diese denn vertraglich gestattet ist, ist nach § 664 Abs. 1 S. 2 BGB, dass der Beauftragte, hier also der Zahlungsdienstleister des Zahlungsdienstnutzers, nur ein ihm bei der Übertragung zur Last fallendes Verschulden zu vertreten hätte, nicht aber für das Verschulden des Dritten haftet.[26] Von diesem Grundsatz weicht § 675z S. 3 BGB ab, indem bestimmt wird, dass Zahlungsdienstleister auch ein Verschulden, das einer zwischengeschalteten Stelle zur Last fällt, wie eigenes Verschulden zu vertreten zu haben.[27] 15

Soweit der Zahlungsdienstleister ein Verschulden einer zwischengeschalteten Stelle als eigenes Verschulden zu vertreten hat, kann er nach § 676a BGB einen Ausgleichsanspruch geltend machen.[28] 16

Die nach § 675z S. 3 BGB vorgesehene Regelung findet allerdings dann keine Anwendung, wenn die wesentliche Ursache bei einer zwischengeschalteten Stelle liegt, die der Zahlungsdienstnutzer vorgegeben hat (§ 675z S. 3 Halbs. 2 BGB). Ein bloßes Mitwirken genügt nicht, sondern es muss dem vom Zahlungsdienstnutzer vorgegebenen Dienstleister ein Fehlverhalten anzulasten sein, dass die maßgebliche, alle anderen Verursachungsbeiträge deutlich überwiegende Ursache gesetzt hat.[29] Findet aufgrund dieser Ausnahmeregelung keine Zurechnung des Verschuldens der zwischengeschalteten Stelle an den Zahlungsdienstleister statt, dann haftet nach § 675z S. 4 BGB die von dem Zahlungsdienstnutzer vorgegebene zwischengeschaltete Stelle anstelle des Zahlungsdienstleisters des Zahlungsdienstnutzers. Dem Haftungsumfang nach entspricht dieser Direktanspruch[30] der jeweiligen eigenen Haftung des betreffenden Zahlungsdienstleisters außerhalb der §§ 675u und 675y BGB, so dass insbesondere auch hier die Sperrwirkung nach § 675z S. 1 BGB und die Möglichkeit einer Haftungsbegrenzung nach § 675z S. 2 BGB wie im Verhältnis zum betreffenden Zahlungsdienstleister selbst zu berücksichtigen ist. Die dogmatische Grundlage dieses Direktanspruchs ist streitig;[31] vorzugswürdig erscheint die Auffassung, die in § 675z S. 4 BGB ein besonderes gesetzliches Schuldverhältnis sieht,[32] da dies dogmatische Schwierigkeiten einer vertraglichen Herleitung der Direkthaftung vermeidet. 17

F. Anwendungsbereich und Abdingbarkeit

Nach der allgemeinen Regelung des § 675e Abs. 1 BGB sind Abweichungen von der Regelung des § 675z BGB zu Lasten des Zahlungsdienstnutzers, d.h. insbesondere eine weitergehende Haftungsbeschränkung oder eine weniger strenge Zurechnung des Verschuldens zwischengeschalteter Stellen grundsätzlich unzulässig. Auch in Bezug auf Kleinbetragsinstrumente sieht § 675i BGB keine weitergehende Abdingbarkeit des § 675y BGB vor. 18

---

26 Palandt-Sprau, 77. Aufl., § 664 BGB Rn. 5; siehe auch MK-Zetzsche, 7. Aufl., § 675z BGB Rn. 14.
27 Vgl. Begr Reg-Entw, BT-Drs. 16/11643, S. 118; MK-Zetzsche, 7. Aufl., § 675z BGB Rn. 14; Staudinger-Omlor, 2012, § 675y BGB Rn. 11.
28 Siehe zu § 676a BGB Rn. 6; vgl. auch Erman-von Westphalen, 15. Aufl., § 675z BGB Rn. 12; BeckOK-Schmalenbach, 43. Ed. 2017, § 675y BGB Rn. 9.
29 So MK-Zetzsche, 7. Aufl., § 675z BGB Rn. 16. Ähnlich Erman-von Westphalen, 15. Aufl., § 675z BGB Rn. 9.
30 Zum Begriff siehe MK-Zetzsche, 7. Aufl., § 675z BGB Rn. 18; Staudinger-Omlor, 2012, § 675y BGB Rn. 14; Ähnlich Begr Reg-Entw, BT-Drs. 16/11643, S. 118: eigenständiger Anspruch.
31 Zum Streitstand siehe MK-Zetzsche, 7. Aufl., § 675z BGB Rn. 19 sowie Staudinger-Omlor, 2012, § 675y BGB Rn. 15 f.
32 So Erman-von Westphalen, 15. Aufl., § 675z BGB Rn. 10; MK-Zetzsche, 7. Aufl., § 675z BGB Rn. 19; Langenbucher/Bliesener/Spindler-Langenbucher, 2. Aufl., Kap. 3 § 675z BGB Rn. 7.

19 Gegenüber Nicht-Verbrauchern darf dagegen von den Regelungen des § 675y BGB auch zu Lasten des Zahlungsdienstnutzers abgewichen werden (vgl. § 675e Abs. 4 BGB), so dass gegenüber Nicht-Verbrauchern insbesondere vertraglich vereinbart werden darf, dass entsprechend § 664 Abs. 1 S. 2 BGB der Zahlungsdienstleister bei der Einschaltung zwischengeschalteter Stellen nur für sein eigenes Verschulden bei der Übertragung der Ausführung haftet, nicht aber für das Verschulden dieser Stellen.

20 In Sachverhalten mit Drittstaatenbezug sowie bei Zahlungen in Nicht-EU-Währungen ist die Frage der Abdingbarkeit und des Ausschlusses der Anwendbarkeit des § 675z BGB nach den sich ergänzenden Bestimmungen der §§ 675e Abs. 2 und 675y Abs. 8 BGB zu berücksichtigen, jeweils in Verbindung mit § 675d Abs. 6 S. 1 Nr. 1 und 2 BGB. Danach gilt folgendes: Grundsätzlich ist bei Drittstaatensachverhalten im Sinne von § 675d Abs. 6 S. 1 Nr. 1 und 2 BGB nach der allgemeinen Regelung des § 675e Abs. 2 Nr. 2 BGB nur eine dispositive Geltung des § 675z BGB vorgesehen, d.h. es darf auch zulasten des Zahlungsdienstnutzers abgewichen werden. Diese Regelung gilt allerdings nur für außerhalb des EWR getätigte Bestandteile eines Zahlungsvorgangs bzw. für Fälle ohne Beteiligung innerhalb des EWR belegener Zahlungsdienstleister.[33]

21 Ferner sieht § 675e Abs. 2 Nr. 1 BGB vor, dass bei Drittstaatensachverhalten im Sinne von § 675d Abs. 6 S. 1 Nr. 1 und 2 BGB die Regelung zur Haftung für das Verschulden zwischengeschalteter Stellen in § 675z S. 3 BGB nicht anzuwenden ist. Auch diese Regelung betrifft wiederum nur außerhalb des EWR getätigte Bestandteile eines Zahlungsvorgangs; in Bezug auf One-Leg-Transaktionen nach § 675d Abs. 6 S. 1 Nr. 1 Buchst. b BGB wird dieser Ausschluss des § 675z S. 3 BGB nach § 675y Abs. 8 BGB auch auf die innerhalb des EWR getätigten Bestandteile des Zahlungsvorgangs erstreckt. Der § 675z S. 3 BGB gilt dann jeweils auch nicht als dispositives Recht. Begründet wurde diese Regelung damit, dass die Haftung für das Verschulden der zwischengeschalteten Stelle deswegen nicht gerechtfertigt sei, da jedenfalls dann, wenn diese außerhalb des EWR belegen sei, die Aussichten auf die Realisierung eines Regressanspruchs gering seien.[34] Stattdessen gelten die Regelungen des allgemeinen Geschäftsbesorgungs- und Auftragsrechts,[35] d.h. grundsätzlich die Zurechnung nach § 278 BGB, im Fall der vereinbarten Zulassung einer Übertragung der Ausführung § 664 Abs. 1 S. 2 BGB.

§ 676 BGB
Nachweis der Ausführung von Zahlungsvorgängen

Ist zwischen dem Zahlungsdienstnutzer und seinem Zahlungsdienstleister streitig, ob der Zahlungsvorgang ordnungsgemäß ausgeführt wurde, muss der Zahlungsdienstleister nachweisen, dass der Zahlungsvorgang ordnungsgemäß aufgezeichnet und verbucht sowie nicht durch eine Störung beeinträchtigt wurde.

Systematische Übersicht

33 So Begr Reg-Entw, BT-Drucks 18/11495, S. 153 unter Bezug auf die jeweiligen Fallgruppen des § 675d Abs. 6 S. 1 Nr. 1 und 2 BGB.
34 Begr Reg-Entw, BT-Drucks 18/11495, S. 176.
35 Begr Reg-Entw, BT-Drs. 18/11495, S. 176.

A. Allgemeines

§ 676 BGB regelt die Nachweislast des Zahlungsdienstleisters für die ordnungsgemäße Ausführung eines Zahlungsvorgangs. Wie nach der entsprechenden Regelung zur Beweislast für die Autorisierung eines ausgeführten Zahlungsvorgangs in § 675w BGB ist es auch nach § 676 BGB der Zahlungsdienstleister, der aufgrund seiner besseren Informations- und Nachweismöglichkeiten die Nachweislast zu tragen hat. 1

Die Regelung wurde eingeführt zur Umsetzung von Art. 59 Abs. 1 ZDRL I; im Rahmen der Umsetzung der ZDRL II (dort jetzt Art. 72 Abs. 1 Unterabs. 1 ZDRL II) ist die Bestimmung des § 676 BGB unverändert geblieben. 2

B. Ansprüche aufgrund nicht ordnungsgemäßer Ausführung von Zahlungsvorgängen

Der Grundsatz des § 676 BGB kommt zur Anwendung im Rahmen jeglicher Ansprüche oder Einwendungen, denen die ordnungsgemäße bzw. nicht ordnungsgemäße Ausführung eines Zahlungsvorgangs zugrunde liegt.[1] § 676 BGB regelt diese Ansprüche oder Einwendungen nicht selbst (siehe dazu vielmehr insbesondere § 675y BGB und die durch § 675z S. 1 und 2 BGB nicht ausgeschlossenen sonstigen Ansprüche), sondern setzt diese vielmehr voraus und bestimmt die darin geltende Verteilung der Nachweislast des Zahlungsdienstleisters für die ordnungsgemäße Ausführung eines Zahlungsvorgangs.[2] 3

Die ordnungsgemäße Ausführung eines Zahlungsvorgangs im Sinne des § 676 BGB beinhaltet die rechtzeitige und ungekürzte Übermittlung des Zahlungsbetrags an den darin bestimmten Zahlungsempfänger.[3] Wird ein Zahlungsvorgang in Übereinstimmung mit der vom Zahlungsdienstnutzer angegebenen Kundenkennung ausgeführt, so gilt er nach § 675r Abs. 1 S. 2 BGB als ordnungsgemäß ausgeführt, auch wenn diese Kundenkennung vom Zahlungsdienstnutzer fehlerhaft angegeben wurde und nicht dem von ihm angegebenen Zahlungsempfänger zuzuordnen ist.[4] 4

C. Nachweislast des Zahlungsdienstleisters

§ 676 BGB sieht als allgemeine Regelung der Nachweislast des Zahlungsdienstleisters vor, dass, wenn zwischen dem Zahlungsdienstnutzer und seinem Zahlungsdienstleister streitig ist, ob der Zahlungsvorgang ordnungsgemäß ausgeführt wurde, der Zahlungsdienstleister nachweisen muss, dass der Zahlungsvorgang ordnungsgemäß aufgezeichnet und verbucht sowie nicht durch eine Störung beeinträchtigt wurde.[5] 5

Gelingt dem Zahlungsdienstleister dieser Nachweis, ist damit nicht notwendigerweise der Vollbeweis der ordnungsgemäßen Ausführung erbracht: Es handelt sich bei den Anforderungen nach § 676 BGB vielmehr um Mindestvoraussetzungen[6] und es kann da- 6

---

1 Palandt-Sprau, 77. Aufl., § 676 BGB Rn. 1; Staudinger-Omlor, 2012, § 676 BGB Rn. 1.

2 Siehe BeckOK-Schmalenbach, 43. Ed. 2017, § 676 BGB Rn. 1; MK-Zetzsche, 7. Aufl., § 676 BGB Rn. 1; Staudinger-Omlor, 2012, § 676 BGB Rn. 1.

3 Erman-von Westphalen, 15. Aufl., § 676 BGB Rn. 2; MK-Zetzsche, 7. Aufl., § 676 BGB Rn. 3.

4 Siehe zu § 675r BGB Rn. 10.

5 Begründung des Regierungsentwurfs zur Umsetzung des zivilrechtlichen Teils der Zahlungsdiensterichtlinie, BT-Drs. 16/11643, S. 118.

6 Begr Reg-Entw, BT-Drs. 16/11643, S. 118; Palandt-Sprau, 77. Aufl., § 676 BGB Rn. 2; Staudinger-Omlor, 2012, § 676 BGB Rn. 1.

her im Einzelfall trotz der Erfüllung dieser Anforderungen vom Zahlungsdienstnutzer dargetan und nach den allgemeinen Beweislastregeln nachgewiesen werden, dass der Zahlungsvorgang nicht ordnungsgemäß ausgeführt wurde. Im Übrigen wird auch bei fehlender Erfüllung der Voraussetzungen nach § 676 BGB in anderweitiger Weise ein Vollbeweis erbracht werden können, da beispielsweise auch bei nicht ordnungsgemäß aufgezeichneten Vorgängen eine im Ergebnis ordnungsgemäße Ausführung möglich ist.[7]

7 Die dem § 676 BGB zugrunde liegende Nachweislast des Zahlungsdienstleisters wird bestätigt durch die Sonderregelungen in § 675y Abs. 1 S. 5 und Abs. 3 S. 4 BGB:[8] Dort ist der Inhalt der vom Zahlungsdienstleister nachzuweisenden Umstände allgemeiner gefasst und nicht auf die ordnungsgemäße Aufzeichnung sowie die fehlende Beeinträchtigung durch eine Störung beschränkt.

D. Abdingbarkeit

8 Von der Regelung des § 676 BGB darf, wie sich aus der Grundregel des § 675e Abs. 1 BGB ergibt, grundsätzlich nicht zu Lasten des Zahlungsdienstnutzers abgewichen werden, d.h. die Vereinbarung einer Beweislastumkehr zu Lasten des Zahlers wäre grundsätzlich unzulässig.

9 Sonderregelungen gelten im Hinblick auf die Bargeldersatzfunktion und anonyme Zahlungsmöglichkeit von Kleinbetragsinstrumenten und E-Geld: Hier lässt § 675i Abs. 2 Nr. 3 BGB vereinbarte Abweichungen von § 676 BGB zu, wenn die Nutzung des Kleinbetragsinstruments keinem Zahlungsdienstnutzer zugeordnet werden kann oder der Zahlungsdienstleister aus anderen Gründen, die in dem Kleinbetragsinstrument selbst angelegt sind, nicht nachweisen kann, dass ein Zahlungsvorgang autorisiert war. Kann schon die Autorisierung vom Zahlungsdienstleister nicht nachgewiesen werden, gilt dies auch für die Ausführung im Einklang mit den erteilten Weisungen.

10 Gegenüber Nicht-Verbrauchern darf nach § 675e Abs. 4 BGB generell von den Bestimmungen des § 676 BGB auch zu Lasten des Zahlers abgewichen werden, ebenso sind Abweichungen auch – dies sowohl im Verbrauchergeschäft wie im unternehmerischen Verkehr – in Drittstaatensachverhalten nach § 675d Abs. 6 S. 1 Nr. 1 und 2 BGB generell zulässig (siehe § 675e Abs. 2 Nr. 2 BGB).

§ 676a BGB
Ausgleichsanspruch

(1) Liegt die Ursache für die Haftung eines Zahlungsdienstleisters gemäß den §§ 675u, 675y und 675z im Verantwortungsbereich eines anderen Zahlungsdienstleisters, eines Zahlungsauslösedienstleisters oder einer zwischengeschalteten Stelle, so kann der Zahlungsdienstleister von dem anderen Zahlungsdienstleister, dem Zahlungsauslösedienstleister oder der zwischengeschalteten Stelle den Ersatz des Schadens verlangen, der ihm aus der Erfüllung der Ansprüche eines Zahlungsdienstnutzers gemäß den §§ 675u, 675y und 675z entsteht.

7 So auch MK-Zetzsche, 7. Aufl., § 676 BGB Rn. 6; ebenso wohl Erman-von Westphalen, 15. Aufl., § 676 BGB Rn. 5; anders dagegen Palandt-Sprau, 77. Aufl., § 676 BGB Rn. 2; Staudinger-Omlor, 2012, § 676 BGB Rn. 3 (bei Nichterfüllung der Mindestvoraussetzungen unwiderlegliche Vermutung).

8 Vgl. Begr Reg-Entw, BT-Drs. 16/11643, S. 118; BeckOK-Schmalenbach, 43. Ed. 2017, § 676 BGB Rn. 2; Palandt-Sprau, 77. Aufl., § 675y BGB Rn. 5.

(2) Ist zwischen dem kontoführenden Zahlungsdienstleister des Zahlers und einem Zahlungsauslösedienstleister streitig, ob ein ausgeführter Zahlungsvorgang autorisiert wurde, muss der Zahlungsauslösedienstleister nachweisen, dass in seinem Verantwortungsbereich eine Authentifizierung erfolgt ist und der Zahlungsvorgang ordnungsgemäß aufgezeichnet sowie nicht durch eine Störung beeinträchtigt wurde.

(3) Ist zwischen dem kontoführenden Zahlungsdienstleister des Zahlers und einem Zahlungsauslösedienstleister streitig, ob ein Zahlungsvorgang ordnungsgemäß ausgeführt wurde, muss der Zahlungsauslösedienstleister nachweisen, dass
1. der Zahlungsauftrag dem kontoführenden Zahlungsdienstleister gemäß § 675n zugegangen ist und
2. der Zahlungsvorgang im Verantwortungsbereich des Zahlungsauslösedienstleisters ordnungsgemäß aufgezeichnet sowie nicht durch eine Störung beeinträchtigt wurde.

Systematische Übersicht

A. Allgemeines

§ 676a BGB regelt Regressansprüche der beteiligten (Zahlungs-)Dienstleister im ansonsten von den §§ 675c ff. BGB weitgehend ungeregelten Interbankenverhältnis[1] als Folge einer Haftung eines der beteiligten Zahlungsdienstleister gegenüber dem Zahlungsdienstnutzer nach den §§ 675u, 675y und 675z BGB, die durch eine im Verantwortungsbereich eines anderen Zahlungsdienstleisters oder Zahlungsauslösedienstleisters oder einer anderen zwischengeschalteten Stelle liegende Ursache ausgelöst wurde. 1

§ 676a BGB wurde eingeführt in Umsetzung von Art. 77 ZDRL I. Im Zuge der Umsetzung der ZDRL II wurde § 676a BGB neben diesen nunmehr in Art. 92 ZDRL II enthaltenen Bestimmungen in Umsetzung von Artt. 73 Abs. 2 Unterabs. 2 S. 1 sowie 90 Abs. 2 ZDRL II um Regelungen zu Regressansprüchen eines (kontoführenden) Zahlungsdienstleisters in Fällen der Beteiligung eines Zahlungsauslösedienstleisters ergänzt. 2

B. Regressanspruch im Interbankenverhältnis

§ 676a Abs. 1 BGB begründet für einen Zahlungsdienstleister, der aufgrund einer von einem anderen Zahlungsdienstleister oder Zahlungsauslösedienstleister oder einer anderen zwischengeschalteten Stelle gesetzten Ursache nach den §§ 675u, 675y oder 675z BGB gegenüber dem Zahlungsdienstnutzer haftet, einen eigenständigen Regressanspruch gegen den betreffenden Dritten zum Ausgleich der gegenüber dem Zahlungsdienstnutzer 3

1 Vgl. die Begründung des Regierungsentwurfs zur Umsetzung des zivilrechtlichen Teils der Zahlungsdiensterichtlinie, BT-Drs. 16/11643, S. 118; Langenbucher/Bliesener/Spindler-Langenbucher, 2. Aufl., Kap. 3 § 676a BGB Rn. 3.

geschuldeten Ansprüche.[2] Die dogmatische Natur dieses Regressanspruchs ist umstritten;[3] im Hinblick darauf, dass nicht notwendigerweise vertragliche Beziehungen zwischen dem gegenüber dem Zahlungsdienstnutzer haftenden Zahlungsdienstleister und dem in Regress genommenen Dritten bestehen, sollte der Anspruch als Fall eines gesetzlichen Schuldverhältnisses angesehen werden.[4]

4 Zweck des Regressanspruchs nach § 676a Abs. 1 BGB ist es, dass letztlich derjenige Zahlungsdienstleister oder Zahlungsauslösedienstleister oder eine andere zwischengeschalteten Stelle den Schaden trägt, die die Ursache dafür gesetzt hat, dass der betreffende Zahlungsvorgang nicht ordnungsgemäß oder unautorisiert ausgeführt wurde. Dass in den Fällen der §§ 675u, 675y oder 675z BGB ein Zahlungsdienstnutzer seinen Zahlungsdienstleister auch dann auf Ersatz in Anspruch nehmen kann, wenn dieser Zahlungsdienstleister nicht selbst die betreffende Ursache gesetzt hat, soll lediglich der erleichterten Geltendmachung von Erstattungs- oder Ausgleichsansprüchen durch den Zahlungsdienstnutzer dienen, ohne dass hierdurch aber im Interbankenverhältnis Verantwortlichkeiten verlagert werden sollen.[5]

C. Voraussetzungen und Inhalt des Regressanspruchs

5 Der Regressanspruch nach § 676a Abs. 1 BGB setzt voraus, dass ein anderer Zahlungsdienstleister, Zahlungsauslösedienstleister oder eine andere zwischengeschalteten Stelle die Ursache dafür gesetzt hat, dass ein Zahlungsvorgang nicht ordnungsgemäß oder unautorisiert ausgeführt wurde, weswegen der Zahlungsdienstnutzer nach den §§ 675u, 675y oder 675z BGB einen Erstattungs- oder Ausgleichsanspruch gegen seinen Zahlungsdienstleister hat.

6 Eine solche Verursachung kann beispielsweise dadurch begründet werden, dass ein vom Zahlungsdienstleister des Zahlers eingeschalteter anderer Zahlungsdienstleister oder eine andere zwischengeschaltete Stelle den Zahlungsbetrag nicht, nur gekürzt oder verspätet weiterleitet oder dass ein Zahlungsauslösedienstleister einen nur vermeintlich vom Zahler autorisierten Zahlungsvorgang auslöst. Der Zahlungsdienstleister des Zahlers haftet in diesen Fällen gegenüber dem Zahler nach den §§ 675u S. 5, 675y Abs. 1 und Abs. 3 BGB auch für einen Fehler des anderen Zahlungsdienstleisters, Zahlungsauslösedienstleisters oder der anderen zwischengeschalteten Stelle, ohne dass es hier auf ein eigenes oder fremdes Verschulden ankäme;[6] bei einer nicht nach § 675z S. 1 BGB ausgeschlossenen Haftung auf anderweitiger Haftungsgrundlage haftet der Zahlungsdienstleister des Zahlers nach § 675z S. 3 BGB für das Verschulden der anderen Stelle, sofern nicht ein Fall des § 675z S. 3 Halbs. 2 BGB vorliegt.[7]

7 Ein Verschulden wird von § 676 Abs. 1 BGB für die Inanspruchnahme des anderen Zahlungsdienstleisters, Zahlungsauslösedienstleisters oder der anderen zwischenge-

---

2 So die Begründung des Regierungsentwurfs zur Umsetzung der Zweiten Zahlungsdiensterichtlinie, BT-Drs. 18/11495, S. 177; siehe auch Begr Reg-Entw, BT-Drs. 16/11643, S. 119.

3 Zum Streitstand siehe MK-Zetzsche, 7. Aufl., § 676a BGB Rn. 8; Palandt-Sprau, 77. Aufl., § 676a BGB Rn. 1; Staudinger-Omlor, 2012, § 676a BGB Rn. 11.

4 So MK-Zetzsche, 7. Aufl., § 676a BGB Rn. 8; ebenso BeckOK-Schmalenbach, 43. Ed. 2017, § 676a BGB Rn. 2. In der Sache wird der Streit letztlich aus praktische Erwägungen als bedeutungslos bezeichnet, siehe Erman-von Westphalen, 15. Aufl., § 676a BGB Rn. 2.

5 Vgl. MK-Zetzsche, 7. Aufl., § 676a BGB Rn. 2; Palandt-Sprau, 77. Aufl., § 676a BGB Rn. 1; Erman-von Westphalen, 15. Aufl., § 676a BGB Rn. 1.

6 Vgl. Erman-von Westphalen, 15. Aufl., § 676a BGB Rn. 2. Siehe im Übrigen die Anmerkungen zu § 675u BGB Rn. 29, zu § 675y BGB Rn. 4 und 30.

7 Vgl. Erman-von Westphalen, 15. Aufl., § 676a BGB Rn. 2. Siehe auch zu § 675z BGB Rn. 14 ff.

schalteten Stelle im Wege des Regressanspruchs nicht vorausgesetzt;[8] ebenso bedarf es auch keiner vertraglichen Beziehungen zwischen den beteiligten Dienstleistern.[9]

Liegen die Voraussetzungen des § 676 Abs. 1 BGB vor, so bestimmen sich Inhalt und Umfang des Regressanspruchs grundsätzlich nach der nach den §§ 675u, 675y oder 675z BGB bestehenden Haftung des Zahlungsdienstleister im Verhältnis zum Zahlungsdienstnutzer, da dieser Anspruch dem Ersatz des Schadens dienen soll, der diesem Zahlungsdienstleister aus der Erfüllung der Ansprüche eines Zahlungsdienstnutzers gemäß den §§ 675u, 675y und 675z BGB entsteht.[10] Ein Mitverschulden dieses Zahlungsdienstleisters ist im Wege des § 254 BGB zu berücksichtigen;[11] haben mehrere andere Dritte gemeinschaftlich oder unabhängig voneinander Ursachen für die Haftung gegenüber dem Zahlungsdienstnutzer nach den §§ 675u, 675y oder 675z BGB gesetzt, so haften sie als Gesamtschuldner.[12] 8

Die Beweislast für das Vorliegen der tatbestandlichen Voraussetzungen des Regressanspruchs trägt grundsätzlich der Gläubiger.[13] § 676 BGB findet nur in solchen Ausnahmefällen Anwendung, in denen dieser Zahlungsdienstleister im Verhältnis zum anderen Zahlungsdienstleister, Zahlungsauslösedienstleister oder der anderen zwischengeschalteten Stelle als Zahlungsdienstnutzer anzusehen ist.[14] Für die Geltendmachung eines Regressanspruchs des (kontoführenden) Zahlungsdienstleisters gegen den Zahlungsauslösedienstleister gelten abweichend davon die Sonderregelungen des § 676a Abs. 2 und 3 BGB, die eine Nachweislast des Zahlungsauslösedienstleisters vorsehen.[15] 9

Kann sich der in Regress genommene Zahlungsdienstleister, Zahlungsauslösedienstleister oder andere zwischengeschalteten Stelle auf das Vorliegen eines der in § 676c Nr. 1 und 2 BGB geregelten Fälle berufen, so führt dies zum Ausschluss auch des Regressanspruchs nach § 676a Abs. 1 BGB.[16] Dagegen findet die Präklusion nach § 676b BGB keine Anwendung auf den Regressanspruch nach § 676a Abs. 1 BGB, sofern nicht ausnahmsweise der Gläubiger des Regressanspruchs im Verhältnis zum anderen Zahlungsdienstleister, Zahlungsauslösedienstleister oder der anderen zwischengeschalteten Stelle als Zahlungsdienstnutzer anzusehen ist.[17] 10

8 Begr Reg-Entw, BT-Drs. 16/11643, S. 119; BeckOK-Schmalenbach, 43. Ed. 2017, § 676a BGB Rn. 2; Palandt-Sprau, 77. Aufl., § 676a BGB Rn. 2; Erman-von Westphalen, 15. Aufl., § 676a BGB Rn. 6; Staudinger-Omlor, 2012, § 676a BGB Rn. 9 f.; MK-Zetzsche, 7. Aufl., § 676a BGB Rn. 13.

9 BeckOK-Schmalenbach, 43. Ed. 2017, § 676a BGB Rn. 2; Palandt-Sprau, 77. Aufl., § 676a BGB Rn. 1; Erman-von Westphalen, 15. Aufl., § 676a BGB Rn. 2; Staudinger-Omlor, 2012, § 676a BGB Rn. 1.

10 Vgl. Erman-von Westphalen, 15. Aufl., § 676a BGB Rn. 6; MK-Zetzsche, 7. Aufl., § 676a BGB Rn. 15; Staudinger-Omlor, 2012, § 676a BGB Rn. 12.

11 Palandt-Sprau, 77. Aufl., § 676a BGB Rn. 2; MK-Zetzsche, 7. Aufl., § 676a BGB Rn. 15; BeckOK-Schmalenbach, 43. Ed. 2017, § 676a BGB Rn. 4; Staudinger-Omlor, 2012, § 676a BGB Rn. 12. Im Ergebnis auch Erman-von Westphalen, 15. Aufl., § 676a BGB Rn. 6.

12 So auch MK-Zetzsche, 7. Aufl., § 676a BGB Rn. 11; Erman-von Westphalen, 15. Aufl., § 676a BGB Rn. 6; Staudinger-Omlor, 2012, § 676a BGB Rn. 12.

13 Vgl. Palandt-Sprau, 77. Aufl., § 676a BGB Rn. 3; MK-Zetzsche, 7. Aufl., § 676a BGB Rn. 16; Erman-von Westphalen, 15. Aufl., § 676a BGB Rn. 7.

14 Palandt-Sprau, 76. Aufl., § 676a BGB Rn. 3; MK-Zetzsche, 7. Aufl., § 676a BGB Rn. 16; BeckOK-Schmalenbach, 43. Ed. 2017, § 676a BGB Rn. 5.

15 Siehe nachstehend Rn. 11 ff.

16 Siehe Palandt-Sprau, 77. Aufl., § 676a BGB Rn. 2; MK-Zetzsche, 7. Aufl., § 676a BGB Rn. 17.

17 Siehe Palandt-Sprau, 77. Aufl., § 676a BGB Rn. 2; MK-Zetzsche, 7. Aufl., § 676a BGB Rn. 18.

D. Besonderheiten für Regressansprüche gegen Zahlungsauslösedienstleister

11 Mit der Umsetzung von Artt. 73 Abs. 2 Unterabs. 2 S. 1 sowie 90 Abs. 2 ZDRL II ist § 676a BGB auch auf die Regelung von Regressansprüchen eines (kontoführenden) Zahlungsdienstleisters gegen einen Zahlungsauslösedienstleister erweitert worden.[18]

12 Nach §§ 675u S. 5, 675y Abs. 1 S. 3 und Abs. 3 S. 3 BGB haftet der (kontoführende) Zahlungsdienstleister des Zahlers letzterem gegenüber für einen nicht autorisierten Zahlungsvorgang bzw. für eine nicht erfolgte, fehlerhafte oder verspätete Ausführung eines autorisierten Zahlungsvorgangs auch in Fällen der Auslösung des Zahlungsvorgangs durch einen Zahlungsauslösedienstleister und dies auch dann, wenn der zugrunde liegende Fehler im Verantwortungsbereich des Zahlungsauslösedienstleisters geschehen ist.[19] Auf diese Weise ist es für den Zahlungsdienstnutzer nicht erforderlich, zunächst zu ermitteln, in wessen Verantwortungsbereich die Ursache für den nicht autorisierten Zahlungsvorgang bzw. für die nicht erfolgte, fehlerhafte oder verspätete Ausführung fällt, und er kann sich jeweils an seinen kontoführenden Zahlungsdienstleister zur Geltendmachung seiner Erstattungs- und Ausgleichsansprüche wenden.[20] Nach § 676a Abs. 1 BGB kann der (kontoführende) Zahlungsdienstleister des Zahlers dann den Zahlungsauslösedienstleister auf Ersatz des Schadens in Anspruch nehmen, der ihm aus der Erfüllung der Ansprüche eines Zahlungsdienstnutzers gemäß den §§ 675u, 675y und 675z BGB entsteht, wenn die Ursache für diese Haftung im Verantwortungsbereich des Zahlungsauslösedienstleisters liegt,[21] d.h. insbesondere der Zahlungsauslösedienstleister einen nur vermeintlich vom Zahler autorisierten Zahlungsvorgang ausgelöst hat oder wenn der Zahlungsauftrag vom Zahlungsauslösedienstleister mit unrichtigem Inhalt übermittelt wurde.

13 Während grundsätzlich die Beweislast im Rahmen der Geltendmachung von Regressansprüchen im Interbankenverhältnis nach § 676a Abs. 1 BGB den allgemeinen Regeln folgt, d.h. der Regressgläubiger muss die Voraussetzungen seines Anspruchs darlegen und beweisen,[22] sehen die Sonderregelungen des § 676a Abs. 2 und 3 BGB für den Regressanspruch des (kontoführenden) Zahlungsdienstleisters gegen einen Zahlungsauslösedienstleister entsprechend den Vorgaben der Richtlinie eine spezifische Nachweislast des Zahlungsauslösedienstleisters vor:[23] Ist die Autorisierung eines ausgeführten Zahlungsvorgangs streitig, muss der Zahlungsauslösedienstleister nachweisen, dass in seinem Verantwortungsbereich eine Authentifizierung erfolgt ist und dass der Zahlungsvorgang ordnungsgemäß aufgezeichnet sowie nicht durch eine Störung beeinträchtigt wurde (§ 676a Abs. 2 BGB). Ist streitig, ob ein Zahlungsvorgang ordnungsgemäß ausgeführt wurde, muss der Zahlungsauslösedienstleister nachweisen, dass der Zahlungsauftrag dem kontoführenden Zahlungsdienstleister gemäß § 675n zugegangen ist und dass der Zahlungsvorgang im Verantwortungsbereich des Zahlungsauslösedienstleisters ordnungsgemäß aufgezeichnet sowie nicht durch eine Störung beeinträchtigt wurde (§ 676a Abs. 3 BGB). Diese Regelung der Beweislast zulasten des Zahlungsauslösedienstleisters entlastet zumindest teilweise den kontoführenden Zahlungsdienstleister von den Risiken, die sich für ihn aus der gesetzlichen Pflicht zur Akzeptanz von Zahlungsauslösedienstleistern aus § 675f

---

18 Vgl. Begr Reg-Entw, BT-Drs. 18/11495, S. 177. Siehe zu den Vorgaben der ZDRL II allgemein Böger, in: Bankrechtstag 2016, S. 193, 275 ff.

19 Begr Reg-Entw, BT-Drs. 18/11495, S. 177; siehe auch Böger, in: Bankrechtstag 2016, S. 193, 275.

20 Böger, in: Bankrechtstag 2016, S. 193, 275.

21 Begr Reg-Entw, BT-Drs. 18/11495, S. 177.

22 Siehe oben Rn. 9.

23 Zu den Vorgaben der ZDRL II siehe allgemein Böger, in: Bankrechtstag 2016, S. 193, 277.

Abs. 3 BGB ergeben[24] und schafft zugleich einen Anreiz für den Zahlungsauslösedienstleister, eine geeignete Dokumentation seiner Tätigkeit anzulegen, um sich gegen einen mögliche Regressinanspruchnahme durch einen kontoführenden Zahlungsdienstleister zu wappnen, wodurch im Ergebnis die Sicherheit des Einsatzes von Zahlungsauslösediensten und die Sicherheit des Zahlungsverkehrs im Allgemeinen verbessert wird.[25] Gleichwohl verbleibt es dabei, dass aufgrund dieser Konstruktion der gegenüber dem Zahler bestehenden Außenhaftung des kontoführenden Zahlungsdienstleisters dieser das Insolvenzrisiko des Zahlungsauslösedienstleisters trägt[26] und nur bis zur Höhe der Mindestdeckungssumme durch die Versicherungspflicht des Zahlungsauslösedienstleisters nach § 16 ZAG abgesichert ist.[27]

E. Abdingbarkeit

Da es sich bei der Bestimmung des § 676a BGB um eine von § 675e Abs. 1 BGB nicht **14**
erfasste Regelung im Interbankenverhältnis handelt, für die das Harmonisierungsziel der ZDRL II nicht gilt,[28] kann hiervon frei durch Vereinbarung der beteiligten Dienstleister abgewichen werden.

§ 676b BGB
Anzeige nicht autorisierter oder fehlerhaft ausgeführter Zahlungsvorgänge

(1) Der Zahlungsdienstnutzer hat seinen Zahlungsdienstleister unverzüglich nach Feststellung eines nicht autorisierten oder fehlerhaft ausgeführten Zahlungsvorgangs zu unterrichten.

(2) Ansprüche und Einwendungen des Zahlungsdienstnutzers gegen den Zahlungsdienstleister nach diesem Unterkapitel sind ausgeschlossen, wenn dieser seinen Zahlungsdienstleister nicht spätestens 13 Monate nach dem Tag der Belastung mit einem nicht autorisierten oder fehlerhaft ausgeführten Zahlungsvorgang hiervon unterrichtet hat. Der Lauf der Frist beginnt nur, wenn der Zahlungsdienstleister den Zahlungsdienstnutzer über die den Zahlungsvorgang betreffenden Angaben gemäß Artikel 248 §§ 7, 10 oder § 14 des Einführungsgesetzes zum Bürgerlichen Gesetzbuche unterrichtet hat; anderenfalls ist für den Fristbeginn der Tag der Unterrichtung maßgeblich.

(3) Für andere als die in § 675z Satz 1 genannten Ansprüche des Zahlungsdienstnutzers gegen seinen Zahlungsdienstleister wegen eines nicht autorisierten oder fehlerhaft ausgeführten Zahlungsvorgangs gilt Absatz 2 mit der Maßgabe, dass der Zahlungsdienstnutzer diese Ansprüche auch nach Ablauf der Frist geltend machen kann, wenn er ohne Verschulden an der Einhaltung der Frist verhindert war.

(4) Wurde der Zahlungsvorgang über einen Zahlungsauslösedienstleister ausgelöst, sind Ansprüche und Einwendungen des Zahlungsdienstnutzers gegen seinen kontoführenden Zahlungsdienstleister ausgeschlossen, wenn der Zahlungsdienstnutzer den kontoführenden Zahlungsdienstleister nicht spätestens 13 Mona-

---

24 Begr Reg-Entw, BT-Drs. 18/11495, S. 177.
25 Böger, in: Bankrechtstag 2016, S. 193, 277.
26 Omlor, ZIP 2016, 558, 562.
27 Böger, in: Bankrechtstag 2016, S. 193, 277.
28 Begr Reg-Entw, BT-Drs. 16/11643, S. 119; Palandt-Sprau, 77. Aufl., § 676a BGB Rn. 1.

te nach dem Tag der Belastung mit einem nicht autorisierten oder fehlerhaften Zahlungsvorgang hiervon unterrichtet hat. Der Lauf der Frist beginnt nur, wenn der kontoführende Zahlungsdienstleister den Zahlungsdienstnutzer über die den Zahlungsvorgang betreffenden Angaben gemäß Artikel 248 §§ 7, 10 oder § 14 des Einführungsgesetzes zum Bürgerlichen Gesetzbuche unterrichtet hat; anderenfalls ist für den Fristbeginn der Tag der Unterrichtung durch den kontoführenden Zahlungsdienstleister maßgeblich.

(5) Für andere als die in § 675z Satz 1 genannten Ansprüche des Zahlungsdienstnutzers gegen seinen kontoführenden Zahlungsdienstleister oder gegen den Zahlungsauslösedienstleister wegen eines nicht autorisierten oder fehlerhaft ausgeführten Zahlungsvorgangs gilt Absatz 4 mit der Maßgabe, dass

1. **die Anzeige an den kontoführenden Zahlungsdienstleister auch zur Erhaltung von Ansprüchen und Einwendungen des Zahlungsdienstnutzers gegen den Zahlungsauslösedienstleister genügt und**
2. **der Zahlungsdienstnutzer seine Ansprüche gegen den kontoführenden Zahlungsdienstleister oder gegen den Zahlungsauslösedienstleister auch nach Ablauf der Frist geltend machen kann, wenn er ohne Verschulden an der Einhaltung der Frist verhindert war.**

Systematische Übersicht

A. Allgemeines

1 § 676b BGB regelt die unverzügliche Anzeige eines nicht autorisierten oder fehlerhaft ausgeführten Zahlungsvorgangs durch den Zahlungsdienstnutzer gegenüber seinem Zahlungsdienstleister und sieht einen Verlust von Ansprüchen und Einwendungen des Zahlungsdienstnutzers vor, wenn die Anzeige nicht spätestens dreizehn Monate nach Belastung erfolgt. Die Regelung soll damit zum einen befördern, dass der Zahlungsdienstleister durch die unverzügliche Anzeige gegebenenfalls einen nicht autorisierten oder fehlerhaft ausgeführten Zahlungsvorgang noch rückgängig bzw. gegebenenfalls zeitnah eigene Regressansprüche geltend machen kann,[1] und schafft zum anderen Rechtssicherheit und Rechtsklarheit durch die Bestimmung einer Ausschlussfrist.[2]

2 § 676b BGB beruht in Abs. 1 und 2 ursprünglich auf der Umsetzung von Art. 58 ZDRL I. Diese Regelung ist in Art. 71 Abs. 1 ZDRL II inhaltlich unverändert geblieben; in Umsetzung von Art. 71 Abs. 2 ZDRL II wurde neu Abs. 4 eingefügt, während § 676b Abs. 3 BGB und der neu hinzugefügte § 676b Abs. 5 BGB jeweils nicht auf Richtlinienvorgaben beruhen, sondern eine autonom geregelte Modifikation durch § 675z S. 1 BGB nicht ausgeschlossener anderweitiger Ansprüche beinhalten. Die Neuregelungen in § 676b Abs. 4

1 Siehe Ellenberger/Findeisen/Nobbe-Nobbe, § 676b BGB Rn. 14; MK-Zetzsche, 7. Aufl., § 676b BGB Rn. 2; Staudinger-Omlor, 2012, § 676b BGB Rn. 3.

2 Siehe MK-Zetzsche, 7. Aufl., § 676b BGB Rn. 2; Staudinger-Omlor, 2012, § 676b BGB Rn. 1.

und 5 BGB zielen jeweils auf Besonderheiten der Anzeige des Zahlungsdienstnutzers in solchen Situationen ab, in denen dieser neben seinem (kontoführenden) Zahlungsdienstleister auch einen Zahlungsauslösedienstleister in den Zahlungsvorgang einbezogen hat.[3]

B. Anzeige nicht autorisierter oder fehlerhaft ausgeführter Zahlungsvorgänge

Nach § 676b Abs. 1 BGB hat der Zahlungsdienstnutzer seinen Zahlungsdienstleister in allen Fällen eines nicht autorisierten oder fehlerhaft ausgeführten Zahlungsvorgangs unverzüglich nach dessen Feststellung hiervon zu unterrichten. 3

Diese Regelung setzt voraus, dass der Zahlungsdienstnutzer eine positive Kenntnis von der mangelnden Autorisierung bzw. der fehlerhaften Ausführung des Zahlungsvorgangs hatte.[4] Ein Kennenmüssen genügt nach dem Wortlaut des § 676b Abs. 1 BGB nicht und das Gesetz verlangt somit auch keine Nachforschung bzw. Prüfung ausgeführter Zahlungsvorgänge durch den Zahlungsdienstnutzer.[5] Die unverzügliche Vornahme der Anzeige bedeutet eine Vornahme ohne schuldhaftes Zögern[6] nach Kenntniserlangung von den Umständen, die eine Fehlerhaftigkeit begründen.[7] 4

Die Anzeige ist dem jeweiligen Zahlungsdienstleister des betreffenden Zahlungsdienstnutzers gegenüber vorzunehmen. Besonderheiten bei der Einschaltung eines Zahlungsauslösedienstleisters werden in § 676b Abs. 4 und 5 BGB geregelt.[8] Die Parteien können die Art und Weise der Anzeige durch Vereinbarung regeln;[9] im Übrigen ist eine besondere Form nicht vorgeschrieben,[10] wenngleich zu Beweiszwecken die Verwendung der Schriftform angezeigt sein kann. 5

Sehr umstritten ist, ob nach § 676b Abs. 1 BGB eine Verpflichtung oder eine Obliegenheit des Zahlungsdienstnutzers zur Vornahme der Anzeige besteht.[11] Dieser Streit wirkt sich maßgeblich hinsichtlich der Rechtsfolgen der Nichtvornahme einer Anzeige nach § 676b Abs. 1 BGB aus: Handelt es sich um eine Verpflichtung des Zahlungsdienstnutzers, so würde deren Nichterfüllung nach allgemeinen Regelungen eine Schadensersatzpflicht gegenüber dem Zahlungsdienstleister begründen können.[12] Besteht dagegen nur eine Obliegenheit zur Anzeige, so würde nach allgemeinen Grundsätzen deren Nichtbeachtung lediglich zum Verlust von Rechten des Zahlungsdienstnutzers führen, sei es 6

3 Siehe hierzu unten Rn. 12ff.
4 MK-Zetzsche, 7. Aufl., § 676b BGB Rn. 14; BeckOK-Schmalenbach, 43. Ed. 2017, § 676b BGB Rn. 4; Staudinger-Omlor, 2012, § 676b BGB Rn. 5; siehe auch Erman-von Westphalen, 15. Aufl., § 676b BGB Rn. 4.
5 Staudinger-Omlor, 2012, § 676b BGB Rn. 4 f.; MK-Zetzsche, 7. Aufl., § 676b BGB Rn. 14; Palandt-Sprau, 77. Aufl., § 676b BGB Rn. 3.
6 § 121 Abs. 1 S. 1 BGB; siehe Palandt-Sprau, 77. Aufl., § 676b BGB Rn. 3.
7 LG Berlin, Urt. v. 4.3.2010 – 37 S 6/09, juris 15ff., WM 2010, 1121; Palandt-Sprau, 77. Aufl., § 676b BGB Rn. 3.
8 Siehe hierzu unten Rn. 12ff.
9 Palandt-Sprau, 77. Aufl., § 676b BGB Rn. 3; MK-Zetzsche, 7. Aufl., § 676b BGB Rn. 16.
10 Erman-von Westphalen, 15. Aufl., § 676b BGB Rn. 4.
11 Für eine Verpflichtung siehe die Begründung des Regierungsentwurfs zur Umsetzung der Zweiten Zahlungsdiensterichtlinie, BT-Drs. 18/11495, S. 178; ebenso bereits die Begründung des Regierungsentwurfs zur Umsetzung des zivilrechtlichen Teils der Zahlungsdiensterichtlinie, BT-Drs. 16/11643, S. 119. Für eine Obliegenheit dagegen BeckOK-Schmalenbach, 43. Ed. 2017, § 676b BGB Rn. 3; Ellenberger/Findeisen/Nobbe-Nobbe, § 676b BGB Rn. 8f.; Erman-von Westphalen, 15. Aufl., § 676b BGB Rn. 2; Langenbucher/Bliesener/Spindler-Langenbucher, 2. Aufl., § 676b BGB Rn. 5; Palandt-Sprau, 77. Aufl., § 676b BGB Rn. 2; Staudinger-Omlor, 2012, § 676b BGB Rn. 3; MK-Zetzsche, 7. Aufl., § 676b BGB Rn. 6.
12 MK-Zetzsche, 7. Aufl., § 676b BGB Rn. 6; Staudinger-Omlor, 2012, § 676b BGB Rn. 3.

unter dem Gesichtspunkt anspruchskürzenden Mitverschuldens nach § 254 BGB oder durch einen sonstigen Ausschluss der Geltendmachung von Ansprüchen oder der Berufung auf Einwendungen.[13] Überzeugender erscheint es, in § 676b Abs. 1 BGB die Regelung einer Obliegenheit des Zahlungsdienstnutzers zu sehen: Der Anspruchs- und Einwendungsausschluss nach § 676b Abs. 2 BGB bei nicht erfolgter Anzeige lässt sich als typische Rechtsfolge einer Obliegenheitsverletzung begreifen; zudem ist auch den Vorgaben des vollharmonisierenden Art. 71 Abs. 1 ZDRL II eine dem Zahlungsdienstleister gegenüber geschuldete eigenständige Verpflichtung des Zahlungsdienstnutzers zur Vornahme einer Anzeige nicht zu entnehmen.[14] Vor allem erschiene es aber auch nicht sachgerecht, den Zahlungsdienstnutzer hier einer potentiell sehr weitreichenden Verpflichtung mit möglicher Schadensersatzfolge zu unterwerfen,[15] wenn beispielsweise durch die mangelnde Anzeige eine das Verhältnis zu mehreren Nutzern betreffende Sicherheitslücke unentdeckt bleibt, durch die sodann erhebliche Folgeschäden entstehen.

7 Wird § 676b Abs. 1 BGB als Obliegenheit des Zahlungsdienstnutzers verstanden, stellt sich allerdings die Frage, welche Rechtsfolgen an deren Nichtbeachtung zu knüpfen sind, wenn die Frist von dreizehn Monaten nach § 676b Abs. 2 BGB noch nicht verstrichen ist. Eine Anwendung des § 254 BGB wird nur selten in Betracht kommen, da im Zeitpunkt der Entdeckung des nicht autorisierten oder fehlerhaft ausgeführten Zahlungsvorgangs die entsprechenden Ansprüche des Zahlungsdienstnutzers bereits entstanden sein dürften, so dass das Unterlassen der Anzeige nicht mehr an Entstehung oder Umfang dieser Ansprüche mitwirkte.[16] Teilweise wird teilweise angenommen, dass bei Nichtbeachtung der Obliegenheit des § 676b Abs. 2 BGB auch vor Verstreichen der Frist des § 676b Abs. 2 BGB ein Anspruchs- und Einwendungsausschluss eintreten können soll, da es anderenfalls auf die Unverzüglichkeit der Anzeige im Regelfall kaum ankäme.[17] Stattdessen soll der Zahlungsdienstnutzer seine Ansprüche und Einwendungen gegen den Zahlungsdienstleister auch bereits vor Ablauf der Höchstfrist von dreizehn Monaten verlieren können, wenn er nicht unverzüglich nach Kenntniserlangung von der mangelnden Autorisierung oder fehlerhaften Ausführung des Zahlungsvorgangs den Zahlungsdienstleister hiervon unterrichtet.[18] Der Zahlungsdienstnutzer soll dann dadurch geschützt sein, dass diese Anzeigeobliegenheit eine positive Kenntnis voraussetzt, die typischerweise nur schwer nachzuweisen sein wird.[19] Dem ist allerdings nicht zu folgen: Jedenfalls als gesetzlicher Regelfall erscheint es kaum sachgerecht, den Zahlungsdienstnutzer einer solchen Unsicherheit auszusetzen und auf diese Weise z.B. bei klar mangelnder Autorisierung gegebenenfalls binnen weniger Tage einen Rechtsverlust des Zahlungsdienstnutzers eintreten zu lassen. Auch inhaltlich ist nicht ersichtlich, warum jede Verzögerung der Anzeige bspw. eines nicht autorisierten Zahlungsvorgangs nach Kenntniserlangung zu einem Anspruchsausschluss auch vor Verstreichen der Frist des § 676b Abs. 2 BGB führen sollte, wenn hierdurch nicht ohne weiteres tatsächlich eine

---

13 Erman-von Westphalen, 15. Aufl., § 676b BGB Rn. 2; MK-Zetzsche, 7. Aufl., § 676b BGB Rn. 6; Palandt-Sprau, 77. Aufl., § 676b BGB Rn. 2; Staudinger-Omlor, 2012, § 676b BGB Rn. 3.

14 So auch MK-Zetzsche, 7. Aufl., § 676b BGB Rn. 6.

15 Vgl. auch BeckOK-Schmalenbach, 43. Ed. 2017, § 676b BGB Rn. 3; so auch noch Palandt-Sprau, 76. Aufl., § 676b BGB Rn. 2.

16 Vgl. OLG Frankfurt, Urt. v. 11.5.2017 – 1 U 224/15, juris Rn. 15, ZIP 2017, 1559. Anderes gilt dann, wenn die Anzeige noch einem weiteren Missbrauch entgegenwirken könnte, siehe die Entscheidung OLG Frankfurt, Urt. v. 8.12.2014 – 23 U 291/13, juris Rn. 54, ITRB 2015, 160.

17 So MK-Zetzsche, 7. Aufl., § 676b BGB Rn. 7.

18 MK-Zetzsche, 7. Aufl., § 676b BGB Rn. 9.

19 MK-Zetzsche, 7. Aufl., § 676b BGB Rn. 14.

Verschlechterung der Aussichten des Zahlungsdienstleisters auf Geltendmachung von Rückzahlungs- oder Regressansprüchen gegen Dritte eingetreten sein sollte. Richtigerweise ist stattdessen vielmehr die Regelung des § 676b Abs. 2 bis Abs. 5 BGB als abschließende Regelung des Anspruchs- und Einwendungsausschlusses als Rechtsfolge der Nichtbeachtung der Obliegenheit nach § 676b Abs. 1 BGB zu verstehen und das Gebot der Unverzüglichkeit der Anzeige bleibt damit – abgesehen von Fällen des § 254 BGB – nur in den Fällen des § 676b Abs. 3 und 5 BGB von Relevanz, in denen es auf das mangelnde Verschulden an der Nichteinhaltung der Frist nach § 676b Abs. 2 und 4 BGB ankommt: In diesem Kontext wäre dann auch zu berücksichtigen, dass der Anzeigeobliegenheit nach § 676b Abs. 1 BGB nicht erst nach dreizehn Monaten, sondern grundsätzlich unverzüglich nachzukommen ist.

C. Anspruchs- und Einwendungsausschlussfrist bei Nichtanzeige

§ 676b Abs. 2 S. 1 BGB sieht einen Ausschluss von Ansprüchen und Einwendungen 8
des Zahlungsdienstnutzers gegen den Zahlungsdienstleister vor, wenn die Anzeige nach § 676b Abs. 1 BGB nicht binnen dreizehn Monaten erfolgt. Der Ausschluss tritt von Gesetzes wegen ein und bedarf – anders als etwa die Einrede der Verjährung – keiner Berufung des Zahlungsdienstleisters hierauf.[20]

Der Ausschluss gilt zunächst (siehe § 676b Abs. 2 S. 1 BGB) für sämtliche Ansprüche 9
und Einwendungen des Zahlungsdienstnutzers gegen den Zahlungsdienstleister nach den §§ 675u bis 676c BGB, d.h. insbesondere für die Ansprüche des Zahlungsdienstnutzers nach den §§ 675u und 675y BGB.[21] § 676b Abs. 3 BGB erweitert den Anwendungsbereich des Anspruchsausschlusses auch auf nach § 675z S. 1 BGB nicht ausgeschlossene Ansprüche auf anderweitiger Grundlage gegen den Zahlungsdienstleister des Zahlungsdienstnutzers, wobei in diesem Fall die Maßgabe nach § 676b Abs. 3 BGB a.E. zu beachten ist.[22] Bei Beteiligung von Zahlungsauslösedienstleistern gelten die Sonderregeln nach § 676b Abs. 4 und 5 BGB.[23] Gegenüber sonstigen Beteiligten, d.h. insbesondere gegenüber dem anderen beteiligten Zahlungsdienstnutzer oder gegenüber dessen Zahlungsempfänger, sofern hier ausnahmsweise Ansprüche bestehen sollten, findet die Regelung des § 676b BGB keine Anwendung.

Die Ausschlussfrist des § 676b Abs. 2 S. 1 BGB beträgt dreizehn Monate, berechnet 10
nach dem Tag der Belastung des Zahlungsdienstnutzers (bzw. seines Kontos) mit einem nicht autorisierten oder fehlerhaften Zahlungsvorgang. Unterrichtet der Zahlungsdienstnutzer seinen Zahlungsdienstleisters nicht binnen dieser Frist über den nicht autorisierten oder fehlerhaften Zahlungsvorgang, dann sind seine Ansprüche und Rechte ausgeschlossen, dies grundsätzlich unabhängig davon, ob der Zahlungsdienstnutzer die mangelnde Autorisierung oder die fehlerhafte Ausführung kannte oder kennen musste.[24] Nach § 676b Abs. 2 S. 2 BGB setzt der Lauf der Frist voraus, dass der Zahlungsdienstleister den Zahlungsdienstnutzer über die den Zahlungsvorgang betreffenden Angaben gemäß Art. 248 §§ 7, 10 oder 14 EGBGB unterrichtet hat, d.h. über eine Unterrichtung über die dort geregelten Angaben nach der Durchführung konkreter Zahlungsvorgänge im Rahmen von Zah-

20 Siehe auch Begr Reg-Entw, BT-Drs. 18/11495, S. 178; Ellenberger/Findeisen/Nobbe-Nobbe, § 676b BGB Rn. 25; MK-Zetzsche, 7. Aufl., § 676b BGB Rn. 22; Staudinger-Omlor, 2012, § 676b BGB Rn. 8.
21 Erman-von Westphalen, 15. Aufl., § 676b BGB Rn. 7; MK-Zetzsche, 7. Aufl., § 676b BGB Rn. 20 f.; Palandt-Sprau, 77. Aufl., § 676b BGB Rn. 5; Staudinger-Omlor, 2012, § 676b BGB Rn. 9.
22 Dazu siehe sogleich unter Rn. 11.
23 Siehe unter Rn. 12 ff.
24 Siehe MK-Zetzsche, 7. Aufl., § 676b BGB Rn. 3, 17; Palandt-Sprau, 77. Aufl., § 676b BGB Rn. 6.

lungsdiensterahmen- bzw. Einzelzahlungsverträgen. War eine solche Unterrichtung bis zum Tag der Belastung mit dem nicht autorisierten oder fehlerhaften Zahlungsvorgang noch nicht erfolgt, so beginnt die Ausschlussfrist erst dann zu laufen, wenn diese Unterrichtung nachgeholt wird (§ 676b Abs. 2 S. 2 Halbs. 2 BGB).[25] Ist der Zahlungsdienstnutzer selbst geschäftsunfähig, ist die Unterrichtung gegenüber seinem Vertreter vorzunehmen.[26]

11 Für nach § 675z S. 1 BGB nicht ausgeschlossene Ansprüche des Zahlungsdienstnutzers gegen seinen Zahlungsdienstleister auf anderweitiger Grundlage, d.h. insbesondere für Ansprüche auf solche Folgeschäden einer nicht erfolgten oder fehlerhaften Ausführung eines Zahlungsvorgangs, die dem Nutzer aus einem Rechtsverhältnis zu Dritten entstehen,[27] gilt der Anspruchsausschluss nach § 676b Abs. 2 BGB unter Beachtung der Maßgaben des § 676b Abs. 3 BGB. Die Regelung des § 676b Abs. 2 BGB beruht unmittelbar auf den Vorgaben des Art. 58 ZDRL I bzw. nunmehr Art. 71 Abs. 1 ZDRL II, während die nach § 675z S. 1 BGB nicht ausgeschlossenen Ansprüche des Zahlungsdienstnutzers gegen seinen Zahlungsdienstleister auf anderweitiger Grundlage außerhalb des Regelungsbereichs der ZDRL II liegen, so dass auch die Regelung eines Anspruchsausschlusses bei fehlender Anzeige frei der Regelung des deutschen Gesetzgebers überlassen war.[28] Mit der Regelung des § 676b Abs. 3 BGB ist der Anspruchsausschluss bei fehlender Anzeige binnen dreizehn Monaten nach Belastung nach § 676b Abs. 2 BGB auch auf diese anderweitigen Anspruche des Zahlungsdienstnutzers gegen seinen Zahlungsdienstleister anzuwenden, wobei in diesem Fall die Maßgabe nach § 676b Abs. 3 BGB a.E. zu beachten ist. Danach ist der Zahlungsdienstnutzer mit seinen Ansprüchen nicht ausgeschlossen, wenn er ohne Verschulden an der Einhaltung der Frist verhindert war.[29] In Fällen nicht vorwerfbarer Unkenntnis von der mangelnden Autorisierung oder der fehlerhaften Ausführung trifft den Zahlungsdienstnutzer kein Verschulden, wenn er die ansonsten unverzüglich vorzunehmende Anzeige nicht innerhalb der Frist vornimmt.[30] Dasselbe gilt, wenn dem Zahlungsdienstnutzer gegenüber die seinen Schaden bildenden Ansprüche aus dem Verhältnis zu einem Dritten (Folgeschaden) erst nach Fristablauf geltend gemacht werden.[31]

D. Anspruchs- und Einwendungsausschlussfrist bei Beteiligung von Zahlungsauslösedienstleistern

12 Im Zuge der Umsetzung der ZDRL II wurde neu die Regelung in § 676b Abs. 4 und 5 BGB eingeführt, wonach bei Beteiligung von Zahlungsauslösdienstleistern besondere Bestimmungen zur Anspruchs- und Einwendungsausschlussfrist gelten, die von der allgemeinen Regelung nach § 676b Abs. 2 und 3 BGB abweichen.[32] Wirkungen und Vornahme der Anzeige nach § 676b Abs. 1 BGB sind bei Beteiligung von Zahlungsauslös-

25 Siehe auch Begr Reg-Entw, BT-Drs. 16/11643, S. 119; MK-Zetzsche, 7. Aufl., § 676b BGB Rn. 18.
26 OLG Schleswig, Urt. v. 28.4.2016 – 5 U 36/15, juris Rn. 60, NJW-RR 2016, 1245; BeckOK-Schmalenbach, 43. Ed. 2017, § 676b BGB Rn. 5.
27 Siehe zu § 675z BGB Rn. 6 ff.
28 Vgl. Begr Reg-Entw, BT-Drs. 18/11495, S. 179; Erman-von Westphalen, 15. Aufl., § 676b BGB Rn. 9; Staudinger-Omlor, 2012, § 676b BGB Rn. 10.
29 Siehe auch Begr Reg-Entw, BT-Drs. 16/11643, S. 119; Palandt-Sprau, 77. Aufl., § 676b BGB Rn. 7; MK-Zetzsche, 7. Aufl., § 676b BGB Rn. 25; Erman-von Westphalen, 15. Aufl., § 676b BGB Rn. 10; Staudinger-Omlor, 2012, § 676b BGB Rn. 16.
30 Vgl. Staudinger-Omlor, 2012, § 676b BGB Rn. 16.
31 MK-Zetzsche, 7. Aufl., § 676b BGB Rn. 25; Palandt-Sprau, 77. Aufl., § 676b BGB Rn. 7.
32 Siehe Begr Reg-Entw, BT-Drs. 18/11495, S. 178.

dienstleistern im Verhältnis des Zahlungsdienstnutzers sowohl zum (kontoführenden) Zahlungsdienstleiser als auch zum Zahlungsauslösedienstleister statt aus § 676b Abs. 2 und 3 BGB aus der Sonderregelung des § 676b Abs. 4 und 5 BGB zu entnehmen. Dabei beruht die Regelung in § 676b Abs. 4 BGB auf der Vorgabe des Art. 71 Abs. 2 ZDRL II; die Regelung in § 676b Abs. 5 BGB, die nicht durch die ZDRL II harmonisierte Ansprüche des Zahlungsdienstnutzers gegen den Zahlungsdienstleister sowie gegen den Zahlungsauslösedienstleister betrifft, ist dagegen vom nationalen Gesetzgeber ohne Vorgabe aus der ZDRL II in Anlehnung an § 676b Abs. 3 BGB ausgestaltet worden.[33]

Hat sich der Zahler zur Auslösung des Zahlungsvorgangs eines Zahlungsauslösedienstleisters bedient, der sodann die vom (kontoführenden) Zahlungsdienstleister des Zahlers auszuführende Zahlung ausgelöst hat, dann kommen für die Ansprüche nach den §§ 675u und 675y BGB sowie die nicht nach § 675z S. 1 BGB ausgeschlossenen Ansprüche auf anderweitiger Grundlage aus Sicht des Zahlers mit den beiden Dienstleistern zwei Anspruchsschuldner in Betracht, so dass sich die Frage stellt, wem gegenüber vom Zahler eine Anzeige gemäß § 676b Abs. 1 BGB vorzunehmen ist, um die entsprechenden Ansprüche und Einwendungen zu erhalten. **13**

§ 676b Abs. 4 BGB beantwortet dies im Hinblick auf die Geltendmachung von Ansprüchen und Einwendungen des Zahlungsdienstnutzers gegen seinen kontoführenden Zahlungsdienstleister, wobei es sich auch hier wie bei § 676b Abs. 2 BGB lediglich um Ansprüche und Einwendungen nach den §§ 675u bis 676c BGB handeln dürfte.[34] Nach § 676b Abs. 4 S. 1 BGB sind in Anlehnung an die Regelung des § 676b Abs. 2 BGB diese Ansprüche und Einwendungen auch bei Auslösung des Zahlungsvorgangs über einen Zahlungsauslösedienstleisters ausgeschlossen, wenn der Zahlungsdienstnutzer den kontoführenden Zahlungsdienstleister nicht spätestens dreizehn Monate nach dem Tag der Belastung mit einem nicht autorisierten oder fehlerhaften Zahlungsvorgang hiervon unterrichtet hat,[35] d.h. es ist auch hier die Anzeige gegenüber dem (kontoführenden) Zahlungsdienstleister vorzunehmen. § 676b Abs. 4 S. 2 BGB bestätigt, dass es auch für die für den Lauf dieser Frist entscheidende Unterrichtung nach Art. 248 §§ 7, 10 oder 14 EGBGB allein auf die Unterrichtung durch den kontoführenden Zahlungsdienstleister ankommt.[36] **14**

Nach § 676b Abs. 5 BGB schließlich kommt es auch für die durch § 675z S. 1 BGB nicht ausgeschlossenen Ansprüche auf anderweitiger Grundlage gegen den (kontoführenden) Zahlungsdienstleiser wie auch gegen den Zahlungsauslösedienstleister allein auf die Anzeige gegenüber dem kontoführenden Zahlungsdienstleister an, d.h. auch hier bleiben Ansprüche – auch mit Wirkung gegenüber dem Zahlungsauslösedienstleister – erhalten, wenn der Zahlungsdienstnutzer innerhalb der Frist von dreizehn Monaten den kontoführenden Zahlungsdienstleister über die mangelnde Autorisierung oder die fehlerhafte Ausführung unterrichtet (§ 676b Abs. 5 Nr. 1 BGB).[37] Wie nach § 676b Abs. 3 BGB kann der Zahler bei mangelndem Verschulden an der Nichteinhaltung dieser Frist zur Anzeige die Ansprüche auch nach deren Ablauf geltend machen (§ 676b Abs. 5 Nr. 2 BGB).[38] Für die Unterrichtung gilt hier § 676b Abs. 4 S. 2 BGB unverändert, d.h. es ist der **15**

33 Siehe Begr Reg-Entw, BT-Drs. 18/11495, S. 179.
34 Das Gesetz wiederholt diese Bezugnahme in § 676b Abs. 4 BGB anders als in § 676b Abs. 2 BGB nicht erneut, aus dem Sachzusammenhang zu § 676b Abs. 5 BGB, der sich auf die anderen als in § 675z S. 1 BGB genannten Ansprüche bezieht, wird aber deutlich, dass die Regelung in § 676b Abs. 4 BGB entsprechend beschränkt zu verstehen ist.
35 Siehe Begr Reg-Entw, BT-Drs. 18/11495, S. 178.
36 Siehe Begr Reg-Entw, BT-Drs. 18/11495, S. 178.
37 Siehe Begr Reg-Entw, BT-Drs. 18/11495, S. 179.
38 Begr Reg-Entw, BT-Drs. 18/11495, S. 179.

Fristbeginn von einer Unterrichtung nach Art. 248 §§ 7, 10 oder 14 EGBGB durch den kontoführenden Zahlungsdienstleister abhängig.[39]

E. Vorvertragliche Informationspflichten

16 Im Hinblick auf den Anspruchs- und Einwendungsausschluss nach § 676b BGB sind zwei verschiedene Pflichtenkomplexe des Zahlungsdienstleisters nach Art. 248 EGBGB zu unterscheiden.

17 Zum einen hat er nach Art. 248 § 4 Nr. 5 Buchst. b EGBGB im Rahmen seiner vorvertraglichen Informationen bei Zahlungsdiensterahmenverträgen – sowie nach Art. 248 § 13 Abs. 3 EGBGB, falls dort erheblich, auch im Rahmen von Einzelzahlungsverträgen – dem Zahlungsdienstnutzer Angaben dazu mitzuteilen, wie und innerhalb welcher Frist der Zahlungsdienstnutzer dem Zahlungsdienstleister nicht autorisierte oder fehlerhaft ausgelöste oder ausgeführte Zahlungsvorgänge gemäß § 676b des Bürgerlichen Gesetzbuchs anzeigen muss.

18 Zum anderen setzt der Beginn des Laufs der Frist von dreizehn Monaten im Rahmen der verschiedenen Fallkonstellationen nach § 676b Abs. 2 bis 5 BGB jeweils eine Unterrichtung des Zahlungsdienstnutzers durch seinen (kontoführenden) Zahlungsdienstleister nach Art. 248 §§ 7, 10 oder 14 EGBGB voraus, d.h. eine Unterrichtung über dort geregelten Angaben nach der Durchführung konkreter Zahlungsvorgänge im Rahmen von Zahlungsdiensterahmen- bzw. Einzelzahlungsverträgen. Hierzu kann auf die obigen Ausführungen verwiesen werden.[40]

F. Abdingbarkeit, insbesondere Vereinbarung von Prüfungspflichten und Genehmigungsfiktionen in AGB

19 Von der Regelung des § 676b BGB darf, wie sich aus der Grundregel des § 675e Abs. 1 BGB ergibt, grundsätzlich nicht zu Lasten des Zahlungsdienstnutzers abgewichen werden, wonach es insbesondere eine Vereinbarung unzulässig wäre, dass der Anspruchs- und Einwendungsausschluss bereits nach einer kürzeren Frist eintreten soll. Insoweit sind auch in § 675i BGB keine Sonderregelungen für Kleinbetragsinstrumente und E-Geld vorgesehen.

20 Gegenüber Nicht-Verbrauchern dürfen dagegen nach § 675e Abs. 4 BGB auch andere als die nach § 676b Abs. 2 und 4 BGB geltenden Fristen von dreizehn Monaten vereinbart werden, also insbesondere kürzere Anzeigefristen. Zudem ebenso sind Abweichungen auch – dies sowohl im Verbrauchergeschäft wie im unternehmerischen Verkehr – in Drittstaatensachverhalten nach § 675d Abs. 6 S. 1 Nr. 1 und 2 BGB generell zulässig (siehe § 675e Abs. 2 Nr. 2 BGB).

21 Praxisrelevant und umstritten ist, inwieweit die jedenfalls im Verbrauchergeschäft vollumfänglich zwingende Regelung des § 676b BGB der Zulässigkeit von Bestimmungen in AGB zu Prüfungspflichten und Genehmigungsfiktionen entgegensteht.

22 Nach Nr. 11 Abs. 4 AGB-Banken hat der Kunde eine unverzügliche Prüfung unter anderem von Kontoauszügen, sonstigen Abrechnungen und Anzeigen über die Ausführung von Aufträgen vorzunehmen etwaige Einwendungen unverzüglich zu erheben. Nach Nr. 20 Abs. 1 Buchst. g AGB-Sparkassen ist vorgesehen, dass Einwendungen unter anderem gegen Lastschriften und Kontoauszüge unverzüglich zu erheben sind; in Nr. 20

39 Begr Reg-Entw, BT-Drs. 18/11495, S. 179.
40 Siehe oben Rn. 10 und 15.

Abs. 1 Buchst. h AGB-Sparkassen heißt es unter dem Titel „Kontrolle von Bestätigungen der Sparkasse", dass der der Kunde es unverzüglich zu beanstanden hat, wenn Bestätigungen der Sparkassen von seinen Aufträgen oder Weisungen abweichen. In den Prüfungs- bzw. Kontrollpflichten dieser Bestimmungen wird teils eine jedenfalls im Verbrauchergeschäft unzulässige Abweichung von § 676b BGB zu Lasten des Zahlungsdienstnutzers gesehen.[41] Dies erscheint nicht zutreffend:[42] Soweit diese Regelungen eine unverzügliche Erhebung von Einwendungen verlangen, entsprechen sie ohnehin bereits dem § 676b Abs. 1 BGB. Dabei sollten sie allerdings wie dieser als Obliegenheit verstanden werden,[43] nicht als eine im Fall ihrer Verletzung gegebenenfalls Schadensersatzansprüche begründende Verpflichtung des Zahlungsdienstnutzers.[44] Soweit in den vorgenannten AGB-Regelungen eine Prüfungs- bzw. Kontrollpflicht des Zahlungsdienstnutzers vorgesehen ist, ist dies keine Abweichung vom § 676b BGB zulasten des Nutzers, sondern vielmehr vom Regelungsgehalt dieser Bestimmung verschieden,[45] die in Absatz 1 lediglich eine Anzeigepflicht bei positiver Kenntnis und in den Absätzen 2 bis 5 eine grundsätzlich kenntnisunabhängige Anspruchs- und Einwendungsausschlussfrist vorsieht.

Nach Nr. 7 Abs. 2 AGB-Banken und Nr. 7 Abs. 3 AGB-Sparkassen hat der Kunde Ein- **23**
wendungen wegen Unrichtigkeit und Unvollständigkeit eines Rechnungsabschlusses spätestens vor Ablauf von sechs Wochen nach dessen Zugang zu erheben. Das Unterlassen rechtzeitiger Einwendungen gilt als Genehmigung mit der Folge einer Beweislastumkehr zu Lasten des Kunden, wenn er nachträglich eine zu Unrecht erfolgte Belastung seines Kontos geltend macht.[46] Auch hinsichtlich dieser Regelung wird vertreten, dass diese bereits sechs Wochen nach Zugang eines Rechnungsabschlusses eintretende Beweislastumkehr (wenn auch noch kein endgültiger Anspruchs- und Einwendungsausschluss) eine jedenfalls im Verbrauchergeschäft unzulässige Abweichung von den Regelungen des § 676b BGB bzw. des § 675w BGB zulasten des Zahlungsdienstnutzers darstelle.[47] Richtigerweise ist aber von der Zulässigkeit der vorgenannten Vereinbarungen auszugehen:[48] Zum einen sind sie grundsätzlich neutral und können sich bei unberechtigten Gutschriften auch zugunsten des Kunden auswirken;[49] zum anderen ist unmittelbarer Bezugspunkt der Genehmigung ohnehin das Saldoanerkenntnis, durch welches die einzelnen Buchungsvorgänge nur mittelbar betroffen werden,[50] so dass es sich hier wiederum um eine vom Gehalt des § 676b BGB verschiedene Regelung handelt, nicht um eine Abweichung zulasten des Zahlungsdienstnutzers.

---

41 BeckOK-Schmalenbach, 43. Ed. 2017, § 676b BGB Rn. 10; Erman-von Westphalen, 15. Aufl., § 676b BGB Rn. 6.
42 Für die Zulässigkeit auch Ellenberger/Findeisen/Nobbe-Nobbe, § 676b BGB Rn. 7 f.; Langenbucher/Bliesener/Spindler-Langenbucher, 2. Aufl., Kap. 3 § 676b BGB Rn. 11; MK-Zetzsche, 7. Aufl., § 676b BGB Rn. 24; Staudinger-Omlor, 2012, § 676b BGB Rn. 7.
43 So auch OLG Frankfurt, Urt. v. 11.5.2017 – 1 U 224/15, juris Rn. 18, ZIP 2017, 1559; Staub, in: Staub, HGB, 5. Aufl., Zweiter Teil, Rn. 325.
44 Anders zum alten Recht noch BGH, Urt. v. 29.1.1979 – II ZR 148/77, juris Rn. 15, BGHZ 73, 207; zustimmend dazu OLG Koblenz, Beschl. v. 30.1.2012 – 3 W 40/12, juris Rn. 9, FamRZ 2013, 69; OLG Schleswig, Urt. v. 28.4.2016 – 5 U 36/15, juris Rn. 58, NJW-RR 2016, 1245.
45 Vgl. MK-Zetzsche, 7. Aufl., § 676b BGB Rn. 13; Staudinger-Omlor, 2012, § 676b BGB Rn. 7.
46 Siehe BGH, Urt. v. 18.10.1994 – XI ZR 194/93, juris Rn. 13, NJW 1995, 320.
47 BeckOK-Schmalenbach, 43. Ed. 2017, § 676b BGB Rn. 11; Erman-von Westphalen, 15. Aufl., § 676b BGB Rn. 5. Zweifelnd auch Palandt-Sprau, 76. Aufl., § 676b BGB Rn. 4.
48 Die Gesetzesbegründung ist von der Zulässigkeit dieser Konstruktion ausgegangen, siehe Begr Reg-Entw, BT-Drs. 16/11643, S. 119; siehe ferner Ellenberger/Findeisen/Nobbe-Nobbe, § 676b BGB Rn. 7 f.; MK-Zetzsche, 7. Aufl., § 676b BGB Rn. 24; Staudinger-Omlor, 2012, § 676b BGB Rn. 12.
49 Staudinger-Omlor, 2012, § 676b BGB Rn. 12; Ellenberger/Findeisen/Nobbe-Nobbe, § 676b BGB Rn. 7 f.
50 Vgl. MK-Zetzsche, 7. Aufl., § 676b BGB Rn. 24; Staudinger-Omlor, 2012, § 676b BGB Rn. 12.

§ 676c BGB
Haftungsausschluss

Ansprüche nach diesem Kapitel sind ausgeschlossen, wenn die einen Anspruch begründenden Umstände
1. **auf einem ungewöhnlichen und unvorhersehbaren Ereignis beruhen, auf das diejenige Partei, die sich auf dieses Ereignis beruft, keinen Einfluss hat, und dessen Folgen trotz Anwendung der gebotenen Sorgfalt nicht hätten vermieden werden können, oder**
2. **vom Zahlungsdienstleister auf Grund einer gesetzlichen Verpflichtung herbeigeführt wurden.**

Systematische Übersicht

A. Allgemeines

1 § 676c BGB enthält die Regelung eines Haftungsausschlusses, der die Reichweite der Ansprüche nach den §§ 675j ff. BGB in solchen Fällen beschränkt, in denen der jeweilige Anspruch durch Umstände begründet wurde, die außerhalb der Risikosphäre des jeweiligen Verpflichteten nach dem Rechte der Zahlungsdienste liegen, indem sie auf einem ungewöhnlichen unvorhersehbaren Ereignis beruhen oder da der Zahlungsdienstleister gesetzlich verpflichtet war, sie herbeizuführen.

2 Die Bestimmung des § 676c BGB wurde eingeführt in Umsetzung von Art. 78 ZDRL I. Diese Regelung wurde ohne inhaltliche Änderungen in Art. 93 ZDRL II übernommen und § 676c BGB ist daher im Zuge der Umsetzung der ZDRL II unverändert geblieben.

B. Erfasste Ansprüche und Anwendung des Haftungsausschlusses nach § 676c BGB

3 Der Haftungsausschluss nach § 676c BGB findet Anwendung auf sämtliche in den §§ 675j ff. BGB geregelten Ansprüche. Namentlich gilt dies für Ansprüche des Zahlungsdienstnutzers gegen seinen Zahlungsdienstleister, insbesondere solche nach den §§ 675u und 675y BGB, sowie für die Direktansprüche des Zahlungsdienstnutzers gegen eine zwischengeschaltete Stelle nach § 675z S. 4 BGB. Ebenso gilt § 676c BGB auch für Ansprüche im Interbankenverhältnis, z.B. nach §§ 675y Abs. 3 S. 2, Abs. 5 S. 3 BGB und 676a Abs. 1 BGB, Erfasst sind nach dem insoweit allgemein gehaltenen Wortlaut des § 676c BGB grundsätzlich auch die Ansprüche des Zahlungsdienstleisters gegen den Zahlungsdienstnutzer nach § 675v BGB, wobei hier aber § 676c BGB neben dem dort geregelten Verschuldenserfordernis keine verbleibende Bedeutung zukommt.[1] Für außerhalb der §§ 675c ff. BGB begründete Ansprüche des Zahlungsdienstnutzers auf anderweitiger

1 Vgl. MK-Zetzsche, 7. Aufl., § 676c BGB Rn. 1f.

Grundlage, die nicht nach § 675z S. 1 BGB ausgeschlossen sind, gilt § 676c BGB dagegen nicht, da es sich hierbei nicht um Ansprüche nach diesem Kapitel handelt.[2]

Die Regelung des § 676c BGB ist, wenngleich die Ergebnisse in der Sache gelegentlich ähnlich sein werden,[3] nicht mit einem Verschuldenserfordernis gleichzusetzen: Die Haftung des jeweils Verpflichteten wird durch § 676c BGB, wie sogleich zu erörtern sein wird, nicht bereits in jedem Fall fehlenden Verschuldens ausgeschlossen, sondern lediglich in eng gefassten Fällen eines Beruhens der Ansprüche auf einem außerhalb der Risikosphäre des Verpflichteten liegenden Umstand. Im Interesse eines europaweit einheitlichen Verständnisses vermeidet die Regelung des § 676c BGB den Richtlinienvorgaben folgend die Verwendung des Begriffs der höheren Gewalt,[4] dessen in der Rechtsprechung zu § 676b Abs. 4 BGB in der Fassung vor Umsetzung der ZDRL I verwendete Elemente aber teils auch zur Auslegung insbesondere des § 676c Nr. 1 BGB herangezogen werden können. 4

Die Beweislast für das Eingreifen des Haftungsausschlusses nach § 676c BGB trägt nach allgemeinen Grundsätzen diejenige Partei, die sich hierauf beruft.[5] 5

C. Ungewöhnliches und unerwartetes Ereignis (§ 676c Nr. 1 BGB)

§ 676c Nr. 1 BGB regelt den Haftungsausschluss bei Eintritt ungewöhnlicher und unerwarteter Ereignisse. Diese Regelung gilt zugunsten sowohl des Zahlungsdienstleisters wie auch zugunsten anderer zwischengeschalteter Stellung und des Zahlungsdienstnutzers als Schuldner der jeweiligen Ansprüche nach den §§ 675j ff. BGB, wobei allerdings im Hinblick auf die bei Ansprüchen gegen den Zahlungsdienstnutzer ohnehin bestehende Verschuldensabhängigkeit dieser Regelung in diesem Verhältnis keine verbleibende Bedeutung zukommt.[6] 6

§ 676c Nr. 1 BGB setzt zunächst voraus, dass die den jeweiligen Anspruch begründenden Umstände auf einem ungewöhnlichen und unvorhersehbaren Ereignis beruhen müssen. Die Vorhersehbarkeit ist nicht auf eine Vorhersehbarkeit bei Anwendung banküblicher Sorgfalt beschränkt, so dass hier stattdessen ein strengerer objektiver Maßstab anzulegen ist.[7] 7

Ferner darf die Partei, die sich auf den Haftungsausschluss nach § 676c Nr. 1 BGB beruft, keinen Einfluss auf das ungewöhnliche und unvorhersehbare Ereignis haben und seine Folgen dürfen trotz Anwendung der gebotenen Sorgfalt nicht zu vermeiden gewesen sein. Damit dürften jedenfalls in den Fällen, in denen nach den Grundsätzen zum Haftungsausschluss bei höherer Gewalt eine Unvermeidbarkeit bei Anwendung äußers- 8

2 Wie hier Palandt-Sprau, 77. Aufl., § 676c BGB Rn. 1; ebenso BeckOK-Schmalenbach, 43. Ed. 2017, § 676c BGB Rn. 1; Langenbucher/Bliesener/Spindler-Herresthal, 2. Aufl., Kap. 5 § 676c BGB Rn. 1. Anders dagegen MK-Zetzsche, 7. Aufl., § 676c BGB Rn. 2. Praxisrelevant ist dieser Streit nicht, da wegen der Verschuldensabhängigkeit der sonstigen Ansprüche dem Haftungsausschluss nach § 676c BGB dort keine verbleibende Bedeutung zukommen würde.

3 Vgl. die Erwägungen bei Erman-von Westphalen, 14. Aufl., § 676c BGB Rn. 3.

4 Vgl. die Begründung des Regierungsentwurfs zur Umsetzung des zivilrechtlichen Teils der ZDRL I in BT-Drucks 16/11643, S. 119; MK-Zetzsche, 7. Aufl., § 676c BGB Rn. 4. Im ursprünglichen Kommissionsvorschlag zur ZDRL I wurde der Begriff der höheren Gewalt noch verwendet, siehe KOM 2005/0603 endg, dort Art. 70.

5 So auch MK-Zetzsche, 7. Aufl., § 676c BGB Rn. 11; Palandt-Sprau, 77. Aufl., § 676c BGB Rn. 1.

6 Siehe oben Rn. 3. Zu Beispielen der Anwendung des § 676c Nr. 1 BGB zum Ausschluss von Fällen einer verschuldensunabhängigen Haftung des Zahlungsdienstnutzers nach § 676v Abs. 1 BGB a.F. siehe MK-Zetzsche, 7. Aufl., § 676c BGB Rn. 9.

7 So auch MK-Zetzsche, 7. Aufl., § 676c BGB Rn. 5. Vgl. ferner Staudinger-Omlor, 2012, § 676c BGB Rn. 3.

ter Sorgfalt angenommen wurde,[8] auch die Voraussetzungen zur Vermeidbarkeit im Rahmen des Haftungsausschlusses nach § 676c Nr. 1 BGB gegeben sein;[9] umgekehrt dürfte mit der Anwendung der gebotenen Sorgfalt für die Anwendung des § 676c Nr. 1 BGB ein Normalmaßstab der Sorgfalt anzulegen sein.[10] Der bloße Umstand, dass ein Ereignis im Bereich der zwischengeschalteten Stelle eingetreten ist, macht dies nicht zu einem Ereignis, auf das der Zahlungsdienstleister keinen Einfluss hatte, wie sich auch aus der Zurechnung nach §§ 675y und 675z BGB ergibt.[11]

9 Als möglicher Anwendungsfall des § 676c Nr. 1 BGB erscheinen damit insbesondere Fälle von Aufruhr, Kriegs- und unabwendbaren Naturereignissen und sowie Beeinträchtigungen des Geschäftsbetriebs durch Bombendrohungen und Überfälle, nicht aber Arbeitskampfmaßnahmen im Unternehmen des Zahlungsdienstleisters oder zwischengeschalteter Stellen oder Funktionsausfälle der EDV des eigenen oder zwischengeschalteter Unternehmen.[12] Die Insolvenz zwischengeschalteter Stellen, die nach früherem Recht teils als Fall einer höheren Gewalt angesehen wurde,[13] dürfte dagegen nach § 676c Nr. 1 BGB weder als grundsätzlich unvorhersehbar noch als unvermeidbar gelten.[14]

10 Auch der Umstand einer guten Ausführung der Fälschung einer Unterschrift mit der Folge, dass diese vom Zahlungsdienstleister nicht erkannt wurde, wird regelmäßig nicht die Voraussetzungen des § 676c Nr. 1 BGB erfüllen können, da auch dies zumindest nicht als ein gänzlich unvorhersehbares Ereignis angesehen werden kann.[15] In der Sache würde es auch den Zielsetzungen und der Risikoverteilung des § 675w BGB zuwider laufen, wenn der Umstand einer gut ausgeführten Fälschung einer Unterschrift zum Erwecken des Anscheins der Autorisierung zu einer Haftungsbefreiung des Zahlungsdienstleisters führen sollte, der für das Vorliegen der Autorisierung beweisbelastet ist.

D. Entgegenstehende gesetzliche Verpflichtung (§ 676c Nr. 2 BGB)

11 § 676c Nr. 2 BGB regelt den Haftungsausschluss bei Vorliegen entgegenstehender gesetzlicher Verpflichtungen, wobei diese Vorschrift nur auf die Haftung von Zahlungsdienstleistern Anwendung findet.[16]

12 Danach sind Ansprüche gegen den Zahlungsdienstleister nach den §§ 675u ff. BGB dann ausgeschlossen, wenn die einen Anspruch begründenden Umstände vom Zahlungsdienstleister aufgrund einer gesetzlichen Verpflichtung herbeigeführt wurden. Als solche gesetzliche Verpflichtungen sind sowohl Verpflichtungen auf nationaler Grund-

---

8 Siehe BGH, Urt. v. 24.9.1981 – IX ZR 93/80, juris Rn. 7, BGHZ 81, 353; BAG, Urt. v. 7.11.2002 – 2 AZR 297/01, juris Rn. 85, BAGE 103, 290; Palandt-Ellenberger, 77. Aufl., § 206 BGB Rn. 4.
9 So auch BeckOK-Schmalenbach, 43. Ed. 2017, § 676c BGB Rn. 4; Palandt-Sprau, 77. Aufl., § 676c BGB Rn. 2; offengelassen bei MK-Zetzsche, 7. Aufl., § 676c BGB Rn. 5.
10 Ebenso Palandt-Sprau, 77. Aufl., § 676c BGB Rn. 2; Staudinger-Omlor, 2012, § 676c BGB Rn. 3.
11 So Staudinger-Omlor, 2012, § 676c BGB Rn. 3.
12 Vgl. zu diesen Beispielen BeckOK-Schmalenbach, 43. Ed. 2017, § 676c BGB Rn. 4; Langenbucher/Bliesener/Spindler-Langenbucher, 2. Aufl., § 676c BGB Rn. 4; MK-Zetzsche, 7. Aufl., § 676c BGB Rn. 6; Palandt-Sprau, 77. Aufl., § 676c BGB Rn. 2.
13 Siehe EG 13 der früheren Überweisungsrichtlinie, RL 97/5/EG vom 27.1.1997.
14 Vgl. Langenbucher/Bliesener/Spindler-Langenbucher, 2. Aufl., § 676c BGB Rn. 4; MK-Zetzsche, 7. Aufl., § 676c BGB Rn. 7.
15 Wie hier OLG Frankfurt, Urt. v. 11.5.2017 – 1 U 224/15, juris Rn. 17, ZIP 2017, 1559; anders dagegen noch die Vorinstanz LG Wiesbaden, Urt. v. 29.10.2015 – 3 O 75/15, juris Rn. 9, sowie LG Dessau-Roßlau, Urt. v. 17.1.2014 – 4 O 348/13, juris Rn. 13. Gegen die Anwendung des § 676c BGB auch BeckOK-Schmalenbach, 43. Ed. 2017, § 676c BGB Rn. 4; MK-Zetzsche, 7. Aufl., § 676c BGB Rn. 8.
16 MK-Zetzsche, 7. Aufl., § 676c BGB Rn. 10.

lage zu berücksichtigen wie auch Verpflichtungen aus dem Gemeinschaftsrecht;[17] ferner sind unmittelbar sich aus dem Gesetz ergebende Verpflichtungen ebenso erfasst wie die Befolgung behördlicher Anordnungen.[18] Beispielsfälle sind etwa die Nichtausführung von Zahlungsvorgängen aufgrund von Verpflichtungen mit dem Ziel der Geldwäsche- und Terrorismusbekämpfung sowie aufgrund von Beschlagnahmen und Kontopfändungen.[19] Anders als nach § 676c Nr. 1 BGB kommt es auf die Vorhersehbarkeit und die Vermeidbarkeit im Rahmen des § 676c Nr. 2 BGB nicht an.

E. Abdingbarkeit

Die Regelung des § 676c BGB ist, wie sich aus der Grundregel des § 675e Abs. 1 BGB **13**
ergibt, grundsätzlich zwingend zugunsten des Zahlungsdienstnutzers, d.h. während eine noch weitergehende Garantieübernahme durch den Zahlungsdienstleister oder der Ausschluss seiner Berufung auf den Haftungsausschluss des § 676c BGB vereinbart werden darf,[20] sind Abweichungen zu Ungunsten des Zahlungsdienstnutzers unzulässig. Ausnahmen hiervon sind auch nicht in Bezug auf Kleinbetragsinstrumente und E-Geld (siehe das Fehlen von Sonderregelungen in § 675i BGB) sowie für den Verkehr mit Nicht-Verbrauchern vorgesehen (siehe § 675e Abs. 4 BGB). Damit ist es insbesondere ausgeschlossen, die Haftung des Zahlungsdienstleisters nach den §§ 675u und 675y BGB durch ein Verschuldenserfordernis über § 676c BGB hinausgehend einzuschränken.

Lediglich in Drittstaatensachverhalten nach § 675d Abs. 6 S. 1 Nr. 1 und 2 BGB sind **14**
derartige abweichende Vereinbarungen und weitergehende Haftungseinschränkungen nach § 675e Abs. 2 Nr. 2 BGB zulässig, wobei bei Abweichungen in Allgemeinen Geschäftsbedingungen jeweils die §§ 307 ff. BGB zu beachten sind, sofern diese international-privatrechtlich anwendbar sind.

---

17 Siehe so ausdrücklich Art. 93 ZDRL II; Palandt-Sprau, 77. Aufl., § 676c BGB Rn. 3; ebenso MK-Zetzsche, 7. Aufl., § 676c BGB Rn. 10.
18 BeckOK-Schmalenbach, 43. Ed. 2017, § 676c BGB Rn. 5; MK-Zetzsche, 7. Aufl., § 676c BGB Rn. 10.
19 Siehe Palandt-Sprau, 77. Aufl., § 676c BGB Rn. 3; ebenso MK-Zetzsche, 7. Aufl., § 676c BGB Rn. 10; Staudinger-Omlor, 2012, § 676c BGB Rn. 4.
20 MK-Zetzsche, 7. Aufl., § 676c BGB Rn. 3.

VIERTER TEIL

Verbraucherkreditrecht

§ 491 BGB
Verbraucherdarlehensvertrag

(1) Die Vorschriften dieses Kapitels gelten für Verbraucherdarlehensverträge, soweit nichts anderes bestimmt ist. Verbraucherdarlehensverträge sind Allgemein-Verbraucherdarlehensverträge und Immobiliar-Verbraucherdarlehensverträge.

(2) Allgemein-Verbraucherdarlehensverträge sind entgeltliche Darlehensverträge zwischen einem Unternehmer als Darlehensgeber und einem Verbraucher als Darlehensnehmer. Keine Allgemein-Verbraucherdarlehensverträge sind Verträge,

1. **bei denen der Nettodarlehensbetrag (Artikel 247 § 3 Abs. 2 des Einführungsgesetzes zum Bürgerlichen Gesetzbuche) weniger als 200 Euro beträgt,**
2. **bei denen sich die Haftung des Darlehensnehmers auf eine dem Darlehensgeber zum Pfand übergebene Sache beschränkt,**
3. **bei denen der Darlehensnehmer das Darlehen binnen drei Monaten zurückzuzahlen hat und nur geringe Kosten vereinbart sind,**
4. **die von Arbeitgebern mit ihren Arbeitnehmern als Nebenleistung zum Arbeitsvertrag zu einem niedrigeren als dem marktüblichen effektiven Jahreszins (§ 6 der Preisangabenverordnung) abgeschlossen werden und anderen Personen nicht angeboten werden,**
5. **die nur mit einem begrenzten Personenkreis auf Grund von Rechtsvorschriften in öffentlichem Interesse abgeschlossen werden, wenn im Vertrag für den Darlehensnehmer günstigere als marktübliche Bedingungen und höchstens der marktübliche Sollzinssatz vereinbart sind,**
6. **bei denen es sich um Immobiliar-Verbraucherdarlehensverträge oder Immobilienverzehrkreditverträge gemäß Absatz 3 handelt.**

(3) Immobiliar-Verbraucherdarlehensverträge sind entgeltliche Darlehensverträge zwischen einem Unternehmer als Darlehensgeber und einem Verbraucher als Darlehensnehmer, die

1. **durch ein Grundpfandrecht oder eine Reallast besichert sind oder**
2. **für den Erwerb oder die Erhaltung des Eigentumsrechts an Grundstücken, an bestehenden oder zu errichtenden Gebäuden oder für den Erwerb oder die Erhaltung von grundstücksgleichen Rechten bestimmt sind.**

Keine Immobiliar-Verbraucherdarlehensverträge sind Verträge gemäß Absatz 2 Satz 2 Nummer 4. Auf Immobiliar-Verbraucherdarlehensverträge gemäß Absatz 2 Satz 2 Nummer 5 ist nur § 491a Absatz 4 anwendbar. Keine Immobiliar-Verbraucherdarlehensverträge sind Immobilienverzehrkreditverträge, bei denen der Kreditgeber

1. **pauschale oder regelmäßige Zahlungen leistet oder andere Formen der Kreditauszahlung vornimmt und im Gegenzug nur einen Betrag aus dem künftigen Erlös des Verkaufs einer Wohnimmobilie erhält oder ein Recht an einer Wohnimmobilie erwirbt und**
2. **erst nach dem Tod des Verbrauchers eine Rückzahlung fordert, außer der Verbraucher verstößt gegen die Vertragsbestimmungen, was dem Kreditgeber erlaubt, den Vertrag zu kündigen.**

(4) § 358 Abs. 2 und 4 sowie die §§ 491a bis 495 und 505a bis 505e sind nicht auf Darlehensverträge anzuwenden, die in ein nach den Vorschriften der Zivilpro-

https://doi.org/10.1515/9783110447293-005

zessordnung errichtetes gerichtliches Protokoll aufgenommen oder durch einen gerichtlichen Beschluss über das Zustandekommen und den Inhalt eines zwischen den Parteien geschlossenen Vergleichs festgestellt sind, wenn in das Protokoll oder den Beschluss der Sollzinssatz, die bei Abschluss des Vertrags in Rechnung gestellten Kosten des Darlehens sowie die Voraussetzungen aufgenommen worden sind, unter denen der Sollzinssatz oder die Kosten angepasst werden können.

Schrifttum

Ady Die „unechte Abschnittsfinanzierung" nach der Umsetzung der Verbraucherkreditrichtlinie, WM **2010** 1305; *Ady/Paetz* Die Umsetzung der Verbraucherkreditrichtlinie in deutsches Recht und besondere verbraucherpolitische Aspekte, WM **2009** 1061; *Bülow* Beweislast für die Verbrauchereigenschaft nach § 13 BGB, WM **2011** 1349; ders. Rechtsfragen des Immobiliar-Verbraucherkreditvertrags im neuen Rechte, WM **2015** 1309; *Dörrie* Kreditgeschäfte mit Grundbesitzgesellschaften bürgerlichen Rechts, ZfIR **2001** 1; *Häublein* Darlehensaufnahme durch die Gemeinschaft der Wohnungseigentümer als Maßnahme der ordnungsgemäßen Verwaltung, ZWE **2015** 61; *Heider* Der Ausschluss von geförderten Ausbildungsdarlehen aus dem Verbraucherkreditrecht, BKR **2014** 277; *Hümmerich* Der Verbraucher-Geschäftsführer – Das unbekannte Wesen, NZA **2006** 709; *Meincke/Hingst* Der Kreditbegriff im deutschen Recht, WM **2011** 633; *Martinek* Derivativer und originärer Verbraucherschutz bei der Vertragsübernahme, JZ **2000** 551; *Mülbert* Die Auswirkungen der Schuldrechtsmodernisierung im Recht des „bürgerlichen" Darlehensvertrages, WM **2002** 465; *Pieckenbrock* Die geplante Umsetzung der Wohnimmobilienkreditvertragsrichtlinie, GPR **2015** 26; *Röthel/Heßeler* Vertragsübernahme und Verbraucherschutz – Bewährungsprobe für ein junges Rechtsinstitut, WM **2008** 1001; *Schürnbrand* „Nullprozent"-Finanzierungen als Herausforderung für das Verbraucherkreditrecht, ZIP **2015** 654.

Systematische Übersicht

A. Allgemeines

I. Gesetzesentwicklung

§ 491 BGB ist als Bestandteil des im Zuge der Schuldrechtsmodernisierung neu strukturierten Kapitels zum Darlehensrecht ins BGB eingefügt worden. Die Regelung fasst ohne inhaltliche Änderungen die Vorschriften der bisherigen § 1 Abs. 1 und § 3 VerbrKrG zusammen.[1] Mit Inkrafttreten des OLG-Vertretungsänderungsgesetzes mit Wirkung zum 1.8.2002 im Anschluss an die „Heininger-Entscheidung" des EuGH vom 13.12.2001, sind vom Gesetzgeber Immobiliardarlehensverträge in § 491 BGB dem allgemeinen Verbraucherdarlehensrecht unterstellt worden, so dass diese im Gegensatz zur vorangehenden Gesetzeslage u.a. einem gesetzlichen Widerrufsrecht des Verbrauchers unterlagen. Im Zuge der Umsetzung der europäischen Verbraucherkreditrichtlinie 2008/48/EG ins deutsche Zivilrecht ist die Vorschrift nochmals angepasst worden. Der Anwendungsausschluss betreffend der Vorschriften des Verbraucherdarlehensrechts nach Abs. 2 ist dabei insofern modifiziert worden, als dass die darin genannten Verträge schon kraft Definition keine Verbraucherdarlehensverträge mehr waren.[2] Zudem wurden auf Basis der Vorschriften der Verbraucherkreditrichtlinie die Fälle, welche vom Anwendungsausschluss betroffen sind, zum Teil modifiziert bzw. vollständig neu eingefügt. Seit Umsetzung der europäischen Wohnimmobilienkreditrichtlinie 2014/17/EU kennt § 491 BGB zwei Unterformen des weiterhin als Oberbegriff dienenden Verbraucherdarlehensvertrages. Verbraucherdarlehensverträge sind nunmehr Allgemein-Verbraucherdarlehensverträge und Immobiliar-Verbraucherdarlehensverträge. Schließlich ist mit Wirkung zum 10.6.2017 durch das Finanzaufsichtsergänzungsgesetz in § 491 Abs. 3 BGB eine Regelung zu Immobilienverzehrkreditverträgen eingefügt worden, welche ebenfalls der Umsetzung der Wohnimmobilienkreditrichtlinie 2014/17/EU dient. 1

II. Zweck der Vorschrift

Die Vorschriften zum Verbraucherdarlehensrecht bezwecken einen effektiven Verbraucherschutz im Kreditbereich, bei welchem der Verbraucher aufgrund des Kreditvolumens und der verschiedenen Arten der Kredittypen Gefahr läuft könnte, die damit verbundenen Belastungen und Risiken nicht ausreichend beurteilen zu können.[3] Durch die Schutzvorschriften soll daher vor allem sichergestellt werden, dass der Verbraucher über seine mit der Darlehensaufnahme verbundenen Verpflichtungen, insbesondere die Kreditkosten, vor und bei Vertragsschluss angemessen unterrichtet wird. Die entsprechenden Formvorschriften und Widerrufsrechte des Verbrauchers, die Verbraucherinformation sowie auch die inhaltliche Einschränkung der Vertragsfreiheit bei Verbraucherdarlehen sollen die Rechtsstellung des Verbrauchers auf den Kreditmärkten stärken sowie ihn vor bestimmten Gefahren der Kreditaufnahme schützen.[4] 2

---

1 BT-Drs. 14/6040 S. 255.
2 BT-Drs. 16/11643 S. 76.
3 BT-Drs. 11/5462 S. 11.
4 Nobbe/*Müller-Christmann* § 491 Rn. 3; MüKo BGB/*Schürnbrand* § 491 Rn. 2.

B. Tatbestand

I. Persönlicher Anwendungsbereich

3 Bei einem Verbraucherdarlehensvertrag, sei es als Allgemein-Verbraucherdarlehensvertrag i.S.v. Abs. 2 oder sei es als Immobiliar-Verbraucherdarlehensvertrag i.S.v. Abs. 3, ist stets erforderlich, dass der Vertrag zwischen einem Unternehmer als Darlehensgeber und einem Verbraucher als Darlehensnehmer geschlossen wird.

4 **1. Unternehmer.** Der Darlehensgeber ist dann als Unternehmer i.S.v. § 14 Abs. 1 BGB einzustufen, wenn dieser eine natürliche oder juristische Person oder eine rechtsfähige Personengesellschaft ist, die bei Abschluss des Darlehensvertrags in Ausübung ihrer gewerblichen oder selbständigen beruflichen Tätigkeit handelt. Der Begriff des „Unternehmers" wird im Zusammenhang mit Verbraucherdarlehen denkbar weit verstanden. Die gem. § 14 Abs. 1 BGB tatbestandlich erforderliche unternehmerische Tätigkeit muss sich nicht speziell auf die Darlehensvergabe beziehen. Es wird nur vorausgesetzt, dass die Darlehensvergabe im Rahmen der gewerblichen oder selbstständigen beruflichen Tätigkeit erfolgt.[5] Ebenso wenig ist ausschlaggebend, ob die Darlehensgewährung als Teil der gewöhnlichen Unternehmertätigkeit mit einer besonderen Häufigkeit erfolgt, da nach der Rechtsprechung des BGH auch dem nur unregelmäßig mit der Darlehensvergabe befassten Unternehmer die Einhaltung der Verbraucherdarlehensvorschriften der §§ 491 ff. BGB zumutbar sei.[6] Dies hat zur Folge, dass Darlehen nur dann nicht dem Anwendungsbereich der Verbraucherdarlehensvorschriften unterfallen, wenn sie ausschließlich der Privatsphäre des Darlehensgebers zuzuordnen sind. Diese ist jedoch immer verlassen, wenn der gewährte Kredit mit der ausgeübten gewerblichen oder beruflichen Tätigkeit des Kreditgebers in irgendeinem Zusammenhang steht.[7]

2. Verbraucher

5 **a) Grundsätze.** Der Darlehensnehmer muss den Darlehensvertrag gem. § 13 BGB zu privaten Zwecken, mithin als Verbraucher abgeschlossen haben. Verbraucher ist demgemäß jede natürliche Person, die den Darlehensvertrag zu Zwecken abschließt, die überwiegend weder ihrer gewerblichen noch ihrer selbständigen beruflichen Tätigkeit zugerechnet werden können. Maßgeblich für die Bestimmung der Zweckbindung des Darlehensvertrages ist der Zeitpunkt der Abgabe der auf den Vertragsabschluss gerichteten Willenserklärung durch den Darlehensnehmer.[8] Eine spätere Zweckänderung der Verwendung des Darlehens oder der mit dem Darlehen erworbenen Sache durch den Darlehensnehmer ändert nichts an der Anwendbarkeit des Verbraucherdarlehensrechts.[9] Zwar trägt der Verbraucher die Darlegungs- und Beweislast dafür, dass nach dem von ihm objektiv verfolgten Zweck ein seinem privaten Rechtskreis zuzuordnendes Rechtsgeschäft vorliegt, jedoch gehen nach der Rechtsprechung des BGH Unsicherheiten und Zweifel auf Basis der äußeren, für den Vertragspartner erkennbaren Umstände des Geschäfts aufgrund der negativen Formulierung des Gesetzes nicht zu Lasten des Verbrau-

---

5 BT-Drs. 11/5462 S. 17.
6 BGH 9.12.2008 WM **2009** 262.
7 BGH 9.12.2008 WM **2009** 262.
8 Bülow/Artz/*Bülow* § 491 Rn. 64; MüKo BGB/*Schürnbrand* § 491 Rn. 12; Palandt/*Weidenkaff* § 491 Rn. 6.
9 Bülow/Artz/*Bülow* § 491 Rn. 64; Nobbe/*Müller-Christmann* § 491 Rn. 6; MüKo BGB/*Schürnbrand* § 491 Rn. 27.

chers.[10] Unabhängig davon, ob sich der Darlehensnehmer als Verbraucher eindeutig zu erkennen gibt, ist bei einem Vertragsschluss mit einer natürlichen Person grundsätzlich von Verbraucherhandeln auszugehen.[11] Anders sei dies nach Ansicht des BGH nur dann, wenn Umstände vorliegen, nach denen das Handeln aus der Sicht des anderen Teils eindeutig und zweifelsfrei einer gewerblichen oder selbständigen beruflichen Tätigkeit zuzurechnen ist.

Umstritten ist die Verbrauchereigenschaft von Gesellschaftern oder Geschäftsführern 6
juristischer Personen als Mitschuldner eines Darlehens in Falle einer kumulativen Schuldübernahme. Nach ständiger Rechtsprechung des BGH findet das Verbraucherdarlehensrecht in diesen Fällen sowohl auf Beitretende Anwendung, die Mehrheitsgesellschafter und Alleingeschäftsführer als auch diejenigen, die Hauptgesellschafter und Mitgeschäftsführer oder auch geschäftsführende Alleingesellschafter der Hauptschuldnerin sind.[12]

Handelt auf Seiten des Darlehensnehmers beim Vertragsabschluss ein Vertreter, so 7
ist dennoch für die Beurteilung der Verbrauchereigenschaft auf den Vertretenen und nicht auf den Vertreter abzustellen, so dass § 491 BGB auch dann Anwendung findet, wenn der Darlehensnehmer sich zum Vertragsabschluss eines professionellen (gewerblich oder selbständig tätigen) Vertreters bedient, da die Wertung des § 166 Abs. 1 BGB nicht eingreift.[13] Schließen mehrere natürliche Personen als Mitkreditnehmer den Darlehensvertrag ab, so ist die Anwendbarkeit der Schutzvorschriften der §§ 491 ff. BGB nach dem Grundsatz der Einzelbetrachtung bei jedem der Beteiligten gegeben, sofern bei ihm die Voraussetzungen des § 13 BGB erfüllt sind.[14]

b) Abgrenzung zur gewerblichen Tätigkeit. Maßgeblich für die Beurteilung der 8
Verbrauchereigenschaft im Einzelfall ist die jeweilige Zweckbindung des Darlehens. Der für die Anwendbarkeit des Verbraucherdarlehensrechts ausschlaggebende private Zweck ist nicht nur bei Darlehen zu konsumtiven Zwecken einschließlich derjenigen für die Ausübung einer unselbständigen Berufstätigkeit, sondern auch für Zwecke der privaten Vermögensanlage wie bspw. die Anschaffung von Wertpapiern oder Immobilien gegeben.[15] Grundsätzlich ist die Verwaltung eigenen Vermögens dem privaten Bereich einer natürlichen Person zuzurechnen. Wird das Darlehen im Zusammenhang mit der Verwaltung von Immobilien aufgenommen, kann es bei der Abgrenzung einer rein privaten von einer gewerbsmäßigen Tätigkeit mitunter zu Schwierigkeiten kommen. Nach der Rechtsprechung des BGH kann die Aufnahme von Fremdmitteln insbesondere beim Immobilienerwerb der ordnungsgemäßen Verwaltung zugeordnet werden und lässt daher nicht zwangsläufig auf ein Gewerbe schließen.[16] Als ausschlaggebendes Kriterium hat sich in der Rechtsprechung der Umfang der mit der Vermögensverwaltung verbundenen Geschäfte entwickelt.[17] Erfordern diese Geschäfte einen planmäßigen Geschäftsbetrieb in Form der Unterhaltung eines Büros oder einer geschäftsmäßigen Organisation, liegt eine gewerbsmäßige Tätigkeit vor.[18] Die Höhe der verwalteten Werte oder des Kreditbetrages ist dabei nicht maßgeblich.[19]

---

10 BGH 30.9.2009 NJW **2009** 3780.
11 BGH 30.9.2009 NJW **2009** 3780.
12 BGH 8.11.2005 WM **2006** 81; BGH 5.6.1996 WM **1996** 1258.
13 Bülow/Artz/*Artz* § 491 Rn. 41; Erman/*Saenger* § 491 Rn. 26; MüKo BGB/*Schürnbrand* § 491 Rn. 13.
14 MüKo BGB/*Schürnbrand* § 491 Rn. 14; Assies/Beule/Heise/Strube/*Veith* Kap. 4 Rn. 439; Palandt/*Weidenkaff* § 491 Rn. 6.
15 MüKo BGB/*Schürnbrand* § 491 Rn. 17.
16 BGH 20.2.2018 WM **2018** 782.
17 BGH 20.2.2018 WM **2018** 782; BGH 23.10.2001 WM **2001** 2379; OLG Dresden 10.6.2015 WM **2017** 371.
18 BGH 23.10.2001 WM **2001** 2379.
19 BGH 20.2.2018 WM **2018** 782.

Im Falle der Vermietung oder Verpachtung von Immobilien kommt es gemäß dieser Kriterien nicht auf die Größe, sondern auf den Umfang, die Komplexität und Anzahl der damit verbundenen Vorgänge an.[20] Ein ausgedehntes oder sehr wertvolles Objekt an eine geringe Anzahl von Personen zu vermieten, hält sich daher grundsätzlich im Rahmen der privaten Vermögensverwaltung, wohingegen die Ausrichtung auf eine Vielzahl gleichartiger Geschäfte für ein professionelles Vorgehen spricht.[21] Für die Zuordnung zum entweder privaten oder gewerbsmäßigen Bereich ist eine Gesamtbetrachtung des Verwaltungsaufwandes vorzunehmen, weil das einzelne Rechtsgeschäft regelmäßig nur einen Teilausschnitt der gesamten Tätigkeit darstellt, so dass der geringe Aufwand eines einzelnen Verwaltungshandeln nicht maßgeblich ist, sofern der gesamte verwaltete Immobilienbesitz einen gewerbsmäßigen Verwaltungsaufwand erfordert.[22]

9 **c) Zusammenschlüsse von Personen und Gesellschaften.** Im Rahmen der Bestimmung der Verbrauchereigenschaft einer als Außengesellschaft teilrechtfähigen GbR ist in Bezug auf den Gesellschafterbestand zu differenzieren. Haben sich mehrere natürliche Personen zu einer GbR zusammengeschlossen und verfolgen sie weder einen gewerblichen noch einen selbständig beruflichen Zweck, so kann auch trotz Anerkennung ihrer Teilrechtsfähigkeit die GbR als solche als Verbraucher i.S.v. § 13 BGB zu qualifizieren sein.[23] Besteht die GbR hingegen aus einer natürlichen Person und einer juristischen Person als Gesellschafter, ist die GbR, unabhängig davon, ob sie zu privaten Zwecken und nicht gewerblich oder selbständig beruflich tätig ist, kein Verbraucher iSd § 13 BGB.[24]

10 Anders ist wiederum die Verbrauchereigenschaft der gem. § 10 Abs. 6 S. 1 WEG ebenfalls teilrechtsfähigen Wohnungseigentümergemeinschaft zu beurteilen. Als Rechtssubjekt eigener Art unterfällt sie nach dem Gesetzeswortlaut keiner der Definitionen in den §§ 13, 14 BGB, da die WEG weder eine natürliche noch eine juristische Person oder eine rechtsfähige Personengesellschaft ist.[25] Aufgrund der Schutzwürdigkeit der in der WEG vorhandenen natürlichen Personen ist die Anwendbarkeit des § 13 BGB auf die WEG dann zu bejahen, wenn wenigstens einer der Wohnungseigentümer bei Abschluss eines weder gewerblichen noch selbstständigen beruflichen Zwecken dienenden Vertrages Verbraucher ist, so dass die Anwendung verbraucherschützender Vorschriften nicht davon abhängig ist, dass die WEG ausschließlich oder auch nur überwiegend aus nicht gewerblich handelnden natürlichen Personen besteht.[26]

11 Eine OHG oder KG als im Handelsregister eingetragene Personenhandelsgesellschaften können hingegen keine Verbraucher i.S.v. § 13 BGB sein und scheiden daher von Vornherein als Normadressaten des Verbraucherdarlehensrechts aus.[27] Dies gilt ebenso selbstverständlich für juristische Personen des Privatrechts, wie die AG oder GmbH.

12 **d) Rechtsnachfolge/Schuldübernahme/Vertragsübernahme.** Die Einzelrechtsnachfolge in Form der Abtretung des Anspruchs auf Auszahlung der Darlehensvaluta seitens des Darlehensnehmers ändert nicht den ursprünglichen Charakter eines Ver-

20 OLG Dresden 10.6.2015 WM **2017** 371.
21 BGH 20.2.2018 WM **2018** 782.
22 OLG Dresden 10.6.2015 WM **2017** 371.
23 BGH 23.10.2001 WM **2001** 2379.
24 BGH 30.3.2017 WM **2017** 868.
25 BGH 25.3.2015 WM **2015** 1999.
26 BGH 25.3.2015 WM **2015** 1999.
27 Bülow/Artz/*Artz* § 491 Rn. 38; MüKo BGB/*Schürnbrand* § 491 Rn. 15; differenzierend in Bezug auf § 105 Abs. 2 HGB hingegen Assies/Beule/Heise/Strube/*Veith* Kap. 4 Rn. 449.

braucherdarlehensvertrags, auch wenn der Zessionar nicht Verbraucher ist.[28] Es kommt nicht zu einem Wechsel des Darlehensnehmers. Besonderheiten gelten bei der Gesamtrechtsnachfolge in die Stellung des Darlehensnehmers im Rahmen eines Erbgangs nach § 1922ff. BGB. Auf die Verbrauchereigenschaft des Erben oder der Erbengemeinschaft als Rechtsnachfolger kommt es aufgrund des Charakters der erbrechtlichen Universalsukzession nicht an, so dass es bei einem Verbraucherdarlehen verbleibt, auch wenn der oder die Erben keine Verbraucher sind.[29]

Auch die befreiende Schuldübernahme auf Seiten des Darlehensnehmers hat keinen Einfluss auf den der übernommenen Verbindlichkeit zugrunde liegenden Verbraucherdarlehensvertrag, auch wenn der neue Schuldner kein Verbraucher ist. Das Verbraucherdarlehensrecht findet auf die Schuldübernahme zugunsten des Schuldübernehmers Anwendung, wenn er als Verbraucher handelt, der Schuldübernahmevertrag nach § 414 BGB unter Beteiligung des unternehmerisch tätigen Darlehensgebers abgeschlossen wird und er die Rückzahlung des Darlehens und Zinsen schuldet, da er in diesem Falle die gleiche Schutzbedürftigkeit wie der Darlehensnehmer aufweist.[30] Im Fall einer zweiseitigen Vereinbarung zwischen Übernehmer und bisherigem Schuldner unter Genehmigung des Darlehensgebers finden die §§ 491ff. BGB hingegen keine Anwendung.[31] **13**

Ein Verbraucherdarlehen kann schließlich auch im Wege der gesetzlich nicht geregelten, aber im Rahmen der Vertragsfreiheit allgemein anerkannten Vertragsübernahme auf Seiten des Darlehensnehmers auf einen neuen Vertragspartner übergehen. Im Gegensatz zur Abtretung oder Schuldübernahme findet ein vollständiger Wechsel in der Stellung des Darlehensnehmers statt. Entsprechend wie bei der befreienden Schuldübernahme findet das Verbraucherdarlehensrecht auf den Vertragsübernehmer Anwendung, wenn er als Verbraucher handelt und der unternehmerisch handelnde Darlehensgeber am Vertragsübernahmegeschäft als Partei beteiligt ist und nicht nur das Zustandekommen genehmigt.[32] **14**

II. Sachlicher Anwendungsbereich

1. Entgeltlichkeit. Es muss sich bei beiden Arten des Verbraucherdarlehensvertrags um einen entgeltlichen Darlehensvertrag zwischen einem Unternehmer und einem Verbraucher handeln. Erfasst werden dabei nur Gelddarlehensverträge, nicht die in § 607 BGB geregelten Sachdarlehen. Mit der Vorgabe, dass es sich um einen „entgeltlichen" Darlehensvertrag handeln muss, werden zinslose und „gebührenfreie" Darlehen vom Anwendungsbereich ausgeschlossen und die Vorgaben des Art. 2 Abs. 2 lit. f) der europäischen Verbraucherkreditrichtlinie 2008/48/EG umgesetzt.[33] Als Entgelt ist jede Art von vertraglicher Gegenleistung des Verbrauchers für die Darlehensgewährung zu verstehen.[34] Darunter fallen zunächst Zinsen und andere laufzeitabhängige Kosten, aber auch **15**

28 Bülow/Artz/*Artz* § 491 Rn. 70; Nobbe/*Müller-Christmann* § 491 Rn. 8; MüKo BGB/*Schürnbrand* § 491 Rn. 28; Palandt/*Weidenkaff* § 491 Rn. 8.
29 Bülow/Artz/*Artz* § 491 Rn. 87; Nobbe/*Müller-Christmann* § 491 Rn. 6; Palandt/*Weidenkaff* § 491 Rn. 8.
30 LG Köln 7.3.2017 BKR **2017** 204; Nobbe/*Müller-Christmann* § 491 Rn. 10; MüKo BGB/*Schürnbrand* § 491 Rn. 30; Assies/Beule/Heise/Strube/*Veith* Kap. 4 Rn. 444.
31 LG Köln 7.3.2017 BKR **2017** 204:
32 BGH 26.5.1999 WM **1999** 1412; Nobbe/*Müller-Christmann* § 491 Rn. 11; MüKo BGB/*Schürnbrand* § 491 Rn. 32; Assies/Beule/Heise/Strube/*Veith* Kap. 4 Rn. 444; Palandt/*Weidenkaff* § 491 Rn. 9.
33 BT-Drs. 16/11643 S. 75f.
34 BGH 16.10.2007 WM **2007** 2370; MüKo BGB/*Schürnbrand* § 491 Rn. 36.

ein Disagio oder Damnum stellt im Zweifel ein Entgelt für die Kapitalnutzung dar.[35] Keine Entgeltlichkeit liegt vor, wenn für den Darlehensnehmer nur gesetzliche Fälligkeits- oder Verzugszinsen anfallen, da diese ausschließlich für den Zeitraum geschuldet werden, in dem ein Kapitalnutzungsrecht nicht besteht.[36] Unmaßgeblich ist die genau Höhe des Entgelts, so dass auch geringfügige Gegenleistungen, so lange es sich nicht um unerhebliche Kleinstbeträge handelt, dem Erfordernis der Entgeltlichkeit genügen.[37] Genauso unerheblich ist die Marktüblichkeit des Entgeltes, was allerdings für die Anwendbarkeit der Ausnahmetatbestände nach § 491 Abs. 2 S. 2 Nr. 4 und 5 BGB von Relevanz sein kann.[38]

2. Allgemein-Verbraucherdarlehensverträge

16 **a) Vertragsgegenstand und Erscheinungsformen.** Abs. 2 S. 1 nimmt den Begriff des Darlehensvertrags aus § 488 Abs. 1 BGB in Bezug. Gegenstand des Allgemein-Verbraucherdarlehensvertrags sind als vertragstypische Pflichten gem. § 488 Abs. 1 BGB folglich die Verpflichtung des Darlehensgebers zur Überlassung eines Geldbetrages in der zwischen den Parteien vereinbarten Höhe sowie die Verpflichtung des Darlehensnehmers als vertragliche Gegenleistung den geschuldeten Zins zu zahlen und bei Fälligkeit das zur Verfügung gestellte Darlehen an den Darlehensgeber zurückzuzahlen. Auch unter der neuen Begrifflichkeit des Allgemein-Verbraucherdarlehensvertrags sind neben den besonderen Vorschriften für Verbraucherdarlehensverträge im Übrigen die allgemeinen Regelungen zum Darlehensvertrag gem. § 488 ff. BGB anzuwenden, sofern die § 491a ff. BGB keine Sonderregelungen enthalten.

17 Als Gelddarlehen können Verbraucherdarlehen insbesondere in Form von Ratendarlehen mit gleichbleibenden Anteilen von Kapital und Zinsen in jeder festen periodischen Rate, als Annuitätendarlehen mit veränderlichen Anteilen von Zins und Kapital sowie auch als Festkredite, bei welchen das Darlehen in einem einzigen Betrag zurückzuzahlen ist und die Zinsen periodisch in Rechnung gestellt werden, ausgereicht werden. Das Annuitätendarlehen unterscheidet sich vom Ratendarlehen dadurch, dass die Ratenzahlungen entsprechend § 367 Abs. 1 BGB in erster Linie auf die periodisch fälligen Zinsen für die Hauptschuld, im Übrigen auf die Tilgung angerechnet werden, wobei der Tilgungsanteil entsprechend der abnehmenden Zinsbelastung steigt.[39] Überdies sind von Gelddarlehen auch die Überziehungskredite i.S.v. §§ 504, 505 BGB erfasst. Der Krediteröffnungsvertrag als ein Rahmenvertrag, durch den sich der Darlehensgeber verpflichtet dem Verbraucher zu vereinbarten Bedingungen, insbesondere bis zum vereinbarten Limit, nach Abruf durch den Verbraucher Kredit zu gewähren, ist, sofern wie üblich Bereitstellungszinsen an den Darlehensgeber zu leisten sind, ebenfalls ein entgeltlicher Darlehensvertrag i.S.v. § 491 Abs. 1 BGB.[40]

18 **b) Tatbestandliche Ausnahmen.** Abs. 2 S. 2 Nr. 1–5 bestimmt spezielle Verträge zwischen einem Verbraucher und einem Unternehmer, die tatbestandlich keine Allgemein-Verbraucherdarlehensverträge sind. Es handelt sich bei diesen um Verbraucher-

35 BGH 30.9.2014 WM **2014** 2091; MüKo BGB/*Schürnbrand* § 491 Rn. 36; Nobbe/*Müller-Christmann* § 491 Rn. 12

36 BGH 16.10.2007 WM **2007** 2370; MüKo BGB/*Schürnbrand* § 491 Rn. 36; Palandt/*Weidenkaff* § 491 Rn. 3.

37 BGH 30.9.2014 WM **2014** 2091; LG Karlsruhe 14.7.1998 NJW-RR 2000 1442; OLG Köln 16.3.1994 ZIP **1994** 776; Langenbucher/Bliesener/Spindler/*Roth* § 491 Rn. 5.

38 MüKo BGB/*Schürnbrand* § 491 Rn. 37.

39 BGH 20.1.2009 WM **2009** 506; MüKo BGB/*Schürnbrand* § 491 Rn. 48.

40 Bülow/Artz/*Bülow* § 491 Rn. 104; *Schwintowski* § 14 Rn. 36.

verträge i.S.d. Legaldefinition des § 310 Abs. 3 S. 1. Nr. 6 BGB beinhaltet zwecks Abgrenzung der beiden unterschiedlichen Typen eines Verbraucherdarlehensvertrags nur eine klarstellende Auflistung und stellt keine echte tatbestandliche Ausnahme von einem Verbraucherdarlehen dar. Damit wird zum Ausdruck gebracht, dass ein Allgemein-Verbraucherdarlehensvertrag nicht zugleich ein Immobiliar-Verbraucherdarlehen sein kann. Ebenfalls wird in Nr. 6 klargestellt, dass auch auf Immobilienverzehrkredite die Vorschriften über Allgemein-Verbraucherdarlehensverträge nicht anwendbar sind.

aa) Geringfügige Darlehen (Nr. 1). Erforderlich ist ein Darlehen mit einem Netto- 19
darlehensbetrag von weniger als 200,00 €. Verträge mit einem Nettodarlehensbetrag gleich 200,00 € sind folglich Allgemein-Verbraucherdarlehensverträge und vom Anwendungsbereich der Verbraucherdarlehensverträge erfasst. Nettodarlehensbetrag ist gemäß Art. 247 § 3 Abs. 2 S. 2 EGBGB der Höchstbetrag, auf den der Darlehensnehmer aufgrund des Darlehensvertrags Anspruch hat. Hintergrund der Tatbestandsausnahme von Darlehen mit einem Nettodarlehensbetrag von weniger als 200,00 € ist das geringere Schutzbedürfnis des Darlehensnehmers sowie auch die Vermeidung unverhältnismäßigen Aufwandes auf Seiten des Darlehensgebers, der mit der Befolgung der Vorschriften über Verbraucherdarlehensverträge bei geringwertigen Darlehen verbunden wäre.[41]

bb) Haftungsbeschränkung auf Pfandgegenstand (Nr. 2). Diese Tatbestandsaus- 20
nahme soll die Tätigkeiten von Leih- oder Pfandhäusern erfassen.[42] Voraussetzung ist, dass der Pfandgegenstand kraft der vertraglichen Vereinbarung alle zukünftigen Zahlungsverpflichtungen des Darlehensnehmers, insbesondere auch Verzugsansprüche und die Darlehensrückzahlungsansprüche, abdeckt, mithin der Darlehensgeber weder aus Verzug noch aus Nichtleistung der Rückzahlung weitere Ansprüche gegen den Darlehensnehmer geltend machen kann als die Befriedigung aus dem Pfand.[43] Das Pfandrecht muss an einer Sache gem. §§ 1204 ff. BGB bestellt sein.

cc) Kostengünstige Darlehen mit kurzer Laufzeit (Nr. 3). Neben einer Laufzeit 21
von maximal drei Monaten müssen für das Darlehen nur geringe Kosten zwischen den Vertragsparteien vereinbart worden sein. Mit dem Tatbestandsmerkmal „geringe Kosten“ soll sichergestellt werden, dass allein die Vereinbarung niedriger Bearbeitungsentgelte bei zinslosen Darlehen noch nicht den Anwendungsbereich der §§ 491 ff. BGB eröffnet.[44] Ob geringe Kosten anfallen, ist nicht allein anhand des Darlehensbetrages, sondern aufgrund aller Umstände zu beurteilen.[45] Es soll gerade nicht der Anwendungsbereich der §§ 491 ff. BGB dadurch ausgeschlossen werden können, dass keine Zinsen vereinbart werden, aber dieser Verzicht des Darlehensgebers durch hohe Kosten wieder ausgeglichen wird.[46] Ausweislich des Erwägungsgrundes 13 der Verbraucherkreditrichtlinie 2008/48/EG sollen als Anwendungsfälle vor allem Darlehen in Betracht kommen, welche auf Zahlungskarten, bspw. Kredit-oder Debitkarten, gewährt werden, wenn für die Ausstellung und Nutzung der Karte ein Entgelt verlangt wird. Die Ausnahmevorschrift greift bereits dann nicht mehr ein, wenn bei Vertragsabschluss offensichtlich ist, dass der Dar-

41 BT-Drs. 16/11643 S. 76.
42 BT-Drs. 16/11643 S. 76.
43 BT-Drs. 16/11643 S. 76.
44 BT-Drs. 16/11643 S. 76.
45 Palandt/*Weidenkaff* § 491 Rn. 15.
46 BT-Drs. 16/11643 S. 77.

lehensnehmer das Darlehen innerhalb von drei Monaten nicht zurückzahlen und der Darlehensgeber überdurchschnittlich hohe Verzugszinsen geltend machen kann.[47]

22 **dd) Arbeitgeberdarlehen (Nr. 4).** Diese Tatbestandsausnahme setzt voraus, dass zwischen dem Arbeitgeber und dem Arbeitnehmer ein Arbeitsvertrag besteht („ihre") und die Darlehensverträge nicht anderen Personen angeboten werden.[48] Diese Beschränkung ergibt sich aus der zugrunde liegenden europarechtlichen Vorgabe des Art. 2 Abs. 2 lit. g) der Verbraucherkreditrichtlinie 2008/45/EG, wonach es sich um Kredite handeln muss, *„die nicht der breiten Öffentlichkeit angeboten werden"*. Umstritten ist allerdings, ob eine gewisse Häufigkeit der Darlehensvergabe durch den Arbeitgeber für die Anwendbarkeit der Tatbestandsausnahme schädlich ist. Nach der Gesetzesbegründung und dieser folgend einer verbreiteten Auffassung im Schrifttum darf für die Darlehensvergabe keine entsprechende Struktur im Betrieb des Arbeitgebers vorhanden sein, bspw. in Form einer Kreditabteilung.[49] Eine gewichtige Mindermeinung in der Literatur erachtet es hingegen als unschädlich, wenn für die Darlehensvergabe aufgrund deren Häufigkeit eine entsprechende Struktur besteht, solange nur die Exklusivität der Darlehensvergabe an die Arbeitnehmer gewährleistet ist.[50]

Zudem muss ausweislich der Richtlinienvorgabe das Darlehen als Nebenleistung gewährt werden. Dies erfordert einen inneren Zusammenhang zwischen dem Darlehen und dem Arbeitsvertrag.[51] Die Darlehensgewährung seitens des Arbeitgebers muss dafür allerdings nicht arbeitsvertraglich geschuldet sein.[52] Weitere Voraussetzung ist die Vergabe des Darlehens an den Arbeitnehmer zu einem niedrigeren als dem marktüblichen effektiven Jahreszins i.S.v. § 6 PAngV. Folglich unterliegen Arbeitgeberdarlehen dann den Vorschriften des Verbraucherdarlehensrechts, wenn das Darlehen zu marktüblichen oder gar höheren Konditionen gewährt wird. Die Günstigkeit des Darlehens ist somit anhand eines Vergleichs des zwischen den Parteien vereinbarten und dem marktüblichen effektiven Jahreszins festzustellen. Der markübliche effektive Jahreszins ist anhand der Veröffentlichungen in den Monatsberichten der Bundesbank nachvollziehbar.

23 **ee) Förderdarlehen (Nr. 5).** Im Gegensatz zur Rechtslage vor Umsetzung der Verbraucherkreditrichtlinie 2008/45/EG ist nicht mehr erforderlich, dass der Darlehensvertrag unmittelbar zwischen Förderinstitut und Darlehensnehmer abgeschlossen wird. Damit wird das in der Praxis geläufige „Hausbankprinzip" umgesetzt, wonach die Hausbank des Darlehensnehmers als darlehensausreichendes Institut dazwischengeschaltet wird. Diese bietet das Darlehen zu den Bedingungen der Förderanstalt an. Ebenso ist die Tatbestandsvoraussetzung der Darlehensvergabe im Rahmen der Förderung des Wohnungswesens und des Städtebaus aufgrund öffentlich-rechtlicher Bewilligungsbescheide oder aufgrund Zuwendungen aus öffentlichen Haushaltsmitteln entfallen. Voraussetzung ist hingegen nunmehr, dass die Verträge zum einen nur mit einem begrenzten Personenkreis aufgrund von Rechtsvorschriften im öffentlichen Interesse abgeschlossen und zum anderen für den Darlehensnehmer günstigere als marktübliche Bedingungen sowie höchstens der marktübliche Zinssatz vereinbart werden.

---

47 BT-Drs. 16/11643 S. 77, Palandt/*Weidenkaff* § 491 Rn. 15.
48 BT-Drs. 16/11643 S. 77.
49 BT-Drs. 16/11643 S. 77; Bankrechts-HdB/*Jungmann* § 81 Rn. 42; PWW/*Nobbe* § 491 Rn. 29; Erman/*Saenger* § 491 Rn. 36; Palandt/*Weidenkaff* § 491 Rn. 16.
50 Bülow/Artz/*Bülow* § 491 Rn. 173; MüKo BGB/*Schürnbrand* § 491 Rn. 68.
51 BT-Drs. 16/11643 S. 77.
52 MüKo BGB/*Schürnbrand* § 491 Rn. 70.

Das tatbestandlich erforderliche öffentliche Interesse bezieht sich auf die „Rechtsvorschriften“ und verlangt, dass der Vertrag selbst im unmittelbaren öffentlichen Interesse abgeschlossen wird.[53] Unter Rechtsvorschriften sind alle Normen einschließlich Förderrichtlinien, die der Vergabe von Darlehen zugrunde gelegt werden sowie der Förderung eines gesamtgesellschaftlichen Anliegens dienen, zu verstehen.[54] Die günstigeren marktüblichen Bedingungen können sich sowohl aus besonders preiswerten Vertragszinsen im Vergleich zum Marktdurchschnitt als auch aus dem Verzicht auf Kreditsicherheiten oder der Gewährung einer tilgungsfreien Zeit ergeben.[55]

3. Immobiliar-Verbraucherdarlehensverträge. Die Voraussetzung der Entgeltlichkeit des Darlehens ist bei Immobiliar-Verbraucherdarlehen in identischer Weise zu verstehen wie bei Allgemein-Verbraucherdarlehen i.S.v. Abs. 1 S. 1. In Umsetzung von Art. 3 Abs. 2 der Wohnimmobilienkreditrichtlinie 2014/17/EU ist in Abs. 3 die Definition des Immobiliar-Verbraucherdarlehensvertrages enthalten. Im Vergleich zur vorherigen Gesetzeslage ist der Anwendungsbereich deutlich erweitert worden. 24

a) Grundpfandrechtlich oder durch eine Reallast gesicherte Darlehen (Abs. 3 Nr. 1). Das Darlehen eines Unternehmers als Darlehensgeber an einen Verbraucher als Darlehensnehmer muss entweder durch ein Grundpfandrecht oder eine Reallast besichert sein. Grundpfandrechte iSd deutschen Zivilrechts sind die Hypothek, die Grundschuld sowie auch die Rentenschuld, wobei in der Kreditpraxis im Wesentlichen die Sicherungsgrundschuld i.S.v. § 1192 Abs. 1a BGB gebräuchlich ist. Tatbestandlich fallen unter Nr. 1 somit sämtliche Verbraucherdarlehen, für die eine grundpfandrechtliche Sicherung bestellt wird oder die von der Sicherungsabrede eines bestehenden Grundpfandrechts erfasst werden.[56] Die Berücksichtigung der Reallast ist der Umsetzung des weit gefassten Richtlinienwortlauts, gemäß welchem „jedes Recht an einem Grundstück“ genügt, geschuldet.[57] Eine Besicherung ist bereits gegeben, wenn eine rein schuldrechtliche in der zugrunde liegenden Sicherungsabrede enthaltene Verbindung zwischen dem dinglichen Recht und dem Kreditvertrag besteht.[58] Der Verbraucher als Darlehensnehmer muss nicht der Sicherungsgeber des Grundpfandrechts oder der Reallast sein, auch kann ein bereits bestehendes Grundpfandrecht oder eine bestehende Reallast übernommen werden.[59] 25

In beiden Alternativen des Abs. 3 Nr. 1 hat der deutsche Gesetzgeber die Vorgaben der europäischen Wohnimmobilienkreditrichtlinie überschießend umgesetzt, indem es sich nicht um Sicherheiten an Wohnimmobilien handeln muss, sondern sämtliche Immobiliar-Verbraucherdarlehen erfasst werden, bei denen eine Sicherung durch ein Grundpfandrecht oder ein Recht an einer Immobilie besteht.[60]

b) Darlehen zum Erwerb oder zur Erhaltung von Eigentumsrechten oder grundstücksgleichen Rechten (Abs. 3 Nr. 2). Bis zur Umsetzung der europäischen Wohnimmobilienkreditrichtlinie 2014/17/EU wurden von einem Immobiliardarlehensvertrag nur solche Verträge erfasst, bei denen die Zurverfügungstellung des Darlehens von der Sicherung durch ein Grundpfandrecht abhängig gemacht wird und zu Bedin- 26

53 BT-Drs. 16/11643 S. 77.
54 BT-Drs. 16/11643 S. 77; Nobbe/*Müller-Christmann* § 491 Rn. 31; MüKo BGB/*Schürnbrand* § 491 Rn. 71.
55 Bülow/Artz/*Bülow* § 491 Rn. 180; MüKo BGB/*Schürnbrand* § 491 Rn. 72.
56 BT-Drs. 18/5922 S. 76; Palandt/*Weidenkaff* § 491 Rn. 19.
57 BT-Drs. 18/5922 S. 76; MüKo BGB/*Schürnbrand* § 491 Rn 76.
58 BT-Drs. 18/5922 S. 77; Palandt/*Weidenkaff* § 491 Rn. 19.
59 BGH 25.4.2006 WM **2006** 1008.
60 BT-Drs. 18/5922 S. 77; MüKo BGB/*Schürnbrand* § 491 Rn 76.

gungen erfolgt, die für grundpfandrechtlich abgesicherte Verträge üblich sind. Dies entsprach der Regelung des § 503 BGB a.F. Durch die Regelung des Abs. 3 Nr. 2, welcher der Umsetzung von Art. 3 Abs. 1 lit. b) der europäischen Wohnimmobilienkreditrichtlinie 2014/17/EU dient, handelt es sich auch ohne grundpfandrechtliche Besicherung um ein Immobiliar-Verbraucherdarlehen, wenn der Darlehensvertrag dazu bestimmt ist, dass Eigentum an Grundstücken, grundstückgleichen Rechten oder an einem bestehenden oder zu errichtenden Gebäude zu erwerben oder zu erhalten.

27 Es muss sich um ein Darlehen handeln, dass zur Erhaltung der Rechtsposition Eigentum aufgenommen wird, was insbesondere bei Umschuldungskrediten der Fall sein kann, wohingegen Darlehen zur Erhaltung des Eigentums in Form von Substanzerhaltung nicht erfasst sind.[61] Derartige Renovierungsdarlehen unterfallen, soweit sie grundpfandrechtlich oder durch eine Reallast besichert sind unter Abs. 3 S. 1 Nr. 1, anderenfalls, d.h. ohne oder zumindest ohne grundpfandrechtliche Besicherung, den Vorschriften für Allgemein-Verbraucherdarlehensverträge. Dies ergibt sich aus der Zusammenschau von Art. 46 sowie Erwägungsgrund 15 der europäischen Wohnimmobilienkreditrichtlinie. Von Nr. 2 wird, da tatbestandlich kein tatsächlicher Erwerb gefordert ist, unter anderem auch die Kreditaufnahme zur Abwendung einer Zwangs- oder Teilungsversteigerung erfasst; allerdings muss die Zweckbestimmung zum Erwerb oder der Erhaltung des Eigentums im Darlehensvertrag enthalten oder zumindest dem Darlehensgeber bekannt sein.[62] Das Tatbestandsmerkmal Eigentum umfasst alle Formen des Grundstückseigentums sowie auch Wohnungseigentum, während grundstücksgleiche Rechte i.S.v. Nr. 2 beschränkt dingliche Rechte an einem Grundstück, wie bspw. ein Erbbaurecht, sind.[63] Selbständige Eigentumsrechte an bestehenden oder zu errichtenden Gebäuden, die unabhängig von einem Grundstücksrecht oder von einem grundstücksgleichen Recht bestehen, deren Finanzierung ebenfalls vom Begriff des Immobiliar-Verbraucherdarlehens erfasst werden, sind insbesondere das Eigentum an nicht oder noch nicht fest mit einem Grundstück verbundenen Fertighäusern.[64]

28 **4. Immobilienverzehrkreditverträge (Abs. 3 S. 4).** § 491 Abs. 3 S. 4 BGB als Regelung zu sog. Immobilienverzehrkreditverträgen dient der Umsetzung des Art. 3 Abs. 2 lit. a) der europäischen Wohnimmobilienkreditrichtlinie 2014/17/EU. Derartige Kreditverträge fallen weder in den Anwendungsbereich der Vorschriften zu Immobiliar-Verbraucherdarlehen noch zu Allgemein-Verbraucherdarlehensverträgen. Charakteristisches Merkmal von Immobilienverzehrkreditverträgen ist, dass der Verbraucher gegen Einräumung eines Verwertungsrechts an seiner Wohnimmobilie, welche grundsätzlich erst nach dem Tod verwertet werden soll, lebenslange Zahlungen oder eine Einmalzahlung vom Kreditinstitut erhält.[65] Die Tilgungsleistung hat aus einer Wohnimmobilie zu erfolgen, nicht hingegen aus sonstigen Immobilien. Diese Art von Kreditverträgen war bisher vor allem im anglo-amerikanischen Rechtsraum verbreitet. Ob es sich bei einem Immobilienverzehrkreditvertrag um einen Darlehensvertrag handelt, ist davon abhängig, ob die Vertragsparteien Leistungspflichten nach § 488 BGB vereinbart haben. Der Immobilienverzehrkreditvertrag soll mit seinen atypischen Leistungspflichten den Darlehensbegriff des BGB nicht erweitern.[66] Zum Teil wird hierzu allerdings vertreten, dass es sich der Rechts-

61 BT-Drs. 18/5922 S. 77.
62 BT-Drs. 18/5922 S. 77.
63 MüKo BGB/*Schürnbrand* § 491 Rn. 79; Palandt/*Weidenkaff* § 491 Rn. 20.
64 BT-Drs. 18/5922 S. 77; Bülow/Artz/*Bülow* § 491 Rn. 96h; Palandt/*Weidenkaff* § 491 Rn. 20.
65 BT-Drs. 18/10935 S. 39.
66 BT-Drs. 18/10935 S. 39.

natur nach (dennoch) um Darlehensverträge handelt, da der Zinsbegriff des § 488 Abs. 1 S. 2 BGB nicht auf eine Geldleistung beschränkt sei.[67]

Die Zahlungen des Kreditgebers können in Form einer Einzelzahlung („pauschal“) 29
oder in Form von Ratenzahlungen („regelmäßig“) erfolgen. In Nr. 1 ist in Bezug auf die Rückzahlung geregelt, dass der Kreditgeber wegen seiner Forderungen nur Befriedigung erlangt, indem er einen Betrag aus dem künftigen Erlös des Verkaufs einer Wohnimmobilie erhält oder ein Recht an einer Wohnimmobilie erwirbt, welches er verwerten kann.[68] Als dingliches Recht an einer Wohnimmobilie kann dem Kreditgeber das Allein- oder Miteigentum, der Nießbrauch, ein Grundpfandrecht oder ein sonstiges dingliches Recht eingeräumt werden.[69] Die Ausgestaltung der Gegenleistung des Verbrauchers soll in Form der Begründung eines schuldrechtlichen Anspruchs auf Auskehrung eines bestimmten Prozentsatzes oder absoluten Summe möglich sein, die durch die Höhe des Gesamterlöses aus der Veräußerung der Wohnimmobilie begrenzt ist.[70] Der Gesetzgeber hat als Ereignis für den Eintritt des Forderungsrechts auf Rückzahlung seitens des Kreditgebers den Tod des Verbrauchers festgelegt, womit dem praktischen Bedürfnis des Verbrauchers, die Wohnimmobilie zu Lebzeiten weiter nutzen zu können, genüge getan wird. Die Voraussetzung in Nr. 2 einer Rückzahlungsforderung seitens des Kreditgebers erst nach dem Tod des Verbrauchers wird auch dann gewahrt, wenn die Vertragsparteien die Möglichkeit einer Rückzahlung aus der Wohnimmobilie erst zu einem späteren Zeitpunkt, wie etwa nach dem Tod des überlebenden Ehegatten, vereinbaren.[71]

Die Pflicht zur Kreditwürdigkeitsprüfung nach §§ 505a ff. BGB, insbesondere auch das Verbot des § 505b Abs. 2 S. 3 BGB, findet auf Immobilienverzehrverträge keine Anwendung. Eine solche Pflicht ist bei diesen Verträgen nicht sachgerecht, weil die Zahlungen vom Kreditgeber an den Verbraucher, und nicht umgekehrt, geleistet werden.[72]

5. Anwendung auf gerichtliche Vergleiche und Beschlüsse (Abs. 4). Kommt der 30
Darlehensvertrag zwischen dem Verbraucher und dem Unternehmer entweder durch einen gerichtlich protokollierten Vergleich oder einen gerichtlichen Vergleich, der durch Beschluss festgestellt wird, zustande, so bestimmt Abs. 4 einen teilweisen Anwendungsausschluss für bestimmte Vorschriften des Kapitels über Verbraucherdarlehensverträge. Die Regelung findet auf sämtliche Arten von Verbraucherdarlehensverträgen Anwendung.[73] Erforderlich ist, dass der Beschluss oder das Protokoll den Sollzinssatz, die bei Abschluss des Vertrags in Rechnung gestellten Kosten des Darlehens sowie die Voraussetzungen enthält, unter denen der Sollzinssatz oder die Kosten angepasst werden können. Die Angabe des Sollzinssatzes entspricht der Legaldefinition in § 489 Abs. 5 BGB. Von den Kosten sind nur die mit dem Darlehen kausal verknüpften Kosten erfasst, nicht hingegen mit dem Abschluss des Vergleichs verbundene Anwalts- und Gerichtsgebühren.[74] Gemeint sind folglich die Kosten i.S.v. Art. 247 § 6 Abs. 1 Nr. 1, § 3 Abs. 1 Nr. 10 EGBGB. Anpassung meint die Ausübung eines einseitigen Leistungsbestimmungsrechts i.S.v. § 315 BGB, nicht hingegen die einvernehmliche Vertragsänderung.[75]

---

67 *Omlor* NJW **2017** 1633.
68 BT-Drs. 18/10935 S. 39.
69 *Omlor* NJW **2017** 1633.
70 *Omlor* NJW **2017** 1633.
71 BT-Drs. 18/10935 S. 39.
72 BT-Drs. 18/10935 S. 39; Erwägungsgrund 16 Wohnimmobilienkreditrichtlinie 2014/17/EU.
73 BT-Drs. 18/5922 S. 78.
74 BT-Drs. 16/11643 S. 78; Bülow/Artz/*Bülow* § 491 Rn. 186; MüKo BGB/*Schürnbrand* § 491 Rn. 87.
75 BT-Drs. 16/11643 S. 77; Bülow/Artz/*Bülow* § 491 Rn. 187; MüKo BGB/*Schürnbrand* § 491 Rn. 87; Palandt/*Weidenkaff* § 491 Rn. 22.

Ein mündlicher Abschluss des Vergleichs ist hingegen nicht ausreichend.[76] Der Anwendungsausschluss betrifft vor allem die grundsätzlich bestehenden umfassenden Informationspflichten, sei es vorvertraglich gem. § 491a BGB oder während des Vertragsverhältnisses gem. § 493 BGB. Darüber hinaus findet die neu eingeführte zivilrechtliche Pflicht zur Kreditwürdigkeitsprüfung gem. §§ 505a ff. BGB keine Anwendung. Die Möglichkeit, einen gerichtlichen Vergleich abzuschließen, soll nicht von der Durchführung einer Bonitätsprüfung abhängen.[77] Die Nichtanwendung des Schriftformerfordernis nach § 492 BGB wird durch den gerichtlich protokollierten Vergleich gem. §§ 127a, 126 Abs. 4 BGB ersetzt. Es bleibt allerdings dabei, dass die Vorschriften der §§ 496 ff. BGB auch bei gerichtlich festgestellten oder protokollierten Vergleichen Anwendung finden. Dies betrifft demzufolge die Regelungen zur Vertragsdurchführung, insbesondere den Kündigungsrechten und den Möglichkeiten zur vorzeitigen Darlehensrückzahlung durch den Darlehensnehmer.

§ 491a BGB
Vorvertragliche Informationspflichten bei Verbraucherdarlehensverträgen

(1) Der Darlehensgeber ist verpflichtet, den Darlehensnehmer nach Maßgabe des Artikels 247 des Einführungsgesetzes zum Bürgerlichen Gesetzbuche zu informieren.

(2) Der Darlehensnehmer kann vom Darlehensgeber einen Entwurf des Verbraucherdarlehensvertrags verlangen. Dies gilt nicht, solange der Darlehensgeber zum Vertragsabschluss nicht bereit ist. Unterbreitet der Darlehensgeber bei einem Immobiliar-Verbraucherdarlehensvertrag dem Darlehensnehmer ein Angebot oder einen bindenden Vorschlag für bestimmte Vertragsbestimmungen, so muss er dem Darlehensnehmer anbieten, einen Vertragsentwurf auszuhändigen oder zu übermitteln; besteht kein Widerrufsrecht nach § 495, ist der Darlehensgeber dazu verpflichtet, dem Darlehensnehmer einen Vertragsentwurf auszuhändigen oder zu übermitteln.

(3) Der Darlehensgeber ist verpflichtet, dem Darlehensnehmer vor Abschluss eines Verbraucherdarlehensvertrags angemessene Erläuterungen zu geben, damit der Darlehensnehmer in die Lage versetzt wird, zu beurteilen, ob der Vertrag dem von ihm verfolgten Zweck und seinen Vermögensverhältnissen gerecht wird. Hierzu sind gegebenenfalls die vorvertraglichen Informationen gemäß Absatz 1, die Hauptmerkmale der vom Darlehensgeber angebotenen Verträge sowie ihre vertragstypischen Auswirkungen auf den Darlehensnehmer, einschließlich der Folgen bei Zahlungsverzug, zu erläutern. Werden mit einem Immobiliar-Verbraucherdarlehensvertrag Finanzprodukte oder -dienstleistungen im Paket angeboten, so muss dem Darlehensnehmer erläutert werden, ob sie gesondert gekündigt werden können und welche Folgen die Kündigung hat.

(4) Bei einem Immobiliar-Verbraucherdarlehensvertrag entsprechend § 491 Absatz 2 Satz 2 Nummer 5 ist der Darlehensgeber verpflichtet, den Darlehensnehmer rechtzeitig vor Abgabe von dessen Vertragserklärung auf einem dauerhaften Datenträger über die Merkmale gemäß den Abschnitten 3, 4 und 13 des in Artikel 247 § 1 Absatz 2 Satz 2 des Einführungsgesetzes zum Bürgerlichen Gesetzbuche

76 BT-Drs. 16/11643 S. 77; BT-Drs. 18/5922 S. 79.
77 BT-Drs. 18/5922 S. 79.

genannten Musters zu informieren. Artikel 247 § 1 Absatz 2 Satz 6 des Einführungsgesetzes zum Bürgerlichen Gesetzbuche findet Anwendung.

Art. 247 EGBGB

§ 1
Vorvertragliche Informationen bei Immobiliar-Verbraucherdarlehensverträgen

(1) Bei einem Immobiliar-Verbraucherdarlehensvertrag muss der Darlehensgeber dem Darlehensnehmer mitteilen, welche Informationen und Nachweise er innerhalb welchen Zeitraums von ihm benötigt, um eine ordnungsgemäße Kreditwürdigkeitsprüfung durchführen zu können. Er hat den Darlehensnehmer darauf hinzuweisen, dass eine Kreditwürdigkeitsprüfung für den Abschluss des Darlehensvertrags zwingend ist und nur durchgeführt werden kann, wenn die hierfür benötigten Informationen und Nachweise richtig sind und vollständig beigebracht werden.

(2) Der Darlehensgeber muss dem Darlehensnehmer die vorvertraglichen Informationen in Textform übermitteln, und zwar unverzüglich nachdem er die Angaben gemäß Absatz 1 erhalten hat und rechtzeitig vor Abgabe der Vertragserklärung des Darlehensnehmers. Dafür muss der Darlehensgeber das entsprechend ausgefüllte Europäische Standardisierte Merkblatt gemäß dem Muster in Anlage 6 (ESIS-Merkblatt) verwenden. Der Darlehensgeber hat das ESIS-Merkblatt auch jedem Vertragsangebot und jedem Vertragsvorschlag, an dessen Bedingungen er sich bindet, beizufügen. Dies gilt nicht, wenn der Darlehensnehmer bereits ein Merkblatt erhalten hat, das über die speziellen Bedingungen des Vertragsangebots oder Vertragsvorschlags informiert. Jeder bindende Vertragsvorschlag ist dem Darlehensnehmer in Textform zur Verfügung zu stellen. Ist der Darlehensvertrag zugleich ein außerhalb von Geschäftsräumen geschlossener Vertrag oder ein Fernabsatzvertrag, gelten mit der Übermittlung des ESIS-Merkblatts auch die Anforderungen des § 312d Absatz 2 des Bürgerlichen Gesetzbuchs als erfüllt.

(3) Weitere vorvertragliche Informationen sind, soweit nichts anderes bestimmt ist, in einem gesonderten Dokument zu erteilen, das dem ESIS-Merkblatt beigefügt werden kann. Die weiteren vorvertraglichen Informationen müssen auch einen deutlich gestalteten Hinweis darauf enthalten, dass der Darlehensgeber Forderungen aus dem Darlehensvertrag ohne Zustimmung des Darlehensnehmers abtreten und das Vertragsverhältnis auf einen Dritten übertragen darf, soweit nicht die Abtretung im Vertrag ausgeschlossen wird oder der Darlehensnehmer der Übertragung zustimmen muss.

(4) Wenn der Darlehensgeber entscheidet, den Darlehensvertrag nicht abzuschließen, muss er dies dem Darlehensnehmer unverzüglich mitteilen.

§ 2
Form, Zeitpunkt und Muster der vorvertraglichen Informationen bei Allgemein-Verbraucherdarlehensverträgen

(1) Bei einem Allgemein-Verbraucherdarlehensvertrag muss der Darlehensgeber den Darlehensnehmer über die Einzelheiten nach den §§ 3 bis 5 und 8 bis 13 unterrichten, und zwar rechtzeitig vor Abgabe der Vertragserklärung des Darlehensnehmers. Die Unterrichtung erfolgt in Textform.

(2) Für die Unterrichtung nach Absatz 1 ist vorbehaltlich des Absatzes 3 die Europäische Standardinformation für Verbraucherkredite gemäß dem Muster in Anlage 4 zu verwenden.

(3) Soll ein Allgemein-Verbraucherdarlehensvertrag gemäß § 495 Absatz 2 Nummer 1 oder § 504 Absatz 2 des Bürgerlichen Gesetzbuchs abgeschlossen werden, kann der Darlehensgeber zur Unterrichtung die Europäische Verbraucherkreditinformation gemäß dem Muster in Anlage 5 verwenden. Verwendet der Darlehensgeber das Muster nicht, hat er bei der Unterrichtung alle nach den §§ 3 bis 5 und 8 bis 13 erforderlichen Angaben gleichartig zu gestalten und hervorzuheben.

(4) Die Verpflichtung zur Unterrichtung nach § 491a Abs. 1 des Bürgerlichen Gesetzbuchs gilt als erfüllt, wenn der Darlehensgeber dem Darlehensnehmer das ordnungsgemäß ausgefüllte Muster in Textform übermittelt hat. Ist der Darlehensvertrag zugleich ein Fernabsatzvertrag oder ein außerhalb von Geschäftsräumen geschlossener Vertrag, gelten mit der Übermittlung des entsprechenden ausgefüllten Musters auch die Anforderungen des § 312d Absatz 2 des Bürgerlichen Gesetzbuchs als erfüllt. Die in diesem Absatz genannten Verpflichtungen gelten bis 31. Dezember 2010 auch bei Übermittlung des Musters in den Anlagen 4 und 5 in der Fassung des Gesetzes zur Umsetzung der Verbraucherkreditrichtlinie, des zivilrechtlichen Teils der Zahlungsdiensterichtlinie sowie zur Neuordnung der Vorschriften über das Widerrufs- und Rückgaberecht vom 29. Juli 2009 (BGBl. I S. 2355) als erfüllt.

§ 3
Inhalt der vorvertraglichen Information bei Allgemein-Verbraucherdarlehensverträgen

(1) Die Unterrichtung vor Vertragsschluss muss folgende Informationen enthalten:
1. den Namen und die Anschrift des Darlehensgebers,
2. die Art des Darlehens,
3. den effektiven Jahreszins,
4. den Nettodarlehensbetrag,
5. den Sollzinssatz,
6. die Vertragslaufzeit,
7. Betrag, Zahl und Fälligkeit der einzelnen Teilzahlungen,
8. den Gesamtbetrag,
9. die Auszahlungsbedingungen,
10. alle sonstigen Kosten, insbesondere in Zusammenhang mit der Auszahlung oder der Verwendung eines Zahlungsauthentifizierungsinstruments, mit dem sowohl Zahlungsvorgänge als auch Abhebungen getätigt werden können, sowie die Bedingungen, unter denen die Kosten angepasst werden können,
11. den Verzugszinssatz und die Art und Weise seiner etwaigen Anpassung sowie gegebenenfalls anfallende Verzugskosten,
12. einen Warnhinweis zu den Folgen ausbleibender Zahlungen,
13. das Bestehen oder Nichtbestehen eines Widerrufsrechts,
14. das Recht des Darlehensnehmers, das Darlehen vorzeitig zurückzuzahlen,
15. die sich aus § 491a Abs. 2 des Bürgerlichen Gesetzbuchs ergebenden Rechte,
16. die sich aus § 29 Abs. 7 des Bundesdatenschutzgesetzes ergebenden Rechte.

(2) Gesamtbetrag ist die Summe aus Nettodarlehensbetrag und Gesamtkosten. Nettodarlehensbetrag ist der Höchstbetrag, auf den der Darlehensnehmer auf-

grund des Darlehensvertrags Anspruch hat. Die Gesamtkosten und der effektive Jahreszins sind nach § 6 der Preisangabenverordnung zu berechnen.

(3) Der Gesamtbetrag und der effektive Jahreszins sind anhand eines repräsentativen Beispiels zu erläutern. Dabei sind sämtliche in die Berechnung des effektiven Jahreszinses einfließenden Annahmen anzugeben und die vom Darlehensnehmer genannten Wünsche zu einzelnen Vertragsbedingungen zu berücksichtigen. Der Darlehensgeber hat darauf hinzuweisen, dass sich der effektive Jahreszins unter Umständen erhöht, wenn der Verbraucherdarlehensvertrag mehrere Auszahlungsmöglichkeiten mit unterschiedlichen Kosten oder Sollzinssätzen vorsieht und die Berechnung des effektiven Jahreszinses auf der Vermutung beruht, dass die für die Art des Darlehens übliche Auszahlungsmöglichkeit vereinbart werde.

(4) Die Angabe zum Sollzinssatz muss die Bedingungen und den Zeitraum für seine Anwendung sowie die Art und Weise seiner Anpassung enthalten. Ist der Sollzinssatz von einem Index oder Referenzzinssatz abhängig, sind diese anzugeben. Sieht der Verbraucherdarlehensvertrag mehrere Sollzinssätze vor, sind die Angaben für alle Sollzinssätze zu erteilen. Sind im Fall des Satzes 3 Teilzahlungen vorgesehen, ist anzugeben, in welcher Reihenfolge die ausstehenden Forderungen des Darlehensgebers, für die unterschiedliche Sollzinssätze gelten, durch die Teilzahlungen getilgt werden.

§ 4
Weitere Angaben bei der vorvertraglichen Information bei Allgemein-Verbraucherdarlehensverträgen

(1) Die Unterrichtung muss bei Allgemein-Verbraucherdarlehensverträgen folgende Angaben enthalten, soweit sie für den in Betracht kommenden Vertragsabschluss erheblich sind:

1. **einen Hinweis, dass der Darlehensnehmer infolge des Vertragsabschlusses Notarkosten zu tragen hat,**
2. **Sicherheiten, die der Darlehensgeber verlangt,**
3. **den Anspruch auf Vorfälligkeitsentschädigung und dessen Berechnungsmethode, soweit der Darlehensgeber diesen Anspruch geltend macht, falls der Darlehensnehmer das Darlehen vorzeitig zurückzahlt,**
4. **gegebenenfalls den Zeitraum, für den sich der Darlehensgeber an die übermittelten Informationen bindet.**

(2) Weitere Hinweise des Darlehensgebers müssen räumlich getrennt von den Angaben nach Absatz 1 und nach den §§ 3 und 8 bis 13a übermittelt werden.

(3) Wird in einem Allgemein-Verbraucherdarlehensvertrag auf einen Referenzwert im Sinne des Artikels 3 Absatz 1 Nummer 3 der Verordnung (EU) 2016/1011 des Europäischen Parlaments und des Rates vom 8. Juni 2016 über Indizes, die bei Finanzinstrumenten und Finanzkontrakten als Referenzwert oder zur Messung der Wertentwicklung eines Investmentfonds verwendet werden, und zur Änderung der Richtlinien 2008/48/EG und 2014/17/EU sowie der Verordnung (EU) Nr. 596/2014 (ABl. L 171 vom 29.6.2016, S. 1) Bezug genommen, teilt der Darlehensgeber dem Darlehensnehmer in einem gesonderten Dokument, das dem Formular „Europäische Standardinformationen für Verbraucherkredite“ beigefügt werden kann, die Bezeichnung des Referenzwerts und den Namen des Administrators sowie die möglichen Auswirkungen auf den Darlehensnehmer mit.

Schrifttum

Bartlitz Die Sanktionierung von Verstößen gegen die Erläuterungs- und Bonitätsprüfungspflicht im Verbraucherkreditrecht, WM 2016 344; *Buck-Heeb* Kreditberatung, Finanzierungsberatung, BKR 2014 221; dies. Aufkärungs- und Beratungspflichten bei Kreditverträgen – Verschärfungen durch die EuGH-Rechtsprechung und die Wohnimmobilienkredit-Richtlinie, BKR 2015 177; *Herresthal* Die Verpflichtung zur Bewertung der Kreditwürdigkeit und zur angemessenen Erläuterung nach der neuen Verbraucherkreditrichtlinie 2008/48/EG, WM 2009 1174; *Heße/Niederhofer* Die Eigenverantwortung des Darlehensnehmers und die Erläuterungspflicht des Darlehensgebers nach § 491a Abs. 3 BGB, MDR 2010 968; *Hoffmann/Bartlitz* Erläuterungs- und Bonitätspflicht im Verbraucherkreditrecht, WM 2014 2297; *Hofmann* Die neue Erläuterungspflicht des § 491a Abs. 3 BGB, BKR 2010 232; *Merz* Erläuterungspflichten bei Verbraucherkrediten, NJW 2012 1990; *Servatius* Aufklärungspflichten und verantwortungsvolle Kreditvergabe, ZfIR 2015 178.

Systematische Übersicht

A. Allgemeines

I. Gesetzentwicklung

1 Die Pflicht zur Erfüllung umfangreicher vorvertraglicher Informationspflichten seitens des Darlehensgebers ist erstmals mit Umsetzung der Art. 5 und 6 der europäischen Verbraucherkreditrichtlinie 2008/45/EG im Bürgerlichen Gesetzbuch statuiert worden. Die Einzelheiten der Unterrichtungspflicht sind in Art. 247 des Einführungsgesetzes zum Bürgerlichen Gesetzbuch ausgestaltet. Mit Umsetzung der europäischen Wohnimmobilienkreditrichtlinie 2014/17/EU sind die Abs. 2 und 3 durch spezielle Regelungen für Immobiliar-Verbraucherdarlehensverträge modifiziert worden. Als neuer Abs. 4 sind im Zuge der Gesetzesnovellierung zudem Informationspflichten für den Darlehensgeber bei Immobiliarförderkrediten eingefügt worden. Abs. 1 hingegen ist lediglich redaktionell

angepasst worden, indem einerseits der Oberbegriff des Verbraucherdarlehensvertrags für die davon erfassten Allgemein-Verbraucherdarlehensverträge und Immobiliar-Verbraucherdarlehensverträge und andererseits der Verweis auf die Informationspflichten des Art. 247 EGBGB konkretisiert wurde, ohne dass damit jeweils allerdings inhaltliche Änderungen verbunden wären. Der Umfang der Inhalte der vorvertraglichen Informationen bei Allgemein-Verbraucherdarlehensverträgen ist schließlich durch das Finanzaufsichtsergänzungsgesetz mit Wirkung zum 1.7.2018 durch Einführung des § 4 Abs. 3 in Art. 247 EGBGB ergänzt worden.

II. Zweck der Vorschrift

Durch die zugrundeliegenden Regelungen der Verbraucherkreditrichtlinie wurde das Anliegen von europaweit einheitlichen vorvertraglichen Informationspflichten verfolgt. Durch die seitens des Darlehensgebers zu erteilenden Auskünfte soll der Darlehensnehmer in die Lage versetzt werden, auf Grundlage der vom Darlehensgeber angebotenen Vertragsbedingungen unter Berücksichtigung seiner eigenen Wünsche verschiedene Angebote miteinander zu vergleichen und sodann eine eigenverantwortliche Entscheidung für oder wider einen Vertragsschluss zu treffen.[1] Die in Abs. 3 geregelte Erläuterungspflicht des Darlehensgebers hat wiederum zum Ziel, dass der Darlehensnehmer anhand seiner Vermögensverhältnisse und des mit dem Vertragsabschluss verfolgten Zwecks einschätzen kann, ob der Vertrag für ihn nützlich ist oder nicht.[2] 2

B. Tatbestand

I. Vorvertragliche Informationspflichten bei Verbraucherdarlehen

Abs. 1 bestimmt dem Grunde nach unterschiedslos für beide Arten von Verbraucherdarlehen eine vorvertragliche Pflicht des Darlehensgebers den Darlehensnehmer zu informieren. Die jeweiligen Inhalte der vorvertraglichen Information richten sich nach den in Art. 247 EGBGB enthaltenen Vorgaben. Innerhalb von Art. 247 EGBGB wird hinsichtlich der Anforderungen unterschieden nach Immobiliar-Verbraucherdarlehen, auf welche § 1 Anwendung findet, sowie Allgemein-Verbraucherdarlehen, bei welchen sich die Einzelheiten der vorvertraglichen Information nach den §§ 3–5 und §§ 8–13 richten. 3

1. Anforderungen bei Allgemein-Verbraucherdarlehen

a) Zeitpunkt und Form der vorvertraglichen Information. Im Gegensatz zur vorangehenden Rechtslage nach Umsetzung der europäischen Verbraucherkreditrichtlinie 2008/45/EG hat die Unterrichtung des Darlehensnehmers nunmehr rechtzeitig vor Abgabe von dessen Vertragserklärung zu erfolgen. Die Unterrichtung rechtzeitig vor Vertragsschluss genügt folglich den gesetzlichen Anforderungen nicht mehr. Die Informationspflicht ist seitens des Darlehensgebers somit rechtzeitig bevor der Darlehensnehmer durch seine Vertragserklärung gebunden ist, zu erfüllen.[3] Für den Darlehensnehmer muss die Möglichkeit bestehen, die Informationen in Abwesenheit des Darlehensgebers räumlich getrennt zu prüfen; ein Vertragsschluss am Tag der Informationserteilung und 4

1 BT-Drs. 16/11643 S. 78.
2 BT-Drs. 16/11643 S. 79.
3 BT-Drs. 18/5922 S. 113.

auch unmittelbar nach der Erteilung ist dadurch nicht ausgeschlossen.[4] Eine Mindestbedenkzeit ist zur Einhaltung des Erfordernisses der „Rechtzeitigkeit" vom Darlehensgeber hingegen nicht einzuräumen.[5] Entscheidend ist, dass der mit der Pflicht zur vorvertraglichen Information verfolgte Zweck erfüllt ist. Der Darlehensnehmer soll durch die Unterrichtung in die Lage versetzt werden, mehrere Angebote miteinander zu vergleichen, um eine fundierte Entscheidung für oder gegen den Abschluss des Allgemein-Verbraucherdarlehens treffen zu können. Die Unterrichtung hat in Textform gem. § 126b BGB zu erfolgen.

5 Das Muster in Anlage 4 zur Europäischen Standardinformation für Verbraucherkredite ist zur Erfüllung der vorvertraglichen Informationspflichten bei Allgemein-Verbraucherdarlehen vom Darlehensgeber zwingend zu verwenden.[6] Dazu bestehen allerdings Ausnahmefälle, welche in § 2 Abs. 3 des Art. 247 EGBGB geregelt sind. Dies betrifft Allgemein-Verbraucherdarlehen in Form von Umschuldungsdarlehen und eingeräumten Überziehungsmöglichkeiten. Bei diesen kann der Darlehensgeber das Muster der Standardinformation verwenden. Er hat somit die Wahl die vorvertragliche Information durch Verwendung des Musters oder auf andere Weise zu kommunizieren. Verwendet er das Muster nicht, muss er gem. Abs. 3 S. 2 bei der Unterrichtung des Darlehensnehmers alle nach §§ 3–5 und 8–13 erforderlichen Angaben gleichartig gestalten und hervorheben. Die Pflichtangaben zur vorvertraglichen Information müssen sich bei Unterrichtung ohne Verwendung des Musters überdies gemäß § 4 Abs. 2 von den anderen Angaben in Sinne einer räumlichen Trennung abheben. Der Darlehensnehmer soll sie klar und deutlich als Pflichtangeben wahrnehmen können.[7]

6 Erfüllt ist die Verpflichtung zur vorvertraglichen Information des Verbrauchers nach § 491a Abs. 1 BGB, wenn der Darlehensgeber dem Darlehensnehmer das ordnungsgemäß ausgefüllte Muster in Textform übermittelt hat. § 2 Abs. 4 S. 1 ermöglicht dem Darlehensgeber somit eine standardisierte Erfüllung seiner Informationspflichten. Ordnungsgemäß ausgefüllt ist das Muster, mit der Folge des Eintritts der Fiktionswirkung („gilt als erfüllt"), wenn es die tatsächlichen Vertragsbedingungen des Darlehensgebers wiedergibt und die Wünsche des Darlehensnehmers, soweit bekannt, berücksichtigt.[8] Diese Fiktion findet sowohl bei der gesetzlich zwingend vorgegebenen Verwendung des Musters als auch bei der freiwilligen Verwendung in den Fällen des Abs. 3 S. 1 Anwendung.[9]

7 **b) Umfang der vorvertraglichen Information im Einzelnen.** Wie bisher ist der Umfang der vorvertraglichen Informationspflichten in § 3 des Art. 247 EGBGB geregelt. Die Vorschrift ist durch die Umsetzung der europäischen Wohnimmobilienkreditrichtlinie inhaltlich unverändert geblieben. Der Anwendungsbereich ist allerdings auf Allgemein-Verbraucherdarlehensverträge beschränkt, da die Informationspflichten bei Immobiliar-Verbraucherdarlehen in § 1 geregelt sind.

8 **aa) Pflichtangaben.** Nr. 1 erfordert die Angabe des Namens und der Anschrift des Darlehensgebers. Die Anschrift muss eine Postadresse sein, während Internetanschriften nicht ausreichend sind, da an diese Anschrift dem Darlehensgeber Schriftverkehr zuge-

---

4 BT-Drs. 16/11643 S. 122; Nobbe/*Müller-Christmann* § 491a Rn. 32; Langenbucher/Bliesener/Spindler/*Roth* § 491a Rn. 2; Palandt/*Weidenkaff* Art. 247 § 2 Rn. 2.
5 Nobbe/*Müller-Christmann* § 491a Rn. 42; Langenbucher/Bliesener/Spindler/*Roth* § 491a Rn. 3.
6 BT-Drs. 16/11643 S. 122; Palandt/*Weidenkaff* Art. 247 § 2 Rn. 1, 3.
7 BT-Drs. 16/11643 S. 123; Palandt/*Weidenkaff* Art. 247 § 2 Rn. 4.
8 BT-Drs. 16/11643 S. 123.
9 Nobbe/*Müller-Christmann* § 491a Rn. 6.

stellt werden können muss.[10] Der Name des Darlehensgebers ist, abhängig von dessen Geschäftsbetrieb, nach § 12 BGB oder § 17 HGB zu bestimmen. Die Informationen müssen nach Nr. 2 auch die Art des Darlehens enthalten. Bei dieser Angabe ist zwischen Darlehensverträgen und anderen entgeltlichen Finanzierungshilfen zu unterscheiden. Unter Art des Darlehens kann allerdings auch die nähere Ausgestaltung des Darlehens fallen, wie bspw. ein befristetes oder unbefristetes Darlehen mit regelmäßiger Tilgung oder Tilgung am Ende der Laufzeit.[11] Es ist somit eine schlagwortartige Produktbeschreibung erforderlich, ohne weitere ergänzende Erläuterungen.[12] Nach Nr. 3 muss der effektive Jahreszins angegeben werden. Dieser ist gem. Abs. 3 S. 1 anhand eines repräsentativen Beispiels zu erläutern. Die Berechnung bestimmt sich nach § 6 PAngV und hat die Gesamtkosten des Verbraucherdarlehens für den Verbraucher, ausgedrückt als jährlicher Prozentsatz des Nettodarlehensbetrags, zu bezeichnen. § 6 Abs. 3 PAngV bestimmt als die in den effektiven Jahreszins einzubeziehenden Gesamtkosten die vom Verbraucher zu entrichtenden Zinsen sowie alle sonstigen Kosten, die der Verbraucher im Zusammenhang mit dem Verbraucherdarlehensvertrag zu entrichten hat und dem Darlehensgeber bekannt sind. § 6 Abs. 4 PAngV bestimmt die nicht in die Gesamtkosten einzubeziehenden Posten. Bei variablen Vertragskonditionen sind gemäß § 6 Abs. 5 PAngV der ursprüngliche Sollzins bzw. die ursprünglichen sonstigen Kosten für die Gesamtdauer des Vertrags zugrunde zu legen, soweit ihre zahlenmäßige Bestimmung im Zeitpunkt der Berechnung des anzugebenden effektiven Jahreszinses nicht möglich ist. Dies betrifft vor allem Verträge mit Zinsanpassungs- und Zinsgleitklauseln.[13]

Nach Nr. 4 muss der Darlehensgeber den Nettodarlehensbetrag angeben. Dieser ist **9**
gem. § 3 Abs. 2 S. 2 definiert als der Höchstbetrag, auf den der Darlehensnehmer aufgrund des Darlehensvertrags Anspruch hat. Umstritten ist, ob sämtliche Einmalkosten des Darlehens, unabhängig davon, ob diese an Dritte abzuführen sind, miteinbezogen werden müssen. Die wohl überwiegende Meinung in der Literatur, spricht sich dafür aus, dass zumindest die für den Darlehensnehmer an Dritte auszuzahlenden mitfinanzierten Kosten einzubeziehen sind.[14] Kosten für mitfinanzierte Nebenleistungen, wie bspw. Restschuldversicherungen, die Voraussetzung für die Darlehensvergabe zu den vorgesehenen Vertragsbedingungen sind, müssen hingegen abgezogen werden.[15] Vom Darlehensgeber einbehaltene mitfinanzierte Einmalkosten, wie Bearbeitungsentgelte, sind ebenfalls vom Nettodarlehensbetrag abzuziehen.[16] Teilweise wird auch vertreten, dass alle anfallenden Kosten mit in den Nettodarlehensbetrag einzubeziehen sind, da der Darlehensnehmer einen vertraglichen Anspruch auf Auszahlung dieser Kosten hat; dass der Buchungsweg abgekürzt wird und Kosten direkt an Dritte abgeführt werden, könne nach dieser Auffassung keine Rolle spielen.[17] Zudem ist gem. Nr. 5 der Sollzinssatz des Allgemein-Verbraucherdarlehens vom Darlehensgeber auszuweisen. Die Art des Sollzinssat-

---

10 BT-Drs. 16/11643 S. 123; Nobbe/*Müller-Christmann* § 491a Rn. 9; Langenbucher/Bliesener/Spindler/*Roth*Nach § 491a § 3 Rn. 2; MüKo BGB/*Schürnbrand* § 491a Rn. 14; Assies/Beule/Heise/Strube/*Veith* Kap. 4 Rn. 493; Palandt/*Weidenkaff* EGBGB Art. 247 § 3 Rn. 2.

11 BT-Drs. 16/11643 S. 123; Palandt/*Weidenkaff* EGBGB Art. 247 § 3 Rn. 2.

12 Nobbe/*Müller-Christmann* § 491a Rn. 9; MüKo BGB/*Schürnbrand* § 491a Rn. 15; Assies/Beule/Heise/Strube/*Veith* Kap. 4 Rn. 494.

13 MüKo BGB/*Schürnbrand* § 491a Rn. 17.

14 Schimansky/Bunte/Lwowski/*Münscher* § 81 Rn. 80; MüKo BGB/*Schürnbrand* § 491a Rn. 19; Palandt/*Weidenkaff* EGBGB Art. 247 § 3 Rn. 4.

15 Bülow/Artz/*Artz* § 492 Rn. 93; MüKo BGB/*Schürnbrand* § 491a Rn. 19;

16 Bülow/Artz/*Artz* § 492 Rn. 92; Palandt/*Weidenkaff* EGBGB Art. 247 § 3 Rn. 4; weitergehend für alle mitfinanzierten Einmalkosten Nobbe/*Müller-Christmann* § 491a Rn. 18.

17 Assies/Beule/Heise/Strube/*Veith* Kap. 4 Rn. 500; so auch *Schwintowski* § 14 Rn. 83.

zes bestimmt sich nach der Definition in § 489 Abs. 5 BGB. Sollzinssatz ist danach der gebundene oder veränderliche periodische Prozentsatz, der pro Jahr auf das in Anspruch genommen Darlehen angewendet wird. Präzisiert wird die Angabe zum Sollzinssatz durch die Vorgaben in Abs. 4. Die Vertragslaufzeit des Darlehens ist gem. Nr. 6 anzugeben. Dies kann mit einem Enddatum oder mit der Laufzeitdauer angegeben werden.[18] Handelt es sich um ein unbefristetes Darlehen, so ist die Laufzeit als unbefristet einzutragen.[19]

10 Zudem müssen nach Nr. 7 der Betrag, die Zahl und Fälligkeit der einzelnen Teilzahlungen in den vorvertraglichen Informationen beinhaltet sein. Dem Darlehensnehmer soll durch diese Angabe die von ihm zu übernehmende Belastung konkret vor Augen geführt werden.[20] Für die Angabe der Fälligkeit ist es ausreichend, wenn sie auf einen nach dem Kalender bestimmbaren Zeitpunkt bezogen wird.[21] Die Angabe des Gesamtbetrages gem. Nr. 8 bestimmt sich nach der Definition in § 3 Abs. 2 S. 1. Danach sind die Summe aus Nettodarlehensbetrag und Gesamtkosten anzugeben. Auszudrücken ist somit die Gesamtbelastung des Darlehensnehmers, die sich in die Rückzahlung des Darlehens, die Zinsleistungen und alle sonstigen Kosten teilt.[22] Zudem muss der Gesamtbetrag gem. Abs. 3 S. 1 anhand eines repräsentativen Beispiels erläutert werden. Die Gesamtkosten bestimmen sich nach § 6 Abs. 3 PAngV bzw. dem Negativkatalog in § 6 Abs. 4 PAngV. Nr. 9 verlangt die Angabe der Auszahlungsbedingungen für das Allgemein-Verbraucherdarlehen. Dabei ist vom Darlehensgeber insbesondere anzugeben, wenn der Darlehensnehmer das Darlehen nicht selbst ausgezahlt bekommt, sondern das Geld an einen Dritten fließt, wodurch der Darlehensnehmer bspw. die Befreiung von einer Verbindlichkeit oder einen Gegenstand erlangt.[23] Ebenso kann in der Praxis unter die Angabe der Auszahlungsbedingungen die Vorlage bestimmter vom Darlehensnehmer noch beizubringender Nachweise fallen, wie bspw. die Bestellung bestimmter Kreditsicherheiten.

11 Nach Nr. 10 muss der Darlehensgeber überdies den Darlehensnehmer über alle sonstigen Kosten sowie die Bedingungen, unter denen die Kosten angepasst werden können, informieren. Beispielhaft werden die Kosten der Auszahlung sowie für die Verwendung eines Zahlungsauthentifizierungsinstruments i.S.v. § 675c Abs. 3 i.V.m. § 1 Abs. 5 ZAG genannt. Unter sonstigen Kosten sind im Übrigen diejenigen zu verstehen, die bei ordnungsgemäßer Abwicklung im Zusammenhang mit dem Vertrag entstehen, unabhängig davon, ob vor Abschluss oder bei dessen Durchführung.[24] Erfasst werden davon u.a. Bereitstellungszinsen, Bearbeitungsentgelte, Schätzentgelte, Kontoführungsentgelte, Kosten für Freigabe von Sicherheiten, Notarkosten für Eintragung von Grundpfandrechten.[25] Nr. 11 erfordert die Information über den Verzugszinssatz und die Art und Weise seiner etwaigen Anpassung sowie gegebenenfalls anfallende Verzugskosten. Als Verzugszinssatz kann die Berechnung anhand der gesetzlichen Vorschriften angegeben werden. Dies

---

18 Nobbe/*Müller-Christmann* § 491a Rn. 20.
19 BT-Drs. 16/11643 S. 124; Nobbe/*Müller-Christmann* § 491a Rn. 20; Langenbucher/Bliesener/Spindler/*Roth* Nach § 491a § 3 Rn. 4; *Schwintowski* § 14 Rn. 85; Palandt/*Weidenkaff* EGBGB Art. 247 § 3 Rn. 2.
20 Nobbe/*Müller-Christmann* § 491a Rn. 21.
21 BT-Drs. 16/11643 S. 124.
22 BT-Drs. 16/11643 S. 125.
23 BT-Drs 16/11643 S. 124; Nobbe/*Müller-Christmann* § 491a Rn. 24; Assies/Beule/Heise/Strube/*Veith* Kap. 4 Rn. 514; Palandt/*Weidenkaff* EGBGB Art. 247 § 3 Rn. 2.
24 Nobbe/*Müller-Christmann* § 491a Rn. 25; MüKo BGB/*Schürnbrand* § 491a Rn. 29; Assies/Beule/Heise/Strube/*Veith* Kap. 4 Rn. 515.
25 Siehe Übersichten bei Bülow/Artz/*Artz* § 492 Rn. 121; Nobbe/*Müller-Christmann* § 491a Rn. 25; MüKo BGB/*Schürnbrand* § 491a Rn. 30; Assies/Beule/Heise/Strube/*Veith* Kap. 4 Rn. 517.

beinhaltet die Information über den Verzugszinssatz für Geldschulden von Verbrauchern in Höhe von 5 Prozentpunkten über dem Basiszinssatz gem. § 288 Abs. 1 BGB. Zusätzlich sollte auf die Anpassung des Basiszinssatzes zum 1. Januar und 1. Juli eines jeden Jahres gem. § 247 BGB hingewiesen werden, ggfs. unter Nennung des aktuellen Basiszinssatzes zwecks Verdeutlichung.[26] Da es sich bei den Kosten um solche handelt, die infolge von Leistungsstörungen anfallen, sind diese nicht von den Gesamtkosten erfasst.[27] Zusätzlich ist nach Nr. 12 auch ein Warnhinweis zu den Folgen ausbleibender Zahlungen aufzunehmen. Dieser Hinweis ist im Muster der Europäischen Standardinformation für Verbraucherkredite in Anlage 4 mit dem Wortlaut „Ausbleibende Zahlungen können schwerwiegende Folgen für Sie haben (z.B. Zwangsverkauf) und die Erlangung eines Kredits erschweren." enthalten.

Die vorvertragliche Information hat überdies gem. Nr. 13 bereits eine Angabe zum Bestehen oder Nichtbestehen eines Widerrufsrechts zu enthalten. Ob dem Verbraucher ein Widerrufsrecht einräumt ist, bestimmt sich nach § 495 BGB. Weitergehende Angaben zum Widerrufsrecht sind als vorvertragliche Information nicht erforderlich.[28] Nach Nr. 14 ist der Darlehensnehmer über die Möglichkeit das Darlehen jederzeit mit befreiender Wirkung zurückzuzahlen aufzuklären. Dieses Recht des Darlehensnehmers ergibt sich bei einem Allgemein-Verbraucherdarlehensvertrag aus § 500 Abs. 2 S. 1 BGB. Ebenso muss gem. Nr. 15 eine Information zum Anspruch des Darlehensnehmers nach § 491a Abs. 2 S. 1 BGB auf die Aushändigung eines Vertragsentwurfs des Allgemein-Verbraucherdarlehens sowie dessen Ausnahme nach § 491a Abs. 2 S. 2 BGB enthalten sein. Schließlich ist verpflichtend gem. Nr. 16 eine Information des Verbrauchers zu den sich aus § 29 Abs. 7 BDSG ergebenden Rechte vorzunehmen. Ohne inhaltliche Veränderung ist die nach Nr. 16 in Bezug genommene Regelung im Zuge des Inkrafttretens des Datenschutz-Anpassungs- und Umsetzungsgesetzes EU (DSAnpUG-EU) nunmehr in § 30 BDSG verankert worden. Diese Angabe dient der Unterrichtung des Darlehensnehmers darüber, dass er nach den Vorgaben des BDSG über das Ergebnis einer Datenbankabfrage zur Kreditwürdigkeit Auskunft verlangen kann, wenn der Abschluss des Darlehensvertrags aus diesem Grunde vom Darlehensgeber abgelehnt worden ist.[29] Der Anspruch nach dem BDSG erfasst die unverzügliche Auskunft über die Kreditablehnung sowie auch die Unterrichtung über die erhaltene Auskunft. 12

bb) Zusätzliche Informationen. Nur für die Konstellation, dass im Einzelfall die Angaben für den Vertragsschluss von Relevanz sind, müssen in der vorvertraglichen Information zu Allgemein-Verbraucherdarlehen gem. Art. 247 § 4 EGBGB weitere Unterrichtungspflichten seitens des Darlehensgebers erfüllt werden. Dies betrifft nach Abs. 1 Nr. 1 einen Hinweis auf vom Darlehensnehmer infolge des Vertragsschlusses zu tragende Notarkosten. Die Angabe der Notarkosten muss allerdings nicht als Geldbetrag erfolgen, da diese nach den einschlägigen Gebührenordnungen vom Gegenstandswert abhängig sind und demnach variieren. Überdies wäre die Angabe der gesetzlich vorgegebenen Notargebühren nicht nützlich, da zu diesen noch weitere, im Voraus nicht feststehende Kosten in Form von Auslagen und Pauschalbeträgen hinzutreten können.[30] Es genügt 13

26 Nobbe/*Müller-Christmann* § 491a Rn. 26; Assies/Beule/Heise/Strube/*Veith* Kap. 4 Rn. 522; so wohl auch Langenbucher/Bliesener/Spindler/*Roth* Nach § 491a § 3 Rn. 8; **a.A.** Bülow/Artz/*Artz* § 492 Rn. 128. Weitere Kosten können bspw. eine Vertragsstrafe sein.
27 BT-Drs. 16/11643 S. 124.
28 Nobbe/*Müller-Christmann* § 491a Rn. 28; MüKo BGB/*Schürnbrand* § 491a Rn. 33; Assies/Beule/Heise/Strube/*Veith* Kap. 4 Rn. 524; Palandt/*Weidenkaff* EGBGB Art. 247 § 3 Rn. 2.
29 BT-Drs. 16/11643 S. 125.
30 BT-Drs. 16/11643 S. 126.

daher der Hinweis auf die Kostenpflicht als solche.[31] Nach Nr. 2 ist der Verbraucher auch über die Sicherheiten zu informieren, die der Darlehensgeber zwecks Besicherung des Allgemein-Verbraucherdarlehens verlangt. Der Gesetzgeber will diesbezüglich den Begriff der „Sicherheit" weit verstanden wissen und sieht sämtliche Gestaltungen umfasst, mit denen dem Darlehensgeber zusätzliche Ansprüche zustehen, wenn das Darlehen nicht zurückgezahlt wird.[32]

14 Für den Fall, dass der Darlehensnehmer das Darlehen vorzeitig zurückzahlt, hat der Darlehensgeber diesen vorvertraglich nach Nr. 3 über den Anspruch auf Vorfälligkeitsentschädigung und dessen Berechnungsmethode, soweit der Darlehensgeber diesen Anspruch geltend macht, zu unterrichten. Der Anspruch des Darlehensgebers auf Vorfälligkeitsentschädigung, falls der Verbraucher von seinem jederzeitigen vorzeitigen Rückzahlungsrecht bei Allgemein-Verbraucherdarlehensverträgen gem. § 500 Abs. 2 S. 1 BGB Gebrauch macht, bestimmt sich nach § 502 BGB. Da auch die Art der Berechnungsmethode darzulegen ist, muss der Darlehensgeber seine Wahl der vom BGH anerkannten Methoden, sei es Aktiv-Aktiv-Methode oder Aktiv-Passiv-Methode, angeben. Welcher Detaillierungsgrad diesbezüglich verlangt wird bzw. im Rahmen der vorvertraglichen Information zweckmäßig ist, ist nicht eindeutig erkennbar. Eine allgemeine Beschreibung der Grundsätze in groben Zügen sollte daher den Anforderungen genügen.[33] Schließlich ist als rein fakultative Angabe („gegebenenfalls") nach Nr. 4 die Information über den Zeitraum, für den sich der Darlehensgeber an die übermittelten Informationen binden will, vorgesehen. Eine gesetzliche Bindung des Darlehensgebers ist nicht vorgesehen, jedoch ist die Information für den Verbraucher zwecks Vergleichs mehrerer Angebote von Bedeutung.[34]

15 Eine weitere Informationspflicht besteht gem. § 4 Abs. 3, wenn in einem Allgemein-Verbraucherdarlehensvertrag auf einen Referenzwert iSv Art. 3 Abs. 1 Nr. 3 der sog. Benchmark-Verordnung 2016/1011/EU Bezug genommen wird. In diesem Fall teilt der Darlehensgeber dem Darlehensnehmer in einem gesonderten Dokument, das dem Formular „Europäische Standardinformationen für Verbraucherkredite" beigefügt werden kann, die Bezeichnung des Referenzwerts und den Namen des Administrators sowie die möglichen Auswirkungen auf den Darlehensnehmer mit. Mit dieser Vorgabe wird Art. 57 der europäischen Benchmark-Verordnung 2016/1011/EU umgesetzt, mit welchem wiederum seitens des europäischen Gesetzgebers eine Ergänzung zu den Informationspflichten nach Art. 5 Abs. 1 der europäischen Verbraucherkreditrichtlinie 2008/48/EG eingefügt worden ist. Diese Änderung der vorvertraglichen Informationspflichten war zum 1.7.2018 in nationales Recht umzusetzen. Der in Bezug genommene und als vorvertragliche Information anzugebende Referenzwert ist gem. Art. 3 Abs. 1 Nr. 3 der europäischen Benchmarkt-Verordnung 2016/1011/EU im Zusammenhang mit Allgemein-Verbraucherdarlehen *„jeder Index, auf den Bezug genommen wird, um den für einen Finanzkontrakt zahlbaren Betrag zu bestimmen.*" Der Hintergrund der Regelung besteht darin, dass Verbraucher bei Abschluss eines Verbraucherdarlehensvertrages, für den ein Referenzwert als Bezugsgrundlage dient, aufgrund unter Umständen bestehender ungleicher Verhandlungsmacht möglicherweise nur eine begrenzte Wahlmöglichkeit in

31 Palandt/*Weidenkaff* EGBGB Art. 247 § 4 Rn. 2; **a.A.** Langenbucher/Bliesener/Spindler/*Roth* Nach § 491a § 4 Rn. 1.
32 BT-Drs. 16/11643 S. 126; Nobbe/*Müller-Christmann* § 491a Rn. 34; Langenbucher/Bliesener/Spindler/*Roth* Nach § 491a § 4 Rn. 2; Palandt/*Weidenkaff* EGBGB Art. 247 § 4 Rn. 2.
33 So auch MüKo BGB/*Schürnbrand* § 491a Rn. 39.
34 BT-Drs. 16/11643 S. 126; Nobbe/*Müller-Christmann* § 491a Rn. 36.

Bezug auf den verwendeten Referenzwert haben.[35] Insofern soll sichergestellt werden, dass der Darlehensgeber zumindest angemessene Informationen zur Verfügung zu stellen hat. In der Kreditpraxis betrifft die Informationspflicht Konstellationen, in denen in einem Allgemein-Verbraucherdarlehen ein variabler Sollzinssatz vereinbart wird und in der vertraglichen Zinsänderungsklausel die jeweilige Zinsanpassung sich nach der Entwicklung des zugrunde gelegten Referenzzinssatzes (bspw. EONIA oder EURIBOR) richtet. Inhaltlich ist dem Verbraucher darzulegen, in welcher Art und Weise der Sollzinssatz sich durch den in Bezug genommenen Referenzzinssatz verändern bzw. entwickeln kann

2. Anforderungen bei Immobiliar-Verbraucherdarlehen

a) Hinweispflichten bezüglich der Kreditwürdigkeitsprüfung. Der Darlehensgeber hat gemäß Art. 247 § 1 Abs. 1 S. 1 EGBGB den Darlehensnehmer vorvertraglich mitzuteilen, welche Informationen und Nachweise er innerhalb welchen Zeitraums benötigt, um seine nach § 505a BGB bestehende Pflicht zur Durchführung einer ordnungsgemäßen Kreditwürdigkeitsprüfung nachkommen zu können. Diese Hinweispflicht dient somit dazu, die als Grundlage der Kreditwürdigkeitsprüfung notwendigen Informationen gemäß § 505b Abs. 2, 3 BGB vom Darlehensnehmer zu erhalten. Dies betrifft als sog. externe Quelle iSd des § 505d Abs. 3 S. 1 BGB vor allem auch die Selbstauskunft des Darlehensnehmers über sein Vermögen sowie seine Ein- und Ausgaben. Insbesondere ist der Darlehensnehmer gemäß § 1 Abs. 1 S. 2 darauf hinzuweisen, dass eine Kreditwürdigkeitsprüfung für den Abschluss des Darlehensvertrags zwingend ist und nur durchgeführt werden kann, wenn die hierfür benötigten Informationen und Nachweise richtig sind und vollständig beigebracht werden. Der Hinweis i.S.v. S. 2 soll eine Warnfunktion erfüllen und kann auch in standardisierter Form vom Darlehensgeber, bspw. durch ein Informationsblatt, erfüllt werden.[36] Grundsätzlich ist allerdings für beide Hinweispflichten nach § 1 Abs. 1 keine bestimmte Form vorgeschrieben, so dass sie auch mündlich erteilt werden können.[37] 16

b) Information anhand des ESIS-Merkblatt. Zusätzliche Pflichten des Darlehensgebers zur vorvertraglichen Information des Darlehensnehmers bei Immobiliar-Verbraucherdarlehen enthält § 1 Abs. 2 des Art. 247 EGBGB. Inhaltlich sind die vorvertraglichen Informationspflichten durch die Verwendung des ausgefüllten, im Zuge der Umsetzung der europäischen Wohnimmobilienkreditrichtlinie 2014/17/EU neu eingeführten Europäischen Standardisierten Merkblatts (ESIS-Merkblatt) zu erfüllen. Das entsprechende Muster befindet sich in Anlage 6 zu Art. 247 EGBGB. Die Verwendung des ESIS-Merkblatts ist für den Darlehensgeber verpflichtend, so dass keine Wahlmöglichkeit besteht.[38] Die Übermittlung des ESIS-Merkblatts hat in Textform i.S.v. § 126b BGB zu erfolgen. 17

Als Zeitpunkt für die Überlassung des ausgefüllten ESIS-Merkblatts seitens des Darlehensgebers bestimmt § 1 Abs. 2 S. 1 grundsätzlich den Zeitraum unverzüglich nach dem Erhalt der für die Durchführung einer ordnungsgemäßen Kreditwürdigkeitsprüfung notwendigen Angaben des Darlehensnehmers und rechtzeitig vor Abgabe von dessen Vertragserklärung. Dabei wird vom Gesetzgeber die Maßgabe aufgestellt, dass die vorvertragliche Information so früh wie möglich zu erfolgen hat.[39] Der Darlehensgeber wird 18

---

35 Vgl. Erwägungsgrund 71 Benchmark-Verordnung 2016/1011/EU.
36 BT-Drs. 18/5922 S. 111; Bülow/Artz/*Artz* § 491a Rn. 21a; MüKo BGB/*Schürnbrand* § 491a Rn. 47.
37 BT-Drs. 18/5922 S. 111.
38 BT-Drs. 18/5922 S. 111.
39 BT-Drs. 18/5922 S. 112.

verpflichtet, dem Verbraucher die vorvertraglichen Informationen zur Verfügung zu stellen, sobald der Verbraucher dem Darlehensgeber die erforderlichen Angaben zu seinen Bedürfnissen, seiner finanziellen Situation und seinen Präferenzen gemacht hat.[40] Die Unverzüglichkeit der Informationserteilung anhand des ESIS-Merkblatts sollte in der Praxis gewahrt sein, wenn dies innerhalb von 5–7 Bankarbeitstagen nach Erhalt der Informationen vom Verbraucher erfolgt.[41] Es wird damit ein eigenständiger Anspruch des Darlehensnehmers begründet, der nicht mehr an den Vertragsschluss gekoppelt ist, sondern von der Erteilung der für die Kreditwürdigkeitsprüfung erforderlichen Angaben seitens des Verbrauchers gegenüber dem Darlehensgeber abhängt.[42]

19 Überdies kommt gem. Abs. 2 S. 3 als weiterer Zeitpunkt, zu welchem verpflichtend das ESIS-Merkblatt dem Darlehensnehmer auszuhändigen ist, jede Abgabe eines Vertragsangebots oder eines bindenden Vertragsvorschlags des Darlehensgebers in Betracht. Die Bindung an ein Vertragsangebot, welches der anderen Vertragspartei unterbreitet worden ist, sieht das BGB in § 145 als Regelfall vor, wenn der Antragende nicht die Gebundenheit nicht ausgeschlossen hat. Über diese Regelung hinaus sollen die in S. 3 vorgesehenen Alternativen des „Vertragsangebots“ bzw. des „bindenden Vorschlags für bestimmte Vertragsbestimmungen“ die Phase der Vertragsverhandlungen abdecken, in welcher der Darlehensgeber bestimmte Konditionen vorschlägt und erklärt, sich an diese Vorschläge für eine bestimmte Zeit zu binden, wovon insbesondere die Angaben zu einem bestimmten Zinssatz, den der Darlehensgeber innerhalb eines bestimmten Zeitraums gewähren kann, erfasst werden.[43] Es ist daher sowohl bei einem Vertragsangebot i.S.v. § 145 BGB als auch bei einem Vertragsvorschlag des Darlehensgebers, welches noch kein Vertragsanbot i.S.d. § 145 BGB darstellt, an welches er sich jedoch für eine gewisse Zeit bindet, dem Darlehensnehmer ein ESIS-Merkblatt auszuhändigen. Es soll gewährleistet werden, dass zum einen dem Verbraucher zu einem aktuellen verbindlichen Vertragsangebot stets ein auf dieses Angebot zugeschnittenes ESIS-Merkblatt zur Verfügung steht und zum anderen dieser bei verbindlich angebotenen Kreditkonditionen in eine ernsthafte und gründliche Prüfung des Vorschlags einsteigen kann.[44]

Von diesem Fall wird jedoch gem. S. 4 insoweit eine Ausnahme gemacht, als dass keine Überlassung geschuldet ist, wenn der Darlehensnehmer bereits ein ESIS-Merkblatt erhalten hat, in dem über die speziellen Bedingungen des Vertragsangebots oder des Vertragsvorschlags informiert wird. Für die Unterbreitung eines bindenden Vertragsvorschlags muss der Darlehensgeber die Textform i.S.v. § 126b BGB einhalten. Für Vertragsangebote im Sinne von § 145 BGB findet allerdings die Textform gem. Abs. 2 S. 5 keine Anwendung, da für diese bereits das Schriftformerfordernis nach § 492 Abs. 1 S. 1 BGB gilt.

Wird das Immobiliar-Verbraucherdarlehen in einer Fernabsatzsituation i.S.v. § 312c BGB oder außerhalb von Geschäftsräumen i.S.v. § 312b BGB geschlossen und bestehen demzufolge grundsätzlich die vorvertraglichen Informationspflichten gemäß § 312d BGB i.V.m. Art. 246b EGBGB, so genügt gem. Abs. 2 S. 6 zur Erfüllung dieser Pflichten seitens des Darlehensgebers, wenn dieser dem Verbraucher das ESIS-Merkblatt überlässt.

20 **c) Gesonderte vorvertragliche Informationen.** Abs. 3 S. 1 sieht eine besondere Regelung zur Art und Weise der Informationserteilung vor, wenn der Darlehensgeber In-

40 BT-Drs. 18/5922 S. 112; Münscher/Grziwotz/Krepold/Freckmann/*Freckmann* § 5 Rn. 1018.
41 Münscher/Grziwotz/Krepold/Freckmann/*Freckmann* § 5 Rn. 1020.
42 Münscher/Grziwotz/Krepold/Freckmann/*Freckmann* § 5 Rn. 1018.
43 BT-Drs. 18/5922 S. 112.
44 Bülow/Artz/*Artz* § 491a Rn. 21d.

formationen erteilt, die über die Inhalte des ESIS-Merkblatts hinausgehen. Dieser Vorgehensweise liegt die Bestimmung des Art. 14 Abs. 8 der europäischen Wohnimmobilienkreditrichtlinie nebst deren Erwägungsgrund 42 zugrunde, wonach etwaige zusätzliche Informationen, die der Kreditgeber dem Verbraucher erteilt oder zu deren Erteilung er nach Maßgabe der nationalen Rechtsvorschriften verpflichtet ist, in einem gesonderten Dokument, das dem ESIS-Merkblatt beigefügt werden kann, mitgeteilt werden. Dies beruht auf dem Zweck des ESIS-Merkblatts, welches dem Verbraucher auf Basis einer europaweit einheitlich ausgestalteten vorvertraglichen Information es erleichtern soll, verschiedene Angebote einfach miteinander zu vergleichen, was durch freiwillige oder verpflichtende Aufnahme weiterer Informationen beeinträchtigt werden würde.[45]

Nach der bisherigen Rechtslage in Deutschland bestand eine derartige zusätzliche 21
vorvertragliche Informationspflicht des Darlehensgebers bei Immobiliardarlehensverträgen nach Art. 247 § 9 Abs. 1 S. 2 EGBGB a.F., wonach die vorvertragliche Information auch einen deutlich gestalteten Hinweis darauf enthalten musste, dass der Darlehensgeber Forderungen aus dem Darlehensvertrag ohne Zustimmung des Darlehensnehmers abtreten und das Vertragsverhältnis auf einen Dritten übertragen darf, soweit nicht die Abtretung im Vertrag ausgeschlossen wird oder der Darlehensnehmer der Übertragung zustimmen muss. Diese Regelung ist nunmehr in § 1 Abs. 3 S. 2 übernommen worden. Eine Sondervorschrift enthält insoweit Art. 247 § 5 Abs. 2 EGBGB. Danach muss bei Telefongesprächen, die sich auf Immobiliar-Verbraucherdarlehensverträge beziehen, die Beschreibung der wesentlichen Merkmale der Finanzdienstleistung nach Art. 246b § 1 Abs. 1 Nr. 5 EGBGB zumindest die Angaben nach Teil A Abschnitt 3 bis 6 des ESIS-Merkblatts enthalten. Damit wird eine abweichende Erfüllung der ergänzenden Informationspflichten bei der Vergabe von Immobiliar-Verbraucherdarlehensverträgen im Rahmen von Fernabsatzgeschäften ermöglicht.[46]

d) Abbruch der Vertragsverhandlungen. Schließlich hat der Darlehensgeber gem. 22
§ 1 Abs. 4 die Pflicht dem Darlehensnehmer unverzüglich mitzuteilen, wenn er sich entscheidet, den Immobiliar-Verbraucherdarlehensvertrag nicht abzuschließen. Diese vorvertragliche Informationspflicht des Darlehensgebers kann zum einen frühestens mit Aufnahme von Verhandlungen mit dem Darlehensnehmer entstehen und ist zum anderen auch dann zu erfüllen, wenn sich der Darlehensgeber entscheidet, die Verhandlungen abzubrechen, noch bevor ein Vertragsangebot vorliegt.[47] Für die Mitteilung der Entscheidung sieht das Gesetz keine bestimmte Form vor, so dass der Darlehensgeber diese Pflicht grundsätzlich auch mündlich erfüllen kann. Aus Nachweisgesichtspunkten empfiehlt sich in der Praxis allerdings, dass die Mitteilung zumindest in Textform vorgenommen wird.

II. Aushändigung eines Vertragsentwurfs (Abs. 2)

1. Anspruch des Darlehensnehmers. Der Darlehensnehmer hat bei beiden Arten 23
von Verbraucherdarlehensverträgen gegenüber dem Darlehensgeber einen eigenständigen Anspruch auf Aushändigung eines Vertragsentwurfes. Die Vorschrift dient der Umsetzung von Art. 5 Abs. 4 und Art. 6 Abs. 6 der europäischen Verbraucherkreditrichtlinie 2008/45/EG. S. 1 ist als echte Anspruchsgrundlage des Darlehensnehmers ausgestaltet mit der Folge, dass zum einen der Anspruch auch dann besteht, wenn der Darlehens-

45 Bülow/Artz/*Artz* § 491a Rn. 21 f.; MüKo BGB/*Schürnbrand* § 491a Rn. 49.
46 BT-Drs. 18/5922 S. 112; Bülow/Artz/*Artz* § 491a Rn. 21 f.; MüKo BGB/*Schürnbrand* § 491a Rn. 49.
47 BT-Drs. 18/5922 S. 112.

nehmer bereits das Muster der europäischen Standardinformation für Verbraucherdarlehen i.S.v. Abs. 1 erhalten hat und zum anderen der Darlehensgeber für diese Leistung keine Kosten berechnen darf.[48]

Der Darlehensgeber muss allerdings nicht von sich aus tätig werden, sondern nur auf ein entsprechendes Verlangen des Darlehensnehmers den Vertragsentwurf überlassen.[49] Eine Einschränkung des Anspruchs des Darlehensnehmers besteht in Fällen, in denen der Darlehensgeber noch nicht zum Vertragsschluss bereit ist. Dies kann vor allem Konstellationen betreffen, in denen die nach § 505a BGB durchzuführende Kreditwürdigkeitsprüfung vom Darlehensgeber noch nicht vorgenommen worden ist. Ist der Darlehensgeber in dieser Phase noch nicht zur Aushändigung eines Vertragsentwurfs verpflichtet, kann er bei einem entsprechenden Verlangen des Darlehensnehmers konsequenterweise für die Aushändigung ein Entgelt erheben.[50] Ohne Bereitschaft zum Vertragsabschluss besteht noch keine gesetzliche Pflicht des Darlehensgebers, so dass es bei einer dennoch erfolgten Aushändigung eines Vertragsentwurfs um eine bepreisbare Sonderleistung handelt.

24 **2. Besondere Anforderungen für Immobiliar-Verbraucherdarlehen.** Abs. 2 S. 3 regelt Pflichten des Darlehensgebers vor Vertragsschluss, welche nur für Immobiliar-Verbraucherdarlehen Geltung beanspruchen. Gemäß dem ersten Halbsatz hat der Darlehensgeber im Falle eines von ihm unterbreiteten Angebots oder eines bindenden Vorschlags für bestimmte Vertragsbestimmungen dem Darlehensnehmer anzubieten, diesem einen Vertragsentwurf auszuhändigen oder zu übermitteln. Der zweite Halbsatz betrifft die Fälle, in denen bei Immobilar-Verbraucherdarlehen nach § 495 Abs. 2 BGB dem Verbraucher kein gesetzliches Widerrufsrecht eingeräumt ist und stattdessen die neu im Zuge der Umsetzung der europäischen Wohnimmobilienkreditrichtlinie 2014/17/EU ins BGB eingefügte Bedenkzeit von sieben Tagen vor Vertragsschluss besteht. In diesen Konstellationen hat der Darlehensgeber dem Darlehensnehmer einen Vertragsentwurf des Immobiliar-Verbraucherdarlehens auszuhändigen oder zu übermitteln. Der Darlehensgeber muss folglich neben einem Vertragsangebot oder einem bindenden Vorschlag für bestimmte Vertragsbestimmungen zugleich einen Vertragsentwurf aushändigen. Mit dieser Regelung werden die Vorgaben von Art. 14 Abs. 11 S. 2 der europäischen Wohnimmobilienkreditrichtlinie umgesetzt. Die Begrifflichkeiten Vertragsangebot und bindender Vertragsvorschlag sind korrespondierend wie im Falle der vorvertraglichen Informationspflichten anhand des ESIS-Merkblatts gemäß Abs. 1 i.V.m. Art. 247 § 1 Abs. 2 S. 3 EGBGB zu verstehen (vgl. Rn 18).

III. Erläuterungspflichten des Darlehensgebers (Abs. 3)

25 **1. Inhalt und Umfang der Pflicht.** Mit der Umsetzung des Art. 5 Abs. 6 der europäischen Verbraucherkreditrichtlinie 2008/45/EG in Abs. 3 wurde im deutschen Zivilrecht eine zuvor gesetzlich nicht bestehende Pflicht zur Erläuterung von Vertragsbestimmungen eingeführt. Eine allgemeine Aufklärungspflicht des Darlehensgebers besteht im deutschen Recht nicht. Ein Kreditinstitut hat keine Verpflichtung den Darlehensnehmer über die Gefahren und Risiken der Verwendung eines Darlehens aufzuklären und vor dem Vertragsschluss zu warnen.[51] Nur in Ausnahmefällen war nach den allgemeinen

48 BT-Drs. 16/11643 S. 78.
49 MüKo BGB/*Schürnbrand* § 491a Rn. 58.
50 Kümpel/Wittig/*Merz* Rn. 10.146; MüKo BGB/*Schürnbrand* § 491a Rn. 59.
51 Assies/Beule/Heise/Strube/*Dörrie*, Kap. 4 Rn. 921; *Vortmann*, Aufklärungs- und Beratungspflichten der Banken, Rn. 194 f.

Grundsätzen in der höchstrichterlichen Rechtsprechung eine Aufklärung über die Risiken und die Zweckmäßigkeit geschuldet. Dies betrifft Fälle, in denen die Bank die neutrale Rolle als Darlehensgeber überschreitet,[52] durch bewusste Belastung des Kunden mit einem Risiko einen besonderen Gefährdungstatbestand schafft,[53] einem schwerwiegenden Interessenkonflikt unterliegt[54] sowie durch Kenntnisse von speziellen Risiken und Nachteilen des finanzierten Projekts über einen konkreten Wissensvorsprung verfügt.[55] Diese Grundsätze aus der Rechtsprechung bleiben von den gesetzlichen produktbezogenen Erläuterungspflichten unberührt.[56] Folge der produktbezogenen Erläuterungspflicht ist es, dass der Darlehensgeber dem Darlehensnehmer allein durch Mitteilung von Tatsachen Klarheit über den Vertragsgegenstand zu verschaffen hat.[57] Durch die Erläuterung soll der durchschnittliche Verbraucher den Vertrag, dessen Nachteile und Risiken sowie die Belastung beurteilen können.[58] Die Erläuterung muss der Darlehensgeber von sich aus und nicht nur auf Verlangen des Darlehensnehmers erbringen.[59]

Während S. 1 nur die allgemeine Pflicht des Darlehensgebers zur angemessen Erläu- **26**
terung vor dem Abschluss des Verbraucherdarlehensvertrages statuiert, werden in S. 2 die Inhalte näher konkretisiert. Demgemäß sollen gegebenenfalls die vorvertraglichen Informationen sowie die Hauptmerkmale des angebotenen Darlehensvertrages sowie ihre vertragstypischen Auswirkungen auf den Darlehensnehmer erläutert werden. Unter Hauptmerkmalen des Verbraucherdarlehensvertrages sind die Hauptleistungspflichten der Vertragsparteien, etwaig bestehende Besonderheiten und die vertraglichen Gestaltungsmöglichkeiten des Verbrauchers in Bezug auf ausgewählte Klauseln (z.B. veränderlicher Zinssatz) zu verstehen.[60] Eine Pflicht des Darlehensgebers auf günstigere Gestaltungen oder andere Verträge des Darlehensgebers hinzuweisen, besteht jedoch nicht.[61]

Durch das Wort „gegebenenfalls" wird allerdings zum Ausdruck gebracht, dass es **27**
sich dabei nicht um einen Pflichtinhalt bzw. –umfang bezüglich der Erläuterungen handelt. Besteht im Einzelfall kein Anlass für die Erläuterung sämtlicher in S. 2 enthaltenen Vorgaben, weil der Darlehensnehmer die vorvertragliche Informationen bspw. verstanden hat, wird eine zusätzliche Erläuterung vom Darlehensgeber auch nicht verlangt.[62] Diese tatbestandliche Einschränkung ist auch nur praxisgerecht, da es schwerlich möglich sein würde, sämtliche der in Abs. 1 i.V.m. Art. 247 EGBGB enthaltenen vorvertraglichen Informationen anhand der dort genannten Kataloge zu erläutern. In der Kreditvergabepraxis ist demzufolge auf den Verständnishorizont des konkreten Darlehensnehmers im Einzelfall abzustellen. Maßgeblich sollten daher im Rahmen der Vertragsanbahnung offenbar werdende Probleme des konkreten Kunden einzelne Vertragsbestandteile zu begreifen bzw. auch der Grad der Komplexität des konkreten Darlehensvertrags sein.[63] Dies hat allerdings nicht zur Folge, dass der Darlehensgeber bei jedem Verbraucher eine individuell zugeschnittene Erläuterung vornehmen muss. Bestehen keine konkreten Rück-

---

52 BGH 18.3.2003 WM **2003** 918.
53 BGH 18.11.2003 WM **2004** 172.
54 BGH 28.4.1992 WM **1992** 1310.
55 BGH 3.6.2003 WM **2003** 1710.
56 BT-Drs. 16/11643, S. 79; Bülow/Artz/*Artz* § 491a Rn. 33; MüKo BGB/*Schürnbrand* § 491a Rn. 63; Palandt/*Weidenkaff* § 491a Rn. 4.
57 MüKo BGB/*Schürnbrand* § 491a Rn. 65.
58 Palandt/*Weidenkaff* § 491a Rn. 4.
59 EuGH 18.12.2014 ZIP **2015** 65; MüKo BGB/*Schürnbrand* § 491a Rn. 69.
60 BT-Drs. 16/11643 S. 79; Palandt/*Weidenkaff* § 491a Rn. 4.
61 *Herresthal* WM **2009** 1174; Palandt/*Weidenkaff* § 491a Rn. 4.
62 BT-Drs. 16/11643 S. 79.
63 Bülow/Artz/*Artz* § 491a Rn. 29a; *Nobbe* WM **2011** 625.

oder Anfragen des Kunden, kann der Darlehensgeber daher die Erläuterung auf Basis eines standardisierten Musters und anhand der Verständnismöglichkeit des durchschnittlichen Darlehensnehmers vornehmen.[64]

28 Bezüglich der Form/Art der Erläuterung bestehen keine spezifischen Anforderungen. Dies hat zur Folge, dass die Erläuterung keineswegs in einem persönlichen Gespräch zwischen Darlehensgeber und Darlehensnehmer erfolgen muss, sondern auch eine fernmündliche, schriftliche oder auch elektronische Vornahme den gesetzlichen Anforderungen genügt.[65]

29 **2. Abgrenzung zur Beratung.** Die Pflicht des Darlehensgebers zur Erläuterung des Darlehensvertrages hat keine Beratung des Darlehensnehmers zum Inhalt. Eine Beratung geht über eine Erläuterung hinaus und würde den Abschluss eines Beratungsvertrages voraussetzen, wie es nunmehr in § 511 BGB vorgesehen ist. Denn es geht bei der Erläuterung nicht darum, dem Darlehensnehmer die Empfehlung zu einem für seine Zwecke und Vermögensverhältnisse optimalen Vertrag zu geben, sondern es sind seitens des Darlehensgebers die Eigenschaften und Folgen des angebotenen Vertrags darzustellen, damit der Darlehensnehmer von sich aus auf informierter Grundlage über den Vertragsschluss entscheiden kann.[66] Ebenso wenig hat der Darlehensgeber aufgrund der Erläuterungspflicht zu prüfen, ob der vom Darlehensnehmer mit der Darlehensaufnahme verfolgte Zweck für diesen sinnvoll.[67] Dies obliegt der eigenverantwortlichen Entscheidung des Darlehensnehmers.[68] Auch wenn gemäß der ständigen Rechtsprechung des BGH im Bereich der Wertpapieranlage ein Beratungsvertrag auch konkludent zustande kommen kann, sollten die Anforderungen im Bereich des Verbraucherdarlehensvertrags nicht zu niedrig angesetzt werden. Im Regelfall will der Darlehensgeber nur seine Erläuterungspflichten erfüllen und keine darüberhinausgehende Prüfung vornehmen bzw. Empfehlung aussprechen.

30 **3. Verbindung mit Finanzprodukten/-dienstleistungen.** Als neuer S. 3 ist in Umsetzung von Art. 16 Abs. 1 lit. d) der europäischen Wohnimmobilienkreditrichtlinie 2014/17/EU für die besondere Konstellation der Verbindung („im Paket") eines Immobiliar-Verbraucherdarlehens mit anderen Finanzprodukten oder -dienstleistungen eine weitere Erläuterungspflicht des Darlehensgebers gegenüber dem Darlehensnehmer eingeführt worden. Die Bezeichnung „im Paket" erfasst die Fälle des Angebots eines Immobiliar-Verbraucherdarlehens mit anderen Nebenleistungen sowie auch des Vertriebs eines zulässigen Kopplungsgeschäfts i.S.v. § 492b BGB.[69] Dies betrifft gegenständlich den Aspekt der gesonderten Kündigungsmöglichkeit der „Paketprodukte" sowie die Rechtsfolgen der Ausübung des Kündigungsrechts. Gesetzgeberische Intention hinter der Erweiterung der Erläuterungspflichten des Darlehensgebers war es beim Verbraucher vor Vertragsschluss das Bewusstsein zu schaffen, inwieweit die angebotenen weiteren Produkte oder Dienstleistungen mit dem Immobiliar-Verbraucherdarlehensvertrag verknüpft sind und während der Vertragslaufzeit bleiben müssen.

---

64 BT-Drs. 16/11643 S. 79; Bülow/Artz/*Artz* § 491a Rn. 29a.
65 EuGH 18.12.2014 ZIP **2015** 65; BT-Drs. 18/5922, S. 80; BT-Drs. 16/11643, S. 78 f.; Bülow/Artz/*Artz* § 491a Rn. 29; Nobbe/*Müller-Christmann* § 491a Rn. 53; MüKo BGB/*Schürnbrand* § 491a Rn. 69; Palandt/*Weidenkaff* § 491a Rn. 4.
66 BT-Drs. 16/11643 S. 79.
67 BT-Drs. 16/11643 S. 79; Staudinger/*Kessel-Wulf* Rn. 27; PWW/*Nobbe* § 491a Rn. 18; MüKo BGB/*Schürnbrand* § 491a Rn. 65.
68 Bülow/Artz/*Artz* § 491a Rn. 30.
69 BT-Drs. 18/5922 S. 80.

4. Verstoß gegen die Erläuterungspflicht. Da es sich bei der Erläuterungspflicht des Darlehensgebers um eine vorvertragliche Pflicht handelt, kommen bei einem Verstoß grundsätzlich Schadensersatzansprüche des Darlehensnehmers aus *culpa in contrahendo* gem. §§ 280 Abs. 1, 241 Abs. 2 i.V.m. § 311 Abs. 2 BGB in Betracht. Dies setzt allerdings neben einer schuldhaften Pflichtverletzung des Darlehensgebers voraus, dass dem Darlehensnehmer kausal darauf beruhend auch ein wirtschaftlicher Schaden entstanden ist. Einen solchen Schaden nachzuweisen obliegt dem Darlehensnehmer. Dieser Nachweis dürfte im Einzelfall eine hohe Hürde darstellen. Ob in Bezug auf die Kausalität der Erläuterungspflichtverletzung für den eingetretenen Schaden eine Beweislastumkehr zugunsten des Darlehensnehmers aus der Rechtsprechung des EuGH zu entnehmen ist, erscheint nicht zwingend. Der EuGH hat bislang lediglich entschieden, dass für die Nichterfüllung der vorvertraglichen Informationspflichten gemäß Art. 5 der europäischen Verbraucherkreditrichtlinie 2008/48/EG nicht dem Verbraucher die Beweislast obliegt.[70] Eine verbreitete Auffassung in der Literatur nimmt daher an, dass in Bezug auf die Kausalität die Beweislast zu Lasten des Darlehensgebers umzukehren ist.[71] Diese Auffassung kann jedoch nicht überzeugen, da der EuGH die Beweislastumkehr mit dem Umstand begründet hat, dass der Verbraucher nicht über die Mittel verfügt, die es ihm ermöglichen, zu beweisen, dass der Darlehensgeber ihm die vorgesehenen Informationen gegeben hat. Dies betrifft jedoch bei feststehender Informationspflichtverletzung nicht die Ursächlichkeit für einen eingetretenen Schaden. Es erscheint daher angezeigt, dass der Verbraucher die Beweislast für die Kausalität des Schadens trägt. 31

Problematisch ist überdies, welchen Umfang der Schadenersatzanspruch haben würde. Berechtigterweise abzulehnen ist im Rahmen von § 249 Abs. 1 BGB ein Anspruch auf Vertragsaufhebung, da der Darlehensgeber auch nach § 492 Abs. 2 BGB vertraglich umfangreichen Informationspflichten unterliegt, für welche bei einem Verstoß ein entsprechendes Sanktionsregime nach § 494 BGB besteht, so dass als ersetzbarer Schaden bspw. die Kosten des Darlehen in Form von Zinsen oder Entgelten als negatives Interesse in Betracht kommen.[72] Mit anderen Worten sind dies die Kosten, die dem Darlehensnehmer ohne einen Darlehensvertrag bzw. bei Abschluss eines für ihn günstigeren Darlehensvertrags nicht entstanden wären. 32

IV. Informationspflichten bei Immobiliar-Förderdarlehen

Der im Rahmen der Umsetzung von Art. 3 Abs. 5 der europäischen Wohnimmobilienkreditrichtlinie 2014/17/EU neu eingefügte Abs. 4 enthält besondere vorvertragliche Informationspflichten bei Immobiliar-Förderdarlehen. Dabei handelt es sich um Darlehen, die entsprechend des Verweises auf die Ausnahmevorschrift des § 491 Abs. 2 S. 2 Nr. 5 BGB einem begrenzten Personenkreis auf Basis von Rechtsvorschriften im öffentlichen Interesse, regelmäßig Förderrichtlinien, zu günstigeren als marktüblichen Konditionen gewährt werden. Derartige Förderkredite fallen unter die Bereichsausnahme von Allgemein-Verbraucherdarlehensverträgen und unterliegen nur insoweit bei Immobiliar-Verbraucherdarlehensverträgen den Vorschriften des Verbraucherdarlehensrechts, als dass einzelne vorvertragliche Informationspflichten vom Darlehensgeber zu erfüllen sind. 33

Diese Regelung zu Immobiliar-Förderdarlehenen ist dem Umstand geschuldet, dass der deutsche Gesetzgeber von der vom Richtliniengeber eingeräumten Möglichkeit Gebrauch gemacht hat, dass derartige Verbraucherdarlehen vom Anwendungsbereich der

70 EuGH 18.12.2014 ZIP **2015** 65.
71 *Bartlitz* WM **2016** 344; Bülow/Artz/*Artz* § 491a Rn. 40; MüKo BGB/*Schürnbrand* § 491a Rn. 72.
72 Bülow/Artz/*Artz* § 491a Rn. 41 f.; *Bartlitz* WM **2016** 344.

Vorschriften zu Immobiliar-Verbraucherdarlehen ausgeschlossen sind. Sozusagen „im Gegenzug" stellt die Richtlinie in Art. 3 Abs. 5 allerdings die Anforderung, dass auch bei Förderkrediten die Erfüllung bestimmter vorvertraglicher Informationspflichten gegenüber dem Verbraucher sichergestellt wird. Von den vorvertraglichen Informationspflichten sind kraft des Verweises auf Art. 247 § 1 Abs. 2 S. 2 EGBGB bestimmte Abschnitte des ESIS-Merkblatts erfasst. Es handelt sich dabei um eine Art „Kurzform" des ESIS-Merkblatts, durch welches der Verbraucher rechtzeitig vor Abgabe von dessen Vertragserklärung zu informieren ist.[73] Dies betrifft die Hauptmerkmale des Kredites, den die Gesamtkosten des Darlehens angebenden effektiven Jahreszins sowie die Folgen des Verstoßes gegen Vertragspflichten seitens des Darlehensnehmers. Die Information hat auf einem dauerhaften Datenträger zu erfolgen.

34 Abs. 4 S. 2 regelt die vorvertraglichen Informationspflichten des Darlehensgebers in der besonderen Konstellation, wenn das Immobiliar-Förderdarlehen zwischen Darlehensgeber und Darlehensnehmer entweder im Fernabsatz i.S.v. § 312c BGB oder außerhalb von Geschäftsräumen i.S.v. § 312b BGB abgeschlossen wird. Bei derartigen Vertragsschlüssen betreffend Finanzdienstleistungen bestehen gemäß § 312d Abs. 2 BGB grundsätzlich besondere Informationspflichten des Unternehmers nach Art. 246b EGBGB. Handelt es sich bei dem betreffenden Rechtsgeschäft um ein Immobiliar-Förderdarlehen ist diesen gesetzlichen Anforderungen allerdings genüge getan, wenn der Verbraucher vom Darlehensgeber das ESIS-Merkblatt übermittelt bekommen hat. Bei dieser Regelung handelt es sich um eine gesetzliche Fiktion, indem die Anforderungen aus Abs. 4 S. 1 sowie § 312d Abs. 2 BGB als gemeinschaftlich wirksam erfüllt angesehen werden, wenn das ESIS-Merkblatt vollständig ausgefüllt dem Verbraucher übermittelt wurde.[74]

§ 492 BGB
Schriftform, Vertragsinhalt

(1) Verbraucherdarlehensverträge sind, soweit nicht eine strengere Form vorgeschrieben ist, schriftlich abzuschließen. Der Schriftform ist genügt, wenn Antrag und Annahme durch die Vertragsparteien jeweils getrennt schriftlich erklärt werden. Die Erklärung des Darlehensgebers bedarf keiner Unterzeichnung, wenn sie mit Hilfe einer automatischen Einrichtung erstellt wird.

(2) Der Vertrag muss die für den Verbraucherdarlehensvertrag vorgeschriebenen Angaben nach Artikel 247 §§ 6 bis 13 des Einführungsgesetzes zum Bürgerlichen Gesetzbuche enthalten.

(3) Nach Vertragsschluss stellt der Darlehensgeber dem Darlehensnehmer eine Abschrift des Vertrags zur Verfügung. Ist ein Zeitpunkt für die Rückzahlung des Darlehens bestimmt, kann der Darlehensnehmer vom Darlehensgeber jederzeit einen Tilgungsplan nach Artikel 247 § 14 des Einführungsgesetzes zum Bürgerlichen Gesetzbuche verlangen.

(4) Die Absätze 1 und 2 gelten auch für die Vollmacht, die ein Darlehensnehmer zum Abschluss eines Verbraucherdarlehensvertrags erteilt. Satz 1 gilt nicht für die Prozessvollmacht und eine Vollmacht, die notariell beurkundet ist.

(5) Erklärungen des Darlehensgebers, die dem Darlehensnehmer gegenüber nach Vertragsabschluss abzugeben sind, müssen auf einem dauerhaften Datenträger erfolgen.

73 Münscher/Grziwotz/Krepold/Freckmann/*Freckmann* § 5 Rn. 1106.
74 BT-Drs. 18/5922 S. 81; MüKo BGB/*Schürnbrand* § 491a Rn. 73.

(6) Enthält der Vertrag die Angaben nach Absatz 2 nicht oder nicht vollständig, können sie nach wirksamem Vertragsschluss oder in den Fällen des § 494 Absatz 2 Satz 1 nach Gültigwerden des Vertrags auf einem dauerhaften Datenträger nachgeholt werden. Hat das Fehlen von Angaben nach Absatz 2 zu Änderungen der Vertragsbedingungen gemäß § 494 Absatz 2 Satz 2 bis Absatz 6 geführt, kann die Nachholung der Angaben nur dadurch erfolgen, dass der Darlehensnehmer die nach § 494 Absatz 7 erforderliche Abschrift des Vertrags erhält. In den sonstigen Fällen muss der Darlehensnehmer spätestens im Zeitpunkt der Nachholung der Angaben eine der in § 356b Absatz 1 genannten Unterlagen erhalten. Mit der Nachholung der Angaben nach Absatz 2 ist der Darlehensnehmer auf einem dauerhaften Datenträger darauf hinzuweisen, dass die Widerrufsfrist von einem Monat nach Erhalt der nachgeholten Angaben beginnt.

(7) Die Vereinbarung eines veränderlichen Sollzinssatzes, der sich nach einem Index oder Referenzzinssatz richtet, ist nur wirksam, wenn der Index oder Referenzzinssatz objektiv, eindeutig bestimmt und für Darlehensgeber und Darlehensnehmer verfügbar und überprüfbar ist.

Art. 247 EGBGB

§ 6
Vertragsinhalt

(1) Der Verbraucherdarlehensvertrag muss klar und verständlich folgende Angaben enthalten:
1. die in § 3 Abs. 1 Nr. 1 bis 14 und Abs. 4 genannten Angaben,
2. den Namen und die Anschrift des Darlehensnehmers,
3. die für den Darlehensgeber zuständige Aufsichtsbehörde,
4. einen Hinweis auf den Anspruch des Darlehensnehmers auf einen Tilgungsplan nach § 492 Abs. 3 Satz 2 des Bürgerlichen Gesetzbuchs,
5. das einzuhaltende Verfahren bei der Kündigung des Vertrags,
6. sämtliche weitere Vertragsbedingungen.

Bei einem Immobiliar-Verbraucherdarlehensvertrag sind abweichend von Satz 1 nur die in § 3 Absatz 1 Nummer 1 bis 7, 10 und 13 sowie Absatz 4 genannten Angaben zwingend. Abweichend von § 3 Absatz 1 Nummer 7 ist die Anzahl der Teilzahlungen nicht anzugeben, wenn die Laufzeit des Darlehensvertrags von dem Zeitpunkt der Zuteilung eines Bausparvertrags abhängt.

(2) Besteht ein Widerrufsrecht nach § 495 des Bürgerlichen Gesetzbuchs, müssen im Vertrag Angaben zur Frist und zu anderen Umständen für die Erklärung des Widerrufs sowie ein Hinweis auf die Verpflichtung des Darlehensnehmers enthalten sein, ein bereits ausbezahltes Darlehen zurückzuzahlen und Zinsen zu vergüten. Der pro Tag zu zahlende Zinsbetrag ist anzugeben. Enthält der Verbraucherdarlehensvertrag eine Vertragsklausel in hervorgehobener und deutlich gestalteter Form, die bei Allgemein-Verbraucherdarlehensverträgen dem Muster in Anlage 7 und bei Immobiliar-Verbraucherdarlehensverträgen dem Muster in Anlage 8 entspricht, genügt diese Vertragsklausel den Anforderungen der Sätze 1 und 2. Dies gilt bis zum Ablauf des 4. November 2011 auch bei entsprechender Verwendung dieses Musters in der Fassung des Gesetzes zur Einführung einer Musterwiderrufsinformation für Verbraucherdarlehensverträge, zur Änderung der Vorschriften über das Widerrufsrecht bei Verbraucherdarlehensverträgen und zur Änderung des Darlehensvermittlungsrechts vom 24. Juli 2010 (BGBl. I S. 977). Der

Darlehensgeber darf unter Beachtung von Satz 3 in Format und Schriftgröße jeweils von dem Muster abweichen.

(3) Bei Allgemein-Verbraucherdarlehensverträgen hat die Angabe des Gesamtbetrags und des effektiven Jahreszinses unter Angabe der Annahmen zu erfolgen, die zum Zeitpunkt des Abschlusses des Vertrags bekannt sind und die in die Berechnung des effektiven Jahreszinses einfließen.

§ 7
Weitere Angaben im Vertrag

(1) Der Allgemein-Verbraucherdarlehensvertrag muss folgende klar und verständlich formulierte weitere Angaben enthalten, soweit sie für den Vertrag bedeutsam sind:

1. **einen Hinweis, dass der Darlehensnehmer Notarkosten zu tragen hat,**
2. **die vom Darlehensgeber verlangten Sicherheiten und Versicherungen, im Fall von entgeltlichen Finanzierungshilfen insbesondere einen Eigentumsvorbehalt,**
3. **die Berechnungsmethode des Anspruchs auf Vorfälligkeitsentschädigung, soweit der Darlehensgeber beabsichtigt, diesen Anspruch geltend zu machen, falls der Darlehensnehmer das Darlehen vorzeitig zurückzahlt,**
4. **den Zugang des Darlehensnehmers zu einem außergerichtlichen Beschwerde- und Rechtsbehelfsverfahren und gegebenenfalls die Voraussetzungen für diesen Zugang.**

(2) Der Immobiliar-Verbraucherdarlehensvertrag muss folgende klar und verständlich formulierte weitere Angaben enthalten, soweit sie für den Vertrag bedeutsam sind:

1. **die Voraussetzungen und die Berechnungsmethode für den Anspruch auf Vorfälligkeitsentschädigung, soweit der Darlehensgeber beabsichtigt, diesen Anspruch geltend zu machen, falls der Darlehensnehmer das Darlehen vorzeitig zurückzahlt, und die sich aus § 493 Absatz 5 des Bürgerlichen Gesetzbuchs ergebenden Pflichten,**
2. **bei einem Immobiliar-Verbraucherdarlehensvertrag in Fremdwährung auch die sich aus den §§ 503 und 493 Absatz 4 des Bürgerlichen Gesetzbuchs ergebenden Rechte des Darlehensnehmers.**

Schrifttum

Bülow/Artz Am Vorabend einer neuen Verbraucherkreditrichtlinie, WM 2005 1153; *Herresthal* Formbedürftigkeit der Vollmacht zum Abschluss eines Verbraucherdarlehens, JuS 2002 844; *ders.* Formanforderungen bei Änderungen eines Verbraucherdarlehens, BKR 2004 479; *Peter/Gröpper* Wirksamkeitserfordernisse für Kreditvollmachten von Verbrauchern, WM 2001 2199.

Systematische Übersicht

A. Allgemeines

I. Gesetzesentwicklung

1 § 492 BGB ist im Zuge des Schuldrechtsmodernisierungsgesetzes ins Bürgerliche Gesetzbuch eingefügt worden. Inhaltlich entsprach die Vorschrift bis auf wenige redaktionelle Anpassungen in Folge der neuen Gesetzesdiktion dem bisherigen § 4 Abs. 1 Satz 1 bis 5 Nr. 1, Abs. 2 und 3 VerbrKrG. Durch das OLG-Vertretungsänderungsgesetz mit Wirkung zum 1.8.2002 und das Risikobegrenzungsgesetz mit Wirkung zum 18.8.2008 sind vorübergehend Sonderregelungen zu Angaben bei Immobiliendarlehensverträgen betreffend die Abtretbarkeit der Darlehensforderung und der Freistellung von der Angabe des Gesamtbetrags in § 492 Abs. 1a BGB eingefügt worden. Durch die umfassende Modifizierung der Vorschrift im Zuge der Umsetzung der europäischen Verbraucherkreditrichtlinie 2008/45/EG wurden diese jedoch wieder aufgehoben bzw. mit anderen Vorschriften zusammengefasst. Im Zuge dieser Gesetzesnovellierung ist mit Wirkung zum 11.6.2010 eine grundlegend neue Normgestaltung geschaffen worden, indem nunmehr sowohl die bisher in der Vorschrift enthaltenen Definitionen als auch der notwendige Vertragsinhalt des Verbraucherdarlehensvertrages durch Regelungen im EGBGB ersetzt worden sind. Ergänzt wurde die Vorschrift überdies durch einen Anspruch des Darlehensnehmers auf Überlassung eines Tilgungsplans. Kurz nach Inkrafttreten des Umsetzungsgesetzes ist im Juli 2010 die Norm durch das Gesetz zur Einführung einer Musterwiderrufsinformation für Verbraucherdarlehensverträge, zur Änderung der Vorschriften über das Widerrufsrecht bei Verbraucherdarlehensverträgen und zur Änderung des Darlehensvermittlungsrechts wiederum angepasst und in Abs. 6 eine Regelung zur Nachholung von ursprünglich im Verbraucherdarlehensvertrag nicht enthaltenen Pflichtangaben und deren Auswirkungen auf den Beginn der Widerrufsfrist geschaffen worden. Die bislang letzte Modifizierung des § 492 BGB brachte das mit Wirkung zum 21.3.2016 in Kraft getretene Umsetzungsgesetz zur europäischen Wohnimmobilienkreditrichtlinie 2014/17/EU, im Zuge dessen Abs. 7 mit einer Regelung zur Vereinbarung von veränderlichen Sollzinssätzen in Verbraucherdarlehensverträgen neu angefügt wurde.

II. Zweck der Vorschrift

2 Die für Verbraucherdarlehensverträge bestimmte Schriftform soll einerseits der Sicherung der zutreffenden Information über die wesentlichen Darlehenskonditionen als auch andererseits der Warnung des Verbrauchers vor der Eingehung unüberlegter finanzieller Engagements dienen.[1] Die inhaltlichen Pflichtangaben sollen es dem Verbraucher

1 BT-Drs. 11/5462 S. 19.

ermöglichen, eine sachgerechte Entscheidung auf gesicherter Basis für oder gegen eine Darlehensaufnahme zu treffen, indem diese die finanziellen Folgewirkungen aufzeigen, welche mit der Darlehensaufnahme verbunden sind.[2] § 492 BGB kommt somit im Interesse des Verbrauchers sowohl eine Warn- als auch Informationsfunktion zuteil.

B. Tatbestand

I. Schriftformerfordernis

3 Das Formerfordernis des Abs. 1 S. 1 verlangt, dass der Abschluss des Verbraucherdarlehensvertrags, mithin die auf den Vertragsabschluss gerichteten Willenserklärungen beider Vertragsparteien schriftlich erfolgen müssen. Es reicht somit nicht lediglich eine schriftliche Erklärung des Verbrauchers als Darlehensnehmer. Die Anforderungen an die Schriftform sind § 126 Abs. 1 BGB zu entnehmen. Dies setzt eine eigenhändige Unterschrift unter den Vertragstext voraus. Eine Unterzeichnung durch Stempel, Maschinenschrift, Faksimile oder sonstige mechanische Hilfsmittel ist nicht ausreichend.[3] Entgegen dem Wortlaut des § 492 Abs. 1 S. 1 BGB ist die Schriftform auch bei Einhaltung der elektronischen Form des § 126a BGB erfüllt. Wie der Gesetzgeber in den Gesetzgebungsmaterialien ausdrücklich betont, ist mangels Schriftformerfordernis in der europäischen Verbraucherkreditrichtlinie 2008/45/EG und aufgrund des Art. 9 Abs. 1 der E-Commerce-Richtlinie[4] ein Ausschluss der elektronischen Form im innerstaatlichen Recht nicht mehr zulässig.[5] Demzufolge ist dem Formerfordernis genüge getan, wenn statt mit einer Unterschrift der Verbraucherdarlehensvertrag mit einer qualifizierten elektronischen Signatur i.S.v. § 126a Abs. 3 BGB abgeschlossen wird. Eine Unterschrift auf einem elektronischen Schreibtablett (wie z.B. ein Ipad) genügt allerdings weder der Form des § 126 BGB noch des § 126a BGB.[6] Wie S. 2 zu entnehmen ist, müssen die Erklärungen der Vertragsparteien allerdings nicht zwingend ein derselben Vertragsurkunde enthalten sein. Wesentlich ist dabei, dass die vom Darlehensnehmer unterzeichnete Vertragsurkunde den gesetzlich vorgeschriebenen Inhalt aufweist.[7]

4 Überdies bedarf die Vertragserklärung des Darlehensgebers keiner Unterschrift, wenn sie mit Hilfe einer automatischen Einrichtung erstellt wird. Diese Erleichterung ist durch die Verbraucherkreditrechtsnovelle von 1993 eingeführt worden. Bezweckt wurde vom Gesetzgeber, den durch das Erfordernis der handschriftlichen Unterzeichnung des Vertrags häufig entstehenden Mehraufwand bei der Bearbeitung von Kreditverträgen zu vermeiden.[8] Die Beibehaltung des Erfordernisses der handschriftlichen Unterzeichnung durch den Darlehensgeber führe nach Ansicht des Gesetzgebers nicht zu einer Steigerung der Eindeutigkeit und Klarheit der Vertragsunterlagen, sondern sei bei maschineller Bearbeitung der Erklärung des Darlehensgebers nur ein bloßer Formalismus.

Die Einhaltung der Schriftform des Abs. 1 S. 1 erfordert zudem, dass die Vertragserklärungen dem jeweils anderen Vertragspartner auch in dieser Form gem. § 130 BGB zu-

---

2 BT-Drs. 11/5462 S. 19.

3 Assies/Beule/Heise/Strube/*Veith* Kap. 4 Rn. 612.

4 Richtlinie 2000/31/EG des Europäischen Parlaments und des Rates vom 8. Juni 2000 über bestimmte rechtliche Aspekte der Dienste der Informationsgesellschaft, insbesondere des elektronischen Geschäftsverkehrs, im Binnenmarkt („Richtlinie über den elektronischen Geschäftsverkehr").

5 BT-Drs. 16/11643 S. 79; MüKo BGB/*Schürnbrand* § 492 Rn. 9.

6 OLG München 4.6.2012 WM **2012** 1766; Bülow/Artz/*Artz* § 492 Rn. 33; MüKo BGB/*Schürnbrand* § 492 Rn. 9.

7 Palandt/*Weidenkaff* § 492 Rn. 2.

8 BT-Drs. 12/4527 S. 13.

gehen, so dass eine Übermittlung per Fax diese Anforderungen nicht erfüllt.[9] Nach der Rechtsprechung des BGH genügt dem Schutzzweck des Formerfordernisses ebenso wenig, wenn der Verbraucher seine Unterschrift als Blankounterschrift unter einen Verbraucherdarlehensvertrag setzt, der nicht alle notwendigen Angaben enthält.[10] Der Darlehensnehmer muss bezüglich der vom Gesetzgeber vorgeschriebenen Mindestangaben bei Unterzeichnung seiner Vertragserklärung Gelegenheit haben, von ihnen Kenntnis zu nehmen.[11]

Das gesetzliche Schriftformerfordernis nach § 126 BGB verlangt, dass das sog. Voll- 5
ständigkeitsprinzip beachtet wird. Demgemäß müssen in der Vertragsurkunde sowohl die Vereinbarungen über die beiderseitigen Hauptpflichten als auch die für den Vertragsinhalt wesentlichen Nebenabreden der Parteien enthalten sein.[12] Diese Anforderung für vertragliche Nebenabreden hat allerdings teilweise keine große praktische Bedeutung mehr, da zumindest bei Allgemein-Verbraucherdarlehensverträgen gem. § 492 Abs. 2 BGB i.V.m. Art. 247 § 6 Abs. 1 S. Nr. 6 EGBGB ohnehin „sämtliche weiteren Vertragsbedingungen" im Darlehensvertrag enthalten sein müssen. Bei Immobiliar-Verbraucherdarlehen verbleibt es allerdings bei diesem Grundsatz, da Art. 247 § 6 Abs. 2 S. 2 EGBGB die genannte Vorschrift nicht in Bezug nimmt. Das aufgrund § 126 BGB zu beachtende Vollständigkeitsprinzip hat mithin zur Folge, dass eine Reihe der Pflichtangaben des § 492 Abs. 2 BGB schon bereits aufgrund des Schriftformerfordernisses nach Abs. 1 S. 1 in den Vertrag aufzunehmen sind, wobei ungeachtet dessen sich die Rechtsfolgen von Formmängeln insgesamt aus § 494 BGB als lex specialis zur allgemeinen Norm des § 125 BGB bestimmen.[13]

Besonderheiten sind bei der Verwendung von Allgemeinden Geschäftsbedingungen 6
seitens des Darlehensgebers zu berücksichtigen, die als Klauselwerk in den Darlehensvertrag aufgenommen werden sollen. Die Erfüllung der Einbeziehungsvoraussetzungen nach §§ 305 Abs. 2, 305c Abs. 1 BGB genügt nicht, da diese das für einen konkreten Vertragstyp geltende Formerfordernis nicht ersetzen können.[14] Zur Herstellung einer Einheit zwischen AGB und Vertragsurkunde ist erforderlich, dass eine Zusammenge-hörigkeit etwas durch fortlaufende Paginierung oder einheitliche graphische Gestaltung erkennbar gemacht wird.[15] Einer festen körperlichen Verbindung bedarf es folglich nicht.[16]

Ob das Schriftformerfordernis des Abs. 1 auch bei nach Vertragsabschluss vorge- 7
nommenen inhaltlichen Änderungen einzuhalten ist, hängt maßgeblich von der Einräumung eines (neuen) Kapitalnutzungsrechts ab. So ist bspw. bei einer echten Abschnittsfinanzierung, bei welcher mit dem Ende einer Sollzinsbindung auch das Kapitalnutzungsrecht endet, die Anschlussvereinbarung wie ein neuer Darlehensvertrag zu behandeln, so dass die Anforderungen des § 492 Abs. 1 und 2 BGB in vollem Umfang eingreifen.[17] Folglich gilt hingegen das Schriftformerfordernis nicht bei sog. unechten Ab-

---

9 BGH 6.12.2005 WM **2006** 217; Assies/Beule/Heise/Strube/*Veith* Kap. 4 Rn. 610; Palandt/*Weidenkaff* § 492 Rn. 2.

10 BGH 19.5.2005 WM **2005** 1330; Langenbucher/Bliesener/Spindler/*Roth* § 492 Rn. 5; MüKo BGB/*Schürnbrand* § 492 Rn. 8; Assies/Beule/Heise/Strube/*Veith* Kap. 4 Rn. 611.

11 Nobbe/*Müller-Christmann* § 492 Rn. 11.

12 BGH 13.11.1963 BGHZ **40**, 255; Nobbe/*Müller-Christmann* § 492 Rn. 14; MüKo BGB/*Schürnbrand* § 492 Rn. 17.

13 MüKo BGB/*Schürnbrand* § 492 Rn. 18.

14 Ulmer/Brandner/Hansen/*Ulmer*/*Habersack* § 305 Rn. 163a; Bülow/Artz/*Artz* § 492 Rn. 38; MüKo BGB/*Schürnbrand* § 492 Rn. 19.

15 BGH 29.9.1999 WM **2000** 539; Nobbe/*Müller-Christmann* § 492 Rn. 12; MüKo BGB/*Schürnbrand* § 492 Rn. 19.

16 Nobbe/*Müller-Christmann* § 492 Rn. 12.

17 Nobbe/*Müller-Christmann* § 492 Rn. 17; MüKo BGB/*Schürnbrand* § 492 Rn. 12; Assies/Beule/Heise/Strube/*Veith* Kap. 4 Rn. 622.

schnittsfinanzierungen. Bei diesen ist das Kapitalnutzungsrecht dem Darlehensnehmer langfristig eingeräumt, die Sollzinsbindung ist jedoch nur für eine bestimmte Periode vereinbart.

II. Pflichtangaben in Verbraucherdarlehensverträgen

8 **1. Regelungssystematik.** Für die vom Darlehensgeber im Darlehensvertrag aufzunehmenden Pflichtangaben verweist Abs. 2 auf die Vorschriften des EGBGB. Nach verbreiteter Auffassung in der Literatur müssen die gesetzlichen Plichtangaben aufgrund des Wortlauts in § 492 Abs. 2 BGB („im Vertrag“) nicht nur in der Vertragserklärung des Darlehensnehmers, sondern auch in derjenigen des Darlehensgebers enthalten sein.[18] Diese Auffassung vermag allerdings aufgrund des Schutzzwecks der Plichtangaben dann nicht zu überzeugen, wenn die Vertragserklärungen in Übereinstimmung mit Abs. 1 S. 2 BGB in verschiedenen Urkunden vorgenommen werden; in diesem Fall genügt die Aufnahme der Plichtangaben in der Vertragserkärung des Darlehensnehmers. Zentrale Vorschrift sowohl für Allgemein-Verbraucherdarlehensverträge als auch Immobiliar-Verbraucherdarlehensverträge ist § 6 des Art. 247 EGBGB, der grundsätzlich die wesentlichen Pflichtangaben für beide Arten von Verbraucherdarlehen vorgibt, wobei gewisse Modifizierungen für Immobiliar-Verbraucherdarlehensverträge in Abs. 1 S. 2 und 3 vorgesehen sind. Art. 247 § 7 EGBGB wiederum regelt, differenzierend nach Allgemein-Verbraucherdarlehensverträgen (Abs. 1) und Immobiliar-Verbraucherdarlehensverträgen (Abs. 2), zusätzliche Pflichtangaben im Darlehensvertrag, allerdings mit der Einschränkung, dass die jeweilige Angabe im konkreten Einzelfall für den Vertrag bedeutsam sein muss. Die Angaben der §§ 10–13 des Art. 247 EGBGB sind ebenso wenig aufzunehmen, wenn sie Vorgaben für die vorvertragliche Information enthalten; es müssen nur die für Verbraucherdarlehensverträge vorgeschriebenen Angaben im Vertrag enthalten sein.[19]

2. Vertragsinhalte im Einzelnen

9 **a) Vorgaben für sämtliche Verbraucherdarlehen.** Kernvorschrift für die Pflichtangaben in einem Verbraucherdarlehensvertrag ist Art. 247 § 6 EGBGB. Kraft Verweisung aus § 6 Abs. 1 S. 1 i.V.m. S. 2 müssen sämtliche Verbraucherdarlehensverträge die Inhalte des § 3 Abs. 1 Nr. 1–7, 10, 13 und Abs. 4 enthalten. Die Angaben in § 3 sind die Pflichtangaben bei der vorvertraglichen Information nach § 491a BGB (vgl. § 491a Rn. 7 ff.). Die für die vorvertragliche Information zusätzlich vorgesehenen Nr. 15 und 16 sind mangels Verweises nicht in den Vertrag aufzunehmen.

10 **b) Vorgaben für Allgemein-Verbraucherdarlehen.** § 6 Nr. 1 bestimmt kraft Verweis, dass Allgemein-Verbraucherdarlehen, im Gegensatz zu Immobiliar-Verbraucherdarlehen, auch die Angaben der Nr. 8, 9, 11, 12 und 14 des § 3 enthalten müssen. Auch insoweit kann diesbezüglich auf die entsprechenden Erläuterungen zur vorvertraglichen Information in der Kommentierung zu § 491a BGB verweisen werden. (vgl. § 491a Rn. 10 ff.) Nach § 6 Abs. 1 Nr. 2–6 müssen bestimmte Angaben ausschließlich in Allgemein-Verbraucherdarlehen aufgenommen werden. Nr. 2 erfordert die Angabe von Namen und Anschrift des Darlehensnehmers; erforderlich ist, wie bei der Parallelvorschrift

---

18 Bülow/Artz/*Artz* § 492 Rn. 43; Kümpel/Wittig/*Merz* Rn. 10.177; Prütting/Wegen/Weinreich/*Nobbe* § 492 Rn. 4; a.A. MüKo BGB/*Schürnbrand* § 492 Rn. 10; offengelassen bei Nobbe/*Müller-Christmann* § 492 Rn. 5.
19 BT-Drs. 17/1394 S. 14.

in Art. 247 § 3 Abs. 1 Nr. 1 EGBGB, eine ladungsfähige Anschrift. Nr. 3 verpflichtet zur Angabe der Aufsichtsbehörde des Darlehensgebers. Bei in Deutschland ansässigen Kreditinstituten als Darlehensgeber ist die Aufsichtsbehörde die BaFin, ggfs. die EZB. Zudem muss nach Nr. 4 ein Hinweis auf den Anspruch des Darlehensnehmers auf einen Tilgungsplan nach § 492 Abs. 3 S. 2 BGB enthalten sein. Eine nähere Erläuterung des Inhalts des Tilgungsplans muss die Angabe im Vertrag allerdings nicht enthalten.[20] Nach Nr. 5 muss im Allgemein-Verbraucherdarlehensvertrag das bei der Kündigung des Vertrags einzuhaltende Verfahren angegeben werden. Den Gesetzesmaterialien ist zu entnehmen, dass mit dieser Angabe dem Darlehensnehmer verdeutlicht werden soll, wann eine Kündigung des Darlehensgebers wirksam ist und wie der Darlehensnehmer selbst den Vertrag kündigen kann.[21] Dies hätte zur Folge, dass sämtliche gesetzliche Kündigungsregelungen aufzuführen wären. Überzeugender erscheint es aufgrund des Normzwecks anzunehmen, dass allein auf die Kündigungsrechte des Darlehensnehmers abzustellen ist, mithin bei unbefristeten Verträgen § 500 BGB und bei befristeten Verträgen § 314 BGB anzugeben.[22] Eine verbreitete Auffassung in der Instanzrechtsprechung vertritt hingegen die Auffassung, dass unter der Pflichtangabe „Verfahren bei Kündigung" keine umfangreiche Auflistung von Kündigungsrechten zu verstehen sei, insbesondere sei kein Hinweis auf die allgemeine Möglichkeit ein Dauerschuldverhältnis nach § 314 BGB aus wichtigem Grunde zu kündigen, notwendig.[23] Aus § 6 Nr. 5 ergebe sich nur eine Verpflichtung des Darlehensgebers, auf den regulären Vertragsverlauf und den daraus resultierenden gegenseitigen ordentlichen und gesetzlichen Kündigungsrechten hinzuweisen.[24] Schließlich sind nach Nr. 6 sämtliche weitere Vertragsbedingungen anzugeben. Dies betrifft vor allem die Allgemeinen Geschäftsbedingungen des Darlehensgebers, sofern diese einen Bezug zum Darlehensvertrag aufweisen.[25]

Darüber hinaus müssen bei Allgemein-Verbraucherdarlehen, soweit es für den Vertrag im Einzelfall von Bedeutung ist, die Angaben nach § 7 Abs. 1 Nr. 1–4 des Art. 247 **11**
EGBGB im Vertrag enthalten sein. Die Regelungen der Nr. 1–3 sind die spiegelbildlichen Inhalte wie bei der vorvertraglichen Information nach § 4 Abs. 1 Nr. 1–3. Für die Kommentierung zu den Anforderungen an die Inhalte der Angaben ist daher auf die Ausführungen unter § 491a BGB zu verweisen (vgl. § 491a Rn. 13f.). Die nach § 7 Abs. 1 Nr. 2 verlangte Aufzählung der Sicherungsrechte muss die konkrete Sicherungsvereinbarung nicht im Darlehensvertrag ausformulieren, vielmehr kann dies, wie in der Praxis regelmäßig der Fall, ebenso wie das dingliche Vollzugsgeschäft in einem eigenständigen Vertrag erfolgen.[26] Zusätzlich ist nach § 7 Abs. 1 Nr. 4 eine Angabe zum Zugang des Darlehensnehmers zu einem außergerichtlichen Beschwerde- und Rechtsbehelfsverfahren und gegebenenfalls die Voraussetzungen für diesen Zugang in den Allgemein-Verbraucherdarlehensvertrag aufzunehmen. Erfasst sind solche Verfahren, die einen gewissen

20 Bülow/Artz/*Artz* § 492 Rn. 136; MüKo BGB/*Schürnbrand* § 492 Rn. 26; Palandt/*Weidenkaff* EGBGB Art. 247 § 6 Rn. 2.
21 BT-Drs. 16/11643 S. 128; Palandt/*Weidenkaff* EGBGB Art. 247 § 6 Rn. 2.
22 MüKo BGB/*Schürnbrand* § 492 Rn. 27.
23 LG Freiburg 19.12.2017 – 5 O 87/17 (juris); LG Stuttgart 17.8.2017 12 O 256/16 (juris); LG Köln 10.10.2017 21 O 23/17 (juris); LG Heilbronn 24.1.2018 6 O 311/17 (juris); LG Düsseldorf 9.10.2017 BeckRS2017, 138621.
24 LG Köln 10.10.2017 21 O 23/17 (juris); LG Heilbronn 24.1.2018 6 O 311/17 (juris); a.A. LG Berlin 5.12.2017 WM **2018** 1002.
25 BT-Drs. 16/11643 S. 128; Nobbe/*Müller-Christmann* § 492 Rn. 19; MüKo BGB/*Schürnbrand* § 492 Rn. 27; Palandt/*Weidenkaff* EGBGB Art. 247 § 6 Rn. 2.
26 BT-Drs. 16/11643 S. 128; Nobbe/*Müller-Christmann* § 492 Rn. 21; MüKo BGB/*Schürnbrand* § 492 Rn. 31; Palandt/*Weidenkaff* EGBGB Art. 247 § 7 Rn. 3.

Grad an Formalisierung aufweisen und bei denen der Verbraucher persönlich das Verfahren unmittelbar in Gang setzen kann.[27]

12 **c) Vorgaben für Immobiliar-Verbraucherdarlehen.** Wie sich aus § 6 S. 2 ergibt, sind die Vorgaben des § 3 nur in modifizierter Form in Immobiliar-Verbraucherdarlehen als Vertragsinhalt zu übernehmen. Zudem ergibt sich für die Angabe aus § 3 Abs. 1 Nr. 7 eine Modifizierung, indem S. 3 bestimmt, dass die Anzahl der Teilzahlungen nicht anzugeben ist, wenn die Laufzeit des Darlehensvertrags von dem Zeitpunkt der Zuteilung eines Bausparvertrags abhängt. Diese Voraussetzung ist gegeben, wenn die Laufzeit des Darlehensvertrags zur Zwischenfinanzierung von dem Zeitpunkt der Zuteilung eines Bausparvertrags abhängt.[28] Der Auszahlungszeitpunkt der Bausparsumme darf vor Zuteilungsreife gem. § 4 Abs. 5 BauSparkG nicht bestimmt werden. Da auf § 6 S. 1 Nr. 2–6 in S. 2 nicht verwiesen wird, sind diese Angaben nur in Allgemein-Verbraucherdarlehen, nicht hingegen in Immobiliar-Verbraucherdarlehen aufzunehmen.[29]

13 Zusätzliche Angabepflichten ergeben sich für Immobiliar-Verbraucherdarlehen, falls es für den jeweiligen Vertrag von Relevanz ist, aus § 7 Abs. 2. Nr. 1 macht die Vorgabe, dass der Vertrag eine klare und verständliche Angabe zu den Voraussetzungen und der Berechnungsmethode des Anspruchs auf Vorfälligkeitsentschädigung enthalten muss, soweit der Darlehensgeber beabsichtigt, diesen Anspruch im Falle der vorzeitigen Rückzahlung geltend zu machen. Wird das Immobiliar-Verbraucherdarlehen in Fremdwährung gewährt, muss nach Nr. 2 klar und verständlich auf die Rechte des Darlehensnehmers nach § 503 BGB und § 493 Abs. 4 BGB hingewiesen werden. Ist diese Angabe im Immobiliar-Verbraucherdarlehen nicht enthalten, ist bei Auszahlung des Darlehens die Sanktionsfolge des § 494 Abs. 6 S. 3 BGB zu beachten, wonach dem Darlehensnehmer ein jederzeitiges Umwandlungsrecht des Fremdwährungskredits gewährt wird.

III. Anspruch auf Vertragsabschrift und Tilgungsplan

14 Abs. 3 regelt zwei verschiedene Ansprüche des Verbrauchers gegenüber dem Darlehensgeber auf Aushändigung von Vertragsunterlagen. Zum einen besteht nach S. 1 ein einklagbarer Anspruch auf Überlassung einer Abschrift des Vertrags.[30] Der Darlehensgeber hat dem Darlehensnehmer folglich nach Abschluss des Vertrags eine Abschrift zur Verfügung zu stellen. Eine Abschrift des Vertrags ist unabhängig von ihrer Herstellung jedes Dokument, das den Vertragsinhalt wiedergibt, ohne dass es besonderer förmlicher Zusätze, wie bspw. einer Unterschrift, bedarf.[31] Es muss den rechtsgeschäftlich relevanten Inhalt des schriftlichen Darlehensvertrags sowohl zur Information wie auch zu Beweiszwecken genau wiedergeben.[32] Da auch der Vertragsabschluss des Verbraucherdarlehens gem. §§ 126 Abs. 3, 126a BGB in elektronischer Form erfolgen kann, genügt auch die Überlassung der Abschrift des Vertrags in elektronischer Form den gesetzlichen Anforderungen. Im Übrigen kommen als Abschrift des Vertrags auch eine Durchschrift, eine Fotoko-

27 Bülow/Arz/*Artz* § 492 Rn. 148; MüKo BGB/*Schürnbrand* § 492 Rn. 32.
28 BT-Drs. 18/5922 S. 115.
29 BT-Drs. 18/7584 S. 147; MüKo BGB/*Schürnbrand* § 492 Rn. 42.
30 BT-Drs. 11/5462 S. 20; Bülow/Arz/*Artz* § 492 Rn. 48; Nobbe/*Müller-Christmann* § 492 Rn. 24; MüKo BGB/*Schürnbrand* § 492 Rn. 39.
31 BT-Drs. 16/11643 S. 80; Langenbucher/Bliesener/Spindler/*Roth* § 492 Rn. 13; MüKo BGB/*Schürnbrand* § 492 Rn. 40.
32 Nobbe/*Müller-Christmann* § 492 Rn. 25; MüKo BGB/*Schürnbrand* § 492 Rn. 41.

pie, ein Fax oder auch ein Computerausdruck in Betracht.[33] Die Überlassung der Abschrift des Vertrags ist keine Wirksamkeitsvoraussetzung für den Vertrag.[34] Sie hat allerdings gem. § 356b Abs. 1 BGB Bedeutung für den Beginn der Widerrufsfrist.

Als weiterer Anspruch des Darlehensnehmers ist in S. 2 bestimmt, dass er bei einem 15
Darlehensvertrag mit fester Laufzeit vom Darlehensgeber jederzeit einen Tilgungsplan verlangen kann. Der Verbraucherdarlehensvertrag muss als Pflichtangabe einen Hinweis auf diesen Anspruch des Darlehensnehmers beinhalten. Dies gilt allerdings nur bei Allgemein-Verbraucherdarlehensverträgen und nicht bei Immobiliar-Verbraucherdarlehen, wie Art. 247 § 6 S. 2 EGBGB zu entnehmen ist.[35] Den Anspruch kann der Darlehensnehmer jederzeit geltend machen und dies nicht nur einmalig, sondern auch wiederholt.[36] Der Tilgungsplan bezweckt sowohl dem Darlehensnehmer seine Belastung und den Stand der Rückführung des Darlehens vor Augen zu führen und dient auch dazu, im Streitfall rasch zu ermitteln, welche Forderungen des Darlehensgebers strittig sind und auf welche Einzelforderung welche Leistung erbracht wurde.[37] Inhaltlich besteht in Bezug auf den Tilgungsplan gem. Art. 247 § 14 Abs. 1 EGBGB die Maßgabe, dass aus diesem hervorgehen muss, welche Zahlungen in welchen Zeitabständen vom Verbraucher zu leisten sind und welche Bedingungen für diese Zahlungen gelten. Der Tilgungsplan muss zudem aufschlüsseln, in welcher Höhe die Teilzahlungen auf das Darlehen, die nach dem Sollzinssatz berechneten Zinsen und die sonstigen Kosten angerechnet werden. Ist ein variabler Sollzinssatz zwischen den Vertragsparteien vereinbart und können die sonstigen Kosten geändert werden, muss in dem Tilgungsplan gem. § 14 Abs. 2 zudem in klarer und verständlicher Form angegeben werden, dass die Daten des Tilgungsplans nur bis zur nächsten Anpassung des Sollzinssatzes oder der sonstigen Kosten gelten. Der Darlehensgeber muss dem Verbraucher den Tilgungsplan auf einem dauerhaften Datenträger zu Verfügung stellen. Es genügt allerdings, wenn der Darlehensnehmer sich den aktuellen Tilgungsplan an einem Automaten ausdrucken kann.[38]

IV. Form und Pflichtangaben bei Vollmachten

1. Grundsatz. Abs. 4 bestimmt, dass die in Abs. 1 und 2 beinhalteten Vorgaben zu 16
Form und Pflichtangaben bei Verbraucherdarlehen auch für eine Vollmacht, die der Verbraucher einem Dritten zum Abschluss des Verbraucherdarlehensvertrages erteilt, Anwendung finden. Die Vorschrift regelt somit eine Abweichung vom Grundsatz des Vollmachtrechts, nach welchem gem. § 167 Abs. 2 eine Vollmacht nicht der Form bedarf, welche für das Rechtsgeschäft bestimmt ist, auf das sich die Vollmacht bezieht. Die Anforderungen an die Vollmacht bestehen unabhängig davon, ob der Vertreter Verbraucher oder Unternehmer ist.[39]

Ein Verstoß gegen die Vorgaben hat, wie beim Verbraucherdarlehensvertrag als sol- 17
chem auch, gem. § 494 Abs. 1 BGB die Nichtigkeit der Vollmacht zur Folge. Der Vertreter hätte dann seine auf den Abschluss des Verbraucherdarlehensvertrags gerichtete Willenserklärung als Vertreter ohne Vertretungsmacht mit den Folgen des § 179 BGB abge-

---

33 Bülow/Arz/*Artz* § 492 Rn. 46; Nobbe/*Müller-Christmann* § 492 Rn. 25; Langenbucher/Bliesener/Spindler/*Roth* § 492 Rn. 13; MüKo BGB/*Schürnbrand* § 492 Rn. 41.
34 Bülow/Arz/*Artz* § 492 Rn. 47; Nobbe/*Müller-Christmann* § 492 Rn. 25; MüKo BGB/*Schürnbrand* § 492 Rn. 40.
35 BT-Drs. 18/7584 S. 147; MüKo BGB/*Schürnbrand* § 492 Rn. 42; **a.A.** Bülow/Arz/*Artz* § 492 Rn. 138.
36 BT-Drs. 16/11643 S. 133; Palandt/*Weidenkaff* § 492 Rn. 5.
37 BT-Drs. 16/11643 S. 133.
38 BT-Drs. 16/11643 S. 133; MüKo BGB/*Schürnbrand* § 492 Rn. 43.
39 Palandt/*Weidenkaff* § 492 Rn. 6.

geben. Ob die Genehmigung der ohne Vertretungsmacht abgegeben Vertragserklärung unter Anwendung des § 182 Abs. 2 BGB formlos erfolgen kann, ist umstritten. Der BGH hat in seiner Rechtsprechung allgemein für formbedürftige Vertretergeschäfte entschieden, dass die Genehmigung aufgrund der „eindeutigen" Regelung des § 182 Abs. 2 BGB formfrei erteilt werden kann.[40] Eine verbreitete Auffassung im Schrifttum befürwortet aufgrund des mit Abs. 4 S. 1 verfolgten Normzwecks für die wirksame Genehmigung, dass der Verbraucher diese nur in Kenntnis der Pflichtangaben des Abs. 2 erteilen kann, so dass jedenfalls die Genehmigung des Vertretergeschäfts durch Unterzeichnung eines den Anforderungen von Abs. 2 genügenden Darlehensvertrags oder die schriftliche Genehmigung unter Bezugnahme auf den dem Verbraucher bekannten Vertragsinhalt, ohne nochmalige Aufnahme der Pflichtangaben in der Genehmigungserklärung, erforderlich ist.[41]

Unabhängig von der Möglichkeit einer Genehmigung des Vertragsabschlusses, findet auf die wegen Verstoßes gegen Abs. 1 und 2 nichtige Abschlussvollmacht § 494 Abs. 2 S. 1 BGB Anwendung.[42] Aufgrund Inanspruchnahme oder Empfangnahme des Verbraucherdarlehens tritt somit auch bei der Vollmacht Heilung des wegen Vollmachtmangels nichtigen Verbraucherdarlehens ein.

18 **2. Ausnahmen.** Eine Ausnahme von der Anwendung der Absätze 1 und 2 besteht für Prozessvollmachten und notariell beurkundete Vollmachten. Bei Prozessvollmachten wird der Übereilungsschutz insoweit gewahrt, als dass auch diese gem. § 80 ZPO schriftlich zu erteilen sind und somit der einfachen Schriftform unterliegen. Für das Beurkundungsverfahren bei Verbraucherverträgen und darauf bezogene Vollmachten ist eine besondere Hinweispflicht des beurkundenden Notars vorgesehen. Die durch das Risikobegrenzungsgesetz im Jahr 2008 eingeführte Vorschrift des § 17 Abs. 2a BeurkG soll zum einen sicherstellen, dass der Notar bei Verbraucherverträgen darauf hinwirkt, dass der Verbraucher im Verhinderungsfalle nicht von einem geschäftsmäßigen Vertreter, sondern von einer vom ihm benannten Vertrauensperson vertreten wird.[43] Überdies bestimmt § 17 Abs. 2a S. 2 Nr. 2 BeurkG, dass der Notar bei Verbraucherverträgen darauf hinzuwirken hat, dass der Verbraucher ausreichend Gelegenheit erhält, sich vorab mit dem Gegenstand der Beurkundung auseinanderzusetzen.

V. Erklärungen nach Vertragsabschluss

19 Erklärungen die der Darlehensgeber gegenüber dem Darlehensnehmer nach Vertragsabschluss abzugeben hat, müssen gem. Abs. 5 auf einem dauerhaften Datenträger i.S.v. § 126b BGB erfolgen. Dies erfasst sämtliche Erklärungen des Darlehensgebers, die den Inhalt und die Abwicklung des Vertrages betreffen, soweit sie rechtlich relevant sind.[44] Die Vorgabe betrifft somit die Unterrichtungen während des Vertragsverhältnisses, aber auch einseitige Gestaltungserklärungen des Darlehensgebers oder geschäftsähnliche Handlungen.

---

40 BGH 25.2.1994 WM **1994** 746; so auch für Verbraucherdarlehen Langenbucher/Bliesener/Spindler/*Roth* § 492 Rn. 20; Palandt/*Weidenkaff* § 492 Rn. 6.

41 Bülow/Artz/*Artz* § 492 Rn. 63; Nobbe/*Müller-Christmann* § 494 Rn. 16; MüKo BGB/*Schürnbrand* § 492 Rn. 50; Assies/Beule/Heise/Strube/*Veith* Kap. 4 Rn. 626.

42 BGH 9.1.2018 WM **2018** 657; Nobbe/*Müller-Christmann* § 492 Rn. 16; Langenbucher/Bliesener/Spindler/*Roth* § 492 Rn. 20; MüKo BGB/*Schürnbrand* § 492 Rn. 51; Palandt/*Weidenkaff* § 492 Rn. 6.

43 BT-Drs. 14/9266 S. 50 f.

44 Bülow/Artz/*Artz* § 492 Rn. 154; MüKo BGB/*Schürnbrand* § 492 Rn. 56.

VI. Nachholung von Pflichtangaben

1. Grundsätzliches. Abs. 6 bestimmt in seinen S. 1–3 die Möglichkeit bzw. die Vorgehensweise, wie der Darlehensgeber Pflichtangaben nach Abs. 2, welche im Verbraucherdarlehensvertrag nicht oder nicht vollständig enthalten waren, nachholen kann. Diesbezüglich wird zum einen danach differenziert, ob es sich um eine nachholbare Angabe handelt und zum anderen welche Auswirkungen das Fehlen der Vertragsinhalte auf das Zustandekommen des Darlehensvertrags hatte. Die Rechtsfolgen des Verstoßes gegen Pflichtangaben sind § 494 BGB zu entnehmen. Als Grundsatz ist zu berücksichtigen, dass für das einseitige Nachholen von vertraglichen Pflichtangaben durch den Darlehensgeber stets das wirksame Zustandekommen des Verbraucherdarlehens oder dessen späteres Wirksamwerden erforderlich ist. Ein wirksamer Vertrag in diesem Sinne ist gegeben, wenn entweder das Fehlen von Pflichtangaben nicht zur Nichtigkeit des Vertragsabschlusses geführt hat (vgl. § 494 Abs. 1 BGB i.V.m. Art. 247 §§ 7, 8 EGBGB) oder das vollständige oder teilweise Fehlen von Pflichtangaben durch Empfang oder Inanspruchnahme der Darlehensvaluta gem. § 494 Abs. 2 BGB geheilt worden ist. Ist beides nicht der Fall, können die Pflichtangaben nur durch den Abschluss eines neuen schriftlichen Verbraucherdarlehensvertrags mit den erforderlichen Pflichtangaben nachgeholt werden. Mit dieser Maßgabe soll bewirkt werden, dass das Schriftformerfordernis bei Verbraucherdarlehen durchgesetzt wird.[45] 20

Die Nachholung von Pflichtangaben ist für den Darlehensgeber von zentraler Bedeutung, da anderenfalls dem Darlehensnehmer bis zur Grenze der Verwirkung ein unbefristetes Widerrufsrecht gesetzlich eingeräumt ist. Dies ergibt sich aus § 356b Abs. 2 BGB. Danach beginnt die Widerrufsfrist bei Allgemein-Verbraucherdarlehen erst mit Nachholung der nicht im Vertrag enthaltenen Pflichtangaben nach § 492 Abs. 2 BGB. Bei einem Immobiliar-Verbraucherdarlehensvertrag gilt zumindest, dass erst mit der Nachholung der Pflichtangaben zum Widerrufsrecht nach § 492 Abs. 2 BGB i.V.m. Artikel 247 § 6 Abs. 2 EGBGB die Widerrufsfrist zu laufen beginnt. Allerdings erlischt bei Immobiliar-Verbraucherdarlehen das Widerrufsrecht 12 Monate und 14 Tage nach Vertragsschluss oder dem Erhalt einer der in § 356 Abs. 2 BGB genannten Vertragsunterlagen. 21

2. Änderung der Vertragsbedingungen. Hat das Fehlen von Pflichtangaben zu Änderungen von Vertragsangaben gem. § 494 Abs. 2 S. 2 –Abs. 6 BGB geführt, so kann gem. Abs. 6 S. 2 eine Nachholung nur durch Aushändigung einer nach § 494 Abs. 7 BGB erforderlichen Abschrift des Vertrags gegenüber dem Darlehensnehmer vorgenommen werden. Dies betrifft im Falle der fehlenden Pflichtangaben die fehlende Angabe des Sollzinssatzes, des effektiven Jahreszinses, des Gesamtbetrages, der vom Darlehensnehmer geschuldeten Kosten und ihre Anpassung, der Laufzeit des Vertrages sowie des Kündigungsrechts. Dazu zählt trotz des Wortlauts des Abs. 6 S. 2 („Fehlen") auch die zu niedrige Angabe des effektiven Jahreszinses gem. § 494 Abs. 3 BGB.[46] Die dem Darlehensnehmer auszuhändigende Vertragsabschrift hat die nach Maßgabe der Abs. 2 S. 2- Abs. 6 geänderten Pflichtangaben zu beinhalten. Überdies sind von der Regelung auch Verträge erfasst, die aufgrund Missachtung der Schriftform gem. § 494 Abs. 1 BGB nichtig sind und durch Auszahlung der Darlehensvaluta nach § 494 Abs. 2 S. 1 BGB geheilt wurden. Bei beiden Fällen ist der Sachverhalt derart gelagert, dass sich die ursprünglich – wenn auch formnichtig – vereinbarten Vertragsbedingungen aufgrund der Heilung durch Empfang oder Inanspruchnahme der Darlehensvaluta verändert haben. 22

45 BT-Drs. 17/1394 S. 16.
46 MüKo BGB/*Schürnbrand* § 492 Rn. 63.

23 **3. Fehlen nachholbarer Angaben.** Bei im ursprünglichen Verbraucherdarlehensvertrag fehlenden Vertragsinhalten, die nicht zu einer Änderung der Vertragsbedingungen im Vergleich zu den im Vertrag schriftlich vereinbarten Bedingungen aufgrund des § 494 Abs. 2 S. 2 – Abs. 6 BGB geführt haben, besteht gem. Abs. 6 S. 1 eine von S. 2 abweichende Möglichkeit der Nachholung von Pflichtangaben. In diesen Fällen ist eine isolierte Fehlerkorrektur zulässig.[47]

24 Bei Immobiliar-Verbraucherdarlehensverträgen ist, um die Widerrufsfrist in Gang zu setzen, gem. § 356b Abs. 2 S. 2 BGB nur die Nachholung der Widerrufsinformation erforderlich. Bei Allgemein-Verbraucherdarlehen gilt hingegen als Grundsatz für die Nachholbarkeit, dass die Angaben für das konkrete Vertragsverhältnis noch von Relevanz sein müssen.[48] Dies betrifft insbesondere Angaben, die nach Art. 247 § 7 EGBGB in den Vertrag einzubeziehen sind, soweit sie nachholbar sind. Bei den Pflichtangaben nach §§ 6 und 9–13 des Art. 247 EGBGB hängt die Nachholbarkeit von der jeweils fehlenden Angabe ab. Nur bei Angaben, deren Fehlen im Falle der Heilung des Darlehensvertrags durch Auszahlung der Darlehensvaluta nicht zu einer Vertragsänderung gem. § 494 Abs. 2 S. 2–Abs. 6 geführt hat, ist eine Nachholung nach Abs. 6 S. 1 möglich. Isoliert nachholbar sind folglich die Angaben zur Widerrufsinformation nach Art. 247 § 6 Abs. 2 EGBGB, die Angaben nach Art. 247 § 6 Abs. 1 S. 1 Nr. 1 i.V.m. § 3 Abs. 1 Nr. 1, 2, 4, 7, 9, 11–14 EGBGB sowie Art. 247 Abs. 1 S. 2 Nr. 2–4 EGBGB und Art. 247 § 7 Nr. 1, 4 EGBGB.

25 Nicht nachholbar sind bei Allgemein-Verbraucherdarlehen allerdings die Pflichtangaben nach Art. 247 § 7 Abs. 1 Nr. 3 EGBGB, da gem. § 502 Abs. 2 Nr. 2 BGB der Anspruch auf eine Vorfälligkeitsentschädigung bei unzureichender vertraglicher Angabe der Berechnungsweise ausgeschlossen ist. Der Anspruch kann nicht nachträglich einseitig seitens des Darlehensgebers durch Nachholen der Angabe begründet werden.[49] Entsprechendes gilt für die fehlende Angabe von Sicherheiten gem. Art. 247 § 7 Abs. 1 Nr. 1 EGBGB bei Allgemein-Verbraucherdarlehensbeträgen bis zu einem Nettodarlehensbetrag von 75.000,00 €, weil in diesen Fällen die Sicherheit vom Darlehensnehmer nicht verlangt werden kann. Handelt es sich um ein Allgemein-Verbraucherdarlehen mit einem Nettodarlehensbetrag von über 75.000,00 € kann die Sicherheit allerdings ohne eine entsprechende Angabe im Vertrag vom Darlehensgeber verlangt werden. Ebenso wenig einseitig nachgeholt werden können fehlende Angaben zu geforderten Zusatzleistungen nach Art. 247 § 8 EGBGB, da ein Anspruch nur besteht, wenn das Schriftformerfordernis nach § 492 Abs. 1 BGB eingehalten worden ist.[50]

Eine wirksame Nachholung von Pflichtangaben setzt schließlich gem. Abs. 6 S. 3 voraus, dass der Darlehensnehmer spätestens im Zeitpunkt der Nachholung eine der in § 356b Abs. 1 BGB genannten Unterlagen erhält. Mit anderen Worten muss der Darlehensgeber dem Darlehensnehmer eine für diesen bestimmte Vertragsurkunde, den schriftlichen Antrag des Darlehensnehmers oder eine Abschrift der Vertragsurkunde oder seines Antrags zur Verfügung stellen, sofern er diese nicht bereits zuvor erhalten hat. Mit dieser Vorgabe soll sichergestellt werden, dass der Darlehensnehmer zum Zeitpunkt der Nachholung der Pflichtangabe tatsächlich alle relevanten Pflichtangaben erhalten hat und ihm der Beginn des Laufs der Widerrufsfrist klar erkennbar ist.[51]

---

47 Nobbe/*Müller-Christmann* § 492 Rn. 36; MüKo BGB/*Schürnbrand* § 492 Rn. 64.
48 BT-Drs. 17/1394 S. 16; Nobbe/*Müller-Christmann* § 492 Rn. 35; MüKo BGB/*Schürnbrand* § 492 Rn. 62.
49 BT-Drs. 17/1394 S. 16.
50 BT-Drs. 17/1394 S. 17; Palandt/*Weidenkaff* § 492 Rn. 8.
51 BT-Drs. 17/1394 S. 17.

4. Verlängerte Widerrufsfrist. Die Nachholung einer Pflichtangabe bewirkt eine Verlängerung der grundsätzlich auf 14 Tage beschränkten Frist zur Erklärung des Widerrufs. § 356b Abs. 2 S. 3 BGB bestimmt, dass sowohl bei der Nachholung der vertraglichen Pflichtangaben nach § 492 Abs. 2 BGB zu Allgemein-Verbraucherdarlehen als auch der Nachholung der Widerrufsinformation gem. § 492 Abs. 2 i.V.m. Art. 247 § 6 Abs. 2 EGBGB bei Immobiliar-Verbraucherdarlehen, die Widerrufsfrist einen Monat beträgt. § 492 Abs. 6 S. 4 BGB verpflichtet den Darlehensgeber mit der Nachholung der Angaben den Darlehensnehmer auf einem dauerhaften Datenträger i.S.v. § 126b BGB darauf hinzuweisen, dass diese verlängerte Widerrufsfrist nach Erhalt der nachgeholten Angaben beginnt. Die Hinweispflicht betrifft sowohl die Fälle der Nachholung von Angaben durch Aushändigung einer Vertragsabschrift mit den geänderten Vertragsbedingungen gem. Abs. 6 S. 2 als auch die isolierte Nachholung nach S. 1. Hintergrund der Hinweispflicht ist die Verdeutlichung der mit der Nachholung von Pflichtangaben verbundenen Folge des Beginns der Widerrufsfrist, da nach Ansicht des Gesetzgebers nicht unterstellt werden könne, dass dem Darlehensnehmer die Informationen über das Widerrufsrecht bei Erhalt der nachgeholten Informationen präsent sind, obwohl diese Information im Vertragstext enthalten war.[52] Die Erfüllung dieser Hinweispflicht ist allerdings keine Voraussetzung für den Beginn des Fristlaufs.[53] 26

VII. Veränderlicher Sollzinssatz (Abs. 7)

Für den Fall, dass die Parteien einen variablen Sollzinssatz, der sich nach einem Index oder einem Referenzzinssatz richtet, für den Verbraucherdarlehensvertrag vereinbart haben, besteht nach Abs. 7 eine besondere Wirksamkeitsvoraussetzung. Auch wenn es sich um eine Umsetzung von Art. 24 lit. a der europäischen Wohnimmobilienkreditrichtlinie 2014/17/EU handelt, findet die Regelung sowohl auf Immobiliar-Verbraucherdarlehensverträge als auch Allgemein-Verbraucherdarlehensverträge Anwendung.[54] Ein variabler Sollzinssatz liegt entsprechend § 489 Abs. 4 S. 2 BGB dann vor, wenn der Sollzinssatz weder für die gesamte Vertragslaufzeit vereinbart ist noch mehrere Sollzinssätze vereinbart sind, die als feststehende Prozentzahl ausgedrückt werden. Der für diesen Sollzinssatz gewählte Index oder Referenzzinssatz muss objektiv, eindeutig bestimmt und sowohl für den Darlehensgeber als auch den Darlehensnehmer verfügbar und überprüfbar sein. Dies entspricht letztendlich der Legaldefinition des Referenzzinssatzes in § 675g Abs. 3 S. 2 BGB, wonach ein Referenzzinssatz der Zinssatz ist, der bei der Zinsberechnung zugrunde gelegt wird und aus einer öffentlich zugänglichen und für beide Parteien überprüfbaren Quelle stammt. Der Gesetzgeber sieht in der Vorgabe eine Selbstverständlichkeit, da eine eindeutige Bestimmbarkeit bereits deshalb erforderlich ist, weil sonst keine Einigung der Vertragsparteien über die *essentialia negotii* erfolgen kann und im Übrigen die Verfügbarkeit des Indexes bzw. Referenzzinssatzes vorliegen muss, damit der Darlehensgeber den richtigen Betrag fordern sowie der Darlehensnehmer den richtigen Betrag zahlen kann.[55] 27

---

52 BT-Drs. 17/1394 S. 18.

53 BT-Drs. 17/1394 S. 18; Nobbe/*Müller-Christmann* § 492 Rn. 38; Langenbucher/Bliesener/Spindler/*Roth* § 492 Rn. 27; Palandt/*Weidenkaff* § 492 Rn. 8.

54 BT-Drs. 18/5922 S. 81.

55 BT-Drs. 18/5922 S. 81.

§ 493 BGB
Informationen während des Vertragsverhältnisses

(1) Ist in einem Verbraucherdarlehensvertrag der Sollzinssatz gebunden und endet die Sollzinsbindung vor der für die Rückzahlung bestimmten Zeit, unterrichtet der Darlehensgeber den Darlehensnehmer spätestens drei Monate vor Ende der Sollzinsbindung darüber, ob er zu einer neuen Sollzinsbindungsabrede bereit ist. Erklärt sich der Darlehensgeber hierzu bereit, muss die Unterrichtung den zum Zeitpunkt der Unterrichtung vom Darlehensgeber angebotenen Sollzinssatz enthalten.

(2) Der Darlehensgeber unterrichtet den Darlehensnehmer spätestens drei Monate vor Beendigung eines Verbraucherdarlehensvertrags darüber, ob er zur Fortführung des Darlehensverhältnisses bereit ist. Erklärt sich der Darlehensgeber zur Fortführung bereit, muss die Unterrichtung die zum Zeitpunkt der Unterrichtung gültigen Pflichtangaben gemäß § 491a Abs. 1 enthalten.

(3) Die Anpassung des Sollzinssatzes eines Verbraucherdarlehensvertrags mit veränderlichem Sollzinssatz wird erst wirksam, nachdem der Darlehensgeber den Darlehensnehmer über die Einzelheiten unterrichtet hat, die sich aus Artikel 247 § 15 des Einführungsgesetzes zum Bürgerlichen Gesetzbuche ergeben. Abweichende Vereinbarungen über die Wirksamkeit sind im Rahmen des Artikels 247 § 15 Absatz 2 und 3 des Einführungsgesetzes zum Bürgerlichen Gesetzbuche zulässig.

(4) Bei einem Vertrag über ein Immobiliar-Verbraucherdarlehen in Fremdwährung gemäß § 503 Absatz 1 Satz 1, auch in Verbindung mit Satz 3, hat der Darlehensgeber den Darlehensnehmer unverzüglich zu informieren, wenn der Wert des noch zu zahlenden Restbetrags oder der Wert der regelmäßigen Raten in der Landeswährung des Darlehensnehmers um mehr als 20 Prozent gegenüber dem Wert steigt, der bei Zugrundelegung des Wechselkurses bei Vertragsabschluss gegeben wäre. Die Information

1. ist auf einem dauerhaften Datenträger zu übermitteln,
2. hat die Angabe über die Veränderung des Restbetrags in der Landeswährung des Darlehensnehmers zu enthalten,
3. hat den Hinweis auf die Möglichkeit einer Währungsumstellung aufgrund des § 503 und die hierfür geltenden Bedingungen und gegebenenfalls die Erläuterung weiterer Möglichkeiten zur Begrenzung des Wechselkursrisikos zu enthalten und
4. ist so lange in regelmäßigen Abständen zu erteilen, bis die Differenz von 20 Prozent wieder unterschritten wird.

Die Sätze 1 und 2 sind entsprechend anzuwenden, wenn ein Immobiliar-Verbraucherdarlehensvertrag in der Währung des Mitgliedstaats der Europäischen Union, in dem der Darlehensnehmer bei Vertragsschluss seinen Wohnsitz hat, geschlossen wurde und der Darlehensnehmer zum Zeitpunkt der maßgeblichen Kreditwürdigkeitsprüfung in einer anderen Währung überwiegend sein Einkommen bezieht oder Vermögenswerte hält, aus denen das Darlehen zurückgezahlt werden soll.

(5) Wenn der Darlehensnehmer eines Immobiliar-Verbraucherdarlehensvertrags dem Darlehensgeber mitteilt, dass er eine vorzeitige Rückzahlung des Darlehens beabsichtigt, ist der Darlehensgeber verpflichtet, ihm unverzüglich die für die Prüfung dieser Möglichkeit erforderlichen Informationen auf einem dauerhaften Datenträger zu übermitteln. Diese Informationen müssen insbesondere folgende Angaben enthalten:

1. Auskunft über die Zulässigkeit der vorzeitigen Rückzahlung,

2. im Fall der Zulässigkeit die Höhe des zurückzuzahlenden Betrags und
3. gegebenenfalls die Höhe einer Vorfälligkeitsentschädigung.

Soweit sich die Informationen auf Annahmen stützen, müssen diese nachvollziehbar und sachlich gerechtfertigt sein und als solche dem Darlehensnehmer gegenüber offengelegt werden.

(6) Wurden Forderungen aus dem Darlehensvertrag abgetreten, treffen die Pflichten aus den Absätzen 1 bis 5 auch den neuen Gläubiger, wenn nicht der bisherige Darlehensgeber mit dem neuen Gläubiger vereinbart hat, dass im Verhältnis zum Darlehensnehmer weiterhin allein der bisherige Darlehensgeber auftritt.

Schrifttum

Artz Neue verbraucherkreditrechtliche Informationspflichten durch das Risikobegrenzungsgesetz, ZGS 2009 23; *Blechinger* Aktuelle Probleme von Immobilienkrediten – Vollstreckungs- und Zessionsszenarien mit Ausblicken auf das Risikobegrenzungsgesetz, ZGS 2009 59; *Bredow/Vogel* Kreditverkäufe in der Praxis – Missbrauchsfälle und aktuelle Reformansätze, BKR 2008 271; *Dörrie* Immobilienfinanzierungen und Verkauf von Kreditforderungen nach Inkrafttreten des Risikobegrenzungsgesetzes, ZBB 2008 292; *Knops* Neuregelungen zum Kredithandel durch das Risikobegrenzungsgesetz: Kein großer Wurf, VuR 2009 286; *Langenbucher* Kredithandel nach dem Risikobegrenzungsgesetz, NJW 2008 3169.

Systematische Übersicht

A. Allgemeines

I. Gesetzesentwicklung

Die Pflicht des Darlehensgebers zur Information des Darlehensnehmers während der 1
Laufzeit des Darlehensvertragsverhältnisses ist als § 492a BGB im Rahmen des Risikobegrenzungsgesetzes mit Wirkung zum 18.8.2008 ins Bürgerliche Gesetzbuch eingefügt worden. Im Zuge der Umsetzung der europäischen Verbraucherkreditrichtlinie 2008/45/EG ist die Vorschrift als § 493 BGB neu gefasst und um eine Regelung zur Informationspflicht bei veränderlichem Sollzinssatz in Abs. 3 erweitert worden, die auf Art. 11 der Richtlinie zurückgeht. Den Absätzen 1, 2 und 6 liegen keine europarechtlichen Vorgaben zugrunde. Die Abs. 4 und 5 sind durch das Umsetzungsgesetz zur europäischen Wohnimmobilienkreditrichtlinie 2014/17/EU mit Wirkung zum 21.3.2016 eingeführt worden

und enthalten Sonderregelungen zu Informationspflichten bei Immobiliar-Verbraucherdarlehensverträgen. Diese Regelungen dienen der Umsetzung von Art. 23 Abs. 4 und 25 Abs. 4 der Richtlinie. Zudem sind weitere zulässige Abweichungen zur Information bei Sollzinsanpassungen in Art. 247 § 15 Abs. 3 EGBGB i.V.m. § 493 Abs. 3 S. 2 BGB ergänzt worden.

II. Zweck der Vorschrift

2 Mit der Vorschrift des § 493 BGB werden Unterrichtungspflichten des Darlehensgebers zu einem Zeitpunkt statuiert, zu dem das Darlehensverhältnis besteht, aber eine vereinbarte Zinsbindung ausläuft oder die Rückzahlungsforderung insgesamt fällig wird. In diesen Fällen soll der Darlehensnehmer rechtzeitig darüber unterrichtet werden, dass sich am Vertragsverhältnis Änderungen ergeben können. Die Informationspflichten mit einem Zeitraum von drei Monaten gemäß Abs. 1 und 2 sollen dazu dienen, warnend auf den Darlehensnehmer einzuwirken und ihm zugleich die Möglichkeit zu geben, den Markt zu erforschen.[1] Bei den neu eingeführten Informationspflichten nach Abs. 4 ist Hintergrund der Informationspflicht das vom Darlehensnehmer zu tragende Wechselkursrisiko bei Fremdwährungsdarlehen.

B. Tatbestand

I. Unterrichtungspflicht vor dem Ende der Sollzinsbindung

3 Bei sämtlichen Arten von Verbraucherdarlehen obliegen dem Darlehensgeber Pflichten zur Unterrichtung während der Vertragslaufzeit, wenn ein gebundener Sollzinssatz zwischen den Vertragsparteien vereinbart worden ist, dessen Bindungszeitraum vor der Laufzeit des Darlehens endet. Es handelt sich dabei um sog. unechte Abschnittsfinanzierungen. In diesen Fällen hat der Darlehensgeber den Darlehensnehmer spätestens drei Monate vor dem Ende der Sollzinsbindung darüber zu unterrichten, ob er zu einer weiteren Sollzinsbindung bereit ist. Eine Pflicht des Darlehensgebers dem Darlehensnehmer eine neue Sollzinsbindung für die weitere Vertragslaufzeit des Verbraucherdarlehens anzubieten, besteht folglich nicht. Die Pflicht beschränkt sich darauf, den Darlehensnehmer von der Entscheidung rechtzeitig in Kenntnis zu setzen. Der Darlehensnehmer soll durch die Unterrichtung in die Lage versetzt werden, grob die möglicherweise anstehenden Veränderungen abschätzen zu können.[2] Der Zeitraum von drei Monaten dient dem Darlehensnehmer als eine Bedenkzeit über die im Rahmen der Unterrichtung erhaltenen Informationen. Ist der Darlehensgeber zu einer weiteren Sollzinsbindung bereit, hat er den Darlehensnehmer über diese Entscheidung zu unterrichten und mit der Unterrichtung ist die Mitteilung über den zu diesem Zeitpunkt von Darlehensgeber angebotenen Sollzinssatz zu verbinden. Da diese Unterrichtung bereits spätestens drei Monate vor dem Ende der Sollzinsbindung zu erfolgen hat, ist es dem Darlehensgeber nicht zumutbar, sich bereits zu einem verbindlichen Folgeangebot zu verpflichten.[3] Die Unterrichtung über den aktuellen Sollzinssatz führt somit nicht zu einer Bindung des Darlehensgebers in der Weise, dass er die neue Zinsbindung zu diesem Zins durchzuführen hätte.[4] Die Unterrichtung hat in der Form des § 492 Abs. 5 BGB, mithin auf einem dauerhaften Datenträger, zu erfolgen.

---

1 BT-Drs. 16/9821 S. 15.
2 BT-Drs. 16/9821 S. 15.
3 BT-Drs. 16/9821 S. 15.
4 Bülow/Artz/*Artz* § 493 Rn. 5; MüKo BGB/*Schürnbrand* § 493 Rn. 5; Palandt/*Weidenkaff* § 493 Rn. 2.

II. Unterrichtungspflicht vor dem Ende des Verbraucherdarlehens

Abs. 2 enthält eine zu Abs. 1 korrespondierende Unterrichtungspflicht des Darlehensgebers gegenüber dem Darlehensnehmer vor dem Ende der Laufzeit eines Verbraucherdarlehens in Form eines Allgemein-Verbraucherdarlehens oder eines Immobiliar-Verbraucherdarlehens. Drei Monate bevor die Darlehensvaluta zur Rückzahlung durch den Verbraucher fällig wird, muss der Darlehensgeber diesen darüber unterrichten, ob er bereit ist den Verbraucherdarlehensvertrag fortzuführen. Im Falle der Bereitschaft zur Fortführung des Darlehensvertrages muss der Darlehensgeber diese Unterrichtung mit den Informationspflichten nach § 491a Abs. 1 BGB verbinden. Dies betrifft die vorvertraglichen Informationspflichten nach Art. 247 EGBGB. Die Information muss die zum Zeitpunkt der Unterrichtung aktuellen Vertragsbedingungen wiedergeben. Die Pflicht zur Unterrichtung besteht allerdings nur dann, wenn nach der vertraglichen Konzeption des Verbraucherdarlehens eine Anschlussfinanzierung erforderlich ist.[5] 4

III. Informationspflicht bei Zinsanpassungen

Abs. 3 bestimmt besondere Wirksamkeitsvoraussetzungen für Zinsanpassungen in Verbraucherdarlehensverträgen. Dies betrifft Verbraucherdarlehen, in welchen ein veränderlicher Zinssatz zwischen den Vertragsparteien und eine entsprechende Regelung zur Anpassung des Sollzinssatzes vereinbart worden ist. Nach dieser Anpassungsregelung muss dem Darlehensgeber ein einseitiges Leistungsbestimmungsrecht i.S.v. § 315 Abs. 2 BGB eingeräumt worden sein. Die Ausübung des Zinsanpassungsrechts seitens des Darlehensgebers hat in der Form des § 492 Abs. 5 BGB zu erfolgen. 5

1. Wirksamkeitsvoraussetzungen. Die Zinsanpassung durch den Darlehensgeber wird allerdings erst dann wirksam, wenn er den Darlehensnehmer über die Einzelheiten nach Art. 247 § 15 EGBGB unterrichtet hat. Dies betrifft die Unterrichtung über den angepassten Sollzinssatz, die angepasste Höhe der Teilzahlungen und die Zahl und die Fälligkeit der Teilzahlungen, sofern sich diese ändern. 6

Unabhängig von den formellen Anforderungen des Abs. 3 setzt die Zinsanpassung bei einem veränderlichen Sollzinssatz voraus, dass es sich um eine materiell-rechtlich wirksame Zinsanpassungsklausel im Verbraucherdarlehensvertrag handelt. Der Darlehensgeber muss somit bei der Ausgestaltung der Vertragsklausel die Vorgaben der entsprechenden BGH-Rechtsprechung[6] berücksichtigen und umsetzen. Da es sich bei Verbraucherdarlehen in der Praxis regelmäßig um standardisierte Verträge der Kreditinstitute handelt, unterliegt die Zinsanpassungsklausel der AGB-Inhaltskontrolle. Insbesondere ist im Rahmen dessen das Äquivalenzverhältnis umzusetzen, so dass die Klausel eine Bindung der Bank an den Umfang des Kostenanstiegs vorsehen sowie eine Verpflichtung der Bank enthalten muss, Kostenminderungen an die Kunden weiter zu geben, ohne dass die Bank insoweit ein Ermessen hat.[7] Die Zinsanpassungsklausel des Darlehensgebers darf somit keine Regelung enthalten, die es zum einen dem Darlehensgeber ermöglicht, über die Abwälzung konkreter Kostensteigerungen hinaus den zunächst vereinbarten Zins ohne Begrenzung anzuheben und so nicht nur eine Gewinnschmälerung zu vermeiden, sondern einen zusätzlichen Gewinn zu erzielen und zum anderen dem Darlehensgeber das Recht einräumt, Erhöhungen seiner eigenen Kosten 7

5 MüKo BGB/*Schürnbrand* § 493 Rn. 4.
6 BGH 21.4.2009 WM **2009** 1077.
7 BGH 21.4.2009 WM **2009** 1077.

an den Darlehensnehmer weiterzugeben, nicht aber auch die Verpflichtung vorsieht, bei gesunkenen eigenen Kosten den Zins zu senken.[8]

8 **2. Zulässige Abweichungen.** Abs. 3 S. 2 bestimmt, dass Abweichungen von den Wirksamkeitsvoraussetzungen der Sollzinsanpassung nach Maßgabe von Art. 247 § 15 Abs. 2 und 3 EGBGB zulässig sind.

9 **a) Änderung des Referenzzinssatzes.** Dies betrifft nach § 15 Abs. 2 S. 1 Fälle, in denen die Anpassung des Sollzinssatzes auf die Änderung eines Referenzzinssatzes zurückgeht. Die Vertragsparteien können dann einen von § 15 Abs. 1 abweichenden Zeitpunkt für die Wirksamkeit der Zinsanpassung vereinbaren. Möglich ist die Vereinbarung zwischen Darlehensgeber und Darlehensnehmer, dass der geänderte Zinssatz unmittelbar nach seiner Änderung auf den Vertrag angewendet werden soll.[9] Alternativ kann auch vereinbart werden, dass der neue Zinssatz aufgrund der Änderung des Referenzzinssatzes nach einer bestimmten Frist gelten soll.[10] Im Gegenzug muss der Verbraucherdarlehensvertrag dann allerdings eine Pflicht des Darlehensgebers vorsehen, den Darlehensnehmer über die Angaben nach § 15 Abs. 1 in regelmäßigen Zeitabständen zu unterrichten. Bei einem Immobiliar-Verbraucherdarlehen muss der Darlehensvertrag ferner die Pflicht des Darlehensgebers vorsehen, auch über den neuen Referenzzinssatz zu unterrichten. Damit wird in Umsetzung von Art. 27 Abs. 2 der europäischen Wohnimmobilienkreditrichtlinie 2014/17/EU das Erfordernis begründet, dass die Information über den neuen Referenzzinssatz wie bisher in den Geschäftsräumen des Kreditgebers eingesehen werden kann und dieser zusätzlich dem betroffenen Verbraucher zusammen mit dem Betrag der neuen regelmäßigen Raten mitzuteilen ist.[11]

Die Möglichkeit des Darlehensnehmers die Höhe des Referenzzinssatzes in den Geschäftsräumen des Darlehensgebers einsehen zu können, muss sowohl bei Allgemein-Verbraucherdarlehensverträgen als auch bei Immobiliar-Verbraucherdarlehensverträgen bestehen. Werden die besonderen Anforderungen nach Art. 247 § 15 Abs. 2 S. 2–4 EGBGB vom Darlehensgeber nicht eingehalten, kann eine Zinsanpassung nicht durch eine abweichende Vereinbarung i.S.v. § 493 Abs. 3 S. 2 BGB, sondern nur nach Maßgabe von § 493 Abs. 3 S. 1 BGB wirksam werden.[12]

10 **b) Versteigerungen.** Für Immobiliar-Verbraucherdarlehensverträge besteht eine weitere Abweichungsmöglichkeit von der Unterrichtungspflicht i.S.v. Art. 247 § 15 Abs. 1 EGBGB für den speziellen Fall, dass die Änderung des Sollzinssatzes auf eine Versteigerung auf den Kapitalmärkten zurückgeht und der Darlehensgeber den Verbraucher nicht vor dem Wirksamwerden der Änderung über diese unterrichten konnte. Da der maßgebliche Zinssatz sich erst aus dem Ergebnis der Versteigerung auf den Kapitalmärkten ergibt, kann der Darlehensgeber nicht über die Zinshöhe informieren, da ihm diese nicht bekannt ist.[13] In diesem Falle hat der Darlehensgeber den Darlehensnehmer rechtzeitig vor der Versteigerung über das bevorstehende Verfahren zu unterrichten und darauf hinzuweisen, wie sich die Versteigerung auf den Sollzinssatz auswirken könnte. Ein praktischer Anwendungsfall für diese Sonderregelung zur Unterrichtung über die Ände-

---

8 BGH 21.4.2009 WM **2009** 1077.
9 BT-Drs. 16/11643 S. 81.
10 MüKo BGB/*Schürnbrand* § 493 Rn. 8.
11 BT-Drs. 18/5922 S. 120.
12 MüKo BGB/*Schürnbrand* § 493 Rn. 9.
13 Bülow/Artz/*Artz* § 493 Rn. 11c.

rung eines variablen Sollzinssatzes bei Immobiliar-Verbraucherdarlehensverträgen ist in Deutschland, wie im Übrigen auch der Gesetzgeber einräumt,[14] nicht erkennbar. Mit der Einführung dieser Vorschrift wird somit lediglich der Pflicht zur Umsetzung von Art. 27 Abs. 4 der europäischen Wohnimmobilienkreditrichtlinie 2014/17/EU Folge geleistet.

IV. Immobiliar-Verbraucherdarlehen in Fremdwährung

1. Pflicht zum Warnhinweis. Als neue Informationspflicht ist in Umsetzung von Art. 23 Abs. 4 der europäischen Wohnimmobilienkreditrichtlinie 2014/17/EU in Abs. 4 die Pflicht des Darlehensgebers zur Unterrichtung des Darlehensnehmers bei Immobiliar-Verbraucherdarlehen eingeführt worden, wenn der Wert des noch zu zahlenden Restbetrags oder der Wert der regelmäßigen Raten in der Landeswährung des Darlehensnehmers um mehr als 20 Prozent gegenüber dem Wert steigt, der bei Zugrundelegung des Wechselkurses bei Vertragsabschluss gegeben wäre. Tatbestandlich setzt die die Informationspflicht des Darlehensgebers daher ein Immobiliar-Verbraucherdarlehen in Fremdwährung i.S.v. § 503 BGB sowie eine Veränderung des Wechselkurses zu Lasten des Darlehensnehmers voraus. Eine Fremdwährung ist entweder gem. § 503 Abs. 1 S. 1 BGB eine solche, die nicht auf die Währung des Mitgliedstaats der Europäischen Union, in dem der Darlehensnehmer bei Vertragsschluss seinen Wohnsitz hat (Landeswährung), lautet oder gem. § 503 Abs. 1 S. 3 BGB eine andere Währung als diejenige, die vertraglich ergänzend oder ausschließlich als Landeswährung des Verbrauchers vereinbart worden ist, in der der Darlehensnehmer zum Zeitpunkt der maßgeblichen Kreditwürdigkeitsprüfung überwiegend sein Einkommen bezieht oder Vermögenswerte hält, aus denen das Darlehen zurückgezahlt werden soll. Bezugspunkt des Schwellenwertes, der die Informationspflicht auslöst, ist die verbleibende Gesamtbelastung aus dem Darlehen oder der Wert einer regelmäßigen Ratenzahlung. 11

Gefordert ist gemäß der Vorgaben der europäischen Wohnimmobilienkreditrichtlinie 2014/17/EU eine Warnung, wenn der Wert des vom Verbraucher noch zu zahlenden Gesamtbetrags oder der regelmäßigen Raten um mehr als 20% von dem Wert abweicht, der gegeben wäre, wenn der Wechselkurs zwischen der Währung des Darlehensvertrags und der Währung des Mitgliedstaats zum Zeitpunkt des Abschlusses des Darlehensvertrags angewandt würde. Der Sinn und Zweck des vom Darlehensgeber geschuldeten Warnhinweises gebietet es, diesen dem Darlehensnehmer immer dann zu erteilen, wenn sich das Wechselkursverhältnis der Darlehensvertragswährung zu der Währung, in welche die Umwandlung verlangt werden kann, entsprechend entwickelt.[15] Der Darlehensgeber muss daher zur Erfüllung seiner Informationspflichten während der Dauer der Vertragslaufzeit den Wechselkurs zwischen der Darlehenswährung und der Währung, in die eine Umwandlung gem. § 503 BGB verlangt werden kann oder hätte vereinbart werden können, überwachen.[16] Stellt der Darlehensgeber dabei eine Abweichung von 20%, die sich zum Nachteil des Darlehensnehmers auswirkt, fest, hat er diesen unverzüglich zu informieren. 12

Gemäß S. 3 besteht auch ohne Umwandlungsrecht des Darlehensnehmers eine Informationspflicht des Darlehensgebers, wenn es sich dennoch gemäß der Definition der europäischen Wohnimmobilienkreditrichtlinie in Art. 4 Nr. 28 lit. a) um ein Fremdwährungsdarlehen handelt. Dies ist im Sinne der Vorschrift bei Darlehen der Fall, wenn das Darlehen auf eine andere Währung lautet als diejenige, in welcher der Verbraucher sein 13

---

14 BT-Drs. 18/5922 S. 120; so auch MüKo BGB/*Schürnbrand* § 493 Rn. 10.
15 BT-Drs. 18/5922 S. 85.
16 BT-Drs. 18/5922 S. 85; MüKo BGB/*Schürnbrand* § 493 Rn. 11; Palandt/*Weidenkaff* § 493 Rn. 4.

Einkommen bezieht oder die Vermögenswerte hält, aus denen das Darlehen zurückgezahlt werden soll. Diese Währung muss nicht wie im Falle von § 503 Abs. 1 S. 3 BGB als Landeswährung des Darlehensnehmers zwischen den Vertragsparteien vereinbart worden sein.

14 **2. Inhalte und Form des Warnhinweises.** Abs. 4 S. 2 normiert die Form sowie die Inhalte, welche der Warnhinweis des Darlehensgebers gegenüber dem Darlehensnehmer aufweisen muss. Die vorgeschriebene Form ist gewahrt, wenn der Hinweis auf einem dauerhaften Datenträger an den Verbraucher übermittelt wird. Zusätzlich ist die Information in Form des Warnhinweises seitens des Darlehensgebers so lange in regelmäßigen Abständen zu erteilen, bis die Differenz von 20 Prozent wieder unterschritten wird. Das Gesetz enthält allerdings keine Vorgabe, was unter „regelmäßigen Abständen" in Bezug auf die Informationspflicht zu verstehen ist. Der Gesetzgeber beschränkt sich in den Gesetzgebungsmaterialien darauf hinzuweisen, dass die Ausprägung der Zeitabstände dem Richterrecht obliegt und im Übrigen eine quartalsweise, jedenfalls aber eine monatliche Information des Darlehensnehmers ausreichen dürfte.[17]

15 Inhaltlich hat die Information des Darlehensgebers die Angabe über die Veränderung des Restbetrags in der Landeswährung des Darlehensnehmers sowie den Hinweis auf die Möglichkeit des Darlehensnehmers einer Währungsumstellung aufgrund des § 503 BGB nebst den hierfür geltenden Bedingungen und gegebenenfalls die Erläuterung weiterer Möglichkeiten zur Begrenzung des Wechselkursrisikos, aufzuweisen. Restbetrag i.S.v. Abs. 4 S. 2 Nr. 2 ist die Summe der noch aus dem Darlehen geschuldeten Beträge einschließlich offener Zinsen und Kosten.[18] Die Information des Darlehensgebers muss die Angabe enthalten, um wieviel dieser Restbetrag nach derzeitigem Stand des Wechselkurses höher ist, als er bei Zugrundelegung des Wechselkurses im Zeitpunkt des Vertragsschlusses gewesen wäre, wobei Bezugspunkt die Landeswährung des Verbrauchers ist.[19] Bei der Information gem. Abs. 4 S. 3 ist der Bezugspunkt die Währung des Einkommens oder der Vermögenswerte des Verbrauchers, aus denen das Darlehen zurückgezahlt werden soll.

V. Vorzeitige Rückzahlung von Immobiliar-Verbraucherdarlehen

16 Eine weitere spezielle Informationspflicht trifft den Darlehensgeber gem. Abs. 5, wenn der Darlehensnehmer ihn darüber unterrichtet, dass er beabsichtigt das Immobiliar-Verbraucherdarlehen vorzeitig zurückzuzahlen. Die Mitteilung des Darlehensnehmers kann formlos, mithin auch mündlich, gegenüber dem Darlehensgeber erfolgen.[20] In derartigen Fällen ist der Darlehensgeber verpflichtet, ihm unverzüglich die für die Prüfung dieser Möglichkeit erforderlichen Informationen auf einem dauerhaften Datenträger zu übermitteln. Damit soll der Darlehensnehmer in die Lage versetzt werden zu prüfen, ob die vorzeitige Rückzahlung für ihn in Betracht kommt. Diese Informationen müssen insbesondere Angaben zur Auskunft über die Zulässigkeit der vorzeitigen Rückzahlung und für diesen Fall die Höhe des zurückzuzahlenden Betrags und gegebenenfalls die Höhe einer Vorfälligkeitsentschädigung enthalten. Es handelt sich folglich („insbesondere") um einen Mindestinhalt der an den Verbraucher zu übermittelnden Information.

---

17 BT-Drs. 18/5922 S. 86; Bülow/Artz/*Artz* § 493 Rn. 11e; MüKo BGB/*Schürnbrand* § 493 Rn. 13.
18 BT-Drs. 18/5922 S. 86.
19 MüKo BGB/*Schürnbrand* § 493 Rn. 14.
20 BT-Drs. 18/5922 S. 86; Bülow/Artz/*Artz* § 493 Rn. 11 f.; MüKo BGB/*Schürnbrand* § 493 Rn. 15.

Die gesetzlich eingeräumten Möglichkeiten des Verbrauchers zur vorzeitigen Rückzahlung eines Immobiliar-Verbraucherdarlehens ergeben sich aus § 500 Abs. 2 BGB. Danach ist der Verbraucher grundsätzlich berechtigt seine Verbindlichkeiten aus einem Verbraucherdarlehensvertrag jederzeit ganz oder teilweise vorzeitig zu erfüllen. Bei einem Immobiliar-Verbraucherdarlehensvertrag, für den ein gebundener Sollzinssatz vereinbart wurde, besteht allerdings insoweit eine Einschränkung, als dass der Darlehensnehmer seine Verbindlichkeiten im Zeitraum der Sollzinsbindung nur dann ganz oder teilweise vorzeitig erfüllen kann, wenn er hierfür ein berechtigtes Interesse hat. Hintergrund der Einschränkung ist die schutzwürdige Zinserwartung des Darlehensgebers für die Zeit der zwischen den Vertragsparteien vertraglich vereinbarten Sollzinsbindung. Bei Immobiliar-Verbraucherdarlehen wird sich das Kreditinstitut als Darlehensgeber regelmäßig laufzeitkongruent über die Ausgabe von Pfandbriefen refinanziert haben. Entsprechend wie bei der Regelung des § 490 Abs. 2 BGB zur außerordentlichen Kündigung eines grundpfandrechtlich besicherten Darlehens mit Sollzinsbindung, ist seitens des Darlehensnehmers ein berechtigtes Interesse an der vorzeitigen Rückzahlung erforderlich. Es können daher für die Beurteilung des berechtigten Interesses die gleichen Maßstäbe wie bei § 490 Abs. 2 BGB herangezogen werden.[21] Es bedarf somit für die vorzeitige Rückzahlung des Immobiliar-Verbraucherdarlehens ein berechtigtes Interesse an der anderweitigen Verwertung der zur Sicherung des Darlehens beliehenen Immobilie. Hat der Darlehensnehmer dem Darlehensgeber die konkreten Umstände der vorzeitigen Rückzahlung geschildert, muss der Darlehensgeber sich ebenso konkret zur Zulässigkeit der vorzeitigen Rückzahlung äußern und sich anderenfalls auf die allgemeinen Erläuterungen des berechtigten Interesses i.S.v. § 500 Abs. 2 S. 2 BGB beschränken.[22] 17

Basieren die Informationen des Darlehensgebers zur vorzeitigen Rückzahlung durch den Darlehensnehmer auf Annahmen, besteht das weitere Erfordernis, dass diese Annahmen nachvollziehbar und sachlich gerechtfertigt sind und als solche dem Darlehensnehmer gegenüber offengelegt werden müssen. Unter Annahmen i.S.v. Abs. 5 S. 3 sind Berechnungsgrundlagen und Methoden zu verstehen, auf die der Darlehensnehmer zur Berechnung der einzelnen Posten des geschuldeten Restbetrages zurückgreifen kann; dies betrifft die Berechnung des zurückzuzahlenden Restbetrag als auch die Offenlegung der zur konkreten Berechnung der Vorfälligkeitsentschädigung auf Grundlage der im Verbraucherdarlehensvertrag angegebenen Berechnungsmethode.[23] 18

VI. Zession der Darlehensforderung (Abs. 6)

Sämtliche in den Abs. 1–5 bestimmten Informationspflichten des Darlehensgebers treffen auch den Zessionar der Darlehensforderung. 19

Durch die Informationspflicht des Zessionars soll der Schuldner die Möglichkeit erhalten, ein entsprechendes Angebot mit dem des ursprünglichen Gläubigers zu vergleichen, und darüber hinaus ausreichend Zeit zur Verfügung bekommen, weitere Angebote einzuholen.[24] Die inhaltliche Regelung ist insofern problematisch, als dass durch eine Zession der Darlehensforderung der Zedent als Darlehensgeber weiterhin Vertragspartner des Verbrauchers aus dem Darlehensvertrag bleibt. Bei einer Forderungszession wechselt ausschließlich die Forderungsinhaberschaft, der Verbraucher erhält somit ei-

21 s. auch BT-Drs. 18/5922 S. 90, wo auf die Literatur und Rechtsprechung zu § 490 Abs. 2 verwiesen wird.
22 MüKo BGB/*Schürnbrand* § 493 Rn. 16.
23 BT-Drs. 18/5922 S. 86; Bülow/Artz/*Artz* § 493 Rn. 11.
24 BT-Drs. 16/9821 S. 15.

nen neuen Forderungsgläubiger. Dieser wird dadurch aber nicht dessen Vertragspartner. Aufgrund dieser ungenauen Terminologie in Abs. 6 besteht die Folgeproblematik, dass, obwohl sich an den ursprünglichen Vertragsparteien trotz der Forderungszession nichts verändert hat, dennoch der Darlehensgeber und der Zessionar zu den Unterrichtungen verpflichtet sind. Auch wenn dies in der Praxis mitunter zu Schwierigkeiten führen kann, besteht an dieser Regelungsintention des Gesetzgebers letztendlich kein Zweifel. In der Gesetzesbegründung wird deutlich zum Ausdruck gebracht, dass neben dem ursprünglichen Gläubiger auch der neue Gläubiger zur entsprechenden Unterrichtung verpflichtet ist. Hintergrund dieser Regelung ist, dass nach Ansicht des Gesetzgebers der ursprüngliche Gläubiger – der aufgrund des fortbestehenden Kreditvertrages unter Umständen verpflichtet ist, ein Angebot vorzulegen – aufgrund der Forderungsabtretung an einer Fortsetzung regelmäßig kein Interesse haben werde und dieser daher geneigt sei, keine besonders vorteilhaften Konditionen anzubieten, weshalb auch der neue Gläubiger zu entsprechenden Angaben verpflichtet ist.[25] Diese Pflicht des Zessionars zur Unterrichtung tritt daher kumulativ neben die des Darlehensgebers als bisherigen Gläubiger.[26]

20 Eine Ausnahme von dieser kumulativen Pflicht besteht dann, wenn der (bisherige) Darlehensgeber mit dem neuen Gläubiger vereinbart hat, dass im Verhältnis zum Darlehensnehmer weiterhin allein der (bisherige) Darlehensgeber auftritt. Dies betrifft die Fälle von stillen Zessionen. Wird die Abtretung nicht gegenüber dem Darlehensnehmer offengelegt, ist der Zessionar somit nicht zur Unterrichtung nach Abs. 1–5 verpflichtet.

VII. Verstoß gegen die Informationspflichten

21 Verstößt der Darlehensgeber gegen eine der Informationspflichten nach den Abs. 1, 2, 4 oder 5, weil er den Darlehensnehmer nicht oder nicht rechtzeitig informiert, so handelt es sich um eine vertragliche Pflichtverletzung. Dies kann bei Vorliegen der Tatbestandsvoraussetzungen, insbesondere des Nachweises eines beim Verbraucher eingetretenen Schadens, einen Schadensersatzanspruch nach § 280 Abs. 1 BGB zur Folge haben. Ein Verstoß gegen die Unterrichtungspflichten nach Abs. 3 zur Zinsanpassung bei variablem Zinssatz führt nicht zu Schadensersatzansprüchen des Darlehensnehmers, sondern dazu, dass die Zinsänderung nicht wirksam wird und der Verbraucherdarlehensvertrag zu den bisherigen Bedingungen weitergeführt wird.[27]

§ 494 BGB
Rechtsfolgen von Formmängeln

(1) Der Verbraucherdarlehensvertrag und die auf Abschluss eines solchen Vertrags vom Verbraucher erteilte Vollmacht sind nichtig, wenn die Schriftform insgesamt nicht eingehalten ist oder wenn eine der in Artikel 247 §§ 6 und 10 bis 13 des Einführungsgesetzes zum Bürgerlichen Gesetzbuche für den Verbraucherdarlehensvertrag vorgeschriebenen Angaben fehlt.

(2) Ungeachtet eines Mangels nach Absatz 1 wird der Verbraucherdarlehensvertrag gültig, soweit der Darlehensnehmer das Darlehen empfängt oder in Anspruch nimmt. Jedoch ermäßigt sich der dem Verbraucherdarlehensvertrag

25 BT-Drs. 16/9821 S. 15.
26 MüKo BGB/*Schürnbrand* § 493 Rn. 17; Palandt/*Weidenkaff* § 493 Rn. 2.
27 BT-Drs. 16/11643 S. 81.

zugrunde gelegte Sollzinssatz auf den gesetzlichen Zinssatz, wenn die Angabe des Sollzinssatzes, des effektiven Jahreszinses oder des Gesamtbetrags fehlt.

(3) Ist der effektive Jahreszins zu niedrig angegeben, so vermindert sich der dem Verbraucherdarlehensvertrag zugrunde gelegte Sollzinssatz um den Prozentsatz, um den der effektive Jahreszins zu niedrig angegeben ist.

(4) Nicht angegebene Kosten werden vom Darlehensnehmer nicht geschuldet. Ist im Vertrag nicht angegeben, unter welchen Voraussetzungen Kosten oder Zinsen angepasst werden können, so entfällt die Möglichkeit, diese zum Nachteil des Darlehensnehmers anzupassen.

(5) Wurden Teilzahlungen vereinbart, ist deren Höhe vom Darlehensgeber unter Berücksichtigung der verminderten Zinsen oder Kosten neu zu berechnen.

(6) Fehlen im Vertrag Angaben zur Laufzeit oder zum Kündigungsrecht, ist der Darlehensnehmer jederzeit zur Kündigung berechtigt. Fehlen Angaben zu Sicherheiten, so können Sicherheiten nicht gefordert werden; dies gilt nicht bei Allgemein-Verbraucherdarlehensverträgen, wenn der Nettodarlehensbetrag 75.000 Euro übersteigt. Fehlen Angaben zum Umwandlungsrecht bei Immobiliar-Verbraucherdarlehen in Fremdwährung, so kann das Umwandlungsrecht jederzeit ausgeübt werden.

(7) Der Darlehensgeber stellt dem Darlehensnehmer eine Abschrift des Vertrags zur Verfügung, in der die Vertragsänderungen berücksichtigt sind, die sich aus den Absätzen 2 bis 6 ergeben.

Schrifttum

Danwerth Der gesetzliche Zins als Geschenk des Himmels – Die Sanktionswirkung des § 494 Abs. 2 Satz 2 BGB in der Niedrigzinsphase, WM 2015 1604; *Mock* Die Heilung fehlerhafter Rechtsgeschäfte, 2014; *Roth* Heilung und Wirksamwerden von mit formnichtiger Vollmacht geschlossenen Verbraucherdarlehensverträgen, WM 2003 2356.

Systematische Übersicht

A. Allgemeines

I. Gesetzesentwicklung

1 Die Vorschrift des § 494 BGB ist im Zuge der Schuldrechtsmodernisierung mit Wirkung zum 1.1.2002 ins Bürgerliche Gesetzbuch eingefügt worden und entsprach – bis auf redaktionelle Anpassungen an die neue Diktion des Darlehensrechts und die Anpassungen der Verweisungen – dem bisherigen § 6 Abs. 1, 2 und 4 VerbrKrG. Grundlegend neu gefasst worden ist die Regelung durch den Gesetzgeber im Rahmen der Umsetzung der europäischen Verbraucherkreditrichtlinie 2008/45/EG mit Wirkung zum 11.6.2010. Betreffend der die Nichtigkeitsfolge auslösenden fehlenden Pflichtangaben wurde nunmehr auf die Vorschriften des EGBGB verwiesen, da dort aufgrund der neuen Regelungstechnik des Gesetzgebers die Pflichtangaben für Verbraucherdarlehensverträge verortet worden sind. Überdies ist der bisher im Verbraucherdarlehensrecht verwendete Begriff des „anfänglichen effektiven Jahreszinses" aufgehoben worden, da das europäische Verbraucherkreditrecht im Gegensatz zum deutschen Recht keine unterschiedlichen Preisbezeichnungen kennt, so dass nunmehr eine europaweit einheitliche Preisangabe zugrunde gelegt wurde. Die Absätze 4–7 wurden neu angefügt, wobei die Abs. 4–6 nach der vorangehenden Gesetzeslage in den S. 3–5 des Abs. 2 enthalten waren. Abs. 6 S. 1 und Abs. 7 sind neu in die Regelungssystematik integriert worden.

Kurze Zeit später ist die Vorschrift mit Wirkung zum 30.7.2010 wiederum modifiziert worden, indem durch das Gesetz zur Einführung einer Musterwiderrufsinformation für Verbraucherdarlehensverträge, zur Änderung der Vorschriften über das Widerrufsrecht bei Verbraucherdarlehensverträgen und zur Änderung des Darlehensvermittlungsrechts in Abs. 7 vorübergehend ein Satz 2 angefügt worden ist, der eine Sonderregelung für den Beginn der Widerrufsfrist beinhaltete. Dies betraf Fälle, in denen sich gemäß § 494 Abs. 2 S. 2 – Abs. 6 BGB aufgrund der Heilung des Vertrags durch Empfang oder Inanspruchnahme des Darlehens der Vertragsinhalt gegenüber dem im ursprünglichen Vertragstext Vereinbarten geändert hat. Mit Umsetzung der europäischen Verbraucherrechterichtlinie 2011/83/EU ist diese Regelung wieder aufgehoben und durch eine entsprechende Regelung in § 356b Abs. 3 BGB ersetzt worden. Schließlich ist durch das Wohnimmobilienkreditrichtlinie-Umsetzungsgesetz mit Wirkung zum 21.3.2016 in Abs. 6 S. 3 eine Sonderregelung bei fehlenden Angaben zum Umwandlungsrecht bei Immobiliar-Verbraucherdarlehen eingefügt worden. Zudem wurde der bisherige S. 3 des Abs. 6 zum zweiten Halbsatz von S. 2 und hinsichtlich seines Anwendungsbereichs auf Allgemein-Verbraucherdarlehen beschränkt.

II. Zweck der Vorschrift

2 Bei der Regelung der Rechtsfolgen eines Verstoßes gegen die Schriftform oder die Einbeziehung der gesetzlichen Pflichtangaben in einem Verbraucherdarlehensvertrag beabsichtigte der Gesetzgeber sowohl dem Interesse des Darlehensnehmers, der sich auf die Nutzung des Kapitals eingestellt hat, als auch dem Interesse des Darlehensgebers an dem Erhalt von Zinsen und sonstigen Kreditkosten angemessen Rechnung zu tragen. Eine Rückabwicklung nach den Vorschriften des Bürgerlichen Gesetzbuchs würde den Verbraucher einem Bereicherungsanspruch des Darlehensgebers aussetzen und ihn zur sofortigen Rückzahlung verpflichten, § 812 Abs. 1 Satz 1 BGB.[1] Die vom Gesetzgeber ge-

1 BT-Drs. 11/5462 S. 21.

troffene Regelung soll daher einen angemessenen Kompromiss der beiden Interessenlagen darstellen. So wird dem Verbraucher das Kapital für die vereinbarte Laufzeit belassen und der Darlehensgeber, der es in der Hand habe, die Einhaltung der Formvorschrift und Mindestangabepflichten zu beachten, wird demgegenüber mit Sanktionen belastet, die sich an dem Schutzzweck der jeweiligen Pflicht orientieren.[2]

B. Tatbestand

I. Eintritt der Nichtigkeitsfolge

1. Verstoß gegen das Schriftformerfordernis. Ist der Verbraucherdarlehensvertrag 3
entgegen dem Erfordernis in § 492 Abs. 1 BGB nicht in Schriftform abgeschlossen worden, so ist der Vertrag insgesamt nichtig. Ein Mangel bezüglich der Einhaltung der Schriftform kann vorliegen, wenn die Vertragsparteien den Verbraucherdarlehensvertrag oder die auf den Abschluss des Verbraucherdarlehensvertrags gerichtete Vollmacht mündlich geschlossen bzw. erteilt haben sowie auch, wenn bei gewählter Schriftform den weiteren Anforderungen des § 126 BGB, auch in modifizierter Form des § 492 Abs. 1 BGB, nicht genügt worden ist. Im Falle der Nichteinhaltung des Schriftformerfordernisses bei vertraglichen Nebenabreden greift zumindest bei Allgemein-Verbraucherdarlehensverträgen ebenfalls die Nichtigkeitssanktion bezüglich des gesamten Vertrages ein, da bei diesen gem. Art. 247 § 6 Abs. 1 S. 1 Nr. 6 EGBGB i.V.m. § 492 Abs. 1 BGB sämtliche weiteren Vertragsbedingungen ebenfalls in den Vertrag aufzunehmen sind. Bei Immobiliar-Verbraucherdarlehen, bei welchen diese Regelung nicht eingreift, sind Nebenabreden aufgrund des Vollständigkeitsprinzips des Schriftformerfordernisses in den Vertrag aufzunehmen (vgl. § 492 Rn. 5).

2. Fehlen von Pflichtangaben

a) Grundsatz. Die Nichtigkeitsfolge tritt ebenfalls ein, wenn im Verbraucherdarle- 4
hensvertrag eine der in Art. 247 §§ 6 und 10–13 EGBGB vorgeschriebenen Angaben fehlt. Im Verhältnis zu § 125 BGB besteht eine Erweiterung der Rechtsfolge, da auch sonstige erforderliche Angaben, welche nicht Gegenstand der vertraglichen Einigung von Darlehensnehmer und Darlehensgeber sind, der Nichtigkeitssanktion unterliegen, was vor allem die Angabe zum effektiven Jahreszins betrifft.[3]

b) Ausnahmen. Die in Abs. 1 bestimmte Nichtigkeitsfolge erfasst nicht sämtliche in 5
Verbraucherdarlehensverträge aufzunehmende Angaben. Eine Ausnahme vom Eintritt der Nichtigkeitsfolge beim Verbraucherdarlehensvertrag und der auf dessen Abschluss gerichteten Vollmacht besteht, wenn diese die Angaben nach Art. 247 §§ 7 und 8 EGBGB nicht enthalten. Die genannten Vorschriften sind von der Nichtigkeitssanktion des § 494 Abs. 1 BGB ausdrücklich ausgenommen, mit der Folge, dass bei einem Verstoß der Vertrag und die Vollmacht dennoch wirksam sind. Insbesondere ein Verstoß gegen die Einbeziehung der Angaben nach Art. 247 § 7 Nr. 1 und Nr. 4 EGBGB führt nicht zur Nichtigkeit des Verbraucherdarlehens. Eine Nichtigkeit bei Fehlen eines Hinweises zu vom Verbraucher zu tragenden Notarkosten (Nr. 1) oder zum Zugang zu einer außergerichtlichen Streitbelegung (Nr. 4) tritt bspw. nicht ein, da dem Gesetzgeber die Anordnung der Nichtigkeit des Verbraucherdarlehensvertrags unverhältnismäßig erschien, wenn im

---

2 BT-Drs. 11/5462 S. 21.
3 Bülow/Artz/*Bülow* § 494 Rn. 15; MüKo BGB/ *Schürnbrand* § 494 Rn. 11.

Vertrag die Notarkosten, die der Darlehensnehmer zu tragen hat, unzutreffend angegeben sind oder der Hinweis auf einen Zugang zu einem außergerichtlichen Streitbeilegungsverfahren fehlt.[4]

6 Die Einschränkung des § 494 Abs. 1 BGB ändert allerdings nichts an der Rechtsfolge, dass entsprechende mündliche Nebenabreden des Verbraucherdarlehensvertrags zu Kosten oder Sicherheiten unwirksam sind. Gemäß Abs. 4 S. 1 und Abs. 6 S. 2 sind diese bei fehlender Aufnahme in den schriftlichen Darlehensvertrag nicht geschuldet bzw. können diese nicht verlangt werden. Im Verhältnis zu § 125 BGB wird § 494 Abs. 1 BGB, insbesondere auch aufgrund der Ausnahme vom Eintritt der Nichtigkeitsfolge des Darlehensvertrags bei mündlichen Nebenabreden zu Art. 247 §§ 7, 8 EGBGB, als *lex specialis* angesehen, welche die Nichtigkeitssanktion bei Formmängeln von Verbraucherdarlehensverträgen oder Vollmachten abschließend regelt.[5]

7 **c) Sonderfall unrichtige Angaben.** Da der eindeutige Wortlaut des § 494 Abs. 1 BGB auf das Fehlen von Pflichtangaben für das Eintreten der Nichtigkeitsfolge abstellt, entspricht es der ständigen Rechtsprechung des BGH, dass allein die Unrichtigkeit von Pflichtangaben nicht zur Nichtigkeit eines Verbraucherdarlehensvertrages führt.[6] Die teilweise in der Literatur geforderte Ausweitung der Nichtigkeitsfolge bei grober Unrichtigkeit der Angabe[7] kann hingegen nicht überzeugen. Allein die in der Praxis dadurch entstehenden Abgrenzungsschwierigkeiten zwischen einer „schlicht" unrichtigen und einer „grob" unrichtigen Angabe, sprechen gegen eine derartige Ausweitung der Nichtigkeitsfolge.[8] Von diesem Grundsatz besteht allerdings eine Ausnahme, welche in § 494 Abs. 3 BGB statuiert ist. Dort werden die Sanktionen für eine zu niedrige Angabe des effektiven Jahreszinses geregelt (vgl. Rn. 16).

II. Heilung der Nichtigkeit

8 **1. Grundlagen.** Trotz der in Abs. 1 bestimmten Nichtigkeitsfolge wird der Verbraucherdarlehensvertrag gültig, soweit der Darlehensnehmer das Darlehen empfängt oder in Anspruch nimmt. Durch das Wort „soweit" wird zum Ausdruck gebracht, dass auch eine teilweise Heilung des Vertrages eintreten kann, abhängig vom Umfang des Empfangs oder der Inanspruchnahme. Dies bedeutet, dass bei einer Beschränkung der empfangenen oder in Anspruch genommenen Darlehensvaluta auf einen Teil des im nichtigen Verbraucherdarlehensbetrag Vereinbarten, auch nur in dieser Höhe die Heilungswirkung eintritt und es im Übrigen beim nichtigen Vertrag bleibt. Eine spätere Ausweitung der Auszahlung der Darlehensvaluta hat eine entsprechende (sukzessive) Ausweitung des Heilungsumfangs zur Folge.[9] Bei mehreren Darlehensnehmern, die Gesamtgläubiger i.S.v. § 428 BGB sind, tritt die Heilung der Nichtigkeit gem. Abs. 2 S. 1 ein, wenn einer der Beteiligten das Darlehen empfängt oder in Anspruch nimmt; die anderen Darlehensnehmer müssen sich diese Handlungen entgegenhalten lassen.[10]

---

4 BT-Drs. 16/11643 S. 81.

5 Bülow/Artz/*Bülow* § 494 Rn. 15; MüKo BGB/ *Schürnbrand* § 494 Rn. 14; Palandt/*Weidenkaff* § 494 Rn. 2.

6 BGH 14.10.2003 WM **2003** 2329; BGH 25.4.2006 WM **2006** 1003; BGH 9.5.2006 WM **2006** 1243.

7 MüKo BGB/*Schürnbrand* § 494 Rn. 12.

8 So im Ergebnis auch: Bülow/Artz/*Bülow* § 494 Rn. 45; Nobbe/*Müller-Christmann* § 494 Rn. 6.

9 Bülow/Artz/*Bülow* § 494 Rn. 60; Nobbe/*Müller-Christmann* § 494 Rn. 10, MüKo BGB/*Schürnbrand* § 494 Rn. 18

10 Staudinger/*Kessal-Wulf* § 494 Rn. 15; Nobbe/*Müller-Christmann* § 494 Rn. 13; MüKo BGB/ *Schürnbrand* § 494 Rn. 19.

Die Heilungswirkung des Abs. 2 S. 1 erstreckt sich allerdings nur auf den Verbraucherdarlehensvertrag und nicht die auf den Abschluss eines solchen Vertrages gerichtete Vollmacht, welche ebenfalls der Nichtigkeitsfolge des Abs. 1 unterliegt („... wird der Verbraucherdarlehensvertrag gültig...“). Der Gesetzgeber begründet die fehlende Heilungswirkung auch direkt für die Vollmacht mit der Intention vermeiden zu wollen, dass der dem Verbraucher durch § 492 Abs. 4 BGB gewährte Schutz umgangen werde, indem sich der Vertreter den Darlehensbetrag als Empfangsbote auszahlen lasse, mit der Folge, dass die zunächst unwirksame Vollmacht wirksam würde.[11] Eine Genehmigung des durch den vollmachtlosen Vertreter abgeschlossenen Verbraucherdarlehensvertrag kommt nach verbreiteter Auffassung nur unter Beachtung der Anforderungen des § 492 Abs. 1 BGB in Betracht (vgl. § 492 Rn. 17). Unberührt bleibt davon die Heilung des Verbraucherdarlehensvertrags trotz Mangels der Vollmacht, wenn dessen Heilungsvoraussetzungen vorliegen. Die Heilungsmöglichkeit des § 494 Abs. 2 S. 1 BGB ist nämlich auch dann eröffnet, wenn die auf den Abschluss des Verbraucherdarlehensvertrags gerichtete Vollmacht formunwirksam erteilt wurde, so dass, wenn die Voraussetzungen einer Genehmigung des vollmachtlosen Vertreterhandelns nicht erfüllt sind, unter den in § 494 Abs. 2 S. 1 BGB genannten Voraussetzungen die Heilung des Vertrags genauso eintritt, wie wenn der Verbraucher selbst einen formwidrigen Vertrag geschlossen hätte.[12] Die Heilungswirkung tritt insoweit bei Auszahlung der Darlehensvaluta an den vollmachtlosen Vertreter erst dann ein, wenn das Darlehen an den Vertretenen gelangt oder dieser hierüber nach eigenem Entschluss bzw. der vollmachtlose Vertreter nach Weisung des Vertretenen disponiert.[13] 9

2. Voraussetzungen. Der Darlehensnehmer hat das Darlehen nach der Rechtsprechung des BGH empfangen, wenn der Darlehensgegenstand aus dem Vermögen des Darlehensgebers ausgeschieden und dem Vermögen des Vertragsgegners in der vereinbarten Form endgültig zugeführt wurde.[14] Wird die Darlehensvaluta auf Weisung des Darlehensnehmers an einen Dritten ausgezahlt, so hat der Darlehensnehmer regelmäßig das Darlehen empfangen, wenn der von ihm als Empfänger benannte Dritte das Geld vom Darlehensgeber erhalten hat. Eine Ausnahme von diesem Grundsatz gilt dann, wenn der Dritte nicht überwiegend im Interesse des Darlehensnehmers, sondern sozusagen als „verlängerter Arm“ des Darlehensgebers tätig geworden ist.[15] Auch eine weisungsgemäße Auszahlung an einen Treuhänder stellt einen Empfang des Darlehens i.S.v. Abs. 2 S. 1 Alt. 1 dar.[16] Es bedarf für den Darlehensempfang somit einer Leistungshandlung des Darlehensgebers zur Erfüllung des formnichtigen Verbraucherdarlehensvertrags durch Bewirken der Leistung. 10

Bei einer Inanspruchnahme des Darlehens muss der Darlehensnehmer eine Disposition über die Darlehensvaluta mit Wirkung gegenüber dem Darlehensgeber vornehmen. Diese kann bspw. in der Erteilung eines Überweisungsauftrages des Darlehensnehmers zu Lasten des Darlehenskontos bestehen. Bei formunwirksamen Vertragsänderungen, bei welchen im Zeitpunkt des neuen Vertragsschlusses die Darlehensvaluta bereits ausgezahlt worden war, besteht die Inanspruchnahme in der Fortsetzung der Darlehensnut- 11

11 BT-Drs. 14/7052 S. 202; a.A. BGH 9.1.2018 WM **2018** 657.
12 BGH 9.1.2018 WM **2018** 657.
13 BGH 9.1.2018 WM **2018** 657; Bülow/Artz/*Bülow* § 494 Rn. 59; Nobbe/*Müller-Christmann* § 494 Rn. 16; MüKo BGB/*Schürnbrand* § 494 Rn. 17.
14 BGH 25.4.2006 WM **2006** 1003; BGH 9.5.2006 WM **2006** 1243.
15 BGH 25.4.2006 WM **2006** 1003; BGH 9.5.2006 WM **2006** 1243.
16 BGH 25.4.2006 WM **2006** 1003.

zung durch den Darlehensnehmer.[17] Ist die Darlehensvaluta an einen Dritten ausbezahlt worden, liegt die Inanspruchnahme in der Fortsetzung der Nutzung, indem dem Dritten das Darlehen vereinbarungsgemäß belassen wird.[18] Die Heilung des Formmangels fällt in diesen Konstellationen mit dem formwidrigen Vertragsschluss zusammen.

Auf eine Kenntnis des Vertragsmangels seitens des Verbrauchers bei Empfang oder Inanspruchnahme der Darlehensvaluta kommt es für den Eintritt der Heilungswirkung nach Abs. 2 S. 1 nicht an.[19]

12 **3. Heilungswirkung.** Die Heilung des nichtigen Vertrages nach Abs. 2 S. 1 tritt nicht nur ein, wenn das Darlehen wegen Fehlens der Pflichtangaben nichtig ist, sondern auch in den Fällen, in denen ein Verstoß gegen das Schriftformerfordernis insgesamt vorliegt.[20] Der Wortlaut der Vorschrift nimmt eine entsprechende Unterscheidung nach den Nichtigkeitsgründen des Abs. 1 gerade nicht vor. Fehlen mehrere Pflichtangaben in dem wirksam gewordenen Verbraucherdarlehensvertrag, ist die Sanktion nach Abs. 2 S. 2–Abs. 6 für jeden Verstoß einzeln zu überprüfen. Die darin enthaltenen Sanktionen können allerdings auch kumulativ eingreifen, wenn die entsprechenden Mängel parallel verwirklicht sind.[21] Eine generelle Anwendung der Sanktionsfolgen des Abs. 2 S. 2–Abs. 6 auf sämtliche Fälle der insgesamt fehlenden Schriftform ist jedoch nicht mehr vom Sinn und Zweck der Vorschrift gedeckt. Vielmehr ist im Einzelfall darauf abzustellen, ob entsprechend dem Zweck der Schriftform der Verbraucher hinreichend informiert und gewarnt worden ist, was bei Erklärungen des Verbrauchers, die nicht in einer einheitlichen Urkunde, nur mündlich oder ohne Unterschrift abgegeben worden sind, zu verneinen ist.[22] Es besteht allerdings dann kein Anlass die Sanktionsfolgen des Abs. 2 S. 2–Abs. 6 eintreten zu lassen, wenn der Formverstoß allein in der formungültig abgegebenen oder zugegangenen Erklärung des Darlehensgebers liegt.[23] Nicht von Relevanz ist, ob die Vertragsparteien bei der Vornahme der Erfüllungshandlung sich der Heilungswirkung bewusst waren und ob sie diese herbeiführen wollten.[24]

4. Sanktionen

13 **a) Systematik.** Wird die Nichtigkeit des Verbraucherdarlehensvertrags durch Empfang oder Inanspruchnahme des Darlehens geheilt, treten zu Lasten des Darlehensgebers Sanktionen in Bezug auf den Vertragsinhalt ein. Die Sanktionsfolgen des Abs. 2 S. 2–Abs. 6 knüpfen an die jeweils fehlende Pflichtangabe im Verbraucherdarlehensvertrag an. Allerdings setzt nur Abs. 2 S. 2 die vorangehende Heilung des nichtigen Verbraucherdarlehensvertrags voraus, während die in Abs. 3–6 geregelten Rechtsfolgen immer dann eintreten, wenn ihre Voraussetzungen vorliegen, unabhängig davon, ob der Vertrag nichtig war, aber geheilt worden ist, oder aber von Anfang an rechtsgültig war.[25]

---

17 BGH 6.12.2005 WM **2006** 217; Nobbe/*Müller-Christmann* § 494 Rn. 12; MüKo BGB/*Schürnbrand* § 494 Rn. 24; Palandt/*Weidenkaff* § 494 Rn. 4.
18 BGH 18.12.2007 WM **2008** 292; MüKo BGB/*Schürnbrand* § 494 Rn. 24; Palandt/*Weidenkaff* § 494 Rn. 4.
19 MüKo BGB/*Schürnbrand* § 494 Rn. 22.
20 BGH 6.12.2005 WM **2006** 217.
21 BGH 6.12.2005 WM **2006** 217; OLG Karlsruhe 24.9.2003 NJW-RR **2004** 1497; MüKo BGB/*Schürnbrand* § 494 Rn. 26; Palandt / *Weidenkaff* § 494 Rn. 5.
22 BGH 6.12.2005 WM **2006** 217.
23 BGH 6.12.2005 WM **2006** 217.
24 Bülow/Artz/*Bülow* § 494 Rn. 54; Nobbe/*Müller-Christmann* § 494 Rn. 10.
25 BT-Drs. 16/11643 S. 81; MüKo BGB/*Schürnbrand* § 494 Rn. 30.

Dies betrifft beispielsweise bei Allgemein-Verbraucherdarlehen die fehlende Angabe zu Sicherheiten nach Art. 247 § 7 Abs. 1 Nr. 2 EGBGB, welche gem. Abs. 1 nicht zur Nichtigkeit des Vertrags führt, aber dennoch der Sanktion des Abs. 6 S. 2 unterliegt.

Als Umkehrschluss aus den in Abs. 2 S. 2–Abs. 6 geregelten Sanktionen lässt sich 14 jedoch entnehmen, dass nicht jede fehlende Pflichtangabe, welche nach Abs. 1 zur Nichtigkeit des Verbraucherdarlehensvertrags geführt hat, im Falle der Heilung des Verbraucherdarlehensvertrags eine Änderung des Vertragsinhalts zur Folge hat. Dabei handelt es sich um die Angaben gem. Art. 247 § 6 Abs. 1 Nr. 1 i.V.m. § 3 EGBGB zum Namen und Anschrift des Darlehensgebers (Nr. 1), zur Art des Darlehens (Nr. 2), zum Nettodarlehensbetrag (Nr. 4), zum Betrag, zur Zahl und Fälligkeit von Teilzahlungen (Nr. 7), zu den Auszahlungsbedingungen (Nr. 9), zum Warnhinweis zu Folgen bei ausbleibenden Zahlungen (Nr. 12) sowie betreffend den Hinweis zum Recht zur vorzeitigen Rückzahlung (Nr. 14). Ebenso sanktionslos im Falle der Heilung des Verbraucherdarlehensvertrags bleibt das Fehlen der Angabe zum Namen und zur Anschrift des Darlehensnehmers, zur für den Darlehensgeber zuständigen Aufsichtsbehörde, zum Hinweis auf den Anspruch des Darlehensnehmers auf einen Tilgungsplan nach § 492 Abs. 3 S. 2 BGB sowie der sämtlichen weiteren Vertragsbedingungen (vgl. Art. 247 § 6 Abs. 1 S. 1 Nr. 2–4 EBGBG). Darüber hinaus gibt es auch Pflichtangaben, deren Fehlen im Vertrag überhaupt keine Folgen nach sich ziehen. Dies betrifft die Angaben nach Art. 247 § 7 Abs. 1 Nr. 1 und Nr. 4 EGBGB zu Notarkosten zum Zugang zu außergerichtlichen Beschwerdeverfahren (vgl. Rn. 5).

b) Sanktionsfolgen im Einzelnen

aa) Ermäßigung des Zinssatzes. Abs. 2 S. 2 bestimmt als Sanktion eine Ermäßi- 15 gung des dem Verbraucherdarlehensvertrag zugrunde gelegten Sollzinssatzes auf den gesetzlichen Zinssatz. Der gesetzliche Zinssatz ist in § 246 BGB geregelt und beträgt 4% p.a. Dies setzt voraus, dass im Darlehensvertrag entweder die Angabe des Sollzinssatzes gem. Art. 247 § 6 Abs. 1 Nr. 1 i.V.m. § 3 Abs. 1 Nr. 5 EGBGB, des effektiven Jahreszinses gem. Art. 247 § 6 Abs. 1 Nr. 1 i.V.m. § 3 Abs. 1 Nr. 3 EGBGB oder des Gesamtbetrags gem. Art. 247 § 6 Abs. 1 Nr. 1 i.V.m. § 3 Abs. 1 Nr. 8 EGBGB fehlt. Die Ermäßigung des Sollzinssatzes erstreckt sich auf die gesamte Laufzeit des Darlehensvertrages, was insbesondere bei unechten Abschnittsfinanzierungen, bei welchen während der Vertragslaufzeit mehrere Zinsbindungszeiträume vereinbart werden, von Bedeutung ist.[26] Die Ermäßigung nach Abs. 2 S. 2 beschränkt sich nicht nur auf den vertraglichen Sollzinssatz i.S.v. § 489 Abs. 4 BGB, sondern erfasst nach der Rechtsprechung des BGH auch sonstige zinsähnliche Vergütungen, sofern sie laufzeitabhängigen Charakter haben.[27] Dies betrifft bspw. einen vertraglich vereinbarten Disagio[28] oder auch ein laufzeitabhängig ausgestaltetes Bearbeitungsentgelt.[29]

Lag der im nichtigen Verbraucherdarlehensvertrag vereinbarte Sollzinssatz unter dem gesetzlichen Zinssatz, verbleibt es bei dem vereinbarten Sollzinssatz.[30] Dies ergibt sich aus dem Schutzzweck der Norm, welcher eine Reduzierung bzw. Ermäßigung der Zinslast zugunsten des Verbrauchers vorsieht.

---

26 BGH 14.9.2004 WM **2004** 2306.
27 BGH 14.9.2004 WM **2004** 2306.
28 BGH 4.4.2000 WM **2000** 1243.
29 BGH 14.9.2004 WM **2004** 2306.
30 Nobbe/*Müller-Christmann* § 494 Rn. 21; MüKo BGB/*Schürnbrand* § 494 Rn. 29; Palandt/*Weidenkaff* § 494 Rn. 6.

16 **bb) Unrichtige Angabe des effektiven Jahreszinses.** Der effektive Jahreszins ist nach § 6 PAngV zu berechnen und nach Art. 247 § 6 Abs. 1 Nr. 1 i.V.m. § 3 Abs. 1 Nr. 3 EGBGB in den Verbraucherdarlehnsvertrag als Pflichtangabe aufzunehmen. Abs. 3 sanktioniert den Fall, dass der in der Vertragsurkunde angegebene effektive Jahreszins niedriger ist als derjenige, der sich aus der Berechnung nach § 6 PAngV ergibt. Die Regelung des Abs. 3 stellt insoweit eine Besonderheit im Rahmen des § 494 BGB dar, als dass abweichend von den übrigen Vorgaben nicht das Fehlen, sondern die unrichtige Angabe sanktioniert wird. Die Unrichtigkeit einer vertraglichen Angabe führt im Übrigen nicht zur Nichtigkeit des Darlehensvertrags nach § 494 Abs. 1 BGB (vgl. Rn. 7).

17 Ist der effektive Jahreszins zu niedrig angegeben, vermindert sich der dem Verbraucherdarlehensvertrag zugrunde gelegte Sollzinssatz um den Prozentsatz, um den der effektive Jahreszins zu niedrig angegeben ist. Nach herrschender Meinung im Schrifttum hat diese Verminderung des Sollzinssatzes auf Basis der absoluten Differenz zu erfolgen, mithin ist der vertraglich vereinbarte Sollzinssatz um die Prozentpunkte zu vermindern, welche die Differenz vom vertraglich angegebenen und dem berechneten effektiven Jahreszins ausmachen.[31] Ist im Verbraucherdarlehensvertrag ein variabler Sollzinssatz vereinbart, ist eine Verminderung in entsprechender Weise vorzunehmen. Im Rahmen einer späteren Zinsanpassung ist auf der Basis des verminderten Sollzinssatzes anzusetzen.[32] Entsprechend der Regelung des § 494 Abs. 2 S. 2 BGB bildet die Untergrenze der Verminderung des Sollzinssatzes der gesetzliche Zinssatz i.S.v. § 246 BGB.[33]

18 **cc) Keine Zahlungspflicht von Kosten.** Abs. 4 S. 1 bestimmt, dass bei einem Verstoß gegen die Pflicht zur Angabe aller Kosten nach Art. 247 § 6 Abs. 1 Nr. 1 i.V.m. § 3 Abs. 1 Nr. 10 EGBGB die Kosten seitens des Darlehensgebers vom Darlehensnehmer nicht verlangt werden können. Trotz Heilung des Vertrags ist somit der Darlehensnehmer nicht zur Zahlung der Kosten verpflichtet. Bedeutung kann dies vor allem für Kosten erlangen, deren Übernahme durch den Darlehensnehmer sich aus einer Verweisung auf die AGB des Darlehensgebers ergibt, sofern diese nicht in die Vertragsurkunde aufgenommen worden sind.[34] Dies ist auch dann der Fall, wenn die Kosten zutreffend im Rahmen der Berechnung des effektiven Jahreszinses berücksichtigt worden sind, so dass die Sanktion des Abs. 4 dadurch nicht ausgeglichen wird.[35]

19 Erfasst werden von Abs. 4 S. 1 auch die nicht angegebenen Kosten für Zusatzleistungen i.S.v. Art. 247 § 8 EBGBG.[36] Dies betrifft somit auch die Kosten für obligatorische Restschuldversicherungen. Werden diese nicht im Vertrag angegeben, schuldet der Darlehensnehmer sie nicht. Da er aber dem Versicherer gegenüber unmittelbar aus einem vom Verbraucherdarlehensvertrag unabhängigen Versicherungsvertrag zur Zahlung verpflichtet sein kann, hat er in derartigen Fällen einen Schuldbefreiungs- bzw. Erstattungsanspruch gegen den Darlehensgeber.[37] Bei Kapitallebensversicherungen besteht allerdings nach der Rechtsprechung des BGH kein Freistellungs- und Erstattungsanspruch des Dar-

31 Bülow/Artz/*Bülow* § 494 Rn. 87; MüKo BGB/*Schürnbrand* § 494 Rn. 33; Palandt/*Weidenkaff* § 494 14.
32 BT-Drs. 11/5462 S. 21; Nobbe/*Müller-Christmann* § 494 Rn. 23; MüKo BGB/*Schürnbrand* § 494 Rn. 33.
33 Nobbe/*Müller-Christmann* § 494 Rn. 22; Schimansky/Bunte/Lwowski/*Peters* § 81 Rn. 255; MüKo BGB/*Schürnbrand* § 494 Rn. 34; Palandt/*Weidenkaff* § 494 14; **a.A.** Bülow/Artz/*Bülow* § 494 Rn. 88; Langenbucher/Bliesener/Spindler/*Roth* § 494 Rn. 19.
34 MüKo BGB/*Schürnbrand* § 494 Rn. 35.
35 Nobbe/*Müller-Christmann* § 494 Rn. 24; MüKo BGB/*Schürnbrand* § 494 Rn. 35.
36 BT-Drs. 16/11643 S. 129; Bülow/Artz/*Bülow* § 494 Rn. 65; Nobbe/*Müller-Christmann* § 494 Rn. 24; Langenbucher/Bliesener/Spindler/*Roth* § 494 Rn. 23; MüKo BGB/*Schürnbrand* § 494 Rn. 36.
37 Staudinger/*Kessal-Wulf* § 494 Rn. 30; Nobbe/*Müller-Christmann* § 494 Rn. 24; Langenbucher/Bliesener/Spindler/*Roth* § 494 Rn. 23; MüKo BGB/*Schürnbrand* § 494 Rn. 36.

lehensnehmers gegenüber dem Darlehensgeber bezüglich der von ihm bereits gezahlten Kapitallebensversicherungsprämien sowie der künftig fällig werdenden Prämien.[38] Nach Ansicht des BGH würde anderenfalls das Ziel des Gesetzgebers, einen „angemessenen Kompromiss" zwischen den Interessen der Darlehensvertragsparteien herbeizuführen, verfehlt werden, da ein solcher Anspruch dazu führen würde, dass der Darlehensgeber das von ihm ausgereichte Darlehen mit Hilfe der ausschließlich von ihm anzusparenden Kapitallebensversicherung selbst tilgen müsste.[39] Auch bei fehlender Angabe der Kosten einer Kapitallebensversicherung muss der Darlehensnehmer diese somit weiterhin selbst tragen.

dd) Kein Anpassungsrecht von Zinsen und Kosten. Der Darlehensgeber hat in Verbraucherdarlehensverträgen gem. Art. 247 § 6 Abs. 1 Nr. 1 i.V.m. § 3 Abs. 4 EGBGB die Art und Weise anzugeben, gemäß welcher der Zins angepasst werden kann. Dies betrifft bei variablem Sollzinssatz die Verwendung von Zinsanpassungsklauseln in Darlehensverträgen. Gleichermaßen besteht diese Pflicht gem. § 3 Abs. 1 Nr. 10 betreffend der Anpassung von Kosten. Mit anderen Worten muss der Verbraucherdarlehensvertrag angeben unter welchen Voraussetzungen Zinsen und Kosten durch Ausübung eines einseitigen Leistungsbestimmungsrechts gem. § 315 BGB angepasst werden können. Fehlen diese Angaben zum Anpassungsrecht, entfällt gem. Abs. 4 S. 2 für den Darlehensgeber die Möglichkeit, eine Anpassung von Zinsen und Kosten zum Nachteil des Verbrauchers vorzunehmen. Dies führt letztendlich dazu, dass variabel vereinbarte Kreditkonditionen zu festen Konditionen werden. Nach herrschender Meinung im Schrifttum ist davon allerdings insoweit eine Ausnahme zu machen, als dass eine Änderung zugunsten des Darlehensnehmers trotz der Sanktion weiterhin möglich ist.[40] So soll daher bei Zinsanpassungsklauseln eine Reduzierung des Zinses bei entsprechender Entwicklung des Referenzwertes vorgenommen werden, während eine Erhöhung zu Lasten des Darlehensnehmers ausgeschlossen ist. 20

ee) Jederzeitiges Kündigungsrecht. Die Sanktion nach Abs. 6 S. 1 betrifft die Pflichtangabe zur Laufzeit eines Darlehensvertrags und zum Kündigungsrecht. Die Angabe zur Laufzeit des Vertrages muss gem. Art. 247 § 6 Abs. 1 Nr. 1, Abs. 1 S. 2 i.V.m. § 3 Abs. 1 Nr. 6 EGBGB sowohl in Allgemein-Verbraucherdarlehen als auch in Immobiliar-Verbraucherdarlehen im Vertrag enthalten sein. Die Angabe zum Kündigungsrecht nach Art. 247 § 6 Abs. 1 Nr. 5 EGBGB ist allerdings nur bei Allgemein-Verbraucherdarlehen gefordert, da auf diese Pflichtangabe für Immobiliar-Verbraucherdarlehen in § 6 Abs. 1 S. 2 nicht Bezug genommen wird (vgl. § 492 Rn. 12). Umstritten ist in Bezug auf die fehlende Angabe zum Kündigungsrecht, ob davon nur das Kündigungsrecht des Darlehensnehmers oder auch dasjenige des Darlehensgebers erfasst wird. Die Gesetzesbegründung zu § 494 Abs. 6 S. 1 BGB ist insoweit eindeutig, als dass die Rechtsfolgen nur für die fehlende Angabe zum Kündigungsrecht des Darlehensnehmers gelten.[41] Dies ist zutreffend, da auch im Rahmen der Pflichtangabe nach Art. 247 § 6 Abs. 1 Nr. 5 EGBGB nur das Verfahren bei der Kündigung des Vertrags durch den Darlehensnehmer anzugeben ist (vgl. § 492 Rn. 10). Zum Teil wird allerdings empfohlen, dass vorsorglich auch das Kündi- 21

38 BGH 18.1.2005 WM **2005** 415; Palandt/*Weidenkaff* § 494 Rn. 7.
39 BGH 18.1.2005 WM **2005** 415; Bülow/Artz/*Bülow* § 494 Rn. 68; Nobbe/*Müller-Christmann* § 494 Rn. 24.
40 Bülow/Artz/*Bülow* § 494 Rn. 74; Langenbucher/Bliesener/Spindler/*Roth* § 494 Rn. 24; MüKo BGB/*Schürnbrand* § 494 Rn. 37; Palandt/*Weidenkaff* § 494 Rn. 8.
41 BT-Drs. 16/11643 S. 82.

gungsrecht des Darlehensgebers in die Pflichtangabe im Vertrag aufzunehmen ist.[42] Fehlen diese Angaben ist der Darlehensnehmer nach Heilung des nichtigen Vertrags jeweils zur jederzeitigen Kündigung des Darlehensvertrags berechtigt. Trotz dieses jederzeitigen Kündigungsrechts bleibt ein Verbraucherdarlehen mit bestimmter Laufzeit allerdings ein befristeter Vertrag, so dass dem Darlehensnehmer kein ordentliches Kündigungsrecht zusteht.[43] Die Ausübung des jederzeitigen Kündigungsrechts durch den Darlehensnehmer ist jedoch kein Fall einer vorzeitigen Rückzahlung i.S.v. § 500 Abs. 2 BGB, so dass dem Darlehensgeber kein Anspruch auf Vorfälligkeitsentschädigung zusteht.[44] Dieser Anspruch ist in diesen Fällen ohnehin nach § 502 Abs. 2 Nr. 2 BGB ausgeschlossen.

22 **ff) Keine Pflicht zur Sicherheitenbestellung.** Ist im Verbraucherdarlehensvertrag die Angabe zu den vom Verbraucher dem Darlehensgeber zu bestellenden Sicherheiten nicht enthalten, so kann letzterer diese gem. Abs. 6 S. 2 Hs. 1 nicht verlangen. Der Wortlaut der Regelung differenziert nicht nach den beiden Typen von Verbraucherdarlehensverträgen. Allerdings besteht nur bei Allgemein-Verbraucherdarlehensverträgen nach Art. 247 § 7 Abs. 1 Nr. 2 EGBGB eine Pflicht zur Angabe von Sicherheiten im Vertrag. Eine entsprechende Regelung besteht für Immobiliar-Verbraucherdarlehen nicht. Die Angabepflicht von Sicherheiten als Nebenabrede des Darlehensvertrags wird man bei Immobiliar-Verbraucherdarlehen allerdings anhand des aus dem Schriftformerfordernis gem. § 126 abzuleitenden Vollständigkeitsprinzips begründen können (vgl. § 492 Rn. 5).

23 Von der Sanktion des Abs. 6 S. 2 Hs. 1 gibt es jedoch für Allgemein-Verbraucherdarlehensverträge eine Ausnahme. Beträgt bei diesen der Nettodarlehensbetrag mehr als 75.000,00 €, kann der Darlehensgeber gem. S. 2 Hs. 2 trotz fehlender Angabe im Darlehensvertrag vom Darlehensnehmer die Sicherheit verlangen. Diese Ausnahme greift folglich nicht bei Immobiliar-Verbraucherdarlehen ein. Bei diesen geht der Gesetzgeber davon aus, dass jedenfalls im Anwendungsbereich des § 491 Abs. 3 S. 1 Nr. 1 BGB die Bestellung eines Grundpfandrechts oder einer Reallast als Sicherheit wesentliches Element für das Vorliegen eines Immobiliar-Verbraucherdarlehensvertrags ist, so dass es sachgerecht erscheine, die Erwähnung im Vertrag bei Immobilar-Verbraucherdarlehensverträgen (insgesamt) zu verlangen.[45]

Auch wenn der Darlehensgeber bei Allgemein-Verbraucherdarlehensverträgen mit einem Nettodarlehensbetrag gleich oder weniger als 75.000,00 € die Bestellung von Sicherheiten ohne deren Angabe im Vertrag nicht verlangen kann, hindert dies den Darlehensnehmer nicht daran, die Sicherheiten dennoch zu bestellen. Gemäß der Rechtsprechung des BGH kann der Verbraucher in diesen Fällen eine trotz fehlenden Anspruchs bestellte Kreditsicherheit auch nicht per Kondiktion nach § 812 BGB herausverlangen.[46] Die trotz fehlender Angabe im Darlehensvertrag vom Verbraucher bestellte Sicherheit ist wirksam.[47]

24 **gg) Jederzeitiges Umwandlungsrecht.** Der neu durch Umsetzung der europäischen Wohnimmobilienkreditrichtlinie 2014/17/EU eingefügte Abs. 6 S. 3 enthält eine

---

42 Schimansky/Bunte/Lwowski/*Peters* § 81 Rn. 253; Langenbucher/Bliesener/Spindler/*Roth* § 494 Rn. 26; Palandt/*Weidenkaff* § 494 Rn. 10.

43 Bülow/Artz/*Bülow* § 494 Rn. 81; MüKo BGB/*Schürnbrand* § 494 Rn. 38.

44 Nobbe/*Müller-Christmann* § 494 Rn. 28; MüKo BGB/*Schürnbrand* § 494 Rn. 38; Palandt/*Weidenkaff* § 494 Rn. 10.

45 BT-Drs. 18/5922 S. 87.

46 BGH 22.7.2008 WM **2008** 1679; Nobbe/*Müller-Christmann* § 494 Rn. 29; Palandt/*Weidenkaff* § 494 Rn. 11; **a.A.** OLG Hamm 4.6.2007 WM **2007** 1839; MüKo BGB/*Schürnbrand* § 494 Rn. 39.

47 BGH 22.7.2008 WM **2008** 1679.

Sonderreglung für fehlende Angaben zum Umwandlungsrecht bei Immobiliar-Verbraucherdarlehensverträgen in Fremdwährungen gemäß § 503 Abs. 1 BGB. Die Angaben zum Umwandlungsrecht hat der Darlehensgeber nach Artikel 247 § 7 Abs. 2 Nr. 2 EGBGB als Pflichtangabe in den Darlehensvertrag aufzunehmen. Deren Fehlen im Darlehensvertrag führt allerdings ausweislich § 494 Abs. 1 BGB nicht zur Nichtigkeit des Immobiliar-Verbraucherdarlehensvertrags.[48] Der Verbraucher erhält durch S. 3 das Recht, die Währung des Fremdwährungsdarlehens jederzeit zu wechseln. Entsprechend § 503 Abs. 1 BGB erschöpft sich dieses Recht in einer einmaligen Umwandlung. Allerdings muss der Verbraucher nicht warten, bis sich das Wechselkursverhältnis um 20 Prozent zu seinem Nachteil verändert hat; das Umwandlungsrecht wird vom Erreichen der 20 Prozent-Marke entkoppelt.[49] Es verbleibt hingegen dennoch bei der Grundvoraussetzung, dass sich die Wechselkursverhältnisse überhaupt zum Nachteil des Verbrauchers geändert haben müssen, mithin besteht kein Umwandlungsrecht bei gleichbleibendem Kurs oder Veränderung zum Vorteil des Verbrauchers.[50] Der Gesetzgeber geht ausweislich der Materialien davon aus, dass die Regelung in S. 3 auch die unrichtige Angabe zu Lasten des Verbrauchers enthält.[51] Es ist jedoch fraglich, wie diese Annahme sich mit den Grundsätzen der ständigen BGH-Rechtsprechung verträgt, wonach von § 494 BGB nur fehlende Pflichtangaben erfasst werden (vgl. Rn. 7). Es erscheint daher überzeugender, dass Abs. 6 S. 3 entsprechend seines Wortlauts nur die fehlende Angabe zum Umwandlungsrecht erfasst.[52]

Abs. 6 S. 3 erfasst ebenso wenig die nach Art. 247 § 7 Abs. 2 Nr. 2 EGBGB erforderliche Angabe zur Hinweispflicht nach § 493 Abs. 4 S. 1 BGB, wonach der Darlehensgeber den Darlehensnehmer unverzüglich zu informieren hat, wenn der Wert des noch zu zahlenden Restbetrags oder der Wert der regelmäßigen Raten in der Landeswährung des Darlehensnehmers um mehr als 20 Prozent gegenüber dem Wert steigt, der bei Zugrundelegung des Wechselkurses bei Vertragsabschluss gegeben wäre. Zu diesem Hinweis bleibt der Darlehensgeber jedoch unabhängig davon verpflichtet, ob der Hinweis im Vertrag unterblieben oder fehlerhaft ist.[53] 25

5. Neuberechnung von Raten (Abs. 5). Ist es in Folge der fehlenden Angabe des Sollzinssatzes oder der Kosten im Darlehensvertrag nach Abs. 2 S. 2 oder Abs. 4 S. 1 nach Heilung des Darlehensvertrags zu einer Modifizierung der Konditionen gekommen, hat der Darlehensnehmer gegen den Darlehensgeber nach Abs. 5 im Falle der Vereinbarung ratenweiser Rückzahlung einen Anspruch auf Neuberechnung der Teilzahlungsbeträge. Dabei sind die modifizierten Zinsen und Kosten zu berücksichtigen. Der Anspruch des Darlehensnehmers erstreckt sich aber nicht auf eine Aufschlüsselung der jeweiligen Zins- und Tilgungsanteile. Die Sanktion des Gesetzes besteht vielmehr ausschließlich darin, dass „die vereinbarten Teilzahlungen unter Berücksichtigung der verminderten Zinsen oder Kosten neu zu berechnen" sind, wozu es ausreicht, dass die Operation zur Berechnung der Höhe der monatlichen Zins- und Tilgungsrate auf der Basis des auf 4% p.a. ermäßigten Zinssatzes nochmals vorgenommen wird.[54] Darüber hinausgehende An- 26

48 So auch Bülow/Artz/*Bülow* § 494 Rn. 81a; **a.A.** offensichtlich der Gesetzgeber, der entgegen dem eindeutigen Wortlaut davon ausgeht, dass diese Pflichtangabe von § 494 Abs. 1 erfasst ist, vgl. BT-Drs. 18/5922 S. 87.
49 BT-Drs. 18/5922 S. 87; Bülow/Artz/*Bülow* § 494 Rn. 81a; Palandt/*Weidenkaff* § 494 Rn. 12.
50 Bülow/Artz/*Bülow* § 494 Rn. 81a.
51 BT-Drs. 18/5922 S. 87.
52 So auch MüKo BGB/*Schürnbrand* § 494 Rn. 40a.
53 BT-Drs. 18/5922 S. 87.
54 BGH 9.5.2006 WM **2006** 1243; Nobbe/*Müller-Christmann* § 494 Rn. 27; Palandt/*Weidenkaff* § 494 Rn. 9.

sprüche hat der Darlehensnehmer nicht. Unter Berücksichtigung der Neuberechnung erfolgte Überzahlungen von Zinsen kann der Darlehensnehmer nach § 812 Abs. 1 S. 1 Alt. 1 BGB zurückverlangen.[55]

Bis zur Neuberechnung der Raten durch den Darlehensgeber hat der Darlehensnehmer das Recht nach Maßgabe von § 273 BGB die Zahlung weiterer Raten zu verweigern.[56] Dem Darlehensnehmer steht im Übrigen nach ständiger Rechtsprechung des BGH kein Wahlrecht zu, statt der verminderten Raten die ursprünglich vereinbarten Raten zu zahlen und den Teil der Raten, welcher den gesetzlichen Zinssatz übersteigt, in vollem Umfang zur Tilgung des Darlehensrückzahlungsanspruchs zu verrechnen.[57]

27 **6. Anspruch auf geänderte Vertragsabschrift (Abs. 7).** Im Falle des nichtigen, aber aufgrund Empfang bzw. Inanspruchnahme geheilten und durch die Sanktionen der Abs. 2 S. 2 – Abs. 6 geänderten Verbraucherdarlehensvertrags, hat der Darlehensnehmer grundsätzlich keine Vertragsurkunde in den Händen, welche den aktuellen Vertragsbedingungen entspricht. Diesem Umstand trägt Abs. 7 Rechnung, indem der Darlehensgeber dem Darlehensnehmer eine Abschrift des Vertrags zur Verfügung zu stellen hat, in der die Vertragsänderungen berücksichtigt sind, die sich aus den Sanktionen der Abs. 2–6 ergeben. Mit dieser Verpflichtung des Darlehensgebers, die § 492 Abs. 3 BGB nachgebildet ist, soll verhindert werden, dass der Darlehensnehmer die Höhe seiner Schuld und auch seiner Teilzahlungen ggfs. nicht erfährt.[58] Der Anspruch des Darlehensnehmers besteht sowohl dann, wenn er bereits zuvor eine nunmehr überholte Abschrift erhalten hat, als auch dann, wenn er erstmals eine Vertragsabschrift verlangt.[59] Da es sich um die Erfüllung einer gesetzlichen Pflicht handelt, darf der Darlehensgeber für die Aushändigung der Vertragsabschrift, welche die geänderten Vertragsbedingungen berücksichtigt, kein Entgelt berechnen.[60]

§ 495 BGB
Widerrufsrecht; Bedenkzeit

(1) Dem Darlehensnehmer steht bei einem Verbraucherdarlehensvertrag ein Widerrufsrecht nach § 355 zu.

(2) Ein Widerrufsrecht besteht nicht bei Darlehensverträgen,

1. **die einen Darlehensvertrag, zu dessen Kündigung der Darlehensgeber wegen Zahlungsverzugs des Darlehensnehmers berechtigt ist, durch Rückzahlungsvereinbarungen ergänzen oder ersetzen, wenn dadurch ein gerichtliches Verfahren vermieden wird und wenn der Gesamtbetrag (Artikel 247 § 3 des Einführungsgesetzes zum Bürgerlichen Gesetzbuche) geringer ist als die Restschuld des ursprünglichen Vertrags,**
2. **die notariell zu beurkunden sind, wenn der Notar bestätigt, dass die Rechte des Darlehensnehmers aus den §§ 491a und 492 gewahrt sind, oder**
3. **die § 504 Abs. 2 oder § 505 entsprechen.**

---

55 BGH 18.12.2001 WM **2002** 380; BGH 20.1.2009 WM **2009** 506; Nobbe/*Müller-Christmann* § 494 Rn. 27; Langenbucher/Bliesener/Spindler/*Roth* § 494 Rn. 25; MüKo BGB/*Schürnbrand* § 494 Rn. 41.
56 BGH 18.12.2001 WM **2002** 380; BGH 20.1.2009 WM **2009** 542; Bülow/Artz/*Bülow* § 494 Rn. 73; Langenbucher/Bliesener/Spindler/*Roth* § 494 Rn. 25; MüKo BGB/*Schürnbrand* § 494 Rn. 41.
57 BGH 20.1.2009 WM **2009** 506; BGH 15.6.2010 WM **2010** 1399.
58 BT-Drs. 16/11643 S. 83.
59 MüKo BGB/*Schürnbrand* § 494 Rn. 43.
60 MüKo BGB/*Schürnbrand* § 494 Rn. 43; Palandt/*Weidenkaff* § 494 Rn. 13.

(3) Bei Immobiliar-Verbraucherdarlehensverträgen ist dem Darlehensnehmer in den Fällen des Absatzes 2 vor Vertragsschluss eine Bedenkzeit von zumindest sieben Tagen einzuräumen. Während des Laufs der Frist ist der Darlehensgeber an sein Angebot gebunden. Die Bedenkzeit beginnt mit der Aushändigung des Vertragsangebots an den Darlehensnehmer.

§ 355 BGB
Widerrufsrecht bei Verbraucherverträgen

(1) Wird einem Verbraucher durch Gesetz ein Widerrufsrecht nach dieser Vorschrift eingeräumt, so sind der Verbraucher und der Unternehmer an ihre auf den Abschluss des Vertrags gerichteten Willenserklärungen nicht mehr gebunden, wenn der Verbraucher seine Willenserklärung fristgerecht widerrufen hat. Der Widerruf erfolgt durch Erklärung gegenüber dem Unternehmer. Aus der Erklärung muss der Entschluss des Verbrauchers zum Widerruf des Vertrags eindeutig hervorgehen. Der Widerruf muss keine Begründung enthalten. Zur Fristwahrung genügt die rechtzeitige Absendung des Widerrufs.

(2) Die Widerrufsfrist beträgt 14 Tage. Sie beginnt mit Vertragsschluss, soweit nichts anderes bestimmt ist.

(3) Im Falle des Widerrufs sind die empfangenen Leistungen unverzüglich zurückzugewähren. Bestimmt das Gesetz eine Höchstfrist für die Rückgewähr, so beginnt diese für den Unternehmer mit dem Zugang und für den Verbraucher mit der Abgabe der Widerrufserklärung. Ein Verbraucher wahrt diese Frist durch die rechtzeitige Absendung der Waren. Der Unternehmer trägt bei Widerruf die Gefahr der Rücksendung der Waren.

§ 356b BGB
Widerrufsrecht bei Verbraucherdarlehensverträgen

(1) Die Widerrufsfrist beginnt auch nicht, bevor der Darlehensgeber dem Darlehensnehmer eine für diesen bestimmte Vertragsurkunde, den schriftlichen Antrag des Darlehensnehmers oder eine Abschrift der Vertragsurkunde oder seines Antrags zur Verfügung gestellt hat.

(2) Enthält bei einem Allgemein-Verbraucherdarlehensvertrag die dem Darlehensnehmer nach Absatz 1 zur Verfügung gestellte Urkunde die Pflichtangaben nach § 492 Absatz 2 nicht, beginnt die Frist erst mit Nachholung dieser Angaben gemäß § 492 Absatz 6. Enthält bei einem Immobiliar-Verbraucherdarlehensvertrag die dem Darlehensnehmer nach Absatz 1 zur Verfügung gestellte Urkunde die Pflichtangaben zum Widerrufsrecht nach § 492 Absatz 2 in Verbindung mit Artikel 247 § 6 Absatz 2 des Einführungsgesetzes zum Bürgerlichen Gesetzbuche nicht, beginnt die Frist erst mit Nachholung dieser Angaben gemäß § 492 Absatz 6. In den Fällen der Sätze 1 und 2 beträgt die Widerrufsfrist einen Monat. Das Widerrufsrecht bei einem Immobiliar-Verbraucherdarlehensvertrag erlischt spätestens zwölf Monate und 14 Tage nach dem Vertragsschluss oder nach dem in Absatz 1 genannten Zeitpunkt, wenn dieser nach dem Vertragsschluss liegt.

(3) Die Widerrufsfrist beginnt im Falle des § 494 Absatz 7 bei einem Allgemein-Verbraucherdarlehensvertrag erst, wenn der Darlehensnehmer die dort bezeichnete Abschrift des Vertrags erhalten hat.

Art. 247 EGBGB

§ 6
Vertragsinhalt

[...]

(2) Besteht ein Widerrufsrecht nach § 495 des Bürgerlichen Gesetzbuchs, müssen im Vertrag Angaben zur Frist und zu anderen Umständen für die Erklärung des Widerrufs sowie ein Hinweis auf die Verpflichtung des Darlehensnehmers enthalten sein, ein bereits ausbezahltes Darlehen zurückzuzahlen und Zinsen zu vergüten. Der pro Tag zu zahlende Zinsbetrag ist anzugeben. Enthält der Verbraucherdarlehensvertrag eine Vertragsklausel in hervorgehobener und deutlich gestalteter Form, die bei Allgemein-Verbraucherdarlehensverträgen dem Muster in Anlage 7 und bei Immobiliar-Verbraucherdarlehensverträgen dem Muster in Anlage 8 entspricht, genügt diese Vertragsklausel den Anforderungen der Sätze 1 und 2. Dies gilt bis zum Ablauf des 4. November 2011 auch bei entsprechender Verwendung dieses Musters in der Fassung des Gesetzes zur Einführung einer Musterwiderrufsinformation für Verbraucherdarlehensverträge, zur Änderung der Vorschriften über das Widerrufsrecht bei Verbraucherdarlehensverträgen und zur Änderung des Darlehensvermittlungsrechts vom 24. Juli 2010 (BGBl. I S. 977). Der Darlehensgeber darf unter Beachtung von Satz 3 in Format und Schriftgröße jeweils von dem Muster abweichen.

Schrifttum

Benecke Von arglistigem und schikanösem Verhalten des Verbrauchers – Grenzen des Widerrufsrechts nach § 355 BGB ZIP 2016 1897; *Bülow* Die Verwirkung des Widerrufsrechts, insbesondere beim Verbraucherkredit, in zivilrechtlicher Doktrin, WM 2015 1829; *Habersack/Schürnbrand* Verwirkung des Widerrufsrechts aus einem Verbraucherdarlehensvertrag bei fehlerhafter Widerrufsbelehrung, ZIP 2014 749; *Hölldampf* Rechtsmissbräuchliche Ausübung des Verbraucherwiderrufsrechts durch den Darlehensnehmer, WM 2014 1659; *Hölldampf* Das Anlaufen der Wiederrufsfrist bei Fehlen bzw. Fehlerhaftigkeit einer Pflichtangabe WM 2018 114; *Hölldampf/Suchowerskyi* Kein Anspruch des Darlehensnehmers auf Nutzungsentschädigung bei Widerrufs eines Verbraucherdarlehensvertrags, WM 2015 999; *Knops/Mertens* Darlehenswiderruf bei Mehrheit von Kreditnehmern, Kreditverträgen und Widerrufsrechten, WM 2015 2025; *Kropf* Widerrufsbelehrungen in Verbraucherdarlehensverträgen – eine Absage an den Widerrufsjoker, WM 2013 2250; *Lang/Schulz* Das Widerrufsrecht beim Verbraucherdarlehen – zwischen Ewigkeit und Rechtsmissbrauch, ZBB 2014 273; *Lechner* Die neuere Rechtsprechung des BGH zum Widerruf von Verbraucherkreditverträgen – Gelöste, vielleicht gelöste und ungelöste Probleme – Teil I, WM 2017 689; ders. Die neuere Rechtsprechung des BGH zum Widerruf von Verbraucherkreditverträgen – Gelöste, vielleicht gelöste und ungelöste Probleme – Teil II, WM 2017 737; *Müller/Fuchs* Rechtsfolgen des Widerrufs von Verbraucherdarlehensverträgen – mehr als eine „Rechenaufgabe, WM 2015 1094; *Servais* Rechtsfolgen des Widerrufs eines Verbraucherdarlehens, NJW 2014 3748.

Systematische Übersicht

A. Allgemeines

I. Gesetzesentwicklung

1 Die Vorschrift des § 495 BGB ist im Zuge der Schuldrechtsmodernisierung zum 1.1.2002 ins Bürgerliche Gesetzbuch eingefügt worden. Diese entsprach bis auf redaktionelle Anpassungen § 7 VerbrKrG. Die Einführung eines Widerrufsrechts bei Verbraucherdarlehensverträgen basierte auf einer Entscheidung des deutschen Gesetzgebers, da die Verbraucherkreditrichtlinie 87/102/EWG, welche im nationalen Recht durch das am 1.1.1991 in Kraft getretene Verbraucherkreditgesetz umgesetzt wurde, kein Widerrufsrecht des Verbrauchers kannte.[1] Kurz nach dem Inkrafttreten des Schuldrechtsmodernisierungsgesetzes ist durch das OLG-Vertretungsänderungsgesetz erstmals mit Wirkung zum 1.11.2002 auch ein Widerrufsrecht für Verbraucher beim Abschluss von Immobiliar-Verbraucherdarlehensverträgen eingefügt worden. Eine vollständige europäische Harmonisierung des Widerrufsrechts bei Verbraucherdarlehensverträgen ist erst mit Art. 14 der Verbraucherkreditrichtlinie 2008/48/EG eingetreten, welcher mit Wirkung zum 11.6.2010 in § 495 BGB umgesetzt worden ist. Dabei ist insbesondere in Abs. 2 die vertragliche Pflichtinformation zum Widerrufsrecht an die Stelle einer Widerrufsbelehrung i.S.v. § 355 BGB getreten sowie eine von der Blankettnorm des § 355 BGB abweichende Regelung zum Fristbeginn bei Verbraucherdarlehen geschaffen worden.

Durch das Umsetzungsgesetz zur europäischen Verbraucherrechterichtlinie ist § 495 Abs. 2 BGB wieder gestrichen und dessen Kerninhalt im neu geschaffenen § 356b BGB verankert sowie die Widerrufsfolgen nunmehr einheitlich für sämtliche Widerrufsrechte im allgemeinen Schuldrecht des BGB geregelt worden.[2] Durch § 356b BGB werden die zuvor für den Fristbeginn in § 355 Abs. 3 S. 2, 495 Abs. 2 Nr. 2 b), 492 Abs. 6 S. 4 BGB sowie 494 Abs. 7 S. 2 BGB enthaltenen Regelungen in einer Vorschrift zusammengefasst, ohne dass damit eine inhaltliche Änderung im Vergleich zur vorherigen Rechtslage verbunden ist.[3] Mit Wirkung zum 21.3.2016 ist im Zuge der Umsetzung der europäischen Wohnimmobilienkreditrichtlinie 2014/17/EU als neuer Absatz 3 für Immobiliar-Verbraucherdarlehensverträge, bei denen kein Widerrufsrecht nach Absatz 1 besteht, eine Bedenkzeit für den Darlehensnehmer eingefügt worden.

II. Zweck der Vorschrift

2 Die gesetzliche Einräumung eines Widerrufsrechts bei Verbraucherdarlehensverträgen verfolgt den Zweck, dass dem Darlehensnehmer eine Überlegungsfrist eingeräumt wird, innerhalb welcher dieser das mit dem Darlehensgeber vertraglich Vereinbarte noch einmal anhand der ihm vom Darlehensgeber zu Verfügung zu stellen Vertragsabschrift

1 *Habersack/Schürnbrand* ZIP 2014 749; Nobbe/*Sauer* § 495 Rn 1.
2 vgl. dazu BT-Drs. 17/12637 S. 62 und 71.
3 Palandt/*Grüneberg* § 356b Rn. 1.

überdenken und gegebenenfalls Vergleichsangebote einholen kann.[4] Dieser im Widerrufsrecht angelegte Übereilungsschutz ist vor allem der wirtschaftlichen Bedeutung und Tragweite eines Darlehensvertrages geschuldet und soll den Verbraucher vor einer etwaig übereilten Bindung schützen.[5]

III. Anwendungsbereich

3 Das Widerrufsrecht findet grundsätzlich auf sämtliche Verbraucherdarlehensverträge Anwendung. Voraussetzung für das Bestehen eines Widerrufsrechts des Verbrauchers ist allerdings stets die Einräumung eines Kapitalnutzungsrechts seitens des Darlehensgebers. Folglich besteht tatbestandlich kein Widerrufsrecht beim Abschluss sog. Konditionenvereinbarungen im Rahmen unechter Abschnittsfinanzierungen, bei welchen die Einräumung eines langfristigen Kapitalnutzungsrechts bereits bei Abschluss des Darlehensvertrages erfolgt, wobei die Zinsvereinbarung jedoch nicht für den gesamten Zeitraum vorgenommen wird.[6] Bei Auslaufen der Zinsbindungsfrist werden mit dem Darlehensgeber lediglich neue Konditionen für die Zukunft vereinbart und die Konditionenanpassung entsprechend dem ursprünglich geschlossenen Darlehensvertrag vollzogen. Der Verbraucher befindet sich beim Abschluss derartiger Konditionenvereinbarungen nicht in einer mit dem Abschluss des Darlehensvertrages vergleichbaren schutzbedürftigen Entscheidungssituation. Daher besteht ebenso wenig ein Widerrufsrecht bei einer zwecks Zinssicherung zeitlich vorgezogenen Neuregelung des Zins- und Tilgungsanteils der Darlehensraten, wenn dem Darlehensnehmer damit kein neues Kapitalnutzungsrecht eingeräumt wird.[7] Ein Widerrufsrecht besteht bei Konditionenanpassungen, die im Wege des Fernabsatzes abgeschlossen werden, auch nicht nach § 312c i.V.m. § 312g BGB. Es mangelt bei unechten Abschnittsfinanzierungen bereits an der Erbringung einer eigenständigen (Finanz-)dienstleistung durch den Unternehmer als Vorraussetzung für das Vorliegen eines Fernabsatzvertrages.[8]

4 Ein verbraucherdarlehensrechtliches Widerrufsrecht besteht darüber hinaus in den Fällen eines Schuldbeitritts durch einen Verbraucher zu einem Darlehensvertrag. Für den Beitretenden handelt es sich zwar nicht um einen Darlehensvertrag, jedoch wird der Vertrag diesem aufgrund wertender Betrachtung gleichgestellt.[9] Der mithaftende Verbraucher kann somit in Bezug auf seine Beitrittserklärung ein eigenes Widerrufsrecht ausüben.[10] Bei einer Vertrags- oder befreienden Schuldübernahme durch einen Verbraucher ist hingegen zu differenzieren. Handelt es sich beim Übernehmenden um einen Verbraucher steht diesem hinsichtlich seiner Übernahmeerklärung ein originäres, vom Altschuldner unabhängiges Widerrufsrecht zu, da er dieselbe Verpflichtung auf sich nimmt, die der bisherige Schuldner eingegangen ist.[11] In Bezug auf den Verbraucherdarlehensvertrag geht der BGH davon aus, dass der auf Seiten des Darlehensnehmers Übernehmende selbst dann widerrufen kann, wenn er selbst nicht die Verbrauchereigenschaft i.S.v. § 13 BGB aufweist.[12] Dies kann jedoch nicht überzeugen, so dass der Verbraucherdar-

---

4 Nobbe/*Sauer*/*Müller-Christmann* § 495 Rn. 5; MüKo BGB/*Schürnbrand* § 495 Rn. 1.
5 BGH 22.11.2016 ZIP **2017** 417; Palandt/*Weidenkaff* § 495 Rn. 1.
6 BGH 7.6.2016 WM **2016** 1727; BGH 28.5.2013 ZIP **2013** 1372; KG 7.8.2015 ZIP **2015** 2067; *Kropf* WM **2013** 2250.
7 BGH 7.6.2016 WM **2016** 1727.
8 OLG Frankfurt a.M. 22.12.2017 BeckRS 2017, 146041; OLG München 15.5.2018 5 U 4139/17.
9 BGH 8.11.2005 WM **2006** 81; MüKo BGB/*Schürnbrand* § 495 Rn. 7.
10 Nobbe/*Müller-Christmann* § 495 Rn. 10.
11 Nobbe/*Müller-Christmann* § 495 Rn. 13.
12 BGH 10.5.1995 BGHZ **129** 371; Nobbe/*Müller-Christmann* § 495 Rn. 13.

lehensvertrag nur dann bei noch bestehendem Widerrufsrecht vom Übernehmenden widerrufen werden kann, wenn dieser ebenfalls Verbraucher ist, anderenfalls bleibt der Vertrag wirksam bestehen.[13]

B. Tatbestand

I. Widerrufsrecht des Darlehensnehmers

1. Ausgestaltung des Widerrufsrechts. Das gesetzliche Widerrufsrecht eines Verbrauchers ist als ein Gestaltungsrecht in Form eines besonders ausgestalteten Rücktrittsrechts konzipiert.[14] Der Vertrag ist somit mit dessen Abschluss bis zur Ausübung des Widerrufsrechts durch den Darlehensnehmer wirksam. Bei mehreren Darlehensnehmern eines Verbraucherdarlehensvertrages steht jedem Darlehensnehmer eine eigene Widerrufsbefugnis zu, die er selbständig ausüben kann.[15] Dass sich der Widerruf eines Verbrauchers auf den Bestand des Verbraucherdarlehensvertrags auch im Verhältnis zu anderen auf seiner Seite kontrahierenden Verbrauchern auswirken kann, steht dem nach Ansicht des BGH nicht entgegen, da der Übereilungsschutz jedes einzelnen Verbrauchers das Interesse aller anderen am Fortbestand des Vertrags überwiege.[16] In diesen Fällen ist zumindest dann die Aushändigung (lediglich) einer Widerrufsinformation ausreichend, wenn die Mitdarlehensnehmer in häuslicher Gemeinschaft leben und Mitbesitz an der Widerrufsinformation erlangen.[17] In der Rechtsprechung wird darüber hinaus eine Belehrung für mehrere Verträge als ausreichend angesehen, wenn es sich um eine einheitliche Vertragsurkunde handelt.[18] Dies gilt insbesondere auch dann, wenn die deutlich in Textform auf mehrere Darlehensverträge bezogene Widerrufsbelehrung über die Widerruflichkeit von Willenserklärungen unterrichtet, die in verschiedenen Vertragsurkunden niedergelegt sind.[19] 5

Das Widerrufsrecht kann gemäß § 512 BGB nicht zu Lasten des Darlehensnehmers abbedungen werden.

2. Widerrufsinformation. Das Widerrufsrecht bei Verbraucherdarlehensverträgen weist insoweit eine Besonderheit auf, als dass nicht wie bei sonstigen Verbraucherverträgen der Unternehmer dem Verbraucher eine Widerrufsbelehrung zu erteilen hat, sondern diese durch eine Widerrufsinformation ersetzt wird. Dies ist der Umsetzung von Art. 14 der europäischen Verbraucherkreditrichtlinie2008/48/EG geschuldet, da dieser keine Belehrung, sondern eine vertragliche Pflichtangabe zum Widerrufsrecht vorsah und von dieser Vorgabe aufgrund des Gebots der Vollharmonisierung vom deutschen Gesetzgeber nicht abgewichen werden konnte. Für die Erteilung der Widerrufsinformation stehen dem Darlehensgeber gesetzliche Muster zu Verfügung. Diese sind in Anlage 7 (Allgemein-Verbraucherdarlehensverträge) und Anlage 8 (Immobiliar-Verbraucherdarlehensverträge) zu Art. 247 § 6 Abs. 2 EGBGB enthalten. 6

13 Bülow/Artz/*Bülow* § 495 Rn. 66.
14 BGH 17.3.2004 WM **2004** 2451.
15 BGH 11.10.2016 WM **2016** 2295; MüKo BGB/*Schürnbrand* § 495 Rn. 7.
16 BGH 11.10.2016 WM **2016** 2295.
17 BGH 7.3.2017 XI ZR 282/16; OLG Stuttgart 31.1.2017 6 U 55/16; OLG Frankfurt 27.9.2016 WM **2016** 2348; OLG Hamm 21.10.2015 WM **2016** 116 jeweils zu § 355 a.F.
18 BGH 29.8.2017 WM **2017** 1901; OLG Frankfurt 27.9.2016 WM **2016** 2348; OLG Hamm 21.10.2015 WM **2016** 116; OLG Nürnberg 10.1.2012 WM **2012** 650 zu § 355 a.F.
19 BGH 29.8.2017 WM **2017** 1901.

7 Gemäß Art. 247 § 6 Abs. 2 S. 3 EGBGB genügt die Widerrufsinformation den gesetzlichen Anforderungen, wenn der Verbraucherdarlehensvertrag eine Vertragsklausel in hervorgehobener und deutlich gestalteter Form enthält, die bei Allgemein-Verbraucherdarlehensverträgen dem Muster in Anlage 7 und bei Immobiliar-Verbraucherdarlehensverträgen dem Muster in Anlage 8 entspricht. Dies gilt gem. Abs. 2 S. 4 bis zum Ablauf des 4. November 2011 auch bei entsprechender Verwendung dieses Musters in der Fassung des Gesetzes zur Einführung einer Musterwiderrufsinformation für Verbraucherdarlehensverträge, zur Änderung der Vorschriften über das Widerrufsrecht bei Verbraucherdarlehensverträgen und zur Änderung des Darlehensvermittlungsrechts vom 24. Juli 2010. Dem Darlehensgeber ist gem. Abs. 2 S. 5 bei der Verwendung der gesetzlichen Muster gestattet, in Format und Schriftgröße jeweils von dem Muster abzuweichen. Verwendet der Darlehensgeber ohne inhaltliche Veränderung die Musterwiderrufsinformationen kann er sich somit auf die mit diesen verbundene Gesetzlichkeitsfiktion berufen. Bei eigener inhaltlicher Bearbeitung durch den Darlehensgeber geht die Schutzwirkung verloren.

Unschädlich ist im Rahmen der Widerrufsinformation, wenn der Regelungsgehalt von § 492 Abs. 2 BGB in der Widerrufsinformation zu Allgemein-Verbraucherdarlehen anhand von Beispielen erläutert wird.[20] Eine Aufzählung aller denkbaren Pflichtangaben in der Widerrufsinformation ist folglich nicht erforderlich.[21] Dabei müssen die Beispiele aus dem Muster nicht verwendet werden. Ebenso zulässig ist die beispielhafte Auflistung von über das Gesetz hinausgehenden Pflichtangaben, wodurch allerdings die Parteien zusätzliche Voraussetzungen für das Anlaufen der Widerrufsfrist vereinbaren.[22] Der Vertrag muss dann diese Angaben auch enthalten, um den Fristlauf für den Widerruf auszulösen.

8 Die Widerrufsinformation, welche nicht unter Verwendung der gesetzlichen Muster erfolgt, unterliegt nicht mehr, wie die vormalige Widerrufsbelehrung dem sog. Deutlichkeitsgebot, so dass die Pflichtangaben im Vertrag (lediglich) klar und verständlich über den Beginn der Widerrufsfrist informieren müssen.[23] Die Pflicht zur klaren und verständlichen Information über das Widerrufsrecht im Verbraucherdarlehensvertrag gemäß Art. 247 § 6 Abs. 1 EGBGB verlangt keine optische Hervorhebung der Widerrufsinformation.[24] Die in Art. 247 § 6 Abs. 2 S. 3 EGBGB enthaltene Pflicht zur Hervorhebung betrifft nur die Geltung der Gesetzlichkeitsfiktion zugunsten des Darlehensgebers bei Verwendung des Musters, womit keine Aussage zum Formerfordernis getroffen wird, wenn das Muster nicht zur Verwendung gelangt.[25] Eine Pflicht zur Verwendung des Musters seitens des Darlehensgebers besteht nicht.[26] Keine inhaltliche Bearbeitung des gesetzlichen Musters der Widerrufsinformation stellt es dar, wenn der Darlehensgeber in den Text Bausteine, die dem Muster entsprechen, in Form von Ankreuzoptionen einfügt, deren Funktion und Wirkung darin besteht, dass die mit einem Kreuz versehenen Inhalte in Geltung gesetzt und die nicht mit einem Kreuz versehenen Inhalte mit aus dem Geltungsbereich ausgeschlossen werden.[27] Durch die Verwendung von Ankreuzoptionen wird ein Verbraucher nicht von der Ausübung des Widerrufsrechts abgehalten; diesem

20 BGH 22.11.2016 WM **2017** 427.
21 *Lehner* WM **2017** 737.
22 BGH 22.11.2016 WM **2017** 427.
23 BGH 23.2.2016 WM **2016** 706.
24 BGH 23.2.2016 WM **2016** 706.
25 BGH 23.2.2016 WM **2016** 706; OLG Nürnberg 26.9.2016 WM **2016** 2392; OLG Stuttgart 29.4.2015 WM 2015 1148; LG Nürnberg-Fürth 30.7.2015 BKR **2015** 522.
26 BGH 23.2.2016 WM **2016** 706; LG Heidelberg BKR **2015** 154.
27 BGH 23.2.2016 WM **2016** 706; OLG Nürnberg 26.9.2016 WM **2016** 2392.

wird beim Durchlesen der Widerrufsinformation klar, dass nur die tatsächlich angekreuzten Optionen für ihn von Bedeutung sind. Ebenso unschädlich ist die Übernahme von an den Darlehensgeber gerichteten Gestaltungshinweisen in den Text der Widerrufsinformation, da es für den Verbraucher erkennbar ist, dass es sich dabei um an Mitarbeiter des Darlehensgebers gerichtete Handlungsanweisungen oder Informationen zur Gestaltung der Widerrufsinformation und nicht um einen inhaltlichen Bestandteil der an ihn gerichteten Widerrufsinformation selbst handelt.[28] Auch die Übernahme von Bearbeitungshinweisen in Fußnoten ist zulässig, wenn sie den Verbraucher nicht verwirren können und an den Sachbearbeiter der Bank gerichtet sind.[29]

Bei Widerrufsinformationen handelt es sich regelmäßig um AGB i.S.v. § 305 BGB, so 9
dass die für deren Überprüfung geltenden Grundsätze auf die Erteilung von Widerrufsinformationen übertragbar sind.[30] Eine in der Widerrufsinformationen vom Darlehensgeber vorgenommene Bezugnahme auf konkret bezeichnete gesetzliche Vorschriften des Verbraucherdarlehensrechts stellen keinen Verstoß gegen das Transparenzgebot dar, da es die Anforderungen an das Verständlichkeitsgebots überspannt, wenn der Abdruck oder die Aushändigung der geltenden Vorschrift verlangt wird, welche der Darlehensnehmer unschwer einsehen kann.[31] Um den mit der Einräumung des Widerrufsrechts verfolgten Zweck, den Verbraucher vor einer übereilten vertraglichen Bindung zu schützen, zu verwirklichen, müssen die Widerrufsangaben umfassend, unmissverständlich und für den Verbraucher eindeutig sein, da er nicht nur von seinem Widerrufsrecht Kenntnis erlangen, sondern auch in die Lage versetzt werden soll, dieses auszuüben.[32] Leitbild für diese Anforderungen ist der normal informierte, angemessen aufmerksame und verständige Verbraucher.[33]

II. Widerrufsfrist

1. Fristbeginn. Die speziellen Voraussetzungen für Verbraucherdarlehensverträge 10
um den Fristlauf des Widerrufsrechts in Gang zu setzen, sind mit Umsetzung der europäischen Verbraucherrechterichtlinie 2011/83/EU in § 356b BGB geregelt worden. Ergänzt wird die Vorschrift durch die allgemeine für sämtliche Verbraucherverträge geltende Regelung in § 355 Abs. 2 S. 2 BGB. Die in § 356b Abs. 1 BGB und § 355 Abs. 2 S. 2 BGB genannten Voraussetzungen müssen kumulativ vorliegen.[34] Erforderlich ist ein wirksamer Vertragsschluss, so dass die Widerrufsfrist nicht vor dem formwirksamen Abschluss anlaufen kann. Ist die Schriftform insgesamt nicht eingehalten oder fehlt eine der Angaben nach Art. 247 §§ 6 und 10–13 EGBGB, beginnt die Frist erst mit der Heilung des ursprünglich formnichtigen Vertrags nach § 494 Abs. 2 S. 1 BGB.[35] Die Widerrufsfrist beginnt demgemäß frühestens mit dem wirksamen Abschluss des Verbraucherdarlehensvertrages, jedoch gemäß § 356b Abs. 1 BGB nicht bevor der Darlehensnehmer vom Darlehensgeber eine für diesen bestimmte Vertragsurkunde, den schriftlichen Antrag des Darlehensnehmers oder eine Abschrift erhalten hat. Differenziert nach den seit Umsetzung der Wohnimmobilienkreditrichtlinie 2014/17/EU unterschiedlichen Arten von Verbraucherdarlehensverträgen kann sich der Beginn des Fristlaufs jedoch gem. § 356b Abs. 2 BGB

28 OLG Nürnberg 26.9.2016 WM **2016** 2392.
29 BGH 24.1.2017 WM **2017** 370.
30 BGH 22.11.2016 ZIP **2017** 417.
31 BGH 22.11.2016 ZIP **2017** 417.
32 BGH 22.11.2016 ZIP **2017** 417.
33 BGH 23.2.2016 WM **2016** 706.
34 BT-Drs. 17/12637 S. 62.
35 Bülow/Artz/*Bülow* § 495 Rn. 74; MüKo BGB/*Schürnbrand* § 495 Rn. 10.

verzögern, wenn die dem Darlehensnehmer zur Verfügung gestellte Vertragsurkunde nicht die jeweils notwendigen Pflichtangaben enthält.

11 Bei Allgemein-Verbraucherdarlehensverträgen muss die Vertragsurkunde, um den Fristlauf in Gang zu setzen, sämtliche vertraglichen Pflichtangaben gemäß § 492 Abs. 2 BGB enthalten. Dies hat zur Folge, dass der Fristbeginn nach § 356b Abs. 1 BGB bei Allgemein-Verbraucherdarlehensverträgen keine Anwendung findet, wenn der Vertrag zwar wirksam geschlossen worden ist, aber nicht sämtliche Pflichtangaben gemäß § 492 Abs. 2 BGB enthält sowie bei einem gemäß § 494 Abs. 2 Satz 1 BGB geheilten Darlehensvertrag, dessen Vertragsbedingungen sich gemäß der Sanktionsfolgen gemäß § 494 Abs. 2 Satz 2–Abs. 6 BGB geändert haben.[36] Dem Fristbeginn steht nicht nur das Fehlen der Pflichtangaben, sondern auch deren Unrichtigkeit entgegen.[37] Für den Beginn der Widerrufsfrist bei Immobiliar-Verbraucherdarlehensverträgen genügt es abweichend davon jedoch bereits, dass dem Darlehensnehmer vom Darlehensgeber eine Vertragsurkunde überlassen wird, welche die Pflichtangaben zum Widerrufsrecht gemäß § 492 Abs. 2 BGB i.V.m. Art. 247 § 6 Abs. 2 EGBGB enthält. Eine weitergehende Sanktionierung bei fehlenden vertraglichen Pflichtangaben bedarf es in diesen Fällen betreffend des Widerrufsrechts nicht, da durch § 494 Abs. 2–6 BGB bereits ein ausreichendes Sanktionsregime besteht.[38] Fehlen die jeweils notwendigen Angaben, beginnt die Widerrufsfrist jeweils erst mit Nachholung der Pflichtangaben gemäß § 492 Abs. 6 BGB. Bei Allgemein-Verbraucherdarlehensverträgen erfordert dies entweder – bei ansonsten wirksamen Vertragsschluss – die Nachholung der bislang fehlenden Pflichtangaben in der Form des § 492 Abs. 6 BGB bzw. bei durch Entgegennahme der Darlehensvaluta geheiltem Vertrag die Aushändigung einer Abschrift des geänderten Vertrages i.S.v. § 494 Abs. 7 BGB.[39]

12 **2. Dauer der Widerrufsfrist.** Die Dauer der Widerrufsfrist bei Verbraucherdarlehensverträgen beträgt 14 Tage. Fehlt es jedoch an einer Information des Darlehensnehmers über die notwendigen Pflichtangaben und werden diese nachgeholt, beträgt die Widerrufsfrist gemäß § 356b Abs. 2 S. 3 BGB einen Monat.

13 Neu geregelt ist in § 356b Abs. 2 S. 4 BGB die absolute Erlöschensregelung betreffend das Widerrufsrecht bei Immobiliar-Verbraucherdarlehensverträgen. Danach erlischt das Widerrufsrecht des Darlehensnehmers unabhängig vom Beginn der Widerrufsfrist 12 Monate und 14 Tage nach dem Abschluss des Darlehensvertrages bzw. nach Aushändigung der in § 356b Abs. 1 BGB genannten Vertragsurkunden, wenn dieser Zeitpunkt nach dem Vertragsschluss liegt. Mit dieser Regelung soll sichergestellt werden, dass auch bei nicht erfolgter oder als nicht erfolgt zu wertender Widerrufsinformation kein sog. „ewiges" Widerrufsrecht mehr entstehen kann.[40] Für zwischen dem 1.8.2002 bis einschließlich 10.6.2010 geschlossene Immobiliardarlehensverträge gem. § 492 Abs. 1a S. 2 BGB in der zwischen dem 1.8.2002 und 10.6.2010 geltenden Fassung, besteht eine Sonderregelung nach Art. 229 § 38 Abs. 3 S. 1 EGBGB. Ein aus diesen Verträgen fortbestehendes Widerrufsrecht erlischt spätestens drei Monate nach dem 21.3.2016, wenn das Fortbestehen des Widerrufsrechts darauf beruht, dass die dem Verbraucher erteilte Widerrufsbelehrung den zum Zeitpunkt des Vertragsschlusses geltenden Anforderungen des BGB nicht entsprochen hat. Für die Ausübung eines nach diesen Maßga-

36 Palandt/*Weidenkaff* § 495 Rn. 3.
37 Palandt/*Grüneberg* § 356b Rn. 3; MüKo BGB/*Schürnbrand* § 495 Rn. 11; Palandt/*Weidenkaff* § 495 Rn. 3.
38 BT-Drs. 18/5922 S. 74.
39 Palandt/*Weidenkaff* § 495 Rn. 3 MüKo BGB/*Schürnbrand* § 495 Rn. 12.
40 BT-Drs. 18/5922 S. 74.

ben bestehenden Widerrufsrechts genügt zur Fristwahrung die rechtzeitige Absendung bis zum Ablauf des 21.6.2016.[41]

III. Ausübung des Widerrufsrechts

1. Form der Erklärung. Die Erklärung des Widerrufs seitens des Darlehensnehmers bedarf gemäß § 355 Abs. 1 S. 4 BGB keiner Begründung. Das Wort Widerruf muss zumindest nicht ausdrücklich verwendet werden.[42] Aus der Erklärung muss gem. § 355 Abs. 1 S. 3 BGB jedenfalls der Entschluss des Verbrauchers zur Lösung vom Vertrag eindeutig hervorgehen. Zudem muss aus der Erklärung des Darlehensnehmers zu entnehmen sein, auf welchen Vertrag sich der Widerruf bezieht. Darüber hinaus bedarf die Widerrufserklärung keiner bestimmten Form, insbesondere genügt auch eine mündliche Erklärung zum Widerruf des Verbraucherdarlehensvertrags.[43] Art. 14 Abs. 3 lit. a) der europäischen Verbraucherkreditrichtlinie 2008/48/EG erfordert die Widerrufserklärung in einer Weise, die einen Nachweis nach Maßgabe des innerstaatlichen Rechts ermöglicht. Trotz dieser europarechtlichen Vorgabe dürfte auch bei Verbraucherdarlehensverträgen die formlose Erklärung des Widerrufs durch den Verbraucher zulässig sein, da die dort normierte Nachweismöglichkeit nur zivilprozessuale Bedeutung hat.[44] 14

2. Zeitpunkt der Ausübung. Die Erklärung des Widerrufs ist vom Verbraucher rechtzeitig vor dem nach § 356 Abs. 1, 2 BGB i.V.m. § 355 Abs. 2 S. 2 BGB zu berechnenden Ende der Widerrufsfrist auszuüben. Mit der fristgerechten Ausübung sind der Darlehensgeber und der Darlehensnehmer gem. § 355 Abs. 1 S. 1 BGB nicht mehr an die von ihnen abgegebenen Vertragserklärungen gebunden. Davon getrennt zu sehen ist der Aspekt, ob der Verbraucher den Widerruf bereits erklären kann, wenn nur er seine Vertragserklärung bereits abgegeben hat und noch nicht der Darlehensgeber sowie es auch noch nicht zur Überlassung der Vertragsurkunde an den Verbraucher gekommen ist, welche für den Beginn des Laufs der Widerrufsfrist erforderlich ist. In diesen Fällen würde der Darlehensnehmer vor Beginn der Widerrufsfrist und vor wirksamen Vertragsschluss den Widerruf erklären. Nach herrschender Meinung ist die Ausübung des Widerrufsrechts bereits möglich, bevor der Darlehensgeber das Vertragsangebot des Verbrauchers angenommen und dieser die Widerrufsinformation erhalten hat.[45] Vor Zugang der Vertragserklärung des Verbrauchers beim Darlehensgeber bedarf es keines Rückgriffs auf sein Verbraucherwiderrufsrecht, vielmehr gelten die Regelungen des Allgemeinen Teils des BGB. Die Erklärung kann somit gemäß § 130 Abs. 1 S. 2 BGB vom Verbraucher widerrufen werden. 15

3. Rechtsfolgen der Ausübung des Widerrufsrechts. Die Ausübung des Widerrufsrechts durch den Verbraucher begründet gem. § 355 Abs. 3 S. 1 BGB ein Rückgewährschuldverhältnis zwischen den Vertragsparteien des Verbraucherdarlehens. Die Rechtsfolgen des Widerrufs sind seit Umsetzung der europäischen Verbraucherrechterichtlinie 2011/83/EU in § 357a Abs. 3 BGB eigenständig für Verbraucherdarlehen geregelt, ohne Verweis auf das Rücktrittsfolgenrecht. Die empfangenen Leistungen sind von den Ver- 16

---

41 BGH 16.1.2018 ZIP **2018** 572; a.A. LG Essen 8.12.2016 – 6 O 383/16 (juris); LG Köln 9.3.2017 BKR **2017** 300; LG Stuttgart 12.1.2017 ZIP **2017** 317.
42 Langenbucher/Bliesener/Spindler/*Roth* § 495 Rn 4.
43 Bülow/Artz/*Bülow* § 495 Rn. 58; MüKo BGB/*Schürnbrand* § 495 Rn. 14; so wohl auch Langenbucher/Bliesener/Spindler/*Roth* § 495 Rn. 4.
44 Palandt/*Grüneberg* § 355 Rn. 6; Bülow/Artz/*Bülow* § 495 Rn. 58.
45 BGH 23.9.2010 WM **2010** 2047; Palandt/*Grüneberg* § 355 Rn. 7; Bülow/Artz/*Bülow* § 495 Rn. 60; MüKoBGB/*Masuch* § 355 Rn. 21; *Witt* NJW **2007** 3759.

tragsparteien nach § 357a Abs. 1 BGB spätestens nach 30 Tagen zurückzugewähren. Die Frist beginnt gem. § 355 Abs. 3 S. 2 BGB für den Darlehensgeber mit dem Zugang und für den Darlehensnehmer mit der Abgabe der Widerrufserklärung. Die Pflicht zur Rückgewähr des Darlehens seitens des Darlehensnehmers folgt aus § 355 Abs. 3 BGB.[46] Gem. § 357a Abs. 3 S. 2 BGB hat der Verbraucher dem Darlehensgeber überdies für die Zeit zwischen Auszahlung und Rückzahlung der Darlehensvaluta den Gebrauchsvorteil zu ersetzen. Der Anspruch des Darlehensgebers beschränkt sich auf die Zahlung des Vertragszinses in Form des vereinbarten Sollzinses i.S.v. § 489 Abs. 5 BGB. Bei Immobiliar-Verbraucherdarlehen kann der Darlehensnehmer nachweisen, dass der Wert des Gebrauchsvorteils niedriger war als der vereinbarte Sollzins. Der niedrigere Wert des Gebrauchsvorteils entspricht entweder dem Marktzins oder einem noch darunter liegenden Zins, wenn der Verbraucher nachweisen kann, dass er das Geld anderweitig zu einem noch niedrigeren Zins als dem Marktzins hätte erlangen können.[47] Bei Allgemein-Verbraucherdarlehen steht dieser Möglichkeit die zugrunde liegende Vorschrift des Art. 14 Abs. 3 lit.b) S. 2 der europäischen Verbraucherkreditrichtlinie 2008/48/EG entgegen, welche auf grundpfandrechtlich besicherte Darlehen keine Anwendung findet.

17 Darüber hinaus hat der Darlehensnehmer dem Darlehensgeber gem. § 357a Abs. 3 S. 5 BGB die Aufwendungen zu ersetzen, welche dieser an öffentliche Stellen erbracht hat und nicht zurückverlangen kann. Davon erfasst werden insbesondere Notarkosten, nicht hingegen Kosten für Anfragen bei privaten Auskunfteien.[48] Dies setzt allerdings voraus, dass der Darlehensgeber keinen Erstattungsanspruch gegen die öffentliche Stelle geltend machen kann. Im Vergleich zur Rechtslage bis zum 13.6.2014 schuldet der Darlehensgeber keinen Nutzungsersatz mehr für die an den Darlehensnehmer zurückzuzahlenden Zinsen. Dies ergibt sich aus dem ersatzlosen Fortfall der Anwendung des Rücktrittsrechts mit der Verpflichtung zur Herausgabe gezogener Nutzungen gem. § 346 Abs. 1 BGB.

IV. Grenzen der Ausübung des Widerrufsrechts

18 Sollte die Widerrufsinformation vom Darlehensgeber gegenüber dem Darlehensnehmer fehlerhaft erteilt und deshalb der Lauf der Widerrufsfrist nicht in Gang gesetzt worden sein, kann das daraus folgende scheinbar „ewige“ Widerrufsrecht nicht unbegrenzt vom Verbraucher ausgeübt werden. Dies kann u.a. Konstellationen betreffen, in welchen die gesetzlich geforderten Pflichtangaben fehlen und der Vertrag trotzdem wirksam zustande gekommen ist oder die Widerrufsinformation aufgrund inhaltlicher Bearbeitung des Musters nicht ordnungsgemäß erfolgt ist. Eine Grenze der Ausübung des Widerrufsrechts ist seit Umsetzung der Wohnimmobilienkreditrichtlinie 2014/17/EU für nach dem 21.3.2016 abgeschlossene Verträge letztendlich nur noch bei Allgemein-Verbraucherdarlehensverträgen von Relevanz, da für Immobiliar-Verbraucherdarlehensverträge eine absolute Erlöschensregelung nach einem Jahr und 14 Tagen besteht.

19 Nach der **Rechtsprechung des BGH** unterliegt das Widerrufsrecht bei Verbraucherdarlehensverträgen der **Verwirkung** und dessen Ausübung kann, unabhängig vom Vorliegen der Voraussetzungen einer Verwirkung, eine **unzulässige Rechtsausübung gem. § 242 BGB** darstellen.[49]

---

46 Palandt/*Grüneberg* § 357a Rn. 4; **a.A.** *Piekenbrock/Rodi* WM **2015** 1085.
47 Bülow/Artz/*Bülow* § 495 Rn. 224.
48 BT-Drs. 16/11643 S. 83; Palandt/*Grüneberg* § 357a Rn. 4; Nobbe/*Müller-Christmann* § 495 Rn. 24; *Piekenbrock/Rodi* WM **2015** 1085.
49 BGH 12.7.2016 BKR **2016** 463.

1. Verwirkung. Eine Verwirkung setzt voraus, dass sich der Anspruchsgegner wegen der Untätigkeit des Anspruchsinhabers über einen gewissen Zeitraum hin („Zeitmoment") bei objektiver Betrachtung darauf einrichten durfte und eingerichtet hat, dieser werde von seinem Recht nicht mehr Gebrauch machen („Umstandsmoment"). Zu dem reinen Zeitablauf müssen somit zur Verwirkung des Widerrufsrechts besondere auf dem Verhalten des Verbrauchers beruhende Umstände hinzutreten, die das Vertrauen des Darlehensgebers rechtfertigen, der Verbraucher werde sein Recht nicht mehr geltend machen.[50] Zeit- und Umstandsmoment können dabei nicht unabhängig voneinander betrachtet werden, vielmehr wird der Gegner in seinem Vertrauen, das Recht werde nicht mehr ausgeübt umso schutzwürdiger, je länger der Inhaber des Rechts untätig bleibt.[51] Ein das Umstandsmoment rechtfertigendes schutzwürdiges Vertrauen des Darlehensgebers, dass der Darlehensnehmer das Widerrufsrecht nicht mehr ausüben wird, kann insbesondere bestehen, wenn der Verbraucherdarlehensvertrag (einvernehmlich) beendet worden ist, im Speziellen, wenn dies auf Wunsch des Verbrauchers erfolgte.[52] Die für das Zeitmoment maßgebliche Frist beginnt mit dem Zustandekommen des Darlehensvertrags zu laufen, nicht hingegen mit der Ablösung des Darlehens.[53] Im Rahmen dessen ist jedoch zu berücksichtigen, dass sich für das Zeitmoment keine festen Fristen angeben lassen; insbesondere, da das Widerrufsrecht als Gestaltungsrecht nicht verjährt, kann aus den gesetzlichen Verjährungshöchstfristen nicht auf ein Mindestzeitmoment zurückgeschlossen werden.[54] Der Darlehensgeber ist nicht daran gehindert sich auf die Verwirkung des Widerrufsrechts zu berufen, auch wenn die Erteilung des Widerrufsbelehrung nicht ordnungsgemäß war, da anderenfalls das Institut der Verwirkung praktisch gegenstandslos sein würde.[55] Ebenso wenig steht der Annahme eines schutzwürdigen Vertrauens auf Seiten des Darlehensgebers eine fehlende Nachbelehrung bei beendeten Verträgen entgegen. Denn eine Nachbelehrung ist nach Vertragsbeendigung nicht mehr sinnvoll möglich, da die Willenserklärung des Verbrauchers, deren fortbestehende Widerruflichkeit in das Bewusstsein des Verbrauchers zu rücken, das Ziel der Nachbelehrung ist, für den Verbraucher keine in die Zukunft gerichteten belastenden Rechtsfolgen mehr bewirkt.[56] Schließlich kommt es für die Geltendmachung des Verwirkungseinwands weder auf die Kenntnis des Darlehensnehmers vom Fortbestand seines Widerrufsrechts noch auf das Vertrauen des Darlehensgebers, der Darlehensnehmer habe in sonstiger Weise Kenntnis vom Fortbestand seines Widerrufsrechts erlangt, an.[57] Nach einer verbreiteten Auffassung in der Instanzrechtsprechung ist der Verwirkungseinwand zu bejahen, wenn seit vollständiger und vorbehaltloser Erfüllung sämtlicher vertraglicher Pflichten mehrere Jahre bis zur Ausübung des Widerrufsrechts vergangen sind.[58] Dabei werden der Ablauf von 7,5 Jahren nach Vertragsabschluss und mehr als 20

---

50 Ständige Rechtsprechung des BGH zur Verwirkung, BGH 25.11.2008 XI ZR 426/07 (juris); BGH 28.3.2006 BGHZ **167** 25; BGH 13.7.2004 WM **2004** 1680.

51 BGH 10.10.2017 WM **2017** 2247.

52 BGH 11.10.2016 WM **2016** 2295; BGH 21.2.2017 WM **2017** 806; BGH 14.3.2017 ZIP 2017 958; *Kropf* WM **2013** 2250.

53 BGH 10.10.2017 WM **2017** 2247; BGH 12.7.2016 ZIP **2016** 1819.

54 BGH 10.10.2017 WM **2017** 2247; BGH 10.10.2017 XI ZR 455/16 (juris).

55 KG Berlin 27.3.2017 BKR **2017** 302. BGH 23.1.2018 WM **2018** 614; BGH 10.10.2017 XI ZR 455/16 (juris).

56 BGH 23.1.2018 WM **2018** 614.

57 BGH 23.1.2018 WM **2018** 614.

58 Vgl. OLG Köln 25.1.2012 BKR **2012** 162; OLG Köln 11.12.2015 13 U 123/14 (juris); OLG Düsseldorf 2.3.2010 WM **2010** 2258; OLG Düsseldorf 9.1.2014 NJW **2014** 1599; OLG Frankfurt 19.11.2014 BKR **2015** 245; OLG Bremen 26.2.2016 NJW-RR **2016** 875; OLG Brandenburg 27.4.2016 4 U 199/15 (juris); OLG Schleswig 6.10.2016 WM **2016** 2350; OLG Braunschweig 26.4.2017 WM **2017** 1847.

6 Monate nach Rückzahlung,[59] fast 7 Jahre seit Vertragsschluss und über 4 Jahre nach Darlehensablösung,[60] sowie sechs[61] oder auch drei Jahre[62] seit diesem Zeitpunkt als ausreichend für die Erfüllung des Umstandsmoments angesehen, weil der Darlehensgeber auf den Bestand der beiderseitigen Vertragserfüllung vertrauen durfte. Zeit- und Umstandsmoment stehen insoweit in einer Wechselwirkung.[63] Darüber hinaus ist anerkannt, dass die vorzeitige vollständige Rückführung des Darlehens gegen Zahlung einer Vorfälligkeitsentschädigung zur Verwirkung des Widerrufsrechts führen kann.[64] Schließlich kann auch die Bewilligung einer Grundschuldlöschung des Darlehensgebers als Umstand für ein Vertrauen auf die beanstandungsfreie Darlehensabwicklung angesehen werden.[65] Der Berücksichtigung einer Freigabe von Kreditsicherheiten durch den Darlehensgeber steht nicht entgegen, dass dieser die Sicherheiten nach Beendigung des Darlehensvertrags und vollständiger Erfüllung der aus dem Darlehensvertrag resultierenden Pflichten des Darlehensnehmers ohnehin freizugeben hätte, da Sicherheiten regelmäßig auch Ansprüche aus dem Rückgewährschuldverhältnis besichern.[66] Beendet der Darlehensgeber trotz Möglichkeit der Revalutierung der Sicherheit durch Rückgewähr der Sicherheit den Sicherungsvertrag, so kann darin die Ausübung eines relevanten Vertrauens iSv § 242 BGB liegen.[67]

Eine Verwirkung des Widerrufsrechts bei fortlaufendem Darlehen ist bisher noch nicht anerkannt worden. So hat der BGH betont, dass allein aufgrund eines vertragstreuen Verhaltens des Verbrauchers der Darlehensgeber ein schutzwürdiges Vertrauen darauf, dass der Verbraucher seine auf Abschluss des Verbraucherdarlehensvertrags gerichtete Willenserklärung nicht widerrufen werde, nicht bilden kann.[68]

21 **2. Rechtsmissbrauch.** Die Beurteilung, ob die Berufung auf das Widerrufsrecht seitens des Verbrauchers rechtsmissbräuchlich ist, ist im Einzelfall anhand einer umfassenden Bewertung der gesamten Fallumstände zu entscheiden, wobei die Interessen sämtlicher Vertragsparteien, mithin des Darlehensgebers und des Darlehensnehmers, zu berücksichtigen sind.[69] Eine Rechtsausübung kann unzulässig sein, wenn sich objektiv das Gesamtbild eines widersprüchlichen Verhaltens ergibt, weil das frühere Verhalten mit dem späteren sachlich unvereinbar ist und die Interessen der Gegenpartei im Hinblick hierauf vorrangig schutzwürdig erscheinen.[70] In der Instanzrechtsprechung ist die Ausübung des Widerrufsrechts anhand dieser Grundsätze als rechtsmissbräuchlich gewertet worden, wenn der Darlehensnehmer in Kenntnis seines fortbestehenden Widerrufsrechts die Zahlungen auf das Darlehen weiter vorbehaltlos erbringt, dadurch beim Darlehensgeber den Eindruck der Nichtausübung des Widerrufsrechts erweckt und im Anschluss doch den Widerruf erklärt.[71] Die Widersprüchlichkeit des Verhaltens besteht im Besonderen, wenn der Darlehensnehmer trotz nach eigener Auffassung bestehender

---

59 OLG Schleswig 6.10.2016 WM **2016** 2350.
60 KG Berlin 27.3.2017 BKR **2017** 302.
61 LG Bielefeld 21.7.2014, 6 O 459/13 (juris).
62 OLG Düsseldorf 1.2.2017 WM **2017** 713; OLG Frankfurt 16.11.2016, 19 U 23/16 (juris); LG Bonn 29.8.2016 BKR **2016** 516.
63 OLG Braunschweig 26.4.2017 WM **2017** 1847; BGH 10.10.2017 WM **2017** 2247.
64 BGH 17.1.2017, XI ZR 82/16; OLG Schleswig 18.1.2016, 5 U 111/15.
65 KG Berlin 27.3.2017 BKR **2017** 302; OLG Brandenburg 27.4.2016, 4 U 199/15 (juris).
66 BGH 23.1.2018 WM **2018** 516.
67 BGH 23.1.2018 WM **2018** 614.
68 BGH 12.7.2016 WM **2016** 1930.
69 BGH 12.7.2016 BKR **2016** 463; Palandt/*Grüneberg* § 242 Rn. 7.
70 BGH 7.5.2014 WM **2014** 1030.
71 OLG Stuttgart 7.2.2017 BKR **2017** 195; OLG Hamburg 12.4.2017, 13 U 64/16.

Lösungsmöglichkeit den Vertrag zunächst vorbehaltlos bedient und auch erst nach Abgabe einer Grundschuldlöschungsbewilligung durch den Darlehensgeber doch noch aus der Widerruflichkeit des Vertrags Rechtsfolgen ableitet.[72] Für das Vorliegen einer Treuwidrigkeit bezüglich der Geltendmachung der Rechtsfolgen der Widerruflichkeit spricht in diesen Konstellationen auch der § 814 Alt. 1 BGB zugrunde liegende Rechtsgedanke, dass derjenige sich widersprüchlich verhält, der in Kenntnis der Möglichkeit, nicht zu leisten, gleichwohl leistet und sich später doch darauf beruft, zur Leistung nicht verpflichtet gewesen zu sein.[73] In besonderen Fallkonstellationen kann sich der Rechtsmissbrauch auch aus der bestehenden Fachkompetenz des Darlehensnehmers ergeben, dem das Bestehen des Widerrufsrechts und die Fristberechnung bekannt sind und dieser die formal bestehende Rechtsposition ausnutzt, um günstigere Darlehenskonditionen zu erhalten.[74]

Der BGH hat das Vorliegen eines Rechtsmissbrauchs insoweit eingeschränkt, als das die Ausübung des Widerrufsrechts nicht allein deshalb als rechtsmissbräuchlich angesehen wird, weil diese nicht durch den Schutzweck des Verbraucherwiderrufsrechts motiviert ist.[75] **22**

Eine im Schrifttum verbreitete Ansicht hingegen fordert die Einbeziehung des Schutzzwecks bei der Ausübung des Widerrufsrechts.[76] Dieser Ansicht ist zuzustimmen. Das Verständnis des BGH der Gesetzgebungsmaterialien sowohl zum Verbraucherkreditgesetz als auch zum Umsetzungsgesetz der europäischen Verbraucherkreditrichtlinie 2008/48/EG vermag, wie es die dargestellte Literaturansicht aufzeigt, nicht zu überzeugen. Auch wenn Verbrauchern das Recht eingeräumt ist, den Widerruf nach freiem Belieben und ohne Angabe von Gründen auszuüben, hat dies nicht zur Folge, dass damit der Schutzweck des Verbraucherwiderrufsrechts außer Betracht zu bleiben hat. Die Ausübung nach freiem Belieben und ohne Angabe von Gründen ist innerhalb des Kontexts der Einräumung einer Überlegungsfrist aufgrund der wirtschaftlichen Tragweite bzw. Bedeutung des Darlehensvertrags zu sehen. Es ist bzw. war erkennbar nicht Intention des Gesetzgebers dem Verbraucher ein Vertragslösungsrecht einzuräumen, dass in keinem Zusammenhang mit dieser (nochmaligen) Überlegungsmöglichkeit steht, sondern allein dem Zweck dient sich von einem inzwischen „unliebsamen" Vertrag zu lösen und damit bspw. das Zinsänderungsrisiko im Laufe einer Zinsbindungsvereinbarung einseitig dem Darlehensgeber aufzubürden. Überdies kann die Schaffung der Erlöschungsregelung für Altverträge, wie im Rahmen des Umsetzungsgesetzes zur europäischen Wohnimmobilienkreditrichtlinie 2014/17/EU erfolgt, gerade auch als Absicht des Gesetzgebers verstanden werden, der vermehrt sachfremden Ausübung des Widerrufsrechts entgegenzuwirken.

V. Ausnahmen vom Widerrufsrecht (Absatz 2)

1. Umschuldungsdarlehen (Nr. 1). Sinn und Zweck der Ausnahmevorschrift ist, dass im Falle eines Verzugs des Darlehensnehmers rasch eine Vertragsänderung ermöglicht wird und die Änderung nicht durch die 14-tägige Widerrufsfrist, während der in dem bestehenden Darlehensvertrag Soll- und Verzugszinsen anfallen, in die Länge gezo- **23**

72 OLG Hamburg 12.4.2017, 13 U 64/16.
73 OLG Stuttgart 6.12.2016 WM **2017** 430; OLG Stuttgart 7.2.2017 BKR **2017** 195.
74 OLG Schleswig 31.3.2016, 5 U 188/15 bestätigt durch BGH 14.3.2017, XI ZR 160/16.
75 BGH 12.7.2016 BKR **2016** 463.
76 *Henning* CRP **2015** 80; *Hölldampf* WM **2014** 1659; *Hölldampf / Suchowerskyi* WM **2015** 999; *Kropf* WM **2013** 2250; *Scholz/Schmidt/Ditte* ZIP **2015** 605; *Wahlers* WM **2015** 1043.

gen wird.[77] Tatbestandlich wird vorausgesetzt, dass der Darlehensgeber gemäß § 498 BGB zur Kündigung des Darlehensvertrags berechtigt ist und durch den Abschluss des ergänzenden bzw. ersetzenden Darlehensvertrag ein gerichtliches Verfahren zum Zeitpunkt der Umschuldung vermieden wird. Zusätzlich muss ein Vergleich der Gesamtbeträge i.S.v. Art. 247 § 3 Abs. 2 EGBGB ergeben, dass der vom Darlehensnehmer zu entrichtende Gesamtbetrag des neuen Vertrags die Restschuld des alten Vertrags nicht erreicht.[78] Der Ausschluss des Widerrufsrechts hat zur Folge, dass im ersetzenden Verbraucherdarlehensvertrag keine Pflichtangaben zum Widerrufsrecht enthalten sein müssen.[79] Eine große praktische Relevanz dürfte die Regelung aufgrund der erforderlichen realen Minderbelastung durch den neuen Darlehensvertrag nicht haben.[80]

24 **2. Notariell beurkundete Verträge (Nr. 2).** Die Ausnahme vom Bestehen eines Verbraucherwiderrufrechts findet nicht auf jeden notariell beurkundeten Verbraucherdarlehensvertrag Anwendung. Entsprechend der zugrundeliegenden Richtlinienvorschrift des Art. 14 Abs. 6 Verbraucherkreditrichtlinie 2008/48/EG muss es sich um eine gesetzlich angeordnete notarielle Beurkundung handeln. Eine bloß fakultative Beurkundung genügt nicht.[81] Die Vorschriften des Darlehensrechts im BGB kennen jedoch keine gesetzliche Anordnung einer notariellen Beurkundung, so dass die Ausnahme im Darlehensrecht keinen Anwendungsbereich hat, auch nicht, wenn der Darlehensvertrag mit einem beurkundungsbedürftigen Vertrag gekoppelt ist, wie bspw. nach § 311b Abs. 1 BGB.[82]

25 **3. Überziehungskredite (Nr. 3).** Von dieser tatbestandlichen Ausnahme vom Widerrufsrecht des Verbrauchers sind nicht sämtliche Überziehungskredite erfasst. Die eingeräumte Überziehungsmöglichkeit des Verbrauchers muss i.S.v. § 504 Abs. 2 BGB in der Weise ausgestaltet sein, dass nach der Auszahlung die Laufzeit höchstens drei Monate beträgt oder der Darlehensgeber kündigen kann. In anderen Fällen von eingeräumten Überziehungskrediten, die nicht die Voraussetzungen des § 504 Abs. 1 BGB erfüllen, verbleibt es somit zugunsten des Verbrauchers bei einem Widerrufsrecht i.S.v. § 355 Abs. 1 BGB. Hintergrund des Ausschlusses ist die jederzeitige entschädigungsfreie Rückzahlungsmöglichkeit, so dass für die Möglichkeit seitens des Verbrauchers von der auf den Vertragsabschluss gerichteten Willenserklärung Abstand zu nehmen, kein praktisches Bedürfnis besteht.[83]

VI. Bedenkzeit des Darlehensnehmers

26 In Abs. 3 ist dem Darlehensnehmer nunmehr in Umsetzung von Art. 14 Abs. 6 Uabs. 2 der Wohnimmobilienkreditrichtlinie 2014/17/EU als Sonderregelung für Immobiliar-Verbraucherdarlehensverträge eine Bedenkzeit eingeräumt worden. Diese Vorschrift gilt folglich nicht für den Abschluss von Allgemein-Verbraucherdarlehensverträgen. Die Regelung entfaltet Wirkung, wenn das Widerrufsrecht des Darlehensnehmers (auch) für Immobiliar-Verbraucherdarlehensverträge vollständig ausgeschlossen ist. Dies betrifft ausweislich des Abs. 3 S. 1 die Fälle des § 495 Abs. 2 BGB, namentlich bei Umschuldungs-

---

77 BT-Drs. 16/11643 S. 84; MüKo BGB/*Schürnbrand* § 495 Rn. 15.
78 BT-Drs. 16/11643 S. 84; MüKo BGB/*Schürnbrand* § 495 Rn. 15.
79 Bülow/Artz/*Bülow* § 495 Rn. 177.
80 Palandt/*Weidenkaff* § 495 Rn. 6.
81 Bülow/Artz/*Bülow* § 495 Rn. 179; MüKo BGB/*Schürnbrand* § 495 Rn. 17.
82 Bülow/Artz/*Bülow* § 495 Rn. 179.
83 Nobbe/*Müller-Christmann* § 495 Rn. 18.

darlehen (Nr. 1), notariell beurkundeten Darlehen (Nr. 2) sowie eingeräumten Überziehungsmöglichkeiten bzw. geduldeten Überziehungen (Nr. 3). Anstelle des Widerrufsrechts ist dem Darlehensnehmer in den genannten Konstellationen im Vertrag eine Bedenkzeit von mindestens 7 Tagen einzuräumen. Anders als das Widerrufsrecht nach Abs. 1 greift die Bedenkzeit nicht kraft Gesetzes ein, sondern muss dem Darlehensnehmer vom Darlehensgeber eingeräumt werden.[84]

Bei der Bedenkzeit des Darlehensnehmers handelt es sich um eine Annahmefrist 27
i.S.v. § 148 BGB und hat zur Folge, dass der Darlehensgeber an sein Vertragsangebot für die Dauer der Bedenkzeit i.S.v. § 145 BGB gebunden ist.[85] Der Darlehensnehmer braucht den Ablauf der Frist nicht abzuwarten, sondern kann innerhalb der Bedenkzeit das Angebot jederzeit annehmen.[86] Mit Erklärung der Annahme kommt der Vertrag erst zustande. Nach Ablauf der Frist besteht somit für den Darlehensgeber keine Bindung mehr an sein Angebot; mit Ablauf der Bedenkzeit erlischt dieses. Die Beweislast für das wirksame Zustandekommen des Vertrages, mithin für die Rechtzeitigkeit der Annahme des Vertragsangebotes, trägt diejenige Vertragspartei, welche sich auf den Vertragsschluss beruft und daraus Rechtsfolgen ableitet.[87] Läuft die Frist der Bedenkzeit erfolglos ab, kann der Darlehensgeber sein Vertragsangebot dem Darlehensnehmer erneut unterbreiten, wobei diesem wiederum eine Bedenkzeit von mindesten sieben Tagen einzuräumen ist.[88] Die siebentägige Frist beginnt gemäß S. 3, wenn der Darlehensgeber dem Darlehensnehmer das Vertragsangebot ausgehändigt hat. Die Berechnung des Fristlaufs bestimmt sich nach §§ 187ff. BGB. Erster Tag der Frist ist somit der Tag, der auf den Tag der Aushändigung des Vertragsangebotes folgt. Das Fristende bestimmt sich nach dem Wochentag, der demjenigen der Aushändigung des Vertragsangebotes entspricht.

Die praktische Relevanz der Bedenkzeit sieht der Gesetzgeber vor allem bei Umschuldungsdarlehen i.S.v. § 495 Abs. 2 Nr. 1 BGB gegeben, da es in diesen Fällen den Interessen beider Vertragsparteien entspräche, mit dem endgültigen Vertragsschluss nicht länger als sieben Tage zuzuwarten.[89]

§ 497 BGB
Verzug des Darlehensnehmers

(1) Soweit der Darlehensnehmer mit Zahlungen, die er auf Grund des Verbraucherdarlehensvertrags schuldet, in Verzug kommt, hat er den geschuldeten Betrag nach § 288 Abs. 1 zu verzinsen. Im Einzelfall kann der Darlehensgeber einen höheren oder der Darlehensnehmer einen niedrigeren Schaden nachweisen.

(2) Die nach Eintritt des Verzugs anfallenden Zinsen sind auf einem gesonderten Konto zu verbuchen und dürfen nicht in ein Kontokorrent mit dem geschuldeten Betrag oder anderen Forderungen des Darlehensgebers eingestellt werden. Hinsichtlich dieser Zinsen gilt § 289 Satz 2 mit der Maßgabe, dass der Darlehensgeber Schadensersatz nur bis zur Höhe des gesetzlichen Zinssatzes (§ 246) verlangen kann.

---

84 MüKo BGB/*Schürnbrand* § 495 Rn. 22.
85 BT-Drs. 18/5922 S. 88; MüKo BGB/*Schürnbrand* § 495 Rn. 21.
86 BT-Drs. 18/5922, S. 88; MüKo BGB/*Schürnbrand* § 495 Rn. 21.
87 BGH 24.2.2016 NJW **2016** 1441.
88 Bülow/Artz/*Bülow* § 495 Rn. 183a.
89 BT-Drs. 18/5922 S. 88.

(3) Zahlungen des Darlehensnehmers, die zur Tilgung der gesamten fälligen Schuld nicht ausreichen, werden abweichend von § 367 Abs. 1 zunächst auf die Kosten der Rechtsverfolgung, dann auf den übrigen geschuldeten Betrag (Absatz 1) und zuletzt auf die Zinsen (Absatz 2) angerechnet. Der Darlehensgeber darf Teilzahlungen nicht zurückweisen. Die Verjährung der Ansprüche auf Darlehensrückzahlung und Zinsen ist vom Eintritt des Verzugs nach Absatz 1 an bis zu ihrer Feststellung in einer in § 197 Abs. 1 Nr. 3 bis 5 bezeichneten Art gehemmt, jedoch nicht länger als zehn Jahre von ihrer Entstehung an. Auf die Ansprüche auf Zinsen findet § 197 Abs. 2 keine Anwendung. Die Sätze 1 bis 4 finden keine Anwendung, soweit Zahlungen auf Vollstreckungstitel geleistet werden, deren Hauptforderung auf Zinsen lautet.

(4) Bei Immobiliar-Verbraucherdarlehensverträgen beträgt der Verzugszinssatz abweichend von Absatz 1 für das Jahr 2,5 Prozentpunkte über dem Basiszinssatz. Die Absätze 2 und 3 Satz 1, 2, 4 und 5 sind auf Immobiliar-Verbraucherdarlehensverträge nicht anzuwenden.

Schrifttum

Bunte Keine Vorfälligkeitsentschädigung bei Kündigung wegen Verzugs? NJW 2016 1626; *Derleder/Kurabulut* Schuldnerverzug und Zurückbehaltungsrechte des Allgemeinen Schuldrechts, JuS 2014 102; *Edelmann/Hölldampf* Vorfälligkeitsentschädigung bei Immobiliendarlehensverträgen im Falle der bankseitigen Kündigung wegen Schuldnerverzugs, BB 2014 202; *Hartmann* Prozente und Prozentpunkte beim Klageantrag auf Verzugszinsen, NJW 2004 1358; *Krepold/Kropf* Vorfälligkeitsentschädigung als Grundlage des deutschen Pfandbriefsystems, WM 2015 1; *Mankowski* Schuldnerverzug und Gläubigerspekulation, WM 2009 921; *Müller* Zur Versagung der „Vorfälligkeitsentschädigung" bei fristloser Kündigung des Kreditvertrages wegen Zahlungsverzugs – Eine kritische Anmerkung zur Entscheidung des XI. Zivilsenats vom 19.1.2016 = WM 2016, 687 –, WM 2016 2201.

Systematische Übersicht

A. Allgemeines

I. Gesetzesentwicklung

1 Die Vorschrift des § 497 BGB beruht auf der Regelung des § 11 VerbrKrG, welche mit Wirkung zum 1.1.2002 im Rahmen des Gesetzes zur Schuldrechtsmodernisierung ins BGB aufgenommen worden ist. Seither hat § 497 BGB trotz vielfältiger Novellierungen im Bereich des Verbraucherdarlehensrechts nur geringfügige Änderungen erfahren. Diese betrafen im Wesentlichen Anpassungen an die neue Diktion des Darlehensrechts im BGB sowie wechselnde Regelungen zur Anwendbarkeit des § 497 BGB auf Immobiliendarlehensverträge. Der Vorschrift liegen weder Vorgaben der früheren noch der geltenden europäischen Verbraucherkreditrichtlinie zugrunde.[1]

1 Bülow/Artz/*Bülow* § 497 Rn. 8.

II. Zweck der Vorschrift

Gesetzgeberische Intention zur Einführung der Vorschrift war die Beseitigung einer ständig ansteigenden Verschuldung des sich im Verzug befindlichen Verbrauchers unter dem Aspekt des sog. „modernen Schuldenturms".[2] Mit anderen Worten soll durch die Regelung vermieden werden, dass der Verbraucher in eine von selbst steigende, immer tiefere Verschuldung gerät.[3] Es soll nach der Vorstellung des Gesetzgebers verhindert werden, dass Darlehensnehmer in eine lebenslange Schuldenspirale geraten, weil sie nicht in der Lage sind, mehr als die jeweiligen Zinsen aufzubringen.[4] Im Übrigen soll durch die Regelungen des § 497 BGB ein angemessener Ausgleich zwischen Darlehensgebern und den säumigen Verbrauchern gewährleistet werden.[5] 2

B. Tatbestand

I. Berechnung der Verzugszinsen und des Verzugsschadens

Gerät der Verbraucher mit nach dem Darlehensvertrag vertraglich geschuldeten Leistungen gem. § 286 BGB in Verzug, hat er dem Darlehensgeber Verzugszinsen zu zahlen. Der Verzug des Darlehensnehmers wird bei einem Verbraucherdarlehensvertrag regelmäßig gem. § 286 Abs. 2 Nr. 1 BGB durch Zeitablauf eintreten, da für die Erbringung der Leistung in Form der Darlehensrückzahlung und der Darlehenszinsen eine Zeit nach dem Kalender bestimmt ist. Sollte im Einzelfall die Leistung des Darlehensnehmers nicht nach dem Kalender bestimmt sein, kommt er gem. § 286 Abs. 3 BGB spätestens in Verzug, wenn er nicht innerhalb von 30 Tagen nach Fälligkeit und Zugang einer Zahlungsaufstellung leistet und er auf diese Folgen in der Zahlungsaufstellung besonders hingewiesen worden ist. Eine Zahlungsaufstellung in diesem Sinne wird im Allgemeinen in der gem. § 492 Abs. 3 BGB auszuhändigenden Vertragsurkunde liegen.[6] 3

Die Berechnung der Verzugszinsen auf die rückständigen Beträge erfolgt nach § 288 Abs. 1 BGB. Der Verbraucher hat dem Darlehensgeber somit einen Verzugszinssatz von 5 Prozentpunkten über dem Basiszinssatz zu zahlen. Der Verzugszins in Höhe von 5% soll die gewöhnlich anfallenden Refinanzierungskosten als pauschal 3% sowie den Bearbeitungsaufwand als pauschal 2% ausgleichen.[7] Bezugsgröße des Basiszinssatzes ist gem. § 247 Abs. 1 S. 2 BGB der Zinssatz für die jüngste Hauptrefinanzierungsoperation der Europäischen Zentralbank vor dem ersten Kalendertag des ersten oder zweiten Halbjahres, mithin zum 1. Januar oder 1. Juli. Die Bekanntmachung des jeweils gültigen Basiszinssatzes erfolgt über die Deutsche Bundesbank durch Veröffentlichung im Bundesanzeiger. Zu diesen Stichtagen verändert sich der Basiszinssatz um die Prozentpunkte, um welche sich der Hauptrefinanzierungszinssatz der Europäischen Zentralbank verändert hat. Die vom Verbraucher geschuldeten Vertragszinsen werden von § 497 Abs. 1 BGB nicht erfasst und bestimmten sich in Höhe sowie Fälligkeit nach den Regelungen des Verbraucherdarlehensvertrages.[8] 4

2 BT-Drs. 11/4562 S. 25.
3 Palandt/*Putzo* 61. Aufl., § 11 VerbrKrG Rn. 1.
4 Nobbe/*Müller-Christmann* § 497 Rn. 3.
5 BT-Drs. 11/5462 S. 25.
6 Bülow/Artz/*Bülow* § 497 Rn. 22.
7 BT-Drs. 11/5462 S. 26.
8 Palandt/*Weidenkaff* § 497 Rn. 2.

Der Verzugszins nach Abs. 1 ist als Mindestschaden des Darlehensgebers ausgestaltet. Eine konkrete Schadensberechnung steht sowohl dem Darlehensgeber als auch dem Darlehensnehmer offen, als dass Erstgenannter einen höheren und Letztgenannter einen niedrigeren Schaden im Einzelfall nachweisen kann.

II. Gesonderte Buchung der Verzugszinsen

5 Für die im Verzug des Darlehensnehmers anfallenden Verzugszinsen enthält Abs. 2 eine Pflicht des Darlehensgebers zu Buchung auf einem gesonderten Konto. Dabei ist seitens des Darlehensgebers darauf zu achten, dass die Verzugszinsen nicht in ein Kontokorrent mit den seitens des Darlehensnehmers vertraglich geschuldeten Beträgen eingestellt werden. Dies betrifft insbesondere die Darlehensrückerstattungsansprüche des Darlehensgebers nach § 488 Abs. 1 BGB. Es besteht somit ein Buchungsverbot für die Verzugszinsen hinsichtlich des für das Verbraucherdarlehen bestehenden Darlehenskontos.[9]

Nach (wohl) herrschender Meinung ist das gesonderte Buchungskonto für Verzugszinsen kostenlos zu führen, da der Darlehensgeber mit dessen Einrichtung nur eine gesetzliche Obliegenheit erfüllt.[10]

III. Abweichende Tilgungsreihenfolge und Recht zur Teilleistung

6 Abs. 3 der Vorschrift beinhaltet zwei von den Regelungen des allgemeinen Schuldrechts abweichende Besonderheiten, welche den Verbraucher entlasten. Dies betrifft zum einen die Regelung in § 367 Abs. 1 BGB, wonach eine zur Tilgung der ganzen Schuld nicht ausreichende Leistung, mithin eine Teilleistung, zunächst auf die Kosten, dann auf die Zinsen und zuletzt auf die Hauptleistung angerechnet wird. Davon abweichend bestimmt Abs. 3 S. 1 eine Anrechnung zunächst auf die Kosten der Rechtsverfolgung, dann auf den übrigen geschuldeten Betrag und zuletzt auf die Zinsen. Die im Vergleich zu § 367 BGB veränderte Tilgungsreihenfolge soll dem Verbraucher die Chance und den Anreiz erhalten, die bestehenden Schulden durch primäre Tilgung der Hauptforderung allmählich abzubauen.[11] Aufgrund § 512 BGB kann von der Änderung der Tilgungsreihenfolge des § 367 BGB keine Abweichung vereinbart werden.

7 Darüber hinaus ist ein Schuldner gem. § 266 BGB grundsätzlich zu Teilleistungen nicht berechtigt. Der Gläubiger kann demnach vom Schuldner angebotene Teilleistungen ablehnen, ohne dass er dadurch in Annahmeverzug gerät. Von diesem Grundsatz abweichend bestimmt § 497 Abs. 3 S. 2 BGB, dass der Darlehensgeber Teilleistungen des Verbrauchers bei einem Verbraucherdarlehensvertrag nicht zurückweisen darf. Das Recht zur Teilleistung des Verbrauchers bezieht sich auf sämtliche Schuldposten, die gegenüber dem Darlehensgeber bestehen, mithin nicht nur auf rückständige Raten oder den nach § 498 BGB fällig gestellten Kredit, sondern auch auf die Kosten der Rechtsverfolgung sowie Zinsen i.S.v. Abs. 3 S. 1.[12]

---

9 Palandt/*Weidenkaff* § 497 Rn. 7.

10 Langenbucher/Bliesener/Spindler/*Roth* § 497 Rn. 6; Nobbe/*Müller-Christmann* § 497 Rn. 17; Schimansky/Bunte/Lwowski/*Jungemann* § 81 Rn. 545.

11 BT-Drs. 11/5462 S. 27.

12 Nobbe/*Müller-Christmann* § 497 Rn. 25.

IV. Verjährungshemmung

Für die Verjährung der Ansprüche des Darlehensgebers auf Darlehensrückzahlung und Zinsen besteht gem. Abs. 3 S. 3 im Falle des Verzugs des Darlehensnehmers eine spezielle Hemmungsregelung. Der Begriff der Darlehensrückzahlung umfasst sowohl die Ansprüche des Darlehensgebers auf Tilgungs- als auch auf Vertragszinsleistung.[13] Somit werden tatbestandlich sowohl die rückständigen Vertragszinsen als auch die Verzugszinsen erfasst. Zweck der Regelung ist es, den Darlehensgeber davon abzuhalten, allein zur Vermeidung des Verjährungseintritts eine Titulierung seiner Forderung gegen den Darlehensnehmer zu betreiben, was die Schuldenlast des Darlehensnehmers mitunter noch erhöhen würde.[14] Denn die untitulierten Ansprüche des Darlehensgebers auf Darlehensrückzahlung verjähren nach der regelmäßigen Verjährungsfrist in drei Jahren, während titulierte Ansprüche gemäß § 197 BGB erst in 30 Jahren verjähren. Die von § 367 BGB abweichende Tilgungsverrechnung kann wiederum dazu führen, dass Jahre vergehen, ehe eine Leistung des Verbrauchers den geschuldeten Betrag in Gestalt von Hauptleistung und Vertragszinsen sowie Verzugszinsen zu tilgen geeignet ist, so dass die Ansprüche des Darlehensgebers zu verjähren drohen.[15] 8

Diesen Aspekten trägt die Regelung des Abs. 3 S. 3 Rechnung, indem die Verjährung der genannten Ansprüche ab Eintritt des Verzugs i.S.v. § 286 BGB bis zu ihrer Feststellung durch rechtskräftiges Urteil, durch eine vollstreckbare Urkunde oder einen vollstreckbaren Vergleich oder durch Feststellung in einem Insolvenzverfahren gehemmt ist. Diese Regelung findet sowohl auf Allgemein- als auch Immobiliar-Verbraucherdarlehensverträge Anwendung. Die Hemmung besteht jedoch maximal zehn Jahre ab der Entstehung der Ansprüche des Darlehensgebers. Die Wirkung der Hemmung ergibt sich aus § 209 BGB.

Eine weitere Sonderregelung betrifft titulierte Zinsen. Das Verjährungsrecht sieht grundsätzlich gem. § 197 Abs. 2 BGB vor, dass nach § 197 Abs. 1 Nr. 3 bis 5 BGB vom Vollstreckungstitel erfasste Zinsen an Stelle der Verjährungsfrist von 30 Jahren der regelmäßigen Verjährungsfrist von drei Jahren unterliegen. Nach Abs. 3 S. 4 des § 497 BGB gilt dies nicht für Verzugszinsen i.S.v. § 497 Abs. 1 BGB. Dadurch soll der Darlehensgeber vor Nachteilen, welche aus der veränderten Tilgungsreihenfolge resultieren könnten, bewahrt werden, da er anderenfalls Gefahr liefe, dass trotz Teilleistungen des Verbrauchers seine zukünftigen Zinsansprüche verjähren.[16] Es bleibt somit für titulierte zukünftige Zinsen bei der Verjährungsfrist von 30 Jahren. Diese Ausnahme findet allerdings gem. Abs. 4 nur auf Allgemein-Verbraucherdarlehensverträge Anwendung. 9

V. Besonderheiten bei Immobiliar-Verbraucherdarlehensverträgen

Für Immobiliar-Verbraucherdarlehensverträge bestehen bezüglich der Anwendung bzw. Anwendbarkeit des § 497 BGB verschiedene Besonderheiten. Zum einen ist ein von Abs. 1 der Vorschrift abweichender Zinssatz anzuwenden, wenn sich der Verbraucher mit der Zahlung der geschuldeten Beträge im Verzug befindet. Bei Immobiliar-Verbraucherdarlehen beträgt der Verzugszinssatz daher nicht 5 Prozentpunkte über dem Basiszinssatz, sondern gem. Abs. 4 S. 1 p.a. 2,5 Prozentpunkte über dem Basiszinssatz. Überdies besteht bei Immobiliar-Verbraucherdarlehensverträgen keine Pflicht des Dar- 10

13 BGH 5.4.2011 WM **2011** 973; **a.A.** Bülow/Artz/*Bülow* § 497 Rn. 62.
14 BT-Drs. 14/6857 S. 34, 66.
15 Bülow/Artz/*Bülow* § 497 Rn. 57.
16 Bülow/Arzt/*Bülow* § 497 Rn. 61; Nobbe/*Müller-Christmann* § 497 Rn. 28.

lehensgebers die im Verzug des Darlehensnehmers anfallenden Vertragszinsen auf einem gesonderten Konto zu buchen.

VI. Sperrwirkung bei Kündigung des Darlehensgebers?

11 Der BGH entnimmt der Regelung des § 497 BGB eine Sperrwirkung zu Lasten des Darlehensgebers, falls dieser das Darlehen wegen Zahlungsverzugs des Darlehensnehmers außerordentlich kündigt, mit der Folge, dass der Darlehensgeber keine Vorfälligkeitsentschädigung verlangen kann.[17] Diese Sperrwirkung begründet der XI. Zivilsenat u.a. mit der Gesetzgebungsgeschichte des § 11 VerbrKrG als Vorgängernorm sowie dem Sinn und Zweck der Vorschrift. Ausweislich der Entstehungsgeschichte der Norm sei bei der Schadensberechnung ein Rückgriff auf den vertraglich vereinbarten Zinssatz zum Schutz des Verbrauchers, aber auch um die Schadensberechnungsmöglichkeiten einer einfachen und praktikablen Neuregelung zuzuführen, grundsätzlich ausgeschlossen. Durch die Zubilligung einer auf dem Vertragszins beruhenden Vorfälligkeitsentschädigung werde, so der BGH, das vornehmliche Ziel des Gesetzgebers, einen Rückgriff auf den Vertragszins für die Schadensberechnung nach Wirksamwerden der fristlosen Kündigung auszuschließen, verfehlt. Die Gesetzgebungsmaterialien zum § 11 VerbrKrG-E lassen nach dem Verständnis des XI. Zivilsenats den Rückschluss zu, dass die Geltendmachung des Vertragszinses für die Zeit nach Wirksamwerden der Kündigung generell ausgeschlossen und damit dem Darlehensgeber auch eine Vorfälligkeitsentschädigung versagt werden sollte.

Eine in der Literatur verbreitete Auffassung bestreitet die vom BGH in § 497 BGB hineingelesene Sperrwirkung.[18] Dabei wird berechtigterweise gegen eine Sperrwirkung vorgetragen, dass § 497 Abs. 1 BGB ausdrücklich nur die Verzinsung des geschuldeten Betrags regelt, nicht hingegen eine Aussage über den Nichterfüllungs-/Refinanzierungs-/Zinsausfallschaden des Darlehensgebers bei außerordentlicher Kündigung trifft.[19] Da die Kündigung des Darlehens wegen Zahlungsverzugs in § 498 BGB und nicht im vom BGH als Begründung herangezogenen § 497 BGB geregelt ist, ergebe sich, dass der XI. Zivilsenat in seiner Entscheidung den Verzugsschaden und den durch die vorzeitige Kündigung entstandenen Auflösungsschaden „verwechselt und vermengt".[20] Aufgrund der sich bereits aus der Normüberschrift ergebenden Regelungsintention ist erkennbar, dass keine Aussage zum Anspruch auf Schadensersatz statt der Leistung getroffen wird, so dass aus dem Fehlen einer diesbezüglichen Regelung keine Sperrwirkung hervorgerufen werden kann.[21] Gesetzeshistorisch sollte dem Darlehensgeber zwar ein Beitrag zur Lösung der Schuldturmproblematik auferlegt werden, jedoch bezog sich diese Regelung nur auf die Beschränkung der Verzugszinsansprüche des Kreditgebers im Wege der abstrakten Schadensberechnung.[22] Die im Gesetzgebungsverfahren gestrichene Norm des § 11 Abs. 3 VerbrKrG lasse entgegen der Ansicht des BGH keine Rückschlüsse darauf zu, dass der Gesetzgeber die Geltendmachung eines weiteren Schadens für unzulässig halte, sondern nur darauf, dass er die Rechtsprechung des BGH für zutreffend erachtete, wonach ein Anspruch auf Verzugszins in Höhe des Vertragszinses nicht besteht.[23] Auch in der ober-

---

17 BGH 19.1.2016 WM **2016** 987.
18 *Bunte* NJW **2016** 1626; *Edelmann/Hölldampf* BB **2014** 202; *Huber* WM **2017** 605; *Krepold/Kropf* WM **2015** 1; *Merz* Bankpraktiker **2013** 347; *Müller* WM **2016** 2201; Prütting/Wegen/Weinreich/Nobbe § 497 Rn 6 f.
19 *Edelmann/Hölldampf* BB **2014** 202; *Krepold/Kropf* WM **2015** 1; *Müller* WM **2016** 2201.
20 *Bunte* NJW **2016** 1626.
21 *Huber* WM **2017** 605.
22 *Bunte* NJW **2016** 1626 mit Verweis auf die Gesetzgebungsmaterialien BT-Drs. 11/5462 S. 26.
23 *Edelmann/Hölldampf* BB **2014** 202.

landesgerichtlichen Rechtsprechung ist die Ansicht des BGH äußerst umstritten. Dort wird ebenfalls die Unterscheidung von Zahlungsverzug und Nichterfüllungsschaden betont, so dass § 497 Abs. 1 BGB, welcher ausschließlich den Zahlungsverzug regele, den Nichterfüllungsschaden nicht ausschließen könne.[24]

§ 498 BGB
Gesamtfälligstellung bei Teilzahlungsdarlehen

(1) Der Darlehensgeber kann den Verbraucherdarlehensvertrag bei einem Darlehen, das in Teilzahlungen zu tilgen ist, wegen Zahlungsverzugs des Darlehensnehmers nur dann kündigen, wenn

1. der Darlehensnehmer
a) mit mindestens zwei aufeinander folgenden Teilzahlungen ganz oder teilweise in Verzug ist,
b) bei einer Vertragslaufzeit bis zu drei Jahren mit mindestens 10 Prozent oder bei einer Vertragslaufzeit von mehr als drei Jahren mit mindestens 5 Prozent des Nennbetrags des Darlehens in Verzug ist und

2. der Darlehensgeber dem Darlehensnehmer erfolglos eine zweiwöchige Frist zur Zahlung des rückständigen Betrags mit der Erklärung gesetzt hat, dass er bei Nichtzahlung innerhalb der Frist die gesamte Restschuld verlange.

Der Darlehensgeber soll dem Darlehensnehmer spätestens mit der Fristsetzung ein Gespräch über die Möglichkeiten einer einverständlichen Regelung anbieten.

(2) Bei einem Immobiliar-Verbraucherdarlehensvertrag muss der Darlehensnehmer abweichend von Absatz 1 Satz 1 Nummer 1 Buchstabe b mit mindestens 2,5 Prozent des Nennbetrags des Darlehens in Verzug sein.

Schrifttum

Freitag Die Beendigung des Darlehensvertrags nach dem Schuldrechtsmodernisierungsgesetz, WM 2001 2370; *Grüneberg* Zum Kündigungsrecht des Darlehensgebers aus wichtigem Grund wegen Verschlechterung der Vermögensverhältnisse des Darlehensnehmers beim Verbraucherdarlehensvertrag, Festschrift Nobbe (2009) 283; *Knops* Die Kündigung des vertragsmäßig bedienten Kredits wegen Vermögensverschlechterung, WM 2012 1649; *Leube* Inhaltliche Anforderungen an die qualifizierte Mahnung nach § 498 I 1 Nr. 2 BGB, NJW 2007 3240; *Regenfus* Die Kündigung des Kredits wegen Verschlechterung der Vermögensverhältnisse – Voraussetzungen, Erkenntnisdefizite und Risiken für den Darlehensgeber, ZBB 2015 383.

Systematische Überblick

24 OLG Stuttgart 26.3.2014, 9 U 193/13 (juris); OLG München 31.3.2014 WM **2014** 1341; OLG Stuttgart 11.2.2015 WM **2015** 1009; OLG Schleswig 21.5.2015 ZIP **2015** 1817.

A. Allgemeines

I. Gesetzesentwicklung

1 Mit § 498 BGB ist im Rahmen der Schuldrechtsmodernisierung mit Wirkung zum 1.1.2002 ohne inhaltliche Veränderungen die vormalige Regelung des § 12 VerbrKrG ins Bürgerliche Gesetzbuch übernommen worden. Der Vorschrift liegt trotz der weitgehenden Vollharmonisierung des Verbraucherdarlehensrechts keine europarechtliche Regelung zugrunde.[1] Im Zuge des OLG-Vertretungsänderungsgesetz ist kurz darauf zum 1.8. 2002 lediglich als Absatz 3 die Nichtgeltung der Vorschrift für Immobiliardarlehensverträge angefügt worden, was eine redaktionelle Folgeänderung der Streichung der bisherigen Teilbereichsausnahme zu Vorschriften des allgemeinen Verbraucherdarlehensrechts in § 491 Abs. 3 Nr. 1 BGB darstellte. Durch das Risikobegrenzungsgesetz ist mit Wirkung zum 18.8.2008 der Anwendungsbereich der Norm erstmals auf Immobiliardarlehensverträge mit besonderen Maßgaben für die Rückstandsquote ausgeweitet worden, da der Gesetzgeber verhindern wollte, dass Darlehensgeber schon bei geringem Zahlungsverzug auf Vermögensverfall des Darlehensnehmers schlössen und den Darlehensvertrag nach § 490 Abs. 1 BGB außerordentlich kündigen sowie sodann wegen des geringen Zahlungsrückstandes Vollstreckungsmaßnahmen einleiten.[2] Mit Umsetzung der europäischen Verbraucherkreditrichtlinie 2008/45/EG ins deutsche Recht ist die Regelung des Abs. 2 zur Berechnung der Restschuld bei Kündigung wegen Zahlungsverzugs in § 501 BGB und die Sonderregelung des Abs.3 für Immobiliardarlehensverträge in § 503 Abs. 3 BGB verankert worden. Schließlich ist im Rahmen der Umsetzung der europäischen Wohnimmobilienkreditrichtlinie 2014/17/EU die Sonderregelung aus § 503 Abs. 3 BGB inhaltlich unverändert wieder in § 498 BGB als dessen Abs. 2 angefügt worden.

II. Zweck der Vorschrift

2 Als Hintergrund der Regelung ist der Gesetzesbegründung zum VerbrKrG zu entnehmen, dass der Gesetzgeber bei einer Gesamtfälligstellung eines Darlehens für den Darlehensnehmer einschneidende finanzielle Konsequenzen sieht, da diese den Darlehensnehmer mit einem hohen, sofort auszugleichenden Saldo in einem Augenblick konfrontiere, in welchem seine wirtschaftliche Lage meist ohnehin so prekär ist, dass er nicht einmal das Geld für die Ratenzahlungen aufzubringen vermag und er daher Gefahr läuft in ein „dauerndes Zwangskreditverhältnis“ zu geraten.[3] Entsprechend wurden mit der Vorschrift qualifizierte Voraussetzungen für die Kündigung wegen Zahlungsverzugs des Darlehensnehmers geschaffen. Mit der Pflicht zur Nachfristsetzung nebst Androhung der Gesamtfälligstellung des Verbraucherdarlehens soll dem Darlehensnehmer eindeutig die gefährliche Situation des Darlehens vor Augen geführt und innerhalb der zweiwöchigen Nachfrist eine letzte Chance zur Rettung des Darlehens gewährt werden.[4] Das als „Soll-Regelung“ ausgestaltete Gesprächsangebot des Darlehensgebers bezweckt, eine andere Lösungsmöglichkeit als eine Kreditkündigung zustande zu bringen und im Übrigen ein Scheitern dieser Lösung zu vermeiden, falls der Verbraucher anderenfalls den Weg zum Darlehensgeber nicht findet.[5]

1 Nobbe/*Sauer* § 498 Rn. 1.
2 BT-Drs. 16/9821 S. 16.
3 BT-Drs. 11/5462 S. 13.
4 BT-Drs. 11/5462 S. 27.
5 BT-Drs. 11/5462 S. 27.

B. Tatbestand

I. Kündigungsvoraussetzungen

1. Ratenrückstand. Grundvoraussetzung ist tatbestandlich für die Anwendbarkeit des außerordentlichen Kündigungsrechts wegen Zahlungsverzugs des Darlehensnehmers, dass es sich um ein Darlehen handelt, für dessen Rückzahlung zwischen Darlehensgeber und Darlehensnehmer mindestens drei Ratenzahlungen vereinbart worden sind, da es nur dann begrifflich zu einem Verzug mit mindestens zwei aufeinander Raten kommen kann, der zu einer vorzeitigen Gesamtfälligstellung berechtigt.[6] Zusammen mit dem Erfordernis einer bestimmten Rückstandsquote nach lit. b) wird zugunsten des Darlehensnehmers erreicht, dass für diesen nicht das Risiko besteht, schon bei geringen Ratenrückständen einer Kündigung des Darlehensgebers ausgesetzt zu sein. 3

Das Erfordernis eines Rückstands des Darlehensnehmers mit zwei aufeinanderfolgenden Raten gem. Abs. 1 Nr. 1 a) ist auch dann erfüllt, wenn der Darlehensnehmer nur mit geringfügigen Teilen der Raten im Rückstand ist.[7] Durch die Kündigungsvoraussetzung des Ratenverzugs mit zwei aufeinanderfolgenden Raten besteht für den Darlehensgeber grundsätzlich die Gefahr, dass der Darlehensnehmer durch entsprechende Tilgungsbestimmung das Kündigungsrecht unterläuft, indem er auf jede zweite Rate die Leistung erbringt. Fehlt es zwischen Darlehensgeber und Darlehensnehmer an einer Vereinbarung zur Tilgungsreihenfolge, hat der Darlehensnehmer gem. § 366 Abs. 1 BGB grundsätzlich das Recht eine entsprechende Tilgungsbestimmung vorzunehmen. Dieses Risiko wird in der Kreditpraxis jedoch regelmäßig entfallen, da in der Teilzahlungsabrede eine Verrechnungsabrede über die Zahlung auf die jeweils noch offene älteste Schuld gesehen werden kann.[8] Zumindest ist in den Fällen, in denen bezüglich der laufenden Rate eine Mahnung für den Verzug des Darlehensnehmers nach § 286 Abs. 2 Nr. 1 BGB entbehrlich ist, im Hinblick auf den Sicherungszweck des Kündigungsrechts eine stillschweigender Ausschluss des Bestimmungsrechts des Darlehensnehmers anzunehmen.[9] 4

2. Rückstandsquote. Neben der Anzahl der aufeinanderfolgenden Raten, mit denen der Darlehensnehmer ganz oder teilweise in Verzug sein muss, ist tatbestandlich darüber hinaus eine bestimmte Rückstandsquote erforderlich. Die als Kündigungsvoraussetzung notwendige Rückstandsquote von Zahlungen des Darlehensnehmers muss sich allerdings nicht aus zwei aufeinander folgenden, nicht oder nicht vollständig gezahlten Raten ergeben, sondern es sind sämtliche Zahlungsrückstände einzubeziehen.[10] 5

Die Rückstandsquote muss gem. Nr. 1 b) bei einem Allgemein-Verbraucherdarlehensvertrag bei einer Vertragslaufzeit von bis zu drei Jahren mindestens 10 Prozent und bei einer Vertragslaufzeit von mehr als drei Jahren mindestens 5 Prozent des Nennbetrags des Darlehens betragen. Der Nennbetrag eines Verbraucherdarlehens ist der gesamte kreditierte Betrag, der sich aus dem Nettodarlehensvertrag i.S.v. Art. 247 § 3 Abs. 2 S. 2 EGBGB und den mitkreditierten laufzeitunabhängigen Einmalkosten zusammen-

6 Nobbe/*Müller-Christmann* § 498 Rn.3; Langenbucher/Bliesener/Spindler/*Roth* § 498 Rn. 6; MüKo BGB/*Schürnbrand* § 498 Rn. 4; Palandt/*Weidenkaff* § 498 Rn. 1.
7 Nobbe/*Müller-Christmann* § 498 Rn.7; MüKo BGB/*Schürnbrand* § 498 Rn. 11; Palandt/*Weidenkaff* § 498 Rn. 3.
8 Staudinger/*Kessal-Wulf* § 498 Rn. 11; Palandt/*Weidenkaff* § 498 Rn. 3.
9 Nobbe/*Müller-Christmann* § 498 Rn. 7; MüKo BGB/*Schürnbrand* § 498 Rn. 12.
10 Bülow/Artz/Bülow § 498 Rn. 18; Nobbe/*Müller-Christmann* § 498 Rn. 8; MüKo BGB/*Schürnbrand* § 498 Rn. 13; Palandt/*Weidenkaff* § 498 Rn. 3.

setzt.[11] Bei diesen Einmalkosten kann es sich bspw. um Kosten einer Restschuldversicherung oder um Vermittlungsprovisionen handeln.

Bei Immobiliar-Verbraucherdarlehen gilt gem. Abs. 2 in Bezug auf die erforderliche Rückstandsquote die Besonderheit, dass der Darlehensnehmer mit mindestens 2,5 Prozent des Nennbetrags des Darlehens in Verzug sein muss.

6 **3. Verzug.** Der Verbraucher muss sich mit seinen Zahlungen in Verzug befinden. Tatbestandlich richtet sich der Eintritt des Verzugs des Darlehensnehmers nach den Voraussetzungen des § 286. Die Fälligkeit der einzelnen Zahlungen des Schuldners wird sich regelmäßig aus einem Teilzahlungsplan gem. § 492 Abs. 2 BGB, Art. 247 Abs. 1 Nr. 7 EGBGB und einem Tilgungsplan nach § 492 Abs. 3 S. 2 BGB ergeben. Eine Mahnung wird für den Verzugseintritt in der Praxis demzufolge gem. § 286 Abs. 2 Nr. 1 BGB entbehrlich sein, da für die Erbringung der Leistung in Form der Darlehensrate eine Zeit nach dem Kalender bestimmt sein wird. Der Eintritt des Verzugs des Darlehensnehmers erfordert gem. § 286 Abs. 4 BGB auch ein Verschulden. Den Geldmangel, welcher zur mangelnden Zahlung bei Fälligkeit führt, hat der Verbraucher allerdings stets zu vertreten.[12]

7 **4. Nachfristsetzung mit Kündigungsandrohung.** Als weitere zwingende Voraussetzung des Kündigungstatbestands muss der Darlehensgeber dem Verbraucher gem. Abs. 1 Nr. 2 eine Nachfrist von zwei Wochen zur Zahlung des rückständigen Betrags setzen. Die Nachfristsetzung ist mit der Erklärung zu verbinden, dass der Darlehensgeber bei Nichtzahlung innerhalb der Frist die gesamt Restschuld verlangt, d.h. die Darlehensvaluta aufgrund außerordentlicher Kündigung zur Rückzahlung fällig stellt. Die Nachfrist darf vom Darlehensgeber aufgrund des in § 512 S. 1 BGB statuierten Verbots abweichender Vereinbarungen zum Nachteil des Verbrauchers nicht verkürzt werden; eine Verlängerung der Frist ist hingegen natürlich möglich.

8 Bei Ausspruch der Kündigungsandrohung ist seitens des Darlehensgebers darauf zu achten, dass der vom Darlehensnehmer geschuldete rückständige Betrag genau beziffert wird. Nach der Rechtsprechung des BGH werden an die zutreffende Angabe des rückständigen Betrages hohe Anforderungen gestellt, so dass selbst geringfügige Zuvielforderungen die Unwirksamkeit zur Folge haben, sofern es sich nicht um bloße Cent-Beträge oder Berechnungsfehler aufgrund eines offensichtlichen „Zahlendrehers" handelt.[13] Folge eines Verstoßes gegen diese Anforderung zur Angabe des geschuldeten rückständigen Betrages ist die Unwirksamkeit der vom Darlehensgeber ausgesprochenen Kündigung. Ausnahmsweise ist eine Nachfristsetzung nebst Kündigungsandrohung seitens des Darlehensgebers dann entbehrlich, wenn der Darlehensnehmer sich ernsthaft und endgültig verweigert hat, auf das Darlehen weitere Leistungen zu erbringen, da in einem solchen Fall die Einhaltung von Abs. 1 Nr. 2 eine nutzlose, durch nichts zu rechtfertigende Förmelei wäre.[14]

Der Darlehensgeber muss mit der Erklärung der außerordentlichen Kündigung den erfolglosen Ablauf der Frist zur Zahlung des rückständigen Betrags abwarten. Das sodann bestehende Recht zur Kündigung entfällt nicht dadurch wieder, dass der Darlehensnehmer vor Ausspruch der ihm angedrohten Kündigung Teilzahlungen erbringt,

---

11 BT-Drs. 11/5462 S. 19; BT-Drs. 16/11643 S. 84; Nobbe/*Müller-Christmann* § 498 Rn. 8; MüKo BGB/*Schürnbrand* § 498 Rn. 13; Langenbucher/Bliesener/Spindler/*Roth* § 498 Rn. 8; Palandt/*Weidenkaff* § 498 Rn. 3.

12 Bülow/Artz/*Bülow* § 498 Rn. 12.

13 BGH 26.1.2005 WM **2005** 459.

14 BGH 5.12.2006 WM **2007** 440; Nobbe/*Müller-Christmann* § 498 Rn. 14.

welche den rückständigen Betrag unter die Rückstandsquote nach Abs. 1 Nr. 1 a) zurückführen. Das zugunsten des Darlehensgebers entstandene Kündigungsrecht entfällt nur dann wieder, wenn der Verbraucher fristgerecht, jedenfalls vor Ausspruch der Kündigung, den rückständigen Betrag vollständig zahlt, da es mit dem Verständnis der Kündigungsandrohung nicht zu vereinbaren wäre, dem Darlehensgeber die Kündigung schon dann zu versagen, wenn der Verbraucher nur einen Teil des rückständigen Betrags bezahlt.[15] Von diesem Grundsatz ist selbst dann keine Ausnahme veranlasst, wenn der Darlehensnehmer nur mit einem geringfügigen Restbetrag in Verzug bleibt, da auch in diesem Fall der Darlehensgeber berechtigterweise auf eine erhebliche Kreditgefährdung schließen darf und ihm daher ein weiteres Zuwarten nicht zugemutet werden kann.[16]

II. Gesprächsangebot (Abs. 1 S. 2)

In Form einer „Soll-Regelung" ist der Darlehensgeber darüber hinaus dazu aufgefordert, dem Darlehensnehmer spätestens mit der Nachfristsetzung ein Gespräch über die Möglichkeiten einer einvernehmlichen Regelung anzubieten. Durch die Regelung soll bewirkt werden, dass gerade in Fällen vorübergehender Zahlungsstockungen auf Seiten des Darlehensnehmers anstelle der Kündigung des Darlehensvertrags andere, für beide Seiten befriedigende Lösungsmöglichkeiten gefunden werden.[17] Dabei handelt es sich allerdings nicht um eine Wirksamkeitsvoraussetzung für die außerordentliche Kündigung wegen Zahlungsverzugs des Darlehensnehmers.[18] Mit anderen Worten kann der Darlehensgeber auch dann wirksam kündigen, wenn er die erforderliche Nachfristsetzung nicht mit einem Gesprächsangebot über die Möglichkeit einer einvernehmlichen Regelung verbunden hat. 9

III. Verhältnis zu anderen Kündigungsrechten

§ 498 BGB regelt für sämtliche Verbraucherdarlehensverträge das außerordentliche Kündigungsrecht des Darlehensgebers wegen Zahlungsverzugs des Darlehensnehmers. Grundsätzlich besteht für den Darlehensgeber auch ein außerordentliches Kündigungsrecht nach §§ 490 Abs. 1, 314 BGB sowie Nr. 19 Abs. 3 AGB-Banken. Problematisch ist jedoch, wenn unter Berufung auf diese Kündigungsrechte eine außerordentliche Kündigung wegen eines Sachverhalts erklärt werden soll, der tatbestandlich von § 498 BGB erfasst ist. Konkret betrifft dies eine Kündigung des Verbraucherdarlehens nach § 490 Abs. 1 BGB bzw. Nr. 19 Abs. 3 S. 2 Hs. 2 AGB-Banken wegen drohender oder eingetretener Verschlechterung der Vermögenslage des Darlehensnehmers, welche in einem Zahlungsverzug mit der Ratentilgung zum Ausdruck kommt. Für derartige kurzfristige Zahlungsschwierigkeiten eines Verbrauchers entfaltet § 498 BGB eine Sperrwirkung zulasten auf Basis anderer rechtlicher Grundlage bestehender außerordentlicher Kündigungsrechte des Darlehensgebers. Anderenfalls würden die qualifizierten Kündigungsvoraussetzungen des § 498 unterlaufen werden.[19] Dies bestimmt auch Nr. 19 Abs. 4 AGB-Banken, wonach eine Bank ein Verbraucherdarlehen wegen Zahlungsverzugs nur nach der Maßgabe der Sonderregelung des BGB außerordentlich kündigen kann. Eine Kündigung nach Nr. 19 Abs. 3 AGB-Banken kommt demnach nicht in Betracht, wenn der Kun- 10

15 BGH 26.1.2005 WM **2005** 459; Palandt/*Weidenkaff* § 498 Rn. 3.
16 MüKo BGB/*Schürnbrand* § 497 Rn. 199.
17 MüKo BGB/*Schürnbrand* § 498 Rn. 20.
18 BT-Drs. 11/5462 S. 27; Nobbe/*Müller-Christmann* § 498 Rn. 15; MüKo BGB/*Schürnbrand* § 498 Rn. 20.
19 BT-Drs. 16/9821 S. 16; Nobbe/*Müller-Christmann* § 498 Rn. 19; MüKo BGB/*Schürnbrand* § 498 Rn. 24.

de zwar wiederholt unpünktlich zahlt, aber nicht mit zwei aufeinander folgenden Raten i.S.v. § 498 Abs. 1 Nr. 1 a) BGB in Verzug gerät.[20]

11 Eine außerordentliche Kündigung eines Verbraucherdarlehensvertrages durch die Bank auf Grundlage von §§ 490 Abs. 1, 314 BGB sowie Nr. 19 Abs. 3 AGB-Banken bleibt somit insofern unberührt, als dass der Kündigungsgrund nicht im Zusammenhang mit konkreten bzw. vorübergehenden Zahlungsschwierigkeiten des Verbrauchers steht.[21] Dies gilt für sämtliche Fälle, in denen dem Darlehensgeber aufgrund einer Gesamtwürdigung aller Umstände sowie unter Berücksichtigung der Belange des Verbrauchers das Festhalten am Vertrag aus sonstigen Gründen, die nicht in einem Zahlungsverzug bestehen, unzumutbar ist. Solche Umstände können u.a. eine dauerhaft finanzielle Schieflage des Verbrauchers betreffen sowie auch die sonstigen in Nr. 19 Abs. 3 als Regelbeispiele genannten Gründe. Indiz für dauerhafte finanzielle Probleme kann die Abgabe einer eidesstattlichen Versicherung durch den Verbraucher sein.[22] In diesen Fällen ist dem Darlehensgeber unabhängig von der Regelung des § 498 BGB eine außerordentliche Kündigung eines Verbraucherdarlehens möglich.

IV. Ausübung des Kündigungsrechts

12 **1. Maßgaben bei der Erklärung der Kündigung.** Nach erfolglosem Ablauf der dem Darlehensnehmer seitens des Darlehensgebers gesetzten Nachfrist, ist der Darlehensgeber zur Ausübung des außerordentlichen Kündigungsrechts berechtigt. Die Erklärung der Kündigung hat in einer gesonderten Erklärung zu erfolgen und kann nicht bereits mit der Nachfristsetzung nebst Kündigungsandrohung verbunden werden. Die Erklärung einer durch die nicht innerhalb der Nachfrist erfolgte Rückzahlung des Darlehensnehmers aufschiebend bedingten Kündigung, ist zwar eine rechtlich zulässige Potestativbedingung, jedoch würde dadurch der Zweck des gesetzlich vorgesehenen Gesprächsangebots zur Herbeiführung einer einvernehmlichen Lösung leerlaufen und zu einer bloßen Formalität degradiert werden.[23] Überdies ergibt sich auch aus dem Wortlaut des § 498 Abs. 1 S. 1 BGB, dass die Kündigung erst dann erklärt werden kann, wenn u.a. die Kündigung angedroht worden ist. Dies bringt eine zeitlich abgestufte Reihenfolge von Nachfristsetzung und Kündigungserklärung zum Ausdruck.

13 Die Ausübung des Kündigungsrechts unterliegt darüber hinaus gewissen zeitlichen Schranken. Dem Darlehensgeber wird zwar ausweislich der gesetzlichen Vorschriften nach Ablauf der gesetzten Frist keine Frist zur Erklärung der Kündigung gesetzt, jedoch kann das Kündigungsrecht verwirkt sein.[24] Nach herrschender Meinung im Schrifttum muss die Erklärung der Kündigung innerhalb angemessener Zeit nach Ablauf der Nachfrist ausgeübt werden.[25] Die Frist von zwei Wochen, welche § 626 Abs. 2 S. 1 BGB für die außerordentliche Kündigung bestimmt ist, kann auf Darlehensverträge nicht angewendet werden, da es sich bei dieser starren Ausschlussfrist um eine Sonderregelung für

---

20 *Bunte*, Kommentar AGB-Banken Nr. 19 Rn. 435.
21 Nobbe/*Müller-Christmann* § 498 Rn. 19; MüKo BGB/*Schürnbrand* § 498 Rn. 24; Palandt/*Weidenkaff* § 498 Rn. 1.
22 Nobbe/*Müller-Christmann* § 498 Rn. 19; MüKo BGB/*Schürnbrand* § 498 Rn. 24.
23 Nobbe/*Müller-Christmann* § 497 Rn. 16; MüKo BGB/*Schürnbrand* § 498 Rn. 21.
24 Bülow/Artz/*Bülow* § 498 Rn. 24.
25 Bülow/Artz/*Bülow* § 498 Rn. 24; Nobbe/*Müller-Christmann* § 497 Rn. 17; Langenbucher/Bliesener/Spindler/*Roth* § 498 Rn. 11; MüKo BGB/*Schürnbrand* § 498 Rn. 23; Palandt/*Weidenkaff* § 498 Rn. 4.

Dienstverträge handelt, welche sich nicht auf andere Vertragsverhältnisse übertragen lässt.[26]

2. Kündigungsfolgen. Mit Wirksamwerden der Kündigung ist das Darlehensverhältnis mit ex-nunc-Wirkung beendet. Die noch ausstehende Restvaluta ist zur Rückzahlung seitens des Darlehensnehmers an den Darlehensnehmer fällig. Der Darlehensnehmer verliert somit das Recht zur Kapitalnutzung für die ursprünglich vereinbarte Laufzeit des Vertrages. Befreit ist der Darlehensnehmer ab Zugang der Kündigung des Darlehensgebers von der vertraglichen Pflicht zur Zahlung des Zinses. Eine Verzinsungspflicht kann sich allerdings ergeben, wenn er mit der Rückzahlung der fälligen Restschuld in Verzug gerät. Je nachdem, ob vom Darlehensgeber mit der Kündigung dem Darlehensnehmer eine Rückzahlungsfrist gesetzt worden ist, bedarf es für den Verzugseintritt hinsichtlich der Restschuld einer Mahnung. 14

§ 505a BGB
Pflicht zur Kreditwürdigkeitsprüfung bei Verbraucherdarlehensverträgen

(1) Der Darlehensgeber hat vor dem Abschluss eines Verbraucherdarlehensvertrags die Kreditwürdigkeit des Darlehensnehmers zu prüfen. Der Darlehensgeber darf den Verbraucherdarlehensvertrag nur abschließen, wenn aus der Kreditwürdigkeitsprüfung hervorgeht, dass bei einem Allgemein-Verbraucherdarlehensvertrag keine erheblichen Zweifel daran bestehen und dass es bei einem Immobiliar-Verbraucherdarlehensvertrag wahrscheinlich ist, dass der Darlehensnehmer seinen Verpflichtungen, die im Zusammenhang mit dem Darlehensvertrag stehen, vertragsgemäß nachkommen wird.

(2) Wird der Nettodarlehensbetrag nach Abschluss des Darlehensvertrags deutlich erhöht, so ist die Kreditwürdigkeit auf aktualisierter Grundlage neu zu prüfen, es sei denn, der Erhöhungsbetrag des Nettodarlehens wurde bereits in die ursprüngliche Kreditwürdigkeitsprüfung einbezogen.

(3) Bei Immobiliar-Verbraucherdarlehensverträgen, die

1. **im Anschluss an einen zwischen den Vertragsparteien abgeschlossenen Darlehensvertrag ein neues Kapitalnutzungsrecht zur Erreichung des von dem Darlehensnehmer mit dem vorangegangenen Darlehensvertrag verfolgten Zweckes einräumen oder**
2. **einen anderen Darlehensvertrag zwischen den Vertragsparteien zur Vermeidung von Kündigungen wegen Zahlungsverzugs des Darlehensnehmers oder zur Vermeidung von Zwangsvollstreckungsmaßnahmen gegen den Darlehensnehmer ersetzen oder ergänzen,**

bedarf es einer erneuten Kreditwürdigkeitsprüfung nur unter den Voraussetzungen des Absatzes 2. Ist danach keine Kreditwürdigkeitsprüfung erforderlich, darf der Darlehensgeber den neuen Immobiliar-Verbraucherdarlehensvertrag nicht abschließen, wenn ihm bereits bekannt ist, dass der Darlehensnehmer seinen Verpflichtungen, die im Zusammenhang mit diesem Darlehensvertrag stehen, dauerhaft nicht nachkommen kann. Bei Verstößen gilt § 505d entsprechend.

---

26 BGH 12.7.1984 WM **1984** 1273; OLG Nürnberg 27.4.2009 WM **2009** 1744; Langenbucher/Bliesener/Spindler/*Roth* § 498 Rn. 11; MüKo BGB/*Schürnbrand* § 498 Rn. 23.

Schrifttum

Binder Kreditwürdigkeitsprüfung bei Verbraucherkrediten, ZIP 2018 1201; *Buck-Heeb* Rechtsfolgen fehlender oder fehlerhafter Kreditwürdigkeitsprüfung, NJW 2016 2065; dies. Kreditvergabe nach dem Finanzaufsichtsergänzungsgesetz, WM 2017 1329; *Buck-Heeb/Lang* Kreditwürdigkeitsprüfung, Exploration und Beratung bei Immobiliar-Verbraucherdarlehen nach der Umsetzung der Wohnimmobilienkreditrichtlinie, ZBB 2016 320; *Herresthal* Die Verpflichtung zur Bewertung der Kreditwürdigkeit und zur angemessenen Erläuterung nach der neuen Verbraucherkreditrichtlinie 2008/48/EG, WM 2009 1174; *Hoffmann/Bartlitz* Erläuterungs- und Bonitätsprüfungspflicht im Verbraucherkreditrecht, WM 2014 2297; *Hofmann* Die Pflicht zur Bewertung der Kreditwürdigkeit, NJW 2010 1782; *König* Neue Anforderungen an die zivilrechtliche Kreditwürdigkeitsprüfung, WM 2017 269; *Omlor* Neuregelung der Finanzierung von Wohnimmobilien, NJW 2017 1633; *Schultheiß* Anschlussfinanzierungen und Umschuldungen in der Kreditwürdigkeitsprüfung, ZBB 2018 107; *Stamenkovic/Michel* Die geplante Neuregelung zum Inhalt und zur Durchführung der Kreditwürdigkeitsprüfung im deutschen Recht, VuR 2016 132.

Systematische Übersicht

A. Allgemeines

I. Gesetzesentwicklung

1 Die neu mit Wirkung zum 21.3.2016 ins BGB eingefügte zivilrechtliche Pflicht des Darlehensgebers eines Verbraucherdarlehens zur Vornahme einer Kreditwürdigkeitsprüfung basiert sowohl auf der Umsetzung der europäischen Wohnimmobilienkreditrichtlinie 2014/17/EU als auch in der nationalen Ausgestaltung auf zwei Urteilen des EuGH. Nach der zuvor geltenden Rechtslage bestand die Pflicht zur Vornahme einer Kreditwürdigkeitsprüfung auf Grundlage der aufsichtsrechtlichen Regelung in § 18 Abs. 2 KWG a.F. Für den Bereich des Verbraucherdarlehensrechts hatte der Gesetzgeber bei Umsetzung von Art. 8 der europäischen Verbraucherkreditrichtlinie 2008/48/EG mit Wirkung zum 11.6.2010 von der Einführung einer zivilrechtlichen Vorschrift im BGB abgesehen. Darlehensgewährende Kreditinstitute mussten bisher die nach Ansicht des Gesetzgebers primär im öffentlichen Interesse vorgenommene Pflicht zur Kreditwürdigkeitsprüfung „lediglich" aufgrund der zuvor genannten öffentlich-rechtlichen bzw. aufsichtsrechtlichen Vorgaben erfüllen. Diese Pflicht zur Kreditwürdigkeitsprüfung nach § 18 Abs. 2 KWG a.F. vor der Vergabe von Krediten an Verbraucher, hatte nach herrschender Auffassung keinen drittschützenden Charakter und stellte somit auch kein Schutzgesetz i.S.v. § 823 Abs. 2 BGB dar.[1] Die daneben bestehende Pflicht zur zivilrechtlichen Kreditwürdigkeitsprüfung in § 509 BGB a.F. bezog sich ausschließlich auf entgeltliche Finanzierunghilfen

1 Staudinger/*Freitag* § 488 Rn. 36 c; Schwenicke/Auerbach/ *Döser* KWG 2. Aufl. 2013, § 18 Rn. 53; Schimansky/Bunte/Lwowski/*Münscher/Peters* § 81 Rn. 115; *Schürnbrand* ZBB 2008 383, 388; Kümpel/Wittig/*Merz* Rn. 10.168.

eines nicht der Aufsicht des KWG unterliegenden Darlehensgebers und war damit für die überwiegenden Fälle der Kreditvergabe nicht anwendbar.[2]

Der EuGH hatte allerdings bereits die Vorschrift des Art. 8 der europäischen Verbraucherkreditrichtlinie 2008/48/EG als verbraucherschützende Norm interpretiert, mithin nicht nur als öffentlich-rechtliche Pflicht des Darlehensgebers.[3] Unter Berücksichtigung der Erwägungsgründe der Verbraucherkreditrichtlinie hatte der EuGH geurteilt, dass die vorvertragliche Verpflichtung des Darlehensgebers zur Beurteilung der Kreditwürdigkeit des Darlehensnehmers den Schutz der Verbraucher vor der Gefahr einer Überschuldung und der Zahlungsunfähigkeit bezweckt.[4] Mit dem nationalen Umsetzungsgesetz zur europäischen Wohnimmobilienkreditrichtlinie 2014/17/EU ist § 509a a.F. aufgehoben und die zivilrechtliche Pflicht zur Vornahme einer Kreditwürdigkeitsprüfung in den §§ 505a ff. BGB auf sämtliche Verbraucherdarlehen erstreckt worden. Im Zuge des Gesetzes zur Umsetzung der zweiten Zahlungsdiensterichtlinie ist mit Wirkung zum 22.7.2017 ein neuer Abs. 3 der Regelung des § 505a BGB angefügt worden. Auf Grundlage der Ermächtigung in § 505e BGB haben das Bundesministerium der Finanzen und das Bundesministerium der Justiz und für Verbraucherschutz zudem eine Verordung zur Festlegung von Leitlinien zu den Kriterien und Methoden der Kreditwürdigkeitsprüfung bei Immobiliar-Verbraucherdarlehensverträgen (ImmoKPLV) erlassen, die mit Wirkung zum 30.4.2018 in Kraft getreten ist. 2

II. Zweck der Vorschrift

Die neue vom Gesetzgeber im Zuge der Umsetzung der europäischen Wohnimmobilienkreditrichtlinie 2014/17/EU geschaffene zivilrechtliche Pflicht zur Vornahme einer Kreditwürdigkeitsprüfung soll nunmehr dem Schutz des Verbrauchers vor Überschuldung dienen. Die Kreditwürdigkeitsprüfung wird nicht mehr als eine primär im öffentlichem Interesse liegende Pflicht, sondern gleichwertig dazu auch als Schutzpflicht gegenüber dem Verbraucher verstanden.[5] Geschützt werden soll, neben dem einzelnen Verbraucher, zugleich auch vor den volkswirtschaftlich negativen Folgen einer etwaig verantwortungslosen Kreditvergabe.[6] 3

B. Tatbestand

I. Anwendungsbereich

1. Persönlich. Die zivilrechtliche Pflicht zur Vornahme der Kreditwürdigkeitsprüfung findet auf sämtliche Darlehensgeber Anwendung, die als Unternehmer einem Verbraucher ein Darlehen gewähren. Die ursprünglich im Rahmen des nationalen Gesetzgebungsverfahrens zur Umsetzung der europäischen Wohnimmobilienkreditrichtlinie 2014/17/EU vorgesehene Kollisionsregelung des § 505e BGB Ref-E, wonach die §§ 505a–505d BGB nicht für Darlehensgeber gelten, die Kreditinstitute iSd KWG oder Zahlungsdienstleister iSd ZAG sind, ist im späteren Verlauf durch den Regierungsentwurf wieder gestrichen und somit nicht ins BGB aufgenommen worden.[7] Dies hat zur Folge, dass so- 4

2 *Buck-Heeb* NJW **2016** 2065, 2066.
3 EuGH 27.3.2014 WM **2014** 1528.
4 EuGH 27.3.2014 WM **2014** 1528.
5 BT-Drs. 18/5922 S. 96.
6 MüKo BGB/*Schürnbrand* § 505a Rn. 1.
7 Vgl. zu § 505e BGB Ref-E auch den Referentenentwurf des Bundesministeriums der Justiz und für Verbraucherschutz vom 18.12.2014, S. 102.

wohl die §§ 505a–505d BGB als auch die aufsichtsrechtliche Parallelnorm des § 18a KWG für Kreditinstitute als Darlehensgeber Bedeutung haben und Geltung beanspruchen.

5 **2. Sachlich.** Die zivilrechtlich und damit individualrechtlich den Verbraucher schützende Pflicht des Darlehensgebers zur Vornahme einer Kreditwürdigkeitsprüfung bevor der Vertrag abgeschlossen wird sowie das Verbot eines Darlehensvertragsabschlusses bei einem negativen Ergebnis der Prüfung, findet sowohl auf Allgemein-Verbraucherdarlehensverträge als auch auf Immobiliar-Verbraucherdarlehensverträge Anwendung. Der Gesetzgeber ist in Bezug auf das in § 505a Abs. 1 S. 2 Alt. 1 BGB enthaltene Verbot des Vertragsschlusses für Allgemein-Verbraucherdarlehensverträge über die Vorgaben der Verbraucherkreditrichtlinie 2008/48/EG hinausgegangen, da diese in Art. 8 keine entsprechende Vorgabe enthalten hat. Die Ausweitung des Art. 18 Abs. 5 lit. b) der europäischen Wohnimmobilienkreditrichtlinie 2014/17/EU auf Allgemein-Verbraucherdarlehensverträge stellt aus diesem Grunde auch keinen Verstoß gegen das Gebot der Vollharmonisierung der Kreditwürdigkeitsprüfung nach der Verbraucherkreditrichtlinie dar.[8]

II. Prüfungspflicht und Verbot des Vertragsschlusses

6 **1. Prüfungsmaßstab.** Durch Abs. 1 S. 1 wird dem Darlehensgeber bei sämtlichen Verbraucherdarlehensverträgen eine Pflicht zur Prüfung der Kreditwürdigkeit auferlegt. Diese besteht unabhängig von der Höhe des Darlehens.[9] Die Kreditwürdigkeit beinhaltet eine positive Prognose darüber, dass der Darlehensnehmer seinen künftigen Zahlungspflichten aus dem Darlehensvertrag nachkommen wird.[10] Allein das positive Ergebnis einer Kreditwürdigkeitsprüfung führt allerdings nicht dazu, dass der Darlehensgeber zur Ausreichung des Darlehens gegenüber dem Verbraucher verpflichtet ist.[11] Da seitens des Darlehensgebers auf die Kreditwürdigkeit des Darlehensnehmers abzustellen ist, muss bei der Prüfung der Kreditwürdigkeit ausschließlich die Bonität des Darlehensnehmers und nicht diejenige eines Bürgen oder eines weiteren persönlichen Sicherheitengebers berücksichtigt werden, so dass das Verbot des Vertragsschlusses bei fehlender Bonität des Darlehensnehmers greift, selbst wenn ein „Mithaftender“ mit ausreichender Bonität Sicherheit leisten würde.[12]

7 Bei den beiden Arten von Verbraucherdarlehen besteht allerdings ein unterschiedlicher Maßstab im Rahmen der Kreditwürdigkeitsprüfung. Bei einem Allgemein-Verbraucherdarlehensvertrag genügt es, dass keine erheblichen Zweifel daran bestehen, dass der Darlehensnehmer pünktlich und regelmäßig zahlt und damit seinen Pflichten vertragsgemäß nachkommt.[13] Die im Vergleich zum Immobiliar-Verbraucherdarlehensvertrag geringeren Anforderungen sind vor allem darin begründet, dass Allgemein-Verbraucherdarlehensverträge häufig zu geringeren Darlehenssummen abgeschlossen werden, so dass der Aufwand für eine positive Feststellung der wahrscheinlichen Vertragserfüllung durch den Darlehensnehmer unverhältnismäßig erscheinen würde.[14] Bei Immobiliar-Verbraucherdarlehen muss die Fähigkeit zur vertragsgemäßen Rückführung

---

8 BT-Drs. 18/5922 S. 97.
9 Palandt/*Weidenkaff* § 505a Rn. 3.
10 MüKo BGB/*Schürnbrand* § 505a Rn. 6.
11 Erwägungsgrund 57 europäische Wohnimmobilienkreditrichtlinie 2014/17/EU; so auch Prütting/Wegen/Weinreich/*Nobbe* § 505a Rn. 8.
12 *König* WM **2017** 269.
13 Bülow/Artz/*Artz* § 505a Rn. 9.
14 BT-Drs. 18/5922 S. 98.

durch den Verbraucher hingegen wahrscheinlich sein. Die Gründe, die für eine vertragsgemäße Rückführung des Darlehens sprechen, müssen mithin etwaig verbleibende Zweifel ganz deutlich überwiegen.[15] Als Motiv für den unterschiedlichen Maßstab betonte der europäische Richtliniengeber die Notwendigkeit einer Verschärfung der Anforderungen im Verhältnis zum (allgemeinen) Verbraucherkredit aufgrund der Erfahrungen aus der Finanzkrise.[16] Die Anforderungen an die Einschätzung der Wahrscheinlichkeit sind für Immobiliar-Verbraucherdarlehensverträge durch § 3 ImmoKWPLV konkretisiert worden. Nach dessen Abs. 1 kann der Darlehensgeber einen nach der Lebenserfahrung anzunehmenden Verlauf der Dinge unterstellen, wenn nicht konkrete Anhaltspunkte für einen abweichenden Verlauf vorliegen. Damit wird zum einen klargestellt, dass der Darlehensgeber sich bei der Prognose grundsätzlich auf Erfahrungswissen stützen kann, sofern verlässliche Tatsachen nicht zu ermitteln sind und zum anderen ein typischer Verlauf der Dinge maßgeblich ist, womit ausgeschlossen wird, dass zur Einhaltung des Wahrscheinlichkeitsmaßstabs bei der Kreditwürdigkeitsprüfung aus Vorsicht ausschließlich negative, nach der Lebenserfahrung aber atypische Annahmen zugrunde gelegt werden, wenn konkrete Anhaltspunkte hierfür nicht vorliegen.[17] Überdies wird durch § 3 Abs. 2 ImmoKWPLV auch der im Rahmen der Kreditwürdigkeitsprüfung zu berücksichtigende Zeitraum einer Klärung zugeführt. Danach hat sich der Prognosezeitraum auf den Zeitraum der vertraglichen Verpflichtungen zu erstrecken. Demzufolge hat die Kreditwürdigkeitsprüfung den gesamten Vertragszeitraum abzudecken und kann sich nicht lediglich auf einen kürzeren Zinsbindungszeitraum beschränken.[18] Ausgehend von den zum Zeitpunkt der Kreditwürdigkeitsprüfung gegenwärtig bekannten Verhältnissen des Darlehensnehmers, die als Ausgangsbasis der Prognose dienen, hat der Darlehensgeber in die Zukunft gerichtet auch auf Erfahrungswissen sowie Schätzungen abzustellen und dabei zu vertretbaren Ergebnissen zu kommen.[19]

2. Verbot des Vertragsschlusses. Die Regelung des Abs. 1 S. 2 enthält in Umsetzung von Art. 18 Abs. 5a) der europäischen Wohnimmobilienkreditrichtlinie 2014/17/EU ein Verbot für den Darlehensgeber, bei einem negativen Ergebnis der Kreditwürdigkeitsprüfung den Verbraucherdarlehensvertrag abzuschließen. Diese Vorschrift ist vom Gesetzgeber auf Allgemein-Verbraucherdarlehensverträge ausgeweitet worden. Die Verbraucherkreditrichtlinie 2008/48/EG enthielt zwar in Art. 8 die Pflicht zu Prüfung der Kreditwürdigkeit und den dabei anzulegenden Maßstab, darüber hinaus aber keine Vorgaben zu den aus der Kreditwürdigkeitsprüfung zu ziehenden Konsequenzen. Um einen sachlich nicht gerechtfertigten Umkehrschluss zu vermeiden, bei Allgemein-Verbraucherdarlehensverträgen sei ein Vertragsschluss auch dann zulässig, wenn durch die Kreditwürdigkeitsprüfung erhebliche Zweifel an der Kreditwürdigkeit festgestellt würden oder diese sogar verneint würde, hat der deutsche Gesetzgeber den Anwendungsbereich auf Allgemein-Verbraucherdarlehen erstreckt.[20] Dem Verbot des Vertragsschlusses liegen allerdings unterschiedliche Anforderungen an das Ergebnis der Kreditwürdigkeitsprüfung zugrunde, je nachdem, ob es sich um einen Allgemein-Verbraucherdarlehensvertrag oder einen Immobiliar-Verbraucherdarlehensvertrag handelt (vgl. § 505b Rn. 3ff.). 8

---

15 MüKo BGB/*Schürnbrand* § 505a Rn. 7.
16 Vgl. Erwägungsgrund 22 der Wohnimmobilienkreditrichtlinie 2014/17/EU.
17 Begründung ImmoKWPLV BAnz AT 30.04.2018 B1, S. 4.
18 Begründung ImmoKWPLV BAnz AT 30.04.2018 B2, S. 4.
19 Begründung ImmoKWPLV BAnz AT 30.04.2018 B2, S. 4.
20 BT-Drs. 18/5922 S. 97; MüKo BGB/*Schürnbrand* § 505a Rn. 8.

9 Die Kreditwürdigkeit erfordert die Prognose, dass der Darlehensnehmer seinen Verpflichtungen im Zusammenhang mit dem Darlehensvertrag vertragsgemäß nachkommen wird.[21] Das Verbot zum Abschluss des Darlehens stellt allerdings kein Verbotsgesetz iSd § 134 BGB dar, welches bei einem Verstoß zur Nichtigkeit des abgeschlossenen Darlehensvertrages führt.[22] Wird vom Darlehensgeber gegen die Pflicht zur Kreditwürdigkeitsprüfung bzw. das Verbot eines Vertragsabschlusses verstoßen, bleibt der Verbraucherdarlehensvertrag somit selbst dann zivilrechtlich wirksam bestehen, wenn der Verbraucher als Darlehensnehmer einen Darlehensvertrag abschließt, der aufgrund des Ergebnisses der Kreditwürdigkeitsprüfung nicht hätte geschlossen werden dürfen.[23] Zwecks Vermeidung eines Verstoßes gegen das Verbot zum Vertragsschluss ist die individuelle Situation des Verbrauchers im konkreten Einzelfall, mit anderen Worten bezogen auf den konkreten Kreditwunsch, zu prüfen.[24]

III. Zeitliche Komponenten

10 **1. Vorvertragliche Pflicht.** Die Pflicht zur Kreditwürdigkeitsprüfung bei Verbraucherdarlehensverträgen stellt eine vorvertragliche Pflicht des Darlehensgebers dar. Folgerichtig muss die Kreditwürdigkeitsprüfung, um die Rechtsfolgen eines Verstoßes gegen diese Pflicht zu vermeiden, vor Abschluss des Verbraucherdarlehensvertrages vorgenommen werden.

11 **2. Pflicht zur erneuten Prüfung (Abs. 2).** Die Pflicht zur Kreditwürdigkeitsprüfung seitens des Darlehensgebers kann unter Umständen auch zu einem späteren Zeitpunkt erneut zu erfüllen sein. Dies ist dann gem. § 505a Abs. 2 BGB der Fall, wenn der Nettodarlehensbetrag nach Abschluss des Darlehensvertrages deutlich erhöht wird, es sei denn, der Erhöhungsbetrag ist bereits in die ursprüngliche Kreditwürdigkeitsprüfung vor Vertragsabschluss miteinbezogen worden. Der Nettodarlehensbetrag ist entsprechend der Legaldefinition in Art. 247 § 3 Abs. 2 S. 2 EGBGB derjenige Höchstbetrag, auf den der Darlehensnehmer aufgrund des Darlehensvertrages Anspruch hat. Weder die Erwägungsgründe der europäischen Wohnimmobilienkreditrichtlinie 2014/17/EU noch die Gesetzesmaterialien des nationalen Umsetzungsgesetzes geben Aufschluss darüber, was unter einer „deutlichen" Erhöhung des Nettodarlehensbetrages zu verstehen ist. Anhaltspunkte können aus den bisherigen aufsichtsrechtlichen Vorgaben für Kreditinstitute entnommen werden. Die bisher in Umsetzung der Verbraucherkreditrichtlinie 2008/48/EG in § 18 Abs. 2 S. 4 KWG a.F. verankerte Pflicht zur erneuten Vornahme einer Kreditwürdigkeitsprüfung bei einer „erheblichen" Erhöhung des Nettodarlehensbetrages wird inhaltlich identisch zu verstehen sein.[25]

Eine Orientierung an den bisherigen Anforderungen aus § 18 Abs. 2 S. 4 KWG a.F. erscheint deshalb legitim, weil trotz der geringfügigen Abweichungen im Wortlaut nicht von einer inhaltlichen Änderung nach Umsetzung der europäischen Wohnimmobilienkreditrichtlinie 2014/17/EU auszugehen ist. In der jeweiligen deutschen Fassung sowohl von Art. 8 Abs. 2 Verbraucherkreditrichtlinie 2008/48/EG als auch von Art. 18 Abs. 6 Wohnimmobilienkreditrichtlinie 2014/17/EU besteht eine Pflicht zur Bewertung der Kre-

---

21 Palandt/*Weidenkaff* § 505a Rn. 2.
22 BT-Drs. 18/5922 S. 98; Prütting/Wegen/Weinreich/*Nobbe* § 505a Rn. 8; Palandt/*Weidenkaff* § 505a Rn. 2.
23 *Buck-Heeb* NJW **2016** 2065, 2067.
24 *Hoffmann*/*Bartlitz* WM **2014** 2297; Bülow/Artz/*Artz* § 505a Rn. 9.
25 So auch ausdrücklich BT-Drs. 18/5922 S. 98.

ditwürdigkeit des Verbrauchers bzw. zur Vornahme einer erneuten Prüfung der Kreditwürdigkeit des Verbrauchers auf der Grundlage von aktualisierten Angaben vor jeder deutlichen Erhöhung des Gesamtkreditbetrags (nach dem Abschluss des Kreditvertrags).[26] Anhand der Gesetzesmaterialien lässt sich im Übrigen unzweifelhaft feststellen, dass mit der Wortlautveränderung keine inhaltliche Anpassung vom Gesetzgeber gewollt ist.[27]

In Bezug auf die alte Rechtslage nach § 18 Abs. 2 KWG a.F. war in der Kreditpraxis mit einem Schwellenwert von 10% operiert worden, welcher eine Pflicht zur erneuten Kreditwürdigkeitsprüfung auslöste. Dies war allgemein u.a. deshalb als sachgerecht angesehen worden, weil die BaFin in einem (inzwischen aufgehobenen) Rundschreiben zur Offenlegung der wirtschaftlichen Verhältnisse nach § 18 KWG eine 10%-Grenze als unwesentliche Erhöhung eines Kreditengagements angesehen hatte.[28] Erst die darüber hinausgehende betragsmäßige Aufstockung eines bestehenden Engagements führe dagegen, so die damalige Auffassung der BaFin, in aller Regel auch zu einer Erhöhung des Risikogehalts und lasse eine zeitnahe Überprüfung der wirtschaftlichen Verhältnisse nach den Regeln der Erstoffenlegung erforderlich werden. Dieser in der Praxis anerkannte Schwellenwert kann daher mangels inhaltlicher Änderungen der Anforderungen zur erneuten Vornahme einer Kreditwürdigkeitsprüfung im Vergleich zu § 18 Abs. 2 KWG a.F. auch unter Geltung der Gesetzeslage seit 21.3.2016 angewendet bzw. zugrunde gelegt werden. Die 10%-Grenze als maßgeblicher Schwellenwert wird auch durch § 7 Abs. 1 ImmoKWPLV anerkannt.

Andere Ereignisse, wie bspw. die Festlegung des Sollzinssatzes nach Ablauf einer **12**
Zinsbindungsperiode, lösen keine Pflicht zur erneuten Prüfung der Kreditwürdigkeit des Verbrauchers aus.[29]

IV. Immobiliar-Verbraucherdarlehen als Anschlussverträge

Der im Nachgang zum Wohnimmobilienkreditrichtlinie-Umsetzungsgesetz neu ge- **13**
schaffene Abs. 3 soll in bestimmten Konstellationen im Interesse des Verbrauchers den Abschluss von Darlehensverträgen erleichtern, indem eine erneute Kreditwürdigkeitsprüfung als nicht erforderlich erklärt wird, soweit der Nettodarlehensbetrag sich nicht deutlich erhöht.

Nr. 1 regelt Anschlussverträge, die im Rahmen von sog. echten Abschnittsfinanzie- **14**
rungen abgeschlossen werden, mithin handelt es sich um Finanzierungen, bei welchen dem Darlehensnehmer ein neues Kapitalnutzungsrecht zur Erreichung des von diesem mit dem vorangegangenen Darlehensvertrag verfolgten Zweck eingeräumt wird.[30] Diesen Anschlussverträgen in Form von Immobiliar-Verbraucherdarlehen hat ein Darlehensvertrag vorauszugehen, dessen Darlehensbetrag nach Ablauf der Gesamtlaufzeit nicht vollständig zurückgezahlt worden ist, so dass der Verbraucher als Darlehensnehmer entweder den verbleibenden Restbetrag bei Fälligkeit an den Darlehensgeber zurückzahlen

---

26 Vgl. Amtsblatt der Europäischen Union: http://eur-lex.europa.eu/LexUriServ/LexUriServ.do?uri=CELEX:32008L0048:de:HTML sowie http://eur-lex.europa.eu/legal-content/DE/TXT/PDF/?uri=CELEX:32014L0017&from=DE. Nach Auffassung des Gesetzgebers sei die Modifizierung von „deutliche Erhöhung" zu „erhebliche Erhöhung" hingen dem Wortlaut der jeweiligen deutschen Übersetzung der zugrundeliegenden europäischen Richtlinien geschuldet; vgl. BT-Drs 18/5922 S. 98.

27 BT-Drs 18/5922 S. 98.

28 BaFin-Rundschreiben 1/2002 v. 17.1.2002, Az. I 3 – 2370 – 1/2001.

29 MüKo BGB/*Schürnbrand* § 505a Rn. 11

30 BT-Drs. 18/12568 S. 160.

müsste oder dieser zur Fortführung der begonnenen Finanzierung auf den Anschlussvertrag angewiesen wäre. Irrelevant ist, ob die Anschlussfinanzierung tatsächlich erst zeitlich im Anschluss an die auslaufende Abschnittsfinanzierung oder bereits vorher, bspw. als Forward-Darlehen, geschlossen wird.[31] Nicht erfasst werden von der Regelung in Nr. 1 konsequenterweise Finanzierungen in Gestalt von sog. unechten Abschnittsfinanzierungen, bei welchen im ursprünglichen Vertrag bereits das Kapitalnutzungsrecht eingeräumt wird und lediglich nach Ablauf eines Sollzinsbindungszeitraums eine Anpassung der Konditionen zwischen den Vertragsparteien vereinbart wird. Tatbestandlich erforderlich ist darüber hinaus, dass der Anschlussdarlehensvertrag in einem „Zweckzusammenhang" mit dem ursprünglichen Darlehensvertrag steht, da es mit der Regelung in Nr. 1 Darlehensgebern und Darlehensnehmern erleichtert werden soll, nach bereits getroffener Kreditentscheidung für ein konkretes Projekt dieses zu Ende führen zu können.[32] Als weiteres Tatbestandsmerkmal ist erforderlich, dass es eine Identität der Vertragsparteien sowohl auf Seiten des Darlehensgebers als auch des Darlehensnehmers besteht.[33] Nr. 2 erfasst Immobiliar-Verbraucherdarlehensverträge, welche zwischen dem Darlehensgeber und dem Darlehensnehmer als Ergänzung oder Ersetzung des bisherigen Darlehensvertrags zur Vermeidung von Kündigungen wegen Zahlungsverzugs des Darlehensnehmers oder zur Vermeidung von Zwangsvollstreckungen gegen diesen abgeschlossen werden. Um das mit Nr. 2 verbundene Ziel einer frühzeitigen Erkennung der Ausfallgefahr zu verwirklichen, sprechen überzeugende Argumente dafür, den Zeitpunkt von Umschuldungsmaßnahmen früh anzusetzen und nicht den Eintritt eines Zahlungsverzugs bzw. der Kündigungsreife als erforderlich anzusehen.[34] Hinsichtlich der Verweisung in Hs. 2 auf den Abs. 2 des § 505a BGB ist maßgeblich, ob sich bei einer einheitlichen Betrachtung der Höchstbetrag, hinsichtlich dessen dem Darlehensnehmer im Ausgangsvertrag ein Kapitalnutzungsrecht eingeräumt wurde, deutlich erhöht und somit eine erneute Kreditwürdigkeitsprüfung erforderlich macht. Maßgebliche ist auch insoweit eine 10%-Grenze (vgl. § 505a Rn. 11). Hinsichtlich des Bezugspunktes des 10%-Grenzwerts ist zu berücksichtigen, dass der Verweis auf § 505a Abs. 2 BGB nicht dergestalt zu verstehen ist, dass der vollständige Nettodarlehensbetrag des alten Darlehensvertrag ohne Kreditwürdigkeitsprüfung ein zweites Mal gewährt und somit der in der Vergangenheit bereits getilgte Darlehensanteil nochmals ausgereicht werden kann, vielmehr hat sich die Berechnung unter Einbeziehung der Tilgung auf die Restvaluta zu beziehen.[35] Im Übrigen sind von der Privilegierung in Nr. 2 nur interne Umschuldungen und nicht der Wechsel zu einem anderen Darlehensgeber erfasst.

15 Um Missbräuche der Befreiung von einer Kreditwürdigkeitsprüfung zu vermeiden, regelt Abs. 3 S. 2, dass der Darlehensgeber den neuen Immobiliar-Verbraucherdarlehensvertrag nicht abschließen darf, wenn ihm bekannt ist, dass der Darlehensnehmer seinen Verpflichtungen, die im Zusammenhang mit diesem Darlehensvertrag stehen, dauerhaft nicht nachkommen kann. Dabei ist nur auf dem Darlehensgeber bereits bekannte Umstände abzustellen, die darauf schließen lassen, dass der Darlehensnehmer die neuen Konditionen nicht dauerhaft wird tragen können, so dass keine Pflicht zu Lasten des Darlehensgebers begründet wird, über die ihm bereits vorliegenden Umständen hinaus konkrete Ermittlungen über der Darlehensvergabe möglicherweise entgegenstehende

31 *Schultheiß* ZBB **2018** 107.
32 BT-Drs. 18/12568 S. 161.
33 *Schultheiß* ZBB **2018**, 107; Prütting/Wegen/Weinreich/*Nobbe* § 505a Rn. 10.
34 *Schultheiß* ZBB **2018** 107.
35 *Schultheiß* ZBB **2018** 107.

Umstände vornehmen zu müssen.[36] Erforderlich ist somit eine positive Kenntnis des Darlehensgebers von einer dauerhaften Nichterfüllbarkeit, so dass auch die positive Kenntnis von temporärer oder aktueller Nichterfüllbarkeit nicht zu einem Abschlussverbot iSv Abs. 3 S. 2 führt.[37] Es wird allerdings für diese Fälle keine erneute Kreditwürdigkeitsprüfung angeordnet, sondern es soll verhindert werden, dass Darlehensgeber wider besseren Wissens einen Anschlussvertrag zu Konditionen vergeben, die der Verbraucher auch auf diese Art dauerhaft nicht wird erfüllen können. Bei Verstößen gegen die Vorgaben von S. 2 werden die Sanktionen des § 505d BGB in Bezug auf den Anschlussvertrag für entsprechend anwendbar erklärt. Es handelt sich lediglich um eine entsprechende Anwendbarkeit, da diese Sanktionen nach ihrem Tatbestand unmittelbar nur für Verstöße gegen die Kreditwürdigkeitsprüfung gelten.

§ 505b BGB
Grundlage der Kreditwürdigkeitsprüfung bei Verbraucherdarlehensverträgen

(1) Bei Allgemein-Verbraucherdarlehensverträgen können Grundlage für die Kreditwürdigkeitsprüfung Auskünfte des Darlehensnehmers und erforderlichenfalls Auskünfte von Stellen sein, die geschäftsmäßig personenbezogene Daten, die zur Bewertung der Kreditwürdigkeit von Verbrauchern genutzt werden dürfen, zum Zweck der Übermittlung erheben, speichern, verändern oder nutzen.

(2) Bei Immobiliar-Verbraucherdarlehensverträgen hat der Darlehensgeber die Kreditwürdigkeit des Darlehensnehmers auf der Grundlage notwendiger, ausreichender und angemessener Informationen zu Einkommen, Ausgaben sowie anderen finanziellen und wirtschaftlichen Umständen des Darlehensnehmers eingehend zu prüfen. Dabei hat der Darlehensgeber die Faktoren angemessen zu berücksichtigen, die für die Einschätzung relevant sind, ob der Darlehensnehmer seinen Verpflichtungen aus dem Darlehensvertrag voraussichtlich nachkommen kann. Die Kreditwürdigkeitsprüfung darf sich nicht hauptsächlich darauf stützen, dass der Wert der Wohnimmobilie den Darlehensbetrag übersteigt, oder auf die Annahme, dass der Wert der Wohnimmobilie zunimmt, es sei denn, der Darlehensvertrag dient zum Bau oder zur Renovierung der Wohnimmobilie.

(3) Der Darlehensgeber ermittelt die gemäß Absatz 2 erforderlichen Informationen aus einschlägigen internen oder externen Quellen, wozu auch Auskünfte des Darlehensnehmers gehören. Der Darlehensgeber berücksichtigt auch die Auskünfte, die einem Darlehensvermittler erteilt wurden. Der Darlehensgeber ist verpflichtet, die Informationen in angemessener Weise zu überprüfen, soweit erforderlich auch durch Einsichtnahme in unabhängig nachprüfbare Unterlagen.

(4) Bei Immobiliar-Verbraucherdarlehensverträgen ist der Darlehensgeber verpflichtet, die Verfahren und Angaben, auf die sich die Kreditwürdigkeitsprüfung stützt, festzulegen, zu dokumentieren und die Dokumentation aufzubewahren.

(5) Die Bestimmungen zum Schutz personenbezogener Daten bleiben unberührt.

---

36 BT-Drs. 18/12568 S. 161; *Schultheiß* ZBB **2018** 107.
37 *Schultheiß* ZBB **2018** 107; so im Ergebnis auch Prütting/Wegen/Weinreich/*Nobbe* § 505a Rn. 10.

Schrifttum

Siehe die Nachweise bei § 505a.

Systematische Übersicht

A. Allgemeines

I. Gesetzesentwicklung

1 Abs. 1 der Vorschrift bestimmt die Anforderungen an die Kreditwürdigkeitsprüfung bei Allgemein-Verbraucherdarlehen wie es der Rechtslage seit Umsetzung der europäischen Verbraucherkreditrichtlinie 2008/48/EG in § 509 S. 1 a.F. für entgeltliche Finanzierungshilfen entsprach. Die Regelung setzt die bisherige Gesetzeslage inhaltlich unverändert fort. Die Abs. 2–4 sind im Zuge der Umsetzung der europäischen Wohnimmobilienkreditrichtlinie 2014/17/EU in die neu geschaffene Norm des § 505b BGB aufgenommen worden und dienen der Umsetzung der Richtlinienvorschriften in Art. 18 Abs. 1–3 sowie Art. 20 Abs. 1. Zusätzlich ist zur Präzisierung der Gundlagen und Anforderungen bei der Durchführung der Kreditwürdigkeitsprüfung bezüglich Immobiliar-Verbraucherdarlehen die ImmoKWPLV erlassen worden (vgl. § 505a Rn. 2).

II. Zweck der Vorschrift

2 Die Vorschrift dient der Konkretisierung, auf welcher Basis die nach § 505a BGB statuierte Pflicht des Darlehensgebers zur Vornahme einer Kreditwürdigkeitsprüfung durchgeführt werden muss. Dies betrifft die Frage, welche Informationen der Darlehensgeber einzuholen und zu berücksichtigen hat. Die Vorschrift unterscheidet dabei zwischen den in Abs. 1 niedergelegten Grundlagen für die Einholung von Informationen vor Abschluss eines Allgemein-Verbraucherdarlehens sowie den in Abs. 2–4 geregelten deutlichen umfassenderen und strengeren Vorgaben für Immobiliar-Verbraucherdarlehen. Für beide Arten von Verbraucherdarlehen wird zudem die Beachtung des Datenschutzes im Rahmen der Kreditwürdigkeitsprüfung betont.

B. Tatbestand

I. Rahmen der Kreditwürdigkeitsprüfung

3 **1. Allgemein-Verbraucherdarlehensverträge.** Bezüglich der Grundlagen für die Kreditwürdigkeitsprüfung bei Allgemein-Verbraucherdarlehensverträgen beschränkt sich die Vorschrift des § 505b Abs. 1 BGB auf die Vorgabe, welche Informationen der Prü-

fung seitens des Darlehensgebers zugrunde zu legen sind. Inhaltlich entspricht dies der bisherigen Vorschrift des § 509 Satz 2 BGB a.F. Namentlich sind dies die Selbstauskunft des Verbrauchers und / oder die Einholung eigener Erkundigungen bei Auskunfteien wie der Schufa, welche der Gesetzgeber als Stellen, „*die geschäftsmäßig personenbezogene Daten, die zur Bewertung der Kreditwürdigkeit von Verbrauchern genutzt werden dürfen, zum Zweck der Übermittlung erheben, speichern, verändern oder nutzen*“, bezeichnet. Neben diesen Informationsquellen bleibt es dem Darlehensgeber unbenommen, auf seine eigenen Unterlagen zurückzugreifen, mit anderen Worten die ihm bekannte Kredithistorie des Verbrauchers zu berücksichtigen.[1] Es obliegt dem Darlehensgeber im Einzelfall zu bewerten, ob die ihm vorliegenden Angaben für die Bewertung der Kreditwürdigkeit des Verbrauchers sachdienlich und ausreichend sind oder ob diese anhand anderer Kriterien überprüft werden muss.[2] Dies kann nach den Umständen des Abschlusses des Kreditvertrags, der persönlichen Lage des Verbrauchers oder des vorgesehenen Kreditvolumens variieren. Der Darlehensgeber ist bei Allgemein-Verbraucherdarlehen nicht zu einer umfassenden, individualisierten Bonitätsprüfung verpflichtet, vielmehr genügt ein standardisiertes Verfahren den gesetzlichen Anforderungen.[3]

Nach der Rechtsprechung des EuGH ist der Darlehensgeber nicht verpflichtet die Richtigkeit der Angaben des Darlehensnehmers systematisch und anlassunabhängig zu prüfen.[4] Allerdings können einfache, nicht untermauerte Angaben des Darlehensnehmers für sich genommen nicht als ausreichend erachtet werden, wenn ihnen keine Belege beigefügt sind.[5] Der Darlehensgeber muss insgesamt eine sachlich fundierte und vertretbare Entscheidung treffen.[6]

2. Immobiliar-Verbraucherdarlehensverträge

a) Anforderungen. Deutlich genauere Vorgaben zur Intensität und zum Umfang der 4
Kreditwürdigkeitsprüfung enthält das Gesetz betreffend Immobiliar-Verbraucherdarlehensverträgen. Besondere Bedeutung kommt im Rahmen dessen für den Umfang der Kreditwürdigkeitsprüfung dem Wort „*eingehend*“ zu, da dies eine deutliche Erhöhung der Anforderungen im Vergleich zur Kreditwürdigkeitsprüfung bei Allgemein-Verbraucherdarlehen gem. § 505b Abs. 1 S. 1 BGB zur Folge hat. Der Darlehensgeber hat sich vor dem Hintergrund des Tilgungsplans ein detailliertes Bild von den Vermögensverhältnissen, den zu erwartenden Einnahmen, Ersparnissen und sonstigen absehbaren finanziellen Belastungen zu machen.[7] Den Erwägungsgründen der Wohnimmobilienkreditrichtlinie 2014/17/EU ist als Anhaltspunkt für die aus den genannten gesetzlichen Vorgaben abzuleitenden Anforderungen zu entnehmen, dass bei der Kreditwürdigkeitsprüfung sämtliche erforderlichen und relevanten Faktoren zu berücksichtigen sind, welche die Fähigkeit des Verbrauchers als Darlehensnehmer beeinflussen könnten, über die Laufzeit des Kredits fällige Rückzahlungen zu leisten.[8]

---

1 BT-Drs. 16/11643 S. 96; MüKo BGB/*Schürnbrand* § 505b Rn. 2; *Binder* ZIP **2018** 1201.
2 EuGH 18.12.2014 ZIP **2015** 65.
3 MüKo BGB/*Schürnbrand* § 505b Rn. 3; *Binder* ZIP **2018** 1201.
4 EuGH 18.12.2014 ZIP 2015 65.
5 EuGH 18.12.2014 ZIP 2015 65.
6 EuGH 18.12.2014 ZIP 2015 65.
7 Bülow/Artz/*Artz* § 505b Rn. 6.
8 Vgl. Erwägungsgrund 55 Richtlinie 2014/17/EU des Europäischen Parlaments und des Rates vom 4.2.2014 über Wohnimmobilienkreditverträge für Verbraucher und zur Änderung der Richtlinien 2008/48/EG und 2013/36/EU und der Verordnung (EU) Nr. 1093/2910.

5 Konkretisierend heißt es sodann, dass für die Beurteilung der Fähigkeit des Verbrauchers zur Bedienung und vollständigen Rückzahlung des Kredites Überlegungen zu künftig erforderlichen Zahlungen oder Zahlungserhöhungen infolge einer negativen Amortisation oder aufgeschobener Tilgungs- oder Zinszahlungen sowie auch weitere regelmäßige Ausgaben, Schulden und sonstige finanzielle Verbindlichkeiten ebenso wie Einkommen, Ersparnisse und Vermögenswerte zu berücksichtigen sind.[9] Auf Seiten der zur Erfüllung der darlehensvertraglichen Verpflichtungen verfügbaren Mittel sind beispielsweise sämtliche Einnahmen in Gestalt der verschiedenen etwaig einschlägigen Einkunftsarten des Darlehensnehmers (nichtselbständige bzw. selbständige Tätigkeiten, Mieteinnahmen, Einkünfte aus Gewerbebetrieb oder Kapitalvermögen) zu berücksichtigen, während auf der Ausgabenseite beispielsweise die allgemeinen Lebenshaltungskosten inklusive Sachversicherungen, Mietkosten, Kosten für Vorsorgeverträge sowie auch sonstige regelmäßige Ausgaben des Darlehensnehmers (u.U. Kindergartenbeiträge, Studiengebühren etc.) Berücksichtigung finden müssen. § 4 Abs. 1 S. 2 ImmoKWPLV enthält insoweit für die zu berücksichtigenden Faktoren eine nicht abschließende Aufzählung, welche in der Kreditpraxis als Anhaltspunkt herangezogen werden kann. Schließlich sind als zukünftige Ereignisse, welche die Zahlungsfähigkeit beeinflussen können, ein verringertes Einkommen aufgrund Eintritts in den Ruhestand während der Kreditlaufzeit, ein Anstieg des Sollzinses oder bei Fremdwährungsdarlehen eine negative Entwicklung des Wechselkurses in Erwägung zu ziehen.[10]

6 Bei der Prüfung der Kreditwürdigkeit des Verbrauchers vor Abschluss eines Immobiliar-Verbraucherdarlehens ist eine verstärkte Zukunftsorientierung vorzunehmen. Es ist daher vom jeweiligen Darlehensgeber eine in die Zukunft gerichtete Prognose vorzunehmen, die für eine positive Kreditentscheidung zu dem Ergebnis kommen muss, dass der Darlehensnehmer in der Lage sein wird, während der Dauer der Vertragslaufzeit seinen vertraglichen Verpflichtungen nachzukommen.[11] Abhängig von der Relevanz im Einzelfall können dabei unter anderem insbesondere die Reduzierung der ursprünglich verfügbaren finanziellen Mittel zur Kreditrückführung aufgrund absehbarer Kostensteigerungen während der Kreditlaufzeit aus zusätzlichen Zahlungsverpflichtungen gegenüber Kindern des Darlehensnehmers (z.B. Eintritt in eine Ausbildung etc.) oder auch aufgrund anstehender und zeitlich bereits absehbarer Veränderungen im beruflichen Umfeld des Darlehensnehmers (z.B. befristetes Arbeitsverhältnis, Verringerung der Arbeitszeit in ein Teilzeitarbeitsverhältnis, Wechsel vom Angestelltenverhältnis in eine freiberufliche Tätigkeit, Renteneintritt) zu berücksichtigen sein. Ebenso können im Rahmen der Prognose allerdings auch zukünftige positive Ereignisse berücksichtigt werden. Dies wird durch § 4 Abs. 4 ImmoKWPLV bekräftigt. Danach können wahrscheinliche positive Ereignisse (bspw. Aufstockung der Arbeitszeit bei Teilzeittätigkeit oder Verlängerung bzw. Entfristung eines Beschäftigungsverhältnisses) berücksichtigt werden, wenn sie bezogen auf die konkreten Umstände (Branche, Beruf) nach der Lebenserfahrung voraussichtlich, wenn auch nicht sicher anzunehmen sind. Der Darlehensgeber soll seine diesbezügliche Prognose anhand von Erfahrungswissen zu gewissen konkreten Umständen der Branche oder des Berufs des Darlehensnehmers treffen, wobei die Anforderungen hieran nicht überspannt werden dürfen, da eine letzte Sicherheit vielfach

---

9 Erwägungsgrund 55 Richtlinie 2014/17/EU des Europäischen Parlaments und des Rates vom 4.2.2014 über Wohnimmobilienkreditverträge für Verbraucher und zur Änderung der Richtlinien 2008/48/EG und 2013/36/EU und der Verordnung (EU) Nr. 1093/2910.

10 Vgl. dazu auch BT-Drs. 18/5922 S. 99.

11 So auch MüKo BGB/*Schürnbrand* § 505b Rn. 8.

nicht möglich sein wird.[12] Deutliche Einkommensteigerungen oder einen Vermögenszuwachs sollen vom Darlehensgebers gem. § 4 Abs. 4 S. 3 ImmoKWPLV berücksichtigt werden können, sofern die vom Darlehensnehmer vorgelegten Unterlagen einen ausreichenden Nachweis dafür bieten. Dies entspricht überdies auch Nr. 4.4 der EBA-Leitlinien zur Kreditwürdigkeitsprüfung.[13] Mit der „Nachweisanforderung" soll das Abstellen auf spekulative Erwartungen eines Einkommensanstiegs oder eines Vermögenszuwachses im Rahmen der Kreditwürdigkeitsprüfung verhindert werden.[14]

Es erscheint nicht als zwingend erforderlich, dass die Prüfung zu dem Ergebnis kommen muss, dass die Rückzahlung durch *den* Darlehensnehmer erfolgt, vielmehr muss die Kapitaldienstfähigkeit seitens des Darlehensnehmers sichergestellt sein. Mit anderen Worten besteht die Anforderung, dass sichergestellt sein muss, dass der Darlehensnehmer für seine Lebensdauer fähig ist, den Kapitaldient in Bezug auf das Immobiliar-Verbraucherdarlehen zu leisten. Die Lebenserwartung eines Kreditantragsstellers sollte folglich bei einem Immobiliar-Verbraucherdarlehen nicht von ausschlaggebender Relevanz sein, so dass auch nicht die Vorlage von Sterbetafeln gegenüber dem Darlehensgeber bzw. deren Verwendung durch den Darlehensgeber erforderlich sein sollte. Das dieser Ansatz zutreffend ist, geht auch aus der Begründung zu ImmoKWPLV hervor, in welcher betont wird, dass keine Vorassetzung der Kreditwürdigkeit von Darlehensnehmern sei, dass das Darlehen innerhalb der statistischen Lebenserwartung des Darlehensnehmers vollständig zurückbezahlt wird.[15]

Fraglich erschien nach Inkrafttreten des Umsetzungsgesetzes zur europäischen 7
Wohnimmobilienkreditrichtlinie 2014/17/EU, ob von Darlehensgebern bei der Kreditwürdigkeitsprüfung die allgemeinen Lebensrisiken eines Darlehensnehmers einzubeziehen bzw. zu berücksichtigen sind. Dies können beispielsweise Aspekte wie eine Ehescheidung, Tod oder Krankheit sowie der Verlust des Arbeitsplatzes auf Seiten des Darlehensnehmers sein. Eine eindeutige Notwendigkeit einer Berücksichtigung derartiger Risiken allein auf Basis abstrakter Bevölkerungsstatistiken lässt sich jedenfalls nicht den Gesetzesmaterialien entnehmen. Es ist daher in der Kreditpraxis sehr gut vertretbar, derartige Risiken nur dann seitens des Darlehensgebers in die Kreditwürdigkeitsprüfung einzubeziehen, wenn im Einzelfall aufgrund der Angaben des Darlehensnehmers konkrete Anhaltspunkte für das Bestehen dieser Risiken vorliegen.[16]

Dieses Verständnis wird auch durch § 4 Abs. 3 S. 2 ImmoKWPLV bestätigt, wonach 8
der Eintritt nach der Lebenserfahrung möglicher, aber nicht überwiegend wahrscheinlicher negativer Ereignisse nur berücksichtigt zu werden braucht, wenn für ihren Eintritt konkrete Anhaltspunkte vorliegen. Beispielhaft nennt die ImmoKWPLV u. a. Scheidung, Versterben sowie Arbeitslosigkeit. Damit soll sichergestellt werden, dass die allgemeinen Lebensrisiken nicht schon allein deshalb zu berücksichtigen sind, weil für ihren Eintritt gewisse statistische Erfahrungswerte sprechen, so dass insbesondere auch für die Kreditwürdigkeit nicht vorausgesetzt wird, dass das Darlehen innerhalb der statistischen Lebenserwartung des Darlehensnehmers vollständig zurückbezahlt werden kann.

---

12 Begründung ImmoKWPLV BAnz AT 30.04.2018 B1, S. 7.
13 vgl. EBA/GL/2015/11 v. 19.8.2015.
14 Begründung ImmoKWPLV BAnz AT 30.04.2018 B1, S. 7.
15 Begründung ImmoKWPLV BAnz AT 30.04.2018 B1, S. 6. Eine besondere Ausprägung hat dieser Aspekt auch in § 4 Abs. 3 S. 3 ImmoKWPLV erfahren.
16 So auch *König* WM **2017** 269; *Binder* ZIP **2018** 1201.

9 **b) Immobilienwerte (Abs. 2 S. 3).** Für die Durchführung der Kreditwürdigkeitsprüfung bei einem Immobiliar-Verbraucherdarlehen bestimmt § 505b Abs. 2. S. 3 BGB hinsichtlich deren wirtschaftlicher Grundlage einschränkende Vorgaben. So darf sich die Kreditwürdigkeitsprüfung nicht hauptsächlich darauf stützen, dass der Wert der Wohnimmobilie den Darlehensbetrag übersteigt, oder auf die Annahme, dass der Wert der Wohnimmobilie zunimmt, es sei denn, der Darlehensvertrag dient zum Bau oder zur Renovierung der Wohnimmobilie. Mit dieser Regelung soll verdeutlicht werden, dass die Kreditwürdigkeit eines Verbrauchers bei Abschluss eines Immobiliar-Verbraucherdarlehens nicht allein mit einer werthaltigen Sicherheit oder einem mit dem Darlehen erworbenen immobilienbezogenen Wert begründet werden kann.[17] Der Darlehensgeber muss daher den Schwerpunkt der Kreditwürdigkeitsprüfung auf die Fähigkeit des Verbrauchers stützen, dass dieser seine Verpflichtungen aus dem Darlehensvertrag erfüllen kann. Die Möglichkeit der Wertsteigerung der belasteten oder erworbenen Immobilie bzw., dass deren Wert den Kreditbetrag übersteigt, wirkt sich zwar positiv aus, kann aber nicht allein als ausreichende Bedingung für die Gewährung eines Immobiliar-Verbraucherdarlehen herangezogen werden. § 4 Abs. 2 S. 2 ImmoKWPLV stellt insoweit für Immobiliar-Verbraucherdarlehen, die sich auf eine Wohnimmobilie beziehen klar, dass der Wert dieser Wohnimmobilie nur als zusätzliches Merkmal zu anderen Faktoren, auf welche die Prüfung hauptsächlich gestützt wird, berücksichtigt werden kann. Damit soll gewährleistet werden, dass ein Darlehensnehmer nicht deshalb als kreditunwürdig gilt, weil sein hauptsächliches sonstiges Vermögen neben der finanzierten bzw. beliehenen Wohnimmobilie ebenfalls aus Wohnimmobilien besteht.[18]

10 Gemäß Erwägungsgrund 55 der zugrundeliegenden europäischen Wohnimmobilienkreditrichtlinie 2014/17/EU geht es bei der Ausnahme des Hs. 2 um die Möglichkeit der Berücksichtigung von Wertsteigerungen aufgrund des Baus oder der Renovierung einer Wohnimmobilie. Schon bisher ist es im deutschen Recht zulässig und sachgerecht, dass der Darlehensgeber bei Darlehen zu Bau- und Renovierungszwecken die Wertsteigerungen der Immobilie durch die geplante Bau- und Renovierungsmaßnahme im Rahmen der Kreditwürdigkeitsprüfung berücksichtigt.[19] Durch den 2. Hs. soll allerdings den Darlehensgebern nicht gestattet werden, in diesen Fällen von einer Kreditwürdigkeitsprüfung abzusehen oder alleine darauf abzustellen, dass der Wert des Grundstücks die bestehenden Verbindlichkeiten abdeckt, ohne dass der Darlehensnehmer in der Lage wäre, die vertraglichen Verpflichtungen zu erfüllen.[20] Auch in diesen Konstellationen soll die Kreditvergabe an Darlehensnehmer, die von vornherein mit den Zahlungsverpflichtungen überfordert sind, nicht erlaubt sein.

11 **c) Erkenntnisquellen für die Kreditwürdigkeitsprüfung (Abs. 3).** Für die Frage, auf Basis welcher Sachlage der Darlehensgeber die Kreditwürdigkeitsprüfung vor Abschluss eines Immobiliar-Verbraucherdarlehens vornehmen soll, bestimmt § 505b Abs. 3 S. 1 BGB, dass die *erforderlichen Informationen aus einschlägigen internen und externen Quellen, wozu auch Auskünfte des Darlehnsnehmers gehören,* zu ermitteln sind. Zur Erhebung der für die Kreditwürdigkeitsprüfung erforderlichen Informationen bedarf es der Mitwirkung des Darlehensnehmers, auf welche dieser vom Darlehensgeber entsprechend hinzuweisen ist. Insoweit bestimmt Art. 247 § 1 Abs. 1 EGBGB, dass bei einem Immobiliar-Verbraucherdarlehen der Darlehensgeber dem Darlehensnehmer mitteilen muss, welche

17 BT-Drs. 18/5922 S. 99.
18 Begründung ImmoKWPLV BAnz AT 30.04.2018 B1, S. 6.
19 BT-Drs. 18/10935 S. 40.
20 BT-Drs. 18/10935 S. 40.

Informationen und Nachweise er innerhalb welchen Zeitraums von ihm benötigt, um eine ordnungsgemäße Kreditwürdigkeitsprüfung durchführen zu können. Darüber hinaus hat der Darlehensgeber den Darlehensnehmer darauf hinzuweisen, dass eine Kreditwürdigkeitsprüfung für den Abschluss des Immobiliar-Verbraucherdarlehens zwingend ist und nur durchgeführt werden kann, wenn die hierfür benötigten Informationen und Nachweise richtig sind und vollständig beigebracht werden.

Als interne Quellen iSd Vorschrift sind dabei beim Darlehensgeber etwaige vorhandene Unterlagen in Form von Aufzeichnungen des Darlehensgebers zur Kredit- und Kontoführungshistorie des Darlehensnehmers zu verstehen, wohingegen es sich bei den externen Quellen insbesondere um die in Abs. 1 S. 1 genannten Stellen, welche geschäftsmäßig personenbezogene Daten zwecks deren Nutzung zur Bewertung der Kreditwürdigkeit von Verbrauchern, erheben und speichern, bspw. Auskünfte von Auskunfteien wie der SCHUFA, handelt.[21] Zu den externen Quellen gehören ausweislich des Norminhalts auch die Auskünfte des Darlehensnehmers, welche er in einer Selbstauskunft angegeben hat. Mit der als Verbraucherschutzvorschrift ausgestalteten Pflicht zur Kreditwürdigkeitsprüfung wird der Hereinnahme einer umfassenden Selbstauskunft zukünftig eine besondere bzw. hervorgehobene Bedeutung zukommen, da es einem Darlehensgeber nur dann möglich ist, eine ordnungsgemäße Kreditwürdigkeitsprüfung vorzunehmen, wenn er auf dieser Basis die Einkommens- und Vermögensverhältnisse des Darlehensnehmers kennt. Zusätzlich hat der Darlehensgeber gem. Abs. 3 S. 2 die einem etwaig eingeschalteten Darlehensvermittler zur Verfügung gestellten Auskünfte zu berücksichtigen. 12

Der Darlehensgeber ist nach Abs. 3 S. 1 insgesamt zur Einholung notwendiger, ausreichender und angemessener Informationen verpflichtet, wobei er nicht alle denkbaren Quellen ausschöpfen muss und es im Übrigen seiner pflichtgemäßen Einschätzung unterliegt, welche Informationsquellen er im Einzelnen heranzieht und wie er sie kombiniert.[22] Abs. 3 S. 3 verpflichtet den Darlehensgeber schließlich die Informationen in angemessener Weise zu überprüfen, was allerdings lediglich im Sinne einer Plausibilitätskontrolle zu verstehen ist.[23]

II. Dokumentations- und Aufbewahrungspflichten bei Immobiliar-Verbraucherdarlehen (Abs. 4)

1. Formale Anforderungen. Den gesetzlichen Vorgaben für die Dokumentation der vom Darlehensgeber vorgenommenen Kreditwürdigkeitsprüfung kommt bezüglich der Norm des § 505d BGB besondere Bedeutung zu. Hintergrund der Dokumentationspflichten ist, dass bei späteren Auseinandersetzungen zwischen Darlehensnehmer und Darlehensgeber über die Frage der ordnungsgemäßen Durchführung der Kreditwürdigkeitsprüfung auf diese Dokumentation zurückgegriffen können werden soll. Im Falle einer fehlerhaften, nicht erfolgten oder vorzeitig vernichteten Dokumentation können sich für den Darlehensnehmer Beweiserleichterungen ergeben. Diese können bei Verletzung der Dokumentationspflicht oder inhaltlicher Unschlüssigkeit sowie Lückenhaftigkeit der Dokumentation im ungünstigsten Falle zugunsten des Gläubigers eine Beweislastumkehr zu Folge haben, denn aus einer bspw. fehlenden Dokumentation kann ggfs. auf eine unterbliebene Kreditwürdigkeitsprüfung geschlossen werden.[24] Auf der anderen Seite kann 13

21 BT-Drs. 18/5922 S. 99.
22 MüKo BGB/*Schürnbrand* § 505b Rn. 13.
23 *Binder* ZIP **2018** 1201.
24 BT-Drs. 18/5922 S. 100; Prütting/Wegen/Weinreich/*Nobbe* § 505b Rn. 7.

sich der Darlehensgeber bei Vorliegen einer ordnungsgemäßen Dokumentation über die Kreditwürdigkeitsprüfung im Falle einer nach Vertragsabschluss bestehenden gerichtlichen oder außergerichtlichen Auseinandersetzung gegenüber dem Darlehensnehmer grundsätzlich auf den Standpunkt stellen, dass die Kreditwürdigkeitsprüfung ordnungsgemäß vorgenommen worden ist. In diesem Falle obläge dem Darlehensnehmer trotzdem Gegenteiliges darzulegen und zu beweisen.

Aus der Dokumentation muss sich ergeben, dass die vorgenommene Kreditwürdigkeitsprüfung die Prognose des Darlehensgebers rechtfertigt, dass der Darlehensnehmer seinen Verpflichtungen, die im Zusammenhang mit dem Darlehensvertrag stehen, vertragsgemäß nachkommen wird.

14 **2. Dauer der Aufbewahrung.** Art. 18 Abs. 2 der europäischen Wohnimmobilienkreditrichtlinie 2014/17/EU als europarechtliche Grundlage von § 505b Abs. 4 BGB und in der Folge auch die genannte nationale Umsetzungsvorschrift machen keine zeitlichen Angaben für die Dauer der Aufbewahrungsverpflichtung für die Dokumentation der Kreditwürdigkeitsprüfung durch den Darlehensgeber. Anhaltspunkte ergeben sich aus der Vorgabe in der nationalen Gesetzesbegründung, wonach die maßgeblichen Unterlagen so lange aufzubewahren sein werden, wie Ansprüche, die sich gemäß § 505d BGB aufgrund einer unzureichenden Kreditwürdigkeitsprüfung ergeben, geltend gemacht werden können.[25]

15 Ansprüche des Darlehensnehmers aus einer unzureichenden Kreditwürdigkeitsprüfung werden im Wesentlichen solche nach den bereicherungsrechtlichen Vorschriften der §§ 812ff. BGB sein. Dies betrifft bei einer Zinsermäßigung nach § 505d Abs. 1 BGB den bereicherungsrechtlichen Herausgabeanspruch wegen einer etwaigen Überzahlung des Zinses. Dessen Grenze für eine Geltendmachung ist vor allem die Einrede der Verjährung gem. § 214 i.V.m. §§ 195, 199 BGB. Die Dauer der Aufbewahrungspflicht unter Zugrundelegung der kenntnisunabhängigen Maximalverjährungsfrist gemäß § 199 Abs. 4 BGB für bereicherungsrechtliche Ansprüche, würde somit 10 Jahre ab Entstehung des Anspruchs betragen.

III. Beachtung des Datenschutzes des Darlehensnehmers

16 § 505b Abs. 5 BGB bestimmt, dass die Anforderungen zum Schutz personenbezogener Daten von der Pflicht des Darlehensgebers zur Kreditwürdigkeitsprüfung unberührt bleiben. Diese gesetzliche Vorgabe setzt Art. 18 Abs. 7 Wohnimmobilienkreditrichtlinie 2014/17/EU um, wonach die Richtlinienvorschriften zur Kreditwürdigkeitsprüfung unbeschadet der Richtlinie 95/46/EG gelten. Damit wird auf die Vorgaben verwiesen, welche in der europäischen Datenschutzrichtlinie enthalten sind.[26] Diese ist in Deutschland im Bundesdatenschutzgesetz umgesetzt worden. Mit dem Verweis auf den Datenschutz soll zum Ausdruck gebracht werden, dass bei der Anwendung datenschutzrechtlicher Vorschriften zu berücksichtigen ist, dass eine Verwendung der Daten für andere Zwecke als die Kreditwürdigkeitsprüfung und mögliche spätere Streitigkeiten hierüber ohne Einwilligung des Darlehensnehmers nur in Ausnahmenfällen in Betracht kommen wird.[27] Sollte

25 BT-Drs. 18/5922 S. 99.

26 Vgl. Richtlinie 95/46/EG des Europäischen Parlamentes und des Rates vom 24. Oktober 1995 zum Schutz natürlicher Personen bei der Verarbeitung personenbezogener Daten und zum freien Datenverkehr, welche mit Wirkung zum 25.5.2018 durch die Verordnung (EU) 2016/679 des Europäischen Parlaments und des Rates vom 27. April 2016 zum Schutz natürlicher Personen bei der Verarbeitung personenbezogener Daten, zum freien Datenverkehr und zur Aufhebung der Richtlinie 95/46/EG (Datenschutz-Grundverordnung) abgelöst wird.

27 BT-Drs. 18/5922 S. 100.

ein Darlehensgeber im Einzelfall nach Vornahme der Kreditwürdigkeitsprüfung den Abschluss eines Verbraucherdarlehensvertrages aufgrund der Auskunft einer Auskunftei i.S.v. § 29 Abs. 6 S. 1 BDSG ablehnen, hat er den Verbraucher grundsätzlich unverzüglich hierüber sowie über die erhaltene Auskunft gem. § 29 Abs. 7 S. 1 BDSG zu unterrichten.

Kreditinstitute als Darlehensgeber unterliegen allerdings bereits bisher in Bezug auf kundenbezogene Tatsachen entsprechenden Vertraulichkeitsverpflichtungen. Diese werden nach den Grundsätzen des Datenschutzes und des Bankgeheimnisses ohnehin vertraulich behandelt. Für eine Verschärfung der Anforderungen an die vertrauliche Behandlung der Kundendaten gibt der Wortlaut des Abs. 5 keine Anhaltspunkte. Überdies entsprechen die Vorgaben zum Datenschutz dem § 509 S. 3 BGB a.F. bzw. für Kreditinstitute dem bisherigen § 18 Abs. 2 S. 5 KWG.

§ 505d BGB
Verstoß gegen die Pflicht zur Kreditwürdigkeitsprüfung

(1) Hat der Darlehensgeber gegen die Pflicht zur Kreditwürdigkeitsprüfung verstoßen, so ermäßigt sich

1. ein im Darlehensvertrag vereinbarter gebundener Sollzins auf den marktüblichen Zinssatz am Kapitalmarkt für Anlagen in Hypothekenpfandbriefe und öffentliche Pfandbriefe, deren Laufzeit derjenigen der Sollzinsbindung entspricht und

2. ein im Darlehensvertrag vereinbarter veränderlicher Sollzins auf den marktüblichen Zinssatz, zu dem europäische Banken einander Anleihen in Euro mit einer Laufzeit von drei Monaten gewähren.

Maßgeblicher Zeitpunkt für die Bestimmung des marktüblichen Zinssatzes gemäß Satz 1 ist der Zeitpunkt des Vertragsschlusses sowie gegebenenfalls jeweils der Zeitpunkt vertraglich vereinbarter Zinsanpassungen. Der Darlehensnehmer kann den Darlehensvertrag jederzeit fristlos kündigen; ein Anspruch auf eine Vorfälligkeitsentschädigung besteht nicht. Der Darlehensgeber stellt dem Darlehensnehmer eine Abschrift des Vertrags zur Verfügung, in der die Vertragsänderungen berücksichtigt sind, die sich aus den Sätzen 1 bis 3 ergeben. Die Sätze 1 bis 4 finden keine Anwendung, wenn bei einer ordnungsgemäßen Kreditwürdigkeitsprüfung der Darlehensvertrag hätte geschlossen werden dürfen.

(2) Kann der Darlehensnehmer Pflichten, die im Zusammenhang mit dem Darlehensvertrag stehen, nicht vertragsgemäß erfüllen, so kann der Darlehensgeber keine Ansprüche wegen Pflichtverletzung geltend machen, wenn die Pflichtverletzung auf einem Umstand beruht, der bei ordnungsgemäßer Kreditwürdigkeitsprüfung dazu geführt hätte, dass der Darlehensvertrag nicht hätte geschlossen werden dürfen.

(3) Die Absätze 1 und 2 finden keine Anwendung, soweit der Mangel der Kreditwürdigkeitsprüfung darauf beruht, dass der Darlehensnehmer dem Darlehensgeber vorsätzlich oder grob fahrlässig Informationen im Sinne des § 505b Absatz 1 bis 3 unrichtig erteilt oder vorenthalten hat.

Schrifttum

Siehe die Nachweise bei § 505a BGB.

Systematische Übersicht

A. Allgemeines

I. Gesetzesentwicklung

1 § 505d BGB ist im Zuge der Umsetzung der europäischen Wohnimmobilienkreditrichtlinie 2014/17/EU mit Wirkung zum 21.3.2016 ins BGB eingefügt worden. Die entsprechenden unionsrechtlichen Vorgaben befinden sich in Art. 38 Abs. 1 S. 2 der Richtlinie.

II. Zweck der Vorschrift

2 Der Gesetzgeber hat mit den in § 505d BGB geregelten Sanktionen zu Lasten des Darlehensgebers von den Vorgaben nach Art. 38 Abs. 1 Wohnimmobilienkreditrichtlinie Gebrauch gemacht, wonach die Mitgliedsstaaten die Sanktionen festlegen, die bei einem Verstoß gegen die aufgrund der Richtlinie erlassenen einzelstaatlichen Vorschriften zu verhängen sind; diese müssen wirksam, verhältnismäßig und abschreckend sein. Der Gesetzgeber geht davon aus, mit den Sanktionen Regelungen geschaffen zu haben, die sich als Konkretisierungen allgemein-zivilrechtlicher Grundsätze in die Gesamtsystematik des BGB einfügen.[1] Mit der Sanktion zur Zinsreduzierung gem. Abs. 1 S. 1 wurde bezweckt, dass der Darlehensgeber von seinem relevant gewordenen Fehlverhalten nicht profitiert und andererseits der Darlehensnehmer die Gebrauchsvorteile des Darlehens nicht unentgeltlich erhalten soll. Es sollte damit eine gesetzlich normierte Konkretisierung und zugleich Typisierung der allgemein-zivilrechtlichen Grundsätze des Verbots unzulässiger Rechtsausübung eingeführt werden, welche aber zugleich den gebotenen Bereicherungsausgleich nicht unberücksichtigt lässt.[2] Die Regelung des Abs. 2 wiederum soll auch als spezifischer Ausfluss der Begrenzung der Haftung des Darlehensnehmers im Fall fehlenden Vertretenmüssen i.S.v. § 280 Abs. 1 S. 2 BGB zu verstehen sein.[3]

1 BT-Drs. 18/5922 S. 101.
2 BT-Drs. 18/5922 S. 101.
3 BT-Drs. 18/5922 S. 103.

B. Tatbestand

I. Sanktionen bei Pflichtverletzungen

Ist seitens des Darlehensgebers gegen die Pflicht zur Kreditwürdigkeitsprüfung verstoßen worden, findet der in § 505d BGB verankerte Sanktionskatalog Anwendung. Die Vorschrift gilt sowohl für Allgemein-Verbraucherdarlehen als auch für Immobiliar-Verbraucherdarlehen. Für das Eingreifen der Sanktionen ist nicht erforderlich, dass der Darlehensnehmer seinen vertraglichen Verpflichtungen (bereits) nicht mehr nachkommen kann, vielmehr ist „ausreichend“, dass der Darlehensgeber durch seine Pflichtverletzung in Form des Verstoßes gegen die Vornahme einer Kreditwürdigkeitsprüfung ein Risiko für den Darlehensnehmer geschaffen hat.[4] 3

Durch den Pflichtverstoß des Darlehensgebers wird die Wirksamkeit des Darlehensvertrages nicht berührt. Dieser Umstand wird letztendlich mittelbar auch durch das Bestehen der Regelung des § 505d BGB bestätigt und klargestellt. Die nachfolgend dargelegten Rechtsfolgen bei einem Verstoß gegen die Pflicht zur Kreditwürdigkeitsprüfung setzen das Bestehen eines wirksamen Verbraucherdarlehensvertrags voraus. 4

1. Auswirkungen auf den vertraglichen Zinssatz. Bei einem Verstoß gegen die Pflicht zur Kreditwürdigkeitsprüfung wird der Darlehensgeber mit einer Zinsermäßigung sanktioniert. Ein vollständiger Ausschluss des Zinsanspruches seitens des Darlehensgebers ist vom Gesetzgeber bewusst nicht gesetzlich implementiert worden, da dies insbesondere eine ungerechtfertigte Besserstellung des Darlehensnehmers im Vergleich zu anderen Darlehensnehmern zur Folge hätte, wenn sich der Darlehensnehmer allein durch Berufung auf eine nicht ordnungsgemäße Kreditwürdigkeitsprüfung von jeder Zinszahlungspflicht befreien könnte.[5] In Bezug auf die Rechtsfolge der Zinsermäßigung bei Verstoß gegen die Pflicht zur Kreditwürdigkeitsprüfung wird in § 505d Abs. 1 S. 1 Nr. 1 und 2 BGB nach gebundenem Sollzins und veränderlichem Sollzins unterschieden. 5

- Ein im Darlehensvertrag vereinbarter gebundener Sollzins ermäßigt sich auf den marktüblichen Zinssatz am Kapitalmarkt für Anlagen in Hypothekenpfandbriefe und öffentliche Pfandbriefe, deren Laufzeit derjenigen der Sollzinsbindung entspricht.
- Ein im Darlehensvertrag vereinbarter veränderlicher Sollzins ermäßigt sich auf den marktüblichen Zinssatz, zu dem europäische Banken einander Anleihen in Euro mit einer Laufzeit von drei Monaten gewähren.

Der Zeitpunkt für die Bestimmung des marktüblichen Zinssatzes iSd der genannten Zinsermäßigungen ist derjenige des Vertragsschlusses sowie ggfs. derjenige vertraglich vereinbarter Zinsanpassungen. In letzterem Falle ist bspw. bei einem veränderlichen Zinssatz, der aufgrund vertraglicher Abrede anzupassen ist, der zum Zeitpunkt der vertraglich vorgesehenen Anpassung maßgebliche Drei-Monats-EURIBOR der maßgebliche Zinssatz.[6] 6

Der marktübliche Zinssatz bei gebundenem Sollzinssatz entspricht demjenigen, welcher auch in der Rechtsprechung des BGH zur Berechnung einer Vorfälligkeitsentschädigung bei vorzeitiger Kündigung von Immobiliendarlehen mit gebundenem Sollzins anwendet worden ist. Dabei kommt es bei der Ermittlung des marktüblichen Zins- 7

4 BT-Drs. 18/5922 S. 101; MüKo BGB/*Schürnbrand* § 505d Rn. 9.
5 BT-Drs. 18/5922 S. 101.
6 BT-Drs. 18/5922 S. 102; MüKo BGB/*Schürnbrand* § 505d Rn. 10.

satzes auf die marktübliche Rendite für laufzeitkongruente Hypothekenpfandbriefe und öffentliche Pfandbriefe an, mit anderen Worten Anlagen mit einer Laufzeit, die derjenigen des gebundenen Sollzinses des betreffenden Verbraucherdarlehens entspricht.[7] Der marktübliche Zinssatz, auf den sich ein Verbraucherdarlehen mit veränderlichem Sollzins ermäßigt, ist der Drei-Monats-EURIBOR. Gesetzgeberischer Hintergrund dieser Regelung ist die häufig anzutreffende Kreditpraxis, dass bei Zinsanpassungsklauseln für den Referenzzinssatz auf den Hauptrefinanzierungszinssatz der Europäischen Zentralbank oder auf den davon abhängigen Basiszinssatz abgestellt wird, deren Änderungen wiederum zu entsprechenden Änderungen des EURIBOR führen.

Beide marktüblichen Zinssätze im Sinne der Vorschrift werden in der Zinsstatistik der Deutschen Bundesbank veröffentlicht.

8 Mit „Ermäßigung" des Zinssatzes wird zum Ausdruck gebracht, dass dann, wenn im Ausnahmefall der vereinbarte Sollzinssatz geringer ist als der markübliche Zins, weiterhin der vereinbarte Zins vom Darlehensnehmer an den Darlehensgeber zu zahlen ist. Der nach dem Verbraucherdarlehensvertrag geschuldete Zinssatz bleibt dann unverändert und wird nicht auf den jeweils relevanten marktüblichen Zinssatz angehoben.[8] Für den Fall, dass der Darlehensnehmer an den Darlehensgeber bereits die vertraglich vereinbarten Zinszahlungen geleistet hat, stehen diesem Rückerstattungsansprüche in Höhe der Differenz zwischen vertraglich vereinbartem und auf Basis von § 505d Abs. 1 BGB ermäßigtem Zinssatz zu. Diese ergibt sich aus dem gemäß § 505d Abs. 1 S. 2 BGB maßgeblichen Zeitpunkt für die Bestimmung des ermäßigten Zinssatzes in Form des Vertragsabschlusses sowie ggfs. einer vertraglich vereinbarten Zinsanpassung.

9 **2. Recht zur kostenlosen Vertragsbeendigung (Abs. 1 S. 3).** Neben der Rechtsfolge der Zinsermäßigung zugunsten des Darlehensnehmers im Falle der fortgesetzten Inanspruchnahme des Darlehens trotz Verstoßes gegen die Pflicht zur Kreditwürdigkeitsprüfung, kann sich der Darlehensnehmer jedoch auch entscheiden, sich von dem abgeschlossenen Verbraucherdarlehen vorzeitig zu lösen. Insoweit wird dem Darlehensnehmer gem. Abs. 1 S. 3 das Recht eingeräumt, den Darlehensvertrag jederzeit fristlos zu kündigen, ohne dass dem Darlehensgeber ein Anspruch auf Vorfälligkeitsentschädigung zustehen würde.

Die Ausübung des außerordentlichen Kündigungsrechts durch den Darlehensnehmer hat zur Folge, dass das Verbraucherdarlehen zwischen den Vertragsparteien rückabgewickelt werden muss. Der Darlehensgeber hat somit in diesem Fall einen sofort – nach Wirksamwerden der Kündigung – fälligen Rückzahlungsanspruch.

10 **3. Ausschluss von Rechten des Darlehensgebers.** § 505d Abs. 2 BGB enthält neben den Sanktionen der Zinsermäßigung und des jederzeitigen Kündigungsrechts zugunsten des Darlehensnehmers eine weitergehende Restriktion zu Lasten des Darlehensgebers, wenn das Verbraucherdarlehen trotz nicht ordnungsgemäßer Kreditwürdigkeitsprüfung abgeschlossen und vom Darlehensnehmer in Anspruch genommen worden ist. Verwirklichen sich während der Darlehenslaufzeit die wirtschaftlichen Risiken, welche im Rahmen der Kreditwürdigkeitsprüfung zu berücksichtigen gewesen wären, in der Weise, dass der Darlehensnehmer seine vertraglichen Verpflichtungen nicht erfüllt bzw. nicht erfüllen kann, so sind Ansprüche des Darlehensgebers wegen vertraglicher Pflichtverletzung ausgeschlossen. In diesen Fällen bestehen die Sanktionen nach Abs. 1 S. 1–3

7 Vgl. dazu BT-Drs. 18/5922 S. 102.

8 BT-Drs. 18/5922 S. 102; MüKo BGB/*Schürnbrand* § 505d Rn. 11; Palandt/*Weidenkaff* § 505d Rn. 5.

unverändert fort, jedoch kann der Darlehensgeber zusätzlich keine Ansprüche wegen Pflichtverletzung geltend machen.[9] Dies setzt voraus, dass die Pflichtverletzung des Darlehensnehmers auf einem Umstand beruht, der bei ordnungsgemäßer Kreditwürdigkeitsprüfung dazu geführt hätte, dass das Verbraucherdarlehen nicht hätte geschlossen werden dürfen. Es muss sich somit um einen Umstand handeln, der zum Verbot des Vertragsabschlusses i.S.v. § 505a Abs. 1 S. 2 BGB geführt hätte. Folglich bedarf es eines Kausalzusammenhangs zwischen der Pflichtverletzung des Darlehensgebers und der späteren Pflichtverletzung des Darlehensnehmers, so dass die Ansprüche des Darlehensgebers erhalten bleiben, wenn die fehlende Leistungsfähigkeit des Darlehensnehmers auf einem Umstand beruht, dessen Eintritt bei Vertragsschluss noch nicht absehbar war.[10] Der Nachweis der Kausalität obliegt dem Darlehensnehmer.

Die nicht vertragsgemäße Erfüllung seitens des Darlehensnehmers kann sowohl einzelne Darlehensraten als auch im Falle einer Fälligstellung durch den Darlehensgeber die gesamten (Rest-)Verbindlichkeiten des Darlehensnehmers aus dem Verbraucherdarlehen betreffen. Darunter fällt insbesondere eine vollständige Nichterfüllung, wie auch eine nur teilweise erfolgende bzw. eine verspätete Erfüllung.[11] Erfasst werden vom gesetzlich bestimmten Ausschluss von Ansprüchen des Darlehensgebers wegen einer Pflichtverletzung des Darlehensnehmers auch Verzugszinsen, Rechtsverfolgungskosten sowie ebenso etwaige sonstige materiell-rechtliche Ansprüche des Darlehensgebers auf Ersatz weitergehender Schäden wegen Nichterfüllung seitens des Darlehensnehmers.[12] Etwas anderes gilt jedoch für Ansprüche auf zivilprozessualer Grundlage. Der Darlehensgeber kann daher ungeachtet des Verstoßes gegen die Pflicht zur Vornahme einer Kreditwürdigkeitsprüfung weiterhin Kostenerstattungsansprüche nach §§ 91ff. ZPO oder Ansprüche auf Ersatz von Kosten der Zwangsvollstreckung gegenüber dem Darlehensnehmer geltend machen.[13] Überdies bleibt der Rückzahlungsanspruch des Darlehensgebers bezüglich der Darlehensvaluta gem. § 488 Abs. 1 S. 2 BGB ungeschmälert erhalten.[14] **11**

Über die in § 499 Abs. 3 BGB genannten Einschränkungen hinaus, wird das Kündigungsrecht des Darlehensgebers bei einer Pflichtverletzung des Darlehensnehmers durch die Regelungen in § 505d Abs. 2 BGB nicht berührt. Ebenso wie im Fall einer fristlosen Kündigung des Darlehensnehmers nach Abs. 1 S. 3 kann der Darlehensgeber allerdings (auch) bei eigener Kündigung keine Vorfälligkeitsentschädigung verlangen; dies ist nach Abs. 2 ausgeschlossen. Diese Rechtsfolge bei Verstoß gegen die Pflicht zur Vornahme einer Kreditwürdigkeitsprüfung entspricht der (umstrittenen) Rechtsprechung des Bundesgerichtshofs, wonach in Fällen einer Darlehenskündigung des Darlehensgebers bei Verzug des Darlehensnehmers ein Anspruch auf Vorfälligkeitsentschädigung als Ersatz des Erfüllungsinteresses wegen der Spezialregelung in § 497 Abs. 1 BGB ausgeschlossen sei.[15] **12**

Rechtsdogmatisch handelt es sich bei der Sanktion des Abs. 2 um einen Fall der unzulässigen Rechtsausübung i.S.v. § 242 BGB, wonach es dem Darlehensgeber untersagt ist, sich auf die mittels eines Pflichtverstoßes erworbenen Rechte zu berufen, auch soweit es sich dabei um vertragliche Schadensersatzansprüche auf Grundlage des Verbraucherdarlehens handelt.[16] **13**

---

9 MüKo BGB/*Schürnbrand* § 505d Rn. 14.
10 MüKo BGB/*Schürnbrand* § 505d Rn. 16.
11 Siehe insoweit BT-Drs. 18/5922 S. 103.
12 BT-Drs. 18/5922 S. 103; MüKo BGB/*Schürnbrand* § 505d Rn. 15; Palandt/*Weidenkaff* § 505d Rn. 7.
13 BT-Drs. 18/5922 S. 103.
14 MüKo BGB/*Schürnbrand* § 505d Rn. 15.
15 BGH 19.1.2016 WM **2016** 687.
16 So ausdrücklich die Gesetzesbegründung, BT-Drs. 18/5922 S. 103.

14 **4. Zurverfügungstellung eines geänderten Kreditvertrages.** Sind die Voraussetzungen des § 505d Abs. 1 BGB in Form eines Anspruches des Darlehensnehmers auf Zinsermäßigung bzw. des Rechts auf jederzeitige außerordentliche Kündigung seitens des Darlehensnehmers ohne Pflicht zur Zahlung einer Vorfälligkeitsentschädigung erfüllt, ist der Darlehensgeber gem. § 505d Abs. 1 S. 4 BGB verpflichtet, dem Darlehensnehmer eine Abschrift des Darlehensvertrages zur Verfügung zu stellen, in der die Vertragsänderungen berücksichtigt sind. Der Darlehensnehmer erhält somit bei einem Verstoß des Darlehensgebers gegen die Pflicht zur Kreditwürdigkeitsprüfung einen geänderten Vertrag, der den im Vergleich zur ursprünglichen vertraglichen Vereinbarung ermäßigten Zins sowie das außerordentliche Kündigungsrecht des Darlehensnehmers als Vertragsregelungen aufweist.

5. Grenzen der Darlehensnehmerrechte

15 **a) Zeitliche Grenzen.** Auch wenn § 505d BGB in Bezug auf die Rechte des Darlehensnehmers im Falle eines Verstoßes des Darlehensgebers gegen die Pflicht zur Kreditwürdigkeitsprüfung keine explizite zeitliche Begrenzung der Ausübung regelt, ist nach den allgemeinen zivilrechtlichen Grundsätzen zugrunde zu legen, dass eine unbegrenzte Geltendmachung der Darlehensnehmerrechte nicht möglich ist.

16 Die zeitliche Grenze für die Geltendmachung von Rückerstattungsansprüchen in Folge einer Zinsermäßigung i.S.v. § 505d Abs. 1 S. 1 BGB ist der Eintritt der Verjährung, welcher als rechtshemmende Einwendung bzw. peremptorische Einrede seitens des Darlehensgebers erhoben werden kann. Da es sich bei den Rückerstattungsansprüchen rechtsdogmatisch um solche aus ungerechtfertigter Bereicherung handelt, verjähren diese ausweislich der regelmäßigen Verjährungsfrist gem. §§ 195, 199 BGB nach Ablauf von drei Jahren, beginnend mit dem Schluss des Jahres in dem der Anspruch entstanden ist und der Darlehensnehmer davon Kenntnis erlangt hat oder grob fahrlässig Unkenntnis bestand.

17 Anders gelagert ist die Rechtslage bei dem außerordentlichen Kündigungsrecht des Darlehensnehmers nach Abs. 1 S. 3. Bei einem Kündigungsrecht handelt es sich um ein sog. Gestaltungsrecht, welches nicht der Verjährung unterliegt. Allerdings können auch Gestaltungsrechte nicht zeitlich unbegrenzt geltend gemacht werden. Deren Ausübung kann im Einzelfall, je nachdem wie der Sachverhalt gelagert ist, die Einrede der Verwirkung oder des Rechtsmissbrauchs entgegengehalten werden. Das auch der Gesetzgeber in Bezug auf die Rechte in § 505d BGB von einer zeitlichen Begrenzung ihrer Geltendmachung ausgeht, lässt sich mittelbar der Gesetzesbegründung entnehmen. Als Richtschnur für die Dauer der Aufbewahrungspflichten nach § 505b Abs. 4 BGB wird die zeitliche Grenze der Geltendmachung von Ansprüchen nach § 505d BGB angegeben.[17] Dies lässt den Gegenschluss zu, dass auch Rechte, die nicht der Verjährung unterliegen nicht unbefristet bzw. unbegrenzt geltend gemacht werden können.

18 Überdies hat der BGH zum Verbraucherdarlehensrecht ausdrücklich entschieden, dass verbraucherdarlehensrechtliche Gestaltungsrechte dem Institut der Verwirkung unterliegen.[18] Der BGH betonte bezüglich des verbraucherdarlehensrechtlichen Widerrufsrechts, dass die Unverzichtbarkeit nach § 506 Satz 1 BGB a.F. die Anwendung des Instituts der Verwirkung nicht hindert. Die Verwirkung knüpfe nicht an eine ausdrückliche oder stillschweigende Willenserklärung an, sondern an eine gesetzliche Wertung anderweitiger Umstände. In der derzeit geltenden Gesetzeslage besteht für die Vorschrif-

17 BT-Drs. 18/5922 S. 99.

18 BGH 12.7.2016 ZIP **2016** 1958 in Bezug auf das verbraucherdarlehensrechtliche Widerrufsrecht nach § 495 BGB.

ten des Verbraucherdarlehensrechts ein entsprechendes Abweichungsverbot in § 512 S. 1 BGB, so dass die Argumentation des BGH auch für die verbraucherschützenden Gestaltungsrechte nach § 505d BGB Geltung beanspruchen muss. Der BGH hat unter Bezugnahme auf die aktuelle Rechtslage hervorgehoben, dass ein gesetzlicher Ausschluss des Instituts der Verwirkung vom Gesetzgeber auch mit dem Gesetz zur Umsetzung der europäischen Wohnimmobilienkreditrichtlinie 2014/17/EU nicht eingeführt worden ist und dieser damit zugleich zu erkennen gegeben habe, diesem Institut grundsätzlich schon immer Relevanz im Bereich der Verbraucherwiderrufsrechte zuzuerkennen.[19]

Es erscheint daher rechtlich überzeugend für die Gestaltungsrechte, welche dem Darlehensnehmer in § 505d BGB vom Gesetzgeber als Sanktion zu Lasten des Darlehensgebers bei nicht ordnungsgemäßer Kreditwürdigkeitsprüfung eingeräumt worden sind, als zeitliche Grenze zumindest die Institute der Verwirkung und des Rechtsmissbrauchs anzusehen. Welche Anforderungen im Einzelfall als Zeit- und Umstandsmoment erfüllt sein müssen, wird sich, ebenso wie beim Widerrufsrecht nach § 495 BGB, in der Rechtsprechung erst herauskristallisieren.

b) Gesetzessystematische Grenzen. Über den rein zeitlichen Faktor hinaus stellt sich auch die Frage, ob und inwieweit die Sanktionsfolgen einer nicht ordnungsgemäßen Kreditwürdigkeitsprüfung abschließenden Charakter haben. Da es sich bei der Pflicht zur Kreditwürdigkeitsprüfung nach § 505a Abs. 1 S. 2 BGB um eine vorvertragliche Pflicht des Darlehensgebers handelt, wäre bei einem Verstoß gegen diese Pflicht ein Schadensersatzanspruch des Darlehensnehmers aus *culpa in contrahendo* gem. §§ 280 Abs. 1, 241 Abs. 2 i.V.m. § 311 Abs. 2 BGB denkbar. Allein aus gesetzessystematischen Gründen ist ein derartiger zusätzlicher Anspruch jedoch abzulehnen. **19**

Ein Schadensersatzanspruch des Darlehensnehmers aufgrund vorvertraglicher Pflichtverletzung ist auf Naturalrestitution i.S.v. § 249 Abs. 1 BGB gerichtet. Im Rahmen der Naturalrestitution hätte der Darlehensgeber, welcher gegen die vorvertragliche Pflicht zur Kreditwürdigkeitsprüfung schuldhaft verstoßen hat, den Zustand herzustellen, der bestehen würde, wenn der zum Ersatz verpflichtende Umstand nicht eingetreten wäre. Rechtsfolge eines derartigen Schadensersatzanspruches wäre somit die Rückabwicklung des geschlossenen Verbraucherdarlehens. Ein derartiger auf Naturalrestitution gerichteter Schadensersatzanspruch des Darlehensnehmers spricht allerdings gegen die vom Gesetzgeber unmissverständlich zum Ausdruck gebrachte Intention, dass diesem im Falle eines Verstoßes gegen die Pflicht zur Kreditwürdigkeitsprüfung nicht die Möglichkeit eingeräumt werden solle, sich schon durch die Berufung auf eine nicht ordnungsgemäße Kreditwürdigkeitsprüfung von jeder Zinszahlungspflicht befreien zu können.[20] Durch eine Befreiung von sämtlichen Zinsansprüchen würde, so heißt es in der Gesetzesbegründung ausdrücklich, dem Darlehensnehmer ein nicht zu rechtfertigender Vorteil verschafft werden, indem ihm Gebrauchsvorteile des Verbraucherdarlehens verbleiben würden, ohne dass er hierfür einen Ausgleich zu leisten hätte.[21] Bestünde neben der Sanktion der Zinsermäßigung zusätzlich ein Schadensersatzanspruch des Darlehensnehmers nach § 280 Abs. 1 i.V.m. § 311 Abs. 2 BGB würde diese gesetzgeberisch vorgesehene Rechtsfolge letztendlich leerlaufen und dem Darlehensnehmer der gerade nicht gewollte Vorteil verschafft werden.[22] Dass dieses Verständnis eines abschließenden Charakters **20**

19 BGH 12.7.2016 ZIP **2016** 1958.
20 BT-Drs. 18/5922 S. 101.
21 BT-Drs. 18/5922 S. 101.
22 Herberger/Martinek/Rüßmann/*Schwintowski*, jurisPK-BGB, § 505d BGB Rn. 1; *Buck-Heeb* NJW **2016** 2065, 2070.

der Rechtsfolgen bei einem Verstoß gegen die Pflicht zur Kreditwürdigkeitsprüfung auch dem Willen des Gesetzgebers entspricht, lässt sich zumindest den Gesetzgebungsmaterialien entnehmen. So ist eine gesetzliche Klarstellung des Verhältnisses der in § 505d BGB vorgesehenen Sanktionen zu möglichen Ansprüche aus *culpa in contrahendo* als nicht erforderlich angesehen worden, da sich dies bereits aus der bestehenden Systematik sowie aus Sinn und Zweck der gesetzlichen Regelungen ergebe.[23] Weiter heißt es dort, dass *„die Sanktionen des § 505d nicht auf Rückabwicklung des Darlehensvertrages gerichtet seien"* [...], sondern vielmehr *„die Situation einer den Darlehensnehmer überfordernden Kreditaufnahme mit einer Zinsermäßigung und der Möglichkeit, sich mit Wirkung für die Zukunft vom Vertrag zu lösen"* sanktioniert werde, weshalb *„Schadensersatzansprüche aus anderen Rechtsgrundlagen, die auf eine Rückabwicklung des Vertrages ex tunc gerichtet seien, [...] ersichtlich durch § 505d ausgeschlossen"* sind.[24] Auch ohne entsprechende ausdrückliche Klarstellung im Gesetzestext ist somit zumindest auch aufgrund historischer Auslegung der Norm ein Ausschluss weitergehender Ansprüche zugrunde zu legen.[25]

Da ein zusätzliches Recht des Darlehensnehmers in Form eines Schadensersatzanspruches in mehrfacher Hinsicht erkennbar der gesetzgeberischen Intention widersprechen würde, ist ein über § 505d BGB hinausgehendes Recht des Darlehensnehmers aus den genannten Gründen folglich nicht anzuerkennen.[26]

II. Ausnahmen von den Sanktionsfolgen

21 **1. Fehlende Kausalität der Pflichtverletzung (Abs. 1 S. 5).** Die Rechtsfolgen der Zinsermäßigung zugunsten des Darlehensnehmers und dessen jederzeitiges entschädigungsfreies fristloses Kündigungsrecht sowie die Pflicht der Zurverfügungstellung einer Abschrift des geänderten Darlehensvertrages finden dann keine Anwendung, wenn der Pflichtverstoß des Darlehensgebers bezüglich der Kreditwürdigkeitsprüfung nicht kausal für den Abschluss des Verbraucherdarlehens geworden ist. Kann der Darlehensgeber somit nachweisen, dass das mit dem Darlehensnehmer zu den konkreten Inhalten abgeschlossene Verbraucherdarlehen auch im Falle einer ordnungsgemäß durchgeführten Kreditwürdigkeitsprüfung in dieser Form hätte abgeschlossen werden dürfen, kommt der Sanktionskatalog des § 505d Abs. 1 BGB nicht zur Anwendung, da dann der Verstoß gegen die Pflicht der Kreditwürdigkeitsprüfung bzw. deren Fehlerhaftigkeit keine Kausalität für den Abschluss des Darlehensvertrages aufweist.

Demzufolge lässt sich der Vorschrift des Abs. 1 S. 5 entnehmen, dass der Gesetzgeber nicht die Intention hatte, den abstrakten Pflichtverstoß bzw. die Fehlerhaftigkeit des Darlehensgebers bei der Kreditwürdigkeitsprüfung zu sanktionieren, sondern es vielmehr maßgeblich darauf ankommt, ob der konkrete Verbraucherdarlehensvertrag mangels Kreditwürdigkeit des Darlehensnehmers nicht hätte abgeschlossen werden dürfen. Mit anderen Worten genügen allein das Unterlassen oder die Fehlerhaftigkeit einer Kreditwürdigkeitsprüfung nicht, um die Rechtsfolgen des § 505d Abs. 1 BGB auszulösen. Der Verbraucher soll vor einem Darlehen geschützt werden, welches er sich nicht leisten kann; ist er hingegen kreditwürdig kann sich die Pflichtverletzung des Darlehensgebers in Form der nicht ordnungsgemäßen Kreditwürdigkeitsprüfung von vornherein nicht auf

---

23 BT-Drs 18/11774 S. 32.
24 BT-Drs 18/11774 S. 32.
25 So auch *Omlor* NJW **2017** 1633.
26 So im Ergebnis auch MüKo BGB /*Schürnbrand* § 505d Rn. 18; Palandt/*Weidenkaff* § 505d Rn. 3; Prütting/Wegen/Weinreich/*Nobbe* § 505d Rn. 6 f; *Binder* ZIP **2018** 1201.

den Vertragsabschluss auswirken.[27] Da es sich um einen Ausnahmetatbestand zu den Regelsanktionen des Abs. 1 S. 1–3 handelt, trägt der Darlehensgeber für dessen Eingreifen die Darlegungs- und Beweislast.[28]

2. Falsche bzw. unvollständige Angaben des Darlehensnehmers (Abs. 3). Neben der fehlenden Kausalität besteht gemäß Abs. 3 ein weiterer Fall, in dem die grundsätzlich zu Lasten des Darlehensgebers vorgesehenen Rechtsfolgen nicht eingreifen. Dies gilt dann, wenn der Mangel der Kreditwürdigkeitsprüfung darauf beruht, dass der Darlehensnehmer dem Darlehensgeber vorsätzlich oder grob fahrlässig Informationen, die gemäß § 505b Abs. 1–3 BGB bei Verbraucherdarlehen als Grundlage der Kreditwürdigkeitsprüfung dienen, unrichtig erteilt oder vorenthalten hat. Liegt ein derartiger Fall vor, ist der Darlehensnehmer am Mangel der Kreditwürdigkeitsprüfung in einem Maße schuldhaft mitverantwortlich, dass er nicht schutzwürdig ist und es demzufolge angemessen ist, ihm die Sanktionen nach § 505d Abs. 1 und 2 BGB zu Lasten des Darlehensgebers nicht zugutekommen zu lassen. Überdies wird es in diesen Fällen oftmals bereits an einer Pflichtverletzung des Darlehensgebers fehlen, insbesondere, wenn das Fehlen oder die Fehlerhaftigkeit der Information nicht erkennbar war.[29] 22

Im Vergleich zu den in § 499 Abs. 3 S. 2 BGB für das Bestehen des Kündigungsrechts des Darlehensgebers bestimmten Voraussetzungen der wissentlichen Vorenthaltung oder Fälschung von für die Kreditwürdigkeit relevanten Informationen seitens des Darlehensnehmers, sind die Tatbestandsmerkmale der grob fahrlässigen oder vorsätzlichen Erteilung unrichtiger Informationen bzw. der Vorenthaltung von Informationen in § 505d Abs. 3 BGB weiter gefasst. Verletzt der Darlehensnehmer seine Mitwirkungspflichten bei der Prüfung seiner Kreditwürdigkeit mindestens grob fahrlässig, trifft den Darlehensgeber somit nur die vertragsrechtliche Sanktion bei unzureichender Kreditwürdigkeitsprüfung den dennoch geschlossenen Vertrag nicht kündigen zu können. Die Regelung bedeutet für den Darlehensgeber auf der anderen Seite, dass bei einer „lediglich" einfach fahrlässig begangenen Vorenthaltung oder unrichtigen Erteilung von Informationen, welche für die Kreditwürdigkeitsprüfung von Relevanz sind, dies für den Darlehensnehmer unschädlich ist. Mit anderen Worten kann sich in diesen Fällen der Darlehensgeber nicht auf den Ausschluss der vom Darlehensnehmer auf Grundlage von § 505d Abs. 1 und 2 BGB geltend gemachten Ansprüche bzw. Rechte berufen. 23

Für das Vorliegen der Voraussetzungen des Abs. 3 ist der Darlehensgeber darlegungs- und beweispflichtig.[30]

---

27 *Buck-Heeb* NJW **2016** 2065, 2068.
28 Bülow/Artz/*Artz* § 505d Rn. 4; *Buck-Heeb* NJW **2016** 2065; MüKo BGB/*Schürnbrand* § 505d Rn. 8; Palandt/*Weidenkaff* § 505d Rn. 9.
29 MüKo BGB/*Schürnbrand* § 505d Rn. 20.
30 *Buck-Heeb* NJW **2016** 2065; MüKo BGB/*Schürnbrand* § 505d Rn. 21; Prütting/Wegen/Weinreich/*Nobbe* § 505d Rn. 10.

FÜNFTER TEIL

Haftung aus Prospekt und Anlageberatung

KAPITEL 1
Prospekthaftung

§§ 21–23 WpPG
Haftung bei fehlerhaftem Börsenzulassungsprospekt, Haftung bei sonstigem Prospekt, Haftungsausschluss

§ 21 WpPG

(1) Der Erwerber von Wertpapieren, die auf Grund eines Prospekts zum Börsenhandel zugelassen sind, in dem für die Beurteilung der Wertpapiere wesentliche Angaben unrichtig oder unvollständig sind, kann
1. **von denjenigen, die für den Prospekt die Verantwortung übernommen haben, und**
2. **von denjenigen, von denen der Erlass des Prospekts ausgeht,**

als Gesamtschuldnern die Übernahme der Wertpapiere gegen Erstattung des Erwerbspreises, soweit dieser den ersten Ausgabepreis der Wertpapiere nicht überschreitet, und der mit dem Erwerb verbundenen üblichen Kosten verlangen, sofern das Erwerbsgeschäft nach Veröffentlichung des Prospekts und innerhalb von sechs Monaten nach erstmaliger Einführung der Wertpapiere abgeschlossen wurde. Ist kein Ausgabepreis festgelegt, gilt als Ausgabepreis der erste nach Einführung der Wertpapiere festgestellte oder gebildete Börsenpreis, im Falle gleichzeitiger Feststellung oder Bildung an mehreren inländischen Börsen der höchste erste Börsenpreis. Auf den Erwerb von Wertpapieren desselben Emittenten, die von den in Satz 1 genannten Wertpapieren nicht nach Ausstattungsmerkmalen oder in sonstiger Weise unterschieden werden können, sind die Sätze 1 und 2 entsprechend anzuwenden.

(2) Ist der Erwerber nicht mehr Inhaber der Wertpapiere, so kann er die Zahlung des Unterschiedsbetrags zwischen dem Erwerbspreis, soweit dieser den ersten Ausgabepreis nicht überschreitet, und dem Veräußerungspreis der Wertpapiere sowie der mit dem Erwerb und der Veräußerung verbundenen üblichen Kosten verlangen. Absatz 1 Satz 2 und 3 ist anzuwenden.

(3) Sind Wertpapiere eines Emittenten mit Sitz im Ausland auch im Ausland zum Börsenhandel zugelassen, besteht ein Anspruch nach Absatz 1 oder 2 nur, sofern die Wertpapiere auf Grund eines im Inland abgeschlossenen Geschäfts oder einer ganz oder teilweise im Inland erbrachten Wertpapierdienstleistung erworben wurden.

(4) Einem Prospekt steht eine schriftliche Darstellung gleich, auf Grund deren Veröffentlichung der Emittent von der Pflicht zur Veröffentlichung eines Prospekts befreit wurde.

§ 22 WpPG

Sind in einem nach § 3 Abs. 1 Satz 1 veröffentlichten Prospekt, der nicht Grundlage für die Zulassung von Wertpapieren zum Handel an einer inländischen Börse ist, für die Beurteilung der Wertpapiere wesentliche Angaben unrichtig oder unvollständig, ist § 21 entsprechend anzuwenden mit der Maßgabe, dass

https://doi.org/10.1515/9783110447293-006

1. bei der Anwendung des § 21 Abs. 1 Satz 1 für die Bemessung des Zeitraums von sechs Monaten anstelle der Einführung der Wertpapiere der Zeitpunkt des ersten öffentlichen Angebots im Inland maßgeblich ist und
2. § 21 Abs. 3 auf diejenigen Emittenten mit Sitz im Ausland anzuwenden ist, deren Wertpapiere auch im Ausland öffentlich angeboten werden.

§ 23 WpPG

(1) Nach den §§ 21 oder 22 kann nicht in Anspruch genommen werden, wer nachweist, dass er die Unrichtigkeit oder Unvollständigkeit der Angaben des Prospekts nicht gekannt hat und dass die Unkenntnis nicht auf grober Fahrlässigkeit beruht.

(2) Ein Anspruch nach den §§ 21 oder 22 besteht nicht, sofern
1. die Wertpapiere nicht auf Grund des Prospekts erworben wurden,
2. der Sachverhalt, über den unrichtige oder unvollständige Angaben im Prospekt enthalten sind, nicht zu einer Minderung des Börsenpreises der Wertpapiere beigetragen hat,
3. der Erwerber die Unrichtigkeit oder Unvollständigkeit der Angaben des Prospekts bei dem Erwerb kannte,
4. vor dem Abschluss des Erwerbsgeschäfts im Rahmen des Jahresabschlusses oder Zwischenberichts des Emittenten, einer Veröffentlichung nach Artikel 17 der Verordnung (EU) Nr. 596/2014 des Europäischen Parlaments und des Rates vom 16. April 2014 über Marktmissbrauch (Marktmissbrauchsverordnung) und zur Aufhebung der Richtlinie 2003/6/EG des Europäischen Parlaments und des Rates und der Richtlinien 2003/124/EG, 2003/125/EG und 2004/72/EG der Kommission (ABl. L 173 vom 12.6.2014, S. 1) in der jeweils geltenden Fassung oder einer vergleichbaren Bekanntmachung eine deutlich gestaltete Berichtigung der unrichtigen oder unvollständigen Angaben im Inland veröffentlicht wurde oder
5. er sich ausschließlich auf Grund von Angaben in der Zusammenfassung oder einer Übersetzung ergibt, es sei denn, die Zusammenfassung ist irreführend, unrichtig oder widersprüchlich, wenn sie zusammen mit den anderen Teilen des Prospekts gelesen wird, oder sie enthält, wenn sie zusammen mit den anderen Teilen des Prospekts gelesen wird, nicht alle gemäß § 5 Absatz 2 Satz 1 in Verbindung mit Absatz 2a erforderlichen Schlüsselinformationen.

Schrifttum

Assmann/Schlitt/von Kopp-Colomb Wertpapierprospektgesetz, Vermögensanlagengesetz, 3. Aufl. 2017; *Assmann/Schütze* Handbuch des Kapitalanlagerechts, 4. Aufl. 2015; *Baumbach/Hopt* Kommentar zum HGB, 38. Aufl. 2018; *Berrar/Meyer/Müller/Schnorbus/Singhof/Wolf* WpPG und EU-ProspektVO, 2. Aufl. 2017; *Buck-Heeb* Kapitalmarktrecht, 9. Aufl. 2017; *dies.* Vom Kapitalanleger- zum Verbraucherschutz, ZHR 176 (2012), 66; *Canaris/Habersack/Schäfer* Staub Großkommentar HGB, 5. Aufl. 2017; *Erman* Kommentar zum BGB, 15. Aufl. 2017; *Fleischer/Kalss* Kapitalmarktrechtliche Schadensersatzhaftung und Kurseinbrüche an der Börse, AG **2002** 329; *Giedinghagen* Arbeitnehmerbeteiligungen im Lichte des Wertpapierprospektgesetzes, BKR **2007** 233; *Groß* Kapitalmarktrecht, 6. Aufl. 2015; *Grundmann/Selbherr* Börsenprospekthaftung in der Reform, WM **1996** 985; *Habersack/Mülbert/Schlitt* Handbuch der Kapitalmarktinformation, 2. Aufl. 2013 (zit.: Habersack/Mülbert/Schlitt/*Bearbeiter* Kapitalmarktinformation); *Habersack/Mülbert/Schlitt* Unternehmensfinanzierung am Kapitalmarkt, 3. Aufl. 2013 (zit.: *Habersack/Mülbert/Schlitt/*Bearbeiter Unternehmensfinanzierung); *Hauschka* Corporate Compliance, 3. Aufl. 2016; *Heidel* Aktienrecht und Kapitalmarktrecht, 4. Aufl. 2014; *Hess/Reuschle/Rimmelspacher* Kölner Kommentar zum KapMuG,

2. Aufl. 2013; *Holzborn* WpPG, 2. Aufl. 2014; *Hopt* Das Dritte Finanzmarktförderungsgesetz, Festschrift Drobnig (1998) 525; *Jauernig* Kommentar zum BGB, 16. Aufl. 2015; *Kollmorgen/Feldhaus* Zur Prospektpflicht bei aktienbasierten Mitarbeiterbeteiligungsprogrammen, BB **2007** 225; *Kort* Neuere Entwicklungen im Recht der Börsenprospekthaftung (§§ 45 ff. BörsG) und der Unternehmensberichtshaftung (§§ 77 BörsG) AG **1999** 9; *Krüger/Rauscher* Münchener Kommentar zur ZPO, Bd. 1, 5. Aufl. 2016; *Kümpel/Wittig* Bank- und Kapitalmarktrecht, 4. Aufl. 2011; *Lutter/Bayer/Schmidt* Europäisches Unternehmens- und Kapitalmarktrecht, 6. Aufl. 2017; *Müller* Wertpapierprospektgesetz, 2. Online-Auflage 2017; *Mülbert/Steup* Emittentenhaftung für fehlerhafte Kapitalmarktinformation am Beispiel der fehlerhaften Regelpublizität, WM **2005** 1633; *Nobbe* Prospekthaftung bei geschlossenen Fonds, WM **2013** 193; *Palandt* Kommentar zum BGB, 77. Aufl. 2018; *Rothenhöfer* Mitverschulden des unrichtig informierten Anlegers?, WM **2003** 2032; *Säcker/Rixecker/Oetker* Münchener Kommentar zum BGB, Bd. 2, 7. Aufl. 2016; *Sänger* Handkommentar zur ZPO, 7. Aufl. 2017; *Schäfer* Stand und Entwicklungstendenzen der spezialgesetzlichen Prospekthaftung, ZGR **2006** 40; *Schimansky/Bunte/Lwowski* Bankrechts-Handbuch, 5. Aufl. 2017; *Schlitt/Schäfer* Auswirkungen des Prospektrichtlinie-Umsetzungsgesetzes auf Aktien- und Equity-linked Emissionen, AG **2005** 498; *Schmidt* Münchener Kommentar zum HGB, Bd. 6, 3. Aufl. 2014; *Schroeder* Der persönliche Anwendungsbereich der Prospekthaftung nach dem WpPG und dem VermAnlG, 2017; *Schwark/Zimmer* Kapitalmarktrechts-Kommentar, 4. Aufl. 2010; *Vortmann* Prospekthaftung und Anlageberatung, 2000.

Systematische Übersicht

A. Allgemeines

I. Entstehungsgeschichte

1 Die §§ 21ff. WpPG lösten zum 1.6.2012 die §§ 44ff. BörsG a.F. ab. Die Neuregelung erfolgte durch das Gesetz zur Novellierung des Finanzanlagenvermittler- und Vermögensanlagenrechts vom Dezember 2011 und stellt genuin nationales Recht dar. Die europäischen Vorgaben zum Prospektrecht in der Prospektrichtlinie von 2003[1] bezogen sich lediglich auf den Prospekt, enthielten aber keine konkrete Haftungsregelung. Mit der Neuregelung wurden sämtliche Haftungsvorschriften für fehlerhafte und fehlende Prospekte für Wertpapiere zusammengefasst, unabhängig davon, ob sie als Grundlage für die Wertpapierzulassung zum Handel an einer inländischen Börse dienen oder nicht.[2] Da die §§ 21ff. WpPG weitgehend den §§ 44ff. BörsG a.F. entsprechen, können die alte Literatur und Rechtsprechung nach wie vor berücksichtigt werden.

II. Inhalt und Zweck der Regelungen

2 Die Prospekthaftung soll sicherstellen, dass dem Anleger durch hinreichende und richtige Informationen die Risiken einer Geldanlage adäquat offengelegt werden.[3] § 21 WpPG schützt das Vertrauen des Erwerbers/Anlegers in die Richtigkeit und Vollständigkeit der Prospektangaben (**Vertrauenshaftung**).[4] Erwirbt dieser auf der Grundlage eines Prospekts Wertpapiere, soll er sich auf diesen verlassen können.[5] Die Regelung des § 21 WpPG ist zusammen mit § 23 WpPG zu lesen.

III. Prospekthaftung nach der EU-ProspektVO 2017

3 Am Inhalt und Zweck der Prospekthaftung ändert sich grundsätzlich durch die neue Prospektverordnung vom 14.6.2017[6] nichts. Diese wird ab dem 21.7.2019 in den EU-Mitgliedstaaten Gültigkeit haben. **Art. 11 ProspVO 2017** bestimmt lediglich, dass die Mitgliedstaaten die Prospekthaftung und die Prospektnachtragshaftung sicherstellen müssen. Als Haftungsadressat werden „der Emittent oder dessen Verwaltungs-, Leitungs- oder Aufsichtsorgan, der Anbieter, die die Zulassung zum Handel an einem geregelten Markt beantragende Person oder der Garantiegeber" angesehen (Art. 11 Abs. 1 Satz 1 ProspektVO 2017).[7]

4 Im Rahmen dieser allgemeinen Prospekthaftungsvorgaben findet sich insofern eine (zusätzliche) Regelung bzgl. des Prospektinhalts, als der Prospekt Erklärungen der be-

1 ABl. EU Nr. L 345 v. 31.12.2003, S. 64.
2 Eine gegenüberstellende Liste von alten und neuen Regelungen findet sich etwa bei *Grundmann* Großkommentar HGB 6. Teil Rn. 180; Schimansky/Bunte/Lwowski/*Grundmann* § 112 Rn. 49.
3 Vgl. BGH 10.10.1994 NJW **1995** 130; Kümpel/Wittig/*Oulds* Bank- und Kapitalmarktrecht Rn. 15.201.
4 Statt vieler Baumbach/Hopt/*Kumpan* (§ 15a) §§ 21–25 WpPG, Einleitung Rn. 5.
5 Berrar/Meyer/Müller/Schnorbus/Singhof/Wolf/*Seiler*/*Singhof* § 21 WpPG Rn. 45.
6 ABl. EU Nr. L 168 v. 30.6.2017, S. 12ff.
7 *Lutter*/*Bayer*/*Schmidt* Europäisches Unternehmens- und Kapitalmarktrecht Rn. 34.41.

treffenden Personen enthalten muss, wonach „ihres Wissens die Angaben in dem Prospekt richtig sind und darin keine Angaben nicht (Anm.: das „nicht“ ist wohl ein Redaktionsversehen) aufgenommen werden, die die Aussage des Prospekts verändern können“ (Art. 11 Abs. 1 Satz 2, 2. HS ProspektVO 2017). Zudem stellt die ProspektVO 2017 sicher, dass niemand in den Mitgliedstaaten allein aufgrund der Prospektzusammenfassung nebst etwaigen Übersetzungen haftet. Eine Ausnahme soll nur dann gegeben sein, wenn die Zusammenfassung irreführend oder unrichtig ist, wenn sie im Widerspruch zu den einschlägigen Prospektteilen steht, oder wenn sie, zusammen mit anderen Prospektteilen gelesen, nicht die erforderlichen Basisinformationen vermittelt (Art. 11 Abs. 2 Unterabs. 2 ProspektVO 2017).[8] Das ist aber schon bislang in Deutschland geltendes Recht.

B. Tatbestand

I. Prospekt

1. Prospektbegriff. Das WpPG enthält keine Legaldefinition des Prospektbegriffs. 5
Aus dem Wortlaut und der Systematik des Gesetzes lässt sich aber ableiten, dass ein (Wertpapier-)Prospekt die schriftliche Darstellung der Eigenschaften eines angebotenen Wertpapiers ist. Er dient dazu, einen potenziellen Anleger in die Lage zu versetzen, sich ein umfassendes Bild über das ihm angebotene Wertpapier zu machen, sodass er in Kenntnis der mit dem Erwerb des Wertpapiers verbundenen Gewinnchancen und Verlustrisiken seine Anlageentscheidung treffen kann.[9]

Da in dem Wertpapier ein Recht gegenüber dem Emittenten verbrieft ist, kommt es 6
vor allem auf den Emittenten und seine Bonität als Schuldner an. Daher hat der Prospekt sämtliche Angaben zu enthalten, die notwendig sind, um den Anlegern („Publikum“) ein zutreffendes Urteil über die Vermögenswerte und Verbindlichkeiten, die Finanzlage, die Gewinne und Verluste sowie über die Zukunftsaussichten des Emittenten (und jedes Garantiegebers) zu ermöglichen (§ 5 Abs. 1 Satz 1 WpPG).

2. Börsenzulassungsprospekt (§ 21 Abs. 1 WpPG). Eine Haftung nach § 21 WpPG 7
kann gegeben sein, wenn die Wertpapiere, die der Anleger auf Grund eines Prospekts erworben hat, vor dem Erwerb bereits zum Börsenhandel zugelassen waren. Demgemäß erfasst § 21 WpPG Börsenzulassungsprospekte i.S.v. § 32 Abs. 3 Nr. 2 BörsG. Unerheblich ist, ob der Emittent überhaupt zur Erstellung und Veröffentlichung des Prospekts verpflichtet war.[10] Vielmehr ist allein entscheidend, dass die Zulassung der erworbenen Wertpapiere tatsächlich auf der Grundlage des fraglichen Prospekts erfolgt ist.[11] Demgemäß unterfallen sowohl Prospekte, für die eine Prospektpflicht bestand (§ 1 Abs. 1 WpPG), als auch **freiwillige Prospekte** (§ 1 Abs. 2 Nr. 2–5 WpPG) dem Begriff des Börsenzulassungsprospekts i.S.d. § 21 Abs. 1 Satz 1 WpPG.[12] Nach § 1 Abs. 3 WpPG steht es einem Emittenten, der von der Prospektpflicht ausgenommen ist, frei, gleichwohl einen Prospekt zu erstellen, damit die von ihm angebotenen Wertpapiere zum Handel an ei-

---

8 Siehe auch Erwägungsgrund (33) ProspektVO 2017.

9 Vgl. BGH 31.5.2011 BGHZ **190** 7 Rn. 18; *Buck-Heeb* Kapitalmarktrecht Rn. 166; *Lutter/Bayer/Schmidt* Europäisches Unternehmens- und Kapitalmarktrecht Rn. 34.21.

10 Berrar/Meyer/Müller/Schnorbus/Singhof/Wolf/*Seiler/Singhof* § 21 WpPG Rn. 6.

11 Assmann/Schlitt/von Kopp-Colomb/*Assmann* §§ 21–23 WpPG Rn. 12.

12 Siehe nur etwa BGH 21.10.2014 BGHZ **203** 1 = NJW **2015** 236 Rn. 64 (noch zu § 13 VerkProspG aF i.V.m. §§ 45 ff. BörsG aF).

nem organisierten Markt zugelassen werden. Damit unterwirft er sich aber auch den Vorgaben, die das WpPG für einen Prospekt formuliert, und dann eben auch der Haftung nach § 21 WpPG, wenn der Prospekt diesen Anforderungen nicht entspricht.[13]

8 Auf den Streit, ob ein Emittent freiwillig selbst dann einen Prospekt erstellen darf, wenn er lediglich nach § 3 Abs. 2 oder § 4 WpPG von der gesetzlichen Prospektpflicht befreit ist, kommt es für die Haftung nach § 21 WpPG faktisch nicht an. Die BaFin versagt einem Emittenten in diesem Fall die Möglichkeit, freiwillig ein Prospekt zu erstellen,[14] sodass es nicht zu einer Billigung eines solchen Prospekts durch die BaFin (§ 13 Abs. 1 Satz 2 WpPG) und damit auch nicht zu einer Zulassung des angebotenen Wertpapiers auf der Grundlage eines gebilligten und veröffentlichten Prospekts kommen kann. Eine Haftung nach § 21 WpPG scheidet demgemäß von vornherein aus.

9 Umgekehrt reicht es nach h.M. für die Haftung nach § 21 WpPG nicht, dass die angebotenen Wertpapiere allein tatsächlich auf Grund eines Prospekts zum Handel an einem organisierten Markt zugelassen worden sind. Ein Börsenzulassungsprospekt i.S.d. § 21 Abs. 1 Satz 1 WpPG ist danach nur ein **gebilligter** (oder bescheinigter) **und veröffentlichter** Prospekt. Fehlt es an einer Billigung und/oder Veröffentlichung, kommt demgemäß auch nicht eine Haftung für einen fehlerhaften Prospekt (§ 21 WpPG), sondern ausschließlich eine solche für einen fehlenden Prospekt (§ 24 WpPG) in Betracht.[15] Hat der Emittent den Prospekt jedoch nur fehlerhaft veröffentlicht, weil er die formalen Anforderungen des § 14 Abs. 2 WpPG nicht beachtet hat, haftet der Emittent bereits nach § 21 WpPG für die Richtigkeit und Vollständigkeit des Prospekts und nicht erst nach § 24 WpPG für das Fehlen eines Prospekts.[16] Nach hier vertretener Ansicht ist auch ein *Prospekt*, der zwar nicht durch die BaFin gebilligt worden ist, aber die materiellen Anforderungen dafür erfüllt, ein (Wertpapier-)Prospekt (siehe § 24 WpPG Rn. 8–17). Darauf kommt es indes bei einem Börsenzulassungsprojekt (§ 21 WpPG), anders als bei einem Verkaufsprospekt (§ 22 WpPG), nicht an, da Wertpapiere „faktisch" nur dann an der Börse gehandelt werden, wenn der Börsenzulassungsprospekt zuvor von der BaFin gebilligt worden ist. Dass Wertpapiere allein tatsächlich auf Grund eines (nicht gebilligten) Prospekts zum Handel an einem organisierten Markt zugelassen worden sind, ist deshalb „faktisch" ausgeschlossen (siehe § 24 WpPG Rn. 4–7).

10 Bei einem **Nachtrag zum Prospekt** (§ 16 WpPG) folgt die Haftung stets aus § 21 WpPG und nicht aus § 24 WpPG. Der Nachtrag ist kein selbständiger Prospekt (§ 3 WpPG), sondern Teil des ursprünglichen Prospekts, da er lediglich die Aufgabe hat, diesen zu ergänzen.[17] Ergeben sich nach der Billigung des Prospekts wichtige neue Umstände oder stellt sich eine wesentliche Unrichtigkeit in Bezug auf die im Prospekt enthaltenen Angaben heraus, welche die Beurteilung der Wertpapiere beeinflussen könnten, ist ein Nachtrag zum Prospekt zu erstellen, bei der BaFin einzureichen, von dieser zu billigen und im Anschluss daran vom Anbieter oder Zulassungsantragsteller zu veröffentlichen. Unterbleibt dies, wird der ursprüngliche Prospekt unrichtig oder unvollständig. Er ist deshalb fehlerhaft, weil der Prospekt nicht nur zum Zeitpunkt seiner Billigung die für die Beurteilung der Wertpapiere wichtigen Angaben enthalten muss, sondern den Anlegern darüber hinaus eine aktuelle Darstellung für die gesamte Dauer des öffentlichen Angebots oder, falls diese später erfolgt, bis zur Einführung der Wertpapiere in den Han-

---

13 Holzborn/*Wackerbarth* §§ 21–23 WpPG Rn. 26.
14 Vgl. Berrar/Meyer/Müller/Schnorbus/Singhof/Wolf/*Schnorbus* § 1 WpPG Rn. 39 m.w.N.
15 Assmann/Schlitt/von Kopp-Colomb/*Assmann* §§ 21–23 WpPG Rn. 13.
16 Assmann/Schütze/*Assmann* Kapitalanlagerecht § 5 Rn. 129.
17 Assmann/Schütze/*Assmann* Kapitalanlagerecht § 5 Rn. 128.

del liefern soll (§ 16 Abs. 1 Satz 1 WpPG).[18] Eine Haftung ergibt sich daher auch hier aus § 21 WpPG für den jetzt fehlerhaften Prospekt und nicht aus § 24 WpPG für den fehlenden Nachtrag.[19] Das gilt auch, wenn der Nachtrag insofern fehlerhaft veröffentlicht worden ist, als die Veröffentlichung nicht den formalen Anforderungen des § 14 WpPG genügt.[20]

§ 21 Abs. 1 WpPG bezieht sich nicht nur auf den Prospekt als solchen, sondern erstreckt sich auch auf sämtliche mit dem Prospekt zusammen vertriebenen Schriftstücke.[21] 11

3. Schriftliche Darstellung (§ 21 Abs. 4 WpPG). Nach § 21 Abs. 4 WpPG sind einem Prospekt i.S.d. § 21 Abs. 1 WpPG (Börsenzulassungsprospekt) „schriftliche Darstellungen" (d.h. Dokumente) gleichgestellt, „auf Grund deren Veröffentlichung der Emittent von der Pflicht zur Veröffentlichung eines Prospekts" i.S.d. § 21 Abs. 1 WpPG befreit worden ist. Die schriftliche Darstellung muss den an sich erforderlichen Prospekt ersetzen, indem die Zulassung der Wertpapiere jetzt nicht mehr aufgrund eines Prospekts, sondern allein aufgrund der schriftlichen Darstellung erfolgt.[22] Demgemäß muss zunächst eine Pflicht bestanden haben, einen Prospekt zu veröffentlichen (§ 3 Abs. 4 WpPG), der Zulassungsantragsteller aber von dieser Pflicht nach § 4 Abs. 2 WpPG befreit sein. Die Befreiung von der Prospektpflicht darf dabei nicht bereits *ipso iure* eintreten, sondern allein deshalb, weil eine schriftliche Darstellung, d.h. „ein Dokument" veröffentlicht worden ist, „dessen Angaben denen eines Prospekts gleichwertig sind" (§ 4 Abs. 2 Nr. 3 und 4 WpPG). 12

Das gilt unstreitig zunächst einmal für Dokumente, die auf Wertpapiere bezogen sind, welche anlässlich einer Übernahme im Wege eines Tauschangebots angeboten werden (§ 4 Abs. 2 Nr. 3 WpPG) oder anlässlich einer Verschmelzung oder Spaltung angeboten oder zugeteilt werden oder zugeteilt werden sollen (§ 4 Abs. 2 Nr. 4 WpPG).[23] 13

Darüber, dass umgekehrt ein Dokument i.S.v. § 4 Abs. 2 Nr. 5 WpPG, das ebenfalls (formal) von der Pflicht, einen Prospekt zu veröffentlichen, befreit, gerade nicht eine „schriftliche Darstellung" i.S.d. § 21 Abs. 4 WpPG ist, besteht im Schrifttum gleichfalls weitgehend Konsens.[24] Bei Aktien, die aus einer Kapitalerhöhung aus Gesellschaftsmitteln stammen und den Aktionären angeboten oder zugeteilt werden (sollen), oder die als Dividende an die Aktionäre ausgeschüttet werden (§ 4 Abs. 2 Nr. 5 WpPG), fehlt es an einem öffentlichen Angebot, zumindest an einer Anlageentscheidung, die erst zum Erwerb der Aktien führte.[25] Durch den Beschluss der Hauptversammlung und seine Durchführung werden den Aktionären die Aktien automatisch zugewiesen. Der Sinn und Zweck der Prospekthaftung i.S.d. § 21 WpPG, dem Anleger durch die Veröffentlichung eines Prospekts eine informierte und damit autonome Entscheidung für oder gegen den Erwerb der an der Börse zugelassenen Wertpapiere zu ermöglichen (§ 5 Abs. 1 WpPG), 14

18 *Buck-Heeb* Kapitalmarktrecht Rn. 186; Berrar/Meyer/Müller/Schnorbus/Singhof/Wolf/*Seiler*/*Singhof* § 21 WpPG Rn. 42, 78.
19 Assmann/Schlitt/von Kopp-Colomb/*Assmann* §§ 21–23 WpPG Rn. 15.
20 Assmann/Schütze/*Assmann* Kapitalanlagerecht § 5 Rn. 129.
21 *Grundmann* Großkommentar HGB 6. Teil Rn. 194 m.w.N.
22 *Groß* Kapitalmarktrecht § 21 WpPG Rn. 24.
23 Habersack/Mülbert/Schlitt/*Mülbert*/*Steup* Unternehmensfinanzierung § 41 Rn. 27; *Mülbert*/*Steup* WM **2005** 1633, 1642 f.; Assmann/Schlitt/von Kopp-Colomb/*Assmann* §§ 21–23 WpPG Rn. 27; *Groß* Kapitalmarktrecht § 21 WpPG Rn. 29; Habersack/Mülbert/Schlitt/*Habersack* Kapitalmarktinformation § 29 Rn. 11; Holzborn/*Wackerbarth* §§ 21–23 WpPG Rn. 22, 23.
24 Assmann/Schlitt/von Kopp-Colomb/*Assmann* §§ 21–23 WpPG Rn. 24; Habersack/Mülbert/Schlitt/*Mülbert*/*Steup* Unternehmensfinanzierung § 41 Rn. 28; **a.A.** ohne Begründung Berrar/Meyer/Müller/Schnorbus/Singhof/Wolf/*Seiler*/*Singhof* § 21 WpPG Rn. 11.
25 Assmann/Schlitt/von Kopp-Colomb/*Assmann* §§ 21–23 WpPG Rn. 24; Habersack/Mülbert/Schlitt/*Mülbert*/*Steup* Unternehmensfinanzierung § 41 Rn. 28.

kann hier von vornherein nicht erreicht werden, sodass der Anwendungsbereich von § 21 Abs. 4 WpPG insoweit teleologisch zu reduzieren ist.[26]

15 Bei der **Befreiung** von der Prospektpflicht nach § 4 Abs. 2 Nr. 6 und 8 WpPG gehen dagegen die Ansichten auseinander, ob auch diese Dokumente unter den Begriff der schriftlichen Darstellung i.S.d. § 21 Abs. 4 WpPG fallen und dementsprechend eine Unrichtigkeit oder Unvollständigkeit dieser Dokumente eine Prospekthaftung (§ 21 WpPG) auszulösen vermag. Nach insoweit wohl **h.M.** erfüllen die Dokumente i.S.v. § 4 Abs. 2 Nr. 6 und 8 WpPG nicht die Anforderungen, die eine „schriftliche Darstellung" (§ 21 Abs. 4 WpPG) zu erfüllen hat. In diesen Fällen erfolgt die Befreiung von der Prospektpflicht nicht *aufgrund* der dort genannten Dokumente.[27] Bei den Dokumenten nach § 4 Abs. 2 Nr. 6 WpPG (**Mitarbeiterprogramm**) seien die derzeitigen und ehemaligen Mitglieder der Geschäftsführungsorgane sowie die Arbeitnehmer, an die sich das öffentliche Angebot zum Erwerb der Wertpapiere richte, schon deshalb nicht besonders schutzwürdig, weil zwischen ihnen und dem Emittenten bereits ein (nach-)vertragliches Schuldverhältnis bestehe, aus dem der Emittent für Fehler des Dokuments hafte („Fürsorgepflicht").[28] Auch insoweit sei der Anwendungsbereich des § 21 Abs. 4 WpPG teleologisch zu reduzieren.[29] Für ein Dokument nach § 4 Abs. 2 Nr. 8 WpPG scheide eine Prospekthaftung nach § 21 WpPG aus, da es sich hierbei lediglich um ein „zusammenfassendes Dokument" handle, für fehlerhafte Angaben in einer Zusammenfassung aber nicht nach § 21 WpPG gehaftet werde (§ 23 Abs. 2 Nr. 5 WpPG).[30]

16 Nach **a.A.** handelt es sich auch bei den Dokumenten i.S.v. § 4 Abs. 2 Nr. 6 und 8 WpPG um „schriftliche Darstellungen" (§ 21 Abs. 4 WpPG), sodass im Grundsatz auch hier eine Haftung für einen fehlerhaften „Prospekt" in Betracht komme (§ 21 WpPG). Dem kann jedoch allein für Dokumente, die Mitarbeiterprogramme betreffen (§ 4 Abs. 2 Nr. 6 WpPG), gefolgt werden. Es ist tatsächlich nicht einzusehen, warum nicht auch gegenwärtige oder ehemalige Mitglieder von Geschäftsführungsorganen sowie Arbeitnehmer genauso wie außenstehende Dritte über die Prospekthaftung geschützt sein sollten. Für eine solche Ungleichbehandlung der Mitarbeiter besteht kein sachlicher Grund. Auch das Dokument nach § 4 Abs. 2 Nr. 6 WpPG hat Informationen zu den Aktien und die Gründe und Einzelheiten des Angebots zu enthalten. Demgemäß sollen auch die Mitarbeiter in die Lage versetzt werden, sich mittels des zur Verfügung gestellten Dokuments, vergleichbar einem Prospekt, über die Bonität des Emittenten und die mit den Wertpapieren verbundenen Rechte zu informieren (§ 5 Abs. 1 WpPG).

17 Das Angebot an die Mitarbeiter richtet sich zwar an einen begrenzten Personenkreis, gleichwohl handelt es sich auch hier um ein öffentliches Angebot („Publikum").[31] Ob der Personenkreis in diesem Sinne „unbestimmt" ist, bemisst sich nach einhelliger Ansicht nicht quantitativ, sondern qualitativ.[32] Eine Privatplatzierung („private placement") liegt

---

26 Habersack/Mülbert/Schlitt/*Mülbert/Steup* Unternehmensfinanzierung § 41 Rn. 28.
27 Berrar/Meyer/Müller/Schnorbus/Singhof/Wolf/*Seiler/Singhof* § 21 WpPG Rn. 12; Holzborn/*Wackerbarth* §§ 21–23 WpPG Rn. 24; Schwark/Zimmer/*Schwark* §§ 44, 45 BörsG Rn. 15; *Mülbert/Steup* WM **2005** 1633, 1642; Habersack/Mülbert/Schlitt/*Mülbert/Steup* Unternehmensfinanzierung § 41 Rn. 28.
28 Habersack/Mülbert/Schlitt/*Mülbert/Steup* Unternehmensfinanzierung § 41 Rn. 28.
29 Habersack/Mülbert/Schlitt/*Mülbert/Steup* Unternehmensfinanzierung § 41 Rn. 28.
30 Habersack/Mülbert/Schlitt/*Mülbert/Steup* Unternehmensfinanzierung § 41 Rn. 28; *Mülbert/Steup* WM **2005** 1633, 1642; Habersack/Mülbert/Schlitt/*Habersack* Kapitalmarktinformation § 29 Rn. 11.
31 Assmann/Schlitt/von Kopp-Colomb/*von Kopp-Colomb/J. Schneider* § 2 Rn. 47; *Groß* Kapitalmarktrecht § 2 WpPG Rn. 17; Heidel/*Grosjean* Aktienrecht § 2 WpPG Rn. 18.
32 *Groß* Kapitalmarktrecht § 2 WpPG Rn. 17; Berrar/Meyer/Müller/Schnorbus/Singhof/Wolf/*Schnorbus* § 2 WpPG Rn. 36; *Schlitt/Schäfer* AG **2005** 498, 500 Fn. 30; *Kollmorgen/Feldhaus* BB **2007** 225, 226.

im Gegensatz zu einem öffentlichen Angebot nur vor, wenn bereits vor dem Angebot zwischen Anbieter und Anleger eine persönliche Verbindung besteht, der Anleger dem Anbieter also bereits bekannt ist, und der potenzielle Anleger daher gezielt nach individuellen Gesichtspunkten ausgewählt und angesprochen wird.[33] Dafür, dass insofern ein Mitarbeiterprogramm ein öffentliches Angebot ist, spricht daneben auch der eindeutige Wortlaut des § 4 Abs. 1 Nr. 5 WpPG, der Mitarbeiterprogramme gerade von der Pflicht ausnimmt, im Fall eines öffentlichen Angebots ein Prospekt zu veröffentlichen.[34] Diese Bestimmung wäre nicht nötig, würden Angebote an Mitarbeiter schon von vornherein nicht der Prospektpflicht nach § 3 Abs. 1 WpPG („öffentliches Angebot“) unterliegen, da dann eine Prospektbefreiung nicht mehr erforderlich wäre.[35]

Das „zusammenfassende Dokument“ (§ 4 Abs. 2 Nr. 8 d) WpPG) ist im Gegensatz dazu keine schriftliche Darstellung i.S.v. § 21 Abs. 4 WpPG. Der h.M. ist darin zuzustimmen, dass es sich bei diesem Dokument lediglich um eine Zusammenfassung i.S.d. § 5 Abs. 2 WpPG handelt und deshalb eine Prospekthaftung (§ 21 WpPG) nach § 23 Abs. 2 Nr. 5 WpPG wie bei einer Zusammenfassung eines Prospekts ausscheidet. Auch das „zusammenfassende Dokument“ hat die Schlüsselinformationen nach § 5 Abs. 2a WpPG zu enthalten und ergänzt einen ggf. bereits veröffentlichten Prospekt, da die Wertpapiere schon zuvor an einem anderen organisierten Markt zugelassen worden sind.[36] 18

4. Sonstiger Prospekt (§ 22 WpPG). § 22 WpPG erweitert die Haftung für fehlerhafte Prospekte (§ 21 WpPG). Nach dieser Regelung gilt die Prospekthaftung auch für nach **§ 3 Abs. 1 WpPG** veröffentlichte Prospekte, die „nicht Grundlage für die Zulassung von Wertpapieren zum Handel an einer inländischen Börse“ waren, die also nicht über die Börse, sondern „nur“ öffentlich angeboten werden (sog. Angebotsprospekte).[37] Das schließt auch solche Prospekte ein, die für ein öffentliches Angebot verwendet werden sollen, obwohl die Wertpapiere, die Gegenstand des fraglichen Prospekts sind, bereits zu einem früheren Zeitpunkt auf der Grundlage eines anderen Prospekts zum Handel an einer inländischen Börse zugelassen worden sind.[38] Nach seinem Wortlaut gilt § 22 WpPG und damit der Verweis auf § 21 WpPG zunächst einmal nur für Prospekte, die der Anbieter veröffentlichen musste (§ 3 Abs. 1 WpPG). Die Haftung nach §§ 22, 21 WpPG setzt demnach an sich zwingend eine Prospektpflicht voraus. 19

Dass § 22 WpPG nach seinem Wortlaut ausdrücklich auf „§ 3 Absatz 1 *Satz 1*“ WpPG Bezug nimmt, ist dabei ein Redaktionsversehen des Gesetzgebers. Ursprünglich bestand § 3 Abs. 1 WpPG aus zwei Sätzen. Seitdem § 3 WpPG durch das „Gesetz zur Umsetzung der Richtlinie 2010/73/EU und zur Änderung des Börsengesetzes“ vom 26.6.2012[39] neu gefasst worden ist, besteht § 3 Abs. 1 WpPG nur noch aus einem Satz.[40] An diese Änderung wurde § 22 WpPG allerdings nicht angepasst, sodass die Norm entgegen ihrem scheinbar klaren Wortlaut nunmehr nur noch auf § 3 Abs. 1 WpPG verweist. 20

33 Heidel/*Grosjean* Aktienrecht § 2 WpPG Rn. 18; *Groß* Kapitalmarktrecht § 2 WpPG Rn. 17 (nicht kumulativ, sondern alternativ).

34 Berrar/Meyer/Müller/Schnorbus/Singhof/Wolf/*Schnorbus* § 2 WpPG Rn. 86; *Giedinghagen* BKR **2007** 233, 234; *Groß* Kapitalmarktrecht § 2 WpPG Rn. 17.

35 *Groß* Kapitalmarktrecht § 2 WpPG Rn. 17.

36 Assmann/Schlitt/von Kopp-Colomb/*Schlitt* § 4 Rn. 56.

37 Siehe *Grundmann* Großkommentar HGB 6. Teil Rn. 193.

38 So ausdrücklich Begr. RegE des Gesetzes zur Novellierung des Finanzanlagenvermittler- und Vermögensanlagerechts, BTDrucks. 17/6051 S. 30, 46; *Groß* Kapitalmarktrecht § 22 WpPG Rn. 3; Habersack/Mülbert/Schlitt/*Habersack* Kapitalmarktinformation § 29 Rn. 59.

39 BGBl. I 2012, 1375, 1376.

40 Assmann/Schlitt/von Kopp-Colomb/*Assmann* §§ 21–23 WpPG Rn. 29.

21 Nach § 1 Abs. 3 WpPG sind Emittenten, Anbieter oder Zulassungsantragsteller berechtigt, einen Prospekt i.S.d. WpPG zu erstellen, obwohl der Prospektgegenstand nicht unter den Anwendungsbereich des WpPG fällt (§ 1 Abs. 2 WpPG). Damit erstreckt § 1 Abs. 3 WpPG auch die Prospekthaftung auf diese freiwillig erstellten und veröffentlichten Prospekte, sofern Wertpapiere öffentlich angeboten oder zum Handel an einem organisierten Markt zugelassen werden. § 22 WpPG erfasst insofern über seinen Wortlaut hinaus, der an sich die Pflicht voraussetzt, einen Prospekt zu veröffentlichen (§ 3 Abs. 1 WpPG), auch **freiwillig erstellte Prospekte**, die für ein öffentliches Angebot verwendet worden sind.[41] Eine solche analoge Anwendung des § 22 WpPG ist dabei erst recht angezeigt, wenn an sich eine Prospektpflicht bestand, diese aber nach § 3 Abs. 2 oder 3 WpPG oder aber nach § 4 Abs. 1 oder 2 WpPG entfallen ist.[42]

22 In allen diesen Fällen handelt es sich um ein öffentliches Angebot, das vom Anwendungsbereich des WpPG erfasst wird und deshalb eine Prospektpflicht auslöst (§ 3 Abs. 1 WpPG). Entscheidet sich der Anbieter freiwillig dazu, trotzdem für sein öffentliches Angebot einen Prospekt zu veröffentlichen, obwohl er dazu an sich nicht verpflichtet ist, trifft ihn auch die Pflicht, die potenziellen Anleger vollständig und richtig über die Bonität des Emittenten und die mit den Wertpapieren verbundenen Rechte zu informieren (§ 5 Abs. 1 WpPG). Dann hat er aber im Fall eines öffentlichen Angebots über den Verweis in § 22 WpPG auch für einen fehlerhaften Prospekt nach § 21 Abs. 1 Satz 1 WpPG einzustehen. § 22 WpPG verweist auf § 21 WpPG und setzt deshalb, wie auch der Wortlaut des § 22 WpPG deutlich macht, voraus, dass in einem nach § 3 Abs. 1 WpPG „veröffentlichten Prospekt" für die Beurteilung der Wertpapiere wesentliche Angaben unrichtig oder unvollständig sind.

23 Anders als es die **wohl h.M.** annimmt,[43] muss das veröffentlichte Dokument nicht von der BaFin gebilligt werden, um ein Prospekt i.S.d. §§ 21, 22 WpPG zu sein („formaler Prospektbegriff"). Es reicht vielmehr aus, dass das veröffentlichte Dokument den inhaltlichen Anforderungen eines Prospekts genügt (§ 5 Abs. 1 WpPG) (**„materieller Prospektbegriff"**).[44] Der Anleger hat in diesem Fall nur dann einen Prospekthaftungsanspruch, wenn in dem Dokument für die Beurteilung der Wertpapiere wesentliche Angaben unvollständig oder unrichtig sind (§§ 21, 22 WpPG). Eine Haftung für einen fehlenden Prospekt (§ 24 WpPG) scheidet entgegen der h.M. von vornherein aus (näher dazu § 24 WpPG Rn. 8–17).

24 **5. Inlandsbezug (§ 21 Abs. 3 WpPG).** Für einen Anspruch aus Prospekthaftung wird nach § 21 Abs. 3 WpPG ein Inlandsbezug vorausgesetzt. Sofern die Wertpapiere auch im Ausland zum Börsenhandel zugelassen sind, müssen diese aufgrund eines im Inland

---

41 *Groß* Kapitalmarktrecht § 1 WpPG Rn. 9, § 22 WpPG Rn. 3; Habersack/Mülbert/Schlitt/*Mülbert/Steup* Unternehmensfinanzierung § 41 Rn. 24; Assmann/Schlitt/von Kopp-Colomb/*Assmann* §§ 21–23 WpPG Rn. 30; Holzborn/*Wackerbarth* §§ 21–23 WpPG Rn. 26.

42 *Groß* Kapitalmarktrecht § 22 WpPG Rn. 3; Habersack/Mülbert/Schlitt/*Mülbert/Steup* Unternehmensfinanzierung § 41 Rn. 29, die jedoch für fehlerhafte Dokumente i.S.d. § 4 Abs. 1 WpPG eine Haftung nicht nach § 22 WpPG, sondern nach § 24 WpPG annehmen; **a.A.** Assmann/Schlitt/von Kopp-Colomb/*Assmann* §§ 21–23 WpPG Rn. 31.

43 OLG München 2.11.2011 – 20 U 2289/11, juris Rn. 34; *Groß* Kapitalmarktrecht § 22 WpPG Rn. 4; Assmann/Schlitt/von Kopp-Colomb/*Assmann* §§ 21–23 WpPG Rn. 33; Schwark/Zimmer/*Heidelbach* § 13 VerkProspG Rn. 9; Assmann/Schütze/*Assmann* Kapitalanlagerecht § 5 Rn. 212.

44 Habersack/Mülbert/Schlitt/*Mülbert/Steup* Unternehmensfinanzierung § 41 Rn. 58; Berrar/Meyer/Müller/Schnorbus/Singhof/Wolf/*Seiler/Singhof* § 24 WpPG Rn. 4; Holzborn/*Wackerbarth* § 24 WpPG Rn. 2.

abgeschlossenen Geschäfts oder jedenfalls einer mindestens teilweise im Inland erbrachten Wertpapierdienstleistung erworben worden sein.[45]

II. Fehlerhaftigkeit

1. Begriff, maßgeblicher Zeitpunkt. Der Prospekt ist fehlerhaft, wenn Angaben, die für die Beurteilung der angebotenen Wertpapiere wesentlich sind, unrichtig oder unvollständig sind (§ 21 Abs. 1 Satz 1 WpPG). Sind wesentliche Angaben im Prospekt unvollständig, ist dieser zugleich als Ganzes auch unrichtig. Die Unvollständigkeit ist demnach ein Unterfall der Unrichtigkeit des Prospekts.[46] Daher hat die Nennung der Unvollständigkeit neben der Unrichtigkeit insoweit lediglich klarstellende Funktion, als § 21 WpPG auf **einzelne** wesentliche Angaben abstellt und so deutlich macht, dass auch das Weglassen von wesentlichen Angaben zu einer Fehlerhaftigkeit des Prospekts führt. 25

Maßgeblicher **Zeitpunkt** für die Beurteilung, ob wesentliche Angaben unrichtig oder unvollständig sind, ist die Billigung des Prospekts durch die BaFin. Dafür spricht, dass der Prospekt nicht vor seiner Billigung veröffentlicht werden darf (§ 13 Abs. 1 Satz 1 WpPG) und jeder wichtige Umstand und jede wesentliche Unrichtigkeit des Prospekts, die „nach der Billigung des Prospekts“ eingetreten oder festgestellt worden ist, eine Nachtragspflicht auslöst (§ 16 Abs. 1 Satz 1 WpPG). 26

Die BaFin prüft den Prospekt zwar auf Vollständigkeit, Kohärenz und Verständlichkeit (§ 13 Abs. 1 Satz 2 WpPG), nicht aber auf die inhaltliche Richtigkeit. Die Billigung des Prospekts durch die BaFin sagt deshalb nichts darüber aus, ob der Prospekt unrichtig oder unvollständig ist.[47] Die Billigung bewirkt eben keine Haftungsbefreiung, sondern ist eine zusätzliche und zudem rein formale Kontrolle des Prospekts.[48] 27

2. Maßstab: Durchschnittlicher Anleger. Bei der Bewertung der Richtigkeit und Vollständigkeit des Prospekts ist nach h.M. auf den Empfängerhorizont eines „aufmerksamen Lesers und durchschnittlichen Anlegers“ abzustellen.[49] Seine Kenntnisse und Erfahrungen sind daher entscheidend[50] und deshalb weder die eines professionellen Marktteilnehmers noch die eines unerfahrenen Kleinanlegers.[51] Ein strengerer Maßstab kann aber insbesondere dann gelten, wenn sich der Prospekt auch an sog. unerfahrene Kleinanleger richtet.[52] Allerdings dient der Prospekt weder dazu, an die Stelle einer individuellen, auf den Kleinanleger zugeschnittenen Anlageberatung zu treten, noch dazu, dem Anleger die eigene Risikoabschätzung der Anlage abzunehmen.[53] 28

Als problematisch wird teilweise angesehen, dass der BGH seit den 80er-Jahren des vorigen Jahrhunderts bei seiner Bezugnahme auf den durchschnittlichen Anleger nicht allein auf einen solchen abstellt, der nicht in allen Einzelheiten mit der Materie vertraut ist. Vielmehr wird die Durchschnittlichkeit dahingehend konkretisiert, dass dieser im- 29

---

45 Näher etwa Schimanski/Bunte/Lwowski/*Grundmann* § 112 Rn. 69.
46 RegE Drittes Finanzmarktförderungsgesetz, BTDrucks. 13/8933 S. 76, 80.
47 *Buck-Heeb* Kapitalmarktrecht Rn. 183, *Groß* Kapitalmarktrecht § 21 WpPG Rn. 39.
48 *Buck-Heeb* Kapitalmarktrecht Rn. 221.
49 BGH 13.12.2011 NJW-RR **2012** 491 Rn. 25; BGH 18.9.2012 AG **2012** 874 Rn. 25; dazu *Buck-Heeb* LMK **2013** 341712; BGH 12.7.1982 NJW **1982** 2823, 2824; vgl. auch *Buck-Heeb* Kapitalmarktrecht Rn. 222; Kümpel/Wittig/*Oulds* Bank- und Kapitalmarktrecht Rn. 15.198.
50 Assmann/Schütze/*Assmann* Kapitalanlagerecht § 5 Rn. 138.
51 Habersack/Mülbert/Schlitt/*Habersack* Kapitalmarktinformation § 29 Rn. 15.
52 Vgl. OLG Frankfurt 30.11.2016 AG **2017** 323 Rn. 325.
53 Schwark/Zimmer/*Schwark* §§ 44, 45 BörsG Rn. 23; Habersack/Mülbert/Schlitt/*Habersack* Kapitalmarktinformation § 29 Rn. 15.

stande sei, eine Bilanz zu lesen.[54] Insofern ist für diese Personengruppe die im Schrifttum verwendete Bezeichnung des Prospektadressaten als **„verständiger“ Anleger** demjenigen des „durchschnittlichen“ Anlegers vorzuziehen.[55] Bei einem durchschnittlichen Anleger kann nämlich insbesondere aufgrund der Veränderung des Anlegerkreises im Laufe der Jahrzehnte nicht zwingend die Fähigkeit des Bilanzlesens vorausgesetzt werden. Freilich ist bei der Bestimmung des Anlegerleitbildes zu beachten, dass sich der Anlegerkreis allgemein und damit auch die Bewertung dessen, was als „durchschnittlich“ angesehen werden kann, generell immer mehr hin zu einem **unkundigen Anleger** verändert hat. Insofern hat es der II. Zivilsenat in seiner Telekom-Entscheidung von 2014 dahingestellt sein lassen, „ob Maßstab zur Auslegung des Prospekts ein (Klein-)Anleger oder ein mit den Marktgegebenheiten vertrauter, börsenkundiger Anleger ist, der die Begriffe Buchgewinn, Übertragung, konsolidierter Abschluss und nicht konsolidierte Fassung einzuordnen weiß“.[56] Ausgehend von dieser vorsichtigen Formulierung liegt es nahe, aufgrund der zunehmenden Bedeutung der Geldanlage für die Altersvorsorge der gesamten Bevölkerung einen Wandel im „Anlegerleitbild“ hin zu einem unkundigen Anleger anzunehmen,[57] sofern sich die betreffende Anlage nicht ausschließlich an „kundige“ Anleger richtet.

30 **3. Wesentliche Angaben.** Der Begriff der Angaben erfasst zunächst einmal Tatsachen und damit Umstände, die dem Beweis zugänglich sind. Daneben sind aber auch Prognosen und Werturteile Angaben i.S.v. § 21 WpPG. Auch sie können die Bewertung des Wertpapiers und des Emittenten beeinflussen.

31 Wesentlich ist eine Angabe, wenn ein Anleger sie bei seiner Anlageentscheidung „eher als nicht“ berücksichtigen würde.[58] Maßgeblich ist eine **ex-ante**-Sichtweise. Bei den Angaben muss es sich daher um wertbildende Faktoren des angebotenen Wertpapiers handeln.[59] Für die Beurteilung, ob solche vorliegen, kommt es auf die Sichtweise eines durchschnittlichen bzw. verständigen Anlegers an.[60] Damit sind nicht alle Mindestangaben i.S.d. § 7 WpPG i.V.m. der ProspektVO immer wesentlich. Eine solche wesentliche Bedeutung hat die zivilrechtliche Rechtsprechung etwa in Bezug auf den Wert des Immobilienvermögens der Emittentin als Bilanzposition bejaht. Das soll vor allem dann gelten, wenn das Eigenkapital zu einem großen Teil aus Immobilien besteht.[61]

32 **4. Unrichtigkeit.** Eine wesentliche Angabe im Prospekt ist unrichtig, wenn sie nicht der Wahrheit entspricht. **Tatsachen** entsprechen dann nicht der Wahrheit, wenn sie im Prospekt zwar behauptet werden, aber in Wirklichkeit nicht vorliegen.[62] Das ist etwa der Fall, wenn gegen zwingendes Bilanzrecht oder gegen das Aktualitätsgebot verstoßen wird.[63] **Werturteile**, **Prognosen** und Meinungen entsprechen dann nicht der Wahrheit

---

54 BGH 12.7.1982 WM **1982** 862, 865; OLG Düsseldorf 5.4.1984 WM **1984** 586, 593f.; OLG Frankfurt 6.7.2004 ZIP **2004** 1411, 1412.
55 So etwa Habersack/Mülbert/Schlitt/*Habersack* Kapitalmarktinformation § 29 Rn. 15; zum Anlegerleitbild im Kapitalmarktrecht siehe vor allem *Buck-Heeb* ZHR **176** (2012) 66, 83ff.
56 BGH 21.10.2014 BGHZ **203** 1 Rn. 118.
57 Vgl. *Buck-Heeb* JZ **2017** 279ff.; siehe auch Assmann/Schütze/*Assmann* Kapitalanlagerecht § 5 Rn. 136ff.
58 BGH 21.10.2014 BGHZ **203** 1 Rn. 74; OLG Frankfurt 12.7.2017 23 Kap 1/16 (juris) Rn. 56ff.
59 Habersack/Mülbert/Schlitt/*Habersack* Kapitalmarktinformation § 29 Rn. 17.
60 Siehe oben II.2.
61 BGH 21.10.2014 BGHZ **203** 1 = NJW **2015** 236 Rn. 76.
62 Habersack/Mülbert/Schlitt/*Mülbert/Steup* Unternehmensfinanzierung § 41 Rn. 39.
63 Begr. RegE Drittes Finanzmarktförderungsgesetz, BTDrucks. 13/8933 S. 76.

und sind als unrichtig zu betrachten, wenn sie sich nicht ausreichend auf Tatsachen stützen können oder kaufmännisch nicht vertretbar sind.[64]

Der „Herausgeber" des Prospekts ist insofern für dessen Richtigkeit verantwortlich, als er die Voraussetzungen, auf denen die Werturteile, Prognosen und Meinungen beruhen, einer sorgfältigen Analyse unterzogen haben muss, sodass es sich nicht um bloße Mutmaßungen, sondern um vertretbare Schlussfolgerungen handelt.[65] Dabei fließen in die Beurteilung subjektive Elemente ein.[66] So ist etwa eine Grundstücksbewertung regelmäßig nicht exakt möglich. Das Bewertungsergebnis als Prognose, welcher Preis bei einem Verkauf der Immobilie am Markt zu erzielen wäre, ist deshalb solange noch nicht fehlerhaft, wie es sich „im Rahmen zulässiger Toleranzen bewegt", wobei Schwankungsbreiten bis zu 20% „als unvermeidbar und noch vertretbar" anzusehen sind.[67] 33

5. Unvollständigkeit

a) Mindestangaben. Der Prospekt ist unvollständig, wenn er nicht alle für die Anlageentscheidung wesentlichen, weil für die Beurteilung des Wertpapiers und des Emittenten erheblichen Angaben enthält. Sofern der Prospekt die Angaben beinhaltet, die nach der Prospektverordnung mindestens in einen Prospekt aufzunehmen sind (§ 7 WpPG), ist zunächst einmal davon auszugehen, dass der Prospekt auch vollständig ist.[68] Da es sich bei diesen gesetzlich vorgesehenen Pflichtangaben lediglich um Mindestangaben (so § 7 WpPG) handelt, können zusätzliche Angaben im Prospekt erforderlich sein, damit dieser als vollständig angesehen werden kann.[69] Entscheidender Maßstab ist § 5 Abs. 1 Satz 1 WpPG, wonach der Prospekt dem Anleger **sämtliche** Angaben liefern muss, um die angebotenen Wertpapiere und den Emittenten bewerten und auf dieser Grundlage seine informierte Anlageentscheidung treffen zu können.[70] 34

Selbst wenn der Prospekt die **Mindestangaben** (§ 7 WpPG) sowie erforderliche **weitere Angaben** enthält, kann er also trotzdem fehlerhaft sein. Ist der Prospekt für einen durchschnittlichen oder vielmehr verständigen Anleger (siehe Rn. 28–29) nur durch zusätzliche Erläuterungen verständlich und nachvollziehbar, fehlen diese aber, ist der Prospekt auch insoweit unvollständig.[71] Denn dann erfüllt der Prospekt nicht die Anforderung, den Anleger „in leicht analysierbarer und verständlicher Form" zu informieren (§ 5 Abs. 1 Satz 1 WpPG).[72] 35

Umgekehrt kann der Prospekt selbst dann vollständig sein, wenn er **nicht alle Mindestangaben** (§ 7 WpPG) enthält. Das folgt bereits daraus, dass die Mindestangaben für eine Vielzahl von Wertpapieren gelten, aber nicht alle wesentlichen Angaben für jedes Wertpapier relevant sind und damit auch nicht unbedingt auf das bestimmte Wertpapier, das der Emittent anbietet, zutreffen müssen.[73] Reichen die Angaben im Prospekt aus, damit ein durchschnittlicher Anleger das jeweils angebotene Wertpapier und den 36

64 BGH 12.7.1982 NJW **1982** 2826; *Groß* Kapitalmarktrecht § 21 WpPG Rn. 44.
65 BGH 12.7.1982 NJW **1982** 2826.
66 *Müller* Wertpapierprospektgesetz § 21 WpPG Rn. 5.
67 BGH 21.10.2014 BGHZ **203** 1 Rn. 105.
68 *Groß* Kapitalmarktrecht § 21 WpPG Rn. 45.
69 Habersack/Mülbert/Schlitt/*Mülbert/Steup* Unternehmensfinanzierung § 41 Rn. 40.
70 *Groß* Kapitalmarktrecht § 21 WpPG Rn. 47.
71 Habersack/Mülbert/Schlitt/*Mülbert/Steup* Unternehmensfinanzierung § 41 Rn. 41.
72 *Groß* Kapitalmarktrecht § 21 WpPG Rn. 49; Habersack/Mülbert/Schlitt/*Habersack* Kapitalmarktinformation § 29 Rn. 20.
73 Erwägungsgrund (24) Verordnung (EG) Nr. 809/2004 (ProspektVO) ABl. EG Nr. L 186 v. 18.7.2005, S. 3.

Emittenten beurteilen kann, enthält der Prospekt also sämtliche Angaben, die für die Beurteilung wesentlich sind, ist der Prospekt vollständig, obwohl er nicht alle Mindestangaben enthält. Denn entscheidend kommt es darauf an, „ob sich im konkreten Fall bei einer ordnungsgemäßen Angabe die für die Beurteilung der Wertpapiere relevanten maßgeblichen tatsächlichen oder rechtlichen Verhältnisse verändern würden“,[74] der durchschnittliche Anleger die fehlende Angabe, hätte er sie gekannt, bei seiner Anlageentscheidung daher „eher als nicht“ berücksichtigen hätte.

37 Ob eine Angabe **wesentlich** und der Prospekt deshalb unvollständig ist, weil jene Angabe fehlt, bemisst sich nicht allein danach, ob die einzelne Angabe für sich genommen wesentlich für die Beurteilung des Wertpapiers und des Emittenten ist. Vielmehr kann die Unvollständigkeit auch aus dem Gesamtbild, das die einzelnen Angaben zusammen in ihrer Gesamtheit erzeugen, folgen.[75] Der Prospekt ist danach fehlerhaft, wenn das Fehlen der einzelnen Angabe zwar isoliert für sich unwesentlich, für den **Gesamteindruck** aber wesentlich ist, und zwar, weil auf diese Weise die Chancen und Risiken der Anlage oder aber „die Vermögenswerte und Verbindlichkeiten, die Finanzlage, die Gewinne und Verluste sowie die Zukunftsaussichten des Emittenten“ (§ 5 Abs. 1 Satz 1 WpPG) so im Prospekt dargestellt werden, dass für den durchschnittlichen Anleger in Bezug auf das angebotene Wertpapier oder dessen Emittenten ein Gesamteindruck entsteht, der mit der Wirklichkeit nicht übereinstimmt.[76]

38 Fehlen im Prospekt Angaben, die als **unwesentlich** anzusehen sind, weil sie nicht geeignet sind, „die Beurteilung der Finanzlage und der Entwicklungsaussichten des Emittenten, Anbieters oder Garantiegebers zu beeinflussen“ (**§ 8 Abs. 2 Nr. 3 WpPG**), ist der Prospekt durchaus vollständig. Das gilt selbst dann, wenn die Nichtaufnahme dieser Angaben im Prospekt nicht auf einer Gestattung durch die BaFin beruht. Denn unabhängig von der formalen Befreiung durch die BaFin sind diese Angaben per definitionem für die Beurteilung der angebotenen Wertpapiere und des Emittenten unwesentlich.[77]

39 **b) Befreiung durch die BaFin.** Anders stellt sich das dar, wenn der Emittent von der Aufnahme bestimmter Angaben in den Prospekt deshalb absehen will, weil ihm die Verbreitung dieser Angaben „erheblichen Schaden“ zufügte (**§ 8 Abs. 2 Nr. 2 WpPG**). Erst und auch nur, wenn die BaFin ihm das gestattet, darf der Emittent den Prospekt ohne diese Angaben erstellen und veröffentlichen. Die **Befreiung** tritt hier nicht automatisch ein und ist insofern keine Selbstbefreiung durch den Emittenten. Damit der Emittent bestimmte Angaben im Prospekt überhaupt weglassen darf, muss sichergestellt sein, dass das Publikum durch die Nichtveröffentlichung dieser bestimmten Angaben nicht über Tatsachen und Umstände getäuscht wird, die für eine fundierte Beurteilung des Emittenten, des Anbieters, des Garantiegebers und der Wertpapiere wesentlich sind (§ 8 Abs. 2 Nr. 2 WpPG).

40 Das durchaus berechtigte **Geheimhaltungsinteresse** des Emittenten reicht demnach allein für eine Befreiung nicht aus, sondern verlangt zusätzlich, dass eine Täuschung des Publikums über wesentliche Tatsachen und Umstände ausgeschlossen ist. Ist diese Voraussetzung nicht erfüllt, wird das Publikum also durch die Nichtveröffentlichung getäuscht und befreit die BaFin den Emittenten trotzdem insoweit von seiner Veröffentlichungspflicht, ist der Prospekt zwar objektiv unvollständig und damit unrichtig,

---

74 Begr. RegE Drittes Finanzmarktförderungsgesetz, BTDrucks. 13/8933 S. 76.

75 Assmann/Schlitt/von Kopp-Colomb/*Assmann* §§ 21–23 WpPG Rn. 49.

76 Assmann/Schlitt/von Kopp-Colomb/*Assmann* §§ 21–23 WpPG Rn. 49; zum Gesamtbild auch BGH 21.10.2014 BGHZ **203** 1 = NJW **2015** 236, Rn. 74.

77 Habersack/Mülbert/Schlitt/*Mülbert*/*Steup* Unternehmensfinanzierung § 41 Rn. 44.

sodass der Emittent für diesen fehlerhaften Prospekt trotz der Gestattung durch die BaFin an sich haftet (§§ 21, 22 WpPG),[78] doch fehlt es hier an einem Verschulden.[79]

Auch wenn die Billigung des Prospekts durch die BaFin (§ 13 WpPG) ein Verschulden des Emittenten nicht ausschließt, liegt der Fall bei § 8 Abs. 2 Nr. 2 WpPG anders. 41
Denn bei der Billigung des Prospekts in seiner Gesamtheit nimmt die BaFin ausschließlich eine formale Kontrolle des Prospekts auf Vollständigkeit, Kohärenz und Verständlichkeit vor, prüft den Prospekt aber nicht inhaltlich.[80] Bei der Befreiung nach § 8 Abs. 2 Nr. 2 WpPG nimmt die BaFin im Gegensatz dazu eine eingehende **Kontrolle** des Prospekts dahingehend vor, ob das Publikum durch die Nichtveröffentlichung der bestimmten Angaben getäuscht würde. Das ist dann aber eine inhaltliche Prüfung, auf die sich der Emittent deshalb auch verlassen darf, sodass insoweit sein Verschulden und damit der Prospekthaftungsanspruch entfällt.

c) Wesentliche Angaben in der Zusammenfassung. Sind ausschließlich die wesentlichen Angaben in der Zusammenfassung, die der Prospekt in aller Regel zwingend 42
enthalten muss (§ 5 Abs. 2 Satz 1 WpPG), unrichtig oder unvollständig, ist der Prospekt als solcher nicht fehlerhaft. Eine Prospekthaftung scheidet hier aus (§ 23 Abs. 2 Nr. 5 WpPG). Das gilt auch für eine etwaige Übersetzung der Zusammenfassung. Der Wortlaut des § 23 Abs. 2 Nr. 5 WpPG ist insofern zu weit, wenn dort uneingeschränkt von „*einer* Übersetzung" die Rede ist. § 23 Abs. 2 Nr. 5 WpPG ist im Kontext mit Art. 6 Abs. 2 Unterabs. 2 der Prospektrichtlinie von 2003[81] bzw. von 2010[82] zu lesen, der die Formulierung „aufgrund der Zusammenfassung einschließlich einer Übersetzung davon" gebraucht.

Noch deutlicher kommt das in Erwägungsgrund (16) der Prospektrichtlinie von 2010 43
zum Ausdruck, wenn dort von „der Zusammenfassung einschließlich einer Übersetzung der Zusammenfassung" die Rede ist.[83] Demgemäß ist auch § 23 Abs. 2 Nr. 5 WpPG in diesem Sinn aufzufassen.[84] Das entspricht auch der ab Juli 2019 geltenden Regelung in Art. 11 Abs. 2 Unterabs. 2 ProspektVO 2017.

Die Zusammenfassung kann *per se* nicht in derselben Weise vollständig und damit 44
richtig sein, wie es der ausführliche Prospekt selbst ist. Als Zusammenfassung darf sie gerade nicht sämtliche wesentlichen Angaben umfassend enthalten, soll sie doch für den Anleger eine „kurze Beschreibung" der Bonität des Emittenten und der sonstigen (Chancen und) Risiken liefern, die mit der Anlage (d.h. dem Erwerb der Wertpapiere) verbunden sind, und so dem Anleger lediglich einen Überblick ermöglichen (§ 5 Abs. 2a WpPG).[85] Die Zusammenfassung lässt notwendig Angaben weg, die an sich erforderlich sind, damit sich der Anleger für oder gegen die Anlage entscheiden kann (§ 5 Abs. 1 WpPG).[86] Eine Prospekthaftung, die sich allein auf die unrichtigen und unvollständigen Angaben in der Zusammenfassung stützte, kann es demnach schon „denknotwendig" nicht geben.

---

78 Begr. zum RegE des Prospektrichtlinie-Umsetzungsgesetzes, BTDrucks. 15/4999 S. 33: „Prospekthaftungsansprüche schließen die Gestattung nicht aus"; *Groß* Kapitalmarktrecht § 8 WpPG Rn. 10; Assmann/Schlitt/von Kopp-Colomb/*Assmann* §§ 21–23 WpPG Rn. 64.
79 Assmann/Schlitt/von Kopp-Colomb/*Assmann* §§ 21–23 WpPG Rn. 65; *Groß* Kapitalmarktrecht § 8 WpPG Rn. 10.
80 *Buck-Heeb* Kapitalmarktrecht Rn. 183; Berrar/Meyer/Müller/Schnorbus/Singhof/Wolf/*Seiler*/*Singhof* § 21 WpPG Rn. 37.
81 ABl. EU Nr. L 345 v. 13.12.2003, S. 64, 73.
82 ABl. EU Nr. L 327 v. 11.12.2010, S. 1, 8.
83 ABl. EU Nr. L 327 v. 11.12.2010, S. 1, 3.
84 *Groß* Kapitalmarktrecht § 23 WpPG Rn. 11 mit Fn. 25.
85 *Lutter*/*Bayer*/*Schmidt* Europäisches Unternehmens- und Kapitalmarktrecht Rn. 34.19.
86 *Groß* Kapitalmarktrecht § 23 WpPG Rn. 11.

45 Da es aber stets auch auf das Gesamtbild des Prospekts ankommt,[87] ist der Prospekt durchaus fehlerhaft, wenn zwar die Angaben im Prospekt als solchem richtig und vollständig sind, die Zusammenfassung im Kontext mit den anderen Teilen des Prospekts jedoch irreführend, unrichtig oder widersprüchlich ist (§ 23 Abs. 2 Nr. 5 WpPG). Obschon die Zusammenfassung zwangsläufig nicht alle wesentlichen Prospektangaben aufführen kann, dürfen die dort enthaltenen komprimierten Informationen doch nicht beim Anleger unzutreffende Vorstellungen über die wesentlichen Merkmale der angebotenen Wertpapiere sowie über die Chancen und Risiken, die mit einer Anlage darin verbunden sind, hervorrufen oder aufrechterhalten, sofern sie zusammen mit den anderen Teilen des Prospekts gelesen werden.[88]

46 Die Zusammenfassung hat zudem in kurzer Form und allgemein verständlicher Sprache alle erforderlichen Schlüsselinformationen zu enthalten (§ 5 Abs. 2 i.V.m. Abs. 2a WpPG). Diese Schlüsselinformationen umfassen eine kurze Beschreibung der Risiken und wesentlichen Merkmale, bezogen auf den Emittenten und die angebotenen Wertpapiere (Nr. 1 und 2), die allgemeinen Angebotsbedingungen einschließlich einer Schätzung der Kosten, die der Emittent oder Anbieter dem Anleger in Rechnung stellt (Nr. 3), Einzelheiten zur Zulassung der Wertpapiere (Nr. 4) sowie die Gründe für das Angebot und die Verwendung der Erlöse (Nr. 5).

47 Fehlt in der Zusammenfassung auch nur eine dieser erforderlichen Schlüsselinformationen, erfüllt die Zusammenfassung nicht die gesetzlichen Anforderungen, die § 5 Abs. 2 i.V.m. Abs. 2a WpPG an einen Prospekt stellt. Nicht die Zusammenschau mit den anderen Teilen des Prospekts, sondern allein die Zusammenfassung führt dazu, dass der Prospekt unvollständig und insofern unrichtig ist. Wenn die Zusammenfassung demgemäß aber schon für sich allein unvollständig ist, müsste an sich bereits diese Unvollständigkeit eine Prospekthaftung (§§ 21, 22 WpPG) auslösen, ohne dass es auf die anderen Teile des Prospekts überhaupt noch ankommen kann.

48 Obwohl der Prospektfehler hier also ausschließlich auf der Zusammenfassung beruht, verlangt § 23 Abs. 2 Nr. 5 WpPG, der insoweit mit Art. 6 Abs. 2 Unterabs. 2 der Prospektrichtlinie von 2010[89] übereinstimmt, trotzdem, dass auch dieser Prospektfehler sich erst daraus ergibt, dass die Zusammenfassung „zusammen mit den anderen Teilen des Prospekts gelesen wird“. In Erwägungsgrund (16) der Prospektrichtlinie von 2010 findet sich zwar hierzu keine Stellungnahme, sondern allein dazu, dass die Zusammenfassung im Kontext mit den anderen Teilen des Prospekts irreführend, unrichtig oder widersprüchlich sein muss, um einen Prospektfehler darzustellen. Da es sich bei der Zusammenfassung jedoch lediglich um eine „Einführung zum Prospekt“ handelt (§ 5 Abs. 3 Nr. 1 WpPG), wollte der Gesetzgeber wohl auch insoweit sicherstellen, dass der Anleger seine Anlageentscheidung stets „auf die Prüfung des *gesamten* Prospekts“ stützt (§ 5 Abs. 3 Nr. 2 WpPG), statt sich allein auf die Zusammenfassung zu verlassen. Dabei bleibt unverständlich, wie erst die Zusammenschau mit den anderen Teilen des Prospekts und nicht schon das Fehlen einer der Schlüsselinformationen als solcher den Prospekt unrichtig oder unvollständig machen kann.

87 Berrar/Meyer/Müller/Schnorbus/Singhof/Wolf/*Seiler*/*Singhof* § 21 WpPG Rn. 76; BGH 12.7.1982 WM **1982** 862, 863; Habersack/Mülbert/Schlitt/*Mülbert*/*Steup* Unternehmensfinanzierung § 41 Rn. 37, 43.

88 Assmann/Schlitt/von Kopp-Colomb/*Assmann* §§ 21–23 WpPG Rn. 54.

89 ABl. EU Nr. L 327 v. 11.12.2010, S. 1, 8.

III. Haftungsadressat

1. Prospekterlasser (§ 21 Abs. 1 Satz 1 Nr. 1 WpPG). Haftungsadressat ist jeder, der die Verantwortung für den Prospekt und damit für dessen Inhalt übernommen hat. Damit sind zunächst alle Personen erfasst, die nach außen erkennbar den Prospekt erlassen haben, indem sie den Prospekt unterzeichnet und dadurch gegenüber den potenziellen Anlegern erklärt haben, für den Inhalt des Prospekts und daher auch für deren Richtigkeit und Vollständigkeit verantwortlich zu sein (vgl. § 5 Abs. 4 Satz 1 Halbsatz 2 WpPG).[90] Das Unterzeichnen des Prospekts reicht danach aus, um Haftungsadressat zu sein. 49

Bei einem Börsenzulassungsprospekt sind Prospekterlasser jedenfalls der Emittent (§ 5 Abs. 3 Satz 2 WpPG) sowie der antragstellende **Emissionsbegleiter** (§ 5 Abs. 3 Satz 2, Abs. 4 Satz 2 WpPG, § 32 Abs. 2 Satz 1 BörsG). Kritisiert wird im Schrifttum, dass der Emissionsbegleiter durch das Erfordernis der Unterschrift in eine Prospektverantwortlichkeit und damit ggf. -haftung gedrängt werde, die so in anderen Mitgliedstaaten nicht bestehe.[91] 50

Auch wer freiwillig den Prospekt unterzeichnet, ohne Antragsteller zu sein, ist für den Inhalt des Prospekts verantwortlich. Auch er schafft mit seiner nach außen erkennbaren Unterschrift einen Vertrauenstatbestand gegenüber den potenziellen Anlegern. Umgekehrt kann auch derjenige, der den Prospekt nicht unterzeichnet hat, Prospektverantwortlicher sein, wenn er im Prospekt als Verantwortlicher aufgeführt ist (§ 5 Abs. 4 Satz 1 Halbsatz 1 WpPG). 51

Handelt es sich bei dem Prospekt nicht um einen Börsenzulassungsprospekt, hat der Anbieter, der zugleich der Emittent sein kann, aber nicht sein muss, den Prospekt zu unterzeichnen (§ 5 Abs. 3 Satz 1 WpPG).[92] Anbieter ist jede Person, die Wertpapiere öffentlich anbietet (§ 2 Nr. 10 WpPG). Das muss nicht notwendigerweise der Emittent selbst sein.[93] Beim öffentlichen Angebot von Wertpapieren sind die Anbieter (§ 3 Abs. 1 WpPG) durch ihre Unterschrift für den Inhalt des Prospekts verantwortlich. Auch hier haften zusätzlich neben dem Anbieter die Personen, die als Verantwortliche im Prospekt benannt sind (§ 5 Abs. 4 Satz 1 Halbsatz 1 WpPG) oder den Prospekt freiwillig unterzeichnet haben.[94] 52

2. Prospektveranlasser (§ 21 Abs. 1 Satz 1 Nr. 2 WpPG). Nicht nur, wer den Prospekt unterzeichnet oder als Verantwortlicher im Prospekt benannt ist, kann auf den Inhalt des (unrichtigen) Prospekts eingewirkt haben. Auch diejenigen Personen, die in der Sache die eigentlichen Urheber des Prospekts sind, sodass der Erlass des Prospekts von ihnen ausgeht (§ 21 Abs. 1 Satz 1 Nr. 2 WpPG), sollen für die Richtigkeit und Vollständigkeit des Prospekts gegenüber dem Anlegerpublikum einstehen, obwohl sie als Verantwortliche nicht nach außen erkennbar in Erscheinung treten.[95] Prospektveranlasser in diesem Sinne („Hintermänner") sind Einzelpersonen und Unternehmen (Gesellschaften), „die ein eigenes **wirtschaftliches Interesse** an der Emission haben und darauf hinwirken, dass ein unrichtiger oder unvollständiger Prospekt veröffentlicht wird".[96] Lediglich ein persönliches Interesse genügt regelmäßig nicht. 53

---

90 Habersack/Mülbert/Schlitt/*Mülbert/Steup* Unternehmensfinanzierung § 41 Rn. 65; Assmann/Schlitt/von Kopp-Colomb/*Assmann* §§ 21–23 WpPG Rn. 76.
91 Kümpel/Wittig/*Oulds* Bank- und Kapitalmarktrecht Rn. 15.209.
92 Habersack/Mülbert/Schlitt/*Mülbert/Steup* Unternehmensfinanzierung § 41 Rn. 67.
93 Assmann/Schlitt/von Kopp-Colomb/*Assmann* §§ 21–23 WpPG Rn. 78.
94 Habersack/Mülbert/Schlitt/*Mülbert/Steup* Unternehmensfinanzierung § 41 Rn. 67.
95 *Buck-Heeb* Kapitalmarktrecht Rn. 223.
96 BGH 18.9.2012 BGHZ **195** 1 Rn. 36; *Schroeder* Der persönliche Anwendungsbereich der Prospekthaftung nach dem WpPG und dem VermAnlG, 9, 166 ff.

54 Dabei kommt es aber allein darauf an, „dass der Prospekt mit Kenntnis und mit dem erforderlichen Einfluss“ der Einzelperson oder des Unternehmens „in den Verkehr gebracht worden ist“ („Ob“), nicht aber, dass die Einzelperson oder das Unternehmen „auch inhaltlich an der Prospektgestaltung (...) beteiligt gewesen“ ist („Wie“).[97] Auf den Prospektfehler hat also auch schon derjenige „hingewirkt“, der aus eigenem wirtschaftlichen Interesse lediglich darauf **Einfluss** genommen hat, dass der Prospekt überhaupt in den Verkehr gekommen ist, sodass die Anleger davon Kenntnis nehmen konnten. Diese Lesart des Bundesgerichtshofs ist dabei vom Wortlaut des § 21 Abs. 1 Satz 1 Nr. 2 WpPG gedeckt, der nicht auf den Prospektfehler abstellt, sondern allein darauf, dass der Erlass des Prospekts vom „Hintermann“ ausgeht, er somit der tatsächliche Urheber des Prospekts und darüber mittelbar eben auch des Prospektfehlers ist.

55 Emittiert eine Konzerntochtergesellschaft auf Veranlassung der **Konzernmuttergesellschaft** Wertpapiere, geht der Erlass des Prospekts von der Konzernmuttergesellschaft aus.[98] Hierfür reicht die Konzernleitungsmacht allein jedoch nicht aus, vielmehr muss die Konzernmuttergesellschaft diese auch im Hinblick auf die Emission nutzen und insofern auf die Erstellung und Veröffentlichung des (unrichtigen) Prospekts einwirken.[99] Auch ein „Großaktionär, der seine Beteiligung veräußert“, zählt nur dann zu den Prospektverantwortlichen, wenn er dabei auch tatsächlich „maßgeblich auf die Erstellung des Prospekts Einfluss genommen hat“,[100] selbst wenn er auf den Inhalt des Prospekts tatsächlich nicht eingewirkt hat.

56 Dagegen haften eingeschaltete Experten, wie etwa **Wirtschaftsprüfer**, grundsätzlich weder als Prospekterlasser noch als Prospektveranlasser, da sie in der Regel weder das eine noch das andere sind.[101]

57 **3. Haftung als Gesamtschuldner.** Mehrere Haftungsadressaten sind Gesamtschuldner. Der Anspruchsberechtigte kann daher jeden von ihnen nach seiner Wahl auf die ganze Leistung in Anspruch nehmen (§ 421 BGB). Das heißt, jeder Haftungsadressat ist im Außenverhältnis verpflichtet, dem Anleger die mit dem Erwerb der Wertpapiere verbundenen üblichen Kosten als vergebliche Aufwendungen sowie den Erwerbspreis für die erworbenen Wertpapiere oder, sofern der Anleger nicht mehr Inhaber der Wertpapiere ist, den Differenzbetrag zwischen Erwerbspreis und Veräußerungspreis zu erstatten.

58 Erst im Innenverhältnis kommt es nach dem Maß der Mitverantwortlichkeit zu einem Ausgleich unter den Haftungsadressaten (§ 426 BGB). Dieser bemisst sich danach, wer von ihnen in welchem Umfang dafür verantwortlich ist, dass der Prospekt unvollständig oder unrichtig ist (Rechtsgedanke des § 254 BGB).[102] Da jedoch der Emittent im Grundsatz die Verantwortung für den Prospektinhalt trägt, muss er in der Regel im Innenverhältnis am Ende allein für den Schaden einstehen.[103]

---

97 BGH 18.9.2012 BGHZ **195** 1 Rn. 40.
98 BGH 18.9.2012 BGHZ **195** 1 Rn. 36 mit Verweis auf RegE Drittes Finanzmarktförderungsgesetz, BTDrucks. 13/8933 S. 78.
99 Assmann/Schlitt/von Kopp-Colomb/*Assmann* §§ 21–23 WpPG Rn. 83.
100 RegE Drittes Finanzmarktförderungsgesetz, BTDrucks. 13/8933 S. 78; *Beck* NZG **2014** 1410, 1411.
101 *Grundmann* Großkommentar HGB 6. Teil Rn. 189 mit Verweis auf eine mögliche Haftung nach den Grundsätzen über den Vertrag mit Schutzwirkung für Dritte bei einer Gutachtenerstellung.
102 Assmann/Schlitt/von Kopp-Colomb/*Assmann* §§ 21–23 WpPG Rn. 87.
103 Habersack/Mülbert/Schlitt/*Habersack* Kapitalmarktinformation § 29 Rn. 9a, 25.

IV. Ersatzberechtigung des Anspruchstellers

1. Erfasste Wertpapiere. Der Anleger hat zunächst einmal ausschließlich für die von ihm erworbenen Wertpapiere einen Anspruch aus § 21 Abs. 1 Satz 1 WpPG, sofern jene aufgrund des fehlerhaften Prospekts zum Handel an einer inländischen Börse zugelassen worden sind (Börsenzulassungsprospekt), wobei insoweit einem solchen Börsenzulassungsprospekt eine schriftliche Darstellung gleichsteht, wenn der Emittent von der Pflicht zur Veröffentlichung des Börsenzulassungsprospekts deshalb befreit worden ist, weil er die schriftliche Darstellung in Bezug auf die fraglichen Wertpapiere nach § 3 Abs. 1 Satz 1 WpPG veröffentlicht hat (§ 21 Abs. 4 WpPG). Wertpapiere, die der Emittent erst im Nachhinein oder auch schon zuvor herausgegeben hat, werden demnach nicht von § 21 Abs. 1 Satz 1 WpPG erfasst, sondern nur die Wertpapiere der jeweiligen Emission. Davon macht § 21 Abs. 1 Satz 3 insoweit eine Ausnahme, als ein fehlerhafter Prospekt auch bei den Wertpapieren, die erst im Anschluss an die Börsenzulassung emittiert worden sind, einen Prospekthaftungsanspruch nach § 21 Abs. 1 Satz 1 WpPG auszulösen vermag, sofern die Wertpapiere von demselben Emittenten stammen und sich weder nach Ausstattungsmerkmalen noch in sonstiger Weise von den Wertpapieren, die ursprünglich Gegenstand des fehlerhaften Prospekts waren, unterscheiden („junge Stücke") (§ 21 Abs. 1 Satz 3 WpPG).[104] 59

2. Entgeltlicher Erwerb der Wertpapiere. Der Anspruchsteller ist nur dann ersatzberechtigt, wenn er die angebotenen Wertpapiere **entgeltlich** erworben hat. Das ergibt sich schon allein daraus, dass der Anspruchsberechtigte die Erstattung des Erwerbspreises oder, sofern er nicht mehr Inhaber der Wertpapiere ist, zumindest den Differenzbetrag zwischen Erwerbs- und Veräußerungspreis verlangen kann. Das ergibt aber nur dann einen Sinn, wenn der Anspruchsteller überhaupt zuvor einen Erwerbspreis, d.h. ein Entgelt, für die Wertpapiere gezahlt hat.[105] 60

Nach **h.M.** soll unter den Begriff des entgeltlichen Erwerbs jeder Vorgang fallen, durch den der Erwerber die Verfügungsmacht über die Wertpapiere erlangt, sodass selbst eine **Schenkung** ein entgeltlicher Erwerb sein soll.[106] Das ist freilich abzulehnen, da hier der Beschenkte gerade nicht die Erstattung eines von ihm gezahlten Erwerbspreises verlangen kann. 61

Stattdessen kann allein der **Schenker**, der die Wertpapiere zuvor entgeltlich erworben hat, die Erstattung des Erwerbspreises verlangen. Da er nicht mehr Inhaber der Wertpapiere ist, hat er einen Anspruch auf den Differenzbetrag zwischen Erwerbs- und Veräußerungspreis. Weil es aber einen Veräußerungspreis bei der Schenkung nicht gibt, kann er hier die Erstattung des vollen Erwerbspreises verlangen, ohne dabei aber die erworbenen Wertpapiere, da diese nunmehr der Beschenkte hat, herausgeben zu müssen. Die Gefahr, dass sich der Erwerber durch eine Schenkung an einen Dritten seiner Verpflichtung entzieht, die erworbenen Wertpapiere zurückzugeben, und trotzdem den vollen Erwerbspreis zurückbekommt, besteht jedoch nicht. Verkauft der Anleger die Wertpapiere unter Wert (= Börsenpreis), kann er nur den Differenzbetrag zwischen Erwerbspreis und dem Börsenpreis, der im Zeitpunkt der Veräußerung hätte erzielt werden können, ersetzt verlangen (Schadensminderungspflicht, § 254 Abs. 2 62

104 Assmann/Schlitt/von Kopp-Colomb/*Assmann* §§ 21–23 WpPG Rn. 93; Holzborn/*Wackerbarth* §§ 21–23 WpPG Rn. 55; Berrar/Meyer/Müller/Schnorbus/Singhof/Wolf/*Seiler*/*Singhof* § 21 WpPG Rn. 23.

105 Habersack/Mülbert/Schlitt/*Mülbert*/*Steup* Unternehmensfinanzierung § 41 Rn. 95.

106 Schäfer/*Hamann* §§ 44, 45 BörsG Rn. 122; Vortmann/*Hauptmann* § 3 Rn. 94; Baumbach/Hopt/*Kumpan* § 21 WpPG Rn. 7.

Satz 1, 2. Alt. BGB).[107] Das bedeutet übertragen auf die Schenkung, dass der Erwerber (Schenker) auch hier nur den Unterschiedsbetrag zwischen Erwerbspreis und Börsenpreis, der im Zeitpunkt der Schenkung hätte erzielt werden können, verlangen kann.

63 Wird jemand als **Erbe** oder **Vermächtnisnehmer** Inhaber der Wertpapiere, fehlt es auch hier an einem entgeltlichen Erwerb. Dennoch können Erbe und Vermächtnisnehmer schon allein deshalb den Prospekthaftungsanspruch geltend machen, weil dieser bereits in der Person des Erblassers, sofern jener die Wertpapiere aufgrund des fehlerhaften Prospekts entgeltlich erworben hat, entstanden und vererblich ist.[108]

64 Ohne Relevanz ist, ob der Anspruchsteller die Wertpapiere vom Emittenten selbst, dem Anbieter oder einem Dritten erworben hat,[109] und damit auch, ob es sich um einen Ersterwerb oder einen darauffolgenden (Zweit-) Erwerb handelt. Ebenso wenig spielt es eine Rolle, ob er die Wertpapiere börslich oder außerbörslich erworben hat.[110] Auch ist es unerheblich, ob der Erwerber immer noch Inhaber der Wertpapiere ist (vgl. § 21 Abs. 2 WpPG).

65 **3. Erwerbszeitraum.** Der Anspruchsteller muss nachweisen, dass er die Wertpapiere nach Veröffentlichung des Prospekts und innerhalb eines Zeitraums von **sechs Monaten** erworben hat. Waren Wertpapiere, die zum Handel an einer Börse zugelassen worden sind, Gegenstand des Erwerbs, beginnt dieser Zeitraum mit deren erstmaliger Einführung (§ 38 BörsG; § 21 Abs. 1 Satz 1 WpPG). Handelt es sich stattdessen um Wertpapiere, die nicht zur Börse zugelassen sind und insofern lediglich öffentlich angeboten werden, ist der Zeitpunkt des ersten öffentlichen Angebots im Inland für den Erwerbszeitraum maßgeblich (§ 22 Nr. 1 WpPG). Für die Frage, ob der Anleger die Wertpapiere innerhalb der Frist von sechs Monaten erworben hat, ist nicht die Vollendung des sachenrechtlichen Erwerbs entscheidend, sondern der Abschluss des **Verpflichtungsgeschäfts**, in der Regel also des Kaufvertrags, da sich bereits zu diesem Zeitpunkt der Prospektfehler in der Kaufentscheidung ausgewirkt hat.[111]

V. Haftungsbegründende Kausalität

66 Der Prospektfehler muss zudem ursächlich für die Anlageentscheidung (in der Regel für den Kauf der Wertpapiere) sein. Diese Kausalität wird widerleglich vermutet, sofern der Anleger die Wertpapiere innerhalb von sechs Monaten nach deren erstmaliger Einführung bzw. deren öffentlichen Angebots erworben hat. Denn nach § 23 Abs. 2 Nr. 1 WpPG hat der Haftungsadressat und nicht der Anleger darzulegen und zu beweisen, dass der Erwerb der Wertpapiere nicht „auf Grund des Prospekts“ und damit aufgrund der unrichtigen oder unvollständigen Angaben im Prospekt erfolgt ist.[112] Das ist vor allem dann der Fall, wenn der Anleger seine Anlageentscheidung vor Prospekterlass gefällt hat.[113]

107 Assmann/Schlitt/von Kopp-Colomb/*Assmann* §§ 21–23 WpPG Rn. 125.
108 Assmann/Schlitt/von Kopp-Colomb/*Assmann* §§ 21–23 WpPG Rn. 97.
109 Habersack/Mülbert/Schlitt/*Mülbert*/*Steup* Unternehmensfinanzierung § 41 Rn. 89.
110 Assmann/Schlitt/von Kopp-Colomb/*Assmann* §§ 21–23 WpPG Rn. 98; *Müller* Wertpapierprospektgesetz § 21 WpPG Rn. 12.
111 So ausdrücklich RegE Drittes Finanzmarktförderungsgesetz, BTDrucks. 13/8933 S. 77; siehe auch *Groß* Kapitalmarktrecht § 21 WpPG Rn. 70; Schwark/Zimmer/*Schwark* §§ 44,45 BörsG Rn. 38; Habersack/Mülbert/Schlitt/*Habersack* Kapitalmarktinformation § 29 Rn. 36.
112 Assmann/Schlitt/von Kopp-Colomb/*Assmann* §§ 21–23 WpPG Rn. 99.
113 Siehe *Grundmann* Großkommentar HGB 6. Teil Rn. 215 (mit dem Hinweis auf die Bedeutungslosigkeit der Regelung).

Der Wertpapiererwerb beruht nicht nur dann auf einem Prospektfehler, wenn der Anleger den Prospekt zuvor tatsächlich gelesen hat, sondern auch dann, wenn der Prospektfehler mittelbar, etwa über Dritte (z.B. Anlageberater) oder Presseberichte, in seine Anlageentscheidung eingeflossen ist. Daher wird von der Rechtsprechung auch nicht verlangt, dass der Erwerber Kenntnis von der Existenz des Prospekts hatte.[114] Als ausreichend wird angesehen, dass der Prospekt zu einer positiven **Anlagestimmung** führte.[115] Fällt jedoch die positive Anlagestimmung weg (z.B. Kurssturz, Veröffentlichung eines negativen Jahresabschlusses),[116] so fehlt es, wenn der Erwerber den Prospekt nicht zur Kenntnis genommen hat, an der Kausalität.[117] Der Haftungsadressat der Prospekthaftung hat daher nachzuweisen, dass die unvollständigen und unrichtigen Angaben im Prospekt auch insoweit nicht kausal für den Erwerb der Wertpapiere waren. Nur dann scheidet ein Anspruch des geschädigten Anlegers aus. 67

Wusste der Anleger bei Erwerb der Wertpapiere, dass die Angaben im Prospekt unrichtig oder unvollständig waren, kann der Prospektfehler nicht kausal für die Anlageentscheidung sein (**§ 23 Abs. 2 Nr. 3 WpPG**).[118] Grob fahrlässige Unkenntnis des Erwerbers kann hier jedoch nicht genügen.[119] Die Kenntnis des Anlegers unterbricht den Kausalzusammenhang zwischen dem Prospektfehler und der Anlagenentscheidung. Der Prospektfehler kann hier den Anleger nicht mehr aktiv falsch informieren, ihn insofern also nicht mehr täuschen, da der Anleger positiv weiß, dass die Angaben im Prospekt unrichtig oder unvollständig sind. Ein Anspruch nach §§ 21, 22 WpPG muss deshalb ausscheiden. 68

Das gilt auch, wenn der **Prospekt** vor dem Erwerb der Wertpapiere **berichtigt** worden ist (**§ 23 Abs. 2 Nr. 4 WpPG**). Auch dann kann sich der ursprüngliche Prospektfehler nicht mehr in der Anlageentscheidung auswirken. Eine Anlagestimmung wird insoweit beseitigt, sodass der Prospektfehler auch hierüber nicht mehr in die Kaufentscheidung des Anlegers einfließen konnte.[120] Es fehlt an der haftungsbegründenden Kausalität. Auf eine Kenntnis des Anlegers von der Prospektberichtigung kommt es demnach nicht an.[121] Die Prospektberichtigung schließt dabei nur die Entstehung neuer 69

---

114 So OLG Frankfurt 30.11.2016 AG **2017** 323 Rn. 276.

115 So auch Berrar/Meyer/Müller/Schnorbus/Singhof/Wolf/*Seiler*/*Singhof* § 23 WpPG Rn. 28; *Müller* Wertpapierprospektgesetz § 23 WpPG Rn. 9.

116 *Müller* Wertpapierprospektgesetz § 23 Rn. 9; Berrar/Meyer/Müller/Schnorbus/Singhof/Wolf/*Seiler*/*Singhof* § 23 WpPG Rn. 31; siehe auch Kümpel/Wittig/*Oulds* Bank- und Kapitalmarktrecht Rn. 15.223, der auch schon negative Pressestimmen genügen lässt.

117 *Groß* Kapitalmarktrecht § 21 WpPG Rn. 70; Berrar/Meyer/Müller/Schnorbus/Singhof/Wolf/*Seiler*/*Singhof* § 23 WpPG Rn. 30 ff.; Habersack/Mülbert/Schlitt/*Habersack* Kapitalmarktinformation § 29 Rn. 37; Habersack/Mülbert/Schlitt/*Mülbert*/*Steup* Unternehmensfinanzierung § 41 Rn. 98; Schwark/Zimmer/*Schwark* §§ 44, 45 BörsG Rn. 46; anders Assmann/Schlitt/von Kopp-Colomb/*Assmann* §§ 21–23 WpPG Rn. 101; Baumbach/Hopt/*Kumpan* § 23 WpPG Rn. 2, der allein durch den Wegfall der Anlagestimmung bei Unkenntnis des Erwerbers davon noch keinen hinreichenden Gegenbeweis sieht.

118 Habersack/Mülbert/Schlitt/*Habersack* Kapitalmarktinformation § 29 Rn. 50; *Nobbe* WM **2013** 193, 196; Habersack/Mülbert/Schlitt/*Mülbert*/*Steup* Unternehmensfinanzierung § 41 Rn. 138; Schwark/Zimmer/*Schwark* §§ 44, 45 BörsG Rn. 59; nach Assmann/Schlitt/von Kopp-Colomb/*Assmann* §§ 21–23 WpPG Rn. 114, *Grundmann* Großkommentar HGB 6. Teil Rn. 217; Kümpel/Wittig/*Oulds* Bank- und Kapitalmarktrecht Rn. 15.225; *Groß* Kapitalmarktrecht § 21 WpPG Rn. 7, handelt es sich dabei lediglich um eine Regelung des Mitverschuldens des Anlegers.

119 Kritisch Baumbach/Hopt/*Kumpan* § 23 WpPG Rn. 4.

120 Habersack/Mülbert/Schlitt/*Habersack* Kapitalmarktinformation § 29 Rn. 51; *Groß* Kapitalmarktrecht § 23 WpPG Rn. 7; Berrar/Meyer/Müller/Schnorbus/Singhof/Wolf/*Seiler*/*Singhof* § 23 WpPG Rn. 45.

121 Habersack/Mülbert/Schlitt/*Habersack* Kapitalmarktinformation § 29 Rn. 51; *Groß* Kapitalmarktrecht § 23 WpPG Rn. 10.

Prospekthaftungsansprüche aus, lässt aber bereits entstandene unberührt („ex-nunc-Wirkung").[122]

VI. Verschulden (§ 23 Abs. 1 WpPG)

70 **1. Allgemeines.** Die Prospekthaftung nach §§ 21, 22 WpPG ist eine Verschuldenshaftung.[123] Nur wenn der Prospektverantwortliche oder Prospektveranlasser die Unrichtigkeit oder Unvollständigkeit der Angaben im Prospekt zu vertreten hat, muss er für den Prospektfehler nach §§ 21, 22 WpPG einstehen. Sein Verschulden wird dabei **vermutet** (§ 23 Abs. 1 WpPG). Die Beweislast ist hier deshalb umgekehrt, weil der Gesetzgeber davon ausgegangen ist, dass die Umstände, aus denen sich ein Verschuldensvorwurf ergibt, allein in der Sphäre des Prospektverantwortlichen oder Prospektveranlassers liegen, sodass es einem geschädigten Anleger faktisch unmöglich ist, ein Verschulden des Haftungsadressaten nachzuweisen.[124]

71 Die **Beweislastumkehr** fußt hier auf den Grundsätzen über die Beweislastverteilung nach Gefahrenbereichen.[125] Nach § 23 Abs. 1 WpPG obliegt es daher nicht dem geschädigten Anleger, sondern dem Prospektverantwortlichen bzw. dem Prospektveranlasser nachzuweisen, dass er die Unrichtigkeit oder Unvollständigkeit der Angaben des Prospekts nicht gekannt hat und seine Unkenntnis auch nicht auf grober Fahrlässigkeit beruht.

72 Dabei geht es grundsätzlich um das Verschulden jedes einzelnen Prospektverantwortlichen. Demgemäß kann die Haftung des einen Prospektverantwortlichen mangels Verschuldens ausscheiden, während diejenige des anderen mangels Beweises von (grob fahrlässiger) Unkenntnis gegeben ist.[126] Im Hinblick auf die einzelnen Prospektmängel kann daher die Bewertung für verschiedene Prospektverantwortliche unterschiedlich ausfallen. Der Verschuldensmaßstab ist insofern auf Vorsatz und grobe Fahrlässigkeit begrenzt.[127]

73 **2. Vorsatz.** Vorsatz ist das Wissen und Wollen der Verwirklichung der objektiven Tatbestandsmerkmale, wobei in der Regel auch der damit verbundene rechtswidrige Erfolg mitumfasst ist. Der Vorsatz muss sich deshalb auch auf die Pflichtwidrigkeit oder Rechtswidrigkeit der Handlung beziehen, der Täter also das Bewusstsein haben, etwas Pflichtwidriges oder Unerlaubtes zu tun („Unrechtsbewusstsein").[128] Auch hier genügt bedingter Vorsatz, sodass auch derjenige vorsätzlich handelt, der bloß mit der Möglichkeit des rechtswidrigen Erfolgs rechnet, dessen Eintritt aber billigt. Ein Prospektverantwortlicher oder Prospektveranlasser handelt demnach nur dann vorsätzlich, d.h. er hat nur dann i.S.v. § 23 Abs. 1 WpPG Kenntnis von der Unrichtigkeit und Unvollständigkeit

---

122 Berrar/Meyer/Müller/Schnorbus/Singhof/Wolf/*Seiler/Singhof* § 23 WpPG Rn. 41; *Groß* Kapitalmarktrecht § 23 WpPG Rn. 10; Habersack/Mülbert/Schlitt/*Habersack* Kapitalmarktinformation § 29 Rn. 51.
123 Berrar/Meyer/Müller/Schnorbus/Singhof/Wolf/*Seiler/Singhof* § 23 WpPG Rn. 3.
124 RegE Drittes Finanzmarktförderungsgesetz, BTDrucks. 13/8933 S. 80.
125 Berrar/Meyer/Müller/Schnorbus/Singhof/Wolf/*Seiler/Singhof* § 23 WpPG Rn. 4; Assmann/Schlitt/von Kopp-Colomb/*Assmann* §§ 21–23 WpPG Rn. 107.
126 *Groß* Kapitalmarktrecht § 21 WpPG Rn. 73; Assmann/Schlitt/von Kopp-Colomb/*Assmann* §§ 21–23 WpPG Rn. 111.
127 **Ablehnend** gegenüber dieser Beschränkung auf grobe Fahrlässigkeit: Baumbach/Hopt/*Kumpan* (15a) § 23 WpPG Rn. 1; *Hopt* Das Dritte Finanzmarktförderungsgesetz, Festschrift Drobnig (1998) 530; siehe auch schon *Grundmann/Selbherr* WM **1996** 985, 986; **dafür** *Groß* Kapitalmarktrecht § 21 WpPG Rn. 74; *Kort* AG **1999** 9, 20.
128 Erman/*Westermann* § 276 BGB Rn. 8 („Vorsatztheorie").

der Angaben des Prospekts, wenn er nicht nur die Umstände kennt, die die Unrichtigkeit oder Unvollständigkeit der Prospektangaben begründen, sondern auch darum weiß oder es zumindest billigend in Kauf nimmt, dass er zur richtigen und vollständigen Darstellung im Prospekt von Rechts wegen verpflichtet ist.[129]

3. Grobe Fahrlässigkeit

a) Grundlagen. Ein Schuldner handelt grob fahrlässig, wenn er die im Verkehr erforderliche Sorgfalt in besonders hohem Maße missachtet hat,[130] indem er einfachste ganz naheliegende Überlegungen nicht angestellt und das, was jedem unter den gegeben Umständen hätte einleuchten müssen, unbeachtet gelassen hat.[131] Neben der objektiven besonderen Schwere des Sorgfaltsverstoßes setzt der Begriff der groben Fahrlässigkeit zudem eine subjektive Vorwerfbarkeit voraus, die das gewöhnliche Maß erheblich übersteigt und insofern „auch subjektiv schlechthin unentschuldbar" ist.[132] Was von einem Schuldner im Einzelfall zu verlangen ist, bemisst sich deshalb auch nach seiner persönlichen Situation sowie seinen Erfahrungen und (fachlichen) Kenntnissen.[133] Es gilt insofern ein individueller Maßstab. Das hat zur Folge, dass für jeden einzelnen Prospektverantwortlichen und Prospektveranlasser gesondert festzustellen ist, ob er grob fahrlässig gehandelt und deshalb seine Unkenntnis von der Unrichtigkeit oder Unvollständigkeit der Angaben des Prospekts zu vertreten hat.[134] Nach einer Ansicht nähert sich die Rechtsprechung dagegen faktisch dem Maßstab der leichten Fahrlässigkeit.[135] 74

b) Emittent. Der Emittent weiß in der Regel als unmittelbar Betroffener über seine Vermögenswerte und Verbindlichkeiten, seine Finanzlage, seine Gewinne und Verluste sowie seine Zukunftsaussichten (vgl. § 5 Abs. 1 Satz 1 WpPG) am besten Bescheid. Jedenfalls kann und muss das von ihm erwartet werden. Er ist insofern selbst „Gegenstand der Prospektdarstellung" und deshalb „primärer **Informationsschuldner**".[136] An ihn sind daher in Bezug auf die Richtigkeit und Vollständigkeit der Prospektangaben besonders hohe Sorgfaltsanforderungen zu stellen, sodass er sich zwar theoretisch vom Verschuldensentwurf entlasten kann (§ 23 Abs. 1 WpPG), ihm das aber faktisch aber wohl nie gelingen wird.[137] 75

c) Emissionsbank. Auch der Emissionsbegleiter muss sich hinsichtlich des Vorwurfs der groben Fahrlässigkeit entlasten. Eine Haftungsfreistellung durch den Emitten- 76

129 Berrar/Meyer/Müller/Schnorbus/Singhof/Wolf/*Seiler/Singhof* § 23 WpPG Rn. 5.
130 MüKo/*Grundmann* § 276 BGB Rn. 94.
131 Jauernig/*Stadler* § 276 BGB Rn. 33; BGH 18.6.1980 BGHZ **77** 276; BGH 5.12.1983 BGHZ **89** 161; BGH 10.5.1994 NJW **1994** 2094.
132 BGH 8.10.1991 NJW **1992** 316, 317; BGH 29.9.1992 NJW **1992** 3235, 3226; MüKo/*Grundmann* § 276 BGB Rn. 95.
133 Erman/*Westermann* § 276 BGB Rn. 16.
134 *Groß* Kapitalmarktrecht § 21 WpPG Rn. 75; Assmann/Schlitt/von Kopp-Colomb/*Assmann* §§ 21–23 WpPG Rn. 111.
135 *Grundmann* Großkommentar HGB 6. Teil Rn. 209; Schimansky/Bunte/Lwowski/*Grundmann* § 112 Rn. 60.
136 Berrar/Meyer/Müller/Schnorbus/Singhof/Wolf/*Seiler/Singhof* § 23 WpPG Rn. 11; Habersack/Mülbert/Schlitt/*Habersack* Kapitalmarktinformation § 29 Rn. 39; *Groß* Kapitalmarktrecht § 21 WpPG Rn. 77.
137 *Groß* Kapitalmarktrecht § 21 WpPG Rn. 77; Berrar/Meyer/Müller/Schnorbus/Singhof/Wolf/*Seiler/Singhof* § 23 WpPG Rn. 11; *Schroeder* Der persönliche Anwendungsbereich der Prospekthaftung nach dem WpPG und dem VermAnlG, 12, 81.

ten vermag lediglich im Innenverhältnis zwischen Emittent und Emissionsbank zu wirken.[138] Im Schrifttum wird z.T. betont, dass schon die bloße Aufführung im Prospekt als eine der die Emission übernehmenden Konsortialbank (Emissionsbank) haftungsbegründend sei.[139] Anders soll es aber sein, wenn deutlich gemacht wird, dass es an der Mitverantwortung für den Prospekt fehlt.[140] Richtigerweise ist hier danach zu unterscheiden, ob die Bank Zulassungsantragsteller und insofern **Emissionsbegleiter** ist (§ 5 Abs. 3 Satz 2 WpPG). Dann muss sie zwingend den Prospekt unterschreiben und kann sich ihrer Prospektverantwortlichkeit *per se* nicht entziehen (§ 5 Abs. 4 Satz 2 WpPG). Handelt es sich bei der Bank jedoch lediglich um einen **Emissionshelfer** haftet sie nur, wenn sie als Dritte freiwillig die Verantwortung für den Prospekt durch eine entsprechende Erklärung übernommen hat (§ 5 Abs. 4 WpPG). Ob der Emissionshelfer eine solche Erklärung wirklich abgegeben hat, ist durch Auslegung zu ermitteln. Macht er ausreichend deutlich, dass er für die Richtigkeit des Prospekts nicht haften will, obschon er im Prospekt aufgeführt ist, hat er insofern die Verantwortung nicht übernommen, sodass er nicht in den Kreis der Adressaten der Prospekthaftung fällt.[141]

77 Die Emissionsbank ist hinsichtlich der Prospektangaben auf die Informationen des Emittenten oder von Dritten angewiesen. Um den Vorwurf eines grob fahrlässigen Verhaltens zu vermeiden, hat die emissionsbegleitende Bank diese Informationen zumindest auf **Plausibilität** zu prüfen. Zudem wird eine Prüfung auf Richtigkeit und Vollständigkeit verlangt.[142] Eine Nachforschungspflicht wird dagegen zu Recht abgelehnt. Insofern darf die Emissionsbank grundsätzlich auch auf die von einem Wirtschaftsprüfer testierten Unterlagen (z.B. Jahresabschluss) vertrauen.[143]

78 Zu bejahen sein wird eine **Nachforschungspflicht** aber dann, wenn konkrete Anhaltspunkte bzgl. einer Unrichtigkeit oder Unvollständigkeit der Angaben vorliegen.[144] Dabei sind die Grundsätze der Wissenszurechnung in arbeitsteiligen Organisationen zu beachten. Insofern bestehen auch hier eine Informationsspeicherungs-, eine Informationsweitergabe- und eine Informationsabfragepflicht.[145] Das bedeutet aber auch, dass deren Grenzen hinsichtlich einer Obliegenheit zur Nachforschung in der Bank einzuhalten sind. Das gilt etwa für solche Informationen, die aufgrund der Einhaltung einer gesetzlich (etwa durch das WpHG) vorgeschriebenen Chinese Wall nicht in die emissionsbegleitende Abteilung der Bank dringen dürfen.[146]

79 **d) Anbieterkonsortium.** Die Emission der Wertpapiere kann auch durch ein Anbieterkonsortium übernommen werden. Die Mitglieder eines solchen Konsortiums können allenfalls im Innenverhältnis wirksam vereinbaren, dass allein der Konsortialführer für

---

138 Vgl. Kümpel/Wittig/*Oulds* Bank- und Kapitalmarktrecht Rn. 15.210 a.E.
139 Schimansky/Bunte/Lwowski/*Grundmann* § 112 Rn. 57.
140 Schimansky/Bunte/Lwowski/*Grundmann* § 112 Rn. 57 (mit dem Beispiel des sub-underwriters); *Groß* Kapitalmarktrecht § 21 WpPG Rn. 34; Habersack/Mülbert/Schlitt/*Mülbert/Steup* Unternehmensfinanzierung § 41 Rn. 73.
141 Assmann/Schlitt/von Kopp-Colomb/*Assmann* §§ 21–23 WpPG Rn. 80; Habersack/Mülbert/Schlitt/*Habersack* Kapitalmarktinformation § 29 Rn. 28; Habersack/Mülbert/Schlitt/*Mülbert/Steup* Unternehmensfinanzierung § 41 Rn. 73.
142 *Müller* Wertpapierprospektgesetz § 23 WpPG Rn. 6; genauer Kümpel/Wittig/*Oulds* Bank- und Kapitalmarktrecht Rn. 15.214 ff.
143 *Groß* Kapitalmarktrecht § 21 WpPG Rn. 80 ff.; *Müller* Wertpapierprospektgesetz § 23 WpPG Rn. 6; Habersack/Mülbert/Schlitt/*Habersack* Kapitalmarktinformation § 29 Rn. 42; differenzierend *Grundmann* Großkommentar HGB 6. Teil Rn. 211.
144 Berrar/Meyer/Müller/Schnorbus/Singhof/Wolf/*Seiler/Singhof* § 23 WpPG Rn. 13.
145 Näher etwa *Buck-Heeb*, in: Hauschka, Corporate Compliance, 3. Aufl. 2016, § 2.
146 Vgl. Kümpel/Wittig/*Oulds* Bank- und Kapitalmarktrecht Rn. 15.215 m.w.N.

Prospektfehler nach § 21 WpPG einzustehen hat. Gegenüber dem geschädigten Anleger (nach außen) entfaltet eine solche Vereinbarung keine Wirkung (§ 25 Abs. 1 WpPG).[147] Das gilt selbst dann, wenn sie im Prospekt darauf hinweisen, nicht sie, sondern der Konsortialführer, der Emittent oder Dritte hätten den Prospekt erstellt und seien deshalb allein dafür verantwortlich.[148]

Kennzeichnend für ein Anbieterkonsortium ist jedoch, dass die Mitglieder sich die Aufgaben der Emission untereinander aufteilen und daher nicht jedes Mitglied im gleichen Umfang, wenn überhaupt, an der Prospekterstellung mitwirkt. Daher trifft nach **h.M.** nicht jedes Mitglied des Anbieterkonsortiums dieselben **Prospektkontrollpflichten.**[149] Gleichwohl genügt selbst nach h.M. ein Mitglied seinen Pflichten gegenüber dem Anleger nicht schon allein dadurch, dass er den Prospekt lediglich auf seine Plausibilität durchsieht, vielmehr hat er den Konsortialführer, aber auch die anderen Mitglieder zu überwachen und auf deren Pflichterfüllung hinzuwirken.[150] Insofern trifft sämtliche Mitglieder des Konsortiums eine Gesamtverantwortung. 80

Nach **a.A.** hat jedes Mitglied des Anbieterkonsortiums, vorausgesetzt, es ist Prospektverantwortlicher und damit Haftungsadressat des § 21 WpPG, im Außenverhältnis zum geschädigten Anleger gleichermaßen für die inhaltliche Richtigkeit des Wertpapierprospekts einzustehen, und es trifft ihn deshalb derselbe Sorgfaltsmaßstab.[151] Für diese Ansicht spricht, dass § 21 Abs. 1 Satz 1 WpPG nicht zwischen den einzelnen Prospektverantwortlichen differenziert. Der geschädigte Anleger kann sämtliche Prospektverantwortliche als Gesamtschuldner und daher nach außen jeden von ihnen auf den vollen Schadensersatz in Anspruch nehmen (§ 421 BGB). Erst im Innenverhältnis erfolgt dann die Berücksichtigung der unterschiedlichen Verschuldensanteile (§ 426 BGB). Das ist auch sachgerecht, da sich die Mitglieder freiwillig zu dem Anbieterkonsortium zusammengeschlossen und den Konsortialführer ausgewählt haben und damit dessen Insolvenzrisiko näher stehen als der außenstehende Anleger.[152] Wollen die Mitglieder des Anbieterkonsortiums eine Haftung aus dem Prospekt vermeiden, dürfen sie nicht nach außen als Prospektverantwortliche auftreten und müssen insofern ein reines Innenkonsortium vereinbaren.[153] 81

4. Rechtsirrtum. Bewertet der Prospektverantwortliche oder Prospektveranlasser die Angaben im Prospekt fälschlicherweise als richtig und vollständig, weshalb er irrtümlich davon ausgeht, der Inhalt des Prospekts sei insofern richtig dargestellt, schließt ein solcher Rechtsirrtum sein Verschulden nur dann aus, wenn ihn auch insoweit kein Verschulden trifft.[154] Der Haftende trägt sowohl für das Vorliegen des Rechtsirrtums als auch für sein insoweit fehlendes Verschulden die **Beweislast.**[155] Befindet sich der Schuldner 82

---

147 Holzborn/*Wackerbarth* §§ 21–23 WpPG Rn. 41.
148 Assmann/Schlitt/von Kopp-Colomb/*Assmann* §§ 21–23 WpPG Rn. 113; Holzborn/*Wackerbarth* §§ 21–23 WpPG Rn. 97.
149 Assmann/Schütze/*Assmann* Kapitalanlagerecht § 5 Rn. 184; Assmann/Schlitt/von Kopp-Colomb/*Assmann* §§ 21–23 WpPG Rn. 113; *Groß* Kapitalmarktrecht § 21 WpPG Rn. 83.
150 *Groß* Kapitalmarktrecht § 21 WpPG Rn. 83; Assmann/Schlitt/von Kopp-Colomb/*Assmann* §§ 21–23 WpPG Rn. 113; Habersack/Mülbert/Schlitt/*Habersack* Kapitalmarktinformation § 29 Rn. 43; Schwark/Zimmer/*Schwark* §§ 44, 45 BörsG Rn. 11; Habersack/Mülbert/Schlitt/*Mülbert*/*Steup* Unternehmensfinanzierung § 41 Rn. 118.
151 Holzborn/*Wackerbarth* §§ 21–23 WpPG Rn. 97.
152 Holzborn/*Wackerbarth* §§ 21–23 WpPG Rn. 97.
153 Holzborn/*Wackerbarth* §§ 21–23 WpPG Rn. 97.
154 Berrar/Meyer/Müller/Schnorbus/Singhof/Wolf/*Seiler*/*Singhof* § 23 WpPG Rn. 6.
155 BGH 16.6.1977 BGHZ **69** 143; BGH 12.5.2009 NJW **2009** 2298; Jauernig/*Stadler* § 276 BGB Rn. 22; Berrar/Meyer/Müller/Schnorbus/Singhof/Wolf/*Seiler*/*Singhof* § 23 WpPG Rn. 6.

jedoch tatsächlich in einem Rechtsirrtum, entfällt der Vorsatz, sodass nur noch eine Haftung für Fahrlässigkeit in Betracht kommt.[156]

83 Auch hier muss dann aber der Verschuldensmaßstab der groben Fahrlässigkeit gelten (vgl. § 23 Abs. 1 WpPG). Eine Fahrlässigkeitshaftung greift ein, wenn der Irrtum vermeidbar war, und entfällt umgekehrt, wenn er **unvermeidbar** war. Ein unvermeidbarer Irrtum stellt einen Entschuldigungsgrund dar, wobei an die Unvermeidbarkeit im Fall eines Rechtsirrtums strenge Anforderungen zu stellen sind. Wenn der Schuldner unsicher ist, wie die Rechtslage zu beurteilen ist, ist er verpflichtet, sich Rechtsrat bei Rechtskundigen einzuholen.[157]

84 Ein Prospektverantwortlicher (bzw. Prospektveranlasser) darf sich grundsätzlich auf Gutachten und Auskünfte von Sachverständigen (Rechtsanwalt, Wirtschaftsprüfer) verlassen, was den Prospektverantwortlichen (bzw. Prospektveranlasser) indes nicht davon entbindet, Gutachten, Expertisen und Auskünfte, soweit ihm das zumutbar ist, auf Plausibilität zu überprüfen.[158] Er ist zudem verpflichtet, die Sachverständigen ordnungsgemäß auszuwählen und zu kontrollieren.[159] Verfügt beispielsweise der beauftragte Dritte nicht über die erforderliche Qualifikation, kann darin ein Auswahlverschulden des Prospektverantwortlichen (bzw. des Prospektveranlassers) liegen.[160] Auch hier gilt freilich der Verschuldensmaßstab der groben Fahrlässigkeit.

85 **5. Erfüllungsgehilfe.** Dagegen soll sich nach **ganz h.M.** ein Prospektverantwortlicher (bzw. Prospektveranlasser) das (grob fahrlässige) Verschulden der von ihm eingeschalteten Fachleute nicht über § 278 BGB zurechnen lassen müssen, da jene nicht seine Erfüllungsgehilfen seien.[161] Der Prospektverantwortliche (etwa die Emissionsbank als Emissionsbegleiter) habe allenfalls für ein Verschulden bei der Auswahl dieser Fachleute einzustehen (z.B. technische oder naturwissenschaftliche Sachverständige, Rechtsanwälte, Patentanwälte, Notare, Steuerfachleute), nicht aber über § 278 BGB für deren Fehlverhalten als solches.[162] Dem kann so nicht uneingeschränkt gefolgt werden. Sicherlich hat ein Prospektverantwortlicher (bzw. Prospektveranlasser) vor allem nicht für **Wirtschaftsprüfer** (z.B. als Abschlussprüfer) einzustehen, da diese aufgrund gesetzlicher Vorgaben (z.B. Prüfung der Jahresabschlüsse, §§ 316 ff. HGB) und **nicht** zur Prospekterstellung oder deren Vorbereitung und daher nicht im Pflichtenkreis des Prospektverantwortlichen (z.B. der Emissionsbank) tätig werden.[163] Auch haften Wirtschaftsprüfer im Besonderen und sonstige „berufliche Sachkenner" („Experten") im Allgemeinen selbst dann nicht als Prospektverantwortliche, wenn sie durch ein Testat im Prospekt (z.B. durch den Bestäti-

156 Jauernig/*Stadler* § 276 BGB Rn. 21.
157 MüKo/*Grundmann* § 276 BGB Rn. 73; *Buck-Heeb* BB **2013** 2247 ff.; *Buck-Heeb* BB **2016** 1347 ff.
158 BGH 4.3.1987 WM **1987** 495, 497; *Buck-Heeb* BKR **2011** 411, 448; Habersack/Mülbert/Schlitt/*Habersack* Kapitalmarktinformation § 29 Rn. 42; *Groß* Kapitalmarktrecht § 21 WpPG Rn. 81; Habersack/Mülbert/Schlitt/*Mülbert/Steup* Unternehmensfinanzierung § 41 Rn. 116; Assmann/Schlitt/von Kopp-Colomb/*Assmann* §§ 21–23 WpPG Rn. 111.
159 *Groß* Kapitalmarktrecht § 21 WpPG Rn. 82; *Buck-Heeb* BKR **2011** 411, 447.
160 Berrar/Meyer/Müller/Schnorbus/Singhof/Wolf/*Seiler/Singhof* § 23 WpPG Rn. 21.
161 Berrar/Meyer/Müller/Schnorbus/Singhof/Wolf/*Seiler/Singhof* § 23 WpPG Rn. 20; *Groß* Kapitalmarktrecht § 21 WpPG Rn. 82; Assmann/Schlitt/von Kopp-Colomb/*Assmann* §§ 21–23 WpPG Rn. 111; Habersack/Mülbert/Schlitt/*Habersack* Kapitalmarktinformation § 29 Rn. 42; Schwark/Zimmer/*Schwark* §§ 44, 45 BörsG Rn. 49; Habersack/Mülbert/Schlitt/*Mülbert/Steup* Unternehmensfinanzierung § 41 Rn. 114.
162 *Groß* Kapitalmarktrecht § 21 WpPG Rn. 82; Berrar/Meyer/Müller/Schnorbus/Singhof/Wolf/*Seiler/Singhof* § 23 WpPG Rn. 20; Assmann/Schlitt/von Kopp-Colomb/*Assmann* §§ 21–23 WpPG Rn. 111.
163 Berrar/Meyer/Müller/Schnorbus/Singhof/Wolf/*Seiler/Singhof* § 23 WpPG Rn. 20.

gungsvermerk nach Prüfung des Jahresabschlusses, § 322 HGB) nach außen gegenüber dem Anlegerpublikum in Erscheinung treten (siehe Rn. 56).[164] Insoweit ist der ganz h.M. zu folgen.

Die Prospektverantwortlichen und die Prospektveranlasser trifft jedoch nach § 5 **86**
Abs. 1 Satz 1 WpPG gemeinsam die Verpflichtung, die potenziellen Anleger richtig und vollständig über den Emittenten und die angebotenen Wertpapiere zu informieren. Sie sind deshalb nach §§ 21, 22 WpPG dafür verantwortlich, wenn die Angaben im Prospekt unrichtig oder unvollständig sind. Um diese Pflicht gegenüber den potenziellen Anlegern zu erfüllen, greifen sie auf die Expertise sowie Gutachten und Auskünfte von Sachverständigen zurück (z.B. technische oder naturwissenschaftliche Sachverständige, Rechtsanwälte, Patentanwälte, Notare, Steuerfachleute), die deshalb insoweit ihre Erfüllungsgehilfen sind, sodass sich sowohl Prospektverantwortliche als auch Prospektveranlasser ein etwaiges (grob fahrlässiges) Verschulden der Fachleute über **§ 278 BGB** als eigenes Verschulden zurechnen lassen müssen, vorausgesetzt diese Fachleute werden (anders als Abschlussprüfer) gezielt für die Prospekterstellung oder deren Vorbereitung eingeschaltet. Das dafür nötige Schuldverhältnis zwischen den Prospektverantwortlichen (und den Prospektveranlassern) auf der einen und den potenziellen Anlegern auf der anderen Seite ist ein vorvertragliches. Denn selbst die h.M. ordnet die Prospekthaftung nach §§ 21, 22 WpPG als eine Vertrauenshaftung und damit als eine *culpa in contrahendo* i.S.d. § 311 Abs. 2 und 3 BGB ein.[165]

Dass die Fachleute für die Prospekterstellung oder deren Vorbereitung bereits einge- **87**
setzt werden, bevor überhaupt ein vorvertragliches Schuldverhältnis zu den potenziellen Anlegern entstehen kann, schließt ebenfalls nicht aus, sie als Erfüllungsgehilfen einzuordnen. Erfüllungsgehilfe ist, wer nach den rein tatsächlichen Umständen mit Wissen und Wollen des Schuldners für ihn als seine Hilfsperson tätig ist, um eine ihm als Schuldner obliegende Verbindlichkeit gegenüber seinem Gläubiger zu erfüllen.[166] Dabei spielt es keine Rolle, ob der Gehilfe erst gehandelt hat, nachdem das Schuldverhältnis und damit die Pflicht des Schuldners entstanden ist, oder auch schon zuvor.[167] Entscheidend ist allein, dass der Schuldner durch die Einschaltung der Hilfsperson seinen Geschäftskreis und damit seinen eigenen **Risikobereich** erweitert.[168] Das ist auch schon im Vorfeld eines Schuldverhältnisses der Fall, wenn dem Schuldner aus dem erst in der Zukunft entstandenen Schuldverhältnis eine Verbindlichkeit obliegt und er im Hinblick darauf (!) schon im Vorfeld davon eine Hilfsperson einschaltet, um durch sie die spätere Erfüllung dieser bevorstehenden Pflicht vorzubereiten oder sogar vorwegzunehmen. Das geschieht aber, wenn Prospektverantwortliche Dritte („Fachleute") im Hinblick auf die Prospekterstellung bzw. deren Vorbereitung einschalten, um so später ihre Informationspflichten im Prospekt gegenüber den potenziellen Anlegern erfüllen zu können (§ 5 Abs. 1 Satz 1 WpPG). Dass die Prospektverantwortlichen für die Fehler der von ihnen eingeschalteten sachkundigen Dritten einzustehen haben, ist im Übrigen auch sachgerecht, stehen sie diesen doch schon regelmäßig aufgrund eines vertraglichen Verhältnisses näher als der geschädigte Anleger, der ansonsten die nachteiligen Folgen des pflichtwid-

---

164 Assmann/Schütze/*Assmann* Kapitalanlagerecht § 5 Rn. 158; *Grundmann* Großkommentar HGB 6. Teil Rn. 189; siehe auch BGH 24.4.2014 WM **2014**, 935 ff. (bzgl. WpPG).

165 BGH 31.5.2011 BGHZ **190** 7 Rn. 17; BGH 31.5.2011 NJW **2011** 2719, 2720; *Groß* Kapitalmarktrecht § 21 WpPG Rn. 9; Berrar/Meyer/Müller/Schnorbus/Singhof/Wolf/*Seiler*/*Singhof* Vor §§ 21 ff. WpPG Rn. 1; Schwark/Zimmer/*Schwark*, §§ 44,45 BörsG Rn. 7; MüKo/*Singhof* HGB Bd. 6 Emissionsgeschäft Rn. 271.

166 BGH 14.11.2002 BGHZ **152** 380, 383; BGH 8.2.1974 BGHZ **62** 119, 124; Jauernig/*Stadler* § 278 BGB Rn. 6.

167 MüKo/*Grundmann* § 278 BGB Rn. 23; Palandt/*Grüneberg* § 278 BGB Rn. 12.

168 So ausdrücklich BGH 14.11.2002 BGHZ **152** 380, 383.

rigen Verhaltens des Dritten zu tragen hätte, obwohl er im Gegensatz zu den Prospektverantwortlichen auf deren Auswahl überhaupt keinen Einfluss hat. Insofern kann sich der Prospektverantwortliche bzw. -veranlasser auch nicht seiner Verantwortung für den Prospekt durch **Delegation** der hierbei zu beachtenden Pflichten auf einen Dritten entziehen.

VII. Schadensersatz

88 **1. Schaden.** Der Anleger, der Wertpapiere aufgrund eines unrichtigen oder unvollständigen Prospekts erwirbt, erleidet an sich bereits dadurch einen Schaden. Er hat aufgrund des Prospektfehlers eine uninformierte Anlageentscheidung getroffen und ist mit der insofern ungewollten Verbindlichkeit belastet, den Preis für die Wertpapiere zahlen zu müssen. Ein Prospekthaftungsanspruch des geschädigten Anlegers ist jedoch ausgeschlossen, sofern der Sachverhalt, über den unrichtige oder unvollständige Angaben im Prospekt enthalten sind, nicht zu einer **Minderung des Börsenpreises** (§ 21 WpPG) bzw. im Fall eines öffentlichen Angebots nicht zu einer Minderung des Erwerbspreises (§ 22 WpPG) der erworbenen Wertpapiere beigetragen hat (§ 23 Abs. 2 Nr. 2 WpPG). Auch wenn in **§ 23 Abs. 2 Nr. 2 WpPG** nur vom „Börsenpreis" die Rede ist, gilt § 23 Abs. 2 WpPG ausdrücklich auch für einen Prospektanspruch aus § 22 WpPG.[169] Bei einem öffentlichen Angebot fehlt es an einem „Börsenpreis", da die Wertpapiere außerbörslich gehandelt werden, weshalb insofern auf den Erwerbspreis abzustellen ist.[170]

89 Die Beeinträchtigung der Willensfreiheit des Anlegers reicht demnach allein nicht aus, vielmehr muss der Anleger in der Folge davon auch einen Vermögensschaden erlitten haben. Dass der Anleger die Wertpapiere aufgrund des Prospektfehlers „zu teuer" gekauft hat, wird dabei widerleglich nach § 23 Abs. 2 Nr. 2 WpPG **vermutet.** § 23 Abs. 2 Nr. 2 WpPG erfasst nach seinem Wortlaut die „Minderung des Börsenpreises" (d.h. den Schaden) und den Prospektfehler, der dazu „beigetragen hat" (d.h. die haftungsausfüllende Kausalität). Damit statuiert § 23 Abs. 2 Nr. 2 WpPG sowohl für die haftungsausfüllende Kausalität als auch für den Eintritt eines (Vermögens-) Schadens eine Beweislastumkehr zugunsten des Anlegers. Die Haftungsadressaten und nicht der Anleger haben daher nachzuweisen, dass es durch den Prospektfehler nicht zu einer negativen Kursbeeinflussung gekommen ist.

90 Die Art und Weise des Schadensersatzes sowie dessen Umfang richtet sich nach §§ 249 ff. BGB. Abweichend davon ist der zu ersetzende Vermögensschaden jedoch auf den Erwerbspreis, maximal aber auf den ersten Ausgabepreis der Wertpapiere (Emissionspreis) begrenzt (§ 21 Abs. 1 Satz 1 WpPG). Das gilt, sofern der Anleger noch Inhaber der Wertpapiere ist (§ 21 Abs. 1 Satz 1 WpPG). Hat er diese bereits weiterveräußert, kann er jetzt nur noch die Zahlung des Unterschiedsbetrags zwischen Erwerbs- und Veräußerungspreis als Schadensersatz verlangen (§ 21 Abs. 2 Satz 1 WpPG).

91 **2. Haftungsausfüllende Kausalität.** Ein Schadensersatzanspruch des Anlegers setzt voraus, dass der Prospektfehler für den beim Anleger eingetretenen Schaden zumindest mitursächlich ist.[171] Das ist nach § 23 Abs. 2 Nr. 2 WpPG aber nur der Fall, wenn der „Sachverhalt, über den unrichtige oder unvollständige Angaben im Prospekt enthalten sind, zu einer Minderung des Börsenpreises" (§ 21 WpPG) bzw. im Fall eines öffentli-

169 Assmann/Schlitt/von Kopp-Colomb/*Assmann* §§ 21–23 WpPG Rn. 104.
170 Habersack/Mülbert/Schlitt/*Mülbert*/*Steup* Unternehmensfinanzierung § 41 Rn. 102.
171 Assmann/Schlitt/von Kopp-Colomb/*Assmann* §§ 21–23 WpPG Rn. 103; Habersack/Mülbert/Schlitt/*Mülbert*/*Steup* Unternehmensfinanzierung § 41 Rn. 102.

chen Angebots zu einer Minderung des Erwerbspreises (§ 22 WpPG) der Wertpapiere tatsächlich „beigetragen hat". Der Prospektfehler für sich kann indes noch nicht zu einer solchen Minderung des Börsenpreises bzw. des Erwerbspreises führen. Denn erst, wenn aufgedeckt geworden ist, dass die Angaben im Prospekt unrichtig oder unvollständig sind, kann sich der Prospektfehler auf die Kursentwicklung des erworbenen Wertpapiers überhaupt negativ auswirken.[172]

Eine solche haftungsausfüllende Kausalität zwischen (bekannt gewordenem) Prospektfehler und Minderung des Börsenpreises bzw. des Erwerbspreises wird dabei vermutet, die **Beweislast** ist insofern **umgekehrt** (**§ 23 Abs. 2 Nr. 2 WpPG**). Es ist daher Sache der Adressaten der Prospekthaftung darzulegen und zu beweisen, dass das Aufdecken des Prospektfehlers nicht einmal mitursächlich für die Minderung des Börsenpreises bzw. des Erwerbspreises ist.[173] Dafür muss der Prospektverantwortliche beweisen, dass der Wertverlust allein auf anderen Umständen, nicht aber auf dem Bekanntwerden des Prospektfehlers beruht. Auch wenn dem Haftungsadressaten, da es hier um die haftungsausfüllende Kausalität geht, insoweit § 287 ZPO zugutekommt,[174] wird es ihm dennoch in aller Regel schwerfallen, nachzuweisen, dass der Prospektfehler in keiner Weise zu der negativen Kursentwicklung beigetragen hat.[175] **92**

Indem auf das Bekanntwerden des Prospektfehlers und die dadurch ausgelöste negative Kursentwicklung abgestellt wird, wird umgekehrt darauf geschlossen, dass der Kurs des Wertpapiers in der Vergangenheit, d.h. bevor der Prospektfehler aufgedeckt worden ist, aufgrund des damals noch unbekannten Prospektfehlers zu hoch war. Der Prospektfehler hat dann dazu geführt, dass der Anleger die Wertpapiere ursprünglich „zu teuer" erworben hat. Demgemäß scheidet eine haftungsausfüllende Kausalität (genauer: bereits ein (Vermögens-) Schaden) zumeist aus, wenn das Bekanntwerden des Prospektfehlers keine „nennenswerte" negative **Kursveränderung** nach sich gezogen hat und sich das Ausbleiben einer Kursveränderung auch nicht durch gegenläufige „positive" Tatsachen erklären lässt, die insofern den Prospektfehler „neutralisiert" haben.[176] **93**

3. Art und Weise des Schadensersatzes (§§ 249 ff. BGB)

a) Erwerber ist noch Inhaber der Wertpapiere. Hat der Erwerber die Wertpapiere noch, kann er als Schadensersatz die Rückzahlung des Geldbetrags verlangen, den er für den Erwerb der fraglichen Wertpapiere tatsächlich entrichtet hat.[177] Der Anleger kann jedoch maximal den ersten **Ausgabepreis** verlangen, selbst wenn er einen Erwerbspreis gezahlt haben sollte, der darüber hinausgeht (§ 21 Abs. 1 Satz 1 WpPG). **94**

Diese **Begrenzung** der Prospekthaftung beruht darauf, dass der Emittent den Ausgabepreis aufgrund der im Prospekt enthaltenden Angaben bestimmt hat und sich insofern der Ausgabepreis und die im Prospekt gemachten Angaben aufeinander beziehen. Sind die Prospektangaben unrichtig oder unvollständig, manifestiert sich dieser Prospektfehler im ersten Ausgabepreis, in der Regel aber nicht mehr in den späteren Erwerbspreisen. Diese werden zumeist bereits durch eine Vielzahl anderer Marktfaktoren beeinflusst, „über die der Prospekt in aller Regel keine Aussage treffen will und vielfach auch nicht **95**

172 Habersack/Mülbert/Schlitt/*Habersack* Kapitalmarktinformation § 29 Rn. 49; Habersack/Mülbert/Schlitt/*Mülbert*/*Steup* Unternehmensfinanzierung § 41 Rn. 102.
173 Assmann/Schlitt/von Kopp-Colomb/*Assmann* §§ 21–23 WpPG Rn. 105.
174 Assmann/Schlitt/von Kopp-Colomb/*Assmann* §§ 21–23 WpPG Rn. 105.
175 Habersack/Mülbert/Schlitt/*Mülbert*/*Steup* Unternehmensfinanzierung § 41 Rn. 103.
176 Assmann/Schlitt/von Kopp-Colomb/*Assmann* §§ 21–23 WpPG Rn. 106.
177 RegE Drittes Finanzmarktförderungsgesetz, BTDrucks. 13/8933 S. 78.

kann".[178] Auf diese Weise ist zudem die Haftung der Prospektverantwortlichen, vor allem des Emittenten, auf den Emissionserlös begrenzt und dadurch seine Haftung „überschaubar", was seine Bereitschaft fördert, sich über den Kapitalmarkt zu finanzieren.[179]

96 Beim ersten Ausgabepreis oder gleichbedeutend auch Emissionspreis, handelt es sich in der Regel um den Preis, den der Emittent für die Emission der Wertpapiere festgesetzt hat (vgl. § 21 Abs. 1 Satz 2 WpPG) und der deshalb im Prospekt als der von den Anlegern zu zahlende Preis veröffentlicht ist. Fehlt eine solche Angabe im Prospekt, ist der Ausgabepreis der Preis, zu dem der Emittent die Wertpapiere tatsächlich veräußert hat.[180] Wird schon von vornherein ein Ausgabepreis nicht festgelegt, weil das nicht vorgesehen ist (etwa bei der Börseneinführung ausländischer Aktien), gilt als Ausgabepreis der erste nach Einführung der Wertpapiere festgestellte oder gebildete **Börsenpreis** (§ 21 Abs. 1 Satz 2 WpPG).[181] Für den Fall, dass die Wertpapiere an mehreren inländischen Börsen eingeführt werden und sich gleichzeitig unterschiedliche Börsenpreise bilden oder diese festgestellt werden, gilt der höchste dieser Börsenpreise als Ausgabepreis (§ 21 Abs. 1 Satz 2 WpPG).

97 Daneben kann der Anleger auch die üblichen **Erwerbskosten** ersetzt verlangen. Diese Aufwendungen umfassen vor allem die im Zusammenhang mit dem Erwerb der Wertpapiere zu zahlende Maklercourtage und Provision.[182] Hat der Anleger die Wertpapiere erworben, indem er Bezugsrechte ausgeübt hat, zählen zu den üblichen Erwerbskosten auch die Aufwendungen für den vorgelagerten Erwerb dieser Bezugsrechte.[183] Gibt der Emittent aufgrund des Prospekts laufend neue Wertpapiere aus (Daueremission), sodass der Ausgabepreis über den Emissionszeitraum schwankt, kommt es allein auf den anfänglichen Ausgabepreis an.[184] Ein **entgangener Gewinn** (§ 252 BGB) ist nicht ersatzfähig,[185] da der Erwerbspreis als Anspruchsgegenstand in § 21 Abs. 1 WpPG ausdrücklich festgeschrieben ist.[186]

98 Im Gegenzug zur Erstattung des Erwerbspreises und der üblichen Erwerbskosten hat der Anleger Zug um Zug die Wertpapiere (wieder) an den von ihm in Anspruch genommenen Prospektverantwortlichen zurückzugeben (§ 21 Abs. 1 Satz 1 WpPG). Diese **Rückgabepflicht** entfällt jedoch, wenn den Wertpapieren nunmehr „keinerlei wirtschaftlicher Wert mehr innewohnt". Hier ist vor allem an Wertpapiere zu denken, die ein Bezugs- oder Optionsrecht verbriefen, das jetzt aber dadurch erloschen ist, dass der Anleger das Recht bereits ausgeübt hat.[187] Der Anspruch auf Rückgewähr der Wertpapiere ist in diesem Fall vollkommen sinnlos.[188] Besteht der Anspruchsgegner trotzdem auf deren Rückgewähr, steht dem dauerhaft der Einwand rechtsmissbräuchlichen Verhaltens entgegen (§ 242 BGB).[189]

---

178 RegE Drittes Finanzmarktförderungsgesetz, BTDrucks. 13/8933 S. 78.
179 RegE Drittes Finanzmarktförderungsgesetz, BTDrucks. 13/8933 S. 78.
180 RegE Drittes Finanzmarktförderungsgesetz, BTDrucks. 13/8933 S. 78.
181 RegE Drittes Finanzmarktförderungsgesetz, BTDrucks. 13/8933 S. 78.
182 RegE Drittes Finanzmarktförderungsgesetz, BTDrucks. 13/8933 S. 78; siehe auch OLG Frankfurt 30.11.2016 AG **2017** 323 Rn. 291.
183 RegE Drittes Finanzmarktförderungsgesetz, BTDrucks. 13/8933 S. 78.
184 RegE Drittes Finanzmarktförderungsgesetz, BTDrucks. 13/8933 S. 78.
185 *Müller* Wertpapierprospektgesetz § 21 WpPG Rn. 22.
186 Siehe auch Schimansky/Bunte/Lwowski/*Grundmann* § 112 Rn. 66 mit Verweis auf die (andere) alte Rechtslage.
187 RegE Drittes Finanzmarktförderungsgesetz, BTDrucks. 13/8933 S. 78.
188 Assmann/Schlitt/von Kopp-Colomb/*Assmann* §§ 21–23 WpPG Rn. 123.
189 RegE Drittes Finanzmarktförderungsgesetz, BTDrucks. 13/8933 S. 78; Holzborn/*Wackerbarth* §§ 21–23 WpPG Rn. 108; Schwark/Zimmer/*Schwark*, §§ 44,45 BörsG Rn. 66; Habersack/Mülbert/Schlitt/*Mülbert/Steup* Unternehmensfinanzierung § 41 Rn. 129; Assmann/Schlitt/von Kopp-Colomb/*Assmann* §§ 21–23 WpPG Rn. 123; **a.A.** Habersack/Mülbert/Schlitt/*Habersack* Kapitalmarktinformation § 29 Rn. 45.

Beinhalten die Wertpapiere neben den erloschenen Erwerbsrechten noch davon getrennte und gesondert verbriefte Rechte, muss der Anleger die Wertpapiere insoweit zurückgeben.[190] Das Erlöschen der Erwerbsrechte führt hier nicht dazu, dass die Wertpapiere überhaupt keinen wirtschaftlichen Wert mehr haben. Der in Anspruch genommene Prospektverantwortliche ist in diesem Fall berechtigt, die Erstattung des Erwerbspreises sowie der üblichen Erwerbskosten von der Rückgewähr der Wertpapiere abhängig zu machen (§ 320 BGB). **99**

b) Erwerber ist nicht mehr Inhaber der Wertpapiere. Hat der Erwerber die Wertpapiere in der Zwischenzeit bereits weiterveräußert, kann er nur noch den **Differenzbetrag** zwischen dem von ihm gezahlten Erwerbspreis, auch hier begrenzt auf den ersten Ausgabepreis, und dem tatsächlich erzielten Veräußerungspreis ersetzt verlangen (§ 21 Abs. 2 Satz 1 WpPG). Übersteigt der Veräußerungspreis den Erwerbspreis bzw. den ersten Ausgabepreis, sofern der gezahlte Erwerbspreis höher ist als der erste Ausgabepreis, fehlt es „nach den allgemeinen Grundsätzen des Schadensersatzrechts" (§§ 249–254 BGB) an einem ersatzfähigen Schaden.[191] **100**

Hat der Anleger die Wertpapiere zu einem Preis veräußert, der unter dem liegt, was er durch den Verkauf an der Börse üblicherweise hätte erzielen können, ist nicht der tatsächliche, sondern der an der Börse erzielbare **Veräußerungspreis** der Berechnung des Unterschiedsbetrags zugrunde zu legen. Denn dadurch, dass der Anleger die Wertpapiere unterhalb des Börsenpreises verkauft hat, hat er „regelmäßig" seine ihm obliegende Schadensminderungspflicht verletzt (§ 254 Abs. 2 Satz 1, 2. Alt. BGB).[192] Er hat deshalb nur einen Anspruch auf Zahlung des Differenzbetrags zwischen dem von ihm ursprünglich gezahlten Erwerbspreis (maximal erster Ausgabepreis) und dem zum Zeitpunkt der Veräußerung erzielbaren Börsenpreis.[193] **101**

Bei Wertpapieren, die ein Recht zum Erwerb anderer Wertpapiere oder sonstiger Gegenstände beinhalten, ist die Ausübung dieses eingeräumten Erwerbsrechts einer Veräußerung gleichzustellen.[194] Der Anleger wird hier so behandelt, als ob er nicht mehr Inhaber der Wertpapiere wäre. Die Wertpapiere haben angesichts der Ausübung des Erwerbsrechts jetzt keinerlei wirtschaftlichen Wert mehr, dieser hat sich vielmehr in den Wertpapieren oder sonstigen Gegenständen, die der Anleger durch die Ausübung des Erwerbsrechts erhalten hat, ähnlich verwirklicht wie bei einer Veräußerung im erzielten Verkaufspreis.[195] Er kann deshalb bloß den Unterschiedsbetrag zwischen dem von ihm für die Wertpapiere gezahlten Kaufpreis (maximal erster Ausgabepreis) und dem Wert der Wertpapiere oder sonstigen Gegenstände verlangen, die er durch die Ausübung des Erwerbsrechts erlangt hat. Maßgeblich für die Bestimmung dieses Gegenwerts ist der Zeitpunkt der Rechtsausübung, sodass sich der „Veräußerungspreis" nach dem zu diesem Zeitpunkt geltenden Markt- oder Börsenpreis bemisst.[196] **102**

190 RegE Drittes Finanzmarktförderungsgesetz, BTDrucks. 13/8933 S. 78–79.
191 RegE Drittes Finanzmarktförderungsgesetz, BTDrucks. 13/8933 S. 79.
192 RegE Drittes Finanzmarktförderungsgesetz, BTDrucks. 13/8933 S. 79; *Groß* Kapitalmarktrecht § 21 WpPG Rn. 87; Assmann/Schlitt/von Kopp-Colomb/*Assmann* §§ 21–23 WpPG Rn. 125.
193 Holzborn/*Wackerbarth* §§ 21–23 WpPG Rn. 110; Assmann/Schütze/Assmann Kapitalanlagerecht § 5 Rn. 195; Schwark/Zimmer/*Schwark* §§ 44,45 BörsG Rn. 68; Habersack/Mülbert/Schlitt/*Mülbert/Steup* Unternehmensfinanzierung § 41 Rn. 128; Habersack/Mülbert/Schlitt/*Habersack* Kapitalmarktinformation § 29 Rn. 45.
194 RegE Drittes Finanzmarktförderungsgesetz, BTDrucks. 13/8933 S. 79.
195 RegE Drittes Finanzmarktförderungsgesetz, BTDrucks. 13/8933 S. 79.
196 RegE Drittes Finanzmarktförderungsgesetz, BTDrucks. 13/8933 S. 79.

103 Daneben hat der Anleger auch hier einen Anspruch auf Erstattung der „üblichen Erwerbskosten". Unter diesen Begriff werden sowohl die mit dem Erwerb als auch die mit der Veräußerung verbundenen Kosten gefasst.[197]

104 **4. Mitverschulden des Anlegers.** Gemäß § 23 Abs. 2 Nr. 3 WpPG besteht kein Prospekthaftungsanspruch, wenn der Anleger die Unrichtigkeit oder Unvollständigkeit der Prospektangaben kennt. Die dogmatische Einordnung dieser Regelung ist **umstritten.** Teilweise wird dies als gesetzliche Sonderregelung der Frage des Mitverschuldens gewertet.[198] Richtigerweise handelt es sich aber schon um eine Frage der haftungsbegründenden **Kausalität** (siehe Rn. 68). Auch in Bezug auf § 23 Abs. 2 Nr. 4 WpPG gibt es unterschiedliche Ansichten, ob es sich hierbei um einen Fall des Mitverschuldens oder der fehlenden haftungsbegründenden Kausalität handelt. Nach hier vertretener Ansicht geht es auch bei § 23 Abs. 2 Nr. 4 WpPG um das Fehlen der haftungsbegründenden Kausalität und nicht erst um ein Mitverschulden des Anlegers (siehe Rn. 69).[199]

105 Ein Mitverschulden des Anlegers ist aber unabhängig davon auch bei der Prospekthaftung schon allein über **§ 254 BGB** anspruchsmindernd zu berücksichtigen.[200] Der Anleger hat seine Schadensminderungspflicht (§ 254 Abs. 2 Satz 1, 2. Alt. BGB) jedoch nicht bereits deshalb verletzt, weil er die Wertpapiere nicht sofort verkauft, nachdem er vom Prospektfehler erfahren hat. Eine Pflicht oder vielmehr eine Obliegenheit, den Markt im Auge zu behalten und die Wertpapiere stets umgehend zu veräußern, sobald ihr Wert infolge des Bekanntwerdens eines Prospektmangels verfällt, besteht nicht.

106 Ebenso wenig muss der Anleger einen Prospektmangel und erst recht seine Ansprüche daraus den Prospektverantwortlichen unverzüglich **anzeigen.**[201] Selbst wenn er einen Prospektmangel meldet, ist der Prospekt in einem Nachtrag zu berichtigen, sodass die Unrichtigkeit auf jeden Fall bekannt wird und zu einem Wertverlust, d.h. zu einem Schaden beim Anleger, führt. Die Entstehung des Schadens ist deshalb auch schon vor einer Anzeige nicht mehr in zulässiger Weise zu verhindern. Die fehlende Anmeldung setzt demnach weder eine Mitursache für die Entstehung des Schadens noch erhöht sie das Risiko dazu.[202] Der Anspruchsgegner hat in seiner Rolle als Schädiger wie auch sonst nach allgemeinen Beweisgrundsätzen ein Mitverschulden des geschädigten Anlegers nachzuweisen.[203]

VIII. Beweislast, Haftungsausschlüsse

107 Der **Erwerber** muss darlegen und beweisen, dass der Prospekt unrichtig bzw. unvollständig ist. Auch den Inlandsbezug des Geschäfts i.S.d. § 21 Abs. 3 WpPG hat er zu beweisen. Die Beweislast erstreckt sich zudem auf den Erwerbspreis, den Veräußerungspreis (sofern relevant) sowie die entstandenen Kosten.

---

197 RegE Drittes Finanzmarktförderungsgesetz, BTDrucks. 13/8933 S. 79.
198 Assmann/Schlitt/von Kopp-Colomb/*Assmann* §§ 21–23 WpPG Rn. 114; *Müller* Wertpapierprospektgesetz § 23 WpPG Rn. 11.
199 So aber *Grundmann* Großkommentar HGB 6. Teil Rn. 218.
200 Siehe auch Baumbach/Hopt/*Kumpan* § 21 WpPG Rn. 9 f.
201 Holzborn/*Wackerbarth* §§ 21–23 WpPG Rn. 112; Assmann/Schlitt/von Kopp-Colomb/*Assmann* §§ 21–23 WpPG Rn. 115; Berrar/Meyer/Müller/Schnorbus/Singhof/Wolf/*Seiler*/*Singhof* § 21 WpPG Rn. 116; *Fleischer*/*Kalss* AG **2002** 329, 335 f.; *Rothenhöfer* WM **2003** 2036; **a.A.** Vortmann/*Hauptmann* § 3 Rn. 119; Habersack/Mülbert/Schlitt/*Mülbert*/*Steup* Unternehmensfinanzierung § 41 Rn. 134.
202 Berrar/Meyer/Müller/Schnorbus/Singhof/Wolf/*Seiler*/*Singhof* § 21 WpPG Rn. 116.
203 BGH 24.9.2013 NJW **2014** 217 Rn. 9, 218; MüKo/*Oetker* § 254 BGB Rn. 145; *Schäfer* ZGR **2006** 40, 55.

Dagegen hat der **Anspruchsgegner** als Prospekterlasser oder -veranlasser zu beweisen, dass ihn kein Verschulden trifft (§ 23 Abs. 1 WpPG). Außerdem obliegt ihm der Beweis bzgl. der sog. Haftungsausschlüsse des § 23 Abs. 2 WpPG, wobei der Begriff „Haftungsausschluss" untechnisch zu verstehen ist.[204] Da die Kausalität widerleglich vermutet wird, hat der Anspruchsgegner die fehlende haftungsbegründende Kausalität zu beweisen (§ 23 Abs. 2 Nr. 1 WpPG), außerdem eine fehlende haftungsausfüllende Kausalität (§ 23 Abs. 2 Nr. 2 WpPG), die Kenntnis des Erwerbers von der Unrichtigkeit oder Unvollständigkeit des Prospekts (§ 23 Abs. 2 Nr. 3 WpPG) sowie die **Berichtigung** des Prospekts (§ 23 Abs. 2 Nr. 4 WpPG). In letzterem Fall kommt es nicht auf die Kenntnis des Erwerbers von der Berichtigung an.[205] Auch gibt es keine weiteren Vorgaben bzgl. der Art der Berichtigung. Allerdings muss sie in einer der in § 23 Abs. 2 Nr. 4 WpPG aufgezählten Instrumente (Jahresabschluss, Zwischenbericht, Ad-hoc-Mitteilung) erfolgen. Verlangt wird auch, dass die Berichtigung deutlich und für die (verständigen) Anleger unmissverständlich sein muss.[206] 108

IX. Verjährung

Seit der Aufhebung der Sonderverjährungsregelung des § 46 BörsG aF verjähren die Prospekthaftungsansprüche nach den allgemeinen Regeln der **§§ 195, 199 BGB**. Die dreijährige Verjährungsfrist (§ 195 BGB) beginnt daher mit dem Schluss des Jahres, in dem der Prospekthaftungsanspruch aus §§ 21, 22 WpPG entstanden ist und der geschädigte Anleger Kenntnis vom Entstehen seines Anspruchs erlangt hat oder zumindest ohne grobe Fahrlässigkeit hätte erlangen müssen (§ 199 Abs. 1 BGB). Verjährung tritt jedoch spätestens mit Ablauf von 10 Jahren nach Entstehung des Anspruchs ein (§ 199 Abs. 3 Nr. 1 BGB), jedenfalls in 30 Jahren nach der Begehung des schadensauslösenden Ereignisses (§ 199 Abs. 3 BGB), ohne dass es hierfür auf eine Kenntnis oder grob fahrlässige Unkenntnis des Anlegers ankommt. Die **Beweislast** bzgl. der Kenntnis oder grob fahrlässigen Unkenntnis trägt der Anspruchsgegner. 109

Die Schadensersatzklage wegen Veröffentlichung eines fehlerhaften Prospekts hemmt die Verjährung nicht lediglich bzgl. der in der Klage geltend gemachten Prospektfehler. Vielmehr erstreckt sich die **Verjährungshemmung** auch auf diejenigen Fehler, welche „erst nach Klageerhebung in den Prozess eingeführt werden, weil es sich bei einzelnen Fehlern des Prospekts nur um Bestandteile eines einheitlichen Geschehensablaufs und damit um denselben prozessualen **Streitgegenstand** handelt".[207] Unzulässig ist im Prospekt eine verjährungsverkürzende Regelung. Hierin liegt regelmäßig ein Verstoß gegen das **Freizeichnungsverbot** nach § 309 Nr. 7b BGB.[208] 110

X. Zuständiges Gericht

Für Ansprüche aus §§ 21, 22 WpPG ist ausschließlich das Gericht am Sitz des betroffenen Emittenten zuständig, sofern sich dieser nicht im Ausland befindet (§ 32b Abs. 1 111

204 Näher dazu *Grundmann* Großkommentar HGB 6. Teil Rn. 207.
205 Habersack/Mülbert/Schlitt/*Habersack* Kapitalmarktinformation § 29 Rn. 51; *Groß* Kapitalmarktrecht § 23 WpPG Rn. 10; kritisch Baumbach/Hopt/*Kumpan* § 23 WpPG Rn. 5; siehe auch Schimansky/Bunte/Lwowski/*Grundmann* § 112 Rn. 58.
206 Baumbach/Hopt/*Kumpan* § 23 WpPG Rn. 5.
207 BGH 21.10.2014 BGHZ **203** 1 = NJW **2015**, 236 Rn. 145 (Hervorh. v. Verf.).
208 Siehe BGH 22.9.2015 BKR **2016**, 144 ff. Rn. 16.

ZPO).[209] Ohne Rücksicht auf den Wert des Streitgegenstands sind die Landgerichte zuständig (§ 71 Abs. 2 Nr. 3 GVG). Durch Rechtsverordnung (§ 31b Abs. 1 ZPO) wurden die Klagen in einigen Bundesländern einem Landgericht für die Bezirke mehrerer Landgerichte zugewiesen (Bayern, Hessen, Nordrhein-Westfalen, Thüringen).[210]

112 Da Wertpapierprospekte „öffentliche Kapitalmarktinformationen" i.S.d. § 1 Abs. 2 Satz 1 KapMuG sind, ist bei falschen, irreführenden oder unterlassenen Informationen ein **Musterverfahren** möglich (§ 1 Abs. 2 Satz 2 Nr. 1 KapMuG).[211]

§ 24 WpPG
Haftung bei fehlendem Prospekt

(1) Ist ein Prospekt entgegen § 3 Absatz 1 Satz 1 nicht veröffentlicht worden, kann der Erwerber von Wertpapieren von dem Emittenten und dem Anbieter als Gesamtschuldnern die Übernahme der Wertpapiere gegen Erstattung des Erwerbspreises, soweit dieser den ersten Erwerbspreis nicht überschreitet, und der mit dem Erwerb verbundenen üblichen Kosten verlangen, sofern das Erwerbsgeschäft vor Veröffentlichung eines Prospekts und innerhalb von sechs Monaten nach dem ersten öffentlichen Angebot im Inland abgeschlossen wurde. Auf den Erwerb von Wertpapieren desselben Emittenten, die von den in Satz 1 genannten Wertpapieren nicht nach Ausstattungsmerkmalen oder in sonstiger Weise unterschieden werden können, ist Satz 1 entsprechend anzuwenden.

(2) Ist der Erwerber nicht mehr Inhaber der Wertpapiere, so kann er die Zahlung des Unterschiedsbetrags zwischen dem Erwerbspreis und dem Veräußerungspreis der Wertpapiere sowie der mit dem Erwerb und der Veräußerung verbundenen üblichen Kosten verlangen. Absatz 1 Satz 1 gilt entsprechend.

(3) Werden Wertpapiere eines Emittenten mit Sitz im Ausland auch im Ausland öffentlich angeboten, besteht ein Anspruch nach Absatz 1 oder Absatz 2 nur, sofern die Wertpapiere auf Grund eines im Inland abgeschlossenen Geschäfts oder einer ganz oder teilweise im Inland erbrachten Wertpapierdienstleistung erworben wurden.

(4) Der Anspruch nach den Absätzen 1 bis 3 besteht nicht, sofern der Erwerber die Pflicht, einen Prospekt zu veröffentlichen, beim Erwerb kannte.

Schrifttum

Arndt/Voß Verkaufsprospektgesetz, 2008; *Assmann/Schlitt/von Kopp-Colomb* Wertpapierprospektgesetz, Vermögensanlagengesetz, 3. Aufl. 2017; *Assmann/Schütze* Handbuch des Kapitalanlagerechts, 4. Aufl. 2015; *Barta* Der Prospektbegriff in der neuen Verkaufsprospekthaftung, NZG **2005** 305; *Bennecke* Haftung für Inanspruchnahme von Vertrauen – Aktuelle Fragen zum neuen Verkaufsprospektgesetz, BB **2006** 2597; *Berrar/Meyer/Müller/Schnorbus/Singhof/Wolf* WpPG und EU-ProspektVO, 2. Aufl. 2017; *Bohlken/Lange* Die Prospekthaftung im Bereich geschlossener Fonds nach §§ 13 Abs. 1 Nr. 3, 13a Verkaufsprospektgesetz n.F. DB **2005** 125; *Bongertz* Verschuldensunabhängige Haftung bei fehlendem Prospekt trotz Abstimmung mit der BaFin? BB **2012** 470; *Buck-Heeb* Kapitalmarktrecht, 9. Aufl. 2017; *Fleischer* Prospektpflicht und Prospekthaftung für Vermögensanlagen des Grauen Kapitalmarkts nach dem Anleger-

209 Assmann/Schlitt/von Kopp-Colomb/*Assmann* §§ 21–23 WpPG Rn. 136.
210 Habersack/Mülbert/Schlitt/*Schmitz* Kapitalmarktinformation § 33 Rn. 65 f.; HK/*Bendtsen* § 32b ZPO Rn. 2 f.; MüKo/*Patzina* § 32b ZPO Rn. 2 f.
211 Hess/Reuschle/Rimmelspacher/*Kruis* § 1 KapMuG Rn. 52.

schutzverbesserungsgesetz, BKR **2004** 339; *Groß* Kapitalmarktrecht, 6. Aufl. 2015; *Habersack/Mülbert/Schlitt* Handbuch der Kapitalmarktinformation, 2. Aufl. 2013 (zit.: *Habersack/Mülbert/Schlitt*/Bearbeiter Kapitalmarktinformation); *dies.* Unternehmensfinanzierung am Kapitalmarkt, 3. Aufl. 2013 (zit.: *Habersack/Mülbert/Schlitt*/Bearbeiter Unternehmensfinanzierung); *Just/Voss/Ritz/Zeising* WpPG, 1. Aufl. 2009; *Hess/Reuschle/Rimmelspacher* Kölner Kommentar zum KapMuG, 2. Aufl. 2013; *Klöhn* Grund und Grenzen der Haftung wegen unterlassener Prospektveröffentlichung gem. § 24 WpPG, § 21 VermAnlG, DB **2012** 1854; *Krüger/Rauscher* Münchener Kommentar zur ZPO, Bd. 1, 5. Auflage 2016; *Nobbe* Prospekthaftung bei geschlossenen Fonds, WM **2013** 193; *Saenger* Handkommentar ZPO, 7. Aufl. 2017; *Schnorbus* Die prospektfreie Platzierung von Wertpapieren nach dem WpPG, AG **2008** 389; *Spindler* Kapitalmarktreform in Permanenz – Das Anlegerschutzverbesserungsgesetz, NJW **2004** 3449; *Staudinger* Kommentar zum BGB, Buch 2, 2012; *Voß* Anmerkung zum Urteil des OLG München vom 2.11.2011, Az. 20 U 2289/11 – Zur Prospekthaftung nach § 13a VerkProspG, EWiR **2012** 711.

Systematische Übersicht

A. Allgemeines

§ 24 WpPG löste zum 1.6.2012 den § 13a VerkProspG aF ab. Abgesehen davon, dass § 24 WpPG die Haftung bei Nichtbeachtung der Prospektpflicht regelt, wird gleichzeitig auch statuiert, dass eine Nichtbeachtung der Prospektpflicht nicht die Unwirksamkeit des Erwerbsgeschäfts zur Folge hat (§ 134 BGB). Andernfalls wäre § 24 WpPG überflüssig.[1] 1

B. Tatbestand

I. Fehlender Prospekt

1. Pflicht nach § 3 Abs. 1 WpPG, einen Prospekt zu veröffentlichen. Hat ein Anleger Wertpapiere erworben, obwohl ein Prospekt zuvor nicht veröffentlicht worden war, kann er vom Anbieter oder Emittenten Erstattung des von ihm gezahlten Erwerbspreises, soweit dieser den ersten Erwerbspreis nicht überschreitet, sowie die üblichen Erwerbskosten verlangen. Damit ein Prospekt in diesem Sinne fehlt, muss für den Anbieter eine Prospektpflicht nach § 3 Abs. 1 WpPG (nicht nach § 3 Abs. 1 *Satz 1* WpPG) bestanden haben. 2

Zwar stellt § 24 Abs. 1 Satz 1 WpPG darauf ab, dass „ein Prospekt entgegen § 3 Abs. 1 Satz 1 nicht veröffentlicht worden" ist. Das traf ursprünglich durchaus zu, da § 3 Abs. 1 3

1 *Groß* Kapitalmarktrecht § 24 WpPG Rn. 3.

WpPG bis zum 30.6.2012 noch aus zwei Sätzen bestand. Durch Art. 1 Nr. 4 des „Gesetzes zur Umsetzung der Richtlinie 2010/73/EU und zur Änderung des Börsengesetzes" vom 26.6.2012[2] ist § 3 Abs. 1 WpPG neu gefasst worden, was dazu geführt hat, dass § 3 Abs. 1 WpPG nur noch aus einem Satz besteht. Trotz dieser Änderung von § 3 Abs. 1 WpPG wurde jedoch weder der Wortlaut von § 24 Abs. 1 Satz 1 WpPG noch der von § 22 WpPG angepasst.[3] Demgemäß handelt es sich nunmehr bei dem Verweis in § 24 Abs. 1 Satz 1 WpPG auf § 3 Abs. 1 *Satz 1* WpPG um ein Redaktionsversehen.

4 Nach § 3 Abs. 1 WpPG dürfen Wertpapiere nur öffentlich angeboten werden, wenn für diese zuvor ein Prospekt veröffentlicht worden ist. Für die **h.M.** besteht deshalb die Prospektpflicht nach § 3 Abs. 1 WpPG allein für das öffentliche Angebot von Wertpapieren, nicht aber für Wertpapiere, die im Inland an einer Börse zugelassen werden sollen. Die Pflicht, einen Börsenzulassungsprospekt zu veröffentlichen, folgt danach erst aus § 3 Abs. 4 WpPG, auf den aber § 24 Abs. 1 Satz 1 WpPG nicht verweist. Darin, dass § 3 Abs. 4 WpPG in § 24 Abs. 1 Satz 1 WpPG nicht erwähnt ist, sieht die h.M. eine bewusste Entscheidung des Gesetzgebers. Da die Zulassung eines Wertpapiers zum Handel an einer inländischen Börse „denknotwendig" das Vorliegen eines Börsenzulassungsprospekts voraussetze (§ 32 Abs. 3 Nr. 2 BörsG), sei der Anwendungsbereich des § 24 WpPG schon rein „faktisch auf Prospekte beschränkt, die nicht Grundlage für die Zulassung von Wertpapieren zum Handel an einer inländischen Börse sind".[4] Ein fehlender *Börsenzulassungs*prospekt führt hiernach nicht zu einer Haftung aus § 24 WpPG,[5] sondern nur ein fehlender Angebotsprospekt.

5 Nach **a.A.** postuliert § 3 Abs. 1 WpPG auch für die Wertpapiere, die zum Handel an einer inländischen Börse zugelassen werden sollen, eine Prospektpflicht.[6] Auch sie werden insofern öffentlich, wenn auch über die Börse, zum Erwerb angeboten. Der Regelungsgehalt von § 3 Abs. 4 WpPG erschöpft sich demgemäß darin, dass bei Wertpapieren, die im Inland zum Handel an einem organisierten Markt zugelassen werden sollen, nicht der Anbieter (wie nach § 3 Abs. 1 WpPG), sondern der Zulassungsantragsteller verpflichtet ist, einen Prospekt zu veröffentlichen.[7]

6 Für die Lesart, dass § 3 Abs. 1 WpPG für sämtliche Wertpapiere eine Prospektpflicht statuiert und deshalb auch für solche, die zum Handel an einer inländischen Börse zugelassen werden sollen, spricht der Wortlaut der Gesetzesbegründung zu § 24 WpPG. Darauf stellt auch die h.M. maßgeblich ab. Nur wenn bereits § 3 Abs. 1 WpPG und nicht erst § 3 Abs. 4 WpPG die Wertpapiere erfasst, die im Inland zum Handel an der Börse zugelassen werden sollen, ergibt es überhaupt einen Sinn, dass § 24 WpPG in seinem Wortlaut allein auf § 3 Abs. 1 WpPG verweist, gleichzeitig aber auf Börsenzulassungsprospekte nur „faktisch" und nicht schon vom Wortlaut her keine Anwendung findet und deshalb, oder vielmehr dennoch, eine „entsprechende Klarstellung im Gesetzestext" nach Ansicht des Gesetzgebers entbehrlich war.[8]

---

2 BGBl. I 2012, 1375, 1376.
3 Assmann/Schlitt/von Kopp-Colomb/*Assmann* § 24 WpPG Rn. 4.
4 RegE eines Gesetzes zur Novellierung des Finanzanlagenvermittler- und Vermögensanlagenrechts, BTDrucks. 17/6051 S. 46–47.
5 Berrar/Meyer/Müller/Schnorbus/Singhof/Wolf/*Seiler*/*Singhof* § 24 WpPG Rn. 10; Assmann/Schütze/*Assmann* Kapitalanlagerecht § 5 Rn. 211 (anders ausdrücklich jetzt aber Assmann/Schlitt/von Kopp-Colomb/*Assmann* § 24 WpPG Rn. 6.
6 Assmann/Schlitt/von Kopp-Colomb/*Assmann* § 24 WpPG Rn. 6.
7 Assmann/Schlitt/von Kopp-Colomb/*Assmann* § 24 WpPG Rn. 6.
8 RegE eines Gesetzes zur Novellierung des Finanzanlagenvermittler- und Vermögensanlagenrechts, BTDrucks. 17/6051 S. 47.

Die Klarstellung im Gesetzestext, die der Gesetzgeber hier vor Augen hatte, aber für „entbehrlich" hielt, weil „denklogisch" möglich, „faktisch" aber ausgeschlossen, wäre gewesen, darauf hinzuweisen, dass trotz des Verweises auf § 3 Abs. 1 WpPG und damit auf sämtliche Wertpapiere, die öffentlich angeboten werden sollen, eine Haftung nach § 24 Abs. 1 Satz 1 WpPG nur bei einem fehlenden Verkaufsprospekt, nicht aber bei einem fehlenden Börsenzulassungsprospekt in Betracht kommt. Demgemäß ist mit der a.A. der nichtveröffentlichte Börsenzulassungsprospekt vom Wortlaut des § 24 WpPG erfasst, nur „faktisch" ist diese Fallkonstellation ausgeschlossen. 7

2. Nichtveröffentlichung eines Prospekts. Die Haftung von Anbieter und Emittent für einen fehlenden Prospekt setzt neben der *Pflicht*, einen Prospekt zu veröffentlichen (§ 3 Abs. 1 WpPG) außerdem voraus, dass ein Prospekt *nicht veröffentlicht* worden ist. Das ist der Fall, wenn überhaupt kein Dokument veröffentlicht worden ist.[9] Einen Unterfall davon bildet die Konstellation, dass die BaFin den Prospekt zwar gebilligt hat (§ 13 WpPG), dieser aber im Anschluss daran nicht veröffentlicht worden ist (§ 14 WpPG), die Wertpapiere aber dennoch öffentlich angeboten worden sind und der Anleger sie daraufhin erworben hat.[10] 8

Hat der Anbieter zwar ein Dokument veröffentlicht und erst im Anschluss daran die Wertpapiere öffentlich angeboten, entsprach das Dokument aber nach Inhalt und Umfang nicht dem Prospektbegriff, fehlt es auch in diesem Fall an der Veröffentlichung eines *Prospekts*, sodass Anbieter und Emittent dem Anleger dafür haften, dass der Anleger die Wertpapiere aufgrund eines *fehlenden Prospekts* gekauft hat (§ 24 WpPG). Dann fehlt es aber auch an der Billigung des Dokuments als Prospekt durch die BaFin, ist es doch Aufgabe der BaFin, im Billigungsverfahren festzustellen, ob das Dokument den formalen Anforderungen eines Prospekts genügt (§ 13 Abs. 1 Satz 2 WpPG). 9

Erfüllt im Gegensatz dazu das Dokument die formalen Anforderungen des Prospektbegriffs, wurde es aber nicht von der BaFin gebilligt und gleichwohl veröffentlicht, ist umstritten, ob der Anleger die Wertpapiere aufgrund eines veröffentlichten oder stattdessen aufgrund eines fehlenden Prospekts erworben hat. Das hat erhebliche Auswirkungen. Denn, wer hier einen fehlenden Prospekt annimmt, gesteht dem Anleger selbst dann einen Schadensersatzanspruch aus § 24 WpPG zu, wenn die Angaben im nicht gebilligten, aber tatsächlich veröffentlichten Prospekt vollständig und richtig sind. Umgekehrt, d.h. wenn man darin nicht einen fehlenden, sondern einen veröffentlichten Prospekt sieht, scheidet sowohl ein Anspruch aus § 24 WpPG als auch einer aus §§ 21, 22 WpPG aus, da die wesentlichen Angaben im Prospekt nicht unvollständig und nicht unrichtig sind. 10

Nach wohl **h.M.** handelt es sich bei der Haftung in § 24 WpPG um eine privatrechtliche Sanktion für einen **Verfahrensverstoß**, der darin besteht, einen Prospekt nicht veröffentlicht zu haben, obwohl der Anbieter dazu öffentlich-rechtlich verpflichtet war (§ 3 Abs. 1 WpPG).[11] Weil diese Ansicht von einem rein formalen Prospektbegriff ausgeht, ist nur dasjenige Dokument ein Prospekt, das von der BaFin auch als Prospekt gebilligt worden ist (§ 13 WpPG).[12] Hat die BaFin das Dokument nicht gebilligt und hat der Anbieter es dennoch veröffentlicht (§ 14 Abs. 2 WpPG), ist ein *Prospekt* nicht veröffentlicht wor- 11

---

9 Berrar/Meyer/Müller/Schnorbus/Singhof/Wolf/*Seiler*/*Singhof* § 24 WpPG Rn. 6.

10 Assmann/Schütze/*Assmann* Kapitalanlagerecht § 5 Rn. 125.

11 *Klöhn* DB **2012** 1854; *Nobbe* WM **2013** 193; *Bongertz* BB **2012** 470, 474; *Groß* Kapitalmarktrecht § 24 WpPG Rn. 4; Assmann/Schlitt/von Kopp-Colomb/*Assmann* § 24 WpPG Rn. 7; Schwark/Zimmer/*Heidelbach* § 13 VerkProspG Rn. 9; Assmann/Schütze/*Assmann* Kapitalanlagerecht § 5 Rn. 212.

12 Schwark/Zimmer/*Heidelbach* § 13 VerkProspG Rn. 9.

den, sodass der Anbieter aus § 24 WpPG für das Fehlen eines Prospekts einzustehen hat.[13] Das gilt nach dieser Ansicht selbst dann, wenn materiell ein Prospekt vorliegt, d.h. ein Dokument, das durch die BaFin hätte gebilligt werden können, da es die formalen Anforderungen des Prospektbegriffs erfüllt.

12 Nach **a.A.** ist die in § 24 WpPG vorgesehene Haftung für einen fehlenden Prospekt dagegen ein „Unterfall der **Vertrauenshaftung**".[14] Haftungsgrund ist hiernach das Anbieten der Wertpapiere, ohne dass zuvor ein Prospekt veröffentlicht worden ist. Der Anbieter haftet demnach nicht für das Unterlassen der Prospektveröffentlichung als solches, sondern dafür, dass er es versäumt hat, das Informationsdefizit des Anlegers mithilfe des veröffentlichten Prospekts zu beseitigen.[15] Der Anleger habe im Vorfeld des Erwerbs der öffentlich angebotenen Wertpapiere insoweit darauf vertraut, durch den Anbieter umfassend informiert zu werden, was der Anbieter dann jedoch enttäuscht habe.[16]

13 Nach hier vertretener Auffassung scheidet eine Haftung nach § 24 Abs. 1 Satz 1 WpPG aus, wenn der Anbieter einen nicht gebilligten *Prospekt* veröffentlicht hat, d.h. es liegt zwar formal mangels Billigung kein Prospekt vor, dafür aber materiell ein Prospekt. In diesem Fall kommt allenfalls eine Haftung nach §§ 21, 22 WpPG in Betracht, vorausgesetzt, der veröffentlichte Prospekt ist fehlerhaft, weil wesentliche Angaben für die Beurteilung der Wertpapiere unvollständig oder unrichtig sind. An dieser Stelle ist demnach die a.A., wenn auch nicht in der Begründung, so doch im Ergebnis überzeugend.

14 Nach seinem insoweit eindeutigen Wortlaut stellt § 24 Abs. 1 Satz 1 WpPG allein darauf ab, dass eine Veröffentlichung unterblieben ist. Die Billigung des Prospekts ist hierfür ohne Bedeutung. Deshalb kann es von vornherein keine Rolle spielen, ob der Prospekt gebilligt worden ist oder zumindest hätte gebilligt werden können. Einen nicht gebilligten Prospekt zu veröffentlichen, ist zwar bußgeldbewehrt (§ 35 Abs. 1 Nr. 5 WpPG). Der Verstoß gegen die öffentlich-rechtliche Pflicht, den Prospekt vor seiner Veröffentlichung durch die BaFin billigen zu lassen (§ 13 WpPG), wird demnach folgerichtig aufsichtsrechtlich als Ordnungswidrigkeit sanktioniert. Die zivilrechtliche Haftung aus § 24 WpPG beruht jedoch nicht auf diesem Verfahrensverstoß, sondern darauf, dass der Anbieter seine zivilrechtliche Informationspflicht verletzt hat, dem Anleger vor dem Kauf der öffentlich angebotenen Wertpapiere „in leicht analysierbarer und verständlicher Form sämtliche Angaben" zur Verfügung zu stellen, die erforderlich sind, um sich „ein zutreffendes Urteil über die Vermögenswerte und Verbindlichkeiten, die Finanzlage, die Gewinne und Verluste, die Zukunftsaussichten des Emittenten und jedes Garantiegebers sowie über die mit diesen Wertpapieren verbunden Rechte" bilden zu können (§ 5 Abs. 1 Satz 1 WpPG).

15 Anders als es die a.A. annimmt, kommt es hier jedoch nicht auf ein Vertrauen des Anlegers an, weshalb § 24 WpPG auch nicht ein „Unterfall der Vertrauenshaftung" ist. Denn nach § 24 Abs. 4 WpPG scheidet eine Haftung nach § 24 Abs. 1 Satz 1 WpPG gerade dann aus, wenn der Anleger („Erwerber") die Pflicht, einen Prospekt zu veröffentlichen, beim Erwerb kannte. Aber nur, wenn der Anleger von der Prospektpflicht weiß, kann er „denklogisch", wenn überhaupt, im Ansatz auf etwas, hier auf die Veröffentlichung eines ordnungsgemäßen Prospekts, vertrauen. Da ein Prospekt hier fehlt, kann er eben

13 Assmann/Schütze/*Assmann* Kapitalanlagerecht § 5 Rn. 125.
14 Berrar/Meyer/Müller/Schnorbus/Singhof/Wolf/*Seiler*/*Singhof* § 24 WpPG Rn. 4; Holzborn/*Wackerbarth* § 24 WpPG Rn. 2; Habersack/Mülbert/Schlitt/*Mülbert*/*Steup* Unternehmensfinanzierung § 41 Rn. 58.
15 Habersack/Mülbert/Schlitt/*Mülbert*/*Steup* Unternehmensfinanzierung § 41 Rn. 58.
16 Berrar/Meyer/Müller/Schnorbus/Singhof/Wolf/*Seiler*/*Singhof* § 24 WpPG Rn. 4.

auch nicht auf die Richtigkeit und Vollständigkeit der Angaben im (nicht veröffentlichten) Prospekt vertrauen. Die in § 24 WpPG vorgesehene Haftung für das vollständige Fehlen eines gesetzlich vorgeschriebenen Prospekts lässt sich demgemäß nicht mit dem Gedanken einer Vertrauenshaftung erklären.[17]

Haftungsgrund des § 24 WpPG ist das **Informationsdefizit** des Anlegers, das darin besteht, dass er wegen des nicht veröffentlichten Prospekts bei seinem Wertpapierkauf *überhaupt* keine Informationen über die Bonität des Emittenten und die in den Wertpapieren verbrieften Rechte hatte, zumindest nicht durch den Anbieter. Das ist jedoch nicht der Fall, wenn der Anbieter einen Prospekt veröffentlicht und der Anleger im Anschluss daran die angebotenen Wertpapiere erworben hat. Enthält der (nicht gebilligte) Prospekt sämtliche Angaben, die der Anleger für die Beurteilung der Wertpapiere braucht, konnte der Anleger sich durch den veröffentlichen Prospekt ausreichend informieren. Das gilt unabhängig davon, ob die BaFin den Prospekt zuvor gebilligt hat. Allein entscheidend ist, dass das veröffentlichte Dokument nach Inhalt und Umfang (und in diesem Sinne materiell) ein Prospekt ist.[18] Sollten die Angaben unvollständig oder unrichtig und insofern der Prospekt fehlerhaft sein, haftet der Anbieter aus §§ 21, 22 WpPG, wobei es weder dafür, ob die Angaben unvollständig oder unrichtig sind, noch, ob ein Prospekt tatsächlich veröffentlicht worden ist, auf die (fehlende) Billigung des Prospekts ankommt. 16

Selbst wenn man in § 24 WpPG eine Sanktion für einen Verfahrensverstoß sehen wollte, folgte daraus nicht, dass jener in der fehlenden Billigung (§ 13 WpPG) besteht. Die Haftung für einen fehlenden Prospekt stellt darauf ab, dass der Prospekt nicht veröffentlicht worden ist. Dieser Verstoß gegen § 14 Abs. 1 WpPG ist in § 35 Abs. 1 Nr. 6 WpPG gesondert bußgeldbewehrt und stellt dabei anders als § 35 Abs. 1 Nr. 5 WpPG nicht auf die fehlende Billigung (§ 13 WpPG) ab. Wenn aber sowohl § 35 Abs. 1 Nr. 6 WpPG als auch § 24 WpPG an das Ausbleiben der Veröffentlichung anknüpfen, in § 35 Abs. 1 Nr. 6 WpPG die fehlende Billigung aber keine Rolle spielt, muss, sofern man überhaupt in einem Verfahrensverstoß den Haftungsgrund für die Prospekthaftung nach § 24 WpPG sehen will, auch für § 24 WpPG die fehlende Billigung unerheblich sein, sodass es allenfalls allein auf die Nichtveröffentlichung des Prospekts ankommen kann. 17

II. Haftungsadressat

1. Anbieter. Nach dem auf den ersten Blick eindeutigen Wortlaut des § 24 Abs. 1 Satz 1 WpPG haften dem Anleger „Emittent und ... Anbieter als Gesamtschuldner". Dass der Anbieter Haftungsadressat ist, folgt daraus, dass ihn die Prospektpflicht nach § 3 Abs. 1 WpPG trifft, auf die § 24 Abs. 1 Satz 1 WpPG ausdrücklich als Tatbestandsvoraussetzung abstellt. Anbieter ist dabei nach § 2 Nr. 10 WpPG, wer „Wertpapiere öffentlich anbietet". 18

Ein öffentliches Angebot ist nach § 2 Nr. 4 WpPG jede Mitteilung an das Anlegerpublikum in jedweder Form und auf jedwede Art und Weise, die dem Anleger ausreichende Informationen über die Angebotsbedingungen und die anzubietenden Wertpapiere liefert, damit er in der Lage ist, über den Kauf oder die Zeichnung der öffentlich angebotenen Wertpapiere zu entscheiden. Das öffentliche Angebot zielt demgemäß auf die Veräußerung von Wertpapieren an potenzielle Anleger ab, und zwar in aller Regel durch 19

17 Habersack/Mülbert/Schlitt/*Habersack* Kapitalmarktinformation § 29 Rn. 3.
18 Habersack/Mülbert/Schlitt/*Mülbert*/*Steup* Unternehmensfinanzierung § 41 Rn. 58.

Verkauf der Wertpapiere.[19] Ein öffentliches Angebot ist auch in Form eines Tauschangebots möglich (vgl. § 4 Abs. 1 Nr. 2 WpPG), nicht aber als Kaufangebot.[20]

20 Nach **h.M.** setzt ein öffentliches Angebot und damit die Eigenschaft, Anbieter zu sein, voraus, dass dem Anleger durch das Angebot bereits eine „konkrete Erwerbsmöglichkeit“ eröffnet ist.[21] Das soll aus dem Schutzzweck der Prospektpflicht folgen, wonach der Anleger erst dann einen Anspruch darauf habe, durch einen Prospekt informiert zu sein, wenn seine Entscheidung für den Kauf der Wertpapiere auch tatsächlich zum Abschluss des Kaufvertrags führt, nicht aber schon zuvor.[22]

21 Dagegen erfasst nach **a.A.** der Begriff des Angebots nicht nur und damit erst ein verbindliches Angebot i.S.d. § 145 BGB, d.h. einen Antrag, sondern auch schon die Aufforderung an die potenziellen Anleger, ihrerseits einen Antrag i.S.d. § 145 BGB auf Erwerb der Wertpapiere abzugeben (*invitatio ad offerendum*).[23] Denn nach § 2 Nr. 4 WpPG zeichnet sich das öffentliche Angebot dadurch aus, dass der Anleger lediglich in die Lage versetzt wird, sich aufgrund der erhaltenen Informationen für den Kauf der Wertpapiere entscheiden zu können. Das muss aber nicht bedeuten, dass der Anleger seine Entscheidung auch unmittelbar in einen Kauf der Wertpapiere umsetzen kann, ein Kaufvertrag also nur noch dadurch zustande kommt, dass der Anleger das Angebot annimmt.[24]

22 Nach hier vertretener Ansicht handelt es sich auch bei der Haftung für einen fehlenden Prospekt nach § 24 WpPG um eine Haftung aus *culpa in contrahendo* (§ 311 Abs. 2 BGB). Dass ein Schuldverhältnis zwischen Anbieter und potenziellem Anleger zustande kommt, setzt deshalb nicht voraus, dass der Anbieter bereits einen verbindlichen Antrag gemacht hat. Vielmehr reicht die Anbahnung eines Vertrags aus. Bereits in dieser vorvertraglichen Phase ist der Anbieter daher verpflichtet, die Anleger („Publikum“) über einen veröffentlichen Prospekt umfassend über die Bonität des Emittenten und die mit den öffentlich angebotenen Wertpapieren verbundenen Rechte aufzuklären (§ 5 Abs. 1 Satz 1 WpPG).

23 Demgemäß ist entgegen der h.M. auch schon die **Aufforderung** an die potenziellen Anleger, selbst ein Angebot abzugeben, ein öffentliches Angebot i.S.d. § 2 Nr. 4 WpPG. Das gilt umso mehr, als der Anleger sich bei seinem Angebot schon bindet, da jetzt die Entscheidung zum Abschluss des Kaufvertrags nur noch vom Anbieter, d.h. von seiner Annahmeerklärung, abhängt, und der Anleger gerade auf das „öffentliche Angebot“ als *invitatio ad offerendum* Bezug nimmt. Dadurch legt nicht der Anleger, sondern der Anbieter den Inhalt des Kaufvertrags fest. Der Anleger übernimmt demnach zwar rechtlich die Rolle desjenigen, der den Abschluss des Kaufvertrags anbietet und so die Bedingungen des Kaufvertrags bestimmt (§ 145 BGB), faktisch ist dies aber immer noch der Anbieter (§ 2 Nr. 10 WpPG). Dann muss der Anleger aber auch schon jetzt durch einen Prospekt in die Lage versetzt sein, die Bonität des Emittenten sowie die mit den Wertpapieren verbundenen Rechte zutreffend beurteilen zu können (§ 5 Abs. 1 Satz 1 WpPG).

24 Anbieter ist demnach derjenige, von dem ein solches öffentliches Angebot ausgeht, weil er dafür „verantwortlich“ ist.[25] Eine „**Verantwortung**“ in diesem Sinne setzt nach

19 Schwark/Zimmer/*Heidelbach* § 2 WpPG Rn. 15; Berrar/Meyer/Müller/Schnorbus/Singhof/Wolf/*Schnorbus* § 2 WpPG Rn. 42.

20 *Buck-Heeb* Kapitalmarktrecht Rn. 185; Berrar/Meyer/Müller/Schnorbus/Singhof/Wolf/*Schnorbus* § 2 WpPG Rn. 42.

21 *Groß* Kapitalmarktrecht § 2 WpPG Rn. 13; Assmann/Schlitt/von Kopp-Colomb/*von Kopp-Colomb/J. Schneider* § 2 WpPG Rn. 58.

22 Assmann/Schlitt/von Kopp-Colomb/*von Kopp-Colomb/J. Schneider* § 2 WpPG Rn. 58.

23 Berrar/Meyer/Müller/Schnorbus/Singhof/Wolf/*Schnorbus* § 2 WpPG Rn. 42–44; *Buck-Heeb* Kapitalmarktrecht Rn. 185.

24 *Buck-Heeb* Kapitalmarktrecht Rn. 185.

25 Begr. RegE, BTDrucks. 15/4999 S. 29.

e.A. allein voraus, dass der „Anbieter" tatsächlich die Kontrolle über das öffentliche Angebot, den Transaktionsablauf, hat.[26] Eine **a.A.** stellt demgegenüber ausschließlich darauf ab, dass die fragliche Person oder Gesellschaft nach außen erkennbar gegenüber den potenziellen Anlegern als Anbieter auftritt.[27] Um Anbieter zu sein, ist hiernach eine Verantwortlichkeit i.S. einer Kontrolle über das öffentliche Angebot gerade nicht notwendig. Nach einer dritten **a.A.** erfordert die Anbietereigenschaft kumulativ sowohl die Kontrolle über das öffentliche Angebot als auch den Außenauftritt als Anbieter (sog. „Zwei-Element-Lehre").[28] Einer vierten **a.A.** genügt schließlich ein alternatives Vorliegen von Außenauftritt und Kontrolle über das öffentliche Angebot.[29]

Die letztere Ansicht ist überzeugend. Für eine Alternativlösung spricht der Gleich- **25** lauf mit der Haftung für einen fehlerhaften Prospekt (§ 21 WpPG),[30] wonach nicht nur derjenige, der die Verantwortung für den Prospekt übernommen hat, haftet, sondern auch die Personen, die dahinterstehen. Da bei § 24 WpPG ein Prospekt gänzlich fehlt, ist hier anstelle des Prospekts auf das öffentliche Angebot als solches abzustellen. Als Anbieter und damit als Haftungsadressaten i.S.d. § 24 WpPG gelten deshalb sowohl diejenigen, die für das öffentliche Angebot nach außen erkennbar die Verantwortung übernommen haben, als auch diejenigen, die lediglich tatsächlich hinter dem öffentlichen Angebot stehen, dessen Urheber sie sind.

Der Sinn und Zweck des § 24 WpPG besteht gerade darin, denjenigen dafür einste- **26** hen zu lassen, dass Wertpapiere ohne einen Prospekt öffentlich angeboten worden sind, der es tatsächlich in den Händen hatte, dass dies geschehen konnte. Das sind auch oder vielmehr vor allem die Personen, die aus eigenem wirtschaftlichen Interesse die Kontrolle über das öffentliche Angebot tatsächlich hatten, mögen sie auch, vielleicht sogar ganz gezielt, gerade nicht nach außen als Anbieter aufgetreten sein. Wer als Anbieter nach außen auftritt, unabhängig davon, ob er die Kontrolle über das öffentliche Angebot hat, übernimmt aus Sicht der potenziellen Anleger erkennbar die Verantwortung für das öffentliche Angebot. Er hat deshalb als Anbieter i.S.d. § 24 WpPG dafür einzustehen, wenn das öffentliche Angebot gestartet wurde, obwohl ein Prospekt zuvor nicht veröffentlicht worden ist.

2. Emittent. Als Haftungsadressaten nennt § 24 Abs. 1 Satz 1 WpPG neben dem An- **27** bieter auch den Emittenten der öffentlich angebotenen Wertpapiere. Emittent ist, wer „die Wertpapiere begibt oder zu begeben beabsichtigt" (§ 2 Nr. 9 WpPG). Der Emittent ist demgemäß Aussteller der Wertpapiere und bringt sie in der Folge davon „in den Verkehr".[31]

Bei einer **Erstplatzierung** können die Wertpapiere deshalb nicht gegen seinen Wil- **28** len öffentlich angeboten werden.[32] Er hat insofern die Kontrolle über das öffentliche An-

---

26 *Schnorbus* AG **2008** 389, 390; Berrar/Meyer/Müller/Schnorbus/Singhof/Wolf/*Schnorbus* § 2 WpPG Rn. 110; Assmann/Schlitt/von Kopp-Colomb/*von Kopp-Colomb/J. Schneider* § 2 WpPG Rn. 94; Holzborn/*Foelsch* § 2 WpPG Rn. 25.
27 *Groß* Kapitalmarktrecht § 2 WpPG Rn. 25.
28 Schwark/Zimmer/*Heidelbach* § 2 WpPG Rn. 51; Just/Voß/Ritz/*Ritz/Zeising* § 2 WpPG Rn. 197; Berrar/Meyer/Müller/Schnorbus/Singhof/Wolf/*Seiler/Singhof* § 24 WpPG Rn. 17; wohl auch Assmann/Schlitt/von Kopp-Colomb/*Assmann* § 24 WpPG Rn. 16, wenn er es ablehnt, die Personen, „die hinter dem öffentlichen Angebot stehen" als Anbieter einzuordnen („Grenzen der Auslegung überschritten").
29 Habersack/Mülbert/Schlitt/*Mülbert/Steup* Unternehmensfinanzierung § 41 Rn. 79 („extensive Auslegung"); nach *Groß* Kapitalmarktrecht § 2 Rn. 25 befürwortet die **BaFin** die „Alternativlösung".
30 Habersack/Mülbert/Schlitt/*Mülbert/Steup* Unternehmensfinanzierung § 41 Rn. 79.
31 Assmann/Schlitt/von Kopp-Colomb/*Assmann* § 24 WpPG Rn. 16.
32 Schwark/Zimmer/*Heidelbach* § 2 WpPG Rn. 52.

gebot und ist darum zugleich auch Anbieter (§ 2 Nr. 10 WpPG). Das gilt dabei nicht bloß bei einer Eigenemission, bei der der Emittent die Wertpapiere selbst direkt platziert, sondern auch bei einer Fremdemission, bei der eine oder mehrere Banken (als Konsortium) die Platzierung der Wertpapiere für den Emittenten übernehmen.[33]

29 Aus diesem Grund ist der Emittent selbst dann Anbieter, wenn er die Wertpapiere nicht selbst, d.h. direkt, öffentlich anbietet, sondern sich dafür der Hilfe Dritter bedient.[34] Übernimmt ein **Bankenkonsortium** die Wertpapiere und bietet diese dem Anlegerpublikum zum Kauf an, ist auch der Emittent ein Anbieter der Wertpapiere (§ 2 Nr. 10 WpPG), obschon es hier am Außenauftritt als Anbieter gerade fehlt. Das gilt erst recht, wenn das Bankenkonsortium die Wertpapiere nicht selbst erwirbt, sondern es lediglich übernimmt, die Wertpapiere an das Anlegerpublikum zu vertreiben, sodass die Anleger die Wertpapiere über das Bankenkonsortium zeichnen, die Wertpapiere aber vom Emittenten als Verkäufer erwerben. Dabei ist nicht nur der Emittent, sondern auch das Bankenkonsortium Anbieter (§ 2 Nr. 10 WpPG), da es als solcher nach außen auftritt und zudem durch seine Tätigkeit auch die Kontrolle über das öffentliche Angebot besitzt. Insofern muss ein Anbieter nicht stets Inhaber und Verkäufer sein, beide Rollen können durchaus auseinanderfallen.[35]

30 Sind die Wertpapiere bereits zuvor erfolgreich öffentlich oder auch bloß privat platziert worden und werden sie nunmehr (erneut) öffentlich angeboten (**Umplatzierung**), ist diese „Weiterveräußerung (...) als gesondertes Angebot anzusehen" (vgl. § 3 Abs. 2 Satz 2 WpPG). Auf diese Weiterveräußerung hat der Emittent in der Regel keinen Einfluss und damit keine Kontrolle über das (erneute) öffentliche Angebot. Er ist jetzt nicht (mehr) Anbieter (§ 2 Nr. 10 WpPG), sondern nur noch Emittent. Anders verhält es sich nur, wenn er die Weiterveräußerung mitinitiiert hat. In diesem Fall ist auch er Anbieter.

31 Der Emittent ist demnach zwar grundsätzlich, aber eben nicht zwingend immer und auch nicht unbedingt stets allein der Anbieter der von ihm begebenen Wertpapiere.[36] Als Emittent, der nicht zugleich Anbieter ist, unterliegt er nicht der Prospektpflicht i.S.d. § 3 Abs. 1 WpPG, da dort ausdrücklich allein auf den Anbieter abgestellt wird. Der Wortlaut des § 24 Abs. 1 Satz 1 WpPG erfasst indes nicht nur den „Anbieter", sondern auch den „Emittenten" als solchen, d.h. auch dann, wenn er nicht zugleich Anbieter ist. Der Wortlaut ist hier zu weit und auf den Sinn und Zweck des § 24 WpPG zu beschränken (**teleologische Reduktion**). Denn nach § 24 Abs. 1 Satz 1 WpPG soll (nur) derjenige, der entgegen § 3 Abs. 1 WpPG ein Prospekt nicht veröffentlicht und dennoch Wertpapiere öffentlich angeboten hat, den geschädigten Anlegern auf Schadensersatz haften.

32 Der Haftungsadressat muss demnach der Prospektpflicht nach § 3 Abs. 1 WpPG unterliegen, und das ist allein der Anbieter, nicht aber der Emittent als solcher.[37] Dafür streitet auch die Entstehungsgeschichte des § 24 WpPG. Nach der Gesetzesbegründung zu § 13a VerkProspG a.F., der insoweit inhaltsgleichen Vorgängernorm zu § 24 WpPG, sah der Gesetzgeber den Sinn und Zweck von § 13a VerkProspG a.F. darin, eine „Haftungsnorm" dafür zu schaffen, dass ein Prospekt „pflichtwidrig nicht erstellt wurde".[38] Auf diese Weise sollte der Verstoß gegen die Prospektpflicht nicht nur aufsichtsrechtlich, sondern auch zivilrechtlich „geahndet" werden.[39] Da der Gesetzgeber von diesem Sinn

---

33 *Groß* Kapitalmarktrecht § 2 WpPG Rn. 26.
34 Schwark/Zimmer/*Heidelbach* § 2 WpPG Rn. 52.
35 Schwark/Zimmer/*Heidelbach* § 2 WpPG Rn. 52; Just/Voß/Ritz/Zeising/*Ritz/Zeising* § 2 WpPG Rn. 211 ff.
36 *Groß* Kapitalmarktrecht § 2 WpPG Rn. 26; Assmann/Schlitt/von Kopp-Colomb/*Assmann* § 24 WpPG Rn. 17.
37 Habersack/Mülbert/Schlitt/*Mülbert/Steup* Unternehmensfinanzierung § 41 Rn. 78.
38 Begr. RegE AnSVG, BTDrucks. 15/3174 S. 44.
39 Begr. RegE AnSVG, BTDrucks. 15/3174 S. 44.

und Zweck des § 13a VerkProspG a.F. für § 24 WpPG nicht abgewichen ist, gilt auch weiterhin sein legislatorischer Wille, die pflichtwidrige Nichterstellung eines Prospekts über § 24 WpPG als „Haftungsnorm“ (wie schon zuvor über § 13a VerkProspG a.F.) durch einen zivilrechtlichen Schadensersatzanspruch der geschädigten Anleger zu „sanktionieren“. Haftungsadressat des § 24 WpPG ist demgemäß **allein der Anbieter** und deshalb nur für den Fall auch der Emittent, dass jener zugleich Anbieter der Wertpapiere ist.[40]

III. Ersatzberechtigung des Anspruchstellers

Der Anleger muss die Wertpapiere innerhalb eines Zeitraums von sechs Monaten im Inland erworben haben. Dieser Erwerbszeitraum beginnt mit dem ersten öffentlichen Angebot. Das Erwerbsgeschäft muss dabei vor der Veröffentlichung eines Prospekts erfolgt sein, wobei es auf den Abschluss des obligatorischen (d.h. schuldrechtlichen) Rechtsgeschäfts, in der Regel also auf den Abschluss des Kaufvertrags, ankommt.[41] **33**

Insofern lässt auch eine spätere Prospektveröffentlichung den Anspruch aus § 24 WpPG nicht wieder entfallen.[42] Hatte der Anbieter dagegen die Wertpapiere zwar zunächst öffentlich angeboten, ohne einen Prospekt zu veröffentlichen, später aber doch einen Prospekt veröffentlicht, ist der Anleger, der erst *nach* dieser Prospektveröffentlichung die Wertpapiere kauft, durch den Prospekt über die Bonität des Emittenten und die mit den Wertpapieren verbundenen Rechte ausreichend aufgeklärt (§ 5 Abs. 1 WpPG). Da es hier an einem Informationsdefizit des Anlegers in dem Zeitpunkt fehlt, in dem er die Wertpapiere erworben hat, scheidet ein Anspruch des Anlegers aus § 24 WpPG aus. **34**

IV. Haftungsbegründende Kausalität

Nach wohl **h.M.** stellt § 24 Abs. 1 Satz 1 WpPG eine privatrechtliche Sanktion dafür dar, dass der Anbieter gegen seine verfahrensrechtliche Pflicht nach § 3 Abs. 1 WpPG verstoßen hat, einen gebilligten Prospekt zu veröffentlichen. Auf eine Kausalität zwischen dem Verfahrensverstoß und dem Erwerb der Wertpapiere durch den Anleger kommt es hiernach nicht an.[43] Schon allein der Verfahrensverstoß soll den Tatbestand des § 24 Abs. 1 Satz 1 WpPG verwirklichen. **35**

Dafür spricht auf den ersten Blick der Wortlaut dieser Regelung, wonach der Anspruch des Anlegers nur vorauszusetzen scheint, dass „ein Prospekt entgegen § 3 Abs. 1 WpPG nicht veröffentlicht worden“ ist. Zudem fehlt, anders als bei der Haftung für einen fehlerhaften Prospekt (§§ 21, 22 WpPG), bei derjenigen für einen fehlenden Prospekt (§ 24 WpPG) eine Vorschrift, die § 23 Abs. 2 Nr. 1 WpPG entspricht. Danach ist ein Anspruch des geschädigten Anlegers im Fall eines fehlerhaften Prospekts (§§ 21, 22 WpPG) ausgeschlossen, wenn er „die Wertpapiere nicht auf Grund des Prospekts erworben“ hat. Die Haftung für einen fehlerhaften Prospekt setzt demgemäß eine haftungsbegründende Kausalität zwischen dem (fehlerhaften) Prospekt und dem Erwerb der Wertpapiere voraus. Da eine solche Regelung für einen fehlenden Prospekt nicht vorhanden ist, scheint **36**

40 Berrar/Meyer/Müller/Schnorbus/Singhof/Wolf/*Seiler/Singhof* § 24 WpPG Rn. 17; Habersack/Mülbert/Schlitt/*Mülbert/Steup* Unternehmensfinanzierung § 41 Rn. 78.
41 Assmann/Schlitt/von Kopp-Colomb/*Assmann* § 24 WpPG Rn. 10.
42 Heidel/*Becker* Aktienrecht § 24 WpPG Rn. 12; *Groß* Kapitalmarktrecht § 24 WpPG Rn. 5.
43 OLG München 2.11.2011 – 20 U 2289/11 (juris) Rn. 34; *Klöhn* DB **2012** 1854, 1859; *Voß* EWiR **2012** 711, 712; *Fleischer* WM **2004** 1897, 1902; *Bohlken/Lange* DB **2005** 1259, 1262; *Benecke* BB **2006** 2597, 2600; Just/Voß/Ritz/Zeising/*Pankoke* § 13a VerkProspG Rn. 10; *Fleischer* BKR **2004** 339, 346; Holzborn/*Wackerbarth* § 24 WpPG Rn. 7; Arndt/Voß/*Kind* § 13a VerkProspG Rn. 12; Heidel/*Becker* Aktienrecht § 24 WpPG Rn. 18 („Präventionsgedanke“).

der Gesetzgeber sich hier bewusst gegen das Erfordernis einer Kausalbeziehung zwischen Pflichtverletzung (Unterlassen der Prospektveröffentlichung) und Erwerb der Wertpapiere durch den Anleger entschieden zu haben.

37 Nach überzeugender **a.A.** ist gleichwohl eine haftungsbegründende **Kausalität erforderlich.**[44] Da bei § 24 WpPG gerade ein (veröffentlichter) Prospekt fehlt, kann es eine Regelung, die § 23 Abs. 2 Nr. 1 WpPG entspricht, schon von vornherein „denklogisch" nicht geben. An die Stelle des Prospekts tritt deshalb die Pflicht, einen solchen Prospekt zu veröffentlichen (§ 3 Abs. 1 WpPG). Daher stellt auch § 24 Abs. 4 WpPG ausdrücklich auf diese Prospektpflicht ab.

38 Kannte der Anleger die Pflicht des Anbieters, einen Prospekt zu veröffentlichen, und hat er dennoch die öffentlich angebotenen Wertpapiere erworben, fehlt es an der Kausalität zwischen der Verletzung der Prospektpflicht und der Anlageentscheidung.[45] Denn ursächlich ist die Pflichtverletzung nur, wenn der Anleger die Wertpapiere bei Einhaltung der Prospektpflicht nicht erworben hätte, d.h. wenn der Anbieter einen Prospekt ordnungsgemäß veröffentlicht hätte.[46] Ist nun aber der Anleger nicht mittels eines Prospekts durch den Anbieter über die Bonität des Emittenten sowie die mit den Wertpapieren verbundenen Rechte informiert worden (§ 5 Abs. 1 WpPG) und hat er sich dennoch für den Erwerb der Wertpapiere entschieden, obwohl er wusste, dass der Anbieter einen Prospekt hätte zuvor veröffentlichen müssen, fehlt es an der haftungsbegründenden Kausalität. Denn auf den Prospekt und damit auf die Aufklärung durch den Anbieter kam es dem geschädigten Anleger augenscheinlich nicht an. Auch bei einer Prospektveröffentlichung hätte der Anleger die Wertpapiere also trotz seines Informationsdefizits erworben.

39 Hinter § 24 Abs. 4 WpPG steht demnach der **allgemeine Rechtsgedanke**, dass es an der Kausalität zwischen der Pflicht, einen Prospekt zu veröffentlichen, und dem Erwerb der Wertpapiere immer dann fehlt, wenn der Anleger die Wertpapiere auch bei einer rechtzeitigen Prospektveröffentlichung erworben hätte. Dieser Rechtsgedanke ist daher über den Fall, dass der Anleger von der Prospektpflicht wusste (§ 24 Abs. 4 WpPG), auf sämtliche Fälle zu erweitern, bei denen der Anleger die Wertpapiere auch dann erworben hätte, wenn der Anbieter einen Prospekt vor dem öffentlichen Angebot veröffentlicht hätte. Dafür, dass die Nichtveröffentlichung des Prospekts in dieser Weise ursächlich für die Anlageentscheidung geworden sein muss, spricht auch der Wortlaut des § 24 Abs. 1 Satz 1 WpPG, wonach „das Erwerbsgeschäft *vor* Veröffentlichung eines Prospekts" abgeschlossen sein muss.[47] Die Verletzung der Prospektpflicht (§ 3 Abs. 1 WpPG) und damit der Verfahrensverstoß allein, der nach h.M. durch § 24 WpPG privatrechtlich sanktioniert sein soll, reicht demgemäß gerade nicht aus, um die Haftung des Anbieters aus § 24 WpPG auszulösen.

---

44 Habersack/Mülbert/Schlitt/*Mülbert/Steup* Unternehmensfinanzierung § 41 Rn. 100; Assmann/Schütze/*Assmann* Kapitalanlagerecht § 5 Rn. 223; Assmann/Schlitt/von Kopp-Colomb/*Assmann* § 24 WpPG Rn. 18; Berrar/Meyer/Müller/Schnorbus/Singhof/Wolf/*Seiler/Singhof* § 24 WpPG Rn. 12; Habersack/Mülbert/Schlitt/*Habersack* Kapitalmarktinformation § 29 Rn. 66; *Schäfer* ZGR **2006** 40, 53.

45 Berrar/Meyer/Müller/Schnorbus/Singhof/Wolf/*Seiler/Singhof* § 24 WpPG Rn. 12; Habersack/Mülbert/Schlitt/*Mülbert/Steup* Unternehmensfinanzierung § 41 Rn. 100; **a.A.** Assmann/Schlitt/von Kopp-Colomb/*Assmann* § 24 WpPG Rn. 18 sowie Assmann/Schütze/*Assmann* § 5 Rn. 229, der darin „die Regelung eines haftungsausschließenden Mitverschuldens" sieht.

46 Berrar/Meyer/Müller/Schnorbus/Singhof/Wolf/*Seiler/Singhof* § 24 WpPG Rn. 13.

47 Assmann/Schlitt/von Kopp-Colomb/*Assmann* § 24 WpPG Rn. 11.

Dass aber das Informationsdefizit des Anlegers aufgrund des fehlenden Prospekts nicht kausal für seinen Erwerb der Wertpapiere war, hat in Parallele zu einem fehlerhaften Prospekt (§§ 21, 22 WpPG) der Anbieter nachzuweisen. Es kommt hier zu einer **Beweislastumkehr** entsprechend § 23 Abs. 2 Nr. 1 WpPG (oder analog § 24 Abs. 4 WpPG).[48] Die Kausalität wird insofern wie bei einem fehlerhaften Prospekt (§§ 21, 22 WpPG) widerleglich vermutet.[49] 40

V. Verschulden

Äußerst umstritten ist, ob die Haftung nach § 24 WpPG ein Verschulden erfordert. 41 Nach **h.M.** ist das nicht der Fall. Denn hiernach hat der Anbieter für einen fehlenden Prospekt (§ 24 WpPG) selbst dann einzustehen, wenn ihn kein Verschulden trifft.[50] Während die Haftung für einen fehlerhaften Prospekt (§§ 21, 22 WpPG) voraussetzt, dass der Anbieter die Unrichtigkeit oder Unvollständigkeit der Angaben des Prospekts gekannt hat oder seine Unkenntnis zumindest auf grober Fahrlässigkeit beruht (§ 23 Abs. 1 WpPG), der Anbieter also insofern den Prospektfehler zu vertreten hat, existiert eine solche Regelung in Bezug auf die Haftung für einen fehlenden Prospekt (§ 24 WpPG) nicht.

Der Wortlaut des § 24 WpPG sowie seine systematische Stellung im Anschluss an 42 § 23 WpPG, der deshalb nicht (direkt) auf § 24 WpPG Anwendung findet, spricht nach **h.M.** ebenso dafür, dass ein Verschulden des Anbieters für den Anspruch des geschädigten Anlegers aus § 24 Abs. 1 Satz 1 WpPG nicht erforderlich ist, wie auch die Entstehungsgeschichte des § 24 WpPG.[51] War im Referentenentwurf zu § 13a VerkProspG a.F., der Vorgängervorschrift des § 24 WpPG, noch ausdrücklich ein Verschulden des Anbieters als Anspruchsvoraussetzung vorgesehen,[52] fehlte dieses im Regierungsentwurf.[53] Darin sieht die h.M. eine bewusste Entscheidung des Gesetzgebers gegen ein Verschuldenserfordernis.[54]

Die **a.A.** bejaht im Gegensatz dazu überzeugend ein **Verschuldenserfordernis** und 43 stützt sich dabei auf das Schweigen des Gesetzgebers in den Gesetzesmaterialien.[55] Ausgangspunkt ist dabei die Rechtsnatur des Anspruchs aus § 24 Abs. 1 Satz 1 WpPG. Erkennt man in der Haftung des Anbieters für einen fehlenden Prospekt (§ 24 WpPG) eine

---

48 Habersack/Mülbert/Schlitt/*Mülbert*/*Steup* Unternehmensfinanzierung § 41 Rn. 101; Berrar/Meyer/Müller/Schnorbus/Singhof/Wolf/*Seiler*/*Singhof* § 24 WpPG Rn. 13.

49 Assmann/Schütze/*Assmann* Kapitalanlagerecht § 5 Rn. 223; Assmann/Schlitt/von Kopp-Colomb/*Assmann* § 24 WpPG Rn. 18.

50 OLG München 2.11.2011, 20 U 2289/11 (juris) Rn. 34; *Klöhn* DB **2012** 1854, 1859; *Fleischer* WM **2004** 1897, 1901 f.; *Benecke* BB **2006** 2597, 2600; *Barta* NZG **2005** 305, 306 f.; *Voß* EWiR **2012** 711, 712; Habersack/Mülbert/Schlitt/*Habersack* Kapitalmarktinformation § 29 Rn. 66; Heidel/*Becker* Aktienrecht § 24 WpPG Rn. 14; Just/Voß/Ritz/Zeising/*Pankoke* § 13a VerkProspG Rn. 11; Holzborn/*Wackerbarth* § 24 WpPG Rn. 10.

51 Habersack/Mülbert/Schlitt/*Habersack* Kapitalmarktinformation § 29 Rn. 66; Heidel/*Becker* Aktienrecht § 24 WpPG Rn. 14.

52 Abgedruckt in ZBB **2004** 168, 194.

53 Begründung RegE AnSVG, BT-Drucks. 15/3174 S. 24.

54 *Barta* NZG **2005**, 305, 307 („kein Versehen"); Heidel/*Becker* Aktienrecht § 24 WpPG Rn. 14.

55 Berrar/Meyer/Müller/Schnorbus/Singhof/Wolf/*Seiler*/*Singhof* § 24 WpPG Rn. 15; *Bohlken*/*Lange* DB **2005** 1259, 1261; *Spindler* NJW **2004** 3449, 3455; *Schäfer* ZGR **2006** 40, 52; *Bongertz* BB **2012** 470, 474 f.; *Groß* Kapitalmarktrecht § 24 WpPG Rn. 4a; Habersack/Mülbert/Schlitt/*Mülbert*/*Steup* Unternehmensfinanzierung § 41 Rn. 119; Assmann/Schlitt/von Kopp-Colomb/*Assmann* § 24 WpPG Rn. 20; Assmann/Schütze/*Assmann* Kapitalanlagerecht § 5 Rn. 225.

Deliktshaftung, setzt eine solche stets ein eigenes Verschulden desjenigen voraus, der als Schädiger in Anspruch genommen werden soll.[56]

44 Das gilt auch, sofern § 24 WpPG als Vertrauenshaftung eingeordnet wird. Bei einer Haftung aus *culpa in contrahendo* muss der Haftungsadressat die Pflichtverletzung, hier den Verstoß gegen die Prospektpflicht, ebenfalls zu vertreten und insofern zumindest schuldhaft gehandelt haben (§ 280 Abs. 1 Satz 2 BGB).[57] Und selbst, wer § 24 WpPG als eine privatrechtliche Sanktionsnorm für einen öffentlich-rechtlichen Verfahrensverstoß (§ 3 Abs. 1 WpPG) versteht, kommt dazu, ein Verschulden des Anbieters bezogen auf den Verstoß gegen die Prospektpflicht zu verlangen.[58] Eine Sanktion für einen Verfahrensverstoß setzt angesichts seiner Vergleichbarkeit mit einer bußgeldbewehrten Ordnungswidrigkeit ebenfalls ein Verschulden voraus (Rechtsgedanke des § 10 OWiG).

45 Wenn aber die Rechtsnatur des § 24 WpPG, und zwar unabhängig davon, welche man annimmt, ein Verschulden des Anbieters erfordert und zudem die Haftung für einen fehlerhaften Prospekt (§§ 21, 22 WpPG) ein Verschulden voraussetzt, wäre es zu erwarten gewesen, dass sich der Gesetzgeber in den Gesetzesmaterialien eindeutig zugunsten einer verschuldensunabhängigen Haftung für den Fall eines fehlenden Prospekts (§ 24 WpPG) ausgesprochen hätte.[59] Weil er das aber nicht getan hat, vielmehr sogar ausdrücklich hervorgehoben hat, die Haftung für einen fehlenden Prospekt (§ 24 WpPG) derjenigen für einen fehlerhaften (§§ 21, 22 WpPG) in den Anspruchsvoraussetzungen wie auch den Anspruchsausschlüssen „nachgebildet" zu haben, geht die a.A. zu Recht davon aus, dass der Gesetzgeber die explizite Regelung des Verschuldenserfordernisses schlicht übersehen hat.

46 Bei der fehlenden Verschuldensregelung in § 24 WpPG handelt es sich deshalb um eine unbewusste und daher planwidrige **Regelungslücke.**[60] Auch für die Haftung aus § 24 Abs. 1 Satz 1 WpPG ist deshalb ein Verschulden des Anbieters notwendig. Um einen Gleichlauf zwischen der Haftung für einen fehlerhaften und derjenigen für einen fehlenden Prospekt zu erreichen, findet darum § 23 Abs. 1 WpPG auf den Anspruch aus § 24 WpPG entsprechende Anwendung.[61] Die Interessenlage ist insoweit vergleichbar.

47 Der Anbieter hat deswegen auch für einen fehlenden Prospekt nur dann einzustehen, wenn er es vorsätzlich oder grob fahrlässig unterlassen hat, entgegen § 3 Abs. 1 WpPG einen Prospekt zu veröffentlichen. Auch hier kommt es zu einer Beweislastumkehr.[62] Ein Verschulden des Anbieters wird dementsprechend widerleglich vermutet, sodass es an ihm ist, nachzuweisen, dass er die Pflicht, einen Prospekt zu veröffentlichen, nicht gekannt hat und das Unterlassen, einen Prospekt für die öffentlich angebotenen Wertpapiere zu veröffentlichen, auch nicht auf grober Fahrlässigkeit beruht (§ 23 Abs. 1 WpPG analog).

---

56 Berrar/Meyer/Müller/Schnorbus/Singhof/Wolf/*Seiler*/*Singhof* § 24 WpPG Rn. 15; Assmann/Schlitt/von Kopp-Colomb/*Assmann* § 24 WpPG Rn. 22.

57 Berrar/Meyer/Müller/Schnorbus/Singhof/Wolf/*Seiler*/*Singhof* § 24 WpPG Rn. 15; Assmann/Schlitt/von Kopp-Colomb/*Assmann* § 24 WpPG Rn. 22;

58 *Groß* Kapitalmarktrecht § 24 WpPG Rn. 4a.

59 Assmann/Schütze/*Assmann* Kapitalanlagerecht § 5 Rn. 227; *Schäfer* ZGR **2006** 40, 52: Garantiehaftung als systemwidriger Fremdkörper; Habersack/Mülbert/Schlitt/*Mülbert*/*Steup* Unternehmensfinanzierung § 41 Rn. 119.

60 Assmann/Schlitt/von Kopp-Colomb/*Assmann* § 24 WpPG Rn. 22; Assmann/Schütze/*Assmann* Kapitalanlagerecht § 5 Rn. 227 f.; *Bohlken*/*Lange* DB **2005** 1259, 1261; *Schäfer* ZGR **2006** 40, 53; **a.A.** *Barta* NZG **2005**, 307.

61 *Groß* Kapitalmarktrecht § 24 Rn. 49.

62 Habersack/Mülbert/Schlitt/*Mülbert*/*Steup* Unternehmensfinanzierung § 41 Rn. 120; Assmann/Schlitt/von Kopp-Colomb/*Assmann* § 24 WpPG Rn. 23.

VI. Schadensersatz

1. Schaden. Anders als bei der Haftung für einen fehlerhaften Prospekt (§§ 21, 22 WpPG) stellt bei der Haftung für einen fehlenden Prospekt (§ 24 WpPG) schon allein der Erwerb der Wertpapiere einen Schaden dar. Da ein Prospekt entgegen § 3 Abs. 1 WpPG nicht veröffentlicht worden ist, hat der Anbieter die Anleger nicht mittels eines Prospekts über die Bonität des Emittenten und die mit den Wertpapieren verbundenen Rechte (§ 5 Abs. 1 WpPG) in Kenntnis gesetzt. Der Anleger war daher nicht in der Lage, eine informierte und insofern eigenverantwortliche Anlageentscheidung zu treffen. 48

Der Schaden liegt entweder darin, dass der Anleger eine nicht informierte und insofern nicht gewollte Anlageentscheidung getroffen hat, oder aber darin, dass er durch den Abschluss des schuldrechtlichen Rechtsgeschäfts, der auf den Erwerb der öffentlich angebotenen Wertpapiere abzielt, in der Regel also durch den Abschluss des Kaufvertrags, mit einer (ungewollten) Verbindlichkeit belastet ist, die er bei Veröffentlichung des Prospekts nicht eingegangen wäre. 49

Ein Schaden liegt dabei selbst dann vor, wenn die Wertpapiere ihren Preis durchaus wert sind, der Anleger insofern also überhaupt **keinen Vermögensschaden** erlitten hat.[63] Die fehlende Werthaltigkeit der Gegenleistung, hier der erworbenen Wertpapiere, ist nicht Voraussetzung für einen Schaden, denn „Grund für die Haftung" des Anbieters ist „der Eingriff in das Recht" des Anlegers, „zutreffend informiert über die Verwendung seines Vermögens selbst bestimmen und sich für oder gegen die Anlage zu entscheiden".[64] Die Entscheidungsfreiheit des Anlegers ist deshalb unabhängig davon verletzt, ob er in der Folge davon zusätzlich einen Vermögensschaden erlitten hat.[65] 50

Ein Schaden setzt bei der Prospekthaftung daher generell nicht einen Vermögensschaden voraus. Geschützt ist hier bereits die Willensfreiheit des Anlegers. Unerheblich ist, dass § 23 Abs. 2 Nr. 2 WpPG bei der Haftung für einen fehlerhaften Prospekt (§§ 21, 22 WpPG) eine Ausnahme macht, wonach es durch den Prospektfehler auch noch zu einer Minderung des Börsen- oder Erwerbspreises gekommen sein muss. Obwohl die Haftung für einen fehlenden Prospekt (§ 24 WpPG) derjenigen für einen fehlerhaften (§§ 21, 22 WpPG) nachgebildet ist, scheidet angesichts des Ausnahmecharakters von § 23 Abs. 2 Nr. 2 WpPG eine analoge Anwendung auf den Anspruch aus § 24 WpPG aus. 51

Dafür spricht auch, dass der Anbieter bei § 24 WpPG durch das Unterlassen einer Prospektveröffentlichung die potenziellen Anleger überhaupt nicht über die Bonität des Emittenten und die mit den Wertpapieren verbundenen Rechte informiert hat (§ 5 Abs. 1 WpPG), und nicht nur, wie bei einem fehlerhaften Prospekt, lediglich teilweise, d.h. sofern die Prospektangaben unvollständig oder unrichtig sind. Die rechtlich missbilligte Gefahr, die der Anbieter durch das gänzliche Unterlassen einer Prospektveröffentlichung für die Entscheidungsfreiheit des Anlegers geschaffen hat, ist deshalb größer als die Gefahr im Fall eines „bloß" fehlerhaften Prospekts. Auch insofern scheidet mangels vergleichbarer Interessenlage und dessen Bewertung durch den Gesetzgeber ein Analogieschluss von §§ 21, 22 WpPG auf § 24 WpPG aus. 52

2. Haftungsausfüllende Kausalität. Die haftungsausfüllende Kausalität besteht an sich zwischen der Anlageentscheidung und dem dadurch verursachten Schaden. Da bei § 24 WpPG der Schaden jedoch bereits in der nicht informierten und insofern ungewoll- 53

---

63 BGH 8.3.2005 BGHZ **162** 306, 310.

64 BGH 23.4.2012 NJW-RR **2012** 937 Rn. 33; BGH 8.3.2005 BGHZ **162** 306, 310: „den Vermögensinteressen des Anlegers nicht angemessen".

65 Staudinger/*Feldmann*/*Löwisch* § 311 BGB Rn. 162; Palandt/*Grüneberg* § 311 BGB Rn. 13.

ten Anlageentscheidung liegt, gibt es nur eine Kausalität zwischen der fehlenden Prospektveröffentlichung und der Anlageentscheidung, die deshalb gewissermaßen zugleich haftungsbegründende und haftungsausfüllende Kausalität ist. Die haftungsbegründende Kausalität zwischen dem fehlenden, da nicht veröffentlichten Prospekt und der Anlageentscheidung wird dabei **widerleglich vermutet** (§ 23 Abs. 2 Nr. 1 WpPG analog). Die Beweislast für eine fehlende haftungsbegründende Kausalität trägt daher der Anbieter. Da haftungsbegründende und haftungsausfüllende Kausalität bei § 24 WpPG dasselbe sind, hat der Anbieter insofern auch für „beide" deren Fehlen nachzuweisen. Er trägt also auch für die haftungsausfüllende Kausalität die Beweislast.

54 **3. Art und Weise des Schadensersatzes (§§ 249 ff. BGB).** Bei der Haftung für einen fehlenden Prospekt (§ 24 WpPG) ist ebenso wie bei derjenigen für einen fehlerhaften (§§ 21, 22 WpPG) danach zu differenzieren, ob der Anleger noch Inhaber der Wertpapiere ist oder diese bereits weiterveräußert hat. Ist der Anleger noch Inhaber der Wertpapiere, kann er vom Anbieter und, sofern der Emittent ebenfalls Anbieter ist (§ 2 Nr. 10 WpPG), auch vom Emittenten die Erstattung des Erwerbspreises, maximal jedoch die Zahlung des ersten Erwerbspreises sowie die der üblichen Erwerbskosten vom Anbieter (und vom Emittenten als Gesamtschuldner) verlangen. Dafür hat der Anleger im Gegenzug die Wertpapiere (wieder) an den Anbieter zu übertragen (§ 24 Abs. 1 Satz 1 WpPG).

55 Ist der Anleger dagegen nicht mehr Inhaber der Wertpapiere, weil er diese weiterveräußert hat, kann er nach § 24 Abs. 2 WpPG lediglich die Zahlung des Unterschiedsbetrags zwischen Erwerbs- und Veräußerungspreis der Wertpapiere sowie der mit dem Erwerb und der Veräußerung verbundenen üblichen Kosten verlangen. Auch wenn in § 24 Abs. 2 WpPG anders als in § 21 Abs. 2 WpPG, dem § 24 Abs. 2 WpPG ja bewusst nachgebildet sein soll, die Begrenzung auf „den ersten Ausgabepreis", hier auf „den ersten Erwerbspreis" (so § 24 Abs. 1 Satz 1 WpPG) fehlt, ist diese **„Deckelung"** des Schadensersatzanspruchs auch in § 24 Abs. 2 WpPG hineinzulesen. Der Anleger, der seine Wertpapiere bereits weiterveräußert hat, soll nicht schlechter-, aber eben auch nicht bessergestellt sein als der Anleger, der noch Inhaber der Wertpapiere ist. Damit beide insofern gleichbehandelt werden, ist auch in § 24 Abs. 2 WpPG ebenso wie in § 24 Abs. 1 Satz 1 WpPG der erstattungsfähige Erwerbspreis auf den „ersten Erwerbspreis" zu beschränken, sodass der Anleger, der nicht mehr Inhaber der Wertpapiere ist, maximal den Differenzbetrag zwischen dem ersten Erwerbspreis und dem Veräußerungspreis als Schaden geltend machen kann.

VII. Verjährung

56 Da das WpPG keine spezielle Verjährungsregelung enthält, verjähren Ansprüche aus § 24 WpPG nach den allgemeinen Verjährungsregeln (§§ 195, 199 BGB) in drei Jahren, wobei die Verjährung mit dem Schluss des Jahres beginnt, in dem der Anspruch entstanden ist und der Anleger von den anspruchsbegründenden Umständen sowie der Person des Schuldners entweder positive Kenntnis erlangt hat oder ohne grobe Fahrlässigkeit hätte erlangen müssen (§ 199 BGB) (siehe dazu §§ 21–23 WpPG Rn. 109–110).

VIII. Zuständiges Gericht

57 Auch für Ansprüche aus § 24 WpPG ist ausschließlich das Landgericht am Sitz des betroffenen Emittenten zuständig, sofern sich dieser nicht im Ausland befindet (§ 32b Abs. 1 ZPO; § 71 Abs. 2 Nr. 3 GVG) (siehe dazu §§ 21–23 WpPG Rn. 111–112). Da ein Anspruch aus § 24 WpPG an die Nichtveröffentlichung eines Wertpapierprospekts anknüpft und solche Prospekte „öffentliche Kapitalmarktinformationen" i.S.d. § 1 Abs. 2 Satz 1

KapMuG sind, kann auch hier ein Musterverfahren wegen unterlassener Informationen stattfinden (§ 1 Abs. 2 Satz 2 Nr. 1 KapMuG).[66]

§§ 22a, 23a, 24a WpPG

Haftung bei fehlerhaftem Wertpapier-Informationsblatt, Haftungsausschluss bei fehlerhaftem Wertpapier-Informationsblatt, Haftung bei fehlendem Wertpapier-Informationsblatt

§ 22a WpPG

(1) Sind in einem veröffentlichten Wertpapier-Informationsblatt nach § 3a Absatz 1 Satz 1 für die Beurteilung der Wertpapiere wesentliche Angaben unrichtig oder irreführend oder ist der Warnhinweis nach § 3a Absatz 4 nicht enthalten, kann der Erwerber dieser Wertpapiere von denjenigen, von denen der Erlass des Wertpapier-Informationsblatts ausgeht, und vom Anbieter als Gesamtschuldnern die Übernahme der Wertpapiere gegen Erstattung des Erwerbspreises, soweit dieser den ersten Ausgabepreis der Wertpapiere nicht überschreitet, und der mit dem Erwerb verbundenen üblichen Kosten verlangen, sofern das Erwerbsgeschäft nach Veröffentlichung des Wertpapier-Informationsblatts und während der Dauer des öffentlichen Angebots, spätestens jedoch innerhalb von sechs Monaten nach dem ersten öffentlichen Angebot der Wertpapiere im Inland abgeschlossen wurde.

(2) Ist der Erwerber nicht mehr Inhaber der Wertpapiere, so kann er die Zahlung des Unterschiedsbetrags zwischen dem Erwerbspreis, soweit dieser den ersten Ausgabepreis nicht überschreitet, und dem Veräußerungspreis der Wertpapiere sowie der mit dem Erwerb und der Veräußerung verbundenen üblichen Kosten verlangen.

(3) Werden Wertpapiere eines Emittenten mit Sitz im Ausland auch im Ausland öffentlich angeboten, besteht ein Anspruch nach Absatz 1 oder Absatz 2 nur, sofern die Wertpapiere auf Grund eines im Inland abgeschlossenen Geschäfts oder einer ganz oder teilweise im Inland erbrachten Wertpapierdienstleistung erworben wurden.

§ 23a WpPG

(1) Nach § 22a kann nicht in Anspruch genommen werden, wer nachweist, dass er die Unrichtigkeit der Angaben des Wertpapier-Informationsblatts oder die Irreführung durch diese Angaben nicht gekannt hat und dass die Unkenntnis nicht auf grober Fahrlässigkeit beruht.

(2) Ein Anspruch nach § 22a besteht nicht, sofern

1. **die Wertpapiere nicht auf Grund des Wertpapier-Informationsblatts erworben wurden,**
2. **der Sachverhalt, über den unrichtige oder irreführende Angaben im Wertpapier-Informationsblatt enthalten sind, nicht zu einer Minderung des Börsenpreises der Wertpapiere beigetragen hat,**
3. **der Erwerber die Unrichtigkeit der Angaben des Wertpapier-Informationsblatts oder die Irreführung durch diese Angaben bei dem Erwerb kannte oder**

66 Hess/Reuschle/Rimmelspacher/*Kruis* § 1 KapMuG Rn. 52.

4. vor dem Abschluss des Erwerbsgeschäfts im Rahmen des Jahresabschlusses oder Zwischenberichts des Emittenten, im Rahmen einer Veröffentlichung nach Artikel 17 der Verordnung (EU) Nr. 596/2014 des Europäischen Parlaments und des Rates vom 16. April 2014 über Marktmissbrauch (Marktmissbrauchsverordnung) und zur Aufhebung der Richtlinie 2003/6/EG des Europäischen Parlaments und des Rates und der Richtlinien 2003/124/EG, 2003/125/EG und 2004/72/EG der Kommission (ABl. L 173 vom 12.6.2014, S. 1; L 287 vom 21.10.2016, S. 320; L 306 vom 15.11.2016, S. 43; L 348 vom 21.12.2016, S. 83), die zuletzt durch die Verordnung (EU) 2016/1033 (ABl. L 175 vom 30.6.2016, S. 1) geändert worden ist, in der jeweils geltenden Fassung oder einer vergleichbaren Bekanntmachung eine deutlich gestaltete Berichtigung der unrichtigen oder irreführenden Angaben im Inland veröffentlicht wurde.

§ 24a WpPG

(1) Ist ein Wertpapier-Informationsblatt entgegen § 3a Absatz 1 Satz 1 nicht veröffentlicht worden, kann der Erwerber von Wertpapieren von dem Emittenten und dem Anbieter als Gesamtschuldnern die Übernahme der Wertpapiere gegen Erstattung des Erwerbspreises, soweit dieser den ersten Erwerbspreis nicht überschreitet, und der mit dem Erwerb verbundenen üblichen Kosten verlangen, sofern das Erwerbsgeschäft vor Veröffentlichung eines Wertpapier-Informationsblatts und während der Dauer des öffentlichen Angebots, spätestens jedoch innerhalb von sechs Monaten nach dem ersten öffentlichen Angebot der Wertpapiere im Inland abgeschlossen wurde.

(2) Ist der Erwerber nicht mehr Inhaber der Wertpapiere, so kann er die Zahlung des Unterschiedsbetrags zwischen dem Erwerbspreis, soweit dieser den ersten Erwerbspreis nicht überschreitet, und dem Veräußerungspreis der Wertpapiere sowie der mit dem Erwerb und der Veräußerung verbundenen üblichen Kosten verlangen. Absatz 1 gilt entsprechend.

(3) Werden Wertpapiere eines Emittenten mit Sitz im Ausland auch im Ausland öffentlich angeboten, besteht ein Anspruch nach Absatz 1 oder Absatz 2 nur, sofern die Wertpapiere auf Grund eines im Inland abgeschlossenen Geschäfts oder einer ganz oder teilweise im Inland erbrachten Wertpapierdienstleistung erworben wurden.

(4) Der Anspruch nach den Absätzen 1 bis 3 besteht nicht, sofern der Erwerber die Pflicht, ein Wertpapier-Informationsblatt zu veröffentlichen, beim Erwerb kannte.

Schrifttum

Assmann/Schlitt/von Kopp-Colomb Wertpapierprospektgesetz, Vermögensanlagengesetz, 3. Aufl. 2017; *Assmann/Schütze* Handbuch des Kapitalanlagerechts, 4. Aufl. 2015; *Baumbach/Hopt* Kommentar zum HGB, 38. Aufl. 2018; *Buck-Heeb* Kapitalmarktrecht, 9. Aufl. 2017; *Groß* Kapitalmarktrecht, 6. Aufl. 2015; *Habersack/Mülbert/Schlitt* Unternehmensfinanzierung am Kapitalmarkt, 3. Aufl. 2013; *Palandt* Kommentar zum BGB, 77. Aufl. 2018; *Rinas/Pobortscha*, Das Vermögensanlagen-Informationsblatt: neue Dokumentationsanforderungen im Bereich geschlossener Fonds, BB **2012** 1615; *Schäfer* Stand und Entwicklungstendenzen der spezialgesetzlichen Prospekthaftung, ZGR **2006** 40; *Schwark/Zimmer* Kapitalmarktrechts-Kommentar, 4. Aufl. 2010; *Siering/Izzo-Wagner* Vermögensanlagengesetz mit Vermögensanlagen-Verkaufsverordnung, 2017; *Staudinger* Kommentar zum BGB, Buch 2, Neubearbeitung 2012.

Systematische Übersicht

A. Allgemeines

I. Entstehungsgeschichte

1 Die §§ 22a, 23a und 24a WpPG sind durch das Gesetz zur Ausübung von Optionen der EU-Prospektverordnung und zur Anpassung weiterer Finanzmarktgesetze zum **21.7.2018** in Kraft getreten.[1] Nach Art. 1 Abs. 3 Unterabs. 1 ProspektVO 2017 gilt eine Prospektpflicht erst ab einem Gesamtgegenwert der öffentlich in der EU angebotenen Wertpapiere von € 1 Mio., zu berechnen über einen Zeitraum von 12 Monaten. Den Mitgliedstaaten ist es dabei untersagt, national die Erstellung und Veröffentlichung eines Wertpapierprospekts für öffentliche Angebote von weniger als € 1 Mio. zu verlangen Art. 1 Abs. 3 Unterabs. 2 Satz 1 ProspektVO 2017). Stattdessen haben sie die Möglichkeit, „auf nationaler Ebene andere Offenlegungspflichten" vorzusehen, „sofern diese keine unverhältnismäßige oder unnötige Belastung darstellen" (Art. 1 Abs. 3 Unterabs. 2 Satz 2 ProspektVO 2017).

2 Der deutsche Gesetzgeber hat von dieser Option Gebrauch gemacht, indem er für öffentliche Angebote ab € 100.000 die Pflicht statuiert hat, ein dreiseitiges Wertpapier-Informationsblatt (WIB) zu erstellen und zu veröffentlichen (§ 3a WpPG), um durch diese „Transparenzvorgaben" den „Schutz der Anleger" sicherzustellen.[2] Damit soll es kleinen und mittleren Unternehmen (KMU) möglich sein, eine Wertpapieremission bis zu einem bestimmten Umfang ohne Wertpapierprospekt und nur durch Erstellung eines WIB

1 BGBl. I 1102.
2 Begründung RegE des Gesetzes zur Ausübung von Optionen der EU-Prospektverordnung und zur Anpassung weiterer Finanzmarktgesetze, BTDrucks. 19/2435 S. 1.

durchzuführen. Ob dieses gesetzgeberische Ziel jedoch erreicht wird, und ob ein WIB mit seinen knappen Angaben wirklich dem **Anlegerschutz** zu dienen vermag, war schon im Vorfeld der Regulierung umstritten.[3] Die Zweifel an einem hinreichenden Anlegerschutz resultieren vor allem daraus, dass das WIP den Prospekt **ersetzen** und nicht, wie das Vermögensanlagen-Informationsblatt, ergänzen soll.

3 Die Pflicht zur Erstellung eines WIB gilt dabei für öffentliche Angebote bis € 8 Mio. Denn erst für öffentliche Angebote ab einem Gesamtgegenwert von € 8 Mio., der auch hier über einen Zeitraum von 12 Monaten zu berechnen ist, schreibt die EU-ProspektVO 2017 für die Mitgliedstaaten zwingend die Veröffentlichung eines Prospekts vor (Art. 3 Abs. 2 Unterabs. 1 Ziffer b) ProspektVO 2017). Auch insoweit hat der deutsche Gesetzgeber den von der EU-ProspektVO 2017 eingeräumten Spielraum voll ausgeschöpft und öffentliche Angebote unter € 8 Mio. von der Prospektpflicht ausgenommen (§ 3 Abs. 2 Nr. 6 WpPG). Bei grenzüberschreitenden Angeboten (Europäischer Pass) ist nach der EU-ProspektVO 2017 ein Prospekt freilich schon ab € 1 Mio. zu erstellen und zu veröffentlichen.

II. Ausgestaltung

4 Bei den Anforderungen, die § 3a WpPG an die Erstellung und Veröffentlichung eines WIB stellt, hat sich der Gesetzgeber ganz bewusst an § 13 VermAnlG orientiert, der die Vorgaben für ein Vermögensanlagen-Informationsblatt (VIB) festlegt.[4] Bei der Haftung für ein fehlerhaftes oder fehlendes WIB nach §§ 22a, 23a und 24a WpPG hat der Gesetzgeber dagegen auf die Haftungsnormen für einen fehlerhaften oder fehlenden Wertpapierprospekt (§§ 21, 22, 23 und 24 WpPG) abgestellt.[5] Zum Verständnis des WIB (§ 3a WpPG) können aus diesem Grund Rechtsprechung und Schrifttum zum Vermögensanlagen-Informationsblatt, zur Ausgestaltung der Haftung für ein fehlerhaftes oder fehlendes WIB (§§ 22a, 23a und 24a WpPG) Rechtsprechung und Schrifttum zu §§ 21, 22, 23 und 24 WpPG herangezogen werden.

5 Dass sich der Gesetzgeber bei den Haftungsnormen der §§ 22a, 23a und 24a WpPG „eng" an die Prospekthaftung (§§ 21, 22, 23, 24 WpPG) „angelehnt" hat und nicht an die Haftung im Fall eines unrichtigen oder fehlenden Vermögensanlagen-Informationsblatts (§ 22 VermAnlG),[6] ist insofern „unglücklich", als sich der fehlende **Warnhinweis** auf die Gefahr eines Totalverlusts (§ 3a Abs. 4 WpPG) in § 22a WpPG (Haftung bei fehlerhaftem WIB) und nicht in § 24a WpPG (Haftung bei fehlendem WIB) wiederfindet. Fehlt der Warnhinweis auf die Gefahr eines Totalverlusts (§ 13 Abs. 4 Satz 1 VermAnlG) in einem Vermögensanlagen-Informationsblatt, führt das zu einer Haftung für ein fehlendes und nicht wie bei einem WIB für ein fehlerhaftes Vermögensanlagen-Informationsblatt. Das Fehlen des Warnhinweises darauf, das eingesetzte Vermögen vollständig verlieren zu können (§ 3a Abs. 4 WpPG), steht einem insgesamt fehlenden WIB „näher" als einem „nur" fehlerhaften WIB. Das zeigt sich vor allem bei der **haftungsbegründenden Kausalität** zwischen dem Fehlen des Warnhinweises und der deshalb getroffenen Anlageentscheidung. So sind die Haftungsausschlüsse des § 23a Abs. 2 WpPG insoweit anzu-

3 Siehe Stellungnahme Deutsches Aktieninstitut (DAI), 23.2.2018, S. 2; Stellungnahme Deutsche Schutzvereinigung für Wertpapierbesitz (DSW), S. 3.

4 Begründung RegE des Gesetzes zur Ausübung von Optionen der EU-Prospektverordnung und zur Anpassung weiterer Finanzmarktgesetze, BTDrucks. 19/2435 S. 40–44.

5 Begründung RegE des Gesetzes zur Ausübung von Optionen der EU-Prospektverordnung und zur Anpassung weiterer Finanzmarktgesetze, BTDrucks. 19/2435 S. 46–47.

6 Begründung RegE des Gesetzes zur Ausübung von Optionen der EU-Prospektverordnung und zur Anpassung weiterer Finanzmarktgesetze, BTDrucks. 19/2435 S. 46–47.

passen und außerdem § 24a Abs. 4 WpPG entsprechend auf den Fall anzuwenden, dass das WIB den Warnhinweis nach § 3a Abs. 4 WpPG nicht enthält (siehe dazu Rn. 44–50).

B. Tatbestand

I. Das Wertpapier-Informationsblatt

1. Befreiung von der Prospektpflicht (§ 3 Abs. 2 Satz 1 Nr. 6 WpPG). Ein Anbieter *kann* sich darauf berufen, dass er nach § 3 Abs. 2 Satz 1 Nr. 6 WpPG von seiner Prospektpflicht befreit ist, darf jedoch erst dann die Wertpapiere öffentlich anbieten, wenn er zuvor *anstelle* des Wertpapierprospekts ein Wertpapier-Informationsblatt (WIB) erstellt, bei der BaFin hinterlegt und veröffentlicht hat (§ 3a WpPG). Der Anbieter hat dabei, wie bei einem Wertpapierprospekt, das WIB elektronisch auf seiner Internetseite zu veröffentlichen (§§ 3b Abs. 3 Satz 1, 14 Abs. 2 WpPG) und dabei sicherzustellen, dass die „Anleger hierauf jederzeit zugreifen können" (§ 3b Abs. 3 Satz 2 WpPG).[7] 6

Alternativ kann der Anbieter „die Ausnahme nach § 3 Absatz 2 Satz 1 Nummer 6" auch nicht „in Anspruch" nehmen und stattdessen freiwillig einen Wertpapierprospekt veröffentlichen.[8] Eine Pflicht, ein WIB zu erstellen, entfällt dann. Der Anbieter hat demzufolge entweder (freiwillig) einen Prospekt oder an dessen Stelle ein WIB zu erstellen und zu veröffentlichen. 7

Muss der Anbieter sowieso schon ein Basisinformationsblatt (PRIIP) oder wesentliche Anlegerinformationen nach § 301 KAGB veröffentlichen, steht die Verpflichtung, ein WIB zu erstellen, selbst dann zurück, wenn der Anbieter die Ausnahme nach § 3 Abs. 2 Satz 1 Nr. 6 WpPG „in Anspruch nimmt". Auf diese Weise soll eine „Doppeldokumentation", die den Anbieter unverhältnismäßig belasten würde, vermieden werden (Art. 1 Abs. 3 Unterabs. 2 Satz 2 ProspektVO 2017).[9] 8

Der Anbieter ist nach § 3 Abs. 2 Satz 1 Nr. 6 WpPG von seiner Prospektpflicht befreit, sofern der Gesamtgegenwert der Wertpapiere, die er innerhalb von zwölf Monaten im Europäischen Wirtschaftsraum anbietet, weniger als **€ 8 Mio.** beträgt. Der Gesetzgeber hat damit in Anpassung an Art. 1 Abs. 3 Unterabs. 1 der ProspektVO 2017 die bisherige Obergrenze für prospektfreie Angebote von € 100.000 (§ 3 Abs. 2 Satz 1 Nr. 5 WpPG a.F.) zum **21.7.2018** auf € 8 Mio. erhöht.[10] Die bisherige Obergrenze von € 100.000 kehrt jedoch in § 3a WpPG insofern wieder, als der Anbieter erst dann verpflichtet ist, anstelle eines Prospekts (§ 3 Abs. 1 WpPG) ein WIB zu veröffentlichen, wenn die von ihm öffentlich angebotenen Wertpapiere einen Gesamtgegenwert von € 100.000 oder mehr (weniger als € 8 Mio.) aufweisen. Die „Untergrenze" von € 100.000 ist auch an dieser Stelle auf den Europäischen Wirtschaftsraum und einen Zeitraum von zwölf Monaten bezogen (§ 3a WpPG). Beträgt also der Gesamtgegenwert der öffentlich angebotenen Wertpapiere innerhalb von zwölf Monaten weniger als € 100.000, muss der Anbieter weder einen Prospekt noch ein WIB veröffentlichen. 9

Bei einem öffentlichen Angebot, das sich (auch) an „nicht qualifizierte Anleger", d.h. im Umkehrschluss an „Privatkunden" richtet (§ 2 Nr. 6 a) WpPG, § 67 Abs. 3 WpHG), 10

7 Begründung RegE des Gesetzes zur Ausübung von Optionen der EU-Prospektverordnung und zur Anpassung weiterer Finanzmarktgesetze, BTDrucks. 19/2435 S. 45.

8 Begründung RegE des Gesetzes zur Ausübung von Optionen der EU-Prospektverordnung und zur Anpassung weiterer Finanzmarktgesetze, BTDrucks. 19/2435 S. 41.

9 Begründung RegE des Gesetzes zur Ausübung von Optionen der EU-Prospektverordnung und zur Anpassung weiterer Finanzmarktgesetze, BTDrucks. 19/2435 S. 41.

10 Begründung RegE des Gesetzes zur Ausübung von Optionen der EU-Prospektverordnung und zur Anpassung weiterer Finanzmarktgesetze, BTDrucks. 19/2435 S. 40.

ist der Anbieter nicht *per se* von seiner Prospektpflicht befreit, auch wenn der Gesamtgegenwert der Wertpapiere weniger als € 8 Mio. beträgt (§ 3 Abs. 2 Satz 1 Nr. 6 WpPG). Sofern der Gesamtgegenwert € 1 Mio. oder mehr (aber weniger als € 8 Mio.) aufweist, darf der Anbieter die Wertpapiere „ausschließlich im Wege der Anlageberatung über ein Wertpapierdienstleistungsunternehmen" an die nicht qualifizierten Anleger vertreiben (§ 3c WpPG). Dabei darf der Privatkunde Wertpapiere nur zu einem Gesamtbetrag von höchstens € 1.000 erwerben können (§ 3c WpPG). Diese „Einzelanlageschwelle für nicht qualifizierte Anleger" (so die amtliche Überschrift von § 3c WpPG) kann auf den zweifachen Betrag des durchschnittlichen monatlichen Nettoeinkommens steigen, höchstens jedoch auf € 10.000 (§ 3a Nr. 3 WpPG). Dieser Höchstbetrag gilt auch, wenn der Anleger ein frei verfügbares Vermögen (Bankguthaben, Finanzinstrumente) von mindestens € 100.000 hat (§ 3c Nr. 2 WpPG).

11 Hierfür maßgeblich ist die vom nicht qualifizierten Anleger „zu erteilende Selbstauskunft" (§ 3c Nr. 2 und 3 WpPG). Der Anleger ist demzufolge verpflichtet, im Rahmen der Anlageberatung bzw. Anlagevermittlung eine Selbstauskunft über sein durchschnittliches monatliches Einkommen oder sein frei verfügbares Einkommen zu erteilen, sofern er Wertpapiere für einen Gesamtbetrag von mehr als € 1.000 (und maximal € 10.000) erwerben möchte. Im Umkehrschluss darf sich das Wertpapierdienstleistungsunternehmen, das die Anlageberatung oder Anlagevermittlung durchführt, auf die Selbstauskunft des Anlegers verlassen.

12 Damit die Befreiung von der Prospektpflicht gemäß § 3 Abs. 2 Satz 1 Nr. 6 WpPG auch eintritt, muss das Wertpapierdienstleistungsunternehmen „rechtlich verpflichtet" sein (§ 2a Abs. 3 VermAnlG: „durch Gesetz oder Verordnung"), bei der Anlageberatung oder Anlagevermittlung „zu prüfen" oder vielmehr sicherzustellen, dass die **nicht qualifizierten Anleger** die Wertpapiere auch nur bis zu einem Gesamtbetrag von € 1.000, maximal aber € 10.000, erwerben können (§ 3c WpPG).

13 § 3c WpPG ist dabei ganz bewusst an § 2a Abs. 3 VermAnlG (Schwarmfinanzierung) angelehnt, vor allem die Höhe der Einzelanlageschwellen entspricht denen in § 2a Abs. 3 VermAnlG.[11] Anders als dort ist § 3c WpPG aber auf Privatkunden („nicht qualifizierte Anleger") beschränkt. In § 2a Abs. 3 VermAnlG ist dagegen allein von einem „Anleger" die Rede, „der keine Kapitalgesellschaft ist".

14 Nach Auffassung des Gesetzgebers ist § 3c WpPG eine „Spezialvorschrift, die nur nicht qualifizierte Anleger betrifft", deshalb „nur für diesen Kreis" gilt und daher auf alle anderen Anleger keine Anwendung findet.[12] Alle anderen Anleger sind nach der Gesetzesbegründung die „qualifizierten Anleger" i.S.d. § 2 Nr. 6 WpPG und damit „alle professionellen Kunden, die in § 67 Absatz 2 WpHG definiert sind, unabhängig von der Rechtsform".[13] Wenn für öffentliche Angebote an qualifizierte Anleger „die Prospektfreiheit bis 8 Mio. EUR ohne Vermittlung über ein Wertpapierdienstleistungsunternehmen" gilt,[14] folgt die Befreiung von der Prospektpflicht jedoch schon allein aus **§ 3 Abs. 2 Satz 1 Nr. 1 WpPG** und damit unabhängig von § 3 Abs. 2 Satz 1 Nr. 6 WpPG, da sich das öffentliche Angebot in diesem Fall „ausschließlich an qualifizierte Anleger richtet".

---

11 Begründung RegE des Gesetzes zur Ausübung von Optionen der EU-Prospektverordnung und zur Anpassung weiterer Finanzmarktgesetze, BTDrucks. 19/2435 S. 45.

12 Begründung RegE des Gesetzes zur Ausübung von Optionen der EU-Prospektverordnung und zur Anpassung weiterer Finanzmarktgesetze, BTDrucks. 19/2435 S. 45.

13 Begründung RegE des Gesetzes zur Ausübung von Optionen der EU-Prospektverordnung und zur Anpassung weiterer Finanzmarktgesetze, BTDrucks. 19/2435 S. 45.

14 Begründung RegE des Gesetzes zur Ausübung von Optionen der EU-Prospektverordnung und zur Anpassung weiterer Finanzmarktgesetze, BTDrucks. 19/2435 S. 45.

Die Prospektfreiheit gilt deshalb selbst dann, wenn der Gesamtgegenwert der Wertpapiere, die ausschließlich qualifizierten Anlegern öffentlich angeboten werden, die Obergrenze des § 3 Abs. 2 Satz 1 Nr. 6 WpPG von € 8 Mio. übersteigt. Demgemäß tritt hier an die Stelle des Prospekts auch nicht gemäß § 3a Abs. 1 Satz 1 WpPG das WIB. Die Pflicht zur Erstellung eines WIB greift nur dann ein, wenn die Ausnahme des § 3 Abs. 2 Satz 1 Nr. 6 in Anspruch genommen „und aus diesem *speziellen* Grund kein Prospekt erstellt wird".[15] Kann der Anbieter die Wertpapiere schon aus einem anderen Grund prospektfrei öffentlich anbieten (§ 3 Abs. 2 Satz 1 Nr. 1–5, § 4 Abs. 1 WpPG), findet § 3a WpPG keine Anwendung mehr, sodass die Pflicht, anstelle des Prospekts ein WIB zu erstellen und zu veröffentlichen, entfällt.[16] 15

2. Wesentliche Informationen. Nach § 3a Abs. 3 Satz 2 WpPG hat das WIB „mindestens" die wesentlichen Informationen über die öffentlich angebotenen Wertpapiere, deren Emittenten sowie etwaige Garantiegeber zu enthalten. Damit die Anleger („Publikum") die Merkmale des angebotenen Wertpapiers mit denen von anderen Wertpapieren „bestmöglich" vergleichen können, gibt § 3a Abs. 3 Satz 2 WpPG nicht nur diese Mindestinformationen vor, sondern auch deren Reihenfolge.[17] Die Vorgaben des § 3a Abs. 3 Satz 2 Nr. 1–9 WpPG sind dabei an § 13 Abs. 3 VermAnlG „angelehnt".[18] Auch bei § 3a Abs. 3 WpPG geht es darum, die Anleger („Publikum") über die Chancen und Risiken der öffentlich angebotenen Wertpapiere zutreffend zu informieren. Und da die Chancen und Risiken des Wertpapiers vor allem von der Bonität (u.a. dem Verschuldungsgrad) des Emittenten abhängen, sind die Anleger darüber, aber auch über etwaige Garantiegeber und den Anbieter selbst sowie über die mit dem Wertpapier verbundenen Kosten und Provisionen aufzuklären. 16

3. Warnhinweise. Das WIB muss im Anschluss an diese Angaben nach § 3a Abs. 3 Satz 2 WpPG („wesentliche Informationen") zudem, ebenfalls in einer genau festgelegten Reihenfolge, „Hinweise" gemäß § 3a Abs. 5 Nr. 1–4 WpPG enthalten. Der Anbieter hat die Anleger zunächst darauf hinzuweisen, dass die BaFin das WIB lediglich formal (vgl. § 3a Abs. 2 Satz 2 WpPG) und nicht auf seine inhaltliche Richtigkeit geprüft hat (§ 3a Abs. 5 Nr. 1 WpPG). Da das WIB an die Stelle des Wertpapierprospekts tritt, fehlt es an einem durch die BaFin gebilligten und dort hinterlegten Wertpapierprospekt, der deshalb als umfassende Informationsquelle für den Anleger ausfällt. Für weitergehende Informationen muss sich deshalb der Anleger direkt an den Anbieter oder Emittenten des Wertpapiers wenden. Auch hierüber hat der Anbieter das Anlegerpublikum im WIB aufzuklären (Nr. 2). 17

Dieser „Warnhinweis" entspricht dem in § 13 Abs. 5 Satz 1 VermAnlG.[19] Auch dort ist ein solcher Hinweis für Vermögensanlagen vorgesehen, bei denen der Anbieter ein Verkaufsprospekt nicht zu erstellen braucht (§§ 2a, 2b VermAnlG), sodass auch hier das Vermögensanlagen-Informationsblatt (VIB), ebenso wie ein WIB, den Prospekt vollstän- 18

---

15 Begründung RegE des Gesetzes zur Ausübung von Optionen der EU-Prospektverordnung und zur Anpassung weiterer Finanzmarktgesetze, BTDrucks. 19/2435 S. 41 (Hervorhebung nicht im Original).

16 Begründung RegE des Gesetzes zur Ausübung von Optionen der EU-Prospektverordnung und zur Anpassung weiterer Finanzmarktgesetze, BTDrucks. 19/2435 S. 41.

17 Begründung RegE des Gesetzes zur Ausübung von Optionen der EU-Prospektverordnung und zur Anpassung weiterer Finanzmarktgesetze, BTDrucks. 19/2435 S. 42.

18 Begründung RegE des Gesetzes zur Ausübung von Optionen der EU-Prospektverordnung und zur Anpassung weiterer Finanzmarktgesetze, BTDrucks. 19/2435 S. 42.

19 Begründung RegE des Gesetzes zur Ausübung von Optionen der EU-Prospektverordnung und zur Anpassung weiterer Finanzmarktgesetze, BTDrucks. 19/2435 S. 42.

dig ersetzt. Im Gegensatz zu einem Vermögensanlagen-Informationsblatt, das den Verkaufsprospekt zumeist lediglich ergänzt und nicht wie ein WIB ersetzt, fehlt in einem WIB der Hinweis an den Anleger, seine Anlageentscheidung nicht allein auf das WIB, sondern auch auf den Prospekt zu stützen (vgl. § 13 Abs. 3 Nr. 4 VermAnlG).

19 Bereits mit Blick auf eine **Haftung** des Anbieters für ein fehlerhaftes WIB muss dieses den Hinweis auf die Anspruchsvoraussetzungen des § 22a Abs. 1 WpPG enthalten (§ 3a Abs. 5 Nr. 4 WpPG). Auch dieser Hinweis ist an § 13 Abs. 4 Satz 2 Nr. 5 VermAnlG angelehnt und dient insoweit erneut dem Gleichlauf zwischen Wertpapier- und Vermögensanlagen-Informationsblatt. Da der Jahresabschluss des Emittenten sowie eines etwaigen Garantiegebers Auskunft über deren Bonität und damit über Chancen und Risiken des angebotenen Wertpapiers gibt, muss der Anbieter auf den letzten Jahresabschluss hinweisen sowie darauf, wo und wie der Anleger diese Jahresabschlüsse erhalten kann (§ 3a Abs. 5 Nr. 3 WpPG).

20 Der Anleger hat gemäß § 3a Abs. 6 Satz 1 WpPG das Recht, dass ihm auf seine Anforderung hin der letzte Jahresabschluss des Emittenten (und nach Satz 3 auch der eines etwaigen Garantiegebers) während der gesamten Dauer des öffentlichen Angebots kostenlos zur Verfügung gestellt wird. Sofern der Emittent oder ein etwaiger Garantiegeber nicht verpflichtet sind, einen Jahresabschluss offenzulegen, muss der Anbieter dafür Sorge tragen, dass die Anleger vom Jahresabschluss gleichwohl Kenntnis nehmen können. Demgemäß hat der Anbieter dem WIB den Jahresabschluss als Anlage beizufügen, ihn bei der BaFin zu hinterlegen und sodann auf seiner Internetseite zu veröffentlichen (§§ 3a Abs. 6 Satz 3 und 4, 3b Abs. 3 Satz 2 WpPG).

21 Um dem Anleger vor Augen zu führen, dass er das in das Wertpapier investierte Geld auch vollständig verlieren kann, hat das WIB bereits auf der ersten Seite, unmittelbar unter der ersten Überschrift den „drucktechnisch hervorgehobenen Warnhinweis" zu enthalten: „Der Erwerb dieses Wertpapiers ist mit erheblichen Risiken verbunden und kann zum vollständigen Verlust des eingesetzten Vermögens führen" (§ 3a Abs. 4 WpPG). Der Warnhinweis entspricht damit dem Warnhinweis, den ein Anbieter in ein Vermögensanlagen-Informationsblatt aufzunehmen hat (§ 13 Abs. 4 Satz 1 VermAnlG). Der Gesetzgeber wollte auf diese Weise einen „Gleichlauf mit dem Vermögens-Informationsblatt" herstellen.[20]

22 Anders als bei einem Vermögensanlagen-Informationsblatt hat der Anleger bei einem WIB *nicht* unter Nennung von Ort und Datum durch seine Unterschrift mit Vor- und Familienname vor Vertragsschluss ausdrücklich zu bestätigen, dass er von diesem Warnhinweis auch tatsächlich Kenntnis genommen hat (§ 15 Abs. 3 Satz 1 VermAnlG). Das beruht darauf, dass der Anbieter im Gegensatz zu einem Vermögensanlagen-Informationsblatt nicht verpflichtet ist, dem Anleger das WIB auszuhändigen.

23 **4. Aktualisierungspflicht.** Ein WIB ist ebenso wie ein Wertpapierprospekt (§ 16 Abs. 1 Satz 1 WpPG) oder Vermögensanlagen-Informationsblatt (§ 13 Abs. 7 Satz 1 VermAnlG) während der gesamten Dauer des öffentlichen Angebots „unverzüglich" (§ 121 Abs. 1 Satz 1 BGB) zu aktualisieren, sobald nach der Gestattung durch die BaFin ein wichtiger neuer Umstand eintritt oder sich herausstellt, dass Angaben im WIB von Anfang an wesentlich unrichtig waren oder es später im Verlauf des öffentlichen Angebots geworden sind (§ 3a Abs. 8 WpPG).

---

20 Begründung RegE des Gesetzes zur Ausübung von Optionen der EU-Prospektverordnung und zur Anpassung weiterer Finanzmarktgesetze, BTDrucks. 19/2435 S. 43.

Der Anbieter hat die aktualisierte Fassung des WIB im Anschluss daran „unverzüglich“ gemäß § 14 Abs. 2 WpPG zu veröffentlichen (§ 3a Abs. 8 Satz 3 WpPG) „und jedermann ohne Zugriffsbeschränkung zugänglich zu machen“ (so auch § 3b Abs. 3 Satz 2 WpPG).[21] Eine vorherige Gestattung durch die BaFin erfolgt dabei jedoch *nicht*, um so den Anbieter nicht erneut mit den Kosten einer Prüfung des (aktualisierten) WIB zu belasten.[22] 24

5. Hinterlegung und Aufbewahrung bei der BaFin. Der Anbieter muss das WIB vor dessen Veröffentlichung bei der BaFin **hinterlegen** (§ 3a Abs. 1 Satz 1 WpPG). Hat der Anbieter das WIB aktualisiert, hat er die aktualisierte Fassung „unverzüglich“ wiederum zum Zweck der Hinterlegung an die BaFin zu übermitteln (§ 3a Abs. 6 Satz 2 WpPG).[23] 25

Die BaFin hat das (aktualisierte) WIB zehn Jahre **aufzubewahren** (§§ 3b Abs. 2, 14 Abs. 6 WpPG). Geschädigte Anleger können dadurch das (fehlerhafte) WIB auch nach Ablauf des öffentlichen Angebots an einer zentralen Stelle auffinden und so auch noch später vor Ablauf der maximal zehnjährigen Verjährungsfrist (§ 199 Abs. 3 Nr. 1 BGB) ihre Ansprüche nach § 22a WpPG effektiv durchsetzen. 26

II. Haftung für fehlerhaftes Wertpapier-Informationsblatt (§ 22a WpPG)

1. Fehlerhaftigkeit

a) Grundsatz. Der Anbieter haftet dem geschädigten Anleger nach § 22a Abs. 1 WpPG, wenn im veröffentlichten WIB Angaben, die für die Beurteilung der Wertpapiere wesentlich sind, **unrichtig** oder **irreführend** sind oder der **Warnhinweis nach § 3a Abs. 4 WpPG** (Gefahr des Totalverlusts) fehlt. Da das WIB an die Stelle des Wertpapierprospekts tritt, kann sich anders als bei einem Vermögensanlagen-Informationsblatt die Fehlerhaftigkeit des WIB nicht daraus ergeben, dass die im WIB enthaltenen Angaben „nicht mit den einschlägigen Teilen“ des Prospekts vereinbar sind (vgl. § 22 Abs. 1 Nr. 1 VermAnlG). Während sich die Haftung für einen fehlerhaften Wertpapierprospekt auch darauf stützen kann, dass wesentliche Angaben im Prospekt unvollständig sind (§§ 21, 22 WpPG), fehlt diese Alternative in § 22a Abs. 1 WpPG ebenso wie in § 22 VermAnlG. 27

Die bloße Unvollständigkeit der Angaben stellt demzufolge keine Fehlerhaftigkeit des WIB dar. Das WIB soll die Anleger „kurz“ über Merkmale, Kosten, Chancen und Risiken des angebotenen Wertpapiers informieren (§ 3a Abs. 3 Satz 2 WpPG) und darf aus diesem Grund auch nicht mehr als drei DIN-A4-Seiten umfassen (§ 3a Abs. 3 Satz 1 WpPG).[24] Die Vollständigkeit der Angaben in einem WIB kann dementsprechend ebenso wenig verlangt werden wie bei einem Vermögensanlagen-Informationsblatt.[25] 28

---

21 Begründung RegE des Gesetzes zur Ausübung von Optionen der EU-Prospektverordnung und zur Anpassung weiterer Finanzmarktgesetze, BTDrucks. 19/2435 S. 44.

22 Begründung RegE des Gesetzes zur Ausübung von Optionen der EU-Prospektverordnung und zur Anpassung weiterer Finanzmarktgesetze, BTDrucks. 19/2435 S. 44.

23 Begründung RegE des Gesetzes zur Ausübung von Optionen der EU-Prospektverordnung und zur Anpassung weiterer Finanzmarktgesetze, BTDrucks. 19/2435 S. 44.

24 Begründung RegE des Gesetzes zur Ausübung von Optionen der EU-Prospektverordnung und zur Anpassung weiterer Finanzmarktgesetze, BTDrucks. 19/2435 S. 42.

25 *Buck-Heeb* Kapitalmarktrecht Rn. 263; Assmann/Schlitt/von Kopp-Colomb/*Assmann* § 22 VermAnlG Rn. 24; Baumbach/Hopt/*Kumpan* (15b) § 22 VermAnlG Rn. 1; Assmann/Schütze/*Assmann* Kapitalanlagerecht § 5 Rn. 303; Begr. RegE des Gesetzes zur Novellierung des Finanzanlagenvermittler- und Vermögenanlagerechts, BTDrucks. 17/6051 S. 34, 37.

29 Auch für die Beurteilung, ob eine Angabe im WIB unrichtig oder irreführend ist, kommt es auf das Verständnis eines **durchschnittlichen Anlegers** an (siehe zum Anlegerbegriff auch §§ 21–23 WpPG Rn. 28–29).[26] Wendet sich der Anbieter allerdings gezielt an einen unkundigen und börsenunerfahrenen Anlegerkreis, ist auch bei einem WIB auf einen durchschnittlichen Kleinanleger abzustellen, der über keine Spezialkenntnisse verfügt.[27]

30 **b) Unrichtige Angaben.** Angaben sind Tatsachen, aber auch Prognosen, Meinungen und Werturteile, sofern sie geeignet sind, die Beurteilung des öffentlich angebotenen Wertpapiers wesentlich zu beeinflussen. Während Tatsachen unrichtig sind, wenn sie nachweislich nicht mit der Wirklichkeit übereinstimmen, gilt das für Prognosen, Meinungen und Werturteile als zukunftsbezogene Angaben erst, wenn sie sich nicht ausreichend auf Tatsachen stützen können oder kaufmännisch nicht vertretbar sind.[28]

31 Die Angaben im WIB müssen während der gesamten Dauer des öffentlichen Angebots richtig sein. Daher kann sich die Unrichtigkeit einer Angabe auch erst später im Verlauf des öffentlichen Angebots entwickeln. Demgemäß hat der Anbieter das WIB „unverzüglich" zu **aktualisieren**, sobald sich herausstellt, dass eine Angabe im WIB unrichtig (geworden) ist (§ 3a Abs. 8 WpPG).

32 **c) Irreführende Angaben.** Die Angaben im WIB können zwar im eigentlichen Sinne nicht unrichtig, aber insofern irreführend sein, als sie beim Anleger einen falschen Eindruck über die Chancen und Risiken des Wertpapiers hervorrufen. Das WIB soll den Anleger gerade „kurz" und demzufolge komprimiert über die Merkmale des Wertpapiers, die mit ihm verbundenen Chancen und Risiken informieren. Daher besteht anders als bei einem Prospekt die Gefahr, dass die Angaben im WIB (ebenso wie in einem Vermögensanlagen-Informationsblatt) „mitunter nur ‚die halbe Wahrheit' wiedergeben".[29]

33 Dabei kann bereits eine einzelne Angabe irreführend sein oder eine Fehlvorstellung beim Anleger erst aus der Gesamtheit der Angaben im WIB folgen, indem die Angaben zusammen gelesen beim Anleger ein unzutreffendes Gesamtbild über das angebotene Wertpapier hervorrufen oder unterhalten. Dass der Anbieter den Anleger bewusst in die Irre führen wollte, ist nicht erforderlich und erst im Rahmen des Verschuldens von Bedeutung (§ 23a Abs. 1 WpPG). Gerade die Tatsache, dass das WIB als prospektersetzende (!) Information nur drei DIN A-4 Seiten umfassen darf und es deshalb notgedrungen sehr kurz und verallgemeinernd gehalten ist, wurde im Vorfeld dieser Regulierung als Quelle möglicher Missverständnisse oder Irrtümer seitens der Anleger gesehen.[30]

34 **d) Fehlender Warnhinweis (§ 3a Abs. 4 WpPG).** Der „Warnhinweis nach § 3a Absatz 4" fehlt sicherlich, wenn er im WIB überhaupt nicht enthalten ist. Aufgrund der Bedeutung, die das Gesetz offensichtlich der Warnung des Anlegers vor einem Totalverlust beimisst (drucktechnisch hervorgehoben, auf der ersten Seite unmittelbar unterhalb der ersten Überschrift), ist der Warnhinweis auch schon dann im WIB „nicht enthalten"

---

26 Begründung RegE des Gesetzes zur Ausübung von Optionen der EU-Prospektverordnung und zur Anpassung weiterer Finanzmarktgesetze, BTDrucks. 19/2435 S. 42.

27 *Buck-Heeb* Kapitalmarktrecht Rn. 253; BGH 18.9.2012 BGHZ **195** 1 Rn. 23.

28 BGH 12.7.1982 NJW **1982** 2826; Assmann/Schütze/*Assmann* Kapitalanlagerecht § 5 Rn. 252; Siering/Izzo-Wagner/*Lang*/*Ruf* § 22 VermAnlG Rn. 11.

29 Assmann/Schlitt/von Kopp-Colomb/*Assmann* § 22 VermAnlG Rn. 24; *Rinas*/*Pobortscha*, BB **2012** 1615, 1618.

30 Siehe Stellungnahme Deutsches Aktieninstitut (DAI), 23.2.2018, S. 2.

(§ 22a Abs. 1 WpPG), wenn er die Anforderungen des § 3a Abs. 4 WpPG auch bloß zum Teil nicht erfüllt.

35 Obgleich die Prospekthaftung und damit auch die Haftung für einen fehlerhaftes WIB (§ 22a WpPG) auf dem Informationsdefizit des Anlegers beruht, kommt nach Ansicht des Gesetzgebers für den Anleger die Bedeutung der Information, das eingesetzte Vermögen vollständig verlieren zu können, erst durch die formalen Vorgaben nach § 3a Abs. 4 WpPG zum Ausdruck. Das Informationsdefizit des Anlegers ist demgemäß ausschließlich dann behoben, wenn der Warnhinweis drucktechnisch hervorgehoben und damit von den übrigen Angaben im WIB deutlich abgehoben den Gesetzeswortlaut genau wiedergibt und sich zudem auf der ersten Seite, unmittelbar unter der ersten Überschrift befindet.

36 **2. Haftungsadressat.** Während bei einem Vermögensanlagen-Informationsblatt (VIB) ausschließlich der Anbieter für ein fehlerhaftes VIB einzustehen hat (§ 22 Abs. 1 VermAnlG), haften nach § 22a Abs. 1 WpPG neben dem Anbieter auch diejenigen, von denen der Erlass des WIB ausgeht. Sofern der Emittent weder Anbieter ist noch von ihm der Erlass des WIB ausgeht, kann der geschädigte Anleger von ihm keinen Schadensersatz nach § 22a Abs. 1 WpPG verlangen. Anbieter i.S.d. § 2 Nr. 10 WpPG ist dabei nicht nur die Person oder Gesellschaft, die nach außen als Anbieter auftritt, sondern sind auch diejenigen, die zwar nicht nach außen in Erscheinung treten, von denen aber das öffentliche Angebot ausgeht.

37 In Anlehnung an den Begriff des Prospektveranlassers (siehe dazu §§ 21–23 WpPG Rn. 53–56), geht der Erlass des WIB von einer Person oder Gesellschaft aus, die zwar nicht nach außen erkennbar in Erscheinung tritt, die aber ein eigenes **wirtschaftliches Interesse** an der Emission hat und darauf hinwirkt, dass ein fehlerhaftes WIB veröffentlicht wird.[31]

38 Mehrere Haftungsadressaten sind **Gesamtschuldner**, sodass der Anleger im Außenverhältnis jeden von ihnen nach seiner Wahl auf die ganze Leistung in Anspruch nehmen kann (§ 421 BGB). Ein Ausgleich findet demgemäß erst im Innenverhältnis unter den Haftungsadressaten nach dem Umfang ihrer Mitverantwortlichkeit statt (§ 426 BGB) und bemisst sich danach, wer von ihnen in welchem Umfang dafür verantwortlich ist, dass das WIB fehlerhaft ist (Rechtsgedanke des § 254 BGB) (dazu näher §§ 21–23 WpPG Rn. 57–58).

39 **3. Ersatzberechtigung des Anspruchstellers.** Der Anleger muss die Wertpapiere nach Veröffentlichung des WIB und während der Dauer des öffentlichen Angebots, spätestens jedoch innerhalb von sechs Monaten nach dem ersten öffentlichen Angebot erworben haben („Erwerbszeitraum"). Der Erwerbszeitraum beginnt also erst, wenn das WIB veröffentlicht und im Anschluss daran, mindestens einen Werktag später, die Wertpapiere öffentlich angeboten worden sind.[32] Auch daran wird deutlich, dass sich ein WIB nur auf öffentliche Angebote und nicht auf die Zulassung zum Handel an einem organisierten Markt beziehen kann, sodass auch von § 22a WpPG allein Wertpapiere erfasst werden, die in diesem Sinne öffentlich angeboten werden.[33]

---

31 BGH 18.9.2012 BGHZ **195** 1 Rn. 36; *Schroeder* Der persönliche Anwendungsbereich der Prospekthaftung nach dem WpPG und dem VermAnlG, 9, 166 ff.

32 Begründung RegE des Gesetzes zur Ausübung von Optionen der EU-Prospektverordnung und zur Anpassung weiterer Finanzmarktgesetze, BTDrucks. 19/2435 S. 45.

33 Begründung RegE des Gesetzes zur Ausübung von Optionen der EU-Prospektverordnung und zur Anpassung weiterer Finanzmarktgesetze, BTDrucks. 19/2435 S. 46.

40 Für den **Beginn** des öffentlichen Angebots gilt § 2 Nr. 4 WpPG, sodass es allein darauf ankommt, dass der Anbieter irgendeine Mitteilung an das Anlegerpublikum gerichtet hat, die ausreichende Informationen über die Angebotsbedingungen und das anzubietende Wertpapier enthält, um die potenziellen Anleger in die Lage zu versetzen, über den Kauf oder die Zeichnung des Wertpapiers zu entscheiden.

41 Das öffentliche Angebot **endet**, sofern es befristet ist, zu dem Zeitpunkt, den der Anbieter dafür genannt hat, dass er die Wertpapiere nicht mehr zum Erwerb öffentlich anbieten will. Fehlt eine Befristung, endet das öffentliche Angebot, sobald für das Anlegerpublikum der Wille des Anbieters erkennbar ist, die Wertpapiere nicht mehr öffentlich anbieten zu wollen. Auch wenn das öffentliche Angebot immer noch fortdauert, endet für § 22a Abs. 1 WpPG der Erwerbszeitraum spätestens sechs Monate nach dem ersten öffentlichen Angebot. Erwirbt der Anleger die Wertpapiere erst danach, scheidet ein Anspruch des geschädigten Anlegers selbst dann aus, wenn das WIB fehlerhaft ist.

42 Damit die Wertpapiere noch innerhalb der Sechsmonatsfrist erworben sind, genügt es, wenn in diesem Zeitraum das **Verpflichtungsgeschäft** (in der Regel der Kaufvertrag) abgeschlossen worden ist, da sich bereits hierdurch die Fehlerhaftigkeit des WIB, d.h. das Informationsdefizit des Anlegers, in der Kaufentscheidung ausgewirkt hat. Das sachenrechtliche Erwerbsgeschäft vollzieht nur noch die fehlerhafte Anlageentscheidung.

43 Die Erstattung des Erwerbspreises, maximal auch hier des ersten Erwerbspreises, kann der Anleger nur dann verlangen, wenn er einen solchen zuvor gezahlt hat. Er muss die Wertpapiere demnach **entgeltlich** erworben haben[34] (§§ 21–23 WpPG Rn. 60–64).

44 **4. Haftungsbegründende Kausalität.** Die Haftungsnorm des § 22a WpPG ist an §§ 21, 22 WpPG und nicht an § 22 VermAnlG „orientiert“, obschon der Gesetzgeber ansonsten einen Gleichlauf zwischen WIB (§ 3a WpPG) und Vermögensanlagen-Informationsblatt (§ 13 VermAnlG) angestrebt hat. Dies wirkt sich ganz besonders bei der haftungsbegründenden Kausalität aus. Während der Anleger die Vermögensanlage „auf Grund“ des fehlerhaften Vermögensanlagen-Informationsblatts erworben haben muss (§ 22 Abs. 1 VermAnlG), fehlt dieser Zusatz in § 22a Abs. 1 WpPG für das WIB. Eine haftungsbegründende Kausalität zwischen dem fehlerhaften WIB und dem Erwerb der Wertpapiere muss aber auch in diesem Fall bestehen. Das ergibt sich aus **§ 23a Abs. 2 Nr. 1 WpPG**, wonach ein Anspruch nach § 22a WpPG nicht besteht, sofern die Wertpapiere nicht „auf Grund“ des WIB erworben worden sind.

45 Anders als bei einem fehlerhaften Vermögensanlagen-Informationsblatt (§ 22 VermAnlG) muss der geschädigte Anleger bei einem fehlerhaften WIB die haftungsbegründende Kausalität nicht darlegen oder beweisen, sie wird vielmehr widerleglich vermutet (**Beweislastumkehr**).

46 Die haftungsbegründende Kausalität entfällt auch dann, wenn der Anleger schon bei Erwerb der Wertpapiere wusste, dass die Angaben im WIB unrichtig oder irreführend waren (**§ 23a Abs. 2 Nr. 3 WpPG**). Die Kenntnis des Anlegers unterbricht den Kausalzusammenhang zwischen dem fehlerhaften WIB und der Anlagenentscheidung (§§ 21–23 WpPG Rn. 68). Das gilt auch, wenn die unrichtigen oder irreführenden Angaben im WIB, noch bevor der Anleger die Wertpapiere erworben hat (Verpflichtungsgeschäft), (objektiv) **berichtigt** worden sind (**§ 23a Abs. 2 Nr. 4 WpPG**). Auf eine (subjektive) Kenntnis des Anlegers von der Berichtigung im Rahmen eines Jahresabschlusses oder Zwischenberichts des Emittenten, im Rahmen einer Ad-hoc-Mitteilung (Art. 17 Marktmissbrauchsverordnung)

34 Schwark/Zimmer/*Heidelbach* § 13 VerkProspG Rn. 21.

oder einer vergleichbaren Bekanntmachung kommt es dabei nicht an (§§ 21–23 WpPG Rn. 69).

47 Da in § 22a Abs. 1 WpPG das Fehlen des **Warnhinweises** auf die **Gefahr eines Totalverlusts** (§ 3a Abs. 4 WpPG) dem Fall gleichgestellt ist, dass wesentliche Angaben im WIB unrichtig oder irreführend sind, sind die Haftungsausschlüsse des § 23a WpPG über ihren Wortlaut hinaus auch auf das Fehlen des Warnhinweises i.S.d. § 3a Abs. 4 WpPG anzuwenden. § 23a WpPG selbst erwähnt nur „unrichtige oder irreführende Angaben", nicht aber die Konstellation, dass „der Warnhinweis nach § 3a Absatz 4" WpPG im WIB „nicht enthalten" ist (so aber § 22a Abs. 1 WpPG).

48 Dass das Fehlen des Warnhinweises (§ 3a Abs. 4 WpPG) dazu geführt hat, dass der Anleger das Wertpapier „zu teuer" erworben hat, erscheint denklogisch nahezu ausgeschlossen (**§ 23a Abs. 2 Nr. 2 WpPG**). Zudem hat der Warnhinweis die Aufgabe, dem Anleger die Gefahr eines Totalverlusts eindrücklich vor Augen zu führen, um auf diese Weise dem Anleger eine selbstbestimmte Anlageentscheidung zu ermöglichen. Der Schaden besteht deshalb anders als bei einer unrichtigen oder irreführenden Angabe schon allein darin, dass der Anleger aufgrund des fehlenden Warnhinweises eine so nicht gewollte Anlageentscheidung getroffen hat. § 23a Abs. 2 Nr. 2 WpPG findet demnach keine Anwendung, wenn allein das Fehlen des Warnhinweises die Haftung nach § 22a WpPG auslöst.

49 Auch **§ 23a Abs. 2 Nr. 3 WpPG** passt nicht auf das Fehlen des Warnhinweises, sondern nur auf unrichtige oder irreführende Angaben im WIB. Stattdessen entfällt eine Ersatzpflicht des Anbieters, wenn der Anleger („Erwerber") die Pflicht, in das WIB einen Warnhinweis auf die Gefahr eines Totalverlusts (§ 3a Abs. 4 WpPG) aufzunehmen, beim Erwerb kannte (§ 24a Abs. 4 WpPG analog).

50 Entsprechend **§ 23a Abs. 2 Nr. 4 WpPG** hat der Anbieter nicht für das Fehlen eines Warnhinweises (§ 3a Abs. 4 WpPG) einzustehen, wenn er „vor dem Abschluss des Erwerbsgeschäfts" eine „deutlich gestaltete Berichtigung" des fehlenden Warnhinweises „im Inland veröffentlicht" (§ 23a Abs. 2 Nr. 4 WpPG).

51 **5. Verschulden.** Der Anbieter oder derjenige, von dem der Erlass des WIB ausgeht, haften nur, wenn ihnen auch ein Verschulden zur Last fällt. Der Anleger kann sie für den fehlerhaften WIB nur in Anspruch nehmen, wenn sie die Unrichtigkeit der Angaben des WIB oder die Irreführung durch diese Angaben gekannt haben oder ihre Unkenntnis zumindest auf grober Fahrlässigkeit beruht (**§ 23a Abs. 1 WpPG**).

52 Ein solches Verschulden der Haftungsadressaten wird jedoch ebenso wie bei einem fehlerhaften Wertpapierprospekt (§ 23 Abs. 1 WpPG) widerleglich vermutet, sodass es an ihnen ist, nachzuweisen, dass sie von der Unrichtigkeit der Angaben nichts gewusst haben und ihnen insofern auch keine grob fahrlässige Unkenntnis vorgeworfen werden kann (**Beweislastumkehr**). Für das (vorsätzliche oder grob fahrlässige) Verschulden der von ihnen eingeschalteten **Dritten** als ihre Erfüllungsgehilfen haben der Anbieter und diejenigen, von denen der Erlass des WIB ausgeht, über § 278 BGB einzustehen (§§ 21–23 WpPG Rn. 85–87).

53 **6. Schadensersatz, haftungsausfüllende Kausalität und Mitverschulden.** Hat der Anleger die Wertpapiere „auf Grund" (vgl. § 23a Abs. 2 Nr. 1 WpPG) der unrichtigen oder irreführenden wesentlichen Angaben im WIB erworben, besteht der ersatzfähige Schaden des Anlegers an sich schon allein darin, dass er aufgrund des Informationsdefizits eine nicht informierte und insofern ungewollte Anlageentscheidung getroffen hat. „Grund für die Haftung" nach § 22a Abs. 1 WpPG ist „der Eingriff in das Recht" des Anlegers, „zutreffend informiert über die Verwendung seines Vermögens selbst zu bestim-

men und sich für oder gegen die Anlage zu entscheiden".[35] Es genügt demzufolge die Verletzung der Entscheidungsfreiheit. Keine Voraussetzung für die Bejahung eines ersatzfähigen Schadens ist daher, dass der Anleger darüber hinaus einen Vermögensschaden erlitten hat.[36]

54 Dennoch muss es darüber hinaus zu einem **Vermögensschaden** des Anlegers gekommen sein, will er aus § 22a Abs. 1 WpPG gegen den Anbieter oder diejenigen vorgehen, von denen der Erlass des WIB ausgegangen ist. Nach § 23a Abs. 2 Nr. 2 WpPG scheidet ein Anspruch des Anlegers aus, wenn der Sachverhalt, über den unrichtige Angaben im WIB enthalten sind, „nicht zu einer Minderung des *Börsenpreises* der Wertpapiere beigetragen hat". Da sich ein WIB nur auf Wertpapiere beziehen kann, die öffentlich angeboten werden, und nicht auf Wertpapiere, die zum Handel an einem organisierten Markt, d.h. einer Börse, zugelassen werden sollen (dafür ist stets ein Prospekt erforderlich, § 3 Abs. 4 WpPG),[37] gibt es keinen „Börsenpreis". Demgemäß ist der Begriff des Börsenpreises durch den des Erwerbspreises zu ersetzen. Es handelt sich insofern um ein Redaktionsversehen des Gesetzgebers, der sich hier zu „eng" an § 23 Abs. 2 Nr. 2 WpPG „angelehnt" hat,[38] indem er den Wortlaut des § 23 Abs. 2 Nr. 2 WpPG eins zu eins in § 23a Abs. 2 Nr. 2 WpPG übernommen hat.

55 Die unrichtigen oder irreführenden Angaben im WIB müssen demzufolge dazu geführt haben, dass der Anleger die Wertpapiere „zu teuer" gekauft hat. Diese **haftungsausfüllende Kausalität** wird dabei widerleglich vermutet. Der Anbieter oder derjenige, von dem der Erlass des WIB ausgeht, trägt danach die **Beweislast**, dass die unrichtigen Angaben nicht zu einer aus Sicht des Anlegers negativen Kursbeeinflussung geführt haben (§ 23a Abs. 2 Nr. 2 WpPG) (siehe dazu §§ 21–23 WpPG Rn. 92–93).

56 Ist der geschädigte Anleger noch Inhaber der Wertpapiere, kann er vom Anbieter und von denjenigen, von denen der Erlass des WIB ausgeht, die Erstattung des von ihm gezahlten Erwerbspreises, soweit dieser den ersten Erwerbspreis nicht überschreitet, sowie die üblichen mit dem Erwerb verbundenen Kosten ersetzt verlangen (§ 22a Abs. 1 WpPG). Im Gegenzug für die Erstattung des Erwerbspreises muss der Anleger die Wertpapiere **Zug um Zug** an den Haftungsadressaten herausgeben, von dem er Schadensersatz verlangt (§§ 21–23 WpPG Rn. 94–99).

57 Hat der Anleger die Wertpapiere jedoch bereits weiterveräußert, ist er nicht mehr in der Lage, die Wertpapiere an die Haftungsadressaten herauszugeben. Er kann daher vom Anbieter oder demjenigen, von dem der Erlass des WIB ausgegangen ist, nur noch den Unterschiedsbetrag zwischen dem Erwerbspreis (maximal dem ersten Erwerbspreis) und dem Veräußerungspreis (§ 22a Abs. 2 WpPG) als Schadensersatz verlangen sowie die üblichen Provisionen und Transaktionskosten, die er für Erwerb und Veräußerung der Wertpapiere tatsächlich aufgewendet hat (§§ 21–23 WpPG Rn. 100–103).

58 Fällt dem Anleger ein **Mitverschulden** zur Last, ist auch der Schadensersatzanspruch nach § 22a Abs. 1 WpPG um den Mitverschuldensanteil zu kürzen (§ 254 BGB). Nach allgemeinen Grundsätzen sind die Haftungsadressaten als Anspruchsgegner hierfür beweispflichtig[39] (§§ 21–23 WpPG Rn. 104–106).

---

35 BGH 23.4.2012 NJW-RR **2012** 935 Rn. 33; BGH 8.3.2005 BGHZ **162** 306, 310 („den Vermögensinteressen des Anlegers nicht angemessen").

36 Staudinger/*Feldmann*/*Löwisch* § 311 BGB Rn. 162; Palandt/*Grüneberg* § 311 BGB Rn. 13.

37 Begründung RegE des Gesetzes zur Ausübung von Optionen der EU-Prospektverordnung und zur Anpassung weiterer Finanzmarktgesetze, BTDrucks. 19/2435 S. 46.

38 Begründung RegE des Gesetzes zur Ausübung von Optionen der EU-Prospektverordnung und zur Anpassung weiterer Finanzmarktgesetze, BTDrucks. 19/2435 S. 47.

39 *Schäfer* ZGR **2006** 40, 55; Assmann/Schlitt/von Kopp-Colomb/*Assmann* § 22 VermAnlG Rn. 44.

III. Haftung für fehlendes Wertpapier-Informationsblatt (§ 24a WpPG)

1. Fehlendes Wertpapier-Informationsblatt. Der Anleger hat einen Anspruch gemäß § 24a Abs. 1 WpPG auf Erstattung des Erwerbspreises sowie der mit dem Erwerb verbundenen üblichen Kosten, wenn ein WIB „entgegen § 3a Abs. 1 Satz 1 nicht veröffentlicht worden" ist. Eine Haftung nach § 24a WpPG setzt demnach zunächst voraus, dass der Anbieter die Ausnahme nach § 3 Abs. 2 Satz 1 Nr. 6 WpPG in Anspruch genommen hat, er also von der Prospektpflicht befreit war und zudem darauf verzichtet hat, freiwillig einen Prospekt zu veröffentlichen (siehe Rn. 6–15). Dann war der Anbieter verpflichtet, ein WIB zu erstellen und zu veröffentlichen. Hat er gegen diese Pflicht verstoßen, fehlt es für § 24a Abs. 1 WpPG an der gemäß § 3a Abs. 1 Satz 1 WpPG erforderlichen Veröffentlichung eines WIB. 59

Ein WIB ist im Gegensatz zu einem Vermögensanlagen-Informationsblatt dem Anleger nicht auszuhändigen. Der Anbieter hat das WIB „nur" auf seiner Internetseite zu veröffentlichen (§§ 3b Abs. 3, 14 Abs. 2 WpPG). Daher löst anders als bei einem Vermögensanlagen-Informationsblatt schon allein die Nichtveröffentlichung des WIB die Haftung nach § 24a Abs. 1 WpPG aus (§ 22 VermAnlG Rn. 43). 60

Veröffentlicht der Anbieter ein Dokument, das die Anforderungen an ein WIB erfüllt (§ 3a WpPG), hat die BaFin ihm aber nicht die Veröffentlichung gestattet, scheidet ein Anspruch nach § 24a Abs. 1 WpPG aus. Die fehlende Gestattung führt nicht dazu, dass ein WIB nicht veröffentlicht worden ist. Das WIB dient ebenso wie ein Wertpapierprospekt dazu, das Informationsdefizit beim Anleger zu beseitigen, was allerdings auch ein WIB erreichen kann, dessen Veröffentlichung nicht gestattet worden ist (§ 24 WpPG Rn. 8–17). Der Anleger hat in diesem Fall nur dann einen Anspruch auf Schadensersatz, wenn wesentliche Angaben im WIB unrichtig oder irreführend sind (§ 22a Abs. 1 WpPG). 61

2. Haftungsadressat. Auch in Bezug auf den Kreis der Haftungsadressaten „lehnt" sich § 24a WpPG zu eng an § 24 WpPG an, indem § 24a WpPG auch insoweit schlicht den Wortlaut des § 24 WpPG wiederholt.[40] Wie schon bei § 24 WpPG ist der Wortlaut aber dahingehend zu korrigieren, dass der Emittent nur dann Haftungsadressat des § 24a WpPG ist, wenn er Anbieter der Wertpapiere ist. Denn nach § 24a WpPG setzt die Haftung für einen fehlenden WIB voraus, dass das WIB „entgegen § 3a Absatz 1 Satz 1 nicht veröffentlicht worden" ist. Demzufolge kann aber auch nur derjenige für die Nichtveröffentlichung einzustehen haben, den die Pflicht trifft, ein WIB zu erstellen, und das ist nach dem ausdrücklichen Wortlaut des § 3a Abs. 1 Satz 1 WpPG ausschließlich der Anbieter (siehe dazu auch § 24 WpPG Rn. 18–32). 62

3. Ersatzberechtigung des Anspruchstellers. Der Anleger muss die Wertpapiere vor der Veröffentlichung eines WIB und während der Dauer des öffentlichen Angebots im Inland erworben haben, spätestens jedoch innerhalb von sechs Monaten nach dem ersten öffentlichen Angebot. Maßgeblich ist auch hier der Abschluss des obligatorischen (d.h. schuldrechtlichen) Rechtsgeschäfts, in der Regel also der Abschluss des Kaufvertrags. Da § 24a Abs. 1 WpPG als Rechtsfolge die Erstattung des vom Anleger gezahlten Erwerbspreises vorsieht, ist auch von dieser Haftungsnorm nur der **entgeltliche Erwerb** von Wertpapieren erfasst (§ 21–23 WpPG Rn. 60–64). 63

---

40 Begründung RegE des Gesetzes zur Ausübung von Optionen der EU-Prospektverordnung und zur Anpassung weiterer Finanzmarktgesetze, BTDrucks. 19/2435 S. 47.

64 Auch eine nachgeholte Veröffentlichung des WIB führt nicht dazu, dass der einmal entstandene Anspruch aus § 24a Abs. 1 WpPG wieder entfällt. Hatte der Anbieter jedoch die Wertpapiere zunächst öffentlich angeboten, ohne ein WIB zu veröffentlichen, später aber doch ein WIB veröffentlicht, ist der Anleger, der erst *nach* dieser Veröffentlichung die Wertpapiere kauft, durch das WIB über die Bonität des Emittenten und die mit den Wertpapieren verbundenen Chancen und Risiken ausreichend aufgeklärt. Da es hier an einem Informationsdefizit des Anlegers in dem Zeitpunkt fehlt, in dem er die Wertpapiere erworben hat, scheidet ein Anspruch des Anlegers aus § 24a WpPG aus.

65 **4. Haftungsbegründende und haftungsausfüllende Kausalität.** Auch § 24a WpPG verlangt nach seinem Wortlaut ebenso wenig wie § 24 WpPG und § 22 Abs. 4a VermAnlG, dass der Anleger die Wertpapiere (allein) deshalb gekauft hat, weil der Anbieter ein WIB zuvor nicht veröffentlicht hat. Nach hier vertretener Ansicht setzt § 24 WpPG dennoch eine haftungsbegründende Kausalität zwischen der Nichtveröffentlichung des Prospekts und der Entscheidung des Anlegers voraus, die öffentlich angebotenen Wertpapiere zu erwerben. Da § 24a WpPG seinerseits an § 24 WpPG angelehnt ist, gilt das auch für die Haftung bei einem fehlenden WIB (§ 24a WpPG). Dafür, dass die Nichtveröffentlichung des WIB ursächlich für die Anlageentscheidung geworden sein muss, spricht auch der Wortlaut des § 24a Abs. 1 Satz 1 WpPG, wonach „das Erwerbsgeschäft *vor* Veröffentlichung eines Prospekts" abgeschlossen sein muss (§ 24 WpPG Rn. 35–39).

66 Auch bei § 24a WpPG kommt es zu einer **Beweislastumkehr** (entsprechend § 23a Abs. 2 Nr. 1 WpPG oder analog § 24a Abs. 4 WpPG), sodass der Anbieter zu beweisen hat, dass der Anleger selbst bei einer rechtzeitigen Veröffentlichung des WIB, d.h. vor dem Abschluss des Erwerbsgeschäfts (i.d.R. des Kaufvertrags), die Wertpapiere gekauft hätte.

67 Da der Anleger nach § 24a Abs. 1 WpPG schon allein deshalb einen Schadensersatzanspruch hat, weil er aufgrund des fehlenden WIB eine nicht informierte Anlageentscheidung getroffen hat, setzt der Anspruch nach § 24a WpPG nicht noch zusätzlich einen Vermögensschaden beim Anleger voraus. Demgemäß fallen haftungsbegründende Kausalität zwischen der Nichtveröffentlichung des WIB und der Anlageentscheidung und haftungsausfüllende Kausalität zwischen Anlageentscheidung und Schaden zusammen, besteht doch schon in der nicht informierten und insofern ungewollten Anlageentscheidung der ersatzfähige Schaden.

68 **5. Verschulden und Mitverschulden.** Die Haftungsnorm des § 24a WpPG lehnt sich an § 24 WpPG an.[41] Da die Haftung nach § 24 WpPG, anders als es die **h.M.** annimmt, durchaus ein Verschulden des Anbieters voraussetzt (§ 24 WpPG Rn. 41–46), hat ein geschädigter Anleger nur dann einen Anspruch wegen eines fehlenden WIB (§ 24a WpPG), wenn dem Anbieter insoweit ein Verschulden zur Last fällt. Die Haftung nach § 24 WpPG für einen fehlenden Prospekt ist in Parallele zu der für einen fehlerhaften Prospekt (§§ 21, 22 WpPG) ausgestaltet. Aus diesem Grund findet § 23 Abs. 1 WpPG entsprechend auf § 24 WpPG und in der Folge davon § 23a Abs. 1 WpPG, der sich seinerseits eng an § 23 WpPG anlehnt,[42] auf § 24a WpPG Anwendung.[43]

69 Das bedeutet für die Haftung des Anbieters gemäß § 24a Abs. 1 WpPG, dass er nur dann für ein fehlendes WIB einzustehen hat, wenn er es vorsätzlich oder grob fahrlässig

41 Begründung RegE des Gesetzes zur Ausübung von Optionen der EU-Prospektverordnung und zur Anpassung weiterer Finanzmarktgesetze, BTDrucks. 19/2435 S. 47.
42 Begründung RegE des Gesetzes zur Ausübung von Optionen der EU-Prospektverordnung und zur Anpassung weiterer Finanzmarktgesetze, BTDrucks. 19/2435 S. 47.
43 *Groß* Kapitalmarktrecht § 24 Rn. 49.

unterlassen hat, entgegen § 3a Abs. 1 Satz 1 WpPG ein WIB zu veröffentlichen. Da sich die Haftungsnorm des § 24a WpPG an § 24 WpPG orientiert, kommt es auch bei § 24a WpPG insoweit zu einer Beweislastumkehr.[44] Demgemäß wird auch im Rahmen des § 24a WpPG ein Verschulden des Anbieters widerleglich vermutet, dem es deshalb obliegt, nachzuweisen, dass er die Pflicht, ein WIB zu veröffentlichen, nicht gekannt hat und das Unterlassen, ein WIB zu veröffentlichen, auch nicht auf grober Fahrlässigkeit beruht (§ 23a Abs. 1 WpPG analog) (§ 24 WpPG Rn. 47).

Sofern den Anleger ein **Mitverschulden** trifft, ist dieses auch im Rahmen des § 24a WpPG anspruchsmindernd zu berücksichtigen (§ 254 BGB). 70

6. Schadensersatz. Ist der Anleger in dem Zeitpunkt, in dem er seinen Anspruch aus § 24a WpPG geltend macht, noch **Inhaber** der von ihm erworbenen Wertpapiere, kann er wie bei einem fehlerhaften WIB (§ 22a Abs. 1 WpPG) vom Anbieter die Erstattung des von ihm gezahlten Erwerbspreises, soweit dieser den ersten Erwerbspreis nicht übersteigt, sowie die üblichen mit dem Erwerb verbundenen Kosten ersetzt verlangen (§ 24a Abs. 1 WpPG). Der Anleger hat im Gegenzug die Wertpapiere **Zug um Zug** an den Anbieter herauszugeben (siehe dazu §§ 21–23 WpPG Rn. 94–99). 71

Sofern der Anleger die Wertpapiere schon weiterveräußert hat und daher jetzt **nicht mehr Inhaber** der Wertpapiere ist, kann er nur noch die Differenz zwischen dem von ihm gezahlten Erwerbspreis und dem von ihm erzielten Veräußerungspreis ersetzt verlangen (§ 24a Abs. 2 WpPG). Anders als bei § 24 Abs. 2 WpPG ist im Rahmen des § 24a Abs. 2 WpPG der dabei anzusetzende Erwerbspreis, den der Anleger tatsächlich gezahlt hat, bereits nach dem ausdrücklichen Gesetzeswortlaut auf den „ersten Erwerbspreis“ begrenzt (§ 24 WpPG Rn. 55). Wie auch sonst bei der Haftung für einen fehlerhaften oder fehlenden Prospekt (§§ 21, 22, 24 WpPG) kann der Anleger die Erstattung der üblichen Provisionen und Transaktionskosten, die für Erwerb und Veräußerung der Wertpapiere angefallen sind, vom Anbieter als Schadensersatz verlangen. 72

IV. Verjährung (§§ 195, 199 BGB); zuständiges Gericht (§ 32b Abs. 1 ZPO); Musterverfahren (§ 1 Abs. 2 Satz 1 Nr. 2 KapMuG)

Siehe dazu §§ 21–23 WpPG Rn. 109–112. 73

§ 25 WpPG
Unwirksame Haftungsbeschränkung; sonstige Ansprüche

(1) Eine Vereinbarung, durch die Ansprüche nach §§ 21, 22, 22a, 24 oder 24a im Voraus ermäßigt oder erlassen werden, ist unwirksam.

(2) Weitergehende Ansprüche, die nach den Vorschriften des bürgerlichen Rechts auf Grund von Verträgen oder unerlaubten Handlungen erhoben werden können, bleiben unberührt.

Schrifttum

Assmann/Schlitt/von Kopp-Colomb Wertpapierprospektgesetz, Vermögensanlagengesetz, 3. Aufl. 2017; *Baumbach/Hopt* Kommentar zum HGB, 38. Aufl. 2018; *Berrar/Meyer/Müller/Schnorbus/Singhof/Wolf* WpPG

44 Habersack/Mülbert/Schlitt/*Mülbert/Steup* Unternehmensfinanzierung § 41 Rn. 120; Assmann/Schlitt/von Kopp-Colomb/*Assmann* § 24 WpPG Rn. 23.

und EU-ProspektVO, 2. Aufl. 2017; *Canaris/Habersack/Schäfer* Staub Großkommentar HGB, 5. Aufl. 2017; *Groß* Kapitalmarktrecht, 6. Aufl. 2015; *Habersack/Mülbert/Schlitt* Handbuch der Kapitalmarktinformation, 2. Aufl. 2013 (zit.: *Habersack/Mülbert/Schlitt*/Bearbeiter Kapitalmarktinformation); *dies.* Unternehmensfinanzierung am Kapitalmarkt, 3. Aufl. 2013 (zit.: *Habersack/Mülbert/Schlitt*/Bearbeiter Unternehmensfinanzierung); *Heidel* Aktienrecht und Kapitalmarktrecht, 4. Aufl. 2014; *Holzborn* WpPG, 2. Aufl. 2014; *Just/Voss/Ritz/Zeising* WpPG, 1. Aufl. 2009; *Schnorbus* Die prospektfreie Platzierung von Wertpapieren nach dem WpPG, AG **2008** 389.

Systematische Übersicht

A. Allgemeines

1 Die Vorschrift des § 25 WpPG geht auf § 47 BörsG a.F. zurück und stimmt mit dieser im Wortlaut überein, sodass Rechtsprechung und Schrifttum zu § 47 BörsG a.F. auch für die Auslegung des § 25 WpPG berücksichtigt werden können. Auch § 25 WpPG ist zum 1.6.2012 in Kraft getreten und löst seitdem die Vorgängervorschrift des § 47 BörsG a.F. ab. Für Prospekte, die als Grundlage für eine Börsenzulassung gedient haben und vor dem 1.6.2012 im Inland veröffentlicht worden sind, gilt weiterhin § 47 BörsG a.F. (§ 52 Abs. 8 BörsG). Das gilt über § 13 VerkProspG a.F., der auf § 47 BörsG a.F. verweist, auch für Prospekte, die nicht Grundlage für eine Börsenzulassung waren und ebenfalls vor dem 1.6.2012 veröffentlicht worden sind (§ 37 WpPG).

2 § 25 WpPG gilt sowohl für die Ansprüche eines geschädigten Anlegers wegen eines fehlerhaften Wertpapierprospekts (§§ 21, 22 WpPG) als auch für Ansprüche wegen eines fehlenden Wertpapierprospekts (§ 24 WpPG) sowie seit dem 21.7.2018 für Ansprüche wegen eines fehlerhaften oder fehlenden Wertpapier-Informationsblatts (§§ 22a, 24a WpPG) und regelt verbindlich die Möglichkeit von vertraglichen Haftungsbeschränkungen sowie die Anwendbarkeit von „weitergehenden" Ansprüchen des Anlegers neben einem Anspruch aus §§ 21, 22, 22a WpPG bzw. § 24, 24a WpPG.

B. Tatbestand

I. Unwirksame Haftungsbeschränkung (§ 25 Abs. 1 WpPG)

3 **1. Erfasste Ansprüche.** Nach dem Wortlaut von § 25 Abs. 1 WpPG a.F. war „eine Vereinbarung, durch die Ansprüche nach §§ 21, 23, oder 24 im Voraus ermäßigt oder erlassen werden, (...) unwirksam". Wenn § 25 Abs. 1 WpPG a.F. ausdrücklich „Ansprüche nach §§ 21, 23 oder 24" WpPG aufzählte, handelte es sich insofern um ein Redaktionsversehen des Gesetzgebers, als § 23 WpPG keinen Anspruch gewährt, sondern den Haftungsausschluss für Ansprüche aus §§ 21 oder 22 WpPG regelt.[1] Gemeint war deshalb nicht § 23 WpPG, vielmehr verwies § 25 Abs. 1 WpPG a.F. auf § 22 WpPG, der seinerseits lediglich den Anwendungsbereich des § 21 WpPG von fehlerhaften Börsenzulassungs-

1 Assmann/Schlitt/von Kopp-Colomb/*Assmann* § 25 WpPG Rn. 3.

prospekten auf sonstige fehlerhafte Prospekte erweitert. Demgemäß war jede Vereinbarung zwischen den Haftenden und dem Anleger unwirksam, mit der der Anleger im Voraus auf seinen Prospekthaftungsanspruch aus §§ 21, 22 oder 24 WpPG verzichtete oder die Haftung insoweit beschränkte.[2] Diese Auslegung des § 25 WpPG a.F. hat der Gesetzgeber nunmehr ausdrücklich bestätigt, indem er in einer „redaktionellen Änderung" den versehentlich in § 25 WpPG a.F. „integrierten § 23 WpPG entfernt" und an seine Stelle „die Haftungsnorm des § 22 WpPG" gesetzt hat.[3] Ab dem 21.7.2018 sind von § 25 WpPG auch Ansprüche wegen eines fehlerhaften oder fehlenden Wertpapier-Informationsblatts (§§ 22a, 24a WpPG) erfasst.

2. Vereinbarung im Voraus. Durch die Formulierung „im Voraus" wird deutlich, dass § 25 Abs. 1 WpPG nicht solchen Vereinbarungen die Wirksamkeit nimmt, mit denen der Anleger nach Entstehung des Prospekthaftungsanspruchs aus §§ 21, 22 oder 24 WpPG die Schadensersatzpflicht der Prospektverantwortlichen ermäßigt oder erlässt. Dabei ist jedoch im Schrifttum umstritten, ob es hierfür schon ausreicht, dass der Prospekthaftungsanspruch (objektiv) entstanden ist, oder der Anleger zudem (subjektiv) Kenntnis vom Entstehen des Anspruchs aus §§ 21, 22, 22a, 24 oder 24a WpPG haben muss. 4

Nach wohl **h.M.** greift § 25 Abs. 1 WpPG schon dann nicht, wenn der Anspruch aus §§ 21, 22, 22a, 24 oder 24a WpPG entstanden ist.[4] Eine Kenntnis des Anlegers davon sei dafür nicht erforderlich, dass der Anleger wirksam über seinen Prospekthaftungsanspruch verfügen kann. Die h.M. begründet ihre Auffassung mit dem insoweit eindeutigen Wortlaut des § 25 Abs. 1 WpPG, der allein einen Verzicht „im Voraus" ausschließt, und vor allem mit dem eindeutigen Willen des Gesetzgebers, der sich für die h.M. aus der Formulierung in der Begründung zum Regierungsentwurf des Dritten Finanzmarktförderungsgesetzes (dort noch zu § 48 BörsG a.F., auf den § 25 Abs. 1 WpPG über § 47 BörsG a.F. zurückgeht) ergibt: „Ist der Anspruch entstanden, können die Beteiligten dagegen über diesen beliebig (...) verfügen".[5] 5

Die **a.A.** wendet hiergegen ein, hieraus lasse sich nicht zwingend der Wille des Gesetzgebers ableiten, dass es zusätzlich nicht auch noch auf eine Kenntnis des Anlegers vom Bestehen des Anspruchs aus §§ 21, 22, 22a, 24 oder 24a WpPG ankomme.[6] Der Wille des Gesetzgebers sei insofern „alles andere als eindeutig".[7] Daher sei der Schutzzweck des § 25 Abs. 1 WpPG entscheidend, den die a.A. darin erblickt, den Anleger davor zu bewahren, auf seine Ansprüche aus §§ 21, 22, 22a, 24 oder 24a WpPG zu verzichten oder zumindest die Haftung zu beschränken, wenn er noch gar nicht weiß oder wissen kann, ob er einen solchen Anspruch überhaupt hat. Das gelte auf jeden Fall vor Entstehung eines Anspruchs aus §§ 21, 22, 22a, 24 oder 24a WpPG, aber ebenso, wenn der Prospekthaftungsanspruch zwar schon objektiv entstanden ist, der Anleger davon aber keine Kenntnis hat.[8] 6

---

2 Siehe auch *Grundmann* Großkommentar HGB 6. Teil Rn. 233 m.w.N.

3 Begr. RegE des Gesetzes zur Ausübung von Optionen der EU-Prospektverordnung und zur Anpassung weiterer Finanzmarktgesetze, BTDrucks. 19/2435 S. 47.

4 Just/Voß/Ritz/Zeising/*Pankoke* § 47 BörsG Rn. 1; Schwark/Zimmer/*Schwark* § 47 BörsG Rn. 1; Heidel/*Becker* Aktienrecht § 24 WpPG Rn. 25; *Groß* Kapitalmarktrecht § 25 WpPG Rn. 2.

5 RegE Drittes Finanzmarktförderungsgesetz, BTDrucks. 13/8933 S. 81.

6 Berrar/Meyer/Müller/Schnorbus/Singhof/Wolf/*Seiler*/*Singhof* § 25 WpPG Rn. 2; Holzborn/*Wackerbarth* § 25 WpPG Rn. 1; Assmann/Schlitt/von Kopp-Colomb/*Assmann* § 25 WpPG Rn. 4; Baumbach/Hopt/*Kumpan* (15a) § 25 WpPG Rn. 1.

7 Assmann/Schlitt/von Kopp-Colomb/*Assmann* § 25 WpPG Rn. 4.

8 Berrar/Meyer/Müller/Schnorbus/Singhof/Wolf/*Seiler*/*Singhof* § 25 WpPG Rn. 2; Assmann/Schlitt/von Kopp-Colomb/*Assmann* § 25 WpPG Rn. 4.

7 Der positiven Kenntnis stellt die a.A. dabei die fahrlässige Nichtkenntnis gleich (vgl. § 122 BGB), sodass eine „Kenntnis" des Anlegers von seinem Anspruch nach §§ 21, 22, 22a, 24 oder 24a WpPG schon dann vorliegen und damit ein Verzicht oder eine Haftungsbeschränkung wirksam sein soll, wenn für den Anleger auch nur die Möglichkeit der Kenntnisnahme bestanden hat.[9] Das sei etwa der Fall, wenn Pressemeldungen veröffentlicht worden sind, die darauf schließen lassen, dass ein Anspruch für den Anleger nach §§ 21, 22, 22a, 24 oder 24a WpPG entstanden sein könnte.[10]

8 Der a.A. ist zwar zuzugestehen, dass, anders als es die h.M. annimmt, sich der Wille des Gesetzgebers keineswegs eindeutig aus den Gesetzesmaterialien ergibt. Diese schließen es nicht von vornherein aus, auf die Kenntnis des Anlegers von seinem Anspruch aus §§ 21, 22, 22a, 24 oder 24a WpPG abzustellen und die Wirksamkeit eines Verzichts oder einer Haftungsbeschränkung hiervon abhängig zu machen. Die Aussage des Gesetzgebers, wonach der Anspruch entstanden sein muss, damit die Beteiligten darüber verfügen können, betont lediglich, was aber auch unstreitig ist, dass ein Verzicht oder eine Haftungsbeschränkung durch den Anleger zumindest voraussetzt, dass der Prospekthaftungsanspruch objektiv entstanden ist, nicht aber, ob dies die alleinige Voraussetzung für eine wirksame Vereinbarung ist. Gleichwohl ist der h.M., wenn auch nicht in der Begründung, so doch im Ergebnis zu folgen.

9 Der Wortlaut des § 25 Abs. 1 WpPG „im Voraus" schließt es zwar nicht aus, auch noch die Kenntnis des Anlegers von der Entstehung eines Anspruchs nach §§ 21, 22, 22a, 24 oder 24a WpPG zu verlangen, damit dieser wirksam auf seinen Anspruch verzichten oder die Haftung der Prospektverantwortlichen beschränken kann. Der Wortlaut ist insofern nicht zwingend. Dennoch spricht der Wortlaut „im Voraus" doch mehr dafür, allein auf die objektive Entstehung des Prospekthaftungsanspruchs abzustellen als zusätzlich auch noch auf die (mögliche) Kenntnis des geschädigten Anlegers. Dieses Wortlautargument ließe sich daher nur durch den Schutzweck des § 25 Abs. 1 WpPG überwinden.

10 Dass ein Anleger unüberlegt vor dem Erwerb der Wertpapiere auf zukünftige Ansprüche aus §§ 21, 22, 22a, 24 oder 24a WpPG verzichtet, ist durchaus naheliegend, geht er doch in der Regel davon aus, über die Bonität des Emittenten und die mit dem Wertpapier verbundenen Rechte informiert zu sein (vgl. § 5 Abs. 1 WpPG). Anderenfalls würde er die Wertpapiere vermutlich nicht erwerben. Tritt nun aber der Prospektverantwortliche erst im Anschluss an den Erwerb der Wertpapiere an den Anleger heran und damit nach Entstehung eines Anspruchs aus §§ 21, 22, 22a, 24, 24a WpPG (nach Entstehung, da ein Anspruch aus §§ 21, 22, 22a, 24 oder 24a WpPG den Erwerb der Wertpapiere zwingend voraussetzt), wird sich der Anleger über das Risiko bewusst sein (oder sollte es), dass hier die Möglichkeit eines Prospekthaftungsanspruchs im Raum steht. Wenn der Anleger jetzt im Nachhinein auf mögliche Ansprüche verzichtet oder auch nur die Haftung der Prospektverantwortlichen beschränkt, ist er anders als „im Voraus" nicht mehr schutzwürdig.

11 Der Sinn und Zweck des § 25 Abs. 1 WpPG ist demgemäß auf das Stadium vor dem Erwerb der Wertpapiere und damit auf die Zeit vor Entstehung des Anspruchs aus §§ 21, 22, 22a, 24 oder 24a WpPG begrenzt. Die teleologische Auslegung des § 25 Abs. 1 WpPG belegt demnach, die Formulierung in § 25 Abs. 1 WpPG „im Voraus" dahingehend zu verstehen, dass es allein auf die objektive Entstehung des Prospekthaftungsanspruchs ankommt, nicht aber zusätzlich auf die (mögliche) Kenntnis des Anlegers davon.

---

9 Berrar/Meyer/Müller/Schnorbus/Singhof/Wolf/*Seiler*/*Singhof* § 25 WpPG Rn. 2; Assmann/Schlitt/von Kopp-Colomb/*Assmann* § 25 WpPG Rn. 4.

10 Assmann/Schlitt/von Kopp-Colomb/*Assmann* § 25 WpPG Rn. 4; Berrar/Meyer/Müller/Schnorbus/Singhof/Wolf/*Seiler*/*Singhof* § 25 WpPG Rn. 2.

3. Außenverhältnis. Davon abgesehen, erfasst § 25 Abs. 1 WpPG jedoch ausschließlich das Außenverhältnis zwischen dem Anleger als Anspruchsteller und den Prospektverantwortlichen als den Haftenden aus §§ 21, 22, 22a, 24 oder 24a WpPG. Den Prospektverantwortlichen steht es deshalb frei, wie sie die Haftung untereinander im Innenverhältnis (als Gesamtschuldner, § 426 Abs. 1 Satz 1 BGB) verteilen.[11] Sogar eine vollständige Haftungsfreizeichnung ist demgemäß intern durchaus möglich. 12

Demgemäß verstößt es auch nicht gegen § 25 Abs. 1 WpPG, wenn der Emittent für sich, seine Organe und selbst für Dritte eine Vermögensschaden-Haftpflichtversicherung für den Fall abschließt, dass geschädigte Anleger ihn oder andere von ihm versicherte Personen wegen eines fehlerhaften oder fehlenden Prospekts in Anspruch nehmen.[12] Auch hier geht es allein um das Innenverhältnis der haftenden Personen. Überdies wird der geschädigte Anleger mittelbar durch die Haftpflichtversicherung sogar zusätzlich geschützt, da ihm zwar nicht direkt, aber über den haftenden Emittenten oder die sonstige versicherte Person gewissermaßen ein weiterer Schuldner zur Verfügung steht, den der Anleger dann mittelbar in Anspruch nehmen kann. 13

Weitergehende Ansprüche gemäß § 25 Abs. 2 WpPG, die mit Ansprüchen nach §§ 21, 22, 22a, 24 oder 24a WpPG in Konkurrenz stehen, erfasst § 25 Abs. 1 WpPG ebenfalls nicht, sodass bei diesen Ansprüchen der Anleger und die Prospektverantwortlichen durchaus schon „im Voraus" wirksam vereinbaren können, die Haftung auszuschließen oder zu beschränken.[13] 14

II. Weitergehende Ansprüche (§ 25 Abs. 2 WpPG)

1. Allgemeines. Nach § 25 Abs. 2 WpPG kann ein geschädigter Anleger neben Ansprüchen aus §§ 21, 22, 22a, 24 oder 24a WpPG auch „weitergehende Ansprüche" geltend machen, sofern diese „nach den Vorschriften des bürgerlichen Rechts auf Grund von Verträgen oder unerlaubten Handlungen erhoben werden können". Der Begriff des Vertrags erfasst dabei über vertragliche Ansprüche hinaus auch vertragsähnliche, insbesondere auch solche aus *culpa in contrahendo* (§§ 280 Abs. 1, 311 Abs. 2 und 3 BGB).[14] Danach kommt an sich nicht nur eine allgemeine bürgerlich-rechtliche Prospekthaftung im weiteren Sinne, sondern selbst eine im engeren Sinne (als „typisierte" Vertrauenshaftung) in Betracht. 15

2. Bürgerlich-rechtliche Prospekthaftung. Nach § 25 Abs. 2 WpPG bleiben nur „weitergehende Ansprüche" von der Prospekthaftung der §§ 21, 22, 22a, 24, 24a WpPG unberührt. Das bedeutet, dass der Anspruch aus Vertrag oder unerlaubter Handlung nicht unmittelbar an den Prospekt anknüpfen darf. Der Anspruchsgrund darf sich nicht im Prospektfehler oder dem Fehlen des Prospekts erschöpfen. Das ist aber bei der allgemeinen bürgerlich-rechtlichen Prospekthaftung im engeren Sinne (anders als bei der im weiteren Sinne) der Fall, da diese ebenso wie die Ansprüche aus §§ 21, 22, 22a, 24, 24a WpPG allein an das durch den Prospekt erzeugte „typisierte" Vertrauen anknüpft.[15] Weil 16

---

11 Assmann/Schlitt/von Kopp-Colomb/*Assmann* § 25 WpPG Rn. 5.
12 Berrar/Meyer/Müller/Schnorbus/Singhof/Wolf/*Seiler/Singhof* § 25 WpPG Rn. 4.
13 Assmann/Schlitt/von Kopp-Colomb/*Assmann* § 25 WpPG Rn. 6.
14 Habersack/Mülbert/Schlitt/*Habersack* Kapitalmarktinformation § 29 Rn. 58; Baumbach/Hopt/*Kumpan* (15a) § 25 WpPG Rn. 2; Berrar/Meyer/Müller/Schnorbus/Singhof/Wolf/*Seiler/Singhof* § 25 WpPG Rn. 5.
15 Habersack/Mülbert/Schlitt/*Habersack* Kapitalmarktinformation § 29 Rn. 58, 73; Habersack/Mülbert/Schlitt/*Mülbert/Steup* Unternehmensfinanzierung § 41 Rn. 151; Berrar/Meyer/Müller/Schnorbus/Singhof/Wolf/*Seiler/Singhof* § 25 WpPG Rn. 6.

die allgemeine bürgerlich-rechtliche Prospekthaftung im engeren Sinne deshalb nicht „weitergeht" als ein Anspruch nach §§ 21, 22, 22a, 24 oder 24a WpPG, schließt § 25 Abs. 2 WpPG einen Anspruch des geschädigten Anlegers aus allgemeiner bürgerlich-rechtlicher Prospekthaftung im engeren Sinne neben einem Anspruch aus §§ 21, 22, 22a, 24 oder 24a WpPG aus.[16]

17 Die §§ 21, 22, 22a, 24 und 24a WpPG sind insofern abschließend, was für ihren Anwendungsbereich insgesamt gilt. Erfasst sind deshalb nicht nur Börsenzulassungsprospekte und Verkaufsprospektes (auch „freiwillige" Prospekte nach § 1 Abs. 3 WpPG), sondern auch veröffentlichte, aber nicht gebilligte oder nicht mehr gültige Prospekte.[17] Veröffentlicht der Prospektverantwortliche ein Dokument, das nicht die Anforderungen eines Wertpapierprospekts erfüllt (§ 5 WpPG), und war er zur Prospektveröffentlichung verpflichtet (§ 3 Abs. 1 WpPG), haftet er ebenfalls nicht über die allgemeine bürgerlich-rechtliche Prospekthaftung, sondern ausschließlich nach § 24 WpPG, da es insofern an der Veröffentlichung eines Prospekts fehlt.[18]

18 Da die §§ 21, 22 und 24 WpPG jedoch nur für Prospektverantwortliche gelten, sind von ihnen im Umkehrschluss andere Personen nicht erfasst. Aus diesem Grund ist in Bezug auf Personen, die nicht Prospektverantwortliche (§ 21 Abs. 1 WpPG) sind, die allgemeine bürgerlich-rechtliche Prospekthaftung (auch im engeren Sinne) anwendbar. Ein Anspruch des geschädigten Anlegers ist hier nicht durch § 25 Abs. 2 WpPG ausgeschlossen.[19]

19 **3. Unerlaubte Handlungen.** Ein „weitergehender Anspruch" aus Vertrag oder unerlaubter Handlung muss seinen Grund in etwas Anderem haben als in dem fehlerhaften oder fehlenden Prospekt oder zumindest darüber hinausgehen. Wird ein Prospekt für einen Betrug (§ 263 StGB) oder Kapitalanlagebetrug (§ 264a StGB) verwendet, liegt der Unwertgehalt der Tat, die Pflichtwidrigkeit des Verhaltens, nicht allein im fehlerhaften Prospekt, sondern in der daran anknüpfenden, aber doch darüber hinausgehenden Täuschungshandlung. Demgemäß ist ein Anspruch des geschädigten Anlegers aus § 823 Abs. 2 BGB i.V.m. §§ 263, 264a StGB neben einem Anspruch nach §§ 21, 22, 22a, 24, 24a WpPG nicht durch § 25 Abs. 2 WpPG gesperrt. Das gilt auch für einen Anspruch aus § 826 BGB neben §§ 21, 22, 22a, 24, 24a WpPG. Auch hier geht die Pflichtwidrigkeit, die in der vorsätzlichen sittenwidrigen Schädigung besteht, über das bloße Enttäuschen des „typisierten" Vertrauens (§§ 21, 22, 22a, 24 oder 24a WpPG) hinaus.

20 Ein Anspruch des Anlegers aus unerlaubter Handlung neben §§ 21, 22, 22a, 24 oder 24a WpPG ist nur aus § 823 Abs. 2 i.V.m. einem Schutzgesetz sowie aus § 826 BGB denkbar, da der (nicht gewollte) Erwerb der angebotenen Wertpapiere einen Vermögensschaden darstellt, das Vermögen als solches aber nicht durch § 823 Abs. 1 BGB geschützt ist, sondern nur über § 823 Abs. 2 BGB und § 826 BGB. Das setzt indes voraus, dass die Prospektverantwortlichen über den fehlerhaften oder fehlenden Prospekt hinaus ein Schutzgesetz verletzt haben. Als Schutzgesetz kommen jedoch i.d.R. lediglich, wenn überhaupt, §§ 263, 264a StGB (Betrug, Kapitalanlagebetrug), § 400 Abs. 1 Nr. 1 AktG (unrichtige Darstellung)

---

16 Siehe etwa *Müller* Wertpapierprospektgesetz § 25 WpPG Rn. 4 m.w.N.

17 Berrar/Meyer/Müller/Schnorbus/Singhof/Wolf/*Seiler*/*Singhof* § 25 WpPG Rn. 6; *Groß* Kapitalmarktrecht § 25 WpPG Rn. 3a.

18 Habersack/Mülbert/Schlitt/*Mülbert*/*Steup* Unternehmensfinanzierung § 41 Rn. 151.

19 Baumbach/Hopt/*Kumpan* (15a) § 25 WpPG Rn. 4 mit Verweis auf Begr. RegE Drittes Finanzmarktförderungsgesetz, BTDrucks. 13/8933 S. 81, wonach die börsengesetzliche Prospekthaftung nur „insoweit", d.h. in seinem Anwendungsbereich, „als abschließend anzusehen" ist.

oder auch § 82 Abs. 2 GmbHG (falsche Angaben) in Betracht, nicht aber die §§ 21, 22, 22a, 22 und 24a WpPG selbst.[20]

Da auch eine vorsätzliche sittenwidrige Schädigung (§ 826 BGB) nur unter strengen Voraussetzungen bejaht wird, kann der geschädigte Anleger oftmals nicht über deliktische Ansprüche seinen Schaden ersetzt verlangen, sondern ist auf seinen Anspruch aus §§ 21, 22, 22a, 24 oder 24a WpPG angewiesen. Anders als noch nach § 47 BörsG a.F., aus der § 25 WpPG hervorgegangen ist, erfordert ein Anspruch des geschädigten Anlegers aus unerlaubter Handlung nicht mehr, dass der Prospektverantwortliche vorsätzlich oder zumindest grob fahrlässig gehandelt hat, vielmehr hat er für jegliches Verschulden einzustehen.[21] 21

§ 20 VermAnlG
Haftung bei fehlerhaftem Verkaufsprospekt

(1) Sind für die Beurteilung der Vermögensanlagen wesentliche Angaben in einem Verkaufsprospekt unrichtig oder unvollständig, kann der Erwerber der Vermögensanlagen von denjenigen, die für den Verkaufsprospekt die Verantwortung übernommen haben, und denjenigen, von denen der Erlass des Verkaufsprospekts ausgeht, als Gesamtschuldnern die Übernahme der Vermögensanlagen gegen Erstattung des Erwerbspreises, soweit dieser den ersten Erwerbspreis der Vermögensanlagen nicht überschreitet, und der mit dem Erwerb verbundenen üblichen Kosten verlangen, sofern das Erwerbsgeschäft nach Veröffentlichung des Verkaufsprospekts und während der Dauer des öffentlichen Angebots nach § 11, spätestens jedoch innerhalb von zwei Jahren nach dem ersten öffentlichen Angebot der Vermögensanlagen im Inland, abgeschlossen wurde. Auf den Erwerb von Vermögensanlagen desselben Emittenten, die von den in Satz 1 genannten Vermögensanlagen nicht nach Ausstattungsmerkmalen oder in sonstiger Weise unterschieden werden können, ist Satz 1 entsprechend anzuwenden.

(2) Ist der Erwerber nicht mehr Inhaber der Vermögensanlagen, so kann er die Zahlung des Unterschiedsbetrags zwischen dem Erwerbspreis, soweit dieser den ersten Erwerbspreis nicht überschreitet, und dem Veräußerungspreis der Vermögensanlagen sowie der mit dem Erwerb und der Veräußerung verbundenen üblichen Kosten verlangen. Absatz 1 Satz 2 ist anzuwenden.

(3) Nach Absatz 1 oder Absatz 2 kann nicht in Anspruch genommen werden, wer nachweist, dass er die Unrichtigkeit oder Unvollständigkeit der Angaben des Verkaufsprospekts nicht gekannt hat und dass die Unkenntnis nicht auf grober Fahrlässigkeit beruht.

(4) Der Anspruch nach Absatz 1 oder Absatz 2 besteht nicht, sofern

1. die Vermögensanlagen nicht auf Grund des Verkaufsprospekts erworben wurden,

2. der Sachverhalt, über den unrichtige oder unvollständige Angaben im Verkaufsprospekt enthalten sind, nicht zu einer Minderung des Erwerbspreises der Vermögensanlagen beigetragen hat oder

---

20 *Groß* Kapitalmarktrecht § 25 WpPG Rn. 3; Assmann/Schlitt/von Kopp-Colomb/*Assmann* §§ 21–23 WpPG Rn. 142; Holzborn/*Wackerbarth* § 25 WpPG Rn. 4; Habersack/Mülbert/Schlitt/*Habersack* Kapitalmarktinformation § 29 Rn. 58; *Grundmann* Großkommentar HGB 6. Teil Rn. 236.

21 Berrar/Meyer/Müller/Schnorbus/Singhof/Wolf/*Seiler*/*Singhof* § 25 WpPG Rn. 7; Habersack/Mülbert/Schlitt/*Habersack* Kapitalmarktinformation § 29 Rn. 58; Begr. RegE BTDrucks. 17/6051 S. 47.

3. der Erwerber die Unrichtigkeit oder Unvollständigkeit der Angaben des Verkaufsprospekts beim Erwerb kannte.

(5) Werden Vermögensanlangen eines Emittenten mit Sitz im Ausland auch im Ausland öffentlich angeboten, besteht der Anspruch nach Absatz 1 oder Absatz 2 nur, sofern die Vermögensanlagen auf Grund eines im Inland abgeschlossenen Geschäfts oder einer ganz oder teilweise im Inland erbrachten Wertpapierdienstleistung erworben wurden.

(6) Eine Vereinbarung, durch die der Anspruch nach Absatz 1 oder Absatz 2 im Voraus ermäßigt oder erlassen wird, ist unwirksam. Weiter gehende Ansprüche, die nach den Vorschriften des bürgerlichen Rechts auf Grund von Verträgen oder unerlaubten Handlungen erhoben werden können, bleiben unberührt.

Schrifttum

Arndt/Voß Verkaufsprospektgesetz, 2008; *Assmann/Schlitt/von Kopp-Colomb* Wertpapierprospektgesetz, Vermögensanlagengesetz, 3. Aufl. 2017; *Assmann/Schütze* Handbuch des Kapitalanlagerechts, 4. Aufl. 2015; *Baumbach/Hopt* Kommentar zum HGB, 38. Aufl. 2018; *Barta* Der Prospektbegriff in der neuen Verkaufsprospekthaftung, NZG **2005** 305; *Benecke* Haftung für Inanspruchnahme von Vertrauen – Aktuelle Fragen zum neuen Verkaufsprospektgesetz, BB **2006** 2597; *Bongertz* Verschuldensunabhängige Haftung bei fehlendem Prospekt trotz Abstimmung mit der BaFin?, BB **2012** 470; *Buck-Heeb* Das Kleinanlegerschutzgesetz, NJW **2015** 2535; *dies.* Kapitalmarktrecht, 9. Aufl. 2017; *dies.* Haftung für fehlerhafte Prospekte gem. § 13 VerkProspG a.F, LMK **2013** 341712; *Bruchwitz/Voß* Der Regierungsentwurf für ein Gesetz zur Novellierung des Finanzanlagenvermittler- und Vermögensanlagenrechts, BB **2011** 1226; *Bußalb/Vogel* Das Gesetz über Vermögensanlagen – neue Regeln für geschlossene Fonds, WM **2012** 1416; *Casper* Das Kleinanlegerschutzgesetz – zwischen berechtigtem und übertriebenem Paternalismus, ZBB **2015** 265; *Fleischer* Zur Haftung bei fehlendem Verkaufsprospekt im deutschen und US-amerikanischen Kapitalmarktrecht, WM **2004** 1897; *Habersack/Mülbert/Schlitt* Handbuch der Kapitalmarktinformation, 2. Aufl. 2013 (zit.: *Habersack/Mülbert/Schlitt*/Bearbeiter Kapitalmarktinformation); *Heidel* Aktienrecht und Kapitalmarktrecht, 4. Aufl. 2014; *Hellgardt* Von der bürgerlich-rechtlichen Prospekthaftung zur Informationshaftung beim Vertrieb von Vermögensanlagen, ZBB **2012** 73; *Hanten/Reinholz* Das Vermögensanlagengesetz ZBB **2012** 36; *Hoffmeyer* Gesetzesnamen als Etikettenschwindel? Konsequenzen der ausgeweiteten spezialgesetzlichen Prospekthaftung für die Ansprüche von Anlegern, NZG **2016** 1133; *Just/Voss/Ritz/Zeising* WpPG, 1. Aufl. 2009; *Palandt* Kommentar zum BGB, 77. Aufl. 2018; *Panetta/Zessel* Prospekthaftung oder Haftung für fehlenden Prospekt? NJOZ **2010** 418; *Rinas/Pobortscha* Das Vermögensanlagen-Informationsblatt: neue Dokumentationsanforderungen im Bereich geschlossener Fonds, BB **2012** 1615; *Schäfer* Stand und Entwicklungstendenzen der spezialgesetzlichen Prospekthaftung, ZGR **2006** 40; *Schmitt* Prospekthaftung von Abschlussprüfern? DStR **2013** 1688; *Schneider* Der persönliche Anwendungsbereich der Prospekthaftung nach dem WpPG und dem VermAnlG, 2017; *Schwark/Zimmer* Kapitalmarktrechts-Kommentar, 4. Aufl. 2010; *Staudinger* Kommentar zum BGB, Buch 2, 2012; *Suchomel* Konkurrenz von § 20 VermAnlG und bürgerlich-rechtlicher Prospekthaftung bei fehlerhaftem Produkt, NJW **2013** 1126.

Systematische Übersicht

A. Allgemeines

§ 20 VermAnlG hat zum 1.6.2012 durch Art. 2 des Gesetzes zur Novellierung des Finanzanlagenvermittler- und Vermögensanlagenrechts[1] § 13 VerkProspG a.F. abgelöst. Während § 13 VerkProspG a.F. noch auf die §§ 44–47 BörsG a.F. verwies, ist das in § 20 VermAnlG entfallen und damit auch die kurze Sonderverjährungsvorschrift des § 46 BörsG a.F., sodass nunmehr für Ansprüche nach § 20 VermAnlG wegen eines fehlerhaften Verkaufsprospekts die allgemeinen Verjährungsvorschriften der §§ 195, 199 BGB gelten. 1

Auch die bisherige Ausschlussfrist von sechs Monaten für Ansprüche wegen eines fehlerhaften Verkaufsprospekts (§ 13 Abs. 1 Satz 1 VerkProspG a.F.) hat § 20 VermAnlG nicht übernommen. An ihre Stelle ist in § 20 Abs. 1 Satz 1 VermAnlG die Dauer des öffentlichen Angebots der Vermögensanlage nach § 11 VermAnlG getreten, begrenzt jedoch auf einen Zeitraum von zwei Jahren, der mit dem ersten öffentlichen Angebot der Vermögensanlagen im Inland beginnt und in dem der Anleger die Vermögensanlagen erworben haben muss. 2

B. Tatbestand

I. Verkaufsprospekt

1. Begriff. Der Verkaufsprospekt hat die Aufgabe, den Anlegern („Publikum“) eine zutreffende Beurteilung des Emittenten der Vermögensanlage sowie der Vermögensanlage selbst zu ermöglichen. Dieser hat hierzu die tatsächlichen und rechtlichen Angaben zu enthalten, die für eine solche Beurteilung notwendig sind (§ 7 Abs. 1 Satz 1 VermAnlG). Der Verkaufsprospekt ist daher eine schriftliche Darstellung der Eigenschaften des Emittenten, die eine Einschätzung von dessen Bonität sowie der mit der Vermögensanlage verbundenen Rechte, Chancen und Risiken ermöglichen. Eine solche schriftliche Darstellung ist jedoch nur dann ein Verkaufsprospekt, wenn eine Prospektpflicht besteht. Das setzt voraus, dass der Anbieter eine Vermögensanlage im Inland öffentlich anbietet (§ 6 VermAnlG). 3

Der Begriff der Vermögensanlage ist gleichsam ein Auffangbegriff und erfasst an sich auch solche Anlagen, die in Wertpapieren i.S.d. WpPG verbrieft oder als Anteile an Investmentvermögen i.S.d. § 1 Abs. 1 KAGB ausgestaltet sind. Jene nimmt § 1 Abs. 2 VermAnlG jedoch ausdrücklich aus. Eine Vermögensanlage sind damit nur nicht in Wertpapieren verbriefte oder als Investmentvermögensanteile ausgestaltete Anteile, die eine Beteiligung am Ergebnis eines Unternehmens gewähren, Anteile an einem Vermögen, das der Emittent oder ein Dritter in eigenem Namen für fremde Rechnung hält oder verwaltet (Treuhandvermögen), partiarische Darlehen, Nachrangdarlehen, Genussrechte, Namensschuldverschreibungen und sonstige Anlagen, die eine Verzinsung und Rückzahlung oder einen vermögenswerten Barausgleich im Austausch für die zeitweise Überlassung 4

1 BGBl. I 2011, 2481.

von Geld gewähren oder in Aussicht stellen. Lediglich für solche Verkaufsprospekte kommt eine Haftung nach § 20 VermAnlG in Betracht.

5 Selbst wenn die Anforderungen des § 1 Abs. 2 VermAnlG erfüllt sind, entfällt eine Prospektpflicht (§ 6 VermAnlG) und mit ihr eine Haftung nach § 20 VermAnlG, sofern die Vermögensanlage aufgrund ihrer Ausgestaltung durch § 2 VermAnlG **von der Prospektpflicht ausgenommen** oder der Emittent nach § 2a bis 2c VermAnlG davon **befreit** ist. Nach § 2 VermAnlG besteht eine Prospektpflicht und damit auch eine Haftung nach § 20 VermAnlG vor allem dann nicht, wenn es an einem öffentlichen Angebot der Vermögensanlage fehlt, etwa wenn nicht mehr als 20 Anteile von der Vermögensanlage angeboten werden (§ 2 Abs. 1 Nr. 3 a) VermAnlG) oder sich das Angebot nur an einen begrenzten Personenkreis richtet (§ 2 Abs. 1 Nr. 6 VermAnlG). Ein Verkaufsprospekt ist auch dann nicht erforderlich, wenn das öffentliche Angebot auf qualifizierte Anleger abzielt, indem es sich an Personen richtet, die beruflich oder gewerblich für eigene oder fremde Rechnung Wertpapiere oder Vermögensanlagen erwerben oder veräußern (§ 2 Abs. 1 Nr. 4 VermAnlG), oder wenn der Preis jedes angebotenen Anteils der Vermögensanlage je Anleger mindestens € 200.000 beträgt (§ 2 Abs. 1 Nr. 3 c) VermAnlG).

6 Nach § 2a VermAnlG sind Schwarmfinanzierungen (sog. **Crowdinvesting**) von der Prospektpflicht befreit, sofern Gegenstand des öffentlichen Angebots partiarische Darlehen (§ 1 Abs. 2 Nr. 3 VermAnlG), Nachrangdarlehen (§ 1 Abs. 2 Nr. 4 VermAnlG) oder sonstige darlehensähnliche Anlagen (§ 1 Abs. 2 Nr. 7 VermAnlG) sind und das Emissionsvolumen nicht € 2,5 Mio. übersteigt (§ 2a Abs. 1 VermAnlG). Zudem muss die Vermögensanlage ausschließlich im Wege einer Anlageberatung oder Anlagevermittlung über eine Internet-Dienstleistungsplattform an die Anleger vermittelt werden und sichergestellt sein, dass ein Anleger nur einen „kleinen Betrag" in die angebotene Vermögensanlage investieren kann, denn nur dann handelt es sich um eine Schwarmfinanzierung (§ 2a Abs. 3 VermAnlG).[2] Die Grenze hierfür liegt bei € 1.000 (§ 2a Abs. 3 Nr. 1 VermAnlG), kann aber auf den zweifachen Betrag des durchschnittlichen monatlichen Nettoeinkommens steigen, höchstens jedoch auf € 10.000 (§ 2a Abs. 3 Nr. 3 VermAnlG). Dieser Höchstbetrag gilt auch, wenn der Anleger ein frei verfügbares Vermögen (Bankguthaben, Finanzinstrumente) von mindestens € 100.000 hat (§ 2a Abs. 3 Nr. 2 VermAnlG).

7 Von der Pflicht, einen Verkaufsprospekt zu veröffentlichen, sind zudem Emittenten befreit, die eine soziale Zielsetzung verfolgen (§ 2b VermAnlG) oder eine als gemeinnützig anerkannte Körperschaft (§ 2c Abs. 2 Nr. 1 VermAnlG) oder eine inländische Kirche oder Religionsgemeinschaft sind. Voraussetzung ist, dass sie als Körperschaften des öffentlichen Rechts verfasst sind, aufgrund von Art. 140 GG i.V.m. Art. 137 Abs. 6 WRV Steuern erheben oder am Steueraufkommen einer steuererhebenden kirchlichen Körperschaft teilhaben (§ 2c Abs. 2 Nr. 2 VermAnlG). Anders als nach § 2a Abs. 1 VermAnlG (Schwarmfinanzierung) dürfen diese Emittenten nur partiarische Darlehen (§ 1 Abs. 2 Nr. 3 VermAnlG) und Nachrangdarlehen (§ 1 Abs. 2 Nr. 4 VermAnlG) als Vermögensanlage öffentlich anbieten, ohne einen Verkaufsprospekt dafür erstellen und veröffentlichen zu müssen.

8 Darüber hinaus setzt die Befreiung der Emittenten von der Prospektpflicht im Allgemeinen voraus, dass für den Vertrieb der Vermögensanlage keine erfolgsabhängige Vergütung gezahlt wird (§ 2b Abs. 1 Nr. 1; § 2c Abs. 1 Nr. 1 VermAnlG). Außerdem darf das Gesamtemissionsvolumen nicht mehr als € 2,5 Mio. betragen (§ 2b Abs. 1 Nr. 2; § 2c Abs. 1 Nr. 2 VermAnlG) und der Anleger darf keine höhere Rendite für sein Investment erhalten als die marktübliche Emissionsrendite, die er für Anlagen am Kapitalmarkt in Hypothe-

2 *Buck-Heeb* Kapitalmarktrecht Rn. 215.

kenpfandbriefen mit gleicher Laufzeit erzielen könnte, maximal aber nur 1,5% (§ 2b Abs. 1 Nr. 3; § 2c Abs. 1 Nr. 3 VermAnlG).

2. Billigung. Nach **h.M.** kommt die Haftung für einen fehlerhaften Verkaufsprospekt (§ 20 VermAnlG) nur in Betracht, wenn der Prospekt vor seiner Veröffentlichung durch die BaFin gebilligt worden ist (§ 8 VermAnlG).[3] Die h.M. geht damit von einem formalen Prospektbegriff aus. Nach a.A., der hier gefolgt wird, liegt ein veröffentlichter Verkaufsprospekt selbst dann vor und ist daher eine Haftung für einen fehlerhaften Verkaufsprospekt (§ 20 VermAnlG) und nicht eine für einen fehlenden (§ 21 VermAnlG) eröffnet, wenn der Prospekt zwar nicht von der BaFin gebilligt worden ist, aber die Voraussetzungen für eine solche Genehmigung durch die BaFin erfüllt sind („materieller Prospektbegriff").[4] 9

Zielsetzung der Prospektpflicht ist auch bei Vermögensanlagen, das Informationsdefizit zu beseitigen, das bei den potenziellen Anlegern („Publikum") in Bezug auf die angebotene Vermögensanlage, vor allem hinsichtlich der damit verbundenen Chancen und Risiken, besteht (§ 7 Abs. 1 Satz 1 VermAnlG). Diese Aufgabe kann aber auch ein nicht gebilligter Verkaufsprospekt erfüllen, sodass es nicht gerechtfertigt ist, wenn Anbieter und Emittent für das Fehlen eines gebilligten Prospekts einstehen müssten (so aber die h.M.), obwohl ein Informationsdefizit bei dem die Vermögensanlage erwerbenden Anleger überhaupt nicht besteht (dazu näher § 24 WpPG Rn. 8–17). Eine Prospekthaftung kommt deshalb auch bei einem nicht gebilligten Prospekt nur in Betracht, wenn er fehlerhaft ist (§ 20 VermAnlG). 10

3. Nachtrag. Ergeben sich nach Billigung des Verkaufsprospekts und während der Dauer des öffentlichen Angebots wichtige neue Umstände oder werden wesentliche Angaben im Verkaufsprospekt in diesem Zeitfenster unrichtig, hat der Anbieter einen Nachtrag zu erstellen und vor dessen Veröffentlichung von der BaFin billigen zu lassen (§ 11 Abs. 1 Satz 1 und 3 VermAnlG). Das gilt auch, wenn der Verkaufsprospekt schon von Anfang an unrichtig oder unvollständig war.[5] Auch in diesem Fall ist der Anbieter verpflichtet, einen Nachtrag zu veröffentlichen. Ein „**wesentlicher neuer Umstand**" ist allgemein jeder Umstand, „der sich auf die Geschäftsaussichten des Emittenten mindestens für das laufende Geschäftsjahr erheblich auswirkt und geeignet ist, die Fähigkeiten des Emittenten zur Erfüllung seiner Verpflichtungen gegenüber dem Anleger erheblich zu beeinträchtigen" (§ 11 Abs. 1 Satz 2 Nr. 3 VermAnlG). Demgemäß lösen vor allem neue Jahres-, Konzernabschluss- und Lageberichte des Emittenten eine Nachtragspflicht aus (siehe § 11 Abs. 1 Satz 2 Nr. 1 und 2 VermAnlG).[6] 11

Der Nachtrag ergänzt lediglich den ursprünglichen Verkaufsprospekt (so auch die amtliche Überschrift von § 11 VermAnlG: „Veröffentlichung ergänzender Angaben"). Er ist deshalb für sich allein kein selbständiger Verkaufsprospekt.[7] Sind wesentliche Angaben im veröffentlichten Nachtrag unrichtig oder fehlen solche, ist daher nicht der Nach- 12

---

3 Assmann/Schlitt/von Kopp-Colomb/*Assmann* § 20 VermAnlG Rn. 5; Assmann/Schütze/*Assmann* Kapitalanlagerecht § 5 Rn. 244; Schwark/Zimmer/*Heidelbach* § 13 VerkProspG Rn. 9; Heidel/*Becker* Aktienrecht § 13 VerkProspG Rn. 8; Arndt/Voß/*Kind* § 13 VerkProspG Rn. 5; *Klöhn* DB **2012** 1854, 1858; *Barta* NZG **2005** 305, 308.

4 *Bongertz* BB **2012** 470, 473; *Panetta/Zessel* NJOZ **2010** 418, 419 f.; *Benecke* BB **2006** 2597, 2599; *Fleischer* WM **2004** 1902 f.

5 *Buck-Heeb* Kapitalmarktrecht Rn. 222; *Bruchwitz/Voß* BB **2011** 1226, 1232; *Bußalb/Vogel* WM **2012** 1416, 1421; *Hanten/Reinholz* ZBB **2012** 36, 44 f.

6 *Buck-Heeb* Kapitalmarktrecht Rn. 222.

7 Assmann/Schlitt/von Kopp-Colomb/*Assmann* § 20 VermAnlG Rn. 6.

trag selbst, sondern der ursprüngliche Verkaufsprospekt fehlerhaft und löst eine Haftung nach § 20 VermAnlG aus. Unterlässt der Anbieter es dagegen pflichtwidrig, einen Nachtrag zu erstellen und zu veröffentlichen, fehlt es ebenfalls nicht an einem Verkaufsprospekt. Eine Haftung aus § 21 VermAnlG wegen des Fehlens eines Verkaufsprospekts scheidet deshalb aus. Vielmehr ist der eigentliche Verkaufsprospekt jetzt ohne den Nachtrag unrichtig oder unvollständig, sodass der Anbieter aus § 20 VermAnlG dafür einzustehen hat, dass er es versäumt hat, einen Nachtrag rechtzeitig zu erstellen und zu veröffentlichen.[8]

II. Fehlerhaftigkeit

13 **1. Unrichtigkeit oder Unvollständigkeit.** Der Verkaufsprospekt ist fehlerhaft, wenn Angaben, die für die Beurteilung der öffentlich angebotenen Vermögensanlage wesentlich sind, unrichtig oder unvollständig sind. Wie bei einem Wertpapierprospekt ist auch hier die Billigung des Prospekts durch die BaFin der maßgebliche Beurteilungszeitpunkt für dessen Unrichtigkeit und Unvollständigkeit. Ob der Verkaufsprospekt zu diesem Zeitpunkt bereits unrichtig oder unvollständig war, bemisst sich deshalb aus einer ex-ante-Sicht, sodass allein die Umstände zu berücksichtigen sind, die bereits zu diesem Zeitpunkt vorgelegen haben.[9] Auch hier darf der Prospekt „*vor* seiner Billigung" nicht veröffentlicht werden (§ 8 Abs. 1 Satz 1 VermAnlG) und „jeder wichtige *neue* Umstand und jede wesentliche Unrichtigkeit in Bezug auf die im Verkaufsprospekt enthaltenen Angaben, (...) die *nach* der Billigung des Prospekts" auftreten oder festgestellt werden, ist in einem Nachtrag zu veröffentlichen (§ 11 Abs. 1 Satz 1 VermAnlG).

14 Abzustellen ist dabei in der Regel auf einen **durchschnittlichen verständigen Anleger** (siehe zum Anlegerbegriff §§ 21–23 WpPG Rn. 28–29). Wendet sich der Anbieter allerdings gezielt an einen unkundigen und börsenunerfahrenen Anlegerkreis, muss er einen durchschnittlichen Kleinanleger, der über Spezialkenntnisse nicht verfügt, als Adressaten der Prospektangaben vor Augen haben.[10] Eine Angabe ist danach für die Beurteilung der Vermögensanlage wesentlich, wenn sie auf den Wert der Vermögensanlage objektiv Einfluss hat oder zumindest auf deren Bewertung durch das angesprochene Anlegerpublikum, weshalb ein Anleger die Angabe „eher als nicht" in seine Anlageentscheidung einbeziehen würde.[11] Fehlt eine solche Angabe, ist der Prospekt unvollständig.

15 Angaben sind dabei nicht allein Tatsachen, sondern auch Prognosen, Meinungen und Werturteile, da auch sie die Bewertung der angebotenen Vermögensanlagen beeinflussen können. Während eine Tatsache unrichtig ist, sofern sie mit der Wirklichkeit nicht übereinstimmt, sind Prognosen, Meinungen und Werturteile dann unrichtig, wenn sie sich nicht ausreichend auf Tatsachen stützen können oder kaufmännisch nicht vertretbar sind.[12] Prognosen, Meinungen und Werturteile sind Schlussfolgerungen aus Tatsachen, sodass die Bewertung dieser Tatsachen zumindest vertretbar erscheinen und daher aus einer sorgfältigen Analyse dieser Tatsachen hervorgegangen sein muss[13] (siehe auch §§ 21–23 WpPG Rn. 32–33).

---

8 Assmann/Schütze/*Assmann* Kapitalanlagerecht § 5 Rn. 284; Assmann/Schlitt/von Kopp-Colomb/*Assmann* § 20 VermAnlG Rn. 6.

9 Assmann/Schlitt/von Kopp-Colomb/*Assmann* § 20 VermAnlG Rn. 9.

10 *Buck-Heeb* Kapitalmarktrecht Rn. 253; BGH 18.9.2012 BGHZ **195** 1 Rn. 23; dazu auch *Buck-Heeb* LMK **2013** 341712.

11 BGH 21.10.2014 BGHZ **203** 1 Rn. 74.

12 BGH 12.7.1982 NJW **1982** 2826; Assmann/Schütze/*Assmann* Kapitalanlagerecht § 5 Rn. 252.

13 BGH 12.7.1982 NJW **1982** 2826.

2. Fehlerhaftigkeit der Zusammenfassung. Anders als bei einem Wertpapierprospekt (§ 5 Abs. 2 WpPG) muss ein Verkaufsprospekt in der Regel keine Zusammenfassung enthalten. Hat jedoch ein Emittent mit Sitz im Ausland den Verkaufsprospekt ganz oder auch nur zum Teil nicht in deutscher, sondern in einer anderen in internationalen Finanzkreisen gebräuchlichen Sprache (vor allem in englischer Sprache) abgefasst (§ 2 Abs. 1 Satz 4 VermVerkProspV), ist dem Prospekt, mit dem die Vermögensanlagen in Deutschland öffentlich angeboten werden (§ 6 VermAnlG), eine in deutscher Sprache abgefasste Zusammenfassung voranzustellen. Diese muss die wesentlichen tatsächlichen und rechtlichen Angaben zum Emittenten, der Vermögensanlage und dem Anlageobjekt enthalten (§ 2 Abs. 1 Satz 5 VermVerkProspV). Erfüllt die Zusammenfassung diese Anforderungen nicht, löst die insoweit fehlerhafte Zusammenfassung für sich allein noch keinen Prospekthaftungsanspruch nach § 20 VermAnlG aus. Ein solcher besteht aber dann, wenn die Zusammenfassung dadurch, dass sie zusammen mit den anderen Teilen des Verkaufsprospekts gelesen wird, irreführend, unrichtig oder widersprüchlich ist (§ 23 Abs. 2 Nr. 5 WpPG analog).[14] 16

Obwohl in diesem Fall ausschließlich die Zusammenfassung in deutscher Sprache abgefasst ist, handelt es sich doch auch bei ihr lediglich um eine Einführung in den Prospekt (vgl. § 5 Abs. 3 Nr. 1 WpPG). Erst und allein der Prospekt insgesamt hat die Aufgabe, den potenziellen Anlegern („Publikum“) die notwendigen Informationen zur Verfügung zu stellen (§ 7 Abs. 1 Satz 1 VermAnlG). Von einem potenziellen Anleger, der sich für Vermögensanlagen eines Emittenten mit Sitz im Ausland interessiert, wird insoweit erwartet, dass er über ausreichende Kenntnisse in „anderen in internationalen Finanzkreisen gebräuchlichen Sprachen“ verfügt und demgemäß auch die ausländische Sprache versteht, in welcher der Verkaufsprospekt abgefasst ist. Da sich insofern die Zusammenfassung in einem Verkaufsprospekt nicht von der in einem Wertpapierprospekt unterscheidet („vergleichbare Interessenlage“) und eine entsprechende Regelung im VermAnlG dennoch fehlt („planwidrige Regelungslücke“), ist **§ 23 Abs. 2 Nr. 5 WpPG analog** auf Verkaufsprospekte, die eine Zusammenfassung enthalten (§ 2 Abs. 1 Satz 5 VermVerkProspV), anzuwenden. 17

III. Haftungsadressat

Für einen fehlerhaften Verkaufsprospekt haben diejenigen, die für den Verkaufsprospekt die Verantwortung übernommen haben (Prospektverantwortliche) sowie diejenigen, von denen der Erlass des Verkaufsprospekts ausgeht (Prospektveranlasser) als Gesamtschuldner einzustehen. Das entspricht der Haftungsregelung für fehlerhafte Wertpapierprospekte (§ 21 WpPG). Demgemäß sind alle, die formal die Verantwortung für den Prospekt übernommen haben, indem sie ihn unterzeichnet haben, Prospektverantwortliche. Da der Anbieter den Verkaufsprospekt zu unterzeichnen hat (§ 2 Abs. 4 VermVerkProspV), ist zumindest er Prospektverantwortlicher und damit Haftungsadressat des § 20 VermAnlG.[15] Daneben können auch der Emittent und Dritte, die mit ihrer Unterschrift formal die Verantwortung für den Inhalt des Prospekts übernommen haben, Prospektverantwortliche sein.[16] 18

Prospektveranlasser sind auch bei einem Verkaufsprospekt die tatsächlichen Urheber des Prospektinhalts („Hintermänner“). Sie haben aufgrund eines eigenen wirtschaftlichen Interesses an der Emission der Vermögensanlage darauf hingewirkt, dass der 19

---

14 Assmann/Schlitt/von Kopp-Colomb/*Assmann* § 20 VermAnlG Rn. 20.
15 Habersack/Mülbert/Schlitt/*Zwissler* Kapitalmarktinformation § 8 Rn. 50.
16 Schwark/Zimmer/*Schwark* § 13 VerkProspG Rn. 18.

Prospekt überhaupt in den Verkehr gebracht worden ist, sodass die Anleger davon Kenntnis nehmen konnten.[17] Die „Hintermänner" müssen daher nicht an der inhaltlichen Prospektgestaltung beteiligt gewesen sein.[18] Vielmehr sind sie schon allein deswegen für den Prospektfehler verantwortlich, weil auf ihr Betreiben hin die Emission der Vermögensanlage erfolgt und dafür ein Verkaufsprospekt durch den Anbieter erstellt und veröffentlicht worden ist (siehe §§ 21–23 WpPG Rn. 53–56).

IV. Ersatzberechtigung des Anspruchstellers

20 Der Anleger, der einen Prospekthaftungsanspruch nach § 20 VermAnlG geltend machen will, muss die Vermögensanlagen nach Veröffentlichung des Verkaufsprospekts und während der Dauer des **öffentlichen Angebots** der Vermögensanlagen erworben haben („Erwerbszeitraum"). Der Erwerbszeitraum beginnt also erst, wenn der Verkaufsprospekt veröffentlicht worden ist und im Anschluss daran (mindestens einen Werktag später) die Vermögensanlagen auch öffentlich angeboten werden (vgl. § 9 Abs. 1 VermAnlG).

21 Ein öffentliches Angebot von Vermögensanlagen beginnt in Anlehnung an § 2 Nr. 4 WpPG, sobald der Anbieter irgendeine Mitteilung an das Anlegerpublikum richtet, die ausreichende Informationen über die Angebotsbedingungen und die anzubietende Vermögensanlage enthält, um die potenziellen Anleger in die Lage zu versetzen, über den Kauf oder die Zeichnung der Vermögensanlage zu entscheiden.[19] Das lässt sich § 2 Nr. 4 WpPG entnehmen, da diese Vorschrift nicht Ausdruck von Besonderheiten beim Wertpapierprospekt ist, sondern allgemein das Vorliegen eines öffentlichen Angebots definiert, und zwar unabhängig davon, ob das Anlageobjekt ein Wertpapier oder eine Vermögensanlage ist.[20] Daher lässt sich die Beschreibung des § 2 Nr. 4 WpPG auf das öffentliche Angebot von Vermögensanlagen übertragen.

22 Das öffentliche Angebot **endet**, sofern es befristet ist, zu dem Zeitpunkt, den der Anbieter dafür genannt hat, dass er die Vermögensanlage nicht mehr zum Erwerb öffentlich anbieten will. Ohne eine solche Befristung endet das öffentliche Angebot, sobald für das Anlegerpublikum der Wille des Anbieters erkennbar ist, die Vermögensanlagen nicht mehr öffentlich anbieten zu wollen. Da es hier der Anbieter selbst in den Händen hat, wann das öffentliche Angebot und damit seine Haftung für einen fehlerhaften Verkaufsprospekt enden, trägt er insoweit die Beweislast.[21] Unabhängig davon endet der Erwerbszeitraum spätestens nach zwei Jahren, nachdem die Vermögensanlage das erste Mal öffentlich zum Erwerb angeboten worden ist (§ 20 Abs. 1 Satz 1 VermAnlG).

23 Damit die Vermögensanlagen noch innerhalb der Angebotsfrist erworben sind, genügt es, wenn in diesem Zeitraum das Verpflichtungsgeschäft (i.d.R. der Kaufvertrag) abgeschlossen worden ist, da sich bereits hierdurch der Prospektfehler in der Kaufentscheidung ausgewirkt hat.[22] Das sachenrechtliche Erwerbsgeschäft vollzieht nur noch die fehlerhafte Anlageentscheidung.

---

17 BGH 18.9.2012 BGHZ **195** 1 Rn. 36; Schwark/Zimmer/*Schwark* § 13 VerkProspG Rn. 18.
18 BGH 18.9.2012 BGHZ **195** 1 Rn. 40.
19 Schwark/Zimmer/*Heidelbach* § 13 VerkProspG Rn. 22.
20 Assmann/Schütze/*Assmann* Kapitalanlagerecht § 5 Rn. 260; Assmann/Schlitt/von Kopp-Colomb/*Assmann* § 20 VermAnlG Rn. 34.
21 Assmann/Schütze/*Assmann* Kapitalanlagerecht § 5 Rn. 260; Assmann/Schlitt/von Kopp-Colomb/*Assmann* § 20 VermAnlG Rn. 34.
22 RegE Drittes Finanzmarktförderungsgesetz, BTDrucks. 13/8933 S. 77; Assmann/Schlitt/von Kopp-Colomb/*Assmann* § 20 VermAnlG Rn. 33; Assmann/Schütze/*Assmann* Kapitalanlagerecht § 5 Rn. 259.

Da der Anleger nur dann die Erstattung eines Erwerbspreises verlangen kann, wenn er einen solchen auch zuvor gezahlt hat, muss er die Vermögensanlagen **entgeltlich** erworben haben.[23] Dabei spielt es keine Rolle, von wem er die Vermögensanlagen erworben und an wen er den Erwerbspreis dafür gezahlt hat. Da Übertragungen von Vermögensanlagen im Wege von Erbschaft, Vermächtnis oder Schenkung per definitionem ohne ein Entgelt erfolgen, hat der Anleger in diesen Fällen keinen Prospekthaftungsanspruch aus § 20 VermAnlG (siehe auch §§ 21–23 WpPG Rn. 60–64). 24

V. Haftungsbegründende Kausalität

Dass der Anleger die Vermögensanlagen nach Veröffentlichung des Verkaufsprospekts und während der Dauer des öffentlichen Angebots erworben hat, reicht allein nicht aus, um eine haftungsbegründende Kausalität zwischen Prospektfehler und Erwerb der Vermögensanlagen bejahen zu können.[24] So entfällt ein Anspruch des Anlegers aus § 20 VermAnlG, wenn der Anleger die Vermögensanlagen nicht „auf Grund des Verkaufsprospekts" erworben hat (§ 20 Abs. 4 Nr. 1 VermAnlG) oder er die Unrichtigkeit oder Unvollständigkeit der Angaben des Verkaufsprospekts beim Erwerb kannte (§ 20 Abs. 4 Nr. 3 VermAnlG). Auch wenn der Anleger den Verkaufsprospekt nicht zwingend tatsächlich selbst gelesen haben muss, muss der Prospektfehler doch zumindest indirekt über Dritte oder Presseberichte in die Kaufentscheidung des geschädigten Anlegers eingeflossen sein. Auch dann hat der Anleger die Vermögensanlagen „auf Grund des Verkaufsprospekts" (§ 20 Abs. 4 Nr. 1 VermAnlG) und, weil dieser unvollständig oder unrichtig ist, aufgrund des Prospektfehlers erworben. 25

Kannte der Anleger indes die Unrichtigkeit oder Unvollständigkeit des Verkaufsprospekts bereits beim Erwerb und hat ihn dieser offensichtlich trotzdem nicht vom Erwerb der Vermögensanlagen abgehalten, kann der Prospektfehler nicht kausal für seine Anlageentscheidung gewesen sein. Auch hier fehlt es an der haftungsbegründenden Kausalität. Diese wird an dieser Stelle ebenfalls **vermutet**, sodass es dem Haftungsadressaten (in der Regel dem Anbieter) obliegt, diese Vermutung zu widerlegen.[25] Er trägt insofern die Beweislast, da er durch den Prospektfehler erst die rechtlich missbilligte Gefahr geschaffen hat, dass potenzielle Anleger auf unzureichender oder falscher Informationsgrundlage eine von ihnen so nicht gewollte Kaufentscheidung treffen (siehe auch §§ 21–23 WpPG Rn. 68). 26

VI. Verschulden

Obwohl § 20 VermAnlG ein Verschulden der Prospektverantwortlichen und der Prospektveranlasser als Haftungsadressaten nicht ausdrücklich fordert, handelt es sich auch bei der Haftung für einen fehlerhaften Verkaufsprospekt um eine Verschuldenshaftung.[26] Das folgt eindeutig aus § 20 Abs. 3 VermAnlG, der in seinem Wortlaut § 23 Abs. 1 WpPG für fehlerhafte Wertpapierprospekte entspricht (siehe auch §§ 21–23 WpPG Rn. 70–87). Danach kann ein Haftungsadressat nicht für einen Prospektfehler in Anspruch genommen werden, wenn er nachweist, dass er die Unrichtigkeit oder Unvoll- 27

23 Schwark/Zimmer/*Heidelbach* § 13 VerkProspG Rn. 21.
24 Assmann/Schlitt/von Kopp-Colomb/*Assmann* § 20 VermAnlG Rn. 38; *Buck-Heeb* Kapitalmarktrecht Rn. 255; Schwark/Zimmer/*Heidelbach* § 13 VerkProspG Rn. 25.
25 Schwark/Zimmer/*Heidelbach* § 13 VerkProspG Rn. 25; *Buck-Heeb* Kapitalmarktrecht Rn. 255.
26 *Buck-Heeb* Kapitalmarktrecht Rn. 255; Schwark/Zimmer/*Heidelbach* § 13 VerkProspG Rn. 25.

ständigkeit der Prospektangaben nicht gekannt hat und diese Unkenntnis auch nicht auf grober Fahrlässigkeit beruht.

28 Demgemäß hat der Anbieter oder ein sonstiger Prospektverantwortlicher (oder Prospektveranlasser) nur dann für die Unrichtigkeit oder Unvollständigkeit des Verkaufsprospekts einzustehen, wenn ihn selbst für diesen Prospektfehler ein Verschulden in Form von Vorsatz oder grober Fahrlässigkeit trifft.[27] Das Verschulden der anderen Haftungsadressaten genügt dafür nicht, vielmehr haftet jeder der Anspruchsgegner nur für sein eigenes Verschulden. Auch hier tragen der Anbieter und die anderen Haftungsadressaten die Beweislast, dass jedem von ihnen ein Verschulden nicht zur Last fällt. Die Kenntnis vom Prospektmangel oder zumindest die grob fahrlässige Unkenntnis davon wird demnach widerleglich **vermutet** (§ 20 Abs. 3 VermAnlG).

29 Zu den Anforderungen, die an ein solches Verschulden der Haftungsadressaten zu stellen sind, und zur Beurteilung, ob sich jene ein Verschulden der von ihnen eingeschalteten Dritten (z.B. Sachverständige) über § 278 BGB zurechnen lassen müssen, siehe §§ 21–23 WpPG Rn. 85–87.

VII. Schadensersatz

30 **1. Schaden.** Hat der Anleger seine Anlageentscheidung „auf Grund" unrichtiger oder unvollständiger wesentlicher Angaben im Verkaufsprospekt getroffen, hat er an sich bereits durch diese Anlageentscheidung einen Schaden erlitten. Er hat aufgrund des Prospektfehlers nicht alle tatsächlichen und rechtlichen Angaben erhalten, die für ihn notwendig sind, um die Bonität des Emittenten und die Vermögensanlage zutreffend beurteilen zu können (§ 7 Abs. 1 Satz 1 VermAnlG). Dadurch hat er eine uninformierte Anlageentscheidung gefällt und ist in der Folge mit der ungewollten Verpflichtung belastet, den Erwerbspreis für die Vermögensanlage zahlen zu müssen.

31 Dennoch scheidet ein Anspruch des geschädigten Anlegers aus § 20 VermAnlG aus, wenn es nicht darüber hinaus zu einem Vermögensschaden gekommen ist. Denn nach § 20 Abs. 4 Nr. 2 VermAnlG besteht der Anspruch nach § 20 Abs. 1 oder Abs. 2 VermAnlG nicht, wenn der Sachverhalt, über den der Verkaufsprospekt unrichtige oder unvollständige Angaben enthält, nicht zu einer Minderung des Erwerbspreises der Vermögensanlage beigetragen hat. Der Anleger muss demnach die Vermögensanlage „zu teuer" gekauft haben, um überhaupt die Erstattung des gezahlten Erwerbspreises zurückverlangen zu können. Die Beeinträchtigung seiner Entscheidungsfreiheit durch den Prospektfehler allein genügt noch nicht.

32 Dabei wird widerleglich **vermutet**, dass der Prospektfehler nicht nur negativ auf die Anlageentscheidung eingewirkt hat, sondern auch, dass es infolgedessen zu einem Vermögensschaden beim Anleger gekommen ist (§ 20 Abs. 4 Nr. 2 VermAnlG), der Erwerbspreis für die Vermögensanlage also bei Angabe des wahren Sachverhalts niedriger gewesen wäre. Die Haftungsadressaten tragen insoweit die Beweislast, dass der Prospektfehler nicht zu einer negativen Kursbeeinflussung geführt hat. Damit müssen sie nicht nur beweisen, dass es beim Anleger nicht zu einem Vermögensschaden gekommen ist, sondern auch die fehlende haftungsausfüllende Kausalität zwischen Anlageentscheidung und Vermögensschaden. Demgemäß trifft die Haftungsadressaten insoweit eine doppelte Beweislastumkehr.

---

27 Assmann/Schlitt/von Kopp-Colomb/*Assmann* § 20 VermAnlG Rn. 40.

2. Umfang des Schadensersatzes. Die Art und Weise des Schadensersatzes und dessen Umfang hängen davon ab, ob der geschädigte Anleger noch Inhaber der Vermögensanlage ist oder diese bereits an Dritte weiterveräußert hat. Hat er die Vermögensanlagen noch, kann er von den Haftungsadressaten die Erstattung des Erwerbspreises, maximal den ersten Erwerbspreis der Vermögensanlagen, sowie die üblichen mit dem Erwerb verbundenen Kosten ersetzt verlangen (§ 20 Abs. 1 Satz 1 VermAnlG). Der erste Erwerbspreis ist der Preis, den der Ersterwerber für die Vermögensanlagen tatsächlich gezahlt hat.[28] Auf diese Weise kann der geschädigte Anleger, der die Vermögensanlagen vom Ersterwerber erworben hat, stets nur den Erwerbspreis vom Haftungsadressaten erlangen, den (in der Regel) der Anbieter für die Vermögensanlagen erhalten hat. 33

Dadurch ist die Prospekthaftung im Kern insgesamt auf dasjenige beschränkt, was dem Anbieter durch den Verkauf der Vermögensanlagen zugeflossen ist. Sie ist insofern in ihrer Rechtsfolge gewissermaßen **„rücktrittsähnlich"**. Das gilt umso mehr, als der Anleger im Gegenzug verpflichtet ist, die Vermögensanlagen an den Haftungsadressaten, den er auf Erstattung des von ihm gezahlten Erwerbspreises in Anspruch nimmt, herauszugeben. Der Schadensersatzanspruch, den § 20 Abs. 1 VermAnlG ebenso wie § 21 Abs. 1 WpPG dem geschädigten Anleger einräumt, ist demgemäß auf die Rückabwicklung des Vermögenanlagengeschäfts gerichtet.[29] 34

Der Anspruch des Anlegers auf Erstattung des Erwerbspreises und der Gegenanspruch des Haftungsadressaten auf Herausgabe der Vermögensanlagen sind dabei Zug um Zug zu erfüllen (§§ 273 Abs. 1, 274 Abs. 1 BGB oder § 348 BGB).[30] 35

Die mit dem Erwerb verbundenen **üblichen Kosten** beinhalten vor allem die Provisionen und Transaktionskosten, die der Anleger im Zusammenhang mit dem Erwerb der Vermögensanlagen tatsächlich gezahlt hat, vorausgesetzt, dass sich diese Kosten im „üblichen" Rahmen bewegen[31] (siehe dazu §§ 21–23 WpPG Rn. 97). 36

Macht der geschädigte Anleger seinen Prospekthaftungsanspruch erst geltend, nachdem er die Vermögensanlagen bereits an einen Dritten **weiterveräußert** hat, kann er lediglich die Zahlung des Unterschiedsbetrags zwischen dem Erwerbspreis und dem Veräußerungspreis sowie den mit dem Erwerb und der Veräußerung verbundenen üblichen Kosten verlangen (§ 20 Abs. 2 VermAnlG). Der Erwerbspreis ist auch hier der Preis, den der Anleger selbst für den Erwerb der Vermögensanlagen tatsächlich gezahlt hat. Auch dieser ist wiederum auf den ersten Erwerbspreis begrenzt. Da der Anleger im Gegenzug den Haftungsadressaten die Vermögensanlagen nicht wieder zurückgeben kann, muss er sich auf den von ihm gezahlten Erwerbspreis (maximal den ersten Erwerbspreis) den Gegenwert anrechnen lassen, den er seinerseits durch die Weiterveräußerung der Vermögensanlagen an den Dritten erzielt hat.[32] 37

Daneben hat der Anleger einen Anspruch auf Zahlung der üblichen Provisionen und Transaktionskosten, die er tatsächlich für den Erwerb, aber auch für die Veräußerung der Vermögensanlagen aufgewendet hat. 38

---

28 Assmann/Schlitt/von Kopp-Colomb/*Assmann* § 20 VermAnlG Rn. 46; Schwark/Zimmer/*Heidelbach* § 13 VerkProspG Rn. 21.

29 Habersack/Mülbert/Schlitt/*Habersack* Kapitalmarktinformation § 29 Rn. 45 (zu § 21 Abs. 1 WpPG).

30 BGH 3.12.2007 WM **2008** 391 Rn. 7; RegE Drittes Finanzmarktförderungsgesetz, BTDrucks. 13/8933 S. 78; Just/Voß/Ritz/Zeising/*Pankoke* § 44 BörsG, § 13 VerkProspG Rn. 64; Assmann/Schlitt/von Kopp-Colomb/*Assmann* § 20 VermAnlG Rn. 47.

31 Assmann/Schlitt/von Kopp-Colomb/*Assmann* § 20 VermAnlG Rn. 46.

32 Assmann/Schlitt/von Kopp-Colomb/*Assmann* § 20 VermAnlG Rn. 46.

39 **3. Mitverschulden.** Da § 20 VermAnlG dem geschädigten Anleger einen verschuldensabhängigen Schadensersatzanspruch gewährt, mag dieser auch in der Rechtsfolge „rücktrittsähnlich" ausgestaltet sein, muss sich der Anleger ein Mitverschulden, das ihm zur Last fällt, anspruchsmindernd anrechnen lassen (§ 254 BGB). Gleichwohl hat der Anleger die ihm obliegende Schadensminderungspflicht (§ 254 Abs. 2 Satz 1, 2. Alt. BGB) nicht schon allein dadurch verletzt, dass er, obschon er im Nachhinein vom Prospektmangel Kenntnis erlangt hat, es unterlassen hat, die Vermögensanlagen weiter zu veräußern oder zumindest den Haftungsadressaten, vor allem dem Anbieter, den Prospektfehler anzuzeigen oder seinen Anspruch wegen des fehlerhaften Verkaufsprospekts anzumelden (siehe §§ 21–23 WpPG Rn. 105–106). Sofern aus anderen Gründen ein Mitverschulden des Anlegers anspruchsmindernd zu berücksichtigen ist, trägt dafür der Haftungsadressat als Anspruchsgegner die Beweislast.[33]

VIII. Haftungsfreizeichnung (§ 20 Abs. 6 Satz 1 VermAnlG); weitergehende Ansprüche (§ 20 Abs. 6 Satz 2 VermAnlG)

40 **1. Haftungsfreizeichnung (§ 20 Abs. 6 Satz 1 VermAnlG).** Eine Vereinbarung, durch die der Anleger im Voraus seinen Anspruch wegen eines fehlerhaften Verkaufsprospekts ermäßigt oder sogar erlässt, ist unwirksam (§ 20 Abs. 6 Satz 1 VermAnlG). Im Umkehrschluss kann der Anleger aber durchaus im Nachhinein, d.h. nachdem sein Anspruch aus § 20 VermAnlG wegen eines Prospektfehlers entstanden ist, auf diesen ganz oder teilweise verzichten. Hier kommt es allein darauf an, dass der Prospekthaftungsanspruch objektiv entstanden ist, nicht aber zusätzlich darauf, dass der Anleger davon weiß oder zumindest hätte wissen können (siehe dazu § 25 WpPG Rn. 4–11).

41 **2. Weitergehende Ansprüche (§ 20 Abs. 6 Satz 2 VermAnlG).** Weitergehende Ansprüche, die der Anleger nach den Vorschriften des BGB aufgrund von Verträgen oder unerlaubten Handlungen hat, werden durch einen Prospekthaftungsanspruch nicht verdrängt (§ 20 Abs. 6 Satz 2 VermAnlG). Damit diese Ansprüche „weiter gehen" als der wegen eines fehlerhaften Verkaufsprospekts, darf der Haftungsgrund für die Ansprüche aus Vertrag oder Delikt sich nicht im Prospektfehler erschöpfen. Auch wenn sie an diesen anknüpfen, muss der Haftungsgrund darüber hinausgehen.

42 Da die allgemeine bürgerlich-rechtliche Prospekthaftung im engeren Sinne ebenso wie aus § 20 VermAnlG an das „typisierte" Vertrauen anknüpft, scheidet ein solcher allgemeiner Prospekthaftungsanspruch neben § 20 VermAnlG aus. Dagegen kommt ein allgemeiner bürgerlich-rechtlicher Prospekthaftungsanspruch im weiteren Sinne, der auf ein konkretes Vertrauen des geschädigten Anlegers abstellt, ebenso in Betracht wie Ansprüche aus § 823 Abs. 2 BGB i.V.m. Schutzgesetzen sowie aus § 826 BGB (siehe dazu § 25 WpPG Rn. 19–21).[34]

IX. Verjährung (§§ 195, 199 BGB); zuständiges Gericht (§ 32b Abs. 1 ZPO); Musterverfahren (§ 1 Abs. 2 Satz 1 Nr. 2 KapMuG)

43 Der ursprüngliche Verweis auf § 46 BörsG, der in § 13 VerkProspG als der Vorgängervorschrift des § 20 VermAnlG enthalten war, ist nicht in das VermAnlG übernommen

---

33 *Schäfer* ZGR **2006** 40, 55; Assmann/Schlitt/von Kopp-Colomb/*Assmann* § 20 VermAnlG Rn. 44.

34 *Hoffmeyer* NZG **2016** 1133, 1136; *Suchomel* NJW **2013** 1126, 1131; *Schmitt* DStR **2013** 1688, 1690; *Schroeder* Der persönliche Anwendungsbereich der Prospekthaftung nach dem WpPG und dem VermAnlG 251.

worden, sodass es bei der allgemeinen Verjährung nach den §§ 195, 199 BGB bleibt[35] (siehe dazu §§ 21–23 WpPG Rn. 109–110). Auch für Ansprüche nach § 20 VermAnlG gilt § 32b ZPO sowie § 71 Abs. 2 Nr. 3 GVG, weshalb auch insoweit das Landgericht am Sitz des betroffenen Emittenten der Vermögensanlage ausschließlich zuständig ist[36] (siehe dazu §§ 21–23 WpPG Rn. 111). Auch hier kann nach § 1 Abs. 2 Satz 1 Nr. 2 KapMuG ein Musterverfahren durchgeführt werden, da es sich bei den Verkaufsprospekten des VermAnlG um eine „öffentliche Kapitalmarktinformation" handelt.

§ 21 VermAnlG
Haftung bei fehlendem Verkaufsprospekt

(1) Der Erwerber von Vermögensanlagen kann, wenn ein Verkaufsprospekt entgegen § 6 nicht veröffentlicht wurde, von dem Emittenten der Vermögensanlagen und dem Anbieter als Gesamtschuldnern die Übernahme der Vermögensanlagen gegen Erstattung des Erwerbspreises, soweit dieser den ersten Erwerbspreis nicht überschreitet, und der mit dem Erwerb verbundenen üblichen Kosten verlangen, sofern das Erwerbsgeschäft vor Veröffentlichung eines Verkaufsprospekts und innerhalb von zwei Jahren nach dem ersten öffentlichen Angebot der Vermögensanlagen im Inland abgeschlossen wurde. Auf den Erwerb von Vermögensanlagen desselben Emittenten, die von den in Satz 1 genannten Vermögensanlagen nicht nach Ausstattungsmerkmalen oder in sonstiger Weise unterschieden werden können, ist Satz 1 entsprechend anzuwenden.

(2) Ist der Erwerber nicht mehr Inhaber der Vermögensanlagen, kann er die Zahlung des Unterschiedsbetrags zwischen dem Erwerbspreis und dem Veräußerungspreis der Vermögensanlagen sowie der mit dem Erwerb und der Veräußerung verbundenen üblichen Kosten verlangen. Absatz 1 Satz 1 gilt entsprechend.

(3) Werden Vermögensanlagen eines Emittenten von Vermögensanlagen mit Sitz im Ausland auch im Ausland öffentlich angeboten, besteht ein Anspruch nach Absatz 1 oder Absatz 2 nur, sofern die Vermögensanlagen auf Grund eines im Inland abgeschlossenen Geschäfts oder einer ganz oder teilweise im Inland erbrachten Wertpapierdienstleistung erworben wurden.

(4) Der Anspruch nach den Absätzen 1 bis 3 besteht nicht, sofern der Erwerber die Pflicht, einen Verkaufsprospekt zu veröffentlichen, beim Erwerb kannte.

(5) Eine Vereinbarung, durch die ein Anspruch nach den Absätzen 1 bis 3 im Voraus ermäßigt oder erlassen wird, ist unwirksam. Weiter gehende Ansprüche, die nach den Vorschriften des bürgerlichen Rechts auf Grund von Verträgen oder unerlaubten Handlungen erhoben werden können, bleiben unberührt.

Schrifttum

Assmann/Schlitt/von Kopp-Colomb Wertpapierprospektgesetz, Vermögensanlagengesetz, 3. Aufl. 2017; *Baumbach/Hopt* Kommentar zum HGB, 38. Aufl. 2018; *Bongertz* Verschuldensunabhängige Haftung bei fehlendem Prospekt trotz Abstimmung mit der BaFin?, BB **2012** 470; *Habersack/Mülbert/Schlitt* Handbuch der Kapitalmarktinformation, 2. Aufl. 2013; *Klöhn* Grund und Grenzen der Haftung wegen unterlassener Prospektveröffentlichung gem. § 24 WpPG, § 21 VermAnlG, DB **2012** 1854; *Schwark/Zimmer* Kapitalmarktrechts-Kommentar, 4. Aufl. 2010.

35 Assmann/Schlitt/von Kopp-Colomb/*Assmann* § 20 VermAnlG Rn. 50.
36 Assmann/Schlitt/von Kopp-Colomb/*Assmann* § 20 VermAnlG Rn. 53 f.

Systematische Übersicht

A. Allgemeines

1 § 21 VermAnlG ist zum 1.6.2011 an die Stelle des § 13a VerkProspG a.F. getreten und übernimmt insoweit dessen Regelungsinhalt, nicht jedoch die Sonderverjährung (§ 13a Abs. 5 VerkProspG a.F.) sowie die sechsmonatige Ausschlussfrist (§ 13a Abs. 1 Satz 1 VerkProspG a.F.) (siehe dazu auch § 20 VermAnlG Rn. 43).

2 Mit § 21 VermAnlG wird die Gefahr sanktioniert, die der Anbieter für die potenziellen Anleger dadurch schafft, dass sie eine zumindest so nicht gewollte Anlageentscheidung treffen, da ihnen nicht alle tatsächlichen und rechtlichen Informationen zur Verfügung stehen, die für sie notwendig sind, um den Emittenten und die Vermögensanlagen selbst zutreffend beurteilen zu können (§ 7 Abs. 1 Satz 1 VermAnlG). Haftungsgrund des § 21 VermAnlG ist ebenso wie bei § 24 WpPG das Informationsdefizit des Anlegers (siehe dazu auch § 24 WpPG Rn. 16).

B. Tatbestand

I. Fehlender Prospekt

3 Ein Anleger, der eine Vermögensanlage erworben hat, für die ein Verkaufsprospekt jedoch entgegen § 6 VermAnlG nicht zuvor veröffentlicht worden ist, kann vom Anbieter und dem Emittenten die Erstattung des von ihm gezahlten Erwerbspreises, soweit dieser den ersten Erwerbspreis nicht überschreitet, sowie der üblichen Erwerbskosten verlangen (§ 21 Abs. 1 Satz 1 VermAnlG). Die Haftung für einen fehlenden Verkaufsprospekt setzt demnach zunächst voraus, dass der Anbieter nach § 6 VermAnlG verpflichtet war, vor dem öffentlichen Angebot der Vermögensanlagen einen Verkaufsprospekt zu erstellen und zu veröffentlichen, er dies aber unterlassen hat. Der Anbieter muss demgemäß gegen seine **Prospektpflicht** aus § 6 VermAnlG verstoßen haben. Diese Prospektpflicht ist für ihn einschlägig, sobald er Vermögensanlagen (§ 1 Abs. 2 VermAnlG) im Inland öffentlich anbieten will (siehe dazu § 20 VermAnlG Rn. 3–17).

4 Hat er jedoch bereits zuvor einen immer noch gültigen Verkaufsprospekt für diese Vermögensanlagen nach den Vorschriften des VermAnlG veröffentlicht oder ist er nach anderen Vorschriften, vor allem des WpPG oder des KAGB, verpflichtet, einen Prospekt zu veröffentlichen, entfällt seine Prospektpflicht aus § 6 VermAnlG. Die Prospektpflicht des § 6 VermAnlG ist insofern subsidiär.

5 Besteht eine Prospektpflicht nach § 6 VermAnlG, löst erst die Tatsache, dass der Anbieter einen Verkaufsprospekt **nicht veröffentlicht** und dennoch die Vermögensanlagen öffentlich angeboten hat, eine Haftung von Anbieter und Emittent nach § 21 Abs. 1 Satz 1 VermAnlG aus. Ein Verkaufsprospekt ist auch dann nicht veröffentlicht,

wenn er zwar erstellt und durch die BaFin gebilligt (§ 8 VermAnlG), im Anschluss daran aber nicht veröffentlicht worden ist.[1]

6 Davon zu unterscheiden ist der Fall, dass der Anbieter den Verkaufsprospekt zwar veröffentlicht, ihn aber nicht zuvor durch die BaFin hat billigen lassen. Dann kommt es für die Frage, ob auch jetzt ein Verkaufsprospekt fehlt, nach richtiger Ansicht darauf an, ob das veröffentlichte schriftliche Dokument den Anforderungen an einen Verkaufsprospekt genügt, sodass er durch die BaFin hätte genehmigt werden können. Die fehlende Billigung allein reicht dagegen nicht aus, um eine Haftung nach § 21 VermAnlG auszulösen (siehe auch zur Gegenansicht § 20 VermAnlG Rn. 9–10).

7 Die Haftung von Anbieter und Emittent nach § 21 VermAnlG ist nicht eine Sanktion für die **fehlende Billigung** durch die BaFin, sondern dafür, dass der Anbieter Vermögensanlagen öffentlich zum Erwerb angeboten hat, ohne die potenziellen Anleger zuvor durch eine schriftliche Darstellung über die Bonität des Emittenten und die mit der Vermögensanlage verbundenen Chancen und Risiken ausreichend zu informieren (§ 7 Abs. 1 Satz 1 VermAnlG). Diese Aufgabe kann aber auch ein Dokument übernehmen, das nicht zuvor durch die BaFin gebilligt worden und insofern zwar formal kein Verkaufsprospekt ist, dafür aber materiell, da es die Anforderungen des § 7 Abs. 1 Satz 1 VermAnlG erfüllt (siehe dazu §§ 21–23 WpPG Rn. 23).

8 Informiert der Prospekt das Anlegerpublikum jedoch umfassend i.S.d. § 7 Abs. 1 Satz 1 VermAnlG, obwohl er nicht durch die BaFin gebilligt worden ist, scheidet eine Haftung für einen fehlenden Verkaufsprospekt (§ 21 VermAnlG) aus. Es kommt stattdessen nur eine Haftung für einen fehlerhaften Verkaufsprospekt (§ 20 VermAnlG) in Betracht, was jedoch voraussetzt, dass **wesentliche Angaben** unrichtig oder unvollständig sind (§ 20 Abs. 1 Satz 1 VermAnlG).

9 Allein die fehlende Billigung eines Verkaufsprospekts löst dementsprechend zwar keine Prospekthaftung i.S.d. § 21 VermAnlG aus[2] (siehe auch § 20 VermAnlG Rn. 9–10), dies ist aber auch nicht erforderlich, um den Verstoß gegen die (öffentlich-rechtliche) Billigungspflicht (§ 8 Abs. 1 Satz 1 VermAnlG) wirksam zu ahnden. Veröffentlicht der Anbieter vorsätzlich oder leichtfertig einen Verkaufsprospekt, ohne dass die BaFin den Prospekt zuvor gebilligt hat, handelt er ordnungswidrig.

10 Ein **Nachtrag** zum Verkaufsprospekt (§ 11 VermAnlG) ist für sich allein kein selbständiger Prospekt. Unterlässt der Anbieter es, einen Nachtrag zum Verkaufsprospekt zu erstellen und zu veröffentlichen, obwohl nach der Billigung des Prospekts und während der Dauer des öffentlichen Angebot ein wichtiger neuer Umstand oder eine wesentliche Unrichtigkeit in Bezug auf die im Verkaufsprospekt enthaltenen Angaben aufgetreten oder festgestellt worden ist, die die Beurteilung der Bonität des Emittenten oder der Chancen und Risiken der Vermögensanlage selbst beeinflussen könnten, wird der ursprüngliche Verkaufsprospekt unvollständig oder unrichtig.[3] Der Anbieter haftet deshalb nicht für einen fehlenden, sondern für einen fehlerhaften Verkaufsprospekt (§ 20 VermAnlG) (siehe dazu § 20 VermAnlG Rn. 12).

II. Haftungsadressat

11 Nach dem auf den ersten Blick eindeutigen Wortlaut des § 21 Abs. 1 Satz 1 VermAnlG, der insoweit dem des § 24 Abs. 1 Satz 1 WpPG entspricht, haben für den fehlenden Verkaufsprospekt Anbieter und Emittent als Gesamtschuldner einzustehen.

1 Assmann/Schlitt/von Kopp-Colomb/*Assmann* § 21 VermAnlG Rn. 4.
2 Habersack/Mülbert/Schlitt/*Habersack* Kapitalmarktinformation § 29 Rn. 63; *Bongertz* BB **2012** 470, 473 f.
3 Assmann/Schlitt/von Kopp-Colomb/*Assmann* § 21 VermAnlG Rn. 5.

12 **Anbieter** einer Vermögensanlage ist entsprechend § 2 Nr. 10 WpPG jede Person oder Gesellschaft, die Vermögensanlagen öffentlich anbietet. Ein öffentliches Angebot von Vermögensanlagen (§ 1 Abs. 2 VermAnlG) ist jede Form der Mitteilung an das Anlegerpublikum, und zwar unabhängig davon, wie sie erfolgt, die den potenziellen Anlegern ausreichende Informationen über Angebotsbedingungen und die anzubietenden Vermögensanlagen liefert, um über den Kauf oder die Zeichnung der angebotenen Vermögensanlagen entscheiden zu können (vgl. § 2 Nr. 4 WpPG).

13 Ein öffentliches Angebot liegt indes nicht erst vor, wenn es sich dabei um einen verbindlichen Antrag (§ 145 BGB) des Anbieters handelt, sondern schon dann, wenn die Mitteilung des Anbieters den Anleger lediglich auffordert, seinerseits ein Kaufangebot zu den vom Anbieter mitgeteilten Angebotsbedingungen abzugeben (***invitatio ad offerendum***). Auch in diesem Fall legt der Anbieter die Bedingungen des Kaufvertrags fest und bindet sich der Anleger, wenn er mit Bezug auf die *invitatio ad offerendum* des Anbieters ein Kaufangebot abgibt. Der Anleger ist hier erst recht schutzwürdig, da der Anbieter schon bei einer solchen *invitatio ad offerendum* ein Verkaufsprospekt veröffentlicht, um das Informationsdefizit des Anlegers in Bezug auf den Emittenten und die Vermögensanlage selbst zu beseitigen (§ 7 Abs. 1 Satz 1 VermAnlG) (siehe dazu § 24 WpPG Rn. 20–23). Der Begriff des Anbieters ist dabei weit auszulegen,[4] sodass Anbieter nicht nur die Person oder Gesellschaft ist, die nach außen als Anbieter auftritt, sondern auch die Personen oder Gesellschaften, die zwar nicht nach außen als Anbieter in Erscheinung treten, von denen aber das öffentliche Angebot ausgeht (siehe dazu § 24 WpPG Rn. 24–26).

14 Obwohl nach dem Wortlaut des § 21 Abs. 1 Satz 1 VermAnlG **Emittent** und Anbieter als Gesamtschuldner haften, hat der Emittent doch nur dann nach § 21 Abs. 1 Satz 1 VermAnlG für einen fehlenden Verkaufsprospekt einzustehen, wenn er die Vermögensanlagen öffentlich zum Erwerb angeboten hat und deshalb zugleich Anbieter ist.[5] Der Emittent ist zwar in der Regel auch der Anbieter der von ihm emittierten Vermögensanlagen, das muss er aber nicht sein. Waren die Vermögensanlagen schon zuvor Gegenstand eines (öffentlichen) Angebots und wurden sie dadurch erfolgreich öffentlich oder auch bloß privat platziert, ist ein darauffolgendes öffentliches Angebot ein „gesondertes Angebot" (vgl. § 3 Abs. 2 Satz 2 WpPG).

15 Auf eine solche **Umplatzierung** hat der Emittent in der Regel keinen Einfluss und dementsprechend auch keine Kontrolle über das (erneute) öffentliche Angebot.[6] Er ist jetzt nicht (mehr) Anbieter (vgl. § 2 Nr. 10 WpPG), sondern nur noch Emittent (siehe dazu § 24 WpPG Rn. 27–32). Die Pflicht, einen Verkaufsprospekt zu erstellen und zu veröffentlichen, trifft den Anbieter, nicht aber den Emittenten. An diese Prospektpflicht knüpft indes § 21 Abs. 1 Satz 1 VermAnlG ausdrücklich an, sodass der Wortlaut einschränkend dahingehend auszulegen ist, dass nur der Anbieter und nicht der Emittent Haftungsadressat i.S.d. § 21 Abs. 1 Satz 1 VermAnlG ist (siehe dazu und zur Gegenansicht § 24 WpPG Rn. 31–32).

III. Ersatzberechtigung des Anspruchstellers

16 Damit der geschädigte Anleger ersatzberechtigt ist, muss er die Vermögensanlagen innerhalb eines Zeitraums von zwei Jahren erworben haben, wobei der Erwerbszeitraum mit dem ersten öffentlichen Angebot beginnt (zum Begriff des öffentlichen Angebots siehe § 20 VermAnlG Rn. 21–22). Der Erwerb der Vermögensanlagen muss dabei vor der

4 Baumbach/Hopt/*Kumpan* (15b) § 21 VermAnlG Rn. 1, (15a) § 24 WpPG Rn. 2.
5 Assmann/Schlitt/von Kopp-Colomb/*Assmann* § 21 VermAnlG Rn. 13.
6 Baumbach/Hopt/*Kumpan* (15b) § 21 VermAnlG Rn. 1, (15a) § 24 WpPG Rn. 2.

Veröffentlichung eines Prospekts erfolgt sein. Für die Frage, ob der Anleger die Vermögensanlagen innerhalb der zwei Jahre und vor Prospektveröffentlichung erworben hat, ist auf den Abschluss des schuldrechtlichen Rechtsgeschäfts, in der Regel auf den Abschluss des Kaufvertrags, abzustellen (siehe dazu § 24 WpPG Rn. 33).

Selbst wenn im **Nachhinein** ein Verkaufsprospekt veröffentlicht worden ist, bleibt ein Anspruch des Anlegers aus § 21 Abs. 1 VermAnlG davon unberührt.[7] Fehlte es dagegen zunächst an der Veröffentlichung eines Verkaufsprospekts und hatte der Anbieter gleichwohl die Vermögensanlagen öffentlich zum Erwerb angeboten, später aber doch einen Verkaufsprospekt veröffentlicht, scheidet ein Anspruch des Anlegers gemäß § 21 Abs. 1 VermAnlG aus, sofern der Anleger die Vermögensanlagen *nach* der nachgeholten Prospektveröffentlichung erworben hat. Es fehlt in diesem Fall für den Zeitpunkt, in dem der Anleger seine Anlageentscheidung getroffen und im Kauf der Vermögensanlagen umgesetzt hat, am erforderlichen Informationsdefizit. Durch den Verkaufsprospekt war er jetzt über die Bonität des Emittenten und die Vermögensanlagen ausreichend aufgeklärt (§ 7 Abs. 1 Satz 1 VermAnlG). Der Haftungsgrund des § 21 Abs. 1 VermAnlG ist insofern nicht (mehr) erfüllt (siehe dazu § 24 WpPG Rn. 34). 17

Auch hier stellt ausschließlich der **entgeltliche Erwerb** der Vermögensanlagen einen Erwerb i.S.d. § 21 Abs. 1 VermAnlG dar, sodass die Übertragung von Vermögensanlagen im Wege der Schenkung, der Erbschaft oder eines Vermächtnisses als solche (entgeltlichen) Erwerbgeschäfte ausscheiden (siehe dazu § 20 VermAnlG Rn. 24). 18

IV. Haftungsbegründende Kausalität

Anders als es die wohl **h.M.** annimmt, ist nach zutreffender **a.A.** auch im Fall eines fehlenden Verkaufsprospekts eine haftungsbegründende Kausalität zwischen dem Verstoß gegen die Prospektpflicht (§ 6 VermAnlG) und der Kaufentscheidung des geschädigten Anlegers erforderlich[8] (siehe dazu § 24 WpPG Rn. 35–37). Der Anbieter hat deshalb für einen fehlenden Verkaufsprospekt einzustehen (§ 21 VermAnlG), weil er es pflichtwidrig unterlassen hat, dem Anlegerpublikum die Informationen zur Verfügung zu stellen, die notwendig sind, um den Emittenten der Vermögensanlage und die Vermögensanlage zutreffend beurteilen (§ 7 Abs. 1 Satz 1 VermAnlG) und auf dieser Grundlage eine selbstbestimmte Kaufentscheidung treffen zu können (vgl. § 2 Nr. 4 WpPG). Der verfahrensrechtliche Verstoß gegen § 6 VermAnlG allein löst noch nicht die Haftung bei einem fehlenden Verkaufsprospekt aus (§ 21 VermAnlG). Vielmehr muss die nicht informierte Kaufentscheidung darauf beruhen, dass der Anleger nicht ausreichend durch einen Verkaufsprospekt informiert war. 19

Hätte der Anleger die öffentlich angebotenen Vermögensanlagen daher auch dann erworben, wenn er ausreichend über die Bonität des Emittenten und die Chancen und Risiken der Vermögensanlage informiert gewesen wäre, beruht die Anlageentscheidung und damit der Erwerb der Vermögensanlagen nicht auf dem fehlenden Verkaufsprospekt. Eine Haftung nach § 21 VermAnlG kommt hier nicht in Betracht, da die Kaufentscheidung nicht auf dem vom Anbieter verursachten Informationsdefizit des Anlegers beruht (§ 7 Abs. 1 Satz 1 VermAnlG). Dass dieser Rechtsgedanke der Haftung für einen fehlenden Verkaufsprospekt zugrunde liegt, zeigt die Regelung in § 21 Abs. 4 VermAnlG, wonach eine Haftung entfällt, wenn der Anleger die Pflicht des Anbieters, einen Verkaufsprospekt zu veröffentlichen, beim Erwerb kannte. 20

7 Schwark/Zimmer/*Heidelbach* § 13a VerkProspG Rn. 7.
8 Habersack/Mülbert/Schlitt/*Habersack* Kapitalmarktinformation § 29 Rn. 66.

21 Da der Anbieter hierfür die **Beweislast** trägt (§ 21 Abs. 4 VermAnlG), gilt das allgemein für das Fehlen der haftungsbegründenden Kausalität, die deshalb widerleglich zugunsten des geschädigten Anlegers vermutet wird (§ 21 Abs. 4 VermAnlG analog) (siehe dazu § 24 WpPG Rn. 40).

V. Verschulden

22 Der Anbieter hat nur dann für einen fehlenden Verkaufsprospekt nach § 21 VermAnlG einzustehen, wenn er schuldhaft gegen seine Pflicht verstoßen hat, vor dem öffentlichen Angebot der Vermögensanlagen einen Verkaufsprospekt zu veröffentlichen (§ 6 VermAnlG).[9] Die Haftung für einen fehlenden Verkaufsprospekt (§ 21 VermAnlG) ist ebenso wie die für einen fehlerhaften Prospekt (§ 20 VermAnlG) nach hier vertretener Ansicht eine aus *culpa in contrahendo* und setzt deshalb ein **Verschulden** voraus, das jedoch **vermutet** wird (§ 280 Abs. 1 Satz 2 BGB).[10]

23 Auch wer von einer deliktischen Haftung ausgeht, kommt zu einem Verschuldenserfordernis, da eine Deliktshaftung stets ein Verschulden des Schädigers voraussetzt. Und selbst wenn man in § 21 VermAnlG eine privatrechtliche Sanktion für den öffentlichrechtlichen Verfahrensverstoß gegen § 6 VermAnlG sehen wollte, handelte es sich bei § 21 VermAnlG um eine Art von Ordnungswidrigkeit, die zwar nicht bußgeldbewehrt ist, dafür aber einen Anspruch auf Schadensersatz auslöst. Eine Ordnungswidrigkeit setzt indes ebenfalls ein Verschulden voraus (vgl. § 10 OWiG) und daher auch die Haftung des Anbieters nach § 21 VermAnlG bezogen auf den Verstoß gegen die Prospektpflicht (§ 6 VermAnlG) (siehe dazu § 24 WpPG Rn. 41–46).

24 Da die Haftung für einen fehlerhaften Verkaufsprospekt dieselbe Rechtsnatur hat wie die für einen fehlenden Prospekt, findet § 20 Abs. 3 VermAnlG auf den Anspruch aus § 21 VermAnlG entsprechend Anwendung. Der Anbieter hat deshalb auch für einen fehlenden Prospekt nur unter der Voraussetzung einzustehen, dass er es vorsätzlich oder **grob fahrlässig** unterlassen hat, entgegen § 6 VermAnlG einen Verkaufsprospekt zu veröffentlichen, bevor er die Vermögensanlagen öffentlich zum Erwerb angeboten hat. Auch hier kommt es zu einer **Beweislastumkehr.**[11] Ein Verschulden des Anbieters wird daher so lange widerleglich vermutet, bis er nachweist, dass er die Pflicht zur Prospektveröffentlichung (§ 6 VermAnlG) nicht gekannt hat und das Unterlassen der Prospektveröffentlichung nicht auf grober Fahrlässigkeit beruht (§ 20 Abs. 3 VermAnlG analog) (siehe dazu auch § 24 WpPG Rn. 47).

VI. Schadensersatz

25 Im Gegensatz zur Haftung für einen fehlerhaften Verkaufsprospekt kann der Anleger selbst dann vom Anbieter die Erstattung des Erwerbspreises gegen Übernahme der Vermögensanlagen verlangen, wenn er keinen **Vermögensschaden** erlitten hat, er also „nur" in seiner Willensfreiheit deshalb beeinträchtigt ist, weil er aufgrund des fehlenden Verkaufsprospekts eine informierte und damit selbstbestimmte Kaufentscheidung nicht treffen konnte. Bei einem fehlerhaften Verkaufsprospekt (§ 20 VermAnlG) muss der An-

---

9 Schwark/Zimmer/*Heidelbach* § 13a VerkProspG Rn. 9; Assmann/Schlitt/von Kopp-Colomb/*Assmann* § 21 VermAnlG Rn. 17; **a.A.** Habersack/Mülbert/Schlitt/*Habersack* Kapitalmarktinformation § 29 Rn. 66.
10 Schwark/Zimmer/*Heidelbach* § 13a VerkProspG Rn. 9; Assmann/Schütze/*Assmann* Kapitalanlagerecht § 5 Rn. 292.
11 Assmann/Schlitt/von Kopp-Colomb/*Assmann* § 21 VermAnlG Rn. 17; Baumbach/Hopt/*Kumpan* (15b) § 21 VermAnlG Rn. 1, (15a) § 24 WpPG Rn. 4.

bieter nur dann Schadensersatz leisten, wenn der Anleger einen Vermögensschaden dadurch erlitten hat, dass er die Vermögensanlagen „zu teuer“ erworben hat (§ 20 Abs. 4 Nr. 2 VermAnlG). Damit weicht die Haftung für einen fehlerhaften Verkaufsprospekt (§ 20 VermAnlG) jedoch vom allgemeinen Schadensrecht ab, wonach ein Schaden beim Anleger bereits dann vorliegt, wenn er eine uninformierte Kaufentscheidung getroffen hat und deshalb mit einer ungewollten Verbindlichkeit belastet ist (siehe dazu § 24 WpPG Rn. 48–52). Bei § 20 Abs. 4 Nr. 2 VermAnlG handelt es sich demgemäß um eine Ausnahmevorschrift.

Anders als bei einem fehlerhaften Verkaufsprospekt ist der Anleger bei einem fehlenden Verkaufsprospekt durch den Anbieter allerdings nicht nur zum Teil, sondern vollumfänglich über den Emittenten und die Vermögensanlage nicht aufgeklärt und daher hier das Informationsdefizit erheblich größer als bei einem „bloß“ fehlerhaften Verkaufsprospekt. Demgemäß verbietet es sich, die Ausnahmevorschrift des § 20 Abs. 4 Nr. 2 VermAnlG analog auf die Haftung für einen fehlenden Verkaufsprospekt (§ 21 VermAnlG) anzuwenden (siehe dazu § 24 WpPG Rn. 52). Der Anbieter hat schon allein deshalb für einen fehlenden Verkaufsprospekt nach § 21 VermAnlG einzustehen, weil der Anleger eine uninformierte und insofern ungewollte Anlageentscheidung getroffen hat. Der Eintritt eines Vermögensschadens ist deshalb nicht erforderlich. **26**

Ebenso wie bei § 20 VermAnlG richtet sich die Art und Weise des Schadensersatzes und dessen Umfang danach, ob der geschädigte Anleger die Vermögensanlage noch besitzt oder diese seinerseits bereits an Dritte weiterveräußert hat. Solange er noch **Inhaber** der Vermögensanlagen ist, kann er vom Anbieter die Erstattung des von ihm gezahlten Erwerbspreises, maximal jedoch den ersten Erwerbspreis der Vermögensanlagen, sowie die üblichen mit dem Erwerb verbundenen Kosten ersetzt verlangen (§ 21 Abs. 1 Satz 1 VermAnlG)[12] (siehe dazu § 20 VermAnlG Rn. 33). Der Anleger ist im Gegenzug verpflichtet, die Vermögensanlagen an den Anbieter herauszugeben, sodass es Zug um Zug zu einer **Rückabwicklung** des Vermögensanlagengeschäfts kommt (siehe dazu § 20 VermAnlG Rn. 34–35). **27**

Ist der Anleger **nicht mehr Inhaber** der Vermögensanlagen, hat er nur noch einen Anspruch auf Zahlung des Unterschiedsbetrags zwischen dem Erwerbspreis (maximal dem ersten Erwerbspreis) und dem Veräußerungspreis sowie der mit dem Erwerb und der Veräußerung verbundenen üblichen Kosten (§ 21 Abs. 2 VermAnlG). Zudem kann der Anleger die üblichen Provisionen und Transaktionskosten, die er tatsächlich für Erwerb und Veräußerung der Vermögensanlagen aufgewendet hat, vom Anbieter ersetzt verlangen (siehe dazu § 20 VermAnlG Rn. 37–38). **28**

Auch bei § 21 VermAnlG muss sich der Anleger ein **Mitverschulden** anspruchsmindernd anrechnen lassen (§ 254 BGB).[13] Dafür trägt der Anbieter als Anspruchsgegner nach allgemeinen Grundsätzen die Beweislast (siehe dazu § 20 VermAnlG Rn. 39). **29**

VII. Haftungsfreizeichnung (§ 21 Abs. 5 Satz 1 VermAnlG); weitergehende Ansprüche (§ 21 Abs. 5 Satz 2 VermAnlG)

Auch nach § 21 Abs. 5 Satz 1 VermAnlG, der wortgleich mit § 20 Abs. 6 Satz 1 VermAnlG ist, ist eine Vereinbarung, durch die der Anleger **im Voraus** seinen Anspruch wegen eines fehlerhaften Verkaufsprospekts ermäßigt oder sogar erlässt, unwirksam. Um- **30**

12 Assmann/Schlitt/von Kopp-Colomb/*Assmann* § 21 VermAnlG Rn. 19; Schwark/Zimmer/*Heidelbach* § 13a VerkProspG Rn. 10.

13 Schwark/Zimmer/*Heidelbach* § 13a VerkProspG Rn. 10; Assmann/Schlitt/von Kopp-Colomb/*Assmann* § 21 VermAnlG Rn. 18.

gekehrt ist eine Vereinbarung, durch die der Anleger erst **im Nachhinein**, d.h. nachdem der Anspruch des Anlegers aus § 21 VermAnlG wegen eines Prospektfehlers entstanden ist, auf diesen ganz oder teilweise verzichtet, wirksam (siehe dazu § 20 VermAnlG Rn. 40).

31 Ansprüche des Anlegers nach den Vorschriften des BGB aufgrund von Verträgen oder unerlaubten Handlungen, die „weiter gehen" als der Prospekthaftungsanspruch aus § 21 VermAnlG, werden durch diesen nicht ausgeschlossen (§ 21 Abs. 5 Satz 2 VermAnlG). Eine allgemeine **bürgerlich-rechtliche Prospekthaftung** im engeren Sinne scheidet jedoch aus, da § 21 VermAnlG insoweit **abschließend** ist.[14]

32 Hat der Anbieter ein Dokument als „Prospekt" veröffentlicht, das nicht den inhaltlichen Anforderungen des § 7 VermAnlG genügt, fehlt es entgegen § 6 VermAnlG an einem Verkaufsprospekt. Selbst wenn nun das Dokument, das als „Prospekt" veröffentlicht worden ist, fehlerhaft ist, wird dieser Pflichtverstoß i.S.d. allgemeinen bürgerlich-rechtlichen Prospekthaftung vom Verstoß gegen § 6 VermAnlG gleichsam konsumiert. Das Unterlassen, das Anlegerpublikum überhaupt durch einen Prospekt über den Emittenten und die Vermögensanlagen selbst informiert zu haben (§ 7 Abs. 1 Satz 1 VermAnlG), umfasst die bloß teilweise unrichtige oder unvollständige Information der Anleger durch das fehlerhafte Dokument („Prospekt"). Da beide Ansprüche auf dasselbe Informationsdefizit des geschädigten Anlegers abstellen, geht der Anspruch aus der allgemein bürgerlich-rechtlichen Prospekthaftung nicht weiter als der aus § 21 VermAnlG, was aber § 21 Abs. 5 Satz 2 VermAnlG ausdrücklich verlangt.

VIII. Verjährung (§§ 195, 199 BGB); zuständiges Gericht (§ 32b Abs. 1 ZPO); Musterverfahren (§ 1 Abs. 2 Satz 1 Nr. 2 KapMuG)

33 Siehe dazu § 20 VermAnlG Rn. 43.

§ 22 VermAnlG
Haftung bei unrichtigem oder fehlendem Vermögensanlagen-Informationsblatt

(1) Wer Vermögensanlagen auf Grund von Angaben in einem Vermögensanlagen-Informationsblatt erworben hat, kann von dem Anbieter die Übernahme der Vermögensanlagen gegen Erstattung des Erwerbspreises, soweit dieser den ersten Erwerbspreis der Vermögensanlagen nicht überschreitet, und der mit dem Erwerb verbundenen üblichen Kosten verlangen, wenn

1. **die in dem Vermögensanlagen-Informationsblatt enthaltenen Angaben irreführend, unrichtig oder nicht mit den einschlägigen Teilen des Verkaufsprospekts vereinbar sind und**
2. **das Erwerbsgeschäft nach Veröffentlichung des Verkaufsprospekts und während der Dauer des öffentlichen Angebots nach § 11, spätestens jedoch innerhalb von zwei Jahren nach dem ersten öffentlichen Angebot der Vermögensanlagen im Inland abgeschlossen wurde.**

(1a) Sofern die Erstellung eines Verkaufsprospekts nach § 2a oder § 2b entbehrlich ist, besteht der Anspruch nach Absatz 1 unter der Voraussetzung, dass

14 Assmann/Schlitt/von Kopp-Colomb/*Assmann* § 21 VermAnlG Rn. 26; Schwark/Zimmer/*Heidelbach* § 13a VerkProspG Rn. 12; **a.A.** *Klöhn* DB **2012** 1854, 1859.

1. die in dem Vermögensanlagen-Informationsblatt enthaltenen Angaben irreführend oder unrichtig sind und
2. das Erwerbsgeschäft während der Dauer des öffentlichen Angebots nach § 11, spätestens jedoch innerhalb von zwei Jahren nach dem ersten öffentlichen Angebot der Vermögensanlagen im Inland abgeschlossen wurde.

(2) Ist der Erwerber nicht mehr Inhaber der Vermögensanlagen, kann er die Zahlung des Unterschiedsbetrags zwischen dem Erwerbspreis, soweit dieser den ersten Erwerbspreis nicht überschreitet, und dem Veräußerungspreis der Vermögensanlagen sowie der mit dem Erwerb und der Veräußerung verbundenen üblichen Kosten verlangen.

(3) Nach Absatz 1 oder Absatz 2 kann nicht in Anspruch genommen werden, wer nachweist, dass er die Unrichtigkeit des Vermögensanlagen-Informationsblatts nicht gekannt hat und dass die Unkenntnis nicht auf grober Fahrlässigkeit beruht.

(4) Der Anspruch nach Absatz 1, Absatz 1a oder Absatz 2 besteht nicht, sofern
1. der Erwerber die Unrichtigkeit der Angaben des Vermögensanlagen-Informationsblatts beim Erwerb kannte oder
2. der Sachverhalt, über den unrichtige Angaben im Vermögensanlagen-Informationsblatt enthalten sind, nicht zu einer Minderung des Erwerbspreises der Vermögensanlagen beigetragen hat.

(4a) Der Erwerber kann von dem Anbieter die Übernahme der Vermögensanlage gegen Erstattung des Erwerbspreises, soweit dieser den ersten Erwerbspreis der Vermögensanlage nicht überschreitet, und der mit dem Erwerb verbundenen üblichen Kosten verlangen, wenn
1. ihm das Vermögensanlagen-Informationsblatt entgegen § 15 nicht zur Verfügung gestellt wurde,
2. das Vermögensanlagen-Informationsblatt den Hinweis nach § 13 Absatz 4 Satz 1 nicht enthalten hat oder
3. er die Kenntnisnahme des Warnhinweises nach § 13 Absatz 4 Satz 1 nicht nach § 15 Absatz 3 oder Absatz 4, auch in Verbindung mit einer Rechtsverordnung nach § 15 Absatz 5, bestätigt hat.

Absatz 2 gilt entsprechend.

(5) Werden Vermögensanlagen eines Emittenten mit Sitz im Ausland auch im Ausland öffentlich angeboten, besteht der Anspruch nach Absatz 1, Absatz 1a, Absatz 2 oder Absatz 4a nur, sofern die Vermögensanlagen auf Grund eines im Inland abgeschlossenen Geschäfts oder einer ganz oder teilweise im Inland erbrachten Wertpapierdienstleistung erworben wurden.

(6) Eine Vereinbarung, durch die der Anspruch nach Absatz 1, Absatz 1a, Absatz 2 oder Absatz 4a im Voraus ermäßigt oder erlassen wird, ist unwirksam. Weiter gehende Ansprüche, die nach den Vorschriften des bürgerlichen Rechts auf Grund von Verträgen oder unerlaubten Handlungen erhoben werden können, bleiben unberührt.

Schrifttum

Assmann/Schlitt/von Kopp-Colomb Wertpapierprospektgesetz, Vermögensanlagengesetz, 3. Aufl. 2017; *Assmann/Schütze* Handbuch des Kapitalanlagerechts, 4. Aufl. 2015; *Baumbach/Hopt* Kommentar zum HGB, 38. Aufl. 2018; *Buck-Heeb* Kapitalmarktrecht, 9. Aufl. 2017; *dies.* Das Kleinanlegerschutzgesetz NJW 2015 2535; *Casper* Das Kleinanlegerschutzgesetz – zwischen berechtigtem und übertriebenem Paternalismus, ZBB **2015** 265; *Habersack/Mülbert/Schlitt* Handbuch der Kapitalmarktinformation, 2. Aufl. 2013; *Hellgardt* Von der bürgerlich-rechtlichen Prospekthaftung zur Informationshaftung beim Vertrieb von Vermögensanlagen, ZBB **2012** 73; *Hanten/Reinholz* Das Vermögensanlagengesetz, ZBB **2012** 36; *Palandt* Kommentar zum BGB, 77. Aufl. 2018; *Rinas/Pobortscha* Das Vermögensanlagen-Informationsblatt: neue Dokumentationsanforderungen im Bereich geschlossener Fonds, BB **2012** 1615; *Staudinger* Kommentar zum BGB, Buch 2, 2012.

Systematische Übersicht

A. Allgemeines

1 Auch § 22 VermAnlG ist durch das Gesetz zur Novellierung des Finanzvermittler- und Vermögensanlagenrechts[1] zum 1.6.2012 in Kraft getreten und ist inzwischen in der seit 21.8.2017 geltenden Fassung anwendbar. Anders als § 20 und § 21 VermAnlG geht § 22 VermAnlG nicht auf eine Vorschrift aus dem VerkProspG a.F. zurück. Zunächst sah § 22 VermAnlG nur eine Haftung für ein fehlerhaftes Vermögensanlagen-Informationsblatt (VIB) vor. Durch das Kleinanlegerschutzgesetz[2] wurde § 22 VermAnlG zum 10.7.2015 dahingehend erweitert (§ 22 Abs. 4a Satz 1 Nr. 1 VermAnlG), dass nunmehr auch das Fehlen eines VIB zu einem Anspruch des Anlegers führen kann, oder genauer: wenn ihm entge-

1 BGBl. I 2011, 2481.
2 BGBl. I 2015, 1121.

gen § 15 VermAnlG ein VIB nicht zur Verfügung gestellt worden ist. Da § 22 VermAnlG auf die Regelung des VIB (§ 13 VermAnlG) Bezug nimmt, § 13 VermAnlG aber mehrfach geändert worden ist, ist bei der Anwendung des § 22 VermAnlG die jeweils gültige Fassung des § 13 VermAnlG zugrunde zu legen (**„Altfälle“**).

Ebenfalls durch das Kleinanlegerschutzgesetz von 2015 ist § 22 Abs. 1a VermAnlG neu eingefügt worden. Danach besteht eine Haftung nach § 22 VermAnlG selbst dann, wenn ein Verkaufsprospekt nicht zu erstellen und zu veröffentlichen ist (§ 2a und § 2b VermAnlG), da trotz der Befreiung von der Prospektpflicht gleichwohl ein VIB zu erstellen ist (§ 13 VermAnlG). Weil ein Verkaufsprospekt in diesen Fällen aber nicht existiert, kann das VIB nicht deshalb fehlerhaft sein, weil es nicht mit einschlägigen Stellen im Verkaufsprospekt vereinbar ist. Aus diesem Grund fehlt in § 22 Abs. 1a VermAnlG im Gegensatz zu § 22 Abs. 1 VermAnlG diese Alternative. 2

Auch erst seit dem Kleinanlegerschutzgesetz von 2015 hat der Anbieter nach § 22 Abs. 4a VermAnlG schadensersatzrechtlich dafür einzustehen, wenn das VIB den nach § 13 Abs. 6 VermAnlG erforderlichen **Warnhinweis** nicht enthält (§ 22 Abs. 4a Satz 1 Nr. 2 VermAnlG) oder der Anleger nicht mit seiner Unterschrift bestätigt hat, von dem Warnhinweis Kenntnis genommen zu haben (§ 22 Abs. 4a Satz 1 Nr. 2 VermAnlG). 3

B. Tatbestand

I. Das Vermögensanlagen-Informationsblatt

1. Grundsatz. Nach § 13 Abs. 1 VermAnlG in der seit dem 14.7.2018 geltenden Fassung darf ein Anbieter Vermögensanlagen erst dann öffentlich den Anlegern zum Erwerb anbieten, wenn er neben dem Verkaufsprospekt auch ein VIB erstellt und veröffentlicht hat. Das VIB soll die potenziellen Anleger in die Lage versetzen, die verschiedenen Vermögensanlagen auf einfache Weise „bestmöglich“ miteinander vergleichen zu können (§ 13 Abs. 3 Satz 2 VermAnlG a.E.).[3] Es hat deshalb die wesentlichen Informationen über die angebotene Vermögensanlage in übersichtlicher und leicht verständlicher Weise darzustellen (§ 13 Abs. 3 Satz 2 VermAnlG). Die Angaben müssen aus sich heraus verständlich (§ 13 Abs. 6 Satz 1 VermAnlG) sowie kurz und in allgemein verständlicher Sprache abgefasst sein (§ 13 Abs. 6 Satz 2 VermAnlG). Das VIB darf sich deswegen nur auf *eine* Vermögensanlage beziehen (§ 13 Abs. 6 Satz 4 VermAnlG) und nicht mehr als drei DIN-A4-Seiten umfassen (§ 13 Abs. 3 Satz 1 VermAnlG). 4

2. Wesentliche Informationen. Zu den wesentlichen Informationen gehören Angaben über die Bonität des Emittenten bzw. seinen Verschuldungsgrad (§ 13 Abs. 3 Satz 2 Nr. 7 VermAnlG). Zu informieren ist auch über die Vermögensanlage selbst, d.h. etwa über die Art der Vermögensanlage (Nr. 1), die Anlagestrategie, die Anlagepolitik und die Anlageobjekte (Nr. 3), die Laufzeit und Kündigungsfrist der Vermögensanlage (Nr. 4), die mit der Vermögensanlage verbundenen Chancen (Nr. 8) und Risiken (Nr. 5) sowie die Provisionen und Kosten (Nr. 9). Schließlich sind – seit 3.1.2018 neu – auch Angaben darüber zu machen, auf welche Anlegergruppe die Vermögensanlage abzielt (Nr. 11). 5

3. Warnhinweise. Da das VIB den Verkaufsprospekt lediglich ergänzt, nicht aber ersetzt, hat der Anbieter die Anleger im VIB darauf hinzuweisen, dass sie ihre Anlage- 6

3 *Buck-Heeb* Kapitalmarktrecht Rn. 226; *Hanten/Reinholz* ZBB **2012** 36, 45 f.; Begr. RegE des Gesetzes zur Novellierung des Finanzanlagenvermittler- und Vermögenanlagerechts, BTDrucks. 17/6051 S. 57.

entscheidung nicht allein auf dieses, sondern auch auf den Verkaufsprospekt stützen sollten (§ 13 Abs. 4 Nr. 4 VermAnlG). Um dem Nachdruck zu verleihen, hat das VIB zum einen den Hinweis zu enthalten, dass es (im Gegensatz zum Verkaufsprospekt) nicht der Prüfung durch die BaFin unterliegt (Nr. 1), und zum anderen, wo und wie der Anleger den Verkaufsprospekt kostenlos anfordern kann (Nr. 2), damit er auch tatsächlich seiner Kaufentscheidung auch den Verkaufsprospekt zugrunde legt. Bereits mit Blick auf eine Haftung des Anbieters für ein fehlerhaftes VIB muss dieses Angaben über die Identität des Anbieters (§ 13 Abs. 3 Satz 2 Nr. 2 VermAnlG) und einen Hinweis auf die Anspruchsvoraussetzungen des § 21 Abs. 1 VermAnlG (Nr. 5) enthalten.

7 Um dem Anleger vor Augen zu führen, dass er das in die Vermögensanlage investierte Geld auch vollständig verlieren kann, hat das VIB bereits auf der ersten Seite den „drucktechnisch hervorgehobenen Warnhinweis" zu enthalten: „Der Erwerb dieser Vermögensanlage ist mit erheblichen Risiken verbunden und kann zum vollständigen Verlust des eingesetzten Vermögens führen" (§ 13 Abs. 4 Satz 1 VermAnlG). Dass der Anleger von diesem Warnhinweis tatsächlich Kenntnis genommen hat, hat dieser unter Nennung von Ort und Datum durch seine Unterschrift mit Vor- und Familiennamen vor Vertragsschluss ausdrücklich zu bestätigen (§ 15 Abs. 3 Satz 1 VermAnlG).

8 Der Kunde soll auf diese Weise gewarnt sein und deshalb das VIB genauer lesen.[4] Die Bestätigung hat auf zwei Ausfertigungen des VIB zu erfolgen, damit sowohl Anbieter als auch Anleger einen Nachweis hierüber in den Händen halten (§ 15 Abs. 3 Satz 2 VermAnlG). Allein schon der Umstand, dass der Anleger die Kenntnisnahme des Warnhinweises (§ 13 Abs. 4 Satz 1 VermAnlG) nicht nach § 15 Abs. 3 Satz 1 VermAnlG bestätigt hat, löst eine Haftung des Anbieters nach § 22 Abs. 4a Satz 1 Nr. 3 VermAnlG aus (siehe dazu Rn. 44).

9 **4. Befreiung von der Prospektpflicht.** Ein VIB ist selbst dann zu erstellen und zu veröffentlichen, wenn eine Prospektpflicht deshalb nicht besteht (§ 13 Abs. 1 VermAnlG),[5] weil es sich bei der Vermögensanlage um eine Schwarmfinanzierung (§ 2a VermAnlG) handelt oder der Emittent eine soziale Zielsetzung verfolgt (§ 2b VermAnlG). Der Anleger ist dann jedoch im VIB darauf hinzuweisen, dass für die Vermögensanlage kein von der BaFin gebilligter Verkaufsprospekt erstellt wurde und der Anleger weitergehende Informationen unmittelbar vom Anbieter oder Emittenten der Vermögensanlage erhält (§ 13 Abs. 5 Satz 1 VermAnlG).[6]

10 Da hier ein Verkaufsprospekt fehlt, nach § 22 Abs. 1 VermAnlG aber auch der Umstand, dass eine Angabe im VIB mit einschlägigen Teilen des Verkaufsprospekts nicht vereinbar ist, eine Haftung des Anbieters auslösen kann, ist der Hinweis im VIB auf die Haftung für ein fehlerhaftes VIB dahingehend zu modifizieren, dass hier allein irreführende und unrichtige Angaben im VIB eine Haftung (§ 22 Abs. 1a VermAnlG) begründen können (§ 13 Abs. 5 Satz 2 VermAnlG).

11 Von der Prospektpflicht sind auch Emittenten (und Anbieter) befreit, die eine als gemeinnützig anerkannte Körperschaft (§ 2c Abs. 2 Nr. 1 VermAnlG) oder eine inländische Kirche oder Religionsgemeinschaft sind, sofern sie als Körperschaften des öffentlichen Rechts verfasst sind, aufgrund von Art. 140 GG i.V.m. Art. 137 Abs. 6 WRV Steuern erheben oder am Steueraufkommen einer steuererhebenden kirchlichen Körperschaft teilhaben (§ 2c Abs. 2 Nr. 2 VermAnlG). Da § 2c VermAnlG nicht in § 13 Abs. 5 Satz 1 Verm-

---

4 *Buck-Heeb* NJW **2015** 2535, 2538.
5 *Buck-Heeb* Kapitalmarktrecht Rn. 226.
6 *Buck-Heeb* NJW **2015** 2535, 2536.

AnlG genannt ist, haben diese, sofern sie die Voraussetzungen von § 2c VermAnlG erfüllen, weder einen Verkaufsprospekt noch ein VIB zu erstellen und zu veröffentlichen.

5. Aktualisierungspflicht. Auch ein VIB ist während der Dauer des öffentlichen Angebots zu aktualisieren, wenn ergänzende Angaben zum Verkaufsprospekt in einem Nachtrag veröffentlicht werden oder im VIB enthaltene Angaben von Anfang an unrichtig oder unvereinbar mit den Angaben im Verkaufsprospekt sind oder es später geworden sind (§ 13 Abs. 7 Satz 1 VermAnlG).[7] Die jeweils aktuelle Fassung des VIB ist für die Anleger auf der Internetseite des Anbieters zugänglich zu machen und zudem bei den Stellen, die im Verkaufsprospekt angegeben sind, bereitzuhalten (§ 13 Abs. 7 Satz 2 VermAnlG). Diese Pflicht ergänzt die Verpflichtung des Anbieters, einem Anleger auf Verlangen während der Dauer des öffentlichen Angebots „jederzeit" den Verkaufsprospekt, aber eben auch eine „aktuelle" Fassung des VIB in Textform, auf Verlangen des Anlegers auch in Papierform zu übermitteln (§ 15 Abs. 1 Satz 1 VermAnlG). 12

6. Hinterlegung und Aufbewahrung bei der BaFin. Obwohl die BaFin das VIB anders als den Verkaufsprospekt nicht prüft und daher auch nicht billigt, hat der Anbieter dieses gleichwohl zusammen mit dem Verkaufsprospekt vor der Veröffentlichung bei der BaFin zu hinterlegen (§ 14 Abs. 1 Satz 2 VermAnlG). Hat der Anbieter das VIB aktualisiert, hat er die aktualisierte Fassung wiederum zum Zweck der Hinterlegung an die BaFin zu übermitteln (§ 14 Abs. 3 Satz 2 VermAnlG). 13

Die BaFin hat das (aktualisierte) VIB ebenso wie den Verkaufsprospekt zehn Jahre aufzubewahren (§ 14 Abs. 2 VermAnlG), damit beide „auch nach Ablauf des öffentlichen Angebots an einer zentralen Stelle zu finden sind".[8] So können geschädigte Anleger auch noch später vor Ablauf der maximal zehnjährigen Verjährungsfrist (§ 199 Abs. 3 Nr. 1 BGB) ihre Ansprüche nach § 22 VermAnlG effektiv durchsetzen. 14

II. Haftung für fehlerhaftes Vermögensanlagen-Informationsblatt (§ 22 Abs. 1–4 VermAnlG)

1. Fehlerhaftigkeit

a) Grundsatz. Der Anbieter haftet dem geschädigten Anleger nach § 22 Abs. 1 VermAnlG, wenn der Anleger die Vermögensanlagen auf Grund von Angaben in einem VIB erworben hat, die irreführend, unrichtig oder nicht mit den einschlägigen Teilen des dazu gehörenden Verkaufsprospekts vereinbar sind (§ 22 Abs. 1 Nr. 1 VermAnlG). Anders als bei der Haftung für einen fehlerhaften Verkaufsprospekt (§ 20 VermAnlG) stellt demnach die bloße Unvollständigkeit der Angaben keine Fehlerhaftigkeit des VIB dar. Das VIB soll die Anleger „kurz" über Merkmale, Kosten, Chancen und Risiken der angebotenen Vermögensanlage aufklären (§ 13 Abs. 3 Satz 2 VermAnlG) und darf deshalb nicht mehr als drei DIN-A4-Seiten umfassen (§ 13 Abs. 3 Satz 1 VermAnlG). Eine Vollständigkeit der Angaben kann daher in einem VIB nicht verlangt werden.[9] 15

---

7 Baumbach/Hopt/*Kumpan* (15b) § 22 VermAnlG Rn. 1; Assmann/Schütze/*Assmann* Kapitalanlagerecht § 5 Rn. 301.

8 Begr. RegE des Gesetzes zur Novellierung des Finanzanlagenvermittler- und Vermögenanlagerechts, BTDrucks. 17/6051 S. 35.

9 *Buck-Heeb* Kapitalmarktrecht Rn. 263; Assmann/Schlitt/von Kopp-Colomb/*Assmann* § 22 VermAnlG Rn. 24; Baumbach/Hopt/*Kumpan* (15b) § 22 VermAnlG Rn. 1; Assmann/Schütze/*Assmann* Kapitalanlagerecht § 5 Rn. 303; Begr. RegE des Gesetzes zur Novellierung des Finanzanlagenvermittler- und Vermögenanlagerechts, BTDrucks. 17/6051 S. 34, 37.

16 Da Schwarmfinanzierungen (§ 2a VermAnlG) und Emittenten mit einer sozialen Zielsetzung (§ 2b VermAnlG) von der Prospektpflicht befreit sind, aber gleichwohl ein VIB erstellen und veröffentlichen müssen (§ 13 Abs. 1 VermAnlG), kann sich die Fehlerhaftigkeit des VIB nicht daraus ergeben, dass die dort enthaltenen Angaben nicht mit den einschlägigen Teilen des Verkaufsprospekts vereinbar sind. Aus diesem Grund sieht § 22 Abs. 1a Nr. 1 VermAnlG ausdrücklich vor, dass hier eine Haftung des Anbieters allein daraus folgt, dass die in einem VIB enthaltenen Angaben irreführend oder unrichtig sind.[10]

17 Ob eine Angabe im VIB irreführend, unrichtig oder mit einschlägigen Teilen des Verkaufsprospekts nicht vereinbar ist (§ 22 Abs. 1 Nr. 1 VermAnlG), bemisst sich nach dem, wie ein durchschnittlicher Anleger (siehe zum Anlegerbegriff auch §§ 21–23 WpPG Rn. 28–29)[11] die Angaben versteht, wenn er das VIB sorgfältig liest.[12] Richtet sich das öffentliche Angebot gezielt an einen unkundigen und börsenunerfahrenen Anlegerkreis, ist auch bei einem VIB auf einen durchschnittlichen Kleinanleger abzustellen, der über keine Spezialkenntnisse verfügt.[13]

18 **b) Irreführende Angaben.** Da das VIB die Aufgabe hat, die wesentlichen Informationen über die angebotene Vermögensanlage komprimiert darzustellen, besteht die Gefahr, dass die Angaben dort „mitunter nur ‚die halbe Wahrheit' wiedergeben".[14] Die Angaben sind dann im eigentlichen Sinne zwar nicht unrichtig, aber insofern irreführend, als beim Anleger ein falscher Eindruck über die Chancen und Risiken der Vermögensanlage erweckt wird. Die Irreführung kann sich dabei aus einer einzelnen Angabe, aber auch aus der Gesamtheit der Angaben im VIB ergeben, indem sie zusammen gelesen beim Anleger ein unzutreffendes Gesamtbild über die angebotene Vermögensanlage hervorrufen oder unterhalten.

19 Auch wenn der Anleger das VIB stets zusammen mit dem Verkaufsprospekt lesen und nur auf beide gemeinsam seine Anlageentscheidung stützen *sollte* (§ 13 Abs. 4 Satz 2 Nr. 4 VermAnlG), muss dieses für sich allein und damit aus sich heraus zu verstehen sein (§ 13 Abs. 6 Satz 1 VermAnlG). Daher sind Angaben im VIB selbst dann irreführend, wenn die unzutreffende Vorstellung, die sie beim Anleger über Chancen und Risiken der angebotenen Vermögensanlage hervorrufen, dadurch ausgeräumt würde, dass der Anleger parallel zum VIB auch den Verkaufsprospekt liest.[15]

20 Für die Feststellung, dass die Angaben im VIB einen durchschnittlichen Anleger tatsächlich in die Irre führen, kommt es nicht darauf an, dass der Anbieter das auch wollte. Eine Irreführungsabsicht des Anbieters als subjektives Element ist an dieser Stelle nicht erforderlich und spielt erst bei der Frage eine Rolle, ob den Anbieter insoweit ein Verschulden trifft (§ 22 Abs. 3 VermAnlG).[16]

21 **c) Unrichtige Angaben.** Die Unrichtigkeit der Angaben in einem VIB bemisst sich in derselben Weise wie bei Angaben in einem Verkaufsprospekt (siehe § 20 VermAnlG Rn. 15). Eine Tatsache ist demnach unrichtig, wenn sie nachweislich nicht mit der Wirklichkeit übereinstimmt und damit unwahr ist. Prognosen, Meinungen und Werturteile

---

10 Assmann/Schlitt/von Kopp-Colomb/*Assmann* § 22 VermAnlG Rn. 23.

11 Begr. RegE des Gesetzes zur Novellierung des Finanzanlagenvermittler- und Vermögenanlagerechts, BTDrucks. 17/6051 S. 34.

12 Assmann/Schlitt/von Kopp-Colomb/*Assmann* § 22 VermAnlG Rn. 26.

13 *Buck-Heeb* Kapitalmarktrecht Rn. 253; BGH 18.9.2012 BGHZ **195** 1 Rn. 23.

14 Assmann/Schlitt/von Kopp-Colomb/*Assmann* § 22 VermAnlG Rn. 24; *Rinas/Pobortscha* BB **2012** 1615, 1618.

15 Assmann/Schlitt/von Kopp-Colomb/*Assmann* § 22 VermAnlG Rn. 26.

16 Assmann/Schlitt/von Kopp-Colomb/*Assmann* § 22 VermAnlG Rn. 27.

sind unrichtig, wenn sie sich nicht ausreichend auf Tatsachen stützen können oder kaufmännisch nicht vertretbar sind.[17] Da Prognosen als zukunftsbezogene Angaben, aber auch Meinungen und Werturteile Schlussfolgerungen aus gegenwärtigen oder vergangenen Tatsachen sind, muss deren Bewertung aus einer sorgfältigen Analyse hervorgegangen sein und dabei zumindest vertretbar erscheinen.[18]

Eine Unrichtigkeit der Angaben muss nicht von Anfang an bestehen, sondern kann sich auch erst später während der Dauer des öffentlichen Angebots entwickeln. Das ist etwa bei zukunftsbezogenen Angaben so, wenn mit der Zeit immer mehr abzusehen ist, dass jene, anders als ursprünglich durchaus vertretbar gedacht, nicht oder zumindest nicht so wie prognostiziert, eintreten werden. Stellt sich heraus, dass eine Angabe im VIB unrichtig (geworden) ist, hat der Anbieter deshalb das VIB zu aktualisieren (§ 13 Abs. 7 VermAnlG). 22

d) Angaben nicht mit Verkaufsprospekt vereinbar. Anleger sollen ihre Anlageentscheidung nicht allein auf der Grundlage des VIB treffen, sondern auch auf die Prüfung des Verkaufsprospekts stützen (§ 13 Abs. 4 Satz 2 Nr. 4 VermAnlG). Die Angaben im VIB dürfen deswegen den korrespondierenden Angaben im Verkaufsprospekt, den „einschlägigen Teilen" (§ 22 Abs. 1 Nr. 1 VermAnlG), nicht widersprechen. Das gilt umso mehr, als der Verkaufsprospekt die primäre Informationsquelle für das Anlegerpublikum sein soll, da er darauf abzielt, die Anleger *umfassend* über Chancen und Risiken der Vermögensanlage aufzuklären (§ 7 Abs. 1 Satz 1 VermAnlG). 23

Bereits die Eignung, die Anleger zusammen mit dem Verkaufsprospekt in die Irre zu führen, genügt, damit der Anbieter für das insoweit fehlerhafte VIB einzustehen hat.[19] Auch wenn der Anleger den Verkaufsprospekt nicht liest und seine Anlageentscheidung allein auf das VIB stützt, wird sein Vertrauen geschützt, dass das VIB inhaltlich mit dem Verkaufsprospekt übereinstimmt, er sich also insoweit auf die dortigen Angaben verlassen kann. 24

2. Haftungsadressat. Anders als bei der Haftung für einen fehlerhaften Verkaufsprospekt (§ 20 VermAnlG) haftet nach dem ausdrücklichen Wortlaut des § 22 Abs. 1 VermAnlG ausschließlich der Anbieter für ein fehlerhaftes VIB.[20] Das beruht darauf, dass allein der Anbieter verpflichtet ist, ein VIB zu erstellen und zu veröffentlichen (§ 13 Abs. 1 VermAnlG). Der Begriff des Anbieters (§ 2 Nr. 10 WpPG) umfasst auch bei § 22 Abs. 1 VermAnlG nicht nur die Person oder Gesellschaft, die nach außen als Anbieter auftritt, sondern auch diejenigen, die zwar nicht nach außen in Erscheinung treten, von denen aber das öffentliche Angebot ausgeht (siehe dazu § 21 VermAnlG Rn. 12–13). 25

3. Ersatzberechtigung des Anspruchstellers

a) Grundsatz. Der Anspruch des Anlegers für ein fehlerhaftes VIB (§ 22 Abs. 1 VermAnlG) setzt voraus, dass der Anleger die Vermögensanlagen nach Veröffentlichung des Verkaufsprospekts und während der Dauer des öffentlichen Angebots der Vermögensanlagen erworben hat (§ 22 Abs. 1 Nr. 2 VermAnlG). Damit knüpft der Anspruch nach § 22 Abs. 1 VermAnlG für ein fehlerhaftes VIB ebenso wie der nach § 20 Abs. 1 VermAnlG für einen fehlerhaften Verkaufsprospekt an die Veröffentlichung des Verkaufsprospekts und *nicht* an die des VIB an. 26

17 BGH 12.7.1982 NJW **1982** 2826; Assmann/Schütze/*Assmann* Kapitalanlagerecht § 5 Rn. 252.
18 BGH 12.7.1982 NJW **1982** 2826.
19 Assmann/Schlitt/von Kopp-Colomb/*Assmann* § 22 VermAnlG Rn. 29.
20 *Buck-Heeb* Kapitalmarktrecht Rn. 264.

27 Das erklärt sich daraus, dass sowohl das VIB als auch der Verkaufsprospekt vor Beginn des öffentlichen Angebots der Vermögensanlagen vom Anbieter zu veröffentlichen sind (§ 13 Abs. 1 Satz 1 VermAnlG) und der Anleger das VIB stets zusammen mit dem Verkaufsprospekt lesen sollte (§ 13 Abs. 4 Satz 2 Nr. 4 VermAnlG). Das Zeitfenster, in dem der Anleger die Vermögensanlagen erworben haben muss, beginnt deshalb wie bei § 20 VermAnlG, nachdem der Anbieter den Verkaufsprospekt (und das VIB) veröffentlicht und im Anschluss daran (mindestens einen Werktag später) die Vermögensanlagen öffentlich angeboten hat (vgl. § 9 Abs. 1 VermAnlG).

28 **b) Öffentliches Angebot.** Ein öffentliches Angebot von Vermögensanlagen liegt vor, wenn der Anbieter eine Mitteilung an das Anlegerpublikum richtet, die ausreichende Informationen über die Angebotsbedingungen und die anzubietende Vermögensanlage enthält, um die potenziellen Anleger in die Lage zu versetzen, über den Kauf oder die Zeichnung der Vermögensanlage zu entscheiden (§ 2 Nr. 4 WpPG) (siehe dazu § 20 VermAnlG Rn. 21). Ein öffentliches Angebot und damit der Erwerbszeitraum des § 22 Abs. 1 Nr. 2 VermAnlG enden im Fall einer Befristung zu dem vom Anbieter genannten Zeitpunkt (§ 148 BGB) und, sofern das öffentliche Angebot nicht befristet ist, sobald für das Anlegerpublikum der Wille des Anbieters erkennbar ist, die Vermögensanlagen nicht mehr öffentlich anbieten zu wollen (siehe dazu § 20 VermAnlG Rn. 22). Für das Ende des öffentlichen Angebots trägt der Anbieter die Beweislast.[21] Ein Anspruch des Anlegers ist jedoch unabhängig von der Dauer des öffentlichen Angebots ausgeschlossen, wenn er die Vermögensanlagen erst zwei Jahre, nachdem die Vermögensanlagen das erste Mal öffentlich zum Erwerb angeboten worden sind, gekauft hat (§ 22 Abs. 1 Nr. 2 VermAnlG).

29 **c) Verpflichtungsgeschäft.** Für die Rechtzeitigkeit des Erwerbs der Vermögensanlagen sowohl während der Dauer des öffentlichen Angebots als auch innerhalb der Ausschlussfrist von zwei Jahren ist der Abschluss des Verpflichtungsgeschäfts (in der Regel der Kaufvertrag) entscheidend (siehe dazu auch § 20 VermAnlG Rn. 23).

30 **d) Entgeltlicher Erwerb.** Als Rechtsfolge sieht § 22 Abs. 1 VermAnlG einen Anspruch des Anlegers gegen den Anbieter auf Erstattung des Erwerbspreises vor. Der Anleger muss deshalb für die Vermögensanlagen einen Erwerbspreis gezahlt haben, sodass deren entgeltlicher Erwerb Voraussetzung für einen Anspruch wegen eines fehlerhaften VIB ist.[22] Übertragungen von Vermögensanlagen im Wege von Erbschaft, Vermächtnis oder Schenkung kommen demgemäß nicht als entgeltlicher Erwerb in Betracht (siehe auch § 20 VermAnlG Rn. 24). Bei ihnen scheidet ein Anspruch nach § 22 Abs. 1 VermAnlG aus.

31 **4. Haftungsbegründende Kausalität.** Der Anleger muss die Vermögensanlagen „auf Grund" von Angaben im VIB erworben haben (§ 22 Abs. 1 VermAnlG). Die Anlageentscheidung und damit der Abschluss des Verpflichtungsgeschäfts müssen dementsprechend auf dem fehlerhaften VIB beruhen. Daraus folgt zunächst im Umkehrschluss, dass der Anleger vor dem Erwerb der Vermögensanlagen allein das VIB gekannt haben muss, nicht aber den Verkaufsprospekt.

32 Das gilt selbst dann, wenn der Anleger seinen Anspruch aus § 22 Abs. 1 VermAnlG darauf stützt, die Angaben im VIB seien mit den einschlägigen Teilen des Verkaufspros-

---

21 Assmann/Schütze/*Assmann* Kapitalanlagerecht § 5 Rn. 260; Assmann/Schlitt/von Kopp-Colomb/*Assmann* § 20 VermAnlG Rn. 34.
22 Assmann/Schütze/*Assmann* Kapitalanlagerecht § 5 Rn. 306.

pekts nicht vereinbar (§ 22 Abs. 1 Nr. 1 VermAnlG).[23] Der Anleger sollte zwar seine Anlageentscheidung neben dem VIB auch auf den Verkaufsprospekt stützen (§ 13 Abs. 3 Nr. 4 VermAnlG), er ist dazu aber nicht verpflichtet. Es reicht demnach für den Anspruch des geschädigten Anlegers nach § 22 Abs. 1 VermAnlG aus, dass Angaben im VIB objektiv nicht mit einschlägigen Stellen im Verkaufsprospekt vereinbar sind.

Während die haftungsbegründende Kausalität beim fehlerhaften Verkaufsprospekt zugunsten des Anlegers widerleglich vermutet wird (§ 20 Abs. 4 Nr. 1 VermAnlG), trägt im Gegensatz dazu nach § 22 Abs. 1 VermAnlG der Anleger die **Beweislast** dafür, dass er die Vermögensanlagen „auf Grund" des fehlerhaften VIB erworben hat.[24] Für § 22 Abs. 1 VermAnlG fehlt eine dem § 20 Abs. 4 Nr. 1 VermAnlG entsprechende Regelung. Weil dies auf einer bewussten Entscheidung des Gesetzgebers beruht,[25] ist mangels einer planwidrigen Regelungslücke eine analoge Anwendung des § 20 Abs. 4 Nr. 1 VermAnlG von vornherein ausgeschlossen. 33

Auch wenn der Anleger die haftungsbegründende Kausalität zwischen dem fehlerhaften VIB und seiner Anlageentscheidung zu beweisen hat, d.h., dass er die Vermögensanlagen in Kenntnis des VIB erworben hat, obliegt es dem Anbieter nachzuweisen, dass der Anleger bereits beim Erwerb der Vermögensanlagen die Unrichtigkeit der Angaben im VIB kannte (§ 22 Abs. 4 Nr. 1 VermAnlG). 34

5. Verschulden. Die Haftung des Anbieters für ein fehlerhaftes VIB setzt ein Verschulden voraus. Der Anbieter hat ebenso wie bei der Haftung für einen fehlerhaften Verkaufsprospekt (§ 20 VermAnlG) jedoch nur für Vorsatz und grobe Fahrlässigkeit einzustehen.[26] Er muss die Unrichtigkeit des VIB gekannt oder zumindest grob fahrlässig nicht gekannt haben (§ 22 Abs. 3 VermAnlG). Ein solches Verschulden des Anbieters wird **widerleglich vermutet**, sodass es ihm obliegt, nachzuweisen, dass er von der Unrichtigkeit des VIB nichts gewusst hat und diese Unkenntnis auch nicht auf grober Fahrlässigkeit beruht (§ 22 Abs. 3 VermAnlG) (Beweislastumkehr). 35

Da § 22 Abs. 3 VermAnlG dem § 23 Abs. 1 WpPG nachgebildet ist, kann bzgl. der Anforderungen, die an ein Verschulden des Anbieters zu stellen sind, und zur Beurteilung, ob sich der Anbieter ein Verschulden von eingeschalteten Dritten (z.B. Sachverständige) als Erfüllungsgehilfen über § 278 BGB zurechnen lassen muss, auf die Ausführungen zu den §§ 21–23 WpPG Rn. 85–87 verwiesen werden. 36

6. Schadensersatz. Der ersatzfähige Schaden des Anlegers besteht an sich schon allein darin, dass er „auf Grund" irreführender oder unrichtiger Angaben im VIB die öffentlich angebotenen Vermögensanlagen erworben und dadurch eine nicht informierte und insofern ungewollte Anlageentscheidung gefällt hat. „Grund für die Haftung" des Anbieters ist „der Eingriff in das Recht" des Anlegers, „zutreffend informiert über die Verwendung seines Vermögens selbst bestimmen und sich für oder gegen die Anlage zu entscheiden".[27] Ein Schaden setzt demgemäß nicht voraus, dass der Anleger auch noch 37

---

23 Assmann/Schlitt/von Kopp-Colomb/*Assmann* § 20 VermAnlG Rn. 37.

24 *Buck-Heeb* Kapitalmarktrecht Rn. 264; Baumbach/Hopt/*Kumpan* (15b) § 22 VermAnlG Rn. 1; *Hanten/Reinholz* ZBB **2012** 36, 47; *Hellgardt* ZBB **2012** 73, 83; Rinas/*Pobortscha* BB **2012** 1615, 1618 f.; Habersack/Mülbert/Schlitt/*Habersack* Kapitalmarktinformation § 29 Rn. 62; Assmann/Schütze/*Assmann* Kapitalanlagerecht § 5 Rn. 308.

25 Begr. RegE eines Gesetzes zur Novellierung des Finanzanlagenvermittler- und Vermögensanlagenrechts, BTDrucks. 17/6051 S. 37.

26 Assmann/Schütze/*Assmann* Kapitalanlagerecht § 5 Rn. 311.

27 BGH 23.4.2012 NJW-RR **2012** 935 Rn. 33; BGH 8.3.2005 BGHZ **162** 306, 310 („den Vermögensinteressen des Anlegers nicht angemessen").

einen Vermögensschaden erlitten hat, vielmehr genügt die Verletzung der Entscheidungsfreiheit.[28]

38 Der Anleger hat gleichwohl dann keinen Anspruch aus § 22 Abs. 1 VermAnlG, wenn der Sachverhalt, über den unrichtige Angaben im VIB enthalten sind, nicht zu einer Minderung des Erwerbspreises der Vermögensanlage beigetragen hat (§ 22 Abs. 4 Nr. 2 VermAnlG). Die unrichtigen Angaben im VIB müssen dazu geführt haben, dass der Anleger die Vermögensanlagen „zu teuer" gekauft hat. Der Anbieter haftet daher nur, wenn es auch zu einem Vermögensschaden beim Anleger gekommen ist.

39 Zugunsten des Anlegers wird dabei **widerleglich vermutet**, dass er einen Vermögensschaden erlitten hat, und zwar, weil bei Angabe des wahren Sachverhalts der Erwerbspreis der Vermögensanlagen niedriger gewesen wäre. Der Anbieter trägt danach die Beweislast, dass die unrichtigen Angaben nicht zu einer aus Sicht des Anlegers negativen Kursbeeinflussung geführt haben (§ 22 Abs. 4 Nr. 2 VermAnlG) (siehe dazu auch § 20 VermAnlG Rn. 32).

40 Die **Art und Weise** des Schadensersatzes und dessen Umfang richten sich bei § 22 Abs. 1 VermAnlG ebenso wie bei § 20 VermAnlG danach, ob der geschädigte Anleger noch Inhaber der Vermögensanlage ist oder diese bereits an Dritte weiterveräußert hat. Solange er noch im Besitz der Vermögensanlagen ist, kann er vom Anbieter die Erstattung des von ihm gezahlten Erwerbspreises sowie die üblichen mit dem Erwerb verbundenen Kosten ersetzt verlangen (§ 22 Abs. 1 VermAnlG). Der Erwerbspreis, den der Anleger vom Anbieter als Schadensersatz fordern kann, ist auch hier auf den ersten Erwerbspreis der Vermögensanlagen beschränkt. Im Gegenzug für die Erstattung des Erwerbspreises muss der Anleger die Vermögensanlagen Zug um Zug an den Anbieter herausgeben (siehe dazu § 20 VermAnlG Rn. 35).

41 Hat der Anleger die Vermögensanlagen bereits weiterveräußert, sodass er jetzt nicht mehr Inhaber der Vermögensanlagen ist, kann er vom Anbieter lediglich die Differenz zwischen dem Erwerbspreis (maximal dem ersten Erwerbspreis) und dem Veräußerungspreis (§ 22 Abs. 2 VermAnlG) als Schadensersatz verlangen, da er nicht mehr in der Lage ist, die Vermögensanlagen (wieder) an den Anbieter herauszugeben. Außerdem hat der Anleger einen Anspruch auf Zahlung der üblichen Provisionen und Transaktionskosten, die er für Erwerb und Veräußerung der Vermögensanlagen tatsächlich aufgewendet hat (siehe dazu § 20 VermAnlG Rn. 37–38).

42 Auch bei § 22 Abs. 1 VermAnlG führt ein **Mitverschulden** des Anlegers dazu, dass der Schadensersatzanspruch gegen den Anbieter um seinen Mitverschuldensanteil gekürzt wird (§ 254 BGB).[29] Nach allgemeinen Grundsätzen ist der Anbieter als Anspruchsgegner hierfür beweispflichtig[30] (siehe dazu § 20 VermAnlG Rn. 39).

III. Haftung für fehlendes Vermögensanlagen-Informationsblatt (§ 22 Abs. 4a VermAnlG)

43 **1. Fehlendes Vermögensanlagen-Informationsblatt.** Nach der amtlichen Überschrift des § 22 VermAnlG hat der Anbieter auch für das Fehlen eines VIB einzustehen. Das ist jedoch ungenau. Denn das Fehlen des VIB als solches löst noch nicht die Haftung des Anbieters nach § 22 Abs. 4a VermAnlG aus.[31] Der Anleger kann Erstattung des Er-

28 Staudinger/*Feldmann/Löwisch* § 311 BGB Rn. 162; Palandt/*Grüneberg* § 311 BGB Rn. 13.
29 Assmann/Schlitt/von Kopp-Colomb/*Assmann* § 22 VermAnlG Rn. 43; Assmann/Schütze/*Assmann* Kapitalanlagerecht § 5 Rn. 312.
30 *Schäfer* ZGR **2006** 40, 55; Assmann/Schlitt/von Kopp-Colomb/*Assmann* § 22 VermAnlG Rn. 44.
31 *Buck-Heeb* Kapitalmarktrecht Rn. 263; Baumbach/Hopt/*Kumpan* (15b) § 22 VermAnlG Rn. 1.

werbspreises und der mit dem Erwerb verbundenen üblichen Kosten nur deshalb verlangen, weil ihm der Anbieter ein VIB nicht zur Verfügung gestellt hat (§ 22 Abs. 4a Satz 1 Nr. 1 VermAnlG). Das gilt auch dann, wenn es zwar ein VIB gibt, der Anbieter dieses dem Anleger aber nicht ausgehändigt hat. Das VIB fehlt demnach in dem Sinne, dass der Anleger dieses nicht vor dem Erwerb der Vermögensanlagen in den Händen hatte und es damit *ihm* fehlte.

Dem stellt § 22 Abs. 4a Satz 1 Nr. 2 VermAnlG zunächst den Fall gleich, dass dem Anleger zwar das VIB vor dem Erwerb zur Verfügung stand, es aber nicht den Warnhinweis auf der ersten Seite enthielt, dass der Erwerb der Vermögensanlage mit erheblichen Risiken verbunden ist und die Gefahr eines vollständigen Verlustes des vom Anleger eingesetzten Vermögens drohen kann (§ 13 Abs. 4 Satz 1 VermAnlG). Enthält das VIB zwar den Warnhinweis (§ 13 Abs. 4 Satz 1 VermAnlG), hat der Anleger die Kenntnisnahme davon aber nicht vor dem Vertragsschluss unter Nennung von Ort und Datum durch seine Unterschrift mit Vor- und Familiennamen auf dem VIB (§ 15 Abs. 3 VermAnlG) oder, sofern die Vertragsverhandlungen und der Vertragsschluss ausschließlich über Fernkommunikationsmittel erfolgt sind, durch eigenhändige Texteingabe bestätigt (§ 15 Abs. 4 VermAnlG), kann der geschädigte Anleger ebenfalls die Erstattung des Erwerbspreises sowie den Ersatz der üblichen Erwerbskosten vom Anbieter verlangen (§ 22 Abs. 4a Satz 1 Nr. 3 VermAnlG). **44**

2. Haftungsadressat. Auch hier ist allein der Anbieter der Vermögensanlage Haftungsadressat (siehe Rn. 25). **45**

3. Ersatzberechtigung des Anspruchstellers. Obwohl § 22 Abs. 4a VermAnlG keinen Zeitraum nennt, in dem der Anleger die Vermögensanlagen erworben haben muss, gilt auch hier der Erwerbszeitraum des § 22 Abs. 1 VermAnlG. Das folgt aus dem systematischen Zusammenhang, in dem § 22 Abs. 4a VermAnlG steht. Die Haftung für ein fehlendes VIB (§ 22 Abs. 4a VermAnlG) ist zum einen der für ein fehlerhaftes VIB (§ 22 Abs. 1 VermAnlG) und zum anderen derjenigen für einen fehlenden Verkaufsprospekt (§ 21 VermAnlG) nachgebildet. Dort muss der geschädigte Anleger aber stets die Vermögensanlagen während der Dauer des öffentlichen Angebots erworben haben. Es gilt eine Ausschlussfrist von zwei Jahren, die mit dem ersten öffentlichen Angebot beginnt. Demnach ist ausschließlich der Anleger schutzwürdig, der die Vermögensanlage während der Dauer des öffentlichen Angebots erworben hat, nicht aber der Anleger, der die Vermögensanlage zu irgendeinem beliebigen Zeitpunkt gekauft hat.[32] **46**

Der Anleger muss auch bei § 22 Abs. 4a VermAnlG in Parallele zu § 21 VermAnlG die Vermögensanlagen erworben haben, *bevor* ihm das VIB zur Verfügung gestellt worden ist (§ 22 Abs. 4a Satz 1 Nr. 1 VermAnlG). Hat der Anbieter zwar verspätet, aber immerhin noch vor dem Erwerb der Vermögensanlage dem Anleger das VIB ausgehändigt, ist der Anleger insofern noch rechtzeitig vor dem Kauf über die wesentlichen Informationen in Bezug auf die angebotene Vermögensanlage in Kenntnis gesetzt (§ 13 Abs. 3 Satz 2 VermAnlG). **47**

Es fehlt hier ebenso wie bei einem fehlenden Verkaufsprospekt, der zwar zunächst beim öffentlichen Angebot der Vermögensanlagen noch fehlt, im Nachhinein aber doch noch vor dem Erwerb der Vermögensanlagen veröffentlicht worden ist, am erforderlichen **Informationsdefizit** beim Anleger (siehe dazu § 21 VermAnlG Rn. 17). Das Informationsdefizit ist aber sowohl bei einem fehlenden Verkaufsprospekt (§ 21 VermAnlG) als auch bei einem fehlenden VIB (§ 22 Abs. 4a VermAnlG) der Haftungsgrund. **48**

32 Assmann/Schlitt/von Kopp-Colomb/*Assmann* § 22 VermAnlG Rn. 56.

49 Das gilt entsprechend für die Haftung nach § 22 Abs. 4a Satz 1 Nr. 2 und Nr. 3 VermAnlG. Eine Haftung nach § 22 Abs. 4a VermAnlG entfällt damit, wenn der Anbieter den Warnhinweis nach § 13 Abs. 4 Satz 1 VermAnlG noch rechtzeitig vor dem Verkauf der Vermögensanlagen durch den Anleger nachholt oder der Anleger im Nachhinein, aber vor dem Erwerb der Vermögensanlagen die Kenntnisnahme des Warnhinweises nach § 13 Abs. 4 Satz 1 VermAnlG bestätigt.

50 Für die Frage, ob der Erwerb der Vermögensanlagen während der Dauer des öffentlichen Angebots (maximal zwei Jahre) erfolgt ist, kommt es auch bei § 22 Abs. 4a VermAnlG auf den Abschluss des Verpflichtungsgeschäfts (in der Regel des Kaufvertrags) an. Da § 22 Abs. 4a VermAnlG ebenso wie § 22 Abs. 1 VermAnlG als Rechtsfolge die Erstattung des vom Anleger gezahlten Erwerbspreises vorsieht, ist auch bei § 22 Abs. 4a VermAnlG nur der entgeltliche Erwerb von Vermögensanlagen erfasst (siehe Rn. 30).

51 **4. Haftungsbegründende und haftungsausfüllende Kausalität.** Nach seinem Wortlaut verlangt § 22 Abs. 4a VermAnlG zwar nicht, dass das Fehlen des VIB ursächlich für den Erwerb der Vermögensanlagen sein muss, dennoch ist auch hier eine haftungsbegründende (und zugleich haftungsausfüllende) Kausalität zwischen dem Fehlen des VIB und der Anlageentscheidung (= Schaden) notwendig.[33] Schon § 21 VermAnlG verlangt nach seinem Wortlaut nicht, dass der Erwerb der Vermögensanlagen auf der fehlenden Veröffentlichung des Verkaufsprospekts beruht. Dennoch folgt aus der Rechtsnatur des § 21 VermAnlG als zivilrechtliche Haftung (*culpa in contrahendo*) und seiner systematischen Stellung im Anschluss an § 20 VermAnlG, dass das Fehlen des Verkaufsprospekts kausal für den Kauf der Vermögensanlagen sein muss.

52 Wenn aber § 22 Abs. 4a VermAnlG insofern § 21 VermAnlG sowie § 22 Abs. 1 VermAnlG nachgebildet ist und § 22 Abs. 1 VermAnlG ebenso wie § 20 VermAnlG verlangt, dass zwischen der Pflichtverletzung und der Kaufentscheidung des Anlegers Kausalität besteht, muss das erst recht für § 22 Abs. 4a VermAnlG gelten, der lediglich an das VIB anknüpft. Das VIB ist indes gegenüber dem Verkaufsprospekt nach Ansicht des Gesetzgebers die „schlechtere" Informationsquelle, da der Anleger seine Kaufentscheidung nicht lediglich auf das VIB, sondern auch auf den Verkaufsprospekt stützen sollte (§ 13 Abs. 4 Nr. 4 VermAnlG). Dann kann aber das Fehlen des VIB nicht eine schärfere Haftung auslösen als die fehlende Veröffentlichung des Verkaufsprospekts.

53 Die **Beweislast** dafür, dass der Anleger auch bei Kenntnis von der Pflicht des Anbieters, ihm ein VIB zur Verfügung zu stellen, die Vermögensanlagen gekauft hätte, trägt der Anbieter (Rechtsgedanke der § 21 Abs. 4 und § 22 Abs. 4 VermAnlG). Das gilt dabei allgemein für das Fehlen der haftungsbegründenden Kausalität, die deshalb **widerleglich** zugunsten des geschädigten Anlegers **vermutet** wird (siehe dazu § 21 VermAnlG Rn. 21).

54 **5. Verschulden und Mitverschulden.** Diese Überlegungen gelten dann auch für ein Verschulden des Anbieters. Selbst wenn § 22 Abs. 4a VermAnlG nach seinem Wortlaut ein solches nicht verlangt, muss der Anbieter ebenso wie bei § 20, § 21 und § 22 Abs. 1 VermAnlG es zu vertreten haben (siehe dazu § 21 VermAnlG Rn. 22–24), dass dem Anleger ein VIB nicht zur Verfügung gestellt wurde (§ 22 Abs. 4a Satz 1 Nr. 1 VermAnlG).[34] Da die Haftung für ein fehlerhaftes ebenso wie diejenige für ein fehlendes VIB dieselbe Rechtsnatur hat, findet § 22 Abs. 3 VermAnlG auf den Anspruch aus § 22 Abs. 4a VermAnlG entsprechende Anwendung. Der Anbieter hat deshalb auch für ein fehlendes VIB

33 **A.A.** Assmann/Schlitt/von Kopp-Colomb/*Assmann* § 22 VermAnlG Rn. 58; *Casper* ZBB **2015** 265, 275.
34 **A.A.** Assmann/Schlitt/von Kopp-Colomb/*Assmann* § 22 VermAnlG Rn. 59; *Casper* ZBB **2015** 265, 275.

nur einzustehen, wenn er es vorsätzlich oder grob fahrlässig unterlassen hat, entgegen § 15 VermAnlG dem Anleger ein VIB rechtzeitig vor dem Erwerb der Vermögensanlagen auszuhändigen.

Dabei kommt dem Anleger aber die **Beweislastumkehr** des § 22 Abs. 3 VermAnlG analog zugute, sodass der Anbieter nachweisen muss, dass er die Pflicht, dem Anleger ein VIB zur Verfügung zu stellen (§ 15 VermAnlG), nicht gekannt hat und seine Unkenntnis auch nicht auf grober Fahrlässigkeit beruht (§ 22 Abs. 3 VermAnlG analog) (siehe dazu auch § 21 VermAnlG Rn. 24). Das wird dem Anleger in aller Regel nur schwer gelingen. Sofern den Anleger überhaupt ein Mitverschulden trifft, ist auch dieses anspruchsmindernd zu berücksichtigen (§ 254 BGB).[35] 55

Die Ausführungen zu Kausalität, Verschulden des Anbieters und Mitverschulden des Anlegers gelten nicht nur für den Fall, dass der Anbieter es unterlässt, dem Anleger vor Erwerb der Vermögensanlagen ein VIB zur Verfügung zu stellen (§ 22 Abs. 4a Satz 1 Nr. 1 VermAnlG). Sie gelten vielmehr auch dann, wenn das VIB den Warnhinweis des § 13 Abs. 4 Satz 1 VermAnlG nicht enthält (§ 22 Abs. 4a Satz 1 Nr. 2 VermAnlG) oder ihn zwar beinhaltet, der Anleger aber seine Kenntnisnahme davon nicht nach § 15 Abs. 3 oder Abs. 4 VermAnlG bestätigt hat (§ 22 Abs. 4a Satz 1 Nr. 3 VermAnlG). Auch hier setzt deshalb eine Haftung des Anbieters Kausalität zwischen dem Pflichtverstoß und der Kaufentscheidung des Anlegers sowie ein Verschulden des Anbieters (Vorsatz oder grobe Fahrlässigkeit) voraus, wobei den Anbieter die Beweislast sowohl für die fehlende Kausalität als auch für sein fehlendes Verschulden trifft. 56

6. Schadensersatz. Ist der Anleger immer noch Inhaber der Vermögensanlagen, kann er wie bei einem fehlerhaften VIB (§ 22 Abs. 1 VermAnlG) vom Anbieter die Erstattung des von ihm gezahlten Erwerbspreises (maximal den ersten Erwerbspreis) sowie die üblichen mit dem Erwerb verbundenen Kosten ersetzt verlangen (§ 22 Abs. 4a Satz 1 VermAnlG). Im Gegenzug muss der Anleger die Vermögensanlagen Zug um Zug an den Anbieter herausgeben (siehe dazu § 20 VermAnlG Rn. 35). 57

Hat der Anleger die Vermögensanlagen bereits weiterveräußert, sodass er jetzt nicht mehr Inhaber der Vermögensanlagen ist, reduziert sich sein Anspruch auf die Zahlung des Unterschiedsbetrags zwischen dem Erwerbspreis (auch hier maximal dem ersten Erwerbspreis) und dem Veräußerungspreis (§ 22 Abs. 4a Satz 2, Abs. 2 VermAnlG). Daneben kann der Anleger wie bei einem fehlerhaften VIB Erstattung der üblichen Provisionen und Transaktionskosten, die er für Erwerb und Veräußerung der Vermögensanlagen tatsächlich aufgewendet hat, vom Anbieter als Schadensersatz verlangen (siehe Rn. 41). 58

IV. Haftungsfreizeichnung (§ 22 Abs. 6 Satz 1 VermAnlG); weitergehende Ansprüche (§ 22 Abs. 6 Satz 2 VermAnlG)

Der Anleger kann nicht **im Voraus** ganz oder teilweise auf seinen Anspruch wegen eines fehlerhaften oder fehlenden VIB (§ 22 Abs. 1, Abs. 1a, Abs. 2 oder Abs. 4a VermAnlG) verzichten. Eine solche Vereinbarung ist nach § 22 Abs. 6 Satz 1 VermAnlG unwirksam. Nachdem ein Anspruch des Anlegers aus § 22 VermAnlG objektiv entstanden ist, kann der Anleger jedoch **nachträglich** den Anspruch ermäßigen oder erlassen.[36] 59

Ansprüche, die der Anleger im Zusammenhang mit einem fehlerhaften oder fehlenden VIB nach den Vorschriften des bürgerlichen Rechts aufgrund von Verträgen oder 60

35 **A.A.** Assmann/Schlitt/von Kopp-Colomb/*Assmann* § 22 VermAnlG Rn. 59; *Casper* ZBB **2015** 265, 275.
36 Assmann/Schlitt/von Kopp-Colomb/*Assmann* § 22 VermAnlG Rn. 49.

unerlaubten Handlungen geltend machen kann, sind durch § 22 VermAnlG nicht ausgeschlossen, sofern sie „weitergehen" als der Anspruch aus § 22 VermAnlG (§ 22 Abs. 6 Satz 2 VermAnlG). Eine allgemeine bürgerlich-rechtliche Prospekthaftung im engeren Sinne scheidet deshalb wie bei der Veröffentlichung eines fehlerhaften Verkaufsprospekts aus (§ 20 VermAnlG) (siehe dazu § 20 VermAnlG Rn. 42).

61 Neben einem Anspruch aus § 22 VermAnlG kommt jedoch ein Anspruch des Anlegers aus allgemeiner bürgerlich-rechtlicher Prospekthaftung im weiteren Sinne gemäß § 311 Abs. 2 und 3 BGB in Betracht,[37] da dieser Anspruch auf ein konkretes persönliches Vertrauen des geschädigten Anlegers und nicht wie § 22 VermAnlG allein auf das fehlerhafte oder fehlende VIB und das dadurch enttäuschte abstrakte Vertrauen abstellt. Nach einer **a.A.** scheidet eine solche Haftung hier deshalb aus, weil das VIB kein Prospekt i.S. der bürgerlich-rechtlichen Prospekthaftung ist.[38] Schließlich soll die Anlageentscheidung auf der Grundlage des Prospekts erfolgen (vgl. § 13 Abs. 4 Nr. 4 VermAnlG), sodass das VIB nicht die Grundlage für die Entscheidung sein soll.

62 Ansprüche aus unerlaubter Handlung, die weiter gehen als § 22 VermAnlG, da sie zwar an das fehlerhafte oder fehlende VIB anknüpfen, aber doch darüber hinausgehen, sind solche aus § 823 Abs. 2 BGB i.V.m. Schutzgesetzen (etwa § 264a Abs. 1 StGB) sowie aus § 826 BGB.[39]

V. Verjährung (§§ 195, 199 BGB); zuständiges Gericht (§ 32b Abs. 1 ZPO); Musterverfahren (§ 1 Abs. 2 Satz 1 Nr. 2 KapMuG)

63 Siehe dazu § 20 VermAnlG Rn. 43.

§ 306 KAGB
Prospekthaftung und Haftung für die wesentlichen Anlegerinformationen

(1) Sind in dem Verkaufsprospekt Angaben, die für die Beurteilung der Anteile oder Aktien von wesentlicher Bedeutung sind, unrichtig oder unvollständig, so kann der Käufer von der Verwaltungsgesellschaft, von denjenigen, die neben der Verwaltungsgesellschaft für den Verkaufsprospekt die Verantwortung übernommen haben oder von denen der Erlass des Verkaufsprospekts ausgeht, und von demjenigen, der diese Anteile oder Aktien im eigenen Namen gewerbsmäßig verkauft hat, als Gesamtschuldner die Übernahme der Anteile oder Aktien gegen Erstattung des von ihm gezahlten Betrages verlangen. Ist der Käufer in dem Zeitpunkt, in dem er von der Unrichtigkeit oder Unvollständigkeit des Verkaufsprospekts Kenntnis erlangt hat, nicht mehr Inhaber des Anteils oder der Aktie, so kann er die Zahlung des Betrages verlangen, um den der von ihm gezahlte Betrag den Rücknahmepreis des Anteils oder der Aktie oder andernfalls den Wert des Anteils oder der Aktie im Zeitpunkt der Veräußerung übersteigt.

(2) Sind in den wesentlichen Anlegerinformationen enthaltene Angaben irreführend, unrichtig oder nicht mit den einschlägigen Stellen des Verkaufsprospekts vereinbar, so kann der Käufer von der Verwaltungsgesellschaft und von demjeni-

37 Assmann/Schlitt/von Kopp-Colomb/*Assmann* § 22 VermAnlG Rn. 51.
38 *Rinas/Pobortscha* BB **2012** 1615, 1619.
39 Assmann/Schlitt/von Kopp-Colomb/*Assmann* § 22 VermAnlG Rn. 51.

gen, der diese Anteile oder Aktien im eigenen Namen gewerbsmäßig verkauft hat, als Gesamtschuldner die Übernahme der Anteile oder Aktien gegen Erstattung des von ihm gezahlten Betrages verlangen. Ist der Käufer in dem Zeitpunkt, in dem er von der Fehlerhaftigkeit der wesentlichen Anlegerinformationen Kenntnis erlangt hat, nicht mehr Inhaber des Anteils oder der Aktie, so kann er die Zahlung des Betrages verlangen, um den der von ihm gezahlte Betrag den Rücknahmepreis des Anteils oder der Aktie oder andernfalls den Wert des Anteils oder der Aktie im Zeitpunkt der Veräußerung übersteigt.

(3) Eine Gesellschaft, eine Person oder diejenige Stelle, welche die Anteile oder Aktien im eigenen Namen gewerbsmäßig verkauft hat, kann nicht nach Absatz 1 oder 2 in Anspruch genommen werden, wenn sie nachweist, dass sie die Unrichtigkeit oder Unvollständigkeit des Verkaufsprospekts oder die Unrichtigkeit der wesentlichen Anlegerinformationen nicht gekannt hat und die Unkenntnis nicht auf grober Fahrlässigkeit beruht. Der Anspruch nach Absatz 1 oder nach Absatz 2 besteht nicht, wenn

1. **der Käufer der Anteile oder Aktien die Unrichtigkeit oder Unvollständigkeit des Verkaufsprospekts oder die Unrichtigkeit der wesentlichen Anlegerinformationen beim Kauf gekannt hat oder**
2. **die Anteile oder Aktien nicht auf Grund des Verkaufsprospekts oder der wesentlichen Anlegerinformationen erworben wurden.**

(4) Zur Übernahme nach Absatz 1 oder 2 ist auch verpflichtet, wer gewerbsmäßig den Verkauf der Anteile oder Aktien vermittelt oder die Anteile oder Aktien im fremden Namen verkauft hat, wenn er die Unrichtigkeit oder Unvollständigkeit des Verkaufsprospekts oder die Unrichtigkeit der wesentlichen Anlegerinformationen gekannt hat. Dies gilt nicht, wenn auch der Käufer der Anteile oder Aktien die Unrichtigkeit oder Unvollständigkeit des Verkaufsprospekts oder die Unrichtigkeit der wesentlichen Anlegerinformationen beim Kauf gekannt hat oder die Anteile oder Aktien nicht auf Grund des Verkaufsprospekts oder der wesentlichen Anlegerinformationen erworben wurden.

(5) Wurde ein Verkaufsprospekt entgegen § 164 Absatz 1, § 268 Absatz 1, § 298 Absatz 1 oder § 299 Absatz 1 nicht veröffentlicht, so kann der Erwerber eines Anteils oder einer Aktie an einem Investmentvermögen von dem Anbieter die Übernahme der Anteile oder Aktien gegen Erstattung des Erwerbspreises, soweit dieser den ersten Erwerbspreis nicht überschreitet, und der mit dem Erwerb verbundenen üblichen Kosten verlangen, sofern das Erwerbsgeschäft vor Veröffentlichung eines Verkaufsprospekts und innerhalb von zwei Jahren nach dem ersten Anbieten oder Platzieren von Anteilen oder Aktien dieses Investmentvermögens im Inland abgeschlossen wurde. Ist der Erwerber nicht mehr Inhaber der Anteile oder Aktien des Investmentvermögens, kann er die Zahlung des Unterschiedsbetrags zwischen dem Erwerbspreis und dem Veräußerungspreis der Anteile oder Aktien sowie der mit dem Erwerb und der Veräußerung verbundenen üblichen Kosten verlangen. Die Ansprüche dieses Absatzes bestehen nicht, sofern der Erwerber die Pflicht, einen Verkaufsprospekt zu veröffentlichen, bei dem Erwerb kannte.

(6) Eine Vereinbarung, durch die der Anspruch nach Absatz 1, 2, 4 oder 5 im Voraus ermäßigt oder erlassen wird, ist unwirksam. Weitergehende Ansprüche, die sich aus den Vorschriften des bürgerlichen Rechts auf Grund von Verträgen oder unerlaubten Handlungen ergeben können, bleiben unberührt.

Schrifttum

Assmann/Schütze Handbuch des Kapitalanlagerechts, 4. Aufl. 2015; *Aurich* Der wesentliche Prospektfehler nach KAGB und VermAnlG, GWR **2016** 23; *Baur/Tappen* Investmentgesetze, Zweiter Band, §§ 273–355 KAGB, InvStG, 3. Aufl. 2015; *Berger/Steck/Lübbehüsen* Investmentgesetz, 1. Aufl. 2010; *Buck-Heeb* Kapitalmarktrecht, 9. Aufl. 2017; *Derleder/Knops/Bamberger* Bankrechts-Handbuch, 3. Aufl. 2017; *Emde/Dornseifer/Dreibus/Hölscher* Investmentgesetz, 1. Aufl. 2013; *Hanke* Überblick über die Prospekthaftung bei geschlossenen Fonds nach Inkrafttreten des KAGB, BKR **2014** 441; *Hess/Reuschle/Rimmelspacher* Kölner Kommentar zum KapMuG, 2. Aufl. 2013; *Hoffmeyer* Gesetzesnamen als Etikettenschwindel? Konsequenzen der ausgeweiteten spezialgesetzlichen Prospekthaftung für die Ansprüche von Anlegern, NZG **2016** 1133; *Klöhn* Optimistische Prognosen in der bürgerlich-rechtlichen Prospekthaftung, WM **2010** 289; *Meuschke* Das Konkurrenzverhältnis von gesetzlicher und bürgerlich-rechtlicher Prospekthaftung – keine Klarheit durch § 20 VermAnlG, AG **2013** R 292; *Moritz/Klebeck/Jesch* Frankfurter Kommentar zum Kapitalanlagerecht, Erster Band KAGB, 1. Aufl. 2016; *Müchler* Die neuen Kurzinformationsblätter – Haftungsrisiken im Rahmen der Anlageberatung, WM **2012** 974; *Patzner/Döser/Kempf/Patzner* Investmentrecht, 3. Aufl. 2017; *Schäfer* Stand und Entwicklungstendenzen der spezialgesetzlichen Prospekthaftung, ZGR **2006** 40; *Schimanski/Bunte/Lwowski* Bankrechts-Handbuch, 5. Aufl. 2017; *Schnauder* Regimewechsel im Prospekthaftungsrecht bei geschlossenen Publikumsfonds, NJW **2013** 3207, *Schroeder* Der persönliche Anwendungsbereich der Prospekthaftung nach dem WpPG und dem VermAnlG, 2017; *Suchomel* Konkurrenz von § 20 VermAnlG und bürgerlich-rechtlicher Prospekthaftung bei fehlerhaftem Produkt, NJW **2013** 1126; *Weitnauer/Boxberger/Anders* Kommentar zum KAGB, 2. Aufl. 2017.

Systematische Übersicht

A. Allgemeines

1 Die investmentrechtliche Prospekthaftungsvorschrift des § 306 KAGB hat mit Wirkung zum 22.7.2013 den § 127 InvG abgelöst, stimmt aber im Kern mit dem aufgehobenen § 127 InvG überein.[1] Nach § 352 Satz 2 KAGB gilt § 127 InvG a.F. für fehlerhafte Verkaufs-

1 Begr. RegE des Gesetzes zur Umsetzung der Richtlinie 2011/61/EU über die Verwalter alternativer Investmentfonds, BTDrucks. 17/12294 S. 283; Patzner/Döser/Kempf/*Patzner/Schneider-Deters* § 306 KAGB Rn. 1; Weitnauer/Boxberger/Anders/*Paul* § 306 KAGB Rn. 1; *Buck-Heeb* Kapitalmarktrecht Rn. 267.

prospekte und wesentliche Anlegerinformationen weiterhin, sofern dem Käufer die wesentlichen Anlegerinformationen oder der Verkaufsprospekt nach dem Investmentgesetz, also vor dem 22.7.2013, zur Verfügung gestellt worden sind.[2] Abweichend davon gilt die Sonderverjährungsvorschrift des § 127 Abs. 5 InvG a.F. nur noch für Prospekthaftungsansprüche, die bereits vor dem 1.7.2011 entstanden sind (§ 352 Satz 1 KAGB).[3]

Anders als § 127 InvG a.F. erfasst § 306 KAGB sowohl offene als auch geschlossene Investmentvermögen, d.h. sowohl sog. Organismen für gemeinsame Anlagen in Wertpapieren (OGAW) als auch sog. Alternative Investmentfonds (AIF). Der Kreis derjenigen, die für einen fehlerhaften Verkaufsprospekt oder fehlerhafte wesentliche Anlegerinformationen einzustehen haben, ist damit erweitert.[4] Während nun auch für geschlossene Publikums-AIF eine Prospekthaftung nach § 306 KAGB in Betracht kommt, sieht für Spezial-AIF der § 307 Abs. 3 KAGB eine eingeschränkte analoge Anwendung des § 306 KAGB in Bezug auf die Informationen nach § 307 Abs. 1 und 2 KAGB gegenüber semi-professionellen und professionellen Anlegern vor. Zudem enthält § 306 KAGB in seinem Absatz 5 im Gegensatz zu § 127 InvG a.F. nunmehr eine Haftung für fehlende Verkaufsprospekte, sofern eine Pflicht für den Anbieter bestand, einen solchen Prospekt zu veröffentlichen.[5] 2

Auch die Regelung des § 306 Abs. 6 KAGB ist gegenüber § 127 InvG a.F. neu und entspricht, wie § 306 KAGB, weitgehend der Prospekthaftung nach den §§ 21–25 WpPG und den §§ 20–22 VermAnlG,[6] sodass Rechtsprechung und Schrifttum zur Prospekthaftung nach dem WpPG und dem VermAnlG zum Verständnis des § 306 KAGB berücksichtigt werden können. Literatur und Judikatur zu § 127 InvG a.F. können, da § 306 KAGB im Kern auf diese Vorschrift zurückgeht, ebenfalls herangezogen werden. 3

B. Tatbestand

I. Haftung für fehlerhaften Verkaufsprospekt (§ 306 Abs. 1 KAGB)

1. Fehlerhafter Verkaufsprospekt. Eine Definition des Begriffs „Verkaufsprospekt" fehlt im KAGB. Als ein Prospekt wird allgemein jede schriftliche Darstellung gesehen, welche Angaben enthält, die für die Beurteilung einer Geldanlage (hier: Aktien oder Anteilen an Investmentvermögen) von Bedeutung sind, oder insoweit den Eindruck erwecken soll.[7] Dieses Prospektverständnis ist allerdings für das KAGB zu weit gefasst. Ein Schriftstück stellt nur dann einen Verkaufsprospekt dar, wenn es die Prospektanforderungen i.S.d. KAGB (vgl. § 165 KAGB) erfüllt oder zumindest den Eindruck eines solchen Inhalts erweckt.[8] 4

Der Verkaufsprospekt ist **fehlerhaft**, wenn eine wesentliche Angabe, die für die Beurteilung der Anteile und Aktien durch einen Anleger erforderlich ist, unrichtig oder unvollständig ist. Die Angaben im Verkaufsprospekt müssen daher von wesentlicher Bedeutung für die Beurteilung der Anteile und Aktien sein. Dabei ist auch hier auf einen typischen **durchschnittlichen Anleger** als Maßstab abzustellen (siehe dazu auch §§ 21– 5

2 Weitnauer/Boxberger/Anders/*Paul* § 306 KAGB Rn. 3.
3 Moritz/Klebeck/Jesch/*Keunecke*/*Schwack* § 352 KAGB Rn. 2.
4 Moritz/Klebeck/Jesch/*Merk* § 306 KAGB Rn. 1, 2; Patzner/Döser/Kempf/*Patzner*/*Schneider-Deters* § 306 KAGB Rn. 1; *Buck-Heeb* Kapitalmarktrecht Rn. 267; *Hanke* BKR **2014** 441, 446.
5 Assmann/Schütze/*Assmann* Kapitalanlagerecht § 5 Rn. 325; Weitnauer/Boxberger/Anders/*Paul* § 306 KAGB Rn. 1.
6 Weitnauer/Boxberger/Anders/*Paul* § 306 KAGB Rn. 1.
7 Weitnauer/Boxberger/Anders/*Paul* § 306 KAGB Rn. 10.
8 Weitnauer/Boxberger/Anders/*Paul* § 306 KAGB Rn. 10.

23 WpPG Rn. 28–29).[9] Damit soll der Prospektersteller nach überwiegender Ansicht im Schrifttum in Anlehnung an eine BGH-Rechtsprechung aus dem Jahre 1982[10] davon ausgehen dürfen, dass der Anleger eine Bilanz lesen kann.[11] Das wird aber jedenfalls dann nicht gelten können, wenn sich der Prospekt auch an unkundige Anleger richtet bzw. diese nicht ausdrücklich aus dem Adressatenkreis „ausschließt". Abgesehen davon hat sich der Anlegerkreis allgemein und damit auch die Bewertung dessen, was als „durchschnittlich" angesehen werden kann, im Laufe der Jahre aus verschiedenen Gründen generell hin zur Anlage durch unkundige Anleger verändert. Der Gesetzgeber hat zu Recht darauf verzichtet, hier genaue Vorgaben zu machen, da es entscheidend auf den Einzelfall und das Gesamtbild, das der Prospekt vermittelt, ankommt.[12]

6 Als wesentlich für die Beurteilung der Anteile oder Aktien durch einen solchen typischen Anleger ist jede Angabe einzustufen, die den Wert der Anteile oder Aktien objektiv beeinflusst oder zumindest dazu führt, dass das angesprochene Anlegerpublikum die Angabe in seine Bewertung der angebotenen Anteile und Aktien einbezieht und deshalb ein Anleger die Angabe „eher als nicht" bei seiner Anlageentscheidung berücksichtigen würde.[13] Vom Begriff der Angabe sind nicht bloß Tatsachen erfasst, die als solche dem Beweis zugänglich sind, sondern nach h.M. auch Prognosen, Meinungen und Werturteile und damit Bewertungen von Tatsachen.[14]

7 Eine Tatsache ist unrichtig, wenn sie nicht der Wahrheit entspricht. Prognosen, Meinungen und Werturteile sind fehlerhaft, wenn sie sich nicht ausreichend auf Tatsachen stützen können oder kaufmännisch nicht vertretbar sind.[15] Da es sich bei Prognosen, Meinungen und Werturteilen um eine Bewertung (von Tatsachen) handelt, müssen sie zumindest vertretbar erscheinen und sich zu diesem Zweck auf eine sorgfältige Analyse der Tatsachen stützen können, aus denen die Bewertung abgeleitet worden ist.[16] Als Beispiel kann die unvertretbare Darstellung einer künftigen Geschäftsentwicklung angeführt werden,[17] wobei es eine praktisch schwierige Abgrenzungsfrage darstellen kann, wann eine Prognose zu optimistisch und damit fehlerhaft ist.[18] Eine Unrichtigkeit des Prospekts kann aber auch gegeben sein, wenn dort zwar sämtliche erheblichen Angaben gemacht werden, die Darstellung jedoch unübersichtlich erfolgt.[19] Entscheidend kommt es auf das o.g. Gesamtbild an.

8 Der Verkaufsprospekt ist **unvollständig**, wenn er eine wesentliche Angabe nicht oder unzureichend enthält, diese aber für die Anlegerentscheidung von wesentlicher Bedeutung gewesen wäre. Allerdings liegt eine Unvollständigkeit nicht schon immer

---

9 Weitnauer/Boxberger/Anders/*Paul* § 306 KAGB Rn. 15; Moritz/Klebeck/Jesch/*Merk* § 306 KAGB Rn. 16; Assmann/Schütze/*Assmann* Kapitalanlagerecht § 5 Rn. 383.

10 BGH 12.7.1982 NJW **1982** 2823, 2824.

11 Siehe nur etwa Baur/Tappen/*Zingel*, § 306 KAGB Rn. 10.

12 Emde/Dornseifer/Dreibus/Hölscher/*Heisterhagen* § 127 InvG Rn. 21 mit Verweis auf BGH 12.7.1982 NJW **1982** 2823, 2824; siehe auch BGH 22.2.2005 WM **2005** 782, 784 ff.; OLG Frankfurt 4.11.2003 WM **2003** 2460, 2465.

13 BGH 21.10.2014 BGHZ **203** 1 Rn. 74; BGH 24.4.2014 NJW-RR **2014** 1075, 1076; BGH 5.3.2013 DB **2013** 991; Moritz/Klebeck/Jesch/*Merk* § 306 KAGB Rn. 21; Assmann/Schütze/*Assmann* Kapitalanlagerecht § 5 Rn. 387; Baur/Tappen/*Zingel* § 306 KAGB Rn. 8; *Aurich* GWR **2016** 23, 24 f.; **a.A.** Weitnauer/Boxberger/Anders/*Paul* § 306 KAGB Rn. 16.

14 Moritz/Klebeck/Jesch/*Merk* § 306 KAGB Rn. 16; Assmann/Schütze/*Assmann* Kapitalanlagerecht § 5 Rn. 390, 144; **a.A.** Weitnauer/Boxberger/Anders/*Paul* § 306 KAGB Rn. 12.

15 Vgl. BGH 12.7.1982 NJW **1982** 2826; so auch Moritz/Klebeck/Jesch/*Merk* § 306 KAGB Rn. 17; Assmann/Schütze/*Assmann* Kapitalanlagerecht § 5 Rn. 390, 144.

16 BGH 12.7.1982 NJW **1982** 2826; Moritz/Klebeck/Jesch/*Merk* § 306 KAGB Rn. 17.

17 Siehe Baur/Tappen/*Zingel* § 306 KAGB Rn. 8.

18 Siehe dazu *Klöhn* WM **2010** 289, 293 f.

19 Emde/Dornseifer/Dreibus/Hölscher/*Heisterhagen* § 127 InvG Rn. 21.

dann vor, wenn eine der Pflichtangaben, die § 165 KAGB für den Verkaufsprospekt verlangt (§§ 173 Abs. 1, 224, 228, 256, 262, 263, 269, 270 KAGB),[20] dort nicht enthalten ist. Auch für sie gilt, dass die Angabe nur dann wesentlich ist, wenn sie für den Anleger erforderlich ist, um sich „über die ihm angebotene Anlage und insbesondere die damit verbundenen Risiken ein begründetes Urteil bilden zu können" (§ 165 Abs. 1 Satz 1 KAGB), der Anleger also „eher als nicht" die Angabe bei seiner Anlageentscheidung berücksichtigen würde.[21] Bei der Fehlerhaftigkeit von rein formalen Angaben, wie der Hausnummer in der Anschrift oder einem falschen Vornamen, ist eine Wesentlichkeit daher regelmäßig abzulehnen.[22] Die Vollständigkeit des Prospekts kann zwar zumeist vermutet werden, sofern die Pflichtangaben des § 165 KAGB vorliegen.[23] Gleichwohl können auch Angaben, die keine Pflichtangaben i.S.d. § 165 KAGB sind, für den Kunden wesentlich sein, sodass für deren Fehlen nach § 306 KAGB gehaftet wird.[24]

2. Haftungsadressat. Für einen fehlerhaften Verkaufsprospekt haben zunächst einmal diejenigen einzustehen, die die Anteile oder Aktien in eigenem Namen gewerbsmäßig verkaufen (§ 306 Abs. 1 Satz 1 KAGB) oder den Verkauf der Anteile oder Aktien gewerbsmäßig vermitteln bzw. im fremden Namen verkauft haben (§ 306 Abs. 4 Satz 1 KAGB). Daneben haftet für den fehlerhaften Verkaufsprospekt die Verwaltungsgesellschaft. Zudem haften, wie bei § 20 Abs. 1 VermAnlG, diejenigen, die neben der Verwaltungsgesellschaft für den Verkaufsprospekt die Verantwortung übernommen haben („Prospektverantwortliche") sowie diejenigen, von denen der Erlass des Verkaufsprospekts ausgeht („Prospektveranlasser") (§ 306 Abs. 1 Satz 1 KAGB) (siehe § 20 VermAnlG Rn. 18–19). 9

Auch bei § 306 KAGB ist Prospektverantwortlicher, wer für den Verkaufsprospekt nach außen hin die Verantwortung übernommen hat, also vor allem die Verwaltungsgesellschaft, die die Anteile oder Aktien emittiert hat.[25] Im Gegensatz dazu treten die Prospektveranlasser bewusst nach außen nicht in Erscheinung („Hintermänner").[26] Dennoch sind sie für die inhaltliche Richtigkeit und Vollständigkeit des Verkaufsprospekts verantwortlich, da sie als Urheber des Verkaufsprospekts anzusehen sind.[27] Auf ihr Betreiben hin, das wirtschaftlich motiviert ist, werden die Anteile oder Aktien ausgegeben, zum Kauf angeboten und zu diesem Zweck ein Verkaufsprospekt durch die Verwaltungsgesellschaft erstellt und öffentlich zugänglich gemacht (vgl. § 164 Abs. 1 Satz 1 KAGB) (siehe § 20 VermAnlG Rn. 19). 10

3. Ersatzberechtigung des Anspruchstellers. Anspruchsberechtigt ist jeder, der einen Anteil oder eine Aktie gekauft hat. Käufer sind insofern vor allem sämtliche Privat- 11

20 Siehe auch zusätzlich BaFin, Auslegungsentscheidungen, Angaben in den Verkaufsprospekten von Investmentvermögen, 4.4.2017, WA 45-Wp 2136-2016/0001, abrufbar unter: https://www.bafin.de/SharedDocs/Veroeffentlichungen/DE/Auslegungsentscheidung/WA/ae_170404_prospekte_inv_vermoegen.html (zuletzt abgerufen im Juli 2018).
21 Weitnauer/Boxberger/Anders/*Paul* § 306 KAGB Rn. 17; **a.A.** Moritz/Klebeck/Jesch/*Merk* § 306 KAGB Rn. 18; Baur/Tappen/*Zingel* § 306 KAGB Rn. 11.
22 Weitnauer/Boxberger/Anders/*Paul* § 306 KAGB Rn. 17.
23 Baur/Tappen/*Zingel* § 306 KAGB Rn. 13; Moritz/Klebeck/Jesch/*Merk* § 306 KAGB Rn. 18; Derleder/Knops/Bamberger/*Geibel*, § 58 Rn. 167.
24 Baur/Tappen/*Zingel* § 306 KAGB Rn. 12; Derleder/Knops/Bamberger/*Geibel* § 58 Rn. 167.
25 Moritz/Klebeck/Jesch/*Merk* § 306 KAGB Rn. 10; Assmann/Schütze/*Assmann* Kapitalanlagerecht § 5 Rn. 397.
26 Moritz/Klebeck/Jesch/*Merk* § 306 KAGB Rn. 10; Assmann/Schütze/*Assmann* Kapitalanlagerecht § 5 Rn. 398.
27 Moritz/Klebeck/Jesch/*Merk* § 306 KAGB Rn. 10.

anleger von OGAW- oder AIF-Anteilen oder Aktien (§ 1 Abs. 2 und 3 KAGB). Semiprofessionelle und professionelle Anleger sind dies nur eingeschränkt und nur, sofern sie AIF-Anteile oder Aktien erworben haben (§ 307 Abs. 3 KAGB).[28]

12 Der Begriff des Kaufs in § 306 KAGB ist dabei weiter als in § 433 BGB zu verstehen, sodass jedes entgeltliche Erwerbsgeschäft erfasst wird.[29] Da der Erwerb von Aktien und Anteilen an einem Investmentvermögen im Wege von Erbschaft, Vermächtnis oder Schenkung *per definitionem* ohne ein Entgelt erfolgt, hat der Anleger in diesen Fällen keinen Prospekthaftungsanspruch aus § 306 KAGB (siehe auch §§ 21–23 WpPG Rn. 60–64).

13 **4. Haftungsbegründende Kausalität.** Nach § 306 Abs. 1 KAGB a.F. musste noch der Käufer den Beweis dafür erbringen, dass er die Anteile oder Aktien „auf Grund des Verkaufsprospekts" gekauft hat. Seit dem „KAGB-Reparaturgesetz" von 2014[30] ist die Beweislast nunmehr umgekehrt. Nach § 306 Abs. 3 Satz 2 Nr. 2 KAGB (bzw. für den gewerbsmäßigen Vermittler nach § 306 Abs. 4 Satz 2 KAGB) wird jetzt **widerleglich vermutet**, dass der Anleger Anteile oder Aktien „auf Grund des Verkaufsprospekts (...) erworben" hat.

14 Der Haftungsadressat (siehe Rn. 9–10) hat demnach darzulegen und zu beweisen, dass keine haftungsbegründende Kausalität zwischen Prospektfehler und Kaufentscheidung besteht.[31] Der Vermutung aufklärungsrichtigen Verhaltens, die ebenfalls zu einer Beweislastumkehr oder zumindest zu einem Anscheinsbeweis führt, bedarf es deshalb nicht mehr.[32] Auch darauf, ob die fehlerhafte Prospektangabe zu einer Anlagestimmung geführt hat, kommt es demgemäß nicht an.[33] Dem Haftungsadressaten obliegt demnach der Beweis, dass der Anleger seinen Kauf nicht auf Grund des Verkaufsprospekts vorgenommen hat (§ 306 Abs. 3 Satz 2 Nr. 2 KAGB). Das wird in der Regel nur für diejenigen Fälle möglich sein, in denen der Anleger nachweisbar von der Unrichtigkeit oder Unvollständigkeit des Prospekts wusste.

15 Dass die haftungsbegründende Kausalität zwischen dem Prospektfehler und der Entscheidung des Anlegers, die Anteile oder Aktien zu kaufen, in diesem Fall entfällt, d.h. wenn der Anleger („Käufer") beim Kauf Kenntnis von der Unrichtigkeit oder Unvollständigkeit des Verkaufsprospekts hatte, wird ausdrücklich von § 306 Abs. 3 Satz 2 Nr. 1 bzw. § 306 Abs. 4 Satz 2 KAGB erfasst.[34] Hat der Anleger schon beim Kauf von der Unrichtigkeit oder Unvollständigkeit des Verkaufsprospekts gewusst und trotzdem die Anteile oder Aktien gekauft, kann der Prospektfehler nicht kausal für seine Anlageentscheidung gewesen sein. Das Risiko, das die Haftungsadressaten durch den Prospektfehler dafür geschaffen haben, dass potenzielle Anleger auf Grund unzureichender oder falscher Informationslage eine von ihnen so nicht gewollte Kaufentscheidung treffen, kann sich bei einer positiven Kenntnis in der Kaufentscheidung nicht verwirklicht haben.

---

28 Weitnauer/Boxberger/Anders/*Paul* § 306 KAGB Rn. 5; Moritz/Klebeck/Jesch/*Merk* § 306 KAGB Rn. 12; *Buck-Heeb* Kapitalmarktrecht Rn. 275.

29 Weitnauer/Boxberger/Anders/*Paul* § 306 KAGB Rn. 9; enger Assmann/Schütze/*Assmann* Kapitalanlagerecht § 5 Rn. 391.

30 BGBl. I 2014, 934, 945; siehe auch Begr. RegE eines Gesetzes zur Anpassung von Gesetzen auf dem Gebiet des Finanzmarktes, BTDrucks. 18/1305 S. 51.

31 Patzner/Döser/Kempf/*Patzner/Schneider-Deters* § 306 KAGB Rn. 2; Weitnauer/Boxberger/Anders/*Paul* § 306 KAGB Rn. 35; *Buck-Heeb* Kapitalmarktrecht Rn. 273.

32 *Buck-Heeb* Kapitalmarktrecht Rn. 273; Weitnauer/Boxberger/Anders/*Paul* § 306 KAGB Rn. 34 ff.; **a.A.** Moritz/Klebeck/Jesch/*Merk* § 306 KAGB Rn. 26 ff.

33 Derleder/Knops/Bamberger/*Geibel* § 58 Rn. 169; Weitnauer/Boxberger/Anders/*Paul* § 306 KAGB Rn. 36; **a.A.** Baur/Tappen/*Zingel* § 306 KAGB Rn. 18.

34 Weitnauer/Boxberger/Anders/*Paul* § 306 KAGB Rn. 29, 41; Moritz/Klebeck/Jesch/*Merk* § 306 KAGB Rn. 29.

Da eine fehlende Kenntnis des Käufers vom Prospektfehler widerleglich vermutet wird, tragen die Haftungsadressaten die Beweislast für eine Kenntnis des Käufers von der Unrichtigkeit oder Unvollständigkeit des Verkaufsprospekts (Umkehr der Beweislast). 16

5. Verschulden. Die Haftung für einen fehlerhaften Verkaufsprospekt ist eine Verschuldenshaftung. Ein Verschulden der Haftungsadressaten, d.h. der Verwaltungsgesellschaft, sowie von denjenigen, die neben der Verwaltungsgesellschaft die Verantwortung für den Verkaufsprospekt übernommen haben („Prospektverantwortliche") und von denen der Erlass des Verkaufsprospekts ausgeht („Prospektveranlasser"), sowie denjenigen, die gewerbsmäßig die Anteile oder Aktien im eigenen Namen verkauft haben, verlangt § 306 Abs. 1 Satz 1 KAGB nicht ausdrücklich. Das Verschuldenserfordernis ergibt sich jedoch aus § 306 Abs. 3 Satz 1 KAGB, wonach „eine Gesellschaft, eine Person oder diejenige Stelle, welche die Aktien im eigenen Namen gewerbsmäßig verkauft hat" nachzuweisen hat, dass sie die Unrichtigkeit oder Unvollständigkeit des Verkaufsprospekts nicht gekannt hat und diese Unkenntnis auch nicht auf grober Fahrlässigkeit beruht.[35] 17

Dass dabei sämtliche Haftungsadressaten und nicht nur den gewerbsmäßigen Verkäufer, der Wortlaut des § 306 Abs. 3 Satz 1 KAGB kann insoweit missverstanden werden, ein Verschulden in Bezug auf die Fehlerhaftigkeit des Verkaufsprospekts treffen muss, ergibt sich aus der zivilrechtlichen Rechtsnatur der kapitalmarktrechtlichen Prospekthaftung als Vertrauenshaftung (siehe dazu §§ 21–23 WpPG Rn. 2, 86 m.w.N.). Bei ihr handelt es sich um eine Einstandspflicht aus *culpa in contrahendo* (§ 311 Abs. 2 und 3 BGB), sodass auch für die Haftung nach § 306 Abs. 1 KAGB der Grundsatz des § 280 Abs. 1 BGB gilt, wonach ein Schädiger die Pflichtverletzung (hier: die Fehlerhaftigkeit des Verkaufsprospekts) zu vertreten haben muss, ihn also in der Regel ein Verschulden treffen muss (§ 276 Abs. 1 BGB: Vorsatz oder Fahrlässigkeit). In § 306 Abs. 3 Satz 1 KAGB ist eine Haftungsbeschränkung vorgesehen. Der Haftungsmaßstab ist hier auf Vorsatz und grobe Fahrlässigkeit reduziert. 18

Ein Verschulden der Haftungsadressaten i.S.d. § 306 Abs. 1 Satz 1 KAGB wird nach § 306 Abs. 3 Satz 1 KAGB widerleglich vermutet (**Umkehr der Beweislast**).[36] Auch hier hat ein Haftungsadressat nur für sein eigenes Verschulden einzustehen, sodass ein Verschulden der anderen Haftungsadressaten nicht ausreicht, um seine Haftung zu begründen (siehe dazu §§ 21–23 WpPG Rn. 72). Das folgt daraus, dass die Haftungsadressaten i.S.d. § 306 Abs. 1 Satz 1 KAGB dem Käufer ausdrücklich „als Gesamtschuldner" haften. Nach § 425 Abs. 1 BGB wirkt eine Tatsache aber nur für und gegen den Gesamtschuldner, in dessen Person sie eintritt. Dazu zählt nach § 425 Abs. 2 BGB „insbesondere" auch das Verschulden (siehe auch § 20 VermAnlG Rn. 28–29). 19

Eine noch weitergehende Haftungsbeschränkung ergibt sich für den gewerbsmäßigen Vermittler. Anders als die Haftungsadressaten i.S.d. § 306 Abs. 1 Satz 1 KAGB haftet derjenige, der den Verkauf der Anteile oder Aktien gewerbsmäßig lediglich vermittelt oder die Anteile oder Aktien im fremden Namen verkauft, nach § 306 Abs. 4 Satz 1 KAGB nur dann, wenn er von der Unrichtigkeit oder Unvollständigkeit des Verkaufsprospekts positive Kenntnis hatte. Bloße grob fahrlässige Unkenntnis genügt nicht.[37] Da § 306 Abs. 4 Satz 1 KAGB im Gegensatz zu § 306 Abs. 3 Satz 1 KAGB gerade nicht so formuliert ist, dass ein Anspruch des Käufers entfällt, wenn der gewerbsmäßige Vermittler nach- 20

35 Assmann/Schütze/*Assmann* Kapitalanlagerecht § 5 Rn. 405.
36 Assmann/Schütze/*Assmann* Kapitalanlagerecht § 5 Rn. 405.
37 *Buck-Heeb* Kapitalmarktrecht Rn. 274; Moritz/Klebeck/Jesch/*Merk* § 306 KAGB Rn. 31.

weist, dass er die Unrichtigkeit oder Unvollständigkeit des Verkaufsprospekts nicht gekannt hat, findet eine Beweislastumkehr hier nicht statt.[38] Eine positive Kenntnis und damit ein Verschulden des gewerbsmäßigen Vermittlers wird demnach nicht vermutet, sodass der Käufer als Anspruchsteller darzulegen und zu beweisen hat, dass der gewerbsmäßige Vermittler von der Fehlerhaftigkeit des Verkaufsprospekts positive Kenntnis hatte und ihn insofern ein Verschulden trifft.[39]

21 **6. Schadensersatz.** Der Käufer kann von den Haftungsadressaten i.S.d. § 306 Abs. 1 Satz 1 KAGB sowie vom gewerbsmäßigen Vermittler (§ 306 Abs. 4 Satz 1 KAGB) Erstattung des vollen Betrags verlangen, den er für den Erwerb der Anteile oder Aktien gezahlt hat. Das setzt voraus, dass er immer noch Inhaber der Anteile oder Aktien ist. Dabei umfasst der gezahlte Betrag auch die Erwerbskosten, die der Käufer für den Erwerb der Anteile oder Aktien aufgewendet hat.[40] Dazu zählen auch die Vertriebsprovisionen.[41] Im Gegenzug ist der Käufer verpflichtet, die Anteile oder Aktien an den Haftungsadressaten, von dem er den gezahlten Betrag erstattet haben will, herauszugeben. Die Rückabwicklung erfolgt auch hier Zug um Zug (§§ 273 Abs. 1, 274 Abs. 1 BGB oder §§ 348, 322 BGB)[42] (siehe auch § 20 VermAnlG Rn. 35).

22 Eine Erstattung des vom Anleger für die Anteile gezahlten Betrags gegen Übernahme der Anteile durch die Verwaltungsgesellschaft ist im Fall einer Beteiligung an einer **Investmentkommanditgesellschaft** (InvKG), auf die nach § 149 Abs. 1 Satz 2 KAGB die Regeln des HGB Anwendung finden, aus gesellschaftsrechtlicher Sicht nicht denkbar. Eine Personengesellschaft kann eigene Anteile an sich selbst nicht halten und deshalb auch nicht von einem Anleger einen solchen übernehmen.[43] Der Anleger erwirbt im Fall einer Personengesellschaft nicht einen Anteil an der Gesellschaft (so aber bei der Aktiengesellschaft als eine juristische Person), sondern tritt der Personengesellschaft, hier der Kommanditgesellschaft, als Mitglied (Gesellschafter) bei. Will er – untechnisch gesprochen – seinen Anteil zurückgeben, tritt er im Rechtssinne aus der KG aus, sodass die Rechtsfolge des § 306 Abs. 1 KAGB dahin zu interpretieren ist, dass der Anleger als Kommanditist deswegen ein Recht zur „Austrittskündigung" hat, weil er durch den fehlerhaften Verkaufsprospekt die uninformierte Entscheidung getroffen hat, der KG beizutreten („fehlerhafter Beitritt").[44]

23 Hat der Käufer die Anteile oder Aktien bereits **veräußert** und ist daher nicht mehr Inhaber der Anteile oder Aktien, kann er nur noch den überschießenden Differenzbetrag zwischen dem von ihm für den Kauf der Anteile oder Aktien gezahlten Betrag und dem Rücknahmepreis verlangen. Sofern ein Rücknahmepreis nicht festgesetzt ist, ist auf den

---

38 *Buck-Heeb* Kapitalmarktrecht Rn. 274; Moritz/Klebeck/Jesch/*Merk* § 306 KAGB Rn. 31; Weitnauer/Boxberger/Anders/*Paul* § 306 KAGB Rn. 40; **a.A.** Assmann/Schütze/*Assmann* Kapitalanlagerecht § 5 Rn. 406; *Hanke* BKR **2014** 441, 447.

39 *Buck-Heeb* Kapitalmarktrecht Rn. 274; Moritz/Klebeck/Jesch/*Merk* § 306 KAGB Rn. 31; Weitnauer/Boxberger/Anders/*Paul* § 306 KAGB Rn. 40; **a.A.** Assmann/Schütze/*Assmann* Kapitalanlagerecht § 5 Rn. 406; *Hanke* BKR **2014** 441, 447.

40 Weitnauer/Boxberger/Anders/*Paul* § 306 KAGB Rn. 20; Moritz/Klebeck/Jesch/*Merk* § 306 KAGB Rn. 34.

41 Emde/Dornseifer/Dreibus/Hölscher/*Heisterhagen* § 127 InvG Rn. 44; Baur/Tappen/*Zingel* § 306 KAGB Rn. 27.

42 Derleder/Knops/Bamberger/*Geibel* § 58 Rn. 170; Weitnauer/Boxberger/Anders/*Paul* § 306 KAGB Rn. 20; Moritz/Klebeck/Jesch/*Merk* § 306 KAGB Rn. 34.

43 *Buck-Heeb* Kapitalmarktrecht Rn. 277; *Schnauder* NJW **2013** 2307, 2310; MüKo/*K. Schmidt* § 105 HGB Rn. 93.

44 Weitnauer/Boxberger/Anders/*Paul* § 306 KAGB Rn. 21, § 305 KAGB Rn. 43, 47; *Schnauder* NJW **2013** 3207, 3210; *Schäfer* ZGR **2006** 40, 75.

Wert der Anteile oder Aktien im Zeitpunkt der Veräußerung abzustellen. Der Anleger kann auch hier die Erwerbskosten, zudem aber auch die üblichen Veräußerungskosten (§ 306 Abs. 5 Satz 2 KAGB analog), da diese mit der Rückabwicklung verbunden sind, vom Haftungsadressaten ersetzt verlangen.[45]

Voraussetzung für einen Anspruch auf den Unterschiedsbetrag ist jedoch, dass der Käufer die Anteile oder Aktien verkauft hat, bevor er von der Unrichtigkeit oder Unvollständigkeit des Verkaufsprospekts positiv wusste (so ausdrücklich § 306 Abs. 1 Satz 2 KAGB). Anderenfalls scheidet ein Prospekthaftungsanspruch aus.[46] Vom Käufer wird demnach erwartet, dass er die Anteile oder Aktien an die Haftungsadressaten zurückgibt und dafür dann von diesen den von ihm gezahlten Betrag zurückerhält, sofern er von der Unrichtigkeit oder Unvollständigkeit des Verkaufsprospekts Kenntnis erlangt hat, oder aber die Aktien oder Anteile behält. 24

II. Haftung für fehlerhafte wesentliche Anlegerinformationen (§ 306 Abs. 2 KAGB)

1. Fehlerhafte wesentliche Anlegerinformationen. Die wesentlichen Anlegerinformationen sollen dem Anleger die Angaben zur Verfügung stellen, die notwendig sind, um die Art und die Risiken des angebotenen Anlageprodukts verstehen und auf dieser Grundlage eine fundierte Anlageentscheidung treffen zu können (§ 166 Abs. 1 KAGB). Zu den „wesentlichen Merkmalen" zählen vor allem eine kurze Beschreibung der Anlageziele und der Anlagepolitik sowie das Risiko- und Ertragsprofil der Anlage (§ 166 Abs. 2 KAGB). Dabei müssen die wesentlichen Anlegerinformationen schon aus sich heraus für den Anleger verständlich sein, sodass er hierfür nicht noch zusätzlich weitere Dokumente heranziehen muss (§ 166 Abs. 3 KAGB). 25

Die wesentlichen Anlegerinformationen sind fehlerhaft, wenn sie unrichtig, irreführend oder mit den einschlägigen Stellen des Verkaufsprospekts nicht vereinbar sind. Nach § 166 Abs. 3 Satz 4 KAGB sind die wesentlichen Anlegerinformationen „kurz zu halten", sie sind insofern „ein ‚Weniger' des Verkaufsprospekts".[47] Weil die wesentlichen Anlegerinformationen deshalb nie wirklich vollständig sein können, fehlt in § 306 Abs. 2 KAGB im Gegensatz zu § 306 Abs. 1 KAGB die Variante der Unvollständigkeit.[48] Enthalten die wesentlichen Anlegerinformationen jedoch nicht die nach § 166 KAGB geforderten Angaben, sind sie insofern zwar untechnisch gesprochen unvollständig, nicht aber i.S.d. § 306 Abs. 2 KAGB. Vielmehr führt diese Unvollständigkeit in aller Regel dazu, dass die wesentlichen Anlegerinformationen „irreführend, unrichtig oder nicht mit einschlägigen Stellen des Verkaufsprospekts vereinbar" sind (§ 306 Abs. 2 Satz 1 KAGB). 26

Unrichtig ist auch hier eine Angabe, wenn sie nicht der Wahrheit entspricht.[49] Selbst wenn die Angaben in den wesentlichen Anlegerinformationen nicht im eigentlichen Sinne unrichtig sind, können sie doch im Widerspruch zu den Angaben im Verkaufsprospekt stehen und insofern mit den einschlägigen Stellen im Verkaufsprospekt nicht vereinbar sein. 27

---

45 Weitnauer/Boxberger/Anders/*Paul* § 306 KAGB Rn. 22.
46 Moritz/Klebeck/Jesch/*Merk* § 306 KAGB Rn. 36; Berger/Steck/Lübbehüsen/*Köndgen* § 127 InvG Rn. 21.
47 Weitnauer/Boxberger/Anders/*Paul* § 306 KAGB Rn. 24.
48 Begr. RegE des Gesetzes zur Novellierung des Finanzanlagenvermittler- und Vermögensanlagerechts, BTDrucks. 17/6051 S. 38; Emde/Dornseifer/Dreibus/Hölscher/*Heisterhagen* § 127 InvG Rn. 32; Baur/Tappen/*Zingel* § 306 KAGB Rn. 16.
49 Weitnauer/Boxberger/Anders/*Paul* § 306 KAGB Rn. 25; Moritz/Klebeck/Jesch/*Merk* § 306 KAGB Rn. 24; Assmann/Schütze/*Assmann* Kapitalanlagerecht § 5 Rn. 440, 144.

28 Die wesentlichen Anlegerinformationen haben die Funktion, dem Anleger die „wesentlichen Merkmale" „komprimiert" zur Verfügung zu stellen, damit er die Aktien oder Anteile, das Anlageprodukt, dessen Chancen und Risiken zutreffend beurteilen kann (§ 166 KAGB). Damit geht jedoch die Gefahr einher, dass die wesentlichen Anlegerinformationen „mitunter nur ‚die halbe Wahrheit' wiedergeben".[50] Die Angaben sind dann zwar durchaus sachlich richtig, aber insofern irreführend, als beim Anleger ein Gesamteindruck erweckt wird, der so nicht entstehen dürfte, mit der Folge, dass beim Anleger ein falsches Bild über die Chancen und Risiken der Anteile oder Aktien vorhanden ist.[51]

29 Anders als im Schrifttum zum Teil vorgeschlagen,[52] besteht für den Fall, dass die wesentlichen Anlegerinformationen pflichtwidrig überhaupt **nicht erstellt** oder veröffentlicht worden sind, keine Haftung nach § 306 Abs. 5 KAGB analog.[53] Für eine Analogie fehlt es bereits an der erforderlichen planwidrigen Regelungslücke, da der Gesetzgeber in § 306 Abs. 5 KAGB ausdrücklich nur den fehlenden Verkaufsprospekt und nicht die fehlenden wesentlichen Anlegerinformationen aufführt, obgleich sie sonst in § 306 KAGB stets neben dem Verkaufsprospekt genannt sind. Die fehlende Veröffentlichung der wesentlichen Anlegerinformationen wird deshalb allein als Ordnungswidrigkeit geahndet (§ 340 Abs. 2 Nr. 38 KAGB, dort auch neben dem Verkaufsprospekt erwähnt).[54]

30 **2. Haftungsadressaten, Kausalität.** Für eine Fehlerhaftigkeit der wesentlichen Anlegerinformationen haben die Verwaltungsgesellschaft und der gewerbsmäßige Verkäufer (§ 306 Abs. 2 Satz 1 KAGB) sowie diejenigen einzustehen, die den Verkauf der Anteile oder Aktien gewerbsmäßig vermitteln oder die Anteile oder Aktien im fremden Namen verkaufen (§ 306 Abs. 4 Satz 1 KAGB). Es besteht eine gesamtschuldnerische Haftung (§ 421 BGB).[55] Die gewerbsmäßigen Vermittler (§ 306 Abs. 4 Satz 1 KAGB) haften dabei auch im Fall einer fehlerhaften wesentlichen Anlegerinformation nur dann, wenn sie deren Unrichtigkeit kannten, der Käufer seinerseits die Unrichtigkeit beim Kauf der Anteile oder Aktien nicht kannte und jener die Anteile oder Aktien aufgrund der wesentlichen Anlegerinformationen erworben hat (haftungsbegründende Kausalität).

31 Anders als nach § 306 Abs. 1 KAGB ist der Kreis der Haftungsadressaten begrenzt. Ausgenommen von einer Haftung nach § 306 Abs. 2 KAGB sind diejenigen, die neben der Verwaltungsgesellschaft für den Verkaufsprospekt die Verantwortung übernommen haben sowie diejenigen, von denen der Erlass des Verkaufsprospekts ausgeht.

32 **3. Weitere Voraussetzungen und Rechtsfolge.** Enthalten die wesentlichen Anlegerinformationen irreführende oder unrichtige Angaben oder Angaben, die mit den einschlägigen Stellen des Verkaufsprospekts nicht vereinbar sind (§ 306 Abs. 2 KAGB), hat der Anleger, der Aktien oder Anteile gekauft hat, im Kern unter denselben Voraussetzungen wie nach § 306 Abs. 1 KAGB einen Schadensersatzanspruch. Auch er kann die Erstattung des Erwerbspreises sowie der üblichen Erwerbskosten ersetzt verlangen und ist dann Zug um Zug zur Herausgabe der erworbenen Aktien oder Anteile verpflichtet (§ 306 Abs. 2 Satz 1 KAGB).

---

50 Assmann/Schütze/*Assmann* Kapitalanlagerecht § 5 Rn. 426.
51 Moritz/Klebeck/Jesch/*Merk* § 306 KAGB Rn. 24; Emde/Dornseifer/Dreibus/Hölscher/*Heisterhagen* § 127 InvG Rn. 31.
52 Derleder/Knops/Bamberger/*Geibel* § 58 Rn. 169.
53 Moritz/Klebeck/Jesch/*Merk* § 306 KAGB Rn. 38; Assmann/Schütze/*Assmann* Kapitalanlagerecht § 5 Rn. 445; *Müchler* WM **2012** 974, 978.
54 Moritz/Klebeck/Jesch/*Merk* § 306 KAGB Rn. 38.
55 Zum Innenregress siehe Baur/Tappen/*Zingel* § 306 KAGB Rn. 24.

Sofern der Anleger nicht mehr Inhaber der Aktien oder Anteile ist und erst jetzt von der Fehlerhaftigkeit der wesentlichen Anlegerinformationen Kenntnis erlangt, kann er nur noch den Unterschiedsbetrag zwischen Erwerbspreis und Rücknahmepreis bzw. dem Wert des Anteils oder der Aktie als Schadensersatz verlangen (§ 306 Abs. 2 Satz 2 KAGB). Auch hier fallen die üblichen Erwerbskosten, aber auch die mit der Veräußerung der Aktien oder Anteile verbundenen Kosten unter den Schadensersatz, den der Haftungsadressat dem Anleger zu erstatten hat. 33

III. Haftung für fehlenden Verkaufsprospekt (§ 306 Abs. 5 KAGB)

1. Fehlender Prospekt. Die Haftung für einen fehlenden Verkaufsprospekt setzt voraus, dass der Anbieter nach § 164 Abs. 1, § 268 Abs. 1, § 298 Abs. 1 oder § 299 Abs. 1 KAGB verpflichtet war, vor dem ersten Anbieten oder Platzieren von Anteilen oder Aktien eines Investmentvermögens einen Verkaufsprospekt zu erstellen und zu veröffentlichen, dies aber unterlassen hat. Eine fehlende Veröffentlichung ist auch darin zu sehen, dass der Anbieter den Verkaufsprospekt nicht über das Internet zugänglich macht (vgl. §§ 164 Abs. 1, 268 Abs. 1 KAGB).[56] 34

Anknüpfungspunkt für die Haftung des Anbieters nach § 306 Abs. 5 KAGB ist demgemäß sein Verstoß gegen die Prospektpflicht aus § 164 Abs. 1, § 268 Abs. 1, § 298 Abs. 1 oder § 299 Abs. 1 KAGB. Haftungsgrund ist aber auch hier, dass der Anbieter dadurch, dass er Aktien oder Anteile an Investmentvermögen öffentlich anbietet oder platziert, ohne zuvor einen Verkaufsprospekt zu veröffentlichen, seine Informationspflicht gegenüber den potenziellen Anlegern nicht erfüllt (vgl. § 165 Abs. 1 KAGB) und jene deswegen eine selbstbestimmte Anlageentscheidung nicht treffen können.[57] 35

2. Haftungsadressat. Nach dem ausdrücklichen Wortlaut des § 306 Abs. 5 Satz 1 KAGB besteht der Anspruch des geschädigten Anlegers wegen eines fehlenden Verkaufsprospekts gegen den „Anbieter". Der Begriff des Anbieters kommt im KAGB allerdings sonst an keiner anderen Stelle vor. Vielmehr stammt er aus § 21 VermAnlG, dem § 306 Abs. 5 KAGB nachgebildet ist, sodass für § 306 Abs. 5 KAGB auf den Anbieterbegriff des § 21 VermAnlG abzustellen ist. Das gilt umso mehr, als es sich bei „Anteilen an Investmentvermögen" lediglich um eine besondere Form der Vermögensanlage handelt (§ 1 Abs. 2 VermAnlG). 36

Da auch das VermAnlG keine Definition des „Anbieters" enthält, ist auf § 2 Nr. 10 WpPG zurückzugreifen (siehe dazu § 21 VermAnlG Rn. 12). Dementsprechend ist jede Person oder Gesellschaft, die Anteile oder Aktien an Investmentvermögen öffentlich anbietet, ein „Anbieter" i.S.d. § 306 Abs. 5 KAGB. Ein öffentliches Angebot von Anteilen oder Aktien an Investmentvermögen ist jede Form der Mitteilung an das Anlegerpublikum, und zwar unabhängig davon, wie sie erfolgt, die den potenziellen Anlegern ausreichende Informationen über Angebotsbedingungen und die anzubietenden Aktien oder Anteile am Investmentvermögen liefert, um über deren Kauf oder Zeichnung entscheiden zu können (vgl. § 2 Nr. 4 WpPG). 37

Der Begriff des Anbieters ist ebenso wie bei § 21 VermAnlG weit auszulegen.[58] Anbieter von Aktien oder Anteilen an Investmentvermögen sind demnach auch hier nicht nur die Personen oder Gesellschaften, die nach außen als Anbieter auftreten, sondern auch die Personen oder Gesellschaften, die zwar nicht nach außen in Erscheinung treten, von 38

---

56 Weitnauer/Boxberger/Anders/*Paul* § 306 KAGB Rn. 43.
57 Weitnauer/Boxberger/Anders/*Paul* § 306 KAGB Rn. 42.
58 Moritz/Klebeck/Jesch/*Merk* § 306 KAGB Rn. 40.

denen aber das öffentliche Angebot der Aktien oder Anteile ausgeht (siehe dazu § 21 VermAnlG Rn. 13).

39 **3. Ersatzberechtigung des Anspruchstellers.** Der Anleger hat nur dann einen Anspruch wegen der Nichtveröffentlichung des Verkaufsprospekts, wenn er die Anteile oder Aktien des Investmentvermögens innerhalb von zwei Jahren erworben hat. Der Erwerbszeitraum beginnt mit dem ersten Anbieten oder Platzieren (§ 293 Abs. 1 Satz 1 KAGB) der Anteile oder Aktien.[59] Zudem muss das „Erwerbsgeschäft" vor der Veröffentlichung des Verkaufsprospekts „abgeschlossen" worden sein. Auch hier ist auf den Abschluss des schuldrechtlichen Rechtsgeschäfts, in der Regel den Abschluss des Kaufvertrags, abzustellen,[60] um bestimmen zu können, ob der Anleger die Aktien oder Anteile am Investmentvermögen innerhalb des Erwerbszeitraums und vor der Prospektveröffentlichung „erworben" hat (siehe dazu § 21 VermAnlG Rn. 16).

40 **4. Haftungsbegründende Kausalität.** Da § 306 Abs. 5 KAGB der Vorschrift des § 21 VermAnlG nachgebildet ist und sogar im Wortlaut weitgehend entspricht, hat ein Anleger nach hier vertretener Ansicht nur dann einen Anspruch aus § 306 Abs. 5 KAGB für einen fehlenden Verkaufsprospekt, wenn seine Entscheidung, die Anteile oder Aktien an dem Investmentvermögen zu erwerben, auf der Nichtveröffentlichung des Verkaufsprospekts beruht (haftungsbegründende Kausalität) (siehe dazu § 21 VermAnlG Rn. 19–21).[61] Der Anbieter haftet demnach für einen fehlenden Verkaufsprospekt (§ 306 Abs. 5 KAGB), weil er es pflichtwidrig unterlassen hat, dem Anlegerpublikum die Informationen zur Verfügung zu stellen, die erforderlich sind, damit sich die Anleger über die ihnen angebotene Anlage und insbesondere über die damit verbundenen Risiken ein Urteil bilden und auf dieser Grundlage eine selbstbestimmte Kaufentscheidung treffen können (§ 165 Abs. 1 KAGB). Die nicht informierte Kaufentscheidung muss deshalb darauf beruhen, dass der Anleger nicht ausreichend durch einen Verkaufsprospekt vor allem über die Risiken, die mit dem Erwerb der Aktien oder Anteile am Investmentvermögen verbunden sind, aufgeklärt worden ist.

41 Dementsprechend scheidet ein Anspruch des Anlegers aus, wenn er die Pflicht, einen Verkaufsprospekt zu veröffentlichen, kannte (§ 306 Abs. 5 Satz 3 KAGB). Weiß der Anleger, dass eine Prospektpflicht besteht, und erwirbt er dennoch die Aktien oder Anteile, obschon ein Verkaufsprospekt nicht veröffentlicht worden ist, spielten die Informationen, die er aus dem Verkaufsprospekt hätte entnehmen können, für seine Kaufentscheidung keine Rolle. Der Anbieter hat dann zwar durch das Anbieten oder Platzieren der Aktien oder Anteile am Investmentvermögen, ohne zuvor einen Verkaufsprospekt zu veröffentlichen, eine rechtlich missbilligte Gefahr für die Willensfreiheit des Anlegers geschaffen, doch hat sich dieses Risiko in der Anlageentscheidung nicht verwirklicht. Der Käufer darf dann aber nicht den fehlenden Verkaufsprospekt als Vorwand nutzen, eine Anlageentscheidung zu revidieren, die er auch bei Veröffentlichung des Verkaufsprospekts getroffen hätte.

42 Die Kaufentscheidung des Anlegers muss deshalb auf dem Fehlen des Verkaufsprospekts beruhen, wobei diese haftungsbegründende Kausalität widerleglich vermutet wird (§ 306 Abs. 5 Satz 3 KAGB analog).[62] Der Anbieter trägt demnach nicht nur die Beweislast dafür, dass der Erwerber die Pflicht, einen Verkaufsprospekt zu veröffentlichen,

---

59 Weitnauer/Boxberger/Anders/*Paul* § 306 KAGB Rn. 44.
60 *Buck-Heeb* Kapitalmarktrecht Rn. 280; Assmann/Schütze/*Assmann* Kapitalanlagerecht § 5 Rn. 444.
61 Assmann/Schütze/*Assmann* Kapitalanlagerecht § 5 Rn. 447.
62 *Buck-Heeb* Kapitalmarktrecht Rn. 280; Assmann/Schütze/*Assmann* Kapitalanlagerecht § 5 Rn. 447.

bei Abschluss des schuldrechtlichen Rechtsgeschäfts kannte (§ 306 Abs. 5 Satz 3 KAGB), sondern allgemein für das Fehlen der haftungsbegründenden Kausalität (siehe dazu § 21 VermAnlG Rn. 21).

5. Verschulden. Obwohl § 306 Abs. 5 KAGB (wie auch § 21 VermAnlG) ein Verschuldenserfordernis in Bezug auf den Anbieter nicht erwähnt, haftet der Anbieter gleichwohl entgegen einer Ansicht im Schrifttum[63] nur dann, wenn ihn ein Verschulden hinsichtlich der Nichtveröffentlichung des Verkaufsprospekts trifft.[64] Nach hier vertretener Auffassung tritt die Haftung des Anbieters nach § 306 Abs. 5 KAGB für einen fehlenden Verkaufsprospekt deswegen ein, weil er dem Anleger die Informationen über die angebotene Anlage nicht zur Verfügung gestellt hat, die jener benötigt, um eine selbstbestimmte, da informierte Kaufentscheidung treffen zu können (§ 165 Abs. 1 KAGB). Demgemäß ist § 306 Abs. 5 KAGB ebenso wie § 21 VermAnlG und § 24 WpPG eine spezialgesetzlich ausgestaltete *culpa in contrahendo* und setzt aus diesem Grund ein Verschulden des Schädigers, hier des Anbieters, voraus, das jedoch vermutet wird (§ 280 Abs. 1 Satz 2 BGB) (siehe dazu § 21 VermAnlG Rn. 22). 43

Ein Verschuldenserfordernis muss auch derjenige annehmen, der in § 306 Abs. 5 KAGB (wie auch in § 21 VermAnlG und § 24 WpPG) eine deliktische Haftung sieht. Die Haftung für eine unerlaubte Handlung (§§ 823 ff. BGB) setzt ebenfalls ein Verschulden des Schädigers voraus. Und selbst wer in § 306 Abs. 5 KAGB (wie auch in § 21 VermAnlG und § 24 WpPG) die privatrechtliche Sanktion für einen öffentlich-rechtlichen Verfahrensverstoß gegen § 164 Abs. 1, § 268 Abs. 1, § 298 Abs. 1 oder § 299 Abs. 1 KAGB zu erkennen glaubt, muss an sich ein Verschuldenserfordernis des Anbieters bejahen. Insofern ahndet § 306 Abs. 5 KAGB den Verstoß gegen die Pflicht, einen Verkaufsprospekt zu veröffentlichen, als eine Ordnungswidrigkeit zwar nicht mit einem Bußgeld, aber mit einem Anspruch des Anlegers auf Schadensersatz. Die Ahndung eines ordnungswidrigen Verhaltens setzt indes ebenfalls ein Verschulden voraus (vgl. § 10 OWiG). Demnach müsste auch hiernach den Anbieter ein Verschulden in Bezug auf seinen Verstoß gegen die Prospektpflicht (§ 164 Abs. 1, § 268 Abs. 1, § 298 Abs. 1 oder § 299 Abs. 1 KAGB) treffen (siehe dazu auch § 21 VermAnlG Rn. 23). 44

Der **Verschuldensmaßstab** ist auch bei der Haftung für einen fehlenden Verkaufsprospekt (§ 306 Abs. 5 KAGB) auf Vorsatz und grobe Fahrlässigkeit reduziert.[65] Der Rechtsgedanke des § 306 Abs. 3 Satz 1 KAGB, der bei der Haftung für einen fehlerhaften Verkaufsprospekt (§ 306 Abs. 1 KAGB) gilt, findet auch auf die Haftung für einen fehlenden Verkaufsprospekt Anwendung (§ 306 Abs. 3 Satz 1 KAGB analog).[66] Ebenso wie die Haftung für einen fehlerhaften Verkaufsprospekt ist auch die Haftung für einen fehlenden eine aus *culpa in contrahendo* („Vertrauenshaftung"), sodass beide auch in Bezug auf den Verschuldensmaßstab gleich zu behandeln sind. Demgemäß hat der Anbieter für einen fehlenden Prospekt nur unter der Voraussetzung einzustehen, dass er es vorsätzlich oder grob fahrlässig unterlassen hat, entgegen § 164 Abs. 1, § 268 Abs. 1, § 298 Abs. 1 oder § 299 Abs. 1 KAGB einen Verkaufsprospekt zu veröffentlichen, bevor er die Aktien oder Anteile am Investmentvermögen öffentlich zum Erwerb angeboten oder platziert hat. 45

Demnach wird ein Verschulden des Anbieters so lange widerleglich vermutet, bis er nachweist, dass er die Pflicht zur Prospektveröffentlichung (§ 164 Abs. 1, § 268 Abs. 1, 46

63 Moritz/Klebeck/Jesch/*Merk* § 306 KAGB Rn. 42.
64 Assmann/Schütze/*Assmann* Kapitalanlagerecht § 5 Rn. 448.
65 Assmann/Schütze/*Assmann* Kapitalanlagerecht § 5 Rn. 448.
66 Assmann/Schütze/*Assmann* Kapitalanlagerecht § 5 Rn. 448.

§ 298 Abs. 1 oder § 299 Abs. 1 KAGB) nicht gekannt hat und es auch nicht auf grober Fahrlässigkeit beruht, dass er die Prospektveröffentlichung unterlassen hat (§ 306 Abs. 3 Satz 1 KAGB analog). Auch hier ist demgemäß die **Beweislast** zugunsten des Anlegers umgekehrt.[67] (Siehe dazu auch § 21 VermAnlG Rn. 24).

47 **6. Schadensersatz.** Die Art und Weise des Schadensersatzes und dessen Umfang richten sich danach, ob der geschädigte Anleger in dem Zeitpunkt, in dem er erfährt, dass ein Verkaufsprospekt zu veröffentlichen war, noch Inhaber der Anteile oder Aktien war oder nicht.[68] Hält der Anleger die Anteile oder Aktien noch, kann er vom Anbieter die Erstattung des von ihm gezahlten Erwerbspreises, maximal jedoch den ersten Erwerbspreis der Aktien oder Anteile des Investmentvermögens („anfänglichen Ausgabepreis") sowie die üblichen mit dem Erwerb verbundenen Kosten ersetzt verlangen (§ 306 Abs. 5 Satz 1 KAGB). Im Gegenzug hat der Anleger dem Anbieter die Anteile oder Aktien herauszugeben. Es kommt auch hier zu einer Rückabwicklung des Anlagegeschäfts Zug um Zug.[69]

48 Hält der Anleger die Aktien oder Anteile am Investmentvermögen nicht mehr in dem Zeitpunkt, in dem er von der Prospektpflicht Kenntnis erlangt, kann er vom Anbieter nur noch die Zahlung des Unterschiedsbetrags zwischen dem Erwerbspreis (maximal dem ersten Erwerbspreis) und dem Veräußerungspreis sowie der mit dem Erwerb und der Veräußerung verbundenen üblichen Kosten verlangen (§ 306 Abs. 5 Satz 2 KAGB). Zu diesen Kosten zählen auch die üblichen Provisionen und Transaktionskosten, die der Anleger tatsächlich für Erwerb und Veräußerung der Aktien oder Anteile aufgewendet hat.

49 Auch bei § 306 Abs. 5 KAGB muss sich der Anleger ein Mitverschulden anspruchsmindernd anrechnen lassen (§ 254 BGB). Die Beweislast dafür trägt nach allgemeinen Grundsätzen der Anbieter als Anspruchsgegner.

IV. Haftungsfreizeichnung (§ 306 Abs. 6 Satz 1 KAGB); weitergehende Ansprüche (§ 306 Abs. 6 Satz 2 KAGB)

50 Eine Vereinbarung, durch die der Anleger im Voraus seinen Anspruch wegen eines fehlerhaften oder fehlenden Verkaufsprospekts oder wegen einer fehlerhaften wesentlichen Anlegerinformation ermäßigt oder sogar erlässt, ist unwirksam (§ 306 Abs. 6 Satz 1 KAGB). Auch hier gilt umgekehrt, dass der Anleger im Nachhinein, also nachdem sein Anspruch aus § 306 Abs. 1, 2, 4 oder 5 KAGB entstanden ist, auf diesen ganz oder teilweise verzichten kann.[70]

51 Auch bei einem Anspruch nach § 306 KAGB sind „weitergehende" Ansprüche, die der Anleger nach den Vorschriften des BGB aufgrund von Verträgen oder unerlaubten Handlungen hat, durch einen Prospekthaftungsanspruch nicht ausgeschlossen (§ 306 Abs. 6 Satz 2 KAGB). Ansprüche unter Inanspruchnahme persönlichen Vertrauens bei Verwendung eines Verkaufsprospekts bleiben daneben erhalten (Prospekthaftung im weiteren Sinne).[71] Auch deliktische Ansprüche (§ 823 Abs. 2 BGB i.V.m. Schutzgesetz,

---

67 Assmann/Schütze/*Assmann* Kapitalanlagerecht § 5 Rn. 448.
68 Moritz/Klebeck/Jesch/*Merk* § 306 KAGB Rn. 44.
69 Weitnauer/Boxberger/Anders/*Paul* § 306 KAGB Rn. 45.
70 Weitnauer/Boxberger/Anders/*Paul* § 306 KAGB Rn. 50; Moritz/Klebeck/Jesch/*Merk* § 306 KAGB Rn. 46.
71 Baur/Tappen/*Zingel* § 306 KAGB Rn. 34 f.; Weitnauer/Boxberger/Anders/*Paul* § 306 KAGB Rn. 55; *Hoffmeyer* NZG **2016** 1133, 1136; **a.A.** *Hanke* BKR **2014** 441, 448.

§ 826 BGB) sind neben § 306 KAGB möglich. Allerdings ist § 306 KAGB kein Schutzgesetz.[72]

Da die allgemeine bürgerlich-rechtliche Prospekthaftung im engeren Sinne ebenso wie ein Anspruch aus § 306 Abs. 1, 2, 4 oder 5 KAGB an ein „typisiertes" Vertrauen der Anleger anknüpft, geht ein Anspruch aus allgemein bürgerlich-rechtlicher Prospekthaftung im engeren Sinne nicht weiter als die Ansprüche aus § 306 KAGB und wird deshalb durch § 306 KAGB als spezialgesetzliche Haftungsnorm verdrängt.[73] 52

V. Verjährung (§§ 195, 199 BGB); zuständiges Gericht (§ 32b Abs. 1 ZPO); Musterverfahren (§ 1 Abs. 2 Satz 2 Nr. 2 KapMuG)

Da § 306 KAGB die Verjährung nicht speziell regelt, finden die §§ 195, 199 BGB als allgemeine Verjährungsvorschriften Anwendung.[74] Die dreijährige Verjährungsfrist (§ 195 BGB) beginnt demnach mit dem Schluss des Jahres, in dem der Prospekthaftungsanspruch aus § 306 KAGB entstanden ist und der geschädigte Anleger Kenntnis vom Entstehen seines Anspruchs erlangt hat oder zumindest ohne grobe Fahrlässigkeit hätte erlangen müssen (§ 199 Abs. 1 BGB). Spätestens mit Ablauf von zehn Jahren nach Entstehung des Anspruchs tritt Verjährung ein, ohne dass es hierfür auf eine Kenntnis oder grob fahrlässige Unkenntnis des Anlegers ankommt (§ 199 Abs. 3 Nr. 1 BGB). 53

Die gerichtliche Zuständigkeit für Ansprüche aus § 306 Abs. 1, 2, 4 oder 5 KAGB folgt aus **§ 32b ZPO**.[75] Danach ist das Gericht ausschließlich örtlich zuständig, in dessen Bezirk der betroffene Emittent der Investmentanteile oder der Aktien seinen Sitz oder der betroffene Anbieter dieser „sonstigen Vermögensanlagen" hat (§ 32b Abs. 1 ZPO). Kommen im Einzelfall sowohl der Emittent als auch der Anbieter als Beklagte in Betracht und haben beide ihren Sitz in unterschiedlichen Gerichtsbezirken, kann der Kläger nach § 35 ZPO unter den zuständigen Gerichten wählen.[76] Da es sich bei den Ansprüchen aus § 306 KAGB um solche handelt, die auf falschen, irreführenden oder unterlassenen öffentlichen Kapitalmarktinformationen beruhen, ist das Landgericht sachlich zuständig, ohne dass es auf den Streitwert dafür ankommt (§ 71 Abs. 2 Nr. 3 GVG). 54

Da die Verkaufsprospekte und wesentlichen Anlegerinformationen „öffentliche Kapitalmarktinformationen" i.S.d. § 1 Abs. 2 Satz 1 KapMuG sind, ist bei falschen, irreführenden oder unterlassenen Informationen ein Musterverfahren möglich (§ 1 Abs. 2 Satz 2 Nr. 2 KapMuG).[77] 55

---

72 Baur/Tappen/*Zingel* § 306 KAGB Rn. 36; **a.A.** Begr.RegE des Gesetzes zur Umsetzung der Richtlinie 2009/65/EG zur Koordinierung der Rechts- und Verwaltungsvorschriften betreffend bestimmte Organismen für gemeinsame Anlagen in Wertpapieren, BTDrucks. 17/4510 S. 84; Emde/Dornseifer/Dreibus/Hölscher/*Heisterhagen* § 127 InvG, Rn. 60.

73 OLG Frankfurt 13.1.2016 AG **2016** 469 Rn. 170 ff., insbes. 172; Assmann/Schütze/*Assmann* Kapitalanlagerecht § 5 Rn. 451; Derleder/Knops/Bamberger/*Geibel* § 58 Rn. 166; Weitnauer/Boxberger/Anders/*Paul* § 306 KAGB Rn. 51; siehe auch *Suchomel* GWR **2016**, 97 ff.; Baur/Tappen/*Zingel* § 306 BGB Rn. 32 f.; *Hanke* BKR **2014** 441, 448; *Hoffmeyer* NZG **2016** 1133, 1136; offen gelassen bei BGH 21.3.2013 NJW **2013** 2343 ff. (noch bzgl. § 13 Abs. 1 VerkProspG); BGH 21.2.2012 NJW **2013** 1877 Rn. 13; **a.A.** Schimanski/Bunte/Lwowski/*Grundmann* § 112 Rn. 51 ff.; *Meuschke* AG 2013 R 292 f.; zur Diskussion auch BeckOGK-BGB/*Herresthal*, Stand: 1.8.2017, § 311 BGB Rn. 549 ff.

74 Weitnauer/Boxberger/Anders/*Paul* § 306 KAGB Rn. 57.

75 Assmann/Schütze/*Assmann* Kapitalanlagerecht § 5 Rn. 441.

76 BeckOGK-ZPO/*Toussaint*, Stand: 15.9.2017, § 32b ZPO Rn. 23.

77 Hess/Reuschle/Rimmelspacher/*Kruis* § 1 KapMuG Rn. 54.

KAPITEL 2
Anlageberatung

Schrifttum

Albrecht/Karahan/Lenenbach Fachanwaltshandbuch Bank- und Kapitalmarktrecht, 2010; *Assies/Beule/Heise/Strube* Handbuch des Fachanwalts Bank- und Kapitalmarktrecht, 4. Aufl. 2015; *Assmann* Das Verhältnis von Aufsichtsrecht und Zivilrecht im Kapitalmarktrecht, in: Burgard/Hadding/Mülbert/Nietsch/Welter, Festschrift für Uwe H. Schneider zum 70. Geburtstag, 2011; *ders./Schütze* Handbuch des Kapitalanlagerechts, 4. Aufl. 2015; *ders.* Negativberichterstattung als Gegenstand der Nachforschungs- und Hinweispflichten von Anlageberatern und Anlagevermittlern, ZIP 2002, 637; *ders.* Interessenkonflikte aufgrund von Zuwendungen, ZBB 2008, 21; *ders./Schneider* Wertpapierhandelsgesetz,. 6. Aufl. 2012; *Balzer* Anlegerschutz bei Verstößen gegen die Verhaltenspflichten nach §§ 31 ff. Wertpapierhandelsgesetz. (WpHG), ZBB 1997, 260; *ders.* Umsetzung von MiFID II: Auswirkungen auf die Anlageberatung und Vermögensverwaltung, ZBB 2016, 226; *Bamberger/Roth* BGB, 4. Aufl. 2017; *Bamberger/Roth/Hau/Poseck* Beck'scher Online-Kommentar BGB, 45. Edition, 2018; *Baumanns* FinTechs als Anlageberater? Die aufsichtsrechtliche Einordnung von Robo-Advisory, BKR 2016, 366; *Bausch* Beratung und Beratungshaftung von Banken im Lichte der Pilotentscheidungen zu Lehman-Zertifikaten, NJW 2012, 354.; *ders./Kohlmann* Anforderungen an die Widerlegung der Schadensursächlichkeit nach der Rechtsprechungsänderung des XI. Zivilsenats, BKR 2012, 410; *Beck/Samm/Kokemoor* KWG Kommentar, Loseblatt Stand März 2017; *Boos/Fischer/Schulte-Mattler* KWG 5. Aufl. 2016; Bracht, Kommunen als geeignete Gegenparteien im Handel mit Derivaten nach dem Finanzmarktrichtlinie-Umsetzungsgesetz, WM 2008, 1386; *Brinkmann* Lehman-Zertifikate und die Neuregelungen bei der Anlageberatung anlässlich der Reform des SchVG – Lässt sich eine vorsichtigere Beratungspraxis etablieren? BKR 201 0, 45; *Buck-Heeb* Verhaltenspflichten beim Vertrieb, ZHR 177 (2013) 310; *dies.* Vom Kapitalanleger- zum Verbraucherschutz, ZHR 176 (2012);66; *dies.* Der Anlageberatungsvertrag – Die Doppelrolle der Bank zwischen Fremd- und Eigeninteresse-,WM 2012,625; *dies.* Vertrauen auf den Rechtsrat Dritter und Wissenszurechnung bei der Anlageberatung, BKR 2011, 441; *Buttlar/Hammermaier* Non semper termeritas est felix: Was bedeutet Leichtfertigkeit im Kapitalmarktrecht? ZBB 2017, 1; *Casper* Aufklärung über Rückvergütungen: Zwischen Rechtsfortbildung und Verbotsirrtum, ZIP 2009, 2409; *Chan* On the Positive Role of Financial Intermediation in Allocation of Venture Capital in a Market with Imperfect Information,. The Journal of Finance 1983, 38(5), 1543; *Clouth* Anlegerschutz – Grundlagen aus Sicht der Praxis – ZHR 177 (2013), 212; *Derleder/Knops/Bamberger* Deutsches und europäisches Bank- und Kapitalmarktrecht, 3. Aufl. 2017; *Drygala* Gesetzliches Schriftformerfordernis bei der Anlegeraufklärung?, WM 1992, 1213; *Ebenroth/Boujong/Joost/Strohn* HGB Kommentar, Band 2, 3. Aufl. 2015; *Edelmann* Die Kick-back-Rechtsprechung- ein Irrweg?, BB 2010, 1163; *Einsele* Anlegerschutz durch Information und Beratung, JZ 2008, 477; *Einsiedler* Rückvergütungen und verdeckte lnnenprovisionen, WM 2013, 1109; *ders.* Zur Anrechnung von Steuervorteilen, WM 2015, 958; *Ellenberger* MiFID FRUG: Was wird aus Bond? in: Habersack/Joeres/Krämer, Entwicklungslinien im Bank- und Kapitalmarktrecht, Festschrift für Gerd Nobbe, 2009; *ders.* Die neue Rechtsprechung des Bundesgerichtshofes zu Aufklärungs- und Beratungspflichten bei der Anlageberatung, WM 2001, Sonderteil. Nr. l. S. 4; *ders./Schäfer/Clouth/Lang* Praktikerhandbuch Wertpapier- und Derivategeschäft, 4. Aufl. 2011; *Fest* Der Entlastungsbeweis im Rahmen der Sonderverjährung nach § 37a WpHG bei fehlerhafter Anlageberatung, ZIP 2012, 1373; *Freitag* Die Verteilung der Beweislast für Fehler in der Anlageberatung de lege lata und de lege ferenda – Gedanken zur privatrechtlichen Bedeutung von Beratungsprotokoll und Geeignetheitserklärung, ZBB 2016, 1; *Fuchs* Wertpapierhandelsgesetz: WpHG. 2. Aufl., 2016; *Gehrmann/Lammers* Kommunale Zinsswapgeschäfte und strafrechtliches Risiko, KommJur 2011, 41; *Grigoleit* Anlegerschutz- Produktinformation und Produktverbote, ZHR 177 (2013), 264; *Grundmann* Wohlverhaltenspflichten, interessenkonfliktfreie Aufklärung und MIFID II, WM 2012, 1745; *Grüneberg* Zur Verjährung und Rechtskrafterstreckung bei mehreren Aufklärungs- und Beratungsfehlern in demselben Kapitalanlagegespräch- Herrn Vorsitzenden Richter am Bundesgerichtshof a.D. Herbert Schimansky zum 80. Geburtstag-, WM 2014, 1109; *ders.* Aktuelle Rechtsprechung des XI. Zivilsenats des Bundesgerichtshofs – Teil II –, WM 2017, 61; *Gsell/Krüger/Lorenz/Reymann* Beck-online – Großkommentar, Stand: 1.1.2018; *Gundermann* Zu den Anforderungen der Bankberatung bei strukturierten Finanzprodukten, BKR 2013, 406; *Habersack* Die Pflicht zur Aufklärung über Rückvergütungen und Innenprovisionen und ihre Grenzen, WM 2010, 1245; *Habersack/Mülbert/Nobbe/Wittig* Bankenregulierung, Insolvenzrecht, Kapitalanlagegesetzbuch, Honorarberatung – Bankrechtstag 2013, 2014; *Hadding* Sind Vertriebsvergütungen von Emittenten an Kreditinstitute geschäftsbersorgungsrechtlich an den Kunden herauszugeben?, ZIP 2008, 529; *ders.* Zu einer Behaltensklausel betreffend Vertriebsvergütungen an Wertpapierdienstleistungsunternehmen, in: Habersack/Joeres/Krämer, Entwicklungslinien im Bank- und Kapitalmarktrecht, Festschrift für Gerd Nobbe, 2009, S. 565; *Harnos* Rechtsirrtum über Aufklärungspflichten beim Vertrieb von Finanzinstrumenten, BKR 2009, 316; *ders.* Das vorsätzliches Organisationsverschulden bei der Anlageberatung, BKR 2012, 185; *Heinze* Haftung des Wertpapierdienstleisters im Vertrieb von Zinssatz- und Währungsswaps an kommunale Eigengesellschaften, ZBB 2005, 367; *Hennecke/Articus/Landsberg* Der Gemeindehaushalt, 108. Jahrgang 2007; *Herdegen* Vertrauensschutz gegenüber rückwirkender Rechtsprechung im Zivilrecht, WM 2009, 2202; *Herresthal* Die Grundlagen und Reichweite von Aufklärungspflichten beim Eigenhandel mit Zertifikaten, ZBB 2012, 89; *ders.* Die Pflicht zur Aufklärung über Rückvergütungen und die Folgen ihrer Verletzung, ZBB 2009, 348; *ders.* Kritik der aktuellen Ausdifferenzierungen in der höchstrichterlichen Klick-Back-Rechtsprechung, ZBB 2010, 305; *ders.* Die Weiterentwicklung des informationsbasierten Anlegerschutzes in der Swap-Entscheidung des BGH als unzulässige Rechtsfortbildung, ZIP 2013, 1049; *Hierte/Möllers* Kölner Kommentar zum WpHG, 2. Aufl. 2014; *Hopt* Interessenwahrung und Interessenkonflikte im Aktien-, Bank- und Berufsrecht, ZGR 2001, 1; *Jooß* Steuerrechtliche Fragen im Rahmen der Rückabwicklung von Kapitalanlagen, DStR 2014, 6; *Klöhn* Die „allgemein bekannte Tatsache" im Recht der Anlageberatung und Anlagevermittlung, ZIP 2010, 1005; *Knop* Das Haftungsdach aus dem Blickwinkel des Aufsichtsrechts, BKR 2011, 89; *Knops/Brocker* Die Pflicht zur Aufklärung über Bonifikationen im Effektengeschäft- ein Rechtsirrtum (bei Banken)?, WM 2010, 1101; *Knops* Die Berücksichtigung von Steuervorteilen bei der Rückabwicklung fehlgeschlagener Kapitalanlagen, WM 2015, 993; *Koch* Grenzen des informationsbasierten Anlegerschutzes, BKR 2012, 485; *Koller* Wertpapierberatung und Verkauf im Licht des WpHG, ZBB 2011, 361; *ders.* Zu den Grenzen des Anlegerschutzes bei Interessenkonflikten, ZBB 2007, 197; *Köndgen* Preis- und Vergütungsgestaltung im Wertpapierhandel- Zur Obsoleszenz des Kommissionsrechts, in: *Heldrich/Prölss/Koller* Festschrift für Claus- Wilhelm Canaris zum 70 Geburtstag, Band II, 2007; *ders.* Grenzen des informationsbasierten Anlegerschutzes, BKR 2011, 283; *ders./Sandmann* Strukturierte Zinsswaps vor den Berufungsgerichten: eine Zwischenbilanz, ZBB 2010, 77; *Kropf* Beratung durch Banken bei Abschluss von Swap-Geschäften, ZIP 2013, 401; *Krüger* Aufklärung und Beratung bei Kapitalanlagen-Nebenpflicht statt Beratungsvertrag, NJW 2013, 1845; *Kumpan/Hellgardt* Haftung der Wertpapierdienstleistungsunternehmen nach Umsetzung der EU-Richtlinie über Märkte für Finanzinstrumente (MiFID), DB 2006, 1714; *Lammers* Pflichtverletzungen bei kommunalen Zins-Swaps, NVwZ 2012, 12; *Lampe* Die Informationspflicht des Wertpapierdienstleistungsunternehmens nach §31 Abs. 3 WpHG, 2011; *N. Lang* Doppelnormen im Recht der Finanzdienstleistungen, ZBB 2004, 289; *V. Lang/Balzer* Aufklärungspflicht der Bank über Kick-backs auch beim Vertrieb von Medienfonds, ZIP 2009, 456; *V. Lang/Kühne* Anlegerschutz und Finanzkrise- noch mehr Regeln?, WM 2009, 1301; *Lehmann* Zinsswaps der öffentlichen Hand: Vertragswirksamkeit und Beratungspflichten, BKR 2008, 488, *Ludwig/Clouth* Die Rechtsprechung des BGH zu „schwerwiegenden Interessenkonflikten" von (anlage-) beratenden Kreditinstituten – System oder marktrecht – Vollharmonisierung, Generalklauseln, und soft law im Rahmen des Lamfalussy-Verfahrens als Mittel zur Etablierung von Standards, EEuP 2008, 480; *Möslein/Lordt* Rechtsfragen des Robo-Advice, ZIP 2017, 793; *Müchler* Die neuen Kurzinformationsblätter- Haftungsrisiken im Rahmen der Anlageberatung, WM 2012, 974; *ders./Trafkowski* Honoraranlageberatung: Regulierungsvorhaben im deutschen und europäischen Recht, ZBB 2013, 101; *Mülbert* Anlegerschutz bei Zertifikaten, WM 2007, 1149; *ders.* Auswirkungen der MiFID-Rechtsakte für Vertriebsvergütungen im Effektengeschäft der Kreditinstitute, ZHR 172 (2008), 170; *ders.* Behaltensklauseln für Vertriebsvergütungen in der institutsinternen Vermögensverwaltung, WM2009, 481; *ders/Wilhelm* Rechsfragen der Kombination von Verbraucherdarlehen und Restschuldversicherung, WM 2009, 2241; *Nassall* Wenn das Blaue am Himmel bleibt – Die Rechtsprechung des BGH zur Haftung des freien Anlageberaters, NJW 2011, 2323; *Nikolaus/d'Oleire* Aufklärung über „Kick-backs" in der Anlageberatung: Anmerkungen zum BGH-Urteil vom 19.12.2006, WM 2007, 2129; *Nittel/Knöpfel* Die Haftung des Anlageberaters wegen Nichtaufklärung über Zuwendungen- die gar nicht so neue Rechtsprechung des BGH, BKR 2009, 411; *Nobbe* Verjährung von Forderungen im Bank- und Kapitalmarktrecht in der Praxis, ZBB 2009, 93; *Oppenheim/Lange-Hausstein* Robo Advisor – Anforderungen an die digitale Kapitalanlage und Vermögensverwaltung, WM 2016, 1966; *Pellens/Grunewald* Provisionen in der Anlageberatung: Änderung durch Streichung der Vermutungsregel in §31d Abs. 4 WpHG a.F.?, WM 2012; 778; *Piekenbrock* Der Kausalitätsbeweis im Kapitalanlegerprozess: ein Beitrag zur Dogmatik der ungesetzlichen tatsächlichen Vermutungen, WM 2012, 429; *Pieroth/Hartmann* Verfassungsrechtliche Grenzen rückwirkender Rechtsprechungsänderungen, dargestellt am Beispiel der Aufklärung über Provisionen für den Vertrieb geschlossener Fonds, ZIP 2010, 753; *Podewils/Reisich* Haftung für „Schrott"-Zertifikate?, NJW 2009, 116; *Reiter/Methner* Die Interessenkollision beim Anlageberater – Unterschiede zwischen Honorar- und Provisionsberatung –, WM

2013, 2053; *Roller/Elster/Knappe* Spread-abhängige Constant Maturity (CMS) Swaps – Funktionsweise, Risikostruktur und rechtliche Bewertung, ZBB 2007, 345; *Roth/Blessing* Die neuen Vorgaben nach MiFID II – Teil 1 – Änderungen im Rahmen der Anlageberatung und Geeignetheitsprüfung, CCZ 2016, 258; *dies./dies.* Die neuen Vorgaben nach MiFID II – Teil 2 – Die Aufzeichnungspflichten betreffend Telefongespräche und elektronischer Kommunikation, CCZ 2017, 8; *Roth* Die Lehman-Zertifikate-Entscheidungen des BGH im Lichte des Unionsrechts, ZBB 2012, 429; *Rösmann/Heide* Die Kick-Back-Rechtsprechung des BGH aus der Sicht der Praxis, AL 2013, *F. Schäfer* Zivilrechtliche Konsequenzen der Urteile des BGH zu Gewinnmargen bei Festpreisgeschäften, WM 2012, 197; *ders.* Sind die §§ 31 ff. WpHG n.F. Schutzgesetze i.S.v. § 823 Abs. 2 BGB?, WM 2007, 1872; *ders.* Vorsatz bei unterlassener Aufklärung über Rückvergütungen und Auskunftsanspruch des beratenen Kunden, in: Krieger/Lutter/K. Schmidt, Festschrift für Michael Hoffmann-Becking zum 70. Geburtstag, 2013, S. 1009; *ders.* Die Pflicht zur Aufdeckung von Rückvergütungen und Innenprovisionen beim Vertrieb von Fonds in Rechtsprechung und Gesetzgebung, in: Habersack/Joeres/Krämer, Entwicklungslinien im Bank-Kapitalmarktrecht, Festschrift für Gerd Nobbe, 2009, S. 725; *ders.* Vorsatz bei unterlassener Aufklärung über den Erhalt von Rückvergütungen, WM 2012, 1022; *ders./Hamann* Kapitalmarktgesetz, 2. Aufl. 2013; *ders./U. Schäfer* Anforderungen und Haftungsfragen bei PIBs, VIBs und KIIDs, ZBB 2013, 23; *Schick* Zur Einbeziehung Dritter in den Schutzbereich von Beratungsverträgen, AG 2011 R 135; *Schimansky/Bunte/Lwowski* Bankrechts-Handbuch, 4. Aufl., 2011; *Schmidt* Münchener Kommentar zum Handelsgesetzbuch, 3. Aufl. 2014; *Schmieder* Aufklärungspflicht der Banken über den negativen Marktwert eines Swaps, WuB I G. 1.–16.12; *Schnauder* Der Anlageberatungsvertrag zwischen Fiktion und Realität, JZ 2013, 120; *Schwab* Die Vermutung aufklärungsrichtigen Verhaltens bei mehreren hypothetischen Entscheidungsmöglichkeiten, NJW 2012, 3274; *Schwark/Zimmer* Kapitalmarktrechts-Kommentar, 4 Aufl. 2010; *Schwintowski* Bankrecht, 5. Aufl., 2018; *ders.* Der Geeignetheitstest nach § 31 Abs. 4 WpHG, BKR 2009, 217; *Sethe* Treuepflichten der Banken bei Vermögensanlage, AcP 212 (2012), 80; *ders.* Die Zulässigkeit von Zuwendungen bei Wertpapierdienstleistungen, in: Habersack/Joeres/Krämer, Entwicklungslinien im Bank-Kapitalmarktrecht, Festschrift für Gerd Nobbe, 2009, S 769; *Spindler* Aufklärungspflichten im Bankrecht nach dem Zins-Swap-Urteil des BHG, NJW2011, 1920; *ders.* Aufklärungspflichten eines Finanzdienstleisters über eigene Gewinnmargen? – Ein Kick-back zu viel, WM 2009, 1821; *ders./Kasten* Der neue Rechtsrahmen für den Finanzdienstleistungssektor- die MiFID und ihre Umsetzung, WM 2006, 1797; *Stackmann* Aufklärungsdefizite und Verjährung im Bankgewerbe, NJW 2012, 2913; *Thonfeld* Die Zuordnung von Anlageberatern zur gesetzlichen Entschädigungseinrichtung der Wertpapierhandelsunternehmen, ZIP 2007, 2302; *Veil* Vermögensverwaltung und Anlageberatung in neuen Wertpapierhandelsrecht, ZBB 2008, 34; *ders.* Anlageberatung im Zeitalter der MiFID WM 2007, 1821; *ders.* Aufklärung und Beratung über die fehlende Einlagensicherung von Lehman-Zertifikaten?, WM 2009, 1585; *ders.* Aufklärungspflichten über Rückvergütungen, WM 2009, 2193; *Weck/Schick* Unwirksamkeit spekulativer Swap-Geschäfte im kommunalen Bereich, NVwZ 2012, 18; *Wedemann* Schutz alter Menschen bei Anlagengeschäften, ZBB 2014, 54; *Weichert/Wenniger* Die Neureglung der Erkundigungs- und Aufklärungspflichten von Wertpapierdienstleistungsunternehmen gem. Art. 19 RiL 2004/39/EG (MiFID) und Finanzmarkt-Richtlinie-Umsetzungsgesetz, WM 2007, 627; *Weisner/Friedrichsen/Heimberg* Neue Anforderungen an Erlaubnis und Tätigkeit der freien Anlageberater und –Vermittler, DStR 2012, 1034; *Wiechers* Aktuelle Rechtsprechung des XI. Zivilsenats des Bundesgerichtshofs, WM 2012, 477; *ders./Henning* Die neue Rechtsprechung des Bundesgerichtshofes zu Aufklärungs- und Beratungspflichten der Banken bei der Anlageberatung, WM 2015, Sonderbeilage 4, 1; *Witte/Hillebrand* Haftung für die nicht erfolgte Offenlegung von Kick-Back-Zahlungen, DStR 2009, 1759; *Zetzsche* Objektbezogene Informationspflichten des Anlageintermediärs, WM 2009, 1020; *Zimmermann* Privatrecht im Kapitalmarktrecht der Gemeinschaft, GPR 2008, 38; *Zingel/Rieck* Die neue BGH-Rechtsprechung zur Offenlegung von Rückvergütungen, BKR 2009, 353; *Zoller* Verschweigen von Rückvergütungen durch eine Bank war bereits im April 2000 vorsätzlich, GWR 2011, 168; *ders.* Das Ende des Kick-Back-Jokers im Kapitalanlagerecht, BB 2013, 520; *ders.* Die Haftung anlageberatender Banken bei Cross-Currency-Swaps, BKR 2012, 405.

Systematische Übersicht

Vorbemerkung

A. Einführung

I. Grundlage

1 Die Anlageberatung bildet einen zentralen Bereich des Kundengeschäfts und ist als Teil des Wertpapier- und Anlagehandels daher von wesentlicher Bedeutung für Banken.

In früheren Zeiten dienten Banken lange Zeit dazu überhaupt dem Kunden einen Finanzmarktzugang zu bieten. Diese Funktion nehmen sie aufgrund des technischen Fortschritts und dem damit verbundenen Wettbewerb der Finanzintermediäre untereinander, auch durch die unzähligen Discount-Broker, welche über das Internet um Kunden werben, nicht mehr alleinig ein. Durch Internetplattformen, welche Kunden lediglich die reine Ausführung der Kundenorder anbieten, ist der Bereich des sogenannten Execution-Only-Geschäfts für jedermann möglich geworden. Diese weitgehend automatisierte Bearbeitung von Kundenaufträgen aufgrund standardisierter Auskunftsbögen (Eingangsaufklärung) und nicht im Wege der individuellen Empfehlung, stellt keine Anlageberatung dar. Ein Beratungsvertrag kommt somit auch nicht konkludent zustande, soweit der Discount-Broker lediglich Excution-Only-Dienstleitungen anbietet.[1] Hierüber hat ein Discount-Bro-

1 BGH 19.3.2013 NJW **2013** 3293.

ker den Kunden vor Beginn der Geschäftsbeziehung aufzuklären. Durch Auftragserteilung des Kunden erklärt dieser sodann konkludent, nicht aufklärungsbedürftig zu sein. Trotz dieser Entwicklungen bezüglich der beratungsfreien Abwicklung von Kundenaufträgen bleibt genügend Bedarf im klassischen Anlageberatungsgeschäft, da viele Anleger gerade die persönliche Betreuung und Beratung durch Mitarbeiter der Bank schätzen. Sicherlich kommt hierbei neben mannigfaltigen Motivbündeln auch dem Vertrauen in die Expertise des jeweiligen Mitarbeiters der Bank besondere Bedeutung zu. Der Anleger selbst verfügt nämlich in den seltensten Fällen über notwendiges Fachwissen und einen marktweiten Überblick hinsichtlich möglicher Anlageprodukte. Diese der Anlageberatung häufig immanente Informationsasymmetrie zwischen Kunde und Berater ist von grundlegender Bedeutung für die Notwendigkeit gesetzlich normierten Anlegerschutzes. Nur durch Transparenz gegenüber dem Kunden kann dieses Informationsgefälle zum Teil nivelliert werden. Aufgrund eines immer weiter wachsenden Angebots an verschiedensten zum Teil hoch komplexen Anlageprodukten hat sich auch die stetig angepasste Regelungsbedürftigkeit der Anlageberatung ergeben, da der Gesetzgeber auf Missstände in der Beratung sowie undurchsichtige Anlageprodukte reagieren musste.

II. Historie

2 Anlageberatungsverträge haben bis in die 70er Jahre des letzten Jahrhunderts keine nennenswerte Beachtung in Rechtsprechung, Literatur und Praxis gefunden, da zu dieser Zeit Anlageprodukte nur von einer kleinen Gruppe von Anlegern gezeichnet wurden und diese am Markt verfügbaren Produkte noch leicht verständlich in Form von Aktien oder Anleihen ausgestaltet waren. Daher erfolgte eine Zeichnung dieser Instrumente weitgehend ohne vorherige Beratung.[2]

Ab Mitte der 70er Jahre entstand durch das stetig gewachsene verfügbare Einkommen der Mittelschicht, die bis dahin ihr Vermögen hauptsächlich in Spar- oder Bausparprodukte investiert hatten, eine verstärkte Nachfrage an Kapitalanlageprodukten. Hierdurch entwickelte sich aufgrund wachsender Nachfrage eine neue Anlageproduktvielfalt mit steigender Komplexität, was zwangsläufig dazu führte, dass zur eigentlichen Anlageentscheidung immer mehr Fachwissen notwendig wurde, um die Risiken des Produkts überschauen zu können. Daher wuchs auch der Bedarf der eigentlichen Anlageberatung, weil der einzelne Anleger meist nicht mehr in der Lage war, sich derart umfassend Kenntnisse anzueignen, die für eine fundierte Anlageentscheidung notwendig waren.

3 Die eigentliche Diskussion über Aufklärungs- und Beratungspflichten stieß *Klaus Hopt* mit seinem Beitrag „Inwieweit empfiehlt sich eine allgemeine gesetzliche Regelung des Anlegerschutzes?" für den 51. Deutschen Juristentag im Jahr 1976 an. In der Rechtsprechung des Bundesgerichtshofes standen zunächst im Wesentlichen Aufklärungsverpflichtungen von Anlagevermittlern bei Warentermin- und Optionsgeschäften[3] im Vordergrund. Damit sollten unseriöse Praktiken von Anlagevermittlern bei der Vermittlung solcher Geschäfte an ausländischen Börsen eingedämmt werden, indem weitreichende Aufklärungspflichten gegenüber dem Kunden begründet wurden. In der Folgezeit entwickelte der Bundesgerichtshof auch für andere Anlageprodukte, wie beispielsweise Kommanditbeteiligungen, umfassende vertragliche und vorvertragliche Aufklärungspflichten der Vermittler.[4]

2 Schmidt/*Nobbe*/*Zahrte* Anlageberatung Rn. 21.
3 BGH 16.2.1981 BGHZ **80** 80.
4 BGH 2.2.1983 NJW **1983** 1730.

Waren die Begriffe Aufklärung und Beratung zunächst noch Synonyme für Pflichten des Vermittlers oder Beraters, welche durch Literatur und Rechtsprechung aus der oben bereits beschriebenen Informationsasymmetrie der Beratungssituation hergeleitet wurden, wurde in der immer weiter differenziert ausjudizierten höchstrichterlichen Rechtsprechung in den folgenden Jahren richtigerweise eine klare Trennung zwischen Aufklärungs- und Beratungspflicht statuiert. Dies war auch wichtig, da eine Gleichsetzung von Aufklärungs- und Beratungspflicht zu zum Teil abwegigen Ergebnissen führte und nur durch die notwendige Trennschärfe der einzelnen Pflichten eine uferlose Haftung auch im Sinne der Rechtsklarheit und Rechtssicherheit vermieden werden konnte.

Der Bundesgerichtshof hatte in einer Entscheidung im Jahr 1964 noch angenommen, dass eine Genossenschaftsbank den Sparer eines steuerbegünstigten Sparvertrags auch über die Folgen einer Änderung der Einkommensteuerdurchführungsverordnung zu beraten hat[5] oder im Jahr 1978, dass der Herausgeber eines periodisch erscheinenden entgeltlichen Börsendienstes gegenüber dem Abonnenten hafte, wenn eine Anlageempfehlung von Aktien ohne die gebotene Sorgfalt erstellt worden ist,[6] was vor dem Hintergrund der sich in den Folgejahren entwickelnden immer weiter differenzierten Anlageprodukte einer uferlosen Haftungsausweitung gleich kam und folglich dauerhaft so nicht fortgeschrieben werden konnte.

Durch die fortwährende Präzisierung der Aufklärungs- und Beratungspflichten in **4** der Folgezeit seitens der höchstrichterlichen Rechtsprechung, welche zunächst noch von einer vor- bzw. vertraglichen Nebenpflicht ausging, wurde mit dem wegweisenden sogenannten Bond-Urteil[7] des Bundesgerichtshofes Mitte des Jahres 1993 der zumeist konkludent geschlossene Anlageberatungsvertrag und die Pflicht zur „anleger- und objektgerechten Beratung“ seit dem ständige Rechtsprechung. Die Entscheidung befasste mit einem Anleihekauf durch den langjährigen Kunden einer Volksbank. Diese hatte allgemein das Wesen von Anleihen ihrem Kunden dargestellt und erklärt, dass Anleihen vom Emittenten bei Laufzeitende zu pari zurückzuzahlen sind und eine fixe Verzinsung aufweisen. Das entsprach dem Wesen der bislang vom Kunden gekauften Sparprodukte und Bundesschatzbriefe. Die Bank hatte – wohl aus Unkenntnis – verschwiegen, dass die Bonität des australischen Anleiheschuldners von den dortigen Ratingagenturen kritisch gesehen wurde, weshalb die konkrete Anleihe der Bond Inc. bereits bei Auflage nur mit „BB – hochspekulativ mit unterdurchschnittlicher Deckung“ und zum Zeitpunkt des Beratungsgesprächs sogar mit „CCC“ eingestuft war, was auf eine drohende Insolvenz hinwies. Nachdem der Wert des Papiers während der Laufzeit nahezu gen Null gegangen war, begehrte der Kunde Schadensersatz. Der Bundesgerichtshof gab dem Kunden Recht und erkannte auf die schuldhafte Verletzung einer Pflicht aus konkludent geschlossenem Anlageberatungsvertrag.[8] Somit kommt die Rechtsprechung zur Annahme eines Beratungsvertrages, ohne dass es eines ausdrücklichen Abschlusses bedarf. Ausreichend ist bereits, dass die Bank mit dem Kunden über Kapitalanlageprodukte spricht. Ebenfalls nicht ausschlaggebend ist, ob dies vonseiten des Kreditinstitutes unentgeltlich oder entgeltlich erfolgt. Ebenso irrelevant ist für eine Haftung, ob tatsächlich eine Kapitalanlage gekauft wird. Letzteres führt zu der abstrusen Situation, dass die Bank auch dann haftet, wenn das Geschäft über einen Dritten zustande kommt, die ursprüngliche Anlageberatung aber nicht anlegergerecht oder objektgerecht ist.

---

5 NJW **1962** 2058.
6 BGH 8.2.1978 BGHZ **70** 356.
7 BGH 6.7.1993 BGHZ **123** 126.
8 Schmidt/*Nobbe*/*Zahrte* Anlageberatung Rn. 28.

Diese Rechtsprechung wurde entsprechend diesem wegweisenden Urteil aus dem Jahr 1993 im Grundsatz fortgeführt und durch mittlerweile unzählige Urteile im Bereich der Anlageberatung stetig präzisiert und ausdifferenziert. Der Anlegerschutz im Bereich der Anlageberatung wurde hierdurch im Wesentlichen gestärkt.

III. Aufsichtsrecht

5 Hinzukommen zusätzlich zur Fortbildung der Rechtsprechung im Bereich des Anlegerschutzes im Zivilrecht auch Maßnahmen des nationalen und europäischen Gesetzgebers im Aufsichtsrecht, welche mit dem Ziel der Verbesserung der Transparenz zusätzlich erheblich zum Schutz des Anlegerpublikums beitragen sollen, um damit die Informationsasymmetrie in der Beratungssituation weiter abzubauen. Der europäische Gesetzgeber hatte bereits diese Bestrebungen im Jahre 2004 mit Verabschiedung der Richtlinie über Märkte für Finanzinstrumente (MiFID I)[9] begonnen und diese im Jahr 2014 durch MiFID II[10] aufgrund der Finanzkrise ab dem Jahr 2008 fortgesetzt.

6 Bereits mit der Umsetzung von MiFID I in nationales Recht durch das Finanzmarktrichtlinien-Umsetzungsgesetz (FRUG)[11] im Jahr 2007 wurden die Verhaltenspflichten von Wertpapierdienstleistungsunternehmen (WpDU) wesentlich verschärft. Die Umsetzung der MiFID II Richtlinie erfolgte sodann in mehreren Schritten, zunächst im Honoraranlageberatungsgesetz[12] in 2014, dem Kleinanlegerschutzgesetz in 2015 und abschließend im 2. FimaNoG in 2017.[13]

Durch das 2. FiMaNoG sollte die Schaffung von mehr Transparenz durch die Ausdehnung der Veröffentlichungspflichten auf weitere Finanzinstrumente und die Stärkung des Anlegerschutzes durch Ausweitung der Verhaltens- und Organisationspflichten von Wertpapierdienstleistungsunternehmen, insbesondere durch höhere Transparenz- und Informationspflichten sowie durch bessere Überwachungs- und Eingriffsbefugnisse der Aufsichtsbehörden, u.a. durch Produktverbote, erreicht werden.[14] Diese weitreichenden Änderungen waren aufgrund der europäischen Vorgaben in Reaktion auf die Finanzkrise angezeigt und mussten unter Außer-achtlassung etwaiger neuer Verunsicherungen der Wertpapierdienstleistungsunternehmen (WpDU) hinsichtlich der rechtlichen Rahmenbedingungen der Anlageberatung erfolgen.

Mit der damit verbundenen Neuregelung des Wertpapierhandelsgesetzes (WpHG) hat der deutsche Gesetzgeber eine Ausweitung der Sanktionsinstrumente der Bundesanstalt für Finanzdienstleistungsaufsicht (BaFin) vorgenommen und die bisherigen Regelungen in §§ 39 ff. WpHG a.F. durch die §§ 120 ff. WpHG deutlich verschärft. Dabei hat sich der Gesetzgeber im Wesentlichen auf die Mindeststandards von MiFID II beschränkt, obwohl ausdrücklich auch strengere Maßnahmen durch Art. 69 Abs. 2, 70 MiFID II zulässig gewesen wären. Auch die Aufsichtsbefugnisse der BaFin wurden im Wege der richtlinienkonformen Umsetzung in nationales Recht in den §§ 6 ff. WpHG entsprechend umgesetzt.

---

9 Richtlinie 2004/39/EG des Europäischen Parlaments und des Rates vom 21.4.2004 über Märkte für Finanzinstrumente, **ABl. L 145 S. 1**.

10 Richtlinie 2014/65/EU des Europäischen Parlaments und des Rates vom 15. Mai 2014 über Märkte für Finanzinstrumente sowie zur Änderung der Richtlinien 2002/92/EG und 2011/61/EU, **ABl. L 173 S. 349**.

11 Gesetz zur Umsetzung der Richtlinie über Märkte für Finanzinstrumente und der Durchführungsrichtlinie der Kommission, **BGBl. I 2014 S. 1330**.

12 Honoraranlageberatungsgesetz, **BGBl. I 2013 S. 2390**.

13 Zweites Finanzmarktnovellierungsgesetz, **BGBl. I 2017 S. 1693**.

14 Entwurf eines Zweiten Gesetzes zur Novellierung von Finanzmarktvorschriften auf Grund europäischer Rechtsakte (Zweites Finanzmarktnovellierungsgesetz – 2. FiMaNoG), **BT-Drs. 18/10936 S. 2 f.**

B. Begrifflichkeiten

I. Regelungsrahmen

Die Anlageberatung findet ihren Regelungsrahmen vor allem im WpHG, in der Wertpapierdienstleistungs- Verhaltens- und -Organisationsverordnung (WpDVerOV),[15] in der Delegierten Verordnung zur MiFID II 2017/565 (DV MiFID II)[16] und im Kreditwesengesetz (KWG). Zweck dieses Regelungsrahmens ist es nicht den ‚richtigen' Rat während der Anlageberatung zu erhalten, sondern vielmehr die Rahmenbedingungen zu schaffen, in denen die Beratung zu erfolgen hat und somit ein gewisses Schutzniveau zu gewährleisten. Das KWG setzt insoweit an der Erlaubnispflicht an, um unseriöse und unqualifizierte Anlageberater vom Markt fernzuhalten. Die weiteren Vorschriften regeln darüber hinaus in konkreten Form- und Verfahrens- sowie Verhaltensvorschriften, wie die Anlageberatung auszuführen ist und wie wesentliche Begriffe definiert werden. 7

II. Abgrenzung der Anlageberatung zur Anlagevermittlung

Aufgrund der unterschiedlichen Stellung und Aufgaben des Anlageberaters und des Anlagevermittlers sind ihre Pflichtenkreise nicht deckungsgleich, beide sind zwar Mittler zwischen Kapitalsuchenden und Kapitalgebern, aber ihr jeweiliger Pflichtenumfang ist verschieden und nur anhand der Einzelfallbetrachtung zu konkretisieren.[17] 8

Die Anlagevermittlung ist in § 2 Abs. 8 Nr. 4 WpHG und § 1 Abs. 1a S. 2 Nr. 1 KWG definiert als die Vermittlung von Geschäften über die Anschaffung und die Veräußerung von Finanzinstrumenten. 9

Der klassische Anlagevermittler übernimmt zumeist gegen eine Provision im Interesse der Kapitalsuchenden den Vertrieb bestimmter Kapitalanlagen. Dem Anlageinteressenten ist dabei meist bewusst, dass der Vermittler die von ihm vertriebenen Kapitalanlagen werbend anpreist. Der zwischen beiden zustande gekommene Anlagevermittlungsvertrag verpflichtet den Vermittler neben der Geschäftsabwicklung daher lediglich zur produktbezogenen Auskunftserteilung,[18] allerdings auch verbunden mit erheblichen Prüfungen hinsichtlich der Plausibilität des Anlagekonzeptes und der Bonität des Anlageinteressenten. Dabei gehört zu diesem Prüfungsumfang des Anlagekonzeptes, über das Auskunft erteilen soll, insbesondere die Prüfung hinsichtlich der wirtschaftlichen Tragfähigkeit, denn ohne diese Überprüfung könnte der Vermittler keine sachgerechten Auskünfte erteilen. Auch mögliche fehlende Sachkunde muss der Anlagevermittler dem Kunden gegenüber offenlegen. 10

Einen Anlageberater hingegen wird der Kapitalanleger im Allgemeinen hinzuziehen, wenn er selbst keine ausreichenden wirtschaftlichen Kenntnisse und keinen genügenden Überblick über wirtschaftliche Zusammenhänge hat. Er erwartet dann nicht nur die Mitteilung von Tatsachen in Form der produktbezogenen Auskunftserteilung, sondern insbesondere deren fachkundige Bewertung und Beurteilung. Häufig wünscht er eine auf seine persönlichen Verhältnisse zugeschnittene Beratung, die er auch besonders 11

15 Verordnung zur Konkretisierung der Verhaltensregeln und Organisationsanforderungen für Wertpapierdienstleistungsunternehmen, **BGBl. I 2017 S. 3566.**

16 Delegierte Verordnung (EU) 2017/565 der Kommission vom 25. April 2016 zur Ergänzung der Richtlinie 2014/65/EU des Europäischen Parlaments und des Rates in Bezug auf die organisatorischen Anforderungen an Wertpapierfirmen und die Bedingungen für die Ausübung ihrer Tätigkeit sowie in Bezug auf die Definition bestimmter Begriffe für die Zwecke der genannten Richtlinie, **ABl. EU L 87 S. 1.**

17 BGH 13.5.1993 ZIP **1993** 997.

18 BGH 13.5.1993 ZIP **1993** 997.

honoriert. In einem solchen Vertragsverhältnis hat der Berater regelmäßig weitgehende Pflichten gegenüber dem betreuten Kapitalanleger. Als unabhängiger individueller Berater, dem weitreichendes persönliches Vertrauen entgegengebracht wird, muss er besonders differenziert und fundiert beraten.[19]

12 Entscheidend ist somit, ob der Kunde eine fachkundige Bewertung und Beurteilung der für die Anlageentscheidung wesentlichen Tatsachen und damit einen individuellen auf ihn persönlich zugeschnittenen Rat wünscht (Anlageberatung), oder ob der Kunde lediglich produktbezogene allgemeine Auskünfte über das angebotene Anlageobjekt verlangt (Anlagevermittlung). Diese Unterscheidung führt im Wesentlichen mithin zur Bestimmung des jeweilig zu erfüllenden Pflichtenumfangs gegenüber dem Kunden, da nur im Bereich der Anlageberatung vollumfänglich die nachfolgend konkret dargestellten Pflichten zu erfüllen sind, um gesetzeskonform Anlageberatungsleistungen zu erbringen.

III. Anlageberatung

13 Der Begriff der Anlageberatung wird in § 1 Abs. 1a S. 2 Nr. 1a KWG und § 2 Abs. 8 S. 1 Nr. 10 WpHG definiert, wobei die Legaldefinition des WpHG einen Verweis auf die Delegierten Verordnung beinhaltet. Anlageberatung ist demnach die Abgabe von persönlichen Empfehlungen im Sinne des Artikel 9 DV MiFID II an Kunden oder deren Vertreter, die sich auf Geschäfte mit bestimmten Finanzinstrumenten beziehen, sofern die Empfehlung auf eine Prüfung der persönlichen Umstände des Anlegers gestützt oder als für ihn geeignet dargestellt wird und nicht ausschließlich über Informationsverbreitungskanäle oder für die Öffentlichkeit bekannt gegeben wird.

14 Der Begriff der persönlichen Empfehlung wird in Artikel 9 DV MiFID II genauer definiert, als persönliche Empfehlung gilt eine Empfehlung, die an eine Person in ihrer Eigenschaft als Anleger oder potenzieller Anleger oder in ihrer Eigenschaft als Beauftragter eines Anlegers oder potenziellen Anlegers gerichtet ist. Außerdem muss die Empfehlung als für die betreffende Person geeignet dargestellt werden oder auf eine Prüfung der Verhältnisse der betreffenden Person gestützt sein, und sie muss darauf abzielen, dass ein Kauf, Verkauf, Tausch, Rückkauf, eine Zeichnung oder eine Ausübung bzw. Nichtausübung eines entsprechenden Rechts bezüglich der vorgenannten Varianten eines Finanzinstrumentes getätigt wird. Nicht erforderlich ist jedoch, dass diese Empfehlung von einer natürlichen Person abgegeben wird. Mithin erfüllen daher zum Teil auch onlinebasierende Robo-Advisory-Plattformen in diese Merkmale, was dazu führt, dass sie den Tatbestand der Anlageberatung erfüllen.[20] Wichtig ist wiederum hierbei, dass die Empfehlung über die alleinige Informationsdarstellung ein wertendes Element enthält. Empfehlungen müssen daher nicht immer explizit erfolgen, sie können auch gegeben sein, wenn der Berater Anlageprodukte in bewertender Art und Weise vorstellt und dann dem Kunden die Auswahl überlässt.[21]

15 Weiter muss die Empfehlung sich auf Finanzinstrumente beziehen. Die Aufzählung dieser Finanzinstrumente ergibt sich aus § 1 Abs. 11 KWG sowie § 2 Abs. 4 WpHG. Umfasst sind dabei Aktien und andere Anteile an in- und ausländischen juristische Personen, Personengesellschaften und sonstige Unternehmen, die Aktien oder Aktien vergleichbare Anteile vertreten, Vermögensanlagen im Sinne des § 1 Abs. 2 des Vermögensanlagengesetzes (VermAnlG) mit Ausnahme von Anteilen an einer Genossenschaft im

---

19 BGH 13.5.1993 ZIP **1993** 997.
20 *Baumanns* BKR **2016** 366.
21 Schwintowski/*Bracht* Kap.19 Rn. 13.

Sinne des § 1 des Genossenschaftsgesetzes, Schuldtitel, insbesondere Genussscheine, Inhaberschuldverschreibungen, Orderschuldverschreibungen, die ihrer Art nach am Kapitalmarkt handelbar sind, mit Ausnahme von Zahlungsinstrumenten, sowie Hinterlegungsscheine, die diese Schuldtitel vertreten, sonstige Rechte, die zum Erwerb oder zur Veräußerung von Rechten nach den vorgenannten Normen berechtigen oder zu einer Barzahlung führen, die in Abhängigkeit von solchen Rechten, von Währungen, Zinssätzen oder anderen Erträgen, von Waren, Indices oder Messgrößen bestimmt wird, Anteile an Investmentvermögen im Sinne des § 1 Abs. 1 des Kapitalanlagegesetzbuchs (KAGB), Geldmarktinstrumente, Devisen oder Rechnungseinheiten, Derivate sowie Emissionszertifikate. Dieser seit Jahren immer weiter ausgedehnte Bereich aufsichtsrechtlicher Überwachung hat zuletzt nunmehr auch Anteile von Investmentvermögen nach § 1 Abs. 1 KAGB sowie Vermögensanlagen nach § 1 Abs. 2 VermAnlG, wie z.B. Treuhandvermögensanteile, erfasst. Durch diese Ausweitung sollten bestehende Lücken in der Überwachung auch im Hinblick der Ereignisse innerhalb des grauen Kapitalmarkts nunmehr möglichst weitgehend erfasst werden, um eine Verbesserung des Schutzes des Anlegerpublikums zu erreichen.

Darüber hinaus muss sich die Empfehlung auf ein bestimmtes (konkretes) Finanzin- 16
strument beziehen, nicht ausreichend ist, dass sich die Empfehlung nur auf eine bestimmte Art von Finanzinstrumenten bezieht, dem Kunden etwa nur allgemein der Erwerb von Zertifikaten oder von festverzinslichen Wertpapieren empfohlen wird. Auch die Nennung von Papieren einer bestimmten Branche (z.B. „Technologieaktien") wird nicht erfasst. Wird kein bestimmtes Finanzinstrument, sondern allein ein zugelassenes Institut empfohlen, bei dem Finanzinstrumente erworben werden oder sonstige Geschäfte über Finanzinstrumente abgeschlossen werden können, stellt dies ebenfalls keine Anlageberatung dar. Das gleiche gilt für die Empfehlung, sich an einen bestimmten zugelassenen Vermögensverwalter zu wenden, der Vermögen von Kunden in Finanzinstrumenten anlegt.[22]

Zudem muss die Empfehlung gegenüber einem Kunden oder dessen Vertreter erfolgen 17
und auf die Prüfung der persönlichen Umstände des Anlegers gestützt oder als für ihn geeignet dargestellt sein. Diese letztere Alternative erfasst den Fall, dass der Kunde davon ausgehen muss, weil der Berater diesen Anschein zurechenbar veranlasst hat, dass die abgegebene Empfehlung auf einer Berücksichtigung seiner persönlichen Umstände beruht, auch wenn dies tatsächlich nicht der Fall war. Dieser Individualbezug zum Kunden grenzt insoweit von der öffentlichen Verbreitung über allgemeine Informationsverbreitungskanäle ab. Daher sind Werbemaßnahmen, Börsenbriefe, Kapitalanlegermagazine sowie allgemeine Informationsveranstaltungen von Anbieterseite oder Dritten, aber auch Anlegerstrategieempfehlungen und Anlageempfehlungen im Sinne von § 85 Abs. 1 WpHG i.V.m. Art 3 Abs. 1 Nr. 34 und 25 der Marktmissbrauchsverordnung keine Anlageberatung.[23] Die Kundeneigenschaft umfasst dabei natürliche und juristische Personen sowie Personengesellschaften. Dabei wird nicht differenziert zwischen unterschiedlichen Anlegerkategorien, da alle also auch professionelle sowie institutionelle Kunden vom Begriff erfasst werden. Es wird dabei nicht unterschieden, ob der Kunde selbst über Spezialkenntnisse verfügt oder nicht.[24]

22 Gemeinsames Informationsblatt der Bundesanstalt für Finanzdienstleistungsaufsicht und der Deutschen Bundesbank zum Tatbestand der Anlageberatung, Stand November 2017.
23 Boos/Fischer/Schulte-Mattler/*Schäfer* § 1 Rn. 146 f.
24 Vgl. Gemeinsames Informationsblatt der Bundesanstalt für Finanzdienstleistungsaufsicht und der Deutschen Bundesbank zum Tatbestand der Anlageberatung, Stand November 2017.

§ 63 WpHG
Allgemeine Verhaltensregeln; Verordnungsermächtigung

(1) Ein Wertpapierdienstleistungsunternehmen ist verpflichtet, Wertpapierdienstleistungen und Wertpapiernebendienstleistungen ehrlich, redlich und professionell im bestmöglichen Interesse seiner Kunden zu erbringen.

(2) Ein Wertpapierdienstleistungsunternehmen hat einem Kunden, bevor es Geschäfte für ihn durchführt, die allgemeine Art und Herkunft von Interessenkonflikten und die zur Begrenzung der Risiken der Beeinträchtigung der Kundeninteressen unternommenen Schritte eindeutig darzulegen, soweit die organisatorischen Vorkehrungen nach § 80 Absatz 1 Satz 2 Nummer 2 nicht ausreichen, um nach vernünftigem Ermessen zu gewährleisten, dass das Risiko der Beeinträchtigung von Kundeninteressen vermieden wird. Die Darlegung nach Satz 1 muss

1. **mittels eines dauerhaften Datenträgers erfolgen und**
2. **unter Berücksichtigung der Einstufung des Kunden im Sinne des § 67 so detailliert sein, dass der Kunde in die Lage versetzt wird, seine Entscheidung über die Wertpapierdienstleistung oder Wertpapiernebendienstleistung, in deren Zusammenhang der Interessenkonflikt auftritt, in Kenntnis der Sachlage zu treffen.**

(3) Ein Wertpapierdienstleistungsunternehmen muss sicherstellen, dass es die Leistung seiner Mitarbeiter nicht in einer Weise vergütet oder bewertet, die mit seiner Pflicht, im bestmöglichen Interesse der Kunden zu handeln, kollidiert. Insbesondere darf es bei seinen Mitarbeitern weder durch Vergütungsvereinbarungen noch durch Verkaufsziele oder in sonstiger Weise Anreize dafür setzen, einem Privatkunden ein bestimmtes Finanzinstrument zu empfehlen, obwohl das Wertpapierdienstleistungsunternehmen dem Privatkunden ein anderes Finanzinstrument anbieten könnte, das den Bedürfnissen des Privatkunden besser entspricht.

(4) Ein Wertpapierdienstleistungsunternehmen, das Finanzinstrumente zum Verkauf an Kunden konzipiert, muss sicherstellen, dass diese Finanzinstrumente so ausgestaltet sind, dass

1. **sie den Bedürfnissen eines bestimmten Zielmarktes im Sinne des § 80 Absatz 9 entsprechen und**
2. **die Strategie für den Vertrieb der Finanzinstrumente mit diesem Zielmarkt vereinbar ist.**

Das Wertpapierdienstleistungsunternehmen muss zumutbare Schritte unternehmen, um zu gewährleisten, dass das Finanzinstrument an den bestimmten Zielmarkt vertrieben wird.

(5) Ein Wertpapierdienstleistungsunternehmen muss die von ihm angebotenen oder empfohlenen Finanzinstrumente verstehen. Es muss deren Vereinbarkeit mit den Bedürfnissen der Kunden, denen gegenüber es Wertpapierdienstleistungen erbringt, beurteilen, auch unter Berücksichtigung des in § 80 Absatz 9 genannten Zielmarktes, und sicherstellen, dass es Finanzinstrumente nur anbietet oder empfiehlt, wenn dies im Interesse der Kunden liegt.

(6) Alle Informationen, die Wertpapierdienstleistungsunternehmen Kunden zugänglich machen, einschließlich Marketingmitteilungen, müssen redlich und eindeutig sein und dürfen nicht irreführend sein. Marketingmitteilungen müssen eindeutig als solche erkennbar sein. § 302 des Kapitalanlagegesetzbuchs und § 15 des Wertpapierprospektgesetzes bleiben unberührt.

(7) Wertpapierdienstleistungsunternehmen sind verpflichtet, ihren Kunden rechtzeitig und in verständlicher Form angemessene Informationen über das Wert-

papierdienstleistungsunternehmen und seine Dienstleistungen, über die Finanzinstrumente und die vorgeschlagenen Anlagestrategien, über Ausführungsplätze und alle Kosten und Nebenkosten zur Verfügung zu stellen, die erforderlich sind, damit die Kunden nach vernünftigem Ermessen die Art und die Risiken der ihnen angebotenen oder von ihnen nachgefragten Arten von Finanzinstrumenten oder Wertpapierdienstleistungen verstehen und auf dieser Grundlage ihre Anlageentscheidung treffen können. Die Informationen können auch in standardisierter Form zur Verfügung gestellt werden. Die Informationen nach Satz 1 müssen folgende Angaben enthalten:

1. **hinsichtlich der Arten von Finanzinstrumenten und der vorgeschlagenen Anlagestrategie unter Berücksichtigung des Zielmarktes im Sinne des Absatzes 3 oder 4:**
   a) **geeignete Leitlinien zur Anlage in solche Arten von Finanzinstrumenten oder zu den einzelnen Anlagestrategien,**
   b) **geeignete Warnhinweise zu den Risiken, die mit dieser Art von Finanzinstrumenten oder den einzelnen Anlagestrategien verbunden sind, und**
   c) **ob die Art des Finanzinstruments für Privatkunden oder professionelle Kunden bestimmt ist;**
2. **hinsichtlich aller Kosten und Nebenkosten:**
   a) **Informationen in Bezug auf Kosten und Nebenkosten sowohl der Wertpapierdienstleistungen als auch der Wertpapiernebendienstleistungen, einschließlich eventueller Beratungskosten,**
   b) **Kosten der Finanzinstrumente, die dem Kunden empfohlen oder an ihn vermarktet werden sowie**
   c) **Zahlungsmöglichkeiten des Kunden einschließlich etwaiger Zahlungen durch Dritte.**

Informationen zu Kosten und Nebenkosten, einschließlich solchen Kosten und Nebenkosten im Zusammenhang mit der Wertpapierdienstleistung und dem Finanzinstrument, die nicht durch ein zugrunde liegendes Marktrisiko verursacht werden, muss das Wertpapierdienstleistungsunternehmen in zusammengefasster Weise darstellen, damit der Kunde sowohl die Gesamtkosten als auch die kumulative Wirkung der Kosten auf die Rendite der Anlage verstehen kann. Auf Verlangen des Kunden muss das Wertpapierdienstleistungsunternehmen eine Aufstellung, die nach den einzelnen Posten aufgegliedert ist, zur Verfügung stellen. Solche Informationen sollen dem Kunden unter den in Artikel 50 Absatz 9 der Delegierten Verordnung (EU) 2017/565 genannten Voraussetzungen regelmäßig, mindestens jedoch jährlich während der Laufzeit der Anlage zur Verfügung gestellt werden. Die §§ 293 bis 297, 303 bis 307 des Kapitalanlagegesetzbuchs bleiben unberührt. Bei zertifizierten Altersvorsorge- und Basisrentenverträgen im Sinne des Altersvorsorgeverträge-Zertifizierungsgesetzes gilt die Informationspflicht nach diesem Absatz durch Bereitstellung des individuellen Produktinformationsblattes nach § 7 des Altersvorsorgeverträge-Zertifizierungsgesetzes als erfüllt. Dem Kunden sind auf Nachfrage die nach diesem Absatz erforderlichen Informationen über Kosten und Nebenkosten zur Verfügung zu stellen. Der Kunde ist bei Bereitstellung des individuellen Produktinformationsblattes nach § 7 des Altersvorsorgeverträge-Zertifizierungsgesetzes ausdrücklich auf dieses Recht hinzuweisen.

(8) Die Absätze 6 und 7 gelten nicht für Wertpapierdienstleistungen, die als Teil eines Finanzprodukts angeboten werden, das in Bezug auf die Informations-

pflichten bereits anderen Bestimmungen des Europäischen Gemeinschaftsrechts, die Kreditinstitute und Verbraucherkredite betreffen, unterliegt.

(9) Bietet ein Wertpapierdienstleistungsunternehmen Wertpapierdienstleistungen verbunden mit anderen Dienstleistungen oder anderen Produkten als Gesamtpaket oder in der Form an, dass die Erbringung der Wertpapierdienstleistungen, der anderen Dienstleistungen oder der Geschäfte über die anderen Produkte Bedingung für die Durchführung der jeweils anderen Bestandteile oder des Abschlusses der anderen Vereinbarungen ist, muss es den Kunden darüber informieren, ob die einzelnen Bestandteile auch getrennt voneinander bezogen werden können und dem Kunden für jeden Bestandteil getrennt Kosten und Gebühren nachweisen. Besteht die Wahrscheinlichkeit, dass die mit dem Gesamtpaket oder der Gesamtvereinbarung verknüpften Risiken von den mit den einzelnen Bestandteilen verknüpften Risiken abweichen, hat es Privatkunden in angemessener Weise über die einzelnen Bestandteile, die mit ihnen verknüpften Risiken und die Art und Weise, wie ihre Wechselwirkung das Risiko beeinflusst, zu informieren.

(10) Vor der Erbringung anderer Wertpapierdienstleistungen als der Anlageberatung oder der Finanzportfolioverwaltung hat ein Wertpapierdienstleistungsunternehmen von den Kunden Informationen einzuholen über Kenntnisse und Erfahrungen der Kunden in Bezug auf Geschäfte mit bestimmten Arten von Finanzinstrumenten oder Wertpapierdienstleistungen, soweit diese Informationen erforderlich sind, um die Angemessenheit der Finanzinstrumente oder Wertpapierdienstleistungen für die Kunden beurteilen zu können. Sind verbundene Dienstleistungen oder Produkte im Sinne des Absatzes 9 Gegenstand des Kundenauftrages, muss das Wertpapierdienstleistungsunternehmen beurteilen, ob das gesamte verbundene Geschäft für den Kunden angemessen ist. Gelangt ein Wertpapierdienstleistungsunternehmen auf Grund der nach Satz 1 erhaltenen Informationen zu der Auffassung, dass das vom Kunden gewünschte Finanzinstrument oder die Wertpapierdienstleistung für den Kunden nicht angemessen ist, hat es den Kunden darauf hinzuweisen. Erlangt das Wertpapierdienstleistungsunternehmen nicht die erforderlichen Informationen, hat es den Kunden darüber zu informieren, dass eine Beurteilung der Angemessenheit im Sinne des Satzes 1 nicht möglich ist. Näheres zur Angemessenheit und zu den Pflichten, die im Zusammenhang mit der Beurteilung der Angemessenheit geltenden Pflichten regeln die Artikel 55 und 56 der Delegierten Verordnung (EU) 2017/565. Der Hinweis nach Satz 3 und die Information nach Satz 4 können in standardisierter Form erfolgen.

(11) Die Pflichten nach Absatz 10 gelten nicht, soweit das Wertpapierdienstleistungsunternehmen

1. auf Veranlassung des Kunden Finanzkommissionsgeschäft, Eigenhandel, Abschlussvermittlung oder Anlagevermittlung erbringt in Bezug auf
   a) Aktien, die zum Handel an einem organisierten Markt, an einem diesem gleichwertigen Markt eines Drittlandes oder an einem multilateralen Handelssystem zugelassen sind, mit Ausnahme von Aktien an AIF im Sinne von § 1 Absatz 3 des Kapitalanlagegesetzbuchs, und von Aktien, in die ein Derivat eingebettet ist,
   b) Schuldverschreibungen und andere verbriefte Schuldtitel, die zum Handel an einem organisierten Markt, einem diesem gleichwertigen Markt eines Drittlandes oder einem multilateralen Handelssystem zugelassen sind, mit Ausnahme solcher, in die ein Derivat eingebettet ist und solcher, die eine

Struktur aufweisen, die es dem Kunden erschwert, die mit ihnen einhergehenden Risiken zu verstehen,

c) Geldmarktinstrumente, mit Ausnahme solcher, in die ein Derivat eingebettet ist, und solcher, die eine Struktur aufweisen, die es dem Kunden erschwert, die mit ihnen einhergehenden Risiken zu verstehen,

d) Anteile oder Aktien an OGAW im Sinne von § 1 Absatz 2 des Kapitalanlagegesetzbuchs, mit Ausnahme der in Artikel 36 Absatz 1 Unterabsatz 2 der Verordnung (EU) Nr. 583/2010 genannten strukturierten OGAW,

e) strukturierte Einlagen, mit Ausnahme solcher, die eine Struktur aufweisen, die es dem Kunden erschwert, das Ertragsrisiko oder die Kosten des Verkaufs des Produkts vor Fälligkeit zu verstehen oder

f) andere nicht komplexe Finanzinstrumente für Zwecke dieses Absatzes, die die in Artikel 57 der Delegierten Verordnung (EU) 2017/565 genannten Kriterien erfüllen,

2. diese Wertpapierdienstleistung nicht gemeinsam mit der Gewährung eines Darlehens als Wertpapiernebendienstleistung im Sinne des § 2 Absatz 7 Nummer 2 erbringt, außer sie besteht in der Ausnutzung einer Kreditobergrenze eines bereits bestehenden Darlehens oder eines bereits bestehenden Darlehens, das in der Weise gewährt wurde, dass der Darlehensgeber in einem Vertragsverhältnis über ein laufendes Konto dem Darlehensnehmer das Recht einräumt, sein Konto in bestimmter Höhe zu überziehen (Überziehungsmöglichkeit) oder darin, dass der Darlehensgeber im Rahmen eines Vertrages über ein laufendes Konto, ohne eingeräumte Überziehungsmöglichkeit die Überziehung des Kontos durch den Darlehensnehmer duldet und hierfür vereinbarungsgemäß ein Entgelt verlangt, und

3. den Kunden ausdrücklich darüber informiert, dass keine Angemessenheitsprüfung im Sinne des Absatzes 10 vorgenommen wird, wobei diese Information in standardisierter Form erfolgen kann.

(12) Wertpapierdienstleistungsunternehmen müssen ihren Kunden in geeigneter Weise auf einem dauerhaften Datenträger über die erbrachten Wertpapierdienstleistungen berichten; insbesondere müssen sie nach Ausführung eines Geschäftes mitteilen, wo sie den Auftrag ausgeführt haben. Die Pflicht nach Satz 1 beinhaltet einerseits nach den in den Artikeln 59 bis 63 der Delegierten Verordnung (EU) 2017/565 näher bestimmten Fällen regelmäßige Berichte an den Kunden, wobei die Art und Komplexität der jeweiligen Finanzinstrumente sowie die Art der erbrachten Wertpapierdienstleistungen zu berücksichtigen ist, und andererseits, sofern relevant, Informationen zu den angefallenen Kosten. Bei zertifizierten Altersvorsorge- und Basisrentenverträgen im Sinne des Altersvorsorgeverträge-Zertifizierungsgesetzes gilt die Informationspflicht gemäß Satz 1 bei Beachtung der jährlichen Informationspflicht nach § 7a des Altersvorsorgeverträge-Zertifizierungsgesetzes als erfüllt. Dem Kunden sind auf Nachfrage die nach diesem Absatz erforderlichen Informationen über Kosten und Nebenkosten zur Verfügung zu stellen. Der Kunde ist bei Bereitstellung der jährlichen Information nach § 7a des Altersvorsorgeverträge-Zertifizierungsgesetzes ausdrücklich auf dieses Recht hinzuweisen.

(13) Nähere Bestimmungen zu den Absätzen 1 bis 3, 6, 7, 10 und 12 ergeben sich aus der Delegierten Verordnung (EU) 2017/565, insbesondere zu

1. der Verpflichtung nach Absatz 1 aus den Artikeln 58, 64, 65 und 67 bis 69,

2. Art, Umfang und Form der Offenlegung nach Absatz 2 aus den Artikeln 34 und 41 bis 43,

3. der Vergütung oder Bewertung nach Absatz 3 aus Artikel 27,
4. den Voraussetzungen, unter denen Informationen im Sinne von Absatz 6 Satz 1 als redlich, eindeutig und nicht irreführend angesehen werden aus den Artikeln 36 und 44,
5. Art, Inhalt, Gestaltung und Zeitpunkt der nach Absatz 7 notwendigen Informationen für die Kunden aus den Artikeln 38, 39, 41, 45 bis 53, 61 und 65,
6. Art, Umfang und Kriterien der nach Absatz 10 von den Kunden einzuholenden Informationen aus den Artikeln 54 bis 56,
7. Art, Inhalt und Zeitpunkt der Berichtspflichten nach Absatz 12 aus den Artikeln 59 bis 63.

(14) Das Bundesministerium der Finanzen kann im Einvernehmen mit dem Bundesministerium der Justiz und für Verbraucherschutz durch Rechtsverordnung, die nicht der Zustimmung des Bundesrates bedarf, nähere Bestimmungen zu Inhalt und Aufbau der formalisierten Kostenaufstellung nach Absatz 7 Satz 11 erlassen. Das Bundesministerium der Finanzen kann die Ermächtigung durch Rechtsverordnung auf die Bundesanstalt übertragen.

A. Interessenwahrungs- und Interessenkonfliktvermeidungspflicht (§ 63 Abs. 1 und 2 WpHG)

18 Durch die Neuregelung durch das 2. FiMaNoG wird die Interessenwahrungspflicht des § 31 Abs. 1 Nr. 1 WpHG a.F. nunmehr in § 63 Abs. 1 WpHG geregelt. Danach ist ein Wertpapierdienstleistungsunternehmen nach wie vor verpflichtet, Wertpapierdienstleistungen mit der erforderlichen Sachkenntnis, Sorgfalt und Gewissenhaftigkeit zu erbringen. Die Neuregelung ergänzt diesen Pflichtenkatalog dahingehend, dass die Wertpapierdienstleistung nun zudem im „bestmöglichen Interesse" des Kunden zu erbringen ist.

19 In § 63 Abs. 2 WpHG findet sich nunmehr die bisher in § 31 Abs. 1 Nr. 2 WpHG enthaltene allgemeine Pflicht zur Vermeidung von Interessenkonflikten. Wie bislang hat eine Darlegung der Interessenkonflikte nur zu erfolgen, wenn die organisatorischen Vorkehrungen nach § 80 Abs. 1 S. 2 Nr. 2 WpHG nicht ausreichend sind, um die Beeinträchtigung der Kundeninteressen zu vermeiden. Neu ist nunmehr die Regelung in Satz 2, worin der Gesetzgeber spezifiziert, in welcher Form die Darlegung zu erfolgen hat.

20 § 63 Abs. 3 WpHG ergänzt die Pflicht zur Vermeidung von Interessenkonflikten, indem die Verpflichtung für Wertpapierdienstleistungsunternehmen normiert wird, sicherzustellen, dass die Mitarbeitervergütung nicht mit den Kundeninteressen kollidiert. Diese allgemeinen Vorgaben werden durch die spezielle Regelung in § 80 Abs. 1 S. 2 Nr. 3 WpHG ergänzt, wonach zur Vermeidung von Interessenskonflikten in der Anlageberatung Vertriebsvorgaben so ausgestaltet und umgesetzt sein müssen, dass Kundeninteressen nicht beeinträchtigt werden. Dadurch soll erreicht werden, dass Vertriebsvorgaben immer auch hinsichtlich ihrer Wechselwirkungen mit Kundeninteressen überprüft werden.[1] Entscheidend ist hierbei, dass sichergestellt werden muss, dass allein aufgrund der Vergütung ein anderes – für den Kunden nicht optimales – Produkt empfohlen wird.[2]

---

1 Entwurf eines Gesetzes zur Stärkung des Anlegerschutzes und Verbesserung der Funktionsfähigkeit des Kapitalmarkts (Anlegerschutz- und Funktionsverbesserungsgesetz), **BT-Drucks. 17/3628 S. 22.**

2 Entwurf eines Zweiten Gesetzes zur Novellierung von Finanzmarktvorschriften auf Grund europäischer Rechtsakte (Zweites Finanzmarktnovellierungsgesetz – 2. FiMaNoG), **BT-Drucks. 18/10936 S. 233.**

B. Informationspflichten

Auch nach der Neufassung müssen alle durch das Wertpapierdienstleistungsunternehmen an den Kunden erteilten Informationen redlich und eindeutig sein, ferner dürfen sie nicht irreführend sein. Für die Irreführung kommt es nach wie vor auf die Sichtweise eines „durchschnittlichen Anlegers" an.[3] Eine Konkretisierung der Informationspflichten erfolgt durch Art. 44 DV MiFID II. Danach haben sich die Anforderungen an die Informationen für professionelle Kunden verschärft. Zudem sind nun auch „potenzielle Kleinanleger" erfasst. Damit wird klargestellt, dass es nicht zwingend darauf ankommt, dass das Geschäft tatsächlich abgeschlossen wird.[4] 21

Die Informationen müssen für die „durchschnittlichen Angehörigen der Gruppe, an die sie gerichtet sind bzw. zu der sie wahrscheinlich gelangen" verständlich sein.[5] Ferner wird nun in § 63 Abs. 6 S. 2 WpHG explizit geregelt, dass Marketingmitteilungen ausdrücklich als solche gekennzeichnet werden, um eine Irreführung der Kunden zu vermeiden. 22

Die Informationen an die Kunden müssen nach § 63 Abs. 7 WpHG – wie bislang auch – rechtzeitig und in verständlicher Form erfolgen. Die Kunden müssen in der Lage sein, die Finanzinstrumente bzw. Wertpapierdienstleistungen zu verstehen und anhand dessen ihre Anlageentscheidung treffen können. Dabei muss der Kunde über das Wertpapierdienstleistungsunternehmen, dessen Dienstleistungen, die Art und Risiken der Finanzinstrumente sowie die vorgeschlagenen Anlagestrategien informiert werden. Daneben müssen auch Informationen zu den Ausführungsplätzen, den Kosten und den Nebenkosten enthalten sein. Diese umfassenden Informationspflichten sollen dazu dienen, dass der Kunde das Finanzinstrument versteht. 23

Es ist jedoch nicht erforderlich, dass sich die Aufklärung auf das konkrete Anlageobjekt des Kunden bezieht, da die Informationen nicht auf den individuellen Kunden bezogen sein müssen. Dies macht es dem Wertpapierdienstleistungsunternehmen möglich, auch standardisierte Informationen zu erteilen. Nach § 63 Abs. 8 WpHG sind zudem solche Wertpapierdienstleistungen von der Informationspflicht ausgenommen, für die bereits vergleichbare Informationspflichten gelten. 24

Im Rahmen der Kostentransparenz wurden im Zuge der Novellierung umfassende Änderungen beschlossen. § 63 Abs. 7 S. 4 WpHG verlangt, dass der Kunde über Kosten und Nebenkosten sowohl des Finanzinstruments als auch der Dienstleistung zu informieren ist. Um das Informationsbedürfnis des Kunden zu erfüllen, sind nicht nur – wie bisher – die Gesamtkosten anzugeben, sondern auch, welche kumulative Wirkung die Kosten auf die Rendite der Anlage haben. Der Kunde hat gemäß § 63 Abs. 7 S. 5 WpHG zudem das Recht, eine Aufschlüsselung der einzelnen Posten zu verlangen. 25

Problematisch ist die Tatsache, dass Informationen dem Kunden „rechtzeitig" zur Verfügung zu stellen sind, etwa wenn der Kunde die Order telefonisch beauftragt. Die Formulierung legt nahe, dass die Kosten dem Kunden bereits rechtzeitig *vor* der Ordererteilung zur Verfügung gestellt werden müssen. Zur Vermeidung von für den Anleger nachteiligen Verzögerungen (Kursentwicklung) wäre eine Anknüpfung an die Regelun- 26

---

3 Fuchs/*Fuchs*, § 31 Rn. 97–99.

4 *Buck-Heeb*/*Poelzig* BKR **2017** 485.

5 Art. 44 Abs. 2 lit. d der Delegierten Verordnung (EU) 2017/565 der Kommission vom 25. April 2016 zur Ergänzung der Richtlinie 2014/65/EU des Europäischen Parlaments und des Rates in Bezug auf die organisatorischen Anforderungen an Wertpapierfirmen und die Bedingungen für die Ausübung ihrer Tätigkeit sowie in Bezug auf die Definition bestimmter Begriffe für die Zwecke der genannten Richtlinie, **ABl. EU L 87 S. 1.**

gen zum Produktinformationsblatt der PRIIP-VO sinnvoll gewesen. Danach kann das jeweilige Informationsblatt unverzüglich nachgesandt werden.

27 Bei laufenden Vertragsbeziehungen hat das Wertpapierdienstleistungsunternehmen dem Kunden einmal jährlich eine Gesamtaufstellung von Kosten und Nebenkosten der vertriebenen Finanzinstrumente zu erstellen.

28 Vertreibt ein Wertpapierdienstleistungsunternehmen neben den Wertpapierdienstleistungen auch andere Produkte oder Dienstleistungen, hat es gemäß § 63 Abs. 9 WpHG eine erweiterte Informationspflicht. Der Kunde ist darüber zu informieren, ob und zu welchen Konditionen die Produkte auch getrennt erworben werden können. Ergibt sich dabei eine Risikoabweichung im Vergleich zum Querverkauf, ist der Kunde darüber in Kenntnis zu setzen.

C. Produktfreigabeverfahren (Product Governance)

29 Erstmals finden sich im WpHG auch Regelungen zur Produktfreigabe, der sogenannten „Product Governance". Das Produktfreigabeverfahren wurde in § 63 Abs. 4 und 5 WpHG sowie in § 80 Abs. 9ff. WpHG kodifiziert. Damit unterliegen nunmehr auch die Emittenten und Produkthersteller von Finanzinstrumenten den anlegerschützenden Regelungen. Systematisch enthält § 63 Abs. 4 die Pflicht für Wertpapierdienstleistungsunternehmen sicherzustellen, dass die vertriebenen Finanzinstrumente das Verfahren nach § 80 Abs. 9 WpHG durchlaufen haben.

30 Die Pflicht zur Product Governance zeichnet sich primär durch ein verpflichtendes Produktfreigabeverfahren nach § 80 Abs. 9 WpHG aus. Durch interne Kontrollmechanismen ist sicherzustellen, dass die vertriebenen Finanzmarktinstrumente dem jeweiligen Zielmarkt entsprechen. Dazu hat der Produkthersteller den Zielmarkt anhand der Kundenkategorie, der Kundenkenntnisse und -erfahrungen, deren Finanzsituation, Risikotoleranz, Risikotragfähigkeit, Anlageziele und Bedürfnisse zu ermitteln. Durch die Einbeziehung auch der Wertpapierdienstleistungsunternehmen soll sichergestellt werden, dass der Zielmarkt umfassend Berücksichtigung findet.

31 Weitere Verhaltensregelungen für den Vertrieb finden sich in § 63 Abs. 5 WpHG. Der Kunde muss das vertriebene Finanzinstrument in allererster Linie verstehen. Das bedeutet auf der einen Seite, dass sich das Wertpapierdienstleistungsunternehmen mit dem jeweiligen Finanzinstrument auseinanderzusetzen hat. Auf der anderen Seite ist damit aber auch die Pflicht verbunden, sich bei Unverständnis zunächst über das jeweilige Produkt Erkundigungen einzuholen. Darüber hinaus muss die Vereinbarkeit mit den jeweiligen Bedürfnissen der Kunden beurteilt und sichergestellt werden.[6] Hierbei hat das Wertpapierdienstleistungsunternehmen auch den jeweiligen Zielmarkt zu berücksichtigen.[7] Damit sichergestellt wird, dass diese Zielmarktbestimmungen immer aktuell sind, sind sie gemäß § 80 Abs. 10 WpHG regelmäßig zu überprüfen und gegebenenfalls zu korrigieren.

---

6 Entwurf eines Zweiten Gesetzes zur Novellierung von Finanzmarktvorschriften auf Grund europäischer Rechtsakte (Zweites Finanzmarktnovellierungsgesetz – 2. FiMaNoG), **BT-Drucks. 18/10936 S. 233**.

7 Entwurf eines Zweiten Gesetzes zur Novellierung von Finanzmarktvorschriften auf Grund europäischer Rechtsakte (Zweites Finanzmarktnovellierungsgesetz – 2. FiMaNoG), **BT-Drucks. 18/10936 S. 233**.

§ 64 WpHG
Besondere Verhaltensregeln bei der Erbringung von Anlageberatung und Finanzportfolioverwaltung; Verordnungsermächtigung

(1) Erbringt ein Wertpapierdienstleistungsunternehmen Anlageberatung, muss es den Kunden zusätzlich zu den Informationen nach § 63 Absatz 7 rechtzeitig vor der Beratung und in verständlicher Form darüber informieren

1. **ob die Anlageberatung unabhängig erbracht wird (Unabhängige Honorar-Anlageberatung) oder nicht;**
2. **ob sich die Anlageberatung auf eine umfangreiche oder eine eher beschränkte Analyse verschiedener Arten von Finanzinstrumenten stützt, insbesondere, ob die Palette an Finanzinstrumenten auf Finanzinstrumente beschränkt ist, die von Anbietern oder Emittenten stammen, die in einer engen Verbindung zum Wertpapierdienstleistungsunternehmen stehen oder zu denen in sonstiger Weise rechtliche oder wirtschaftliche Verbindungen bestehen, die so eng sind, dass das Risiko besteht, dass die Unabhängigkeit der Anlageberatung beeinträchtigt wird, und**
3. **ob das Wertpapierdienstleistungsunternehmen dem Kunden regelmäßig eine Beurteilung der Geeignetheit der empfohlenen Finanzinstrumente zur Verfügung stellt.**

§ 63 Absatz 7 Satz 2 und bei Vorliegen der dort genannten Voraussetzungen die Ausnahme nach § 63 Absatz 8 gelten entsprechend.

(2) m Falle einer Anlageberatung ist einem Privatkunden rechtzeitig vor dem Abschluss eines Geschäfts über Finanzinstrumente, für die kein Basisinformationsblatt nach der Verordnung (EU) Nr. 1286/2014 erstellt werden muss, ein kurzes und leicht verständliches Informationsblatt über jedes Finanzinstrument zur Verfügung zu stellen, auf das sich eine Kaufempfehlung bezieht. Die Angaben in den Informationsblättern nach Satz 1 dürfen weder unrichtig noch irreführend sein und müssen mit den Angaben des Prospekts vereinbar sein. An die Stelle des Informationsblattes treten

1. **bei Anteilen oder Aktien an OGAW oder an offenen Publikums-AIF die wesentlichen Anlegerinformationen nach den §§ 164 und 166 des Kapitalanlagegesetzbuchs,**
2. **bei Anteilen oder Aktien an geschlossenen Publikums-AIF die wesentlichen Anlegerinformationen nach den §§ 268 und 270 des Kapitalanlagegesetzbuchs,**
3. **bei Anteilen oder Aktien an Spezial-AIF die wesentlichen Anlegerinformationen nach § 166 oder § 270 des Kapitalanlagegesetzbuchs, sofern die AIF-Kapitalverwaltungsgesellschaft solche gemäß § 307 Absatz 5 des Kapitalanlagegesetzbuchs erstellt hat,**
4. **bei EU-AIF und ausländischen AIF die wesentlichen Anlegerinformationen nach § 318 Absatz 5 des Kapitalanlagegesetzbuchs,**
5. **bei EU-OGAW die wesentlichen Anlegerinformationen, die nach § 298 Absatz 1 Satz 2 des Kapitalanlagegesetzbuchs in deutscher Sprache veröffentlicht worden sind,**
6. **bei inländischen Investmentvermögen im Sinne des Investmentgesetzes in der bis zum 21. Juli 2013 geltenden Fassung, die für den in § 345 Absatz 6 Satz 1 des Kapitalanlagegesetzbuchs genannten Zeitraum noch weiter vertrieben werden dürfen, die wesentlichen Anlegerinformationen, die nach § 42 Absatz 2 des Investmentgesetzes in der bis zum 21. Juli 2013 geltenden Fassung erstellt worden sind, und**

7. bei ausländischen Investmentvermögen im Sinne des Investmentgesetzes in der bis zum 21. Juli 2013 geltenden Fassung, die für den in § 345 Absatz 8 Satz 2 oder § 355 Absatz 2 Satz 10 des Kapitalanlagegesetzbuchs genannten Zeitraum noch weiter vertrieben werden dürfen, die wesentlichen Anlegerinformationen, die nach § 137 Absatz 2 des Investmentgesetzes in der bis zum 21. Juli 2013 geltenden Fassung erstellt worden sind, und
8. bei Vermögensanlagen im Sinne des § 1 Absatz 2 des Vermögensanlagengesetzes das Vermögensanlagen-Informationsblatt nach § 13 des Vermögensanlagengesetzes, soweit der Anbieter der Vermögensanlagen zur Erstellung eines solchen Vermögensanlagen-Informationsblatts verpflichtet ist, und
9. bei zertifizierten Altersvorsorge- und Basisrentenverträgen im Sinne des Altersvorsorgeverträge-Zertifizierungsgesetzes das individuelle Produktinformationsblatt nach § 7 Absatz 1 des Altersvorsorgeverträge-Zertifizierungsgesetzes sowie zusätzlich die wesentlichen Anlegerinformationen nach Nummer 1, 3 oder Nummer 4, sofern es sich um Anteile an den in Nummer 1, 3 oder Nummer 4 genannten Organismen für gemeinsame Anlagen handelt.

(3) Das Wertpapierdienstleistungsunternehmen muss von einem Kunden alle Informationen

1. über Kenntnisse und Erfahrungen des Kunden in Bezug auf Geschäfte mit bestimmten Arten von Finanzinstrumenten oder Wertpapierdienstleistungen,
2. über die finanziellen Verhältnisse des Kunden, einschließlich seiner Fähigkeit, Verluste zu tragen, und
3. über seine Anlageziele, einschließlich seiner Risikotoleranz,

einholen, die erforderlich sind, um dem Kunden ein Finanzinstrument oder eine Wertpapierdienstleistung empfehlen zu können, das oder die für ihn geeignet ist und insbesondere seiner Risikotoleranz und seiner Fähigkeit, Verluste zu tragen, entspricht. Ein Wertpapierdienstleistungsunternehmen darf seinen Kunden nur Finanzinstrumente und Wertpapierdienstleistungen empfehlen oder Geschäfte im Rahmen der Finanzportfolioverwaltung tätigen, die nach den eingeholten Informationen für den Kunden geeignet sind. Näheres zur Geeignetheit und den im Zusammenhang mit der Beurteilung der Geeignetheit geltenden Pflichten regeln die Artikel 54 und 55 der Delegierten Verordnung (EU) 2017/565. Erbringt ein Wertpapierdienstleistungsunternehmen eine Anlageberatung, bei der verbundene Produkte oder Dienstleistungen im Sinne des § 63 Absatz 9 empfohlen werden, gilt Satz 2 für das gesamte verbundene Geschäft entsprechend.

(4) Ein Wertpapierdienstleistungsunternehmen, das Anlageberatung erbringt, muss dem Privatkunden auf einem dauerhaften Datenträger vor Vertragsschluss eine Erklärung über die Geeignetheit der Empfehlung (Geeignetheitserklärung) zur Verfügung stellen. Die Geeignetheitserklärung muss die erbrachte Beratung nennen sowie erläutern, wie sie auf die Präferenzen, Anlageziele und die sonstigen Merkmale des Kunden abgestimmt wurde. Näheres regelt Artikel 54 Absatz 12 der Delegierten Verordnung (EU) 2017/565. Wird die Vereinbarung über den Kauf oder Verkauf eines Finanzinstruments mittels eines Fernkommunikationsmittels geschlossen, das die vorherige Übermittlung der Geeignetheitserklärung nicht erlaubt, darf das Wertpapierdienstleistungsunternehmen die Geeignetheitserklärung ausnahmsweise unmittelbar nach dem Vertragsschluss zur Verfügung stellen, wenn der Kunde zugestimmt hat, dass ihm die Geeignetheitserklärung unverzüglich nach Vertragsschluss zur Verfügung gestellt wird und das Wertpapierdienstleistungsunternehmen dem Kunden angeboten hat, die Ausführung des

Geschäfts zu verschieben, damit der Kunde die Möglichkeit hat, die Geeignetheitserklärung zuvor zu erhalten.

(5) Ein Wertpapierdienstleistungsunternehmen, das Unabhängige Honorar-Anlageberatung erbringt,

1. **muss bei der Beratung eine ausreichende Palette von auf dem Markt angebotenen Finanzinstrumenten berücksichtigen, die**
   a) **hinsichtlich ihrer Art und des Emittenten oder Anbieters hinreichend gestreut sind und**
   b) **nicht beschränkt sind auf Finanzinstrumente, die das Wertpapierdienstleistungsunternehmen selbst emittiert oder anbietet oder deren Anbieter oder Emittenten in einer engen Verbindung zum Wertpapierdienstleistungsunternehmen stehen oder in sonstiger Weise so enge rechtliche oder wirtschaftliche Verbindung zu diesem unterhalten, dass die Unabhängigkeit der Beratung dadurch gefährdet werden könnte;**
2. **darf sich die Unabhängige Honorar-Anlageberatung allein durch den Kunden vergüten lassen.**

Es dürfen nach Satz 1 Nummer 2 im Zusammenhang mit der Unabhängigen Honorar-Anlageberatung keinerlei nichtmonetäre Zuwendungen von einem Dritten, der nicht Kunde dieser Dienstleistung ist oder von dem Kunden dazu beauftragt worden ist, angenommen werden. Monetäre Zuwendungen dürfen nur dann angenommen werden, wenn das empfohlene Finanzinstrument oder ein in gleicher Weise geeignetes Finanzinstrument ohne Zuwendung nicht erhältlich ist. In diesem Fall sind die monetären Zuwendungen so schnell wie nach vernünftigem Ermessen möglich, nach Erhalt und in vollem Umfang an den Kunden auszukehren. Vorschriften über die Entrichtung von Steuern und Abgaben bleiben davon unberührt. Das Wertpapierdienstleistungsunternehmen muss Kunden über die ausgekehrten monetären Zuwendungen unterrichten. Im Übrigen gelten die allgemeinen Anforderungen für die Anlageberatung.

(6) Bei der Empfehlung von Geschäftsabschlüssen in Finanzinstrumenten, die auf einer Unabhängigen Honorar-Anlageberatung beruhen, deren Anbieter oder Emittent das Wertpapierdienstleistungsunternehmen selbst ist oder zu deren Anbieter oder Emittenten eine enge Verbindung oder sonstige wirtschaftliche Verflechtung besteht, muss das Wertpapierdienstleistungsunternehmen den Kunden rechtzeitig vor der Empfehlung und in verständlicher Form informieren über

1. **die Tatsache, dass es selbst Anbieter oder Emittent der Finanzinstrumente ist,**
2. **das Bestehen einer engen Verbindung oder einer sonstigen wirtschaftlichen Verflechtung zum Anbieter oder Emittenten sowie**
3. **das Bestehen eines eigenen Gewinninteresses oder des Interesses eines mit ihm verbundenen oder wirtschaftlich verflochtenen Emittenten oder Anbieters an dem Geschäftsabschluss.**

Ein Wertpapierdienstleistungsunternehmen darf einen auf seiner Unabhängigen Honorar-Anlageberatung beruhenden Geschäftsabschluss nicht als Geschäft mit dem Kunden zu einem festen oder bestimmbaren Preis für eigene Rechnung (Festpreisgeschäft) ausführen. Ausgenommen sind Festpreisgeschäfte in Finanzinstrumenten, deren Anbieter oder Emittent das Wertpapierdienstleistungsunternehmen selbst ist.

(7) Ein Wertpapierdienstleistungsunternehmen, das Finanzportfolioverwaltung erbringt, darf im Zusammenhang mit der Finanzportfolioverwaltung keine Zuwendungen von Dritten oder für Dritte handelnder Personen annehmen und

behalten. Abweichend von Satz 1 dürfen nichtmonetäre Vorteile nur angenommen werden, wenn es sich um geringfügige nichtmonetäre Vorteile handelt

1. **die geeignet sind, die Qualität der für den Kunden erbrachten Wertpapierdienstleistung und Wertpapiernebendienstleistungen zu verbessern und**
2. **die hinsichtlich ihres Umfangs, wobei die Gesamthöhe der von einem einzelnen Unternehmen oder einer einzelnen Unternehmensgruppe gewährten Vorteile zu berücksichtigen ist, und ihrer Art vertretbar und verhältnismäßig sind und daher nicht vermuten lassen, dass sie die Pflicht des Wertpapierdienstleistungsunternehmens, im bestmöglichen Interesse ihrer Kunden zu handeln, beeinträchtigen,**

wenn diese Zuwendungen dem Kunden unmissverständlich offengelegt werden, bevor die betreffende Wertpapierdienstleistung oder Wertpapiernebendienstleistung für die Kunden erbracht wird. Die Offenlegung kann in Form einer generischen Beschreibung erfolgen. Monetäre Zuwendungen, die im Zusammenhang mit der Finanzportfolioverwaltung angenommen werden, sind so schnell wie nach vernünftigem Ermessen möglich nach Erhalt und in vollem Umfang an den Kunden auszukehren. Vorschriften über die Entrichtung von Steuern und Abgaben bleiben davon unberührt. Das Wertpapierdienstleistungsunternehmen muss den Kunden über die ausgekehrten monetären Zuwendungen unterrichten.

(8) Erbringt ein Wertpapierdienstleistungsunternehmen Finanzportfolioverwaltung oder hat es den Kunden nach Absatz 1 Satz 1 Nummer 3 darüber informiert, dass es die Geeignetheit der empfohlenen Finanzinstrumente regelmäßig beurteilt, so müssen die regelmäßigen Berichte gegenüber Privatkunden nach § 63 Absatz 12 insbesondere eine Erklärung darüber enthalten, wie die Anlage den Präferenzen, den Anlagezielen und den sonstigen Merkmalen des Kunden entspricht.

(9) Nähere Bestimmungen zu den Absätzen 1, 3, 5 und 8 ergeben sich aus der Delegierten Verordnung (EU) 2017/565, insbesondere zu

1. **Art, Inhalt, Gestaltung und Zeitpunkt der nach den Absätzen 1 und 5, auch in Verbindung mit § 63 Absatz 7, notwendigen Informationen für die Kunden aus den Artikeln 52 und 53,**
2. **der Geeignetheit nach Absatz 3, den im Zusammenhang mit der Beurteilung der Geeignetheit geltenden Pflichten sowie zu Art, Umfang und Kriterien der nach Absatz 3 von den Kunden einzuholenden Informationen aus den Artikeln 54 und 55,**
3. **der Erklärung nach Absatz 4 aus Artikel 54 Absatz 12,**
4. **der Anlageberatung nach Absatz 5 aus Artikel 53,**
5. **Art, Inhalt und Zeitpunkt der Berichtspflichten nach Absatz 8, auch in Verbindung mit § 63 Absatz 12, aus den Artikeln 60 und 62.**

(10) Das Bundesministerium der Finanzen kann durch Rechtsverordnung, die nicht der Zustimmung des Bundesrates bedarf, nähere Bestimmungen erlassen

1. **im Einvernehmen mit dem Bundesministerium der Justiz und für Verbraucherschutz zu Inhalt und Aufbau der Informationsblätter im Sinne des Absatzes 2 Satz 1 und der Art und Weise ihrer Zurverfügungstellung,**
2. **zu Art, inhaltlicher Gestaltung, Zeitpunkt und Datenträger der nach Absatz 6 notwendigen Informationen für die Kunden,**
3. **zu Kriterien dazu, wann geringfügige nichtmonetäre Vorteile im Sinne des Absatzes 7 vorliegen.**

Das Bundesministerium der Finanzen kann die Ermächtigung durch Rechtsverordnung auf die Bundesanstalt übertragen.

A. Informationspflichten

In § 64 Abs. 1 WpHG werden weitere Informationspflichten für das Wertpapierdienstleistungsunternehmen normiert. Insbesondere ist der Kunde darüber zu informieren, ob eine unabhängige Anlageberatung erbracht wird oder nicht. Damit findet sich die Regelung aus § 31 Abs. 4b S. 1 WpHG a.F. an dieser Stelle wieder. 32

Das Wertpapierdienstleistungsunternehmen hat ferner den Kunden darüber zu informieren, ob sich die Anlageberatung auf eine umfangreiche oder eher beschränkte Analyse verschiedener Arten von Finanzierungsinstrumenten stützt. Dem Anleger soll offengelegt werden, ob es sich um Produkte handelt, die von einem Anbieter oder Emittenten stammen, zu dem das Wertpapierdienstleistungsunternehmen eine enge Verbindung hat. Zweck dieser Regelung ist auch hier die Transparenz für den Kunden, ob möglicherweise ein Interessenskonflikt in der Beratung besteht. 33

B. Produktinformationsblatt

Nach § 64 Abs. 2 WpHG ist einem Privatkunden vor Abschluss eines Geschäfts ein Produktinformationsblatt zur Verfügung zu stellen. Die Pflicht zur Aushändigung eines Produktinformationsblatts wurde bereits 2011 in das WpHG eingefügt (§ 31 Abs. 3a WpHG a.F.). Dabei handelt es sich nicht um eine europarechtliche Vorgabe, vielmehr ist dies eine rein nationale Regulierung, die dem deutschen Recht auch anderer Stelle nicht fremd ist, beispielsweise in § 4 Abs. 1 VVG-InfoV, wonach dem Versicherungsnehmer ebenfalls ein Produktinformationsblatt zu überreichen ist. 34

Ab dem 1.7.2018 tritt eine Ausnahme in Kraft, nach der für Aktien ein standardisiertes Informationsblatt ausreichend ist. Ein individualisiertes Informationsblatt ist dann für Aktien, die an einem organisierten Markt gehandelt werden, nicht mehr notwendig. Für Aktien die nicht an einem organisierten Markt gehandelt werden, ist weiterhin ein umfassendes Produktinformationsblatt zu erstellen. Eine entsprechende Ausnahme für die an organisierten Märkten gehandelten Aktien erscheint zweckdienlich, da die Anleger hier bereits durch eine Reihe von Informationspflichten (beispielsweise Ad-hoc-Mitteilungen, Directors-Dealings, etc.) geschützt sind. 35

Der Inhalt des Informationsblatts ist in § 4 WpDVerOV geregelt. Enthalten sein muss die Art des Finanzinstruments, dessen Funktionsweise, die damit verbundenen Risiken, die Aussichten der Kapitalrückzahlung und der Erträge unter verschiedenen Marktbedingungen sowie die mit der Anlage verbunden Kosten. Nach § 4 Abs. 1 S. 3 WpDVerOV muss sich das Informationsblatt immer auf ein *konkretes* Finanzinstrument beziehen. Allgemeine Produktblätter zu einer Klasse von Finanzinstrumenten (beispielsweise Produktblatt „Anleihen“) sind nicht zulässig.[1] Nach § 4 Abs. 2 WpDVerOV ist es auch möglich, dass das Informationsblatt dem Kunden als elektronisches Dokument zur Verfügung gestellt wird. 36

C. Explorationspflicht und Geeignetheitsprüfung

Das Wertpapierdienstleistungsunternehmen hat nach § 64 Abs. 3 WpHG zu prüfen, welche Finanzinstrumente für seine Kunden geeignet sind (Ausfluss der früheren Rechtsprechung zur Pflicht der „anlegergerechten Beratung“). Dazu muss das Wertpapierdienstleistungsunternehmen zunächst Informationen über seine Kunden einholen 37

1 Schwintowski/*Bracht* Kap. 19 Rn. 33.

(„know your customer"), die sogenannte Explorationspflicht. Nach § 64 Abs. 3 WpHG sind darunter die nötigen Informationen über die Anlageziele, die finanziellen Verhältnisse des Kunden sowie die Kenntnisse und Erfahrungen des Kunden im Hinblick auf bestimmte Finanzinstrumente zu verstehen. Eine weitere Konkretisierung erfahren diese Vorgaben durch Art. 54 und 55 DV MiFID II. Dazu zählen auch Anlagezweck und -horizont (=Dauer), sonstige Lebensumstände und beispielsweise das Alter des Kunden.

38 Es empfiehlt sich, dass das Wertpapierdienstleistungsunternehmen die erforderlichen Informationen vom Kunden selbst einholt. Dazu kann ein standardisiertes Formular verwendet werden. Es empfiehlt sich für den Berater ferner aus Beweisgründen die Unterschrift des Kunden einzuholen. Das Wertpapierdienstleistungsunternehmen darf sich auf die Kundenangaben verlassen, sofern diese nicht offensichtlich veraltet, unzutreffend oder unvollständig sind (§ 55 Abs. 3 DV MiFID II).

39 Das Wertpapierdienstleistungsunternehmen hat anschließend die Pflicht zu überprüfen, ob die ausgewählten Finanzinstrumente für den konkreten Kunden geeignet sind („know your merchandise"), die sogenannte Geeignetheitsprüfung. Dabei darf das Wertpapierdienstleistungsunternehmen nach § 64 Abs. 3 S. 2 WpHG nur solche Finanzinstrumente empfehlen, die auf Grundlage der Exploration und der Geeignetheitsprüfung für den Kunden geeignet sind. Folglich findet ein Abgleich zwischen der Kundeninformation und den Eigenschaften des Finanzinstruments statt. Die Empfehlung muss demnach nicht die wirtschaftlichste sein, vielmehr muss sie für den konkreten Kunden passen.

40 Bei Privatkunden muss die Geeignetheitsprüfung nach § 64 Abs. 4 WpHG gegenüber dem Kunden in einer sogenannten Geeignetheitserklärung dokumentiert werden. Diese Geeignetheitserklärung muss gemäß § 64 Abs. 4 S. 1 WpHG auf einem dauerhaften Datenträger im Sinne von § 2 Abs. 43WpHG gespeichert werden. Durch die Geeignetheitserklärung wird das bisherige Beratungsprotokoll gemäß § 34 Abs. 2a WpHG a.F. ersetzt. Für die Wertpapierdienstleistungsunternehmen gilt es zu beachten, dass eine Geeignetheitserklärung auch dann erfolgen muss, wenn der Berater empfiehlt, ein Finanzinstrument nicht zu erwerben oder es zu keinem Geschäftsabschluss kommt. § 64 Abs. 4 S. 2 WpHG verlangt, dass die erbrachte Beratung genannt wird und zudem erläutert wird, wie die Beratung auf die Präferenzen, Anlageziele und sonstigen Merkmale des Kunden abgestimmt wurde. In zeitlicher Hinsicht ist die Geeignetheitserklärung dem Kunden *vor* Vertragsschluss gemäß § 64 Abs. 4 S. 1 WpHG zur Verfügung zu stellen. Eine Ausnahme hiervon macht § 64 Abs. 4 S. 4 WpHG, wonach bei der Verwendung von Fernkommunikationsmitteln das Wertpapierdienstleistungsunternehmen die Geeignetheitserklärung ausnahmsweise unmittelbar nach Abschluss des Vertrages zur Verfügung stellen darf. Voraussetzung hierfür ist allerdings, dass der Kunde zugestimmt hat, dass ihm die Geeignetheitserklärung nach Vertragsschluss übermittelt wird und dass das Wertpapierdienstleistungsunternehmen dem Kunden zuvor angeboten hat, die Ausführung zu verschieben, bis die Geeignetheitserklärung übermittelt wurde.

41 Ein der Regelung des § 34 Abs. 2a S. 4 WpHG a.F. vergleichbares Widerrufsrecht gibt es nach der Novellierung nicht mehr.[2] Ein solches Widerrufsrecht bestand nach § 34 Abs. 2a S. 4 WpHG a.F. für den Fall, dass das Beratungsprotokoll nicht richtig oder unvollständig war. Die Beweislast lag beim Wertpapierdienstleistungsunternehmen. Auch ein zivilrechtlicher Herausgabeanspruch in Bezug auf die Geeignetheitserklärung gibt es – entgegen der bisherigen Regelung – in Zukunft nicht mehr. Die Geeignetheitserklärung hat zudem auch geringere Anforderungen als das bisherige Beratungsprotokoll. Weder muss der zeitliche Rahmen der Beratung erfasst, noch muss vermerkt werden, was An-

2 Schwintowski/*Bracht* Kap. 19 Rn. 25.

lass der Beratung war.[3] Insofern hat das 2. FiMaNoG zu einer Verschlechterung des Anlegerschutzes geführt.[4]

Etwas anderes gilt nach § 34 Abs. 5 WpHG für Unabhängige Honorar-Anlageberatungen. Erfolgt eine Unabhängige Honorar-Anlageberatung, gelten erweiterte Pflichten im Rahmen der Geeignetheitsprüfung. Gemäß § 64 Abs. 5 S. 1 Nr. 1 WpHG ist dafür Sorge zu tragen, dass die angebotenen Finanzinstrumente hinsichtlich ihrer Art und des Emittenten oder Anbieters hinreichend gestreut sind. Ferner legt § 64 Abs. 5 S. 1 Nr. 2 WpHG fest, dass der Berater auch tatsächlich unabhängig agiert, indem er sich nicht auf Finanzinstrumente beschränken darf, die er selbst emittiert oder zu dessen Wertpapierdienstleistungsunternehmen er enge rechtliche oder wirtschaftliche Verbindungen aufweist. Allerdings ist es nicht erforderlich, dass der unabhängige Berater alle auf dem Markt verfügbaren Finanzinstrumente abdecken muss (Umkehrschluss zu Art. 53 Abs. 1 DV MiFID II). 42

D. Verhältnis zu § 63 Abs. 7 WpHG

Mit dem ab 1.7.2018 geltenden § 64 Abs. 2 S. 3 WpHG werden Wertpapierdienstleistungsunternehmen verpflichtet, für börsengehandelte Aktien ein standardisiertes Produktinformationsblatt zu Verfügung zu stellen. Nach § 63 Abs. 7 WpHG schulden Wertpapierdienstleistungsunternehmen ihren Kunden bei der Erbringung von Wertpapierdienstleistungen abstrakte Informationen über Art und Risiken der angebotenen oder nachgefragten Arten von Finanzinstrumenten. Diese Informationen können auch in standardisierter Form erbracht werden (§ 63 Abs. 7 S. 2 WpHG). Offen lässt der Gesetzgeber jedoch, ob die Wertpapierdienstleistungsunternehmen mit dem standardisierten Informationsblatt auch zugleich ihre Pflicht aus § 63 Abs. 7 WpHG erfüllen können. Darüber hilft auch der ebenfalls erst ab dem 1.7.2018 in Kraft tretende § 63 Abs. 7 S. 11 WpHG hinweg, wonach Informationen zu Kosten und Nebenkosten gemäß § 63 Abs. 7 S. 4 und S. 5 WpHG dem Anleger im Fall eines standardisierten Produktinformationsblatt gemäß § 64 Abs. 2 S. 3 WpHG zur Verfügung zu stellen sind.[5] 43

§ 67 WpHG
Kunden; Verordnungsermächtigung

(1) Kunden im Sinne dieses Gesetzes sind alle natürlichen oder juristischen Personen, für die Wertpapierdienstleistungsunternehmen Wertpapierdienstleistungen oder Wertpapiernebendienstleistungen erbringen oder anbahnen.

(2) Professionelle Kunden im Sinne dieses Gesetzes sind Kunden, die über ausreichende Erfahrungen, Kenntnisse und Sachverstand verfügen, um ihre Anlageentscheidungen zu treffen und die damit verbundenen Risiken angemessen beurteilen zu können. Professionelle Kunden im Sinne des Satzes 1 sind

1. Unternehmen, die als
   - **a) Wertpapierdienstleistungsunternehmen,**
   - **b) sonstige zugelassene oder beaufsichtigte Finanzinstitute,**
   - **c) Versicherungsunternehmen,**
   - **d) Organismen für gemeinsame Anlagen und ihre Verwaltungsgesellschaften,**
   - **e) Pensionsfonds und ihre Verwaltungsgesellschaften,**

3 Schwintowski/*Bracht* Kap. 19 Rn. 26.
4 *Buck-Heeb*/*Poelzig* BKR **2017** 485.
5 *Buck-Heeb*/*Poelzig* BKR **2017** 485.

f) Börsenhändler und Warenderivatehändler,
g) sonstige institutionelle Anleger, deren Haupttätigkeit nicht von den Buchstaben a bis f erfasst wird,

im Inland oder Ausland zulassungs- oder aufsichtspflichtig sind, um auf den Finanzmärkten tätig werden zu können;

2. nicht im Sinne der Nummer 1 zulassungs- oder aufsichtspflichtige Unternehmen, die mindestens zwei der drei nachfolgenden Merkmale überschreiten:
   a) 20.000.000 Euro Bilanzsumme,
   b) 40.000.000 Euro Umsatzerlöse,
   c) 2.000.000 Euro Eigenmittel;
3. nationale und regionale Regierungen sowie Stellen der öffentlichen Schuldenverwaltung auf nationaler oder regionaler Ebene;
4. Zentralbanken, internationale und überstaatliche Einrichtungen wie die Weltbank, der Internationale Währungsfonds, die Europäische Zentralbank, die Europäische Investmentbank und andere vergleichbare internationale Organisationen;
5. andere nicht im Sinne der Nummer 1 zulassungs- oder aufsichtspflichtige institutionelle Anleger, deren Haupttätigkeit in der Investition in Finanzinstrumente besteht, und Einrichtungen, die die Verbriefung von Vermögenswerten und andere Finanzierungsgeschäfte betreiben.

Sie werden in Bezug auf alle Finanzinstrumente, Wertpapierdienstleistungen und Wertpapiernebendienstleistungen als professionelle Kunden angesehen.

(3) Privatkunden im Sinne dieses Gesetzes sind Kunden, die keine professionellen Kunden sind.

(4) Geeignete Gegenparteien sind Unternehmen im Sinne des Absatzes 2 Satz 2 Nummer 1 Buchstabe a bis e sowie Einrichtungen nach Absatz 2 Nummer 3 und 4. Den geeigneten Gegenparteien stehen gleich

1. Unternehmen im Sinne des Absatzes 2 Nummer 2 mit Sitz im In- oder Ausland,
2. Unternehmen mit Sitz in einem anderen Mitgliedstaat der Europäischen Union oder einem anderen Vertragsstaat des Abkommens über den Europäischen Wirtschaftsraum, die nach dem Recht des Herkunftsmitgliedstaates als geeignete Gegenparteien im Sinne des Artikels 30 Absatz 3 Satz 1 der Richtlinie 2014/65/EU anzusehen sind,

wenn diese zugestimmt haben, für alle oder einzelne Geschäfte als geeignete Gegenpartei behandelt zu werden.

(5) Ein professioneller Kunde kann mit dem Wertpapierdienstleistungsunternehmen eine Einstufung als Privatkunde vereinbaren. Die Vereinbarung über die Änderung der Einstufung bedarf der Schriftform. Soll die Änderung nicht alle Wertpapierdienstleistungen, Wertpapiernebendienstleistungen und Finanzinstrumente betreffen, ist dies ausdrücklich festzulegen. Ein Wertpapierdienstleistungsunternehmen muss professionelle Kunden im Sinne des Absatzes 2 Satz 2 Nummer 2 und des Absatzes 6 am Anfang einer Geschäftsbeziehung darauf hinweisen, dass sie als professionelle Kunden eingestuft sind und die Möglichkeit einer Änderung der Einstufung nach Satz 1 besteht. Hat ein Wertpapierdienstleistungsunternehmen Kunden vor dem 1. November 2007 auf der Grundlage eines Bewertungsverfahrens, das auf den Sachverstand, die Erfahrungen und Kenntnisse der Kunden abstellt, im Sinne des Absatzes 2 Satz 1 eingestuft, hat die Einstufung nach dem 1. November 2007 Bestand. Diese Kunden sind über die Voraussetzungen der Einstufung nach den Absätzen 2 und 5 und die Möglichkeit der Änderung der Einstufung nach Absatz 5 Satz 4 zu informieren.

(6) Ein Privatkunde kann auf Antrag oder durch Festlegung des Wertpapierdienstleistungsunternehmens als professioneller Kunde eingestuft werden. Der Änderung der Einstufung hat eine Bewertung durch das Wertpapierdienstleistungsunternehmen vorauszugehen, ob der Kunde aufgrund seiner Erfahrungen, Kenntnisse und seines Sachverstandes in der Lage ist, generell oder für eine bestimmte Art von Geschäften eine Anlageentscheidung zu treffen und die damit verbundenen Risiken angemessen zu beurteilen. Eine Änderung der Einstufung kommt nur in Betracht, wenn der Privatkunde mindestens zwei der drei folgenden Kriterien erfüllt:

1. **der Kunde hat an dem Markt, an dem die Finanzinstrumente gehandelt werden, für die er als professioneller Kunde eingestuft werden soll, während des letzten Jahres durchschnittlich zehn Geschäfte von erheblichem Umfang im Quartal getätigt;**
2. **der Kunde verfügt über Bankguthaben und Finanzinstrumente im Wert von mehr als 500.000 Euro;**
3. **der Kunde hat mindestens für ein Jahr einen Beruf am Kapitalmarkt ausgeübt, der Kenntnisse über die in Betracht kommenden Geschäfte, Wertpapierdienstleistungen und Wertpapiernebendienstleistungen voraussetzt.**

Das Wertpapierdienstleistungsunternehmen muss den Privatkunden schriftlich darauf hinweisen, dass mit der Änderung der Einstufung die Schutzvorschriften dieses Gesetzes für Privatkunden nicht mehr gelten. Der Kunde muss schriftlich bestätigen, dass er diesen Hinweis zur Kenntnis genommen hat. Informiert ein professioneller Kunde im Sinne des Satzes 1 oder des Absatzes 2 Satz 2 Nr. 2 das Wertpapierdienstleistungsunternehmen nicht über alle Änderungen, die seine Einstufung als professioneller Kunde beeinflussen können, begründet eine darauf beruhende fehlerhafte Einstufung keinen Pflichtverstoß des Wertpapierdienstleistungsunternehmens.

(7) Das Bundesministerium der Finanzen kann durch Rechtsverordnung, die nicht der Zustimmung des Bundesrates bedarf, nähere Bestimmungen erlassen zu den Vorgaben an eine Einstufung gemäß Absatz 2 Satz 2 Nummer 2 und zu den Kriterien, dem Verfahren und den organisatorischen Vorkehrungen bei einer Änderung oder Beibehaltung der Einstufung nach den Absätzen 5 und 6. Das Bundesministerium der Finanzen kann die Ermächtigung durch Rechtsverordnung auf die Bundesanstalt übertragen.

A. Einführung

Zunächst ist vor einer zu erbringenden Anlageberatung zu erörtern, welcher Kunden- **44**
kategorie der Anleger angehört, da diese Klassifizierung entscheidend dafür ist, welche aufsichtsrechtlichen Normen für die Anlageberatung Beachtung finden müssen. Grundsätzlich findet sich die Kategorisierung der unterschiedlichen Kundenklassen nunmehr in § 67 WpHG, wobei sich keinerlei Änderungen zur Vorgängervorschrift des § 31a WpHG a.F. ergeben. Die Unterteilung besteht weiterhin aus den Gruppen professioneller Kunde, Privatkunde und geeignete Gegenpartei. Innerhalb des Investmentrechts gibt es gemäß § 1 Abs. 19 Nr. 33 KAGB noch eine weitere Kundenklasse, die des semiprofessionellen Anlegers, diese ist jedoch dem WpHG fremd. Die Einordnung des jeweiligen Kunden in die abstrakt, gesetzlich geregelten Kundenkategorien, welche bereits durch MiFID vorgegeben und nach Umsetzung durch das FRUG Einzug in das Wertpapierhandelsgesetz gefunden haben, wird auch durch MiFID II und das 2. FiMaNoG fortgeführt. Damit wird die Abkehr von einer Betrachtung der individuellen Situation des einzelnen Anlegers endgültig im

Aufsichtsrecht zu Gunsten einer standardisierten Kategorisierung zur besseren Überwachungsmöglichkeit aufgegeben. Durch die weitgehenden und verschärften Verhaltenspflichten wird aber weiterhin der Individualbezug zum jeweiligen Anleger sichergestellt. Trotzdem liegt darin die Gefahr einer Verschlechterung der Anlageberatung begründet.

B. Kundenbegriff

45 In § 67 Abs. 1 WpHG wird der Kundebegriff definiert. Hiernach sind alle natürlichen und juristischen Personen erfasst, für die Wertpapierdienstleistungsunternehmen Wertpapierdienstleistungen oder Wertpapiernebendienstleistungen erbringen oder anbahnen. Dass auch bereits die Vertragsanbahnung in den Anwendungsbereich fällt ist sachgerecht, da insoweit bereits aufsichtsrechtlich normierte Verhaltenspflichten durch das Wertpapierdienstleistungsunternehmen zu erfüllen sind und somit die Ausweitung des Anwendungsbereiches stringent ist. Ebenfalls als Kunden zu qualifizieren sind Personengesellschaften und Kapitalgesellschaften, die die Kriterien des § 67 Abs. 2 S. 2 Nr. 2 des WpHG nicht erfüllen. Dies ergibt sich bereits aus § 2 Abs. 3 WpDVerOV, der diesen Gesellschaften die Möglichkeit eröffnet, sich zu gekorenen professionellen Kunden hochstufen zu lassen, sofern die in § 67 Abs. 6 WpHG genannten Kriterien durch eine von der Gesellschaft benannte Person erfüllt werden, die dazu befugt ist, die von der Änderung der Einstufung umfassten Geschäfte im Namen der Gesellschaft zu tätigen.

C. Privatkunden (§ 67 Abs. 3 WpHG)

46 Privatkunden nach § 67 Abs. 3 WpHG sind alle Kunden, die nicht professionelle Kunden sind, hierbei werden sowohl geborene als auch gekorene professionelle Kunden erfasst. Die Privatkundenklasse, welche in der europäischen Gesetzgebung als Kleinanleger bezeichnet werden, stellt somit den Auffangtatbestand dar und wird negativ abgegrenzt von den übrigen Kundengruppen mit dem Ergebnis, dass Schutzlücken vermieden werden. Diese Kundenkategorie genießt umfassenden Schutz aller aufsichtsrechtlichen Verhaltenspflichten, da der europäische Gesetzgeber in Reaktion auf die Finanzkrise nunmehr davon ausgeht, dass Kleinanleger nur begrenzt in der Lage sind, das Risiko ihrer Investitionen einzuschätzen. Die bisherige Diskussion entgegen der geübten Praxis der BaFin hinsichtlich der Qualifizierung von kommunalen Gebietskörperschaften als professionelle Kunden, insbesondere die Landkreise und Kommunen betreffend,[1] welche noch bis zu MiFID II bestand, wurde nunmehr durch den europäischen Gesetzgeber klargestellt. In den Erwägungsgründen wird insoweit ausgeführt, dass grundsätzlich kommunale Gebietskörperschaften als Privatkunden einzustufen sind.[2]

D. Professioneller Kunde (§ 67 Abs. 2 WpHG)

47 Professionelle Kunden nach § 67 Abs. 2 WpHG werden gesetzlich beschrieben als Kunden, die über ausreichende Erfahrungen, Kenntnisse und Sachverstand verfügen, um ihre Anlageentscheidung zu treffen und damit verbundenen Risiken angemessen zu beur-

---

1 Entwurf eines Gesetzes zur Umsetzung der Richtlinie über Märkte für Finanzinstrumente und der Durchführungsrichtlinie der Kommission (Finanzmarkt-Richtlinie-Umsetzungsgesetz), **BT-Drs. 16/4028 S. 65 f.**

2 Erwägungsgrund 104 und Anhang II, II.1. der Richtlinie 2014/65/EU des Europäischen Parlaments und des Rates vom 15. Mai 2014 über Märkte für Finanzinstrumente sowie zur Änderung der Richtlinien 2002/92/EG und 2011/61/EU, **ABl. L 173 S. 349.**

teilen zu können, was eine verminderte Schutzbedürftigkeit dieser Gruppe intendiert. Die vorgenannten Eigenschaften, ob sie tatsächlich vorliegen oder nicht, werden allen genannten Gruppenangehörigen der professionellen Kunden zugeschrieben.[3] Dabei handelt es sich um eine abschließende Aufzählung bestimmter Gruppen von Unternehmen, Regierungen und Institutionen. Neben Wertpapierdienstleitungsunternehmen, sonstigen zugelassenen und beaufsichtigten Finanzinstituten, Versicherungsunternehmen, Organismen für gemeinsame Anlagen und Ihre Verwaltungsgesellschaften, Börsenhändler und Warenderivatehändler sowie sonstige institutionelle Anleger, sind nationale und regionale Regierungen sowie deren jeweilige Stellen für öffentliche Schuldenverwaltung, Zentralbanken, internationale und überstaatliche Einrichtungen (Weltbank, IWF, EZB) als geborene professionelle Kunden erfasst. Außerdem werden gemäß § 67 Abs. 2 S. 2 Nr. 2 WpHG Unternehmen, die zwei der drei Merkmale (20 Mio. Euro Bilanzsumme, 40 Mio. Euro Umsatzerlöse sowie 2 Mio. Euro Eigenmittel) überschreiten als professionelle Kunden eingestuft. Diese Kategorisierung ist umfassend und gilt nicht nur für einzelne Geschäfte, was in § 67 Abs. 2 S. 3 nochmals verdeutlicht wird.

E. Geeignete Gegenpartei (§ 67 Abs. 4 WpHG)

Der Begriff der geeigneten Gegenpartei hat erstmals mit MiFID I Einzug in das WpHG gefunden und umfasst Unternehmen nach § 67 Abs. 2 Nr. 1 lit. a) bis e) sowie nationale und regionale Regierungen sowie deren jeweilige Stellen für öffentliche Schuldenverwaltung, Zentralbanken, internationale und überstaatliche Einrichtungen. Außerdem stehen die nicht zulassungs- oder aufsichtspflichtigen Unternehmen, die zwei der drei Merkmale (20 Mio. Euro Bilanzsumme, 40 Mio. Euro Umsatzerlöse sowie 2 Mio. Euro Eigenmittel) überschreiten und als professionelle Kunden eingestuft werden, ohne Relevanz des Unternehmenssitzes, für einzelne oder alle Geschäfte den geeigneten Gegenparteien gleich, sofern sie dem zustimmen. Selbiges gilt auch für die Unternehmen mit Sitz in einem anderen Mitgliedstaat der Europäischen Union oder des Europäischen Wirtschaftsraumes, die nach dem Recht ihres Herkunftsmitgliedstaates als geeignete Gegenpartei anzusehen sind. Ohne Zustimmung verbleibt es bei der Klassifizierung als professioneller Kunde, sodass zum Teil auch von potenziell geeigneten Parteien in diesen Fällen gesprochen wird.[4] 48

F. Umstufung

Die zuvor aufgezeigten Kundenkategorien, welche eine Klassifizierung der Anleger nach abstrakt gesetzlich normierten Kriterien ermöglicht, wird durch die Möglichkeit der Umstufung in einem gewissen Umfang flexibilisiert. 49

I. Herabstufung (§ 67 Abs. 5 WpHG)

Nach § 67 Abs. 5 WpHG kann aufgrund einer Vereinbarung zwischen dem professionellen Kunden und dem Wertpapierdienstleistungsunternehmen eine Herabstufung des Kunden zum Privatkunden erfolgen. Soll diese Herabstufung nicht alle Wertpapierdienstleistungen, Wertpapiernebendienstleistungen und Finanzinstrumente betreffen, ist dies explizit festzuhalten. Als Formerfordernis für eine solche Änderung erachtet der Gesetzgeber 50

3 Fuchs/*Fuchs* § 31a Rn. 18.
4 Fuchs/*Fuchs* § 31a Rn. 27.

Schriftform im Sinne des § 126 BGB für erforderlich. Ein Formverstoß führt zur Nichtigkeit der Umstufung.[5] Außerdem formuliert der Gesetzgeber, dass für hochgestufte Privatkunden zu gekorenen professionellen Kunden und professionelle Kunden nach § 67 Abs. 2 S. 2 Nr. 2 am Anfang der Geschäftsbeziehung mitzuteilen ist, dass sie als professionelle Kunden durch das Wertpapierdienstleistungsunternehmen eingestuft wurden und das jederzeit durch Vereinbarung die Möglichkeit der Herabstufung für sie besteht. Durch diese Hinweisverpflichtung soll nochmals diesen speziellen Kunden am Anfang der Geschäftsbeziehung ihre Kategorisierung aufgezeigt werden, um ihnen zu ermöglichen, ihr Schutzniveau persönlich nochmals zu überdenken.

II. Hochstufung (§ 67 Abs. 6 WpHG)

51 Hochstufungen zum gekorenen professionellen Kunden sind nur sehr restriktiv möglich, da hiermit eine Verringerung des Schutzniveaus des Kunden einhergeht. Aufgrund des intendierten Ziels der MiFID II, das Schutzniveau für Anleger zu verbessern, erscheinen daher die hohen Hürden in Form von zwingenden Kriterien als sachgerecht.

Eine Hochstufung kann auf Antrag des Privatkunden in Textform (§ 2 Abs. 2 S. 1 Nr. 1 WpDVerOV) oder durch Festlegung des Wertpapierdienstleistungsunternehmens, wobei der Kunde sein Einverständnis hierzu ebenfalls in Textform zu erteilen hat (§ 2 Abs. 2 S. 2 WpDVerOV), erfolgen. Weiter muss spezifiziert werden, ob grundsätzlich oder nur für eine bestimmte Art von Geschäften, Finanzinstrumenten oder Wertpapierdienstleistungen oder lediglich für eine konkrete Transaktion oder Dienstleistung die Hochstufung erfolgt (§ 2 Abs. 2 S. 1 Nr. 1 WpDVerOV). Außerdem muss der Kunde auf einem dauerhaften Datenträger eindeutig auf die rechtlichen Folgen der Einstufungsänderung hingewiesen werden und die Kenntnisnahme dieser Hinweise in einem gesonderten Dokument bestätigen (§ 2 Abs. 2 S. 1 Nr. 2 und 3 WpDVerOV).

52 Für eine Änderung der Einstufung muss das Wertpapierdienstleistungsunternehmen eine individuelle Bewertung vornehmen, ob der Kunde aufgrund seiner Erfahrungen, Kenntnisse und seines Sachverstands in der Lage ist, für die fraglichen Geschäfte eine Anlageentscheidung zu treffen und die damit verbundenen Risiken angemessen zu beurteilen. Innerhalb dieser Bewertung des Wertpapierdienstleistungsunternehmens besteht ein gewisser Bewertungsspielraum, jedoch bedarf es zusätzlicher gesetzlicher Kriterien damit eine Änderung überhaupt möglich ist. Nach § 67 Abs. 5 S. 2 WpHG muss, damit eine Hochstufung überhaupt in Betracht kommt, der Privatkunde zwei der drei Kriterien erfüllen. Erstes Kriterium ist, dass der Kunde während des letzten Jahres durchschnittlich zehn Geschäfte von erheblichem Umfang im Quartal getätigt hat, wobei es nicht relevant ist, ob er diese als Privatperson oder aufgrund anderweitiger beruflicher Tätigkeit ausgeführt hat. Zweites Kriterium ist die Verfügbarkeit von mehr als € 500.000 in Form von Bankguthaben oder Finanzinstrumenten. Drittes und letztes Kriterium ist, dass der Kunde mindestens für ein Jahr einen Beruf am Kapitalmarkt ausgeübt hat, der Kenntnisse über die in Betracht kommenden Geschäfte, Wertpapierdienstleistungen und Wertpapiernebendienstleistungen voraussetzt. Das letzte Kriterium begründet damit, dass in dieser Zeit entsprechende Erfahrungen durch den Kunden gesammelt wurden, die die Vermutung zulassen, dass dieser seine Anlageentscheidungen entsprechend bewerten kann und die Risiken richtig einschätzen wird. Dieses Kriterium ist ausschließlich durch natürliche Personen erfüllbar, da es einen direkten Bezug zum Privatkunden aufweist.

5 Schwark/Zimmer/*Koch* § 31a Rn. 34.

Sollten sowohl die Bewertung als auch zwei der drei Kriterien zutreffen, kommt eine Hochstufung zum gekorenen professionellen Kunden in Betracht. Diese lediglich relative Wirkung der Einstufung im jeweiligen Kundenverhältnis führt dazu, dass ein und derselbe Privatkunde, der Geschäftsbeziehungen mit mehreren Kreditinstituten unterhält, verschiedene Bewertungsverfahren durchlaufen muss und seine Eignung als professioneller Kunde dabei durchaus unterschiedlich eingestuft werden kann.[6] 53

§ 70 WpHG
Zuwendungen und Gebühren; Verordnungsermächtigung

(1) Ein Wertpapierdienstleistungsunternehmen darf im Zusammenhang mit der Erbringung von Wertpapierdienstleistungen oder Wertpapiernebendienstleistungen keine Zuwendungen von Dritten annehmen oder an Dritte gewähren, die nicht Kunden dieser Dienstleistung sind oder nicht im Auftrag des Kunden tätig werden, es sei denn,

1. **die Zuwendung ist darauf ausgelegt, die Qualität der für den Kunden erbrachten Dienstleistung zu verbessern und steht der ordnungsgemäßen Erbringung der Dienstleistung im bestmöglichen Interesse des Kunden im Sinne des § 63 Absatz 1 nicht entgegen und**
2. **Existenz, Art und Umfang der Zuwendung oder, soweit sich der Umfang noch nicht bestimmen lässt, die Art und Weise seiner Berechnung, wird dem Kunden vor der Erbringung der Wertpapierdienstleistung oder Wertpapiernebendienstleistung in umfassender, zutreffender und verständlicher Weise unmissverständlich offen gelegt.**

Wertpapierdienstleistungsunternehmen müssen nachweisen können, dass jegliche von ihnen erhaltenen oder gewährten Zuwendungen dazu bestimmt sind, die Qualität der jeweiligen Dienstleistung für den Kunden zu verbessern. Konnte ein Wertpapierdienstleistungsunternehmen den Umfang der Zuwendung noch nicht bestimmen und hat es dem Kunden statt dessen die Art und Weise der Berechnung offengelegt, so muss es den Kunden nachträglich auch über den genauen Betrag der Zuwendung, die es erhalten oder gewährt hat, unterrichten. Solange das Wertpapierdienstleistungsunternehmen im Zusammenhang mit den für die betreffenden Kunden erbrachten Wertpapierdienstleistungen fortlaufend Zuwendungen erhält, muss es seine Kunden mindestens einmal jährlich individuell über die tatsächliche Höhe der angenommenen oder gewährten Zuwendungen unterrichten.

(2) Zuwendungen im Sinne dieser Vorschrift sind Provisionen, Gebühren oder sonstige Geldleistungen sowie alle nichtmonetären Vorteile. Die Bereitstellung von Analysen durch Dritte an das Wertpapierdienstleistungsunternehmen stellt keine Zuwendung dar, wenn sie die Gegenleistung ist für

1. **eine direkte Zahlung des Wertpapierdienstleistungsunternehmens aus seinen eigenen Mitteln oder**
2. **Zahlungen von einem durch das Wertpapierdienstleistungsunternehmen kontrollierten separaten Analysekonto, wenn**
   a) **auf diesem vom Kunden entrichtete spezielle Analysegebühren verbucht werden,**

6 Fuchs/*Fuchs* § 31a Rn. 40.

b) das Wertpapierdienstleistungsunternehmen ein Analysebudget als Bestandteil der Einrichtung eines Analysekontos festlegt und dieses einer regelmäßigen Bewertung unterzieht,

c) das Wertpapierdienstleistungsunternehmen für das Analysekonto haftbar ist und

d) das Wertpapierdienstleistungsunternehmen die Analysen regelmäßig anhand belastbarer Qualitätskriterien und dahingehend bewertet, ob sie zu besseren Anlageentscheidungen beitragen können.

Hat ein Wertpapierdienstleistungsunternehmen ein Analysekonto eingerichtet, muss es den jeweiligen Kunden vor der Erbringung einer Wertpapierdienstleistung Informationen über die für Analysen veranschlagten Mittel und die Höhe der geschätzten Gebühren sowie jährlich Informationen über die Gesamtkosten, die auf jeden Kunden für die Analysen Dritter entfallen, übermitteln. Für die Bewertung nach Satz 2 Nummer 2 Buchstabe d müssen Wertpapierdienstleistungsunternehmen über alle erforderlichen Bestandteile schriftliche Grundsätze aufstellen und diese ihren Kunden übermitteln.

(3) Führt ein Wertpapierdienstleistungsunternehmen ein Analysekonto, ist es verpflichtet, auf Verlangen des Kunden oder der Bundesanstalt eine Zusammenstellung vorzulegen, die Folgendes beinhaltet:

1. die von einem Analysekonto im Sinne des Absatzes 2 Satz 2 Nummer 2 vergüteten Anbieter,

2. den an die Anbieter von Analysen in einem bestimmten Zeitraum gezahlten Gesamtbetrag,

3. die von dem Wertpapierdienstleistungsunternehmen erhaltenen Vorteile und Dienstleistungen und

4. eine Gegenüberstellung des von dem Analysekonto gezahlten Gesamtbetrages mit dem von dem Unternehmen für diesen Zeitraum veranschlagten Analysebudget,

wobei jede Rückerstattung oder jeder Übertrag, falls Mittel auf dem Konto verbleiben, auszuweisen ist.

(4) Die Offenlegung nach Absatz 1 Satz 1 Nummer 2 und Satz 4 kann im Falle geringfügiger nichtmonetärer Vorteile in Form einer generischen Beschreibung erfolgen. Andere nichtmonetäre Vorteile, die das Wertpapierdienstleistungsunternehmen im Zusammenhang mit der für einen Kunden erbrachten Wertpapierdienstleistung oder Wertpapiernebendienstleistung annimmt oder gewährt, sind der Höhe nach anzugeben und separat offenzulegen. Nähere Einzelheiten zu den Anforderungen nach diesem Absatz sowie nach Absatz 1 Satz 1 Nummer 2 und Satz 3 und 4 ergeben sich aus Artikel 50 der Delegierten Verordnung (EU) 2017/565; darüber hinaus haben Wertpapierdienstleistungsunternehmen den Vorgaben des § 63 Absatz 7 Satz 3 Nummer 2 Rechnung zu tragen.

(5) Ist ein Wertpapierdienstleistungsunternehmen dazu verpflichtet, Zuwendungen, die es im Zusammenhang mit der Erbringung von Wertpapierdienstleistungen oder Wertpapiernebendienstleistungen erhält, an den Kunden auszukehren, muss es ihn über die diesbezüglichen Verfahren informieren.

(6) Ein Wertpapierdienstleistungsunternehmen muss für jede Wertpapierdienstleistung, durch die Aufträge von Kunden ausgeführt werden, separate Gebühren ausweisen, die nur den Kosten für die Ausführung des Geschäfts entsprechen. Die Gewährung jedes anderen Vorteils oder die Erbringung jeder anderen Dienstleistung durch dasselbe Wertpapierdienstleistungsunternehmen für ein anderes Wertpapierdienstleistungsunternehmen, das seinen Sitz in der Europäi-

schen Union hat, wird mit einer separat erkennbaren Gebühr ausgewiesen. Die Gewährung eines anderen Vorteils oder die Erbringung einer anderen Dienstleistung nach Satz 2 und die dafür verlangten Gebühren dürfen nicht beeinflusst sein oder abhängig gemacht werden von der Höhe der Zahlungen für Wertpapierdienstleistungen, durch die Aufträge von Kunden ausgeführt werden.

(7) Gebühren und Entgelte, die die Erbringung von Wertpapierdienstleistungen erst ermöglichen oder dafür notwendig sind, und die ihrer Art nach nicht geeignet sind, die Erfüllung der Pflicht nach § 63 Absatz 1 zu gefährden, sind von dem Verbot nach Absatz 1 ausgenommen.

(8) Nähere Bestimmungen betreffend die Annahme von Zuwendungen nach Absatz 1 ergeben sich aus Artikel 40 der Delegierten Verordnung (EU) 2017/565.

(9) Das Bundesministerium der Finanzen kann durch Rechtsverordnung, die nicht der Zustimmung des Bundesrates bedarf, nähere Bestimmungen erlassen zu

1. **Kriterien für die Art und Bestimmung einer Verbesserung der Qualität im Sinne des Absatzes 1 Satz 1 Nummer 1,**
2. **Art und Inhalt des Nachweises nach Absatz 1 Satz 2,**
3. **Art, Inhalt und Verfahren zur Erhebung einer Analysegebühr sowie der Festlegung, Verwaltung und Verwendung des Analysebudgets nach Absatz 2 Satz 2 Nummer 2 Buchstabe a und b,**
4. **Art, Inhalt und Verfahren betreffend die Verwaltung und Verwendung des von Wertpapierdienstleistungsunternehmen geführten Analysekontos nach Absatz 2 Nummer 2,**
5. **Art und Inhalt der schriftlichen Grundsätze nach Absatz 2 Satz 4.**

Das Bundesministerium der Finanzen kann die Ermächtigung durch Rechtsverordnung auf die Bundesanstalt übertragen.

A. Einführung

Unter einer Zuwendung sind nach § 70 Abs. 1 S. 1 WpHG Provisionen, Gebühren oder sonstige Geldleistungen sowie alle geldwerten Vorteile zu verstehen, die ein Wertpapierdienstleistungsunternehmen von einem Dritten erhält.[1] Dies entspricht insoweit § 31d Abs. 2 WpHG a.F. **54**

B. Verbot von Zuwendungen

Auch nach der Neuregelung ist es damit verboten, entsprechende Zuwendungen im Zusammenhang mit Wertpapier(neben)dienstleistungen an Dritte zu erbringen oder von Dritten zu erhalten. Eine Ausnahme liegt jedoch dann vor, wenn das Wertpapierdienstleistungsunternehmen eine Qualitätsverbesserung der Wertpapierdienstleistung im Zusammenhang mit der Zuwendung nachweisen kann. **55**

Wird eine Zuwendung gewährt, so ist für ihre Zulässigkeit erforderlich, dass für *jegliche* Zuwendung der Nachweis erbracht wird, dass sie zu einer Qualitätsverbesserung geführt hat. Eine Qualitätsverbesserung liegt schon dann vor, wenn die Zuwendungen die Anlageberatung selbst ermöglichen.[2] Eine Qualitätsverbesserung liegt somit vor, wenn dem Kunden damit eine unentgeltliche Anlageberatung angeboten wird.[3] Dies wird in § 6 Abs. 2 Nr. 1 WpDVerOV ausdrücklich klargestellt. Um einem vInteressen- **56**

1 Langenbucher/Bliesener/Spindler/*Spindler* 33. Kap. Rn. 156 ff.
2 Schwark/Zimmer/*Koch* § 31d WpHG Rn. 64.
3 Schwintowski/*Bracht* Kap. 19 Rn. 78.

konflikt vorzubeugen, hat das Wertpapierdienstleistungsunternehmen den Kunden gemäß § 70 Abs. 1 S. 1 Nr. 2 WpHG die jeweiligen Zuwendungen „unmissverständlich" offenzulegen. In § 31d Abs. 1 S. 1 Nr. 2 WpHG a.F. war noch eine „deutliche" Offenlegungausreichend. Die Offenlegung muss sich auf die Existenz, Art und Umfang der Zuwendung beziehen. Dabei können die Angaben sowohl prozentual oder auch betragsmäßig erfolgen. Ist der Umfang der Zuwendung im Vornherein nicht bestimmbar, kann zunächst nur die Berechnungsmethode der Zuwendung angegeben werden. Allerdings ist dem Kunden dann gemäß § 70 Abs. 1 S. 3 WpHG die Höhe der Zuwendung nachträglich mitzuteilen. Erhält das Wertpapierdienstleistungsunternehmen eine fortlaufende Zuwendung, ist der Kunde gemäß § 70 Abs. 1 S. 4 WpHG einmal jährlich über die tatsächliche Höhe der erhaltenen oder vergebenen Zuwendungen zu unterrichten.

57 Für die Unabhängige Honorar-Anlageberatung gilt ein allgemeines Zuwendungsverbot, sofern es sich bei der Zuwendung um eine nicht-monetäre Zuwendung handelt. Eine monetäre Zuwendung ist nur dann zulässig, wenn es das entsprechende Finanzinstrument nicht ohne die Zuwendung gibt (§ 64 Abs. 5 S. 2 und 3 WpHG). Monetäre Zuwendungen sind dann an den Kunden auszukehren.

58 Eine Regelung, nach welcher der Kunde die Herausgabe der Zuwendung verlangen kann, wenn eine Offenlegung unterbleibt, wurde nicht umgesetzt. Dem Kunden ist zukünftig jedoch nach § 63 Abs. 7 WpHG auch der Einkaufspreis des Finanzinstruments anzugeben. Es handelt hierbei um eine reine aufsichtsrechtliche Pflicht des Wertpapierdienstleistungsunternehmens.

§ 83 WpHG
Aufzeichnungs- und Aufbewahrungspflicht

(1) Ein Wertpapierdienstleistungsunternehmen muss, unbeschadet der Aufzeichnungspflichten nach den Artikeln 74 und 75 der Delegierten Verordnung (EU) 2017/565, über die von ihm erbrachten Wertpapierdienstleistungen und Wertpapiernebendienstleistungen sowie die von ihm getätigten Geschäfte Aufzeichnungen erstellen, die es der Bundesanstalt ermöglichen, die Einhaltung der in diesem Abschnitt, in der Verordnung (EU) Nr. 600/2014 und der Verordnung (EU) Nr. 596/2014 geregelten Pflichten zu prüfen und durchzusetzen.

(2) Das Wertpapierdienstleistungsunternehmen hat Aufzeichnungen zu erstellen über Vereinbarungen mit Kunden, die die Rechte und Pflichten der Vertragsparteien sowie die sonstigen Bedingungen festlegen, zu denen das Wertpapierdienstleistungsunternehmen Wertpapierdienstleistungen oder Wertpapiernebendienstleistungen für den Kunden erbringt. In anderen Dokumenten oder Rechtstexten normierte oder vereinbarte Rechte und Pflichten können durch Verweis in die Vereinbarungen einbezogen werden. Nähere Bestimmungen zur Aufzeichnungspflicht nach Satz 1 ergeben sich aus Artikel 58 der Delegierten Verordnung (EU) 2017/565.

(2a) (*weggefallen*)

(2b) (*weggefallen*)

(3) Hinsichtlich der beim Handel für eigene Rechnung getätigten Geschäfte und der Erbringung von Dienstleistungen, die sich auf die Annahme, Übermittlung und Ausführung von Kundenaufträgen beziehen, hat das Wertpapierdienstleistungsunternehmen für Zwecke der Beweissicherung die Inhalte der Telefongespräche und der elektronischen Kommunikation aufzuzeichnen. Die Aufzeichnung hat insbesondere diejenigen Teile der Telefongespräche und der elektronischen Kommunikation zu beinhalten, in welchen die Risiken, die Ertragschancen oder

die Ausgestaltung von Finanzinstrumenten oder Wertpapierdienstleistungen erörtert werden. Hierzu darf das Wertpapierdienstleistungsunternehmen personenbezogene Daten erheben, verarbeiten und nutzen. Dies gilt auch, wenn das Telefongespräch oder die elektronische Kommunikation nicht zum Abschluss eines solchen Geschäftes oder zur Erbringung einer solchen Dienstleistung führt.

(4) Das Wertpapierdienstleistungsunternehmen hat alle angemessenen Maßnahmen zu ergreifen, um einschlägige Telefongespräche und elektronische Kommunikation aufzuzeichnen, die über Geräte erstellt oder von Geräten gesendet oder empfangen werden, die das Wertpapierdienstleistungsunternehmen seinen Mitarbeitern oder beauftragten Personen zur Verfügung stellt oder deren Nutzung das Wertpapierdienstleistungsunternehmen billigt oder gestattet. Telefongespräche und elektronische Kommunikation, die nach Absatz 3 Satz 1 aufzuzeichnen sind, dürfen über private Geräte oder private elektronische Kommunikation der Mitarbeiter nur geführt werden, wenn das Wertpapierdienstleistungsunternehmen diese mit Zustimmung der Mitarbeiter aufzeichnen oder nach Abschluss des Gesprächs auf einen eigenen Datenspeicher kopieren kann.

(5) Das Wertpapierdienstleistungsunternehmen hat Neu- und Altkunden sowie seine Mitarbeiter und beauftragten Personen vorab in geeigneter Weise über die Aufzeichnung von Telefongesprächen nach Absatz 3 Satz 1 zu informieren. Hat ein Wertpapierdienstleistungsunternehmen seine Kunden nicht vorab über die Aufzeichnung der Telefongespräche oder der elektronischen Kommunikation informiert oder hat der Kunde einer Aufzeichnung widersprochen, darf das Wertpapierdienstleistungsunternehmen für den Kunden keine telefonisch oder mittels elektronischer Kommunikation veranlassten Wertpapierdienstleistungen erbringen, wenn sich diese auf die Annahme, Übermittlung und Ausführung von Kundenaufträgen beziehen. Näheres regelt Artikel 76 der Delegierten Verordnung (EU) 2017/565.

(6) Erteilt der Kunde dem Wertpapierdienstleistungsunternehmen seinen Auftrag im Rahmen eines persönlichen Gesprächs, hat das Wertpapierdienstleistungsunternehmen die Erteilung des Auftrags mittels eines dauerhaften Datenträgers zu dokumentieren. Zu diesem Zweck dürfen auch schriftliche Protokolle oder Vermerke über den Inhalt des persönlichen Gesprächs angefertigt werden. Erteilt der Kunde seinen Auftrag auf andere Art und Weise, müssen solche Mitteilungen auf einem dauerhaften Datenträger erfolgen. Näheres regelt Artikel 76 Absatz 9 der Delegierten Verordnung (EU) 2017/565.

(7) Der Kunde kann von dem Wertpapierdienstleistungsunternehmen bis zur Löschung oder Vernichtung nach Absatz 8 jederzeit verlangen, dass ihm die Aufzeichnungen nach Absatz 3 Satz 1 und der Dokumentation nach Absatz 6 Satz 1 oder eine Kopie zur Verfügung gestellt werden.

(8) Die Aufzeichnungen nach den Absätzen 3 und 6 sind für fünf Jahre aufzubewahren, soweit sie für die dort genannten Zwecke erforderlich sind. Sie sind nach Ablauf der in Satz 1 genannten Frist zu löschen oder zu vernichten.

Die Löschung oder Vernichtung ist zu dokumentieren. Erhält die Bundesanstalt vor Ablauf der in Satz 1 genannten Frist Kenntnis von Umständen, die eine über die in Satz 1 genannte Höchstfrist hinausgehende Speicherung der Aufzeichnung insbesondere zur Beweissicherung erfordern, kann die Bundesanstalt die in Satz 1 genannte Höchstfrist zur Speicherung der Aufzeichnung um zwei Jahre verlängern.

(9) Die nach den Absätzen 3 und 6 erstellten Aufzeichnungen sind gegen nachträgliche Verfälschung und unbefugte Verwendung zu sichern und dürfen nicht

für andere Zwecke genutzt werden, insbesondere nicht zur Überwachung der Mitarbeiter durch das Wertpapierdienstleistungsunternehmen. Sie dürfen nur unter bestimmten Voraussetzungen, insbesondere zur Erfüllung eines Kundenauftrags, der Anforderung durch die Bundesanstalt oder eine andere Aufsichts- oder eine Strafverfolgungsbehörde und nur durch einen oder mehrere vom Wertpapierdienstleistungsunternehmen gesondert zu benennende Mitarbeiter ausgewertet werden.

(10) Das Bundesministerium der Finanzen kann durch Rechtsverordnung, die nicht der Zustimmung des Bundesrates bedarf, nähere Bestimmungen zu den Aufzeichnungspflichten und zu der Geeignetheit von Datenträgern nach den Absätzen 1 bis 7 erlassen. Das Bundesministerium der Finanzen kann die Ermächtigung durch Rechtsverordnung auf die Bundesanstalt übertragen.

(11) Die Bundesanstalt veröffentlicht auf ihrer Internetseite ein Verzeichnis der Mindestaufzeichnungen, die die Wertpapierdienstleistungsunternehmen nach diesem Gesetz in Verbindung mit einer Rechtsverordnung nach Absatz 11 vorzunehmen haben.

(12) Absatz 2 gilt nicht für Immobiliar-Verbraucherdarlehensverträge nach § 491 Absatz 3 des Bürgerlichen Gesetzbuchs, die an die Vorbedingung geknüpft sind, dass dem Verbraucher eine Wertpapierdienstleistung in Bezug auf gedeckte Schuldverschreibungen, die zur Besicherung der Finanzierung des Kredits begeben worden sind und denen dieselben Konditionen wie dem Immobiliar-Verbraucherdarlehensvertrag zugrunde liegen, erbracht wird, und wenn damit das Darlehen ausgezahlt, refinanziert oder abgelöst werden kann.

A. Aufzeichnungspflicht

59 In § 83 Abs. 3 WpHG hat der Gesetzgeber nunmehr auch eine Pflicht der Wertpapierdienstleistungsunternehmen zur Aufzeichnung der Telefongespräche sowie der elektronischen Kommunikation normiert, das sog. Taping. Als Sinn und Zweck der Aufzeichnungspflicht führt der Gesetzgeber in § 83 Abs. 3 S. 1 WpHG vornehmlich Beweiszwecke an.

60 Die Voraussetzungen für eine Aufzeichnungspflicht können dabei bereits bei einem beratungsfreien Geschäft entstehen. § 83 Abs. 3 S. 1 WpHG stellt insoweit klar, dass neben den klassischen beratenden Geschäften auch die reine Annahme, Übermittlung und Ausführung von Kundenausführungen aufzuzeichnen ist. Verlangt der Kunde ausdrücklich keine Beratung und gibt eine Order für ein bestimmtes Finanzierungsinstrument in eigener Verantwortung ab, ist er spätestens bei Erteilung der Order darauf hinzuweisen, dass die Order ohne Beratung erteilt wird und ihm ist der Geschäftsabschluss zu bestätigen. Dieser Teil des Gesprächs ist aufzuzeichnen.[1] Für die Aufzeichnungspflicht ist es nach § 83 Abs. 3 S. 4 WpHG auch nicht relevant, ob das Geschäft zu einem Abschluss führt oder nicht. Die Daten sind von dem Wertpapierdienstleistungsunternehmen für die Dauer von zunächst fünf Jahren aufzubewahren. Während dieser Zeit hat der Kunde gemäß § 83 Abs. 7 WpHG das Recht, die Aufzeichnungen oder eine Kopie hiervon zur Verfügung gestellt zu bekommen. Nach Ablauf der Frist ist das Wertpapierdienstleistungsunternehmen verpflichtet die Daten zu löschen oder zu vernichten, es sei denn dass die BaFin die Frist aufgrund § 83 Abs. 8 S. 4 WpHG verlängert. Problematisch ist hierbei je-

---

1 Entwurf eines Zweiten Gesetzes zur Novellierung von Finanzmarktvorschriften auf Grund europäischer Rechtsakte (Zweites Finanzmarktnovellierungsgesetz – 2. FiMaNoG), **BT-Drucks. 18/10936 S. 245.**

doch, dass die absolute Verjährung nach § 199 Abs. 3 S. 1 Nr. 1 BGB zehn Jahre beträgt. Zur Vermeidung von Nachteilen für den Anleger, wäre eine Synchronisierung der Aufbewahrungspflichten mit den allgemeinen Verjährungsregelungen sinnvoll gewesen.

Neben der Aufzeichnung von Telefongesprächen besteht auch eine Aufzeichnungs- 61
pflicht für jegliche elektronische Kommunikation. Was genau unter „elektronischer Kommunikation" zu verstehen ist, geht weder aus dem Gesetzestext, noch aus MiFID II hervor. Betrachtet man das Konsultationspapier der ESMA vom 22.5.2014[2] soll der Begriff „elektronische Kommunikation" allerdings weit zu verstehen sein, da angesichts ständiger technologischer Innovationen eine abschließende Aufzählung von Kommunikationsformen schnell veraltet wäre. Damit erfasst die elektronische Kommunikation neben den klassischen elektronischen Kommunikationswegen wie E-Mail und Fax auch SMS, Chat, Skype, App und ähnliches.[3] Die Wertpapierdienstleistungsunternehmen sind nach § 83 Abs. 4 WpHG verpflichtet die geeigneten Maßnahmen zu ergreifen, um solche technischen Aufzeichnungen zu ermöglichen.

Nach § 83 Abs. 3 S. 2 WpHG bezieht sich die Aufzeichnungspflicht vornehmlich auf die 62
Darstellung von Risiken, Ertragschancen und die Produktausgestaltung. Die Aufzeichnungspflichten werden daneben auch durch Art. 76 DV MiFID II und die Q&A ESMA[4] konkretisiert.

Mit den neugeschaffenen Aufzeichnungspflichten folgen für das Wertpapierdienst- 63
leistungsunternehmen auch erweiterte Informationspflichten. Nach § 83 Abs. 5 WpHG hat das Wertpapierdienstleistungsunternehmen die Kunden vorab darüber zu informieren, dass eine Aufzeichnung der Gespräche erfolgt. Dies gilt nicht nur für Neukunden, sondern auch Altkunden sind über diesen Umstand zu informieren. Der Kunde hat dann das Recht einer Aufzeichnung zu widersprechen. Widerspricht der Kunde der Aufzeichnung oder verletzt das Wertpapierdienstleistungsunternehmen seine erweiterte Informationspflicht, darf das Wertpapierdienstleistungsunternehmen keine entsprechenden Wertpapierdienstleistungen für den Kunden mehr erbringen.

Erfolgt die Beauftragung des Wertpapierdienstleistungsunternehmens durch den 64
Kunden in einem persönlichen Gespräch, ist dieses nach § 83 Abs. 6 auf einem dauerhaften Datenträger abzuspeichern. Dabei versteht der Gesetzgeber unter persönlichem Gespräch diejenigen Gespräche zwischen Kunden und Wertpapierdienstleistungsunternehmen, die nicht mittels Telefongespräch oder elektronischer Kommunikation erfolgen. Hierzu wird das Wertpapierdienstleistungsunternehmen ermächtigt, schriftliche Protokolle oder Vermerke des Gesprächs anfertigen zu können. Der Gesetzgeber hat mithin bei persönlichen Gesprächen darauf verzichtet, auch hier eine strenge Aufzeichnungspflicht anzuordnen. Vielmehr ist der Kunde darauf angewiesen, dass das Gespräch ordnungsgemäß protokolliert wird. Die Praxis wird zeigen müssen, inwieweit diese weniger strenge Regelung nachteilig für die Kunden sein wird. In jedem Fall steckt darin eine gewisse Missbrauchsgefahr im Hinblick auf den Inhalt des Protokolls beziehungsweise des Vermerks.

Problematisch ist ferner die Frage, ab welchem Zeitpunkt ein Wertpapierdienstleis- 65
tungsunternehmen ein Gespräch aufzuzeichnen hat. Findet ein allgemeines Kundengespräch statt, kann dieses in seinem Verlauf zu jedem Zeitpunkt in ein Beratungsgespräch

---

2 Vgl. Ziff. 2.6 Tz. 6 des ESMA Consultation Paper on MiFID/MiFIR Technical Advice, ESMA/2014/549 vom 22. 5. 2014, abrufbar unter: www.esma.europa.eu/system/files/2014-549_-_consultation_paper_mifid_ii_-_mifir.pdf.
3 *Roth/Blessing* CCZ **2017** 8, 10.
4 ESMA, Questions and Answers on MiFID II and MiFIR investor protection and intermediaries topics, 10.7.2017, **ESMA35-43-349**, S. 31 ff.

über Wertpapierdienstleistungen übergehen. Zweckdienlich wäre es danach, jegliches Kundengespräch von Anfang an aufzuzeichnen. Dies würde jedoch zu einer uferlosen Sammlung von Kundendaten führen, was hinsichtlich der am 25. Mai 2018 anzuwendenden Datenschutzgrundverordnung bedenklich ist. Auf der anderen Seite stellt die Aufzeichnung des Gesprächs einen gewichtigen Beweis hinsichtlich der ordnungsgemäßen Beratung dar. Dieses Problem hat der Gesetzgeber im Rahmen des Gesetzgebungsverfahrens auch gesehen und sich entschieden, der Beweissicherung den Vorrang zu geben.[5] Zum Schutz des Kunden dürfen die aufgezeichneten Daten nach 83 Abs. 9 WpHG jedoch nur zu Beweiszwecken genutzt werden. Hinsichtlich des genauen Zeitpunkts der Aufzeichnungen hat der Gesetzgeber allerdings keine klare Regelung vorgegeben und stellt in seiner Begründung dar, dass zum Zwecke der Beweissicherung „frühzeitig“ mit der Aufzeichnung begonnen werden solle.[6]

B. Rahmenvereinbarung

66 Für Wertpapierdienstleistungsunternehmen besteht gemäß § 83 Abs. 2 S. 2 WpHG i.V.m. Art. 58 DV MiFID II ferner die Pflicht, bei Erbringung einer Wertpapierdienstleistung eine schriftliche Rahmenvereinbarung mit dem Kunden abzuschließen. Ziel dieser Rahmenvereinbarung ist ein besseres Verständnis für den Kunden bezüglich der Art der erbrachten Dienstleistung.[7] Darüber hinaus soll die Vereinbarung der Rechtssicherheit dienen. Im Rahmen der Anlageberatung gibt es allerdings eine Ausnahme. Nach Art. 58 Unterabs. 1 S. 2 DV MiFID II muss eine Rahmenvereinbarung nur dann erfolgen, wenn „regelmäßige Eignungsbeurteilungen“ auf die empfohlenen Produkte oder Dienstleistungen vorgenommen werden.[8]

§ 120 WpHG
Bußgeldvorschriften; Verordnungsermächtigung

(...)

(8) Ordnungswidrig handelt, wer vorsätzlich oder leichtfertig

20. entgegen § 59 Absatz 1 Satz 3 nicht in der Lage ist, Informationen in der vorgeschriebenen Weise zur Verfügung zu stellen,

(...)

27. entgegen § 63 Absatz 2 Satz 1 in Verbindung mit Satz 2, auch in Verbindung mit dem auf Grundlage von Artikel 23 Absatz 4 in Verbindung mit Artikel 89 der Richtlinie 2014/65/EU des Europäischen Parlaments und des Rates vom 15. Mai 2014 über Märkte für Finanzinstrumente sowie zur Änderung der Richtlinien 2002/92/EG und 2011/61/EU (ABl. L 173 vom 12.6.2014, S. 349; L 74 vom 18.3.2015, S. 38; L 188 vom 13.7.2016, S. 28; L 273 vom 8.10.2016, S. 35; L 64 vom 10.3.2017, S. 116), die zuletzt durch die Richtlinie (EU) 2016/1034 (ABl. L 175 vom 30.6.2016, S. 8) geändert worden ist, erlassenen delegierten Rechtsakt der Europäischen Kommission, eine Darlegung nicht, nicht richtig, nicht vollständig, nicht in der vorgeschriebenen Weise oder nicht rechtzeitig vornimmt,

---

5 *Buck-Heeb/Poelzig* BKR **2017** 485.
6 Entwurf eines Zweiten Gesetzes zur Novellierung von Finanzmarktvorschriften auf Grund europäischer Rechtsakte (Zweites Finanzmarktnovellierungsgesetz – 2. FiMaNoG), **BT-Drucks. 18/10936 S. 244**.
7 *Buck-Heeb/Poelzig* BKR **2017** 485.
8 Vgl. hierzu § 64 Abs. 1 S. 1 Nr. WpHG.

28. als Wertpapierdienstleistungsunternehmen entgegen § 63 Absatz 3 Satz 1, auch in Verbindung mit dem auf Grundlage von Artikel 24 Absatz 13 in Verbindung mit Artikel 89 der Richtlinie 2014/65/EU erlassenen delegierten Rechtsakt der Europäischen Kommission, keine Sicherstellung trifft,
29. als Wertpapierdienstleistungsunternehmen entgegen § 63 Absatz 3 Satz 2, auch in Verbindung mit dem auf Grundlage von Artikel 24 Absatz 13 in Verbindung mit Artikel 89 der Richtlinie 2014/65/EU erlassenen delegierten Rechtsakt der Europäischen Kommission, einen Anreiz setzt,
30. als Wertpapierdienstleistungsunternehmen ein Finanzinstrument vertreibt, das nicht gemäß den Anforderungen des § 63 Absatz 4, auch in Verbindung mit einer Rechtsverordnung nach § 80 Absatz 14 sowie dem auf Grundlage von Artikel 24 Absatz 13 in Verbindung mit Artikel 89 der Richtlinie 2014/65/EU erlassenen delegierten Rechtsakt der Europäischen Kommission, konzipiert wurde,
31. als Wertpapierdienstleistungsunternehmen entgegen § 63 Absatz 6 Satz 1, auch in Verbindung mit dem auf Grundlage von Artikel 24 Absatz 13 in Verbindung mit Artikel 89 der Richtlinie 2014/65/EU erlassenen delegierten Rechtsakt der Europäischen Kommission, Informationen zugänglich macht, die nicht redlich, nicht eindeutig oder irreführend sind,
32. als Wertpapierdienstleistungsunternehmen einer anderen Person eine Marketingmitteilung zugänglich macht, die entgegen § 63 Absatz 6 Satz 2 nicht eindeutig als solche erkennbar ist,
33. entgegen § 63 Absatz 7 Satz 1 in Verbindung mit den Sätzen 3 und 4, auch in Verbindung mit Satz 11, auch in Verbindung mit einer Rechtsverordnung nach Absatz 14 und auch in Verbindung mit dem auf Grundlage von Artikel 24 Absatz 13 in Verbindung mit Artikel 89 der Richtlinie 2014/65/EU erlassenen delegierten Rechtsakt der Europäischen Kommission, Informationen nicht, nicht richtig, nicht vollständig, nicht in der vorgeschriebenen Weise oder nicht rechtzeitig zur Verfügung stellt,
34. entgegen § 63 Absatz 7 Satz 5, auch in Verbindung mit dem auf Grundlage von Artikel 24 Absatz 13 in Verbindung mit Artikel 89 der Richtlinie 2014/65/EU erlassenen delegierten Rechtsakt der Europäischen Kommission, eine Aufstellung nicht, nicht richtig oder nicht vollständig zur Verfügung stellt,
35. entgegen § 64 Absatz 1, auch in Verbindung mit dem auf Grundlage von Artikel 24 Absatz 3 in Verbindung mit Artikel 89 der Richtlinie 2014/65/EU erlassenen delegierten Rechtsakt der Europäischen Kommission, einen Kunden nicht, nicht richtig, nicht vollständig, nicht in der vorgeschriebenen Weise oder nicht rechtzeitig informiert,
36. entgegen § 63 Absatz 9 Satz 1, auch in Verbindung mit dem auf Grundlage von Artikel 24 Absatz 3 in Verbindung mit Artikel 89 der Richtlinie 2014/65/EU erlassenen delegierten Rechtsakt der Europäischen Kommission, einen Kunden nicht oder nicht richtig informiert oder ihm nicht für jeden Bestandteil getrennt Kosten und Gebühren nachweist,
37. entgegen § 63 Absatz 9 Satz 2, auch in Verbindung mit dem auf Grundlage von Artikel 24 Absatz 3 in Verbindung mit Artikel 89 der Richtlinie 2014/65/EU erlassenen delegierten Rechtsakt der Europäischen Kommission, einen Privatkunden nicht oder nicht in angemessener Weise informiert,
38. entgegen
    a) § 64 Absatz 2 Satz 1 oder Satz 3 in Verbindung mit einer Rechtsverordnung nach § 64 Absatz 10 Satz 1 Nummer 1 ein Informationsblatt oder

b) § 64 Absatz 2 Satz 3 in Verbindung mit Satz 1 die wesentlichen Anlegerinformationen oder

c) § 64 Absatz 2 Satz 3 in Verbindung mit Satz 1 ein Vermögensanlagen-Informationsblatt

nicht, nicht richtig, nicht vollständig oder nicht rechtzeitig zur Verfügung stellt,

39. **entgegen § 64 Absatz 3 Satz 1, auch in Verbindung mit dem auf Grundlage von Artikel 25 Absatz 8 in Verbindung mit Artikel 89 der Richtlinie 2014/65/EU erlassenen delegierten Rechtsakt der Europäischen Kommission, die dort genannten Informationen nicht oder nicht vollständig einholt,**
40. **entgegen § 64 Absatz 3 Satz 2 bis 4 ein Finanzinstrument oder eine Wertpapierdienstleistung empfiehlt oder ein Geschäft tätigt,**
41. **entgegen § 64 Absatz 4 Satz 1 in Verbindung mit Satz 2, auch in Verbindung mit dem auf Grundlage von Artikel 25 Absatz 8 in Verbindung mit Artikel 89 der Richtlinie 2014/65/EU erlassenen delegierten Rechtsakt der Europäischen Kommission, eine Geeignetheitserklärung nicht, nicht richtig, nicht vollständig, nicht in der vorgeschriebenen Weise oder nicht rechtzeitig zur Verfügung stellt,**
42. **als Wertpapierdienstleistungsunternehmen, das einem Kunden im Verlauf einer Anlageberatung mitgeteilt hat, dass eine Unabhängige Honorar-Anlageberatung erbracht wird, dem Kunden gegenüber eine Empfehlung eines Finanzinstruments ausspricht, der nicht eine im Sinne von § 64 Absatz 5 Nummer 1, auch in Verbindung mit dem auf Grundlage von Artikel 24 Absatz 3 in Verbindung mit Artikel 89 der Richtlinie 2014/65/EU erlassenen delegierten Rechtsakt der Europäischen Kommission, ausreichende Palette von Finanzinstrumenten zugrunde liegt,**
43. **entgegen § 64 Absatz 6 Satz 1, auch in Verbindung mit einer Rechtsverordnung nach § 64 Absatz 10 Nummer 2, eine Information nicht, nicht richtig oder nicht vollständig oder nicht rechtzeitig gibt,**
44. **entgegen § 64 Absatz 6 Satz 2 einen Vertragsschluss als Festpreisgeschäft ausführt,**
45. **entgegen § 64 Absatz 7, auch in Verbindung mit einer Rechtsverordnung nach § 64 Absatz 10 Nummer 3, eine Zuwendung annimmt oder behält,**
46. **entgegen § 63 Absatz 10 Satz 1, auch in Verbindung mit Satz 2, jeweils auch in Verbindung mit dem auf Grundlage von Artikel 25 Absatz 8 in Verbindung mit Artikel 89 der Richtlinie 2014/65/EU erlassenen delegierten Rechtsakt der Europäischen Kommission, die dort genannten Informationen nicht oder nicht vollständig einholt,**
47. **entgegen § 63 Absatz 10 Satz 3 oder 4, auch in Verbindung mit dem auf Grundlage von Artikel 25 Absatz 8 in Verbindung mit Artikel 89 der Richtlinie 2014/65/EU erlassenen delegierten Rechtsakt der Europäischen Kommission, einen Hinweis oder eine Information nicht oder nicht rechtzeitig gibt,**
48. **entgegen § 63 Absatz 12 Satz 1 in Verbindung mit Satz 2, auch in Verbindung mit § 64 Absatz 8, jeweils auch in Verbindung mit dem auf Grundlage von Artikel 25 Absatz 8 in Verbindung mit Artikel 89 der Richtlinie 2014/65/EU erlassenen delegierten Rechtsakt der Europäischen Kommission, einem Kunden nicht regelmäßig berichtet oder nicht den Ausführungsort eines Auftrags mitteilt,**

(...)

123. **entgegen § 83 Absatz 1 oder Absatz 2 Satz 1, auch in Verbindung mit einer Rechtsverordnung nach § 83 Absatz 10 Satz 1 und den Artikeln 58 sowie 72 bis**

74 der Delegierten Verordnung (EU) 2017/565, eine dort genannte Aufzeichnung nicht, nicht richtig oder nicht vollständig erstellt,

124. entgegen § 83 Absatz 3 Satz 1, auch in Verbindung mit einer Rechtsverordnung nach § 83 Absatz 10 Satz 1 und Artikel 76 der Delegierten Verordnung (EU) 2017/565, ein Telefongespräch oder eine elektronische Kommunikation nicht, nicht richtig, nicht vollständig oder nicht in der vorgeschriebenen Weise aufzeichnet,

125. entgegen § 83 Absatz 4 Satz 1, auch in Verbindung mit einer Rechtsverordnung nach § 83 Absatz 10 Satz 1, nicht alle angemessenen Maßnahmen ergreift, um einschlägige Telefongespräche und elektronische Kommunikation aufzuzeichnen,

126. entgegen § 83 Absatz 5, auch in Verbindung mit einer Rechtsverordnung nach § 83 Absatz 10 Satz 1 und Artikel 76 Absatz 8 der Delegierten Verordnung (EU) 2017/565, einen Kunden nicht oder nicht rechtzeitig vorab in geeigneter Weise über die Aufzeichnung von Telefongesprächen nach § 83 Absatz 3 Satz 1 informiert,

127. entgegen § 84 Absatz 1 Satz 1 oder Absatz 4 Satz 1 keine geeigneten Vorkehrungen trifft, um die Rechte der Kunden an ihnen gehörenden Finanzinstrumenten oder Geldern zu schützen und zu verhindern, dass diese ohne ausdrückliche Zustimmung für eigene Rechnung verwendet werden,

(...).

(9) Ordnungswidrig handelt, wer gegen die Verordnung (EU) Nr. 600/2014 des Europäischen Parlaments und des Rates vom 15. Mai 2014 über Märkte für Finanzinstrumente und zur Änderung der Verordnung (EU) Nr. 648/2012 (ABl. L 173 vom 12.6.2014, S. 84) verstößt, indem er vorsätzlich oder leichtfertig

1. als Wertpapierdienstleistungsunternehmen im Sinne dieses Gesetzes entgegen
   a) Artikel 3 Absatz 1,
   b) Artikel 6 Absatz 1,
   c) Artikel 8 Absatz 1 Satz 2,
   d) Artikel 8 Absatz 4 Satz 2,
   e) Artikel 10 Absatz 1,
   f) Artikel 11 Absatz 3 Unterabsatz 3 in Verbindung mit Artikel 10 Absatz 1,
   g) Artikel 31 Absatz 2

   eine Veröffentlichung nicht, nicht richtig, nicht vollständig, nicht in der vorgeschriebenen Weise oder nicht rechtzeitig vornimmt,
2. als Wertpapierdienstleistungsunternehmen im Sinne dieses Gesetzes entgegen
   a) Artikel 3 Absatz 3,
   b) Artikel 6 Absatz 2

   nicht in der dort beschriebenen Weise Zugang zu den betreffenden Systemen gewährt,
3. als Wertpapierdienstleistungsunternehmen im Sinne dieses Gesetzes entgegen
   a) Artikel 8 Absatz 3,
   b) Artikel 10 Absatz 2

   nicht in der dort beschriebenen Weise Zugang zu den betreffenden Einrichtungen gewährt,
4. als Wertpapierdienstleistungsunternehmen im Sinne dieses Gesetzes entgegen

a) Artikel 7 Absatz 1 Unterabsatz 3 Satz 1 eine Genehmigung nicht rechtzeitig einholt oder auf geplante Regelungen für eine Veröffentlichung nicht, nicht richtig, nicht vollständig, nicht in der vorgeschriebenen Weise oder nicht rechtzeitig hinweist,

b) Artikel 11 Absatz 1 Unterabsatz 3 Satz 1 auf geplante Regelungen für eine Veröffentlichung nicht, nicht richtig, nicht vollständig, nicht in der vorgeschriebenen Weise oder nicht rechtzeitig hinweist,

c) Artikel 12 Absatz 1 eine Information nicht, nicht richtig, nicht vollständig, nicht in der vorgeschriebenen Weise oder nicht rechtzeitig offenlegt,

d) Artikel 13 Absatz 1 Satz 1 in Verbindung mit Satz 2 eine Angabe oder Information nicht, nicht richtig, nicht in der vorgeschriebenen Weise oder nicht rechtzeitig offenlegt oder bereitstellt oder keinen diskriminierungsfreien Zugang zu den Informationen sicherstellt,

e) Artikel 14 Absatz 1 Unterabsatz 1 in Verbindung mit Artikel 14 Absatz 3, 4, 5 und Artikel 15 Absatz 1 Unterabsatz 1 eine Kursofferte nicht, nicht vollständig, nicht in der vorgeschriebenen Weise, nicht rechtzeitig oder nicht im vorgeschriebenen Umfang offenlegt,

f) Artikel 25 Absatz 2 Satz 1 die betreffenden Daten eines Auftrags nicht, nicht richtig, nicht vollständig oder nicht in der vorgeschriebenen Weise aufzeichnet oder die aufgezeichneten Daten nicht für mindestens fünf Jahre zur Verfügung der zuständigen Behörde hält,

g) Artikel 26 Absatz 5 eine Meldung nicht, nicht richtig, nicht vollständig, nicht in der vorgeschriebenen Weise oder nicht rechtzeitig vornimmt,

h) Artikel 31 Absatz 3 Satz 1 eine Aufzeichnung nicht, nicht richtig, nicht vollständig oder nicht in der vorgeschriebenen Weise führt,

i) Artikel 31 Absatz 3 Satz 2 der Europäischen Wertpapier- und Marktaufsichtsbehörde eine Aufzeichnung nicht, nicht vollständig oder nicht rechtzeitig zur Verfügung stellt,

j) Artikel 35 Absatz 1 Unterabsatz 1 Satz 1 das Clearen nicht oder nicht auf nichtdiskriminierender und transparenter Basis übernimmt,

k) Artikel 35 Absatz 2 Satz 1 einen Antrag nicht in der vorgeschriebenen Form übermittelt,

l) Artikel 35 Absatz 3 Satz 1 dem Handelsplatz nicht, nicht in der vorgeschriebenen Weise oder nicht rechtzeitig antwortet,

m) Artikel 35 Absatz 3 Satz 2 einen Antrag ablehnt,

n) Artikel 35 Absatz 3 Satz 3, auch in Verbindung mit Satz 4, eine Untersagung nicht ausführlich begründet oder eine Unterrichtung oder Mitteilung nicht oder nicht in der vorgeschriebenen Weise vornimmt,

o) Artikel 35 Absatz 3 Satz 5 einen Zugang nicht oder nicht rechtzeitig ermöglicht,

p) Artikel 36 Absatz 1 Unterabsatz 1 Satz 1 Handelsdaten nicht auf nichtdiskriminierender und transparenter Basis bereitstellt,

q) Artikel 36 Absatz 3 Satz 1 einer zentralen Gegenpartei nicht, nicht in der vorgeschriebenen Weise oder nicht rechtzeitig antwortet,

r) Artikel 36 Absatz 3 Satz 2 einen Zugang verweigert, ohne dass die dort genannten Voraussetzungen für eine Zugangsverweigerung vorliegen,

s) Artikel 36 Absatz 3 Satz 5 einen Zugang nicht oder nicht rechtzeitig ermöglicht,

5. als Wertpapierdienstleistungsunternehmen im Sinne dieses Gesetzes im Zuge des Betriebs eines multilateralen Handelssystems oder eines organisierten

Handelssystems ein System zur Formalisierung ausgehandelter Geschäfte betreibt, das nicht oder nicht vollständig den in Artikel 4 Absatz 3 Unterabsatz 1 beschriebenen Anforderungen entspricht,

6. **entgegen Artikel 14 Absatz 1 Unterabsatz 2 in Verbindung mit Artikel 14 Absatz 3, 4 und 5 eine Kursofferte nicht, nicht vollständig, nicht in der vorgeschriebenen Weise oder nicht im vorgeschriebenen Umfang macht,**
7. **entgegen Artikel 15 Absatz 4 Satz 2 einen Auftrag nicht in der vorgeschriebenen Weise ausführt,**
8. **als systematischer Internalisierer entgegen Artikel 17 Absatz 1 Satz 2 in Verbindung mit Artikel 17 Absatz 1 Satz 1 nicht über eindeutige Standards für den Zugang zu Kursofferten verfügt,**
9. **entgegen Artikel 18 Absatz 1 in Verbindung mit Artikel 18 Absatz 9 eine dort genannte Kursofferte nicht veröffentlicht,**
10. **entgegen Artikel 18 Absatz 2 Satz 1 in Verbindung mit Artikel 18 Absatz 9 keine Kursofferte macht,**
11. **entgegen Artikel 18 Absatz 5 Satz 1 eine Kursofferte nicht zugänglich macht,**
12. **entgegen Artikel 18 Absatz 6 Unterabsatz 1 nicht eine Verpflichtung zum Abschluss eines Geschäfts mit einem anderen Kunden eingeht,**
13. **als systematischer Internalisierer entgegen Artikel 18 Absatz 8 die dort vorgeschriebene Bekanntmachung nicht oder nicht in der dort vorgeschriebenen Weise vornimmt,**
14. **entgegen**
    a) **Artikel 20 Absatz 1 Satz 1 in Verbindung mit Artikel 20 Absatz 1 Satz 2 und Absatz 2,**
    b) **Artikel 21 Absatz 1 Satz 1 in Verbindung mit Artikel 21 Absatz 1 Satz 2, Absatz 2, 3 und Artikel 10**

    eine dort vorgeschriebene Veröffentlichung nicht, nicht richtig, nicht vollständig, nicht rechtzeitig oder nicht in der vorgeschriebenen Weise vornimmt,
15. **als Wertpapierdienstleistungsunternehmen, als genehmigtes Veröffentlichungssystem oder als Bereitsteller konsolidierter Datenträger entgegen Artikel 22 Absatz 2 erforderliche Daten nicht während eines ausreichenden Zeitraums speichert,**
16. **entgegen Artikel 23 Absatz 1 ein Handelsgeschäft außerhalb der dort genannten Handelssysteme tätigt,**
17. **entgegen Artikel 25 Absatz 1 Satz 1 die betreffenden Daten eines Auftrags oder eines Geschäfts nicht, nicht richtig, nicht vollständig oder nicht in der vorgeschriebenen Weise aufzeichnet oder aufgezeichnete Daten nicht für mindestens fünf Jahre zur Verfügung der zuständigen Behörde hält,**
18. **entgegen Artikel 26 Absatz 1 Unterabsatz 1, auch in Verbindung mit Artikel 26 Absatz 4 Satz 2, eine Meldung nicht, nicht richtig, nicht vollständig, nicht in der vorgeschriebenen Weise oder nicht rechtzeitig vornimmt,**
19. **entgegen Artikel 26 Absatz 4 Satz 1 einem übermittelten Auftrag nicht sämtliche Einzelheiten beifügt,**
20. **als genehmigter Meldemechanismus oder als Betreiber eines Handelsplatzes entgegen Artikel 26 Absatz 7 Unterabsatz 1 eine Meldung nicht, nicht richtig oder nicht vollständig übermittelt,**
21. **als Betreiber eines Handelsplatzes im Sinne des Artikels 4 Absatz 1 Nummer 24 entgegen Artikel 26 Absatz 5 eine Meldung nicht, nicht richtig, nicht vollständig, nicht in der vorgeschriebenen Weise oder nicht rechtzeitig vornimmt,**

22. als Wertpapierdienstleistungsunternehmen, systematischer Internalisierer oder Betreiber eines Handelsplatzes entgegen Artikel 27 Absatz 1 Unterabsatz 1, 2 oder 3 Satz 2 identifizierende Referenzdaten in Bezug auf ein Finanzinstrument nicht, nicht richtig, nicht vollständig, nicht in der vorgeschriebenen Weise oder nicht rechtzeitig zur Verfügung stellt oder aktualisiert,
23. entgegen Artikel 28 Absatz 1, auch in Verbindung mit Artikel 28 Absatz 2 Unterabsatz 1, ein Geschäft an einem anderen als den dort bezeichneten Plätzen abschließt,
24. als zentrale Gegenpartei im Sinne des Artikels 2 Absatz 1 der Verordnung (EU) Nr. 648/2012 oder als Wertpapierdienstleistungsunternehmen im Sinne dieses Gesetzes entgegen Artikel 29 Absatz 2 Unterabsatz 1 nicht über die dort bezeichneten Systeme, Verfahren und Vorkehrungen verfügt,
25. entgegen Artikel 36 Absatz 2 einen Antrag nicht oder nicht in der vorgeschriebenen Weise übermittelt,
26. entgegen Artikel 37 Absatz 1 einen Zugang nicht, nicht in der vorgeschriebenen Weise oder nicht rechtzeitig gewährt,
27. als zentrale Gegenpartei im Sinne des Artikels 2 Absatz 1 der Verordnung (EU) Nr. 648/2012 oder als Wertpapierdienstleistungsunternehmen im Sinne dieses Gesetzes oder als mit einem der beiden Erstgenannten verbundenes Unternehmen entgegen Artikel 37 Absatz 3 eine dort genannte Vereinbarung trifft,
28. einem vollziehbaren Beschluss der Europäischen Wertpapier- und Marktaufsichtsbehörde nach Artikel 40 Absatz 1 zuwiderhandelt,
29. einem vollziehbaren Beschluss der Europäischen Bankenaufsichtsbehörde nach Artikel 41 Absatz 1 zuwiderhandelt oder
30. einer vollziehbaren Anordnung der Bundesanstalt nach Artikel 42 Absatz 1 zuwiderhandelt.

(...)

(20) Die Ordnungswidrigkeit kann in den Fällen der Absätze 8 und 9 mit einer Geldbuße bis zu fünf Millionen Euro geahndet werden. Gegenüber einer juristischen Person oder Personenvereinigung kann über Satz 1 hinaus eine höhere Geldbuße in Höhe von bis zu 10 Prozent des Gesamtumsatzes, den die juristische Person oder Personenvereinigung im der Behördenentscheidung vorangegangenen Geschäftsjahr erzielt hat, verhängt werden. Über die in den Sätzen 1 und 2 genannten Beträge hinaus kann die Ordnungswidrigkeit mit einer Geldbuße bis zum Zweifachen des aus dem Verstoß gezogenen wirtschaftlichen Vorteils geahndet werden. Der wirtschaftliche Vorteil umfasst erzielte Gewinne und vermiedene Verluste und kann geschätzt werden.

(23) Gesamtumsatz im Sinne des Absatzes 17 Satz 2 Nummer 2, des Absatzes 18 Satz 2 Nummer 1 und 2, des Absatzes 19 Satz 2, des Absatzes 20 Satz 2, des Absatzes 21 Satz 2 und des Absatzes 22 Satz 2 ist

1. im Falle von Kreditinstituten, Zahlungsinstituten und Finanzdienstleistungsinstituten im Sinne des § 340 des Handelsgesetzbuchs der sich aus dem auf das Institut anwendbaren nationalen Recht im Einklang mit Artikel 27 Nummer 1, 3, 4, 6 und 7 oder Artikel 28 Nummer B1, B2, B3, B4 und B7 der Richtlinie 86/635/EWG des Rates vom 8. Dezember 1986 über den Jahresabschluss und den konsolidierten Abschluss von Banken und anderen Finanzinstituten (ABl. L 372 vom 31.12.1986, S. 1) ergebende Gesamtbetrag, abzüglich der Umsatzsteuer und sonstiger direkt auf diese Erträge erhobener Steuern,
2. im Falle von Versicherungsunternehmen der sich aus dem auf das Versicherungsunternehmen anwendbaren nationalen Recht im Einklang mit Artikel 63

der Richtlinie 91/674/EWG des Rates vom 19. Dezember 1991 über den Jahresabschluss und den konsolidierten Abschluss von Versicherungsunternehmen (ABl. L 374 vom 31.12.1991, S. 7) ergebende Gesamtbetrag, abzüglich der Umsatzsteuer und sonstiger direkt auf diese Erträge erhobener Steuern,

3. im Übrigen der Betrag der Nettoumsatzerlöse nach Maßgabe des auf das Unternehmen anwendbaren nationalen Rechts im Einklang mit Artikel 2 Nummer 5 der Richtlinie 2013/34/EU.

Handelt es sich bei der juristischen Person oder Personenvereinigung um ein Mutterunternehmen oder um eine Tochtergesellschaft, so ist anstelle des Gesamtumsatzes der juristischen Person oder Personenvereinigung der jeweilige Gesamtbetrag in dem Konzernabschluss des Mutterunternehmens maßgeblich, der für den größten Kreis von Unternehmen aufgestellt wird. Wird der Konzernabschluss für den größten Kreis von Unternehmen nicht nach den in Satz 1 genannten Vorschriften aufgestellt, ist der Gesamtumsatz nach Maßgabe der den in Satz 1 Nummer 1 bis 3 vergleichbaren Posten des Konzernabschlusses zu ermitteln. Ist ein Jahresabschluss oder Konzernabschluss für das maßgebliche Geschäftsjahr nicht verfügbar, ist der Jahres- oder Konzernabschluss für das unmittelbar vorausgehende Geschäftsjahr maßgeblich; ist auch dieser nicht verfügbar, kann der Gesamtumsatz geschätzt werden.

(...)

(28) Das Bundesministerium der Finanzen wird ermächtigt, soweit dies zur Durchsetzung der Rechtsakte der Europäischen Union erforderlich ist, durch Rechtsverordnung ohne Zustimmung des Bundesrates die Tatbestände zu bezeichnen, die als Ordnungswidrigkeit nach Absatz 2 Nummer 16 geahndet werden können.

Mit der Neuregelung des WpHG durch das 2. FiMaNoG hat der deutsche Gesetzgeber **67** eine Ausweitung der Sanktionsinstrumente der BaFin vorgenommen und die bisherigen Regelungen in §§ 39ff. WpHG a.F. durch die §§ 120ff. WpHG deutlich verschärft. Dabei hat sich der Gesetzgeber im Wesentlichen auf die Mindeststandards der MiFID II beschränkt, obwohl ausdrücklich auch strengere Maßnahmen durch Art. 69 Abs. 2, 70 MiFID II zulässig gewesen wären.

A. Bußgeldregelungen

In § 120 WpHG finden sich gebündelt alle Bußgeldvorschriften. Vorsätzliche und **68** leichtfertige Verstöße gegen §§ 63 und 64 WpHG werden aufgrund von § 120 Abs. 8 Nr. 27–48 WpHG bußgeldbewehrt. Verstöße gegen die Aufzeichnungs- und Aufbewahrungspflichten des § 83 WpHG werden nach § 120 Abs. 8 Nr. 123–126 WpHG sanktioniert. Auch in diesem Fall sind nur leichtfertige und vorsätzliche Verstöße erfasst.

Eine Beschränkung auf leichtfertige und vorsätzliche Verstöße sieht Art. 70 Abs. 1 **69** MiFID II nicht vor. Vielmehr heißt es dort, dass die Mitgliedstaaten Vorschriften für verwaltungsrechtliche Sanktionen und Maßnahmen festlegen, die bei *allen* Verstößen greifen. Der deutsche Gesetzgeber hat entsprechende Sanktionen jedoch auf leichtfertige und vorsätzliche Verstöße beschränkt. Im Anwendungsbereich des WpHG wird die Leichtfertigkeit als eine besonders qualifizierte Fahrlässigkeit verstanden, die im Wesentlichen der groben Fahrlässigkeit des Zivilrechts entspricht.[1] Zwar wird in der Litera-

1 *Buttlar/Hammermaier* ZBB **2017** 1.

tur diskutiert, ob die Beschränkung auf leichtfertiges und vorsätzliches Handeln einen Verstoß gegen Unionsrecht darstellt,[2] nichtsdestotrotz spricht einiges dafür, dass die Anknüpfung an Vorsatz und Leichtfertigkeit trotzdem den Vorgaben der MiFID II entsprechen. Art. 72 Abs. 2 lit. b MiFID II sieht vor, dass auch der Grad der Verantwortung zu berücksichtigen ist. Ferner können auch einfach fahrlässige Verstöße beispielsweise durch Anordnungen nach § 6 WpHG geahndet werden.[3]

B. Bußgeldhöchstgrenzen

70 Mit der Neuregelung wurden auch die Bußgeldhöchstgrenzen deutlich angehoben. Bisher sah § 39 Abs. 4 WpHG a.F. als Höchstgrenze € 1 Mio. vor. Diese Grenze wurde in § 120 Abs. 20 WpHG für Verstöße gegen die Absätze 8 und 9 auf bis zu € 5 Mio. ausgedehnt. Als weitere Verschärfung können gegenüber juristischen Personen und Personenvereinigungen nach § 120 Abs. 20 S. 2 WpHG auch Bußgelder in Höhe von bis zu zehn Prozent des jährlichen Gesamtumsatzes verhängt werden. Darüber hinaus kann gemäß § 120 Abs. 20 S. 3 WpHG eine Geldbuße bis zum Zweifachen des durch den Verstoß erzielten wirtschaftlichen Vorteils angeordnet werden. Dazu stellt der Gesetzgeber klar, dass der wirtschaftliche Vorteil auch die erzielten Gewinne enthält und im Zweifel durch die BaFin geschätzt werden kann. Die Höchstgrenze bildet der im konkreten Fall jeweils höhere Betrag.[4]

71 Besondere Brisanz erfährt dabei die umsatzabhängige Höchstgrenze für juristische Personen oder Personenvereinigungen. Dabei definiert der Gesetzgeber in § 120 Abs. 23 S. 1 WpHG die Bedeutung des Gesamtumsatzes. Handelt es sich um Kredit- oder Finanzdienstleistungsinstitute im Sinne des § 340 HGB, ist dies gemäß § 120 Abs. 23 S. 1 Nr. 1 WpHG der sich aus dem Jahres- oder Konzernabschluss ergebende Gesamtbetrag abzüglich Umsatzsteuer und sonstiger direkt auf diese Erträge erhobene Steuern.

72 Handelt es sich um eine Konzerngesellschaft, so ist nach § 120 Abs. 23 S. 2 WpHG der Gesamtbetrag der Muttergesellschaft maßgeblich. Der Gesetzgeber stellt damit bei der Bemessung des Bußgeldes nicht auf die einzelne Tochtergesellschaft ab, sondern auf den Gesamtkonzern. Im Ergebnis sind durch diese Regelung in Zukunft deutlich höhere Bußgelder zu erwarten, ähnlich wie sie bisher nur aus dem Kartellrecht bekannt sind.

73 Im Schrifttum ist umstritten, ob es sich bei den neuen Höchstgrenzen im Kapitalmarktrecht um Kappungs- oder Obergrenzen handelt.[5] Geht man von einer Kappungsgrenze aus, ist es zulässig zur Ermittlung der Zwischenbeträge die umsatzabhängige Höchstgrenze zu überschreiten und erst in einem zweiten Schritt diese Zwischenbeträge dann bei der Grenze von zehn Prozent zu kappen. Anders verhält es sich bei einer Obergrenze. Diese steckt von vornherein den Rahmen ab, innerhalb dessen das Bußgeld – nach Schwere und Dauer – zu bestimmen ist. Eine Kappungsgrenze führt folglich zu durchschnittlich höheren Bußgeldern, als eine Obergrenze, da durch die zunächst unbeschränkte Festlegung des Bußgeldes mit anschließender Kappung, auch bei weniger schweren Verstößen schnell die Höchstgrenze erreicht ist.[6]

74 Der Bundesgerichtshof hat für das allgemeine Ordnungswidrigkeitsrecht in verfassungskonformer Auslegung entschieden, dass es sich um die dortigen Höchstsätze um

---

2 *Buttlar/Hammermaier* ZBB **2017** 1; *Veil* ZGR **2016** 305.
3 *Buck-Heeb/Poelzig* BKR**2017** 485.
4 *Buck-Heeb/Poelzig* BKR **2017** 485.
5 *Poelzig* NZG **2016** 492; *Veil* ZGR **2016** 305.
6 Vgl. *Buck-Heeb/Poelzig* BKR **2017** 485, 494.

Obergrenzen und nicht um Kappungsgrenzen handele.[7] Hinsichtlich § 120 WpHG lässt der Gesetzgeber ebenfalls offen, ob es sich dabei um Ober- oder Kappungsgrenzen handelt. Im Hinblick auf die Entscheidung des Bundesgerichtshofs spricht jedoch einiges dafür, auch die in § 120 WpHG genannten Höchstbeträge als Obergrenze zu sehen. Für eine Obergrenze spricht zudem, dass eine Sanktion nach dem Grundsatz „nulla poene sine lege certa" hinreichend bestimmt und demnach einfach zu berechnen sein muss.

§ 280 Abs. 1 BGB
Haftung

§ 280 BGB
Schadensersatz wegen Pflichtverletzung

(1) Verletzt der Schuldner eine Pflicht aus dem Schuldverhältnis, so kann der Gläubiger Ersatz des hierdurch entstehenden Schadens verlangen. Dies gilt nicht, wenn der Schuldner die Pflichtverletzung nicht zu vertreten hat.

(2) Schadensersatz wegen Verzögerung der Leistung kann der Gläubiger nur unter der zusätzlichen Voraussetzung des § 286 verlangen.

(3) Schadensersatz statt der Leistung kann der Gläubiger nur unter den zusätzlichen Voraussetzungen des § 281, des § 282 oder des § 283 verlangen.

§ 241 BGB
Pflichten aus dem Schuldverhältnis

(1) Kraft des Schuldverhältnisses ist der Gläubiger berechtigt, von dem Schuldner eine Leistung zu fordern. Die Leistung kann auch in einem Unterlassen bestehen.

(2) Das Schuldverhältnis kann nach seinem Inhalt jeden Teil zur Rücksicht auf die Rechte, Rechtsgüter und Interessen des anderen Teils verpflichten.

A. Grundlage

75 Grundsätzlich sind die Regelungssysteme des Aufsichtsrechts und des Zivilrechts unabhängig voneinander zu betrachten, an dieser Tatsache ändert sich auch nach Umsetzung von MiFID II[1] durch das 2. FiMaNoG[2] nichts. Daher kann allein der Verstoß aufsichtsrechtlicher Pflichten nicht ohne weiteres eine zivilrechtliche Haftung des Wertpapierdienstleistungsunternehmens begründen, da das Wertpapierhandelsgesetz keine zivilrechtlichen Folgen an Verstöße gegen die §§ 63 ff. WpHG knüpft. Alle nach Umsetzung der MiFID II implementierten Sanktionen sind ordnungsrechtliche Konsequenzen des öffentlichen Rechts, wie Bußgelder oder ähnlich belastende Verwaltungsakte der BaFin und daher als öffentlich-rechtliches Über-/Unterordnungsverhältnis zu qualifizieren. Dies wird flankiert durch die Bestimmungen in § 4 Abs. 4 Finanzdienstleistungsaufsichtsgesetz, wonach die BaFin ihre Aufgaben und Befugnisse nur im öffentlichen Interesse wahrnimmt.

76 Die zivilrechtliche Haftung des Anlageberaters gegenüber fehlerhaft beratenen Kunden hingegen basiert jedoch primär auf dem Beratungsvertrag, somit also auf einem

7 BGHSt 26.2.2013 **58**, 158.

1 Richtlinie 2014/65/EU des Europäischen Parlaments und des Rates vom 15. Mai 2014 über Märkte für Finanzinstrumente sowie zur Änderung der Richtlinien 2002/92/EG und 2011/61/EU, **ABl. L 173 S. 349**.
2 Zweites Finanzmarktnovellierungsgesetz, **BGBl. I 2017 S. 1693**.

gleichstufigen Parteienverhältnis eines gemeinsamen Vertragsverhältnisses. Dies bedeutet dementsprechend, dass eine Haftung des Anlageberaters zunächst nur in Betracht kommt, sofern eine vertraglich begründete Pflicht gegenüber dem Kunden durch das Wertpapierdienstleistungsunternehmen verletzt wurde. Folglich steht es den Vertragsparteien frei, soweit nicht zwingend gesetzliche Regelungen die Dispositionsmaxime der Parteien beschränken, vertragliche Pflichten korrespondierend zu formulieren.

77 Das genaue Verhältnis zwischen aufsichtsrechtlichen Verhaltenspflichten des Wertpapierhandelsgesetzes und den zivilrechtlichen Beratungspflichten ist auch nach der Umsetzung von MiFID II weiterhin nicht gelöst. Auch nach der Umsetzung bleiben Unsicherheiten bestehen, ob und inwieweit Wertpapierdienstleitungsunternehmen für Verstöße gegen die normierten Verhaltensregeln gegenüber ihren Kunden vertraglich haften müssen.[3]

78 Innerhalb der Diskussion werden verschiedene Ansätze vertreten. Einerseits wird vertreten, dass aufgrund der rechtsgebietsübergreifenden Vollharmonisierung durch MiFID I[4] und MiFID II ein fehlender Gleichlauf von Aufsichtsrecht und Zivilrecht europarechtswidrig wäre.[5] Andere erachten die aufsichtsrechtlichen Pflichten als zivilrechtliche Nebenpflichten nach § 241 Abs. 2 BGB des Beratungsvertrages.[6] Andererseits wird im Gegensatz zu dieser zivilrechtlichen Doppelnatur[7] der aufsichtsrechtlichen Normierungen vertreten, dass lediglich eine Ausstrahlungswirkung von den aufsichtsrechtlichen Pflichten auf das Zivilrecht ausgehe.[8] Grundsätzlich schränkt daher das Aufsichtsrecht nicht die Privatautonomie der Vertragsparteien ein, aufsichtsrechtliche Pflichten können jedoch unter Beachtung der allgemein anerkannten Regeln zur Auslegung von Willenserklärungen vor dem Hintergrund der Interesslage der Parteien gemäß §§ 133, 157 BGB herangezogen werden.[9] Somit führt weder die Verletzung aufsichtsrechtlicher Pflichten zwangsläufig zu einer zivilrechtlichen Haftung, noch scheidet eine Pflichtverletzung trotz Wahrung der aufsichtsrechtlichen Vorgaben grundsätzlich aus.[10]

79 Weiterhin ist umstritten, wie die Ausstrahlungswirkung sich zivilrechtlich konkretisiert. Dabei wird sowohl vertreten, dass diese Wirkung über eine Schutzgesetzqualität im Sinne von § 823 Abs. 2 BGB besteht[11] oder die aufsichtsrechtlichen Vorgaben den zivilrechtlichen Mindeststandard bilden[12] oder lediglich als Auslegungshilfen heranzuziehen sind, wenn es der Konkretisierung zivilrechtlicher Pflichten bedarf, insbesondere im Rahmen von Blanketttatbeständen wie § 241 Abs. 2 BGB.[13] Dieser Lesart schließt sich auch die Rechtsprechung an, um vertragliche Pflichten des Wertpapierdienstleistungsunternehmens näher zu konkretisieren und im Ergebnis weitreichende Überwachungspflichten bei weitergeleitenden Kundenaufträgen zu verneinen[14] oder hinsichtlich des Zuwendungsverbots den gesetzgeberischen aufsichtsrechtlich verankerten Transparenzgedanken auch auf den Beratungsvertrag und dessen Inhalt anzuwenden.[15]

3 *Buck-Heeb/Poelzig* BKR **2017** 485.
4 Richtlinie 2004/39/EG des Europäischen Parlaments und des Rates vom 21.4.2004 über Märkte für Finanzinstrumente, **ABl. L 145 S. 1.**
5 Schwintowski/*Bracht* Kap.19 Rn. 9.
6 *Lang* ZBB **2004** 289.
7 Schwark/Zimmer/*Schwark* Vor. § 31 Rn. 15; *Eichert/Wenninger* WM 2007 627.
8 Fuchs/*Fuchs* Vor § 31 ff. Rn. 81.
9 Schwintowski/*Bracht* Kap.19 Rn. 8 ff.
10 *Grigoleit* ZHR **2013** 264.
11 *Spindler/Kasten* WM **2006** 1797.
12 Fuchs/*Fuchs* Vor. § 31 ff. Rn. 83.
13 Festschrift Nobbe (2009) 523.
14 BGH 19. 3. 2013 NJW **2013** 3293.
15 BGH 3.6.3014 BGHZ **201** 310.

Im Bereich der Kundenkategorisierung gemäß § 67 WpHG wurde bereits bei der Vorgängervorschrift des § 31a WpHG a.F. eine Ausstrahlungswirkung der aufsichtsrechtlichen Kategorien in das Zivilrecht angenommen. Eine Fortführung dieser Annahme erscheint naheliegend, da die Klassifikation des Kunden, also ob der jeweilige Anleger die Fähigkeit besitzt das Risiko seiner Anlage richtig einzuschätzen, eine wesentliche Orientierungshilfe für die Schutzbedürftigkeit und Eigenverantwortlichkeit des Kunden ist und somit indizielle Wirkung hat.[16] **80**

Auch kann eine zivilrechtliche Haftung nicht über die Ausstrahlungswirkung, sondern vielmehr über direkte aufsichtsrechtliche Pflichten hergeleitet werden, beispielweise für nicht berichtigte Fehler des bei der Anlageberatung und vor Geschäftsabschluss auszuhändigenden Informationsblattes nach § 64 Abs. 2 WpHG, da dies ebenfalls eine Pflichtverletzung des Beratungsvertrages begründet und somit eine Haftung des Wertpapierdienstleistungsunternehmens in Betracht kommt.[17] **81**

Es bleibt festzuhalten, dass trotz zweier selbstständiger Regelungssysteme im Aufsichtsrecht und im Zivilrecht beide nicht völlig losgelöst nebeneinanderstehen. Neben möglicher Ausstrahlungswirkungen kommt es zum Teil zu direkten Bezügen im zivilrechtlichen Haftungsregime in der Anlageberatung. Trotzdem ist die zivilrechtliche Haftung des Wertpapierdienstleistungsunternehmens bei Verstößen gegen aufsichtsrechtliche Verhaltensregeln auch durch die Umsetzung der MiFID II weiterhin mit Unsicherheiten behaftet.

B. Vertragliche Haftung

Die vertragliche Haftung ergibt sich aus § 280 Abs. 1 in Verbindung mit §§ 675, 611, 241 Abs. 2 BGB.

I. Beratungsvertrag

Das bereits einleitend vorgestellte Bond-Urteil[18] des Bundesgerichtshofes aus dem Jahr 1993 ist immer noch wegweisend und die dort ausgeurteilten grundsätzlichen Anforderungen an eine pflichtgemäße Anlageberatung hinsichtlich einer anleger- und objektgerechten Beratung wurden stetig weiter präzisiert und näher ausdifferenziert, aber im Grundsatz fortgeführt. **82**

Mit Aufnahme des Beratungsgespräches wird nach ständiger Rechtsprechung zurückgehend auf die Bond-Entscheidung konkludent ein Beratungsvertrag geschlossen, sofern ein Anlageinteressent an eine Bank oder der Anlageberater einer Bank an einen Kunden herantritt, um über die Anlage eines Geldbetrages beraten zu werden bzw. zu beraten,[19] und zwar unabhängig davon, ob schriftlich oder mündlich, entgeltlich oder unentgeltlich und ob überhaupt abschließend ein Anlagegeschäft zustande kommt. **83**

Die Annahme der Rechtsprechung eines bestehenden Rechtsbindungswillen der Bank bzw. des Anlageberaters, von dem sie quasi en passant ausgeht, stieß teilweise in der Literatur auf Kritik, da es sich beim Beratungsvertrag um eine bloße Fiktion handle.[20] Ein entsprechender Rechtsbindungswille der Bank bzw. des Anlageberaters soll aber dann angenommen werden können, wenn eine über allgemeine Informationen hinaus- **84**

---

16 Schwark/Zimmer/*Koch* § 31a Rn. 62.
17 *Schäfer/Schäfer* ZBB **2013** 23.
18 BGH 6.7.1993 BGHZ **123** 126.
19 BGH 6.7.1993 BGHZ **123** 126.
20 Festschrift Nobbe (2009) 639.

gehende Auskunft erteilt wird.[21] Auf Seiten des Kunden wird in aller Regel der Rechtsbindungswillen zu bejahen sein, da dieser für den Kunden vorteilhaft ist.[22]

85 Ein stillschweigend geschlossener Beratungsvertrag kommt jedoch dann nicht in Betracht, wenn die Bank – wie es Discount-Broker bzw. Direktbanken üblicherweise tun – bereits bei Aufnahme der Geschäftsbeziehung erklärt, sich nur an gut informierte und erfahrene Anleger zu wenden und zur Aufklärung nur durch Übersendung von Informationsbroschüren, nicht aber durch individuelle Hinweise bereit zu sein.[23] Erteilt ein Anleger in Kenntnis dieses Umstandes sodann eine Order, wird hierin durch die Rechtsprechung die konkludente Erklärung des Anlegers erblickt, dass dieser keine weitere Beratung benötigt und daher nicht aufklärungsbedürftig ist.

86 Somit ergibt sich jeweils aus den Umständen des Einzelfalls, ob ein stillschweigend geschlossener Beratungsvertrag angenommen werden kann oder aufgrund der konkreten Umstände ausnahmsweise nicht. Die Rechtsprechung ist mit der Annahme eines konkludent geschlossenen Beratungsvertrages jedoch durchaus großzügig.

II. Pflichtverletzung der anleger- und objektgerechten Beratung

87 Durch den Beratungsvertrag ist der Anlageberater verpflichtet, den Kunden anleger- und objektgerecht (anlagerecht) zu beraten. Die hierbei zu erfüllenden Aufklärungs- und Beratungspflichten sind jeweils gesondert für jedes empfohlene Produkt einzelfallbezogen zu betrachten, d.h. werden mehrere Kapitalanlageprodukte empfohlen, muss die Beratung jeweils für jedes einzelne Anlageprodukt den Anforderungen der anleger- und objektgerechten Beratung gerecht werden. Es handelt sich bei der Feststellung der Pflichtverletzung also immer um eine konkrete Einzelfallbetrachtung mit der Folge, dass sich dadurch typisierende Pflichten aufgrund unzähliger gerichtlicher Entscheidungen zu verschiedensten Anlageprodukten nur bedingt fassen lassen. In der Bond-Entscheidung führt der Bundesgerichtshof bereits 1993 insoweit aus, dass Inhalt und Umfang der Beratungspflicht von einer Reihe von Faktoren abhängig sind, die sich einerseits auf die Person des Kunden und andererseits auf das Anlageprojekt beziehen.[24] Im Folgenden soll daher die Struktur der anleger- und objektgerechten Beratung nähergebracht werden und nicht auf alle in der Rechtsprechung behandelten einzelnen Problemstellungen eingegangen werden.

88 **1. Anlegergerechte Beratung.** Die anlegergerechte Anlageberatung richtet sich grundsätzlich aufgrund der bereits mehrfach zitierten richtungsweisenden BondRechtsprechung des Bundesgerichtshofes am konkret zu beratenen Kunden aus. Anders ausgedrückt: Die Anforderungen an eine ordnungsgemäße Anlageberatung richten sich nach der konkreten Beratungsbedürftigkeit des Kunden. Somit benötigen unerfahrenere Kunden mehr Beratung als bereits geschäftserfahrene Kunden. Daher muss der Anlageberater kundenspezifisch das Wissen und die Erfahrung des jeweilig zu beratenen Anlegers in Bezug auf Finanzanlagen und Wertpapiergeschäften allgemein sowie in Bezug auf die konkret empfohlenen Anlageprodukte speziell und dessen individuelle Risikobereitschaft diesbezüglich ergründen, um sodann eine maßgeschneiderte Empfehlung für den Kunden abgegeben zu können.

---

21 OLG Düsseldorf 19.1.2015 BeckRS **2015** 06708.
22 BeckOK BGB/*Buck-Heeb*/*Lang* § 675 Rn. 192.
23 BGH 19.3.2013 BGHZ **196**, 370.
24 BGH 6.7.1993 BGHZ **123** 126.

Die durch die Rechtsprechung herausgebildeten Aufklärungs- und Beratungspflichten zur anlegergerechten Beratung entsprechen weitgehend den aufgrund der gebotenen Explorationspflicht gemäß § 64 Abs. 3 WpHG, Art 54, 55 DV MiFID II erlangten Erkenntnissen und daher wird sich der Berater auf diese stützen. Da das Wertpapierdienstleistungsunternehmen verpflichtet ist, vom Kunden Angaben über die finanziellen Verhältnisse, Erfahrungen und Kenntnisse in Bezug auf Geschäfte mit bestimmten Arten von Finanzinstrumenten oder Wertpapierdienstleistungen sowie Anlageziele zu verlangen, kann der Berater auf diesen Informationen aufbauen. Diese Explorationspflicht bietet dem Anlageberater als erste Stufe der pflichtgemäßen anlegergerechten Beratung die Grundlage zur Bestimmung des Informationsbedarfs des Kunden, um damit dem Anlageinteressenten die für eine eigenverantwortliche Anlageentscheidung benötigten Informationen zu vermitteln. **89**

Für eine auf den Kunden zugeschnittene Empfehlung ist es nicht ausreichend, wenn sich der Anlageberater bei den Anlagezielen allein an der jeweiligen Risikoklassifizierung des Anlageinteressenten orientiert. Vielmehr muss der Anlageberater individuell die jeweiligen Anforderungen des Anlegers genauer differenzieren, um damit eine individuelle Produktempfehlung abgeben zu können. Hierbei sind auch die Anlageziele des Anlegers genauer zu betrachten. Dabei sind neben dem Anlagezweck, wie beispielsweise der Aufbau einer Altersversorgung, der Anlagezeitraum und die Risikopräferenz des Kunden jeweilig zu ermitteln, denn nur mit diesen weitergehenden Informationen, welche über die der Exploration hinausgehen, kann eine Geeignetheitsprüfung[25] gemäß § 64 Abs. 3 S. 2 WpHG als zweite Stufe der pflichtgemäßen anlegergerechten Beratung durch den Anlageberater erfolgen. Wesentlich ist hierbei die Gesamtbetrachtung der zuvor genannten Kriterien, da es augenscheinlich ist, dass beispielsweise ein Kapitalanlageprodukt mit 10-jähriger Laufzeit für einen 87-jährigen Kunden nicht geeignet oder hochspekulative Optionsgeschäfte für den Aufbau einer Altersvorsorge völlig ungeeignet sind. Die Geeignetheitsprüfung ist somit als Abgleich der erlangten Kundeninformationen mit den Eigenschaften des jeweiligen Anlageprodukts zu begreifen. Dabei muss ex-ante betrachtet die individuelle Empfehlung des Anlageberaters vertretbar sein. Das wirtschaftliche Risiko, dass sich eine aufgrund anleger- und objektgerechter Beratung getroffene Anlageentscheidung im Nachhinein als falsch erweist, trägt jedoch der Kunde.[26] Darüber hinaus trifft den Anlageberater jedoch auch die Verpflichtung bekannte Fehlvorstellungen des Kunden auszuräumen, beispielsweise hinsichtlich etwaiger möglicher Steuervorteile. **90**

Außerdem soll der Anlageberater solche Produkte nicht dem Anlageinteressenten empfehlen, die nicht dem Risikoprofil des Kunden entsprechen. Empfiehlt der Anlageberater dennoch ein solches Produkt, liegt bereits hierin ein Verstoß gegen die Beratungspflicht, selbst wenn der Berater im Übrigen objektgerecht (anlagegerecht) berät.[27] Der Berater könnte ein solches Produkt allenfalls dann empfehlen, wenn er den Kunden vorher deutlich und unmissverständlich auf die Überschreitung der Grenzen des Risikoprofils hingewiesen hätte und der Kunde sich anschließend bewusst für eine Anpassung und beispielsweise Einstufung in eine höhere Risikoklasse entschieden hätte.[28] Der Anlageberater ist jedoch grundsätzlich nicht dazu verpflichtet, den ordnungsgemäß aufgeklärten Anlageinteressenten vor Risikogeschäften zu schützen, sofern dieser die Risiken überschaut.[29] **91**

---

25 Zur Geeignetheitsprüfung siehe auch Rn. 39 ff.
26 BGH 21.3.2006 NJW **2006** 2041.
27 OLG Stuttgart 27.10.2010 BeckRS **2010** 26420; BGH 14.7.2009 NJW **2009** 3429.
28 OLG Stuttgart 27.10.2010 BeckRS **2010** 26420.
29 BGH 19.5.1998 NJW **1998** 2675.

92 Bisher war im Rahmen der anlegergerechten Beratung nicht separat auf die finanziellen Verhältnisse des Kunden einzugehen. Da aber im Rahmen der Compliance das Wertpapierdienstleitungsunternehmen aufgrund der Explorationspflicht dies zu beachten hat, hat das Element der finanziellen Verhältnisse des Kunden als Teil der anlegergerechten Beratung in die Rechtsprechung Einzug gehalten.[30] Der Bundesgerichtshof hat entsprechend neben den bisherigen Elementen, wie Anlageziel, Risikobereitschaft und Wissensstand des Anlageinteressenten, für eine anlegergerechte Beratung auch die Berücksichtigung der persönlichen (wirtschaftlichen) Verhältnisse des Kunden als Element genannt.[31]

Somit lässt sich festhalten, dass der genaue Inhalt und Umfang der Aufklärungs- und Beratungspflichten einfallbezogen zu betrachten ist und sich jeweils nur individuell bestimmen lässt. Als grobe Orientierung lässt sich jedoch zusammenfassen, dass je geringer die Erfahrungen und Kenntnisse in Bezug auf Geschäfte mit bestimmten Arten von Finanzinstrumenten oder Wertpapierdienstleistungen des Anlageinteressenten sind, desto weitgehender sind die Aufklärungspflichten des Anlageberaters. Außerdem muss darüber hinaus eine auf die individuellen Anlageziele des Anlageinteressenten zugeschnittene kundenspezifische Empfehlung des Anlageberaters für eine anlegerechte Beratung erfolgen.

93 **2. Objektgerechte Beratung.** Eine objektgerechte Beratung (auch anlagegerechte Beratung genannt) ist gegeben, wenn die Beratung sich auf die Eigenschaften und Risiken des konkreten Anlageprodukts bezieht, die für den Kunden wesentliche Bedeutung haben. Schwerpunkt hierbei ist, ob die Risiken des Anlageprodukts zum Kunden passen. Zu berücksichtigen sind dabei sowohl allgemeine Risiken, die sich aus der Konjunkturentwicklung oder politischen Veränderungen ergeben können, als auch spezielle Risiken des jeweiligen Produkts, etwa das Kurs-, Zins- und Währungsrisiko bei Wertpapieren, bestimmte Risiken in der Sphäre des konkreten Emittenten, etc. Hierzu zählt ebenfalls das allgemeine Emittentenrisiko, d.h. die Tatsache, dass die Rückzahlung bestimmter Anlagen von der Bonität des Emittenten bzw. eines Garantiegebers abhängig ist.[32] Deshalb ist es unerlässlich und zentrale Voraussetzung, dass der Berater das Anlageprodukt, welches er empfehlen möchte, genau kennt und mit kritischem Sachverstand prüft.[33] Gerade diese Delegation der Produktprüfung auf den Anlageberater ist wesentliches Merkmal der Anlageberatung. Dies umfasst somit, dass ein Anlageberater Angaben im Prospekt des Finanzanlageprodukts nicht blind vertrauen darf, sondern diese einer kritischen Prüfung mit banküblichem Sachverstand unterziehen muss (Plausibilitätsprüfung).[34] Der Anlageberater ist jedoch nicht für die Richtigkeit aller Prospektangaben verantwortlich, sondern nur für solche Prospektfehler, die ihm bei kritischer Durchsicht auffallen hätten müssen und die dazu geführt hätten, dass das Finanzinstrument dem Anleger nicht hätte empfohlen werden dürfen.

94 Der Anlageberater muss neben dem eigentlichen Prospekt auch die Berichterstattung der Wirtschaftspresse zum Produkt auswerten, wobei nicht alle denkbaren Zeitungen vorgehalten werden müssen, sondern eine Auswahl getroffen werden kann.[35] Diese sind vom

---

30 BeckOK BGB/*Buck-Heeb*/*Lang* § 675 Rn. 267.
31 BGH 6.12.2012, NJW-RR **2013** 296.
32 BGH 27.9.2011 NJW-RR **2012** 43.
33 BGH 15.11.2012 NJW-RR **2013** 371; BGH 5.3.2009 NJW-RR **2009** 687.
34 BGH 1.12.2011 NJW **2012** 380; BGH 15.11.2012 NJW-RR **2013** 371.
35 BGH 5.11.2009 WM **2009** 2360; BGH 5.3.2009 NJW-RR **2009** 687.

Anlageberater jedoch zeitnah durchzusehen.[36] Allerdings muss der Anlageberater nicht sämtliche Publikationsorgane vorhalten, insbesondere ist er nicht verpflichtet, zusätzlich die Boulevardpresse auszuwerten oder eine vollumfängliche Internetrecherche durchzuführen. Bei der Medienauswahl muss sich an den Finanzanlageprodukten des Beratungsportfolios orientiert werden, also die Medien sind auszuwählen, die über die jeweiligen Anlageprodukte berichten.[37] Darüber hinaus kann der Berater verpflichtet sein, den Kunden über ihm bekanntes strafrechtliches Ermittlungsverfahren gegen Verantwortliche der Emittentin des empfohlenen Kapitalanlageprodukts zu informieren, sofern dieses die Vertrauenswürdigkeit der Verantwortlichen ernsthaft in Zweifel zu ziehen.[38] Der Anlageberater ist jedoch nicht verpflichtet, das Produkt oder die Emittentin einer umfänglichen rechtlichen Prüfung unter Berücksichtigung anstehender Gesetzesänderungen und damit einhergehender auftretenden schwieriger und ungeklärter Rechtsfragen zu unterziehen,[39] dieser Prüfungsumfang würde nämlich zu völlig überspannten Anforderungen des Anlageberaters führen.

Der Kern der anleger- und objektgerechten Beratung ist die Information des Kunden, **95** da bei der Anlageberatung im Gegensatz zur Vermögensverwaltung nicht der Verwalter, sondern der Kunde selbst die Entscheidung trifft und somit diesbezüglich Beratung benötigt. Hierfür ist jedoch zwangsläufig notwendig, dass der Berater neben den persönlichen Verhältnisse des Kunden und den Eigenschaften des zu empfehlenden Produkts, seine Beratung in einer dem jeweiligen Kunden gerechten Art und Weise verständlich kommuniziert, sodass die Beratung einen Mehrwert für den Kunden darstellt. Nur so kann der Anleger eine eigenverantwortliche Entscheidung treffen, also der Empfehlung des Beraters folgen oder von dieser Abstand nehmen.

Das „Wie" der Information des Kunden ist dem Anlagerberater überlassen. Die **96** schriftliche Information ist daher nicht zwangsläufig, eine formlose Beratung ist ebenfalls möglich. Nur bei hochkomplexen wirtschaftlichen oder rechtlichen Zusammenhängen kann es notwendig sein, dass eine schriftliche Darstellung erfolgt, um der Aufklärungspflicht zu genügen, sofern zu erwarten ist, dass der Anleger allein auf Grundlage einer mündlichen Aufklärung die Zusammenhänge nicht versteht.[40] In der Praxis ist es grundsätzlich üblich, dass sich der Berater schriftlicher Unterlagen, seien es Informationsblätter nach § 64 Abs. 2 WpHG oder solche aus dem Vermögensanlagegesetz sowie dem Kapitalanlagegesetzbuch oder Prospekte nach dem Wertpapierprospektgesetz, bedient. Wichtig hierbei ist jedoch der zeitliche Horizont der Unterlagengestellung, damit der Kunde vor seiner Anlageentscheidung eingehend die Informationen studieren kann. Zum Teil wird angenommen, dass fünf Tage Vorlauf ausreichend sind, um ein Prospekt zu lesen.[41] Kritisch sind daher Fälle in denen es zur Übergabe umfangreicher Unterlagen im eigentlichen Anlageentscheidungstermin kommt, da dann insoweit nicht davon auszugehen ist, dass der Kunde diese vor seiner Entscheidung noch liest. Die Aushändigung oder Übersendung von schriftlichen Informationen entbindet den Berater jedoch nicht, über weitere relevante Informationen, welche sich nicht aus den Unterlagen ergeben, den Kunden aufzuklären.[42]

---

36 BGH 5.11.2009 WM **2009** 2360.

37 *Assmann* ZIP **2002**, 637; *Nassall*, NJW **2011** 2323.

38 BGH 10.11.2011 NJW-RR **2012** 283.

39 BGH 1.12.2011 NJW **2012** 380.

40 BGH 5.3.1991 NJW **1991** 1947; BGH 11.7.1988 NJW **1988** 2882; kritisch *Drygala* WM 1992, 1213, 1217.

41 OLG Stuttgart 23.4.2007 NJOZ **2007** 3787.

42 Entwurf eines Gesetzes zur Stärkung des Anlegerschutzes und Verbesserung der Funktionsfähigkeit des Kapitalmarkts (Anlegerschutz- und Funktionsverbesserungsgesetz), **BT-Drucks. 17/3628 S. 21**.

97 Hinsichtlich der Frage, wie weit der Anleger informiert werden muss, kommt es auf den jeweiligen Einzelfall an. Es gilt vornehmlich der bereits erwähnte Grundsatz, je unerfahrener der Kunde, desto intensiver muss der Anlageberater ihn informieren.[43] Dabei kommt es nicht nur darauf an, dass die dem Anleger erteilten Auskünfte zutreffend sind, sie müssen für den individuellen Anleger auch verständlich sein. Der Anlageberater muss nicht über diejenigen Umstände hinaus beraten, von denen er davon ausgehen kann, dass sie dem Anleger bereits bekannt sind.[44] Entscheidend für eine Aufklärungspflicht ist die Frage, welche Risiken der Anleger auf den Anlageberater überträgt und welche bei ihm verbleiben. Unterliegt der Anleger beispielsweise stiftungsrechtlichen Anlagebeschränkungen[45] oder handelt es sich um eine Kommune, die damit dem kommunalrechtlichen Spekulationsverbot[46] unterworfen ist, ist dies zumindest dann Gegenstand der Anlageberatung, wenn der jeweilige Anleger den Anlageberater darauf hinweist.

98 Fraglich ist darüber hinaus, inwiefern ein Anlageberater verpflichtet ist, über ihn selbst betreffende Interessenkonflikte aufzuklären. Bei schwerwiegenden Interessenkonflikten hat der Bundesgerichtshof eine entsprechende Aufklärungspflicht bejaht.[47] Für den Anleger ist auch nicht unerheblich, ob der Anlageberater eigene Interessen verfolgt, die möglicherweise den Interessen des Kunden zuwiderlaufen. Dann muss der Anlageberater über solche Interessenkonflikte auch aufklären. Allerdings kann ihm nicht zugemutet werden, über jeglichen möglichen Interessenskonflikt aufzuklären. Daher hat er zumindest – und dies geht damit auch mit der Rechtsprechung des Bundesgerichtshofs einher – über schwerwiegende Interessenskonflikte aufzuklären.

99 **3. Darlegungs- und Beweislast.** Grundsätzlich trägt der Anleger für das Vorliegen eines Beratungsfehlers die Darlegungs- und Beweislast. In der Literatur und vor allem von den großen Anlegerschutzverbänden, allen voran durch die DSW Deutsche Schutzvereinigung für Wertpapierbesitz e.V., wird hingegen seit Jahren eine Umkehr der Beweislast gefordert, um eine Waffengleichheit zwischen Kunden und Anlageberater herzustellen. Dabei wird auch eine Abtretungslösung diskutiert, um die Anleger durch Bündelung ihrer Interessen in eine Position zu bringen, in der eine bessere Durchsetzung der Ansprüche möglich ist. Nach der derzeitigen Rechtslage muss nämlich der Anleger immer noch zunächst substantiiert die Verletzung einer Beratungspflicht und damit das Vorliegen einer negativen Tatsache („nicht korrekt beraten")vortragen und beweisen. Die damit verbundenen Schwierigkeiten hat der Gesetzgeber in bestimmten Fällen mit einer echten Umkehr der Beweislast gelöst, so z.B. in § 93 Abs. 2 AktG. Überwindet der Anleger diese Hürde, trifft sodann den Anlageberater die sekundäre Darlegungslast, d.h. er muss also darlegen, dass die Beratung in anderer Weise als vom Anleger vorgebracht, durchgeführt wurde. Eine Ausnahme liegt lediglich vor, wenn das Wertpapierdienstleistungsunternehmen nachweisen kann, dass die Person, die das Beratungsgespräch geführt hat, bereits verstorben ist und die Aufbewahrungsfristen abgelaufen sind.[48] Wurden die Aufzeichnungen nach § 83 Abs. 8 WpHG bereits gelöscht, muss der Anleger die Pflichtverletzung selbst beweisen. Da die Anlageberatung meist in einem Vieraugenge-

43 *Ellenberger* WM **2001**, Sonderbeilage Nr. 1 S. 4.
44 OLG Nürnberg 30. 11. 2012 NJW-RR **2013** 613.
45 OLG Dresden 10.2.2004 NJOZ **2004** 2864; vgl. aber OLG Frankfurt a.M. 28.1.2015 NJW-RR **2015** 1147.
46 OLG Bamberg 11.5.2009 BKR **2009** 288; *Bracht* WM **2008** 1386; *Kropf* ZIP **2013** 401; *Lammers*, NVwZ **2012** 12; *Lehmann* BKR **2008** 488; **a.A.** OLG Stuttgart 27.10.2010 GWR **2010** 557; OLG Naumburg 24.3.2005 NJOZ **2005** 3420; *Heinze* ZBB **2005** 367.
47 BGH 24.9.2013 NJW **2013** 3574; BGH 22.3.2011 NJW **2011** 1949.
48 OLG Köln 7.11.2012 BeckRS **2013** 03328.

spräch stattfindet, kann es im Rahmen der Waffengleichheit geboten sein, dass nicht nur der Anlageberater vernommen wird, sondern auch der Anleger als Partei gemäß § 448 ZPO. Ferner spielt auch die Geeignetheitserklärung gemäß § 64 Abs. 4 WpHG eine entscheidende Rolle.[49] Liegt eine Geeignetheitserklärung vor, erhöht sich dadurch die Beweiskraft zulasten des Anlegers – insbesondere dann, wenn diese auch unterschrieben ist.[50] Höchstrichterlich bislang noch nicht geklärt ist jedoch die Frage, ob eine fehlende Geeignetheitserklärung zu einer Beweislastumkehr zu Lasten des Anlageberaters führt.[51]

III. Vertretenmüssen

Die Haftung setzt darüber hinaus voraus, dass der Anlageberater die Verletzung der **100** Pflicht auch zu vertreten hat. Die in § 280 Abs. 1 S. 2 BGB normierte Beweislastverteilung führt dazu, dass der Anlageberater die Beweislast dafür trägt, dass er die Pflichtverletzung nicht zu vertreten hat. Dabei haftet der der Anlageberater für Vorsatz und Fahrlässigkeit gemäß § 276 Abs. 1 S. 1 BGB. Außerdem werden eingesetzte Mitarbeiter gemäß § 278 BGB dem Berater zugerechnet.

Während die vorsätzliche Haftung bereits bei einem bloßen Rechtsirrtum entfällt,[52] **101** ist die Haftung wegen Fahrlässigkeit nur bei einem unvermeidbaren Rechtsirrtum ausgeschlossen.[53] Nach ständiger Rechtsprechung des Bundesgerichtshofs sind an das Vorliegen eines unverschuldeten Rechtsirrtums strenge Maßstäbe anzulegen, wobei der Anlageberater die Rechtslage sorgfältig prüfen, soweit erforderlich, Rechtsrat einholen und die höchstrichterliche Rechtsprechung sorgfältig beachten muss.[54] Grundsätzlich trifft also den Anlageberater das Risiko, die Rechtslage zu verkennen. Er handelt schuldhaft, wenn er mit der Möglichkeit rechnen musste, dass das zuständige Gericht einen anderen Rechtsstandpunkt einnimmt.[55] In der Regel wird ein Vertretenmüssen des Anlageberaters daher vorliegen. Somit sind regelmäßig organisatorische Vorkehrungen relevant, die durch den Berater zur ordnungsgemäßen Anlageberatung geschaffen wurden. Hinsichtlich der Aufklärung über zugeflossene Rückvergütungen hat der Bundesgerichtshof entschieden, dass ein Irrtum über die Aufklärungspflicht spätestens seit dem Jahr 1984 nicht unvermeidbar war,[56] wohingegen große Teile der Literatur den Zeitpunkt hierfür erst an die Veröffentlichung einer Entscheidung des Bundesgerichtshofes aus dem Jahr 2006[57] anknüpfen.[58]

Der Bundesgerichtshof erachtet in ständiger Rechtsprechung generell auch mögli- **102** che Haftungsausschlüsse des Anlageberaters für einfache Fahrlässigkeit als unzulässig, da dies eine Beschränkung der Kardinalspflichten eines Beratungs- oder Auskunftsvertrags darstellen würde.[59] Obergerichte sahen dies jedoch zum Teil anders und ließen eine Beschränkung zu. Die Pflicht zur anleger- und objektgerechten Beratung ist die zentrale

49 Entwurf eines Gesetzes zur Neuregelung der Rechtsverhältnisse bei Schuldverschreibungen aus Gesamtemissionen und zur verbesserten Durchsetzbarkeit von Ansprüchen von Anlegern aus Falschberatung, BT-Drucks **16/12814 S. 27** (zum Beratungsprotokoll).
50 *Buck-Heeb* ZHR **2013** 310 (zum Beratungsprotokoll).
51 *Grundmann* WM **2012** 1745; **a.A.** Schäfer WM **2007** 1872.
52 BGH 19.12.2006 BGHZ **170** 226.
53 BGH 12.5.1994 BGHZ **118** 201.
54 BGH 11.1.1984 BGHZ **89** 296; BGH 14.6.1994 NJW **1994** 2754; BGH 4.6.2001 NJW **2001** 3114.
55 BGH 21.12.1995 BGHZ **131** 346; BGH 20.6.2010 NJW **2010** 2339.
56 BGH 15.7.2014 NJW **2014** 2951.
57 BGH 19.12.2006 BGHZ **170** 226.
58 *Harnos* BKR **2009** 316; *Herdegen* WM **2009** 2202; *Herresthal* ZBB **2009** 348; *Mülbert/Wilhelm* WM **2009** 224.
59 BGH 8.12.2009 BeckRS **2009**, 89269; BGH 13.1.2000 WM **2000** 426.

Pflicht eines jeden Anlageberatungsvertrags, eine Haftungsbeschränkung ist daher ausgeschlossen. Möglich ist somit lediglich die gegenständliche Beschränkung der Beratungspflichten auf bestimmte Produktgruppen oder der Ausschluss der Beratung in Bezug auf bestimmte Auswirkungen der Anlageentscheidung.[60]

IV. Schaden

103 Das Wertpapierdienstleistungsunternehmen ist dem Kunden gemäß § 249 Abs. 1 BGB zum Schadensersatz in Form von Naturalrestitution verpflichtet. Der Schädiger hat danach den Zustand herzustellen, der bestehen würde, wenn das Wertpapierdienstleistungsunternehmen seiner Aufklärungspflicht nachgekommen wäre. Der Kunde ist demnach so zu stellen, wie er stünde, hätte er den Vertrag nicht abgeschlossen.[61] Der Schadensersatzanspruch richtet sich damit auf Rückabwicklung gegenüber dem Wertpapierdienstleistungsunternehmen, selbst wenn das Finanzinstrument von einem Dritten erworben wurde.[62] Der Anleger hat damit einen Anspruch auf Rückabwicklung seiner getätigten Anlage. Allerdings ist der Anleger dann wiederrum verpflichtet, seine erworbenen Anteile, Zug um Zug gegen Rückzahlung des Anlagebetrags, an das Wertpapierdienstleistungsunternehmen zu übertragen.

104 Dem Kunden sind neben dem Erwerbspreis des Finanzinstruments auch Erwerbsnebenkosten, wie beispielsweise ein Agio zu ersetzen. Im Gegenzug muss sich der Anleger jedoch die Vorteile anrechnen lassen, die er aus der Anlage gezogen hat. Hierunter fallen zum Beispiel Ausschüttungen, Zinsen oder Rückzahlungen. Hinsichtlich der Anrechnung von Steuervorteilen ist zu beachten, dass die Schadensersatzzahlung ebenfalls der Besteuerung unterliegt, weshalb abschließend zu saldieren ist, welche Steuervorteile am Ende überhaupt beim Anleger verbleiben.[63]

105 Hat der Kunde die erworbenen Finanzinstrumente bereits selbst weiterveräußert, steht ihm ein Anspruch auf Zahlung des Differenzschadens zu.[64] Der Anleger ist berechtigt, die Finanzinstrumente jederzeit zu veräußern, er braucht sie nicht gemäß § 250 BGB vorher dem Wertpapierdienstleistungsunternehmen anzubieten.[65]

106 Allerdings kann sich ein Mitverschulden des Kunden im Sinne des § 254 Abs. 2 S. 1 BGB ergeben, wenn dieser die Finanzinstrumente zur Unzeit veräußert und dadurch erhebliche Verluste realisiert.[66] Ferner ist auch ein Mitverschulden nach der allgemeinen Regelung des § 254 Abs. 1 BGB denkbar. Hierfür ist jedoch erforderlich, dass für den Kunden deutlich erkennbare Hinweise bestehen, dass den Angaben des Wertpapierdienstleistungsunternehmens nicht vertraut werden kann.[67] Somit reicht es für ein Mitverschulden noch nicht aus, dass der Kunde keine eigenen Informationen zum Anlageprodukt eingeholt hat.

107 Neben der Rückabwicklung steht es dem Kunden offen, zusätzlich einen entgangenen Gewinn im Sinne des § 252 BGB geltend zu machen. Darunter versteht man den Vermögensvorteil, den Anleger möglicherweise aus einer Alternativanlage erzielt hätte.[68] Nach Auffassung des Bundesgerichtshofs kann sich der Anleger auf die allgemeine Le-

---

60 So auch Schwintowski/*Bracht* Kap.19 Rn. 60.
61 Assmann/Schütze/*Edelmann* HdK § 3, Rn. 123.
62 Schwintowski/*Bracht* Kap. 19, Rn. 61.
63 Schwintowski/*Bracht* Kap. 19 Rn. 61.
64 Schimansky/Bunte/Lwowski/*Hannöver*/*Walz* § 110 Rn. 100.
65 BGH 13.11.2012 NJW **2013** 450.
66 Schwintowski/*Bracht* Kap. 19 Rn. 63.
67 Langenbucher/Bliesner/Spindler/*Spindler* 33. Kap. Rn. 211.
68 Schimansky/Bunte/Lwowski/*Hannöver*/*Walz* § 110 Rn. 101.

benserfahrung berufen, dass Kapital ab einer gewissen Höhe nicht ungenutzt bleibt, sondern zu einem allgemein üblichen Zinssatz angelegt wird.[69] Der Anleger ist jedoch darlegungs- und beweispflichtig, dass ihm tatsächlich ein Gewinn entgangen ist. Dabei kann er sich auf § 252 S. 2 BGB stützen und auch eine Schadensschätzung gemäß § 287 ZPO ist denkbar.[70] Allerdings ist dazu erforderlich, dass der Kunde konkrete Tatsachen vorbringt, die auf einen entgangen Gewinn hindeuten.[71] Andernfalls liefe es auf einen unzulässigen Ausforschungsbeweis hinaus.

V. Kausalität

Grundsätzlich trägt der Anspruchsteller die Beweislast dafür, dass die Pflichtverletzung ursächlich für den eingetretenen Schaden war. Im Rahmen der Anlageberatung wird durch die durch die Rechtsprechung entwickelte Vermutung des aufklärungsrichtigen Verhaltens jedoch von diesem Grundsatz abgewichen. Der Aufklärungspflichtige muss danach beweisen, dass der Schaden auch eingetreten wäre, wenn er sich pflichtgemäß verhalten hätte.[72] Damit muss also nicht der Anspruch stellende Kunde beweisen, dass durch die fehlerhafte Anlageberatung ein Schaden eingetreten ist, sondern den Anlageberater trifft die umgekehrte Pflicht. **108**

Dem Wertpapierdienstleistungsunternehmen steht jedoch die Möglichkeit offen, die Vermutung aufklärungsrichtigen Verhaltens zu widerlegen. Voraussetzung hierfür ist, dass das Wertpapierdienstleistungsunternehmen darlegt und gegebenenfalls beweist, dass der Anleger das Finanzinstrument auch bei einer ordnungsgemäßen Aufklärung getätigt hätte.[73] **109**

VI. Verjährung

Bis zum 4. August 2009 enthielt das WpHG eine spezielle Verjährungsvorschrift in § 37a WpHG a.F. Nach § 37a WpHG a.F. verjährten Schadensersatzansprüche eines Kunden gegen ein Wertpapierdienstleistungsunternehmen wegen Informationspflichtverletzungen oder fehlerhafter Beratung im Zusammenhang mit Wertpapierdienstleistungen oder Wertpapiernebendienstleistungen binnen drei Jahren ab Anspruchsentstehung. **110**

Diese gesonderte Verjährungsregelung war für des Wertpapierdienstleistungsunternehmen vorteilhafter als die regelmäßige Verjährung nach §§ 195, 199 BGB. Bei der Verjährung nach § 37a WpHG a.F. kam es – anders als bei § 199 Abs. 1 Nr. BGB – nicht auf die Kenntnis des Anlegers von den Anspruch begründenden Tatsachen an, zudem begann die Verjährung auch nicht erst mit dem Schluss des Jahres indem der Anspruch entstanden ist. Handelte es sich allerdings um eine vorsätzliche Pflichtverletzung, fand § 37a WpHG a.F. keine Anwendung.[74] **111**

Für Ansprüche, die nach dem 4. August 2009 entstanden sind oder auf einer vorsätzlichen Pflichtverletzung beruhen, gelten nunmehr die allgemeinen Verjährungsvorschriften der §§ 195, 199 BGB für alle auf das WpHG gestützten Ansprüche. Auch nach der Novellierung des WpHG wurde nunmehr keine neue Sondervorschrift für die Verjährung aufgenommen. Liegen mehrere Beratungsfehler vor, so setzt jeder Fehler eine eigene **112**

---

69 BGH 15.7.2014 BKR **2014** 457; BGH 8.5.2012 BGHZ **193** 159; BGH 24. 4. 2012 BKR **2012** 291.
70 Schwintowski/*Bracht* Kap. 19 Rn. 64.
71 Langenbucher/Bliesner/Spindler/*Spindler* 33. Kap. Rn. 212.
72 Schwintowski/*Bracht* Kap. 19 Rn. 65.
73 BGH 8.5.2012 BKR **2012** 368.
74 BGH 14. 3.2012 NJW **2012** 1865; BGH 8.3.2005 NJW **2005** 1579.

Verjährungsfrist in Gang, sofern der Fehler einen eigenen Schaden herbeiführt oder für den Gesamtschaden mitursächlich ist.[75]

113 Die regelmäßige Verjährung beginnt nach § 199 Abs. 1 Nr. 1 BGB mit der Entstehung des Anspruch. Ansprüche wegen Falschberatung entstehen im Regelfall bereits mit dem Erwerb des Finanzinstruments und nicht erst mit dem Werteverfall der Investition.[76] Ferner setzt die regelmäßige Verjährung nach § 199 Abs. 1 Nr. 2 BGB voraus, dass der Kunde Kenntnis von den den Anspruch begründenden Tatsachen bzw. der grob fahrlässigen Unkenntnis derselben hat. Positive Kenntnis liegt dann vor, wenn dem Anleger die Erhebung einer Klage erfolgversprechend zumutbar möglich ist.[77] Um grob fahrlässige Unkenntnis handelt es sich, wenn der Anleger auf der Hand liegende Erkenntnismöglichkeiten nicht wahrnimmt.[78] Allerdings ergibt sich eine grob fahrlässige Unkenntnis des Beratungsfehlers nicht bereits daraus, dass der Kunde es unterlässt, den ihm überreichten Emissionsprospekt zu lesen und damit die Ratschläge und Auskünfte des Anlageberaters zu kontrollieren.[79] Mithin kann der Kunde den Ratschlägen und Auskünften des Wertpapierdienstleistungsunternehmens vertrauen und muss nicht selbst Ermittlungen anstellen. Erhält das Wertpapierdienstleistungsunternehmen Rückvergütungen und verschweigt dies, geht die Rechtsprechung von einem Verjährungsbeginn aus, sobald der Kunde von den Rückvergütungen erfahren hat, auch wenn er deren genaue Höhe noch nicht kennt.[80] Die Verjährung wird durch einen Güteverfahrensantrag oder durch die Erhebung einer Klage unterbrochen. Dies gilt jedoch nicht für die Zustellung eines Mahnbescheids, da es sich um eine Zug-um-Zug-Leistungspflicht handelt.

VII. Deliktische Haftung

114 Neben der vertraglichen Haftung kommt bei einer falschen Anlageberatung grundsätzlich auch eine deliktische Haftung aus § 823 Abs. 2 BGB in Verbindung mit einem Schutzgesetz in Betracht. Dies können etwas aufsichtsrechtliche Regelungen sein. Dazu ist erforderlich, dass den aufsichtsrechtlichen Regelungen eine Schutzgesetzeigenschaft zukommt. In der Praxis spielt die deliktische Haftung jedoch nur eine untergeordnete Rolle, da im Regelfall entweder eine gleichzeitige Verletzung des Beratervertrags gegeben sein wird oder zumindest die Verletzung vorvertraglicher Pflichten.[81] Beides geht einer deliktischen Haftung jedoch vor. Eine deliktische Haftung wird vor allem dann relevant, wenn die aufsichtsrechtlichen Pflichten strenger sind, als die Pflichten aus dem Beratungsvertrag.[82]

115 Für eine Haftung aus Deliktsrecht muss eine Verletzung gegen eine Drittschutz bezweckende Norm vorliegen. Ob den §§ 63f. WpHG ein solcher Drittschutz zukommt, ist jedoch umstritten. Für die bisherigen Verhaltens- und Organisationspflichten aus §§ 31ff. WpHG a.F. war die Rechtsprechung bei der Einordnung als Schutzgesetz zurückhaltend.[83] Eine Schutzgesetzeigenschaft wurde in Bezug auf § 31 Abs. 3 WpHG a.F. (neu: § 63 Abs. 7 WpHG) vereinzelt bejaht.[84] Die überwiegende Meinung lehnte diese Ansicht je-

---

75 BGH 19.11.2009 BKR **2010** 118; BGH 24.3.2011 NJW-RR **2011** 842; BGH 28.4.2015 BKR **2015** 370.
76 BGH 24.4.2014 NJW **2014** 2348; Langenbucher/Bliesner/Spindler/*Spindler* 33. Kap. Rn. 214.
77 BGH 8.4.2014 BKR **2014** 290.
78 BGH 8.7.2010 NJW **2010** 3292.
79 BGH 8.7.2010 NJW **2010** 3292.
80 BGH 26.2.2013 BKR **2013** 205.
81 Schwintowski/*Bracht* Kap. 19 Rn. 70.
82 *Buck-Heeb* ZHR **177 2013** 310.
83 Schwintowski/*Bracht* Kap. 19 Rn. 72.
84 *Veil* WM **2007** 1821.

doch mit der Begründung ab, dass es auf eine anlegerschützende Qualität der Norm nicht ankomme, da eine solche Haftung nicht in das System des Deliktsrechts passe. Diese Argumentation kann somit auch für den neuen § 63 WpHG gelten.

Nach der Gesetzesbegründung soll es sich bei § 31 Abs. 3a WpHG a.F. (neu: § 64 Abs. 2 WpHG) um ein Schutzgesetz im Sinne des § 823 Abs. 2 BGB handeln.[85] Hiergegen wird jedoch ebenfalls angeführt, dass dies ein Eingriff in das zivilrechtliche Haftungssystem darstellt. Zudem steht eine entsprechende Annahme im Widerspruch zur bisherigen Rechtsprechung des BGH. Auch die EuGH-Rechtsprechung fordert gerade keine zivilrechtliche Sanktionierung im Rahmen von § 64 Abs. 4 WpHG.[86] Damit ist auch eine Schutzgesetzeigenschaft des § 64 Abs. 4 WpHG abzulehnen. **116**

Zudem kann sich unter bestimmten Voraussetzungen auch eine Haftung aus sittenwidriger Schädigung aus § 826 BGB ergeben. Dazu muss der Kunde allerdings darlegen und beweisen können, dass der beratende Mitarbeiter des Wertpapierdienstleistungsunternehmens „in Verfolgung eigener Interessen im Bewusstsein einer möglichen Schädigung des Anlegers handelt und diese billigend in Kauf nimmt".[87] Dies dürfte in der Praxis nur in außergewöhnlichen Einzelfällen nachzuweisen sein. Eine Inanspruchnahme der Mitarbeiter eines Wertpapierdienstleistungsunternehmens kommt vor allem dann in Betracht, wenn das Wertpapierdienstleistungsunternehmen insolvent ist und der Anleger infolgedessen auf das Vermögen der Mitarbeiter zugreifen will.[88] **117**

---

85 Entwurf eines Gesetzes zur Stärkung des Anlegerschutzes und Verbesserung der Funktionsfähigkeit des Kapitalmarkts (Anlegerschutz- und Funktionsverbesserungsgesetz), **BT-Drucks. 17/3628 S. 21**.

86 Schwintowski/*Bracht* Kap. 19 Rn. 72.

87 Schwintowski/*Bracht* Kap. 19 Rn. 73.

88 OLG Schleswig-Holstein 23.5.2013 BKR **2013** 294.

SECHSTER TEIL

Strafrechtliche Implikationen

Schrifttum

Achenbach/Ransiek/Rönnau Handbuch Wirtschaftsstrafrecht, 4. Auflage 2015; *Assmann/Schütze* Handbuch des Kapitalanlagerechts, 4. Aufl. 2015; *Aurich* Neues Maßnahmepaket für den grauen Kapitalmarkt, GWR 2014, 295; *Bergmann/Drees* Das neue Insiderstrafrecht des WpHG und seine Durchsetzbarkeit in der Praxis, StraFo 2005, 364; *Brandt/Hotz* Der „VW-Skandal" unter wirtschaftsstrafrechtlichen Vorzeichen, NZG 2017, 976; *Burgard/Heimann* Das neue Kapitalanlagegesetzbuch, WM 2014, 821; *Bürgers* Das Anlegerschutzverbesserungsgesetz, BKR 2004, 424; *Bülte/Müller* Ahndungslücken im WpHG durch das Erste Finanzmarktnovellierungsgesetz und ihre Folgen, NZG 2017, 205.; *Cahn* Das neue Insiderrecht, Der Konzern 2005, 5; *Fleischer* Das Haffa-Urteil: Kapitalmarktstrafrecht auf dem Prüfstand, NJW 2003, 2584; *Gehrmann* Anmerkung zu BFH, Urt. vom 8. März 2017, wistra 2017, 447; *Gehrmann/Zacharias* Die Auslegung des Tatbestandsmerkmals der „Unerfahrenheit" in §§ 26, 49 BörsG im Lichte des WpHG, WiJ 2012, 89; *Giering* Das neue Kapitalmarktmissbrauchsrecht für Emittenten, CCZ 2016, 214; *Göhler* Europäische Reform des Insiderstrafrechts; Anmerkungen zur Rolle des Nicht-Insiders im Sonderdeliktsgefüge, ZIS 2016, 266 ff.; *Gramisch* Die Strafvorschriften des Bilanzrichtliniengesetzes, wistra 1987, 157; *Graf/Jäger/Wittig* Wirtschafts- und Steuerstrafrecht, 2. Aufl. 2017; *Groß* Haftung für fehlerhafte oder fehlende Regel- oder ad-hoc-Publizität, WM 2002, 477; *Heisterhagen/Conreder* Die Regulierung des grauen Kapitalmarktes durch das Kleinanlegerschutzgesetz – Ein Überblick, DStR 2015, 1929; *Hild* Grenzen einer strafrechtlichen Regulierung des Kapitalmarkts, 2004; *Jesch/Siemko* Das Kleinanlegerschutzgesetz – Verbraucherschutz, schneller als MiFID II erlaubt?, BB 2014, 2570; *Joecks* Anleger- und Verbraucherschutz durch das 2 WiKG, wistra 1986, 142; *Kiethe* Strafrechtlicher Anlegerschutz durch § 400 I Nr. 1 AktG – Zugleich Besprechung von LG München I, Urteil vom 8.4.2003 – 4 KLs 305 Js 52373/00, NStZ 2004, 73; *Klaffke* Verbesserungspotential bei der Bekämpfung von Anlagebetrug im Bereich der Justiz, ZRP 2003, 450; *Klinger* Die zentrale Strafnorm des Investmentrechts gem. § 339 KAGB, NZWiSt 2014, 370; *Klöhn* Ad-hoc-Publizität und Insiderverbot nach „Lafonta", NZG 2015, 809 ff. *Klöhn* Die Spector-Vermutung und deren Widerlegung im neuen Insiderrecht, WM 2017, 2086; *Köpferl/Wegner* Marktmissbrauch durch einen Sprengstoffanschlag? – Überlegungen zu Marktmanipulation und Insiderhandel am Beispiel des Anschlags auf den Mannschaftsbus von Borussia Dortmund, WM 2017, 1925; *Kort* Anlegerschutz und Kapitalerhaltungsgrundsatz, NZG 2005, 708; *Kraatz* Wirtschaftsstrafrecht, 2. Aufl. 2017; *Krämer* Zur Schutzrichtung des Tatbestandes der unrichtigen Darstellung (§ 331 HGB) – unter Einbeziehung der internationalen Rechnungslegungsstandards, NZWiSt 2013, 286; *Kuthe* Änderungen des Kapitalmarktrechts durch das Anlegerschutzverbesserungsgesetz, ZIP 2004, 883 ff.; *Langenbucher* Zum Begriff der Insiderinformation nach dem Entwurf für eine Marktmissbrauchsverordnung, NZG 2013, 1401, 1404 ff. *Märker/Hillesheim* Brennpunkt Finanzkrise: Anlegerschutz in Deutschland, ZRP 2009, 65; *Martin* Aktuelle Probleme bei der Bekämpfung des Kapitalanlageschwindels, wistra 1994, 127; *Merkner/Sustmann* Insiderrecht und Ad-Hoc-Problematik NZG 2005, 729, 731; *Moosmayer* Straf- und bußgeldrechtliche Regelungen im Entwurf eines Vierten Finanzmarktförderungsgesetzes, wistra 2002, 161; *Moritz/Klebeck/Jesch* Kommentar zum Kapitalanlagegesetzbuch (KAGB), Band 1 Teilband 2, 2016; *Nottmeier/Schäefer* Praktische Fragen im Zusammenhang mit §§ 21, 22 WpHG, AG1997, 87; *Ott/Schäfer* Ökonomische Auswirkungen der EG-Insider-Regulierung in Deutschland, ZBB 1991, 226; *Palandt* Bürgerliches Gesetzbuch, 76. Auflage, 2017; *Park* Kapitalmarktstrafrecht, 4. Aufl. 2017; *ders.* Kapitalmarktstrafrecht und Anlegerschutz, NStZ 2007, 369; *ders.* Schwerpunktbereich – Einführung in das Kapitalmarktstrafrecht, Jus 2007, 621, 622; *ders.* Börsenstrafrechtliche Risiken für Vorstandsmitglieder von börsennotierten Aktiengesellschaften, BB 2001, 2069, 2071; *Pauka/Link/Armenat* Eine vergebene Chance – Die strafrechtliche Neuregelung durch das 2. FiMaNoG, WM 2017, 2092; *Peters* Das deutsche Insiderstrafrecht unter Berücksichtigung strafrechtlicher Konsequenzen für Kreditinstitute und prozessualer Durchsetzung, Diss. 1997; *Poelzig* Durchsetzung und Sanktionierung des neuen Marktmissbrauchsrechts, NZG 2016, 492; *ders.* Insider- und Marktmanipulationsverbot im neuen Marktmissbrauchsrecht, NZG 2016, 528; *Poller* Der Verbrechenstatbestand der Marktmanipulation in § 119 Abs. 5 WpHG n.F. – erhöhtes Strafbarkeitsrisiko für Kapitalmarktteilnehmer durch die gerechtfertigte Aufwertung bestimmter Begehungsformen zum Verbrechen, NZWiSt 2017, 430; *Renz/Leibold* Die neuen strafrechtlichen Sanktionsregelungen im Kapitalmarktrecht, CCZ 2016, 157; *Rössner/Bolkart* Schadensersatz bei Verstoß gegen Ad-hoc-Publizitätspflichten

https://doi.org/10.1515/9783110447293-007

nach dem 4. Finanzmarktförderungsgesetz, ZIP 2002, 1471; *Roth* Erstes Gesetz zur Novellierung von Finanzmarktvorschriften aufgrund europäischer Rechtsakte, GWR 2016, 291; *Rothenfußer/Jäger* Generalamnestie im Kapitalmarktrecht durch das Erste Finanzmarktnovellierungsgesetz, NJW2016, 2689; *Rützel* Der aktuelle Stand der Rechtsprechung zur Haftung bei Ad-hoc-Mitteilungen, AG 2003, 69; *Sajnovits/Wagner* Marktmanipulation durch Unterlassen? – Untersuchung der Rechtlage unter MAR und FiMaNoG sowie deren Konsequenz für Alt-Taten, WM 2017, 1189; *Schimansky/Bunte/Lwowski* Bankrechts-Handbuch, 5. Aufl. 2017; *Schneider/Burgard* Scalping als Insiderstraftat, ZIP 1999 381 ff.; *Schwark/Zimmer* Kapitalmarktrechts-Kommentar, 4. Auflage 2010; *Seibt* 20 Thesen zur Binnenverantwortung im Unternehmen im Lichte des reformierten Kapitalmarktsanktionsrechts, NZG 2015, S. 1097; *Servatius* Verbesserter Anlegerschutz bei geschlossenen Fonds nach dem KAGB, ZfIR 2014, 134; *Spindler* Kapitalmarktreform in Permanenz – Das Anlegerschutzverbesserungsgesetz, NJW 2004, 349 ff.; *ders./Kasten* Der neue Rechtsrahmen für den Finanzdienstleistungssektor – die MiFID und ihre Umsetzung, WM 2006, 1749; *Stackmann* Böses Erwachen – die gesetzliche Haftung für fehlgeschlagene Kapitalanlagen, NJW 2013, 1985; *Stage* Fast (erneute?) Strafbarkeitslücke im Kapitalmarktstrafrecht, jurisPR-StrafR 3/2018; *Teigelack/Dolff* Kapitalmarktrechtliche Sanktionen nach dem Regulierungsentwurf eines Ersten Finanzmarktnovellierungsgesetztes – 1. FimanoG, BB 2016, 387; *Theusinger/Teigelack* Gesetz zur Finanzmarktnovellierung verabschiedet – Verschärfung der kapitalmarktrechtlichen Sanktionen, jurisPR-Compl 2/2016; *Trescher* Strafrechtliche Aspekte der Berichterstattung des Aufsichtsrates, DB 1998, 1016; *Trüg* Ist der Leerverkauf von Wertpapieren strafbar?, NJW 2009, 3202; *Volk* Scalping strafbar? ZIP 1999, 787; *Wabnitz/Janovsky* Handbuch des Wirtschafts- und Steuerstrafrechts, 4. Auflage 2014; *Wagner* Anlegerschutzverbesserung und „Grauer Kapitalmarkt", NZG 2011, 609; *Weitnauer/Boxberger/Anders*, KAGB, 2. Aufl. 2017; *Weiß* Strafrechtliche Risiken des unerlaubten Erbringes von Zahlungsdiensten, WM 2016, 1774; *Wilsing* „Daimler die Dritte" – Insiderinformation i.S. des § 13 Abs. 1 WpHG bei zeitlich gestreckten Vorgängen, DStR 2013, 1610; *Worms* Anlegerschutz durch Strafrecht, 1987; *Zielinski* Zur Verletzteneigenschaft des einzelnen Aktionärs im Klageerzwingungsverfahren bei Straftaten zum Nachteil des Aktionärs, wistra 1993, 6; *Zieschang* Der Kapitalanlagebetrug gemäß § 264a StGB – eine überflüssige Vorschrift?, GA 2012, 607.

Systematische Übersicht

Vorbemerkung

A. Einleitung

1 Während mit dem am 1.9.1976 in Kraft getretenen Ersten Gesetz zur Bekämpfung der Wirtschaftskriminalität[1] insbesondere durch Einfügung des § 264 StGB (Subventionsbetrug), § 265b StGB (Kreditbetrug) und des § 283 (Bankrott) noch insgesamt eine wirksame Bekämpfung von Wirtschaftskriminalität unterstützt werden sollte[2] und damit der strafrechtliche Schutz des individuellen Anlegers außerhalb der Anwendungsbereiche des Betrugs- (§ 263 StGB) sowie des Untreuetatbestandes (§ 266 StGB) noch nicht im Fokus stand, wurde mit dem am 1.8.1986 in Kraft getretenen Zweiten Gesetz zur Bekämpfung der Wirtschaftskriminalität[3] der den individuellen Anleger schützende Straftatbestand des Kapitalanlagebetruges (§ 264a StGB) in das StGB aufgenommen.

2 In der Folge wurde durch das im Wesentlichen am 1.3.1990 in Kraft getretene (Erste) Finanzmarktförderungsgesetz[4] noch kein weiterer anlegerschützender Straftatbestand geschaffen, sondern ein wesentlicher Meilenstein des strafrechtlichen Anlegerschutzes wurde erst mit dem Zweiten Finanzmarktförderungsgesetz,[5] insbesondere mit dem zum 1.8.1994 eingeführten WpHG gesetzt. Damit wurde erstmals eine Strafnorm zum Verbot von Insidergeschäften in Deutschland eingeführt. Dabei hob der Gesetzesentwurf der Bundesregierung hervor, dass die Finanzmärkte eine effiziente Ressourcenallokation

---

1 Erstes Gesetz zur Bekämpfung der Wirtschaftskriminalität (1. WiKG) v. 29.7.1976, BGBl. I 1976, S. 2034.
2 BT-Drs. 7/3441, S. 1.
3 Zweites Gesetz zur Bekämpfung der Wirtschaftskriminalität (2. WiKG) v. 15.5.1986, BGBl. I 1986, S. 721.
4 Gesetz zur Verbesserung der Rahmenbedingungen der Finanzmärkte (Finanzmarktförderungsgesetz v. 22.2.1990, BGBl. I 1990, S. 266, mit dem das Gesetz über Kapitalanlagegesellschaften und das Gesetz über den Vertrieb ausländischer Investmentanteile und über die Besteuerung der Erträge aus ausländischen Investmentanteilen geändert wurde.
5 Gesetz über den Wertpapierhandel und zur Änderung börsenrechtlicher und wertpapierrechtlicher Vorschriften (Zweite Finanzmarktförderungsgesetz) v. 26.7.1994, BGBl. I 1994, S. 1749.

gewährleisten und damit ein Motor für wirtschaftliches Wachstum und Strukturwandel sind.[6] Mit dem Zweiten Finanzmarktförderungsgesetz sollte unter anderem die Wettbewerbsfähigkeit des Finanzplatzes Deutschland vor allem durch die Erweiterung des Anlegerschutzes weiter gefördert werden.[7] Auch der Finanzausschuss betonte, dass insbesondere die Intensivierung des Anlegerschutzes, die Schaffung der Insiderregelung, die Verbesserung der Markttransparenz und die verbesserte Aufsicht über das Börsengeschehen geeignet sind, das Vertrauen in- und ausländischer Investoren in den Finanzplatz Deutschland zu stärken.[8]

3 Mit dem am 1.4.1998 in Kraft getretenen Dritten Finanzmarktförderungsgesetz[9] wurde das Ziel verfolgt, die Risikokapitalversorgung der mittelständischen Wirtschaft zu verbessern, das Kapitalangebot sowohl auf den Kassa- als auch auf den Terminmärkten zu vergrößern und die Position des Investmentfondplatzes Deutschland im internationalen Wettbewerb zu sichern.[10]

4 Im Zuge des Finanzmarktförderungskonzeptes war erklärtes Ziel des am 1.7.2002 in Kraft getretenen Vierten Finanzmarktförderungsgesetzes[11] ebenfalls die Fortentwicklung des Finanzplatzes Deutschland zwecks Stärkung seiner Leistungsfähigkeit und zur Sicherung der Marktintegrität.[12] Hierzu wurde unter anderem der in der Praxis bis dahin weitgehend wirkungslos gebliebene Straftatbestand des Kursbetruges (§ 88 BörsG a.F.) umfassend novelliert und das Verbot der Kurs- und Marktpreismanipulation in die Straf- und Bußgeldvorschriften des WpHG überführt.[13] Seither ist das Kapitalmarktstrafrecht schwerpunktmäßig im WpHG angesiedelt.[14]

5 Aufgrund der ständigen Anpassungsnotwendigkeit an die Vielgestaltigkeit des Börsengeschehens vor allem im Zuge der schnellen Entwicklung der Handelstechnologien wurde in den letzten Jahren infolge der Umsetzung von europäischen Richtlinien ein Bouquet von Gesetzen und Gesetzesänderungen mit jeweils regulatorischem Beiwerk in Form von Rechtsverordnungen geschaffen, die durchaus die Kritik hinsichtlich eines „regulatorischen Overkills" zur Folge hatten. In diesem Zusammenhang ist unter dem Gedanken des Anlegerschutzes zu beachten, dass Anlegervertrauen nur dann erzielt werden kann, wenn Unsicherheiten im Bereich des Aussagegehaltes und des Anwendungsbereichs der gesetzlichen Regel unter Beachtung des verfassungsrechtlich geschützten Bestimmtheitsgebots vermieden werden.

6 Im Zuge dieser Gesetzesnovellierungen diente das Anlegerschutzverbesserungsgesetz (AnSVG) vom 28.10.2004[15] explizit dem Schutze des individuellen Anlegers, das ein Maßnahmenpaket zur Regulierung des grauen Kapitalmarktes beinhaltete. Neben der Umsetzung der Marktmissbrauchsrichtlinie verfolgte der Gesetzgeber mit dem AnSVG das ausdrückliche Anliegen, den Anlegerschutz im Bereich der Kapitalmarktin-

---

6 BT-Drs. 12/6679, S. 33.
7 BT-Drs. 12/6679, S. 1.
8 BT-Drs. 12/7918, S. 95.
9 Gesetz zur weiteren Fortentwicklung des Finanzplatzes Deutschland (Drittes Finanzmarktförderungsgesetz) v. 24.3.1998, BGBl. I 1998, S. 529.
10 *Wiesgerber/Baur*, Das 3. Finanzmarktförderungsgesetz, S. 13.
11 Gesetz zur weiteren Fortentwicklung des Finanzplatzes Deutschland (Viertes Finanzmarktförderungsgesetz) vom 21.6.2002, BGBl. I 2002, S. 2010; zu den straf- und bußgeldrechtlichen Regelungen siehe *Moosmayer* wistra 2002, 161 ff.
12 *Kupfer/Ritter*, BB 2002, 1001, 1006; zu den Änderungen des WpHG näher *Rudolph*, BB 2002, 1036, 1039.
13 *Moosmayer* wistra 2002, 161.
14 *Moosmayer* wistra 2002, 161.
15 BGBl. I, S. 2630.

formation und der unzulässigen Marktpraktiken zu verbessern.[16] Wesentliche Neuerungen waren im Bereich des Insiderstrafrechts, insbesondere der Austausch des Begriffs der Insidertatsache durch den Begriff der Insiderinformation, die Erweiterung des Anwendungsbereichs der Insidertransaktion durch die Neudefinition des Insiderpapiers und die Aufhebung der Unterscheidung zwischen Primär- und Sekundärinsider auf der außerstrafrechtlichen Verbotsebene.[17] Mit dem AnSVG ist das Insiderhandelsverbot, das als Regelungsschwerpunkt die Funktionsfähigkeit des Finanzmarktes durch Erzielung einer Marktfairness zum Gegenstand hatte, als Jedermann-Verbotsregelung gemäß § 14 WpHG a.F. konzipiert worden, die somit umfassend unterbinden sollte, dass kursrelevante Umstände als Informationsvorsprung von Insidern gewinnbringend verwendet werden.

Eine weitere Regulierung des grauen Kapitalmarktes folgte mit dem Anlegerschutz- 7
und Funktionsverbesserungsgesetz vom 7.4.2011[18] und dem Gesetz zur Novellierung des Finanzanlagenvermittler- und Vermögenanlagenrechts vom 6.12.2011.[19] Letzteres hatte unter anderem durch Einführung des Gesetzes über Vermögensanlagen (Vermögensanlagegesetz – VermAnlG)[20] zum Ziel, das durch die Finanzkrise erschütterte Vertrauen der Anleger durch die Stärkung des Anlegerschutzes[21] zurück zu gewinnen.[22]

Das durch das AIFM-Umsetzungsgesetz eingeführte und am 22.7.2013 in Kraft getre- 8
tenen Kapitalanlagegesetzbuch (KAGB)[23] stellte unter anderem das Betreiben einer Kapitalverwaltungsgesellschaft ohne entsprechende Erlaubnis unter Strafe (§ 339 Abs. 1 Nr. 1 KAGB).

Schließlich setzte das am 23.4.2015 vom Bundestag beschlossene und am 10.7.2015 9
in Kraft getretene Kleinanlegerschutzgesetz (KleinAnlSchG)[24] das Maßnahmenpaket zur Verbesserung des Schutzes von Kleinanlegern[25] um und soll seither dazu beitragen, dass Anleger künftig die Erfolgsaussichten einer Vermögensanlage besser einschätzen können.[26] Dabei werden bestehende Anlegerschutzregelungen ergänzt bzw. forciert[27] und fortbestehende Regelungs- und Schutzlücken geschlossen.[28]

Die vorstehend skizzierte Entwicklung des strafrechtlichen Anlegerschutzes zeigt 10
bereits, dass der Gesetzgeber gerade auf dem Gebiet des Kapitalmarktstrafrechts den einem starken Wandel unterliegenden Geschäfts- und damit auch Kriminalitätsformen schon immer und auch weiterhin nur „hinterherzuhinken" vermag.[29]

B. Europarechtliche Entwicklung

Wie dieser kurze Überblick über die kapitalmarktrechtliche Gesetzesentwicklung 11
zeigt, befindet sich das Kapitalmarkstrafrecht in einem Prozess des steten Wandels, wobei in den letzten Jahren das Europarecht eine zentrale Bedeutung für den strafrechtli-

16 BT-Drs. 15/3174, S. 26; *Park* NStZ 2007, 369, 371.
17 Zu den Änderungen durch das AnSVG im Einzelnen *Park* NStZ 2007, 369, 371.
18 BGBl. I, S. 538.
19 BGBl. I, S. 2481.
20 BGBl. I 2011, 2481.
21 *Heisterhagen/Conreder* DStR 2015, 1929.
22 BT-Drs. 17/6051, S. 30.
23 BGBl. I 2013, S. 1981.
24 BGBl. I 2015, 1114 ff.
25 BMF u. BMJV v. 22.5.2014; Zum Maßnahmenpaket *Aurich* GWR 2014, 295.
26 BT-Drs. 18/3994; *Jesch/Siemko* BB 2014, 2570; *Heisterhagen/Conreder* DStR 2015, 1929.
27 *Heisterhagen/Conreder* DStR 2015, 1929.
28 BT-Drs. 18/3994, S. 1.
29 *Park* NStZ 2007, 369, 370.

chen Anlegerschutz erlangt hat. Der strafrechtliche Anlegerschutz ist durch eine stetig zunehmende Integration des europäischen Kapitalmarktes gekennzeichnet.[30] Es wird heute sogar von einem europäischen Finanz- oder Kapitalmarktstrafrecht gesprochen.[31]

12 So diente bereits die Einführung des WpHG durch das Zweite Finanzmarktförderungsgesetz auch der Umsetzung der EG-Insider-Richtlinie[32] und der EG-Transparenz-Richtlinie.[33] An dem von der Kommission am 1.6.2001 vorgelegten Vorschlag für eine neue EG-Richtlinie über Insider-Geschäfte und Marktmanipulation[34] hat man sich sodann im Vierten Finanzmarktförderungsgesetz orientiert.[35]

13 Die Marktmissbrauchsrichtlinie vom 28.1.2003[36] löste die EG-Insider-Richtlinie vom 13.11.1989[37] ab und wurde durch das Anlegerschutzverbesserungsgesetz vom 28.10. 2004[38] umgesetzt. Ohne die nationalen Gesetzgeber zu einer Sanktionierung von Insidergeschäften und Marktmissbrauch mittels Kriminalstrafe zu zwingen,[39] entschied sich der deutsche Gesetzgeber gleichwohl zu einer Kombination von verwaltungs- und strafrechtlichen Sanktionen.[40]

14 Das am 16.7.2007 erlassene und am 1.11.2007 in Kraft getretene Finanzmarktrichtlinie-Umsetzungsgesetz (FRUG)[41] transformierte die Richtlinie 2004/39/EG des Europäischen Parlaments und des Rates vom 21.4.2004 (MiFID)[42] in nationales Recht. Die MiFID verfolgt als „quasi kapitalmarktrechtliche Verfassung" hauptsächlich zwei Ziele: Die

---

30 Park/*Hilgendorf*/*Kusche* Kap. 5.1. Rn. 5.

31 Park/*Hilgendorf*/*Kusche* Kap. 5.1. Rn. 5.

32 Richtlinie 89/591/EWG des Rates der Europäischen Gemeinschaften vom 13.11.1989 zur Koordinierung der Vorschriften betreffend Insidergeschäfte (ABl. EG Nr. L 334/30).

33 Richtlinie 88/627/EWG des Rates der Europäischen Gemeinschaften vom 12.12.1988 über die bei Erwerb oder Veräußerung einer bedeutenden Beteiligung an einer börsennotierten Gesellschaft zu veröffentlichenden Informationen (ABl. EG Nr. L 348/62).

34 Vorschlag für eine Richtlinie des Europäischen Parlaments und des Rates über Insider-Geschäfte und Marktmanipulation (Marktmissbrauch), KOM (2001) 281 endg. ABl. EG C 240 v. 28.8.2001, S. 265.

35 *Moosmayer* wistra 2002, 161; Park/*Hilgendorf*/*Kusche* Kap. 5.1. Rn. 2.

36 Richtlinie 2003/6/EG des europäischen Parlaments und des Rates über Insider-Geschäfte und Marktmanipulation (Marktmissbrauch) vom 28.1.2003, ABl. EG Nr. L 96 vom 12.4.2003, S. 16.

37 Richtlinie 89/592/EWG des Rates vom 13.11.1989 zur Koordinierung der Vorschriften betreffend Insider-Geschäfte, ABl. EG Nr. L 334/30 vom 18.11.1989, S. 30 ff.; dazu ergangene Durchführungsrichtlinien: Richtlinie 2003/124/EG vom 22.12.2003 zur Durchführung der Richtlinie 2003/6/EG betreffend die Begriffsbestimmung und die Veröffentlichung von Insider-Informationen und die Begriffsbestimmung der Marktmanipulation, ABl. EG Nr. L 339 vom 24.12.2003, S. 70; Richtlinie 2003/125/EG vom 22.12.2003 zur Durchführung der Richtlinie 2003/6/EG in Bezug auf die sachgerechte Darbietung von Anlageempfehlungen und die Offenlegung von Interessenkonflikten, ABl. EG Nr. L 339 vom 24.12.2003, S. 73; Richtlinie 2004/72/EG vom 29.4.2004 zur Durchführung der Richtlinie 2003/6/EG – Zulässige Marktpraktiken, Definition von Insider-Informationen in Bezug auf Warenderivate, Erstellung von Insider-Verzeichnissen, Meldung von Eigengeschäften und Meldung verdächtiger Transaktionen (...), ABl. EG Nr. L 162 vom 30.4.2004, S. 70; Verordnung (EG) Nr. 2273/2003 über Ausnahmeregelungen für Rückkaufprogramme von Wertpapieren und Kursstabilisierungsmaßnahmen der Kommission vom 22.12.2003 zur Durchführung der Richtlinie 2003/6/EG, ABl. EG Nr. L 336 vom 23.12.2003, S. 33.

38 BGBl. 2004 I 2630 ff.; dazu *Bergmann*/*Drees* StraFo 2005, 364 ff.; *Bürgers* BKR 2004, 424 ff.; *Kuthe* ZIP 2004, 883 ff.; *Spindler* NJW 2004, 349 ff.

39 Art. 5 i.V.m. Art. 14 Abs. 1 S. 1, 2 der Marktmissbrauchsrichtlinie: „Unbeschadet des Rechts der Mitgliedstaaten, strafrechtliche Sanktionen zu verhängen...".

40 Park/*Hilgendorf*/*Kusche* Kap. 5.1. Rn. 3; Park/*Sorgenfrei*/*Saliger* Kap. 6.3. Rn. 6 m.w.N.

41 Gesetz zur Umsetzung der Richtlinie über Märkte für Finanzinstrumente und der Durchführungsrichtlinie der Kommission vom 16.7.2007, BGBl. 2007 I, S. 1330.

42 Richtlinie 2004/39/EG des Europäischen Parlaments und des Rates vom 21.4.2004 über Märkte für Finanzinstrumente, zur Änderung der Richtlinie 85/611/EWG und 93/6/EWG des Rates und der Richtlinie 2000/12/EG des Europäischen Parlaments und des Rates und zur Aufhebung der Richtlinie 93/22/EWG des Rates (ABl. EU Nr. L 145/1); Die MiFID soll zum 3.1.2018 durch die Richtlinie 2014/65/EU ersetzt werden.

Sicherung des Anlegerschutzes und der Marktintegrität durch Aufstellung harmonisierter Anforderungen für das Agieren der zugelassenen Finanzintermediäre sowie die Förderung fairer, transparenter, effizienter und integrierter Finanzmärkte.[43]

Mit dem ersten und zweiten Finanzmarktnovellierungsgesetz (1. und 2. FimanoG) wurden in jüngster Zeit die europäischen Vorgaben umgesetzt. **15**

Grundlegende Neuerung hat der strafrechtliche Anlegerschutz durch das am 2.7. 2016 in Kraft getretene 1. FimanoG[44] erfahren. Seit dem 3.7.2016 ist die Marktmissbrauchsverordnung (MAR)[45] unmittelbar anwendbar.[46] Die Marktmissbrauchsrichtlinie II (MAD II)[47] ergänzt die Verordnung zur Regelung von Marktmissbrauch und war bis zum 3.7.2016 in nationales Gesetz umzusetzen. Mit der MAR und MAD II hat der europäische Gesetzgeber das Recht des Marktmissbrauchs neu geregelt. Die bisher nur im nationalen Recht verankerten Bestimmungen des Insider- und Marktmissbrauchsrechts wurde in EU-weit unmittelbar anwendbares europäisches Recht überführt. Die MAR stellt gesetzestechnisch eine tatbestandsausfüllende Rechtsmaterie dar. **16**

Die europäischen Vorgaben wurden im Rahmen des 1. FimanoG nicht in den Wortlaut der § 38 ff. WpHG a.F. aufgenommen, sondern durch Verweis auf die MAR in die Strafnorm implementiert.[48] Im Bereich des Insiderstrafrechts ergibt sich der Begriff der Insiderinformation, der früher in § 13 WPHG legaldefiniert wurde, nun unmittelbar aus Art. 7 MAR, wobei sich die Definition stark an der EUGH-Rechtsprechung, insbesondere zum Kriterium der Eintrittswahrscheinlichkeit eines Zwischenschritts bei gestreckten Geschehensabläufen orientiert.[49] Eine erhebliche Ausdehnungswirkung im Insiderstrafrecht auf den Täterkreis stellt die Regelung dar, wonach vorsätzliches Handeln in sämtlichen Begehungsweisen unterschiedslos für Primär – und Sekundärinsider strafbar ist. **17**

Eine weitere wesentliche Änderung liegt in dem Verbrechenstatbestand für „besonders schwere Fälle“ der Marktmanipulation gem. § 38 Abs. 5 WpHG a.F., der auch nach dem 2. FimanoG gemäß § 119 Abs. 5 WpHG noch fortbesteht. Der hohe Strafrahmen wird vom nationalen Gesetzgeber damit begründet, dass in diesen Fällen die Auswirkungen auf die Integrität der Kapitalmärkte sehr hoch seien.[50] **18**

---

43 *Spindler/Kasten* WM 2006, 1749 ff.

44 BT-Drs. 18/7482 – Erstes Gesetz zur Novellierung von Finanzmarktvorschriften auf Grund europäischer Rechtsakte, dazu: *Roth* GWR 2016, 291; *Teigelack/Dolff* BB 2016, 387; *Graf/Jäger/Wittig* Wirtschafts-und Steuerstrafrecht, § 38 WpHG, Rn. 4 ff.

45 Verordnung (EU) Nr. 596/2014 des Europäischen Parlaments und des Rates v. 16.4.2014 über Missbrauch und zur Aufhebung der Richtlinie 2003/6/EG des Europäischen Parlaments und des Rates und der Richtlinie 2003/124/EG, 2003/125/EG und 2004/72/EG der Kommission (ABl. Nr. L 173/1); Durchführungsrichtlinie (EU) 2015/2392 der Kommission vom 17.12.2015 zur Verordnung (EU) Nr. 596/2014 des Europäischen Parlaments und des Rates hinsichtlich der Meldung tatsächlicher oder möglicher Verstöße gegen diese Verordnung (ABl. Nr. L 332/126).

46 Zu der Problematik der Ahndungslücken im WpHG zum 2.7.2016 siehe *Lorenz/Zierden* HRRS 2016, 443; *Bülte/Müller* NZG 2017, 205; *Rothenfußer/ Jäger* NJW 2016, 2689; BGH NJW 2018, S. 966; auf den „VW-Skandal“ bezogen *Brand/Hotz* NZG 2017, 976, 982 f.

47 Richtlinie 2014/57/EU des Europäischen Parlaments und des Rates v. 16.4.2014 über strafrechtliche Sanktionen bei Marktmanipulation (Marktmissbrauchsrichtlinie) (ABl. Nr. L 173/179).

48 Wegen der Verkomplizierung der verschachtelten Verweisungsketten auf die MAR, die wiederum auf Leitlinien oder technische Regulierungs- bzw. Durchführungsstandards verweist, stellen *Pauka/Link/Armenat* WM 2017, 2092 die Einhaltung des Bestimmtheitsgebots in Frage.

49 Ob mit der neuen Begriffsbestimmung der Insiderinformation das Ziel der Rechtssicherheit durch genauere Bestimmung erreicht wird, ist zweifelhaft, hierzu auch *Wilsing* DStR 2013, 1610 ff. m.w.N.

50 Zum überschießenden Gestaltungsspielraum des Gesetzgebers siehe *Poller* NZWiSt 2017, 430 ff.

19 Nachdem erst zum 2.7.2016 das 1. FimanoG in Kraft getreten war, wurde in 2017 bereits eine weitere Neuregelung durch das 2. FimanoG zum 3.1.2018 beschlossen;[51] es fand u.a. eine Neunummerierung statt.[52]

20 In Bezug auf den Tatbestand des vorsätzlichen Insiderhandels beispielsweise verweist § 119 Abs. 3 WpHG als Blankettnorm auf Art. 14 MAR. Neben der Versuchsstrafbarkeit wird auch das Handeln von Sekundärinsidern nicht mehr nur als Ordnungswidrigkeit eingestuft; es entfällt aufgrund der Gleichstellung aller Verstöße die bisher geltende Differenzierung zwischen Primär-und Sekundärinsider für Verstöße gegen das Offenlegungs-, Empfehlungs- und Verleitungsverbot zumindest auf der Rechtsfolgenebene, weshalb die Aspekte der Strafwürdigkeit und des Verhältnismäßigkeitsgrundsatzes kritisch hinterfragt werden.[53]

21 Der Gesetzgeber hat mit dem 2. FimanoG allerdings den Verbrechenstatbestand im Bereich der Marktmanipulation trotz erheblicher Kritik in der Literatur weiterhin in § 119 Abs. 5 WpHG beibehalten, allerdings wurde ein minder schwerer Fall in § 119 Abs. 6 WpHG statuiert. Die Einführung minder schwerer Fälle wird jedoch nur als „Rückausnahme" für die Qualifikation wegen finanzmarktbezogener Tätigkeit im Sinne des § 119 Abs. 5 WpHG gewertet.[54] Eine ausreichende Begründung für den Einsatz des Verbrechenstatbestandes als „schärfstes Schwertes" ist selbst unter dem Aspekt der Selbstkontrolle weder im 1. noch im 2. FimanoG zu den dort aufgestellten Qualifikationstatbeständen erfolgt.[55]

22 Der europäische Gesetzgeber bezweckte mit dem europäischen Maßnahmepaket insbesondere die Verschärfung und Vereinheitlichung der Sanktionen für Marktmissbrauch innerhalb des Rechtsraumes der Europäischen Union[56] sowie die Schaffung einer „Europäischen Kapitalmarktunion", in der einheitliche Prinzipien in einem einheitlichen europäischen Regelungswerk zusammengeführt werden.[57] Die Ausgestaltung der konkreten Sanktionen und das gestufte Sanktionskonzept[58] für Verstöße bleiben zwar weiterhin originär dem nationalen Gesetzgeber überlassen, allerdings enthalten die MAR und die begleitende MAD II hierfür nähere Vorgaben.

I. Verordnung (EU) Nr. 596/2014 vom 16.4.2014 (Marktmissbrauchsverordnung – MAR)

23 Mit der MAR wird ein gemeinsamer Rechtsrahmen für Insidergeschäfte, die unrechtmäßige Offenlegung von Insiderinformationen und Marktmanipulation (Marktmissbrauch) sowie für Maßnahmen zur Verhinderung von Marktmissbrauch geschaffen, um die Integrität der Finanzmärkte in der Union sicherzustellen und den Anlegerschutz und das Vertrauen der Anleger in diese Märkte zu stärken, Art. 1 MAR.

24 Die Verordnung versteht den Begriff des Marktmissbrauchs als Oberbegriff für unrechtmäßige Handlungen an den Finanzmärkten und umfasst für die Zwecke der Verordnung Insidergeschäfte oder die unrechtmäßige Offenlegung von Insiderinformatio-

51 Zweites Gesetz zur Novellierung von Finanzmarktvorschriften auf Grund europäischer Rechtsakte (Zweites Finanzmarktförderungsgesetz – 2. FimanoG) vom 23.6.2017, BGBl. I 2017, 1693.
52 Hierzu Stage jurisPR- StrafR 3/2018 Anm. 1.
53 Zur rechtspolitischen Berechtigung und den Durchsetzungsproblemen im Bereich der White- Collar-Kriminalität Schimansky/Bunte/Lwowski/*Hopt/Kumpan* § 107, Rn. 169.; *Göhler* ZIS 2016, 266 ff.
54 So *Gehrmann* Anmerkung zu BFH, Urt. vom 8. März 2017 – IX R 5/16, wistra 2017, 447, 450.
55 Kritsch hierzu *Poller* NZWiSt 2017, 430 ff.; *Pauka/Link/Armenat* WM 2017, 2092 ff.
56 *Teigelack/Dolff* BB 2016, 387.
57 *Seibt* NZG 2015, S. 1097 ff.
58 Hierzu *Kraatz* Wirtschaftsstrafrecht, Kap. 8, Rn. 402.

nen und Marktmanipulation.[59] Marktmissbrauch verletzt die Integrität der Finanzmärkte und untergräbt das Vertrauen der Öffentlichkeit in Wertpapiere und Derivate.[60]

Die Kernmaterien des Marktmissbrauchsrechts werden europaweit einheitlich in einem stärkeren Rahmen durch die MAR vorgegeben,[61] um den Marktteilnehmern mehr Rechtssicherheit und unkompliziertere Vorschriften zu bieten.[62] Hierzu war ein neues Rechtsinstrument erforderlich, um für einheitliche Regeln, die Klarheit zentraler Begriffe und ein einheitliches Regelwerk zu sorgen.[63] Diese europäische Entwicklung des Kapitalmarktstrafrechts ist fokussiert auf die Herstellung eines Level-Playing Fields in Europa. Mit der Form einer Verordnung stellt der Europäische Gesetzgeber sicher, dass Vorschriften in Bezug auf Marktmissbrauch unmittelbar angewendet werden und keine – infolge der Umsetzung einer Richtlinie – voneinander abweichenden nationale Vorschriften entstehen können.[64] **25**

Folge der unmittelbar anwendbaren MAR ist, dass in der gesamten Union alle natürlichen und juristischen Personen die gleichen Regeln zu befolgen haben. Der Europäische Gesetzgeber sah in der Form der Verordnung zudem den Vorteil, dass für grenzüberschreitend tätige Gesellschaften die Compliance-Kosten reduziert würden sowie zur Beseitigung von Wettbewerbsverzerrungen beigetragen würde.[65] **26**

Die MAR sieht zudem vor, dass die Entscheidungen der zuständigen Behörden im Normalfall veröffentlicht werden sollen, damit sie auf die allgemeine Öffentlichkeit abschreckend wirken können.[66] **27**

II. Richtlinie 2014/57/EU vom 16.4.2014 (Marktmissbrauchsrichtlinie)

Die Harmonisierung der strafrechtlichen Sanktionen erfolgt in der Annex- Richtlinie der Marktmissbrauchsrichtlinie (MAD II); dort enthalten sind die Mindestvorschriften für strafrechtliche Sanktionen bei Insider-Geschäften und unrechtmäßiger Offenlegung von Insiderinformationen und Marktmanipulation, um die Integrität der Finanzmärkte in der Union sicherzustellen sowie den Anlegerschutz und mit den einheitlichen Bedingungen in allen Mitgliedstaaten das Vertrauen der Anleger in diese Märkte zu stärken.[67] **28**

Wie sich aus den Erwägungsgründen 70 ff. MAR ergibt, hatten sich nach Ansicht des europäischen Gesetzgebers die Einführung nur verwaltungsrechtlicher Sanktionen bislang nicht als ausreichend erwiesen, um die Einhaltung der Vorschriften zur Verhinderung und Bekämpfung von Marktmissbrauch sicherzustellen. Es sei daher unverzichtbar, die Einhaltung der Vorschriften über Marktmissbrauch durch die Einführung von strafrechtlichen Sanktionen zu unterstützen. Nur die Verhängung strafrechtlicher Sanktionen bei Marktmissbrauch werde eine stärkere abschreckende Wirkung auf mögliche Täter haben. Daher sei die Einführung von strafrechtlichen Sanktionen zumindest **29**

---

59 Näher zum Insider- und Marktmanipulationsverbot im neuen Marktmissbrauchsrecht *Poelzig* NZG 2016, 528.
60 ABl. Nr. L 173/1 v. 12.6.2014.
61 *Giering* CCZ 2016, 214.
62 ABl. Nr. L 173/2 v. 12.6.2014.
63 ABl. Nr. L 173/1 v. 12.6.2014.
64 Zu den sprachlichen Mängel der deutschen Fassung der Verordnung und die verfassungsrechtliche Problematik im Bereich der Reform des Marktmissbrauchsrechts Graf/Jäger/Wittig/*Diversy*/*Köpferl* § 38 Rn. 9.
65 ABl. Nr. L 173/2 v. 12.6.2014.
66 ABl. Nr. L 173/14 v. 12.6.2014.
67 *Poelzig* NZG 2016, 528; ABl. Nr. L 173/183 v. 12.6.2014.

bei schweren Verstößen im Bereich des Marktmissbrauchs von wesentlicher Bedeutung.[68]

30 Schwerwiegend sollen Insider-Geschäfte und eine unrechtmäßige Offenlegung von Insider-Informationen im Sinne der Richtlinie dann sein, wenn die Auswirkungen auf die Integrität des Marktes, der tatsächlich oder potentiell erzielte Gewinn oder vermiedene Verlust, das Ausmaß des für den Markt entstandenen Schaden oder der Gesamtwert der gehandelten Instrumente hoch ist.[69]

31 Voraussetzung für die Strafbarkeit einer Marktmanipulation ist im Sinne der Richtlinie auch weiterhin der Einwirkungserfolg, wobei neben der bisher erfassten Einwirkung auf Börsen- und Marktpreis eines Finanzinstruments nunmehr mit der Richtlinie auch die Einwirkung auf Referenzwerte im Inland, in einem anderen Mitgliedstaat der EU oder Vertragsstaat des EWR erfasst sind.[70] Ferner führt die Richtlinie Umstände als schwerwiegend auf, die sich besonders auf die Integrität des Marktes auswirken, wie z.B. ein tatsächlich oder potentiell erzielter hoher Gewinn oder vermiedene Verlust, das Ausmaß des für den Markt entstandenen Schadens, die Änderung des Wertes der Finanzinstrumente oder Waren-Spot-Kontrakte.[71] Ferner gilt die Marktmanipulation als schwerwiegend bei bandenmäßiger oder gewerbsmäßiger Begehung oder für den Fall, dass die Manipulation von einer Person begangen wird, die im Finanzsektor oder in einer Aufsichts- bzw. Regulierungsbehörde angestellt oder tätig ist.

32 Hinzu kommt unter dem Aspekt des Funktionsschutzes[72] die Versuchsstrafbarkeit der Insider und Markmanipulationshandlungen, da aufgrund der negativen Wirkung versuchter Insidergeschäfte und Marktmanipulationen auf die Integrität der Finanzmärkte und das Vertrauen der Anleger in diese Märkte eingewirkt wird. Insoweit soll das Vertrauen der Anleger in die Abläufe am Börsenmarkt gestärkt und damit die allokative Markteffizienz gefördert werden, was zumindest einen Anlegerschutz als Rechtsreflex bewirkt.

33 Ferner soll die Anstiftung und Beihilfe zu solchen Straftaten unter Strafe gestellt werden, was jedoch gerade im Bereich der Vorfeldtatbestände im Insiderstrafrecht zu Auslegungsschwierigkeiten führt.[73]

34 Die Mitgliedstaaten können allerdings auch strengere strafrechtliche Bestimmungen zum Marktmissbrauch einführen oder beibehalten, da die Richtlinie ausschließlich Mindestvorschriften enthält. Die Verhängung von Sanktionen sollte verhältnismäßig sein und die erzielten Gewinne oder vermiedenen Verluste der zur Verantwortung gezogenen Personen sowie den Schaden, der anderen Personen und gegebenenfalls der Funktionsweise der Märkte oder der breiten Wirtschaft durch die Tat entstanden ist, berücksichtigen.[74]

35 Infolge der umfangreichen Gesetzesänderungen in den letzten Jahren wurde ein umfangreiches Paket an Gesetzen mit jeweils regulatorischem Beiwerk geschaffen; nachstehend wird auf einzelne Strafnormen, die im Lichte der Anlegerschutzes stehen, jeweils mit Blick auf das jeweilige Rechtsgut eingegangen.

---

68 ABl. Nr. L 173/180 v. 12.6.2014; Zur Verschärfung der kapitalmarktrechtlichen Sanktionen *Theusinger,Teigelack* jurisPR-Compl 2/2016, Anm.3.

69 ABl. Nr. L 173/180 v. 12.6.2014.

70 *Poelzig* NZG 2016, 537.

71 ABl. Nr. L 173/181 v. 12.6.2014.

72 Zum Funktionsschutz vor allem im Insiderstrafrecht *Ott/Schäfer* ZBB 1991, 226, 230; *Peters* Insiderstrafrecht, S. 18.

73 Hierzu ausführlich *Göhler* ZIS 2016, 266, 274 ff., die zu dem Ergebnis kommt, dass die Vornahme des Finanzgeschäfts durch den Anstiftungsempfänger –entgegengesetzt zum Empfehlungstatbestand– eine Voraussetzung des Anstiftungstatbestandes ist.

74 ABl. Nr. L 173/182 v. 12.6.2014.

§§ 25, 119, 120 WpHG, Art. 8, 10, 12, 14, 15 MAR
Insidergeschäfte und Marktmanipulation

§ 25 WpHG
Anwendung der Verordnung (EU) Nr. 596/2014 auf Waren und ausländische Zahlungsmittel

Artikel 15 in Verbindung mit Artikel 12 Absatz 1 bis 4 der Verordnung (EU) Nr. 596/2014 gilt entsprechend für
1. Waren im Sinne des § 2 Absatz 5 und
2. ausländische Zahlungsmittel im Sinne des § 51 des Börsengesetzes,

die an einer inländischen Börse oder einem vergleichbaren Markt in einem anderen Mitgliedstaat der Europäischen Union oder in einem anderen Vertragsstaat des Abkommens über den Europäischen Wirtschaftsraum gehandelt werden.

§ 119 WpHG
Strafvorschriften

(1) Mit Freiheitsstrafe bis zu fünf Jahren oder mit Geldstrafe wird bestraft, wer eine in § 120 Absatz 2 Nummer 3 oder Absatz 15 Nummer 2 bezeichnete vorsätzliche Handlung begeht und dadurch einwirkt auf
1. den inländischen Börsen- oder Marktpreis eines Finanzinstruments, eines damit verbundenen Waren-Spot-Kontrakts, einer Ware im Sinne des § 2 Absatz 5 oder eines ausländischen Zahlungsmittels im Sinne des § 51 des Börsengesetzes,
2. den Preis eines Finanzinstruments oder eines damit verbundenen Waren-Spot-Kontrakts an einem organisierten Markt, einem multilateralen oder organisierten Handelssystem in einem anderen Mitgliedstaat oder in einem anderen Vertragsstaat des Abkommens über den Europäischen Wirtschaftsraum,
3. den Preis einer Ware im Sinne des § 2 Absatz 5 oder eines ausländischen Zahlungsmittels im Sinne des § 51 des Börsengesetzes an einem mit einer inländischen Börse vergleichbaren Markt in einem anderen Mitgliedstaat oder in einem anderen Vertragsstaat des Abkommens über den Europäischen Wirtschaftsraum oder
4. die Berechnung eines Referenzwertes im Inland oder in einem anderen Mitgliedstaat oder in einem anderen Vertragsstaat des Abkommens über den Europäischen Wirtschaftsraum.

(2) Ebenso wird bestraft, wer gegen die Verordnung (EU) Nr. 1031/2010 der Kommission vom 12. November 2010 über den zeitlichen und administrativen Ablauf sowie sonstige Aspekte der Versteigerung von Treibhausgasemissionszertifikaten gemäß der Richtlinie 2003/87/EG des Europäischen Parlaments und des Rates über ein System für den Handel mit Treibhausgasemissionszertifikaten in der Gemeinschaft (ABl. L 302 vom 18.11.2010, S. 1), die zuletzt durch die Verordnung (EU) Nr. 176/2014 (ABl. L 56 vom 26.2.2014, S. 11) geändert worden ist, verstößt, indem er
1. entgegen Artikel 38 Absatz 1 Unterabsatz 1, auch in Verbindung mit Absatz 2 oder Artikel 40, ein Gebot einstellt, ändert oder zurückzieht oder
2. als Person nach Artikel 38 Absatz 1 Unterabsatz 2, auch in Verbindung mit Absatz 2,

a) entgegen Artikel 39 Buchstabe a eine Insiderinformation weitergibt oder
b) entgegen Artikel 39 Buchstabe b die Einstellung, Änderung oder Zurückziehung eines Gebotes empfiehlt oder eine andere Person hierzu verleitet.

(3) Ebenso wird bestraft, wer gegen die Verordnung (EU) Nr. 596/2014 des Europäischen Parlaments und des Rates vom 16. April 2014 über Marktmissbrauch (Marktmissbrauchsverordnung) und zur Aufhebung der Richtlinie 2003/6/EG des Europäischen Parlaments und des Rates und der Richtlinien 2003/124/EG, 2003/125/EG und 2004/72/EG der Kommission (ABl. L 173 vom 12.6.2014, S. 1; L 287 vom 21.10.2016, S. 320; L 306 vom 15.11.2016, S. 43; L 348 vom 21.12.2016, S. 83), die zuletzt durch die Verordnung (EU) 2016/1033 (ABl. L 175 vom 30.6.2016, S. 1) geändert worden ist, verstößt, indem er

1. entgegen Artikel 14 Buchstabe a ein Insidergeschäft tätigt,
2. entgegen Artikel 14 Buchstabe b einem Dritten empfiehlt, ein Insidergeschäft zu tätigen, oder einen Dritten dazu verleitet oder
3. entgegen Artikel 14 Buchstabe c eine Insiderinformation offenlegt.

(4) Der Versuch ist strafbar.

(5) Mit Freiheitsstrafe von einem Jahr bis zu zehn Jahren wird bestraft, wer in den Fällen des Absatzes 1

1. gewerbsmäßig oder als Mitglied einer Bande, die sich zur fortgesetzten Begehung solcher Taten verbunden hat, handelt oder
2. in Ausübung seiner Tätigkeit für eine inländische Finanzaufsichtsbehörde, ein Wertpapierdienstleistungsunternehmen, eine Börse oder einen Betreiber eines Handelsplatzes handelt.

(6) In minder schweren Fällen des Absatzes 5 Nummer 2 ist die Strafe Freiheitsstrafe von sechs Monaten bis zu fünf Jahren.

(7) Handelt der Täter in den Fällen des Absatzes 2 Nummer 1 leichtfertig, so ist die Strafe Freiheitsstrafe bis zu einem Jahr oder Geldstrafe.

§ 120 WpHG
Bußgeldvorschriften; Verordnungsermächtigung

(...)

(2) Ordnungswidrig handelt, wer vorsätzlich oder leichtfertig

(...)

3. entgegen § 25 in Verbindung mit Artikel 15 der Verordnung (EU) Nr. 596/2014 eine Marktmanipulation begeht,

(...)

(15) Ordnungswidrig handelt, wer gegen die Verordnung (EU) Nr. 596/2014 verstößt, indem er vorsätzlich oder leichtfertig

(...)

2. entgegen Artikel 15 eine Marktmanipulation begeht,

(...)

Artikel 8 MAR
Insidergeschäfte

(1) Für die Zwecke dieser Verordnung liegt ein Insidergeschäft vor, wenn eine Person über Insiderinformationen verfügt und unter Nutzung derselben für eigene oder fremde Rechnung direkt oder indirekt Finanzinstrumente, auf die sich die

Informationen beziehen, erwirbt oder veräußert. Die Nutzung von Insiderinformationen in Form der Stornierung oder Änderung eines Auftrags in Bezug auf ein Finanzinstrument, auf das sich die Informationen beziehen, gilt auch als Insidergeschäft, wenn der Auftrag vor Erlangen der Insiderinformationen erteilt wurde. In Bezug auf Versteigerungen von Emissionszertifikaten oder anderen darauf beruhenden Auktionsobjekten gemäß der Verordnung (EU) Nr. 1031/2010 schließt die Nutzung von Insiderinformationen auch die Übermittlung, Änderung oder Zurücknahme eines Gebots durch eine Person für eigene Rechnung oder für Rechnung eines Dritten ein.

(2) Für die Zwecke dieser Verordnung liegt eine Empfehlung zum Tätigen von Insidergeschäften oder die Anstiftung Dritter hierzu vor, wenn eine Person über Insiderinformationen verfügt und

a) auf der Grundlage dieser Informationen Dritten empfiehlt, Finanzinstrumente, auf die sich die Informationen beziehen, zu erwerben oder zu veräußern, oder sie dazu anstiftet, einen solchen Erwerb oder eine solche Veräußerung vorzunehmen, oder
b) auf der Grundlage dieser Informationen Dritten empfiehlt, einen Auftrag, der ein Finanzinstrument betrifft, auf das sich die Informationen beziehen, zu stornieren oder zu ändern, oder sie dazu anstiftet, eine solche Stornierung oder Änderung vorzunehmen.

(3) Die Nutzung von Empfehlungen oder Anstiftungen gemäß Absatz 2 erfüllt den Tatbestand des Insidergeschäfts im Sinne dieses Artikels, wenn die Person, die die Empfehlung nutzt oder der Anstiftung folgt, weiß oder wissen sollte, dass diese auf Insiderinformationen beruht.

(4) Dieser Artikel gilt für jede Person, die über Insiderinformationen verfügt, weil sie

a) dem Verwaltungs-, Leitungs- oder Aufsichtsorgan des Emittenten oder des Teilnehmers am Markt für Emissionszertifikate angehört;
b) am Kapital des Emittenten oder des Teilnehmers am Markt für Emissionszertifikate beteiligt ist;
c) aufgrund der Ausübung einer Arbeit oder eines Berufs oder der Er-füllung von Aufgaben Zugang zu den betreffenden Informationen hat oder
d) an kriminellen Handlungen beteiligt ist.

Dieser Artikel gilt auch für jede Person, die Insiderinformationen unter anderen Umständen als nach Unterabsatz 1 besitzt und weiß oder wissen müsste, dass es sich dabei um Insiderinformationen handelt.

(5) Handelt es sich bei der in diesem Artikel genannten Person um eine juristische Person, so gilt dieser Artikel nach Maßgabe des nationalen Rechts auch für die natürlichen Personen, die an dem Beschluss, den Erwerb, die Verußerung, die Stornierung oder Änderung eines Auftrags für Rechnung der betreffenden juristischen Person zu tätigen, beteiligt sind oder diesen beeinflussen.

Artikel 10 MAR
Unrechtmäßige Offenlegung von Insiderinformationen

(1) Für die Zwecke dieser Verordnung liegt eine unrechtmäßige Offenlegung von Insiderinformationen vor, wenn eine Person, die über Insiderinformationen verfügt und diese Informationen gegenüber einer anderen Person offenlegt, es sei denn, die Offenlegung geschieht im Zuge der normalen Ausübung einer Beschäftigung oder eines Berufs oder der normalen Erfüllung von Aufgaben.

Dieser Absatz gilt für alle natürlichen oder juristischen Personen in den Situationen oder unter den Umständen gemäß Artikel 8 Absatz 4.

(2) Für die Zwecke dieser Verordnung gilt die Weitergabe von Empfehlungen oder das Anstiften anderer, nachdem man selbst angestiftet wurde, gemäß Artikel 8 Absatz 2 als unrechtmäßige Offenlegung von Insiderinformationen gemäß diesem Artikel, wenn die Person, die die Empfehlung weitergibt oder andere anstiftet, nachdem sie selbst angestiftet wurde, weiß oder wissen sollte, dass die Empfehlung bzw. Anstiftung auf Insiderinformationen beruht.

Artikel 12 MAR
Marktmanipulation

(1) Für die Zwecke dieser Verordnung umfasst der Begriff „Marktmanipulation" folgende Handlungen:

a) Abschluss eines Geschäfts, Erteilung eines Handelsauftrags sowie jede andere Handlung, die
   i) falsche oder irreführende Signale hinsichtlich des Angebots, der Nachfrage oder des Preises eines Finanzinstruments, eines damit verbundenen Waren-Spot- Kontrakts oder eines auf Emissionszertifikaten beruhenden Auktionsobjekts gibt oder bei der dies wahrscheinlich ist, oder
   ii) ein anormales oder künstliches Kursniveau eines oder mehrerer Finanzinstrumente, eines damit verbundenen Waren-Spot-Kontrakts oder eines auf Emissionszertifikaten beruhenden Auktionsobjekts sichert oder bei der dies wahrscheinlich ist;

es sei denn, die Person, die ein Geschäft abschließt, einen Handelsauftrag erteilt oder eine andere Handlung vornimmt, nach, dass das Geschäft, der Auftrag oder die Handlung legitime Gründe hat und im Einklang mit der zulässigen Marktpraxis gemäß Artikel 13 steht.

b) Abschluss eines Geschäfts, Erteilung eines Handelsauftrags und jegliche sonstige Tätigkeit oder Handlung an Finanzmärkten, die unter Vorspiegelung falscher Tatsachen oder unter Verwendung sonstiger Kunstgriffe oder Formen der Täuschung den Kurs eines oder mehrerer Finanzinstrumente, eines damit verbundenen Waren-Spot-Kontrakts oder eines auf Emissionszertifikaten beruhenden Auktionsobjekts beeinflusst oder hierzu geeignet ist;

c) Verbreitung von Informationen über die Medien einschließlich des Internets oder auf anderem Wege, die falsche oder irreführende Signale hinsichtlich des Angebots oder des Kurses eines Finanzinstruments, eines damit verbundenen Waren-Spot-Kontrakts oder eines auf Emissionszertifikaten beruhenden Auktionsobjekts oder der Nachfrage danach geben oder bei denen dies wahrscheinlich ist oder ein anormales oder künstliches Kursniveau eines oder mehrerer Finanzinstrumente, eines damit verbundenen Waren-Spot-Kontrakts oder eines auf Emissionszertifikaten beruhenden Auktionsobjekts herbeiführen oder bei denen dies wahrscheinlich ist, einschließlich der Verbreitung von Gerüchten, wenn die Person, die diese Informationen verbreitet hat, wusste oder hätte wissen müssen, dass sie falsch oder irreführend waren;

d) Übermittlung falscher oder irreführender Angaben oder Bereitstellung falscher oder irreführender Ausgangsdaten bezüglich eines Referenzwerts, wenn die Person, die die Informationen übermittelt oder die Ausgangsda-

ten bereitgestellt hat, wusste oder hätte wissen müssen, dass sie falsch oder irreführend waren, oder sonstige Handlungen, durch die die Berechnung eines Referenzwerts manipuliert wird.

(2) Als Marktmanipulation gelten unter anderem die folgenden Handlungen:

a) Sicherung einer marktbeherrschenden Stellung in Bezug auf das Angebot eines Finanzinstruments. damit verbundener Waren-Spot-Kontrakte oder eines auf Emissionszertifikaten beruhenden Auktionsobjekts oder die Nachfrage danach durch eine Person oder mehrere in Absprache handelnde Personen mit der tatsächlichen oder wahrscheinlichen Folge einer unmittelbaren oder mittelbaren Festsetzung des Kaufs- oder Verkaufspreises oder anderen unlauteren Handelsbedingungen führt oder hierzu geeignet ist;

b) Kauf oder Verkauf von Finanzinstrumenten bei Handelsbeginn oder bei Handelsschluss an einem Handelsplatz mit der tatsächlichen oder wahrscheinlichen Folge, dass Anleger, die aufgrund der angezeigten Kurse, einschließlich der Eröffnungs- und Schlusskurse, tätig werden, irregeführt werden;

c) die Erteilung von Kauf- oder Verkaufsaufträgen an einen Handelsplatz, einschließlich deren Stornierung oder Änderung, mittels aller zur Verfügung stehenden Handelsmethoden, auch in elektronischer Form, beispielsweise durch algorithmische und Hochfrequenzhandelsstrategien, die eine der in Absatz 1 Buchstabe a oder b genannten Auswirkungen hat, indem sie

i) das Funktionieren des Handelssystems des Handelsplatzes tatsächlich oder wahrscheinlich stört oder verzögert,

ii) Dritten die Ermittlung echter Kauf- oder Verkaufsaufträge im Handelssystem des Handelsplatzes tatsächlich oder wahrscheinlich erschwert, auch durch das Einstellen von Kauf- oder Verkaufsaufträgen, die zur Überfrachtung oder Beeinträchtigung des Orderbuchs führen, oder

iii) tatsächlich oder wahrscheinlich ein falsches oder irreführendes Signal hinsichtlich des Angebots eines Finanzinstruments oder der Nachfrage danach oder seines Preises setzt, insbesondere durch das Einstellen von Kauf- oder Verkaufsaufträgen zur Auslösung oder Verstärkung eines Trends;

d) Ausnutzung eines gelegentlichen oder regelmäßigen Zugangs zu den traditionellen oder elektronischen Medien durch Abgabe einer Stellungnahme zu einem Finanzinstrument, einem damit verbundenen Waren-Spot-Kontrakt oder einem auf Emissionszertifikaten beruhenden Auktionsobjekt (oder indirekt zu dessen Emittenten), wobei zuvor Positionen bei diesem Finanzinstrument, einem damit verbundenen Waren-Spot-Kontrakt oder einem auf Emissionszertifikaten beruhenden Auktionsobjekt eingegangen wurden und anschließend Nutzen aus den Auswirkungen der Stellungnahme auf den Kurs dieses Finanzinstruments, eines damit verbundenen Waren-Spot-Kontrakts oder eines auf Emissionszertifikaten beruhenden Auktionsobjekts gezogen wird, ohne dass der Öffentlichkeit gleichzeitig dieser Interessenkonflikt ordnungsgemäß und wirksam mitgeteilt wird;

e) Kauf oder Verkauf von Emissionszertifikaten oder deren Derivaten auf dem Sekundärmarkt vor der Versteigerung gemäß der Verordnung (EU)

Nr. 1031/2010 mit der Folge, dass der Auktionsclearingpreis für die Auktionsobjekte auf anormaler oder künstlicher Höhe festgesetzt wird oder dass Bieter, die auf den Versteigerungen bieten, irregeführt werden.

(3) Für die Anwendung von Absatz 1 Buchstaben a und b und unbeschadet der in Absatz 2 aufgeführten Formen von Handlungen enthält Anhang I eine nicht erschöpfende Aufzählung von Indikatoren in Bezug auf die Vorspiegelung falscher Tatsachen oder sonstige Kunstgriffe oder Formen der Täuschung und eine nicht erschöpfende Aufzählung von Indikatoren in Bezug auf falsche oder irreführende Signale und die Sicherung des Herbeiführung bestimmter Kurse.

(4) Handelt es sich bei der in diesem Artikel genannten Person um eine juristische Person, so gilt dieser Artikel nach Maßgabe des nationalen Rechts auch für die natürlichen Personen, die an dem Beschluss, Tätigkeiten für Rechnung der betreffenden juristischen Person auszuführen, beteiligt sind.

(5) Der Kommission wird die Befugnis übertragen, gemäß Artikel 35 zur Präzisierung der in Anhang I festgelegten Indikatoren delegierte Rechtsakte zu erlassen, um deren Elemente zu klären und den technischen Entwicklungen auf den Finanzmärkten Rechnung zu tragen.

Artikel 14 MAR
Verbot von Insidergeschäften und unrechtmäßiger Offenlegung von Insiderinformationen

Folgende Handlungen sind verboten:
a) das Tätigen von Insidergeschäften und der Versuch hierzu,
b) Dritten zu empfehlen, Insidergeschäfte zu tätigen, oder Dritte anzustiften, Insidergeschäfte zu tätigen, oder
c) die unrechtmäßige Offenlegung von Insiderinformationen.

Artikel 15 MAR
Verbot der Marktmanipulation

Marktmanipulation und der Versuch hierzu sind verboten.

A. Insidergeschäfte

36 Nach § 119 Abs. 3 WpHG wird bestraft, wer entgegen Art. 14 lit. a MAR Insidergeschäfte tätigt (Nr. 1), entgegen Art. 14 lit. b MAR einem Dritten empfiehlt, ein Insidergeschäft zu tätigen oder einen Dritten dazu verleitet (Nr. 2) oder entgegen Art. 14 lit. c MAR eine Insiderinformation offenlegt (Nr. 3).

I. Allgemeines

37 Insidergeschäfte zeichnen sich durch einen ungerechtfertigten Vorteil aus, der mittels Insiderinformationen zum Nachteil Dritter erzielt wird, die diese Informationen nicht kennen und wodurch die Integrität der Finanzmärkte und das Vertrauen der Investoren in das Funktionieren des Kapitalmarktes untergraben werden. Deshalb gilt das Verbot von Insidergeschäften, wenn eine Person im Besitz von Insiderinformationen dadurch einen ungerechtfertigten Vorteil aus dem mit Hilfe dieser Informationen erzielten Nutzen zieht, dass er aufgrund dieser Informationen Markttransaktionen durchführt, indem er für eigene Rechnung oder für Rechnung Dritter, sei es unmittelbar oder mittelbar, Fi-

nanzinstrumente, auf die sich diese Informationen beziehen, erwirbt oder veräußert bzw. zu erwerben oder zu veräußern versucht oder einen Auftrag zum Kauf bzw. Verkauf storniert oder ändert bzw. zu stornieren oder zu ändern versucht.[75] Dieser Ausrichtung der Verbotstatbestände liegt der Schutz des Vertrauens der Anleger in die Chancengleichheit durch eine breite und gleiche Informationsverbreitung. Es wird somit das Ziel, Preisgerechtigkeit zu erreichen, stringent verfolgt.[76]

II. Persönlicher Anwendungsbereich, Art. 8 Abs. 4 MAR

Art. 8 Abs. 4 MAR begrenzt den Anwendungsbereich auf Personen, die über Insider- **38** informationen verfügen, weil sie dem Verwaltungs-, Leitungs- oder Aufsichtsorgan des Emittenten oder des Teilnehmers am Markt für Emissionszertifikate angehören (S. 1 lit. a), am Kapital des Emittenten oder des Teilnehmers am Markt für Emissionszertifikate beteiligt sind (S. 1 lit. b) aufgrund der Ausübung einer Arbeit oder eines Berufs oder der Erfüllung von Aufgaben Zugang zu den betreffenden Informationen haben (S. 1 lit. c), an kriminellen Handlungen beteiligt sind (S. 1 lit. d). Bei diesen sog. Primärinsidern reicht es für die Täterqualität folglich aus, dass sie unwissentlich über eine Insiderinformation verfügen.

Etwas anderes gilt für die sog. Sekundärinsider, die Insiderinformationen unter an- **39** deren Umständen besitzen und erst in den persönlichen Anwendungsbereich gemäß Art. 8 Abs. 4 MAR fallen, wenn sie wissen oder wissen müssten, dass es sich dabei um Insiderinformationen handelt (S. 2).

Inzwischen ist diese Unterscheidung für das Strafrecht von geringer Bedeutung, da **40** zur Begehung des § 119 Abs. 3 WpHG wenigstens ein Eventualvorsatz erforderlich ist.[77]

III. Insiderinformation, Art. 7 MAR

Eine Definition des Begriffs der Insiderinformation findet sich in Art. 7 Abs. 1 MAR. **41** Nach Abs. 1 lit. a sollen beispielsweise nicht öffentlich bekannte präzise Informationen „Insiderinformationen" im Sinne verbotener Insidergeschäfte sein, die direkt oder indirekt einen oder mehrere Emittenten oder ein oder mehrere Finanzinstrumente betreffen und die, wenn sie öffentlich bekannt würden, geeignet wären, den Kurs dieser Finanzinstrumente oder den Kurs damit verbundener derivativer Finanzinstrumente erheblich zu beeinflussen. Weitere mögliche Arten von Insiderinformationen finden sich in Abs. 1 lit. b bis lit. d.

Nach Art. 7 Abs. 2 ist die Insiderinformation dann als präzise anzusehen, wenn da- **42** mit eine Reihe von Umständen gemeint ist, die bereits gegeben sind oder bei denen man vernünftigerweise erwarten kann, dass sie in Zukunft gegeben sein werden, oder ein Ereignis, das bereits eingetreten ist oder von dem man vernünftigerweise erwarten kann, dass es in Zukunft eintreten wird, und diese Informationen darüber hinaus spezifisch genug sind, um einen Schluss auf die mögliche Auswirkung dieser Reihe von Umständen oder dieses Ereignisses bspw. auf die Kurse der Finanzinstrumente zuzulassen.[78]

---

75 ABl. Nr. L 173 vom 12.6.2014, S. 5; Kraatz Kap. 8 Rn. 410.

76 Zur Transparenz als Grundvoraussetzung für eine auf Fairness ausgerichtete Finanzmarktkultur, siehe *Nottmeier/Schäfer* AG 1997, 87, 96.

77 Graf/Jäger/Wittig/*Diversy/Köpferl* § 38 Rn. 128.

78 Zu den Kriterien der Eintrittswahrscheinlichkeit, aber auch der Genauigkeit einer Insiderinformation, insbesondere zur Abgrenzung von Gerüchten näher *Cahn* Der Konzern 2005, 5, 7; *Merkner/Sustmann* NZG 2005, 729, 731; ausführlich zum Begriff *Klöhn* NZG 2015, 809 ff.

43 Wann der Eintritt eines Umstands bzw. Ereignisses vernünftigerweise erwartet werden kann, wird im Gesetz nicht weiter konkretisiert. Dennoch ergibt sich aus Erwägungsgrund (16) MAR, dass es sich hierbei um eine realistische Wahrscheinlichkeit handeln muss, die in der deutschen Literatur als überwiegende Wahrscheinlichkeit verstanden wird.[79] Ob und welche Vorgaben der EUGH-Rechtsprechung zur Beurteilung der Eintrittswahrscheinlichkeit zu entnehmen ist, wird kontrovers diskutiert.[80] Maßgeblich ist nicht die Vorhersehbarkeit der spezifischen Richtung der wahrscheinlichen Kursänderung.[81]

44 Weiter wird in Art. 7 Abs. 2 S. 1 MAR die Insiderinformation auch auf gestreckte Geschehensabläufe, d.h. auf Umstände, die sich isoliert, aber auch als Zwischenschritt zu einem Ergebnis begreifen lassen, bezogen.[82]

45 Nicht öffentlich bekannt ist eine Information jedenfalls dann, wenn sie einem abgegrenzten Personenkreis zur Verfügung gestellt wird. Somit handelt es sich bei einer in den Massenmedien veröffentlichten Information niemals um eine Insiderinformation. Fraglich sind jedoch die Fälle, in denen Informationen über Internetseiten oder soziale Medien bekannt gegeben werden. Bezüglich der Veröffentlichung auf Internetseiten ist eine öffentliche Bekanntgabe regelmäßig zu bejahen und liegt spätestens dann vor, wenn die Voraussetzungen des § 5 S. 1 Nr. 2 WpAIV erfüllt sind. Hinsichtlich der Bekanntmachung über soziale Medien existiert keine eindeutige gesetzgeberische Entscheidung. Es ist jedoch auf die regelmäßig bestehenden Zugangsbarrieren hinzuweisen, die den Personenkreis in sozialen Medien beschränken, so dass eine Insiderinformation trotz Veröffentlichung in sozialen Netzwerken noch vorliegen kann.[83]

46 Erforderlich ist darüber hinaus, dass ein verständiger Anleger die Information wahrscheinlich als Teil der Grundlage seiner Anlageentscheidungen nutzen wird, Art. 7 Abs. 4 MAR.

47 Informationen über die eigenen Handelspläne und -strategien des Marktteilnehmers sind keine Insiderinformationen im Sinne der Vorschrift, wohingegen Informationen über die Handelspläne und -strategien Dritter Insiderinformationen sein können.

IV. Erwerbs- und Veräußerungsverbot, § 119 Abs. 3 Nr. 1 WpHG i.V.m. Art. 14 lit. a, Art. 8 Abs. 1 MAR

48 Gegen das Erwerbs- und Veräußerungsverbot verstößt, wer über Insiderinformationen verfügt und unter Nutzung derselben für eigene oder fremde Rechnung direkt oder indirekt Finanzinstrumente, auf die sich die Informationen beziehen, erwirbt oder veräußert, Art. 8 Abs. 1 MAR. Von Art. 8 Abs. 1 MAR ist ebenfalls die Nutzung von Insiderinformationen in Form der Stornierung oder Änderung eines Auftrags in Bezug auf ein Finanzinstrument, auf das sich die Informationen beziehen, umfasst, wenn der Auftrag vor Erlangen der Insiderinformationen erteilt wurde.

49 Ein tatsächliches Nutzen der Insiderinformation soll nach Erwägungsgrund (24) MAR unbeschadet der Verteidigungsrechte für den Fall unterstellt werden, dass eine juristische oder natürliche Personen im Besitz von Insiderinformationen für eigene Rechnung oder für Rechnung Dritter, sei es unmittelbar oder mittelbar, Finanzinstru-

79 Graf/Jäger/Wittig/*Diversy/Köpferl* § 38 Rn. 140.
80 Hierzu *Langenbucher* NZG 2013, 1401, 1404 ff.
81 EUGH, Urt.v. 11.3.2015 C-268/13 *Lafonta/Autoritè des machès financiers*, NJW 2015, 1663 ff.
82 *Langenbucher* NZG 2013, 1401, 1404 ff.
83 Graf/Jäger/Wittig/*Diversy/Köpferl* § 38 Rn. 134 ff.; Kraatz Kap. 8 Rn. 410.

mente, auf die sich diese Informationen beziehen, erwirbt oder veräußert bzw. zu erwerben oder zu veräußern versucht.[84]

Dieser Vermutung geht zurück auf das Spector- Urteil des EuGH,[85] in dem entschieden wurde, dass der Erwerb oder die Veräußerung von Finanzinstrumenten durch einen Primärinsider in Kenntnis der Insiderinformation eine Vermutung dafür begründe, dass die Insiderinformation genutzt wurde. Die Kenntnis der Insiderinformation rechtfertige eine Vermutung, dass diese Information integraler Bestandteil des Entscheidungsprozesses gewesen sei; nach Auffassung des EuGH ist diese Vermutung jedoch widerleglich.[86] 50

Nicht als Nutzung von Insiderinformationen sollen hingegen Handlungen auf der Grundlage eigener Pläne und Handelsstrategien des Marktteilnehmers.[87] 51

Hingegen sollen Aufträge, die ausgelöst wurden, bevor eine Person Insiderinformationen besaß, nicht als Insidergeschäfte betrachtet werden. Jedoch soll vermutet werden, dass alle nachfolgenden Änderungen, die im Zusammenhang mit einer Information stehen, an der vor dem Erlangen des Besitzes an dieser Information ausgelösten Aufträgen, einschließlich der Stornierung oder Änderung eines Auftrags oder des Versuchs, einen Auftrag zu stornieren oder zu ändern, Insidergeschäfte sind, wenn eine Person in den Besitz von Insiderinformationen gelangt ist.[88] 52

V. Empfehlungs- und Verleitungsverbot, § 119 Abs. 3 Nr. 2 WpHG i.V.m. Art. 14 lit. b, Art. 8 Abs. 2 MAR

Eine Empfehlung zum Tätigen von Insidergeschäften oder die Anstiftung Dritter liegt nach Art. 8 Abs. 2 MAR vor, wenn eine Person über Insiderinformationen verfügt und auf der Grundlage dieser Informationen Dritten empfiehlt, Finanzinstrumente, auf die sich die Informationen beziehen, zu erwerben oder zu veräußern, oder sie dazu anstiftet, einen solchen Erwerb oder eine solche Veräußerung vorzunehmen (Abs. 2 lit. a), oder auf der Grundlage dieser Informationen Dritten empfiehlt, einen Auftrag, der ein Finanzinstrument betrifft, auf das sich die Informationen beziehen, zu stornieren oder zu ändern, oder sie dazu anstiftet, eine solche Stornierung oder Änderung vorzunehmen (Abs. 2 lit. b). Damit die Information ihre Eigenschaft als Insiderinformation nicht verliert, darf die Empfehlung lediglich an einen beschränkten Personenkreis erfolgen. Das Tatbestandsmerkmals „empfehlen" hat ein subjektiv finales Element, wonach eine Absicht des Täters erforderlich.[89] 53

Im Gegenzug liegt die den Tatbestand des Insidergeschäfts erfüllende Nutzung von Empfehlungen oder Anstiftungen vor, wenn die Person, die die Empfehlung nutzt oder der Anstiftung folgt, weiß oder wissen sollte, dass diese auf Insiderinformationen beruht, Art. 8 Abs. 3 MAR.[90] 54

84 ABl. Nr. L 173 vom 12.6.2014, S. 5; Graf/Jäger/Wittig/*Diversy*/*Köpferl* § 38 Rn. 170.
85 EuGH Slg. 2009, I-12073 – Spector Photo Group, WM 2010, 65.
86 Kritisch zur Wirkung der Spector-Vermutung im Strafverfahren, insbesondere zur Frage der Beweislastumkehr *Klöhn* WM 2017, 2085 ff.
87 ABl. Nr. L 173 vom 12.6.2014, S. 7.
88 ABl. Nr. L 173 vom 12.6.2014, S. 6.
89 Graf/Jäger/Wittig/*Diversy*/*Köpferl* § 38 Rn. 192 ff. m.w.N.
90 Graf/Jäger/Wittig/*Diversy*/*Köpferl* § 38 Rn. 182 ff.

VI. Offenlegungs- und Weitergabeverbot, § 119 Abs. 3 Nr. 3 WpHG i.V.m. Art. 14 lit. c, Art. 10 MAR

55 Eine unrechtmäßige Offenlegung von Insiderinformationen liegt gemäß Art. 10 Abs. 1 MAR vor, wenn eine Person, die über Insiderinformationen verfügt und diese Informationen gegenüber einer anderen Person offenlegt, es sei denn, die Offenlegung geschieht im Zuge der normalen Ausübung einer Beschäftigung oder eines Berufs oder der normalen Erfüllung von Aufgaben. Nicht erforderlich ist, dass die Insiderinformation tatsächlich zur Kenntnis genommen wird, sondern lediglich durch das Verhalten des Täters eine Kenntnisnahme ermöglicht wird.

56 Die Weitergabe von Empfehlungen oder das Anstiften anderer, nachdem man selbst angestiftet wurde, gilt gemäß Art. 10 Abs. 2 MAR als unrechtmäßige Offenlegung von Insiderinformationen, wenn die Person, die die Empfehlung weitergibt oder andere anstiftet, nachdem sie selbst angestiftet wurde, weiß oder wissen sollte, dass die Empfehlung bzw. Anstiftung auf Insiderinformationen beruht.[91]

B. Versteigerung von Treibhausgasemissionszertifikaten, § 119 Abs. 2 WpHG

57 Nach § 119 Abs. 2 Nr. 1 WpHG wird bestraft, wer ein Gebot für ein Auktionsobjekt unter Nutzung einer Insiderinformation einstellt oder zurückzieht. Täter kann jedermann sein, der über eine Insiderinfromation verfügt. Ein Gebot ist nach Art. 3 Nr. 5 VO (EU) Nr. 1031/2010 jedes Angebot in einer Versteigerung mit dem Ziel, eine gegebene Menge Zertifikate zu einem genannten Preis zu erwerben. Als Tatobjekt sind nur solche Zertifikate erfasst, die im Wege standardisierter elektronischer Kontrakte gehandelt werden. Zur Erfüllung des Tatbestands reicht auch ein leichtfertiges Handeln des Täters aus.

58 Wer nach § 38 Abs. 2 Nr. 2 lit. a WpHG eine Insiderinformation weitergibt oder wer nach § 38 Abs. 2 Nr. 2 lit. b WpHG einer Person die Einstellung, Änderung oder Zurückziehung eines Gebotes empfiehlt oder sie hierzu verleitet, wird gemäß § 119 Abs. 2 Nr. 2 WpHG bestraft. Taugliche Täter sind hierbei ausschließlich die sog. Insidertäter. Für die Bestrafung nach § 119 Abs. 2 Nr. 2 WpHG ist eine vorsätzliche Begehung der Tat erforderlich.[92]

C. Marktmanipulation

59 Nach § 119 Abs. 1 WpHG wird bestraft, wer entgegen Art. 15 MAR (Abs. 15 Nr. 2) auch in Verbindung mit § 25 WpHG (§ 120 Abs. 2 Nr. 3) eine vorsätzliche Marktmanipulation begeht und dadurch auf den inländischen Börsen- oder Marktpreis eines Finanzinstruments, eines damit verbundenen Waren-Spot-Kontrakts, einer Ware im Sinne des § 2 Abs. 5 oder eines ausländischen Zahlungsmittels im Sinne des § 51 des Börsengesetzes (Nr. 1), den Preis eines Finanzinstruments oder eines damit verbundenen Waren-Spot-Kontrakts an einem organisierten Markt, einem multilateralen oder organisierten Handelssystem in einem anderen Mitgliedstaat oder in einem anderen Vertragsstaat des Abkommens über den Europäischen Wirtschaftsraum (Nr. 2), den Preis einer Ware im Sinne des § 2 Abs. 5 oder eines ausländischen Zahlungsmittels im Sinne des § 51 des Börsengesetzes an einem mit einer inländischen Börse vergleichbaren Markt in einem anderen Mitgliedstaat oder in einem anderen Vertragsstaat des Abkommens über den Europäi-

---

91 Graf/Jäger/Wittig/*Diversy*/*Köpferl* § 38 Rn. 197 ff.
92 Graf/Jäger/Wittig/*Diversy*/*Köpferl* § 38 Rn. 209 ff.

schen Wirtschaftsraum (Nr. 3) oder die Berechnung eines Referenzwertes im Inland oder in einem anderen Mitgliedstaat oder in einem anderen Vertragsstaat des Abkommens über den Europäischen Wirtschaftsraum (Nr. 4) einwirkt.

I. Allgemeines

Die Marktmanipulation in ihren drei wesentlichen Erscheinungsformen[93] der informations-, handels-und handlungsgestützten Manipulationen beeinflusst das ordnungsgemäße Zustandekommen des Marktpreises bei ungestörter Informationsparität. Das Vertrauen der Anlegerschaft, dass eine Preisbildung an der Börse der tatsächlichen Marktlage entspricht, wird durch die verschiedenen Marktmanipulationsformen beeinträchtigt. **60**

II. Persönlicher Anwendungsbereich

Im Gegensatz zum Verbot der Insidergeschäfte handelt es sich bei dem Verbot der Marktmanipulation um ein Allgemeindelikt. Dies bedeutet, dass an die Person des Täters keine Voraussetzungen geknüpft sind, weshalb „jedermann" den Tatbestand erfüllen bzw. tauglicher Täter sein kann. **61**

III. Handelsgestützte Manipulation, §§ 119 Abs. 1, 120 Abs. 2 Nr. 3, Abs. 15 Nr. 2 WpHG i.V.m. Art. 15, 12 Abs. 1 lit. a MAR

Nach Art. 12 Abs. 1 lit. a MAR umfasst die handelsgestützte Manipulation den Abschluss eines Geschäfts, die Erteilung eines Handelsauftrags sowie jede andere Handlung mit der Eignung, irreführende Signale hinsichtlich des Angebots, der Nachfrage oder des Preises eines Finanzinstruments zu geben oder ein anormales oder künstliches Kursniveau zu sichern. **62**

Darüber hinaus kann die (versuchte) handelsgestützte Manipulation von Finanzinstrumenten auch im Erteilen von Aufträgen bestehen, die möglicherweise nicht ausgeführt werden und sich auf Finanzinstrumente außerhalb des Handelsplatzes erstrecken.[94] **63**

Zu den Eignungsvoraussetzungen und der Eignungswahrscheinlichkeit der irreführenden Signale bzw. des anormalen Kursniveaus bestand bereits zur früheren Gesetzeslage eine umfangreiche Befassung in der Literatur, auf die wegen des großen Umfangs und der in dieser Darstellung erfolgten Fokussierung auf die Gesamtbetrachtung der den Anlegerschutz erfassenden Strafnormen nicht im Einzelnen eingegangen werden kann.[95] **64**

In Art. 12 Abs. 2 MAR werden Fälle für eine handelsbasierte Marktmanpulation genannt: Sicherung einer marktbeherrschenden Stellung (lit. a), Kauf oder Verkauf von Finanzinstrumenten bei Handelsbeginn oder bei Handelsschluss an einem Handelsplatz (lit. b) und Erteilung von Kauf- oder Verkaufsaufträgen an einem Handelsplatz, einschließlich deren Stornierung oder Änderung unter anderem durch algorithmische und Hochfrequenzhandelsstrategien (lit. c) jeweils mit näher bestimmten Auswirkungen. Diese Beispiele stellen weder eine erschöpfende Aufzählung dar noch sollen sie den Ein- **65**

---

93 Die drei Handlungsalternativen prüfen *Köpferl/Wegener* WM 2017, 1925 ff. am aktuellen Beispiel des Anschlags auf den Mannschaftsbus von Borrussia Dortmund.

94 ABl. Nr. L 173 vom 12.6.2014, S. 9.

95 Verwiesen wird daher auf die ausführliche Darlegung der Tatbestandsvoraussetzungen unter Einbeziehung der MAR-Vorgaben auf Park/*Sorgenfrei*/*Saliger*, Kap. 6.1 Rn. 82 ff.

druck erwecken, dass dieselben Strategien, wenn sie mit anderen Mitteln verfolgt würden, nicht auch missbräuchlich wären.[96]

66 Im Anhang I/Teil A MAR werden weitere Indikatoren für eine Marktmanipulation genannt: ein bedeutender Anteil am Tagesvolumens (lit. a), das Innehaben einer bedeutenden Verkaufs- oder Kaufsposition (lit. b), die mangelnde Änderung des wirtschaftlichen Eigentums bzw. fiktive Geschäfte (lit. c), das Umkehren von Positionen innerhalb eines kurzen Zeitraums (lit. d), gegenläufige Kursänderungen (lit. e), das Annullieren erteilter Order vor der Ausführung (lit. f) und der Zeitpunkt der Berechnung von Referenzpreisen (lit. g).

67 Soweit allerdings legitime Gründe vorliegen und die Handlung im Einklang mit der zulässigen Marktpraxis (Art. 13 Abs. 2 MAR) steht, gilt das Verbot der Marktmanipulation nicht, Art. 13 Abs. 1 MAR.

IV. Sonstige Täuschungshandlungen, §§ 119 Abs. 1, 120 Abs. 2 Nr. 3, Abs. 15 Nr. 2 WpHG i.V.m. Art. 15, 12 Abs. 1 lit. b MAR

68 Eine weitere Täuschungshandlung liegt nach Art. 12 Abs. 1 lit. b MAR auch beim Abschluss eines Geschäfts, bei der Erteilung eines Handelsauftrages und bei jeglicher sonstiger Tätigkeit oder Handlung an Finanzmärkten vor, die unter Vorspiegelung falscher Tatsachen oder unter Verwendung sonstiger Kunstgriffe oder Formen der Täuschung den Kurs beeinflusst bzw, zur Kursbeeinflussung geeignet ist.

69 Als Beispiel nennt Art. 12 Abs. 2 lit. d MAR das Ausnutzen eines gelegentlichen oder regelmäßigen Zugangs zu den traditionellen oder elektronischen Medien durch Abgabe einer Stellungnahme zu einem Finanzinstrument, wobei zuvor Positionen bei diesem Finanzinstrument eingegangen wurden und anschließend ein Nutzen aus den Auswirkungen der Stellungnahme auf den Kurs dieses Finanzinstruments gezogen wird, ohne dass der Öffentlichkeit gleichzeitig dieser Interessenkonflikt ordnungsgemäß und wirksam mitgeteilt wird (sog. Scalping).[97]

70 Indikatoren einer Täuschungshandlung sind gemäß dem Anhang I/Teil B MAR zum Beispiel, ob von bestimmten Personen erteilte Handelsaufträge oder ausgeführte Geschäfte vorab oder im Nachhinein von der Verbreitung falscher oder irreführender Informationen durch dieselben oder in enger Beziehung zu ihnen stehenden Personen begleitet wurden (lit. a) oder ob Geschäfte von Personen in Auftrag gegeben bzw. ausgeführt werden, bevor oder nachdem diese Personen oder in enger Beziehung zu ihnen stehende Personen unrichtige oder verzerrte oder nachweislich von materiellen Interessen beeinflusste Anlageempfehlungen erstellt oder weitergegeben haben (lit. b).

V. Informationsgestützte Manipulation, §§ 119 Abs. 1, 120 Abs. 2 Nr. 3, Abs. 15 Nr. 2 WpHG i.V.m. Art. 15, 12 Abs. 1 lit. c MAR

71 Die informationsgestützte Manipulation besteht gemäß Art. 12 Abs. 1 lit. c MAR im Verbreiten von Informationen über die Medien einschließlich des Internets bzw. auf anderem Wege mit der Eignung zum Senden falscher oder irreführender Signale oder zur Herbeiführung eines anormalen oder künstlichen Kursniveaus.

72 Dieser Begehungsvariante liegt die Überlegung zugrunde, dass die Verbreitung falscher oder irreführender Informationen innerhalb relativ kurzer Zeit erhebliche Auswir-

96 ABl. Nr. L 173 vom 12.6.2014, S. 8.

97 Zur Diskussion zum Phänomen des Scalping *Schneider/Burgard* ZIP 1999, 381 ff.; OLG Frankfurt a.M. NJW 2001, 982; *Volk* BB 1999, 460 ff.

kungen auf die Kurse von Finanzinstrumenten haben und sie im Erfinden offensichtlich falscher Informationen, aber auch in der absichtlichen Unterschlagung wesentlicher Sachverhalte sowie in der wissentlichen Angabe unrichtiger Informationen bestehen kann.

Diese Form der Marktmanipulation schadet sowohl den Anlegern als auch den Emittenten. Den Anlegern schadet die Verbreitung falscher oder irreführender Informationen, weil sie sie dazu veranlasst, ihre Anlageentscheidungen auf unrichtige oder verzerrte Informationen zu stützen. Den Emittenten schadet die Variante, da sie das Vertrauen in die sie betreffenden Informationen untergräbt. Ein Mangel an Marktvertrauen kann wiederum die Fähigkeit eines Emittenten beeinträchtigen, zur Finanzierung seiner Operationen neue Finanzinstrumente zu begeben oder sich bei anderen Marktteilnehmern Kredite zu beschaffen. Weil sich Informationen auf dem Markt sehr schnell verbreiten, besteht die Gefahr, dass der Schaden für Anleger und Emittenten für einen relativ langen Zeitraum anhält, bis die Informationen sich als falsch oder irreführend erweisen und vom Emittenten oder den Urhebern ihrer Verbreitung berichtigt werden können.[98] Insoweit ist durch diese Handlungsalternative der Aspekt der fairen Preisbildung und indirekt auch die vermögensrechtlichen Gesichtspunkte sowohl der Emittenten vor allem in Verbindung mit den Folgen des eintretenden Reputationsverlustes als auch der Anleger verbunden. 73

VI. Manipulation von Referenzwerten, §§ 119 Abs. 1, 120 Abs. 2 Nr. 3, Abs. 15 Nr. 2 WpHG i.V.m. Art. 15, Art. 12 Abs. 1 lit. d MAR

Schließlich besteht die Manipulation von Referenzwerten nach Art. 12 Abs. 1 lit. d MAR in der Übermittlung falscher oder irreführender Angaben oder Bereitstellung falscher oder irreführender Ausgangsdaten bezüglich eines Referenzwerts, wenn die Person, die die Informationen übermittelt oder die Ausgangsdaten bereitgestellt hat, wusste oder hätte wissen müssen, dass sie falsch oder irreführend waren, oder sonstige Handlungen, durch die die Berechnung eines Referenzwerts manipuliert wird. 74

VII. Unterlassen

Seit Inkrafttreten der MAR existiert kein echtes Unterlassungsdelikt mehr (§ 38 Abs. 2 Nr. 1 i.V.m. §§ 39 Abs. 2 Nr. 11, 20a Abs. 1 S. 1 Nr. 1 Var. 2 WpHG aF). Ob sich noch mit den vor dem 3.1.2018 geltenden §§ 38 Abs. 1 Nr. 2, 39 Abs. 3d Nr. 2 WpHG i.V.m. Art. 15, 12 MAR unter Rückgriff auf § 13 StGB ein unechtes Unterlassendelikt hat begründen lassen, war umstritten.[99] 75

VIII. Ausnahmen (Art. 5, 6 MAR)

Artikel 5 MAR sieht unter bestimmten Voraussetzungen Ausnahmen für Rückkaufprogramme (Abs. 1, 2 und 3) und Stabilisierungsmaßnahmen (Abs. 4 und 5) vor. 76

Artikel 6 MAR sieht Ausnahmen von der Marktmanipulation für Maßnahmen im Rahmen der Geldpolitik (Abs. 1), der Staatsschuldenverwaltung (Abs. 2) und der Klimapolitik (abs. 3) vor. 77

98 ABl. Nr. L 173 vom 12.6.2014, S. 9.

99 Siehe dazu *Sajnovits/Wagner* WM 2017, 1189; Park/*Sorgenfrei/Saliger*, Kap. 6.3. Rn. 47 f., 333.

IX. Qualifikationstatbestand

78 Ferner ist der Verbrechenstatbestand der Marktmanipulation in § 119 Abs. 5 WpHG geregelt, der ein erhöhtes Strafbarkeitsrisiko darstellt. Der in § 119 Abs. 6 WpHG statuierte minder schwere Fall mit einem Strafrahmen 6 Monaten bis 5 Jahren kann zwar als eine Rückausnahme für die Qualifikation wegen finanzmarktbezogener Tätigkeit bewertet werden,[100] allerdings kann er die weiteren der Qualifikation innewohnenden prozessualen Probleme (wie z. B keine Einstellungsmöglichkeiten gem. §§ 153 ff StPO, kein Strafbefehlsverfahren gem. § 407 ff. StPO kein Zeugnisverweigerungsrecht gem. 53 StPO der Journalisten) nicht auflösen.

D. Bedeutung für den Anlegerschutz

79 Das Verbot von Insidergeschäften dient dazu, die Integrität der Finanzmärkte in der Union sicherzustellen und den Anlegerschutz und das Vertrauen der Anleger in diese Märkte zu stärken, Art. 1 MAR.

80 Einig ist man sich dementsprechend dahingehend, dass das Verbot der Insidergeschäfte die Funktionsfähigkeit bzw. das Vertrauen der Anleger[101] in die Funktionsfähigkeit des organisierten Kapitalmarktes schützt.[102]

81 Ob allerdings auch das Individualinteresse des Anlegers geschützt sein soll, wurde zumindest in Bezug auf die alte Rechtslage kontrovers diskutiert. In Bezug auf § 14 WpHG aF wurde überwiegend vertreten, dass das Insiderrecht den einzelnen Anleger nur mittelbar schütze.[103]

82 Weil weder das Verbot von Insidergeschäften noch das Verbot der Marktmanipulation dementsprechend individualschützenden Charakter hat, stellen die Vorschriften keine Schutzgesetze i.S.d. § 823 Abs. 2 BGB dar.[104]

83 Der Europäische Gesetzgeber führt zum Anlegerschutz in der MAR aus, dass diese den Anlegerschutz verbessern, die Integrität der Märkte wahren und gewährleisten dürfte, dass die Manipulation der Märkte für solche Instrumente klar verboten ist.[105] Zweck der Verordnung sei es, die Integrität des Finanzmarkts zu schützen und das Vertrauen der Investoren zu stärken, das wiederum auf der Gewissheit beruht, dass die Investoren gleichbehandelt und vor der missbräuchlichen Verwendung von Insiderinformationen und Marktmanipulationen geschützt werden.[106] Mit der MAR wird ein gemeinsamer Rechtsrahmen für Maßnahmen zur Verhinderung von Marktmissbrauch geschaffen, um die Integrität der Finanzmärkte in der Union sicherzustellen und den Anlegerschutz und das Vertrauen der Anleger in diese Märkte zu stärken.[107]

---

100 So *Gehrmann* Anmerkung zu BFH, Urt. vom 8. März 2017 –IX R 5/16, wistra 2017, 447, 450.

101 *Park* NStZ 2007, 369, 370 m.w.N.

102 LG Augsburg NStZ 2005, 109; *Caspari* ZGR 1994, 530, 532; MüKoStGB/*Pananis* WpHG § 38 Rn. 4, 8; *Park* NStZ 2007, 369, 370 jew. m.w.N.; **a.A.** *Altehain* BB 2002, 1874, 1875; *Claussen* AG 1997, 306, 307.

103 Dazu Park/*Hilgendorf*/*Kusche*, Kap. 5.1. Rn. 17; MüKoStGB/*Pananis* WpHG § 38 Rn. 5, zur früheren Rechtslage BGH, v. 13.12.2011 – XI ZR 51/10; OLG Stuttgart, v. 26.3.2015 – 2 U 102/14.

104 BGH v. 13.12.2011 – XI ZR 51/10; OLG Stuttgart v. 28.6.2013 – 1 Ws 121/13; OLG Düsseldorf v. 27.1.2010 – I-15 U 230/09; MüKoStGB/*Pananis* WpHG § 38 Rn. 8.

105 ABl. Nr. L 173 vom 12.6.2014, S. 2.

106 ABl. Nr. L 173 vom 12.6.2014, S. 5.

107 ABl. Nr. L 173 vom 12.6.2014, S. 16.

Aufgrund der ausdrücklichen Nennung des Anlegerschutzes als ausdrückliches Regelungsziel der Verordnung in Art. 1 MAR, wird diese Fragestellung erneut kontrovers diskutiert.[108] 84

Poelzig vertritt die Auffassung, dass die erstmalige Nennung des Anlegerschutzes als eigenständiges Regelungsziel neben dem schon bisher weitgehend anerkannten Schutz der Anleger in ihrer Gesamtheit nunmehr auch den Schutz des einzelnen Anlegers ausdrücklich als Regelungszweck anerkennt und dies in Zusammenschau mit dem unionsrechtlichen Effektivitätsgrundsatz und dem Grundsatz der funktionalen Subjektivierung für eine Interpretation der Marktmissbrauchsregelungen als Schutzgesetze i.S.d. § 823 Abs. 2 BGB spreche.[109] 85

Sorgenfrei/Saliger vertreten in Bezug auf die neue Rechtslage die Auffassung, dass dies vom nationalen Gesetzgeber möglicherweise als Anleger(vermögens)schutz missverstanden worden sei, ohne dass sich jedoch dieser individuelle Anlegervermögensschutzgedanke in der EU-Marktmissbrauchsrichtlinie wiederfände. Als Rechtsgut sei allein der überindividuelle Funktionsschutz der Leistungsfähigkeit der kapitalmarktbezogenen Einrichtungen und Ablaufmechanismen anzusehen. Die Stärkung des Vertrauens der Anleger in ihrer Gesamtheit, erst recht das Vertrauen oder das Vermögen des individuellen Anlegers, würden allenfalls indirekt und damit lediglich als Reflex geschützt mit der Folge, dass die Vorschriften zum Marktmissbrauch kein Schutzgesetz i.S.d. § 823 Abs. 2 BGB seien. Schutzziel sei nur das ordnungsgemäße Zustandekommen des Börsen- bzw. Marktpreises und seine Entsprechung mit der „wirklichen" Marktlage des Börsenhandels. Hierin liege der Schutzkern des Marktmanipulationsverbotes, worauf sich das Anlegervertrauen stützt.[110] 86

Die Gesetzesentwicklung auf nationaler und auf europäischer Ebene zeigt, dass der Rechtsgüterschutz stets ausgerichtet war, den Funktionsschutz und somit die Fortentwicklung des Finanzplatzes Deutschland zu stärken. Man hat mit einer Hochgeschwindigkeit sowohl seitens des nationalen als auch des europäischen Gesetzgebers auf den Strukturwandel der deutschen und internationalen Kapitalmärkten bedingt durch die rasante technische Fortentwicklung der Informationsmedien und der Finanzinstrumenten mit flexiblen Anpassungsmaßnahmen reagiert. Hierbei war als überindividuelles Rechtsgut der Funktionsschutz im Zentrum gestanden, der von einem kollektiven kapitalmarktpolitischen Schutzinteresse getragen wurde. Der Funktionsschutz von Kapitalmarkt und Wirtschaft ist vom Individualschutz nicht zu trennen, denn das Funktionieren des Kapitalmarktes setzt die vertrauensvolle Teilnahme der einzelnen Anleger am Markt voraus. Allerdings ist Gesamtheit aller Investoren als Schutzobjekt zu sehen, so dass sich der Anlegerschutzreflex auf die Summe der am Markt tätigen Anleger bezieht. Mit der MAR besteht auch weiterhin die enge Wechselwirkung zwischen Anlegerschutzreflex und Funktionsschutz, allerdings ist nach hier vertretener Auffassung keine Wende zum reinen individualschützenden Charakter der Strafnorm im Sinne des § 823 Abs. 2 BGB eingetreten. 87

---

108 Park/*Hilgendorf/Kusche*, Kap. 5.1. Rn. 17.
109 *Poelzig* NZG 2016, 492, 501.
110 Park/*Sorgenfrei/Saliger*, Kap. 6.3. Rn. 22.

§ 49 BörsG i.V.m. § 26 Abs. 1 BörsG
Verleitung zu Börsenspekulationsgeschäften

§ 49 BörsG
Strafvorschriften

Mit Freiheitsstrafe bis zu drei Jahren oder mit Geldstrafe wird bestraft, wer entgegen § 26 Abs. 1 andere zu Börsenspekulationsgeschäften oder zu einer Beteiligung an einem solchen Geschäft verleitet.

§ 26 BörsG
Verleitung zu Börsenspekulationsgeschäften

(1) Es ist verboten, gewerbsmäßig andere unter Ausnutzung ihrer Unerfahrenheit in Börsenspekulationsgeschäften zu solchen Geschäften oder zur unmittelbaren oder mittelbaren Beteiligung an solchen Geschäften zu verleiten.

(2) Börsenspekulationsgeschäfte im Sinne des Absatzes 1 sind insbesondere

1. **An- oder Verkaufsgeschäfte mit aufgeschobener Lieferzeit, auch wenn sie außerhalb einer inländischen oder ausländischen Börse abgeschlossen werden, und**
2. **Optionen auf solche Geschäfte,**

die darauf gerichtet sind, aus dem Unterschied zwischen dem für die Lieferzeit festgelegten Preis und dem zur Lieferzeit vorhandenen Börsen- oder Marktpreis einen Gewinn zu erzielen.

A. Allgemeines

88 Normzweck des § 26 BörsG besteht darin, unerfahrene Anleger vor riskanten Börsengeschäften zu schützen, wobei schwerpunktmäßig Börsentermingeschäfte im Fokus stehen („insbesondere").[111] Geschütztes Rechtsgut ist das Vermögen des Anlegers.[112] Als blankettausfüllende Norm ist § 26 BörsG Bestandteil der Strafnorm des § 49 BörsG.[113] Die Ausgestaltung als Blankettnorm ist auf das Vierte Finanzmarktförderungsgesetz[114] zurückzuführen, durch welches der alte § 89 BörsG a.F. in § 23 BörsG a.F. als Ausfüllungsnorm und § 61 BörsG a.F. als Strafnorm bzw. Blankett aufgespalten wurde. Durch das Finanzmarktrichtlinie-Umsetzungsgesetz (FRUG)[115] wurden diese Vorschriften sodann wortgleich in § 26 BörsG und § 49 BörsG überführt.[116] Geschütztes Rechtsgut ist das Vermögen der Kapitalanleger.[117]

---

111 MüKo/*Bröker*, StGB, § 49 BörsG Rn. 1; Park/*Park*, Kap. 6.2. Rn. 3; *Gehrmann/Zacharias* WiJ 2012, 89.

112 *Gehrmann/Zacharias* WiJ 2012, 89 m.w.N.

113 MüKo/*Bröker*, StGB, § 49 BörsG Rn. 8.

114 Gesetz zur weiteren Fortentwicklung des Finanzplatzes Deutschland (Viertes Finanzmarktförderungsgesetz) vom 21.6.2002, BGBl. I 2002, S. 2010.

115 Gesetz zur Umsetzung der Richtlinie über Märkte für Finanzinstrumente und der Durchführungsrichtlinie der Kommission vom 16.7.2007, BGBl. 2007 I, S. 1330.

116 Zur weiteren Historie siehe nur Park/*Park*, Kap. 6.2. Rn. 1 und MüKo/*Bröker*, StGB, § 49 BörsG Rn. 5.

117 *Park* NStZ 2007, 369, 370; MüKo/*Bröker*, StGB, § 49 BörsG Rn. 2.

B. Tatbestand

Als Täter kommen im Wesentlichen Wertpapierhändler, selbstständige oder in Banken beschäftigte Anlageberater und Telefonverkäufer in Betracht.[118] 89

Der Tatbestand setzt das gewerbsmäßige Verleiten zu Börsenspekulationsgeschäften 90 oder zu Beteiligungen hieran voraus, sofern dabei die Unerfahrenheit des Anlegers in Börsenspekulationsgeschäften ausgenutzt wird. Dabei stellen Börsenspekulationsgeschäfte An- oder Verkaufsgeschäfte dar, die in der Absicht geschlossen werden, aus intertemporären Preisunterschieden einen Gewinn zu erzielen, weshalb sog. Hedge-Geschäfte zur Absicherung von Preisrisiken eines bereits abgeschlossenen oder beabsichtigten effektiven Geschäfts nicht erfasst sind.[119]

Die Vorschrift verlangt keine unmittelbare Kontaktaufnahme mit dem Anleger, wes- 91 halb ein Verleiten im Sinne dieser Vorschrift auch dann vorliegt, wenn mit Wissen des Geschäftsführers die Vermittlungs-GmbH dem unerfahrenen Interessenten unzureichende Unterlagen vorlegt, um ihn zum Vertragsschluss zu veranlassen.[120]

Unerfahren ist eine zum Abschluss eines Börsenspekulationsgeschäfts verleitete 92 Person dann, wenn sie infolge fehlender Einsicht die Tragweite des konkreten Spekulationsgeschäfts in seiner ganzen Bedeutung nicht verlässlich überblicken kann, wobei es auf die Verhältnisse des Einzelfalls ankommt.[121] Die Unerfahrenheit des Anlegers kann durch eine geeignete Aufklärung über das Wesen und die Risiken des Börsenspekulationsgeschäfts beseitigt werden.[122] Vereinzelt wird das Merkmal der Unerfahrenheit mit Verweis auf den Wortlaut der Norm im Sinne einer fehlenden Übung ausgelegt.[123]

Da weder ein Vermögensschaden noch eine konkrete Vermögensgefährdung beim 93 Anleger vorliegen muss, handelt es sich um ein abstraktes Gefährdungsdelikt.[124]

C. Bedeutung für den Anlegerschutz

Die Strafvorschrift schützt Personen, die in Börsenspekulationsgeschäften unerfah- 94 ren sind, vor Vermögensschäden.[125] Sie sollen davor geschützt werden, ihr Vermögen deshalb zu verspekulieren, weil ihre Unkenntnis über die Risiken derartiger Geschäfte ausgenutzt wird.[126] Da die Vorschrift vor Gefahren schützen soll, die aus dem Abschluss eines Börsenspekulationsgeschäftes resultieren, schützt sie auch denjenigen, der über eine durchschnittliche Geschäftskenntnis und Lebenserfahrung verfügt.[127] Darüber hinaus steht die Tatsache, dass ein Anleger bereits vorher bei Warenterminoptionsgeschäften Kapitalverluste erlitten hat oder sich allgemein der Möglichkeit von Verlusten bewusst war, der Annahme von Unerfahrenheit nicht entgegen.[128]

---

118 *Park* BB 2001, 2069, 2071; Schwark/Zimmer/*Schwark*, § 26 BörsG Rn. 1.

119 Schwark/Zimmer/*Schwark*, § 26 BörsG Rn. 2f. m.w.N.; im Einzelnen zur Unerfahrenheit des Anlegers siehe *Gehrmann*/*Zacharias* WiJ 2012, 89, 99; zur Unerfahrenheit im Zusammenhang mit sog. Short-Sales siehe *Trüg* NJW 2009, 3202, 3206.

120 OLG Düsseldorf NJW-RR 1989, 294 (zur Vorgängernorm § 89 BörsG a.F.).

121 BGH NStZ-RR 2002, 84.

122 *Gehrmann*/*Zacharias* WiJ 2012, 89 m.w.N.

123 *Park* BB 2003, 1513, 1517; *ders.* wistra 2002, 107.

124 Park/*Park*, Kap. 6.2. Rn. 5; MüKo/*Bröker*, StGB, § 49 BörsG Rn. 2; Achenbach/Ransiek/Rönnau/*Schröder*, 10. Teil, Kap. 2 Rn. 225.

125 Park/*Park*, Kap. 6.2. Rn. 3.

126 Achenbach/Ransiek/Rönnau/*Schröder*, 10. Teil, Kap. 2 Rn. 224; Park/*Park*, Kap. 6.2. Rn. 3.

127 BT-Drs. 10/318, S. 48; *Gehrmann*/*Zacharias* WiJ 2012, 89.

128 BGH NStZ-RR 2002, 84.

95 § 26 BörsG ist als Strafnorm gegen das Verleiten unerfahrener Personen zu Börsenspekulationsgeschäften Schutzgesetz im Sinne des § 823 Abs. 2 BGB.[129]

96 In der Praxis ist die Bedeutung des Straftatbestandes eher gering.[130] Gleichwohl hat es diesbezüglich Gerichtsentscheidungen gegeben. Darüber hinaus wurden insbesondere wegen der Vermittlung von Börsenspekulationsgeschäften durch sog. Telefonverkäufer diverse Ermittlungsverfahren eingeleitet.[131]

§ 54 KWG, § 63 ZAG (§ 31 ZAG a.F.), § 339 KAGB
Verbotene Geschäfte, Handeln ohne Erlaubnis

§ 54 KWG
Verbotene Geschäfte, Handeln ohne Erlaubnis

(1) Wer
1. **Geschäfte betreibt, die nach § 3, auch in Verbindung mit § 53b Abs. 3 Satz 1 oder 2, verboten sind, oder**
2. **ohne Erlaubnis nach § 32 Abs. 1 Satz 1 Bankgeschäfte betreibt oder Finanzdienstleistungen erbringt,**

wird mit Freiheitsstrafe bis zu fünf Jahren oder mit Geldstrafe bestraft.

(1a) Ebenso wird bestraft, wer ohne Zulassung nach Artikel 14 Absatz 1 der Verordnung (EU) Nr. 648/2012 des Europäischen Parlaments und des Rates vom 4. Juli 2012 über OTC-Derivate, zentrale Gegenparteien und Transaktionsregister (ABl. L 201 vom 27.7.2012, S. 1) eine Clearingdienstleistung erbringt.

(1b) Ebenso wird bestraft, wer ohne die erforderliche Zulassung nach Artikel 16 Absatz 1 der Verordnung (EU) Nr. 909/2014 eine Zentralverwahrertätigkeit ausübt.

(2) Handelt der Täter fahrlässig, so ist die Strafe Freiheitsstrafe bis zu drei Jahren oder Geldstrafe.

§ 63 ZAG
Strafvorschriften

(1) Mit Freiheitsstrafe bis zu fünf Jahren oder mit Geldstrafe wird bestraft, wer
1. **entgegen § 3 Absatz 1 Einlagen oder andere rückzahlbare Gelder entgegennimmt,**
2. **entgegen § 3 Absatz 2 Satz 1 dort genannte Gelder nicht oder nicht rechtzeitig in E-Geld umtauscht,**
3. **entgegen § 3 Absatz 4 Satz 1 einen Kredit gewährt,**
4. **ohne Erlaubnis nach § 10 Absatz 1 Satz 1 oder ohne Registrierung nach § 34 Absatz 1 Satz 1 Zahlungsdienste erbringt,**
5. **ohne Erlaubnis nach § 11 Absatz 1 Satz 1 das E-Geld-Geschäft betreibt oder**
6. **entgegen § 49 Absatz 1 Satz 2 dort genannte Gelder hält.**

(2) Mit Freiheitsstrafe bis zu drei Jahren oder mit Geldstrafe wird bestraft, wer
1. **entgegen § 21 Absatz 4 Satz 1 erster Halbsatz eine Anzeige nicht, nicht richtig oder nicht rechtzeitig erstattet oder**

---

129 OLG Düsseldorf NJW-RR 1989, 294 (zur Vorgängernorm § 89 BörsG a.F.); Baumbach/Hopt/*Kumpan*, HGB, § 26 BörsG Rn. 3; MüKo/*Bröker*, StGB, § 49 BörsG Rn. 6; BeckOK/*Spindler*, BGB, § 823 Rn. 365.

130 Schwark/Zimmer/*Schwark*, § 26 BörsG Rn. 1; MüKo/*Bröker*, StGB, § 49 BörsG Rn. 3; Park/*Park*, Kap. 6.2. Rn. 6.

131 Park/*Park*, Kap. 6.2. Rn. 6 m.w.N. in der Rechtsprechung.

2. entgegen § 31 E-Geld ausgibt.

(3) Handelt der Täter fahrlässig, so ist die Strafe in den Fällen des Absatzes 1 Freiheitsstrafe bis zu drei Jahren oder Geldstrafe und in den Fällen des Absatzes 2 Freiheitsstrafe bis zu einem Jahr oder Geldstrafe.

§ 339 KAGB

(1) Mit Freiheitsstrafe bis zu fünf Jahren oder mit Geldstrafe wird bestraft, wer

1. ohne Erlaubnis nach § 20 Absatz 1 Satz 1 das Geschäft einer Kapitalverwaltungsgesellschaft betreibt (...)

(...)

(3) Handelt der Täter in den Fällen des Absatzes 1 fahrlässig, so ist die Strafe Freiheitsstrafe bis zu drei Jahren oder Geldstrafe. Handelt der Täter in den Fällen des Absatzes 2 fahrlässig, so ist die Strafe Freiheitsstrafe bis zu einem Jahr oder Geldstrafe.

A. Allgemeines

I. § 54 KWG

Unerlaubte Finanzdienstleistungen wurden mit dem Gesetz zur Umsetzung von EG-Richtlinien zur Harmonisierung bank- und wertpapierrechtlicher Vorschriften vom 22.10. 1997[132] in den Straftatbestand aufgenommen. Dies sollte das Vertrauen in die Seriosität des Finanzdienstleistungssektors stärken und die Staatsanwaltschaft in die Sachermittlung einbeziehen.[133] 97

II. § 63 ZAG n.F. (§ 31 ZAG a.F.)

Das ZAG regelt die Voraussetzungen, unter denen Zahlungsdienste angeboten werden dürfen. Das dient einerseits dem Schutz des volkswirtschaftlich unverzichtbaren Sektors des Zahlungsverkehrs und andererseits dem Schutz der Personen, die Zahlungsdienste in Anspruch nehmen, in Bezug auf die Leistungsfähigkeit des Anbieters. Das Gesetz trifft dagegen keine Regelungen darüber, an welchen Orten Zahlungsdienste in welcher Form angeboten werden dürfen und wo nicht.[134] Mit § 31 Abs. 1 und 2 ZAG a.F. wurde Artikel 13 der Zweiten E-Geld-Richtlinie umgesetzt.[135] 98

Das ZAG wurde durch das Gesetz zur Umsetzung der Zweiten Zahlungsdiensterichtlinie umfassend neu strukturiert. Die Strafvorschriften sind in der Neufassung in § 63 ZAG und die Bußgeldvorschriften in § 64 ZAG erfasst.[136] Das Gesetz zur Umsetzung der Zweiten Zahlungsdiensterichtlinie trat im Wesentlichen am 13.1.2018 in Kraft.[137] 99

132 BGBl. I 1997, S. 2518.
133 BT-Drs. 13/7142, S. 97.
134 LG Trier, v. 7.12.2016 – 5 O 139/16, NJW-RR 2017, 349; zu den strafrechtlichen Risiken des unerlaubten Erbringens von Zahlungsdiensten *Weiß* WM 2016, 1774 ff.
135 BR-Drs. 482/10, S. 91.
136 BT-Drs. 18/11495, S. 57.
137 BT-Drs. 18/11495, S. 76 f.

III. § 339 KAGB

100 Das KAGB[138] und damit auch § 339 KAGB wurden durch das AIFM-Umsetzungsgesetz (AIFM-UmsG)[139] vom 4.7.2013 eingeführt. Das AIFM-UmsG diente der Umsetzung der Richtlinie 2011/61/EU über die Verwalter alternativer Investmentfonds (AIFM-Richtlinie).[140]

101 Diese AIFM-Richtlinie zielt darauf ab, gemeinsame Anforderungen für die Zulassung von Managern und die Aufsicht über Manager alternativer Investmentfonds festzulegen, um für die damit zusammenhängenden Risiken und deren Folgen für Anleger und Märkte in der Union ein kohärentes Vorgehen zu gewährleisten.[141] Ziel des Kapitalanlagegesetzbuches war es, ein in sich geschlossenes Regelwerk für Investmentfonds und ihre Manager zu schaffen. Durch die Fortentwicklung des Regelwerks und dessen Anpassung an europäische Vorgaben, sollte durch das Gesetz ein Beitrag zur Verwirklichung des europäischen Binnenmarktes im Investmentfondsbereich geleistet werden und gleichfalls hinsichtlich des Anlegerschutzes ein einheitlich hoher Standard erreicht werden.[142]

102 In der Literatur wurde das Fazit gezogen, dass das KAGB seinem Anspruch, alle bisher ungeregelten Akteure und deren Aktivitäten, die erhebliche Risiken in sich bergen, angemessen zu regulieren und einer Finanzaufsicht zu unterstellen, nicht gerecht wird, weil sich zahlreiche risikoreiche Investments nicht ohne weiteres unter den Begriff des Investmentvermögens des § 1 KAGB subsumieren lassen unabhängig davon, dass sich der Anwendungsbereich durch gezielte Konstruktion vermeiden lässt.[143]

103 § 339 Abs. 1 Nr. 1 KAGB entspricht der aufgehobenen Vorgängerregelung des § 143a InvG.[144] Als Vorlage für § 143a InvG wiederum diente § 54 Abs. 1 Nr. 2 KWG.[145] § 143a InvG war erforderlich, weil Kapitalanlagegesellschaften nicht mehr als Kreditinstitute im Sinne des KWG qualifiziert werden konnten und so § 54 KWG nicht länger anwendbar war.[146]

B. Tatbestand

I. § 54 KWG

104 Täter des § 54 KWG kann jedermann sein; eine besondere Täterqualifikation ist nicht erforderlich.[147]

105 § 54 Abs. 1 KWG enthält drei Tatbestandsvarianten: Das Betreiben verbotener Geschäfte (§ 54 Abs. 1 Nr. 1 KWG), das Betreiben von Bankgeschäften ohne Erlaubnis (§ 54 Abs. 1 Nr. 2 Var. 1 KWG) und das Erbringen von Finanzdienstleistungen ohne Erlaubnis nach § 54 Abs. 1 Nr. 2 Var. 2 KWG),[148] wobei das Betreiben eines verbotenen Bankgeschäfts weitaus häufiger anzutreffen ist als der Verstoß gegen die Erlaubnispflicht an sich.[149]

---

138 Am 22.7.2013 in Kraft getreten.
139 BGBl. I 2013, S. 1981.
140 ABl. L 174 v. 1.7.2011, S. 1.
141 ABl. L 174 v. 1.7.2011, S. 1; *Klinger* NZWiSt 2014, S. 370, 371.
142 BT-Drs. 17/12294, S. 2, 187.
143 *Loritz/Uffmann* WM 2013, 2193, 2202.
144 BR-Drs. 791/12, S. 538.
145 BR-Drs. 274/07, 233; BT-Drs. 16/5576, 99: *„Die Vorschrift stellt in Anlehnung an § 54 KWG das unerlaubte Betreiben des Investmentgeschäfts unter Strafe."*
146 Moritz/Klebeck/Jesch/*Alten*, KAGB, § 339 Rn. 5.
147 Park/*Gercke*, Kap. 12.2. Rn. 11.
148 Im Einzelnen dazu: Park/*Gercke*, Kap. 12.2. Rn. 14 ff. und Achenbach/Ransiek/*Schröder* 10. Teil Kap. 3 Rn. 5 ff.
149 Wabnitz/Janovsky/*Knierim*, D. Rn. 271.

Gemäß § 32 Abs. 1 KWG[150] bedarf der schriftlichen Erlaubnis der Aufsichtsbehörde, wer im Inland gewerbsmäßig oder in einem Umfang, der einen in kaufmännischer Weise eingerichteten Geschäftsbetrieb erfordert, Bankgeschäfte betreiben oder Finanzdienstleistungen erbringen will.[151] Soweit der Täter des § 54 KWG seine Geschäfte für rechtlich zulässig und nicht erlaubnispflichtig hält, kann dies aus strafrechtlicher Sicht einen Verbotsirrtum gem. § 17 StGB darstellen.[152] **106**

II. § 63 ZAG n.F. (§ 31 ZAG a.F.)

§ 63 Abs. 1 Zag stellt im wesentlich unter Strafe, wer ohne Erlaubnis Einlagen oder andere rückzahlbare Gelder entgegennimmt (Abs. 1 Nr. 1), entgegen § 3 Abs. 2 S. 1 ZAG dort genannte Gelder nicht oder nicht rechtzeitig in E-Geld umtauscht (Abs. 1 Nr. 2), einen Kredit gewährt (Abs. 1 Nr. 3), ohne Erlaubnis oder ohne Registrierung Zahlungsdienste erbringt (Abs. 1 Nr. 4), ohne Erlaubnis das E-Geld-Geschäft betreibt (Abs. 1 Nr. 5) und entgegen § 49 Abs. 1 S. 2 ZAG dort genannte Gelder hält (Abs. 1 Nr. 6). Normadressaten des Tatbestandes der unerlaubten Erbringung von Zahlungsdiensten gemäß Abs. 1 Nr. 4 sind nur Unternehmen, nicht aber natürliche Personen.[153] Abs. 2 Nr. 1 umfasst das nicht, nicht richtig oder nicht rechtzeitige Erstatten ein Anzeige und Abs. 2 Nr. 2 das Ausgeben von E-Geld. **107**

III. § 339 KAGB

Die neue Strafvorschrift des § 339 KAGB eröffnet eine einheitliche Sanktionsgrundlage unter anderem zur Sanktionierung schuldhafter Verletzungen der allgemeinen Erlaubnis- und Registrierungspflichten gem. §§ 20 Abs. 1, 44 KAGB.[154] **108**

§ 339 KAGB enthält drei Straftatbestände. Keiner dieser drei Tatbestände ist ein Sonderdelikt, weshalb jedermann Täter sein kann.[155] **109**

§ 339 KAGB stellt unter Strafe, wer ohne Erlaubnis das Geschäft einer Kapitalverwaltungsgesellschaft (Abs. 1 Nr. 1) oder ohne Registrierung das Geschäft einer AIF-Kapitalgesellschaft (Abs. 1 Nr. 2) betreibt. **110**

Voraussetzung des Abs. 1 Nr. 1 ist, dass eine Kapitalverwaltungsgesellschaft, die gemäß § 17 Abs. 1 KAGB die inländische Investmentvermögen, EU-Investmentvermögen und ausländischen AIF verwaltet (S. 1), also mindestens die Portfolioverwaltung oder das Risikomanagement für ein oder mehrere Investmentvermögen erbringt (S. 2), ohne Erlaubnis nach § 20 KAGB betrieben wird. Eine wirksame Erlaubnis liegt dann nicht vor, wenn sie nicht beantragt, nicht erteilt oder abgelehnt worden ist oder wenn sie erloschen oder aufgehoben ist.[156] **111**

---

150 § 32 KWG ist Schutzgesetz zugunsten des einzelnen Anlegers im Sinne des § 823 Abs. 2 BGB, BGH NJW 2010, 1077, 1078.
151 So auch die BaFin „Merkblatt – Hinweise zum Angebot von Banknoten und Münzen im Internet" v. 24.7.2007, abrufbar unter: www.bafin.de.
152 BGH, v. 27.6.2017 – VI ZR 424/16; v. 16.5.2017 – VI ZR 266/16; v. 15.5.2012 – VI ZR 166/11.
153 BGH, v. 28.10.2015 – 5 StR 189/15, NStZ-RR 2016, 15.
154 *Klinger* NZWiSt 2014, 370, 371.
155 Weitnauer/Boxberger/Anders/*Zeidler*, KAGB, § 339 Rn. 8.
156 Weitnauer/Boxberger/Anders/*Zeidler*, KAGB, § 339 Rn. 6.

C. Bedeutung für den Anlegerschutz

I. § 54 KWG

112 § 54 KWG schützt unstreitig die Funktionsfähigkeit des Finanzmarktes und die Sicherung des staatlichen Kreditaufsichtswesens.[157] Ob die Norm auch den individuellen Anleger schützt, ist umstritten, wird von der herrschenden Meinung aber bejaht.[158] § 54 KWG diene nicht nur der Effektivität der Bankaufsicht, sondern auch dem individuellen Anlegerschutz vor Vermögensverlusten, die durch unerlaubte Bankgeschäfte entstünden.[159] Für die Einbeziehung des einzelnen Anlegers in den Schutzbereich der Norm spricht, dass die Erlaubnis zum Betrieb von Bankgeschäften gemäß § 33 KWG insbesondere dann zu versagen ist, wenn der Antragsteller die im Interesse der Gläubiger des Kreditinstituts gesetzlich vorgeschriebenen Anforderungen nicht erfüllt.[160]

113 Dementsprechend ist § 54 KWG auch Schutzgesetz im Sinne des § 823 Abs. 2 BGB.[161]

114 Der Wissenschaftliche Dienst des Deutschen Bundestages kam in einer Ausarbeitung zum Grauen Kapitalmarkt zu dem Ergebnis, dass der strafrechtliche Schutz mit § 54 KWG erforderlich ist, um den Anleger vor zum Teil mit hoher krimineller Energie geprägten Vermittlerpraktiken zu schützen.[162]

115 Vereinzelt wird dies allerdings dahingehend eingeschränkt, dass es nicht Schutzzweck des KWG sei, Personen, die sich bewusst im grauen Markt zu Spekulationszwecken bewegen und trotz ordnungsgemäßer Belehrung ihr Vermögen gefährden, mit einer Rückgriffmöglichkeit zu versehen.[163] Das Landgericht Essen hat mit Urteil vom 7.5.1991[164] sogar entschieden, dass § 54 KWG den Anleger nicht schlechthin vor einem Verlust des Kapitals schützt, das er zu Spekulationszwecken eingesetzt hat. § 54 KWG soll vielmehr lediglich gewährleisten, dass die Institute, die ohne Erlaubnis für das Kreditwesen im Bereich der Effektengeschäfte tätig sind, den Anforderungen genügen, die an die Betreiber gestellt werden, welche im Besitz der Erlaubnis sind.

II. § 63 ZAG n.F. (§ 31 ZAG a.F.)

116 Das ZAG insgesamt und damit gerade auch die Strafnorm des § 31 ZAG a.F. bzw. § 63 ZAG n.F. dient dem Schutz des volkswirtschaftlich unverzichtbaren Sektors des Zahlungsverkehrs und darüber hinaus dem Schutz der Personen, die Zahlungsdienste in Anspruch nehmen in Bezug auf die Leistungsfähigkeit des Anbieters.[165]

---

157 BGH, v. 17.4.2007 – 5 StR 446/06; MüKo/*Janssen*, StGB, § 54 KWG Rn. 11; Park/*Gercke*, Kap. 12.2. Rn. 5 m.w.N.

158 BGH, v. 15.2.1979 – III ZR 108/76; OLG Celle, v. 14.10.2004 – 4 U 147/04; Erbs/Kohlhaas/Häberle, KWG, § 54 Rn. 1; Park/*Gercke*, Kap. 12.2. Rn. 5; **a.A.** LG Essen, v. 7.5.1991 – 12 O 126/90; *Reischauer*/*Kleinhans*, KWG, § 54 Rn. 3.

159 OLG Celle, v. 14.10.2004 – 4 U 147/04; BeckOK/*Spindler*, BGB, § 823 Rn. 293.

160 OLG Celle, v. 14.10.2004 – 4 U 147/04; Park/*Gercke*, Kap. 12.2. Rn. 5.

161 BGH, v. 27.6.2017 – VI ZR 424/16; v. 16.5.2017 – VI ZR 266/16; v. 11.7.2016 – VI ZR 339/04; v. 21.4.2005 – III ZR 238/03; v. 19.1.2006 – III ZR 105/05; OLG München, v. 22.2.2006 – 7 U 4657/05; OLG Celle, v. 14.10.2004 – 4 U 147/04; Park/*Gercke*, Kap. 12.2. Rn. 6; Wabnitz/Janovsky/*Knierim*, D. Rn. 273; **a.A.** LG Essen, v. 7.5.1991 – 12 O 126/90; MüKo/*Wagner*, BGB, § 823 Rn. 411, 424.

162 Deutscher Bundestag – Wissenschaftliche Dienste, 2008, S. 9.

163 *Park* wistra 2002, 107, 108; MüKo/*Janssen*, StGB, § 54 KWG Rn. 17.

164 LG Essen NJW-RR 1992, 303.

165 LG Trier, v. 7.12.2016 – 5 O 139/16, NJW-RR 2017, 349.

III. § 339 KAGB

Unmittelbar geschütztes Rechtsgut des § 339 Abs. 1 KAGB ist die Effektivität der staatliche Aufsicht über Kapitalverwaltungsgesellschaften; nur mittelbar sind die Funktionsfähigkeit des Kapitalmarktes sowie die Anleger, die den Kapitalverwaltungsgesellschaften die Verwaltung ihres Vermögens übertragen, geschützt.[166] Es wurde bereits erwähnt, dass den Gesetzgeber auch der Anlegerschutz zur Anhebung des Strafmaßes bewegt hat.[167] Unmittelbarer individueller Anlegerschutz soll zumindest dem strafbewehrten Erlaubnisvorbehalt (§§ 20 ff., § 339 Abs. 1 Nr. 1 KAGB) zukommen.[168] Dabei soll es nicht darauf ankommen, ob der Anleger sein Kapital als Anteilsinhaber eines Sondervermögens (§§ 92, 95 KAGB), Anlageaktionär einer Investmentaktiengesellschaft mit variablem Kapital (§ 109 Abs. 1 S. 1 Hs. 1, Abs. 3, § 142 KAGB) oder als Anlegerkommanditist einer Investmentkommanditgesellschaft (§ 127 Abs. 1 S. 2, § 152 Abs. 1 KAGB) angelegt hat.[169] 117

§ 339 KAGB ist Schutzgesetz im Sinne des § 823 Abs. 2 BGB.[170] Der Anleger soll den gleichen Schutz genießen, ungeachtet ob er in ein deutsches oder ein ausländisches Fondsprodukt investiert[171] 118

IV. Strafmaßerhöhung

Mit dem Gesetz zur Umsetzung der Zweiten E-Geld-Richtlinie vom 1.3.2011[172] wurde das Strafmaß für Vorsatzdelikte einheitlich auf ein Höchstmaß von fünf Jahren Freiheitsstrafe und für Fahrlässigkeitsdelikte einheitlich auf ein Höchstmaß von drei Jahren angehoben. Die Erhöhung des Strafrahmens erfolgte ebenso in § 31 ZAG a.F. und § 140 VAG a.F. Damit wurde die Strafandrohung für das Handeln ohne Erlaubnis nach allen drei Aufsichtsgesetzen auf ein einheitliches, auch tatsächlich wirksames Niveau gehoben.[173] Ohne eine angemessene Anhebung des Strafrahmens des § 31 ZAG a.F., die der besonderen Gefährlichkeit dieses Geschäfts Rechnung trägt, müsste für die Bestimmung des Strafmaßes ohnehin auf den § 54 KWG zurückgegriffen werden, der insoweit mit § 31 ZAG a.F. konkurriert.[174] 119

Durch das OGAW-V-UmsG[175] wurde in § 339 KAGB ebenfalls das jeweilige Höchstmaß der Freiheitsstrafen für das Betreiben eines Geschäftes ohne die erforderliche Erlaubnis oder ohne Registrierung mit Wirkung zum 18.3.2016 von bis zu drei Jahren auf bis zu fünf Jahre angehoben. Dabei orientierte sich der Gesetzgeber an § 54 KWG. Die Anhebung des Strafmaßes gründet zum einen in der Angleichung an die verwandten Tatbestände in KWG, ZAG und VAG.[176] 120

Anlass der Anhebung des Strafrahmens im KWG, ZAG, VAG und KAGB insgesamt war, dass die Strafdrohung von bis zu drei Jahren bei Vorsatztaten die gesamte Bandbrei- 121

---

166 Moritz/Klebeck/Jesch/*Alten*, KAGB, § 339 Rn. 7.
167 BT-Drs. 18/6744, S. 67 f.
168 Dazu im Einzelnen *Eckhold* ZBB 2016, 102, 104 ff.
169 *Eckhold* ZBB 2016, 102, 109.
170 Palandt/*Sprau*, BGB, § 823 Rn. 57; Weitnauer/Boxberger/Anders/*Zeidler*, KAGB, § 339 Rn. 14 m.w.N.
171 *Klebeck*/*Kolbe* BB 2014, 707, 709.
172 BGBl. I 2011, S. 288.
173 BR-Drs. 482/10, S. 91 f., 110 f.; BT-Drs. 17/3023, S. 55, 65.
174 BR-Drs. 482/10, S. 91.
175 BGBl. I 2016, S. 348, in Kraft getreten am 18.3.2016.
176 BT-Drs. 18/6744, S. 67 f.

te von minder bis zu besonders schweren Fällen abbildete und bereits durchschnittlich gelagerte Fälle des Handelns ohne Erlaubnis mit der Gefahr verbunden seien, dass einzelne Anleger massive Vermögensschäden erleiden. Zudem würden derartige Taten ein hohes Nachahmungspotential bieten. Gleichzeitig habe sich die zu erwartende Strafe bisher oftmals in einer Höhe bewegt, die eine Einstellung des Ermittlungsverfahrens nach den §§ 153ff. StPO nahegelegt hätte. Vor diesem Hintergrund seien die bisherigen Strafandrohungen nicht angemessen gewesen. Mit der Erhöhung des Strafmaßes auf das Niveau des Kernstrafrechts sollte im Interesse des Anlegerschutzes bzw. im Interesse des Kundenschutzes sichergestellt werden, dass die Staatsanwaltschaften § 31 ZAG a.F., § 54 KWG und § 339 KAGB die gleiche Aufmerksamkeit schenken werden wie anderen Vermögensdelikten.[177]

§ 400 Abs. 1 Nr. 1 AktG, § 331 Nr. 1 HGB
Unrichtige Darstellung

§ 400 AktG
Unrichtige Darstellung

(1) Mit Freiheitsstrafe bis zu drei Jahren oder mit Geldstrafe wird bestraft, wer als Mitglied des Vorstands oder des Aufsichtsrats oder als Abwickler

1. die Verhältnisse der Gesellschaft einschließlich ihrer Beziehungen zu verbundenen Unternehmen in Darstellungen oder Übersichten über den Vermögensstand, in Vorträgen oder Auskünften in der Hauptversammlung unrichtig wiedergibt oder verschleiert, wenn die Tat nicht in § 331 Nr. 1 oder 1a des Handelsgesetzbuchs mit Strafe bedroht ist, oder
(...)

§ 331 HGB
Unrichtige Darstellung

Mit Freiheitsstrafe bis zu drei Jahren oder mit Geldstrafe wird bestraft, wer

1. als Mitglied des vertretungsberechtigten Organs oder des Aufsichtsrats einer Kapitalgesellschaft die Verhältnisse der Kapitalgesellschaft in der Eröffnungsbilanz, im Jahresabschluß, im Lagebericht einschließlich der nichtfinanziellen Erklärung, im gesonderten nichtfinanziellen Bericht oder im Zwischenabschluß nach § 340a Abs. 3 unrichtig wiedergibt oder verschleiert,
(...)

2. als Mitglied des vertretungsberechtigten Organs oder des Aufsichtsrats einer Kapitalgesellschaft die Verhältnisse des Konzerns im Konzernabschluß, im Konzernlagebericht einschließlich der nichtfinanziellen Konzernerklärung, im gesonderten nichtfinanziellen Konzernbericht oder im Konzernzwischenabschluß nach § 340i Abs. 4 unrichtig wiedergibt oder verschleiert,
(...)

177 BR-Drs. 482/10, S. 91f., 110f.; BT-Drs. 17/3023, S. 55, 65; BT-Drs. 18/6744, S. 67f.

A. Allgemeines

I. § 400 Abs. 1 Nr. 1 AktG

§ 400 AktG wurde im Laufe der Jahre durch mehrere Gesetzesänderungen umgestaltet und erhielt mit dem Bilanzrechtsreformgesetz[178] seine heutige Fassung.[179] Er soll im Interesse der Allgemeinheit die Wahrheit und Klarheit der abgegebenen Erklärungen sicherstellen und die Individualinteressen von Aktionären und dritten Personen wie Gesellschaftsgläubiger und Arbeitnehmer schützen, die entweder bereits zu der Aktiengesellschaft in rechtlicher oder wirtschaftlicher Beziehung stehen oder eine solche Beziehung beabsichtigen und daher Interesse am Vermögensstand, den Gesellschaftsverhältnissen und der Vertrauenswürdigkeit der Gesellschaft haben.[180] 122

Der Tatbestand des § 400 Abs. 1 Nr. 1 AktG ist eine taugliche Grundlage einer strafrechtlichen Verantwortlichkeit von Vorstands- und Aufsichtsratsmitglieder für unrichtige Informationen des Kapitalmarktes.[181] 123

II. § 331 Nr. 1 HGB

§ 331 HGB geht zurück auf das frühe Konkursstrafrecht und wurde bereits 1985 in das HGB eingeführt. Die Vorschrift wurde im Wesentlichen dem damaligen § 400 AktG nachgebildet und im Laufe der Jahre insbesondere auf Seiten des Schutzbereiches ausgedehnt.[182] Der Schutzzweck der Norm wird überwiegend im Vertrauen in die Richtigkeit und Vollständigkeit der Informationen über die Verhältnisse der Kapitalgesellschaft bzw. des Konzerns gesehen.[183] 124

B. Tatbestände

I. § 400 Abs. 1 Nr. 1 AktG

Bei § 400 AktG handelt es sich in allen Varianten um abstrakte Gefährdungsdelikte, weshalb die Tatbestandsverwirklichung weder den Eintritt eines Vermögensschadens, auch nur einer Vermögensgefährdung, noch die Verursachung eines Irrtums einer Person voraussetzt, die dem geschützten Personenkreis angehört.[184] Damit ist der Tatbestand auch dann verwirklicht, wenn ein Vermögensschaden und die Kausalität der unrichtigen Darstellung hierfür nicht nachweisbar sind. So wird sich regelmäßig weder der Einfluss der unrichtigen Darstellung auf die Marktverhältnisse noch die Entwicklung des Aktienkurses vom Zeitpunkt der Tat an wegen der hochkomplexen Mechanismen des Finanzmarktes ermitteln lassen.[185] 125

---

178 Gesetz zur Einführung internationaler Rechnungslegungsstandards und zu Sicherung der Qualität der Abschlussprüfung (Bilanzrechtsreformgesetz – BilReG) vom 4.12.2004, BGBl. I 2004, S. 3166.

179 Erbs/Kohlhaas/*Schaal*, AktG, § 400 Rn. 1.

180 Erbs/Kohlhaas/*Schaal*, AktG, § 400 Rn. 2f.

181 *Kiethe* NStZ 2004, 76f.

182 Park/*Südbeck*/*Eidam* Teil 3 Kap. 9.1. Rn. 1; zur Entwicklung der Bilanzdelikte *Krämer* NZWiSt 2013, 286. 287.

183 *Krämer* NZWiSt 2013, 286, 289 m.w.N.

184 Erbs/Kohlhaas/*Schaal*, AktG, § 400 Rn. 4; zu den verfassungsrechtlichen Bedenken *Kiethe* NStZ 2004, 74.

185 OLG München NJW-RR 2002, 1702; *Kiethe* NStZ 2004, 73.

126 Die Tathandlung des § 400 Abs. 1 Nr. 1 AktG ist die unrichtige Wiedergabe oder Verschleierung der Verhältnisse der Gesellschaft, sofern die Tat nicht in § 331 Nr. 1 HGB mit Strafe bedroht ist. § 400 Abs. 1 Nr. 1 AktG kommt damit eine den § 331 Nr. 1 HGB ergänzende Funktion zu, so dass der Anwendungsbereich der Vorschrift zwingend weit ist.[186]

127 Dabei verwirklicht den Tatbestand zum Beispiel nicht nur der Vorstandsvorsitzende, der in der Hauptversammlung falsche Angaben macht, sondern auch seine Vorstandskollegen, die dabei sitzen und ihm nicht widersprechen.[187]

II. § 331 Nr. 1 HGB

128 § 331 Nr. 1 HGB stellt unrichtige oder verschleiernde Angaben eines Mitglieds des vertretungsberechtigten Organs oder des Aufsichtsrats einer Kapitalgesellschaft über die Verhältnisse der Kapitalgesellschaft in der Eröffnungsbilanz, im Jahresabschluss, im Lagebericht oder im Zwischenabschluss unter Strafe. § 331 Nr. 2 HGB regelt dies auf Konzern-Ebene.

129 Die Verhältnisse der Kapitalgesellschaft betreffen zum einen Informationen über die wirtschaftlichen Verhältnisse wie Tatsachen, Umstände, Vorgänge, Daten und Schlussfolgerungen jeder Art, die für die Beurteilung der gegenwärtigen und zukünftigen Situation der Gesellschaft von Bedeutung sein können.[188] Zum anderen erfassen die Informationen auch „soziale, politische und sonstige Umstände, die für die gegenwärtige Situation der Gesellschaft oder ihre künftige Entwicklung von Bedeutung sind oder von Bedeutung sein können".[189]

130 Bei allen Tatbeständen des § 331 HGB handelt es sich um echte Sonderdelikte, da nur die in den Nummern 1–4 genannten Personen als taugliche Täter in Frage kommen.[190] Ad-hoc-Mitteilungen werden vom Anwendungsbereich des § 400 Abs. 1 Nr. 1 AktG in der Regel nicht erfasst.[191]

131 Wie auch bei § 400 Abs. 1 Nr. 1 AktG handelt es sich bei § 331 Nr. 1 HGB um ein abstraktes Gefährdungsdelikt.[192] Der Schutzzweck der Norm setzt weit vor dem Eintritt eines Vermögensschadens bzw. einer Vermögensgefährdung ein.[193]

C. Bedeutung für den Anlegerschutz

132 Das von § 331 Nr. 1 HGB und § 400 Abs. 1 Nr. 1 AktG einheitlich geschützte Rechtsgut besteht in der Richtigkeit und Vollständigkeit bestimmter Angaben über die Gesellschaftsverhältnisse, die von bestimmten, zuständigen Personen abgegeben werden.[194] Der Schutzbereich umfasst die Gesellschaft bzw. den Konzern und neben den Aktionären alle Personen, die mit ihr oder ihm in wirtschaftlicher oder rechtlicher Beziehung stehen

---

186 *Kiethe* NStZ 2004, 75; *Geßler-Fuhrmann* AktG, 40. Lfg., § 400 Rn. 25a; a.A. BGH v. 12.10.2016 – 5 StR 134/15 (einschränkende Auslegung).
187 BGH NJW 2001, 3622; *Fleischer* NJW 2013, 2584, 2585.
188 *Krämer* NZWiSt 2013, 286, 288 m.w.N.
189 BVerfG NJW-RR 2006, 1627, 1628.
190 BeckOK/*Regierer*, HGB, § 331 Rn. 3.
191 OLG München v. 7.12.2011 – 15 U 1868/11; v. 20.12.2002 30 U 103/02; aA LG München I v. 8.4.2003 – 4 KLs 305 Js 52373/00; *Kiethe* NStZ 2004, 73.
192 Park/*Südbeck*/*Eidam* Teil 3 Kap. 9.1. Rn. 4.
193 *Krämer* NZWiSt 2013, 286, 288 m.w.N.
194 OLG Braunschweig wistra 1993, 31, 33; Park/*Südbeck*/*Eidam* Teil 3 Kap. 9.1. Rn. 3; *Gramisch* wistra 1987, 157, 158; *Trescher* DB 1998, 1016; *Kiethe* NStZ 2004, 73.

oder eine solche Beziehung anbahnen wollen, wozu Arbeitnehmer, Gesellschafter, Kreditgeber und Gläubiger gehören.[195]

Im Rahmen des § 331 Nr. 1 HGB wird angeführt, dass die Schutzrichtung dieser bezugsabhängigen Norm mit Blick auf die Akzessorietät bestimmt werden muss und dementsprechend die Bilanzierungsvorschriften heranzuziehen sind (sog. akzessorisches Schutzrichtungsmodell).[196] **133**

Sowohl § 400 Abs. 1 Nr. 1 AktG als auch § 331 Nr. 1 HGB sind Schutzgesetze im Sinne des § 823 Abs. 2 BGB.[197] Der BGH hat in diesem Zusammenhang wiederholt entschieden, dass Anleger hieraus Schadensersatz in Form der Erstattung des gezahlten Kaufpreises für die Aktien gegen deren Übertragung oder gegen Anrechnung des an ihre Stelle getretenen Veräußerungspreises verlangen können.[198] Allerdings muss der Anleger nicht nur beweisen, dass vorsätzlich gehandelt wurde. Er muss zudem beweisen, dass die persönliche Anlageentscheidung kausal auf der fehlerhaften Ad-hoc-Mitteilung beruht.[199] **134**

§ 331 Nr. 1 HGB kam in der Vergangenheit eine nur sehr untergeordnete Bedeutung zu und wird mittlerweile als „zentrale Norm" des Bilanzstrafrechts bezeichnet.[200] Im Gegensatz hierzu nimmt § 400 Abs. 1 Nr. 1 AktG keine größere praktische Bedeutung ein.[201] **135**

§§ 263, 264a, 266 StGB
Betrug, Kapitalanlagebetrug, Untreue

§ 263 StGB
Betrug

(1) Wer in der Absicht, sich oder einem Dritten einen rechtswidrigen Vermögensvorteil zu verschaffen, das Vermögen eines anderen dadurch beschädigt, daß er durch Vorspiegelung falscher oder durch Entstellung oder Unterdrückung wahrer Tatsachen einen Irrtum erregt oder unterhält, wird mit Freiheitsstrafe bis zu fünf Jahren oder mit Geldstrafe bestraft.

(2) Der Versuch ist strafbar.

(3) In besonders schweren Fällen ist die Strafe Freiheitsstrafe von sechs Monaten bis zu zehn Jahren. Ein besonders schwerer Fall liegt in der Regel vor, wenn der Täter

1. **gewerbsmäßig oder als Mitglied einer Bande handelt, die sich zur fortgesetzten Begehung von Urkundenfälschung oder Betrug verbunden hat,**
2. **einen Vermögensverlust großen Ausmaßes herbeiführt oder in der Absicht handelt, durch die fortgesetzte Begehung von Betrug eine große Zahl von Menschen in die Gefahr des Verlustes von Vermögenswerten zu bringen,**
3. **eine andere Person in wirtschaftliche Not bringt,**
4. **seine Befugnisse oder seine Stellung als Amtsträger oder Europäischer Amtsträger mißbraucht oder**

---

195 BGH v. 12.10.2016 – 5 StR 134/15; v. 21.8.1996 – 4 StR 364/96, wistra 1996, 348; Erbs/Kohlhaas/*Schaal*, AktG, § 400 Rn. 2; Park/*Südbeck*/*Eidam* Teil 3 Kap. 9.1. Rn. 3 m.w.N.
196 *Krämer* NZWiSt 2013, 286, 294.
197 BGHZ 149, 10, 20 f.; OLG München NJW 2003, 144, 146; OLG Hamm v. 3.2.2014 – 8 U 47/10; LG Bonn v. 15.5.2010 – 11 O 181/00; Erbs/Kohlhaas/*Schaal*, AktG, § 400 Rn. 2; Park/*Südbeck*/*Eidam* Teil 3 Kap. 9.1. Rn. 5; *Stackmann* NJW 2013, 1985, 1987; *Fleischer* NJW 2013, 2584, 2585; *Kort* NZG 2005, 708, 709.
198 BGH NZG 2004, 811 ff., 816 ff. und 907 ff. (Infomatec); NZG 2005, 672 (EM.TV); *Kort* NZG 2005, 708.
199 LG Bonn v. 15.5.2010 – 11 O 181/00; *Fleischer* NJW 2013, 2584, 2585 f.
200 Im Detail dazu Park/*Südbeck*/*Eidam* Teil 3 Kap. 9.1. Rn. 6 f., *Park* JuS 2007, 714.
201 BT-Drs. 10/318, S. 21.

5. einen Versicherungsfall vortäuscht, nachdem er oder ein anderer zu diesem Zweck eine Sache von bedeutendem Wert in Brand gesetzt oder durch eine Brandlegung ganz oder teilweise zerstört oder ein Schiff zum Sinken oder Stranden gebracht hat.

(4) § 243 Abs. 2 sowie die §§ 247 und 248a gelten entsprechend.

(5) Mit Freiheitsstrafe von einem Jahr bis zu zehn Jahren, in minder schweren Fällen mit Freiheitsstrafe von sechs Monaten bis zu fünf Jahren wird bestraft, wer den Betrug als Mitglied einer Bande, die sich zur fortgesetzten Begehung von Straftaten nach den §§ 263 bis 264 oder 267 bis 269 verbunden hat, gewerbsmäßig begeht.

(6) Das Gericht kann Führungsaufsicht anordnen (§ 68 Abs. 1).

(7) (weggefallen)

§ 264a StGB
Kapitalanlagebetrug

(1) Wer im Zusammenhang mit

1. dem Vertrieb von Wertpapieren, Bezugsrechten oder von Anteilen, die eine Beteiligung an dem Ergebnis eines Unternehmens gewähren sollen, oder
2. dem Angebot, die Einlage auf solche Anteile zu erhöhen,

in Prospekten oder in Darstellungen oder Übersichten über den Vermögensstand hinsichtlich der für die Entscheidung über den Erwerb oder die Erhöhung erheblichen Umstände gegenüber einem größeren Kreis von Personen unrichtige vorteilhafte Angaben macht oder nachteilige Tatsachen verschweigt, wird mit Freiheitsstrafe bis zu drei Jahren oder mit Geldstrafe bestraft.

(2) Absatz 1 gilt entsprechend, wenn sich die Tat auf Anteile an einem Vermögen bezieht, das ein Unternehmen im eigenen Namen, jedoch für fremde Rechnung verwaltet.

(3) Nach den Absätzen 1 und 2 wird nicht bestraft, wer freiwillig verhindert, daß auf Grund der Tat die durch den Erwerb oder die Erhöhung bedingte Leistung erbracht wird. Wird die Leistung ohne Zutun des Täters nicht erbracht, so wird er straflos, wenn er sich freiwillig und ernsthaft bemüht, das Erbringen der Leistung zu verhindern.

§ 266 StGB
Untreue

(1) Wer die ihm durch Gesetz, behördlichen Auftrag oder Rechtsgeschäft eingeräumte Befugnis, über fremdes Vermögen zu verfügen oder einen anderen zu verpflichten, mißbraucht oder die ihm kraft Gesetzes, behördlichen Auftrags, Rechtsgeschäfts oder eines Treueverhältnisses obliegende Pflicht, fremde Vermögensinteressen wahrzunehmen, verletzt und dadurch dem, dessen Vermögensinteressen er zu betreuen hat, Nachteil zufügt, wird mit Freiheitsstrafe bis zu fünf Jahren oder mit Geldstrafe bestraft.

(2) § 243 Abs. 2 und die §§ 247, 248a und 263 Abs. 3 gelten entsprechend.

A. Allgemeines

I. 263 StGB

Der Betrug als bedeutsamstes Vermögensdelikt und zentrale Vorschrift des Wirtschaftsstrafrechts schützt über das Eigentum hinaus das Vermögen als Ganzes in seinem wirtschaftlichen Wert, soweit es nach der Rechtsordnung einer Person zusteht.[202] 136

Auf dem Gebiet des Kapitalmarktstrafrechts erlangt der breit aufgestellte Betrugstatbestand nicht nur beim Handel mit Optionen auf Warenterminkontrakte, „Churning“, „Front-Running“ oder „Scalping“, sondern auch im Rahmen vieler weiterer Verhaltensweisen an Bedeutung.[203] 137

II. 264a StGB

§ 264a StGB wurde mit dem Zweiten Gesetz zur Bekämpfung der Wirtschaftskriminalität[204] eingeführt. Es sollten Lücken des geltenden Rechts geschlossen werden und Kapitalanlagebetrügereien schon im Vorfeld des Betruges strafrechtliche erfasst werden.[205] § 264a StGB verallgemeinerte das bis dahin geltende Recht zum Prospektbetrug (§ 88 Abs. 1 Nr. 2 BörsG a.F.) und sollte „praktikabler“ gestalten.[206] Mit der Einführung des Tatbestandes des Kapitalanlagebetruges sollte der Anlegerschutz verbessert und die Fälle strafrechtlich erfasst werden, in denen andere durch täuschende Angaben zur Anlage ihres Geldes veranlasst werden sollen. Die Vorschrift dient neben dem individuellen Vermögensschutz auch dem Schutz des Vertrauens in die Redlichkeit des Kapitalmarktes, dessen Funktionsfähigkeit für die Wirtschaftsordnung von wesentlicher Bedeutung ist.[207] 138

§ 264a StGB und damit der Schutz des zumeist unerfahrenen Anlegers im Stadium der Anlageentscheidung wurde aufgrund der mit dem steigenden Einkommen in der Bundesrepublik einhergehenden Umstrukturierung der Anlegerseite und die zunehmende Auffächerung der Anlageformen für erforderlich gehalten.[208] 139

Der Gesetzgeber war der Auffassung, dass sich die Herbeiführung der Kapitalanlage mit unrichtigen Behauptungen oder durch das Verschweigen erheblicher Umstände mit § 263 StGB nicht ausreichend hat bekämpfen lassen, weshalb der Tatbestand des § 264a StGB nicht mehr an die Verursachung eines Vermögensschadens anknüpft, sondern den Strafschutz in den Bereich der Gefährdung vorverlegt.[209] 140

Als eigentliche Stärke dieser Vorschrift wird es empfunden, dass sie insbesondere im Bereich der unterlassenen Aufklärung Strafbarkeitslücken schließt.[210] 141

III. 266 StGB

§ 266 StGB schützt allein das Vermögen; die Dispositionsfreiheit des Treugebers ist hingegen nicht von dem Schutzbereich der Norm erfasst. Das Handlungsunrecht des 142

---

202 Müller-Gugenberger/Bieneck/*Hebenstreit* § 47 Rn. 2; Fischer, StGB, § 263 Rn. 3 m.w.N.
203 Dazu im Einzelnen Park/*Zieschang* Teil 3 Kap. 3.1. Rn. 5, 93 ff.
204 Zweites Gesetz zur Bekämpfung der Wirtschaftskriminalität (2. WiKG) vom 15.5.1986, BGBl. I 1986, S. 721.
205 BT-Drs. 10/318, S. 1; BT-Drs. 10/5058, S. 2; *Zieschang* GA 2012, 607 mit einer Bestandsaufnahme.
206 BT-Drs. 10/5058, S. 31.
207 BT-Drs. 10/318, S. 12.
208 BT-Drs. 10/318, S. 21.
209 BT-Drs. 10/318, S. 22.
210 *Worms* Anlegerschutz, S. 181, 355; Assmann/Schütze/*Worms* § 11 Rn. 4.

strafbaren Verhaltens besteht in dem Fehlgebrauch eingeräumter Dispositionsmacht, das Erfolgsunrecht in der Schädigung des fremden Vermögens.[211]

143 Für den Bereich des Kapitalmarktstrafrechts ist der Untreuetatbestand von großer Bedeutung. Dies insbesondere deshalb, weil Anlageberater und Vermögensverwalter je nach Konstellation vom Anwendungsbereich der Norm erfasst sein können.[212] So gibt es Fälle, in denen vermögensbetreuungspflichtige Vermögensverwalter das Geld der Anleger gar nicht erst entsprechend der Vorgaben anlegen oder auch nach Ablauf des Anlagezeitraums nicht mehr an den Anleger auszahlen. Soweit der Anlageverwalter mit den Anlagegeldern tatsächlich Transaktionen vornimmt, kann er in den Anwendungsbereich des Untreuetatbestandes geraten, wenn er sich dabei ausschließlich von seinem eigenen Provisionsinteresse und nicht von den Vermögensinteressen seiner Kunden leiten lässt und den Kunden hierdurch ein Vermögensnachteil entsteht.[213]

B. Tatbestände

144 Der aus dem Gesetzestext des § 263 StGB hervorgehende objektive Betrugstatbestand wird allgemein für unvollständig gehalten und fordert neben den Merkmalen der Täuschung, des Irrtums und des Vermögensschadens eine Vermögensverfügung, wobei alle Merkmale kausal miteinander verbunden sein müssen.[214]

I. 264a StGB

145 Um die Beweisschwierigkeiten des Betrugstatbestandes zu eliminieren, beschränkt sich der Tatbestand des § 264a StGB auf die bloße Täuschung bzw. unterlassene Aufklärung und verzichtet auf die für eine Strafbarkeit nach § 263 StGB erforderlichen Merkmale des Irrtums, der Vermögensverfügung und des Vermögensschadens, weshalb es sich bei § 264a StGB um einen kupierten Betrugstatbestand handelt.[215] Damit macht sich nach § 264a StGB schuldig, wer im Zusammenhang mit dem Vertrieb von Wertpapieren, Bezugsrechten, Anteilen oder Erhöhungsangeboten auf solche Anteile in Prospekten, Darstellungen oder Übersichten über den Vermögensgegenstand gegenüber einem größeren Kreis von Personen unrichtige vorteilhafte Angaben macht oder nachteilige Tatsachen verschweigt.

146 Unter einem größeren Kreis von Personen als Adressat der unrichtigen Angaben ist eine so große Anzahl potentieller Anleger zu verstehen, dass deren Individualität gegenüber dem sie zu einem Kreis verbindenden potentiell gleichen Interesse an der Kapitalanlage zurücktritt.[216] Mit diesem Merkmal wird eine Abgrenzung zur nicht von der Norm erfassten Individualtäuschung vorgenommen.

147 Als Tathandlungen kommen das Machen unrichtiger vorteilhafter oder das Verschweigen nachteiliger Angaben in Betracht, wobei der Begriff der Angaben neben Tatsachenbehauptungen auch Liquiditätsberechnungen, Prognosen und sonstige Berechnungen erfasst.[217] Diese sind wiederum unrichtig, wenn die der Beurteilung zugrunde liegenden Tatsachen nicht zutreffen.[218]

---

211 MüKo/*Dierlamm*, StGB, § 266 Rn. 1.
212 Park/*Zieschang* Teil 3 Kap. 4.1. Rn. 2.
213 Mit weiteren Beispielen Park/*Zieschang* Teil 3 Kap. 4.1. Rn. 3, 42ff.
214 Müller-Gugenberger/Bieneck/*Hebenstreit* § 47 Rn. 5; Fischer, StGB, § 263 Rn. 5.
215 Park/*Park* Teil 3 Kap. 1 Rn. 180; Assmann/Schütze/*Worms* § 11 Rn. 3.
216 BGH, v. 12.5.2015 – VI ZR 102/14; *Achenbach* NStZ 2016, 715, 718.
217 Achenbach/Ransiek/*Joecks* 10. Teil Kap. 1 Rn. 37ff.; **a.A.** NK/*Hellmann*, StGB, § 264a Rn. 32.
218 Park/*Park*, Teil 3 Kap. 1 Rn. 188.

Aufklärungspflichtig sind Umstände, die einen Einfluss auf den Wert, die Chancen und Risiken einer Kapitalanlage haben und deshalb für die Entscheidung über den Erwerb oder die Erhöhung erhebliche Umstände darstellen.[219] 148

Der Gesetzgeber ging davon aus, dass sich die strafrechtliche Praxis zur Konkretisierung an der zivilrechtlichen Rechtsprechung zur sog. Prospekthaftung und den in der Anlageberatungspraxis entwickelten Mindestinhalten in sog. Fachkatalogen, in Prospekten und sog. Checklisten orientieren wird.[220] 149

II. 266 StGB

Der Untreuetatbestand als reines Fremdschädigungsdelikt schützt allein das individuelle Vermögen des Treugebers vor schädigenden Pflichtverletzungen von innen heraus.[221] Objektiv erfordert der Untreuetatbestand den Missbrauch einer durch Gesetz, behördlichen Auftrag oder Rechtsgeschäft eingeräumten Verfügungs- oder Verpflichtungsbefugnis über fremdes Vermögen (Missbrauchstatbestand, § 266 Abs. 1 Var. 1 StGB) oder die Verletzung einer kraft Gesetzes, behördlichen Auftrags, Rechtsgeschäfts oder eines Treueverhältnisses obliegenden Pflicht, fremde Vermögensinteressen wahrzunehmen (Treubruchtatbestand, § 266 Abs. 1 Var. 2 StGB) und eine dadurch bewirkte Nachteilszufügung bei dem, dessen Vermögensinteressen er wahrzunehmen hat. Der Untreuetatbestand ist ein sehr weit gefasstes und somit stark konturenloses Delikt, das aufgrund der Konzeption für viele Fallgestaltungen als Auffangtatbestand herangezogen wird. 150

C. Bedeutung für den Anlegerschutz

Die Aktualität des § 263 StGB für den Anlegerschutz zeigt sich durch aktuelle Gerichtsentscheidungen. So hatte jüngst der 1. Strafsenat des BGH[222] in einem Fall zu entscheiden, in dem Fondsanleger nicht über vermögensrelevante Tatsachen aufgeklärt worden sind. In dem konkrete Fall wurde in der Phase des Vertriebs der jeweiligen Beteiligungen insbesondere in den entsprechenden Emissionsprospekten mit der Eignung der Anlageformen zum Zweck der Altersvorsorge und eines langfristigen Vermögensaufbaus geworben, wodurch entsprechende Erwartungen der Anleger geweckt worden sind. Die in Aussicht gestellten Renditen sollten durch Investitionen der eingezahlten Einlagen in verschiedene Geschäftsfelder, u.a. den Erwerb von Immobilien und Firmenbeteiligungen, realisiert werden. Die bei den Fondsgesellschaften vorhandenen und laufend weiter eingehenden Anlegergelder nutzte der Angeklagte in beträchtlichem Umfang für eigene Zwecke oder führte sie von ihm geführten Unternehmen zum dauerhaften Verbleib zu. Unter Einsatz der aus den Beteiligungsmitteln der Fondsgesellschaften stammenden Gelder erwarb er für die von ihm beherrschten Unternehmen Immobilien oder Unternehmensbeteiligungen, ohne den Fondsgesellschaften ihrerseits Rechte an dem für seine Unternehmen Erworbenen einzuräumen. Der 1. Strafsenat war der Überzeugung, dass der Angeklagte bereits bei Abschluss der Beteiligungen dazu entschlossen gewesen war, als Director und Inhaber der Gesellschaft weder das Beteiligungsentgelt noch die Abfindung durch Leistung eines entsprechenden Geldbetrags zu erbringen, wodurch es in der Folge auch tatsächlich nicht zur Zahlung des vertraglich Versprochenen in Geld gekom- 151

219 BT-Drs. 10/5058, S. 31.
220 BT-Drs. 10/5058, S. 31.
221 BGHSt 43, 293 (297); BGH NJW 2000, 154, 155; *Fischer* § 266 Rn. 2.
222 BGH NStZ-RR 2017, 213; ebenso NStZ 2017, 531.

men war. Der Fall zeigt, welchen wesentlichen Bezug der Betrugstatbestand zum Kapitalmarktsektor einnimmt.

152 Auf § 823 Abs. 2 BGB i.V.m. § 263 Abs. 1 StGB hat sich der 6. Zivilsenat des BGH mit Urteilen vom 14.10.2014[223] und 2.12.2014[224] gestützt und den deliktischen Schadensersatzanspruch wegen unterlassener Aufklärung beim Erwerb von Kapitalanlagen bejaht.

153 § 264a StGB dient zwar dem Schutze des Vermögens des individuellen Kapitalanlegers[225] und ist Schutzgesetz im Sinne von § 823 Abs. 2 BGB.[226] Für den strafrechtlichen Anlegerschutz insgesamt konnte § 264a StGB allerdings keine große Bedeutung erlangen. In der Praxis wird § 264a StGB als Auffangtatbestand verstanden, der vom Ergebnis her unter § 263 StGB zu subsumieren ist. Teilweise wird § 264a StGB sogar als in der Praxis irrelevant oder überflüssig beschrieben, da die Prospekte der Finanzdienstleister in der Regel „juristisch wasserdicht" seien bzw. der Anwendungsbereich mit § 263 StGB deckungsgleich sei.[227] Darüber hinaus tritt der Kapitalanlagebetrug nach § 264a StGB hinter § 263 StGB als schwererem Delikt zurück[228] oder wird oft nach §§ 154, 154a StPO eingestellt.[229] Zieschang kommt zu dem Ergebnis, dass § 264a StGB „keineswegs ‚leichter handhabbar' als § 263 StGB" sei, vielmehr sei „das Gegenteil (...) der Fall".[230] Letztlich biete § 264a StGB „keinen effektiven strafrechtlichen Anlegerschutz. Er resümiert: „Die Vorschrift ist missglückt und kann (...) aus dem StGB gestrichen werden".[231]

154 Auf § 823 Abs. 2 BGB i.V.m. § 264a Abs. 1 NR. 1 StGB hat sich der 6. Zivilsenat des BGH in jüngerer Vergangenheit mit Urteilen vom 24.6.2014,[232] 12.5.2015,[233] 16.6.2015,[234] 27.10.2015[235] und 22.12.2015[236] gestützt und eine Haftung wegen Schutzgesetzverletzung durch Kapitalanlagebetrug wegen Weiterverwendung fehlerhafter bzw. in der Zwischenzeit fehlerhaft gewordener Emissionsprospekte bzw. Werbemittel bejaht. Mit Urteil vom 26.8.1999[237] hat das OLG Köln § 823 Abs. 2 BGB i.V.m. § 264a Abs. 1 NR. 1 StGB im Zusammenhang mit einem sog. Schneeballsystem bejaht. Dort sei ein Emissionsprospekt mit unrichtigen vorteilhaften Angaben eingesetzt worden, wobei durch die Beschränkung auf einzelne Teile der Sinn einer Aussage entstellt worden war.

155 Der Wissenschaftliche Dienst des Deutschen Bundestages kam in der Ausarbeitung zum Grauen Kapitalmarkt ebenfalls zu dem Ergebnis, dass auch der strafrechtliche Schutz mit § 264a StGB erforderlich ist, um den Anleger vor zum Teil mit hoher krimineller Energie geprägten Vermittlerpraktiken zu schützen. Darüber hinaus biete § 264a StGB über § 9 Abs. 1 StGB auch bei ausländischen Anlageformen Schutz, die mittels eines Prospekts im Inland vertrieben werden.[238]

156 Zuletzt ist der Blick auf den Untreuetatbestand zu richten; da von § 266 StGB auch das Individualvermögen geschützt ist, umfasst der Schutz auch das Vermögen des Kapi-

223 BGH wistra 2015, 112.
224 BGH GWR 2015, 32.
225 *Park* NStZ 2007, 369, 370; *Joecks* wistra 1986, 142, 148.
226 BGH, v. 12.5.2015 – VI ZR 102/14.
227 *Klaffke* ZRP 2003, 450, 451; NK/*Hellmann*, StGB, § 264a Rn. 2.
228 Assmann/Schütze/*Worms* § 11 Rn. 4.
229 Assmann/Schütze/*Worms* § 11 Rn. 4.
230 *Zieschang* GA 2012, 607, 615.
231 *Zieschang* GA 2012, 607, 616.
232 BGH v. 24.6.2015 – VI ZR 560/13.
233 BGH v. 12.5.2015 – VI ZR 108/14 und VI ZR 102/14.
234 BGH v. 16.6.2015 – VI ZR 103/14 und VI ZR 105/14.
235 BGH v. 27.10.2015 – VI ZR 98/14.
236 BGH v. 22.12.2015 – VI ZR 101/14.
237 OLG Köln NJW-RR 2001, 55.
238 Deutscher Bundestag – Wissenschaftliche Dienste, 2008, S. 9.

talanlegers.[239] Denkbar und schon vorgekommen sind in diesem Zusammenhang Untreuetaten gegenüber einer börsennotierten Aktiengesellschaft, die sich ihr Vermögen über die Aktionäre am Kapitalmarkt beschafft. Wirtschaftlich geht es hier um das Vermögen der Aktionäre, obschon unmittelbare Vermögensinhaberin die Aktiengesellschaft als juristische Person ist.[240]

Ausblick

Der Blick auf die Strafnormen, die im Bereich des Anlegerschutzes in Betracht kommen, zeigt, dass insbesondere im Kernbereich des Kapitalmarktstrafrechts, d.h. das Insiderstrafrecht und das Verbot der Marktmanipulation, mit dem europarechtlich und nationalgesetzlich entwickelten Funktionsschutz das Strafrecht sich für einen effektiven Anlegerschutz nur äußerst bedingt eignet.[241] Das fehlende individualschützende Element lässt eine Durchsetzung der vermögensrechtlichen Ansprüche im Rahmen des Anlegerschutzes nicht zu im Wege des § 823 Abs. 2 BGB. Allerdings dienen die Strafnormen der Sicherung der Marktintegrität und somit zur Gewährleistung von Informationsparität und der ordnungsgemäßen Preisfindung am Börsenmarkt. Mit diesen Parametern schützen sie reflexartig die Anleger in ihrer Gesamtheit als Teilnehmer am Börsenmarkt. Die mit der Gesetzesnovellierung einhergegangene Verschärfung der Strafbarkeit in diesem Bereich stellt mit der verbundenen Präventivwirkung durchaus einen wesentlichen Schutzfaktor der Anlegerschaft dar, um faire Spielregeln am Markt zu sichern. Die Prüfung aller hier dargestellten strafrechtlichen Tatbestände stellt deshalb nicht nur unter dem Gesichtspunkt der General- und Spezialprävention eine Unabdingbarkeit der Strafverfolgungsbehörden dar, sondern ist auch für die Wahrnehmung der Rechte geschädigter Anleger von kaum zu unterschätzender Bedeutung.[242] 157

239 *Park* NStZ 2007, 369, 370.
240 *Park* NStZ 2007, 369, 370 Fn. 12 mit Verweis auf BGH StV 2006, 301, 304 – Fall Mannesmann.
241 *Park* NStZ 2007, 369, 377.
242 *Märker/Hillesheim* ZRP 2009, 65, 68.

Stichwortverzeichnis

https://doi.org/10.1515/9783110447293-008

L